Stein/Jonas

Kommentar zur

Zivilprozeßordnung

21. Auflage
bearbeitet von

Reinhard Bork · Wolfgang Brehm
Wolfgang Grunsky · Dieter Leipold
Wolfgang Münzberg · Herbert Roth
Peter Schlosser · Ekkehard Schumann

Band 3
§§ 253–299a

J. C. B. Mohr (Paul Siebeck) Tübingen

Bearbeiter:

Prof. Dr. jur. REINHARD BORK, Hamburg
Prof. Dr. jur. WOLFGANG BREHM, Bayreuth
Prof. Dr. jur. WOLFGANG GRUNSKY, Bielefeld
Prof. Dr. jur. DIETER LEIPOLD, Freiburg i. Br.
Prof. Dr. jur. WOLFGANG MÜNZBERG, Tübingen
Prof. Dr. jur. HERBERT ROTH, Heidelberg
Prof. Dr. jur. PETER SCHLOSSER, München
Prof. Dr. jur. EKKEHARD SCHUMANN, Regensburg

Zitiervorschlag: Stein/Jonas/Bearbeiter[21] § 29a Rdnr. 2

Die Deutsche Bibliothek – CIP-Einheitsaufnahme

Stein, Friedrich:
Kommentar zur Zivilprozessordnung / Stein/Jonas. Bearb. von Reinhard Bork... – Geb. Ausg. – Tübingen : Mohr.
  Bd. 3. §§ 253 – 299a. – 21. Aufl. – 1997
  ISBN 3-16-146259-9 Gewebe

© 1997 J.C.B. Mohr (Paul Siebeck) Tübingen.

Das Werk einschließlich aller seiner Teile ist urheberrechtlich geschützt. Jede Verwertung außerhalb der engen Grenzen des Urheberrechtsgesetzes ist ohne Zustimmung des Verlags unzulässig und strafbar. Das gilt insbesondere für Vervielfältigungen, Übersetzungen, Mikroverfilmungen und die Einspeicherung und Verarbeitung in elektronischen Systemen.

Dieser Band wurde von Gulde-Druck in Tübingen aus der Rotation gesetzt, auf alterungsbeständiges Werkdruckpapier der Papierfabrik Niefern gedruckt und von der Großbuchbinderei Heinr. Koch in Tübingen gebunden. Den Einband entwarf Alfred Krugmann in Stuttgart.

Zweites Buch

Verfahren im ersten Rechtszuge

Erster Abschnitt

Verfahren vor den Landgerichten

Vorbemerkungen

I. Übersicht	
1. Inhalt des Zweiten Buches der ZPO	1
2. Inhalt des ersten Abschnitts des Zweiten Buches	2
II. Arten der Klagen	4
1. Leistungsklage (einschließlich Unterlassungs- und Duldungsklage)	
a) Name, Begriff und Zweck der Leistungsklage	5
b) Leistungsanspruch	7
c) Unterlassungsklage	8
aa) Voraussetzungen, Wiederholungsgefahr	11
bb) Bestehen der Wiederholungsgefahr	12
cc) Wegfall der Wiederholungsgefahr	13
dd) Unterlassungsanspruch als Grundlage der Unterlassungsklage	14
d) Duldungsklage	
aa) Duldungsanspruch	17
bb) Duldungsanspruch als Grundlage der Duldungsklage	18
e) Beschränkte oder unbeschränkte Haftung des Gegners	21
f) Verurteilung aufgrund der Leistungs-(Unterlassungs-, Duldungs-)klage	22
g) Verfahrensarten, Vorbehaltsurteile	26
2. Feststellungsklage	
a) Begriff und Zweck, Arten, Voraussetzungen	31
b) Ausschluß durch andere Rechtsbehelfe	32
c) Zulässigkeit des Zivilrechtswegs	33
d) Feststellungsurteil	34
3. Gestaltungsklage	
a) Name	39
b) Zweck der Gestaltungsklage	40
c) Grundlage der Gestaltungsklage	41
d) Anspruch auf Rechtsgestaltung, Recht auf Rechtsgestaltung, Gestaltungsanspruch	43
e) Zulässigkeit der Gestaltungsklage	46
f) Umfang der Gestaltung	48
g) Gestaltung (nur) für die Zukunft (ex nunc)	49
h) Rückwirkende Gestaltung (ex tunc)	54
i) Streitgegenstand – Gestaltungsurteil	59
4. Weitere Klagearten	
a) Verbandsklage	64
b) Sonstige Arten von Klagen	65
(1) Arreste und einstweilige Verfügungen	67
(2) »Festsetzende« Urteile	68
(3) »Auslösende« Urteile	69
(4) »Anordnungsurteile«	70
(5) Nachtrags- und Anhangsklagen	71
(6) Angriffs- und Abwehrklagen	72
5. Verbindung von Klagen verschiedener Art	74
6. Klagearten und Internationales Zivilprozeßrecht	
a) Internationale Leistungsklage	76
b) Internationale Feststellungsklage	77
c) Internationale Gestaltungsklage	78
III. Rechtsschutzvoraussetzungen als weitere allgemeine Sachurteilsvoraussetzungen	

A. Allgemeines 81
B. Unklagbarkeit 87
 1. Gesetzliche Fälle 88
 2. Vereinbarung der Unklagbarkeit
   a) Individualvereinbarung 90
   b) Allgemeine Geschäftsbedingungen 91
 3. Nichtverbindlichkeiten 93
 4. Fehlende Fälligkeit 94
 5. Rechtsfreier Raum 95
C. Rechtsschutzfähigkeit 97
D. Rechtsschutzbedürfnis, Rechtsschutzinteresse
 Stichwortverzeichnis zum Rechtsschutzbedürfnis 100
 1. Begriff und Funktion des Rechtsschutzbedürfnisses 101
 2. Die geschichtliche Entwicklung des Rechtsschutzbedürfnisses
   a) Ausgangslage 101a
   b) Das Rechtsschutzbedürfnis im Dritten Reich 101b
   c) Die Weiterführung der Ansichten nach dem Zweiten Weltkrieg 101c
 3. Die Problematik des Rechtsschutzbedürfnisses
   a) Die fehlende gesetzliche Grundlage für ein allgemeines Prozeßinstitut 102
   b) Die Unbestimmtheit des Rechtsschutzbedürfnisses 102a
   c) Das Rechtsschutzbedürfnis verleitet zu Prozeßurteilen statt zu sachlicher Behandlung der Klage 102b
     aa) Statt Sachurteil: Verneinung des Rechtsschutzbedürfnisses 102c
     bb) Statt anderer Prozeßvoraussetzungen: Verneinung des Rechtsschutzbedürfnisses 103
   d) Die Bedenken gegen das Rechtsschutzbedürfnis aus grund- und menschenrechtlicher Sicht 104
 4. Die Anwendung des Rechtsschutzbedürfnisses in der Praxis
   a) Rechtsbehelfskonkurrenzen 105
   b) Möglichkeit der Selbsthilfe 115
   c) Prozeßzweckwidriges Verhalten 117
   d) Prozessuale Überholung 119
   e) Verwirkung 120
   f) Rechtsschutzbedürfnis als Voraussetzung besonderer prozessualer Rechtsinstitute 121
   g) Beschwer bei Rechtsbehelfen 124
E. Prüfung und Entscheidung
 1. Teil der Zulässigkeitsprüfung 127
 2. Prozeßabweisung bei Fehlen 128
 3. Möglichkeit des Dahinstellens des Bestehens einer bedingten Sachurteilsvoraussetzung 129
 4. Prüfungsreihenfolge 131
 5. Keine Abweisung zugleich als unzulässig und als unbegründet 132
IV. Klagefristen 135
 1. Zweck 137
 2. Bundesgesetzliche Klagefristen 138
 3. Landesgesetzliche Klagefristen 139
 4. Charakter 140
 5. Beginn 143
 6. Versäumung 146
 7. Folgen des Ablaufs 147
 8. Vereinbarte Klagefristen 149
V. Arbeitsgerichtliches Verfahren 155
 1. Kündigungsfeststellungsklage 156
 2. Auflösungsantrag 161
 3. Änderungsschutzklage 163
 4. Weiterführende Hinweise 165

I. Übersicht

1 1. Das **Zweite Buch der ZPO** regelt das Verfahren im ersten Rechtszug. Der erste Abschnitt in zwölf Titeln befaßt sich mit dem Verfahren vor den Landgerichten als dem Regelverfahren, während der zweite Abschnitt nur die für das Verfahren vor den Amtsgerichten geltenden Abweichungen enthält, § 495. Die Vorschriften des ersten Abschnitts gelten mit gewissen Abweichungen (§§ 96 ff. GVG) auch für das Verfahren vor den Kammern für Handelssachen und in den Rechtsmittelinstanzen, §§ 523, 557.

2 2. Vom **ersten Abschnitt des Zweiten Buches** regelt der *erste* Titel das Verfahren von der Klage bis zum Urteil als Einheit (§§ 253–299a), der *zweite* das Urteil (§§ 300–329), der *dritte* das Versäumnisverfahren (§§ 330–347). Nur im Interesse der Übersichtlichkeit sind die Vorschriften über das Verfahren vor dem Einzelrichter (§§ 348 ff.) und die Bestimmungen

über die Anordnung und Aufnahme des Beweises sowie über die einzelnen Beweismittel, die an sich Bestandteile des ersten Titels sein müßten (§ 284), in besonderen Teilen (*vierter –zwölfter* Titel) zusammengestellt (§§ 355–494).

II. Arten der Klagen[1]

Die ZPO kennt für die Gewährung von Rechtsschutz verschiedene Wege und stellt den Rechtsschutz auch in verschiedener Art zur Verfügung. Insbesondere im meistbegangenen Klagewege können Urteile verschiedener Art, d. h. mit verschiedenen Wirkungen ergehen. Nach der Art der vom Kläger jeweils *erstrebten* Urteile kann man verschiedene Klagearten unterscheiden. Im *Zivilprozeß* heben sich vor allem **drei Klagetypen** heraus, von denen die häufigste die **Leistungsklage** (→ Rdnr. 5) ist, neben die die **Feststellungsklage** (→ Rdnr. 31) und die **Gestaltungsklage** (→ Rdnr. 39) treten. Von dieser Einteilung gehen auch die anderen Prozeßarten aus. In der *Verwaltungs-, Sozial- und Finanzgerichtsbarkeit* (→ Einl. Rdnr. 571 ff.) dominiert allerdings die *Gestaltungsklage* (»Anfechtungsklage«, »Verpflichtungsklage«). Die Verfassungsgerichtsbarkeit ist durch die auf *Feststellung* zielende Normenkontrolle (→ § 148 Rdnr. 50–118) geprägt. Die *Arbeitsgerichtsbarkeit* (→ Einl. Rdnr. 576) zeigt ein etwas anderes Bild als der Zivilprozeß, weil zahlreiche wichtige Verfahren nicht durch Klage, sondern durch *Antrag* eingeleitet werden (zum arbeitsgerichtlichen *Beschlußverfahren* → § 1 Rdnr. 214 ff.). Wie in den Beschlußverfahren des Zivilprozesses (zu ihnen → Einl. Rdnr. 306 ff.) ergreift die dargestellte Dreiteilung auch verfahrenseinleitende Anträge (»Leistungsantrag«, »Gestaltungsantrag« usw.), so daß die nachfolgenden Ausführungen zu den »Klagearten« entsprechend für solche Prozeßhandlungen gelten, die – ohne als »Klage« bezeichnet zu sein – Verfahren einleiten (z. B. als »Antrag«, »Gesuch«). Wie am Anfang dieser Randnummer dargelegt, stellen die drei Klagetypen auf das vom Kläger jeweils *erstrebte* Urteil ab. Die tatsächlich vom Gericht erlassene Entscheidung kann durchaus anders lauten. Deshalb sind die **Klagearten nicht mit den Urteilsarten zwingend verknüpft**: So führt die *erfolglose Leistungsklage* nicht zum Leistungsurteil, sondern zur Klageabweisung; dieses Urteil ist als Feststellungsurteil zu qualifizieren, und zwar gleichgültig, ob es die Klage als unbegründet (im Wege der Sachabweisung durch Sachurteil) oder als unzulässig (im Wege der Prozeßabweisung durch Prozeßurteil) abweist (→ § 300 Rdnr. 10 ff.). Dasselbe gilt bei der *erfolglosen Gestaltungsklage*. Nur bei der *erfolglosen Feststellungsklage* endet der Prozeß wiederum mit einem Feststellungsurteil (→ § 256 Rdnr. 167), und in gewissen Fällen kann auch die erfolglose Leistungsklage mit einem sachlich zusprechenden Feststellungsurteil enden (→ § 256 Rdnr. 107). **Zur Durchsetzung der genannten drei Klagetypen** gibt es **Sonderformen der Klagen**: die *Widerklage* (§ 33), die *Stufenklage* (§ 254), die Klagen auf *künftige Leistung* (§§ 257–259), die *Nichtigkeits-* und *Restitutionsklage* (§ 578) und die *Klagen* im *Urkunden-* oder *Wechselprozeß* (§§ 592–605a). Die Art des begehrten Rechtsschutzes bestimmt zugleich den Streitgegenstand (zu ihm → Einl. Rdnr. 263–299). Zu weiteren Einteilungen der Klagen → Rdnr. 64 ff., zu Verbindungen → Rdnr. 74.

4

---

[1] Vgl. zum folgenden besonders *Wach* Hdb. (1885), 12; *Pollak* Gerichtliches Geständnis (1893), 77; *Flechtheim* ZZP 25 (1899), 413, 418, 428; *Kipp* Verurteilung zur Abgabe von Willenserklärungen (1892), 16 ff.; *Langheineken* Urteilsanspruch (1899), bes. 90 ff.; *Hellwig* Anspruch und Klagrecht (1900), 117, 443 ff.; *ders.* Wesen und subjektive Begrenzung der Rechtskraft (1901), 1 ff.; *ders.* Lb. 1, 45 ff.; *ders.* Klagrecht und Klagmöglichkeit (1905) 39 ff.; *ders.* System 1, 38; *Stein* Über die Voraussetzungen des Rechtsschutzes, Festg. für Fitting (1903), 7 ff.; *ders.* ZZP 38 (1909), 283 ff.; *Kisch* Beiträge zur Urteilslehre (1903), 11 ff.; *Hein* Duldung der Zwangsvollstreckung (1911), 167 ff.; *Lent* ZZP 61 (1939), 279; *Dölle* ZZP 62 (1941), 281; *Schlosser* Gestaltungsklagen und -urteile (1966), 20 f., 41 f., 107 f.; *Bettermann* Über Klage- und Urteilsarten, Festschr. für Fragistas (1967) II, 45; *Lüke* JuS 1969, 301; *Scherner* Das Klagesystem im Zivilprozeß (1970); *Kainz* Funktion und dogmatische Einordnung der Vollstreckungsabwehrklage in das System der Zivilprozeßordnung (1984), 26 ff.; *Braun* Rechtskraft und Restitution 2 (1985), 316 ff.; vgl. auch *Stein* Über die bindende Kraft richterlicher Entscheidungen nach der österreichischen ZPO (1897); *Roth* Festschrift für Habscheid (1989).

1. Leistungsklage (einschließlich Unterlassungs- und Duldungsklage)

a) Name, Begriff und Zweck der Leistungsklage

5 Die praktisch wichtigste Klageart des Zivilprozesses wird *Leistungsklage* genannt; die Bezeichnung ist allerdings ungenau[2], weil nicht immer zu einer Leistung verurteilt wird, so daß der Ausdruck »*Verurteilungsklage*« angebrachter wäre. Trotzdem ist die Bezeichnung als »Leistungsklage« deshalb weiter verbreitet, weil bei einer entsprechenden Unterscheidung der *Urteils*arten sich aus sprachlichen Gründen der Name »Verurteilungsurteile« nicht empfiehlt.

6 Das der Leistungsklage stattgebende Urteil schafft, wie andere Entscheidungen im Zivilprozeß, Rechtsgewißheit, indem es das umstrittene oder ungewisse Recht feststellt. Der **Zweck** der Leistungsklage ist demnach auf Herstellung solcher Rechtsgewißheit gerichtet. Das Leistungsurteil weist darüber hinaus den verurteilten Beklagten zur Leistung an (darüber → Rdnr. 22) und bildet ferner regelmäßig die Voraussetzung für eine zwangsweise Verwirklichung des festgestellten Rechts im Wege der Vollstreckung (→ auch Rdnr. 22)[3]. Die Leistungsklage bezweckt deshalb auch den Ausspruch eines Leistungsbefehls gegenüber dem Schuldner und will die Voraussetzungen für den zwangsweisen Zugriff in dessen Vermögen schaffen.

b) Leistungsanspruch

7 Grundlage der Leistungsklage ist in aller Regel ein **Anspruch** im Sinne des § 194 BGB, d. h. das Recht, von einem anderen ein Tun oder Unterlassen zu verlangen, wobei das Unterlassen unstreitig in dieser Vorschrift auch ein Dulden einschließt. Der Anspruch kann dem Privatrecht wie dem öffentlichen Recht entspringen (über die dem Zivilprozeß zugewiesenen öffentlich-rechtlichen Streitsachen → Einl. Rdnr. 386). Auch auf den Inhalt des Anspruchs kommt es nicht an; so kann mit der Leistungsklage nicht nur eine Geldzahlung, die Herausgabe von Sachen oder die Abgabe einer Willenserklärung (→ § 894 I), sondern ebenso die Abgabe einer eidesstattlichen Versicherung (§ 889)[4], die Bestellung einer Sicherheit (→ Rdnr. 40 vor § 916), die Vorlegung von Urkunden (§§ 428 ff., § 432 Abs. 2), die Entlastung[5], die Vernichtung von Vervielfältigungsstücken usw. (§ 98 UrhG, § 9 Abs. 2 VerlG, § 37 KunstUrhG, §§ 24, 30 WarenZG usw.) gefordert werden[6]. Der **Leistungsanspruch** *muß* nicht dem *deutschen* Recht, er kann daher dem **ausländischen Recht** angehören (→ näher Rdnr. 76).

---

[2] *Stein* Voraussetzungen (Fn. 1), 8; *Bettermann* (Fn. 1), 49 f.; *Lüke* (Fn. 1), 301.
[3] *Bettermann* (Fn. 1), 50 f.
[4] → § 254 Rdnr. 5 ff.
[5] *RGZ* 89, 396 (betreffend Vorstand und Aufsichtsrat einer Aktiengesellschaft, Vollstreckung nach § 894).
[6] *Schlosser* (Fn. 1) nimmt nur eine Haftungsklage ohne Anspruch, → Rdnr. 14–18, an, weil eine Mitwirkungspflicht des Herstellers vom Gesetz nicht vorgesehen sei. Aber hier geht es gerade um die Frage, ob materiellrechtlich eine Vernichtungspflicht besteht; die Bejahung dürfte den Vorstellungen des Gesetzgebers entsprechen und wird von den Kommentaren zum WarenZG wohl allgemein angenommen mit Vollstreckung nach § 887, gegebenenfalls § 888, s. insbesondere *Pinzger* Das deutsche Warenzeichenrecht[2] § 30 I 3; ferner *Baumbach/Hefermehl* Warenzeichenrecht[12] (1985) § 30 WarenZG Rdnr. 2; *Busse/Starck* WarenZG[6] (1990) Rdnr. 5, 6; *v. Gamm* WarenZG (1965) § 30 Rdnr. 1, § 24 Rdnr. 32–34; *Reimer* Wettbewerbs- und Warenzeichenrecht[4] (1966) Bd. 1, 516, 517. Schuldhafte Nichterfüllung der Vernichtungspflicht kann z. B. zur Schadensersatzpflicht führen, wenn ein Dritter die Waren ohne Verschulden des Herstellers stiehlt und vertreibt.

c) Unterlassungsklage

Bei *Unterlassungsklagen*[7] ist Grundlage ein **Unterlassungsanspruch** und zwar nicht nur dann, wenn eine besondere **vertragliche** Unterlassungspflicht geltend gemacht wird (vgl. z. B. § 550 BGB, §§ 74, 90a HGB), sondern auch dann, wenn Unterlassung von **Verletzungen eines absoluten Rechts**, eines sonstigen Rechts im Sinne des § 823 Abs. 1 BGB gefordert wird oder wenn der Kläger die Unterlassung der Verletzung eines anderen entsprechend schutzwürdigen Rechtsguts nach gesetzlicher Vorschrift begehrt (vgl. §§ 12, 862 Abs. 1 S. 2, §§ 1004, 1017 Abs. 2, §§ 1027, 1053, 1065, 1090 Abs. 2, §§ 1134, 1192, 1227 BGB, § 13 AGBG[8], § 11 Abs. 1 ErbbRVO, § 40 SchiffsRG, § 139 PatG, § 97 UrhG, § 9 VerlagsG, § 15 GebrauchsmusterG, §§ 24, 25 WarenZG, §§ 1, 3, 14, 16 UWG, § 37 Abs. 2 HGB usw.) oder in entsprechender Anwendung dieser Vorschriften mit der sog. *quasi-deliktischen* oder *quasi-negatorischen vorbeugenden Unterlassungsklage*[9], z. B. bei **Verletzungen** des **Persönlichkeitsrechts**[10], insbesondere der **Ehre** und des **wirtschaftlichen Rufes**[11], des Rechts am eingerichteten und ausgeübten **Gewerbebetrieb**[12] oder des Rechts auf einen ungestörten Bereich der **Ehe**[13] gegen den Störer vorgeht[14]. Der Unterlassungsanspruch darf auch dem **ausländischen Recht** angehören (→ Rdnr. 76).

8

---

[7] *Wendt* AcP 92 (1902), 1 ff.; *Siber* Rechtszwang (1903), 109 f.; *Lehmann* Unterlassungspflicht (1906); *Eltzbacher* Unterlassungsklage (1906); *Stephan* Unterlassungsklage (1908); *Jacobsohn* Die Unterlassungsklage (1912); *Rosenthal* Unterlassungsklage (1916); *Salinger* Gruchot 64 (1920), 263 ff.; *Lent* ZZP 70 (1957), 401; *Fikentscher* Schuldrecht[8] (1992) § 114 III; *Zeuner* Festschr. für *Dölle* (1963) 1, 295 f.; *Baur* JZ 1966, 381; vgl. *Larenz* Schuldrecht 2[12] (1981) § 76; *Martens* Festschr. für *Schack* (1966), 85; *Pecher* Schadensersatzansprüche aus ungerechtfertigter Vollstreckung (1967), 49 f.; *Münzberg* JZ 1967, 689; *Schönke/Kuchinke*[9] § 40 I 3; *Marotzke* Von der schutzgesetzlichen Unterlassungsklage zur Verbandsklage (1992). – Zur Unterlassungsklage im Wettbewerbsprozeß vgl. *Ahrens* Wettbewerbsverfahrensrecht (1983), 95; *Pastor* Der Wettbewerbsprozeß[3] (1980), 511 ff.

[8] Auch der **Verbandsklage** nach § 13 AGBG (und ebenso nach § 13 Abs. 1, 1a UWG, § 12 Abs. 1 RabattG, § 2 Abs. 1 S. 1 ZugabeVO, § 35 Abs. 2 GWB) liegt ein **eigener materieller Anspruch des klagenden Verbandes** im Sinne des § 241 BGB zugrunde, vgl. BGHZ 41, 314 (317 f.); BGH NJW-RR 1990, 102; 886; OLG Hamm NJW-RR 1990, 622; *Habscheid* Festschr. für *Rammos* (Athen 1979) 1, 274 (283 f.); *Löwe* in: *Löwe/Graf von Westphalen/Trinkner* Großkommentar zum AGB-Gesetz[2] (1983) § 13 Rdnr. 4; *Ulmer/Brandner/Hensen* Kommentar zum AGB-Gesetz[7] (1993) § 13 Rdnr. 23; *MünchKomm/Gerlach*[3] (1993) § 13 AGBG Rdnr. 10, *Palandt/Heinrichs* Bürgerliches Gesetzbuch[55] (1996) Vorbemerkung vor § 13 AGBG Rdnr. 2, *Rosenberg/Schwab/Gottwald*[15] § 46 II 1; *Urbanczyk* Zur Verbandsklage im Zivilprozeß (1981), 106 ff. Teilweise wird ein eigener materiell-rechtlicher Anspruch der Verbände geleugnet und statt dessen eine Prozeßstandschaft angenommen (so *Berg* JuS 1966, 463). Dann müßten aber der Anspruchsinhaber und der Kläger des geltend gemachten Anspruchs voneinander verschieden sein. Eine derartige Interpretation des § 13 AGBG bzw. § 13 UWG ist jedoch abzulehnen, *Staudinger/Schlosser* Kommentar zum Bürgerlichen Gesetzbuch[12] (1983) § 13 AGBG Rdnr. 4. Eine selbständige Prozeßführungsbefugnis sieht *Hadding* (JZ 1970, 305, 310) in § 13 UWG. Ebenso *Thiere* Die Wahrung überindividueller Interessen im Zivilprozeß (1980), 311 f., der daraus eine (personell) eingeschränkte Popularklage folgert. Nach *Reinel* Die Verbandsklage nach dem AGBG (1979), 123 ff. wird in § 13 AGBG den Verbänden eine privatrechtliche Kontrollkompetenz zugewiesen; zustimmend *Göbel* Prozeßzweck der AGB-Klage und herkömmlicher Zivilprozeß (1980), 128 und *Leipold* Die Verbandsklage zum Schutz allgemeiner Interessen in der Bundesrepublik Deutschland, in: Effektivität des Rechtsschutzes und verfassungsmäßige Ordnung (Hrsg. *Gilles*, 1983), 66. *Gaul* in: Festschr. für *Beitzke* (1979), 1019 ff. sieht sie einer abstrakten Normenkontrollklage angenähert an, da bei einer Klage nach § 13 AGBG die Allgemeinen Geschäftsbedingungen losgelöst vom Einzelfall auf ihre Vereinbarkeit mit dem Gesetz überprüft werden. *Marotzke* Von der schutzgesetzlichen Unterlassungsklage zur Verbandsklage (1992). Zur Verbandsklage → auch Rdnr. 64.

[9] Zur Terminologie *Baur* (Fn. 7).

[10] Z.B. BGHZ 27, 289 (= JZ 1959, 60 = MDR 1958, 679 = NJW 1344 = BB 748 = LM Art. 2 GG Nr. 15); 30, 14 (= MDR 1959, 559 = NJW 1269 = BB 576 = LM § 823 BGB A h Nr. 3 [dazu *Ascher*]), beide mit Lit.

[11] RGZ 95, 339; 115, 74; RG JW 1937, 2352; BGHZ 31, 308; wegen kreditschädigender Äußerungen: BGH MDR 1951, 282 = NJW 532 = LM § 14 UWG Nr. 1; RGZ 140, 402. Die Unterlassungsklage tritt heute an Bedeutung hinter der Widerrufsklage zurück, der ein Leistungsanspruch zugrunde liegt, vgl. BGHZ 37, 187 → Einl. Rdnr. 360. S. auch *Helle* Der Schutz der persönlichen Ehre und des wirtschaftlichen Rufes im Privatrecht[2] (1969), 8 ff., 29 ff.; *Rehbinder* Die öffentliche Aufgabe und rechtliche Verantwortlichkeit der Presse (1962), 46 ff.; *Erdsiek* NJW 1966, 1385; *v. Caemmerer* Der privatrechtliche Persönlichkeitsschutz nach deutschem Recht, in: Festschrift *Fritz v. Hippel* (1967), 27; *Larenz* Allgemeiner Teil des BGB[7] (1989) § 8; *Hubmann* Persönlichkeitsrecht[2] (1967), 356 ff.

[12] BGHZ 36, 77; 38, 200 = MDR 1963, 196 = NJW 531 = BB 61 = LM § 823 BGB Ai Nr. 19; BGHZ 45, 296 (306).

[13] BGHZ 6, 362 = JZ 1952, 688 = NJW 975 = LM § 823 BGB Af Nr. 1a (dazu *Lersch*), LM das. Nr. 1b, BGH FamRZ 1963, 553.

[14] *Stein* Voraussetzungen (Fn. 1), 117 ff.; *Langheineken*, 210; *Hellwig* Anspruch und Klagrecht, 350 f. (alle Fn. 1), *Eltzbacher* (Fn. 7), 122 u. a. – A. M. (für Feststel-

11   **aa) Voraussetzungen, Wiederholungsgefahr.** Zur materiellen Voraussetzung des *gesetzlichen* Unterlassungsanspruchs (also zur *Begründetheit* der Unterlassungsklage) gehört die Wiederholungsgefahr, die *scharf* vom Rechtsschutzinteresse (→ Rdnr. 101) als *Prozeß*voraussetzung zu trennen ist[15] (zu den Voraussetzungen des *vertraglichen* Unterlassungsanspruchs → § 259 Rdnr. 9). **Fehlt** die **Wiederholungsgefahr**, ist die Klage deshalb als *unbegründet* abzuweisen. Bei **internationalen Rechtsstreitigkeiten** ist die Wiederholungsgefahr, soweit sie von der lex causae überhaupt verlangt wird, nach demjenigen (materiellen) Recht zu beurteilen, das auf den Unterlassungsanspruch anzuwenden ist. Hier gilt also die *lex fori* (→ Einl. Rdnr. 736 ff.) *nicht*[16].

12   **bb) Bestehen der Wiederholungsgefahr.** Nach deutschem Recht **liegt** die **Wiederholungsgefahr vor**, wenn künftig *weitere* Verletzungen eines vom Gesetz geschützten Rechtsgutes ernstlich zu besorgen sind[17], aber gewohnheitsrechtlich auch, wenn *erstmalig* eine Beeinträchtigung von Rechten droht (**vorbeugende Unterlassungsklage** → Rdnr. 8); die Besorgnis muß noch *zum Zeitpunkt der letzten mündlichen Verhandlung* bestehen[18]. Im Wettbewerbsrecht wird die Wiederholungsgefahr widerlegbar **vermutet**, wenn eine konkrete Verletzungshandlung zu Zwecken des Wettbewerbs begangen wurde[19]. Die **Beweislast** für die Wiederholungsgefahr trägt der Kläger[20].

13   **cc) Wegfall der Wiederholungsgefahr.** An den Wegfall einer einmal vorhandenen Wiederholungsgefahr sind *strenge* Anforderungen zu stellen[21]. So wird sie nicht etwa beseitigt, wenn der wegen Störung eines Warenzeichens auf Unterlassung in Anspruch genommene Kaufmann inzwischen seinen Betrieb eingestellt und seine Firma hat löschen lassen[22] oder wenn der Handelsbetrieb inzwischen in andere Hände übergegangen ist[23] oder wenn der Verletzer seine Verletzungshandlung eingestellt hat[24]. Die im Wettbewerbsrecht geltende **Vermutung** der Wiederholungsgefahr (→ Rdnr. 12) **entfällt** durch ein strafbewehrtes **Unterlassungsversprechen**[25] des Verletzers, das der Annahme des Gegners bedarf[26]. Erforderlich ist dabei, daß die versprochene Verpflichtung geeignet erscheint, den Versprechenden wirklich und ernsthaft von Wiederholungen der Verletzungshandlung abzuhalten[27]. Begeht der Versprechende erneut gleichartige Wettbewerbsverstöße, so steht der Annahme der Wiederholungsgefahr die Unterwerfungserklärung nicht entgegen[28]. Durch ein allein im Verhältnis zu *einem* Verletzten wirksames Vertragsstrafeversprechen kann die Vermutung der Wiederholungsgefahr auch für einen *anderen* betroffenen Mitbewerber entfallen[29].

---

lungsklage) *Fischer* Recht und Rechtsschutz (1889), 79; *Wach* Feststellungsanspruch (1889), 40.
[15] Freilich gilt diese Betrachtungsweise nur dann, wenn man in sämtlichen Arten von Unterlassungsansprüchen *materiell-rechtliche* Institute (→ Rdnr. 14) sieht, so *Schumann* in: Festschr. für *Michelakis* Athen (1973) Fn. 53, 55a; *Baumbach/Lauterbach/Hartmann*55 Rdnr. 41 ff., *Baumbach/Hefermehl*16 (1990) Einl. UWG Rdnr. 260 und 262; *Pastor* (Fn. 7), 523 und 751; *ders.* GRUR 1969, 331; *Rosenberg/Schwab/Gottwald*15 § 92 I 2; *Schimmelpfennig* GRUR 74, 201; *Schönke/Kuchinke*9 § 40 I 3; *BGH* GRUR 73, 208 f.; dazu Anm. *Storch*, 210. Siehe auch *Pohlmann* Das Rechtsschutzbedürfnis bei der Durchsetzung wettbewerbsrechtlicher Unterlassungsansprüche GRUR 1993, 361.
[16] *Birk* Schadensersatz und sonstige Restitutionsformen im internationalen Privatrecht (1969), 187 f.
[17] *RGZ* 82, 59 (63).
[18] *RGZ* 54, 414; 101, 135 (137 f.).
[19] *BGH* GRUR 1980, 724 (727); *Ahrens* (Fn. 7), 29 m.w.N.
[20] *Baumgärtel* Handbuch der Beweislast im Privatrecht Bd. 1² (1991) § 12 BGB Rdnr. 1 und Bd. 2 (1985) § 1004 BGB Rdnr. 16 jeweils m.w.N.

[21] *Ahrens* (Fn. 7), 34 m.w.N.
[22] *RGZ* 104, 376 (382).
[23] *BGHZ* 14, 163 (168).
[24] *BGH* (Fn. 19).
[25] Ausdruck von *Lindacher* GRUR 1975, 413. Schwerfällig sind die Begriffe »Unterwerfungserklärung« – zum Begriff *Pastor* (Fn. 7), 132 f. – oder »strafbewehrte Unterlassungsverpflichtung«, hierzu *BGH* GRUR 1983, 187; NJW 1984, 1607 (1610); MDR 1988, 26; *KG* WRP 1976, 376; *OLG Düsseldorf* GRUR 1984, 218; *Melullis* Wettbewerbsrechtliche Prozeßpraxis (1985), 112 ff.; *Borck* WRP 1974, 372; *Lindacher* WRP 1975, 7 (kritisch zu *Pastor* GRUR 1974, 423).
[26] Vgl. *OLG München* GRUR 1980, 1018, das einer Unterlassungsklage bei nicht angenommenen Unterlassungsversprechen das Rechtsschutzbedürfnis versagt; ebenso *Melullis* (Fn. 25), 117.
[27] *BGH* GRUR 1983, 187.
[28] *BGH* NJW 1980, 1843 f.; *KG* (Fn. 25); *Melullis* (Fn. 25), 118; dazu auch *OLG Hamburg* MDR 1971, 1016; *BGH* GRUR 1974, 108 ff., das in diesem Fall für eine Unterlassungsklage fehlendes Rechtsschutzbedürfnis annimmt.
[29] *OLG Düsseldorf* GRUR 1984, 217 f.; *KG* GRUR

dd) **Unterlassungsanspruch als Grundlage der Unterlassungsklage.** Von einem Teil der Literatur wird freilich ein besonderer materiell-rechtlicher *Unterlassungsanspruch* teils allgemein[30], teils für die sog. quasi-negatorischen Klagen[31] abgelehnt und die Unterlassungsklage als rein prozessuales Institut, als besonderer Klagetyp, gesehen. Dem Gesetz entspricht dies in den Fällen gesetzlicher Regelung eines Unterlassungsanspruchs sicher nicht, und bei vertraglichen Unterlassungspflichten (→ auch § 259 Rdnr. 8, 9) fällt es noch schwerer, den Anspruch zu leugnen. Grundlage des Unterlassungsurteils ist mindestens eine materiell-rechtliche Rechtslage[32], und Gegenstand der rechtskräftigen Feststellung ist die materiell-rechtliche Beziehung zwischen den Parteien. Beim absoluten Recht kann man allerdings nicht von einem Anspruch gegen jedermann auf Unterlassung von Rechtsverletzungen sprechen, weil damit der Unterschied zwischen den gegen jedermann wirkenden absoluten Rechten und den gegen eine bestimmte Person gerichteten relativen Rechten wie dem Anspruch verwischt würde. Aber diese Beziehung braucht nicht durch eine Rechtsverletzung hergestellt werden, sondern es kann auch die von einer bestimmten Person drohende Gefahr einer objektiv rechtswidrigen Verletzung[33] genügen. Gewiß mag die Annahme eines Anspruchs nicht unbedingt geboten sein, obwohl auch bei derartigen Erwägungen Vorsicht am Platz ist; denn möglicherweise ergeben sich bei Unterlassungspflichten auch Nebenansprüche[34], die sich zwangloser an einen Hauptanspruch anschließen lassen als an eine materielle Rechtslage oder an ein rein prozessuales Institut. Aus § 254 BGB[35] ergeben sich keine Bedenken, weil diese auf die Schadensersatzpflicht ausgerichtete Vorschrift höchstens entsprechend anwendbar wäre, die dafür nötige Rechtsähnlichkeit aber nicht gegeben ist. Schließlich ist auch kein überzeugender Grund ersichtlich, in einigen Fällen einen Unterlassungsanspruch anzuerkennen, in anderen (→ Rdnr. 14) aber nicht. *So besteht vorläufig kein hinreichender Anlaß, die mindestens das Verständnis der Rechtslage erleichternde Rechtsfigur des Unterlassungsanspruchs aufzugeben*[36].

14

d) **Duldungsklage**

aa) **Duldungsanspruch.** Ebenso beruhen Duldungsklagen im allgemeinen auf einem Duldungsanspruch, z.B. bei vertraglichen Duldungspflichten oder bei gesetzlichen, wie dem Überbau oder Notweg (§§ 912, 917 BGB); dies gilt auch für die Klage auf Duldung der Zwangsvollstreckung, einerlei ob diese als Haftungsklage erhoben wird, um eine Mitberechtigung, ein Verwaltungsrecht des Beklagten oder dergleichen als Vollstreckungshindernis auszuschließen (→ § 737 Rdnr. 1, → § 743 Rdnr. 1a, → § 745 Rdnr. 2, → § 748 Rdnr. 2) oder um eine reine *Haftung* unabhängig von einer Leistungspflicht des Beklagten oder eines Dritten mit einem bestimmten Vermögen oder einem bestimmten Vermögensstand zu verwirklichen, vgl. insbesondere §§ 1113, 1147 (*Hypothek*), 1191 (*Grundschuld*), 1199 (*Rentenschuld*), § 1233 Abs. 2 (*Vertragspfand*) BGB, § 371 Abs. 3 (*Zurückbehaltungsrecht*)[37], § 486

17

1984, 155 f.; dazu *Hadding* JZ 1970, 305; *Marotzke* ZZP 98 (1985), 160 (176 f.); differenzierend bei Verbandsklagen nach § 13 Abs. 1 und 1a UWG *ders.* a.a.O. 178 ff.
[30] Insbesondere *Nikisch* § 38 IV 3; *Siber* (Fn. 7), 99 f.; *Neumann/Duesberg* JZ 1955, 480; *Esser/Weyers* Schuldrecht 2⁷ (1991) § 62 IV. Zum Unterlassungsanspruch bei der Verbandsklage → Fn. 8.
[31] *Larenz* Schuldrecht 2⁹ (1968) § 70 II; a.M. *Larenz* Schuldrecht 2¹² (1981) § 76 mit Nachw.; *Fikentscher* Schuldrecht⁸ (1992) § 114 III.
[32] So *Zeuner* (Fn. 7), 307; *Larenz* Schuldrecht 2¹² (Fn. 30).
[33] Dazu *BGHZ* 2, 394 = NJW 51, 843 = BB 684 = LM § 24 WarenZG Nr. 3; *RGZ* 101, 340; 151, 246. Die deliktische Unterlassungsklage mit dem Erfordernis des Verschuldens (so *RGZ* 48, 114) ist damit praktisch überholt (s. schon *RGZ* 60, 7).
[34] Z.B. *BGH* MDR 1962, 393 = NJW 731 = BB 315 = LM BGB § 342 Nr. 4.
[35] Dazu *LG Frankenthal* und *Larenz* NJW 1955, 263.
[36] So insbesondere auch *Baur*, *Fikentscher* und wohl auch *Zeuner* (alle Fn. 7); *Henckel* Parteilehre und Streitgegenstand im Zivilprozeß (1961), 82 ff.
[37] Hier für *Gestaltungsklage* OLG Hamburg MDR 1951, 741; 1958, 343; 1960, 315; *Baumbach/Hopt* HGB²⁹ (1995) § 371 Rdnr. 4 und andere Kommentare zum HGB sowie 18. Aufl. dieses Komm. (bei Fn. 41a). – Dagegen zutreffend *A. Blomeyer* ZPR² § 36 III 3.

(*Schiffsgläubiger*)[38] HGB, §§ 4, 102 BinnSchVerfG[39] und § 7 AnfG[40], oder ob schließlich statt zur Leistung unter Vorbehalt der Haftungsbeschränkung zu verurteilen, die Beschränkung sogleich geprüft und, falls es nicht zur Klageabweisung kommt, nur zur Duldung der Zwangsvollstreckung verurteilt wird[41] (→ § 780 Rdnr. 6). Der Duldungsanspruch kann auch dem **ausländischen Recht** entspringen (näher → Rdnr. 76).

18   bb) **Duldungsanspruch als Grundlage der Duldungsklage.** Für den *Duldungsanspruch* als Grundlage der Duldungsklage gelten dieselben Erwägungen wie für die Unterlassungsklage und den Unterlassungsanspruch (→ Rdnr. 8, 14). Zweifel können hier am ehesten bei den Klagen auf Duldung der Zwangsvollstreckung entstehen, mit denen keine echte Schuld mit beschränkter Haftung, sondern allein eine gegenständlich beschränkte Haftung geltend gemacht wird (Haftungsklage). Hier erscheint eine materielle Duldungspflicht vor allem deshalb entbehrlich, weil mit der Verurteilung der Schuldner kraft Vollstreckungsrechts der öffentlich-rechtlichen Pflicht unterworfen ist, die Vollstreckung in das haftende Vermögen zu dulden[42] und weil die Duldungspflicht grundsätzlich nicht die Pflicht zur Mitwirkung bei der Befriedigung des Gläubigers einschließt. Aber auch hier gilt das soeben zum Unterlassungsanspruch Bemerkte sinngemäß, insbesondere daß keine Notwendigkeit besteht, das Anspruchsdenken des BGB auch in diesem Punkte ganz aufzugeben oder nur bei etwaigen, vom BGB nicht geregelten Duldungspflichten, und damit die Einheitlichkeit der Haftungsklagen zu zerstören. Im übrigen haben diese Erörterungen vorwiegend dogmatische Bedeutung und ändern unstreitig jedenfalls nichts daran, daß die Unterlassungs- und Duldungsklagen alle zu den sog. Leistungsklagen gehören, → Rdnr. 22.

e) Beschränkte oder unbeschränkte Haftung des Gegners

21   Für das Wesen der Leistungsklage ist es unerheblich, ob der Beklagte für die Erfüllung des Anspruchs *unbeschränkt* oder wie in §§ 305, 780 *beschränkt haftet*, und ob die Vollstreckung unbedingt oder wie bei der Leistung Zug um Zug und sonst nur bedingt zulässig ist, § 726. Ebenso bleibt es sich gleich, ob Verurteilung zur Leistung an den Gläubiger oder an einen Dritten gefordert wird, → Rdnr. 3 vor § 50.

f) Verurteilung aufgrund der Leistungs- (Unterlassungs-, Duldungs-)klage

22   Das **Ziel** der Leistungsklage, die Verurteilung des Beklagten, enthält nach ihrem Wortlaut und Sinn einen *Leistungs*-[43] oder *Unterlassungsbefehl*[44] und diesem entsprechend bei Duldungsurteilen einen *Duldungsbefehl*. Sein praktischer Wert mag freilich gering sein und sich in einer unsicheren psychologischen Wirkung erschöpfen. Das praktisch Bedeutsame an der

---

[38] S. etwa *RGZ* 72, 353; ferner *BGHZ* 3, 321; 6, 108.
[39] Z. B. *RGZ* 67, 354.
[40] Vgl. auch *RG* Gruchot 46 (1902), 1016 f.
[41] S. *RGZ* 69, 292 (beim *Erben*); 137, 54 (beim *Vermögensübernehmer*).
[42] Deshalb bei »reinen Haftungsklagen« dagegen *A. Blomeyer* ZPR² § 36 III; *Bötticher* Festschrift für *Dölle* 1 (1963), 50; *Schlosser* (Fn. 1), 109; → auch Fn. 6, ferner *Strohal* Schuldübernahme (1910), 44 f., *ders.* Festgabe für *Binding* (1914), 17 ff.; *v. Tuhr* Allgemeiner Teil 1 (1910), 105 ff.; *Hein* (Fn. 1), 65 ff., 100 ff.; *Geib* Rechtsschutzbegehren (1909), 159 ff.; *Landau* AcP 99 (1906), 457 f., die insoweit eine Gestaltungsklage annehmen; a. M. auch 18. Aufl. dieses Komm.
[43] Für Annahme des Leistungsbefehls im Urteil *Wach* Hdb., 12; *Langheineken*, 203 ff.; *Hellwig* Anspruch (Fn. 1), 118 f.; *ders.* System 1, 38 f.; *Stein* Voraussetzungen, 7 ff. (sämtlich Fn. 1); *Kuttner* Urteilswirkungen außerhalb des Zivilprozesses (1914), 23 Fn. 18; *Rosenberg/Schwab/Gottwald*¹⁵ § 92 I 1; *Nikisch* Lb² § 38 I; *Jauernig* ZPR²⁴ § 34 I; *A. Blomeyer* ZPR² § 35 I u. a. – A.M. *Schultze* Grünhut 28, (1901), 531; *Wach* (Fn. 14), 34 ff., ZZP 32 (1904), 28, *Kisch* (Fn. 1) Beiträge, 23 ff.; *Goldschmidt* Ungerechtfertigter Vollstreckungsbetrieb. Ein Beitrag zu der Lehre von den Vollstreckungsgrundlagen (1910), 46; *Heim* Feststellungswirkung des Zivilurteils (1912), 31 ff., 45 ff.; *Schlosser* (Fn. 1), 102 f. u. a. – Praktische Unterschiede ergeben sich aus der Verschiedenheit der theoretischen Auffassung kaum; vgl. auch *Pecher* (Fn. 7), 171.
[44] *Eltzbacher* (Fn. 7), 196.

Verurteilung ist, daß sie regelmäßig einen *Vollstreckungstitel* schafft und die Grundlage für den Anspruch gegen den Staat auf Durchführung der Vollstreckung (den *Vollstreckungsanspruch*) bildet. Den Vollstreckungsanspruch kann man als vollstreckungsrechtliche Ergänzung des Rechtsschutzanspruchs (→ Einl. Rdnr. 214ff.) ansehen, er ist gegen den Staat gerichtet und verpflichtet diesen, auf Antrag des Gläubigers durch seine Vollstreckungsorgane die gesetzlich zulässige Vollstreckungshandlung vorzunehmen (→ Rdnr. 25ff. vor § 704). **Insoweit** enthält auch das Leistungsurteil eine (prozessuale) Rechtsgestaltung. Damit wird es aber nicht Gestaltungsurteil[45] (→ Rdnr. 60) weil es sich hierbei nur um eine Nebenwirkung handelt, die bei der prozeßrechtlichen Begriffsbildung hinsichtlich der Urteils- und dementsprechend der Klagearten vernachlässigt wird und weil übrigens in einigen Fällen Verurteilungen trotz eines Leistungsbefehls rechtlich nicht vollstreckbar sind (so nach § 510b in Verbindung mit § 888a, nach § 888 Abs. 2 [Herstellung des ehelichen Lebens, Leistung von Diensten aus einem Dienstvertrag] und nach § 894 [Abgabe einer Willenserklärung]). Die rein tatsächliche Unmöglichkeit, ein Urteil zu vollstrecken, schließt erst recht die Verurteilung nicht aus[46]. Rechtsstaatlichen Grundsätzen entsprechend, können Leistungsbefehle usw. nur ausgesprochen und der Vollstreckungsanspruch nur zuerkannt werden, wenn das Gericht die Überzeugung erlangt hat, daß der eingeklagte Anspruch besteht. Das Urteil bringt diese Überzeugung stillschweigend im Ausspruch der Verurteilung zum Ausdruck und belegt sie näher in seinen Gründen. Mit der formellen Rechtskraft der Entscheidung erlangt die Feststellung dieser Überzeugung im Urteil die sog. materielle Rechtskraft oder Feststellungswirkung. Insoweit deckt sich das Leistungsurteil mit einem Feststellungsurteil (→ Rdnr. 34). Daß es über dieses jedoch hinausgeht, zeigt sich etwa, wenn man das Leistungsurteil mit dem eine negative Feststellungsklage abweisenden Urteil vergleicht, das den Anspruch des Beklagten feststellt (→ § 256 Rdnr. 168, 172), aber den Kläger nicht verurteilt[47], oder wenn man die Verurteilung zur Leistung Zug um Zug (§§ 274, 322 BGB) betrachtet, bei der beide Ansprüche geprüft werden, aber nur für den einen der Leistungsbefehl ergeht[48] (§ 726).

Auch die Urteile auf *Unterlassung* oder *Duldung* bilden einen *Vollstreckungstitel*, s. § 890, und geben demnach einen Vollstreckungsanspruch, einschließlich der Verurteilungen zur Duldung der Zwangsvollstreckung[49]. Das *Besondere der Leistungsklage* liegt danach darin, daß sie mit der Verurteilung nicht nur eine Feststellung, sondern in aller Regel auch den Vollstreckungsanspruch nebst Leistungsbefehl erstrebt und nur ausnahmsweise neben der Feststellung allein den Leistungsbefehl ohne Vollstreckungsanspruch begehrt. 24

g) Verfahrensarten, Vorbehaltsurteile

Unerheblich für das Wesen der Leistungsklage ist ihre *prozessuale Form*: Die Klage im ordentlichen Prozeß und im Urkundenprozeß, das Mahngesuch und das Gesuch um eine einstweilige Verfügung auf eine Geldleistung (→ Rdnr. 38 vor § 935) sind systematisch gleichwertig. Auch einstweilige Verfügungen sowie Arrestanordnungen können eine Verurteilung enthalten und einen Vollstreckungsanspruch begründen, wenn auch die Vollstrek- 26

---

[45] *Stein* Grundfragen der Zwangsvollstreckung (1912), 12; *Hellwig* Lb 1, 47 Fn. 23; *Kisch* (Fn. 1), 58. Auch *Sohm* Widerspruchsklage (1908), 33 trennte sie von den Gestaltungsurteilen im engeren Sinn; ähnlich *Hein* (Fn. 1), 104. *Schlosser* (Fn. 1), 104 faßt Leistungs- und Gestaltungsklage wieder enger zusammen; vgl. auch *Allorio* ZZP 67 (1954), 321ff. (331f.).
[46] *Stein* Voraussetzungen (Fn. 1), 111ff.; *Kuttner* Die privatrechtlichen Nebenwirkungen der Zivilurteile (1908), 147; *RGZ* 51, 182; *RG* JW 1908, 68; *OGHZ* 1, 128 (133).

[47] Vgl. *RG* JW 1910, 484f.
[48] *Stein* (Fn. 1), 48; *Reuter* Verurteilung zur Leistung Zug um Zug nach deutschem Reichsrecht (1909), 35, 63f., vgl. auch *RGZ* 100, 197.
[49] Vgl. *Hein* (Fn. 1), 24f., 154f. (mit Lit.). – A. M. (für Feststellungsklage) *Nissen* JW 1902, 437; *Hirsch* Die Übertragung der Rechtsausübung. Vervielfältigung der Rechte (1910), 454f. (s. aber auch das. 457 Fußn. 2); *Geib* (Fn. 41), 146 u. a.

kungsmaßnahmen im allgemeinen nicht bis zur Befriedigung des Gläubigers durchgeführt werden (→ auch Rdnr. 67, 22). Daß bei den Vorbehaltsurteilen der §§ 302, 599 die mit der Verurteilung verbundene Feststellung nur auflösend bedingt getroffen wird, ändert am Wesen der Klage und dieser Urteile nichts.

2. Feststellungsklage

a) Begriff und Zweck, Arten, Voraussetzungen

31   Mit den Feststellungsklagen (selbständige Feststellungsklage, Zwischenfeststellungsklage, → § 256 Rdnr. 4, 6) werden Urteile angestrebt, die auf **Feststellung** des Bestehens oder Nichtbestehens eines **Rechtsverhältnisses** oder auf Feststellung der **Echtheit** oder Unechtheit einer **Urkunde** (→ § 256 Rdnr. 51) gerichtet sind. § 256 Abs. 1 gestattet die *selbständige Feststellungsklage*, § 256 Abs. 2 die *Zwischenfeststellungsklage*. Voraussetzung für die selbständige Feststellungsklage ist ein **Interesse** an alsbaldiger Feststellung (→ § 256 Rdnr. 61 ff.); bei der *Zwischenfeststellungsklage* ist ein solches Interesse *nicht* erforderlich, notwendig ist jedoch, daß das festzustellende **Rechtsverhältnis vorgreiflich** für die Entscheidung über den Hauptanspruch ist (→ § 256 Rdnr. 139). Die Feststellung der Echtheit (Unechtheit) einer Urkunde kann mit der Zwischenfeststellungsklage nicht begehrt werden.

b) Ausschluß durch andere Rechtsbehelfe

32   In vielen Fällen ist das **Interesse** des Klägers an einer *selbständigen Feststellungsklage* zu verneinen, wenn dasselbe Ziel durch andere Rechtsbehelfe erreicht werden kann, → § 256 Rdnr. 79 ff.

c) Zulässigkeit des Zivilrechtswegs

33   Sowohl die selbständige Feststellungsklage als auch die Zwischenfeststellungsklage sind nur insoweit zulässig, als für den jeweiligen Streitgegenstand die Zulässigkeit des Zivilrechtswegs eröffnet ist (allgemein hierzu → Einl. Rdnr. 339 ff.). In aller Regel wird daher das festzustellende Rechtsverhältnis dem (deutschen, aber auch ausländischen) **Privatrecht** angehören. Feststellungsklagen über **öffentlich-rechtliche** Rechtsverhältnisse sind insoweit zulässig, als es sich um Streitigkeiten handelt, für die der Zivilrechtsweg eingeräumt ist (→ Einl. Rdnr. 346, sowie zu den »Zivilprozeßsachen kraft Zuweisung« → Einl. Rdnr. 386 ff.). **Zwischenfeststellungsklagen**, die sich im Rahmen einer bürgerlichen Rechtsstreitigkeit auf die Feststellung eines **vorgreiflichen öffentlich-rechtlichen** Verhältnisses richten, sind **unzulässig**, wenn für diesen Streitgegenstand der Rechtsweg zu den Zivilgerichten nicht besteht (→ § 256 Rdnr. 147).

d) Feststellungsurteil

34   Das auf die selbständige Feststellungsklage oder auf die Zwischenfeststellungsklage ergehende Urteil enthält (nicht mehr als) eine Feststellung. *Diese* Feststellung bedarf keiner Vollstreckung. Mit Rechtskraft des Urteils erlangt sie ihre Verbindlichkeit. Das Feststellungsurteil ist jedoch nur hinsichtlich des *Kostenausspruchs vollstreckbar* (→ § 256 Rdnr. 172 und → Rdnr. 46 vor § 704).

3. Gestaltungsklage

a) Name

Der *Name*[50] Gestaltungsklage[51] hat sich für diejenigen Klagen durchgesetzt, die ein unmittelbar die Rechtslage änderndes Urteil erstreben. **39**

b) Zweck der Gestaltungsklage

Zweck des Rechtsinstituts der Gestaltungsklage ist vor allem die Verschaffung von **Rechts-** **40** **gewißheit** für privatrechtliche Beziehungen durch Überantwortung der **Rechtsgestaltung an den Richter** und die mit dieser Überantwortung einhergehende Sicherheit, daß die Gestaltung nur in den vom Gesetz vorgesehenen Fällen eintritt. Wenn nämlich das materielle Privatrecht es weitgehend den Rechtsträgern selbst überläßt, durch rechtsgeschäftliches Handeln, insbesondere durch Ausübung von Gestaltungsrechten, ihre Rechtsbeziehungen zu regeln und dabei Rechtsfolgen zu erzeugen, zu ändern oder zu vernichten, und es sich darauf beschränkt, nur die Voraussetzungen für die Wirksamkeit derartigen Handelns zu regeln, so nimmt es notwendig in Kauf, daß unter Umständen noch lange nach Vornahme dieser Handlungen *Ungewißheit* darüber besteht, wie nun eigentlich die Rechtslage ist, bis dies gegebenenfalls nachträglich durch eine Leistungs- oder Feststellungsklage geklärt wird. Wo dies nicht tragbar erscheint, bietet sich der Ausweg, *vor* Eintritt der erstrebten Rechtsfolgen das Gericht prüfen zu lassen, ob die Voraussetzungen dafür auch wirklich gegeben sind und demgemäß diese Folgen erst mit dem diese Prüfung abschließenden Urteil eintreten zu lassen[52]. Statt daß eine Partei durch Ausübung eines Gestaltungsrechts selbst unmittelbar die Rechtslage ändert, *bewirkt* beim Gestaltungsurteil *erst der Richterspruch* die Änderung, die die Partei mithin nur mittelbar durch eine entsprechende Klage erlangen kann. Diesen Weg ist der Gesetzgeber vor allem dort gegangen, wo das Interesse der Parteien oder des Rechtsverkehrs stärker als sonst nach Rechtssicherheit verlangen.

c) Grundlage der Gestaltungsklage

Grundlage der Gestaltungsklage ist ebensowenig wie bei der Feststellungsklage ein privat- **41** rechtlicher Anspruch gegen den Gegner[53], weil dieser die Rechtsänderung, die mit der Klage erstrebt wird, gar nicht selbst gewähren kann. Selbst dort, wo die Gestaltungsklage *neben* der rechtsgeschäftlichen Rechtsänderung zur Wahl steht, wie z.B. bei der Auflösung einer OHG,

---

[50] *Langheineken* (Fn. 1), 97 ff., 220 ff. nennt sie »Bewirkungsklage«; *Hellwig* Lb 1, 393 »Klage auf Rechtsänderung«; *Flechtheim* Gruchot 44 (1889), 67 sehr einseitig »Aufhebungsklage« usw.; weitere Hinweise über die Herkunft des Ausdrucks bei *Schlosser* (Fn. 1), 18.

[51] Diese dritte Kategorie ist jetzt allgemein anerkannt. S. *Balog* Grünhut 34 (1890), 123 f., und jetzt vor allem die umfassende Darstellung von *Schlosser* (Fn. 1) mit Nachw. sowie ebenfalls aus neuerer Zeit: *Henckel* Parteilehre und Streitgegenstand im Zivilprozeß (1961) v. a. 31 ff.; *Bötticher* (Fn. 42); *ders.* Gestaltungsrecht und Unterwerfung im Privatrecht (1964) und dazu eingehend *R. Bruns* ZZP 78 (1965), 264 ff.; *Calavros* Urteilswirkungen zu Lasten Dritter (1978); *Grunewald* ZZP 101 (1988), 152; *Ramer* Die prozessualen Gestaltungsklagen des schweizerischen Rechts in rechtsvergleichender Darstellung mit dem deutschen Recht (Zürich 1973); *Rothe* AcP 151 (1950/51), 33 ff.; *K. Schmidt* JuS 1986, 35; *ders.* Mehrseitige Gestaltungsprozesse bei Personengesellschaften (1992); *Staab* Gestaltungsklage und Gestaltungsklagerecht (1967) → Fn. 56. Früher besonders gegen sie *Kohler* ZZP 29 (1901), 9 ff.; RheinZ 1 (1909) 39 f.; *Hölder* AcP 93 (1902), 265 (275 ff.); *ders.* ZZP 29 (1901), 61 ff.; *ders.* Über das Klagerecht (1903), 15 ff.; *Schwartz* Das Billigkeitsurteil des § 829 BGB (1904), 52 f. u. a.

[52] So z.B. das französische Recht, vgl. *Helmreich* Selbsthilfeverbot des französischen Rechts und sein Einfluß auf Gestaltungs- und Gestaltungsklagerecht (1967).

[53] So auch *Langheineken* (Fn.1) 220 ff.; *Nußbaum* Prozeßhandlung (1908), 56; *J. Goldschmidt* Festschr. für *Brunner* (1914), 136 Fn. 2; *Henckel* (Fn. 50) 33 f.; *Schlosser* (Fn. 1) 366 ff.; *ders.* ZPR² (1991) Rdnr. 209; vgl. auch OLG Dresden SächsAnn 27, 60 (»Kein Anspruch«). Anders (privatrechtliches Recht auf Rechtsgestaltung): *Baumbach/Lauterbach/Hartmann*[55] (1996) Rdnr. 10 Grundzüge vor § 253; *Rosenberg/Schwab/Gottwald*[15] (1993) § 94 I 2; *Thomas-Putzo*[19] Rdnr. 5.

die auch durch Gesellschafterbeschluß oder Kündigung ebenso wie durch Auflösungsklage herbeigeführt werden kann, vermag der Gesellschafterbeschluß die Gestaltungsklage nur gegenstandslos zu machen[54] und jedenfalls nie die richterliche Rechtsgestaltung mit ihren besonderen Folgen der Unangreifbarkeit erreichen. Deshalb überzeugt auch die Unterscheidung zwischen »echter« und »unechter« Gestaltungsklage nicht, nach der von einer »unechten« Gestaltungsklage zu sprechen sei, wenn der Gestaltungserfolg mit hauptsacheerledigender Wirkung durch Handlungen der *Parteien* herbeigeführt werden könne[55], während eine »echte« Gestaltungsklage nur vorliege, wenn die begehrte Gestaltung nicht anders als durch Richterspruch vorzunehmen sei (z. B. Ehescheidung, -nichtigkeitserklärung).

d) Anspruch auf Rechtsgestaltung, Recht auf Rechtsgestaltung, Gestaltungsanspruch

43 Der Anspruch auf Rechtsgestaltung, den der Kläger besitzt, ist ein Recht, das sich nur gegen den Staat richtet, und das man als Erscheinungsform des Justizgewährungsanspruches (→ Einl. Rdnr. 204 ff.) ansehen kann, hier als Anspruch auf Gewährung von Rechtsschutz durch eine rechtsgestaltende richterliche Entscheidung geltend gemacht[56]. Die Gestaltungsklage erweist sich damit ebenso wie die Feststellungsklage als ein *besonderes prozeßrechtliches Institut*, dessen Gegenstand zwar auch ein Anspruch im Sinne des § 194 BGB (→ Rdnr. 7) sein kann – z. B. wenn eine Vertragsstrafe herabgesetzt wird (§ 343 BGB) –, das aber einen solchen nicht zur Grundlage hat. Auch wenn in § 556a BGB dem Mieter ein Anspruch gegen den Vermieter zuerkannt ist, von diesem die Fortsetzung des Mietverhältnisses zu verlangen, so wird mit der Gestaltungsklage gerade nicht die Erfüllung eines privatrechtlichen Anspruchs auf Abschluß eines Verlängerungsvertrages geltend gemacht; denn die Verlängerung spricht das Gericht rechtsgestaltend aus. Dies ist auch nach der offensichtlichen Absicht des Gesetzgebers der einzige Weg, um die Verlängerung zwangsweise durchzusetzen, und dem privatrechtlichen Anspruch auf Verlängerung fehlt für eine Leistungsklage die Rechtsschutzfähigkeit[57]. Als Grundlage genügt für die Gestaltungsklage eine vorprozessuale meist materiellrechtlich zu beurteilende Rechtslage (*Gestaltungsgrund*); zu ihr gehört stets eine Vorschrift, die die richterliche Gestaltung auf Klage hin gestattet. Sie kann dem **Privatrecht** oder dem **öffentlichen Recht** (→ Rdnr. 57 a. E.) angehören. Der Gestaltungsgrund muß nicht dem deutschen Recht entstammen. Daher ist eine Gestaltungsklage nicht deshalb unzulässig, weil auf sie **ausländisches Recht** anzuwenden ist (näher → Rdnr. 78).

44 Vielfach wird angenommen, daß der Gestaltungsklage ein regelmäßig privatrechtliches *Recht des Klägers auf Gestaltung gegenüber dem Beklagten* zugrunde liege[58]. Diese Konstruktion ist weder nötig, um die Unterworfenheit des Gegners unter die richterliche Gestaltung und damit mittelbar auch unter den Willen des Klägers, der durch seine Klage das

---

[54] Vgl. *RG* Gruchot 53 (1909), 697 f.
[55] So aber *Becker* ZZP 97 (1984), 322 ff.; *Lüke* JuS 1969, 305 ff.; *MünchKommZPO-Lüke* Rdnr. 28. Dagegen (wie hier) z. B. *K. Schmidt* (Fn. 51) 24 ff.
[56] *Dölle* Festschr. für *Bötticher* (1969), 93 (97 ff.); *Henckel* (Fn. 51), 31 f.; *Schlosser* (Fn. 1), 374 ff. (»Gestaltungsanspruch« als Vollstreckungsanspruch); kritisch *Costede* Studien zum Gerichtsschutz. Grundlagen des Rechtsschutzes in der Streitigen und Freiwilligen deutschen Zivilgerichtsbarkeit (1977), 72 f.; vgl. auch *Arens* Streitgegenstand und Rechtskraft im aktienrechtlichen Anfechtungsverfahren (1960), 31 und *Schmidt* (Fn. 51), 37.
[57] Zur Klage nach § 556a BGB s. näher *Schlosser* (Fn. 1), 54 f., 63, 123, 368; zur Unklagbarkeit → Rdnr. 87.
[58] Besonders *Seckel* Gestaltungsrechte (Festgabe für Koch 1903), 205 ff.; *Hellwig* Anspruch (Fn. 1), 120, 467; ders. Klagrecht (Fn. 1), 62; ders. Lb 1, 41, 232 f., 319, *Lent* Die Gesetzeskonkurrenz im bürgerlichen Recht und Zivilprozeß 2 (1916), 288; *Rosenberg/Schwab/Gottwald*[15] § 94 I 2; *Hegler* Beiträge zur Lehre vom prozessualen Anerkenntnis und Verzicht (1903), 16; *Jaeger* ZZP 40 (1910), 134; *Bergk* Familienrechtliche Streitfragen (1914), 17 f.; *A. Blomeyer* ZPR² § 38 III; *de Boor* Jud. 1 (1928/29), 272 (mit Lit.); *Bötticher* Festschrift für *Rosenberg* (1949), 82; *Esser* Rechtsprobleme der Gemeinschaftsteilung (1951), 72; *Arens* (Fn. 56), 33; *Nikisch* Der Streitgegenstand im Zivilprozeß (1935), 54 ff., 124; ders. Lb² § 40 II 1 155 f.; *Baumbach/Lauterbach/Hartmann*[55] Rdnr. 10; *Thomas/Putzo*[19] Rdnr. 5 ff.; obiter dictum in BGHZ 30, 143, 149; unklar *Enneccerus/Nipperdey* Allgemeiner Teil[15] (1959) § 73 I 3.

Gestaltungsurteil auslöst, zum Ausdruck zu bringen[59], noch bedarf es ihrer, um die funktionale[60] Gemeinsamkeit von rechtsgeschäftlicher und richterlicher Gestaltung besonders zu betonen. Auch das praktische Bedürfnis zwischen »materiell-rechtlichen« und »prozessualen« Voraussetzungen der Gestaltungsklage zu trennen, z. B. um bei Auslandsbeziehungen zu sagen, welches Recht anwendbar ist, oder um die ohnedies nicht sonderlich bedeutsame Frage zu beantworten, ob eine Abweisung durch Prozeß- oder Sachurteil zu erfolgen hat, stellen keinen hinreichenden Grund dar; denn unter den Voraussetzungen einer erfolgreichen Gestaltungsklage lassen sich auch diejenigen herausschälen, die in gleicher oder ähnlicher Weise bei anderen Klagen Prozeßvoraussetzung und deshalb nach prozessualen Grundsätzen zu beurteilen sind. Die Konstruktion eines Rechts auf Gestaltung verwischt aber vor allem die durchsichtige klare Unterscheidung zwischen einem Gestaltungsrecht, bei dem der Berechtigte ohne Mitwirkung eines Dritten die Rechtsänderung herbeiführt, und dem Anspruch, der sich darin erschöpft, von einem anderen eine Leistung verlangen zu können. Wenn dabei den Gestaltungsrechten mit dem »Recht auf Gestaltung« ein Recht eingegliedert wird, das dem Inhaber zwar die Macht zur Rechtsänderung ohne Mitwirkung eines Beteiligten verleiht, aber nicht ohne Mitwirkung einer Behörde oder – wie hier – eines Gerichts, wird der Begriff des Gestaltungsrechts insofern verwässert, als er ein sonst gegensätzliches Recht, einen Anspruch – hier den Rechtsschutzanspruch – mit einschließt[61]; was aber über diesen Anspruch gegen den Staat hinausgeht (das Recht gegenüber der anderen Partei) besteht nur in der Unterworfenheit unter das Gestaltungsurteil und damit mittelbar unter den Willen des Klägers, der dieses Urteil erwirkt hat. Bei der Feststellungsklage lehnt man es seit langem einmütig ab, neben der Unterwerfung des Beklagten unter das ergehende Urteil ein Recht gegenüber dem Beklagten auf richterliche Feststellung in irgendeiner Form (etwa auch ein Recht auf »Anerkennung« der Feststellung durch den Beklagten) zu bejahen (→ § 256 Rdnr. 2), und auch bei der Leistungsklage wird neben der Unterwerfung des Beklagten unter den Leistungsbefehl und neben der Vollstreckbarkeit des Urteils ein etwaiges privates »Recht« gegenüber dem Beklagten auf Vollstreckung nicht mehr erörtert. *Das Recht auf Gestaltung widerspricht daher der Systematik unseres Rechts und sollte lieber aufgegeben werden*[62].

e) Zulässigkeit der Gestaltungsklage

Ob eine *Gestaltungsklage zulässig* ist, bestimmt sich danach, ob die Rechtsordnung (u. U. das *ausländische* Recht → Rdnr. 78) sie gestattet. Die entsprechenden Vorschriften sind Sonderregeln. Damit ist aber – wie sonst auch (→ Einl. Rdnr. 93) – deren entsprechende Anwendung nicht etwa ausgeschlossen[63]; nur ist mit Vorsicht zu prüfen, ob wirklich die dafür erforderliche Rechtsähnlichkeit gegeben ist[64]. Bei der Auslegung der einschlägigen Vorschrift

---

[59] S. dazu aber *Bötticher* (Fn. 51).
[60] Die keine instrumentale ist, dazu *Bruns* (Fn. 51).
[61] Dazu *Lehmann/Hübner* Allg. Teil des BGB[16] (1966) § 13 II 3 (die das Recht auf Rechtsgestaltung bejahen): »Nur die Herrschaftsrechte erzeugen Ansprüche, sind Anspruchsrechte – die Gestaltungsrechte dagegen nicht«; inhaltlich mit dem Text übereinstimmend *Schlosser* (Fn. 1), 381: »öffentlich-rechtlicher Anspruch auf Gestaltung«, sowie *Henckel* (Fn. 51), 34.
[62] So im Ergebnis vor allem *Henckel* (Fn. 51), 31 ff., 95, 199, 286 sowie die anderen in Fn. 55 Genannten; *Pohle* AcP 155 (1956), 169 f.; für die Ehescheidung ablehnend auch *Müller-Freienfels* Ehe und Recht (1962), 231 f.; *Dölle* Familienrecht 1 (1964), 563 f.; für zweigliedrigen Tatbestand (privatrechtliches Gestaltungsrecht und obrigkeitlicher Akt): *Gernhuber* Familienrecht[3] (1980) § 2 III 2, 3; ferner grundsätzlich dagegen *J. Goldschmidt* ZPR[2]

§ 15 zu 2 c; *Schlosser* (Fn. 1), 381; *de Boor* Gerichtsschutz und Rechtssystem (1941), 59 unter Aufgabe seiner früheren Ansicht (Fn. 58).
[63] Beispiele → Fn. 68, 70, 71, 82; vgl. auch BGHZ 26, 30.
[64] S. auch Mot. zum BGB 1, 369; *Pollak* (Fn. 1), 77; *Kisch* (Fn. 1), 55; RGZ 31, 97 und *Schlosser* (Fn. 1), 276 f. Deshalb ist keine Auflösungsklage analog § 140 HGB bei der stillen oder der BGB-Gesellschaft möglich, vgl. *A. Hueck* Festschrift Heymanns-Verlag (1966), 294 f. Zwar gibt es im Recht der GmbH keine Ausschlußklage; der BGH läßt diese Klage wegen eines wichtigen Grundes in der Person des Gesellschafters zu, auch wenn die Satzung dies nicht vorsieht, BGHZ 9, 157; hierzu auch *Spitze* Der Ausschluß eines GmbH-Gesellschafters aus wichtigem Grund bei Schweigen der Satzung (1985), 55 ff.

ist nicht entscheidend, ob das Gesetz von »nichtig erklären«, »anfechten«, »bestimmen«, »festsetzen« oder etwa mißverständlich von »feststellen« spricht. Maßgeblich ist allein das Wesen des erstrebten Urteils, ob es nämlich die *Rechtslage ändert*. Dazu gehören auch die Fälle, in denen das Gesetz ein Recht an sich bereits als bestehend oder nichtbestehend anerkennt, das Geltendmachen seines Bestehens oder Nichtbestehens aber bis zum Richterspruch ausschließt, wie z.B. bei der »nichtigen« Ehe nach § 29 EheG. Der *Charakter eines Urteils als Gestaltungsurteil* wird aber nicht dadurch beseitigt, daß in gewisser Beziehung oder unter bestimmten, eng begrenzten Voraussetzungen eine an sich erst mit der formellen Rechtskraft des Gestaltungsurteils eintretende Rechtsänderung vorher geltend gemacht werden kann[65]. Andererseits genügt es nicht, daß ein Leistungs- oder Feststellungsurteil auch gestaltende Momente enthält, wie sie jedes Urteil mehr oder weniger aufweisen kann, z.B. wenn es das Recht fortbildet oder die abstrakte Norm bei ihrer Anwendung konkretisiert (→ Einl. Rdnr. 24) oder wenn es im Rahmen eines dem Richter eingeräumten Ermessens oder Beurteilungsspielraums entscheidet, und selbst in Fällen, in denen eine Partei ausnahmsweise einen unbestimmten Antrag stellen darf und die genauere Entscheidung ausdrücklich dem richterlichen Ermessen anheimstellt[66].

f) Umfang der Gestaltung

48 Die Grenzen der **Gestaltungsklage** hängen danach weniger davon ab, ob überhaupt gestaltet wird, als davon, in welchem Maße dies geschieht. Es braucht nicht immer ein völlig neues Recht geschaffen oder ein Recht völlig vernichtet zu werden. Die Änderung kann sich auch auf die Begründung vorzeitiger Fälligkeit eines Anspruchs (s. §§ 1385 f. BGB, → Rdnr. 50) oder auf die Festsetzung der Höhe einer dem Grunde nach bereits bestehenden Forderung beschränken (→ Rdnr. 56, 60, 68). Dies erklärt es, daß die Grenzen zum Teil fließend sind und in manchen Einzelfragen die Ansichten auseinander gehen. Die Charakterisierung einer Klage wird auch dadurch erschwert, daß häufig bei Verbindung einer Leistungs- mit einer Gestaltungsklage (→ Rdnr. 74) nur die Verurteilung ausdrücklich beantragt wird, ohne daß damit die Klage zur reinen Leistungsklage würde (→ Rdnr. 60 zum sog. *verdeckten Gestaltungsurteil*). Eine Zusammenstellung von Gestaltungsklagen, die auf Vollständigkeit keinen Anspruch erhebt, ist nachstehend zu g) für die in die Zukunft wirkenden, zu h) für die rückwirkenden Gestaltungsurteile gegeben.

g) Gestaltung (nur) für die Zukunft (ex nunc)

49 Die meisten Klagen dieser Art erstreben eine **Gestaltung für die Zukunft (ex nunc)**, d.h. der Richterspruch soll erst mit seinem Wirksamwerden – regelmäßig also mit Eintritt der formellen Rechtskraft – die Rechtslage ändern; er will es jedoch dabei belassen, daß sie bis zu diesem Zeitpunkt anders war.

50 Hierher gehören namentlich der *Scheidungsantrag*[67] (§§ 1564 ff. BGB) und die Klage auf Aufhebung der Ehe (§§ 28 ff. EheG), auf Aufhebung der *Gütergemeinschaft* oder der fortgesetzten Gütergemeinschaft (§§ 1447–1449, 1469, 1495 f., 1388 BGB), die Klage auf vorzeitigen Ausgleich des Zugewinns beim gesetzlichen Güterstand[68], ferner die Klagen auf Änderung *handelsrechtlicher Gesellschaftsverhältnisse*, nämlich auf Auflösung der offenen Han-

---

[65] Zur nichtigen Ehe RG JW 1927, 1209.
[66] S. insbesondere zum Schmerzensgeld *Rothe* AcP 151 (1950/51), 33 (mit Lit.) und → § 253 Rdnr. 53 ff. – A.M. *OLG Hamm* MDR 1948, 281.
[67] Das Recht auf Scheidung ist das Recht auf richterlichen Ausspruch der Scheidung; vgl. auch *Machleid* AcP 151 (1950/51), 214.
[68] S. *Baur* FamRZ 1962, 509; → auch Fn. 91; → auch Rdnr. 48.

delsgesellschaft oder Kommanditgesellschaft §§ 133, 131 Nr. 6, § 161 HGB[69] oder der Gesellschaft mit beschränkter Haftung (§§ 61f., § 60 Nr. 3 GmbHG)[70], auf Übernahme des Geschäfts durch einen Gesellschafter (§ 142 Abs. 1 HGB)[71], auf Ausschließung eines Gesellschafters (§ 140 HGB)[72], auf Entziehung der Befugnis zur Geschäftsführung (§ 117 HGB) oder der Vertretungsmacht (§ 127 HGB)[73], auf Nichtigerklärung einer Aktiengesellschaft (§ 275 AktienG)[74], einer GmbH (§ 75 GmbHG) oder einer Genossenschaft (§ 94 GenG)[75]. Zu ihnen sind ferner zu rechnen: die sog. *Abänderungsklagen* auf Erhöhung oder Herabsetzung der Rente im Falle des § 323[76] und des § 8 HaftPflG (→ aber wegen deren zeitlich beschränkter Rückwirkung auch Rdnr. 58), die Klage auf Fortsetzung des Mietverhältnisses[77] (→ § 308a I). In diesen Zusammenhang gehört ferner der Antrag auf Fristsetzung in § 255[78]; zur Klage gemäß § 371 Abs. 3 HGB → Rdnr. 17. In den meisten Fällen ist ausdrücklich ausgesprochen, daß die Wirkung, die der Kläger erstrebt, erst mit der Rechtskraft des Urteils eintritt.

Klagen gleicher Art sind auch zahlreich auf dem Gebiete des öffentlichen, insbesondere des Prozeßrechts, indem hier namentlich im Zuge eines Vollstreckungsverfahrens die Beschaffung eines Tatbestandsmerkmals für die weitere Entwicklung in einen besonderen Prozeß verwiesen wird, so mit der Klage auf Erteilung der Vollstreckungsklausel nach §§ 731, 738, 742, 744, 745 Abs. 2, §§ 749, 796f., also diejenigen Fälle, wo die Vollstreckungsklausel konstitutive Bedeutung hat und die Vollstreckbarkeit nur für die Zukunft herbeiführt. Dasselbe trifft zu auf die Klage auf Vollstreckungsurteil nach §§ 722f., die Vollstreckungsgegenklage (§§ 767[79], 785), die Klage auf Beseitigung der Vollstreckungsklausel (§§ 768, 797 ZPO, § 164 Abs. 3 KO), die Widerspruchsklagen aus §§ 771[80], 774, 810 Abs. 2, § 805. 52

---

[69] *RGZ* 71, 254f.; 123, 153. – Dies gilt sinngemäß für die mangelhafte sog. faktische Gesellschaft *BGHZ* 3, 285 = JZ 1952, 305 = MDR 285 = NJW 97 = LM § 133 HGB Nr. 1. – Zu den handelsrechtlichen Gestaltungsklagen vgl. *Hueck* (Fn. 64), 287f.; ders. Anfechtbarkeit und Nichtigkeit von Generalversammlungsbeschlüssen (1924), sowie die handelsrechtlichen Lehrbücher und Kommentare.
[70] Vgl. *KG* OLG Rsp 27, 390; zur Auflösungsklage nach § 61 GmbHG vgl. *Becker* (Fn. 55), 314.
[71] Vgl. *BGHZ* 47, 297; ein rechtsgestaltendes Übernahmeurteil ist jedoch dann nicht erforderlich, wenn der Übernehmende arglistig getäuscht wurde – in diesem Fall genügt bereits eine rechtsgestaltende Übernahmeerklärung, *BGH* a.a.O. 301f.
[72] *RG* JW 1913, 548. – Dies gilt sinngemäß für die Ausschließung des Gesellschafters einer GmbH, *BGHZ* 9, 166 = JZ 1953, 513 = MDR 347 = NJW 780 = BB 332 = LM Nr. 1 zu § 34 GmbHG; s. näher *A. Hueck* Recht der OHG⁴ (1971), 82f., 443f.; vgl. auch *Winkler* Lückenfüllung im GmbH-Recht (1967) und *Spitze* Der Ausschluß eines GmbH-Gesellschafters aus wichtigem Grund bei Schweigen der Satzung (1985), 55ff.
[73] Gilt sinngemäß für entsprechende Klagen auf Entziehung von Befugnissen, die einem Gesellschafter (z.B. einem Kommanditisten) in einem Gesellschaftsvertrag eingeräumt wurden, *RGZ* 110, 421.
[74] *Hueck* (Fn. 64), 303f. mit Nachw. und die handelsrechtliche Lit.; a.M. *Rosenberg/Schwab/Gottwald*¹⁵ § 94 II 2 sowie die 18. Aufl. dieses Komm. Die Nichtigkeitsklage nach § 249 AktienG ist dagegen eine Feststellungsklage, *Hueck* (Fn. 64), 291; *Schlegelberger/Quassowski* AktienG³ (1939) § 201 Rdnr. 3; a.M. *Jauernig* ZPR²⁴ § 34 III A 2.
[75] S. *Pohle* ZgGenW 1953, 338f. zu *BGH* das. 332f. = *BGHZ* 7, 383 = NJW 1953, 258. – A.M. (Feststellungsklage) *Lang/Weidmüller* GenG³¹ (1984) vor § 94 Rdnr. 5.
[76] A.M. *A. Blomeyer* ZPR² § 87 IV; *Habscheid* ZZP 78 (1965), 449; Siehr Festschr. für *Bosch* (1976), 962.
[77] *Pergande* NJW 1964, 1934; a.M. *Burckhard* BB 1963, 912 (Leistungsklage); weitere Beispiele: Grenzberichtigungsklagen (§ 920 BGB) s. *Hoeniger* Grenzstreitigkeiten (1901), 90f.; *Roehnberg* ArchBürgR 11 (1896), 283; *Meisner/Ring/Götz*, Nachbarrecht in Bayern⁷ (1986) § 6 II mit weiterer Lit. – A.M. RGRK¹² § 920 Anm. 1; *Schlosser* (Fn. 1), 72 Fn. 8 u.a.
[78] *Schlosser* (Fn. 1), 72 Fn. 7, → auch § 255 Rdnr. 12.
[79] *BGHZ* 22, 56 = NJW 1957, 23 = LM Nr. 5 zu § 794 Abs. 1 Nr. 5; hierzu auch *Kainz* Funktion und dogmatische Einordnung der Vollstreckungsabwehrklage in das System der Zivilprozeßordnung (1984); *Münzberg* und *Brehm* Festschr. für *Baur* (1981), 517 (527) sehen die Gestaltungswirkung bei einer erfolgreichen Vollstreckungsabwehrklage darin, daß dem Titel die Vollstreckbarkeit ganz, teil- oder zeitweise genommen wird.
[80] *Münzberg* und *Brehm* (Fn. 79), 535; a.M. *Bettermann* Festschrift für *Weber* (1975), 86 (97f.), der die Interventionsklage nicht als negative Vollstreckungs-Duldungsklage auffaßt. – S. auch *Picker* Die Drittwiderspruchsklage in ihrer geschichtlichen Entwicklung als Beispiel für das Zusammenwirken von materiellem Recht und Prozeßrecht (1981).

h) Rückwirkende Gestaltung (ex tunc)

54 Zahlreiche Klagen begehren jedoch, anders als vorstehend zu g) (→ Rdnr. 49–52), ein Urteil, das eine **Rechtswirkung mit rückwirkender Kraft (ex tunc)** herstellen oder vernichten soll. Sie ähneln insofern den Feststellungsklagen; der wesentliche Unterschied ist aber auch hier, daß die Wirkung der materiell bedeutsamen Tatsachen erst durch das Mittel des Richterspruchs ausgelöst werden kann, ohne einen solchen dagegen außer Betracht bleibt[81]. Den Typus dieser Fälle – für die die Anfechtung und Aufrechnung (§§ 142, 388 f. BGB) die privatrechtliche Parallele abgeben – bilden die Klagen auf *Nichtigerklärung der Ehe* (§ 16 ff. EheG): das richterliche Urteil erklärt hier die Ehe als von Anfang an nichtig, aber der der Eheschließung innewohnende Mangel kommt nur dadurch zur Wirkung, daß er zu einem Urteil über die Nichtigkeit führt (§ 23 EheG)[82]; daher steht denn auch diese Klage neben der rein deklarierenden Feststellungsklage in bezug auf das Nichtbestehen der Ehe (→ Rdnr. 7 vor § 606).

55 Gleichartige Fälle sind die Anfechtung der *Ehelichkeit* eines Kindes nach §§ 1594, 1595a, 1596 BGB (→ § 640 Rdnr. 19 ff.), die positive Vaterschafts-Statusklage nach § 1600a (→ § 640 Rdnr. 9), vgl. §§ 640 ff. ZPO[83], die Anfechtung des Erbschaftserwerbs wegen *Erbunwürdigkeit* (§§ 2342, 2344 BGB)[84], weiter auf *handelsrechtlichem Gebiet* die Klagen auf Anfechtung oder Feststellung der Nichtigkeit eines Hauptversammlungsbeschlusses einer Aktiengesellschaft nach §§ 243, 246 AktienG[85], auf Anfechtung von Generalversammlungsbeschlüssen von Genossenschaften (§ 51 GenG)[86], die Klage auf Nichtigerklärung eines Patents (§§ 22, 81 PatG[87]), auf Löschung von Warenzeichen (§ 11 WarenZG[88]), die Klage auf Eintragung eines Warenzeichens (§ 6 WarenZG) u. a. m. Eine Rückwirkung der Rechtsgestaltung kann endlich bei der Verlängerung eines Mietverhältnisses nach § 556a BGB eintreten[89].

56 Zu den auf rückwirkende Rechtsgestaltung hinzielenden Klagen gehören auch diejenigen, mit denen die *richterliche Bestimmung oder Herabsetzung des Leistungsinhalts* (festsetzende Urteile, → Rdnr. 68) verlangt wird, weil hier die vom Richter festgesetzte Leistung als von Anfang an geschuldet gelten muß[90]. Vgl. §§ 315[91], 343, 655, 660[92], 2048, 2156, 2192 BGB, §§ 744, 747 f. HGB, § 3 BRAGO[93], § 4 AbzG, § 64 VVG. Vgl. ferner § 75c HGB, § 133 f. GewO, sowie das Gesetz über die Entschädigung für Strafverfolgungsmaßnahmen vom 8. III. 1971 (BGBl I 157).

---

[81] Vgl. dazu *Langheineken* (Fn. 1), 100 ff., 111 ff., 243 ff.; sowie *Kisch* (Fn. 1), 39 ff., 85 ff. (im einzelnen vielfach abweichend); *Hellwig* Grenzen der Rückwirkung (1907), 6 f.

[82] Vgl. *BGHZ* 30, 142 = *BGH* JZ 1959, 633 = MDR 738 = NJW 2207; *RG* JW 1913, 739. S. auch *Hellwig* Anspruch (Fn. 1), 472 f.; *ders.* Wesen und subjektive Begrenzung der Rechtskraft (1901), 451 ff.; *Kisch* (Fn. 1), 98 ff.; *Balog* (Fn. 51), 154 ff. – A.M. *Kohler* ZZP 29 (1901), 9 f.; teilweise auch bezüglich der früheren Eheanfechtungsklage *RG* JW 1906, 167; endlich auch *Langheineken* (Fn. 1), 244 ff.

[83] Vgl. *RGZ* 96, 72.

[84] Vgl. *OLG Dresden* OLG Rsp 14, 310 f., *LG Köln* NJW 1977, 1783.

[85] Vgl. *RGZ* 122, 107 = JW 1936, 919 (auch bei ablehnenden Beschlüssen; zum alten Recht des § 271 HGB). – Sinngemäß gilt das für Gesellschafterbeschlüsse der GmbH *BGHZ* 11, 235 (= DNotZ 1954, 87 = NJW 385); 36, 210 (= DNotZ 1962, 415 = JZ 445 = MDR 281 = DB 231 = BB 196); *RGZ* 85, 311; hierzu auch *K. Schmidt* JZ 77, 769.

[86] Vgl. *KG* OLG Rsp 14, 352 f.

[87] *RGZ* 123, 115; s. a. *BGHZ* 18, 92 = NJW 55, 1553 = BB 619.

[88] S. *RGZ* 71, 195 f., das freilich die theoretische Frage offenläßt. – A.M. *Schlosser* (Fn. 1), 60, der sie der Klage nach § 894 gleichstellt. Daß unter den Voraussetzungen von § 826 BGB der Mangel schon vor der Löschung geltend gemacht werden kann, s. *RGZ* 151, 337, nimmt aber dem Urteil seine im allgemeinen gestaltende Wirkung nicht.

[89] So etwa, wenn die Mietzeit vor Rechtskraft des Urteils bereits abgelaufen war. S. auch *Bellinger* Die richterliche Gestaltung des Mietverhältnisses (1963) sowie *Schlosser* (Fn. 1), 54 f., 63 f., 123, 368; *Pergande* (Fn. 77), 1935. S. a. *RG* JW 27, 1924.

[90] Vgl. *Langheineken* (Fn. 1), 321; A. *Blomeyer* ZPR[2] § 38 II 2; *Rosenberg/Schwab/Gottwald*[15] § 94 II 3 → aber auch Rdnr. 65 ff.

[91] Ebenso *Neumann/Duesberg* JZ 1952, 705 (aber nur zu § 315 BGB); vgl. auch *BGH* BB 1978, 270.

[92] *LG Frankfurt a. M.* NJW 1954, 1685.

[93] *RGZ* 145, 223 (zu § 93 Abs. 2 RAGebO a.F., heute § 3 Abs. 3 BRAGO).

Stein / Jonas

Kommentar zur

Zivilprozeßordnung

21. Auflage

Berichtigungen:

Es muß heißen in:	*statt:*	*richtig:*
§ 721 Rdnr. 16a Zeile 5 a. E.	§ 564 Abs. 2	§ 564c Abs. 2
§ 767 Rdnr. 18 Zeile 5	eine Verminderung des den Gläubiger belastenden Zinssatzes	zur Verminderung des den Gläubiger belastenden Zinssatzes
§ 771 Rdnr. 50 Zeile 6	§ 744	§ 774
§ 771 Rdnr. 75 Zeile 2	→ Fn. 446	→ Fn. 445
§ 771 Rdnr. 76 Zeile 4	Rdnr. 57	Rdnr. 61
§ 772 Fn. 42, § 775 Rdnr. 11 und 14 jeweils a. E.	§ 771 Rdnr. 64.	§ 771 Rdnr. 55.
§ 787 Fn. 3	Rdnr. 31 (20. Aufl. Fn. 34)	Rdnr. 21
§ 806 Rdnr. 13	Rdnr. 7	Rdnr. 9
§ 865 Fn. 150 Zeile 8	Rdnr. 107	Rdnr. 207
§ 867 Fn. 79	Zitate vor dem Gedankenstrich	gehören an den Beginn der Fn. 83
§ 885 Rdnr. 38 Zeile 2	→ Fn. 128	→ Fn. 118
§ 915 Rdnr. 2a Zeile 6	§ 915h Abs. 3	§ 915 Abs. 2
§ 915a Fn. 7 Zeile 4	nF	nF KO

Auf *prozeßrechtlichem Gebiet* haben rückwirkende Kraft die Wiederaufnahme des Verfahrens (§§ 578 ff.), die Anfechtung des Ausschlußurteils (§ 957, s. aber auch § 1018 Abs. 2) und die Klage auf Aufhebung eines Schiedsspruchs, §§ 1041, 1043. In allen diesen Fällen spricht das Urteil eine nur aufgrund des Urteils zu berücksichtigende, dann aber von Anfang an geltende Unwirksamkeit aus, → § 644 Rdnr. 1, → Rdnr. 20 vor § 578, → § 957 Rdnr. 3, → § 1041 Rdnr. 2. Daß diese Klagen »ihrer Natur nach« Rechtsmittel im weiteren Sinne sind, ist unerheblich; auch die Rechtsmittel führen übrigens zu einer rückwirkenden Rechtsgestaltung, soweit sie das angefochtene Urteil aufheben. Im Bereich der *öffentlich-rechtlichen Streitsachen* gehören Klagen hierher, bei denen ausnahmsweise (→ Einl. Rdnr. 359) das ordentliche Gericht einen Verwaltungsakt aufheben kann, z. B. nach dem BauGB oder nach Art. 19 Abs. 4 GG (→ Einl. Rdnr. 392 ff.).

Die *Rückwirkung kann auch zeitlich beschränkt*, z. B. nur auf den Zeitpunkt der Klageerhebung zurückbezogen werden, wie bei der Änderungsklage des § 323 (→ § 323 Rdnr. 34 f.). Dagegen kann man wohl überhaupt nicht von einer rückwirkenden Gestaltung im eigentlichen Sinne sprechen, wenn nur zur Berechnung der Höhe einer Leistung auf einen früheren Zeitpunkt zurückgegriffen wird, ohne daß damit rückwirkend auch die Fälligkeit auf diesen Zeitpunkt zurückverlegt würde, wie beim vorzeitigen Ausgleich des Zugewinns nach § 1387 BGB (→ auch Rdnr. 50), oder wenn nach Ausschließung eines Gesellschafters für die Auseinandersetzung nach § 140 Abs. 2 HGB auf die Vermögenslage zur Zeit der Klageerhebung abgestellt wird[94].

i) Streitgegenstand – Gestaltungsurteil

Der Streitgegenstand (zu ihm näher → Einl. Rdnr. 268 ff.) der Gestaltungsklage kennt keine Besonderheiten. **Während** des **Gestaltungsprozesses** sollte er nach der *eingliedrigen* Lehre bestimmt werden[95], vor allem um parallele Gestaltungsverfahren möglichst zu verhindern (→ Einl. Rdnr. 292). Für die Bestimmung des **Urteilsgegenstandes** *nach dem Ende des Prozesses* ist ein Rückgriff auch auf den Lebenssachverhalt im Sinne der *zweigliedrigen* Lehre sinnvoll (→ Einl. Rdnr. 294). Dies gilt sowohl für das die Gestaltungsklage (sachlich) abweisende Urteil wie auch für das (sie zusprechende) Gestaltungsurteil (zu ihm sogleich).

Mit dem Feststellungsurteil, → Rdnr. 34, hat das **Gestaltungsurteil** gemeinsam, daß es *keinen Leistungsbefehl* kennt und *nicht vollstreckbar* im engeren Sinne ist, mit dem Leistungs- und Feststellungsurteil, daß es in materielle Rechtskraft erwächst (→ § 322 Rdnr. 66); der Unterschied zum Feststellungsurteil und zum Leistungsurteil besteht darin, daß diese rechtskräftig feststellen, was bereits ohnedies rechtens war, während das Gestaltungsurteil erst eine *neue Rechtslage* schafft. Dieser handgreifliche und wichtige Unterschied wird nicht dadurch ausgeräumt, daß auch andere Entscheidungen gestaltende Elemente enthalten können und daß insbesondere das Leistungsurteil ebenfalls die prozessuale Rechtslage ändert – aber nur durch seine Vollstreckbarkeit. Die Gestaltung braucht *nicht notwendig im Urteilstenor* ausdrücklich ausgesprochen zu werden; die Worte, die das Urteil verwendet, sind auslegungsfähig (→ Rdnr. 46), und bei einem Leistungsurteil ergibt u. U. nur die Tatsache, daß eine Verurteilung erfolgt, die ohne Erzeugung einer Leistungspflicht im Urteil gar nicht ergehen könnte, daß in diesem stillschweigend auch eine richterliche Gestaltung des materiellen Rechts enthalten ist (z. B. im Fall des § 315 BGB, → Rdnr. 56, als sog. *verdecktes Gestaltungsurteil*[96]).

---

[94] Zurückhaltend auch *A. Hueck* (Fn. 64), 303.
[95] → Einl. Rdnr. 294.
[96] Insbesondere in den Fällen § 315 BGB usw. (→ Rdnr. 56). Wer in der Prozeßaufrechnung einen Antrag auf richterlichen Vollzug der Aufrechnung sieht → § 145 Rdnr. 44, muß auch diese hierher rechnen. S. ferner zur Wandlung insbesondere *Böttcher* Die Wandlung als Gestaltungsakt (1938); ebenso *Larenz* Schuldrecht 2 1[13]

61 Im allgemeinen entfaltet das *Gestaltungsurteil* seine Wirkungen erst, wenn es formelle Rechtskraft erlangt hat. Die **Gestaltungswirkung** (→ auch § 322 Rdnr. 13) des Gestaltungsurteils tritt **für und gegen alle** ein. Sonst könnte dieses Urteil den privatrechtlich gestalteten Rechtsbeziehungen keine Rechtsgewißheit verleihen. Die **materielle Rechtskraft** des Gestaltungsurteils hingegen (→ § 322 Rdnr. 66) wirkt **nur** (wie auch sonst die Rechtskraft) **zwischen den Parteien** und ihren Rechtsnachfolgern. Dann tritt allerdings eine Bindung auch hinsichtlich des Gestaltungsgrundes ein, z. B. ist es dem früheren Beklagten verwehrt, einen Schadensersatzprozeß gegen den früheren Gestaltungskläger mit der Behauptung zu führen, die rechtskräftige Gestaltung sei ohne Gestaltungsgrund erfolgt.

4. Weitere Klagearten

a) Verbandsklage

64 Im Hinblick auf die Einteilung der Klagearten in Leistungs-, Gestaltungs- und Feststellungsklage weist die **Verbandsklage** keine Besonderheiten auf (zur Verbandsklage näher → Einl. Rdnr. 527 sowie → Rdnr. 40 vor § 50). Daß die Verbandsklage nicht nur die Rechte der klagenden Vereinigung (zum Streitstand → Fn. 8), sondern (auch) die rechtlichen Belange ihrer Mitglieder und darüber hinaus weiterer Personen (»Verbraucher«, »Kunden«, »Wettbewerber«) oder sogar der Allgemeinheit schützen soll, berührt die Einteilung in die Klagearten nicht. Ebensowenig beeinflußt es die Qualifikation, wenn mit der Verbandsklage eine erweiterte Rechtskraftwirkung (z.B. § 21 AGB-Gesetz) einhergeht, weil dies bei jeder der drei Klagearten möglich ist (→ § 325 Rdnr. 75). So tritt die Verbandsklage vornehmlich als *Leistungsklage* auf, der Gesetzgeber kann jedoch auch eine *Feststellungsklage* oder eine *Gestaltungsklage* vorsehen. Als welche Art von Klage die einzelne Verbandsklage zu qualifizieren ist, hängt in erster Linie davon ab, wie das jeweilige Spezialgesetz die erfolgreiche Verbandsklage geregelt hat. So ist – trotz der bereits genannten Rechtskrafterstreckung – die im AGB-Gesetz eingeführte Verbandsklage[97] eine *Leistungsklage* (und zwar in der Form der *Unterlassungs-* oder auch der *Widerrufsklage*, § 13 Abs. 1 AGB-Gesetz), weil das auf diese Klage hin ergehende Urteil als Leistungsurteil ausgestaltet ist. Der Gesetzgeber des AGB-Gesetzes hätte natürlich die Kontrolle über die allgemeinen Geschäftsbedingungen auch an der verfassungs- und oberverwaltungsgerichtlichen Normenkontrolle orientieren und – wie dort – eine *Feststellungsklage* (auf Nichtigkeit der Klausel o.ä.) vorsehen können. In jedem einzelnen Fall einer Verbandsklage muß daher das jeweilige Spezialgesetz auf die Urteilswirkungen hin befragt werden, um zur richtigen Einordnung in die Klagearten zu gelangen.

b) Sonstige Arten von Klagen

65 Zahlreich sind die Versuche, durch weitere Differenzierungen **neue Arten von Klagen** zu ermitteln. Zweifellos haben diese Bemühungen in aller Regel zur Erkenntnis neuer Gruppen von Klagen geführt, die sich durch besondere Voraussetzungen und Eigenschaften auszeichnen. Praktisch haben die dabei festgestellten Unterschiede jedoch geringe Bedeutung. Die grundlegende Dreiteilung, die sich seit langem eingebürgert hat und die nicht nur dem Zivilprozeß eigen ist, sondern der allgemeinen Verfahrenslehre angehört, wird durch diese

---

(1986) § 41 II a m.w.Fn. – A.M. die Rsp. *BGHZ* 29, 154 f.; *RGZ* 58, 426; 101, 71, die mehr der Herstellungstheorie zuneigt, jedenfalls aber die richterliche Gestaltung nicht übernommen hat, s.a. *RGRK*[12] § 465 Rdnr. 5. – Gegen die versteckten Gestaltungsurteile überhaupt, weil sie entweder Feststellungs- oder Leistungsurteile seien oder ein offenes Gestaltungsurteil geboten sei: *Schlosser* (Fn. 1), 115 f., 132 f., 152.

[97] *E. Schmidt* Die Verbandsklage nach dem AGB-Gesetz, NJW 1989, 1192; *ders*. Richteramt und Parteilasten bei der Verbandsklage nach dem deutschen AGB-Gesetz, in: Festschrift für Max Keller (1989), 661.

Erkenntnisse nicht berührt, soweit sie innerhalb einer der dadurch entstandenen drei Gruppen Untergruppen bilden. Sofern sie dagegen eine andere Grundgliederung erstreben oder in der Zuteilung zu einer der drei Gruppen grundsätzlich Verschiebungen vorschlagen, überzeugen sie nicht. Deshalb kann hier ein kurzer Hinweis auf die wichtigsten Einteilungsvorschläge genügen.

(1) **Arreste und einstweilige Verfügungen** ergehen nicht aufgrund eines Anspruchs auf Sicherung eines Rechts, weil ein solcher dem Gläubiger regelmäßig nicht zusteht; sie enthalten grundsätzlich auch keinen Leistungsbefehl, der hier nur auf Leistung einer *Sicherheit* gehen könnte, und sie stellen kein bestehendes Recht fest. Sie stehen daher weder den Leistungs- noch den Feststellungsklagen gleich. Sie begründen erst ein Recht des Gläubigers gegen den Staat auf Vornahme der gesetzlich zulässigen Vollstreckungshandlungen bis zur Sicherung seines Rechts. Sie sind deshalb den Gestaltungsklagen gleichzuordnen, weil sie einen freilich nicht bis zur Befriedigung des Gläubigers gehenden Vollstreckungsanspruch begründen[98]. Allerdings kann eine solche Begründung des Vollstreckungsanspruchs ein Urteil nicht zum Gestaltungsurteil machen, wenn sie neben der Verurteilung mit ihrer Feststellungswirkung hinsichtlich des vollstreckbaren Anspruchs und dem Leistungsbefehl einhergeht; hier ist sie jedoch die einzige wesentliche Wirkung der richterlichen Anordnung. Auch soweit gewisse einstweilige Verfügungen ein Leistungs- oder Unterlassungsgebot aussprechen oder gar zu vorläufigen Geldzahlungen verurteilen (→ Rdnr. 38 vor § 916), fehlt die rechtskräftige *Feststellung* des Rechts, dessen Schutz die Verfügung dient (→ Rdnr. 12 vor § 916). So handgreiflich die Besonderheiten dieser Anordnungen sein mögen, lohnt es doch kaum, ihretwegen die übersichtliche Dreigliederung der Klagen durch eine Vierteilung zu ersetzen[99]. 67

(2) »**Festsetzende**« **Urteile.** *Kisch*[100] hat auf die Besonderheiten der *Urteile* verwiesen, die nicht Rechte völlig neu schaffen, sondern solche, die dem Grunde nach schon feststehen und diese hinsichtlich des *Umfangs der Leistungspflicht ergänzen* (→ Rdnr. 56). Er nennt sie *festsetzende Urteile* und teilt sie den Feststellungsurteilen zu. Zwar verbindet sich hier im Urteil die Entscheidung über den (unstreitigen) Grund der Forderung mit der über ihre (streitige) Höhe[101]. Aber der gestaltende Teil ist so bedeutsam, ja überragend, daß diese »Ergänzung« keinesfalls zugunsten des feststellenden Urteilsgehalts übergangen werden kann. Die h.L. nimmt denn auch insoweit ein Gestaltungsurteil an[102]. Sie treten meist als »*verdeckte Gestaltungsurteile*« (→ Rdnr. 60) in Erscheinung, wenn nämlich der Richter nur zur Zahlung eines bestimmten Geldbetrags oder einer sonstigen bestimmten Leistung verurteilt, ohne die Gestaltung besonders auszusprechen (→ Rdnr. 74). 68

(3) »**Auslösende**« **Urteile.** Ebenfalls *Kisch* hat vor allem die hier als *Gestaltungsurteile mit rückwirkender Kraft* (→ Rdnr. 55) angeführten Entscheidungen unter der Bezeichnung *auslösende Urteile* als Feststellungsurteile – wenn auch besonderer Art – angesehen, weil sie nicht ein Recht schaffen oder vernichten, sondern nur das Geltendmachen des Bestehens oder Nichtbestehens eines Rechts erlauben; das Gesetz lasse also die Rechtswirkung nur durch Kombination eines außerprozessualen Tatbestands, der das Bestehen oder Nichtbestehen des Rechts ergibt, mit dem Urteil eintreten[103]. Er erkennt jedoch an, daß kaum ein praktischer Unterschied zu den rückwirkenden Gestaltungsurteilen besteht, während die Unterschiede zu den Feststellungsurteilen des § 256 immerhin beträchtlich sind[104]. Die Zuordnung zu den Gestaltungsurteilen dürfte daher der Rechtslage besser gerecht werden[105]. 69

(4) »**Anordnungsurteile**« nennt *Kuttner*[106] diejenigen Entscheidungen, »in denen der Prozeßrichter, ohne über das zugrunde liegende privatrechtliche Rechtsverhältnis zu entscheiden, an die Adresse eines anderen Staatsorgans die Anordnung richtet, auf Verlangen der obsiegenden Partei eine Amtshandlung vorzunehmen«, insbesondere also Urteile nach §§ 767, 771, 879 ZPO, § 115 ZVG, § 146 KO. Dem wird entgegengehalten, daß es sich dabei um Urteilswirkungen, nicht um den Urteilsinhalt handele[107]; jeden- 70

---

[98] So *K. Blomeyer* ZZP 65 (1909), 54; s. schon *Kisch* (Fn. 1), 162 f.; *Balog* (Fn. 51), 160.
[99] A. M. noch *Stein* Voraussetzungen (Fn. 1), 12; 18. Aufl. dieses Komm.
[100] Beiträge (Fn. 1), 112 f., 133 f.
[101] Vgl. *A. Blomeyer* ZPR² § 94 II 1 b; LG Frankfurt a. M. (Fn. 92).
[102] S. schon *Langheineken* (Fn. 1), 321; *Seuffert* ZZP 33 (1887), 384 f.; *Boethke* Gruchot 48 (1904), 451; *Balog* (Fn. 51), 123 f., *A. Blomeyer* a.a.O.; *Rosenberg/Schwab/Gottwald*¹⁵ § 94 II 3 für viele. Kritisch aber *Schlosser* (Fn. 1), 132 f., 138 f.

[103] Beiträge (Fn. 1), 85 f., 88.
[104] A.a.O. (Fn. 1), 95 f., 92 f.
[105] Ebenso *Rosenberg/Schwab/Gottwald*¹⁵ § 94 II 2; ablehnend auch *Balog* (Fn. 51); *Boethke* (Fn. 102).
[106] Urteilswirkungen außerhalb des Zivilprozesses (1914), 21 f.; hierzu auch *Kainz* (Fn. 79), 51 ff.
[107] *Stein* Grundfragen der Zwangsvollstreckung (1903), 12; ebenso *Rosenberg/Schwab/Gottwald*¹⁵ § 94 II 1; differenzierend *Lüke* JuS 69, 302 f.

falls ist bei diesen prozessualen Urteilen die Anordnung an die Staatsorgane die sekundäre Wirkung (über diese realen Urteilswirkungen → Rdnr. 47 ff. vor § 704), die nicht entscheidend den Charakter des Urteils zu bestimmen vermag, weil sie sowohl bei Feststellungs- wie bei Gestaltungsurteilen vorkommen kann. Will man aber den Grundgedanken überspitzen, gehören wegen ihrer Vollstreckbarkeit auch die Leistungsurteile hierher[108]. Damit ist jede Einteilung aufgelöst. Die hier erörterten Urteile sind teils Gestaltungs-, teils Feststellungsurteile, die jeweils auch reale Urteilswirkungen äußern.

71 **(5) Nachtrags- und Anhangsklagen.** Schließlich knüpfen einige an die Beobachtung an, daß die prozessualen Gestaltungsklagen (→ Rdnr. 52) ein vorangehendes Verfahren voraussetzen und deshalb nicht selbständig seien. Sie nennen sie *Nachtrags- oder Anhangsklagen*[109]. Ob materiell-rechtlich eine Unselbständigkeit besteht, ist unerheblich; prozessual ist jedenfalls jeder durch Klage begonnene und durch Urteil beendete Prozeß gleichwertig[110]. Die Zusammenfassung dieser Gruppe unter jenem Gesichtspunkt ist auch praktisch wenig ergiebig.

72 **(6)** Zwischen **Angriffs-** und **Abwehrklagen** unterscheidet *Bettermann*[111]. Dieser Unterscheidung liegt die zutreffende Beobachtung zugrunde, daß es einen wichtigen Unterschied ausmacht, ob sich der Kläger (nur) gegen einen (vorhandenen oder drohenden) Angriff des Beklagten verteidigt oder ob es der Kläger ist, der mit seiner Klage angriffsweise gegen den Beklagten vorgeht. Dementsprechend können Leistungs-, Gestaltungs- und Feststellungsklage sowohl als Abwehr- als auch als Angriffsklage auftreten. Die Unterscheidung hat insbesondere für die Beweislast eine Bedeutung[112]. Dies zeigt sich augenfällig bei der negativen Feststellungsklage (zu ihr → § 256 Rdnr. 8). Sie ist Abwehrklage[113] – angriffsweise Verteidigung[114] –, weshalb nicht der Kläger, sondern der *Beklagte* die Beweislast für das Vorliegen der tatsächlichen Voraussetzungen des streitigen Rechtsverhältnisses zu tragen hat[115].

5. Verbindung von Klagen verschiedener Art

74 **Klagen** verschiedener Art können auch in einem Prozeß **verbunden** und über sie kann einheitlich entschieden werden, → § 260 Rdnr. 31 ff. Daß sie demselben Rechtsverhältnis entspringen und dasselbe Recht betreffen, bildet kein Hindernis[116]. Beim sog. verdeckten Gestaltungsurteil (→ Rdnr. 60) kommt dies weder in der Klage, noch im Urteil zum Ausdruck, wenn z. B. der Gläubiger im Falle des § 315 Abs. 3 BGB einfach auf Zahlung des nach seiner Ansicht der Billigkeit entsprechenden Betrags klagt und das Gericht der Klage stattgibt, weil die Entscheidung dabei als Leistungsurteil zur Leistung dieses Betrags verurteilt und diesen dabei zugleich rechtsgestaltend als geschuldet bestimmt hat (→ auch Rdnr. 56).

6. Klagearten und Internationales Zivilprozeßrecht

a) Internationale Leistungsklage

76 Keine prozessualen Besonderheiten ergeben sich, wenn für eine Leistungsklage nicht das materielle deutsche Recht, sondern **ausländisches Recht** anzuwenden ist. Für das Verfahren einer solchen Klage gilt – wie auch sonst – grundsätzlich die *lex fori* (näher zu ihr → Einl. Rdnr. 736 ff.), d. h. der Richter prozediert in aller Regel nicht anders, als wenn er auf den Sachverhalt deutsches Recht anzuwenden hätte. Demgemäß bleiben *prozessuale* Regelungen des ausländischen Rechts grundsätzlich unberücksichtigt, auch wenn sie von einem ausländischen Gericht zu beachten wären, falls dieselbe Klage vor ihm erhoben worden wäre.

---

[108] Dafür *J. Goldschmidt* Der Prozeß als Rechtslage (1925), 496 Fn. 2615; *Schlosser* (Fn. 1), 104.
[109] *R. Schmidt*, Lb², 306 f.; *Hellwig* Anspruch (Fn. 1), 176.
[110] Vgl. dazu *RGZ* 28, 399; *RG* JW 1908, 686. Daß der vorangegangene Prozeß auch gewisse prozessuale Wirkungen auf den jetzt anhängigen hat, z. B. auf Zuständigkeit und Geschäftsverteilung, *RGZ* 33, 358, reicht kaum, um in letzterem einen besonderen Klagetyp zu sehen oder gar die dann ergehenden Urteile besonders zu klassifizieren.
[111] (Fn. 1), 61 ff.
[112] *Bettermann* (Fn. 1), 61.
[113] *Bettermann* (Fn. 1), 67.
[114] *Bettermann* ZZP 77 (1964), 311 (313).
[115] *Bettermann* (Fn. 1), 67, → auch § 256 Rdnr. 117.
[116] Vgl. *Bettermann* (Fn. 1), 56 ff.

Allerdings bedarf es häufig einer sorgsamen Qualifizierung, ob eine fremde Regelung *prozeßrechtlich* (dann keine Anwendung) oder *materiellrechtlich* (dann anwendbar) ist; näher und mit Einzelheiten → Einl. Rdnr. 738–743.

b) Internationale Feststellungsklage

Nicht anders verhält es sich bei einer Klage, die auf Feststellung eines **ausländischen Rechtsverhältnisses** gerichtet ist. Insbesondere ist eine solche Klage auch zulässig, wenn die fremde Rechtsordnung das Institut der Feststellungsklage nicht kennt (→ § 256 Rdnr. 12); denn über die prozessuale Zulässigkeit eines solchen Instituts befindet die *lex fori* (→ Rdnr. 76). Ob für eine derartige Klage das Feststellungsinteresse vorliegt, richtet sich ebenfalls nach *deutschem* Recht, wobei allerdings nicht ausgeschlossen ist, daß im Ausland vorhandene Tatsachen und dort bestehende Regelungen berücksichtigt werden (näher → § 256 Rdnr. 73).

77

c) Internationale Gestaltungsklage

Die zur Leistungs- und zur Feststellungsklage dargelegten Grundsätze gelten auch für diejenige Gestaltungsklage, die auf einem Gestaltungsgrund aufbaut, der dem **ausländischen Recht** angehört. Hier zeigt sich allerdings eine Besonderheit: Fremde Rechtsordnungen verlangen für den Eintritt einer Rechtsfolge häufig einen Richterspruch auch in solchen Fällen, in denen nach *deutschem* Recht der Gang zum Richter nicht gefordert wird. Umgekehrt ist es übrigens nicht anders, weil nicht in allen Situationen, in denen das deutsche Recht den Prozeß fordert, auch im ausländischen Recht das gerichtliche Urteil erforderlich ist (es genügt z. B. die Kündigungserklärung, wo nach deutschem Recht die Gestaltungsklage erhoben werden muß). Diese Unterschiede stellen die deutschen Gerichte vor die Frage, ob sie eine **Gestaltungsklage** als zulässig ansehen dürfen, die zwar *nicht* nach *deutschem* Recht, wohl aber **nach dem anwendbaren ausländischen Recht erhoben werden muß**, damit die vom Kläger gewünschte Rechtsfolge eintritt. Da die Anwendung der Grundsätze über die lex fori nicht zur *Rechtsverweigerung im materiellen Recht* führen darf (näher → Einl. Rdnr. 743), sind derartige Gestaltungsklagen zulässig[117]. Deshalb kann der deutsche Richter eine Nichtigkeitsklage

78

---

[117] *Riezler* Internationales Zivilprozeßrecht (1949), 241 ff.; *Schlosser* (Fn. 1), 301 ff.; *Helmreich* Das Selbsthilfeverbot des französischen Rechts und sein Einfluß auf Gestaltungs- und Gestaltungsklagerecht (1967), 146 ff.; *Heldrich* Internationale Zuständigkeit und anwendbares Recht (1969), 199 ff., 229 ff.; *Grunsky* Lex fori und Verfahrensrecht ZZP 89 (1976), 241 (258); *Zöller/Geimer*[20] IZPR Rdnr. 66; anders *Schmidt* Lb.², 285 (im Zweifel Gestaltungsurteile nur bei anwendbarem deutschem Recht). BGHZ 82, 34 (47) qualifiziert allerdings die Gestaltungsklagevorschrift des § 1564 Satz 1 BGB als »verfahrensrechtlich« und rechnet ausdrücklich zur *lex fori* die Regelung, »ob« ein gerichtliches Verfahren »im Inland zur Verfolgung eines bestimmten rechtlichen Zieles beschritten werden kann und muß«. Dies ist unzutreffend. Anderenfalls müßte ein ausländischer Richter, der eine Ehescheidung von deutschen Staatsbürgern zu beurteilen hätte, nicht § 1564 Satz 1 (und das dort niedergelegte Gestaltungsmonopol des Richters) beachten und könnte eine Privatscheidung deutscher Staatsbürger anerkennen, wenn sie nur *seiner* lex fori entspricht. Richtigerweise gehört § 1564 Satz 1 BGB – wie vergleichbare andere Vorschriften, → Rdnr. 50 ff. – dem *materiellen* Recht an und muß deshalb vom fremden Richter, der deutsches Scheidungsrecht anwendet, genauso beachtet werden, wie **der deutsche Richter eine im ausländischen Recht niedergelegte Gestaltungsvorschrift vollzieht,** wenn er dieses Recht anzuwenden hat (zur Kritik am BGH vgl. *Zöller/Geimer* a.a.O. sowie *Kegel* IPRax 1983, 22 [23]). Sofern jedoch das ausländische Recht eine im Ausland vorgenommene richterliche Gestaltung nicht anerkennt, sollte der deutsche Richter grundsätzlich von einer Gestaltung absehen (so zutreffend *Schlosser* a.a.O. 312 f.), weil sonst die Gefahr hinkender Rechtsverhältnisse besteht. Liegen freilich die wesentlichen Urteilsfolgen im Inland, kann diese Gefahr in Kauf genommen werden (z. B. die Prozeßbeteiligten sind inzwischen in Deutschland ansässig). Dies gilt insbesondere, wenn im betreffenden Ausland keine Internationale Zuständigkeit (mehr) besteht. Übrigens haben die hier besprochenen Fragen mit der Internationalen Zuständigkeit deutscher Gerichte (zu ihr → Einl. Rdnr. 751 ff.) nichts zu tun, was vor allem *Schlosser* (a.a.O. 301) betont. Die Internationale Zuständigkeit muß natürlich vorliegen, wenn ein deutsches Gericht eine Gestaltung des ausländischen Rechts vornimmt.

wegen Irrtums oder Täuschung zulassen, wie sie z.B. das französische Recht vorsieht[118], obwohl nach deutschem Recht die einfache Anfechtung (§§ 119 ff. BGB) genügen würde.

III. Rechtsschutzvoraussetzungen als weitere allgemeine Sachurteilsvoraussetzungen

A. Allgemeines

81   Die Rechtsordnung bestimmt nicht nur, welche Arten von Klagen und welche sonstigen Typen von Rechtsschutzgesuchen sie den Parteien zur Verfügung stellen kann, sondern sie regelt auch allgemein die Frage, ob und wann, wie und worüber das ordentliche Gericht angerufen werden darf. Diese Entscheidung ist **prozessualer** Natur. Sie betrifft nicht die sachlichen Aussichten eines Rechtsschutzgesuchs und gehört deshalb dem Zivilprozeßrecht an. Der »einfache« Gesetzgeber ist bei der Gestaltung dieser Voraussetzungen des Rechtsschutzes weithin frei (→ Einl. Rdnr. 550). Doch bleibt das Bekenntnis des *Grundgesetzes* zum Rechtsstaat (→ Einl. Rdnr. 460) nicht ohne Einfluß auf diesen Bereich des Zivilprozesses; denn die Gewährung von Rechtsschutz ist eines der wesentlichen Merkmale der grundgesetzlichen Verfassung[119]. Vor allem sind *Einschränkungen des Rechtsschutzes* stets kritisch auch unter verfassungsrechtlichen Gesichtspunkten zu würdigen; nicht zuletzt vermag hier eine verfassungskonforme Auslegung meist zum rechten Ergebnis zu führen (→ auch Einl. Rdnr. 65 m.w.N.). – Dem *Landesrecht* ist bei der Normierung der Rechtsschutzvoraussetzungen nur ein geringer Spielraum verblieben[120].

82   Die ZPO geht von dem ungeschriebenen Satz aus, daß **jedem (behaupteten) Recht Rechtsschutz zu gewähren** ist und demnach jedes Recht tauglicher Gegenstand einer Klage sein kann. *Tatsachen* hingegen sind kein zulässiger Klagegegenstand; ausnahmsweise kann jedoch nach § 256 auf Feststellung der Echtheit oder Unechtheit einer Urkunde geklagt werden (→ § 256 Rdnr. 51 f.).

83   Trotz der grundsätzlichen Bejahung eines umfassenden zivilprozessualen Rechtsschutzes bleibt es ein vielschichtiges Problem, **unter welchen Voraussetzungen eine Klage zulässig ist** (allgemein zu den Sachurteilsvoraussetzungen → Einl. Rdnr. 311 ff.). Die Lösung dieses Problems hängt nicht zuletzt davon ab, welche Prozeßzwecke man anerkennt und welches einzelne Prozeßziel man im Widerstreit der Prozeßzwecke bevorzugt[121].

84   Unter der Überschrift »*Klagbarkeit*« (näher → Rdnr. 87) ist erörtert worden, ob und gegebenenfalls wann ein Recht Rechtsschutz erhalten kann. Dabei untersuchte man, ob ein Recht – insbesondere ein Anspruch – überhaupt unklagbar sein könne oder ob die Klagbarkeit zum Wesen des (materiellen) Rechts einfach dazugehöre[122]. Die Lehre vom *Rechtsschutzanspruch* gab in ihrer alten Form der Forschung neuen Auftrieb und förderte als allgemeine Voraussetzung die *Rechtsschutzfähigkeit* und das *Rechtsschutzbedürfnis* zutage, die sie neben die Prozeßvoraussetzungen als weitere, zur Sachverhandlung gehörige Voraussetzungen stellte[123]. Mit der später einsetzenden, fast einmütigen Leugnung des Rechts-

---

[118] Näher *Helmreich* (Fn. 117), 81 ff. mit Beispielen.
[119] → Einl. Rdnr. 204 ff. Vgl. auch *Menger* System des verwaltungsgerichtlichen Rechtsschutzes (1954), 55; *Schima* Festgabe für *Gutzwiller* (1959), 523; *Schumann* Verfassungs- und Menschenrechtsbeschwerde gegen richterliche Entscheidungen (1963), 21 f.; *ders*. Bundesverfassungsgericht, Grundgesetz und Zivilprozeß (1983), 25 ff. u.ö. Für eine ausnahmslose Klagbarkeit von Rechten, die sich auf Art. 19 Abs. 4 GG gründen soll, *Bötticher* ZZP 74 (1961), 317; 75 (1962), 43 f.; *Zweigert* JZ 1962, 258; ähnlich wohl auch *Lent* NJW 1949, 511 und *Bettermann* in: Die Grundrechte III 2 (1959), 779, 788, 804. Das BVerfGE 1954, 277 (291) und BVerfG (Beschl. v. 27.4. 1988) NJW 1988, 3141 leitet aus dem Rechtsstaatsprinzip und aus Art. 2 Abs. 1 GG die Gewährleistung eines wir-

kungsvollen Rechtsschutzes durch die Gerichte auch in Zivilsachen ab; a.M. noch BVerfGE 8, 181; vgl. *Herzog* in: *Maunz/Dürig/Herzog* u.a. GG Art. 20 V Rdnr. 74.
[120] Vgl. z.B. das bayerische Abhilfeverfahren → Einl. Rdnr. 435.
[121] Zu den Prozeßzwecken → Einl. Rdnr. 4 ff.
[122] So z.B. *Hübner* Allgemeiner Teil des Bürgerlichen Gesetzbuches (1985) Rdnr. 249 f.; *Enneccerus/Nipperdey* (Fn. 58) § 222 II 5; *Bötticher* ZZP 74 (1961), 315 → auch Fn. 15.
[123] So noch die 16. Aufl. unter Übernahme von *Stein* Voraussetzungen (Fn. 1); hierzu auch *Herbst* Die Bedeutung des Rechtsschutzanspruchs für die moderne Zivilprozeßrechtslehre (1973), 163 ff.; *Mes* Der Rechtsschutzanspruch (1970), 121 ff.

schutzanspruchs (→ Einl. Rdnr. 214) sah man den Grund für eine Dogmatik der Rechtsschutzvoraussetzungen als weggefallen an und reihte das Problem schlicht in die Lehre von den Prozeßvoraussetzungen, → Einl. Rdnr. 311–334, ein[124]. Zur Zeit gehen die Ansichten weit auseinander. Die sog. Klagbarkeit wurde danach wieder aufgegriffen, aber z.B. auch dieselben Erfordernisse nach wie vor als Rechtsschutzfähigkeit (zu ihr näher → Rdnr. 97) bezeichnet. Auch die Grenze zwischen Rechtsschutzfähigkeit und Rechtsschutzbedürfnis (zu ihm näher → Rdnr. 101) wird recht verschieden gezogen. Zum Teil werden die Kategorien der Klagbarkeit und Rechtsschutzfähigkeit – offenbar wegen ihrer Nähe zum materiellen Recht – überhaupt geleugnet, und alles dem Rechtsschutzbedürfnis überantwortet. Der letztgenannten Betrachtungsweise kommt entgegen, daß man ohnedies versucht hat, das Rechtsschutzbedürfnis als wichtigste und allgemeinste Grundlage des Zivilprozesses, als allgemeine Rechtsschutzgewährungsvoraussetzung, anzuerkennen und ihm nahezu sämtliche ungelösten Probleme zuzuwerfen. Aber die Fülle der prozessual wesentlichen Voraussetzungen für die Zulässigkeit einer Klage nötigen zu einer gewissen Ordnung, damit man sie überhaupt in den Griff bekommt. Um einerseits an die bisherige Terminologie möglichst anzuknüpfen, andererseits dieses Problem nicht durch allzuenge Verknüpfung mit dem meist immer noch umstrittenen Rechtsschutzanspruch (zu ihm eingehend → Einl. Rdnr. 214 ff.) zu verbinden, um auf gewisse Besonderheiten der hier zu behandelnden Voraussetzungen hinzudeuten und um schließlich damit eine dogmatisch saubere Ordnung in Terminologie und Inhalt zu fördern, sind nachstehend die drei Erfordernisse: die Klagbarkeit (→ Rdnr. 87), die Rechtsschutzfähigkeit (→ Rdnr. 97) und das Rechtsschutzbedürfnis (→ Rdnr. 101) nebeneinandergestellt – im vollen Bewußtsein, daß diese drei Voraussetzungen sich gelegentlich überschneiden und die Grenzen zwischen ihnen recht verschieden gezogen werden können.

B. Unklagbarkeit

Die **Klagbarkeit**[125] (→ auch Einl. Rdnr. 314) fehlt einem materiell-rechtlichen Anspruch, dem die gerichtliche Geltendmachung verschlossen ist, der aber *außergerichtlich*, z.B. mittels *Aufrechnung* (§ 387 BGB), *Bürgschaft* (§ 765 BGB), *Sicherheitsleistung* (§ 232 BGB), *Pfandrecht* (§§ 1113, 1204, 1273 BGB), *Vertragsstrafe* (§ 339 BGB), *Zurückbehaltungsrecht* (§ 273 BGB) usw., durchgesetzt werden kann[126]. Gerade die Zulässigkeit des außergerichtlichen Zwanges stellt das Kriterium zur Abgrenzung von unklagbaren und materiell-rechtlich unvollkommenen (→ Rdnr. 93) Verbindlichkeiten dar. Solche Beschränkungen sind angesichts der grundsätzlichen Bejahung umfassenden Rechtsschutzes (→ Rdnr. 81, 82) äußerst selten. Fehlt die Klagbarkeit, ist die Klage **unzulässig** (→ Rdnr. 127, 130). 87

1. Gesetzliche Fälle

Hierher gehört der *Verwendungsanspruch des Besitzers* nach § 1001 BGB vor Rückgabe der Sache an den Eigentümer und vor dessen Genehmigung[127] und wegen der Verweisung auf § 1001 BGB auch der Anspruch des *Erbschaftsbesitzers* (§ 2022 BGB) und des *Finders* (§ 972 BGB)[128]. Ebenso ist der Anspruch des *Vermieters* gegen den Mieter auf *Zustimmung* gem. § 2 Abs. 3 MHG vor Ablauf der dort genannten Frist unklagbar[129]. Sieht ein Gesetz[130] oder ein 88

---

[124] Schönke/Schröder/Niese[8] § 43 V; *Pohle* ZZP 81 (1968), 162; *Schwab* Festschr. für *Weber* (1975), 415.
[125] Zu ihr kurz → Rdnr. 84 sowie *Reichel* JbfD 59 (1911), 409 ff.; 60 (1912), 38 ff.; *Bley* Klagrecht und rechtliches Interesse (1923), 85 ff.; *Schoch* Klagbarkeit, Prozeßanspruch und Beweis im Licht des internationalen Rechts (1934), 55 ff.; *Schiedermair* Vereinbarungen im Zivilprozeßrecht (1935), 90 ff.; *Pohle* Festschrift für *Lent* (1957), 214 ff.; *Ernst Wolf* Festgabe für *Herrfardt* (1961), 205; *Stech* ZZP 77 (1964), 161 ff.; *Baumgärtel* ZZP 76 (1963), 394; *Lüke* ZZP 78 (1965), 19 f.; *Neumann* Der vertragliche Ausschluß der Klagbarkeit eines privatrechtlichen Anspruchs im deutschen und im deutschen internationalen Recht (Diss. München 1967); *Schwab* ZZP 81 (1968), 412 (424f.); *Dütz* Rechtsstaatlicher Gerichtsschutz im Privatrecht (1970); *Schlosser* Vereins- und Verbandsgerichtsbarkeit (1972), 113 ff.; *Ballon* Die Zulässigkeit des Rechtswegs (1980), 103 ff.; *Walchshöfer* Festschrift für *Schwab* (1990), 521 ff.
Vom bürgerlich-rechtlichen Schrifttum bejahen das Institut der Klagbarkeit *v. Tuhr* (Fn. 42), 258; *Enneccerus/Lehmann* Schuldrecht[15] (1958) § 2 II; *Larenz* Schuldrecht Allgemeiner Teil[14] (1987) § 2 III; *Hübner* (Fn. 122) Rdnr. 249 f.; *Staudinger/Schmidt*[12] Einl. zu §§ 241 ff. Rdnr. 102 f.
[126] Zu den außergerichtlichen Zwangsmitteln vgl. *Stech* (Fn. 125), 164 ff.
[127] *Stech* (Fn. 125), 200 ff.
[128] *Stech* (Fn. 125), 201 Fn. 233.
[129] Dazu *Sternel* ZMR 83, 73 (78 f.); dazu auch *LG Frankenthal* WM 1985, 318; *LG Karlsruhe* WM 1988, 88.
[130] → Einl. Rdnr. 407.

Vertrag vor, daß vor Klageerhebung ein **außergerichtliches Vorverfahren** (→ Einl. Rdnr. 432) durchgeführt werden muß (z.B. eine Vereinssatzung verlangt, daß bei Streitigkeiten zwischen dem Verein und seinen Mitgliedern vor Klageerhebung ein »Schiedsgericht« angerufen werden muß[131], so **fehlt** dem Anspruch vor Abschluß des Vorverfahrens die **Klagbarkeit** (→ Rdnr. 87). Zur Klagbarkeit des *Auskunftsanspruchs*[132] → § 840 Rdnr. 19. Als unklagbar erweist sich auch der Anspruch des Verkäufers gegen den Käufer beim *Spezifikationskauf* (§ 375 HGB) auf Bestimmung[133].

89   Ein wichtiger Fall der Unklagbarkeit war **früher** der **Anspruch der Ehefrau** gegen den Ehemann im Güterstand der Verwaltung und Nutznießung nach § 1394 a.F. BGB[134]; heute ist diese Unklagbarkeit nur noch bei einem etwa vor dem 1. 7. 1958 vereinbarten Güterstand der Nutzverwaltung von Bedeutung[135]. Nicht mehr aktuell ist auch der Klagestop des § 3 Abs. 2 AKG (→ Einl. Rdnr. 402)[136], der die Leistungs-, nicht aber die Feststellungsklage verbot[137].

2. Vereinbarung der Unklagbarkeit (gewillkürte Unklagbarkeit)

90   a) **Individualvereinbarung:** Nicht ohne weiteres ist die Zulässigkeit eines *vertraglichen Ausschlusses der Klagbarkeit* zu bejahen. Nach starker Gegnerschaft in früherer Zeit[138] bekennen sich heute Schrifttum und Rechtsprechung überwiegend zur Zulässigkeit[139]. Dieser überwiegenden Ansicht stehen keine dogmatischen Bedenken entgegen. Nachdem man die Zulässigkeit von Prozeßverträgen (→ Rdnr. 236f. vor § 128) nicht mehr als Verstoß gegen das Verbot des Konventionalprozesses ansieht und nachdem besonders auch dem Klagezurücknahmeversprechen eine unmittelbare prozeßrechtliche Wirkung beigelegt wird (→ § 269 Rdnr. 5), dürften sich gegen die (prozessuale) Vereinbarung, ein materielles Recht sei von

---

[131] *OLG Nürnberg* OLGZ 19 75, 437; *LG Düsseldorf* NJW-RR 1990, 832; weitere Fälle → § 253 Fn. 182.
[132] Vgl. den Anspruch bejahend *Schumann* Festschr. für *Rammos* (Athen 1979), 821 (828ff. m.w.N.); *Stürner* Die Aufklärungspflicht der Parteien des Zivilprozesses (1976), 321; verneinend *BGHZ* 91, 126; *Lüke* JuS 1986, 7; *ders.* Zwangsvollstreckungsrecht (1985), 210 bejaht hingegen einen Anspruch, verneint aber dessen *Klagbarkeit*, weil die Nichterfüllung der Auskunftspflicht durch die Schadensersatzpflicht nach § 840 Abs. 2 S. 2 hinreichend sanktioniert sei.
[133] *Pohle* (Fn. 125), 218; *Stech* (Fn. 125), 207f.
[134] *Pohle* (Fn. 125), 214; *Stech* (Fn. 125), 196ff.
[135] Vgl. z.B. *Pohle* (Fn. 125), 214; *Stech* (Fn. 125), 196f.
[136] Zur umfangreichen Problematik vor allem *Bötticher* ZZP 75 (1962), 28. Es handelte sich bei diesem Klagestop um die (zeitweilige) Aberkennung der Klagbarkeit ohne Antasten der materiell-rechtlichen Anspruchsqualität.
[137] Vgl. *BGHZ* 29, 28 = LM Nr. 3 zu § 3 AKG mit Anm. *Pagendarm*. Der Grund für die Zulassung der Feststellungsklage lag in der bloß zeitweiligen Unklagbarkeit. Die Feststellungsklage griff hier auf den zur Zeit noch nicht einklagbaren materiell-rechtlichen Anspruch zurück. Der *BGH* war in seiner Rechtsprechung darauf bedacht, die dem Gesetzgeber vorbehaltene Entschließungsfreiheit gem. § 3 Abs. 1 AKG nicht durch ein rechtskräftiges Feststellungsurteil einzuengen (*BGH* NJW 1959, 1036; WM 1962, 89; NJW 1967; 1859). Eine dem § 3 Abs. 2 AKG untersagte Erschwerung der gesetzgeberischen Entscheidung lag bei einer Feststellungsklage dann nicht vor, wenn begehrt wurde festzustellen, daß gegen einen nach § 3 Abs. 1 Nr. 3 AKG weggefallenen Rechtsträger Ansprüche bestanden haben. Zum Klage-

stop nach § 3 Abs. 2 AKG s. auch *Féaux de la Croix* ZZP 76 (1963), 244ff.
[138] Z.B. *RGZ* 111, 279; *Lehmann* ZZP 44 (1914), 165; *Schiedermair* (Fn. 125), 90f. mit Lit. Fn. 109–117. Für *Zulässigkeit* früher *Reichel* (Fn. 125), 59, 455 und JW 1930, 2212.
[139] »Gewillkürte Unklagbarkeit« in der Terminologie der Anmerkung von *Reichel* ZZP 50 (1926), 312; für Zulässigkeit ferner *Pohle* (Fn. 125), 214f.; *Baumgärtel* ZZP 75 (1962), 394; *Habscheid* Festschr. für *Hans Schima* (Wien 1969), 175 (193f.); *Konzen* Rechtsverhältnisse zwischen Prozeßparteien (1976), 262; *Lüke* ZZP 76 (1963), 20; *Neumann* (Fn. 125), 38 Fn. 1 m.w.N.; *Rosenberg*⁹ § 85 II 2 a; *Schönke/Schröder/Niese*⁸ § 43 III 2; *Staudinger/Weber* BGB¹¹ Einl. L 12 vor § 241 BGB; *Zeiss* Die arglistige Prozeßpartei (1967), 143; wohl auch *Blomeyer* ZPR² § 30 VIII 2, wenn er Verträge auf Unterlassung von Prozeßhandlungen zuläßt, die »im Belieben der Partei stehen«; *RG* JW 1930, 1062; *RG* Frankfurt a.M. NJW 1949, 510; ausdrücklich offengelassen von *BGHZ* 9, 144, bejahend aber *BGH* NJW 1970, 1507 für das Abkommen über den Internationalen Währungsfond (Bretton-Woods-Abkommen); für Zulässigkeit einer vereinbarten Schlichtungsklausel *BGH* JZ 1984, 392 = NJW 669; ebenso offengelassen von *Staudinger/Schmidt*¹² Einl. 115 zu §§ 241ff.; a.M. *Rosenberg/Schwab/Gottwald*¹⁵ § 92 III 1; *OLG Celle* OLGZ 1969, 1, das eine derartige Vereinbarung nur bei *Vorliegen von besonderen Gründen* zuläßt; dazu auch *Rahmann* Ausschluß staatlicher Gerichtszuständigkeit (1984), 54 m.w.N.; *Fuchs* Die teilweise Klagbarkeit als Rechtsfolge von Art. VIII Abschnitt 2 (b) Satz 1 des Abkommens von Bretton Woods, IPrax 1992, 361; siehe dazu auch *BGH* ZZP 104 (1991), 449.

vornherein unklagbar, kaum grundsätzliche Einwände erheben. Anderseits kann nicht übersehen werden, daß der Ausschluß staatlicher Gerichtsbarkeit zugunsten der Schiedsgerichtsbarkeit an die Einhaltung strenger Voraussetzungen (§ 1025 Abs. 2, § 1027) gebunden ist, so daß immerhin die Folgerung naheliegen könnte, daß der Ausschluß jeglicher (auch privater) Gerichtsbarkeit mindestens dieselben Voraussetzungen erfordere, wenn nicht überhaupt unzulässig sei[140]. Außerdem darf nicht vergessen werden, daß sich im freien Zugang zu den Gerichten auch ein rechtsstaatliches Postulat verwirklicht und daß hierbei gewichtige verfassungsrechtliche Erwägungen mitschwingen, was nicht wenige Gegner des vertraglichen Ausschlusses der Klagbarkeit immer wieder betont haben[141]. Anderseits ist es den **Prozeßparteien** aber nicht verwehrt, sich **vertraglich** zu einem bestimmten **prozessualen Verhalten zu verpflichten** (→ Rdnr. 236 ff. vor § 128)[142]. Im Ergebnis wird man also zwar den vertraglichen Ausschluß generell bejahen können, jedoch im Einzelfall eine *sorgsame Prüfung der Vereinbarung* durch den Richter empfehlen müssen. Sie darf nicht zu einer leichten Umgehung der Normen über die Schiedsgerichtsbarkeit führen und nicht in unlauterer Weise zustande gekommen[143] und deshalb etwa unwirksam sein[144]. Im übrigen muß entsprechend allgemeinen prozessualen Vorstellungen der vertragliche Ausschluß sich auf ein *bestimmtes Rechtsverhältnis* beziehen[145]. Ein ganz allgemeiner Ausschluß der Klagbarkeit ist deshalb ebenso unwirksam wie ein genereller Verzicht auf Rechtsschutz unzulässig ist[146]. – Zur nur **zeitweiligen** Unklagbarkeit → § 253 Rdnr. 214.

b) Allgemeine Geschäftsbedingungen: Inwieweit die Klagbarkeit durch *allgemeine Geschäftsbedingungen* ausgeschlossen werden kann, bedarf im Einzelfall einer sorgfältigen Prüfung. Als unvereinbar mit dem rechtsstaatlichen Postulat auf freien Zugang zu den Gerichten (→ Rdnr. 90) muß eine formularmäßige Vereinbarung jedenfalls dann angesehen werden, wenn sie *generell* und *ohne Einschränkung* die Klagbarkeit untersagt. Erfolgt der Ausschluß durch eine *Schiedsgerichtsklausel*[147], so ist die Zulässigkeit zunächst an den Voraussetzungen des § 1027[148] und des § 1025 Abs. 2[149] zu prüfen. Ob die Klausel im Hinblick auf § 9 Abs. 2 Nr. 1 AGB-Gesetz als wirksam angesehen werden kann, beurteilt sich danach, ob für die Einsetzung eines Schiedsgerichts ein *besonderes Bedürfnis* besteht[150]. Soweit die Klagbarkeit in Verbindung mit einer *Schlichtungsklausel zeitweilig* ausgeschlossen ist (hierzu näher → § 253 Rdnr. 214), stellt dies keine unangemessene Beschränkung des Rechtswegs dar[151]. Grundsätzlich keine Bedenken bestehen auch gegen eine formularmäßige *Musterprozeßvereinbarung*, da in diesem Fall der freie Zugang zu den Gerichten nicht völlig verwehrt, sondern nur »quantitativ« eingeschränkt wird. Allerdings ist im Einzelfall zu beachten, daß der Rechtsschutz und die Verteidigung eines der Beteiligten nicht zugunsten des AGB-Verwenders verkürzt wird[152].

---

[140] Vgl. *Kisch* ZZP 51 (1926), 329; *Lent* NJW 1949, 511; *RGZ* 80, 189; 111, 276.
[141] Vgl. z.B. *ROHG* 21, 84; RGZ 80, 191; *Hellwig* Klagrecht (Fn. 1), 159; *Stein* 11. Aufl. dieses Kommentars (IV 1 vor § 253); *Schiedermair* (Fn. 125) 90 ff.; *Lent* (Fn. 140).
[142] *BGH* FamRZ 1982, 782 (784).
[143] So darf eine Partei nicht durch die wirtschaftliche oder soziale Überlegenheit der anderen Partei zum Ausschluß der Klagbarkeit genötigt worden sein, vgl. *Neumann* (Fn. 125), 36 f.
[144] *Pohle* (Fn. 125), 214 f.; so wohl auch *BGH* NJW 1984, 669 f.
[145] *Neumann* (Fn. 125), 38; *Pohle* (Fn. 125), 214.
[146] → Einl. Rdnr. 407.

[147] Zu Schiedsvertrag und AGB → § 1025 Rdnr. 22.
[148] → § 1027 Rdnr. 1 ff.
[149] → § 1025 Rdnr. 19 ff.
[150] So vor allem *Wolf/Horn/Lindacher* Kommentar zum AGB-Gesetz³ (1994) § 9 Rdnr. S 4 f.; *Schlosser/Coester-Waltjen/Graba* Kommentar zum AGB-Gesetz (1977) § 9 Rdnr. 110; für eine allgemeine Wirksamkeit *Schwab/Walter* Schiedsgerichtsbarkeit⁵ (1995) Kap. 5 Rdnr. 19 und *Ulmer/Brandner/Hensen*⁷ (Fn. 8) Anh. §§ 9–11 Rdnr. 621 und – soweit ein beiderseitiges Handelsgeschäft vorliegt – *Löwe/Graf von Westphalen/Trinkner* Großkommentar zum AGB-Gesetz² (1985) Bd. III 18. 1. Rdnr. 7 f.
[151] Vgl. *BGH* JZ 1984, 392.
[152] Vgl. *BGH* JR 1985, 150 (Anm. *Lindacher*).

3. Nichtverbindlichkeiten

93   Sämtliche anderen in diesem Zusammenhang häufig aufgeführten Fälle gehören *nicht zum Problem der Klagbarkeit*. In der Regel haftet ihnen bereits *materiell-rechtlich* ein Mangel an. Bei ihnen liegt also nicht ein materiell-rechtlich gültiger Anspruch vor, dem lediglich die gerichtliche Verfolgung verwehrt wird. Zu derartig *materiell-rechtlich* (nicht bloß prozessual) mangelhaften Positionen gehören »Ansprüche« aus **Spiel**, **Wette** und **Differenzgeschäft**, der **Ehemäklerlohn** (§§ 762–764, § 656 BGB)[153], Verbindlichkeiten des Vertriebenen oder Flüchtlings (§ 82 BundesvertriebenenG)[154], die Verpflichtung des Verlobten zur Eingehung der Ehe (§ 1297 BGB)[155]; sie stellen also eine *Nichtverbindlichkeit* genauso dar wie dies beim formnichtigen, sittenwidrigen, schwebend oder sonst unwirksamen Rechtsgeschäft der Fall ist.

4. Fehlende Fälligkeit

94   Auch der noch *nicht fällige Anspruch* ist *materiell*, nicht prozessual mangelhaft[156]. Deshalb hat in allen diesen Fällen die Klage eine *Sachabweisung* mangels Begründetheit zu erfahren, während der unklagbare Anspruch (→ Rdnr. 127, 130) die Klage unzulässig macht, weil es sich hierbei um einen prozessualen Mangel handelt. In dieser unterschiedlichen Behandlung unklagbarer und unbegründeter Ansprüche liegt auch die Wichtigkeit der hier dargestellten Unterscheidung[157].

5. Rechtsfreier Raum

95   Ebenfalls *nicht* zum Bereich der Unklagbarkeit können diejenigen Streitigkeiten gerechnet werden, die in den »rechtsfreien Raum« fallen[158]. Zwar ist sicher richtig, daß es ein großer Unterschied ist, ob ein Kläger einen der Rechtsordnung *an sich bekannten* Anspruch unbegründeterweise geltend macht (z.B. verlangt er Ersatz des positiven Interesses, ohne daß die Voraussetzungen des § 463 BGB vorliegen) oder ob er einen Anspruch erhebt, den die *Rechtsordnung überhaupt nicht kennt* (der Kläger klagt auf Abstattung des von der Sitte geforderten Gegenbesuchs oder er verlangt einen bestimmten Sitzplatz bei einem gemeinsamen Essen usw.). Dieser Unterschied liegt aber im Bereich der *Begründetheit* der Klage, keineswegs liegt ein *prozessualer* Mangel vor. Denn gerade auch bei einer Streitigkeit aus dem rechtsfreien Raum ist der Gegner nicht verpflichtet, dem Begehren zu folgen. Die rechtliche Situation ist also außerhalb und innerhalb des Gerichtssaales gleich. Die prozessuale Kategorie der Unklagbarkeit könnte aber nur eingreifen, wenn es um die spezifische Eigenheit des Prozesses ginge, einem im materiellen Recht bestehenden Anspruch die *prozessuale* Durchsetzbarkeit zu nehmen. Der im rechtsfreien Raum beheimatete »Anspruch« ist jedoch bereits außerhalb des Prozesses rechtlich nicht vorhanden.

---

[153] *Stech* (Fn. 125), 166; zum Differenzgeschäft: *BGH* NJW 1980, 390.
[154] *Stech* (Fn. 125), 174 ff.
[155] *Stech* (Fn. 125), 178 ff.
[156] Unzulässig ist hingegen die Klage, die für einen offen als nicht fällig zugegebenen Anspruch nach §§ 257 ff. vorgehen will, aber die dortigen besonderen Merkmale nicht besitzt. Diese Klage scheitert dann aber am Fehlen dieser Merkmale, nicht an der fehlenden Fälligkeit; so *Jauernig* ZPR[24] § 35 II, *Rosenberg/Schwab/Gottwald*[15] § 93 IV 1; in Einzelfällen für Sachentscheidung *A. Blomeyer* ZPR[2] § 30 X 1.
[157] Weitere Fälle von Nichtverbindlichkeiten bei *Stech* (Fn. 125), 167 ff., 178 ff., 183 ff., 209 ff.
[158] So aber *Canaris* Die Feststellung von Lücken im Gesetz[2] (1983), 40 ff. (41 f.); wohl zustimmend *Larenz* Methodenlehre der Rechtswissenschaft[5] (1983), 355 f. Soweit ersichtlich, ist diese These von Rechtsprechung und Lehre nicht aufgegriffen worden. Außer den im Text dargestellten Gründen spricht gegen die Ansicht, daß die Grenzen zwischen Prozeßrecht und materiellem Recht (hierzu → Einl. Rdnr. 27 f., vor allem 29) verwischt werden. Im übrigen überläßt das Prozeßrecht auch sonst die Beurteilung derartiger Fragen der *Begründetheitsprüfung* (→ § 1 Rdnr. 18 zum Geltendmachen bisher unbekannter Rechtsfolgen).

Auch die **Praktikabilität** spricht für dieses Ergebnis: Es kann nicht Aufgabe des Prozeßrechts sein, zur 96
Klärung der Frage beizutragen, ob nun ein Anspruch in den rechtsfreien Raum fällt (dann Abweisung als
unzulässig) oder ob er zwar der Rechtsordnung bekannt ist, aber dem Kläger nicht zusteht (dann
Abweisung als *unbegründet*). Gerade in den in der Praxis auftretenden Fällen ist diese Frage nicht immer
leicht zu beantworten, während sehr schnell das Resultat feststeht, der Kläger habe keinen Anspruch
gegen den Beklagten. Bekanntlich gibt es auch keine Einigkeit, wo die Grenzen des rechtsfreien Raumes
beginnen. Der Gesetzgeber seinerseits hat es weitgehend in der Hand, diese Grenzen zu versetzen.
Vorschriften wie z. B. § 1626 Abs. 2 S. 2 und § 1631 Abs. 2 BGB haben sicherlich den rechtsfreien Raum
verengt, während die Reform des Sexualstrafrechts ihn erweitert hat.

C. Rechtsschutzfähigkeit

Der Begriff der *Rechtsschutzfähigkeit*[159] ist immer mehr in den Hintergrund der prozeß- 97
rechtlichen Diskussion getreten. Soweit er mit dem der Klagbarkeit identifiziert wird[160], ist
bereits oben (→ Rdnr. 84) abschließend Stellung genommen worden. Faßt man unter ihm
aber die materiell-rechtlichen Voraussetzungen zusammen, die vorliegen müssen, damit die
zulässige Klage begründet ist[161], meint man letztlich mit ihm die Begründetheit; zu solch einer
Terminologie besteht wenig Anlaß, zumal im Rechtsschutzanspruch (→ Einl. Rdnr. 214 ff.)
ein Begriff vorhanden ist, der auch die prozessuale Seite der Begründetheit eines Begehrens
erfaßt. Einen eigenständigen Gehalt hätte der Begriff jedoch, wenn man unter ihm diejenigen
an das materielle Recht anknüpfenden besonderen Voraussetzungen der einzelnen Klagearten versteht, die über die allgemeinen Sachurteils-(Prozeß-)Voraussetzungen (→ Einl.
Rdnr. 311–334) hinausgehen[162]. Bei der Leistungsklage ist nur der Anspruch des BGB oder
die Haftung (→ Rdnr. 18), sofern sie dem Gegenstand nach genügend bestimmt sind (→ § 253
Rdnr. 47), rechtsschutzfähig[163]. Bei den Klagen nach §§ 257–259 treten weitere aus dem
materiellen Recht entnommene Merkmale hinzu (siehe dort), ebenso für den Urkundenprozeß (§ 592) und das Mahnverfahren (§ 688). Bei der Feststellungsklage (§ 256) ist nur das
Rechtsverhältnis, ausnahmsweise auch die Tatsache der Urkundenechtheit rechtsschutzfähig
(→ § 256 Rdnr. 51). Bei der Gestaltungsklage ist nur die gestaltbare Rechtsbeziehung rechtsschutzfähig, wobei der Bereich der einzelnen Rechtsschutzvoraussetzungen je nach Art der
einzelnen Gestaltungsklage schwankt (zur Gestaltungsklage → auch Rdnr. 41–54).

---

[159] Der Sprachgebrauch ist auch hier äußerst schwankend und keinesfalls einheitlich. Vgl. zur Rechtsschutzfähigkeit, zum Rechtsschutzgrund und den Rechtsschutzbedingungen z. B. *Schmidt* Lb, 695 ff.; *Hellwig* Lb 1, 160 f.; Stein (Fn. 141); *Schönke/Schröder/Niese*[8] § 43 V.
[160] So vor allem der heutige Sprachgebrauch → Einl. Rdnr. 217; *Pohle* (Fn. 125), 215; *Nikisch*, 142.
[161] So wohl die 18. Aufl. dieses Komm. IV 1 vor § 253 und *Goldschmidt* ZPR[2], 52 ff.

[162] Vgl. *Stein/Juncker* Grundriß[3] (1928), 14.
[163] Nicht rechtsschutzfähig ist z. B. ein im Wege der Leistungsklage geltend gemachtes privates Recht auf Rechtsgestaltung. Selbst wenn ein solches Recht existieren sollte, ist es nur bei der Gestaltungsklage rechtsschutzfähig (vgl. Fn. 56).

D. Rechtsschutzbedürfnis, Rechtsschutzinteresse

Stichwortverzeichnis zum Rechtsschutzbedürfnis

100 Das Stichwortverzeichnis erschließt die nachfolgende Kommentierung zum Rechtsschutzbedürfnis (Rdnr. 101–132). Zahlen ohne weiteren Zusatz verweisen auf die Randnummern dieser Vorbemerkungen; »Fn.« bedeutet Fußnote. Soweit das Stichwortverzeichnis auf *andere* Stellen des Kommentars hinweist, ist die genaue Fundstelle angegeben (z.B. »§ 66 Rdnr. 12« hinsichtlich der dortigen Behandlung des rechtlichen Interesses).

Abänderungsklage 106
Aktienrechtliche Klage Fn. 333
Alternativität 103
Anerkenntnis, notarielles 106
Anfechtungsklage
– gegen Ausschlußurteil § 957 Rdnr. 3
– nach § 40 Abs. 1 FGO 109
– gegen Postgebühr Fn. 320
Anordnung → »Einstweilige Anordnung«
Anwaltsgebühren (Rechtsverfolgung zur Erzielung von) 117
Arbeitslosengeld (Abzweigung eines Teilbetrages an einen Unterhaltsberechtigten) 109
Arbeitspflicht → »Erfüllung der Arbeitspflicht«
Arrest Rdnr. 17 vor § 916, § 917 Rdnr. 20, § 927 Rdnr. 8f.
Aufhebungsklage gegen Schiedsspruch § 1042 Rdnr. 10
Aufnahme des Prozesses (nach Unterbrechung durch Konkurs) § 240 Rdnr. 20
Auskunftsklage 106
– Klage auf Erlangung einer *Rechtsauskunft* 117
Ausschöpfung des Rechtswegs 110
Außergerichtliches Vorgehen → »Selbsthilfe«
Ausschlußurteil (Anfechtungsklage gegen) § 957 Rdnr. 3
Aussichtslosigkeit der Rechtsverfolgung 118b
Aussichtslosigkeit der Zwangsvollstreckung 118b
Begriff 101
Berufung und Vollstreckungsabwehrklage § 767 Rdnr. 41
Beschäftigung (Klage auf) 109
Beschluß nach Rechtsmittelzurücknahme § 515 Rdnr. 22
Beschwer 124
Beschwerde, sofortige (gegen die Verwerfung der Berufung als unzulässig) 106
Beweissicherung 121
Beweisverfahren (selbständiges) 102
»Drittes Reich« 101a ff.
Ehelichkeitsanfechtungswiderklage Fn. 289
Eidesstattliche Versicherung (Klage auf Abgabe einer) 109
Einstweilige Anordnung
– Klageerhebung trotz Möglichkeit einer ... 106
– Verhältnis zur *einstweiligen Verfügung* 106
Einstweilige Verfügung Rdnr. 17f. vor § 935, § 940 Rdnr. 7; → auch »Arrest«
– Klage trotz Vollstreckungstitels durch eine ... 106
– Klageerhebung neben einer ... 106
– Klage trotz ... durch Mitbewerber bei Wettbewerbsverstoß 117
– Klage trotz Schuldnerverzicht auf Widerspruch 109
– Verhältnis zur *einstweiligen Anordnung* 106
Erfüllung der Arbeitspflicht Fn. 268
Europäische Menschenrechtskonvention 104
Familiensache Rdnr. 14 vor § 606
Feststellungsklage 102, 121
– Feststellungsinteresse Fn. 197
– *Negative* Feststellungsklage 106
– Rechtsunwirksamkeit einer Kündigung 109
Funktion 101
Gegenstandslosigkeit der Klage 119
Gerichtsvollzieher (Zwang mit Hilfe des) 109
Geringfügigkeit des Streitgegenstandes 118b
Geschichtliche Entwicklung 101a ff.
Gesellschafterklage (gegen Mitgesellschafter auf Vornahme einer Eintragung zum Handelsregister) Fn. 238
Gestaltungsklage 102
Gleichzeitiges Ergreifen verschiedener Rechtsbehelfe 111
Grundbuchberichtigungsbewilligung (Klage auf Erteilung der) 106
Grundrechte 104
Gutachterkosten 106
Herausgabeklage
– gegen den Rechtsnachfolger 109
– wegen eines Kindes 109
Herstellung des ehelichen Lebens Fn. 268
Insichprozeß
– bei Kompetenzstreitigkeiten innerhalb einer juristischen Person 118b
– Leistungsklage zwischen Organen und Organmitgliedern der Aktiengesellschaft Fn. 329
Klage auf Erteilung der Vollstreckungsklausel § 731 Rdnr. 6
Klage auf künftige Leistung 102

Klagebefugnis (Verwirkung der) Fn. 334
Klauselumschreibung → »Titelumschreibung«
Kompetenzstreitigkeiten → »Organstreitigkeiten«
Konkurrenz
– zwischen verschiedenen Rechtsbehelfen → »Rechtsbehelfskonkurrenzen«
– zwischen Vertrags- und Deliktsklage Fn. 291
– zwischen nationalem Vertragsrecht und europäischem Amtshaftungsrecht Fn. 291
– zwischen zwei Unterlassungsklagen Fn. 291
– zwischen Auskunftsklage nach § 840 Abs. 1 S. 1 und direkter Leistungsklage aus Pfändungs- und Überweisungsbeschluß 106
Konkurs (Aufnahme des Prozesses nach Unterbrechung durch …) § 240 Rdnr. 20
Konkursverwalter (Klage gegen den Gemeinschuldner) 109
Kosten → »Prozeßkosten«
Kostenerstattungsverfahren 106, 109
Kostenfestsetzungsverfahren 106, 109
Leistungsklage 102
Massenverfahren 118a
Musterprozeß 118a
Mutwilligkeit der Rechtsverfolgung 118b
Nebenintervention 102, 121, § 66 Rdnr. 12
Nichtigkeitsklage (neben Rechtsmittel) 106
Notar (Klage anstatt Kostenberechnung nach der Kostenordnung) 109
Organstreitigkeiten (Kompetenzstreit innerhalb einer juristischen Person) 117
Pfändungs- und Überweisungsbeschluß (direkte Leistungsklage aus) 106
Prozeßkosten (übermäßige Belastung mit) 117
Prozeßkostenhilfe Fn. 252
Prozeßkostenvorschuß 106
Prozeßstandschaft 121, Rdnr. 40 vor § 50
– gewillkürte Prozeßstandschaft Rdnr. 41 vor § 50
Prozessuale Überholung 119
Prozeßvergleich
– Klage auf Abgabe einer Willenserklärung aus … 106
– unwirksamer Prozeßvergleich 109
Prozeßzweckwidriges Verhalten 117 ff.
Rechtsauskunft 117
Rechtsbehelfskonkurrenzen 105–111
– *Subsidiarität* eines Rechtsbehelfs 110
Rechtshängigkeit 103, 111, 118
Rechtskraft 103, 110, 118
– rechtskräftig festgestellter Anspruch 109
Rechtsmißbräuchliches prozessuales Vorgehen 117
Rechtsmittel
– Beschluß nach Zurücknahme § 515 Rdnr. 22
– neben Nichtigkeitsklage 106
Rechtsnachfolger (Herausgabeklage gegen den) 109

Rechtspfleger (Rechtsbehelfe gegen Entscheidungen des) 120
Rechtsschutz (Anspruch auf) 104
Rechtsschutzbedürfnis (positive Regelung des) 102, 121
Rechtswegerschöpfung 110
Regelung 102
Regelunterhalt 106
Revision (Prüfung des Rechtsschutzbedürfnisses in der …) § 559 Rdnr. 10
Rückgabe der Sicherheit 109
Sachurteil 102c
Sachurteilsvoraussetzung 129 ff.
Scheckklage 106
Scheinprozeß 117
Schikanöses prozessuales Vorgehen 117
Schiedsgerichtsverfahren § 1034 Rdnr. 31
– *Aufhebungsklage* gegen Schiedsspruch § 1042 Rdnr. 10
Schutzwürdiges (nicht-schutzwürdiges) prozessuales Vorgehen 117
Selbsthilfe 115
Sofortige Beschwerde → »Beschwerde, sofortige«
Sozialrechtsweg (Abweisung eines Arbeitslosengeldteilbetrages an einen Unterhaltsberechtigten) 109
Spezialität 103, 108
Subsidiarität eines Rechtsbehelfes 103, 110
Teilweises Einklagen einer Forderung 118b
Titel, vollstreckbarer (Klageerhebung trotz vorhandenem …) 115
Titelumschreibung nach § 727 109, auch Fn. 254, § 727 Rdnr. 7 und 34, § 731 Rdnr. 6
Treu und Glauben Fn. 305
Überholung → »Prozessuale Überholung«
Unmöglichkeit der begehrten Leistung 118b
Unsittlichkeit der begehrten Leistung 118b
Unterhalt (Rückforderung erbrachter Leistungen) 106
Unterhaltsklage 106; → auch »Abänderungsklage«
– trotz Anordnung nach § 620 Fn. 244, auch § 620 Rdnr. 6, § 620a Rdnr. 14
– trotz freiwilliger Unterhaltsleistungen 118b
Unterlassungsklage 11, 102
– gegen GmbH wegen Wettbewerbsverstoß 106
– Störungen eines Gewerbebetriebs 109
– Nichtannahme eines Unterlassungsvertrags 109
– *Konkurrenz* zweier Unterlassungsklagen Fn. 291
– Verstoß gegen Unterlassungstitel und Ordnungsmittel danach § 890 III 4
Unterlassungsvertrag (Nichtannahme eines) 109
Unterwerfungserklärung, verweigerte 117
Verfassungsgerichtsbarkeit 110
Verfügung → »Einstweilige Verfügung«
Vergleich, gerichtlicher → »Prozeßvergleich«

Verlustigkeitsbeschluß § 515 Rdnr. 22
Vermögenslosigkeit des Beklagten 118b
Verwirkung 120
— der Klagebefugnis Fn. 334
Vollstreckbarer Titel → »Titel, vollstreckbarer«
Vollstreckbarkeit, fehlende 117
Vollstreckungsabwehrklage
— nach Berufung 109 sowie § 767 Rdnr. 41
— Vollstreckungsverzicht durch den Gläubiger 106
— unwirksamer Prozeßvergleich 109
— Klagemöglichkeit trotz vorhandenem Titel bei drohender ... 115
Vollstreckungsklausel → »Titelumschreibung«
Vormund (Klage des Vormunds gegen das Mündel) 109

Wettbewerbsverstoß
— Unterlassungsklage gegen GmbH 106
— Rechtsverfolgung zur Erzielung von Anwaltsgebühren 117
— Rechtsverfolgung zu übermäßiger Kostenbelastung 117
— Klageerhebung trotz gerichtlichen Vorgehens anderer Mitbewerber 117
Widerklage des Kindes gegen die Ehelichkeitsanfechtungsklage Fn. 289
Wiedereinsetzung in den vorigen Stand 106
Wiederholung desselben Rechtsbehelfs 110
Willenserklärung (Klage auf Abgabe einer ... aus Prozeßvergleich) 106
Zwangsverwalter (Klage gegen den Grundstückseigentümer) 109

1. Begriff und Funktion des Rechtsschutzbedürfnisses[164]

101 Während der Begriff der Rechtsschutzfähigkeit immer mehr an Bedeutung verloren hat und während die Unklagbarkeit auf seltene Fälle beschränkt ist, hat das **Rechtsschutzbedürfnis (Rechtsschutzinteresse, rechtliches oder berechtigtes Interesse)**[165] zunehmend an Gewicht und Anwendungsbereich gewonnen. Diese von der Rechtsprechung begünstigte[166] und teilweise vom Schrifttum[167] unterstützte Ausdehnung dieses Instituts kann man als wenig glück-

---

[164] Insgesamt zur folgenden Darstellung des Rechtsschutzbedürfnisses: *E. Schumann* Kein Bedürfnis für das Rechtsschutzbedürfnis – Zur Fragwürdigkeit des Rechtsschutzbedürfnisses als allgemeiner Prozeßvoraussetzung, Festschrift für Fasching (Wien 1988), 439 ff. mit zahlr. Nachw.

[165] *Stein* Festg. für *Fitting* (1903, Neudruck 1979); *J. Goldschmidt* Festg. für *Hübler* (1905); *ders.* Festschr. für *Brunner* (1914); *Bley* Klagerecht und rechtliches Interesse (1923); *de Boor* Auflockerung des Zivilprozesses (1939), 60; *ders.* Gerichtsschutz und Rechtssystem (1941), 53 und 57; *Bötticher* Festg. *Rosenberg* (1949); *Schönke* Rechtsschutzbedürfnis (1950); *Pohle* ZZP 64 (1951), 94; *ders.* 18. Aufl. dieses Komm. Einl. D (S. 18 ff.); *Allorio* ZZP 67 (1954), 321, *Baumgärtel* ZZP 69 (1956), 89; *Pohle* (Fn. 125), 195; *Schumann* Anm. zu BAG AP § 81 ArbGG 1953 Nr. 9 sub 1; *Bergmann* VerwArch 49 (1958), 333 (zum *Verwaltungsprozeß*); *H. M. Pawlowski* AcP 160 (1961), 229 und 234; *Schumann* Verfassungs- und Menschenrechtsbeschwerde gegen richterliche Entscheidungen (1963) (auch zum *Verfassungsprozeß*); *Bachof* Verfassungsrecht, Verwaltungsrecht, Verfahrensrecht in der Rechtsprechung des BVerwG (1963), 37, 181 und (1967), 163; *Spanner* Festschr. *Hermann Jahrreiß* (1964), 411 (zum *Verfassungsprozeß*); *W. Geiger* Festschr. für den DJT (1964), 61 (zum *Verwaltungsprozeß*); *Wieser* Rechtliches Interesse des Nebenintervenienten (1965); *Rudolf Schneider* ZZP 79 (1966), 1 (zum *Verfassungsprozeß*); *Rimmelspacher* Zur Prüfung von Amts wegen im Zivilprozeß (1966), 72; dazu *Grunsky* ZZP 80 (1967), 55; *Beck* DNotZ 1966, 229; *Sprung* (Fn. 235, zum österreichischen Recht); *Stephan* NJW 1966, 2394 (zum *Strafprozeß*); *ders.* Das Rechtsschutzbedürfnis (1967) (auch zum *Verfassungsprozeß*); *Zeiss* (Fn. 139); *Baur* Studien zum einstweiligen Rechtsschutz (1967), 76; *Schwab* ZZP 81 (1968) 412; *Gaul* AcP 168 (1968), 42; *von Mettenheim* Der Grundsatz der Prozeßökonomie (1970), 31–44, 170; *Bettermann* Die Beschwer als Klagevoraussetzung (1970); *H.-C. Bock* Das Rechtsschutzbedürfnis im Verwaltungsprozeß (1971); *Wieser* Das Rechtsschutzinteresse des Klägers im Zivilprozeß (1971); dazu *Münzberg* ZZP 80 (1975) 480; *Wahl* Die verfehlte internationale Zuständigkeit (1974) (zum *internationalen Rechtsschutzbedürfnis* S. 119); *Kopei* Klagebefugnis und Rechtsschutzbedürfnis für Anfechtungsklagen gegen Steuer- und Grundlagenbescheide nach der Finanzgerichtsordnung (1974); *Böhm* JBl 1974, 1 (zur österreichischen Lehre vom Rechtsschutzbedürfnis); *Dolinar* Ruhen des Verfahrens und Rechtsschutzbedürfnis (Wien 1974); *Konzen* Rechtsverhältnis zwischen Prozeßparteien (1976); *Baumgärtel* Der Zivilprozeßrechtsfall[8] (1995); *ders.* Gleicher Zugang zum Recht für alle (1976); *Fasching* Lehrbuch des österreichischen Zivilprozeßrechts[2] (Wien 1990) Rdnr. 738 ff.; *Detterbeck* AcP 192 (1992), 325; *Scholz* WuM 1990, 99; außerdem die Lehrbücher und Kommentare zum Zivilprozeß sowie zu den anderen Prozeßarten.

[166] Beispiele aus der höchstrichterlichen Rspr.: BGHZ 12, 308; 55, 201 (206); BGH NJW 1959, 388 (= MDR 183); 78, 2032; 81, 876; BGH LM § 37 PatG a.F. Nr. 17; RGZ 71, 68 (70 f.); 135, 33 (35); 155, 72 (75); 160, 204 (208).

[167] Überwiegend erkennt das Schrifttum (→ Fn. 165) das Institut des Rechtsschutzinteresses an (wenn auch mit unterschiedlichen Begründungen). – *Allorio* (Fn. 165), *Böhm* (Fn. 165) und *Fasching* (Fn. 165) Rdnr. 738 ff. lehnen es als Prozeßvoraussetzung ab.

lich bezeichnen¹⁶⁸. Heute lassen sich nur noch schwer präzise Grenzen des Rechtsschutzbedürfnisses angeben, zumal oftmals allzu vorschnell anderweit eindeutig geregelte prozessuale oder materielle Mängel einfach als Fälle fehlenden Rechtsschutzbedürfnisses ausgegeben werden¹⁶⁹. Angesichts seiner Unschärfe ist der Begriff nur noch schwer anzuwenden, wenn er nicht in weiten Bereichen sogar aussagelos geworden ist. Ihn auf seinen berechtigten praktikablen Kern zu reduzieren, sollte dringendes Anliegen des Prozeßrechts sein¹⁷⁰. Hierzu ist aber notwendig, sich des **Sinns des Rechtsschutzbedürfnisses** zu vergewissern. Es soll »zweckwidrige« Prozesse verhindern, also unterbinden, daß Rechtsstreitigkeiten in das Stadium der Begründetheitsprüfung kommen, die – gemessen am Prozeßzweck – des Rechtsschutzes nicht bedürfen. Damit führt dieses Institut direkt in die Prozeßzwecklehre, worauf schon mehrfach hingewiesen wurde¹⁷¹. Wie sehr häufig bei prozessualen Begriffen hängt deshalb sein Geltungsbereich von der Grundauffassung über den Prozeß und über die Prozeßzwecke ab. Eine autoritäre Prozeßauffassung wird geneigt sein, die Verfolgung privater Interessen jedenfalls insoweit als eines Rechtsschutzes nicht bedürftig anzusehen, als staatliche Belange tangiert werden, weil sie den Prozeß vornehmlich als Institution zur Durchsetzung staatlicher Interessen ansieht (→ Einl. Rdnr. 135); der liberal-rechtsstaatlichen Prozeßauffassung wird hingegen im Prinzip jedes (vermeintliche) Recht als schutzwürdig erscheinen, da im Zentrum dieser Vorstellung die Rechte des einzelnen Staatsbürgers stehen¹⁷². Da die ZPO zu einer rechtsstaatlichen Rechtsordnung gehört, kann schwerlich geleugnet werden, daß auch sie umfassenden Rechtsschutz gewähren will (→ Rdnr. 81, 82) und daß deshalb die Verweigerung solchen Rechtsschutzes trotz möglicherweise bestehender Rechte nur dann gerechtfertigt ist, wenn sich dies aus den Zwecken des Zivilprozesses zwingend ergibt. Nur bei solch einwandfrei »zweckwidriger« Prozeßbetreibung fehlt das Rechtsschutzbedürfnis, während Beschwernisse für die gerichtlichen Instanzen keinesfalls genügen, um dieses Bedürfnis zu verneinen¹⁷³. Denn die Gerichte sind für die Bürger da, mag auch in den Augen der Richter (und der Gegenpartei) das Begehren noch so aussichtslos oder überflüssig sein. Unter keinen Umständen jedoch ist es zulässig, unter Berufung auf das Rechtsschutzbedürfnis notwendige richterliche Handlungen zu unterlassen und ein vorliegendes Begehren nicht sachlich zu prüfen, weil das Unterlassen der Sachprüfung »prozeßökonomischer« (für das Gericht) sei¹⁷⁴.

---

¹⁶⁸ Hierzu vor allem *Pohle* (Fn. 125), 195 ff. und *A. Blomeyer* ZPR² § 30 X sowie *Allorio, Pawlowski, Schumann, Spanner* (sämtlich Fn. 165); → auch Rdnr. 231 vor § 128.

¹⁶⁹ *Bötticher* Festg. für *Leo Rosenberg* (1949), 74; *Stephan* Das Rechtsschutzbedürfnis (1967), 18; *Vollkommer* Rpfleger 77 (1969), 179; *Baumgärtel* Festschr. für *Hans Schima* (Wien 1969), 43; *Schröder* Internationale Zuständigkeit (1971), 399; *Schumann* (Fn. 164) 442 ff.; → auch Rdnr. 118.

¹⁷⁰ Verdienstvoll deshalb *Stephan* (Fn. 169) und *Zeiss* (Fn. 139), 16, 161 ff. Auch *Henckel* Prozeßrecht und materielles Recht (1970), 126 spricht sich dafür aus, daß mit dem generalklauselartigen Begriff des Rechtsschutzbedürfnisses die Voraussetzungen des Rechtsschutzes nicht weiter eingeengt werden sollten, als der Gesetzgeber es wollte.

¹⁷¹ Vor allem *Bley* (Fn. 165) 6 ff.; *Schönke* (Fn. 165) 11 ff.; *Pohle* (Fn. 125) 195 ff., ebenso *von Mettenheim* (Fn. 165), 35, 37 »allein der Zweck des Zivilprozesses« ... »ist der Maßstab für die Beurteilung des Rechtsschutzbedürfnisses« ...; *Henckel* (Fn. 170), 126; *Gaul* AcP 168 (1968), 27; zu den Prozeßzwecken → Einl. Rdnr. 4 ff.

¹⁷² Zur Verwurzelung des Rechtsschutzbedürfnisses in der nationalsozialistischen Prozeßauffassung näher *Schumann* (Fn. 164), 439 Fn. 4 und v.a. 446 ff.

¹⁷³ Zur Versagung des Rechtsschutzes, soweit ein gesetzliches Verfahren zur Verfolgung zweckwidriger Ziele ausgenutzt wird, BGH NJW 1978, 2031 (2032) = WM 935; zur allgemeinen Problematik, die Belastung der Gerichte im Hinblick auf die Prozeßzwecke zu verringern → Einl. Rdnr. 51 (insbesondere Fn. 57).

¹⁷⁴ Abschreckendes Beispiel in dieser Beziehung: BAG AP § 91a ZPO Nr. 11 mit Anm. *Schumann* sub VI zur Prozeßökonomie → Einl. Rdnr. 81.

2. Die geschichtliche Entwicklung des Rechtsschutzbedürfnisses

a) Ausgangslage

101a Eine *Begriffsgeschichte zum Rechtsschutzbedürfnis* steht noch aus. Es entstammt (was der nationalsozialistischen Prozeßlehre deshalb auch so Schwierigkeiten bereitete) der Diskussion um den Rechtsschutzanspruch. In diesem Zusammenhang findet es sich schon bei *Wach*[175], ohne aber in den Jahrzehnten seither irgendwelche feste Konturen anzunehmen. In den *Registerbänden des Reichsgerichts* taucht es mit dem Urteil des VII. Zivilsenats vom 26. Mai 1916[176] auf. Heimisch wurde es im prozessualen Sprachgebrauch erst im Dritten Reich.

Um Mißverständnisse zu vermeiden, muß man sich zunächst vergegenwärtigen, daß sich in den ersten Jahrzehnten dieses Jahrhunderts für bestimmte prozessuale Konstellationen noch keine klaren Sachurteilsvoraussetzungen herausgebildet (verdichtet) hatten, wie sie uns heute durchaus geläufig sind. Heutzutage ist es selbstverständlich, daß die Wiederholung der *rechtskräftig* schon beantworteten Klage zur Prozeßabweisung führt (→ § 322 Rdnr. 39) — es fehlt die Prozeßvoraussetzung fehlender rechtskräftiger Entscheidung über die Sache. Solange aber diese Prozeßvoraussetzung noch nicht entwickelt war, benutzten Rechtsprechung[177] und Wissenschaft[178] das Rechtsschutzbedürfnis, um die wiederholte Klage als unzulässig abzuweisen.

b) Das Rechtsschutzbedürfnis im »Dritten Reich«

101b Die Prozeßrechtslehre der Jahre nach 1933 kann sich insofern rein sprachlich auf einen nicht unbekannten Begriff beziehen. Neu jedoch ist die Loslösung der ZPO von ihrer liberalen Grundlage[179], die Ablehnung der Grundrechte[180] und der Kampf gegen die Orientierung des Zivilprozesses am Rechtsschutz des einzelnen Bürgers[181]. Die bisherigen Vorstellungen eines Justizgewährungs- oder Rechtsschutzanspruchs (→ Einl. Rdnr. 204ff.) mußten folgerichtig über Bord geworfen werden[182]. In dieser rechtsschutzfeindlichen Atmosphäre wurde das *Rechtsschutzbedürfnis* zum Zentralbegriff der *Verhinderung* und gerade nicht – wie sein Ursprung – der Ermöglichung *von Rechtsschutz*. Besonders das 1938 erschienene Lehrbuch von *Schönke*[183] propagierte das Rechtsschutzbedürfnis in dieser Weise, wobei zu

---

[175] Handbuch des Deutschen Civilprozeßrechts I (1885), 22.

[176] RGZ 88, 267 (268ff.).

[177] RG in RGZ 88, 267 (268ff.).

[178] Z.B. *Goldschmidt* Zivilprozeßrecht² (1932), 205 bei Fn. 5. Deshalb war das Prozeßhindernis der entgegenstehenden Rechtskraft (der rechtskräftig entschiedenen Sache) »der praktisch wichtigste Fall fehlenden Rechtsschutzbedürfnisses« (so *Stein* Über die Voraussetzungen des Rechtsschutzes, insbesondere bei der Verurteilungsklage, in: *Fitting*-Festschrift [1903], 333 [413 = Sonderdruck, S. 81]).

[179] *De Boor* Die Auflockerung des Zivilprozesses. Ein Beitrag zur Prozeßreform (1939), 30: »Da steht am Anfang der Satz, der mittlerweile schon zur Binsenwahrheit« (!) »geworden ist: die liberale Auffassung die hinter der ZPO steht, sieht den Prozeß vom Einzelfall her, die Prozeßrechtslehre des Nationalsozialismus sieht ihn von der Volksgemeinschaft aus.« Ähnlich S. 35: »Wollen wir demgegenüber den Prozeßzweck des nationalsozialistischen Zivilprozesses beschreiben, so ist von dem Grundunterschied auszugehen: wir sehen den Prozeß als Dienst an der Volksgemeinschaft, als Rechtspflege im Sinne von: Pflege der Rechtsordnung. Wir sehen ihn als Rechtsschutzeinrichtung für den einzelnen nicht primär, sondern nur sekundär, soweit nämlich dieser Rechtsschutz für die Volksgemeinschaft nötig ist.«

[180] *Hoche* Grundlage, Aufbau und Verwaltung des nationalsozialistischen Staats, JbDR 1 (1934), 3: »Denn Grundrechte, die von staatlichen Eingriffen grundsätzlich unberührbare Freiheitsgebiete des einzelnen schaffen, sind mit dem Totalitätsprinzip des nationalsozialistischen Staates nicht vereinbar.«

[181] *De Boor* Gerichtsschutz und Rechtssystem. Ein Beitrag zum Kampfe gegen das aktionenrechtliche Denken (1941), 57 führt im Rahmen der Behandlung der Klagetypen und des Rechtsschutzbedürfnisses aus: »Denn wenn man damit Ernst machen will, daß der Prozeß nicht mehr Privatangelegenheit der Parteien, sondern bestimmt ist, durch Behandlung des Einzelfalles der Volksgemeinschaft zu dienen, so ist es nur folgerichtig, jeden Mißbrauch des Rechtsschutzes als unzulässig zu behandeln.«

[182] *Schönke* Zivilprozeßrecht (1938), 4: »Ein Rechtsschutzanspruch des einzelnen gegen den Staat als subjektives öffentliches Recht kann nicht anerkannt werden.« Ähnlich (aus der Fülle gleichlautender Stimmen) z.B. *Walsmann* Rechtsstreit und Vollstreckung (1936), 70: »Das Interesse der Volksgemeinschaft an geordneter Rechtspflege gibt dem einzelnen Rechtsgenossen genügenden Schutz. Infolgedessen bedarf es hier nicht eines besonderen individuellen Anspruchs des einzelnen auf Rechtsschutz gegen den Staat« und *de Boor* Rechtsstreit. Einschließlich Zwangsvollstreckung. Ein Grundriß (1940), 90: »Die Auffassung, es gehe im Prozesse um den Anspruch des Einzelnen gegen den Staat, gehört offenbar der liberalen Ideologie an. Jetzt, wo der Prozeß als Durchführung der völkischen Rechtspflegebelange aufgefaßt wird, ist er kaum mehr verständlich.«

[183] *Schönke* Zivilprozeßrecht, 145: »Auch für den Zivilprozeß steht das Interesse der Volksgemeinschaft im

beachten ist, daß es angesichts der »Ausmerzung«[184] jüdischer Schriftsteller damals kein anderes Lehrbuch des Zivilprozeßrechts gab[185]; es war die maßgebliche Darstellung der damaligen Prozeßauffassung, der sich natürlich die Praxis nicht verschloß[186] und der das Schrifttum nicht widersprach[187].

c) Die Weiterführung der Ansichten nach dem Zweiten Weltkrieg

Angesichts der Belastung des Rechtsschutzbedürfnisses durch seine uferlose Anwendung während des »Dritten Reiches« müßte man eigentlich annehmen, daß in den Jahren nach 1945 eine völlige Abkehr von diesem Begriff erfolgte oder wenigstens das Bemühen herrschte, ihn auf einen einigermaßen erträglichen Kern zu reduzieren. Es gehört zu den Seltsamkeiten der Nachkriegszeit, daß dies nicht geschah, ja im Gegenteil legte *Schönke* im Jahre 1950 seine Schrift vor, deren Hauptanliegen es war, das Rechtsschutzbedürfnis zu einem Zentralbegriff des Zivilprozeßrechts eines Rechtsstaates auszubauen[188]. Auch die – im Jahre 1947 erschienene – 3. und 4. Auflage seines Lehrbuchs nahm die uferlose Ausdehnung des Rechtsschutzbedürfnisses, wie sie zehn Jahre früher geschehen war, nicht zurück. Nur die Bezugnahme auf die nationalsozialistische Prozeßauffassung ist – natürlich – gestrichen, und die ehedem »ausgemerzten« jüdischen Gelehrten sind in das Zivilprozeßrecht zurückgekehrt[189]. Für den unbefangenen damaligen Leser wurde in diesen Schriften nicht deutlich gemacht, daß es erst der *Nationalsozialismus* war, der zu der dargelegten *Ausweitung des Rechtsschutzbedürfnisses* beitrug[190]. Möglicherweise liegt hierin auch

101c

Vordergrund. Zeit und Kräfte der staatlichen Gerichte, die von der Gesamtheit unterhalten werden, darf der einzelne daher nur dann in Anspruch nehmen, wenn für ihn ein *Bedürfnis nach Rechtsschutz* besteht. Das Vorliegen eines Rechtsschutzbedürfnisses ist vom Gesetz ausdrücklich zwar nur in § 256 für die Feststellungsklage erfordert worden; es muß aber bei jeder Klage vorhanden sein.« In seiner bereits in Fn. 179 zitierten, ein Jahr nach *Schönkes* Ausführungen erschienenen Schrift heißt es bei *de Boor* Auflockerung (Fn. 179), 60 f.: »Mittlerweile aber hat sich das Rechtsschutzbedürfnis in Wissenschaft und Praxis zu einer Grundnorm entwickelt, mit welcher sich die Gerichte solcher Rechtsschutzgesuche erwehren, die im Rechtspflegezweck keine Grundlage haben, und zwar mit steigender Energie. Die Entwicklung in der Praxis dürfte noch nicht abgeschlossen sein; doch dürfte das, was jetzt vorliegt, ausreichen, um die Klausel im Gesetz festzulegen.« Dieser Ausweitung des Rechtsschutzbedürfnisses entsprach auch die Ausdehnung anderer Generalklauseln, z.B. der *Verwirkung* und des *Rechtsmißbrauchs*, hierzu *von Dickhuth-Harrach* »Gerechtigkeit statt Formalismus«. Die Rechtskraft in der nationalsozialistischen Privatrechtspraxis (1986), 310 f. (und öfters).

[184] Vgl. *Albert* Verzeichnis jüdischer Verfasser juristischer Schriften[2] (1937).

[185] So auch die Selbsteinschätzung *Schönkes* Zivilprozeßrecht, S. V: »Eine der heutigen Gesetzgebung und der heutigen Rechtspraxis entsprechende etwas eingehendere Darstellung des Zivilprozeßrechts ist nicht vorhanden.«

[186] Der Rechtsprechung zum Rechtsschutzbedürfnis während des Dritten Reiches kann hier nicht nachgegangen werden. Das Reichsgericht folgte deutlich den von der damaligen Rechtslehre gewiesenen Weg, vgl. z.B. *RGZ* 155, 72 (75); 156, 372, (378); 160, 204 (208 ff.); 160, 257 (262); 169, 223 (226). Die beiden erstgenannten Urteile dienen *de Boor* Rechtsstreit (Fn. 182), 90, als Beweis für die »Energie«, mit der man sich den neuen Inhalt des Rechtsschutzes annahm. Das Erkenntnis des *RG* in *RGZ* 160, 204 (208 f.) versucht, den neuen Gehalt des Rechtsschutzbedürfnisses in eine lange Tradition zu stellen und zitiert mit Hinweis auf die Lehrbücher von *Wach* (1885, s. auch oben Fn. 165a), *Hellwig* (1903) und *Kleinfeller* (1925), die allesamt aber zum Rechtsschutzbedürfnis an den angeführten Stellen nichts aussagen!

[187] Z. B. *Baumbach* Zivilprozeßordnung[17] (1943), 5 Gr. vor § 253; *ders.* Elementarbuch des Zivilprozesses[2] (1941), 48; *Bernhardt* Rechtsstreit (1939), 8 (... »unnütze Inanspruchnahme des Staates zu vermeiden« ...); *de Boor* Rechtsstreit (Fn. 182), 88 (das Rechtsschutzbedürfnis ... »ist aber von Wissenschaft und Praxis klar herausgearbeitet worden und wird vom Reichsgericht mit steigender Energie verwendet, um Mißbrauch der Rechtsschutzeinrichtungen abzuwehren. Vgl. z.B. *RG* in *RGZ* 155, 73. Das ist natürlich, seitdem der Prozeß nicht mehr als Privatangelegenheit der Parteien, sondern als Dienst am Recht erscheint. Die Prüfung des Rechtsschutzbedürfnisses scheint sich also zu einem wichtigen Ausgangspunkt zur Durchsetzung der neuen Prozeßgesinnung zu entwickeln.«); *Sydow/Busch/Krantz/Triebel* Zivilprozeßordnung und Gerichtsverfassungsgesetz[22] (1941), Vorbem. 1 vor § 253.

[188] *Schönke* Das Rechtsschutzbedürfnis. Studien zu einem zivilprozessualen Grundbegriff (1950), insbesondere 13 ff. Wie schon der Untertitel zeigt, weitete *Schönke* das Rechtsschutzbedürfnis zu einem »Grundbegriff« des Zivilprozeßrechts aus. Seither gibt es in der *Lehre* nicht unerhebliche Bemühungen, das Rechtsschutzbedürfnis einzugrenzen → Rdnr. 102–132 mit weit. Nachw. In der *Rechtsprechung* hingegen wird das Rechtsschutzbedürfnis häufig unbekümmert und grenzenlos angewendet.

[189] *Schönke* Zivilprozeßrecht[3] und [4] (1947). Das in Fn. 179 enthaltene Zitat aus dem Jahr 1938 lautet jetzt (S. 141) nur insofern anders, als *Schönke* das Wort »Volksgemeinschaft« durch »Allgemeinheit« ersetzte. Die in Fn. 182 wiedergegebene Wendung findet sich wortgleich (S. 4).

[190] Bewußt oder unbewußt geschah hierdurch wohl auch eine Bagatellisierung gegenüber dem eigenen Verhalten während des Dritten Reiches. Indem nach dem Jahr 1945 von diesen Autoren das Rechtsschutzbedürfnis mit allen seinen Ausweitungen herübergerettet wurde und nicht mehr als Ausdruck nationalsozialistischer Prozeßgesinnung, sondern rechtsstaatlicher Werte erschien, konnte die Propagierung im Dritten Reich fast als eine Vorwegnahme rechtsstaatlicher Ideale gelten. – Auf einen ähnlichen Fall aus dem Zivilprozeßrecht hat übrigens treffend *v. Dickhuth-Harrach* (Fn. 183), 341 hingewiesen. Unter Bezugnahme auf einen anderen füh-

der Grund, daß sich das Prozeßinstitut in der Rechtsprechung seit 1945 derselben Lebendigkeit erfreut wie in den Jahren zuvor[191]. Der einzige Autor, der im deutschsprachigen Raum einen entschiedenen Widerstand gegen das Rechtsschutzbedürfnis geleistet hat, ist *Fasching*[192]: »Es besteht« ... »kein Bedürfnis nach einer allgemeinen Prozeßvoraussetzung ›Rechtsschutzbedürfnis‹«[193].

3. Die Problematik des Rechtsschutzbedürfnisses

a) Die fehlende gesetzliche Grundlage für ein allgemeines Prozeßinstitut

102 *Fasching*[194] vermißt im österreichischen Recht die »gesetzliche Deckung« für das Prozeßinstitut; die österreichische ZPO »bietet keinerlei gesetzliche Grundlage, aus der abgeleitet werden kann, daß das Rechtsschutzbedürfnis eine allgemeine Prozeßvoraussetzung ist«[195]. Dieser Befund ist für die deutsche ZPO nicht anders: Zwar verlangt die **Feststellungsklage** (§ 256 Abs. 1, → dort Rdnr. 61 ff. und 120 ff.) ein »rechtliches Interesse«, ebenso die **Nebenintervention** (§ 66 Abs. 1, → dort Rdnr. 12 ff.) und der Antrag auf das **Selbständige Beweisverfahren** (§ 485 Satz 2)[196]. Auch die **Klage wegen Besorgnis der Nichterfüllung** (→ § 259 Rdnr. 21) enthält eine Art Regelung des Rechtsschutzbedürfnisses. Neben solchen Voraussetzungen kommt deshalb schon nach allgemeinen Grundsätzen eine Anwendung des Rechtsschutzbedürfnisses nicht in Betracht[197]. Ganz allgemein fordert die ZPO gerade für alle übrigen Klagen kein Rechtsschutzinteresse. Damit liegt eigentlich der Umkehrschluß nahe, daß das Gesetz durch Erwähnung eines »rechtlichen Interesses« nur bei einigen wenigen Prozeßinstituten ausdrücken wollte, daß bei allen übrigen schlechthin davon auszugehen sei, es bestehe dort das Rechtsschutzbedürfnis. Daher folgt bei der **Leistungsklage** das Rechtsschutzbedürfnis regelmäßig aus der angeblichen Nichterfüllung des behaupteten Anspruchs, dessen Bestehen – wie auch bei anderen *doppelrelevanten Tatsachen*[198] – im Rahmen der Zulässigkeitsprüfung unterstellt wird[199]. Bei **Unterlassungsklagen** ist es grundsätzlich nicht so (→ Rdnr. 11 und § 259 Rdnr. 9); ob der Unterlassungsanspruch (und damit die *Wiederholungsgefahr*) besteht, wird im Rahmen der Begründetheit geprüft – für die Zulässigkeit wird seine Existenz unterstellt. Bei *Gestaltungsklagen* ist regelmäßig nur durch ein gerichtliches Urteil die Gestaltung möglich; auch sie dürfen deshalb prinzipiell nicht durch Verneinung des Rechtsschutzbedürfnisses abgewehrt werden.

---

renden Zivilprozessualisten des Dritten Reichs heißt es: »Derselbe Autor machte freilich pikanterweise *nach* dem Kriege für seine« ... »unverändert vertretene Auffassung« ... »geltend, sie entspreche gerade rechtsstaatlichen Grundsätzen und sei vom Standpunkt des nationalsozialistischen ›Machtstaates‹ aus ›unhaltbar‹ gewesen.«

[191] Daß das Rechtsschutzbedürfnis auch in der ehemaligen DDR anerkannt war (z. B. *Püschel* in: *Kellner* Zivilprozeßrecht, Lehrbuch [1980], 209), verwundert angesichts der Ähnlichkeit zwischen der dortigen und der NS-Prozeßauffassung natürlich nicht.

[192] Lehrbuch des österreichischen Zivilprozeßrechts² (Wien 1990) Rdnr. 743. Ähnlich schon *Fasching* Rechtsschutzverzichtsverträge im österreichischen Prozeßrecht? Zugleich eine Besprechung der Monographie »Ruhen des Verfahrens und Rechtsschutzbedürfnis« von *Dolinar* ÖJZ 1975, 431 (433 f.). Im Schrifttum findet sich eine vergleichbar deutliche Ablehnung nur bei *Allorio* (Fn. 203) ZZP 67 (1954), 321, z. B. 323: »Während das Gesetzbuch schwieg, traten jene Gelehrten mit ihrer Doktrin vom Rechtsschutzbedürfnis dazwischen: diese Theorie erscheint mir als vollkommen überflüssiger und schädlicher Überbau.«

[193] Zu *Fasching* speziell der bereits in Fn. 164 genannte Festschriftbeitrag.

[194] Lehrbuch (Fn. 192) Rdnr. 743.
[195] A. a. O. Rdnr. 740.
[196] Ein »rechtliches Interesse« wird ferner noch gefordert: bei der *Einsicht in die Prozeßakten* (§ 299 Abs. 2), bei der *Einsicht* in die Anmeldung von Forderungen im *Aufgebotsverfahren* (§ 996 Abs. 2).
[197] *v. Mettenheim* (Fn. 165) 93. Dies bedeutet aber nicht, daß sich Feststellungsinteresse (des § 256) und Rechtsschutzbedürfnis decken. So kann, worauf *v. Mettenheim* zutreffend hinweist, einer Feststellungsklage das rechtliche Interesse deshalb fehlen, weil der Kläger Leistungsklage erheben könnte (→ § 256 Rdnr. 79). Für diese Leistungsklage wird jedoch in aller Regel das Rechtsschutzbedürfnis bejaht. Gemeint ist mit dem Text: Wenn bei einem Prozeßinstitut ein Bedürfnis oder Interesse zu prüfen ist, dann fließen in diese Prüfung auch diejenigen Gesichtspunkte ein, die sonst zum Rechtsschutzbedürfnis gehören. Daher kann bei einer Feststellungsklage nicht etwa das Feststellungsinteresse bejaht, aber ein »Rechtsschutzbedürfnis« verneint werden (es fehlt dann eben das Feststellungsinteresse).
[198] Zu ihnen → § 1 Rdnr. 20c.
[199] *BGH* MDR 1984, 645; NJW 1987, 3139; MDR 1988, 46 m.w.N.; *Laubinger* Die isolierte Anfechtungsklage, Festschr. *Menger* (1985) 454 f.

b) Die Unbestimmtheit des Rechtsschutzbedürfnisses

Die Diskussion um das Rechtsschutzbedürfnis (Rechtsschutzinteresse) ist von Anfang an **102a** begleitet von dem Bedauern, es sei unscharf und zu vielgestaltig. Bereits 1925 beklagte *Neuner* bei seinen Untersuchungen zum Feststellungsinteresse im französischen Recht[200], daß »unter dieser Flagge Gedanken ganz verschiedener Herkunft segeln«. Über 40 Jahre später nennt *Zeiss* das Rechtsschutzbedürfnis eine »Generalklausel ohne feste Begrenzung«[201] – um nur zwei Beispiele herauszugreifen[202].

c) Das Rechtsschutzbedürfnis verleitet zu Prozeßurteilen statt zu sachlicher Behandlung der Klage

Das Rechtsschutzbedürfnis leistet dem Bestreben Vorschub, »an die Stelle von Sach- **102b** entscheidungen bloße Prozeßentscheidungen zu setzen und der Verhandlung und Entscheidung komplizierter Sachfragen auszuweichen«[203]. Dies zeigt sich in zweifacher Beziehung:

aa) Statt Sachurteil: Verneinung des Rechtsschutzbedürfnisses

Daß der diffuse Inhalt des Rechtsschutzbedürfnisses tatsächlich dazu verleitet, statt einer Sachentscheidung ein Prozeßurteil (auf Abweisung der Klage) zu fällen, zeigen Wissenschaft und Praxis. So findet sich etwa bei *Schönke*[204] die Ansicht, eine Klage sei *unzulässig* (mangels Rechtsschutzbedürfnisses), wenn es um ein Interesse gehe, das »nach allgemeiner Anschauung als so gering anzusehen ist, daß es nicht die Inanspruchnahme der staatlichen Rechtsschutzeinrichtungen rechtfertigt«. Verwendet man das Rechtsschutzbedürfnis, um in solcher Weise *materiellrechtliche* Eigenheiten oder Mängel in der *Begründetheit* einer Klage zu beantworten, dann ist tatsächlich die Versuchung groß, nicht nur bei der *Geringfügigkeit des Streitgegenstandes* zur Unzulässigkeit der Klage zu kommen, sondern auch in anderen Fällen, z. B. wenn eine Klage «*ohne jeden Beweis* erhoben worden ist«[205], wenn sie »eine *unmögliche Leistung*« begehrt[206], falls sie *unsittlich* ist[207] oder mutwillig (»*zweckwidrig*«, »*mißbräuchlich*«) erscheint[208] oder wegen der offenkundigen Vermögenslosigkeit des Gegners *nicht vollstreckt* werden kann[209]. Diese und ähnliche Überlegungen[210] zeigen, wie sehr die Sorge begründet ist, über das Rechtsschutzbedürfnis

---

[200] Privatrecht und Prozeßrecht (1925), 85.
[201] Die arglistige Prozeßpartei (1967), 162, vgl. auch S. 16.
[202] Ähnlich (ohne Anspruch auf Vollständigkeit) auch *Stephan* Das Rechtsschutzbedürfnis (1967) 52f. und *Fasching* Lehrbuch (Fn. 192) Rdnr. 743: zu unbestimmt, zu vielgestaltig, zu wenig präzise und nicht generell faßbar.
[203] *Fasching* a.a.O. Rdnr. 743, vgl. auch Rdnr. 742. So auch *Allorio* Rechtsschutzbedürfnis? ZZP 67 (1954), 343: »Daraus, daß Rechte auf Leistungen solcher Art nicht bestehen, folgt die Unbegründetheit der Klage, die sich auf das nicht bestehende Recht stützt, und nicht, ›das Fehlen des Rechtsschutzbedürfnisses‹.«
[204] Rechtsschutzbedürfnis (Fn. 188), 35f.; dagegen treffend vor allem *Pohle* Zur Lehre vom Rechtsschutzbedürfnis, in: Lent-Festschrift (1957), 195 (198f. sowie auch 219f.).
[205] *Schönke* Rechtsschutzbedürfnis (Fn. 188), 34.
[206] *Schönke* a.a.O. 33
[207] Statt den wettbewerbsrechtlichen Anspruch eines Herstellers pornographischer Zeitungen gegen einen Konkurrenten *materiellrechtlich* zu verneinen, flüchtet sich z. B. das *LG Hamburg* DRiZ 1972, 246 in das Rechtsschutzbedürfnis.
[208] *RGZ* 169, 223 (226): Wenn der Kläger »auf Grund einigermaßen sicherer Feststellungen davon überzeugt sein müßte«, daß seine Klage unbegründet ist, liege eine »mutwillige« (= unzulässige) Klage vor (übrigens nur ein

obiter dictum, aber gleichwohl von *Schönke* Rechtsschutzbedürfnis, 34 für seine Ansicht zitiert). Einen besonders schlimmen Fall richterlicher Willkür unter Anrufung des Rechtsschutzbedürfnisses zeigt *OLG Hamm* NJW 1987, 138f. = MDR 1986, 858f. Dort hatte das Oberlandesgericht seine ohne jeden Zweifel bei ihm bestehende Zuständigkeit (als Tatortgericht) verneint, weil der Kläger nicht abgestritten hatte, diesen Gerichtsstand gewählt zu haben, um die ihm günstigere Rechtsprechung des angerufenen Gerichts auszunutzen. Dies sei »zweckwidrig« und »mißbräuchlich«.
[209] Dagegen zutreffend *BGH* MDR 1984, 645.
[210] Notwendigen Sachentscheidungen weichen die Gerichte außerordentlich häufig mit der Begründung aus, es bestehe ein »einfacherer Weg« (zu diesen Rechtsbehelfskonkurrenzen → Rdnr. 105ff.). Dies ist vielfach leichter gesagt, als für den Kläger getan. Instruktiv ist in dieser Beziehung z.B. *AG Hanau* BB 1985, 2276: Das Landgericht hatte eine Klage auf Ersatz von Abmahnkosten mangels Rechtsschutzbedürfnisses als unzulässig abgewiesen, weil der Kläger in einem einfacheren Verfahren (Kostenfestsetzungsverfahren) diesen Ersatz zugesprochen erhalten könne. In diesem einfacheren Verfahren kam der Kläger aber nicht zum Ziel. Deshalb mußte er erneut klagen, um seinen Anspruch (und dann auch erfolgreich) geltend machen zu können. Für das Landgericht war die Verweigerung des Rechtsschutzes sicher bequemer; der Kläger hingegen mußte überflüssige Kosten und wertvolle Zeit

könne es zu einer Verweigerung der Sachentscheidung kommen. Doch muß zugleich auch gesagt werden, daß sich die ganz überwiegende *Lehre* gegen derartige Vermengungen des Prozeßrechts mit materiellrechtlichen Gesichtspunkten immer gewehrt hat. Schon frühzeitig hatte *Bötticher* nämlich betont, es müsse auf das *Begehren des Klägers*, nicht aber an den »endlichen Erfolg oder Mißerfolg« seiner Klage gedacht werden[211]. Die *Rechtsprechung* hingegen hat sich den Warnungen und Vorschlägen der Wissenschaft nicht besonders aufgeschlossen gezeigt.

bb) Statt anderer Prozeßvoraussetzungen: Verneinung des Rechtsschutzbedürfnisses

103   Wegen seiner unbegrenzten Weite bietet das Rechtsschutzbedürfnis immer wieder den »Unterschlupf«[212] oder das »Sammelbecken«[213] für ungelöste *prozessuale* Überlegungen. Nicht selten greifen die Gerichte kurzerhand zum Rechtsschutzbedürfnis, um eine Klage als unzulässig anzusehen, obwohl für den vorliegenden prozessualen Mangel präzise (andere) Prozeßrechtsinstitute bereitstehen. Aber es ist meist bequemer, einfach vom fehlenden Rechtsschutzbedürfnis zu sprechen, als genau zu untersuchen, ob es sich um einen Fall entgegenstehender *Rechtskraft*[214] oder *Rechtshängigkeit*[215] handelt oder ob bei verschiedenen Rechtsbehelfsmöglichkeiten (bei *Rechtsbehelfskonkurrenzen*)[216] ein Fall der *Spezialität* oder *Subsidiarität* oder *Alternativität* oder des *Nebeneinander* vorliegt[217]. Nicht weniger häufig werden Fälle der *Gesetzesumgehung*[218] und der *prozessualen Überholung*[219] einfach dem Rechtsschutzbedürfnis zugeordnet[220]. Natürlich sind Prozeßsysteme denkbar, die alle Zulässigkeitsmängel als Fehlen eines »Rechtsschutzbedürfnisses« deklarieren; aber für so hochentwickelte Zivilprozeßrechte wie in Österreich und in Deutschland bedeuten derartige Begründungsstrategien einen Rückschritt[221]. Sie sind auch mit der modernen *rechtsstaatlichen* Entwicklung des Prozeßrechts unvereinbar, die in der präzisen

---

aufwenden, um sein Recht durchzusetzen. – Neben solcher Verweigerung des Rechtsschutzes, weil angeblich einfachere Wege bestehen, gibt es zahlreiche weitere Argumente der Gerichte, sich der Sachprüfung zu entziehen, zu ihnen → Rdnr. 117.

[211] Kritische Beiträge zur Lehre von der materiellen Rechtskraft im Zivilprozeß (1930), 210 f: ... »kann angesichts dieser Zwecklosigkeit des Begehrens die Klage vom Gericht nicht auch ›mangels Rechtsschutzinteresses‹ zurückgewiesen werden? Aber man lasse sich durch diese Argumentation nicht täuschen! Das Interesse des Klägers kann einzig und allein bemessen werden an dem Urteil, welches *er* vom Staat *begehrt*, nicht aber an dem endlichen *Erfolg* oder *Mißerfolg*, den seine Klage nach Lage der Verhältnisse zu erwarten hat. Sowenig einem Kläger, der eine offensichtlich unbegründete Forderung geltend macht, das Interesse an seiner Klage mit der Begründung abgesprochen werden kann, daß er, der Kläger, ja doch ganz genau wisse, er werde abgewiesen werden« ... »Interessen des Staates sind noch nicht die des Klägers!« Nachdrücklich hat später auch *Baumgärtel* betont, daß eine Vorwegnahme der Sachentscheidung »der Struktur unseres Verfahrens« widerspricht (Die Verwirkung prozessualer Befugnisse im Bereich des ZPO und des FGG, ZZP 67 [1954], 423 [430]; vgl. auch *Wieser* Das Rechtsschutzinteresse des Klägers im Zivilprozeß [1971], 20 ff.). Trotz solcher und ähnlicher Aussagen finden sich in der Rechtsprechung immer wieder Prozeß- statt Sachabweisungen, z.B. *OLG Frankfurt am Main* FamRZ 1987, 839 f.: Abweisung der unbegründeten Widerklage auf Auskunft als unzulässig, weil das Rechtsschutzbedürfnis fehle.

[212] *Bötticher* Zur Lehre vom Streitgegenstand im Eheprozeß, in: *Rosenberg*-Festschrift (1949), 73 (74); zustimmend *Pohle* Rechtsschutzbedürfnis (Fn. 204), 212.

[213] *Baumgärtel* Die Klage auf Vornahme, Widerruf oder Unterlassung einer Prozeßhandlung in einem bereits anhängigen Prozeß, in: *Schima*-Festschrift (1969), 41 (43); ähnlich »Sammelbecken diffuser Funktionen«: *Schröder* Internationale Zuständigkeit (1971), 399.

[214] Vgl. z.B. *RGZ* 88, 267 (268 ff.); s. auch o. Fn. 178.

[215] Klassisch unzutreffend daher *BGH* NJW 1987, 3138 ff.: Einer Widerklage auf Unterlassung der in der Klage enthaltenen Behauptung fehle das Rechtsschutzbedürfnis. Doch nicht deshalb, sondern weil derselbe Streitgegenstand schon *rechtshängig* ist, muß abgewiesen werden, wie dies überzeugend *Walter* in einer Anm. zu dem Urteil (NJW 1987, 3140) darlegt. Aber auch im Schrifttum werden Rechtshängigkeits- und Rechtsschutzbedürfniseinwand durcheinander gebracht, vgl. *Schönke/Kuchinke* Zivilprozeßrecht[9] (1969), 203. Auf die Gefahr der Verquickung von Rechtshängigkeitsproblemen mit Fragen des Rechtsschutzbedürfnisses hat nachdrücklich hingewiesen *Bettermann* Rechtshängigkeit und Rechtsschutzform (1948), 30 ff., 38 ff., 44. Gegen diese Ausführungen meinte *Schönke* Rechtsschutzbedürfnis (Fn. 188), 33, sie seien deshalb bedenklich, weil das Rechtsschutzbedürfnis »als allgemeine Rechtsschutzvoraussetzung« vor der Rechtshängigkeit zu prüfen sei. Mit solch einer Argumentation werden tatsächlich alle speziellen Prozeßvoraussetzungen zugunsten des Rechtsschutzbedürfnisses preisgegeben. Letztlich geht die gesamte Lehre von den Prozeßvoraussetzungen im Rechtsschutzbedürfnis auf.

[216] → Rdnr. 105–111.

[217] Umfangreiche Kasuistik und weitere Nachweise → 105–111.

[218] Hierzu *Zeiss* Prozeßpartei (Fn. 201), 53, 81 ff., 89 ff., 162.

[219] → Rdnr. 110.

[220] Der »Lasterkatalog« der Rechtsprechung, die sich durch unkritische Anwendung des Rechtsschutzbedürfnisses gegen das Zivilprozeßrecht versündigt, ließe sich noch erheblich vermehren. Auch hier muß auf die zitierte Literatur verwiesen werden.

[221] Zur Vermengung von Unzuständigkeit und Rechtsschutzbedürfnis überzeugend *Schröder* (Fn. 213), 399 »Sonst ließe sich gar die ganze Zuständigkeitslehre preisgeben mit dem Bemerken, immer dann entfalle ein Rechtsschutzbedürfnis des Klägers oder Antragstellers, wenn der von ihm gewünschte Rechtsstreit keine hinrei-

Herausbildung (»Vertypung«) der Prozeßvoraussetzungen einen wesentlichen Beitrag zur Vorhersehbarkeit und Berechenbarkeit des Verfahrens geleistet hat. Im übrigen ergeben sich, dies sei nur am Rande vermerkt, auch Bedenken aus der *materiellen Rechtskraft*; denn bei den Prozeßurteilen bezieht sich ihre Wirkung auf den tragenden Unzulässigkeitsgrund[222], um den Kläger nicht über Gebühr zu präjudizieren[223], um ihm also vor allem die erneute Klage zu eröffnen, falls der Unzulässigkeitsgrund weggefallen ist. Wird z.B. im Fall der *Subsidiarität*[224] einfach wegen fehlenden Rechtsschutzbedürfnisses abgewiesen, besteht die Gefahr, daß der Kläger um seinen nur zeitweise versperrten Rechtsbehelf für immer gebracht ist. Spricht die Klageabweisung jedoch präzise aus, daß der beschrittene Weg nur subsidiär gangbar ist und der vorrangige Schritt noch nicht ausgeführt wurde, dann kann nach dessen Erfolglosigkeit kein Zweifel an der nunmehrigen Zulässigkeit des anderen Weges bestehen. Ähnlich ist es etwa beim *Rechtshängigkeitseinwand*[225]: Wer wegen anderweitiger Rechtshängigkeit mit seiner Klage mangels Rechtsschutzbedürfnisses abgewiesen wurde, sitzt leicht zwischen zwei Stühlen, wenn die erste Klage nicht mehr anhängig (z. B. unzulässig abgewiesen oder zurückgenommen worden) ist. Bei präziser Abweisung wegen der Anhängigkeit der anderen Klage bestehen jedoch solche Schwierigkeiten nicht, sobald sie nicht mehr rechtshängig ist.

d) Die Bedenken gegen das Rechtsschutzbedürfnis aus grund- und menschenrechtlicher Sicht

Angesichts einer für das Rechtsschutzbedürfnis fehlenden gesetzlichen Regelung (→ Rdnr. 102) und **104** seiner sonstigen Unbestimmtheit (→ Rdnr. 102a) kann nicht übersehen werden, daß sich grund- und menschenrechtliche Bedenken gegen seine Anwendung ergeben. Tatsächlich läßt sich die Prozeßverweigerung, die das Rechtsschutzbedürfnis bewirken kann, nur schwer mit Art. 6 der Europäischen Menschenrechtskonvention (zu ihm → Einl. Rdnr. 206) vereinbaren[226]; eine Prozeßverweigerung, »die sich jedenfalls dann, wenn sie zu einer Verweigerung jeglichen Rechtsschutzes führen würde, auf eine verfassungsrechtliche Norm stützen müßte«[227]. Damit stellt sich zugleich der wichtige Zusammenhang zu den *Grundrechten* ein. Allerdings ordnet das deutsche Verfassungsrecht die Frage des (ersten) Zugangs zum Gericht nicht dem Recht auf Gehör zu[228], sondern einer insbesondere vom Bundesverfassungsgericht selbständig entwickelten Rechtsposition eines *Anspruchs auf Rechtsschutz*[229]. Daß dieser Anspruch empfindlich tangiert wird, falls ein Gericht eine Klage nicht sachlich behandelt, sondern unter Anrufung des Rechtsschutzbedürfnisses die Sachentscheidung verweigert, ist offenkundig. Ein genereller Bannspruch über das Rechtsschutzbedürfnis kann jedoch vom für den Grundrechtsschutz vor allem berufenen *Bundesverfassungsgericht* nicht erwartet werden. Es hat nämlich schon seit Beginn seiner Rechtsprechung den Begriff »Rechtsschutzbedürfnis« bisweilen recht unbekümmert verwendet[230]. Freilich geschah dies zu einer Zeit, als das Bundesverfassungsgericht noch nicht seine grundlegende verfahrensrechtliche Judikatur begonnen hatte. Heute kann jedoch nicht erwartet werden, daß sich das Bundesverfassungsgericht vom Begriff des Rechtsschutzbedürfnisses trennt, obwohl kein Zweifel besteht, daß er in die genannte hervorragende Rechtsprechung zu den prozessualen Grundrechten nicht mehr paßt[231]. Von

---

chende Beziehung zum Gerichtsstaat habe. So zu verfahren, wäre nicht unmöglich; doch es würde einen beträchtlichen Rückschritt bedeuten, nachdem man jede Sonderform des an einen bestimmten Prozeßort gebundenen Verfahrensinteresses seit eh und je der Gerichtsstandsregelung zuweist, es dort unter eigenen Voraussetzungen vertypt und mit eigenen Wirkungen bedacht hat.
[222] → § 322 Rdnr. 136.
[223] → Einl. Rdnr. 325.
[224] → Text bei Fn. 217.
[225] → Text bei Fn. 215.
[226] So vor allem *Fasching* Lehrbuch (Fn. 192) Rdnr. 743.
[227] *Fasching* a. a. O. Rdnr. 743.
[228] → Rdnr. 15 vor § 128.
[229] Z.B. *BVerfGE* 54, 277 (291): »Aus dem Rechtsstaatsprinzip des Grundgesetzes ist auch für bürgerlichrechtliche Streitigkeiten im materiellen Sinn die Gewähr-

leistung eines wirkungsvollen Rechtsschutzes abzuleiten. Dieser muß die grundsätzliche Prüfung des Streitgegenstandes und eine verbindliche Entscheidung durch einen Richter ermöglichen.«
[230] Vgl. die Nachw. bei *Stephan* Rechtsschutzbedürfnis (Fn. 202), 79–158 und z.B. *BVerfGE* 61, 126 (135: »Allgemeines Prinzip, daß jede an einen Antrag gebundene gerichtliche Entscheidung ein Rechtsschutzbedürfnis voraussetzt« ...). Gegen diese Judikatur treffend *Gaul* in: *Rosenberg/Gaul/Schilken* Zwangsvollstreckungsrecht[10] (1987) § 23 II 8 sowie *Baur/Stürner* Zwangsvollstreckungs- Konkurs-, und Vergleichsrecht[11] (1983), Rdnr. 822; anders *Weyland* Der Verhältnismäßigkeitsgrundsatz in der Zwangsvollstreckung (1987), 92.
[231] Zu dieser gerade für das deutsche Zivilprozeßrecht nicht zu unterschätzenden Rechtsprechung: *Schumann* Bundesverfassungsgericht, Grundgesetz und Zivilprozeß (1983), 17 ff. und öfters.

dem für die Ziviljustiz zuständigen obersten Fachgericht, dem *Bundesgerichtshof*, hier eine baldige Änderung zu erwarten, ist wohl[232] ebenfalls nicht veranlaßt.

4. Die Anwendung des Rechtsschutzbedürfnisses in der Praxis

a) Rechtsbehelfskonkurrenzen[235]

105 Die besonders im »Rechtswegestaat« (→ Einl. Rdnr. 468 ff.) des Bonner Grundgesetzes errichtete Vielfalt der Rechtswege und die unter dem Grundgesetz eingetretene Verfeinerung des Rechtsschutzes[236] hat auch das Problem der Rechtsbehelfskonkurrenzen vergrößert. Grundsätzlich wird man jedoch sagen können, daß die Eröffnung unterschiedlicher Rechtsbehelfe für dasselbe Anliegen ausdrücklich gewollt ist, weil man regelmäßig annehmen darf, daß der Gesetzgeber das Nebeneinander der Behelfe gesehen und gebilligt hat[237]. Aus diesem Grund läßt sich das Rechtsschutzbedürfnis im allgemeinen nicht deshalb verneinen, weil ein anderer Rechtsbehelf gegeben sei; der Kläger hat vielmehr die *freie Wahl, welchen Rechtsschutz er benutzen will*[238]. Eine Beschränkung der Wahl erscheint nur geboten, wo sich die verschiedenen Wege nach Einfachheit und Billigkeit eindeutig und erheblich unterscheiden, während sich die Ergebnisse der Verfahren im wesentlichen gleichen müssen[239].

Bei **Rechtsbehelfskonkurrenzen** wird das **Rechtsschutzbedürfnis** in folgenden Fällen **bejaht**:

106 Geltendmachung von **Gutachterkosten im Klagewege**, wenn der Geschädigte im *Kostenerstattungsverfahren* eine geringere Quote als im Klagewege erhalten würde[240]; Gutachterkosten, die als sogenannte Vorbereitungskosten (→ § 91 Rdnr. 38 ff.) gelten, neben anderen Ansprüchen auch dann, wenn sie im *Kostenfestsetzungsverfahren* geltend gemacht werden können[241]; zu sonstigen Kostenerstattungsklagen[241a].
Klageweises Geltendmachen eines Anspruchs trotz **notariellem Anerkenntnis** des Anspruchs[242].
Erheben einer **Klage** trotz Möglichkeit einer entsprechenden **einstweiligen Anordnung**, dies gilt sowohl für die Klage auf Gewährung eines *Prozeßkostenvorschusses*[243] als auch für die **Klage auf Unterhalt**[244] (→ auch § 620 Rdnr. 6 und 8, § 620a Rdnr. 14), für die *Unterhaltsklage* selbst dann, wenn im gleichzeitig anhängigen Ehescheidungsverfahren eine den Unterhalt der Parteien und ihren Kindern regelnde einstweilige Anordnung bereits getroffen wurde[245], umgekehrt auch für eine Klage eines durch eine einstweili-

---

[232] Zumal angesichts der oben in Fn. 217 wiedergegebenen Judikatur.

[235] Hierzu vor allem *Sprung* Konkurrenz von Rechtsbehelfen im zivilgerichtlichen Verfahren (Wien 1966), *Habscheid* KTS 1973, 95; *Schumann* (Fn. 164), 443 f. sowie Lit. in Fn. 165. *Loritz* Die Konkurrenz materiellrechtlicher und prozessualer Kostenerstattung (1981), 98 Fn. 117 hält den *Begriff* »Rechtsbehelfskonkurrenzen« für verfehlt, weil es nicht um die Konkurrenz von »Rechtsbehelfen«, sondern von »Rechtsdurchsetzungsmöglichkeiten« gehe; er spricht daher von »Rechtsdurchsetzungskonkurrenz«. Im Wort »Rechtsbehelfskonkurrenz« wird jedoch »Rechtsbehelf« im untechnischen Sinne verwendet, also gerade als Mittel der Rechtsdurchsetzung, so daß kein Grund besteht, den unförmigen anderen Begriff zu benutzen.

[236] *Pohle* Festschrift für *Apelt* (1958), 172, 174.

[237] *BGH* NJW 1979; 1508 = FamRZ 1979, 472 m.w.N.

[238] *BGH* (Fn. 163), *Pohle* (Fn. 125), 223; *Henckel* (Fn. 51), 274; *Stephan* (Fn. 169), 35 m.w.N., *Wieser* Rechtsschutzbedürfnis (Fn. 165), 133; vgl. auch *BGH* WM 63, 259 (Klage gegen Mitgesellschafter auf Anmeldung zum Handelsregister neben Ordnungsstrafe); *Geiger* (Fn. 165), 74; vgl. auch *BVerfGE* 7, 305; 20, 173; *BVerwG* BayVBl 1967, 426.

[239] *Pohle* (Fn. 125), 223; *Stephan* (Fn. 169), 36 m.w.N.; *Wahl* (Fn. 165), 120 ff.; vgl. auch *Sprung* (Fn. 235), 53 ff. und *Wieser* Rechtsschutzbedürfnis

(Fn. 165), 141 ff., ebenso *OLG Hamburg* GRUR 1974, 108 = WRP 73, 653 → dazu auch Rdnr. 106.

[240] *OLG Bremen* VersR 1974, 371.

[241] *OLG Nürnberg* MDR 1977, 936; ebenso *Becker/Eberhard* Grundlagen der Kostenerstattung bei der Verfolgung zivilrechtlicher Ansprüche (1985), 409 f.; a.M. *Leipold* → Rdnr. 20 vor § 91; *OLG München* NJW 1971, 518; vgl. auch *BayObLGZ* 79, 16 (20); *OLG Koblenz* OLGZ 1991, 127; *LG Berlin* ZMR 1988, 206; *LG München* Jur Büro 1988, 623.

[241a] → Fn. 269.

[242] *LG München* FamRZ 1974, 473; *LG Lüneburg* NJW-RR 1992, 1190.

[243] *BGH* NJW 1979, 1508 = MDR 652 = FamRZ 472 = JB 998 m.w.N.; a.M. *OLG Schleswig* SchlHA 1978, 67.

[244] *OLG Düsseldorf* FamRZ 1978, 118 und 192 m.w.N., *OLG Hamm* NJW 1978, 1535 und 2103 und *OLG Schleswig* SchlHA 1980, 55; dazu *Bölling* Konkurrenz einstweiliger Anordnungen mit einstweiligen Verfügungen in Unterhaltssachen (1981), 21, 35, 49, 52 f., 75, 131 f.; *KG* FamRZ 1987, 840; a.M. *Spangenberg* DA-Vorm 1981, 706, der die Unterhaltsklage in diesem Fall für *unzulässig* hält; a.M. auch *KG* FamRZ 1978, 685 (686), das nur den ordentlichen Prozeßweg zuläßt, wenn der Antragsteller im Verfahren der *einstweiligen Anordnung* nach § 620 *erfolglos* geblieben ist.

[245] *Bremen* NJW 1978, 2103; *OLG Frankfurt a.M.* FamRZ 1979, 730; dazu auch *Göppinger* Unterhaltsrecht[6]

ge Anordnung im Ehescheidungsverfahren belasteten Unterhaltsschuldners auf Rückforderung gezahlten Unterhalts und auf Feststellung seiner Nichtschuld[246], ebenso für eine *Unterhaltsklage* ohne vorausgegangene Anordnung nach § 926, wenn der Unterhaltsberechtigte über den Anspruch bereits eine zeitlich unbegrenzte Verfügung erwirkt hat[247].

Grundsätzlich für eine **Klage**, wenn der Kläger bereits im Verfahren der *einstweiligen Verfügung* einen rechtskräftigen Vollstreckungstitel erworben hat, der sich mit dem geltend gemachten Anspruch deckt[248], jedenfalls dann, wenn die einstweilige Verfügung einen einstweiligen Zustand nur unter einem bestimmten rechtlichen Gesichtspunkt regelt, durch die Hauptsacheklage das streitige Rechtsverhältnis zwischen den Parteien umfassend geklärt werden soll[249]. Für eine **Klage neben** einer *einstweiligen Verfügung*[250]. Zum Verhältnis der **einstweiligen Verfügungen** zu den **einstweiligen Anordnungen** → Rdnr. 5 vor § 935.

Gleichfalls für eine *Auskunftsklage* nach §§ 1605, 1361 Abs. 4, § 1580 BGB[251] und auch für eine negative *Feststellungsklage* nach Erlaß einer einstweiligen Anordnung[252].

Zur Konkurrenz zwischen der *Auskunftsklage* nach § 840 Abs. 1 S. 1 und der direkten Leistungsklage aus dem *Pfändungs- und Überweisungsbeschluß* → § 840 Rdnr. 19.

Für eine **sofortige Beschwerde**, die gegen einen Beschluß gerichtet ist, der die Berufung als unzulässig verwirft, wenn das Berufungsgericht auf eine erneute Berufung desselben Berufungsklägers, die nur für den Fall der Unzulässigkeit der ersten eingelegt ist, die Wiedereinsetzung in den vorigen Stand gegen die Versäumung der Berufungsfrist bewilligt[253].

Für eine **Klage auf Erteilung der Berichtigungsbewilligung**, auch wenn der Berechtigte gemäß § 22 GBO den Nachweis der Unrichtigkeit des Grundbuchs ohne Zweifel und Schwierigkeiten selbst führen kann[254].

Für die **Klage auf Abgabe einer Willenserklärung**, die schon in einem **Prozeßvergleich** aufgenommen wurde, wenn in gerichtlichen Entscheidungen, die aus Anlaß erneuter Streitigkeiten zwischen den Parteien ergangen sind, der Vergleich als zu unbestimmt formuliert bezeichnet und seine Brauchbarkeit als Vollstreckungstitel in Frage gestellt worden ist[255].

Für eine **Abänderungsklage** nach §§ 323, 642d, 643a, ohne zuvor einen bestehenden Unterhaltstitel gemäß Art. 12 § 14 des Gesetzes über die rechtliche Stellung der nichtehelichen Kinder in Verbindung mit § 20 Nr. 11 RPflG in einen solchen auf Leistung des Regelunterhalts abändern lassen zu müssen, wenn der Antragsteller von vornherein einen gegenüber dem Regelunterhalt höheren Betrag fordert[256]. Für eine **Abänderungsklage** nach § 323, wenn das Vereinfachte Verfahren nach § 641 lff. nicht ausreicht, z. B. wenn sich die für die Höhe des Unterhalts maßgeblichen Verhältnisse wesentlich über das Maß hinaus geändert haben, das der allgemeinen Anpassung unterliegt, oder um im Rahmen der Abänderungsklage eine Abänderung auch für die Zeit **vor** Klageerhebung zu ermöglichen[257].

In einem **Verfahren gegen eine GmbH**, wenn gegen den *Geschäftsführer dieser* GmbH in gleicher Sache *bereits ein Unterlassungsurteil* wegen eines Wettbewerbsverstoßes erstritten wurde[258], jedoch dann nicht, wenn die nach Art ihrer wirtschaftlichen Betätigung allein für das Anbieten und Gewähren von Zugaben verantwortliche Person ohne Schwierigkeiten in Anspruch genommen werden kann, und wenn ein solches Vorgehen ohne weiteres ausreichen würde, Beeinträchtigungen seitens der »untergeordneten Person« wirksam zu verhindern[259].

(1994) Rdnr. 3042; a.M. *OLG Schleswig* SchlHA 1978, 83.
[246] *OLG Stuttgart* Justiz 1978, 320 → § 620a Rdnr. 14.
[247] *OLG Karlsruhe* FamRZ 1981, 70.
[248] BGH WRP 1968, 15, DB 1972, 2250 = Warn Nr. 207 = WRP 1973, 23 = WM 118 → Rdnr. 18, 33 vor § 935; hierzu *Baur* (Fn. 165), 76 ff. – A.M. *KG* FamRZ 1983, 620 für eine Klage auf Zahlung nachehelichen Unterhalts nach rechtskräftiger Scheidung, wenn im vorangegangenen Eheverfahren eine einstweilige Anordnung gemäß § 620 S. 1 Nr. 6 ergangen ist, solange nicht der Unterhaltsverpflichtete eine negative Feststellungsklage erhebt.
[249] BGH Warn 1978 Nr. 162 = MDR 1011 = DB 1979, 402.
[250] *OLG Hamburg* MDR 1971, 1016 = GRUR 282 = WRP 179 → auch Rdnr. 18, 33 vor § 935.
[251] *OLG Düsseldorf* FamRZ 1981, 42.

[252] *OLG Köln* FamRZ 1984, 717 m.w.N. (zur Prozeßkostenhilfe); → § 256 Rdnr. 95 (bei Fn. 241) und → auch § 256 Rdnr. 130.
[253] BGHZ 72, 1 (5).
[254] RG SeuffArch 85 (1931) Nr. 148; *Hoffmann* NJW 1970, 148; a.M. *OLG Frankfurt a.M.* NJW 1969, 1906; *OLG Zweibrücken* OLGZ 1967, 439. Nach *OLG Schleswig* MDR 1982, 143 = SchlHA 36 hängt es davon ab, ob der Erfolg eines Grundbuchberichtigungsverfahrens nach § 22 GBO zweifelhaft ist.
[255] BGHZ 98, 127 = NJW 1986, 2704 = MDR 1986, 931; *KG* FamRZ 1969, 213; vgl. dazu auch *OLG Frankfurt a.M.*, FamRZ 1981, 70.
[256] *LG Stuttgart* Justiz 1971, 267.
[257] BGHZ 85, 64 (72) = NJW 1983, ZZP 96 (1983), nicht kursiv 254 (258) mit abl. Anm. *Grunsky* (260).
[258] *OLG Nürnberg* WRP 1971, 338.
[259] *OLG Karlsruhe* WRP 1974, 696.

Für **die Scheckklage** eines Notars, wenn der für einen Honoraranspruch erfüllungshalber hingegebene Scheck zu Protest geht, trotz der Möglichkeit einen *Vollstreckungstitel* nach § 155 KostO zu schaffen[260].
Für ein **Rechtsmittel**, obwohl die Möglichkeit einer *Nichtigkeitsklage* nach § 579 Abs. 1 Nr. 4 besteht[261].
Für eine **Vollstreckungsabwehrklage**, obwohl der Gläubiger auf seine Rechte aus einem Vollstreckungstitel verzichtet oder sich mit dem Schuldner darüber geeinigt hat, daß eine Zwangsvollstreckung nicht in Betracht kommt, solange der Gläubiger den Vollstreckungstitel noch in Händen hat[262].
Zum Verhältnis des § 323 zu § 767 → § 323 III 2, zum Verhältnis des § 324 zur Berufung gegen ein noch nicht rechtskräftiges Urteil → § 324 II 3.

108 Es ist ein vorsichtiger, **strenger Maßstab** anzulegen, um zu einer Verneinung des Rechtsschutzbedürfnisses zu gelangen[263]; im Zweifel ist das Nebeneinander von Rechtsbehelfen gewollt. Gelangt man bei Anwendung dieses Maßstabs zum **Ausschluß des anderen Rechtsbehelfs**, so kann man davon sprechen, ihm fehle das Rechtsschutzbedürfnis[264]. Genauso ließe sich aber von einem Fall der *Spezialität* im Sinne der Regel »lex specialis derogat legi generali« reden, ohne das Rechtsschutzbedürfnis zu bemühen[265].
In folgenden Fällen soll die Erhebung der **Klage** wegen eines anderweitigen Rechtsbehelfs **ausgeschlossen** sein:

109 Die **Herausgabeklage gegen den Rechtsnachfolger**, soweit der Gläubiger bereits einen rechtskräftig festgestellten Anspruch habe und Titelumschreibung nach § 727 möglich sei[266].
Die **Herausgabeklage wegen eines Kindes**, wenn der sorgeberechtigte Elternteil die Herausgabe nach § 33 FGG erzwingen könnte[267].
Die **Klage** des **Unterhaltspflichtigen gegen den Unterhaltsberechtigten**, wenn der Unterhaltspflichtige die Abzweigung eines Teils des **Arbeitslosengeldes** durch das Arbeitsamt zugunsten des Unterhaltsberechtigten *im Sozialrechtsweg* anfechten könne[268].
Bei der *Kostenfestsetzung* gegenüber der **Klage auf Erstattung der Prozeßkosten**[269], soweit der Umfang der Kostenerstattungspflicht streitig ist; zur anderen Rechtslage bei Gutachterkosten → [270].
Bei der **Kostenberechnung nach der KostenO** gegenüber der **Klage des Notars**[271].
Beim **Verfahren nach § 109** gegenüber der *Klage auf Rückgabe der Sicherheit*[272].
Beim **Zwang mit Hilfe des Gerichtsvollziehers** gegenüber der *Klage des Vormunds gegen Mündel*.
Bei der **Besitzergreifung des Konkurs-** oder **Zwangsverwalters** gegenüber der *Klage gegen Gemeinschuldner* oder Grundstückseigentümer[273].
Bei einem zulässigen *Verfahren nach* §§ 109 bzw. 715 (→ § 109 Rdnr. 3), neben einer **Anfechtungsklage nach § 40 Abs. 1 FGO**, wenn mit der Klage die Rückzahlung des Betrags begehrt wird, der aufgrund des angefochtenen Verwaltungsakts entrichtet worden ist[274].
Bei der gleichzeitig mit einer *Klage auf Feststellung der Rechtsunwirksamkeit einer Kündigung* erhobenen **Klage auf Beschäftigung**[275].
Bei einer **Klage auf Unterlassung von Störungen** eines Gewerbebetriebs, die durch Verwarnungen begangen sein sollen, ein bestimmtes Warenzeichen zu benutzen, wenn der Verwarnende seinerseits wegen Verletzung seiner Warenzeichen – begangen durch Benutzen des Warenzeichens des Verwarnten

---

[260] *LG Köln* MDR 1978, 679 mit Anm. *Elzer*.
[261] *BGHZ* 84, 24 (27).
[262] *BGH* WM 1975, 1213.
[263] *Pohle* (Fn. 125), 223.
[264] So vor allem *Schönke* (Fn. 165), 31 f.
[265] Vgl. *Sprung* (Fn. 235), 41, der zutreffend auch darauf hinweist, daß sich das Verhältnis verschiedener Rechtsbehelfe nur erforschen läßt, wenn man sich vor allem auf den teleologischen Zusammenhang der Bestimmungen besinnt.
[266] *BGH* NJW 1957, 1111; dazu auch *Gaul* in: Festschr. für *Friedrich Weber* (1975), 163 f.; → auch § 727, Rdnr. 7, 34.
[267] *OLG Schleswig* SchlHA 1978, 146 → auch § 620 Rdnr. 5, → § 621 Rdnr. 8 und → § 883 III.
[268] *OLG Schleswig* SchlHA 1979, 224.

[269] → Einl. Rdnr. 307, → Rdnr. 11 und 20 vor § 91, → § 103 Rdnr. 1; *OLG Hamm* WRP 1980, 216; *RGZ* 130, 218, *LG Osnabrück* Rpfleger 1950, 138; dazu *Loritz* (Fn. 235), 97 ff. – *OLG Karlsruhe* Justiz 1975, 100 und *Loritz* (a.a.O.), 102 ff. bejahen aber das Rechtsschutzbedürfnis für eine Leistungsklage, wenn im konkreten Fall die Durchsetzung des Kostenerstattungsanspruchs im Wege des Kostenfestsetzungsverfahrens möglich war, im Zeitpunkt der Klageerhebung aber versagt ist.
[270] → Fn. 240 f.
[271] *LG Detmold* DNotZ 1965, 317; vgl. aber *BGHZ* 21, 199.
[272] → § 109 Rdnr. 3.
[273] Nachw. bei *BGHZ* 12, 389.
[274] *BFH* DB 1980, 2272.
[275] *LAG Hamm* BB 1970, 757 = Betrieb 1034.

– gegen diesen *Unterlassungsklage* erhebt, und die Rechtsfrage, deren Klärung die Unterlassungsklage wegen Störung des Gewerbebetriebs anstrebt, mit Sicherheit im Rahmen der anderen Unterlassungsklage entschieden werden wird[276].

Ebenso soll das Rechtsschutzinteresse bei einer **Unterlassungsklage** oder einem **Antrag auf einstweilige Verfügung** fehlen, wenn der Verletzer dem Verletzten einen zeitlich unbefristeten *Unterlassungsvertrag* mit angemessener Vertragsstrafe *anbietet* und der Verletzte diesen Vertrag innerhalb einer Frist von vier Wochen ohne stichhaltigen Grund nicht annimmt oder ablehnt[277].

Die **Klage**, wenn bereits eine *einstweilige Verfügung* ergangen ist und der Schuldner die einstweilige Verfügung als endgültig anerkennt und auf Widerspruch und auf das Recht aus § 926 (Fristsetzung zur Klageerhebung in der Hauptsache) verzichtet[278].

Die **Vollstreckungsabwehrklage** gegen einen Prozeßvergleich, wenn der Kläger die Unwirksamkeit dieses Vergleichs durch Fortsetzung des Ursprungsverfahrens geltend machen kann und diesen Weg bereits beschritten hat[279]. Ebenso ist die Vollstreckungsabwehrklage unzulässig, wenn der Schuldner gegen das Urteil eine zulässige Berufung eingelegt hat und den Einwand gegen den in dem angefochtenen Urteil festgestellten Anspruch im Berufungsverfahren geltend machen kann[280].

Die **Klage auf eidesstattliche Versicherung**, solange der Kläger selbst in diejenigen Unterlagen Einsicht verlangen kann, über deren Inhalt die Versicherung abgegeben werden soll[281].

Die Wahl zwischen verschiedenen Rechtsbehelfen kann unter Umständen auch in der Weise beschränkt sein, daß der eine Rechtsbehelf *erst ausgeschöpft* sein muß, ehe der andere erhoben werden darf. Besonders die Verfassungs- und Menschenrechtsgerichtsbarkeit[282] verankert eine solche **Subsidiarität** für ihre Rechtsbehelfe, aber verfahrenstechnisch steht nichts im Wege, auch im Zivilprozeß zwei Rechtsschutzformen derartig hintereinander zu schalten, daß die Erfolglosigkeit des ersten Rechtsbehelfs Zulässigkeitsvoraussetzung des zweiten ist (z. B. Rechtsbehelfe gegen Entscheidungen des Rechtspflegers, § 11 RPflG). Zwei Rechtsbehelfe können aber auch derart miteinander verknüpft werden, daß sich ihre Voraussetzungen überschneiden, und der zweite Rechtsbehelf dann ausgeschlossen ist, wenn das Vorliegen dieser Voraussetzungen bereits beim ersten Rechtsbehelf hätte dargelegt werden können (so die Präklusion nach § 323 Abs. 2[283]). In allen diesen Fällen von Rechtsbehelfskonkurrenzen handelt es sich aber auch nicht um eine Anwendungsform des Rechtsschutzbedürfnisses[284]. Dasselbe gilt auch für den noch prägnanteren Konkurrenzfall der **Wiederholung desselben Rechtsbehelfs** nach rechtskräftiger Abweisung des zuerst eingelegten Rechtsbehelfs. Auch hier ist entgegen einer immer wieder geäußerten Ansicht[285] nicht etwa das Rechtsschutzbedürfnis zu bemühen. Vielmehr liegt ein Problem der *Rechtskraft* vor[286] → auch § 322 Rdnr. 196 ff., 39, wobei es gleichgültig ist, ob man der »ne bis in idem«-Lehre folgt, der Bindungstheorie oder der Vermutungslehre (zu den Rechtskrafttheorien: → § 322 Rdnr. 19). Denn auch bei ausnahmsweiser Bejahung einer nochmaligen Klagemöglichkeit trotz Rechtskraft handelt es sich nicht um ein allgemeines Problem des Rechtsschutzbedürfnisses, sondern um eine Restriktion des Gebots der Rechtskraft, die gespeist ist aus spezifischen Erwägungen der Rechtskraft[287].

110

---

[276] *BGHZ* 28, 203.
[277] *OLG München* GRUR 1980, 1017 ff.; *Pastor* (Fn. 7), 233 und 527 f. Zum Rechtsschutzbedürfnis bei *Unterlassungsklagen* → auch Rdnr. 11 ff.
[278] *OLG Hamm* WRP 1977, 818.
[279] *OLG Zweibrücken* OLGZ 1970, 185 → auch § 794 Rdnr. 54.
[280] *BAG* BB 1985, 2179 (2180) = NJW 1986, 214 (L); → § 767 Rdnr. 41.
[281] *BGHZ* 55, 201 (206 f.).
[282] → Einl. Rdnr. 570, 684.
[283] Vgl. hierzu *BGH* NJW 1986, 383 f.
[284] Über die anderen Ansichten in der Verfassungsgerichtsbarkeit: *Stephan* (Fn. 169).

[285] *Stein* Voraussetzungen (Fn. 1), 81; 18. Aufl. dieses Komm. vor § 253 IV 2 b mit weiteren Nachw.; *R. Schneider* (Fn. 165), 57 → auch § 680 Rdnr. 2.
[286] So vor allem *Bötticher* Kritische Beiträge zur Lehre von der materiellen Rechtskraft im Zivilprozeß (1930), 207 ff.; *Rosenberg/Schwab/Gottwald*[15] § 151 III 1 a); *Schumann* (Fn. 164), 443; → auch § 256 bei Fn. 195.
[287] Das betont besonders *Pohle* (Fn. 125), 216, der kein Anhänger der »ne bis in idem«-Lehre ist. Vgl. auch *BGH* LM § 794 Abs. 1 Ziff. 1 ZPO Nr. 9 = MDR 1958, 215 zum Rechtsschutzbedürfnis bei *nochmaliger Klage*, ferner *BGHZ* 93, 287 ff. zum Umfang der Rechtskraft eines gerichtlich festgestellten Anspruchs, dessen wegen § 218 Abs. 2 BGB drohende Verjährung durch eine Fest-

111 Schließlich tritt das Konkurrenzproblem auch bei der **gleichzeitigen Beschreitung verschiedener Rechtsbehelfe** auf. Dieses Problem hat mit der zu Beginn dieses Buchstabens zitierten Wahlmöglichkeit insofern nichts zu tun, als die grundsätzliche Freiheit der Wahl zwischen verschiedenen Rechtsbehelfen nicht zugleich auch bedeutet, daß beide Rechtsbehelfe gleichzeitig benutzt werden können. Vielmehr handelt es sich hier um eine eigene Frage. Auch sie läßt sich nicht vom Rechtsschutzbedürfnis her beantworten[288], sondern nur aus den Gesichtspunkten der *Rechtshängigkeit*[289]. In einzelnen Fällen versperrt der eine frei gewählte Rechtsbehelf den anderen (die erhobene Leistungsklage z.B. die Feststellungsklage), in anderen ist eine Doppelspurigkeit durchaus zulässig (z.B. Gleichzeitigkeit von Bundes- und Landesverfassungsbeschwerde[290]). Die jeweils zutreffende Antwort läßt sich grundsätzlich nur der Lehre von der Rechtshängigkeit (hierzu § 261) und damit vom Streitgegenstand (→ Einl. Rdnr. 263–299) entnehmen[291].

b) Möglichkeit der Selbsthilfe

115 Kann der Kläger **außergerichtlich** (vor allem im Wege der Selbsthilfe) das von ihm im Zivilprozeß begehrte Ziel erreichen, wird oft vom Fehlen des Rechtsschutzbedürfnisses gesprochen[292]. Im allgemeinen ist jedoch eine Klage nicht deshalb abzulehnen, weil der Kläger auch ohne Gericht zu seinem Recht kommen kann. Die wenigen Fälle der Selbsthilfe sind in der Regel Ergänzungen, nicht Aussparungen des Zivilprozesses. Das Verhältnis zwischen eigener Rechtsdurchsetzung (*Selbsthilfe*) und gerichtlichem Rechtsschutz ist vielmehr eindeutig zugunsten des Gerichtsschutzes gedacht[293]. Eine Ausnahme bildet der Fall, in dem der *Kläger* bereits einen *vollstreckbaren Titel besitzt*, aus dem er unschwer die Zwangsvollstreckung betreiben kann[294]. Es besteht aber dann ein Rechtsschutzbedürfnis an einer Klage, falls der Schuldner Einwendungen erhebt und mit einer Vollstreckungsabwehrklage zu rechnen ist[295] (→ auch § 794 Rdnr. 102), wenn es sich nicht um einen endgültigen Titel handelt[296] oder sonst ein verständiger Grund für das Beschreiten des Klagewegs besteht[297].

c) Prozeßzweckwidriges Verhalten

117 Bei Verfolgung von Zielen, die aus der **Sicht der Prozeßzwecke** (→ Einl. Rdnr. 4–26 ff.) *nicht schutzwürdig* genannt werden können, wird man am ehesten von einem Mangel des *Rechtsschutzbedürfnisses* sprechen dürfen; eine große praktische Bedeutung haben diese

---

stellungsklage unterbrochen werden kann; a.M. (ohne Auseinandersetzung mit dem *BGH*) *AG Bergisch-Gladbach* FamRZ 1986, 83 unter unzutreffender Begründung mit einem fehlenden Rechtsschutzbedürfnis; → auch § 322 Rdnr. 39.
[288] So aber *Schönke* (Fn. 165), 33.
[289] *Bettermann* Rechtshängigkeit und Rechtsschutzform (1949), 30f., 36f., 44; *Schumann* (Fn. 164), 443f. m.w.N. Deshalb ist die *Ehelichkeitsanfechtungswiderklage* des Kindes gegen die Ehelichkeitsanfechtung des Vaters zulässig, und ihr fehlt auch nicht das Rechtsschutzbedürfnis *OLG Bremen* OLGZ 1965, 195 = NJW 1965, 873 mit Nachw.
[290] Hierzu *Schumann* Verfassungs- und Menschenrechtsbeschwerde (Fn. 165), 145; *Stephan* (Fn. 169), 110ff.
[291] Deshalb liegt kein Problem des Rechtsschutzbedürfnisses vor bei Konkurrenz zwischen *Vertrags-* und *Deliktsklage* (Henckel [Fn. 51], 279f., anders *Habscheid* Streitgegenstand in Zivilprozeß [1956], 163ff., → auch Einl. Rdnr. 295), zwischen Klage nach *nationalem* Vertrags- und nach *europäischem* Amtshaftungsrecht *Schumann* ZZP 78 (1965), 91f.; *Basse* Verhältnis zwischen *EuGH-* und deutscher Zivilgerichtsbarkeit (1967), 425, wohl aber ausnahmsweise bei der *Konkurrenz zweier Unterlassungsklagen* (BGHZ 28, 207f., dazu → auch Rdnr. 109 bei Fn. 208).
[292] *Stein* (Fn. 1), 79; *Neuner* Privatrecht und Prozeß (1925), 63; *Schönke* (Fn. 165), 49, 52 sub IV.
[293] *Pohle* (Fn. 125), 218; *Larenz* (Fn. 125) § 21 IIIa; vgl. *BGH* GRUR 1960, 384: Der Unterlassungskläger darf nicht auf Selbsthilfemaßnahmen verwiesen werden.
[294] *BGH* MDR 1958, 215 und NJW 1957, 1111 = LM Nr. 7 zu § 325 bei Umschreibungsmöglichkeit nach § 727, LM Nr. 2 zu § 117 KO.
[295] *BGH* LM Nr. 2 zu § 117 KO und Nr. 1 zu § 132 ZVG = NJW 1961, 1116 = MDR 486 = ZZP 74 (1961), 438; MDR 1989, 339; *OLG Hamm* NJW 1976, 246; MDR 1989, 266.
[296] *BGH* DB 1964, 259 = BB 159.
[297] *BGH* MDR 1958, 216; NJW 1957, 1111 = LM Nr. 7 zu § 325; *RGZ* 110, 118; WarnRsp 1929 (1930) Nr. 191.

Fälle indes nicht: Der *Scheinprozeß*[298], das lediglich auf *Verhöhnung der Justiz*[299] oder nur zur Erlangung einer *theoretischen Rechtsauskunft*[300] angestrengte Verfahren, das *pfennigweise Einklagen einer Schuld*[301] gehören genauso hierher wie das *schikanöse*[302] oder *rechtsmißbräuchliche*[303] *prozessuale*[304] Vorgehen[305], so z.B., wenn die Rechtsverfolgung von Wettbewerbsverstößen allein die Erzielung von Anwaltsgebühren bezweckt[306], wenn ein Verband gegen einen Wettbewerbsverstoß vorgeht und die ihm angeschlossenen Mitbewerber des Antragsgegners gleichzeitig in Kenntnis von dem Einschreiten des Verbandes gleichlautende gerichtliche Verbote deshalb erwirken wollen, um den Antragsgegner durch übermäßige Kostenbelastung aus dem Wettbewerb zu verdrängen[307].

Die Verneinung des Rechtsschutzbedürfnisses für eine Klage (mit der Folge ihrer Abweisung als *unzulässig*) ist auf solche Fälle eindeutig prozeßzweckwidrigen Prozessierens beschränkt. **Keineswegs dürfen sonstige prozessuale Mängel über das Institut des Rechtsschutzbedürfnisses gelöst werden**, mögen solche Fälle bedauerlicherweise auch immer wieder im Gerichtsalltag vorkommen[308]. So sind Probleme der Rechtskraft[309] oder Rechtshängigkeit[310] genausowenig über das Rechtsschutzbedürfnis zu lösen wie die Fragen der Rechtsbehelfskonkurrenzen[311], der prozessualen Überholung[312], der Prozeßführungsbefugnis[313] oder der gerichtlichen Zuständigkeit[314]. 118

Nicht jedoch liegt ein Mangel des *Rechtsschutzbedürfnisses* vor bei »*Massenverfahren*« für jede einzelne Klage[315], auch wenn ein Musterprozeß geführt wird[316], bei Unterlassungsbegehren wegen Wettbewerbsverletzung, wenn bereits ein wirtschaftlicher Interessenverband oder ein anderer Mitbewerber des Verletzten auf Unterlassung geklagt und eine einstweilige Verfügung gegen den Verletzer erstritten hat[317], jedenfalls dann, wenn der Verletzer gegen- 118a

---

[298] Zu ihm *Schönke* (Fn. 165), 34; *Pohle* (Fn. 125), 201, 217; *Costede* Scheinprozesse (Diss. Göttingen 1968); *ders.* ZZP 82 (1969), 438; *Stephan* (Fn. 169), 45, 48; *Würthwein* Umfang und Grenzen des Parteieinflusses auf die Urteilsgrundlagen im Zivilprozeß (1977), 148 ff.; *Zeiss* (Fn. 139), 48 f.
[299] Vgl. *Stephan* (Fn. 169), 45.
[300] Hierzu → § 256 Rdnr. 31 f.
[301] *Schönke* (Fn. 165), 34 sub b; *Pohle* (Fn. 125), 225, 228; *Henckel* (Fn. 51), 274 Fn. 71; *Stephan* (Fn. 156), 48.
[302] Hierzu *Dinger/Koch* Querulanz in Gericht und Verwaltung (1991); *Dinger* Querulatorisches Verhalten im Justizsystem (Diss. 1988); *Schönke* (Fn. 165), 35; *Pohle* (Fn. 125), 225; *Stephan* (Fn. 169), 46 f., 48 sowie → Rdnr. 231 vor § 128.
[303] Vgl. *Pohle* (Fn. 125), 228, *A. Blomeyer* ZPR² § 30 X 2; *Stephan* (Fn. 169), 46 f.; *OLG Frankfurt a. M.* Rpfleger 1977, 206; *OLG Hamm* MDR 1986, 858; GRUR 1987, 567; *LG Münster* JMBlNRW 1962, 92 → Rdnr. 231 vor § 128.
[304] Es muß das prozessuale Verhalten *schikanös* oder *mißbräuchlich* sein. **Materiell-rechtliche Mängel** dieser Art gehören in die *Sach*prüfung und führen zur *Sach*abweisung (*Pohle* [Fn. 125], 213; *Baumgärtel* ZZP 67 [1954], 428 ff.; 69 [1956], 100).
[305] Hier berührt sich das Rechtsschutzbedürfnis sehr eng mit dem auch im Zivilprozeß wirksamen Grundsatz von *Treu und Glauben* (→ Einl. Rdnr. 242 ff.). Es ist eine Frage der Terminologie, ob man bei Schikane oder Rechtsmißbrauch eine Abweisung wegen Verstoßes gegen Treu und Glauben oder mangels Rechtsschutzbedürfnisses vornimmt (vgl. *Baumgärtel* ZZP 69 [1956], 99, 103, *Pohle* [Fn. 125], 221, 227).

[306] *OLG Düsseldorf* DB 1983, 766.
[307] *OLG Hamburg* MDR 1975, 321.
[308] → bereits Rdnr. 101 mit Nachw. in Fn. 169.
[309] → Rdnr. 110 mit Nachw. in Fn. 286.
[310] → Rdnr. 111 mit Nachw. in Fn. 289.
[311] → Rdnr. 108 (*Spezialität*), → Rdnr. 110 (*Subsidiarität*).
[312] → Rdnr. 119.
[313] Vgl. *OLG Stuttgart* NJW 1992, 2707, das für die Klage eines Fluggastes gegen die Lufthansa auf Anordnung eines Raucherverbots das Rechtsschutzbedürfnis verneinte, weil das deutsche Prozeßrecht keine Popularklage kenne; das Verbot der Popularklage hat aber nichts mit dem Rechtsschutzbedürfnis zu tun, sondern gehört zu den Fragen der Prozeßführungsbefugnis (→ Rdnr. 19 und 40 vor § 50). Richtigerweise hätte die Klage jedoch als *unbegründet*, nicht als unzulässig abgewiesen werden müssen, da der Kläger gar keine »Popularklage« erhoben hatte – im übrigen ist diese Entscheidung ein anschauliches Beispiel, wie viele Gerichte, statt Sachfragen zu klären und zu entscheiden, sich in Prozeßabweisungen flüchten (→ Rdnr. 118b).
[314] Die Unzulässigkeit der Vermengung von Zuständigkeitsfragen mit dem Rechtsschutzbedürfnis behandelt treffend *Schröder* (Fn. 169), 399.
[315] *LAG Düsseldorf* EzA § 83 ArbGG Nr. 10 mit Anm. *Dütz*.
[316] *Koch* Prozeßführung im öffentlichen Interesse (1983), 144 f. Vgl. dazu *Stürner* JZ 1978, 499; a.M. *Hadding* JZ 1970, 305 zu § 13 Abs. 1 UWG.
[317] *OLG Hamburg* WRP 75, 244; *LG München* WRP 1974, 709 mit Anm. *Pastor*; dazu allgemein *Pastor* (Fn. 7), 270 ff.

über dem Antragsteller und dem Verband eine Unterwerfungserklärung verweigert und die Rechtsmittel ausschöpft[318].

118b **Keine Unzulässigkeit** wegen eines angeblichen Fehlens des Rechtsschutzbedürfnisses besteht ferner bei (angeblichen) **sachlichen Mängeln der Klage**[319], also niemals bei *Geringfügigkeit des Streitgegenstandes*[320], *Mutwilligkeit*[321] oder *Aussichtslosigkeit*[322] der Rechtsverfolgung, beim *teilweisen Einklagen* einer Forderung[323], bei *Unsittlichkeit*[324] oder *Unmöglichkeit* der begehrten Leistung[325], bei Offensichtlichkeit, daß der Gegner sich einer (nicht vollstreckbaren) Verurteilung nicht beugen werde[326], bei einer Unterhaltsklage trotz freiwilliger Leistungen des Unterhaltsschuldners[327] oder schließlich bei offenkundiger Aussichtslosigkeit einer Zwangsvollstreckung (z.B. offensichtliche Vermögenslosigkeit des Beklagten[328]).

Das Rechtsschutzbedürfnis kann auch **nicht** allein deswegen **verneint** werden, weil Organe, Organmitglieder und Mitglieder einer juristischen Person in **Insichprozessen** (Organstreitigkeiten) um die ihnen zugewiesenen gesellschaftsnützigen Funktionen streiten[329]. Hier wird das Rechtsschutzbedürfnis auch als »Kompetenzschutzinteresse« bezeichnet[330], weil die verschiedenen in einem derartigen Organstreit miteinander ringenden Parteien nicht echte Rechte und Pflichten gegeneinander geltend machen oder verteidigen, sondern ihre Kompetenzen.

d) Prozessuale Überholung

119 Auch der Grundsatz der »*prozessualen Überholung*«[331] (→ auch Einl. Rdnr. 90, → Rdnr. 198 vor § 128 und → § 575 Rdnr. 2) und der Gegenstandslosigkeit[332] gehört nicht zum Rechtsschutzbedürfnis, denn er umschreibt nur einen bereits aus anderen Gründen eingetretenen Zustand der prozessualen Überholung oder Gegenstandslosigkeit, ist aber nicht selbst der Grund für den Wegfall einer Prozeßlage[333].

---

[318] *OLG Frankfurt a.M.* JB 82, 911.
[319] Die Gefahr, daß die Gerichte Sachfragen statt durch Sachentscheidungen prozeßordnungswidrig durch Beschwörung des Rechtsschutzbedürfnisses erledigen, betonen v.a.: *Fasching* (Fn. 165) Rdnr. 743 und *Schumann* (Fn. 164), 441ff. m.w.N. sowie *OLG Stuttgart* (Fn. 313).
[320] *Pohle* (Fn. 125), 198f., 219f.; *Stephan* (Fn. 169), 49 mit Nachw. gegen *Schönke* (Fn. 165), 35 f. sub c; vgl. auch *OVG Münster* JZ 1962, 67, das das Rechtsschutzbedürfnis für eine Anfechtungsklage gegen eine Postgebühr von DM 0,20 bejaht. *AG Stuttgart* NJW 1990, 1054; ebenso auch *Schneider* MDR 1990, 893: Minima con curat praetor; *Olzen/Kerfack* JR 1991, 133 zur gerichtlichen Durchsetzung von Minimalforderung.
[321] »Mutwillig« im Sinne von *haltlos* oder *erkennbar unbegründet* (→ § 114 Rdnr. 33); vgl. *Baumgärtel* ZZP 67 (1954), 430 f.; *Pohle* (Fn. 125), 219; *A. Blomeyer* ZPR² § 30 X 2 gegen *Schönke* (Fn. 165), 34.
[322] *Bötticher* (Fn. 286), 211.
[323] *Pohle* (Fn. 125), 206; *Henckel* (Fn. 51), 274 Fn. 71; *Stephan* (Fn. 169), 45; *KG* JR 1952, 173 gegen *Schönke* (Fn. 165), 34f. und 18. Aufl. dieses Komm. Einl. D III 3 b bei Fn. 36.
[324] *OLG Hamburg* MDR 1973, 941 = WRP 482; a.M. *LG Hamburg* DRiZ 1972, 246 = WRP 278.
[325] *Pohle* (Fn. 125), 213; *Stephan* (Fn. 169), 52 gegen *Schönke* (Fn. 165), 33 f.
[326] *RGZ* 163, 384; *OLG Köln* NJW 1966, 1864 zur Klage auf *Herstellung des ehelichen Lebens*; vgl. auch *LAG Düsseldorf* DB 1965, 1522 zur Klage auf *Erfüllung*

der Arbeitspflicht; BAG AP IPR Nr. 7 sub III zum *im Ausland nicht vollstreckbaren Titel.*
[327] *OLG Oldenburg* FamRZ 1979, 64 = Rpfleger 72; *OLG Bamberg* FamRZ 1979, 537 = Rpfleger 222; *OLG Stuttgart* DAVorm 1981, 690 = Justiz 210, *OLG Karlsruhe* FamRZ 1984, 584; *OLG Frankfurt a.M.* FamRZ 1984, 1230; *OLG Hamm* FamRZ 1992, 831; vgl. auch *OLG München* DAVorm 1979, 600 = FamRZ 1980, 187; *Kunkel* NJW 1985, 2665 m.w.N. → § 258 Rdnr. 10 → § 642 Rdnr. 1. A.M. *OLG Köln* FamRZ 1983, 746.
[328] *BGH* MDR 1984, 645 = BB 566 = FamRZ 473 = LM Nr. 75 zu § 253 ZPO.
[329] *Häsemeyer* ZHR 144 (1980), 265; zu den In-Sich-Prozessen vgl. auch *Lewerenz* Leistungsklagen zwischen Organen und Organmitgliedern einer Aktiengesellschaft (1977); *K. Schmidt* ZZP 92 (1979), 212; *Bauer* Organklagen zwischen Vorstand und Aufsichtsrat einer Aktiengesellschaft (1986), 67ff.
[330] *Häsemeyer* (Fn. 329), 277 f., 283 ff.
[331] Geprägt von *A. v. Kries* Lb. des deutschen Strafprozeßrechts (1892), 459; hierzu auch *Riedel* Die prozessuale Überholung im Zivilprozeß (1973); *Stephan* (Fn. 169), 68ff.
[332] Vgl. *Stephan* (Fn. 169), 73 f.
[333] *Pohle* (Fn. 125), 231 f.; *Stephan* (Fn. 169), 68 ff. m.w.N., 73 ff.; A.M. *Schönke* (Fn. 165), 53, 63 ff. Deshalb unzutreffend *BGHZ* 21, 354, daß das Rechtsschutzbedürfnis einer aktienrechtlichen Klage wegfalle, wenn der angefochtene Beschluß fehlerfrei erneuert werde.

e) Verwirkung

120 Schließlich ist vom Rechtsschutzbedürfnis die Frage der *Verwirkung* (→ Rdnr. 203 vor § 128, → Einl. Rdnr. 258f.) prozessualer Befugnisse zu sondern[334]. Wenn diese Verwirkung auch von der Verwirkung des materiellen Rechts zu trennen ist, so lehnt sie sich doch stark an die materiell-rechtliche Rechtsfigur an. Sie gehört deshalb zum Bereich von Treu und Glauben im Prozeß und sollte besser nicht in die Lehre zum Rechtsschutzbedürfnis eingebracht werden.

f) Rechtsschutzbedürfnis als Voraussetzung besonderer prozessualer Rechtsinstitute

121 Das Rechtsschutzbedürfnis spielt ferner eine Rolle bei **einigen besonderen prozessualen Rechtsinstituten**, so vor allem bei der *gesetzlichen Prozeßstandschaft* (→ Rdnr. 40 vor § 50), bei der *gewillkürten Prozeßstandschaft* (→ Rdnr. 41ff. vor § 50), bei der *Nebenintervention* (→ § 66 Rdnr. 12ff.), bei der *Feststellungsklage* (→ § 256 Rdnr. 61ff.), bei der *Beweissicherung* (→ § 485 Rdnr. 11ff.). Der Bedeutungsumfang des dort positivierten Rechtsschutzbedürfnisses (rechtlichen Interesses) läßt sich nur im Zusammenhang mit dem Zweck des jeweiligen Rechtsinstituts erfassen. Rückschlüsse von diesen Regelungen auf das allgemeine Rechtsschutzbedürfnis und umgekehrt von diesem auf das rechtliche Interesse der Institute lassen sich nur sehr vorsichtig und nur bei identischen teleologischen Zusammenhängen vornehmen.

g) Beschwer bei Rechtsbehelfen

124 Das Rechtsschutzbedürfnis ist auch von dem Erfordernis der *Beschwer* bei den Rechtsbehelfen (→ Allg. Einl. vor § 511 Rdnr. 46ff.) abzugrenzen[335]. Zwar besteht auch hier zwischen den beiden Instituten eine Verwandtschaft. Doch läßt sich die Bedeutung der Beschwer wiederum nur aus ihrer Funktion im Rahmen der Lehre von den Rechtsmitteln erkennen.

E. Prüfung und Entscheidung

1. Teil der Zulässigkeitsprüfung

127 Die **Verhandlung und Entscheidung über die Rechtsschutzvoraussetzungen** ist nicht Teil der Sachverhandlung, sondern Teil der Verhandlung über die *Zulässigkeit*[336] (→ auch Einl. Rdnr. 333). Sie müssen zur Zeit der letzten mündlichen Verhandlung gegeben sein (→ § 300 Rdnr. 20). Ihr Mangel ist von Amts wegen zu beachten und kann durch das Einverständnis der Parteien nicht ersetzt werden (→ aber auch § 256 Rdnr. 120), jedoch findet eine Prüfung von Amts wegen im engeren Sinn, d.h. eine Feststellung der Wahrheit der dafür maßgebenden Tatsachen ohne Rücksicht auf das Parteiverhalten, nicht statt (→ Rdnr. 91 vor § 128)[337].

---

[334] Zur Verwirkung auch *Baumgärtel* ZZP 75 (1962), 385ff. und JZ 1963, 449f.; *Dahns* Die Unmöglichkeit der Klageverwirkung im deutschen Recht (1966), 23f., 61ff.; *Konzen* (Fn. 139), 254ff.; *Zeiss* (Fn. 139), 123ff. Eine *Verwirkung der Klagebefugnis* ist im übrigen mit Baumgärtel abzulehnen → hierzu auch Einl. Rdnr. 258. Vgl. BGH NJW-RR 1990, 886.

[335] → auch § 91a Rdnr. 48; *Ohndorf* Die Beschwer und die Geltendmachung der Beschwer als Rechtsmittelvoraussetzungen im deutschen Zivilprozeßrecht (1972), 69ff.; *Stephan* (Fn. 169), 63ff.; *Oehlers* NJW 1992, 1667.

[336] *Bley* (Fn. 165), 5, 108ff., *Rosenberg/Schwab/Gottwald*[15] § 92 IV 1, *Stephan* (Fn. 169), 12, 17 und öfter; BGH WM 64, 1253; BAG AP § 322 ZPO Nr. 1 zust. *Pohle*; RGZ 160, 209. – A.M. 18. Aufl. mit Nachw. Für *Sachabweisung* bei Unklagbarkeit *Jauernig* ZPR[24] § 33 IV 3; *A. Blomeyer* ZPR[2] § 35 II gegen h.M.

[337] *Stein* (Fn. 1), 40ff. mit Nachw.; *Hellwig* Lb. 1 165f.; *Hegler* Beiträge zur Lehre vom prozessualen Anerkenntnis und Verzicht (1903), 22ff. – A.M. *Pagenstecher* Festnummer der österrGerichtsZ für Klein (1924) XXXIf.

2. Prozeßabweisung bei Fehlen

128 Fehlt es an einer der vorstehend dargelegten Voraussetzungen oder besteht eines der dort bezeichneten Hindernisse, so ist die Klage durch *Prozeßurteil* (→ auch Rdnr. 94) abzuweisen. Vorher müssen aber die allgemeinen Sachurteilsvoraussetzungen geprüft werden (→ Rdnr. 131).

3. Möglichkeit des Dahinstellens des Bestehens einer bedingten Sachurteilsvoraussetzung

129 Ein *wichtiger Unterschied* besteht aber *zwischen den hier behandelten Rechtsschutzvoraussetzungen und den Sachurteilsvoraussetzungen* (→ Einl. Rdnr. 311–334). Während der Erlaß eines Sachurteils bei Fehlen der Sachurteilsvoraussetzungen unzulässig ist, stellen die Rechtsschutzvoraussetzungen nur »**bedingte Voraussetzungen**« eines Sachurteils (→ Einl. Rdnr. 217) dar, da bei Unbegründetheit des Begehrens auch eine Sachabweisung erfolgen kann, selbst wenn unklar ist, ob die Rechtsschutzvoraussetzungen vorliegen, d. h. bei Unbegründetheit darf **dahingestellt** bleiben, ob die **Rechtsschutzvoraussetzungen bestehen**.

130 Der Grund für die besondere Behandlung dieser Voraussetzungen liegt in ihrer Nähe zum materiellen Recht. Ergibt sich aus ihm die Erfolglosigkeit der Klage, kann dahinstehen, ob nicht außerdem noch das Fehlen einer Rechtsschutzvoraussetzung gegen den Erfolg des Begehrens spricht. Deshalb ist es *erlaubt*, eine Klage *sachlich abzuweisen, ohne das Vorliegen der Klagbarkeit* (→ Rdnr. 87), *einer Voraussetzung der Rechtsschutzfähigkeit* (→ Rdnr. 97) *oder des Rechtsschutzbedürfnisses* (→ Rdnr. 101) *geprüft zu haben*[338]. Auch Anerkenntnisurteil (§ 307, → dort Rdnr. 30), Verzichtsurteil (§ 306, → dort Rdnr. 12), Versäumnisurteil (§ 330) gegen den Kläger und im Arrestverfahren die Aufhebung wegen der Versäumung der in den §§ 926, 942 vorgesehenen Fristen dürfen ergehen, ohne daß die hier behandelten Voraussetzungen geprüft wurden.

4. Prüfungsreihenfolge

131 Wenn es auch eine feste Reihenfolge der Prüfung der Sachurteilsvoraussetzungen nicht gibt (→ Einl. Rdnr. 325), so gebietet die Nähe der Rechtsschutzvoraussetzungen zum materiellen Recht, daß sie erst geprüft werden, wenn die sonstigen Sachurteilsvoraussetzungen (→ Einl. Rdnr. 325 a. E.) vom Gericht bejaht wurden. Eine Klage mangels Rechtsschutzbedürfnisses abzuweisen, ohne den Rechtsweg[339] oder den Gerichtsstand[340] geprüft zu haben, widerspricht dem Prinzip möglichst geringer Präjudizierung (näher hierzu → Einl. Rdnr. 325 Kleindruck) einer Prozeßabweisung, weil bei Abweisung wegen Unzulässigkeit des Rechtswegs oder mangels Gerichtsstands dem Kläger die Möglichkeit bliebe, vor dem richtigen Gericht die Rechtsschutzvoraussetzung prüfen zu lassen (vom Antrag auf Verweisung dorthin ganz abgesehen).

---

[338] Vgl. *BGHZ* 12, 316; *BGH* WM 1978, 935 f. = NJW 2032; *OLG* Köln MDR 1968, 332; *OLG Koblenz* NJW-RR 1989, 827; *LG Stuttgart* ZMR 1976, 282; *RGZ* 158, 152; *Hellwig* System 1, 258; *Nikisch* Lb. § 37 II 3, § 56 II 5; *Jauernig* Fehlerhaftes Zivilurteil (1958), 236; *Pohle* (Fn. 336) und (Fn. 125), 206, 228 f., 233 f. und (Fn. 124), 173, *Henckel* (Fn. 51), 193; *von Mettenheim* (Fn. 165), 40 ff.; *Minnerop* Materielles Recht und einstweiliger Rechtsschutz (1972), 34; *Tietgen* DVBl 1966, 34; *Schlosser* (Fn. 1), 380; *Jauernig* ZPR²⁴ § 35 I, § 36 I; *A. Blomeyer* ZPR² § 37 VI 1 4a; *Baumgärtel* Zivilprozeßrechtsfall⁷ (1986), 35, sowie → Einl. Rdnr. 333 (mit zahlreichen weiteren Nachw.), → auch Einl. Rdnr. 217, → ferner § 322 VI 7c; a.M. *Goldschmidt* Der Prozeß als Rechtslage (1925), 271, 317 Anm. 1632; *Stephan* (Fn. 169), 13 f. mit Nachw.; Bedenken äußert *Schwab* ZZP 81 (1968), 412 (427). Zum Feststellungsinteresse → auch § 256 Rdnr. 121.
[339] *BGHZ* 19, 194 f.; *Pohle* ZZP 81 (1968), 161.
[340] *OLG Koblenz* MDR 1982, 502 = JB 1040 = VersR 1151.

5. Keine Abweisung zugleich als unzulässig und als unbegründet

Die Möglichkeit des Dahinstellens der Rechtsschutzvoraussetzungen (→ Rdnr. 129 f.) gibt dem Gericht aber nicht zugleich auch die Befugnis, eine Klage *zugleich* wegen des Fehlens einer Rechtsschutzvoraussetzung als *unzulässig* und mangels eines materiell-rechtlichen Anspruchs als *unbegründet abzuweisen*[341]. Auch hier gilt das allgemeine Verbot der Verbindung der Prozeß- mit der Sachabweisung[342]. 132

IV. Klagefristen

Eine Reihe von gesetzlichen Bestimmungen läßt die Klageerhebung vor einem Zivilgericht nur innerhalb einer Frist zu. 135

1. Zweck

Der Zweck dieser Klagefristen[343] ist es, eine möglichst rasche Klärung der aufgeworfenen Meinungsverschiedenheit und eine alsbaldige Herstellung des Rechtsfriedens zu erreichen[344]. Allerdings können durch diese Klagefristen die Parteien auch dazu gezwungen werden, sich möglichst rasch zu entscheiden, ob sie den gerichtlichen Weg beschreiten wollen oder nicht. Deswegen ergeben sich aber keine verfassungsrechtlichen Bedenken[345]. Allenfalls könnte der zivilprozessuale Justizgewährungsanspruch (→ Einl. Rdnr. 210 ff.) durch die Klagefristen ausgehöhlt werden, wenn es sich um *unangemessen kurze Fristen* handelt[346]. 137

2. Bundesgesetzliche Klagefristen

Ohne Anspruch auf Vollständigkeit sind folgende **Bundesgesetze** zu nennen, die **Klagefristen** enthalten: 138

§ 29 **AKG**[347]
§ 246 Abs. 1 **AktienG**
§ 111 Abs. 2 S. 3 **ArbGG**
§ 217 Abs. 2 S. 1 **BauGB**[348]
§ 144 Abs. 3 **BBergG**
§ 210 Abs. 1 und 2, § 214 Abs. 1, § 215 Abs. 1 **BEG**[349]
§ 76 Abs. 5 S. 4 **BetrVG**
§ 561 Abs. 2 S. 2, § 864 Abs. 1, § 977 S. 2, § 1002 Abs. 1, § 1594 Abs. 1, § 2082 Abs. 1 **BGB**
§ 58 Abs. 1 S. 1 **BLG**[350]
§ 39 Abs. 1 **BWasserstraßenG** (= WaStrG)[351]
§ 35 Abs. 1 **EheG**
§ 26 Abs. 1 **EGGVG**[352]
§ 8 Abs. 3 **ErstattungsG**[353]
§ 22 Abs. 1 **GrundstücksverkehrsG**[354] mit § 1 Nr. 2 LwVG
§ 65 Abs. 1 S. 1 mit § 62 **GWB**
§ 4 S. 1 **KSchG** (→ Rdnr. 156)
§ 61 Abs. 1 **LandbeschaffungsG**[355] (= LBG)

---

[341] *BGH* NJW 1978, 2031 (2032) = WM 935.
[342] Einl. Rdnr. 329 und 332.
[343] Dazu *Preibisch* Außergerichtliche Vorverfahren in Streitigkeiten der Zivilgerichtsbarkeit (1982), 193 ff.; *Vollkommer* AcP 161 (1962), 332 insbesondere zu § 3 KSchG a.F. (jetzt § 4 S. 1 KSchG).
[344] *Preibisch* (Fn. 266), 193, 204.
[345] *BVerfGE* 8, 240; 10, 246 (267 f.).
[346] Vgl. *BVerfGE* 8, 240 (247).
[347] → Einl. Rdnr. 402.
[348] → Einl. Rdnr. 186, 392, 402, 432.
[349] → Einl. Rdnr. 432, 402.
[350] → Einl. Rdnr. 432, 402.
[351] → Einl. Rdnr. 402.
[352] → Einl. Rdnr. 437.
[353] → Einl. Rdnr. 364, 433.
[354] → Einl. Rdnr. 402.
[355] → Einl. Rdnr. 371, 402; vgl. *Jung* NJW 1960, 1790.

vor § 253 IV   2. Buch. Verfahren im ersten Rechtszuge. Vorbemerkungen

Art. 12 Abs. 3 **NTS-AG**[356]
§ 25 Abs. 1 **SchutzbereichG**[357]
§ 13 Abs. 1 S. 2 **StrafrechtsentschädigungsG**[358]
§ 13 Abs. 3 **TelegraphenwegeG** vom 18. XII. 1899
Art. 3 § 2 Abs. 3 **2. WohnraumkündigungsschutzG** (= 2. WKSchG)[359].

3. Landesgesetzliche Klagefristen

139   Ebenso verlangen einige **landesrechtliche Vorschriften** die Einhaltung einer Klagefrist, so z. B.: § 112 Abs. 4 WasserG für Baden-Württemberg, Art. 87 Abs. 2 BayWasserG[360], Art. 46 Abs. 2 S. 2 BayForstrechteG, Art. 45 Abs. 2 BayEnteignungsG, § 25 Abs. 2, § 29 Abs. 1 AVBayJagdG[361], Art. 34 Abs. 1 Bremisches LandesjagdG[362], § 110 Abs. 1 Hessisches WasserG[363], § 49 Abs. 1 Niedersächsisches WasserG[364], § 41 LandesjagdG Nordrhein-Westfalen[365].

4. Charakter

140   Diese Klagefristen stellen keine Verjährungs-, sondern **Ausschlußfristen** (→ § 233 Rdnr. 18) dar; denn nach Ablauf der Frist besteht nicht etwa ein nur einredeweise geltend zu machendes Leistungsverweigerungsrecht, sondern die Parteien sind mit der Vornahme von Rechtshandlungen ausgeschlossen. Auf diese gesetzlichen Klagefristen können die Parteien weder verzichten, noch können sie deren Dauer verändern[366]. Deshalb handelt es sich um **von Amts wegen** zu berücksichtigende **Klagefristen**[367], soweit das Gesetz nichts Abweichendes bestimmt.

141   Ob die Klagefristen *prozessualen* oder *materiell-rechtlichen* Charakter haben, läßt sich nicht allgemein sagen (→ Einl. Rdnr. 29 und 315)[368]. Auszugehen ist von der Frage nach den Wirkungen der einzelnen Fristen[369]: Klagefristen, bei denen der Fristablauf zum Erlöschen des subjektiven Rechts führt, werden allgemein als *materiell-rechtliche* Ausschlußfristen angesehen, so z. B. bei § 561 Abs. 2 S. 2, § 864 Abs. 1, § 977 S. 2, § 1002 Abs. 1, § 1594 Abs. 1 BGB, § 246 Abs. 1 AktG, § 35 Abs. 1 EheG[370]. Soweit bei Versäumung von Klagefristen expressis verbis Wiedereinsetzung in den vorigen Stand ermöglicht ist, läßt dies auf den *prozessualen* Charakter der Frist schließen[371].

5. Beginn

143   Die **Klagefrist beginnt** nach den meisten Bestimmungen erst dann zu laufen, wenn zuvor ein außergerichtliches Vorverfahren oder Abhilfeverfahren mit einem wirksamen Spruch in der Sache[372] abgeschlossen und dieser den Parteien bekanntgemacht wurde. Dazu genügt es z. B., wenn im Fall des Art. 12 NTS-AG das Amt für Verteidigungslasten einen Ersatzanspruch schon dem Grunde nach ablehnt, ohne über die Höhe des Schadens Stellung zu nehmen[373]. Der Lauf der Klagefristen wird aber durch die Gerichtsferien nicht gehemmt[374].

---

[356] → Einl. Rdnr. 665 ff., Text → Einl. Rdnr. 667.
[357] → Einl. Rdnr. 432, 402.
[358] → Einl. Rdnr. 402 Fn. 98.
[359] Zu Art. 3 § 2 2. WKSchG *von Krog* ZMR 1977, 260; zur Klagefrist in Art. 3 § 2 2. WKSchG *Schmidt/Futterer/Blank* Wohnraumschutzgesetze⁶ (1988) Rdnr. C 124.
[360] → auch Einl. Rdnr. 382.
[361] → Einl. Rdnr. 435.
[362] → Einl. Rdnr. 435.
[363] → auch Einl. Rdnr. 382.
[364] → auch Einl. Rdnr. 382.
[365] → Einl. Rdnr. 435.

[366] *Preibisch* (Fn. 343), 198 m.w.N. → auch Einl. Rdnr. 318.
[367] *Preibisch* (Fn. 343), 197 m.w.N.
[368] Dazu *Preibisch* (Fn. 343), 196 f. m.w.N.; *Vollkommer* (Fn. 343), 332.
[369] *Pohle* MDR 51, 702.
[370] Vgl. *Vollkommer* (Fn. 343), 336 f. m.w.N.; *BGHZ* 25, 66 (74).
[371] So *Vollkommer* (Fn. 343), 337 f. für §§ 58, 61 BLG; a. M. BGH NJW 1975, 1601 zu Art. 12 Abs. 3 NTS-AG, Text → Einl. Rdnr. 667.
[372] Vgl. dazu BGHZ 8, 147.
[373] BGH NJW 1985, 1081.
[374] BGH NJW 1955, 1475.

Soweit eine **Rechtsmittelbelehrung vorgeschrieben**[375], aber **unterblieben** ist oder **unrichtig** **144**
erteilt wurde, und über die Folgen solcher Verstöße eine gesetzliche Regelung fehlt[376], führt
der Verstoß nicht dazu, daß der Fristlauf nicht beginnt[377] oder daß entsprechend § 58 Abs. 2
VwGO die Frist erst nach einem Jahr seit Zustellung bzw. Verkündung des Spruchs abgelaufen ist[378]; denn im Zivilprozeß hängt der Lauf einer Rechtsmittelfrist nicht von einer Rechtsmittelbelehrung ab. Vielmehr stellt eine **unrichtige** oder **unterbliebene Rechtsmittelbelehrung**
einen **Wiedereinsetzungsgrund** dar[379], wenn das **Gericht zur Belehrung verpflichtet** war
(sonst allerdings nicht, → § 233 Rdnr. 78).

6. Versäumung

Bei Versäumung der Klagefrist steht, soweit die Frist als Notfrist (→ § 233 Rdnr. 8) **146**
bezeichnet ist, **Wiedereinsetzung** in den vorigen Stand unter den Voraussetzungen der
§§ 233 ff. (→ § 233 Rdnr. 27 ff.; zur *Kündigungsschutzklage* → § 233 Rdnr. 56 ff.) offen. Zum
Teil legen die Vorschriften selbst fest, unter welchen bestimmten Voraussetzungen die
Wiedereinsetzung in den vorigen Stand verlangt werden kann[380]. Soweit dies nicht geschieht
(→ § 233 Rdnr. 18)[381], gebietet eine verfassungskonforme Auslegung, daß im Wege der
Lückenfüllung die Wiedereinsetzung gewährt wird[382]. Zur Möglichkeit der **Heilung** gemäß
§ 295 Abs. 1 → § 253 Rdnr. 181 ff. Nach Wahrung der Klagefrist durch eine rechtzeitig
erhobene Klage[383] sind die Parteien in ihren prozessualen Befugnissen nicht beschränkt, so
daß nach Fristablauf **Klageänderung** und **Widerklage** ohne weiteres zulässig sind[384].

7. Folgen des Ablaufs

Ist **eine prozessuale Klagefrist abgelaufen**, verlieren die Parteien ihr Klagerecht; mangels **147**
Klagbarkeit wird die **Klage** also **unzulässig**[385], so z.B. bei § 8 Abs. 3 ErstattungsG[386] und
Art. 3 § 2 Abs. 3 2. WKSchG[387]. Streitig ist die Behandlung der Dreiwochenfrist in § 4 S. 1
KSchG (→ Rdnr. 156).

8. Vereinbarte Klagefristen

Im Rahmen der Vertragsfreiheit können Klagefristen auch *vereinbart* werden[388]. Üblich **150**
sind vertragliche Klagefristen z.B. bei **Versicherungsverträgen**, vgl. § 8 Abs. 1 der Allgemeinen Bedingungen für die Kraftfahrtversicherung (AKB), § 10 Abs. 1 der Allgemeinen Versicherungsbedingungen für Haftpflichtversicherungen (AHB), in **Gesellschaftsverträgen** bei
Streitigkeiten aus dem Gesellschaftsvertrag[389].

---

[375] Z.B. in § 111 Abs. 2 S. 4 mit § 9 Abs. 5 ArbGG, § 113 Abs. 1, § 211 BauGB, § 51 Abs. 4 S. 1 BLG, § 5 Abs. 1 Nr. 6 ErstG, § 48 Abs. 1 LBG, § 37 Abs. 2 S. 3 WaStrG (zu diesen Gesetzen → Rdnr. 138).

[376] So wird z.B. ausdrücklich in § 37 Abs. 2 S. 3 2. HS WaStrG § 58 VwGO entsprechend angewendet. Eine ähnliche Regelung findet sich in § 111 Abs. 2 S. 4 mit § 9 Abs. 5 S. 4 ArbGG.

[377] So aber *BGH* NJW 1955, 1475 (1476); *KG Berlin* LM § 195 BEG 1956 Nr. 23; *BGH* MDR 1973, 757 für § 210 BEG.

[378] So aber für § 157 Abs. 2 S. 2 BBauG (jetzt § 217 Abs. 2 S. 2 BauGB) *OLG Köln* MDR 70, 1011.

[379] *OLG Karlsruhe* MDR 1976, 498; so wohl *Jung* (Fn. 355), 1592 für § 61 LBG; zum Meinungsstreit vgl. *Preibisch* (Fn. 343), 202 m.w.N.

[380] Z.B. § 61 Abs. 1 BLG.

[381] Z.B. § 8 Abs. 3 ErstG, § 13 TelegraphenwegeG.

[382] Für § 8 ErstG läßt der *BGH* NJW 1955, 1475 (1477) eine analoge Anwendung offen.

[383] *BGH* NJW 1973, 248; zur Fristwahrung bei Art. 3 § 2 Abs. 3 2. WKSchG genügt es nach *LG Mannheim* ZMR 1977, 285, daß der Vermieter am letzten Tag der Frist die Klage bei Gericht einreicht und für eine alsbaldige Zustellung an den Mieter sorgt; → ferner § 270 Rdnr. 46.

[384] *BGHZ* 35; 227; *BGH* VersR 1973, 53; *Preibisch* (Fn. 343), 203 m.w.N.

[385] *BGH* VersR 1973, 53 (54).

[386] *BGHZ* 18, 122 (128) = NJW 1955, 1475 (1477).

[387] *LG Mannheim* ZMR 1976, 339.

[388] Vgl. *BGH* NJW 1977, 2263; 1984, 669.

[389] Vgl. *BGH* NJW 1977, 2263.

151   Ebenso wie die Vereinbarung eines Schiedsvertrages nur einredeweise geltend gemacht werden kann (→ § 1027a Rdnr. 2)³⁹⁰, sind vertragliche Klagefristen im Unterschied zu den gesetzlichen nur auf *Einrede* zu beachten.

V. Arbeitsgerichtliches Verfahren

155   Besonderer Erörterung bedarf hier nur die Rechtsnatur der **Kündigungsschutzklagen**³⁹¹. Zu unterscheiden ist dabei zwischen der Kündigungsfeststellungsklage (→ Rdnr. 156 f.), dem Auflösungsantrag (→ Rdnr. 160), und der Änderungsschutzklage (→ Rdnr. 163).

1. Kündigungsfeststellungsklage

156   Eine *sozial ungerechtfertigte Kündigung* ist nach § 1 Abs. 1 KSchG unwirksam. Im Interesse der Rechtssicherheit schreibt jedoch § 4 KSchG vor, daß der Arbeitnehmer diese *Unwirksamkeit* innerhalb einer Frist von 3 Wochen durch *Klage*³⁹² bei dem Arbeitsgericht geltend zu machen hat³⁹³. Die Frist ist eine Ausschlußfrist, gegen deren Versäumung nachträgliche Zulassung gewährt werden kann (→ § 233 Rdnr. 56 ff., § 236 Rdnr. 17). Die nicht rechtzeitig erhobene Klage ist – wie bei Versäumung einer rein prozessualen Frist (→ Einl. Rdnr. 315) – als *unzulässig*³⁹⁴, nicht als unbegründet abzuweisen³⁹⁵, weil die Frist aus prozessualen Erwägungen eingerichtet wurde. Zur nachträglichen Zulassung verspäteter Klagen s. § 5 KSchG, → § 233 Rdnr. 56 ff.

157   Die Kündigungsschutzklage ist, wie § 4 KSchG ausdrücklich ausspricht, eine Feststellungsklage, nicht wie im früheren Recht eine Rechtsgestaltungsklage³⁹⁶. Die Prüfung, ob im Einzelfall ein rechtliches Interesse an alsbaldiger Feststellung besteht, ist regelmäßig weder erforderlich noch zulässig (→ auch § 256 Rdnr. 200). Klagt der Arbeitnehmer wegen Sozialwidrigkeit der Kündigung auf Feststellung, so muß er in diesem Prozeß auch alle sonstigen Nichtigkeitsgründe geltend machen³⁹⁷; denn das Gericht entscheidet nicht nur über die Sozialwidrigkeit der Kündigung, sondern auch über die (durch die angegriffene Kündigung zum beabsichtigten Termin bewirkte) Auflösung oder Nichtauflösung des Arbeitsverhältnisses³⁹⁸. Für eine Klage des Arbeitgebers auf Feststellung, daß die Kündigung sozial gerechtfer-

---

³⁹⁰ Vgl. *Habscheid* KTS 1972, 209 (219).
³⁹¹ Vgl. *Hueck/Nipperdey* Arbeitsrecht⁷ (1963) 1 bearbeitet von *Alfred Hueck*, 649 ff.; *Nikisch* Arbeitsrecht³ (1961), 773 f.; *Hueck/v. Hoyningen-Huene* KSchG¹¹ (1992) § 4; *Herschel/Löwisch* KSchG⁶ (1984) § 4; *Dersch/Volkmar* ArbGG⁶ (1955) § 47 a. F. Rdnr. 11.
³⁹² Zu ihr → auch § 253 Rdnr. 240 f.
³⁹³ § 270 Abs. 3 ist entsprechend anwendbar, *BAG* AP § 3 KSchG a.F. Nr. 16, § 4 KSchG 1969 Nr. 2 mit zust. Anm. *Leipold*; LAG Hannover und *Hueck* AP § 3 KSchG a.F. Nr. 3. Die Frist wird gewahrt durch Anrufen eines örtlich unzuständigen Gerichts, *BAG* AP § 3 KSchG a.F. Nr. 16, nicht aber einer Gütestelle, BB 1952, 719.
³⁹⁴ *Vollkommer* AcP 161 (1962), 332 ff. mit Nachw. auch über die Gegenmeinung; *Fenn* AcP 163 (1964), 158 f.; *Herschel/Steinmann* KSchG⁵ (1961) § 3 a.F. Rdnr. 12; *Nikisch* (Fn. 391), 779.
³⁹⁵ Dieser Ansicht ist allerdings die arbeitsgerichtliche Praxis, v.a. das *BAG* AP Nr. 14 zu § 4 KSchG 1969; AP Nr. 4 zu § 5 KSchG 1969. Derselben Meinung sind *Richardi* ZfA 71, 73 (102 ff.); *Hueck/v. Hoyningen-Huene* (Fn. 391) § 4 Rdnr. 51 ff.; *Herschel/Löwisch* (Fn. 391) § 4

Rdnr. 60; umfassend zur Rechtsnatur der Klagefrist des § 4 KSchG *Lepke* DB 1991, 2043.
³⁹⁶ *Richardi* (Anm. zu *BAG* AP § 15 KSchG 1965 Nr. 15) hält sie gleichwohl für eine *Gestaltungsabwehrklage* (a.a.O. sub II 2).
³⁹⁷ *Bötticher* RdA 1951, 85; *Hueck* Festschrift für *Nipperdey* (1955), 109 f.; *Nikisch* BB 1951, 647; *ders.* (Fn. 391), 774; *BAG* AP § 4 KSchG 1969 Nr. 3 mit Anm. *Grunsky* = BB 1977, 599; *Hueck/v. Hoyningen-Huene* KSchG (Fn. 391) § 4 Rdnr. 24 m.w.N.; *Herschel/Löwisch* (Fn. 391) Rdnr. 58 f. m.w.N. – A.M. *Ostermeyer* RdA 1952, 142; *Neumann-Duesberg* ZZP 65 (1952), 399; *Habscheid* RdA 1958, 95.
³⁹⁸ Dazu eingehend mit Lit. *Bötticher* Festschrift für *Herschel* (1955), 181 f. und Anm. AP § 3 KSchG a.F. Nr. 19; *BAG* NJW 17 und 18 a.a.O. je mit Anm. *Habscheid*; *Zeuner* MDR 1956, 257; *Habscheid* RdA 1958, 46 ff., 95 ff.; *Lüke* JZ 1960, 203 ff.; *Grunsky* (Fn. 397); *Friedrich* Gemeinschaftskommentar zum KSchG und sonstigen kündigungsrechtlichen Vorschriften² (1984) § 4 Rdnr. 227. Zur Rechtskraft eines Urteils, das die Nichtigkeit oder Unwirksamkeit einer Kündigung feststellt → § 322 Rdnr. 209.

2. Auflösungsantrag

Mit dem Antrag auf *Auflösung des Arbeitsverhältnisses*[400] nach § 9 KSchG wird nicht ein Anspruch i. S. des materiellen Rechts geltend gemacht, sondern ein gegen den Staat gerichtetes Rechtsbegehren auf Rechtsänderung durch Richterakt (→ Rdnr. 44). Er setzt voraus, daß ein Kündigungsschutzrechtsstreit anhängig ist[401]. Ist die Kündigung sozialwidrig, sieht das Gericht aber den Auflösungsantrag als begründet an, so ergeht ein Auflösungsurteil als Gestaltungsurteil[402]. In dem Urteil auf Auflösung hat das Gericht den Arbeitgeber zur Zahlung einer Abfindung zu verurteilen. Dies gilt auch dann, wenn ein besonderer Antrag in dieser Richtung nicht gestellt ist[403].

160

3. Änderungsschutzklage

Gegen eine *Änderungskündigung*[404] des Arbeitgebers nach § 2 KSchG kann der Arbeitnehmer Klage auf Feststellung[405] erheben, daß die Änderung der Arbeitsbedingungen sozial ungerechtfertigt ist. Jedoch muß der Arbeitnehmer die Änderungskündigung innerhalb der in § 2 KSchG bestimmten Frist unter dem Vorbehalt angenommen haben, daß die Änderung der Arbeitsbedingungen nicht sozial ungerechtfertigt ist. Die rechtzeitige Erklärung dieses Vorbehalts ist eine prozessuale Voraussetzung für die Klage nach § 4 S. 2 KSchG. Wird der Vorbehalt verspätet erklärt, muß die Klage demnach als *unzulässig* abgewiesen werden[406].

163

4. Weiter über diese Klagen → § 85 Rdnr. 56 ff., § 233 Rdnr. 56 ff., § 236 Rdnr. 17, § 237 Rdnr. 2, § 253 Rdnr. 240, § 256 Rdnr. 197 ff., § 260 Rdnr. 55, § 272 Rdnr. 22, § 275 Rdnr. 35, § 282 Rdnr. 46 f., § 296 Rdnr. 131 und 134.

165

---

[399] *Herschel/Steinmann* (Fn. 394) Anm. 7 zu § 3 a.F.; eine solche Klage wird zugelassen von *Hueck/Nipperdey* (Fn. 391), 650; *Nikisch* (Fn. 391), 775 (§ 51 VI 4).

[400] Hierüber BAG AP § 7 KSchG a.F. Nr. 20; *Kauffmann* BB 1952, 750 ff.; *Nikisch* (Fn. 391), 788; vgl. auch *Hueck/Nipperdey* (Fn. 391), 660.

[401] BAG AP § 3 KSchG a.F. Nr. 19 (sonst Unzulässigkeit des Antrags); vgl. auch BAG a.a.O. § 7 Nr. 5; *Hueck/v. Hoyningen-Huene* KSchG (Fn. 391) § 9 Rdnr. 21 f.

[402] Kein Teilurteil über Kündigung und kein Schlußurteil über Abfindung, BAG AP § 301 ZPO Nr. 1.

[403] *Kauffmann* (Fn. 400), 750, der den Auflösungsantrag dahingehend auslegt, daß er den Antrag auf Zahlung einer Abfindung mit enthält; *Hueck/v. Hoyningen-Huene* KSchG (Fn. 391) § 9 Rdnr. 57; *Herschel/Löwisch* (Fn. 391) § 9 Rdnr. 14; *Hueck/Nipperdey* (Fn. 391), 664; *Nikisch* (Fn. 391), 790. – A. M. *Dahns* RdA 1952, 141.

[404] Hierzu *Adomeit* DB 1969, 2179.

[405] *Richardi* (Fn. 395) a.a.O. nimmt auch hier eine *Gestaltungsabwehrklage* an.

[406] So auch *Adomeit* (Fn. 404), 2180. – A. M. *Richardi* (Fn. 394), 104; *Schaub* Arbeitsrechtshandbuch[6] (1996) § 137 II 3.

Erster Titel

Verfahren bis zum Urteil

§ 253 [Erhebung der Klage, Form und Inhalt der Klageschrift]

(1) Die Erhebung der Klage erfolgt durch Zustellung eines Schriftsatzes (Klageschrift).
(2) Die Klageschrift muß enthalten:
1. die Bezeichnung der Parteien und des Gerichts;
2. die bestimmte Angabe des Gegenstandes und des Grundes des erhobenen Anspruchs, sowie einen bestimmten Antrag.
(3) Die Klageschrift soll ferner die Angabe des Wertes des Streitgegenstandes enthalten, wenn hiervon die Zuständigkeit des Gerichts abhängt und der Streitgegenstand nicht in einer bestimmten Geldsumme besteht, sowie eine Äußerung dazu, ob einer Übertragung der Sache auf den Einzelrichter Gründe entgegenstehen.
(4) Außerdem sind die allgemeinen Vorschriften über die vorbereitenden Schriftsätze auch auf die Klageschrift anzuwenden.
(5) Die Klageschrift sowie sonstige Anträge und Erklärungen einer Partei, die zugestellt werden sollen, sind bei dem Gericht schriftlich unter Beifügung der für ihre Zustellung oder Mitteilung erforderlichen Zahl von Abschriften einzureichen.

Gesetzesgeschichte: Ursprünglich § 230 CPO, durch Nov 1898 (→ Einl. Rdnr. 113) inhaltlich unverändert zu § 253 CPO geworden. Inhaltliche Änderungen durch Nov 1924 (→ Einl. Rdnr. 123f.), Nov 1950 (→ Einl. Rdnr. 148) und die sog. Einzelrichternovelle vom 20. XII. 1974, BGBl I 3651 (→ Einl. Rdnr. 154).

Stichwortverzeichnis zur Bestimmtheit des Klageantrags → Rdnr. 46.

I. Die Klage	
1. Allgemeines	1
2. Bedingungsfeindlichkeit	3
II. Erhebung der Klage	
1. Einreichung und Zustellung der Klage	9
2. Bezugnahme der Klage auf andere Unterlagen?	19
3. Deutsche Sprache	23
III. Notwendiger Inhalt der Klageschrift	25
IV. Notwendigkeit der Bezeichnung der Parteien und des Gerichts (Absatz 2 Nr. 1)	
1. Bezeichnung der Parteien	31
a) Personengruppen	32
b) Im Einzelfall zusätzlich erforderliche Angaben	33
c) Berichtigung unrichtiger Angaben	34
d) Parteien kraft Amtes, Kaufleute, Handelsgesellschaften, weitere Prozeßparteien	35
e) Gesetzlicher Vertreter – Rechtsanwalt	36
f) Verstorbener als Partei	37
2. Bezeichnung des Gerichts	41
V. Notwendigkeit der bestimmten Angabe des Gegenstandes und des Grundes des erhobenen Anspruchs sowie Notwendigkeit eines bestimmten Antrages (Absatz 2 Nr.2)	44
1. Gegenstand des Anspruchs und bestimmter Antrag	
Bestimmtheitsschlüssel (Stichwortverzeichnis zur Bestimmtheit des Klageantrags)	46
Bestimmter Antrag	47
a) Anforderungen an den bestimmten Antrag bei einer Leistungsklage	53
aa) Bei der Verurteilung zu Handlungen	56
bb) Bei der Verurteilung zur Abgabe einer Willenserklärung	57

cc) Bei einer Auskunftsklage	58	IX. Ladung	158
dd) Bei der Verurteilung zu Unterlassungen	59	X. Einreichung der Klage bei Gericht (Absatz 5)	161
ee) Bezifferter Antrag bei Geldleistungen	61	XI. Mängel der Klage	
ff) Unbezifferter Klageantrag	81	1. Allgemeines	171
		2. Heilung	181
gg) Folgen der Unbestimmtheit des Klageantrages	111	3. Rüge	194
		4. Säumnis des Beklagten	201
b) Anforderungen an den bestimmten Antrag bei einer Feststellungsklage	115	5. Säumnis des Klägers	205
		XII. Klage nach Vorentscheidung einer außergerichtlichen Stelle	
c) Anforderungen an den bestimmten Antrag bei einer Gestaltungsklage	119	1. Gesetzliche Vorverfahren	211
		2. Vereinbarte Vorverfahren (gewillkürte zeitweilige Unklagbarkeit)	214
d) Zulässigkeit eventueller Klageanträge	121	XIII. Arbeitsgerichtliches Verfahren	221
2. Bestimmte Angabe des Grundes des Anspruchs	123	1. Allgemeines	222
a) Erfordernis der Substantiierung	125	2. Vorverfahren in arbeitsrechtlichen Streitigkeiten	227
b) Schlüssigkeit des Klagebegehrens als Voraussetzung einer ordnungsgemäßen Klage?	127	a) Schlichtung von Streitigkeiten aus einem Berufsausbildungsverhältnis nach § 111 Abs. 2 ArbGG	231
c) Angabe des Tatsachenkomplexes	129	b) Streitigkeiten aus dem ArbnErfG	233
d) Einzelheiten zur Angabe der Tatsachen	135	c) Einigungsstelle nach § 76 BetrVG	235
VI. Notwendigkeit der Unterschrift	143	d) Weitere Fälle	237
VII. Zusätzliche Erfordernisse in besonderen Verfahren	151	3. Kündigungsfeststellungsklage	240
VIII. Weiterer Inhalt der Klageschrift (Absätze 3 und 4)	154		

I. Die Klage

1. Allgemeines

Der Prozeß wird durch eine Klage eingeleitet, wenn seine Erledigung aufgrund obligatorischer mündlicher Verhandlung durch Urteil erfolgen soll (→ § 128 Rdnr. 9 ff., insbesondere Rdnr. 24), also insbesondere im ordentlichen Verfahren, im Urkunden- und Wechselprozeß, in Verfahren auf Aufhebung oder Nichtigerklärung einer Ehe, in Kindschaftssachen, in landgerichtlichen Entmündigungssachen und im Wiederaufnahmeverfahren, vgl. §§ 253 ff., 496 ff., 578, 585, 593, 631, 640 c, 664, 679, 684, 686, 722, 731, 767 f., 771 ff., 796 f., 805, 856, 878 f., 926, 957 f., 1041 und zahlreiche Vorschriften des BGB, HGB, AktG usw. Im Verfahren auf Scheidung wird das Verfahren durch eine Antragsschrift eingeleitet; statt »Kläger« und »Beklagter« werden die Parteien hier als »Antragsteller« und »Antragsgegner« bezeichnet (§ 622). Die Klage ist die Parteihandlung (→ Rdnr. 168 ff. vor § 128)[1], durch die der angrei-

1

---

[1] Daß »Klage« in der ZPO bald den Akt der *Klageerhebung*, bald die *Klageschrift* bedeutet, ist von rein terminologischer Bedeutung.

fende Teil sein Begehren nach Verhandlung und Entscheidung an das Gericht bringt und zugleich dem Gegner gegenüber erklärt[2]. Die Klage selbst und die Ordnungsgemäßheit der Klageerhebung sind Prozeßvoraussetzung (→ Einl. Rdnr. 314)[3]. Über die **Auslegung** der Parteihandlung und über *Willensmängel* → Rdnr. 192 ff., 227 ff. vor § 128; über das *Klagensystem* der ZPO → Rdnr. 4 ff. vor § 253; über die materiell- und prozeßrechtlichen Wirkungen der Klageerhebung → § 261 Rdnr. 41 ff., → § 262 Rdnr. 1 ff.

2. Bedingungsfeindlichkeit

3   Als verfahrenseinleitender Akt ist die **Klage** streng **bedingungsfeindlich** (→ Rdnr. 208 vor § 128)[4]. Die Existenz des *Prozeßrechtsverhältnisses* zwischen den Parteien (→ Einl. Rdnr. 228) darf nämlich nicht ungewiß sein. Deshalb ist es **nicht** möglich, die **Klage unter einer Bedingung** zu erheben. Auch »innerprozessuale« Bedingungen (die sonst bei Parteihandlungen durchaus statthaft sind, → Rdnr. 210 ff. vor § 128) sind unzulässig, also etwa eine Klage unter der Bedingung, daß das Gericht zuständig ist oder daß der Rechtsweg zu den Zivilgerichten besteht (ganz abgesehen vom Kathederbeispiel der Klage unter der Bedingung, daß sie begründet ist). Daher besteht auch keine Möglichkeit, eine Klage von der Gewährung der **Prozeßkostenhilfe** abhängig zu machen (→ Rdnr. 208 vor § 128); eine solche Bedingung ist in aller Regel auch gar nicht erforderlich, da der Kläger erst einmal den Ausgang des Prozeßkostenhilfeverfahrens abwarten kann oder jedenfalls die **Zustellung** der Klage von der Gewährung der Prozeßkostenhilfe abhängig machen darf.

4   Erhebt ein Kläger gleichwohl eine **bedingte Klage**, muß die Auslegung seiner Erklärungen ergeben, ob damit überhaupt die **Klage** als **unwirksam** zu betrachten ist oder lediglich die beigefügte **Bedingung** (→ auch Rdnr. 218 vor § 128). Zur Zustellung der bedingten Klage → § 271 Rdnr. 4.

5   Da es auf das Bestehen eines Prozeßrechtsverhältnisses zwischen den Parteien ankommt, muß der Kläger gegen **jeden** seiner **Gegner** einen **unbedingten Antrag** stellen. Daher kann es nicht zugelassen werden, daß ein Kläger seine (unbedingte) Klage gegen den Beklagten A. mit einer Klage »hilfsweise« gegen den B. verbindet (etwa für den Fall, daß der Anspruch gegen den A. nicht besteht). Dies würde das Prozeßrechtsverhältnis zwischen dem Kläger und dem B. unzulässigerweise in der Schwebe halten (→ Rdnr. 4a vor § 59).

6   Soweit allerdings zwischen Kläger und Beklagtem ein unbedingtes Prozeßrechtsverhältnis besteht, ist es durchaus **zulässig** (im Rahmen dieses festen Prozeßrechtsverhältnisses) nunmehr **weitere** Anträge zu stellen, die **innerprozessual bedingt** sind (→ Rdnr. 210 ff. vor § 128). Wegen der **bedingten Widerklage** → § 33 Rdnr. 26–28, wegen **bedingter Anträge** und **Begründungen** → § 260 Rdnr. 15 ff., wegen **eventueller Klageanträge** → auch Rdnr. 121.

II. Erhebung der Klage

1. Einreichung und Zustellung der Klage

9   Die Erhebung der Klage erfolgt im *landgerichtlichen Verfahren* durch *Zustellung der Klageschrift* an den Beklagten[5]. Die Klage ist nach Abs. 5 bei dem Gericht schriftlich unter

---

[2] → Rdnr. 187 vor § 128, so auch *Rosenberg/Schwab/Gottwald*[15] § 91 I 4. – A. M. (nur an das Gericht) *Hellwig* Lb. II, 7, III, 2, 35; *ders.* Prozeßhandlung und Rechtsgeschäft, Berliner Festg. f. *Otto v. Gierke* (1910), Sonderdruck, 15 f.; s. dazu aber *Stein* ZPP 41 (1911), 428 f; (nur an den Gegner:) *Walsmann* AcP 102 (1907), 95.

[3] A. M. *Rosenberg/Schwab/Gottwald*[15] § 96 II 3.

[4] BVerfGE 68, 132 (142).

[5] Zu den *Anforderungen* an die *Klageschrift* vgl. auch *Michel* Der Schriftsatz des Anwalts im Zivilprozeß (1984), 64 ff. Wird die Klage einer *anderen* Person als dem Beklagten zugestellt, so entsteht kein Prozeßrechtsverhältnis zwischen dem Kläger und dem Empfänger, OLG Nürnberg MDR 1977, 320; OLG München JurBüro 1985, 1345; zur **Zustellung an den falschen Adressaten** → auch Rdnr. 10 f. vor § 50.

Beifügung der für die Zustellung erforderlichen Zahl von Abschriften *einzureichen* (→ Rdnr. 161 ff.); → hierzu auch § 270 Abs. 3 und § 207 Rdnr. 9 ff. Dabei muß der (spätere) Kläger den erkennbaren Willen haben, durch sein Schreiben ein gerichtliches Verfahren einzuleiten[6]. Wegen der durch die Klageeinreichung und die Terminsbestimmung begründeten Beziehung zwischen dem Kläger und dem Gericht, insbesondere wegen der Vorwegerhebung der Prozeßgebühr → § 271, insbesondere Rdnr. 34 ff. Die *Einreichung* der Klageschrift führt zur *Anhängigkeit*, die *Zustellung* zur *Rechtshängigkeit* (§ 261) der Klage[7]. Die Zustellung geschieht nach § 270 Abs. 1 von Amts wegen. Der **Klageerhebungsakt** ist erst mit der **Zustellung vollendet**[8]. Allerdings verlegt § 270 Abs. 3 die *Wirkungen* der Rechtshängigkeit häufig auf den *Zeitpunkt der Einreichung* der Klageschrift vor (→ § 270 Rdnr. 41 ff.). Zur Pflicht der Geschäftsstelle, die Klageschrift *unverzüglich* von Amts wegen **zuzustellen** → § 271 Rdnr. 3 ff. Zu den *vor* der Zustellung zu prüfenden Voraussetzungen → § 271 Rdnr. 21 ff.

Bei versehentlich **formloser Übersendung** der Klageschrift statt Zustellung kommt eine Heilung nach § 187 oder nach § 295 Abs. 1 in Betracht. War hingegen eine Zustellung nicht beabsichtigt und erhielt der Beklagte dennoch die Klageschrift, kann § 187 nicht eingreifen[9], so daß auch keine Rechtshängigkeit eingetreten ist. Zur *Heilung* → auch Rdnr. 181 ff. **10**

Auch eine Klageeinreichung mittels **Telegramm, Fernschreiben, Telebrief** u. ä. ist – genauso wie bei den Rechtsmitteln (→ dazu genauer § 129 Rdnr. 9 ff.) – zulässig. Sie muß dabei aber allen inhaltlichen Erfordernissen einer Klageschrift (→ Rdnr. 25 ff.) genügen[10]. Daß bei einem Telegramm und bei einem Fernschreiben die *eigenhändige* Unterschrift fehlt, ist – wie bei den Rechtsmitteln – unschädlich (→ § 129 Rdnr. 9 a); zum Erfordernis eigenhändiger Unterschrift → Rdnr. 143. **12**

Bei einem erst **im Laufe eines Rechtsstreits erhobenen Anspruch** ist § 261 Abs. 2 zu beachten (→ § 261 Rdnr. 35–37). Hier kann die Zustellung auch von Anwalt zu Anwalt nach § 198 erfolgen[11]. **13**

Im Verfahren vor den *Amtsgerichten* erfolgt die Klageerhebung durch Zustellung der Klageschrift oder des die Klage enthaltenden Protokolls (§ 498) von Amts wegen nach § 270 Abs. 1, § 271 Abs. 1 (→ § 271 Rdnr. 4). **14**

Wenn die Klageschrift *gleichzeitig mit Nachträgen* zugestellt wird, die sie ergänzen, berichtigen oder gegen eine andere Person richten[12], so genügt das, weil die räumliche Trennung der Bestandteile auf mehreren Bogen unerheblich ist[13]; wegen der späteren Zustellung von Änderungen → Rdnr. 197. Ebenso sind ergänzende Anlagen zulässig, jedoch nicht als Ersatz des Inhalts der Klageschrift selbst[14]. **15**

Über Zustellung der Klageschrift *ohne Ladung und Terminsbestimmung* → Rdnr. 176. **16**

---

[6] *BFH* BB 1978, 188 f.
[7] Zur Rechtshängigkeit eines **Schmerzensgeldanspruchs** *BGH* LM Nr. 17 und Nr. 57 zu § 847 BGB, → auch § 262 Rdnr. 22 f., → § 270 Rdnr. 45 und Fn. 23; dazu auch *BGHZ* 69, 323 = NJW 1978, 214 = JZ 29 (Anm. *Brehm* 191). Zum Anhängigmachen eines **Schmerzensgeldanspruchs** durch **Klage** zum **Verwaltungs-** oder **Sozialgericht** (um dadurch *früher* die Rechtshängigkeit zu erreichen, weil sie nach VwGO und SGG bereits durch Einreichen, nicht erst durch Zustellung der Klage eintritt); zur Rechtshängigkeit bei Klageerhebung mit dem Antrag auf Bewilligung von Prozeßkostenhilfe *OLG Karlsruhe* NJW-RR 1989, 512; *OLG Frankfurt a. M.* JurBüro 1991, 1645; *OLG Sachsen-Anhalt* NZV 1993, 270 → § 262 Fn. 41, → § 270 Fn. 23.
[8] *BGHZ* 25, 69; 32, 119; *OLG Bamberg* MDR 1949, 557.
[9] *BGHZ* 7, 268; → auch § 187 Rdnr. 3.
[10] *BAG* MDR 1962, 770; *BFH* NJW 1974, 880; NJW 1991, 2927.
[11] *BGHZ* 17, 234.
[12] Vgl. *RGZ* 96, 201.
[13] S. auch *RG* JW 21, 1243.
[14] *OLG Hamburg* OLG Rsp 29, 96 (Hinweis auf die beigefügte Parteiinstruktion), → auch § 129 Rdnr. 13 ff.

2. Bezugnahme der Klage auf andere Unterlagen?

19 Der nach § 253 notwendige Inhalt der Klage muß sich **aus der Klageschrift selbst** ergeben. Gegen dieses Erfordernis wird in der Praxis häufig verstoßen, indem auf Ablichtungen, beigegebene Aktenstücke oder ähnliches verwiesen wird und es damit dem Gericht überlassen bleibt, sich die klagebegründenden Tatsachen oder den Antrag aus diesen Anlagen selbst herauszusuchen. Dies ist nicht zulässig, da Antrag und Sachverhalt **von der Prozeßpartei zu bestimmen** sind und es daher nicht Sache des Gerichts ist, sich den Sachverhalt oder den Antrag aus irgendwelchen Akten zusammenzusuchen[15].

20 Im Anwaltsprozeß muß daher der Rechtsanwalt Antrag und Grund des Anspruchs in der Klageschrift selbst angeben. Eine **Bezugnahme** auf einen von der Partei selbst verfaßten anderweitigen Schriftsatz genügt nicht, selbst wenn dieser dem angerufenen Gericht vorliegt[16]. Ebensowenig ist eine Bezugnahme auf Schriftsätze eines Dritten oder beigefügte Aktenstücke ausreichend, → auch Rdnr. 144.

21 Für die Berufungsbegründungsschrift nach § 519 wird allerdings die Bezugnahme auf einen Schriftsatz des Anwalts eines *Streitgenossens* ebenso zugelassen[17] wie die Bezugnahme auf eine abschriftlich beigelegte, denselben Sachverhalt und dieselben Parteien betreffende und vom selben Anwalt unterzeichnete Berufungsbegründungsschrift im *Verfahren auf Erlaß einer einstweiligen Verfügung*[18] oder einen vom Anwalt selbst vorgelegten Antrag auf *Prozeßkostenhilfe*[19] (näher zur Bezugnahme bei der Berufungsbegründung → § 519 Rdnr. 29 f.). Auch für die Anspruchsbegründungsschrift nach § 697 Abs. 1 S. 1 wird eine erweiterte Möglichkeit der Bezugnahme gewährt[20]. Solche Bezugnahmen aber auch für den **Beginn des Prozesses** selbst zuzulassen, erscheint bedenklich. Dadurch kann, ohne daß dies sogleich bemerkt wird, der Umfang des Streitgegenstandes genauso im unklaren liegen wie mögliche tatsächliche Behauptungen der Parteien oder auch Beweisangebote. **Kein Gericht mutet einer Prozeßpartei zuviel zu, wenn es derartige Bezugnahmen als unzulässig ansieht.**

3. Deutsche Sprache

23 Die Klageschrift bzw. ihre Abschrift muß wegen § 184 GVG in **deutscher Sprache** abgefaßt sein (→ Rdnr. 148 ff. vor § 128)[21]. Die Zustellung der Klageschrift ist wirksam, auch wenn ihr keine beglaubigte Übersetzung in der Landessprache des Beklagten beigefügt ist[22].

III. Notwendiger Inhalt der Klageschrift

25 Die Klageschrift hat nicht nur die mündliche Verhandlung vorzubereiten (vgl. Abs. 4 i.V.m. §§ 129 ff.), sondern selbständig den Inhalt des zu beginnenden Rechtsstreits zu *bestimmen*. Dazu gehören die drei Fragen: zwischen *welchen Parteien*, vor *welchem Gericht* und *worüber* soll der Rechtsstreit geführt werden. Demgemäß sind die in § 253 Abs. 2 aufgeführten **Bestandteile der Klage unabdingbare Voraussetzungen** (»muß«). Diese Voraussetzungen werden nachfolgend im einzelnen behandelt (→ Rdnr. 31 ff.). Wegen der Folgen von Mängeln → Rdnr. 171 ff.

---

[15] *LG Berlin* AnwBl 1973, 359 = RPfleger 409.
[16] *BGHZ* 22, 254 = NJW 1957, 263 für den Fall der Bezugnahme auf einen Antrag auf Prozeßkostenhilfe; *OLG Oldenburg* MDR 1996, 851 zur Bezugnahme auf einen von einem nicht postulationsfähigen Anwalt unterschriebenen Klageentwurf; s. dazu *Lange* Bezugnahme im Schriftsatz NJW 1989, 438.
[17] *RGZ* 152, 316.
[18] *BGHZ* 13, 244.
[19] *BGH* NJW 1953, 105.
[20] *BGHZ* 84, 136 = NJW 1982, 2002 = MDR 846.
[21] *BayObLG* MDR 1987, 416; a. M. *FG Saarland* NJW 1989, 3112 (für EG-Sprachen).
[22] *OLG Hamburg* IPRsp 1966/67 Nr. 232 (S. 737 ff.).

IV. Die Notwendigkeit der Bezeichnung der Parteien und des Gerichts (Absatz 2 Nr. 1)[23]

1. Bezeichnung der Parteien

Wer Partei ist, ergibt sich aus dem bei Rdnr. 1 ff. vor § 50 Dargelegten. *Notwendig* und *ausreichend* ist eine Bezeichnung, die **Zweifel** hinsichtlich der **Identität** und der **Stellung** als **Partei**[24] **ausschließt** und gewährleistet, daß sich die betreffende Partei für jeden Dritten ermitteln läßt[25]. In der Regel wird die **namentliche Bezeichnung** der Partei erfolgen, doch sind **Ausnahmen**[26] denkbar, da Abs. 2 Nr. 1 nur vorschreibt, *daß*, nicht aber *wie* die Parteien zu bezeichnen sind[27]. Zwar ergibt sich aus Abs. 4 i.V.m. § 130 Nr. 1, daß die Bezeichnung *Namen*, *Stand* oder *Gewerbe* und *Wohnort* angeben *soll*. Da § 130 Nr. 1 aber bloße Ordnungsvorschrift ist, schließt er eine andere Kennzeichnung der Parteien nicht aus[28]. Dies gilt insbesondere, wenn der Kläger den Namen der Beklagten nicht weiß und auch nicht auf zumutbare Weise ermitteln kann. Aber auch in diesen Fällen ist es nach Abs. 2 Nr. 1 erforderlich, daß der Beklagte hinreichend individualisiert wird.

31

a) Personengruppen

Bei **Personengruppen** ist eine ausreichende Abgrenzung zu fordern. So wird man bei einer Klage (oder einem Antrag auf einstweilige Verfügung) gegen *Hausbesetzer*, *Fabrikbesetzer* oder *Teilnehmer an Blockaden* zu fordern haben, daß der Kläger (Antragsteller) *zumindest* den derzeitigen *Aufenthaltsort*, die Tätigkeit und die Zahl der Besetzer angibt, und die Besetzer insoweit eine *fest gefügte Gruppe* darstellen, als die zu ihnen gehörenden Personen nicht ständig wechseln, da nur dann klargestellt ist, daß nicht beliebige Personen als Beklagte (Antragsgegner) in Betracht kommen, sondern nur eine begrenzte und bestimmte Personenzahl[29]. Ist der Kläger (Antragsteller) nicht in der Lage, die genaue Zahl der Besetzer anzugeben oder wechseln die Personen der Besetzer ständig, so ist die Klage (der Antrag auf einstweilige Verfügung) mangels hinreichender Bestimmtheit des Beklagten (des Antragsgegners) unzulässig[30]. Ähnliche Probleme ergeben sich bei *Wohngemeinschaften* mit häufig wechselnden Mitgliedern und bei *Untervermietungen* an (dem Vermieter namentlich) unbekannte Personen. Eine „Räumungsklage gegen Unbekannt" ist hier zulässig, wenn die Parteien nach räumlichen und zeitlichen Kriterien feststehen und es sich nicht um einen wechselnden Personenkreis handelt[31].

32

---

[23] Zum folgenden vgl. bes. *Kisch* Parteiänderung (1912), 571 ff.; *Kleffmann* Die ladungsfähige Anschrift der Parteien als Erfordernis ordentlicher Klageerhebung NJW 1989, 1142; *Nierwetberg* Ladungsfähige Anschrift des Klägers als Erfordernis ordnungsgemäßer Klageerhebung? NJW 1988, 2095.

[24] *BGH* MDR 1989, 428. Über Klagen des nicht verwaltungsberechtigten Ehegatten bei der Gütergemeinschaft »im Beistand« des anderen Ehegatten → Rdnr. 54 vor § 50.

[25] *BGH* NJW 1977, 1686 = JZ 524 = MDR 924 = BauR 341 = WM 902 = LM Nr. 58; *BGHZ* 102, 332 = NJW 1988, 2114; *OLG Celle* FamRZ 1981, 790f.; *OLG Köln* NJW 1982, 1888; *OLG Karlsruhe* Justiz 1988, 363; *OLG Frankfurt a. M.* NJW 1992, 1178; s. auch *BGH* LM Nr. 10 zu § 325 (Klage des Nachlaßpflegers namens unbekannter Erben); *RG* JW 1901, 168; *OLG Braunschweig* OLG Rsp 17, 147.

[26] S. z.B. *BGH* NJW 1977, 1686 (Fn. 12) (Klage gegen »Wohnungseigentümergemeinschaft«); *BGH* ZMR 1990, 188; *BayObLG* MDR 1987, 765; *OLG Düsseldorf* BauR 1991, 363; *OLG Karlsruhe* FamRZ 1975, 507 = DAVorm 1976, 162 (L) (Rechtsstreit um die Abstammung eines inkognito adoptierten nichtehelichen Kindes).

[27] *BGH* NJW 1977, 1686 (Fn. 25); *LG Krefeld* NJW 1982, 289f.

[28] *BGH* NJW 1977, 1686 (Fn. 25); *OLG Köln* NJW 1982, 1888; *KG* OLGZ 1991, 465; NJW-RR 1991, 596.

[29] *OLG Köln* NJW 1982, 1888; *LG Krefeld* NJW 1982, 289f.; *LG Hannover* NJW 1981, 1455 = VersR 1982, 679.

[30] *OLG Oldenburg* NJW-RR 1995, 1164. Ein interessanter Versuch, dieses unbefriedigend erscheinende Ergebnis zu vermeiden, findet sich bei *Kleffmann* »Unbekannt« als Parteibezeichnung (1983), 49ff.; ebenso wohl *Raeschke-Kessler* NJW 1981, 663.

[31] *OLG Oldenburg* NJW-RR 1995, 1164 = MDR 1995, 793. Allgemein zu den prozessualen Problemen bei der Räumungsklage gegen mehrere Mieter *Scholz* Mitmieter? „Unbekannt verzogen"!, ZMR 1996, 361.

b) Im Einzelfall zusätzlich erforderliche Angaben

33 Andererseits können die Angaben nach § 130 Nr. 1 im Einzelfall auch zur Parteibezeichnung nicht genügend sein, z. B. wenn es an einem Ort **mehrere Personen desselben Namens und Gewerbes** gibt[32].

c) Berichtigung unrichtiger Angaben

34 Eine **unrichtige Bezeichnung** ist unschädlich und kann jederzeit mit Wirkung ex tunc **berichtigt** werden, sofern nur die Identität im Zeitpunkt der Klageerhebung feststeht oder sich durch Auslegung feststellen läßt[33]. Näheres darüber → Rdnr. 8 f. vor § 50; zur Berichtigung → auch § 264 Rdnr. 60 ff. und § 313 II 1.

d) Parteien kraft Amtes, Kaufleute, Handelsgesellschaften, weitere Prozeßparteien

35 Bei einer **Partei kraft Amtes** (→ Rdnr. 25 ff. vor § 50) ist die das Amt ausübende Person anzugeben, aber unter Beifügung ihrer Funktion (z. B. »als **Insolvenzverwalter** über das Vermögen von« ... Bei **Kaufleuten** genügt nach § 17 Abs. 2 HGB als Bezeichnung die Angabe der *Firma* (→ § 50 Rdnr. 18). Dasselbe gilt bei den **Handelsgesellschaften** (→ § 50 Rdnr. 13) und **Partnerschaften** (§ 7 Abs. 2 PartGG).
Bei einer **BGB-Gesellschaft** sind dagegen die einzelnen Gesellschafter zu bezeichnen (→ § 50 Rdnr. 17). Bei dem **nicht rechtsfähigen Verein als Kläger** bedarf es der Aufführung sämtlicher Mitglieder (→ näher § 50 Rdnr. 25 ff.); anders dagegen bei **politischen Parteien** (aufgrund § 3 PartG), **Gewerkschaften**[34] und wohl auch bei nicht rechtsfähigen **Arbeitgebervereinigungen** (→ § 50 Rdnr. 16).

e) Gesetzlicher Vertreter – Rechtsanwalt

36 Die Angabe des **gesetzlichen Vertreters** wird **nicht** verlangt[35]; die Vorschrift des § 130 Nr. 1 gilt nur für die Klage als vorbereitenden Schriftsatz, macht also als bloße Sollvorschrift die Gültigkeit der Klageerhebung nicht von der Benennung des gesetzlichen Vertreters abhängig[36]. Daher schadet es auch nicht, wenn bei einer gegen den **Fiskus** gerichteten Klage die Endvertretungsbehörde nicht oder unrichtig bezeichnet wird[37]. Ist die Klage aber innerhalb einer bestimmten Frist zu erheben und erfolgt die Zustellung wegen der fehlenden Angabe des gesetzlichen Vertreters nicht rechtzeitig und auch nicht »demnächst« i. S. d. § 270 Abs. 3, so hat die verspätete Zustellung keine fristwahrende Wirkung nach § 270 Abs. 3[38]. Nicht erforderlich ist auch die **Bezeichnung des Anwaltes**; es genügt die Unterschrift (→ Rdnr. 143).

f) Verstorbener als Partei

37 Ist ein **Verstorbener als beklagte Partei** bezeichnet, so ist die Klage in der Regel als solche gegen die Erben auszulegen und daher diesen zuzustellen; zu Klagen gegen einen *Verstorbenen* → § 50 Rdnr. 42 f.

---

[32] *RGZ* 6, 349.
[33] *BGH* MDR 1984, 47 = NJW 1983, 2448 = JB 1502 = ZIntPrR 858 = LM Nr. 71; *BGH* NJW 1981, 1453 = WM 46.
[34] *BGHZ* 50, 325 (→ § 50 Fn. 31); noch beschränkt auf eine Klage der Gewerkschaft zur Abwehr einer Beeinträchtigung ihrer Tätigkeit *BGHZ* 42, 210, 214 ff. (→ § 50 Fn. 31).
[35] A. M. *Zöller/Greger*[20] Rdnr. 8 für den gesetzlichen Vertreter einer geschäftsunfähigen Partei.
[36] *BGHZ* 32, 118; *RG* JW 1888, 424; 1894, 214; 1896, 400.
[37] *OLG Zweibrücken* OLGZ 1978, 108 f. = NJW 1977, 1928 (L).
[38] *BGHZ* 32, 118 f.

2. Bezeichnung des Gerichts

Die Bezeichnung des Gerichts erfolgt üblicherweise einfach in Form der Adresse (d. h. etwa »An das Landgericht Regensburg« oder »An das Amtsgericht Regensburg«). Eine Angabe der Kammer, vor welche die Sache gehört (§§ 21e, 60 GVG) oder sonst eine nähere Bezeichnung des Spruchkörpers (z. B. »Streitgericht«, »Familiengericht«) ist nicht notwendig. Eine solche Bezeichnung wäre auch, wenn sie der Geschäftsverteilung nicht entspricht, *unbeachtlich*. Nur wenn die Klage vor die Kammer für Handelssachen gebracht werden soll, ist dies nach § 96 Abs. 1 GVG in der Klageschrift *ausdrücklich* zu beantragen (→ § 1 Rdnr. 132 ff.). 41

V. Notwendigkeit der bestimmten Angabe des Gegenstandes und des Grundes des erhobenen Anspruchs sowie Notwendigkeit eines bestimmten Antrages (Absatz 2 Nr. 2)

Abs. 2 Nr. 2 schreibt vor, in welcher Weise der Kläger in der Klageschrift in *gegenständlicher* Hinsicht das Programm des Rechtsstreits, d. h. den **Streitgegenstand**, zu bestimmen hat[39]. Dies ist – abgesehen von der für die sachliche *Zuständigkeit* und für die *Kosten* bedeutsamen Höhe des Streitwertes – wesentlich für die Wirkungen der *Rechtshängigkeit* (§§ 261 f.)[40], für die Frage der *Klageänderung* (§§ 263 f.), für die *Klagenhäufung* (§ 260) und vor allem für den Umfang der *Rechtskraft* (§ 322). 44

Der *Anspruch* i. S. der ZPO ist das **Begehren** des Klägers, eine *Rechtsfolge* durch Urteil auszusprechen (→ Einl. Rdnr. 264, 266, 288). Daraus ergibt sich, daß der Kläger den Streitgegenstand in der Weise bestimmen muß, daß er sowohl die behauptete *Rechtsfolge* (→ dazu Rdnr. 47 ff.) als auch den *Tatbestand*, aus dem er sie hergeleitet wissen will (→ dazu Rdnr. 123 ff.), bezeichnet. 45

1. Gegenstand des Anspruchs und bestimmter Antrag

Bestimmtheitsschlüssel 46

(Stichwortverzeichnis zur Bestimmtheit des Klageantrags)

Das folgende Stichwortverzeichnis erschließt § 253 Rdnr. 47–122 und die dazu gehörenden Fußnoten. Zahlen ohne nähere Angaben verweisen auf Randnummern des § 253. »Fn.« vor einer Ziffer bezieht sich auf die entsprechende Fußnote. Soweit auch auf Erläuterungen an anderen Stellen des Kommentars verwiesen wird, ist der betreffende Paragraph vorangestellt (z. B. »Feststellungsklage« ... »§ 256 Rdnr. 107 ff.«).

Abfindung (nach § 113 BetrVG) 107
Abzahlungsgeschäft Fn. 100
Äußerungen (Unterlassung von) 60
AGB-Gesetz (§ 13) 60
Alternative Leistung 122
Alternativer Klageantrag 122
Anerkenntnisurteil 49
Anspruchsteil 47
Arbeitnehmererfindung 103
Auskunft 58

Bestimmtheit (des Antrags) 47 ff.
– *Ausnahmen* § 254
BetrVG (Abfindung nach § 113) 107
Berufungsverfahren 67
Bruttolohn 62
Einzelforderungen (Betrag aus mehreren selbständigen) 67
Enteignungsentschädigung 96
Ersetzungsbefugnis 122
Eventualantrag (uneigentlicher) 122

---

[39] Vgl. bes. *Rosenberg/Schwab/Gottwald*[15] § 95 IV; *Rosenberg* Festg. f. R. Schmidt (1932) I, 256 ff.; *Fischer* ZZP 57 (1932), 340 ff.; *Lent* ZZP 65 (1952), 315 ff.; *Nikisch* Streitgegenstand (1935) sowie allgemein zum Streitgegenstand → Einl. Rdnr. 263 ff.

[40] Insbesondere dann, wenn für die Klage Fristen vorgesehen sind, vgl. z. B. RGZ 132, 284 (zu § 41 KO).

Eventueller Klageantrag 121, § 260 Rdnr. 17 ff.
Feststellungsklage (bestimmter Antrag bei) § 256 Rdnr. 107 ff., (Auslegung als) 111
Fremdwährungsschuld Fn. 118
Gehalt 62
Geldleistung 61 ff.
Gesamtklage 67
Gesamtsumme (auf verschiedene Gründe gestützt) 47
Gestaltungsklage (bestimmter Antrag bei) 119
Gewerblicher Rechtsschutz Fn. 53
Gründe (verschiedene) 47
Haftungsquote 74
Handelssachen 49
Handlung 56
Kapitalabfindung 73
Kapitalentschädigung Fn. 104
Klageantrag
– alternativer 122
– eventueller 121, § 260 Rdnr. 17 ff.
– unbezifferter 81 ff.
Kostenerstattung Fn. 67
Leistungen (wiederkehrende) 47
Leistungsklage (Bestimmtheit bei) 53 ff.
Mehrheit von Klägern 69
Mietstreitigkeit 48
Monatsgehalt Fn. 41
Nettogehalt 63
Prozeßkosten 48
Quotenklage 74
Raten 47
Rechnungsposten 67
Regelunterhalt 98
Rente 73
Revisionsverfahren 67
Schadensersatz 72
Schmerzensgeld 85 ff.

– *Größenordnung* 87, 94
– *tatsächliche Grundlagen* 86
– *Mindestbetrag* 93, 94
– *Obergrenze* 94
Stufenklage § 254 Rdnr. 1
Teil
– eines *Anspruchs* oder *Rechtsverhältnisses* 47
– eines *größeren* Anspruchs 64
– *mehrerer* selbständiger Ansprüche 47
– einer *Gesamtsumme* 68
Teilbetrag (aus Gesamtsumme) 68
Teilklage 64
Teilschuldner (Klage gegen) 71
Übertarifliche Vergütung 104
Unbestimmtheit des Antrags
– *Folgen* 111
– bei der *Stufenklage* § 254 Rdnr. 1
Unbezifferter Klageantrag 81 ff.
Uneigentlicher Eventualantrag 122
Unterhalt 72, 97 ff.
Unterlassung 59
– nach § 13 AGBG 60
– von Äußerungen 60
Urteilsformel (Aufnahme in den Antrag) 48
Verfahrensanträge 49
Vergütung (übertarifliche) 104
Versäumnisurteil 49
Verschiedene Gründe 47
Vertragsstrafe 119
Vorbehalt 73
Vorläufige Vollstreckbarkeit § 714
Wahlrecht (des Klägers bzw. des Beklagten) 122
Wiederkehrende Leistungen 47
Widerruf 57
– nach § 13 AGBG 60
Willenserklärungen 57
Zug-um-Zug-Einschränkung Fn. 46

48 Unter dem Gegenstand des erhobenen Anspruchs i. S. v. Abs. 2 Nr. 2 ist der *Inhalt des begehrten Anspruchs* zu verstehen, nicht wie in §§ 23, 264 Nr. 3 das gegenständliche Objekt des materiellen Anspruchs[41]. Erforderlich und in der Regel genügend ist die Bezeichnung des Begehrens in der Form eines *bestimmten Antrags*. Eine *weitere Angabe* kann dann notwendig werden, wenn sich das Begehren auf den Teil eines Anspruchs oder Rechtsverhältnisses beschränkt, insbesondere wenn bei Ansprüchen auf wiederkehrende Leistungen nur bestimmte *Raten*[42] oder wenn, auf *verschiedene Gründe* gestützt, eine *Gesamtsumme* eingeklagt wird[43]. Die Geltendmachung eines unterschiedslos zusammengefaßten Teiles mehrerer selbständiger Ansprüche ist unzulässig[44], weil sich dann der genaue Umfang der einzelnen

---

[41] A. M. *Hahn* Kooperationsmaxime im Zivilprozeß? (1983), 91
[42] *BAGE* 8, 337; AP Nr. 2 zu § 496 mit Anm. *Pohle* (einzelne Monatsgehälter von größerem Rückstand); vgl. *OLG Naumburg* OLG Rsp 23, 147.
[43] Vgl. *RGZ* 157, 321; *RG* JW 1931, 2482.
[44] *BGHZ* 20, 220; 11, 192, 194 = NJW 1954, 757 =
LM Nr. 8 (*Johanssen*); *BGH* ZZP 69 (1956), 314 = VersR 1956, 408 = VRS 10, 427; VersR 1957, 641; LM Nr. 7, 11 und 29 = JR 1960, 21 = JZ 28 (*Baumgärtel*) = MDR 1959, 743 = ZZP 73 (1960), 283; *BGH* NJW 1984, 2346 f.; *OLG Düsseldorf* DB 1966, 658; *RGZ* 157, 321, 326; a. M. bis zur 17. Aufl. *Zöller/Stephan* Rdnr. 15 (Klage wird unschlüssig); *Pawlowski* ZZP 78 (1965), 307 ff.

geltend gemachten Ansprüche nicht erkennen läßt. Die Klage ist also deshalb nicht schlechthin abweisungsreif, da der Kläger die fehlende Aufgliederung nachholen kann.

Der **bestimmte Antrag**, die sog. *Sachbitte*, ist die Angabe dessen, was der Kläger in der Entscheidung ausgesprochen haben will. Er ist insbesondere auch deshalb notwendig, damit das Urteil kein bloßes Rahmenurteil wird, dessen präziser Inhalt nicht im Erkenntnisverfahren gefunden, sondern gegebenenfalls erst innerhalb der Zwangsvollstreckung durch meist nicht-richterliche Organe ohne die Garantien des streitigen Zivilprozesses abgesteckt würde[45]. Mit Rücksicht auf die abgekürzte Form des Urteils nach § 313b Abs. 2 empfiehlt es sich in aller Regel, in den Antrag die gewünschte Urteilsformel *wörtlich* aufzunehmen. Der Antrag muß erkennen lassen, welche *Art* der richterlichen Handlung verlangt wird: Verurteilung, Feststellung oder was sonst. Weiter hat der Antrag den Inhalt und den Umfang dieser Handlung genau und erschöpfend (§ 308 Abs. 1) zu bezeichnen. Den Sinn undeutlicher Anträge muß der Richter durch *Auslegung* (→ Rdnr. 192 ff. vor § 128), geeignetenfalls durch *Befragung der Parteien* (→ § 139 Rdnr. 19 f.) klarstellen. Der Antrag auf Verurteilung in die *Prozeßkosten* ist wegen § 308 Abs. 2 nicht nötig; eine sozialpolitisch wichtige Ausnahme vom Antragserfordernis enthält ferner § 308a für Mietstreitigkeiten. Wegen der Anträge bezüglich der *vorläufigen Vollstreckbarkeit* → § 714.

Verfahrensanträge fallen **nicht** unter Abs. 2 Nr. 2. Ihre Stellung in der Klageschrift ist aber häufig zweckmäßig, insbesondere die Stellung eines vorsorglichen Antrags auf *schriftliches Anerkenntnisurteil* (§ 307 Abs. 2 S. 2) oder *schriftliches Versäumnisurteil* (§ 331 Abs. 3 S. 2). Will der Kläger, daß die Verhandlung vor der *Kammer für Handelssachen* stattfindet, so hat er dies nach § 96 Abs. 1 GVG in der Klageschrift zu beantragen (→ § 1 Rdnr. 133). 49

a) Anforderungen an den bestimmten Antrag bei einer Leistungsklage

Bei den auf Verurteilung zu einer Leistung gerichteten Klagen muß der Antrag die begehrte Leistung nach Art und Umfang so genau bezeichnen, daß keine Ungewißheit besteht.[46] Vgl. auch § 9 AnfG. 53

aa) Bei der Verurteilung **zu Handlungen** läßt sich die Grenze nur von Fall zu Fall ziehen. Gesichtspunkte sind dabei insbesondere die Möglichkeit der Vollstreckung sowie die Sicherheit der Verteidigung des Beklagten[47]. 56

bb) Bei der Verurteilung zur **Abgabe einer Willenserklärung** muß die erstrebte Willenserklärung im Klageantrag genau bezeichnet sein[48]. Bei einer **Klage auf Widerruf** ist zudem anzugeben, *wem gegenüber* der Widerruf erfolgen soll[49]. 57

cc) Bei einer **Auskunftsklage** ist im Klageantrag in einem **zumutbaren** Rahmen die Angabe erforderlich, für welchen Zeitraum[50] und worüber im einzelnen Auskunft verlangt wird und welche Belege zu diesem Zwecke vorgelegt werden sollen[51]. Eine Klage auf Verurteilung zur 58

S. ferner *BGHZ* 11, 184 f. = NJW 1954, 719; *RG* DR 40, 291; 41, 506.
[45] Vgl. *BGH* ZZP 73 (1960), 271 = LM Nr. 21 und Fn. 47.
[46] Auch die Zug-um-Zug-Einschränkung muß so bestimmt sein, daß sie ihrerseits zum Gegenstand einer Leistungsklage gemacht werden könnte; *BGH* NJW 1993, 324 (325); 1994, 586 (587); *OLG Naumburg* NJW-RR 1995, 1149; a.M. *OLG Nürnberg* NJW 1989, 987.
[47] Vgl. *BGH* NJW 1983, 1056 = FamRZ 631; MDR 83, 650 (beide zur Vorlage von Belegen über die Einkommensverhältnisse); NJW 1978, 1584; WM 1982, 68 (zur Befestigung eines Grundstücks); ZZP 73 (1960), 271 (Fn. 22); NJW 1959, 1371 (Antrag »alle erforderlichen Rechtsgeschäfte abzuschließen« ist unbestimmt); MDR 1991, 962 (Antrag, den Anfechtungsgegner allgemein zum Verzicht auf Rechte aus einem Titel zu verurteilen); BAGE 42, 366 (369 f.); *BAG* DB 1992, 1684 (Klage auf »Einwirkung« zur Durchführung eines Tarifvertrages); *OLG Düsseldorf* MDR 1982, 942 (Klage auf Befreiung von einer Geldschuld nach Grund und Höhe der Schuld eindeutig bezeichnen); *OLG München* WM 1985, 368 (Antrag, »eine, mehrere oder alle« vom Beklagten beherrschten Gesellschaften zur Zahlung anzuweisen, ist bestimmt); *BGH* NJW 1965, 2159; *OLG Hamburg* WuW 63, 403; *OLG Koblenz* GRUR 1985, 61; RGZ 130, 265; JW 1900, 130; KG OLG Rsp 5, 153 (Herausgabe eines Inbegriffs). *OLG Koblenz* NJW-RR 1987, 59 (Antrag, »in Verbindung mit den Kunden des Gläubigers zu treten«).
[48] Vgl. *BGH* NJW 1984, 479; 1985, 2135; NJW-RR 1994, 317.
[49] *BGH* GRUR 1966, 272.
[50] *OLG Frankfurt a. M.* FamRZ 1991, 1334.
[51] *BGH* NJW 1983, 1956 (Fn. 47); *BGH* FamRZ 1988, 496.

Auskunft über die Einkommens- und Vermögensverhältnisse von einem Stichtag an bis zum Zeitpunkt der letzten mündlichen Verhandlung ist zu unbestimmt, da wegen der Ungewißheit über die Verfahrensdauer der Zeitraum, für den die Auskunft verlangt wird, nicht klar genug umgrenzt ist[52].

59 dd) Bei der Verurteilung zu **Unterlassungen**[53], z. B. von *Besitzstörungen*[54], und zur Schaffung von Vorkehrungen gegen *Immissionen* usw. (§ 14 BImSchG, §§ 906 f. BGB) wäre es sogar in der Regel unzulässig, bestimmte Vorkehrungen anzugeben, da der Anspruch nur auf die Herbeiführung des *Erfolges* geht[55]; der erstrebte Erfolg muß aber so bestimmt bezeichnet werden, daß Zweifel ausgeschlossen sind und daß sich der Beklagte umfassend verteidigen kann[56]. Eine letzte Bestimmtheit kann jedoch im Antrag nicht verlangt werden.[57] Insbesondere muß der Klageantrag auf eine Entscheidung gerichtet sein, die die Grenzen ihrer Rechtskraft erkennen läßt und vollstreckungsfähig ist[58], so daß nicht ein Teil der Entscheidung des Rechtsstreits in das Vollstreckungsverfahren verlagert wird (→ Rdnr. 48[59]). Welche konkreten Angaben in der Klageschrift hierfür zu verlangen sind, muß sich nach den Besonderheiten des jeweiligen Einzelfalles richten[60].

60 Bei Klagen auf **Unterlassung von Äußerungen** ist die Bestimmung des Begehrens im Klageantrag einfach, wenn der Beklagte die Äußerung, die er künftig unterlassen soll, bereits einmal aufgestellt hat, da dann der Antrag auf Verbot eben *dieser* Äußerung zu richten ist. Die Unterlassung »ähnlicher« Äußerungen kann dagegen nicht verlangt werden, da ein entsprechendes Urteil die Entscheidung, ob die Äußerung »ähnlich« ist, ins Vollstreckungsverfahren verlagern würde[61].

Bei Klagen auf **Unterlassung** und **Widerruf nach § 13 AGB-G** muß der Klageantrag zusätzlich zu den Erfordernissen, die sich aus Abs. 2 ergeben, auch noch die in § 15 Abs. 2 AGB-G notwendigen Angaben enthalten:

§ 15 Abs. 2 AGB-Gesetz
Der Klageantrag muß auch enthalten:
1. den Wortlaut der beanstandeten Bestimmungen in Allgemeinen Geschäftsbedingungen;
2. die Bezeichnung der Art der Rechtsgeschäfte, für die die Bestimmungen beanstandet werden.

ee) Bezifferter Antrag bei Geldleistungen

61 Geldleistungen müssen *ziffernmäßig* bestimmt oder doch wenigstens mittels solcher Faktoren gekennzeichnet sein, die jederzeit eine ziffernmäßige Bestimmung ermöglichen[62].

---

[52] *AG Besigheim* FamRZ 1984, 816.
[53] *Teplitzky* Anmerkungen zur Behandlung von Unterlassungsanträgen, Festschr. für Oppenhoff (1985), 487 ff.; *derselbe*, Wettbewerbsrechtliche Ansprüche usw., 5. Aufl. (1986); *Ritter* Zur Unterlassungsklage: Urteilstenor und Klageantrag, Diss. Passau 1993. Zum praktisch überaus bedeutsamen Antrag bei Abwehransprüchen aus dem *gewerblichen Rechtsschutz Baumbach/Hefermehl* Wettbewerbsrecht[16] (1990), Einl. UWG Rdnr. 256 ff. Vgl. auch *BAG* NJW 1989, 3237; *BGH* NJW-RR 1992, 1068; NJW 1991, 1114; *OLG Düsseldorf* NJW-RR 1988, 292; *OLG Köln* GRUR 1988, 219; *OLG München* WRP 1995, 1049.
[54] *KG* OLG Rsp 12, 71; *OLG Colmar* OLG Rsp 18, 129 (zu § 909 BGB).
[55] BGHZ 67, 252; 121, 248 = JR 1994, 61 m. Anm. *Roth*; RGZ 36, 178; 37, 174; 40, 182; 60, 120; *RG* JW 1900, 438; 501; 839; 1901, 849; 1902, 203; 1906, 749 usw. S. dazu *Rassow* Gruchot 43 (1899), 671 ff.; *Schneider* MDR 1987, 639. – Nicht zu beanstanden ist dagegen im allgemeinen das Verlangen nach bestimmten Vorkehrungen, wenn vom Gegner die Möglichkeit anderer Vorkehrungen überhaupt nicht geltend gemacht ist, BGHZ 67, 252; 29, 314, 317.
[56] BGHZ 85, 1 (10); *BGH* LM Nr. 34; RGZ 123, 307; BAGE 44, 226 (232 f.).
[57] *OLG Stuttgart* NJW-RR 1990, 1082.
[58] *BGH* WRP 1978, 658; *BGH* NJW 1983, 1056; *OLG Hamm* OLG-RP 1992, 365.
[59] Fn. 42.
[60] *BGH* WM 1979, 1190 (Leistung sollte unterbleiben, wenn kein »marktgerechter Preis« dafür verlangt werde); *OLG Koblenz* GRUR 1985, 60 f. (Klageantrag enthielt Begriff des »Ausbedienens« der anwesenden Kunden i. S. v. § 3 Satz 2 LadenschlußG); 1987, 296; 1988, 143; ausführlich und z. T. abweichend zum Problem der Konkretisierung von Unterlassungsansprüchen *Pagenberg* GRUR 1976, 78 ff., 85 ff.
[61] → Rdnr. 48 bei Fn. 45; *OLG Koblenz* GRUR 1988, 142; *OLG Hamburg* NJW-RR 1994, 290.
[62] *BAG* AP Nr. 2; *OLG Dresden* JW 1938, 1469; vgl. *RG* JW 1937, 3184. – A. M. zur Klage auf Bruchteil eines Gehalts *OLG Dresden* OLG Rsp 43, 353; *KG* KGBl 25, 53; JW 1929, 1298.

(1) Eine **Gehaltsklage**, die den **Bruttolohn** beziffert, enthält einen bestimmten Antrag, auch wenn der Arbeitgeber wegen des von ihm vorzunehmenden Abzugs der Lohnsteuer und der Sozialabgaben nur einen *geringeren* Betrag (der regelmäßig noch nicht feststeht) an den Arbeitnehmer (Kläger) zu zahlen hat[63]. Eine solche Klage darf deshalb nicht mit der Begründung abgewiesen werden, in Wirklichkeit sei sie eine Nettolohnklage und in dieser Eigenschaft sei sie unbestimmt.

(2) Ebenso ist umgekehrt auch bei vereinbartem Bruttogehalt eine **Nettogehaltsklage** zulässig. Dies ist in den Fällen unstrittig, in denen der Arbeitgeber die anfallenden Abgaben bereits ordnungsgemäß entrichtet hat und den Nettobetrag nicht an den Arbeitnehmer auszahlt, gilt aber auch in den Fällen, in denen der Arbeitgeber die Sozialabgaben und Lohnsteuer noch nicht abgeführt hat, es sich aber bei dem eingeklagten Nettobetrag um laufendes Arbeitsentgelt handelt[64].

(3) Ein ziffernmäßig bestimmbarer **Teil eines größeren Anspruchs (Teilklage)**[65] kann ebenfalls gefordert werden, wenn der Anspruch teilbar ist; dann treten allerdings die Folgen der Rechtshängigkeit (→ § 261 Rdnr. 41 ff.) nur hinsichtlich dieses Teiles ein. Zur *Rechtskraft* bei Teilklagen → § 322 Rdnr. 150 ff.

(4) Von der Teilklage ist der Fall zu trennen, daß der **geltend gemachte Betrag sich aus mehreren selbständigen Einzelforderungen zusammensetzt**, sich sozusagen als »**Gesamtklage**« darstellt. Hier muß außer der ziffernmäßigen Bestimmbarkeit des geltend gemachten Gesamtbetrages auch eine *klare Abgrenzbarkeit* der Einzelposten möglich sein, d.h. der Kläger muß angeben, welcher Anspruch in welcher Höhe von der Klage erfaßt sein soll[66]. Gegen das Gebot der Bestimmtheit verstößt der Kläger jedoch nicht, wenn er seinen Antrag einer Gesamtklage mit mehreren *Rechnungsposten* begründet, die insgesamt die Klagesumme zwar übersteigen, aber nur zu deren Ausfüllung dienen, etwa weil einzelne von ihnen möglicherweise nicht (voll) beweisbar sind[67]. Im Rahmen und bis zur Höhe des bezifferten und damit feststehenden Klageantrages darf das Gericht diese Rechnungsposten nach eigener Wahl heranziehen[68]. Eine Gesamtklage liegt im übrigen auch dann vor, wenn aus einem Sachverhalt *verschiedene* Ansprüche hergeleitet werden, z.B. aus einem Verkehrsunfall Heilungskosten, Ersatz für Sachschäden und Schmerzensgeld. Mängel der Klageschrift in dieser Beziehung können aber rückwirkend durch Klarstellung des Klägers geheilt werden, und zwar noch bis in die *Revisionsinstanz*[69]. Eine Bestimmtheit kann auch dadurch eintreten, daß das Gericht des ersten Rechtszuges bestimmte Einzelforderungen aus einem Gesamtkom-

---

[63] *BAGE* 15, 220, 227f. = AP Nr. 20 zu § 611 BGB Dienstordnungs-Angestellte; vgl. auch *Nikisch* Arbeitsrecht³ 1 (1961) § 29 VII 2c m.w.N.; *Schaub* Arbeitsrechtshandbuch⁷ (1992) § 71 I 4 m.w.N; *Germelmann* in: *Germelmann/Matthes/Prütting*² ArbGG (1995) § 46 Rdnr. 43.

[64] *BAG* NJW 1985, 646 = NZArb 1985, 58; *Lepke* DB 1978, 839; *Müller* DB 1978, 935; *Schaub* (Fn. 63) § 71 I 4; a. M. *LAG München* DB 1980, 886f., das Nettolohnklagen nur bei Vorliegen echter Nettolohnvereinbarung oder hinsichtlich zweifelsfrei steuerfreier Lohnbestandteile für zulässig hält; *Berkowsky* BB 1982, 1120f.; *Berkowsky/ Drews* DB 1985, 2099. – Zu *unbestimmt* ist dagegen nach *BGH* NJW 1979, 2634 = BB 735 = DB 702 = KTS 298 = RdA 135 (L) = WM 1076 der Antrag auf Zahlung einer bestimmten Bruttolohnsumme »abzüglich erhaltenen Arbeitslosengeldes«, wenn die Höhe des erhaltenen Arbeitslosengeldes nicht mitgeteilt wird.

[65] Dazu auch *Baumgärtel* JZ 1960, 28, *A. Blomeyer* ZPR² § 43 II 3b; *Habscheid* FamRZ 1962, 352; *Lindacher* ZZP 76 (1963), 451; *Pawlowski* ZZP 78 (1965), 307; zur Rechtskrafterstreckung bei Teilklagen *Kuschmann* Festschr. für *Schiedermair* (1976), 351; *Zeiss* NJW 1968, 1305 → auch § 322 Rdnr. 150 ff.

[66] *BGH* NJW 1990, 2068.

[67] *MünchKommZPO-Lüke* Rdnr. 108; *BGH* NJW-RR 1995, 1119 (1120).

[68] Bei diesem Vorgehen riskiert der Kläger allerdings, daß er in einem Folgeprozeß nicht einzelne der Rechnungsposten (oder Teilbeiträge von ihnen) mit der Begründung geltend machen kann, sie seien im vorhergehenden Prozeß nicht geprüft worden, *MünchKommZPO-Lüke* Rdnr. 108.

[69] *BGHZ* 11, 192, 195 (Fn. 44); *BGH* WM 1979, 147; *BAG* AP Nr. 5 zu § 529 (*Thomas*); *BGH* LM Nr. 11 verneint die Möglichkeit der Heilung, wenn die Ansprüche nur zum Teil dem Grunde nach für gerechtfertigt erklärt worden sind und Bedenken bezüglich der Schlüssigkeit einer Einzelforderung bestehen, vgl. auch *BGH* LM Nr. 39 (betreffend Fristen); NJW 1959, 1819 = MDR 919 = LM Nr. 8 zu § 209 BGB; VersR 1984, 782 (betreffend Verjährung); vgl. auch *Arens* JuS 1964, 395.

plex zugesprochen hat und dadurch für das *Berufungsverfahren* feststeht, welche Ansprüche der Kläger gegenüber dem Berufungsführer verteidigt[70]. Heilung gemäß § 295 ist jedoch nicht möglich → Rdnr. 185–187.

68 (5) Verlangt der Kläger **von einer solchen Gesamtsumme nur einen Teil**, so hat er außer der ziffernmäßigen Aufteilung des Gesamtbetrages auch genau anzugeben, in welcher Höhe er aus den einzelnen Ansprüchen Teilbeträge einklagt[71]. Nur so läßt sich die Gewißheit erreichen, in welcher Höhe welcher Posten der nicht voll rechtshängigen Gesamtsumme geltend gemacht wird[72].

69 (6) Sind z.B. bei einer Klage auf Rente oder Unterhalt **mehrere Kläger** vorhanden, so genügt es nicht, wenn sie den insgesamt von allen geforderten Betrag angeben. Vielmehr ist es auch hier erforderlich, daß **jeder einzelne den von ihm geltend gemachten Betrag angibt**[73]. Allerdings ist es zulässig, daß die Kläger sich innerhalb des Gesamtschadensbetrages mit einer von den Anträgen abweichenden Aufteilung auf die einzelnen Kläger einverstanden erklären[74].

71 (7) Richtet sich die Klage gegen mehrere Beklagte als **Teilschuldner**, so hat der Kläger anzugeben, welchen Betrag er von welchem Beklagten verlangt. Zu einer Ausnahme davon bei *Unterhaltsklagen* zugleich gegen Vater und Mutter → Rdnr. 99.

72 (8) Ein Antrag auf Verurteilung zur **Gewährung standesgemäßen** oder **notdürftigen Unterhalts** oder ähnliche Verlangen[75] sind ebenfalls mangels Bestimmtheit **unzulässig**. Dies gilt auch von dem allgemeinen Antrag auf Verurteilung zu **Schadensersatz**, der nur seiner Ursache nach, nicht in seinem Umfang bestimmt wird[76], sofern er nicht ein bloß erläuternder (und demgemäß prozessual bedeutungsloser) »Antrag« neben einem auf die einzelnen Leistungen gerichteten Begehren ist (→ § 5 Rdnr. 4)[77]. Als unzulässig ist ferner ein Antrag abzuweisen, der auf **Verurteilung zu einem Schadensersatz** abzielt, der erst in einem **anderen Verfahren** festgestellt werden soll[78], weil der Umfang des geltend gemachten Anspruchs vor Abschluß des anderen Rechtsstreits überhaupt nicht feststellbar ist[79].

73 (9) Zu unbestimmt und daher unzulässig ist ein Antrag, bei dem sich der Kläger, der einen Schadensersatzanspruch wegen Erwerbsbeschränkung geltend macht, **vorbehält**, ob er **Kapitalabfindung oder Rente** verlangen will[80], ebenso der Antrag auf Zahlung einer Rente bis zur Wiedererlangung der vollen Arbeitskraft[81].

74 (10) Keine Ausnahme vom Erfordernis der Bestimmtheit ist schließlich im Fall der sog. **Quotenklage** gegeben[82], bei der die Parteien nur um die Haftungsquote streiten, nicht aber um die Schadenshöhe.

---

[70] *BGH* NJW-RR 1995, 1119 (1120).
[71] *BGHZ* 20, 221; 11, 194f. (Fn. 44); *BGH* LM Nr. 4 zu § 15 RLG = Nr. 3 (L); *BGH* VersR 1984, 782 = NJW 2347; *BAG* NZA 1988, 200f.; zu den einzelnen Möglichkeiten der Aufteilung und ihren Vor- und Nachteilen *Kreft* DRiZ 1954, 186.
[72] Außer der gleichzeitigen Geltendmachung von Einzelposten kann der Kläger die Posten auch in der Form von Haupt- und Hilfsantrag geltend machen. Auch dann ist deutliche Abgrenzbarkeit notwendig, *BGH* MDR 1959, 743; 1953, 164; *BGH* NJW 1990, 2068f.
[73] *BGHZ* 11, 181, 184; *BGH* NJW 1981, 2462 = FamRZ 541; NJW-RR 1995, 1217 (1218); *OLG Frankfurt a.M.* FamRZ 1980, 719.
[74] *BGH* NJW 1981, 2462; 1972, 1716.
[75] Z.B. *BGHZ* 22, 63 (»Rente in Höhe der Hälfte der jeweiligen Höchstpension eines bayerischen Notars«) und *BAG* AP Nr. 2 (Gehaltsklage gemäß Angestelltenvergütungsgruppe ohne bestimmten Antrag und ohne nähere Angaben von Alter, Familienstand, Ortsklasse usw.) lehnen den Antrag als zu unbestimmt ab; vgl. auch *RG* JW 1899, 177.
[76] *RG* Gruchot 49 (1905), 399; 50 (1906), 1068; *KG* OLG Rsp 25, 88 und die in § 256 Fn. 213 angeführten Entscheidungen des RG.
[77] Vgl. *RG* JW 1911, 185f.
[78] *RGZ* 13, 435. – A. M. *RG* WarnRsp 13 Nr. 176: Vereinbarung, die Höhe der Klageforderung einem besonderen Rechtsstreit vorzubehalten.
[79] Dies gilt auch für die Geltendmachung des materiellrechtlichen Kostenerstattungsanspruchs gegen einen Dritten vor Rechtskraft des Kostentitels gegen den Hauptschuldner, *BGH* ZZP 70 (1957), 235.
[80] *BGHZ* 4, 142 = VersR 1952, 102; *RGZ* 141, 305.
[81] *RG* DR 1944, 290.
[82] *OLG Bamberg* NJW 1960, 1470 mit Nachw.

ff) Unbezifferter Klageantrag

Ausnahmsweise genügt ein **nicht bezifferter Antrag**[83], und zwar in den Fällen, in denen die genaue Festlegung der Forderung dem Kläger **nicht möglich** oder **nicht zumutbar ist**[84]. Dies ist insbesondere dann anzunehmen, wenn die Höhe des Betrages erst durch Beweisaufnahme, vor allem durch die Einschaltung von Sachverständigen, oder durch Schätzung des Gerichts nach § 287 oder nach dessen Ermessen (z. B. § 315 Abs. 3 S. 2, § 319 Abs. 1 S. 2, §§ 343, 660, 847, 1300, 2048, 2156 BGB) bestimmt werden kann[85], *nicht* aber, wenn die Höhe des Anspruchs wegen bestehender Zweifel über den Grad des Mitverschuldens unklar ist[86] oder ein angemessener Preis oder eine angemessene Vergütung verlangt wird[87] oder die fehlende Bezifferung nur dazu dienen soll, das Kostenrisiko des Klägers zu mindern[88]. Die fehlende Bezifferung des Antrags darf nicht dazu führen, daß sich der Beklagte über Ausmaß und Grund des Klagebegehrens im unklaren ist. Daher müssen, damit der unbezifferte Klageantrag zulässig ist, zumindest **ausreichende tatsächliche Grundlagen für die Feststellung des Betrages angegeben**[89] und die **ungefähre Größenordnung des Anspruchs festgelegt** werden[90]. Denn nur dann ist der Beklagte in seiner Verteidigung gegenüber der Klage nicht behindert.

81

---

[83] *Allgaier* VersR 1987, 31; *Butzer* MDR 1992, 539; *Fuchs* JurBüro 1990, 559; *Gerstenberg* NJW 1988, 1352; *Lepke* BB 1990, 273; *Wurm* JA 1989, 65; *Dunz* NJW 1984, 1734 ff.; *KG* WRP 1989, 659; zur *Interessenabwägung* beim unbezifferten Antrag → Einl. Rdnr. 51 (Kleindruck).

[84] Die Rspr. des *RG* hat schon frühzeitig den unbezifferten Klageantrag zugelassen und es deshalb ermöglicht, daß der Kläger beantragt, »daß der Betrag durch richterliches Ermessen, nötigenfalls mit Hilfe von Sachverständigen, festgestellt werden« soll (*RGZ* 21, 382 [387]; schon vorher *RGZ* 10, 356; 12, 388). Diese Judikatur stand im Einklang mit der Lehre vom Klageantrag, wie sie sich im Gemeinen Zivilprozeßrecht entwickelt hatte (vgl. z. B. *Endemann* CPR S. 623 mit Fußn. 26 f.) und wie sie seit 1879 auch zur ZPO vertreten wurde (vgl. z. B. 2. Aufl. dieses Komm. [1890] § 230 Anm. 4 bei Fußn. 30). Übrigens lehnte die Reichsjustizkommission (→ Einl. Rdnr. 111) auch einen Antrag ab, den Kläger *in jedem Fall* zu verpflichten, eine bezifferte Wertangabe vorzunehmen, wenn er keinen bezifferten Klageantrag (heute § 253 Abs. 3) gestellt hat (vgl. *Hahn/Stegemann* S. 585). An neuerer Judikatur hat das *RG* stets festgehalten (vgl. z. B. *RGZ* 140, 211 [213 f.]). Der *BGH* hat diese Rechtsprechung übernommen (vgl. z. B. *BGHZ* 4, 138 (142); 45, 91 (93); *BGH* DB 1968, 980; NJW 1967, 1420 = VersR 586 = JR 1968, 221 = ZZP 82 [1969], 128 [*Pawlowski*] = LM Nr. 42). Erst in den letzten Jahrzehnten ist eine Tendenz in der Judikatur des *BGH* zu beobachten, die trotz des eindeutigen Gesetzeswortlauts nunmehr doch einen »bestimmten« (und nicht bloß einen »bestimmten«) Klageantrag fordert und den unbezifferten Klageantrag als Ausnahme ansieht (vgl. *BGH* Warn 69 Nr. 297 sub II 2: »Allerdings neigt die neuere Rechtsentwicklung ersichtlich dazu, die dem Kläger zugebilligte Möglichkeit, einen unbezifferten Klageantrag zu stellen, einzugrenzen«). Eine derartige **restriktive Interpretation** von § 253 ist **abzulehnen**. Sie ist weder mit dem Wortlaut dieser Vorschrift zu vereinbaren (die ja in Abs. 3 erkennen läßt, daß ein Antrag gerade keine »bestimmte Geldsumme« zum Inhalt haben muß), widerspricht Zweck und Grund von § 253 Abs. 2 Nr. 2 und ist – wie sich im Schmerzensgeldprozeß zeigt – mit einer dem materiellen Recht dienenden Funktion der ZPO (→ Einl. Rdnr. 68) schlechthin unvereinbar. So muß es dabei bleiben, daß es im Schmerzensgeldprozeß genügt, wenn der Kläger dem Gericht die Tatsachen unterbreitet, aus denen das Gericht die Höhe des Anspruchs ersehen kann (näher sogleich → Rdnr. 85 ff.). Noch viel weniger vermag denjenigen Stimmen gefolgt zu werden, die generell die Zulässigkeit eines unbezifferten Klageantrags verneinen (so z. B. *Bull* JR 1958, 95; *Kern* Die Zulässigkeit des unbezifferten Klageantrags [Diss. Erlangen 1970]; *Röhl* ZZP 85 [1972], 52, 73; 86 [1973], 326; zurückhaltend auch *Bernhardt* JR 1968, 212; z. T. abweichend *Willms* JZ 1952, 618). Zur Entschädigung für vertanen Urlaub vgl. *LG Hannover* NJW 1989, 1936.

[85] *BGH* NJW 1970, 281; *OLG Düsseldorf* DAR 1977, 190; *OLG München* DAR 1969, 129 = VersR 620 (L); *OLG Oldenburg* NJW 1991, 1187; *RGZ* 140, 211 (Antrag auf Verurteilung zu der durch einen Sachverständigen zu ermittelnden Summe, mindestens aber zu x DM, ist zulässig); zu den Fällen der §§ 315–319 BGB auch *Röhl* ZZP 86 (1973), 326.

[86] *BGH* NJW 1967, 1420 (Fn. 84).

[87] *BAG* BB 1977, 1356 = AP Nr. 17 zu § 611 BGB Bergbau (*Boldt*).

[88] *BGH* ZZP 86 (1973), 322, 325; JR 1982, 156; *OLG Köln* DB 1972, 678 = MDR 428 (L); *Husmann* Der unbezifferte Klagantrag als Abwehrrecht gegen unbillige Kostenlast und die Kostenvorschrift des § 92 II ZPO NJW 1989, 3126; *Bähr* Der unbezifferte Klageantrag VersR 1986, 533.

[89] *BGH* MDR 1975, 741 = DB 1746 = JB 1076 = VersR 856 = WM 599; DB 1968, 980; MDR 1964, 831 = NJW 1797 = VersR 850 = LM Nr. 39; *BGHZ* 4, 138, 142 = NJW 1952, 382 = LM Nr. 4 zu § 278 BGB (*Pagendarm*). Begründung dieser Ansicht vor allem bei *Rimmelspacher* Materiellrechtlicher Anspruch und Streitgegenstandsprobleme im Zivilprozeß (1970) 290.

[90] *BGH* VersR 1984, 538, 739; NJW 1982, 340 = JR 156 (*Gossmann*) = MDR 312 = VersR 96 = VRS 62 (1982) 256; so schon *Pawlowski* NJW 1961, 341; *Rimmelspacher* (Fn. 89), 289. Gegen *dieses* Erfordernis *Husmann* VersR 1985, 715.

Ein Antrag auf Ermittlung der Höhe durch einen Sachverständigen kann dabei die Darlegung der Berechnungs- oder Schätzungsgrundlagen nicht ersetzen[91].

82 Ist dagegen der **Kläger in der Lage**, seinen **Anspruch zu beziffern**, dann ist der unbezifferte Antrag **unzulässig**[92]. Unbezifferte Klageanträge kommen in folgenden **Fallgruppen** in Betracht:

(1) Schmerzensgeldklage[93]

85 Hier **genügt** ein **nicht bezifferter Antrag**, der die **Höhe** des Schmerzensgeldes in das **Ermessen des Gerichts** stellt, wenn die Klage zugleich ausreichende Grundlagen für die Ausübung des richterlichen Ermessens und für die Feststellung der Höhe des Betrages enthält[94]. Allerdings ist auch hier zu fordern, daß der Kläger

86 **erstens** möglichst genau die *tatsächlichen Grundlagen* des geltend gemachten Anspruchs und seiner Höhe angibt[95] (**Art** und **Schwere** der **Verletzungen, Dauer des Krankenhausaufenthalts, Zahl, Art** und **Schwere** der **Operationen, Heilungsaussichten, Dauerschäden**) und

87 **zweitens** die *ungefähre Größenordnung* des geforderten Betrages so genau wie möglich bezeichnet[96].

Fehlt *eine* dieser beiden Angaben, so ist der Klageantrag nicht bestimmt genug und damit *unzulässig*[97]. Zur verjährungsunterbrechenden Wirkung einer solchen Klage siehe § 212 BGB.

88 Zur Beachtung des *Streitwertes* bei unbezifferten Klageanträgen → § 2 Rdnr. 98.
89 Zur Frage, wer die *Kostenlast* zu tragen hat, → § 92 Rdnr. 6.
93 Um sich die **Möglichkeit einer Berufung** gegen das Urteil zu erhalten, ist es ratsam, einen bestimmten **Mindestbetrag in der Klageschrift** anzugeben[98]. Nur so kann sich der Kläger die Möglichkeit eines Rechtsmittels gegen ein ihm zu wenig zusprechendes Urteil erhalten. Denn nur wenn der zugesprochene Betrag **unter** dem Mindestbetrag liegt, ist eine Beschwer gegeben und damit das Rechtsmittel zulässig (→ Rdnr. 80 Einl. V vor § 511)[99]. Fehlt hingegen eine ausdrückliche Angabe des Klägers über den geforderten Mindestbetrag, so kann sich zwar auch im Einzelfall aus dem Vergleich des Urteils mit der Klage eine Beschwer des Klägers ergeben[100], doch ist dies keineswegs regelmäßig der Fall, so daß sich der Kläger in der Regel wegen der Nichtangabe eines Mindestbetrages so behandeln lassen muß, als sei er mit dem zugesprochenen Betrag einverstanden und damit nicht beschwert.

---

[91] *BGH* MDR 1975, 741 (Fn. 89).
[92] *OLG Köln* DB 1972, 678 = MDR 428 (L).
[93] Zu den folgenden Ausführungen vgl. auch die Nachweise in Fn. 71–80, die vor allem die Schmerzensgeldklage betreffen sowie *Gansen* Die Rechtshängigkeit des Schmerzensgeldanspruchs (1989); *Prütting/Gielen* Prozessuale Probleme der Schmerzensgeldklage, NZV 1989, 329.
[94] *BGH* NJW 1996, 2425 (2427 sub 4a mit zahlreichen Nachw. auf die BGH-Rspr.).
[95] A. M. *LG Hamburg* VersR 1979, 64 (L), das annimmt, diese Angaben seien bis zum Schluß der letzten mündlichen Verhandlung nachholbar.
[96] *BGH* NJW 1982, 340 (Fn. 90); MDR 1978; 44 = JZ 1977, 562 = JB 1358 = VersR 861; VersR 1975, 856. *BGH* NJW 1992, 311: es genügt die Nennung eines Mindestbetrages auch außerhalb des Klageantrags. – Die fehlende Bezeichnung der Größenordnung ist aber geheilt, wenn der Kläger die gerichtliche Festsetzung des Streitwertes oder des Wertes der Beschwer stillschweigend übernimmt und dadurch zu verstehen gibt, daß dieser Betrag seinen Vorstellungen entspricht (*BGH* JR 1984, 501 (*Lindacher*); s. auch *BGH* NJW 1984, 1807 [1809] = JZ 1985, 236, 238 mit Anm. *Giesen*]; kritisch dazu E. *Schneider* MDR 1985, 992); gegen das Erfordernis der Größenordnung überhaupt: *Husmann* (→ Fn. 90). Zur *nachträglichen* Konkretisierung der Höhe des Schmerzensgeldes *OLG Köln* VersR 1985, 844.
[97] *BGH* NJW 1982, 340 (Fn. 90); MDR 1964, 831 (Fn. 77) (Kläger behauptete nur, er sei erheblich verletzt worden).
[98] *BGH* JB 1984, 379 ff.; RGZ 140, 211, 216; a. M. *Donau* NJW 1957, 130.
[99] *BGH* MDR 1978, 44 (Fn. 96); JurBüro 1984, 379 (*Mümmler*).
[100] Z. B. wenn ein Betrag zugebilligt wird, der den aus der Klageschrift zu entnehmenden Vorstellungen des Klägers **offenbar** nicht entspricht (Beispiel aus *BGHZ* 45, 91: 50,– DM Schmerzensgeld für den Verlust eines Auges) oder das Gericht dem anspruchsbegründenden Sachvortrag nicht Rechnung trägt oder den primären Antrag auf Schmerzensgeldrente abweist und eine Kapitalentschädigung gewährt, auch wenn Kapital und Rente wertmäßig gleich sind (s. dazu *BGH* JR 1984, 501 mit Anm. *Lindacher*); s. hierzu auch RGZ 140, 211; *BGH* VersR 1963, 185; WM 1964, 1099; NJW 1969, 1427; 1970, 198.

Die Angabe eines *Mindestbetrages* (→ Rdnr. 93) oder der ungefähren *Größenordnung* (→ Rdnr. 87) schränkt das **Ermessen des Gerichts** bei der Festlegung des Schmerzensgeldes **nicht ein**[101]. Deshalb verstößt das Gericht nicht gegen § 308 (*ne eat judex ultra petita partium*), wenn es ein Schmerzensgeld zuspricht, das z.B. doppelt so hoch ist wie die vom Kläger genannte Größenordnung[102]. Auch bestehen bei derartigen Angaben des Klägers für das Gericht *keine prozentualen Eingrenzungen*[103]. Hat der Kläger aber eine **Obergrenze** angegeben, dann darf kein darüber hinausgehendes Schmerzensgeld zuerkannt werden[104]. Im übrigen → auch § 308 Rdnr. 2.

94

(2) Enteignungsentschädigung

Die für die Klagen auf Schmerzensgeld dargelegten Grundsätze gelten auch für Klagen auf Entschädigung nach **enteignungsrechtlichen Grundsätzen**[105].

96

(3) Unterhaltsklage

Grundsätzlich muß zwar ein Unterhaltsanspruch beziffert werden[106]. Ein Antrag auf Verurteilung, »angemessenen Unterhalt zu zahlen«, genügt daher nicht den Anforderungen des Abs. 2 Nr. 2 und ist folglich *unzulässig*[107]. Von diesem Grundsatz gibt es aber folgende Ausnahmen:

97

(aa) § 642 erlaubt dem **nichtehelichen** Kind zu beantragen, den Vater zur Leistung des **Regelunterhalts** zu verurteilen, ohne den Betrag dieses Unterhalts anzugeben. Diesen setzt dann das Gericht im Verfahren nach § 642a durch Beschluß auf Grundlage der RegUnterhV fest.

98

(bb) Bei **Unterhaltsklagen zugleich gegen Vater und Mutter**, in denen zwar der absolut begehrte Unterhaltsbetrag genannt ist, **nicht aber die Aufteilung** hinsichtlich der *anteiligen* Haftung der Eltern (vgl. § 1606 Abs. 3 S. 1 BGB)[108].

99

(4) Klage auf angemessene Vergütung gemäß § 38 Arbeitnehmererfindungsgesetz

§ 38 ArbnErfG befreit den Kläger ebenfalls von dem Erfordernis der Bezifferung des eingeklagten Betrages, *nicht* aber davor, die *tatsächlichen Grundlagen* des Anspruchs und seiner Höhe ausreichend anzugeben[109]. Die Angabe eines bestimmten Mindest- oder Höchstbetrages ist nicht erforderlich[110].

103

Dagegen ist eine Klage, mit der der Kläger *ohne jede Kennzeichnung* der Höhe der begehrten Bezüge auf Zahlung einer übertariflichen Vergütung klagt, wegen Fehlens eines bestimmten Klageantrages unzulässig. Dies gilt auch dann, wenn dieses Begehren auf § 612 BGB gestützt wird[111].

104

---

[101] *BGH* NJW 1996, 2425 (2427 f.).
[102] *BGH* a.a.O. Mindestbetrag: DM 25.000, zugesprochen: DM 50.000.
[103] *BGH* a.a.O. sub. 4b a.E.; *Zöller/Greger*[20] Rdnr. 14a; *anders OLG Düsseldorf* NJW-RR 1995, 955 (höchstens 20% Spielraum nach beiden Seiten); *Butzer* MDR 1992, 539 (541); *Dunz* NJW 1984, 1734 (1736); *Steinle* VersR 1092, 425; *Wurm* JA 1989, 65 (69).
[104] *BGH* a.a.O. sowie NJW 1992, 741.
[105] BGHZ 29, 217; *BGH* DB 1968, 980; VersR 1975, 856.
[106] *OLG Frankfurt a.M.* FamRZ 1982, 1223; *Baumbach/Lauterbach/Hartmann*[55] Rdnr. 42 ff.; a. M. *Thomas/Putzo*[19] Rdnr. 12; *Spangenberg* MDR 1982, 188.
[107] *OLG Frankfurt a.M.* FamRZ 1982, 1223; *OLG*

Düsseldorf FamRZ 1978, 134; a. M. *AG Groß-Gerau* MDR 1977, 410; *Spangenberg* MDR 1982, 188; *Thomas/Putzo*[19] Rdnr. 12. Siehe auch Fn. 63.
[108] *BGH* NJW 1972, 1716f.; *Gernhuber* FamilienR[3] § 42 II 5 a.E.; *Göppinger/Wax* UnterhaltsR[6] Rdnr. 2078f.; *Soergel/Häberle*[12] § 1606 Rdnr. 18; a. M. *MünchKomm/Köhler*[3] § 1602 Rdnr. 40, § 1606 Rdnr. 15; *Palandt/Diederichsen*[55] § 1606 Rdnr. 12 ff.
[109] EGR ArbnErfG § 38 Nr. 1 (*Wexel*); *Volmer/Gaul* ArbnErfG[2] § 38 Rdnr. 14 ff.
[110] *OLG Düsseldorf* WRP 1984, 609 = KostRsp § 3 ZPO Nr. 722 (*Schneider*).
[111] *BAG* AP Nr. 17 zu § 611 BGB Bergbau (*Boldt*) = BB 1977, 1356.

(5) Klage auf Abfindung nach § 113 BetrVG

107 Auch hier muß der Arbeitnehmer die Höhe der von ihm mit der Klage geforderten Abfindung nicht ziffernmäßig angeben, sondern kann sie in das Ermessen des Gerichts stellen. Es genügt, wenn er die für die Bemessung der Abfindung maßgebenden Umstände darlegt, also insbesondere sein Lebensalter, seinen Familienstand, die Zahl seiner unterhaltsberechtigten Kinder, die Art und Dauer seiner Beschäftigung beim Beklagten und sein monatliches Bruttogehalt[112].

gg) Folgen der Unbestimmtheit des Klageantrages

111 Enthält die Leistungsklage einen zu unbestimmten und daher **unzulässigen Antrag**, so kann sie, wenn sie nicht auf Befragen (→ § 139 Rdnr. 19) verbessert und näher bestimmt wird[113], trotz der Fassung des Antrags[114] in gewissen Fällen als eine *Feststellungsklage* ausgelegt werden (→ auch Rdnr. 192 ff. vor § 128). Als solche ist sie wiederum nur zulässig, wenn das Interesse des § 256 vorliegt, z. B. wegen Schwierigkeit der Berechnung, Unübersehbarkeit der einzelnen zur Erfüllung möglicherweise notwendig werdenden Leistungen[115], drohender Verjährung, weiterer Zunahme des Schadens u. dgl. m. (→ § 256 Rdnr. 87 ff.).

112 Über die Vorabentscheidung über den Klagegrund bei ungenügend bestimmten Anträgen → § 304 I.

115 **b) Anforderungen an den bestimmten Antrag bei einer Feststellungsklage** → § 256 Rdnr. 107 ff.

119 **c) Anforderungen an den bestimmten Antrag bei einer Gestaltungsklage**
Für den Antrag bei Gestaltungsklagen gelten ähnliche Grundsätze wie für Leistungsklagen. Die erstrebte Rechtsgestaltung ist in aller Regel im Antrag zu bezeichnen. Es brauchen aber nicht stets die näheren Einzelheiten angegeben zu werden; es genügt z. B. der Antrag auf Herabsetzung einer Vertragsstrafe auf den angemessenen Betrag.

d) Zulässigkeit eventueller Klageanträge

121 Durch das Erfordernis der Bestimmtheit werden eventuelle Klageanträge nicht ausgeschlossen (→ § 260 Rdnr. 17 ff.). Allerdings muß der Hauptantrag als verfahrenseinleitender Akt unbedingt sein (→ Rdnr. 3 ff.).

122 Ein Antrag auf Verurteilung zu einer *alternativen Leistung* ist zulässig, aber nur im Falle eines wirklichen Wahlrechts im Sinne der §§ 262 ff. BGB[116], unabhängig davon, ob dieses dem Kläger oder dem Beklagten zusteht[117]. In beiden Fällen ist das Urteil unter dem Vorbehalt des Wahlrechts des Klägers bzw. des Beklagten zu erlassen; im ersteren Fall ist es nicht zulässig, dem Kläger im Urteil eine Frist zur Ausübung seines Wahlrechts zu setzen (→ § 255 Rdnr. 9). Über die Vollstreckung → Rdnr. 10 ff. vor § 803. Von dem Wahlrecht ist der Fall der *Ersetzungsbefugnis* zu unterscheiden, wenn der Kläger eine Verurteilung lediglich bezüglich der einen Leistung begehrt, dabei aber dem Beklagten *gestattet ist*, diese Leistung durch eine andere *abzuwenden*; ein solches Begehren ist zulässig[118]. Auch ein weiterer Klageantrag für

---

[112] *BAGE* 42, 1 (6 f.) = NJW 1984, 323; *BAG* NJW 1984, 1650.
[113] *RGZ* 58, 57.
[114] *RG* JW 1911, 188 (Antrag: »die Beklagte zu verurteilen, dem Kläger den ihm aus dem am ... erlittenen Unfall erwachsenen und noch erwachsenden Schaden zu ersetzen«).
[115] Vgl. *RG* Gruchot 55 (1911), 1055.
[116] Nicht auch bei einem Rücktrittsrecht (→ § 260 Rdnr. 14); *BGH* NJW-RR 1990, 122.
[117] Vgl. *RG* JW 1896, 655; JW 1902, 183; *OLG Braunschweig* OLG Rsp 8, 447; so auch *Baumbach/Lauterbach/Hartmann*[55] Rdnr. 97 (Wahlschuld); a. M. bis zur 15. Auflage *Zöller/Stephan*[15] Rdnr. 16, der annimmt, daß bei Wahlrecht des Gläubigers dieser die Wahl bereits im Klageantrag treffen muß.
[118] S. darüber bes. hinsichtlich der *Abzahlungsgeschäfte Staud* DJ 1936, 1802; *Klauß* NJW 1950, 766; hinsicht-

den Fall, daß dem ersten Antrag stattgegeben wird (sog. *uneigentlicher Eventualantrag*, → § 260 Rdnr. 24) ist zulässig[119].

2. Bestimmte Angabe des Grundes des Anspruchs[120]

Da der Kläger mit seiner Klage den Ausspruch einer sich aus einem Tatbestand ergebenden Rechtsfolge begehrt (→ Rdnr. 45), kann unter dem Grund des Anspruchs eben nur dieser Tatbestand verstanden werden, d. h. **derjenige Tatsachenkomplex (Lebensvorgang), aus dem der Kläger die begehrte Rechtsfolge hergeleitet wissen will**[121].

a) Erfordernis der Substantiierung

Unbestrittener Grundsatz des modernen Prozeßrechts ist, daß der Richter von den Parteien *nur* die *Tatsachen* empfängt, ihre rechtliche Würdigung aber die eigentliche Richteraufgabe ist (→ unten Rdnr. 136 und Rdnr. 106 ff. vor § 128, → § 264 Rdnr. 10, → § 563). Für die Entscheidung kommt es allein darauf an, ob diejenigen Tatsachen vorgebracht sind, aus denen sich die vom Kläger behauptete Rechtsfolge ergibt. Positiv wird dies vor allem durch § 331 bestätigt, wonach beim Ausbleiben des Beklagten und Beantragung eines Versäumnisurteils durch den Kläger nur das tatsächliche Vorbringen des Klägers, nicht aber das Rechtsverhältnis selbst als zugestanden anzunehmen ist; vgl. auch § 335 Abs. 1 Nr. 3. Deshalb ist erforderlich, daß die Klage – bei der im Rahmen des § 253 Abs. 2 Nr. 2 zunächst nur in Betracht kommenden Festlegung des Streitgegenstandes (→ Rdnr. 44) – den Tatsachenkomplex bezeichnet, aus dem der Kläger die behauptete Rechtsfolge herleitet. Ebensowenig wie es für die Bestimmung des Streitgegenstandes genügt, nur einen Tatsachenkomplex vorzutragen, ohne gleichzeitig die Rechtsfolge anzugeben, genausowenig reicht es aus, lediglich die Rechtsfolge vorzutragen, deren Ausspruch der Kläger begehrt, ohne gleichzeitig die Tatsachen mitzuteilen, aus denen der Kläger sie entnimmt. Das Gesetz begnügt sich demnach **nicht** mit der sog. **Individualisierung** des Klagegrundes durch bloße Bezeichnung des *Rechtsverhältnisses*, **sondern** verlangt die **Substantiierung durch Angabe der Tatsachen**[122]. Bei den meisten Klagen ist auch eine Individualisierung des Anspruchs gar nicht anders möglich als durch Angabe der konkreten Entstehungstatsachen; so bei den Klagen aus Forderungsrechten und durchweg bei den Rechtsgestaltungsklagen. So muß der Kläger, der *eines* von *mehreren* Darlehen einklagt, erkennen lassen, *welchen* Betrag er eigentlich zurückfordert, und deshalb angeben, wann, wo und wofür er das Geld gegeben hat usw., um den Klagegrund genügend zu individualisieren[123]. In welchem Maß der Kläger sein Vorbringen durch die Darlegung konkreter Einzeltatsachen substantiieren muß, kann nicht generell beantwortet werden, sondern hängt vom jeweiligen Einzelfall ab (hierzu → Rdnr. 129 ff., 135 ff.).

---

lich *Fremdwährungsschulden* K. *Schmidt* ZZP 98 (1985), 32, 45.
[119] *BAG* NJW 1965, 1042 = RdA 1965, 79 = AP Nr. 20 zu § 16 AOGÖ.
[120] S. auch *Hahn* Kooperationsmaxime im Zivilprozeß? (1983), 90 ff. (abweichend).
[121] Vgl. hierzu, in der Sache im wesentlichen übereinstimmend, *Sauer* Allgemeine Prozeßrechtslehre (1951), 149 ff.
[122] So definieren auch die Motive, 182 – allerdings in zu enger, allein auf die Leistungsklage abgestellter Fassung – den Klagegrund als »diejenigen Tatsachen, welche nach Maßgabe des bürgerlichen Rechts an sich geeignet sind, den erhobenen Anspruch als in der Person des Klägers entstanden und zugleich als durch den Beklagten verletzt erscheinen zu lassen – die rechtsbegründenden Tatsachen –«. – *Petersen* Gruchot 28 (1884), 681; *ders.* SächsArch 2 (1892), 65 ff., 129, u. a., die aus den Materialien das Gegenteil herleiten wollen, ist allerdings zuzugeben, daß bei den Vorarbeiten über das Maß der Substantiierung wesentlich verschiedene Auffassungen bestanden haben. Näher zum Theorienstreit *Blomeyer* Lb.² § 43 II 3a m.w.N.; *MünchKommZPO/Lüke* Rdnr. 76 f. Vgl. auch *BGH* JZ 1985, 183 (*Stürner*) = MDR 315; NJW-RR 1990, 310; NJW 1991, 2707; NJW 1992, 2427; MDR 1992, 76; *OLG Frankfurt a. M.* OLG-RP 1992, 213.
[123] *BGH* WM 1982, 1327.

b) Schlüssigkeit des Klagebegehrens als Voraussetzung einer ordnungsgemäßen Klage?

127 Bei der Frage, inwieweit es der Angabe von Tatsachen bedarf, ist *scharf zu unterscheiden*: Welche Tatsachen müssen vorgebracht werden, damit die Klage **schlüssig** ist, d.h. damit – vorbehaltlich der Einwendungen des Gegners und der Beweisfrage – der vom Kläger begehrte Ausspruch der aus dem Tatbestand herzuleitenden Rechtsfolge, gegebenenfalls auch im Wege des Versäumnisurteils nach § 331, ergehen kann? Dies ist zu trennen von dem Problem, wann eine Klage prozessual **ordnungsgemäß** ist, d.h. was notwendig ist, damit der in § 253 geforderten programmatischen *Festlegung des Streitgegenstandes* genügt ist.

128 Die **Voraussetzungen für eine ordnungsgemäße Klage sind im allgemeinen geringer als die Anforderungen an die Schlüssigkeit eines Klagebegehrens**. Vor allem braucht eine Klage, um den Erfordernissen des § 253 zu genügen, nicht schlüssig zu sein[124] (→ auch Rdnr. 129). Das ergibt sich auch aus § 264 Nr. 1, wo die Ergänzung der tatsächlichen Anführungen zugelassen wird; diese Bestimmung zeigt, daß eine an sich ordnungsgemäße, d.h. den Erfordernissen des § 253 genügende Klage möglicherweise hinsichtlich der tatsächlichen Angaben ergänzungsbedürftig ist. Zur **Feststellung des Streitgegenstandes genügt** es, wenn die Klage die Tatsachen insoweit angibt, als damit klargestellt wird, *aus welchem Tatsachenkomplex* der Kläger die behauptete Rechtsfolge hergeleitet oder bei der negativen Feststellungsklage die Rechtsfolge verneint wissen will[125]. Wegen der Klageänderung → § 264 Rdnr. 32 ff.; wegen der Schadensprozesse → § 287 Rdnr. 25; wegen des arbeitsgerichtlichen Beschlußverfahrens → Rdnr. 224.

c) Angabe des Tatsachenkomplexes

129 Dem Erfordernis des § 253 Abs. 2 Nr. 2 ist demnach entsprochen, wenn die **Klage den Tatsachenkomplex angibt**, aus dem der Kläger die von ihm behauptete Rechtsfolge herleitet. Ob diese Angaben ausreichen und geeignet sind, die Sachbitte zu rechtfertigen, ist eine Frage der *Schlüssigkeit der Klage, nicht ihrer Ordnungsgemäßheit* (→ Rdnr. 127 f.). Läßt die Klage überhaupt nicht erkennen, auf welchen Tatsachenkomplex der Kläger seinen Anspruch stützt, und erfolgt keine Ergänzung (→ Rdnr. 194 ff.), so ist die Klage nicht ordnungsgemäß; sie ist durch *Prozeßurteil als unzulässig* abzuweisen (→ Rdnr. 194 ff.)[126]. Ergibt sich dagegen aus den vorgebrachten Tatsachen nicht die behauptete Rechtsfolge, so ist die Klage durch *Sachurteil als unbegründet* abzuweisen. Die Frage, ob dem Erfordernis des § 253 Abs. 2 Nr. 2 hinsichtlich der Tatsachenangaben genügt ist, spielt, da das unschlüssige Vorbringen ergänzt werden kann und auf richterliches Befragen regelmäßig ergänzt wird, praktisch nur bei denjenigen Klagen eine Rolle, die innerhalb einer *Ausschlußfrist* erhoben werden müssen (→ Rdnr. 184 ff.). Nach dem Dargelegten wird aber auch durch eine unschlüssige Klage die Ausschlußfrist gewahrt, sofern sie nur erkennen läßt, aus welchem Tatsachenkomplex der Anspruch hergeleitet wird. Genügt sie dieser Anforderung nicht, so besteht die Gefahr, daß die Klage nicht mehr innerhalb der Frist ergänzt werden kann (→ auch Rdnr. 186)[127].

131 Die Frage, ob das Gesetz auf dem Boden der sog. **Individualisierungs-** oder **Substantiierungstheorie** steht, kommt danach praktisch nur dafür in Betracht, ob ein dem Antrag entsprechendes **Urteil**, insbesondere ein Versäumnisurteil, ergehen kann, und *nicht* dafür, ob eine *ordnungsmäßige* Klage vorliegt. – Die folgenden Ausführungen sind demgemäß nur für den *ersteren Punkt* von Bedeutung und wären daher systematisch richtiger bei der Lehre vom Urteil zu behandeln.

---

[124] *BGH* LM Nr. 56; MDR 1976, 1005; *BAG* ZZP 69 (1956), 410; vgl. *RGZ* 132, 284; *OLG Hamm* JR 1961, 145.
[125] So auch *Rosenberg/Schwab/Gottwald*[15] § 95 III 3; *Rosenberg* Festg. für *R. Schmidt* (1932) I, 256 ff.
[126] *BAG* BB 1981, 1528 für eine Klageerhebung nach § 261 Abs. 2.
[127] *LG Freiburg* MDR 1975, 60.

Die Praxis steht überwiegend auf dem Standpunkt, daß die *Entstehungstatsachen*, insbesondere die Erwerbstatsachen bei dinglichen Rechten, *angegeben werden müssen*[128]. Wenn §§ 891, 1006 BGB die Vermutung des Eigentums an die Tatsache der Eintragung oder des Besitzes knüpfen, so verschiebt sich damit nur der Gegenstand des zu Behauptenden (→ auch § 292 Rdnr. 12 f.).

132

d) Einzelheiten zur Angabe der Tatsachen

aa) Die rechtsbegründenden *Tatsachen* müssen vom Kläger als Grundlage seines Begehrens *behauptet* werden; sie dürfen nicht bloß als möglich dargestellt oder dahingestellt gelassen werden (→ Rdnr. 179 vor § 128; über eventuelle Klagegründe → § 260 Rdnr. 8).

135

bb) Die Tatsachen müssen zur Begründung des gestellten Antrags vorgetragen sein; bloße gelegentliche Erwähnung, ohne Folgerungen daran zu knüpfen, macht eine Tatsache nicht zum Teil des Klagegrundes[129]. Dagegen ist es nicht notwendig, daß die Tatsachen unter einem bestimmten rechtlichen Gesichtspunkt angeordnet sind; denn, da die *Heranziehung der Rechtssätze* und die rechtliche Beurteilung des Parteivorbringens ausschließlich Aufgabe des Richters ist (→ Rdnr. 125), ist es gleichgültig, ob der Kläger bei seinem Vortrag das richtige oder überhaupt irgendein Rechtsverhältnis oder einen Rechtssatz im Auge hatte[130]. Ebenso ist ja auch die Änderung der rechtlichen Ausführungen vollkommen frei (→ § 264 Rdnr. 10). *Das Gericht hat selbständig von sich aus unter* **allen** *in Frage kommenden rechtlichen Gesichtspunkten zu prüfen, ob sich die vom Kläger behauptete Rechtsfolge aus den von ihm behaupteten Tatsachen ergibt* (→ auch Rdnr. 106 ff. vor § 128). Eine Einschränkung dieses Grundsatzes ergibt sich nur in den Fällen, in denen **Kognitionsschranken** oder eine **Vorlagepflicht des Gerichts bestehen** oder das **Gesetz dem Kläger ausnahmsweise eine Beschränkung auf bestimmte Anspruchsgrundlagen gestattet** (→ Rdnr. 108 vor § 128, → Einl. Rdnr. 295 f.). Über die juristische Einkleidung der Tatsachenbehauptungen → § 284 Rdnr. 13 f.

136

cc) Die Notwendigkeit, die Entstehungstatsachen anzugeben, gilt nur hinsichtlich der Rechtsfolge, deren Ausspruch der Kläger begehrt, also für den *unmittelbaren Gegenstand der Entscheidung* (§ 322), nicht dagegen für solche Rechtsverhältnisse, die das im Streit befindliche Rechtsverhältnis bedingen, wie z.B. bei der Klage aus einer Dienstbarkeit das Eigentum am herrschenden oder dienenden Grundstück oder bei der rei vindicatio des § 985 BGB das Eigentum; denn soweit das Rechtsverhältnis nicht selbst Gegenstand der begehrten Feststellung durch den Richter, sondern lediglich Voraussetzung ist, erscheint es für den Prozeß (insbesondere auch für § 331) solange als nur bedingende Tatsache, als nicht durch die Bestreitung seiner rechtlichen Bedeutung oder seiner tatsächlichen Grundlage der Richter genötigt wird, auch über dieses Rechtsverhältnis, sei es nur in den Gründen, sei es nach § 256 Abs. 2, zu *entscheiden*. Im Urkundenprozeß gilt dies aufgrund des § 592 von vornherein[131].

137

dd) *Welche Tatsachen* im einzelnen Falle für die geltend gemachte Rechtsfolge *wesentlich* sind, bestimmt sich nach dem materiellen Recht. Die Definition der Motive berücksichtigt einseitig nur die Leistungsklagen. Will man eine für *alle* Klagearten (→ Rdnr. 4 ff. vor § 253)

138

---

[128] *BGH* LM § 985 BGB Nr. 1; *RGZ* (VZS) 27, 385; *RG* JW 1900, 749; 1901, 483, 838; 1902, 165; WarnRsp 13 Nr. 253 u.a.m.; *Jäger* ZZP 40 (1910), 137; *Schmidt* Lb.², 390 ff.; *Stein* Das private Wissen des Richters (1893), 174 f.; *Weismann* 1, 63 – A. M. (für bloße Bezeichnung des Rechtsverhältnisses) *Fuchs* Gruchot 29 (1885), 635 ff.; *Hellwig* Lb. 3, 15 ff.; *Langheineken* Der Urteilsanspruch (1899), 51 f.; *Lent* Die Gesetzeskonkurrenz im Bürgerlichen Recht und Zivilprozeß (1916) II, 360 ff.; *Pagenstecher* RheinZ 12 (1923), 470 ff.; *ders.* Prozeßprobleme (1930), 89, *Petersen* ZZP 3 (1881), 385 f.; *ders.* Gruchot 28 (1884), 657 f.; *ders.* SächsArch 2 (1892), 65 ff., 129 ff.; *Wach* Vorträge² (1896), 19 ff.; *ders.* Gruchot 31 (1887), 1 f.; der Sache nach auch *RGZ* 72, 143 ff.; WarnRsp 1912 Nr. 225 für die negative Feststellungsklage (→ § 256 Rdnr. 106).

[129] *RGZ* 151, 97; *RG* JW 1896, 431; JW 1897, 545.

[130] *RGZ* 11, 243 und bes. (VZS) 27, 387; 29, 106; 63, 269; 65, 127; 71, 360; 79, 391; 84, 242; 126, 248; 129, 60; 151, 97; *RG* JW 1910, 26; 1911, 108, 457; 1912, 873; 1926, 391; 1928, 1489; s. auch *Stein* (Fn. 128) 174.

[131] *RG* JW 1898, 572.

zutreffende Formel aufstellen, so ist der **Grund des Anspruchs** *die Gesamtheit der Tatsachen, die nach materiellem Recht die Entstehung* (→ § 286 Rdnr. 25 ff.) *der vom Kläger behaupteten Rechtsfolge bzw. das Nichtbestehen der von ihm geleugneten ergeben*, und außerdem diejenigen, die als Vorbedingungen des richterlichen Ausspruchs dieser Rechtsfolge aufgestellt sind. Anders ausgedrückt: **Alle Tatsachen, die den Antrag des Klägers inhaltlich begründen**[132]. Weiter gehören zum Klagegrund auch diejenigen Tatsachen, aus denen sich die *Sachlegitimation* des Klägers und des Beklagten ergibt, nicht dagegen diejenigen, aus denen sich die *Sachurteilsvoraussetzungen* (→ Einl. Rdnr. 311 ff.) ergeben, aus denen also z. B. das *Rechtsschutzbedürfnis* des Klägers folgt (→ Rdnr. 101 ff. vor § 253), und diejenigen, aus denen sich das *Recht zur Prozeßführung* (Prozeßlegitimation) ergibt[133], → darüber Rdnr. 19 ff. vor § 50[134].

VI. Notwendigkeit der Unterschrift

143 Als bestimmender Schriftsatz **muß** die Klageschrift grundsätzlich die Unterschrift des Klägers oder seines Vertreters, im Anwaltsprozeß die eines zugelassenen Anwalts tragen (→ § 129 Rdnr. 8 f.)[135]. Bei *telegraphischer* oder *fernschriftlicher* Klageeinreichung ist das Fehlen einer *eigenhändigen* Unterschrift unschädlich. Es genügt hier vielmehr, daß der Name des Erklärenden am Schluß der Nachricht mitübermittelt wird (→ Rdnr. 12 und → § 129 Rdnr. 9 f.). Über die Frage der Zulässigkeit einer **maschinenschriftlichen Unterzeichnung**, der Verwendung von **Namensstempeln** und **Matrizen** und der Einreichung einer **Fotokopie** der unterschriebenen Klage → § 129 Rdnr. 27 f.; wegen der Anforderungen an den Umfang und an das **Schriftbild der Unterschrift** → § 129 Rdnr. 21–26; wegen des nach § 53 BRAO bestellten Vertreters des Anwalts → § 78 Rdnr. 35.

144 Zu beachten ist, daß *im Anwaltsprozeß* für die Klage die Bezugnahme auf ein den Erfordernissen des Abs. 2 genügendes **von der Partei selbst**, aber **nicht vom Anwalt unterschriebenes** und eingereichtes Schriftstück nicht ausreichend ist[136]. Allgemein zur **Bezugnahme** der Klage auf andere Unterlagen → Rdnr. 19 f. Dagegen genügt es, wenn zwar nicht die »Erstschrift«, aber das am selben Tag beim Gericht eingegangene, als »Zweitschrift« bezeichnete Schriftstück die eigenhändige Unterschrift des Prozeßbevollmächtigten des Klägers trägt[137].

145 Zu den Folgen des Fehlens der Unterschrift → § 129 Rdnr. 29 f. und → § 271 Rdnr. 31.

VII. Zusätzliche Erfordernisse in besonderen Verfahren

151 Für den **Urkunden-** und **Wechselprozeß** ist das zusätzliche Inhaltserfordernis nach § 593 Abs. 1 bzw. § 604 Abs. 1 zu beachten. In **Scheidungssachen** muß die Antragsschrift weitere Angaben nach § 622 Abs. 2 S. 1, gegebenenfalls auch nach § 630 Abs. 1 enthalten. Zu zusätzlichen Erfordernissen bei Klagen auf Unterlassung und Widerruf nach **§ 13 AGBG** → Rdnr. 60. Zur Klagebegründung nach **Mahnverfahren** → § 697 Abs. 1.

VIII. Weiterer Inhalt der Klageschrift (Absätze 3 und 4)

154 Nach **Absatz 3** »soll« ferner die Klageschrift die Angabe des *Wertes des Streitgegenstandes* enthalten, sofern die Zuständigkeit des Gerichts davon abhängt (→ §§ 23, 71 GVG i. V. m.

---

[132] Diese Unterscheidung deckt sich nicht mit der bei § 300 III 1 zu besprechenden Trennung in Tatsachen, die zum Klagegrund gehören, und solchen, die nur die Ausübung des Anspruchs oder Rechts betreffen, wie sie *RGZ* (VZS) 41, 87 ff. aufgestellt hat.

[133] A. M. *Baumbach/Lauterbach/Hartmann*[55] Rdnr. 37.

[134] Verschieden davon ist die Identität der Partei mit der als solche bezeichneten Person, z. B. bei der Firma des Einzelkaufmanns, *RGZ* 41, 407.

[135] *BGHZ* 92, 251 (255 f.); 90, 252 = NJW 1984, 1559; 100, 208; *OLG Zweibrücken* FamRZ 1989, 191.

[136] *BGHZ* 22, 254 (Fn. 16).

[137] *BFH* NJW 1978, 184 = BB 1977, 1690.

§§ 2 ff.) und der Streitgegenstand nicht in einer bestimmten Geldsumme besteht, sowie eine *Äußerung* dazu, **ob einer Übertragung der Sache auf den Einzelrichter (§ 348) Gründe entgegenstehen**. Nach Abs. 4 sind darüber hinaus auf die Klage die *allgemeinen Vorschriften über die vorbereitenden Schriftsätze* anzuwenden (§§ 130–133). Wegen § 282 Abs. 2 i. V. m. § 296 Abs. 2 → § 282 Rdnr. 22 ff.

IX. Ladung

Die **Ladung** des Beklagten vor das Prozeßgericht zur mündlichen Verhandlung ist, da allgemein die Parteiladung durch die Ladung von Amts wegen ersetzt ist (§§ 214 ff., 274), auch im Anwaltsprozeß **nicht mehr Bestandteil der Klage**. Für die Ladung gelten die bei §§ 214, 274 dargelegten Grundsätze. Im amtsgerichtlichen Verfahren sind die sich aus § 497 ergebenden Besonderheiten zu beachten. In Anwaltsprozessen (§ 78) hat die Ladung zusätzlich die Aufforderung zu enthalten, einen bei dem Prozeßgericht zugelassenen Anwalt zu bestellen (§ 271 Abs. 2), → § 271 Rdnr. 6 ff. Im landgerichtlichen Verfahren gehört ferner die Aufforderung nach § 271 Abs. 3 hinzu (→ § 271 Rdnr. 11 ff.). Wegen *Mängel der Ladung* → Rdnr. 176. 157

X. Einreichung der Klage bei Gericht (Absatz 5)

Nach Abs. 5 sind die Klageschrift sowie sonstige zustellungsbedürftige Anträge und Erklärungen einer Partei bei Gericht **schriftlich einzureichen**. Zur Einreichung → § 270 Abs. 3 und § 207 Rdnr. 9 ff. Die Zustellung erfolgt dann von Amts wegen durch die Geschäftsstelle (§ 270 Abs. 1 i. V. m. § 209). Im übrigen zur Zustellung → § 270 Rdnr. 3 ff. 161

Bei Einreichung der Klageschrift oder sonstiger zustellungsbedürftiger Schriftsätze der Parteien sind von der Partei auch genügend **Abschriften** beizufügen (§ 133). Unterläßt sie dies, so hat die Geschäftsstelle die erforderlichen Abschriften gegen Erstattung der Schreibgebühren anfertigen zu lassen (§ 11 Abs. 1 GKG i. V. m. KV Nr. 1900) oder den Kläger zur Nachreichung der fehlenden Abschriften aufzufordern (→ § 133 Rdnr. 5). Zudem kann die **fehlende Beifügung** der notwendigen Abschriften unter Umständen dazu führen, daß **keine Fristwahrung** i. S. d. § 270 Abs. 3 eintritt[138]. 162

Die **Kosten**, die dem Anwalt bei der Anfertigung der notwendigen Abschriften entstehen, sind grundsätzlich bereits durch die Prozeßgebühren des § 31 Nr. 1 BRAGO abgegolten, so daß der **Anwalt keine zusätzlichen Schreibgebühren verlangen** kann[139]. 163

Die eingereichten **Abschriften** sind durch den Urkundsbeamten der Geschäftsstelle zu **beglaubigen** (§ 210). Jedoch genügt auch die Beglaubigung durch den prozeßbevollmächtigten Anwalt (→ § 210 Rdnr. 2). 164

Bei der Zustellung von Amts wegen bleibt die **Urschrift in den Gerichtsakten** (§ 170 i. V. m. § 210). 165

Über die Behandlung der eingereichten Klage sowie über die **Terminsbestimmung** → § 271 Rdnr. 1 ff., → § 272 Rdnr. 1 ff. 166

---

[138] *BGH* VersR 1974, 1107.
[139] *KG* JurBüro 1975, 346 = Rpfleger 107 (L); *AG* Hamburg-Altona VersR 1973, 854 (abl. *Altstötter*); a. M. *Klimke* VersR 1973, 1153; → auch § 91 Rdnr. 32, 52.

XI. Mängel der Klage[140]

1. Allgemeines

171 Mängel der Klageerhebung können darin bestehen, daß ein Schriftsatz überhaupt *nicht zugestellt* ist, daß der *Zustellungsakt fehlerhaft* ist oder daß der *Schriftsatz* inhaltlich den bei Rdnr. 25–151 dargestellten *Erfordernissen nicht genügt*.

a) **Fehlende Zustellung** bzw. bestehende **Zustellungsmängel** können gegebenenfalls **nach § 187 geheilt** werden. Zudem besteht die Möglichkeit einer Heilung nach § 295 (näher → Rdnr. 188 f.)[141].

b) Hinsichtlich der bei Rdnr. 25–151 dargelegten Voraussetzungen ist hingegen bei der Frage der Heilung eine Differenzierung nötig:

aa) **Verstöße gegen** die Erfordernisse des **Abs. 2 Nr. 1** (→ Rdnr. 31–41) sind nach § 295 ZPO mit Wirkung **ex tunc heilbar**, wenn trotz mangelhafter Angaben das richtige Gericht handelt und die richtigen Parteien auftreten (näher → Rdnr. 185)[142].

bb) Genügt dagegen die Klage **nicht den Anforderungen** des Abs. 2 Nr. 2 (Rdnr. 44–138), **fehlt** zum Beispiel der **bestimmte Klageantrag**[143], ermangelt der »Gesamtklage« (→ Rdnr. 47 und Rdnr. 67 f.) die eindeutige Aufteilung auf die Einzelposten oder gibt das Begehren keinen klaren Klagegrund an[144], so vermag auch die Nichtrüge durch den Beklagten nicht zu helfen. Dies liegt darin begründet, daß diese **Erfordernisse** an den notwendigen Inhalt der Klageschrift **nicht nur zum Schutze des Beklagten** aufgestellt sind, sondern der Rechtssicherheit – insbesondere unter dem Gesichtspunkt der Gewißheit über den Umfang des Ausspruchs und der Rechtskraft des erstrebten Urteils – dienen, und damit § 295 Abs. 2 der Anwendung des § 295 Abs. 1 entgegensteht[145]. Daher kann in diesen Fällen **nur der Kläger durch nachträgliche Behebung des Mangels** bis zum Schluß der mündlichen Verhandlung in der Tatsacheninstanz den Fehler beseitigen (→ auch Rdnr. 186 f.)[146]. Dies geschieht durch Nachholung oder Berichtigung in einem zugestellten Schriftsatz oder in mündlicher Verhandlung[147]. Unterläßt er dies, muß von Amts wegen Klageabweisung (als unzulässig) erfolgen, und zwar auch bei erst in der Revisionsinstanz entdeckten Mängel dieser Art[148], mag sich auch der Beklagte nicht gegen den Verstoß gewendet haben.

173 c) Zu den Folgen des **Fehlens der Unterschrift** → § 129 Rdnr. 29 f.

174 d) Zur Behandlung einer von einer **nicht postulationsfähigen Partei erhobenen Klage** → § 78 Rdnr. 9 f.

176 e) Eine **Prüfung von Amts wegen** findet vor der **Terminsbestimmung** und vor der **Zustellung nur in** (den bei → § 216 Rdnr. 15 ff. und → § 271 Rdnr. 21 ff. dargelegten) **engen Grenzen** statt. Ergibt diese Prüfung einen zu berücksichtigenden Mangel, so sind **Terminsbestimmung** und **Zustellung abzulehnen**, solange der Mangel nicht beseitigt ist. Das Fehlen der bei

---

[140] Dazu (z.T. abweichend) *Süß* Die dogmatische Bedeutung des Verstoßes gegen die einzelnen Vorschriften der Klageerhebung im Zivilprozeß, in: Festgabe der Rechts- und Staatswissenschaftlichen Fakultät in Breslau für *Paul Heilborn* zum 70. Geburtstag (1931).

[141] BGHZ 4, 328, 335 = NJW 1952, 545; BGHZ 25, 66, 72 f. = NJW 1957, 1517; BGH NJW 1972, 1373 = MDR 767 = DAVorm 270 = FamRZ 365, 453 = Rpfleger 304 = JR 1973, 66 (*Zeiss*) = ZfSH 14 = LM Nr. 47.

[142] A. M. *Thomas/Putzo*[19] Rdnr. 20 (wo nicht deutlich zwischen den beiden Ziffern des Abs. 2 differenziert wird).

[143] BGHZ 11, 192 ff.; BGH LM Nr. 10 zu § 325; BAG JZ 1962, 166 = AP Nr. 8.

[144] A. M. BGHZ 22, 254, 257 (fehlende Angabe des Klagegrundes grundsätzlich nach § 295 heilbar); BGHZ 65, 46 = NJW 1975, 1704 = MDR 1014; BGH LM Nr. 16 (Beklagter kann auf Angabe des Gegenstandes und des Grundes des erhobenen Anspruchs verzichten); insoweit wie hier *Thomas/Putzo*[19] Rdnr. 20 → auch § 295 Rdnr. 6, 14.

[145] A. M. noch *RGZ* 22, 419.

[146] BGHZ 11, 185; 22, 257; BGH ZZP 71 (1958), 471, 478. – Die Zustimmung des Beklagten hierzu ist nicht erforderlich (→ Rdnr. 196); *MünchKommZPO/Lüke* Rdnr. 182

[147] BGH NJW 1972, 1373.

[148] BGHZ 11, 192, 194; 20, 221; BGH ZZP 71 (1958), 471, 478; BAG JZ 1962, 166 (Fn. 143); BB 1972, 1139.

Bestimmung eines frühen ersten Verhandlungstermins mit der Klageschrift zuzustellenden Ladung (§ 274 Abs. 2) sowie Terminsbestimmung (§§ 216, 272 Abs. 2) berührt nicht die Wirksamkeit der Zustellung der Klageschrift und damit die Erhebung der Klage[149]; die Rechtshängigkeit tritt durch Zustellung eines inhaltlich den in Rdnr. 25–151 dargestellten Erfordernissen entsprechenden Schriftsatzes in einem fehlerfreien Zustellungsakt ein[150]; die Festlegung des Streitgegenstandes und der Nachweis der Zeit und der Art des Hergangs der Übermittlung der Klageschrift sind damit erreicht. Nach § 65 Abs. 1 Satz 1 GKG soll die Zustellung der Klage erst nach Zahlung dieses Vorschusses erfolgen (→ § 271 Rdnr. 34 ff.). Ist diese Zahlung unterblieben, die Zustellung aber trotzdem erfolgt, so wird die Sache dennoch rechthängig (→ § 271 Rdnr. 49)[151].

2. Heilung

Wenn in der *mündlichen Verhandlung der Beklagte erschienen* ist und **keine Rüge erhebt**, *heilt der Mangel* gemäß § 295 Abs. 1, sofern der Beklagte den Mangel kannte oder kennen mußte und es sich um keinen Fehler handelt, der einer sachlichen Entscheidung überhaupt im Wege steht und nur durch den Kläger behoben werden kann (→ Rdnr. 171 sub b, bb und 186). In allen anderen Fällen ergeben sich aber keine Bedenken, durch rügelose Einlassung des Beklagten eine Heilung eintreten zu lassen; denn die übrigen Erfordernisse der Klageerhebung sind nur im Interesse des Beklagten aufgestellt. Wegen der *Zustellung* → auch Rdnr. 20, 25 ff. vor § 166; wegen der Heilung von *Zustellungsmängeln* → insbesondere § 187 und Rdnr. 188 f.; wegen der *Ladung* → § 214 Rdnr. 9 f. Tritt eine **Heilung** nach § 295 ein, so wirkt sie **ex tunc** und bewirkt, daß die Klage als in dem Zeitpunkt ordnungsgemäß erhoben gilt, in dem sie tatsächlich mangelhaft erhoben wurde (→ § 295 Rdnr. 32)[152]. Es treten dann sowohl die prozeßrechtlichen als auch die materiellrechtlichen Wirkungen der Rechtshängigkeit mit diesem Zeitpunkt ein[153] – vorbehaltlich ihres früheren Eintritts nach § 270 Abs. 3 –, und zwar nicht nur im Verhältnis zum Beklagten, sondern auch zu Dritten[154].

181

Ob die **Heilung zurückwirkt** ist vor allem in den Fällen wichtig, in denen die Klage innerhalb einer **bestimmten** (Ausschluß- oder Not-)**Frist** zu erheben ist.

184

Hierbei ist folgendermaßen zu unterscheiden: Genügte die **Angabe der Parteien** oder des **Gerichts** nicht den in Rdnr. 31–41 dargelegten Erfordernissen, fand aber dennoch die Verhandlung vor dem zuständigen Gericht mit den richtigen Parteien statt, so widerspricht es nicht der Rechtssicherheit, wenn man in diesen Fällen eine Heilung nach § 295 mit Wirkung **ex tunc** annimmt, falls der Beklagte sich trotz Kenntnis oder Kennenmüssen des Mangels rügelos auf die Klage einläßt. § 295 Abs. 2 steht insoweit einer Heilung durch rügelose Verhandlung nicht entgegen[155]. Hierzu gehören etwa folgende Fälle: Die zum zuständigen Amtsgericht eingereichte Klage enthält *keine Angabe des Gerichts*; trotzdem wird vor dem

185

---

[149] *BGHZ* 11, 175 = JZ 1954, 333 = NJW 640 = LM Nr. 5 zu § 529; *BGHZ* 31, 348 = NJW 1960, 766 = MDR 384; *OLG Koblenz* NJW 1960, 1288.

[150] *BGHZ* 11, 175; *OLG Düsseldorf* JR 1950, 279; NJW 1951, 968; *Arndt* DRiZ 1952, 130; *A. Blomeyer* ZPR² § 44 I; *Sommermeyer* DRiZ 1951, 158. – A. M. *OLG Bremen* NJW 1951, 969; *OLG Celle* NdsRpfl 1952, 209; *OLG Hamm* JMBlNRW 1951, 161; *OLG Kassel* MDR 1951, 44; *Jescheck* ZZP 65 (1952), 384; *Jung* DRiZ 1953, 38 mit Nachw.; *Nikisch* Lb², 168. In *BGHZ* 7, 270 fehlte es überhaupt an einer Zustellung. – Vgl. auch *BGHZ* 4, 328, 335 = NJW 1952, 545 (Heilung bei späterer Terminsbestimmung und rügeloser Verhandlung im Termin); *BGHZ* 25, 75 (Heilung durch Unterlassen der Rüge).

[151] Anders *OLG Kassel* MDR 1951, 44 zur Terminsbestimmung ohne Vorschuß (aufgrund des damaligen § 74 Abs. 2 GKG).

[152] Zur Heilung bei fehlender Klagezustellung und bei fehlerhafter Klagezustellung → Rdnr. 188 f., § 295 Fn. 117.

[153] *BGH* NJW 1952, 1377; *RGZ* 86, 245; 87, 271; (unter Aufgabe von *RGZ* 14, 341; 45, 424); 90, 86; *Kisch* (Fn. 23), 125 Fußn. 3; *A. Blomeyer* ZPR² § 44 III 2 u.a. – A. M. *OLG München* SeuffArch 74 (1919), 134.

[154] Zum Zeitpunkt der Rechtshängigkeit bei Heilung noch fehlender Klagezustellung oder fehlerhafter Klagezustellung → Rdnr. 188 f.

[155] A. M. *Thomas/Putzo*¹⁹ Rdnr. 20 (→ Fn. 142).

Amtsgericht verhandelt. Der Ehescheidungsantrag wird *irrtümlich an das Landgericht* adressiert; die gemeinsame Posteinlaufstelle erkennt den Fehler und gibt die als »Familiensache« bezeichnete Klageschrift an das Amtsgericht (Familiengericht), vor dem rügelos verhandelt wird. In derartigen und ähnlichen Fällen **mangelhafter Gerichtsbezeichnung** ist zwar eine ausdrückliche Berichtigung stets sinnvoll, jedoch angesichts der durch den Verfahrensablauf eingetretenen Heilung entbehrlich. Differenzierter sind Fälle **fehlerhafter Parteibezeichnung** zu behandeln. Soweit die beklagte Partei überhaupt nicht bezeichnet ist und auch aus der Klageschrift nicht entnommen werden kann, sind Zustellung und Ladung ohnehin nicht möglich; zur Heilung kann es nicht kommen. Ist die Partei falsch (ungenau) bezeichnet, aber aus der Klageschrift ihre Identität zu entnehmen, erlangte die *gemeinte* Person die Parteistellung (→ Rdnr. 8 vor § 50); es kann – sofern notwendig – *rückwirkende* Berichtigung erfolgen (→ auch Rdnr. 34). Wohl kaum auftreten wird schließlich die Situation, daß die vom Kläger gemeinte Person (*Max Meier*) in der Klageschrift falsch bezeichnet (*Moritz Meyr*), aber an die wirklich gemeinte Person (*Max Meier*) zugestellt wurde, die dann auch rügelos im Prozeß verhandelt; aber auch in einem solchen Ausnahmefall sollte man eine Heilung *ex tunc* zulassen, weil schutzwürdige Belange keines Beteiligten verletzt werden und die notwendige Klarheit über die am Prozeß beteiligten Personen (→ Rdnr. 7 vor § 50 und → auch Rdnr. 192 ff. vor § 128) gegebenenfalls durch eine Berichtigung erreicht wird.

186   Hatte die *innerhalb der Frist* erhobene **Klage nicht den** nach Abs. 2 **Nr. 2 erforderlichen Inhalt**, so kommt eine *Heilung nach § 295 nicht* in Betracht (→ Rdnr. 171 sub b, bb). Der Mangel kann vielmehr nur durch *Nachholung* oder *Berichtigung* beseitigt werden. Diese Beseitigung **wirkt aber nicht zurück**[156], so daß die Klage nur dann fristgemäß erhoben ist, wenn die nun nach Beseitigung des Mangels mangelfreie Klageschrift *noch innerhalb der Frist zugestellt* wird. Allerdings schafft § 270 Abs. 3 für den Kläger insoweit eine Erleichterung, als die Frist auch dann noch als gewahrt gilt, wenn die mangelfreie Klage fristgemäß bei Gericht eingeht und die Zustellung »demnächst« (→ § 270 Rdnr. 47) erfolgt.

187   Eine Besonderheit gilt in den Fällen, in denen der Mangel der Klage darin besteht, daß bei einer **Gesamtklage** die Einzelposten nicht klar voneinander abgegrenzt werden (→ Rdnr. 67 f.). Hier hat eine **nachträgliche Klarstellung** durch den Kläger **rückwirkende** Kraft, so daß die Wirkungen der Rechtshängigkeit bereits im *Zeitpunkt der Erhebung der mangelhaften Klage* als gegeben anzusehen sind[157].

188   Ist die **Klage nicht zugestellt** worden, so kommt neben einer Heilung nach § 187[158] auch eine solche nach § 295 in Betracht. Diese hat dabei zur Folge, daß die Sache an dem Tag rechtshängig wird, an dem die rügelose Verhandlung stattgefunden hat[159]. Doch hat die Heilung nach § 295 insoweit **rückwirkende** Kraft – und zwar nicht nur dann, wenn eine prozessuale Frist gewahrt werden soll, sondern auch dann, wenn eine materiellrechtliche Frist gewahrt werden oder die Verjährung unterbrochen werden soll – als durch sie die Frist als gewahrt bzw. die Verjährung als unterbrochen anzusehen ist, wenn die Klage rechtzeitig bei Gericht eingereicht worden ist[160] **und** die Zustellung, wäre sie im Zeitpunkt der rügelosen Verhandlung erfolgt, noch als fristgerecht oder zumindest als »demnächst erfolgt« im Sinne des § 270 Abs. 3 (→ § 270 Rdnr. 41 ff.) anzusehen wäre[161].

---

[156] *BGHZ* 22, 257 (Fn. 16); *BGH* NJW 1984, 926; *BAG* AP NR. 3 zu § 110 ArbGG 1953 = RdA 1980, 184 (L).
[157] *BGH* NJW 1984, 2347 = VersR 782; NJW 1967, 2210; 1959, 1819 = VersR 835.
[158] A. M. *MünchKommZPO/Lüke* Rdnr. 169, wonach bei fehlender Zustellung keine Heilung nach § 187 möglich ist.

[159] *BGHZ* 25, 66, 75 = NJW 1957, 1517; *BGH* NJW 1974, 1557.
[160] *BGH* NJW 1972, 1373 = JR 1973, 66 (*Zeiss*); RGZ 87,271.
[161] *BGH* NJW 1974, 1557; LM Nr. 8 zu § 209 BGB; *OLG Hamm* VersR 1983, 63.

Ist die Klage zwar zugestellt worden, war aber der **Zustellungsakt fehlerhaft**, so kommt eine **189** **Heilung nach § 187** in Betracht (→ Rdnr. 171). Daneben besteht auch die Möglichkeit der Heilung nach § 295. Diese führt grundsätzlich zu einer **Rückwirkung**, so daß der Anspruch ex tunc in dem Augenblick rechtshängig geworden ist, in dem die Klage fehlerhaft zugestellt worden ist[162]. Eine Ausnahme gilt allerdings in den Fällen, in denen Fristen betroffen sind, die nicht der Parteidisposition unterliegen, oder in denen die Zustellung das Ende der Ehezeit nach § 1587 Abs. 2 BGB bestimmt[163]. Insoweit gilt dann dasselbe wie bei fehlender Zustellung der Klage (→ Rdnr. 188).

Die fristgerechte Erhebung einer Klage eröffnet dem Kläger nicht die Möglichkeit, nach **190** Ablauf der Frist sein im Ziel gleiches Begehren aus einem anderen Tatsachenkomplex herzuleiten; ein derartiges Vorbringen ist unberücksichtigt zu lassen[164], → dazu auch § 264[165] und § 281 Rdnr. 25.

3. Rüge

Wenn der erschienene **Beklagte den Mangel** in der ersten mündlichen Verhandlung **rügt**[166], **194** so sind Klageschrift und Klageerhebung auf ihre Ordnungsgemäßheit zu prüfen, und zwar vor weiterer Verhandlung, auch derjenigen über prozeßhindernde Einreden (→ Einl. Rdnr. 325)[167]. Wird der Mangel verneint, so geschieht dies in den Gründen des Endurteils; theoretisch besteht auch die Möglichkeit des Zwischenurteils nach § 303. Wird der Mangel bejaht, so ist die **Klage**, wenn eine Nachbesserung nicht möglich ist oder nicht vorgenommen wird, durch Endurteil (Prozeßabweisung) als **unzulässig** abzuweisen[168], nicht etwa das Verfahren durch Beschluß einzustellen (→ § 300 I).

Das Gericht muß jedoch vor der Abweisung aufgrund seiner **Aufklärungspflicht** (§§ 139, **195** 278 Abs. 3) den **Kläger** auf den bestehenden **Mangel hinweisen** und ihm so die nachträgliche Beseitigung ermöglichen.

Die Mängelbeseitigung hängt *nicht* von der *Zustimmung des Beklagten* ab; denn was § 263 **196** hinsichtlich sachdienlicher Klageänderungen bestimmt, muß hier erst recht gelten. Trifft dies aber zu, so wird das Gericht dem Kläger auch eine zur Behebung des Mangels erbetene und notwendige Vertagung nicht versagen können.

Zu beachten ist ferner, daß bei der Zustellung von Amts wegen ein **Zustellungsmangel** **197** immer nur zu einer **Wiederholung der Zustellung**, niemals zu einer Klageabweisung führen kann, außer der Zustellungsmangel führt zur Versäumung einer Klagefrist (→ auch Rdnr. 189).

Zur Beseitigung des Mangels genügt die nachträgliche Zustellung eines Schriftsatzes, der **198** den Fehler beseitigt oder nicht mehr enthält, oder die Nachholung oder Berichtigung in der mündlichen Verhandlung (→ auch Rdnr. 171).

Einer **Wiederholung des fehlerfreien Teiles** der Klageschrift bedarf es dagegen nicht; denn **199** notwendig ist nur, daß der Beklagte in den Besitz einer allen wesentlichen Erfordernissen genügenden Klage gelangt; daß dies nur durch einen einheitlichen Akt möglich ist, ist aus keiner Vorschrift des Gesetzes zu folgern[169].

---

[162] *BGH* NJW 1984, 926.
[163] *BGH* NJW 1984, 926. A. M *BAG* MDR 1986, 1053. Es läßt eine fristwahrende, d. h. ex tunc wirkende Heilung bei Fehlen der Unterschrift zu.
[164] So auch *RG* JW 1935, 2361 (zur Anfechtungsklage nach § 51 GenG).
[165] Fn. 123.
[166] Wegen § 342 auch nach Versäumnisurteil und zulässigem Einspruch, *RGZ* 13, 337.
[167] *RGZ* 34, 392; *RG* Gruchot 47 (1903), 1160.

[168] *BGH* NJW 1984, 1807, 1809 = VersR 538, 540; VersR 1982, 68; *RGZ* 13, 334; 22, 420; 45, 398; *RAG* 8, 309; *OLG Jena* JW 1925, 2349; *KG* OLG Rsp 5, 25; *OLG Düsseldorf* NJW-RR 1990, 1040 – A. M. *Hein* Identität der Partei (1918) I, 186 ff.; vgl. auch *Oertmann* ZZP 48 (1920) II, 446.
[169] So auch *Förster/Kann*³ 4a aa; *Hellwig* Lb II, 21; *Oertmann* ZZP 48 (1920), 448 u.a.m. – A. M. *OLG München* OLG Rsp 19, 108.

4. Säumnis des Beklagten

201 Bleibt allein der Beklagte aus, so ist wie im Falle der Rüge (→ Rdnr. 194 ff.) die Ordnungsgemäßheit der Klageerhebung zu prüfen und bei einem Mangel, den der Kläger nicht beseitigen will oder kann, vom Gericht auf Abweisung der Klage als unzulässig zu erkennen (→ § 331 Abs. 2 und § 331 Abs. 3 S. 2). Hinsichtlich der Behebung der Mängel gilt das unter Rdnr. 197 Ausgeführte. Geschieht die Behebung des Mangels erst durch Vortrag *in der mündlichen Verhandlung*, bei der der Beklagte nicht anwesend ist, so steht § 335 Abs. 1 Nr. 3 dem Erlaß eines Versäumnisurteils gegen den Beklagten entgegen. Ein solches ist erst möglich, wenn der Beklagte nach Vertagung wiederum säumig ist. Betrifft der Mangel lediglich die Zustellung, so hat das Gericht nach § 335 Abs. 1 Nr. 2 den Antrag auf Erlaß eines Versäumnisurteils zurückzuweisen.

5. Säumnis des Klägers

205 Bleibt allein der Kläger aus, so ist in dem Antrag des Beklagten auf Erlaß des Versäumnisurteils nach § 330 ein Verzicht des Beklagten nach § 295 zu erblicken (→ § 335 I 2 b). Für einen Verzicht nach § 295 ist aber nur insoweit Raum, als § 295 Abs. 2 nicht entgegensteht (→ Rdnr. 171, 186) und erkennbar ist, daß der Kläger die mangelhafte Handlung überhaupt hat vornehmen wollen[170]. Rügt der Beklagte den Mangel, so scheitert eine Prozeßabweisung als unzulässig in der Form eines Urteils nach Lage der Akten (§ 331 a) an § 331 a S. 2 i. V. m. § 251 a Abs. 2 S. 1; es bleibt dann nur die Vertagung[171].

XII. Klage nach Vorentscheidung einer außergerichtlichen Stelle[172]

1. Gesetzliche Vorverfahren

211 Vor der Erhebung einer Klage ist in einigen Fällen das (erfolglose) **Durchführen eines Vorverfahrens** vorgeschrieben[173]. Dies gilt insbesondere, wenn der Klage die **Entscheidung** durch eine **Verwaltungsbehörde vorherzugehen** hat (näher → Einl. Rdnr. 431 ff.). Die Erfordernisse des § 253 sind auch in diesen Fällen einzuhalten; häufig ist die **Klage** innerhalb einer bestimmten **Frist** nach Erlaß der Verwaltungsentscheidung zu erheben (zu den Klagefristen näher → Rdnr. 135 ff. vor § 253), es sei denn, die Klage war schon vor der Entscheidung der Verwaltungsbehörde anhängig und gemäß § 148 bis zu deren Entscheidung ausgesetzt (→ § 148 Rdnr. 137). Zu Vorverfahren auf dem Gebiet des Arbeitsrechts → Rdnr. 227–237. Für die Wahrung einer etwa bestehenden Frist durch die Klage ist grundsätzlich die Zustellung erforderlich[174]; zu beachten ist aber, daß nach § 270 Abs. 3 bei demnächst erfolgender Zustellung bereits die Einreichung der Klage fristwahrende Wirkung hat, → auch § 281 Rdnr. 25. Die Entscheidung hat wie sonst durch Urteil zu erfolgen.

212 Solange die Vorentscheidung nicht nachgesucht oder erlassen ist, ist der *Rechtsweg* zur Zeit *noch nicht zulässig* (→ auch Einl. Rdnr. 410, 413), wenn das Vorverfahren zwingend (→ Rdnr. 211) vorgeschrieben ist. Ist die Vorentscheidung gefällt worden, und hat der Kläger eine

---

[170] Vgl. *OLG Stettin* ZZP 55 (1930), 274, *Süß* (Fn. 140), 276 (Der Beklagte, der auf andere Weise von der Terminsbestimmung Kenntnis erlangt hatte, beantragt in dem Termin Abweisung der ihm überhaupt nicht zugestellten Klage).

[171] Vgl. hierzu (z. T. abweichend) *Süß* (Fn. 140 und 170.)

[172] Dazu → § 279 Rdnr. 29 ff. und *Preibisch* Außergerichtliche Vorverfahren in Streitigkeiten der Zivilgerichtsbarkeit (1982); *Walchshöfer* Die Abweisung einer Klage als »zur Zeit« unzulässig oder unbegründet, Festschrift für *Schwab* (1990), 921 ff.

[173] Zur »Berufung auf den Rechtsweg« vgl. *Monich* ZZP 23 (1897), 410 ff.

[174] A. M. *RG* JW 1891, 150; Gruchot 38 (1894), 187 (zu dem aufgehobenen § 120 a GewO).

etwa gesetzlich vorgeschriebene *Frist* zur Anrufung der ordentlichen Gerichte *versäumt*, muß die *Klage abgewiesen* werden. Problematisch ist nur, ob dies im Wege der Sachabweisung[175] oder der Prozeßabweisung[176] zu geschehen hat. Die Antwort hängt – wie auch bei anderen Fristen (→ Rdnr. 141, 156 vor § 253 und → sogleich Rdnr. 231) – von der Rechtsnatur der jeweiligen Frist ab; ist sie verfahrensrechtlicher Natur, muß ein Prozeßurteil ergehen; hat sie materiell-rechtlichen Charakter, hat Sachabweisung zu erfolgen[177]; *im Zweifel* sollten sie als *prozessuale Fristen* angesehen werden, da sie den Rechtsschutz begrenzen. Eine generelle Antwort für die hier behandelten Fristen läßt sich demgemäß nicht geben. Zur Frage der **Wiedereinsetzung** bei Fristversäumung → § 233 Rdnr. 23.

Der Prozeß steht mit dem Vorverfahren in keinem Zusammenhang; er beginnt erst aufgrund der gerichtlichen Klage. In Bezug auf die Prozeßvoraussetzungen usw. sind die allgemeinen Grundsätze anwendbar[178]. Wer die Klage zu erheben hat und ob sie lediglich auf Aufhebung der Vorentscheidung oder auf Feststellung oder auf Verurteilung zu richten ist, entscheidet sich nach der konkreten Sachlage[179]. Wegen der Beweislast → § 286 Rdnr. 48. **213**

2. Vereinbarte Vorverfahren (gewillkürte zeitweilige Unklagbarkeit)

Die Vorentscheidung einer außergerichtlichen Stelle kommt nicht nur in den gesetzlich vorgesehenen Fällen in Betracht, sondern es kann auch **vertraglich vereinbart** werden, daß vor Anrufung des ordentlichen Gerichts ein Güteversuch vor einer Schiedsstelle oder ein anderweitiges Vorverfahren stattfinden habe. Dann handelt es sich um einen Fall der **gewillkürten Unklagbarkeit** (→ Rdnr. 90 ff. vor § 253). Während jedoch der generelle (endgültige) Ausschluß der Klagbarkeit nur unter strengen Voraussetzungen zulässig ist, ergeben sich gegen die **gewillkürte zeitweilige Unklagbarkeit** keineswegs dieselben Bedenken, da der gerichtliche Schutz nur *zeitweise* ausgeschlossen ist (→ auch Rdnr. 88[180] vor § 253 und → Rdnr. 91[181] vor § 253). In solchen Fällen ist die Klage bis zur Beendigung des Vorverfahrens **unzulässig**[182]. Von dieser zeitweiligen Unklagbarkeit ist allerdings die fehlenden Fälligkeit des materiellen Anspruchs zu unterscheiden, die zur *Unbegründetheit* der Klage führt (→ Rdnr. 94 vor § 253). **214**

XIII. Arbeitsgerichtliches Verfahren

Zum arbeitsgerichtlichen Verfahren ist in Ergänzung zu den Ausführungen unter Rdnr. 25–145, 154 und Rdnr. 211 ff. folgendes zu bemerken: **221**

1. Allgemeines

Die Klage muß, wenn sie nicht von der **Partei** selbst oder dem **gesetzlichen Vertreter unterschrieben** ist, von einer nach § 11 ArbGG **zur Vertretung befugten Person**[183] unterzeichnet sein (→ § 78 Rdnr. 43 ff.). Anderenfalls ist die Klage als *unzulässig* abzuweisen[184]; eine **222**

---

[175] *RGZ* 12, 62; 36, 74, 212; *RG* JW 1907, 264f. (mit zahlreichen Vorentscheidungen); 18. Aufl. dieses Kommentars VII 2 bei Fn. 80.
[176] *Baumbach/Lauterbach/Hartmann*[55] Rdnr. 4; *Thomas/Putzo*[19] vor § 253 Rdnr. 32 f.
[177] Vgl. die Differenzierung in *BGHZ* 25, 73 ff.
[178] A. M. *RGZ* 56, 391 (zu dem 1973 aufgehobenen § 39 StrandO).
[179] Vgl. *RG* JW 1910, 484 f. → auch Einl. Rdnr. 432.
[180] Bei Fn. 125.
[181] Bei Fn. 144.
[182] *BGH* NJW 1984, 669 = MDR 485 = JZ 392 = LM Nr. 74. Eine gewillkürte zeitweilige Unklagbarkeit wurde z. B. bejaht, wenn ein *Vereinsschiedsgericht* vor der Klage zum öffentlichen Gericht anzurufen ist (→ Fn. 131 vor § 253), wenn vorher der *Beirat* einer *Gesellschaft* (*BGH* NJW 1977, 2263 = WM 997) oder der *Verwaltungsrat* einer *Versicherungsanstalt* (*OLG Oldenburg* VersR 1981, 369 = NdsRpfl 21) oder eine öffentlich-rechtliche Kammer *(Tierärztekammer)* beim Streit zwischen deren Mitgliedern (BGH zu Beginn dieser Fußnote) mit dem Fall befaßt werden muß.
[183] *BAGE* 58, 132.
[184] *RAG* 8, 309.

Heilung des Mangels ist nur möglich, wenn später in der mündlichen Verhandlung die Partei selbst oder ein zu Vertretung befugter Bevollmächtigter auftritt[185].

223 Nach § 47 Abs. 2 ArbGG erfolgt in der Regel keine Aufforderung an den Beklagten, sich auf die Klage schriftlich zu äußern, → § 275 Rdnr. 34 f. Bei der Kürze der Einlassungsfrist nach § 47 Abs. 1 ArbGG ist eine Gegenäußerung auch zumeist praktisch schwierig und im allgemeinen auch, zumal die Verhandlung nach § 54 ArbGG mit der Aussprache zum Zwecke der gütlichen Einigung beginnt, entbehrlich.

224 Zu beachten ist, daß der im arbeitsgerichtlichen **Beschlußverfahren** nach §§ 80 ff. ArbGG geltende **Untersuchungsgrundsatz** den Antragsteller nicht von der Pflicht entbindet, den Grund des Anspruchs ausreichend vorzutragen (→ Rdnr. 125 ff.). Sein Vortrag muß zumindest so detailliert sein, daß der Tatsachenrichter aus ihm entnehmen kann, worauf der Antragsteller seinen Antrag stützt[186].

2. Vorverfahren in arbeitsrechtlichen Streitigkeiten

227 Zu den in Rdnr. 211 ff. behandelten Fällen der notwendigen Vorentscheidung einer außergerichtlichen Stelle kommen im Arbeitsrecht insbesondere noch folgende Vorverfahren hinzu[187]:

a) Schlichtung von Streitigkeiten aus einem Berufsausbildungsverhältnis nach § 111 Abs. 2 ArbGG

231 Nach § 111 Abs. 2 S. 1 ArbGG können im Bereich des Handwerks die Handwerksinnungen, im übrigen die zuständigen Stellen im Sinne des Berufsbildungsgesetzes (§§ 75 ff. BBiG), zur Beilegung von Streitigkeiten zwischen Ausbildenden und Auszubildenden Ausschüsse[188] einsetzen, sind aber nicht dazu gezwungen. Eine paritätische Besetzung mit Arbeitgebern und Arbeitnehmern ist zwingend vorgeschrieben, die Zuziehung eines unparteiischen Dritten als Vorsitzenden damit aber nicht ausgeschlossen und meist zu empfehlen, da sonst bei Stimmengleichheit kein Spruch zustande kommt. Ein tarifvertraglicher Ausschluß dieses Vorverfahrens ist ebenso unzulässig wie ein Verzicht der Streitparteien[189]. Die vorherige Anrufung des Ausschusses ist, soweit ein solcher eingesetzt ist, in allen zur Zuständigkeit der Arbeitsgerichte gehörenden Sachen (→ § 1 Rdnr. 139 ff.) erforderlich[190]. Aus dem Wortlaut sowie aus dem Charakter des Verfahrens als eines Vermittlungsversuchs zwischen den in einem Erziehungs- und Vertrauensverhältnis stehenden Parteien folgt aber, daß es der Anrufung des Ausschusses nur bedarf, wenn das Berufsausbildungsverhältnis zur Zeit des Streites noch besteht[191], und daß das Vorverfahren bei Streitigkeiten mit einem Dritten (Rechtsnachfolger des Auszubildenden oder des Ausbildenden, Vertreter des Auszubildenden, Verwalter beim Konkurs des Ausbildenden usw.) nicht Platz greift[192]. Der Spruch des Ausschusses stellt sich rechtlich als *Vergleichsvorschlag* dar, der seine Wirksamkeit erst dadurch erlangt, daß die Parteien ihn *innerhalb einer Woche anerkennen*[193]. Ist die Anrufung des Ausschusses versäumt worden oder wird das Arbeitsgericht vor Erlaß des Spruches angerufen, so ist die Klage *wegen derzeitiger Unzulässigkeit des Rechtsweges* abzuweisen[194]. Eine Verweisung entsprechend § 281 kommt hier nicht in Frage (→ § 281 Rdnr. 3). Wird der Spruch des Ausschusses nicht von beiden

---

[185] Zur Heilung fehlender Unterschrift durch rügeloses Verhandeln *BAGE* 52, 263.
[186] *BAG* MDR 1973, 794 = VersR 780 (L).
[187] S. dazu auch *Preibisch* (Fn. 172), 52 ff.
[188] Vgl. die Komm. zum ArbGG und *Rüstig* ArbuR 55, 46; zur früheren Rechtslage vgl. 17. Aufl. dieses Kommentars VII 2.
[189] S. auch *RAG* 1, 258.
[190] A. M. *RAG* 4, 273 (nur in den Sachen des ehemaligen 4 GewGG); *Dietz/Nikisch* ArbGG § 111 Rdnr. 6; *Rohlfing/Rewolle* ArbGG § 111 Anm. 5; *Rüstig* (Fn. 188). — Wie hier *Jonas* JW 1930, 2091; wohl auch *Dersch/Volkmar* ArbGG⁶ § 111 Rdnr. 9; *Grunsky* ArbGG⁶ § 111 Rdnr. 3; *Prütting*, in: *Germelmann/Matthes/Prütting*² ArbGG (1995) § 111 Rdnr. 19 f.
[191] *RAG* 19, 320; ArbRS 34, 122; *Rüstig* (Fn. 188) – A. M. *LAG Jena* ArbGer 34, 444. — Bei Entlassungsstreitigkeiten ist demnach entscheidend, ob der Kläger das Fortbestehen des Ausbildungsverhältnisses geltend macht, *BAG* NJW 1976, 909.
[192] *LAG Elbing* ArbRsp 31, 69.
[193] *RAG* 4, 273. — Einer ausdrücklichen Anerkennung des in vollem Umfang obsiegenden Teiles bedarf es nicht.
[194] *Preibisch* (Fn. 172), 52; *RAG* 1, 258. — Der Mangel wird geheilt, wenn vor Erlaß des Urteils der Spruch nachgeholt wird; a. M. *LAG Frankfurt (Oder)* ArbRsp 31, 338.

Parteien anerkannt, so kann *binnen zwei Wochen* seit Erlaß des Spruches bei dem zuständigen Arbeitsgericht *Klage* erhoben werden. Wird diese Frist nicht gewahrt, so ist die verspätete Klage als unzulässig abzuweisen, da § 111 Abs. 2 S. 3 ArbGG eine prozessuale Ausschlußfrist enthält[195]. Wird nicht fristgemäß Klage erhoben, so hat dies nur zur Folge, daß der vor dem Ausschuß verhandelte Streitgegenstand von keiner Partei mehr vor die Arbeitsgerichte gebracht werden kann. Materiellrechtliche Wirkungen kommen der Frist des § 111 Abs. 2 S. 3 ArbGG nicht zu. Eine Wiedereinsetzung gegen Fristversäumnis ist zwar nicht ausdrücklich vorgesehen, doch gebietet eine verfassungskonforme Auslegung des § 233 eine analoge **Anwendung der Wiedereinsetzungsvorschriften** (→ § 233 Rdnr. 23)[196]. Das Erfordernis des vorherigen Spruches des Ausschusses entfällt dann, wenn der Ausschuß (z. B. wegen Stimmengleichheit) zu keinem Spruch gelangt ist[197]. Sieht die Satzung der Innung bzw. der sonst zuständigen Stelle für das Verfahren vor dem Ausschuß Gebühren vor[198], deren Höhe sich allerdings wohl im Rahmen des § 12 ArbGG halten muß, so sind diese bei nachfolgendem Verfahren vor dem Arbeitsgericht zu den Kosten des Rechtsstreits zu rechnen.

Die *Vertretung der Parteien* vor dem Ausschuß ist nicht ausdrücklich geregelt. Sinngemäß haben hier dieselben Beschränkungen wie im arbeitsgerichtlichen Verfahren zu gelten; Vertreter in weiterem Umfang auszuschließen, würde der Grundlage entbehren. 232

Aus dem Schiedsspruch des Ausschusses kann nach § 111 Abs. 2 S. 6 ArbGG i. V. m. § 109 ArbGG nach Vollstreckbarerklärung vollstreckt werden (→ auch § 794 Rdnr. 100 Nr. 13). Soweit ein Ausschuß für Streitigkeiten aus einem Berufsausbildungsverhältnis gebildet ist, findet nach § 111 Abs. 2 S. 8 ArbGG ein Güteverfahren vor dem Arbeitsgericht nicht statt.

b) Streitigkeiten aus dem ArbnErfG

Streitigkeiten aus dem ArbnErfG können nach § 37 Abs. 1 ArbnErfG erst dann im Wege der Klage vor die Gerichte gebracht werden, wenn ein Verfahren vor der in §§ 28 ff. ArbnErfG geregelten **Schiedsstelle vorausgegangen** ist. Hat dieses Verfahren nicht stattgefunden, so ist die Klage *noch nicht zulässig*. Verhandeln aber die Parteien ohne Rüge des Fehlens des Verfahrens vor der Schiedsstelle zur Sache, so ist der Mangel nach § 37 Abs. 3 ArbnErfG geheilt. Zu Ausnahmen von dem Erfordernis des Vorverfahrens s. § 37 Abs. 2, 4, 5 ArbnErfG. Zur Zuständigkeit s. § 39 ArbnErfG. → auch § 279 Rdnr. 28. 233

c) Einigungsstelle nach § 76 BetrVG

Nach überwiegender Ansicht der arbeitsrechtlichen Literatur[199] können Arbeitgeber und Betriebsrat in Rechtsstreitigkeiten, für welche die Einigungsstelle nach dem BetrVG zuständig ist, die Arbeitsgerichte erst anrufen, nachdem die **Einigungsstelle** eingeschaltet worden ist. 235

d) Weitere Fälle

Zur Anrufung des Seemannsamts bei Heuerverhältnissen → § 279 Rdnr. 27. Zum Erstattungsbeschluß nach dem ErstattungsG → Einl. Rdnr. 433. 237

3. Kündigungsfeststellungsklage

Zur Kündigungsfeststellungsklage (→ Rdnr. 156 ff. vor § 253) ist im Anschluß an das unter Rdnr. 25 ff. Ausgeführte zu bemerken, daß dem Erfordernis des § 253 Abs. 2 genügt ist, wenn aus der **Klage ersichtlich ist, wer Kläger** ist[200] und **gegen wen** sich die Klage richtet und daß der Kläger die Kündigung nicht als berechtigt anerkennt[201]. Sind gegen den Kläger **mehrere** 240

---

[195] *BAG* NJW 1980, 2095; *Dersch/Volkmar* ArbGG[6] § 111 Rdnr. 14; *Dietz/Nikisch* ArbGG § 111 Rdnr. 8; *Rohlfing/Rewolle* ArbGG § 111 Anm. 6; anders noch *RAG* 10, 77; 19, 49; Vorauflage dieses Komm VII 2 bei Fn. 101 (Abweisung als unbegründet); vgl. auch Rdnr. 212.
[196] A. M. noch die Vorauflage dieses Komm VII 2 bei Fn. 102 (keine Wiedereinsetzung).
[197] *Dersch/Volkmar* ArbGG[6] § 111 Rdnr. 14; *Dietz/*

Nikisch ArbGG § 111 Rdnr. 9; *Natzel* DB 1971, 1665 f.; *Rohlfing/Rewolle* ArbGG § 111 Anm. 4.
[198] Gegen die Zulässigkeit einer Gebührenerhebung *Dersch/Volkmar* ArbGG[6] § 111 Rdnr. 11.
[199] *Dietz/Richardi* BetrVG[6] II § 76 Rdnr. 3; *Dütz* ArbuR 1973, 353, 368; a. M. *Adomeit* BB 1972, 53.
[200] S. dazu *ArbG Hagen* BB 1982, 1799.
[201] *BAG* NJW 1982, 1174 = ZIP 1981, 1019 und *BAG* NJW 1956, 1772 = BAGE 3, 107 = AP Nr. 8 zu § 3

Kündigungen ausgesprochen worden, so muß er außerdem angeben, gegen *welche* Kündigung sich die Klage richtet. Nicht nötig sind Angaben darüber, wann und zu welchem Termin gekündigt wurde und ob es sich um eine ordentliche oder außerordentliche Kündigung handelt. Für die Angabe des Klagegrundes ist nicht erforderlich, daß die Sozialwidrigkeit der Kündigung oder das Fehlen eines wichtigen Grundes begründet wird. Vielmehr ist es Sache des *Arbeitgebers*, die Gründe darzulegen, die die Kündigung *rechtfertigen*[202], nicht muß der klagende Arbeitnehmer die Sozialwidrigkeit behaupten und begründen. Zu den Folgen des Fehlens des notwendigen Inhalts → Rdnr. 171 ff.[203].

242   Eine Kündigungsfeststellungsklage **ohne eigenhändige Unterschrift** der Partei oder des Anwalts stellt einen unbeachtlichen und damit die Frist des § 4 KSchG nicht wahrenden *Klageentwurf* dar. Allerdings genügt es, wenn sich aus einem der Klage beiliegenden Schriftstück ergibt, daß die Klage mit Wissen und Wollen des Verfassers bei Gericht eingegangen ist. Eine beiliegende, vom Kläger unterschriebene Prozeßvollmacht reicht hierfür nicht aus (→ § 129 Rdnr. 14)[204].

§ 254   [Stufenklage]

Wird mit der Klage auf Rechnungslegung oder auf Vorlegung eines Vermögensverzeichnisses oder auf Abgabe einer eidesstattlichen Versicherung die Klage auf Herausgabe desjenigen verbunden, was der Beklagte aus dem zugrunde liegenden Rechtsverhältnis schuldet, so kann die bestimmte Angabe der Leistungen, die der Kläger beansprucht, vorbehalten werden, bis die Rechnung mitgeteilt, das Vermögensverzeichnis vorgelegt oder die eidesstattliche Versicherung abgegeben ist.

Gesetzesgeschichte: Eingefügt durch die Novelle von 1898 (→ Einl. Rdnr. 113); »*Offenbarungseid*« durch »*eidesstattliche Versicherung*« ersetzt durch Gesetz vom 27. VI. 1970, BGBl I 911 (→ Einl. Rdnr. 152).

I. Die stufenweise Rechtsverfolgung. Zweck und Allgemeines	
1. Zweck der Vorschrift – Terminologie	1
2. Verbindung des Hauptanspruchs mit Hilfsansprüchen	2
3. Die drei Stufen	3
4. Arten der Stufenklage	4
II. Anwendungsbereich	5
III. Das Verfahren	
1. Klage	18
2. Verhandlungsablauf	19
3. Säumnis	34
4. Feststellungsanträge – Gestaltungsanträge als Hauptanspruch	35
5. Entscheidung über den Hauptanspruch	36
6. Zurücknahme des Hauptantrags	36a
7. Fortsetzung des Verfahrens	37
8. Rechtsmittelprobleme	38
IV. Zuständigkeit	
1. Örtliche Zuständigkeit	45
2. Sachliche Zuständigkeit	46
V. Streitwert. Kosten	
1. Zuständigkeits-, Bagatell- und Anwaltsstreitwert	48
2. Rechtsmittelstreitwert	49
3. Gebührenstreitwert und Kosten	51

KSchG 1951 (*Herschel*) verlangen daneben – zu Unrecht – noch die Angabe, wo der Kläger tätig war; im übrigen kam es hierauf in den Entscheidungen überhaupt nicht an. Vgl. auch *LAG Hamm* MDR 1987, 875; NZA 1993, 864.

[202] *BAG* NJW 1956, 1772 (Fn. 201); *Herschel/Löwisch* KSchG[6] § 4 Rdnr. 17; *Hueck/v. Hoyningen-Huene* KSchG[11] § 4 Rdnr. 8.

[203] *LAG Baden-Württemberg/Stuttgart* BB 1969, 917 billigt auch einer den Erfordernissen des § 253 nicht entsprechenden Klage eine die Frist des § 4 KSchG wahrende Wirkung zu, wenn nur in ihr zum Ausdruck kommt, daß der Arbeitnehmer auf den Fortbestand des Arbeitsverhältnisses bestehe.

[204] *BAG* AP Nr. 1 zu § 4 KSchG (abl. *Vollkommer*) = NJW 1976, 1285, 1991 (abl. *Martens*) = DB 1116 = BB 1610 (L) = MDR 698 (L) = RdA 209 (L).

I.[1] Die stufenweise Rechtsverfolgung. Zweck und Allgemeines

1. Zweck der Vorschrift – Terminologie

§ 254 trifft eine Sonderregelung zugunsten des Gläubigers, der erst durch **Rechnungslegung, Vorlegung eines Vermögensverzeichnisses** oder **Abgabe der eidesstattlichen Versicherung** seines Schuldners den genauen Gegenstand seines materiell-rechtlichen Anspruchs bestimmen kann. Zweck des § 254 ist die Vermeidung von Doppelprozessen über dasselbe Lebensverhältnis und der Schutz desjenigen Klägers, der über Bestehen und Umfang seiner Ansprüche entschuldbar im ungewissen ist. Um diesen Zweck zu erreichen, gestattet § 254 unabhängig von § 260[2] die **Verbindung** des Anspruchs auf die Sachleistung (die »*Herausgabeklage*«, im folgenden als **Hauptanspruch** bezeichnet) mit dem Anspruch auf Rechnungslegung, Vorlegung eines Vermögensverzeichnisses oder auf Abgabe der eidesstattlichen Versicherung (»*Rechnungslegungsanspruch*«, hier **Hilfsanspruch** genannt). Sie ist ein besonders geregelter Fall der objektiven Klagehäufung. Hauptanspruch und Hilfsanspruch sind *prozessual selbständig*[3], weil jeweils verschiedene Streitgegenstände vorliegen. Zugleich ist der Kläger von der »bestimmten Angabe der Leistungen«, die er beansprucht, befreit[4], d. h., ihn trifft **bezüglich seines Hauptanspruchs** bis zur Erfüllung des Hilfsanspruchs auf Rechnungslegung[5] **nicht das Erfordernis des bestimmten Klageantrags** (→ § 253 Rdnr. 47). Wegen des Hauptanspruchs wird sonach eine zunächst mangels Bestimmtheit *unvollkommene Leistungsklage* zugelassen, nicht eine Feststellungsklage, → auch Rdnr. 35 zu *Feststellungs- und Gestaltungsanträgen als Hauptanspruch*. Durch die Befreiung von der Bestimmtheit erwächst für das Gericht in Abweichung von § 301 Abs. 2 die *Pflicht zur sukzessiven Verhandlung* der beiden Ansprüche und zum *Erlaß eines Teilurteils* (→ Rdnr. 19).

1

Auf die **Aufrechnungseinrede** ist § 254 schon wegen der Unzulässigkeit eines Teilurteils nicht entsprechend anzuwenden. Wenn jedoch der Beklagte mit einer Gegenforderung aufrechnen will, zu deren genauen Bezifferung er der Auskunft usw. durch den Kläger bedarf, kann er **Widerklage auf Auskunft** (Rechnungslegung usw.) oder auch **Stufenwiderklage** erheben[6].

1a

§ 254 zwingt den **Kläger** nicht zur stufenweisen Verfolgung seines Anspruchs. Er kann deshalb seinen Hauptanspruch (im Wege der Schätzung) beziffern[7]. Der Beklagte ist dann im Rahmen des Prozesses über den Hauptanspruch verpflichtet, die entsprechende Auskunft zu erteilen; freilich trägt hierbei der Kläger das Risiko des Zuviel- oder Zuwenigforderns.

1b

---

[1] *Reichel* ZZP 37 (1908), 49 ff.; *Assmann* Das Verfahren der Stufenklage (Diss. 1990); *Büttner* FamRZ 1992, 629; *Lüke* JuS 1995, 143.

[2] Zur ferner im § 254 enthaltenen **Zuständigkeit kraft Sachzusammenhanges** → Rdnr. 45.

[3] *BGHZ* 76, 12; mißverständlich: *OLG München* RPfleger 1981, 34; *OLG München* NJW-RR 1988, 1286 und wohl auch *Baumbach/Lauterbach/Hartmann*[55] Rdnr. 1; *Zöller/Greger*[20] Rdnr. 4; *OLG Düsseldorf* OLG-RP 1993, 234.

[4] Vgl. *Schultz* ZZP 68 (1955), 459.

[5] Danach allerdings nicht mehr (→ bei Fn. 60). Im übrigen ist der Kläger jedoch zur möglichst genauen Bezeichnung der begehrten Leistung verpflichtet, *Habscheid* Streitgegenstand im ZP (1956), 112; *OLG Düsseldorf* MDR 1967, 675.

[6] Hierbei ist folgendes zu beachten: Für die **Aufrechnung** selbst ist nicht erforderlich, daß der Beklagte seine Gegenforderung beziffert (*MünchKomm/von Feldmann* BGB³ § 389 Rdnr. 1); notwendig ist lediglich die objektive Bestimmbarkeit der Gegenforderung des Beklagten.

Hängt allerdings die endgültige Bezifferung der Forderung von einer Auskunft oder Rechnungslegung usw. des Klägers ab, ist es dem Beklagten unbenommen, **Widerklage auf Auskunft** (auf Rechnungslegung usw.) zu erheben. Eine solche Widerklage (nach Aufrechnung) ist stets zulässig, da ein rechtlicher Zusammenhang dieser Widerklage mit einem Verteidigungsmittel – hier der Aufrechnung – besteht, → § 33 Rdnr. 19 (Fn. 65). Nicht ausgeschlossen ist ferner, **Stufenwiderklage** zu erheben (zum Problem vgl. auch *Hoevelmann* JW 1909, 98 f., der die Möglichkeit einer Stufenwiderklage andeutet). Zur Stufenwiderklage kann dann vorbehaltlos geraten werden, wenn die jetzt noch nicht bestimmbare Gegenforderung des Beklagten auf jeden Fall höher als die Klageforderung ist. Ist sie allerdings voraussichtlich *geringer*, ist die Stufenwiderklage nicht sinnvoll, da die Gegenforderung durch die Aufrechnungserklärung (sofern die Klageforderung und die Gegenforderung bestehen) erloschen ist.

[7] *BGH* WPM 1972, 1121; *Stürner* Die Aufklärungspflicht der Parteien des Zivilprozesses (1976), 259 f.

2. Verbindung des Hauptanspruchs mit Hilfsansprüchen

2 Hat der Kläger neben seinem Hauptanspruch **zwei Hilfsansprüche** in Abhängigkeit voneinander, namentlich den Anspruch auf Abgabe der eidesstattlichen Versicherung bei Bedenken gegen die Sorgfalt der Rechnungslegung oder des Vermögensverzeichnisses, § 259 Abs. 2, § 260 Abs. 2 BGB, so entspricht es dem Sinn des Gesetzes, daß er seine *drei* Ansprüche in *einer* Klage verbinden kann, so daß gegebenenfalls zwei *Teilurteile* über die Hilfsansprüche dem Endurteil vorangehen müssen[8]. Der Kläger kann aber auch den Anspruch auf Abgabe der eidesstattlichen Versicherung nach Erledigung der Rechnungslegung bzw. Vorlegung des Vermögensverzeichnisses gemäß § 264 Nr. 2 *nachträglich* erheben[9]. Ob der Kläger eine *gleichzeitige Anhängigkeit* der beiden Hilfsansprüche mit dem Hauptanspruch will oder ob er den Weg der Stufenklage – also die *sukzessive Erledigung* seiner drei Ansprüche – anstrebt, ergibt die Auslegung des Klagebegehrens (→ Rdnr. 192 ff. vor § 128). Regelmäßig jedoch wird ein Kläger selbst dann die Vorteile der Stufenklage angestrebt haben, wenn er die Ansprüche gleichzeitig geltend gemacht hat[10].

3. Die drei Stufen

3 Demnach umfaßt die **Klage** nach § 254 regelmäßig **drei Stufen**:
Erste Stufe: Antrag auf Rechnungslegung u. ä. (→ näher sogleich Rdnr. 5–13).
Zweite Stufe: Antrag auf Abgabe der eidesstattlichen Versicherung (→ Rdnr. 14).
Dritte Stufe: Herausgabeantrag (→ Rdnr. 1 und Rdnr. 36).
Über eine **spätere Stufe** darf grundsätzlich *nicht* vor Aburteilung der früheren Stufe **entschieden** werden (→ Rdnr. 1 und näher → Rdnr. 29). Jedoch kann die Klage auch **ohne die erste Stufe** (also nur mit der zweiten und dritten Stufe) erhoben werden, wenn z. B. der Kläger vom Beklagten schon eine Auskunft erhalten hat, sie aber für unvollständig oder falsch (→ Rdnr. 26) hält, oder es kann auf die **zweite Stufe verzichtet** werden, wenn z. B. der Kläger der Auskunft glaubt. Auch eine Stufenklage **ohne die letzte Stufe** (ohne den Herausgabe- oder Zahlungsantrag usw.) ist nicht etwa zulässig[11]. Bei einem solchen Vorgehen ist allerdings Vorsicht geboten. Zwei wichtige Vorteile der Stufenklage – die Rechtshängigkeit auch des zur dritten Stufe gehörenden Hauptanspruchs (→ Rdnr. 18) und damit die Unterbrechung der Verjährung dieses Anspruchs (→ Rdnr. 18) – treten nur ein, wenn sich der klägerische Angriff *inhaltlich* als eine Stufenklage darstellt. Droht die Verjährung des Hauptanspruchs oder soll dessen anderweitige Rechtshängigkeit verhindert werden, kommt der Kläger nicht umhin, den Hauptanspruch durch (wenn auch [noch] unbestimmte) Antragstellung anhängig zu machen. Anderenfalls riskiert der Kläger Nachteile[12].

---

[8] *BGHZ* 10, 386; *RGZ* 73, 243, *OLG Dresden* SächsArch 6, 133 sowie die Entsch. zu Rdnr. 19 in Fn. 34; vgl. auch *RGZ* 58, 57 f. – A. M. *Friedrichs* JW 1901, 788; *Simonsohn* ZZP 34 (1905), 481 ff.; *Reichel* (Fn. 1), 56.

[9] So auch *OLG Zweibrücken* FamRZ 1969, 230. § 259 Abs. 2 BGB geht von diesem Ablauf als Regelfall aus.

[10] *BGH* LM Nr. 8 zu § 254 = MDR 1964, 665 = BB 665; *LAG Hamm* DB 1991, 556.

[11] Einer solchen Stufenklage fehlt weder das Rechtsschutzbedürfnis (so aber *LG Essen* NJW 1954, 1289; zutreffend dagegen *Lent* a.a.O.) noch die ausreichende Bestimmtheit des Leistungsantrags nach § 253 (so aber *OLG Düsseldorf* FamRZ 1986, 488). Für eine derartige Stufenklage ohne letzte Stufe besteht vor allem immer dann eine Berechtigung, wenn der Kläger nicht genau weiß, ob die Rechnungslegung (Auskunft) zu einem günstigen Ergebnis gelangen wird. Ist es möglich, daß sich aufgrund der Rechnungslegung kein begründeter Hauptanspruch (auf Zahlung, Herausgabe usw.) ergibt, empfiehlt es sich stets, erst einmal von der letzten Stufe abzusehen (näher → Rdnr. 31), sofern nicht die Verjährung droht (→ sogleich Fn. 12). Der *BGH* hält es daher richtigerweise für zulässig, im Rahmen der erhobenen Stufenklage den Hauptantrag in der mündlichen Verhandlung erst einmal nicht zu stellen (NJW 1975, 1409 f.).

[12] So im Fall *OLG Celle* NJW-RR 1996, 1411. Der dortige Kläger hatte Auskunftsklage mit der Ankündigung erhoben: »Nach Erteilung der Auskunft wird Zahlungsantrag gegenüber der Beklagten gestellt werden«. Auch wenn der Kläger seine Klage als »Stufenklage« bezeichnet, wählte er eine Formulierung, die gerade das Nichtbetreten der letzten Stufe verdeutlichte, weshalb der Hauptantrag (als nicht rechtshängig geworden) verjähren konnte.

4. Arten der Stufenklage

Da die Stufenklage meistens einen Leistungsantrag vorbereiten soll (→ Rdnr. 1), tritt sie deshalb vor allem als **Stufenleistungsklage** auf. Wenn der *Beklagte* sie erhebt, stellt sie eine **Stufenwiderklage** (→ Rdnr. 1 a) dar. Die letzte Stufe muß aber nicht immer ein Leistungsantrag sein. Die Stufenklage kann deshalb auch die Gestalt einer **Stufenfeststellungsklage** oder einer **Stufengestaltungsklage** (→ Rdnr. 35) annehmen. 4

II. Anwendungsbereich

1. § 254 benutzt, um die Anwendungsfälle der Stufenklage zu kennzeichnen, die Begriffe »**Rechnungslegung**«, »**Vorlegung eines Vermögensverzeichnisses**«, »**Abgabe einer eidesstattlichen Versicherung**«. Der Anwendungsbereich des § 254 ist aber nicht auf diejenigen Fälle beschränkt, in denen das materielle Recht gerade diese Begriffe enthält[13]. So ist es durchaus möglich, daß sich neuere Gesetze *anderer* Ausdrücke bedienen, die aber das gleiche meinen. Ferner versagt ein starres Festhalten an den genannten Begriffen, wenn der deutsche Richter *ausländisches* materielles Recht anzuwenden hat. Maßgebend kann deshalb nur sein, ob das anwendbare materielle Recht eine Person berechtigt, von einer anderen **Auskunft, Rechenschaft, Vorlage von Vermögensverzeichnissen** oder **Abrechnungen** sowie die **Abgabe einer eidesgleichen Versicherung** deshalb zu verlangen, um hierdurch in die Lage versetzt zu sein, die ihr zustehenden Ansprüche zu konkretisieren, insbesondere einen Zahlungsanspruch zu beziffern. Demgemäß fallen unter § 254 vor allem: 5

a) Die **Rechnungslegung**[14], **§ 259 BGB**, in Verbindung mit § 27 Abs. 3, §§ 86, 666, 675, 681 Abs. 2, §§ 687, 713, 1214 Abs. 1, §§ 1379, 1698, 1890, 1915, 1978, 1990 ff., § 2130 Abs. 2[15], § 2218 BGB sowie § 320 HGB, § 86 KO, § 154 ZVG, § 28 Abs. 4 WEG[16]. 6

b) **Die Herausgabe eines Inbegriffs, § 260 BGB**, in Verbindung mit den vorgenannten Paragraphen und §§ 419, 2018, 2374 BGB. 7

c) Die **Auskunftserteilung** über den Bestand eines Inbegriffs, **§ 260 BGB**, in Verbindung mit §§ 1891, 2011, 2027, 2028, 2127, 2314, 2362 BGB, § 51 a GmbHG. 8

Zwischen **Ehegatten** existieren **Auskunftsansprüche** über Einkommen und Vermögen nach §§ 1580, 1587 e, 1587 k, 1605 BGB. Der *unterhaltsrechtliche* Auskunftsanspruch besteht aber nur, wenn diejenigen Voraussetzungen des Unterhaltsanspruchs, die von den wirtschaftlichen Verhältnissen der Parteien *unabhängig* sind, vorliegen[17]. Ist der Hauptanspruch als **Familiensache** anzusehen, so muß der ihn vorbereitende *Auskunftsanspruch* ebenfalls als Familiensache qualifiziert werden (→ näher § 1 Rdnr. 64 sub cc, → § 1 Rdnr. 70 und auch N. 96 a). Genauso wie der Hauptanspruch zum *Scheidungsverbund* (§ 623) gehört, ist auch **die familienrechtliche Stufenklage als Folgesache** zu behandeln; über das Auskunftsbegehren darf (mit Teilurteil) schon *vor* der Entscheidung über den Scheidungsantrag erkannt werden[18]. 9

---

[13] § 254 ist *extensiv* zu interpretieren, vgl. *RGZ* 53, 252 (254: redet »ausgedehnter Auslegung das Wort«).

[14] Nach *RGZ* 53, 252 (254) ist unter **Rechnungslegung jede Auskunfterteilung** zu verstehen, die auf entsprechender, durch Gesetz oder Vertrag begründeter Rechtspflicht beruhend, in verständlicher, der Nachprüfung zugänglicher Kundgebung der Tatsachen besteht.

[15] Der Auskunftsanspruch des *Nacherben* kann auch gegen den vom Vorerben Beschenkten bestehen, *BGHZ* 58, 237.

[16] Im Verfahren nach § 43 Abs. 1 Nr. 1 WEG ist ein Stufenantrag analog § 254 zulässig: *OLG Düsseldorf* NJW-RR 1987, 1163.

[17] *BGHZ* 85, 16 (28 f.).

[18] *BGH* NJW 1979, 1603 = FamRZ 690; FamRZ 1982, 151 (zum nachehelichen Unterhalt); *OLG Stuttgart* FamRZ 1987, 1034; *KG* NJW-RR 1992, 450; *OLG Hamm* FamRZ 1993, 984.

10   d) **Unbedenklich anwendbar** ist § 254 im Fall des § 87c HGB (Vorlegung eines Buchauszugs an den **Handelsvertreter**)[19], § 118 HGB (**Bucheinsicht des Gesellschafters** bei der offenen Handelsgesellschaft), § 166 HGB (**Bilanzprüfung durch den Kommanditisten**), ferner bei dem Anspruch des **Handlungsgehilfen** mit Gewinnbeteiligung (sog. commis intéressé) auf die erforderliche Kenntnis der Geschäfte[20], **bei allen sonstigen Auskunfts- und Rechnungslegungsansprüchen** aufgrund vertraglicher Rechtsverhältnisse, die eine **Interessengemeinschaft** zum Gegenstand haben[21]. Die Stufenklage kann ferner zur Anwendung kommen, wenn der **Drittschuldner** durch eine *Klage auf Auskunft* zur Abgabe einer Erklärung gemäß § 840 gezwungen werden soll[22].

11   e) Vielfach besteht eine Verpflichtung zur Rechnungslegung, wenn der aus einem Rechtsverhältnis Berechtigte **entschuldbarerweise über Bestehen und Umfang seines Rechts im ungewissen ist**, der Verpflichtete hingegen ihm *unschwer* Auskunft erteilen kann[23]. Eine verselbständigte (allgemeine) **prozessuale Aufklärungs-** oder **Auskunftspflicht** *unabhängig vom materiellen Recht* **besteht** jedoch **nicht** (→ § 138 Rdnr. 22); aber auch eine **generelle materiellrechtliche Auskunftspflicht** kann **nicht anerkannt** werden (→ § 138 Rdnr. 23).

13   2. In den Fällen des **§ 260 BGB** ist zugleich die Pflicht zur **Vorlegung eines Vermögensverzeichnisses** begründet.

14   3. In allen genannten Fällen und außerdem in dem des § 2006 BGB (beim Erben)[24] besteht ferner die Verpflichtung zur **Abgabe der eidesstattlichen Versicherung**, sofern hierfür die Voraussetzungen vorliegen.

15   4. Die **Stufenklage** steht aber dann **nicht** zur Verfügung, wenn der **Kläger zur genauen Bestimmung seines Hauptanspruchs** der Auskunft etc. **nicht bedarf**. Deshalb kann sich z. B. ein Kläger **nicht** der **Stufenklage** bedienen, wenn er weiß, was der Beklagte herauszugeben hat, und wenn er nicht über Bestehen und Umfang seines Herausgabeanspruchs, sondern nur darüber im ungewissen ist, ob der Beklagte diesen Gegenstand noch besitzt und wo er sich jetzt befindet. Dann hat er *direkt auf Herausgabe* zu klagen, und der Beklagte muß nach einer Verurteilung gemäß § 883 Abs. 2 die eidesstattliche Versicherung abgeben[25].

16   5. Soweit nach dem Vorgenannten ein zulässiger Anwendungsfall der ersten oder zweiten Stufe des § 254 vorliegt, spielt es keine Rolle, ob der **Hauptanspruch** auf **Zahlung** oder auf **Herausgabe** von Sachen oder auf andere Leistungen gerichtet ist[26]; entscheidend ist lediglich, daß die vorhergehenden Stufen diesem Hauptanspruch dienen sollen.

---

[19] *Würdinger* HGB² (1953) § 87c Anm. 7; *Wieczorek*² B I a 1; *Baumbach/Hopt* HGB²⁹ (1995) § 87c Rdnr. 11; *RGRK-Würdinger* HGB² (1953) § 87c Anm. 7; *Seetzen* WM 1985, 213 (220); vgl. auch zum alten Rechtszustand OLG Karlsruhe BadRPr 03, 321.

[20] *Staub* HGB¹²/¹³ (1926) § 65 Anm. 4 ff.

[21] Vgl RGZ 108, 25; 126, 40, 123; BAG AP Nr. 1 zu § 268 ZPO = WPM 1967, 1223 (Auskunftsanspruch des *Arbeitgebers* gegen den ein vertragliches *Wettbewerbsverbot* verletzenden *Arbeitnehmer*); OLG Koblenz DB 1991, 852 (Auskunftsanspruch nach Verkauf einer Steuerberatungspraxis).

[22] Dazu näher *Lang* Die Erklärung des Drittschuldners nach § 840 Abs. 1 ZPO (Diss. Freiburg 1982), 97 ff. mit Nachw.; *Lindgren* Die Drittschuldner-Haftung: Die Erklärungspflicht des Drittschuldners und die Fragen ihrer Verletzung (§ 840 ZPO) (1991); die Zulässigkeit einer solchen Klage ist jedoch umstritten, dafür: *Schumann* Festschr. für G. Rammos (1975), 821 (829); *Lang* a.a.O. 106; a. M. *Brehm* → 840 Rdnr. 19; BGHZ 91, 126 = NJW 1984, 1901 = JZ 673 ff. mit zust. Anm. *Brehm*; differenzierend *Lüke* Der Informationsanspruch im Zivilrecht JuS 1986, 7, der den Anspruch des Vollstreckungsgläubigers bejaht, die Klagbarkeit aber verneint.

[23] BGHZ 10, 387; RGZ 158, 379; so auch LAG Stuttgart und R. Hueck Anm. AP Nr. 1 zu Art. 12 GG.

[24] Die h. L. verneint im Fall des § 2006 BGB eine erzwingbare Pflicht, s. RG WarnRsp 1912, Nr. 116; OLG Dresden OLG Rsp 10, 296; *Planck/Flad* BGB⁴ (1930) § 2006 Anm. 4c; *RGRK/Johannsen* BGB¹² (1974) § 2006 Rdnr. 1; *Staudinger/Marotzke* BGB¹² (1989) § 2006 Rdnr. 2; *Soergel/Siebert/Stein* BGB¹² (1992) § 2006 Rdnr. 9, *MünchKomm/Siegmann*² (1989) § 2006 Rdnr. 6; *Kipp/Coing* ErbR¹³ (1978) § 94 VI; *Lange/Kuchinke*³ (1989) § 50 VI 7a (sämtlich mit Lit.).

[25] BGH LM Nr. 7 zu § 254 = MDR 1963, 204 = BB 577. Der BGH begründet die Unzulässigkeit der Stufenklage mit dem fehlenden **Rechtsschutzbedürfnis**, da § 883 eingreife. In Wirklichkeit fehlt es bereits an den Voraussetzungen des § 254. Zur Konkurrenz von Rechtsbehelfen → Rdnr. 105 vor § 253.

[26] RGZ 56, 119 f.

III. Das Verfahren

1. Klage

Der Hauptanspruch und zumindest ein Hilfsanspruch (→ Rdnr. 2, 3) müssen **in der Klage** 18
erhoben sein und begründet werden; nur darf der Antrag bezüglich des Hauptanspruchs den
Vorbehalt der Bezifferung bzw. Angabe der einzelnen Sachen enthalten. Die **Bezeichnung
„Stufenklage"** ist zwar nicht erforderlich, aber dringend zu empfehlen, insbesondere um die
Klage nicht als eine bloße Auskunftsklage erscheinen zu lassen. Umgekehrt wird eine Klage
nicht dadurch zu einer Stufenklage, wenn sie vom Kläger so bezeichnet ist, aber keine
Stufenfolge des Verfahrens vorsieht[27]. Durch die Stufenklage wird die **Rechtshängigkeit der
erhobenen Ansprüche** begründet[28]. Die Rechtshängigkeit des Hauptanspruchs umfaßt den
Zahlungsanspruch nicht nur in dem Betrag, der sich aus der gelegten Rechnung ergibt.
Rechtshängig wird er vielmehr in dem Umfang, den er tatsächlich oder nach der Vorstellung
des Klägers hat und dessen Höhe die richtige Auseinandersetzung der Beteiligten ergeben
muß[29]; es sei denn, der Kläger macht nach der erteilten Auskunft nur einen Teil des Zahlungsanspruchs geltend, dann ist auch nur dieser Teil mit der Erhebung des Auskunftsanspruchs
rechtshängig geworden[30]. Durch die Erhebung der Stufenklage wird die Unterbrechung der
Verjährung nach § 209 Abs. 1 BGB bewirkt. Dies gilt selbst dann, wenn die Stufenklage, ohne
daß der Hauptantrag gestellt wurde (hierzu → Rdnr. 3 a. E.), verhandelt wird[31]. Dem Kläger
ist es aber auch **gestattet**, schon jetzt einen **Mindestbetrag** zu nennen. Dann ist die Klage nur
hinsichtlich des übersteigenden Betrags eine Stufenklage[32]. Eine solche Verfahrensweise
empfiehlt sich etwa in den Fällen, in denen der Kläger genau weiß, daß der Beklagte
wenigstens den Mindestbetrag schuldet und er nur hinsichtlich weiterer Ansprüche auf die
Auskunft des Beklagten angewiesen ist. Auch eine **vollständige Bezifferung** des Hauptanspruchs schließt nicht aus, daß eine Stufenklage vorliegt, wenn nur der Kläger erkennen läßt,
daß er die gleichzeitig von ihm begehrte Auskunft zur Unterstützung dieses seines bezifferten
Hauptanspruches benötigt[33].

2. Verhandlungsablauf

Die **Verhandlung** hat sich **zunächst** mit dem **Hilfsanspruch** zu befassen; über ihn muß durch 19
Teilurteil erkannt werden[34], und zwar innerhalb des Hilfsanspruchs ebenfalls *getrennt nach
Stufen*, so daß nicht zur Abgabe der eidesstattlichen Versicherung verurteilt werden darf,
wenn noch nicht über die Rechnungslegung befunden wurde[35].

Je nach dem Ergebnis der Verhandlung über den Hilfsanspruch bezüglich der Rechnungsle- 20
gung etc. ist zu unterscheiden:

---

[27] *OLG Celle* (Fn. 12)
[28] *BGH* LM Nr. 3 zu § 254 = BB 1958, 4 = ZZP 71 (1958), 408; *BGH* FamRZ 1988, 1257; *BGHR* Rechtshängigkeit 1; *OLG Oldenburg* NdsRpfl 1985, 162; *OLG Stuttgart* NJW-RR 1990, 766; *OGHZ* 4, 184; *Habscheid* (Fn. 5), 275; *BAG* AP Nr. 58 zu § 4 TVG; NJW 1977, 1551 (L) = BB 899 = DB 1371 = RdA 196 (L) (Wahrung einer tariflichen Ausschlußfrist durch Erhebung einer Stufenklage).
[29] *OGHZ* 4, 185. Nach *BGH* Warn 78, 88 tritt Verjährungsunterbrechung auch bezüglich eines Schadensersatzanspruches wegen Kündigung für einen Zeitraum ein, der erkennbar irrtümlich in der Klage nicht miteinbezogen war, später aber geltend gemacht wird.
[30] *OLG Hamburg* FamRZ 1983, 602.
[31] *BGH* NJW 1975, 1409 f.; vgl. auch *BGH* NJW 1992, 2563; *BAG* NJW 1986, 1931; → auch Fn. 11 a. E.
[32] *BGH* VRS 3, 402 (nicht in *BGHZ* 2, 366 abgedruckt); vgl. auch *Habscheid* (Fn. 5) 276.
[33] *BGH* BB 1972, 1245 = WPM 1121.
[34] *BGH* NJW 1980, 2881; *BGH* LM Nr. 3 (Fn. 28); LM Nr. 8 (Fn. 10); *RGZ* 58, 57 f.; *RG* JW 1908, 558; WarnRsp 1912 Nr. 413; JW 1936, 2137 sowie oben bei und in Fn. 8; zur vorläufigen Vollstreckbarkeit eines Teilurteils auf Auskunftserteilung *OLG München* NJW-RR 1990, 1022.
[35] *BGH* LM Nr. 3 (Fn. 26); vgl. auch *BGHZ* 10, 385 f. = NJW 1954, 70 = JZ 168; *BGH* WPM 1979, 17. Vgl. auch *BGH* NJW-RR 1987, 1029 zum Fortwirken des Stufenverhältnisses in 2. Instanz nach Abweisung der gesamten Klage.

21 a) Wurde der Beklagte (rechtskräftig)[36] zur Rechnungslegung etc. verurteilt und hat er Rechnung gelegt usw., kann der Kläger jetzt den **Antrag auf Abgabe der eidesstattlichen Versicherung** stellen.

22 b) Auch in folgenden Fällen kann der Kläger den **Antrag auf eidesstattliche Versicherung** stellen, wenn er das Verfahren weiterbetreiben will:

23 (1) Der Hilfsanspruch auf Rechnungslegung etc. wurde durch Teilurteil als *unbegründet*[37] abgewiesen, weil der Beklagte schon *vor* dessen Rechtshängigkeit Rechnung gelegt hatte.

24 (2) Bezüglich des Hilfsanspruchs wurde die Hauptsache übereinstimmend für *erledigt* erklärt, weil der Beklagte *nach* Rechtshängigkeit (→ § 91a Rdnr. 9–11), aber vor Verurteilung, freiwillig Rechnung gelegt hatte (→ näher Rdnr. 31).

25 (3) Der Kläger hat überhaupt *keinen* Hilfsanspruch auf Rechnungslegung etc. *erhoben*, weil der Beklagte schon vor Klageerhebung Rechnung gelegt hatte (→ Rdnr. 3 a. E.).

26 c) Ist der Kläger mit der (auch freiwillig) erteilten **Auskunft nicht zufrieden**, weil er sie für unvollständig hält, bleibt ihm *nur* die Möglichkeit, **Antrag auf Abgabe der eidesstattlichen Versicherung** zu stellen (§ 889 Abs. 1; zuständig ist das Vollstreckungsgericht). Ein Anspruch auf **Auskunftergänzung** besteht **nicht**[38].

27 d) Wurde der *Hilfsanspruch auf Rechnungslegung* etc. deswegen als *unbegründet* abgewiesen, weil dem Kläger ein derartiger Anspruch materiell-rechtlich nicht zusteht, so muß der **Kläger** den **Hauptanspruch** geltend machen; ein **Anspruch auf eidesstattliche Versicherung** ist dann **nicht gegeben**.

28 e) Ist der Hilfsanspruch auf eidesstattliche **Versicherung nicht begründet** oder will der **Kläger** darauf verzichten, **kann** er in jedem Fall auch **sofort den Hauptanspruch geltend machen**.

29 f) Über den **Hauptanspruch** darf ein **Endurteil**, *soweit noch* über die erste oder zweite Stufe *verhandelt* wird, als Verurteilung vorbehaltlich des Betrags wie sonst **nicht ergehen**; auch wenn der (unbezifferte) Hauptanspruch vor Entscheidung über den Hilfsanspruch im Prozeß erhoben (d. h. in der mündlichen Verhandlung der entsprechende Antrag gestellt) wird, darf er nicht als unzulässig abgewiesen werden, da eine vorzeitige Verhandlung und Entscheidung über den Hauptanspruch ausgeschlossen ist[39] (→ Rdnr. 3).

30 g) Gelangt dagegen das Gericht zur **Verneinung** und damit zur **Abweisung des Hauptanspruchs**, so hindert der Umstand, daß der Anspruch noch nicht beziffert ist, seine Aberkennung nicht[40], er kann dann zusammen mit dem Rechnungslegungsanspruch abgewiesen werden[41], vgl. den parallelen Fall in § 304. Die **Abweisung des Hilfsanspruchs** hat dagegen die des Hauptanspruchs *nicht* zur notwendigen Folge, wenn sie z. B. deshalb ergeht, weil die (vom Kläger als ungenügend oder nicht erfolgt bezeichnete) vorprozessuale Rechnungslegung als Erfüllung des Hilfsanspruchs anzusehen sei.

31 h) Kommt der Beklagte **freiwillig** dem **Auskunftsanspruch** nach oder gibt er freiwillig die **eidesstattliche Versicherung** ab, so kann nach den allgemeinen Grundsätzen (→ § 91a) die **Erledigung** der **Hauptsache** bezüglich des erledigten Anspruchs **erklärt** werden. Ein **Teilurteil** wird bei **einseitiger Erledigungserklärung**[42] des Hilfsanspruchs auf Auskunft usw. notwendig[43], da der Hilfsanspruch einen prozessual selbständigen Streitgegenstand (→ Rdnr. 1)

---

[36] A. M. *MünchKommZPO/Lüke* Rdnr. 21.
[37] Vgl. *BGH* LM Nr. 3 (Fn. 28).
[38] *BGH* LM Nr. 3 (Fn. 28). In den Streit um die *Abgabe der eidesstattlichen Versicherung* (nicht um die Rechnungslegung!) gehört das Problem, ob der Gegner die Rechnung vollständig gelegt hat; vgl. *BGH* LM Nr. 6 = MDR 1961, 751 = BB 1980; s. auch *BGH* WPM 1980, 318.
[39] *OLG Köln* NJW 1973, 1848; *KG* MDR 1975, 1024; *OLG Düsseldorf* OLG-RP 1993, 234.
[40] *BGH* LM Nr. 3 (Fn. 28).

[41] *BGH* LM Nr. 3 (Fn. 28).
[42] Bei zweiseitiger Erledigungserklärung bedarf es keines Urteils, s. § 91a Abs. 1. Ähnlich wie bei der teilweisen Erledigungserklärung (→ § 91a Rdnr. 31) muß dann über die Kosten des gesamten Rechtsstreits im Endurteil über den Hauptanspruch entschieden werden, vgl. auch *Rixekker* Die Erledigung im Verfahren der Stufenklage MDR 1985, 633.
[43] So zutreffend *E. Schneider* MDR 1985, 354 bei Fußn. 181; *ders.* MDR 1988, 807; *OLG Frankfurt a. M.*

darstellt, über den zu entscheiden ist. Ergibt sich aufgrund der Rechnungslegung usw., daß ein Hauptanspruch *nicht besteht*, soll der Kläger berechtigt sein, die Erklärung der Erledigung der Hauptsache abzugeben[44]. Doch kann dieser Ansicht nicht gefolgt werden, weil eine Erledigung der Hauptsache in einem solchen Fall nicht vorliegt; denn der Hauptantrag hat sich ja als *von vornherein* unbegründet erwiesen, und von einer Erledigung der Hauptsache läßt sich nur sprechen, falls die Klage (hier: der Hauptantrag) erfolgreich war und während des Prozesses erfolglos *geworden* ist. Zu einer Art analogen Anwendung des Instituts der Erledigung der Hauptsache besteht ebenfalls kein Anlaß. Derjenige Kläger nämlich, der mit einer Unbegründetheit des Hauptantrags rechnet oder wenigstens nicht genau weiß, ob sein Hauptantrag begründet ist, kann ohne weiteres erst einmal das Stellen des Hauptantrags (auf Herausgabe, Zahlung usw.) unterlassen (zur Zulässigkeit dieses Vorgehens → Rdnr. 3 a. E.) und abwarten, zu welchem Ergebnis die Rechnungslegung usw. kommt. Wer jedoch einen solchen Weg nicht geht und eine Stufenklage auch mit (allerdings noch unbestimmten) Hauptantrag erhebt, muß damit rechnen, daß er – falls der Hauptanspruch nicht besteht – mit seinem **Hauptantrag** kostenpflichtig **abgewiesen** wird[45], falls er nicht die Klage zurücknimmt (hierzu → Rdnr. 36a). Eine Erledigung der Hauptsache liegt jedoch vor, wenn der Beklagte aufgrund der Rechnungslegung oder der Auskunft seine hauptsächliche Verbindlichkeit (z.B. die Herausgabe, die Zahlung) erfüllt.

3. Säumnis

Die dargestellten Grundsätze gelten auch bei **Säumnis**. Bleibt der *Beklagte* aus, so kann zunächst nur ein Teilversäumnisurteil über den Hilfsanspruch ergehen; ein Versäumnisurteil über den Hauptanspruch ist dagegen aus den in Rdnr. 19 angeführten Gründen ausgeschlos- **34**

---

[44] MDR 1989, 1108; a. M. *OLG Düsseldorf* NJW-RR 1996, 839; *OLG Köln* MDR 1996, 637; FamRZ 1984, 1029; *OLG München* FamRZ 1983, 629; *OLG Koblenz* NJW 1963, 912: Der Auskunftsanspruch habe nur einen vorbereitenden und unselbständigen Charakter und über das Bestehen der Auskunftspflicht sei nur zu entscheiden, wenn der Kläger dieses Hilfsmittels zur Bezifferung seines Anspruchs bedürfe. Deshalb bedeute die einseitige Erledigungserklärung lediglich ein »Fallenlassen« des Auskunftsanspruchs; so auch *Zöller/Greger*[20] Rdnr. 12; *Baumbach/Lauterbach/Hartmann*[55] Rdnr. 8; *Rixecker* (Fn. 42), 634 (allerdings mit anderer Begründung: es fehle das Rechtsschutzbedürfnis des Klägers an einer Feststellung der Erledigung). Da aber der Auskunftsanspruch einen eigenen Streitgegenstand bildet (→ Rdnr. 1), kann er auch **selbständig** zurückgenommen oder **für erledigt erklärt** werden (→ auch § 91a Fn. 65). Diese Möglichkeit dem Stufenkläger zu nehmen, ist mit Wortlaut und Zweck des § 254 nicht zu vereinbaren. Wie auch sonst bei objektiver Anspruchshäufung (§ 260) ist daher der Stufenkläger befugt, seinen erfolgreichen Auskunftsanspruch für erledigt zu erklären, wenn der Beklagte freiwillig Auskunft erteilt hat, und (falls der Beklagte nicht der Erledigungserklärung zustimmt) ein Teilurteil zu erstreiten.

[44] → § 91a Fn. 7 bei Fn. 28.

[45] *OLG Stuttgart* NJW 1969, 1216 (der Hauptanspruch ist abzuweisen); *OLG Düsseldorf* FamRZ 1988, 1071; NJW-RR 1989, 446; *OLG Frankfurt a. M.* FamRZ 1987, 292 u. 85; *Baumbach* (Fn. 43); *Rixecker* (Fn. 42), 634f.: Sofortiger Klageverzicht sei möglich mit analoger – umgekehrter – Anwendung des § 93; doch hierfür gibt es die Erklärung der Erledigung der Hauptsache. (→ § 93

Rdnr. 1). Im übrigen ist eine Kostenbelastung des *Beklagten* auch mit den Kosten des *Haupt*antrages (hinsichtlich des *Hilfs*antrages muß der Beklagte natürlich die Kosten tragen, weil er *insoweit* sicher unterlegen ist) keineswegs gerechtfertigt, da der Kläger ohne weiteres das Stellen des (sich nunmehr als unbegründet erwiesenen) Hauptantrages erst einmal hätte unterlassen können. Auch wenn der Beklagte hinsichtlich des Hilfsantrages (auf Rechnungslegung, Auskunft usw.) im Unrecht war und deshalb verurteilt werden mußte, war durch dieses Verhalten der Klägers keineswegs gezwungen, nunmehr eine Stufenklage auch mit der letzten Stufe zu erheben. Wenn er trotzdem glaubt, den Hauptantrag trotz noch ausstehender Auskunft (Rechnungslegung usw.) stellen zu sollen, geht er ein Prozeßrisiko ein, das allein *er* zu tragen hat. – Untauglich ist schließlich der Lösungsweg von *Fett* Die Stufenklage (Diss. Saarbrücken 1978), der meint, der Hauptantrag sei *unzulässig* geworden, falls sich aufgrund der Rechnungslegung usw. die Unbegründetheit des Hauptantrages zeige (S. 72), so daß der Kläger wegen Unzulässigwerdens dieses Antrags die Hauptsache für erledigt erklären dürfe. *Fett* übersieht ebenfalls, daß der Kläger nicht zum Stellen des Hauptantrags gezwungen war, so daß keinerlei Rechtfertigung gegeben ist, den Beklagten mit den Kosten auch des Hauptantrages zu belasten. Aber auch seine begriffsjuristische Argumentation (der bisher zulässige unbestimmte Hauptantrag sei nach Rechnungslegung unzulässig) ist unrichtig. Dieser Antrag ist während der Anhängigkeit der beiden vorherigen Stufen nicht weniger unzulässig; nur erlaubt § 254 ausnahmsweise, daß er bereits mit den anderen Stufen anhängig gemacht wird.

sen[46]. Bleibt dagegen der *Kläger* aus, so steht einer gänzlichen Abweisung *aller* Klageanträge[47] – außer es ist über einen schon ein Urteil ergangen – der Umstand, daß der Hauptanspruch noch nicht beziffert war, ebensowenig entgegen, wie ein sonstiger Mangel der Klage → § 330 II 2.

4. Feststellungs- und Gestaltungsansprüche als Hauptanspruch

35 Im Rahmen der Stufenklage stellt sich immer wieder das Problem, inwieweit **Feststellungsanträge** und **Gestaltungsanträge als Hauptanspruch** (also in der letzten Stufe) zulässig sind. Zwar wird in aller Regel der Hauptanspruch ein Leistungsanspruch sein. Dementsprechend hat auch der Text des § 254 vor allem die *Leistungsklage* im Auge (»bestimmte Angabe der Leistungen«). Gleichwohl ist *nicht ausgeschlossen*, daß in gewissen Fällen statt der **in dritter Stufe** zu erhebenden Leistungsklage in *analoger Anwendung* des § 254 ein **Feststellungsantrag** (auf Feststellung der Verpflichtung zur Zahlung des sich aus der Abrechnung ergebenden Betrags) oder ein **Gestaltungsantrag** (z. B. auf Herabsetzung nach § 323) **erhoben** wird. Inwieweit ein solcher in dritter Stufe als Feststellungs- oder Gestaltungsantrag begehrter Hauptanspruch zulässig ist, richtet sich jedoch nicht nach § 254, sondern nach den allgemeinen Grundsätzen der betreffenden Klage[48]. Im Rahmen des Zwecks von § 254 (→ Rdnr. 1) bestehen jedenfalls **keine Bedenken, nicht nur Leistungsanträge als letzte Stufe der Stufenklage** zuzulassen.

35a Von diesem Fall einer **in dritter Stufe als Hauptanspruch erhobenen Feststellungsklage** oder **Gestaltungsklage** ist wiederum der Fall zu trennen, daß **neben der Stufenklage** und damit auch *neben* der in ihr (als dritter Stufe, → Rdnr. 3) erhobenen Leistungsklage *zusätzlich* im Wege der objektiven Klagehäufung (§ 260) eine Feststellung oder eine Gestaltung begehrt wird. Regelmäßig ist aber **neben der Stufenklage ein solcher Feststellungsantrag unzulässig**[49], weil ja zugleich mit dem Hilfsanspruch auch ein (allerdings zur Zeit noch unbezifferter) Leistungsanspruch geltend gemacht ist[50] und für eine gleichzeitige Feststellung regelmäßig kein Bedürfnis besteht (→ § 256 Rdnr. 80). Ebenfalls ist eine **Zwischenfeststellungsklage** meistens *nicht zulässig*[51], weil das im Wege der Zwischenfeststellung festzustellende Rechtsverhältnis in der Regel identisch mit dem beim Hauptantrag festgestellten Rechtsverhältnis ist.

5. Entscheidung über den Hauptanspruch

36 Zur sachlichen **Entscheidung über den Hauptanspruch** kommt es – abgesehen von dem Fall, daß der Kläger den Hilfsanspruch fallen gelassen hat[52] – erst, nachdem »die Rechnung mitgeteilt, das Vermögensverzeichnis vorgelegt oder die eidesstattliche Versicherung abgegeben ist«.

Das Gesetz unterscheidet nicht, ob dieser Erfolg, die Befriedigung des Hilfsanspruchs, im Wege der Zwangsvollstreckung herbeigeführt ist oder durch freiwillige Erfüllung des Beklagten[53], ob also insbesondere die eidesstattliche Versicherung gemäß § 889 oder gemäß §§ 79,

---

[46] Ist das Versäumnisurteil über den Hauptanspruch gleichwohl erlassen, so steht es in seinen Wirkungen einem Feststellungsurteil (z. B. über die Schadensersatzpflicht) gleich, *RGZ* 84, 370; *Baumbach/Lauterbach/Hartmann*[55] Rdnr. 22; a. M. *Zöller/Greger*[20] Rdnr. 17 (Wirkung eines Grundurteils).
[47] *OLG Schleswig* FamRZ 1991, 96.
[48] *RGZ* 58, 60 f.; *BayObLG* BlfRA 70, 96. Zur *Feststellungsklage* (§ 256) *OLG Hamburg* FamRZ 1983, 626 (2. Familiensenat); anders FamRZ 82, 935 (2 a Familiensenat) zur *Herabsetzungsklage* (§ 323) als letzte Stufe; Vgl.

auch *OLG Frankfurt a. M.* FamRZ 1987, 175; *OLG Hamm* OLGZ 1988, 468; *OLG München* FamRZ 1989, 284.
[49] *BGH* LM Nr. 6 (Fn. 31); *BAG* BB 1972, 1056 (L) = Betrieb 1972, 1831 = RdA 1972, 318 (L) = WPM 1973, 25; *LG Berlin* Grundeigentum 1989, 411.
[50] → Rdnr. 18 bei Fn. 28.
[51] *BGH* LM Nr. 6 (Fn. 38).
[52] A. M. *KG* OLG Rsp 25, 89, das hier Erledigung der Hauptsache annimmt (?).
[53] Vgl. *RGZ* 56, 44 f.

163 FGG (§§ 261, 2028, 2057 BGB) geleistet ist; ebensowenig, ob die Vollstreckung nur eine vorläufige nach §§ 708 ff. oder eine endgültige war. Ist die *Vollstreckung des Hilfsanspruchs fruchtlos* verlaufen oder seine *Erfüllung unmöglich* geworden, so kann der Kläger nach § 264 Nr. 3, § 893 anstelle der den Gegenstand seines *Haupt*anspruchs bildenden Leistungen[54] das *Interesse* fordern und so auch hier zu einer Verurteilung gelangen[55].

Die auf die Stufenklage ergehende, zur Rechnungslegung verurteilende Entscheidung schafft *keine Rechtskraft* oder Bindung nach § 318 bezüglich des Klagegrundes[56]; das Teilurteil kann auch nicht deshalb angefochten werden, weil außer vertraglicher Haftung noch ein deliktischer Anspruch bestehe oder ähnliches[57].

6. Zurücknahme des Hauptanspruchs

Nach Verurteilung des Beklagten zur Auskunftserteilung und der Erfüllung dieses Hilfsanspruchs kann der Kläger den Klageantrag mit dem Hauptantrag *ohne* Einwilligung des Beklagten *zurücknehmen*, wenn dieser noch nicht über den Hauptantrag mündlich verhandelt hat[58].

36a

7. Fortsetzung des Verfahrens

Die **Fortsetzung** erfolgt im Parteiprozeß und im Anwaltsprozeß durch *Antrag auf Terminsbestimmung*[59] (→ § 216 Rdnr. 4). Der **Kläger** muß nunmehr die Leistung, die den Gegenstand seines Hauptanspruchs bildet, bestimmt angeben, also den **bestimmten Antrag**, von dem er bisher entbunden war, **nachholen**[60], widrigenfalls seine Klage als unzulässig[61] abgewiesen werden müßte[62]. Dieser Antrag unterliegt als **Sachantrag** den Vorschriften der §§ 297, 335 Abs. 1 Nr. 3 usw. Auf welcher Grundlage der Kläger seinen Anspruch »aus dem zugrunde liegenden Rechtsverhältnisse« berechnet, ist gleichgültig; eine Beschränkung auf das sich aus der Rechnungslegung usw. Ergebende ist nicht vorgeschrieben[63]. Der Kläger braucht demgemäß auch (z. B. wenn er inzwischen für die Bezifferung des Anspruchs anderweitige Unterlagen gefunden hat) mit dem Antrag auf Terminsbestimmung nicht bis zur Rechnungslegung usw. zu warten[64].

37

8. Rechtsmittelprobleme

Die Behandlung der Stufenklage innerhalb des **Rechtsmittelzuges** führt zu einigen Besonderheiten:

38

---

[54] Nicht anstelle des *Hilfs*anspruchs, ungenau *RGZ* 61, 408.
[55] Ebenso *Hoevelmann* JW 1909, 98. – A. M. *RGZ* 61, 405 ff.; *RG* JW 1911, 91 f.
[56] *BGH* LM Nr. 9 = JR 1970, 185 (*Baumgärtel*); LM Nr. 10 = NJW 1969, 880 = MDR 654 = BB 380, beide in JZ 1970, 226 (*Grunsky*); *BGH* NJW 1985, 862; *RG* JW 1936, 2137; *OLG Karlsruhe* MDR 1992, 804 m. w. N.; *LAG Hamm* AP Nr. 1 zu § 254 (Anm. *Pohle*); *Wieczorek*[2] A II b 3; a. M. *BGH* WPM 1975, 1086; *Zeuner* Die objektiven Grenzen der Rechtskraft (1959), 159 ff.; vgl. auch *A. Blomeyer*, der dem Urteil über den Hilfsanspruch die Bedeutung eines Grundurteils beilegen möchte (Lb[2] § 89 V 3 c bei Fn. 99, § 99 IV 1 c); *OLG Oldenburg* MDR 1986, 62 verneint für den Fall, daß der Rechnungslegungsanspruch abgewiesen wurde und später die Zahlungsklage erneut erhoben wird, eine Rechtskraftwirkung hinsichtlich des Zahlungsanspruchs.

[57] *RG* 28. IX. 1889 – IV 71/39.
[58] *OLG Stuttgart* NJW 1969, 1216; *OLG Hamm* MDR 1989, 461, der Kläger trägt die Kosten, wenn er die Hauptsache einseitig erledigt erklärt, weil die Auskunft keine Leistungspflicht des Beklagten ergab. Bei der Klagezurücknahme entstehen dem Kläger allerdings keine Kosten, *OLG Stuttgart* a.a.O.; a.M. *OLG München* MDR 1990, 636; *Zöller/Greger*[20] § 269 Rdnr. 18a.
[59] *BGH* NJW 1985, 1350; *OLG Schleswig* FamRZ 1991, 96 m. w. N.; a. M. *MünchKommZPO/Lüke* Rdnr. 21.
[60] *OLG Düsseldorf* NJW 1965, 2352 = VersR 1966, 162; vgl. *RG* WarnRsp 12 Nr. 281.
[61] → § 253 Fn. 148.
[62] *Reichel* (Fn. 1), 56; *OLG Düsseldorf* (Fn. 60).
[63] *RGZ* 56, 43 f.; *OGHZ* 4, 184.
[64] A. M. *OLG Celle* OLG Rsp 27, 67.

39 a) War im **ersten Rechtszuge die ganze Klage abgewiesen** (→ Rdnr. 31), ist in dem *Berufungsrechtszug* dagegen dem *Hilfsanspruch* auf Rechnungslegung usw. *stattgegeben* worden, so hat die *weitere Verhandlung* über den *Hauptanspruch* in entsprechender Anwendung des § 538 Abs. 1 Nr. 3 vor dem **Gericht des ersten Rechtszuges** stattzufinden[65]; denn sachlich ist die Abweisung des unbezifferten Hauptanspruchs nichts wesentlich anderes als eine Abweisung wegen Verneinung des Grundes des Anspruchs[66], und eine Sachdienlichkeit nach § 540 wird selten gegeben sein. Bei der Einfügung des § 254 durch die Nov. 1898 (→ Einl. Rdnr. 113) und bei der geringfügigen Änderung des § 538 Abs. 1 Nr. 3 durch dieselbe Novelle war die Ähnlichkeit zwischen beiden Abweisungen nicht erkannt worden[67]. Deshalb ist in diesen Fällen in aller Regel der Rechtsstreit **vom Berufungsgericht an das Erstgericht zurückzuverweisen.**

40 b) Wenn das Gericht des **ersten Rechtszuges nur den Hilfsanspruch** auf Auskunfterteilung durch Teilurteil **abgewiesen** hat, ist *dieses* Gericht trotz eines gegen das Teilurteil eingelegten **erfolgreichen** Rechtsmittels weiterhin zur Entscheidung über den *Hauptanspruch* (evtl. vorher noch über die zweite Stufe des Hilfsanspruchs) zuständig[68], nicht etwa das Rechtsmittelgericht[69]. Einer *Zurückverweisung* vom Rechtsmittelgericht an das untere Gericht bedarf es in diesem Fall *nicht*[70].

41 c) Nach einer in Rechtsprechung und Lehre verbreiteten Ansicht soll das **Rechtsmittelgericht** jedoch **befugt** sein, die noch beim unteren Gericht anhängigen **Ansprüche der zweiten und dritten Stufe** (→ Rdnr. 3) **selbst abzuweisen**, wenn es zu einer Abweisung der *ersten* Stufe gelangt und die diese Abweisung tragenden Gründe zwingend[71] dazu führen, auch die Unbegründetheit eines weiteren Hilfsanspruchs und des Hauptanspruchs zu folgern[72]. **Diese Verfahrensweise ist jedoch nicht zulässig**[73]. Sie stellt einen Verstoß gegen den Grundsatz dar, daß in der Rechtsmittelinstanz nur über einen in der ersten Instanz bereits abgeurteilten Anspruch verhandelt und entschieden werden darf. Außerdem wird dem Kläger die Dispositionsbefugnis über den Hauptanspruch entzogen (→ auch Rdnr. 50). Er kann dann weder auf den Anspruch verzichten, noch die Klage zurücknehmen.

42 War im **ersten Rechtszug Feststellungsklage** erhoben, so darf der Kläger beim Übergang zur Leistungsklage in der zweiten Instanz auch zur Stufenklage übergehen[74]. Auch dann darf zurückverwiesen werden[75].

---

[65] H. M., vgl. *BGH* NJW 1982, 235 f. = MDR 26 = BB 14 = LM Nr. 9 zu § 88 HGB; NJW 1985, 862 = MDR 840 = WM 303. Nach der letztgenannten Entscheidung kann das Berufungsgericht das klagabweisende erstinstanzliche Urteil aufheben und an das Erstgericht zurückverweisen, wenn der Kläger nach uneingeschränkter Berufungseinlegung in der Berufungsverhandlung lediglich die Verurteilung zur Auskunfterteilung beantragt. Zur Zurückverweisung nach Erledigterklärung des Auskunftsanspruchs in 2. Instanz, nachdem die gesamte Klage in 1. Instanz abgewiesen worden war *BGH* NJW 1991, 1893; vgl. auch *LAG Köln* NZA 1993, 864.

[66] RGZ 169, 128 in Abkehr von *RGZ* 56, 120, 140, 184 f.; *OLG Dresden* OLG Rsp 23, 191.

[67] *Stein* ZZP 24 (1898), 222 Fn. 10 hatte eine Bezugnahme auf § 254 angeregt, aber kein Gehör gefunden.

[68] *OLG Celle* NJW 1961, 786 = JR 182.

[69] *BAG* AP Nr. 25 zu § 138 BGB. Vgl. dazu auch *BGH* NJW 1985, 2405.

[70] *OLG Celle* (Fn. 68).

[71] Diese Folgerung ist *nicht*, wie bereits in → Rdnr. 18 gesagt, *automatisch* mit der Abweisung der ersten Stufe verbunden.

[72] *BGHZ* 9, 28; 10, 385 f.; 30, 215 = NJW 1959, 1824, 1827 (mit kritischer Anm. *K. H. Schwab*); *BGH* LM Nr. 8 (Fn. 10); NJW 1985, 2405 = MDR 825 = WM 830; *BGH* NJW-RR 1990, 390; *BAG* NJW 1969, 672; *RG* JW 1926, 2539; HRR 1936, 219; SeuffArch 83, 206; *OLG München* OLG-RP 1993, 166; *Zöller/Greger*[20] Rdnr. 12; *Baumbach/Lauterbach/Hartmann*[55] Rdnr. 21. Das Rechtsmittelgericht soll selbst dann die Befugnis zur *Abweisung* der *gesamten Klage* besitzen, wenn der Kläger während des Rechtsmittelverfahrens (z. B. während des Revisionsverfahrens) gegenüber dem erstinstanzlichen Gericht den Hauptanspruch beziffert und die Fortsetzung des erstinstanzlichen Verfahrens wegen des Hauptanspruchs beantragt hat, *BGH* NJW 1985, 2405.

[73] *Rosenberg/Schwab/Gottwald*[15] § 139 III 3 c; *Bettermann* ZZP 88 (1975), 400; *Baumgärtel* JR 1970, 186 f. (zweifelnd); a. M. die Vorauflage sowie *Grunsky* → § 537 Rdnr. 5 bei Fn. 7.

[74] *LAG Hamm* und *Pohle* Anm. AP Nr. 1 zu § 254 ZPO.

[75] → Fn. 66. *LAG Hamm*; *Pohle* (Fn. 74). Vgl. auch *OLG Karlsruhe* FamRZ 1987, 607.

Auf die **Säumnis** in dem Nachverfahren ist der Grundsatz des § 347 Abs. 1 entsprechend anwendbar, → § 347 I 3. Ein »**sofortiges**« **Anerkenntnis** (§ 93) ist in diesem Verfahren nicht mehr möglich.

IV. Zuständigkeit

1. Örtliche Zuständigkeit

Für die **örtliche Zuständigkeit** ist es im Gegensatz zu § 260 (→ dort Rdnr. 41 ff.), von dem in dieser Hinsicht § 254 eine Ausnahme vorsieht (→ Rdnr. 1) *nicht* notwendig, daß sie für sämtliche drei Stufen beim *gleichen Gericht* gegeben ist; die **Zuständigkeit** für den **Hauptanspruch genügt**[76]. Zwar sind die Hilfsansprüche prozessual selbständig, sie dienen aber nur der Durchsetzung des Hauptanspruchs. Anderenfalls könnte die Stufenklage bei unterschiedlichen Gerichtsständen nicht benutzt werden. § 254 enthält daher hinsichtlich der Hilfsansprüche eine **örtliche Zuständigkeit kraft Sachzusammenhangs** (→ § 1 Rdnr. 9 ff.).

2. Sachliche Zuständigkeit

Für die **sachliche Zuständigkeit** gelten die allgemeinen Regeln. Soweit keine streitwertunabhängige Stufenklage vorliegt, ist der Streitwert (zu ihm → Rdnr. 48) maßgebend.

V. Streitwert[77]. Kosten[78]

1. Zuständigkeits-, Bagatell- und Anwaltsstreitwert:

Der Streitwert der Stufenklage folgt den allgemeinen Grundsätzen, so daß wegen der verschiedenen Streitgegenstände nach § 5 eine Zusammenrechnung erfolgen müßte[79]. Jedoch gilt hier das **Additionsverbot bei wirtschaftlicher Identität** (→ § 5 Rdnr. 6[80]); denn die verschiedenen Ansprüche bei der Stufenklage dienen nur **einem** wirtschaftlichen Wert, nämlich dem Hauptanspruch. Also bestimmt sich der Streitwert nicht durch Addition, sondern nach dem Anspruch, der den **höchsten Wert** besitzt, und dies ist bei der Stufenklage meistens der **Hauptanspruch**[81]. Dagegen läßt sich nicht einwenden, diese Rechtsfolge sehe lediglich § 18 GKG für den Gebührenstreitwert vor, um den es hier aber gar nicht gehe[82]. § 18 GKG kodifiziert jedoch einen für die Stufenklage allgemein geltenden Grundsatz des deutschen Gebührenrechts[83].

---

[76] *OLG Hamburg* MDR 1958, 343; *Lüke* NJW 1995, 143 (144); a. M. *Wieczorek*² C I.
[77] Zur Problematik: *J. Frank* Anspruchsmehrheiten im Streitwertrecht (1986), 191 ff.
[78] Zur Kostenentscheidung bei der Stufenklage *Kassebohm* NJW 1994, 2728.
[79] So die h. M. *OLG Bamberg* JurBüro 1979, 251; *E. Schneider* Streitwert-Kommentar⁹ »Stufenklage« Nr. 2; *ders.* RPfleger 1977, 92; *Baumbach/Lauterbach/Hartmann*⁵⁵ § 5 Rdnr. 8; *Zöller/Herget*²⁰ § 5 Rdnr. 7; *Thomas/Putzo*¹⁹ 3 Rdnr. 141 »Stufenklage«.
[80] Die in § 5 Rdnr. 14 vertretene Meinung wird insoweit ausdrücklich aufgegeben.
[81] Denn der Wert des Auskunftsanspruchs wird aus seiner Relation zum Hauptanspruch berechnet und kann nur sehr selten größer sein als der Wert dieses Anspruchs, da er ihn ja nur vorbereitet. Auch der Wert des Anspruchs auf eidesstattliche Versicherung ist aus dem gleichen Grunde meist geringer als der Hauptanspruch. Zur Wertberechnung s. *E. Schneider* RPfleger 1977, 92, 93 f.; *ders.* MDR 1985, 354; *OLG Frankfurt a. M.* MDR 1987, 508; *OLG Zweibrücken* JurBüro 1989, 1455; *OLG Stuttgart* FamRZ 1990, 652; *KG* MDR 1993, 696.
[82] So aber *E. Schneider* RPfleger 1977, 92.
[83] RT-Drucks. 9/V/61 (Anlageband I zu den stenographischen Berichten über die Verhandlungen des Reichstags 1897/98 = Reichstagsverhandlungen Bd. 155, S. 618).

2. Rechtsmittelstreitwert

49 Für den **Rechtsmittelstreitwert** gilt grundsätzlich das zum Zuständigkeitsstreitwert Angeführte (→ Rdnr. 48). Wird jedoch ein Rechtsmittel gegen ein *Teilurteil* über einen der **Hilfsansprüche** eingelegt, so richtet sich der Rechtsmittelstreitwert nur nach dem *Wert des abgeurteilten Anspruchs*.

50 Nimmt man wie die h. M.[84] an, daß bei einer Berufung gegen ein Teilurteil über den Auskunftsanspruch usw. das Berufungsgericht die ganze Klage abweisen kann, so führt dies, da dem Kläger ja die Dispositionsbefugnis über den Hauptanspruch entzogen wird, auch zu einem Bruch im Streitwertrecht. Man muß nämlich, um dem Kläger (sofern der Hauptanspruch die Revisionssumme erreicht) die **Revision zu erhalten**, dann beim Rechtsmittelstreitwert auch vom Streitwert des **Hauptanspruchs** als höchstem Streitwert ausgehen[85], obwohl dieser Hauptanspruch noch gar nicht in der Berufungsinstanz geschwebt hat.

51 3. Zum **Gebührenstreitwert** → § 5 Rdnr. 15 und zu den **Kosten** → § 91 Rdnr. 7 (Teilurteil) und § 91a Rdnr. 29[86].

§ 255 [Fristbestimmung im Urteil]

(1) Hat der Kläger für den Fall, daß der Beklagte nicht vor dem Ablauf einer ihm zu bestimmenden Frist den erhobenen Anspruch befriedigt, das Recht, Schadensersatz wegen Nichterfüllung zu fordern oder die Aufhebung eines Vertrages herbeizuführen, so kann er verlangen, daß die Frist im Urteil bestimmt wird.

(2) Das gleiche gilt, wenn dem Kläger das Recht, die Anordnung einer Verwaltung zu verlangen, für den Fall zusteht, daß der Beklagte nicht vor dem Ablauf einer ihm zu bestimmenden Frist die beanspruchte Sicherheit leistet, sowie im Falle des § 2193 Abs. 2 des Bürgerlichen Gesetzbuchs für die Bestimmung einer Frist zur Vollziehung der Auflage.

Gesetzesgeschichte: Eingefügt durch die Novelle von 1898 (→ Einl. Rdnr. 113), seither unverändert.

I. Die Fristbestimmung im Urteil. Bedeutung			III. Das Verfahren	
1. Fristbestimmung nach BGB	1		1. Antrag auf Fristsetzung	10
2. Fristbestimmung nach FGG	2		2. Folge der Antragstellung	11
3. Besonderer Fall von Antragsverbindung	3		3. Entscheidung über den Antrag	12
II. Das Anwendungsgebiet des § 255. Voraussetzungen	4		4. Keine rechtskraftfähige Entscheidung über künftiges Rechtsverhältnis	13
1. Fall des Anspruchs auf Schadensersatz bzw. der Aufhebung eines Vertrages	5		5. Frist ist solche des bürgerlichen Rechts	14
2. Fall der Anordnung einer Verwaltung	6		IV. Die Kosten und vorläufige Vollstreckbarkeit	15
3. Fall des § 2193 Abs. 2 BGB	7		V. Das arbeitsgerichtliche Verfahren	17
4. Entsprechende Anwendung des § 255	8			
5. Unanwendbarkeit des § 255	9			

---

[84] → Rdnr. 41 Fn. 72.
[85] Siehe auch *J. Frank* a.a.O. (Fn. 77), S. 192 ff.; *BGH* MDR 1992, 1091.
[86] → § 91a Fn. 96.

I.[1] Die Fristbestimmung im Urteil. Bedeutung

1. Im BGB ist vielfach (→ Rdnr. 4 ff.) die Folge der Nichterfüllung eines Anspruchs in der Weise geregelt, daß der **Gläubiger** (zuweilen auch das Gericht) **befugt** ist, **dem Schuldner eine angemessene Frist zur Erfüllung zu setzen** und daß aus der Nichterfüllung innerhalb der gesetzten Frist dem Gläubiger neue Rechte erwachsen (Ansprüche auf Schadensersatz, Rechte zur Aufhebung von Verträgen, zur Kündigung, zum Antrag auf Einschreiten des Richters der freiwilligen Gerichtsbarkeit usw.). Für diese Fälle eröffnet § 255 dem Gläubiger die **Möglichkeit**, die **Frist schon im Urteil bestimmen** zu lassen.

2. Die Bestimmung einer privatrechtlichen Frist zur Vornahme einer außerprozessualen Handlung von rein materiell-rechtlichem Charakter ist sonst meist ein Akt der freiwilligen Gerichtsbarkeit, wie besonders das Beispiel des § 1994 BGB, die Setzung der Inventarfrist, zeigt. Siehe ferner § 2151 Abs. 3, §§ 2153 ff., 2192 f., 2198, 2202 BGB und dazu §§ 80 f. FGG. Unter den im FGG aufgezählten Fällen befindet sich auch der des § 2193 Abs. 2 BGB, der in § 255 Abs. 2 ausdrücklich erwähnt ist, so daß in diesem Falle die Konkurrenz beider Verfahrensarten anerkannt ist. Ebenso müßte in den übrigen Fällen, in denen die Frist vom Gericht zu bestimmen ist, z. B. §§ 1052, 2128 Abs. 2 BGB, wenn der nach § 255 zulässige Antrag im Prozeß nicht gestellt ist, die Bestimmung durch den Richter der freiwilligen Gerichtsbarkeit erfolgen. Für die Fälle, in denen der Kläger an sich die Frist ohne weiteres von sich aus bestimmen kann, bedeutet § 255 die Abschneidung des sonst möglichen späteren Streites darüber, ob die bestimmte Frist angemessen war, → auch Rdnr. 13.

3. § 255 enthält demnach einen **besonderen Fall der Verbindung von Anträgen**: Neben dem eigentlichen Leistungsanspruch wird ein Antrag gestellt, der nicht eine zweite richterliche Entscheidung über materielles Recht, sondern lediglich einen Zusatz zum sachlichen Urteilsinhalt verlangt und im Gegensatz zu den sonstigen Sachanträgen nur *unselbständige* Bedeutung hat. Eine **Klagenhäufung** liegt daher in dem Antrag **nicht** → auch Rdnr. 11. Der *Antrag* bedeutet auch *nicht* etwa eine Klage auf Feststellung des Anspruchs *auf Schadensersatz* (Ersatz des »Interesses«); denn **mit der Fristsetzung wird über sein Bestehen nicht entschieden**. Auch für die Frage, ob mit der Klage auf Leistung eventuell der **Antrag auf Verurteilung wegen des Schadensersatzes verbunden** werden kann, ergibt § 255 selbst nichts. Er ordnet die Zulässigkeit weder an, noch steht er ihr, wenn sie anderweitig begründet ist, entgegen. Ein Leistungsantrag auf Schadensersatz für den Fall der Fristversäumung bleibt also trotz Vorliegens der Voraussetzungen der Klagenhäufung (§ 260) *unzulässig*, wenn für ihn selbst die Voraussetzungen des § 259 nicht vorliegen[2], darüber hinaus → auch § 260 Rdnr. 25 und § 510 b.

II. Das Anwendungsgebiet des § 255. Voraussetzungen

§ 255 setzt voraus, daß nach **materiellem Recht** ein Leistungsanspruch besteht, für dessen Erfüllung eine **Frist gesetzt** werden darf, und daß die Nichterfüllung des Anspruchs dem Gläubiger nach Ablauf der Frist **neue Rechte** gibt. Je nach der Art dieser Rechte ist zu unterscheiden:

1. Der Fristablauf gibt einen **Schadensersatzanspruch**, sei es allein oder zur Wahl mit anderen Rechten, oder er gewährt ein Recht auf »**Aufhebung eines Vertrages**« – wie § 255 Abs. 1 es formuliert – bei *Verzug* des Schuldners nach rechtskräftiger Verurteilung, §§ 283,

---

[1] Vgl. *Otte* Die Fristsetzung im Urteil (1912); *Menge* Die Urteilsbefristungen (1915); *Anger* SächsArchRpfl 3, 450 ff.

[2] *OLG Köln* OLGZ 76, 477; *LG Göttingen* EWiR 1991, 237; s. hierzu auch *Karsten Schmidt* Zivilprozessuale und materielle Aspekte des § 283 BGB, ZZP 87 (1974), 49 (68 f.) Einschränkend *OLG Koblenz* AnwBl. 1990, 107 f.

325 Abs. 2 BGB, bei gegenseitigen Verträgen auch ohne solche, § 326 BGB. Ferner gehören hierher das **Rückforderungsrecht des Schenkers**, wenn die Auflage nicht vollzogen wird, unter Anwendung der §§ 527, 325, 326 BGB, das **Kündigungsrecht des Mieters** (Pächters) bei Nichtgewährung des Gebrauchs, § 542 (§ 581 Abs. 2) BGB, → auch Rdnr. 10 ff., der Anspruch auf **Wandelung oder Minderung**, eventuell auf Schadensersatz, bei Mängeln des bestellten Werkes, §§ 634, 651 BGB[3].

6   2. Das Recht, die **Anordnung einer Verwaltung** zu beantragen (§ 255 Abs. 2), wenn die beanspruchte Sicherheit nicht geleistet wird, hat der Eigentümer gegenüber dem **Nießbraucher** nach §§ 1052 und 1054 BGB und der Nacherbe gegenüber dem **Vorerben** nach § 2128 BGB; in beiden Fällen ist rechtskräftige Verurteilung und richterliche Fristsetzung erforderlich.

7   3. Ausdrücklich erwähnt ist endlich der Fall des **§ 2193 Abs. 2 BGB**. Nach dieser Bestimmung kann bei der **vom Erblasser verfügten Auflage** dem Beschwerten, dem überlassen ist, die Person zu bestimmen, an welche die Leistung erfolgen soll, vom Kläger nach rechtskräftiger Verurteilung (§ 2194 BGB) eine Frist mit der Wirkung gesetzt werden, daß das Bestimmungsrecht bei Nichtvollziehung innerhalb der Frist auf den Kläger übergeht.

8   4. Die unter 2. (Rdnr. 6) und 3. (Rdnr. 7) erwähnten Fälle zeigen, daß es für die Anwendung des § 255 nicht darauf ankommt, daß aus der Nichterfüllung innerhalb der Frist ein *neuer* Leistungsanspruch entsteht. Es ist lediglich **entscheidend**, daß die dem Gläubiger erwachsende **Befugnis eine Folge der Fristversäumung** in bezug auf eine Leistungspflicht ist. Daher ist **§ 255 entsprechend auch in folgenden Fällen des BGB anzuwenden**: § 250 BGB, nach dem beim Schadensersatz der Anspruch auf natürliche Wiederherstellung sich nach Ablauf der Frist in den Geldanspruch verwandelt[4]; § 264 Abs. 2 BGB, der das Wahlrecht des Gläubigers bei dessen Verzug auf den Schuldner übergehen läßt (→ Rdnr. 7); § 354 BGB, danach ist der Rücktritt unwirksam, wenn der sich im Verzug befindende Berechtigte trotz Fristsetzung mit Ablehnungsandrohung den empfangenen Gegenstand nicht zurückgewährt, eine Regelung, die wegen der Verweisung in § 467 BGB (Wandelung) und § 37 VerlG von erheblicher Tragweite ist; im Fall des **§ 1003 Abs. 2 BGB**, der dem Besitzer nach rechtskräftiger Feststellung des Betrages seiner Verwendungen und Fristbestimmung das Recht auf Befriedigung aus der Sache gewährt[5], und in dem des **§ 1133 BGB**, der bei Nichtbeseitigung der Gefährdung des Hypothekengläubigers diesem das Recht auf sofortige Befriedigung aus dem Grundstück gewährt (sog. *Devastationsklage*). Dem unter 3. (Rdnr. 7) erwähnten Fall entsprechend ist auch der des Spezifikationskaufes, **§ 375 HGB**, hierher zu rechnen[6].

9   5. Dagegen kann § 255 auch **nicht entsprechend angewandt** werden, wo die Frist *nicht zur Erfüllung einer Verpflichtung*, sondern nur zur **Ausübung eines Rechts** gesetzt wird, da hier eine **Klage auf Leistung nicht vorangehen kann**. Hierher gehören *aus dem BGB*: die Fälle der Fristsetzung bei dem Rücktrittsrecht, § 355 BGB, bei der Genehmigung der Schuldübernahme seitens des Gläubigers, § 415 BGB (die parallelen Fälle der Genehmigung in §§ 108, 177 BGB bleiben schon deshalb außer Betracht, weil die Frist eine gesetzliche Frist ist), bei dem Kauf auf Probe, § 496 BGB, bei der Annahme der Schenkung, § 516 Abs. 2 BGB, siehe noch §§ 910, 974, 1056 Abs. 3 BGB usw. Ebensowenig ist § 255 anwendbar im Falle des § 2196 Abs. 2 BGB, der die Erschöpfung der Zwangsmittel, nicht eine einfache Fristsetzung voraussetzt.

---

[3] S. auch *RGZ* 85, 395.
[4] S. auch *BGH* JZ 1986, 507.
[5] S. auch *RGZ* 137, 101.
[6] So auch *Staub*[12/13] (1926) Fn. 7 zu § 375 HGB; Würdinger/Röhricht RGRK-HGB[3] (1970) § 375 Anm. 7; *Schlegelberger/Hefermehl* HGB[5] (1982) § 375 Rdnr. 18 ff.

III. Das Verfahren

1. Der **Antrag**[7] auf Fristsetzung kann als **Erweiterung des Klageantrags** nach § 264 Nr. 2 auch noch im Laufe der mündlichen Verhandlung und auch noch im **Berufungsrechtszug** gestellt werden, nicht aber im Revisionsrechtszug. Er ist **Sachantrag** und unterliegt daher den §§ 297 (Verlesung), 335 Abs. 1 Nr. 3 (kein Versäumnisurteil, wenn nicht mitgeteilt) und muß **bestimmt sein**, d. h. die vom Kläger als angemessen erachtete Frist angeben[8]; dies schon mit Rücksicht auf § 335 Abs. 1 Nr. 3 (→ Rdnr. 12).

2. Durch den Antrag wird die **Rechtshängigkeit** eines etwa zu erhebenden Anspruchs auf Schadensersatz **nicht begründet**; er ist auch zur Unterbrechung der Verjährung nach § 209 BGB nicht geeignet. Demgemäß übt er auch auf die Berechnung des Streitwerts keinen Einfluß aus → § 5 Rdnr. 47.

3. Die **Entscheidung** über den Antrag ergeht aufgrund **mündlicher Verhandlung** – oder was dem gleichsteht, § 128 Abs. 2, §§ 251a, 331a – in dem Urteil, das weiter über den Klageanspruch entscheidet, natürlich nur im Falle der Verurteilung. Wird die Entscheidung **übergangen**, so ist in entsprechender Anwendung des § 716 die Ergänzung des Urteils nach § 321 statthaft. Die Entscheidung muß in der **Setzung einer bestimmten Frist** bestehen; der Wert der richterlichen Bestimmung liegt gerade darin, daß die **gesetzte Frist jedem künftigen Streit über ihre Angemessenheit entzogen werden soll**. Die Bemessung der Frist ist dem richterlichen Ermessen anheimgestellt, das jedoch mit Rücksicht auf § 308 Abs. 1 **nicht unter die vom Kläger beanspruchte Dauer**[9] herabgehen darf, insbesondere nicht im Versäumnisverfahren, da § 335 Abs. 1 Nr. 3 den Beklagten vor jeder ihm nicht durch die Anträge angekündigten strengeren Verurteilung schützen will. Dagegen steht auch im Versäumnisverfahren dem Richter eine *längere* Bemessung frei, wenn ihm der Vorschlag des Klägers nicht angemessen erscheint. Das gleiche hat im kontradiktorischen Verfahren auch dann zu gelten, wenn der Beklagte die Frist nicht ausdrücklich bemängelt hat; es handelt sich nicht um eine tatsächliche Behauptung, sondern um einen Antrag des Klägers.

4. Obwohl die **Fristsetzung** nur erfolgen darf, wenn das Gericht einen der Fälle unter II. (Rdnr. 4–9) als zur Zeit des Urteils vorliegend annimmt, wird dadurch **keine der Rechtskraft fähige Entscheidung** über das eventuell eintretende Rechtsverhältnis gegeben (→ auch Rdnr. 3), also *weder* die Existenz des Schadensersatzanspruchs, des Rücktrittsrechts usw. mit bindender Kraft für den künftigen Leistungsprozeß, *noch* die Notwendigkeit der Anordnung der Verwaltung in den Fällen der §§ 1052, 2128 BGB mit bindender Kraft für den Richter der freiwilligen Gerichtsbarkeit (→ Rdnr. 2) festgestellt. Dagegen bindet die Fristsetzung als Teil der Entscheidung das Gericht nach § 318 und geht mit ihr in Rechtskraft über. Folglich kann auch lediglich gegen ihre Zulässigkeit und namentlich gegen ihre Angemessenheit Berufung, gegen die erstere auch Revision eingelegt werden[10]. Hat der **Kläger** zulässigerweise[11] **keine konkrete Frist genannt**, sondern die Fristsetzung *ausnahmsweise* in das *Ermessen* des Gerichts gestellt, ist er durch eine ihm zu lang erscheinende Frist nur dann beschwert, wenn er eine *Höchstfrist angegeben hat*[12] und die gerichtliche Frist länger bestimmt wurde (zur vergleichbaren Situation beim unbezifferten Klageantrag → § 253 Rdnr. 93).

---

[7] Formulierungsbeispiele bei *Schmidt* (Fn. 2), 66.
[8] A. M. *Karsten Schmidt* a.a.O. (Fn. 2), 66; Baumbach/Lauterbach/Hartmann[55] Rdnr. 7; Zöller/Greger[20] Rdnr. 5; *MünchKomm ZPO/Lüke* Rdnr. 7 (Die Frist könne in das Ermessen des Gerichts gestellt werden), alle ohne nähere Begründung. Nur im folgenden Fall wird man eine *Ausnahme* zulassen dürfen: Wenn die Voraussetzungen vorliegen, nach denen der Kläger einen unbezifferten Leistungsantrag stellen kann (→ § 253 Rdnr. 81 ff.), darf der Kläger auf die konkrete Angabe einer Frist verzichten; dann muß er aber wenigstens die *tatsächlichen Umstände* und die *etwaige Zeitspanne* nennen – wie im vergleichbaren Fall der unbezifferten Klage (→ § 253 Rdnr. 81 bei Fn. 89–91). Um bei unangemessener Frist die Entscheidung angreifen zu können (→ Rdnr. 13) empfiehlt sich auch (→ § 253 Rdnr. 93) hier die *Angabe einer Höchstfrist*.
[9] → Fn. 8.
[10] Der Fall ist wesentlich anders als der des § 339 Abs. 2, → § 339 II.
[11] → Fn. 8.
[12] → Fn. 8.

14 5. Die vom Gericht ausgesprochene **Frist** ist keine prozessuale, sondern eine Frist des **bürgerlichen Rechts** → Rdnr. 33 vor § 214. Ihre Berechnung folgt lediglich den §§ 186 ff. BGB; eine **nachträgliche** Verlängerung oder Verkürzung durch das Gericht kommt mit Rücksicht auf die Bindung des Gerichts an sein Urteil nach § 318 nicht in Frage. Die **Frist beginnt**, soweit sie im Urteil gesetzt wird, **mit der Rechtskraft des Urteils**[13]. Die *vorläufige Vollstreckbarkeit* des Urteils in bezug auf den Klageanspruch hat für den Beginn der Frist keine Bedeutung, da die Herbeiführung einer auflösend bedingten zivilrechtlichen Wirkung ohne besondere gesetzliche Ermächtigung nicht angängig sein dürfte. In den Fällen der §§ 283, 1052, 2128, 2193 Abs. 2 BGB ist die Rechtskraft der Verurteilung ausdrücklich zur Voraussetzung des Fristbeginns gemacht.

IV. Kosten und vorläufige Vollstreckbarkeit

15 1. Fehlen die Voraussetzungen für eine Fristsetzung oder hält das Gericht die beantragte Frist für zu kurz, so hat es im ersten Fall den **Antrag ganz** und im zweiten Fall unter Festsetzung der angemessenen Frist **teilweise zurückzuweisen**[14], allerdings in beiden Fällen ohne **Kostenfolge**, da der Antrag nicht zu einer Streitwerterhöhung führt[15] (→ auch Rdnr. 3). Jedoch sollte hier der Rechtsgedanke des § 92 Abs. 2 insoweit Anwendung finden, daß der Kläger einen Teil der Prozeßkosten zu tragen hat, wenn der Antrag nach § 255 besondere Kosten verursacht hat.

16 2. Mit der **vorläufigen Vollstreckbarkeit** hat die Fristsetzung nichts zu tun. Die Bestimmung der Frist im Urteil **hindert** die **Vollstreckung** des Erfüllungsanspruchs vor deren Ablauf **nicht**; denn die Frist soll nicht den Zugriff des Klägers verhindern, sondern lediglich klarstellen, nach welcher Zeit der Kläger das Recht hat, Schadensersatz wegen Nichterfüllung (Abs. 1) oder Anordnung der Verwaltung (Abs. 2) zu fordern (→ Rdnr. 3).

17 V. Über das **arbeitsgerichtliche Verfahren** und die dort erweiterte Geltung der Vorschrift des § 510b im Rahmen des § 61 Abs. 2 ArbGG → § 510b VII.

§ 256 [Feststellungsklage; Zwischenfeststellungsklage]

(1) Auf Feststellung des Bestehens oder Nichtbestehens eines Rechtsverhältnisses, auf Anerkennung einer Urkunde oder auf Feststellung ihrer Unechtheit kann Klage erhoben werden, wenn der Kläger ein rechtliches Interesse daran hat, daß das Rechtsverhältnis oder die Echtheit oder Unechtheit der Urkunde durch richterliche Entscheidung alsbald festgestellt werde.

(2) Bis zum Schluß derjenigen mündlichen Verhandlung, auf die das Urteil ergeht, kann der Kläger durch Erweiterung des Klageantrags, der Beklagte durch Erhebung einer Widerklage beantragen, daß ein im Laufe des Prozesses streitig gewordenes Rechtsverhältnis, von dessen Bestehen oder Nichtbestehen die Entscheidung des Rechtsstreits ganz oder zum Teil abhängt, durch richterliche Entscheidung festgestellt werde.

Gesetzesgeschichte: Abs. 1 war früher eine eigene Vorschrift: bis 1900 § 231 CPO, dann durch die Novelle 1898 (→ Einl. Rdnr. 113) § 256.

---

[13] Ebenso *Nöldeke* ZZP 29 (1901), 263 ff.; *Hellwig* Lb. I, 737; *AG Frankfurt a. M.* DGVZ 1961, 62; *Schmidt* (Fn. 2), 51. S. auch (für älteres Recht) *RG* JW 1893, 251. A. M. *MünchKommZPO/Lüke* Rdnr. 11, da dies dem angestrebten Beschleunigungszweck widerstrebe.

[14] So auch *Zöller/Greger*[20] Rdnr. 5.

[15] Zum Streitwert der Berufung *LG Karlsruhe* MDR 1987, 60.

Abs. 2 war früher ebenfalls ein eigener Paragraph: bis 1900 § 253 CPO, dann wurde er durch die Novelle 1898 zu § 280 (→ Einl. Rdnr. 113). Zu § 256 Abs. 2 ist er ohne inhaltliche Änderung geworden durch die Vereinfachungsnovelle, BGBl. 1976, I S. 3281 (→ Einl. Rdnr. 159).

Stichwortverzeichnis zur Feststellungsklage

Begriffe ohne Zusatz verweisen auf *Randnummern* des § 256. Soweit auf *Fußnoten* verwiesen wird, ist »Fn.« der Ziffer vorangestellt.

Abhängigkeit der Hauptentscheidung (für die Zwischenfeststellungsklage) 132, 133, 134, 140
Absolutes Recht (als Rechtsverhältnis) 23
Aktienrecht Fn. 156, Fn. 234
Anerkenntnis 116
– außergerichtliches 65, Fn. 145, Fn. 306
Anerkennung 2, 65, 11
– des Bestehens eines *Rechtsverhältnisses* 2, 65
– einer *Urkunde* 11
– des *Urteils* im Ausland 73
Anfechtung (im Konkurs) 13, 23, Fn. 22
– nach dem Anfechtungsgesetz 13
Anhängiges (anderes) Verfahren 80
Annahmeverzug (als Rechtsbeziehung) Fn. 48
Anordnung (einstweilige) → »Einstweilige Anordnung«
Anspruch (auf Feststellung) 4
Anspruch (materiell-rechtlicher) 2, 23, 27, 88, Fn. 15
– Bezifferung 88, 109
– Grund 89
– künftiger 45
– Rechtsverhältnis (Anspruch als…) 23
– Schadensersatz 88
Anspruch auf Auskunft 137
Anspruchsbehauptung 65
Anspruchsberührung 65
Anspruchshäufung 5, 6, 89, Fn. 229
– nachträgliche 6
Antrag → »Klage«
Arbeitsgerichtliches Verfahren 181–200, 201–204
– Beschlußverfahren 202–203
– Urteilsverfahren 181–199
– Zwischenfeststellungsklage 180
Arbeitskampf 201, Fn. 55
Arbeitslosenunterstützung 200
Arbeitsrecht → »Arbeitsgerichtliches Verfahren«, → »Arbeitsverhältnis«, → »Arbeitskampf«, → »Betriebsänderung«, → »Tarifbestimmung«, → »Tariffähigkeit«, → »Tarifvertrag«
Arbeitsverhältnis 23, 33, 197–200
Arrest (als Gefährdung der Rechtslage) 65, 104, 143
Arten der Feststellungsklage 4, 6, 8
– negative 8, 11, 82
– positive 8
– selbständige 4

– Zwischenfeststellungsklage 4
Aufgebotsverfahren 65
Aufrechnung 89, 132, 137, 171, Fn. 328
Aufwendungsersatz Fn. 184
Auseinandersetzung zwischen Gesellschaften Fn. 52, Fn. 221
Auskunft → »Anspruch auf Auskunft«
Ausländisches Recht 12
Auslobung (als Rechtsverhältnis) 23, 39
Aussperrung 198
Baulandsachen 16
Bedingte Rechtsverhältnisse 46
Bedingte Sachurteilsvoraussetzung (Feststellungsinteresse) 120
Behauptung 28
Behörde 65, 66
Beklagter (Interesse, nicht mit Prozeß überzogen zu werden) 4, 63
Berechnung (eines Anspruchs) 27, 31
Berührung eines Anspruchs 65
Beruf (berufliche Stellung) 71
Berufung 141
Beschaffenheit 28
Beschlußverfahren 202, 203
Besitz 23
Besondere Fälle (der Feststellungsklage) 10
Bestimmtheit (des Antrags) 109, 112
Bestreiten (als Gefährdung der Rechtslage) 65, 127
Bestrittenheit 64 ff.
Betragsverfahren 138
Betriebsänderung Fn. 63
Beweislast 106, 117, 118
Beziehungen (als Ausflüsse eines Rechtsverhältnisses) 24
Bezifferung (des Antrags) 109, 110
Dienstverhältnis (→ auch »Arbeitsverhältnis«) 89, 23
Dingliches Recht (als Rechtsverhältnis) 23, 71
Dispacheverfahren Fn. 80
Drittrechtsverhältnis 37, 175
Drittschuldner 95
Drittwiderspruchsklage 95
Dulden 23
Echtheit einer Urkunde → »Urkunde«
Ehe 2, 14, 143
– Ehesachen 143
– Nichtbestehen 2, 14

Ehre 28 (bei Fn. 62), 71
Eidesstattliche Versicherung Fn. 223
Eigenschaft (einer Person) 27
Eingruppierung in eine Lohngruppe 198
Einrede(recht) 24, 132
Einstweilige Anordnung (§ 620) 95, 130, Fn. 235
Einstweilige Verfügung 65, 95, 104, 143
Elterliche Sorge 2, 14
Eltern-Kind-Verhältnis 2, 14
Enteignungsentschädigung Fn. 214
Erbauseinandersetzung 89
Erbrecht 23, 39, 45, Fn. 110, Fn. 111, Fn. 112, Fn. 113
Erfinderstreitigkeiten 204
– Erfinderschaft (Feststellung) 23
Erinnerung 95
Erledigung der Hauptsache 128
Eventualzwischenfeststellungsklage Fn. 328
Familienstandsrecht 23
Feststellungsinteresse → »Interesse«
Firmenrecht 23
Fiskus 89
Forderungsrecht 23
Gebrauchsmuster 23
Gefährdung der Rechtslage 10, 71
Gegenstand (der Feststellungsklage) 21
Gemeinde 89
Gerichtsstand Fn. 245, Fn. 345
Geschäftsfähigkeit 27
Gesellschaftsrecht 63, Fn. 156, sowie auch Fn. 52, Fn. 221
Gestaltungsklage 92, Fn. 294
Gestaltungsrecht 23
Grundlagen 2
– der Berechnung Fn. 55
– der Feststellungsklage 2
Grundurteil 138, 169, 174
Gutachtenerstattung 32
Handlungsvornahme 65
Hypothek Fn. 37
Interesse 120, 121, 122, 63, 71, 102, 73, 74, 76, 79, 123, 125, 127, 128
– *Abwägung* (mit Interesse des Beklagten) 63
– an *alsbaldiger* Feststellung 76
– *Ausschluß* 79
– an der *Feststellung* 73, 74
– rechtliches 63, 71, 102
– als (bedingte) *Sachurteilsvoraussetzung* 120 f.
– *Wegfall* 123, 125, 127, 128
– *wirtschaftliches* 71
Internationales Zivilprozeßrecht 12, Fn. 279
Kindschaftssachen 143
Klage 105, 106, 107
– Klageantrag 5, 33, 107
– Klagegrund 106
– Klagehäufung (→ auch »Anspruchshäufung«) 5, 6

– Klageschrift 105
Klagenhäufung (→ auch »Anspruchshäufung«) 5, 6
Körperschaft Fn. 198
Kommunalverband 89
Konkurrenzklausel 31
Konkursanfechtung → »Anfechtung«
Konkursverfahren 10, 97
Kosten 3
Kreditfähigkeit 71
Kündigung 31, 199, Fn. 70
Künftige Entstehung (von Rechtsverhältnissen) 31, 45
Künftige Leistung → »Leistungsprozeß«
Leistungsprozeß
– Leistungsklage 2, 79, 87, 88, 89
– Leistungsklage des Gegners 123, 124–126
– Leistungswiderklage 123, 125, Fn. 266, Fn. 291
– auf künftige Leistung 90
– Feststellungsurteil auf Leistungsklage 107
Leistungsverweigerungsrecht 24
Leugnende Feststellungsklage → »Negative Feststellungsklage«
Mahnverfahren 104, 143
Mehrheit von Ansprüchen → »Anspruchshäufung«
Mietverhältnis 23, 33, Fn. 52
Minderwert (merkantiler) Fn. 213
Mitgliedsrecht 23, 33, Fn. 227
Mitverschulden 169
Nachlaßpfleger 39
Namensrecht 23, Fn. 52
Naturalobligation Fn. 43
Nebenfeststellungsklage 5, 80, Fn. 188
Nebenintervenient → »Streitgehilfe«
Negative Feststellungsklage 8, 11, 21, 106, 110, Fn. 266
Nichtigkeit 35, 95
– eines Prozeßvergleichs 95, 132
– eines Urteils 81, 95
Öffentliches Recht 2, 35
Pachtverhältnis 33
Patentrecht 23
Persönlichkeitsverletzung Fn. 55
Pfändungsbeschluß 65
Pfändungsgläubiger 39
Pflichtteilsentziehung 23, Fn. 110 und 111
Pflichtteilsrecht 23, Fn. 110 und 111
Positive Feststellungsklage 8, 20
Prätendent 39, 65
– Prätendentenstreit 65, 73, Fn. 130
Preisausschreiben 23
Privatrecht 35
Provokationen (des Gemeinen Prozeßrechts) 12
Prozeßkostenhilfe 65
Prozeßmißbrauch 65
Prozeßökonomie 27, 88, 126

Prozeßrecht 35, 61
Prozeßstandschaft 37, 41, 63
Prozeßvergleich 95
Prozeßvoraussetzung → »Sachurteilsvoraussetzung«
Prüfung (von Amts wegen) des Feststellungsinteresses 121
Qualifikation (eines Rechtsverhältnisses) 33
Räumungsklage Fn. 167
Rahmenvereinbarung 31
Ratenansprüche 88
Realberechtigung Fn. 36
Rechnungslegung → »Anspruch auf Auskunft«
Rechtsbehelfe 79, 83, 93
– Ausschluß durch andere 35, 79 ff.
– Rechtsbehelfskonkurrenz 83
– § 323 ZPO 93
Rechtsfragen 31, 32, 33, 81
– Zwischenfeststellungsklage 159
Rechtshängigkeit 80, 81, 114, 159, Fn. 358
Rechtskraft 3, 4, 9, 81
Rechtsmißbrauch 65
Rechtsschutz 9, 52, 63
– eigener 63
– mittelbarer 52
Rechtsschutzbedürfnis 102
Rechtsverhältnis 2, 10, 23, 24, 35, 45, 46, 47, 131, Fn. 27, Fn. 29
– bedingtes 46
– betagtes 46
– gegenwärtiges 45
– öffentlich-rechtliches 35
– privatrechtliches 35
– prozeßrechtliches 35
– Qualifikation 33
– vergangenes 47
– zwischen den Prozeßparteien 37
Rechtsweg 2, 35, 53, 147
– Feststellungsklage 2, 35, 53
– Zwischenfeststellungsklage 147
Rechtswidrigkeit (Feststellung der) 27
Revision 141
Sachurteilsvoraussetzung 7, 61, 101, 102, 120 f., 147
Sachverhandlung 116
Schadensersatz (Feststellungsklage wegen...) 76, 88, 107, 172, Fn. 220
– Antrag 107
– Bezifferung 88, 89
Schiedsspruch (-inhalt) 35, Fn. 82
Schlußbilanz (als Rechtsverhältnis) Fn. 52
Schmerzensgeld Fn. 213
Sondervermögen Fn. 84
Streik → »Arbeitskampf«
Streitgegenstand 1, 4
Streitgehilfe (Zwischenfeststellungsklage des ...) 144

Streitverkündung 65, 144
Streitwert 103
Stufenklage (Feststellungsantrag als letzte Stufe)
§ 254 Rdnr. 35
– Zwischenfeststellungsklage 138
Tarifbestimmung 183
Tariffähigkeit 27, 193
Tarifvertrag 181, 183, 184, 185, 191, 192, 194
– Allgemeinverbindlichkeit 184, 195
– Auslegung 181, 183
– Bestehen 181
– Inhalt Fn. 76
– Parteien 192
Tatsache 28, 33
Teilbestimmung Fn. 322
Teilbetrag, -forderung 89, 110, 137, 168
Teilklage 168
Testament 23, 31
Testamentsvollstrecker 39
Trennung der Verhandlung (bei der Zwischenfeststellungsklage) 160
Ungewißheit 29, 64, 65
Unklagbares Recht 23
Unterbrechung der Verjährung → »Verjährung«
Unterhaltsrecht 23, Fn. 24, Fn. 55, Fn. 189
Unterlassen 23, Fn. 91
Unterlassungsklage (→ auch Leistungsklage) 123, Fn. 293
Unterschied 3, 11
Unwahrheit 28
Urheberrecht 23
Urkunde 11, 51, 94, 117, 118, 131
Urkundenprozeß (Wechselprozeß) 104, 143
Urteil 35, 116, 165, 167, 170, 168, 174
– Urteilsinhalt 35, 81
Urteilswirkung 3, 170, 172
Vaterschaft (nichteheliche) 23
– Vaterschaftsanerkenntnis Fn. 34
Verbindung 7
Verbot 13
Vereinsbeschluß Fn. 76, Fn. 164
Vereinsmitglied 23, Fn. 227
Verhältnis 22
Verjährung 11, 65, 76, 114, Fn. 183, Fn. 19, Fn. 103, Fn. 136
– Unterbrechung 82, 114, Fn. 183, Fn. 195, Fn. 266, Fn. 358
Verlöbnis 23
Verneinende Feststellungsklage → »Negative Feststellungsklage«
Versäumnisurteil 62
Verschulden (Feststellung des) 27
Versetzung auf anderen Arbeitsplatz Fn. 52
Versicherungsschutz 27, Fn. 59
Verteidigung 129
Verweigerung (einer Erklärung) 65
Verzicht 127

Verzichtsurteil 62
Vollmacht Fn. 52
Vollstreckbarkeit 3
Vollstreckungsabwehrklage 95
Vollstreckungseinstellung 73
Vollstreckungsgläubiger 39
Vollstreckungsverfahren 10
Vorfrage (eines Rechtsverhältnisses) 27
Vorgreiflichkeit (bei der Zwischenfeststellungsklage) 4
Vorrecht (im Konkurs) Fn. 244
Wahrscheinlichkeit des Schadenseintritts (→ auch »Schadensersatz«) Fn. 181
Warenzeichenrecht 23

Wechselprozeß → »Urkundenprozeß«
Widerklage 6, 82, 129
– Zwischenfeststellungswiderklage 6, 8
Zahlungsunfähigkeit (als Interesse) 71
Ziel (der Feststellungsklage) 1
Zubehör 27
Zulässigkeit 12, 101, 102, 147 ff.
– Selbständige Feststellungsklage 101, 102
– Zwischenfeststellungsklage 147 ff.
Zurückbehaltungs(recht) 88, 89, 129, 171, Fn. 18
Zuständigkeit 101, 150 f.
Zwangsvollstreckung 9, 10, 95, 172
Zwischenfeststellungsklage 6 f., 15, 131–160

I. Feststellungsklage. Allgemeines	
1. Ziel und Streitgegenstand	1
2. Grundlage	2
3. Urteilswirkung	3
II. Arten der Feststellungsklage	
1. Selbständige (isolierte) Feststellungsklage gegenüber Rechtsverhältnissen und Urkunden (Abs. 1)	
a) »Rechtsverhältnis« und »Feststellungsinteresse« als zentrale Begriffe	4
b) Feststellungsklage in Verbindung mit anderen Anträgen (»Nebenfeststellungsklage«)	5
2. Zwischenfeststellungsklage, Inzidentklage gegenüber Rechtsverhältnissen (Abs. 2)	
a) Rechtliche Natur	6
b) Voraussetzungen	7
3. Positive – Negative Feststellungsklage	8
III. Rechtliche Natur der Feststellungsklage	
1. Ideelle Wirkung	9
2. Besondere, gesetzlich vorgesehene Feststellungsklagen	10
3. Kein Feststellungsanspruch	11
4. Prozeßrechtliche Begründung	12
5. Verbot in § 9 AnfG	13
6. Ehe- und Kindschaftssachen, Unterhaltsansprüche	14
7. Zulässigkeit als Zwischenfeststellungsklage	15
8. Gerichte für Baulandsachen	16
IV. Gegenstand der Feststellung	20
1. Rechtsverhältnis	21
a) Feststellung subjektiver Rechte	23
b) Keine Feststellung von Vorfragen oder Tatsachen	27
c) Keine Feststellung bloßer Rechtsfragen	31
d) Sprachliche Verkürzung im Antrag	33
2. Rechtsverhältnis des Privatrechts, des öffentlichen Rechts, des Prozeßrechts	35
3. Drittrechtsverhältnisse. Prozeßstandschaft	37
4. Gegenwärtiges Rechtsverhältnis	45
5. Urkundenechtheit	51
V. Feststellungsinteresse für die selbständige Feststellungsklage	61
1. Gefährdung der Rechtslage – »Bestrittenheit«	64
a) Berühmung, Bestreiten	65
b) Ungewißheit zwischen den Parteien	66
2. Rechtliche Gefährdung	71
3. Rechtsgewißheit durch die begehrte Feststellung	73
4. Interesse an alsbaldiger Feststellung	76
5. Ausschluß der Feststellungsklage durch andere Rechtsbehelfe	79
a) Bereits anhängiges Verfahren	80
b) Widerklage	82
c) Grundsätze über die Rechtsbehelfskonkurrenzen	83
d) Möglichkeit einer Leistungsklage	87
e) Möglichkeit der Leistungsklage erst während des Prozesses – Gegnerische Leistungsklage	91
f) Möglichkeit einer Gestaltungsklage	92
g) Verhältnis zu § 323	93
h) Urkundenfeststellungsklage	94
i) Rechtsbehelfe des 8. Buches (des Zwangsvollstreckungsrechts)	95

k) Konkursverfahren über Vermögen anderer Personen 97
VI. Verfahren bei der selbständigen Feststellungsklage (Abs. 1)
1. Sachurteilsvoraussetzungen 101
2. Klageschrift 105
   a) Klagegrund 106
   b) Klageantrag 107
3. Rechtshängigkeit 114
4. Sachverhandlung 116
5. Behauptungs- und Beweislast 117
6. Feststellungsinteresse als Sachurteilsvoraussetzung. Prüfung von Amts wegen 120
7. Maßgebender Zeitpunkt 122
   a) Wegfall des Interesses bei positiver Feststellungsklage durch die Möglichkeit der Leistungsklage oder durch das Erheben einer gegnerischen Leistungsklage? 123
   b) Wegfall des Interesses bei negativer Feststellungsklage durch spätere gegnerische Leistungsklage? 124
      aa) Leistungswiderklage 125
      bb) Leistungsklage des Gegners vor einem anderen Gericht 126
   c) Erklärung des Beklagten 127
   d) Wegfall des Interesses während des Prozesses 128
8. Verteidigung des Beklagten 129
9. Einstweilige Einstellung der Zwangsvollstreckung – analoge Anwendung von §§ 707, 719, 769? 130
VII. Verfahren bei der Zwischenfeststellungsklage (Abs. 2)
1. Voraussetzungen der Zwischenfeststellungsklage und der Verbindung
   a) Rechtsverhältnis 131
   b) Abhängigkeit vom Hauptprozeß 132
   c) Streit über Rechtsverhältnis 139
   d) Kein Erfordernis des Feststellungsinteresses 140
   e) Berufungs-, Revisionsinstanz 141
   f) Besondere Verfahrensarten 143
   g) Keine Zwischenfeststellungsklage des Streitgehilfen oder

Dritter 144
2. Sachurteilsvoraussetzungen 146
   a) Rechtsweg 147
   b) Sachliche Zuständigkeit 150
   c) Örtliche Zuständigkeit 151
   d) Partei- und Prozeßfähigkeit 153
   e) Rechtsverhältnis 154
   f) Abweisung als unzulässig 155
   g) Kein Verlust von Zulässigkeitsrügen 156
3. Klageerhebung 158
4. Rechtshängigkeit 159
5. Trennung 160
VIII. Urteil 165
1. Umfang der Rechtskraft des auf die Feststellungsklage hin ergehenden Sachurteils 167
2. Spätere Leistungsklage 171
3. Kein vollstreckbarer Titel 172
4. Grundurteil 174
5. Drittrechtsbeziehungen 175
6. Auf Leistungsklage hin 176
IX. Arbeitsgerichtliches Verfahren 179
1. Feststellungsklagen über Tarifverträge und Tarifverhandlungen
   a) Zulässigkeit von Feststellungsklagen über Tarifverträge 181
   b) Erweiterung der Rechtskraftwirkung 191
      aa) Prozeß zwischen Tarifvertragsparteien 192
      bb) Keine Erweiterung der objektiven Grenzen der Rechtskraft 193
      cc) Keine Gleichstellung von Prozeßvergleichen und Schiedssprüchen 194
      dd) Mittelbare Betroffenheit der tarifgebundenen Parteien 195
   c) Feststellungsklagen über Tarifverhandlungen 196
2. Feststellungsklagen über Arbeitsverhältnisse
   a) Bestehende Arbeitsverhältnisse 197
   b) Kündigung 199
   c) Beendete Arbeitsverhältnisse 200
3. Feststellungsklage um Arbeitskämpfe 201
4. Beschlußverfahren 202
5. Erfinderstreitigkeiten 204

I. Feststellungsklage[1]. Allgemeines

1. Ziel und Streitgegenstand

1   Die Feststellungsklage erstrebt ein Urteil, das sich auf den Ausspruch über das Bestehen oder Nichtbestehen eines Rechtsverhältnisses, ausnahmsweise (→ Rdnr. 51) einer Tatsache beschränkt. Sie hat demnach nur das **Ziel**, *Rechtsgewißheit* (→ Rdnr. 64 ff.) vor allem zwischen den Parteien zu schaffen. **Streitgegenstand** ist demnach die im Antrag begehrte gerichtliche Feststellung (→ Einl. Rdnr. 263 ff., 274, 289 und 294).

2. Grundlage

2   Grundlage der Feststellungsklage ist einerseits die Behauptung des Bestehens oder Nichtbestehens eines gegenwärtigen, ausnahmsweise auch eines vergangenen oder zukünftigen **Rechtsverhältnisses**, andererseits ein rechtliches Interesse des Klägers an dessen alsbaldiger richterlicher Feststellung. Das *Rechtsverhältnis* kann sowohl dem *Privatrecht* wie dem *öffentlichen* Recht angehören, → Rdnr. 35. Wenn Leistungsklagen öffentlich-rechtlicher Art den ordentlichen Gerichten zugewiesen sind, ist damit zugleich der ordentliche Rechtsweg für die entsprechenden Feststellungsklagen eröffnet (→ Einl. Rdnr. 346). Auch Rechtsverhältnisse *prozessualer* Art sind von einer Feststellungsklage nicht schlechthin ausgeschlossen (→ näher Rdnr. 35). Von den privatrechtlichen Feststellungsklagen sind die Klagen auf Feststellung des

---

[1] Aus dem Schrifttum vgl. *Degenkolb* Einlassungszwang und Urteilsnorm (1877), 129 ff. u. ö.; *Weismann* Feststellungsklage (1879); *Schultze* Konkursrecht (1880), 55 f., 142 ff.; *Wendt* AcP 70 (1866), 1 ff.; *Wach* Hdb 13 ff., 123; *ders*. Der Feststellungsanspruch (1889), 1 ff. (Sonderdruck aus der Festschrift für *Windscheid*); *Leonhard* ZZP 15 (1891), 328 ff.; *Hellmarin* JherJB 31, 79 ff.; *Flechtheim* ZZP 25 (1899), 405 ff.; *Langheineken* Der Urteilsanspruch (1899), 85 ff., 127 ff.; *Hellwig* Anspruch und Klagrecht (1900), 399 ff.; *Goldschmidt* Festschr. für *Brunner* (1914), 128 f.; *Du Chesne* BayrZ 1918, 69; *Pagenstecher* Festnummer der österreichischen Gerichts-Zeitung für *Klein* (1924), XXIX ff.; *Neuner* Privatrecht und Prozeßrecht (1925), 67 ff.; *Kisch* Das Feststellungsurteil, Dt. Landesreferate Haag 1932 (Sonderheft RabelsZ); *Gilbert* SächsThArchRpfl 1934, 177; 1936, 145; *Henckel* Parteilehre und Streitgegenstand im Zivilprozeß (1961); *Zeuner* Gedanken zur Unterlassungs- und negativen Feststellungsklage, Festschrift für *Dölle* 1 (1963), 295; *Kadel* Zur Geschichte und Dogmengeschichte der Feststellungsklage nach § 256 ZPO (1967); *Stoll* Typen der Feststellungsklage aus der Sicht des bürgerlichen Rechts, Festschr. für *Bötticher* (1969), 341 ff.; *Birk* Schadensersatz und sonstige Restitutionsformen im internationalen Privatrecht (1969), 173 ff.; *von Mettenheim* Der Grundsatz der Prozeßökonomie (1970); *Wieser* Das Rechtsschutzinteresse des Klägers im Zivilprozeß (1971); *Schumann* Sachabweisung ohne Prüfung des Feststellungsinteresses, Gedächtnisschr. für *Michelakis* (Athen 1972), 553 ff.; *Schneider* Die Zulässigkeit der Zwischenfeststellungs(wider)klage, MDR 1973, 270; *Dolinar* Ruhen des Verfahrens und Rechtsschutzbedürfnis (Wien 1974) 106 ff., 120 ff.; *Trzaskalik* Die Rechtsschutzzone der Feststellungsklage im Zivil- und Verwaltungsprozeß (1978) – hierzu *Habscheid* ZZP 1993 (1980), 230; *Baltzer* Die negative Feststellungsklage aus § 256 Abs. 1 ZPO (1980) – hierzu *Wieser* ZZP 1995 (1982), 84; *Picker* Die Drittwiderspruchsklage in ihrer geschichtlichen Entwicklung als Beispiel für das Zusammenwirken von materiellem Recht und Prozeßrecht (1981), 345 ff., 502 ff. u. ö.; *Michaelis* Der materielle Gehalt des rechtlichen Interesses bei der Feststellungsklage und bei der gewillkürten Prozeßstandschaft, Festschr. für *Larenz* zum 80. Geburtstag (1983), 443 ff.; *Bodmer* Die allgemeine Feststellungsklage im schweizerischen Privatrecht (Basel 1984); *Dietrich* Zulassung der Feststellungsklagen (Zürich 1985); *Ho* Zum Anspruchsbegriff bei der Feststellungsklage (1987); *Graf* Feststellungsklage und Verjährungsunterbrechung (Diss. Regensburg 1989); *Habscheid* Die materielle Rechtskraft des die negative Feststellungsklage aus Beweisgründen abweisenden Urteils NJW 1988, 2641 ff.; *Kapp* Kaninchen aus dem Zylinder – Zum Scheinproblem der materiellen Rechtskraft des abweisenden Urteils bei der negativen Feststellungsklage MDR 1988, 710; *Jurkat* Gerichtliche Feststellung der Rechtswidrigkeit einer Abmahnung auf Antrag des Arbeitgebers DB 1990, 2218 ff.; *Künzl* Zur Rechtskraft von Urteilen über negative Feststellungsklagen JR 1987, 57 ff.; *Lepp* Zwang zum Fehlurteil NJW 1988, 806 ff.; *Pawlowski* Zum Verhältnis von Feststellungs- und Leistungsklage MDR 1988, 630 ff.; *de With* Die negative Feststellungsklage gegen die einstweilige Anordnung zur Unterhaltsregelung nach Rechtskraft des Scheidungsurteils, Erlanger Festschrift für *Schwab* (1990), 257 ff.; *Tiedtke* Zur Rechtskraft eines die negative Feststellungsklage abweisenden Urteils NJW 1990, 1697; *ders*. Negative Feststellungsklage gegen bezifferte und unbezifferte Ansprüche DB 1987, 1823 ff.; *ders*. Rechtskraftwirkungen eines die negative Feststellungsklage abweisenden Urteils JZ 1986, 1031 ff.; *Stetter-Lingemann* Die materielle Rechtskraft eines die negative Feststellungsklage abweisenden Urteils – insbesondere bei unrichtiger Beweislastverteilung (Diss. Tübingen 1992). *Gerhard Lüke* Zur Klage und Feststellung von Rechtsverhältnissen mit oder zwischen Dritten, in: Festschrift für *Henckel* (1995), S. 563 ff.

Bestehens oder Nichtbestehens einer **Ehe**, des **Eltern-** und **Kindes-Verhältnisses** oder der **elterlichen Sorge** in §§ 638, 640 Abs. 2 Nr. 1 und Nr. 4 besonders geregelt. Nach § 262 Abs. 2 StPO kann der Strafrichter, nach §§ 127, 159, 161 FGG der Registerrichter einem Beteiligten zur Erhebung einer Feststellungsklage eine Frist setzen; in diesen Fällen wird das rechtliche Interesse durch die richterliche Anordnung begründet, → Rdnr. 66. Schließlich wird bei der *Zwischenfeststellungsklage* des § 256 Abs. 2 das Feststellungsinteresse durch die Vorgreiflichkeit des festzustellenden Rechtsverhältnisses für die Hauptentscheidung ersetzt (→ Rdnr. 140). Nur ausnahmsweise gestattet § 256 auch eine Klage zur Feststellung einer rechtserheblichen *Tatsache*, nämlich der Echtheit einer **Urkunde** (→ Rdnr. 51). Wie jedes Rechtsverhältnis kann auch ein *materiellrechtlicher Anspruch* Gegenstand einer Feststellungsklage sein. Die Feststellungsklage ist jedoch ein **prozeßrechtliches Institut eigener Art**[2], das weder ein materielles Recht des Klägers auf Feststellung gegen den Gegner geschaffen hat[3], weil die Feststellung nicht durch ihn, sondern durch das Gericht erfolgt, noch einen materiellrechtlichen Anspruch auf Anerkennung des Bestehens oder Nichtbestehens des streitigen Rechtsverhältnisses voraussetzt[4]; denn bestände eine solche Verpflichtung auf Anerkennung, so wäre § 256 überflüssig, weil dann eine Leistungsklage im Sinne des § 894 gegeben wäre. Das Wesen der Feststellungsklage erschöpft sich auch nicht darin, daß gewisse Fragen aus einem künftigen Leistungsprozeß vorweggenommen werden[5].

3. Urteilswirkung

Wenn die Feststellungsklage die Feststellung eines Rechtsverhältnisses begehrt, so begründet das der Klage stattgebende *Feststellungsurteil* die bindende Aussage, daß das Rechtsverhältnis besteht (→ § 322 Rdnr. 24). Insoweit weist die Feststellungsklage keinen Unterschied zur Leistungsklage (→ Rdnr. 5 ff. vor § 253) und zur Gestaltungsklage (→ Rdnr. 39 ff. vor § 253) auf. Urteile, die das Nichtbestehen eines Rechtes feststellen, entsprechen in ihrer Wirkung einem die Leistungs- oder Gestaltungsklage abweisenden Urteil. Die Feststellung

3

---

[2] Schon lange h.L., z.B. besonders *Wach* Feststellungsanspruch (Fn. 1) 24 ff.; *Stein* Urkundenprozeß (1877), 65 f., 98 f. Übersichten über die Konstruktionsversuche bei *Wach* Feststellungsanspruch 4 ff.; *Langheineken* (Fn. 1), 127 ff.; *Flechtheim* ZZP 1925 (1880), 432 ff. *Ho* (Fn. 1), 80 ff.; *Germelmann/Matthes/Prütting* ArbGG[2] (1995) § 46 Rdnr. 52. Die Kritik von *Picker* (Fn. 1), 5 f. (sowie auch S. 345 ff., 501 ff.) an dieser Auffassung über die Feststellungsklage ist nicht überzeugend. Er sieht (mit Recht) die Gefahr, daß die Feststellungsklage einseitig den Kläger begünstigt und den Beklagten benachteiligt (a.a.O. S. 348 f., 497 f. – so übrigens *Neuner* [Fn. 1], 70) und daß der Beklagte mit einer Klage überzogen wird, den Kläger rechtlich beeinträchtigt zu haben (a.a.O. S. 502). Doch solche Gefahren bestehen nicht wegen der *Qualifizierung* der Feststellungsklage als Prozeßinstitut; sie würden genauso drohen, wenn die Regelung des § 256 vom materiellen Recht getroffen worden wäre (vgl. z.B. die schweizerische Situation, in der umstritten ist, ob die Feststellungsklage dem materiellen oder dem Prozeßrecht angehört, hierzu etwa *Dietrich* [Fn. 1]). Entscheidend ist nicht die Qualifizierung, sondern die konkrete Ausgestaltung der Feststellungsklage. Nun kann man darüber streiten, ob sich Institute der Rechtsdurchsetzung so an das materielle Recht binden lassen, wie dies *Picker* (a.a.O. S. 347) postuliert, wenn er meint, daß sie »strikt an dem materiellen Recht als der vorgegebenen Ordnung der Lebensverhältnisse orientiert werden müßten« (zu den

Grenzen einer Orientierung nur am materiellen Recht → Einl. Rdnr. 11–20). Doch gibt die *Praxis* der Feststellungsklage insoweit keinen Grund zum Vorwurf (*Picker* verzichtet auf eine Analyse der *Rechtsprechung*). Solange vor allem das Feststellungsinteresse von der konkreten rechtlichen Gefährdung des Klägers gespeist wird (→ Rdnr. 64) und in aller Regel die materiell-rechtlichen Beziehungen zwischen Kläger und Beklagten den Hintergrund der Prüfung des Feststellungsinteresses bilden (→ Rdnr. 63), mag es zwar einzelne Fehlurteile geben, doch insgesamt verdient die heute *praktizierte* Feststellungsklage nicht die Ablehnung, für die sich *Picker* entschlossen hat (inwieweit einzelne frühere Schriftsteller diese Ablehnung rechtfertigen, kann hier mangels heutiger Aktualität dahinstehen).

[3] So noch besonders die Mot. 182 ff.; zur Entstehungsgeschichte des § 256 auch *Braun* Rechtskraft und Restitution 2 (1985), 269–276.

[4] So seinerzeit – sichtlich an gemeinrechtliche Vorstellungen anknüpfend – *Hölder* AcP 93 (1902), 45 ff.; s. auch *Schwartz* Billigkeitsurteil (1904), 56 ff. und *Henckel* (Fn. 1), 195, 255, 281.

[5] So seinerzeit *Seuffert* Grünhut 12, 629; *Windscheid* Pandekten[5] (1879) 1 § 45 Nr. 3; *Weismann* (Fn. 1), 114, 150 ff.; *Rocholl* ZZP 8 (1885), 329 (345). Daß in vielen Fällen die Feststellungsklage als eine derartig »antizipierende« Klage auftritt, hat *Stoll* (Fn. 1), 345 ff. herausgestellt.

begründet jedoch im Gegensatz zu dem auf die Leistungsklage ergehenden und entsprechend dem Gestaltungsurteil *keine Vollstreckbarkeit* im engeren Sinn; nur die Entscheidung im Kostenpunkt ist vollstreckbar. Ferner fehlt bei ihnen der *Leistungsbefehl* (→ Rdnr. 172). Das Charakteristische des Feststellungsurteils ist daher, daß es mit Eintritt der formellen Rechtskraft in der Hauptsache nur die materielle Rechtskraft oder Feststellungswirkung entfaltet, und bei gewissen Feststellungsklagen die sog. realen Urteilswirkungen (→ Rdnr. 47 ff. vor § 704). Von der Gestaltungsklage unterscheidet sich die Feststellungsklage dadurch, daß sie einen rechtlichen Ausspruch darüber wünscht, was ohne den Prozeß und das Urteil Recht ist, war oder sein wird, daß dagegen nicht erst durch Prozeß und Urteil die Änderung eines Rechtsverhältnisses bewirkt wird[6]. Nur insofern enthält das Feststellungsurteil auch ein gestaltendes Element, als es durch seine materielle Rechtskraft eine neue Rechtsgrundlage für das Bestehen oder Nichtbestehen des Rechtsverhältnisses schafft (→ § 322 Rdnr. 24). Daß bei einem *Fehlurteil* durch die materielle Rechtskraft ein Rechtsverhältnis Geltung gewinnen oder verlieren kann, ist eine Ausnahmeerscheinung, die nicht zur Charakterisierung der Feststellungsklage herangezogen werden darf (→ Einl. Rdnr. 18).

II. Arten der Feststellungsklage

1. Selbständige (isolierte) Feststellungsklage gegenüber Rechtsverhältnissen und Urkunden (Abs. 1)

a) »Rechtsverhältnis« und »Feststellungsinteresse« als zentrale Begriffe

4 Die *selbständige* Feststellungsklage ist in **Absatz 1** geregelt. Mit »Selbständigkeit« wird der *Gegensatz zur Zwischenfeststellungsklage* (→ sogleich Rdnr. 6) des Absatzes 2 angesprochen; anders als die Zwischenfeststellungsklage ist bei der selbständigen Feststellungsklage nicht erforderlich, daß das Begehren der Feststellungsklage für die Entscheidung über einen anderen Streitgegenstand vorgreiflich ist. Vielmehr ist **prinzipaler Streitgegenstand** der selbständigen Feststellungsklage das Begehren auf **Feststellung** des Bestehens oder Nichtbestehens eines **Rechtsverhältnisses** (→ Rdnr. 21 ff.) oder auf **Feststellung** der **Urkundenechtheit** (→ Rdnr. 51 ff.). Damit ermöglicht die selbständige Feststellungsklage eine **rechtskraftfähige gerichtliche Aussage** über ein Rechtsverhältnis oder über die Urkundenechtheit, die mit einer Leistungs- oder Gestaltungsklage nicht zu erreichen wäre. Denn nach § 322 ist das Urteil nur insoweit der materiellen *Rechtskraft* fähig, als es über den durch die Klage oder Widerklage erhobenen Anspruch (Streitgegenstand) entschieden hat. Ein Leistungs- oder Gestaltungsurteil vermag also keine rechtskraftfähige Aussage zu enthalten über Rechtsverhältnisse, von deren Bestehen oder Nichtbestehen der prozessuale Anspruch (Streitgegenstand) abhängt (→ § 322 Rdnr. 78 f.), selbst wenn über diese Rechtsverhältnisse (oder über die Echtheit einer Urkunde) in den Entscheidungsgründen umfassende Ausführungen enthalten sind. Die Feststellungsklage bietet also eine **zusätzliche Rechtsschutzform**, um eine Rechtskraftwirkung zu erreichen, die mit den anderen Klagearten nicht zu bewirken ist (→ § 322 Rdnr. 80). Dabei sind die Gründe, eine selbständige Feststellungsklage zu erheben, vielfältig und unterschiedlich. Häufig greift der Kläger zur selbständigen Feststellungsklage, weil er **derzeit noch nicht eine Leistungsklage zu beziffern vermag** (→ auch Rdnr. 88). Bisweilen ist aber auch nur (sozusagen isoliert) das Rechtsverhältnis selbst oder die Echtheit der Urkunde umstritten, so daß es sich aus solchen Motiven empfiehlt, die selbständige Feststellungsklage zu erheben. Stets erforderlich ist bei der selbständigen Feststellungsklage ein **Feststellungsinteresse** (→

---

[6] Vgl. *RG* Gruchot 34, 1161.

Rdnr. 61–97). Während bei der Leistungsklage und bei der Gestaltungsklage nicht die Gefahr besteht, daß sie als »Popularklagen« auftreten, ist durch die Loslösung der Feststellungsklage vom materiell-rechtlichen Anspruch (→ Rdnr. 2) die Gefahr gegeben, daß Feststellungsprozesse stattfinden, die mit der Aufgabe der Zivilgerichtsbarkeit und mit dem Zweck des Zivilprozesses (→ Einl. Rdnr. 4 ff.) nicht vereinbar sind. Dies gilt vermehrt, seitdem die Rechtsprechung zuläßt, daß auch über Drittrechtsverhältnisse prozessiert werden darf (→ Rdnr. 37 ff.). Um die Feststellungsklage als Form individuellen Rechtsschutzes zu erhalten, ist das Erfordernis des Feststellungsinteresses aufgestellt. Es dient auch zum Schutz des *Beklagten* vor überflüssigen Prozessen. »**Feststellungsinteresse**« und »**Rechtsverhältnis**« erweisen sich somit als die **zentralen Begriffe der selbständigen Feststellungsklage**[7].

b) Feststellungsklage in Verbindung mit anderen Anträgen (»Nebenfeststellungsklage«)

Nicht ausgeschlossen ist es allerdings auch, die *selbständige* Feststellungsklage **neben** einem anderen (weiteren) Klageantrag (auf Leistung, auf Gestaltung) zu erheben und auf diese Weise eine objektive Klage-(Anspruchs-)Häufung nach § 260 entstehen zu lassen (»Nebenfeststellungsklage«[8]). Auch wenn es sich um die Feststellung eines vorgreiflichen Rechtsverhältnisses handeln sollte (das also für den anderen Klageantrag präjudiziell ist), muß eine solche Klage den **Voraussetzungen** des **Absatzes 1** entsprechen. Doch ist zu beachten, daß gerade Absatz 2 die Möglichkeit gibt, über die bedingenden Rechtsverhältnisse im Wege der **Zwischenfeststellungsklage** (zu ihr sogleich) eine der Rechtskraft fähige Entscheidung zu erlangen.

5

2. Zwischenfeststellungsklage, Inzidentklage gegenüber Rechtsverhältnissen[9] (Abs. 2)

a) Die Inzident- oder Zwischenfeststellungsklage ist eine unselbständige Feststellungsklage, die **neben** anderen Klageanträgen (→ Rdnr. 137) steht. Wenn sie vom **Kläger** ausgeht, ist es eine »Erweiterung des Klageantrags«, also ein besonderer Fall *nachträglicher Klagenhäufung*, → § 260 Rdnr. 2, → § 264 Rdnr. 11, nicht etwa eine Erweiterung des Klageantrags unter Festhaltung des Klagegrundes im Sinne des § 264 Nr. 2 (→ Rdnr. 141). Geht sie vom **Beklagten** aus, so liegt ein besonderer Fall der *Widerklage* (**Zwischenfeststellungswiderklage**)[10] vor, bei dem der rechtliche Zusammenhang durch die Präjudizialität gegeben ist. »Typischer Anwendungsfall der Zwischenfeststellungsklage«[11] ist der Gegenangriff des Beklagten (in Form der negativen Zwischenfeststellungswiderklage), nachdem der Kläger nur einen *Teil* eingeklagt hat; hierdurch erreicht der Beklagte ein Feststellungsurteil über das *gesamte* Rechtsverhältnis. Eine Pflicht, sich des Rechtsbehelfs des § 256 Abs. 2 zu bedienen, besteht für die Parteien nicht; eine selbständige Feststellungsklage wird durch die Möglichkeit der Inzidentklage nicht ausgeschlossen, → § 33 Rdnr. 2. Entgegen dem Wortlaut des Gesetzes kann der Kläger die Zwischenfeststellung schon in der Klage selbst beantragen[12].

6

b) Wie in allen Fällen der Verbindung (→ § 33 Rdnr. 9, → Rdnr. 7 vor § 59, → § 260 Rdnr. 3) ist **scharf zu unterscheiden**:

7

---

[7] *Schumann* (Fn. 1), 554.
[8] → Fn. 188 und Fn. 218.
[9] Vgl. *Oertmann* ZZP 22 (1896), 11 ff.; *E. Schneider* (Fn. 1), MDR 73, 270.
[10] Über die Widerklage gegen die Widerklage → § 33 Rdnr. 25 und *Oertmann* (Fn. 9), 63 f.
[11] *BGHZ* 69, 37 (41), → auch Rdnr. 137 a.E.
[12] *RGZ* 113, 410; 150, 191; *BGH* LM § 280 a.F. Nr. 2. – Bei der seinerzeitigen Formulierung der Vorschrift konnte davon ausgegangen werden, daß eine ursprüngliche (nicht nachträgliche) Feststellungsklage bereits nach § 256 Abs. 1 zulässig ist. Betrachtet man aber die Zwischenfeststellungsklage als ein spezielleres Institut als die selbständige Feststellungsklage, so muß § 256 Abs. 2 auch auf die **schon in der Klage begehrte Zwischenfeststellung** angewandt werden.
Der Kläger kann die zwischenfeststellungsklage auch hilfsweise für den Fall der Abweisung des Hauptantrags beantragen, *BGH* NJW 1992, 1897.

§ 256 II, III   2. Buch. Verfahren im ersten Rechtszuge. 1. Abschnitt. Landgerichte   108

Einerseits zwischen den *Voraussetzungen* der *Zwischenfeststellungsklage als solcher* samt den Voraussetzungen der *Verbindung*, d.h. der Entscheidung im anhängigen Prozeß (hierzu näher → Rdnr. 131 ff), und

andererseits den Prozeßvoraussetzungen (→ Einl. Rdnr. 311 ff.), d.h. den Voraussetzungen für das *Sachurteil* über die Zwischenfeststellungsklage (näher → Rdnr. 146 ff.).

3. Positive – Negative Feststellungsklage

8   Sämtliche Feststellungsklagen (Selbständige Feststellungsklage, Urkundenfeststellungsklage, Zwischenfeststellungsklage) können entweder gerichtet sein auf »Feststellung des **Bestehens** eines Rechtsverhältnisses« (wie dies der Gesetzestext formuliert) oder auf die Feststellung des »**Nichtbestehens**« bzw. auf »Anerkennung einer Urkunde« oder auf »Feststellung ihrer Unechtheit«. Begehrt der Kläger die Feststellung des Bestehens, spricht man von einer **positiven Feststellungsklage**; leugnet er das Bestehen, wird von einer **negativen Feststellungsklage** (*leugnenden* oder *verneinenden* Feststellungsklage) gesprochen (→ auch Rdnr. 167). Aus dieser Unterscheidung ergeben sich dann die weiteren Bezeichnungen: *Negative Urkundenfeststellungsklage* (Klage auf Unechtheit einer Urkunde), *positive* (oder negative) *Zwischenfeststellungsklage, negative* (oder bisweilen auch positive) *Zwischenfeststellungswiderklage* (insbesondere wenn sich der Kläger weiterer angeblicher Ansprüche »berühmt« hat, die er nicht geltend gemacht hat, → Rdnr. 134).

III. Rechtliche Natur der Feststellungsklage

9   1. Das **Feststellungsurteil** ist, wie → Rdnr. 3 dargelegt, eine *besondere Form des Rechtsschutzes*: Es beschränkt sich auf die autoritative Feststellung eines bestehenden Rechtsverhältnisses[13]. Seine Wirkung **erschöpft sich in der ideellen Sicherung durch die Rechtskraft**; es ist weder dazu bestimmt noch geeignet, an der Entstehung eines Rechts mitzuwirken oder einem bisher nicht vollwirksamen Rechtsverhältnis die volle Wirksamkeit zu verschaffen. Ebensowenig ist es geeignet, den Ausgangspunkt einer Zwangsvollstreckung zu bilden (→ Rdnr. 172). Wegen dieser gegenüber anderen Klagearten eingeschränkten Natur wird die Feststellungsklage oftmals als **subsidiäres**[14] **Prozeßinstitut** angesehen; tatsächlich wird sie in vielen Fällen wegen dieser Natur durch andere Behelfe ausgeschlossen (→ Rdnr. 79 f.).

10   2. Für eine Reihe *besonderer Fälle*, in denen die Gefährdung des materiellen oder prozessualen Rechts aus der jeweiligen Sachlage von selbst folgt, sind **Feststellungsklagen vorgesehen**: § 146 KO, §§ 115, 156 ZVG, § 115 Abs. 2 GenG, die sämtlich die Feststellung der Berechtigung zur Teilnahme an einem von mehreren Personen betriebenen bzw. für sie gemeinschaftlichen Vollstreckungsverfahren[15] begehren, sowie die Klagen nach §§ 111 ff. GenG, welche die **negative** Feststellung der Teilnahmepflicht auf der Schuldnerseite erstreben. Daneben steht der § 256, der die Feststellungsklage unter der Voraussetzung geeigneten Gegenstandes (→ Rdnr. 21 ff.) und genügenden Bedürfnissen (→ Rdnr. 61 ff.) als allgemeines Mittel zum Schutze der (materiellen) Rechtsverhältnisse aller Art gewährt.

---

[13] BGH ZZP 86 (1973), 312; *Baumbach/Lauterbach/Hartmann*[55] Rdnr. 1; *MünchKommZPO/Lüke* Rdnr. 1; *Zöller/Greger*[20] Rdnr. 1.
[14] → Rdnr. 87.
[15] Nicht die Feststellung des materiellen Anspruchs als solchen; denn die Teilnahmeberechtigung kann auch bei unbestrittenem Anspruch streitig sein. S. zu § 146 KO *Stein* Voraussetzungen des Rechtsschutzes, in: Festgabe für *Fitting* (1902), 134 f.; *Langheineken* Der Urteilsanspruch (1899), 187 ff.; *Jonas* Konkursfeststellung (1907), 8 ff.; *RGZ* 24, 405 und vgl. RGZ 52, 313 sowie → § 240 Rdnr. 13 ff. Anders die Klage gegen den Gemeinschuldner selbst, die reine Feststellungsklage nach § 256 Abs. 1 ist, *RGZ* 24, 405; 34, 410. Sofern man in § 878 eine *Feststellungsklage* sieht (→ § 878 Rdnr. 34 Fn. 174), rechnet er auch zu den soeben genannten Vorschriften.

3. Trotz des mißverständlichen Gesetzestextes (»Anerkennung einer Urkunde«), der auf der früheren Vorstellung eines *materiell-rechtlichen Anerkennungsanspruchs* beruht[16], wird kein materiell-rechtlicher Feststellungsanspruch mit der Feststellungsklage geltend gemacht (→ Rdnr. 2). Die **Besonderheit der Feststellungsklage besteht darin**, daß sie im Gegensatz zu den auf *Leistung* oder auf *Gestaltung* gerichteten Rechtsschutzformen **eine selbständige Form** des **Rechtsschutzes durch Feststellung** in dem in → Rdnr. 3 dargestellten Sinn bildet. Die *negative Feststellungsklage* (→ Rdnr. 8) insbesondere zielt auf einen Ausspruch ab, den der Kläger sonst nur in der Rolle des Beklagten durch die Abweisung der gegnerischen Klage erreichen könnte, → Rdnr. 106 und Rdnr. 131 ff.[17] Eine Verjährung des Klagerechts scheidet bei der Feststellungsklage aus, weil sie keinen Anspruch auf Feststellung im Sinne des BGB geltend macht[18] (→ Rdnr. 2), wohl aber kann der festzustellende materiell-rechtliche Anspruch verjähren[19]. 11

4. Da sich die Feststellungsklage als besondere Form des Rechtsschutzbegehrens auf das *Prozeßrecht* gründet, ist für ihre Zulässigkeit ausschließlich das *Prozeßrecht* zur Zeit und am Ort der Urteilsfällung maßgebend[20]. Auch wenn das zu beurteilende Rechtsverhältnis dem **ausländischen Recht** angehört, richtet sich die Zulässigkeit der Feststellungsklage nur **nach deutschem Recht**[21] (→ auch Einl. Rdnr. 736 ff., 834). Daher ist in einem solchen Fall die Feststellungsklage auch dann möglich, wenn sie im ausländischen Prozeßrecht unbekannt ist. Klageformen, die früher (im Gemeinen Prozeßrecht) die Funktion der Feststellungsklage erfüllten, wie die sog. Provokationen, sind durch § 14 EGZPO, jedenfalls aber durch Art. 55 EGBGB beseitigt. 12

5. Ein zwingendes *Verbot* der Feststellungsklage auch bei sonst gegebenen Voraussetzungen enthält § 9 AnfG: Die **Anfechtung außerhalb des Konkurses**[22] ist nur als Leistungsklage statthaft[23]. 13

6. Die **familienrechtlichen Feststellungsklagen** über das Bestehen oder Nichtbestehen einer *Ehe*, des *Eltern*- und *Kindesverhältnisses* oder der *elterlichen Sorge* sind in den §§ 606, 638, 640 Abs. 2 Nr. 1 und 4 **besonders geregelt** (vgl. Rdnr. 2). Die Feststellungsklage über **Unterhaltsansprüche** wird dadurch nicht ausgeschlossen[24]. 14

7. **Fehlt** es an einer Voraussetzung der selbständigen Feststellungsklage, dann hat das Gericht **von Amts wegen** zu prüfen, ob die Klage nicht als *Zwischenfeststellungsklage* zulässig ist[25]; einer Bezugnahme der Partei auf § 256 Abs. 2 bedarf es nicht. 15

8. Auch im Verfahren vor den **Gerichten für Baulandsachen** sind Feststellungsanträge statthaft[26]. 16

---

[16] Vgl. *BGH* LM Nr. 5 zu § 263 ZPO a.F.
[17] So besonders *Wach* Feststellungsanspruch (Fn. 1), 24 ff.; *Stein* Urkundenprozeß (1887), 65 ff., 98 ff.; *Langheineken* (Fn. 1), 127 ff.
[18] Motive zum BGB 1 291, 295; *Wach* (Fn. 1), 33; *BayObLG* SeuffArch 54, 386; *Pohle* Anm. AP Nr. 25 sub 2a; *LG Dortmund* NJW-RR 1989, 1300. – Die Möglichkeit, Feststellungsklage zu erheben, begründet demgemäß auch kein Zurückbehaltungsrecht, *OLG Dresden* Rsp 37, 122.
[19] *Pohle* (Fn. 18) – *BAG* 8, 279 = AP Nr. 25 verwechselt das Problem der Verjährung des Klagerechts mit der Verjährung des festzustellenden Anspruchs (→ auch Fn. 117).
[20] → dazu auch Rdnr. 120 und → Fn. 279.
[21] Vgl. *RGZ* 36, 210; 44, 165; *Stein* (Fn. 15), 34; *Riezler* Internationales Zivilprozeßrecht (1949), 132 f.; *Zöller/Geimer*[20] IZPR Rdnr. 10 f. m.w.N., *Geimer* Internationales Zivilprozeßrecht (1987) Rdnr. 1986; *ders.* DNotZ 1989, 334; *Schack* IZPR² (1996) Rdnr. 523; differenzierend *Stoll* (Fn. 1), 365 m.w.N. Anders hingegen (maßgeblich sei die *lex causae*) Niederländer RabelsZ 20 (1955), 51; *Grunsky* ZPP 89 (1976), 258. Die Maßgeblichkeit der *lex fori*, wie sie mit Recht von der ganz h.M. vertreten wird, hindert den deutschen Richter freilich nicht, aufgrund *ausländischer* Rechtssätze das Feststellungsinteresse zu prüfen; näher hierzu → Fn. 279.
[22] Anders bei der Konkursanfechtung, *RGZ* 23, 6; *RG* JW 1932, 165 u.a. Nicht ausgeschlossen ist die negative Feststellungswiderklage, *Böhle-Stamschräder/Kilger* AnfG⁷; *BGH* WM 1991, 249 f. § 9 Anm. I 3.
[23] *RGZ* 23, 5; 57, 102 f.; 71, 178; *RG* JW 1902, 610; HRR 1930, Nr. 1261; *BayObLG* SeuffArch 54, 469. S. auch *RGZ* 30, 266 (zu §§ 30 f. des preußischen EnteignungsG).
[24] *OLG Hamm* FamRZ 1982, 721; *OLG Nürnberg* FamRZ 1982, 1102. Der Kläger kann auch auf Feststellung klagen, daß er von Unterhaltsansprüchen *freigestellt* ist, *BGH* VersR 1982, 68; *OLG Hamm* MDR 1985, 771.
[25] *RG* HRR 1935 Nr. 813; *OGHZ* 1, 44, 281.
[26] *BGH* Warn 1977 Nr. 238.

IV. Gegenstand der Feststellung

20 Den **Gegenstand der Feststellung** bildet ein Rechtsverhältnis oder die Echtheit einer Urkunde. Diese Feststellung wird entweder in der Klage behauptet (*positive Feststellungsklage*) oder geleugnet (*negative Feststellungsklage*), → Rdnr. 8.

1. Rechtsverhältnis

21 Ein **Rechtsverhältnis** ist jedes durch die Herrschaft der Rechtsnorm über einen konkreten Sachverhalt entstandene *rechtliche*[27] *Verhältnis*[28] *einer Person*, die nicht am Rechtsstreit beteiligt sein muß, → Rdnr. 37, *zu einer anderen Person oder zu einem Sachgut* (Rechtsobjekt)[29].

23 a) Es gehören hierher die **subjektiven Rechte jeder Art**, mögen daraus Ansprüche auf Leistung, Duldung oder Unterlassung hervorgehen oder nicht, also namentlich das *Dienstverhältnis*[30], das *Arbeitsverhältnis* (näher → Rdnr. 197), das *Mietverhältnis*[31], eine *Auslobung* (Preisausschreiben)[32], auch *Familienstandsrechte* (s. darüber §§ 640ff.)[33], einschließlich des *Verlöbnisses* und der *nichtehelichen Vaterschaft* (§ 1600a BGB, § 640 Abs. 2 Nr. 1)[34], das *Erbrecht*[35] (vgl. § 27), die *dinglichen Rechte*[36] und ihr Umfang hinsichtlich des Gegenstandes[37], die Rechtsverhältnisse aus dem Besitz von Sachen oder Rechten[38], überhaupt *absolute Rechte* jeder Art, wie *Urheber-, Patent-, Warenzeichenrecht, Gebrauchsmuster*[39] auch die Feststellung der *Erfinderschaft*[40] usw., das *Namensrecht*[41], das *Firmenrecht*[42], ferner *Forderungsrechte* (nicht aber die unklagbaren Rechte[43], Gestaltungsrechte[44] Mitgliedsrechte[45], das *Pflichtteilsrecht*[46] und das Recht auf *Pflichtteilsentziehung*[47], das zwischen dem im *gemeinschaftlichen Testament* Bedachten und dem überlebenden Ehegatten bestehende Rechtsverhältnis[48], das durch die anfechtbare Rechtshandlung zwischen dem Anfechtungs-

---

[27] Kein Rechtsverhältnis ist demgemäß z.B. eine nur den Ehrbegriffen gewisser Kreise entsprechende Auskunftspflicht, *OLG Dresden* SeuffArch 75, 141. Vgl. auch *Bötticher* ZZP 75 (1962), 58 zu einem der Rechtsordnung unbekannten (angeblichen) Rechtsverhältnis.

[28] Vgl. *Wach* Feststellungsanspruch (Fn. 1), 48; *Langheineken* (Fn. 1), 118; *Sprenger* AcP 92 (1902) 428; *Hellwig* Lb. 1 (1902), 192ff.; *Zitelmann* IPR 1 (1897), 42f.; 2 (1912), 1f.; *v. Tuhr* Allg. Teil des BGB (1910) I, 123ff. u.a.; sowie *BGHZ* 5, 387; 22, 47; 37, 334; 92, 275 (278); 99, 344 (356); *BGH* NJW-RR 1992, 252 (253); 1987, 925 (926); *BAG* NZA 1989, 687; *RGZ* 144, 54 (56); *RG* Gruchot 49, 660; JW 1906, 509; SeuffArch 62, 305; JW 1936, 2546; *OLG München* NJW-RR 1987, 925 (926); *OLG Karlsruhe* FamRZ 1989, 1232 (1233).

[29] Z.B. zu einem dem Kläger gehörenden nicht rechtsfähigen Sondervermögen, *BGH* LM Nr. 5 zu § 2100 BGB, → Fn. 84 und die allgemeinen Bedenken gegen die Annahme eines Rechtsverhältnisses zu einer Sache bei *Goldschmidt* Der Prozeß als Rechtslage (1925), 141 Anm. 785.

[30] *BGH* WPM 1981, 1271.

[31] *OLG Celle* BB 1978, 576; *AG Ibbenbüren* WPM 1980, 62; *AG Hamburg-Blankenese* WPM 1980, 56.

[32] *BGH* NJW 1984, 1118 = LM Nr. 129.

[33] Z.B. über die Rechte einer Ehefrau aufgrund »nachträglicher Eheschließung«, *LG Tübingen* DRZ 1948, 139.

[34] Auch die Nichtigkeit eines Vaterschaftsanerkenntnisses, *BGHZ* 1, 183; *KG* JR 1949, 383. Jedoch ist wegen der Sperre des § 1593 BGB eine Klage auf Feststellung, daß das Kind nicht vom Ehemann, sondern vom Kläger stammt, unzulässig, *BGHZ* 80, 218.

[35] → aber Rdnr. 31 und Rdnr. 45.

[36] *RGZ* 70, 371 (*Realberechtigung*). Vgl. *RG* JW 1901, 168 (*Zugehörigkeit* zum *Gesamtgut*).

[37] Z.B. bei der Hypothek, *RG* Gruchot 49, 343.

[38] Vgl. *RGZ* 5, 174.

[39] *BGH* NJW 1981, 2461 = MDR 754 = DB 1665 = GRUR 515; GRUR 1985, 871.

[40] *BGHZ* 72, 236 (245) = NJW 1979, 269 = MDR 225 = GRUR 145 (mit Anm. v. *Falck*).

[41] *Ramdohr* Gruchot 43, 78 ff.

[42] *RG* SächsArch 9, 758.

[43] → Rdnr. 87 vor § 253. Bei den *Naturalobligationen* liegt eine Nichtverbindlichkeit vor, so daß eine Klage auf ihre Feststellung zwar zulässig, aber unbegründet wäre (→ Rdnr. 93 vor § 253), vgl. *Wach* Feststellungsanspruch (Fn. 1), 21; *v. Tuhr* (Fn. 25), 1 127; *Hellwig* Lb. 1 (1902), 384.

[44] Z.B. Ankaufsrecht *BGH* NJW-RR 1987, 925 (926); → aber auch Rdnr. 24, 31 bei Fn. 69.

[45] *RG* Gruchot 41, 1166; *BayObLG* SeuffArch 62, 305; vgl. auch *RGZ* 8, 3; 14, 90; *RG* JW 1905, 315; *BGH* NJW-RR 1992, 227 = JuS 1992, 435 = WM 1992, 57, 58 (Ausschluß aus einer BGB-Gesellschaft).

[46] *BGH* NJW 1996, 1062 (1063); NJW-RR 1990, 130f. = LM Nr. 158; *RGZ* 92, 1 → auch Fn. 110 und 111.

[47] *BGHZ* 109, 306 (308f.) = *BGH* NJW 1990, 911 = JZ 697 (698) = LM Nr. 160 (Feststellungsklage eines zum Kreis der Pflichtteilsberechtigten gehörenden Klägers gegen den künftigen Erblasser; kritisch hierzu *Leipold* JZ 1990, 700); *BGH* NJW 1974, 1084 = MDR 742 = FamRZ 303; *OLG Saarbrücken* NJW 1986, 1182, (Feststellungsklage des Pflichtteilsberechtigten); *OLG Hamburg* NJW 1988, 977; → aber Fn. 110.

[48] *BGHZ* 37, 334f., → auch Fn. 112.

gläubiger und dem *Anfechtungsschuldner* begründete Schuldverhältnis[49] (→ jedoch Rdnr. 13) usw. Auch der *Anspruch* (§ 194 BGB) ist ein Rechtsverhältnis, mag er selbständig oder als Ausfluß eines umfassenderen Rechtsverhältnisses entstehen; er kann in gewissen Grenzen den Gegenstand der positiven und stets den der negativen Feststellungsklage bilden[50], vgl. auch § 209 BGB (Klage auf Feststellung des Anspruchs); daher kann die Feststellung der Pflicht zu einem *Tun, Dulden* oder *Unterlassen* begehrt werden. Dies gilt auch, wenn sich aus dem zugrunde liegenden Sachverhalt andere Anspruchsgrundlagen entnehmen lassen könnten, die ganz oder teilweise konkurrieren würden[51].

Daß es ein **selbständiges** Rechtsverhältnis sein müsse, ist nicht gefordert; auch **einzelne rechtliche Beziehungen**, die nur Ausflüsse eines weitergehenden Rechtsverhältnisses sind, können festgestellt werden, wenn das Interesse (→ Rdnr. 61) sich gerade auf sie bezieht[52]. Auch *Einrederechte* des BGB (Recht, die Leistung zu verweigern, → Rdnr. 81 vor § 128)[53] und sonstige *Gestaltungsrechte*, können mit der Feststellungsklage geltend gemacht werden, sofern nicht die Möglichkeit der Ausübung das Interesse an dieser Feststellungsklage ausschließt (→ Rdnr. 79 ff., 92 sowie → Rdnr. 32 vor § 253)[54]. 24

b) *Ausgeschlossen* ist dagegen die Feststellung **einzelner rechtserheblicher Elemente** oder **Vorfragen** eines Rechtsverhältnisses (z. B. das Vorliegen der *Rechtswidrigkeit* oder eines *Verschuldens* und dergleichen)[55], die Feststellung einer *Pflichtverletzung*, sofern hieraus 27

---

[49] *RGZ* 77, 65 (negative Feststellungsklage gegenüber der Anfechtungsankündigung nach § 4 AnfG).
[50] *BGH* DB 1983, 1483 = WPM 766 = NJW 1984, 1556; *BGHZ* 109, 275 (276) = NJW 1990, 834 mit Anm. *Horst Link* = Rpfleger 246 mit Anm. *Münch* = JZ 392 (393) mit Anm. *Brehm* = KTS (51) 276 ff = ZZP 103 (1990), 355 (356) mit Anm. *Smid* = LM § 256 ZPO Nr. 159; kritisch auch *Hager* KTS 52 (1991), 1 ff.
[51] So *BGH* DB 1983, 1483 (Fn. 50); *BGHZ* 109, 275 (Fn. 50).
[52] Vgl. *RGZ* 5, 171 (*Namensrecht* statt Familienzugehörigkeit); *RG* JW 1909, 463 (*Annahmeverzug*); *RAG* JW 1931, 1290 (Zeitpunkt, zu dem eine *Kündigung* wirksam sei); ähnlich *RAG* 14, 158; ArbRS 21, 166; *BGH* DB 1965, 1854 = WM 1216 (Feststellung der Fortdauer des *Mietverhältnisses*); *RG* WarnRsp 1930 Nr. 66 (Wirksamkeit einer *Vollmacht*; in der Regel kann der Vertreter aber nicht auch *gegen einen Dritten* auf Feststellung klagen, er habe Vertretungsmacht, *BGH* BB 1979, 286); *BGH* NJW 1951, 360; *BGHZ* 26, 28; 57, 837; *BGH* WPM 1971, 1450 (einzelne Streitpunkte vor Durchführung der Auseinandersetzung zwischen *Gesellschaftern*); *BAG* AP Nr. 8 zu § 611 BGB Direktionsrecht (Versetzung auf anderen *Arbeitsplatz*); *BGH* WPM 1984, 361 (Klarstellung streitiger *Einzelposten* für die *Schlußbilanz*); *BGH* NJW-RR 1987, 925 (926: Wirksamkeit eines *Ankaufsrechts*); *LAG* Berlin EzA § 2 BetrAVG Nr. 1 (Leistungsumfang einer betrieblichen *Ruhegeldanwartschaft*); *OLG Karlsruhe* FamRZ 1989, 1232 (1233) (*Namensrecht, Annahmeverzug, Kündigungszeitpunkt*, Wirksamkeit einer *Vollmacht, Einzelposten für die Schlußbilanz*); *Balzer* NJW 1992, 2721 (2724) (Wirksamkeit der *Kündigung*); *BAGE* 58, 248 (251 f.) = 59 1, (4: Lohnzahlungspflicht des Arbeitgebers); 49, 180, 187; 61, 283, 287 = NJW 1989, 2771 (Beteiligung des Betriebsrates in einer bestimmten Angelegenheit); DB 1986, 132 (Änderung des Arbeitszeitrahmens); *LArbG Frankfurt a. M.* NZA 1995, 194 (Abberufung einer *Frauenbeauftragten*); *OLG Köln* NJW-RR 1994, 491 = BB 455 (Nichtigkeit eines *Gesellschafterbeschlusses* einer BGB-Gesellschaft); *BAG* AP § 87 BetrVG 1972 (Lohngestaltung) Nr. 69 (*Mitbestimmungsrecht des Betriebsrats* im Zusammenhang mit einer Sonderzahlung) usw.
[53] *RGZ* 73, 292 f. – A. M. *OLG Kiel* SchlHA 1908, 57.
[54] → insbesondere Rdnr. 87 ff.
[55] *BGHZ* 68, 331 (332) = NJW 1977, 1288 = LM § 823 BGB Nr. 38; *BGHZ* 69, 144 (153); *BGH* NJW 1982, 1879; 1985, 1959 (L) = MDR 37 = LM Nr. 133; *BGHZ* 109, 306 (308) (Fn. 43); *BGH* NJW-RR 1992, 252 f.; *BGH* VersR 1986, 132 f.; *BayObLG* 1988, 90 (91); *OLG Karlsruhe* FamRZ 1989, 184 f.; 1232 (1233); *BAG* NJW 1983, 2838; *BAGE* 46, 322 (340) = JZ 1985; 445 (447; *Richardi* a.a.O. 410) = MDR 257 = NJW 85 (88): Rechtswidrigkeit einer Arbeitskampfmaßnahme; *BAGE* 62, 171 (191) = ZIP 1989, 1356, 1362 = NZA 1989, 969, 974; *BAGE* 63, 232, 237 = AP § 611 BGB Nr. 6. NZA 1985, 504 = JZ 1986, 195 (198: Rechtswidrigkeit einer Arbeitskampfmaßnahme); *BAG* NZA 1989, 475 (476: Rechtswidrigkeit von Behinderungen oder Blockaden in einem Arbeitskampf); vgl. hierzu auch *Kissel* NZA 1989, 80 (87); *BAG* DB 1989, 1832 = NZA 687 (fachlicher Geltungsbereich eines Tarifvertrags) (dagegen kann die Frage, ob ein bestimmter Tarifvertrag auf ein konkretes Arbeitsverhältnis Anwendung findet, Gegenstand einer Feststellungsklage sein, vgl. *BAG* NZA 1991, 736 f.; DB 1988, 809; *LAG* Berlin BB 1992, 1288); ebenso stellen *Betriebsvereinbarungen* feststellungsfähige Rechtsverhältnisse dar, *BAGE* 54, 191 (196) = ZIP 1992, 1165 (1166) = JR 1993, 701); vgl. *BGHZ* 22, 43 (48) mit Nachw. über frühere Rsp.; *BAG* AP Nr. 17 und 24 je mit Anm. *Pohle*; *OLG Köln* FamRZ 1985, 507 (rechtsvernichtende Einwendungen im Unterhaltsrecht); *RGZ* 73, 85 f. (Grundlagen der Berechnung); *RG* Gruchot 52, 1121 f.; LeipzZ 25, 210 (hierzu *OHG* 3, 22); JW 1936, 2546; *BayObLG* WM 1988, 90 (91); *OLG Karlsruhe* FamRZ 1989, 184 f.; *OLG München* WRP 1992, 270 (272: Mißbrauch der Klagebefugnis gemäß § 13 Abs. 5 UWG); *OLG Düsseldorf* FamRZ 1988, 410 (Billigkeit i. S. v. § 1361 b Abs. 2 BGB); *OLG Hamm* AnwBl 1989, 615 f. (Repräsentanteneigenschaft eines Zeugen); *OLG München* NJW-RR 1995, 484 (485: Beendigungszeitpunkt einer BGB-Gesellschaft). Differenzierend: *Ger-*

überhaupt keine Rechtsfolgen abzuleiten sind oder abgeleitet werden[56], die Feststellung rechtlich relevanter Eigenschaften einer Person (z. B. *Geschäftsfähigkeit*) oder einer Sache (z. B. als *Zubehör*, → aber auch Rdnr. 51) oder die bloßen Grundlagen der Berechnung eines Anspruchs[57], mögen sie auch in einem anderen Prozeß bedeutsam sein[58]. Deshalb kann z. B. nicht darauf geklagt werden, daß *einzelne Deckungsverweigerungsgründe nicht bestehen* oder wie eine *versicherungsrechtliche Ausschlußklausel* auszulegen ist[59]. Denn das Wesen der Feststellungsklage besteht nicht in der Vorklärung von Einzelfragen eines künftigen Leistungsprozesses (→ Rdnr. 2), und die Gerichte haben grundsätzlich eine umfassende Vorfragen-Kompetenz (→ Einl. Rdnr. 350), so daß keinerlei generelle Notwendigkeit besteht, einzelne Vorfragen in gesonderten Prozessen vorab zu klären. Anders liegen die Dinge nur, wenn in *mehreren* anderen Verfahren dieselbe Vorfrage zu entscheiden wäre und deshalb gerade Gründe der Prozeßökonomie (→ Einl. Rdnr. 81 f.) dafür angeführt werden können, vorab eine einheitliche Entscheidung über sie zu erhalten[60].

28   *Ausgeschlossen* ist ferner die Feststellung von bloßen **Tatsachen**, auch wenn sie als Elemente eines Tatbestandes von rechtlicher Erheblichkeit sind[61]; wie z. B. die Beschaffenheit einer Ware, die **Unwahrheit einer (ehrverletzenden) Behauptung**[62], die Kenntnisse oder Fähigkeiten einer Person, die Geeignetheit einer technischen Einrichtung u. a. m.[63]. Denn der Zivilprozeß ist keine historische (psychologische, technische usw.) Untersuchung (→ Einl. Rdnr. 22). Eine (eng begrenzte) gesetzliche Ausnahme besteht lediglich bei der Tatsache der Echtheit oder Unechtheit einer Urkunde (→ Rdnr. 51).

29   Unzulässig ist ferner eine Feststellung der *Ungewißheit*, ob ein Rechtsverhältnis besteht oder nicht besteht[64].

31   c) *Unstatthaft* ist eine Feststellung von **Rechtsfragen**, die nur für die *künftige* Entstehung von Rechtsverhältnissen (→ Rdnr. 45) Bedeutung haben, wie die Frage der Gültigkeit eines Testaments zu Lebzeiten des Erblassers[65], die *allgemeine* Auslegung einer Konkurrenzklausel[66], die erst für *zukünftige* Rechtsverhältnisse bedeutsame Rahmenvereinbarung[67], die

---

melmann (Fn. 2) § 46 Rdnr. 54; *Gift/Baur* (1993) E Rdnr. 94; *BAG* NZA 1992, 949 f.; *Grunsky* ArbGG⁷ (1995) § 46 Rdnr. 17; *ders.* RdA 1986, 196 (200 f.); *Trzaskalik* (Fn. 1), 130 ff.
[56] *Wieczorek*² B II a 9.
[57] BGHZ 22, 48 mit Nachw.; *BGH* VersR 1986, 132 f.
[58] BAG 2, 145 = AP Nr. 3 Anm. *Pohle.*
[59] BGH MDR 1980, 213 = VersR 1979, 1117 = LM Nr. 27 § 12 VVG; *BGH* VersR 1975, 440; *BGH* VersR 1986, 132 f. – Wohl aber kann auf Feststellung geklagt werden, daß *Versicherungsschutz* besteht; *BGH* NJW-RR 1986, 105 (zu einer versicherungsrechtlichen Ausschlußklage). *LG Berlin* MM 1995, 228 hält jedoch die Klage auf Feststellung, ob ein Mietverhältnis privater oder gewerblicher Natur ist, für zulässig.
[60] *Pohle* Anm. AP Nr. 23.
[61] *BGH* NJW-RR 1992, 252; *BayObLG* ZMR 1985, 422 f.
[62] *BGHZ* 68, 331 (334 f.); *OLG Frankfurt* JZ 1974, 61; *LAG Köln* DB 1978, 1631. – A. M. (analoge Anwendung des § 256 zum Schutz des subjektiven Rechts für die Möglichkeit der *Feststellung der Unwahrheit ehrverletzender Behauptungen*) *Leipold* ZZP 84 (1971) 150 (158) und JZ 1974, 63 (vgl. auch *ders.* Festschr. für *Hubmann*, 1985, 278 f., 284); *Rötelmann* NJW 1971, 1636; *Baumbach/Lauterbach/Hartmann*⁵⁵ Rdnr. 15; weit. Nachw. in *BGHZ* 68, 333 f. – *Stoll* (Fn. 1) 357 ff. will die Feststellung der *Rechtswidrigkeit* bei *Persönlichkeitsverletzungen* zulassen. Diese Ansichten wurden in *BGHZ* 68, 331 (334 f.)

abgelehnt mit der Begründung, daß von dem herkömmlichen Rahmen des § 256 nicht mit materiell-rechtlichen Erwägungen abgewichen werden könne.
[63] Vgl. *BAGE* 41, 92 (101) (*Betriebsänderung*); *RGZ* 50, 399; 85, 440; *RG* JW 1903, 64; JW 1904, 493; JW 1907, 48; JW 1916, 675; *OGHZ* 1, 193 u. a., Die Klage auf Feststellung der Unwirksamkeit einer *Abmahnung* wird zutreffend überwiegend verneint, vgl. *BAG* AP Nr. 12 zu § 87 BetrVG 1972 (*Betriebsbuße*); *Schaub* NJW 1990, 872 (877); *Jurkart* DB 1990, 2218 f.; *Gift/Baur* E Rdnr. 88; a. M. *Tschöpe* NZA 1990 Beil. 2/1990, 10 (16); *Fromm* DB 1989, 1409; zur Feststellungsklage bei Abmahnungen im Arbeitsverhältnis zusammenfassend, *Roman Adam* DZWir 1996, 126 f.; *Stürner* Die Aufklärungspflicht der Parteien des ZP (1976), 303 m.w.N. Vgl. auch zum Begriff der Tatsache *Mitsopoulos* Zur rechtlichen Bestimmung des Tatsachenbegriffs, Festschrift für *Carnacini 1* (Mailand 1984), 439; *ders.* ZZP 91 (1978), 113 (123 f.); zum Tatsachenbegriff im beweisrechtlichen Sinn → § 284 Rdnr. 9 ff.
[64] *BGHZ* 17, 263.
[65] Der noch durch den Tod des überlebenden Erblassers *bedingte Anspruch* des durch eine böswillige Schenkung benachteiligten Vertragserben kann dagegen zulässiger Gegenstand einer Feststellungsklage sein, *OLG Koblenz* MDR 1987, 935 f.
[66] *BGH* LM Nr. 47 = MDR 1958, 408; *OLG Karlsruhe* FamRZ 1989, 1232 (1233).
[67] *BGH* LM Nr. 2 § 1542 RVO.

Haftung der Postbehörde für *künftige* Postsendungen, die Frage nach den Berechnungsgrundlagen für einen Anspruch[68], die Frage, ob ein bestimmter Vorfall einer Partei die Befugnis zu einer fristlosen Kündigung gegeben *hätte*, usw.[69]. Es ist danach zu unterscheiden: **Zulässig** ist die Feststellungsklage dahin, daß das zwischen den Parteien bestehende Vertragsverhältnis unter bestimmten Voraussetzungen eine Kündigung zulasse (→ Rdnr. 23); **unzulässig** ist dagegen die Klage auf Feststellung, daß mit einem tatsächlich vorliegenden Tatbestand die Voraussetzungen für die nicht erfolgte Ausübung des Kündigungsrechts gegeben seien[70].

Unstatthaft sind auch Anträge auf Feststellung einer **bloßen Rechtsfrage. Zu theoretischen Rechtsbelehrungen sind die Gerichte nicht berufen**[71]. Denn zu den richterlichen Aufgaben gehört nicht die Stellungnahme zu rein *fiktiven oder lediglich hypothetischen Rechtsfragen*[72], wie bekanntlich auch die **Gutachtenerstattung** durch die Gerichte nicht als rechtsprechende Tätigkeit angesehen wird[73] und zunehmend im deutschen Rechtskreis abgebaut wurde[74]. 32

d) Wenn auch Feststellungsanträge über eine Tatsache, eine bloße Rechtsfrage usw. nach dem Dargelegten (→ Rdnr. 27ff.) unzulässig sind, darf nicht übersehen werden, daß der Antrag auf Feststellung von Rechtsverhältnissen nicht selten nur äußerlich in die *Form einer tatsächlichen Behauptung* oder einer bloßen *Rechtsfrage* eingekleidet ist, wie z.B. wenn die Feststellung verlangt wird, daß ein Vertrag abgeschlossen oder gekündigt[75], daß ein Rechtsgeschäft simuliert, der Gegner Mitglied einer Gesellschaft oder Genossenschaft sei, ein Vereinsbeschluß unwirksam sei usw., während in Wirklichkeit die Rechte aus dem Vertrag usw. geltend gemacht werden[76]. So kann die Feststellungsklage der **Qualifikation** des Rechtsverhältnisses dienen[77], z.B. daß ein Rechtsverhältnis ein Pacht- und kein Mietverhältnis sei, wenn sich aus den Beziehungen klar ergibt, welche Unterschiede der Kläger im Auge hat, es sich also sachlich nur um eine kurze Bezeichnung dafür handelt, ob der Vertrag diesen oder jenen bestimmten Inhalt hat. Das gleiche gilt für die Klage auf Feststellung eines Arbeitsvertrages unter dem Gesichtspunkt, ob jemand Arbeiter oder Angestellter ist[78], → auch Rdnr. 24. 33

2. Rechtsverhältnis des Privatrechts, des öffentlichen Rechts, des Prozeßrechts

Nur Rechtsverhältnisse des **Privatrechts** und nur diejenigen *öffentlich-rechtlichen* Verhältnisse, hinsichtlich deren der **Rechtsweg zulässig** ist, eignen sich zur gerichtlichen Feststellung[79] (→ Einl. Rdnr. 346 und → Rdnr. 2). Die Feststellung von *Rechtsverhältnissen des Prozeßrechts* ist *zulässig* (→ auch Rdnr. 2), so etwa die Klage auf Feststellung der *Nichtigkeit* 35

---

[68] BGH FamRZ 1979, 905.
[69] RGZ 84, 390; 94, 233; 107, 303; (hierzu kritisch *Trzaskalik* [Fn. 1], 27ff., 60ff.) 144, 54 und oft, z.B. *RG* WarnRsp 1926 Nr. 139; 1930 Nr. 225; ZZP 55 (1930) 417; BAG NJW 1978, 2115 (Regelungen in einem Tarifvertrag, der noch nicht abgeschlossen ist); hierzu auch → Rdnr. 196.
[70] *OLG Kiel* OLG Rsp 5, 53; *LAG* Frankfurt RdA 1948, 118 wollen hier eine Feststellungsklage zulassen, wenn der Kündigungswille feststeht; aber auch dann fehlt es an einem der Feststellung fähigen Rechtsverhältnis. *RG* JW 1902, 605 scheidet nicht scharf zwischen Rechtsverhältnis und Feststellungsinteresse. Wie hier aber *RG* DR 1944, 187 für das Übernahmerecht bei einer Gesellschaft.
[71] Eine scheinbar abstrakte Rechtsfrage kann zulässig sein, wenn sie sich als vorgreiflich und damit letzlich für den Kläger bedeutsam darstellen, BAGE 56, 357 (360).
[72] *Schumann* (Fn. 1), 554 m.w.N.; *ders.* Verfassungs- und Menschenrechtsbeschwerde gegen richterliche Entscheidungen (1963), 65, 57, 68, 260; auch BAG DB 1989, 1832.

[73] BVerfGE 2, 86; 4, 363, und die Nachw. bei *Schumann* Verfassungsbeschwerde (Fn. 72), 65.
[74] Vgl. früher § 97 BVerfGG und § 63 Reichsabgabenordnung, beseitigt 1956 bzw. 1963. Unzulässig ist daher eine Klage auf *Feststellung* der rechtlichen (Un-)Zulässigkeit *tarifpolitischer Forderungen*, BAG NJW 1985, 220.
[75] So auch *RAG* ArbRS 21, 166.
[76] RGZ 8, 3; *RG* Gruchot 49, 660f.; HRR 1931 Nr. 5 u.a. – Vgl. auch RGZ 122, 266, wo eine Klage auf Feststellung der Unwirksamkeit eines Vereinsbeschlusses (Ausschluß wäre erfolgt, wenn nicht der Kläger vorher seinen Austritt erklärt hätte) für zulässig gehalten wird, näher → Fn. 164.
[77] Vgl. RGZ 144, 54 (57); *RG* JW 1930, 755.
[78] *LAG* Düsseldorf AP 51 Nr. 36 mit Anm. *Dersch* → Rdnr. 197.
[79] BGHZ 95, 109 (111); BGH LM Nr. 59 = MDR 1960, 485.

eines im Verfahren der freiwilligen Gerichtsbarkeit erlassenen Beschlusses[80] oder überhaupt eines *Urteils*[81]. Auch Klagen auf **Feststellung des Inhalts eines** rechtskräftigen **Urteils** oder eines Schiedsspruchs sind zulässig[82]. Doch ist bei solchen Feststellungsklagen über prozessuale Rechtsverhältnisse besonders darauf zu achten, ob nicht ein Ausschluß durch eine andere prozessuale Möglichkeit (→ Rdnr. 79 ff.) besteht, z. B. ein ordentliches Rechtsmittel gegen eine Entscheidung oder ein sonstiger Rechtsbehelf.

3. Drittrechtsverhältnisse. Prozeßstandschaft

37 Nach überwiegender Meinung ist **nicht erforderlich**, daß das **Rechtsverhältnis zwischen den Parteien** besteht[83], insbesondere, daß es einen *Leistungsanspruch* gegen den Beklagten zu begründen oder auch nur vorzubereiten geeignet ist[84]. Denn § 256 gibt die Feststellungsklage ganz allgemein, und wenn sie für absolute Rechte gilt (→ Rdnr. 23), bei denen vor dem Eintritt einer Rechtsverletzung ein Leistungsverpflichteter gar nicht vorhanden ist, so muß sie auch bei den sog. relativen Rechten (Forderungsrechten) nicht bloß gegen die durch dieses Rechtsverhältnis verbundenen Personen, sondern auch *gegen Dritte* zulässig sein[85]. Aber auch *durch einen Dritten* darf die Feststellung begehrt werden; es **muß** also **nicht** der **Kläger**[86] und auch nicht wenigstens **eine der Parteien**[87] **dem Rechtsverhältnis angehören**. Freilich zeigt die bisherige Judikatur[88], daß zahlreiche Entscheidungen über »Drittrechtsverhältnisse« im Kern

---

[80] *BGHZ* 29, 229: Beschluß auf Zahlung von *Bergelohn* im Dispacheverfahren (= NJW *1959*, 723 = JZ 318 = MDR 278); allgemein zur Anwendbarkeit des § 256 im Verfahren der freiwilligen Gerichtsbarkeit, OLG *Düsseldorf* FamRZ 1988, 410.
[81] *Pohle* Festgabe für *Rosenberg* (1949), 170, 177 und JurBl (Wien) 1957, 117 Anm. 35; *Nikisch*² (1952) § 102 III 3; *Schönke/Schröder/Niese*⁸ § 70 III 2 b; *Rosenberg/Schwab/Gottwald*¹⁵ § 62 IV 1; *Schumann* (Fn. 72), 156; a. M. *Jauernig* Das fehlerhafte Zivilurteil (1958), 188, 92 (es fehle das Rechtsverhältnis); zustimmend *A. Blomeyer* ZPR² (1985) 81 III 2 a und *v. Mettenheim* (Fn. 1), 43 Fußn. 90. Ganz ablehnend *Hellwig* (Fn. 1), 488, der § 256 »nur auf Rechtsverhältnisse des materiellen Rechts« anwendet.
[82] *BGHZ* 5, 194; BGH NJW 1972, 2268 = MDR 1973, 132 = JuS 185 mit Anm. *Bähr*; RGZ 82, 161 (164); 147, 27 (29); *Geimer* JZ 1977, 145 (Wirksamkeit eines ausländischen Urteils). Siehe auch *Brehm* JZ 1990, 394 f.; *Münch* Rpfleger 1990, 248 Anm. zu *BGHZ* 109, 275 (Fn. 46). Vgl. auch OLG *München* Rsp 31, 51 (Klage auf Feststellung, daß ein gegen den Beklagten unter anderen Bezeichnungen ergangenes Urteil diesen betreffe). → auch Rdnr. 81 Fn. 197 und → Rdnr. 31 vor § 704, zum Schiedsspruch → § 1042 Rdnr. 22, § 1041 Rdnr. 40. Ein eigenes Prozeßinstitut zur Feststellung von Urteilsinhalten kennt das Schweizer Recht in Gestalt der »Erläuterung«, vgl. *Hagger* Die Erläuterung im schweizerischen Zivilprozeßrecht (Zürich 1982).
[83] So die Rsp., insbesondere *BGH* und *RG*, einheitlich, vgl. *BGHZ* 69, 37 (40); *BGH* LM Nr. 130 (m.w.N.) = NJW 1984, 2950 = MDR 131; LM Nr. 4 zu § 425 BGB = MDR 1961, 219; LM Nr. 4, 25, 34; *BGHZ* 12, 311; BGH (Fn. 72); *BGH* NJW-RR 1992, 252 f.; NJW 1990, 2627 f. = LM Nr. 163 = DB 1990. 1813 = DB 1292; NJW-RR 1987, 1522; *BGH* NJW-RR 1992, 593 (595) = WM 951 (955); *BGH* NJW-RR 1991, 2126 = WM 1990, 2128 (2130) = LM § 539 ZPO Nr. 16; *BGH* NJW-RR 1996, 869; *KG* NZA 1991, 24; OLG *Schleswig* FamRZ 1987, 384 f.; *BAG* AP Nr. 3, Nr. 42; *RGZ* 41, 345; 128, 92; 142, 223; 170, 358 (370) und oft, z. B. *RG* Gruchot 68, 333;

HRR 1928 Nr. 1650; 1930 Nr. 1657, 1964; JW 1935, 3463; 1936, 323 u. a.; weiter etwa *OGHZ* 1, 41, 378, zu den meisten dieser Entscheidungen *Michaelis* (Fn. 1), 453–460 und *Trzaskalik* (Fn. 1), 156–160 (mit jeweils treffender Analyse, daß vielfach gar kein »Drittrechtsverhältnis«, sondern ein Rechtsverhältnis zwischen den Parteien bestand). Aus der Literatur bejahend: *Goldschmidt* (Fn. 1), 141; *Kisch* (Fn. 1), 47; *Nikisch*² § 39 II 2; *Picker* Festschr. für *Flume* I, 657; *Pohle* Festschrift für *Lent* (1957), 211; *Lüke* (Fn. 1), Festschrift für Henckel S. 563 ff. *Rosenberg/Schwab/Gottwald*¹⁵ § 93 II 2; *Schönke/Schröder/Niese*⁸ § 44 III 3 d; *Henckel* (Fn. 1), 86, 108 ff.; *Jauernig*²⁴ (1993) § 34 II; *Goessl* Organstreitigkeiten innerhalb des Bundes (1961), 60 f.; *Schumann* (Fn. 72), 79; *Manfred Bauer* Feststellungsklage über Drittrechtsverhältnisse (Diss. Regensburg 1971); *Johannsen* LM Nr. 74 § 256 ZPO; *Frank* ZZP 92 (1979), 321 (338); *Germelmann* (Fn. 55), § 46 Rdnr. 58 → auch Rdnr. 73; a. M. *Trzaskalik* (Fn. 1), 156 ff.; *Michaelis* (Fn. 1), 461; *Häsemeyer* ZZP 101 (1988), 385 (396 f.); ebenfalls kritisch *MünchKommZPO/Lüke* Rdnr. 34; *Zöllner* AcP 190 (1990), 471 (490 ff.) – Die Rechtsprechung des *RAG* hat allerdings bei der Frage der Feststellungsklagen über den Inhalt von Tarifverträgen in diesem Punkte geschwankt, vgl. die Entscheidungen in Fn. 375.
[84] *BGH* LM Nr. 5 zu § 2100 BGB. Hier handelte es sich um die Feststellung eines Rechtsverhältnisses zwischen der Klägerin und einem ihr gehörenden Sondervermögen. Zu der Entscheidung *Henckel* (Fn. 1), 189 und 199; → auch Fn. 32.
[85] Vgl. *BGH* NJW 1984, 2950; *Köln* NJW 1952, 1301: Rechtsverhältnis zwischen Kläger und Drittem.
[86] *Henckel* (Fn. 1), 86 mit Nachw.; vgl. *BGH* NJW 1969, 136; 1978, 1520; MDR 1971, 1000 (1001); RGZ 170, 374; 128, 94; 146, 294: Rechtsverhältnis zwischen Beklagtem und Drittem.
[87] Vgl. *BGH* LM Nr. 4 zu § 325: Keine Prozeßpartei am Rechtsverhältnis beteiligt, ungenau daher *BGH* LM Nr. 25 sub II.
[88] → Fn. 83.

Beziehungen zwischen den Prozeßparteien zum Gegenstand haben. Deshalb sollte in jedem einzelnen Fall eines angeblichen Drittrechtsverhältnisses genau geprüft werden, ob nicht doch ein Rechtsverhältnis zwischen den Prozeßparteien vorliegt.

Nur ist bei diesen **Drittrechtsbeziehungen erforderlich**, daß der Kläger ein rechtliches *Interesse* besitzt, *gerade gegenüber dem Beklagten* die Feststellung treffen zu lassen[89]. Auf eine sorgfältige Prüfung dieses Interesses darf keineswegs verzichtet werden. Häufig wird sich zeigen, daß das Interesse zu verneinen ist, weil der Dritte durch das erstrebte Urteil nicht gebunden wird, also eine **Rechtsgewißheit über die Drittrechtsbeziehung** nicht erreicht werden kann. Daß der Dritte freiwillig oder aus außerjuristischen Gründen das Feststellungsurteil befolgen werde, reicht jedoch nicht aus[90]. Soweit allerdings das Feststellungsinteresse vorliegt, kann eine Feststellung auch dahin beantragt werden, daß ein bestimmtes Recht einem *Dritten* zustehe oder nicht zustehe, oder daß der **Beklagte** oder der **Kläger** ein Recht (eine Verpflichtung) **gegen den Dritten** habe oder nicht habe[91]. 38

So kann z.B. der **Vollstreckungsgläubiger**, der eine Eintragung gegen seinen Schuldner erreichen will, gegen den eingetragenen dritten (Buch-)Eigentümer auf Feststellung des Eigentums seines Schuldners klagen, → § 867 III 3[92], der **Pfand-** und **Pfändungsgläubiger** gegen den Drittschuldner die Feststellung der gepfändeten Forderung des Schuldners[93] oder der **Erbe** die Feststellung des Erbrechts gegen den Nachlaßpfleger[94] oder den Testamentvollstrecker[95] oder dieser die Feststellung der Verpflichtungen der Vorerben gegenüber den Nacherben[96] betreiben[97]. Die Ehefrau kann als Vorerbin ihres verstorbenen Mannes gegen den Nacherben die Feststellung des Rechtsverhältnisses begehren, das er durch Verwendung von eingebrachtem Gut für sich begründet hat[98]. Ebenso kann z.B. der **Prätendent** eines Rechts, insbesondere einer Forderung, z.B. der Zessionar oder Pfandgläubiger, gegen den anderen sowohl auf die negative Feststellung des Rechts des Beklagten wie auf die positive seines eigenen klagen, also den Schutz des eigenen Rechts oder die Abwehr des fremden Rechts betreiben[99], wenngleich dadurch dem Schuldner gegenüber keine Rechtskraft geschaffen wird, § 325[100]. Ausdrücklich erwähnt ist der Prätendentenstreit im BGB nur in § 660 Abs. 2 bei der **Auslobung**, wo er offenbar als prozessual zulässig vorausgesetzt wird. 39

Von der Feststellungsklage über Drittrechtsbeziehungen ist die **Prozeßstandschaft** bei der Feststellungsklage zu trennen[101] (→ auch Rdnr. 47 vor § 50). Bei der Prozeßstandschaft werden im *eigenen* Interesse und Namen der Partei *fremde* Rechte geschützt. Eine im Wege der Prozeßstandschaft erhobene Feststellungsklage bezweckt also primär den *Schutz des Dritten*, und der Kläger muß dartun, daß *er* an diesem Schutz ein Interesse hat. Eine *Feststellungsklage über Drittrechtsbeziehungen* zielt hingegen auf den Schutz des Klägers durch Feststellung dieser Beziehung ab. Der Kläger hat darzulegen, daß er *selbst Rechtsschutz* aus dieser Feststellung empfängt. 41

---

[89] *BGH* (Fn. 77); LM Nr. 130 (Fn. 76); *BGHZ* 34, 159 (165); 96, 174 (177); *BGH* NJW 1994, 459f. = EWiR 1994, 405f. (*Kowalski*); NJW-RR 1996, 869; *RGZ* 142, 226; *BAG* NJW 1983, 1751; *BAG* DB 1992, 275 (278); *OVG Koblenz* NJW 1976, 1163; *Germelmann* (Fn. 55), § 46 Rdnr. 58 sowie → Rdnr. 61 und 66.
[90] *Michaelis* (Fn. 1), 461 sub 3; → auch Rdnr. 73.
[91] Vgl. *BAG* NJW 1985, 85 (88: Pflicht einer Prozeßpartei gegenüber einem Dritten, Handlungen zu unterlassen); *RGZ* 128, 92; 170, 374; *RG* Gruchot 68, 333.
[92] Denkschrift zur alten GBO (zu § 38).
[93] *RGZ* 27, 345 f.
[94] Vgl. *RGZ* 106, 46; *OGHZ* 4, 220; *BGH* NJW 1951, 559.
[95] Vgl. *RG* Gruchot 62, 631.
[96] *RG* WarnRsp 1912 Nr. 174.
[97] Entscheidend für die Zulässigkeit der Feststellungsklage eines Testamentvollstreckers ist, ob er gerade in dieser Eigenschaft ein rechtliches Interesse an der Feststellung hat; es ist gegeben, wenn das (eigenständige)

Recht des Testamentvollstreckers, den Willen des Erblassers zu verwirklichen, bestritten wird, vgl. *BGH* NJW-RR 1987, 1091 = LM Nr. 149.
[98] *BGH* (Fn. 84).
[99] *BGH* KTS 1981, 217 = WPM 120 = ZIP 157; *BGH* NJW-RR 1987, 1439f. = WM 1207 = LM Nr. 152; *BGH* NJW-RR 1992, 1151 = FamRZ 1992, 1055f. = WM 1992, 1296. s. auch *RGZ* 41, 346 f.; 44, 165; 73, 278 (*Pfändungsgläubiger* gegen *Zessionar*); 98, 143 (*Zessionar* gegen *Verwalter* im Konkurs des Zedenten); *RG* WarnRsp 1910, 297 u. a. m.; vgl. auch *OLG Köln* (Fn. 85) und *Picker* (Fn. 83), 720.
[100] Die Feststellungsklage zwischen zwei möglichen Schuldnern, mit der die Feststellung der Haftung des anderen Schuldners für eine bestimmte Verbindlichkeit begehrt wird, ist hingegen zulässig, *BGH* JR 1994, 192, 193 (Anm. *Scherer*).
[101] Zum folgenden *BGH* LM Nr. 4 zu § 325 ZPO; *Henckel* (Fn. 1), 99 mit Nachw.

4. Gegenwärtiges Rechtsverhältnis

45 Die Klage muß auf das *gegenwärtige* Bestehen oder Nichtbestehen eines Rechtsverhältnisses gerichtet sein. Die Hoffnung auf ein *künftig entstehendes* Rechtsverhältnis[102] oder die Befürchtung eines solchen gewährt noch kein Recht auf richterlichen Schutz[103]; anders, wenn der künftige Anspruch sich als die Folge eines bereits bestehenden Rechtsverhältnisses darstellt[104], wie z.B. ein Unterhaltsrechtsverhältnis[105] oder frühere Anspruch auf Aussteuer im Falle der Verheiratung (§ 1620 a.F. BGB)[106] oder der Billigkeitsanspruch des § 829 BGB bei veränderter Wirtschaftslage[107]. Der voraussichtliche gesetzliche Erbe kann aber *nicht* zu Lebzeiten des Erblassers auf Feststellung seines vermeintlichen **Erbrechts**[108] oder der **Ungültigkeit des Testaments**[109] klagen, wohl aber der Testator auf Feststellung eines Rechts zur **Pflichtteilsentziehung**[110] oder der Pflichtteilsberechtigte gegen den künftigen Erblasser auf **Fehlen eines Pflichtteilsentziehungsgrundes**[111], oder es darf der in einem gemeinschaftlichen Testament Bedachte gegen den überlebenden Ehegatten auf Feststellung, daß das Testament wirksam ist[112]. Auch über die Gültigkeit eines **Erbvertrages** ist eine Feststellungsklage zulässig[113]

46 Dagegen ist die Feststellung **bedingter und betagter Rechtsverhältnisse zulässig**[114], z.B. der Verpflichtung zum Ersatz eines erst zu erwartenden Schadens oder der Pflicht zu künftig wiederkehrenden Leistungen, sofern die rechtserzeugenden Tatsachen, abgesehen von dem bedingenden Ereignis oder dem Zeitablauf, schon gegeben sind[115].

47 Andererseits kann die Feststellung **vergangener Rechtsverhältnisse** nicht begehrt werden[116]; deshalb ist etwa die Klage auf Feststellung eines Anspruchs als verjährt grundsätzlich

---

[102] *BGH* LM Nr. 49 § 1004 BGB = MDR 1960, 371 = JZ 701; *BGH* NJW 1992, 697f.; *OLG Karlsruhe* FamRZ 1989, 184f.; *LG Koblenz* VersR 1987, 1101; Vgl. auch *Werner/Pastor* Der Bauprozeß[6] (1990) Rdnr. 400; a.M. *Trzaskalik* (Fn. 1), 59ff.

[103] Ausnahmefall: *BGHZ* 28, 233 = NJW 1959, 100 = MDR 31.

[104] *BGHZ* 4, 135; 100, 228 (232) = *BGH* NJW 1987, 1887 = NJW-RR 925 = MDR 644; *BGH* FamRZ 1990, 37 (39) = NJW-RR 122 = LM § 253 ZPO Nr. 90; *BGH* VersR 1961, 121; 1983, 724; *OLG Frankfurt* MDR 1983, 325; *LG Dortmund* NJW-RR 1989, 1299; *OLG Koblenz* MDR 1987, 935f.

[105] *OLG Karlsruhe* FamRZ 1992, 1317f. = NJW-RR 1993, 905f.

[106] S. *RGZ* 49, 370; *BayObLG* 15, 316; *OLG Dresden* Rsp 6, 460; *Sprenger* AcP 92 (1902), 429 sowie die Entscheidungen in Fn. 69 und 115.

[107] *BGH* LM Nr. 2 § 829 BGB = NJW 1958, 1630 = MDR 679 mit Anm. *Pohle* 838.

[108] *BGHZ* 37, 145 = *BGH* LM Nr. 74 L mit Anm. *Johannsen*; *OLG Karlsruhe* FamRZ 1989, 1351 (1352); *MünchKomm/Leipold*[2] § 1922 Rdnr. 79; *Moser* Die Zulässigkeitsvoraussetzungen der Feststellungsklage unter besonderer Berücksichtigung erbrechtlicher Streitigkeiten zu Lebzeiten des Erblassers (Diss. Erlangen 1981); *Joachim Schneider* ZEV 1996, 56f.

[109] S. auch *RGZ* 49, 372; *OLG Hamburg* HGZ 41, 111; *OLG Köln* JW 1930, 2064.

[110] *RGZ* 92, 1 (2ff.); *BGHZ* 109, 306 (309) = NJW 1996, 911 (912); *BGH* NJW 1974, 1084f. → auch Rdnr. 23.

[111] *BGHZ* 109, 306 (309) = NJW 1996, 911 (912).

[112] *BGHZ* 37, 334f.; kritisch hierzu *Michaelis* (Fn. 1), 449 Fußn. 11; vgl. auch *OLG Karlsruhe* FamRZ 1989, 1351 (1352), → auch Fn. 48.

[113] Auch zu Lebzeiten beider Parteien, *OLG Düsseldorf* NJW-RR 1995, 141f. – Hingegen besteht kein feststellungsfähiges Rechtsverhältnis bei der Klage des *künftigen Mitschlußerben gegen die Mitschlußerbin* zu Lebzeiten des Erblassers, *OLG Karlsruhe* FamRZ 1989, 1351ff.

[114] Auch betagte oder bedingte Rechtsverhältnisse sind »Rechtsverhältnisse«, h.M.; z.B. *BGH* LM Nr. 130 (Fn. 76) m.w.N.; *BGHZ* 28, 225 (234) = *BGH* NJW 1959, 97 = LM § 26 GewO Nr. 2; *BGH* NJW 1992, 436 (437) = LM Nr. 168; *BGH* NJW 1986, 2507 = MDR 743 = LM Nr. 142; *BGH* NJW-RR 1990, 1172f.; *OLG Koblenz* MDR 1987, 935f.; *OLG Karlsruhe* FamRZ 1989, 184f.; 87, 324 u.a.m. Hierher gehört auch der Anspruch auf eine Geldrente wegen Tötung des mutmaßlichen Ernährers nach § 844 Abs. 2 BGB, § 10 Abs. 2 StVG; *BGHZ* 4, 134; = NJW 1952, 539 = LM Nr. 3; *BGH* LM Nr. 7; *Schwoerer* NJW 1951, 950. – A.M. *Greiff* NJW 1951, 689. – Über das Feststellungsinteresse → Rdnr. 61ff.

[115] *BGH* LM Nr. 7 = NJW 1952, 741; NJW 1961, 1165 = MDR 679; LM Nr. 1 Architektenvertrag; MDR 1984, 131 = WPM 1983, 1056; *BGHZ* 109, 306 (308f.) (Fn. 43); *BGH* NJW 1988, 774; *RGZ* 13, 374; 23, 348; 40, 97f. (mit z.T. bedenklicher Begründung); 61, 168; 74, 294f.; 86, 374; 105, 63; 113, 209; 123, 232; 127, 179; 170, 374 und oft: *RG* JW 1909, 497f.; 1910, 824; DR 39, 798; WarnRsp 1912 Nr. 44; JR 1926 Nr. 619 u.a.m. – Die Unterscheidung der in ihrer *Entstehung* und der in ihrer *Durchführung* bedingten Rechtsverhältnisse, *Langheineken* (Fn. 1), 51f., 61, ist hier ohne Bedeutung, da auch die ersteren Rechtsverhältnisse sind; vgl. *Hellwig* Lb. 1, 193; ders. Anspruch und Klagrecht (1900), 403f.

[116] *BGH* MDR 1961, 305 = BB 1961, 311; WPM 1981, 1050; *BAG* AP Nr. 43 mit Anm. *Schumann*.

unzulässig[117]. Anders ist die Rechtslage, wenn Rechtsfolgen für die Gegenwart oder Zukunft abgeleitet werden[118]. Das Erlöschen des Rechtsverhältnisses während des Prozesses hindert daher unter dieser Voraussetzung die Feststellung nicht[119].

5. Urkundenechtheit

Abs. 1 gestattet die Feststellung der **Echtheit** oder **Unechtheit einer Urkunde** (über diesen Begriff → Rdnr. 1–6 vor § 415), also die Feststellung, daß die Urkunde von einem bestimmten Aussteller herrührt oder nicht. Hier handelt es sich um die ausnahmsweise (→ Rdnr. 1 und Rdnr. 28) *zulässige Feststellung einer Tatsache*, nicht um die Festlegung einer prozessualen Rechtsbeziehung[120]. 51

Die Wirkung der Feststellung besteht bei dieser Klage darin, daß dem Gegner der Gegenbeweis gegen die in dem Urteil getroffene Feststellung über den Aussteller abgeschnitten ist. Dem durch die Urkunde zu erweisenden Rechtsverhältnis wird der Rechtsschutz nur *mittelbar* zuteil; es ist nicht Gegenstand des Urteils, kann aber durch die Inzidentklage nach Abs. 2 dazu gemacht werden[121], während umgekehrt im Prozeß über das Rechtsverhältnis die Urkundenechtheit nicht zum Gegenstand einer Inzidentklage gemacht werden kann (→ Rdnr. 131). Für die Zulässigkeit der Klage ist es ohne Belang, wer Aussteller oder Besitzer der Urkunde oder aus ihr verpflichtet ist[122]. Von dem Verfahren zur Sicherung des Beweises (§§ 485 ff.) unterscheidet sich die Klage durch die prozessuale Form und vor allem durch die Rechtskraft des Urteils, die in künftigen Prozessen jede Beweisführung und -würdigung gegen seinen Inhalt ausschließt. 52

Wegen des *rechtlichen Interesses* bei der Urkundenfeststellungsklage → Rdnr. 94. Im übrigen gilt auch hier der Grundsatz (→ Rdnr. 35), daß das Recht, zu dessen Verfolgung die Urkunde dienen soll, im ordentlichen Rechtsweg durchsetzbar sein muß[123]. 53

V. Feststellungsinteresse für die selbständige Feststellungsklage

Das **rechtliche Interesse des Klägers** an der alsbaldigen Feststellung ist Prozeßvoraussetzung, d. h. *Sachurteilsvoraussetzung* (→ Einl. Rdnr. 311 ff. und → unten Rdnr. 120)[124]. Es handelt sich hierbei um einen dem **Prozeßrecht** angehörenden Begriff[125], der nicht mit der Frage der Begründetheit der Klage oder sonstiger materiell-rechtlicher Voraussetzungen des zu prüfenden Rechtsverhältnisses durcheinander geworfen werden darf[126]. 61

---

[117] *Pohle* AP Nr. 25 sub 2 a und Nr. 40 sub 2 c. Davon ist die Frage zu trennen, daß sich der festzustellende Anspruch als verjährt erweist. Dann ist die Klage unbegründet, *Pohle* a.a.O. m.w.N. → Fn. 19.
[118] *BGH* und *BAG* in Fn. 102, *BGH* WPM 1978, 194 = JuS 418; *BGH* NZA 1993, 429; *OLG Frankfurt* MDR 1984, 59; *OLG Nürnberg* FamRZ 1982, 1102; *OLG Stuttgart* WRP 1992, 518 (520); *BAG* JZ 1978, 153; *BAGE* 54, 210 (211) = DB 1987, 2047; *BAG* DB 1993, 100; NZA 1993, 475 = NJW 1993, 2333; *RGZ* 27, 205; 51, 66; 78, 134; 80, 189 und oft, z. B. *RG* JW 1893, 424; 1900, 555; 1907, 478; 1910, 66; insbesondere 1914, 460. – A.M. *RG* JW 1902, 420; *Hellwig* Anspruch und Klagrecht (Fn. 101), 401f., 424; *ders.* Lb. 1, 383; *Heinsheimer* Mitgliedschaft und Ausschließung (1913), 64ff.; *Germelmann* (Fn. 55) § 46 Rdnr. 57.
[119] Vgl. *RG* JW 1902, 368.
[120] So aber *Jonas* JW 1935, 2557, ältere Aufl. dieses Komm. gegen *RGZ* 148, 29; a.M. weiter *RGZ* 158, 164.
[121] Vgl. *RG* JW 1896, 171f.
[122] → Rdnr. 63 bei Fn. 130.
[123] A. M. *RG* 148, 29; dagegen *Jonas* JW 1935, 2557.
[124] *BGH* NJW 1972, 198; LM Nr. 7; MDR 1952, 419; *BGH* NJW 1991, 2707 (2708); *BGH* NJW-RR 1990, 130; *HansOLG Bremen* MDR 1986, 765; *OLG Karlsruhe* VersR 1989, 805f.; *RGZ* 160, 208f.; *Loening* ZZP 4 (1882), 38, 66; *Pagenstecher* Festnummer der österreichischen Gerichtszeitung für *Klein* (1924) XXXV; *Neuner* (Fn. 1) 78; *Rosenberg/Schwab/Gottwald*[15] § 93 IV 1; *Seuffert/Walsmann*[12] 2e; *Baumbach/Lauterbach/Hartmann*[55] Rdnr. 21; *MünchKommZPO/Lüke* Rdnr. 35; *Thomas/Putzo*[19] Rdnr. 13 – A.M. *Wach* Feststellungsanspruch (Fn. 1), 24, 45; *Stein* Urkundenprozeß (Fn. 15), 65ff., 98ff.; *ders.* Voraussetzungen des Rechtsschutzes (Fn. 115), 18f.; *Langheineken* (Fn. 1), 132ff.; *Hellwig* Anspruch und Klagrecht (Fn. 101), 140; *RGZ* 158, 152; frühere Aufl. dieses Komm.
[125] *BGH* LM Nr. 7.
[126] *BGH* (Fn. 125); *BGH* NJW 1972, 198; *Schumann* (Fn. 1), 568f.

62 Die Abweisung wegen mangelnden Interesses ist *Prozeßabweisung* (→ auch Rdnr. 2). Eine *sachliche Abweisung* aus dem Grunde, daß das Rechtsverhältnis nicht besteht oder die Sachlegitimation einer Partei nicht begründet ist, darf aber (aus den → Rdnr. 129 vor § 253 genannten Gründen) erfolgen, *auch wenn das Interesse oder seine tatsächlichen Grundlagen noch nicht feststehen*[127]. Denn das Feststellungsinteresse ist eine *bedingte Sachurteilsvoraussetzung* (→ Rdnr. 120). Bei Ungewißheit über das Vorliegen des Interesses kann deshalb auch Versäumnisurteil gegen den **Kläger** oder **Verzichtsurteil** ergehen. Über den Fall des Anerkenntnisses → Rdnr. 116. Eine Entscheidung, die das Interesse **verneint** und zugleich in der Sache selbst entscheidet, ist schon deshalb unzulässig, weil sie in ihrer Tragweite unbestimmt ist[128], → § 300 Rdnr. 14, → Einl. Rdnr. 332; zu weiteren Verfahrensfragen näher → Rdnr. 120 f.

63 Ein solches **Interesse besteht** (→ auch § 66 Rdnr. 12–17), wenn dem **Recht** oder der **Rechtslage des Klägers eine gegenwärtige Gefahr der Unsicherheit** droht und das Urteil auf die Feststellungsklage mit seiner rein ideellen Rechtskraftwirkung *geeignet ist, diese Gefahr zu beseitigen*[129]. Wenn auch der Gesetzestext nur von einem Interesse des *Klägers* spricht, so darf das gegenläufige **Interesse des Beklagten**, keinen Prozeß zu führen (→ auch Rdnr. 4 a. E.), nicht übersehen werden. **Daher sind beide Interessen miteinander abzuwägen.** Dies ist in der Mehrzahl der Prozesse deshalb nicht schwierig, weil zwischen den Parteien materiell-rechtliche Beziehungen bestehen oder wenigstens angeblich existieren sollen, so daß sich die Gefährdung der Rechtslage des Klägers und die Belastung des Beklagten durch den Prozeß auf den Hintergrund ihrer materiell-rechtlichen Beziehungen beurteilen lassen. Daher wird der Inhalt des Feststellungsinteresses in den meisten Fällen von der zwischen den Parteien bestehenden **materiell-rechtlichen Situation** geprägt werden. Aus dieser Situation heraus läßt sich dann beantworten, ob ein anzuerkennendes Interesse an Rechtsschutz für den Kläger gerade gegenüber der von ihm verklagten Person besteht. Dieses Interesse *am eigenen Rechtsschutz* begründet die *aktive* und *passive* **Parteistellung** im Prozeß[130]. Von diesem Interesse **am eigenen Rechtsschutz** ist das *eigene Interesse am fremden Rechtsschutz* bei im Wege der *Prozeßstandschaft* erhobenen Feststellungsklagen zu scheiden[131]. Hierzu bedarf der Kläger einer besonderen *Prozeßführungsbefugnis*[132] (→ Rdnr. 41). So fehlt es an dem **eigenen** Feststellungsinteresse, wenn die Geltendmachung des Rechts vertraglich einem anderen übertragen ist[133] oder wenn der Gesellschafter zur Geltendmachung von Gesellschaftsforderungen nicht berechtigt ist[134].

1. Gefährdung der Rechtslage – »Bestrittenheit«

64 Es muß also eine **Ungewißheit** bestehen. »Die Sonnenklarheit der Rechtslage, die Unmöglichkeit, dieselbe durch Bestreiten oder Berühmen irgendwie zweifelhaft zu machen, schließt den Angriff aus«[135]. Hierbei muß es sich um eine **rechtliche** Ungewißheit handeln (→

---

[127] Nachw. → Fn. 338 vor § 253 sowie *RG* Gruchot 48, 1099; JW 1914, 541; *Stein* (Fn. 15), 21; LeipzZ 1914, 1648; *Henckel* (Fn. 1), 193; *MünchKommZPO/Lüke* Rdnr. 36 dieser Komm. bis zur 16. Aufl.; a.M. RGZ 97, 230; 11, 371; *Nußbaum* Prozeßhandlungen (1908), 149; *Dietz* AP 1950 Anm. zu Nr. 103; s. auch RGZ 41, 371 und die 18. Aufl. dieses Komm.
[128] RGZ 41, 371; RG JW 1908, 339; JW 1929, 848; JW 1936, 653; vgl. auch *Germelmann* (Fn. 55) § 46 Rdnr. 63; *Gift/Baur* E Rdnr. 97; a.M. *Grunsky* ArbGG⁷ (Fn. 55) § 46 Rdnr. 21; *ders.* Grundlagen des Verfahrensrechts § 39 I 2; OLG Bremen MDR 1986, 765.
[129] S. *Wach* (Fn. 15), 51 ff.; *Du Chesne* Gruchot 51, 509 ff.; BGHZ 15, 290; BGH NJW 1986, 2507 (Fn. 100); BGH NJW 1992, 436 (437) (Fn. 100) = LM Nr. 168 = JuS 522 (*K. Schmid*) = MDR 297 = WM 276 f.; OLG Koblenz NJW-RR 1989, 510; OLG Hamm FamRZ 1985, 952; LG Frankfurt NJW-RR 1991, 379; BAG AP Nr. 5 mit Anm. *Pohle* und 43 mit Anm. *Schumann*.
[130] Vgl. *Wieser* (Fn. 1), 197; *Trzaskalik* (Fn. 1), 173. Beim Prätendentenstreit besteht kein rechtliches Interesse an der Feststellung *nur* dem Schuldner gegenüber.
[131] Vgl. BGH WM 1989, 1546 (1549) = NJW-RR 318 (319).
[132] *Henckel* (Fn. 1), 89 ff., 110 und → Rdnr. 47 vor § 50.
[133] RG DR 1940, 1433 f.
[134] BGHZ 12, 311 f.; anders *Wieser* (Fn. 1), 204.
[135] *Wach* (Fn. 1), 54.

Rdnr. 71). Diese Ungewißheit muß sich auf das **festzustellende Rechtsverhältnis** beziehen und das begehrte Feststellungsurteil muß geeignet sein, diese Ungewißheit **rechtlich zu beseitigen** (→ Rdnr. 73). Die Ungewißheit hat **zwischen den Parteien** des Feststellungsprozesses zu bestehen (was *dritte* Personen zu dem Rechtsverhältnis meinen, interessiert demnach nicht → Rdnr. 66). Durch die Ungewißheit über das Rechtsverhältnis muß die **Rechtslage des Klägers gefährdet** sein, und das erstrebte Feststellungsurteil muß in der Lage sein, **diese Gefährdung zu beenden**. Unerheblich ist freilich, ob der Jurist die Grundlosigkeit eines der jeweilig vertretenen Standpunkte auf den ersten Blick erkennt[136].

a) Diese **Ungewißheit entsteht in aller Regel dadurch**, daß der **Gegner** dem (vermeintlichen) Recht des Klägers *tatsächlich oder wörtlich entgegentritt*[137], sei es dadurch, daß er das Recht des Klägers **bestreitet**[138] oder daß er für sich ein damit unverträgliches Recht **in Anspruch nimmt**[139], sei es dadurch, daß er sich eines Rechts gegen den Kläger, insbesondere eines **Anspruchs** gegen ihn *berühmt*[140]. Die Streitverkündung mit ihrer bedingten Behauptung eines Anspruchs stellt als solche noch keine Berühmung dar[141]. Bestreitung und Berühmung müssen nicht nur ernstlich gemeint sein, sondern auch nach objektiver Würdigung des Gerichts eine Gefahr für den Kläger begründen (→ Rdnr. 71)[142], die namentlich dann fehlt, wenn die Erklärung von einer Person ausgeht, deren Verhalten ohne praktischen Einfluß auf das Recht des Klägers ist[143], oder wenn sie einen rein theoretischen Charakter hat[144]. Aber auch ohne solche Erklärung, und unter Umständen sogar bei Vorliegen eines wörtlichen Anerkenntnisses[145], kann das Verhalten des anderen Teils die Ungewißheit begründen[146], z.B. die Verweigerung einer nach Treu und Glauben zu erwartenden Erklärung[147], die Vornahme von Handlungen gegen Dritte, namentlich die Geltendmachung des Rechts gegen den Schuldner im Prätendentenstreit (→ Rdnr. 39), oder Schritte bei einer Behörde[148], wie der Antrag auf Gewährung von Prozeßkostenhilfe für die Geltendmachung des Anspruchs[149], Erwirkung des Pfändungsbeschlusses, die für den Drittschuldner die Durchführung der Pfändung gegen ihn befürchten läßt, → § 829 Rdnr. 118, oder die Anmeldung eines Rechts im Aufgebotsverfahren[150], oder die Erwirkung eines Arrestes oder einer einstweiligen Verfü-

---

[136] *RG* WarnRsp 1909 Nr. 361.
[137] *BGHZ* 91, 37 (41f.); *OLG Hamm* FamRZ 1985, 952; für die negative Feststellungsklage und *Baltzer* (Fn. 1), 136f. Vgl. *RG* JW 1901, 205f.
[138] *RG* JW 1900, 390; JW 1915, 591 (beide mit Vorentscheidungen); *BGH* NJW 1986, 2507 = MDR 743 = WM 690, LM Nr. 142; *OLG Hamm* RuS 1993, 367 (Ablehnen des Haftpflichtschadens durch den Versicherer) *OLG Köln* VersR 1977, 938, »**Erfordernis der Bestrittenheit**«: *Degenkolb* (Fn. 1), 185; vgl. *Schumann* (Fn. 1), 555 m.w.N.
[139] Vgl. *RG* JW 1899, 140; Gruchot 49, 341f.; *OLG Dresden* SeuffArch 71, 377.
[140] Vgl. *RG* WM 1991, 249f.; *BGH* VersR 1985, 39; *BAG* NZA 1988, 249; 1992, 795; *LG Frankfurt a.M.* NJW-RR 1991, 379f.; *OLG Köln* WM 1986, 14; *OLG Hamm* FamRZ 1985, 952; *RG* Gruchot 58, 1074.
[141] *RGZ* 82, 180; *RG* SeuffArch 77, 167; *OLG Kiel* SchlHA 19, 188. Eine Berühmung kann aber beim Hinzutreten weiterer Umstände vorliegen, *RG* JW 1921, 528.
[142] *BGH* LM Nr. 73; NJW 1986, 129 (130), *RGZ* 95, 304; *RG* JW 1914, 541 u.a.; *OLG Celle* SeuffArch 54, 216; *OLG Jena* OLG Rsp 12, 128 u.a.; *OLG Baltzer* (Fn. 1), 136; *MünchKommZPO/Lüke* Rdnr. 38.
[143] *RGZ* 24, 405 (Gemeinschuldner bei Klage nach § 146 KO).

[144] *RG* SeuffArch 54, 85; *RAG* 5, 208.
[145] Vgl. *BGH* NJW-RR 1988, 749 (750) = MDR 646f. = LM Nr. 154. *RG* JW 1936, 2546; DR 1939, 1914, → auch Fn. 306 zum späteren außergerichtlichen Anerkenntnis.
[146] *RG* JW 1907, 482.
[147] Vgl. *RG* JW 1909, 75f.; *OLG Hamburg* SeuffArch 60, 297.
[148] Vgl. *KG* OLG Rsp 28, 276. Wenn ein Sozialhilfeträger (oder eine vergleichbare Institution) einem Bürger (Sozial-)Leistungen erbringt und dies dem (vermeintlich) Unterhaltsverpflichteten mitteilt, liegt darin in aller Regel keine Berühmung des unterstützten Bürgers gegenüber dem (angeblich) Unterhaltsberechtigten, vgl. z.B. *OLG Nürnberg* FamRZ 1982, 1103 (keine Berühmung des nach BAföG-Antrag unterstützten Kindes gegenüber seinem Vater, wenn die Behörde den angeblichen Unterhaltsanspruch durch – nach damaligem Recht vorgesehener – Überleitungsanzeige auf sich übergeleitet hat).
[149] *OLG München* ZZP 53 (1928), 289.
[150] *OLG Dresden* SächsAnn 28, 258. – S. auch *BayObLGZ* 4, 920: Bestreitung eines Absonderungsrechts im Prüfungstermin.

gung[151]. Daß dagegen der Beklagte bisher keine Schritte getan hat, um einer ernsthaften wörtlichen Berührung die Tat folgen zu lassen, berührt das Interesse nicht[152]. Auch wenn der Anspruch unbestritten ist, kann unter Umständen der bevorstehende Ablauf der *Verjährungsfrist* das Interesse rechtfertigen[153] (→ Rdnr. 76). Nicht anzuerkennen ist ein **prozeßmißbräuchliches Vorgehen** und eine Feststellungsklage, hinter der ersichtlich unlautere oder rein prozeßtaktische, schikanöse Motive stehen[154].

66 b) Die **Ungewißheit** muß gerade **zwischen den Parteien des Feststellungsprozesses aufgekommen sein**[155]. Sind sich die Parteien über die Beantwortung der Rechtsfrage *einig*, aber wird sie von anderen Personen bezweifelt oder bestritten, *fehlt* das Rechtsschutzinteresse. So sehr nämlich davon abgesehen werden kann, daß das Rechtsverhältnis zwischen den Parteien besteht (→ Rdnr. 37), so wenig darf die Voraussetzung fallen gelassen werden, **daß zwischen den Parteien ein Interesse an der Feststellung entstanden sein muß**. Denn Ziel der Feststellungsklage ist die Beseitigung einer *zwischen den Parteien aufgekommenen Ungewißheit*[156]. Die Feststellungsklage erweist sich deshalb als ungeeignet, wenn sie nur die Beschaffung eines einer Behörde gegenüber benötigten Beweismittels über ein zwischen den Parteien **unstreitiges** Rechtsverhältnis bezweckt[157]. Klagt jemand aber auf Feststellung in Verfolg einer **behördlichen Auflage**[158] oder auch lediglich einer *behördlichen Anregung*[159], so darf das rechtliche Interesse nicht damit verneint werden, daß die Behörde zu der Auflage oder Anregung nicht befugt gewesen sei oder daß eine rechtliche Bindungswirkung für die Behörde nicht existiere. Entscheidend ist vielmehr, daß das Verhalten der Behörde regelmäßig erkennen läßt, sie werde sich an die Entscheidung des ordentlichen Gerichts im angeregten Feststellungsprozeß halten[160] (→ auch Rdnr. 3 und → Rdnr. 89).

2. Rechtliche Gefährdung

71 Die Ungewißheit begründet ein **rechtliches** Interesse **nur** dann, wenn sie auf die **Rechts**lage des **Klägers** von Einfluß ist[161]. Die negative Feststellungsklage in bezug auf ein dingliches Recht setzt daher regelmäßig voraus, daß der Kläger ein Recht an derselben Sache hat, das durch das Recht des Beklagten beeinträchtigt werden würde[162], es sei denn, nach den Grundsätzen über die Feststellungsklage hinsichtlich der *Drittverhältnisse* (→ Rdnr. 37 ff.) besteht ein *rechtliches* Interesse des Klägers an der begehrten Feststellung. Das rein *wirt*-

---

[151] *RGZ* 31, 373; WarnRsp 1909 Nr. 45; *OLG Düsseldorf* FamRZ 1985, 1147 (1148).
[152] *RG* JW 1910, 826.
[153] S. auch *RG* JW 1927, 843; *MünchKommZPO/Lüke* Rdnr. 40. Nicht unbedenklich *RG* DR 1941, 641.
[154] Vgl. *RG* JW 1935, 1982 (negative Feststellungsklage zu dem Zweck, einen Beteiligten aus der ihm an sich zukommenden Zeugenstellung in eine Parteistellung hineinzuwingen; im konkreten Falle nicht ganz unbedenklich); zum *Prozeßmißbrauch* allgemein → Einl. Rdnr. 254 ff., 257. Kein Prozeßmißbrauch liegt vor, wenn der Feststellungskläger über einen Anspruch prozessiert, für den er *haftpflichtversichert* ist, *BGH* VersR 1985, 39.
[155] Vgl. *RGZ* 95, 248; *RG* Gruchot 60, 1019; JR 1928 Nr. 910; *Costede* Studien zum Gerichtsschutz (1977), 105.
[156] Im Recht der Personalgesellschaft kann oftmals fraglich sein, zwischen wem eigentlich die Ungewißheit besteht, ob zwischen den Gesellschaftern oder zwischen dem einzelnen Gesellschafter und der Gesellschaft. Wenn im Gesellschaftsvertrag für den Streit um Gesellschaftsbeschlüsse die Klage gegen die Gesellschaft vorgesehen ist,

wird man das Interesse an einer Feststellungsklage gegen die Gesellschaft bejahen (*BGH* DB 1966, 1561 = BB 1169), da die Gesellschafter an das in diesem Prozeß ergehende Urteil schuldrechtlich gebunden sind. Regelmäßig ist aber die zutreffende Partei in solchen Prozessen nicht die Gesellschaft, sondern es sind die anderen Gesellschafter (*BGH* DB 1966, 1560 = WM 1035; NJW 1964, 1624). Vgl. hierzu auch *BGH* WM 1972, 1400; BB 1980, 855. Bei einer AG ist die Feststellungsklage gegen einen Aufsichtsratsbeschluß gegen die Gesellschaft zu richten, *BGHZ* 83, 146.
[157] So auch *RGZ* 119, 358 ff., → Fn. 123 wegen der Urkundenfeststellungsklage.
[158] *RGZ* 160, 71 ff.
[159] *BGHZ* 27, 195 f. = NJW 1958, 1293 = MDR 511.
[160] Vgl. *BGHZ* 27, 195 f.
[161] Vgl. *BGH* LM Nr. 25 a. E.; *KG* FamRZ 1988, 811, die »Bestreitung« muß eine rechtliche sein, keine nur »faktisch unbequeme«: *Schmidt* Lb. 692, 712; weit. Nachw. bei *Schumann* (Fn. 1), 555.
[162] *RG* SeuffArch 63, 290; hierzu kritisch *Zeuner* (Fn. 1), 314 ff. Vgl. auch *BGH* (Fn. 161) a.a.O.

schaftliche Interesse an der Wertsteigerung oder Vermehrung des eigenen Vermögens oder an der Zahlungsfähigkeit des Schuldners ist kein rechtliches (→ auch § 66 Rdnr. 14). Wohl aber ist es ein rechtliches Interesse, das freilich oft zu Unrecht als ein »wirtschaftliches« Interesse bezeichnet wird, wenn der Kläger eine Hemmung in der Freiheit seiner vermögensrechtlichen Verfügungen erduldet, weil er Mittel zur Befriedigung des angemaßten Anspruchs bereithalten muß oder in der Zwangslage ist, Entschließungen auf die Gefahr ihrer rechtlichen Ungültigkeit hin zu treffen oder sie mit wirtschaftlichem Nachteil zu unterlassen, und zwar auch dann, wenn bisher die Gelegenheit zu einer bestimmten einzelnen Verfügung noch nicht eingetreten ist[163]. Auch die Schädigung anderer Rechtsgüter begründet ein rechtliches Interesse, z. B. diejenige des *Kredites* oder der *Ehre*[164], und ebenso kann der Einfluß auf ein Strafverfahren oder Verwaltungsverfahren genügen, da das Gesetz *ein privatrechtliches Interesse nicht verlangt* und die Anordnung in einem Verfahren dieser Art das Interesse ersetzen kann (→ auch Rdnr. 66)[165].

3. Rechtsgewißheit durch die begehrte Feststellung

Das *Interesse muß an der* **Feststellung als solcher** bestehen, d. h. es muß die ideelle Wirkung des Urteils ohne Rücksicht auf einen praktischen, durch Vollstreckung zu erreichenden Erfolg das Interesse begründen[166]. Die durch das Urteil herbeigeführte **Rechtsgewißheit muß geeignet** sein, die bisherige **Unsicherheit** für die Rechtsstellung des Klägers zu **beseitigen**[167]. Die Klärung einer konkreten Rechtsfrage, die aber nicht zur endgültigen Streitbereinigung zwischen den Parteien zu führen vermag, begründet nicht das Feststellungsinteresse[168]. Wo z. B. nur die Einstellung der Vollstreckung dem Kläger dienlich wäre, fehlt häufig (→ aber Rdnr. 95) das Interesse an der Feststellung der Unwirksamkeit eines Vollstreckungstitels[169]. In der Regel ist diese ideelle Wirkung die Rechtskraftwirkung gegenüber dem Beklagten[170], ohne daß es, namentlich im Prätendentenstreit, darauf ankäme, ob die Rechtskraft auch Dritten (dem Schuldner) gegenüber eintritt[171]. Es reichen aber zur Begründung des Interesses auch diejenigen Wirkungen aus, die das Urteil als **Tatbestandsmoment** hat, die sog. zivilistischen Nebenwirkungen des Urteils, → § 322 Rdnr. 16[172]. Unter bestimmten Umständen mag auch die feste Erwartung, daß der Gegner[173] oder dritte Personen (z. B. eine Behörde, → Rdnr. 89) sich ohne den Zwang der Rechtskraft dem Urteil beugen werden, ausreichen, wie ja

---

[163] So insbes. *BGH* Fn. 77; *RGZ* 35, 392; 36, 210; 49, 373; 128, 94; 170, 374; *RG* JW 1900, 393; 1904, 388; 1906, 596; 1909, 497f.; 1910, 826; WarnRsp 1912 Nr. 127; 1914 Nr. 315; *RAG* JW 1937, 192 usw. und alle *OLG*. S. ferner *Wach* Feststellungsanspruch (Fn. 15), 58f.; *Langheineken* (Fn. 1), 144f.; *Hellwig* Anspruch und Klagrecht (Fn. 1), 429ff.; *Du Chesne* BayrZ 1918, 69 u. v. a.

[164] *RGZ* 78, 134; 80, 191; *RG* JW 1905, 315; ferner JW 1926, 2283 (Feststellung der Ungültigkeit der Ausschließung aus einem Verein trotz inzwischen erfolgten freiwilligen Austritts); ebenso *RG* JW 1935, 2632; *LG Oldenburg* MDR 1993, 384f. (ehrverletzende Tatsachenbehauptung); *BGH* VersR 1985, 39. Dasselbe gilt bei Schmälerung der **beruflichen Stellung** einer Person (vgl. *BGH* VersR 1985, 39: *beruflicher Status* eines Rechtsanwalts). Vgl. auch *RGZ* 122, 266 (Fn. 79); *Baltzer* (Fn. 1), 140f.; *Risse* Der Parteiausschluß (1985), 231 (zur Zulässigkeit der Feststellungsklage bei einem *Parteiausschluß*). – Ein lediglich auf gesellschaftlichem Gebiet liegendes Interesse genügt dagegen nicht, vgl. *OLG Braunschweig* Rsp 27, 382 (Feststellung, ob die Kündigung des Dienstverhältnisses vom Kläger oder vom Beklagten ausgegangen ist). Nicht zu verwechseln ist die Frage der Rechtsgutverletzung mit der, ob ein Rechtsverhältnis vorliegt, dazu → Rdnr. 28.

[165] *RGZ* 16, 390; 36, 210; 31, 30; 70, 371f., 397; *RG* WarnRsp 1911 Nr. 84 u. a. – A.M. *Wach* Feststellungsanspruch (Fn. 17), 56f.; *Langheineken* (Fn. 1), 145. – BGHZ 1, 183 (Berichtigung unrichtiger Eintragungen in den Personenstandsregistern).

[166] Vgl. *OLG Hamm* MDR 1951, 113.

[167] → Fn. 177.

[168] → Fn. 177.

[169] *RG* JW 1904, 413; s. auch *RGZ* 54, 308f.; *Stettin* OLG Rsp 6, 436 (Gebot in der Zwangsversteigerung); *OLG Hamburg* OLG Rsp 39, 52 (Feststellungsklage auf Zulässigkeit der Urteilsvollstreckung statt Erinnerung gemäß § 766).

[170] Vgl. *RG* JW 1902, 605.

[171] S. auch *RG* Gruchot 68, 333, → auch Fn. 130.

[172] *Kuttner* Die privatrechtlichen Nebenwirkungen der Zivilurteile (1908), 151ff.

[173] → Rdnr. 89 bei Fn. 226ff.

auch das durch ein Strafverfahren begründete Interesse (→ Rdnr. 71) trotz mangelnder Bindung des Strafrichters besteht[174]. Ist jedoch ungewiß, ob der Gegner oder Dritte dem Feststellungsurteil Folge leistet, kann ein Interesse nicht bejaht werden, so etwa für ein in Deutschland **ohne jede Hoffnung auf Anerkennung im Ausland** begehrtes Feststellungsurteil[175], das **im Inland keinerlei Wirkung** zeitigt und auch niemals zeitigen kann. Vollends ist das Feststellungsinteresse zu **verneinen**, wenn die vom Kläger beantragte gerichtliche Feststellung **keine Bindungswirkung** hinsichtlich des umstrittenen Rechtsverhältnisses zeitigt (etwa *personell*, z. B. weil die dritte Person nicht von der Rechtskraft erfaßt wird[176], oder *sachlich*, z. B. weil eine bindende Gesetzesinterpretation begehrt wurde, die aber einen Richter eines folgenden Prozesses nicht binden würde[177]; derartige gerichtliche Feststellungen können ein Feststellungsinteresse nicht rechtfertigen: »Wo Gewißheit bedeutungslos, ist von Ungewißheit nicht zu reden«[178]. Letztlich zeigt sich hierbei das Gebot effektiven Rechtsschutzes: Wo Rechtsgewißheit nicht durch das Feststellungsurteil zu erreichen ist, müssen andere prozessuale Wege beschritten werden (→ auch Einl. Rdnr. 70). Das Interesse wird deshalb stets zu verneinen sein, wenn mit der Klage nur bezweckt wird, in einem Verwaltungsverfahren der der Behörde obliegenden selbständigen Prüfung vorzugreifen[179], → auch Rdnr. 71 und → Rdnr. 66.

74 Das **Interesse** muß an der *begehrten* Feststellung bestehen; es ist demnach zu verneinen, wenn nach Lage des Falles durch ein Feststellungsurteil des begehrten Inhalts eine sachgemäße oder erschöpfende Lösung des Streites nicht erzielt werden würde[180].

4. Interesse an alsbaldiger Feststellung

76 Das **Interesse** an der **alsbaldigen** Feststellung fordert, daß das Rechtsschutzbedürfnis *schon jetzt vorliegt*, **nicht** als ein **bloß für die Zukunft mögliches** Interesse besteht[181]. Zu theoretischen Belehrungen ist die Feststellungsklage nicht gegeben (→ näher Rdnr. 31 und 32). Das gegenwärtige Feststellungsinteresse ist namentlich dann gegeben, wenn bei einem einheitlichen, in der Entwicklung begriffenen Rechtsverhältnis (insbesondere Schadensersatz) das

---

[174] A.M. *RG* SeuffArch 75, 304; *OLG Stuttgart* OLG Rsp 15, 110f., bedenklich. Bei Drittrechtsverhältnissen (→ Rdnr. 37ff.) neigt die Judikatur zur Bejahung des Feststellungsinteresses, wenn der Dritte wahrscheinlich das Feststellungsurteil befolgen werde; dies ist nicht unproblematisch, → Fn. 90.
[175] Ähnlich *OLG München* IPRax 1983, 120; viel zu streng aber *BGHZ* 32, 177; *BGH* MDR 1982, 828 = IPRax 249 = WM 619 (Feststellungsinteresse sei nur gegeben, wenn *zu erwarten* sei, daß das deutsche Urteil im Ausland anerkannt werde).
[176] → Fn. 174.
[177] Näher *Schumann* (Fn. 1), 556 Fußn. 14.
[178] *Wach* (Fn. 1), 58.
[179] Vgl. *RAG* 3, 286.
[180] *BGH* LM Nr. 40; *BGH* NJW 1988, 774f. (Fn. 115); *RGZ* 104, 399; *OGHZ* 4, 12.
[181] *BGHZ* 34, 119ff. = MDR 1961, 310; *BGH* MDR 1983, 836 = VersR 724 = LM Nr. 125; MDR 1970, 503 = DB 821 = GRUR 296, Warn 1977 Nr. 124; *BAG* AP Nr. 19 mit Anm. *Baumgärtel*; *RG* Gruchot 54, 1131 f.; JW 1911, 186 f. u. a. Ein Schadenseintritt muß *wahrscheinlich* sein, damit das Feststellungsinteresse bejaht werden kann, vgl. auch BAG BB 1973, 1116 = VersR 654; *BGH* FamRZ 1976, 144; VRS 36 (1969), 399; *BGH* NJW 1992, 697 (698); WM 1993, 26 (29); FamRZ 1990, 37 (39) = NJW-RR 122 = LM § 253 ZPO Nr. 90; *OLG Düsseldorf* VersR 1991, 789 f. *BGH* NJW 1991, 2707 (2708) = JuS 1992, 158f. = MDR 76 = LM § 130 ZPO Nr. 16; *BGH* NJW 1995, 2032 (2033: Die bloße Möglichkeit einer Klageerhebung seitens des Beklagten reicht noch nicht aus, das Interesse für eine negative Feststellungsklage zu begründen. Der Beklagte muß sich vielmehr auch eines *Anspruchs berühmen*); *OLG Hamm* NJW-RR 1996, 505 (Die bloße Möglichkeit der Wiedererlangung der Zahlungsfähigkeit innerhalb der Verjährungsfrist ist ausreichend). NJW-RR 1988, 445 bejaht das Feststellungsinteresse schon dann, wenn *künftige Schadensfolgen* – sei es auch nur entfernt – *möglich*, ihre Art, ihr Umfang und sogar ihr Eintritt aber noch ungewiß sind; ebenso *Jaeger* VersR 1991, 790; vgl. auch *BGH* NJW-RR 1991, 917 = VersR 779f. Der Schadenseintritt darf *nur nicht ausgeschlossen* sein, *OLG München* ZfS 1993, 371 = VersR 1994, 54. Die nicht auszuschließende Möglichkeit von Folgeschäden begründet das Feststellungsinteresse, *OLG Hamm* ZfS 1995, 169 = NZV 1996, 69. Damit ist aber nicht gesagt, daß die Klage bereits bei bloßer Wahrscheinlichkeit auch *begründet* ist. In der Regel muß vielmehr der Schaden mit an Sicherheit grenzender Wahrscheinlichkeit eintreten, mag auch der Umfang noch nicht feststehen. Nicht unbedenklich *BGHZ* 1, 183 (»für später mögliche Rechtsstreitigkeiten«).

Abwarten der Leistungsklage für die einzelnen Ansprüche oder Anspruchsteile zu einer Vervielfältigung der Prozesse führen würde oder ein solcher Prozeß erst lange nach der Entstehung des Schadens durchgeführt werden könnte[182]. Es genügt deshalb auch der drohende *Ablauf der Verjährungsfrist*[183]. Dagegen macht der drohende *Verlust* von *Beweismitteln* die Feststellungsklage nicht immer erforderlich; hier greifen häufig die §§ 485 ff. ein[184]; doch zeigt die Rechtsprechung auch hier zunehmend den Willen, die Feststellungsklage wegen späterer erheblicher Beweisschwierigkeiten zuzulassen[185].

Das Interesse an der alsbaldigen Feststellung wird regelmäßig noch nicht dadurch beseitigt, daß die Möglichkeit einer baldigen Änderung des Rechtsverhältnisses besteht[186]. Es wird aber dadurch beseitigt, daß eine gesetzliche Regelung aller Rechtsverhältnisse der in Frage stehenden Art in Kürze mit Sicherheit zu erwarten ist[187]. Bei der Klage auf Feststellung der Schadensersatzpflicht wegen *Tötung des Ernährers* (→ Rdnr. 46) ist ein Interesse an alsbaldiger Feststellung in der Regel bereits aufgrund des Bestreitens des Anspruchs und einer etwaigen drohenden kurzfristigen Verjährung nach § 852 BGB zu bejahen; mutmaßliche Leistungsfähigkeit des Getöteten und Unterhaltsbedürftigkeit des Berechtigten werden für das Feststellungsinteresse nicht vorausgesetzt[188].   77

5. Ausschluß der Feststellungsklage durch andere Rechtsbehelfe

Die Feststellungsklage gewährt, → Rdnr. 1, keinen umfassenden Rechtsschutz; sie zielt nur   79
auf Herstellung von Rechtsgewißheit ab. Das Benutzen solch eines gegenüber den meisten anderen Rechtsbehelfen eingeschränkten Prozeßinstituts kann nur zulässig sein, *wenn der Kläger gerade an diesem eingeschränkten Rechtsschutz ein Interesse hat*. Keinesfalls darf die Einschränkung des Rechtsschutzes dazu führen, daß nach Abschluß eines Feststellungsklage-

---

[182] *RGZ* 23, 348 und oft *RG* JW 1902, 311; 1904, 388; 1910, 239, 824 ff.; vgl. auch *RGZ* 72, 160 f., sowie die Entscheidungen → Fn. 213. – Nicht unbedenklich ist *KG* KGBl. 1917, 83, kein Interesse bestehe für die negative Feststellungsklage wegen einer für die nächste Zeit zu erwartenden Leistungsklage des Gegners.
[183] *BGH* LM Nr. 7 = NJW 1952, 741; NJW 1961, 1165 = MDR 679 allerdings etwas zurückhaltend; *BGHZ* 100, 228 (232) = *BGH* NJW 1987, 1887 = NJW-RR 925 = MDR 644; NJW 1988, 3268 = WM 1352 (1354) = LM § 945 ZPO Nr. 22; NJW 1991, 2707 (2708); NJW-RR 1990, 1172 f.; NJW-RR 1989, 1367 = VersR 1055 = LM Nr. 157; FamRZ 1990, 37 (39); *RGZ* 23, 348; 61, 168; 94, 227 und oft, *RG* JW 1909, 314; 1910, 824 (→ auf Fn. 153 und Fn. 184); vgl. auch *LG München* JB 1983, 126. – Die Verjährung beginnt, sobald der *Berechtigte* in der Lage ist, die Feststellungsklage zu erheben, wenn auch die Leistungsklage noch nicht möglich ist (vgl. Fn. 213), *RGZ* 83, 358. Dementsprechend tritt eine *Unterbrechung* der *Verjährung* nur bei einer Feststellungsklage des Berechtigten ein, vgl. *Wieser* ZZP 95 (1982), 85 f. – a.M. *Baltzer* (Fn. 1), 162, 165. – Zur Unterbrechung der Verjährung titulierter *künftiger Leistungen* nach § 218 Abs. 2 BGB → Fn. 195. – Eine Verjährung droht nicht, wenn der Gläubiger bei einer *fortlaufend zu zahlenden Schadensrente* keinen Feststellungstitel über die Schadensersatzpflicht des Schuldners erwirkte und nunmehr die Anpassung der Rente an das veränderte Lohn- und Preisniveau begehrt (*BGHZ* 33, 116 ff. = NJW 1960, 1948 = MDR 836; *BGHZ* 34, 119 f. = MDR 1961, 310), so daß es auch nicht neben oder nach einer *Leistungsklage auf Rentenzahlung* einer gesonderten Feststellung bedarf, der Beklagte schulde Schadensersatz (*BGHZ* 34, 119 f.). Auch neben der *Vorschußklage*, die die Verjährung des gesamten Anspruchs unterbricht (*BGHZ* 66, 138 = NJW 1976, 956), ist ein Feststellungsantrag nur zum Zweck der Verjährungsunterbrechung überflüssig und daher unzulässig; *BGH* NJW-RR 1986, 1026 (1027) = MDR 839; *OLG Celle* NJW-RR 1986, 99. Auch fehlt das Feststellungsinteresse, wenn der Beklagte auf die *Einrede der Verjährung verzichtet* hat, *LG Heidelberg* ZfS 1986, 298. Eine Feststellungsklage des Bestellers, daß der Unternehmer zum Ersatz der weiteren, den Vorschuß übersteigenden Mängelbeseitigungskosten verpflichtet sei, ist daneben nicht unzulässig; *BGH* NJW-RR 1986, 1026 (1027 f.) = MDR 839; *Werner/Pastor*, Der Bauprozeß[8] (1996) Rdnr. 441, → Rdnr. 89.
[184] Wohl aber kann der Verlust bei der Begründung des Interesses zur Unterstützung herangezogen werden (*BGHZ* 18, 41; 22, 41; *RG* Gruchot 58, 1074); *BGH* NJW 1986, 2507 (Fn. 114); vgl. dazu auch *OLG Karlsruhe* FamRZ 1989, 1232 (1234).
[185] Vgl. *BGH* LM Nr. 5 zu § 829 BGB; NJW 1961, 1165 = MDR 679.
[186] Vgl. *RG* Gruchot 64, 365.
[187] *KG* JR 1947, 26; vgl. aber auch *KG* DRZ 1947, 412.
[188] *BGH* LM Nr. 7; RGZ 41, 372; *OLG Freiburg* DRZ 1950, 567. Vgl. auch *Greiff* und *Schwoerer* NJW 1951, 689, 950. *Neben* der Leistungsklage um das *Ganze* besteht nur ausnahmsweise ein rechtliches Interesse für eine *selbständige* Feststellungsklage bezüglich des Ganzen, *BGHZ* 5, 315; 34, 119 f. = MDR 1961, 310; *BGH* FamRZ 1976, 143 = VersR 291. Zu dieser **Nebenfeststellungsklage** *Wieser* (Fn. 1), 215 f. und → bereits Rdnr. 5 und ferner → Rdnr. 80; zur **Nebenfeststellungsklage**, wenn die Leistungsklage nur einen *Teil* ergreift, → Fn. 219.

Verfahrens nunmehr ein **weiterer** Prozeß notwendig wird, um die noch nicht abgeurteilten Streitpunkte – vor allem aber den Ausspruch eines **Leistungs**befehls im Wege eines **Leistungs**urteils (→ Rdnr. 22 vor § 253) – nachzuholen. In diesen Erwägungen liegt der Sinn, wenn es etwa allgemein heißt, die Möglichkeit der Leistungsklage schließe die Feststellungsklage aus (näher → Rdnr. 87 ff.). Wo also die ausschließliche Funktion der Feststellungsklage als eines Instruments der ideellen Rechtsvergewisserung ein Rechtsschutzbegehren nicht ausschöpft, *tritt die Feststellungsklage hinter weitergehenden oder spezielleren Rechtsbehelfen zurück*, mit denen das *Begehren abschließend geprüft* werden kann oder die die *gesamte streitige Beziehung der Parteien zu klären* vermögen. Denn ein einmal begonnener Prozeß soll durch umfassende Streitbereinigung den Rechtsfrieden unter den Parteien garantieren, und das Prozeßrecht hat jede Streithäufung zu vermeiden. Solche Eindämmung der Prozesse wird auch zum Schutz des Beklagten gefordert, dem nicht zugemutet werden darf, zweimal wegen derselben Streitsache in einen Prozeß verwickelt zu werden.

a) Bereits anhängiges Verfahren

80   Demzufolge wird das **Interesse** trotz sonst gegebener Voraussetzungen **ausgeschlossen**, wenn ein **Verfahren anhängig** ist, in dem die Klärung der Rechtsfrage ohnedies zu erfolgen hat[189] oder wenn die festzustellende Rechtsfrage das **Teilproblem einer Rechtsbeziehung** ist, die ihrerseits gerichtlich geklärt werden muß, und in diesem Verfahren mitbeantwortet wird[190]. Sind aber *verschiedene Rechtsfragen* zu klären, ist die Feststellungsklage (**Nebenfeststellungsklage**[191] hinsichtlich des *einen* Rechtsverhältnisses trotz eines anhängigen Verfahrens über ein *anderes* Rechtsverhältnis zulässig: So kann **neben einer Leistungsklage** auf Zahlung schon bezifferbarer Schadensersatzansprüche die Nebenfeststellungsklage auf **Feststellung** der Schadensersatzpflicht bezüglich des *gesamten* Schadens verbunden werden[192], ja es ist nicht ausgeschlossen, daß Leistungsklage auf das Ganze mit einer Nebenfeststellungsklage bezüglich dieses Ganzen verbunden wird[193]. Ferner darf die Nichtigkeit eines Grundstückskaufvertrages wegen Formmangels oder Anfechtung geltend gemacht werden, auch wenn bereits vor dem Landwirtschaftsgericht die Wirksamkeit des Kaufvertrags nach dem Grundstücksverkehrsgesetz überprüft wird[194].

81   Selbstverständlich verbietet auch die **bereits erfolgte rechtskräftige** Feststellung eine nochmalige Feststellung; doch handelt es sich hierbei um das Problem der *Rechtskraft*, nicht um eine Frage fehlenden Feststellungsinteresses[195]. Dasselbe trifft auch für das nochmalige **gleichzeitige Anhängigmachen** des Feststellungsbegehrens zu; hier fehlt nicht das rechtliche Interesse, sondern der Klage steht die *Rechtshängigkeit* entgegen[196]. Etwas anderes gilt nur in

---

[189] Vgl. auch *BGHZ* 2, 254; *BGH* NJW 1989, 2064 f. = MDR 623 = LM § 261 ZPO Nr. 11; *BGH* NJW 1994, 3107 f. = LM Nr. 184 Bl. 2 (negative Feststellungsklage ist unzulässig nach Erhebung einer gegenläufigen *wettbewerbsrechtlichen Unterlassungsklage*, soweit diese nicht mehr zurückgenommen werden kann); *OLG Hamburg* FamRZ 1985, 1273 (1274: *Unterhaltsklage* anhängig, spätere negative Feststellungsklage ist unzulässig), ebenso *OLG Düsseldorf* FamRZ 1985, 1149.

[190] Eine Klage auf Feststellung der Verpflichtung des Vermieters, dem Mieter die Umzugskosten zu erstatten, ist jedoch *vor* (und übrigens auch *nach*) der Räumungsklage des Vermieters zulässig (*BGH* Nr. 3, 4, 5, 6 zu § 32 MietSchG = MDR 1965, 477).

[191] → Fn. 188.
[192] → Fn. 219.
[193] → Fn. 188.
[194] *BGH* LM Nr. 130 (Fn. 83).
[195] → Rdnr. 110 vor § 253. – Eine Ausnahme kann sich bei den in § 218 Abs. 2 BGB genannten **zukünftigen Leistungen** ergeben, weil sie verjähren, soweit sie bei Rechtskraft des Urteils noch nicht fällig waren, so daß u. U. eine nochmalige Feststellung zwecks Unterbrechung der Verjährung zu erwägen ist, *BGHZ* 93, 287 (289 ff.) = NJW 1985, 1712 = AP § 322 Nr. 103 (Anm. *Hagen*); *LG Berlin* RPfleger 1948, 123; JR 1950, 283; *LG Zweibrücken* MDR 1950, 170; *Pohle Lent-Festschr.* (1957), 195 (200); *ders.* JBl. (Wien) 1957, 113 (116); a. M. im Gegensatz zu *BGHZ* 93, 287 (siehe soeben): *AG Groß-Gerau* FamRZ 1989, 1102 f.: Eine Feststellungsklage mit dem Ziel, die Verjährung eines titulierten Unterhaltsanspruchs gemäß 218 Abs. 2 BGB zu verhindern, sei unzulässig (→ auch § 262 Fn. 10). *Koussoulis* Beiträge zur modernen Rechtskraftlehre (1986), 212 verneint in diesem Fall bereits die Streitgegenstandsidentität (die seinerzeit *künftige* seien mit den jetzt *rückständigen* Ansprüchen nicht identisch); dem kann man schwerlich folgen.

[196] → Rdnr. 111 vor § 253.

den Fällen, in denen der Kläger die Feststellung eines prozessualen Rechtsverhältnisses (→ Rdnr. 35) begehrt. Der Klage auf Feststellung des Inhalts eines (unklaren) Titels[197] oder der Nichtigkeit einer Entscheidung[198] steht die Rechtskraft nicht entgegen.

b) Widerklage

Eine *Widerklage* auf negative Feststellung dessen, was der Kläger ohnedies verlangt, ist in der Regel als bedeutungslose Einkleidung des Klageabweisungsantrags anzusehen (→ § 33 Rdnr. 2), jedoch als unzulässig abzuweisen[199], wenn der Widerkläger auf einer Entscheidung über den Antrag beharrt[200]. Daß die Möglichkeit, die erstrebte Entscheidung durch eine Widerklage zu erreichen, das Feststellungsinteresse nicht beseitigt, → § 33 Rdnr. 22, → auch Rdnr. 123. Zur positiven *Feststellungswiderklage* gegenüber einer negativen Feststellungsklage, um die *Verjährung zu unterbrechen* → Rdnr. 170.

82

c) Grundsätze über die Rechtsbehelfskonkurrenzen

Im übrigen gelten für das Verhältnis der Feststellungsklage zu anderen Rechtsbehelfen auch die allgemeinen Ausführungen über die *Rechtsbehelfskonkurrenzen* (→ Rdnr. 105 ff. vor § 253). Vor allem schließt der *einfache und billigere prozessuale Weg* dann die Feststellungsklage aus, wenn sich auf diesem Weg **dasselbe Ziel** erreichen läßt[201].

83

d) Möglichkeit einer Leistungsklage

aa) Das *Interesse* ist vielfach (→ aber Rdnr. 89) *zu verneinen*, wenn hinsichtlich des positiv festzustellenden Anspruchs[202] bereits die **Leistungsklage zulässig** ist[203] oder die Anmaßung fremden Rechts die (Leistungs-)Klage auf *Unterlassung* begründet[204] oder im Fall der Nichtigkeit (Anfechtung) eines Vertrags oder des Rücktritts die sich daraus ergebenden Ansprüche auf Bereicherung geltend gemacht werden können[205]. Wenn vielleicht auch die Feststellungs-

87

---

[197] Vgl. *BGH* NJW 1962, 109f. = MDR 37; Warn 1976 Nr. 179; *RG* JW 1927 Nr. 310 sowie → Rdnr. 35.
[198] → Rdnr. 35.
[199] → § 261 Fn. 112. Anders ist jedoch die Prozeßlage, wenn die Widerklage auf negative Feststellung mittelbar auch eine ergangene einstweilige Anordnung (z.B. nach § 620, zu dieser Konstellation → Rdnr. 95 bei Fn. 241) bekämpft, vgl. *KG* FamRZ 1985, 951. Das Feststellungsinteresse für die Widerklage ist nach dem im Text Ausgeführten zu verneinen, wenn im anhängigen Feststellungsverfahren die begehrte Feststellung ohnedies getroffen werden muß, *OLG Hamburg* FamRZ 1985, 1273. Der Beklagte hat aber ein Interesse an einer (negativen) Feststellung, wenn sich die gegen ihn erhobene Klage als vorweggenommener Deckungsprozeß darstellt und weitere Prozesse möglich sind, *LG Frankfurt a. M.* VersR 1989, 247f.
[200] A.M. *OLG Köln* MDR 1972, 698 (L) für die Zwischenfeststellungswiderklage.
[201] → Rdnr. 105 vor § 253 bei Fn. 239. Vgl. auch *BGHZ* 109, 275 (280) (Fn. 50).
[202] Wenn das gesamte Rechtsverhältnis festgestellt werden soll, kommt dies nicht in Betracht, vgl. *RGZ* 91, 27; *OLG Darmstadt* SeuffArch 64, 340.
[203] *BGHZ* 5, 315; *BGH* LM Nr. 40, Nr. 6 zu § 189 BEG 1956 sub II; *RGZ* 140, 235; *OLG Hamm* OLGZ 1988, 468 (469); *OLG Koblenz* NJW-RR 1989, 510; *OLG Köln* VersR 1993, 1376; *Henckel* (Fn. 1), 60, 274. Das Feststellungsinteresse fehlt auch, wenn die Leistungsklage nur in Form der *Stufenklage* erhoben werden kann, *BGH* NJW 1996, 2097; *Germelmann* (Fn. 55) § 46 Rdnr. 65; *Gift/Baur* E Rdnr. 100; *Grunsky* ArbGG[7] (Fn. 55) § 46 Rdnr. 22; *Zöller/Greger*[20] Rdnr. 8. So kann auch die bloße Möglichkeit der *analogen Anwendung der aktienrechtlichen Nichtigkeitsklage* zum Ausschluß der allgemeinen Feststellungsklage führen, *OLG Hamburg* ZIP 1995, 1513 (1514f.) zu GmbH-Gesellschafterbeschlüssen. Der Vorrang der Leistungsklage besteht aber nur solange, wie das Feststellungsbegehren *nicht über den möglichen Leistungsanspruch hinausgeht*, *BGH* NJW 1993, 2993 (2994). Daß der Kläger die Grundlage für die Leistungsklage hätte schaffen können, macht die Feststellungsklage regelmäßig noch nicht unzulässig, *RG* JW 1917, 481; anders wenn er selbst zum Ausdruck gebracht hatte, diese Voraussetzung alsbald zu schaffen, *RGZ* 128, 364. Vgl. auch *RG* JW 1935, 776.
[204] Vgl. *BGH* LM Nr. 40; *RG* JW 1936, 2911. *Germelmann* (Fn. 51) § 46 Rdnr. 65; *Münch-KommZPO/Lüke* Rdnr. 49. Vgl. wegen der Namensklage nach § 12 BGB *Ramdohr* Gruchot 43, 78ff.
[205] Vgl. *RGZ* 61, 242f.; 65, 402f.; *RG* JW 1909, 222f.

klage nicht eine der Leistungsklage gegenüber subsidiäre Einrichtung ist (→ auch Rdnr. 9)[206], so kann sie doch im Interesse der Rechtspflege wie des Beklagten nur dann zugelassen werden, wenn *besondere Umstände* dies rechtfertigen[207], sei es ausnahmsweise trotz der Gefahr einer Verdoppelung des Prozesses, sei es, weil nach Lage der Verhältnisse eine solche Gefahr nicht besteht (→ Rdnr. 89)[208]. Zur Prozeßlage, wenn *später* die *Leistungsklage möglich* wird, → Rdnr. 123, oder wenn der *Gegner Leistungsklage* erhebt, → Rdnr. 123 ff.

88   bb) Die **Feststellungsklage** ist danach **zulässig**, wenn sie zu einer abschließenden oder prozeßökonomisch sinnvollen[209] Entscheidung der zwischen den Parteien bestehenden Streitigkeiten führt[210]. Im allgemeinen hat sich die Praxis in der Frage, ob **trotz der Möglichkeit einer Leistungsklage** die Feststellungsklage zugelassen ist, mit Recht auf einen *weitherzigen Standpunkt* gestellt[211]. Die Zulässigkeit der Feststellungsklage ist stets dann zu *bejahen*, wenn Umstände vorliegen, die eine *Verurteilung*, d. h. ein Leistungsgebot (→ Rdnr. 22 vor § 253), trotz bestehenden Anspruchs gegenwärtig *ausschließen*, etwa die Pfändung des Anspruchs oder die Eröffnung des Konkurses über das Vermögen des Gegners, oder wenn *eine Bezifferung des Anspruchs* (→ § 253 Rdnr. 81) *zur Zeit* **der Erhebung**[212] **der Klage** *untunlich* ist, insbesondere bei sich allmählich entwickelnden Schadensersatz-[213] und ähnlichen Ansprüchen[214] sowie bei ratenweise fällig werdenden Ansprüchen[215]. Der Umstand allein, daß über den Gesamtschaden voraussichtlich erst aufgrund schwieriger und langwieriger Beweisaufnahmen wird entschieden werden können, rechtfertigt die Feststellungsklage noch nicht[216]. Noch weniger begründet die Unmöglichkeit eines Zurückbehaltungsrechts (→ Rdnr. 129) gegenüber der Feststellungsklage *in jedem Fall* ein Feststellungsinteresse des

---

[206] So z. B. *BGH* LM Nr. 27; *RGZ* 4, 438; 10, 369; 12, 418 und besonders 82, 434; *Rosenberg/Schwab/Gottwald*[15] § 93 III 1; *MünchKommZPO/Lüke* Rdnr. 5; u. a. S. dagegen *Wach* Feststellungsanspruch (Fn. 1), 61 f.; *Hellwig* Anspruch und Klagrecht (Fn. 1), 436 f.; *ders.* Lb 1, 389 f.; *Stein* Voraussetzungen des Rechtsschutzes (Fn. 13), 126 f. und die bei *Langheineken* (Fn. 1), 108 Zitierten.

[207] So besonders *BGH* NJW-RR 1990, 1532 f. = MDR 540; MDR 1987, 558; 1988, 27; *RG* VZS 21, 388; ferner *RGZ* 61, 242 f.; 65, 402; 99, 39; 128, 364; 140, 235 und oft, vgl. *Henckel* (Fn. 1), 60, 274.

[208] Grundsätzlich *fällt das Feststellungsinteresse fort*, wenn gegenüber der bezifferten negativen Feststellungsklage **Leistungs-Widerklage** erhoben ist, *OLG Dresden* DR 1939, 2176; → Rdnr. 253. Allgemein zum **Wegfall des Feststellungsinteresses** durch **Leistungswiderklage** → Rdnr. 123 (gegenüber *positiver* Feststellungsklage) und → Rdnr. 125 (gegenüber *negativer* Feststellungsklage) oder durch *spätere* **selbständige Feststellungsklage des Gegners** → Rdnr. 123 (gegenüber *positiver* Feststellungsklage) und → Rdnr. 126 (gegenüber *negativer* Feststellungsklage).

[209] Wenn z. B. durch die Feststellungsklage einfacher und sachgerechter die Rechtsfrage geklärt wird, *BGHZ* 36, 42; *BGH* NJW 1984, 1119; *BGH* MDR 1988, 27 (kritisch hierzu *Pawlowski* MDR 1988, 630 [631 f.]); *BGH* NJW 1988, 775 f.; NVwZ 1987, 733; *BAG* AP § 611 BGB Urlaubsrecht Nr. 83 (Anm. *Pohle*); *OLG Düsseldorf* VersR 1986, 463; *OLG Düsseldorf* WM 1989, 1370 (1372); *OLG Stuttgart* NJW 1987, 193 = WM 1986, 1432 (1433) = ZIP 1315.

[210] *BGHZ* 2, 253 = LM Nr. 1, Leitsatz mit Anm.; LM Nr. 27, 34, 35; LM Nr. 3 zu § 209 BEG; vgl. auch *BGHZ* 17, 339; *BGH* NJW 1984, 2228; *BAG* DB 1976, 2310.

[211] Vgl. besonders *BGH* LM Nr. 34: es sei »weite und freie Auslegung« geboten; ferner *RGZ* 129, 34; *RG* JW 1932, 3615.

[212] Wird erst während des Prozesses die Bezifferung möglich, bleibt die Feststellungsklage zulässig, näher → Rdnr. 123.

[213] *BGH* LM Nr. 2, 5, zu § 829 BGB (*Billigkeitshaftung*, → Fn. 107); *BGHZ* 27, 189 f. = NJW 1958, 1085 = JZ 403 = MDR 502 (*merkantiler Minderwert*); *BGH* NJW 1984, 1552 (Aufwendungsersatz in *Mietsachen*); *BGH* NJW 1988, 3268 f. = WM 1352 (1354); NVwZ 1987, 733; VersR 1991, 788; *OLG Karlsruhe* VersR 1992, 370; *OLG Saarbrücken* VersR 1992, 1359 (zukünftiger Verdienstausfallschaden); *OLG München* VersR 1970, 452 (*Schmerzensgeld* wegen zukünftiger immaterieller Schäden); *BGHZ* 85, 367 (374); *BGH* WPM 1983, 766; *RG* VZS 21, 382 f.; *RGZ* 23, 347 und oft; *RG* JW 1900, 49; 1901, 206; 1904, 493; 1905, 398, 400; 1906, 359 f., 718; 1902, 815; 1933, 690; 1935, 776 usw. Vgl. *Wussow* NJW 1969, 481 (*Baumängel*).

[214] So ist eine Klage auf Feststellung des Rabattverlustes infolge der *Rückstufung in der Kfz-Haftpflichtversicherung* zulässig, wenn der durch den Rabattverlust eingetretene Schaden und dessen Höhe nicht mit der erforderlichen Sicherheit feststehen, *BGH* NJW 1992, 1035 = MDR 853 = NZV 1993, 107 = VersR 244. Unter Umständen auch *Enteignungsentschädigung* (z. B. bei Wohnungsbeschlagnahme) *RGZ* 112, 189. Dagegen für den Regelfall der Enteignungsentschädigung *RGZ* 30, 266; 82, 433.

[215] Nicht aber bei Ansprüchen, die insgesamt fällig sind, *RG* Gruchot 53, 1095 f.

[216] Vgl. *BGH* BB 1974, 1184; *RGZ* 152, 193. Selbst wenn der Kläger erst durch Neuplanung und Ausschreibung den entstandenen Schaden beziffern kann, soll ihm die Feststellungsklage nicht zur Verfügung stehen, *OLG Köln* VersR 1993, 1376 f.

Klägers²¹⁷. Kein Argument *gegen* eine Feststellungsklage ergibt sich aus dem Gesichtspunkt der *Verjährung;* denn auch die positive Feststellungsklage unterbricht die Verjährung (→ Rdnr. 114), so daß ein Kläger nicht aus dem Gesichtspunkt der Verjährungsunterbrechung zur Leistungsklage gezwungen ist.

Soweit nach den vorstehenden Ausführungen die Bezifferung untunlich ist, kann auch mit 89 der **Leistungsklage** wegen eines **Teils** die Klage auf **Feststellung des Ganzen** verbunden werden²¹⁸. Die Möglichkeit, wegen eines verhältnismäßig geringfügigen Teiles schon jetzt die **Leistungsklage** zu erheben, zwingt aber nicht etwa dazu, die Klage in eine Leistungsklage über den *einen* Teil und in eine Feststellungsklage hinsichtlich des *anderen* (restlichen) Teils zu spalten; sie steht der Erhebung einer **Feststellungsklage auf das Ganze** nicht entgegen²¹⁹. Selbstverständlich ist das Feststellungsinteresse auch in solchen Fällen gegeben, wenn *neben* der Leistungsklage auf Unterlassen nebenher (akzessorisch) auf die Feststellung des noch nicht zu beziffernden Schadens geklagt wird²²⁰. Ebenso entspricht es der Prozeßökonomie, daß z. B. in Erbauseinandersetzungssachen die Feststellungsklage *unter Beschränkung auf die Streitpunkte* erhoben wird, obwohl die Leistungsklage, die dann die *ganze* Auseinandersetzung umfassen müßte, möglich wäre²²¹. Auch dann ist die Feststellungsklage zuzulassen, wenn sich der Streit sachlich *nur um den Grund, nicht auch um die Höhe* des Anspruchs dreht²²² oder wenn nach der Eigenart des Falles bei der Feststellungsklage Fragen ausgeschaltet werden, die bei einer **Leistungs**klage *überflüssigerweise* in den Streit hineingezogen würden²²³, wie etwa die Frage eines bestehenden Zurückbehaltungsrechts, einer Aufrechnung u. ä.²²⁴, etwa auch Schwierigkeiten bei einer möglichen Vollstreckung – alles dies aber unter der Voraussetzung, daß mit dem Feststellungsurteil annähernd dasselbe erreicht wird²²⁵. **Trotz der Möglichkeit einer Leistungsklage** soll daher die Feststellungsklage zulässig sein, wenn der Beklagte im Fall der Feststellung zur Leistung fähig und bereit sein wird. Diese Erwartung sei im allgemeinen ohne weiteres gegeben, wenn der *Gegner* der *Fiskus*, eine *Gemeinde*, ein *Kommunalverband* oder eine ähnliche Prozeßpartei sei²²⁶; die in Rede stehende Ausnahme sei aber *keineswegs auf derartige Parteien* beschränkt sein²²⁷; entscheidend sei

---

²¹⁷ *BGH* LM Nr. 16 = NJW 1954, 145 = MDR 94, → aber Fn. 224.
²¹⁸ Vgl. *BGH* NJW-RR 1986, 1026 (1028) (Fn. 183); *BGHZ* 101, 369 (371) = NJW 1988, 142; *BGH* LM Nr. 143; *OLG Karlsruhe* VRS 78 (1990), 1 (4). RGZ 23, 348; 41, 372; *LAG Stuttgart* AP 1952 Nr. 162 u. a., zur **Nebenfeststellungsklage** → auch Rdnr. 5.
²¹⁹ *BGH* LM Nr. 92; ZZP 85 (1972) 245; VersR 1960, 253; 1968. 648; 1991, 788; *BAG* 12, 292 = AP Nr. 40 mit Anm. *Pohle*; RGZ 23, 348; 108, 202 und oft; WarnRsp 1909 Nr. 43, 1910 Nr. 433; 1902 Nr. 179; 1914 Nr. 132; SeuffArch 79, 132; JR 1925 Nr. 1056; JW 1910, 825; 1930, 537. OGH RPfleger 1950, 129; *BayObLGZ* 1971, 66; vgl. auch *OLG Köln* NJW 1951, 159. Zur **Nebenfeststellungsklage**, wenn die **Leistungsklage um das Ganze** geht, → Fn. 188; allgemein zur Nebenfeststellungsklage → Rdnr. 5.
²²⁰ *RG* JW 1900, 840; 1901, 158; 1905, 178. Davon verschieden ist der Fall, wenn neben künftiger Unterlassung Schadensersatz für die Vergangenheit gefordert wird, *RG* JW 1898, 219.
²²¹ *RG* Gruchot 53, 1107f.; WarnRsp 1910 Nr. 253; JW 1911, 804; HRR 1926 Nr. 1620, *OLG München* HRR 1942 Nr. 684; BGHZ 1, 74. Vgl. auch *BGH* NJW 1951, 360 für die Auseinandersetzung zwischen Gesellschaftern und DB 1985, 2290 = NJW 1986, 129f. für die Klage eines GmbH-Geschäftsführers nach versagter Entlastung (hierzu auch *K. Schmidt* ZGR 1978, 441). Ähnlich auch *MünchKomm ZPO/Lüke* Rdnr. 54.

²²² *BGH* LM Nr. 27, 34, 35; LM Nr. 3 zu § 209 BEG 1956.
²²³ Vgl. *BGHZ* 36, 41f.; *BGH* NJW 1958, 1681 = MDR 764; MDR 1985, 467.
²²⁴ *OLG München* JW 1928, 1321, → Fn. 217.
²²⁵ *BAG* 7; *LG Köln* VersR 1970, 1026; vgl. *RG* 140, 235; *RG* JR 1926 Nr. 1074.
²²⁶ *BAG* AP und *Pohle* (Fn. 219); RGZ 92, 8, 377; 106, 46; 129, 31ff.; 146, 294; *RG* JW 1911, 815; 1931, 2483, 3263; SeuffArch 79, 132; *RAG* BenshS 7, 86; ArbRS 29, 273 *Germelmann* (Fn. 55) § 46 Rdnr. 66.
²²⁷ Vgl. *BGH* WM 1988, 1780 (1781) = ZIP 1530 (*Bank*) RGZ 128, 94 (*Vereinsmitglieder*); 152, 193; *LG Offenburg* DRZ 1950, 253 (*große Privatversicherungsanstalt*); BAGE 56, 138 (141f.) = AP § 1 BetrAVG Nr. 5 (*Insolvenzversicherung*); *BAG* AP Nr. 20 zu 7 BetrAVG (*Pensionssicherungsverein*); *BAG* NZA 1991, 477; JZ 1990, 194 mit Anm. *Münzberg*; *OLG Düsseldorf* WM 1989, 1371 (1372) (*Behörde*); *OLG Stuttgart* NJW 1987, 193 (Fn. 180) (*Bank*); *LAG Köln* NZA 1992, 548f.; BB 1965, 334 = NJW 787 = MDR 422 (*Arbeitgeber*); *BGH* NJW 1984, 1119 (*Behörde, Körperschaft oder Anstalt des öffentlichen Rechts*), *Grunsky* ArbGG⁷ (Fn. 55) § 46 Rdnr. 23; *Pawlowski* MDR 1988, 630 m. w. N.; zurückhaltend *BAG* AP Nr. 83 § 611 BGB Urlaubsrecht mit Anm. *Pohle*; *BAG* AP Nr. 46 mit Anm. *Schumann*; kritisch hierzu *BAG* NZA 1992, 41 = DB 380; *Germelmann* (Fn. 55) § 46 Rdnr. 67, 85; *MünchKommZPO/Lüke* Rdnr. 50.

nicht die Person des Gegners, sondern der Umstand, ob mit der Feststellung der Betragsstreit ausgeräumt oder die Betragsfrage *ohne weiteres* eine außergerichtliche Regelung finden werde[228].

Die Klage auf Feststellung des *Arbeitsverhältnisses* kann *neben* der Klage auf Zahlung von Gehalt zulässig sein[229], bei der Klage auf Feststellung des trotz fristloser Kündigung weiterbestehenden Dienstverhältnisses ist stets ein Feststellungsinteresse zu bejahen[230]. Wegen des unter dem Gesichtspunkt der konkurrierenden Leistungsklage maßgebenden Zeitpunktes → Rdnr. 122 ff.

90   cc) Die Zahl der Ausnahmefälle, in denen für einen bezifferten Anspruch die Feststellungsklage offensteht, verringert sich wesentlich dadurch, daß in den §§ 257–259 die **Leistungsklage auf künftige Leistung** gegeben ist, deren **Möglichkeit** in der Regel das **Feststellungsinteresse ausschließt**[231] und nur im Fall des § 259 (→ § 259 Rdnr. 21) unter Umständen dem Kläger eine Wahl läßt[232].

e) Möglichkeit der Leistungsklage erst während des Prozesses – Gegnerische Leistungsklage

91   Ergibt sich **erst während des Feststellungsprozesses** die Möglichkeit einer Leistungsklage, fällt in aller Regel das einmal vorhandene Feststellungsinteresse nicht weg und der Kläger muß nicht (aber er kann) Leistungsantrag stellen (näher → Rdnr. 123). Schwieriger ist die Frage zu beantworten, ob das einmal bestehende Feststellungsinteresse wegfällt, wenn der **Gegner** während des Prozesses **seinerseits Leistungsklage erhebt**. Die Antwort auf diese Frage hängt erstens davon ab, ob eine *positive* oder eine *negative Feststellungsklage* anhängig ist, und zweitens, ob der Gegner *Leistungswiderklage* oder (in einem gesonderten Prozeß vor einem anderen Gericht) *selbständige Leistungsklage erhebt* (näher zu alledem → Rdnr. 123–126).

f) Möglichkeit einer Gestaltungsklage

92   Für das Verhältnis der Feststellungsklage zur **Gestaltungsklage** gelten ähnliche Grundsätze wie für die Leistungsklage (→ Rdnr. 80–90). Ist bereits Gestaltungsklage *anhängig* und müssen in ihrem Rahmen dieselben Rechtsfragen geklärt werden, die den Gegenstand der Feststellungsklage bilden, fehlt dieser das Feststellungsinteresse (→ Rdnr. 80)[233]. Seltener tritt das Problem auf, ob die *Möglichkeit zur Gestaltungsklage* das rechtliche Interesse für eine Feststellungsklage ausschließt[234]. Denn wenn der Gesetzgeber für die Klärung der Rechtsbeziehung das Mittel der Gestaltungsklage wählte, scheitert meistens eine Feststellungsklage über diese Beziehung bereits am fehlenden feststellbaren Rechtsverhältnis. Ent-

---

[228] Vgl. bes. *RGZ* 162, 193. S. auch *RG* JW 1936, 2546 (Klage auf Feststellung statt auf Verurteilung bei einem Streit um eine Leistung, deren Betrag nach billigem Ermessen zu bestimmen ist); *BGH* LM Nr. 5.
[229] *LAG Hamm* AP 50 Nr. 50, 51; *LAG Düsseldorf* AP 51 Nr. 36 mit Anm. *Dersch*; *Bötticher* Anm. zu AP 1951 Nr. 7, → auch bei Fn. 220.
[230] *BAG* 9, 362 = AP Nr. 34; vgl. auch *BGH* WPM 1981, 1271.
[231] Vgl. *OLG Hamburg* Rsp 17, 142 f.; 20, 311; *BGHZ* 5, 315; a. M *BGH* NJW-RR 1990, 1532 = MDR 540.
[232] Vgl. *BGH* NJW 1986, 2507 = WM 690 (691) = MDR 743 = LM Nr. 142; *LG Stade* JR 1951, 155. Zweifelnd *BGHZ* 2, 252 = NJW 1951, 887 = LM Nr. 10 und hierzu *Köster* NJW 1951, 887 zu Nr. 10.

[233] *BGH* LM Nr. 41.
[234] So in *BGHZ* 70, 388. Das rechtliche Interesse ist nicht ausgeschlossen, wenn die Feststellung über die Gestaltung hinausgeht, *BGHZ* 76, 197 f.; vgl. auch 83, 126; hierzu *Großfeld/Brondies* JZ 1982, 589 (jeweils zur **aktienrechtlichen Anfechtungsklage**). Ist streitig, ob ein bestimmter Beschluß überhaupt gefaßt wurde, so ist nicht die Anfechtungsklage, sondern die allgemeine Feststellungsklage der richtige Rechtsbehelf, *BGH* LM Nr. 46 zu § 47 GmbHG = WiB 1996, 113 (mit Anm. *Hey*). Zur Unzulässigkeit der *Feststellungsklage* eines Aktionärs, ein *Hauptversammlungsbeschluß sei anfechtbar gewesen*, *P. Schlosser* Gestaltungsklagen und Gestaltungsurteile (1966) 334.

weder ist nämlich das Rechtsverhältnis noch nicht vorhanden, → Rdnr. 45 (weil es erst durch das Gestaltungsurteil geschaffen wird), oder aber es wird eine bloße Rechtsfrage vorgelegt, zu deren Klärung die Feststellungsklage nicht eingerichtet ist, → Rdnr. 31 (z.B. bei einer Klage auf Feststellung des Rechts zur Erhebung einer Gestaltungsklage). Aus ähnlichen Gründen vermag eine *spätere* Gestaltungsklage des *Gegners* die anhängige Feststellungsklage nur selten zu beeinflussen.

g) Zum Verhältnis der Feststellungsklage zum **Behelf des § 323** [235] siehe § 323.   93

h) Für die **Urkundenfeststellungsklage** (→ Rdnr. 51) hat grundsätzlich das gleiche wie bei   94
der gewöhnlichen Feststellungsklage zu gelten: Auch sie scheidet vielfach mangels Interesse aus, wenn der Anspruch, für den die Urkunde als Beweismittel wesentlich ist, im Wege der Leistungsklage geltend gemacht werden kann[236]; Ausnahmen sind nach den dargelegten Gesichtspunkten zuzulassen.

i) **Rechtsbehelfe des 8. Buches (des Zwangsvollstreckungsrechts)**

Das Interesse wird ferner ausgeschlossen hinsichtlich der Feststellung der *Nichtigkeit eines*   95
Prozeßvergleichs, soweit diese durch *Fortsetzung des Verfahrens* geltend gemacht werden kann, → § 794 Rdnr. 50. Liegen die Voraussetzungen der **Drittwiderspruchsklage** (§ 771) vor, so ist eine Feststellungsklage des Dritten ausgeschlossen, weil mit ihr die (prozessuale) Rechtsgestaltung (→ Rdnr. 92) nicht erreicht werden kann. Die Möglichkeit der **Vollstreckungsabwehrklage** (§ 767) steht ihr dagegen wegen des verschiedenen Ziels nicht entgegen, → § 767 Rdnr. 13, und ebensowenig das Vorliegen eines Vollstreckungstitels, der keine rechtskräftige Feststellung enthält, → § 794 Rdnr. 100[237]. Dem Gläubiger ist es auch nicht verwehrt, *Feststellungsklage* gegen den Schuldner zu erheben, daß die *Vollstreckung aus einem Titel zulässig* ist, wenn der Schuldner das Weiterbestehen der Forderung bestreitet[238]. Auch bei einem *nichtigen Titel* ist die Feststellungsklage nicht ausgeschlossen und der Schuldner nicht auf den Weg der § 732 oder § 768 verwiesen[239]. Wer seine Verpflichtung leugnet und trotzdem durch **einstweilige gerichtliche Maßnahmen** (vor allem durch eine **einstweilige Anordnung** nach § 620) hierzu angehalten ist, kann negative Feststellungsklage (negative Feststellungswiderklage[240]) erheben und ist nicht auf die Rechtsbehelfe gegen die einstweiligen Maßnahmen oder auf den Antrag auf Einstellung der Zwangsvollstreckung aus dem summarischen Titel nach § 769 beschränkt[241]. Eine einstweilige Verfügung oder Anordnung enthält keine Feststellung über das Rechtsverhältnis; der auf diese Weise zu einer Handlung, Leistung oder zum Unterlassen Verurteilte kann sich demnach mit einer negativen Feststellungsklage gegen eine angeblich bestehende Leistungspflicht wenden[242]; dann entsteht möglicherweise die Frage, ob das **Gericht des Feststellungsprozesses** die **Vollstreckung** einstweilen **einstellen** darf (→ näher Rdnr. 130). Zur Frage, wann der **Drittschuldner Erinnerung** nach § 766 einzulegen hat oder auf Feststellung klagen kann → § 829 Rdnr. 118. Anderseits kann unter Umständen die Möglichkeit, eine *einstweilige Verfügung* zu erlangen, das Interesse an einer Feststellungsklage beseitigen[243].

---

[235] Hierzu etwa *BGH* LM Nr. 36 = NJW 1956, 1479; *BGHZ* 5, 314; *BGH* NJW 1952, 740. Zur negativen Feststellungsklage über den Unterhaltsanspruch, der in einer einstweiligen Anordnung festgesetzt wurde und bei der eine Abänderungsklage nach § 323 nicht statthaft ist, näher → Rdnr. 130.
[236] A.M. *RGZ* 148, 29; dagegen *Jonas* JW 1935, 2557.
[237] *OLG Breslau* Rsp 23, 148.

[238] *BGH* LM Nr. 81 = MDR 1966, 831 = JZ 575.
[239] *BGHZ* 29, 229 (Fn. 80).
[240] → Fn. 199.
[241] *OLG Düsseldorf* FamRZ 1985, 1147 (1148) = NJW-RR 1986, 423 (424), → Rdnr. 106 (bei Fn. 214) vor § 253; a.M. *Münzberg* → § 795 Rdnr. 11a Fn. 52.
[242] *OLG Düsseldorf* FamRZ 1992, 337.
[243] *LG Stade* JR 1951, 155.

97 k) Nicht ausgeschlossen wird das Feststellungsinteresse durch ein *Konkursverfahren* über das Vermögen einer *anderen Person* als des Klägers, wenn der Kläger für dieselbe Forderung, die vom Beklagten im Konkursverfahren angemeldet wurde, haftet[244].

VI. Verfahren bei der selbständigen Feststellungsklage (Abs. 1)

1. Sachurteilsvoraussetzungen

101 Die **Sachurteilsvoraussetzungen**, insbesondere die Zulässigkeit des Rechtswegs (→ Rdnr. 35, → Rdnr. 2), die örtliche und sachliche Zuständigkeit und die Partei- und Prozeßfähigkeit folgen den allgemeinen Grundsätzen. Der Umstand, daß in vielen Gesetzen diese Voraussetzungen ausdrücklich nur für die Leistungsklage geregelt sind, für »Ansprüche aus« ... oder »Ansprüche aufgrund« ..., z. B. §§ 23, 71, 95 GVG, §§ 20, 23, 27, 33 ZPO usw., steht nicht entgegen. Für die *negative* Feststellungsklage sind daher auch alle besonderen Gerichtsstände eröffnet, die für die umgekehrte Leistungsklage bestanden[245]; → auch § 23 Rdnr. 25. Die Klage auf Feststellung der Echtheit oder Unechtheit einer *Urkunde* kann in demjenigen Gerichtsstand erhoben werden, der für das Rechtsverhältnis selbst gegeben ist; dagegen findet die Ausschließlichkeit des dinglichen Gerichtsstands (§ 24) auf sie dann keine Anwendung, wenn die Urkunde zum Beweise von Rechten an Grundstücken dient[246], während sie für Klagen auf Feststellung des Eigentums usw. selbst gilt[247]. S. auch §§ 606, 640 f.

102 Daß auch das *rechtliche Interesse* an der Feststellung eine *Sachurteilsvoraussetzung* ist, → Rdnr. 61, → auch Rdnr. 120. Neben dem Feststellungsinteresse kommt dem *Rechtsschutzbedürfnis* keine eigene Bedeutung zu (→ Rdnr. 102 vor § 253).

103 Wegen des *Streitwertes* bei der Feststellungsklage → § 3 Rdnr. 46 »Feststellung des Eigentums« bis »Feststellungswiderklage«[248].

104 Eine Feststellungsklage ist **unzulässig** im **Urkunden-** und **Wechselprozeß** (→ § 592 Rdnr. 2), im **Mahn-** und im **Arrestverfahren**, wie sich bereits aus dem Wortlaut der jeweiligen Bestimmungen ergibt. Jedoch sind **feststellende einstweilige Verfügungen möglich** (→ Rdnr. 60 vor § 935).

2. Klageschrift

105 Die Klageschrift muß den Erfordernissen des § 253 entsprechen:

106 a) Den **Klagegrund** bilden das festzustellende Rechtsverhältnis bzw. die Echtheit oder Unechtheit der Urkunde. Der Klagegrund ist nach dem in → § 253 Rdnr. 125 Ausgeführten *tatsächlich zu substantiieren*[249]. Dies gilt auch *für die negative Feststellungsklage*. Gründet also der Kläger die Behauptung des Nichtbestehens darauf, daß aus bestimmten Tatsachen, die er als geschehen angibt, ein *Rechts*verhältnis nicht entstanden sei, oder behauptet er, daß dem von ihm behaupteten Vorgang gegenüber gewisse Tatsachen als rechtshindernde oder rechtsvernichtende gewirkt haben, so hat er diese Tatsachen anzugeben[250]. Nur wenn er gegenüber der Rechtsanmaßung des Beklagten *jeden* tatsächlichen Grund leugnet, z. B.

---

[244] Vgl. *BGH* LM Nr. 3 zu § 128 HGB (Klage der Gesellschafter gegen Gesellschaftsgläubiger, der im Konkurs der Gesellschaft Forderungen anmeldete). Für eine Feststellungsklage mit der ein *Vorrecht* für eine Konkursforderung begehrt wird, fehlt jedoch neben einer Klage nach § 146 KO das Feststellungsinteresse, *BAG* WM 1986, 371 f. = NJW 1896.

[245] *OLG Hamburg* SeuffArch 49, 210; HGZ 36, 64; 37, 107; *KG* OLG Rsp 22, 263; *OLG Kiel* SchlHA 1914; 142; *KG* VersR 1982, 449 (450) = IPRsp 1981, 338 (340).

Baltzer (Fn. 1) 121 f. kommt zu demselben Ergebnis aber mit anderer Begründung.

[246] *RG* JW 1889, 197.

[247] *RGZ* 13, 387; 21, 411.

[248] Zur Streitwertberechnung (insbesondere beim Zusammentreffen von verschiedenen Klagearten) *Frank* Anspruchsmehrheiten im Streitwertrecht (1986) 178 f.

[249] *BGH* NJW 1992, 697 f. = LM Nr. 167; *BGHZ* 103, 362 (365).

[250] *Baltzer* (Fn. 1), 117.

behauptet, daß er den Beklagten nicht kenne und nie mit ihm kontrahiert habe oder daß der Beklagte sich ein dingliches Recht ohne jeden Grund anmaße[251], genügt die Behauptung der geschehenen Rechtsanmaßung und des Fehlens jeglichen tatsächlichen Grundes. Damit deckt sich dann die Verteilung der *Beweislast* (→ Rdnr. 117). Ist diesen Anforderungen genügt, so kann auch Versäumnisurteil gegen den Beklagten ergehen.

b) Der **Klageantrag** hat als seinen **Gegenstand** die Feststellung zu bezeichnen. Die Fassung, den Beklagten zur »Anerkennung« des Rechtes zu verurteilen (→ auch Rdnr. 11), ist zwar sachlich unzutreffend, ändert aber nichts an dem Charakter der begehrten Entscheidung als eines **Feststellung**surteils und macht sie nicht etwa zu einem Urteil nach § 894. Dies gilt auch im Falle des § 380 BGB[252]. Da aber das Gericht den Sinn der Anträge durch Auslegung (→ Rdnr. 192 ff. vor § 128), geeignetenfalls nach Befragung (§ 139) festzustellen hat, kann sowohl der Antrag auf Verurteilung zur Anerkennung[253] wie der auf Verurteilung zum Ersatz allen Schadens[254], zur Weiterzahlung des Gehalts[255], Zahlung des Unterschieds zwischen dem Wartegeld und Gehalt[256] oder dergleichen (Auflösung eines Vertrages, Befreiung von einer nicht bezifferten Verbindlichkeit[257] als **Feststellung**santrag genügen. Ein Urteil, das inkorrekterweise einem derartigen Antrag stattgibt, ist trotz der Fassung als Leistungsurteil ein Feststellungsurteil. Auch wenn der Antrag auf Verurteilung zur Leistung gerichtet ist, kann **ohne Verstoß gegen § 308** auf Feststellung erkannt werden, da die **Feststellung ein Weniger** gegenüber der Leistung ist[258]. **107**

Die erforderliche **Bestimmtheit** verlangt, daß das festzustellende Rechtsverhältnis genau bezeichnet wird[259]; dagegen ist eine Bezifferung oder Berechnung der sich daraus ergebenden Ansprüche nicht erforderlich[260], weil dann ein Feststellungsurteil diese Ansprüche nur ihrem Bestand nach feststellt[261]. Andererseits ist nicht ausgeschlossen, eine **konkrete Bezifferung** vorzunehmen. **109**

Bei der **negativen Feststellungsklage** ist dagegen ein Antrag, lediglich festzustellen, daß der Kläger dem Beklagten nichts schulde, unzulässig; es bedarf der Angabe des konkreten Schuldgrundes und Schuldgegenstandes[262]. Die auf einen *Teilbetrag* beschränkte negative Feststellungsklage (→ auch Rdnr. 137 und 168) muß – wie die Teilleistungsklage – genau erkennen lassen, *welcher Teil des Gesamtanspruchs* verneint werden soll[263]. Wenn der angemaßte Anspruch nur teilweise verneint wird, muß das *Urteil den verneinten Teil bestimmt* angeben, wobei es gleichgültig ist, ob der Kläger nur einen Teilanspruch verneinte oder der von ihm insgesamt negierte Anspruch nur teilweise als nicht bestehend festgestellt wird (→ auch Rdnr. 137 und 168). Der Feststellungsantrag, daß der Kläger »nur« soviel schulde, ist sachlich ein negativer Feststellungsantrag bezüglich des Mehrbetrages[264]. **110**

Ist das Klagebegehren (trotz Befragung nach § 139) so unbestimmt, daß ein Urteil darauf nicht ergehen kann, so ist die Klage *deshalb* abzuweisen, nicht etwa wegen mangelnden **112**

---

[251] Vgl. *RG* SeuffArch 63, 290 (→ Fn. 162).
[252] Vgl. *RGZ* 87, 377.
[253] Vgl. *BGH* LM Nr. 39, 40 zu § 209 BEG 1956 = MDR 1961, 37; *RG* JW 1902, 68; *RG* Gruchot 46, 416; 47, 1083.
[254] Vgl. *BGH* NJW 1985, 2022 = MDR 661 (Ersatz »jedes weiteren Schadens« umfaßt auch immaterielle Schäden); *RG* JW 1904, 296; 1911, 188, → auch Fn. 213.
[255] *RGZ* 113, 209.
[256] Vgl. *RGZ* 122, 118.
[257] *RGZ* 122, 284 f. (290).
[258] *BGH* NJW 1984, 2295 = MDR 660 = JZ 439 = VersR 389 f. = LM Nr. 132; *BGH* MDR 1988, 46; BGHZ 118, 70, 81 f = ZIP 1992, 708 (712) = *BGH* NJW 1834 (1837); *Gift/Baur* E Rdnr. 105; die Gegenansicht der Vorauflage (IV 2 b) wird aufgegeben. Vgl. auch § 264 Rdnr. 66.

[259] BGHZ 26, 28 f. = NJW 1958, 57 (Klage auf Feststellung der Bilanz nicht bestimmt); *BGH* NJW 1983, 2247 = LM Nr. 26 zu § 185 BGB; *BAG* NZA 1992 795 f.; NZA 1992, 846 f.; DB 1992, 1684 (1685); *OLG München* WRP 1992, 270 (273); *Baltzer* (Fn. 1) 111; *Gift/Baur* E Rdnr. 106; *Zöller/Greger*[20] Rdnr. 15.
[260] *BGH* VersR 1982, 68; NZA 1992, 846 (Fn. 259); *RGZ* 12, 388 f.; 86, 374; *RG* JW 1936, 2546; OGHZ 4, 143; *Baltzer* (Fn. 1) 112 mit anderer Begründung.
[261] Vgl. *OLG Dresden* SächsArch 9, 220 f.
[262] *OLG Hamburg* HGZ 29, 156; *Baltzer* (Fn. 1), 115; *MünchKommZPO/Lüke* Rdnr. 64.
[263] *BGH* LM Nr. 45 = NJW 1958, 343.
[264] Vgl. *RGZ* 126, 18; dazu *Jonas* JW 1930, 142.

§ 256 VI   2. Buch. Verfahren im ersten Rechtszuge. 1. Abschnitt. Landgerichte

Feststellungsinteresses[265]. Wegen des häufig überflüssigerweise an Leistungsklagen angehängten erläuternden Antrags, das zugrunde liegende Rechtsverhältnis festzustellen, → § 5 Rdnr. 7.

114   3. Durch die Klageerhebung wird zwar die **Rechtshängigkeit der Streitsache** im Sinne der §§ 261 bis 266 begründet, insbesondere auch durch die negative Feststellungsklage, → § 261 Rdnr. 43; dagegen wird die materiell-rechtliche Rechtshängigkeit, d.h. die Steigerung der Haftung, die als Folge der Erhebung des Anspruchs eintritt, *nur durch die Leistungs*klage begründet, → § 262 Rdnr. 21 Fn. 39. Die **Verjährung** wird jedoch gemäß §§ 209, 941 BGB auch durch die positive Feststellungsklage[266] hinsichtlich des Anspruchs, → § 262 Rdnr. 14, unterbrochen. Die verjährungsunterbrechende Wirkung der positiven Feststellungsklage tritt auch dann ein, wenn ihre besonderen Erfordernisse, insbesondere das Feststellungsinteresse nicht gegeben sind[267]. Hinsichtlich der Wahrung der in verschiedenen Gesetzen für die Klageerhebung vorgesehenen Ausschlußfristen gilt das gleiche wie für die Verjährung[268].

116   4. Für die **Sachverhandlung** gelten die allgemeinen Grundsätze. Namentlich ist das Anerkenntnis des Bestehens oder Nichtbestehens des Rechtsverhältnisses ebenso wie das Anerkenntnis bei der Leistungsklage zu behandeln. Voraussetzung für den Erlaß eines *Anerkenntnisurteils* ist zwar auch, daß ein rechtliches Interesse vorhanden ist; anerkennt der Beklagte aber den Klageanspruch, ergeht auf entsprechenden Antrag Anerkenntnisurteil[269], nicht etwa ist trotz des Anerkenntnisses das Vorliegen des rechtlichen Interesses zu prüfen[270]. Der Beklagte, der das Rechtsverhältnis materiell nicht in Abrede stellt, hat aber auch die Möglichkeit, entweder wegen fehlenden Feststellungsinteresses Klageabweisung zu beantragen oder nach § 93 ZPO anzuerkennen[271]. Ein Anerkenntnis des rechtlichen Interesses als solches ist ausgeschlossen, → Rdnr. 120.

117   5. Die **Behauptungs- und Beweislast** hinsichtlich des festzustellenden Rechtsverhältnisses folgt den sonst geltenden Grundsätzen[272]; denn sie hängt nicht von dem Zufall der Parteirolle, sondern von der Bedeutung der Tatsachen für den Antrag der Partei ab (→ § 286 Rdnr. 48). Es wäre daher schief zu fragen[273], ob bei der *negativen Feststellungsklage* der Kläger die Nichtexistenz oder der Beklagte die Existenz des Rechtsverhältnisses zu beweisen habe. Es ist

---

[265] Vgl. *RGZ* 150, 246.
[266] Unbestritten (→ § 262 Fn. 35), vgl. z. B. *BGHZ* 85, 367; *BGH* NJW 1972, 1043; *Macke* NJW 1990, 1651 (Abweisungsantrag des Beklagten gegenüber der negativen Feststellungsklage führt nicht zur Unterbrechung der Verjährung); Eine Verjährungsunterbrechung durch die *negative* Feststellungsklage kommt natürlich nicht in Betracht, weil der Kläger ja gerade eine Verpflichtung leugnet (anders allerdings *Baltzer* [Fn. 1], 166). Droht die Verjährung, muß der Beklagte Leistungswiderklage erheben, da seine Verteidigung gegen die negative Feststellungsklage nicht die Verjährung des vom Kläger geleugneten Anspruchs unterbricht, *BGHZ* 72, 23 = NJW 1978, 1975; *RGZ* 71, 73 (39, 219; 40, 39); a.M. *Bettermann* ZZP 77 (1964) 311, der meint, der *Sachabweisungsantrag des Beklagten* gegenüber der negativen Feststellungsklage unterbreche die Verjährung (ebenso schon *Salomon* LZ 1917 Sp. 1159; *OLG Schleswig* NJW 1976, 970 und jetzt auch *Baltzer* [Fn. 1], 64). Mit § 209 BGB ist diese Absicht nicht vereinbar. Zur Unterbrechung der Verjährung → auch Fn. 183 und Fn. 358.
[267] *RGZ* 100, 149.
[268] *RGZ* 102, 339.
[269] *Blomeyer* ZPR² § 37 VI 1; *Schumann* (Fn. 1), 563 f. m.w.N.; *Ziemssen* Über die dispositive Natur von Verzicht und Anerkenntnis im Zivilprozeß (1908), 119 (aber auch 59); vgl. auch *Stein* Urkundenprozeß (Fn. 17), 182ff.; *Baumbach/Lauterbach/Hartmann*⁵⁵ Rdnr. 46; *MünchKommZPO/Lüke* Rdnr. 69; a.M. *Wach* Hdb (Fn. 1), 21 Anm. 18; *Hegler* Beiträge zur Lehre vom prozessualen Anerkenntnis und Verzicht (1903), 22 f.; *Pagenstecher* (Fn. 1), XXXIf., 17. und 18. Aufl. dieses Komm. gegenüber den früheren Auflagen, die auf dem Standpunkt des jetzigen Textes standen.
[270] Auch hier zeigt sich die »bedingte« Natur dieser Sachurteilsvoraussetzung (näher Rdnr. 129 vor § 253).
[271] → § 93 Rdnr. 22; *Blomeyer* ZPR² § 37 VI 1; *Baumbach/Lauterbach/Hartmann*⁵⁵ Rdnr. 46; *Schumann* (Fn. 1), 563; *Petersen-Remelé* ZPO⁵ § 93 Anm. 1 (nicht sehr klar); vgl. auch *Johannsen* Anm. LM Nr. 46; a.M. 17. und 18. Aufl. dieses Komm. Die Rechtsprechung von *RG* und *BGH* weist nur weiter dicta zu diesem Problem auf: *RGZ* 164, 82 und Gruchot RG 63, 342 stimmen zu, *BGHZ* 10, 335 lehnt ab.
[272] *BGH* NJW 1986, 2508 (2509); NJW 1992, 1101 (1103); *OLG Oldenburg* FamRZ 1991, 1071.
[273] Vgl. *Wendt* AcP 70 (1886), 1 f. sowie gelegentlich *RGZ* 7, 375. Wie hier *Weismann* Feststellungsklage (Fn. 1), 164; *Flechtheim* ZZP 25 (1899) 424, 442; *Rosenberg* Beweislast⁵ (1965), 174 f.; *Hinz* Festschr. für *Lübtow* (1980), 729.

vielmehr zu fragen (→ auch Rdnr. 106), ob der Kläger sich auf die bloße Leugnung eines vom Beklagten vor dem Prozeß behaupteten Vorgangs stützt: Dann hat **Beklagter** diesen Hergang zu **beweisen**[274]. Oder ob der Kläger lediglich die Wirksamkeit des rechtserzeugenden Tatbestandes aus **Rechts**gründen leugnet: Dann kommt es insoweit überhaupt nicht zum Beweise, weil ein vorweggenommenes Geständnis der Tatsachen vorliegt. Oder ob der Kläger endlich eine **rechtshindernde** oder **rechtsvernichtende** Tatsache als den Grund der Nichtexistenz geltend macht, wie z. B. eine Anfechtung nach §§ 142 f. BGB, die Ausübung eines Rücktrittsrechts oder einen Erlöschungsgrund jeglicher Art: Dann trägt *er* hierfür die Beweislast[275]. Prozeßordnungswidrig[276] ist es daher, wenn eine negative Feststellungsklage mit der Begründung sachlich abgewiesen wird, der Beklagte habe seine anspruchsbegründenden tatsächlichen Behauptungen (z. B. die Darlehenshingabe) nicht bewiesen *und* der Kläger sei hinsichtlich seiner gegenteiligen Behauptungen (z. B. er habe kein Darlehen erhalten) ebenfalls beweisfällig geblieben. Richtigerweise muß in einem solchen Fall die negative Feststellungsklage *zugesprochen* werden, da der Beklagte den von ihm behaupteten Anspruch nicht zu beweisen vermag (wie umgekehrt eine positive Feststellungsklage hinsichtlich dieses behaupteten Anspruchs *abzuweisen* ist). Aus diesen Überlegungen ergibt sich, daß einer negativen Feststellungsklage auch dann stattgegeben werden muß, wenn unklar bleibt, ob die streitige Forderung besteht[277]. Streitgegenstand einer negativen Feststellungsklage ist Behauptung des Nichtbestehens des materiellen Anspruchs, dessen Bestehen derjenige beweisen muß, der sich auf ihn beruft[278].

Bei der Klage auf Feststellung der *Echtheit oder Unechtheit einer Urkunde* ist die Beweislast nach den gleichen Grundsätzen zu behandeln: Bestreitet z.B. der Kläger die Echtheit der ein gegnerisches Recht stützenden Urkunde, so obliegt der Echtheitsbeweis dem Beklagten. Wenn andererseits die Echtheit einer Urkunde festgestellt werden soll, aus der sich rechtsvernichtende Tatsachen bezüglich des gegnerischen Rechts ergeben, ist es umgekehrt. Erforderlichenfalls hat sich der Kläger die Urkunde zur Vorlegung im Prozeß zu verschaffen oder sich ihre Vorlegung in einem Vorprozeß zu sichern; die §§ 424 ff. finden auch auf solche Urkunden Anwendung, die im Prozeß zum Beweise einer anderen Tatsache gebraucht werden. **118**

6. Das **Interesse** (→ Rdnr. 61–97) ist **bedingte Sachurteilsvoraussetzung**[279]. Das Vorhandensein des Interesses ist in jeder Lage des Verfahrens **von Amts wegen** zu prüfen[280], auch **120**

---

[274] So auch *BGH* NJW 1977, 1638; NJW 1986, 2508; NJW 1992, 1101 (1103); NJW 1992, 436 (438); *OLG Oldenburg* FamRZ 1991, 1071; *OLG Hamburg* FamRZ 1989, 1112; *OLG Karlsruhe* VersR 1982, 264; *RGZ* 9, 340ff.; 14, 91; 73, 278f.
[275] So auch *RGZ* 148, 3 (6).
[276] So aber das der in Fn. 351 zit. Entscheidung des *BGH* zugrunde liegende Urteil.
[277] *BGH* NJW 1993, 1716f. = NZV 1993, 265f. = VersR 857f. = MDR 1118f. = LM Nr. 175.
[278] *BGH* a.a.O.
[279] Daß das Feststellungsinteresse eine Sachurteilsvoraussetzung (Prozeßvoraussetzung, → auch Einl. Rdnr. 311f.) darstellt, ist heute geklärt und nicht bestritten, vgl. z.B. *Schumann* (Fn. 1), 568f. und *BAG* AP Nr. 6 und die weiteren Nachw. → Einl. Rdnr. 333 Fn. 36. Zum Feststellungsinteresse als *bedingte* Sachurteilsvoraussetzung *Schumann* (Fn. 1), 557–584 sowie → Rdnr. 102. Auch wenn das zu beurteilende Rechtsverhältnis dem *ausländischen* (materiellen) Recht angehört (→ auch Rdnr. 12 und → Rdnr. 77 vor § 253), beurteilt sich das Vorliegen des Feststellungsinteresses allein nach der *lex fori* (zu ihr → Einl. Rdnr. 736f.), also für die vor den Gerichten der Bundesrepublik Deutschland erhobenen Klagen nach § 256 (kaum bestritten, vgl. *Birk* [Fn. 1], 180 m.w.N. [offenbar aber mit Bedenken]; *Riezler* [Fn. 18], 133 [»grundsätzlich«]; *Zöller/Geimer* [Fn. 21] Rdnr. 10 m.w.N.); *Geimer* [Fn. 21] Rdnr. 985; *Schack* [Fn. 21] Rdnr. 523. Diese Prüfung des Feststellungsinteresses an Hand des deutschen Prozeßrechts bedeutet jedoch nicht, daß ausländische Vorgänge für den deutschen Richter bedeutungslos sind. So ist eine im Ausland bereits anhängige Leistungsklage sehr wohl aus dem Gesichtspunkt des Feststellungsinteresses zu prüfen, wenn später im Inland eine Feststellungsklage erhoben wird, die denselben Streitstoff wie die ausländische Leistungsklage unterbreitet und mit einer Anerkennung des im Ausland erstrittenen Leistungsurteils im Inland zu rechnen ist (zum vergleichbaren Fall einer vor einem deutschen Gericht bereits anhängigen Leistungsklage, → Rdnr. 80).
[280] *BGH* LM Nr. 12 zu § 123 BGB = JZ 1956, 95; NJW 1991, 2707 (2708); NJW-RR 1990, 130 = LM Nr. 158; *RGZ* 23, 8; 41, 370; 73, 85 und die Entscheidungen in Fn. 281; vgl. auch *Hellwig* Lb. 1, 165 sowie *Sauer* Grundlagen 502; *MünchKommZPO/Lüke* Rdnr. 35; *Zöller/Greger*[20] Rdnr. 7; *Germelmann* (Fn. 55) § 46 Rdnr. 52, 61; *Gift/Baur* E Rdnr. 97.

noch im Revisionsrechtszug[281]. Durch das Einverständnis des Beklagten oder Nichtrüge gemäß § 295 wird es nicht ersetzt[282]. Wohl aber ist bei Anerkenntnis (→ Rdnr. 116) das Interesse nicht zu prüfen, ebensowenig bei Verzicht des Klägers oder beim Antrag auf Versäumnisurteil gegen ihn (→ Rdnr. 130 vor § 253). Als **bedingte** Sachurteilsvoraussetzung kann jedoch das Gericht das **Vorliegen des Interesses dahinstellen**, wenn die Klage unbegründet ist[283].

121 Die **Prüfung des Feststellungsinteresses** ist aber nur eine *rechtliche*, keine Prüfung von Amts wegen im technischen Sinne (→ Rdnr. 92a vor § 128); die zur Begründung des Interesses notwendigen Tatsachen sind von den Parteien vorzutragen[284] und im Streitfall vom **Kläger zu beweisen**[284a]. Sie unterliegen dem Geständnis (§ 138 Abs. 3, § 331). Die rechtliche Prüfung ist frei, soweit nicht das Gesetz die Anordnung der Klageerhebung durch eine andere Behörde genügen läßt (→ Rdnr. 66). Daß ein anderes Gericht sein Verfahren gemäß § 148 ausgesetzt hat, zwingt das Gericht des Feststellungsprozesses nicht, das Feststellungsinteresse zu bejahen[285].

7. Maßgebender Zeitpunkt

122 Maßgebend für das Bestehen des Interesses ist wie bei allen Sachurteilsvoraussetzungen (→ § 300 Rdnr. 20 ff.) der **Zeitpunkt der letzten mündlichen Tatsachenverhandlung**[286]. Es genügt daher, wenn es seit der Klageerhebung – insbesondere durch ernstliches Bestreiten im Prozeß – *entstanden* ist[287]. Andererseits ist die Klage grundsätzlich (→ aber Rdnr. 123) als unzulässig abzuweisen, wenn das Interesse während des Prozesses fortgefallen ist[288]; zur **Erklärung der Erledigung der Hauptsache** → Rdnr. 128. Auch ohne Bezugnahme der Partei auf Abs. 2 hat jedoch das Gericht zu prüfen, ob ein Feststellungsantrag nicht als Zwischenfeststellungsklage zulässig ist, → Rdnr. 15.

a) Wegfall des Interesses bei positiver Feststellungsklage durch die Möglichkeit der Leistungsklage oder durch das Erheben einer gegnerischen Leistungsklage?

123 Diese Grundsätze müßten bei der **positiven Feststellungsklage** an sich auch in dem Fall gelten, daß die *Leistungsklage nachträglich zulässig* wurde[289]. Hier kann aber gleichwohl der **Feststellungsklage dann stattgegeben werden**, wenn die besonderen Umstände vorliegen, **die von vornherein bei dieser Sachlage die Feststellungsklage begründet** hätten, → Rdnr. 88; darüber hinaus läßt die Rechtsprechung billigenswerterweise auch in den Fällen, wo solche besonderen Umstände nicht vorliegen, die *Fortführung des Rechtsstreits* als Feststellungspro-

---

[281] BGH MDR 1952, 420; NJW-RR 1990, 130 = LM Nr. 158; *BAG* NZA 1992, 472 = DB 1195f.; *RGZ* 73, 85; 100, 126; 131, 206; 151, 65 und oft, z. B. *RG* JW 1914, 146, 541; HRR 1931 Nr. 539; *Germelmann* (Fn. 55) § 46 Rdnr. 61; *Gift/Baur* E Rdnr. 97.
[282] *OGHZ* 4, 15.
[283] → näher Rdnr. 129 f. vor § 253; ebenso *Zöller/Greger*[20] Rdnr. 7; OLG Bremen MDR 1986, 765; OLG Karlsruhe VersR 1989, 805; kritisch hierzu *Baumbach/Lauterbach/Hartmann*[55] Rdnr. 4; *Thomas/Putzo*[19] Rdnr. 4; *Germelmann* (Fn. 55) § 46 Rdnr. 63; *Gift/Baur* E Rdnr. 97; *BGH* NJW-RR 1987, 1137.
[284] *BGH* LM Nr. 16 = NJW 1954, 145 = MDR 94; *BGH* NJW-RR 1990, 318 (319); *Germelmann* (Fn. 55) § 46 Rdnr. 61; *Gift/Baur* E Rdnr. 97; *Rimmelspacher* Zur Prüfung von Amts wegen im ZP (1966) 171 verlangt echte Amtsprüfung.

[285] *OLG Karlsruhe* Rsp 14, 84.
[286] *RG* JW 1936, 653 und folgende Fußnoten; *BGH* NJW 1951, 524; OLG Koblenz NJW-RR 1989, 510; LG Frankfurt a. M. NJW-RR 1991, 379. Auch bei Zweifeln über den Umfang des Bestreitens ist der Standpunkt des Beklagten am Schluß der mündlichen Verhandlung maßgebend, *RGZ* 95, 108.
[287] *RG* SeuffArch 64, 479; JW 1935, 2494; a. M. *Seuffert/Walsmann*[12] 2 e.
[288] → Rdnr. 128 Fn. 310 sowie *BGH* NJW 1951, 524; LM Nr. 5; OLG Königsberg Rsp 15, 111; OLG Colmar SeuffArch 62, 289; OLG Kassel Rsp 18, 5; OLG Karlsruhe FamRZ 1989, 1232 (1234) sowie *RGZ* 71, 68; *MünchKommZPO/Lüke* Rdnr. 35. u. a. (→ ferner auch Fn. 294).
[289] *BGH* NJW-RR 1990, 1532f. = MDR 540 = LM Nr. 161.

zeß zu[290]. Die einmal bestehende Zulässigkeit der positiven Feststellungsklage wird deshalb auch nicht dadurch beseitigt, daß der **Gegner** seinerseits **Leistungsklage** – etwa **Unterlassungsklage** – erhebt (z. B. wird die Klage auf Feststellung des Mietverhältnisses mit einer Klage des Gegners erwidert, die Benutzung der Mietsache zu unterlassen). Dabei spielt es keine Rolle[291], ob die gegnerische Leistungsklage (als *Widerklage*) im laufenden Feststellungsprozeß erhoben wird oder ob der Gegner (vor einem *anderen Gericht*) eine selbständige Leistungsklage angestrengt hat (bei der dann am besten an eine Aussetzung zu denken ist, → § 148 Rdnr. 22 und 28). Daß für den vergleichbaren Fall einer *negativen* Feststellungsklage mit nachfolgender Leistungsklage des Gegners vor allem die Rechtsprechung zu einem Wegfall des Feststellungsinteresses gelangt (→ Rdnr. 124–126), ist kein Gegenargument. Bezüglich der *selbständig* erhobenen Leistungsklage des Gegners kann ohnehin dieser Rechtsprechung nicht gefolgt werden (→ Rdnr. 126); eine Leistungs*wider*klage gegenüber einer *negativen* Feststellungsklage umfaßt hingegen das Problem der (vom Feststellungskläger geleugneten) Leistungspflicht, während eine Leistungs*wider*klage gegenüber einer *positiven* Feststellungsklage gerade nicht in jedem Fall den Feststellungsstreit klärt (so kann im schon gebrachten Beispiel der Kläger zur Unterlassung verpflichtet sein, auch wenn das Mietverhältnis, dessen Feststellung er begehrt, besteht – oder die Unterlassungsklage kann abgewiesen werden, obwohl es an einem Mietverhältnis zwischen den Parteien fehlt). In derartigen Fällen ist also großzügig davon auszugehen, daß das **einmal vorhandene Feststellungsinteresse die weitere Durchführung des Feststellungsprozesses** rechtfertigt. Vor allem darf das Revisionsgericht nicht das Feststellungsinteresse im Gegensatz zum Tatsachengericht verneinen, wenn dieses beim Kläger unter Hinweis auf Zweifel gegenüber der Möglichkeit einer Leistungsklage die Klageänderung auf den Feststellungsantrag anregte[292]. Daß der Kläger zur Leistungsklage übergehen *kann*, → § 264 Rdnr. 70.

b) Wegfall des Interesses bei negativer Feststellungsklage durch spätere gegnerische Leistungsklage?

Bei der **negativen Feststellungsklage** wirkt sich das **Erheben einer Leistungsklage des Gegners** unterschiedlich danach aus, ob dies im **Wege der Widerklage** oder in einem gesonderten Prozeß **vor einem anderen** Gericht erfolgt. **124**

aa) Leistungswiderklage: Das Interesse an der **negativen Feststellungsklage** erlischt im Regelfall (→ Rdnr. 127) dadurch, daß der **Gegner** wegen desselben Gegenstandes (**im Wege der Widerklage**) die **Leistungsklage**[293] erhebt (→ auch Rdnr. 87); denn der Kläger hat, sobald **125**

---

[290] *BGH* WPM 1978, 470; NJW 1978, 210; 1984, 1552; *BAG* AP Nr. 16 mit Anm. *Baumgärtel*; *RGZ* 71, 68 (72 f.); 108, 202; 124, 378; *RG* WarnRsp 1909 Nr. 44; 1911 Nr. 425; JW 1936, 2387, 3185; *OGH* Rpfleger 1950, 129; *RAG* BenshS 7, 86, 162; vgl. auch *BGHZ* 28, 126 = NJW 1958, 1681 = MDR 764, s. aber für besondere Fälle (die Schadensentwicklung war in erster Instanz lange vor der letzten Verhandlung abgeschlossen und der Übergang zur Leistungsklage hätte den Rechtsstreit nicht verzögert) *BGH* LM Nr. 5 = NJW 1952, 546.

[291] Beachtlich ist diese Unterscheidung allerdings für diejenigen Autoren, die einer (späteren) Leistungsklage (des Gegners) den **Einwand der Rechtshängigkeit** oder des **fehlenden Rechtsschutzinteresses** entgegensetzen, falls bereits (gegen ihn) positive Feststellungsklage anhängig ist (→ hierzu nach § 261 Rdnr. 60). So steht nach *Bettermann* Rechtshängigkeit und Rechtsschutzform (1949) 26 einer solchen Klage der Einwand der Rechtshängigkeit entgegen. Mangels Rechtsschutzbedürfnisses ist nach *A.*

Blomeyer ZPR[2] § 49 III 2; *Schönke/Kuchinke*[9] § 44 III 1; *Wieser* (Fn. 1), 187 u. ö. sowie *Wieczorek*[2] J I b in einem solchen Fall eine *selbständige* Leistungsklage *unzulässig*; der Gegner des Feststellungsklägers könne seinen Leistungsanspruch nur im bereits laufenden (Feststellungs-)prozeß durch *Leistungswiderklage* geltend machen. Wer dieser Ansicht folgt, vermag ohnehin das Feststellungsinteresse nicht wegfallen zu lassen, falls der Gegner (die dann ja als *unzulässig* angesehene) selbständige Leistungsklage erhebt.

[292] *BGHZ* 28, 126 = NJW 1958, 1681 = MDR 764.

[293] Oder auch *Unterlassungsklage*, vgl. zur Konkurrenz von negativer Feststellungsklage und Unterlassungswiderklage *OLG Hamm* WRP 1986, 349; *LG Berlin* GRUR 1980, 188; vgl. auch *LG Oldenburg* NJW-RR 1990, 44 f.: Subsidiarität der Unterlassungsklage gegenüber der negativen Feststellungsklage; *OLG Düsseldorf* GRUR 1992, 208: Wegfall des Feststellungsinteresses bei später vor einem anderen Gericht erhobener Unterlas-

die Zurücknahme der Leistungswiderklage seiner Zustimmung bedarf (§ 269 Abs. 1), die Sicherheit, daß darauf auch die von ihm begehrte Feststellung erfolgen wird[294]; zur dann eintretenden Unzulässigkeit bzw. zur Erledigung der Hauptsache → Rdnr. 128. Ausnahmsweise erlischt das Feststellungsinteresse nicht, wenn die Voraussetzungen vorliegen, unter denen die Feststellungsklage trotz gegebener Leistungswiderklage zulässig wäre, → Rdnr. 89, d.h. wenn praktisch für den Beklagten die Abweisung der negativen Feststellungsklage den gleichen Wert haben würde wie ein obsiegendes Leistungsurteil[295]; erkennt man dies an, so muß folgerichtig der gleichwohl erhobenen Leistungswiderklage das Rechtsschutzbedürfnis abgesprochen und sie demgemäß abgewiesen werden[296]. Auch muß das Interesse an der negativen Feststellung als fortbestehend angesehen werden, wenn die Leistungswiderklage des Gegners nur auf einen **Teil**betrag gerichtet wird[297] oder wenn der Feststellungsrechtsstreit nahezu – wenn auch nur für einen Teil – entscheidungsreif ist[298].

126   bb) **Leistungsklage des Gegners vor einem anderen Gericht:** Von dem soeben (→ Rdnr. 125) dargestellten Fall einer Leistungs*wider*klage gegenüber der negativen Feststellungsklage sind die Situationen zu unterscheiden, in denen der Beklagte des Feststellungsprozesses seinerseits einen eigenen Prozeß beginnt und gegen den Kläger des Feststellungsprozesses eine **selbständige Leistungsklage** erhebt. Soweit dies vor *demselben* Gericht geschieht, wird in aller Regel eine **Prozeßverbindung** angebracht sein; die Prozeßlage ist dann nicht anders, als ob von vornherein die Leistungsklage als Widerklage erhoben worden wäre (→ § 147 Rdnr. 23), so daß die bereits dargelegten Grundsätze (→ Rdnr. 125) voll eingreifen. Anders ist es hingegen, wenn die selbständige Leistungsklage **bei einem anderen Gericht** erhoben wurde, weil dann eine Prozeßverbindung ausscheidet. Einer solchen Leistungsklage kann nicht der *Einwand der Rechtshängigkeit* entgegengesetzt werden, da sich die Streitgegenstände der zuerst erhobenen negativen Feststellungsklage und der späteren Leistungsklage nicht decken; denn die Anträge sind verschieden[299]. In der Regel läßt sich auch nicht sagen, daß der selbständigen Leistungsklage das *Rechtsschutzbedürfnis* fehle[300]. Grundsätzlich ist

---

sungsklage; *Schotthöfer* Rechtliche Probleme im Verhältnis zwischen Feststellungsklage und Unterlassungsklage im Wettbewerbsrecht, WRP 1986, 14; *Germelmann* (Fn. 51) § 46 Rdnr. 65. Ein ähnliches Konkurrenzverhältnis besteht zwischen einer *Feststellungsklage* und einem *Duldungsbescheid des Finanzamts*. Dieser dient wie die Leistungsklage der Durchsetzung des Anspruchs. Jedoch ist hier zu beachten, daß dieser (belastende) Verwaltungsakt jederzeit auch ohne Zustimmung des Klägers zurückgenommen werden kann. Eine negative Feststellungsklage ist daher zulässig, *BGH* NJW 1991, 1061, 1062 = ZIP 113 f. = MDR 1991, 672 = BB 1307 ff. (a.M. *Nieuwenhuis*, der auf das verwaltungsrechtliche Einspruchsverfahren verweist).
[294] *BGHZ* 33, 398 (399); 99, 340 (342) = *BGH* NJW 1987, 2680 f. = MDR 558 = JR 374 (376) mit Anm. *Herrmann* = WRP 459 ff. = GRUR 402 ff. = LM Nr. 148; *BGH* NJW 1954, 1323 = LM Nr. 26 zu § 13 GVG; *RGZ* 151, 65 (66); *RG* JW 1912, 873 (unklar, ob Widerklage); 1939, 366 (Widerklage), *Macke* NJW 1990, 1651. u. a. – A.M. *OLG Stuttgart* EWiR 1994, 407 f. (zust. *Ulrich*); *Bettermann* (Fn. 249a) 36 ff.; *Baltzer* (Fn. 1), 142 ff.; *MünchKommZPO/Lüke* Rdnr. 62; *Neumann/Duesberg* NJW 1955, 1216, die das Interesse an der negativen Feststellungsklage trotz der erhobenen Leistungswiderklage auch weiterhin bejahen, weil ja gerade die Erhebung der Leistungsklage zeige, daß der Beklagte nicht der Ansicht des Klägers sei; folgerichtig verneinen diese Autoren dann auch die Notwendigkeit einer Erledigungserklärung des Klägers mit Kostenlast für den Beklagten (→ auch

Rdnr. 128). *Bettermann* (a.a.O.) hält sogar die Leistungswiderklage wegen der Rechtshängigkeit der negativen Feststellungsklage für unzulässig. Damit nimmt er dem Beklagten die Möglichkeit der Verjährungsunterbrechung (denn die negative Feststellungsklage unterbricht nicht die Verjährung, → Rdnr. 114); allerdings meint Bettermann, die Verjährung werde durch den Abweisungsantrag des Beklagten unterbrochen (→ Fn. 266).
[295] *BGH* NJW 1973, 1500 = MDR 925 (im konkreten Fall verneint); *RG* JW 1936, 3185 (zust. *Roquette*); *OLG Hamm* NJW-RR 1986, 923.
[296] *RG* in Fn. 295; vgl. auch *Baltzer* (Fn. 1), 40 f. mit Fn. 72.
[297] *RG* JW 1937, 1062.
[298] So *BGHZ* 18, 22 (41 f.) mit Nachw.; vgl. auch 99, 340 (342) (Fn. 294); *BGH* NJW 1968, 50 sowie Fn. 295; *OLG Hamburg* MDR 1968, 332. Dies gilt auch für die positive Feststellungsklage, wenn der Kläger später zusätzlich eine gesonderte Leistungsklage mit gleichem Streitstoff erhebt, vgl. *BGH* NJW 1990, 1532 f. (Fn. 207). Weitere Fälle sind: Die Parteien lassen den Streit über die Leistungsklage *ruhen*, *RG* WarnRsp 1917 Nr. 34; die *Gegenstände* von Leistungs- und Feststellungsantrag entsprechen sich nicht, *RGZ* 109, 353; über den Streitstand der Feststellungsklage liegen bereits *Zwischenentscheidungen* vor (vgl. *RG* JW 1909, 417, z.B. ein *Grundurteil*, → Rdnr. 174, 169).
[299] → Fn. 303 a E., → Einl. Rdnr. 289 sowie → 261 Rdnr. 62.
[300] → aber die Gegenmeinung in Fn. 291.

kein Beklagter zur Erhebung der Widerklage verpflichtet (→ § 33 Rdnr. 22); im Einzelfall schließt dies freilich nicht aus, daß das Nichterheben der Widerklage und das statt dessen erfolgte Erheben einer selbständigen Klage als *prozeßmißbräuchlich* anzusehen ist (→ Einl. Rdnr. 254 ff.), so daß der späteren selbständigen Leistungsklage die Zulässigkeit fehlt (zu den Rechtsbehelfskonkurrenzen → Rdnr. 105 ff. vor § 253). Soweit die selbständige Leistungsklage als zulässig angesehen werden kann, läßt sie jedoch das **Feststellungsinteresse** der früher erhobenen negativen Feststellungsklage **nicht erlöschen**[301]; insofern ist die prozessuale Situation grundlegend anders als bei einer innerhalb des Feststellungsprozesses erhobenen Leistungs*wider*klage (hierzu → Rdnr. 125): Das im negativen Feststellungsstreit ergehende Urteil wirkt nämlich Rechtskraft im selbständigen Leistungsprozeß und entlastet daher das später begonnene Verfahren über die selbständige Leistungsklage; zugleich kann der früher angefangene Feststellungsprozeß ohne Verlust der bisherigen Prozeßergebnisse mit einem Sachurteil enden. Angesichts der Rechtskraftwirkung dieses Urteils für den Leistungsprozeß liegt es hingegen nahe, das Verfahren über die **selbständige Leistungsklage auszusetzen** (→ auch § 148 Rdnr. 22 und 28)[302]. Aus heutiger Sicht erscheint es hingegen nicht sinnvoll, wie das Reichsgericht und ihm folgend der Bundesgerichtshof vorzugehen und bei allen Arten von Leistungsklagen (und nicht nur bei der Leistungs*wider*klage) zu einem Erlöschen des Feststellungsinteresses der negativen Feststellungsklage und damit zu deren Unzulässigkeit zu kommen[303]. Damit bliebe der bisherige Aufwand des Feststellungsprozesses in aller Regel ohne Wirkung für den selbständigen Leistungsprozeß. Eine solche Folge ist prozeßökonomisch (→ Einl. Rdnr. 81 ff.) nicht vertretbar; dies gilt – nicht nur – aber ganz besonders, wenn der Feststellungsstreit schon in höherer Instanz schwebt. Die Ansicht der Rechtsprechung übersieht auch *institutionelle* Zusammenhänge (zu ihnen → Einl. Rdnr. 83 f.), weil das für den Rechtsschutz wichtige Institut der negativen Feststellungsklage in seiner Funktion erheblich vermindert würde, wenn es der Beklagte letztlich in der Hand hätte, durch das Erheben einer Leistungsklage vor einem *anderen* Gericht den Erfolg der Feststellungsklage zu verhindern, ohne daß der ihr zugrunde liegende Streit in irgendeiner Weise bereinigt wurde (im Gegenteil zeigt das Erheben der Leistungsklage, wie richtig die Behauptung des negativen Feststellungsklägers war, sein Gegner berühme sich bestimmter Ansprüche). Letztlich ist die Ansicht der Rechtsprechung mit dem prozessualen *Gleichheitssatz* kaum zu vereinbaren (zur *Waffengleichheit* → Einl. Rdnr. 506 und → Rdnr. 62 ff. vor § 128), weil sie einseitig den Gegner des Feststellungsklägers bevorzugt; dies zeigt sich am deutlichsten, wenn – wie die Rechtsprechung meint – eine zulässige und begründete Feststellungsklage durch eine unbegründete Leistungsklage des Gegners bei einem anderen Gericht unzulässig wird. Bei solcher Interpretation des § 256 Abs. 1 wird dem Feststellungskläger sein sicherer Prozeßsieg genommen, ohne daß ihm das Prozeßrecht ein Instrument zur Verfügung stellt, um eine solche Entwick-

---

[301] → So auch *OLG Stuttgart* WRP 1992, 513 (516).
[302] Im Ergebnis ebenso *Herrmann* JR 1988, 376 (378 f.); *OLG Stuttgart* WRP 1992, 513 (516): Grundsatz der Uitliden Priorität.
[303] *BGH* NJW 1973, 1500; *BGHZ* 18, 22 (42 nur obiter dictum, da wegen teilweiser Entscheidungsreife [→ Fn. 298] das Feststellungsinteresse fortbestand); *BGH* LM Nr. 41 (spätere *Gestaltungsklage*); *BGHZ* 93, 340 (342) (Fn. 251); *OLG Düsseldorf* GRUR 1992, 208; *RGZ* 71, 68 (73 f.); 109, 351 (353: nur obiter dictum, da Gegenstand der Leistungsklage nicht dem der Feststellungsklage entsprach); 151, 65 (69 f.); *RG* JW 1909, 417; 1936, 3185; WarnRspr 1913 Nr. 69; Gruchot 58, 478. (Weitere Nachw. bei *Baltzer* [Fn. 1] 39 f., der auch weitere Argumente für die hier vertretene Ansicht gibt [a.a.O. S. 142]; Nachweise zur *Leistungswiderklage* → Fn. 294). – Wer wie beim Verhältnis zwischen positiver Feststellungsklage und nachfolgender selbständiger Leistungsklage den **Einwand der Rechtshängigkeit** oder **des mangelnden Rechtsschutzbedürfnisses** bejaht (→ Fn. 291; ferner – zum folgenden – z.B. *Kohler* Der Prozeß als Rechtsverhältnis [1888], 37; *Weismann* [Fn. 1], 163; vor allem *Baltzer* [Fn. 1], 152 f. [Einwand der Rechtshängigkeit]; ebenso *MünchKomm-ZPO/Lüke* Rdnr. 62; *Lüke* JuS 1969, 301 f.; *Wieczorek*² J I b), läßt ihn auch bei vorheriger negativer Feststellungsklage und nachfolgender *selbständiger* Leistungsklage eingreifen. Für Anhänger *dieser* Ansicht gelten die im Text vertretenen Ergebnisse nicht weniger: Das Feststellungsinteresse der anhängigen negativen Feststellungsklage vermag durch die (nach der Ansicht dieser Autoren: *unzulässige*) spätere *selbständige* Leistungsklage nicht tangiert zu werden.

lung zu verhindern. Gänzlich unhaltbar wird die hier abgelehnte Ansicht schließlich immer dann, falls der Feststellungskläger mit den **Kosten** des unzulässig gewordenen Verfahrens auch dann belastet wird, wenn seine Klage begründet war. Sofern also ein **Gericht** der hier abgelehnten Ansicht folgt, muß es daher dem Kläger eine Erledigungserklärung nahelegen und (nach deren Abgabe) ohnedies **prüfen**, ob die **Feststellungsklage** ohne die später erfolgte Erhebung der Leistungsklage als **zulässig** anzusehen und ob sie **begründet** ist (→ auch § 91a Rdnr. 27 f. zur *beiderseitigen* und Rdnr. 44 f. zur *einseitigen* Erledigungserklärung). Da demzufolge das Gericht, um zu einer gerechten Kostenentscheidung zu kommen, ohnehin die Begründetheit des Feststellungsbegehrens zu prüfen hat, erscheint es viel sinnvoller, den Feststellungsprozeß trotz der selbständigen Leistungsklage als weiterhin zulässig anzusehen[304] und mit einer sachlichen Entscheidung zu beenden, die dann ihrerseits, wie dargestellt, für den Leistungsprozeß Rechtskraft wirkt. Im übrigen darf nicht übersehen werden, daß bereits das Reichsgericht zahlreiche **Fallgruppen** entwickelt hat, in denen **trotz erhobener Leistungsklage das Feststellungsinteresse weiter besteht**[305]; diese Rechtsprechung gilt sowohl für die Leistungs*wider*klage als auch für die hier behandelte *selbständige* Leistungsklage.

127 c) Durch die *Erklärung* des Beklagten, das vom Kläger geltend gemachte Recht künftig *nicht mehr bestreiten zu wollen*, erlischt das Feststellungsinteresse des Klägers in der Regel noch nicht[306], ebensowenig das Interesse bei der negativen Feststellungsklage durch den nur für die Zukunft wirkenden Verzicht des Beklagten[307]. So läßt die Erklärung des Widerbeklagten (Klägers), er werde eine abweisende Entscheidung über seine Forderung auch für weitergehende Forderungen als verbindlich anerkennen, das Interesse des Widerklägers (Beklagten) an der Feststellung des Nichtbestehens des Rechtsverhältnisses nicht entfallen[308]. In gleicher Weise beseitigt die Erklärung des Widerbeklagten (Klägers eines Teilbetrages), im Falle seines Unterliegens werde er trotz ausdrücklich erhobener Teilklage keine weiteren Ansprüche geltend machen, nicht das Feststellungsinteresse an einer negativen Feststellungswiderklage des Beklagten[309].

128 d) *Fällt das Interesse während des Prozesses weg*, so **wird** damit der **Antrag** des Klägers **unzulässig**[310]. Der Kläger kann in diesem Fall[311] der Abweisung nur dadurch entgehen, daß er eine Erklärung der **Erledigung der Hauptsache** abgibt[312]; denn auch der nachträgliche Wegfall der Zulässigkeit stellt eine Erledigung der Klage dar, sofern sie vorher erfolgreich (zulässig *und* begründet) war[313]. Dann ist über die Kosten nach den Grundsätzen des § 91a (→ dort Rdnr. 25 ff.) zu entscheiden, wenn der Beklagte dieser Erklärung zustimmt; anderenfalls ist nach den Grundsätzen über die einseitige Erklärung der Erledigung der Hauptsache (→ § 91a Rdnr. 37 ff.) zu befinden.

---

[304] So auch die in Fn. 294 zitierten Autoren, die allerdings nicht (anders als die vorliegende Kommentierung) zwischen der Leistungs*wider*klage und der *selbständigen* Leistungsklage unterscheiden. Auch in der sonstigen Literatur (die meisten von einem Unzulässigwerden der Feststellungsklage auch bei *selbständiger* Leistungsklage ausgeht) wird nur selten unterschieden, ob der Leistungsantrag *innerhalb* oder *außerhalb* des Feststellungsprozesses gestellt ist.
[305] → Fn. 295 ff.
[306] Vgl. *BGH* DB 1976, 1009; *RGZ* 95, 304. *OLG München* Rsp 42, 9 sowie *BGH* LM Nr. 6a zu § 565 Abs. 3: Außergerichtliches Anerkenntnis des Beklagten, der durch Bestreiten Anlaß zur Klage gab, beseitigt nicht das Feststellungsinteresse. Inwieweit eine entsprechende Vereinbarung der Parteien zum Wegfall des Feststellungsinteresse führt, läßt *BGH* NJW 1988, 749 f. offen; bejahend *MünchKommZPO/Lüke* Rdnr. 51; jedoch führt ein außergerichtliches Anerkenntnis vor Ablauf der Widerspruchsfrist gemäß § 556a Abs. 6 BGB zur Unzulässigkeit der Feststellungsklage, *LG Köln* WuM 1993, 542 f.
[307] Vgl. *RGZ* 95, 260.
[308] *BGH* NJW-RR 1988, 749 f.
[309] *BGH* ZIP 1993, 1751 = DB 2021 = MDR 1118 = LM § 117 BGB Nr. 14.
[310] Vgl. *BGHZ* 18, 22 (41) und die Nachw. in Fn. 288 sowie *Baltzer* (Fn. 1), 159 f.; *MünchKommZPO/Lüke* Rdnr. 61.
[311] Hierzu auch *Habscheid* Der Streitgegenstand im Zivilprozeß (1956) 273 f.; *Macke* NJW 1990, 1651; *MünchKommZPO/Lüke* Rdnr. 61
[312] → auch Fn. 294.
[313] → § 91a Rdnr. 6 bei Fn. 24.

8. Hinsichtlich der **Verteidigung** *des Beklagten* gegenüber einer Feststellungsklage sind Besonderheiten nicht zu beachten. Wichtig ist nur, daß *nicht alle gegen eine Leistungsklage* möglichen Verteidigungen *bei der Feststellungsklage* durchgreifen. So ist die Geltendmachung eines *Zurückbehaltungsrechts* nicht erfolgreich[314], weil mit ihm nur der Erlaß eines **Leistungsurteils** (→ Rdnr. 22 vor § 253) verhindert werden kann, nicht aber die Feststellung eines Rechtsverhältnisses[315]. – Zur *Widerklage* → Rdnr. 82.

129

9. Einstweilige Einstellung der Zwangsvollstreckung – Analoge Anwendung von §§ 707, 719, 769?

Da das auf Feststellungsklage hin ergehende Sachurteil keinen Leistungsbefehl enthält (→ Rdnr. 3) und daher auch keinen vollstreckbaren Inhalt hat (→ Rdnr. 172), stellt sich die Frage der einstweiligen Einstellung der Zwangsvollstreckung bei einem Feststellungsurteil nicht. Die negative Feststellungsklage wirft aber bisweilen das Problem einer **analogen Anwendung der §§ 707, 719, 769** auf: Leugnet sie nämlich eine Verpflichtung, zu deren *einstweiliger* Erfüllung der Kläger – z. B. durch einstweilige Anordnung nach § 620 – verurteilt ist (zur Zulässigkeit der Feststellungsklage in diesem Fall → Rdnr. 95 sowie → Rdnr. 106 vor § 253, liegt der Antrag nahe, für die **Dauer des Feststellungsprozesses die Zwangsvollstreckung aus der einstweiligen Verurteilung** (*Verfügung, Anordnung*) **einstweilen einzustellen** (hat die negative Feststellungsklage Erfolg, fällt eine Anordnung nach § 620 ohnehin automatisch weg, § 620 f, → dort Rdnr. 2). Eine solche analoge Anwendung sollte jedoch solange nicht befürwortet werden, als *im einstweiligen Verfahren* eine Einstellung der Zwangsvollstreckung (z. B. nach § 620 b) erreicht werden kann[316]. Ist dies allerdings rechtlich oder tatsächlich nicht möglich, muß dem Gericht des Feststellungsprozesses die Befugnis zustehen, in analoger Anwendung der genannten Vorschriften die Zwangsvollstreckung einstweilen einzustellen[317]. Anderenfalls entstünde der nicht erträgliche Zustand, daß der Feststellungskläger bis zur Rechtskraft des Feststellungsurteils weiterhin seine Leistungen aufgrund der einstweiligen Verurteilung zu erbringen hätte, obwohl das Hauptsachegericht (das Gericht des Feststellungsprozesses) eine Verpflichtung des Feststellungsklägers verneint. Entsprechend hat dies zu gelten, wenn das Hauptsachegericht eine Verpflichtung des Feststellungsklägers nur in Höhe eines *Teils* des einstweilen festgesetzten Betrags bejaht.

130

VII. Verfahren bei der Zwischenfeststellungsklage (Abs. 2)

1. Voraussetzungen der Zwischenfeststellungsklage und der Verbindung

a) Der Streit muß sich auf ein **Rechtsverhältnis** beziehen. Der Begriff ist derselbe wie in Abs. 1[318], → Rdnr. 22; über die Nichtigkeit einer Ehe usw. als Vorfrage → § 151 Rdnr. 2 ff. Daß das Rechtsverhältnis **zwischen den Parteien** besteht, ist ebensowenig erforderlich wie im

131

---

[314] *BGH* LM Nr. 66 = NJW 1961, 395.
[315] → auch Fn. 217 und Fn. 224.
[316] Die einstweilige Einstellung im Rahmen einer negativen Feststellungsklage soll *selbst bei Anhängigkeit eines Scheidungsprozesses nicht unzulässig* sein, obwohl die Möglichkeit einer Änderung der einstweiligen Anordnung nach § 620 b besteht, *OLG Stuttgart* FamRZ 1992, 203; *OLG Koblenz* FamRZ 1985, 1272; *OLG Frankfurt* NJW 1984, 1630; *Gießler* FamRZ 1983, 518; *Luthin* FamRZ 1986 1059 (1060); *Zöller/Philippi*[20] § 620 f. Rdnr. 15 b.
[317] So (außer den in Fn. 316 Genannten, die schon zu einem *früheren* Zeitpunkt die Befugnis bejahen) *BGH* NJW 1983, 1330 (1331); *OLG Hamm* FamRZ 1982, 411; *OLG Bremen* FamRZ 1981, 981; *Münzberg* → § 795 Rdnr. 11 a (bei Fn. 52): (bei solchen negativen Feststellungsklagen sei allerdings die Analogie zu § 769 oder § 707 systemwidrig), → auch Rdnr. 106 vor § 253 (bei Fn. 246).
[318] *BGHZ* 68, 331 = LM Nr. 58 § 823 BGB; *BGH* MDR 1985, 37 = NJW 1959 (L); *BGH* NJW-RR 1990, § 18 (320) = WM 1989, 1546 (1549 f.); *OLG Schleswig* NJW-RR 1991, 190; *RGZ* 126, 234. Lit. zur Zwischenfeststellungsklage → Fn. 9.

Falle des Abs. 1³¹⁹, → Rdnr. 37. Auf die Feststellung von **Tatsachen** ist Abs. 2 nicht anwendbar³²⁰. Im Gegensatz zu Abs. 1 kann über die Echtheit einer **Urkunde** eine Zwischenfeststellung nicht verlangt werden. Wenn jedoch eine **Urkundenfeststellungsklage** anhängig ist, darf eine Zwischenfeststellungsklage über das Rechtsverhältnis erhoben werden (→ Fn. 121).

132 b) Von diesem Rechtsverhältnis muß die Entscheidung des (hauptsächlichen) Prozesses **ganz oder zum Teil abhängig** sein, so daß eine Entscheidung darüber jedenfalls in den Gründen zu erfolgen hat³²¹. Es gehören hierher (→ § 322 Rdnr. 204 ff.) z. B. die Feststellung des Eigentums für den hauptsächlich geltend gemachten Anspruch nach § 985 BGB, der Kapitalanspruch gegenüber der hauptsächlich geltend gemachten Zinsforderung, die familienrechtlichen Voraussetzungen eines erhobenen Unterhaltsanspruchs, die Unwirksamkeit eines Prozeßvergleichs³²² oder die Unwirksamkeit eines Vertrages³²³ gegenüber den aus diesen Vorgängen hergeleiteten Leistungs- oder Gestaltungsanträgen, namentlich aber diejenigen Rechtsverhältnisse, aus denen die Aktiv- bzw. Passivlegitimation abgeleitet wird, z. B. die Gültigkeit einer Abtretung, die Erbberechtigung, das Pflichtteilsrecht³²⁴. Ob das Rechtsverhältnis für Ansprüche des Antragstellers oder des Gegners, z. B. Einreden (insbesondere die der Aufrechnung)³²⁵, maßgebend ist, spielt keine Rolle. **Fehlt die Abhängigkeit der Zwischenfeststellungsklage** von der Hauptklage, ist die **Zwischenfeststellungsklage als unzulässig** abzuweisen, es sei denn, sie läßt sich **in eine zulässige selbständige Feststellungsklage umdeuten.**³²⁶

133 Die Abhängigkeit muß ferner eine *wirkliche*, nicht bloß eine behauptete Abhängigkeit sein³²⁷ und hat im Fall der Konkurrenz mit anderen Streitpunkten *bis zum Erlaß des Urteils fortzudauern*³²⁸. Da es sich nicht um Fragen der Zuständigkeit gemäß § 261 Abs. 3 Nr. 1 handelt, sondern um die Voraussetzungen der Verbindung mit der Hauptklage, greifen die Regeln der »perpetuatio fori« nicht ein (→ § 261 Rdnr. 83). Wird daher die (hauptsächliche) Klage zurückgenommen oder ist sie ohne Entscheidung über dieses Rechtsverhältnis als unbegründet (oder gar als unzulässig) abzuweisen, so fehlt die Abhängigkeit und die Zwischenfeststellungsklage ist daher als unzulässig abzuweisen (→ Rdnr. 132 a. E.), soweit sie nicht unabhängig von Abs. 2 als selbständige Feststellungsklage oder -widerklage prozessual zulässig erscheint³²⁹.

134 Aus der **Abhängigkeit** der Hauptentscheidung von dem bedingenden Rechtsverhältnis und wegen des Einwands der Rechtshängigkeit (§ 261) ergibt sich ferner, daß dieses **Rechtsverhältnis nicht identisch sein darf** mit demjenigen, das bereits den Streitgegenstand der Klage oder Widerklage in dem Sinn bildet, so daß darüber ohnedies *rechtskräftig* entschieden

---

³¹⁹ *RG* SeuffArch 68, 206.
³²⁰ *RGZ* 50, 401f.
³²¹ *RG* WarnRsp 1913 Nr. 28; *OLG Koblenz* AnwBl 1989, 48 (49) und Fn. 273. Daß das Gericht **dahinstellen könnte**, wie das vorgreifliche Rechtsverhältnis zu beantworten ist, beseitigt die Vorgreiflichkeit und Abhängigkeit dann nicht, wenn das Gericht dieses Rechtsverhältnis definitiv klären will, vgl. *OLG Köln* MDR 1981, 678. Das Gericht ist nämlich nicht gezwungen, Vorfragen dahinzustellen, auch wenn ihm dies möglich ist.
³²² *BAG* NJW 1967, 647; *BGH* Warn 1976 Nr. 216 (Auslegung eines Prozeßvergleichs bei Vollstreckungsabwehrklage).
³²³ *BGH* MDR 1982, 642 = BB 1258 = DB 1769.
³²⁴ *BGHZ* 109, 306 (308) (Fn. 47).
³²⁵ *RG* SeuffArch 74, 268; *OLG Dresden* OLG Rsp 13, 137; *Oertmann* Die Aufrechnung im deutschen Zivilprozeßrecht (1916) 150f.
³²⁶ → Fn. 329.
³²⁷ *KG* OLG Rsp 3, 213.
³²⁸ *BGH* LM Nr. 2, 5 zu § 280 a.F. – Aus einer hilfsweise aufgerechneten Gegenforderung ergibt sich die Abhängigkeit nicht, solange nicht feststeht, daß der Klaganspruch begründet ist, *BGH* LM Nr. 9 zu § 280 a.F.; in diesem Fall ist aber eine *Eventualzwischenfeststellungsklage* zulässig, *Zöller/Greger*²⁰ Rdnr. 22; *MünchKomm-ZPO/Lüke* Rdnr. 87.
³²⁹ Vgl. z. B. *OLG Oldenburg* SeuffArch 46, 100; *OLG Dresden* Rsp 13, 137. – A.M. *Oertmann* (Fn. 9), 28f.; *Hellwig* Lb. 3 50 und 51. – Offen lassend *RG* SeuffArch 1974, 268.

werden muß³³⁰. Erforderlich und ausreichend ist die **Möglichkeit**, daß aus dem streitigen Rechtsverhältnis noch *weitere* Ansprüche als die mit der Hauptklage verfolgten erwachsen sind oder noch erwachsen werden³³¹.

Zulässig ist die Zwischenfeststellungsklage, falls außer dem mit der Hauptklage verfolgten Anspruch – z.B. auf Auflassung eines Grundstücks – noch ein Anspruch auf Auskunft und Rechnungslegung in Betracht kommen kann³³², → auch § 33 Rdnr. 2 und → § 261 Rdnr. 62. Die Zwischenfeststellungsklage ist hinsichtlich des *ganzen Umfangs* des bedingenden Rechtsverhältnisses zulässig, auch wenn sich der Hauptprozeß nur auf einen **Teil** bezieht; dies gilt nicht nur dann, wenn aus einem *einheitlichen* Grundverhältnis einzelne Ansprüche hergeleitet werden, z.B. bei der Gläubigeranfechtung usw.³³³, sondern namentlich auch bei der **Einklagung von Teilforderungen**³³⁴ bzw. der Aufrechnung mit solchen³³⁵. 137

Ein Fall des Abs. 2 ist nicht gegeben, wenn im *Betragsverfahren* nach § 304 die Feststellung bezüglich eines Rechtsverhältnisses begehrt wird, über das schon im *Grund*urteil entschieden ist³³⁶. Bei einer *Stufenklage* ist eine Zwischenfeststellungsklage im Rahmen der letzten Stufe (beim »Hauptantrag« z.B. auf Zahlung oder Herausgabe) möglich, nicht aber im Rahmen der vorausgehenden Stufen (z.B. auf Rechnungslegung), weil diese Teile nur vorbereitenden Charakter haben (→ § 254 Rdnr. 35). 138

c) Das Rechtsverhältnis muß nach dem Wortlaut des Gesetzes **im Laufe des Prozesses** tatsächlich oder rechtlich **streitig** geworden sein. Dies schließt den Fall nicht aus, daß schon *vor* dem Prozeß darüber Streit zwischen den Parteien bestanden hat³³⁷; dann kann die Feststellung *schon in der Klage* beantragt werden, → Rdnr. 6. 139

d) Durch den Streit und die Abhängigkeit (→ Rdnr. 132) wird das sonst nach Abs. 1 erforderliche Feststellungsinteresse ersetzt³³⁸. Liegen die Voraussetzungen des Abs. 2 vor, darf das Gericht – anders als bei der selbständigen Feststellungsklage – **nicht** etwa prüfen, ob das **Feststellungsinteresse vorliegt**. Da das Erfordernis der Vorgreiflichkeit das Feststellungsinteresse ersetzt, ist es auch möglich, eine Zwischenfeststellungsklage, für den Fall der Abweisung des Hauptantrages zu stellen³³⁹. Bestand über das Rechtsverhältnis *zur Zeit* des Antrags auf Feststellung Streit, so wird die Zwischenfeststellungsklage durch ein späteres Geständnis oder Anerkenntnis nicht unzulässig. 140

e) Die Vorschrift des Abs. 2 gilt uneingeschränkt auch in der **Berufungsinstanz**³⁴⁰. Weder der Zwischenfeststellungsantrag des Klägers noch die Zwischenfeststellungswiderklage ist von der Einwilligung des Gegners abhängig; ebensowenig kann sie das Berufungsgericht wegen mangelnder Sachdienlichkeit unberücksichtigt lassen, auch nicht die Zwischenfeststellungswiderklage, da Abs. 2 als Sondervorschrift derjenigen in § 530 Abs. 1 vorgeht (→ § 530 141

---

³³⁰ *BGHZ* 69, 43; *BGH* WM 1992, 2142 (2143); *RGZ* 144, 59; 170, 330; *RG* JW 1933, 1259; *RArbG* 1, 42 (47); 10, 93; *OLG Nürnberg* MDR 1985, 417. *Wieser* (Fn. 1), 214f. will in solch einem Fall die Zwischenfeststellungsklage nicht als unzulässig abweisen, sondern (wie bei der Hauptklage) sachlich verbescheiden. Mit dem in § 261 niedergelegten Verbot, denselben Streitgegenstand doppelt zu beurteilen, ist dies unvereinbar.
³³¹ *BGHZ* 69, 42; 83, 255; *BGH* MDR 1979, 746; LM zu § 280 a.F. Nr. 4; *RGZ* 144, 60; 170, 330; WarnRspr 1935 Nr. 27; *OGH* JR 1951, 282; *OLG Nürnberg* (Fn. 330) und BayJMBl. 1953, 67.
³³² *RGZ* 170, 330.
³³³ *RGZ* 29, 363; 40, 37f.; SeuffArch 68, 206.
³³⁴ *BGHZ* 69, 37 = JR 1978, 113 (*Schreiber*); *RGZ* 126, 238; *RG* JW 1893, 306; WarnRspr 1918 Nr. 193; → auch Rdnr. 6 bei Fn. 11.

³³⁵ Vgl. *RG* SeuffArch 74, 268.
³³⁶ *RG* JW 1939, 366 (die Vorfrage ist dann ja schon im Grundurteil beantwortet).
³³⁷ *RGZ* 73, 272; 113, 410; 126, 237; 150, 189; *BGH* LM Nr. 2 a.M.; NJW-RR 1990, 318 (320) (Fn. 318).
³³⁸ *BGHZ* 69, 37 (41); = *BGH* NJW 1977, 1637; WM 1992, 2142 (2143); *OLG Koblenz* AnwBl. 1989, 49; *RGZ* 9, 330; 113, 410; 126, 237; 150, 189, u.a., unbestritten.
³³⁹ *BGH* NJW 1992, 1897 = MDR 965f. = WM 923; zur Zulässigkeit einer hilfsweise erhobenen Zwischenfeststellungsklage des Leistungsklägers, mit der gerade das anspruchsbegründende Rechtsverhältnis verneint werden soll, vgl. *BGH* a.a.O., kritisch *Hager* KTS 1993, 39 (47ff.).
³⁴⁰ *BGHZ* 53, 92; *Zöller/Summer* § 530 Rdnr. 2; *Baumbach/Lauterbach/Albers*⁵² § 530 Rdnr. 2.

§ 256 VII   2. Buch. Verfahren im ersten Rechtszuge. 1. Abschnitt. Landgerichte

Rdnr. 2). In der *Revisionsinstanz* ist die Erhebung einer Zwischenfeststellungsklage unzulässig[341].

143 f) Im *Urkunden- und Wechselprozeß*, im *Mahnverfahren* sowie im *Arrestverfahren* sind Anträge nach Abs. 2 nicht zulässig, da in diesen Verfahrensarten eine Feststellungsklage nicht erhoben werden kann (→ Rdnr. 104). Auch beim Verfahren über eine *einstweilige Verfügung* ist wegen der besonderen Eilbedürftigkeit ein Antrag nach Abs. 2 unzulässig. In *Ehe-, Kindschafts- und Entmündigungssachen* ist eine Zwischenfeststellungsklage nur in den Grenzen von § 610 Abs. 2, §§ 633, 638, 640c[342] zulässig. In einem *Scheidungsverbund-Verfahren* sollten aber Zwischenfeststellungsklagen zugelassen werden, die zur Streitbereinigung zwischen den Parteien dienen[343]. Auch im arbeitsgerichtlichen Beschlußverfahren ist ein allgemeiner Zwischenfeststellungsantrag zur generellen Klärung betriebsverfassungsrechtlicher Fragen zulässig[344].

144 g) Der Klageantrag muß von einer der *Parteien* gestellt werden (→ Rdnr. 6). Der *Streitgehilfe* hat auch im Falle des § 69 dieses Recht nicht, → § 69 Rdnr. 7. Inwieweit aber etwa eine Zwischenfeststellungs(wider)klage **gegen** einen Dritten oder von einem **Dritten** erhoben werden darf, richtet sich wegen der in solch einem Antrag liegenden **Parteiänderung** nach den Grundsätzen der Parteiänderung (→ § 264 Rdnr. 91 ff.) bzw. bei einer Zwischenfeststellungswiderklage nach den Regeln über die **parteierweiternde Widerklage** (→ § 33 Rdnr. 29 ff.). In aller Regel wird es aber (außer in Fällen der Rechtskrafterstreckung) an der Abhängigkeit gerade gegenüber diesen dritten Personen fehlen.

2. Sachurteilsvoraussetzungen

146 Ergeben sich **keine Bedenken gegen die Verbindung** des Zwischenfeststellungsantrags mit der Klage (da von dem gemäß dem Zwischenfeststellungsantrag festzustellenden streitigen Rechtsverhältnis die Entscheidung der Klage abhängt, → Rdnr. 134), müssen nunmehr gesondert (zu dieser wichtigen Unterscheidung → Rdnr. 7) die **Sachurteilsvoraussetzungen der Zwischenfeststellungsklage** untersucht werden. Ein **Feststellungsinteresse** muß aber für sie (→ Rdnr. 140) nicht vorliegen.

147 a) Für die Feststellung des Rechtsverhältnisses muß der *Rechtsweg* zulässig sein (→ Rdnr. 2 und 35 sowie → Einl. Rdnr. 340 ff.).

150 b) Die **sachliche Zuständigkeit** des **Landgerichts** besteht auch für Zwischenfeststellungsklagen, die als isolierte Klagen vor das **Amtsgericht** gehören würden, über diesen Grundsatz → § 33 Rdnr. 37. Im umgekehrten Falle hat das *Amtsgericht* nach § 506 zu verfahren, soweit nicht eine Vereinbarung nach § 38 oder ein rügeloses Einlassen nach § 39 (mit § 504) zulässig ist und vorliegt. Wegen der Berufungsinstanz → § 506 Rdnr. 16. Für die *Kammer für Handelssachen* gilt das Entsprechende nach § 99 GVG in Verbindung mit § 97 Abs. 2 GVG. Falls die **ausschließliche** Zuständigkeit eines anderen Gerichts begründet ist, kann eine Zwischenfeststellungsklage nicht erhoben werden; wegen der Erfinderstreitigkeiten → § 1 Rdnr. 191a sub (1) a. E., 208.

151 c) Die **örtliche Zuständigkeit** des Prozeßgerichts erstreckt sich auf die Zwischenfeststellungsklage; denn das Recht der Parteien auf rechtskräftige Entscheidung innerhalb des anhängigen Prozesses ist nur dann gewährleistet, wenn Abs. 2 dem Gericht zugleich die Zuständigkeit dazu verleiht[345]. Anders ist es allerdings, wenn für den Streitgegenstand der

---

[341] *BGH* NJW 1961, 777; *BAG* NJW 1982, 790 = MDR 526 = DB 500 = RdA 70 = AP Nr. 1 § 256 1977.
[342] *Göppinger* JR 1975, 160.
[343] Vgl. *OLG Frankfurt a. M.* FamRZ 1983, 176.
[344] *BAG* DB 1990, 132 (entsprechende Anwendung von § 256 Abs. 2).

[345] S. auch *Förster/Kann*[3] (1913) 3 c dd; *Hellwig* Lb. 2, 268. – A.M. einerseits *Baron* ZZP 1 (1879), 37 f.; *Oertmann* (Fn. 9), 48 f., die den Gerichtsstand auch bei ausschließlicher Zuständigkeit annehmen; andererseits *Wach* AcP 52 (1869), 400 f.; *ders.* Hdb 1, 488 f.; *Loening* ZZP 4 (1882), 100, die für die Zwischenfeststellungsklage

Zwischenfeststellungsklage ein *ausschließlicher* Gerichtsstand (→ § 40 Rdnr. 2 ff.) bei einem anderen Gericht durch Gesetz oder Vereinbarung (→ § 38 Rdnr. 62) begründet ist.

d) Die **Parteifähigkeit** und die **Prozeßfähigkeit**, insbesondere in den Fällen beschränkter Partei- und Prozeßfähigkeit (→ § 50 Rdnr. 19 ff., → § 52 Rdnr. 4 ff.), sind für die Zwischenfeststellungsklage selbständig zu beurteilen. Daß jedoch der beklagte nichtsrechtsfähige Verein eine Zwischenfeststellungswiderklage erheben kann, → § 50 Rdnr. 23. Die *Prozeßvollmacht* des Hauptprozesses genügt, §§ 81, 82, → auch § 33 Rdnr. 47. **153**

e) Hinsichtlich der festzustellenden **Rechtsverhältnisse** und der Unzulässigkeit einer Feststellung von Tatsachen oder der Urkundenechtheit → Rdnr. 131. **154**

f) Mangelt es für die Zwischenfeststellungsklage an einer Sachurteilsvoraussetzung oder steht ihr eine prozeßhindernde Einrede (→ Einl. Rdnr. 317) entgegen, so hindert dies nicht die Entscheidung über das bedingende Rechtsverhältnis *in den Gründen* des Endurteils über den Hauptanspruch (→ Einl. Rdnr. 420); die **Zwischenfeststellungsklage** *als solche* aber ist als **unzulässig** abzuweisen. **155**

g) Das Verhandeln zur Hauptsache bezüglich der **Klage** führt nicht zu einem **Verlust von Zulässigkeitsrügen** (§ 282 Abs. 3) gegenüber einer später erhobenen **Zwischenfeststellungsklage**[346]. Auch können gegen die später erhobene Zwischenfeststellungsklage Angriffs- und Verteidigungsmittel vorgebracht werden, so daß insoweit § 296 keine Anwendung findet, → auch § 296 Rdnr. 40. Bei der Verhandlung über die Zwischenfeststellungsklage sind sodann aber § 282 Abs. 3 (zur Anwendung des § 39 → Rdnr. 150) und § 296 anwendbar. **156**

3. Die Zwischenfeststellungsklage wird nach § 261 Abs. 2 durch *Zustellung* eines den Erfordernissen des § 253 Abs. 2 Nr. 2[347] entsprechenden *Schriftsatzes* oder durch *Verlesung des Antrags* in der mündlichen Verhandlung (§ 297) **erhoben**. Die Klageerhebung ist zulässig bis zum Schluß derjenigen mündlichen Verhandlung, auf die das Endurteil über den durch die Vorentscheidung bedingten Anspruch ergeht. Wegen des entsprechenden Zeitpunktes bei der Entscheidung nach § 128 Abs. 2 und 3 → § 128 Rdnr. 94. **158**

4. Durch die Zwischenfeststellungsklage wird die *Rechtshängigkeit* gemäß § 261 Abs. 2 begründet. **159**

5. Eine *Trennung* der Prozesse nach § 145 ist bei einer Zwischenfeststellungsklage des **Klägers** zwar nicht völlig ausgeschlossen, aber in aller Regel nicht angemessen; bei einer Zwischenfeststellungswiderklage dagegen wegen des bestehenden rechtlichen Zusammenhangs unstatthaft. Über den Feststellungsantrag muß durch *Endurteil* (§ 300) und kann durch Teilendurteil (→ § 301 Rdnr. 4–7) entschieden werden[348], grundsätzlich aber niemals umgekehrt, d. h. über den hauptsächlichen Anspruch vermag erst dann entschieden zu werden, wenn das Rechtsverhältnis geklärt ist. **160**

VIII. Urteil

Das **Urteil**, das die selbständige Feststellungsklage *wegen mangelnden Interesses* (→ Rdnr. 61) oder die Zwischenfeststellungsklage *mangels Abhängigkeit* (→ Rdnr. 132) **als unzulässig abweist**, steht einer neuen Feststellungsklage (Zwischenfeststellungsklage) mit anders begründetem Interesse (mit anders begründeter Abhängigkeit) oder einer Leistungsklage nicht entgegen, → § 322 Rdnr. 13 ff, 204 ff. **Dasselbe** gilt für sonstige **Prozeßabweisungen** der **165**

---

stets eine eigene Prüfung des Gerichtsstands verlangen; s. dagegen auch *Wendt* AcP 70 (1886), 39.
[346] Vgl. (zur Einrede des Schiedsvertrags) BGH LM § 1027 Nr. 5 = MDR 1963, 381 = BB 206; LM § 274 Abs. 2 a.F. ZiF. 3 Nr. 9 = NJW 1964, 2342 = MDR 908 (jedenfalls dann nicht, wenn das vorgreifliche Rechtsver-

hältnis bei der Verhandlung zur Hauptsache noch nicht eingeführt war).
[347] Vgl. *BAG* NZA 1992, 891 (892).
[348] Vgl. *RGZ* 102, 174; 170, 330; *BGH* LM § 280 a.F. Nr. 5, 6, 9.

Feststellungsklage. Wird dagegen durch Abweisung oder durch Verurteilung *in der Sache selbst* entschieden, so schafft das Urteil *Rechtskraft hinsichtlich des festgestellten Rechtsverhältnisses*, → § 322 Rdnr. 116 ff. Es darf deshalb nie offenbleiben, aus welchem Grunde eine Klage (als »unzulässig« oder als »unbegründet«) abgewiesen wird, → Rdnr. 62 (mit Hinweis auf Ausnahmen).

167 1. Das die **positive Feststellungsklage** aus sachlichen Gründen *abweisende* und das der **negativen Feststellungsklage** *stattgebende* Urteil stellen das *Nichtbestehen des Rechtsverhältnisses* fest. Umgekehrt stellt das der **positiven** Feststellungsklage **stattgebende** Urteil das *Bestehen* des Rechtsverhältnisses fest[349]; dasselbe gilt, wenn die **negative** Feststellungsklage deshalb abgewiesen wird, weil das Rechtsverhältnis besteht[350] oder der *Kläger* hinsichtlich der rechtsvernichtenden Tatsache beweisfällig bleibt[351] (→ Rdnr. 117); denn mit jedem Urteil wird zugleich das **Nichtvorliegen des kontradiktorischen Gegenteils** festgestellt, → § 322 Rdnr. 197[352].

168 Kann bei einer negativen Feststellungsklage die begehrte negative Feststellung hinsichtlich eines größenmäßig *teilbaren Anspruchs* nicht in vollem Umfang ausgesprochen werden, so beurteilt sich die Frage, ob die Klage schlechthin abzuweisen oder ob ihr zum Teil stattzugeben ist, nach dem durch Auslegung und gegebenenfalls durch Befragung nach § 139 zu ermittelnden Sinn des Klagebegehrens[353]; denn der Antrag, festzustellen, daß der Beklagte den angemaßten Anspruch (schlechthin) nicht habe, kann den Antrag auf Feststellung enthalten, in welch geringerem Umfang er ihm zustehe. Nur bei solch sinnvoller Auslegung des Klageantrags läßt sich ein zweiter Prozeß über die Höhe des nur teilweise bestehenden Anspruchs vermeiden. Hat der Kläger den Anspruch, dessen gesamte Verneinung er begehrt, größenmäßig bezeichnet (z. B. daß dem Beklagten der behauptete Anspruch in der Höhe von DM 10 000,— nicht zustehe oder ihm über DM 10 000,— hinaus keine weiteren Ansprüche zuständen), ist im Zweifel anzunehmen, daß er die geringere Feststellung begehrt, falls sich eine gänzliche Nichtfeststellung nicht treffen läßt[354]. Wie bei der Leistungsklage ist aber auch hier eine **Teilklage** (→ Rdnr. 117 vor § 253 und § 253 Rdnr. 64) zulässig, so daß der Kläger z. B. die Feststellung begehren darf, über den Betrag von DM 2000,— bis zum Betrag von DM 10 000,— bestehe keine Forderung[355].

---

[349] Vgl. *BGH* Fn. 254.
[350] Zu dieser Einschränkung vgl. *RGZ* 71, 436 f.; *RG* JW 1911, 329 f. – Über die Bedeutung der Urteilsgründe für die Umgrenzung der Rechtskraft in diesem Fall, vgl. *BGHZ* 7, 183.
[351] Ist der *Beklagte* bei einer negativen Feststellungsklage beweisfällig geblieben, hat ein *zusprechendes* Urteil zu ergehen (→ Rdnr. 117 a.E.). Wird in solch einem Fall prozeßordnungswidrig die negative Feststellungsklage *abgewiesen*, so steht keineswegs nunmehr rechtskräftig fest, daß das festzustellende Rechtsverhältnis besteht, sondern nur, daß es ungewiß ist, ob es besteht. Unhaltbar ist daher die Meinung, ein derartiges Urteil stelle *positiv* das Rechtsverhältnis fest. So aber *BGH* NJW 1983, 2032 (ablehnend *Tiedtke* 2011) = LM Nr. 123 = JZ 1983, 395 (abl. Anm. *Messer*) = JR 374 (krit. Anm. *Waldner*); im Anschluß daran *BGH* NJW 1986, 2508 f. = LM § 322 ZPO Nr. 111; ablehnend hierzu *OLG Hamm* NJW-RR 1986, 1123 f.; *Tiedtke* JZ 1986, 1031 ff.; *Künzl* JR 1987, 57; *Lepp* NJW 1988, 806 ff.; zustimmend dagegen *Kapp* MDR 1988, 710 ff.; *Habscheid* NJW 1988, 2641; ablehnend auch *Tiedtke* NJW 1990, 1697 ff.; *ders.* DB 1987, 1823 (1827); *Koussoulis* Beiträge zur modernen Rechtskraftlehre (1986) 199 f. m.w.Fn..
[352] *BGH* NJW 1975, 1320; *RGZ* 29, 345; 40, 404; 50,
417; 60, 391; 71, 436; 72, 143 f.; 74, 121 f.; 78, 396; 90, 290; *RG* JW 1937, 158; *RAG* 21, 99; *OHGZ* 3, 23, 300. S. auch *Baltzer* (Fn. 1), 21 ff.; *Koussoulis* (Fn. 283a), 198 f. und *OLG Dresden* DR 1941, 393 mit Anm. *Schönke*.
[353] Dazu besonders *BGHZ* 31, 362; *BGH* MDR 1969, 749; *RG* JW 1931, 1557 (mit zahlreichen Vorentscheidungen) und einerseits *RGZ* 77, 136; *RG* JW 1902, 360; WarnRsp 1912 Nr. 278; 1913 Nr. 70; DR 1943, 244; andererseits *RGZ* 71, 75; *RG* WarnsRsp 1908 Nr. 404; 1909, Nr. 169; JR 1926 Nr. 412; *OLG Koblenz* FamRZ 1983, 1150; s. ferner *RG* JW 1931, 1556; 1936, 511; 1938, 3255; weiter auch *RGZ* 158, 380, *OHGZ* 3, 23.
[354] Vgl. *RG* JW 1937, 158.
[355] *BGH* LM Nr. 2 zu § 41 LitUrhG = MDR 1959, 635 (636); vgl. auch *BGH* LM Nr. 45 = NJW 1958, 343. Soweit der *BGH* in der erstgenannten Entscheidung auch auf »unangemessene Forderungen« des Beklagten abstellt und für *diesen* Fall die Teilfeststellungsklage empfiehlt, übersieht er, daß für den Streitwert der negativen Feststellungsklage nicht die Berührung des Beklagten maßgeblich ist (→ § 2 Rdnr. 25). Der Beklagte vermag also nicht, den Streitwert der negativen Feststellungswiderklage durch das Berühmen mit »unangemessenen Forderungen« in die Höhe zu treiben.

Im Gegensatz zu einem **Zwischenurteil** über den **Grund eines Anspruchs** (§ 304, → auch Rdnr. 174) darf bei einem Feststellungsurteil über den Grund wegen der weiterreichenden Rechtskraft *nicht offen bleiben*, ob dem Kläger der ganze Anspruch oder (etwa wegen eines Mitverschuldens) *nur ein Teil* zusteht[356]. 169

Das Urteil, das die **negative Feststellungsklage** (auf Nichtbestehen eines Anspruchs) **abweist**, schafft keine Rechtskraft hinsichtlich der **Höhe** des vom Gericht bejahten **Anspruchs**[357]; sie herbeizuführen, vermag nur ein auf Zahlung, evtl. auf positive Feststellung gerichteter Widerklageantrag des Beklagten[358]. 170

2. Ist danach das Rechtsverhältnis positiv oder durch Abweisung der negativen Klage bezüglich eines größenmäßig bestimmten Anspruchs festgestellt, so sind, wenn **später** daraus auf **Leistung** geklagt wird, nur solche Einwendungen zulässig, die später entstanden sind (→ § 322 Rdnr. 236)[359], und solche, die sich auf die Leistungspflicht als solche oder die Zulässigkeit der Verurteilung beziehen, wie Aufrechnung, Zurückbehaltung, Pfändung des Anspruchs und dergleichen[360]. 171

3. Das Feststellungsurteil bildet **niemals einen Titel zur Zwangsvollstreckung** (→ Rdnr. 47 vor § 704), mag es nur auf Feststellung eines Rechtsverhältnisses, z. B. des Eigentums oder der Schadensersatzpflicht (→ Rdnr. 88), gerichtet sein, oder zugleich die Verpflichtung des Beklagten zu einer näher bezeichneten, an einem bestimmten Tag oder unter einer bestimmten Bedingung zu machenden Leistung aussprechen (→ Rdnr. 107), da dem Feststellungsurteil das Leistungsgebot (→ Rdnr. 34 vor § 253) fehlt[361]. Es bedarf daher, wenn später eine Leistung verlangt wird, neuer (und zwar jetzt: einer Leistungs-)Klage (→ Rdnr. 165). 172

4. Ist der festzustellende Anspruch nach Grund und Betrag streitig, so ist der Erlaß eines *Grundurteils nach § 304* zulässig[362], wenn auch in der Regel kaum zweckmäßig (→ auch Rdnr. 169). 174

5. Beim **Feststellungsurteil** über **Drittrechtsbeziehungen** (→ Rdnr. 37) erstreckt sich die Rechtskraft *nicht etwa auf die dritte Person*, die Träger der materiellen Beziehung ist. Vielmehr ist auch hier die Rechtskraft auf die Parteien des Feststellungsprozesses beschränkt[363]. Etwas anderes kann nur gelten, wenn keine Feststellungsklage über ein Drittrechtsverhältnis, sondern eine Feststellungsklage im Wege der **Prozeßstandschaft** (→ Rdnr. 41) gegeben war (→ § 325 Rdnr. 54 ff.). 175

6. Ein Feststellungsurteil kann ferner **auf eine Leistungsklage** hin ergehen (näher → Rdnr. 107). 176

---

[356] *BGH* NJW 1978, 544 = MDR 384 = WPM 66.
[357] *BGH* NJW 1986, 2508 = MDR 741 = JZ 650 = FamRZ 565 f.; *RGZ* 90, 291 (292).
[358] *BGHZ* 72, 23; *RGZ* 126, 18 (20) und dazu *Jonas* JW 1930, 142. Ist der *Beklagte* (derzeit) nicht in der Lage, *Leistungswiderklage* zu erheben (→ Rdnr. 88), bleibt ihm die *positive Feststellungswiderklage* (*RGZ* a.a.O.). Um die *Verjährung zu unterbrechen*, reicht es nicht aus, daß sich der Beklagte gegen die negative Feststellungsklage mit dem Klageabweisungsantrag wendet (→ Fn. 183, Fn. 266). Er muß vielmehr (Wider-)Klage erheben. Diese **scheitert nicht am Einwand der Rechtshängigkeit** (vgl. *RGZ* a.a.O. und *KG* NJW 1961, 33, das trotz anhängiger negativer Feststellungsklage sogar die *selbständige* positive Feststellungsklage zum Zweck der Verjährungsunterbrechung zuläßt; ebenso *Macke* NJW 1990, 1651; es sollte aber in solch einem Fall nur *im anhängigen Verfahren die Widerklage* zugelassen werden).
[359] *BGHZ* 103, 362 (367 f.) = NJW 1988, 2542 = MDR 916 = DB 1317 = LM § 322 ZPO Nr. 117; *RGZ* 71, 146; 74, 124; 97, 1181; *RG* JW 1917, 106 (Aufrechnungseinwand).
[360] *RG* JW 1989, 244; JW 1990, 82.
[361] S. auch *Gmelin* Vollstreckbarkeit nach Reichscivilprozeßrecht (1898) 47 f. (mit Lit.) u.a.; vgl. auch *RG* JW 1905, 370; JW 1910, 484 und → Rdnr. 22 vor § 253.
[362] → § 304 (Fn. 15).
[363] *BGH* LM Nr. 4 zu § 325.

IX. Arbeitsgerichtliches Verfahren[364]

179 § 256 gilt sowohl im Urteilsverfahren als auch im Beschlußverfahren (→ hierzu Rdnr. 202 f.).

180 Zur Zwischenfeststellungsklage des Abs. 2, die im **arbeitsgerichtlichen Verfahren** gleichfalls Anwendung findet[365], § 46 Abs. 2, § 64 Abs. 6 ArbGG, ist nur hervorzuheben, daß die sachliche Zuständigkeit des Arbeitsgerichts hinsichtlich des Hauptanspruchs (nach § 2 Abs. 3 ArbGG) auch diejenige bezüglich der Zwischenfeststellungsklage begründet, → § 1 Rdnr. 206.

1. Feststellungsklagen über Tarifverträge und über Tarifverhandlungen

a) Zulässigkeit von Feststellungsklagen über Tarifverträge

181 aa) Streitigkeiten sowohl über das **Bestehen oder Nicht-Bestehen** sowie über die **Auslegung von Tarifverträgen** oder lediglich einer einzelnen Tarifnorm[366] können zwischen den *Tarifparteien*[367] im Wege der Feststellungsklage ausgetragen werden, und zwar sowohl bezüglich des *obligatorischen* Teils des Tarifvertrags als auch, wie außer Streit steht[368], hinsichtlich der *normativen* Vertragsbestimmungen. Denn wenn auch nach verbreiteter Auffassung die normativen Bestimmungen des Tarifvertrags für die ihm Unterworfenen objektives Recht darstellen, so ändert dies doch nichts daran, daß es sich auch insoweit um ein zwischen den Parteien durch den Tarifvertrag begründetes Rechtsverhältnis handelt; der Unterschied zwischen dem Streit über das Bestehen eines Tarifvertrags und dem über den Inhalt einer bestimmten, im Tarifvertrag enthaltenen – gleichviel ob obligatorischen oder normativen – Bestimmung ist nur ein quantitativer, kein qualitativer; denn der Sache nach handelt es sich immer um die Feststellung, daß ein Tarifvertrag eines bestimmten Inhalts zwischen den Parteien besteht. Dabei fällt dem Gericht, wie bei jedem Auslegungsstreit, die Aufgabe zu, festzustellen, ob sich der vom Kläger behauptete Inhalt des Vertrags mit dem urkundlich festliegenden Wortlaut deckt.

182 Zulässig sind auch Feststellungsklagen über Einwirkungspflichten einer Tarifvertragspartei auf ihre Mitglieder[369]. Unzulässig sind jedoch Klagen, mit dem Ziel festzustellen, der Beklagte falle unter den Geltungsbereich eines bestimmten Tarifvertrages. Hier fehlt es bereits am einem Rechtsverhältnis im Sinn von § 256 ZPO (Rdnr. 21). Der Tarifvertrag stellt nicht ein rechtliches Verhältnis von einer Person zu einer anderen her, sondern klärt lediglich, ob eine Person von ihrem Betriebszweck her unter den tariflichen Geltungsbereich fällt[370].

---

[364] Vgl. auch *Volkmar* Iudicium 1, 33 f.; *Auffarth* RdA 1957, 271 und die Komm. zum ArbGG; vgl. auch Rspr. und Lit. der folgenden Fußnoten.

[365] BAGE 61, 66 (75).

[366] BAG BB 1978, 555 = RdA 127 = WPM 443; VersR 1981, 942.

[367] Aber nicht unbedingt zwischen Tarifvertragspartei und dem Mitglied der anderen Tarifpartei: *BAG* AP Nr. 7 und 42; siehe auch den Text bei Fn. 371.

[368] BAG AP Nr. 42, BAG 5, 107 = AP Nr. 1 zu § 8 TVG = SAE 1958, 82 (Anm. *Tophoven*); AP Nr. 18 zu Art. 3 GG; BAGE 57, 268 = AP § 1 TVG Nr. 20; BAG MDR 1992, 270 f. = ArbuR 125 f. (*Zachert*); LAG Berlin BB 1960, 1391; RAG 1, 132, 207; 3, 205; BenshS 7, 17, 32 und Entscheidungen der folgenden Fn.; *Dietz/Nikisch* ArbGG (1954) § 2 Anm. 71 f.; *Dersch-Volkmar* ArbGG⁶ (1955) § 2 Anm. 49 ff.; *Matthes* in: *Germelmann/Matthes/Prütting* (Fn. 2) § 2 Rdnr. 13; *Grunsky* ArbGG⁷ (Fn. 55) § 2 Rdnr. 58; *Nikisch* Arbeitsrecht II² (1959) § 69

III 7 a; *Hueck/Nipperdey* (*Götz Hueck*) Arbeitsrecht I⁷ (1963) § 97 IV 2; *Wiedemann/Stumpf* TarifvertragsG⁵ (1977) § 1 Rdnr. 433 f.; *Rohlfing/Rewolle* ArbGG (1986) § 2 Anm. 5; *Hueck/Nipperdey* Arbeitsrecht II 1⁷ (1967) § 17 IV.

[369] BAG AP Nr. 1 § 1 TVG (Durchführungspflicht) mit Anm. *Grunsky*, der sogar eine Leistungsklage für zulässig hält; BAG AP Nr. 76 Art. 9 GG (Arbeitskampf).

[370] BAGE 62, 44 (46 f.) = DB 1989, 1832. Die hier angesprochene Tarifzuständigkeit ist vielmehr im *Beschlußverfahren* nach § 97 ArbGG mit der erweiterten Rechtskraft nach § 9 TVG zu klären, da der fachliche Geltungsbereich eines Tarifvertrags keine rechtlichen Verhältnisse von einer Person zu einer anderen bzw. zu einer Sache herstellt, BAG a.a.O. Nicht zu verwechseln ist dies mit der zulässigen Klage auf Feststellung, daß auf ein Arbeitsverhältnis ein Tarifvertrag anwendbar ist; dazu → Fn. 55 bei Rdnr. 27.

bb) **Feststellungsklagen über normative Tarifbestimmungen** gegen *Einzelmitglieder der Gegenpartei* sind mangels eines Feststellungsinteresses grundsätzlich als unzulässig anzusehen, da die Auslegung und die Durchführung von Auslegungsstreitigkeiten Sache der Tarifparteien ist und mit der im Einzelprozeß erwirkten Feststellung angesichts ihrer beschränkten Rechtskraftwirkung regelmäßig eine Lösung des Streites nicht erreicht wird (→ Rdnr. 74)[371]. Dasselbe gilt von Klagen gegen Unterverbände der Gegenpartei[372]. Ausnahmsweise können allerdings besondere Umstände ein rechtliches Interesse an der Feststellung der Einzelpartei gegenüber rechtfertigen, z.B. wenn während der Geltungsperiode des Tarifvertrages der Tarifgegner infolge Auflösung fortgefallen ist[373], oder es sich um Fragen handelt, die durch die rechtlichen Verhältnisse des Betriebes der gegnerischen Einzelpartei entstanden sind[374]. 183

cc) Feststellungsklagen einer Tarifpartei gegen eine *infolge Allgemeinverbindlicherklärung* dem Tarifvertrage *unterworfene Einzelpartei* sind ebenfalls wegen fehlenden Interesses unzulässig, da nach dem oben Bemerkten (→ Rdnr. 183) Einzelklagen nicht erspart würden[375]. Ebenso ist für eine Klage des *Außenseiters* gegen die Tarifpartei regelmäßig kein Raum[376]; auch hier können aber besondere Umstände, die in den besonderen Verhältnissen des Einzelbetriebes liegen, ausnahmsweise ein rechtliches Interesse begründen[377]. 184

dd) Endlich sind Klagen zwischen *verschiedenen Tarifverbänden* auf Feststellung des Inhalts oder des Geltungsbereichs der von ihnen mit dritten Gegnern geschlossenen Tarifverträge ebenfalls wegen mangelnden Interesses unstatthaft[378], ebenso in der Regel Klagen auf Feststellung der Unwirksamkeit eines vom anderen Verband mit Dritten geschlossenen Tarifvertrags[379], es sei denn, es liegen die Voraussetzungen vor, die einen Prozeß über Drittrechtsverhältnisse erlauben (→ Rdnr. 37 ff.). 185

ee) Wegen der *Streitgenossenschaft* bei gemeinsamen Tarifverträgen → § 62 Rdnr. 43. 186

b) **Erweiterung der Rechtskraftwirkung**

Durch § 9 *Tarifvertragsgesetz* vom 25. VIII. 1969 (BGBl. I 1323) ist die **Rechtskraftwirkung** von Entscheidungen der Gerichte für Arbeitssachen in Rechtsstreitigkeiten zwischen Tarifvertragsparteien aus dem Tarifvertrag oder über das Bestehen oder Nichtbestehen des Tarifvertrags in subjektiver Richtung über die Vorschriften der §§ 325 f. hinaus wesentlich *erweitert*. 191

aa) Die Entscheidung muß in einem Prozeß *zwischen Tarifvertragsparteien* ergangen sein. Damit sind nur Verfahren gemeint, in denen diejenigen sich als Partei gegenüberstehen, die auch als **Vertrags**partner auf verschiedenen Seiten standen. Streitigkeiten mehrerer Vertragspartner **untereinander**, die auf derselben Seite einen Tarifvertrag mit anderen abgeschlossen hatten oder eines Vertragspartners mit einem weder beteiligten noch sonst tarifgebundenen Dritten[380] gehören nicht hierher, wohl aber Urteile zwischen einem oder einigen der auf Arbeitgeber- oder Arbeitnehmerseite Beteiligten und der Gegenpartei des Tarifvertrags. 192

---

[371] *RAG* 2, 216; 3, 323 und zahlreiche andere sowie Fn. 368 und Fn. 375.
[372] *RAG* 4, 319; BenshS 9, 244.
[373] *RAG* 5, 7.
[374] *RAG* 2, 219 (Frage, ob nur der Tarifvertrag oder daneben eine Betriebsvereinbarung Platz greift).
[375] Vgl. *RAG* 2, 208; 3, 265, 286, 325; BenshS 6, 62; ArbRsp 1929, 229; 1930, 174; JW 1930, 459, 460 u.a. – In verschiedenen Entscheidungen hat das *RAG* die Unzulässigkeit der Klage unzutreffend mit dem Fehlen eines Rechtsverhältnisses zwischen den Parteien begründet, z.B. *RAG* ArbRsp 1929, 118, 213, → Fn. 83.
[376] *RAG* JW 1930, 2089.
[377] *RAG* a.a.O. (Eingruppierung des klägerischen Betriebes in eine bestimmte Lohnklasse).
[378] S. besonders *RAG* 3, 286; vgl. auch *Jonas* JW 1930, 463.
[379] Dazu *LAG München* AP 1953 Nr. 150 mit Anm. *Schnorr*.
[380] S. den Beispielsfall *LAG München* (vorige Fn.)

193   bb) Den Urteilen über das *Bestehen oder Nichtbestehen* eines Tarifvertrags stehen auch hier die über seine *Auslegung*[381] gleich, und es ist auch nicht entscheidend, ob es sich um den normativen oder den obligatorischen Teil des Tarifvertrags handelt, → Rdnr. 181. Dafür kommen grundsätzlich nur Feststellungsurteile in Betracht. Zwar können in *Rechtsstreitigkeiten aus dem Tarifvertrag* auch Leistungsurteile ergehen, die eine rechtskräftige Feststellung der Leistungspflicht enthalten; aber an dieser Feststellung in Beziehung auf die Leistungspflicht ist der durch § 9 Tarifvertragsgesetz erfaßte weitere Personenkreis regelmäßig nicht interessiert. Jedenfalls kann die Vorschrift *nicht* dahin ausgelegt werden, daß sie auch die **objektiven** Grenzen der Rechtskraft erweitere und die Feststellung von *Vorfragen*, insbesondere bedingenden Rechtsverhältnissen, → § 322 Rdnr. 90, einbeziehen wolle[382]. Die Frage der *Tariffähigkeit* einer Vereinigung gehört ohnedies nicht hierher, weil sie ausschließlich im Beschlußverfahren entschieden werden kann, → Rdnr. 201 ff.

194   cc) Die Erweiterung der Rechtskraft kommt nur *Entscheidungen* zu, nicht Prozeßvergleichen und ebensowenig Schiedssprüchen. Zwar haben Schiedssprüche die Wirkung eines rechtskräftigen Urteils nach § 108 Abs. 4 ArbGG, aber eben doch nur in gewissen Grenzen gerade in *subjektiver* Beziehung, → § 1040 Rdnr. 6. Sie werden durch jene Vorschrift keine Urteile, und es besteht auch kein Anlaß, sie hier diesen gleichzustellen[383].

195   dd) Einbezogen sind in die Rechtskraftwirkung *Gerichte, Schiedsgerichte* und *Schiedsgutachterstellen* in Rechtsstreitigkeiten zwischen tarifgebundenen Parteien. Damit sind mittelbar auch die *tarifgebundenen Parteien* betroffen. Tarifgebunden sind nach § 3 Tarifvertragsgesetz die Parteien des Tarifvertrags und deren Mitglieder, ferner nach § 5 Tarifvertragsgesetz diejenigen Personen, die dem Tarifvertrag durch Allgemeinverbindlicherklärung unterstellt sind[384]. Bei mehrgliedrigen Tarifverträgen tritt die Bindung, wenn nur einer oder einige der Tarifpartner an dem Rechtsstreit über die Auslegung usw. des Tarifvertrags teilgenommen hatten, nur für diese und deren Mitglieder ein[385]. Erfaßt sind aber auch deren Rechtsnachfolger nach der allgemeinen Regel des § 325. Wenn die Geltung eines Tarifvertrags nur auf Vereinbarung der Beteiligten eines Arbeitsverhältnisses beruht, ist für eine Anwendung des § 9 Tarifvertragsgesetz an sich kein Raum; die freiwillige Unterstellung unter die Normen des Tarifvertrags könnte jedoch auch als gleichzeitige Unterstellung unter die darüber in Zukunft zwischen den Tarifvertragsparteien ergehenden Entscheidungen auszulegen sein[386]; eine derartige Erstreckung der Rechtskraft durch Vereinbarung ist nicht unzulässig (→ § 325 Rdnr. 9). Sie ist aber nicht, wie die gesetzliche Rechtskraftwirkung des § 322, von Amts wegen zu beachten.

c) Feststellungsklagen bei Tarifverhandlungen

196   Feststellungsklagen im Rahmen von Tarifverhandlungen sind in aller Regel *unzulässig*[387]. Sicher mag eine Tarifvertragspartei ein (wirtschaftliches) Interesse haben, die **Rechtswidrigkeit einer tarifpolitischen Forderung** der Gegenseite festgestellt zu wissen. Aber die Feststellungsklage ist zur Klärung solcher theoretischer Rechtsfragen nicht eingeräumt (→ Rdnr. 32). Ebensowenig steht sie zur Verfügung, um bloße Vorfragen zu klären (→ Rdnr. 27), etwa um eine **beabsichtigte tarifvertragliche Regelung** schon jetzt verbindlich auszulegen (dann

---

[381] *BAG* DÖD 1983, 224 mit zust. Anm. *Mayer-Maly*.
[382] S. *Hueck/Nipperdey/Stahlhacke* (Fn. 368) § 8 Anm. 5.
[383] Ebenso *Dersch/Volkmar* (Fn. 368) Anm. 39. – A.M. *Hueck/Nipperdey/Stahlhacke* (vorige Fn.) Anm. 4.
[384] Anders zum *früheren* Recht *RAG* 1, 207 (210); ArbRsp 1929, 274 u.a., ältere Aufl. dieses Komm.
[385] Dazu *RAG* ArbRS 14, 420 mit zust. Anm. *Nipperdey*.
[386] Weitergehend *Hueck/Nipperdey/Stahlhacke* (Fn. 383).
[387] Vgl. *BAG* NJW 1985, 220 (222), → Fn. 74 a.E.

fehlt meist zugleich auch das Feststellungsinteresse → Rdnr. 76). Zur Feststellungsklage bei *Arbeitskampfmaßnahmen* → Rdnr. 201.

2. Feststellungsklagen über Arbeitsverhältnisse

a) Eine Klage auf **Feststellung** des Bestehens eines **unbefristeten Arbeitsverhältnisses** ist zulässig, wenn einzelne Umstände dargelegt werden, aus denen sich ein alsbaldiges Feststellungsinteresse ergibt[388]. Über *einzelne* Arbeitsbedingungen des Klägers kann aber (entsprechend den dargelegten Grundsätzen, → Rdnr. 27f.) nicht mit entschieden werden[389]. Die Feststellungsklage steht ferner bereit, um den **Status** einer Person zu klären, ob sie als **Arbeiter** oder als **Angestellter**[390], als **Arbeitnehmer**[391] oder als sog. **freier Mitarbeiter**[392] beschäftigt wird. 197

Eine Klage auf Feststellung eines Arbeitnehmers, er sei in eine bestimmte **Lohngruppe** »einzustufen«, ist dahin auszulegen, daß der Arbeitgeber verpflichtet werden soll, den Arbeitnehmer entsprechend der gewünschten Lohngruppe zu entlohnen[393]. Diesen Klagen ist ein Feststellungsinteresse nur dann zu entnehmen, wenn anzunehmen ist, daß sich der Beklagte dem Urteilsspruch beugt (→ Rdnr. 73), und auch das Feststellungsinteresse gerade an dieser Feststellung (→ Rdnr. 24) besteht[394]. Unzulässig ist daher die Klage auf Feststellung der Unwirksamkeit einer *Aussperrung*[395]. 198

b) Bei der *Kündigungsfeststellungsklage* ist ein rechtliches Interesse ebenfalls erforderlich, aber im Fall des § 4 KSchG bedarf es keiner besonderen Begründung und Prüfung[396]. Besondere Beachtung ist auf das Feststellungsinteresse zu verwenden, wenn neben dem Kündigungsschutzantrag nach § 4 KSchG eine allgemeine Feststellungsklage erhoben wird. Neben dem Antrag nach § 4 KSchG, der jeweils eine einzelne Kündigung angreift (punktueller Streitgegenstand), ist ein selbständiges Fortbestandsbegehren darzutun. Andernfalls fehlt dem Arbeitnehmer das Rechtsschutzinteresse an der alsbaldigen allgemeinen Feststellung gemäß § 256 ZPO[397]. Anders liegen die Dinge, wenn nach unstreitiger Beendigung des Arbeitsverhältnisses auf Feststellung der Berechtigung zur Kündigung oder ihrer Veranlassung geklagt wird, → Rdnr. 47, 76. 199

c) Eine Klage auf **Feststellung eines beendeten Arbeitsverhältnisses**, insbesondere des Entlassungsgrundes, zum Zwecke der Erlangung der **Arbeitslosenunterstützung** ist unzulässig, da lediglich eine Vorfrage für die von der Verwaltungsbehörde selbständig zu treffende Entscheidung in Frage steht[398]. § 133 AFG vom 25. VI. 1969 (BGBl. I 582) gewährt aber dem 200

---

[388] *BAG* BB 1980, 265. – Der Antrag kann auch gestellt werden, ohne daß er auf den näheren Inhalt des Arbeitsverhältnisses erstreckt wird, wenn zu erwarten ist, daß über den Inhalt kein Streit entsteht, *BAG* 76, 228. Ein Arbeitnehmer kann auch auf Feststellung klagen, daß nach einem bestimmten Zeitpunkt kein Arbeitsverhältnis mit seinem Arbeitgeber mehr bestehe (vgl. *BAG* NZA 1991, 569f.) oder das Arbeitsverhältnis zu einem bestimmten Zeitpunkt geendet habe (vgl. *BAG* NZA 1992, 543).
[389] *BAG* RdA 1979, 254.
[390] → Fn. 78.
[391] *BAG* AP Nr. 17 § 611 BGB; AP Nr. 20 § 611 BGB = BB 1976, 1611; AP Nr. 48 mit Anm. *Grunsky*.
[392] *BAG* AP Nr. 15 § 611 BGB; BB 1976, 1560 = RdA 342; DB 1977, 2460.
[393] *BAG* AP Nr. 46 mit Anm. *Schumann*; vgl. auch *BAG* AP Nr. 4 § 63 BetrVG mit Anm. *Richardi*; *BAG* NZA 1992, 273 (274).
[394] So *BAG* Fn. 321. – Da sich die Höhergruppierung auf die tatsächliche Entlohnung nicht ausgewirkt hätte, hat das BAG ein Feststellungsinteresse verneint; anders *LAG Hamm* DB 1979, 1560.
[395] *LAG Hamm* NJW 1983, 783 (der Arbeitnehmer habe vielmehr *Leistungsklage* auf Zahlung des Lohnes zu erheben, hierzu → Rdnr. 87).
[396] Das Feststellungsinteresse fehlt auch dann nicht, wenn der Arbeitnehmer später einen Antrag auf *Auflösung des Arbeitsverhältnisses* stellt, da dem Arbeitnehmer nicht das Interesse an der Feststellung abgeschnitten werden darf, daß die Kündigung sozial ungerechtfertigt war, *BAG* BB 1994, 1119 (1120 Anm. *Sonnemann*).
[397] *BAG* AP Nr. 28 und Nr. 29 zu § 4 KSchG 1969; weiterführend AP Nr. 33 zu § 4 KSchG 1969. Zu dieser Problematik, die in der Praxis eine nicht unerhebliche Rolle spielt, *Eugen Stahlhacke* Festschrift für Otfried Wlotzke (1996), S. 173 ff.; *Eike Weißenfels* BB 1996, 1326; *Alfried Kampen* ArbuR 1996, 172.
[398] *RAG* 3, 25, → Rdnr. 47 und 27.

Arbeitnehmer einen privatrechtlichen, im Wege der *Leistungsklage* verfolgbaren Anspruch auf eine *Arbeitsbescheinigung*[399], und zwar einer wahrheitsgemäßen, und demgemäß auch einen solchen auf Berichtigung einer unrichtigen Bescheinigung[400].

3. Feststellungsklagen um Arbeitskämpfe

201 Die Feststellungsklage aus Anlaß von Arbeitskämpfen (*Streiks, Warnstreiks, Aussperrungen,* begleitende *Aufrufe* usw.) bietet keine Besonderheiten. Eine Klage auf Feststellung der *Rechtswidrigkeit* einer derartigen Maßnahme ist *unzulässig,* da es sich hierbei nicht um die Feststellung eines Rechtsverhältnisses handelt[401]. Die Klage hat aber ein Rechtsverhältnis zum Gegenstand, wenn sie die Feststellung begehrt, daß eine Prozeßpartei eine bestimmte Arbeitskampfmaßnahme durchzuführen berechtigt sei bzw. zu unterlassen habe (→ Rdnr. 23), weil dann der Anspruch auf ein Tun, Dulden oder Unterlassen festgestellt werden soll. Ob freilich in solchen Fällen das *Feststellungsinteresse* (→ Rdnr. 61 ff.) vorliegt, ist damit nicht gesagt; vielfach wird es fehlen. Will der Kläger nur aus rein theoretischen Gründen eine derartige Feststellung, ist seine Klage sicher unzulässig (→ Rdnr. 31 f. und Rdnr. 76); ebenso verhält es sich, wenn im *gegenwärtigen* Zeitpunkt ein Interesse an der Feststellung zu verneinen ist (→ Rdnr. 76). Geht allerdings der Streit um eine *typische* Arbeitskampfmaßnahme, mit deren **Wiederholung in absehbarer Zeit zu rechnen** ist, läßt sich ein Feststellungsinteresse kaum absprechen[402].

4. Beschlußverfahren

202 Im **Beschlußverfahren** ergehen neben rechtsgestaltenden auch feststellende Entscheidungen. Ein *rechtliches Interesse* ist hier allgemeine Voraussetzung, also auch für Feststellungsanträge[403].

203 Soweit ein anderer Rechtsstreit ausgesetzt werden muß bis zur Entscheidung einer streitig gewordenen Vorfrage im Beschlußverfahren, s. § 97 Abs. 5 ArbGG und → § 148 Rdnr. 217 ff., ist aus dem Sinn dieser Vorschriften abzuleiten, daß das Gericht und die Parteien des Rechtsstreites an die **im Beschlußverfahren ergehende Entscheidung gebunden** sind. Soweit hier oder in anderen Fällen eine **materielle Rechtskraftwirkung** anzuerkennen ist, erfaßt sie nur die am Beschlußverfahren Beteiligten und deren Rechtsnachfolger in sinngemäßer Anwendung der §§ 325 ff. Eine Rechtskrafterstreckung nach dem Vorbild des § 9 Tarifvertragsgesetz ist nicht angeordnet (zur materiellen Rechtskraft im Beschlußverfahren → § 322)[404].

204 5. Wegen der *Erfinderstreitigkeiten* → § 1 Rdnr. 191 a, 208.

---

[399] Vgl. auch *RAG* 5, 273; ArbRsp 1929, 70 und verschiedene *LAG* ArbRsp 1929, 3, 5, 327 u. a. Vgl. auch *Franke* JW 1929, 1279; 1930, 383. – A. M. *Hentschel* ArbGer 34, 448.

[400] *RAG* 5, 273; *LAG Frankfurt/Oder* JW 1928, 2938 u. a.

[401] → Fn. 55.

[402] Anders in zu enger Auslegung des § 256: *BAG* 46, 322 (340) = JZ 1985, 445 (447) = NJW 1985 (88); NJW 1983, 1750.

[403] *BAG* AP § 82 BetriebsverfassungsG Nr. 1; vgl. auch *BAG* NZA 1988, 249.

[404] Dazu *LAG Düsseldorf* und *von Köhler* NJW 1954, 127.

§ 257 [Klage auf künftige Zahlung oder Räumung]

Ist die Geltendmachung einer nicht von einer Gegenleistung abhängigen Geldforderung oder die Geltendmachung des Anspruchs auf Räumung eines Grundstücks oder eines Raumes, der anderen als Wohnzwecken dient, an den Eintritt eines Kalendertages geknüpft, so kann Klage auf künftige Zahlung oder Räumung erhoben werden.

Gesetzesgeschichte: Eingefügt durch die Novelle von 1898 (→ Einl. Rdnr. 113), geändert durch das 2. MietrechtsänderungsG vom 14. VII. 1964, BGBl. I 457 (→ Einl. Rdnr. 150 Nr. 9).

I. Allgemeines zu den Zukunftsklagen gemäß §§ 257–259[1]

1. Zulässigkeit der Verurteilung vor Fälligkeit. Die *Verurteilung* erfordert regelmäßig die *Fälligkeit* des Anspruchs. In den §§ 257–259 sind einige Ausnahmen von diesem Grundsatz vorgesehen (→ auch Rdnr. 4 vor § 253). Sie gewähren die Möglichkeit einer Verurteilung zur künftigen Leistung, wenn der betreffende Anspruch schon gegenwärtig gefährdet erscheint und geschützt werden kann[2], und lehnen damit den Gedanken ab, daß das Feststellungsurteil über einen Anspruch nach dessen Fälligkeit Vollstreckungstitel werde, → § 256 Rdnr. 172. Die Fassung der Vorschriften ist insofern ungenau, als nicht die Zulässigkeit der Klage, sondern die **Zulässigkeit der Verurteilung vor Fälligkeit** das Wesentliche ist[3]. Dem Gläubiger wird dadurch ermöglicht, sofort **nach Fälligkeit** seines Anspruchs zu **vollstrecken**. Darin liegt allerdings eine Besserstellung nicht nur anderen Gläubigern gegenüber, sondern auch dem Schuldner gegenüber, der bei Vermeidung der Kostenlast genötigt ist, schon vor Fälligkeit anzuerkennen. Allerdings geht diese Besserstellung nicht so weit, daß der **Beklagte** wegen aller Erlöschensgründe, die zwischen Schluß der mündlichen Tatsachenverhandlung und Fälligkeit des Anspruchs eintreten, insbesondere auch der Aufrechnung mit erst künftig fällig werdenden Gegenforderungen, auf den Weg der *Vollstreckungsgegenklage* (§ 767), gedrängt wird. Denn der **Beklagte darf** durch die verfahrensrechtliche Regelung **nicht materiell-rechtlich schlechter gestellt sein**. Genauso wie der Kläger noch nicht fällige Forderungen geltend machen kann, vermag angesichts der prozessualen Waffengleichheit (→ Einl. Rdnr. 506, → Rdnr. 63 vor § 128) der **Beklagte Gegenrechte vorzubringen**, *deren Eintritt an einen Kalendertag geknüpft ist und die erst nach Fälligkeit des Klageanspruchs begründet sind*[4]; zum *Widerspruch* des Mieters → § 259 Rdnr. 14, zur *Aufrechnung* → § 145 Rdnr. 28, zur *Vollstreckungsabwehrklage* → § 767 Rdnr. 30ff., 52ff.

2. Verjährungsunterbrechung durch eine Zukunftsklage. Zur Verjährungsunterbrechung durch eine Klage auf künftige Leistung → § 262 Rdnr. 7.

3. Internationales Privatrecht bei Zukunftsklagen. Zu internationalrechtlichen Fragen (z. B. anwendbares Recht) des § 257 → § 259 Rdnr. 28.

1

1a

1b

II. Zukünftige Fälligkeit nach Kündigung (in der Klage)

Ob die Fälligkeit durch eine **Kündigung** herbeigeführt ist oder von vornherein festgesetzt war, ist gleichgültig. Ist aber eine Kündigung erforderlich, so kann sie *in der Klage* erfolgen, und es ist im Zweifel anzunehmen, daß sie in der Klageerhebung auch ohne ausdrückliche

2

---

[1] Vgl. *Henssler* NJW 1989, 138; *Moos* Die Klage auf künftige Leistung (1902); *Roth* ZZP 98 (1985), 287.
[2] *Von Mettenheim* Der Grundsatz der Prozeßökonomie (1970) 38; → § 259 Rdnr. 21.
[3] A. M. *Schmidt* Lb. 704ff.; *Stein* ZZP 32 (1904), 238; eigentümlich *Hölder* ZZP 33 (1904), 378; AcP 93, 30f. (Sicherung).

[4] BGHZ 94, 29 (32); 38, 122 (129) = NJW 1963, 244 (246) = MDR 121 = JZ 475; *Baumbach/Lauterbach/Hartmann*[55] vor § 257 Rdnr. 7; *Hellwig* System 1, § 103 a I 2; *Moos* (Fn. 1), 70ff., *Schumann* Festschr. Larenz zum 80. Geburtstag (1983), 595f. mit weit. Begründung; *Wieczorek*[2] Anm. C I 3; *Zöller/Greger*[19] Rdnr. 7; a.M. 18. Aufl. dieses Komm.; *Thomas/Putzo*[19] Rdnr. 1.

Erklärung liegt⁵, da die Klage auch eine Erklärung gegenüber dem Gegner enthalten kann (→ § 253 Rdnr. 1). Diese ist alsdann, wie die Aufrechnung (→ § 145 Rdnr. 28) und ähnliche materiell-rechtliche Erklärungen, materielles Rechtsgeschäft und Prozeßhandlung (Doppeltatbestand) mit allen Folgerungen, die sich daraus für die Vollmacht usw. ergeben, → Rdnr. 254 ff. vor § 128, → § 81 Rdnr. 10. Über die Wirksamkeit der Kündigung entscheidet allerdings allein das bürgerliche Recht⁶. Vgl. insbesondere §§ 1077, 1141 BGB.

III. Besonderes Rechtsschutzbedürfnis?

3   Ein besonderes **Interesse** (*Rechtsschutzbedürfnis* o. ä.) an der vorzeitigen Klage oder eine *Veranlassung* durch den Beklagten verlangt § 257 nicht.⁷

IV. Die Voraussetzungen der Zukunftsklage des § 257

1. Die zwei Voraussetzungen der Zukunftsklage des § 257

4   Die Zukunftsklage des § 257 hat *zwei* Voraussetzungen: Die Geltendmachung des Anspruchs muß *erstens* »an den Eintritt eines Kalendertages geknüpft« sein (→ sogleich Rdnr. 5) und *zweitens* muß es sich *entweder* um eine Geldforderung handeln, »die nicht von einer Gegenleistung abhängig« ist (→ Rdnr. 8) *oder* es muß ein Räumungsanspruch vorliegen, der sich auf Nicht-Wohnraum (»der anderen als Wohnzwecken dient«) bezieht (→ Rdnr. 9 ff.).

2. Erste Voraussetzung: Geltendmachung des Anspruchs an den Eintritt eines Kalendertages geknüpft

5   Als **erste Voraussetzung** ist zu prüfen, ob die Geltendmachung des Anspruchs an einen Kalendertag geknüpft ist; denn **Voraussetzung** für die Klage nach § 257 ist, daß die **Geltendmachung des Anspruchs von dem Eintritt eines Kalendertages abhängig** ist, mag dieser von vornherein kraft Gesetzes oder Vertrages feststehen oder durch ein späteres Ereignis sich ergeben haben, sei es eine Kündigung (→ Rdnr. 2), eine Vorzeigung (14 Tage nach Sicht) oder ein anderes Ereignis, z. B. den Eintritt einer Bedingung (Zahlung drei Monate nach Eröffnung des Betriebes oder von der Lieferung an)⁸. Nur muß zur Zeit der Klage die kalendermäßige Bestimmung schon erfolgt sein oder doch durch die Klagezustellung selbst (→ Rdnr. 2) erfolgen, so daß der Antrag den bestimmten oder von der Zustellung der Klage an zu berechnenden Tag angeben kann. Ohne diese Angabe wäre der Antrag nicht hinreichend bestimmt i. S. des § 253 (→ dort Rdnr. 53) und würde der Präzisierung nach § 264 Nr. 1 (z. B. durch Vorlegung des Sichtwechsels im Termin)⁹ bedürfen. Hatte die Klage den Anspruch als fälligen behauptet und **ergibt sich erst im Laufe des Rechtsstreits**, daß er **später fällig** wird, so ist der Antrag auf Verurteilung zur künftigen Leistung eine Beschränkung des Klageantrags nach § 264 Nr. 2¹⁰ und folglich diese Verurteilung als das Mindere auch ohne neuen Antrag zulässig, (→ § 308 Rdnr. 5). Wegen der *Kosten* → § 92 Rdnr. 1. Anders im Falle des § 2014 BGB (Dreimonatseinwand), (→ § 305 Rdnr. 2). Wenn die Klage auf *künftige* Leistung nach § 257 erhoben ist und der Kalendertag noch vor dem Urteil eintritt, so hat die Verurteilung auf *sofortige* Leistung, unbefristet, zu erfolgen¹¹; denn eine Rückdatierung der Verurteilung wäre ein Widersinn.

---

⁵ *RGZ* 53, 212 f.; *RG* JW 1907, 238; SeuffArch 63, 442; *BayObLG* BlfRA 70, 99; *KG* OLG Rsp. 2, 29 f. u. a.
⁶ *RGZ* 53, 213; *LG Bonn* WuM 1993, 464.
⁷ So auch *Thomas/Putzo*¹⁹ Rdnr. 5; *Zöller/Greger*²⁰ Rdnr. 6; a. M. *Bittmann* FamRZ 1986, 420 (zu ihm → § 258 Fn. 28 a. E.).
⁸ So auch *OLG Naumburg* SeuffArch 57, 376.
⁹ Die Klageerhebung ersetzt *hier* die Vorlegung nicht, *OLG Hamburg* Rsp 18, 87.
¹⁰ *OLG Darmstadt* SeuffArch 59, 473 (zu § 259). – A.M. *OLG München* BayrZ 1909, 304; SeuffArch 70, 210.
¹¹ Vgl. *RGZ* 88, 178.

Auf *bedingte Ansprüche* ist § 257 nicht anwendbar, jedoch auf *gewiß aufschiebend befristete Ansprüche* i. S. v. § 163 BGB[12]. 6

3. Zweite Voraussetzung: Entweder einseitige Geldforderung oder Räumung von Nicht-Wohnraum

Als **zweite Voraussetzung** der Zukunftsklage des § 257 kommen zwei Alternativen in Betracht: *Entweder* wird eine einseitige Geldforderungen (→ Rdnr. 8) *oder* die Räumung von Nicht-Wohnraum (→ Rdnr. 9) geltend gemacht. 7

a) Einseitige Geldforderung

Die Zukunftsklage des § 257 ist eröffnet für **Geldforderungen, die nicht** *von einer* **Gegenleistung** abhängig sind. Gleichgültig ist ihr Rechtsgrund und ob sie Bring- oder Holschulden sind, wie der Wechsel gegenüber dem Akzeptanten[13]. Wegen des Begriffs Geld → § 108 Rdnr. 13. Ob der Anspruch als solcher oder die Haftung wegen des Anspruchs in der Form der Klage auf Duldung der Zwangsvollstreckung geltend gemacht wird, z. B. im Falle des § 739, ist gleich, → Rdnr. 18 vor § 253. Insbesondere gehören deshalb hierher, wie allgemein anerkannt, die Ansprüche aus Hypothek, Grundschuld, Rentenschuld und Schiffshypothek, vgl. §§ 592, 794 Nr. 5 – anders aber jetzt § 688, → dort Rdnr. 2. Unerheblich ist auch, ob die Unabhängigkeit von der Gegenleistung ursprünglich besteht wie beim Darlehen, bei der Schenkung, beim Wechsel oder bei den Unterhaltsansprüchen[14], oder ob aus einem gegenseitigen Vertrag, wie Kauf oder Miete, durch vollständige Erfüllung von der einen Seite ein einseitiges Forderungsrecht geworden ist oder ein solches kraft einer Pflicht zur Vorleistung besteht. → auch § 688 Rdnr. 8. Es genügt für die Anwendung des § 257, daß der **Anspruch zur Zeit der Verurteilung,** → § 300 III, einseitig ist[15]. Anderenfalls, also namentlich wenn nach § 322 BGB zur Leistung Zug um Zug zu verurteilen wäre, kann der Klage nicht stattgegeben werden. Die **Gegenleistung muß endgültig bewirkt** sein: Während der Mietzinsperiode ist der Anspruch auf den bei ihrem Ablauf fälligen Mietzins noch nicht von der Gegenleistung unabhängig. Die Pflicht des Gläubigers zur Ausstellung einer Quittung, zur Einwilligung in die Löschung der Hypothek oder zur Aushändigung des Wechsels ist keine solche zu einer Gegenleistung, weil sie kein **wirtschaftliches Äquivalent der Leistung** bildet, → darüber § 726 Rdnr. 18[16]. Dagegen macht die kraft eines *Zurückbehaltungsrechts,* § 273 BGB, §§ 369 f. HGB, erhobene Einrede eine Gegenleistung geltend, arg. § 274 Abs. 1 BGB. 8

b) Ansprüche auf Räumung von Nicht-Wohnraum

Die Zukunftsklage des § 257 steht ferner zur Verfügung für **Räumungsansprüche**, die sich auf **Grundstücke** oder **Räume, die nicht Wohnzwecken dienen**, beziehen. Unter **Grundstück** versteht man einen abgegrenzten Teil der Erdoberfläche, der im Grundbuch unter einer besonderen Nummer eingetragen ist[17], unter **Raum** einen allseits umschlossenen Teil eines *festen* Gebäudes, der so groß ist, daß ein Mensch sich darin aufhalten kann[18]. Auf »Räume« in 9

---

[12] *Roth* ZZP 98 (1985), 296.
[13] So auch *KG* Recht 1901, 558.
[14] *OLG Hamburg* SeuffArch 60, 334; *Göppinger/Wax* Unterhaltsrecht[6] (1994) Rdnr. 2036. Zur Geltendmachung von Unterhaltsansprüchen näher → § 258 Rdnr. 2.
[15] *OLG Naumburg* SeuffArch 57, 376; vgl. auch *OLG Hamburg* SeuffArch 71, 336 (338).
[16] S. auch *Hellwig* Anspruch und Klagrecht (1900), 369; *KG* Recht 1901, 558.
[17] *Staudinger/Emmerich*[12] § 580 Rdnr. 2; → § 864 Rdnr. 2.
[18] *Mittelstein* SeuffBl 72 (1907), 361 (362).

§ 257 IV, V   2. Buch. Verfahren im ersten Rechtszuge. 1. Abschnitt. Landgerichte   154

beweglichen Sachen (Schiffen, Wohnwagen, sonstigen Fahrzeugen) ist § 257 nicht anwendbar[19]; von **Räumung** spricht die ZPO immer nur im Zusammenhang mit *unbeweglichen* Sachen[20]. Seit dem 2. MietrechtsänderungsG vom 14. VII. 1964 (→ Einl. Rdnr. 150 Nr. 9) ist die Zukunftsklage gemäß § 257 **nicht** mehr auf die **Räumung von Wohnraum**[21] anzuwenden, da dies dem sozialen Mietrecht widersprach[22]. Inwieweit heutzutage[23] Klage auf zukünftige Räumung von Wohnraum gemäß § 259 zulässig ist, → § 259 Rdnr. 11–18.

10 Der Anspruch muß auf *Räumung*, das heißt auf Aufgabe des Besitzes nach zeitweiliger Benutzung gerichtet sein; der Anspruch auf **Einräumung**, das heißt Überlassung zur Benutzung oder zum dauernden Behalten (Übergabe nach Auflassung), vgl. § 23 Nr. 2 GVG, § 708 Nr. 7, gehört **nicht hierher**.

11 **Gleichgültig** ist der **Rechtsgrund** des Räumungsanspruchs: Außer Ansprüchen aus Miete, Pacht und unentgeltlicher Überlassung gehört hierher zum Beispiel auch der Anspruch des Nacherben gegen den Vorerben, wenn die Nacherbfolge an einen Kalendertag geknüpft ist, nicht mehr hierher gehört der Anspruch des Erben gegen die Angehörigen des Erblassers auf Räumung 30 Tage nach dem Erbfall, § 1969 BGB, da hier nur Wohnraum überlassen wird.

V. Verfahren

13 1. Hinsichtlich des Verfahrens gilt als Besonderheit, daß die sonst mit der Rechtshängigkeit eintretende Wirkung der Verpflichtung zur Zahlung von *Prozeßzinsen* nach § 291 Abs. 1 zweiter Halbsatz BGB nicht Platz greift; vgl. auch wegen des Verzuges § 284 Abs. 2 BGB.

14 2. Angesichts der weitgehenden Rechte des Klägers (→ Rdnr. 1 a. E.) ist der Anlaß zur Klage besonders genau zu prüfen und die **Kostenpflicht des Klägers bei Anerkenntnis**, § 93[24], *energisch zu handhaben*, namentlich dann, wenn die Klage erst nachträglich dem § 257 angepaßt wird (→ Rdnr. 5). Die *Beweislast* dafür, daß der Beklagte *Veranlassung zur Klage* gegeben habe, trifft deshalb hier ausnahmsweise (→ sonst § 93 Rdnr. 15) den *Kläger*[25].

15 3. Die Behandlung des Urteils in bezug auf die **vorläufige Vollstreckbarkeit** zeigt keine Besonderheit, vollstreckbare Ausfertigungen können vor Fälligkeit erteilt werden. Nur darf die **Vollstreckung** selbst nach § 751 erst nach *Ablauf* des Kalendertags beginnen.

16 4. Über die **Einwendungen des Beklagten**, die *nach* dem Erlaß des Urteils entstehen werden oder entstanden sind, → Rdnr. 1 a. E. sowie § 259 Rdnr. 16, 26.

Schlüssel zu den Zukunftsklagen
(Stichwortverzeichnis zu den Klagen gemäß §§ 257–259)

Abzahlungs- und sogenannte verbundene Geschäfte § 258 Rdnr. 4
Anerkenntnis des Klageanspruchs § 257 Rdnr. 14, § 258 Rdnr. 10a, § 259 Rdnr. 25
Anlaß zur Zukunftsklage § 257 Rdnr. 3, 14, § 258 Rdnr. 10a, § 259 Rdnr. 25

Anwendbares Recht →»Ausländisches Recht«
Arbeitnehmer (Lohnanspruch) § 258 Rdnr. 3, § 259 Rdnr. 1a
Aufrechnung des Beklagten § 145 Rdnr. 28 (bei Fn. 36)

---

[19] *Mittelstein* (Fn. 15), 363f.; *Zöller/Greger*[20] Rdnr. 4; *Baumbach/Lauterbach/Hartmann*[55] Rdnr. 4, a.M. *Wieczorek*[2] C I b 2.
[20] Z.B. §§ 29a, 93b, 308a, 708 Nr. 7, §§ 721, 794a, 885, 940a. Sofern eingetragene Schiffe den unbeweglichen Sachen gleichzubehandeln sind, ordnet dies das Gesetz ausdrücklich an (z.B. § 266 Abs. 1 S. 2, § 787 Abs. 2, §§ 864, 885), was bei § 257 nicht der Fall ist.
[21] *Palandt/Putzo*[56] vor § 535 Rdnr. 70.
[22] BT Drs. IV/806 S. 12 zu Nr. 1.

[23] Über den Rechtszustand bis zum Inkrafttreten spätestens am 1. I. 1969 (durch 2. SchlußterminänderungsG vom 21. XII. 1967, BGBl. I. 1251); in Berlin (West) am 1. I. 1976 (durch 3. SchlußterminänderungsG Berlin vom 30. X. 1972, BGBl. I. 2051); vgl. Voraufl. dieses Komm. IV 2, 3.
[24] Vgl. *AG Hamburg-Altona* WuM 1993, 460.
[25] Vgl. *Celle* HRR 41 Nr. 347, → § 93 Rdnr. 15 Fn. 39 a. E.

Ausländisches Recht § 257 Rdnr. 1 b, § 259 Rdnr. 28
Bedingte Sachurteilsvoraussetzung § 259 Rdnr. 20
Bedingter Anspruch § 257 Rdnr. 6, § 259 Rdnr. 3, Fn. 9
– *Unwahrscheinlichkeit des Bedingungseintritts* § 259 Fn. 8
Befristeter Anspruch § 257 Rdnr. 6
Begrenzung (zeitliche) zukünftiger Leistungen § 258 Rdnr. 7
Beklagter (Gegenrechte des ... gegenüber Zukunftsklage) § 257 Rdnr. 1, § 259 Rdnr. 16 (→ auch »Aufrechnung«, »Fortsetzungsverlangen«, »Widerspruch« [als Mieter], »Vollstreckungsabwehrklage«)
Besorgnis (der Schuldner werde nicht leisten) § 258 Rdnr. 10 a, § 259 Rdnr. 21
– *Besorgnis der nicht rechtzeitigen Räumung* § 259 Rdnr. 11
Bestreiten der Leistungspflicht (als Grund zur Besorgnis) § 259 Rdnr. 21
Beweislast (für Veranlassung der Klage) § 257 Rdnr. 14, § 258 Rdnr. 10 a
Darlehen § 257 Rdnr. 8
Dienstlohn § 258 Rdnr. 3
Doppelrelevante Tatsachen § 259 Rdnr. 8
Einräumung des Besitzes § 257 Rdnr. 10
Einseitiger Anspruch § 257 Rdnr. 8
Einwilligung (in die Löschung der Hypothek) § 257 Rdnr. 8
Fälligkeit (Verurteilung vor Fälligkeit) § 257 Rdnr. 1
– *nach Kündigung* (auch in der Klageschrift) § 257 Rdnr. 2
– *Vollstreckung nach Fälligkeit* →»Vollstreckung«
Feststellungsklage (Verhältnis zur) § 259 Rdnr. 21
Fortsetzungsverlangen (des Mieters) § 259 Rdnr. 16
Gegenleistung (Klageanspruch abhängig von) § 257 Rdnr. 8, § 258 Rdnr. 3, § 259 Rdnr. 2
– *Zurückbehaltungsrecht wegen Gegenleistung* § 257 Rdnr. 8
Geldforderung
– *nicht von Gegenleistung abhängig* § 257 Rdnr. 8
– *von Gegenleistung abhängig* § 259 Rdnr. 1 a, 2
Geldrente (bei Körperverletzung und Tötung) § 258 Rdnr. 4
Gewiß aufschiebend befristeter Anspruch § 257 Rdnr. 6
Grundschuld § 257 Rdnr. 8
Hypothek § 257 Rdnr. 8
– *Einwilligung in Löschung* § 257 Rdnr. 8 a.E.
– *Zinsen* § 258 Rdnr. 4
Interesse am Rechtsschutz → »Rechtsschutzbedürfnis«

Internationalrechtliche Fragen § 257 Rdnr. 1 b, § 259 Rdnr. 28
Kalendertag (Anspruch abhängig vom Eintritt des) § 257 Rdnr. 5, § 258 Rdnr. 2
Kapitalzinsen § 258 Rdnr. 4
Kosten der Zukunftsklage § 257 Rdnr. 14, § 258 Rdnr. 10 a, 11, § 259 Rdnr. 25
– *bei teilweiser Klageabweisung* § 257 Rdnr. 5
Kündigung in der Klageschrift § 257 Rdnr. 2
Künftiger Anspruch § 259 Rdnr. 3, Fn. 9
Künftige Leistung (→auch »Leistung«) § 257 Rdnr. 1, § 259 Rdnr. 1
Leibrente § 258 Rdnr. 4
Leistung
– *zukünftige* § 257 Rdnr. 1, § 259 Rdnr. 1
– *sofortige* (Übergang von Antrag auf zukünftige Leistung zum Antrag und zur Verurteilung auf ...) § 257 Rdnr. 5, § 259 Rdnr. 26
– *Verbindung* des Antrags auf zukünftige mit Antrag auf fällige Leistung § 258 Rdnr. 10
– *wiederkehrende* → »Wiederkehrende Leistung«
Lohn (Gehalt) § 258 Rdnr. 3, § 259 Rdnr. 1 a
Mietzins § 257 Rdnr. 8, § 258 Rdnr. 3
Nachehelicher Unterhalt § 258 Rdnr. 2
Nachtragsklage § 258 Rdnr. 11
Noch nicht fälliger Anspruch § 257 Rdnr. 1, § 258 Rdnr. 1, 10, § 259 Rdnr. 1
Notwegrente § 258 Rdnr. 4
Pachtzinsen § 258 Rdnr. 3
Räumung (Zukunftsklage auf) § 257 Rdnr. 9, § 259 Rdnr. 1 a, 11–18
Ratenzahlung bei Abzahlungs- und sogenannten verbundenen Geschäften § 258 Rdnr. 4
Reallast § 258 Rdnr. 4
Rechtsschutzbedürfnis (für Zukunftsklage) § 257 Rdnr. 3, § 258 Rdnr. 10 a, § 259 Rdnr. 9, 21, 22
Regelunterhalt (über das 18. Lebensjahr hinaus) § 258 Rdnr. 5
Rentenschuld § 257 Rdnr. 8, § 258 Rdnr. 4
Ruhegehaltsanspruch § 258 Rdnr. 2, 4, 7 a.E.
Schadensersatzrente (eines Kindes nach § 844 BGB) § 258 Rdnr. 7
Schenkung § 257 Rdnr. 8
– *Versprechen wiederkehrender Leistung* § 258 Rdnr. 4
Schiffshypothek § 257 Rdnr. 8
Sozialhilfeträger § 259 Rdnr. 3
Überbaurente § 258 Rdnr. 4
Ungewißheit (über die zukünftige wirtschaftliche Entwicklung) § 258 Rdnr. 7
Unterhaltsanspruch § 257 Rdnr. 8, § 258 Rdnr. 2, 5, § 259 Rdnr. 3
– *nachehelicher* § 258 Rdnr. 2
– *Regelunterhalt* § 258 Rdnr. 5
Unterlassungsanspruch
– *fälliger* § 259 Rdnr. 7

– *fälliger gesetzlicher* § 259 Rdnr. 8
– *fälliger vertraglicher* § 259 Rdnr. 9
– *zukünftiger* § 259 Rdnr. 10
Unwahrscheinlichkeit des Bedingungseintritts § 259 Fn. 8
Veranlassung zur Klage →»Anlaß zur Zukunftsklage«
Verjährungsunterbrechung (durch Zukunftsklage) § 257 Rdnr. 1
Versicherungsprämie § 258 Rdnr. 4
Vollstreckung (des Zukunftsurteils) § 257 Rdnr. 1, 15, § 258 Rdnr. 11, § 259 Fn. 10, Rdnr. 26
– *Vollstreckungsabwehrklage* gegen Zukunftsurteil § 257 Rdnr. 1, § 259 Fn. 6, Rdnr. 16, 26

Wechsel § 257 Rdnr. 8
Widerspruch (des Mieters gegen Kündigung) § 257 Rdnr. 1, § 259 Rdnr. 11, 13, 14, 16
Wiederkehrende Leistung (Klage auf...) § 258 Rdnr. 1 ff.
Wohnraum (Zukunftsklage wegen Räumung von) § 257 Rdnr. 9, § 259 Rdnr. 11–18
– Einräumung (Überlassung) von Wohnraum § 257 Rdnr. 10
Zahlung →»Leistung«
Zukünftige →»Künftige«
Zukunftsklage § 257 Rdnr. 1–1b
Zurückbehaltungsrecht § 257 Rdnr. 8
Zusatzklage § 258 Rdnr. 11

§ 258 [Klage auf wiederkehrende Leistungen]

Bei wiederkehrenden Leistungen kann auch wegen der erst nach Erlaß des Urteils fällig werdenden Leistungen Klage auf künftige Entrichtung erhoben werden.

Gesetzesgeschichte: Eingefügt durch die Novelle 1898 (→ Einl. Rdnr. 113).

Stichwortverzeichnis →»Schlüssel zu den Zukunftsklagen« zu Beginn von § 257.

I. Die Zukunftsklage des § 258 auf wiederkehrende Leistungen[1]

1   Vom Grundsatz (→ § 257 Rdnr. 1), den Schuldner *nur bei Fälligkeit* des Anspruchs verurteilen zu dürfen, macht auch die Zukunftsklage des § 258 eine Ausnahme, sofern es sich um die Geltendmachung »**wiederkehrender Leistungen**« (zum Begriff → Rdnr. 2) handelt und sie nicht von einer Gegenleistung abhängig sind (→ Rdnr. 3). Dadurch wird dem Gläubiger die Wiederholung gleichartiger und immer neuer Prozesse, sobald die Fälligkeit eingetreten ist, erspart.

1. Begriff der wiederkehrende Leistungen

2   Wiederkehrende Leistungen (→ auch § 9 Rdnr. 2) sind solche, die sich in zeitlicher Trennung, sei es in gleichmäßigen oder ungleichmäßigen Zwischenräumen, als einheitliche Folgen eines Rechtsverhältnisses ergeben, mögen sie im einzelnen auch nur annähernd gleich sein[2], und mag die Zeitdauer der Wiederkehr bestimmt sein oder nicht (→ auch § 9)[3]. Nur muß der Anspruch auf die Leistungen in ihrer Gesamtheit schon bestehen, so daß die *einzelne Leistung* in ihrer Entstehung *nur noch vom Zeitablauf* (z.B. jeweils ein Kalendertag) *abhängig ist*[4]. Dahin gehören auch die Ansprüche auf Unterhalt kraft Familienrechts (→ Rdnr. 4), die zwar an sich in jedem Augenblick neu entstehen[5] und von Bedürftigkeit und Leistungsfähigkeit

---

[1] Vgl. auch *Michlmayer* Österr ZBl 1948, 481 ff.; *Henckel* AcP 174, 104; *Braun* ZZP 97 (1984), 340; *Roth* ZZP 98 (1985), 287.
[2] A.M. *RG* JW 1900, 48, das völlige Gleichheit verlangt.
[3] So auch *OLG Posen* OLG Rsp 5, 55.
[4] *Stein* Voraussetzungen des Rechtsschutzes (1903) 52; *Langheineken* Anspruch und Einrede nach dem Deutschen Bürgerlichen Gesetzbuch (1903), 62; *BGH* NJW 1986, 3142; ZMR 1996, 546; *OLG Kiel* OLG Rsp 6, 168; *OLG Celle* Recht 1902, 435. – A.M. gelegentlich *RGZ* 58, 141; *Wax* FamRZ 1982, 347.
[5] *BGHZ* 82, 250; *BGH* FamRZ 1988, 371; *Frankfurt a.M.* FamRZ 1983, 188; *OLG Düsseldorf* FamRZ 1991, 1207; *Künkel* NJW 1985, 2666.

abhängen (→ § 323 I), die aber das Gesetz, sobald sie einmal entstanden sind, als *einheitliche* Ansprüche auf wiederkehrende Leistungen behandelt, s. besonders §§ 323, 708 Nr. 8, § 850 d Abs. 3[6]. Sie sind daher von diesem Zeitpunkt an durch den Wegfall dieser Voraussetzungen auflösend bedingt (s. § 323), so wie Ansprüche auf Lebenszeit des Berechtigten nicht durch das Erleben aufschiebend, sondern durch den Tod auflösend bedingt sind[7]; dies ist auch beim Ruhegehaltsanspruch der Fall[8]. Ein Anspruch auf nachehelichen Unterhalt kann jedoch vor Rechtskraft des Scheidungsurteils nicht geltend gemacht werden, weil er erst zu diesem Zeitpunkt entsteht[9].

2. Nur einseitige wiederkehrende Leistungen

Wie § 257 (→ dort Rdnr. 8) erfaßt § 258 nur einseitige wiederkehrende Leistungen. Es dürfen also die geltend gemachten Zukunftsansprüche »**nicht von einer Gegenleistung abhängig**« (Formulierung des § 257) sein. Daher werden Ansprüche, die von einer gleichzeitigen oder vorgängigen *Gegenleistung* abhängen, wie Ansprüche auf Miet- und Pachtzins[10], Dienstlohn[11] und ähnliche[12], nach nahezu einheitlicher Auffassung *nicht* hierher gerechnet[13].   3

3. Beispiele wiederkehrender Leistungen

Wiederkehrende Leistungen sind somit die Ansprüche nach § 520 (Schenkung durch Versprechen wiederkehrender Leistungen)[14], §§ 759 f. (*Leibrente*), §§ 843 ff. (*Geldrente* bei Körperverletzung und Tötung), §§ 912 ff. (*Überbaurente*), § 917 (*Notwegrente*) BGB, § 7 HaftPflG, § 13 StraßenverkehrsG, ferner alle Ansprüche auf *Unterhalt* kraft familienrechtlicher Beziehungen, §§ 1360 f., 1601 ff., 1615 f. BGB, *Ruhegehaltsansprüche*[15], endlich *Kapital-*, insbesondere *Hypothekenzinsen, Rentenschulden, Reallasten, Versicherungsprämien*, die *Ratenzahlungen* bei Abzahlungs- und sogenannten verbundenen Geschäften (§ 9 VerbrKrG).   4

4. Zeitliche Beschränkung der Verurteilung bei von vornherein befristeten wiederkehrenden Leistungen

Bei von vornherein zeitlich **befristen wiederkehrenden Leistungen** muß sich die Verurteilung auf den Zeitraum der Leistungspflicht des Schuldners beschränken. Dies gilt etwa für die *Tilgungsraten eines Darlehens, Kaufpreisraten* oder *zeitlich befristete Unterhaltsansprüche*. Wegen § 1615 f BGB ist es deshalb unzulässig, einer Klage des nichtehelichen Kindes auf Regelunterhalt über das 18. Lebensjahr hinaus stattzugeben[16]. – Zu zeitlichen Begrenzungen bei an sich *unbefristeten* wiederkehrenden Leistungen → Rdnr. 7.   5

---

[6] *Stein* (Fn. 4), 52. Vgl. auch *OLG Dresden* SächsAnn 37, 144. – Abweichende theoretische Auffassung bei *Hellwig* Lb. 1, 371.
[7] S. auch *Gerlach* ZZP 18 (1893), 396 f.; *Stein* (Fn. 4), 52; *OGHZ* 4, 229.
[8] *OGHZ* 4, 229.
[9] *BGH* NJW 1981, 978 = FamRZ 242 mit Anm. *Mutschler*; vgl. auch *OLG Hamm* FamRZ 1978, 815 (im Ergebnis gleich, Begründung mit mangelnder Bestimmbarkeit des Unterhaltsanspruchs; → auch Rdnr. 6).
[10] *RGZ* 61, 333; *RG Gruchot* 66, 449; HRR 32 Nr. 989; *OLG Hamburg* Rsp 11, 75; *AG Hamburg* WuM 1974, 14. – A.M. *OLG Posen* OLG Rsp 5, 55.

[11] *RAG* BenshS 7, 86; *OLG Hamburg* OLG Rsp 19, 93. S. auch *RAG* ArbRS 29, 68.
[12] *RG* JW 1923, 600 (vertragliche *Zuschüsse zur Unterhaltsgewährung* an Dritte). Allein auf gesetzliche Anspruchsgrundlagen gestützte Gegenansprüche, z.B. auf Herausgabe der Nutzungen, stehen nicht in einem Gegenleistungsverhältnis, *BGH* ZMR 1996, 546.
[13] *BGHZ* 5, 342 (343 f.); *RGZ* 61, 333 (335).
[14] Auf den *Unterhalt des verarmten Schenkers*, § 528 BGB, ist § 258 nicht anwendbar, weil kein Anspruch darauf besteht.
[15] *OHGZ* 4, 229.
[16] *Zöller/Greger*[20] Rdnr. 2.

5. Gewißheit des zukünftigen Bestehens der Anspruchsvoraussetzungen

6   Das Gericht darf zu den zukünftigen Leistungen, seien sie befristet oder unbefristet, nur verurteilen, wenn es die Gewißheit hat, daß die tatsächlichen Umstände, die den Grund und die Höhe der wiederkehrenden Leistungen rechtfertigen, auch in Zukunft bestehen. Zu den Voraussetzungen einer Verurteilung gehört es deshalb, daß auch die für die Höhe der Leistungen wesentlichen *Umstände mit ausreichender Sicherheit festzustellen* sind[17]. Ist das nicht der Fall, so kann die Verurteilung nicht ergehen[18]. Eine Verurteilung trotz Ungewißheit unter Verweisung des Verurteilten auf § 323 ist unzulässig[19]. Deshalb können erhöhte Unterhaltsbeträge für die Zukunft nicht zugesprochen werden, wenn hinsichtlich der Entwicklung des Einkommens der nächsten Jahre keine sichere Prognose vorliegt[20]. Auch die Änderung einer Bemessungsgrundlage ist grundsätzlich nicht im voraus zu berücksichtigen. Anders ist es nur, wenn sie bereits in naher Zukunft eintritt[21].

6. Zeitliche Begrenzungen wegen zukünftiger Unsicherheiten auch bei unbefristeten wiederkehrenden Leistungen

7   Eine **zeitliche Begrenzung zukünftiger Leistungen** ist nötig, wenn in der zukünftigen Entwicklung eine so starke Unsicherheit liegt, daß sich das Gericht kein ausreichendes und einigermaßen zuverlässiges Bild davon machen kann[22]. Schadensersatzrenten eines Kindes aufgrund von § 844 Abs. 2 BGB sind daher in der Regel auf die Vollendung seines 18. Lebensjahrs zu begrenzen[23]; ähnlich ist bei anderen *mit Gewißheit* eintretenden Unsicherheiten zu verfahren. In der Zukunft liegende ungewisse Ereignisse, deren Eintritt zu einer Beendigung der Leistungspflicht führen würde, sind jedoch im Urteilstenor nicht zu berücksichtigen[24]. Die Ungewißheit über die wirtschaftliche Entwicklung eines Unternehmens steht einer Verurteilung zu zukünftiger Leistung von Ruhegehaltszahlungen nicht entgegen[25].

7. Rechtsgrund der wiederkehrenden Leistungen

8   Welchen Rechtsgrund der Anspruch auf die geltend gemachten wiederkehrenden Leistungen haben, ist gleichgültig. Daß der Anspruch im **ausländischen Recht** wurzelt, schadet nicht (→ § 259 Rdnr. 28).

8. Nicht nur Geldforderungen

9   Wenn es sich bei den beanspruchten wiederkehrenden Leistungen auch meistens um Geldforderungen handeln wird (vgl. die Beispiele → Rdnr. 4), so fallen auch sonstige wiederkehrende Leistungen unter § 258.

---

[17] Vgl. *RG* JW 1935, 2949 (Durchschnittsrente auf längere Sicht).
[18] Vgl. *OLG Köln* VersR 1988, 1185.
[19] *RGZ* 145, 196. Vgl. auch *LG Hamburg* MDR 1952, 241 (betrifft Berufsausbildungskosten für ein 5jähriges Kind).
[20] *BGH* DAVorm 1982, 263; *KG* DAVorm 1979, 110; Verzugszinsen für künftig fällig werdende Unterhaltsansprüche können nur unter den Voraussetzungen des § 259 miteingeklagt werden, weil noch ungewiß ist, ob sie entstehen werden.
[21] *OLG Frankfurt a. M.* FamRZ 1978, 721; *OLG Hamm* DAVorm 1980, 398; *OLG Stuttgart* FamRZ 1979, 64; *OLG Köln* NJW 1979, 1661; *OLG Stuttgart* FamRZ 1980, 397; *OLG Köln* FamRZ 1980, 398; a.M. *OLG Bremen* FamRZ 1978, 825; NJW 1978, 2249; *KG* DAVorm 1979, 110 = FamRZ 447 (L). Zur Frage, ob die Nichtberücksichtigung voraussehbarer Verhältnisse zur Unzulässigkeit einer späteren Abänderungsklage führt, vgl. *OLG Köln* FamRZ 1980, 398; NJW 1979, 1661 und *Grunsky* Festschr. für Michelakis (1973), 377.
[22] *BGH* VersR 1969, 713; vgl. auch *Grunsky* Festschr. für Michelakis (1973), 377 (378); a. M. *OLG Frankfurt a. M.* FamRZ 1989, 84.
[23] *BGH* NJW 1983, 2197 = MDR 835 = FamRZ 792 = VersR 688.
[24] *OLG Stuttgart* FamRZ 1979, 704 = Justiz 40 (L).
[25] *BAG* NJW 1972, 734; a.M. *Roth* ZZP 98 (1985), 302.

II. Zulässigkeit der isolierten Zukunftsklage

Die **Klage** auf die künftigen Leistungen setzt die **Verbindung mit einer solchen wegen fälliger Leistung** nicht voraus[26]. Das »auch« im Text der Bestimmung besagt nichts für das Gegenteil; denn eine Klage auf fällige Leistungen geht nicht auf deren künftige Entrichtung. Außerdem trifft die Absicht des Gesetzes, dem Kläger wiederholte Prozesse zu ersparen, auch dann zu, wenn er zur Zeit des Urteils keinen fälligen Einzelanspruch hat[27]. Verschieden davon ist das Erfordernis, daß der Gesamtanspruch gegenwärtig bestehen muß[28], → Rdnr. 1.

10

III. Keine Besorgnis der Nichterfüllung erforderlich – Rechtsschutzbedürfnis

Die *Besorgnis der Nichterfüllung* braucht bei § 258 *nicht zu bestehen*[29]. Eine Klage darf auch nicht wegen fehlenden Rechtsschutzbedürfnisses (→ Rdnr. 101 ff. vor § 253) insoweit abgewiesen werden, als der Beklagte die wiederkehrenden Leistungen freiwillig erbringt und kein Anhaltspunkt dafür besteht, er werde sich künftig anders verhalten, → § 642 Rdnr. 1, § 643 a Rdnr. 5[30]. Das Rechtsschutzbedürfnis fehlt selbst dann nicht, wenn der Unterhaltsschuldner anbietet, über den betreffenden Anspruch eine vollstreckbare Urkunde errichten zu lassen[31]. Diese Titulierung seiner Forderung bezahlt der Kläger selbst[32], weil der *Beklagte* in allen diesen Fällen *keinen Anlaß zur Klage* gegeben hat und er deshalb durch **Anerkenntnis** (§ 93) die Kostenpflicht des Klägers auszulösen vermag. Auch hier (→ § 257 Rdnr. 14) ist *energisch* darauf zu achten, dem **Kläger** die **Kosten solcher Streitigkeiten aufzuerlegen**. Zur **Beweislast** hierbei → § 257 Rdnr. 14. Denn allein die Weigerung, sich einer entsprechenden, vollstreckbaren Urkunde zu unterwerfen, stellt keinen Anlaß zur Klage dar, → zur Problematik § 93 Rdnr. 16[33].

10a

IV. Sonstige Verfahrensfragen

Im übrigen gilt das zu § 257 Rdnr. 13 ff. Bemerkte, insbesondere der *Kosten* wegen, entsprechend. Wegen der *vorläufigen Vollstreckbarkeit* s. § 708 Nr. 8.

11

Die *Abänderung* eines Urteils über künftig fällig werdende wiederkehrende Leistungen wegen veränderter Verhältnisse richtet sich nach § 323 (→ § 323 Rdnr. 7 ff.) Eine sog. **Zusatz-** oder **Nachtragsklage** nach § 258 ist – sofern bei der Klage auf Unterhalts- oder Schadensersatzrente nicht ausdrücklich ein Teilbetrag (→ auch § 253 Rdnr. 64) geltend gemacht wurde – unzulässig[34] (→ § 323 Rdnr. 3 ff.).

---

[26] Vgl. die eingehende Begründung bei *Stein* (Fn. 4), 50 f.; weiter *Langheineken* Der Urteilsanspruch (1899), 214 f. (mit Lit.); *Künkel* (Fn. 5) a.a.O.

[27] Vgl. RGZ 63, 406 f.; BayObLG SeuffArch 57, 408; *Rosenberg/Schwab/Gottwald*[15] § 92 II 2 b. – A.M. *Hellwig* Anspruch und Klagrecht (1900), 370 f.; *Langheineken* (Fn. 4), 146 f.; *Hamburg* SeuffArch 60, 334; OLG Dresden SächsArchRpfl 1, 303.

[28] → auch Fn. 4; OLG Dresden in Fn. 26 ist deshalb sachlich zutreffend.

[29] *Zöller/Greger*[20] Rdnr. 1.

[30] OLG Düsseldorf FamRZ 1991, 1207; OLG Köln FamRZ 1986, 827; OLG Hamm DAVorm 1979, 365; OLG Hamm FamRZ 1983, 69; OLG Schleswig SchlHA 1979, 51, SchlHA 1996, 163; OLG Saarbrücken DAVorm 1980, 745; AG Celle DAVorm 1979, 762 (L) = NdsRPfl 225; *Göppinger/Wax* Unterhaltsrecht[6] (1994) Rdnr. 2036; *Künkel* (Fn. 5) a.a.O.; a.M. *Kohler* FamRZ 1991, 645. Abwegig die Gegenansicht von *Bittmann* FamRZ 1986, 420; der § 93 (hierzu sogleich der Text) übersieht.

[31] *Göppinger/Wax* (vorige Fn.) Rdnr. 2038; a.M. KG FamRZ 1979, 171.

[32] *Köhler* FamRZ 1991, 645; *Hensen* NJW 1966, 920; *Dölle* Familienrecht II (1965) § 86 VIII 1.

[33] OLG Koblenz FamRZ 1978, 826; a.M. OLG Frankfurt a. M. NJW 1982, 946; OLG Karlsruhe NJW 1979, 1464 (L) = MDR 677 = DAVorm 598 (L) = FamRZ 630 = Justiz 265. Für einen Fall, in dem eine kostenlose Beurkundung durch das Jugendamt ausschied, hat OLG Hamm FamRZ 1983, 69 einen Antrag auf Prozeßkostenhilfe abgelehnt, weil das Unterhaltsrecht den Schuldner nicht zur Tragung der für die Titulierung erforderlichen Kosten verpflichte; vgl. dazu auch OLG Hamm FamRZ 1992, 831. Anders OLG Düsseldorf FamRZ 1990, 1369 bei Weigerung des Unterhaltsschuldners, eine vollstreckbare Urkunde trotz freiwilliger und pünktlicher Zahlung zu errichten.

[34] *Blomeyer* ZPR[2] § 87 IV 5 a; *Baumbach/Lauterbach/Hartmann*[55] Rdnr. 7; *Niklas* MDR 1989, 131; BGH NJW 1986, 3142. BGHZ 34, 110 = JZ 1961, 546 (zust.

15 Bei einem einseitigen schuldbestätigenden Anerkenntnis des Unterhaltsschuldners in einer vollstreckbaren Urkunde kann der Gläubiger jedoch eine Zusatzklage erheben[35].

16 Eine neue Leistungsklage, die nicht an die Voraussetzungen des § 323 gebunden ist, kann erhoben werden, wenn ein Unterhaltsverlangen wegen fehlender Bedürftigkeit rechtskräftig abgewiesen worden und die vormals fehlende Voraussetzung nachträglich eingetreten ist[36] (→ § 323 Rdnr. 8).

§ 259 [Klage wegen Besorgnis der Nichterfüllung]

Klage auf künftige Leistung kann außer den Fällen der §§ 257, 258 erhoben werden, wenn den Umständen nach die Besorgnis gerechtfertigt ist, daß der Schuldner sich der rechtzeitigen Leistung entziehen werde.

Gesetzesgeschichte: Eingefügt durch die Nov. 1898 (→ Einl. Rdnr. 113).

Stichwortverzeichnis → »Schlüssel zu den Zukunftsklagen« zu Beginn von § 257.

I. § 259 als Generalklausel der Zukunftsklagen 1	a) Räumungsklage während offener Widerspruchsfrist 13
II. Die unter § 259 fallenden Ansprüche	b) Kein Zwang zum Widerspruch des Mieters 14
1. § 259 gilt für alle Arten von Ansprüchen 1a	c) Späterer Widerspruch des Mieters 16
2. § 259 gilt auch für Ansprüche, die von einer Gegenleistung abhängig sind 2	d) Räumungsfrist 18
	III. Die Voraussetzung der Besorgnis, daß sich der Schuldner der rechzeitigen Leistung entziehen werde 19
3. § 259 gilt auch für bedingte und befristete, nicht aber für zukünftige Ansprüche 3	1. Die Besorgnis als bedingte Sachurteilsvoraussetzung 20
4. § 259 ist für die Geltendmachung von Unterlassungsansprüchen, die fällig sind, nicht erforderlich 7	2. Die Besorgnis nicht rechtzeitiger Leistung 21
a) Gesetzliche Unterlassungsansprüche 8	IV. Das Bestehen des geltend gemachten zukünftigen Anspruchs 23
b) Vertragliche Unterlassungsansprüche 9	V. Verfahren
5. § 259 gilt jedoch für noch nicht fällige Unterlassungsansprüche 10	1. Anerkenntnis des Beklagten 25
	2. Einzelheiten 26
6. § 259 gilt auch für Räumungsansprüche gegenüber Wohnraum 11	3. Internationales Zivilprozeßrecht 28

Pohle); *OLG Frankfurt a. M.* FamRZ 1980, 894; *OLG Schleswig* SchlHA 1979, 227; *LG Freiburg* FamRZ 1972, 397; *LG Frankenthal* FamRZ 1972, 399; anders z.B. *Brox* FamRZ 1954, 237; 1955, 56, 320; s. auch *Dölle* (Fn. 32) § 86 VIII 1 und die weiteren Nachweise in § 323. Der den *Regelbedarf* überschreitende Mehrbedarf des Unterhaltsgläubigers kann, wenn vorher nur ein Teilbetrag eingeklagt war, im Wege der Zusatzklage geltend gemacht werden: *LG Stuttgart* DAVorm 1968, 378 = Justiz 1969, 44 (L) = FamRZ 1968, 213.

[35] *LG München* II MDR 1968, 930.

[36] BGHZ 82, 246 = NJW 1982, 578 = MDR 392; BGH MDR 1982, 655 = NJW 1284 = LM Nr. 91 zu § 322 ZPO; a.M. *OLG Karlsruhe* FamRZ 1980, 1125.

I. § 259 als Generalklausel der Zukunftsklagen

§ 259 ist die Generalklausel für alle Klagen auf eine zukünftige Leistung, d. h. auf **künftige** **1** **Erfüllung derzeit noch nicht fälliger Ansprüche** (zur *Fälligkeit* → auch § 257 Rdnr. 1). Während die besonderen Zukunftsklagen des § 257 und des § 258 auf bestimmte Ansprüche und weitere Umstände abstellen, ist § 259 **bei allen Arten von Ansprüchen** gegeben (→ näher sogleich Rdnr. 1a – 18). Erforderlich ist jedoch für die Zukunftsklage des § 259 die **Besorgnis der Nichterfüllung** (näher → Rdnr. 21), weshalb sie häufig (und zutreffend) auch als »**Besorgnisklage**« bezeichnet wird.

II. Die unter § 259 fallenden Ansprüche

1. § 259 gilt für alle Arten von Ansprüchen

Bei allen Arten von Ansprüchen steht § 259 zur Verfügung. Die geschuldete Leistung kann **1a** jeden beliebigen Inhalt haben; die Klage kann daher auf *Geldzahlung*, *Herausgabe einer Sache*, auf *Räumung* und Herausgabe eines *Wohnraums*, *Vornahme einer Handlung*, Abgabe einer *Willenserklärung*, auf *Rechnungslegung*[1], Verzugszinsen für erst künftig fällig werdende *Unterhaltsansprüche*[2] usw. gerichtet sein. Auch ein *Arbeitnehmer* darf gemäß § 259 seine künftig fällig werdenden Lohnforderungen geltend machen[3]; dasselbe gilt von seinem Gläubiger, der sich diese Forderungen in einem Pfändungs- und Überweisungsbeschluß (§§ 829, 835) *zur Einziehung* hat überweisen lassen[4].

2. § 259 gilt auch für Ansprüche, die von einer Gegenleistung abhängig sind

Erforderlich ist (anders als bei § 258, → dort Rdnr. 3) *nicht*, daß die Leistung nur einseitig **2** geschuldet ist; deshalb darf sie *auch von einer Gegenleistung abhängen*[5], die allerdings nach Inhalt und Fälligkeit eindeutig bestimmt oder doch wenigstens bestimmbar sein muß. Leistung und Gegenleistung müssen im Zeitpunkt ihrer Fälligkeit rechtlich und tatsächlich objektiv möglich sein, da eine Verurteilung zu einer rechtlichen oder tatsächlich objektiv unmöglichen Leistung auch bei der Klage nach § 259 ausgeschlossen ist (→ § 308 Rdnr. 5)[6]. Jedoch hindert die *abstrakte* Möglichkeit, ein künftiges Ereignis mache die dann zu erbringende Leistung rechtlich oder tatsächlich objektiv unmöglich, die Verurteilung nicht. Es genügt, daß die Leistung – falls nichts Unerwartetes eintritt – geschuldet bleibt[7]. Auch wenn zu der vom Kläger begehrten Leistung behördliche Genehmigungen erforderlich sind, steht dies einer Verurteilung nicht entgegen[8].

---

[1] *RG* WarnRsp 1912, 281.
[2] *OLG Koblenz* FamRZ 1980, 583; → auch § 258 Rdnr. 4.
[3] Näher *Vossen* DB 1985, 385 (387f.); 439 (441f.).
[4] *BAG* AP Nr. 1, 2 (zust. *Zeuner*) zu § 259 ZPO.
[5] *BAG* FamRZ 1983, 899, 900; *RGZ* HRR 1932 Nr. 989; *OLG Hamburg* OLG Rsp 1911, 76.
[6] *RGZ* 168, 326.
[7] *BAG* AP Nr. 1 zu § 259 ZPO; *RGZ* 168, 326. Im übrigen ist es zumutbar, den verurteilten *Beklagten* auf § 767 zu verweisen, wenn sich nach der letzten Tatsachenverhandlung Tatsachen ereignen, die dem (künftigen) Anspruch entgegenstehen, da der Beklagte ja erst durch sein Verhalten zur Klage nach § 259 Anlaß gab, so auch *Grunsky* Festschr. für Michelakis (1973), 377, 379 für den Fall der Geltendmachung einer einmaligen Leistung, vgl. *BAG* a.a.O.; → auch Fn. 32.
[8] *BGH* NJW 1978, 1262 = MDR 301 = JuS 346 = WPM 18 = ZMR 219 = Warn. 1977 Nr. 187.

3. § 259 gilt auch für bedingte und befristete, nicht aber für zukünftige Ansprüche

3 Der **Schuldgrund** muß bereits **bei Klageerhebung bestehen**. Deshalb können *künftige* Ansprüche nicht über § 259 geltend gemacht werden, wohl aber *bedingte*[9] Ansprüche[10]. Denn von »künftiger« und »rechtzeitiger« Leistung kann man auch bei **bedingten Ansprüchen** reden, da auch bei ihnen eine natürliche, in der Bedingung mitenthaltene Befristung besteht; auch setzt § 726 Abs. 1 eine Verurteilung zu bedingter Leistung voraus. Daher kann auch der *Sozialhilfeträger* nach Überleitung gem. § 90 BSHG zukünftige *Unterhaltsbeträge* über § 259 geltend machen[11], obwohl die Überleitung unter der aufschiebenden Bedingung steht, daß Unterhaltsleistungen tatsächlich erbracht werden, → auch § 258 Rdnr. 2[12]. Sogar beim *Arrest* ist durch § 916 Abs. 2 der **bedingte Anspruch** als **sicherungsfähig** erklärt[13]. Über die Verbindung der Klagen aus einem unbedingten und einem eventuellen Anspruch → § 260 Rdnr. 25.

4. § 259 ist für die Geltendmachung von Unterlassungsansprüchen, die fällig sind, nicht erforderlich

7 Bereits **fällige Unterlassungsansprüche** (→ Rdnr. 8–14 vor § 253) sind nicht gemäß § 259 geltend zu machen[14]. Denn der als *jetzt* bestehender Unterlassungsanspruch geltend gemachte Anspruch stellt keine Geltendmachung eines *zukünftigen* Leistungsanspruchs dar. Er ist ein *gegenwärtiger* Anspruch, genauso wie sich das Leistungsbegehren im Regelfall auf eine gegenwärtige Erfüllung richtet[15]. Daß mit Nichterfüllung der Unterlassungspflicht im gegenwärtigen Zeitpunkt nicht mehr (rückwirkend) auf Unterlassung geklagt, sondern nur noch eine sekundäre (Schadensersatz-)Pflicht begehrt werden kann, begründet gegenüber der Leistungsklage keinen Unterschied[16], weil sich auch bei ihr die Leistungsverpflichtung in einen Anspruch auf Schadensersatz umzuwandeln vermag, ohne daß sich an der Gegenwärtigkeit des Leistungsbegehrens etwas ändert. Die **Besonderheit des Unterlassungsanspruchs** besteht jedoch meist darin, daß zusätzlich zur Geltendmachung einer gegenwärtigen Unterlassungspflicht **regelmäßig auch eine zukünftige Verpflichtung** (teilweise bis zu einem bestimmten Termin, z. B. dem Ende einer Wettbewerbsfrist) beansprucht wird. *Rein theoretisch* ließe sich deshalb die (vertragliche) Unterlassungsklage in einen auf *gegenwärtige* Leistung gerichteten Teil und in einen auf *zukünftige* Leistung bezogenen Teil trennen, mit der Folge, daß für den ersten Teil die allgemeinen Voraussetzungen der Leistungsklage, für den zweiten

---

[9] *BGHZ* 5, 344; vgl. auch *Dütz* AfP 80, 17, 21. Daß wegen der **Unwahrscheinlichkeit** des **Bedingungseintritts** der aufschiebend bedingte Anspruch keinen Vermögenswert besitzt, spielt keine Rolle, anders *Rosenberg/Schwab/Gottwald*[15] § 92 II 2 c; *Roth* ZZP 98 (1985), 287 (304–306). Wegen der Unterschiedlichkeit beim Arrestverfahren (näher → Rdnr. 21) scheidet auch eine analoge Anwendung des § 916 Abs. 2 aus. In solchen Fällen wird in der Regel ohnehin die für § 259 erforderliche Besorgnis fehlen, ähnlich *RGZ* (Fn. 6) 326, das in einer vergleichbaren Situation das Rechtsschutzbedürfnis verneinte.

[10] Zum Unterschied zwischen künftigen und bedingten Ansprüchen *Rosenberg/Schwab/Gottwald*[15] § 92 II 2 c; *Hübner* BGB Allgemeiner Teil (1984) Rdnr. 248.

[11] *BGH* NJW 1992, 1625; NJW-RR 1992, 566; *OLG Düsseldorf* DAVorm 1980, 20 (L) = FamRZ 1979, 1010; DAVorm 1982, 283, die Verurteilung ist jedoch davon abhängig zu machen, daß der Sozialhilfeträger den Unterhaltsberechtigten in Zukunft tatsächlich unterstützt und seine Leistungen für nicht länger als zwei Monate unterbricht (§ 90 Abs. 2 BSHG). Für die *Vollstreckung* eines solchen Urteils gilt § 726 (→ dort Rdnr. 3).

[12] *BGH* NJW 1982, 232 = MDR 302 = DAVorm 56 = RPfl 64 = FamRZ 1981, 1161 (L) und 1982, 23; vgl. auch *AG Sigmaringen* DAVorm 82, 202 sowie *Seetzen* NJW 1978, 1350, 1352.

[13] Wie hier *RGZ* 51, 243, 58, 139 f.; 72, 22; 90, 181; 94, 227; *RG* Gruchot 47, 1091; JW 1909, 393; *OLG Königsberg* OLG Rsp 5, 57. – A.M. *OLG Dresden* OLG Rsp 17, 143; *OLG Jena* OLG Rsp 2, 441 f.

[14] Vgl. *BGH* LM Nr. 2 zu § 241 BGB = BB 1956, 223 = GRUR 240; *BGH* LM Nr. 10 zu § 241 BGB; *BGHZ* 42, 345 f.; *Blomeyer* ZPR² § 35 IV; *Rosenberg/Schwab/Gottwald*[15] § 92 II 2 c a.E.; *Baumbach/Lauterbach/Hartmann*[55] Rdnr. 4; *Thomas/Putzo*[19] Rdnr. 4.

[15] Ebenso *Wesel* Festschr. für Lübtow (1970), 787, 798; *Pastor* GRUR 1969, 331, 335; *Lindacher* GRUR 1975, 413; a.M. *Hellwig* Anspruch und Klagrecht (1900) § 54; *ders.* System I § 104 II.

[16] Anders *BGH* LM Nr. 2 (Fn. 14), zurückhaltend jetzt aber die anderen Entscheidungen in Fn. 14.

Teil § 259 anzuwenden wären. **Eine solche Trennung ist aber abzulehnen.** Einmal läßt sich nicht sagen, an welcher Stelle (zu welchem Zeitpunkt) sie vorgenommen werden soll. Vor allem aber besteht zu solch einer Zerreißung des einheitlichen Klagebegehrens kein Anlaß, wie ja auch bei einem einheitlichen gegenwärtigen und zugleich in die Zukunft wirkenden Leistungsanspruch – etwa bei Dauerschuldverhältnissen oder z. B. bei einem einmaligen in der Zukunft weiter bestehenden Anspruch – keine solche Zerschneidung vorgenommen wird. Die einheitliche Unterlassung wird nicht deshalb zu einer zukünftigen Unterlassung, daß sie nicht nur in der Gegenwart, sondern auch in der Zukunft geschuldet wird[17].

a) Gesetzliche Unterlassungsansprüche

Gründet sich der **Unterlassungsanspruch** auf **Gesetz** – wie bei der negatorischen Klage, z. B. §§ 12, 862, 1004 BGB, → näher Rdnr. 8 vor § 253 –, ist zudem die in den materiell-rechtlichen Vorschriften bezeichnete **Wiederholungsgefahr mit der Besorgnis der Nichterfüllung nach § 259 gleichwertig** (zur *Wiederholungsgefahr* bei der Unterlassungsklage → Rdnr. 11 vor § 253). Der quasi-negatorische Anspruch entsteht erst, wenn eine Rechts- oder Rechtsgutverletzung zu besorgen ist. Er setzt also die Besorgnis der Nichterfüllung voraus[18]. *Aus diesem Grunde dürfte hinsichtlich der gesetzlichen Unterlassungsansprüche auch keine Notwendigkeit bestehen, den § 259 anzuwenden*[19]. Selbst wenn man aber diese Bestimmung für anwendbar hielte, lägen **doppelrelevante Tatsachen** vor, da sich die Voraussetzungen der Zulässigkeit der Klage mit denen des Anspruchs decken; nach allgemeinen prozessualen Grundsätzen kommt es dann nicht zur Prüfung der »Besorgnis« im Sinne des § 259, so daß die **Anwendung dieser Bestimmung ohne Bedeutung** wäre (→ § 1 Rdnr. 21).

8

b) Vertragliche Unterlassungsansprüche

Bei den **vertraglich vereinbarten Unterlassungsansprüchen** ist die materielle Rechtslage dadurch anders, daß Inhalt eines vertraglichen Schuldverhältnisses ohne weiteres auch ein Unterlassen sein kann (§ 241 BGB), *ohne* daß eine *Wiederholungsgefahr* oder ähnliche zusätzliche Voraussetzungen vorliegen müssen, um den Anspruch geltend zu machen. Hier könnte § 259 noch eine eigenständige Bedeutung haben. *Trotzdem ist seine Anwendung abzulehnen*, weil nicht auf eine zukünftige Leistung geklagt wird[20]. In Betracht kommt auch nicht eine analoge Anwendung[21]. Erhebt in einem solchen Fall der Gläubiger Unterlassungsklage, ohne daß Anzeichen dafür bestehen, der Schuldner werde seine Unterlassungspflicht verletzen, ist die Klage wegen fehlenden *Rechtsschutzinteresses* (→ Rdnr. 101 ff. vor § 253) abzuweisen; eine analoge Anwendung des § 259 würde zwar zum selben Ergebnis führen, ist aber nicht erforderlich, da es – wie dargelegt – an einer Lücke fehlt.

9

5. § 259 gilt jedoch für noch nicht fällige Unterlassungsansprüche

Von dieser Problematik ist aber scharf die Geltendmachung eines erst **zukünftig fälligen Unterlassungsanspruchs** zu scheiden. Eine solche Klage **unterfällt** dem § 259, so daß der etwa

10

---

[17] Ebenso *Zeuner* Festschr. für Dölle (1963), 295, 310 f.
[18] A.M. *Staudinger/Schlosser*, BGB¹² § 13 AGBG Rdnr. 30.
[19] So auch *Thomas/Putzo*¹⁹ Rdnr. 4.
[20] So vor allem *Stein* Voraussetzungen des Rechtsschutzes, Festgabe für Fitting (1903), 115 ff.; *Langheineken* Anspruch und Einrede nach dem Deutschen Bürgerlichen Gesetzbuch (1903), 260 ff.; *Siber* Rechtszwang (1903), 85 f., 102, 109; *Eltzbacher* Unterlassungsklage (1906), 85 f.; 156 f.; *Rosenberg/Schwab/Gottwald*¹⁵ § 92 II 2 c; a.M. *Schimmelpfennig* GRUR 1974, 201; *Pastor* GRUR 1969, 331 und 1974, 423, 430; ders. Wettbewerbsprozeß³ (1980) 520; *Baumbach/Lauterbach/Hartmann*⁵⁵ Rdnr. 4; *Thomas/Putzo*¹⁹ Rdnr. 4; offengelassen BGH NJW-RR 1989, 263.
[21] So aber *Lindacher* GRUR 1975, 413, 419.

erst nach Monaten fällige Unterlassungsanspruch schon jetzt geltend gemacht werden darf, wenn die Besorgnis im Sinne von § 259 besteht.

6. § 259 gilt auch für Räumungsansprüche gegenüber Wohnraum

11   Nach § 257 **neuer Fassung** (→ § 257 Rdnr. 9 sowie → Einl. Rdnr. 150 Nr. 9) ist die Zukunftsklage auf Räumung von **Wohnraum** *nur bei Besorgnis der Nichterfüllung*, § 259, zulässig[22]; zur Räumungsklage bei *Nichtwohnraum* → § 257 Rdnr. 9. Dies folgt aus dem Grundsatz, daß bei Aufhebung der speziellen Regelung (§ 257 a.F.) die allgemeine Bestimmung für die Klage auf künftige Leistung wieder Platz greift. An eine generelle Beseitigung der Klage auf künftige Räumung war im übrigen bei der Neufassung des § 257 nicht gedacht, wie auch die § 93 b Abs. 3, § 721 Abs. 2 (neue Fassung) zeigen[23]. Die **Besorgnis der nicht rechtzeitigen Räumung** besteht, wenn der Mieter erklärt oder schwerwiegende Gründe dafürsprechen[24], er ziehe nicht aus, oder wenn er Widerspruch gegen die Kündigung gemäß § 556 a BGB erhebt[25]. Die Besorgnis der Nichterfüllung ist in diesen Fällen bereits vor Ablauf der Kündigungsfrist gegeben[26]. Dagegen *genügt es nicht*, wenn der Mieter auf die Anfrage des Vermieters, ob er nach Ablauf der Kündigungsfrist ausziehe, eine Antwort verweigert[27]. Dem Verhalten des Mieters würde hier eine Bedeutung beigelegt, die es nach § 556 a BGB nicht hat, denn nach dieser Vorschrift soll er *bis zwei Monate vor Ablauf der Kündigungsfrist* Zeit zur Überlegung haben, ob er Widerspruch gegen die Kündigung erheben will. Deshalb findet auch im Räumungsrechtsstreit eine weitere ordentliche Kündigung des Vermieters keine Berücksichtigung[28].

a) Räumungsklage während offener Widerspruchsfrist

13   Die **Räumungsklage des Vermieters** ist auch dann zulässig, wenn der **Mieter noch keinen Widerspruch** erhoben hat und die Widerspruchsfrist (regelmäßig: bis spätestens *zwei Monate vor Beendigung des Mietverhältnisses*, § 556 a Abs. 6 BGB) noch nicht abgelaufen ist. Sofern (trotz des fehlenden Widerspruchs) die Besorgnis der nicht-rechtzeitigen Räumung besteht (→ Rdnr. 11), ist der Vermieter nicht gehalten, den Widerspruch des Mieters abzuwarten; seine Räumungsklage ist daher zulässig[29]. Da der **Vermieter einen gesetzlichen Anspruch auf Durchführung der Räumungsklage** hat (→ auch § 148 Rdnr. 15, → Einl. Rdnr. 204 ff.), darf der

---

[22] Vgl. *AG Wuppertal* WuM 1969, 205 = ZMR 1970, 84; *AG Köln* WuM 1970, 119 = ZMR 1970, 331 (L); *LG Hannover* WuM 1970, 130; *LG Bonn* NJW 1971, 433; *AG Düsseldorf* WuM 1976, 31.

[23] *Pergande* NJW 1964, 1925, 1934; *Kallfelz* und *Burkhardt* NJW 1965, 803 f.; *Thomas/Putzo*[19] § 257 Rdnr. 3; a.M. *LG Stade* ZMR 1968, 344 = WuM 1968, 168; *AG Hamburg* MDR 1970, 241 = ZMR 1983, 211 (L).

[24] *LG Aachen* MDR 1976, 848; *LG Berlin* ZMR 1980, 143; 1992, 346; vgl. auch *AG Opladen* WuM 1971, 64 und *Hensslser* NJW 1989, 138; näher zur Besorgnis → Rdnr. 21.

[25] Vgl. zum Verhältnis von § 556 a BGB zu § 259 *Karst* ZMR 1988, 453.

[26] *OLG Karlsruhe* WuM 1983, 253 = NJW 1984, 2953; *LG Bonn* NJW 1971, 433; *LG Bochum* WuM 1983, 56; *AG Köln* MDR 1968, 924 = WuM 142 = ZMR 302 (L); *AG Mannheim* DWW 1979, 19; a.M. *OLG Celle* MDR 1966, 240; *LG Hamburg* MDR 1971, 397 = WuM 1970, 120; MDR 1971, 138 = ZMR 157 (L); *LG Braunschweig* DWW 1972, 170; *AG Hamburg* WuM 1971, 31 = ZMR 157 (L).

[27] *LG Hannover* WuM 1970, 130 = ZMR 363; *LG Kassel* WuM 1971, 30 = ZMR 157 (L) = DWW 1972, 104; *AG Berlin-Charlottenburg* WuM 1989, 427; *AG Köln* WuM 1986, 94; MDR 1972, 54 = ZMR 284 (L); *AG Münster* WuM 1971, 48 = ZMR 157 (L); *AG Köln* ZMR 1977, 240; a.M. *Kallfelz* (Fn. 23).

[28] *LG Heidelberg* WuM 1982, 133; vgl. auch *LG Karlsruhe* DWW 1974, 238 (L) = WuM 243.

[29] *OLG Karlsruhe* WuM 1983, 253 = NJW 1984, 2953; *LG Bochum* WuM 1983, 56; *LG Bonn* NJW 1971, 433; *LG Berlin* ZMR 1980, 143 (das aber wegen fehlender Besorgnis rechtzeitiger Räumung zur Abweisung der Klage kommt); *Schumann* Die materiellrechtsfreundliche Auslegung des Prozeßgesetzes, Festschr. für Larenz zum 80. Geburtstag (1983), 571 (596 f.); a.M. *OLG Celle* MDR 1966, 240 = NJW 668; *LG Hamburg* MDR 1971, 397 = WuM 1970, 120; *Hans* Das neue Mietrecht in den weißen Kreisen (Stand 1980) §§ 257, 259 Anm. B 2; *Pergande* Wohnraummietrecht (Stand 1968), Nr. 350, ZPO § 259 Anm. 3: Räumungsklage sei *erst nach Ablauf der Widerspruchsfrist* zulässig.

Prozeß auch **nicht ausgesetzt** werden, bis der Mieter Widerspruch eingelegt hat oder die Widerspruchsfrist abgelaufen ist[30].

b) Kein Zwang zum Widerspruch des Mieters

Während des Räumungsprozesses ist der **Mieter nicht verpflichtet**, sein **Widerspruchsrecht** gegen die Kündigung **auszuüben**. Da ihm das BGB die freie Entschließung einräumt, bis zwei Monate vor dem Mietende (→ Rdnr. 13) mit einem Widerspruch zu warten, vermag ihn auch nicht das Prozeßrecht zu zwingen, zu einem früheren Zeitpunkt den Widerspruch zu erheben[31]. Damit riskiert der Räumungskläger, daß der Beklagte (Mieter) den *Widerspruch erst im Laufe des Prozesses erhebt*, ohne mit der Berufung auf den nunmehr erfolgten Widerspruch präkludiert werden zu können. Zwar schließt die Rechtsprechung nicht aus, daß ein Beklagter auch mit der materiell-rechtlichen Erklärung von Aufrechnung oder Anfechtung – nicht nur mit dem prozessualen Vorbringen einer bereits erfolgten Aufrechnung oder Anfechtung – als verspätet ausgeschlossen werden kann (→ § 277 Rdnr. 15 zur Geltendmachung der Aufrechnung in der Klageerwiderung; → § 282 Rdnr. 10: Prozeßförderungspflicht umfaßt auch Geltendmachen von Aufrechnung oder Anfechtung; → § 296 Rdnr. 37 und 38: Zurückweisung der Aufrechnungs- oder Anfechtungserklärung als verspätet). Selbst wenn man eine derartige Ausweitung der Präklusion auf *materiell-rechtliche Erklärungen* für gangbar hält, läßt sich jedenfalls diese Judikatur nicht auf das Widerspruchsrecht des Mieters ausdehnen, dem es kraft des zwingenden (§ 556a Abs. 7 BGB) materiellen Rechts gestattet ist, mit seinem Widerspruch bis zu der schon genannten Frist von zwei Monaten vor dem Ende des Mietverhältnisses (→ Rdnr. 13) zu warten. Da das bürgerliche Recht eine etwaige vertragliche Verpflichtung des Mieters, *früher* Widerspruch zu erklären, sogar als *unwirksam* ansieht, vermag auch das Prozeßrecht nicht, eine derartige »Pflicht« niederzulegen.

c) Späterer Widerspruch des Mieters

Endet der **Räumungsprozeß vor dem Ablauf der Widerspruchsfrist**, ist der Mieter sogar befugt, nach erhobenem Widerspruch mit **Vollstreckungsabwehrklage** (§ 767, → auch dort Rdnr. 30) das Räumungsurteil zu bekämpfen[32]. Auch mit seinem Fortsetzungsverlangen nach § 556a BGB ist der Mieter in solch einem Fall nicht ausgeschlossen, so daß eine **Fortsetzungsklage zulässig ist**. Widersprechende rechtskräftige Urteile können dadurch nicht hervorgerufen werden, da es sich beim Räumungs- und Fortsetzungsverlangen um zwei verschiedene prozessuale Ansprüche und damit um zwei verschiedene Streitgegenstände (→ Einl. Rdnr. 263 ff.) handelt. Das erstere ist eine *Leistungs-*, das zweite eine *Gestaltungsklage* (→ Rdnr. 39 ff. vor § 253). Ist die Fortsetzungsklage begründet, so ist die durch Fortsetzungsurteil geschaffene Rechtslage eine nach § 767 Abs. 2 zu berücksichtigende Einwendung. Auf Vollstreckungsgegenklage wäre gegebenenfalls die Zwangsvollstreckung aus dem Räumungstitel einzustellen, § 775 Nr. 1. Bis zur rechtskräftigen Entscheidung über die Fortsetzungsklage ist die Zwangsvollstreckung einstweilen aufgrund einer nach § 769 zu erlassenden gerichtlichen Anordnung einzustellen.

---

[30] *Kunkel* NJW 1965, 802; a.M. (für Aussetzung) LG Braunschweig NJW 1964, 1030; *Pergande* (Fn. 26); *Roquette* NJW 1964, 11.
[31] *Schumann* (Fn. 29); anders die 19. Aufl. dieses Komm. § 257 Anm. IV 4 b.

[32] *BGHZ* 94, 29 ff. = MDR 1985, 574 = NJW 2481: Klage auf künftige Räumung von Geschäftsraum nach § 257 (→ dort Rdnr. 9) und später ausgeübtes *vertragliches Optionsrecht* (auf Vertragsverlängerung) des Beklagten, *Schumann* (Fn. 29) m.w.N.; → auch Fn. 7.

d) Räumungsfrist

18 Zur **Räumungsfrist** → § 721 Rdnr. 22.

III. Die Voraussetzung der Besorgnis, daß sich der Schuldner der rechtzeitigen Leistung entziehen werde

19 Die (Zukunfts-) Klage des § 259 auf zukünftige Leistung ist **nur zulässig**, wenn die Rechtsschutzvoraussetzung (näher zu den Rechtsschutzvoraussetzungen → Rdnr. 81 vor § 253) der »**Besorgnis** gerechtfertigt ist, daß der Schuldner sich der rechtzeitigen Leistung entziehen werde« (»*Besorgnisklage*« – Rdnr. 1). Es muß also ein **besonderes Interesse** des Klägers an der vorzeitigen Verurteilung des Beklagten bestehen.

1. Die Besorgnis als bedingte Sachurteilsvoraussetzung

20 Dieses besondere Interesse stellt – genauso wie das Rechtsschutzbedürfnis (→ Rdnr. 101 ff. vor § 253) oder das rechtliche Interesse des § 256 (→ § 256 Rdnr. 61) – eine *bedingte Sachurteilsvoraussetzung* (→ Einl. Rdnr. 333 f., → Rdnr. 81 vor § 253) dar. Eine **Klage** kann daher, *ohne daß das besondere Interesse nach § 259 geprüft wird*, **als unbegründet abgewiesen werden**, wenn sich der geltend gemachte Anspruch deutlich als nicht gegeben erweist.

2. Die Besorgnis nicht rechtzeitiger Leistung

21 Das für die Zulässigkeit der Besorgnisklage des § 259 erforderliche besondere Interesse besteht in der nach den Umständen gerechtfertigten Besorgnis, daß der Schuldner **sich der rechtzeitigen Leistung entziehen werde**. Aus den Erklärungen des Schuldners oder aus seinem Verhalten[33] muß also der Schluß gezogen werden können, daß er nicht leisten *wolle*. Aus welchem Grund ist ohne Bedeutung; es genügt jedes ernstliche *Bestreiten* (→ § 256 Rdnr. 65); ein böswilliges oder fahrlässiges Verhalten des Schuldners wird nicht verlangt[34]. Liegen diese Voraussetzungen vor, so steht der Klage auch nicht unbedingt das Versprechen des Klägers entgegen, bis zu dem bestimmten Zeitpunkt keine gerichtlichen Schritte zu unternehmen[35]. Die voraussichtliche Zahlungsunfähigkeit des Beklagten oder die Unmöglichkeit der Leistung genügen nicht[36]. Dieses Interesse unterscheidet sich von dem Feststellungsinteresse dadurch, daß *nicht* die Unsicherheit des gegenwärtigen *Bestehens*[37], sondern diejenige der *künftigen Erfüllung* gefordert wird, und von der *Arrestgefahr* dadurch, daß eine Verweigerung der *Erfüllung* droht, *nicht* die Erschwerung der *Vollstreckung*: § 259 kann auch gegen einen vollkommen zahlungsfähigen Schuldner Anwendung finden, und der Arrest wird durch eine Verurteilung nach § 259 nicht überflüssig[38]. **Entscheidend** ist sonach nur, daß der **Kläger** ohne die Verurteilung zur künftigen Leistung voraussichtlich **genötigt** sein würde, **im Zeitpunkt der Fälligkeit eine Leistungsklage zu erheben**. Der dadurch entstehende Aufschub soll ihm erspart werden. Die Klage wird nicht dadurch unzulässig, daß der Gläubiger sich durch eigenes Verhalten, z.B. durch Gewährung von Stundung, außerstande gesetzt hat, auf sofortige Leistung zu klagen[39]. Da die Voraussetzungen des § 259 namentlich dann gegeben

---

[33] Vgl. z.B. *OLG Hamburg* OLG Rsp 11, 76; andererseits *KG* JW 1932, 1155; *OLG Köln* NJW-RR 1995, 1282; *AG Kerpen* WuM 1991, 439 (Anm. *N. Schneider*).
[34] *BGH* NJW 1978, 1262; *BAG* FamRZ 1983, 899, 900; *LG Hamburg* WuM 1979, 170; *RGZ* 132, 339; *RG* JW 1936, 1839; *BGHZ* 5, 344; *OLG Hamburg*, *OLG Königsberg* OLG Rsp 5, 57.
[35] Vgl. *RGZ* 90, 180.
[36] *OLG Posen* OLG Rsp 5, 55; *KG* OLG Rsp 5, 165; *OLG Hamburg* OLG Rsp 9, 99; SeuffArch 71, 337; *OLG Naumburg* OLG Rsp 20, 312; *OLG Bamberg* SeuffArch 70, 297 u.a.
[37] *Von Mettenheim* Der Grundsatz der Prozeßökonomie (1970), 38.
[38] A.M. *KG* OLG Rsp 40, 372.
[39] Vgl. *RG* Gruchot 61, 660.

sind, wenn der Schuldner das Bestehen oder den Inhalt oder den Zeitpunkt seiner Pflicht bestreitet[40], eben dadurch aber auch das Feststellungsinteresse begründet wird (→ § 256 Rdnr. 65), hat der Kläger in solchem Falle die *Wahl zwischen der Feststellungsklage und der Leistungsklage* des § 259[41]. Er wird die erstere nur dann wählen, wenn er sicher ist, daß der Schuldner nach rechtskräftiger Feststellung freiwillig leisten werde (→ § 256 Rdnr. 89). Aber die Leistungsklage wird durch die Möglichkeit einer Feststellungsklage nicht ausgeschlossen (anders im umgekehrten Falle, → § 256 Rdnr. 87)[42].

Hinsichtlich des durch die Besorgnis der Nichterfüllung begründeten *Interesses* gilt das zu § 256 Rdnr. 61–63 und wegen seiner Prüfung das zu § 256 Rdnr. 102 Ausgeführte entsprechend. 22

IV. Das Bestehen des geltend gemachten zukünftigen Anspruchs

Selbstverständlich setzt eine Verurteilung zu zukünftiger Leistung aufgrund des § 259 voraus, daß der *Anspruch* – abgesehen von der Befristung oder der in das Urteil aufzunehmenden Bedingung (§ 726) – *besteht*[43]. 23

V. Verfahren

1. Anerkenntnis des Beklagten

Erkennt der Beklagte den Anspruch **an**, so kann dem Anerkenntnis gemäß auch dann verurteilt werden, wenn die von § 259 geforderte Besorgnis nicht gerechtfertigt war, → § 256 Rdnr. 116 und § 307 Rdnr. 34[44]. Liegt aber ein sofortiges Anerkenntnis im Sinne des § 93 vor, so ist nunmehr der **Kosten** wegen zu prüfen, ob der Beklagte durch sein Verhalten zur Klageerhebung Anlaß gegeben hat, d.h. ob die Besorgnis des Klägers gerechtfertigt war. Bei Verneinung ist § 93 anwendbar[45]. 25

2. Einzelheiten

Für den **Übergang** zum Antrag auf Verurteilung zur **sofortigen Leistung** und umgekehrt gilt das zu → § 257 Rdnr. 5 Ausgeführte entsprechend. Wegen der **Vollstreckung** vgl. § 726 Abs. 1 für bedingte, § 751 für betagte Ansprüche und über den *Eintritt neuer Tatsachen* → N. 6 und § 767. Zur Anwendung im *Urkundenprozeß* → § 592 Rdnr. 2. 26

3. Internationales Zivilprozeßrecht

Bei Prozessen mit **internationalen Bezügen** ergeben sich keine Besonderheiten: Ob die Voraussetzungen einer Zukunftsklage (§§ 257ff.) vorliegen, richtet sich stets nach der *lex fori* (→ Einl. Rdnr. 736), auch wenn auf den Fall *ausländisches* Recht anzuwenden ist; denn bei der Zukunftsklage handelt es sich um einen vorverlagerten Rechtsschutz, nicht um ein materiell-rechtliches Institut. Deshalb können Klagen nach §§ 257ff. auch dann zulässig sein, wenn das anwendbare ausländische materielle Recht nicht in vergleichbarer Weise im Ausland gerichtlich durchgesetzt werden kann. Bejaht der deutsche Richter die Zulässigkeit einer 28

---

[40] → bei Fn. 34.
[41] *BGH* NJW 1986, 2507; *RGZ* 113, 410; *RG* HRR 1928 Nr. 2226; *RAG* BenshS 3, 29; 7, 164; *LG Dortmund* NJW 1981, 764, 765. Zweifelnd *BGHZ* 2, 252 = NJW 1951, 887 mit Anm. *Köster*.
[42] Vgl. auch *RG* Gruchot 65, 614; ferner *OLG Karlsruhe* OLG Rsp 3, 135 u.a.
[43] Vgl. *RG* WarnRsp 1908 Nr. 67; JW 1914, 937; *RGZ* 168, 323; *OLG Dresden* ZZP 47 (1918) 396.
[44] *Hegler* Beiträge zur Lehre vom prozessualen Anerkenntnis und Verzicht (1903), 24ff.
[45] Ebenso *KG* OLG Rsp 5, 165; 40, 373; *OLG Königsberg* OLG Rsp 20, 312; → § 257 Rdnr. 14; → § 258 Rdnr. 10a.

Zukunftsklage, ist er nicht gehindert, auf den vor ihm liegenden Fall **ausländisches Recht** anzuwenden; denn die §§ 257 ff. ZPO sind nicht auf das Geltendmachen von Ansprüchen nach deutschem Recht beschränkt[46].

§ 260 [Objektive Klagenhäufung, Anspruchshäufung, Mehrheit der Streitgegenstände]

Mehrere Ansprüche des Klägers gegen denselben Beklagten können, auch wenn sie auf verschiedenen Gründen beruhen, in einer Klage verbunden werden, wenn für sämtliche Ansprüche das Prozeßgericht zuständig und dieselbe Prozeßart zulässig ist.

Gesetzesgeschichte: Bis zur Novelle 1898 (→ Einl. Rdnr. 113) § 232.

I. Allgemeines	
1. Mehrheit der Streitgegenstände	1
2. Der Unterschied zwischen den Voraussetzungen der Verbindung und den Sachurteilsvoraussetzungen	3
II. Die verschiedenen Fälle der Klagenhäufung	
A. Mehrheit von Rechtsschutzbegehren	5
1. Mehrheit von Anträgen	7
2. Mehrheit von Begründungen	8
3. Mehrheit von Anträgen und Begründungen	9
B. Arten der Häufung	11
1. Kumulation	12
2. Eventualhäufung	15
a) Eigentliche Eventualstellung	16
b) Behandlung zulässigen Eventualvorbringens	22
3. Uneigentliche Eventualhäufung (unechte Eventualanträge)	24
III. Zulässigkeitsvoraussetzungen der Verbindung	
1. Keine entgegenstehenden Vorschriften	31
2. Gleiche Prozeßart	33
3. Zeitpunkt der Verbindung	36
4. Identität der Parteien	37
IV. Sachurteilsvoraussetzungen	41
1. Sachliche Zuständigkeit	42
2. Kammer für Handelssachen	43
3. Örtliche Zuständigkeit	44
V. Wirkung zulässiger Verbindung	45
VI. Folge von Mängeln	47
1. Fehlen von Sachurteilsvoraussetzungen	48
2. Unzulässigkeit der Verbindung	50
VII. Arbeitsgerichtliches Verfahren	55

I. Allgemeines[1]

1. Mehrheit der Streitgegenstände

1 § 260 regelt die *objektive Klagenverbindung* (Klagenhäufung). Darunter ist die Geltendmachung mehrerer Klagebegehren (→ Rdnr. 5) seitens desselben Klägers gegen denselben Beklagten in *einem* Klageverfahren zu verstehen. Treffender bezeichnet man daher die Erscheinung als **Anspruchshäufung** oder als eine **Mehrheit der Streitgegenstände**, → Einl.

---

[46] Grundlegend *M. Schoch* Klagbarkeit, Prozeßanspruch und Beweis im Licht des internationalen Rechts (1934), 68 ff.

[1] Lit.: *Behrends* Anspruchshäufung im Zivilprozeß (1935); *Brox* Zur Problematik von Haupt- und Hilfsanspruch, in: Recht im Wandel, Festschrift C. Heymanns-Verlag (1965) 121; *Buccerius* ZZP 37 (1908), 193 ff.;

Dunz NJW 1962, 1225; *Eccius* Gruchot 33 (1889), 141 ff.; *Walther Fischer* Eventualhäufungen in Klage, Widerklage und Rechtsmitteln (1912); *J. Frank*, Anspruchsmehrheiten im Streitwertrecht (1986); *Goldschmidt* Der Prozeß als Rechtslage (1925), 480 ff.; *Kion* Eventualverhältnisse im Zivilprozeß (1971); *Lämmert* ZZP 16 (1891), 428 ff.; *Merle* Zur eventuellen Klagenhäufung, ZZP 83 (1970),

Rdnr. 263–298, insbesondere Rdnr. 291. Die Verbindung ist lediglich *Befugnis des Klägers*; ein Mittel, sie zu erzwingen, kennt die ZPO nicht; den Kläger können deshalb wegen ihrer Unterlassung keine Mehrkosten treffen. Nur hinsichtlich der Klagen auf *Scheidung* und *Aufhebung einer Ehe* übt der sogenannte Grundsatz der Einheitlichkeit der Entscheidung einen mittelbaren Druck auf den Kläger aus, eine Verbindung vorzunehmen (→ § 610 Rdnr. 9)[2]; ebenso bei § 145 PatG hinsichtlich der Klage wegen Verletzung eines anderen Patents.

§ 260 gilt sowohl für die ursprüngliche als auch für die **nachträgliche Klagenhäufung**. Letztere stellt *keine Klageänderung* dar (→ § 264 Rdnr. 11). Einen Fall nachträglicher Klagenhäufung enthält ferner § 256 Abs. 2; die *Verbindung* selbständig erhobener Klagen durch das Gericht gestattet im übrigen § 147 (→ auch § 147 Rdnr. 23).

2. Der Unterschied zwischen den Voraussetzungen der Verbindung und den Sachurteilsvoraussetzungen

Wie in allen sonstigen Fällen einer Verbindung mehrerer Begehren in einem Verfahren (→ § 33 Rdnr. 9, → Rdnr. 6–10 vor § 59) sind auch hier die *Voraussetzungen der Verbindung* von den *Sachurteilsvoraussetzungen* der einzelnen Begehren zu **unterscheiden**, obwohl das Gesetz sie scheinbar gleichstellt (→ Rdnr. 50).

II. Die verschiedenen Fälle der Klagenhäufung

A. Mehrheit von Rechtsschutzbegehren

Anspruch (Streitgegenstand) i. S. der ZPO ist der vom Kläger beantragte Ausspruch einer Rechtsfolge und die Berechtigung dieses Antrags (→ Einl. Rdnr. 288). Die Häufung von prozessualen Ansprüchen kann danach in der Mehrheit der gestellten Anträge, in den Tatsachenkomplexen (soweit sie zu einer Mehrheit der Streitgegenstände führten) und in beiden liegen:

1. Mehrheit von Anträgen

Eine **Klagenhäufung liegt vor**, wenn *aus ein und demselben* **Tatsachenkomplex verschiedene** *selbständige* **Rechtsfolgen** vom Kläger beansprucht werden (z. B. Anspruch auf Schadensersatz und Unterlassung), also bei einer **Häufung von Anträgen** hinsichtlich desselben Tatsachenkomplexes, wobei diese Häufung mehrerer Anträge äußerlich in *scheinbar einen* Antrag (→ auch Rdnr. 8) eingekleidet sein kann (Klage auf DM 3000,– aufgeschlüsselt in je DM 1000,– Heilungskosten, Verdienstausfall, Schmerzensgeld). Nicht hierher gehören diejenigen Fälle, in denen bei mehreren Anträgen der eine bereits in dem anderen enthalten ist[3] oder nur zu dessen Begründung oder Charakterisierung aufgenommen ist (→ § 5 Rdnr. 4); ferner nicht die Fälle, in denen aus einem Tatbestand eine bestimmte Rechtsfolge hergeleitet wird, der Kläger aber dem Beklagten in seinem Antrag gestattet, diese Rechtsfolge durch eine Ersatzleistung abzuwenden (→ § 253 Rdnr. 122).

---

436 ff.; *Petersen* ZZP 16 (1891), 493 ff.; *Rosenberg* ZZP 57 (1932), 76 ff.; *Rütter* Die »uneigentliche« Eventualhäufung, VersR 1989, 1241; *Saenger* Klagenhäufung und alternative Klagebegründung, MDR 1994, 860. Zum sozialgerichtlichen Verfahren: *Goedelt* Die Zulässigkeit der Berufung bei objektiver Klagenhäufung und Klageverbindung im sozialgerichtlichen Verfahren (1977).
[2] Dagegen nehmen *Baumbach/Lauterbach/Albers*[55] Einf. zu §§ 610–617 Rdnr. 3; *Zöller/Philippi*[20] § 610 Rdnr. 7 an, daß die Erhebung eines Scheidungs- oder Aufhebungsbegehrens auch ohne Verbindung den Bestand der Ehe in vollem Umfang rechtshängig machen.
[3] Beispiel: *BAG* AP Nr. 1 zu § 537 ZPO (*Baumgärtel*). Zutreffend sieht *BGHZ* 30, 7 (18) den Anspruch auf Ersatz immateriellen Schadens nicht in einem allgemeinen Schadensersatzverlangen enthalten.

2. Mehrheit von Begründungen

8   Regelmäßig liegt **keine Klagenhäufung** vor, wenn *aus verschiedenen Tatsachenkomplexen ein* und *dieselbe* **Rechtsfolge** hergeleitet wird, d. h. derselbe Antrag auf verschiedene tatsächliche Gründe gestützt wird (z. B. der Anspruch auf Herausgabe auf Eigentum *und* auf eine persönliche Verpflichtung). Denn die Verschiedenheit der Tatsachenkomplexe berührt in aller Regel den Streitgegenstand nicht (→ Einl. Rdnr. 290 ff.). Keine Häufung in diesem Sinne ist es, wenn der Antrag aus demselben Tatbestand lediglich unter Hervorhebung verschiedener *rechtlicher* Gesichtspunkte abgeleitet wird[4], weil es nicht Aufgabe der Parteien ist, die Rechtssätze anzuführen, die ihre Anträge begründen (→ Einl. Rdnr. 290, Rdnr. 107 vor § 128, § 253 Rdnr. 136, § 264 Rdnr. 10). Tun sie es, so ist es gleichgültig, ob sie einen oder mehrere nennen[5]. Ebensowenig liegt eine Klagenhäufung in denjenigen Fällen vor, in denen die Rechtsfolge aus ein und demselben Tatsachenkomplex unter Betonung verschiedener *Einzeltatsachen* begründet wird (z. B. arglistige Täuschung, begangen durch verschiedene Erklärungen). Abgesehen von diesen Fällen besteht bei verschiedener tatsächlicher Begründung eines Antrags eine Klagenhäufung, falls die *unterschiedlichen Tatsachenkomplexe* zu einer **Verschiedenartigkeit der Streitgegenstände** führen, wenn also der gestellte *eine* Antrag in Wahrheit *mehrere* prozessuale Begehren (Anträge) umfaßt[6]. Dies ist etwa der Fall bei einer Klage aus Abtretung, *hilfsweise* aus eigenem Recht[7] oder bei der Geltendmachung eines Darlehens aus dem Jahre X, *hilfsweise* eines anderen Darlehens aus dem Jahre Y (→ § 264 Rdnr. 34 mit weiteren Beispielen und Nachweisen). Daß hier scheinbar nur *ein* Antrag vorliegt (Zahlung von DM 1000,—), ändert am Vorliegen einer **(eventuellen) Klagenhäufung** nichts[8]; denn in Wirklichkeit liegen *zwei* Anträge vor (Zahlung der *einen* DM 1000,—, hilfsweise Zahlung *anderer* DM 1000,—). Dasselbe ist der Fall, wenn der scheinbar *eine* Antrag in einer Weise *doppelt* begründet wird, daß eine *Mehrheit von Streitgegenständen* vorliegt (Zahlung von DM x aus *eigenem* Recht und *zugleich* – also in diesem Beispiel: nicht nur *hilfsweise* – aus *Abtretung*); auch hier sind in Wahrheit *zwei* Anträge gestellt, und damit **liegt** eine **(kumulative) Klagenhäufung vor** (→ § 264 Rdnr. 34)[9]. Von solchen Klagenhäufungen, die sich aus der *tatsächlichen* Begründung des Klagebegehrens ergeben, ist aber die bereits genannte Häufung *rechtlicher* Begründungen, die *keine* Antragshäufung bewirkt, zu trennen (z. B. Klage auf Schadensersatz aus Delikt, Gefährdungshaftung und Vertrag). Dies ist vor allem wichtig für die in Rdnr. 41 behandelten Fragen.

3. Mehrheit von Anträgen und Begründungen

9   Daß endlich eine Klagenhäufung vorliegt, wenn aus verschiedenen Tatsachenkomplexen verschiedene Rechtsfolgen abgeleitet werden, ist selbstverständlich.

B. Arten der Häufung

11   Die Häufung kann *kumulativ* oder *eventuell* sein. Ob eine solche der ersteren oder letzteren Art vorliegt, ist unter Umständen eine Frage der Auslegung der Klage.

---

[4] *BGHZ* 8, 50; 9, 26 f. sah nur *einen* Antrag bei Eigentumsherausgabeklage und hilfsweisem Antrag auf Mietaufhebung gegeben; a. M. *Lauterbach* NJW 1953, 170; *Baumbach/Lauterbach/Hartmann*[55] Rdnr. 1.
[5] Vgl. *RGZ* 27, 385 f.; 45, 320 und die Entscheidungen bei § 253 Fn. 130.
[6] Vgl. *BGH* LM Nr. 26 zu § 253 = MDR 1960, 384 = BB 270; *OLG Hamm* NJW-RR 1992, 1279.
[7] Z. B. *BGH* LM Nr. 26 zu § 253 (Fn. 6).
[8] *RGZ* 144, 71; *Brox* (Fn. 1), 123 f.; 128 f.; *Dunz* (Fn. 1), 1225.
[9] Anders *Zoller/Greger*[20] Rdnr. 5; näher dazu *Saenger* (Fn. 1), 862 f.

1. Kumulation

Im Fall der Kumulation stehen die mehreren Anträge oder Begründungen *gleichwertig* 12
nebeneinander; über jeden Antrag ist *unabhängig vom anderen Antrag* zu entscheiden.
Teilurteile über die Anträge sind *zulässig*[10].

Bei der Geltendmachung von einzelnen **Teilbeträgen** aus einer *Mehrheit selbständiger* 13
Zahlungsansprüche ist im Zweifel Kumulation anzunehmen. Läßt die Klage allerdings überhaupt nicht erkennen, aus welchen Teilbeträgen der Kläger die Zahlung begehrt, so genügt die Klage dem Erfordernis des § 253 Abs. 2 Nr. 2 nicht; sie ist, wenn sie nicht entsprechend nachgebessert wird (§ 139), als unzulässig abzuweisen, → § 253 Rdnr. 64.

Eine Häufung in **Alternativstellung** (z. B. Klage auf Wandelung *oder* Minderung, auf 14
Erfüllung *oder* Schadensersatz aufgrund Rücktritts) ist grundsätzlich unzulässig, da dem Begehren in diesem Falle die erforderliche Bestimmtheit (§ 253 Abs. 2 Nr. 2) fehlt[11], weil der Kläger die Bestimmung unterlassen hat, worüber gestritten werden soll[12]. Eine solche Klage verstößt also gegen den Antragsgrundsatz (→ Rdnr. 68 f. vor § 128), weil sie dem Gericht die (dem Kläger obliegende) Wahl zwischen den begehrten Rechtsfolgen zu überantworten sucht. Jedoch ist eine Alternativstellung *ausnahmsweise dann zulässig*, wenn dem Gericht oder dem Schuldner (Beklagten) kraft materiellen oder Prozeßrechts ausdrücklich eine Wahl zwischen verschiedenen Rechtsfolgen zugestanden ist. Wegen der Klagen auf eine *alternative* Leistung und der Einräumung einer *Ersatzleistungsbefugnis* → § 253 Rdnr. 122. Im Zweifel wird eine unzulässige Alternativstellung (z. B. Zahlung des Kaufpreises oder Rückgabe des Kaufgegenstandes) sinngemäß als *Eventualstellung* (→ Rdnr. 15 ff.) aufzufassen sein[13]. Zulässig ist auch eine alternative Begründung mit mehreren Sachverhalten, da in diesen Fällen keine Klagenhäufung vorliegt (→ Rdnr. 8, → Einl. Rdnr. 291)[14].

2. Eventualhäufung

Bei der Eventualhäufung sind die Fälle der *eigentlichen* Eventualstellung – diejenigen, in 15
denen das Eventualvorbringen für den Fall der Erfolglosigkeit des Prinzipalvorbringens geschieht – und die der *uneigentlichen* Eventualstellung zu unterscheiden[15]; letztere sind diejenigen (seltenen) Fälle, in denen ein weiteres Begehren für den Fall gestellt wird, daß das erste durchdringt (→ Rdnr. 24). Die Eventualhäufung bietet dem Kläger die Möglichkeit, dem Gericht die **Reihenfolge der Antragsprüfung vorzuschreiben**. Sie ist für das Gericht verbindlich.[16] Als praktikables Instrument umfassender Streitbereinigung ist sie aus dem Zivilprozeß nicht mehr wegzudenken, obwohl sie in der ZPO nicht ausdrücklich geregelt ist[17]. Allerdings

---

[10] Herrschende Meinung, anders zum Teil 18. Auflage dieses Komm. unter A 2.
[11] *BGH* WM 1989, 1873; FamRZ 1990, 38.
[12] Str., vgl. *Rimmelspacher* Materiellrechtlicher Anspruch und Streitgegenstandsprobleme im Zivilprozeß (1970) 335 ff. m. w. N.; für generelle Unzulässigkeit *Baumgärtel* JZ 1960, 28 f.; *Costede* Studien zum Gerichtsschutz (1977), 122 f.; *Rosenberg/Schwab/Gottwald*[15] § 99 III 3 b; differenzierend *Henckel*, Prozeßrecht und materielles Recht (1970), 163 ff.; *Rimmelspacher* a.a.O. 335 ff.; *Zöller/Greger*[20] Rdnr. 5; offengelassen von *BGH* JZ 1960, 28.
[13] *Costede* (Fn. 12), 123; wenn sich aus den Erklärungen des Klägers Anhaltspunkte dafür ergeben, daß er eine *bestimmte Reihenfolge* der Prüfung und Entscheidung will. Ein weiteres Beispiel nennt *Sell* Probleme der Rechtsmittelbegründung im Zivilprozeß (1973), 115: Arbeitnehmer klagt aus Arbeitsvertrag und aus Zusatzvertrag; er lehnt hierbei *BGH* NJW 1968, 396 ab, der von *einem* Anspruch mit zweifacher Begründung ausgeht.
[14] *Rosenberg/Schwab/Gottwald*[15] § 99 V; a. M. (zulässige alternative Anspruchshäufung) *Habscheid* Der Streitgegenstand im Zivilprozeß und in Streitverfahren der freiwilligen Gerichtsbarkeit (1957), 259; *Nikisch* AcP 154 (1955), 271, 287; nach *Rimmelspacher* (Fn. 12), 340 kann offenbleiben, ob es sich in diesen Fällen um einen Streitgegenstand oder mehrere handelt.
[15] Vgl. *BAG* DB 1988, 1660; *Rütter* VersR 1989, 1241. *Gegen* die Unterscheidung danach, ob die Partei den Hilfsantrag vom Erfolg oder Mißerfolg des Hauptantrags abhängig macht, *Kion* (Fn. 1), 36.
[16] *BGH* NJW-RR 1992, 290.
[17] Vgl. *BGHZ* 26, 296; *RGZ* 77, 126.

darf man sie nicht grenzenlos anerkennen, damit sie nicht zur Prozeßverschleppung, zur erheblichen Minderung der Interessen des Beklagten oder zur Beeinträchtigung einer geordneten Rechtspflege führt.

a) Eigentliche Eventualstellung

16 Bei der eigentlichen Eventualstellung ergeben sich folgende Fälle:

17 aa) **Hilfsantrag aus demselben Tatsachenkomplex**: Es wird aus *demselben Tatsachenkomplex* neben dem **Hauptbegehren (Hauptantrag, Prinzipalbegehren)** eventuell (hilfsweise) als sog. **Hilfsantrag (Hilfsanspruch, Eventualantrag)** eine *andere* (oft *schwächere*) *Rechtsfolge* hergeleitet (→ Rdnr. 7), sei es aus dem gesamten Tatsachenkomplex (z. B. Klage auf Verurteilung nach § 259, eventuell Feststellungsklage), sei es, daß das Eventualbegehren nur auf einen Teil der vorgebrachten Tatsachen gestützt wird (z. B. Klage auf Schadensersatz wegen arglistiger Täuschung oder Zusicherung, eventuell auf Minderung für den Fall der Nichterweislichkeit der Täuschung oder Zusicherung[18]. Die Zulässigkeit derartiger Eventualanträge steht außer Streit.

18 bb) **Hilfsbegründung aus demselben Tatsachenkomplex**: Es werden für denselben Antrag *verschiedene Begründungen* in Eventualstellung gegeben (→ Rdnr. 8); hier handelt es sich *nicht um eine Klagenhäufung, sondern um eine Mehrheit der Begründungen* (→ auch Rdnr. 211 vor § 128). Zum Problem der Eventualstellung tatsächlicher Behauptungen und der Bindung des Gerichts an diese Eventualstellung → Rdnr. 213 ff. vor § 128.

19 cc) **Hilfsantrag aus anderem Tatsachenkomplex**: Haupt- und Eventualbegehren sind sowohl in bezug auf den *Antrag* wie auch auf die *Begründung verschieden*, → Rdnr. 9 (z. B. Vertragserfüllung, *eventuell* Rückgewähr des Geleisteten wegen Nichtigkeit des Vertrages; Grundbuchberichtigung wegen Nichtigkeit der Übereignung, *eventuell* Rückübereignung aufgrund Wiederkaufes[19]; Herausgabe der Erbschaft wegen Nichtigkeit des Testamentes, *hilfsweise* Pflichtteilsanspruch und dergleichen). **Die Zulässigkeit derartiger Eventualhäufungen muß ebenfalls bejaht werden**[20]. Ebenso gilt dies bei zwei selbständig nebeneinander stehenden Klagegründen, die der Kläger wechselseitig im Eventualverhältnis geltend macht[21]. Läßt man widersprechende Eventualbegründungen zu (→ Rdnr. 216 vor § 128), so ist kein Grund ersichtlich, eine Unterscheidung je nach der Einheitlichkeit oder Verschiedenheit des Antrages zu machen. Auch dort, wo der eventuell begehrte Ausspruch von dem primär begehrten abweicht, liegt keine unzulässige bedingte, d. h. in ihrer Wirksamkeit von dem Eintritt eines *außerprozessualen* künftigen ungewissen Ereignisses abhängig gemachte Prozeßhandlung vor; vielmehr handelt es sich um eine **innerprozessuale und damit zulässige Bedingtheit des Hilfsbegehrens** (→ Rdnr. 210 vor § 128)[22].

20 **Haupt- und Eventualanspruch müssen** aber in einem **rechtlichen** und **wirtschaftlichen Zusammenhang** stehen[23]. Damit soll verhindert werden, daß der Kläger den Beklagten mit

---

[18] Vgl. *RGZ* 87, 237; *Fremdwährungsschuld* hilfsweise *Heimwährungsschuld, Schmidt* ZZP 98 (1985), 44.
[19] *RGZ* 77, 120 ff.
[20] Die Zulässigkeit der Eventualhäufung auch bei Verschiedenheit des Tatsachenkomplexes ist heute allgemein anerkannt, vgl. die Nachw. bei *Brox* (Fn. 1), 122 Anm. 5 sowie die Rechtsprechung in Fn. 15 ff.; Meinungsverschiedenheiten herrschen nur in der Frage, ob die Eventualhäufung *voraussetzungslos* zuzulassen ist oder auf bestimmte Eventualstellungen *beschränkt ist*, → den Text in Rdnr. 20.
[21] BGH NJW 1992, 2080 (2081): Der Kläger verlangte in Form einer Teilklage einen Teilbetrag wegen der Verletzung eines von ihm abgeschlossenen Auskunftsvertra-

ges. Zudem machte er einen weiteren Teilbetrag wegen Verletzung eines zweiten, etwas später mit dem Beklagten abgeschlossenen Auskunftsvertrages geltend und stützte hilfsweise jeden der Teilbeträge auf die jeweils andere Klagebegründung. – *Thomas/Putzo*[19] Rdnr. 8.
[22] *Brox* (Fn. 1), 122. – A. M. 18. Auflage dieses Kommentars, die das Bestehen einer Bedingung zu verneinen suchte.
[23] *Dunz* (Fn. 1), 1225; *Lent/Jauernig* ZPR[21] § 88 III; *Rosenberg/Schwab/Gottwald*[15] § 99 III 2; *Saenger* MDR 1994, 861; *Schönke/Kuchinke*[9] § 46 II; für *weitherzige* Zulassung der Eventualhäufung *A. Blomeyer* ZPR[2] § 42 III 2 a; für Zulassung *ohne jede Voraussetzung Brox* (Fn. 1), 124 ff.; *Kion* (Fn. 1), 69; *Merle* (Fn. 1), 440.

Rechtsstreitigkeiten überzieht, die wegen ihrer Bedingtheit jedoch später (bei Begründetheit des Hauptantrages) *ohne Sachentscheidung einfach* wegfallen. Da der Beklagte einen *Anspruch auf eine Sachentscheidung* hat (→ Einl. Rdnr. 214 ff.), darf er nicht unbegrenzt in Rechtsstreitigkeiten verwickelt werden, die rückwirkend wegzufallen drohen und damit gegen den Willen des Beklagten ohne weiteres wieder erneuert werden können; hierbei darf nicht übersehen werden, daß der Beklagte in aller Regel genötigt ist, sich auch gegenüber dem Hilfsantrag zu verteidigen, will er nicht riskieren, dem Vorwurf einer Verletzung der Prozeßförderungspflicht ausgesetzt zu sein. Gegen die Zulässigkeit von Hilfsanträgen ohne jede Begrenzung spricht auch die Gefahr einer *Manipulation beim Zuständigkeitsstreitwert*. Da sich dieser bei einer Klage mit Haupt- und Hilfsantrag nach dem höchsten Antrag richtet (→ § 5 Rdnr. 24), erreicht ein Kläger die Zuständigkeit des Landgerichts, wenn er seinem *Haupt*antrag mit einem *amts*gerichtlichen Streitwert einen *Hilfs*antrag mit *land*gerichtlichem Streitwert anfügt; der Beklagte muß aber davor geschützt werden, daß die Zuständigkeitsordnung vom Kläger einfach durch Hilfsanträge unterlaufen werden kann, die in keinerlei rechtlichem oder wirtschaftlichem Zusammenhang mit dem Hauptbegehren stehen. Aus allen diesen Gründen ist es **unzulässig**, wenn der **Kläger** für den Fall der Abweisung des Hauptantrags einen **Hilfsantrag** stellt, den er **aus einem völlig anderen selbständigen Sachverhalt** herleitet. Beispiel: *Räumungsklage, eventuell* Klage auf Rückzahlung eines *Darlehens*, von dessen Geltendmachung der Kläger bei Durchdringen des Prinzipalanspruchs absehen würde. Es besteht auch kein praktisches Bedürfnis, derartige Eventualbegehren, die übrigens nur recht selten praktisch werden dürften, zuzulassen. Andererseits sollte man bei *Zustimmung des Beklagten zur Eventualstellung völlig verschiedener Anträge* großzügig verfahren; denn Interessen der Rechtspflege werden durch eine solche Häufung nicht tangiert[24]. – In *Ehesachen* ist allerdings durch §§ 610 und 633 eine solche Verbindung zweier selbständiger Klagen gestattet, aber die Besonderheit des Eheprozesses verbietet die Analogie und begründet eher den Schluß vom Gegenteil. Über bedingte Klagen bei *Streitgenossenschaft* → auch Rdnr. 4a vor § 59 und über *eventuelle Widerklagen* → § 33 Rdnr. 26–28.

b) Behandlung zulässigen Eventualvorbringens

Für die Fälle zulässigen Eventualvorbringens (→ Rdnr. 16 ff.) gilt gemeinsam, daß auch der **Eventualanspruch sofort rechtshängig** wird, → § 261 Rdnr. 5. Ein Urteil, das unter Beschränkung auf den Prinzipalantrag die Klage als unbegründet abweist, ist fehlerhaft, weil es vor Entscheidungsreife ergangen ist. Das Berufungsgericht hat dann auch den eventuellen Klagegrund oder Antrag zu erledigen, → § 537 Rdnr. 6 und 8. Ebensowenig darf das Gericht in der Regel[25] den prinzipalen Antrag unerledigt lassen und sofort auf den eventuellen zurückgreifen. Denn die Zulässigkeit des eventuellen Vorbringens besagt, daß die **Partei für den Richter wirksam bestimmen kann**, daß ihr zweites Vorbringen nur zum Urteilsgegenstand wird, wenn ihr erstes Begehren sich als unbegründet erweist. Der Richter ist zu einer **sachlichen Beurteilung des Hilfsantrags** also erst dann berechtigt (dann aber auch verpflichtet), wenn er den **Hauptantrag** für **erfolglos** hält[26]. Das »eventuell« bedeutet keineswegs, daß dem Richter ein

22

---

[24] Da bei wirtschaftlich verschiedenen Ansprüchen ein hilfsweise geltend gemachter Anspruch mit dem Hauptanspruch nur dann zusammengerechnet wird, soweit eine Entscheidung über ihn ergeht (§ 19 Abs. 1 S. 2 GKG → Rdnr. 23), erhalten Staat und Anwaltschaft in diesen Fällen allerdings geringere Gebühren, als wenn die Anträge selbständig geltend gemacht werden.

[25] Eine Ausnahme gilt bei der Klage auf Anfechtung, eventuell auf Feststellung der Nichtigkeit von Generalversammlungsbeschlüssen, da die Anfechtung auf Rechtsgestaltung gerichtet ist, die Nichtigkeit dagegen von selbst eintritt. *OGHZ* 2, 200.

[26] *BGH* WPM 1978, 194; LM Nr. 1 zu § 300; Nr. 2 zu § 51 SGG = NJW 1956, 1357 = JZ 573, Nr. 2 zu § 96 GWB = NJW 1959, 575 = MDR 275 = BB 174; WPM 1978, 194; *Brox* (Fn. 1), 126. Verboten ist daher ein *Grundurteil* über Haupt- *und* Hilfsantrag, selbst wenn sich die Begründungen beider Anträge decken, vgl. *BGH* MDR 1975, 1007; 1969, 995 = LM Nr. 30 zu § 304; *BGH* WM 1992, 308; *RGZ* 87, 240; *RG* JW 1936, 655. Auch ein

Wahlrecht eröffnet wird. Dies gilt auch in Ehesachen, → § 610 Rdnr. 4. Ob sich der Richter mit Eventualvorbringen zu befassen hat, wenn über den prinzipalen Antrag nur eine formelle Entscheidung (z. B. Abweisung mangels Prozeßvoraussetzungen) ergeht, hängt von der Auslegung der Klage ab[27]. Ebenso hängt es von der Auslegung des Klagebegehrens ab, ob der Hilfsanspruch geprüft werden soll, wenn der Hauptanspruch *zur Zeit* unbegründet ist oder wenn der Hauptanspruch nur *teilweise* durchdringt[28]. Nimmt der Kläger den Prinzipalantrag zurück und will er den Hilfsantrag aber unbedingt geltend machen, so ist eine Klageänderung erforderlich (der Eventualantrag wird zum Hauptantrag)[29]. *Wird dem Prinzipalbegehren gemäß entschieden, so ist der Eventualantrag damit erledigt*[30], *ohne daß es eines Ausspruchs darüber bedarf.* Über einzelne der im Eventualverhältnis stehenden Anträge kann durch *Teil*urteil entschieden werden[31], so daß erst ein den Hauptantrag abweisendes Teilurteil sodann ein den Hilfsanspruch betreffendes weiteres Teilurteil erlassen werden darf, es sei denn, ausnahmsweise liegen Umstände vor, die den Erlaß eines Teilurteils verbieten (→ § 301 Rdnr. 8 ff.)[32]. Das Zusprechen des Hauptanspruchs geschieht jedoch immer in einem Vollendurteil, weil es in diesem Fall nicht zur Prüfung des Hilfsantrags kommt.

23   Bei einer eventuellen Klagenhäufung erscheint bisweilen die Berechnung des **Gebührenstreitwerts** als **schwierig**[33]. Wichtig ist es, folgende Fälle zu unterscheiden: Liegen *wirtschaftlich identische* Haupt- und Hilfsanträge vor, so bemißt sich der Gebührenstreitwert nach diesem identischen Wert, → § 5 Rdnr. 21 f. Sind hingegen Haupt- und Hilfsantrag *wirtschaftlich verschieden*, ist § 19 Abs. 4 GKG einschlägig, → § 5 Rdnr. 26 ff. Zur *Kostenberechnung* bei Eventualhäufung → § 92 Rdnr. 1 b, § 96 Rdnr. 4. Zum *Rechtsmittelstreitwert* bei Haupt- und Hilfsantrag → § 5 Rdnr. 28. Zur *Berufung* bei eventueller Klagenhäufung → § 537 Rdnr. 3 ff.

3. Uneigentliche Eventualhäufung (unechte Eventualanträge)[34]

24   Verschieden von den Fällen unter Rdnr. 16 ff. ist die Verbindung zweier Begehren, die derart zueinander stehen, daß mit der Abweisung des ersten Begehrens der zweite **Zusatzanspruch** gegenstandslos wird und der zweite Anspruch nur Erfolg hat, wenn das **erste Begehren durchdringt**. In einem solchen Fall liegt auch eine Eventualstellung vor, und der Richter darf über den zweiten Anspruch nur entscheiden, wenn er den ersten Antrag für *begründet* hält[35]. Eine derartige Eventualstellung ist zum Beispiel gegeben, wenn der Kläger die Feststellung eines Rechtsverhältnisses (z. B. eines Arbeitsverhältnisses) beantragt und er außerdem für den Fall des Erfolgs des Hauptantrags den Hilfsantrag stellt, den Beklagten zur Erfüllung der aus dem festgestellten Rechtsverhältnis entspringenden Verpflichtungen (z. B. Zahlung des

---

Anerkenntnisurteil (nach Anerkenntnis des Hilfsantrags durch den Beklagten) kann erst nach Erfolglosigkeit des Hauptantrags ergehen; ebenso werden *Erledigungserklärungen* hinsichtlich des Hilfsantrags erst dann wirksam.

[27] Vgl. einerseits *RG* Gruchot 44 (1900), 735 (für Erledigung), andererseits *RG* Gruchot 40 (1896), 1179; JW 1903, 372 (für Abweisung der ganzen Klage).

[28] Zu der Möglichkeit, einen Antrag hilfsweise für den Fall zu stellen, daß das *Hauptbegehren nicht entscheidungsreif* ist, *BGH* NJW 1996, 3147.

[29] Vgl. *BGH* MDR 1981, 1012 f.

[30] *RG* JW 1899, 433.

[31] Dies ist die überwiegende Ansicht, z. B. *BGHZ* 56, 79 = NJW 1971, 1316 = JR 331 (*Bähr*) = MDR 572; *BGH* NJW 1992, 2080; ZIP 1986, 456; NJW-RR 1986, 579; *RGZ* 102, 176; *Baumbach/Lauterbach/Hartmann*[55] § 301 Rdnr. 8; *A. Blomeyer* ZPR[2] § 84 III 1; *Brox* (Fn. 1),

128; *Rosenberg/Schwab/Gottwald*[15] § 99 IV 2; *Thomas/Putzo*[19] Rdnr. 16; a.M. *Schönke/Schröder/Niese*[8] § 50 II 7; *Wieczorek*[2] § 301 Anm. B II b; s. auch *RGZ* 77, 124 f.; *RG* JW 1899, 433; *OLG Hamburg* OLG Rsp 33, 63.

[32] Vgl. *BGH* (Fn. 21) a.a.O. sub 16 (durch Eventualbegründung wechselseitig verbundene Klageanträge).

[33] Vgl. hierzu *Frank* (Fn. 1), 243 ff.

[34] Vgl. *BAG* NZA 1988, 207 (Anm. *J. Becker*) = EWiR 1988, 977 (Anm. *J.-H. Bauer*); NJW 1965, 1042 = RdA 1965, 79 = AP Nr. 20 zu § 16 AOGÖ; *A. Blomeyer* ZPR[2]. § 42 III 2 b; *Rosenberg/Schwab/Gottwald*[15] § 65 IV 3 a. Gegen die Zulässigkeit der »uneigentlichen« Eventualhäufung, *MünchKommZPO/Lüke* Rdnr. 16; *Wiczorek*[2] (1981) B I b.

[35] *Lent* JR 1951, 376; a.M. *Kion* (Fn. 1) 37 (Gericht hat in jedem Fall über beide Anträge zu entscheiden).

Arbeitsentgeldes) zu verurteilen. Die ZPO sieht für den Amtsgerichtsprozeß ausdrücklich sogar die Möglichkeit vor, einen weiteren Antrag für den Fall der Nichterfüllung des Hauptanspruchs zu stellen. (→ sogleich Rdnr. 25).

Allgemein anerkannt ist, daß das **Feststellungsbegehren** hinsichtlich eines bedingenden **Rechtsverhältnisses** mit dem Verurteilungsbegehren aus dem bedingten Rechtsverhältnis auch von vornherein (und nicht nur bedingt) verbunden werden kann, → § 256 Rdnr. 5. Hat ferner der Kläger einen *Anspruch auf Schadensersatz* für den Fall, daß der *prinzipale Anspruch nicht erfüllt wird* oder nicht vollstreckt werden kann, so ist im **Amtsgerichtsprozeß** die Geltendmachung des **Schadensersatzanspruchs** durch einfachen **Inzidentantrag** gestattet, allerdings nur bei Ansprüchen auf *Handlungen*, § 510b; s. auch § 61 Abs. 2 ArbGG. Der Inzidentantrag führt **zu keiner Klagehäufung**[36], → auch § 255 Rdnr. 3, § 510b II 3. Darüber hinaus, also bei Ansprüchen auf *Herausgabe von Sachen* und allgemein *im Anwaltsprozeß*, kann man eine solche Verbindung nicht etwa deshalb als unzulässig ansehen, weil das zweite Begehren nur eventuell erhoben oder der zweite Anspruch zur Zeit noch nicht entstanden sei[37]. Andererseits ist eine solche Verbindung auch *nicht schlechthin* und voraussetzungslos *zulässig*[38], → auch § 255 Rdnr. 3. Die Verurteilung erfolgt vielmehr hier wegen eines zur Zeit des Urteils noch bedingten Anspruchs und erfordert deshalb die Voraussetzungen des § 259[39], deren sorgfältige Beobachtung geboten ist. Denn es bedeutet für den Schuldner eine Gefahr, daß er der Vollstreckung ausgesetzt und auf den Weg der Vollstreckungsgegenklage gedrängt wird, wenn der bedingte Anspruch deshalb nicht entsteht, weil die Nichterfüllung auf einer vom Beklagten nicht zu vertretenden Unmöglichkeit beruht, oder wenn der Anspruch nicht in der vollen abgeschätzten Höhe entsteht, da doch eine genaue Feststellung des Schadens erst nach Eintritt des schädigenden Ereignisses bzw. nach Ablauf der Frist des § 283 BGB möglich ist.

Hängt der eventuelle Anspruch von einer **Fristsetzung** ab, so kann die Fristsetzung nach § 255 in dem Urteil erfolgen[40].

III. Zulässigkeitsvoraussetzungen der Verbindung

1. Keine entgegenstehenden Vorschriften

§ 610 Abs. 2 erklärt die **Verbindung** eines *anderen* als der in § 610 Abs. 1 genannten Verfahren mit einem Verfahren auf Herstellung des ehelichen Lebens, auf *Scheidung* oder auf Aufhebung der Ehe für **unstatthaft**[41]. Ebenso erlaubt § 633 Abs. 1 bei einer Klage auf *Nichtigerklärung einer Ehe* nur die Verbindung mit einer Klage auf Feststellung des Bestehens oder Nichtbestehens einer Ehe zwischen den Parteien. **Ähnliche Beschränkungen** finden sich in §§ 638, 640c S. 1. Ein ausdrückliches *Verbot der Verbindung*[42] der Rückgriffsklage mit der Klage auf Entschädigung enthalten Art. 51 § 5 des internationalen Übereinkommens über den **Eisenbahnfrachtverkehr** (CIM) vom 7. 2. 1970 (BGBl. 1974 II 381, 441, 357) und Art. 51 § 5 des internationalen Übereinkommens über den **Eisenbahn-Personen- und -Gepäckverkehr** (CIV) vom 7. 2. 1970 (BGBl. 1974 II 493, 525, 357).

---

[36] *Baumbach/Lauterbach/Hartmann*[55] § 510b Rdnr. 4; a.M. *Grunsky* ArbGG[6] § 61 Rdnr. 13; *Kion* (Fn. 1), 37 Fußn. 60; *Thomas/Putzo*[19] § 510b Rdnr. 5; *Zöller/Herget*[20] § 510b Rdnr. 1; zu den Inzidentanträgen → auch § 5 Rdnr. 21, 27, 47.

[37] *OLG Hamburg* SeuffArch 47 (1892), 346; *HGZ* 27, 176; *OLG Kiel* OLG Rsp 9, 124; für das (frühere) Abzahlungsgeschäft insbesondere *Hörle* Gruchot 55 (1911), 211 ff.; vgl. auch *P. Schlosser* Gestaltungsklagen und Gestaltungsurteile (1966), 240 mit Beispielen für den mit einer Gestaltungsklage verbundenen Leistungsantrag.

[38] *RG* JW 1895, 486; *OLG Rostock* SeuffArch 50 (1895), 173; *OLG Stettin* OLG Rsp 13, 137; *Hellwig* Lb. 3, 71; anders *ders*. Anspruch und Klagrecht (1900), 112; *ders*. Lb. 1 376 f. – *RG* JR 1926 Nr. 2289 spricht sich über diese Frage nicht aus.

[39] Wie hier *OLG Kiel* SchlHA 1916, 215; *OLG Köln* MDR 1950, 432; im Ergebnis auch *OLG Posen* OLG Rsp 18, 2; s. ferner *Anger* SächsArchRpfl 3 (1908), 453 f.; *Kion* (Fn. 1), 38 m.w.N.; *Klaholl* Gruchot 58 (1914) 778 ff.; *Natter* WürttZ 1910, 66 ff.; *Paehler* DanzJZ 1908, 190 f.; *Pünder* ZZP 41 (1911), 47 ff.; *Sellner* BlfRA 1969, 493 f.; a.M. *Schlosser* (Fn. 37), 340.

[40] So auch *RGZ* 85, 395.

[41] Vgl. *OLG Düsseldorf* FamRZ 1989, 649; *OLG Schleswig* FamRZ 1975, 164.

[42] Zum Verbot der Verbindung des *pressegesetzlichen* Gegendarstellungsanspruchs mit anderen Ansprüchen nach dem Berliner PresseR *KG* NJW 1967, 2215.

32   Danach bestehen, von diesen Sonderfällen abgesehen, nur noch die folgenden **formellen Voraussetzungen**:

2. Gleiche Prozeßart

33   Als Prozeßarten (→ Rdnr. 1 vor § 592) kommen hier nur der *Urkunden- und Wechselprozeß*, §§ 592 ff., das Verfahren in *Familiensachen*, §§ 606 ff., und in *Kindschaftssachen*, §§ 640 ff. in Betracht, da sie nur durch Klage eingeleitet werden (→ Rdnr. 36). Für die genannten Verfahrensarten ist aber die **Klagenverbindung selbständig** in den § 610 Abs. 2, § 633 Abs. 1 und §§ 638, 640c S. 1 **geregelt**, und zwar in dem Sinn, daß **nur gleichartige Klagen verbunden** werden können, so daß z. B. in *einer* Klage *Familiensachen* und *Nichtfamiliensachen* **nicht verbunden** werden können[43]. Eine *Ausnahme* vom Gebot der gleichen Prozeßart stellt § 643 Abs. 1 dar; denn er läßt die Verbindung einer Kindschaftssache mit einer Unterhaltsklage zu (→ § 643 Rdnr. 1). Diejenigen Klagen, die theoretisch betrachtet den Rechtsmitteln ähnlich sind, z. B. die *Widerspruchs-* oder *Anfechtungsklage*[44], bilden keine Prozeßart für sich; ebensowenig die Wiederaufnahme des Verfahrens; hier die Verbindung grundsätzlich auszuschließen[45], zwingt das Gesetz nicht.

34   Auch im *Mahnverfahren* (→ § 688 Rdnr. 12) sowie im Verfahren über *Arrest* und *einstweilige Verfügung* (→ § 916 Rdnr. 2a) können mehrere Ansprüche verbunden werden[46].

3. Zeitpunkt der Verbindung

36   Die **Verbindung muß nicht in der Klage** erfolgen. Sie kann **auch durch spätere (nachträgliche) Geltendmachung** eines weiteren prozessualen Anspruchs eintreten (→ Rdnr. 2) sowie durch **Zwischenfeststellungsklage** nach § 256 Abs. 2 oder **Verbindung gemäß § 147** (→ Rdnr. 2).

4. Identität der Parteien

37   Die Klagen müssen *von* **demselben Kläger** *gegen* **denselben Beklagten** als Parteien in dem in Rdnr. 1 ff. vor § 50 dargelegten Sinne erhoben werden. Dagegen ist nicht erforderlich, daß die Ansprüche materiell unter den Parteien bestehen. So kann z. B. der gewillkürte *Prozeßstandschafter* (→ Rdnr. 41 vor § 50) mit einem im eigenen Namen geltend gemachten Anspruch des Gläubigers (Ermächtigenden) einen zu seinem eigenen Vermögen gehörigen Anspruch verbinden, ebenso der Pfändungspfandgläubiger nach Überweisung zur Einziehung.

Anders ist es beim **Prozeßbevollmächtigten** (Vertreter) der Partei, der nicht im Wege der »Klagenhäufung« eine eigene Klage mit der Klage der vertretenen Partei zu verbinden vermag, sowie bei **Parteien kraft Amtes** (→ Rdnr. 31 f. vor § 50), wenn sie mit den kraft Amtes erhobenen Klagen solche verbinden wollen, die ihrem *Privatinteresse* dienen. Dasselbe gilt entsprechend von der Beklagtenseite[47]. In derartigen Fällen ist vielmehr eine *Streitgenossenschaft* (z. B. zwischen Prozeßbevollmächtigten und der von ihm vertretenen Partei) anzunehmen.

38   Stehen auf einer oder beiden Seiten *Streitgenossen*, §§ 59 f., so ist auch eine Verbindung der von *allen* oder gegen *alle* Streitgenossen erhobenen Klage mit einer solchen, die *nur von einem* oder *lediglich gegen einen* erhoben wird, zulässig. Wegen der Unzulässigkeit bedingter Klagen → jedoch Rdnr. 3 vor § 59.

---

[43] *BGH* NJW 1981, 2418 = MDR 1982, 43; NJW 1979, 426 = MDR 296 = FamRZ 215 = RPfleger 100.
[44] *RG* Gruchot 54 (1910), 1061; a.M. *OLG Stettin* HRR 1931 Nr. 876.
[45] A.M. *RGZ* 91, 195; *OLG Saarbrücken* SaarlRZtschr 1950, 16; *Hellwig* Lb. 3, 68. – Unter Umständen kann durchaus ein praktisches Bedürfnis bestehen, z. B. wenn neben der *Restitutionsklage* gleichzeitig ein *Schadenser-*satzanspruch aus demselben Deliktstatbestand hergeleitet wird, oder wenn bei einer *Klage gegen einen Schiedsspruch* (§§ 1041, 1043) *andere Ansprüche* geltend gemacht werden (*Wieczorek*[2] C III b 10; unentschieden *OLG Koblenz* NJW 1969, 1541).
[46] *OLG München* BayJMBl 1952, 164.
[47] Vgl. die Fallgestaltung in *RGZ* 97, 11 f. (Haftung als *Zwangsverwalter* und persönlich aus Delikt).

IV. Sachurteilsvoraussetzungen

Die **Sachurteilsvoraussetzungen** sind **für jedes der verbundenen Begehren selbständig zu prüfen,** → Rdnr. 28 vor § 12, § 1 Rdnr. 24. Dies ist hinsichtlich der Zulässigkeit des *Rechtsweges* außer Zweifel[48]. Bezüglich der *Prozeßfähigkeit* leuchtet es namentlich in den Fällen sofort ein, in denen eine Person beschränkt prozeßfähig ist (→ § 52 Rdnr. 4a): Der minderjährige Arbeitnehmer kann im Fall des § 113 BGB seinen Lohn, nicht aber ein Darlehen selbständig einklagen. Das gleiche gilt von der *Ermächtigung zur Prozeßführung* (Prozeßlegitimation) und von der *Vollmacht*. Hinsichtlich der *Zuständigkeit des Gerichts* ist es in § 260 ausdrücklich betont. Eine Erleichterung findet sich aber insoweit in § 88 GWB für eine Verbindung mit einer der dort aufgeführten Klagen, als danach eine Anspruchshäufung auch dann möglich ist, wenn für die Klage wegen des zusätzlichen Anspruchs eine *ausschließliche* Zuständigkeit bei einem anderen Gericht gegeben ist. 41

1. Sachliche Zuständigkeit

Die **sachliche Zuständigkeit des Landgerichts** kann durch *Zusammenrechnung* begründet werden, soweit diese nicht durch die wirtschaftliche Gleichheit des Gegenstandes ausgeschlossen ist (→ § 5 Rdnr. 2) oder die Zuständigkeit für einen der Ansprüche vom Werte des Streitgegenstandes nach § 23 Nr. 2, § 71 GVG unabhängig ist (→ § 5 Rdnr. 16, § 1 Rdnr. 49). 42

2. Kammer für Handelssachen

Gehört der eine Anspruch vor die **Zivilkammer** und ist der andere eine **Handelssache** (→ § 1 Rdnr. 132), so ist eine Verbindung in *einer* Klage wegen §§ 97–99 GVG nur möglich, wenn bei einer Häufung vor der Kammer für Handelssachen vom Beklagten kein Widerspruch erhoben wird (→ § 1 Rdnr. 133) und die Kammer für Handelssachen keinen Gebrauch von ihrem Verweisungsrecht nach § 97 Abs. 2 GVG macht (→ § 281 Rdnr. 63). Wird jedoch wegen teilweiser Unzuständigkeit der Kammer für Handelssachen an die Zivilkammer verwiesen, so ergreift diese Verweisung den *gesamten* Rechtsstreit, es sei denn, die Kammer für Handelssachen hat vorher Trennungsbeschluß (§ 145) erlassen (→ § 1 Rdnr. 132)[49]. Die **Zivilkammer** hingegen ist für den gesamten Rechtsstreit immer zuständig, auch wenn *einer* der Streitgegenstände eine Handelssache ist; eine Trennung zwischen der Handelssache und der Zivilsache (mit der Folge, daß nur die Handelssache verwiesen wird) ist hier nicht möglich[50]. 43

3. Örtliche Zuständigkeit

Das Prozeßgericht muß für jedes der verbundenen Rechtsschutzbegehren **örtlich zuständig** sein[51]. Eine besondere Zuständigkeit für den Fall der Verbindung enthält nur § 25; im übrigen kann die Zuständigkeit auch durch Vereinbarung beziehungsweise rügelose Verhandlung, §§ 38f., oder durch Bestimmung des höheren Gerichts, § 36, hergestellt werden. Wegen des Erfüllungsortes von Nebenverpflichtungen → auch § 29 Rdnr. 19f. 44

---

[48] S. auch *RG* JW 1902, 450 (Enteignungsfall).
[49] A.M. *Kissel*² GVG § 97 Rdnr. 4; *Wieczorek*² § 97 GVG Anm. A I; wohl auch *Rosenberg/Schwab/Gottwald*¹⁵ § 33 II 2b, die eine Trennung des Verfahrens nach § 145 nicht zulassen.
[50] *Gaul* JZ 1984, 61.
[51] S. auch *RGZ* 52, 50; *RG* Gruchot 50 (1906), 423; *OLG Düsseldorf* FamRZ 1980, 794; *OLG Hamburg* OLG Rsp 15, 63; *BayObLG* HEZ 3 (1950), 80.

V. Wirkung zulässiger Verbindung

45 Die Wirkung zulässiger Verbindung besteht, abgesehen von der Zusammenrechnung nach § 5, in der gleichzeitigen Verhandlung, → § 147 Rdnr. 22 f. Das Gericht kann jedoch sowohl im Laufe der Verhandlung durch prozeßleitende Anordnung nach § 145 als auch bei Entscheidungsreife eines der Ansprüche durch Erlaß eines Teilurteils nach § 301 die Verbindung lösen.

VI. Folge von Mängeln

47 Liegt dagegen ein *Mangel* einerseits in den in Rdnr. 31 ff. behandelten Voraussetzungen der Verbindung und andererseits in den in Rdnr. 41 ff. dargestellten Sachurteilsvoraussetzungen vor, so ist zu unterscheiden (→ Rdnr. 9 f. vor § 59):

1. Fehlen von Sachurteilsvoraussetzungen

48 Bei den **Sachurteilsvoraussetzungen** richtet sich die Frage, ob sie von Amts wegen zu prüfen sind, für jede einzelne nach ihrer besonderen Natur (bezüglich der Zuständigkeit → Rdnr. 41 ff.). Wenn ein Mangel nur *einen* der Ansprüche betrifft, so ist **nur dieser Anspruch**, gegebenenfalls durch Teilurteil, als *unzulässig* **abzuweisen**, namentlich im Fall der Unzuständigkeit[52]. Fehlt für den *einen* Anspruch die Zulässigkeit des *Rechtsweges* oder die *örtliche* oder die *sachliche* Zuständigkeit, wird auf entsprechenden Antrag hin **verwiesen** (→ § 281 Rdnr. 13 Fn. 32).

49 Bei **Haupt-** und **Hilfsantrag** kommt es hinsichtlich der Sachurteilsvoraussetzungen ausschließlich auf den **Hauptantrag** an. Ist er wegen Fehlens einer Sachurteilsvoraussetzung **unzulässig**, muß er durch Prozeßurteil abgewiesen werden; ob damit die Bedingung für den Hilfsantrag vorliegt oder ob jetzt auch dieser abgewiesen werden muß, hängt von der Auslegung der Klage ab (→ Rdnr. 22). Fehlt dem Gericht für den Hauptantrag die Kompetenz, so kann auf entsprechenden Antrag hin **Verweisung** an das zuständige Gericht erfolgen, auch wenn für den *Hilfsantrag* die Kompetenz gegeben ist (→ § 281 Rdnr. 14); der Rechtsstreit wird dann insgesamt (mitsamt dem Hilfsantrag) verwiesen. Liegen für den *Haupt*antrag die Sachurteilsvoraussetzungen vor, spielt das etwaige Fehlen dieser Voraussetzungen beim *Hilfs*antrag keine Rolle. Erst wenn sich die Erfolglosigkeit des *Haupt*antrags gezeigt hat (→ Rdnr. 22), können sich derartige Mängel des *Hilfs*antrags auswirken. Zur **Verweisung** in solch einem Fall → § 281 Rdnr. 14.

2. Unzulässigkeit der Verbindung

50 Die **Voraussetzungen der Verbindung** zweier im übrigen ordnungsgemäß erhobener Klagen hat das Gericht *von Amts wegen* zu beachten[53]. Ergibt sich ein Mangel, der die *Verbindung unzulässig* macht, so hat das Gericht die *Pflicht*, die *Klagen* zu *trennen* (→ Rdnr. 9 vor § 59, § 145 Rdnr. 13). Eine **Heilung** nach § 295 ist nicht möglich (→ dort Rdnr. 14). *Dagegen ginge es nicht an, beide Klagen oder eine von ihnen abzuweisen, da ja nicht ihre Verhandlung als solche, sondern nur ihre gemeinschaftliche Verhandlung unzulässig ist*[54]. Dabei bestehen aber drei *Ausnahmen*:

---

[52] Daß wegen der Unzulässigkeit des *einen* Klageantrags die durch § 5 begründete Zuständigkeit des Landgerichts für den *anderen* Antrag erlösche, behauptet Hellwig Lb. 2, 193. Aber § 261 Abs. 3 Nr. 2 steht entgegen.

Anders bei unzulässiger Verbindung der beiden Klageanträge, → Rdnr. 20.
[53] *RGZ* 5, 166.
[54] Zustimmend *Wurzer* Gruchot 64 (1920), 63; a. M. *RGZ* 5, 166; *Hellwig* Lb. 3, 69.

a) Wenn die **Zuständigkeit** des Gerichts auf der Verbindung beruht, §§ 5, 25, und diese 51
unzulässig ist, so greift jetzt für *jede* der Klagen die *selbständige* Beurteilung der Zuständigkeit (→ Rdnr. 48) Platz.

b) Werden mehrere Ansprüche mit der Erklärung erhoben, daß wegen *aller* dieser Ansprüche 52
im **Urkundenprozeß** geklagt werde, § 593, und ist einer der Ansprüche dazu nach § 592
nicht geeignet, so kommt eine bloße Trennung deshalb nicht in Frage, weil in demselben
Augenblick, in dem die Unzulässigkeit der Verbindung feststeht, bezüglich des unzulässigen
Anspruchs zugleich auch Entscheidungsreife für ein nach § 597 Abs. 2 zu erlassendes Endurteil gegeben ist, § 300. Wird dagegen die Erklärung des § 593 nur wegen eines der Ansprüche
abgegeben, so tritt bloße Trennung ein.

c) Hat der Kläger einen **Hilfsantrag** gestellt, den er aber **nicht zulässigerweise** mit dem 53
Hauptantrag verbinden durfte (→ Rdnr. 20), so ist der nunmehr (nach der Trennung) verselbständigte Hilfsantrag **als unzulässig abzuweisen**, da bedingte selbständige Anträge *unzulässig*
sind (→ Rdnr. 218 vor § 128, → § 253 Rdnr. 3 ff.). Doch kann die Abweisung – etwa auf
richterlichen Hinweis hin (→ Rdnr. 218 vor § 128) – durch Fallenlassen der Bedingung
vermieden werden.

VII. Arbeitsgerichtliches Verfahren

Zum **arbeitsgerichtlichen Verfahren**, in dem § 260 und die vorstehenden Darlegungen 55
gleichfalls gelten, ist nur in Ergänzung der Ausführungen unter Rdnr. 32–38 und
Rdnr. 41–43 folgendes anzumerken:

1. Zu den Voraussetzungen der Verbindung

Beschränkungen für die Klagenverbindung bestehen nicht, auch nicht für die *Kündigungs-* 56
feststellungsklage. Daher kann der durch eine sozial ungerechtfertigte Kündigung betroffene
Arbeitnehmer den auf die Rechtsunwirksamkeit der Kündigung gestützten Anspruch auf
Fortzahlung des Lohnes bis zum ordnungsgemäßen Endzeitpunkt des Arbeitsverhältnisses
und gleichzeitig das Feststellungsbegehren geltend machen (→ dazu Rdnr. 156 f. vor § 253).

2. Zu den Sachurteilsvoraussetzungen

Der auch hier geltende Grundsatz, daß die *Sachurteilsvoraussetzungen* für jeden der 57
verbundenen Ansprüche gegeben sein müssen, wird hinsichtlich der Zuständigkeit durch die
Vorschrift in § 2 Abs. 3 ArbGG – Zuständigkeit des Zusammenhanges – praktisch wesentlich
abgeschwächt, → dazu § 1 Rdnr. 204 ff.

§ 261 [Rechtshängigkeit]

(1) Durch die Erhebung der Klage wird die Rechtshängigkeit der Streitsache begründet.

(2) Die Rechtshängigkeit eines erst im Laufe des Prozesses erhobenen Anspruchs tritt mit dem Zeitpunkt ein, in dem der Anspruch in der mündlichen Verhandlung geltend gemacht oder ein den Erfordernissen des § 253 Abs. 2 Nr. 2 entsprechender Schriftsatz zugestellt wird.

(3) Die Rechtshängigkeit hat folgende Wirkungen:

1. während der Dauer der Rechtshängigkeit kann die Streitsache von keiner Partei anderweitig anhängig gemacht werden;

2. die Zuständigkeit des Prozeßgerichts wird durch eine Veränderung der sie begründenden Umstände nicht berührt.

Gesetzesgeschichte: Abs. 1 und 3 bis 1900 § 253 CPO. Nach Abänderung durch die Novelle 1898 (RGBl. 1898, 256, → Einl. Rdnr. 113) § 263 ZPO. Abs. 2 bis 1900 § 254 CPO, dann § 281 ZPO. Änderungen durch die BeschleunVO 1923 (RGBl. I 1239, → Einl. Rdnr. 122) sowie durch die Bek 1924 (RGBl. I 437) und 1933 (RGBl. I 821). Die Vereinfachungsnovelle 1976 (BGBl. I 3281, → Einl. Rdnr. 159) vereinigte beide Vorschriften zu § 261 ZPO. § 263 Abs. 2 a. F. wurde erweitert: § 261 Abs. 3 Nr. 2 behandelte die Fortdauer der Zulässigkeit des Rechtsweges, → Einl. Rdnr. 411. Der frühere § 261 wurde zu § 272 Abs. 3 (→ § 272 »Gesetzesgeschichte«). Abs. 3 Nr. 2 ist neu gefaßt seit 1. I. 1991 durch Art. 3 Viertes Gesetz zur Änderung der VwGO (BGBl. 1990 I 2809); die bisher mitgeregelte Zulässigkeit des beschrittenen Rechtsweges findet sich nunmehr inhaltsgleich im § 17 Abs. 1 GVG (neu durch Art. 2 Nr. 1 G vom 17. XII. 1990; 4. VwGOÄndG, BGBl. I 2809).

I. Grundsätze
  1. Begriff und Zweck der Rechtshängigkeit
    a) »Rechtshängigkeit«   1
    b) »Anhängigkeit«   2
    c) Zweck des Verbots doppelter Rechtshängigkeit   3
  2. Der Eintritt der Rechtshängigkeit   5
  3. Die Beachtung der Rechtshängigkeit anderer Verfahren   7

II. Internationale Rechtshängigkeit
  1. Allgemeines   11
  2. Voraussetzungen der Wirkung internationaler Rechtshängigkeit
    a) Identischer Streitgegenstand   12
    b) Identität der Parteien   13
    c) Maßgebender Zeitpunkt   14
    d) Positive Anerkennungsprognose   15
      aa) Keine dem ausländischen Prozeß entgegenstehende Zuständigkeit inländischer Gerichte   16
      bb) Verbürgung der Gegenseitigkeit der Anerkennung des zu erwartenden ausländischen Urteils   17
      cc) Ordre public und sonstige Anerkennungsvoraussetzungen   18
    e) Berücksichtigung der ausländischen Verfahrensdauer   19
    f) Amtsprüfung   20
    g) Beweislast   21
  3. Folgen anzuerkennender internationaler Rechtshängigkeit   23
  4. Staatsverträge
    a) EuGVÜ und Lugano-Abkommen   24
    b) Bilaterale Regelungen   27
    c) Weitere Abkommen   31

III. Die Rechtshängigkeit der im Prozeß erhobenen Ansprüche (Abs. 2)
  1. Anwendungsbereich   34
  2. Der Eintritt der Rechtshängigkeit   35
    a) Geltendmachung in der mündlichen Verhandlung   36
    b) Zustellung eines Schriftsatzes   37

IV. Die Wirkungen der Rechtshängigkeit   41
  1. Prozessuale Wirkungen   42
  2. Materiell-rechtliche Wirkungen   46

V. Der Einwand der Rechtshängigkeit (Abs. 3 Nr. 1)
  1. Voraussetzungen   51
  2. Folgen   52
  3. Einzelheiten
    a) Subjektive Grenzen   55
    b) Streitgegenstandsidentität   56

c) Unterschiedliche Rechtsschutzziele 59	1. Grundsatz 73
aa) Leistungs- und positive Feststellungsklage 60	2. Zum Umfang der Anwendbarkeit: »Zuständigkeit« 76
bb) Positive und negative Feststellungsklage 61	3. Nachkriegsprobleme 81
cc) Leistungs- und negative Feststellungsklage 62	4. Streitgegenstandsveränderungen 83
dd) Urkundsprozeß und andere besondere Verfahrensarten 63	5. Geltung für prozessuale Einzelakte 84
ee) Weitere Fälle 65	6. Mahnverfahren 85
d) Räumliche Grenzen 71	7. Internationale Zuständigkeit. Gerichtsunterworfenheit 86
VI. Fortdauer der Zuständigkeit (perpetuatio fori) des Prozeßgerichts (Abs. 3 Nr. 2)	8. Allgemeine Fortdauer der Zulässigkeit der Klage? 88
	VII. Das Erlöschen der Rechtshängigkeit 91
	VIII. Arbeitsgerichtliches Verfahren 103

I. Grundsätze

1. Begriff und Zweck der Rechtshängigkeit[1]

a) »Rechtshängigkeit«: An den Prozeß knüpfen sowohl das Prozeßrecht wie auch das 1
materielle Recht unterschiedliche Wirkungen (→ Rdnr. 41 ff.), denen nur der *Zeitpunkt des Eintritts* gemeinsam ist. Das Gesetz faßt diese verschiedenen Wirkungen unter dem Begriff

---

[1] Lit.: *Schwalbach* Ueber Rechtshängigkeit und formelle Rechtskraft, AcP 64 (1881), 257 ff.; *Lipmann* Die Einrede der Rechtshängigkeit nach der neuen Civilprozeßordnung, AcP 65 (1882), 358 ff.; *Schollmeyer* Die Compensationseinrede im deutschen Reichscivilprozeß (1884), 9 ff.; *Stein* Urkunden- und Wechselprozeß (1887), 280 ff.; *Kohler* Der Prozeß als Rechtsverhältnis (1888), 36 f.; *Geib* Rechtsschutzbegehren und Anspruchsbetätigung im deutschen Zivilprozeß (1909), 187 ff.; *Lent* Gesetzeskonkurrenz 2 (1916), 111 f.; *Popper* Wesen und Wirkungen der Rechtshängigkeit nach züricher. Zivilprozeßrecht (Zürich 1920); *Goldschmidt* Der Prozeß als Rechtslage (1925), 319 ff.; *Sauer* Grundlagen des Prozeßrechts (1929), 135 ff.; ders. Allgemeine Prozeßrechtslehre (1951), 103 ff. (111); *Kleinfeller* Das Wesen der Rechtshängigkeit, ZZP 55 (1930), 193 ff.; 56 (1931), 129 ff.; *Schauwecker* Litispendenz im eidgenössischen und züricherischen internationalen Zivilprozeßrecht (Zürich 1943); *Bettermann* Rechtshängigkeit und Rechtsschutzform (1949); *Karl Heinz Schwab* Der Streitgegenstand im Zivilprozeß (1954), 123 f.; *Matthies* Die deutsche internationale Zuständigkeit (1955), 76 ff.; *E. Schneider* Wann ist die Rechtshängigkeit ausländischer Verfahren zu beachten? NJW 1959, 88; *Jacobs* Die perpetuatio fori im internationalen Recht des Zivilprozesses und der Freiwilligen Gerichtsbarkeit (1962); *Habscheid* Zur Berücksichtigung der Rechtshängigkeit eines ausländischen Verfahrens; *RabelsZ* 31 (1967), 254 ff.; *ders.* Non-licet bei ausländischer Rechtshängigkeit; in: Festschr. *Lange* (1970), 429 ff.; *ders.* Bemerkungen zur Rechtshängigkeitsproblematik im Verhältnis der Bundesrepublik Deutschland und der Schweiz einerseits und den USA andererseits; in: Festschr. *Zweigert* (1981), 109 ff.; *Schütze* Die Berücksichtigung der Rechtshängigkeit eines ausländischen Verfahrens; *RabelsZ* 31 (1967), 233 ff.; *ders.* Zur Berücksichtigung der Rechtshängigkeit eines ausländischen Verfahrens; MDR 1973, 905; *Steininger* Einige Überlegungen zur Streitanhängigkeit; in: Festschr. *Schima* (Wien 1969), 407 ff.; *Rimmelspacher* Materiellrechtlicher Anspruch und Streitgegenstandsprobleme im Zivilprozeß (1970), 309 f.; *ders.* ZZP 88 (1975), 245 (257 f.); *Beitzke* Bemerkungen zur perpetuatio fori im deutschen internationalen Verfahrensrecht; in: Festschr. *Rammos* (Athen 1979), 71 ff.; *Baltzer* Die negative Feststellungsklage aus § 256 I ZPO (1980), 38 ff., 149 ff.; *Linke* Zur Berücksichtigung ausländischer Rechtshängigkeit eines Scheidungsverfahrens vor deutschen Gerichten, IPrax 1982, 229 ff.; *Basedow* Parallele Scheidungsverfahren im In- und Ausland; IPrax 1983, 278 ff.; *Bürgle* Zur Konkurrenz von inländischen Scheidungsverfahren mit ausländischen Scheidungsverfahren und -urteilen, IPrax 1983, 281 ff.; *Kaiser/Prager* Rechtshängigkeit im Ausland nach ausländischem Prozeßrecht? AWD 1983, 667 ff.; *Geimer* Beachtung ausländischer Rechtshängigkeit und Justizgewährungsanspruch; NJW 1984, 527 ff.; *Luther* Die Grenzen der Sperrwirkung ausländischer Rechtshängigkeit; IPrax 1984, 141 ff.; *Schilken* Zur Bedeutung der »Anhängigkeit« im Zivilprozeß; JR 1984, 446 ff.; *Schumann* Der Einwand internationaler Rechtshängigkeit; IPrax 1986, 14; *ders.* Internationale Rechtshängigkeit (Streitanhängigkeit), in: Festschr. für *Kralik* (Wien 1986), 301 ff.; *ders.*, Die Relativität des Begriffes der Rechtshängigkeit. Zugleich ein Beitrag zu § 1933 und § 2077 BGB, in: Festschr. für *Gerhard Lüke* (1997), 563 ff.; *Krause-Ablass/Bastuck* Deutsche Klagen zur Abwehr amerikanischer Prozesse? in: Festschr. für *Stiefel* (1987), 445 ff.; *Kerameus* Rechtsvergleichende Bemerkungen zur internationalen Rechtshängigkeit, in: Festschr. für *Karl Heinz*

der **Rechtshängigkeit** zusammen und versteht darunter bisweilen den **Zeitpunkt**, in dem diese Wirkungen eintreten, andererseits aber auch den **prozessualen Zustand**, der sich in diesen Wirkungen äußert[2].

2   b) »**Anhängigkeit**«: Weitergehend und von der Rechtshängigkeit zu unterscheiden ist der Begriff der Anhängigkeit[3]. Die ZPO gebraucht diese Formulierung an verschiedenen Stellen (z. B. §§ 147, 261 Abs. 3 Nr. 1, § 281 Abs. 2 S. 1, § 486 Abs. 1, 3, § 696 Abs. 1 S. 4), versteht aber in §§ 64, 66 Abs. 1, §§ 176, 217 (wo ebenfalls von Anhängigkeit die Rede ist) das gleiche wie Rechtshängigkeit. Anhängigkeit bedeutet, daß ein Gericht mit dem Streitgegenstand befaßt ist. Sie tritt bereits mit der Einreichung der Klage und damit früher als die erst mit der Klagezustellung (→ sogleich Rdnr. 5) bewirkte Rechtshängigkeit ein. Praktische Auswirkungen hat die Unterscheidung z. B. bei der Klagezurücknahme[4], der einseitigen Erledigung der Hauptsache[5] und beim selbständigen Beweisverfahren[6].

3   c) **Zweck des Verbots doppelter Rechtshängigkeit**: Das Verbot doppelter Rechtshängigkeit (Abs. 3 Nr. 1, → auch Rdnr. 51) sichert die Durchführung eines geordneten Verfahrens; es **verhindert ein Nebeneinander** mehrerer Prozesse wegen desselben Streitgegenstandes. Unnötiger prozeßunwirtschaftlicher[7] Aufwand an Zeit und Kosten, die Möglichkeit eines sinnlosen Wettlaufs um die zeitlich frühere Entscheidung und die Gefahr einander sich widersprechender Entscheidungen werden auf diese Weise vermieden[8].

2. Der Eintritt der Rechtshängigkeit

5   Nach Abs. 1 tritt die Rechtshängigkeit *mit der Erhebung der Klage* ein, d.h. mit der **Zustellung der Klageschrift**, §§ 253, 498[9], vorbehaltlich der Rückdatierung einzelner Wirkungen nach § 207 Abs. 1, § 270 Abs. 3. Über den Zeitpunkt bei nachträglicher **Heilung von Mängeln** der Klage → § 253 Rdnr. 181. Die prozessualen Wirkungen der Rechtshängigkeit treten auch ein, wenn die Klage nicht ordnungsgemäß erhoben ist oder die *Prozeßvoraussetzungen* fehlen, → Rdnr. 44; wegen der bürgerlich-rechtlichen Wirkungen → § 262. Der Umstand, daß ein Anspruch nur in **Eventualstellung** zu einem anderen geltend gemacht wird

---

Schwab (1990), 257 ff.; *Herrmann* Die Grundstruktur der Rechtshängigkeit (1988 – Besprechung *Smid* ZZP 103 [1992], 380); *Zeuner* Verfahrensrechtliche Folgen des Betriebsübergangs nach § 613a BGB, Festschr. für Karl Heinz Schwab (1990), 575 ff; *Leipold* Internationale Rechtshängigkeit, Streitgegenstand und Rechtsschutzinteresse – Europäisches und Deutsches Zivilprozeßrecht im Vergleich, in: Gedächtnisschrift für Arens (1993), 227 ff.; *Schumann* Die Relativität des Begriffs der Rechtshängigkeit. Zugleich ein Beitrag zu § 1933 und § 2077 BGB, in: Festschrift für Gerhard Lüke (1997).

[2] Vgl. *Hellwig* Lb. 3, 221 f.; *Rosenberg/Schwab/Gottwald*[15] § 101 I; auch *Sauer* Grundlagen des Prozeßrechts 135 ff.; ders. Prozeßrechtslehre (Fn. 1), 112.

[3] S. *RGZ* 135, 121 (122 f.); *Schilken* JR 1984, 446; *Baumbach/Lauterbach/Hartmann*[55] Rdnr. 1; Unklar OLG Saarbrücken NJW 1974, 1660 (»Gerichtshängigkeit«); a.M. (keine Unterscheidung Anhängigkeit – Rechtshängigkeit) *Nikisch* Lb[2] § 46 II 1.

[4] Die Regeln des § 269 greifen erst ein nach Eintritt der Rechtshängigkeit (→ § 269 Rdnr. 7 mit Fn. 20); vgl. OLG Köln FamRZ 1986, 278 (279).

[5] Nach *BGHZ* 83, 12 ist die einseitige Erledigungserklärung nur möglich, wenn die Klage nach Eintritt der *Rechtshängigkeit* unzulässig oder unbegründet geworden ist, nicht schon nach Eintritt der *Anhängigkeit* (näher zum Streitstand → Rdnr. 9 ff. vor § 91).

[6] So genügt es für die Zuständigkeit nach § 486 Abs. 1, wenn ein Mahnverfahren anhängig ist (*Rosenberg/Schwab/Gottwald*[15] §§ 100 I, 119 III 1).

[7] Vgl. *OLG Köln* FamRZ 1992, 76. Zur Prozeßökonomie → Einl. Rdnr. 81.

[8] *RGZ* 160, 338 (344 f.); *BAGE* 4, 301 (303 f.), OLG München NJW 1964, 980; *Bettermann* (Fn. 1), 9; *Zöller/Greger*[20] Rdnr. 1; *Koussoulis* Beiträge zur modernen Rechtskraftlehre (1986), 225 f. – *Rimmelspacher* (Fn. 1), 312 ff. will den Gesichtspunkt der Vermeidung von Urteilskollisionen weitgehend zurückstellen.

[9] Die Zustellung der Klageschrift führt auch dann zur Rechtshängigkeit, wenn das Gericht den Beklagten zunächst nur zu dem in der Klageschrift mitenthaltenen Antrag auf Zusprechung eines Prozeßkostenvorschusses anhören wollte, diese eingeschränkte Funktion der Zustellung aber nicht hinreichend erkennbar gemacht hat (KG JurBüro 1979, 385 = FamRZ 327 [L] = RPfleger 71 [L]). Keine Rechtshängigkeit wird jedoch begründet, wenn der Kläger *vor der Zustellung* die Klage »zurückgenommen« (→ Fn. 4) oder die Hauptsache einseitig für erledigt erklärt hat (KG MDR 1982, 941). Die Zustellung einer Scheidungsantragsschrift durch das Familiengericht an den Antragsgegner begründet die Rechtshängigkeit (*BGH* NJW-RR 1987, 322 [323]).

(zur Zulässigkeit von eventuellen Anträgen → § 260 Rdnr. 15 ff. und von eventuellen Widerklagen → § 33 Rdnr. 26 ff.) steht dem Eintritt seiner Rechtshängigkeit nicht entgegen[10], die erst durch die rechtskräftige Zuerkennung (bzw. Aberkennung) des Hauptanspruchs auflösend bedingt ist[11]. Werden Ansprüche *erst im Laufe des Prozesses* durch Klageänderung, Widerklage usw. erhoben, so tritt die Rechtshängigkeit nach Abs. 2 mit der Zustellung eines Schriftsatzes oder der Geltendmachung in der mündlichen Verhandlung ein, → Rdnr. 34–37. Für das *Arrest-* und *einstweilige Verfügungsverfahren* (wegen des Verhältnisses zum Hauptprozeß → Rdnr. 43) beginnt die Rechtshängigkeit bereits mit der Anbringung des Gesuchs[12] → § 920 Rdnr. 2, → § 936 Rdnr. 3. Wegen der Rückdatierung der Rechtshängigkeit auf die Zustellung des Mahnbescheides im **Mahnverfahren** s. § 696 Abs. 3, § 700 Abs. 2[13] und der weiteren Rückdatierung einzelner Wirkungen auf den Zeitpunkt der Einreichung § 270 Abs. 3, § 693 Abs. 2. Vgl. noch die besonderen Vorschriften in § 302 Abs. 4, § 600 Abs. 2, § 717 Abs. 2, nach denen ein Anspruch in gewissen Fällen schon vor seiner gerichtlichen Geltendmachung als rechtshängig gilt.

3. Die Beachtung der Rechtshängigkeit anderer Verfahren

Die Rechtshängigkeit wird nicht nur durch die Klageerhebung vor einem Gericht der ordentlichen Gerichtsbarkeit begründet, sondern auch vor einem besonderen Gericht; dies gilt insbesondere für die **Arbeitsgerichte**. Beantragt der Verletzte im **Strafverfahren** die Zuerkennung einer Entschädigung, so begründet dies die Rechtshängigkeit des geltend gemachten Anspruchs, § 404 Abs. 2 StPO.

Früher wurde der Einwand der Rechtshängigkeit nicht anerkannt, wenn dieselbe Sache bereits bei einem Organ der **freiwilligen Gerichtsbarkeit**[14] oder bei einem **Verwaltungsgericht** anhängig ist. Daß die Verwaltungsgerichte die Rechtshängigkeit in einem anderen Zweig der Gerichtsbarkeit zu beachten haben, ist in § 90 Abs. 2 VwGO nun ausdrücklich bestimmt; eine ähnliche Regelung findet sich in § 66 Abs. 2 FGO. Bei Erlaß der ZPO mag dagegen der Gesetzgeber an andere deutsche Gerichte nicht gedacht haben, oder er hat sie bei ihrer damals geringen Zahl bewußt nicht einbeziehen wollen. Diese Ansicht des Gesetzgebers ist aber nicht verbindlich. Was bei Rechtshängigkeit vor einem ausländischen Gericht gilt, → Rdnr. 11 ff., sollte ebenso bei Rechtshängigkeit vor **anderen deutschen Gerichten** gelten[15], **einschließlich** der Anhängigkeit vor dem Richter der **freiwilligen Gerichtsbarkeit**[16]. Der Sinn der Vorschrift, die Mühen und Kosten doppelten Prozessierens und die Gefahr widersprechender Entscheidungen zu vermeiden (→ Rdnr. 3), fordert diese Auslegung. Ihre praktische Bedeutung ist allerdings nicht sehr groß, weil es gerade im Verhältnis zu anderen Zweigen der Gerichtsbarkeit, besonders auch zur freiwilligen Gerichtsbarkeit, an der Identität des Streitgegenstandes, → Rdnr. 56 ff., fehlen und oft auch einer der gewählten Rechtswege unzulässig sein wird. Ferner **entfällt** die Beachtung dieser anderen Rechtshängigkeit, **wenn** etwa anzunehmen wäre, daß die in der anderen Gerichtsbarkeit ergehende Entscheidung **mit Sicherheit keine**

---

[10] *RGZ* 117; 112 (114); *BGH* NJW 1984, 371, *Merle* ZZP 83 (1970), 442.
[11] S. auch *Rosenberg/Schwab/Gottwald*[15] § 99 III 2.
[12] *OLG Hamburg* VersR 1989, 1164; *OLG Koblenz* JurBüro 1990, 1160; *OLG Düsseldorf* FamRZ 1992, 961 f.
[13] Vorausgesetzt, daß Widerspruch erhoben oder der Antrag auf Erlaß eines Vollstreckungsbescheides gestellt wurde, vgl. *BGH* NJW 1977, 1149 = Warn Nr. 49 (zu § 847 BGB).

[14] *OLG Hamburg* DR 1940, 1379. – A.M. *Bettermann* (Fn. 1), 101 ff.
[15] *Lüke*, in: Gedschr. *Rudolf Bruns* (1980), 129 (137 ff.).
[16] S. dazu *Pohle* Festschr. für W. Apelt (1958); *Gähtgens* DRiZ 1964, 233; auch innerhalb der freiwilligen Gerichtsbarkeit ist § 261 entsprechend anzuwenden; s. AG Gütersloh JMBlNRW 1971, 44.

§ 261 I, II   2. Buch. Verfahren im ersten Rechtszuge. 1. Abschnitt. Landgerichte

Wirkung für die ordentliche Gerichtsbarkeit äußern könnte → § 322 Rdnr. 284–321[17]. – Die Anhängigkeit eines Verfahrens vor einer **Verwaltungsbehörde** stellt jedoch keine Rechtshängigkeit dar, → Einl. Rdnr. 554.

9   Die Klage vor einem **Schiedsgericht** begründet nicht die Rechtshängigkeit im Sinne der ZPO (→ § 1034 Rdnr. 22[18]), ferner nicht die Anmeldung einer Forderung im **Konkurs**, § 139 KO[19].

II. Internationale Rechtshängigkeit[20]

1. Allgemeines

11   § 261 ZPO regelt unmittelbar nur den Fall, daß die Rechtshängigkeit vor einem *deutschen* Gericht begründet wird. Aus dieser Situation und der Sonderregelung in § 738a HGB[21] kann jedoch nicht ohne weiteres der Schluß gezogen werden, deutsche Gerichte hätten die bei einem ausländischen Gericht bestehende Rechtshängigkeit nicht zu beachten. Nachdem § 328 die Anerkennung des Urteils eines ausländischen Gerichts zuläßt und da die Institute der Rechtshängigkeit und der Rechtskraft in engem Zusammenhang zueinander stehen, kann ein früher in Gang gebrachtes ausländisches Verfahren vom deutschen Gericht nicht ohne weiteres übergangen werden. Ganz überwiegend wird daher im inländischen Zivilprozeß im Hinblick auf das **ausländische Verfahren** § 261 Abs. 1 und Abs. 3 **entsprechend angewendet**, wenn das zu erwartende ausländische **Urteil** im Inland **anerkennungsfähig** ist[22]. Dies gilt ungeachtet der verfahrensmäßigen Besonderheiten, die insoweit bei der Anerkennung einer ausländischen Entscheidung bestehen, auch in Ehesachen[23]. Ungenau (und in den parlamentarischen Diskussionen auch nicht näher erörtert) ist der Wortlaut von § 738a Abs. 1 HGB, der auf die Gegenseitigkeit der Beachtung der *Rechtshängigkeit* abstellt; es kann aber nicht auf die Beachtung der *Rechtshängigkeit*, sondern nur auf die Anerkennung von *Urteilen*

---

[17] Vielfach wird nicht der Einwand der Rechtshängigkeit gegeben, sondern unzutreffenderweise (→ Rdnr. 110 vor § 253) das Rechtsschutzbedürfnis verneint; s. *OLG Hamburg* (Fn. 6); *OLG Hamm* JR 1949, 349; *Schönke* Das Rechtsschutzbedürfnis (1950), 30. S. auch *KG* NJW 1949, 349 (bei Anordnung von Zahlungen durch einstweilige Verfügung schließt Möglichkeit des Widerspruchs Vertragshilfe aus).
[18] *BGH* NJW 1958, 950; *OLG Hamburg* ZZP 59 (1934), 188; *Zöller-Greger*[20] Rdnr. 3. – A.M. *RGZ* 88; 182f.; *Beitzke* ZZP 60 (1937), 317.
[19] *RG* Gruchot 41, 1200; *OLG Hamburg* Rsp 15, 115; *Jaeger-Weber* KO[8] § 139 Rdnr. 13. Zum Gegenstand des Verfahrens zur Feststellung von Konkursforderungen s. Henckel, Festschr. *Karl Michaelis* (1972), 254ff.
[20] Vgl. zum Begriff »Internationale Rechtshängigkeit« *OLG Karlsruhe* FamRZ 1970, 410f. = Justiz 155, *LG Hamburg* IPRsp 1976 Nr. 160; *Leipold* (Fn. 1).
[21] Abs. 1 der Vorschrift hat folgenden Wortlaut (BGBl. 1972 I S. 966, geändert durch die Vereinfachungsnovelle vom 13. XII. 1976, BGBl. 1976 I S. 3281): »(1) Ist eine Klage auf Schadensersatz, die auf die Vorschriften dieses Titels oder auf entsprechende ausländische Rechtsvorschriften gestützt wird, bei einem ausländischen Gericht anhängig, so hat die Klage die in § 261 Abs. 3 Nr. 1 der Zivilprozeßordnung bestimmte Wirkung der Rechtshängigkeit, wenn die Zuständigkeit des Gerichts auf einer dem § 738 Abs. 1 entsprechenden Regelung beruht und wenn das Gericht des Staates, vor dem die Klage auf Schadensersatz anhängig ist, im Falle einer vor einem deutschen Gericht anhängigen Klage die Wirkungen der Rechtshängigkeit anerkennen würde.«

[22] *RGZ* 49, 340 (344), 158, 145 (147); *RG* JW 1893; 350, 1912, 79; *BGH* FamRZ 1982, 917; *OLG Hamburg* Rsp 2, 6 (8), 37, 124, JW 26, 1357; *OLG Celle* OLG Rsp 17, 158; *OLG Karlsruhe* FamRZ 1970, 410 = Justiz 155; *OLG München* NJW 1972, 2186 = FamRZ 1973, 98 (L); *OLG Frankfurt* MDR 1981; 237 (238 = RPfl 118 = IPRsp 1980 Nr. 160: auch bei unzulässiger Klageerhebung im Ausland; sofern Anerkennungsfähigkeit gegeben); IPRsp 1981 Nr. 110; *BayObLGZ* 1983, 21 (24) = FamRZ 1983, 501; *LG Hamburg* IPRsp 1976 Nr. 160; *Kleinfeller* ZZP 56 (1931), 135; *Reu* Die staatliche Zuständigkeit im internationalen Privatrecht (1938), 200ff.; *Riezler* Internationales Zivilprozeßrecht (1949), 453; *Habscheid* RabelsZ 31 (1967), 254ff.; *ders.,* in: Festschr. *Lange* (Fn. 1), 429 (432); *ders.* Festschr. *Zweigert* (Fn. 1), 109 (113); *Nagel* Internationales Zivilprozeßrecht[3] (1984), 296; *Baumbach/Lauterbach/Hartmann*[55] Rdnr. 6; *Zöller/Geimer*[20] IZPR Rdnr. 96; *Geimer/Schütze* Internationale Urteilsanerkennung 1 (2. Halbband 1984) 1651; *Geimer* IZPR[2] Rdnr. 2688; *Basedow* IPrax 1983, 279; *Kaiser/Prager* RIW/AWD 1983, 668. Noch anerkennungsfreudiger sind diejenigen Autoren, die keine Anerkennungsprognose fordern, sondern die ausländische Rechtshängigkeit bereits dann als beachtlich ansehen, wenn **keine ernstlichen Zweifel** an der Anerkennungsfähigkeit der fremden Entscheidung im Inland bestehen; so z.B. *Rosenberg/Schwab/Gottwald*[15] § 100 II 1a; *Wieczorek*[3] § 263 A IV b; *E. Schneider* NJW 1959, 88 und an *OLG München* Rsp 31; 74. Zur Anerkennungsprognose → Rdnr. 15–18.
[23] *BGH* NJW-RR 1992, 642.

ankommen[24]. Sonst würde z.B. der Einwand der internationalen Rechtshängigkeit durchgreifen, wenn im Ausland zwar die deutsche Rechtshängigkeit, nicht aber die deutsche Entscheidung anerkannt werden würde. Die Rechtshängigkeitssperre beruht auf der gegenseitigen Urteilsanerkennung und gerade nicht auf einer gegenseitigen Rechtshängigkeitsanerkennung. – Wer allerdings in keinem Fall der ausländischen Rechtshängigkeit eine Sperrwirkung beilegt und daher die ausländische Rechtshängigkeit *nicht* berücksichtigen will[25], muß einen Wettlauf der in- und ausländischen Prozeßbeteiligten in Kauf nehmen und beschwört die Gefahr zweier sich widersprechender und im Inland beachtlicher Entscheidungen herauf. Die von der überwiegenden Meinung bejahte Beachtlichkeit der *ausländischen* Rechtshängigkeit erscheint auch deshalb folgerichtig, weil sozusagen fast spiegelbildlich die Nichtbeachtung der eigenen *(inländischen)* Rechtshängigkeit durch ein ausländisches Gericht zu einer Versagung der Anerkennung des dann ergangenen ausländischen Urteils wegen Verletzung des ordre public führen könnte, → § 328 Rdnr. 221–242. Wenn aber in diesem Fall das deutsche Recht die fremde Entscheidung nicht anerkennt, entspricht es internationaler Gleichbehandlung, eine deutsche Sachentscheidung nicht zuzulassen, falls eine fremde Rechtshängigkeit besteht.

2. Voraussetzungen der Wirkung internationaler Rechtshängigkeit

a) **Identischer Streitgegenstand:** Wie bei mehreren im Inland schwebenden Prozessen (→ Rdnr. 56 ff.) kann auch die Rechtshängigkeitssperre wegen eines ausländischen internationalen Verfahrens nur durchgreifen, wenn beide Prozesse **denselben Streitgegenstand** betreffen. Dies beurteilt sich nach der **lex fori** desjenigen Gerichts, das die Frage der Rechtshängigkeit des bei ihm schwebenden Anspruchs zu beantworten hat[26]. Praktische Schwierigkeiten[27] ergeben sich hier auch dann, wenn das materielle Recht ausländischer Staaten der innerstaatlichen Rechtsordnung unbekannte Rechtsfolgen vorsieht. Da der Einwand der (internationalen) Rechtshängigkeit identische Streitgegenstände voraussetzt, scheidet er fast durchweg aus, wenn ein (paralleler) **Prozeß vor einem Internationalen Gericht** (über Internationale Gerichte näher → Einl. Rdnr. 682–704) schwebt[28]. Insbesondere beim **Gerichtshof der Europäischen Gemeinschaften** (→ Einl. Rdnr. 682 f.) ist aber nicht ganz ausgeschlossen, daß einmal derselbe Streitgegenstand anhängig ist wie vor einem deutschen Gericht (→ § 148 Rdnr. 178 a.E. m.w.N.). In diesem Fall besteht für den deutschen Richter die Möglichkeit, eine *Vor-*

12

---

[24] → auch bei Fn. 37.
[25] *Hellwig* Lb. 1, 178; *Schütze* NJW 1963, 1486; *ders.* 1964, 337; ders. RabelsZ 31 (1967) 233 ff.; *ders.* Deutsches Internationales Zivilprozeßrecht (1985), 177 f.; *LG Hamburg* IPRspr 1977 Nr. 65.
[26] Zur Maßgeblichkeit der lex fori → Einl. Rdnr. 831 ff.
[27] **Beispiele** für **fehlende Streitgegenstandsidentität**: *Ehetrennungsverfahren* nach *französischem* Recht (séparation de corps) und inländischer Scheidungsantrag (*OLG Frankfurt* FamRZ 1975, 632 [*Wirth*]); Ehetrennungsverfahren nach *italienischem* Recht und inländischer Scheidungsantrag (*KG* NJW 1983, 2326); Ehescheidungsverfahren vor *französischem* Gericht und inländisches Eheaufhebungsverfahren (*OLG Karlsruhe* IPrax 1985, 36 [*Schlosser* 16]); Haftungsbegrenzungsverfahren nach §§ 320a ff. *niederländischer* ZPO und inländische Schadensersatzfeststellungsklage (*OLG Oldenburg* IPRspr. 1976 Nr. 159 A); Unterhaltsklage im Rahmen eines *türkischen Scheidungsverfahrens* einer in Deutschland lebenden türkischen Ehefrau gegen ihren türkischen Ehemann und inländischer Antrag auf einstweilige Verfügung auf Unterhalt, *OLG Köln* FamRZ 1992, 75; Klage auf Unterlassen einer Kündigung und faktischer Vertragsbeendigung und inländische Klage auf Feststellung der Wirksamkeit einer konkreten Kündigung (*OLG München* IPRspr. 1981 Nr. 13 = IPrax 1983, 120); *Feststellungsklage im Ausland*; *Leistungsklage im Inland* (*OLG Köln* VersR 1973, 1065 = AWD 339 = MDR 770 [L] = DB 1345 [L] = OLGZ 1974; 48). Zum umgekehrten Fall der später im Inland rechtshängig gewordenen Feststellungsklage vgl. *Zöller/Geimer*[17] IZPR Rdnr. 801, der hier den Einwand der Rechtshängigkeit im Hinblick auf die frühere ausländische Leistungsklage verneint (anders *LG Hamburg* IPRsp 1976 Nr. 160; vgl. auch *LG Hamburg* IPRsp 1980 Nr. 23; wo das Feststellungsinteresse der später im Inland erhobenen negativen Feststellungsklage verneint wurde). Ein zeitlich früher gestellter Prozeßkostenhilfeantrag bleibt mangels Streitgegenstandsidentität unbeachtlich (vgl. *BGH* JZ 1983; 903).
[28] Zur Streitgegenstandsidentität (Rechtshängigkeit) zwischen einem internationalen und einem nationalen Verfahren: *Schumann* ZZP 78 (1964), 77 (89 f.) m.w.N.

abentscheidung des EuGH über die Zuständigkeitsfrage (z. B. gemäß Art. 177 EG-Vertrag, hierzu → § 148 Rdnr. 183) zu veranlassen oder das inländische Verfahren nach § 148[29] bzw. Art. 21 Abs. 2 EuGVÜ auszusetzen (→ dazu näher Rdnr. 53).

13 b) **Identität der Parteien:** Ferner müssen die Parteien des gleichzeitig im In- und Ausland geführten Prozesses identisch sein[30]. Dies bedeutet freilich nicht die Identität der Parteirolle. So ist der Rechtshängigkeitseinwand auch dann beachtlich, wenn (was häufig geschieht) die Ehepartner jeweils in verschiedenen Staaten ein Ehescheidungsverfahren anstrengen[31].

14 c) **Maßgebender Zeitpunkt:** Der Einwand der ausländischen Rechtshängigkeit setzt weiter voraus, daß die Streitsache im Ausland bereits rechtshängig war, als der Prozeß im Inland begonnen wurde (zum Problem, wenn erst während des inländischen Verfahrens die Anerkennungsvoraussetzungen eintreten)[32]. Im Gegensatz zu den bisher behandelten Voraussetzungen entscheidet hierbei nicht die lex fori des inländischen Gerichts, sondern es sind für die Frage des Beginns der Rechtshängigkeit im Ausland die **dort** geltenden Verfahrensvorschriften maßgeblich[33].

15 d) **Positive Anerkennungsprognose:** Da ein im Ausland schwebender Prozeß nur dann im heimischen Prozeß zum begründeten Einwand der Rechtshängigkeit führt, wenn die zu erwartende Entscheidung im Inland anerkannt wird (→ Rdnr. 11), muß der Richter eine **Prognose** hinsichtlich der Anerkennungsfähigkeit des künftigen ausländischen Titels aufstellen[34]. Welche Anforderungen hier zu stellen sind, hängt eng mit der Frage zusammen, ob die Anerkennung des ausländischen Urteils die Regel bildet[35].

16 aa) **Keine dem ausländischen Prozeß entgegenstehende Zuständigkeit inländischer Gerichte.** Ob das ausländische Gericht (aus der Sicht des inländischen Rechts) international zuständig ist, läßt sich bereits zu Beginn des ausländischen Verfahrens als positive Anerkennungsvoraussetzung feststellen. Ebenso ist schon jetzt feststellbar, ob für die deutschen Gerichte eine ausschließliche internationale Zuständigkeit besteht, die als Anerkenntnishindernis oder als negative Anerkenntnisvoraussetzung eine Rechtshängigkeitssperre wegen des ausländischen Verfahrens verhindert[36].

---

[29] Vgl. *Schumann* (Fn. 28), 90. A.M. *Basse* Das Verhältnis zwischen der Gerichtsbarkeit des Gerichtshofs der Europäischen Gemeinschaften und der deutschen Zivilgerichtsbarkeit (1967), 421 ff., der Rechtshängigkeit der Streitsache annimmt und daher zur Unzulässigkeit der inländischen Klage kommt.

[30] *LG Hamburg* IPRspr 1976 Nr. 160 (dort waren am ausländischen Prozeß neben den Parteien des inländischen Verfahrens noch weitere Personen beteiligt). Identität der Parteien kann auch bei ausländischer *Streitverkündung* gegeben sein, vgl. *Mansel* IPrax 1990, 214 (216) zu *LG Frankfurt* IPrax 1990, 234 f.

[31] **Beispiele:** *LG Augsburg* IPRspr 1975 Nr. 154 (Ehemann erhebt Scheidungsklage in *Jugoslawien*; Ehefrau in der *Bundesrepublik Deutschland*); *BGH* NJW 1983, 1269 (Ehefrau erhebt Scheidungsklage in *Italien*; Ehemann in der *Bundesrepublik Deutschland*); Düsseldorf IPRax 1986, 29 = NJW 2202 (Ehemann klagt in der *Türkei* auf Scheidung; Ehefrau in der *Bundesrepublik Deutschland*).

[32] → Fn. 149.

[33] *BGH* NJW 1986, 662 = JuS 481; NJW 1987, 3083 (Anm. *Geimer* a.a.O. 3085 f.); NJW-RR 1992, 642 f.; FamRZ 1982, 917 = IPRspr Nr. 168, *LG Augsburg* IPRspr 1975 Nr. 154; *OLG Karlsruhe* IPRax 1992, 171 f.; *OLG Hamm* IPRax 1986, 104; *Geimer* IZPR² Rdnr. 2697; *Geimer-Schütze* (Fn. 22), 1654; *Kaiser/Prager* AWD 83, 669; *Bürgle* IPrax 1983, 284; einschränkend für das Prozeßkostenhilfeverfahren bei Zweifeln über den Zeitpunkt ausländischer Rechtshängigkeit: *OLG Hamm* NJW 1988, 3102 ff., diese Zweifel nehmen dem Antrag auf Prozeßkostenhilfe nicht die erforderliche Erfolgsaussicht; a.M. *Linke* IPrax 1982, 230 (»Doppelqualifikation« sowohl nach deutschem und ausländischem Recht – gemeint ist eine *Doppelanwendung*). Werden beide Verfahren zu derselben Zeit rechtshängig, ist der *inländische* Prozeß vorrangig (*Zöller/Geimer*²⁰ IZPR Rdnr. 98).

[34] Vgl. etwa *Geimer/Schütze* (Fn. 22), 1651 (»mit der Anerkennung« ... »voraussichtlich« ... »zu rechnen«). *OLG Köln* FamRZ 1992, 171 f. Zu streng sind Formulierungen wie z.B. von *Riezler* (Fn. 22), 453: ... »sofern dessen Entscheidung nach ZPO § 328 von deutschen Gerichten anzuerkennen ist« (vgl. *Firsching/von Hoffmann*, Internationales Privatrecht⁴ Rdnr. 64 ff. oder *F. Meili*, Das internationale Civilprozeßrecht; 2. Teil [Zürich 1904] 385: »Garantie ... «; daß das Urteil« ... »im andern Staate auch wirklich exequiert werden kann«). Länderübersichten bei *Schütze* ZZP 104 (1991), 136 f.; vgl. auch *BGH* IPRax 1989, 104 mit Anm. *Siehr* a.a.O. 93 (95); *OLG Düsseldorf* IPRax 1986, 29 mit Anm. *Schumann* IPRax 1986, 14 f.; *Kerameus* (Fn. 1).

[35] Die Meinungsbildung scheint im Augenblick noch im Fluß zu sein; vgl. einerseits → § 328 Rdnr. 21; andererseits *Geimer/Schütze* (Fn. 22), 1456 ff.; *Geimer* IZPR² Rdnr. 2688 und *Zöller/Geimer*²⁰ § 328 Rdnr. 180 ff. (jeweils m.w.N.).

[36] Vgl. *Schumann* IPrax 1986, 14 (Fn. 1). Dieser Grundsatz des Vorranges ausschließlicher internationaler Zuständigkeit wird in Art. 23 EuGVÜ ausdrücklich hervorgehoben und bestätigt; → Fn. 50.

bb) **Verbürgung der Gegenseitigkeit.** Ebenfalls schon zu Beginn des inländischen Verfahrens kann die Verbürgung der Gegenseitigkeit festgestellt werden. »Gegenseitigkeit« ist aber *nicht* in dem Sinne zu verstehen, daß im umgekehrten Fall die ausländischen Gerichte nicht nur die deutschen Urteile, sondern bereits die **Rechtshängigkeit** eines inländischen Verfahrens beachten[37]. Der deutsche Richter kann deshalb die fremde Rechtshängigkeit auch dann nicht übergehen, wenn die ausländischen Gerichte ihrerseits die *Anhängigkeit* vor einem deutschen Gericht nicht berücksichtigen; umgekehrt reicht die *Anerkennung* der *Rechtshängigkeit* nicht aus, → schon Rdnr. 11. Bei der Anerkennungsprognose aber spielt es sehr wohl eine Rolle, ob die **Gegenseitigkeit** insoweit verbürgt ist, als es um die **Urteilsanerkennung** geht. Ist nämlich wegen der fehlenden Gegenseitigkeit (§ 328 Abs. 1 Nr. 5) eine Anerkennung des ausländischen **Urteils** nicht zu erwarten, bewirkt das ausländische Verfahren auch keine Rechtshängigkeitssperre. Zum Eintritt der Gegenseitigkeit erst während des schon laufenden inländischen Prozesses[38].   17

cc) **Ordre public und sonstige Anerkennungsvoraussetzungen.** Liegen diese beiden Merkmale (internationale Zuständigkeit, Gegenseitigkeit) vor, wird man im übrigen hinsichtlich des ordre public und der sonstigen Anerkennungsvoraussetzungen von einer Anerkennung als dem Regelfall ausgehen können und damit im Zweifel eine positive Anerkennungsprognose bejahen dürfen[39].   18

e) **Berücksichtigung der ausländischen Verfahrensdauer?** Der BGH läßt die **Rechtshängigkeitssperre** des früher in Gang gesetzten ausländischen Verfahrens **entfallen**, wenn dies zu einer **unzumutbaren Beeinträchtigung des Rechtsschutzes** im Inland führen würde[40]. Dieses Ergebnis läßt sich aber nicht – wie der BGH meint – aus dem Grundsatz von Treu und Glauben, der sicher auch im Prozeßrecht gilt (näher → Einl. Rdnr. 242 ff.), herleiten, zumal die Verzögerung des ausländischen Verfahrens nicht selten auf der Anwendung materiellen Rechts beruht und daher den ordre public berührt. Hier sollte man *zurückhaltend* sein[41] und der Rechtshängigkeit des ausländischen Prozesses **nur** dann die Beachtlichkeit versagen, wenn sonst eine **echte Rechtsverweigerung** eintreten würde. Dabei gelten ähnliche Überlegungen wie bei der internationalen Notzuständigkeit (→ Einl. Rdnr. 769).   19

f) **Amtsprüfung:** Die ausländische Litispendenz ist von den Gerichten **von Amts wegen** zu prüfen[42]; eine entsprechende Rüge der Parteien ist entbehrlich. Auch die Präklusionsvorschriften finden keine Anwendung[43].   20

g) **Beweislast:** Auch bei der Prüfung von Amts wegen ist die Situation nicht zu vermeiden, daß sich die Voraussetzungen der Beachtung ausländischer Rechtshängigkeit nicht zweifelsfrei feststellen lassen. Es stellt sich dann die Frage, welche Partei die objektive Beweislast   21

---

[37] *Geimer* IZPR² Rdnr. 2706. Es ist deshalb ohne Belang, daß viele Staaten wie z. B. *Italien* (Art. 3 Codice di Procedura civile) oder *Frankreich* (*Schütze* RabelsZ 31 [1967], 233 ff.) die Litispendenz im Ausland nicht beachten. Die Gerichte in *England* und *Wales* sind sehr zurückhaltend; vgl. den *Schlosser*-Bericht; abgedruckt ABlEG 1979 C 59, 125.

[38] → Fn. 149.

[39] So insbesondere *Habscheid* RabelsZ 31 (1967), 265; *ders.*, in: Festschr. *Lange* (Fn. 1), 442 f.; *Nagel* (Fn. 22), 297; *Ferid/Kegel/Zweigert* (Hrsg.) Gutachten zum internationalen und ausländischen Privatrecht 1980/81, 437 (439). *Schumann* Festschr. für Kralik (Fn. 1); *OLG München* FamRZ 1992, 73 (75). Geht man von dem im Text dargestellten Grundsätzen aus, erscheint auch die Aussage verfehlt, es gäbe keine Vermutung für oder gegen die Anerkennungsfähigkeit (so aber *Baumbach/Lauterbach/Hartmann*⁵⁵ Rdnr. 6. Von einer positiven Anerkennung als dem Regelfall gehen offenbar auch die in Fn. 22 a.E. zitierten Autoren aus.

[40] *BGH* NJW 1983, 1269 = FamRZ 1269 = MDR 565 = LM Nr. 7 = IPrax 1984, 152; zustimmend *Geimer* NJW 1984, 529 f.; *Geimer/Schütze* (Fn. 22), 1662; *Nagel* (Fn. 22), 297. Zurückhaltender äußert sich jetzt der *BGH* in der in Fn. 149 zitierten Entscheidung.

[41] S. *Baumbach/Lauterbach/Hartmann*⁵⁵ Rdnr. 6 »sehr weitgehend«. Krit. auch *Luther* IPrax 1984, 141 ff. und *Schumann* (Fn. 36).

[42] *Kaiser/Prager* (Fn. 33) a.a.O.; *Geimer* NJW 1984, 528. Nach einigen Staatsverträgen wird die ausländische Rechtshängigkeit allerdings nur **auf Antrag hin** berücksichtigt (→ Rdnr. 29 a.E.).

[43] A.M. *LG Hamburg* IPRspr 1977 Nr. 65. Da es sich im Sinne der ZPO um keine verzichtbare Zulässigkeitsrüge handelt (→ Rdnr. 52), kann der Einwand der Rechtshängigkeit nicht als verspätet zurückgewiesen werden.

§ 261 II   2. Buch. Verfahren im ersten Rechtszuge. 1. Abschnitt. Landgerichte

trägt. Im Risikobereich des *Beklagten* (Widerbeklagten) liegt die Feststellung, daß überhaupt und zu welchem Zeitpunkt die Rechtshängigkeit desselben Streitgegenstandes im Ausland eingetreten ist[44].

22   Die Unterscheidung zwischen positiven und negativen Anerkennungsvoraussetzungen (→ Rdnr. 16–18) hat auch Auswirkungen auf die Beweislast im Hinblick auf die Anerkennungsprognose: Die (die Anerkennung begehrende) Prozeßpartei trägt das Risiko hinsichtlich der (bereits möglichen) Feststellung von internationaler Zuständigkeit und der Verbürgung der Gegenseitigkeit[45] (d.h. der Gegenseitigkeit bei der Prognose über die Anerkennung des ausländischen Urteils). Hingegen liegt die Beweislast für einen Verstoß gegen den ordre public bei demjenigen, der die Anerkennungsfähigkeit des ausländischen Urteils bekämpft und – als Kläger – einer Prozeßabweisung entgehen will[46]. Da sich die Schwierigkeiten bei der Anerkennungsprognose auf Fragen des ordre public konzentrieren und hier die Anerkennung die Regel bildet, wird in der Praxis der *Kläger* (Widerkläger) das Risiko für die Zulässigkeit seiner später im Inland erhobenen Klage (Widerklage) tragen.

3. Folgen anzuerkennender internationaler Rechtshängigkeit

23   Die Beachtung der ausländischen Rechtshängigkeit führt zu einer **Klageabweisung als unzulässig**; dies gilt auch, wenn der Einwand *erst während des Prozesses* entsteht[47]. Stattdessen ist für eine **Aussetzung** des deutschen Prozesses entsprechend § 148 *grundsätzlich kein Raum*[48]. Die Einrede der ausländischen Rechtshängigkeit entfällt, wenn das Verfahren im Ausland *rechtskräftig* abgeschlossen ist[49]; an ihre Stelle tritt – sofern ein Sachurteil erging – der **Einwand der Rechtskraft** (→ § 328 Rdnr. 8f.; zur Ausnahme im Fall des Art. 7 § 1 FamRÄndG → § 148 Rdnr. 144).

4. Staatsverträge

24   a) **EuGVÜ** und **Lugano-Abkommen:** Die deutschen Gerichte müssen bei der Rechtshängigkeit vor einem Gericht im räumlichen Anwendungsbereich des Übereinkommens über die gerichtliche Zuständigkeit und die Vollstreckung gerichtlicher Entscheidungen in Zivil- und Handelssachen (EuGVÜ) und des Lugano-Abkommens die Sonderregelungen in den Art. 21 sowie 22 beachten (Text → § 148 Rdnr. 146): Es hat sich das später angerufene Gericht (das allerdings nicht allein ausschließlich zuständig sein darf[50]) **von Amts wegen für unzuständig zu erklären**, wenn bei Gerichten verschiedener Vertragsstaaten eine Klage wegen desselben Anspruchs[51] anhängig gemacht wird. **Die Anerkennungsprognose spielt hier also keine Rolle**[52]; ebenso ist der **Wohnsitz** des Klägers oder des Beklagten ohne Belang[53], näher → § 148 Rdnr. 149 ff.

---

[44] *LG Dortmund* IPRsp 1981 Nr. 167 = AWD 854 (zu Art. 21 EuGVÜ, → Rdnr. 24).
[45] Anders insoweit *Nagel* (Fn. 22), 297, der bei Zweifeln über die Gegenseitigkeit von der Nichtanerkennung ausgeht.
[46] *Habscheid*, in: Festschr. *Lange* (Fn. 1), 443; ebenso wohl auch *Geimer/Schütze* (Fn. 22), 1660, der diese Risikoverteilung zutreffend auch für den Fall annimmt, daß sich die internationale Zuständigkeit des ausländischen Gerichts nicht sicher verneinen läßt.
[47] → Fn. 149.
[48] → § 148 Rdnr. 142, anders *Rosenberg/Schwab/Gottwald*[15] § 100 II 1 a m. weit. Nachw.; differenzierend *Krause-Ablass/Batuck* (Fn. 1), 447.
[49] *OLG Koblenz* FamRZ 1974, 189 = IPRsp Nr. 171, München IPRsp 1979 Nr. 192.

[50] Der **Primat des einzig ausschließlich zuständigen Gerichts** ergibt sich aus der Sonderregelung in Art. 23 EuGVÜ (Text → Einl. Rdnr. 910). Art. 23 EuGVÜ untersagt nur für den Fall, daß **mehrere** Gerichte ausschließlich zuständig sind, dem später angerufenen ausschließlich zuständigen Gericht die Entscheidung zur Sache (vgl. *Kropholler* Europäisches Zivilprozeßrecht, Kommentar zum EuGVÜ 4. Aufl. [1993] Art. 23 Rdnr. 1 sowie Art. 21 Rdnr. 12), nicht aber dem einzig ausschließlich berufenen Gericht, → § 148 Rdnr. 12.
[51] Zu der Erweiterung auf Klagen, die in Zusammenhang stehen (Art. 22 EuGVÜ) → § 148 Rdnr. 151.
[52] → § 148 Rdnr. 149.
[53] → § 148 Rdnr. 149.

Zu beachten ist ferner, daß nach **Art. 21 Abs. 2 EuGVÜ** bzw. **Lugano-Abkommen** bei Rechtshängigkeit 25
desselben Anspruchs vor einem Gericht eines anderen Vertragsstaates eine **Aussetzungsmöglichkeit des
Zweitgerichts** besteht, sofern die Zuständigkeit des Erstgerichts bestritten wird (→ unten Rdnr. 53).

Wenn Art. 21 EuGVÜ von Anhängigkeit spricht, ist damit der Eintritt der **Rechtshängigkeit** gemeint. 26
Wie auch sonst beantwortet sich die Frage, ob im anderen EuGVÜ-Vertragsstaat eine Rechtshängigkeit
besteht, nach den **dort** geltenden Vorschriften.

b) **Bilaterale Regelungen:** Wie immer bei Fragen des internationalen Zivilprozeßrechts hat 27
der Richter stets zu prüfen, ob es nicht bilaterale Regelungen gibt, die grenzüberschreitende
Sachverhalte im Hinblick auf die Rechtshängigkeit erfassen.

Insbesondere die bilateralen Anerkennungs- und Vollstreckungsabkommen regeln die 28
gegenseitige Berücksichtigung der Rechtshängigkeit im jeweils anderen Vertragsstaat. Entsprechende Bestimmungen sind enthalten in Art. 18 **deutsch-griechischer Anerkennungsvertrag** vom 4. XI. 1961 (Text → § 723 Anhang Rdnr. 106 ff.), Art. 22 **deutsch-israelischer
Anerkennungs- und Vollstreckungsvertrag** vom 20. VII. 1977 (Text → § 148 Rdnr. 155),
Art. 21 **deutsch-norwegischer Anerkennungs- und Vollstreckungsvertrag** vom 17. VI. 1977
(Text → § 148 Rdnr. 154), Art. 17 **deutsch-österreichischer Anerkennungs- und Vollstreckungsvertrag** vom 6. VI. 1959 (Text → § 723 Anhang B Rdnr. 83 ff.) und Art. 44 **deutsch-
tunesischer Vertrag** vom 19. VII. 1966 (Text → § 723 Anhang B 140 ff.). Soweit Art. 21
EuGVÜ (→ Rdnr. 24) nicht anwendbar ist (Art. 56 EuGVÜ)[54], gelten weiterhin auch Art. 15
deutsch-belgischer Anerkennungs- und Vollstreckungsvertrag vom 30. VI. 1958 (Text →
§ 723 Anhang B Rdnr. 69 ff.), Art. 11 **deutsch-italienischer Anerkennungs- und Vollstreckungsvertrag** vom 9. III. 1936 (Text → § 723 Anhang B Rdnr. 58 ff.) und Art. 18 **deutsch-
niederländischer Anerkennungs- und Vollstreckungsvertrag** vom 30. VIII. 1962 (Text →
§ 723 Anhang B 124 ff.).

Die genannten Bestimmungen verpflichten die Gerichte eines Vertragsstaates, **von Amts** 29
wegen (zu den Ausnahmen sogleich) eine **Entscheidung zur Sache abzulehnen**, wenn wegen
desselben Streitgegenstandes ein Verfahren vor einem Gericht des jeweils anderen Vertragsstaates bereits **rechtshängig**[55] ist; nach den Verträgen mit **Tunesien, Norwegen** und **Israel**
besteht neben der Klageabweisung als unzulässig die Möglichkeit, das später rechtshängig
gewordene **Verfahren auszusetzen** (näher → § 148 Rdnr. 152) bzw. **einstweilige Maßnahmen
anzuordnen**[56]. Im Verhältnis zu **Belgien, Italien, Tunesien** und **Israel** wird die Rechtshängigkeit im anderen Vertragsstaat aber **nur auf Antrag** einer Prozeßpartei hin berücksichtigt.

Voraussetzung für die Beachtung der ausländischen Rechtshängigkeit ist jeweils, daß die 30
Entscheidung im jeweils anderen Vertragsstaat **anzuerkennen sein wird**. Eine Ausnahme gilt
nur nach Art. 11 **deutsch-italienischer Vertrag**. Hier genügt es, wenn das Gericht des anderen
Staates **international zuständig** ist[57].

c) **Weitere Abkommen:** Anders als die bilateralen Verträge enthalten nur wenige multilaterale völkerrechtliche Vereinbarungen Bestimmungen über die Beachtung der Rechtshängigkeit im Ausland. Zu nennen ist in diesem Zusammenhang etwa Art. 31 Abs. 2 des **Übereinkommens über den Beförderungsvertrag im internationalen Straßengüterverkehr** (CMR)
vom 19. V. 1956 (BGBl. 1961 II S. 1119, → auch Einl. Rdnr. 824). Die Berücksichtigung der
Rechtshängigkeit in einem anderen Vertragsstaat hat hier zur Voraussetzung, daß die Ent- 31

---

[54] Es sind dies die in Art. 1 Abs. 2 EuGVÜ (Text → Einl. Rdnr. 902) genannten Rechtsgebiete.

[55] Der in verschiedenen Abkommen verwendete Begriff der Anhängigkeit ist im Sinne von Rechtshängigkeit zu verstehen, s. *BGH* (Fn. 40); *OLG Köln* (Fn. 27) und *Luther* IPrax 1984, 142 zum **deutsch-italienischen Vertrag**; *Frankfurt* IPRsp 1981 Nr. 178 = IPrax 1982; 243 = FamRZ 317 (L) zum **deutsch-belgischen Vertrag**.

[56] So ausdrücklich im Verhältnis zu **Belgien, Griechenland, Niederlande, Tunesien, Norwegen** und **Israel**. Aber auch ohne spezielle Regelung sind trotz Rechtshängigkeitssperre einstweilige Maßnahmen im anderen Staat stets zulässig, *Geimer/Schütze* Internationale Urteilsanerkennung 2 (1971), 176 f. (speziell zum deutsch-österreichischen Vertrag), → auch Rdnr. 43.

[57] S. *Geimer/Schütze* (Fn. 22), 1648 Fußn. 4.

scheidung des Gerichtes, bei dem die Klage zuerst erhoben wurde, in dem anderen Vertragsstaat vollstreckt werden kann.

III. Die Rechtshängigkeit der im Prozeß erhobenen Ansprüche (Abs. 2)

1. Anwendungsbereich

34 Abs. 2 bestimmt den **Eintritt der Rechtshängigkeit** für solche Ansprüche[58], die *erst im Laufe des Prozesses* dem Gericht zur urteilmäßigen Erledigung (→ Rdnr. 42) unterbreitet werden[59], also für die **Klageerweiterung** (§ 264 Nr. 2 und 3), die **Klageänderung**[60] (§§ 263, 264), die **nachträgliche Klagenhäufung** (→ § 264 Rdnr. 11), die **Widerklage** (§ 33)[61] und die **Zwischenfeststellungsklage** (§ 256 Abs. 2), sowie den **Antrag auf Schadensersatz** im Falle § 510b, **nicht** dagegen für *Einreden* (→ Rdnr. 43). Bei den *Schadensersatzansprüchen* der § 302 Abs. 4, § 600 Abs. 2, § 717 Abs. 2 und dem *Bereicherungsanspruch* nach § 717 Abs. 3 wird die **Rechtshängigkeit** sogar **zurückdatiert**.

2. Der Eintritt der Rechtshängigkeit

35 Die Rechtshängigkeit tritt in den oben genannten Fällen mit der Geltendmachung in der mündlichen Verhandlung oder der Zustellung eines den Erfordernissen des § 253 Abs. 2 Nr. 2 entsprechenden Schriftsatzes ein.

36 a) Die **Geltendmachung in der mündlichen Verhandlung** geschieht durch *Verlesung des Antrags*, § 297. Dieser Antrag muß ebenso wie der in § 261 Abs. 2 genannte Schriftsatz den Erfordernissen des § 253 Abs. 2 Nr. 2 genügen, also insbesondere den Klagegrund bezeichnen, um den Streitgegenstand festzulegen[62]. Die Wirksamkeit der Klageerhebung hängt von der *Anwesenheit des Gegners*, sofern er ordnungsgemäß geladen war oder nach § 218 nicht geladen zu werden brauchte, *nicht* ab. Denn auch bei Säumnis einer Partei (§§ 330f.) findet eine mündliche Verhandlung statt, und es genügt, daß der Gegner zum Erscheinen durch Ladung veranlaßt war, → auch Rdnr. 188 vor § 128. Ebenso wie nach § 312 bei gerichtlichen Handlungen muß die säumige Partei auch die Handlungen des Gegners gegen sich gelten lassen[63]. Ein Versäumnisurteil über die Widerklage usw. könnte dagegen mit Rücksicht auf § 335 Abs. 1 Nr. 3 nicht ergehen, → aber auch sogleich Rdnr. 37 a. E.

37 b) Der **Schriftsatz** muß den *Gegenstand* und den *Grund* des erhobenen Anspruchs bestimmt angeben sowie einen *bestimmten Antrag* enthalten, § 253 Abs. 2 Nr. 2. Ein diesen Erfordernissen nicht genügender Schriftsatz enthält nur die Ankündigung einer demnächst mündlich zu erhebenden Klage. Der Schriftsatz ist nach § 270 Abs. 2 von Amts wegen förmlich zuzustellen, doch genügt auch die Einreichung bei Gericht und Zustellung von Anwalt zu Anwalt[64]. Bei Zustellungsmängeln kommt zudem Heilung nach § 187 in Betracht[65]. Soweit mit der Klageerhebung eine Frist gewahrt werden soll, gilt § 270 Abs. 3 entsprechend. Der Wahrung der **Einlassungsfrist** bedarf es nicht, da die Klage auch ohne vorherige schriftliche Mitteilung in der mündlichen Verhandlung erhoben werden kann. Ob

---

[58] Gegen die andere Partei, nicht etwa gegen Streitgehilfen; *OLG Köln* JR 1955; 186.
[59] Vgl. *Heinsheimer* ZZP 38 (1909), 40 f.
[60] *BGHZ* 103, 20 (26).
[61] *LG München* NJW 1978; 953 (954); § 261 Abs. 2 gilt auch, wenn im Scheidungsverfahren der **Antragsgegner** seinerseits **Scheidungsantrag** stellt (*OLG Koblenz* FamRZ 1982; 809).
[62] *BAG* BB 1981; 1528 = DB 1680 = RdA 327 (L); zur *mündlichen Erhebung der Drittwiderklage*: Uhlmann-sieck JA 1996, 253 (254f.). Der in der mündlichen Verhandlung **ohne Begründung gestellte Antrag** ist deshalb als *unzulässig abzuweisen*; → Rdnr. 53.
[63] S. auch *RGZ* 28, 408; *Meyer* ZZP 9 (1886), 341; *Deybeck* ZZP 13 (1889), 320ff. – A.M. *Wach* Vortr.[2] 54f.; *Bolgiano* ZZP 24 (1898), 170; *OLG Bamberg* BayJMBl 51; 133 u. a.
[64] *BGHZ* 17; 234.
[65] *BGH* NJW 1992, 2235.

aber ein Versäumnisurteil über die Widerklage usw. ergehen kann, hängt davon ab, ob der Schriftsatz rechtzeitig im Sinne der § 335 Abs. 1 Nr. 3, § 132 zugestellt ist. Wegen der **Vorwegerhebung der Prozeßgebühr** im Falle der Klageerweiterung → § 264 Rdnr. 71a.

IV. Die Wirkungen der Rechtshängigkeit

Die Wirkungen der Rechtshängigkeit sind teils Folgen der Anhängigkeit des Prozesses (*prozeßrechtliche*), teils Folgen der Anhängigkeit des Anspruchs (*materielle*); beide Arten sind in ihren Bedingungen wie in ihrer Beendigung *scharf zu trennen*[66].   **41**

1. Prozessuale Wirkungen

Die prozessualen Wirkungen der Rechtshängigkeit ergeben sich aus § 261 Abs. 3, §§ 263, 265 Abs. 2. Hinzu kommt die Zulässigkeit der *Widerklage*, → § 33 Rdnr. 9ff., der *Hauptintervention*, → § 64 Rdnr. 3ff., der *Streithilfe*, → § 66 Rdnr. 6ff., und der *Streitverkündung*, → § 72 Rdnr. 10ff., die Zuständigkeit für *Arrest* und *einstweilige Verfügung*, → § 919 Rdnr. 4ff., sowie die Zulässigkeit des *Kompetenzkonfliktes*, → Einl. Rdnr. 421. Diese prozessualen Wirkungen treten nur dann ein, wenn ein Anspruch (d.h. das Begehren in dem → Einl. Rdnr. 288 dargelegten Sinne) dem Gericht **zur selbständigen Entscheidung unterbreitet wird**[67], also bei der **Klage, Widerklage, Klageerweiterung** usw. (→ Rdnr. 34).   **42**

Keine Rechtshängigkeit begründet daher das *Arrestgesuch* (→ Rdnr. 5) hinsichtlich der Hauptsache, sondern nur die des *Arrestprozesses* selbst[68], → § 920 Rdnr. 2, Rdnr. 9ff. vor § 916. Das gleiche gilt für die *einstweilige Verfügung*, und zwar auch dann, wenn sie auf *Verurteilung zur Geldleistung* gerichtet ist, → Rdnr. 12 vor § 935, sowie für die *einstweiligen Anordnungen*, → § 620a Rdnr. 14. Ebensowenig wird die Rechtshängigkeit begründet durch einen Antrag auf Bewilligung der *Prozeßkostenhilfe*, → § 118 Rdnr. 3, § 33 Rdnr. 10, oder durch *Streitverkündung* (→ § 74 Rdnr. 7) und *Nebenintervention*, auch nicht durch die streitgenössische des § 69[69]; gleiches gilt für die Geltendmachung eines Anspruchs mittels *Einrede*[70], auch nicht bei der *Aufrechnung*, → § 145 Rdnr. 42, oder hinsichtlich der Gegenforderung bei der Klage buf Leistung *Zug um Zug*, → § 2 Rdnr. 19, → § 3 Rdnr. 47 (Gegenrechte). Unerheblich ist dabei, ob das materielle Recht mit diesen Vorgängen Wirkungen verknüpft oder nicht, wie bei der *negativen Feststellungsklage*, → darüber § 262 Rdnr. 14.   **43**

Die prozessualen Wirkungen der Rechtshängigkeit werden nicht dadurch ausgeschlossen, daß die **Klage nicht ordnungsgemäß erhoben ist**[71], oder die Prozeßvoraussetzungen für den Erlaß eines Urteils in der Hauptsache nicht vorliegen (→ auch § 33 Rdnr. 9ff.)[72]. Dies gilt etwa für die **Klageerhebung vor dem unzuständigen Gericht**[73], für die **ohne Vertretungsmacht**[74],   **44**

---

[66] S. etwa *Stein* (Fn. 1) a.a.O.; auch *Geib* (Fn. 1), 187f.; *Sauer* Grundlagen (Fn. 1), 136. Unrichtig *Alsberg* ZZP 39 (1909), 434.
[67] Die *Möglichkeit*, einen Anspruch in einem schwebenden Verfahren dem Gericht zur Entscheidung zu unterbreiten (vgl. § 264 Nr. 3), genügt nicht, der Einwand der Rechtshängigkeit kann also aus ihr nicht hergeleitet werden, *OLG Dresden* SächsAnn 32; 130.
[68] *OLG Köln* FamRZ 1992, 75.
[69] Zustimmend *Bettermann* (Fn. 1), 77.
[70] *RG* JW 1894, 11, JW 1998; 477; vgl. auch *Seuff*Arch 69 (1914), 311; *Baumbach/Lauterbach/Hartmann*[55] Rdnr. 12ff.
[71] *OLG Köln* JW 1924, 105, vgl. *OLG Frankfurt* FamRZ 1980, 710 (711), 1982, 809 (811: ordnungsgemäße Klageerhebung und damit Rechtshängigkeit trotz Nichteinhaltung des § 630 Abs. 1). Eine Einschränkung gilt nur, wenn die Klage von einer Bedingung (→ Rdnr. 208 vor § 128) abhängig gemacht wurde und sie daher als unwirksam zu betrachten ist (→ § 253 Rdnr. 2), eine solche »Klage« begründet keine Rechtshängigkeit (*OLG Schleswig* SchlHA 1978, 173 zur bedingten Klage im Prozeßkostenhilfebewilligungsverfahren). Bei fehlender Zustellung der Klage läßt *BGHZ* 25, 66 (75) die Rechtshängigkeit zu dem Zeitpunkt eintreten, in dem dieser prozessuale Mangel nicht mehr gerügt werden kann. Zur Klageerhebung bei fehlender Prozeßfähigkeit → Fn. 75.
[72] *BGH* NJW 1967, 2304 = MDR 1968, 38 = JZ 136 (*Böhmer*); *OLG Frankfurt* FamRZ 1980; 710 (711). Prozessuale Mängel können dagegen von Bedeutung sein für die materiell-rechtlichen Wirkungen der Rechtshängigkeit, → § 262 Rdnr. 23.
[73] *BGH* Warn. 1975 Nr. 253; *KG* NJW 1983, 2709 (2710) und früher *RGZ* 151, 233 (238); *RG* JW 1907, 391.
[74] *BGH* (Fn. 72) sowie *BGHZ* 69, 323 (325).

ohne **Prozeßfähigkeit**[75], oder für die ohne zulässige gewillkürte **Prozeßstandschaft**[76] oder im falschen **Rechtsweg**[77] erhobene Klage. Denn über Mängel eines anhängigen Prozesses kann nur das erkennende Gericht selbst entscheiden, die Mängel sind auch späterer Heilung fähig (§§ 39, 295, → § 253 Rdnr. 181, → Rdnr. 73), und es würden anderenfalls bei verschiedener Beurteilung der Mängel beide Gerichte oder keines weiterverhandeln. Auch § 281 setzt voraus, daß die Klage vor einem unzuständigen Gericht die Rechtshängigkeit begründet[78]. Der Einwand der Rechtshängigkeit entfällt erst, wenn die erste Klage zurückgenommen oder rechtskräftig abgewiesen wird (zur methodologischen Sicht dieser Situation → Einl. Rdnr. 89 m.w.N.).

2. Materiell-rechtliche Wirkungen

46   Die materiell-rechtlichen Wirkungen dagegen sind in der ZPO selbst nicht geregelt; denn sie sind Wirkungen der Geltendmachung eines materiellen Anspruchs, die keineswegs nur durch prozessuale Vorgänge oder stets durch die Klageerhebung (→ Rdnr. 5) ausgelöst werden, → § 262 Rdnr. 11 f.

V. Der Einwand der Rechtshängigkeit (Abs. 3 Nr. 1)

1. Voraussetzungen

51   Von den prozeßrechtlichen Wirkungen behandelt § 261 den Einwand der Rechtshängigkeit. Er besteht, wenn während der Dauer der Rechtshängigkeit von einer Partei (→ Rdnr. 55), in derselben oder in umgekehrter Parteirolle, **derselbe Anspruch in einem späteren Prozeß** bei demselben oder bei einem anderen Gericht in der in Rdnr. 42 f. dargestellten Art **anhängig gemacht** wird, also nicht bei der Aufrechnung, → § 145 Rdnr. 42, und bei anderen Ansprüchen, die nicht im Wege der Klage, sondern als Verteidigungsmittel geltend gemacht werden (→ Rdnr. 43). Das Verbot anderweitiger Rechtshängigkeit gründet sich nicht, wie im Falle des § 148, auf die Präjudizialität des ersten Prozesses, sondern hat seinen Grund in der **Identität beider Verfahren**[79]. Es soll durch Vermeidung mehrfacher gleichzeitiger Prozeßführung die Last der Verteidigung erleichtern und zugleich widersprechende Urteile tunlichst verhüten, → Rdnr. 3. Das Verbot wird daher unwirksam, wenn die Anhängigkeit des Vorprozesses nachträglich durch Zurücknahme der Klage (→ Rdnr. 94) oder durch Urteil usw. fortfällt[80]; es kann aber dann der Einwand der Rechtskraft begründet sein[81]. Wenn auch der Wunsch nach Vermeidung einander widersprechender Entscheidungen der gesetzgeberische Grund für das Verbot anderweitiger Rechtshängigkeit ist, so kann daraus doch nicht gefolgert werden, daß dieses Verbot nicht nur bei identischen Streitgegenständen (→ auch Rdnr. 56), sondern darüber hinaus stets dann gegeben sei, wenn die Gefahr besteht, daß die begehrte Entscheidung mit einem in Rechtskraft erwachsenen Urteil eines anderen Verfahrens kollidieren könnte[82].

---

[75] *OLG Hamm* MDR 1949, 39.
[76] *BGH* NJW 1980, 2461.
[77] *Baumbach/Lauterbach/Hartmann*[55] Rdnr. 10. Zum Problem des *im falschen Rechtsweg* geltend gemachten **Schmerzensgeldanspruchs** → § 262 Fn. 41.
[78] S. auch *RG* JW 1907, 391; *OLG Dresden* SächsAnn 26, 169 f.; *OLG München* OLG Rsp 21; 100. Vgl. auch *RGZ* 115; 140. S. weiter *LAG Frankfurt* AP 53 Nr. 19 (unbefriedigend).

[79] *RGZ* 40; 362 (364). Vgl. ferner *Lent* (Fn. 1), 111 ff.
[80] Vgl. *OLG Dresden* SächsArch 15, 118 f.; *Goldschmidt*, in: Festg. für *Brunner* (1914), 153.
[81] *RG* JW 1914, 772 (die Einrede der Rechtshängigkeit verwandelt sich in die der Rechtskraft).
[82] *Kraemer* ZZP 64 (1951), 90. – A.M. *Bettermann* (Fn. 1), 42, 44, 46, 59 u. a.

2. Folgen

Die Rechtshängigkeit ist richtigerweise **von Amts wegen** (→ Einl. Rdnr. 320, → § 296 52
Rdnr. 116) zu berücksichtigen[83]; dafür sprechen entscheidend der Zweck der Einrichtung (→
Rdnr. 3) und der nunmehr auch durch die Vereinfachungsnovelle geänderte Wortlaut. Das
Gericht ist an das Parteiverhalten nicht gebunden, andererseits aber auch nicht zu eigenen
Ermittlungen verpflichtet[84], → Rdnr. 95 vor § 128; eine Heilung nach § 295 ist ausgeschlossen (→ § 295 Rdnr. 14, § 296 Rdnr. 116).

Eine seit langem überholte frühere Praxis[85] behandelte jedoch die Rechtshängigkeit – abgesehen von Ehe- (→ § 620 Rdnr. 9)[86] und Familiensachen – als echte, verzichtbare, prozeßhindernde Einrede, deren Ausschluß sich bei verspäteter Geltendmachung nach § 274 Abs. 3 a.F. bestimmte.

Besteht Rechtshängigkeit, so ist die Klage durch **Prozeßurteil abzuweisen**. Die anderweitige Rechtshängigkeit ist also **negative Prozeßvoraussetzung**[87]; sie ist ein vom Amts wegen zu 53
beachtendes **Prozeßhindernis**[88]. Eine *Aussetzung* ist nicht statthaft. Doch gibt es in bestimmten Situationen Ausnahmen (näher → § 148 Rdnr. 25 ff.). Wichtig ist vor allem die **Internationale Aussetzung** im Geltungsbereich des **EuGVÜ** und des **Lugano-Abkommens** (→ Rdnr. 24), die dem Zweitgericht ermöglicht, gemäß Art. 21 Abs. 2 sein Verfahren (erst einmal) auszusetzen, falls vor dem zuerst angerufenen Gericht dessen Unzuständigkeit geltend gemacht wird (näher → § 148 Rdnr. 146 ff.). Bleibt die Rechtshängigkeit unberücksichtigt, so wird über denselben Anspruch in jedem der mehreren Prozesse verhandelt und entschieden. Die *Rechtskraft* des zuerst erlassenen Urteils ist im anderen Prozeß *zu berücksichtigen*[89]. Geschieht dies nicht und wird im anderen Prozeß trotz Streitgegenstandsidentität zur Sache entschieden, verdrängt das später rechtskräftig gewordene Urteil das frühere[90]; doch kann dem zweiten Urteil im Wege der *Restitutionsklage* nach § 580 Nr. 7a (→ dort Rdnr. 24) die Wirksamkeit genommen werden[91].

3. Einzelheiten

a) Hinsichtlich der **Subjekte** hat das Verbot anderweitiger Rechtshängigkeit denselben 55
Umfang wie die Rechtskraft. Es wirkt also nur unter den *Parteien des ersten Prozesses*[92] und
denjenigen Personen, auf die sich nach §§ 325 ff. und den zu → § 325 Rdnr. 472 ff. angeführten Vorschriften die *Rechtskraft erstreckt*[93]. Bei der *offenen Handelsgesellschaft* sind die
Gesellschafter nicht Parteien (→ § 50 Rdnr. 13); aber auch die Gegenmeinung müßte die

---

[83] So auch *Kohler* Prozeßrechtliche Forschungen (1889), 95 f.; *Schwartz* Absolute Rechtskraft, Festschr. für *Dernburg* (1900), 37 f.; *Sauer* Grundlagen (Fn. 1) 499; *Rosenberg/Schwab/Gottwald*[15] § 100 III 1; *RGZ* 160, 338 ff.; *BGH NJW* 1952, 1376; *LM* § 21 VAG Nr. 2, *KG JW* 1938, 3057; *BayObLGZ* 1 Nr. 35; seit langem h. M.
[84] *BGH WM* 1962, 644; *BGH NJW* 1989, 2064.
[85] *RGZ* 52, 183; *RG JW* 1902, 132; *Gruchot* 49 (1905) 668; *OLG Darmstadt Rsp* 3, 57 u. a.; vgl. aber seit langem Fn. 83.
[86] Vgl. *RGZ* 104, 155; *RG JW* 1902; 132 u. a.
[87] *Rosenberg/Schwab/Gottwald*[15] § 100 III 1.
[88] *BGH NJW* 1989, 2064; *OLG Düsseldorf FamRZ* 1994, 1536.
[89] *BGH* § 21 VAG Nr. 2; *NJW* 1983; 514 (515); P. *Schlosser*, in: Festschr. für *Nagel* (1987).
[90] *RGZ* 52, 216 (218 f.), → § 322 Rdnr. 226 (Fn. 248 m.w.N.).
[91] *Gaul*, in: Festschr. *Friedrich Weber* (1975), 155 (166 ff.); *Rimmelspacher* (Fn. 1), 315 ff.; *Rosenberg/Schwab/Gottwald*[15] § 100 III 1 d und *Zöller/Greger*[20] Rdnr. 11 gewähren bei einer Vollstreckung aus dem späteren Urteil daneben die Klage aus § 767, doch ist dies im Hinblick auf § 767 Abs. 2 abzulehnen.
[92] Vgl. *OLG Hamm OLGZ* 1985; 95 = *FamRZ* 305.
[93] *RGZ* 46, 320; 52, 260; *OLG Koblenz NJW-RR* 1990, 1023; *Koussoulis* (Fn. 8), 124 f. – A.M. *Hellwig* Anspruch und Klagrecht (1900), 178 f.; ders. Lb. 1, 180, 3 223, der jedoch in gewissen Fällen ebenfalls eine »Prozeßeinrede« gibt; *Ullmann AcP* 91 (1901), 401 f.; *Lent* (Fn. 1), 132 ff. (besonders 146 ff., 153 ff.); *Bettermann* (Fn. 1), 10. Unrichtig *OLG Hamm* (Fn. 92); dieses Gericht hätte wegen der noch bestehenden Rechtshängigkeit einer Vaterschaftsfeststellungsklage eine derartige Klage *derselben* Klägerin gegen einen *anderen* Beklagten wegen der inter-omnes-Wirkung des § 640h S. 1 nicht als zulässig ansehen dürfen.

Rechtshängigkeit mangels Identität der Ansprüche ablehnen[94]. Wegen der *nicht rechtsfähigen Vereine* → § 50 Rdnr. 20. Da bei der **Verbandsklage** ein eigener Anspruch des Verbandes geltend gemacht wird[95], ist der Einwand der Rechtshängigkeit nur dann begründet, wenn zwischen demselben Verband und seinem Gegner hinsichtlich desselben Anspruchs prozessiert wird. Dies gilt auch für die Klage nach dem AGB-Gesetz. Deshalb kann der Einwand der Rechtshängigkeit nicht erhoben werden, wenn *ein anderer Verband* z. B. hinsichtlich derselben Allgemeinen Geschäftsbedingung denselben Verwender verklagt. Möglicherweise scheitert dann aber eine solche Klage am Rechtsschutzbedürfnis (→ Rdnr. 110ff. vor § 253). Auf die **Parteirolle** (Kläger, Beklagter) **kommt es nicht an**; das Verbot kann auch dann eingreifen, wenn dieselbe Partei in dem *einen* Prozeß Kläger, in dem *anderen* Beklagter oder Widerkläger ist.

56 b) In sachlicher Beziehung muß **derselbe Streitgegenstand** (→ Einl. Rdnr. 263ff.) vorliegen. Dazu genügt aber nicht, daß das eine Urteil im anderen Prozeß Rechtskraft begründen würde; denn Rechtskraft besteht schon bei *Präjudizialität* (→ § 322 Rdnr. 196ff.), während § 261 **Identität** verlangt (→ Rdnr. 51). Es muß daher, wenn in beiden Prozessen das **Rechtsschutzziel identisch** ist (Verurteilung, Feststellung, Gestaltung), auch die konkrete, geltend gemachte **Rechtsfolge** (→ § 253 Rdnr. 45) **identisch** sein[96]. Hierzu genügt nach dem in → Einl. Rdnr. 292 für die Rechtshängigkeitssperre vertretenen eingliedrigen Streitgegenstandsbegriff die **Nämlichkeit der Klageanträge**[97]. Selbst wenn für einen Teil des Streitgegenstandes eine *Kognitionsschranke* eingreift (näher → Einl. Rdnr. 295), wird man aus Gründen der Verhinderung sich widersprechender Entscheidungen (→ Rdnr. 3, 51) jede weitere Klage mit demselben Antrag, aber einem anderen Klagegrund wegen anderweitiger Rechtshängigkeit als unzulässig abweisen müssen[98]. Die im *Vertragsgerichtsstand* erhobene Klage verhindert also z. B. auch die Klage im *Deliktsgerichtsstand*, obwohl das zuerst angerufene Gericht über die deliktischen Ansprüche mangels Kompetenz nicht entscheiden kann. Zur Klage aus *Wechsel* und *Grundgeschäft* → Rdnr. 64.

57 Wegen der Maßgeblichkeit der begehrten Rechtsfolge besteht der Einwand der Rechtshängigkeit **nicht**, wenn **nur der vorgebrachte Tatbestand (Lebenssachverhalt)** oder die **Anspruchsgrundlagen identisch** sind. Es **genügt** sonach **nicht**, daß zwei Ansprüche *aus demselben Rechtsverhältnis* hervorgehen oder sich ausschließen, wie etwa der Anspruch auf Herausgabe eines *Wechsels* und der Anspruch aus dem Wechsel[99], der Anspruch auf *Schuldbefreiung* und die Klage auf Erstattung des inzwischen gezahlten Betrags der Forderung[100], der auf *Erfüllung eines Vertrages* und der auf *Aufhebung* oder auf Löschung der Hypothek dafür[101], die *hypothekarische Klage* und die auf Löschung der Hypothek[102], die *Klage auf Unterhalt* und der Antrag auf Abänderung der Art der Unterhaltsgewährung durch das Vormundschaftsgericht[103]. Nicht ausreichend ist auch, daß die beiden Ansprüche von derselben Vorfrage

---

[94] So auch *OLG Hamburg* Rsp 2, 6; *Lent* (Fn. 1), 122; *Fischer* in Großkomm. HGB³ § 129 Anm. 5. – A.M. *RGZ* 49, 342f. (vgl. auch 102, 303); *KG OLG* Rsp 35, 65; *Staub* HGB¹²,¹³ § 129 Fn. 6. Zum Streitstand m.w.N. *Koussoulis* (Fn. 8) 164 Fußn. 270.
[95] Fn. 8 vor § 253.
[96] *RGZ* 50, 419; 54, 50; 158, 150; *RG* JW 1904, 260; s. auch *Lent* (Fn. 1) 112, 119, 121ff.; a.M. *RGZ* 26; 368. – Nicht ausreichend für die Identität der begehrten Rechtsfolgen ist es, wenn ein im Antrag oder Tenor abgebildeter Gegenstand offensichtlich nur als Beispiel in Wirklichkeit unterschiedlichem Begehren dient (*BGH* GRUR 1982, 229, zum Warenzeichenprozeß).
[97] Beispiele für identische Klagebegehren: Mehrere Klagen auf **Zustimmung zur Mieterhöhung**, selbst wenn einer Klage ein unwirksames Mieterhöhungsverlangen zugrundeliegt (*LG Oldenburg* MDR 1983, 498 = ZMR 34), **mehrere Räumungsklagen**, selbst wenn sie auf unterschiedliche Kündigungsgründe gestützt sind (*AG Plettenberg* WuM 1983, 57).
[98] Auch → Einl. Rdnr. 295 bei Fn. 135.
[99] *RGZ* 50, 419; SeuffArch 55 (1900), 348; *Celle* SeuffArch 54 (1899), 480; *OLG Braunschweig* Rsp 9, 100.
[100] *BGH* WM 1974, 1245 = DB 1975, 203.
[101] *RGZ* 54, 50; *OLG Bamberg* SeuffArch 59 (1904), 287. A.M. *BayObLG* SeuffArch 49 (1894), 221.
[102] *RGZ* 52, 260; *RG Gruchot* 38; 1214.
[103] *LG Mannheim* DAVorm 1976; 102.
[104] *RG Gruchot* 38, 1214.

abhängen[104] oder daß das Urteil im Vorprozeß nur im Falle des Obsiegens der einen Partei die Einrede der Rechtskraft begründen würde, wie etwa die Klage zweier Erbprätendenten auf *Feststellung des Erbrechtes*[105]. Die anderweitige Rechtshängigkeit ist auch dann nicht gegeben, wenn im Vorprozeß ein *Teil einer Forderung*, im zweiten ein *anderer* Teil oder der *Rest* geltend gemacht wird[106]. Wird ein Unterhaltsanspruch bei verschiedenen Gerichten geltend gemacht, so begründet der Rechtsstreit über den *Sockelbetrag* keine anderweitige Rechtshängigkeit, wenn in dem anderen Verfahren nur über den *Spitzensatz* entschieden wird[107]. Etwas anderes gilt jedoch (mit der Folge der Rechtshängigkeitssperre), wenn in beiden Prozessen **nicht individualisierte Teile desselben Anspruchs** begehrt werden, insbesondere, wenn bei **Teilklagen** auf Geld in der zweiten Klage nicht zum Ausdruck gebracht ist, daß ein *Mehrbetrag* geltend gemacht wird[108]. Zur Rechtshängigkeit in **Ehesachen** → § 610 Rdnr. 9.

c) Wenn die erstrebten **Rechtsschutzziele verschieden sind** (→ Rdnr. 4 ff. vor § 253), so kommt es darauf an, ob im Vorprozeß *in jedem Fall* diejenige Entscheidung ergehen kann, die im zweiten verlangt wird. Dagegen genügt es hier nicht, daß dies nur bei dem Sieg der *einen* oder *anderen* Partei der Fall ist; denn eine Rechtskraft, die erst vom prozessualen Erfolg abhängig ist, kann für die Einrede nicht in Betracht kommen. 59

aa) Das **Ziel** der **Leistungsklage** und der **positiven Feststellungsklage** ist **nicht identisch**; sie stehen nicht in einem bloßen Quantitätsverhältnis zueinander (→ auch § 256 Rdnr. 2 a.E. und Fn. 206). Denn wenn auch die Verurteilung zur Leistung das Bestehen des materiellen Anspruchs rechtskräftig feststellt, so kann die Abweisung der Leistungsklage aus Gründen (z.B. fehlende Fälligkeit) erfolgen, die der positiven Feststellungsklage nicht entgegenstehen. Mag also die eine oder die andere Klage früher erhoben sein, so steht der zweiten der Einwand der Rechtshängigkeit nicht entgegen[109]. Eine andere Frage ist, ob dann das *Feststellungsinteresse* noch besteht. 60

bb) Dagegen sind **positive** und **negative Feststellungsklage** in ihren Zielen **identisch**, weil auch die Abweisung der letzteren eine positive Feststellung enthält (→ § 256 Rdnr. 167)[110]. 61

cc) Zwischen der Klage auf **Leistung** und der **negativen Feststellungsklage** besteht, **wenn die Leistungsklage** *zuerst* erhoben wird, insoweit **Identität des Rechtsschutzzieles**, als das über die **Leistungsklage** ergehende Sachurteil das Bestehen oder Nichtbestehen des Leistungsanspruches *in jedem Fall* feststellt[111]. Der Einwand ist daher begründet, namentlich auch dann, wenn die negative Feststellung im Wege der **Widerklage** beantragt wird[112], sofern man nicht eine solche Widerklage für unzulässig hält, → § 33 Rdnr. 2. Wird dagegen die **negative Feststellungsklage** *zuerst* erhoben, so fehlt es an der Identität; denn wenn auch bei Abweisung dieser Klage der Anspruch festgestellt wird (→ § 256 Rdnr. 167), so ist doch ein solches Urteil, da es keinen Vollstreckungstitel bildet (→ § 256 Rdnr. 172), nicht geeignet, die Verurteilung des zweiten Prozesses überflüssig zu machen[113]; ist in dieser Situation die spätere Leistungsklage so weit fortgeführt, daß sie ohne Einwilligung des Gegners nicht mehr 62

---

[105] *RG* JW 1994, 195; *Gruchot* 48, 122 f.
[106] *RG* JW 1901, 34, 651; *BGH* WM 1971, 83. – A.M. A. *Blomeyer* ZPR² § 49 III 2, sofern die erste Klage nach § 264 Nr. 2 erweitert werden kann.
[107] *BGH* FamRZ 1996, 631.
[108] Vgl. *RGZ* 47, 405 (407); *RG* JW 1901; 651; *OGHZ* 4; 185. S. zu der Frage besonders *Goldschmidt* JW 1931, 1753 m.w.N.
[109] S. auch *RG* JW 1903, 151; *BGHZ* 7, 271 u.a. – A.M. *Bettermann* (Fn. 1) 26. Nach A. *Blomeyer* (Fn. 106) soll die selbständige Leistungsklage unzulässig sein, wenn der Streitgegenstand durch Klageänderung oder Widerklage in den anhängigen Feststellungsprozeß eingeführt werden kann (→ auch § 256 Fn. 291 und Fn. 298 a.E.).

[110] Vgl. *KG* OLG Rsp 1937, 123; *Baltzer* (Fn. 1) 150 ff. Zur **positiven Feststellungswiderklage zwecks Unterbrechung der Verjährung** → § 256 Fn. 358; § 256 Fn. 352.
[111] *BGH* NJW 1989, 2064.
[112] *Oertmann* ZZP 22 (1896), 25; *BGH* LM § 261 ZPO Nr. 11 (*Widerklage im Wege der Anschlußberufung*). – A.M. *Hellwig* Anspruch und Klagrecht (1900), 416; *ders.* Lb. 3 53 f. → auch § 256 Rdnr. 82 m.w.N.
[113] S. *BGH* GRUR 1962, 360; *RGZ* 21, 393; 40, 362; 60, 392; 71, 73; *RG* JW 1910, 826; DR 39, 1914; *OLG Düsseldorf* NJW 1984, 2955; *OLG Hamm* MDR 1991, 546; *Zöller/Greger*²⁰ § 256 Rdnr. 16 gegen *Zöller/Stephan* in Vorauflagen. – A.M. *Bettermann* (Fn. 1), 28 ff.; *Baltzer* (Fn. 1), 142 ff., 152 ff.

§ 261 V, VI 2. Buch. Verfahren im ersten Rechtszuge. 1. Abschnitt. Landgerichte

zurückgenommen werden kann, so soll nach einer verbreiteten Praxis das rechtliche Interesse für die frühere negative Feststellungsklage entfallen[114]; sie habe sich erledigt (→ § 91a Rdnr. 5). Doch kann dieser Ansicht aus einer Reihe von Gründen nicht zugestimmt werden. Vielmehr bleibt die negative Feststellungsklage zulässig (näher → § 256 Rdnr. 125 f.). Lediglich die in demselben Verfahren (der Feststellungsklage) erhobene *Leistungswiderklage* nimmt der vorher erhobenen Feststellungsklage das Interesse (→ § 256 Rdnr. 125). Zur Frage der **Aussetzung** in diesem Fall → § 148 Rdnr. 27.

63 dd) Die Erhebung der Klage im **Urkundenprozeß** begründet die **Rechtshängigkeitssperre gegen** die spätere **Leistungsklage** im ordentlichen Prozeß und umgekehrt; denn durch die Klage im Urkundenprozeß wird der Anspruch rechtshängig[115]. Gleiches gilt für das Verhältnis des **Unterhaltsprozesses** zum Verfahren über den **Regelunterhalt** nichtehelicher Kinder; auch hier besteht, soweit sich die Ansprüche der Höhe nach decken, das Prozeßhindernis der anderweitigen Rechtshängigkeit[116].

64 Nach dem hier vertretenen Streitgegenstandsbegriff (→ Einl. Rdnr. 292) muß die **Rechtshängigkeitssperre** aber auch in dem Fall bejaht werden, daß gleichzeitig aus dem **Wechsel (Scheck)** und dem **Grundgeschäft** geklagt wird[117]; denn hier sind die begehrten Rechtsfolgen identisch. Etwas anderes gilt nur, wenn *zuerst Klage im Wechsel- oder Scheckprozeß (§§ 602 ff.) erhoben wurde. Einer späteren* Klage aus dem Grundgeschäft steht dann der Einwand der Rechtshängigkeit nicht entgegen[117a]. Daß durch die Erhebung einer *negativen Feststellungsklage* nicht die Rechtshängigkeit gegenüber einer *späteren Klage im Urkundenprozeß*, die stets Leistungsklage ist, begründet werden kann, ergibt sich schon aus dem in Rdnr. 62 Bemerkten[118].

65 ee) Wegen **Verschiedenheit der Rechtsschutzziele** begründet ferner die *Klage auf Vollstreckungsurteil* nach §§ 722 ff. den Einwand nicht gegenüber einer *Klage auf Erfüllung* des ursprünglichen Anspruchs[119], die Klage auf *Feststellung* eines Rechts nicht gegenüber der Klage auf *Anfechtung* dieses Rechts nach der KO oder dem AnfG[120], die *Drittwiderspruchsklage* nach § 771 nicht gegenüber der Geltendmachung des ihr zugrunde liegenden Rechts usw.[121], → auch § 767 Rdnr. 11 ff., § 771 Rdnr. 70. Wegen des *Arrestes* → Rdnr. 43.

d) **Räumliche Grenzen**

71 Die Wirkung der Rechtshängigkeit erstreckt sich über das gesamte deutsche Staatsgebiet, nicht nur auf ein deutsches Land (→ auch Einl. Rdnr. 746). Zur Rechtshängigkeit eines im **Ausland** schwebenden Verfahrens → Rdnr. 11 ff.

VI. Fortdauer der Zuständigkeit (perpetuatio fori) des Prozeßgerichts (Abs. 3 Nr. 2)

1. **Grundsatz**

73 Die Rechtshängigkeit bewirkt, daß die **Zulässigkeit des beschrittenen Rechtsweges** (nunmehr geregelt im neuen § 17 Abs. 1 GVG, → »Gesetzesgeschichte«) und die **Zuständigkeit**

---

[114] Nachweise → § 256 Fn. 294 (*Leistungswiderklage*) und Fn. 303 (*selbständige Leistungsklage*).
[115] *Stein* (Fn. 1), 291; das *RG* (RGZ 160, 338, 345) hat jedoch die Rechtshängigkeit nur für den Fall bejaht, daß der ordentliche Prozeß *vor* dem Urkundenprozeß begonnen wurde (zutreffend dagegen *Rosenberg/Schwab/Gottwald*[15] § 101 III 1 c).
[116] *OLG Celle* FamRZ 1971, 47 (L).
[117] A.M. *RGZ* 160, 338 (347); *OLG Dresden* Rsp 7, 299 (*Wechsel*); *OLG Karlsruhe* NJW 1960, 1955; *OLG Düsseldorf* WM 1973, 403 (*Scheck*); *OLG Hamburg* WM 1986, 383 (*Scheck*).
[117a] *Schwab* (Fn. 1), 127 f.
[118] S. auch RGZ 17, 327; 21, 393; 69, 123 f.; 160, 345 u.a. – A.M. *Bettermann* (Fn. 1), 90.
[119] *RG* JW 1903, 178.
[120] *OLG Darmstadt* OLG Rsp 3; 57.
[121] Vgl. auch *RGZ* 72, 49 ff. (zu § 878).

des Gerichts durch **eine Veränderung der sie begründenden Tatsachen nicht berührt** werden (Abs. 3 Nr. 2). Das ist eine **Ausnahme** von der Regel, daß alle während eines Prozesses eingetretenen Veränderungen, auch in den Prozeßvoraussetzungen, im Urteil zu berücksichtigen sind[122], → § 300 Rdnr. 20 ff. Diese Regel wird aber durch Abs. 3 Nr. 2 bezüglich der Zuständigkeit nicht völlig ausgeschaltet; so kann das Gericht, wenn es **zur Zeit der Klage unzuständig** war, durch nachträgliche Veränderung die **Zuständigkeit erlangen**[123] (z. B. durch Wohnsitzverlegung, nachträgliche Klagenhäufung, Prorogation des angerufenen Gerichts [→ § 38 Rdnr. 58, 60] oder rügeloses Einlassen [→ § 39] sowie durch Prozeßverbindung), und zwar durch Änderungen *bis zum Schluß der mündlichen Verhandlung*[124] und nach § 525 auch noch in der Berufungsinstanz[125], → auch § 603 Rdnr. 3. Ist das angerufene Gericht örtlich unzuständig, so kann auch die Zuständigkeit eines anderen, sonst sachlich unzuständigen Gerichts vereinbart werden[126].

Für die **ausschließliche** (örtliche oder sachliche) **Zuständigkeit**, insbesondere die in **Ehesachen**, gilt keine Ausnahme[127]. Sie **bleibt** also **erhalten**, auch wenn während des Prozesses nunmehr eine andere Zuständigkeit (insbesondere ein anderer ausschließlicher Gerichtsstand) entsteht. Für die vom Streitwert abhängige sachliche Zuständigkeit ergibt sich bereits aus § 4, daß **Wertänderungen** des gleichbleibenden Streitgegenstandes innerhalb der Instanz unbeachtet bleiben, → dazu § 4 Rdnr. 6.

74

2. Zum Umfang der Anwendbarkeit: »Zuständigkeit«

In Nr. 2 ist nur vorgeschrieben, daß die (örtliche, sachliche, funktionelle und internationale, zu letzterer → Rdnr. 86) **Zuständigkeit** des Gerichts, wenn sie zur Zeit der Klageerhebung[128] **vorhanden** war, durch spätere Änderungen **nicht verloren geht**. Die Erhöhung und Minderung des *Wertes* des Streitgegenstandes (→ § 4 Rdnr. 6), ebenso eine *Verminderung des Streitgegenstandes* (zur Erweiterung des Streitgegenstandes → Rdnr. 83), die Änderung des *Wohnsitzes* (§ 13)[129], des *Sitzes* der juristischen Person (§ 17), des *Aufenthaltsortes* (§§ 16, 20, 606), der *Staatsangehörigkeit* (§ 606a Abs. 1)[130] oder die Verlegung des *Vermögens* (§ 23) usw. machen also das Gericht nicht nachträglich unzuständig. Dasselbe gilt bei der *Rechtsnachfolge* nach § 239[131] sowie wenn die Zuständigkeit von der Eigenschaft *als Gericht der Hauptsache* abhängt (→ § 1 Rdnr. 78, § 919 Rdnr. 4); in ähnlicher Weise bleibt auch die örtliche Zuständigkeit für die *Widerklage* erhalten, wenn die Hauptklage wegfällt (oder verwiesen wird)[132]. Zur nachträglichen *Beendigung der Instanz*, → § 919 Rdnr. 6, zur Tren-

76

---

[122] Vgl. besonders *RGZ* 151, 103 (107: »Ausnahme«).
[123] S. *RG* (Fn. 124); *OLG Rostock* Rsp 5, 112; *OLG Karlsruhe* BadRPr 04, 135; *KG* OLG Rsp 13, 76; 27, 16; *OLG Colmar* Rsp 15, 252; *OLG Dresden* SeuffArch 66 (1911) 129; *OLG München* SeuffArch 70 (1915) 294. – A.M. *OLG Celle* Rsp 15, 117. → auch § 1 Rdnr. 25. Der der perpetuatio fori zugrundeliegende Gedanke läßt sich also nicht etwa umkehren, vgl. *Baumbach/Lauterbach/Hartmann*55 Rdnr. 31 f. m. weit. Nachw.
[124] *RG* Gruchot 57 (1913), 717 (ausdrücklich gegen 52, 136, JW 1905, 148); ferner *OLG Karlsruhe* BadRPr 1904, 135; *OLG Marienwerder* Rsp 35; 72.
[125] *KG* KGBl 1905, 96. – A.M. *KG* OLG Rsp 13, 72; *OLG Hamburg* Rsp 20; 331.
[126] *BGH* Warn. 75 Nr. 253 = NJW 1976, 626 = MDR 378 = WM 303 = JR 375 (*Bassenge*) = LM § 39 Nr. 6.
[127] A.M. *KG* OLG Rsp 13, 72; *OLG Hamburg* Rsp 20; 331. Zur während des Prozesses entstehenden ausschließlichen Internationalen Zuständigkeit → Rdnr. 86.
[128] Umstände, die *nur bei Klageinreichung*, nicht aber im Zeitpunkt der Klagezustellung vorliegen, bleiben für die Beurteilung der Prozeßvoraussetzungen außer Betracht (*OLG Karlsruhe* Justiz 1970, 87; *OLG Hamburg* DAVorm 1977, 735 = FamRZ 423); nur für die Berechnung des *Zuständigkeitsstreitwerts* ist der Zeitpunkt der Klageeinreichung entscheidend; → § 4 Rdnr. 5 f. Zur Anwendbarkeit des § 261 Abs. 3 Nr. 2 beim Übergang vom *Mahnverfahren* zum streitigen Verfahren s. *Schäfer* NJW 1985, 296 ff.
[129] S. bereits *RGZ* 27; 385 (388: »Der durch den Wohnsitz oder durch das Vorhandensein von Vermögen im Gerichtsbezirke einmal begründete Gerichtsstand dauert fort, wenn auch der Wohnsitz verändert, das Vermögen entfernt wird«) sowie *RGZ* 151, 105; *BGH* FamRZ 1995, 729; *OLG Hamburg* NJW 1950, 509 (Wohnsitzverlegung ins Ausland); *BAG* DB 82, 2412 (Wohnsitzverlegung während des Mahnverfahrens).
[130] *RGZ* 150, 374.
[131] Vgl. *RGZ* 49, 419 f.
[132] *OLG Düsseldorf* FamRZ 1983, 401 (*beiderseitige Erledigungserklärung*); *LG München* NJW 1978, 953 (*Klagezurücknahme*); → § 33 Rdnr. 10.

nung des Prozesses, → § 4 Rdnr. 8. Ebenso ist eine *Änderung der Gesetzgebung*[133] – vorbehaltlich gesetzlicher Sonderregelung – oder die *nachträgliche* Vereinbarung eines (auch eines ausschließlichen) Gerichtsstands[134], → § 38 Rdnr. 31 (m.w.N.), ohne Einfluß. Abs. 3 Nr. 2 deckt auch den Fall der **Änderung der Bezirkseinteilung** der Gerichte[135]; diese Frage ist näher im G vom 6. XII. 1933 (RGBl. I S. 1037 = BGBl. III 300-4, geändert BGBl. 1974 I S. 3393, 1975 I S. 1117, 1978 I S. 1645) geregelt.

77   Der **Zweck der perpetuatio fori**, die Parteien vor einer Verzögerung und Verteuerung des Verfahrens und die Gerichte vor unnötiger Mehrarbeit zu bewahren, erlaubt es, Abs. 3 Nr. 2 in bestimmten Fällen **entsprechend anzuwenden**, so etwa bei **Änderung der höchstrichterlichen Rechtsprechung**[136].

78   Der Gedanke der perpetuatio fori ist auch bei der **funktionellen Zuständigkeit** (zu ihr → § 1 Rdnr. 120–135) anwendbar, wie § 21e Abs. 4 GVG zeigt. Wenn der *BGH*[137] dagegen den Grundsatz der Fortdauer der Zuständigkeit auf Abteilungen und Spruchkörper innerhalb des Gerichts nicht anwenden will, erscheint dies wenig sinnvoll. Nur für den Fall einer anderweitigen gesetzlichen Regelung kann dieser Ansicht gefolgt werden. Zur Fortdauer der *Zuständigkeit eines Spruchkörpers* bei Prozeßverbindung und -trennung → § 145 Rdnr. 23, § 147 Rdnr. 15.

79   Für die **Zuständigkeit im Instanzenzug** in dem Sinne, welches Gericht für die Entscheidung über ein Rechtsmittel zuständig ist (»**instantielle Zuständigkeit**«, → § 1 Rdnr. 121), kommt der Grundsatz der perpetuatio fori nur hinsichtlich eines bereits eingelegten Rechtsmittels zur Geltung: Soweit ein Rechtsmittel eingelegt ist, bleibt eine Änderung der Instanzenordnung ohne Belang. Geht das Rechtsmittel dagegen erst nach der Änderung der Rechtsmittelzuständigkeit ein, so ist dies auch für solche Prozesse zu beachten, die zu diesem Zeitpunkt bereits rechtshängig waren[138]. Dies folgt aus den allgemeinen Grundsätzen des Intertemporalen Zivilprozeßrechts, nach denen das neue Recht den laufenden Prozeß sogleich ergreift (→ § 1 EGZPO, kommentiert nach § 1048). Dem jeweiligen Änderungsgesetzgeber steht es aber frei, anderweitige Regelungen zu treffen.

80   Zur **Internationalen Zuständigkeit** → Rdnr. 86.

3. Nachkriegsprobleme

81   Die bei Kriegsende (8. V. 1945) anhängigen Prozesse waren bei den wieder eröffneten Gerichten rechtshängig geblieben. Diese Gerichte sind nicht neu errichtet worden; es besteht vielmehr Kontinuität zwischen den früheren und den wieder eröffneten Gerichten. Durch Änderungen der Bezirkseinteilung und durch die Zonenabgrenzungen hatte sich an der Rechtshängigkeit nichts geändert[139], → auch Rdnr. 76 a.E.

---

[133] *RGZ* 103, 102 (*Reichswirtschaftsgericht*); *KG* JR 1947, 24; *BGH* FamRZ 1978, 328 = Warn. Nr. 25 (örtliche Zuständigkeit für *Scheidungssache*); *BGH* DtZ 1992, 387 (*Einigungsvertrag*); *BayObLGZ* 1978, 63 (65: *Annahme als Kind*); vgl. auch *RGZ* 103, 294 (*saarländische Sache*); zu Rechtsprechungsänderungen → Rdnr. 77.
[134] *BGH* NJW 1953, 1140; 1963, 585; LM § 36 ZPO Ziff. 6 Nr. 1; FamRZ 1995, 729; *OLG Köln* NJW 1962, 540; *OLG Düsseldorf* OLGZ 1976, 475; a.M. *LG Flensburg* SchlHA 1979, 39; *Traub* NJW 1963, 842. Anders ist es hingegen, wenn bei *Unzuständigkeit* des Gerichts nunmehr eine Prorogation erfolgt, sei es auf das angerufene Gericht, sei es auf ein anderes Gericht (→ Rdnr. 73).
[135] Vgl. (*bejahend*) *RG* JW 1997, 237 f.; *BayObLG* JW 1926, 2451; *KG* OLG Rsp 13, 173; *Stölzel* ZZP 32; (1904) 35 (60 f.); *Hülsen* AöR 20 (1906) 519 ff.; (*verneinend*) *Koppers* AöR 9 (1894), 201 ff.
[136] BGHZ 70, 295 = NJW 1978, 949 = MDR 479 = FamRZ 332 (L) = WM 937 = DAVorm 555 (L) = DB 836,

allgemein zum Vertrauen in eine beständige Rechtsprechung → Einl. Rdnr. 15 mit Fn. 24.
[137] *BGH* NJW 1981, 2464 = MDR 833 = FamRZ 758 = Rpfleger 346; *OLG Koblenz* NJW 1977, 1735 = MDR 935 = FamRZ 648 = JurBüro 1435; a.m. *OLG Hamm* FamRZ 1977; 727; *OLG Hamburg* FamRZ 78, 424; *OLG Düsseldorf* FamRZ 1978, 266.
[138] *BGH* NJW 1978, 427 = Warn. Nr. 18 = FamRZ 102 (krit. *Jauernig*. Unmaßgeblich ist der Zeitpunkt des Erlasses der Entscheidung: Erging sie *vor* der Änderung der Instanzenordnung, ist das Rechtsmittel gegen sie nach *neuem* Recht einzulegen, wenn dies zu einem Zeitpunkt geschieht, in dem bereits das neue Recht gilt.
[139] *Nathan* NJ 1947, 82; *Schiedermair* NJW 1948, 306; *BayObLGZ* 1901; Nr. 35. – A.M. *KG* NJW 1948, 306. – Die beim *RG* anhängig gewesenen Sachen sind aber nicht auf den *BGH* übergegangen, *BGHZ* 6, 64; wohl aber ist dieser für Nichtigkeitsklagen gegen Urteile des *RG* zuständig, *BGHZ* 14; 251 f. (259 f.).

Rechtsstreitigkeiten, die am 8. V. 1945 bei einem Gericht anhängig waren, **an dessen Sitz deutsche Gerichtsbarkeit nicht mehr ausgeübt wird**, waren unterbrochen (§ 245). Sie konnten von jeder Partei aufgenommen werden (§ 250). Sachlich und örtlich zuständig ist das nach den jetzt geltenden Vorschriften für die Klage oder das Rechtsmittel zuständige Gericht, § 2 ZuständigkeitsergänzungsG vom 7. VIII. 1952, BGBl I S. 407, → auch § 245 Rdnr. 1, 3.

4. Streitgegenstandsveränderungen

Eine Änderung des Streitgegenstandes (im Gegensatz zu einer Veränderung seines *Wertes*, → Rdnr. 74, 76) durch **Klageänderung, Klageerweiterung** oder **Inzidentklage** wird durch § 261 Abs. 3 Nr. 2 **nicht erfaßt**; sie macht daher eine erneute Prüfung der Zuständigkeit erforderlich, → § 4 Rdnr. 7, → § 264 Rdnr. 40, → § 256 Rdnr. 146 ff., s. auch § 506. 83

5. Geltung für prozessuale Einzelakte

Der Grundsatz des § 261 Abs. 3 Nr. 2 muß entsprechende Anwendung finden, wenn die Zuständigkeit nicht für das gesamte Verfahren, sondern für **einzelne prozessuale Akte in Frage steht**, z. B. für die Aussetzung nach § 246[140] oder die Abnahme der eidesstattlichen Versicherung[141]. 84

6. Zum **Mahnverfahren** → § 696 Rdnr. 9 und § 689 Rdnr. 5 ff. 85

7. Internationale Zuständigkeit. Gerichtsunterworfenheit

Solange ihre Besonderheit nicht erkannt war, wurde die Internationale Zuständigkeit nach den Regeln über die örtliche Zuständigkeit abgewickelt; die direkte Anwendung des Satzes von der perpetuatio fori (Abs. 3 Nr. 2) erschien folglich unproblematisch[142]. Inzwischen hat sich die Eigenständigkeit der Internationalen Zuständigkeit gezeigt (→ Einl. Rdnr. 752 ff.). Hieraus zu folgern, eine perpetuatio fori sei bei der Internationalen Zuständigkeit *abzulehnen*[143], liegt sicher in der richtigen Tendenz, geht aber wohl zu weit. Denn im *Einzelfall* ist eine **entsprechende Anwendung nicht unvertretbar**. Sie hat aber *behutsam* zu erfolgen[144] und sich am Sinn der perpetuatio fori zu orientieren (näher sogleich → Rdnr. 88). **Unanwendbar** ist die perpetuatio vor allem, wenn die Internationale Zuständigkeit von der Anerkennungsfähigkeit der inländischen Entscheidung abhängt (z. B. § 606a Abs. 1 Nr. 4), sowie falls die Anknüpfung an die Staatsangehörigkeit oder an den Wohnsitz einen Schutzzweck verfolgt (z. B. § 648 Abs. 2 oder bei der auf der deutschen Staatsangehörigkeit aufbauenden Scheidungskompetenz oder bei Art. 3 EuGVÜ) und sofern ein ausländisches Gericht *ausschließlich* zuständig wird[145]. **Im Zweifel sollte eine perpetuatio fori verneint werden** (→ auch Rdnr. 88). 86

Keine Anwendung findet die perpetuatio fori auf die **Gerichtsunterworfenheit** (→ Einl. Rdnr. 679)[146]. 87

---

[140] Vgl. *RG* JW 1899, 366.
[141] *OLG Dresden* SächsAnn 20, 184.
[142] Vgl. *Pagenstecher* RabelsZ 11 (1937), 449; *Riezler* (Fn. 19), 341, 361, 455 ff.; *Matthies* (Fn. 1), 76 f.; *RGZ* 58, 258 f. (zu § 23); 157, 394; weit. Nachw. → Einl. Rdnr. 775 Fn. 25. S. a. *BAG* NJW 1979, 1119 = JZ 648 (*Geimer*).
[143] So *Damrau* Fortdauer der internationalen Zuständigkeit trotz Wegfalls ihrer Voraussetzungen?, Festschrift für *Bosch* (1976), 103 (112 ff.).

[144] *Schumann* Internationale Zuständigkeit – Besonderheiten; Wahlfeststellung, doppelrelevante Tatsachen, Festschrift für *Nagel* (1987) sub I 6.
[145] *Beitzke*, Festschr. *Rammos* (Fn. 1), 73 ff.; *Geimer* NJW 1976, 441 (446 sub 2c zu Art. 3 EuGVÜ); *Matthies* (Fn. 1), 78; *Schumann* (Fn. 144) a.a.O.; *Walchshöfer* (Fn. 127), 226 f.
[146] *Jacobs* (Fn. 1), 122.

8. Allgemeine Fortdauer der Zulässigkeit der Klage?

88 Abs. 3 Nr. 2 spricht nur von einer Fortdauer der »Zuständigkeit«. Dies schließt freilich nicht aus, den Gedanken der perpetuatio fori auf vergleichbare Situationen *entsprechend* anzuwenden. So findet er – obschon ursprünglich sicher nicht so gedacht – auch auf die *funktionelle* (→ Rdnr. 78) und auf die *instantielle* (→ Rdnr. 79) Zuständigkeit Anwendung. Obwohl neues Prozeßrecht das laufende Verfahren sogleich ergreift (→ § 1 II 1 EGZPO, kommentiert nach § 1048), wird der Grundsatz entsprechend angewendet, wenn sich *Gesetzgebung* (→ Rdnr. 76) oder *Rechtsprechung* (→ Rdnr. 77) ändern und dadurch die Klage unzulässig würde. Schließlich ist die perpetuatio fori entsprechend auf die *internationale Zuständigkeit* anwendbar (→ Rdnr. 86). Doch gerade bei ihr zeigen sich die Grenzen des Grundsatzes (→ Rdnr. 86). Über diesen Kreis analoger Anwendung hinaus läßt sich eine Fortdauer der Zulässigkeit kaum vertreten. Bereits der **Wortlaut** des Abs. 3 Nr. 2 bildet eine **unüberbrückbare Hürde**. Denn wenn das Gesetz gewollt hätte, daß nach Eintritt der Rechtshängigkeit ganz allgemein ein Wegfall von Sachurteilsvoraussetzungen die Zulässigkeit der Klage nicht beeinflussen solle, ist es schwer verständlich, weshalb nur von »Zuständigkeit« die Rede ist. Der Wortlaut offenbart aber auch einen wichtigen **Sinn**: Lediglich bei der Zuständigkeit ist die Fortdauer der Zulässigkeit aus dem Gedanken gerechtfertigt, daß es kein so gravierender Vorgang ist, wenn während des Verfahrens ein *anderer* Richter zuständig wird. Die prinzipielle Gleichwertigkeit der Gerichte läßt es daher als unwichtig erscheinen, wenn während des Prozesses ein anderer Richter zur Entscheidung berufen wird. Von diesem Sinn des Abs. 3 Nr. 2 aus rechtfertigt sich die hier befürwortete analoge Anwendung auf den Wegfall solcher Sachurteilsvoraussetzungen, die eine Sachentscheidung *gerade durch das befaßte Gericht* begründeten. Also erfaßt die perpetuatio fori nicht Vorgänge, die auch *bei jedem anderen Gericht* der Bundesrepublik Deutschland eine Sachentscheidung verwehren. Anders ausgedrückt: Es kann **keine »perpetuatio fori«** geben, wenn ein Umstand während des Prozesses eingetreten ist, der auch **jedem anderen Gericht den Erlaß eines Sachurteils verbieten würde**. Dies ist letztlich auch der Grund, weshalb eine Anwendung des Abs. 3 Nr. 2 auf die **Internationale Zuständigkeit nur sehr behutsam** vorgenommen werden darf (→Rdnr. 86), und es liegt näher, den Wegfall der Internationalen Zuständigkeit als beachtlich anzusehen, als von einer uneingeschränkten perpetuatio fori bei ihr auszugehen. Damit wird deutlich, daß die Behauptung[147] unhaltbar ist, Prozeßvoraussetzungen könnten während des Prozesses nicht wegfallen. Eine »perpetuatio litis«[148] ist daher dem deutschen Zivilprozeßrecht fremd. Es gibt **keinen Grundsatz, daß eine einmal zulässige Klage zulässig bleibt**. So wird die Klage *unzulässig*, wenn während des Verfahrens über denselben Streitgegenstand ein **(rechtskräftiges) Urteil** ergeht; dies zeigt deutlich auch § 580 Nr. 7a, der die Wiederaufnahme gegen ein Urteil einräumt, das die frühere Rechtskraft eines anderen Urteils übersehen hat. *Unzulässig* (→ Rdnr. 23) wird auch eine Klage, wenn während des Prozesses der **Einwand der Rechtshängigkeit** eines früher angestrengten Auslandsprozesses durchgreift. Solche Situatio-

---

[147] *Mann*, Festschr. *Zweigert* (1981), 275 (283): »Denn es ist ein ganz primitiver Satz des Prozeßrechts aller zivilisierten Staaten, daß Prozeßvoraussetzungen, insbesondere Zuständigkeiten, die bei Rechtshängigkeit gegeben sind, nicht später wegfallen können«... Diese Aussage ist *richtig*, soweit sie sich auf die *Zuständigkeitsvoraussetzungen* bezieht. *Unhaltbar* ist die Aussage im übrigen. Die von *Mann* verwendete Belegstelle bei *Guldener* Schweizerisches Zivilprozeßrecht² (Zürich 1958) 243 bezieht sich im übrigen nur auf die *Zuständigkeit*. Zu den übrigen Sachurteilsvoraussetzungen sagt denn *Gul-* *dener* auch *genau das Gegenteil*: Ein Sachurteil »darf daher nicht ergehen, wenn im Laufe des Verfahrens eine Prozeßvoraussetzung in Wegfall kommt«! (S. 189). Das schweizerische Zivilprozeßrecht steht also auf demselben Standpunkt wie die deutsche Auffassung, nach der die perpetuatio fori eine *Ausnahme* (→ Fn. 122) von der Beachtlichkeit des Wegfalls einer Sachurteilsvoraussetzung ist.

[148] Vgl. *Peter Schlosser* Die perpetuatio litis als rechtsstaatlicher Leitgedanke des nationalen und internationalen Zivilprozeßrechts, in: Festschr. *Nagel* (1987).

nen treten auf, wenn erst während des Verfahrens die Voraussetzungen erfüllt werden, aufgrund derer das im Ausland zu erwartende Urteil in der Bundesrepublik Deutschland anerkannt wird (→ Rdnr. 12ff.), z.B. wenn das Erfordernis der Gegenseitigkeit (→ Rdnr. 17) nunmehr gegeben ist[149]. Zum Wegfall weiterer Sachurteilsvoraussetzungen während des Prozesses → § 256 Rdnr. 122 und 128 (*Wegfall des Feststellungsinteresses*), → Rdnr. 20–27 vor § 239, →§ 239 Rdnr. 5–12 und → § 265 Rdnr. 20 (*Wegfall der Existenz der Partei, der Prozeßführungsbefugnis, Untergang der juristischen Person*), → oben Rdnr. 87 (*Wegfall der Gerichtsunterworfenheit*).

In aller Regel ist das **Unzulässigwerden der Klage** für den **Kläger** durchaus **erträglich**: Denn wenn durch die genannten Vorgänge seine erfolgreiche Klage *unzulässig geworden* ist, steht ihm die Erklärung der **Erledigung der Hauptsache** (→ § 91a Rdnr. 5 und Rdnr. 6 bei Fn. 22) zur Verfügung. Schließt sich der *Beklagte* dieser Erklärung an, wird *ihm* das Gericht gemäß § 91a (→ dort Rdnr. 29) die Kosten auferlegen. Stimmt der *Beklagte* nicht zu, kommt es zum Urteil über die Erledigung; dann treffen ebenfalls den *Beklagten* die Kosten (→ § 91a Rdnr. 41). Letztlich trägt also grundsätzlich **der Beklagte das Risiko**, daß eine **erfolgreiche Klage unzulässig** wird. So fehlt es letztlich auch an einem praktischen Bedürfnis, in jedem Fall des Wegfalls einer Sachurteilsvoraussetzung eine »perpetuatio« zu befürworten. 89

VII. Das Erlöschen der Rechtshängigkeit

Die prozeßrechtlichen Wirkungen der Rechtshängigkeit erlöschen mit der **Beendigung des Prozesses**[150]: 91

1. durch **formell rechtskräftiges Urteil** (§ 705)[151], unbeschadet der Möglichkeit der *Wiedereinsetzung* gegen die Versäumung der Rechtsmittelfrist und der *Wiederaufnahme*. Durch ein unter Vorbehalt ergangenes Urteil nach §§ 302, 599 wird die Rechtshängigkeit nicht beendet[152]; in den Fällen der Verweisung nach §§ 281, 506, 696 Abs. 5 und der Rechtswegverweisung nach § 17 Abs. 3 GVG usw. wird sie auf das andere Gericht übertragen; 92
2. durch **gerichtlichen**[153] **Vergleich**, → (auch zur Anfechtung) § 794 Rdnr. 33; 93
3. durch **Zurücknahme der Klage** (§ 269) und Zurücknahmeerklärung nach § 113; → § 269 Rdnr. 51; 94
4. durch **Versäumung der Frist** für den Antrag auf Erlaß des Ergänzungsurteils bezüglich des im Urteil **übergangenen Anspruchs** (§ 321)[154]. 95
5. durch die **übereinstimmenden Erledigungserklärungen** des Rechtsstreits in der Hauptsache, → § 91a Rdnr. 20, jedoch nicht schon durch das den Rechtsstreit erledigende Ereignis unmittelbar (anders im Falle des § 619, → § 619 Rdnr. 1) und nicht hinsichtlich der Kostenentscheidung; 96
6. durch den Wegfall einer Partei, wenn ein **Rechtsnachfolger überhaupt nicht vorhanden** ist[155]; 97
7. beim **Hilfsanspruch**, wenn die Bedingung nicht eintritt[156], → auch Rdnr. 5. 98

Dagegen wird die **Rechtshängigkeit nicht aufgehoben**: durch **Verzicht** und **Anerkenntnis** als solche (§§ 306, 307), oder durch **Erfüllung**[157]; ebensowenig durch **außergerichtlichen Ver-** 99

---

[149] So zutreffend BGH WM 1986, 115 = NJW 2195 = RIW 218 = EWiR § 261 1/85, 1015 (zust. *Geimer*) (*deutsch-türkischer* Fall: Während des deutschen Prozesses trat in der Türkei ein Gesetz in Kraft, das die Anerkennung deutscher Urteile ermöglichte; dadurch griff nunmehr der Einwand der Internationalen Rechtshängigkeit ein, weil schon vor Beginn des Prozesses in der Bundesrepublik Deutschland der identische Streitgegenstand bei einem türkischen Gericht anhängig gemacht war). Der weiteren Überlegung des *BGH*, das Verfahren in einem solchen Fall entsprechend § 148 *auszusetzen*, kann man jedoch nicht folgen (→ § 148 Rdnr. 164). Soweit der Kläger die Klage nicht für erledigt erklärt (→ Rdnr. 89), ist er vielmehr mit Prozeßurteil abzuweisen.

[150] Vgl. *Walsmann* AcP 102 (1907), 161f.
[151] BGH NJW 1984, 353.
[152] BGH NJW 1995, 1095 (1096).
[153] BGH WM 1985, 673; LM § 263 a.F. Nr. 5 = NJW 1959, 532; BAG NJW 1974, 2151; OLG Hamburg HGZ 29, 12; KG OLG Rsp 20, 314. Dies gilt auch dann, wenn der Vergleich unwirksam ist, BGH BB 1978, 1340 (L) = RPfleger 370 (L).
[154] OLG Braunschweig Rsp 17, 18f.
[155] S. aber den Beispielsfall BAG SAE 1957, 210 (*Pohle*) → auch § 239 Rdnr. 5.
[156] RGZ 117, 112 (114); BGHZ 21, 13 (16); *Kion* Eventualverhältnisse im Zivilprozeß (1971), 157ff.
[157] S. auch RG JR 1925 Nr. 1572.

gleich oder eine Übereinkunft der Parteien, den Rechtsstreit ohne Zurücknahme fallen zu lassen; auch **nicht** durch *Unterbrechung, Aussetzung*[158] und *Ruhen*[159] des Verfahrens, → Rdnr. 1 ff. vor § 239, durch *Zeitablauf* oder durch *Nichtbetreibung des Verfahrens* oder *Weglegung der Akten* gemäß der Aktenordnung[160].

100 Ob mit dem Erlöschen der prozeßrechtlichen Wirkungen auch die **materiell-rechtlichen** erlöschen, hat das *bürgerliche Recht* zu bestimmen, soweit nicht die §§ 269, 113 eingreifen, → auch § 262 Rdnr. 15.

VIII. Arbeitsgerichtliches Verfahren

103 Die vorstehenden Ausführungen gelten ohne Abweichungen auch für das arbeitsgerichtliche Verfahren. § 261 Abs. 3 Nr. 2 ist insbesondere von Bedeutung in den Fällen der **Zuständigkeit des Zusammenhangs** nach § 2 Abs. 3 ArbGG (*Text* → § 1 Rdnr. 141, *Erläuterung* → § 1 Rdnr. 204 ff.); das Arbeitsgericht kann ebenso wie das ordentliche Gericht die ihm bei Klageerhebung mangelnde Zuständigkeit nachträglich erlangen, → Rdnr. 73. Die einmal begründete Zuständigkeit bleibt aber in jedem Fall bestehen, wenn auch wegen des gleichzeitig aus § 2 Abs. 1 und 2 ArbGG geltend gemachten Anspruchs die Klage (durch Prozeß- oder Sachurteil) abgewiesen wird, → auch § 1 Rdnr. 209. Dies gilt auch bei **Klagezurücknahme** des die Zuständigkeit begründenden Hauptanspruchs (näher → § 1 Rdnr. 209). Zur Problematik bei Rechtsstreitigkeiten aus *Arbeitnehmererfindungen* → § 1 Rdnr. 192.

§ 262 [Wirkungen der Rechtshängigkeit nach bürgerlich-rechtlichen Vorschriften]

¹**Die Vorschriften des bürgerlichen Rechts über die sonstigen Wirkungen der Rechtshängigkeit bleiben unberührt.** ²**Diese Wirkungen sowie alle Wirkungen, die durch die Vorschriften des bürgerlichen Rechts an die Anstellung, Mitteilung oder gerichtliche Anmeldung der Klage, an die Ladung oder Einlassung des Beklagten geknüpft werden, treten unbeschadet der Vorschrift des § 207 mit der Erhebung der Klage ein.**

Gesetzesgeschichte: Bis 1900 § 239 CPO, dann durch Novelle 1898 (→ Einl. Rdnr. 113) § 267 ZPO, sprachlich geändert durch die Bekanntmachung 1924, RGBl. I 437. Seit der Vereinfachungsnovelle 1976 (BGBl. I 3281, → Einl. Rdnr. 159) § 262 ZPO; der frühere § 262 wurde zu § 274 Abs. 3 (→ § 274 »Gesetzesgeschichte«).

I. Materiellrechtliche Wirkungen der Rechtshängigkeit	II. Wirkungen kraft Bundesrechts	5
1. Maßgeblichkeit des materiellen Rechts 1	1. Verjährung	6
2. Regelung durch das materielle Recht; Auslegung 2	a) Verjährungsunterbrechung aufgrund prozessualer Rechtshängigkeit	7
3. Eventuelle (hilfsweise) Geltendmachung 3	b) Verjährungsunterbrechung ohne Rechtshängigkeit	11

---

[158] *BayObLGZ* 1901 Nr. 35. S. aber (zu ausländischen Verfahren) *BGH* LM § 263 a.F. (= § 261 n.F.) Nr. 7 = NJW 1961, 124.
[159] *OLG Saarbrücken* FamRZ 1978, 522.
[160] *BGH* NJW-RR 1995, 513.

c) Rechtshängigkeit ohne Verjährungsunterbrechung ... 14
d) Fortdauer der Unterbrechung ... 15
2. Ersitzung ... 16
3. Rechtserhaltung bei Pfandrechten usw. ... 18
4. Prozeßzinsen. Gesteigerte Haftung ... 21
5. Vererblichkeit; Übertragbarkeit und Pfändbarkeit; Unterhaltsrecht ... 22
6. Erhaltung des Besitzanspruchs und des Erbrechts; Verzug ... 26
7. Wirkung auf Dritte oder auf andere Ansprüche ... 28
III. Wirkungen kraft Landesrechts ... 30

I. Materiellrechtliche Wirkungen der Rechtshängigkeit

1. Maßgeblichkeit des materiellen Rechts

Welche *Wirkungen* die prozessuale Geltendmachung auf das im Streit befangene *materielle Rechtsverhältnis* ausübt, ist eine Frage des materiellen Rechts[1]. Wenn man diese Wirkungen als solche der Rechtshängigkeit bezeichnet, so ist dies insofern nicht genau, als das bürgerliche Recht sie vielfach auch an außerprozessuale Vorgänge und solche Prozeßvorgänge knüpft, die eine Rechtshängigkeit im prozessualen Sinn (→ § 261 Rdnr. 5, 42 ff.) nicht begründen, und sie andererseits auch nicht in allen Fällen einer Rechtshängigkeit eintreten läßt (→ Rdnr. 14). Das materielle Recht nimmt den Prozeßbeginn zum Ausgangspunkt von durchaus verschiedenartigen Anordnungen. Maßgebend für die Voraussetzungen und den Inhalt derartiger Wirkungen ist örtlich und zeitlich *das den Anspruch beherrschende materielle Recht*[2], auch wenn die prozessualen Akte unter einem *anderen* Recht, etwa nach deutschem Prozeßrecht bei anwendbarem Auslandsrecht (und umgekehrt[3]) vorgenommen sind; → auch Rdnr. 30 und 31. Zur Verjährungsunterbrechung durch Klageerhebung im Ausland → Rdnr. 9.

2. Regelung durch das materielle Recht; Auslegung

Die materiellen Wirkungen der Rechtshängigkeit sind jetzt im wesentlichen (→ Rdnr. 30) im BGB und im HGB geregelt, aber nur bei der Unterbrechung der Verjährung (§§ 209 ff. BGB) erschöpfend hinsichtlich der Akte, an die sie sich knüpfen, und ebenso hinsichtlich ihres weiteren Schicksals, z.B. bei Zurücknahme der Klage und bei der Prozeßabweisung. Es ist Aufgabe der Auslegung des maßgebenden materiellen Rechts – nicht der ZPO – festzustellen, inwieweit jene Vorschriften auch dort Anwendung finden, wo lediglich allgemein von der Klageerhebung usw. gesprochen wird[4], ob also z.B. die gesteigerte Haftung nach §§ 291 f. BGB auf den Zeitpunkt der *ersten Klageerhebung* zurückdatiert wird, wenn die Klage *zurückgenommen*, aber in der Frist des § 212 Abs. 2 BGB erhoben wird, oder ob das gleiche von der Wahrung von Ausschlußfristen gilt[5]. Ebenso ist es eine Frage des einschlägigen

---

[1] Lit.: *Kohler* ZZP 29 (1901), 4 ff.; *Hirsch* Übertragung der Rechtsausübung 1, 107 ff.; *Geib* Rechtsschutzbegehren und Anspruchsbetätigung im deutschen Zivilprozeß (1909), 187 ff.; *Kussi* Die privatrechtlichen Wirkungen des Prozeßbeginns (1925; vgl. dazu *Heinsheimer* JW 1926, 2416); *Kudlich* Die privatrechtlichen Nebenwirkungen einer im Ausland erhobenen Klage (1963); *Peter Schlosser* Ausschlußfristen, Verjährungsunterbrechung und Auslandsklage, in: Festschr. für *Bosch* (1976), 859 ff.

[2] *OLG Hamburg* Rsp 13, 45; *OLG Breslau* Rsp 17; 326 f.

[3] Vorbildlich: *RGZ* 61, 390 (Streitverkündung im Ausland). Dann entscheidet das anwendbare **deutsche Recht**, ob die ausländischen Vorgänge Wirkungen zeitigen.

[4] Vgl. *Kronenberger* Das Prozeßurteil und seine Wirkungen (1910), 76 ff.

[5] Vgl. *Hellwig* Lb. 3, 304. – A.M. *Planck* BGB § 1571 N. 12; sowie *RGZ* 88, 294 (zu § 41 KO); *RG* JW 1910, 244 f. (vertragsmäßige Ausschlußfrist).

materiellen Rechts, ob z. B. in den Fällen der *Ausschlußfristen* durch fristgerechte Klageerhebung hinsichtlich eines *Teilbetrages* die Frist bezüglich des *ganzen* Anspruchs gewahrt wird.

3. Eventuelle (hilfsweise) Geltendmachung

3 Soweit im Prozeß Ansprüche eventuell geltend gemacht werden können, → § 260 Rdnr. 15 ff., → § 33 Rdnr. 26, treten die materiellen Wirkungen der Rechtshängigkeit mit der Stellung des Eventualbegehrens bedingt ein, und zwar – beim für den Fall der Erfolglosigkeit des Hauptantrags gestellten Eventualantrag – *auflösend* bedingt durch die rechtskräftige Zuerkennung des Hauptanspruchs[6].

II. Wirkungen kraft Bundesrechts

5 Der nachfolgenden Darstellung[7] über die Wirkungen kraft Bundesrechts ist vorauszuschicken, daß in allen Fällen, in denen die Unterbrechung der Verjährung oder die Wahrung von Fristen von einer *Zustellung,* insbesondere der Zustellung der Klage abhängt, eine *Rückdatierung* auf die Einreichung des Schriftstücks stattfindet, § 270 Abs. 3, § 496[8]. Wegen der Fälle des § 207 → dort Rdnr. 1–7. Das gleiche gilt hinsichtlich des *Mahnbescheides,* § 693 Abs. 2. Wegen der *Hemmung* der Verjährungs- und ähnlicher Fristen aufgrund der *Nachwirkungen des Krieges* → Voraufl. dieses Komm. Rdnr. 48 vor § 214.

1. Verjährung

6 Die **Unterbrechung der Verjährung** ist von §§ 209, 210 BGB an *dreizehn gerichtliche Akte* geknüpft, denen die außergerichtliche, auch konkludente Anerkennung in § 208 BGB gleichsteht.

7 a) **Verjährungsunterbrechung aufgrund prozessualer Rechtshängigkeit**: Darunter befinden sich nur *vier Fälle,* in denen auch die prozessualen Wirkungen der Rechtshängigkeit eintreten, → § 261 Rdnr. 42 ff. Diese vier Fälle sind:

(1) Die Erhebung[9] der **Klage auf (eine fällige oder auch auf zukünftige**[10]**) Leistung,**
(2) die Klage auf (positive) **Feststellung des Anspruchs** → § 256 Rdnr. 114[11],
(3) die Klage auf Erteilung der **Vollstreckungsklausel,** §§ 731, 749, 796 Abs. 3, § 797 Abs. 5,
(4) die Klage auf Erlaß des **Vollstreckungsurteils,** §§ 722 f.[12].

8 Die Wirkung tritt für alle Ansprüche im Sinne des BGB ein, die mit dem in der Klage erhobenen prozessualen Anspruch geltend gemacht sind, → Einl. Rdnr. 285 ff.; man wird die Unterbrechung aber auch auf materiell-rechliche Ansprüche erstrecken, die zwar auf einen *anderen Leistungsgegenstand* gerichtet sind, *aber denselben Anspruchsgrund haben und*

---

[6] So auch *Rosenberg/Schwab/Gottwald*[15] § 65 IV 3 a.
[7] S. dazu besonders *Hirsch* (Fn. 1), 74 ff., 102 f.; *Hellwig* Lb 3, 278 ff.; *Wichmann* Unterbrechung der Verjährung durch gerichtliche Geltendmachung (1916). Eine eingehende Erläuterung der materiellrechtlichen Wirkungen der Klageerhebung ist nicht Aufgabe dieses Komm.
[8] Auch dann, wenn der Schuldner gegenüber dem Gläubiger auf die Erhebung der Einrede der Verjährung bis zum Ablauf einer bestimmten Frist verzichtet hat; *BGH* NJW 1974, 1285; a.M. *OLG Düsseldorf* VersR 1980, 747 = MDR 840; *OLG Bamberg* VersR 1972, 889.
[9] Nach der sehr problematischen Entscheidung *BGHZ* 90, 249 = NJW 1984; 1559 = BB 943 = MDR 577 = LM § 261 Nr. 8 zur vergleichbaren Frage der Fristwahrung nach § 41 KO reicht es nicht aus, daß die Klage vor Frist- (bzw. Verjährungs-)ablauf beim unzuständigen Gericht eingereicht wird, dieses dann an das zuständige Gericht abgibt und erst danach die Zustellung erfolgt. Richtigerweise muß in solchen Fällen die (unzulässige) Klage zugestellt und dann erst gemäß § 281 verwiesen werden, die Verjährung kann bei einem solchen Vorgehen bereits früher unterbrochen werden.
[10] egen § 218 Abs. 2 BGB wird bei der Klage auf *künftige* Leistung allerdings die Verjährung nur für diejenigen Leistungen unterbrochen; die bis zur Rechtskraft des Urteils fällig wurden, vgl. *BGHZ* 93; 287 (290) = NJW 1985, 1711 (1712). Um die Verjährung auch für die später fälligen Leistungen zu unterbrechen; muß dann eine weitere (Feststellungs-)Klage erwogen werden; → § 256 Fn. 195.
[11] Vgl. dazu *RGZ* 61, 70.
[12] Vgl. dazu *RG* JW 1926, 374.

denselben wirtschaftlichen Erfolg erstreben[13]. Die Klage muß vom **Rechtsinhaber** ausgehen; dabei unterbricht die Klage des Treugebers auch dann, wenn er unberechtigt Leistung an sich verlangt[14]. Die Verjährung wird auch durch die Klage eines **zur Einziehung**[15] oder **zur Prozeßführung Ermächtigten**[16] unterbrochen; der Mangel fehlender Ermächtigung heilt rückwirkend durch nachträgliche Genehmigung, ebenso wie das Fehlen einer Vollmacht, → § 89 Rdnr. 13. Dies gilt sowohl für die Ermächtigung zur Prozeßführung[17] als auch für die zur Einziehung[18]. Bei **Teilklagen** beschränkt sich die Unterbrechung auf den eingeklagten Teil[19], auch wenn die Teilklage die (nicht rechtskräftige) Feststellung des ganzen Anspruchs erforderlich macht[20]; werden weitere Teilbeträge durch Klageerweiterung nachgeschoben, so tritt die Unterbrechung eines jeden gesondert in dem für ihn maßgebenden Zeitpunkt ein, → § 264 Rdnr. 71, § 261 Rdnr. 34[21]. Macht die Klage einen bezifferten Gesamtbetrag geltend, so wird die Verjährung des Gesamtanspruchs sofort unterbrochen, auch wenn die erforderliche Verteilung auf die Einzelforderungen erst nachträglich vorgenommen wird[22]. Die Verjährung wird aber auch unterbrochen durch die Erhebung einer *unbezifferten* **Schmerzensgeldklage** (zur Zulässigkeit → § 253 Rdnr. 85ff.)[23] oder einer **Stufenklage**[24]. Ob die Prozeßvoraussetzungen, insbesondere sachliche und örtliche Zuständigkeit, gegeben sind, ist ohne Belang, arg. § 212 BGB[25].

Die nach deutschem Recht zu beurteilende Verjährung kann auch durch eine im **Ausland erhobene Klage unterbrochen** werden, wenn deren Rechtshängigkeit im Inland zu beachten ist, → § 261 Rdnr. 11 ff. Insbesondere muß hinsichtlich der zu erwartenden Entscheidung eine *positive Anerkennungsprognose* bestehen[26]. Im Geltungsbereich des EuGVÜ wird die Verjährung wegen Art. 28 Abs. 3 EuGVÜ (Text → Einl. Rdnr. 912) grundsätzlich unabhängig von der internationalen Zuständigkeit unterbrochen[27]. Ist für die Frage der Verjährung ausländi-

9

---

[13] Dazu näher *Henckel* JZ 1962, 335 gegen *BAG* JZ 1962, 357 = NJW 1961, 2371 = AuR 1962, 123; s.a. *RGZ* 77, 213 (*Geldrente und Kapitalabfindung*); 109, 234 (*Herausgabe und Schadensersatz wegen deren Unmöglichkeit*); 108, 38 (*Geldanspruch und Entwertungsausgleich*) u.a. – Keine Unterbrechung tritt aber durch *Klage auf Auskunft* oder *Rechnungslegung* für den Anspruch auf Leistung des danach Geschuldeten, *RGZ* 115; 27 (um in einem solchen Fall die Verjährung zu unterbrechen, muß der Kläger eine *Stufenklage* [evtl. ohne Hauptantrag] erheben, → § 254 Rdnr. 18), ebensowenig durch Klage auf Feststellung der *Unwirksamkeit einer Kündigung*, *BAG* 9, 7 = MDR 1960, 439 = NJW 838 (dazu *Lüke* MDR 1960, 1333) = SAE 77 (dazu *Larenz*) = AuR 188 = AP § 209 BGB Nr. 1 (dazu *A. Hueck*), oder des *Fortbestehens eines Arbeitsverhältnisses*; *BAG JR* 1963, 54 = NJW 1961, 1787 = AuR 380 = AP § 209 BGB Nr. 2 für den Lohnanspruch.
[14] *OLG Celle* NdsRpfl 1956, 109 = DB 592.
[15] *BGH* JZ 1958, 245 (dazu *Baur*) = MDR 231 (dazu *Bülow* MDR 1958, 421) = NJW 338 = LM § 185 BGB Nr. 8.
[16] *BGHZ* 25, 259f. = MDR 1958, 28 = NJW 1957, 1838 = LM § 662 HGB Nr. 4.
[17] *BGH* (vorige Fn.).
[18] *Baur* Anm. zu *BGH* (Fn. 15); a.M. *BGH* (Fn. 15); *BGH* NJW 1972, 1580; nach *BGH* NJW 1972, 1580 muß der Kläger zudem angeben, daß er ein fremdes Recht in eigenem Namen geltend macht, wenn die Verjährung durch Klageerhebung bzw. Einreichung des Antrags auf Mahnbescheid unterbrochen werden soll; zustimmend *Zöller/Greger*[19] Rdnr. 4.
[19] *RGZ* 57, 372; *RG* JW 1912, 860 (mit Lit.) und oft.
[20] So besonders *RGZ* 66, 365; *RG* JW 1913, 22.

[21] *RGZ* 65, 398f.; *RG* JW 1907, 739; SeuffArch 65; 376 u.a.; s.a. *BGH* MDR 1960, 1001 = NJW 1947 = LM § 209 BGB Nr. 9 (zur Heilung des Mangels nach § 295; wenn Erweiterungsantrag nicht zugestellt, aber rügelos in mündlicher Verhandlung verlesen ist).
[22] *BGH* MDR 1959, 919 = NJW 1819 = BB 1228 = LM § 209 BGB Nr. 8, auch bei nachträglicher Bezifferung der Einzelforderungen: *BGH* NJW 1967, 2210 = ZZP 82 (1969), 141 mit Anm. *Arens* (im Ergebnis zustimmend).
[23] *BGH* MDR 1974, 1000 = VersR 1018, vgl. auch *RGZ* 75; 302 (307).
[24] In diesem Fall wird der Zahlungsanspruch nicht erst bei Bezifferung, sondern bereits mit Klageerhebung rechtshängig (*OLG Hamburg* FamRZ 1983, 602), → § 254 Rdnr. 18.
[25] Vgl. auch *RGZ* 115, 135.
[26] *RGZ* 129, 385 (389); *RG* JW 1926, 374 (zur Verbürgung der Gegenseitigkeit); *OLG Hamburg* SeuffArch 63, 28 (30f. zur Zuständigkeit des ausländischen Gerichts); *LG Deggendorf* IPrax 1983, 125; *Nagel* Internationales Zivilprozeßrecht[3] 299; *Staudinger/Dilcher*[12] § 209 Rdnr. 14; weitergehend *OLG Breslau* NJW 1932; 3826 (internationale Zuständigkeit genügt); *Schlosser* (Fn. 1), 865 (m.w.N. zum gesamten Problem); *Frank* IPrax 1983, 110 (Anerkennung irrelevant); a.M. *Schütze* DB 1977, 2130; MDR 1973, 906 (§ 209 gilt nur bei Klageerhebung im Inland); a.M. auch *Staudinger/Peters*[13] § 209 Rdnr. 14 der (gegen *Staudinger/Dilcher*[12]) darauf abstellt, daß sich der Schuldner lediglich auf das Verfahren einstellen müsste, was nur bei internationale Zuständigkeit des Gerichts und die ordnungsgemäße Ladung des Schuldners voraussetze.
[27] *OLG Düsseldorf* NJW, 1978, 1752 = DB 584.

sches Recht anwendbar, richtet sich auch die Verjährungsunterbrechung durch Klageerhebung allein nach ausländischem Recht[28], d. h. in diesem Fall kann eine im Ausland erhobene Klage auch bei fehlender Anerkennungsfähigkeit zur Verjährungsunterbrechung führen.

11 b) **Verjährungsunterbrechung ohne Rechtshängigkeit**: Dagegen tritt die Unterbrechung der Verjährung *ohne* die prozeßrechtlichen Wirkungen der *Rechtshängigkeit* ein in folgenden Fällen (§ 209 Abs. 2, § 210 BGB):

Bei der Zustellung des **Mahnbescheids** (→ § 693 Rdnr. 6), ebenso bei dem Antrag auf **Vollstreckbarerklärung des Schiedsspruchs**, für den nach wie vor die im § 209 Abs. 1 BGB für die Klage auf Vollstreckungsurteil getroffene Regelung wird gelten müssen, ferner bei Anbringung eines **Güteantrags** vor einer Gütestelle, bei der **Anmeldung im Konkurs**, bei der Geltendmachung der **Aufrechnung** → § 145 Rdnr. 46[29], bei der **Streitverkündung**, → § 72 Rdnr. 6, 7, → § 74 Rdnr. 7[30], bei der Vornahme einer **Vollstreckungshandlung** oder dem **Antrag** darauf, → Rdnr. 85 vor § 704[31], bei dem Gesuch um **Bestimmung des zuständigen Gerichts**, → § 37 Rdnr. 1 und bei dem Antrag auf die **Vorentscheidung einer Verwaltungsbehörde**, → § 253 Rdnr. 211 ff.[32]

12 Für einzelne Ansprüche, § 477 Abs. 2, §§ 490, 524, 639 BGB, ist weiterhin die Unterbrechung der Verjährung oder die Erhaltung von Einreden, § 478 S. 2, §§ 479, 485 BGB, § 414 S. 2 HGB auch noch an den Antrag auf das selbständige Beweisverfahren gemäß § 485 geknüpft[33], obwohl hier prozessuale Wirkungen ebenfalls nicht eintreten.

14 c) **Rechtshängigkeit ohne Verjährungsunterbrechung**: Umgekehrt wird durch die Erhebung der **negativen Feststellungsklage** zwar die prozessuale Rechtshängigkeit begründet → § 261 Rdnr. 62, **nicht aber die Verjährung unterbrochen**[34]; das gleiche gilt von den ihr verwandten Klagen, z. B. der **Vollstreckungsgegenklage** nach § 767 oder der Klage des § 768. Die **Verteidigung** gegen solche Klagen unterbricht die Verjährung ebenfalls nicht[35].

15 d) **Fortdauer der Unterbrechung**: Die maßgeblichen Regelungen über die *Fortdauer der Unterbrechung* sind in den §§ 211 ff. BGB enthalten. Bisweilen enden sie z. B. bei Ruhen des Verfahrens (→ auch § 251 Rdnr. 12 f.) vor der prozessualen Rechtshängigkeit, bisweilen, z. B. bei Zurücknahme der Klage und bei Beendigung des Prozesses durch ein nicht in der Sache selbst entscheidendes Urteil[36], überdauern sie sie. Wegen der Unterbrechung einer an einem Sonnabend (Samstag), Sonn- oder Feiertag endenden Verjährungsfrist → § 222 Rdnr. 14.

2. Ersitzung

16 An die *gerichtliche* **Geltendmachung des Eigentumsanspruchs** knüpft § 941 BGB die **Unterbrechung der Ersitzung**; durch die Verweisung auf die §§ 209–212, 216, 219, 220 sind aber alle Fälle dieser Paragraphen (→ Rdnr. 6 ff.) hierher gezogen mit der Ausnahme des Mahnverfahrens, der Anmeldung im

---

[28] *BGH* WM 1964, 879 (881); *Schütze* MDR 1973, 906; *MünchKomm-v. Feldmann*[3] § 209 Rdnr. 6.
[29] Auch hier (→ Fn. 19) Unterbrechung nur hinsichtlich des zur Aufrechnung gestellten *Teilbetrages*, RGZ 85, 365.
[30] Vgl. *RGZ* 61, 390 (Fn. 3). – Dies gilt auch, wenn der *Streitverkünder* den Prozeß gewinnt; BGHZ 36, 212 = JZ 1962, 415 = MDR 200 = NJW 387 = BB 613 = LM § 209 BGB Nr. 11 (dazu Kreft); insoweit a. M. RG SeuffArch 68 (1913), 131; frühere Aufl. dieses Komm.
[31] Anders für die *Arrestvollziehung* OLG Breslau OLG Rsp 15; 322 (bedenklich).
[32] Ebenso durch den Antrag auf Festsetzung der Anwaltskosten, nunmehr ausdrücklich § 19 Abs. 6 BRAGO (ebenso schon zu § 86a a.F. BRAGO: BGHZ 21, 199 = MDR 1957, 86 = NJW 1956, 1518 = BB 732 = LM § 210 BGB Nr. 1, *KG* JR 1955, 426; *Tschischgale* JR 1955, 45; *Werthauer* JR 1955, 186. – A.M. *LG Berlin* JR 1955, 100; *Schumacher* DRiZ 1954, 144).
[33] Vgl. *RGZ* 66, 412 f. (→ Rdnr. 195 Fn. 76 vor § 128).
[34] Vgl. *RGZ* 71, 73 (s. auch 39, 219, 40, 39), → § 256 Fn. 266.
[35] *BGH* MDR 1963, 209 = BB 9 = DB 65 = LM § 209 BGB Nr. 12; *BGH* NJW 1972, 157, 1043; *BGHZ* 72, 23 = MDR 1978, 830; ebenso *Gürich* MDR 1980, 359 (betr. Abweisungsantrag bei negativer Feststellungsklage); vgl. schon *RGZ* 60, 389 f.; 75, 302 f.; 153, 375; *RG* JW 1907, 303; → § 256 Fn. 266, 294; a.M. *OLG Schleswig* NJW 1976, 970.
[36] Darunter fallen nicht nur die Abweisungen wegen fehlender Prozeßvoraussetzungen, sondern alle Urteile, die nicht über das Bestehen des Anspruchs selbst entscheiden, RGZ 84, 309; RG Gruchot 62 (1918), 598; 1939, 1914.

Konkurs, der Aufrechnung und, da auf § 215 nicht verwiesen ist, wohl auch der Streitverkündung. Dieselbe Begrenzung greift bei der Ersitzung des Nießbrauchs an beweglichen Sachen nach § 1033 BGB Platz.

3. Rechtserhaltung bei Pfandrechten usw.

Die *gerichtliche* Geltendmachung *schlechthin* wirkt rechtserhaltend für das **Pfandrecht des Vermieters** und **Verpächters** nach §§ 561, 585 BGB, sowie des **Früchtepfandberechtigten**, G vom 19. I. 1949, WiGBl. S. 8, BGBl. 1951 I S. 476, des **Pächterkreditgebers**, § 5 Abs. 2 PachtkreditG, ferner für den Anspruch aus der **Schuldverschreibung auf den Inhaber** (wie die Vorlegung) nach § 801 BGB, für den Anspruch des **Verlierers** gegen den Finder oder die Gemeinde des Fundortes auf die Bereicherung, § 977 BGB, den Anspruch des **Besitzers auf Ersatz von Verwendungen** nach Herausgabe der Sache, § 1002 BGB (hier mit der Genehmigung gleichgestellt), das **Pfandrecht des Frachtführers** und **Verfrachters** nach der Ablieferung § 440 Abs. 3, § 632 Abs. 2 HGB; sie macht (neben der Vorlegung) die **Ausschließung des Inhabers einer Briefhypothek** nach § 1188 BGB unzulässig und schließt den Anspruch des bisherigen Inhabers eines **Zins-, Renten- oder Gewinnanteilscheines** auf Leistung ohne Urkunde nach § 804 BGB aus. 18

Derselbe Ausdruck findet sich noch in §§ 1958, 2212 BGB, in denen es sich um die **Befugnis zur Prozeßführung** handelt, sowie in § 61 Nr. 5 KO (**Vorrecht der Kinder, Mündel, Betreuten und Pflegebefohlenen**). Hier dürfte jeder Art der Geltendmachung genügen, z. B. auch Anträge auf Einstellung der Zwangsvollstreckung nach §§ 771 oder 805[37] oder einstweilige Verfügungen[38]. S. auch Art. 52 Abs. 2 des ScheckG. 19

4. Prozeßzinsen. Gesteigerte Haftung

An den *Eintritt der Rechtshängigkeit* knüpfen sich das Recht auf die **Verzinsung** von Geldforderungen (§ 291 BGB), die **gesteigerte Haftung** für den Gegenstand des obligatorischen Anspruchs (§ 292 BGB), die **Umwandlung der Haftung aus der Bereicherung** in eine solche nach den allgemeinen Vorschriften (§ 818 Abs. 4 BGB)[39] und die **Steigerung der Haftung des Besitzers** gegenüber der Eigentumsklage nach den §§ 987, 989, 991, § 994 Abs. 2, vgl. auch § 996 BGB, die dann entsprechend für den **Erbschaftsanspruch** (§ 2023 BGB) gilt. Vgl. auch § 741 f. ZPO und § 1412 BGB. Hier sind wohl nur solche Akte gemeint, die auch die prozessualen Wirkungen der Rechtshängigkeit erzeugen, → § 261 Rdnr. 42 ff. Die Rückwirkung auf den Zeitpunkt der Zustellung des Mahnbescheides, § 696 Abs. 3, § 700, gilt auch hier. 21

5. Vererblichkeit; Übertragbarkeit und Pfändbarkeit; Unterhaltsrecht

Daß der *Anspruch rechtshängig geworden ist*, hat nach § 1300 Abs. 2 BGB die Wirkung der **Vererblichkeit** und **Übertragbarkeit der Schadensersatzforderung wegen des immateriellen Schadens**[40]. Dabei ist Rechtshängigkeit als *prozessualer* Begriff zunächst auch im Sinne des § 1300 BGB *verfahrensrechtlich* zu verstehen; sie tritt daher erst mit *Zustellung* der Klageschrift ein, nicht bereits mit Einreichung der Klage[41]; für eine entsprechende Anwendung des § 270 Abs. 3 bleibt kein Raum[42]. Die Zustellung eines *Mahnbescheides* begründet nur dann die Rechtshängigkeit, wenn die Streitsache alsbald nach Erhebung des Widerspruchs abgegeben wird, § 696 Abs. 3[43]. 22

---

[37] Vgl. *OLG Stettin* OLG Rsp 3, 357.
[38] *KG* OLG Rsp 20, 189 (zu § 561 BGB).
[39] Anders als bei der Verjährungsunterbrechung (→ Rdnr. 7) genügt hier die Erhebung einer Feststellungsklage nicht (*BGHZ* 93, 183 ff. = NJW 1985, 1074); → § 256 Rdnr. 114.
[40] Auch dafür kommt es nicht auf das Vorliegen der Sachurteilsvoraussetzungen an, *BGH* NJW 1967, 2304 = MDR 1968, 38 (*Klage* ohne Vertretungsmacht im Namen des *bewußtlosen Verletzten*, später vom Erben genehmigt).
[41] *BGH* LM § 847 BGB Nr. 17 = MDR 1961, 588 = NJW 1575; NJW 1976, 1890 = VersR 1045 = Warn. Nr. 150 = MDR 1977, 42
[42] *Peters* VersR 1976, 1010; a. M. *Ebel* VersR 1978, 204.
[43] *BGH* NJW 1977, 1149 = Warn. Nr. 49 (zur früheren Regelung); vgl. auch MDR 1974, 394; a. M. *Pecher* MDR

22a Durch die Streichung von § 847 Abs. 1 Satz 2 BGB[44] ist der wichtigste Anwendungsfall der beschränkten Vererblichkeit höchstpersönlicher Ansprüche entfallen[45]. Das makabre Wettrennen[46] zwischen Tod und Rechtshängigkeit, also um den möglichst schnellen Eintritt der Rechtshängigkeit des Schmerzensgeldanspruchs des (meist schwer) Verletzten ist hierdurch beseitigt worden: Der Schmerzensgeldanspruch ist seither vererblich, auch wenn er *nicht rechtshängig* geworden ist. Die neue Gesetzeslage beim Schmerzensgeldanspruch darf aber nicht übersehen lassen, daß die Problematik des Eintritts (vor allem des Beginns) der Rechtshängigkeit solange für das materielle Recht bedeutsam ist, als sich dort Rechtsfolgen an den Eintritt der Rechtshängigkeit knüpfen. Die umfassende Diskussion vor der Änderung des § 847 BGB[47] hat gezeigt, daß es nicht Aufgabe des Prozeßrechts ist, die eigene Begriffsbildung nur deshalb zu ändern, weil die *materiell-rechtlichen* Ergebnisse als unbefriedigt empfunden werden. Es muß in solchen Fällen das *materielle* Recht geändert werden, wie dies durch die Streichung des Satzes 2 von § 847 Abs. 1 BGB dann zutreffend auch geschehen ist.

23 Auch bei erfolgter Zustellung tritt bei **höchstpersönlichen Ansprüchen** die Wirkung der Rechtshängigkeit nicht dadurch ein, daß eine **Klage ohne Vertretungsmacht des geschäftsunfähigen (bewußtlosen) Klägers erhoben** und die **Prozeßführung nach dessen Tod später von den Erben des Verletzten genehmigt** wird[48]. So knüpft § 1933 BGB den **Ausschluß des (gesetzlichen) Ehegattenerbrechts** an die *persönliche Klageerhebung des verstorbenen Ehegatte* (auf Scheidung der auf Aufhebung der Ehe) an[49]. Ähnlich bewirken derartige Klageerhebungen gemäß **§ 2077 Abs. 1 Satz 2 und 3 BGB** die **Unwirksamkeit letztwilliger Verfügungen** des verstorbenen Ehepartners zugunsten seines Ehegatten. Wegen der *höchstpersönlichen* Natur des Scheidungs- und Aufhebungsbegehrens kann die Erklärung des Ehegatten, die auf den Eintritt einer veränderten *materiellen* Rechtslage abzieht, nicht durch einen Dritten ersetzt werden[50]. Daß der verstorbene Ehegatte *Vollmacht* zur Klageerhebung (§ 609) erteilt hat, reicht nicht aus[51]. Dieselben Grundsätze gelten für vergleichbare höchstpersönliche Ansprüche, die nur bei Rechtshängigkeit vererblich sind, z. B. nach § 1300 BGB, und für immaterielle Entschädigungsansprüche eines Verstorbenen, es sei denn, man nutzt den Wegfall des 2. Satzes von § 847 Abs. 1 BGB, um sie uneingeschränkt durch die Erben geltend machen zu lassen[52].

24 Weitere Wirkungen der Rechtshängigkeit sind nach § 852 ZPO die der **Pfändbarkeit des Pflichtteilsanspruchs**, des **Anspruchs des Schenkers** nach § 528 BGB und des Anspruchs eines Ehegatten auf **Ausgleich des Zugewinns** nach §§ 1372 ff. BGB. Die *Rückdatierung* auf den Zeitpunkt der Einreichung der Klage usw. bei Gericht nach §§ 207, 270 Abs. 3, §§ 496, 693 Abs. 2 *tritt* hier *nicht ein*[53]. Ferner ist von dem Zeitpunkt an, wo der **Unterhaltsanspruch** rechtshängig geworden ist, der Unterhalt auch *für die Vergangenheit* zu gewähren, § 1613 BGB; hier hat der Verzug die gleiche Wirkung. Der dort gebrauchte Ausdruck bedeutet dasselbe wie der Eintritt der Rechtshängigkeit, → Rdn. 21. In den Fällen, in denen die gesteigerte Haftung der §§ 291 f. BGB *schon vor* der gerichtlichen Geltendmachung eintreten

---

1977, 191 (194); *OLG Hamm* MDR 1976; 222 (Zustellung des Mahnbescheides genügt); noch weitergehend *OLG Schleswig* SchlHA 1973, 153 (Einreichung des Mahnbescheides ausreichend).

[44] Er lautete »Der Anspruch (sc. auf Schmerzensgeld) ist nicht übertragbar und geht nicht auf die Erben über, es sei denn, daß er durch Vertrag anerkannt oder daß er rechtshängig geworden ist.«

[45] Zur prozessualen Rechtslage bis zur Streichung der genannten Vorschrift → Voraufl. dieses Komm. § 262 Rdn. 22 mit Fn. 39 ff.

[46] *MünchKomm-Mertens*[2] § 847 Rdn. 52.

[47] → Fn. 45.

[48] So zum früheren (→ Fn. 44) § 847 Abs. 1 Satz 2: BGHZ 69, 323 = NJW 1978, 214 = MDR 78 = JZ 29 (*mit* krit. Anm. *Brehm* JZ 1978, 191); *Pecher* AcP 171 (1971),

52 ff.; a. M. noch *BGH* LM § 847 BGB Nr. 32 = NJW 1967, 2304 = VersR 1075 = JZ 1968, 136 mit zust. Anm. *Böhmer*.

[49] *MünchKomm-Leipold*[2] § 1933 Rdnr. 5 und *Lange/Kuchinke* Erbrecht[4] (1995) § 12 II 2b (S. 238) jeweils m. weit. Nachw. Ob es für den Eintritt der Folgen des § 1933 BGB auch erforderlich ist, daß die *Zustellung* noch *vor* dem Erbfall erfolgt ist (so BGHZ 111, 329 ff.; *MünchKomm-Leipold* a. a. O. sowie Rdnr. 10), kann hier dahinstehen.

[50] So zum früheren (→ Fn. 44) § 847 Abs. 1 Satz 2: BGHZ 69; 326 (Fn. 48).

[51] Vgl. *BGH* NJW 1984, 2348 = MDR 1985, 134.

[52] So z. B. *Lange/Kuchinke* (Fn. 49) § 5 III 5e (S. 100).

[53] BGH JZ 1961, 383 = MDR 588 = NJW 1575 = BB 498 = LM § 847 BGB Nr. 17.

soll, geschieht die Übertragung dieser Wirkungen mit der Formel, daß gehaftet werde, *wie wenn* der Anspruch schon rechtshängig geworden wäre, vgl. §§ 819, 820, 1479, 2024 BGB oder daß der Anspruch *als rechtshängig* geworden *anzusehen* ist, § 302 Abs. 4, § 600 Abs. 2, § 717 Abs. 2.

6. Erhaltung des Besitzanspruchs und des Erbrechts; Verzug

Die **Erhebung der Klage** ist nach § 864 BGB zur **Erhaltung des Besitzanspruchs** und nach § 1965 Abs. 2 BGB zum **Ausschluß des Erbrechts des Fiskus** erforderlich; sie bringt ferner nach § 96 Abs. 3 Eisenbahnverkehrsordnung (EVO, RgBl. 1938 II S. 663), BGBl. III, Gliederungsnummer 934–1, S. 42) das Wahlrecht unter den beteiligten Bahnen und nach § 433 Abs. 2 HGB das Recht des Absenders zum Erlöschen. Die Erhebung der Aufhebungsklage wahrt die Frist für die **Aufhebung der Ehe**, §§ 29, 35 EheG, → aber § 610 Rdnr. 9. Lediglich durch die Erhebung der *Klage auf die Leistung* oder die Zustellung des *Mahnbescheides* tritt nach § 284 BGB die Wirkung des **Verzugs** wie durch die Mahnung ein; die *positive Feststellungsklage* ist hier mit Absicht weggelassen (→ § 256 Rdnr. 114). Ferner wird durch die Erhebung des *Scheidungsantrags* oder die *Aufhebungsklage* unter Umständen das **Erbrecht des überlebenden Ehegatten ausgeschlossen** und die zu seinen Gunsten getroffene **letztwillige Verfügung unwirksam**, §§ 1933, 2077 BGB (→ näher Rdnr. 23 a. E.). 26

7. Wirkung auf Dritte oder auf andere Ansprüche

Eine **Wirkung** der Klageerhebung **auf andere Personen als die Parteien** tritt nur nach § 160 HGB ein; im BGB ist sie bei Gesamtschuldverhältnissen durch § 425 Abs. 2, § 429 Abs. 3 *ausdrücklich ausgeschlossen*, s. auch § 941 BGB[54]. Eine Wirkung *auf andere Ansprüche* aus dem Kauf enthält § 477 Abs. 3 BGB. 28

III. Wirkungen kraft Landesrechts

Da sich die *materiellen* Wirkungen nach dem den Anspruch beherrschenden materiellen Recht bestimmen, → Rdnr. 1, ist trotz der bundesrechtlichen Regelung und auch nach Inkrafttreten des BGB der **Satz 2** unverändert beibehalten worden, um auch diejenigen Wirkungen zu treffen, die sich nach dem in Art. 55 ff. EGBGB vorbehaltenen **Landesrecht** richten[55]. Für sie wird im Interesse der Rechtseinheit lediglich bestimmt, daß sie sämtlich mit der *Erhebung der Klage*, § 253, verbunden sein sollen, der auch hier die Geltendmachung in der mündlichen Verhandlung nach § 261 Abs. 2 (→ § 261 Rdnr. 34 ff.) sowie die Zustellung des Mahnbescheides gleichstehen. Im übrigen bleiben auf dem Gebiet des Landesrechts auch diejenigen Vorschriften unberührt, die einzelne Wirkungen an *andere* prozessuale oder an *außergerichtliche* Akte knüpfen oder über ihre Fortdauer – vorbehaltlich des § 269 (→ dort Rdnr. 41 ff.) – bestimmen. 30

Satz 2 gilt jedoch **nicht**, wenn das anwendbare Recht **ausländisches Recht** ist. Es ist dann vielmehr nach diesem Recht zu befinden, wann Wirkungen der Rechtshängigkeit eintreten (→ Rdnr. 9). 31

---

[54] Ebenso *OLG Kiel* SeuffArch 62 (1907), 134 *(Bürgschaft)*.

[55] Begr. 98, 105. Vgl. auch Art. 152 EGBGB.

§ 263 [Klageänderung]

Nach dem Eintritt der Rechtshängigkeit ist eine Änderung der Klage zulässig, wenn der Beklagte einwilligt oder das Gericht sie für sachdienlich erachtet.

Gesetzesgeschichte: bis 1900 § 235 Abs. 2 Nr. 3 CPO, durch Novelle 1898 (RGBl 1898, 256, 410 → Einl. Rdnr. 113) mit wesentlich geändertem (→ Rdnr. 3) Inhalt § 264 ZPO. Änderung durch Novelle 24 (RGBl 1924, 135 → Einl. Rdnr. 123); weitere Änderungen → Rdnr. 3. Durch die Vereinfachungsnovelle (BGBl 1976, 3281 → Einl. Rdnr. 159) trat § 263 an die Stelle des bisherigen § 264. Der frühere § 263 ist jetzt § 261 Abs. 1 und 3 (→ § 261 »Gesetzesgeschichte«).

I. Die Klageänderung. Allgemeines	
1. Zweck ihrer Beschränkung	1
2. Geschichte der Regelung	3
3. Ähnliche Fälle und Sonderregeln	5
4. Gliederung der Vorschriften	6
II. Zulässigkeit der Klageänderung	7
1. Einwilligung des Beklagten	9
2. Gerichtliche Zulassung als sachdienlich	
a) Der Begriff der Sachdienlichkeit	12
b) Folgen der Unzulässigkeit, Unschlüssigkeit oder Unbegründetheit des geänderten Antrags	14
c) Sachdienlichkeit im Nachverfahren nach Vorbehaltsurteil	15
d) Entscheidung des Gerichts	16
3. Mehrfache Änderung, Zurückweisung wegen Verzögerung, bedingte Klageänderung	20
III. Zulässigkeit in Berufungs- und Revisionsinstanz	
1. In der Berufungsinstanz	24
2. In der Revisionsinstanz	27
IV. Sonderfälle	
1. Ehesachen	33
2. Absolute Änderungsverbote?	35
3. Analoge Anwendung	36
V. Arbeitssachen	39

Klageänderungsschlüssel (Stichwortverzeichnis zur Klageänderung und zur Parteiänderung)

Das folgende Stichwortverzeichnis erschließt die Kommentierung der Klageänderung und der Parteiänderung in den hierfür einschlägigen Bestimmungen (§§ 263, 264, 267, 268).

Änderung der Anspruchsgrundlage § 264 Rdnr. 10
Änderung der Gerichte § 264 Rdnr. 3
Änderung der Klage
– von *Abtretung* auf *eigenen Anspruch* § 264 Rdnr. 33
– von *Abschlagszahlung* auf *Schlußzahlung* § 264 Rdnr. 34, 58
– von *Anfechtung* auf *Wandelung* § 264 Fn. 26
– von *Befreiungsanspruch* auf *Zahlungsanspruch* § 264 Rdnr. 66, 70
– durch anderes *Datum* § 264 Rdnr. 33
– von *Delikt* auf *Gefährdungshaftung* § 264 Rdnr. 57
– von *eigenem* auf *abgetretenen Anspruch* § 264 Rdnr. 33
– auf andere *Einwendung* (§ 767) § 264 Rdnr. 34
– von *Erfüllung* auf *Schadensersatz wegen Vertragsverletzung* § 264 Fn. 28
– auf anderen *Erwerbsgrund* § 264 bei Rdnr. 34

– von *Feststellung* auf *Leistung* § 264 Rdnr. 29, 66, 70
– von *Gefährdungshaftung* auf *Delikt* § 264 Rdnr. 57
– auf einen *anderen Gegenstand* § 264 Rdnr. 28, 75 ff.
– von *Gesetz* auf *Vertrag* § 264 Rdnr. 34
– auf anderen *Gestaltungsgrund* § 264 nach Fn. 38
– von *Kapital* auf *Zinsen* § 264 Rdnr. 28
– auf anderen *Kündigungsgrund* § 264 Rdnr. 34 Fn. 34
– von *Minderung* auf *Wandelung* § 264 Rdnr. 28
– von *Räumung* auf *Unterlassen* § 264 Rdnr. 28
– der *Rechtsausführungen* § 264 Rdnr. 10, 57
– von *Sachleistung* auf *Geldleistung* § 264 Rdnr. 28
– auf andere *Schadensberechnung* § 264 Rdnr. 34 Fn. 36

Klageänderung (Stichwortverzeichnis)

- auf *Schadensersatz* § 264 bei Fn. 13, Fn. 28, Rdnr. 75 ff.
- von *Schmerzensgeld* auf *Vermögensschaden* § 264 Rdnr. 28
- des *Streitgegenstandes* → »Änderung des Streitgegenstandes«
- der *tatsächlichen* Anführungen § 264 Rdnr. 7 f.
- von *Trennungsunterhalt* auf *nachehelichen Unterhalt* § 264 Fn. 40
- von *Unterlassung* auf *Schadensersatz* § 264 Rdnr. 28 Fn. 13 und 14
- von *Vertrag* auf *Gesetz* § 264 Rdnr. 34, 57
- von *Widerruf* auf *Unterlassung* § 264 Rdnr. 28 Fn. 14a

Änderung des Klagegrundes § 264 Rdnr. 31–36 und Rdnr. 51
Änderung des Streitgegenstandes § 263 Rdnr. 1, § 264 Rdnr. 3, 26–29, 31–36
Aktienrechtliche Klage § 263 Rdnr. 35
Antragsänderung § 264 Rdnr. 28, → auch »Änderung des Streitgegenstandes«
Anspruchshäufung → »Klagenhäufung«
Arbeitssachen (arbeitsgerichtliches Verfahren) § 263 Rdnr. 39, § 264 Rdnr. 150, § 267 Rdnr. 6
Arrestprozeß § 263 Rdnr. 36
Auflösung einer juristischen Person § 264 Fn. 153
Ausscheiden einer Partei aus dem Prozeß
- *ersatzloses* § 264 Rdnr. 103
- und *Eintritt einer neuen Partei* (Parteiwechsel) § 264 Rdnr. 103–109

Baulandsachen § 263 Rdnr. 37
Bedingte Einwilligung in eine Klageänderung § 263 Rdnr. 9, 22
Bedingte (»hilfsweise«) **Klageänderung** § 263 Rdnr. 22
Bedingte Parteierweiterung § 264 Rdnr. 131
Begriff der Klageänderung § 264 Rdnr. 2, 25–36
Beklagtenbeitritt § 264 Rdnr. 131–149
Beklagtenwechsel § 264 Rdnr. 103–129
Berichtigung § 264 Rdnr. 12, 27, 56–59, 60–64
Berufungsinstanz § 263 Rdnr. 24 f., § 264 Rdnr. 45, 64, 69, 117 f., § 267 Rdnr. 4, § 268 Rdnr. 11
Beschränkung des Klageantrags § 264 Rdnr. 66 f.
Dahinstellen der Klageänderung § 263 Rdnr. 18, § 264 Rdnr. 20, § 268 Rdnr. 2
- der *Parteiänderung* § 264 Rdnr. 103
Drittwiderspruchsklage (§ 771) § 264 Rdnr. 34 Fn. 40
Durchführung der Klageänderung § 264 Rdnr. 18
Ehesachen § 263 Rdnr. 33, § 264 Rdnr. 28 Fn. 19
Einlassung des Beklagten § 263 Rdnr. 9, § 267 Rdnr. 1 (als Vermutung der Einwilligung)
Einstweilige Verfügung § 263 Rdnr. 36
Einwilligung des Beklagten
- in die *Klageänderung* § 263 Rdnr. 9
- bei *Beklagtenwechsel* 264 Rdnr. 109, 111
- bei *Klägerwechsel* § 264 Rdnr. 112
- bei *Parteibeitritt* § 264 Rdnr. 132
- bei *Beschränkung des Klageantrags* § 264 Rdnr. 67
- *bedingte Einwilligung* § 263 Rdnr. 9, 22
- *Vermutung der Einwilligung* § 267 Rdnr. 1
- *vorweggenommene Einwilligung* § 263 Rdnr. 9, § 267 Rdnr. 2

Einwilligung des Klägers
- bei *Beklagtenwechsel* § 264 Rdnr. 105, 109, 112
- bei *Klägerwechsel* § 264 Rdnr. 105, 109
- bei *Parteibeitritt* § 264 Rdnr. 131, 132

Ergänzung
- der *rechtlichen* Anführungen § 264 Rdnr. 57
- der *tatsächlichen* Anführungen § 264 Rdnr. 58

Erledigung der Hauptsache
- *einseitige* Erledigungserklärung § 264 Rdnr. 35, 66
- *übereinstimmende* Erledigungserklärung § 264 Rdnr. 66

Erlöschen einer juristischen Person § 264 Rdnr. 95 c
Erweiterung des Klageantrags § 264 Rdnr. 69–72
Gesamtrechtsnachfolge § 264 Rdnr. 95 c
Geschichte der Klageänderung § 263 Rdnr. 3
Gesellschafter (einer Personengesellschaft) § 264 Rdnr. 103
Gesetzliche Parteiänderung § 264 Rdnr. 95–95 d

Hilfsweises Vorgehen
- Hilfsweises Aufrechterhalten des *ursprünglichen Antrags* § 264 Rdnr. 43
- Hilfsweise *Klageänderung* § 263 Rdnr. 22
- Hilfsweise *Parteierweiterung* 264 Rdnr. 131

Instanzverlust
- bei *Klageänderung* § 263 Rdnr. 24
- bei *Parteiwechsel* § 264 Rdnr. 118
- bei *Parteibeitritt* § 264 Rdnr. 141

Interesse (= Schadensersatz) § 264 Rdnr. 75 ff.
Juristische Person (Untergang) § 264 Rdnr. 95 c
Kindschaftssachen § 263 Rdnr. 33

Klageänderung
- *Begriff* § 264 Rdnr. 2, 25–36
- *Zweck* § 263 Rdnr. 1 ff.
- *Verbot* → »Verbot der Klageänderung«
- *Einzelheiten* → »Änderung der Klage«

Klageänderungstheorie § 264 Rdnr. 98
Klagegrund → »Änderung des Klagegrundes«
Klagenhäufung, nachträgliche
- *objektive* § 264 Rdnr. 11
- *subjektive* § 264 Rdnr. 131

Klagerücknahmetheorie § 264 Rdnr. 99
Kindschaftssachen § 263 Rdnr. 33
Klägerbeitritt § 264 Rdnr. 131–149
Klägerwechsel § 264 Rdnr. 103–129
Kommanditgesellschaft § 264 Rdnr. 103
Konkursfeststellungsklage § 263 Rdnr. 35, § 264 Rdnr. 29

Kostenentscheidung
- bei zulässiger *Klageänderung* § 264 Rdnr. 38
- bei zulässigem *Parteiwechsel* § 264 Rdnr. 124

Lebenssachverhalt → »Tatsachenbehauptungen«

Nachträgliche objektive Klagenhäufung 264 Rdnr. 11

Nachverfahren § 263 Rdnr. 15

Neuer Streitstoff § 263 Rdnr. 13

Objektive Klagenhäufung → »Nachträgliche objektive Klagenhäufung«

OHG (Parteiwechsel) § 264 Rdnr. 103

Parteiänderung § 264 Rdnr. 91–149

Parteibeitritt § 264 Rdnr. 92, 95 a, 131–149

Parteibezeichnung (Berichtigung, Ergänzung) § 264 Rdnr. 60–64

Parteierweiternde Widerklage § 264 Rdnr. 131

Parteierweiterung § 264 Rdnr. 92, 131–149

Partei kraft Amtes (Parteiänderung) § 264 Rdnr. 103

Parteiwechsel § 264 Rdnr. 92 ff., 95 b ff., 103–129

Präklusion § 264 Rdnr. 39

Prozeßergebnisse (Übernahme der)
- bei *Klageänderung* § 264 Rdnr. 39 Fn. 45
- bei *Parteiwechsel* § 264 Rdnr. 104, 125
- bei *Parteierweiterung* § 264 Rdnr. 135 f., 145

Prozeßökonomie § 263 Rdnr. 12 f.

Prozeßwirtschaftlichkeit § 263 Rdnr. 12 f.

Rechtsausführungen (Änderung der) § 264 Rdnr. 10, 34, 57

Rechtshängigkeit des ursprünglichen Antrags § 264 Rdnr. 37, 123

Rechtsmißbrauch (Schikane) § 264 Rdnr. 39, 112, 118, Fn. 152

Rechtsmittel § 263 Rdnr. 18, § 264 Rdnr. 128 f., § 268 Rdnr. 4 ff.

Revisionsinstanz § 263 Rdnr. 27 ff., § 264 Rdnr. 45, 64, 120, 149

Sachdienlichkeit § 263 Rdnr. 12–18, § 264 Rdnr. 114, 117, 132, 141, § 268 Rdnr. 4, 7

Sachurteilsvoraussetzungen § 263 Rdnr. 8, § 264 Rdnr. 40, 52, 125

Sachverhalt →»Tatsachenbehauptungen«

Schikane →»Rechtsmißbrauch«

Streitgegenstand (Änderung) § 263 Rdnr. 1, § 264 Rdnr. 3, 26–29, 31–36

Tatsachenbehauptungen (Änderungen der) § 264 Rdnr. 7 f., 32, 51, 56 ff., → auch »Änderung des Streitgegenstandes«

Treu und Glauben →»Rechtsmißbrauch«

Übernahme der Prozeßergebnisse →»Prozeßergebnisse«

Unterhaltsklagen § 264 Rdnr. 33, 34 bei und in Fn. 38

Urkundenprozeß
- *Übergang zum ordentlichen Verfahren* § 264 Rdnr. 29 Fn. 22
- *Übergang vom ordentlichen Verfahren zum Urkundenprozeß* § 263 Rdnr. 38

Verbot der Klageänderung
- *allgemeines* § 263 Rdnr. 1
- *absolutes* § 263 Rdnr. 35

Verspätetes Vorbringen § 263 Rdnr. 1, 21, § 264 Rdnr. 8, 39, 59, 72, → auch »Verzögerung«

Verteilungsverfahren nach § 878 ZPO, § 115 ZVG § 263 Rdnr. 35

Verwertung der Prozeßergebnisse → »Prozeßergebnisse«

Verzögerung § 263 Rdnr. 20, § 264 Rdnr. 39 (Präklusion)

Vollstreckungsgegenklage (§ 767) § 264 Rdnr. 34 Fn. 41

Vorweggenommene Einwilligung § 263 Rdnr. 9, § 267 Rdnr. 2

Wechsel der behördlichen Zuständigkeit § 264 Rdnr. 95 c

Widerklage
- *Parteiwechsel* bei der Widerklage § 264 Rdnr. 115
- *parteierweiternde Widerklage* (Widerklage gegen einen Dritten) § 264 Rdnr. 131

Widerspruch des Beklagten gegen die Klageänderung § 268 Rdnr. 1

Zeitliche Grenze der Änderung § 264 Rdnr. 19, 113

Zulässigkeit der Klageänderung § 263 Rdnr. 7 f., 9 f., 12–18, 24–30, 33, 35

Zumutbarkeit der Änderung für den Beklagten § 264 Rdnr. 51

Zurücknahme der Klage
- *Beschränkung des Klageantrags als teilweise ...* § 264 Rdnr. 67
- *Parteiwechsel als ...* § 264 Rdnr. 109, 112 nach Fn. 148

Zurückweisung wegen Verzögerung oder Verspätung § 263 Rdnr. 1, 20, 21, § 264 Rdnr. 8, 39, 59, 72

Zweck
- des *Klageänderungsverbots* § 263 Rdnr. 1
- der *Parteiänderung* § 264 Rdnr. 96

Zwischenurteil § 263 Rdnr. 16, § 264 Rdnr. 129, 137, § 268 Rdnr. 1, 4 ff., 13

I. Die Klageänderung. Allgemeines[1]

1. Zweck ihrer Beschränkung[2]

Das **Verbot**, richtiger die *Beschränkung der Zulässigkeit* **einer Klageänderung**, ist im Interesse des Beklagten eingeführt; das folgt schon daraus, daß eine Änderung mit seiner Einwilligung ohne weiteres gestattet ist. Es hindert den Kläger nicht, seine tatsächlichen Behauptungen, welche die Zulässigkeit und Begründetheit seines Antrags ergeben sollen, zu ändern; zum Schutz gegen Verschleppung in dieser Richtung ergibt sich aus § 296 Abs. 1, 2 die Möglichkeit der Zurückweisung verspäteter Angriffsmittel des Klägers. Auch eine Änderung der rechtlichen Begründung seines Klageantrags ist dem Kläger grundsätzlich nicht verwehrt. Nur eine *Änderung des Streitgegenstandes*, d. h. eine Änderung des ursprünglichen Klageantrags, ist durch § 263 beschränkt, *damit der Beklagte weiß, worum der Streit gehen soll* und er sich *in seiner Verteidigung darauf einrichten kann*, ohne Gefahr zu laufen, daß eine Änderung des Antrags seinem Vorbringen den Boden unter den Füßen entzieht. Ferner nimmt die Änderung dem Beklagten die unter Umständen schutzwürdige Aussicht, eine *rechtskräftige, den alten Antrag abweisende Entscheidung* zu erlangen[3], → § 264 Rdnr. 37. Eine Beschränkung der Klageänderung kann allerdings in unerwünschter Weise die Erledigung des wahren Streites zwischen den Parteien hemmen und zu einer allen Beteiligten lästigen *Verdoppelung der Prozesse* führen, z. B. wenn der Kläger aus irgendwelchen Gründen, mögen sie auch von ihm verschuldet sein, zunächst einen nicht sachgerechten Antrag gestellt hatte oder wenn sich erst während des Prozesses herausstellt, daß der wesentliche Streit der Parteien vom zunächst gestellten Begehren nicht richtig erfaßt wird. Das Gesetz hat deshalb von Anfang an wesentliche Ausnahmen anerkannt; die spätere Gesetzgebung hat die Regelung des (heutigen) § 263 erheblich aufgelockert, → Rdnr. 3, und auch die Rechtsprechung hat schon bald das Bestreben gezeigt, durch **weite Auslegung** der geltenden Vorschriften die *Klageänderung zu erleichtern*[4]. Der Grad der Erleichterung hängt wesentlich davon ab, wie man den Begriff des Streitgegenstandes auffaßt, → näher § 264 Rdnr. 3, 26 ff.

1

2. Geschichte der Regelung

Das **ursprünglich** in § 235 Abs. 2 Nr. 3 CPO festgelegte **uneingeschränkte Verbot**, ohne Einwilligung des Beklagten die Klage zu ändern, wurde zunächst durch die Nov. 98 dahin **abgeschwächt**, daß nach § 264 ZPO das Gericht in erster Instanz auch gegen den Willen des Beklagten die Klageänderung zulassen konnte, wenn nach seinem Ermessen durch die Klageänderung die Verteidigung des Beklagten nicht wesentlich erschwert wurde. Die Nov. 24 hat diese Befugnis dahin erweitert, daß eine Klageänderung auch dann zugelassen wird, wenn sie das **Gericht für sachdienlich erachtet**. – Für den **Berufungsrechtszug** hatte die Nov. 98 im § 527 den noch § 489 CPO bestehenden zwingenden Charakter des Verbots beseitigt und die Änderung für den Fall der Einwilligung freigegeben. Die Nov. 33 hatte durch Streichung des § 527 die für den ersten Rechtszug geltende Regelung auf den Berufungsrechtszug übertragen. § 532

3

---

[1] *J. Blomeyer* JuS 1970, 123, 229; *Festl* Die Übernahme von Prozeßergebnissen bei Klageänderung und Parteiwechsel (1969); *Gollhofer* Die Ermäßigung des Klageantrages (1986); *Groß* Klageänderung und Klagerücknahme (1959); *ders.* JR 1996, 357; *Pawlowski*, in: Festschr. für *Rowedder* (1969); *Walther* Klageänderung und Klagerücknahme (1969) *ders.* NJW 1994, 423; aus der älteren Lit.: *Bolgiano* ZZP 23 (1897), 25 f.; *Fischer* Das Problem der Identität usw. (1893), 36 f.; *Fitting* AcP 61 (1878), 422 f.; *Hahn* Gruchot 30 (1886), 517; *Kleinschrod* Über Klageänderung (1879); *Petersen* ZZP 3 (1881), 395 f.; *Pfizer* Gruchot 31 (1887), 30 f.; *Rümelin* AcP 88 (1898), 87 f.; *R. Schmidt* Die Klageänderung (1888); *Schwalbach* AcP 63 (1880), 409; *Wach* Grünhut 7 (1887), 140 f.; *ders.* Gruchot 30 (1886) 769; *Westerburg* Gruchot 24 (1880), 170 f.; *Wollinger* Zur Revision der Lehre von der Klageänderung (1886); s. ferner Lit. zum Parteiwechsel § 264 Fn. 143.

[2] Dazu ausführlich *Groß* (Fn. 1), 39 ff.; *Rimmelspacher* Materiellrechtlicher Anspruch und Streitgegenstandsprobleme im Zivilprozeß (1970), 352 ff.; *Walther* (Fn. 1), 47 ff.; kritisch *v. Mettenheim* Der Grundsatz der Prozeßökonomie im Zivilprozeß (1970), 97 ff.

[3] *R. Schmidt* (Fn. 1), 169 und oft; *Walther* Klageänderung (Fn. 1), 47 ff

[4] Z. B. schon RGZ 71, 360; RG JW 1911, 457.

i.d.F. der 4. VereinfachungsVO (RGBl. 1943, 7) hatte grundsätzlich für die Berufungsinstanz jede Klageänderung für unzulässig erklärt. Die Nov. 50 ist wieder zu der Regelung der Nov. 33 zurückgekehrt (zu alledem → auch »Gesetzesgeschichte« oben nach dem Gesetzestext).

3. Ähnliche Fälle und Sonderregeln

5   Zur *objektiven Klagenhäufung* → § 264 Rdnr. 11, zur *Parteiänderung* (Parteiwechsel und -erweiterung) → § 264 Rdnr. 91 ff., zur Änderung des Antrags in den *bei Konkurseröffnung anhängigen Feststellungsprozessen* → § 240 Rdnr. 33.

4. Gliederung der Vorschriften

6   Das Gesetz behandelt die Klageänderung getrennt in §§ 263 f. und §§ 267 f. § 263 erwähnt zwar dabei den Begriff »Änderung der Klage«, näher abgegrenzt wird er jedoch erst durch § 264, der teilweise nur klarstellt, was Klageänderung ist, aber auch Ausnahmen vorsieht. Die Erläuterung folgt dieser Gliederung. Es erfolgen daher hier **unter II–V** nur Ausführungen über die *Zulässigkeit der Klageänderung*; ihr *Begriff* und ihre verfahrensmäßige Gestaltung werden dagegen erst **bei der Kommentierung zu § 264** erläutert.

II. Zulässigkeit der Klageänderung

7   Eine Änderung der rechtshängigen Klage ist gemäß § 263 **nur zulässig**, wenn der Beklagte **einwilligt**, → Rdnr. 9 f., **oder** wenn das **Gericht** sie für **sachdienlich erachtet**, → Rdnr. 12–18. In den höheren Instanzen liegen die Dinge zum Teil anders, → Rdnr. 24 ff., und in Sonderfällen ergeben sich für alle Rechtszüge andere Beschränkungen, → Rdnr. 33 ff.

8   Die Zulässigkeit der Klageänderung ist Voraussetzung, damit über die geänderte Klage entschieden werden kann. Selbstverständlich müssen für die geänderte Klage – um über sie sachlich zu befinden – sämtliche Sachurteilsvoraussetzungen vorliegen. Die Zulässigkeit der Klageänderung ersetzt daher nicht das Prüfen der Sachurteilsvoraussetzungen für die neue Klage (und umgekehrt).

1. Einwilligung des Beklagten

9   Die **Einwilligung** ist bei der Änderung der Klage nach Eintritt der Rechtshängigkeit grundsätzlich **nötig**, → § 264 Rdnr. 15, auch wenn der Beklagte zur Hauptsache noch nicht verhandelt hat[5]. Die Einwilligung ist eine einseitige Prozeßhandlung, die den für diese geltenden allgemeinen Regeln untersteht, → Rdnr. 182 ff. vor § 128. Wie die Klageänderung nicht bedingt erfolgen darf (→ Rdnr. 22), ist es **ebensowenig zulässig**, die **Einwilligung nur bedingt** (»hilfsweise«) zu erklären; anderenfalls bliebe unklar, ob nun der neue Streitgegenstand rechtshängig geworden ist oder nicht (→ Rdnr. 209 vor § 128). Eine dennoch hilfsweise erklärte Einwilligung ist unwirksam (→ Rdnr. 218 vor § 128). Die einmal erteilte Einwilligung ist **unwiderruflich**. Sie kann auch schon **vor** der Klageänderung **ausdrücklich** erklärt werden. Eine vorweggenommene Einwilligung liegt jedoch – entgegen einer verbreiteten Auffassung[6] – nicht bereits dann vor, wenn das Verteidigungsvorbringen des *Beklagten* eine vom Klagevortrag des Klägers abweichende Sachdarstellung enthält und sich der *Kläger* diese später zu

---

[5] *BGH* MDR 1960, 915 = NJW 1950 = LM § 264 Nr. 13.
[6] *BGH* NJW-RR 1990, 505 (506); *RGZ* 103, 419 (422); *RG* LZ 1927, 1023; JR 1925 Nr. 1276; Gruchot 65 (1921), 111 (113); SeuffArch 68 (1913), 246; JW 1905, 27; 13, 337; *OLG Dresden* SeuffArch 65 (1910), 338; *Wach* Gruchot 30 (1886), 769; *Baumbach/Lauterbach/Hartmann*[55] Rdnr. 23; *Rosenberg/Schwab/Gottwald*[15] § 101 II 2 a; *Thomas/Putzo*[19] § 267 Rdnr. 1; a.M. *Kisch* Parteiänderung im Zivilprozeß (1912), 249 Fn. 4 (grundlegend); *Wieczorek*[2] § 264 Anm. C I a; *MünchKommZPO/Lüke* Rdnr. 29; wohl auch *BGH* NJW 1985, 1841.

eigen macht; denn wer sich gegen eine falsche Darstellung wendet, erklärt damit keineswegs sein Einverständnis, daß sie nicht mehr den Gegenstand des Rechtsstreits bilde, wenn dies der Kläger wolle. Zur vorweggenommenen Einwilligung → auch § 267 Rdnr. 2.

Bei der Prüfung, ob er einwilligt, wird der Beklagte entsprechende Erwägungen anstellen wie das Gericht, wenn es die Sachdienlichkeit prüft, → sogleich Rdnr. 12–14. Der Einwilligung steht es gleich, wenn der Beklagte sich *ohne Widerspruch* in der Verhandlung *auf die geänderte Klage einläßt*, → § 267 und die dortige Kommentierung; zum Streit über die Wirksamkeit der Einwilligung → § 268 Rdnr. 4 ff. Bei **Fehlen der Einwilligung** kann die Klageänderung nur dann zulässig sein, wenn das Gericht sie für sachdienlich erachtet (→ Rdnr. 12–18).

10

2. Gerichtliche Zulassung als sachdienlich[7]

a) **Der Begriff der Sachdienlichkeit**: Der Einwilligung steht es gleich, wenn das **Gericht** die Klageänderung für **sachdienlich erachtet**. Die Feststellung der h. L., daß es nicht – wie im Falle des § 139 – auf eine Sachdienlichkeit im subjektiven, sondern im objektiven Sinne ankomme[8], trifft insofern zu, als nur **objektiv** anzuerkennende Interessen der Partei, nicht deren willkürliche Wünsche zu beachten sind, und als die Interessen *beider* Parteien und *ebenso* die Interessen der *Rechtspflege* zu berücksichtigen sind. Entscheidend ist, ob die Änderung der *endgültigen Ausräumung des sachlichen Streits* zwischen den Parteien *dient*, einen *neuen Rechtsstreit erspart*[9], und der *Streitstoff nicht völlig verändert* wird[10]. Maßgebend ist also der Gesichtspunkt der **Prozeßökonomie** (zu ihr → Einl. Rdnr. 81 f.). Dabei ist es nicht erforderlich, daß die Möglichkeit einheitlicher Entscheidung über die Klage- und Widerklageanträge besteht, sondern es genügt die Möglichkeit, daß sachlicher Streitstoff im Rahmen des anhängigen Prozesses ausgeräumt[11] oder die Aussetzung des Prozesses vermieden wird[12]. Daß der bisherige Antrag entscheidungsreif ist, schließt danach die Klageänderung nicht ohne weiteres aus[13]; wenn der Beklagte ein Interesse an einer Abweisung hat, kann er das gleiche Ergebnis durch Widerklage auf Feststellung des Nichtbestehens des ursprünglich vom Kläger behaupteten Rechts erreichen. Auch daß der anhängige **Prozeß** durch die Änderung **verzögert** wird (weil z. B. weitere Parteierklärungen und Beweiserhebungen notwendig sind)[14] oder daß die geänderte Klage voraussichtlich in der Sache erfolglos ist (näher hierzu → Rdnr. 14), stellt keinen Hinderungsgrund dar. Auch die *wesentliche* **Erschwerung** der **Verteidigung** des **Beklagten** spricht als solche nicht gegen eine Sachdienlichkeit. Dies zeigt bereits die Gesetzesgeschichte (→ Rdnr. 3): So konnte schon seit 1900 die Klageänderung gegen den

12

---

[7] Allgemein dazu *Gethmann* Der Begriff der Sachdienlichkeit im Rahmen des § 264 ZPO (1974); *von Mettenheim* (Fn. 2), 102 f.; *Schumann*, in: Festschr. für *Larenz* (1973), 271 (273, vgl. auch 283 Fn. 56).

[8] *BGHZ* 1, 65 (71) = JZ 1951, 447 (*de Boor* 450) = NJW 311 = BB 760 = LM § 265 Nr. 1; *BGH* NJW 1958, 184 (Fn. 8) = ZZP 71 (1958) 419 = LM § 264 Nr. 111; MDR 1964, 28; NJW 1975, 1228; 1985, 1841; WM 1983, 604; NJW-RR 1990, 505 (506); *RG* JW 1935, 2639; *A. Blomeyer* ZPR² § 48 II 1; *Goldschmidt* ZPR² § 55, 3 u. a. – Kritisch *de Boor* Zur Lehre vom Parteiwechsel usw. (1941) 22 Fn. 38; *Baumbach/Lauterbach/Hartmann*⁵⁵ Rdnr. 24; *Rosenberg/Schwab/Gottwald*¹⁵ § 101 II 2b.

[9] *BGHZ* 1, 65 (72) (Fn. 8); *BGH* NJW 1958, 184 (Fn. 8); 1975, 1228; 1985, 1841; WM 1983, 604; NJW-RR 1987, 58; 1994, 1143 und folgende Fn.; *RG* JW 1936, 385; 1937, 811; *KG* VersR 1978, 766; *OLG Hamm* FamRZ 1981, 1200.

[10] *BGHZ* 1, 65 (72) (Fn. 8); *BGH* LM § 523 Nr. 1; NJW 1958, 184 (Fn. 8); MDR 1964, 28 = LM § 264 Nr. 18; MDR 1983, 1017 = WM 1162 = BauR 485 = LM § 263 Nr. 6; NJW 1975, 1228; 1985, 1841; NJW-RR 1987, 58 (59); 1990, 505 (506); 1994, 1143; *BAG* WM 1976, 598 (600) = DB 442; *OLG Düsseldorf* VersR 1976, 151 (L); *OLG München* WM 1991, 100. *OLG Bamberg* BayJMBl. 52, 13; *OLG Nürnberg* das. 1955, 148; s. a. *OLG Dresden* GRUR 1934, 760 (nicht bei langwieriger Beweiserhebung im Ausland).

[11] *BGH* NJW 1975, 1228.

[12] *BGH* MDR 1985, 741 (für einen Fall, in dem sich der Kläger hilfsweise das Verteidigungsvorbringen des Beklagten zu eigen gemacht hat); *OLG Celle* VersR 1975, 264.

[13] A. M. für den Fall, daß der bisherige Antrag abweisungsreif ist, *OLG Celle* NdsRpfl 1962, 9.

[14] *BGH* NJW-RR 1994, 1143.

Willen des Beklagten zugelassen werden, wenn die Verteidigung »nicht wesentlich« erschwert wurde. Die Novelle 1924 hat durch den neuen Begriff »sachdienlich« gezeigt, daß also auch eine »wesentliche« Erschwerung der Verteidigung *nicht* gegen eine Zulassung spricht. So schließt insbesondere die Notwendigkeit einer Beweisaufnahme die Sachdienlichkeit nicht aus[15]. Auch spielt es keine Rolle, ob der Kläger die Gründe, die nunmehr die Klageänderung erforderlich machen, verschuldet hat[16]. Des weiteren muß kein rechtlicher oder wirtschaftlicher Zusammenhang zwischen den Ansprüchen bestehen.

Zu weit ginge es jedoch, aus den Überlegungen zur Verwertbarkeit der bisherigen Prozeßergebnisse (→ § 264 Rdnr. 39) zu schließen, daß auch ein neuer Antrag **mit völlig neuem Streitstoff** sachdienlich sein könnte[17]. Zwar gibt es Situationen, in denen es bei Widerspruch des Beklagten zu keiner Verwertbarkeit der bisherigen Prozeßergebnisse kommt. Bei einem völlig neuen Streitstoff wäre dies aber nicht mehr die Ausnahme, sondern die Regel.

b) Folgen der Unzulässigkeit, Unschlüssigkeit oder Unbegründetheit des geänderten Antrags: Eine Klageänderung ist nicht sachdienlich, wenn für die geänderte Klage **ein anderes Gericht zuständig** wäre[18]. Ist der **geänderte Antrag** aus anderen Gründen **unzulässig**, so muß die Sachdienlichkeit der Änderung ebenfalls **verneint** werden, da aufgrund seiner Unzulässigkeit über den neuen Antrag nicht **sachlich** entschieden werden kann und damit die Änderung nicht dazu führen würde, den sachlichen Streit zwischen den Parteien auszuräumen[19]. *Unschlüssigkeit* oder *Unbegründetheit* der geänderten Klage hindern dagegen die Sachdienlichkeit der Änderung *nicht*[20], da sie zu einer *Sach*entscheidung des Gerichts führen.

c) Auch im **Nachverfahren nach Vorbehaltsurteil** gemäß § 302 Abs. 4, § 600 kann die Sachdienlichkeit einer Klageänderung zu bejahen sein (→ auch § 302 Rdnr. 23, § 600 Rdnr. 18)[21].

d) Entscheidung des Gerichts: Die **Zulassung** der Klageänderung als sachdienlich geschieht **durch Zwischenurteil** nach § 303 (nicht nach § 280, → dort Rdnr. 3) oder in den Gründen des Endurteils. Sie kann aber auch stillschweigend erfolgen, insbesondere dadurch, daß das Gericht über die neue Klage verhandelt und entscheidet[22].

Bei der Prüfung der Sachdienlichkeit hat das Gericht einen gewissen *Beurteilungsspielraum*[23]; wenn es diese bejaht, *muß* es jedoch die Änderung zulassen[24]. Das Rechtsmittelgericht kann nur eine begrenzte Kontrolle ausüben[25]. Die Zulassung als sachdienlich erspart die unter Umständen schwierige Beantwortung der Frage, ob überhaupt eine Klageänderung vorliegt, weil der Beklagte nicht dadurch beschwert wird, daß das Gericht zu seinen Gunsten eine Klageänderung, die ja Voraussetzung der Zulassung als sachdienlich ist, unterstellt[26]. Das Gericht darf daher das Vorliegen einer Klageänderung **dahinstellen**, wenn es die Sachdienlichkeit bejaht. Zur Anfechtung der Zulassung oder ihrer Versagung → § 268.

---

[15] *BGH* NJW 1958, 184 (Fn. 8); 1985, 1841; LM § 523 Nr. 1; *LG Köln* MDR 1974, 147.
[16] *LG Mannheim* ZMR 1974, 339.
[17] So aber die Voraufl. dieses Kommentars.
[18] *BGH* ZZP 95 (1982), 66 = GRUR 1980, 853; *OLG Düsseldorf* FamRZ 1983, 400 (401).
[19] So z.B. bei Unzulässigkeit des neuen Antrags, weil eine *Klagefrist* nicht eingehalten ist; vgl. auch *Hummel* WuM 1986, 78f. für den Fall der Frist des § 2 Abs. 3 S. 1 MHG.
[20] A.M. wohl *OLG Zweibrücken* JB 1981, 765.
[21] *BGHZ* 17, 31 = NJW 1955, 790; *BGH* NJW 1962, 1249.

[22] *RGZ* 155, 227 (229).
[23] Hat der Kläger jedoch aufgrund der Anregung durch das Gericht die Klage geändert, darf er darauf vertrauen, daß das Gericht die Klageänderung als sachdienlich zuläßt, *BGH* NJW 1988, 128 (129).
[24] S.a. *RGZ* 103, 112.
[25] → § 268 Rdnr. 4 und 7.
[26] *BGH* MDR 1983, 1017 (Fn. 17); *Rimmelspacher* (Fn. 2), 349 m.w.N.; dagegen darf das Gericht *nicht offenlassen, ob* es die Änderung zuläßt, *BGH* LM § 268 Nr. 1 (→ § 268 Rdnr. 2).

3. Mehrfache Änderung, Zurückweisung wegen Verzögerung, bedingte Klageänderung

Unter den Voraussetzungen des § 263 kann eine Klage auch *mehrfach* geändert werden[27]. Auch die *Zurückweisung* einer ersten oder späteren Klageänderung *wegen Verzögerung*, in Verschleppungsabsicht oder dergleichen nach § 296 Abs. 2 ist *nicht* zulässig, weil die geänderte Klage nicht Angriffsmittel, sondern Angriff ist (→ § 296 Rdnr. 39). **20**

Ebensowenig können die zur Begründung des neuen Antrags vorgetragenen Behauptungen, Beweismittel usw. zurückgewiesen werden, weil *dieses* Vorbringen nicht verspätet ist[28]. **21**

Eine **bedingte** (»hilfsweise«) **Klageänderung** ist unzulässig[29]. Sie würde nämlich den Wegfall der Rechtshängigkeit des *bisherigen* Antrags (hierzu → § 264 Rdnr. 37) und das Bestehen der Rechtshängigkeit des *neuen* Antrags im ungewissen lassen. Aus denselben Gründen ist auch eine nur »bedingte« Einwilligung in eine Klageänderung unstatthaft (→ Rdnr. 9). Soweit in einer Klageänderung zugleich auch eine Klagezurücknahme liegt, würde eine bedingte Klageänderung auch gegen das Verbot der bedingten Klagezurücknahme verstoßen (hierzu → § 269 Rdnr. 20 und Rdnr. 209 vor § 128). Hat der Kläger eine bedingte Klageänderung erklärt, so liegt wegen der Unzulässigkeit **keine wirksame Klageänderung** vor (→ Rdnr. 218 vor § 128). **22**

III. Zulässigkeit in Berufungs- und Revisionsinstanz[30]

1. In der Berufungsinstanz

Eine Klageänderung ist in der Berufungsinstanz nach §§ 263, 267, 523 seit der Nov. 33, → Rdnr. 3, ebenfalls zulässig, wenn der Beklagte einwilligt, wenn er sich ohne Widerspruch in der Verhandlung auf die neue Klage einläßt oder wenn das Gericht die Änderung für sachdienlich erachtet. Es kann deshalb auf das vorstehend bei Rdnr. 7 ff. und das zu § 267 Ausgeführte verwiesen werden. Der Zulassung als sachdienlich steht nicht entgegen, daß die Klage schon in erster Instanz hätte geändert werden können[31]. Auch der Umstand, daß der **Beklagte** dadurch eine **Instanz verliert**, kann nach der Gesetzeslage der Zulassung *nicht stets* entgegenstehen[32]. Das schließt es aber nicht aus, daß *im Einzelfall* das Gericht die Sachdienlichkeit verneint, weil der neue Antrag in einem so großen Umfang oder in so entscheidenden Fragen auf Tatsachen gestützt wird, die in erster Instanz nicht oder nicht hinreichend erörtert worden sind, daß der **Verlust einer Instanz dem Beklagten nicht zuzumuten** ist (→ auch § 530 Rdnr. 9 f.)[33]. Sachdienlich ist eine Klageänderung in der Berufungsinstanz auch dann nicht, wenn das **Berufungsgericht nicht in der Lage** ist, über das neue Begehren selbst zu entscheiden[34]. **24**

Über § 523 sind auch die § 261 Abs. 2, § 264 anwendbar. **25**

---

[27] *OLG Stettin* OLG Rsp 41, 268.
[28] *BGH* NJW 1955, 707 = LM § 264 Nr. 6; *RG* JW 1937, 2223.
[29] *BVerwG* NJW 1980, 1911 (zu § 91 VwGO). Zur Unzulässigkeit einer »bedingten« Einwilligung in eine Klageänderung → Rdnr. 9.
[30] Zum Verhältnis von Beschwer und Klageänderung in der Rechtsmittelinstanz: *Altmeppen* ZIP 1992, 449.
[31] *BGH* NJW 1977, 49 = MDR 310 = LM § 529 Nr. 34; MDR 1983, 1017 (Fn. 17); BGHWarn 1976 Nr. 184.
[32] *BGHZ* 1, 65 (72) (Fn. 8); *BGH* WM 1981, 657; MDR 1983, 1017 (Fn. 17); NJW 1985, 1784 = JZ 146; NJW 1985, 1841; 1992, 2296 = MDR 1083; *LG Köln* MDR 1974, 147; a.M. *LG Mannheim* ZMR 1974, 339.
[33] Ähnlich *OGHZ* 1, 59 = NJW 1947/1948, 553; *Henckel* Prozeßrecht und materielles Recht (1970), 134; *Nikisch* Lb² § 122 III 2; *Rosenberg/Schwab/Gottwald*¹⁵ § 101 II 2b. – Gegen jede Beachtung *BGHZ* 1, 65 (72 f.) (Fn. 8; dazu kritisch *de Boor* JZ 1951, 451); *LG Köln* MDR 1974, 184; *Rosenberg* JZ 1949, 124.
[34] *BGH* MDR 1983, 1018 = WM 766 = NJW 1984, 1555 (Berufungsgericht erklärte eine Widerklage für dem Grunde nach gerechtfertigt und verwies zur Entscheidung über die Höhe des Anspruchs an das *LG* zurück. Gleichzeitig ließ es einen neuen im Wege der Klageänderung erhobenen Anspruch, mit dem der Kläger gegen den Widerklageanspruch aufrechnete, als sachdienlich zu. Dies war unzulässig, weil das Berufungsgericht über den Aufrechnungseinwand infolge der noch unbezifferten Höhe des Gegenanspruchs nicht selbst entscheiden konnte.).

2. In der Revisionsinstanz

27 In der Revisionsinstanz ist eine Klageänderung an sich schlechthin ausgeschlossen, weil im Unterschied zu § 523 der § 566 keine allgemeine Verweisung enthält, die auch die §§ 263, 267 erfaßt[35]. Zudem kann die Klageänderung wegen der Besonderheiten des Revisionsverfahrens nicht ohne weiteres zugelassen werden; denn dem Revisionsgericht unterliegt nur dasjenige Parteivorbringen zur Beurteilung, das aus dem Tatbestand des Berufungsurteils oder dem Sitzungsprotokoll ersichtlich ist (§ 561 Abs. 1 S. 1). Da die Änderung des Streitgegenstandes häufig mit einer Änderung des tatsächlichen Vorbringens verbunden ist, ergeben sich hier deutliche Schranken für das Revisionsgericht.

28 Der Grundsatz der Unzulässigkeit der Klageänderung in der Revisionsinstanz gilt auch dann, wenn das neue Vorbringen unter § 264 Nr. 2, Nr. 3 fallen würde und damit nicht als Klageänderung anzusehen ist (→ § 264 Rdnr. 53, § 561 Rdnr. 4).

29 Die Rechtsprechung läßt jedoch Klageänderungen zu, wenn sie sich entsprechend § 561 auf einen bereits festgestellten Sachverhalt stützen können und der bisherige Antrag nur beschränkt oder modifiziert wird[36]. Dies ist aus prozeßwirtschaftlichen Erwägungen anzuerkennen.

Nicht zulässig ist es aber, in der Revisionsinstanz einen **bisherigen Hilfsantrag** zum Hauptantrag zu erheben, da darin eine im Revisionsrechtszug nicht mehr zulässige Klageerweiterung liegt[37]. Zulässig ist es dagegen, einen in den Vorinstanzen selbständig erhobenen zweiten Klageanspruch **nur noch hilfsweise** geltend zu machen, wenn sich dieser Anspruch auf einen Sachverhalt gründet, der vom Tatrichter bereits in vollem Umfang gewürdigt worden war[38].

30 Näher zum Ganzen → § 561 Rdnr. 5 ff.

IV. Sonderfälle

1. Ehesachen

33 Für **Ehesachen** läßt § 611 Abs. 1 eine Klageänderung weitgehend ohne die vorstehend bei Rdnr. 7 ff. behandelten Voraussetzungen zu, → § 611 Rdnr. 7 ff. Dagegen bleibt es in **Kindschaftssachen** bei § 263, weil § 640 Abs. 1 nicht auf § 611 Abs. 1 verweist.

2. Absolute Änderungsverbote?

35 Ein von § 263 unabhängiges **absolutes Verbot der Klageänderung** sehen viele[39] für die Konkursfeststellungsklage in **§ 146 Abs. 4 KO**, weil diese Vorschrift sowohl eine andere als die in der Anmeldung begründete Klage als auch eine Änderung der Klage in Abweichung von der Anmeldung ausschließt[40]. Gleiches wird für Klagen im **Verteilungsverfahren** nach § 878 ZPO, § 115 ZVG insofern angenommen, als hier nur über die Berechtigung des erhobenen Widerspruchs zu entscheiden ist, der Widerspruch also nicht auf nachträglich eingetretene Tatsachen gestützt werden kann[41], und für Klagen nach **§ 246 Abs. 1 AktG**, weil die dort bestimmte Frist das Geltendmachen neuer Klagegründe auch unter den Voraussetzungen des § 263 nicht gestattet[42]; zu § 767 Abs. 3 → dort Rdnr. 52 ff. In Wahrheit handelt es sich in

---

[35] *RGZ* 160, 204.
[36] *BGHZ* 26, 37 = JZ 1958, 369 = NJW 93 = BB 1244 = LM § 13 GmbHG Nr. 4; *BGH* LM § 146 KO Nr. 5 (§ 240 Fn. 66); LM § 561 Nr. 27; WM 1957, 1338; 1989, 1873 (1875).
[37] *BGHZ* 28, 131 (136) = NJW 1958, 1867 = MDR 905 = BB 1074 = LM § 561 Nr. 20 (*Fischer*).
[38] *BGH* WM 1974, 1185 = BGHWarn Nr. 227 = DB 1975, 302 = MDR 126 = LM § 561 Nr. 40; WM 1989, 1873 (1875).

[39] *Baumbach/Lauterbach/Hartmann*[55] Rdnr. 3; *Rosenberg/Schwab/Gottwald*[15] § 102 II 2 a.M.; *Thomas/Putzo*[19] Rdnr. 12; dieser Kommentar bis zur 18. Aufl. u.a.m.
[40] *RGZ* 51, 97; 64, 204; *RG* HRR 1931 Nr. 533.
[41] *RGZ* 62, 171; 65, 66; 75, 315, → aber auch § 878 Rdnr. 29 f.
[42] *RGZ* 91, 323; SeuffArch 69 (1903), 104; zur entsprechenden Frist des § 51 Abs. 1 S. 2 GenG *BGHZ* 15, 180.

diesen Fällen jedoch *nicht* um ein *Problem der Klageänderung*, weil gleichartige Mängel, wenn sie bereits der ursprünglichen Klage anhaften, schon deren Erfolg ausschließen, also die Konkursfeststellungsklage z.B. *mangels rechtlichen Interesses* nach § 256 Abs. 1[43] abzuweisen ist, falls keine der Klage entsprechende Anmeldung vorliegt. Es besteht *weder ein sachliches Bedürfnis* danach *noch gibt das Gesetz einen Anhalt* dafür, bei nachträglichem Vorbringen nicht nur Mängel der jeweils in Betracht kommenden Art, sondern zugleich eine absolut unzulässige Klageänderung anzunehmen. Wenn Klagen dieser Art nachträglich geändert werden, ist vielmehr die Zulässigkeit der Änderung nach §§ 263f., 267 zu beurteilen und ihre Sachdienlichkeit hängt, wie sonst auch, → Rdnr. 14, nicht davon ab, ob der geänderte Antrag und insbesondere neu vorgebrachte Klagegründe im übrigen begründet sind. Jedenfalls ist es keine unzulässige Klageänderung, wenn im Falle des § 146 KO tatsächliche Angaben im Rahmen der Anmeldung nachträglich unwesentlich entsprechend § 264 Nr. 1 berichtigt werden[44], wenn der Antrag beschränkt oder, soweit dies auf eine vorher erfolgte oder nachträglich bewirkte Anmeldung gestützt werden kann, entsprechend § 264 Nr. 2 erweitert wird[45]. Demgemäß ist auch bei der Frage der Anfechtbarkeit der gerichtlichen Entscheidung zu unterscheiden: Nur soweit das Gericht die Klageänderung zuläßt, gilt die Unanfechtbarkeit nach § 268[46]. Im übrigen richtet sich die Anfechtbarkeit nach allgemeinen Vorschriften. Soweit das Gericht durch Zwischenurteil über prozessuale Beanstandungen entscheiden darf und entscheidet, kann dieses Zwischenurteil im Falle des § 303 nur mit dem Endurteil nach §§ 512, 548 angefochten werden.

3. Analoge Anwendung

Ein **Übergang vom Arrestprozeß** beziehungsweise vom Verfahren auf Erlaß einer **einstweiligen Verfügung in den ordentlichen Hauptsacheprozeß** ist nicht zulässig. Insbesondere kann eine Zulässigkeit dieses Übergangs nicht aus einer analogen Anwendung der §§ 263f. hergeleitet werden (→ § 920 Rdnr. 3)[47]. 36

Im Verfahren vor den Kammern für **Baulandsachen** sind nach § 221 Abs. 1 BauGB die §§ 263f., 267 entsprechend anwendbar. 37

Eine entsprechende Anwendung der Regeln über die Klageänderung wird von der Rechtsprechung jedenfalls im ersten Rechtszug auch für den **Übergang vom ordentlichen Prozeß zum Urkundenprozeß** bejaht[48], wobei allerdings die Sachdienlichkeit dieses Wechsels der Verfahrensart nur in den seltensten Fällen gegeben sein wird (→ § 593 Rdnr. 1). Der umgekehrte Fall – der **Übergang vom Urkundenprozeß zum ordentlichen Verfahren** – ist dagegen in § 596 gesetzlich geregelt. Allerdings gilt § 596 nur für das Verfahren in *erster* Instanz. Im *Berufungsrechtszug* ist auch auf den Übergang vom Urkundenprozeß zum ordentlichen Verfahren § 263 sinngemäß anzuwenden (ausführlich dazu → § 596 Rdnr. 5, → auch § 264 Rdnr. 29). Der **Übergang vom Wechselprozeß in den gewöhnlichen Urkundenprozeß** stellt keine Klageänderung dar; er ist auch noch in der Berufungsinstanz ohne weiteres möglich[49]. 38

V. Arbeitssachen

Für das Verfahren in **Arbeitssachen** ergeben sich *keine Abweichungen*[50]. 39

---

[43] *Jaeger/Weber* KO⁸ § 146 KO Rdnr. 31.
[44] *RG* KonkTreuhW 1930, 81; *RAG* ArbRS 44, 45 (*Volkmar*).
[45] *RG* JW 1911, 226f., 371f.
[46] S. aber *Kuhn/Ulenbruch* KO¹¹ § 146 KO Rdnr. 22, die § 268 stets, und *Jaeger/Weber* KO⁸ § 146 KO Rdnr. 32, die § 268 anscheinend überhaupt nicht anwenden wollen.
[47] *OLG Hamm* NJW 1971, 387; *OLG Karlsruhe* OLGZ 1977, 484 = WRP 272; WRP 1968, 456; a.M. *OLG Braunschweig* MDR 1971, 1017; *OLG Frankfurt*

a.M. FamRZ 1989, 296; *Wieczorek*² § 935 Anm. B II b 2.
[48] *BGHZ* 69, 66 = NJW 1977, 1883 = MDR 918 = JZ 651 = BB 1175 = JR 1978, 21 = JA 131; a.M. noch *RGZ* 79, 69.
[49] *BGH* NJW 1993, 3153f.
[50] *BAG* NJW 1971, 1380 = *BAGE* 23, 139 = AP Nr. 40 zu § 3 KSchG 1951: Die Klagefrist des § 4 KSchG wird gewahrt, wenn der Arbeitnehmer innerhalb eines angemessenen Zeitraumes, nachdem eine im Wege der Klageänderung erhobene Feststellungsklage als nicht sachdienlich abgewiesen wurde, erneut Klage erhebt.

§ 264 [Keine Klageänderung]

Als eine Änderung der Klage ist es nicht anzusehen, wenn ohne Änderung des Klagegrundes
1. die tatsächlichen oder rechtlichen Anführungen ergänzt oder berichtigt werden;
2. der Klageantrag in der Hauptsache oder in bezug auf Nebenforderungen erweitert oder beschränkt wird;
3. statt des ursprünglich geforderten Gegenstandes wegen einer später eingetretenen Veränderung ein anderer Gegenstand oder das Interesse gefordert wird.

Gesetzesgeschichte: § 240 CPO wurde durch die Novelle 1898 (RGBl. 1898, 256, → Einl. Rdnr. 113 ff.) zu § 268, die Vereinfachungsnovelle (BGBl. I 1976, 3281, → Einl. Rdnr. 159) änderte ihn zu § 264. Inhaltlich gilt er seit Inkrafttreten der CPO unverändert. Der frühere § 264 ist jetzt § 263 (→ § 263 »Gesetzesgeschichte«).

Stichwortverzeichnis → **Klageänderungsschlüssel** zu Beginn von § 263.

I. Klageänderung. Allgemeines ... 1	d) Einseitige Erledigungserklärung als Klageänderung ... 35
1. Anwendungsbereich der §§ 263 f., 267 ... 2	III. Fortsetzung des Verfahrens nach Klageänderung
2. Klageänderung und sonstiger Wechsel des Vorbringens ... 5	1. Bei zulässiger Klageänderung
a) Fallenlassen von Behauptungen ... 7	a) Rechtshängigkeit des alten und des neuen Antrags ... 37
b) Nachschieben von Tatsachen ... 8	b) Kosten ... 38
c) Klageerweiterung oder -beschränkung ... 9	c) Übernahme der bisherigen Prozeßergebnisse? ... 39
d) Beschränkung oder Erweiterung der Rechtsausführungen ... 10	d) Prüfung der Sachurteilsvoraussetzungen ... 40
e) Nachträgliche objektive Klagenhäufung ... 11	e) Bisherige Gerichtsentscheidungen ... 41
f) Berichtigung ... 12	2. Bei unzulässiger Klageänderung ... 42
3. Zeitpunkt des Eingreifens der Beschränkung der Klageänderung ... 15	a) Entscheidung über den neuen (unzulässigen) Klageantrag ... 42
4. Betroffene Verfahrensarten ... 16	b) Entscheidung über den ursprünglichen Klageantrag ... 43
5. Durchführung der Klageänderung ... 18	3. Bei Klageänderung in der Berufungsinstanz ... 45
6. Zeitliche Grenze der Klageänderung in der jeweiligen Instanz ... 19	IV. Die Fälle des § 264
7. Dahinstellen der Klageänderung ... 20	1. Allgemeines
II. Begriff der Klageänderung ... 25	a) Keine Änderung des Klagegrundes ... 51
1. Änderung des Streitgegenstandes	b) Neues Vorbringen bezüglich der Sachurteilsvoraussetzungen ... 52
a) Allgemeines ... 26	
b) Auslegung des Antrags ... 27	c) Zulässigkeit der Änderungen nach § 264 innerhalb der drei Rechtszüge ... 53
c) Beispiele ... 28	
2. Änderung des Klagegrundes ... 31	2. § 264 Nr. 1, Ergänzung oder Berichtigung der tatsächlichen oder rechtlichen Anführungen
a) Änderung der Tatsachenbehauptung grundsätzlich keine Klageänderung ... 32	
b) Tatsachenänderungen die den Streitgegenstand ändern ... 33	
c) Änderungen der rechtlichen Begründung ... 34	a) Bedeutung der Nr. 1 ... 56

b) Beispiele	57
c) Verhältnis zu den Verspätungsvorschriften	59
d) Berichtigung der Parteibezeichnung	
aa) Allgemeines	60
bb) Abgrenzung zur Parteiänderung	61
cc) Beispiele	62
dd) Entscheidung	63
ee) In der Berufungs- und Revisionsinstanz	64
3. § 264 Nr. 2, Erweiterung oder Beschränkung des Klageantrags	
a) Beschränkung des Klageantrags	
aa) Anwendungsbereich	66
bb) Folge der Beschränkung des Klageantrags	67
b) Erweiterung des Klageantrags	
aa) Anwendungsbereich	69
bb) Folge der Erweiterung des Klageantrags	71
4. § 264 Nr. 3, Forderung eines anderen Gegenstandes oder des Interesses	
a) Anwendungsbereich	75
b) Folge der Forderung eines anderen Gegenstandes oder des Interesses	81
V. Parteiänderung	
1. Allgemeines	91
a) Arten	92
b) Abgrenzung	93
c) Zweck	94
d) Rechtsgrundlagen, Theorien	
aa) Gesetzliche Parteiänderung	95
(1) Parteibeitritt	95a
(2) Parteiwechsel	95b
bb) Gewillkürte Parteiänderung	96
(1) Klageänderungstheorie	98
(2) Klagerücknahmetheorie	99
(3) Institut eigener Art	100
2. Parteiwechsel	
a) Begriff, Beispiele	103
b) Voraussetzungen	
aa) §§ 59 f. entsprechend	104
(1) Scharfe Trennung zwischen der Zulässigkeit der Parteiänderung und der Übernahme der Prozeßergebnisse	104
(2) Keine Identität des Streitgegenstandes erforderlich	104a
bb) Ordnungsgemäße Durchführung	
(1) Klägerseite	105
(2) Beklagtenseite	106
cc) Einwilligung der ausscheidenden Partei	109
dd) Keine Einwilligung des neuen Beklagten in erster Instanz erforderlich	111
ee) Einwilligung des verbleibenden Prozeßgegners	112
(1) Beklagtenwechsel	
(2) Klägerwechsel	
ff) Ordnungsgemäße Abgabe der Einwilligungserklärungen	113
gg) Keine Zulassung durch das Gericht als »sachdienlich«	114
hh) Parteiwechsel bei der Widerklage	115
c) Parteiwechsel in höherer Instanz	
aa) In der Berufungsinstanz	117
bb) In der Revisionsinstanz	120
d) Wirkung	
aa) Bei Unzulässigkeit des Parteiwechsels	122
bb) Bei Zulässigkeit des Parteiwechsels	
(1) Rechtshängigkeit des bisherigen Antrags	123
(2) Kosten	124
(3) Keine automatische Übernahme der bisherigen Prozeßergebnisse	125
(4) Rechtshängigkeit des neuen Antrags	126
(5) Entscheidung über Parteiwechsel	127
e) Rechtsmittel	128
3. Parteierweiterung, Parteibeitritt (Klägerbeitritt, Beklagtenbeitritt)	
a) In erster Instanz	131
b) In höherer Instanz	139
VI. Arbeitsgerichtliches Verfahren	150

I. Klageänderung. Allgemeines

1 Über den *Zweck* der Beschränkung der Klageänderung, über die Rechtsentwicklung sowie über die Gliederung der §§ 263f., 267 → § 263 Rdnr. 1–6. § 264 enthält, ohne die Klageänderung zu definieren, **Ausnahmen von § 263**.

1. Anwendungsbereich der §§ 263f., 267

2 Von einer Änderung der Klage[1] könnte man – ausgehend von der Klageschrift – bei jeder Änderung sprechen, die irgendeinen Teil des Inhalts der Klageschrift berührt, also bei einer Änderung der Parteien, ja sogar bei einer Änderung des Gerichts (§ 253 Abs. 2 Nr. 1), bei jeder Änderung des Streitgegenstandes und bei jedem Wechsel der Verfahrensart. Ein derartiger Begriff der Klageänderung im weiteren Sinne hätte jedoch keinen praktischen Wert, weil er ganz verschieden zu bewertende prozessuale Vorgänge rein äußerlich zusammenfassen oder – was noch schlimmer wäre – zu einer Nichtbeachtung in der Sache begründeter Unterschiede und damit zu einem Rückfall in überholte begriffsjuristische Methoden führen würde. Von Wert ist aber die Feststellung, was die §§ 263f., 267f. unter Klageänderung verstehen, also die Feststellung des Anwendungsbereiches dieser Vorschriften. Diese passen für eine *Parteiänderung* nicht (→ Rdnr. 98ff.).

3 Eine *Änderung des Gerichts* kann nur durch Verweisung oder Abgabe eines Rechtsstreits an ein anderes Gericht erreicht werden; diese Vorgänge sind jedoch in § 17 GVG, § 281 usw. geregelt und damit einer Anwendung der §§ 263f. entzogen (näher → die Kommentierung zu § 281). Auch der *Wechsel der Verfahrensart* ist jedenfalls z. T. besonders geordnet, → § 596[2]. Eine **Änderung der Klage** im Sinne der §§ 263f., 267f. ist danach bei einer **Änderung des Streitgegenstandes** gegeben (näher zum Begriff der Klageänderung → Rdnr. 26ff., zur Änderung des Klagegrundes → Rdnr. 31ff.).

2. Klageänderung und sonstiger Wechsel des Vorbringens

5 Schon nach dem eigentlichen Wortsinn tritt bei einer Änderung der Klage der eine Streitgegenstand ganz oder teilweise an die Stelle des anderen; es reicht also nicht, daß der sonst unveränderte Streitgegenstand sich nur vergrößert oder verringert. Dies wird auch dadurch bestätigt, daß meist Sondervorschriften eingreifen, wenn weniger oder etwas zusätzlich vorgebracht wird.

6 Demnach liegt **keine Klageänderung** vor, wenn der Kläger

7 a) **tatsächliche Behauptungen** oder Beweisangebote **fallen läßt**[3], wozu ihn die Dispositionsmaxime grundsätzlich ermächtigt (→ Rdnr. 224 vor § 128),

8 b) seine **tatsächlichen Behauptungen** oder Beweisangebote **vermehrt**, was ihm ebenfalls freisteht, vorbehaltlich der Möglichkeit, daß das Gericht sie wegen Verspätung nach § 296 Abs. 1, 3 beziehungsweise § 528 Abs. 1, 2 nicht zuläßt oder nach § 296 Abs. 2 zurückweist, selbst wenn es sich um anfangs bereits einmal aufgestellte, später wieder fallengelassene Behauptungen handelt[4],

9 c) **die Klage erweitert** (→ Rdnr. 69) **oder beschränkt** (→ Rdnr. 66) oder

10 d) seine **rechtlichen Ausführungen beschränkt oder erweitert**[5], weil das Gericht ohnedies

---

[1] Lit. → § 263 Fn. 1; ferner die nachstehenden Fn.; zur Parteiänderung insbesondere Fn. 143.
[2] Zur analogen Anwendung des § 263 beim Übergang vom ordentlichen Prozeß zum *Urkundenprozeß* → § 263 Rdnr. 38.
[3] Schon *RG* JW 1892, 271.
[4] *RG* JW 1899, 432.
[5] *OLG Karlsruhe* GRUR 1979, 473; *Rimmelspacher* Materiellrechtlicher Anspruch und Streitgegenstandsprobleme im Zivilprozeß (1970), 355. – Das ist selbst in der *Revisionsinstanz* zulässig, *RG* VZS 27, 385f.; 126, 248; *RG* DR 1939, 803 und oft.

das Parteivorbringen grundsätzlich unter jedem rechtlichen Gesichtspunkt zu prüfen hat (→ Rdnr. 107 vor § 128). So ist es insbesondere keine Klageänderung, wenn der Kläger – ohne den Sachverhalt auszuwechseln – seinen Antrag nun **auf eine weitere** oder **eine andere Anspruchsgrundlage** stützt (→ Rdnr. 34).

e) **Nachträgliche objektive Klagenhäufung**: Die nachträgliche Klagenhäufung (→ § 260 Rdnr. 2, § 256 Rdnr. 6) wird von der h. L. *als Klageänderung* angesehen oder *zumindest entsprechend den Vorschriften über die Klageänderung* behandelt[6]. Dieser h. M. kann aber nicht gefolgt werden; denn die **nachträgliche Häufung paßt nicht unter §§ 263 f**. Dies zeigen folgende Überlegungen: Das Argument der h. M. mit § 264 Nr. 2 ist nicht recht überzeugend, weil sich aus dieser Vorschrift nur ergibt, daß eine *Erweiterung* der Klage ohne Änderung des Klagegrundes nicht als Klageänderung zu behandeln ist, ein Gegenschluß auf die Klagen*häufung* daraus aber nicht gezogen werden kann. Auch der Wortlaut des § 260 beweist nicht zwingend, daß eine (objektive) Klagenhäufung nur in der Klageschrift selbst vorgenommen werden darf. Sachlich bestehen keine durchgreifenden Bedenken, diese Häufung *ohne weiteres auch nachträglich* zu gestatten. Bedenken wegen einer *Übernahme der bisherigen Prozeßergebnisse* auf den neuen Antrag bestehen ebenfalls nicht; denn der Beklagte kann einer solchen Übernahme widersprechen (→ Rdnr. 39) und damit verhindern, daß bisherige Beweisergebnisse ohne weiteres dem neuen Streitgegenstand nutzbar gemacht werden[7]. Daher ist entgegen der herrschenden Meinung die **nachträgliche objektive Klagenhäufung** nicht nur zulässig, wenn der Beklagte in sie einwilligt oder das Gericht sie für sachdienlich erachtet. Vielmehr **unterfällt die nachträgliche Klagenhäufung weder direkt noch entsprechend den §§ 263 ff**. Sollte der Kläger oder Widerkläger versuchen, durch Einführung neuer Ansprüche den **Prozeß zu verschleppen**, so kann das Gericht nach § 145 die Trennung des Verfahrens anordnen, wenn der neue Anspruch mit dem ursprünglich erhobenen nicht in rechtlichem Zusammenhang steht; im übrigen kann es einer Verschleppung dadurch entgegentreten, daß es über den ursprünglich erhobenen Anspruch bei Entscheidungsreife ein Teilurteil erläßt.

f) **Berichtigung**: Wenn jedoch der Kläger nicht den Gehalt, sondern nur die *Fassung* seines Vortrages ändert oder ergänzt, um das erkennbar Gewollte zweifelsfrei zum Ausdruck zu bringen, nimmt er nur eine jederzeit zulässige *Berichtigung* vor, die keine Klageänderung ist; zum Antrag → auch Rdnr. 27, zum Tatsachenvortrag und zur Parteibezeichnung → Rdnr. 56 ff.

3. Zeitpunkt des Eingreifens der Beschränkung der Klageänderung

Die Beschränkung der Klageänderung ist eine Wirkung der Rechtshängigkeit (→ § 261 Rdnr. 42) und gilt deshalb von der Zustellung der Klageschrift an; dies bezieht sich auf die schriftliche Klage[8], die ein bestimmender Schriftsatz ist (→ § 253 Rdnr. 25). Ein die Klage ändernder Nachtrag ist – außer in ihm wird ein neuer Anspruch geltend gemacht und dieser Nachtrag entspricht den Erfordernissen des § 253 Abs. 2 Nr. 2 (§ 261 Abs. 2) – nur die *Ankündigung* einer mündlich vorzutragenden Klageänderung[9]. Die Beschränkung der Klage-

---

[6] *BGH* WM 1981, 798 (799); NJW 1985, 1841; NJW-RR 1987, 58; *RGZ* 47, 390; *RG* JW 1911, 373; SeuffArch 77 (1923), 246; ZZP 59 (1934) 411; *Baumbach/Lauterbach/Hartmann*[55] § 263 Rdnr. 4; *A. Blomeyer* ZPR[2] § 42; *Frank* Anspruchsmehrheiten im Streitwertrecht (1986), 130 ff. (mit Ausführungen über die Zulässigkeit einer nachträglichen Klagenhäufung, wenn die amtsgerichtliche Zuständigkeit infolge Streitwerterhöhung verlorengeht); *Rimmelspacher* (Fn. 5), 359 f.; *Zöller/Greger*[20] § 263 Rdnr. 2; insoweit offengelassen von *BGH* LM Nr. 25 zu § 264 a.F. = WM 1969, 1346 = NJW 1970, 44 = MDR 229 = KTS 293; vgl. auch *Grunsky* Die Veräußerung der streitbefangenen Sache (1968) 141 Fn. 140; a. M. (im Gegensatz zu früheren Aufl.) *Rosenberg/Schwab/Gottwald*[15] § 99 I 2 b.

[7] Dies übersieht *Rimmelspacher* (Fn. 5), 359 f., der die Klageänderungssperre wegen der Gefahr der Verwertung bisheriger Ergebnisse gerade auch gegen das Erheben zusätzlicher Anträge errichtet sieht.

[8] *RGZ* 85, 424; *RG* JW 1911, 50; WarnRsp 7 (1914) Nr. 285 u.a.m.

[9] *OLG Kiel* OLG Rsp 17, 146.

änderung wird in den Fällen des § 261 Abs. 2 mit der *Zustellung* eines den Erfordernissen des § 253 Abs. 2 Nr. 2 genügenden Schriftsatzes *oder* mit dem *Vortrag* in der mündlichen Verhandlung *wirksam* (→ § 261 Rdnr. 34–37). Sie tritt deshalb nicht erst mit der Einlassung des Beklagten ein, → § 263 Rdnr. 9. Bei wiederholten Änderungen ist entsprechend zu fragen, ob der letzte vor der neuesten Änderung gestellte Antrag in der mündlichen Verhandlung vorgetragen oder in einem dem § 253 entsprechenden Schriftsatz zugestellt worden ist.

4. Betroffene Verfahrensarten

16 Abgesehen von Ehesachen (→ § 611 Rdnr. 7) gelten die §§ 263 f., 267 für alle Arten von Klagen. Zum **Nachverfahren** → § 600 Rdnr. 18, zum Verfahren nach **Mahnbescheid** → § 697 Rdnr. 1, zum **Schiedsverfahren** → § 1034 Rdnr. 28, zur **Aufhebungsklage** gegen einen Schiedsspruch → § 1041 Rdnr. 4, zum Antrag auf **Vollstreckbarerklärung** eines Schiedsspruchs → § 1042 b Rdnr. 3 und zum **Wiederaufnahmeverfahren** → § 588 Rdnr. 3.

5. Durchführung der Klageänderung

18 Die Klageänderung erfolgt entweder durch Geltendmachung des neuen Anspruchs **in der mündlichen Verhandlung** oder durch **Zustellung** eines den Erfordernissen des § 253 Abs. 2 Nr. 2 entsprechenden **Schriftsatzes** (§ 261 Abs. 2). Dabei ist zu beachten, daß die *Zustellung* des Schriftsatzes nach § 198 auch *von Anwalt zu Anwalt* erfolgen kann[10].

6. Zeitliche Grenze der Klageänderung in der jeweiligen Instanz

19 Soweit die Klageänderung zulässig ist, kann sie in der jeweiligen Instanz nur bis zum Erlaß des Urteils vorgenommen werden. Danach darf das Gericht wegen § 318 die Klageänderung nicht mehr berücksichtigen. Nach *Schluß der mündlichen Verhandlung*, aber vor Erlaß des Urteils ist eine Klageänderung ausgeschlossen[11]. Das Gericht kann unter Umständen aber die mündliche Verhandlung gemäß § 156 wiedereröffnen (→ § 296 a Rdnr. 15, → § 156 Rdnr. 14 f.).

7. Dahinstellen der Klageänderung

20 Soweit eine Antragsänderung *sachdienlich* ist (→ § 263 Rdnr. 12 ff.), darf das Gericht im übrigen *dahinstellen,* ob eine Klageänderung vorliegt (→ § 263 Rdnr. 18). Ebenso kann verfahren werden, wenn der Beklagte in die Änderung *einwilligt* (→ § 263 Rdnr. 9). Dagegen darf es das Gericht nicht dahinstellen, ob die Klageänderung zulässig ist (→ § 268 Rdnr. 2). verfahren werden, wenn der Beklagte in die Änderung *einwilligt* (→ § 263 Rdnr. 9). Dagegen darf es das Gericht nicht dahinstellen, ob die Klageänderung zulässig ist (→ § 268 Rdnr. 2).

II. Begriff der Klageänderung

25 Das Gesetz bestimmt den Begriff der Klageänderung nicht selbst, doch lassen sich aus § 264 Anhaltspunkte entnehmen.

a) Allgemeines

26 Aus § 263 (→ dort Rdnr. 1) kann man schließen, daß jede Änderung des Streitgegenstandes nach Eintritt der Rechtshängigkeit grundsätzlich auch die Klage ändert (Ausnahmen → Rdnr. 66, 69 f., 75 ff.) und umgekehrt, daß bei unverändertem Streitgegenstand auch die Klage keine Änderung erfährt; anderenfalls könnten sich mißliche Lücken in den Regelungen für die

---

[10] *BGHZ* 17, 234. [11] Näher → § 296 a Rdnr. 15.

Klageänderung einerseits, für die Rechtshängigkeitssperre im Sinne des § 261 Abs. 3 Nr. 1 andererseits ergeben (→ Einl. Rdnr. 285). Eine Klageänderung liegt demnach vor, wenn der Kläger **anstelle** des bisher rechtshängigen Streitgegenstandes **einen neuen Streitgegenstand** in den Prozeß einführt. Zur Frage, ob auch eine nachträgliche objektive Klagenhäufung als Klageänderung zu behandeln ist → Rdnr. 11. **Streitgegenstand** ist der vom Kläger beantragte Ausspruch einer Rechtsfolge (regelmäßig in einem Urteil) und die Berechtigung dieses Antrags (→ Einl. Rdnr. 288; ausführlich zum Begriff des Streitgegenstandes → Einl. Rdnr. 263 ff.). Der **Streitgegenstand** wird regelmäßig durch den **Antrag** (→ Rdnr. 28), nur ausnahmsweise durch tatsächliche oder rechtliche Ausführungen (→ Rdnr. 31 ff.) bestimmt. Eine **Klageänderung** ist also gegeben, wenn der **Kläger** statt des bisherigen Antrags **einen anderen Klageantrag** stellt, *unabhängig* davon, ob dieser *auf demselben Sachverhalt* beruht oder nicht. Zur Frage, ob auch dann eine Klageänderung gegeben ist, wenn der Kläger zwar seinen **Antrag unverändert** läßt, ihn aber nun auf einen **anderen Lebenssachverhalt** stützt → Rdnr. 32.

b) Auslegung des Antrags

Was der Antrag begehrt, ist gegebenenfalls durch Auslegung festzustellen (→ Rdnr. 192 ff. vor § 128). Wenn nur die **Formulierung geändert** wird, um deutlicher zum Ausdruck zu bringen, was der erkennbare Gehalt des Antrags sein sollte, handelt es sich *nicht* um eine *Klageänderung*, sondern nur um eine jederzeit zulässige **Berichtigung** des Antrags (→ Rdnr. 12), auf die das Gericht nach § 139 hinzuwirken hat und die nicht den §§ 263 f., 267 untersteht. Über die Heranziehung der Begründung des Antrages zu seiner Auslegung → auch Rdnr. 32 ff.

27

c) Beispiele

Wenn jede Änderung des Streitgegenstandes grundsätzlich eine Klageänderung ist, liegt – wie in Rdnr. 26 dargestellt – regelmäßig in **jeder Änderung des Antrags eine Klageänderung**. Die Änderung des Antrags kann sich daraus ergeben, daß ein bestimmter Rechtsschutz, wie z.B. Verurteilung oder Feststellung, für einen *anderen Gegenstand* verlangt wird, z.B. *Geld* statt *Sachleistung*, *Wandelung* statt *Minderung*[12], *Schadensersatz* statt *Unterlassung*[13], *Ausgleich* nach § 906 Abs. 2 S. 2 statt *Unterlassung*[14], *Unterlassung* statt *Widerruf*[15] *Zinsen* statt *Kapital*, *Schadensersatz* für einen Vermögensschaden statt *Schmerzensgeld*[16], *Unterlassung* vertragswidrigen Gebrauchs statt *Räumung*, *Zahlung in einer anderen Währung* als zunächst beantragt[17]. Sie kann sich aber auch daraus ergeben, daß für denselben Gegenstand eine *andere Rechtsschutzhandlung* begehrt wird, z.B. *Erlaß eines Vollstreckungsurteils* nach § 722 oder *Vollstreckbarerklärung* eines Schiedsspruches[18] statt eines *Leistungsurteils*, *Rückabtretung* einer Grundschuld statt *Unzulässigerklärung der Zwangsvollstreckung* nach § 767[19], *selbständiges Beweisverfahren* nach § 485 statt eines *Feststellungsurteils*, Übergang von *Eheaufhebungsklage* zur *Ehenichtigkeitsklage* oder zur Klage auf Feststellung des *Nichtbestehens der Ehe* oder umgekehrt (→ § 611 Rdnr. 7)[20], Übergang von *Freistellungs*klage zur *Vollstreckungsgegen*klage[21].

28

---

[12] *RG* JW 1907, 46; vgl. auch JW 1920, 647; *BGH* NJW 1990, 2682; *LG Mönchengladbach* NJW-RR 1992, 1524; offengelassen in *BGH* NJW 1990, 2683.
[13] *RGZ* 88, 129; *RG Gruchot* 64 (1920), 731; *OLG Dresden* SächsArch 12 (1902), 494; *OLG Hamm* OLG Rsp 7, 187.
[14] *BGH* MDR 1969, 648 = WM 814 = ZMR 311 (L) = VersR 1970, 54 = LM Nr. 30 zu § 906 BGB.
[15] *BGH* NJW-RR 1994, 1404.
[16] *RGZ* 149, 157 (167); 170, 37 (39).
[17] *BGH* NJW 1980, 2017 (2018); *K. Schmidt* ZZP 98 (1985), 32 (44).
[18] *RGZ* 144, 369 (373 f.).
[19] *BGH* LM § 264 a.F. Nr. 11.
[20] *Dieckmann* Das Standesamt 1976, 33 (41 f.).
[21] *OLG Frankfurt a. M.* NJW 1976, 1982.

29 Der **Übergang** von der **Leistungsklage** zur **Feststellungsklage** und umgekehrt ist jedoch nach § 264 Nr. 2 (→ Rdnr. 66 ff.), der **Übergang** vom **Urkundenprozeß zum ordentlichen Verfahren** nach § 596 (→ dort Rdnr. 1) in erster Instanz ohne weiteres zulässig[22]. Der Übergang vom Urkunden- und Wechselprozeß zum ordentlichen Verfahren kann aber mit einer Klageänderung verbunden sein, was z. B. in einer zusätzlichen Geltendmachung von Ansprüchen aus dem Grundgeschäft liegen könnte. Die Zulässigkeit *dieser* Klageänderung richtet sich dann nach §§ 263, 264[23]. Zum **Wechsel** von einer Leistungs- oder Feststellungsklage **zur Klage auf Konkursfeststellung** (§ 146 Abs. 3 KO) → § 240 Rdnr. 26. Ein Übergang **vom ordentlichen zum Urkundenprozeß** ist dagegen nach den allgemeinen Vorschriften über die Klageänderung zu behandeln (→ 263 Rdnr. 38, → § 593 Rdnr. 1).

2. Änderung des Klagegrundes

31 Wenn die heute noch h. M.[24] bereits in **jeder Änderung des Klagegrundes eine Klageänderung** sieht, so kann sie sowohl an den Wortlaut des § 264 als auch an die frühere Bedeutung des Begriffes Klagegrund anknüpfen. Sie sieht im Klagegrund den Tatsachenkomplex (Summe der Tatsachen), der zur Begründung des begehrten Urteils vorgetragen wird und nicht durch neue tatsächliche Behauptungen so wesentlich abgeändert werden darf, daß der Tatbestand, aus dem das Urteilsbegehren abgeleitet wird, zu einem anderen wird. Der Wortlaut des Gesetzes zwingt jedoch nicht dazu, die Befugnis zur Klageänderung durch das Erfordernis des gleichbleibenden Klagegrundes einzuschränken. Die Voraussetzung der Nichtänderung des Klagegrundes ist in der Praxis auch bereits durch eine weite Auslegung[25] weitgehend aufgegeben; die Begrenzung durch den Lebenssachverhalt wird vielfach als zu unklar beanstandet[26].

Der **Unterschied der zu Beginn des vorstehenden Absatzes genannten Ansichten** ist übrigens nicht so groß, wie es auf den ersten Blick erscheint, weil einerseits durch die weite Auslegung des Begriffes »derselbe Lebenssachverhalt« die Fälle, in denen eine Veränderung des Klagegrundes bei gleichbleibendem Antrag anzunehmen ist, selten sein werden, und weil andererseits manche Zweifelsfrage praktisch ungelöst bleiben kann, wenn vorsorglich der Beklagte in die etwaige Änderung einwilligt oder das Gericht sie als sachdienlich zuläßt (→ Rdnr. 20).

a) Änderung der Tatsachenbehauptung grundsätzlich keine Klageänderung

32 Wie unter Einl. Rdnr. 288 ff. näher dargelegt, wird der **Streitgegenstand** im Rahmen der §§ 263 f. – dem eingliedrigen Streitgegenstandsbegriff folgend – daher richtigerweise **in erster Linie durch den Antrag**, nicht durch die vorgebrachten Tatsachen bestimmt. Daher stellt die **Änderung** der zur Begründung vorgetragenen **Tatsachenbehauptungen als solche keine Klageänderung** dar. Die Individualisierung des Antrags ist aber vielfach, insbesondere bei Geld- und sonstigen Gattungsschulden, nur mit Hilfe der begründenden Tatsachen möglich. In diesen Fällen **kann** sich aus der **Änderung** der vorgetragenen **Tatsachen** ergeben, daß in **Wahrheit** auch der Ausspruch einer anderen Rechtsfolge verlangt und damit der **Streitgegen-**

---

[22] *BGH* NJW 1965, 1599; *OLG Hamburg* WM 1985, 1506: § 596 ist in zweiter Instanz nicht anwendbar. Die Zulässigkeit des Übergangs zum ordentlichen Verfahren ist hier nach § 263 zu beurteilen, → hierzu auch § 596 Rdnr. 5 und § 263 Rdnr. 38 a. E.
[23] *BGH* WM 1982, 1048 = ZIP 1054.
[24] *BGH* ZZP 95 (1982), 66; WM 1981, 798 = MDR 1012; RGZ 126, 245; 118, 210; 90, 433; 10, 434; *OLG Nürnberg* BayJMBl 1955, 148; *OLG Zweibrücken* MDR 1981, 585; *Baumbach/Lauterbach/Hartmann*[55] § 263 Rdnr. 4; *Habscheid* Streitgegenstand im Zivilprozeß (1956) 260, 265 ff.; *Thomas/Putzo*[19] § 263 Rdnr. 3; *Wieczorek*[2] § 264 a.F. Anm. A III; jetzt auch *Rosenberg/Schwab/Gottwald*[15] § 101 I 1. – A.M. insbesondere *Rosenberg-Schwab*[14] § 102 I 1 und in früheren Aufl.; *Schwab* Streitgegenstand im Zivilprozeß (1954), 104 ff.
[25] Vgl. RGZ 71, 360; 88, 55; 113, 365; *RG* JW 1911, 943; *Thomas/Putzo*[19] § 263 Rdnr. 3.
[26] *A. Blomeyer* ZPR[2] § 89 III 2 b; *Lent* ZZP 63 (1943), 17; 65 (1952) 350.

stand geändert** wird[27]. Aus diesem Grund ist in mehreren Fällen, in denen nach der h. L. wegen der **Veränderung des Klagegrundes eine Klageänderung** vorliegt, auch nach der hier vertretenen Auffassung eine **Klageänderung** gegeben:

b) Tatsachenänderungen, die den Streitgegenstand ändern

Eine **Klageänderung** ist daher zu **bejahen** bei der Änderung eines *Datums*, wenn dieses zur Unterscheidung des einen Anspruchs von einem anderen dient (z. B. bei mehreren Kaufverträgen), bei der Begründung einer Unterhaltsklage mit der Vaterschaft zu einem *anderen* Kind, bei dem Vorbringen eines *anderen* Entstehungsgrundes bei Forderungsrechten, soweit sich daraus die Geltendmachung einer *anderen* (wenn auch gleichartigen) Rechtsfolge ergibt[28]. Ebenso liegt eine Klageänderung vor, wenn erst aus einem *eigenen* Anspruch, dann aus einem anderen, *abgetretenen* Anspruch geklagt wird[29] (oder umgekehrt). 33

c) Änderungen der rechtlichen Begründung

Dagegen liegt – da der Antrag derselbe bleibt – **keine Klageänderung** vor, wenn eine Rechtsfolge zunächst auf *Gesetz*, dann auf *Vertrag* (oder umgekehrt) begründet wird, z. B. wenn eine Kaufpreis- oder ähnliche Forderung, die zunächst mit der *Üblichkeit* oder Angemessenheit der Vergütung begründet wurde, später auf eine *Preisvereinbarung* gestützt wird, sofern die Identität des Rechtsgeschäfts bestehen bleibt[30] und umgekehrt, also wenn zunächst ein *vereinbartes* Entgelt eingeklagt wird, dann aber nur noch *gesetzliche Gebühren* verlangt werden[31]. *Keine* Klageänderung liegt vor, wenn der geforderte Betrag zunächst als *Vorschuß* für Nachbesserungskosten und nunmehr im Wege der *Minderung* verlangt wird, wenn Grund beider Verlangen dasselbe mangelhafte Werk ist[32]. Auch der Übergang vom Anspruch auf *Abschlagszahlung* zu dem auf *Schlußzahlung* ist *nicht* als Klageänderung anzusehen[33]. Ebenfalls *keine* Klageänderung ist die Geltendmachung eines *neuen Kündigungsgrundes*, der erst nach der ursprünglichen Kündigungserklärung geltend gemacht wird *und* zu einer Kündigung *zu demselben Termin* führen würde[34]. Ebensowenig ist es eine Klageänderung, wenn zur Begründung des die Klage stützenden Dauertatbestandes (z. B. Immissionen) *neue Einzeltatbestände* vorgebracht werden[35] oder wenn zu einer *anderweitigen* Schadensberechnung, z. B. vom großen zum kleinen Schadensersatz, übergegangen wird[36]. *Keine* Klageänderung ist es ferner, wenn bei Klagen auf Feststellung von dinglichen Rechten oder wegen Verletzung eines dinglichen Rechts ein *neuer Erwerbsgrund* angegeben wird[37], wenn der Erwerb desselben *abgetretenen* Anspruchs nachträglich auf einen *neuen Abtretungsakt* gestützt wird[38], wenn derselbe Gestaltungsantrag auf *andere* Gestaltungsgründe gestützt wird, wenn im Fall 34

---

[27] *Schwab* Streitgegenstand im ZP (1954), 109.
[28] Z. B. Schadensersatzanspruch wegen Vertragsverletzung statt Erfüllungsanspruch, *RG* JW 1913, 500. Keine Klageänderung ist es dagegen, wenn der unveränderte Anspruch auf *Rückgewähr* zuerst auf Anfechtung, dann auf Wandelung gestützt wird; a. M. *RG* JW 1903, 124; *OLG Rostock* SeuffArch 69 (1914), 333; *OLG Braunschweig* SeuffArch 70 (1915), 43.
[29] BVerfGE 54, 117 (127); *OLG Zweibrücken* OLGZ 1970, 174 (179); *LG Nürnberg-Fürth* VersR 1974, 814 (817); *RGZ* 120, 189 (192); 77, 141; 42, 248; *RG* Gruchot 54 (1910), 972; *Schwab* (Fn. 27) 111; offengelassen in BGH MDR 1983, 1017.
[30] A. M. *RGZ* 126, 245; dagegen *Rosenberg* Festg. für R. Schmidt (1932) 1, 256.
[31] A. M. *OLG Frankfurt a. M.* MDR 1984, 238; → auch Fn. 40.

[32] *OLG München* NJW 1972, 62.
[33] *BGH* NJW 1985, 1840 = MDR 750 = JZ 638 = LM Nr. 7.
[34] *OLG Stuttgart* BB 1982, 864; a. M. für die Kündigung eines Mietvertrages *OLG Zweibrücken* OLGZ 1981, 350 = MDR 585.
[35] *RGZ* 99, 172.
[36] BGHZ 115, 286 = NJW 1992, 566; *BGH* NJW-RR 1991, 1279; *OLG Dresden* SeuffArch 74 (1919), 110.
[37] A. M. *RGZ* 10, 434; *RG* JW 1902, 165; WarnRsp 1913 Nr. 258; *Baumbach/Lauterbach/Hartmann*[54] Rdnr. 14. – Wie hier *Lent* ZZP 65 (1952), 328; *Rosenberg/Schwab*[13] § 101 I 1 c; *Nikisch* Lb[2] § 48 I 4 c.
[38] A. M. *RG* JW 1907, 87; Gruchot 64 (1920), 621; SeuffArch 54 (1899), 100; wohl aber wenn statt aus Abtretung aus *eigenem* Recht vorgegangen wird → Fn. 29.

des § 607 Abs. 2 BGB (Umwandlung in ein Darlehen) auf das *alte* Schuldverhältnis zurückgegriffen wird[39] oder von einem die gesetzliche Unterhaltspflicht näher regelnden *Vertrag* auf die *gesetzliche* Unterhaltspflicht[40]. Wird bei einer negativen Feststellungsklage erst die *Nichtentstehung* dann das *Erlöschen* eines Rechts behauptet[41], wird eine Klage aus § 771 auf ein *anderes* Rechtsverhältnis gestützt[42], oder eine Vollstreckungsgegenklage (§ 767) auf *andere* Einwendungen[43], so liegt wegen des unveränderten Antrags ebenfalls *keine* Klageänderung vor.

d) Einseitige Erledigungserklärung als Klageänderung

35 Zur einseitigen Erledigungserklärung als Klageänderung → § 91a Rdnr. 39f.

III. Fortsetzung des Verfahrens nach Klageänderung[44]

1. Bei zulässiger Klageänderung

37 a) **Rechtshängigkeit des alten und des neuen Antrags.** Ist die Klageänderung aufgrund einer Einwilligung des Beklagten oder wegen Zulassung durch das Gericht als sachdienlich oder nach § 264 Nr. 2 oder Nr. 3 zulässig, so ist über den **ursprünglichen Antrag nicht zu entscheiden.** Der neue Anspruch wird mit der Zustellung des Schriftsatzes beziehungsweise mit seiner Geltendmachung in der mündlichen Verhandlung **rechtshängig**, unabhängig davon, ob die Klageänderung zulässig ist oder nicht. Gleichzeitig **endet** die **Rechtshängigkeit des ursprünglichen Antrags**, es sei denn, der Kläger hält diesen hilfsweise neben dem neuen Antrag aufrecht[45]. Der neue Antrag tritt an die Stelle des alten. Das Gericht hat nur noch über den neuen Antrag zu entscheiden[46].

38 b) **Kosten.** Über die **Kosten** des Verfahrens vor und nach der Klageänderung ist gemeinsam im Endurteil zu entscheiden. Dabei ist im Rahmen der §§ 91, 92 das Obsiegen bezüglich des *neuen* Anspruchs entscheidend. Nach Maßgabe der §§ 96, 97 Abs. 2 können (müssen) aber dem Kläger auch im Falle eines Erfolges mit dem geänderten Antrag die Kosten ganz oder teilweise auferlegt werden.

39 c) **Übernahme der bisherigen Prozeßergebnisse?** Inwieweit bisherige **Beweisaufnahmen** bei der Entscheidung über den neuen Antrag übernommen werden können, ist in Rechtsprechung und Lehre noch immer weitgehend ungeklärt[47]. Sofern keine der Parteien gegen die Übernahme Einwände erhebt, bestehen keinerlei Bedenken. Soweit frühere Beweisaufnahmen mit dem neuen Antrag nicht zusammenhängen, ergibt sich auch kein Problem, weil sie

---

[39] *RG* JW 1910, 621.
[40] *RG* SeuffArch 79 (1925), 369. Ebensowenig ist es eine Klageänderung, wenn vom Antrag auf *Trennungsunterhalt* zum Klageantrag auf *nachehelichen Unterhalt* übergegangen wird, a.M. *Unger* JuS 1985, 769 (773); → Fn. 30 und 31.
[41] *RGZ* 72, 143.
[42] Vgl. *RG* Recht 1909 Nr. 123. A.M. *RGZ* 29, 361.
[43] A.M. *BGHZ* 45, 231 = NJW 1966, 1362 (*Jerusalem*) = MDR 659 = JZ 614 (mit Anm. *Bötticher*, der die Einheit des Streitgegenstandes bejaht); BGH NJW 1967, 107; näher → § 767 Rdnr. 53f.
[44] Ausführlich hierzu *J. Blomeyer* JuS 1970, 229.
[45] A.M. *Wieczorek*[2] D I b 6 (Ende der Rechtshängigkeit mit Einwilligungserklärung des Beklagten bzw. Zulassungsausspruch des Gerichts); *Zöller/Greger*[20] § 263 Rdnr. 16 (erst mit rechtskräftiger Bejahung der Zulässigkeit der Klageänderung).

[46] *OLG Frankfurt a.M.* FamRZ 1981, 978; → auch Fn. 54. – Zum Streitwert und zur Berechnung der einzelnen Gebührentatbestände im Falle einer Klageänderung vgl. *Frank* (Fn. 6) 84f.
[47] *Gegen* die Übernahme von Prozeßergebnissen sprechen sich aus: *Festl* (§ 263 Fn. 1), 15ff.; *Henckel* Die Klagerücknahme als gestaltende Verfahrenshandlung, Festschrift für *Eduard Bötticher* (1969), 173 (185). – *Für* eine Übernahme sind: *Blomeyer*, JuS 1970, 124f.; *Grunsky* Die Grundlagen des Verfahrensrechts (1974)[2], 131; *ders*. Die Veräußerung des streitbefangenen Sache (1968), 141; *Baumbach/Lauterbach/Hartmann*[55] § 263 Rdnr. 28; *Thomas/Putzo*[19] § 263 Rdnr. 8; *Zöller/Greger*[20] § 263 Rdnr. 13; BGH MDR 1979, 829; 1983, 1017 = WM 1162 = BauR 485 = LM § 263 Nr. 6; BAG WM 1976, 598 (600); sowie frühere Auflagen dieses Kommentars.

gegenstandslos geworden sind. Für den neuen Antrag relevante **Beweisaufnahmen** sollten aber **nicht übernommen** werden, falls *eine* der Parteien der Übernahme **widerspricht**. Dies gilt insbesondere für einen **Widerspruch des Beklagten** und vor allem bei denjenigen Fällen der Antragsänderung, die entweder vom Gericht als sachdienlich angesehen wurden oder die gemäß § 264 nicht als Klageänderung zu behandeln sind (weil es in beiden Fällen der Beklagte nicht verhindern konnte, daß er nunmehr mit einem anderen Streitgegenstand konfrontiert ist); ebenso scheitert bei einer nachträglichen objektiven Klagenhäufung (→ Rdnr. 11) eine Verwertung der bisherigen Prozeßergebnisse zugunsten des neuen Antrags am Widerstand des Beklagten[48]. Das Verhalten der Prozeßbeteiligten im Zusammenhang mit einer Beweisaufnahme ist vom jeweiligen Streitgegenstand nicht zu trennen. Ändert sich der Streitgegenstand, dann muß es daher den Beteiligten gestattet sein, ihr bisheriges Verhalten zu ändern[49]. Dasselbe gilt hinsichtlich der **Prozeßhandlungen der Parteien**, wie z.B. **Anerkenntnisse, Verzichte, Geständnisse** usw., von deren bindender Wirkung sich eine Partei zu lösen vermag, wenn nunmehr ein anderer Streitgegenstand vorliegt. Einer uferlosen Neuauflage des Prozesses wird damit nicht Tür und Tor geöffnet, weil der Widerspruch gegen die Verwertung bisheriger Prozeßergebnisse nicht gegen Treu und Glauben (→ hierzu Einl. Rdnr. 242ff.) verstoßen darf. Insbesondere schikanöse Widersprüche sind unbeachtlich (→ Einl. Rdnr. 254ff.). Schließlich ist eine **Präklusion** der Parteien mit Tatsachenbehauptungen, Beweisanträgen und Beweiseinreden nach §§ 296, 356 nicht möglich, soweit es sich um Tatsachen handelt, die für den früheren Streitgegenstand weder prozessual noch materiellrechtlich erheblich waren[50].

d) **Prüfung der Sachurteilsvoraussetzungen. Sachurteilsvoraussetzungen**, z.B. Zulässigkeit des Rechtsweges[51], Zuständigkeit des Gerichts[52], keine anderweitige Rechtshängigkeit, Klagbarkeit, Rechtsschutzbedürfnis usw. **sind neu zu prüfen**, *soweit* sie vom Streitgegenstand abhängen, gerügt werden oder von Amts wegen zu prüfen sind (→ Rdnr. 91ff. vor § 128) und nicht durch Parteivereinbarung oder rügelose Einlassung auf die geänderte Klage beeinflußt werden (→ auch § 282 Rdnr. 33ff.). **40**

e) **Bisherige Gerichtsentscheidungen.** Bei **gerichtlichen Entscheidungen** ist zu unterscheiden[53]: **Teilurteile** werden durch eine Klageänderung nicht berührt. **Zwischenurteile** sind für das Gericht bindend, wenn durch die Klageänderung kein für die Entscheidung wesentlicher neuer Gesichtspunkt in den Prozeß eingeführt wurde. Soweit dies jedoch der Fall ist, darf sich das Gericht entgegen § 318 über ein Zwischenurteil hinwegsetzen. Bloße **Beweisbeschlüsse** hingegen können jederzeit und ohne Antrag abgeändert werden. **41**

2. Bei unzulässiger Klageänderung

a) Entscheidung über den neuen (unzulässigen) Klageantrag

Ist die Klageänderung dagegen unzulässig, so ist das **neue Begehren**, falls über den *ursprünglichen* Antrag nicht mehr zu entscheiden ist, durch **Prozeßurteil** abzuweisen. Falls über den ursprünglichen Antrag noch entschieden werden muß, ist das unzulässige neue Begehren entweder durch **Zwischenurteil nach § 303** oder in den **Gründen des Endurteils** über den *alten* Antrag als unzulässig abzuweisen[54]. Es darf über den neuen Antrag keine Sachentscheidung **42**

---

[48] → Auch bei Fn. 7.
[49] *Festl* a.a.O.; *Blomeyer* a.a.O. (für Beweisergebnisse); *Rimmelspacher* (Fn. 5), 354f. (für ein *Geständnis*).
[50] BGH NJW 1955, 707; *Festl* (§ 263 Fn. 1), 13f.
[51] RG WarnRsp 1908 Nr. 674.
[52] OLG Frankfurt a.M. FamRZ 1981, 987 (980); OLG Braunschweig OLG Rsp 11, 48; OLG Hamburg OLG Rsp 21, 67.

[53] *Festl* (§ 263 Fn. 1), 21f.
[54] A.M. LG Nürnberg-Fürth ZPP 91 (1978), 490 (abl. *Schwab*), das bei unzulässiger Klageänderung nur über die ursprüngliche Klage entscheiden will, über die geänderte Klage aber keine Entscheidung – auch nicht durch Prozeßurteil – treffen will.

und auch kein Prozeßurteil aus *anderen* prozessualen Gründen ergehen[55]; ein dahingehender Ausspruch wäre wirkungslos[56]. Auch *hilfsweise* darf sich das Gericht hierüber nicht aussprechen[57].

b) Entscheidung über den ursprünglichen Klageantrag

43 Über den ursprünglichen Antrag ist jedoch ausnahmsweise dann nicht zu verhandeln und zu entscheiden, wenn der Kläger diesen Antrag unbedingt aufgegeben hat, und zwar entweder mit Einwilligung des Beklagten oder vor Beginn der Verhandlung des Beklagten zur Hauptsache[58]; dann treffen allerdings den Kläger kraft Gesetzes die Kosten des Verfahrens entsprechend § 269 Abs. 3. Hierüber ist jedoch wegen des Sachzusammenhangs einheitlich in dem Prozeßurteil zu erkennen, das das neue Begehren als unzulässig abweist. Im übrigen – vor allem **bei hilfsweiser Aufrechterhaltung des ursprünglichen Antrags** oder bei **fehlender Einwilligung des Beklagten** in die Klagezurücknahme nach Beginn von dessen mündlicher Verhandlung zur Hauptsache – ist über den alten Antrag zu verhandeln und zu entscheiden[59], bei Untätigkeit des Klägers durch *Versäumnisurteil*, §§ 330, 333[60] und, falls er auf den alten Anspruch bereits verzichtet hat, durch *Verzichtsurteil* gemäß § 306. Die **Kostenentscheidung** richtet sich in diesem Fall lediglich nach der Entscheidung über den allein anhängigen ursprünglichen Antrag.

3. Bei Klageänderung in der Berufungsinstanz

45 Läßt das Berufungsgericht die Klageänderung nicht zu, so ist die Berufung, sofern ihr nicht aus anderen Gründen stattzugeben ist, als unbegründet (nicht als unzulässig) zurückzuweisen. **Läßt das Berufungsgericht dagegen die Klageänderung zu**, so muß es selbst über die geänderte Klage entscheiden, darf also nicht zurückverweisen (→ auch § 538 Rdnr. 4f.)[61]. **Hat das Berufungsgericht die Sachdienlichkeit** einer in der Berufungsinstanz vorgenommenen Klageänderung **nicht geprüft**, so kann diese Prüfung durch das Revisionsgericht nachgeholt werden[62]. **Hat das Berufungsgericht die Klageänderung zu Unrecht nicht zugelassen**, da es den Rechtsbegriff der Sachdienlichkeit verkannt hat (→ § 263 Rdnr. 18), so hat das Revisionsgericht die Sache zurückzuverweisen[63].

---

[55] A.M. *J. Blomeyer* JuS 1970, 229 (230).
[56] *RGZ* 149, 157 (167).
[57] *RGZ* 102, 393 f.; *RG* JR 1926 Nr. 727. – *RGZ* 53, 36; 75, 264; *RG* Gruchot 57 (1913), 707; 62 (1918) 659 verneinen die Beschwer des Klägers, → dazu aber § 537 Rdnr. 16f.
[58] Falls unklar ist, ob der Kläger seinen ursprünglichen Antrag fallenlassen oder aufrechterhalten will, so hat das Gericht insoweit nach §§ 139, 278 eine Klärung herbeizuführen.
[59] Dies gilt auch, wenn der alte Antrag nicht aufrechterhalten, aber auch nicht wirksam zurückgenommen wird. – A.M. *Thomas/Putzo*[19] § 263 Rdnr. 17 unter Hinweis auf § 308. § 308 schließt aber nur aus, daß der bisherigen, nicht aufrechterhaltenen Klage **stattgegeben** wird. Soweit weder Verzicht noch Säumnis (im Termin schon verhandelt) vorliegen, ist die alte Klage wegen § 308 durch kontradiktorisches Sachurteil abzuweisen (→ § 269 Rdnr. 17). – *J. Blomeyer* JuS 1970, 229 hält dagegen trotz § 308 in diesen Fällen auch ein stattgebendes Urteil für möglich.
[60] Dabei ist aber zu beachten, daß § 333 nur **völliges** Nichtverhandeln dem Nichterscheinen gleichsetzt, also nicht gegeben ist, falls irgendeine aktive Beteiligung an der Erörterung des Rechtsstreits stattfindet, die z.B. schon im Sachdienlichkeit der Klageänderung und damit im Verhandeln über die Zulässigkeit des Fallenlassens des ursprünglichen Anspruchs liegt.
[61] *BGH* DB 1983, 1483 = MDR 1018 = WM 766 = NJW 1984, 1554.
[62] *BGH* LM Nr. 2 zu § 263 = MDR 1979, 829 = NJW 1306 (L) = FamRZ 474 (L), 573, 791 (L; *Baumgärtel*).
[63] *BGH* LM Nr. 3 und Nr. 8 zu § 264 a.F.

IV. Die Fälle des § 264

1. Allgemeines

a) Keine Änderung des Klagegrundes

Die Fälle der **Nr. 1** stellen keine Klageänderung dar, die der **Nr. 2** und **Nr. 3** sind zwar Klageänderungen, werden aber durch § 264 von den Zulässigkeitserfordernissen des § 263 befreit. Den drei Fallgruppen des § 264 ist das **Erfordernis des gleichbleibenden Klagegrundes vorausgestellt**. Ob der Klagegrund geändert wird, d. h. ob in einem wesentlichen Punkt neue Tatsachen vorgebracht werden, so daß der *Tatsachenkomplex*, aus dem der Anspruch abgeleitet wird, zu einem anderen wird, ist nach der hier vertretenen Auffassung für die Abgrenzung des Streitgegenstandes nicht maßgebend (→ Rdnr. 32). **Der gleichbleibende Klagegrund stellt aber die Grenze der § 264 Nr. 2 und 3 dar**. Für die Abgrenzung gegenüber bloßen Ergänzungen und Berichtigungen ist dem Gericht ein gewisser *Beurteilungsspielraum* gegeben, ebenso wie bei der Frage, was zur Angabe des Klagegrundes nach § 253 Abs. 2 Nr. 2 gehört (→ § 253 Rdnr. 123 ff.). Der Absicht des Gesetzes gemäß darf die **Begrenzung jedenfalls nicht kleinlich** vorgenommen werden. Wesentlich ist vor allem, ob die Änderung nach Art und Ausmaß dem **Gegner noch zugemutet** werden kann.

51

b) Neues Vorbringen bezüglich der Sachurteilsvoraussetzungen

Das Vorbringen bezüglich der Sachurteilsvoraussetzungen betrifft weder den Streitgegenstand noch den Klagegrund, so daß eine Änderung dieses Vorbringens keine Klageänderung darstellt und auch die Anwendbarkeit von § 264 Nr. 2 und 3 nicht berührt. Das gilt auch für das *rechtliche Interesse* bei der Feststellungsklage (§ 256 Abs. 1) und bei der Klage auf künftige Leistung (§ 259)[64].

52

c) Zulässigkeit der Änderungen nach § 264 innerhalb der drei Rechtszüge

Soweit eine Änderung des klägerischen Vorbringens gemäß § 264 nicht als Klageänderung angesehen wird, ist sie **im ersten** und **zweiten Rechtszug uneingeschränkt zulässig**[65]. Im **Revisionsrechtszug** ist dagegen eine *Erweiterung*[66] oder *Änderung* des Antrags nach Nr. 2 und 3 ausgeschlossen. Daß die **Beschränkung des Antrags** auch hier noch zulässig ist[67], folgt daraus, daß nach § 308 das Gericht das Mindere ohnedies zusprechen könnte (→ § 308 Rdnr. 5).

53

Über die Erweiterung nach Vorabentscheidung über den Grund des Anspruchs → § 304 Rdnr. 53, über die Änderungen im Versäumnisverfahren → § 331 Rdnr. 31. Über die Art und Weise der Geltendmachung von Änderungen nach Nr. 2 und 3 → Rdnr. 18.

54

---

[64] *RGZ* 22, 220; *RG* JW 1894, 240; *OLG Kassel* OLG Rsp 17, 144.
[65] *RGZ* 148, 131 (auch bei Berufung gegen Teilurteil); *RArbG* 21, 22; s. auch *BGHZ* 17, 305 = NJW 1955, 1150 (auch im Patentnichtigkeitsstreit in der Berufungsinstanz nach Ablauf der Berufungsfrist); *BGHZ* 85, 140 = NJW 1983, 172 (für die Anfechtung eines Verbundurteils).
[66] *BGH* NJW 1961, 1467; 1989, 170.
[67] *BGH* WM 1989, 1873 (1875); *BayObLG* BlfRA 70, 96; *BayObLGZ* 1982, 222 (231).

2. § 264 Nr. 1, Ergänzung oder Berichtigung der tatsächlichen oder rechtlichen Anführungen

a) Bedeutung der Nr. 1

56 Wenn Nr. 1 bestimmt, daß eine Ergänzung oder Berichtigung tatsächlicher oder rechtlicher Anführungen ohne Änderung des Klagegrundes (→ Rdnr. 31 ff.) keine Klageänderung darstellt, so hat dies nur klarstellende Bedeutung.

b) Beispiele

57 So stellt es nur eine **Ergänzung der rechtlichen Anführungen** dar, wenn der Kläger zuerst aus *Vertrag* und dann aufgrund desselben Sachverhalts auch aus dem Gesichtspunkt der *unerlaubten Handlung* klagt oder zunächst aus einem *Gefährdungshaftungstatbestand* (z.B. § 7 StVG) und dann zusätzlich aus *unerlaubter Handlung* oder umgekehrt (→ auch Rdnr. 34).

58 Eine **Ergänzung** oder **Berichtigung der tatsächlichen Anführungen** liegt z.B. vor, wenn nähere Einzelheiten angegeben werden, Nachträge erfolgen, die aufgestellten Behauptungen näher begründet oder ohne Änderung des Klagegrundes korrigiert[68] werden, Bilanzen oder sonstige Wert- oder Zahlenangaben berichtigt werden[69], die Bezeichnung identischer Sachen klargestellt wird[70] oder Tatsachen eingeführt werden, die sich erst während des Prozesses zugetragen haben[71]. Auch der Übergang vom Anspruch auf *Abschlags*zahlung auf den auf *Schluß*zahlung fällt bei gleichbleibendem Klagegrund unter § 264 Nr. 1[72].

c) Verhältnis zu den Verspätungsvorschriften

59 § 264 Nr. 1 dient aber nicht dazu, ein **verspätetes Vorbringen** entgegen § 296 zuzulassen. Für die Ergänzung bleibt es also bei der zeitlichen Grenze des § 296 beziehungsweise der §§ 527, 528.

d) Berichtigung der Parteibezeichnung

aa) Allgemeines

60 Unter § 264 Nr. 1 fällt auch die **Berichtigung der Parteibezeichnung**[73], gleichviel ob sie in einer Abänderung oder Ergänzung der bisherigen Angaben besteht[74]. Auf eine derartige Berichtigung hat das Gericht wegen § 313 auch von Amts wegen hinzuwirken (→ § 313 Rdnr. 10)[75]. Nach einer **öffentlichen Zustellung** ist die Berichtigung der Parteibezeichnung unzulässig[76].

---

[68] *BGH* NJW 1985, 1560 = MDR 493 = WM 425 = LM Nr. 6.
[69] S. z.B. *OLG Karlsruhe* BB 1971, 289.
[70] S. auch *RG* JW 1909, 498 (Zahl der herauszugebenden Wechsel bei gleicher Gesamtsumme).
[71] *BGH* VersR 1977, 665 (668).
[72] *BGH* NJW 1985, 1840 (Fn. 33).
[73] *OLG Celle* OLGZ 1967, 310; *OLG Frankfurt a.M.* MDR 1977, 410 = OLGZ 360; *Seuffert/Walsmann*¹² § 268 Anm. 2 b; a.M. *de Boor* Zur Lehre vom Parteiwechsel usw. (1941) 77, der nur § 313 für anwendbar hält. Aber durch die Berichtigungspflicht des Gerichts wird die für die Parteien bestehende Berichtigungsmöglichkeit nicht ausgeschlossen; und diese fällt unter § 264 Nr. 1.
[74] Ein Unterschied zwischen Parteiberichtigung und nachträglicher Parteiindividualisierung besteht nicht, *BAG* AP Nr. 2 zu § 268 a.F. *Hein* Identität der Partei 1 (1918), 56; a.M. *Kisch* Parteiänderung im Zivilprozeß (1912), 599 f.
[75] *OLG Hamm* MDR 1977, 940.
[76] *Baumgärtel* Festschr. f. *Schnorr von Carolsfeld* (1972), 19 = JB 1973, 169 (179).

bb) Abgrenzung zur Parteiänderung

Die **Berichtigung** der Parteibezeichnung ist strikt von einer **Parteiänderung** (→ Rdnr. 91 ff.) **61**
zu **unterscheiden**[77]. Eine bloße Berichtigung der Parteibezeichnung ist anzunehmen, wenn
die Umstände trotz der falschen Bezeichnung **von vornherein** zweifelsfrei **erkennbar** machen,
welche (anders zu bezeichnende) Person als Partei gewollt war. Dann ist bei unrichtiger
äußerer Bezeichnung die Person als Partei anzunehmen, die erkennbar durch die Parteibezeichnung betroffen sein soll[78]. Die Erkennbarkeit ist dabei **aus der Sicht des Gerichts** zu beurteilen[79]. Auslegungskriterien sind insbesondere die Klageschrift und die bisherigen Rechtsbeziehungen zwischen den Parteien, insbesondere Korrespondenzen vor der Klageerhebung. Durch die Parteiberichtigung bleibt – im Gegensatz zur Parteiänderung – diejenige
Person weiterhin Partei, die zunächst tatsächlich als Partei gewollt war; die **Identität der
Person bleibt also gewahrt.** Zum Ganzen → auch Rdnr. 8 f. vor § 50.

cc) Beispiele

In Betracht kommt insbesondere die Aufdeckung der hinter einer kaufmännischen *Firma* **62**
als Inhaber stehenden Personen[80] (→ § 50 Rdnr. 18) oder die Angabe der Mitglieder eines
nicht rechtsfähigen Vereins oder einer nicht rechtsfähigen Gesellschaft[81]. Häufig ist eine
Parteiberichtigung auch dann anzunehmen, wenn **statt** des bezeichneten **Vertreters** der
Vertretene gemeint war[82] oder wenn nur die **Rechtsform**, unter der sich mehrere Personen
zusammengeschlossen haben, falsch bezeichnet ist, so z. B. bei einer Klage gegen eine OHG,
wenn sich später zeigt, daß es sich um das Unternehmen eines Einzelkaufmanns oder um eine
GmbH handelt.

dd) Entscheidung

Die Berichtigung kann entweder im Urteil[83] oder bereits vorher durch einen besonderen **63**
Beschluß erfolgen; der Beschluß ist unanfechtbar[84]. Eine mündliche Verhandlung hierüber ist
nicht obligatorisch[85].

ee) In der Berufungs- und Revisionsinstanz

In der **Berufungsinstanz** ist eine Ergänzung oder Berichtigung im Sinne der Nr. 1 ebenso **64**
zulässig wie in der ersten Instanz[86]. In der **Revisionsinstanz** ist eine Berichtigung nach Nr. 1
nur noch insoweit statthaft, als die neuen Tatsachen noch in Betracht kommen können[87].

---

[77] Ausführlich zur Abgrenzung *Baumgärtel* (Fn. 76) mit Besprechung von *Jauernig* ZZP 86 (1973), 459.
[78] *BGH* NJW 1983, 2448 = MDR 1984, 47 = LM Nr. 71 zu § 253; *BGH* NJW 1981, 1453 = JuS 612 = WM 46; *BGH* NJW 1988, 1585 (1587); *OLG Celle* VersR 1986, 131; *OLG Hamm* NJW-RR 1991, 188.
[79] A.M. *OLG Köln* OLGZ 1970, 349; *OLG München* OLGZ 1981, 89; *Baumgärtel* (Fn. 76), die auf Erkennbarkeit für den (ursprünglichen) Beklagten abstellen.
[80] *RG* JW 1902, 128; *OLG Hamburg* OLG Rsp 3, 274; 17, 156; *OLG Dresden* OLG Rsp 4, 202; *KG* OLG Rsp 13, 111; *OLG Bamberg* JW 1931, 1107.
[81] *RG* JW 1903, 4; vgl. *RGZ* 42, 69 und § 50 Rdnr. 17; a.M. *OLG Hamburg* Rsp 9, 253.
[82] *OLG Frankfurt* MDR 1977, 410 (Fn. 73).
[83] *RGZ* 69, 397.
[84] *OLG Hamburg* OLG Rsp 33, 59/60.
[85] A.M. *de Boor* (Fn. 73), 138.
[86] Zur Parteiberichtigung in der Berufungsinstanz s. *Baumgärtel* JB 1973, 169 (176 f.) (Fn. 76).
[87] Zur Parteiberichtigung in der Revisionsinstanz s. *Baumgärtel* JB 1973, 169 (177) (Fn. 76).

3. § 264 Nr. 2, Erweiterung oder Beschränkung des Klageantrags

a) Beschränkung des Klageantrags

aa) Anwendungsbereich

66   Keine Klageänderung ist es nach Nr. 2, wenn der Kläger seinen Antrag ohne Änderung des Klagegrundes (→ Rdnr. 31) beschränkt. Eine Beschränkung liegt nur vor, wenn im anhängigen Rechtsstreit *nicht etwas anderes*, sondern **weniger** geltend gemacht werden soll. Die Beschränkung kann in einer **Herabsetzung der Menge** liegen, insbesondere wenn statt der bisher eingeklagten Gesamtforderung nur noch **ein Teilbetrag** geltend gemacht wird, oder darin, daß **der Art nach weniger** gefordert wird, z. B. hinsichtlich vorzunehmender Handlungen und ihrer Art[88].

Dies ist etwa der Fall bei Beantragung einer Leistung statt an mehrere Empfänger an den Kläger allein[89] oder beim Übergang vom Antrag auf Verurteilung schlechthin zu dem auf Verurteilung **Zug um Zug** gegen eine Gegenleistung, von der Klage auf sofortige zu jener auf **künftige** Leistung (→ § 257 Rdnr. 5), vom Antrag auf Verurteilung zur Leistung zu dem auf **Duldung** der Zwangsvollstreckung[90] oder lediglich auf **Hinterlegung**[91] oder nur zur **Sicherheitsleistung**[92] oder auf **Feststellung** des Bestehens des Rechts[93] oder auf **Rechnungslegung** oder den entsprechenden **Befreiungsanspruch**, wenn Zahlungs- und Befreiungsanspruch auf derselben Verpflichtung des Schuldners zum Schadensersatz beruhen[94]. Nr. 2 ist auch gegeben bei Beschränkung der Klage auf Rente auf einen sicher überschaubaren Zeitraum.

Unter § 264 Nr. 2 fällt die (einseitige) Erklärung der Erledigung der Hauptsache dann nicht, wenn man sie – wie die Vorauflagen dieses Kommentars[95] – als *privilegierte Klagezurücknahme* ansieht; anders jetzt die vorliegende Auflage → § 91a Rdnr. 39f. Bei einer **übereinstimmenden Erledigungserklärung** kann der Kläger Feststellung beantragen, daß seine Klage zunächst zulässig und begründet war. Dieser Antrag unterfällt § 264 Nr. 2 (→ § 91a Rdnr. 24).

bb) Folge der Beschränkung des Klageantrags

67   Wird der Klageantrag **beschränkt**, so hat dies auf eine vom Streitwert abhängige Zuständigkeit des Landgerichts keinen Einfluß (→ § 4 Rdnr. 7). Beim Übergang zur Feststellungsklage ist deren Zulässigkeit zu prüfen[96]. Die **Beschränkung** kann, sofern sie endgültig ist[97], einen teilweisen **Verzicht** auf den Anspruch oder eine teilweise **Zurücknahme der Klage** oder endlich, wenn die Beschränkung auf einem Ereignis nach Klageerhebung beruht, eine **Erledigungserklärung** in dem bei § 91a Rdnr. 39f. dargelegten Sinne enthalten, was durch Auslegung festzustellen ist[98] (→ dazu Rdnr. 192ff., insbesondere Rdnr. 195 vor § 128), erforderlichenfalls nach Befragung (§ 139). Im ersteren Fall ist auf den fallengelassenen Teil § 306

---

[88] *RGZ* 14, 209, 429; 40, 7; 52, 82; 72, 359; 158, 314; *RG* JW 1902, 127, 271; Gruchot 51 (1907), 192; 54 (1910), 1138.
[89] *OLG Breslau* SeuffArch 58 (1903), 190; *BGH* NJW-RR 1987, 1534 (1535) für die Umstellung des Klageantrags von der Direktleistung an den Kläger auf Leistung an einen Dritten.
[90] *OLG Kiel* Rsp 35, 93.
[91] *RG* DR 1943, 942.
[92] *RG* Gruchot 61 (1917), 290.
[93] *BGH* NJW 1951, 311; 1984, 2295; VersR 1984, 390; 1985, 1784; NJW 1994, 2896 (2897); *OLG Celle* VersR 1975, 264; *KG* NJW 1970, 614; *OLG Koblenz* JZ 1989, 1075; *LG Nürnberg-Fürth* NJW 1981, 2586; *RGZ* 171, 203; zum umgekehrten Fall → Fn. 112.
[94] Zum umgekehrten Fall *BGH* NJW 1994, 944 (945); s. auch Fn. 103a.
[95] Vgl. Vorauf. dieses Komm. § 91a Rdnr. 39.
[96] *BayObLGZ* 1916, 198; SeuffArch 54 (1899), 469 (zu § 9 AnfG).
[97] *RGZ* 66, 14 (s. auch *RGZ* 75, 289; *RG* JW 1910, 827) nimmt an, daß die Verlesung eines beschränkten Antrags auch als teilweises Ruhenlassen des Prozesses gedeutet werden könne. Nach der heutigen Rechtslage würde das Gericht im Fall einer derartigen zeitweiligen Nichtverfolgung des Anspruchs nach § 251 zu verfahren haben.
[98] *RGZ* 66, 14 (vorige Fn.); 75, 290 u. a.

anzuwenden, im zweiten § 269, im dritten gelten die zu § 91a dargelegten Grundsätze[99]. **Die teilweise Zurücknahme der Klage ist daher nach Einlassung des Beklagten zur Hauptsache auch in der Form der Beschränkung des Antrags ohne Einwilligung des Beklagten unzulässig.** Daß sie nach § 264 keine Klageänderung enthält, **entzieht dem Beklagten nicht den Anspruch auf gerichtliche Entscheidung über den**, (teilweise) fallen gelassenen **Klageantrag**, das ihm § 269 gewährt[100]. Auf die Einwilligung findet **§ 267 analog** Anwendung[101].

b) Erweiterung des Klageantrags

aa) Anwendungsbereich

Ebenso ist es nach Nr. 2 keine Klageänderung, wenn eine Mehrforderung erhoben wird. Wenn das **ohne Änderung des Klagegrundes** (→ Rdnr. 31 ff.) geschieht, handelt es sich um eine Klageerweiterung, die nicht den Beschränkungen der §§ 263 f., 267 untersteht. Zulässig ist eine Klageerweiterung nach § 264 Nr. 2 auch im **Berufungsrechtszug** (→ Rdnr. 53) und im **Nachverfahren**[102]. **Nicht** zulässig ist sie dagegen in der **Revisionsinstanz** (→ Rdnr. 53) und wenn über die bisherige Klage bereits rechtskräftig entschieden ist[103]. Über die *zeitliche Grenze* der Klageerweiterung in der jeweiligen Instanz → Rdnr. 19.

69

Wie die Beschränkung (→ Rdnr. 66) kann die **Erweiterung eine quantitative sein**, wenn statt eines Teilbetrages die *gesamte* Schuld sofort oder in Raten verlangt[104], ein bisher nur teilweise angegriffenes Patent in *vollem* Umfang angefochten wird[105] und insbesondere wenn anfangs übersehene, aber auch wenn früher fallengelassene Ansprüche[106], oder *neue* Ansprüche aus *demselben* Verpflichtungsgrund, vor allem Nebenforderungen im weitesten Sinne[107] wie *Zinsen, Schäden*[108], *Früchte* gefordert werden. Aber entsprechend Rdnr. 66 – wenn auch im umgekehrten Sinne – gehören auch **qualitative Mehrforderungen** hierher, z.B. Antrag auf Verurteilung oder Feststellung statt bisher auf Rechnungslegung oder Auskunft[109], Verfolgung eines Anspruchs als *Masseschuld* statt als Konkursforderung[110], Geltendmachung der *Gesamthaftung* statt der Einzelhaftung[111], der Verurteilung zur *Leistung* oder Duldung der Vollstreckung *statt bloßer Feststellung*[112], Übergang von der Klage auf künftige zu der auf

70

---

[99] Zu den kosten- und gebührenrechtlichen Folgen s. *Göppinger* JB 1975, 1409.
[100] *BGH* NJW 1990, 2682; *RG* Gruchot 41 (1897) 702; *OLG Celle* SeuffArch 48 (1893), 222; *Deubner* NJW 1968, 848; *Gollhofer* (§ 263 Fn. 1), 89, 98; *Gross* ZZP 75 (1962), 93, 447; *MünchKommZPO/Lüke* Rdnr. 23, der § 269 auf quantitative, nicht auf qualitative Klagebeschränkungen anwendet; *Rimmelspacher* (Fn. 5) 356; *Rosenberg/Schwab/Gottwald*[15] § 101 II 3; *Zöller/Greger*[20] Rdnr. 4 a; im Ergebnis trotz systematischer Bedenken auch *von Mettenheim* Der Grundsatz der Prozeßökonomie im Zivilprozeß (1969), 105 Fn. 304; a. M. *Rosenberg/Schwab*[14] § 102 II 3; bis zur 14. Aufl.; *Schultzenstein* Gruchot 27 (1883), 287; *Schlichter* ZZP 26 (1899), 505; *Walther* Klageänderung und Klagerücknahme (1969), 118 ff.; *ders.* NJW 1994, 423 (426 f.).
[101] *BGH* NJW 1990, 2682; *Gollhofer* (§ 263 Fn. 1) 90.
[102] *BGH* NJW 1962, 1249.
[103] *BGH* MDR 1964, 831.
[104] *RG* JW 1897, 460 f.; 1899, 278.
[105] *RGZ* 61, 205.
[106] *RGZ* 152, 37.
[107] Nicht nur in dem engen Sinn des § 4 (→ dort Rdnr. 17 ff.). Hierher gehören z.B. auch Anträge in bezug auf prozessuale Sicherheiten u. ä., *RGZ* 31, 379; ferner Zinsen vor der Klageerhebung, *BayObLG* SeuffArch 41 (1886), 364; die Veröffentlichung des Urteils nach dem UWG, *OLG Hamm* OLG Rsp 7, 187.
[108] *RGZ* 61, 258.
[109] *BGH* NJW 1979, 925 = LM Nr. 17 zu § 538; NJW 1960, 1950; *RGZ* 40, 9; 144, 74; *RG* JW 1911, 50; ähnlich *RGZ* 14, 346 (Zahlung statt Aufrechnung); *RG* JW 1902, 127 (Befreiung von Verbindlichkeiten statt Zahlung). Anders *Rimmelspacher* (Fn. 5), 356 ff.: § 264 Nr. 2 gestatte die nachträgliche Einführung von weiteren Teilen der bereits zur Entscheidung gestellten Rechtsposition (»Hauptsache«) und von Rechtspositionen, die sich aus der Hauptposition entwickelt haben (»Nebenforderungen«). § 264 Nr. 3 betreffe dagegen Formänderungen derselben Rechtsposition, d.h. er gestatte den Austausch von Rechtsbehelfen, wenn die Rechtsposition identisch ist. Qualitative Erweiterungen seien daher nach § 264 Nr. 3 zulässig.
[110] *BGH* NJW 1989, 170 (171); *RGZ* 32, 3; *RG* JW 1903, 178.
[111] *RG* JW 1996, 31 f.; s. noch *RGZ* 72, 358; *RG* JW 1911, 406 und Fn. 89.
[112] *BGH* NJW 1951, 311; 1985, 1784 = MDR 487 = JZ 146 = BB 1984, 2227 = LM Nr. 5; WM 1975, 827; 1984, 1653 = BauR 1985, 112; NJW 1992, 2296; LM Nr. 14 zu § 264; NJW 1994, 2896; *RGZ* 23, 349, 416 f.; *RG* JW 1902, 77; 1911, 371; 1937, 3155; SeuffArch 54

sofortige Leistung, Übergang von einem *Befreiungs-* auf einen *Zahlungsanspruch*[113], nachträgliche Einführung des Antrags auf Fristsetzung im Rahmen des § 254.

bb) Folge der Erweiterung des Klageantrags

71 Wird der Klageantrag **erweitert**, so tritt die **Rechtshängigkeit** des neuen Anspruchsteils gemäß § 261 Abs. 2, d.h. mit der Geltendmachung in der mündlichen Verhandlung oder mit Zustellung eines den Erfordernissen des § 253 Abs. 2 Nr. 2 entsprechenden Schriftsatzes ein[114]. Der **Ablauf** einer für die Klageerhebung bestimmten **Frist** schließt aber die **nachträgliche Erweiterung** der fristgerecht erhobenen Klage nach ständiger Rechtsprechung **nicht aus**[115]. Da Klagebegehren und Begründung dieselben bleiben, kommt eine Änderung in den Prozeßvoraussetzungen wohl nur hinsichtlich der sachlichen Zuständigkeit des Amtsgerichts in Frage (→ dazu § 506). In diesem Fall kann die sachliche Zuständigkeit des AG aber auch durch rügeloses Einlassen des Beklagten zur Hauptsache begründet werden, vorausgesetzt das Gericht hat nach → § 504 belehrt.

71a Bewirkt die Erweiterung des Klageantrags (→ Rdnr. 69 f.) eine **Erhöhung des Streitwertes** und dadurch **Erhöhung der erforderten Gebühr**, so muß der **Kläger** jetzt einen **weiteren Gebührenvorschuß** leisten. *Vor Zahlung*[116] dieses weiteren Vorschusses soll **keine gerichtliche Handlung** vorgenommen werden (§ 65 Abs. 1 S. 3 GKG, Text → § 271 Rdnr. 34). Die in § 65 Abs. 7 GKG bestimmten, bei § 271 Rdnr. 37 ff. näher dargelegten Ausnahmen (Prozeßkostenhilfe, Gebührenfreiheit, Feststellung von der Vorwegleistungspflicht wegen schwieriger Vermögenslage bzw. Verzögerungsgefahr) gelten auch hier. Durch § 65 Abs. 1 S. 3 GKG wird nach der in der Praxis allgemein herrschenden Ansicht die gerichtliche Tätigkeit nicht allgemein, sondern *nur zugunsten des Antragstellers ausgeschlossen*[117]. Daher ist z.B. der Erlaß eines *Versäumnisurteils gegen den ausgebliebenen Kläger* zulässig. Entgegen früheren Ansichten[118] besteht aber keine Möglichkeit, einen im Termin *erschienenen*, aber zahlungssäumigen Kläger als säumig zu betrachten und gegen ihn Versäumnisurteil zu erlassen[119]. Ferner ist folgerichtig dem Beklagten auch die Befugnis zuzubilligen, zwecks Erlasses eines Versäumnisurteils gegen den Kläger einen Termin zu erwirken. Ist indessen der Termin auf Antrag des Klägers zur Verhandlung über den erweiterten Klageantrag bestimmt, so kann er von der Verhandlung nicht zurückgewiesen werden[120].

72 Die Erweiterung des Klageantrags und der dieses zusätzliche Begehren begründende Sachvortrag können **nicht als verspätet zurückgewiesen** werden, da es sich nicht um neue Angriffs- oder Verteidigungsmittel handelt, sondern um einen neuen Angriff (→ § 296 Rdnr. 39, 40 und auch 35).

(1899), 262; 70 (1917), 379; *OLG Nürnberg* BayJMBl 1955, 148; zum umgekehrten Fall → Fn. 93.
[113] *BGH* NJW 1994, 944 (945); ablehnend *Görmer* MDR 1995, 240.
[114] → auch § 262 Rdnr. 2 und 8.
[115] *BGH* LM Nr. 3 zu § 268 a.F. (zu § 143 DBG); *BGH* VersR 1973, 53 (zu Art. 8 Abs. 10 FinVertr); *RGZ* 12, 299; 93, 315; *RG* JW 1908, 24; *RG* JW 1932, 1221 (alle zu § 30 pr. EnteigG); *RGZ* 102, 380 (zum damaligen preußischen TumultschadenG); *129*, 296 (zu § 5 G betreffend die Entschädigung der in Wiederaufnahmeverfahren freigesprochenen Personen). – Dies gilt nicht, wenn nicht die Klage erweitert werden soll, sondern z.B. über die bisherige Klage bereits rechtskräftig entschieden ist (*BGH* MDR 1964, 831) oder ein *neuer* Anspruch eingeführt werden soll (*BGH* RzW 1964, 519 zu § 210 BEG 1956) oder eine *neue* Klage erhoben wird (*BGH* LM Nr. 11 zu § 268 a.F.).

[116] Grundsätzlich hat die Zahlung durch den Kläger zu erfolgen. Eine Zahlung durch den Beklagten genügt nur, wenn sie für den Kläger, das heißt auf dessen Verbindlichkeit erfolgt (→ § 271 Fn. 37).
[117] *BGHZ* 62, 174 (177 ff.); *RGZ* 135, 224 (227 f. mit Nachw.); *OLG Stuttgart* JW 1926, 1613; *Hartmann* KostG²⁶ § 65 GKG Rdnr. 16; *Markl* GKG² § 65 GKG Rdnr. 13.
[118] Vorauflagen dieses Kommentars (Rdnr. 71) sowie *RGZ* 135, 224 (227 f. für den Fall, daß der Beklagte das Verfahren betreibt).
[119] *BGHZ* 62, 174 (178 f.); *RGZ* 135, 224 (229 f. für den Fall, daß der Kläger das Verfahren betreibt).
[120] *BGHZ* 62, 174 (178 f.); *RGZ* 135, 224 (229 f.); → auch § 271 Rdnr. 47 a.E.

4. § 264 Nr. 3, Forderung eines anderen Gegenstandes oder des Interesses[121]

a) Anwendungsbereich

Die Forderung eines anderen Gegenstandes oder des Interesses (= **Schadensersatzes**) statt des ursprünglich geforderten Gegenstandes ist nach **Nr. 3** gestattet, wenn sie sich **auf eine spätere Veränderung stützt**[122], der Klagegrund aber abgesehen von dieser Veränderung[123] derselbe bleibt (→ Rdnr. 31 ff.)[124]. Die Veränderung der tatsächlichen Verhältnisse muß später, d. h. **nach Erhebung der Klage**[125], eingetreten oder dem Kläger bekannt geworden[126] sein. Ob die Veränderung auf dem Verhalten der einen oder der anderen Partei oder auf einem zufälligen Ereignis beruht, ist gleichgültig[127] (→ auch § 265 Rdnr. 42). Auch eine *verschuldete* Unkenntnis zur Zeit der Klage sollte man, da das Gesetz nicht auf ein Verschulden abstellt, nicht als Hindernis ansehen[128]. Keinesfalls kann die Anwendung der Nr. 3 aber dadurch ausgeschlossen sein, daß der Kläger in der Lage war, die Veränderung, z. B. durch Fristsetzung nach § 326 BGB, vor dem Prozeß herbeizuführen[129]. Denn damit würde er im Widerspruch zu den Vorschriften des BGB gezwungen, auf den Versuch der Durchführung seines ursprünglichen Anspruchs zu verzichten. 75

Der Begriff »**Gegenstand**« bedeutet hier nicht Streitgegenstand, sondern das **Objekt**, das gefordert wird. Der andere Gegenstand oder das Interesse muß *statt* des ursprünglich geforderten Gegenstandes gefordert werden. Daraus folgt, daß § 264 Nr. 3 nur eingreift, wenn der **ursprüngliche Anspruch noch rechtshängig** ist[130]. 76

Unter welchen Voraussetzungen der Kläger wegen einer solchen Veränderung bei dinglichen oder persönlichen Ansprüchen einen anderen Gegenstand oder das Interesse fordern darf, entscheidet das *materielle* Recht[131], z. B. §§ 323 ff., 989 BGB. § 264 Nr. 3 liegt z. B. vor, wenn der Kläger aufgrund einer *nachträglichen Veränderung* statt der Sache das *Surrogat* verlangt (§ 281 BGB) oder statt Vertragserfüllung *Ersatz des Vertrauensschadens*. Auch der *Schadensersatz* nach § 325 oder § 326 BGB oder die Rückgewähr aufgrund eines *Rücktritts* nach diesen Vorschriften[132] oder aufgrund einer *Anfechtung* des Rechtsgeschäfts (z. B. nach § 123 BGB)[133] gehört hierher, ebenso der Übergang vom Erfüllungsanspruch zum *Entschädigungsanspruch* im Fall des § 17 KO[134], (§ 103 InsO) oder vom Zahlungsanspruch zum Feststellungsanspruch nach § 146 Abs. 3 KO (§ 180 Abs. 2 InsO)[135] ferner der Übergang von dem Anspruch auf Wiederherstellung (Naturalrestitution) zu dem auf Schadensersatz in Geld, weil der letztere nach §§ 249, 251 BGB dem ersteren subsidiär ist[136], sowie der Übergang von der 77

---

[121] Zur historischen Entwicklung des Begriffs »Interesse« vgl. *Wieling* Interesse und Privatstrafe vom Mittelalter bis zum Bürgerlichen Gesetzbuch (1970), 2 ff.
[122] Ohne solche liegt eine *Klageänderung* vor, *RG* LZ 1925, 211, auch im Falle des Wahlrechts.
[123] *RG* JW 1911, 330; 1927, 843.
[124] *RG* JW 1899, 178; *RGZ* 100, 95.
[125] *RG* Gruchot 48, (1904), 1105 ff.; *RGZ* 118, 210 und alle Entscheidungen der folgenden Fn.; a. M. aber *Nikisch* Lb² § 48 II 2b; *Rimmelspacher* (Fn. 5), 358; *Rosenberg*⁹ § 100 I 3 b a.E., die auf den *Zeitpunkt des Entstehens* des eingeklagten Anspruchs abstellen.
[126] *OLG Frankfurt a. M.* FamRZ 1981, 978; *RGZ* 26, 387; 39, 428; *RG* JW 1892, 310; 1898, 125; 1899, 178; Gruchot 45 (1901), 87; 55 (1911), 1058.
[127] *RGZ* 88, 55; *RG* JW 1927, 843 (Anfechtung des den Klagegrund bildenden Vertrages durch den Kläger).
[128] *Thomas/Putzo*¹⁹ Rdnr. 7; a. M. *RGZ* 26, 387; 70, 338; *A. Blomeyer* ZPR² § 48 I 2 c.
[129] *RGZ* 88, 405 (ausdrücklich gegen 70, 337); OLG

Hamburg OLG Rsp 16, 369; *OLG Jena* JW 1921, 764; *OLG Naumburg* OLG Rsp 27, 71; *Hoeniger* ArchBürgR 35 (1910), 267.
[130] *BGH* LM Nr. 25 zu § 264 a.F. (Fn. 6).
[131] *RGZ* 1947, 188; *KG* OLG Rsp 19, 390.
[132] *RGZ* 109, 134; *RG* Gruchot 48 (1904), 1105 ff.; a. M. *RGZ* 52, 94 (Klageänderung); *Rimmelspacher* (Fn. 5), 361, der hier nur mit § 263 arbeiten will, da die Rechtspositionen nicht identisch seien (→ Fn. 109). – Vgl. auch *BAG* NJW 1967, 1876 = WM 1223 = AP Nr. 1 zu § 268 a.F. (*Bötticher*) (§ 264 Nr. 3 bei Übergang von Unterlassungsklage zu *Schadensersatzklage wegen Fristablaufs*).
[133] *RG* Gruchot 63 (1918), 252; JW 1935, 777.
[134] Bei Erfüllungsablehnung nach Klageerhebung (*BGH* NJW 1962, 153 = MDR 211), nicht vorher (*RGZ* 64, 204).
[135] *OLG Hamm* ZIP 1993, 444 (445 f.).
[136] A. M. *Hellwig* Lb 3 262.

Wandelungsklage zur *Minderungsklage* nach Untergang der Kaufsache (§ 467 BGB i. V. m. §§ 351 f. BGB)[137] oder der Übergang vom Antrag auf Herausgabe der Bürgschaftsurkunde zum Antrag auf Rückzahlung nach Auszahlung der Bürgschaftssumme[138]. Ebenso der Übergang zur Geldforderung bei der Anfechtung wegen Benachteiligung der Gläubiger, wenn die entzogene Sache nachträglich veräußert wird. Unter § 264 Nr. 3 fällt auch der Übergang von der Vollstreckungsabwehrklage zur Klage auf *Rückgewähr des beigetriebenen Betrages* (→ auch § 767 Rdnr. 45)[139]. Wegen der *Widerspruchsklage* bei Beendigung der Zwangsvollstreckung → § 771 Rdnr. 12, wegen des Interesseanspruchs im Falle des § 254 → dort Rdnr. 36.

78   Ebenfalls ein Fall des § 264 Nr. 3 liegt vor, wenn der Kläger, nachdem sich die **Hauptsache** bereits vor Rechtshängigkeit **erledigt** hat, er aber von dem erledigenden Ereignis erst nach Klageerhebung Kenntnis erlangt hat, nun statt des ursprünglichen Klageantrags Klage auf Kostenersatz erhebt[140].

79   Eine Änderung nach § 264 Nr. 3 kann der Kläger auch dann vornehmen, wenn er zur Fortsetzung des Rechtsstreits nach § 265 befugt ist[141].

80   Eine **Pflicht**, die Klage nach § 264 Nr. 3 umzustellen, besteht **nicht**[142].

b) Folge der Forderung eines anderen Gegenstandes oder des Interesses

81   Wird der Klageantrag nach Nr. 3 auf einen **anderen Gegenstand** gerichtet, so kann dies zugleich eine Veränderung im Sinne der Erweiterung oder Beschränkung des Klageantrags enthalten, für die Rdnr. 67 und 71 entsprechend gelten; in § 506 ist auch die Nr. 3 des § 264 angeführt. Wird der zuerst erhobene Anspruch *für erledigt erklärt*, so gelten für diesen die Grundsätze über die Erledigung in der Hauptsache (→ § 91a Rdnr. 20 ff. beziehungsweise Rdnr. 41 ff.).

82   Die gerichtliche Tätigkeit ist in den Fällen des § 264 Nr. 3, auch wenn der neue Streitgegenstand einen höheren Wert hat als der ursprüngliche, **nicht** von der vorherigen **Zahlung der erforderten Gebühr** für das Verfahren im allgemeinen abhängig, da eine nur *teilweise* Tätigkeit des Gerichts bis zu der Höhe des alten Streitwertes kaum möglich und daher ausgeschlossen ist und andererseits eine *volle* Versagung der gerichtlichen Tätigkeit trotz der ursprünglich geleisteten Zahlung in offensichtlichem Widerspruch zu § 65 GKG (dazu → § 271 Rdnr. 34 ff.) stehen würde.

V. Parteiänderung

1. Allgemeines[143]

91   Die Rechtsprechung nimmt häufig an, daß die Parteiänderung grundsätzlich eine Klageänderung im Sinne des § 263 sei[144]. Nur deshalb wird sie herkömmlich in Zusammenhang mit der Klageänderung und daher an dieser Stelle behandelt.

---

[137] A. M. *Rimmelspacher* (Fn. 5), 361 (anwendbar sei nur § 263, → Fn. 132).
[138] BGH NJW 1996, 2869.
[139] OLG Frankfurt a. M. FamRZ 1981, 978; OLG Schleswig NJW-RR 1992, 192.
[140] Dazu ausführlich *Sannwald* NJW 1985, 898. – S. auch BGHZ 79, 275 = BB 1981, 1367 = DB 638 = JB 1501 = JR 245 (*Olzen*) = JuS 541 = MDR 493 = NJW 990 = KTS 242 = WM 232; KG WRP 1989, 659; NJW 1991, 499 (500); OLG Hamm WRP 1988, 316.
[141] BGH NJW 1960, 964.
[142] RGZ 39, 428. – Wenn die erste Klage nicht geändert wurde, besteht gegenüber einer neuen, auf einen anderen Gegenstand gerichteten Klage keine Einrede der fehlenden Kostenerstattung nach § 269 Abs. 4, OLG Dresden SächsAnn 32, 130.
[143] *De Boor* (Fn. 73); *Bücking* MDR 1973, 908; *Franz* Der gewillkürte Parteiwechsel und seine Auswirkungen (Diss. Frankfurt am Main 1968); *ders.* NJW 1972, 1743; *ders.* MDR 1981, 977; *ders.* NJW 1982, 15; *Goffertje* Die gewillkürte Parteiänderung im Zivilprozeß (1970); *Gross* ZZP 76 (1963) 200; *Heinrich* Der gewillkürte Parteiwechsel (1990); *Henckel* DRiZ 1962, 226; *ders.* Parteilehre und Streitgegenstand im Zivilprozeß (1961); *Kisch* (Fn. 68); *Kohler* JuS 1993, 315; *v. Mettenheim* Der Grundsatz der Prozeßökonomie im Zivilprozeß (1970); *Pohle* Festg. für *Fragistas* (1967) 133; *Rosenberg* ZZP 70 (1957) 1; *ders.* Gedächtnisschrift für *Calamandrei* (1956) 2, 423; *Roth* NJW 1988, 2977; *Wahl* Die Bindungen an Prozeßlagen als Hauptproblem des gewillkürten Parteiwechsels (Diss. Heidelberg 1990); *Volkmar* ZAkDR 1936, 101.
[144] BGHZ 65, 264 (267 f.) = NJW 1976, 239; BGHZ 40, 185 = NJW 1964, 44 = MDR 32; BGHZ 16, 317;

a) **Arten**: Die Parteiänderung ist **Parteiwechsel**, wenn in einem rechtshängigen Verfahren ein Dritter **an die Stelle** des ursprünglichen Klägers oder Beklagten tritt; sie ist **nachträgliche subjektive Klagenhäufung (Parteierweiterung, Parteibeitritt)**, wenn ein Dritter **neben** einer Partei als deren Streitgenosse Partei in einem rechtshängigen Verfahren wird. 92

b) **Abgrenzung**: Eine Parteiänderung ist nur dann gegeben, wenn **keine bloße Parteiberichtigung** vorliegt. Zur Abgrenzung → Rdnr. 61. 93

c) **Zweck**: Zweck der Parteiänderung ist es, den Mehraufwand an Mühe, Zeit und Kosten, den eine unnötige doppelte Prozeßführung für alle Beteiligten einschließlich des Gerichts mit sich bringt, zu vermeiden, → auch Einl. Rdnr. 51. 94

d) **Rechtsgrundlagen, Theorien**

aa) **Gesetzliche Parteiänderung**

In einigen wenigen Fällen ist die Parteiänderung *gesetzlich besonders geregelt*: 95
(1) So sieht § 856 Abs. 2 ausdrücklich einen **Parteibeitritt** vor. 95a
(2) Bei den gesetzlichen Regelungen des **Parteiwechsels** kann man unterscheiden zwischen 95b
einem Parteiwechsel, der **automatisch**, also ipso iure, eintritt (→ Rdnr. 95c) und einem vom Gesetz ermöglichten, aber durch einen **freiwilligen Parteiakt** vorzunehmenden Parteiwechsel (→ Rdnr. 95d):

Ein **Parteiwechsel ipso iure** tritt insbesondere bei einer Gesamtrechtsnachfolge nach 95c §§ 239 ff. ein. Über §§ 239 ff. hinaus ist ein Parteiwechsel ipso iure in allen weiteren Fällen der **Gesamtrechtsnachfolge** anzunehmen (z. B. auch bei Erlöschen einer juristischen Person, sofern die Liquidation ausbleibt, → Rdnr. 23 vor § 239, § 239 Rdnr. 5 ff.). Auch ein **Wechsel der behördlichen Zuständigkeit** während eines anhängigen Verfahrens führt, wenn die Behörde selbst Parteistellung genießt, – auch in der Revisionsinstanz – zu einem gesetzlichen Parteiwechsel[145].

Ausdrücklich die **Möglichkeit eines Parteiwechsels durch** einen entsprechenden **Parteiakt** 95d sieht das Gesetz in §§ 75 ff., § 265 Abs. 2 S. 2, § 266 und § 640g Abs. 1 S. 2 vor (→ auch die Kommentierung zu diesen Vorschriften).

bb) **Gewillkürte Parteiänderung**

Die in den Rdnr. 95–95 d zitierten Vorschriften regeln die Parteiänderung aber keineswegs 96 abschließend. Dies zeigt bereits die analoge Anwendung einzelner Regelungen, z. B. des § 239 (→ Rdnr. 23 ff. vor § 239). So ist denn auch die gewillkürte Parteiänderung, also eine Änderung der Partei über die in **Rdnr. 95–95 d genannten Fälle hinaus, gewohnheitsrechtlich anerkannt**. Sie wird insbesondere dann praktisch, wenn aus tatsächlicher oder rechtlicher Unkenntnis oder Ungewißheit zunächst eine unrichtige Partei geklagt hat oder verklagt worden ist oder wenn aus Rechtsgründen oder aus Gründen der Praktikabilität eine weitere Person in den Rechtsstreit einzubeziehen ist, die ursprünglich nicht geklagt hat beziehungsweise nicht verklagt war[146].

Umstritten ist allerdings, auf welcher Rechtsgrundlage die gewillkürte Parteiänderung 97 basiert:

BGH MDR 1985, 942; NJW 1988, 128; *OLG Koblenz* AnwBl 1985, 44; FamRZ 1983, 939; ebenso schon *RGZ* 49, 376; 58, 248; 108, 350; 157, 377. – Abweichende Entscheidungen → Fn. 148.
[145] *OVG Lüneburg* ZfSH 1978, 86; *VGH Mannheim* JuS 1976, 58 (*Bähr*); *OVG Saarlouis* JuS 1976, 58 (*Bähr*).

BVerwG DÖV 1974, 241 = DVBl 291 = ZMR 1975, 160 (L) läßt offen, ob bei behördlichem Zuständigkeitswechsel auf der Klägerseite Parteiwechsel ipso iure oder durch Erklärung erfolgt.
[146] *Schumann* Festschr. für *Larenz* zum 80. Geburtstag (1983), 571 (599).

98 (1) Die Rechtsprechung folgt überwiegend der **Klageänderungstheorie**[147]. Nach ihr handelt es sich bei der Parteiänderung um eine Klageänderung, auf die §§ 263 f., 267 f. anwendbar seien. Die Klageänderungstheorie ist in der Literatur weitgehend auf Kritik gestoßen[148]. Für den Fall des *Beklagtenwechsels* in der *Berufungsinstanz* hat die Rechtsprechung ihre Ansicht mittlerweile auch aufgegeben[149]. Doch hält sie im übrigen an der Gleichsetzung von Klage- und Parteiänderung trotz aller Einwände fest. Entgegen dieser Judikatur ist der Klageänderungstheorie jedoch nicht zu folgen, da die §§ 263 f. nur an den üblichen Prozeß mit zwei Parteien denken und einen Dritten, der eine Partei ersetzen soll, gar nicht beachten. Zudem hat die Einschränkung, die die Rechtsprechung für den Beklagtenwechsel in der Berufungsinstanz machen muß, zur seltsamen Folge, daß die Rechtsnatur der Parteiänderung davon abhinge, ob sie in erster oder zweiter Instanz und ob sie auf Kläger- oder Beklagtenseite erfolgt[150] – einmal ist sie Klageänderung, das andere Mal gerade keine Klageänderung, ohne daß für diesen Fall die maßgeblichen gesetzlichen Gesichtspunkte aufgewiesen werden. Dies alles ist willkürlich und ohne den Versuch, ein klar berechenbares Prozeßinstitut zu entwickeln. Letztlich passen die Vorschriften über die Klageänderung (§§ 263 f., 267 f.) für die Parteiänderung nicht und sind folglich weder unmittelbar noch entsprechend auf diese anwendbar.

99 (2) Zum Teil wird der Parteiwechsel auch *als Klagezurücknahme* (»**Klagerücknahmetheorie**«) der bisherigen Partei oder gegen diese und *Erhebung einer neuen Klage* durch den Dritten oder gegen diesen, der Parteibeitritt als *Erhebung einer Klage* durch den neuen Kläger beziehungsweise gegen den neuen Beklagten aufgefaßt[151]. Auch diese Auffassung ist abzulehnen, da durch sie der einheitliche Vorgang des Parteiwechsels zerrissen und die Kontinuität zwischen dem Verfahren mit der alten und mit der neuen Partei aufgegeben wird. Zudem wäre danach eine Parteiänderung in der Berufungsinstanz nicht mehr möglich.

100 (3) Richtig ist es vielmehr, die gewillkürte **Parteiänderung** als **prozessuales Institut eigener Art**, das kraft Gewohnheitsrecht entstanden ist, aufzufassen[152]. Da eine gesetzliche Regelung fehlt, muß die insoweit bestehende Gesetzeslücke nach allgemeinen prozessualen Grundsätzen und sonstigen erkennbaren Wertungen der ZPO ausgefüllt werden, wobei insbesondere die hinter den §§ 91 a, 263, 265, 269 stehenden Wertungen der lex scripta zu beachten sind.

2. Parteiwechsel (Klägerwechsel, Beklagtenwechsel)

a) Begriff, Beispiele

103 Wie bei Rdnr. 92 bereits bemerkt, liegt ein Parteiwechsel vor, wenn ein Dritter anstelle einer Partei in einen bereits und noch anhängigen Rechtsstreit eintritt. Das ist auch der Fall, wenn an die Stelle einer **OHG** die einzelnen Gesellschafter treten sollen[153] oder anstelle einer nach Rechtshängigkeit **erloschenen KG** nur deren Gesellschafter zu verklagen sind[154] oder

---

[147] → Fn. 144; in der Lit. zust. *Schönke/Kuchinke*⁹ § 23 II 2; Vorauflagen dieses Kommentars bis zur 18. Auflage; grundsätzlich auch *Wieczorek*² § 264 E; der E 1931 (→ Einl. Rdnr. 128 ff.) wollte den Parteiwechsel in seinem § 222 ebenfalls im wesentlichen wie eine Klageänderung behandeln.

[148] S. insbesondere von den in Fn. 143 Genannten: *de Boor, Franz, Heinrich, Henckel, Kisch, Pohle, Rosenberg, Wahl*; außerdem *A. Blomeyer* ZPR² § 114 III 3; *Franz* NJW 1972, 1743; *Rosenberg/Schwab/Gottwald*¹⁵ § 42 III 2 a; *Thomas/Putzo*¹⁹ Rdnr. 15 vor § 50. – In der Rechtsprechung *gegen die Klageänderungstheorie* OLG München MDR 1958, 849 (für Parteierweiterung); Kassel SeuffArch 48 (1893), 460; OLG Celle SeuffArch 53 (1898), 227; KG OLG Rsp 5, 25.

[149] BGHZ 62, 131 = NJW 1974, 750 = BB 812 = DB 670 = JR 289 = JZ 338 = MDR 663 = JuS 593 = Rpfleger 259 = WM 279 = GmbH-Rundschau 132 (L) = LM Nr. 29 zu § 264 (L; *Hoffmann*); BGHZ 21, 285 = JZ 1956, 761 (*Lent*) = NJW 1598 = MDR 1958, 329 (*Böttcher*) = LM Nr. 10 zu § 264 a.F. (*Gelhaar*); BGH NJW 1981, 989; 1962, 633 (635); OLG Düsseldorf JZ 1971, 30 = MDR 55.

[150] *Franz* NJW 1972, 1743.

[151] »Klagerücknahmetheorie«, so vor allem *Kisch* (Fn. 68); *Goldschmidt* ZPR² 178; *Arndt* DGWR 1938, 33; *Hofmann* NJW 1964, 1026.

[152] So vor allem *de Boor* (Fn. 73); *Franz* NJW 1972, 1743; 1982, 15; *Heinrich* (Fn. 143), 37; *Rosenberg/Schwab/Gottwald*¹⁵ § 42 III 2 c; *Wahl* (Fn. 153), 88, 189.

[153] RGZ 36, 141 (von dem bei § 50 Fn. 16 der Vorauflage dieses Komm. abgelehnten Standpunkt aus folgewidrig); BGHZ 17, 342; KG OLGZ 1978, 476; OLG Braunschweig OLG Rsp 17, 145 f.; s. auch OLG Kassel OLG Rsp 19, 162; wegen des Falles der Auflösung einer OHG oder KG → § 239 Rdnr. 7.

[154] BGHZ 62, 131 (Fn. 133); OLG Frankfurt a. M. DB 1976, 2299 = NJW 1977, 908 = JuS 551 = Rpfleger 106 = WM 434 (L); OLG Köln BB 1972, 1114 = MDR 1040 = VersR 1152 (L) = GmbH-Rundschau 1973, 32 (L).

wenn ein **Streithelfer** Partei wird (→ § 67 Rdnr. 9), ferner wenn dies ein Dritter wird, für oder gegen den das Urteil auch Rechtskraft schaffen würde, falls er nicht Partei würde (→ § 325), oder wenn ein bisheriger **gesetzlicher Vertreter** oder **Prozeßbevollmächtigter** Partei werden oder der bisher **im eigenen Namen** Prozessierende nunmehr einen Dritten als Partei vertreten soll[155], mag hierdurch der geltend gemachte Anspruch gleichzeitig in seinem Inhalt geändert werden oder nicht[156]. Ein Parteiwechsel liegt auch dann vor, wenn der Beklagte nicht mehr als **Partei kraft Amtes**, sondern *persönlich* in Anspruch genommen wird[157]. Keine Parteiänderung ist dagegen die bloße *Berichtigung der Parteibezeichnung*, wenn die Partei dieselbe bleibt (→ Rdnr. 60f.). Das *ersatzlose* **Ausscheiden** einer von mehreren Parteien ist ebenfalls kein Parteiwechsel, sondern Zurücknahme der Klage des ausscheidenden Klägers oder gegen den ausscheidenden Beklagten und nach § 269 zu beurteilen, selbst wenn am bisherigen Antrag festgehalten wird, z.B. (bei Streitgenossenschaft) am Antrag auf Verurteilung des Beklagten zur Leistung an den ausscheidenden und den im Rechtsstreit verbleibenden Kläger[158]. Im übrigen kann das Gericht **dahinstellen**, ob ein Parteiwechsel vorliegt, wenn alle Beteiligten, deren Einwilligung erforderlich ist (→ Rdnr. 109 ff.), dem Parteiwechsel zustimmen. Zu derselben Problematik bei der Klageänderung → Rdnr. 20.

b) **Voraussetzungen**

aa) **§§ 59 f. entsprechend**

(1) **Scharfe Trennung zwischen der Zulässigkeit der Parteiänderung und der Übernahme der Prozeßergebnisse** 104

Auch wenn die Parteiänderung eine Streiterledigung vereinfachen soll (→ Rdnr. 94), so kann doch ihre **Zulässigkeit nicht** davon **abhängig** gemacht werden, ob durch die Fortsetzung des alten Prozesses mit der neuen Partei prozessuale **Arbeit gespart**, d.h. *Prozeßergebnisse übernommen* werden können[159], weil dies nach der hier vertretenen Auffassung (→ Rdnr. 125) nicht automatisch zulässig ist. Vielmehr ist die Frage der *Zulässigkeit der Parteiänderung scharf von der anderen Problematik zu trennen*, ob nach einer Parteiänderung die bisherigen Prozeßergebnisse zu übernehmen sind (→ auch Rdnr. 125). Sicher ist es in vielen Fällen der Parteiänderung sehr sinnvoll, die Prozeßergebnisse zu erhalten. Ebenso unbestritten ist *eines* der Motive, die Parteiänderung zuzulassen, das richtige Bestreben, bisherige Ergebnisse des Prozesses auch bei einer Änderung der Beteiligten zu erhalten. Aber die Legitimation des Prozeßinstituts der Parteiänderung beruht nicht *nur* auf einer derartige Übernahme von Prozeßergebnissen. Wer so argumentiert, engt das Prozeßinstitut auf eine zwar häufige und auch wichtige, aber nicht auf die einzige Konstellation ein. *Zu einer solch verengten Betrachtung der Parteiänderung besteht keinerlei Anlaß*. Ihr Zweck (→ Rdnr. 94) liegt ganz allgemein in der Prozeßökonomie. Prozeßwirtschaftlich ist jedoch nicht nur die Übernahme von Prozeßergebnissen, sondern es gibt nicht wenige andere Situationen, in denen es erstrebenswert ist, ein zweites Verfahren zu vermeiden und den bisherigen Prozeß zu Ende zu führen. Häufig liegen auch noch keine Prozeßergebnisse vor, und gleichwohl kommt es zu einer Parteiänderung: Wenn sich etwa im frühen ersten Termin zeigt, daß dem Einzelkläger die Prozeßführungsbefugnis fehlt (z.B. dem Ehemann bei gemeinschaftlicher

---

[155] Z.B. *OLG Köln* GmbH-Rundschau 1986, 47 (Änderung von Geschäftsführer auf GmbH).
[156] BGHZ 91, 132; RGZ 19, 184; 58, 251; 157, 369 (377); RG JW 1887, 271; 1890, 111; 1891, 412; 1896, 327; a.M. RG JW 1896, 411 (Berichtigung).
[157] BGHZ 21, 285 (Fn. 149).
[158] BGHZ 17, 340 = MDR 1955, 603 (*Pohle*).
[159] So aber *Heinrich* (Fn. 143), 40; *Henckel* Parteilehre (Fn. 143), 232, 234, 239, 240; *Lent* (Fn. 149); *Pohle* MDR 1960, 963; *Roth* NJW 1988, 2977; *Wahl* (Fn. 143), 15; a.M. insbesondere *A. Blomeyer* ZPR² § 114 V 1a.

Verwaltung des Gesamtgutes gemäß § 1450 BGB, → § 62 Rdnr. 18) und die Prozeßabweisung der Einzelklage (→ § 62 Rdnr. 25) droht, stellt der Klägerbeitritt (zu ihm → Rdnr. 92 und 131 ff.) der Ehefrau die Zulässigkeit der Klage her. Ähnlich ist es, falls im Unfallprozeß der Verletzte Heilungskosten im eigenen Namen geltend gemacht hat und im Wege des Parteiwechsels diejenige Versicherung (oder der Sozialversicherungsträger) in den Prozeß eintritt, auf die kraft cessio legis (z.B. nach § 67 Abs. 1 Satz 1 VVG oder § 166 Abs. 1 Satz 1 SGB X) die Ansprüche des Verletzten übergangen ist, so daß ihm die Aktivlegitimation fehlt; hier vermeidet der Parteiwechsel die Sachabweisung und ist deshalb sinnvoll, auch wenn er zu Prozeßbeginn erfolgt, also in einem Zeitpunkt, in dem noch gar keine Prozeßergebnisse vorhanden sein können. Aber selbst wenn Prozeßergebnisse vorliegen – während eines längeren Verfahrens hat das Gericht Beweisaufnahmen durchgeführt und die Parteien haben Tatsachen zugestanden oder nicht bestritten – können die Beteiligten eine Parteiänderung als durchaus sinnhaft ansehen, falls der nicht aktivlegitimierte Kläger ausscheidet und der wirkliche Anspruchsinhaber in den Prozeß eintritt, selbst wenn er sich gegen die automatische Übernahme der bisherigen Ergebnisse wehrt; allein die Ersparnisse an Gerichts- und Anwaltskosten gegenüber einem zweiten Prozeß sind so augenfällig, daß es schwer verständlich erscheint, weshalb der Parteiwechsel in solch einem Fall deshalb scheitern soll, weil etwa der neue Kläger seine Zustimmung zur Übernahme der Geständnisse des bisherigen Klägers verweigert. Vollends unverständlich wird schließlich das Abhängigmachen der Zulässigkeit der Parteiänderung von der Übernahme der bisherigen Prozeßergebnisse, wenn die neue Partei auch *ohne ihre Zustimmung* in das Prozeßrechtsverhältnis einbezogen werden kann, also etwa bei einem Beklagtenwechsel (→ Rdnr. 111). Da es wegen des *Grundrechts auf Gehör* (→ Rdnr. 125) nicht angeht, den neuen Beklagten an die bisherigen Prozeßergebnisse zu binden, aber diese Übernahme nach der hier abgelehnten Gegenmeinung die Voraussetzung für den Parteiwechsel ist, müßte in solchen Fällen ein Parteiwechsel scheitern.

(2) Keine Identität des Streitgegenstandes erforderlich

104a   Ebensowenig wird man für die Zulässigkeit des Parteiwechsels eine Identität des Streitgegenstandes vor und nach dem Wechsel oder einen »engen tatsächlichen Zusammenhang« zwischen altem und neuem Streitgegenstand[160] verlangen dürfen, weil es sich hierbei um einen unsicheren Maßstab handelt. Eine solche Unsicherheit bezüglich der Wirksamkeit von Parteihandlungen, die den Parteiwechsel herbeiführen, ist aber mit allgemeinen prozessualen Grundsätzen kaum vereinbar. Zweckmäßig sollte man die **§§ 59 f.** *entsprechend* in dem Sinn anwenden, daß ein gemeinschaftlicher Prozeß mit der ausscheidenden und der neuen Partei möglich sein müßte, was auch bei alternativer Berechtigung oder Verpflichtung der Fall ist (→ § 60 Rdnr. 3)[161].

bb) Ordnungsgemäße Durchführung

105   **(1) Klägerseite:** Der **Kläger** muß beim *Beklagtenwechsel* seine Klage gegen den neuen Beklagten richten, beim *Klägerwechsel* der **neue Kläger** die Klage des bisherigen Klägers übernehmen. Dies folgt aus der Dispositionsmaxime (Antragsgrundsatz, → Rdnr. 68 ff. vor § 128), so daß ein Parteiwechsel **stets scheitert**, wenn der **Kläger nicht einverstanden** ist (→ auch Rdnr. 109 und 112).

---

[160] *Lent* JZ 1956, 762; ähnlich *Henckel* Parteilehre (Fn. 143), 242, der »gewisse Gemeinsamkeiten« des alten und des neuen Streitgegenstandes im objektiven Gehalt verlangt; *Franz* NJW 1972, 1743 (»Teilidentität des Streitstoffes«); *Böttcher* MDR 1958, 330.
[161] So auch *BAG* NJW 1971, 723.

(2) **Beklagtenseite:** Beim *Beklagtenwechsel* muß dem **neuen Beklagten** ein den Erfordernissen des § 253 entsprechender Schriftsatz zugestellt werden, der den gegen ihn gerichteten Antrag und dessen Begründung enthält und den Antrag gegen den bisherigen Beklagten wiedergibt sowie über das bisherige Verfahren kurz berichtet; zweckmäßig ist es, die frühere Klage, auf die dann Bezug genommen werden kann, beizufügen. Der **neue Beklagte** ist ferner unter Wahrung der Einlassungsfrist zu laden. Erscheint der neue Beklagte – im Anwaltsprozeß sein Anwalt, der nicht selten der des bisherigen Beklagten sein wird – freiwillig oder aufgrund formloser Aufforderung einer der bisherigen Parteien, so kann er rechtswirksam auf diese Erfordernisse verzichten (→ § 253 Rdnr. 171, 188 f.). Läßt sich der neue Beklagte in der mündlichen Verhandlung auf die Klage ein, ohne den Formmangel zu rügen, so wird der Mangel entsprechend § 267 geheilt (→ § 267 Rdnr. 3, → § 295 Rdnr. 14)[162]. Der neue Antrag gegen ihn ist jedoch zu verlesen oder zu Protokoll zu erklären (§ 297 Abs. 1 S. 2, 3). 106

Beim *Klägerwechsel* ist es Sache des neuen Klägers, dem Beklagten einen Schriftsatz mit der Eintrittserklärung zustellen zu lassen, wobei eine Bezugnahme auf die ursprüngliche, dem Beklagten ja bekannte Klageschrift genügt und ein Hinweis auf den diesem ebenfalls bekannten bisherigen Verfahrensablauf sich erübrigt. Wenn der neue Kläger im Termin von selbst auftritt und seinen Antrag verliest oder zu Protokoll erklärt, genügt das ebenfalls. Einer besonderen Ladung des Beklagten zur Verhandlung mit dem neuen Kläger in dem ohnedies bestimmten Termin bedarf es nicht, und auch eine neue Einlassungsfrist ist nicht zu wahren. Wenn ein Schriftsatz überhaupt nicht oder nicht in der Frist des § 132 Abs. 1 zugestellt ist, wird jedoch das Gericht auf Antrag des Beklagten nach § 227 die Verhandlung vertagen, damit dieser sich auf die neue Lage einstellen kann. 107

cc) Einwilligung der ausscheidenden Partei

Erforderlich ist weiter regelmäßig die Einwilligung der ausscheidenden Partei. Beim *Klägerwechsel* (→ auch Rdnr. 105) ist sie nötig, weil der bisherige Kläger weder durch einen Dritten noch durch seinen Gegner noch durch das Gericht – etwa bei angeblicher Sachdienlichkeit des Wechsels – um seinen auf Erlaß einer Entscheidung gerichteten Justizgewährungsanspruch (→ Einl. Rdnr. 204 ff.) gebracht werden darf. Beim *Beklagtenwechsel* ist die Einwilligung des ausscheidenden Beklagten erforderlich, wenn zur Hauptsache bereits verhandelt war[163], weil dann entsprechend § 269 Abs. 1 der bisherige Beklagte ein Recht auf eine Sachentscheidung hat (→ auch § 91 a Rdnr. 42); nur *vor* seiner Verhandlung zur Hauptsache ist seine Einwilligung nicht nötig[164]. Wegen der Kosten → Rdnr. 124. 109

dd) Keine Einwilligung des neuen Beklagten in erster Instanz erforderlich

Die **Einwilligung** des neuen Beklagten ist bei der Parteiänderung **in erster Instanz nicht erforderlich**[165], weil jedermann verklagt werden kann und die Ergebnisse des bisherigen Verfahrens **ohne** *ausdrückliche* **Zustimmung** der neuen Partei **nicht übernommen** werden 111

---

[162] Nach *Kisch* (Fn. 74), 91 ff. kann die Heilung nur nach § 295 erfolgen.
[163] BGH NJW 1981, 989 = MDR 386 = JZ 147 = LM Nr. 10 zu § 303; OLG Hamm NJW-RR 1991, 60 (61); *A. Blomeyer* ZPR² § 114 V 1a; *de Boor* (Fn. 73), 108; *Kisch* (Fn. 74), 83; *Thomas/Putzo*¹⁹ Rdnr. 22 vor § 50.
[164] OLG Bremen JB 1984, 622.
[165] BGH NJW 1962, 347 = LM Nr. 14/15 zu § 264 a.F. (für die erste Instanz; allerdings hält der *BGH* eine Sachdienlicherklärung durch das Gericht für erforderlich). – Die Notwendigkeit der Zustimmung des neuen Beklagten verneinen für die erste Instanz *Baumbach/Lauterbach/Hartmann*⁵⁵ § 263 Rdnr. 8; *A. Blomeyer* ZPR² § 114 V 1a; *Bücking* MDR 1973, 908 (910); *Franz* NJW 1972, 1743; *Kisch* (Fn. 74), 83 ff.; *Rosenberg/Schwab/Gottwald*¹⁵ § 42 III 3; *Schumann* Die ZPO-Klausur (1981) Rdnr. 294. Ähnlich *Thomas/Putzo*¹⁹ Rdnr. 22 vor § 50, die bei *fehlender Zustimmung* des neuen Beklagten nur die *Bindung* an die bisherigen Prozeßhandlungen des alten Beklagten und die bisherigen Prozeßergebnisse *verneinen*. – Zur Ansicht der Rechtsprechung für den Berufungsrechtszug → Fn. 170.

dürfen (→ Rdnr. 125). Die Rechtsprechung hingegen folgt der Klageänderungstheorie (→ Rdnr. 98) und wendet §§ 263 f., 267 f. entsprechend an, d. h. sie fordert die Einwilligung des neuen Beklagten oder eine Sachdienlicherklärung durch das Gericht nach § 263, soweit die Parteiänderung nicht bereits nach § 264 zulässig ist. Für die Einwilligung ist dabei auch § 267 zu beachten. Zum **Parteiwechsel in höherer Instanz** → Rdnr. 117 ff.

ee) Einwilligung des verbleibenden Prozeßgegners

112 Für die Einwilligung des verbleibenden Prozeßgegners gilt folgendes:
(1) Beim **Beklagtenwechsel** ist die **Einwilligung des Klägers erforderlich**. Dies wurde bei Rdnr. 105 bereits dargelegt.
(2) Beim **Klägerwechsel** ist dagegen zu unterscheiden[166]: **Vor Beginn der mündlichen Verhandlung** des Beklagten zur Hauptsache ist seine **Einwilligung nicht erforderlich**, da er zu diesem Zeitpunkt auch gegen eine Klagezurücknahme machtlos wäre (§ 269 Abs. 1). **Nach diesem Zeitpunkt** ergibt sich die **Erforderlichkeit seiner Einwilligung** daraus, daß er eine Sachentscheidung gegenüber dem bisherigen Kläger verlangen kann (arg. § 269 Abs. 1). Die Einwilligung des Beklagten darf auch beim Klägerwechsel **nicht durch Zulassung als sachdienlich ersetzt** werden[167]; dies wäre ein schwerer Verstoß gegen den Justizgewährungsanspruch (→ Einl. Rdnr. 204), der dem Beklagten (nach dessen Verhandlung zur Hauptsache) die Garantie eines Urteils über die von dem Kläger erhobene Klage gibt. Allerdings darf im Einzelfall die Einwilligung als erklärt angesehen bzw. auf sie verzichtet werden, wenn ihre Verweigerung eine *mißbräuchliche Rechtsausübung* darstellt (→ Einl. Rdnr. 256). Ein solcher Mißbrauch liegt vor, wenn es ersichtlich an einem **schutzwürdigen Interesse** für die Weigerung **fehlt**[168]. Bei der Feststellung eines Rechtsmißbrauchs ist aber besondere Zurückhaltung geboten.

ff) Ordnungsgemäße Abgabe der Einwilligungserklärung

113 Die Einwilligungserklärungen sind Prozeßhandlungen (→ Rdnr. 157 ff. vor § 128). Sie sind an sich in der mündlichen Verhandlung abzugeben, nur im schriftlichen Verfahren genügt ein Schriftsatz, und für die Erklärung der ausscheidenden Partei wird man entsprechend § 269 Abs. 2 ebenfalls einen Schriftsatz genügen lassen. Die **Erklärungen** werden **wirksam**, wenn sie dem Gericht zugegangen sind, wie dies auch bei anderen grundlegenden Parteierklärungen wie Klagezurücknahme, Verzicht, Anerkenntnis, Erledigungsanzeige und beim Prozeßvergleich der Fall ist. Hinsichtlich der **zeitlichen Grenzen** gilt das zur Klageänderung Gesagte (→ Rdnr. 19).

gg) Keine Zulassung durch das Gericht als »sachdienlich«

114 Nicht erforderlich ist *in erster Instanz*, daß das Gericht den Parteiwechsel als solchen als sachdienlich zuläßt[169]. Vielfach ist jedoch mit dem Parteiwechsel auch eine *Änderung des Streitgegenstandes* verbunden. Soweit diese rechtlich geboten ist, damit die Klage nicht sofort abgewiesen wird, enthält die Einwilligung in den Parteiwechsel auch die Einwilligung in diese Änderung des Streitgegenstandes, so daß die Zulassung als sachdienlich nicht erforderlich ist. Wird dagegen bei oder nach dem Parteiwechsel die Klage geändert, ohne daß dies durch den Subjektswechsel veranlaßt war, so ist die Zulässigkeit dieser Änderung gesondert nach §§ 263 f., 267 zu beurteilen.

---

[166] *Baumbach/Lauterbach/Hartmann*[55] § 263 Rdnr. 7; *Franz* NJW 1972, 1743; *Thomas/Putzo*[19] Rdnr. 21 vor § 50 verlangen Einwilligung des Beklagten erst, sobald dieser *bereits zur Hauptsache mündlich verhandelt* hat.
[167] A.M. *BGHZ* 16, 317; *BGH* LM Nr. 8 zu § 264 a.F.; *KG* KTS 1973, 184; *Pohle* (Fn. 143), 151.

[168] So für den *Berufungsrechtszug BGHZ* 21, 285 (Fn. 149); *BGH* NJW 1984, 2104; *LG Koblenz* MDR 1980, 407 → Fn. 174.
[169] *Pohle* (Fn. 143), 152; a.M. *Henckel* Parteilehre (Fn. 143), 242.

hh) Parteiwechsel bei der Widerklage

Zum Parteiwechsel im Widerklageverfahren → § 33 Rdnr. 29ff. **115**

c) Parteiwechsel in höherer Instanz

aa) In der Berufungsinstanz

In der **Berufungsinstanz** ist ein Parteiwechsel bei Einwilligung der Beteiligten[170] möglich, **117**
doch ist hier **zusätzlich** zu verlangen, daß das **Gericht** diesen Wechsel als **sachdienlich**
zuläßt[171]. Die Einführung eines neuen Anspruchs in der 2. Instanz schließt nämlich die an sich
funktionell zuständige erste Instanz aus; die funktionelle Zuständigkeit ist aber grundsätzlich
der freien Parteidisposition entzogen.

Die Rechtsprechung vertritt bezüglich des Parteiwechsels in der Berufungsinstanz – ausgehend von der **118**
Klageänderungstheorie, → Rdnr. 98 – die Ansicht, daß der *Klägerwechsel* als Klageänderung anzusehen
sei und für ihn in der Berufungsinstanz dieselben Grundsätze gelten wie sie die Rechtsprechung für den
Parteiwechsel in erster Instanz aufgestellt hat[172]. Der *Beklagtenwechsel* sei dagegen in der Berufungsinstanz nur mit Zustimmung des alten (→ Rdnr. 109) **und** des neuen Beklagten möglich[173]. Die bloße
Sachdienlichkeit des Parteiwechsels **reiche insoweit nicht**, da der neue Beklagte sonst gegen seinen Willen
eine Instanz verlieren würde. Die Zustimmung sei nur dann ausnahmsweise entbehrlich, wenn ihre
Verweigerung rechtsmißbräuchlich ist[174].

bb) In der Revisionsinstanz

In der Revisionsinstanz ist ein Parteiwechsel grundsätzlich ebenso unzulässig[175] wie eine **120**
Klageänderung (→ § 263 Rdnr. 27ff.), weil er notwendig neuen *Tatsachenvortrag* verlangt,
der aber in der Revisionsinstanz nach § 561 ausgeschlossen ist. Doch ist ebenso wie bei der
Klageänderung[176] eine Ausnahme anzuerkennen, wenn sich der Rechtsstreit weiterhin im
Rahmen der vom Berufungsgericht getroffenen tatsächlichen Feststellungen (§ 561) und des
unstreitigen Parteivorbringens hält und nur eine Modifizierung des bisherigen Antrags erfolgt. In diesem Fall ist der Parteiwechsel unter denselben Voraussetzungen zulässig wie in
der Berufungsinstanz (→ § 263 Rdnr. 29).

d) Wirkung

aa) Bei Unzulässigkeit des Parteiwechsels

Bei Unzulässigkeit des Parteiwechsels geht der ursprüngliche Prozeß weiter; die Unzulässig- **122**
keit kann in einem Zwischenurteil oder in den Gründen des Endurteils ausgesprochen
werden. Bei unzulässigem Parteiwechsel in der *Berufungsinstanz* erfolgt keine Zurückverweisung, sondern eine Abweisung der Klage des neuen Klägers beziehungsweise gegen den
neuen Beklagten[177].

---

[170] Hier verlangt die Rechtsprechung für den Fall des Beklagtenwechsels die Einwilligung des Beklagten, es sei denn, ihre Verweigerung stellt sich als Rechtsmißbrauch dar, → Fn. 149. Zum Rechtsmißbrauch → auch Rdnr. 112 und sogleich → Fn. 174.
[171] *Böttcher* MDR 1958, 330; *Henckel* Parteilehre (Fn. 143), 242; *Wilckens* MDR 1957, 207.
[172] BGHZ 71, 216 (219); 65, 264 (268) (Fn. 144); BGH NJW 1994, 3358f. = LM Nr. 24 zu § 263 (mit abl. Anm. v. *Pfeiffer*); OLG Düsseldorf JZ 1971, 30 (Fn. 149); zum Teil abweichend OLG Köln VersR 1975, 144.
[173] OLG Düsseldorf GRUR 1979, 53 und Fn. 149.

[174] BGHZ 21, 285 (Fn. 149); BGH NJW 1962, 633 (635); 1974, 750; NJW 1987, 1946 (1947) = MDR 739 (740); LM Nr. 5 zu § 131 HGB; OLG Frankfurt a. M. NJW 1977, 908; *OLG München* OLGZ 1977, 483; OLG Köln MDR 1966, 1009; OLG Celle NdsRpfl 1990, 225 (226); OLG Oldenburg NdsRpfl. 1993, 68 (69); OLG Hamm NJW-RR 1993, 96; LG Koblenz MDR 1980, 407; *Wahl* (Fn. 143) 156ff; dagegen *Böttcher* MDR 1958, 330.
[175] BGH WM 1982, 1170; BAG NJW 1967, 1437.
[176] BGHZ 26, 31 (37f.) (§ 263 Fn. 36). – Für die Parteiänderung wie hier *Wieczorek*² E III.
[177] BAG NJW 1971, 723.

bb) Bei Zulässigkeit des Parteiwechsels

123 **(1) Rechtshängigkeit des bisherigen Antrags.** Bei Zulässigkeit des Parteiwechsels ist über den Antrag des bisherigen Klägers beziehungsweise gegen den bisherigen Beklagten nicht zu entscheiden. **Im Verhältnis zur ausscheidenden Partei beendet der Wechsel die Rechtshängigkeit der Hauptsache.**

124 **(2) Kosten.** Die **Kostenentscheidung** des Endurteils betrifft grundsätzlich nur die *neuen* Parteien. Der *ausscheidende Kläger* trägt aber die Mehrkosten, die dadurch entstanden sind, daß die Klage zuerst durch ihn erhoben wurde[178]. Beim *Beklagtenwechsel* muß der Kläger die Kosten des ausscheidenden Beklagten tragen[179]. Beide Kostenfolgen lassen sich aus einer Analogie zu § 269 Abs. 3 S. 2 begründen und sind wie in § 269 Abs. 3 S. 3 auf *Antrag* durch Beschluß auszusprechen[180]. Geschieht dies nicht, so erfolgt die Kostenentscheidung im Endurteil, da mangels Entscheidung über diesen Punkt der Rechtsstreit bezüglich der Kosten trotz des Parteiwechsels ebenso wie bei der Klagezurücknahme rechtshängig geblieben ist[181]. Die *Anwaltsgebühren* fallen, wenn der Anwalt, der die ausscheidende Partei vertreten hat, nun auch die neue Partei vertritt, nochmals an, da insoweit eine *andere* Angelegenheit vorliegt[182]. Der Anwalt der verbleibenden Partei erhält dagegen keine erhöhten Gebühren, da für ihn nur *eine* Angelegenheit vorliegt[183].

125 **(3) Keine automatische Übernahme der bisherigen Prozeßergebnisse.** Inwieweit die **Parteien an die bisherigen Prozeßergebnisse gebunden** sind, ist in Wissenschaft und Praxis nicht abschließend geklärt. Die bisherige Rechtsprechung des *Bundesgerichtshofs* deutet allerdings in die hier vertretene Richtung **keiner automatischen Übernahme** der Prozeßergebnisse[184]. Einer Übernahme der bisherigen Prozeßergebnisse steht nichts entgegen, wenn alle Beteiligten *zustimmen* oder wenn die neue Partei am bisherigen Prozeßgeschehen wenigstens in anderer Weise (z.B. als gesetzlicher Vertreter oder als Nebenintervenient) *beteiligt* war und hierdurch Einfluß auf den Prozeß nehmen konnte[185]. **Fehlt** jedoch die *ausdrückliche* **Zustim-**

---

[178] Analog § 269 Abs. 3; *OLG Düsseldorf* MDR 1974, 147; *OLG München* MDR 1971, 673; *LG Frankenthal* AnwBl 1978, 465; *A. Blomeyer* ZPR² § 114 V 3; a.M. *LG Stuttgart* ZZP 74 (1961), 131 (für die Anwendung von § 91a).

[179] *OLG Düsseldorf* MDR 1957, 238; *OLG Hamburg* AnwBl 1978, 143; *KG* OLGZ 1978, 476 (478); *OLG Schleswig* JB 1975, 947 = SchlHA 66; *LG Lübeck* SchlHA 1958, 46; *A. Blomeyer* ZPR² § 114 V 3. – *OLG München* OLGZ 1981, 89; *Rosenberg/Schwab/Gottwald*¹⁵ § 42 III 6 bejahen nur eine Vorabentscheidung über die außergerichtlichen Kosten des ausscheidenden Beklagten. Die Entscheidung über die übrigen Verfahrenskosten sei dagegen der Schlußentscheidung zur Hauptsache vorbehalten. – Eine Ausnahme gilt in dem *OLG Köln* OLGZ 1965, 46 zugrundeliegenden Fall der Schuldübernahme, die durch den Beklagtenwechsel des Klägers mit Einverständnis des alten und des neuen Schuldners wirksam wird. Hier trägt der letztlich Unterliegende die gesamten Prozeßkosten.

[180] A.M. *Zöller/Greger* § 263 Rdnr. 17 (von Amts wegen) bis zur 18. Aufl.

[181] *OLG Hamm* JB 1975, 1503.

[182] *OLG Hamm* JB 1975, 1503; *KG* NJW 1972, 959; *OLG München* NJW 1966, 112; a.M. *OLG Düsseldorf* JB 1955, 150; *OLG Koblenz* VersR 1986, 350 (L., nur Erhöhung der Prozeßgebühr um ³/₁₀).

[183] *KG* NJW 1972, 960; *OLG Koblenz* AnwBl 1985, 44.

[184] *BGH* NJW 1996, 196 (197): „Der neue Bekl. kann eine Wiederholung der Beweisaufnahme dann verlangen, wenn er sonst in seiner Rechtsverteidigung beeinträchtigt wäre. Auch kann beispielsweise der neue Bekl. mit einem Beweismittel nicht mit der Begründung präkludiert sein, der ursprüngliche Bekl. könne damit nicht mehr gehört werden." Ebenso *BGH* NJW-RR 1986, 356 = LM Nr. 8 zu § 264: Der neue Beklagte kann sich gegen den Klagevortrag »ohne Einschränkungen« verteidigen und »ist insbesondere nicht an irgendwelche Beweisergebnisse gebunden«; ebenso zustimmend *Roth* (Fn. 143), 2979, während es *Heinrich* (Fn. 143), 75 fraglich erscheint, aus dieser Entscheidung »weitreichende Schlüsse« zu ziehen. Im Schrifttum wird die Frage einer Bindung an die bisherigen Prozeßergebnisse sehr unterschiedlich beantwortet. *Henckel* Parteilehre (Fn. 143) 234ff. bejaht sie, wenn die Identität des Streitgegenstands gewahrt bleibt oder eine materiell-rechtliche Abhängigkeit zwischen den Streitgegenständen besteht. Ansonsten nimmt er eine Bindung der im Prozeß verbleibenden Partei an (240ff.). Gänzlich ablehnend *A. Blomeyer* ZPR² § 114 V 1a; *Schumann* Die ZPO-Klausur (1981) Rdnr. 296. Gegen eine Anwendung der §§ 290, 296 n.F. (§ 279 a.F.) *Nikisch* Lb² § 116 II 2, III 3; *Thomas/Putzo*¹⁹ Rdnr. 21 vor § 50. Für eine Bindung, aber mit der Möglichkeit der neuen Partei, die bisher erfolgten Prozeßhandlungen des Vorgängers zu widerrufen *Bücking* MDR 1973, 908 (911); ebenso *Heinrich* (Fn. 143), 125, 169. Eine erfolgte *Beweisaufnahme* wird allgemein als übernehmbar angesehen, z.B. *de Boor* (Fn. 73), 106; *Nikisch* Lb² § 116 II 2; *Rosenberg*⁹ § 41 III 2 letzter Abs. Für eine Bindung an die bisherigen Prozeßergebnisse sprachen sich noch in den früheren Aufl. dieses Kommentars (§ 268 II 2j) aus.

[185] *Schumann* (Fn. 166), Rdnr. 296; *BGHZ* 21, 285.

mung auch nur eines einzigen Beteiligten zur Übernahme, so können die **bisherigen Prozeßergebnisse nicht übernommen** werden, da das Verhalten der Prozeßbeteiligten regelmäßig von der Person des Gegners und der Art des bisherigen Streitgegenstands beeinflußt wird und davon auch nicht getrennt werden kann (zu derselben Problematik bei der Klageänderung → Rdnr. 39). Die Zustimmung zur Übernahme der Prozeßergebnisse kann auch nicht aus dem (etwa erforderlichen, → Rdnr. 105 ff.) Einverständnis zur Parteiänderung abgeleitet werden. Die Einwilligung in die Parteiänderung ist *scharf* von der Frage zu *trennen*, ob eine Prozeßpartei die bisherigen Prozeßergebnisse billigt (näher → Rdnr. 104). Einfach zu unterstellen, sie habe mit ihrer Zustimmung zur Parteiänderung auch in die Übernahme der Prozeßergebnisse eingewilligt, scheitert bereits an ihrem **Anspruch auf rechtliches Gehör** (zu ihm eingehend → Rdnr. 9 ff. vor § 128). Eine Verletzung dieses Anspruchs läßt sich auch nicht mit der These rechtfertigen, ohne Übernahme der bisherigen Prozeßergebnisse sei eine Parteiänderung sinnlos[186]. Wie in → Rdnr. 104 eingehend dargestellt, lebt das Institut der Parteiänderung *nicht nur* von der Vorstellung, bisherige Prozeßergebnisse zu erhalten. Es gibt weitere prozessuale Situationen, die eine Änderung der Prozeßparteien als sinnvoll erscheinen lassen, ohne daß es sich um das Übernehmen bisheriger Prozeßergebnisse handelt. Gegen eine Bindung der neuen Partei gegen ihren Willen spricht ferner, daß sie in erster Instanz der Parteiänderung, also ihrer Einbeziehung in das laufende Verfahren, nicht widersprechen kann (→ hierzu Rdnr. 111). Die **Unverwertbarkeit bisheriger Prozeßergebnisse** gilt sowohl für die vom Gericht vorgenommenen **Beweisaufnahmen** als auch für die **Prozeßhandlungen der Parteien**, wie z. B. **Beweisanträge**, **Geständnisse**, **Anerkenntnis** und **Verzicht**. Ebenso braucht sich die neue Partei **Verspätungen** durch die alte Partei (§§ 296, 528 ff.) nicht zurechnen lassen. Bereits ergangene **Entscheidungen** sind im Verhältnis zur neuen Partei unwirksam. Stillschweigende oder ausdrückliche Vereinbarungen über die **Sachurteilsvoraussetzungen** (insbesondere die Zuständigkeit) gelten nicht zwischen den neuen Parteien. Ebenso wirkt der **Verlust prozessualer Rügen** (§§ 39, 295) nicht weiter. Auch **Zulässigkeitsrügen nach § 282 Abs. 3**, die nicht rechtzeitig vorgebracht wurden, können vom neuen Beklagten erfolgreich erhoben werden. Die **von Amts wegen** zu prüfenden Sachurteilsvoraussetzungen sind natürlich auch erneut zu prüfen. Soweit es dabei auf die Person der neuen Partei ankommt (z. B. bei Parteifähigkeit, Prozeßfähigkeit), sind schon ergangene Zwischenentscheidungen (etwa die Bejahung der Prozeßfähigkeit des alten Beklagten) naturgemäß **nicht maßgeblich**.

(4) **Rechtshängigkeit des neuen Antrags**. Die **Rechtshängigkeit** und ihre Folgen treten erst im Zeitpunkt des Eintritts des neuen Klägers beziehungsweise Beklagten ein[187]. Dieser Zeitpunkt ist daher auch maßgebend für die Frage, ob eine etwaige Klagefrist gewahrt ist. Erst von diesem Zeitpunkt an können **Prozeßzinsen** verlangt werden, tritt eine **Unterbrechung der Verjährung** ein, gilt die **verschärfte Haftung ab Rechtshängigkeit** usw.[188]

126

(5) **Entscheidung über Parteiwechsel**. Die Zulässigkeit des Parteiwechsels kann in einem *Zwischenurteil* oder im *Endurteil* zwischen den neuen Parteien ausgesprochen werden (zu den Rechtsmitteln → Rdnr. 128). Der ausgeschiedenen Partei ist diese Entscheidung stets zuzustellen. Daß sie aus dem Prozeß einverständlich ausgeschieden ist, ist kein Grund, ihr diese Entscheidung nicht zuzustellen, zumal sie ja gegen sie Rechtsmittel einlegen darf (→ Rdnr. 128).

127

---

[186] So aber z. B. *Wahl* (Fn. 143), 183; → auch Rdnr. 104.

[187] OLG Frankfurt a. M. JB 1980, 142.
[188] A. Blomeyer ZPR² § 114 V 1 a. E.

e) Rechtsmittel

128 Zu beachten ist, daß auch die *Partei*, die nach der Entscheidung des Gerichts durch den Parteiwechsel *ausgeschieden* ist, gegen das ihr Ausscheiden feststellende Urteil mit den gewöhnlichen Rechtsmitteln vorgehen kann, da ja diese Entscheidung dazu führt, daß der Rechtsstreit für die ausscheidende Partei beendet wird, und dadurch für sie wie ein Endurteil wirkt.

129 Für den durch die Zulassung des Parteiwechsels **neu einbezogenen Beklagten** ist eine Zwischenentscheidung, die den Parteiwechsel für zulässig erklärt, ein **Zwischenurteil nach § 280 Abs. 2** (→ dort Rdnr. 3), nicht ein solches nach § 303, da die Klage bei Fehlen der Voraussetzungen des Parteiwechsels als unzulässig abgewiesen werden müßte und folglich insoweit ein Streit über die Zulässigkeit der Klage vorliegt[189]. Daher ist dieses **Zwischenurteil** auch **für den neuen Beklagten selbständig anfechtbar**.

3. Parteierweiterung, Parteibeitritt (Klägerbeitritt, Beklagtenbeitritt)

a) In erster Instanz

131 Eine gewillkürte Parteierweiterung kann sowohl auf der Kläger- als auch auf der Beklagtenseite erfolgen; sie führt zu einer (nachträglichen) *subjektiven Klagenhäufung*. Gegen ihre Zulässigkeit bestehen **in erster Instanz** keine Bedenken; sie ist wie bei einer ursprünglichen Streitgenossenschaft nach §§ 59 ff. zu beurteilen und daher unter den **Voraussetzungen der §§ 59, 60 uneingeschränkt zulässig**[190].

Erforderlich ist eine *neue Klageerhebung* gegen den zusätzlichen Beklagten bzw. durch den zusätzlichen Kläger, so daß **stets** der **Kläger** mit dem Beitritt **einverstanden** sein muß. Da es sich um eine Klageerhebung handelt, ist eine **Parteierweiterung** unter einer **Bedingung** (z.B. »hilfsweise«) nicht möglich, da ja eine bedingte Klageerhebung nicht zulässig ist (→ § 253 Rdnr. 3 ff.). Die Initiative muß also von der Klägerseite ausgehen. Etwas anderes gilt nur in den Fällen der **parteierweiternden Widerklage** (→ § 33 Rdnr. 29 ff.), in denen die Initiative auch von der Beklagtenseite oder von einem Dritten ausgehen kann.

132 Eine **Einwilligung** des alten oder des zusätzlichen **Beklagten** oder eine **Sachdienlicherklärung** durch das Gericht ist – ebenso wie bei einer anfänglichen Parteihäufung – nicht erforderlich, da insoweit jeder mit einer Klage gegen sich rechnen muß. Dagegen muß beim Klägerbeitritt der **bisherige Kläger** mit dem Eintritt des zusätzlichen Klägers einverstanden sein, da auch bei ursprünglicher Klägermehrheit beide Kläger übereinstimmen müssen. **Ohne Zustimmung des bisherigen Klägers** kann es zur Parteihäufung jedoch durch nachträgliche Klage und daraufhin ergehenden Verbindungsbeschluß nach § 147 kommen[191].

133 Die Rechtsprechung behandelt dagegen auch den gewillkürten Parteibeitritt in der ersten Instanz nach den Vorschriften über die *Klageänderung* (§§ 263 f., 267, 268)[192]. Danach ist es für den Parteibeitritt notwendig, daß der Beklagte einwilligt oder das Gericht den Beitritt für sachdienlich erachtet.

---

[189] *BGH* NJW 1981, 989 (Fn. 145); a.M. noch Vorauflagen dieses Kommentars § 268 II 2j aa.
[190] *RGZ* 96, 201; *OLG München* MDR 1958, 849; *Baumbach/Lauterbach/Hartmann*[55] § 263 Rdnr. 14; *A. Blomeyer* ZPR² § 114 IV 1a, 2a; *Baumgärtel* und *Halbach* JZ 1975, 670; *Kisch* (Fn. 74), 313, 507; *Thomas/Putzo*[19] Rdnr. 25 vor § 50.
[191] *A. Blomeyer* ZPR² § 114 IV 2a; *Baumgärtel* und *Halbach* JZ 1975, 670. – Nur diese Möglichkeit erkennen an *Holzhammer* Parteienhäufung und einheitliche Streitpartei (1966), 21 ff.; *Jauernig* ZPR[21] § 86 III.
[192] *BGHZ* 65, 264 = NJW 1976, 239 = BB 1153 = DB 769 = WM 39 = ZMR 191 = MDR 1977, 46 = LM Nr. 33 a zu § 264 (L); *Doerry*); *BGHZ* 40, 185 = NJW 1964, 44; *BGHZ* 131,76 = NJW 1996, 196; *LG Konstanz* VersR 1975, 94; *LG Wiesbaden* JZ 1975, 668 (abl. *Baumgärtel, Halbach*).

Zur parteierweiternden Widerklage → § 33 Rdnr. 29 ff. **134**

Durch die Parteierweiterung wird ein neues Prozeßrechtsverhältnis begründet. Eine **Bin-** **135** **dung der eintretenden Partei** an die **bisherigen Prozeßergebnisse** besteht auch hier (→ Rdnr. 125) **nicht**[193], da bei der Streitgenossenschaft die Prozeßrechtsverhältnisse grundsätzlich selbständig bleiben (§ 61). Die nachträgliche Parteierweiterung ermöglicht es, Zulässigkeits- und Begründetheitsmängel zu beseitigen und dennoch die Prozeßergebnisse für die bisherigen Parteien zu erhalten.

In manchen Fällen wird es allerdings dem Parteiwillen entsprechen, daß die neue Partei in den Prozeß **136** so eintreten soll, wie er sich bereits entwickelt hat, also an die bisherigen Ergebnisse gebunden sein soll. Dies kann vereinbart werden, wobei die **Einwilligung** der alten Parteien und der neuen Partei erforderlich ist. Ob eine solche Gestaltung des Parteibeitritts gewollt ist, muß gegebenenfalls durch richterliche Frage (§ 139) geklärt werden.

Der *Fortgang des Prozesses* vollzieht sich bei zulässigem Parteibeitritt nicht anders als bei ursprünglicher **137** Parteimehrheit (→ dazu §§ 61 ff. mit Kommentierung). Über die Zulässigkeit der Parteierweiterung ist ein Zwischenurteil nach § 280 Abs. 2 möglich (→ dort Rdnr. 3). Wird die **Zulässigkeit des Parteibeitritts verneint**, so ist die neue Klage **abzutrennen** (§ 145).

b) In höherer Instanz

In der **Berufungsinstanz** ergeben sich Bedenken gegen eine Parteierweiterung, weil das **139** Berufungsgericht, da ja ein neues Prozeßrechtsverhältnis entsteht, funktionell unzuständig ist und weil gegenüber der neuen Partei kein erstinstanzliches Urteil ergangen ist, so daß insoweit der Berufungsgegenstand fehlt[194]. Doch spricht ein praktisches Bedürfnis dafür, die Parteierweiterung auch in der 2. Instanz zu gestatten[195], insbesondere um vermeidbare Klageabweisungen und darauf folgende erneute Prozesse zu vermeiden. Da die Berufungsinstanz im geltenden Recht als volle Neuprüfung der Klage ausgestaltet ist, stehen auch der Einbeziehung einer neuen Klage keine unüberwindlichen Schwierigkeiten entgegen. Allerdings setzt der Parteibeitritt in der Berufungsinstanz voraus, daß der bisherige Prozeß schon unabhängig von der Parteiänderung in die zweite Instanz gelangt ist.

Der **Beitritt** kann vom **Berufungskläger** oder vom **Berufungsbeklagten ausgehen** und hat **140** durch Zustellung eines Schriftsatzes zu erfolgen, der den Anforderungen des § 253 genügt und die Lage des Rechtsstreites angibt. Da es sich insoweit um keine echte Berufung, sondern um eine **neue Klage** handelt, besteht kein Anlaß, die Parteierweiterung durch den Berufungsbeklagten bei unselbständiger Anschlußberufung auszuschließen[196]. Vielmehr ist zu einer solchen Parteierweiterung überhaupt keine Anschließung erforderlich.

Zusätzlich zu den für die 1. Instanz dargestellten Voraussetzungen erfordert die Parteier- **141** weiterung in 2. Instanz wegen des Instanzverlustes die **Einwilligung des neuen Beklagten**[197] beim *Beklagtenbeitritt* bzw. **des alten Beklagten** beim *Klägerbeitritt*[198]. Diese Einwilligung darf ebensowenig wie beim Parteiwechsel durch Zulassung als sachdienlich ersetzt werden[199], sondern kann nur wegen **Rechtsmißbrauchs** entbehrlich sein (→ auch Rdnr. 118).

---

[193] *A. Blomeyer* ZPR² § 114 IV 1a; *Kisch* (Fn. 74), 348 ff.
[194] Der Parteibeitritt in *zweiter* Instanz wird *abgelehnt* von *Baumbach/Lauterbach/Hartmann*⁵⁵ § 263 Rdnr. 14, *Baumgärtel* und *Halbach* JZ 1975, 670; *Holzhammer* (Fn. 191), 28; *Jauernig* ZPR²¹ § 86 III; *Kisch* (Fn. 74), 297 ff., 500 f.; *ders*. Festg. für *Richard Schmidt* (1932), 295; *Thomas/Putzo*¹⁹ Rdnr. 26 vor § 50.
[195] *BHGZ* 21, 285; *OLG Nürnberg* BayJMBl 1953, 223; *A. Blomeyer* ZPR² § 114 IV 1b, 2b; *Rosenberg* ZZP 68 (1955), 1.
[196] A.M. *BGH* ZZP 68 (1955) 51; *A. Blomeyer* ZPR² § 114 IV 1b; jedoch abgelehnt von *Rosenberg* ZZP 68 (1955), 1.
[197] So auch die Rechtsprechung, z.B. *BGHZ* 21, 285 (Fn. 149); 90, 17 (19); *BGH* NJW 1962, 633; *BAG* AP Nr. 1 zu § 264 a.F.; *OLG Düsseldorf* GRUR 1979, 53; *LG Wiesbaden* JZ 1975, 668 (abl. *Baumgärtel, Halbach*).
[198] Ausdrücklich gegen diese Kommentarstelle *LG Wiesbaden* JZ 1975, 668.
[199] A.M. *BGHZ* 65, 264 (Fn. 191); *OLG Nürnberg* BayJMBl 1953, 223, *OLG Schleswig* SchlHA 1985, 155; *OLG München* WM 1991, 100 (105); → sogleich Rdnr. 143.

Wegen der Disposition über die funktionelle Zuständigkeit ist – wie beim Parteiwechsel ($\rightarrow$ Rdnr. 117) – neben der Einwilligung auch die Sachdienlicherklärung durch das Gericht erforderlich.

142 Die **Rechtsprechung** hält – in Abweichung von ihrer Klageänderungstheorie – die Erstreckung der **Klage auf weitere Beklagte** im Berufungsrechtszug nur für zulässig, wenn der **neue Beklagte zustimmt** *oder* die Zustimmung **rechtsmißbräuchlich verweigert**[200]. Insoweit besteht also Übereinstimmung mit der hier vertretenen Ansicht.

143 Den **Beitritt weiterer Kläger** im Berufungsrechtszug gestattet dagegen die Rechtsprechung unter den Voraussetzungen des § 523 in Verbindung mit §§ 263, 267, so daß danach die *Zustimmung des Beklagten* nicht erforderlich ist, wenn das Gericht den Beitritt für sachdienlich erachtet[201]. Dieser Ansicht kann nicht gefolgt werden ($\rightarrow$ Rdnr. 141).

145 Für die Bindung an die bisherigen Prozeßergebnisse gilt das zur 1. Instanz Gesagte ($\rightarrow$ Rdnr. 125); die Beschränkungen der § 528 Abs. 2, § 530 Abs. 2 können auf die neue Klage nicht angewendet werden.

147 Über die Klage des zusätzlichen Klägers (beim *Klägerbeitritt*) und gegen den zusätzlichen Beklagten (beim *Beklagtenbeitritt*) ist im Berufungsurteil erstmals und daher in demselben Verfahren (insbesondere sind § 530 Abs. 2, § 542 nicht anzuwenden) und in derselben Form, wie dies in der ersten Instanz der Fall wäre, zu entscheiden. Für den Instanzenzug handelt es sich aber auch insoweit um eine Berufungsentscheidung.

148 Die Aufhebung des angefochtenen Urteils und Zurückverweisung der Sache erfassen auch das neue Prozeßrechtsverhältnis, da Sinn der Zulassung der Parteierweiterung in der Berufungsinstanz ist, beide Prozeßverhältnisse vor dem gleichen Gericht zu verhandeln. Dann darf man aber nicht z. B. den *neuen* Beklagten in der Berufungsinstanz festhalten, wenn der Prozeß gegen den ersten Beklagten in die Unterinstanz zurückverwiesen wird. Diese Lösung entspricht auch der Prozeßökonomie, da so eine einheitliche Verhandlung und Entscheidung gewährleistet wird[202].

149 In der **Revisionsinstanz** ist eine Parteierweiterung grundsätzlich unzulässig, doch gilt die in Rdnr. 120 zum Parteiwechsel dargelegte Ausnahme auch hier.

VI. Arbeitsgerichtliches Verfahren

150 Für das Verfahren in Arbeitssachen ergeben sich *weder für die Klageänderung noch für die Parteiänderung Abweichungen*.

---

[200] *BGH* WM 1967, 1275; JZ 1986, 107 = NJW-RR 356 = JuS 655 (L.; *K. Schmidt*); FamRZ 1986, 254, $\rightarrow$ Fn. 197. Zur Notwendigkeit einer ausführlichen Darlegung, ob ein Mißbrauch vorliegt, *BVerfG* (stattgebender Kammerbeschluß) WuM 1989, 279.

[201] *BGHZ* 65, 264 (Fn. 172); *BAGE* 46, 322 (343).
[202] So auch *A. Blomeyer* ZPR² § 114 IV 1 b.

§ 265 [Veräußerung des streitbefangenen Gegenstandes]

(1) Die Rechtshängigkeit schließt das Recht der einen oder der anderen Partei nicht aus, die in Streit befangene Sache zu veräußern oder den geltend gemachten Anspruch abzutreten.

(2) ¹Die Veräußerung oder Abtretung hat auf den Prozeß keinen Einfluß. ²Der Rechtsnachfolger ist nicht berechtigt, ohne Zustimmung des Gegners den Prozeß als Hauptpartei anstelle des Rechtsvorgängers zu übernehmen oder eine Hauptintervention zu erheben. ³Tritt der Rechtsnachfolger als Nebenintervenient auf, so ist § 69 nicht anzuwenden.

(3) Hat der Kläger veräußert oder abgetreten, so kann ihm, sofern das Urteil nach § 325 gegen den Rechtsnachfolger nicht wirksam sein würde, der Einwand entgegengesetzt werden, daß er zur Geltendmachung des Anspruchs nicht mehr befugt sei.

Gesetzesgeschichte: Bis 1900 § 236 CPO. Geändert zu § 265 durch Novelle 1898 (RGBl. 1898, 256, → Einl. Rdnr. 113).

I. Allgemeines	
1. Übersicht	1
2. Inhalt der Regelung	6
3. Zweck des § 265 Abs. 2	9
II. Streitbefangene Sache oder geltend gemachter Anspruch	
1. Im Streit befangene Sache	11
2. Geltend gemachter Anspruch	15
III. Geltungsbereich	
1. Abgrenzung	
a) Maßgebliches Interesse	19
b) Änderung der Prozeßführungsbefugnis	20
2. Rechtsgeschäftliche Übertragung	21
3. Übertragung kraft Gesetzes	23
4. Übergang im Wege staatlichen Übertragungsakts	25
5. Mitübergang als Folge der Veräußerung eines anderen Rechts	26
IV. Das weitere Verfahren	
1. Regelfall: kein Einfluß auf den Prozeß	31
a) Unkenntnis des Gerichts von der materiellrechtlichen Veränderung	32
b) Folge der geltend gemachten Veränderung	33
(1) Relevanz- oder Irrelevanztheorie	35
(2) Beachtlichkeit des Übergangs (Relevanztheorie)	36
2. Stellung des Veräußerers	39
a) Bei Abtretung des geltend gemachten Anspruchs	40
b) Bei Veräußerung durch den Beklagten	45
V. Absatz 3. Die Einrede der fortgefallenen Aktivlegitimation	51
1. Veräußerung durch den Kläger	52
2. Veräußerung durch den Beklagten	53
VI. Die Beteiligung des Rechtsnachfolgers am Verfahren	
1. Übernahme des Prozesse	55
2. Hauptintervention	58
3. Nebenintervention	59
4. Fälle des Absatz 3	60

I. Allgemeines[1]

1. Übersicht

Die Rechtshängigkeit begründete nach gemeinem Recht ein Verbot der Veräußerung der   **1** res oder actio litigiosa. Die **§§ 265, 266** regeln deshalb mitten unter den Vorschriften über die Wirkungen der Rechtshängigkeit die **Zulässigkeit** und die **Folgen** einer **Veräußerung** der streitbefangenen Sache oder der Abtretung des geltend gemachten Anspruchs.

---

[1] Vgl. aus der Lit.: *Arndt* Gruchot 22 (1878), 322 ff.; *Zimmermann* Gruchot 28 (1884), 808 ff.; *Wach* Gruchot 30 (1886), 779 f.; *Gerbaulet* Gruchot 30 (1886), 803 ff.; *Behrend* Gruchot 31 (1887), 458 f.; *Mayer* Gruchot 33 (1889), 297 ff.; *Reinhardt* Gruchot 40 (1896), 71 f.; *Kohler* ZZP 12 (1888), 97 ff. = Gesammelte Beiträge (1894; Nachdruck 1969), 293 ff.; *Schultze* Vollstreckbarkeit der Schuldtitel (1891); *Bunsen* ZZP 26 (1899), 300 f.; *Weid-*

2   § 265 Abs. 1 hebt das gemeinrechtliche Veräußerungsverbot auf. Die Nov 98 hat daran nichts geändert, obwohl mit dem Inkrafttreten des BGB die Vorschrift *gegenstandslos* geworden war, weil das BGB ein entsprechendes Verbot nicht kennt.

3   § 265 Abs. 2, § 266 behandeln die **prozessualen Folgen derartiger Veräußerungen**, insbesondere das Recht oder die Pflicht des Erwerbers, in den Rechtsstreit anstelle des Veräußerers einzutreten oder eine Haupt- oder Nebenintervention zu erheben. Wieweit das für oder gegen den Veräußerer ergehende Urteil Rechtskraft- und Vollstreckungswirkung gegen den Erwerber äußert, regeln die §§ 325, 727.

4   § 265 Abs. 3, § 266 Abs. 2 nennen die **prozessualen Folgen** der Veräußerung durch den **Kläger**, wenn ein Urteil zu seinen Ungunsten *nicht* gegen den Erwerber wirken würde oder wenn der Erwerber *gutgläubig* ist.

2. Inhalt der Regelung

6   § 265 betrifft in der Regel **nur Veränderungen der Berechtigung**; der Übergang der **Verpflichtung** gehört hierher lediglich **insoweit**, als er eine **Folge der Veräußerung** der streitbefangenen Sache ist (→ Rdnr. 11 f.). Daher gilt § 265 **nicht** für die **Schuldübernahme**[2], mag sie den bisherigen Schuldner *befreien*[3] oder *neben* dem neuen Schuldner haftbar machen, §§ 414 ff., 419, 2382 BGB, §§ 25, 28 HGB[4] (→ § 239 Rdnr. 6), → dazu § 325 Rdnr. 29 ff. Es ist dann im *ersten* Falle der Einwand mangelnder Passivlegitimation begründet, im *zweiten* dagegen der bisherige Schuldner zu verurteilen. § 265 gilt auch nicht für die Übertragung eines titulierten Anspruchs (→ dazu § 727 Rdnr. 46); gleiches gilt bei Abtretung der Rechte aus einem

---

lich *Gruchot* 45 (1901), 277 f.; *Hellwig* Wesen und subjektive Begrenzung der Rechtskraft (1901), 149 f.; *Francke* BlfRA 69, 561 f.; *Lippmann* Iher Jb. 45 (1903), 391 ff.; *Robert Schuman* Streitbefangenheit usw. (1910); *Meister* Veräußerung der in Streit befindlichen Sache (1911); *Bürgner* ZZP 42 (1912), 95 ff.; *Jacobi* ZZP 43 (1913), 441 ff.; *Weiskopf* Rechtsnachfolger in der ZPO (1913); *Leo* Die Wirkungen einer Änderung der materiellen Rechtslage während des Zivilprozesses (1919), 84 ff.; *de Boor* Zur Lehre vom Parteiwechsel (1941); *Bötticher* Rechtsnachfolge in die Prozeßführungsbefugnis, in: Festschr. für *Laun* (1948), 295 ff.; *Bettermann* Die Vollstreckung des Zivilurteils in den Grenzen seiner Rechtskraft (1948); *Wagemeyer* Der gesetzliche Parteiwechsel und die Prozeßstandschaft des § 265 (1954); *Pohle* Prozeßführungsrecht und Rechtskraftserstreckung bei bedingten Veräußerungen, in: Festschr. *Lehmann* (1956), 738 ff.; *Henckel* Parteilehre und Streitgegenstand im Zivilprozeß (1961), 145 ff. S. auch *Sperl* in der Festschr. zur Jahrhundertfeier des AGBG 2 455 ff. (für österr. Recht); *Soehring* Die Nachfolge in Rechtslagen aus Prozeßverträgen (1967); *ders.* NJW 69, 1093 ff.; *Grunsky* Die Veräußerung der streitbefangenen Sache (1968); *OLG Weimar* Die Veräußerung des im Streit befangenen Gegenstands, MDR 1968, 23 ff.; *Henckel* Zur Auslegung des § 265 ZPO, ZZP 82 (1969), 333 ff.; *Pawlowski* Probleme des rechtlichen Gehörs bei der Veräußerung einer Streitsache, JZ 1975, 681; *Baur* Rechtsnachfolge in Verfahren und Maßnahmen des einstweiligen Rechtsschutzes, in: Festschr. *Schiedermair* (1976), 19 ff.; *Calavros* Urteilswirkungen zu Lasten Dritter (1978); *Merle* Die Veräußerung des streitbefangenen Gegenstandes, JA 1983, 626 ff.; *Kiefner* Ut lite pendente nil innovetur. Zum Ver-

bot der Verfügung über res und actiones litigiosae im römischen Recht und im gemeinen Recht des 19. Jahrhunderts, in: GedSchr. für *Kunkel* (1984), 117 ff.; *Schink* Rechtsnachfolge und Zivilprozeß, JURA 1985, 291 ff.; *Zeuner* Verfahrensrechtliche Folgen des Betriebsübergangs nach § 613 a BGB, in: Festschrift für *Karl Heinz Schwab* (1990) 575 ff.; *Wahl* Die Bindung an Prozeßlagen als Hauptproblem des gewillkürten Parteiwechsels Diss. (1990).

[2] *Meister* (Fn. 1), 64, *Bruns* ZZP 64 (1951), 326. – A.M. *Oertmann* JR 1932, 193; *Bettermann* (Fn. 1), 74 ff., 134 ff., für den Fall der befreienden Schuldübernahme *Calavros* (Fn. 1), 63; *Rosenberg/Schwab/Gottwald*[15] § 102 II 2; *Schink* (Fn. 1), 294.

[3] BGHZ 61, 140 = LM Nr. 13 (*Schmidt*) = NJW 1973, 1700 = Warn Nr. 178 = MDR 926 = DB 1892 = WM 1121 = JR 74, 156 (zust. Zeiss) = JuS 53 = ZZP 87 (1974) 95 (abl. Schwab); BGH Warn 74 Nr. 237 = MDR 75, 300 = DB 685 = WPM 144 = LM Nr. 14 = ZZP 88 (1975) 324 (zust. Henkel); RG Gruchot 30 (1886) 1113; einschränkend *Zöller/Greger*[20] Rdnr. 5, 5 a. – Nach der (insoweit bedenklichen) Entscheidung BAG AP Nr. 1 § 325 ZPO (Leipold) = DB 77, 681 = NJW 1119 soll § 265 Abs. 2 aber auf den Fall des *Schuldnerwechsels nach § 613 a BGB* Anwendung finden.

[4] Stuttgart NJW 69, 1493 = Justiz 328 (zu § 419 Abs. 1 BGB); RG SeuffArch 93 (1939) Nr. 47; *Göppert* ZHR 47 (1898), 270. Eine Ausnahme gilt jedoch dann, wenn – ohne daß ein Parteiwechsel eintritt – die Vermögensübertragung den Verlust der Rechtsfähigkeit des Rechtsvorgängers zur Folge hat, Stuttgart a.a.O., → dazu auch Rdnr. 9.

vollstreckbaren Urteil oder einer vollstreckbaren Urkunde[5] sowie bei Ausschlagung der Erbschaft und Eintritt des Nächstberufenen[6].

Die §§ 265 f. gelten in allen Fällen, in denen die prozessualen Wirkungen der Rechtshängigkeit eintreten, → § 263 Rdnr. 42, → auch im Arrestverfahren, → § 920 Rdnr. 2, → Rdnr. 9 vor § 916. Im übrigen gilt § 265 nur *vorbehaltlich* des in § 266 besonders geregelten Falles der **Veräußerung von Grundstücken**[7], und es sind innerhalb des § 265 Regel (→ Rdnr. 31 ff.) und Ausnahme (→ Rdnr. 51 ff.) zu trennen. Besonders geregelt ist die Veräußerung eines Warenzeichens, § 11 Abs. 3 WarenZG[8].

3. Zweck des § 265 Abs. 2

§ 265 Abs. 2 will eine unnütze mit Kosten und Zeitverlust verbundene Vervielfältigung von Rechtsstreitigkeiten vermeiden, indem *trotz der Veräußerung* der **Prozeß** unter Erhaltung seiner Ergebnisse **fortgeführt** werden kann. Dies liegt vor allem im *Interesse des Prozeßgegners* des Veräußerers[9], aber auch – unter dem Gesichtspunkt der Prozeßwirtschaftlichkeit[10] – im Interesse der Rechtspflege. Das Ziel, Doppelprozesse zu vermeiden, kann sowohl durch Fortführung des Prozesses durch den Veräußerer nach § 265 Abs. 2 wie durch Übernahme des Prozesses durch den Erwerber nach § 266 Abs. 1, §§ 239 f. erreicht werden. Die in § 265 Abs. 2 gewählte Regelung – **Festhalten des Veräußerers** im Prozeß – gründet sich auf das Bestreben, dem **Prozeßgegner** die Einstellung auf eine andere Person als Partei zu ersparen, ihm die bisherige Partei als Kostenschuldner zu erhalten und die rechtlichen (Unterbrechung, Aussetzung, §§ 239 ff.) und tatsächlichen Verzögerungen zu vermeiden, die ein *Parteiwechsel* mit sich bringen kann.

II. Streitbefangene Sache oder geltend gemachter Anspruch[11]

1. Streitbefangene Sache

Im Streit befangen[12] ist eine individuell bestimmte körperliche Sache dann, wenn die *rechtliche Beziehung* zu ihr den *Kläger* oder den *Beklagten* **zur Sache legitimiert**. Das ist aber nur dann der Fall, wenn eine solche Berechtigung den **unmittelbaren Gegenstand des Rechtsstreits** bildet. Solche Rechte sind nur die **dinglichen Rechte, Eigentum, Besitz**[13] und die **dinglichen Belastungen**, einschließlich der **Hypothek, Grundschuld** und **Rentenschuld**[14] und der **nachbarrechtlichen**[15], → die ausführliche Aufzählung in § 24 Rdnr. 14. Gleichfalls solche *nichtdingliche* Rechte, die diesen in bezug auf die unmittelbare Verhaftung der Sache gleichstehen, so die Ansprüche gegen den **Eigentümer** oder **Besitzer als solchen**, → die Aufzählung in § 26 Rdnr. 4, insbesondere also auch Ansprüche aus dem Mietverhältnis, soweit sie nach **§ 571 BGB** den Erwerber als Eigentümer treffen[16], sowie die Klage aus dem früheren Besitz,

---

[5] *BGHZ* 92, 347.
[6] *BGH* NJW 1989, 2885.
[7] Bei der Veräußerung einer Eigentumswohnung ist in einem Verfahren nach § 43 WEG § 265 Abs. 2 entsprechend anwendbar, *BayObLG* NJW-RR 1991, 531 (532); *OLG Hamm* OLGZ 1990, 44 m. w. N. Auch bei § 7 Abs. 3 WEG ist § 265 entsprechend anwendbar, *OLG Hamm* NJW-RR 1991, 20.
[8] Wegen der *Patentsachen* s. RGZ 72, 242 f.
[9] Vgl. *RG* JW 1927, 3006; *de Boor* (Fn. 1), 32; *Grunsky* (Fn. 1), 15 f.
[10] *BGH* NJW 1963, 2067; *Bettermann* (Fn. 1), 67; *Grunsky* (Fn. 1), 67.
[11] Da die beiden Alternativen in § 265 gleichgestellt sind, hat die Unterscheidung insoweit für den Prozeß nur theoretischen Wert.

[12] Vgl. besonders *Schultze* (Fn. 1), 62 ff.; *Hellwig* (Fn. 1), 331 ff., 338; *Schuman* (Fn. 1), 2 ff.; *Meister* (Fn. 1), 16 ff.
[13] So auch *OLG Stuttgart* WJb 1926, 174; *Zimmermann* (Fn. 1), 810 f.; *Hellwig* (Fn. 1), 358. – A. M. *Schultze* (Fn. 1), 92; Meister (Fn. 1), 36; *Mendelsohn-Bartholdy* RheinZ 4, 323.
[14] Zur Anwendung bei § 7 Abs. 3 ErbbauVO vgl. *OLG Hamm* NJW-RR 1991, 20 f.
[15] *OLG Marienwerder* OLG Rsp 15, 286; *OLG Hamm* Rsp 17, 333.
[16] RGZ 102, 177; *OGH* HEZ 1, 314; *Zeuner* (Fn. 1), 584 m. w. N.

§ 1007 BGB. Ebenso die **aus** der Eintragung einer **Vormerkung**, §§ 883, 888 BGB, entstehenden Rechte, gleichviel ob man eine dingliche Belastung bejaht oder verneint (→ § 24 Rdnr. 16)[17]. Der Grundgedanke des § 265 rechtfertigt auch die Anwendung bei Ansprüchen, die dem Eigentümer oder Besitzer *als solchem* zustehen, so z. B. bei einer Klage auf Störungsbeseitigung (**§ 1004 BGB**) oder auf Duldung eines **Notwegrechts** (**§ 917 Abs. 1 BGB**), bei Veräußerung des gestörten[18] bzw. notleidenden[19] Grundstücks. § 265 gilt ferner, wenn bei einer Grundbuchberichtigungsklage (**§ 894 BGB**) der eingetragene Beklagte das Grundstück weiterveräußert[20] oder bei der Klage auf **Patentvindikation** (§ 8 PatG) zwar schon veräußert hat, die Änderung der legitimierenden Eintragung (§ 30 Abs. 3 Satz 3 PatG) jedoch erst nach Eintritt der Rechtshängigkeit erfolgt[21].

12   **Nicht dagegen gehören** hierher die **persönlichen** (schuldrechtlichen) **Ansprüche** gegen den Eigentümer auf *Herausgabe* oder auf *Auflassung* aufgrund eines Schuldverhältnisses[22], auch wenn sie geeignet wären, die Widerspruchsklage des § 771 oder die Aussonderung im Konkurse zu begründen, wie etwa *Miete* (wegen § 571 BGB → jedoch Rdnr. 11) oder *Verwahrung*[23]. Ebensowenig die **Ansprüche gegen den Störer**, § 1004 BGB, wenn dieser das Grundstück veräußert, von dem die Störung ausging[24], sowie diejenigen aufgrund der *Anfechtung* wegen Benachteiligung der Gläubiger[25]. Wegen der *Widerspruchsklage* des § 771 → Rdnr. 15.

13   Werden **Gesamtansprüche** geltend gemacht, z. B. bei der Erbschaftsklage nach § 2018 BGB, so werden dadurch die *einzelnen* zum Nachlaß gehörigen Sachen *nicht* zu im Streit befangenen Gegenständen.

2. Geltend gemachter Anspruch

15   Der geltend gemachte »Anspruch« braucht nicht ein Leistungsanspruch im Sinne des § 194 BGB zu sein. Gemeint ist, wie auch sonst an ähnlichen Stellen (→ Einl. Rdnr. 288), die Rechtsfolge des geltend gemachten Tatbestandes, über die geurteilt werden soll. § 265 greift daher bei der **Feststellungsklage** ebenso wie bei der **Leistungsklage** Platz, namentlich auch bei der **negativen Feststellungsklage** des Schuldners[26], und ebenso bei denjenigen Klagen, die letzterer sachlich gleichstehen, wie die auf *Löschung einer Hypothek*[27]. Zur Anwendung gelangt § 265 endlich auch bei **Klagen rein prozeßrechtlicher Art**, sofern die prozessualen Rechtsfolgen bei der Veräußerung des zugrunde liegenden materiellen Rechts mit übergehen. Da der bloß *akzessorische Übergang genügt* (→ Rdnr. 26), ist als Abtretung des Anspruchs i. S. v. § 265 auch anzusehen die Veräußerung des die **Widerspruchsklage nach §§ 771 ff.** begründenden Rechts[28] – also wenn die Widerspruchsklage auf Eigentum gestützt wird, die

---

[17] S. auch *RGZ* 27, 237; ferner *KG* OLG Rsp 23, 144; *Schuman* (Fn. 1) 31 ff. u. a. – A. M. *OLG Dresden* SächsArch 5, 694; *KG* OLG Rsp 15, 263; *Reichel* JbfD 46, 110; *Meister* (Fn. 1), 37 u. a. Dagegen tritt *keine* Streitbefangenheit ein, wenn lediglich der gesicherte *schuldrechtliche* Anspruch geltend gemacht wird; BGHZ 39, 21 = NJW 1963, 813. S. dazu auch *Link* NJW 1965, 1464, → auch § 266 Fn. 3.

[18] BGHZ 18, 223 = JZ 1956, 121 (zust. *Pohle*). – Zu Ansprüchen aus Mitgliedschaftsrechten → Fn. 38.

[19] BGH MDR 1976, 917 = WPM 1061 = DB 2398 = Warn Nr. 129 = JuS 1977, 50 = LM Nr. 12/13 zu § 917 BGB.

[20] RGZ 121, 379.

[21] BGHZ 72, 236 = NJW 1979, 269 = MDR 225 = GRUR 145 (v. *Falk*).

[22] S. auch *RG* JR 1927 Nr. 416; *OLG Königsberg* SeuffArch 58 (1903), 173.

[23] So auch *OLG Rostock* Rsp 2, 350.

[24] *OLG Hamm* OLG Rsp 15, 274 f.; *OLG Kiel* OLG Rsp 29, 184; *OLG Schleswig* SchlHA 1962, 130; offenlassend BGHZ 28, 153.

[25] S. auch *RGZ* 103, 121; *OLG Stettin* OLG Rsp 4, 177; *KG* OLG Rsp 15, 268; *Jaeger/Lent* KO⁸ § 29 Anm. 10; *Jaeger* AnfG² (1938) § 1 Anm. 21; *Meister* (Fn. 1), 39. Vgl. *RGZ* 34, 59. – A. M. *Schultze* (Fn. 1), 93 f.; *Mayer* (Fn. 1), 307 und alle Vertreter der sogenannten Dinglichkeitstheorie (bei *Jaeger/Lent* KO⁸ I vor § 29); besonders *Hellwig* Wesen und subjektive Begrenzung der Rechtskraft (1901), 369 ff.; *OLG Köln* ZIP 1991, 1369.

[26] Vgl. *OLG Dresden* SächsAnn 1932; 342.

[27] RGZ 60, 250; *RG* Gruchot 60 (1905), 504.

[28] *OLG Dresden* DR 1940, 1692; mißverständlich *OLG Hamburg* MDR 1969; 673 (für den Fall der Veräußerung durch den Vollstreckungsgläubiger); → § 771 Rdnr. 35 und 40 und *Bettermann* Die Interventionsklage als zivile Negatoria, Festschr. *F. Weber* (1975), 95.

Übereignung der Sache – und ebenso die Übertragung des materiellen (titulierten) Anspruchs bei einer **Klage auf Vollstreckungsurteil** nach § 722[29] oder **auf Erteilung der Vollstreckungsklausel nach § 731**.

Die **Streitbefangenheit** tritt stets **nur hinsichtlich des konkreten Anspruchs** ein, der vor der Veräußerung rechtshängig geworden ist[30]. Dagegen kommt ein Anspruch, der *nicht unmittelbar* den Gegenstand des Rechtsstreits bildet, nicht in Betracht; ist z. B. auf Einwilligung in die Rückgabe einer Sicherheit geklagt, so sind die Ansprüche der Parteien gegen die Hinterlegungsstelle nicht Gegenstand des Streits, ihre Pfändung daher unerheblich. – Eine Rechtsnachfolge hinsichtlich der *Unterlassungspflicht* aus unerlaubter Handlung (z. B. bei Veräußerung der Maschinen, mit denen Patentverletzungen begangen werden) ist nicht anzuerkennen; denn hier bestehen gesonderte Ansprüche gegen die jeweiligen Täter[31]. 16

III. Geltungsbereich

1. Allgemeines

a) Die Abgrenzung des Geltungsbereichs des § 265 hat seit jeher Schwierigkeiten bereitet. Einig ist man sich darüber, daß die Begriffe »**Veräußerung**« und »**Abtretung**« **nicht im engen Wortsinn** (rechtsgeschäftliche Übertragung) zu verstehen sind. Da andererseits auch die §§ 239 ff. nicht eng ausgelegt werden können, ist zweifelhaft, ob bei bestimmten Rechtsänderungen ein *Parteiwechsel* anzunehmen ist oder die *den Parteiwechsel vermeidende* Regelung des § 265 Abs. 2 eingreift[32]. **§ 265 Abs. 2** kommt nur in Betracht, wenn die **bisherige Partei fortexistiert** und wenn das Urteil zwischen den bisherigen Parteien **auch den neuen Rechtsträger bindet**. In den verbleibenden Zweifelsfällen ist entscheidend, ob den typischen Parteiinteressen und dem Zweck der jeweiligen Rechtsänderung ein *Parteiwechsel* oder aber die Regelung des § 265 Abs. 2 – mit dem Grundgedanken, den Gegner *vor einer Parteiänderung* (→ dazu § 264 Rdnr. 91 ff.) zu schützen, → Rdnr. 9 – besser gerecht wird. 19

b) § 265 Abs. 2 kann danach *nicht nur bei vollen Übertragungen* eines Rechts, sondern auch beim **Wechsel der Prozeßführungsbefugnis** in Betracht kommen[33]. Bei Beginn oder Ende einer Prozeßführungsbefugnis **für ein Gesamtvermögen** oder eine **Vermögensmasse** (Eröffnung und Beendigung des **Konkurses**[34] – wenn man der Lehre von der Partei kraft Amtes folgt, → Rdnr. 25 vor § 50, – Ende der Prozeßführungsbefugnis bei *Gütergemeinschaft* oder beim früheren gesetzlichen Güterstand der Verwaltung und Nutznießung) ist aber die Annahme eines *Parteiwechsels*, nicht die Anwendung des § 265 Abs. 2 *angemessen*, → Rdnr. 24 f. vor § 239, § 239 Rdnr. 10 f., § 240 Rdnr. 39, § 241 Rdnr. 18. § 265 gilt dagegen, wenn der **Konkursverwalter** einen streitbefangenen Gegenstand **freigibt**[35], → § 240 Rdnr. 43. Auch bei einem Wechsel der **gewillkürten Prozeßführungsbefugnis** (→ Rdnr. 44 vor § 50) während eines anhängigen Prozesses ist zum Schutz des Gegners die Anwendung des § 265 geboten. § 265 gilt ferner bei **Veräußerung** des Streitgegenstandes, auf den sich die **Prozeßführungsbefugnis bezieht**[36]. 20

---

[29] *BGH* VersR 1992, 1282; a.M. *Grunsky* ZZP 89 (1976), 241 (257).
[30] *BGHZ* 28, 153.
[31] *RGZ* 153, 210; s. dazu auch *Jonas* JW 1937, 1669; s. weiter auch *RG* DR 1941, 511.
[32] Zur Unanwendbarkeit von § 265 im Fall, daß kraft Gesetzes an die Stelle des zunächst in Anspruch genommenen ein anderer Schuldner tritt, vgl. *BGHZ* 106, 359 (365).
[33] Vgl. *Henckel* (Fn. 1), 153 ff. – A.M. *Bötticher* (Fn. 1), 295 ff.; *BGHZ* 1, 67 (hierzu *de Boor* JZ 1951, 450); 46, 249 (folg. Fn.). a.M. *Baumbach/Lauterbach/Hartmann*[55] Rdnr. 11; *Früchtl* NJW 1996, 1327 (1328).
[34] *BGH* WM 1992, 1407 = *BGH* NJW 1992, 1894 f.
[35] *Grunsky* (Fn. 1), 96 f.; mit weiteren Nachweisen bei Fußn. 85; *Bötticher* JZ 1963, 585. – A.M. *BVerwG* NJW 1984, 2427 (*Schulz*); *BGHZ* 46, 249 = NJW 1967, 781 = MDR 298 = JZ 365 (abl. *Grunsky*) = ZZP 80 (1967) 469 (abl. *Weber*).
[36] *Bötticher* (Fn. 1), 297 Fn. 1.

2. Rechtsgeschäftliche Übertragung

21 Unter die vorliegende Bestimmung fällt zunächst die **Übertragung** von **Rechten** oder **Ansprüchen** durch Rechtsgeschäft, **§§ 398 ff., 873, 929 BGB**, auch durch **Indossament**[37], die **Abtretung eines Gesellschaftsanteils**[38] oder der **Schlußsaldoforderung aus einem Konto**[39], ferner die Rechtsänderung durch die **Aufgabe von dinglichen Rechten** an fremder Sache[40] oder durch die **Neubegründung** von solchen, z. B. die Bestellung von **Pfandrechten** und anderen dinglichen Belastungen[41], sowie die **Übertragung des unmittelbaren Besitzes** unter Erlangung des mittelbaren Besitzes durch die Partei, § 868 BGB. Denn § 325 stellt diesen Fall (→ § 325 Rdnr. 27 ff.) zwar neben die Rechtsnachfolge im engeren Sinn, aber nicht um ihn anders, sondern um ihn ebenso zu behandeln, und der Umfang der Rechtskraft ist auch für § 265 maßgebend (→ Rdnr. 3). Ferner gehört hierher die **Aufgabe des Eigentums** nach § 928 BGB[42], → auch § 58 Rdnr. 4, *nicht* dagegen die *Aufgabe des Besitzes* als solche. In letzterem Fall tritt vielmehr *Verlust der Legitimation zur Sache* ein, beim Beklagten vorbehaltlich etwaiger Ersatzansprüche. Über den Eintritt des Aneignungsberechtigten → § 58 Rdnr. 7. § 265 Abs. 2 findet entsprechende Anwendung auf die Patent-Nichtigkeitsklage (bei Umschreibung in der Patentrolle)[43], sowie im Zustimmungsersetzungsverfahren nach § 7 ErbbR-VO, wenn der Eigentümer während des Verfahrens das Grundstück eräußert[44].

3. Übertragung kraft Gesetzes

23 Ferner gehört hierher die Übertragung, die kraft Gesetzes als Rechtsfolge eines anderen Aktes eintritt, wie in den Fällen der **§ 268 Abs. 3, § 426 Abs. 2, § 774 BGB** usw. bei der Befriedigung des Gläubigers durch einen Gesamtschuldner, den Bürgen oder einen anderen Dritten[45] – mit Ausnahme jedoch der Einlösung durch den *Wechselregreßschuldner*, da hier die Wechselforderung des Gläubigers erlischt und das eigene Gläubigerrecht des zahlenden Regreßschuldners wieder auflebt[46] – oder die Begründung der **gesetzlichen Pfandrechte**[47], ferner der Übergang der Rechte aus einem **Mietvertrag**[48] **bei Veräußerung des Grundstücks** → Rdnr. 26, der Übergang bei **Fortführung eines Handelsgeschäftes**[49] oder Eintritt in ein solches, **§§ 25, 28 HGB**[50], oder bei dem Wechsel der Mitglieder *nicht rechtsfähiger* Gesellschaften oder Vereine; hier liegt stets Veräußerung der Anteile vor[51]. Darunter fällt auch der gesetzliche Forderungsübergang zugunsten des Trägers der Sozialhilfe nach § 91 BSHG[52]. Dasselbe

---

[37] Vgl. *RGZ* 47, 70.
[38] § 265 gilt hier für Ansprüche aus dem Mitgliedschaftsrecht, *BGH* LM Nr. 7 = NJW 1960, 964; *OLG Karlsruhe* NJW 1995, 1296 (jeweils zur *actio pro socio*); NJW 1965, 1378 (*Anfechtungs- und Nichtigkeitsklage*).
[39] *BGH* LM Nr. 18 = NJW 1979, 924 = MDR 288 = BB 396.
[40] *RG* JW 1929, 774 (*Aufhebung eines Erbbaurechts*).
[41] *Hirsch* Die Übertragung der Rechtsausübung 1 (Allg. Lehren) (1910), 228 f. (mit Lit.) u. a.
[42] So auch *KG* OLG Rsp 31, 69; *Hellwig* (Fn. 1), 274 ff.; s. auch *RGZ* 103, 166.
[43] *BGH* NJW 1993, 203 = *BGH* GRUR 1992, 430.
[44] *OLG Hamm* OLGZ 1990, 385.
[45] *BGH* NJW 1963, 2067 = MDR 998 (zu § 426 Abs. 2 BGB); *RGZ* 76, 215, 85, 430; *OLG Hamburg* Rsp 18, 44 (Gesamtschuld). – A. M. für letztere *KG* OLG Rsp 5, 333.
[46] *OLG Hamburg* MDR 68, 248, 1014; *OLG Marienwerder* Rsp 11, 420; *OLG Königsberg* SeuffArch 64 (1909), 394; *KG* OLG Rsp 25, 152, 31, 86; vgl. auch *RGZ* 34, 50; *OLG Karlsruhe* JW 1930, 3780.
[47] Vgl. *KG* KGBl. 1902, 73.

[48] Z. B. auch Optionsrechte auf Verlängerung *RGZ* 103, 349.
[49] Auch unter § 265 fällt der Betriebsübergang nach § 613 a BGB, *BAG* AP Nr. 49 zu § 615 BGB; eingehend dazu *Zeuner* (Fn. 1), 575 ff; *Löwisch/Neumann* DB 1996, 474 f.
[50] Vgl. *RG* SeuffArch 70 (1915), 208; *KG* OLG Rsp 29, 99. – a. M. *Rosenberg/Schwab/Gottwald*[15] § 102 II 2.
[51] Zur Anwendung des § 265 Abs. 2 beim **ersatzlosen Ausscheiden von Mitgliedern** *RGZ* 78, 101. – A. M. (es läge eine *gesetzliche Parteiänderung* vor [zu dieser → § 264 Rdnr. 95 ff.]) *MünchKomm-Ulmer*[3] § 718 Rdnr. 59 ff. *Riegger* Die Rechtsfolgen des Ausscheidens eines Gesellschafters aus einer zweigliedrigen Personalgesellschaft (1969), 68 ff. geht hier den Weg der beiderseitigen bzw. einseitigen Erledigungserklärung. *Hüffer* Die Gesamthandsgesellschaft im Prozeß, Zwangsvollstreckung und Konkurs, in: Festschr. *Walter Stimpel* (1985), 174 f. will nicht die Konsequenz einer gesetzlichen Parteiänderung ziehen, sondern möchte wohl die Änderung der Parteibezeichnung genügen lassen.
[52] *OLG Schleswig* FamRZ 1996, 40; *OLG Karlsruhe*

gilt (von dem in § 50 Rdnr. 13 Fn. 23 *abgelehnten Standpunkt* aus, daß die Gesellschafter Prozeßpartei seien) für die offene Handelsgesellschaft sowie bei der **Auflösung juristischer Personen**; wegen der Anwendung von § 239 einerseits und § 265 andererseits → § 239 Rdnr. 5 und 6. Bei **Beendigung der Gütergemeinschaft** kommt § 265 erst zur Anwendung, wenn die Auseinandersetzung vollzogen ist, → näher § 239 Rdnr. 10, → auch § 744 Rdnr. 4.

4. Übergang im Wege staatlichen Übertragungsaktes

§ 265 gilt aber auch, wenn die Übertragung im Wege eines staatlichen Übertragungsakts erfolgt, wie bei der **Enteignung**[53], der **Überleitung** gemäß **§ 90 BSHG**[54], der **Überweisung** aufgrund einer Pfändung[55] (zur Anwendung des § 265 bei *Verzicht* gemäß § 843 → dort Rdnr. 6 und zur Rechtslage *vor* Überweisung → § 829 Rdnr. 87) oder der **zwangsweisen Versteigerung**, insbesondere auch der Zwangsversteigerung von Grundstücken, § 325 Abs. 3 S. 2[56]. Der Umstand, daß der Erwerber ein selbständiges Recht erwirbt (→ Rdnr. 51), schränkt zwar die Wirkungen der Veräußerung ein, schließt aber ihren Begriff nicht aus.   25

5. Mitübergang als Folge der Veräußerung eines anderen Rechts

Unerheblich ist endlich, ob der Veräußerungsakt das Recht *selbst* zum Hauptgegenstand hat, oder ob es als abhängiges Recht durch die Veräußerung eines *anderen* mitübertragen wird, wie die **Hypothek**, § 1153 BGB, das Recht aus dem Mietvertrag im Falle des **§ 571 BGB**[57], oder das **Anfechtungsrecht** wegen Benachteiligung der Gläubiger bei der Übertragung der Forderung[58].   26

IV. Das weitere Verfahren

1. Regelfall: kein Einfluß auf den Prozeß

Erfolgt eine **Veräußerung** (→ Rdnr. 19 ff.) *nach* Eintritt der Rechtshängigkeit, wobei über ihren Zeitpunkt, besonders im Fall des bedingten Rechtsgeschäfts[59], das maßgebende bürgerliche Recht entscheidet[60], so hat sie in der Regel (→ Rdnr. 51 ff.) **auf den Prozeß keinen Einfluß**.   31

a) **Unkenntnis des Gerichts von der materiellrechtlichen Veränderung**. Bleibt sie dem Gericht *unbekannt*, so ergeht das Urteil gegenüber dem Veräußerer, als wäre er noch Inhaber des Rechts, und ist dem Erwerber gegenüber nach § 325 wirksam und nach § 727 vollstreckbar.   32

FamRZ 1995, 1504; a.M. *AG Bergheim* FamRZ 1995, 1499 f.; vgl. dazu *Brudermüller* FuR 1995, 17 ff.; *Brüggemann* DAVorm 1995, 137 ff.; *Ott* FamRZ 1995, 456 ff.
[53] A.M. *Nathan* NJ 1949, 94 (§§ 265, 325 seien auf originären Erwerb nicht anwendbar); *OLG Erfurt* NJ 1952, 186. Diese Ansichten beruhen aber auf einem anderen Verständnis der Enteignung.
[54] *KG* FamRZ 1982, 427; *OLG Karlsruhe* FamRZ 1979, 709; *OLG Schleswig* SchlHA 79, 126; *OLG Düsseldorf* FamRZ 1978, 256; *LG Bielefeld* FamRZ 1968, 212.
[55] Vgl. *BGHZ* 86, 337 = NJW 1983, 886 = MDR 486 = LM § 135 BGB Nr. 4; *BGH* MDR 1988, 1053; *RGZ* 20, 420 f.; *RG* JW 1998, 160, 218; *OLG Celle* SeuffArch 43 (1888), 376; *OLG Frankfurt a.M.* SeuffArch 46 (1891), 375; *OLG Rsp* 15, 118 f.; *OLG Dresden* SächsArch 2; 374 (s. auch das. 388); *OLG Hamburg* SeuffArch 74 (1919), 64; *Hellwig* (Fn. 1), 151; Lb 1, 341 u. a. m.

[56] *RGZ* 56, 244, 82, 38; *RG* JW 1902, 128 f. (s. auch *RGZ* 40, 339); WarnRsp 1914 Nr. 98 (s. aber auch *RGZ* 89, 77); *OLG Stettin* OLG Rsp 11, 123; *OLG Hamburg* OLG Rsp 19, 192; *KG* OLG Rsp 20, 314. Vgl. auch *RG* HRR 1930 Nr. 174. – Der *Ersteher* ist aber nicht Rechtsnachfolger des *Zwangsverwalters*, *BGH* LM Nr. 2; *OLG Celle* NdsRPfl 1959, 241. Zur Beendigung der Zwangsverwaltung → § 241 Rdnr. 19.
[57] *RGZ* 55, 293 f.; 102, 177. Vgl. oben Fn. 16.
[58] *RGZ* 39, 12; *Jaeger* AnfG² (1938) § 1 Anm. 30.
[59] Vgl. dazu *Strohal* Grenzen der Urteilsrechtskraft, Festschr. für *Degenkolb* (1905), 1 ff.; *Pohle*, in Festschr. für *Lehmann* (1956), 756 ff.
[60] Vgl. *RGZ* 121, 379 (bei der *Grundstücksveräußerung* der Zeitpunkt der *Eintragung*).

§ 265 IV   2. Buch. Verfahren im ersten Rechtszuge. 1. Abschnitt. Landgerichte

33   **b) Folge der geltend gemachten Veränderung.** Wird sie *im Prozeß geltend gemacht*, so tritt keine Unterbrechung ein, der Veräußerer bleibt in der Parteistellung, insbesondere für die Frage der Unterbrechung usw., §§ 239 ff.[61] und für die Widerklage[62]. Das Urteil ist auf seinen Namen zu stellen, wie auch §§ 325 und 727 mit der Gegenüberstellung von Partei und Rechtsnachfolger zeigen, und einer Klage des Erwerbers stände der Einwand der Rechtshängigkeit entgegen, § 263 → Rdnr. 55.

35   **(1) Relevanz- Irrelevanztheorie.** Streitig[63] ist dagegen, **ob** die zu erlassende **Entscheidung** der durch die Veräußerung bewirkten **Veränderung** in vollem Umfang[64] (so die sog. *Relevanztheorie*) oder wenigstens insoweit **anzupassen** ist, als dem Gegner Einreden aus dem materiellen Verhältnis zum Rechtsnachfolger entgegengesetzt werden können, oder endlich, ob der Grundsatz, daß die zivilrechtlich gestattete (Abs. 1) Veräußerung nach Abs. 2 *prozessual* ohne Einfluß ist, auch dazu führt, daß die Veräußerung für die *sachliche* Entscheidung außer Betracht bleibt (so die sog. *Irrelevanztheorie*)[65].

36   **(2) Beachtlichkeit des Übergangs (Relevanztheorie).** Aus dem *Wortlaut* des Abs. 2 läßt sich weder für die eine noch für die andere Auffassung ein zwingendes Argument entnehmen. Auch aus dem Abs. 3, nach dem in den dort bezeichneten Ausnahmefällen der Einwand der mangelnden Sachlegitimation Platz greift, kann für den Regelfall des Abs. 2 kein Gegenschluß zugunsten der Unbeachtlichkeit der Veräußerung gezogen werden. Entscheidend spricht für die erstere Auffassung (also **für die Relevanztheorie**), d. h. für die **Beachtlichkeit des Übergangs**, daß sich die anderen Auffassungen notgedrungen mit dem fundamentalen Satz des Prozeßrechts in Widerspruch setzen würden, daß dem Urteil die Sachlage am Schluß der mündlichen Verhandlung zugrunde zu legen ist (→ § 300 Rdnr. 7 ff.), die daher die während des Prozesses eingetretenen *materiellrechtlichen Änderungen* bei der Entscheidung *zu berücksichtigen* sind. Vom Standpunkt der hier abgelehnten Auffassung (der Irrelevanztheorie) wäre der Richter genötigt, *entgegen* der von ihm erkannten materiellen Rechtslage zu erkennen. Dies wäre aber keine materiellrechtsfreundliche Auslegung der ZPO, zu der die Gerichte aufgerufen sind (→ Einl. Rdnr. 68)[66].

2. Stellung des Veräußerers

39   Demgemäß ist die Stellung des Veräußerers dahin zu bestimmen, daß er den Prozeß im *eigenen* Namen, kraft eigenen **Prozeßführungsrechts** (Prozeßlegitimation) – kraft **Prozeßstandschaft** –[67] über ein *fremdes* Recht führt, eine prozessuale Gestaltung, die auch sonst nicht selten ist, → Rdnr. 20 vor § 50. – Für die Beurteilung der **Sachurteilsvoraussetzungen** bleibt die den Prozeß auch weiterhin betreibende Person des *Veräußerers* maßgebend[68].

---

[61] *RGZ* 66, 171 f.
[62] Vgl. *RGZ* 90, 350.
[63] Übersichten der »Theorien«, ihrer Anhänger und Varianten bei Meister (Fn. 1), 68 ff. und ausführlich *Grunsky* (Fn. 1), 101 ff. mit Nachweisen.
[64] So insbesondere *RGZ* 40, 340; 49, 364 ff.; 56, 307; 76, 217; RG JW 11, 327; 12, 870; 16, 847; *Förster/Kann³* 4 b; *Hellwig* (Fn. 1), 153 ff.; *Jacobi* ZZP 43 (1913), 441 ff. u.a.m.
[65] So *OLG Hamburg* HGZ 14, 220; 21, 255; *OLG Dresden* SächsAnn 37, 221 u.a.; im Ergebnis auch *Weidlich Gruchot* 45 (1900), 299 f. und der Sache nach *RGZ* 7, 332; 20, 422 f. S. auch *Sperl* (Fn. 1), 466 f.
[66] Näher *Schumann*, in: Festschr. für *Larenz* zum 80. Geburtstag (1983), 597 f. mit weit. Nachw. in Fußn. 102.
[67] Diese Erkenntnis geht auf *Kohler* (Fn. 1) zurück (vgl. auch *Kiefner* [Fn. 1], 170 ff.). Der Veräußerer bleibt also *im eigenen Namen handelnde Partei*, er ist nicht als Vertreter tätig; *Rosenberg* Stellvertretung im Prozeß (1908), 20; s. ferner *Jacobi* ZZP 43 (1913), 441 f.; vgl. auch *Jonas* JW 1935, 2729 zu *RGZ* 148, 167. Dies gilt auch im Prozeß auf Vollstreckbarerklärung eines ausländischen Urteils nach § 722, vgl. *BGH* NJW 1992, 3096. Zu **Klageänderungen** berechtigt das Prozeßführungsrecht nur in *engen* Grenzen, vgl. *RGZ* 90, 350 (354 f.); *BGH* LM Nr. 7 (Fn. 38); zur Änderung auf Leistung an den Rechtsnachfolger → Rdnr. 42.
[68] Ebenso *Wieczorek³* E II a. *Rechtsschutzbedürfnis* und *Feststellungsinteresse* sind zu bejahen, auch die Veräußerung vorliegen würden. A.M. insoweit *BGH* NJW 1965, 1378, der auch für *diese* (prozessualen) Fragen die Relevanztheorie heranzieht und prüft, ob die bisherige Partei trotz der Veräußerung noch ein Feststellungs- und Rechtsschutzinteresse hat (im konkreten Fall bejaht).

a) Abtretung des geltend gemachten Anspruchs

Trotz der Abtretung des geltend gemachten Anspruchs **bleibt** daher der **Veräußerer Partei** 40 mit allen ihren Rechten und Pflichten[69]. Er ist zu sämtlichen **Prozeßhandlungen**, auch zu *Anerkenntnis, Verzicht* und *Vergleich*[70], **berechtigt**, *nicht* jedoch zu *materiell-rechtlichen* Verfügungen[71]. Es können ihm *Einreden gegen den Rechtsnachfolger* (z. B. Zahlung an diesen, Stundung, Aufrechnung gegenüber dem Rechtsnachfolger) entgegengesetzt werden[72]. Ausgeschlossen sind andererseits solche Einreden, die materielle Verfügungen enthalten, die dem Rechtsnachfolger gegenüber unwirksam sind, wie die Aufrechnung mit einer gegen den klagenden Zedenten nach der Zession entstandenen Gegenforderung[73].

Bei der **negativen Feststellungsklage** und den ihr gleichstehenden Klagen gilt dies entsprechend im Falle der Veräußerung durch den Beklagten[74]. 41

Der **Kläger** ist daher in der Regel[75] **genötigt**[76], seinen **Antrag** – auch ohne Einwand des 42 Beklagten – **entsprechend** (auf Leistung an den Rechtsnachfolger) **zu ändern**, § 264 *Nr. 3*[77], wozu ihn das Gericht nach § 139 (→ dort bei Rdnr. 19a) anregen muß[78]. *Weigert* er sich, so ist seine Klage *wegen fehlender Aktivlegitimation als unbegründet* **abzuweisen**[79]. Ein solches Urteil schafft gegenüber dem Rechtsnachfolger *keine Rechtskraft*[80].

b) Veräußerung durch den Beklagten

Anders liegt die Sache bei einer Veräußerung der im Streit befangene Sache durch den 45 Beklagten. Hier wird der Prozeß ebenfalls fortgesetzt. Der Kläger kann jetzt die *Erledigung*

---

[69] BGH NJW-RR 1986, 1182.
[70] OLG Kiel OLG Rsp 17, 318; *Förster/Kann*³ 4a; *Lehmann* Prozeßvergleich, 172; *Baumbach/Lauterbach/Hartmann*⁵⁵ Rdnr. 19; *A. Blomeyer* ZPR § 47 III 3 (mit zutreffender Begründung aus dem Zweck des § 265). – A.M. *RG* WarnRspr 1913 Nr. 259; *Hellwig* Lb. 1, 346; *Lippmann* IherJb. 45 (1903), 267; ältere Aufl. dieses Komm.
[71] *Zeuner* (Fn. 1), 592.
[72] Ebenso *Wach* Gruchot 30 (1893), 779 f.; *Bunsen* ZZP 26 (1899), 299 f.; *Meister* (Fn. 1), 115 ff.
[73] *RG* JW 1912, 870.
[74] S. auch *OLG Dresden* SächsAnn 32, 342. Da der Beklagte in dieser Situation in aller Regel einer Verurteilung nicht entgehen kann und sich nunmehr wahrscheinlich der Dritte desselben Anspruchs berühmen wird, ist dem Beklagten die Antragsänderung dahin zu raten, daß der Dritte gegen ihn keinen Anspruch besitzt; zur Feststellungsklage über Drittrechtsverhältnisse → § 256 Rdnr. 37 ff.
[75] Eine *Antragsumstellung* ist *nicht erforderlich*, wenn bei Ansprüchen, die dem Eigentümer als solchem zustehen (→ Rdnr. 11), der gestellte Antrag *vor* wie *nach* der Veräußerung dahin geht, den unmittelbaren Besitzer nicht zu räumen, und dieser *derselbe* geblieben ist, wie *BGH* MDR 1976, 917 = WPM 1061 = DB 2398 = Warn Nr. 129 = JuS 1977, 50 = LM Nr. 12/13 zu § 917 BGB. Auch dann muß der *Antrag ausnahmsweise nicht* geändert werden, wenn trotz der Veräußerung (Abtretung) der Veräußerer *weiterhin ermächtigt* ist, die Leistung zu fordern, etwa im Wege der **Einziehungsermächtigung**, vgl. *BGHZ* 26, 31 (37) sowie *BGH* WPM 1982, 1313 (nach Sicherungsabtretung erteilte der Treunehmer Einziehungsermächtigung an den Kläger, der dadurch weiterhin zur Einziehung der Forderung im eigenen Namen befugt blieb). Zur *Seeversicherung* vgl. *OGHZ* 2, 383.

[76] So *BGHZ* 26, 37; *BGH* MDR 1976, 917 (Fn. 75); LM Nr. 18 = NJW 1979, 924 = MDR 288 = BB 398 u. ö., *RGZ* 56, 307, 76, 217; *RG* Gruchot 49 (1902), 378 f., 902; JW 1907, 337; JW 1912, 870; *OGH* HEZ 1, 314; – A.M. *RGZ* 40, 345; *Wach* (Fn. 72); *Meister* (Fn. 1) 85 ff.; *Ebbecke* ZZP 47 (1918), 220. Daß der Kläger den Antrag auf Verurteilung zur Zahlung an den Rechtsnachfolger ändern *kann*, wird von keiner Seite in Zweifel gezogen. Vgl. auch *Grunsky* (Fn. 1), 138 ff., insbesondere 164 ff., der dann dem Beklagten ein Recht auf Abweisung des ursprünglichen Antrags einräumt; dagegen zutreffend *Henckel* (Fn. 1) 347 ff.
[77] *BGH* LM Nr. 7 = NJW 1960, 964; *Rosenberg/Schwab/Gottwald*¹⁵ § 101 I 3 c. A.M. (Antragsumstellung entspricht § 264 Nr. 2) *Wieczorek*³ D I a 2.
[78] *RG* Gruchot 49 (1902), 378, 902. – Die Änderung ist noch in der *Revisionsinstanz* zulässig, wenn die Tatsache der Abtretung im Berufungsurteil festgestellt ist, *BGHZ* 26, 37. Zur *Umschreibung* der *Vollstreckungsklausel* auf den Rechtsnachfolger → § 727 Rdnr. 12 bei Fn. 62.
[79] *BGH* WPM 1982, 1313; *RGZ* 56, 307; *RG* Gruchot 49 (1902), 378; JW 1907, 337; 1908, 303; *OGH* HEZ 1, 314; *OLG Düsseldorf* FamRZ 1981, 697. – A.M. *Kohler* Beiträge 305; der die Verurteilung zugunsten des Zessionars auch *gegen den Willen des Zedenten* zulassen will. Das hat zwar angesichts des Schutzzwecks des § 265 manches für sich, ist aber wegen der Bindung des Gerichts an den Antrag (§ 308 Abs. 1) nicht möglich. Vgl. auch *Wieczorek*³ D I a 1, der dem Beklagten die negative Feststellungswiderklage offenläßt. Doch ist eine solche Widerklage nicht zulässig (→ § 256 Rdnr. 82).
[80] So auch *Jacobi* ZZP 43 (1913), 455; vgl. auch *OLG Hamm* OLG Rsp 29; 110.

der Hauptsache erklären, die Klage *zurücknehmen* oder nach *Klageänderung* gemäß § 264 Nr. 3 dazu übergehen, die sich aus der Veräußerung gegen den Beklagten ergebenden Ansprüche (auf *Schadensersatz, Erlösherausgabe* usw.) geltend zu machen; das Urteil darüber ist nicht gegen den Erwerber wirksam. Tut dies der Kläger nicht, so ist eine Änderung des Antrags dahin, daß der Rechtsnachfolger verurteilt wird, nicht möglich, da die Verurteilung eines an dem Verfahren nicht beteiligten Dritten nicht denkbar ist[81]. Das Urteil hat daher in diesem Falle die Veräußerung unberücksichtigt zu lassen[82], und den Titel gegen den Dritten hat sich der Kläger durch Umschreibung der Vollstreckungsklausel nach § 727 bzw. durch Klage nach § 731 zu beschaffen.

V. Absatz 3. Die Einrede der fortgefallenen Aktivlegitimation

51   Die unter IV. dargestellten Grundsätze beruhen auf der Wirksamkeit und Vollstreckbarkeit des Urteils gegen den Rechtsnachfolger, → Rdnr. 31 ff. Deshalb **gelten sie nicht** in denjenigen Fällen der Veräußerung, in denen zwar eine Rechtsnachfolge eintritt, aber das **Urteil gegen den Rechtsnachfolger unwirksam** ist, weil er sein Recht auch vom Nichtberechtigten wirksam herleitet[83], → § 325 Rdnr. 32 ff. Da nun die Veräußerung des *Grundstücks* während des Streits um dingliche Rechte an dem Grundstück in § 266 besonders geregelt ist, **gehören zu § 265 Abs. 3** namentlich **die Fälle** der §§ 892, 893, 932 ff., 1032, 1138[84], 1140, 1155, 1208, 1242, 2366, 2370 BGB, §§ 366 f., 696, 698 HGB, § 90 ZVG sowie das **Indossament des Wechsels** und anderer Urkunden, Art. 14 WG[85], §§ 363 f. HGB, → im einzelnen § 325 Rdnr. 32 Daß in solchen Fällen die konkrete Prozeßlage bereits zu einer Berufung auf die angeführten Vorschriften geführt habe, setzt der Abs. 3 nicht voraus; es **genügt** also bereits das **Vorliegen eines derartigen Rechtsverhältnisses**, um die Wirkungen des Abs. 3 eintreten zu lassen[86]. Dem Kläger steht es dann frei, gegenüber dem Einwand geltend zu machen, daß dem Erwerber der gute Glaube hinsichtlich der Rechtshängigkeit gefehlt habe[87].

1. Veräußerung durch den Kläger

52   Hat in solchen Fällen der Kläger veräußert, so besteht weder für ihn noch für den Beklagten an der Fortführung des Prozesses ein Interesse. Es steht deshalb **dem Beklagten** nach Abs. 3 der **Einwand der nunmehr mangelnden Sachlegitimation** zu, und der Kläger ist, wenn er sein Begehren aufrechterhält, kostenpflichtig abzuweisen[88]; beantragt er in Übereinstimmung mit dem Beklagten, den *Rechtsstreit für erledigt* zu erklären, so treffen den *Kläger* gleichfalls die Kosten, und zwar auch dann, wenn die Klage bis zur Veräußerung begründet war. Ein anderes Ergebnis wäre mit dem Grundgedanken des § 265 Abs. 3 (Gewährung des Einwands zugunsten des Beklagten) unvereinbar; dem kann nach § 91a (billiges Ermessen, → § 91a Rdnr. 29) durchaus Rechnung getragen werden. Dagegen hat der *Beklagte* die Kosten zu tragen, wenn er der Erledigungserklärung des Klägers zu Unrecht widersprochen hat, → § 91a Rdnr. 41.

---

[81] Eine Verurteilung des neuen Rechtsinhabers kommt jedoch dann in Betracht, wenn es dem Kläger gelingt, eine **Parteiänderung** (Beklagtenwechsel) auf den neuen Rechtsinhaber zu erreichen; zum Parteiwechsel → § 264 Rdnr. 103 ff. – A. M. *Grunsky* (Fn. 1), 188 ff., der bei Klagen auf künftige Leistungen oder Feststellung nach Umstellung des Klageantrags die Verurteilung des Erwerbers ohne weiteres zulassen will. Dagegen zutreffend *Henckel* (Fn. 1), 352 ff.

[82] So auch *RGZ* 56, 244; 60, 247; 121, 379; *RG Gruchot* 65 (1907), 723. – A. M. *Hellwig* (Fn. 1), 172 ff.

[83] Dazu ausführlich *v. Olshausen* JZ 1988, 584 ff.

[84] Aber nur, soweit die *dingliche* Klage erhoben ist; *RGZ* 49, 364 ff.

[85] Anders im Falle der Zession nach Art. 20 Abs. 1 S. 2 WG, *RGZ* 33, 146 f.

[86] Vgl. *RGZ* 49, 363 (366: Es reicht, daß »zwischen den Parteien ein Rechtsverhältnis im Prozeß befangen ist, welches dem Beklagten die Erhebung eines solchen Einwandes ermöglicht«); *RG* JW 1911, 327.

[87] Vgl. *Hellwig* (Fn. 1), 165.

[88] *RGZ* 49, 366, *RG* JW 1911, 327.

2. Veräußerung durch den Beklagten

Hat dagegen der Beklagte veräußert, so kommt, da für diesen Fall der Abs. 3 *ausdrücklich* 53
keine besondere Bestimmung enthält, der **Abs. 2 uneingeschränkt zur Anwendung.** Der Kläger kann daher den anhängigen Prozeß gegen den Beklagten, sei es unter Übergang z. B. zu einem etwaigen Ersatzanspruch nach § 264 Nr. 3 (→ Rdnr. 45) oder ohne solchen – wegen der Prozeßkosten – fortsetzen. Auch kann er gegen den Erwerber eine neue Klage mit selbständiger Begründung erheben; der Einwand der *Rechtshängigkeit* greift nicht ein. Nicht ausgeschlossen ist es auch, daß der Kläger den Erwerber im Weg der *Parteiänderung* in den laufenden Prozeß hineinzieht (zum Beklagtenbeitritt → § 264 Rdnr. 131 ff.).

VI. Die Beteiligung des Rechtsnachfolgers am Verfahren

1. Übernahme des Prozesses

a) Fehlende Zustimmung des Gegners. Soweit im Regelfall die Veräußerung auf den 55
Prozeß ohne Einfluß ist (→ Rdnr. 31 ff.), hat der *Rechtsnachfolger* weder die Pflicht noch ohne Zustimmung[89] des Gegners das Recht, *den Prozeß* als Hauptpartei anstelle des Veräußerers oder neben ihm[90] *zu übernehmen*; sein Versuch, in dem Rechtsstreit als Partei aufzutreten, würde durch Endurteil (wie im Falle des § 239, → § 239 Rdnr. 27, 39) zurückzuweisen sein[91], wogegen das statthafte Rechtsmittel nur mit dem Ziel, den Prozeß zu übernehmen, eingelegt werden kann[92]. Die Zustimmung des Gegners kann auch nicht dadurch ersetzt werden, daß das Gericht die Übernahme des Prozesses durch den Rechtsnachfolger für sachdienlich erachtet[93].

b) Zustimmung beider Parteien. *Stimmen* dagegen der *Gegner* und der *Veräußerer*[94] der 56
Übernahme des Prozesses durch den **Rechtsnachfolger** zu, so tritt dieser im Prozeß **an die Stelle des Veräußerers,** der infolge des Parteiwechsels ohne Entscheidung *ausscheidet*. Die **Übernahmeerklärung** kann auch außerhalb der mündlichen Verhandlung durch Schriftsatz abgegeben werden[95], → § 128 Rdnr. 25. Das gleiche gilt für die *Zustimmung* des Gegners; diese kann auch *stillschweigend* erklärt werden, indem sich der Gegner auf die Verhandlung mit dem Rechtsnachfolger einläßt (arg. §§ 39, 267, 295)[96]. Der **Rechtsnachfolger** tritt im Prozeß **an die Stelle des Veräußerers,** und zwar so, daß dessen Rechtshandlungen für ihn maßgebend bleiben. Das *Urteil* ergeht in der Hauptsache und wegen der gesamten Kosten *für* und *gegen den Rechtsnachfolger*[97]. Der Veräußerer kann einen Anspruch auf Ersatz seiner Kosten gegen den Erwerber wie gegen den Gegner nur nach Maßgabe des bürgerlichen Rechts, → Rdnr. 14 ff. vor § 91, und mit besonderer Klage geltend machen; § 94 ist nicht anwendbar.

2. Hauptintervention

Der **Rechtsnachfolger** ist **nicht berechtigt**, ohne Zustimmung des Gegners eine Hauptintervention zu 58
erheben, → § 64 Rdnr. 11.

---

[89] Diese Zustimmung kann auch nicht etwa vom Gericht ersetzt werden: *BGH* NJW 1992, 2895; NJW 1988, 3209 = LM Nr. 22 zu § 265 ZPO = MDR 1988, 956.
[90] Vgl. *RGZ* 21, 396 f.
[91] Vgl. *RGZ* 46, 320; 58, 101; → § 266 Rdnr. 4.
[92] *BGH* NJW 1988, 3209.
[93] *BGH* NJW 1988, 3209; NJW 1996, 2799. A. M. *OLG Frankfurt* NJW-RR 1991, 318, falls der Rechtsvorgänger erloschen ist.
[94] Auch *seine* Zustimmung ist erforderlich; er kann nicht – ebensowenig wie sonst beim Parteiwechsel, →

§ 264 Rdnr. 109 – gegen seinen Willen zum Ausscheiden aus dem Prozeß gezwungen werden. Ebenso *de Boor* (Fn. 1), 92; *Förster-Kann*[3] 5; *Baumbach* (Fn. 70), 4 C; *Rosenberg/Schwab/Gottwald*[15] § 102 III 2g. a. E.; *Wieczorek*[3] E III a 3. A.M. *Hellwig* System 1, 369; *Goldschmidt* Der Prozeß als Rechtslage (1925), 334 (zu ihm *Kiefner* [Fn. 1], 174 f.); *Nikisch* Lb. 459; *Henckel* (Fn. 1), 219; frühere Aufl. dieses Komm.
[95] A.M. früher *RGZ* 35, 391.
[96] *de Boor* (Fn. 1), 94.
[97] *OLG Köln* JurBüro 1992, 817.

3. Nebenintervention

59 Der **Rechtsnachfolger** ist zwar **befugt,** auch ohne Zustimmung des Gegners zur Unterstützung seines Vorgängers als Streitgehilfe nach §§ 66, 70 aufzutreten; in diesem Falle aber soll **gemäß** der ausdrücklichen Regelung in **Absatz 2 Satz 3** der **§ 69 keine Anwendung** finden, obwohl seine Voraussetzungen wegen § 325 an sich gegeben sind (→ Rdnr. 31 ff.). Die Rechte des Streitgehilfen bestimmen sich sonach stets nach § 67[98]. Dies gilt auch dann, wenn der bisherige Streitgehilfe Rechtsnachfolger wird[99]. Als solcher kann er dann allerdings die Klage auf Leistung *an sich* ändern[100] (→ dazu näher § 67 Rdnr. 4).

4. Fälle des Absatz 3

60 In den Fällen des Abs. 3 (→ Rdnr. 51 ff.) gilt für den Eintritt des Erwerbers das zu Rdnr. 55 f. Ausgeführte. Zur Hauptintervention *bedarf* es aber der *Zustimmung nicht*, → § 64 Rdnr. 11, und im Falle der Streithilfe fehlen die Voraussetzungen des § 69 ohnedies.

§ 266 [Veräußerung eines Grundstücks]

(1) ¹Ist über das Bestehen oder Nichtbestehen eines Rechts, das für ein Grundstück in Anspruch genommen wird, oder einer Verpflichtung, die auf einem Grundstück ruhen soll, zwischen dem Besitzer und einem Dritten ein Rechtsstreit anhängig, so ist im Falle der Veräußerung des Grundstücks der Rechtsnachfolger berechtigt und auf Antrag des Gegners verpflichtet, den Rechtsstreit in der Lage, in der er sich befindet, als Hauptpartei zu übernehmen. ²Entsprechendes gilt für einen Rechtsstreit über das Bestehen oder Nichtbestehen einer Verpflichtung, die auf einem eingetragenen Schiff oder Schiffsbauwerk ruhen soll.

(2) ¹Diese Bestimmung ist insoweit nicht anzuwenden, als ihr Vorschriften des bürgerlichen Rechts zugunsten derjenigen, die Rechte von einem Nichtberechtigten herleiten, entgegenstehen. ²In einem solchen Falle gilt, wenn der Kläger veräußert hat, die Vorschrift des § 265 Abs. 3.

Gesetzesgeschichte: Eingefügt durch die Novelle von 1898 (→ Einl. Rdnr. 113); geändert durch die DurchführungsVO zum Gesetz über eingetragene Schiffe vom 21. XII. 1940, RGBl. I 1609 (→ Einl. Rdnr. 141 a.E.).

I. Voraussetzungen. Anwendungsbereich	1	III. Folgen der Übernahme	6
II. Die Übernahme	3	IV. Die Bestimmung des Absatzes 2	
1. Berechtigung zur Übernahme	4	1. Der Grundsatz	7
2. Verpflichtung zur Übernahme	5	2. Ausnahmen	9
		3. Folgen	10

---

[98] *RGZ* 20, 422. Mit dem Grundsatz des rechtlichen Gehörs ist diese Regelung vereinbar (→ Rdnr. 27 vor § 128 m.w.N. sowie *Franke* Die Nebenparteien der Deutschen Civilprozeßordnung nebst der Rechtskraft Dritten gegenüber [1882], 97; *Grunsky* FamRZ 1966; 642 Fußn. 6, ders. Veräußerung [Fn. 1], 11; *Jauernig* ZZP 101 [1988], 361 ff.; *Waldner* Probleme des rechtlichen Gehörs im Zivilprozeß [1983], 237 ff. m.w.N.). Den Bedenken, die sich angeblich aus Art. 103 Abs. 1 GG dagegen ergeben, wollen *Calavros* (Fn. 1), 66 ff. und *Pawlowski* (Fn. 1), 681 ff. dadurch begegnen, daß sie dem Rechtsnachfolger entgegen Abs. 2 Satz 3 das Recht einräumen wollen, als streitgenössischer Streithelfer am Verfahren teilzunehmen (so auch *Braun* Rechtskraft und Restitution 2 [1985], 453 ff.). Der Rechtsnachfolger erwirbt jedoch den Gegenstand mit der Belastung durch den Prozeß (→ § 69 Fn. 11), und aus Art. 103 Abs. 1 GG läßt sich schwerlich ableiten, daß der Rechtsnachfolger eine stärkere prozessuale Stellung besitzt (näher → Rdnr. 27 vor § 128). Einem etwaigen kollusiven Zusammenwirken des Vorgängers mit dem Gegner setzt § 826 BGB eine Grenze, vgl. *BGH* WM 1962, 906 und hierzu *Braun* Rechtskraft und Restitution 1 (1979) 63 f.

[99] *RG* JW 1900, 48 f.

[100] *OLG München* MDR 1972, 616 = *OLGZ* 238.

I. Voraussetzungen. Anwendungsbereich

Im Fall der **Veräußerung eines Grundstücks** gibt § 266 eine von § 265 Abs. 2 abweichende 1 Regelung. Denn während § 265 Abs. 2 dem Rechtsnachfolger (Erwerber) nur bei Zustimmung des Gegners ein Übernahmerecht gewährt, ist der Rechtsnachfolger im Fall des § 266 **ohne Einwilligung des Rechtsvorgängers** (Veräußerers) **und des Gegners berechtigt** und auf Verlangen des Gegners sogar *verpflichtet*, den Rechtsstreit in der vorgefundenen Lage als Partei zu übernehmen. **Voraussetzung** ist, daß das Grundstück zu einem Zeitpunkt veräußert wird (→ § 265 Rdnr. 11ff.), während zwischen dem veräußernden »Besitzer« (in der Regel ist dies der *Eigentümer*[1]) und einem Dritten ein Rechtsstreit anhängig ist, dessen Gegenstand entweder das Bestehen oder Nichtbestehen eines **Rechts** ist, das **für ein Grundstück in Anspruch genommen wird** – wie die Rechte aus Grunddienstbarkeiten, §§ 1018ff. BGB, sowie Reallasten und Vorkaufsrecht, wenn sie nach § 1094 Abs. 2, § 1105 Abs. 2 BGB dem jeweiligen Eigentümer zustehen (**subjektiv dingliche Rechte**) – *oder* das Bestehen oder Nichtbestehen einer **auf einem Grundstück ruhenden Verpflichtung**. Das sind alle **dinglichen Belastungen** in dem zu § 24 Rdnr. 13ff. dargestellten Sinne, einschließlich der **Hypothek**[2] und der Vormerkung[3], und diejenigen Pflichten, die kraft des Eigentums an einem anderen Grundstück bestehen, also namentlich die aus dem **Nachbarrecht** hervorgehenden, § 24 Rdnr. 10ff.[4], sowie die Grenzscheidungsklagen, §§ 919f. BGB. Ob auf Feststellung oder auf Leistung, ob negatorisch z.B. auf Löschung, oder konfessorisch geklagt wurde, ist gleichgültig. Auf die Klage auf Herausgabe (*Vindikation*, § 985 BGB) und auf *Grundbuchberichtigung*[5] (§ 894 BGB) ist § 266 *nicht* anwendbar, ebensowenig auf Ansprüche die zwar in dem Eigentum an dem Grundstück ihre rechtliche Grundlage, aber eine *persönliche* (schuldrechtliche) Verpflichtung auf Leistung (z.B. Schadenersatz)[6], Duldung oder Unterlassung, § 1004 BGB[7], zum Gegenstand haben, insbesondere nicht auf die Ansprüche gegen die Mieter und Pächter oder auf die Ansprüche des Mieters nach § 571 BGB. Werden solche Ansprüche *neben* den hierher fallenden verfolgt, so finden die §§ 265 und 266 für jede Art besonders Anwendung[8].

Die Regelung des § 266 gilt entsprechend im Falle der Veräußerung eines **eingetragenen** 2 **Schiffs oder Schiffsbauwerks**. Unter die Vorschrift fallen die **Schiffshypothek**, § 8 SchiffsRG vom 15. XI. 1940, die Schiffshypothek an einem Schiffsbauwerk, § 76 SchiffsRG, der Nießbrauch an einem Schiff, § 9 SchiffsRG, sowie auch die Rechte der **Schiffsgläubiger**, §§ 754ff. HGB, §§ 102ff. BinnenSchG. Weiter ist § 266 sinngemäß im Falle der Veräußerung eines in die **Luftfahrzeugrolle** eingetragenen **Luftfahrzeuges** anzuwenden, § 99 Abs. 1 des G über Rechte an Luftfahrzeugen vom 26. II. 1959 (BGBl. I 57).

II. Die Übernahme

Im Falle des § 266 Abs. 1 nimmt der Prozeß zunächst **bis zur Übernahme** seinen Fortgang 3 nach § 265 Abs. 2.

1. Der **Rechtsnachfolger (Erwerber)** des Grundstücks ist, unabhängig von der Einwilligung 4 des Rechtsvorgängers (Veräußerers) wie des Prozeßgegners, **berechtigt**, den Rechtsstreit in

---

[1] Vgl. *Förster/Kann*[3] 2b.
[2] So auch *OLG Hamburg* OLG Rsp 19, 192.
[3] *KG* OLG Rsp 33, 58; wird lediglich der durch Vormerkung gesicherte *schuldrechtliche* Anspruch geltend gemacht, tritt keine Streitbefangenheit der *Vormerkung* ein; BGHZ 39, 21; § 266 gilt nicht; → hierzu auch § 265 Fn. 17.
[4] So auch *RGZ* 40, 333 f.; *OLG Karlsruhe* BadRPr 1904, 2; 16, 179; *OLG Kiel* SchlHA 1916, 57. → auch § 265 Fn. 15.
[5] So zutreffend *RGZ* 121, 381; *Rosenberg/Schwab/Gottwald*[15] § 102 II 1; *MünchKomm/Wacke*[2] § 894 Rdnr. 21. Die Gegenmeinung, die § 266 anwenden will (*Zöller/Greger*[20] Rdnr. 3), beruft sich zu Unrecht auf die Rspr des RG.
[6] Wie z.B. Brandentschädigung; *RG* Gruchot 49 (1905), 662. S. ferner JW 1912, 471.
[7] *RG* JW 1912, 471; *OLG Rostock* OLG Rsp 31, 42.
[8] *RGZ* 40, 333 ff.

§ 266 II   2. Buch. Verfahren im ersten Rechtszuge. 1. Abschnitt. Landgerichte   264

der Lage, in der er sich befindet, **als Hauptpartei zu übernehmen**, sofern nicht ein Fall des Abs. 2 (→ Rdnr. 7) vorliegt. Zu einer Streithilfe würde daher das Interesse fehlen[9]. Die Übernahme ist in **mündlicher Verhandlung** oder durch Zustellung eines Schriftsatzes[10] zu erklären. Steht kein Termin an, so hat der Nachfolger die Ansetzung nach § 216 bzw. § 497 zu erwirken. Wird in dem Termin kein Widerspruch gegen die Übernahme (z. B. wegen Abs. 2) erhoben, so tritt, ohne daß es einer Entscheidung bedarf, der Rechtsnachfolger an die Stelle des Rechtsvorgängers. Wird der Übernahme widersprochen, so liegt, ähnlich wie im Falle des § 239 (→ dort Rdnr. 25 ff.), ein **Streit um die Sachlegitimation** vor, für den die allgemeinen Beweisgrundsätze gelten[11]. Wenn in diesem Streit die Übernahme vom Gericht abgelehnt wird, so ist das Urteil für den Rechtsnachfolger Endurteil[12]; wird sie zugelassen, so ist es ein nicht selbständig anfechtbares Zwischenurteil (→ § 239 Rdnr. 26)[13]; → dazu auch § 268 Rdnr. 13. Im ersteren Fall kann das Endurteil in dem nach § 265 Abs. 2 fortzusetzenden Prozeß nur vorbehaltlich der Rechtskraft des zurückweisenden Urteils erlassen werden. Vgl. die ähnliche Sachlage in § 280 Rdnr. 27 ff. Die Entscheidung über die Übernahme kann wie jede andere Entscheidung bei Einverständnis der Parteien – hier des Rechtsnachfolgers, des Rechtsvorgängers und des Gegners – nach § 128 Abs. 2 ohne mündliche Verhandlung ergehen.

Bleibt in dem Termin zur mündlichen Verhandlung der **Rechtsnachfolger** aus, so kann, da er vor der Erklärung in der mündlichen Verhandlung noch nicht Partei ist, weder Versäumnisurteil noch Entscheidung nach Lage der Akten gegen ihn ergehen; vielmehr läuft der Prozeß zwischen den bisherigen Parteien weiter. Erscheint er allein im Termin, so kann er gegen den **ausgebliebenen Prozeßgegner**, sofern diesem die Erklärung und der Antrag in der Hauptsache rechtzeitig mitgeteilt worden war, Versäumnisurteil nach §§ 330 oder 331 oder nach Maßgabe des § 331a Entscheidung nach Lage der Akten verlangen. Das Ausbleiben des Rechtsvorgängers ist unerheblich, da ihm gegenüber ein Urteil nur im Streitfalle nötig ist (→ oben).

5   2. Der **Rechtsnachfolger** ist auf Antrag des Gegners (nicht des Rechtsvorgängers) **verpflichtet, den Rechtsstreit zu übernehmen**. Zu diesem Zweck muß der Gegner die Anberaumung eines Termins nach § 216, § 497 erwirken. Erklärt der Rechtsnachfolger in diesem Termin die Übernahme, so bedarf es keiner Entscheidung darüber; der Prozeß wird mit ihm fortgesetzt. **Bestreitet** er dagegen die Rechtsnachfolge oder die Pflicht, so ist über die **Frage der Sachlegitimation** zu entscheiden. Wird die Rechtsnachfolge oder die Pflicht **verneint**, so ist das Urteil wie in ähnlichen Fällen (→ § 239 Rdnr. 27, 39 ff.) Endurteil, wird sie **bejaht**, so kann dies im Schlußurteil oder in einem Zwischenurteil über die Sachlegitimation (§ 303) geschehen[14].

Versäumt der Geladene den Termin, so kann entsprechend § 239 Abs. 4 unter Annahme des Zugeständnisses der Rechtsnachfolge Versäumnisurteil zur Sache gegen ihn erlassen werden. Hatte sich der Geladene zu der Übernahme schon schriftsätzlich erklärt, und beantragt der erschienene Gegner Entscheidung nach Lage der Akten, so ist, wenn das Gericht dem Antrag stattgibt, das schriftsätzlich Erklärte damit Prozeßstoff geworden, und es ist nach den vorstehend dargelegten Grundsätzen zu entscheiden. Ist der **Gegner**, der die Ansetzung des Termins erwirkt hat, ausgeblieben, so kann der als Rechtsnachfolger Geladene entweder, wenn er die Rechtsnachfolge leugnet, ein die Übernahmepflicht verneinendes Versäumnisurteil erwirken, oder, wenn er den Prozeß in Abwesenheit des Gegners übernimmt, gegen den

---

[9] *Walsmann* Streitgenössische Nebenintervention (1905), 152.
[10] *Nikisch* Lb. § 115 V 2; *Parensen* NJW 1960, 231 (entsprechend § 261 Abs. 2; damals § 281).
[11] *RGZ* 21; 398.

[12] *RG Gruchot* 49 (1905), 662; s. auch *RGZ* 40, 333; *OLG Rostock* OLG Rsp 31, 42.
[13] S. auch *RGZ* 11, 318; 21, 397; *OLG Kiel* SchlHA 1916, 57.
[14] *RGZ* 11, 318; *OLG Hamburg* OLG Rsp 19, 192;

Gegner Versäumnisurteil zur Sache erlangen; übernimmt er den Prozeß, so kann auch ein Urteil nach Aktenlage erlassen werden, → dazu § 251 a Rdnr. 26.

Der **Rechtsvorgänger** hat **kein prozessuales Mittel**, von sich aus den **Rechtsnachfolger** zur Übernahme des Prozesses zu nötigen.

III. Folgen der Übernahme

Mit dem **Zeitpunkt der Übernahme** durch die Erklärung des Rechtsnachfolgers oder durch das gegen ihn ergehende Urteil (→ Rdnr. 5 bei Fn. 14) **hört der Rechtsvorgänger auf, Partei zu sein**. Er kann jetzt z. B. als Zeuge vernommen werden. Alle weiteren Entscheidungen sind auf den Namen des Rechtsnachfolgers zu erlassen und erzeugen keine Rechtskraft gegen den Rechtsvorgänger (§ 325). Für die **sämtlichen Prozeßkosten**, einschließlich der vor der Übernahme entstandenen, soweit darüber nicht bereits rechtskräftig erkannt ist, haftet im Falle des Unterliegens **nur** der Rechtsnachfolger, nicht der ausgeschiedene Rechtsvorgänger, → dazu § 265 Rdnr. 56.

6

IV. Die Bestimmung des Absatzes 2

1. Der Grundsatz

Nach **Absatz 2** sind die Vorschriften des Abs. 1 insoweit nicht anwendbar, als ihnen die Vorschriften des bürgerlichen Rechts zugunsten derjenigen, **die Rechte von einem Nichtberechtigten herleiten**, entgegenstehen. Es kommen, da es sich um Grundstücke oder um Rechte daran handelt, die §§ 892 f., 1138, 1140, 2366 BGB und § 90 ZVG in Betracht, nach denen der Erwerb nach Maßgabe des Grundbuchs bzw. des Briefs, Erbscheins oder Zuschlags erfolgt und der Erwerber ein daraus nicht hervorgehendes Recht, das ihm nicht bekannt war, nicht gegen sich gelten zu lassen braucht. In diesen Fällen kann dem veräußernden Kläger der Einwand mangelnder Aktivlegitimation entgegengehalten werden. Bei Veräußerung seitens des Beklagten gilt dies nicht, → § 265 Rdnr. 51 ff. An und für sich decken sich diese Fälle mit denen des § 325 Abs. 2 (→ § 325 Rdnr. 33 ff.), in denen auch die Rechtskraft gegen den Erwerber nicht Platz greift. Ist der Erwerber im Sinne des Abs. 2 (sowohl hinsichtlich des Rechts als auch der Rechtshängigkeit → § 325 Rdnr. 36 ff., 40 ff.) gutgläubig, so treffen ihn nicht die Folgen des Abs. 1; dann muß er auch nicht den Prozeß übernehmen.

7

2. Ausnahmen vom Grundsatz

Nach § 325 Abs. 3 wirkt indessen das Urteil, wenn der Rechtsstreit einen Anspruch aus einer **eingetragenen** Hypothek, Grundschuld oder Rentenschuld betrifft, gegen den Erwerber des Grundstücks auch dann, **wenn dieser die Rechtshängigkeit nicht gekannt hat**; für die Zwangsversteigerung ist diese Regelung wiederum auf den Fall rechtzeitiger Anmeldung beschränkt. Obwohl nun diese Modifikation in § 266 nicht ausdrücklich in bezug genommen ist, muß man auch sie hierherstellen; der Gedanke des Abs. 2 ist unzweifelhaft der, daß diejenigen Fälle von Abs. 1 ausgeschlossen sein sollen, in denen das Urteil gegen den Erwerber nicht wirkt. Es ist daher namentlich der Erwerber eines Grundstücks im Fall der hypothekarischen Klage aus eingetragenem Recht **unbedingt** nach Abs. 1 zu behandeln[15], der Ersteher dagegen nur im Falle der Anmeldung[16].

9

3. Im übrigen gilt das zu § 265 Rdnr. 51 ff. und Rdnr. 55 ff. Ausgeführte.

10

OLG Karlsruhe BadRPr 16, 179.
[15] Ebenso OLG Hellwig Wesen und subjektive Begrenzung der Rechtskraft (1901), 179 und für die Klage auf Löschung OLG Königsberg PosMS 1907, 6.
[16] A.M. OLG Hamburg OLG Rsp 19, 192.

§ 267 [Vermutung der Einwilligung in die Klageänderung]

Die Einwilligung des Beklagten in die Änderung der Klage ist anzunehmen, wenn er, ohne der Änderung zu widersprechen, sich in einer mündlichen Verhandlung auf die abgeänderte Klage eingelassen hat.

Gesetzesgeschichte: Bereits in der CPO von 1877 (→ Einl. Rdnr. 105 ff.) als § 241 enthalten; nach der Neubekanntmachung der ZPO im Anschluß an die Novelle von 1898 (→ Einl. Rdnr. 113 a.E.) als § 269, seit der Vereinfachungsnovelle des Jahres 1976 (→ Einl. Rdnr. 159) als § 267; jeweils unverändert. Der frühere § 267 ist jetzt § 262 (→ § 262 »Gesetzesgeschichte«).

Stichwortverzeichnis → **Klageänderungsschlüssel** zu Beginn von § 263.

1   I. Die Einwilligung des Beklagten im Sinne des § 263 ist die auf Zulassung der Klageänderung gerichtete Prozeßhandlung, die **ausdrücklich** abgegeben *oder* aus den Umständen **gefolgert** werden kann. Nach § 267 ist eine Einwilligung **auch dann** anzunehmen, wenn der **Beklagte**, ohne der Änderung zu widersprechen, sich auf die abgeänderte Klage **einläßt**. Es wird also an den objektiven Tatbestand der Einlassung auf die abgeänderte Klage, in dem die Einwilligung liegen *kann*, durch **eine unwiderlegbare Vermutung** (wie in § 551, → dort Rdnr. 1) die Annahme der Einwilligung geknüpft. Dabei kommt es nicht darauf an, ob sich der Beklagte dieser Wirkung bewußt war. Der Nachweis, daß der Beklagte nicht habe einwilligen **wollen** bzw. sich nicht bewußt war, daß es sich um eine Klageänderung handelt, ist unerheblich[1]. Diese unwiderlegbare **Vermutung wirkt für die höheren Rechtszüge fort**[2]. Die Wirkung ist an die *Einlassung* des Beklagten geknüpft, d.h. an die **sachliche Gegenerklärung** auf die neue Klage **in der mündlichen Verhandlung**, sofern sie ohne Rüge erfolgt[3]. Die Annahme der Einwilligung tritt daher **nicht** ein, wenn der Beklagte ohne Rüge der Klageänderung lediglich Einwände **gegen die Zulässigkeit** der geänderten Klage erhebt[4] oder wenn er sich nur in einem vorbereiteten Schriftsatz auf die geänderte Klage eingelassen hat oder wenn Versäumnisurteil gegen ihn ergeht (→ § 331 Rdnr. 32[5]. Im Falle des § 128 Abs. 2 S. 1, Abs. 3 und ebenso bei der Entscheidung nach Lage der Akten (§§ 251a, 331a) steht die schriftsätzliche Einlassung, also die vorbehaltlose sachliche Erklärung auf die neue Klage, der Einlassung in der mündlichen Verhandlung gleich.

2   Daß die Einwilligung des Beklagten der Klageänderung zeitlich **nachfolgt**, ist nicht notwendig. Sie kann daher auch **vor der Klageänderung erklärt** werden. Keinesfalls darf aber die Verteidigung des Beklagten mit einer anderen Rechts- oder Sachdarstellung als vorweggenommene Einwilligung in eine Klageänderung angesehen werden, die sich diese Darstellung zu eigen macht[6]. Nach der hier vertretenen Ansicht (→ Einl. Rdnr. 291, → § 264 Rdnr. 31 ff.) liegt aber in der bloßen Änderung des Klagegrundes ohnehin keine Klageänderung. Nimmt dagegen der Kläger den Sachvortrag des Beklagten zum Anlaß, den **Antrag** und damit den Streitgegenstand zu ändern, so bleibt dem Beklagten die Rüge der Klageänderung offen (→ § 263 Rdnr. 9)[7].

---

[1] *BayObLG* 4 (1904), 707 (712).
[2] *RG* JR 1927 Nr. 1251; *OGHZ* 4, 54.
[3] BGH NJW 1990, 2682; NJW-RR 1990, 505 (506). Bei einheitlichem Vortrag soll nach *OLG Dresden* Sächs-Ann 30, 106 die Reihenfolge gleichgültig sein. Das widerspricht aber dem Sinn und der Absicht des Gesetzes. – Daß in dem Termin keine weitere sachliche Verhandlung stattfand, ist unerheblich, *RG* JW 1897, 391 f.
[4] BGH NJW 1975, 1228 (1229: … »bedeutet das Gegenteil von Einwilligung«); *Zöller/Greger*[20] Rdnr. 2; *Baumbach/Lauterbach/Hartmann*[55] Rdnr. 1; a.M. *Rosenberg/Schwab/Gottwald*[15] § 101 II 1, der eine gegen die geänderte Klage gerichtete Zulässigkeitsrüge als »Einlassung« für § 267 genügen läßt.
[5] *RG* JW 1912, 200.
[6] Näher → § 263 Rdnr. 9.
[7] Vgl. schon *Wach* Gruchot 30 (1886), 779.

Sofern man mit der Rechtsprechung der Ansicht ist, daß sich eine **Parteiänderung** nach den Vorschriften der Klageänderung richtet (→ § 264 Rdnr. 98), steht die rügelose Einlassung auf eine Parteiänderung der Einwilligung hierzu gleich[8]. 3

§ 267 gilt nach § 523 auch für den **Berufungsrechtszug**. Bei § 530 ist § 267 entsprechend anwendbar[9], ebenso im Rahmen des § 265 Abs. 2 S. 2 bezüglich der Zustimmung des Gegners. 4

II. Im arbeitsgerichtlichen Verfahren knüpft sich der Verlust der Klageänderungsrüge erst an die Einlassung auf die **streitige** Sachverhandlung; die **Güteverhandlung** nach § 54 Abs. 1 ArbGG (→ § 279 Rdnr. 17) hat außer Betracht zu bleiben. 6

§ 268 [Keine Rechtsbehelfe]

Eine Anfechtung der Entscheidung, daß eine Änderung der Klage nicht vorliege oder daß die Änderung zuzulassen sei, findet nicht statt.

Gesetzesgeschichte: In der CPO von 1877 (→ Einl. Rdnr. 105 ff.) als § 242 enthalten, geändert durch Nov. 1898 (→ Einl. Rdnr. 113), nach der Neubekanntmachung der ZPO im Anschluß an die Nov. 98 § 270, seit der Vereinfachungsnovelle 1976 (BGBl. 1976 I 3281, → Einl. Rdnr. 159) § 268. Der frühere § 268 ist jetzt § 264 (→ § 264 »Gesetzesgeschichte«).

Stichwortverzeichnis → **Klageänderungsschlüssel** zu Beginn von § 263.

I. Entscheidung über Klageänderung

Zu einer Entscheidung[1] darüber, ob eine Klageänderung im Sinne des § 264 vorliegt und ob sie nach § 263 zuzulassen sei, kommt es wegen § 267 *nur bei Widerspruch des Beklagten*. Dieser Widerspruch ist keine Zulässigkeitsrüge nach § 282 Abs. 3 und auch keine prozeßhindernde Einrede (zu ihr → Einl. Rdnr. 317). Das Gericht kann die Entscheidung in den Gründen des Endurteils aussprechen, aber auch ein *Zwischenurteil* nach § 303 (nicht nach § 280, → dort Rdnr. 3) erlassen. Der letztere Weg wird sich in umfangreichen Prozessen u. U. deswegen empfehlen, weil die Prozeßführung bei Einschlagung des ersten Weges vor allem für den Beklagten durch die Ungewißheit über die Zulassung der Klageänderung erschwert würde. 1

Das Gericht darf die Frage, ob eine Klageänderung zulässig ist oder nicht, **nicht dahingestellt** lassen[2]. Denn diese Frage bildet die Vorfrage, von deren Beantwortung es abhängt, ob sich das Gericht im Rahmen des schwebenden Rechtsstreits mit der geänderten Klage sachlich befassen darf. Die Prozeßordnung gestattet eine sachlich-rechtliche Prüfung erst dann, wenn das Begehren zulässigerweise dem Gericht zur Entscheidung vorgelegt ist (→ auch Einl. Rdnr. 326 ff.). Sonst bestünde die Gefahr, daß der Beklagte aufgrund einer unzulässig geänderten Klage verurteilt würde oder der Kläger es hinnehmen müßte, daß seine Klage als unbegründet abgewiesen würde – mit der Folge, daß er aufgrund der Rechtskraftwirkung dieses Urteils den Anspruch nicht mehr in einem neuen Rechtsstreit geltend machen könnte –, obwohl die Änderung eigentlich unzulässig war. Wohl aber darf das Gericht dahinstellen, ob eine Klageänderung vorliegt, wenn es diese jedenfalls als sachdienlich ansieht; dann ist 2

---

[8] *BGH* NJW 1976, 240; beim gewillkürten Parteiwechsel auf der Beklagtenseite in der Berufungsinstanz ist jedoch nach *BGH* NJW 1974, 750 § 267 nicht anwendbar, da hier jedenfalls die Vorschriften über die Klageänderung unanwendbar sind; → § 264 Rdnr. 98, 118.
[9] *BGH* WM 1990, 1938 (1940); *Rosenberg/Schwab/ Gottwald*[15] § 105 III 1 b, § 139 III 4; *Zöller/Gummer*[20]

§ 530 Rdnr. 1; bezogen auf § 530 Abs. 2 RGZ 77, 32; *Schneider* MDR 1975, 979.
[1] Lit.: *Kisch* Parteiänderung im Zivilprozeß (1912), 256 ff.
[2] *BGH* LM Nr. 1 zu § 268 a. F.; *RGZ* 53, 36; 137, 324 (333).

klargestellt, daß **zulässigerweise** über das neue Begehren entschieden wird (→ auch § 264 Rdnr. 20).

II. Anfechtbarkeit der Entscheidung

4   1. Die Entscheidung, daß die **Klageänderung nicht zugelassen** wird (§ 263), ist nach den allgemeinen Grundsätzen, insbesondere den §§ 512, 548, **anfechtbar**[3]. Da aber das Gericht bei der Prüfung der Sachdienlichkeit einen Beurteilungsspielraum hat (→ § 263 Rdnr. 18), kann das Rechtsmittelgericht, falls die Sachdienlichkeit verneint wurde, nur nachprüfen, ob der Begriff der Sachdienlichkeit verkannt wurde[4].

5   2. Wenn das Gericht auf das *neue* Begehren *nicht eingegangen* ist, sei es, weil es (unzutreffenderweise) eine Klageänderung bejaht, Einwilligung oder Sachdienlichkeit (§ 263) aber verneint hat, sei es, weil es die Klageänderung übersehen hat, so unterliegt das Endurteil der Anfechtung. Ebenso unterliegt das Urteil der Anfechtung, wenn es nicht erkennen läßt, ob es über das *ursprüngliche* oder das *neue* Begehren entscheidet, → § 264 Rdnr. 37, 42 f., oder sich zu dem einen oder anderen nur *eventuell* äußert.

7   Die richtige **Beurteilung der Sachdienlichkeit** kann nicht (ebensowenig wie vom Berufungsgericht, → Rdnr. 4) in der *Revisionsinstanz* nachgeprüft werden. Auch das Revisionsgericht hat aber zu prüfen, ob bei Verneinung der Sachdienlichkeit etwa die Grenzen des Beurteilungsspielraumes verkannt sind[5]; daher ist die **Verneinung** vom Berufungsgericht **zu begründen**[6].

9   3. Die Entscheidung dagegen, daß eine **Klageänderung nicht vorliegt** *oder* daß sie nach § 263 **zugelassen** wird (→ auch § 263 Rdnr. 18), ist nach § 268 **unanfechtbar**, gleichviel, ob sie in einem *Zwischenurteil* oder in den *Gründen des Endurteils*[7] oder eines Zwischenurteils (über eine andere prozessuale Frage) nach § 280 Abs. 2[8] oder § 304 Abs. 2 enthalten ist, ob sie ausdrücklich oder nur stillschweigend durch das Eingehen auf die neue Klage ausgesprochen ist[9]. § 268 gilt ferner entsprechend, wenn das Berufungsgericht den Übergang vom Urkundenprozeß zum ordentlichen Verfahren nach § 263 zugelassen hat[10]. Hat es dagegen der Richter – unzulässigerweise (→ Rdnr. 2) – dahingestellt sein lassen, ob eine zulässige Klageänderung vorliegt oder nicht, so ist § 268 nicht anwendbar, so daß bei Beschwer Rechtsmittel möglich sind. Der Beklagte ist dabei rechtsmittelfähig beschwert, wenn das Gericht der geänderten Klage stattgibt, ohne vorher über die Zulässigkeit der Änderung – zumindest stillschweigend – zu befinden[11].

10   a) Die **Unanfechtbarkeit gilt** schlechthin **für alle Fälle**[12], selbst wenn das Gericht zu Unrecht eine ausdrückliche oder stillschweigende Einwilligung des Beklagten angenommen hat[13]. Zulässig sind aber Rügen, die sich nicht gegen die Entscheidung wenden, daß keine Klageänderung gegeben sei oder daß diese nach § 263 zulässig sei, sondern die geltend machen, die Einführung des neuen Streitgegenstandes sei aus anderen Gründen überhaupt unzulässig, z.B. wegen der Rechtskraft der Entscheidung über den bisherigen Anspruch[14]. Wegen § 146 KO → § 263 Rdnr. 35.

---

[3] S. auch *OLG Stettin* OLG Rsp 1, 93 f.
[4] *BGHZ* 16, 317 (322); *BGH* LM Nr. 1 zu § 523; *RG* JW 1935, 2635, 2896 f.
[5] *BGHZ* 1, 71; 16, 322; *BGH* NJW 1958, 184; 1975, 1228; 1983, 2933; 1985, 1841; *BAG* WM 1976, 598 (600); *RG* JW 1936, 385; *RAG* 16, 226.
[6] *RAG* 16, 226. Im Falle der *Bejahung* sind aber ausdrückliche Erörterungen in den Gründen *nicht erforderlich*, *RGZ* 155, 227.
[7] *RGZ* 4, 412; 53, 361 u. a.
[8] *RG* JW 1908, 153.
[9] *RGZ* 25, 239 f.; *RG* JW 1898, 599 f.; JW 1907, 712 f. u. a.
[10] *BGH* NJW 1965, 1599 = MDR 735 = LM § 596 Nr. 2.
[11] *RGZ* 53, 35 f.
[12] S. auch *RGZ* 54, 219 f.; 128, 363; *RG* JW 1902, 215; Gruchot 60 (1916), 693 u. a.
[13] *RG* JW 1907, 518; SeuffArch 66 (1911), 118; HRR 1929 Nr. 850.
[14] *BGH* LM Nr. 25 zu § 264 a.F.

b) Die Entscheidung des **Berufungsrichters**, daß eine *Klageänderung*, die im ersten Rechtszuge bejaht worden war, *nicht vorliegt, oder* daß ein neues Vorbringen im Berufungsrechtszug *keine Klageänderung* darstellt oder als solche *zugelassen* wird, ist nicht nur der Anfechtung durch die Revision entzogen[15], sondern bleibt auch, wenn das Urteil auf Revision aufgehoben wird, für die neue Verhandlung bindend, selbst wenn die Entscheidung nur in den Gründen des früheren Berufungsurteils ergangen war[16]. Hat jedoch das Berufungsgericht die *Sachdienlichkeit* einer in der Berufungsinstanz vorgenommenen Klageänderung *nicht geprüft*, da es die Geltendmachung des neuen Anspruchs schon aus anderen Gründen für unzulässig hielt, so kann diese Prüfung vom Revisionsgericht nachgeholt werden[17]. 11

III. Entsprechende Anwendung des § 268 auf die Parteiänderung

§ 268 gilt **nur für die Fälle der Klageänderung**. Da die **Parteiänderung** – entgegen der Rechtsprechung des BGH – nicht als Klageänderung anzusehen ist (→ § 264 Rdnr. 98) **gilt** § 268 bei ihr **nicht**. Auch für eine entsprechende Anwendung für den Fall, daß das Gericht den Eintritt einer neuen Partei zugelassen hat, ist kein Raum[18]. Die Zulassung oder Ablehnung einer Parteiänderung ist daher **anfechtbar**. Wenn sie als Zwischenentscheidung erging, handelt es sich um ein **Zwischenurteil** i. S. v. § 280 (→ dort Rdnr. 3, 17), das **selbständig anfechtbar** ist[19]. Ist keine Zwischenentscheidung ergangen, kann das **Endurteil** entsprechend angegriffen werden. 13

§ 269 [Klagezurücknahme]

(1) Die Klage kann ohne Einwilligung des Beklagten nur bis zum Beginn der mündlichen Verhandlung des Beklagten zur Hauptsache zurückgenommen werden.
(2) ¹Die Zurücknahme der Klage und, soweit sie zur Wirksamkeit der Zurücknahme erforderlich ist, auch die Einwilligung des Beklagten sind dem Gericht gegenüber zu erklären. ²Die Zurücknahme der Klage erfolgt, wenn sie nicht bei der mündlichen Verhandlung erklärt wird, durch Einreichung eines Schriftsatzes.
(3) ¹Wird die Klage zurückgenommen, so ist der Rechtsstreit als nicht anhängig geworden anzusehen; ein bereits ergangenes, noch nicht rechtskräftiges Urteil wird wirkungslos, ohne daß es seiner ausdrücklichen Aufhebung bedarf. ²Der Kläger ist verpflichtet, die Kosten des Rechtsstreits zu tragen, soweit nicht bereits rechtskräftig über sie erkannt ist. ³Auf Antrag des Beklagten sind die in Satz 1 und 2 bezeichneten Wirkungen durch Beschluß auszusprechen. ⁴Der Beschluß bedarf keiner mündlichen Verhandlung. ⁵Er unterliegt der sofortigen Beschwerde.
(4) Wird die Klage von neuem angestellt, so kann der Beklagte die Einlassung verweigern, bis die Kosten erstattet sind.

Gesetzesgeschichte: Bereits in der CPO von 1877 (→ Einl. Rdnr. 105 ff.) als § 243 enthalten, nach der Neubekanntmachung der ZPO im Anschluß an die Novelle 1898 (→ Einl. Rdnr. 113) § 271, geändert

---

[15] *BGH* LM Nr. 25 zu § 264 a.F. = NJW 1970, 44 = MDR 229; NJW 1976, 239 f.; *RGZ* 3, 371, 415; 4, 391; 25, 239 f.; 51, 33 (35); 53, 360; 54, 219; 128, 359 (363). Ebenso der Ausspruch des *Berufungsgerichts*; daß der *erste* Richter die Klageänderung mit Recht zugelassen habe; während das erste Urteil einen dahingehenden Ausspruch nicht enthielt; *RGZ* 137, 333.
[16] *RGZ* 53, 362 f.
[17] *BGH* MDR 1979, 829.
[18] So auch *RGZ* 108, 350 f.; *RGZ* 141, 277 (283) für die Fälle der §§ 265, 266.
[19] *BGH* NJW 1981, 989; *Zöller/Greger*[20] Rdnr. 2; a.M. *Franz* NJW 1982, 15 f. (die Entscheidung sei ein Zwischenurteil nach § 303 und daher nur zusammen mit dem Endurteil anfechtbar).

durch Gesetz vom 9. VII. 1927, RGBl. I 175 (→ Einl. Rdnr. 125), Abs. 2 und 3 durch Novelle 1950 (→ Einl. Rdnr. 148), seit der Vereinfachungsnovelle 1976, BGBl. I 3281 (→ Einl. Rdnr. 159): § 269. Der bisherige § 269 wurde zu § 267 (→ § 267 »Gesetzesgeschichte«).

I. Das Wesen der Klagezurücknahme	
1. Begriff und Abgrenzung zu anderen Prozeßhandlungen	1
2. Prozeßvergleich	2
3. Handlung im Prozeß	4
Insbesondere Klagezurücknahmeversprechen, außergerichtlicher Vergleich	5
II. Zulässigkeit der Klagezurücknahme	7
1. Ohne Einwilligung des Beklagten	8
a) Ehesachen	9
b) Recht des Beklagten auf Sachentscheidung nach seiner Einlassung	10
c) Begriff der Hauptsache	11
2. Mit Einwilligung	13
a) Abgrenzung zur Zurücknahme von Rechtsbehelfen	14
b) Unbedingtheit der Einwilligungserklärung des Beklagten	15
c) Schwebezustände	17
d) Stufenklage	19
III. Erklärung der Zurücknahme	
1. Inhalt, Adressat	20
2. Form	22
a) Einreichung eines Schriftsatzes	23
b) Erklärung in der mündlichen Verhandlung	25
IV. Klagezurücknahme nach Erlaß des Urteils	
1. Zwischen den Rechtszügen	31
2. Nach Rechtsmitteleinlegung	35
3. Verfahren bei Verweigerung der Einwilligung des Beklagten	36
4. Ehesachen	38
V. Weiteres Verfahren	
1. Streit über die Wirksamkeit	41
a) Entscheidung bei wirksamer Klagezurücknahme	42
b) Verfahren bei unwirksamer Klagezurücknahme	43
2. Keine Parteidisposition über die Wirksamkeit der Klagezurücknahme	44
3. Keine Versäumnisverfahren nach wirksamer Klagezurücknahme	46
VI. Wirkung der Zurücknahme	
1. Beendigung der Rechtshängigkeit	51
2. Beendigung der materiell-rechtlichen Wirkungen der Rechtshängigkeit	55
3. Unwirksamkeit bisher ergangener Entscheidungen (Abs. 3 Satz 1 2. Halbsatz)	56
4. Beschluß über die Unwirksamkeit bisher ergangener Entscheidungen (Abs. 3 Satz 3)	57
5. Unwirksamkeitsbeschluß in Statussachen	58
VII. Kostenpflicht	61
1. Die umfassende Kostenpflicht des Klägers nach einer Klagezurücknahme	62
2. Der eigenständige Kostentatbestand des § 269 Abs. 3 Satz 2	63
3. Stufenklage	64
4. Der Beschluß über die Kostenpflicht des Klägers (Abs. 3 Satz 3)	66
5. Sofortige Beschwerde	71
6. Kosten des Verfahrens nach Absatz 3	72
7. Streitwert des Verfahrens nach Absatz 3	73
8. Einfache Beschwerde bei Ablehnung des Beschlusses	74
VIII. Einrede der nichterstatteten Kosten (Absatz 4)	
1. Recht des Beklagten, die Einlassung zu verweigern	81
2. Ausnahmen von der Einrede	85
3. Prozeßabweisung bei Nichtzahlung der Kosten	86
IX. Widerklage, Fälle entsprechender Anwendung, Gebühren	
1. Zurücknahme der Widerklage	91
2. Gesuche bei fakultativ mündlicher Verhandlung	92
3. Arrest und einstweilige Verfügung	93
4. Gerichtliche Erklärung für zurückgenommen	94
5. Gebühren	95
X. Arbeitsgerichtliches Verfahren	98

Klagezurücknahmeschlüssel
(Stichwortverzeichnis zur § 269)

Zahlen ohne weiteren Zusatz verweisen auf Randnummern dieses Paragraphen; »Fn.« bedeutet Fußnote.

Adressat der Klagezurücknahme 20 ff.
Amtsgerichtlicher Prozeß 24
Anfechtung 20, 55, 71
Anerkenntnis 67, 72
Antrag auf Klageabweisung 11
Antrag auf Versäumnisurteil 11
Anwalt 15, 31, 35, Fn. 57
Anwaltsprozeß 24, 27
Anwaltszwang 31
Arbeitsgerichtliches Verfahren 98
Arrest 93
Aufhebung eines Urteils 56
Auslegung 1, 45, Fn. 51
Außergerichtlicher Vergleich 5, 62
Außerprozessuale Erklärung 4

Beauftragter oder ersuchter Richter 27, 31 f.
Begründetheit der Klage 7
Belästigende Absicht 85, Fn. 142
Belästigung Fn. 114
Berufung 1, 35, 41, Fn. 68
Berufungszurücknahme 1
Beschluß 42, 57
Beschluß über die Kostenpflicht 66, 71
Beschränkung des Klageantrags 1, 17, 20
Beschwerde gegen Beschluß über die Kostenpflicht 71, gegen Ablehnung des Antrages auf einen Beschluß über die Kostenpflicht 74
Bestimmender Schriftsatz 24
Beweistermin 26

Eheleute 85
Ehelichkeit eines Kindes 55
Ehesachen 9, 26, 38, Fn. 91
Einlassung zur Hauptsache 10, 81
Einrede der nichterstatteten Kosten 81 ff.
Einrede (Ausnahmen) 85
Einreichung eines Schriftsatzes 23
Einspruch 14, 92
Einspruchszurücknahme 1
Einstweilige Anordnung 93
Einstweilige Verfügung 93
Einwilligung des Beklagten 8, 56, 61
Einwilligungserklärung 15
Endurteil 42 f.
Entscheidung nach Lage der Akten 17
Erlaß des Urteils 31 ff.
Erledigung der Hauptsache 1, 61
Ersitzung 55

Feststellung 42
FGG-Verfahren 92
Form der Erklärung der Klagezurücknahme 22 ff.
Formlose Zusendung der Klage Fn. 17

Gebühren 95
Gütetermin 26
Güteverhandlung 100

Hauptsache 11 f.

Inhalt der Klagezurücknahme 20 ff.
Insolvenzverfahren 92
Interventionsklage 53

Klagezurücknahme, Begriff der 1 ff.
Klageverzicht 1
Klagezurücknahmeversprechen 5
Klagezustellung 7
Klarstellung des Klageantrags 1
Konkursverfahren 92
Kosten 51
Kostenbeschluß 57, 66, 73, 98, Fn. 20
Kosteneinrede 51
Kostenerstattungsanspruch (materiellrechtlicher) 63
Kostenpflicht 61 ff.
Kostenpflicht des Klägers 62
Kostentatbestand (§ 269 Abs. 3 Satz 2) 63
Kostenvereinbarung 62, 67
Kündigungsfeststellungsklage 104

Mahnverfahren 92
Materiell-rechtliche Wirkungen (der Rechtshängigkeit) 55 ff.
Mündliche Verhandlung 8, 25 ff., 66

Nachträgliche Einwilligung 17
Nichtverlesen des Antrags 20
Nichtzahlung der Kosten 86

Parteidisposition 43
Prozeßkostenhilfe 26, 31, 82, Fn. 62
Prozessuale Überholung 54
Prozeßvergleich 2
Prozeßvergleich 44, 62, Fn. 53

Rechtsgeschäfte 55
Rechtshängigkeit 7, 51 ff., 55 ff., 82, 91
Rechtskraft 13, 14, 32

Rechtsmißbrauch 67
Rechtsmittel 36 f., 38, 57, 71, 92
Rechtsmitteleinlegung 26, 31, 35
Rechtsmittelfrist 13, 32 f., 35
Rechtsmittelinstanz 13, 15, 35
Rechtszug 31 f.
Revision 35
Revisionszurücknahme 1
Rügen 11, 81 f.
Ruhen des Verfahrens 44
Ruhenlassen des Verfahrens 1

Sachliche Zuständigkeit 53
Sachurteilsvoraussetzungen 7
Scheidungsantrag; Zurücknahme des 9, 20, 58
Scheidungsfolgesachen 63
Scheidungsurteil 26
Schlüssige Handlungen 15
Schriftliches Verfahren 10
Schriftsatz 23 f., 31, 56
Schwebezustände 16
Selbständiges Beweisverfahren 62, Fn. 102
Sofortige Beschwerde 71
Statussache 58
Streitgenossen 68, Fn. 124 f.
Streithilfe 52, 92
Streitwert 53, 57, 73
Stufenklage 19, 34, 64
Stundung 5

Teilweise Klagezurücknahme 1, 51, 62, 68, Fn. 47, Fn. 126, Fn. 132
Treu und Glauben 5

Umdeutung 1
Unbedingtheit der Einwilligungserklärung 15

Unbedingtheit der Klagezurücknahmeerklärung 20
Untätigkeit 20
Unwirksame Klagezurücknahme, Verfahren nach 43

Veranlassung der Klage 61
Verbundverfahren 20
Verhandlung zur Hauptsache 11
Verjährung 55
Versäumnisurteil 62
Versäumnisverfahren 46
Verweigerung der Einlassung 81, 104
Verweigerung der Einwilligung 17, 36
Verweisung des Rechtsstreits 11, Fn. 57
Verzicht 5, 14, 17, 36 f., 51
Vollmacht 20
Vollstreckungsabwehrklage Fn. 133
Vollstreckungsbescheid Fn. 149
Vorläufiger Rechtsschutz 93

Widerklage 51 ff., 62, 91, Fn. 132
Widerruf 20
Widerspruch 15
Wiedereinsetzung 63
Wirksame Klagezurücknahme, Verfahren nach 42

Zulässigkeit der Klagezurücknahme 7 ff.
Zulässigkeitsrüge 81 f.
Zurücknahme nach Erlaß des Urteils 31 ff.
Zurücknahme nach Rechtsmitteleinlegung 35
Zurücknahme zwischen den Rechtszügen 31
Zustellung 7, 20, Fn. 17, Fn. 20
Zwischenurteil 43

I. Das Wesen der Klagezurücknahme

1. Begriff der Klagezurücknahme und Abgrenzung zu anderen Prozeßhandlungen

1   Die Zurücknahme der Klage[1] ist die prozessuale Erklärung, mit der das in der Klage oder Widerklage gestellte **Gesuch um Gewährung von Rechtsschutz**[2] **rückgängig** gemacht wird (→ auch Rdnr. 219 vor § 128), also das Gegenstück zu der in der Klage enthaltenen Prozeßhandlung, → § 253 Rdnr. 1. Sie kann sich auf die **Klage als Ganzes** oder auf einen zur Entscheidung durch Teilurteil geeigneten **Teil** (→ § 301 Rdnr. 4 ff.) beziehen und auch **einzelnen** von mehreren **Beklagten**[3] gegenüber erfolgen. Die Klagezurücknahme steht im **Gegensatz** zu dem

---

[1] Aus der älteren Lit. *Lasker* Gruchot 25 (1881), 614 ff.; *Schultzenstein* Gruchot 27 (1883), 229 ff.; *Schwalbach* AcP 64 (1881), 261 f.; *Roos* BadAnn 58, 238, 252; neuere Lit.: *Hansens* »Zurücknahme« einer noch nicht zugestellten Klage, JB 1986, 459; *Henckel* Festschr. für Bötticher (1969), 173; *Mende* Die in den Prozeßvergleich aufgenommene Klagerücknahme (Diss. Köln 1975); *Rupp/Fleischmann* Urteil bei Klageänderung und Klagerücknahme trotz fehlender Einwilligung des Beklagten, MDR 1985, 17; *Walther* Klageänderung und Klagerücknahme (Diss. Erlangen 1969); *ders.* Klageänderung und Klagerücknahme, NJW 1994, 423.

[2] BGH LM § 616 Nr. 9; *Rosenberg/Schwab/Gottwald*[15] § 130 I 1.

[3] Aber nicht gesetzlichen Vertretern, RGZ 41, 389.

Verzicht auf den Anspruch, § 306 (aber wegen der Ehenichtigkeitsklage → § 306 Rdnr. 10), und erst recht zu der Erklärung, das Verfahren *ruhen* zu lassen. Die Erklärung der *Erledigung der Hauptsache* ist zwar eine besondere Art der Klagezurücknahme (→ § 91a Rdnr. 36), doch ist sie in Voraussetzungen und Wirkungen von der Zurücknahme nach § 269 strikt unterschieden. Welche Erklärung gemeint ist, muß durch Auslegung, eventuell nach Befragung, festgestellt werden, → Rdnr. 192–195 vor § 128[4]. Eine **Umdeutung** (→ Rdnr. 196 vor § 128) einer Erledigungserklärung in eine Klagezurücknahme ist nicht ausgeschlossen[5]. Zur **teilweisen Zurücknahme**, die in der **Beschränkung des Klageantrags** liegen kann, → § 264 Rdnr. 66 f. Die **Beschränkung** des Antrags auf die **Kosten** ist Zurücknahme der Klage[6], sofern sie nicht wegen einer späteren Erledigung der Hauptsache erfolgt, → § 91a Rdnr. 16. Eine Einschränkung des Klageantrags mit der Berufung kann eine teilweise Klagezurücknahme enthalten[7]. Von der Zurücknahme zu unterscheiden ist die *Klarstellung* des Klageantrags[8]. Die Klagezurücknahme ist ferner **strikt** von der **Zurücknahme von Rechtsbehelfen**, also vor allem der *Berufungs-*, der *Revisions-* und der *Einspruchszurücknahme* zu **unterscheiden**, → näher Rdnr. 14.

2. Prozeßvergleich

Ein Prozeßvergleich beendet den Rechtsstreit ex nunc; um eine Klagezurücknahme handelt 2 es sich dabei nicht[9]. Das wird zumeist auch dann gelten, wenn im Prozeßvergleich von einer »Zurücknahme« der Klage die Rede ist, sofern nicht der Wille der Parteien erkennbar ist, die Wirkungen des § 269 herbeizuführen, → § 794 Rdnr. 10[10]. Zur Klagezurücknahme in Erfüllung eines **außergerichtlichen Vergleichs** → sogleich Rdnr. 5 und → § 98 Rdnr. 4, → § 794 Rdnr. 68 f. Zur *Kostenfrage* → Rdnr. 62.

3. Handlung im Prozeß

Die **Zurücknahme** ist stets Handlung im Prozeß (→ Rdnr. 20 ff.); sie kann daher **nicht durch** 4 **außerprozessuale Erklärung** erfolgen, auch nicht durch Erklärung in einem *anderen* Verfahren[11].

Ein außerhalb des Prozesses geschlossener **Vertrag**, in dem sich der Kläger zur Zurücknahme der Klage 5 verpflichtet (»**Klagezurücknahmeversprechen**«), ist nach allgemeinen Grundsätzen gültig[12], → Rdnr. 162 und 237 ff. vor § 128. Dahin gehört auch der sog. **außergerichtliche Vergleich**, also die *außerprozessuale* materiell-rechtliche Einigung der Parteien über das den Streitgegenstand bildende Rechtsverhältnis, verbunden mit der ausdrücklichen oder stillschweigenden beiderseitigen Zusage, den durch den Vergleich materiell erledigten Rechtsstreit nicht fortzusetzen. Die in Verfolgung des Vergleichs

---

[4] Vgl. z.B. *BGH* NJW-RR 1989, 1376; *RGZ* 66, 12, 168, 57; *RG* JW 1911, 591; 1935, 2281; *OLG Hamm* JurBüro 1989, 1077; *OLG Hamburg* OLG Rsp 11, 80; *OLG München* OLG Rsp 19, 98; 20, 315; *OLG Dresden* SeuffArch 68, 118; *OLG Köln* JW 1931, 2147; dazu auch *E. Schneider* JB 1975, 862; → auch Rdnr. 20 Fn. 51.
[5] *VGH Mannheim* NJW 1974, 964 und 1478 (L, mit abl. Anm. *Czermak*); a.M. *OLG Bamberg* JB 1977, 1620; *OLG Frankfurt a.M.* BB 1978, 331.
[6] *RGZ* 15, 426; 65, 35, *OLG Braunschweig* OLG Rsp 4, 430; *OLG Kiel* SchlHA 1920, 20 u. a.
[7] *BSG* MDR 1969, 516 = AP Nr. 2 zu § 102 SGG. Zum Verhältnis von Rechtsmittelbeschränkung und Klagezurücknahme siehe auch *Karmasin* NJW 1974, 982; *Batsch* NJW 1974, 299.
[8] *BGH* LM Nr. 6 zu § 256.
[9] *Stein* ZZP 1941 (1911), 429 f.; *OLG München* BayJMBl 1952, 149.

[10] A.M. wohl *Mende* (Fn. 1), 11, 38 ff.
[11] *BGH* MDR 1981, 1002 = JB 1659.
[12] *BGH* NJW-RR 1987, 307 = JurBüro 1986, 1166; NJW 1961, 460; 1964, 549; *RGZ* 102, 217; 159, 186; *OLG Frankfurt a.M.* OLG Rsp 1, 423; *OLG Celle* SeuffArch 67 (1912), 91; *OLG Hamburg* LeipzZ 1920, 934, *Schiedermair* Vereinbarungen im Zivilprozeß (1935), 68 ff.; eingehend *Baumgärtel* Wesen und Begriff der Prozeßhandlung einer Partei im Zivilprozeß[2] (1972), 260 ff.; ders. ZZP 69 (1956) 89; *E. Schumann* JuS 1966, 27 f. Vgl. auch *Barz* Versprechen der Klagerücknahme (1933). — A.M. *Hellwig* Anspruch und Klagrecht (1900), 162; Lb. 1 177; ders., System 1 450. *Goldschmidt* Der Prozeß als Rechtslage 311 f.; heute nur noch *Wieczorek*[2] § 271 a.F. Anm. B V.

(bzw. des Klagezurücknahmeversprechens) im *Prozeß* abgebene Erklärung des Gegners ist, gleichviel, ob sie als einfache Zurücknahmeerklärung oder mit dem Vergleich motiviert oder in der Form einer Anzeige über den abgeschlossenen Vergleich abgegeben wird, sowohl i. S. der ZPO als auch des GKG eine Klagezurücknahme[13]. Die übernommene Verpflichtung, den Prozeß nicht fortzusetzen (die Klage zurückzunehmen), kann dem die Klage gleichwohl weiterverfolgenden Kläger mit der Wirkung entgegengesetzt werden, daß die **Klage durch Prozeßurteil abzuweisen** ist[14] (Verstoß gegen Treu und Glauben, → Einl. Rdnr. 251 und 252 sowie → Rdnr. 247 vor § 128). Der Kläger ist aber nicht gehindert, die Klage von neuem zu erheben; anders ist die Situation selbstverständlich, wenn die Vereinbarung gleichzeitig *materiell-rechtliche* Bedeutung – als Stundung, Verzicht usw. – hat; in diesem Fall muß eine Sachabweisung der neuen Klage erfolgen[15]. Umgekehrt kann aber daraus, daß nach dem Inhalt des Vergleichs keine Verpflichtung zur Klagezurücknahme bestand, nicht etwa deren Unwirksamkeit hergeleitet werden[16].

II. Zulässigkeit der Klagezurücknahme

7 Die Zurücknahme der Klage *setzt voraus*, daß die **Klage** durch Zustellung nach §§ 253, 498 oder gemäß § 261 Abs. 2 **erhoben ist**[17]. § 269 gilt aber auch, wenn die Zustellung mangelhaft[18] oder ihr Mangel gemäß § 187 geheilt ist[19]. **Vor** der Zustellung besteht für eine Zurücknahme im technischen Sinn kein Bedürfnis[20]. **Unerheblich** ist stets, **ob die Sachurteilsvoraussetzungen** (zu ihnen → Einl. Rdnr. 311 ff.) gegeben sind; denn die Rechtshängigkeit tritt unabhängig von der Zulässigkeit der Klage ein, → § 261 Rdnr. 44. Noch weniger spielt die **Begründetheit** eine Rolle. Im übrigen ist zu unterscheiden:

1. Ohne Einwilligung des Beklagten

8 Ohne Einwilligung des Beklagten ist die Zurücknahme nur zulässig **bis zum Beginn der mündlichen Verhandlung**[21] *des Beklagten* zur Hauptsache[22].

---

[13] *OLG Celle* Recht 1929 Nr. 860; *OLG Hamburg* JW 1932, 3642. – A.M. *KG* JW 1936, 3086.
[14] *BGH* NJW 1987, 307; 1964, 549; *RGZ* 102, 217; 159, 186; *RG* JW 1937, 1062; *OLG Zweibrücken* OLGZ 65, 141; *OVG Hamburg* NJW 1989, 604; *Schiedermair* (Fn. 12), 118 ff.; *Baumgärtel* (Fn. 12), 69; *Bonin* JZ 1958, 269 f.; *Jauernig* JZ 1958, 657; *A. Blomeyer* ZPR² § 63 IV; *Rosenberg/Schwab/Gottwald*¹⁵ § 130 I 2; *Schumann* JuS 1966, 27 bei Fußn. 33 und 34. – Nach anderer Ansicht soll die Klage dagegen **durch Urteil für zurückgenommen erklärt** werden, so *Kleinfeller* ZZP 18 (1893), 424; *Nikisch* Lb² § 69 III 2; *Rosenberg*⁹ (1961) § 127 I 1 e; *Baumgärtel* Festschr. für Schima (1969), 50. S. dagegen *E. Schumann* JuS 1966, 27. – Die Verpflichtung zur Rücknahme kann aber auch mit einer **Widerklage** (*Mendelssohn-Bartholdy* JW 1921, 1244 f.; *Thomas/Putzo*¹⁹ Rdnr. 2) oder in einer **gesonderten Klage** geltend gemacht werden, wobei die Zurücknahme kann mit Rechtskraft der Verurteilung als erklärt (§ 894); str. s. näher *OLG Bamberg* DVBl 1967, 55; *Hillermeier* das. 19; *Rosenberg*⁹ (1961) § 127 I 1 e; *Baumgärtel* (Fn. 12), 262 Fn. 486.
[15] *RGZ* 102, 217 (233).
[16] Vgl. *RGZ* 152, 324 (zur Rechtsmittelzurücknahme).
[17] Die formlose Zusendung der Klageschrift beim PKH-Verfahren an die gegnerische Partei mit der Aufforderung zur Stellungnahme kann eine Zustellung nicht ersetzen. *OLG Celle* AnwBl 1983, 92; *MünchKomm ZPO/Lüke* Rdnr. 11.
[18] *OLG München* JW 1938, 1465, 2560. Fehlende Unterschrift unter Klageschriftsatz hindert Klagerücknahme nicht, → § 253 Rdnr. 143 ff.
[19] *OLG Bremen* NJW 1969, 2243 = OLGZ 1970, 169.
[20] Daher ist kein Platz für die analoge Anwendung von § 269 Abs. S. 3 bei einem ohne Rechtshängigkeit ergangenen Urteil, *OLG Düsseldorf* NJW-RR 1995, 895. Auch die Kostenfolge des § 269 Abs. 3 S. 2 tritt dann nicht ein. *KG* MDR 1969, 230 = JB 446 = OLGZ 190; *KG* NJW 1972, 1053; *LG Bonn* JMBlNRW 1977, 224; *OLG Celle* NdsRPfl 1979, 40; *Weimar* JB 1981, 816; *OLG Frankfurt a.M.* JB 1982, 1571; *OLG Celle* AnwBl 1994, 92; *OLG Hamburg* MDR 1983, 411; *OLG Hamm* NJW-RR 1994, 63 (formlose Übermittlung der Klageschrift); *OLG Karlsruhe* MDR 1989, 268; *OLG Bamberg* MDR 1989, 1007; *OLG Düsseldorf* FamRZ 1985, 1271; *Hansens* JB 1986, 495; a.M. *LG Heilbronn* NJW-RR 1996, 382 = JurBüro 1995, 657, das für eine analoge Anwendung des § 269 Abs. 3 S. 2 ZPO ist. Ein trotzdem ergangener Kostenbeschluß vermag keine Wirkungen zu entfalten, da kein Rechtsstreit vorgelegen hat, dessen Kosten der Kläger zu tragen hätte, *OLG Schleswig* JB 1984, 604; *E. Schneider* NJW 1965, 1185; a.M. *OLG Düsseldorf* NJW 1965, 766; *LG Heilbronn* NJW 1995, 860. Wird der eingeleitete Klage *trotz* bereits erfolgter Zurücknahme noch zugestellt, so ist auf die *Kosten* § 269 Abs. 3 analog anzuwenden, *OLG Hamm* JMBlNRW 1952, 228; *OLG Frankfurt a.M.* NJW 1954, 275; *OLG Köln* MDR 1994, 618; *LG München I* AnwBl 1971, 17; *E. Schneider* ZZP 76 (1963), 38 ff.; a.M. *Tschischgale* NJW 1954, 276 mit der begrifflichen Begründung, eine Klage könne nur zurückgenommen werden, wenn sie bereits zugestellt sei. Für die **Gerichtskosten**, GKG Anlage 1 zu § 11 Abs. 1 KV Nr. 1202 ist die Zustellung an den Gegner ohne Bedeutung. Über die **Erledigung vor Zustellung** → Rdnr. 17 vor § 91, § 91a Rdnr. 9 ff.
[21] Der ersten des Prozesses, nicht etwa der jedesmaligen des einzelnen Termins.
[22] Anders bei der **Klage** des nichtehelichen Kindes auf **vorzeitigen** Erbausgleich (MünchKomm/*Leipold* § 1934 d

a) Ehesachen

In Ehesachen gilt dies ebenfalls[23]. Jedoch ist hier zu beachten, daß in der **persönlichen Anhörung** oder *Vernehmung* gemäß § 613 Abs. 1 S. 1 ohne anwaltliche Vertretung kein Verhandeln zur Hauptsache liegt[24]. Es genügt aber zum Verhandeln des Antragsgegners in Ehesachen, wenn der Anwalt sachlich zum Scheidungsbegehren Stellung nimmt[25] oder der Antragsgegner persönlich der Scheidung ausdrücklich zustimmt[26]. Die Zurücknahme eines Scheidungsantrags ist auch nach dem Tod einer Partei zulässig[27].

9

b) Recht des Beklagten auf Sachentscheidung nach seiner Einlassung

Mit dem Beginn **seiner** Einlassung zur Hauptsache erlangt der **Beklagte** *ein unentziehbares prozessuales* **Recht auf Entscheidung** über den in der Klage geltend gemachten Anspruch. Sofern die Klage zulässig ist, muß nunmehr ein *Sachurteil* ergehen. Nur wenn der Beklagte zustimmt, kann der Prozeß anders enden. Im *schriftlichen Verfahren* nach § 128 Abs. 2 und 3 steht die schriftsätzliche Einlassung zur Hauptsache derjenigen in der mündlichen Verhandlung gleich; dasselbe gilt im Falle der §§ 251 a, 331 a, sobald eine Entscheidung (z.B. ein Beweisbeschluß) ergangen ist, → auch § 39 Rdnr. 4, → § 128 Rdnr. 90.

10

c) Begriff der Hauptsache

Die Hauptsache (→ § 39 Rdnr. 5) bedeutet hier wie in § 39 die abzuurteilende (materielle) Streitsache im Gegensatz zu dem Verfahren darüber. Die *Verlesung des Antrags auf Abweisung* der Klage[28] oder die Erhebung einer *Widerklage* ist daher noch *keine* Verhandlung zur Hauptsache; ebensowenig das Vorbringen von Rügen gegen die Zulässigkeit des *Verfahrens*[29]. Wenn sich der Gegner nach Vorbringen derartiger Rügen **nur eventuell** sachlich äußert, verhandelt er gleichwohl zur **Hauptsache** und eine Klagezurücknahme **bedarf nunmehr seiner Zustimmung**[30]. Die Einwilligung wird auch nicht entbehrlich, wenn der **Rechtsstreit** *nach* Verhandlung des Beklagten zur Hauptsache an ein anderes Gericht **verwiesen** wurde; denn Anträge und Erklärungen der Parteien wirken fort, → § 281 Rdnr. 36. Ist allerdings vor der Verweisung vom Beklagten nicht zur Sache verhandelt worden, kann die Klage nach der Verweisung *solange* ohne Einwilligung des Beklagten zurückgenommen werden, als er noch nicht verhandelt hat[31]. Stellt der Beklagte beim Ausbleiben des Klägers im ersten Termin des Prozesses Antrag auf **Versäumnisurteil**, so liegt hierin zwar ein Verhandeln zur Hauptsache[32]; der Kläger kann aber **nach Erhebung des Einspruchs** mit Rücksicht auf

11

Rdnr. 33), im Arrest- und Verfügungsverfahren → § 920 Rdnr. 1, *OLG Düsseldorf* NJW 1982, 2452 und bei der **Patentnichtigkeitsklage**, die *ohne Einwilligung des Beklagten in jeder Verfahrenslage zurückgenommen werden kann* (*BGH* LM § 13 PatG [a.F.] Nr. 20; *A. Blomeyer* ZPR² § 63 II 1; a.M. *Henckel* [Fn. 1], 179).

[23] *RGZ* 91, 365; 147, 401; *RG* WarnRspr 1918 Nr. 148; *RG* JW 1935, 1024 u.a.; → aber Rdnr. 38.

[24] *OLG Nürnberg* BayJMBl 1953, 272; *Köln* JMBlNRW 1955, 223; *OLG Düsseldorf* NJW 1957, 1365; FamRZ 1977, 130; *KG* FamRZ 1974, 447; *OLG Düsseldorf* FamRZ 1977, 130; *OLG Köln* FamRZ 1985, 1060; *OLG Karlsruhe* OLGZ 1979, 361 = FamRZ 63 = Justiz 102.

[25] *OLG Koblenz* FamRZ 1981, 260; *OLG Frankfurt a. M.* FamRZ 1982, 809; *OLG Köln* FamRZ 1985, 1060.

[26] *OLG München* NJW-RR 1994, 201.

[27] *Thomas/Putzo*¹⁹ Rdnr. 4; *OLG München* NJW 1970, 1799; a.M. *Baumbach/Lauterbach/Hartmann*⁵⁵ Rdnr. 20; → auch § 619 Rdnr. 2.

[28] S. auch *OLG Hamburg* SeuffArch 52, 217; *OLG Breslau* OLG Rsp 29, 131 u.a.

[29] *BGHZ* 100, 383 (389) = NJW 1987, 3263; *Walther* (Fn. 1), 35f.; a.M. *Grunsky* Die Veräußerung der streitbefangenen Sache (1968), 151, Fußn. 167; *Henckel* (Fn. 1), 181; *MünchKommZPO/Lüke* Rdnr. 23.

[30] *RGZ* 151, 65; *A. Blomeyer* ZPR² § 63 II 1 bei Fußn. 4 (anders Voraufl.); → auch Einl. Rdnr. 312 mit dortiger Fn. 5. – A.M. *Rosenberg/Schwab/Gottwald*¹⁵ § 130 II 2 a; *Nikisch* Lb. § 69 II 2. – Vgl. auch *Hinz* JZ 1968, 11 (Reformvorschlag).

[31] *LAG Berlin* ArbRsp 1931, 309. Da nach einer **Rechtswegverweisung** ein neuer Prozeß beginnt (→ Einl. Rdnr. 412 in Fn. 39, → auch § 281 Rdnr. 81), hindert jedoch eine Verhandlung des Beklagten im *anderen Rechtsweg* den Kläger nicht, nach Verweisung an das Zivilgericht ohne dessen Einwilligung die Klage zurückzunehmen, *Schleswig* SchlHA 1976, 48; *Zöller/Greger*²⁰ Rdnr. 13; *MünchKommZPO/Lüke* Rdnr. 27.

[32] A.M. *Münzberg* Die Wirkungen des Einspruchs im Versäumnisverfahren (1959), 57.

§ 342 die Klage solange zurücknehmen, bis der Beklagte in der neuen Verhandlung zur Hauptsache verhandelt hat[33], → § 330 Rdnr. 4. Dies gilt auch, wenn das Gericht z. B. wegen § 335 Abs. 1 Nr. 1 oder 2 dem Antrag auf Erlaß eines Versäumnisurteils nicht entsprochen, sondern vertagt hat[34].

2. Klagezurücknahme mit Einwilligung des Beklagten

13 Die Zurücknahme der Klage mit **Einwilligung des Beklagten** ist in jedem Stadium des Prozesses bis zum Eintritt der Rechtskraft, also auch noch nach Erlaß des Endurteils während der Rechtsmittelfrist[35] und in der *Rechtsmittelinstanz*[36] **zulässig** mit der Folge, daß die früheren Entscheidungen wirkungslos werden, hierzu → Rdnr. 56.

a) Abgrenzung zur Zurücknahme von Rechtsbehelfen

14 Die Zurücknahme der Klage **unterscheidet** sich wesentlich von der *Zurücknahme der Berufung*, der *Revision* und des *Einspruchs* (vgl. §§ 515, 566, 346); denn eine solche Zurücknahme eines Rechtsbehelfs **beeinträchtigt nicht die ergangenen Entscheidungen** und hat nur den Verlust des **Rechtsmittels** bzw. Einspruchs zur Folge, → § 515 Rdnr. 12 ff.; davon ist eine Klagezurücknahme, da sie **zur Wirkungslosigkeit der ergangenen Entscheidung** führt, streng zu unterscheiden[37]. *Nach* Eintritt der *Rechtskraft* ist eine Klagezurücknahme nicht mehr möglich, da die Rechtshängigkeit durch die Rechtskraft des Urteils beendet wird. Es kommt dann nur noch ein materiell-rechtlicher Verzicht auf den im Urteil festgestellten Anspruch in Frage; bei rechtsgestaltenden Urteilen ist ein Verzicht auf die Gestaltung nach Eintritt der Rechtskraft in den meisten Fällen nicht möglich.

b) Unbedingtheit der Einwilligungserklärung des Beklagten

15 Die *Einwilligung des Beklagten* muß *unbedingt* sein, → auch Rdnr. 209 vor § 128. Sie bedarf **keiner Form** und kann auch durch *schlüssige Handlungen* erklärt werden, z. B. durch den Antrag auf Verurteilung des Klägers in die Kosten nach Abs. 3[38]. Ein ausdrücklicher Widerspruch braucht nicht erhoben zu werden[39]; in der Aufrechterhaltung des Abweisungsantrags liegt eine schlüssige Verweigerung der Einwilligung[40]. Die Einwilligung ist nach Abs. 2 S. 1 **dem Gericht gegenüber** zu erklären[41]. Die Erklärung kann entweder bei der mündlichen Verhandlung[42] oder durch Einreichung eines Schriftsatzes abgegeben werden, → Rdnr. 20 ff. Da die Einwilligung durch schlüssige Handlung, also z. B. auch dadurch zum Ausdruck gebracht werden kann, daß der Gegner nach einer in der Rechtsmittelinstanz erklärten Zurücknahme von der Bestellung eines Prozeßbevollmächtigten für diese Instanz absieht,

---

[33] *BGHZ* 4, 328 (339 f.); *OLG Hamburg* SeuffArch 52 (1897), 217; *A. Blomeyer* ZPR² § 63 II 1. – A.M. *OLG Hamburg* OLG Rsp 31, 62; *Göppinger* ZZP 66 (1953), 284 ff., 293 f.; *Rosenberg/Schwab/Gottwald*¹⁵ § 107 V 3 c; *Theuerkauf* MDR 1964, 467.
[34] *BGH* NJW 1980, 2313 (zu § 515 Abs. 3); *Münzberg* ZZP 94 (1981), 328.
[35] *OLG Hamburg* SeuffArch 52 (1897), 217; *KG* ZZP 55 (1930), 284; *KG* NJW 1971, 2270; nach Rechtskraft eines **Scheidungsurteils** (→ § 629 d Rdnr. 1) aber auch dann nicht, wenn das Urteil mit Rücksicht auf anhängige Folgesachen *noch nicht wirksam* ist, *OLG Düsseldorf* FamRZ 1979, 445.
[36] → Rdnr. 8; ferner *RG* JW 1905, 536; 11, 51.

[37] *RG* WarnRsp 1908 Nr. 91; *BayObLG* SeuffArch 50 (1895), 360.
[38] *RGZ* 75, 291 f.; *RG* Gruchot 41 (1897), 703; *OLG Marienwerder* SeuffArch 52 (1897), 359 (zu § 505).
[39] Vgl. *RGZ* 108, 136; *RG* JW 1903, 289.
[40] *RGZ* 15, 426; *RG* JW 1903, 289; *BGH* ZIP 90, 1124; *OLG Koblenz* VersR 1981, 1135.
[41] Es genügt daher nicht, wenn der Beklagte **dem Kläger** gegenüber in die Zurücknahme der Klage einwilligt und der Kläger dies dem Gericht mitteilt, so aber *OLG Karlsruhe* OLGZ 1968, 37, wie hier *Zöller/Greger*²⁰ Rdnr. 15.
[42] Für die Protokollierung gilt § 160 Abs. 3 Nr. 8.

muß auch die ausdrückliche **ohne Anwalt** abgegebene Einwilligungserklärung genügen[43, 44], → auch Rdnr. 35.

c) Schwebezustände

Solange die **Einwilligung** des Beklagten **noch aussteht**, ist die Zurücknahme zwar für den Kläger bindend (→ Rdnr. 20); aber sie erzeugt noch nicht die Wirkungen der Zurücknahme (→ Rdnr. 51 ff., 81 ff.). Wird die *Einwilligung verweigert*, so darf der Kläger seinen ursprünglichen Antrag wieder aufnehmen[45]; tut er dies, kann der Beklagte dem nicht damit begegnen, daß er nunmehr nachträglich die Einwilligung erteilt[46]. Nimmt der Kläger seinen Antrag nicht wieder auf, so ist, da *weder* der Antrag als fortbestehend fingiert werden kann, *noch* das Gericht dem Kläger etwas gegen seinen Antrag zusprechen kann (§ 308), **die Klage abzuweisen**, und zwar durch Versäumnisurteil[47] oder Entscheidung nach Lage der Akten, § 331a, oder – sofern in dem Termin schon verhandelt worden war (§ 334) – durch kontradiktorisches Urteil[48]. Bei einer sich als Klagezurücknahme darstellenden *Beschränkung des Klageantrags* (→ Rdnr. 1) gilt insoweit das Dargelegte entsprechend. In jedem Fall bleibt dem Kläger bei Verweigerung der Einwilligung die Möglichkeit, nunmehr auf den Klageanspruch zu **verzichten**, → Rdnr. 1.

17

d) Stufenklage

Zur Klagezurücknahme bei der **Stufenklage** → § 254 Rdnr. 36 a.

19

III. Erklärung der Zurücknahme

1. Inhalt und Adressat der Klagezurücknahme

Die Erklärung der Zurücknahme braucht nicht immer ausdrücklich zu erfolgen[49], sondern kann insbesondere[50] in der Beschränkung des Klageantrags (→ Rdnr. 1) liegen. Dagegen genügt die bloße Untätigkeit (Nichtverlesen eines Antrags) regelmäßig nicht[51]. Die Erklärung muß **unbedingt** (→ schon Rdnr. 15) erfolgen, weil sonst die Rechtshängigkeit in der Schwebe wäre, → Rdnr. 209 vor § 128, und sie ist, sobald sie existent geworden ist, → Rdnr. 21–27, für den Kläger bindend, auch wenn die erforderliche Einwilligung des Beklagten noch aussteht[52] (→ Rdnr. 17). Widerruf oder Anfechtung wegen Irrtums sind ausgeschlossen, → Rdnr. 228

20

---

[43] *OLG Karlsruhe* OLGZ 1968, 37; Justiz 1977, 97 (Ehescheidungsprozesse). A.M. *MünchKommZPO/Lüke* Rdnr. 32; → § 78 Rdnr. 30.

[44] Es bedarf danach nicht der Beiordnung eines Rechtsanwalts im Wege der Prozeßkostenhilfe gemäß § 121, um lediglich die Einwilligungserklärung zu ermöglichen.

[45] RGZ 75, 290. Dies ist für § 211 Abs. 2 BGB wichtig, RGZ a.a.O.

[46] RGZ 108, 136; vgl. auch *OLG Bamberg* BayJMBl. 1953, 36; *OLG Koblenz* VersR 1981, 1135.

[47] *OLG Stuttgart* OLGZ 1968, 287 = Justiz 1969, 21 (L) = JVBl 1968, 284; a.M. *Rupp/Fleischmann* (Fn. 1), 19; *MünchKommZPO/Lüke* Rdnr. 33, danach kann das Gericht auf den ursprünglichen Klageantrag zurückkommen, da die Klagezurücknahme wirkungslos sei; eines Wiederaufgreifens des Klageantrages durch den Kläger bedarf es deswegen nicht. – Bei teilweiser Klagezurücknahme geschieht dies durch Teilversäumnisurteil, *LG Freiburg* MDR 1969, 850.

[48] RGZ 15, 426; 65, 36; *OLG Stuttgart* OLGZ 1968, 287 (289: betrifft den Fall, daß im *vorhergehenden Termin* streitig verhandelt worden war, nicht aber im letzten *Termin*).

[49] *OLG Kiel* JR 1948, 77; *LAG Düsseldorf* Betrieb 1977, 1708 (L); Erklärung, an dem Verfahren nicht mehr teilnehmen zu wollen, als Klagezurücknahme, *BGH* PatBl 1953, 14; *BGH* WM 1989, 1354.

[50] RGZ 75, 290; *OLG Düsseldorf* OLG Rsp 1928, 44; *BAG* AP § 322 Nr. 6 (mit Anm. *Pohle*).

[51] RGZ 66, 367f.; 75, 290; RG ZZP 55 (1930), 122; s. aber auch BGHZ 4, 339; *OLG Potsdam* NJ 50, 127; siehe auch § 264 Fn. 89; zur *Auslegung* der Erklärung → Rdnr. 1 Fn. 4; zur *Fiktion der Klagezurücknahme im arbeitsgerichtlichen* Verfahren bei Nichterscheinen oder Nichtverhandeln der Parteien → Rdnr. 100.

[52] *OLG Marienwerder* SeuffArch 52 (1897), 359; *OLG Dresden* SeuffArch 48 (1893), 469, *OLG Nürnberg* BayJMBl 1953, 272.

vor § 128[53], → auch Rdnr. 4. Das gilt insbesondere für den Widerruf der Zurücknahme eines Scheidungsantrags im Verbundverfahren[54]. Wegen des Widerrufs vor bewirkter Zustellung → Rdnr. 220 vor § 128; wegen der Vollmacht → § 81 Rdnr. 9.

21 Die Zurücknahme ist nicht dem Gegner, sondern **dem Gericht gegenüber** zu erklären, Abs. 2; und zwar in dem anhängigen und zu beendigenden Rechtsstreit[55]. Die Erklärung ist dem Gegner von Amts wegen zuzustellen, § 270 Abs. 1 und 2; die Zustellung ist aber keine Wirksamkeitsvoraussetzung.

2. Form der Erklärung der Klagezurücknahme

22 In *zwei Formen* kann die Klagezurücknahme erklärt werden:

a) Einreichung eines Schriftsatzes

23 Der Kläger kann *entweder* einen (sog. *bestimmenden*) Schriftsatz[56] einreichen, → dazu § 129 Rdnr. 5.

24 Der Schriftsatz unterliegt im Anwaltsprozeß dem Anwaltszwang[57]. Im amtsgerichtlichen Verfahren (außerhalb des Familiengerichts) kann die Erklärung durch Schriftsatz oder zu Protokoll der Geschäftsstelle erfolgen, § 496. Der Zustellung der Erklärung an den Gegner bedarf es dann nicht, wenn Zurücknahme und Einwilligung in einem gemeinsamen Schriftsatz beider Parteien erklärt sind[58].

b) Erklärung in der mündlichen Verhandlung

25 *Oder* der Kläger gibt die Erklärung der Klagezurücknahme in der mündlichen Verhandlung ab.

26 Dies bedeutet in einem Termin zur mündlichen Verhandlung[59], auch in Abwesenheit des Beklagten. Die Erklärung ist dann nach § 160 Abs. 3 Nr. 8 zu **protokollieren**[60]. Es besteht kein Anlaß, den Begriff der mündlichen Verhandlung auf diejenige vor dem Prozeßgericht zu beschränken und die Klagezurücknahme im **Güte-** oder **Beweistermin** vor dem beauftragten oder ersuchten Richter auszuschließen[61]. Folgerichtig kann die Klage auch im Bewilligungsverfahren für die **Prozeßkostenhilfe** zurückgenommen werden, wenn die Parteien bei zu erwartender Einigung gemäß § 118 Abs. 1 S. 3 HS. 1 zur mündlichen Erörterung geladen wurden. Denn ein sachlicher Unterschied zwischen den Erklärungen im Termin nach § 118 und § 279 besteht nicht[62]. Diese Möglichkeit ist namentlich auch nach Erlaß des Urteils bei

---

[53] *OLG Koblenz* Rpfleger 1976, 324. A.M. bezüglich der *Anfechtung v. Mettenheim* Der Grundsatz der Prozeßökonomie im Zivilprozeß (1970), 164 Fußn. 490; *Arens* Willensmängel bei Prozeßhandlungen im Zivilprozeß (1968), 119 ff. Die Klagezurücknahme ist daher auch dann bindend, wenn sie aufgrund eines Gesamtprozeßvergleichs in einem *anderen* anhängigen Rechtsstreit erfolgte und dieser Vergleich unwirksam ist, vgl. *Pecher* ZZP 97 (1984), 149 Fußn. 40.
[54] *OLG München* FamRZ 1982, 510.
[55] *BGH* MDR 1981, 1002 = JB 1659.
[56] Auch durch schriftlich oder fernmündlich aufgegebenes **Telegramm**, *LAG Frankfurt a. M.* AP § 271 Nr. 5.
[57] Nach einer *Verweisung* des Rechtsstreits kann der bisherige Anwalt die Klagezurücknahme auch gegenüber einem Gericht erklären, bei dem er nicht zugelassen ist, sofern sich noch kein neuer Anwalt bestellt hat, vgl. *LG Bonn* NJW-RR 1986, 223, → Fn. 69 zu einem ähnlichen Fall.
[58] Vgl. auch *RG* HRR 1931 Nr. 1965.
[59] Nicht zur Berichtigung des Urteils nach § 319, *OLG Hamburg* OLG Rsp 1919, 104.
[60] Die Wirksamkeit hängt nicht von der Beachtung der Protokollierungsvorschriften ab, *BSG* MDR 1981, 612.
[61] So bereits die 16. Aufl., vor der 4. VereinfVO, *OLG Colmar* OLG Rsp 1919, 96; *Rosenberg/Schwab/Gottwald*[15] § 130 II 1 c. A.M. *RG* JW 1910, 28; *Baumbach/Lauterbach/Hartmann* 3 A a bis zur 43. Aufl.
[62] Eine Klagezurücknahme liegt mangels erhobener Klage (→ Rdnr. 7) jedoch nicht vor, wenn nur Prozeßkostenhilfe beantragt war, eine Klageschrift aber nicht oder nur durch ein dem Gegner erkennbares Versehen des Gerichts zugestellt wurde, und nunmehr der Antragsteller vom Rechtsstreit abläßt; vgl. *OLG Hamm* NJW 1972,

Prüfung der Prozeßkostenhilfe für den höheren Rechtszug gegeben. Das gilt besonders auch für die Ehesachen; es bedarf also bei Aussöhnung der Ehegatten nach Erlaß des Scheidungsurteils nicht der Bewilligung der Prozeßkostenhilfe zur Rechtsmitteleinlegung lediglich mit dem Ziel der Klagezurücknahme[63].

Im *Anwaltsprozeß* besteht auch für die Erklärung bei der mündlichen Verhandlung Anwaltszwang mit Ausnahme der Fälle, in denen die Erklärung gegenüber dem beauftragten oder ersuchten Richter erfolgen kann, § 78 Abs. 2.

IV. Klagezurücknahme nach Erlaß des Urteils

1. Klagezurücknahme zwischen den Rechtszügen

In dem Stadium **zwischen den Rechtszügen** (→ § 176 Rdnr. 12), d.h. nach Erlaß der Entscheidung **vor** Einlegung eines Rechtsmittels können sowohl die Zurücknahme wie die Einwilligung wirksam erklärt werden durch **Einreichung eines Schriftsatzes** bei dem Gericht des **unteren Rechtszuges**. Ein dort bestehender Anwaltszwang erfordert, daß der Schriftsatz von einem bei diesem Gericht zugelassenen Anwalt unterzeichnet ist[64]. Die Erklärung kann weiter vor einem beauftragten oder ersuchten Richter abgegeben werden. Praktisch kommt hier wohl nur der mit dem Verfahren zur Bewilligung von Prozeßkostenhilfe für den **höheren** Rechtszug beauftragte Richter, § 118 Abs. 3, in Betracht (→ Rdnr. 26).

Zurücknahme[65] und Einwilligung[66] müssen *vor Ablauf der Rechtsmittelfrist erklärt* sein. Anderenfalls erlangt das die Klage abweisende oder ihr stattgebende Urteil **Rechtskraft**. Schriftsätzliche Erklärungen müssen bis zu diesem Zeitpunkt bei dem Gericht des *unteren* Rechtszuges eingegangen sein; bei mündlichen Erklärungen genügt die Abgabe vor dem beauftragten oder ersuchten Richter, mag er von der oberen oder der unteren Instanz bestellt sein. Trägt der Kläger bei der Zurücknahme zwischen den Rechtszügen Bedenken, ob der Beklagte seine Einwilligung geben wird, so muß er durch Einlegung des Rechtsmittels den Lauf der Rechtsmittelfrist hemmen, → Rdnr. 35.

Sieht der Kläger davon ab, dem inzwischen eingetretenen Fortfall des Klagegrundes – z.B. seine nunmehrige Absicht, die Ehe fortzusetzen, § 18 Abs. 2 EheG – durch Klagezurücknahme Rechnung zu tragen, so muß der beschwerte Gegner Berufung einlegen.

2. Klagezurücknahme nach Einlegung eines Rechtsmittels

Wird gegen das Urteil **vor Ablauf der Rechtsmittelfrist Berufung oder Revision eingelegt**, sei es vom Beklagten oder vom Kläger, so stehen für Zurücknahme und Einwilligung dieselben Formen – *Einreichung* eines Schriftsatzes bei Gericht, → Rdnr. 23, *Erklärung* bei der *mündlichen Verhandlung*, → Rdnr. 25 – zur Verfügung. Die Klagezurücknahme ist mit Zustimmung des Beklagten auch bei Unzulässigkeit des Rechtsmittels noch möglich, solange es noch nicht verworfen ist[67]. Die Zurücknahme ist nach Einlegung einer Berufung (Revision)

1904; *OLG Celle* DAVorm 1975, 551; *LG Koblenz* JB 1978, 449 (*Mümmler*); *OLG Düsseldorf* MDR 1981, 764; → auch Rdnr. 7 Fn. 20.

[63] *Scherling* DJ 1937, 1382, 1842. – A.M. RGZ 157, 142; *Gaedeke* JW 1937, 1934, 2019, 2753; *Weber* ebd. 2755.

[64] *RG* HRR 1931 Nr. 1965. Die Zurücknahme kann nicht vom Prozeßbevollmächtigten der dem jetzt beendeten Rechtszug **vorausgehenden** Instanz erklärt werden, *RG* JW 1911, 51.

[65] *BGH* MDR 1995, 952 = NJW 1995, 1096.

[66] *OLG Frankfurt a.M.* MDR 1957, 46; *OLG Stuttgart* VersR 1961, 1097. – Wollte man nach Fristablauf eine Einwilligung auf den Zeitpunkt der Rücknahmeerklärung rückwirkend zulassen, so würde man damit z.B. die Entscheidung über Bestand oder Nichtbestand einer Ehe in die unbefristete Entschließung der einen Partei stellen – ein kaum vertretbares Ergebnis.

[67] *OLG Stuttgart* FamRZ 1969, 104; *OLG Gilles* ZZP 91 (1978), 163.

gegenüber dem Rechtsmittelgericht zu erklären[68]. Die Erklärungen sind vom Prozeßbevollmächtigten der Rechtsmittelinstanz abzugeben; doch kann der Kläger und Rechtsmittelbeklagte die Klage auch durch den *Bevollmächtigten der Vorinstanz* zurücknehmen, solange kein beim Rechtsmittelgericht zugelassener Anwalt für ihn aufgetreten ist[69].

3. Verfahren bei Verweigerung der Einwilligung des Beklagten

36   Wird die **Einwilligung versagt**, so nimmt der Rechtsstreit seinen Fortgang. § 269 hat nichts daran geändert, daß der Kläger nunmehr durch Verzicht, § 306, die Sachabweisung der Klage ermöglichen kann. Eine Rechtsmittelbegründung im Sinne der § 519 Abs. 3, § 554 Abs. 3 kommt, wenn der Kläger als Rechtsmittelkläger die Zurücknahme erklärt oder den Verzicht angekündigt hat, nicht in Frage; demgemäß ist auch für eine Verwerfung des Rechtsmittels wegen fehlender Begründung kein Raum.

37   Verzichtet der Kläger in der mündlichen Verhandlung auf den Klageanspruch, so kann nur ein Verzichtsurteil ergehen; bleibt er dagegen aus oder unterläßt er es, eine Erklärung abzugeben, § 333, so ist (da nunmehr weder eine wirksame Klagezurücknahme noch ein Verzicht vorliegt und der Sonderfall der Zulässigkeit des Rechtsmittels trotz mangelnder Beschwer mithin nicht gegeben ist) das Rechtsmittel als unzulässig zu verwerfen.

4. Ehesachen

38   In Ehesachen kann der siegreiche Antragsteller im Interesse der Aufrechterhaltung der Ehe trotz Fehlens einer Beschwer ein Rechtsmittel dazu benützen, um in der höheren Instanz die Klagezurücknahme oder den Verzicht zu erklären, → Rdnr. 63 Allg. Einl. vor § 511, → § 306 Rdnr. 10, → § 514 Rdnr. 10.

V. Weiteres Verfahren

1. Verfahren bei Streit über die Wirksamkeit (Zulässigkeit) der Klagezurücknahme

41   Entsteht ein *Streit* über die **Zulässigkeit** oder **Wirksamkeit** der Zurücknahme, so hat darüber das *Gericht* unter Fortsetzung des Verfahrens *zu entscheiden*[70]; es kann nicht unter Offenlassung der Frage die Kostenentscheidung nach Abs. 3 erlassen. Nach § 349 Abs. 2 Nr. 4 und § 524 Abs. 2 Nr. 2 ist der *Vorsitzende der Kammer für Handelssachen* bzw. der *Einzelrichter* in der *Berufungsinstanz* allein zur Entscheidung befugt.

a) Entscheidung bei wirksamer Klagezurücknahme

42   Ist das **Gericht** der **Ansicht**, daß eine **wirksame Klagezurücknahme vorliegt**, so erklärt es die Klage für zurückgenommen[71], und zwar **keinesfalls durch Beschluß**, sondern durch **Endurteil**[72], das den gewöhnlichen Rechtsmitteln unterliegt. Dem steht § 269 Abs. 3 Satz 3 nicht entgegen; denn der dort vorgesehene **Beschluß** hat nur deklaratorische Bedeutung, bezieht

---

[68] Das gilt auch bei Unzulässigkeit der Berufung, OLG Braunschweig NdsRPfl 1970, 207.
[69] BGHZ 14, 210; OLG Koblenz FamRZ 1974, 474 (L) = Rpfleger 117; *Vollkommer* RPfleger 1974, 89, → auch Fn. 41.
[70] BGHZ 4, 328 (341); OLG Celle NdsRPfl 1955, 213; zum Streitwert → § 3 Rdnr. 51 »Klagezurücknahme«.
[71] So auch OLG Stettin OLG Rsp 29, 101; LAG Frankfurt a. M. AP § 271 Nr. 5.
[72] *Blomeyer* ZPR² § 63 III 3; *Zöller/Greger*²⁰ Rdnr. 19b; *Baumbach/Lauterbach/Hartmann*⁵⁵ Rdnr. 30; *Henckel* (Fn. 1) 190; *Gaul* ZZP 81 (1968), 273; *Furtner* Das Urteil im Zivilprozeß⁵ (1985), 65; *LAG Berlin* MDR 1978, 82 = BB 1314; *VGH München* NVwZ 1982, 45; LSG Baden-Württemberg Justiz 1980, 453; *OVG Münster* OVGE 29, 167; a.M. (Entscheidung durch *Beschluß*) *Rosenberg/Schwab/Gottwald*¹⁵ § 130 IV; *Thomas/Putzo*¹⁹ Rdnr. 20; *Budach* SchlHA 1977, 35; *Zeihe* NJW 1974, 383; *BGH* NJW-RR 1993, 1470 = MDR 1073; NJW 1978, 1585 = WPM 1977, 1360; für Entscheidung durch Beschluß bei § 515 Abs. 3: BGHZ 46, 112, → auch *Grunsky* § 515 Rdnr. 22.

sich lediglich auf die Feststellung der Wirkungslosigkeit eines bereits ergangenen Urteils und ergeht gerade nur dann, wenn über die Klagezurücknahme selbst kein Streit zwischen den Parteien besteht[73]. Hingegen bedeutet die gerichtliche Erklärung, die Klagezurücknahme sei wirksam, eine *echte Entscheidung* zwischen den gegensätzlichen Rechtsansichten der Parteien, vergleichbar etwa einem Prozeßurteil. Zudem ist zu beachten, daß bei einer Entscheidung durch **Beschluß** gemäß § 567 Abs. 3 **keine** Anfechtungsmöglichkeit besteht, was nicht als ein sachgemäßes Ergebnis angesehen werden kann[74]. Zweckmäßigerweise **tenoriert** das Gericht: »Es wird festgestellt, daß die Klage wirksam zurückgenommen wurde.«

b) Verfahren bei unwirksamer Klagezurücknahme

Hält hingegen das **Gericht** die **Zurücknahme für unwirksam** oder eine Klagezurücknahme aus anderen Gründen für nicht gegen, so kann dies durch unanfechtbares Zwischenurteil nach § 303 (nicht aber nach § 280, → dort Rdnr. 3) oder in den Gründen des späteren Endurteils ausgesprochen werden. Wenn der Kläger dann die weitere Verhandlung verweigert, gilt das bereits oben (→ Rdnr. 17) Bemerkte.

43

2. Keine Parteidisposition über die Wirksamkeit der Klagezurücknahme

Die Beendigung des Rechtsstreits durch eine wirksame Klagezurücknahme kann – ebensowenig wie beim Prozeßvergleich[75] – *nicht durch Parteivereinbarung* **rückgängig** gemacht werden[76]. Das wird durch die notwendige Klarheit der Prozeßsituation gefordert; zudem würde sonst eine Umgehung der Vorschriften über das Ruhen des Verfahrens ermöglicht, das nach dem Gesetz nicht dem Belieben der Parteien überlassen sein soll (§ 251). Den Parteien bleibt die Möglichkeit einer neuen Klage.

44

Ergibt sich dagegen aus einem übereinstimmenden Verhandeln zur Sache, daß in Wahrheit **keine Zurücknahme der Klage gewollt war**, so ist dies – soweit die abgegebene Erklärung dafür Raum läßt – bei der Auslegung zu berücksichtigen und der Rechtsstreit gegebenenfalls fortzusetzen.

45

3. Kein Versäumnisverfahren nach wirksamer Klagezurücknahme

Stellt **nach wirksamer Klagezurücknahme** eine Partei bei *Säumnis des Gegners* den Antrag auf Versäumnisurteil oder Entscheidung nach Aktenlage in der Sache selbst, so ist dem nicht stattzugeben, da der Termin nunmehr nur noch für die Entscheidung über die **Kosten** bestimmt ist[77]; die Tatsache der Zustellung der Klagezurücknahme kann vom Gericht festgestellt werden, da es im Besitz der Urschrift des betreffenden Schriftsatzes und der Zustellungsurkunde ist.

46

VI. Wirkung der Zurücknahme

1. Beendigung der Rechtshängigkeit

Die Wirkung der Zurücknahme besteht zunächst (weitere Folgen → Rdnr. 61 ff., 81 ff.) in der **Beendigung des Rechtsstreits** in der Weise, daß er als **nicht anhängig geworden** anzusehen

51

---

[73] *LAG Berlin* MDR 1978, 82.
[74] *Gaul* ZZP 81 (1968), 276.
[75] *BGHZ* 41, 311 = NJW 1964, 1524 = MDR 653, ablehnend *Lüke* JuS 1965, 482, → auch § 91a Rdnr. 19 und (a.M.) *Münzberg* → § 794 Rdnr. 57f. mit weit. Nachw. in Fn. 208, vgl. auch *BAG* NJW 1983, 2212.

[76] A.M. *Rosenberg/Schwab/Gottwald*[15] § 130 II 1d; *Henckel* (Fn. 1), 191f. hält einen *einverständlichen Widerruf* der Klagezurücknahme für zulässig, wenn das Verfahren noch nicht zum völligen Stillstand gekommen ist.
[77] → Fn. 81.

ist.⁷⁸ Für eine Sachentscheidung ist demgemäß kein Raum mehr; hat der Kläger gleichzeitig mit der Klagezurücknahme auf den Anspruch verzichtet, so kann ein Urteil nach § 306 nicht ergehen⁷⁹. Da der **Rechtsstreit** aber **der Kosten wegen**, Rdnr. 61 ff., **anhängig bleibt**⁸¹, und da er noch Raum zu einem etwaigen Streit über die Zurücknahme bietet, → Rdnr. 41, fällt ein etwa anstehender **Termin** nicht weg (→ auch § 216 Rdnr. 27). Einer **erneuten Klage**, auch als Wider-Widerklage⁸², oder einer Wiedererweiterung bei Teilzurücknahme⁸³ steht die Zurücknahme nicht entgegen; zur Kosteneinrede → Rdnr. 81 ff.

52 Im übrigen werden die **prozessualen Wirkungen der Rechtshängigkeit mit rückwirkender Kraft aufgehoben**. **Widerklage** oder Beitritt als **Streitgehilfe** sind nicht mehr zulässig → § 33 Rdnr. 11, → § 64 Rdnr. 5, → § 66 Rdnr. 6. Eine bereits erfolgte Streithilfe wird mit der Zurücknahme hinfällig⁸⁴, so daß nur noch über ihre Kosten entschieden werden kann, und die **Einrede** der **Rechtshängigkeit** wird im anderen Prozeß gegenstandslos, → § 261 Rdnr. 51.

53 Eine *vorher* erhobene *Widerklage* wird dagegen durch die Zurücknahme der Klage nicht hinfällig; denn die Rechtshängigkeit der Hauptklage ist nur Voraussetzung ihrer Erhebung, nicht ihrer Durchführung, → § 33 Rdnr. 10 f. Dies gilt auch, wenn die Zuständigkeit des Gerichts für die Widerklage lediglich auf § 33 beruht⁸⁵, wie dies aus der Regel des § 261 Abs. 3 Nr. 2 folgt. Ebenso wird eine durch Streitwertaddition nach § 5 begründete (sachliche) *Zuständigkeit des Landgerichts* nicht dadurch beseitigt, daß die Klage teilweise zurückgenommen wird⁸⁶. Auch eine wirksam erhobene *Interventionsklage* wird nicht berührt, → § 64 Rdnr. 5.

54 **Prozessual überholt** (zum Prinzip der prozessualen Überholung → Einl. Rdnr. 90) werden durch die Klagezurücknahme auch **Nebenverfahren**, die mit der Klage untrennbar zusammenhängen. So erledigen sich etwa **Beschwerdeverfahren**⁸⁷, **Prozeßkostenhilfeanträge**⁸⁸ oder **Richterablehnungen** durch die Klagezurücknahme⁸⁹.

2. Beendigung der materiell-rechtlichen Wirkungen der Rechtshängigkeit

55 Daß die **materiell-rechtlichen Wirkungen der Rechtshängigkeit**, § 262, ebenfalls aufgehoben werden, ist im BGB ausdrücklich vorgeschrieben für die Unterbrechung der Verjährung und der Ersitzung, hier jedoch vorbehaltlich der Erhaltung der Wirkung durch neue Erhebung der Klage binnen 6 Monaten, §§ 212, 941 S. 2 BGB, ferner für die Anfechtung der Ehelichkeit eines Kindes in § 1599 Abs. 3 BGB. Wegen der entsprechenden Anwendung dieser Sätze auf andere Wirkungen → § 262 Rdnr. 2. Soweit das Bundesrecht keine Bestimmung enthält und stets, wenn die Wirkungen auf Landesrecht beruhen, → § 262 Rdnr. 30, gilt die Aufhebung mit rückwirkender Kraft vermöge des § 269 Abs. 3⁹⁰. Materiell-rechtliche **Rechtsgeschäfte**, die im Prozeß (gegebenenfalls zusammen mit Prozeßhandlungen, → Rdnr. 255 vor § 128, Doppeltatbestand) vorgenommen wurden, bleiben auch bei Klagezurücknahme wirksam, soweit nicht etwa eine materiell-rechtlich zulässige Bedingung anzunehmen ist.

---

⁷⁸ *OLG Schleswig* JurBüro 1991, 588; *AG Nürnberg* FamRZ 1985, 1093.
⁷⁹ A.M. *KG* OLG Rsp 31, 43.
⁸¹ Auch für die Unterbrechung, → § 240 Rdnr. 5 Fn. 5.
⁸² *BGH* LM § 616 Nr. 9.
⁸³ *RGZ* 152, 46.
⁸⁴ *BGHZ* 65, 134.
⁸⁵ *LG München I* NJW 1978, 953, → § 33 Rdnr. 10 f.; ähnlich → § 1 Rdnr. 209 mit Fn. 263 (zu § 2 Abs. 3 ArbGG) und → § 603 Rdnr. 3; anders Voraufl. dieses Komm. (§ 271 VI 1) gegen (zutreffend) § 33 III 1.
⁸⁶ Dazu *Frank* Anspruchsmehrheiten im Streitwertrecht (1986), 51 f., → auch § 4 Rdnr. 7.

⁸⁷ Der Beschwerdeführer muß in diesem Fall die Beschwerde für erledigt erklären (→ § 575 Rdnr. 4), es sei denn, man nimmt sogar eine *automatische Gegenstandslosigkeit* des Beschwerdeverfahrens an (so *OLG Frankfurt a. M.* NJW-RR 1995, 956).
⁸⁸ Zur Erklärung der Klagezurücknahme im Prozeßkostenhilfeverfahren → Rdnr. 26.
⁸⁹ Die Rechtslage ist vergleichbar dem Erlaß einer unanfechtbaren Entscheidung während des Ablehnungsverfahrens, → § 46 Rdnr. 3 b.
⁹⁰ *RGZ* 33, 394; *RG* SächsArch 9, 318 u. a. – A.M. *Kussi* Die privatrechtlichen Wirkungen des Prozeßbeginns (1925), 88 ff.

3. Unwirksamkeit bisher ergangener Entscheidungen (Abs. 3 Satz 1 2. Halbsatz)

Die Klagezurücknahme und ebenso die Einwilligung, mögen sie durch Schriftsatz oder 56
mündlich erklärt sein, gelangen in jedem Falle in schriftsätzlicher, vom Prozeßbevollmächtigten unterzeichneter oder protokollarisch niedergelegter Form zur Kenntnis des Gerichts. Die Gefahr, daß sich Zweifel über den Zurücknahme- oder Einwilligungsakt ergeben und daß etwa trotz wirksam erfolgter Zurücknahme zu dem *vor* der Zurücknahme ergangenen Urteil einer Partei ein Rechtskraftzeugnis erteilt werden könnte, besteht danach kaum. Unter diesen Umständen hält das Gesetz in Abs. 3 Satz 1 2. Halbsatz ausdrücklich die formelle *Aufhebung* eines **bereits ergangenen, noch nicht rechtskräftigen Urteils** nicht für erforderlich. Es stellt vielmehr klar, daß ein derartiges **Urteil durch die Klagezurücknahme wirkungslos wird**, ohne daß es einer förmlichen Aufhebung desselben bedarf.

4. Beschluß über die Unwirksamkeit bisher ergangener Entscheidungen (Abs. 3 Satz 3)

Seit der Novelle 1950 (→ Einl. Rdnr. 148) legt *Absatz 3 Satz 3* nieder, daß auf **Antrag des** 57
Beklagten die infolge der Klagezurücknahme eingetretene **Unwirksamkeit** bisher ergangener Entscheidungen **durch Beschluß** auszusprechen ist. Es handelt sich hierbei um einen aus Gründen der Rechtsklarheit eingeführten *deklaratorischen* Beschluß. An einem derartigen Beschluß kann z. B. im Hinblick auf eine Vollstreckung als Nachweis gemäß § 775 Nr. 1 ein Interesse bestehen. Mit Rücksicht auf diese speziell eingeräumte Möglichkeit, den Ausspruch dieser Folge in einem Beschluß zu erwirken, ist ein Rechtsmittel mit dem Ziel, ein klarstellendes Urteil der höheren Instanz zu erlangen, in der Regel nicht zulässig; zum Vorrang des spezielleren Rechtsbehelfs → Rdnr. 105 vor § 253. Der Beschluß bedarf keiner mündlichen Verhandlung. Er unterliegt der sofortigen Beschwerde, → auch Rdnr. 71. Für den **Streitwert** (→ auch § 3 Rdnr. 51) ist das Interesse an der getroffenen Feststellung maßgebend (§ 3); zum *Kostenbeschluß* → Rdnr. 73.

5. Unwirksamkeitsbeschluß in Statussachen

In **Statussachen** ist es vertretbar, die Wirkungslosigkeit eines bereits ergangenen Urteils 58
auch auf Antrag des Klägers[91] oder von Amts wegen ohne Antrag[92] im Interesse einer eindeutigen Klärung der Rechtslage auszusprechen. Zu den Wirkungen der **Zurücknahme eines Scheidungsantrags** → § 626 Rdnr. 2.

VII. Kostenpflicht[93]

Soweit nicht besondere Normen (wie die bei § 91 a Rdnr. 54 angeführten, sinngemäß auch 61
hier zur Anwendung gelangenden Vorschriften bei Gesetzesänderungen) etwas anderes bestimmen[94], verpflichtet die Zurücknahme der Klage **gemäß Absatz 3 Satz 2** den Kläger auch ohne gerichtlichen Ausspruch, **die Kosten des Rechtsstreits zu tragen**[95], die *nach* der Erhebung der Klage (→ Rdnr. 7) entstanden sind[96]. Die Zurücknahme steht also als verpflich-

---

[91] So zu *Ehesachen*: KG NJW 1972, 545 = FamRZ 38 = OLGZ 244; OLG *Düsseldorf* FamRZ 1977, 130.
[92] *OLG Braunschweig* NdsRPfl 1970, 207 (*Ehesache*), OLG *Koblenz* RPfleger 1974, 117 (*Kindschaftssache*), OLG *Karlsruhe* Justiz 1976, 513 (*Ehesache*); *Vollkommer* RPfleger 1974, 89 (91).
[93] S. dazu *E. Schneider* MDR 1961, 545, 643.
[94] § 269 Abs. 3 geht im Verhältnis zu allen anderen Kostentatbeständen (außer § 92 Abs. 2) vor, *OLG München* MDR 1981, 940 = JB 1414 = VersR 1982, 173 (L),

→ § 96 Rdnr. 3 und → § 93b Rdnr. 7. Er verdrängt auch § 93a (a. M. *OLG Frankfurt a. M.* FamRZ 1985, 823) und § 620g (*Baumbach/Lauterbach/Albers*[55] § 620g Rdnr. 2, a.M. *OLG Frankfurt a. M.* FamRZ 1984, 720 und 1243). Nur in § 626 Abs. 1 S. 2 (→ Rdnr. 63 a.E.) macht das Gesetz eine Ausnahme.
[95] Falls die Klage aber *nicht erhoben* wurde → Rdnr. 7, Fn. 20.
[96] Vgl. *OLG Köln* FamRZ 1986, 278 (zust. Anm. *Bekker-Eberhard*); *OLG Koblenz* VersR 1990, 1135.

tender Tatbestand der Verurteilung der unterliegenden Partei gleich und die nach Abs. 3 Satz 3 ergehende Entscheidung hat nur feststellenden Charakter. Deshalb greift diese Kostenpflicht auch dann Platz, wenn der Kläger die **Klagezurücknahme** erklärt, weil er die Hauptsache für erledigt ansieht[97]. Anders ist es, wenn der Kläger in diesem Fall nicht die Zurücknahme, sondern die **Erledigung der Hauptsache** erklärt; für diese privilegierte Zurücknahme gelten die zu § 91a dargestellten Rechtsfolgen. – Eine Berücksichtigung der *Veranlassung* der Klage nach Art des § 93 ist im Fall des § 269 Abs. 3 ausgeschlossen[98], → auch Rdnr. 66, 72. Die Einwilligung des Beklagten in die Klagezurücknahme berührt diese Kostenpflicht nicht[99].

1. Die umfassende Kostenpflicht des Klägers nach einer Klagezurücknahme

62 Von der **Kostenpflicht des Klägers ausgenommen** sind diejenigen Teile der Kosten, die nicht durch die Klage, sondern durch die *Widerklage* (→ Rdnr. 91)[100] oder die bei *teilweiser* Zurücknahme (→ Rdnr. 1) durch den aufrechterhaltenen Teil veranlaßt sind, sowie diejenigen, über die *bereits rechtskräftig erkannt* ist. Dagegen wird eine noch nicht rechtskräftige Entscheidung, z. B. im Urteil erster Instanz oder im Versäumnisurteil (→ Rdnr. 13), hinfällig. Die Kosten eines vor Anhängigkeit des Rechtsstreits durchgeführten **selbständigen Beweisverfahrens** (§§ 485 ff.)[101] sollen nach einer wohl überwiegenden Ansicht vom Kostenausspruch nach § 269 Abs. 3 nicht erfaßt werden[102]. Wird der Rechtsstreit durch **Prozeßvergleich** beendet, so gilt nicht § 269 Abs. 3, sondern die im Vergleich getroffene Kostenregelung, gegebenenfalls § 98, → auch § 98 Rdnr. 3 f.[103]. Bei einer Klagezurücknahme aufgrund eines **außergerichtlichen Vergleichs** ist zu unterscheiden: Ist die Kostenvereinbarung *unstreitig*, dann ist in aller Regel ein Antrag des Beklagten nach § 269 Abs. 3 S. 3 zurückzuweisen[104]. Besteht aber hinsichtlich einer Kostenvereinbarung *Streit*, muß das Gericht nach § 269 Abs. 3 S. 3 vorgehen[105]; ebenso wenn der Prozeßvergleich keine Kostenregelung enthält[106]. – Bei Zurücknahme von Klage *und* Widerklage ist § 92 entsprechend anzuwenden[107].

2. Der eigenständige Kostentatbestand des § 269 Abs. 3 Satz 2

63 **Außer Betracht** hat bei der Kostenentscheidung zu bleiben, ob das Gericht im fortgesetzten Verfahren berechtigt oder verpflichtet gewesen *wäre*, bei einer nach den §§ 91 ff. ergehenden

---

[97] *OLG München* MDR 1981, 940 = JB 1414 = VersR 1982, 173 (L).
[98] *OLG Karlsruhe* MDR 1994, 1295 = NJW-RR 1995, 955. A.M. *AG Offenbach* MDR 1984, 1032; *AG Iserlohn* NJW-RR 1995, 1022.
[99] Vgl. *RGZ* 20, 414 f.
[100] A.M. *OLG Hamburg* HGZ 40, 190; zur *Zurücknahme* der *Klage und* der *Widerklage* → Fn. 107.
[101] Das RpflgVereinfG in Kraft seit dem 1. IV. 1991 änderte das bisherige Beweissicherungsverfahren in ein selbständiges Beweisverfahren.
[102] *OLG Koblenz* VersR 1990, 1135 = JurBüro 1007 (Anm. *Mümmler*); *OLG München* RPfleger 1986, 215; *SchlHOLG* JurBüro 1991, 588; *KG* MDR 1979, 406 = JB 1068 = RPfleger 143; *OLG Karlsruhe* Justiz 1980, 384; *OLG Koblenz* VersR 1984, 1175 (L.); *OLG München* MDR 1987, 151; *OLG Koblenz* VersR 1990, 1135; *OLG Schleswig* JurBüro 1995, 36. A.M. *OLG Celle* JB 1984, 1582. Davon zu unterscheiden ist die entsprechende Anwendung (→ Rdnr. 92) des § 269 bei Zurücknahme eines Antrags auf ein selbständiges Beweisverfahren (str. dafür: *LG Berlin* ZMR 1986, 16; *OLG Frankfurt a.M.* MDR 1995, 751 = NJW-RR 1150; *OLG Hamm* OLGZ 1994, 233; *OLG Karlsruhe* MDR 1991, 993; *OLG Köln* MDR 1994, 315; *OLG München* MDR 1994, 624; *OLG Nürnberg* MDR 1994, 623; *LG Siegen* JurBüro 1987, 119 (Anm. *Mümmler*); *LG Gießen* JurBüro 1988, 1698; dagegen: *BGH* NJW-RR 1996, 384; *OLG Koblenz* MDR 1996, 101; *OLG Köln* FamRZ 1992, 1083); zu alledem → Rdnr. 4 ff. vor § 485.
[103] *BGH* NJW 1961, 460; *OLG Kiel* SeuffArch 77 Nr. 201; *OLG Naumburg* OLG Rsp 27, 74; *OLG Hamburg* MDR 1956, 752; *LG Bonn* VersR 1987, 78. – A.M. *OLG Düsseldorf* JW 1930, 661; *OLG Dresden* JW 1934, 2347 (dagegen *Alberti* das.); *LG Freiburg* MDR 1967, 503 (für den Fall, daß Abschluß und Inhalt des außergerichtlichen Vergleichs bestritten sind); *OLG Frankfurt a.M.* VersR 1970, 1135; *KG* VersR 1974, 979.
[104] *OLG Hamm* VersR 1994, 834; *OLG Schleswig* JB 1984, 626; *OLG Bremen* NJW 1969, 2208; *KG* VersR 1974, 979; *OLG Frankfurt a.M.* MDR 1971, 936; *LG Bielefeld* VersR 1972, 261; *OLG Bamberg* VersR 1983, 563; *AG Bielefeld* VersR 1986, 498. Es fehlt dann meistens das Rechtsschutzbedürfnis → Fn. 117 ff.
[105] *LG Freiburg* MDR 1967, 503 = Justiz 1968, 14 (L); *KG* JB 1972, 523; *OLG Schleswig* SchlHA 1981, 55; *LG Frankfurt a.M.* MDR 1983, 675 = JB 1984, 623.
[106] *OLG Köln* MDR 1986, 503.
[107] *OLG Nürnberg* BayJMBl 1964, 53.

Kostenentscheidung **einzelne Kosten dem Beklagten aufzuerlegen**, z. B. nach §§ 95–97[108]. Von der Kostenlast des Klägers können daher auch nicht diejenigen Kosten ausgeschieden werden, die das Gericht nach **§ 344** im Falle einer anderweiten Sachentscheidung der säumigen Partei aufzuerlegen *hätte*[109]; ebensowenig die Kosten einer **Wiedereinsetzung** auf Antrag des Beklagten, → § 238 Rdnr. 12. Die Erwägung, daß der zurücknehmende Kläger nicht schlechter gestellt werden dürfe als der unterliegende, schlägt deshalb nicht durch, weil § 269 einen **zweiten selbständigen Tatbestand der Kostenpflicht** neben dem Unterliegen aufstellt (→ Rdnr. 61) und zugleich selbständig und unabhängig von den §§ 91 ff. begrenzt[110]. Eine **Ausnahme** von der Kostenpflicht des Klägers[111] kann bei **Scheidungsfolgesachen** gemacht werden, § 626 Abs. 1 S. 2 (→ auch dort Rdnr. 1). In einer Scheidungssache können die Kosten gegeneinander aufgehoben werden, wenn *beide* Parteien ihren *Antrag* zurücknehmen[112]. Die Eigenständigkeit des Kostentatbestandes des § 269 Abs. 3 Satz 2 betrifft lediglich den *prozessualen* Kostenerstattungsanspruch. Die Kostentragungspflicht nach dieser Vorschrift hindert deshalb den Kläger nicht, aufgrund eines **materiellen Kostenerstattungsanspruchs** (zu ihm → Rdnr. 14 ff. vor § 91) vom Beklagten die Kosten (zurück) zu verlangen[113].

3. Stufenklage

Zur Stufenklage → § 254 Rdnr. 48. 64

4. Der Beschluß über die Kostenpflicht des Klägers (Abs. 3 Satz 3)

Die Kostenpflicht des Klägers ist gemäß Absatz 3 Satz 3 **auf Antrag des Beklagten durch** 66 **Beschluß auszusprechen**[114] **Der Beschluß bedarf keiner mündlichen Verhandlung (Abs. 3 Satz 4)**. Der Antrag kann schriftlich eingereicht werden; über das fakultativ mündliche Verfahren, → § 128 Rdnr. 39 ff. Der Beschluß ist auch dann notwendig und zulässig, wenn eine Entscheidung in der Sache selbst wegen Mangels von Prozeßvoraussetzungen nicht zulässig gewesen wäre, → Rdnr. 7[115]. Er ergeht, wie bei der Entscheidung nach § 91, nur über die **Kostenpflicht**, nicht über ihren Betrag; ob und welche Kosten entstanden sind, ist daher im Kostenfestsetzungsverfahren zu prüfen[116]. Eine Ausscheidung einzelner Beträge als nicht notwendig ist daher unstatthaft → § 91 Rdnr. 12. Sind sämtliche Kosten **unstreitig** schon

---

[108] *OLG Celle* NJW 1961, 1363 (§ 96 unanwendbar), → auch Fn. 94.
[109] *OLG Düsseldorf* MDR 1983, 64; *OLG Düsseldorf* OLGZ 1989, 250; *OLG Rostock* NJW-RR 1996, 832; *Thomas/Putzo*[19] Rdnr. 13; *Zöller/Greger*[19] Rdnr. 18; a.M. *OLG Hamm* OLGZ 1989, 464; *OLG Karlsruhe* MDR 1996, 319 = NJW-RR 1996, 383; *OLG Köln* MDR 1990, 256; JurBüro 1993, 426; AnwBl. 1992, 332; *LG Aachen* MDR 1991, 451; *Baumbach/Lauterbach/Hartmann*[55] Rdnr. 34; *MünchKommZPO/Lüke* Rdnr. 42.
[110] Ebenso *OLG Hamburg* SeuffArch 52 (1897), 217; OLG Rsp 35, 66; *OLG Dresden* SächsArch 3, 636 f.; *OLG Colmar* OLG Rsp 29, 100; *OLG Kassel* JW 1930, 2995; *OLG Frankfurt a.M.* HRR 1931, 1966; *OLG München* NJW 1970, 1799; VersR 1976, 935; *OLG Bremen* NJW 1976, 632 = MDR 319 = JB 249; *OLG Oldenburg* NdsRPfl 1977, 276; *OLG Hamm* MDR 1977, 233 (abl. Schneider); *OLG Frankfurt a.M.* MDR 1979, 1029; *OLG Düsseldorf* MDR 1983, 64; *LG Aachen* JB 1980, 143 = VersR 1979, 1144; ebenso für § 515 Abs. 3: *BGH* MDR 1972, 945. – A.M. *RG* JW 1887, 312; *KG* OLG Rsp 17, 320; KGBl 20, 40; *OLG Dresden* SächsAnn 30, 494; *OLG Breslau* OLG Rsp 23, 176; *OLG Düsseldorf* NJW 1975, 1569; *E. Schneider* MDR 1977, 234; *Coester-Waltjen* DRiZ 1976, 240.
[111] → auch Fn. 94.
[112] *OLG Hamm* FamRZ 1979, 169; *OLG Karlsruhe* NJW-RR 1995, 955; a.M. *AG Iserlohn* NJW-RR 1995, 1022.
[113] *BGH* JZ 1995, 840; *RGZ* 54, 37 (40); *OLG Schleswig* SchlHA 1986, 12; anders: *Becker-Eberhardt* JZ 1995, 814; *Zöller-Greger*[20] Rdnr. 18c; → auch Rdnr. 17 vor § 91.
[114] Den Antrag kann auch ein *prozeßunfähiger* Beklagter stellen, *OLG Karlsruhe* FamRZ 1977, 563 (L) = Justiz 1976, 470, nicht jedoch eine nichtexistierende Partei, *OLG Zweibrücken* JB 1984, 621, ebensowenig der Bezirksrevisor als Vertreter der Landeskasse, wenn dem Beklagten Prozeßkostenhilfe bewilligt worden war, *LG Hannover* JB 1986, 617 oder der Nebenintervenient, *OLG Köln* MDR 1995, 313 = NJW-RR 1251.
[115] S. auch *OLG München* JW 1938, 1465 (Zustellung der Wiederaufnahmeklage an die Partei selbst, statt an den Prozeßbevollmächtigten).
[116] *OLG Schleswig* JB 1984, 624.

gezahlt, so ist dem Antrag des Beklagten wegen Rechtsmißbrauchs nicht stattzugeben[117], ebenso, wenn der Beklagte sich in einer Vereinbarung **unstreitig** verpflichtet hatte, alle Kosten zu übernehmen[118]. Anders ist es jedoch, wenn der Betrag der zu erstattenden Kosten noch nicht endgültig feststeht; denn die Prüfung, ob die gezahlten Kosten alle zu ersetzenden Kosten umfassen, gehört in das Festsetzungsverfahren[119], das eine gerichtliche Entscheidung zur Voraussetzung hat. Daß sich der Kläger bereit erklärt hat, die Kosten zu übernehmen, macht einen Beschluß nicht ohne weiteres unzulässig[120]. Eine Vereinbarung zwischen dem Kläger und einem *anderen* Beklagten steht einem Antrag nach § 269 Abs. 3 nicht entgegen[121]. Erkennt der Kläger seine Pflicht an, so ergeht der Beschluß dem Anerkenntnis gemäß, denn daß seine Pflicht gesetzlich feststeht, hindert das Anerkenntnis nicht; das ist bei allen liquiden Ansprüchen der Fall[122], → aber Rdnr. 72.

68 Bei **teilweiser Zurücknahme** erfolgt die Kostenentscheidung im **Endurteil** durch Quotelung[123]; dagegen kann bei Zurücknahme gegenüber **einzelnen** Streitgenossen durch Beschluß nach § 269 Abs. 3 entschieden werden[124],[125].

69 Über die Entscheidung bei Streit über die Zulässigkeit oder Wirksamkeit der Zurücknahme → Rdnr. 41 ff.

5. Sofortige Beschwerde

71 **Gegen den Beschluß** ist **gemäß Absatz 3 Satz 5** die *sofortige Beschwerde* mit der Einschränkung des § 567 Abs. 2 (→ dort Rdnr. 5) zulässig, aber nur, wenn gegen ein Urteil der gleichen Instanz noch ein Rechtsmittel gegeben wäre[126]. Die selbständige Anfechtung der Kostenentscheidung ist auch dann zulässig, wenn der Beschluß nicht nur über die Kosten entschieden hat, sofern über die vom Gericht überdies noch getroffene Feststellung kein Streit bestand oder besteht[127]. Wegen der Gerichtsgebühren für das Beschwerdeverfahren s. Anlage 1 zu § 11 Abs. 1 GKG KV Nr. 1900.

6. Kosten des Verfahrens nach Absatz 3

72 Eine **besondere Entscheidung** über die Kosten des Verfahrens nach Abs. 3 **findet nicht statt**, weil es sich um einen *unselbständigen* Teil des Rechtsstreits handelt, dessen Kosten abzutrennen, die gesetzliche

---

[117] *OLG Hamm* AnwBl. 1984, 504; *OLG Schleswig* SchlHA 1960, 60; *OLG München* MDR 1975, 585, → Einl. Rdnr. 255; s. auch *ArbG Lörrach* AP § 271 Nr. 1 (kein Rechtsschutzbedürfnis, wenn offensichtlich keine erstattungsfähigen Kosten angefallen sind).

[118] *OLG Bremen* NJW 1969, 2208; *KG* VersR 1974, 979; VersR 1994, 1491; *OLG München* MDR 1975, 585; *AG Bielefeld* VersR 1986, 498; → auch Fn. 104.

[119] *RG* Gruchot 44 (1900), 1188 (zu § 515); *OLG Hamburg* OLG Rsp 17, 148; 23, 155; *OLG Naumburg* OLG Rsp 20, 316; *OLG Nürnberg* OLG Rsp 25, 93; *KG* OLG Rsp 31, 43; *OLG Düsseldorf* JW 1920, 717; *OLG München* LeipzZ 1920, 775 u.a. – A.M. *OLG Hamburg* OLG Rsp 13, 143; *KG* OLG Rsp 17, 149; *OLG Darmstadt* OLG Rsp 19, 97; *OLG Dresden* OLG Rsp 23, 156; SeuffArch 68 (1913), 422 → § 91 Rdnr. 12 Fn. 14.

[120] *RGZ* 20, 414; *OLG Dresden* SächsAnn 11, 282; SächsArch 2, 792.

[121] *LG Detmold* JB 1977, 1780.

[122] RGZ 20, 417. – A.M. *RG* JW 1897, 467; *OLG Kiel* OLG Rsp 19, 98.

[123] *BGH* NJW-RR 1996, 256; *LG Mönchen-Gladbach* MDR 1955, 116; *E. Schneider* NJW 1964, 1055; *OLG Karlsruhe* Justiz 1968, 125; *OLG Hamm* JB 1973, 994; *OLG Schleswig* SchlHA 1982, 72 (zu § 515 Abs. 3); *OLG Koblenz* JurBüro 1991, 1542; *LG Lübeck* SchlHA 1982, 142; a.M. *LG Mainz* NJW 1964, 114; *OLG Köln* MDR 1976, 496.

[124] *OLG Neustadt* NJW 1965, 206; *E. Schneider* NJW 1959, 1160; *OLG Köln* JMBlNRW 1970, 246; a.M. *OLG Köln* MDR 1976, 496 (nur über die außergerichtlichen Kosten des einzelnen Streitgenossen kann durch Beschluß entschieden werden), *Zöller/Greger*[20] Rdnr. 19a.

[125] Der nach Klagezurücknahme des gegen ihn gerichteten Antrags nunmehr ausscheidende Streitgenosse kann jedoch nur die anteiligen Kosten eines gemeinschaftlichen Anwalts liquidieren, der für ihn und für den verbleibenden Streitgenossen auftrat, *OLG Koblenz* JB 1985, 774.

[126] § 269 Abs. 3 bezweckt nicht, den Rechtszug gegenüber dem Urteilsverfahren zu verlängern, so zutreffend *OLG Celle* JZ 1960, 575 = NJW 1816 (keine Beschwerde gegen Beschluß des *LG* als 2. Instanz) und *LG Hagen* WM 1985, 131. Beschwerde ist auch gegeben bei Teilklagezurücknahme gegen die Teile der Kostenentscheidung im Urteil (→ Fn. 106), die auf der Klagezurücknahme beruhen: *LG Freiburg* NJW 1977, 2217; *OLG Düsseldorf* FamRZ 1982, 723 (→ auch § 99 Rdnr. 11 ff. m.w.N.). Zum Prüfungsumfang im Rahmen der sofortigen Beschwerde, *OLG Hamm* WRP 1996, 776.

[127] *Pohle* MDR 1950, 644.

Ermächtigung fehlt. Die Möglichkeit, beim Anerkenntnis des Klägers dem Beklagten nach § 93 die dadurch entstehenden Kosten aufzuerlegen, **scheidet daher aus**[128]. Die Notwendigkeit, eine Entscheidung über die Zurücknahme zu erwirken, kann im Kostenfestsetzungsverfahren nicht unter dem Gesichtspunkte der notwendigen Kosten nachgeprüft werden[129].

7. Streitwert des Verfahrens nach Absatz 3

Für die Entscheidung über die Kostenpflicht bestimmt sich der Streitwert nach dem Kostenbetrag[130]. Auch bei der Berechnung der Gerichtskosten ist nach § 22 Abs. 3 GKG nur der Betrag der Kosten für das Beschlußverfahren des § 269 Abs. 3 maßgebend, soweit er den Wert des Hauptanspruchs nicht übersteigt. 73

8. Einfache Beschwerde bei Anlehnung des Beschlusses

Lediglich die **einfache Beschwerde** ist gegeben, wenn es das **Gericht ablehnt**, einen Beschluß nach § 269 Absatz 3 Satz 2 zu erlassen[131]. 74

VIII. Einrede der nichterstatteten Kosten (Absatz 4)

1. Recht des Beklagten, die Einlassung zu verweigern

Die Zurücknahme gibt dem Beklagten **nach Absatz 4** das Recht, bei *erneuter* Erhebung[132] **derselben Klage** oder erneuter Geltendmachung desselben Prozeßstoffes[133] die **Einlassung zu verweigern**, bis die Erstattung der Kosten des früheren Prozesses erfolgt ist, auch wenn eine Kostenentscheidung nach Abs. 3 nicht ergangen ist. Die Verweigerung ist durch *Zulässigkeitsrüge* nach § 282 Abs. 3 (→ dort Rdnr. 34) geltend zu machen. Der seit der Vereinfachungsnovelle neue Rechtszustand hindert keineswegs, auch weiterhin von einer *prozeßhindernden Einrede* zu sprechen (näher → Einl. Rdnr. 317); hierbei handelt es sich um eine *verzichtbare Zulässigkeitsrüge* → § 296 Rdnr. 116. 81

Abs. 4 trifft eine **Sonderregelung** gegenüber der allgemeinen Vorschrift des § 280, die dem Beklagten kein Recht gewährt, die Verhandlung zur Hauptsache zu verweigern, wenn er Rügen zur Zulässigkeit vorbringt (→ Einl. Rdnr. 317). Die Einrede ist durch Darlegung des geschuldeten Betrages (→ Rdnr. 62 f.) zu begründen[134]. Für die Identität der Klagen gilt das zu § 261 Rdnr. 51 über den Einwand der Rechtshängigkeit Ausgeführte entsprechend, insbesondere hinsichtlich der Personen (Rechtsnachfolger)[135]. Die Einrede kann auch auf eine kostenpflichtige Zurücknahme in einem **ausländischen Prozeß** gegründet werden[136]. 82

2. Ausnahmen von der Einrede

Die **Einrede entfällt** unter Eheleuten, wenn nach dem ehelichen Güterrecht (→ Rdnr. 25 vor § 91) die Kosten dem Gesamtgut oder im Verhältnis der Eheleute zueinander dem Beklagten 85

---

[128] So auch *OLG Karlsruhe* MDR 1994, 1245 = NJW-RR 1995, 955; *OLG Kiel* OLG Rsp 19, 98; *OLG Nürnberg* OLG Rsp 25, 93.
[129] A.M. *KG* OLG Rsp 13, 143.
[130] Zum Streitwert der Klagezurücknahme → § 3 Rdnr. 51 »Klagezurücknahme« und näher Schneider JB 1970, 897 mit Nachw.
[131] *OLG Karlsruhe* MDR 1989, 268; *OLG München* NJW 1993, 1604; *OLG Düsseldorf* NJW-RR 1995, 825.
[132] Etwa **auch im laufenden Prozeß**, z.B. wenn **nach Zurücknahme der Klage** die **Widerklage** anhängig bleibt und der Kläger später den zurückgenommenen Klageantrag wieder stellt oder wenn **nach Teilzurücknahme** die Klage wieder auf den vorher fallengelassenen Teil erweitert wird, da der Zweck des § 269 Abs. 4 – Schutz des Gegners vor Belästigung – auch hier eingreift, a.M. im letztgenannten Fall *BGH* VersR 1961, 860.
[133] *BGH* NJW 1992, 2034; *OLG München* MDR 1984, 501 = JB 1583 (*Vollstreckungsabwehrklage* gegen den auf die zurückgenommene Klage erlassenen Kostenfestsetzungsbeschluß).
[134] *RGZ* 6, 360.
[135] *RGZ* 33, 359 f.; ferner *OLG München* SeuffArch 80 (1926), 39.
[136] Ebenso *Wieczorek*[2] (Fn. 11) D I a.

zur Last fallen[137]. Dagegen nicht dadurch, daß der Kläger des zweiten Prozesses **Prozeßkostenhilfe** erhält; denn die Prozeßkostenhilfe hat auf die Kostenersatzpflicht dem Gegner gegenüber keinen Einfluß (§ 123), und die Einrede ist nicht deshalb eingeführt, um dem Beklagten Befriedigung zu verschaffen, sondern um ihn gegen Belästigungen des Klägers zu schützen[138]. Sie entfällt ausnahmsweise, wenn der **Beklagte** die Zurücknahme veranlaßt[139] oder im Vorprozeß die Kosten übernommen hat[140]. Die überwiegende Praxis früherer Jahre wies die Einrede – einem nicht ausgesprochenen angeblichen Motiv des Gesetzes entsprechend – auch dann zurück, wenn der Kläger darlegte, daß ihm eine *belästigende Absicht gefehlt* habe oder daß die Zurücknahme von seinem Standpunkt aus zweckentsprechend gewesen war[141]; diese Praxis war insofern verständlich, als das frühere Prozeßrecht nur wenig Möglichkeiten bot, die beim falschen Gericht eingereichte Klage an das richtige Gericht zu verweisen (→ auch § 281 Rdnr. 1), so daß der Kläger nur über Klagezurücknahme und neue Klage vor dem zuständigen Gericht vorgehen konnte. Nachdem diese Hemmnisse nicht mehr bestehen, ist kein Grund ersichtlich, dem Beklagten die Einrede vorzuenthalten[142]. – Werden die **Kosten bezahlt**, so wird die **Einrede hinfällig**[143].

3. Prozeßabweisung bei Nichtzahlung der Kosten

86 Werden die Kosten, nachdem die Einrede für begründet erklärt ist, binnen einer vom Gericht zu bestimmenden **Frist nicht bezahlt**, so wird die **Klage durch Prozeßurteil abgewiesen**.

IX. Widerklage, Fälle entsprechender Anwendung, Gebühren

91 1. Die **Zurücknahme der Widerklage** folgt dem § 269, da durch ihre Erhebung (§ 261 Abs. 2) die Rechtshängigkeit begründet wird, → § 261 Rdnr. 34 f., d.h. sie kann in derselben Weise und mit denselben Wirkungen wie die Klage zurückgenommen werden[144].

92 2. *Entsprechend anzuwenden* ist § 269 auf die **Gesuche** bei fakultativ mündlicher Verhandlung (→ § 128 Rdnr. 51), etwa im **Insolvenzverfahren**[145] und auf den **Kostenfestsetzungsantrag**[146] sowie im **FGG-Verfahren**[147]. Über die Zurücknahme der **Rechtsmittel** und des **Einspruchs** s. §§ 515, 346, über die der **Streithilfe** → § 70 Rdnr. 7, über die im **Mahnverfahren** → § 693 Rdnr. 13[148], → § 696 Rdnr. 6[149].

93 3. Bei **Arrest und einstweiliger Verfügung** ist § 269 insoweit unanwendbar, als auch nach einer mündlichen Verhandlung die *Einwilligung* des Antragsgegners *nicht erforderlich* ist, →

---

[137] *RGZ* 31, 421.
[138] *RGZ* 24, 421; *RG* JW 1899, 742; *OLG Breslau* SeuffArch 50 (1895), 222 u. a.
[139] S. auch *OLG Dresden* SächsArch 15, 118 f.
[140] *RGZ* 24, 421.
[141] *RG* Gruchot 59 (1915), 929; *OLG München* OLG Rsp 17, 322 (jeweils Klagezurücknahme wegen örtlicher Unzuständigkeit); ferner *RG* JW 1899, 741; *OLG München* SeuffArch 80 (1926), 39; *OLG Dresden* OLG Rsp 27, 82 u. a. – A.M. (wohl zutreffend) *OLG Dresden* SächsArch 15, 118 f.; *Wieczorek*² (Fn. 12) D I a.
[142] So der *BGH*, der die Belästigungsabsicht des Klägers als zusätzlich subjektives Element ablehnt, *BGH* NJW 1992, 2034.
[143] Aufrechnung der Kosten mit der Klageforderung des neuen Prozesses ist bei Widerspruch des Beklagten nicht als Erstattung anzusehen, *OLG Dresden* JW 1928, 2157.
[144] So auch *RGZ* 58, 259 (zu § 274 Nr. 6 a.F.); *RG* JW 1903, 289; *OLG Naumburg* OLG Rsp 15, 122.

[145] Bei einer vom Konkursverwalter im Aktivprozeß für die Masse abgegebenen Freigabeerklärung zugunsten des Gemeinschuldners, *OLG Stuttgart* NJW 1973, 1756; *Schmidt* NJW 1974, 64 sowie bei Zurücknahme des Konkursantrags, *OLG Hamm* NJW 1976, 759; *LG Münster* MDR 1990, 453 = EWiR 1991, 283 (Anm. *Eickmann*). Zum selbständigen *Beweisverfahren* → Fn. 102 a.E.
[146] *OLG Koblenz* RPfleger 1976, 324.
[147] *KG* NJW 1971, 2270; *OLG Düsseldorf* NJW 1980, 349; *Habscheid* Freiwillige Gerichtsbarkeit⁷ (1983) § 7 III 1, § 19 I 1 d.
[148] *OLG Köln* JMBlNRW 1974, 135; *KG* JB 1982, 614.
[149] Nach Erlaß eines Vollstreckungsbescheids kommt aber nicht mehr eine Antragsrücknahme nach § 696 Abs. 4 in Betracht, sondern nur noch eine Klagezurücknahme, die vor dem Landgericht dem Anwaltszwang unterliegt, *OLG Koblenz* MDR 1984, 322; *OLG München* OLGZ 1988, 492; *LG Frankfurt a. M.* NJW-RR 1988, 1021; a.M. *OLG Stuttgart* OLGZ 1989, 200.

§ 920 Rdnr. 4, → Rdnr. 28 vor § 985[150]. Die Kostenentscheidung ist entsprechend § 269 Abs. 3 S. 2 auch dann zu treffen, wenn dem Antragsgegner der Antrag nicht zugeleitet worden ist; denn im Verfahren des vorläufigen Rechtsschutzes entsteht das Prozeßrechtsverhältnis schon mit dem Eingang des Antrags bei Gericht, → § 261 Rdnr. 5, → § 920 Rdnr. 2[151]. Nicht entsprechend anwendbar ist § 269 bei der Zurücknahme eines Antrags auf Erlaß einer *einstweiligen Anordnung* nach § 620, → § 620g Rdnr. 3[152].

4. Die Wirkungen der Zurücknahme treten auch ein, wenn die Klage gemäß §§ 113, 635, 640 oder bei einem *Streit über die Klagezurücknahme* (→ Rdnr. 42) vom **Gericht durch Urteil für zurückgenommen erklärt wird**, → § 113 Rdnr. 3 ff. 94

5. Wegen der *Gerichtsgebühren* im Fall der Zurücknahme siehe Anlage 1 zu § 11 Abs. 1 GKG[153], wegen der Anwaltsgebühren §§ 32, 33, 37 Nr. 7, § 61 Abs. 1 Nr. 1 (für Beschwerdeverfahren) BRAGO[154]. 95

X. Arbeitsgerichtliches Verfahren

§ 269 gilt im arbeitsgerichtlichen Verfahren, § 46 Abs. 2, § 64 Abs. 6, § 72 Abs. 5 ArbGG. Für das Verfahren **erster Instanz** sieht dabei § 55 Abs. 1 Nr. 1, Abs. 2 ArbGG die Besonderheit vor, daß der Beschluß über die Kostenpflicht, → Rdnr. 66, sofern er in dem ersten Verhandlungstermin ergeht, von dem **Vorsitzenden** allein **ohne Mitwirkung der Beisitzer** zu erlassen ist. 98

Der Zeitpunkt, von dem an die Klagezurücknahme gegen den Willen des Beklagten unzulässig ist, → Rdnr. 8 ff., ist die Einlassung des Beklagten auf die *streitige* Verhandlung zur Hauptsache. 99

In der **Güteverhandlung** (zu ihr → § 279 Rdnr. 17) kann die Klage bis zum Stellen der Anträge ohne Einwilligung des Beklagten zurückgenommen werden, § 54 Abs. 2 S. 1 ArbGG[155]. Erscheinen oder verhandeln beide Parteien in der Güteverhandlung nicht, so wird die Klagezurücknahme nach § 54 Abs. 5 ArbGG *fingiert*, wenn nicht innerhalb von sechs Monaten Termin beantragt wird, → auch § 251a Rdnr. 46. 100

Im **Beschlußverfahren** ist die **Antragszurücknahme** in der ersten Instanz **ohne Zustimmung**, § 81 Abs. 2 S. 1 ArbGG, in der Beschwerdeinstanz mit Zustimmung der anderen Beteiligten, § 87 Abs. 2 S. 3 ArbGG möglich[156]. 101

Wegen der **Gerichtsgebühren** im Verfahren erster Instanz s. Anlage 1 zu § 12 Abs. 1 ArbGG KV Nr. 9113 und für das Beschwerdeverfahren nach § 269 Abs. 3 KV Nr. 9300[157]. 102

Die Zurücknahme der **Kündigungsfeststellungsklage**, → Rdnr. 156 f. vor § 253, hat, sofern inzwischen die Dreiwochenfrist verstrichen ist, zur Folge, daß das Arbeitsverhältnis als von Anfang an aufgelöst anzusehen ist, arg. § 7 KSchG[158]. 104

Aus dem oben (→ Rdnr. 53) Ausgeführten ergibt sich für den Fall der **Zuständigkeit** des **Zusammenhangs**, § 2 Abs. 3 ArbGG: Wenn die Hauptklage, die diese Zuständigkeit für den 105

---

[150] *OLG Düsseldorf* NJW 1982, 2452.
[151] *OLG München* NJW 1993, 1604; *OLG Köln* NJW 1973, 2071 = JB 1974, 96; *OLG Hamburg* NJW 1977, 813 (L) = MDR 498 = WRP 495; *OLG Stuttgart* WRP 1979, 818; *OLG Düsseldorf* JB 1982, 1572 = MDR 59 = NJW 1981, 2824; *OLG Karlsruhe* WRP 1986, 352 f.
[152] A.M. *OLG Düsseldorf* FamRZ 1978, 910. Unter Aufgabe dieser Rechtsprechung nunmehr *OLG Düsseldorf* FamRZ 1994, 1187.
[153] → Rdnr. 5 Fn. 13.
[154] Beispiele für Kostenentscheidungen bei *Olivet* Die Kostenverteilung im Zivilprozeß² 1988 40 ff.
[155] *Grunsky* ArbGG⁶ (1990) § 54 Rdnr. 6; *LAG Frankfurt a. M.* AP § 271 (a.F.) Nr. 5; a.M. *Dütz* RdA 1980, 85

(Anträge können in der Güteverhandlung noch nicht rechtswirksam gestellt werden).
[156] Die Rspr. des *BAG*, nach der in der Beschwerdeinstanz keine Antragszurücknahme möglich sein sollte, ist seit der Neuregelung durch G vom 21. V. 1979, BGBl. I 545 (→ Einl. Rdnr. 183) überholt, vgl. *Grunsky* (Fn. 136) § 87 Rdnr. 30. Zur konkludenten Antragsrücknahme im arbeitsgerichtlichen Beschlußverfahren vgl. *LAG Frankfurt a. M.* NZA 1988, 177.
[157] Durch die Kostenentscheidung nach § 269 Abs. 3 entstehen keine weiteren Gebühren.
[158] Ebenso *A. Hueck*/v. *Hoyningen-Huene* KSchG¹¹ (1992) § 4 Rdnr. 42, *Herschel-Löwisch*⁶ (1984) § 4 Rdnr. 61.

Nebenanspruch begründet, zurückgenommen wird, entfällt damit nicht etwa die arbeitsgerichtliche Zuständigkeit für den Nebenanspruch, → § 1 Rdnr. 209.

106 Das Recht, die **Einlassung** auf eine wiederholte Klage bis zur Kostenerstattung **zu verweigern**, → Rdnr. 81 ff., besteht auch im Verfahren in Arbeitssachen[159].

§ 270 [Zustellung von Amts wegen]

(1) Die Zustellungen erfolgen, soweit nicht ein anderes vorgeschrieben ist, von Amts wegen.

(2) ¹Mit Ausnahme der Klageschrift und solcher Schriftsätze, die Sachanträge oder eine Zurücknahme der Klage enthalten, sind Schriftsätze und sonstige Erklärungen der Parteien, sofern nicht das Gericht die Zustellung anordnet, ohne besondere Form mitzuteilen. ²Bei Übersendung durch die Post gilt die Mitteilung, wenn die Wohnung der Partei im Bereich des Ortsbestellverkehrs liegt, an dem folgenden, im übrigen an dem zweiten Werktage nach der Aufgabe zur Post als bewirkt, sofern nicht die Partei glaubhaft macht, daß ihr die Mitteilung nicht oder erst in einem späteren Zeitpunkt zugegangen ist.

(3) Soll durch die Zustellung eine Frist gewahrt oder die Verjährung unterbrochen werden, so tritt die Wirkung, sofern die Zustellung demnächst erfolgt, bereits mit der Einreichung oder Anbringung des Antrags oder der Erklärung ein.

Gesetzesgeschichte: Eingefügt als § 261b durch Gesetz vom 12. IX. 1950, BGBl. S. 455 (→ Einl. Rdnr. 148). Zu § 270 geworden ohne sprachliche Änderung durch die Vereinfachungsnovelle vom 3. XII. 1976, BGBl. I S. 3281 (→ Einl. Rdnr. 159). Der bisherige § 270 wurde zu § 268 (→ § 268 »Gesetzesgeschichte«).

I. Zustellung von Amts wegen	
1. Die Einführung der Zustellung von Amts wegen	1
2. Die Ausführung der Mitteilung bzw. Zustellung von Amts wegen	3
a) Pflichten der Geschäftsstelle	4
b) Prüfung der Notwendigkeit	5
c) Ausfertigung und beglaubigte Abschrift	7
d) Behandlung der Urschrift	11
3. Mängel der Zustellung	
a) Wiederholung	21
b) Bei Rüge der Partei	22
c) Entdecken der Mängel im Verhandlungstermin	23
d) Heilung	24
II. Formlose Mitteilungen	31
1. Anwendungsbereich	32
2. Mitteilungsverfahren	33
3. Anwendungsbereich des § 270 Abs. 2 Satz 2	34
III. Die Rückwirkung – Absatz 3	
1. Allgemeines	41
2. Zweck	42
3. Anwendungsbereich	
a) Nur bei Amtszustellungen	43
b) Bei prozessualen und materiellen Fristen, Unterbrechung der Verjährung	44
c) Grenzen der Anwendung	45
4. Einreichung	46
5. Demnächstige Zustellung	47
6. Bei Gebührenvorwegerhebung	48
7. Bei gleichzeitiger Einreichung des Prozeßkostenhilfeantrags und der Klageschrift	50
8. Wesentliche Identität zwischen eingereichtem und zugestelltem Schriftstück	52
9. Rückwirkung bei fehlerhafter Zustellung	54
10. Wirkung des § 270 Abs. 3	58

---

[159] A.M. *ArbG Wuppertal* SAE 1954, 115 mit krit. Anm. *Sabin.*

I. Die Zustellung von Amts wegen

1. Die Einführung der Zustellung von Amts wegen

Als Folge des Übergangs zum Amtsbetrieb (→ Rdnr. 2 ff. vor § 166) ist auch für den Anwaltsprozeß die **Zustellung von Amts wegen** eingeführt worden. Im Zuge der Vereinfachungsnovelle (→ Einl. Rdnr. 159) wurde der letzte bedeutende Anwendungsbereich des Parteibetriebs, nämlich die Zustellung der Urteile, beseitigt (→ Rdnr. 6 vor § 166). Durch die gleichzeitige Änderung von § 496 gilt § 270 nunmehr auch für das *amtsgerichtliche* Verfahren. Die wesentlichen Anwendungsbereiche der Amtszustellung und der Zustellung im Parteibetrieb sind bei Rdnr. 13 ff. vor § 166 dargestellt; über die Abgrenzung der Zustellung von Amts wegen und im Parteibetrieb → Rdnr. 12 ff. vor § 166.

2. Die Ausführung der Mitteilung bzw. Zustellung von Amts wegen

Für die Ausführung der Zustellung von Amts wegen gelten die §§ 208 bis 213 a und diejenigen Vorschriften der §§ 166 bis 207, die nicht ausgeschlossen sind (→ § 208 Rdnr. 2 ff.). Wegen der formlosen Übermittlung von Amts wegen → Rdnr. 31–34.

a) Nach § 209 hat die **Geschäftsstelle** für die Zustellung Sorge zu tragen, also weder einen Antrag der Partei noch eine Anweisung des Richters abzuwarten. Es gehört auch dazu die Stellung der Anträge nach §§ 177, 188 und 199 ff. (→ § 209 Rdnr. 1).

b) Reicht eine Partei Anträge oder Erklärungen gemäß § 496 ein oder erklärt sie solche zu Protokoll, so obliegt nach § 209 dem Urkundsbeamten der Geschäftsstelle (nicht dem Richter) auch die **Prüfung der Notwendigkeit der Zustellung**, d. h. die Prüfung, ob das Schriftstück nach dem Gesetz der Gegenpartei oder einem Dritten im Wege der Zustellung mitzuteilen ist. Den Gegensatz bilden diejenigen Schriftstücke, deren alleiniger Adressat das Gericht ist, bei denen also der Geschäftsstelle nur die Vorlegung an den Richter obliegt. Es sind dies diejenigen Gesuche, über die ohne mündliche Verhandlung entschieden werden kann, → § 128 Rdnr. 14 ff., sowie diejenigen Anträge oder Erklärungen, die die Ansetzung eines Termins erfordern. Dies ist erforderlich, wenn ein Antrag auf Sachentscheidung mit der Begründung gestellt wird, eine Klagezurücknahme (→ § 269 Rdnr. 41), ein Prozeßvergleich (→ § 794 Rdnr. 47) oder eine Erklärung der Erledigung der Hauptsache (§ 91 a) seien unwirksam. Die Aufnahme eines unterbrochenen oder ausgesetzten Prozesses (→ § 250 Rdnr. 1 ff.) erfolgt in aller Regel ebenfalls durch Zustellung eines Schriftsatzes, der die Aufnahmeerklärung enthält (→ § 250 Rdnr. 1 ff.). Dagegen ist der Urkundsbeamte *nicht befugt*, die Zustellung eines an den Gegner oder einen Dritten gerichteten Schriftsatzes deshalb abzulehnen, weil er den *Schriftsatz selbst für überflüssig* hält oder seine Voraussetzungen nicht für gegeben erachtet, z. B. bei der Aufnahme des Verfahrens, der Nebenintervention oder Streitverkündung usw. Denn die aus dem Verhandlungsgrundsatz fließende Verantwortung der Parteien (→ Rdnr. 75 ff. vor § 128) bleibt auch beim Amtsbetrieb unberührt[1].

c) Beschlüsse und Verfügungen sind stets in **Ausfertigung** mitzuteilen, → § 170 Rdnr. 7, bei den Parteischriftsätzen dagegen wird eine *beglaubigte Abschrift des Schriftsatzes* oder der ihn ersetzenden Protokollerklärung (→ § 170 Rdnr. 7) übergeben. Die Abschriften *sollen* nach § 133 Abs. 1 bei der Einreichung der Schriftsätze *von der Partei beigefügt* werden. Soweit dies nicht geschieht, hat sie die Geschäftsstelle gegen Erstattung der Schreibgebühren anfertigen zu lassen, → § 133 Rdnr. 5.

---

[1] Vgl. *Hager* NJW 1992, 354.

8   Die *Beglaubigung* der Abschriften hat nach § 210 durch den Urkundsbeamten der Geschäftsstelle zu erfolgen. Jedoch *genügt* die Beglaubigung durch den prozeßbevollmächtigten Anwalt, → § 210 Rdnr. 2.

11 d) Bei der **Zustellung von Amts wegen bleibt die Urschrift des zuzustellenden Schriftstücks in den Gerichtsakten**, § 170 i. V. m. § 210. Wird daher ein Parteischriftsatz oder eine Protokollerklärung von Amts wegen zugestellt, so ist sie in Urschrift einzureichen, so daß die Vorschrift des § 133 Abs. 2 über die Niederlegung von Abschriften nicht anwendbar ist, und der Antragsteller erhält auch bei der Protokollerklärung keine Abschrift, wenn er sie nicht besonders beantragt und bezahlt. Über die Benutzung der Urschrift der Klage zur Herstellung der Versäumnis- und Anerkennungsurteile → § 313 b Rdnr. 13 f.

12 Die **Anlagen** der Schriftsätze können in Urschrift oder in Abschrift eingereicht werden, § 131, auch im Urkundenprozeß, § 593 Abs. 2. Über die Kosten besonderer Abschriften → § 131 Rdnr. 5.

3. Mängel der Zustellung

21 a) Die Pflicht der Geschäftsstelle nach § 209 ist mit der Absendung nicht erschöpft. Es muß auch nachgeprüft werden, **ob die Zustellung überhaupt erfolgt und ob sie ordnungsgemäß vollzogen ist**[2]. Bei Ladungen wird es gegebenenfalls angemessen sein, den Gegner von der Nichtausführung zu benachrichtigen. Außerdem aber hat die Geschäftsstelle bei einer nicht ordnungsgemäßen Zustellung die Pflicht, **die Zustellung zu wiederholen**, ohne einen Parteiantrag abzuwarten. Dies gilt jedenfalls bei Ladungen; denn wenn auch hier eine Heilung nach § 295 beim Erscheinen des Zustellungsempfängers möglich ist, so darf andererseits im Fall einer Rüge der Kläger oder sonstige Antragsteller der Gefahr einer Zurückweisung des Antrags auf Erlaß eines Versäumnisurteils nach § 335 nicht ausgesetzt werden. Reicht die Zeit zur Wahrung der Einlassungs- oder Ladungsfrist nicht mehr aus, so hat die Geschäftsstelle, da diese Fristen nur auf Antrag abgekürzt werden können, § 226, beim Richter die Verlegung des Termins nach § 227 (→ dort Rdnr. 43) anzuregen. Bei der Zustellung von Parteischriftsätzen ohne Ladung wird, soweit eine Heilung nach § 295 noch möglich ist, ohne Schaden abgewartet werden können, ob sie eintritt, weil ja die zweite Zustellung auf die Einreichung zurückdatiert wird (→ Rdnr. 41 ff.). Bei gerichtlichen Beschlüssen usw. ist die Zustellung stets zu wiederholen.

22 b) Diese Grundsätze gelten ebenso, *wenn die Partei*, d.h. praktisch der Anwalt, nach Einsicht der Akten *auf Mängel der Zustellung hinweist*[3]. Sofern nicht die Partei von offensichtlich falscher Beurteilung ausgeht, muß ihrem **Antrag auf Wieder**holung schon deshalb **stattgegeben werden**, weil letzten Endes doch die Partei den Schaden trägt.

23 c) Stellt sich *der Mangel erst im Verhandlungstermin heraus*, so ist, soweit erforderlich, die Wiederholung von Amts wegen zu veranlassen.

24 d) Im übrigen gilt für die **Heilung von Mängeln** der Zustellung das → Rdnr. 29 vor § 166 Ausgeführte; vgl. besonders auch § 187. Siehe jedoch wegen der Wahrung der Notfristen → § 187 Rdnr. 31 ff.

---

[2] Vgl. *RG* JW 1924, 963.
[3] Unterläßt dies der Anwalt, so ist er unter Umständen der Partei gegenüber schadenersatzpflichtig, *RG* JW 1936, 2709.

II. Formlose Mitteilungen

Durch formlose Mitteilung werden weniger wichtige Schriftstücke übermittelt. **31**

1. Anwendungsbereich

Abs. 2 sieht für die **rein vorbereitenden Schriftsätze** (→ § 129 Rdnr. 31 ff.), d. h. solche, die **32** weder Klage, Sachanträge noch Klagezurücknahme enthalten, grundsätzlich die **formlose Mitteilung vor**. Wegen des Begriffs der Sachanträge[4] → § 297 Rdnr. 3 ff. Die Aufnahme eines unterbrochenen, ausgesetzten oder ruhenden Verfahrens ist als Sachantrag anzusehen, → § 239 Rdnr. 26; ebenso die Abstandnahme vom Urkundenprozeß, → § 596 Rdnr. 8. Das Gericht, d. h. der Richter, kann jedoch auch bei vorbereitenden Schriftsätzen die Zustellung anordnen, wozu allerdings zumeist kein Anlaß vorliegen wird; anders u. U. wegen § 335 Abs. 1 Nr. 3 bei einem neue Tatsachen enthaltenden Schriftsatz (→ Rdnr. 34). Für die formlose Mitteilung hat die Geschäftsstelle nach den → Rdnr. 3 ff. dargelegten Grundsätzen von sich aus zu sorgen.

2. Mitteilungsverfahren

Die Mitteilung kann in allen Fällen unmittelbar durch Aushändigung oder durch den Boten **33** oder durch die Post erfolgen, *ohne Beglaubigung und ohne Beurkundung*. Zu richten ist sie an diejenige Person, an die die Zustellung zu richten wäre, §§ 171, 176. Da allerdings für den Zugang der formlos übersandten Mitteilung keine Vermutung besteht[5], ist zu beachten, daß das Gericht wegen Art. 103 Abs. 1 GG zu prüfen verpflichtet ist, ob dem Verfahrensbeteiligten das rechtliche Gehör gewährt wurde[6]. Die deshalb erforderliche Feststellung, ob die Mitteilung tatsächlich zugegangen ist, kann dadurch ermöglicht werden, daß das Gericht z. B. eine rückgabepflichtige *Empfangsbescheinigung* beifügt[7].

3. Anwendungsbereich des § 270 Abs. 2 Satz 2

Die Vorschrift des **Abs. 2 Satz 2** über den präsumtiven *Zeitpunkt des Zugehens* des **34** Schriftsatzes ist nur von Bedeutung für den Versäumnisfall, § 335 Abs. 1 Nr. 3. Ist die Postsendung als unzustellbar zurückgenommen, so steht damit das Nichtzugehen der Mitteilung fest; eine Glaubhaftmachung nach Satz 2 Schlußhalbs. kommt in diesem Falle nicht mehr in Frage.

III. Die Rückwirkung

1. Allgemeines

Gewisse Wirkungen der Zustellung werden nach **Abs. 3 rückwirkend** bereits an die **Einrei- 41 chung** oder Anbringung des Antrags oder der Erklärung geknüpft. Eine Rückdatierung sehen ferner § 207 Abs. 1 (→ § 207 Rdnr. 1 ff.) und § 693 Abs. 2 (s. dort) vor. Die Vorschrift des § 270 Abs. 3 bestimmt ganz allgemein, was letztgenannte Vorschriften nur für gewisse Fälle vorschreiben.

---

[4] *KG* NJW 1970, 616 = *OLGZ* 345.
[5] *BVerfGE* 36, 85 (88).
[6] *BVerfGE* a.a.O.
[7] *BVerfGE* a.a.O.; kritisch hierzu *Waldner* Aktuelle Probleme des rechtlichen Gehörs im Zivilprozeß (1983) 56 ff.

2. Zweck

42 Die Regelung hat den Zweck, **den Parteien**, die bis zur Einführung des Amtsbetriebs die Zustellung im Prozeß selbst besorgten und deshalb deren Zeitpunkt zuverlässig selbst bestimmen konnten, das von ihnen nicht mehr kalkulierbare **Risiko einer Verspätung der amtlichen Zustellung abzunehmen**[8]. Sie soll diejenige Partei, die ein zuzustellendes Schriftstück eingereicht hat, vor Rechtsverlusten schützen, die durch Umstände eintreten, auf die sie keinen Einfluß hat[9].

3. Anwendungsbereich[10]

43 a) **Abs. 3** bezieht sich **nur** auf **Anträge**[11] und **Erklärungen** einer **Partei** oder des **Streitgehilfen**, die *von Amts wegen* zuzustellen sind, denn die Vorschrift will nur den Gläubiger vor nicht vertretbaren Nachteilen des Amtsverfahrens schützen. Dazu gehört vor allem die **Klage**, aber auch eine **Streitverkündung**[12]. Eine Rückdatierung kann durch eine im *Parteibetrieb* bewirkte Zustellung *nicht*[13] herbeigeführt werden. Eine solche kann aber bei einer Parteizustellung, wie etwa bei § 929 Abs. 3, die Regelung in § 207 ermöglichen → § 207 Rdnr. 1 und § 929 Rdnr. 21. Zur Anwendung des § 270 Abs. 3 auf die Frist in § 929 Abs. 1 → dort Rdnr. 12.

44 b) Unter **Abs. 3** fallen **sämtliche Arten von Fristen**, nicht nur **prozessuale**, sondern auch **materielle Fristen**[14] (→ § 207 Rdnr. 5) und die **Unterbrechung der Verjährung**. Abs. 3 knüpft aber für die Fristwahrung an eine Klageerhebung oder vergleichbare Maßnahmen (§ 209 Abs. 2 BGB) an. Die Vorschrift gilt deshalb nach ihrem Sinn und Zweck **nicht**, wenn der **Kläger** für die Fristwahrung auf die **Mitwirkung des Staates nicht angewiesen** ist[15], wie etwa für die Wahrung der *Anfechtungsfrist* in § 121 Abs. 1 BGB[16], einer tarifvertraglichen *Ausschlußfrist*[17] der *Verjährungsfrist* (§ 477 BGB) durch *Mängeleinrede*[18] nach § 478 BGB, oder der *Widerspruchsfrist* des § 568 BGB[19], weiterhin nicht für den Ausschluß des Ehegattenerbrechts nach § 1933 S. 1 BGB[20]. Anders ist es aber, wenn im Gesetz ausdrücklich zwei Arten der Geltendmachung des Anspruchs vorgesehen sind, eine außergerichtliche und eine *gerichtliche*, wie etwa in § 801 Abs. 1 BGB. In diesen Fällen ist der Abs. 3 anwendbar, denn das materielle Recht gebietet hier keine restriktive Interpretation. Es ist aber zu weitgehend, die Vorschrift des Abs. 3 noch gelten zu lassen, wenn die Partei die durch das gerichtliche Verfahren möglicherweise eintretende Verzögerung durch einen einfachen Brief hätte ausschließen können[21]. Der Schutz der Rückwirkungsbestimmung des Abs. 3 darf dem Kläger nur zugebilligt werden, wenn das materielle Recht die Wahlmöglichkeit klar zur Verfügung stellt; denn § 270 soll grundsätzlich nur ein nicht kalkulierbares Risiko einer erforderlichen *Amtszustellung* abnehmen[22].

---

[8] So *BGHZ* 75, 307 = NJW 1980, 455 = MDR 304.
[9] So *BGHZ* 83, 12 (16).
[10] Dazu auch *Lang* AnwBl 1982, 363 ff.
[11] So z. B. der Antrag auf Ehescheidung nach § 1408 Abs. 2 BGB: *BGH* NJW-RR 1992, 1346; Ehelichkeitsanfechtung: *BGH* NJW 1995, 1419; *OLG Köln* FamRZ 1995, 1588; *OLG Zweibrücken* FamRZ 1995, 745.
[12] Vgl. *BGH* NJW 1979, 264 (265).
[13] A.M. *Baumbach/Lauterbach/Hartmann*[55] Rdnr. 8.
[14] *BGH* NJW 1989, 904; *OLG Hamm* ZIP 1987, 1330; *OLG Köln* ZZP 69 (1956), 53 f.; § 270 Abs. 3 ist entsprechend anwendbar, wenn der Schuldner gegenüber dem Gläubiger auf die Erhebung der Einrede der Verjährung bis zum Ablauf einer bestimmten Frist verzichtet hat, so *BGH* Warneyer 1977 Nr. 106; *BGH* NJW 1974, 1285; hierzu ablehnend *Haase* JR 1974, 470. Ebenso, wenn der Schuldner dem Gläubiger eine Frist zur Klageerhebung einräumt, vgl. *BGH* a.a.O., → auch § 207 Rdnr. 5 ff.

[15] *BGH* (VIII. Senat) LM § 125 BGB Nr. 32; *BGH* (V. Senat) NJW 1975, 39 f.
[16] *BGH* NJW 1975, 39 f. → Fn. 15.
[17] *BAG* NJW 1976, 1520; *BAG* AP § 496 ZPO Nr. 3 (abl. Anm. *Götz Hueck*); *BAG* AP § 345 ZPO Nr. 4 (abl. Anm. *Grunsky*).
[18] Anders noch 19. Auflage dieses Komm., § 496 IV bei Fn. 13.
[19] *LG Paderborn* MDR 1984, 581.
[20] *BayObLG* NJW-RR 1990, 517; *Thomas/Putzo*[19] Rdnr. 5.
[21] *BGH* (VIII. Senat) NJW 1982, 172 f. = MDR 315 = JZ 22 = BB 1079 = LM Nr. 4 zu § 777 BGB.
[22] A.M. insoweit VII. Senat in *BGH* NJW 1983, 816 sowie *BGHZ* 75, 307 (313 f.) = NJW 1980, 455 zur Vorbehaltsfrist des § 16 Nr. 3 Abs. 2 VOB/B (1973); (ablehnend *Raudszus* NJW 1983, 667); VII. Senat in *BGHZ* 53, 232 (338 f.) = LM § 328 Nr. 24 (Anm. *Rietschel*) = NJW

c) Die **Rückwirkung** des Abs. 3 beschränkt sich auf Fälle, in denen durch die Zustellung 45 eine laufende Frist gewahrt oder die Verjährung unterbrochen wird. Abs. 3 ist deshalb auch nicht auf die Fälle anzuwenden, in denen das materielle Recht bestimmte Rechtsfolgen an die Rechtshängigkeit oder an die Klageerhebung knüpft[23].

4. Einreichung

Einreichung bedeutet, daß das Schriftstück in die Verfügungsgewalt des Gerichts gelangt, 46 näher dazu → § 207 Rdnr. 12 und → Rdnr. 189 ff. vor § 128. Auch eine **bei** einem sachlich oder örtlich **unzuständigen Gericht** eingereichte Klage[24] oder Mahnbescheidsantrag[25] → § 689 Rdnr. 4 ff. vermag mit Rückwirkung die Verjährung (§ 209 BGB) zu unterbrechen, sofern die Zustellung »demnächst« → Rdnr. 47 erfolgt und danach der Rechtsstreit an das zuständige Gericht verwiesen oder abgegeben wird[26].

5. Demnächstige Zustellung

Die **Rückbeziehung** tritt nur ein, wenn die Zustellung »**demnächst**« erfolgt. Der Gesetzgeber 47 hat die Antwort, was unter demnächstiger Zustellung zu verstehen ist, der nach pflichtgemäßen Ermessen zu treffenden Entscheidung des Prozeßgerichts überlassen[27]. Eine Frist für die Zustellung ist also nicht aufgestellt (anders § 207 Abs. 2). Das Fehlen einer bestimmten Frist kann aber andererseits nicht dazu führen, daß eine jede irgendwann einmal innerhalb des Verfahrens vorgenommene Zustellung als »demnächst« erfolgt angesehen wird und die Rückbeziehung auslöst. Maßgeblich ist vielmehr der *Zweck des* § 270 Abs. 3. Er will durch die Fristwahrung den Kläger vor Nachteilen schützen, die ohne sein Zutun eintreten, es soll durch die Rückbeziehung vermieden werden, daß dem Kläger durch Verzögerungen innerhalb des gerichtlichen Geschäftsbetriebes Schäden entstehen, die er selbst bei gewissenhaftester Prozeßführung nicht vermeiden kann, weil die Zustellung von Amts wegen seinem Einfluß entzogen ist[28]. Soweit es sich also um eine derartige *außerhalb* der Einflußsphäre des Klägers liegende Verzögerung handelt, muß man den **Begriff des »demnächst« weitherzig** auslegen[29], so daß man selbst monatelanges Hinausschieben der Zustellung als »demnächst« erfolgte Zustellung ansehen darf[30]. Umgekehrt aber sind dem **Kläger** alle solche **Verzögerungen**

1970, 1002 = MDR 500 = BB 637 (zu § 89b Abs. 4 Satz 2 HGB); *Götz Hueck* (Fn. 17); *Grunsky* (Fn. 17) sowie *Richardi* ZfA 1971, 98 (ohne weitere Begründung).
[23] Vgl. zur Anwendbarkeit des Absatzes 3 auf die **Vererblichkeit des Schmerzensgeldanspruchs** (früherer § 847 Abs. 1 Satz 2 BGB) die 20. Aufl. dieses Komm. Fn. 16.
[24] *BGH* NJW 1978, 1058 m.w.N.; *BGHZ* 97, 155.
[25] *BGHZ* 86, 313 (322); ebenso *Bode* MDR 1982, 632.
[26] Die Gleichstellung von Verweisung und Abgabe im Rahmen des § 270 Abs. 3, damals § 261 b, bejaht auch *BGHZ* 34, 230 (234 f.). Nach *BGHZ* 90, 249 = NJW 1984, 1559 f. = MDR 577 = BB 943 = LM Nr. 7 zu § 270 ZPO 1976 wahrt aber die rechtzeitige Einreichung der ordnungsgemäßen Anfechtungsklage die Frist des § 41 Abs. 1 Satz 1 KO nicht, wenn das angegangene, aber unzuständige Landgericht, die Klageschrift nicht, wie es nach § 271 Abs. 1 seine Pflicht wäre, unverzüglich zustellt, sondern an das zuständige Gericht abgibt und erst dieses die Zustellung der nicht von einem bei ihm zugelassenen Rechtsanwalt unterzeichneten Klageschrift vornimmt. Die Entscheidung ist abzulehnen, da aus dem Verstoß des angerufenen Gerichts gegen § 271 Abs. 1 dem Kläger kein Nachteil erwachsen darf. Auch hat der Kläger keinen Einfluß darauf, ob das angegangene Gericht zuerst zustellt und

später an das zuständige Gericht abgibt oder umgekehrt.
[27] Vgl. *BGH* NJW 1971, 891 = LM Nr. 4 zu § 693 ZPO = MDR 477 = BB 416 = JR 377; vgl. *OLG Schleswig* NJW 1988, 3104.
[28] Vgl. z. B. *BGHZ* 25, 76 = LM Nr. 13 zu § 295 ZPO = NJW 1957, 1517 = JZ 1958, 57 (dazu *Rosenberg*) = ZZP 71 (1958), 380; *BGH* VersR 1961, 714 = NJW 1627 = MDR 836 = BB 919 = LM Nr. 11 Finanzvertrag; VersR 1964, 59; LM Nr. 10a zu § 261b; WM 1986, 273f. = NJW 1347; RGZ 105, 427; *BGHZ* 103, 20 (28); *BGH* NJW 1988, 413; 1991, 1746; VersR 1992, 433; NJW-RR 1992, 470 und 1346.
[29] Ständige Rspr. vgl. z. B. *BGHZ* 25, 76 (Fn. 28); *BGH* MDR 1953, 684; VersR 1961, 159; 1966, 675; LM Nr. 1 zu § 74 GKG = NJW 1956, 1319; LM Nr. 10a zu § 261b; *RG* JW 1937, 2467; *BGH* LM § 693 Nr. 4; *OLG Köln* VersR 1991, 198.
[30] Z. B. *BGH* VersR 1960, 159 und § 207 Fn. 4 und Fn. 1 (Länge der Verjährungsfrist). Im Einzelfall über 2 Monate, *OLG Schleswig* SchlHA 1979, 22, falls der Kläger alles Zumutbare zur alsbaldige Zustellung unternommen hat; vgl. auch *OLG Frankfurt a. M.* FamRZ 1988, 82 (über zwei Jahre).

zuzurechnen, die er oder sein Prozeßbevollmächtigter[31] bei gewissenhafter Prozeßführung hätte vermeiden können[32], wobei es gleichgültig ist, ob es sich um ein vorsätzliches (absichtliches) oder nur nachlässiges – auch nur leicht fahrlässiges[33] – Verhalten handelt, das die Verzögerung bewirkte. Auch ist es unerheblich, daß die Geschäftsstelle zur Verzögerung beigetragen hat, wenn jedenfalls ihre Ursache in der Nachlässigkeit des Prozeßbevollmächtigten liegt[34]. Vorwerfbar ist jedoch nur eine Verzögerung nach Ablauf der zu wahrenden Frist[35], da grundsätzlich jede Frist voll ausgeschöpft werden darf[36]. Derjenige, der die Frist wahren will, muß seinerseits alles Zumutbare tun, damit die Zustellung auch demnächst durchgeführt werden kann[37]. Allerdings sind nur *geringfügige Verzögerungen* angesichts des deutlichen Verzichts auf eine bestimmte Fristsetzung *unschädlich*[38]. Die Gegenseite darf nicht unbillig belastet werden[39]. Dabei ist auch das (schuldhafte) Verhalten des Zustellungsempfängers zu würdigen[40]. »**Demnächst**« im Abs. 3 ist deshalb aufzufassen als innerhalb einer nach den Umständen zu bestimmenden angemessenen Frist, die nicht (es sei denn nur geringfügig) durch vorsätzliches oder sonst nachlässiges Verhalten des Klägers ausgedehnt wurde, wobei schon leichtes Verschulden schadet.[41]

6. Bei Gebührenvorwegerhebung

48 Seit Einführung der **Gebührenvorwegerhebung** (§ 65 GKG, → auch § 271 Rdnr. 34 ff.) ist es nunmehr Sache des Klägers, durch rechtzeitige Einzahlung der Gebühren die Terminsbestimmung und mit ihr (§ 274 Abs. 2) die Zustellung der Klage zu beeinflussen. **Verzögert** sich **durch schuldhaftes Verhalten des Klägers** die Gebührenentrichtung und dadurch wiederum die Zustellung der Klage, so kann nicht mehr von einer demnächst erfolgten Zustellung gesprochen werden[42]. Der Kläger und sein Prozeßbevollmächtigter müssen aber den Prozeßkostenvorschuß nicht von sich aus berechnen und mit der Klage einzahlen, vielmehr dürfen sie grundsätzlich die Zahlungsaufforderung des Gerichts abwarten[43]. Allerdings darf mit

---

[31] *BVerfG* NJW 1994, 1853; *BGH* NJW 1995, 1420; 1994, 1073; MDR 1995, 307; VersR 1994, 455; *BGHZ* 31, 347 = NJW 1960, 766 = MDR 384 = BB 263 = VersR 268 f. = ZZP 73 (1960), 454 = LM Nr. 7 zu § 261b (nur Leitsatz, dazu *Johannsen*); BGH VersR 1964, 58 f.; 1964, 1022 je mit weit. Nachw.; VersR 1961, 714 (Fn. 1); *OLG Düsseldorf* FamRZ 1991, 959.

[32] Ständige Rspr., vgl. vor allem die in Fn. 31 und 33 genannten Entscheidungen.

[33] *BGH* LM Nr. 9 zu § 261b = VersR 1963, 459 = MDR 388 = BB 756; VersR 1966, 939 = NJW 2211; NJW-RR 1992, 480; vgl. auch VersR 1961, 714 (Fn. 2) und § 207 Fn. 2.

[34] *BGH* MDR 1995, 307 = NJW-RR 1995, 254 f. (Kläger hatte falsches Aktenzeichen verwendet, was die Geschäftsstelle hätte merken können).

[35] *BGH* NJW 1993, 2320; 1986, 1347: Für die Frage, ob eine Zustellung »demnächst« erfolgt ist, wird auf die Zeitdauer der Verzögerung vom Tage des Ablaufs der Verjährungsfrist gemessen.

[36] *BGH* NJW 1995, 3380 f.

[37] So *BGHZ* 69, 361 (363) = NJW 1978, 216 = MDR 212, *BGH* NJW 67, 779 (780) 1992, 1820; *OLG Frankfurt a. M.* ZIP 1984, 111 (112) = MDR 943; *OLG Hamburg* NJW-RR 1988, 1227; *OLG Hamm* MDR 1993, 385.

[38] *BGH* JB 1985, 393 (zu § 693 Abs. 2); NJW 1972, 1950 m.w.N.; ebenso die Entscheidungen in Fn. 33, sowie *OLG Schleswig* JB 1973, 1102 = SchlHA 154.

[39] *BGH* VersR 1974, 1106; *OLG Frankfurt a. M.* FamRZ 1988, 83.

[40] *BGH* VRS 1965, 415; MDR 1983, 1002 = LM Nr. 11 zu StrEG.

[41] *BGH* NJW 1991, 1745.

[42] *BGH* VersR 1961, 714 (Fn. 2); LM Nr. 2 und 9 zu § 261b; *OLG Köln* MDR 1995, 589; *OLG Düsseldorf* JurBüro 1994, 302; *KG* VersR 1994, 922. Eine Frist kann durch Einreichen der Klage mitsamt einem Scheck für den Gerichtskostenvorschuß bei einer gemeinsamen Gerichtskasse und nicht der des zuständigen Gerichts gewahrt werden; vgl. *BGH* NJW 1984, 1239 = MDR 665 = BB 943 = LM Nr. 6 zu 270 ZPO 1976. Eine Verzögerung der Zustellung geht auch dann nicht zu Lasten des Klägers, falls das Gericht eine Mitteilung des Klägers, er habe Vorschuß, wenn auch unter falschem Aktenzeichen, schon bezahlt, unbeachtet läßt; vgl. *OLG Stuttgart* VersR 1980, 157. Der Kläger hat eine verzögerte Zustellung nicht zu vertreten, wenn seine Rechtsschutzversicherung zusagt, den Gerichtskostenvorschuß zu zahlen, die Einzahlung jedoch unerwartet spät erfolgt; vgl. *OLG Hamm* VersR 1981, 830.

[43] Ständige Rechtsprechung z.B. *BGH* NJW 1956, 1319; NJW 1967, 779; 1972, 1948; 1986, 1348; VersR 1964, 75; 1969, 413. Das gilt auch im *Mahnverfahren*, vgl. *BGH* NJW 1960, 1952; a.M. *OLG Düsseldorf* JB 1981, 936 = MDR 591, wenn der Prozeßbevollmächtigte des Antragstellers im Mahnverfahren die Höhe des Vorschusses schon von sich aus berechnet und an der dafür vorgesehenen Stelle im Vordruck eingetragen hat.

Rücksicht auf die schutzwürdigen Belange der Gegenpartei der Kläger oder sein Prozeßbevollmächtigter nicht unbegrenzt lange abwarten, sondern nur eine nach den Umständen des Einzelfalles zu bestimmende Zeitspanne[44]. Dafür ist die Schwierigkeit der Streitwertberechnung maßgebend.

7. Bei gleichzeitiger Einreichung des Prozeßkostenhilfeantrags und der Klageschrift

Bei gleichzeitiger Einreichung von **Prozeßkostenhilfeantrag und Klageschrift** (→ § 118 Rdnr. 7) ist es vielfach üblich, die eingereichte Klageschrift dem Gegner formlos mit der Bitte zur Stellungnahme zu übersenden. Dann ist zwar die Klageschrift eingereicht worden, aber sie ist nicht zugestellt, auch die Rechtshängigkeit wurde durch die formlose Mitteilung nicht begründet → § 253 Rdnr. 10. Damit erhebt sich die Frage, ob die nach Bewilligung der Prozeßkostenhilfe oder nach deren Ablehnung und nunmehr erfolgter Gebührenzahlung vorgenommene Zustellung die Rückbeziehung auslöst. Auch hier muß man davon ausgehen, daß der Kläger auf eine Beschleunigung des Verfahrens über die Bewilligung der Prozeßkostenhilfe wenig Einfluß hat. Verzögerungen hierbei können ihm also nicht zugerechnet werden, wenn sie nicht in seinem schuldhaften Verhalten ihren Grund haben. Aber auch die Stellung des Antrags auf Bewilligung der Prozeßkostenhilfe zusammen mit der Bitte, die Klageschrift vor Entscheidung über das Gesuch (→ § 118 Rdnr. 7) nicht zuzustellen, bildet keinen dem Kläger anzulastenden Verzögerungsgrund[45]. Deshalb **wahrt die Einreichung der Klageschrift** auch in diesem Fall rückwirkend die Frist, **wenn** die Klage nur **unverzüglich nach** der (positiven oder negativen) **Entscheidung über den Prozeßkostenhilfeantrag** zugestellt wird[46]. 50

Die vorstehend dargelegte Fristwahrung tritt aber nur ein, wenn die **Klageschrift schon mit dem Prozeßkostenhilfeantrag** eingereicht wird. Hingegen ist die Wiedereinsetzung in den vorigen Stand zu beantragen, wenn **lediglich** der **Prozeßkostenhilfeantrag** rechtzeitig gestellt wird, die **Klageschrift** aber erst **später** nach Ablauf der Frist eingereicht wird; zur Wiedereinsetzung in den vorigen Stand wegen eines Antrags auf Prozeßkostenhilfe → § 233 Rdnr. 351 ff. 51

8. Wesentliche Identität zwischen eingereichtem und zugestelltem Schriftstück

Eine weitere Voraussetzung für den Eintritt der Rückbeziehung ist grundsätzlich die **Identität zwischen eingereichtem und zugestelltem Schriftstück**. Es genügt aber, wenn sie im wesentlichen identisch sind, insbesondere sich auf den gleichen Sachverhalt stützen[47]. Das eingereichte Schriftstück muß die Angaben gemäß § 253 Abs. 2 (→ dort Rdnr. 25) enthalten. 52

---

[44] »Hinnehmbar« sind als Zeitraum zwischen Aufforderung und Zahlung des Vorschusses zwei Wochen oder »geringfügig« mehr, vgl. *BGH* WM 1986, 273 f. (Fn. 28). 2 Monate sind in der Regel zu lang, so *BGHZ* 69, 361 (363 f.) = NJW 1978, 215 (216) = MDR 212 = LM Nr. 1. Ein Prozeßbevollmächtigter muß wesentlich früher entweder die gerichtliche Berechnung und Anforderung des Vorschusses in Erinnerung bringen oder den Vorschuß von sich aus berechnen und einzahlen; ein Rechtsanwalt als Konkursverwalter muß dies von sich aus tun, *OLG Düsseldorf* MDR 1984, 854. Wenn der Kläger nicht willens und fähig ist, den Gebührenvorschuß nach Anforderung zu zahlen, muß der Prozeßbevollmächtigte einen Antrag auf unverzügliche Zustellung der Klage nach § 65 Abs. 7 GKG stellen, vgl. *BGH* NJW 1974, 57 ff. und *BGHZ* a.a.O. (365).

[45] *BGHZ* 25, 77 (Fn. 28); 31, 347 (Fn. 31); *BGH* LM Nr. 4 zu § 261b; *OLG Jena* FamRZ 1994, 1596. Die Verjährung wird auch gemäß § 203 Abs. 2 BGB gehemmt, wenn der Kläger die zu wahrende Frist voll ausnutzt, vgl. *BGHZ* 1970, 235 ff.

[46] Eine 10 Tage nach Mitteilung der Bewilligung der Prozeßkostenhilfe erfolgte Klagezustellung ist ausreichend, vgl. *BGH* VersR 1977, 665 (666). Anders bei gleichzeitiger Einreichung von Prozeßkostenhilfegesuch und Scheidungsantrag, da der Antragsteller die Zustellung des Scheidungsantrags ohne Zahlung der gerichtlichen Verfahrensgebühr herbeiführen kann: *OLG Zweibrücken* FamRZ 1995, 745.

[47] Ebenso *BGH* NJW 1995, 2231; 1978, 1058 f. = Warneyer Nr. 52; a.M. dieser Kommentar, 19. Aufl., § 496 IV 3 und *Pohle* Anm. *BAG* AP Nr. 2.

Berichtigungen und unwesentliche Änderungen machen das Schriftstück nicht zu einem anderen, z.B. nähere Bezeichnung des Gegners → § 264 Rdnr. 60, genauere Angabe des gesetzlichen Vertreters oder eines anderen Vertreters oder Prozeßbevollmächtigten (§ 130 Nr. 1). *Sachliche Änderungen verändern das Schriftstück* nicht stets so sehr, daß es ein anderes Schriftstück wird, wie z.B. andere rechtliche Schlußfolgerungen, eine Antragsänderung hinsichtlich der Zinsen als Nebenforderung. Wird aber eine **andere Person** als Partei bezeichnet, so ist eine Rückwirkung ausgeschlossen[48].

53 Sofern *dasselbe* Schriftstück vorliegt, schadet es nicht, wenn die **Zustellung wiederholt vorgenommen** wurde (etwa weil die erste Zustellung Mängel aufwies (→ Rdnr. 21–24) oder wenn eine andere Zustellungsart gewählt wurde (etwa die öffentliche Zustellung, nachdem die direkte Zustellung fehlschlug oder umgekehrt[49] oder wenn erst auf Beschwerde hin überhaupt eine Zustellung vorgenommen wurde[50].

9. Rückwirkung bei fehlerhafter Zustellung

54 Die Rückbeziehung setzt weiter voraus, daß die **Zustellung formgültig** oder nach § 295 geheilt ist[51]. Bei der *Wahrung von Notfristen* ist die Heilung nach § 295 in der Regel ausgeschlossen, → Rdnr. 27 vor § 166. Die Zustellung braucht jedoch wegen Abs. 3 nicht mehr in die Notfrist zu fallen, vielmehr genügt infolge der Rückbeziehung auch eine Vornahme oder Wiederholung der Zustellung »demnächst« nach Ablauf der Notfrist[52]. Es erscheint deshalb als zweckloser Formalismus, diese Wiederholung des Gerichtsaktes auch dann vorzunehmen, wenn der anwesende Gegner den Mangel nicht rügt, → § 187 Rdnr. 35.

56 Durch **Zustellung zu wahren** sind z.B. die Notfristen für die Wiederaufnahmeklagen, § 586 Abs. 1, → § 207 Rdnr. 17, für die Klage auf **Aufhebung des Schiedsspruchs**, § 1043 Abs. 2 (s. auch § 1044 Abs. 4 Satz 2), sowie für die **Klagen** nach **§ 111 Abs. 1 Satz 3 GenG** und **§ 114 Abs. 3** i.V.m. **§ 111 Abs. 1 Satz 3 GenG**. Eine zweiwöchige gesetzliche Frist, die jedoch keine Notfrist ist, ist ferner im arbeitsgerichtlichen Verfahren vorgesehen für die Klage nach ergangenem Spruch des Innungsausschusses, → § 253 Rdnr. 231.

10. Wirkung des § 270 Absatz 3

58 Liegen die dargelegten Voraussetzungen vor, so werden die **Wirkungen der Zustellung, sofern dadurch eine Frist gewahrt oder die Verjährung unterbrochen werden soll, auf den Zeitpunkt der Einreichung, § 207 Rdnr. 17, oder Protokollerklärung, → § 159 Rdnr. 5–9, zurückdatiert**, gleichviel ob die Frist im materiellen oder im Prozeßrecht gesetzt ist. S. auch wegen der innerhalb einer *Ausschlußfrist* zu erhebenden Klagen → § 281 Rdnr. 25. Die Klagefrist des § 878 (ZVG § 115) wird nicht durch die Zustellung, sondern erst durch den Nachweis der Klageerhebung gewahrt. Die *Zwischenfristen* (Einlassungs- und Ladungsfristen, → Rdnr. 43–45 vor § 214) werden durch die Zustellung *nicht gewahrt*, sondern *in Lauf gesetzt*, → § 222 Rdnr. 3 und 4.

59 Die *sonstigen Wirkungen der Zustellung* treten erst mit dieser selbst ein, namentlich die Begründung der Rechtshängigkeit[53], → § 261 Rdnr. 5, und die sonstigen materiellrechtlichen Wirkungen des Prozeßbeginns, → § 262 Rdnr. 5.

60 Wird *die Zustellung unmöglich* durch Beendigung der Instanz, Tod (→ § 50 Rdnr. 34) oder Konkurs des Zustellungsempfängers, so bleibt die Einreichung ohne rechtliche Wirkung[54].

---

[48] Die in der Klageschrift enthaltene Parteibezeichnung ist aber einer objektiven Auslegung zugänglich, vgl. *BGH* Warneyer 1977 Nr. 106.
[49] Vgl. § 207 Rdnr. 7 Fn. 7 und 8.
[50] Vgl. § 207 Rdnr. 7.
[51] *BGH* NJW 1974, 1557; VersR 1964, 297; LM Nr. 8 zu § 209 BGB; *BGHZ* 25, 66 (75) = NJW 1957, 1517, vgl. *RG* JW 1926, 2910 (zu § 693 Abs. 2).
[52] Offengelassen in *RG* JW 1936, 2709. Zur *Heilung* eines nach § 253 Abs. 2 ZPO wesentlichen Verfahrensmangels → § 253 Rdnr. 186.
[53] *BayObLG* MDR 1990, 632; *OLG Frankfurt a.M.* GRUR 1987, 651.
[54] *Hamm* MDR 1969, 47.

§ 271 [Zustellung der Klageschrift]

(1) Die Klageschrift ist unverzüglich zuzustellen.

(2) Mit der Zustellung ist der Beklagte aufzufordern, einen bei dem Prozeßgericht zugelassenen Rechtsanwalt zu bestellen, wenn er eine Verteidigung gegen die Klage beabsichtigt.

Gesetzesgeschichte: Eingefügt durch die Vereinfachungsnovelle 1976 (→ Einl. [20. Aufl.] Rdnr. 159). Der bis dahin geltende § 271 aF (Klagerücknahme) wurde ohne inhaltliche Änderung zu § 269 nF. Abs. 3 (Aufforderung des Beklagten, sich zur Übertragung auf den Einzelrichter zu äußern) wurde aufgehoben durch Rechtspflege-Vereinfachungsgesetz vom 17.XII.1990, BGBl. I 2847; s. jetzt § 277 Abs. 1 S. 2. – Durch das Gesetz zur Neuordnung des Berufsrechts der Rechtsanwälte und der Patentanwälte vom 2. 9. 1994, BGBl. I 2278, Art. 3 Nr. 5 werden im Zuge der **Abschaffung der Lokalisation** in Abs. 2 die Worte »bei dem Prozeßgericht zugelassen« gestrichen, jedoch (Art. 22) erst mit Wirkung zum 1. 1. 2000. In den neuen Bundesländern verbleibt es aufgrund einer Entscheidung des BVerfG (*BVerfGE* 93, 362 = NJW 1996, 1882) längstens bis zum 31. 12. 2004 dabei, daß im Anwaltsprozeß vor einem dortigen AG oder LG jeder Rechtsanwalt auftreten kann, der bei einem AG oder LG eines der neuen Bundesländer zugelassen ist.

I. Zweck der Vorschrift	1
II. Unverzügliche Zustellung der Klageschrift	3
1. Anwendungsbereich	3
2. Zustellung von Amts wegen	4
3. Unverzügliche Zustellung	5
III. Aufforderung zur Bestellung eines Anwalts	6
1. Anwendungsbereich und Voraussetzungen	6
2. Inhalt	8
3. Verfahren und Mängel	9
IV. Äußerung des Beklagten zur Übertragung auf den Einzelrichter	11
V. Sonstige bei Zustellung zu treffende Verfügungen	18
1. Schriftliches Vorverfahren oder früher erster Termin	18
2. Mitteilungen	19
VI. Ablehnung der Zustellung und der Wahl nach § 272 Abs. 2	21
1. Grundsatz	22
2. Gerichtliche Handlungsvoraussetzungen	23
a) Geschäftsverteilung	23
b) Gerichtsunterworfenheit	24
c) Internationale Zuständigkeit	27
d) Örtliche, sachliche und funktionelle Zuständigkeit	27a
e) Existenz der Parteien	28
3. Prozeßhandlungsvoraussetzungen	29
a) Keine Prüfung vor Zustellung	29
b) Inhalt der Klageschrift	30
c) Sonstige Mindestvoraussetzungen	31
4. Kein Kostenvorschuß bei Ablehnung der Zustellung	32
5. Beschwerde	33
VII. Vorauszahlung der Prozeßgebühr	34
1. Voraussetzungen der Vorwegerhebung	35
2. Vorauszahlung	36
3. Ausnahmen von der Vorauszahlungspflicht	37
a) Bewilligte Prozeßkostenhilfe	38
b) Gebührenfreiheit	39
c) Vorübergehende Zahlungsschwierigkeiten	40
d) Schaden durch verzögerte Zustellung	42
4. Verfahren, Verstöße	44
a) Regelfall	44
b) Ausnahmetatbestände	45
c) Beschwerde	46
d) Keine nachträgliche Abhängigmachung von der Gebührenzahlung	47
e) Keine Beschwer des Gegners	48
f) Rechtshängigkeit ohne Kostenvorschuß	49
VIII. Arbeitsgerichtliches Verfahren	50
1. Unverzügliche Zustellung	50
2. Aufforderung zur Anwaltsbestellung	51
a) Verfahrenseinleitung	51
b) Rechtsmittelgerichte	52
3. Sonstige Verfügungen	53
a) Vorbereitung der streitigen Verhandlung	53
b) Mitteilungen	55
4. Ablehnung der Zustellung	56
5. Keine Kostenvorschüsse	57

I. Zweck der Vorschrift

1 Im Interesse der **Konzentration und Beschleunigung des Verfahrens** wurden die §§ 271 ff. durch die **Vereinfachungsnovelle 1976** tiefgreifend umgestaltet[1]. Schwerpunkte der Reform bildeten in der ersten Instanz die neuen Formen der Eingangsphase des Prozesses (früher erster Termin oder schriftliches Vorverfahren, § 272 Abs. 2, §§ 275, 276), die damit verbundenen zahlreichen Befugnisse des Gerichts, den Parteien Fristen für ihr Vorbringen zu setzen, und die strengeren Regeln über die Zurückweisung verspäteten Vortrags (§§ 282, 296).

2 Die in § 271 getroffenen Bestimmungen sollen dazu beitragen, den **Beginn des Prozesses effizient zu gestalten**. Um Verfahrensverzögerungen von Anfang an zu vermeiden, ist nach Abs. 1 die Klageschrift in jedem Fall unverzüglich zuzustellen. Die Aufforderung, einen beim Prozeßgericht zugelassenen Rechtsanwalt zu bestellen (Abs. 2), soll dem Beklagten helfen, sich rechtswirksam zu verteidigen. Zur Äußerung des Beklagten zur Übertragung der Sache auf den Einzelrichter → Rdnr. 11.

II. Unverzügliche Zustellung der Klageschrift

1. Anwendungsbereich

3 Abs. 1 gilt im **landgerichtlichen** wie im **amtsgerichtlichen Verfahren**, § 495. Falls vor dem Amtsgericht die Klage *mündlich* zum Protokoll der Geschäftsstelle angebracht wird (§ 496), ist das Protokoll an Stelle der Klageschrift zuzustellen, § 498. Beim Übergang vom **Mahnverfahren** zum Streitverfahren gilt § 271 gemäß § 697 Abs. 2 S. 1 ebenfalls; hier ist die vom Antragsteller eingereichte Anspruchsbegründung (→ § 697 Rdnr. 2) zuzustellen.

---

[1] **Allgemeine Lit., auch zu §§ 271 ff.:** *Bathe* Verhandlungsmaxime und Verfahrensbeschleunigung bei der Vorbereitung der mündlichen Verhandlung (1977); *Baur* Richterliche Verstöße gegen die Prozeßförderungspflicht, Festschr. für Schwab (1990), 53; *Becher* Anwaltsprobleme nach der Vereinfachungsnovelle AnwBl. 1977, 396; *Bender-Belz-Wax* Das Verfahren nach der Vereinfachungsnovelle und vor dem Familiengericht (1977); *Bischof* Streitfragen der Vereinfachungsnovelle NJW 1977, 1897; *ders.* Der Zivilprozeß nach der Vereinfachungsnovelle (1980); *Böhm* Evaluationsforschung mit der Survivalanalyse. Am Beispiel des Gesetzes zur Vereinfachung und Beschleunigung gerichtlicher Verfahren (1989); *Engels* Der neue Zivilprozeß – Erfahrungen und Kritik aus anwaltlicher Sicht AnwBl. 1979, 205; *Franzki* Das Gesetz zur Vereinfachung und Beschleunigung gerichtlicher Verfahren (Vereinfachungsnovelle) DRiZ 1977, 161; *ders.* Die Vereinfachungsnovelle und ihre bisherige Bewährung in der Verfahrenswirklichkeit NJW 1979, 9; *Greger* Rechtstatsächliche Erkenntnisse zu den Auswirkungen der Vereinfachungsnovelle in der Praxis ZZP 100 (1987), 377; *Grunsky* Die Straffung des Verfahrens durch die Vereinfachungsnovelle JZ 1977, 201; *Hartmann* Die ZPO-Vereinfachungsnovelle Rpfleger 1977, 1; *ders.* Anwaltsprobleme nach der Vereinfachungsnovelle AnwBl. 1977, 90; *ders.* Das Urteil nach der Vereinfachungsnovelle JR 1977, 181; *ders.* Ein Jahr Vereinfachungsnovelle NJW 1978, 1457; *Hornung* Die ZPO-Vereinfachungsnovelle Rechtspfleger-Jahrbuch 1978, 322; *Klinge* Anwaltsprobleme nach der Vereinfachungsnovelle AnwBl. 1977, 395; *Mümmler* Die Vereinfachungsnovelle zur Zivilprozeßordnung JurBüro 1977, 753; *Pukall* Der Zivilprozeß in der gerichtlichen Praxis[5] (1992); *Putzo* Die Vereinfachungsnovelle NJW 1977, 1; *ders.* Die Vereinfachungsnovelle aus praktischer Sicht AnwBl. 1977, 429; *Rottleuthner/Rottleuthner-Lutter* Die Dauer von Gerichtsverfahren. Evaluation der ZPO-Vereinfachungsnovelle (1990); *Rudolph* Die Zivilprozeßlandschaft DRiZ 1978, 366; *ders.* Beschleunigung des Zivilprozesses, in: Justiz und Recht, Festschr. aus Anlaß des 10-jährigen Bestehens der Deutschen Richterakademie (1983), 151; *Rumpenhorst* Anwaltsprobleme nach der Vereinfachungsnovelle AnwBl. 1977, 301; *E. Schneider* Die Vereinfachungsnovelle zur Zivilprozeßordnung 1977 MDR 1977, 1, 89; *ders.* Beiträge zum neuen Zivilprozeßrecht MDR 1977, 793, 881, 969; 1978, 1, 89; *Schmitz* Anmerkungen zur Beschleunigungsnovelle zur ZPO aus anwaltlicher Sicht AnwBl. 1979, 4; *ders.* Vereinfachungsnovelle und Anwaltspraxis NJW 1979, 1583; *Schwab* Zur Beschleunigung des Verfahrens nach der Vereinfachungsnovelle Österr. Jurist. Bl. 1979, 78; *ders.* Beschleunigung des Zivilverfahrens, Humane Justiz (1977), 29; *Walchshöfer* Die Auswirkungen der Vereinfachungsnovelle in der gerichtlichen Praxis ZZP 94 (1981), 179. – Die **Gesetzesmaterialien** zur Vereinfachungsnovelle 1976 sind in der Einl. [20. Aufl.] Rdnr. 159, Fn. 6 zusammengestellt – Weitere Lit. zu **Beschleunigung** und **Präklusion** → § 296 Fn. 1.

2. Zustellung von Amts wegen

Die Geschäftsstelle hat die Klageschrift eigenverantwortlich[2] von Amts wegen förmlich zuzustellen (§ 270 Abs. 1 und Abs. 2 S. 1), also **allein aufgrund der Einreichung**, ohne daß es eines Parteiantrags bedarf. Sollte allerdings der Kläger ausdrücklich erklären, die Klageschrift solle nicht zugestellt werden, so ist dem Rechnung zu tragen. Jedoch hat der Kläger grundsätzlich **kein Recht zu dem Antrag**, die Zustellung solle **nur unter gewissen Bedingungen** oder erst nach Ablauf einer bestimmten Frist oder an einem bestimmten Datum erfolgen. In diesen Fällen hat das Gericht die Zustellung *zu unterlassen* und dem Kläger *mitzuteilen*, daß die Klageschrift erst zugestellt wird, wenn der Kläger eine entsprechende Erklärung abgibt. Verzögert sich diese, so kann das Gericht die Klageschrift auch an den Absender zurückreichen. Zulässig erscheint es jedoch, die Klageschrift zusammen mit dem Antrag auf **Prozeßkostenhilfe** einzureichen und die *Zustellung* nur für den Fall (d.h. unter der Bedingung) zu beantragen, daß die Prozeßkostenhilfe bewilligt wird, → 117 Rdnr. 26. Wenn die **Klage** selbst (d.h. der Klageantrag) mit einer **unzulässigen Bedingung** (→ vor § 128 Rdnr. 208 f.) versehen ist, so ist die Klage dennoch zuzustellen[3] (aber – wenn der Mangel nicht behoben wird – als unzulässig abzuweisen).

4

3. Unverzügliche Zustellung

Unverzüglich bedeutet in Übereinstimmung mit der Legaldefinition des § 121 Abs. 1 S. 1 BGB **ohne schuldhaftes Zögern**[4]. Die vom Vorsitzenden oder einem von ihm beauftragten Mitglied des Gerichts gleich zu Beginn des Verfahrens zu treffenden Anordnungen (→ Rdnr. 18) und die Abwicklung durch die Geschäftsstelle dürfen einen gewissen Zeitraum beanspruchen. In aller Regel sollte aber die Zustellung **binnen weniger Tage nach Einreichung** der Klage erfolgen können. Ob *Hindernisse* für die Zustellung bestehen, sei es, daß die Prozeßgebühr noch nicht bezahlt wurde (→ Rdnr. 34 ff.) oder einer der bei Rdnr. 21 ff. aufgeführten Sonderfälle in Betracht kommt, ist *vor der Zustellung zu prüfen*, und in Zweifelsfällen muß dafür auch die nötige Zeit zur Verfügung stehen. Eine gegen Abs. 1 verstoßende Verzögerung der Zustellung kann zur Anwendung von § 8 GKG (Nichterhebung von Gerichtskosten) führen[5].

5

III. Aufforderung zur Bestellung eines Anwalts

1. Anwendungsbereich und Voraussetzungen

Die Vorschrift gilt nur im Bereich des **Anwaltsprozesses** (§ 78), auch im **Mahnverfahren** nach Abgabe an das Prozeßgericht und Eingang der Anspruchsbegründung, § 697 Abs. 2 S. 1. Sollte bereits ein Prozeßbevollmächtigter für den Beklagten bestellt sein, hat die Zustellung an diesen zu erfolgen (§ 176) und die Aufforderung nach Abs. 2 zu unterbleiben, wenn der Prozeßbevollmächtigte ein beim Prozeßgericht zugelassener Rechtsanwalt ist.

6

Eine bereits vor der Klagezustellung eingegangene **Erklärung des Beklagten**, er wolle sich **nicht verteidigen**, rechtfertigt es *nicht*, die Aufforderung zu unterlassen[6]; denn an diese Äußerung ist der Beklagte nicht gebunden, und wenn er sich dann doch verteidigen will,

7

---

[2] *Bischof* Der Zivilprozeß nach der Vereinfachungsnovelle (1980), Rdnr. 132 f.; *Pukall* Der Zivilprozeß in der gerichtlichen Praxis[5] Rdnr. 69.
[3] A.M. *Rosenberg-Schwab-Gottwald*[15] § 97 I 2 a (2); *Zeiss*[8] Rdnr. 320.

[4] *MünchKommZPO-Lüke* Rdnr. 7 spricht von »prozeßwidrigem Verzögern« und will darin einen Unterschied zu § 121 Abs. 1 S. 1 BGB sehen.
[5] *OLG Düsseldorf* NJW-RR 1993, 828.
[6] Ebenso *MünchKommZPO-Lüke* Rdnr. 24. – A.M. *Baumbach-Lauterbach-Hartmann*[55] Rdnr. 5.

erfüllt die Aufforderung ihren Zweck. Abs. 2 gilt **nur bei der Zustellung der Klage** (auch wenn damit bereits die Ladung zum Termin verbunden ist, § 274 Abs. 2). Bei der Ladung zu späteren Terminen kann sich die Pflicht zur Aufforderung aus § 215 ergeben.

2. Inhalt

8   Abs. 2 schreibt **nur** die **Aufforderung** zur Bestellung eines beim Prozeßgericht zugelassenen[6a] (zur Änderung ab 2000 bzw. 2005 → Gesetzesgeschichte) Rechtsanwalts vor (und zwar für den Fall, daß sich der Beklagte verteidigen wolle), *nicht* dagegen eine nähere *Belehrung* über die Auswirkungen des Anwaltszwangs. Jedoch ist nach § 277 Abs. 2 der Beklagte darauf hinzuweisen, daß die Klageerwiderung durch den zu bestellenden Anwalt bei Gericht einzureichen ist, und, soweit Fristen gesetzt werden, über die Folgen einer Versäumung zu belehren. Wird ein **schriftliches Vorverfahren** angeordnet, ist der Beklagte in Verbindung mit der Aufforderung nach § 276 Abs. 1 über die Folgen einer Versäumung der gesetzten Frist sowie darüber zu belehren, daß die Erklärung, der Klage entgegentreten zu wollen, nur durch den zu bestellenden Rechtsanwalt abgegeben werden kann, § 276 Abs. 2.

3. Verfahren und Mängel

9   Die Aufforderung wird wegen des engen Zusammenhangs mit den anderen zu treffenden Anordnungen zweckmäßigerweise vom **Vorsitzenden** verfügt, obwohl es auch zulässig ist, daß die Geschäftsstelle die Aufforderung von sich aus bei der Zustellung beifügt[7]. Entstehen *Zweifel*, ob die Aufforderung *notwendig* ist (z. B. darüber, ob es sich beim Familiengericht um einen Anwaltsprozeß nach § 78 Abs. 2 handelt), so hat der Vorsitzende zu entscheiden.

10 Die bei der Zustellung **unterlassene Aufforderung** kann nachgeholt werden, wobei dann formlose Mitteilung als ausreichend anzusehen ist[8]. Ist die Aufforderung unterblieben, so wird davon die **Wirksamkeit der Klagezustellung nicht berührt**. Es *fehlt* aber dann an einer *ordnungsgemäßen Ladung* zum frühen ersten Termin im Sinne des § 335 Abs. 1 Nr. 2 bzw. es können die *Folgen einer Fristversäumung* im schriftlichen Vorverfahren *nicht eintreten*, → § 276 Rdnr. 26 ff.

IV. Äußerung des Beklagten zur Übertragung auf den Einzelrichter

11 Seit der Aufhebung des § 271 Abs. 3 durch das Rechtspflege-VereinfachungsG 1990 wird der Beklagte nicht mehr (unter Fristsetzung) dazu aufgefordert, sich zur Übertragung auf den Einzelrichter (§ 348) zu äußern, doch soll die Klageerwiderung eine solche Äußerung enthalten, § 277 Abs. 1 S. 2.

12 Wegen des Rechts auf Gehör kann nicht allein aufgrund der Klageschrift über die Übertragung entschieden werden, → § 277 Rdnr. 15 a. Daher muß man, wenn der Vorsitzende zunächst **kein schriftliches Vorverfahren** anordnen will, hier entgegen § 274 Abs. 2 gestatten, **die Klage zuzustellen, ohne** daß zugleich bereits der frühe erste **Termin bestimmt** und der Beklagte dazu geladen wird[9]. Eine Terminsbestimmung wird nämlich erst dann möglich sein, wenn feststeht, ob der Rechtsstreit auf den *Einzelrichter* übertragen oder vor der Kammer verhandelt wird. Andernfalls ergäbe sich ein wenig sinnvoller praktischer Zwang, den frühen ersten Termin auf alle Fälle vor der Kammer stattfinden zu lassen und den Rechtsstreit erst

---

[6a] In den neuen Bundesländern muß die Fassung der Aufforderung die erweiterte Postulationsfähigkeit der dort zugelassenen Anwälte (→ Gesetzesgeschichte) berücksichtigen, § 22 S. 3 RpflAnpG.
[7] Vgl. dazu *Bischof* (Fn. 2) Rdnr. 132 f.

[8] Ebenso *Baumbach-Lauterbach-Hartmann*[55] Rdnr. 5.
[9] Ebenso *Thomas-Putzo*[19] § 277 Rdnr. 8; *Bruns* Lb[2] Rdnr. 158 b; *MünchKommZPO-Lüke* Rdnr. 3. – A.M. *Bischof* (Fn. 2) Rdnr. 234 (S. 156); *Pukall* (Fn. 2) Rdnr. 106.

dann (was § 348 Abs. 3 immerhin zuläßt) auf den Einzelrichter zu übertragen. Nach Eingang der Klageerwiderung bzw. Ablauf der dafür gesetzten Frist ist *unverzüglich* über die Übertragung zu entscheiden und (gegebenenfalls durch den Einzelrichter) der Termin zu bestimmen (§ 216 Abs. 2) oder das schriftliche Vorverfahren anzuordnen.

V. Sonstige bei Zustellung zu treffende Verfügungen

1. Schriftliches Vorverfahren oder früher erster Termin

Bereits aufgrund der Einreichung der Klage hat der Vorsitzende entweder einen frühen ersten Termin zu bestimmen oder ein schriftliches Vorverfahren anzuordnen, § 272 Abs. 2. Wird der frühe erste Termin bestimmt, ist der Beklagte dazu schon mit Zustellung der Klageschrift zu laden, § 274 Abs. 2. Die Zustellung der Klage, ohne bereits den frühen ersten Termin zu bestimmen, ist aber zulässig, wenn erst noch über die Übertragung auf den Einzelrichter zu entscheiden ist, → Rdnr. 12. Zur Vorbereitung des frühen ersten Termins können Fristen nach § 275 gesetzt und vorbereitende Anordnungen (§ 273) getroffen werden. Soll ein schriftliches Vorverfahren stattfinden, werden mit der Klagezustellung die Aufforderungen und Fristsetzungen nach § 276 verbunden. Wegen dieser Verfügungen ist die eingereichte Klageschrift stets vor der Zustellung dem Vorsitzenden vorzulegen.

18

2. Mitteilungen

Die verschiedenen im Zusammenhang mit der Einleitung, Durchführung und dem Abschluß eines Zivilprozesses zu treffenden Mitteilungen sind im *zweiten Teil* der **Anordnung über Mitteilungen in Zivilsachen** (MiZi) vom 1.10.67 in der ab 1. 3. 1993 geltenden bundeseinheitlichen Fassung (BAnz. 1993 Nr. 28)[10] zusammengestellt. Kraft gesetzlicher Vorschrift hat das Gericht dem Bundeskartellamt die Einleitung eines Verfahrens nach § 13 oder nach § 19 AGB-Gesetz (§ 20 Abs. 1 Nr. 1 AGB-Gesetz – MiZi I/11) und solcher aus dem Gesetz gegen Wettbewerbsbeschränkungen (GWB), aus Kartellverträgen und Kartellbeschlüssen, aus der Durchsetzung eines nach § 16 GWB gebundenen Preises gegenüber einem gebundenen Abnehmer oder einem anderen Unternehmen mitzuteilen (§ 90 Abs. 1 S. 1 und Abs. 4 GWB – MiZi IX/1).

19

Zur Verwirklichung des Art. 90 Abs. 1 des Vertrages über die Gründung der Europäischen Gemeinschaft für Kohle und Stahl (BGBl. 1952 II S. 445 u. 978 – EGKS) hat der Richter außerdem die Einleitung eines Gerichtsverfahrens mitzuteilen, sofern die in ihm einem Unternehmen zur Last gelegte Verletzung der Gesetze seines Staates zugleich die Verletzung einer Verpflichtung aus dem EGKS bildet (MiZi I/5). Die Mitteilungen sind über die zuständige Landesjustizverwaltung und den Bundesminister der Justiz an die Kommission der Europäischen Gemeinschaften (früher: an die Hohe Behörde der Europäischen Gemeinschaft für Kohle und Stahl) zu richten.

Weitere von Amts wegen zu berücksichtigende Mitteilungspflichten dienen vorwiegend der Amtshilfe und sind teilweise auch durch Verwaltungsanordnung veranlaßt. Mitzuteilen sind z. B.:
– die Erforderlichkeit einer Tätigkeit des Vormundschaftsgerichts (§ 35 a FGG – MiZi I/1);
– Räumungsklagen von Wohnraum nach § 554 BGB (MiZi IV/1) (an den Träger der Sozialhilfe);

20

---

[10] Textwiedergabe mit Fundstellennachweisen und Berücksichtigung der bundes- und landesrechtlichen Änderungen und Sondervorschriften bei *Piller-Hermann*, Justizverwaltungsvorschriften (Stand Januar 1995) Nr. 3 c. Die im Text angegebenen Fundstellen beziehen sich auf den zweiten Teil der MiZi. – Zur Akteneinsicht → § 299 Rdnr. 27 Fn. 70 f. – Der gesamte Bereich soll durch das **Justizmitteilungsgesetz** (BR-Drucks. 889/95) neu geregelt werden.

§ 271 V, VI   2. Buch. Verfahren im ersten Rechtszuge. 1. Abschnitt. Landgerichte

— in Ehesachen: Nichtigkeits- oder Feststellungsklagen (MiZi VII/2);
— unrichtige, unvollständige oder unterlassene Anmeldungen zum Handels- oder Genossenschaftsregister (§ 125 a Abs. 1 FGG – MiZi I/3);
— das Protokoll über eine in der Sitzung begangene strafbare Handlung (§ 183 S. 1 GVG – MiZi I/7);
— der Verdacht einer Steuerstraftat oder eines Subventionsbetrugs (§ 116 Abs. 1 AO 1977; Art. 2 § 6 und Art. 6 Nr. 5 und 6 des Ersten Gesetzes zur Bekämpfung der Wirtschaftskriminalität v. 29. Juli 1976 [BGBl. I 2034] – MiZi I/8).

VI. Ablehnung der Zustellung und der Wahl nach § 272 Abs. 2

21   Vor der Zustellung hat der Richter zu prüfen, ob die Voraussetzungen dafür gegeben sind[11]; diese Prüfung ist jedoch durch den Zweck der Zustellung **eng begrenzt**. Bis zur Vereinfachungsnovelle wurden die im folgenden genannten Erfordernisse meist als Voraussetzungen der Terminsbestimmung aufgefaßt. Nunmehr wird nicht immer sogleich ein Termin bestimmt (nämlich in der Regel nicht bei schriftlichem Vorverfahren, → § 276 Rdnr. 49). Die Prüfung ist aber *in jedem Fall vor* der Zustellung der Klage nötig (→ auch § 216 Rdnr. 1).

1. Grundsatz

22   Die Parteien haben einen Anspruch darauf, daß über ihre Streitsache in einem ordnungsgemäßen Verfahren entschieden wird, und das bedeutet regelmäßig, daß eine **mündliche Verhandlung die Grundlage für die Entscheidung** liefern muß, → § 128 Rdnr. 9 ff., 27 ff. Daher geht es nicht an, durch Verweigerung der Zustellung mit der Begründung, die Klage sei **unzulässig** oder **unbegründet**, den Parteien die Entscheidung hierüber aufgrund mündlicher Verhandlung zu versagen. Deshalb sind grundsätzlich auch die **Sachentscheidungsvoraussetzungen** (Prozeßvoraussetzungen, → Einl. [20. Aufl.] Rdnr. 311) wie *Partei- und Prozeßfähigkeit, Zulässigkeit des Rechtswegs*[12], sachliche und örtliche *Zuständigkeit*[13], *Rechtsschutzbedürfnis*[14] weder vom Vorsitzenden des Kollegialgerichts noch vom Amtsrichter *hier* zu prüfen[15]. Ebensowenig ist (auch wenn kein Anwalt als Prozeßbevollmächtigter auftritt, § 88 Abs. 2) die *Vollmacht* zu prüfen, → § 88 Rdnr. 8a, weil auch über sie aufgrund mündlicher Verhandlung zu entscheiden ist[16].

2. Gerichtliche Handlungsvoraussetzungen

a) Geschäftsverteilung

23   Für die Zustellung als gerichtliche Handlung müssen jedoch einige Mindestvoraussetzungen gegeben sein. Zu den zu prüfenden Voraussetzungen gehört, daß der Vorsitzende desjenigen Spruchkörpers tätig wird, der **bei dem angerufenen Gericht** nach der Geschäftsverteilung **zuständig ist**. Andernfalls hat der Vorsitzende die Sache an den nach der Geschäfts-

---

[11] Lit.: *Halbach* Die Verweigerung der Terminsbestimmung und der Klagezustellung im Zivilprozeß, Diss. Köln (1980).
[12] *Jauernig* ZPR[24] § 38 II 4 e; *Wieczorek*[2] § 216 B II a; *Halbach* (Fn. 11) 144.
[13] → Rdnr. 27 a.
[14] *Halbach* (Fn. 11) 146.
[15] Siehe auch *Hahn* 1, 235; *Fischer* Gruchot 25 (1881), 629, 811; *Fortenbach* ZZP 8 (1885), 153 ff.; *Schultzen-*

stein ZZP 23 (1897), 92 ff.; *Sintenis* ZZP 30 (1902), 379 f. – A. M. *Eccius* Gruchot 29 (1885), 9 ff.; *Hellwig* Lb 3, 3 ff.; zum Teil auch *Weizsäcker* ZZP 27 (1900), 62 ff. u. a.
[16] Ebenso *Rosenberg* Stellvertretung im Prozeß (1908), 951 ff.; *Wieczorek*[2] § 253 Anm. F II a 3; *RGZ* 33, 244 (246 f.). – A. M. *Hellwig* Lb 2, 417, 423 und – für den nicht zu beseitigenden Mangel – *Baumbach-Lauterbach-Hartmann*[55] § 88 Rdnr. 8; *Halbach* (Fn. 11) 113.

verteilung zuständigen Spruchkörper formlos abzugeben, → § 1 Rdnr. 120, 127, § 281 Rdnr. 5.

b) Gerichtsunterworfenheit

Unzulässig sind aber auch alle gegen gerichtsfreie Personen (über diese → Einl. [20. Aufl.] Rdnr. 655 ff.) gerichteten richterlichen Handlungen, und zwar auch schon die Zustellung (→ § 200 Rdnr. 4) und ebenso schon die Terminsbestimmung. Der Richter hat daher bereits die Zustellung von Amts wegen abzulehnen, wenn die Deutsche Gerichtsbarkeit (**Gerichtsunterworfenheit** des Beklagten) wegen Exemtion **offensichtlich fehlt**[17], und wenn er Bedenken hat, muß er diesen von Amts wegen (z.B. durch Rückfragen bei der Partei oder beim Auswärtigen Amt) nachgehen, → Einl. [20. Aufl.] Rdnr. 679. 24

Bejaht der Vorsitzende danach die Gerichtsunterworfenheit, so wird die Klage zugestellt. Damit ist aber *nicht bindend* über diese Frage entschieden, die gegebenenfalls in der mündlichen Verhandlung nochmals zu prüfen ist mit der Folge der Abweisung der Klage als unzulässig, wenn sich jetzt die Gerichtsfreiheit ergibt (→ Einl. [20. Aufl.] Rdnr. 679 Fn. 93). Zur Beschwerde, wenn der Vorsitzende die Zustellung mangels Gerichtsunterworfenheit ablehnt → Rdnr. 33. 25

Kommt der Richter bei der Amtsprüfung zu **keiner vollen Überzeugung** vom Vorliegen oder Nichtvorliegen einer Gerichtsfreiheit, so **muß** er die Zustellung der Klage **verfügen**, um den Parteien nicht die Möglichkeit zu nehmen, in der mündlichen Verhandlung den vollen Beweis in dieser oder jener Richtung zu erbringen. 26

c) Internationale Zuständigkeit

Die internationale Zuständigkeit (→ Einl. [20. Aufl.] Rdnr. 751) hat mit der Gerichtsfreiheit nichts zu tun. Sie ist als Sachentscheidungsvoraussetzung (→ Rdnr. 22) vor der Zustellung nicht zu prüfen[18]. 27

d) Örtliche, sachliche und funktionelle Zuständigkeit

Nicht zu prüfen sind die **örtliche** und die **sachliche** Zuständigkeit[19]. Auch wenn insoweit nach Ansicht des Gerichts offensichtlich ein Mangel vorliegt, ist die Klage zuzustellen. Wenn dagegen das angegangene Gericht überhaupt nicht Gericht der ersten Instanz sein kann (**funktionelle** Unzuständigkeit), wenn also die Klage beim OLG oder BGH eingereicht wurde, erscheint es zutreffend, bereits die Zustellung abzulehnen[20]. Da es sich in solchen Fällen regelmäßig um ein Versehen des Klägers handeln wird, sollte das Gericht den Kläger *formlos* darauf hinweisen und ihm Gelegenheit zur richtigen Adressierung der Klage geben[21]. 27a

---

[17] *OLG Frankfurt* FamRZ 1982, 316; *OLG Hamburg* MDR 1953, 109; *KG* SeuffArch 50 (1895), 97; *LG Gießen* NJW 1956, 555; *LG Kiel* NJW 1953, 1718; *OLG München* NJW 1975, 2144 soweit mit einer Unterwerfung der Beklagten nicht zu rechnen sei; *Linke* IZPR (1990) Rdnr. 69; *Schack* IZPR (1991) Rdnr. 160; *Pfennig*, Die internationale Zustellung in Zivil- und Handelssachen (1988), 110 f. – A.M. *KG* JR (Rsp) 1925, 1310 Nr. 1817 = ZZP 51 (1926), 280 (zust. *Wertheimer*); *OLG Braunschweig* JR 1954, 263 (zust. *Wieczorek*); *Wieczorek*[2] § 216 Anm. B II a, § 253 Anm. F II a 3 unter Hinweis auf die Möglichkeit einer freiwilligen Unterwerfung; *Damian*, Staatenimmunität und Gerichtszwang (1985), 89 f. (kein völkerrechtliches Hindernis); *Heß* RIW 1989, 255; *Nagel* IZPR[3] Rdnr. 47; *Geimer* IZPR[2] Rdnr. 479, 525. Nach *LG Hamburg* NJW 1986, 3034 ist ebenfalls zuzustellen, wenn nach Aktenlage nicht über die Immunität entschieden werden kann.

[18] *Riezler* Internationales Zivilprozeßrecht (1949), 320; *OLG Frankfurt* FamRZ 1982, 316 (zust. *Bosch*).

[19] *Jauernig* ZPR[24] § 38 II 4 e; *Wieczorek*[2] § 253 Anm. F II a 3.

[20] *Rosenberg-Schwab-Gottwald*[15] § 97 I 2 a (2); *Jauernig* ZPR[24] § 38 II 4 a; *Zeiss*[8] Rdnr. 321; *Halbach* (Fn. 11) 123 unter Hinweis auf die fehlende Möglichkeit einer Verweisung nach § 281. – A.M. *Wieczorek*[2] § 253 Anm. F II a 4.

[21] *Halbach* (Fn. 11) 124 befürwortet dagegen die di-

e) Existenz der Parteien

28 Gerichtliche Prozeßhandlungsvoraussetzung ist ferner die **Existenz der Parteien**[22], weil Handlungen gegenüber einer nicht existenten Partei ebenfalls wirkungslos wären, → § 50 Rdnr. 42. Für die Zustellung oder ihre Ablehnung, die Rechtsbehelfe und das Verfahren in Zweifelsfällen ist daher auch hier nach den zur Gerichtsfreiheit (→ Rdnr. 24 ff.) dargelegten Grundsätzen zu verfahren.

3. Prozeßhandlungsvoraussetzungen

a) Keine Prüfung vor Zustellung

29 Aus dem Umstand, daß die Zustellung der Klage deren Einreichung, also eine Prozeßhandlung, voraussetzt, ist nicht der Schluß zu ziehen, es müßte schon vor der Zustellung das Vorliegen der Prozeßhandlungsvoraussetzungen für Handlungen einer Partei geprüft werden, also etwa die *Parteifähigkeit* (→ § 50 Rdnr. 1) oder die *Prozeßfähigkeit*[23] (→ § 51 Rdnr. 1) bzw. die ordnungsgemäße *gesetzliche Vertretung* bei Prozeßunfähigen[24] (→ § 51 Rdnr. 23). Vielmehr ist über diese Fragen, die zugleich Sachentscheidungsvoraussetzungen darstellen (→ Rdnr. 22), aufgrund mündlicher Verhandlung zu entscheiden. Davon sollten auch dann **keine Ausnahmen** gelten, wenn ein **Mangel offensichtlich** gegeben ist[25].

b) Inhalt der Klageschrift

30 Auch die Anforderungen an den **Inhalt der Klageschrift** (Sachentscheidungsvoraussetzung der ordnungsgemäßen Klageerhebung) sind grundsätzlich nicht schon vor der Zustellung zu prüfen. Allerdings müssen bestimmte Mindestvoraussetzungen gegeben sein, damit das eingereichte Schriftstück überhaupt als Klageschrift im Rechtssinne zu qualifizieren und daher zuzustellen ist. Die Zustellung ist demgemäß abzulehnen, wenn es sich nach dem Inhalt nicht um eine Klage handelt[26], so etwa bei einem *lediglich beleidigenden*[27] oder *völlig verworrenen*[28] oder *offensichtlich querulatorischen* Schriftstück, mag dieses auch als Klage bezeichnet sein. In Ausnahmefällen kann die Zustellung wegen **Rechtsmißbrauchs** abgelehnt werden, z.B. bei ständiger Wiederholung derselben, bereits abgewiesenen Klage[29]. Jedoch muß der Mißbrauch *ganz offensichtlich* sein[30], damit der Justizgewährungsanspruch des Klägers (→

---

rekte formlose Abgabe an das funktionell zuständige Gericht.
[22] *OLG Frankfurt* FamRZ 1982, 316; *Zöller-Stöber*[20] § 216 Rdnr. 10.
[23] Zu Partei- und Prozeßfähigkeit *Rosenberg-Schwab-Gottwald*[15] § 97 I 2 a (3); *Jauernig* ZPR[24] § 38 II 4 e; *Wieczorek*[2] § 216 Anm. B II a, § 253 Anm. F II a 3. – A.M. *Hellwig* Lb 3, 3.
[24] *Wieczorek*[2] § 253 Anm. F II a 3. – A.M. *Hellwig* Lb 3, 3.
[25] Ebenso *Halbach* (Fn. 11) 137 f. mit der Einschränkung, daß der gesetzliche Vertreter mit der Klage nicht einverstanden ist; im wesentlichen auch *Hager* ZZP 97 (1984), 174, 177; *MünchKommZPO-Lüke* Rdnr. 15. – A.M. (bei offenkundiger Prozeßunfähigkeit) *KG* OLG Rsp 25 (1912), 132; *OLG Schleswig* SchlHA 1958, 230; *A. Blomeyer* ZPR[2] § 43 I 2 b; *Wieczorek*[2] § 216 Anm. B II b.
[26] *OLG Frankfurt* FamRZ 1982, 316; *LAG Baden* ARSt VI (1951), 145 Nr. 456; *A. Blomeyer* ZPR[2] § 43 I 2

a; *Zöller-Stöber*[20] § 216 Rdnr. 6; *Wieczorek*[2] § 253 Anm. F II a 1.
[27] *Walchshöfer* MDR 1975, 11 (12); *Zöller-Stöber*[20] § 216 Rdnr. 12; *Rosenberg-Schwab-Gottwald*[15] § 97 I 2 a (2); *Halbach* (Fn. 11) 171.
[28] Vgl. auch *OLG Celle* FamRZ 1978, 257 f. zur Ablehnung einer Terminsanberaumung bei unvollständigen und nicht verständlichen Erklärungen in einem durch Ankreuzen auszufüllenden Formular für einen Scheidungsantrag.
[29] *LAG Gleiwitz* ArbRS 23 (1935), 145 (zust. *Volkmar*); *LAG Nürnberg* ArbRS 23 (1935), 147 = JW 1935, 1363 Nr. 32 (zust. *Roquette*) jeweils nachdem schon dreimal rechtskräftig entschieden worden war; *ArbG Hindenburg* JW 1935, 1363 Nr. 33 (zust. *Roquette*) zur Verweigerung bei einer fünften Klage. – S. auch *ArbG Hamm* MDR 1966, 272 (zust. *E. Schneider*) = DB 1966, 80 (mit Sachverhaltswiedergabe) zur Terminsaufhebung nach Einreichung einer gleichlautenden Klage bei 74 Arbeitsgerichten.
[30] *Nikisch* Lb[2] § 43 I 3.

Einl. [20. Aufl.] Rdnr. 204 ff.) nicht verletzt wird. Die Zustellung ist auch abzulehnen, wenn der vom Kläger verwendete Briefbogen im Briefkopf Zusätze mit unrichtigen und grundgesetzwidrigen Aussagen enthält[31].

c) Sonstige Mindestvoraussetzungen

Ist der Beklagte in der Klageschrift **nicht genannt**[32], so kann eine Zustellung ohnehin nicht ausgeführt werden. Auch die Abfassung der Klageschrift in **deutscher Sprache** (§ 184 GVG, → vor § 128 Rdnr. 148 f.) und die **Unterzeichnung** durch den Kläger (→ § 129 Rdnr. 8) stellen Mindestvoraussetzungen dar, bei deren Fehlen die Zustellung abzulehnen ist. Dasselbe gilt, wenn im Anwaltsprozeß die Klage nicht von einem beim Prozeßgericht **zugelassenen Anwalt** unterzeichnet ist[33], → § 78 Rdnr. 9. – Dazu, wie zu verfahren ist, wenn die Zustellung oder die Klage von einer **Bedingung** abhängen soll → Rdnr. 4. 31

4. Kein Kostenvorschuß bei Ablehnung der Zustellung

In den Ausnahmefällen, in denen nach dem vorstehend Ausgeführten die Zustellung einer Klage abzulehnen ist, muß auch von der **Vorwegerhebung der Prozeßgebühr** (→ Rdnr. 34 ff.) **abgesehen** werden. Der Kostenbeamte hat also in Zweifelsfällen vor Anforderung der Gebühr die Klage dem Vorsitzenden vorzulegen. Die Zahlung der erforderten Gebühr gibt aber umgekehrt der Partei kein Recht auf Zustellung (z. B. gegen den Gerichtsfreien, → Rdnr. 24 ff.). 32

5. Beschwerde

Lehnt der Vorsitzende[34] die Zustellung ab oder bleibt er untätig, so ist dagegen die **Beschwerde** (→ § 136 Rdnr. 9) nach § 567 Abs. 1 statthaft, da in der Einreichung der Klageschrift zugleich ein stillschweigendes Gesuch auf Zustellung i. S. dieser Vorschrift zu sehen ist[35]. 33

VII. Vorauszahlung der Prozeßgebühr[36]

§ 65 Gerichtskostengesetz (vom 15.XII.1975, BGBl. I 3047, i. d. F. vom 24.VI.1994, BGBl. I 1325) 34

(1) ¹In bürgerlichen Rechtsstreitigkeiten soll die Klage erst nach Zahlung der erforderten Gebühr für das Verfahren im allgemeinen zugestellt werden. ²Im Mahnverfahren soll auf Antrag des Antragstellers nach Erhebung des Widerspruchs die Sache an das für das streitige Verfahren als zuständig bezeichnete Gericht erst abgegeben werden, wenn die erforderte Gebühr für das Verfahren im allgemeinen gezahlt ist; dies gilt entsprechend für das Verfahren nach Erlaß eines Vollstreckungsbescheids unter Vorbehalt

---

[31] *LG Stuttgart* NJW 1994, 1077.
[32] *LG Berlin* I ZZP 49 (1925), 228; *A. Blomeyer* ZPR² § 43 I 2 a; *Rosenberg-Schwab-Gottwald*¹⁵ § 97 I 2 a (2); *Zöller-Stöber*²⁰ § 216 Rdnr. 6.
[33] A.M. *LG Kassel* MDR 1963, 1018 (wenn der Kläger nach Belehrung auf Zustellung besteht).
[34] *OLG Hamm* DRiZ 1974, 28; *Rosenberg-Schwab-Gottwald*¹⁵ § 97 I 2 a vor (1). – A.M. *Halbach* (Fn. 11) 184 f., der einen Gerichtsbeschluß für erforderlich hält; ebenso *MünchKommZPO-Lüke* Rdnr. 18.
[35] So *Zeiss*⁸ Rdnr. 320; *Jauernig* ZPP²⁴ § 38 II 4; *A. Blomeyer* ZPR § 43 I 2 c; *Halbach* (Fn. 11) 189 f.; *Münch-*

KommZPO-Lüke Rdnr. 19. – *Wieczorek*² § 216 Anm. C IV und *E. Schneider* MDR 1966, 272 wollen das Beschwerderecht auf § 252; *Zöller-Stöber*²⁰ § 216 Rdnr. 21; *OLG Frankfurt* FamRZ 1982, 316; *OLG Schleswig* NJW 1982, 246 auf eine Analogie hierzu stützen, weil in der Ablehnung eine Aussetzung liege; über das Ergebnis besteht wohl kein Streit. Vgl. auch *OLG Stuttgart* FamRZ 1973, 386.
[36] Wegen der Einzelheiten ist auf die Lit. zum GKG zu verweisen, z.B. *Oestreich-Winter-Hellstab* GKG⁵; *Hartmann* Kostengesetze²⁷ (1997); *Markl-Meyer* GKG³ (1996).

der Ausführung der Rechte des Beklagten. ³Wird der Klageantrag erweitert, so soll vor Zahlung der erforderten Gebühr für das Verfahren im allgemeinen keine gerichtliche Handlung vorgenommen werden; dies gilt auch in der Rechtsmittelinstanz. ⁴Die Sätze 1 bis 3 gelten nicht für die Widerklage.

(2) Absatz 1 gilt nicht für Scheidungsfolgesachen, für Familiensachen des § 621 Abs. 1 Nr. 9 der Zivilprozeßordnung sowie für Rechtsstreitigkeiten über Erfindungen eines Arbeitnehmers, soweit nach § 39 des Gesetzes über Arbeitnehmererfindungen die für Patentstreitsachen zuständigen Gerichte ausschließlich zuständig sind.

(3) ¹Sofern im Klageverfahren Absatz 1 Satz 1 Anwendung findet, soll auch der Mahnbescheid erst nach Zahlung der dafür vorgesehenen Gebühr erlassen werden. ²Wird der Mahnbescheid maschinell erstellt, so gilt Satz 1 erst für den Erlaß des Vollstreckungsbescheids.

(4) Über den Antrag auf Abnahme der eidesstattlichen Versicherung, den Antrag auf Erteilung der Abschrift eines mit eidesstattlicher Versicherung abgegebenen Vermögensverzeichnisses oder den Antrag auf Gewährung der Einsicht in dieses Schriftstück soll erst nach Zahlung der dafür vorgesehenen Gebühr entschieden werden.

(5) Über Anträge auf gerichtliche Handlungen der Zwangsvollstreckung gemäß § 829 Abs. 1, §§ 835, 839, 846 bis 848, 857, 858, 885 Abs. 4 oder § 886 der Zivilprozeßordnung soll erst nach Zahlung der Gebühr für das Verfahren und der Auslagen für die Zustellung entschieden werden.

(6) Über den Antrag auf Eröffnung des seerechtlichen Verteilungsverfahrens soll erst nach Zahlung der dafür vorgesehenen Gebühr und der Auslagen für die öffentliche Bekanntmachung entschieden werden.

(7) ¹Die Absätze 1, 4 bis 6 gelten nicht,
1. soweit dem Antragsteller die Prozeßkostenhilfe bewilligt ist,
2. wenn dem Antragsteller Gebührenfreiheit zusteht,
3. wenn glaubhaft gemacht wird, daß dem Antragsteller die alsbaldige Zahlung der Kosten mit Rücksicht auf seine Vermögenslage oder aus sonstigen Gründen Schwierigkeiten bereiten würde,
4. wenn glaubhaft gemacht wird, daß eine Verzögerung dem Antragsteller einen nicht oder nur schwer zu ersetzenden Schaden bringen würde; zur Glaubhaftmachung genügt in diesem Falle die Erklärung des zum Prozeßbevollmächtigten bestellten Rechtsanwalts.

²In den Fällen der Nummern 3 und 4 ist nicht von der Vorauszahlung oder der Vorschußzahlung zu befreien, wenn die beabsichtigte Rechtsverfolgung aussichtslos oder mutwillig erscheint. ³Absatz 3 gilt nicht, soweit dem Antragsteller die Prozeßkostenhilfe bewilligt ist oder Gebührenfreiheit zusteht.

1. Voraussetzungen der Vorwegerhebung

35   Aus finanziellen und verwaltungstechnischen Gründen, nämlich um die Einziehung der Gebühren zu erleichtern, ist die Zustellung der Klage nach § 65 Abs. 1 S. 1 GKG im Regelfall von der vorherigen Zahlung der Prozeßgebühr (nicht mehr: der Auslagen für die Zustellung) durch den **Kläger**[37] abhängig. Ähnliches gilt für den Erlaß des **Mahnbescheids** (§ 65 Abs. 3 GKG) und für die Abgabe des Verfahrens nach Widerspruch (§ 65 Abs. 1 S. 2 GKG). **Scheidungsfolgesachen** (nicht der *Scheidungsantrag*) sowie Verfahren nach § 621 Abs. 1 Nr. 9 (Stundung der Zugewinnausgleichsforderung, Übertragung von Vermögensgegenständen) und Arbeitnehmererfindungssachen sind nach § 65 Abs. 2 GKG von der Vorauszahlungspflicht **ausgenommen**. Bei einer **Klageerweiterung** ist die für den erweiterten Streitgegenstand erforderte Gebühr vorweg zu zahlen; andernfalls werden keine gerichtlichen Handlungen (z.B. die Anberaumung eines Verhandlungstermins) vorgenommen, § 65 Abs. 1 S. 3 GKG. Dagegen ist für eine **Widerklage** keine Vorauszahlung erforderlich, § 65 Abs. 1 S. 4 GKG.

---

[37] Eine Zahlung durch den Beklagten, der nicht Kostenschuldner ist (§ 49 GKG), sollte nur genügen, wenn sie für den Kläger, d.h. auf dessen Verbindlichkeit erfolgt. *OLG Düsseldorf* OLGZ 1983, 117 läßt aber die Zahlung durch den Beklagten generell ausreichen.

2. Vorauszahlung

Zu zahlen ist – durch Gebührenmarken, Freistempler, Überweisung oder Bareinzahlung an die Gerichtskasse – die **erforderte Gebühr** für das Verfahren im allgemeinen (GKG Kostenverzeichnis Nr. 1201, bei Scheidungsantrag Nr. 1510), die der Kläger im Interesse der Beschleunigung zweckmäßigerweise selbst vorweg berechnet. Andernfalls wird sie vom Gericht angefordert. Die **Auslagen für die Zustellung** sind seit der Gesetzesänderung 1994 nicht mehr vorweg zu entrichten (zur Erhebung – nur wenn in einer Instanz ein Betrag von 100 DM überschritten wird – s. GKG Kostenverzeichnis II vor Nr. 9000).

36

3. Ausnahmen von der Vorauszahlungspflicht

Nach § 65 Abs. 7 GKG entfällt die Abhängigkeit der Zustellung von der Gebührenzahlung:

37

a) Bewilligte Prozeßkostenhilfe

Soweit dem Kläger die Prozeßkostenhilfe bewilligt ist (wegen des mit der Klage eingereichten Antrags auf Prozeßkostenhilfe → § 117 Rdnr. 24 ff.). Die teilweise Bewilligung der Prozeßkostenhilfe hat eine entsprechende Verringerung des vorweg zu leistenden Betrags zur Folge.

38

b) Gebührenfreiheit

Wenn dem Kläger persönliche oder sachliche Gebührenfreiheit zusteht (§ 2 GKG) und demgemäß zur Zeit ein fälliger Gebührenanspruch nicht besteht.

39

c) Vorübergehende Zahlungsschwierigkeiten

Wenn glaubhaft gemacht wird (§ 294), daß die alsbaldige Zahlung der Kosten dem Kläger mit Rücksicht auf seine Vermögenslage oder aus sonstigen Gründen Schwierigkeiten bereiten würde. Es muß ihm schwierig sein, im Hinblick auf die Währung (z. B. bei devisenrechtlichen Hindernissen für einen ausländischen Kläger) oder auf die Höhe der zu zahlenden Summe und den Umfang seines Vermögens im ganzen, seiner flüssigen Mittel und seiner anderweitigen Verbindlichkeiten (insbesondere Unterhaltspflichten) die Gebühr alsbald zu zahlen. Regelmäßig werden also die Voraussetzungen vorliegen, unter denen dem Kläger billigerweise Stundung oder Teilzahlung zu bewilligen wären, → vor § 114 Rdnr. 17. Die Entscheidung, ob Stundung bzw. Bewilligung von Teilzahlungen geboten ist, ist jedoch Sache der Verwaltung; der *Vorsitzende* hat bei Vorliegen der Voraussetzungen lediglich *von der Vorauszahlung* ganz oder teilweise zu befreien.

40

Die Befreiung erfolgt nicht, wenn die Klage **aussichtslos** oder **mutwillig** erscheint, § 65 Abs. 7 S. 2 GKG; sie kommt also nicht in Betracht, wenn die Gewährung von Prozeßkostenhilfe aus diesem Grund abgelehnt wurde. Das gleiche gilt, wenn die Schwierigkeiten **nicht nur vorübergehender** Natur sind, sondern auf Dauer bestehen[38]. Hier kann der Antragsteller Gebührenfreiheit dann nur über eine bewilligte Prozeßkostenhilfe erlangen[39]. Dagegen ist dieser Befreiungstatbestand von praktischer Bedeutung bei den (nur unter besonderen Voraussetzungen zur Prozeßkostenhilfe zugelassenen) *juristischen Personen* und *Parteien kraft Amtes*, → dazu § 116 Rdnr. 2 ff., 20 ff.

41

---

[38] *KG* Rpfleger 1962, 123 (LS); *OLG Celle* JurBüro 1960, 400 f. – A. M. *Friedlaender* JW 1932, 119, 129.

[39] *OLG Celle* JurBüro 1960, 400 (401); *Däubler* Rpfleger 1968, 105.

d) Schaden durch verzögerte Zustellung

42 Wenn glaubhaft gemacht wird (§ 294), daß eine Verzögerung dem Kläger einen **nicht oder nur schwer zu ersetzenden Schaden** bringen würde. Der Umstand, daß die Sache mit Rücksicht auf die allgemeine Vermögenslage der Parteien oder aus ähnlichen Günden für den Kläger eilbedürftig ist, *genügt nicht*; gefordert wird vielmehr, daß die kurze Verzögerung, die die Angelegenheit durch die Anforderung der Prozeßgebühr erfahren würde, einen nicht oder nur schwer zu ersetzenden Schaden für den Kläger zur Folge haben würde. Solche Fälle sind dort selten, wo durch Verwendung von Gebührenmarken die Entrichtung der Gebühr einfach und wo bei klar berechenbarem Streitwert die Berechnung der Gebührenhöhe nicht schwierig ist. Nicht hierher gehören Streitigkeiten, in denen durch die Klage eine bald **ablaufende Frist** gewahrt werden soll[40], da die Einreichung der Klage die Frist wahrt, sofern die Zustellung demnächst erfolgt, § 270 Abs. 3. Bei einer *aussichtslosen* oder *mutwilligen* Klage wird die Befreiung nicht gewährt, § 65 Abs. 7 S. 2 GKG. Der Umstand, daß der Kläger der Gefahr eines Schadens durch frühere Erhebung der Klage hätte vorbeugen können, steht der Befreiung von der Vorwegleistungspflicht nicht entgegen.

43 Die zur Begründung des Antrags erforderlichen Tatsachen sind **glaubhaft** zu machen, § 294. Hierbei sieht § 65 Abs. 7 Nr. 4, 2. HS GKG für den Fall zu d) (und nur für diesen!) eine wesentliche Vereinfachung bei den von einem Rechtsanwalt als Prozeßbevollmächtigten eingereichten Klagen vor; hier genügt zur Glaubhaftmachung (richtiger: ersetzt sie) die **Erklärung des Anwalts**. Die Erklärung des Anwalts hat aber nur die Wirkung, daß das Gericht die Angaben des Anwalts als richtig hinzunehmen hat. Die *rechtliche* Würdigung der mitgeteilten Tatsachen bleibt *unberührt*; eine lediglich den Wortlaut der Vorschrift wiedergebende Erklärung des Anwalts genügt demnach nicht[41].

4. Verfahren, Verstöße

a) Regelfall

44 Die Prüfung, ob die erforderte Gebühr und die Auslagen bezahlt sind (bzw. ob die Höhe der Zahlung ausreicht), und gegebenenfalls die Anforderung der Vorauszahlung obliegen dem *Kostenbeamten*, § 22 Abs. 2 S. 2 KostVfg. Die Nichtzahlung hat nur zur Folge, daß die Zustellung der Klage unterbleibt, nicht etwa wird die Klage abgewiesen[42].

b) Ausnahmetatbestände

45 Ob einer der Ausnahmetatbestände des § 65 Abs. 7 GKG vorliegt, hat der *Vorsitzende*[43] zu entscheiden. Der Kostenbeamte muß ihm daher nach § 22 Abs. 2 S. 2 KostVfg Eingänge vorlegen, wenn sich daraus ergibt, daß die Erledigung ohne Vorschußzahlung angestrebt wird.

---

[40] A.M. bei drohender Verjährung *Hartmann* Kostengesetze²⁷ § 65 GKG Rdnr. 33; *Oestreich-Winter-Hellstab* GKG⁵ § 65 Rdnr. 38; *Markl-Meyer* GkG³ § 65 Rdnr. 33.
[41] OLG München Rpfleger 1956, 30 (LS); JW 1924, 428 (abl. *Merzbacher*); OLG Königsberg JW 1932, 856 (abl. *Fürst*); KG JW 1932, 1159; ZZP 52 (1927), 98 (zust. *Kraemer*); KGBl. 1926, 6. – A.M. KG JW 1930, 2992 (zust. *Selb*).
[42] Nach 6-monatigem Nichtbetreiben des Verfahrens sind die Akten gem. § 7 Abs. 3 e AktO wegzulegen, vgl. LG Frankenthal Rpfleger 1984, 288.
[43] *Pukall* (Fn. 2) Rdnr. 29.

c) Beschwerde

Will der Kläger die Vorauszahlungspflicht oder die Höhe der angeforderten Vorauszahlung bestreiten, ist die **Beschwerde** ohne Rücksicht auf den Wert des Beschwerdegegenstands statthaft, § 6 GKG. **46**

d) Keine nachträgliche Abhängigmachung von der Gebührenzahlung

Ist, selbst infolge eines Versehens, die Zustellung nicht von der Gebührenzahlung abhängig gemacht worden, so kann dies bei späteren gerichtlichen Handlungen (z. B. der Anberaumung eines Termins) nicht nachgeholt werden[44]; dies gilt auch, wenn die Bewilligung der Prozeßkostenhilfe aufgehoben wird[45]. Ebensowenig wäre es zulässig, die Abhaltung des anberaumten Termins bis zur Gebührenzahlung abzulehnen oder gar dem Kläger das Auftreten in dem Termin zu versagen[46]. **47**

e) Keine Beschwer des Gegners

Die Vorwegleistungspflicht berührt nur das Verhältnis des Klägers zum Gericht, nicht das der Parteien zueinander. Das Unterlassen der Abhängigmachung der gerichtlichen Tätigkeit von der Gebührenzahlung bildet **keinen Mangel des Verfahrens**, den der Gegner rügen und auf den er ein Rechtsmittel stützen könnte[47]. **48**

f) Rechtshängigkeit ohne Kostenvorschuß

Wird die eingereichte Klageschrift zugestellt, ohne daß vorher der Kostenvorschuß bezahlt worden ist, so hindert dies nicht den Eintritt der Rechtshängigkeit[48]. **49**

VIII. Arbeitsgerichtliches Verfahren

1. Unverzügliche Zustellung

Abs. 1 gilt auch im arbeitsgerichtlichen Urteils- und Beschlußverfahren, §§ 46 Abs. 2 S. 1, 80 Abs. 2 ArbGG. **50**

2. Aufforderung zur Anwaltsbestellung

a) *Verfahrenseinleitung.* – Eine an den Beklagten zu richtende Aufforderung i. S. des Abs. 2 scheidet bei der *Verfahrenseinleitung* aus, da es sowohl im Urteils- (§ 11 Abs. 1 S. 1 ArbGG) als auch im Beschlußverfahren (§ 80 Abs. 2 ArbGG) keinen Anwaltszwang gibt. **51**

b) *Rechtsmittelgerichte.* – Allerdings hat die, in abgeschwächter Form abzufassende → § 78 Rdnr. 61 ff., Aufforderung zur Anwaltsbestellung im Urteilsverfahren (nicht jedoch im Beschlußverfahren, § 87 Abs. 2 S. 2 ArbGG) vor den *Rechtsmittelgerichten* zu ergehen. **52**

---

[44] *BGHZ* 62, 174 (179) = NJW 1974, 1287 (1288) = VersR 692 (693); *OLG Oldenburg* Rpfleger 1968, 314 (LS); *OLG Frankfurt* (Gutachten) JurBüro 1960, 261 = MDR 1960, 508 = Rpfleger 1960, 134; *OLG Hamm* JMBlNRW 1955, 138; *OLG Dresden* JW 1933, 1343; *OLG Köln* JW 1932, 2911 (zust. *Reinberger*); *OLG Königsberg* JW 1926, 866 (zust. *Reinberger*). – A.M. *KG* JW 1928, 2154 (abl. *Friedlaender* 2731).

[45] *KG* JW 1930, 2070 (zust. *Friedlaender*); *Oestreich-Winter-Hellstab* GKG[5] § 65 Rdnr. 12.

[46] Siehe auch *RGZ* 135, 224 (229); *KG* JW 1928, 1518; 1930, 2993 (zust. *Selb*); 3341 (zust. *Jonas*); 3343 (zust. *Friedlaender*); 1932, 3641.

[47] *OLG Frankfurt* FamRZ 1982, 809 (810); *LG Bochum* Rpfleger 1965, 280 (Mahnverfahren).

[48] *OLG Düsseldorf* JR 1950, 279. – A.M. *HessOLG* (Kassel) MDR 1951, 44 (45).

3. Sonstige Verfügungen

53 a) Im Arbeitsgerichtsprozeß sind die Vorschriften der ZPO über den frühen ersten Termin zur mündlichen Verhandlung und das schriftliche Vorverfahren ausgeschlossen, § 46 Abs. 2 S. 2 ArbGG. Anders als im ordentlichen Prozeß ist eingangs des arbeitsgerichtlichen Urteilsverfahrens der streitigen Verhandlung zwingend ein *Güteverfahren* vorgeschaltet, § 54 ArbGG. (näher → § 279 Rdnr. 17 ff.). Die vom Vorsitzenden zur **Vorbereitung der streitigen Verhandlung** zu treffenden Verfügungen richten sich, auch im Beschlußverfahren (§ 80 Abs. 2 ArbGG), allgemein nach § 56 ArbGG.

54 Für den *Kündigungsschutzprozeß* verlangt § 61 a ArbGG eine besondere Prozeßförderung[49]. Umgekehrt kann der Arbeitgeber bei **Klagen wegen geschlechtsbedingter Benachteiligung** beantragen, daß die mündliche Verhandlung nicht vor Ablauf von sechs Monaten seit Erhebung der (ersten) Klage stattfindet, § 61 b Abs. 4 ArbGG.

55 b) Zu den vom Vorsitzenden sonst zu veranlassenden Mitteilungen → Rdnr. 19.

56 4. Die Grundsätze über die Voraussetzungen, unter denen eine **Zustellung abgelehnt** werden darf (→ Rdnr. 21 ff.), gelten auch im arbeitsgerichtlichen Verfahren.

57 5. **Vorschüsse** für die Kosten werden im arbeitsgerichtlichen Urteilsverfahren **nicht erhoben**, § 12 Abs. 4 S. 2 ArbGG. Erst nach Beendigung des jeweiligen Rechtszuges sind die Kosten fällig, § 12 Abs. 4 S. 1 ArbGG. Da im Beschlußverfahren Kosten überhaupt nicht erhoben werden, § 12 Abs. 5 ArbGG, → § 91 Rdnr. 121, entfällt auch hier eine Vorauszahlung der Prozeßgebühr.

§ 272 [Haupttermin; früher erster Termin oder schriftliches Vorverfahren]

(1) Der Rechtsstreit ist in der Regel in einem umfassend vorbereiteten Termin zur mündlichen Verhandlung (Haupttermin) zu erledigen.

(2) Der Vorsitzende bestimmt entweder einen frühen ersten Termin zur mündlichen Verhandlung (§ 275) oder veranlaßt ein schriftliches Vorverfahren (§ 276).

(3) Die mündliche Verhandlung soll so früh wie möglich stattfinden.

Gesetzesgeschichte: Eingefügt durch die Vereinfachungsnovelle 1976 (→ Einl. [20. Aufl.] Rdnr. 159). Zuvor war die Bestimmung des Verhandlungstermins in § 261 aF geregelt. – Dem bis zur Vereinfachungsnovelle 1976 geltenden § 272 aF (rechtzeitige Mitteilung durch Schriftsätze) entspricht jetzt § 282 Abs. 2 nF.

I. Normzweck, Prozeßförderungspflicht des Gerichts und der Parteien	1		b) Form und Inhalt der Verfügung	12
1. Normzweck	1		c) Zustellung ohne Anordnung	12a
2. Prozeßförderungspflicht des Gerichts und der Parteien	2a		d) Änderung der Anordnung	13
			e) Rechtsmittel	15
II. Früher erster Termin oder schriftliches Vorverfahren	3		III. Der Haupttermin	16
1. Geltungsbereich	3		1. Funktion	16
2. Mögliche Verfahrensgestaltungen	4		2. Wege der Vorbereitung	17
			3. Mehrere Haupttermine	18
3. Ermessen des Vorsitzenden, beachtenswerte Gesichtspunkte	8		IV. Frühzeitige Anberaumung der mündlichen Verhandlung	19
4. Verfahren	11		1. Bedeutung	19
a) Zuständigkeit des Vorsitzenden	11		2. Rechtsbehelfe	20
			3. Sondervorschriften	21
			V. Arbeitsgerichtliches Verfahren	22

---

[49] Dazu *Zimmermann* Die besondere Prozeßförderung im Kündigungsschutzprozeß in Theorie und Praxis, BB 1984, 478.

I. Normzweck, Prozeßförderungspflicht des Gerichts und der Parteien

1. Normzweck

Einer Verzettelung des Verfahrens auf eine Vielzahl von Verhandlungsterminen sagte die Vereinfachungsnovelle 1976 den Kampf an. Die erstrebte **Beschleunigung** des Prozesses soll durch die **Konzentration auf einen Haupttermin** erreicht werden. Freilich konnte man schon zuvor im Gesetz die Aufforderung lesen, der Rechtsstreit solle tunlichst in *einer* mündlichen Verhandlung erledigt werden (§ 272 b Abs. 1 aF), nur sah die Praxis anders aus. Der in § 272 Abs. 1 enthaltene Appell, den Schwerpunkt des Verfahrens auf einen Haupttermin zu legen, wird ergänzt durch richterliche **Befugnisse zur Vorbereitung** dieses Termins. Dazu stellt Abs. 2 wahlweise die Bestimmung eines *frühen ersten Termins* oder die Durchführung eines *schriftlichen Vorverfahrens* zur Verfügung, also zwei sehr verschiedene Wege. Anders als nach §§ 261, 261a aF ist wegen der Zulässigkeit des schriftlichen Vorverfahrens nicht mehr vorgeschrieben, den ersten Verhandlungstermin stets bereits aufgrund der Klageeinreichung zu bestimmen, ihn nur soweit hinauszuschieben, wie dies zur Wahrung der Einlassungsfrist notwendig ist, und den Beklagten schon mit der Zustellung der Klage zum Verhandlungstermin zu laden. – Daß die **mündliche Verhandlung** jedenfalls **so früh wie möglich** stattfinden soll (Abs. 3), unterstreicht aber nochmals die Beschleunigungsabsicht des Gesetzgebers.

1

Zur **Terminsbestimmung nach früherem Recht** s. Voraufl. Rdnr. 2.

2

2. Prozeßförderungspflicht des Gerichts und der Parteien

Das Gesetz verlangt sowohl vom Gericht als auch von den Parteien, den Prozeß zügig und konzentriert zu betreiben. Die damit angesprochene **Prozeßförderungspflicht der Parteien**[1] (→ § 282 Rdnr. 4 ff.) kann durch gerichtliche Anordnungen und Fristsetzungen (§ 273 Abs. 2 Nr. 1, § 275 Abs. 1 S. 1, Abs. 2, 4, § 276 Abs. 1, 3, § 277) konkretisiert werden. Bei nicht hinreichend prozeßförderndem Verhalten droht den Parteien die strenge Sanktion der Nichtzulassung verspäteten Vorbringens (§ 296, in der Berufungsinstanz §§ 527 bis 529). Für eine beschleunigte Prozeßführung eher noch wichtiger ist die **Prozeßförderungspflicht des Gerichts**, die insbesondere in den §§ 271 bis 273 zum Ausdruck kommt. Ihre Erfüllung ist in die Verantwortung der einzelnen Richter gestellt. Die richterliche Unabhängigkeit und das Haftungsprivileg nach § 839 Abs. 2 BGB stehen nach geltendem Recht auch mittelbaren Sanktionen weitestgehend entgegen[2]. In Art. 6 Abs. 1 der Europäischen Menschenrechtskonvention ist jedoch ein **Recht auf angemessene Verfahrensdauer**[3] verankert. Dieses Recht ist, gestützt auf das Rechtsstaatsprinzip (Art. 20 Abs. 3, Art. 28 Abs. 1 S. 1 GG) iV mit Art. 6 Abs. 1 EMRK, auch als Grundrecht auf der Ebene des Grundgesetzes anzuerkennen. Wird durch richterliches Fehlverhalten das Grund- und Menschenrecht auf angemessene Verfahrensdauer verletzt, so muß es dagegen auch geeignete Rechtsbehelfe geben. Daher ist analog § 252 eine **allgemeine Untätigkeits- und Verzögerungsbeschwerde** zuzulassen, mit der die Partei richterliche Verstöße gegen die Prozeßförderungspflicht geltend machen kann, so etwa im Hinblick auf eine unterlassene oder zu weit hinausgeschobene Festsetzung des Verhandlungstermins, → Rdnr. 20.

2a

---

[1] Dazu *Leipold* Prozeßförderungspflicht der Parteien und richterliche Verantwortung ZZP 93 (1980), 237.

[2] Mit Recht kritisch hierzu *Baur* Richterliche Verstöße gegen die Prozeßförderungspflicht, Festschr. für Schwab (1990), 53.

[3] Näher zum folgenden *Leipold* Das Menschenrecht auf angemessene Verfahrensdauer, Festschr. für Toichiro Kigawa (Tokyo 1994), Bd. 3, 61 ff.

II. Früher erster Termin oder schriftliches Vorverfahren

1. Geltungsbereich

3   Die Wahlmöglichkeit besteht nicht nur im **landgerichtlichen**, sondern auch im **amtsgerichtlichen Verfahren** (zur Wahl des schriftlichen Vorverfahrens → Rdnr. 12), § 495. Auch nach **Mahnbescheid**, Widerspruch und Abgabe an das Streitgericht (§ 697 Abs. 2 S. 1) sowie nach **Vollstreckungsbescheid**, Einspruch und Abgabe (§ 700 Abs. 4 S. 1) ist die Wahl zu treffen; zum schriftlichen Vorverfahren in diesen Fällen → § 276 Rdnr. 44 f. In *Ehe- und Kindschaftssachen* ist das schriftliche Vorverfahren nicht zulässig, da § 611 Abs. 2, § 640 Abs. 1 die Anwendung des § 276 ausschließen. Für die *Berufungsinstanz* enthält § 520 eine besondere Regelung; im *Revisionsverfahren* gibt es dagegen, wie aus § 555 Abs. 1 folgt, kein schriftliches Vorverfahren.

2. Mögliche Verfahrensgestaltungen

4   In der Reformdiskussion vor der Vereinfachungsnovelle 1976 gingen die Ansichten darüber auseinander, ob ein rasch anzusetzender Verhandlungstermin (Vortermin) oder ein vorgeschaltetes schriftliches Verfahren den erfolgversprechenderen Weg zur Beschleunigung darstellten. Bei der **Gesetzgebung** vermied man **eine Festlegung** und übertrug dem Vorsitzenden die Entscheidung, wie die Eingangsphase des Prozesses zu gestalten sei. Darin braucht, trotz einer gewissen Einbuße an Klarheit und Voraussehbarkeit des Verfahrensablaufs, kein Nachteil zu liegen; denn die gesetzliche Regelung erlaubt es, das Verfahren den **Besonderheiten des konkreten Falles anzupassen**[4].

5   Nicht optimal ist jedoch die Art und Weise, in der die unterschiedlichen Verfahrensgestaltungen im Gesetz umschrieben wurden. Zwar hat das Verfahren mit **schriftlichem Vorverfahren** einen *einigermaßen klar umrissenen* Inhalt, der eindeutig auf die Vorbereitung des Haupttermins abzielt, näher → § 276.

6   Das Verfahren mit einem **frühen ersten Termin** ist dagegen *nicht* in gleicher Weise normativ *fixiert*[5]. So steht es dem Vorsitzenden hier frei, ob er dem Beklagten eine Frist zur schriftlichen Klageerwiderung setzen will, § 275 Abs. 1 S. 1. Dadurch kann auch dem frühen ersten Termin eine schriftliche Phase vorgeschaltet werden. Auch ist nicht festgelegt, in welchem Abstand von der Klagezustellung der frühe erste Termin spätestens stattfinden muß, d. h. wie »früh« er eigentlich zu sein hat. Der frühe erste Termin kann eine im wesentlichen **vorbereitende Funktion** haben; es ist aber auch möglich, den ersten Termin bereits **wie einen Haupttermin** vorzubereiten und auszugestalten (zur Vollwertigkeit des frühen ersten Termins → § 275 Rdnr. 2). Daß dies dem Gesetz widerspräche, läßt sich nicht sagen, zumal der im ursprünglichen Entwurf des Abs. 2[6] enthaltene Zusatz »zur Vorbereitung« im Laufe des Gesetzgebungsverfahrens bewußt weggelassen wurde[7]. Zur Frage, wann ein Haupttermin iS des § 348 Abs. 3 vorliegt (der eine Übertragung auf den Einzelrichter in der Regel ausschließt), → § 348 Rdnr. 22.

7   Man muß sogar noch einen Schritt weitergehen und zugeben, daß der Vorsitzende im Ergebnis **nicht gezwungen** ist, entweder ein schriftliches Vorverfahren oder einen (echten)

---

[4] Krit. *Baur* Studi in onore di Tito Carnacini, Mailand (1984) II 25, 37, der auf eine teils willkürlich anmutende verschiedene Praxis hinweist und die Gefahr betont, daß der Termin durch ein schriftliches Vorverfahren mit langem Schriftsatzwechsel zu lange hinausgeschoben wird.

[5] Dazu *Leipold* ZZP 97 (1984), 395, 401.

[6] BT-Drucks. 7/2729, 8.

[7] Dies geht auf einen Vorschlag des Bundesrats zurück (BT-Drucks. 7/2729, 129), der von der Bundesregierung abgelehnt (BT-Drucks. 7/2729, 146), aber vom Bundestagsrechtsausschuß übernommen wurde (BT-Drucks. 7/5250, 8).

frühen ersten Termin zu wählen[8]. Er kann auch schlicht einen **Verhandlungstermin** anberaumen, der dann zwar im Sinne des Gesetzes »früher erster Termin« ist (→ Rdnr. 12), der aber inhaltlich bereits »Haupttermin« sein kann und dem dennoch weitere Termine folgen können. So hindert es das Gesetz letztlich nicht, das Verfahren wie vor der Vereinfachungsnovelle 1976 mit einer *Mehrzahl gleichwertiger* Verhandlungstermine ablaufen zu lassen. Im Regelfall ist dies freilich alles andere als empfehlenswert[9]. Zur Zustellung der Klage ohne Anordnung nach Abs. 2 → Rdnr. 12a.

3. Ermessen des Vorsitzenden, beachtenswerte Gesichtspunkte

Das Gesetz überläßt es, ohne Kriterien zu nennen, dem **Ermessen** des Vorsitzenden[10], welche Gestaltung der Eingangsphase des Verfahrens er wählen will[11]. Daß die Entscheidung unter dem Blickwinkel der **Konzentration** und **Beschleunigung** erfolgen soll, ergibt sich aus dem Zweck der Vorschrift. Deshalb entspricht es **nicht** dem Gesetz, wenn ein Vorsitzender **generell** (oder jedenfalls in aller Regel) den frühen ersten Termin oder das schriftliche Vorverfahren anordnet[12]. In der Praxis ist solches Vorgehen jedoch nicht selten[13]. *Allgemeine Erwägungen* wie der von der Kammer bevorzugte Arbeitsstil[14], die Belastung der Richter[15], die praktischen Möglichkeiten der Terminierung können ebenso berücksichtigt werden wie die Gegebenheiten des *konkreten Streitfalls*[16]. Allerdings wird dies dadurch erschwert, daß der Vorsitzende seine Anordnung oft allein aufgrund der Klageschrift[17] treffen muß und daher den Umfang des Streitstoffes und dessen Schwierigkeitsgrad nicht voll überblicken kann[18]. 8

Ein **früher erster Termin** wird z.B. in Betracht kommen, wenn **kein Anwaltszwang** besteht[19] und damit zu rechnen ist, daß die Parteien (oder eine davon) nicht anwaltlich vertreten sind[20]; denn der schriftliche Vortrag erfordert hinreichende Gewandtheit des Ausdrucks und oft auch Rechtskenntnisse, während in der mündlichen Verhandlung den Parteien viel leichter durch richterliche Hinweise geholfen werden kann, ihren Vortrag sachgemäß zu gestalten. Auch mag es für einen frühen ersten Termin sprechen, wenn der Vorsitzende eine Chance zu rascher, *nichtstreitiger* Erledigung des Prozesses sieht[21] oder wenn Bedenken gegen die *Zulässigkeit* der Klage auftreten, deren schnelle Klärung in einem Verhandlungstermin möglich erscheint[22]. Die besondere *Eilbedürftigkeit* einer Sache kann dem schriftlichen 9

---

[8] A.M. *Jauernig* ZPR[24] § 23 II (S. 68); *Bischof* Der Zivilprozeß nach der Vereinfachungsnovelle (1980), Rdnr. 57; *Rosenberg- Schwab-Gottwald*[15] § 106 II vor 1; *MünchKommZPO-Prütting* Rdnr. 19 (es handle sich aber, da der frühe erste Termin wie ein Haupttermin ausgestaltet werden könne, nur um ein terminologisches Problem).
[9] Vgl. *Bender-Belz-Wax* Das Verfahren nach der Vereinfachungsnovelle und vor dem Familiengericht (1977), Rdnr. 88 (S. 54).
[10] BGHZ 86, 31, 35 = NJW 1983, 575, 576 = JZ 1983, 309, 310.
[11] Dazu *Rauter* DRiZ 1987, 354, 356f.
[12] A.M. *Bischof* (Fn. 8) Rdnr. 93 (S. 68); *Grunsky* JZ 1977, 201, 202.
[13] Hierzu (aufgrund von Umfragen in Bayern) *Walchshöfer* ZZP 94 (1981), 179, 180ff.; *Greger* ZZP 100 (1987), 377ff.
[14] *Bender-Belz-Wax* (Fn. 9) Rdnr. 87 (S. 53) rät bei grundsätzlich praktiziertem Kammersystem zum schriftlichen Vorverfahren.
[15] *Bender-Belz-Wax* (Fn. 9) Rdnr. 87 (S. 53) unterstreicht die Bedeutung der richterlichen Persönlichkeit für die Wahl.

[16] Die Verfahrenswahl sollte immer mit Blick auf den Einzelfall erfolgen, so z.B. auch *Jauernig* ZPR[24] § 28 II; *Bischof* (Fn. 8) Rdnr. 57; *Pukall* Der Zivilprozeß in der gerichtlichen Praxis[5] (1992) Rdnr. 30.
[17] Die dem Vorsitzenden aus anderen Prozessen bekannte Mentalität der Parteien – hierauf weisen *Baumbach-Lauterbach-Hartmann*[55] Rdnr. 10; *Pukall* (Fn. 16) Rdnr. 32 hin – dürfte selten Bedeutung gewinnen.
[18] Kritisch gegenüber dem frühen ersten Termin deshalb *Bischof* (Fn. 8) Rdnr. 59; s. auch *Schellhammer* Zivilprozeß[7] Rdnr. 276.
[19] Nach *Overrath* DRiZ 1980, 253, 255 stellt der frühe erste Termin am Amtsgericht die Regel dar.
[20] *Bender-Belz-Wax* (Fn. 9) Rdnr. 3; *Bischof* (Fn. 8) Rdnr. 58 (S. 50); *Pukall* (Fn. 16) Rdnr. 32; *Schellhammer* ZP[7] Rdnr. 276.
[21] Auf bestehende Vergleichsaussichten weist z.B. *Pukall* (Fn. 16) Rdnr. 32 hin.
[22] Hierzu kann auch allgemein ein bloßer Streit über Rechtsfragen gehören *Bischof* (Fn. 8) Rdnr. 58 (S. 50); *Pukall* (Fn. 16) Rdnr. 32.

Vorverfahren entgegenstehen. So wird man bei Anträgen auf Arrest oder einstweilige Verfügung sowie in Urkunden- und Wechselprozessen alsbald einen Verhandlungstermin ansetzen[23]. Da die Sache im *Prozeßkostenhilfeverfahren* in gewissem Umfang geprüft wird, kann sich auch im Anschluß daran ein früher erster Termin anbieten[24]. **Grundsätzlich** aber muß bedacht werden, daß mit einem frühen ersten Termin ohne hinreichende Substanz letztlich weder den Parteien (und den Anwälten) noch dem Gericht gedient ist.

10 Für den **Regelfall** empfiehlt sich jedenfalls im **landgerichtlichen** Verfahren[25] eher das **schriftliche Vorverfahren**[26]. Es vermag diejenigen Fälle auszusondern, in denen sich der Beklagte *nicht verteidigen* will (→ § 276 Rdnr. 1), und verspricht in Verbindung mit den gerichtlichen Fristsetzungen, hinreichend schnell eine genügende Grundlage für die richterlichen Maßnahmen zur Vorbereitung des Haupttermins (§ 273) zu liefern.

4. Verfahren

a) Zuständigkeit des Vorsitzenden

11 Zuständig ist der **Vorsitzende**[27], nach Übertragung des Rechtsstreits (§ 348) der Einzelrichter. Jedenfalls dann, wenn ein früher erster Termin in Betracht kommt, wird der Vorsitzende der Zivilkammer zweckmäßigerweise *zunächst keine Anordnung* nach § 272 Abs. 2 treffen, sondern die Klage zustellen lassen, um dann (unter Berücksichtigung der Äußerung des Beklagten, § 277 Abs. 1 S. 2) zuerst die Kammer über die *Übertragung auf den Einzelrichter* entscheiden zu lassen, → § 271 Rdnr. 12.

b) Form und Inhalt der Verfügung

12 Die **Anordnung** eines **schriftlichen Vorverfahrens** sollte der Klarheit wegen durch *ausdrückliche* Verfügung erfolgen[28]. Jedoch treten die Rechtswirkungen auch dann ein, wenn lediglich die Aufforderungen, Fristsetzungen und Belehrungen des § 276 verfügt werden. Im *amtsgerichtlichen Verfahren* hat an sich die Anordnung nach § 129 Abs. 2 hinzuzutreten, die aber stillschweigend in der Anordnung eines schriftlichen Vorverfahrens enthalten ist. Der **frühe erste Termin** sollte als solcher bezeichnet werden, doch ergeben sich *keine anderen Rechtsfolgen*, wenn schlicht ein Verhandlungstermin bestimmt wurde[29].

c) Zustellung ohne Anordnung

12a In der **bloßen Zustellung** der Klage liegt *weder* die Anordnung eines schriftlichen Vorverfahrens[30] *noch* der Verzicht auf diese Verfahrensgestaltung; hierüber entscheiden dann erst die späteren Verfügungen des Vorsitzenden. Die **Rechtshängigkeit** tritt auch dann ein, wenn die Klage ohne Anordnung nach Abs. 2 zugestellt wird[31].

---

[23] *Bender-Belz-Wax* (Fn. 9) Rdnr. 3; *Bischof* (Fn. 8) Rdnr. 58 (S. 50); *Schellhammer* ZP[7] Rdnr. 276; *Pukall* (Fn. 16) Rdnr. 32.
[24] *Thomas-Putzo*[19] Rdnr. 4; *Franzki* DRiZ 1977, 161; *Bischof* (Fn. 8) Rdnr. 58 (S. 50); *Schellhammer* ZP[7] Rdnr. 276.
[25] *Bender-Belz-Wax* (Fn. 9) Rdnr. 3; *Pukall* (Fn. 16) Rdnr. 32.
[26] Auch im *amtsgerichtlichen* Verfahren kann sich bei Anspruchshäufung, voraussichtlichem Streit über Grund und Höhe, Stufenklagen, umfangreicher Beweisaufnahme oder Einschaltung eines Sachverständigen ein schriftliches Vorverfahren anbieten, *Bischof* (Fn. 8) Rdnr. 59; *Pukall* (Fn. 16) Rdnr. 32.
[27] BGHZ 86, 31, 34 (Fn. 10); *Baumbach-Lauterbach-Hartmann*[55] Rdnr. 5; *Hartmann* Rpfleger 1977, 3.
[28] *Baumbach-Lauterbach-Hartmann*[55] Rdnr. 7; *Brühl* FamRZ 1978, 551.
[29] Das Gesetz sieht auch hierin die Wahl des frühen ersten Termins, *Baumbach-Lauterbach-Hartmann*[55] Rdnr. 7; *Bischof* (Fn. 8) Rdnr. 59.
[30] A.M. *Baumbach-Lauterbach-Hartmann*[55] Rdnr. 7; *MünchKommZPO-Prütting* Rdnr. 9; *Hartmann* NJW 1978, 1460; *Bischof* NJW 1977, 1899.
[31] BGHR ZPO § 281 Abs. 2 S. 5 Bindungswirkung 9.

d) Änderung der Anordnung

Gegen eine **Änderung** der getroffenen Anordnung bestehen, da es sich um eine prozeßleitende Verfügung handelt, **keine** generellen **rechtlichen** Bedenken[32], mag auch eine solche Änderung *selten zweckmäßig* sein. Wurde also zunächst ein **früher erster Termin** bestimmt, so kann diese Verfügung *vor* dem Termin aufgehoben und durch die Anordnung eines schriftlichen Vorverfahrens ersetzt werden[33], wobei dann freilich die Fristen des § 276 Abs. 1 erst *mit der Zustellung* dieser Verfügung beginnen können. **13**

Andererseits erscheint es auch denkbar, ein angeordnetes **schriftliches Vorverfahren** wieder aufzuheben und durch einen frühen ersten Termin zu ersetzen[34]. Bereits erreichte **verfahrensrechtliche Positionen dürfen** den Parteien aber auf diese Weise **nicht entzogen werden**. Daher erscheint die Aufhebung des schriftlichen Vorverfahrens nur solange zulässig, als *beide Parteien* dies beantragen (etwa im Hinblick auf eine gütliche Einigung, → § 276 Rdnr. 50) bzw. damit einverstanden sind, oder solange die *Zwei-Wochenfrist* des § 276 Abs. 1 S. 1 noch *nicht abgelaufen* ist; denn danach könnte der Kläger bereits ein Recht auf Versäumnisurteil (§ 331 Abs. 3) erworben haben. **14**

Wurde bereits ein **Verhandlungstermin abgehalten,** so ist die Anordnung eines schriftlichen Vorverfahrens nicht mehr zulässig[35], zumal die sonstigen Möglichkeiten zur Fristsetzung (§ 275 Abs. 3, 4, § 273 Abs. 2 Nr. 1) ausreichen. Wurde **nach schriftlichem Vorverfahren** bereits der Haupttermin anberaumt, so kann nicht unter Aufhebung dieses Termins in das schriftliche Vorverfahren zurückgekehrt werden, → § 276 Rdnr. 51. **14a**

e) Rechtsmittel

Anfechtbar ist **weder die Anordnung** des schriftlichen Vorverfahrens **noch die Bestimmung** eines frühen ersten Termins[36], auch nicht, wenn damit ein zuvor angeordnetes schriftliches Vorverfahren abgebrochen wurde[37]. Ein *Ermessensfehler*, der freilich angesichts der weiten Grenzen des richterlichen Ermessens schwer denkbar ist, könnte ein Rechtsmittel gegen das Endurteil jedenfalls dann begründen, wenn in der gewählten Verfahrensgestaltung bzw. den daraus gezogenen Folgerungen (Versäumnisurteil, Zurückweisung von Vorbringen) zugleich **15**

---

[32] *Baumbach-Lauterbach-Hartmann*[55] Rdnr. 9; *Hartmann* Rpfleger 1977, 3; *ders.* NJW 1978, 1459, 1460; *Kramer* NJW 1977, 1659 in Fn. 12; *AK-ZPO-Menne* Rdnr. 13; *Pukall* (Fn. 16) Rdnr. 33 (sofern eine Beschleunigung erzielt wird); *Rosenberg-Schwab-Gottwald*[15] § 106 II vor 1 (dort Fn. 1); offen OLG Frankfurt MDR 1983, 411. – A.M. *Thomas-Putzo*[19] Rdnr. 2; *Zöller-Greger*[20] Rdnr. 4 (grundsätzlich unzulässig); *Bischof* (Fn. 8) Rdnr. 57; *ders.* NJW 1977, 1897; *Bergerfurth* JZ 1978, 298; *Brühl* FamRZ 1978, 551; *Feiber* NJW 1983, 1103; wohl auch RegE BT-Drucks. 7/2729, 35, 68. – Zumindest zweifelnd auch *Grunsky* ZZP 92 (1979), 107; *ders.* JZ 1977, 201, 202.

[33] Ebenso *MünchKommZPO-Prütting* Rdnr. 13. – A.M. *Grunsky* JZ 1977, 201, 202; *ders.* ZZP 92 (1979), 107 (abgeschwächt) und *Brühl* FamRZ 1978, 551, der von einem Recht der Parteien auf Terminsdurchführung spricht.

[34] Beispiel: KG MDR 1985, 416. Für Zulässigkeit *Kramer* NJW 1977, 1661; *Baumbach-Lauterbach-Hartmann*[55] Rdnr. 9 (in der Regel sei dies dann der Haupttermin); *MünchKommZPO-Prütting* Rdnr. 15; *Pukall* (Fn. 16) Rdnr. 33 mit dem Beispiel der Partei, die nicht zu sachgemäßem schriftlichen Vorbringen in der Lage ist. *Pukall* aaO lehnt für diesen Fall zu Recht die Verweisung der Partei an die Geschäftsstelle (§ 129a) ab, weil hierin eine funktionale Aufgabenverlagerung liege. Für Zulässigkeit eines Abbruchs des schriftlichen Vorverfahrens allenfalls mit Zustimmung der Parteien *Zöller-Greger*[20] Rdnr. 4. Ein praktisches Bedürfnis für einen Wechsel zum frühen ersten Termin verneint generell *Grunsky* ZZP 92 (1979), 107.

[35] *Grunsky* ZZP 92 (1979), 107; *MünchKommZPO-Prütting* Rdnr. 14. – A.M. *Pukall* (Fn. 16) Rdnr. 33, der einen Wechsel nur für kaum geboten hält. – Unzulässig ist nach Anberaumung des Haupttermins die Rückkehr in ein schriftliches Vorverfahren, OLG München OLGZ 83, 86 = MDR 1983, 324; ebenso KG MDR 1985, 416 nach Anberaumung eines frühen ersten Termins. → auch § 276 Rdnr. 51.

[36] BGHZ 86, 31, 35 (Fn. 10); OLG Frankfurt MDR 1983, 411 mwN; *Jauernig* ZPR[24] § 23 II; *Baumbach-Lauterbach-Hartmann*[55] Rdnr. 14; *Thomas-Putzo*[19] Rdnr. 2; *Zöller-Greger*[20] Rdnr. 3; *MünchKommZPO-Prütting* Rdnr. 18; *Bergerfurth* JZ 1978, 298; *Feiber* NJW 1983, 1103.

[37] KG MDR 1985, 416.

eine Verletzung des Anspruchs auf **rechtliches Gehör** (→ vor § 128 Rdnr. 31 ff.)[38] oder des Rechts auf faire Verfahrensführung (→ vor § 128 Rdnr. 65 ff.) liegt.

III. Der Haupttermin

1. Funktion

16 Die Erledigung des Rechtsstreits aufgrund **eines Haupttermins** ist nach Abs. 1 nicht bloß als Ideal, sondern für den **Regelfall** vorgezeichnet. Im Haupttermin sollen die Vorzüge der *Mündlichkeit* ausgeschöpft werden, näher zum Ablauf des Haupttermins → § 278 Rdnr. 3 ff. Allerdings ist die konzentrierte Durchführung des Verfahrens in einem Haupttermin für die Parteien nicht erzwingbar.

2. Wege der Vorbereitung

17 Die in Abs. 1 angesprochene **umfassende Vorbereitung** geschieht durch *schriftliches Vorverfahren* oder *frühen ersten Termin*, vor allem aber durch die vielfältigen *vorbereitenden Maßnahmen* des Gerichts nach § 273. Ferner gestattet es § 358 a, schon vor der mündlichen Verhandlung einen *Beweisbeschluß* zu erlassen und diesen in manchen Fällen auch bereits auszuführen.

3. Mehrere Haupttermine

18 Zu mehreren Haupttermine kann es dann kommen, wenn der gesamte Prozeßstoff zulässigerweise unterteilt wird, etwa nach § 145 Abs. 3 und § 302, § 280, § 304. Aber auch sonst wird, wie schon die Worte »in der Regel« andeuten, nicht immer mit *einem* Haupttermin auszukommen sein[39]. Bei kompliziertem Sachverhalt, etwa auch bei mehreren unterschiedlichen Klageanträgen, kann es durchaus zweckmäßig sein, von vornherein eine Strukturierung des Verfahrens vorzusehen. Schließlich ist weder den Parteien noch dem Gericht oder den sonstigen Beteiligten (etwa geladenen Zeugen und Sachverständigen) damit gedient, wenn in großem Umfang Beweiserhebungen für den Haupttermin vorbereitet werden (etwa zur Frage, ob eine schuldhafte Vertragsverletzung vorliegt), die sich bei entsprechendem Ausgang der primär zu beurteilenden Frage (z.B. ob überhaupt ein Vertrag zustande gekommen ist) als nicht mehr erforderlich erweisen. So ist es letztlich eine **Frage des richtigen Maßes**, wie weit das Gericht bei der Konzentration auf einen Haupttermin gehen will[40]. Auch der Ablauf des Haupttermins kann Anlaß geben, einen neuen Termin anzusetzen, § 278 Abs. 4, z.B. dann, wenn die Parteien in Vergleichsverhandlungen eintreten wollen und dafür Zeit zur Prüfung benötigen.

---

[38] Rechtliches Gehör muß vor der Wahl der Verfahrensart nicht gewährt werden, *Thomas-Putzo*[19] Rdnr. 2.

[39] Für *Jauernig* ZPR[24] § 23 IV (S. 68) liegt hierin die Gefahr der Prozeßverschleppung. Vgl. zur Notwendigkeit mehrerer Termine auch *BGH* NJW 1976, 1742 = LM § 398 Nr. 8 = *BGH* Warn 1976 Nr. 151 = MDR 1977, 47 (schwer zu beschaffende Beweismittel); *MünchKomm-ZPO-Prütting* Rdnr. 26.

[40] Nach *Bender-Belz-Wax* (Fn. 9) Rdnr. 97 (S. 60) muß ein Haupttermin spätestens innerhalb von *vier* Monaten abgehalten werden können.

IV. Frühzeitige Anberaumung der mündlichen Verhandlung

1. Bedeutung

Während § 216 Abs. 2 den Vorsitzenden anweist, die Terminsbestimmung unverzüglich vorzunehmen, also den Zeitpunkt der *Verfügung* betrifft, zielt Abs. 3 darauf ab, die mündliche **Verhandlung so früh wie möglich** stattfinden zu lassen. Dies gilt sowohl für den frühen ersten Termin als auch für den Verhandlungstermin nach einem schriftlichen Vorverfahren. Hier soll der Verhandlungstermin dem Abschluß des schriftlichen Vorverfahrens so bald wie möglich nachfolgen. Für den **ersten in einem Prozeß angesetzten Termin** ist für den Beklagten die Einlassungsfrist (§ 274 Abs. 3), für den Kläger und bei **späteren Terminen** für beide Parteien die Ladungsfrist (§ 217) zu wahren. Für weitere Haupttermine ordnet § 278 Abs. 4 der Sache nach dasselbe an wie § 272 Abs. 3. Wann der jeweilige Termin angesetzt werden kann, hängt freilich nicht zuletzt von der Arbeitsbelastung des Gerichts ab.

19

2. Rechtsbehelfe[41]

Gegen die **Ablehnung** der Terminsbestimmung aufgrund der Klage ist die **Beschwerde** nach § 567 Abs. 2 statthaft[42], → § 216 Rdnr. 36, gegen die Unterlassung der Terminsanberaumung die Beschwerde analog § 252, → § 216 Rdnr. 37. Dagegen ist die **Anberaumung** des Termins grundsätzlich *unanfechtbar*[43]. Eine unangemessen weite Hinausrückung des Verhandlungstermins kann zum Gegenstand einer *Dienstaufsichtsbeschwerde*[44] gemacht werden, → § 216 Rdnr. 39, und eine gesetzwidrige Terminierungspraxis kann (in allgemeiner Form) durch die Dienstaufsicht beanstandet werden[45]. Darüber hinaus ist zur Verwirklichung des Menschenrechts auf angemessene Verfahrensdauer (→ Rdnr. 2) die **Beschwerde analog § 252** (oder auch »wegen greifbarer Gesetzwidrigkeit«[46]) zuzulassen, wenn der Termin so weit hinausgeschoben ist, daß dies einer Aussetzung des Verfahrens gleichkommt[47] bzw. das Verfahren unzumutbar verzögert. Als begründet ist eine solche Beschwerde anzusehen, wenn für die späte Anberaumung des Termins *kein sachlicher*, auf den Prozeßgegenstand bezogener Grund ersichtlich ist[48] und die Zeitspanne bis zum Termin von dem sonst Üblichen und Zumutbaren abweicht, → auch § 216 Rdnr. 38.

20

3. Sondervorschriften

Für Ehe- und Kindschaftssachen gilt Abs. 3 (möglichst frühzeitige mündliche Verhandlung) nicht, § 612 Abs. 1, § 640 Abs. 1. Zu den Folgerungen hieraus → § 612 Rdnr. 1. Ein Wahlrecht

21

---

[41] Hierzu *Halbach* Die Verweigerung der Terminsbestimmung und der Klagezustellung im Zivilprozeß, Diss. Köln (1980), 183 ff.

[42] *OLG Schleswig* NJW 1982, 246 = SchlHA 1981, 125; NJW 1981, 691 = SchlHA 1981, 48; SchlHA 1984, 56 (Beschwerde des Antragsgegners im Scheidungsverfahren); *KG* FamRZ 1983, 821 (Verbundverfahren); *RGZ* 65, 420 und *OLG Frankfurt* FamRZ 1978, 919 (abgelehnte erneute Terminsbestimmung).

[43] *OLG Köln* NJW 1981, 2263; *OLG Celle* NJW 1975, 1230 = OLGZ 1975, 357; *OLG Frankfurt* NJW 1974, 1715 (zust. *Walchshöfer* 2291); *OLG Stuttgart* ZZP 78 (1965), 237; *Baumbach-Lauterbach-Hartmann*[55] § 216 Rdnr. 26; *Halbach* (Fn. 41) 187, → § 216 Rdnr. 35.

[44] Hierzu *Halbach* (Fn. 41) 188; *Baumbach-Lauterbach-Hartmann*[55] § 216 Rdnr. 28; *Arndt* DRiZ 1979, 143 f.; *OLG Hamm* DRiZ 1974, 28.

[45] *BGHZ* 93, 238 = NJW 1985, 1471.

[46] → § 216 Rdnr. 38; *OLG Köln* NJW 1981, 2263 mwN; dazu krit. *Baumbach-Lauterbach-Hartmann*[55] § 216 Rdnr. 29; → auch § 567 Rdnr. 9 f. mwN. Vgl. auch *OLG Karlsruhe* NJW 1984, 985 (zur Beschwerde bei willkürlichem Untätigbleiben des Gerichts).

[47] *OLG Celle* OLGZ 75, 357; *OLG Frankfurt* NJW 1974, 1715, 1716 (zust. *Walchshöfer* 2291, 2292); *OLG Stuttgart* ZZP 78 (1965), 237, die zusätzlich auf eine praktisch gegebene Rechtsschutzverweigerung hinweisen; *MünchKommZPO-Prütting* Rdnr. 31.

[48] *OLG Celle* NJW 1975, 1230, 1231 spricht ausdrücklich von willkürlichem Handeln. S. auch *OLG Köln* OLGZ 1985, 122 (keine willkürliche Handhabung, wenn in Ehelichkeitsanfechtungssache Termin erst nach 6 Monaten oder später stattfindet).

nach Abs. 2 gibt es hier ebenfalls nicht, da § 611 Abs. 2, § 640 Abs. 1 das schriftliche Vorverfahren nach § 276 ausschließen. Bei aktienrechtlichen Anfechtungs- und Nichtigkeitsklagen ist die mündliche Verhandlung frühestens einen Monat nach dem angefochtenen Beschluß statthaft, § 246 Abs. 3 S. 2 AktG (auch anwendbar in den Fällen der § 251 Abs. 3, § 254 Abs. 2 S. 1, § 255 Abs. 3, § 257 Abs. 2 S. 1, § 275 Abs. 4 S. 1 AktG). Entsprechende Vorschriften finden sich in § 51 Abs. 3 S. 4, § 96, § 112 Abs. 1 S. 2 GenG.

V. Arbeitsgerichtliches Verfahren

22   Die Vorschriften über das schriftliche Vorverfahren und über den frühen ersten Termin sind gemäß § 46 Abs. 2 S. 2 ArbGG im arbeitsgerichtlichen Verfahren (über § 80 Abs. 2 ArbGG auch im Beschlußverfahren) nicht anwendbar[49]. Daher hat § 272 Abs. 2 hier keine Bedeutung. Dagegen gilt auch für die Arbeitsgerichte die Mahnung, soweit wie möglich aufgrund *eines* Verhandlungstermins zu entscheiden, § 56 Abs. 1 S. 1, § 57 Abs. 1 S. 1 ArbGG, und den Verhandlungstermin (d.h. zunächst die Güteverhandlung, § 54 Abs. 1 ArbGG, dazu → § 279 Rdnr. 17 ff.) so früh wie möglich anzuberaumen, § 272 Abs. 3. Für Kündigungsverfahren schreibt § 61 a Abs. 2 ArbGG vor, die Güteverhandlung solle innerhalb von zwei Wochen nach der Klageerhebung stattfinden.

§ 273   [Vorbereitende Maßnahmen]

(1) ¹Das Gericht hat erforderliche vorbereitende Maßnahmen rechtzeitig zu veranlassen. ²In jeder Lage des Verfahrens ist darauf hinzuwirken, daß sich die Parteien rechtzeitig und vollständig erklären.

(2) Zur Vorbereitung jedes Termins kann der Vorsitzende oder ein von ihm bestimmtes Mitglied des Prozeßgerichts insbesondere

1. den Parteien die Ergänzung oder Erläuterung ihrer vorbereitenden Schriftsätze sowie die Vorlegung von Urkunden und von anderen zur Niederlegung bei Gericht geeigneten Gegenständen aufgeben, insbesondere eine Frist zur Erklärung über bestimmte klärungsbedürftige Punkte setzen;

2. Behörden oder Träger eines öffentlichen Amtes um Mitteilung von Urkunden oder um Erteilung amtlicher Auskünfte ersuchen;

3. das persönliche Erscheinen der Parteien anordnen;

4. Zeugen, auf die sich eine Partei bezogen hat, und Sachverständige zur mündlichen Verhandlung laden sowie eine Anordnung nach § 378 treffen.

(3) ¹Anordnungen nach Absatz 2 Nr. 4 sollen nur ergehen, wenn der Beklagte dem Klageanspruch bereits widersprochen hat. ²Für sie gilt § 379 entsprechend.

(4) ¹Die Parteien sind von jeder Anordnung zu benachrichtigen. ²Wird das persönliche Erscheinen der Parteien angeordnet, so gelten die Vorschriften des § 141 Abs. 2, 3.

Gesetzesgeschichte: Eingefügt durch die Vereinfachungsnovelle 1976 (→ Einl. [20. Aufl.] Rdnr. 159). Die Vorschrift ersetzte den bis dahin geltenden § 272 b aF, während der substanzlose § 273 aF (Verweisung auf die allgemeinen Vorschriften über die mündliche Verhandlung) weggefallen ist. Änderung des Abs. 2 Nr. 4 durch Rechtspflege-Vereinfachungsgesetz vom 17.XII.1990, BGBl. I 2847.

---

[49] *Eich* DB 1977, 909.

I. Entstehung und Zweck der Vorschrift	1	5. Ersuchen an Behörden	26
1. Entstehung	1	6. Anordnung des persönlichen Erscheinens der Parteien	27
2. Zweck	2	7. Ladung von Zeugen und Sachverständigen	29
II. Gerichtliche Vorbereitungspflicht und Pflicht der Parteien zu rechtzeitigem Vortrag	5	V. Benachrichtigung der Parteien	34
1. Vorbereitungspflicht trotz verspäteten Vorbringens	5	1. Allgemeine Benachrichtigungspflicht	34
2. Berufungsinstanz	10	2. Verstöße	36
III. Allgemeine Voraussetzungen der vorbereitenden Maßnahmen	11	VI. Verfahren im Termin, Nichtbefolgung von Anordnungen	37
1. Zuständigkeit	11	1. Voraussetzungen der Beweiserhebung	37
2. Zeitpunkt der vorbereitenden Anordnungen	14	2. Nichterscheinen der Parteien	38
a) Außerhalb der mündlichen Verhandlung	14	3. Nichtbefolgung von Anordnungen	39
b) Vorzubereitende Termine	15	VII. Rechtsbehelfe	40
3. Verhältnis zum Parteivortrag, Prüfung der Erheblichkeit	16	VIII. Gebühren	41
IV. Die Anordnungen des Vorsitzenden (bzw. eines Mitglieds des Gerichts)	18	1. Beweisgebühr des Rechtsanwalts	41
1. Auswahl	18	2. Keine Bedeutung für die Gerichtsgebühren	43
2. Bedeutung der Aufzählung in Abs. 2	19	IX. Arbeitsgerichtliches Verfahren	44
3. Aufforderung zur Erläuterung und Ergänzung, Fristsetzung	20	1. Vorbereitende Maßnahmen	44
4. Vorlegung von Urkunden und anderen Gegenständen	25	2. Beweisbeschlüsse, Beweisaufnahmen	46

I. Entstehung und Zweck der Vorschrift[1]

1. Entstehung

Die Vorschrift ist Ausdruck des **Konzentrationsgrundsatzes** und der Mitverantwortung des Gerichts für den Gang des Prozesses. Vorbereitende Anordnungen vor der mündlichen Verhandlung waren zunächst durch die Novelle 1909 (→ Einl. [20. Aufl.] Rdnr. 115 a. E.) für das amtsgerichtliche Verfahren für zulässig erklärt worden. Der damals eingefügte § 501, der eine Kann-Bestimmung darstellte, wurde durch die BeschleunigungsVO v. 22. XII. 1923 (→ Einl. Rdnr. 122) auf das landgerichtliche Verfahren ausgedehnt. Die Novelle 1924 (→ Einl. Rdnr. 123) wandelte § 501 zu § 272 b um. Der grundlegende Unterschied dabei war, daß die Vorbereitung des Termins nun nicht mehr als bloße *Befugnis*, sondern als wichtige und ernstzunehmende **Pflicht des Gerichts** im Gesetz verankert wurde. Der heutige § 273, eingefügt durch die Vereinfachungsnovelle 1976 (→ Einl. Rdnr. 159), deckt sich weitgehend mit § 272 b aF, soweit es um die lediglich vorbereitenden Anordnungen geht. Dagegen sind der Erlaß eines *Beweisbeschlusses* und die Durchführung einer *Beweisaufnahme* vor der mündlichen Verhandlung jetzt in § 358 a geregelt. 1

---

[1] Lit.: *Baur* Die Vorbereitung der mündlichen Verhandlung im Zivilprozeß (§ 272 b ZPO) ZZP 66 (1953), 209; *Kalthoener* § 272 b ZPO – Bedeutung, Anwendung, praktische Ergebnisse DRiZ 1975, 203; *Walchshöfer* Vorbereitende Maßnahmen bei neuem Vorbringen in der Berufungsinstanz NJW 1976, 697; *Born* Auflage und Parteiprozeß NJW 1995, 571.

2. Zweck

2 Im Interesse der Beschleunigung und Konzentration des Verfahrens soll der Prozeß in **einem** Haupttermin erledigt werden. Dieses Ziel läßt sich im allgemeinen nur erreichen, wenn der **Haupttermin** umfassend vorbereitet wurde, § 272 Abs. 1. Schriftliches Vorverfahren oder früher erster Termin (§ 272 Abs. 2) geben den Parteien die Gelegenheit zu vorbereitendem schriftsätzlichem bzw. mündlichem Vortrag. Das Gericht darf sich jedoch nicht darauf beschränken, den Vortrag entgegenzunehmen und sich durch gerichtsinterne Vorarbeiten (vor allem des Berichterstatters, zulässigerweise aber auch im Wege einer Vorberatung des Kollegiums → § 133 Rdnr. 10) für den Verhandlungstermin zu rüsten. Vielmehr macht § 273 Abs. 1 dem Gericht die **aktive Vorbereitung des Termins** durch nach außen gerichtete Maßnahmen zur **Pflicht**.

3 Die entscheidende Besonderheit des § 273 ist, daß diese Vorbereitungsmaßnahmen **ohne vorherige mündliche Verhandlung** getroffen werden können. Wäre dies nicht zulässig, so ließe es sich oft nicht vermeiden, dem Haupttermin, in dem ein Aufklärungs- oder Beweisbeschluß ergeht, einen weiteren Verhandlungstermin folgen zu lassen.

4 Abs. 2 erläutert näher, **welche vorbereitenden Anordnungen** durch den Vorsitzenden oder ein von ihm bestimmtes Mitglied des Prozeßgerichts getroffen werden können. Es geht dabei vor allem um die Klärung des Parteivortrags und die vorsorgliche **Bereitstellung von Beweismitteln** für den Verhandlungstermin, nicht dagegen um die Anordnung oder Durchführung einer *Beweiserhebung*. Insoweit wird jedoch § 273 durch § 358 a ergänzt, der es gestattet, schon vor der mündlichen Verhandlung Beweisbeschlüsse zu erlassen und sie in manchen Fällen auch bereits auszuführen. Hierfür ist aber, da die Erheblichkeit der Tatsachen und die Zulässigkeit des Beweises zu beurteilen sind, die Zuständigkeit des gesamten Spruchkörpers, nicht des Vorsitzenden oder eines einzelnen Mitglieds des Gerichts vorgeschrieben[2].

II. Gerichtliche Vorbereitungspflicht und Pflicht der Parteien zu rechtzeitigem Vortrag

1. Vorbereitungspflicht trotz verspäteten Vorbringens

5 Zur Konzentration und Beschleunigung des Verfahrens haben **Gericht und Parteien gleichermaßen** beizutragen. Die Pflicht des Gerichts, durch Vorbereitung des Termins die Erledigung des Prozesses in einem Haupttermin zu ermöglichen, steht gleichrangig neben der Pflicht der Parteien, ihren Vortrag rechtzeitig vor dem Verhandlungstermin durch Schriftsätze mitzuteilen. Wenn daher eine Partei die ihr gesetzten Fristen (§§ 275, 276) nicht eingehalten hat, so entbindet dies das Gericht nicht schlechthin von der Pflicht, ein nach Fristablauf eingegangenes Vorbringen zu berücksichtigen und in geeigneten Fällen auch jetzt noch eine vorbereitende Anordnung, z.B. die Ladung von Zeugen zur mündlichen Verhandlung, zu treffen. Hat das **Gericht seiner Vorbereitungspflicht nicht genügt**, so darf das verspätete Vorbringen **nicht** nach § 296 Abs. 1 **zurückgewiesen** werden, weil die durch Zulassung des Vorbringens entstehende Verzögerung dann nicht allein der Partei anzulasten ist, → vor § 128 Rdnr. 34, § 296 Rdnr. 71 ff. Das Gericht hat, wie der BGH[3] formuliert, die *Verspätung des Parteivortrags durch zumutbare vorbereitende Maßnahmen nach § 273 auszugleichen*. Die Zurückweisung ist, wenn das Gericht dieser Verpflichtung nicht nachgekommen ist, mit

---

[2] Vgl. Begr. BT-Drucks. 7/2729, 68.
[3] *BGHZ* 75, 138, 143 = NJW 1979, 1988; *BGHZ* 76, 133, 136 = NJW 1980, 945, 946; *BGH* NJW 1980, 1102, 1103; NJW 1980, 1105, 1106; *BGHZ* 86, 198, 203 = NJW 1983, 1495; NJW 1984, 1964, 1965; NJW 1991, 2759, 2760. Krit. zur Rsp des BGH und des BVerfG *Würfel* NJW 1992, 543; dagegen *B. Schmidt* NJW 1992, 2005.

Art. 103 Abs. 1 GG nicht vereinbar[4]. Einzelne Zeugen zu einem eingegrenzten Beweisthema zu vernehmen, ist dabei stets als zumutbar anzusehen[5]; die zusätzliche Ladung eines Sachverständigen ist es dann, wenn dessen Einvernahme neben der Zeugenvernehmung im Termin zu bewältigen war[6]. Aus dem Gesagten folgt aber nicht, daß schon aufgrund der Klageschrift (und des darin geschilderten vorprozessualen Streitstands) Zeugen zu laden wären, um den Folgen einer Verspätung der Klageerwiderung vorzubeugen[7].

In der Beschränkung auf **zumutbare Maßnahmen** kommt zum Ausdruck, daß die Vorbereitungspflicht des Gerichts in dieser Situation auch Grenzen hat. Dies gilt einmal **in zeitlicher Hinsicht**. Vorbereitende Maßnahmen sind nur insoweit erforderlich, als sie *bei normalem Geschäftsgang* noch vor dem Termin möglich und sinnvoll sind. Das Gericht (bzw. der Vorsitzende) ist nicht verpflichtet, sofort bei Eingang eines Schriftsatzes tätig zu werden, sondern darf die Durchsicht des Schriftsatzes und den Erlaß vorbereitender Anordnungen in den geplanten Ablauf der sonstigen gerichtlichen Aufgaben einfügen. Außerdem besteht auch keine Pflicht zu Eilanordnungen[8], etwa mit Hilfe des Telefons oder durch Telegramm.

Aber auch für den **Umfang der Vorbereitungspflicht** können sich bei verspätetem Vortrag der Partei engere Grenzen ergeben als sonst, so z.B. wenn die Verspätung nur durch eine umfangreiche Bereitstellung von Beweismitteln (z.B. Ladung zahlreicher Zeugen[9]) ausgeglichen werden könnte oder wenn sich die Beweisthemen vor der Verhandlung nicht hinreichend präzise darstellen[10] oder wenn trotz vorbereitender Anordnung keine Entscheidungsreife im Termin erzielt und daher die Verzögerung nicht vermieden werden könnte[11]. Statt vorbereitend geladene Zeugen wieder »abzuladen«, weil auch der Gegner Zeugen benannt hat und dadurch der im vorgesehenen Termin verfügbare Zeitraum nicht mehr ausreicht[12], sollte die Stellungnahme des Gegners (insbesondere die Berufungserwiderung) vor der Ladung abgewartet werden.

Es besteht auch **keine Verpflichtung**, den Verhandlungstermin (z.B. nach Nichteinhaltung einer Frist, Versäumnisurteil und Einspruch, → § 296 Rdnr. 80) **so weit hinauszurücken**, daß mit Hilfe vorbereitender Maßnahmen nach § 273 das verspätete Vorbringen voll berücksichtigt werden kann; denn bei solcher Handhabung würde der Beschleunigungszweck der Vorschriften über Fristen und Präklusion verfehlt[13]. Wenn aber der Verhandlungstermin so anberaumt wird, daß bis dahin noch ein langer Zeitraum zur Verfügung steht, so ist selbst bei verspätetem Parteivortrag noch von einer umfassenden Vorbereitungspflicht auszugehen. Auch ist es unzulässig, die Zeit für die Verhandlung der einzelnen Sachen generell so eng zu bemessen, daß eine Zeugenvernehmung im ersten Termin nicht in Betracht kommt[14].

Die erwähnten **Einschränkungen der Vorbereitungspflicht** sind aber, was in den vorliegenden Entscheidungen nicht immer klar hervortritt, **nur bei der Behandlung verspäteten Vorbringens anzuerkennen**. Die gerichtlichen Maßnahmen generell, also auch bei rechtzeitigem Vorbringen, nur auf einzelne Beweismittel, nicht etwa auf zahlreiche Zeugen, zu erstrecken,

---

[4] BVerfG 81, 264 = NJW 1990, 2373; BVerfG NJW 1989, 706; Grundeigentum 1993, 582; NJW-RR 1995, 1469.
[5] BGH NJW 1991, 2759, 2760; BVerfGE 81, 264, 270 f. (Fn. 4).
[6] BGH NJW-RR 1991, 767, 768. Gegenbeispiel: OLG Köln VersR 1990, 674.
[7] BGH NJW 1987, 499 = LM § 273 Nr. 5.
[8] BGH NJW 1980, 1102, 1104; WM 1979, 918, 921.
[9] Vgl. etwa OLG Köln ZIP 1985, 436. – Das Gericht muß aber prüfen, ob es auf die Vernehmung der einzelnen benannten Zeugen ankommt, ehe es wegen der Zahl der Zeugen von einer Ladung absieht, OLG Oldenburg NdsRpfl 1979, 179.
[10] Vgl. BGH NJW 1980, 1105, 1106 (während eine umfangreiche Beweiserhebung zur Klärung eines vielschichtigen Streitstoffs nicht in Betracht kommt, darf die Ladung und Vernehmung eines Zeugen zu einem präzisen und überschaubaren Beweisthema nicht unterbleiben).
[11] OLG Köln MDR 1975, 147 (zu § 272 b aF).
[12] So OLG Köln OLGZ 1985, 488 = MDR 1985, 772; E. Schneider MDR 1985, 729.
[13] BGH NJW 1981, 286 (gegen OLG Hamm NJW 1980, 293); LG Hannover MDR 1985, 240, 241.
[14] BGH NJW 1974, 1512 (zu § 529 Abs. 2 aF); dazu E. Schneider JurBüro 1974, 1497, 1500. – S. auch OLG Oldenburg NdsRpfl 1979, 179 (die Auslastung des Gerichts kann das Unterbleiben der Ladung von Zeugen im allgemeinen nicht rechtfertigen).

entspräche jedenfalls für die Vorbereitung des Haupttermins nicht dem Gesetz[15]. Der Umstand, daß sich eine für den Verhandlungstermin vorbereitete Beweisaufnahme aufgrund des Verlaufs des Termins oder wegen der abweichenden Ansicht des Kollegiums (→ Rdnr. 17) als entbehrlich erweisen kann, mag zwar im Einzelfall Anlaß sein, von bestimmten vorbereitenden Anordnungen abzusehen, rechtfertigt aber keine generelle Beschränkung auf einzelne Beweismittel[16].

2. Berufungsinstanz

10 Auch in der Berufungsinstanz ist die Zurückweisung von Vorbringen nicht zulässig, wenn durch vorbereitende Anordnungen nach § 273 die Berücksichtigung des Vortrags, insbesondere die beantragte Beweiserhebung, im ersten Verhandlungstermin der zweiten Instanz möglich gewesen wäre. Dies gilt sowohl im Fall des § 527 (z.B. bei Vorbringen nach Ablauf der Berufungsbegründungsfrist) als auch im Bereich des § 528 Abs. 1 und 2 (Vorbringen, das im ersten Rechtszug unter Mißachtung einer gesetzten Frist bzw. der allgemeinen Prozeßförderungspflicht nicht vorgetragen wurde), → § 527 Rdnr. 21, § 528 Rdnr. 8. Gerade wenn es um Vorbringen geht, das eigentlich in der ersten Instanz hätte vorgetragen werden müssen, wird man aber vom Gericht nur in engen Grenzen[17] verlangen können, die Zurückweisung durch Vorbereitung des ersten Verhandlungstermins in der Berufungsinstanz zu vermeiden, nämlich dann, wenn es sich um **einzelne, nicht allzu umfangreiche Ergänzungen** des im großen und ganzen in der ersten Instanz vorgetragenen Angriffs- oder Verteidigungsvorbringens handelt[18], oder – in der Formulierung des BGH[18a] – um einfache und klar abgegrenzte Streitpunkte, die ohne unangemessenen Zeitaufwand geklärt werden können. Andernfalls würde es der Partei entgegen der im Gesetz verankerten Ansicht gestattet, die erste Instanz nicht ernst zu nehmen und das Schwergewicht auf die Berufungsinstanz zu verlagern, → § 528 Rdnr. 8. Bei der Frage, wieweit die Vorbereitungspflicht zum Ausgleich einer Verspätung reicht, sollte also (stärker als dies in der Rsp geschieht) zwischen der ersten und der zweiten Instanz unterschieden werden. Zu den Einzelheiten (unter dem Gesichtspunkt der Präklusion) → § 296 Rdnr. 71 ff.

III. Allgemeine Voraussetzungen der vorbereitenden Maßnahmen

1. Zuständigkeit

11 Wenn es Abs. 1 S. 1 zur Pflicht des *Gerichts* erklärt, vorbereitende Maßnahmen zu veranlassen, so ist damit nicht gemeint, es sei stets das Kollegium als Ganzes zuständig. Vielmehr ist der Ausdruck Gericht hier als allgemeiner, sowohl das Kollegium als auch einen einzelnen Richter umfassender Begriff zu verstehen. Die genauere Regelung der Zuständigkeit folgt dann einerseits aus Abs. 2, der vorbereitende Maßnahmen der dort genannten Art in die Hand des **Vorsitzenden** (oder eines von ihm bestimmten Gerichtsmitglieds) legt, andererseits aus § 358 a, der für *Beweisbeschlüsse* vor der mündlichen Verhandlung und für die Anordnung,

---

[15] Ähnlich *Fuhrmann* Die Zurückweisung schuldhaft verspäteter und verzögernder Angriffs- und Verteidigungsmittel im Zivilprozeß (1987), 160 ff.
[16] A.M. BGH NJW 1971, 1564, jedoch stark abgeschwächt durch BGH NJW 1975, 1744, 1745.
[17] Die Formel, vorbereitende Maßnahmen seien (nur) angezeigt, wenn durch einzelne Beweismittel bestimmte, klar hervortretende Streitpunkte in der mündlichen Verhandlung geklärt werden können, wurde in diesem Zusammenhang geprägt, s. z.B. BGH NJW 1971, 1564; NJW 1975, 1744, 1745; NJW 1975, 1928 (alle zu § 529 Abs. 2 aF). Der Sache nach übereinstimmend BGH NJW 1984, 1964, 1965 (zu § 528 Abs. 1); NJW 1991, 2759, 2760 (zu § 528 Abs. 2).
[18] Vgl. OLG Koblenz NJW 1979, 374 (keine Ladung von acht Zeugen zum ersten Berufungstermin). Dagegen *Deubner* NJW 1979, 337, 341; *Fuhrmann* (Fn. 15), 163.
[18a] BGH NJW 1996, 528, 529.

Beweise schon vor der mündlichen Verhandlung zu erheben, das Gericht, d. h. den *gesamten Spruchkörper*, für zuständig erklärt.

Soweit der Rechtsstreit nach § 348 oder § 524 dem **Einzelrichter** übertragen ist, hat dieser die Befugnisse nach Abs. 2. Bei der **Kammer für Handelssachen** kann der Vorsitzende auch einen ehrenamtlichen Richter als zuständiges Mitglied des Gerichts bestimmen, vgl. § 112 GVG. 12

Soweit der Vorsitzende ein **Miglied des Gerichts beauftragt** hat, erläßt dieses die Anordnungen **in eigener Verantwortung**, ohne an Weisungen des Vorsitzenden gebunden zu sein. 13

2. Zeitpunkt der vorbereitenden Anordnungen

a) Außerhalb der mündlichen Verhandlung

Unter den vorbereitenden Maßnahmen i. S. des § 273 sind Anordnungen zu verstehen, die außerhalb der mündlichen Verhandlung getroffen werden. Dagegen kommen im Verhandlungstermin keine Maßnahmen des *Vorsitzenden* aufgrund § 273 in Betracht[19], wohl aber Anordnungen des *Gerichts*, → Rdnr. 15. Auch Abs. 1 S. 2 soll mit den Worten »in jeder Lage des Verfahrens« hervorheben, daß *außerhalb* der mündlichen Verhandlung[20] auf rechtzeitige und vollständige Erklärung der Parteien hinzuwirken ist; in der mündlichen Verhandlung gilt ohnehin § 139. 14

b) Vorzubereitende Termine

Die Anordnungen dienen vor allem der **Vorbereitung des Haupttermins**. Besonders wichtig ist § 273 als Rechtsgrundlage der Anordnungen, falls ein schriftliches Vorverfahren stattfindet. Wenn dagegen ein früher erster Termin anberaumt wird, können im Termin Aufklärungs- und Beweisbeschlüsse durch das Gericht nach den allgemeinen Vorschriften erlassen werden. Das *Gericht* kann im frühen ersten Termin (oder in späteren Terminen) auch Anordnungen nach Abs. 2 treffen, z. B. eine *Frist* nach Abs. 2 Nr. 1 setzen, → auch § 275 Rdnr. 23, 26, 32. In der Zeitspanne **zwischen frühem erstem Termin** und Haupttermin ist dann aber immer noch Raum für vorbereitende Anordnungen nach § 273. Auch **spätere Termine** können mit Hilfe des § 273 vorbereitet werden. Nach einer auswärtigen Beweisaufnahme kann z. B. eine dadurch erforderlich werdende weitere Beweisaufnahme vor dem Prozeßgericht schon für den Termin nach § 370 Abs. 2 vorbereitet werden. Den **frühen ersten Termin** kann das Gericht ebenfalls nach § 273 vorbereiten, doch wird dies, wenn es sich wirklich um einen *frühen* Termin handelt, nur in begrenztem Umfang zweckmäßig sein. Soweit allerdings vor dem ersten Termin Fristen gesetzt wurden (§ 275), kann sich bei Überschreitung dieser Fristen die bei Rdnr. 5 ff. beschriebene Pflicht des Gerichts ergeben, eine Verspätung noch durch zumutbare Anordnungen auszugleichen, wenn und soweit man eine Präklusion von Vorbringen bereits im frühen ersten Termin für zulässig hält, → § 296 Rdnr. 65 ff. 15

3. Verhältnis zum Parteivortrag, Prüfung der Erheblichkeit

Vorbereitende Anordnungen können bereits aufgrund der *Klageschrift* getroffen werden. Im allgemeinen wird dies aber nicht zweckmäßig sein, da erst aufgrund der *Klageerwiderung* einigermaßen erkennbar ist, wie sich der Prozeßstoff insgesamt darstellt und welche Tatsa- 16

---

[19] *KG* DR 1942, 1029.   [20] Vgl. BT-Drucks. 7/2729, 68.

chen bestritten werden. Was Abs. 3 S. 1 für die Ladung von Zeugen und Sachverständigen als Soll-Vorschrift anordnet, ist also auch sonst zu empfehlen. In der Berufungsinstanz sind vorbereitende Maßnahmen bereits aufgrund der Berufungsbegründungsschrift angezeigt, wenn es sich zwar um neues Vorbringen handelt, das aber vom Gegner bereits im ersten Rechtszug vorweggenommen bestritten worden war.[20a] Die Zulässigkeit der vorbereitenden Anordnungen *ändert nichts an der Verhandlungsmaxime*[21], gestattet also dem Gericht nicht, von sich aus Tatsachen zum Prozeßstoff zu machen oder auch über unstreitige Tatsachen Beweis zu erheben (anders im Bereich der Prüfung von Amts wegen, wo das Gericht nicht an Zugestehen oder Nichtbestreiten gebunden ist, → vor § 128 Rdnr. 96).

17   Da der Parteivortrag erst in der mündlichen Verhandlung wirksam wird (abgesehen von den Fällen schriftlichen Verfahrens), stehen die vorbereitenden Anordnungen, vor allem die vorbereitete Beweisaufnahme, unter dem Vorbehalt, daß der schriftsätzlich angekündigte Vortrag in der mündlichen Verhandlung auch zum Prozeßstoff gemacht wird. Bei der Anordnung ist die **Rechtserheblichkeit der Tatsachen** und die **Zulässigkeit von Beweismitteln** zunächst aufgrund des schriftsätzlichen Vortrags zu beurteilen, wobei der Vorsitzende (bzw. das von ihm bestimmte Gerichtsmitglied) seine Rechtsauffassung zugrunde zu legen hat, an die aber das Kollegium in der mündlichen Verhandlung nicht gebunden ist. Der BGH[22] spricht in diesem Zusammenhang davon, der Vorsitzende oder das von ihm bestimmte Mitglied habe nach seinem *Ermessen* lediglich zu prüfen, ob das Vorbringen der Partei erheblich sein *könne*. Für ein Ermessen im rechtstechnischen Sinn ist aber kein Grund ersichtlich.

IV. Die Anordnungen des Vorsitzenden (bzw. eines Mitglieds des Gerichts)

1. Auswahl

18   Welche Anordnungen zur Vorbereitung des Verhandlungstermins zu treffen sind, hat der Vorsitzende bzw. das von ihm bestimmte Mitglied des Gerichts nach pflichtgemäßem Ermessen zu bestimmen. Anzuordnen ist, was voraussichtlich die konzentrierte Erledigung des Rechtsstreits fördert. Andererseits ist die Vorbereitung umfangreicher Beweise zu vermeiden, wenn mit der Möglichkeit zu rechnen ist, daß es auf diese Beweise (z.B. zur Höhe des Anspruchs) nach dem Ergebnis vorrangiger Beweisaufnahmen (z.B. zum Grund des Anspruchs) nicht ankommt. In solchen Fällen kann es angezeigt sein, einen weiteren Verhandlungstermin einzuplanen (→ § 272 Rdnr. 18) und diesen dann wiederum vorzubereiten.

2. Bedeutung der Aufzählung in Abs. 2

19   Die Aufzählung der zulässigen vorbereitenden Maßnahmen in Abs. 2 ist, wie sich aus dem Wort »insbesondere« ergibt, zwar **nicht abschließend**, aber doch recht umfassend. Neben den ausdrücklich genannten Maßnahmen erscheint es z.B. zulässig, die *Übersetzung* von Urkunden anzufordern oder von den Parteien *Nachweise über fremdes Recht* (§ 293) zu verlangen. Die in Abs. 2 gezogenen Schranken, vor allem das Erfordernis der Bezugnahme in Nr. 4, dürfen nicht durch Berufung auf den lediglich beispielhaften Charakter der Aufzählung überschritten werden. Auch ist es dem Vorsitzenden *nicht* gestattet, nach Abs. 2 die *Aufnahme von Beweisen* vor der mündlichen Verhandlung (z.B. auch die Einholung schriftlicher Auskünfte von Zeugen) anzuordnen; denn solche Anordnungen sind durch die Vereinfachungsnovelle 1976 bewußt von den vorbereitenden Maßnahmen getrennt und durch § 358 a dem gesamten Spruchkörper zugewiesen worden.

[20a] *BGH* NJW 1996, 528.
[21] *Baur* ZZP 66 (1953), 209, 213 (zu § 272 b aF).
[22] So z.B. *BGH* NJW 1975, 1744, 1745.

3. Aufforderung zur Erläuterung und Ergänzung, Fristsetzung

Soweit Abs. 2 Nr. 1 gestattet, den Parteien die Ergänzung oder Erläuterung ihrer vorbereitenden Schriftsätze aufzugeben, ist dies im selben Sinn wie bei § 139 zu verstehen. Es geht also auch hier um die **Aufklärung des Parteivortrags**, nicht um eine richterliche Untersuchung des Sachverhalts als solchen, → § 139 Rdnr. 5a. Daher wird eine solche Aufforderung im allgemeinen nur bei *streitigen* Behauptungen in Betracht kommen, es sei denn, tatsächliche Behauptungen wären zwar unstreitig, aber für die Rechtsanwendung zu ungenau. Auch die Vervollständigung von Angaben über Beweismittel, z. B. die Mitteilung einer Zeugenanschrift[23], kann (unter Fristsetzung) aufgegeben werden. 20

Der Richter muß der Partei deutlich mitteilen, in welcher Hinsicht eine Ergänzung oder Erläuterung erforderlich erscheint. Für die **Erklärung über bestimmte Punkte** kann (ähnlich wie schon nach § 279 a aF) eine **Frist** gesetzt werden, deren unentschuldigte Nichteinhaltung zur Nichtzulassung des Vorbringens nach § 296 Abs. 1 führen kann. Die Formulierungen des Gerichts müssen klar und unmißverständlich sein, andernfalls kommt eine Präklusion zu Lasten der Partei, die die Frage falsch verstanden hat, nicht in Betracht[24]. Die allgemeine Aufforderung, zu einem übersandten Schriftsatz des Gegners Stellung zu nehmen, stellt jedoch keine Fristsetzung i. S. des Abs. 2 Nr. 1 dar und kann daher keine Präklusion nach dieser Vorschrift in Verbindung mit § 296 nach sich ziehen[25]. Die Setzung solcher *allgemeiner* Fristen richtet sich vielmehr nach §§ 275 bis 277, und es ist dann nach Maßgabe dieser Vorschriften zu prüfen, ob die Frist vom Vorsitzenden bzw. einem bestimmten Gerichtsmitglied gesetzt werden konnte oder nur vom gesamten Spruchkörper. 21

Die Verfügung muß, wenn sie eine Fristbestimmung nach Abs. 2 Nr. 1 enthält, gemäß § 329 Abs. 2 S. 2 **förmlich zugestellt** werden, ohne daß eine Heilung nach § 187 S. 1 zulässig wäre[26]. Eine *Belehrung* über die Folgen der Fristversäumung ist nicht vorgeschrieben und auch nicht Voraussetzung einer Nichtzulassung verspäteten Vorbringens nach § 296 Abs. 1[27], erscheint aber (jedenfalls im Parteiprozeß) empfehlenswert[28]. Die Frist wird zweckmäßigerweise nach dem Kalender bestimmt und kann vor dem Verhandlungstermin ablaufen[29]. Doch ist es auch zulässig, der Partei eine Äußerung spätestens im nächsten Verhandlungstermin aufzugeben. Für die Abkürzung und Verlängerung der Frist gilt § 224. 22

Abs. 2 Nr. 1 ist wie die gesamte Vorschrift auch im **amtsgerichtlichen Verfahren** anwendbar; in der Aufforderung zur schriftsätzlichen Erklärung liegt zugleich (zumindest stillschweigend, besser wäre freilich eine ausdrückliche Anordnung) die Anordnung nach § 129 Abs. 2. 23

Den Parteien kann auch aufgegeben werden, sich zu **rechtlichen Gesichtspunkten** zu äußern, doch führt insoweit die Überschreitung einer gesetzten Frist nicht zu Präklusionsfolgen. 24

4. Vorlegung von Urkunden und anderen Gegenständen

Neben den Urkunden kommen Augenscheinsobjekte[30] (auch Tonbänder und ähnliches) in Betracht. Es ist nicht erforderlich, daß sich die Partei auf die Urkunde bezogen[31] oder den Augenscheinsbeweis angetreten hat. Dem *Gegner der beweisbelasteten Partei* wird man aber die Vorlage einer Urkunde nur unter den Voraussetzungen der §§ 422, 423 aufgeben kön- 25

---

[23] *Reinecke* MDR 1990, 767, 768 (auch zum Verhältnis zu § 356).
[24] *BGH* NJW-RR 1990, 856 = MDR 1990, 1102.
[25] *OLG Frankfurt* MDR 1979, 764.
[26] *BGHZ* 76, 236 238; *OLG Frankfurt* MDR 1979, 764.
[27] *OLG Düsseldorf* MDR 1985, 417.
[28] *Grunsky* JZ 1978, 81, 83.
[29] Vgl. *BGHZ* 33, 236, 240 (zu § 279 a aF).
[30] Auch z. B. ein PKW, *AK-ZPO-Menne* Rdnr. 4.
[31] *BAG* DB 1976, 1020.

nen[32]; für Augenscheinsobjekte sollte dies entsprechend gelten. Es kann sowohl die *Vorlage im Termin* als auch die vorherige Niederlegung *bei der Geschäftsstelle* (vgl. § 142 Abs. 2) angeordnet werden, nicht dagegen die Vorlage vor einem *beauftragten oder ersuchten Richter*. Dies müßte vielmehr, da es sich schon um eine Beweiserhebung handelt, durch einen Gerichtsbeschluß nach § 358 a S. 1, S. 2 Nr. 1, § 434 angeordnet werden. – Auch die Erstellung oder Beschaffung von Unterlagen kann aufgegeben werden, ohne daß aber dadurch die Wahl der Parteien zwischen verschiedenen Beweismitteln beschränkt würde[33].

5. Ersuchen an Behörden

26   Die **Mitteilung von Urkunden** oder die **Erteilung amtlicher Auskünfte** kann nach Abs. 2 Nr. 2 von Behörden[34] (auch Gerichten) jeglicher Art und von Trägern eines öffentlichen Amtes (z.B. Notaren, § 1 BNotO) erbeten werden. Zum Begriff der (auch hier gemeinten) öffentlichen Behörde → § 415 Rdnr. 3. Auch die **Beiziehung von Akten**[35] desselben oder eines anderen Gerichts oder einer Verwaltungsbehörde gehört hierher[36]. Zur Verwertung ohne Benachrichtigung der Parteien → Rdnr. 36. Die Einschränkung des § 432 Abs. 2 gilt hier nicht, d. h. es kommt nicht darauf an, ob sich die Parteien die Urkunde auch alleine beschaffen könnten. Ob eine *Pflicht* der ersuchten Behörde zur Vorlage von Urkunden oder zur Erteilung der Auskunft besteht, richtet sich nach den in der Einl. [20. Aufl.] Rdnr. 629 ff. sowie bei § 432 Rdnr. 11 ff. dargestellten Grundsätzen[37]. Bei Notaren wird nicht selten die Verschwiegenheitspflicht des § 18 BNotO, die grundsätzlich auch gegenüber Behörden gilt, einer Urkundenvorlegung oder Auskunftserteilung entgegenstehen, soweit nicht die Beteiligten den Notar von der Schweigepflicht befreien[38], § 18 Abs. 1 S. 2 BNotO. Auch die Einholung der Auskunft einer *ausländischen Behörde* erscheint – im Wege der Rechtshilfe (→ Einl. [20. Aufl.] Rdnr. 851 ff.) – zulässig[39]. Zur Einholung von Auskünften über ausländisches Recht → § 293 Rdnr. 39 ff., 72 ff. Zur Rechtsnatur und zur Zulässigkeit der amtlichen Auskunft als Beweismittel → vor § 373 Rdnr. 51.

6. Anordnung des persönlichen Erscheinens der Parteien

27   Da Abs. 2 Nr. 3 keine Einschränkung enthält, kann das persönliche Erscheinen der Parteien (oder einer Partei) sowohl zur Aufklärung des Sachverhalts (§ 141 Abs. 1 S. 1) als auch zum Zwecke der gütlichen Beilegung des Rechsstreits[40] (§ 279 Abs. 2) oder zu beiden Zwecken angeordnet werden. Obwohl Abs. 4 nicht ausdrücklich darauf verweist, ist auch § 141 Abs. 1 S. 2 anzuwenden und *von der Anordnung abzusehen*, wenn der Partei das persönliche Erscheinen nicht zuzumuten ist. Überhaupt sollte das persönliche Erscheinen nicht schematisch angeordnet werden → § 141 Rdnr. 1. Zur persönlichen Ladung der Partei (Abs. 4 S. 2 i. V. m. § 141 Abs. 2) → § 141 Rdnr. 17.

---

[32] *Baur* ZZP 66 (1953), 209, 216; *K. Schreiber* Die Urkunde im Zivilprozeß (1982), 75 f., 78.
[33] Dazu *Bork* NJW 1995, 571.
[34] Nach *BAGE* 50, 9, 21 = AP §§ 22, 23 BAT 1975 Nr. 108 können entsprechend Auskünfte von den Tarifvertragsparteien über Bestehen von Tarifverträgen usw. eingeholt werden, doch dürfen diesen nicht die prozeßentscheidenden Rechtsfragen zur Beurteilung überlassen werden. → auch § 293 Rdnr. 70.
[35] Dazu *Brüggemann* ZBlJugR 1976, 217.
[36] *K. Schreiber* (Fn. 32) 91 zieht dagegen insoweit die Generalklausel des § 273 Abs. 1 S. 1 heran.
[37] Dazu *K. Schreiber* (Fn. 32) 91 ff.
[38] Dazu *K. Schreiber* (Fn. 32) 94 ff.
[39] *BGH* WM 1977, 478, 479 läßt dies offen, hält aber einen etwa bestehenden Verfahrensmangel jedenfalls nach § 295 für heilbar, z. B. durch übereinstimmenden Antrag der Parteien auf Einholung der Auskunft. – S. auch *LG Hamburg* WM 1996, 1814 (Internationale Handelskammer ist Behörde iSv Abs. 2 Nr. 2; es ging aber nicht um ein gerichtliches Ersuchen).
[40] *OLG Stuttgart* Rpfleger 1981, 372.

Die **Sanktion** des nach Abs. 4 S. 2 anwendbaren § 141 Abs. 3 gilt nur, wenn die Anordnung 28
zum Zweck der Aufklärung des Sachverhalts erfolgt ist[40a], → § 141 Rdnr. 33, 39. Daher sind
Zweck und Rechtsgrundlage der Anordnung **in der Verfügung anzugeben** und (bei einer
Anordnung zur Aufklärung des Sachverhalts) auf die mögliche Verhängung eines Ordnungsgelds bei Ausbleiben der Partei hinzuweisen, → § 141 Rdnr. 9. Es braucht aber (auch als
Voraussetzung einer Ordnungsgeldsanktion) nicht mitgeteilt zu werden, welche Fragen das
Gericht zu stellen beabsichtigt[41]. Das persönliche Erscheinen des **Beklagten** kann bereits
angeordnet werden, bevor sich dieser auf den Rechtsstreit eingelassen hat (→ § 141
Rdnr. 7)[41a], doch kommt eine Ordnungsgeldfestsetzung wegen Nichtbefolgung der Anordnung erst nach Einlassung in Betracht, → § 141 Rdnr. 33. Für das Erscheinen eines **Vertreters**
gilt nach Abs. 4 S. 2 der § 141 Abs. 3 S. 2, näher → § 141 Rdnr. 25.

7. Ladung von Zeugen und Sachverständigen

Zeugen dürfen nach Abs. 2 Nr. 4 nur zur mündlichen Verhandlung geladen werden, wenn 29
sich eine Partei *auf die Zeugen bezogen* hat. *Sachverständige* darf der Richter dagegen *von
sich aus* laden. In beiden Fällen soll die Anordnung, um überflüssige Aufwendungen zu
vermeiden, nach Abs. 3 S. 1 nur ergehen, wenn der Beklagte dem Klageanspruch widersprochen hat und sich daher, wie hinzuzufügen ist, der Zeugen- und Sachverständigenbeweis auf
streitige Tatsachen bezieht. In den Fällen der *Glaubhaftmachung* ermöglicht es Abs. 2 Nr. 4,
der Partei durch vorbereitende Ladung von Zeugen zu Hilfe zu kommen, → auch § 294
Rdnr. 11. Dies gilt auch im **Arrest- und Verfügungsverfahren**, → § 922 Rdnr. 23.

Mit der Ladung kann (seit dem Rechtspflege- Vereinfachungsgesetz 1990) eine Anordnung
nach § 378 verbunden werden, die dem Zeugen aufgibt, Aufzeichnungen und sonstige Unterlagen einzusehen und mitzubringen.

Mehr als die **Ladung** kann der Vorsitzende bzw. das Gerichtsmitglied nicht anordnen; die 30
Zeugenvernehmung vor einem beauftragten oder ersuchten Richter, die Einholung *schriftlicher Auskünfte* und die Begutachtung (alles vor der mündlichen Verhandlung) können aber
nach § 358 a durch das *Gericht* angeordnet werden.

Die Ladung erfolgt nach § 377 Abs. 1, 2, § 402, wobei nach § 377 Abs. 2 Nr. 2 der Gegen- 31
stand der Vernehmung anzugeben ist. Fehlt diese Mitteilung, so sind beim Ausbleiben des
Zeugen in der Verhandlung Maßnahmen nach § 380 nicht zulässig[42]. Ob die Ladung zulässig
war, spielt dagegen für die Pflicht des Zeugen zum Erscheinen keine Rolle. Erweist sich die
nach § 273 verfügte Ladung wegen unrichtiger Anschrift als nicht möglich, so darf der
Beweisantrag nicht einfach unberücksichtigt bleiben, sondern es ist nach § 356 zunächst eine
Frist zur Beibringung der Anschrift zu setzen[43].

Die Soll-Vorschrift des § 379 über die **Vorschußleistung des Beweisführers** gilt seit der 32
Vereinfachungsnovelle 1976 auch hier[44], Abs. 3 S. 2. Bei der Ladung eines *Sachverständigen*
ist § 379 jedoch nur anwendbar, wenn ein *Beweisantrag* einer Partei (bzw. dessen schriftsätzliche Ankündigung) vorliegt, → § 402 Rdnr. 2.

Statt einer Ladung durch den Richter kann auch einer **Partei** aufgegeben werden, **Zeugen** 33
(z.B. Angehörige) **im Termin zu stellen**. Bei Zeugen, die sich im Ausland aufhalten, kann

---

[40a] *OLG Oldenburg* NdsRpfl 1996, 13.
[41] *OLG Frankfurt* NJW 1991, 2090. – A.M. *OLG München* MDR 1978, 147.
[41a] *OLG Oldenburg* NdsRpfl 1996, 13 hält dagegen eine Ladung zur Sachaufklärung vor einer Sacheinlassung für unzulässig.
[42] *KG* NJW 1976, 719; *OLG Celle* OLGZ 77, 366.
[43] *BVerfGE* 65, 305 = NJW 1984, 1026.
[44] Unterbleibt die Ladung in erster Instanz, weil der geforderte Vorschuß nicht bezahlt wurde, so folgt daraus noch nicht der Ausschluß des Beweismittels für die zweite Instanz, *BGH* NJW 1982, 2559 (*Deubner*).

diese Anordnung zweckmäßig sein, doch ist es auch zulässig, im Wege der Rechtshilfe (→ Einl. [20. Aufl.] Rdnr. 851 ff.) eine Zeugenladung im Ausland zustellen zu lassen oder den Zeugen formlos zu laden (näher → § 199, § 377 Rdnr. 33). Ist die Ladung im Ausland bis zum Termin nicht möglich, so kann die Aufforderung, den Zeugen zu stellen, sogar geboten sein, wenn (bei Nichterscheinen des Zeugen im Termin) eine Zurückweisung des Beweismittels wegen Verspätung (z. B. nach § 528 Abs. 2) beabsichtigt wird[45]. Die **Vernehmung im Ausland** im Wege der Rechtshilfe (→ Einl. [20. Aufl.] Rdnr. 851 ff.) kann schon vor dem Termin nach § 358 a S. 1, S. 2 Nr. 1 (in zumindest analoger Anwendung) durch das Gericht angeordnet werden, zur Ausführung des Ersuchens → §§ 363, 364. Eine *schriftliche Äußerung* des Zeugen im Ausland (unmittelbar) anzufordern, erscheint dagegen nicht zulässig, näher → § 363 Rdnr. 4 ff.

V. Benachrichtigung der Parteien

1. Allgemeine Benachrichtigungspflicht

34   Anders als nach früherem Recht (§ 272 b aF Abs. 4 S. 2) ist die Benachrichtigung der Parteien (soweit sie nicht ohnehin Adressaten der Anordnung sind) durch Abs. 4 S. 1 **ausnahmslos vorgeschrieben**. Sie darf nicht deshalb unterbleiben, weil es nach Ansicht des Richters für die Wahrnehmung der Rechte der Parteien nicht wesentlich ist, daß sie vor dem Termin von der Anordnung Kenntnis erlangen. So müssen die Parteien z. B. auch von der Heranziehung anderer Akten stets benachrichtigt werden.

35   Die Benachrichtigung kann durch **formlose Mitteilung** erfolgen, die an den Prozeßbevollmächtigten zu richten ist, § 176. Sie ist von der *Anordnung* selbst zu unterscheiden, die nach § 329 Abs. 2 S. 2 dann förmlich zuzustellen ist, wenn sie eine Fristbestimmung (Abs. 2 Nr. 1) enthält. Zur *persönlichen Ladung der Partei* (Abs. 4 S. 2 in Verbindung mit § 141 Abs. 2) im Fall des Abs. 2 Nr. 3 → § 141 Rdnr. 17.

2. Verstöße

36   Ist die **Benachrichtigung unterblieben,** so wird der darin liegende Verfahrensmangel durch Verzicht der Parteien oder Unterlassen der Rüge im nächsten Verhandlungstermin nach § 295 **geheilt**[46]. Wird dagegen der **Mangel gerügt,** so ist es erforderlich, die Verhandlung zu vertagen, geladene Zeugen und Sachverständige erst im nächsten Termin zu vernehmen[47] bzw. (bei Urkundenvorlage, Aktenbeiziehung, erfolgter Einholung amtlicher Auskünfte) der Partei im nächsten Termin erneut Gelegenheit zur Stellungnahme zu geben. Eine Verwertung beigezogener Akten, ohne daß die betroffene Partei Kenntnis davon hatte (und ohne entsprechenden Beweisantrag), verstößt auch gegen den Grundsatz des rechtlichen Gehörs und das Willkürverbot[48].

---

[45] *BGH* NJW 1980, 1848.
[46] *BVerwG* NJW 1980, 900; *Thomas-Putzo*[19] Rdnr. 14; *MünchKommZPO-Prütting* Rdnr. 26.
[47] Vgl. *BVerwG* NJW 1980, 900 (Unverwertbarkeit einer ohne vorherige Benachrichtigung der Parteien erfolgten Sachverständigenvernehmung); *OLG Schleswig* NJW 1991, 303 (auch eine im Termin als Begleiter einer Partei anwesende Person kann nicht sofort – ohne Ladung – als Zeuge vernommen werden); *MünchKommZPO-Prütting* Rdnr. 26. – A.M. *Gießler* NJW 1991, 2885, 2886 (auch Benachrichtigung Vernehmung zulässig; in neuem Termin über Ergebnis der Beweisaufnahme zu verhandeln).
[48] *BVerfG* NJW 1994, 1210.

VI. Verfahren im Termin, Nichtbefolgung von Anordnungen

1. Voraussetzungen der Beweiserhebung

Mit der Anordnung nach § 273 ist noch nicht darüber entschieden, ob die vorbereiteten 37 Beweise auch zu erheben sind. Das *Gericht* hat aufgrund des Geschehens in der mündlichen Verhandlung zu beurteilen, ob die Tatsachen streitig (bzw. von Amts wegen zu prüfen) und rechtserheblich sind, ob die Beweismittel zulässig sind und die Parteien den Beweis antreten (oder, wie dies insbesondere bei Augenschein, Sachverständigen- und Urkundenbeweis nach §§ 142, 144 zulässig ist, eine Beweiserhebung von Amts wegen erfolgen soll). Ein zum Termin geladener Zeuge kann nicht vernommen werden, wenn keine der Parteien in der mündlichen Verhandlung einen entsprechenden Beweisantrag stellt, mag sich eine Partei auch zuvor schriftsätzlich auf den Zeugen bezogen haben. Soweit sich das Gericht entschließt, die vorbereiteten Beweise zu erheben, ist ein förmlicher Beweisbeschluß (§§ 358, 359) entbehrlich (anders, wenn die Parteivernehmung angeordnet wird, § 450 Abs. 1 S. 1). Es genügt die **formlose Anordnung** bzw. der Eintritt in die Beweisaufnahme.

2. Nichterscheinen der Parteien

Beim Ausbleiben einer oder beider Parteien kann eine Beweisaufnahme nur erfolgen, 38 wenn sich Streitigkeit und Erheblichkeit der Tatsachen sowie der Beweisantritt aus dem schriftsätzlichen oder früheren mündlichen Vorbringen der Parteien ergeben und das Gericht demgemäß eine Entscheidung nach Lage der Akten erläßt, §§ 251 a, 331 a. Hier wird sich stets ein dem § 359 entsprechender Beweisbeschluß empfehlen. Bei Ausbleiben *einer* Partei ist eine Beweisaufnahme ferner zulässig hinsichtlich der von Amts wegen zu berücksichtigenden Punkte, § 335 Nr. 1. Muß die Beweisaufnahme infolge Säumnis einer Partei unterbleiben, so können die *Kosten*, z. B. die Zeugengebühren, der säumigen Partei nach § 95 auferlegt werden.

3. Nichtbefolgung von Anordnungen

Soweit sich die Anordnungen des § 273 an die Parteien wenden, also z. B. die Vorlegung 39 von Urkunden und Augenscheinsobjekten aufgegeben oder das persönliche Erscheinen angeordnet wird, kann das Gericht die Nichtbefolgung der Anordnung bei der **Beweiswürdigung** frei würdigen, → § 286 Rdnr. 10. Zur Ordnungsgeldsanktion nach § 141 Abs. 3 → § 141 Rdnr. 33. Im übrigen kommt bei Vertagung die Auferlegung von *Kosten* nach § 95 sowie die Festsetzung einer Verzögerungsgebühr gemäß § 34 GKG (→ § 95 Rdnr. 4) in Betracht. Wurde eine nach Abs. 2 Nr. 1 gesetzte **Frist nicht eingehalten**, so kann dies die **Nichtzulassung** des verspäteten Vorbringens gemäß § 296 Abs. 1 rechtfertigen.

VII. Rechtsbehelfe

Die vorbereitenden Anordnungen sind **nicht selbständig anfechtbar**[49], sondern nur im 40 Rahmen der Anfechtung des Endurteils zu überprüfen. Auch die Anrufung des Kollegiums gegen die Verfügung des Vorsitzenden ist nicht zulässig, → § 140 Rdnr. 3. Da das Gericht bzw. der Vorsitzende die vorbereitenden Anordnungen von Amts wegen zu treffen hat, haben

---

[49] Vgl. *OLG Stuttgart* FamRZ 1992, 971 (zur Anordnung einer bestimmten Durchführung der Blutentnahme nach § 372 a).

Anträge der Parteien nur die Bedeutung von Anregungen. Gegen ihre Nichtberücksichtigung ist daher die *Beschwerde* nicht statthaft[50].

VIII. Gebühren

1. Beweisgebühr des Rechtsanwalts

41 Die vorbereitenden Maßnahmen nach § 273, die seit der Vereinfachungsnovelle 1976 deutlich vom Erlaß eines Beweisbeschlusses vor der mündlichen Verhandlung (§ 358 a) unterschieden sind, stellen noch nicht den Beginn des Beweisaufnahmeverfahrens dar und lösen daher **keine Beweisgebühr des Rechtsanwalts** (§ 31 Abs. 1 Nr. 3 BRAGO) aus[51].

42 Werden z. B. **Zeugen** oder **Sachverständige** zum Verhandlungstermin geladen, so entsteht die Beweisgebühr erst, wenn es im Termin zur Vernehmung kommt[52], sei es auch im Rahmen von Vergleichsverhandlungen[53], oder wenn jedenfalls ein Beschluß ergeht, der Zeuge solle vernommen werden[54]. Beweisbeschlüsse nach § 358 a lösen die Beweisgebühr aus. Letzteres gilt auch, wenn sich im Einzelfall eine auf § 273 gestützte Anordnung des Einzelrichters dem Inhalt nach als Beweisbeschluß darstellt, so etwa, wenn den zum Termin geladenen Zeugen die vorherige schriftliche Einreichung ihrer Aussagen anheim gestellt wird[55], oder wenn der Vorsitzende (unzulässigerweise, → Rdnr. 30) die Zeugenvernehmung vor dem ersuchten Richter anordnet[56]. Die **Beiziehung von Urkunden** und Akten sowie die Einholung einer amtlichen Auskunft lassen die Beweisgebühr noch nicht entstehen; sie fällt erst an, wenn die Akten, Auskünfte usw. zum Zweck des Beweises *verwertet* werden[57] (oder wenn ein Beweisbeschluß nach § 358 a S. 1, S. 2 Nr. 2 ergangen ist).

2. Keine Bedeutung für die Gerichtsgebühren

43 Besondere Gerichtsgebühren werden durch die Vorbereitungsmaßnahmen nicht ausgelöst. Auch für die Ermäßigung der Gerichtsgebühren durch Klagerücknahme spielt es keine Rolle mehr, ob bereits eine Anordnung nach § 273 ergangen war, s. Kostenverzeichnis zum GKG Nr. 1202, 1221.

IX. Arbeitsgerichtliches Verfahren

1. Vorbereitende Maßnahmen

44 Die Vorbereitung der mündlichen Verhandlung[58] ist in § 56 ArbGG, der auch in der zweiten Instanz gilt, § 64 Abs. 7 ArbGG, **besonders geregelt**. Jedenfalls seit der Änderung der Vorschrift durch die Beschleunigungsnovelle zum ArbGG 1979 erscheint es nicht mehr zulässig, daneben auf § 273 zurückzugreifen[59]. Inhaltlich stimmt § 56 ArbGG weitgehend mit

---

[50] *OLG Düsseldorf* MDR 1961, 152.
[51] Ausführl. *E. Schneider* MDR 1980, 177.
[52] *OLG Koblenz* MDR 1980, 506; *OLG München* NJW 1972, 1139; MDR 1980, 506; *OLG Hamm* Rpfleger 1990, 226 (oder wenn ein Beweisbeschluß ergeht); *LG Verden* NdsRpfl 1992, 265 (auch wenn die vorsorgliche Ladung durch einen in besonderem Termin verkündeten Beschluß angeordnet wurde, entsteht ohne Vernehmung keine Beweisgebühr).
[53] *OLG München* NJW 1974, 2056.
[54] *OLG Karlsruhe* JurBüro 1995, 30 (*Mümmler*).
[55] *OLG München* JurBüro 1978, 1520; zust. *E. Schneider* MDR 1980, 177, 180; s. auch *KG* MDR 1975, 500 (Einholung einer Auskunft, die als schriftliche Zeugenaussage zu verstehen ist).
[56] *LG Lübeck* JurBüro 1983, 83.

[57] *BVerfG* MDR 1983, 552; *KG* MDR 1987, 858; *OLG Zweibrücken* JurBüro 1979, 1716; *E. Schneider* MDR 1980, 177, 178; *Zöller-Greger*[20] Rdnr 13; wohl auch *OLG Frankfurt* JurBüro 1978, 1815; 1981, 711. – A. M. *OLG Koblenz* MDR 1984, 410 (zur Einholung einer amtlichen Auskunft über eine streitige Tatsache durch den Vorsitzenden); *OLG München* JurBüro 1978, 1815, die allein auf die Anordnung des Vorsitzenden abstellen, sowie (jedoch zu § 272 b aF Abs. 2 Nr. 2) *BGH* LM § 272 b Nr. 5 u. 6.
[58] Dazu *Wigo Müller* ArbuR 1989, 272.
[59] Die von *Grunsky* JZ 1978, 81, 83; *Lorenz* BB 1977, 1000, 1001 vertretene Gegenansicht erscheint durch die Beschleunigungsnovelle 1979 überholt (anders jedoch weiterhin *Thomas-Putzo*[19] Rdnr. 14; *Müller* ArbuR 1989, 272 nennt § 56 ArbGG und § 273 nebeneinander). Allen-

§ 273 überein. Das Gesetz spricht nur von der *streitigen Verhandlung;* die analoge Anwendung auf die *Vorbereitung der Güteverhandlung* erscheint nicht ausgeschlossen[60], soweit sie dem Zweck der Güteverhandlung entspricht. Jedenfalls kann das persönliche Erscheinen der Parteien schon für die Güteverhandlung angeordnet werden, wie aus § 51 Abs. 1 ArbGG folgt.

Zuständig ist der **Vorsitzende**; die Beauftragung eines anderen Mitglieds des Gerichts ist nicht zulässig. **45** Wird den Parteien eine Frist zur Ergänzung oder Erläuterung ihres Vorbringens usw. gesetzt (§ 56 Abs. 1 Nr. 1 ArbGG), so kann dies zur **Nichtzulassung verspäteten Vorbringens** führen, § 56 Abs. 2 S. 1 ArbGG. Voraussetzung ist, daß die klärungsbedürftigen Punkte bei der Fristsetzung genau bezeichnet wurden[61]. Anders als im Zivilprozeß ist eine **Belehrung der Parteien** über die Folgen der Fristversäumnis vorgeschrieben, § 56 Abs. 2 S. 2 ArbGG. Daß bei **Anordnung des persönlichen Erscheinens der Parteien** (§ 56 Abs. 1 Nr. 3 ArbGG) auch § 141 Abs. 2 und 3 gilt, ergibt sich aus § 51 Abs. 1 S. 2 ArbGG. Die **Ladung von Zeugen und Sachverständigen** (§ 56 Abs. 1 Nr. 4 ArbGG, auch die Anordnung nach § 378 ist zulässig) ist, da eine dem § 273 Abs. 3 S. 1 entsprechende Vorschrift fehlt, auch nicht im Wege einer Soll-Vorschrift davon abhängig gemacht, daß der Beklagte dem Klageanspruch *widersprochen* hat, doch wird die Anordnung meist nur unter dieser Voraussetzung sachdienlich sein. Die Ladung von Zeugen oder Sachverständigen darf im arbeitsgerichtlichen Verfahren **nicht** von einem **Kostenvorschuß** abhängig gemacht werden, § 12 Abs. 4 S. 2 ArbGG. – Zu **Auskünften der Tarifvertragsparteien** → Fn. 34.

2. Beweisbeschlüsse, Beweisaufnahmen

Beweisbeschlüsse vor der streitigen Verhandlung zu erlassen, ist dem Vorsitzenden in den **46** in § 55 Abs. 4 S. 1 ArbGG genannten Fällen gestattet (Beweisaufnahme durch den ersuchten Richter, Einholung schriftlicher Zeugenauskünfte, Einholung amtlicher Auskünfte, Parteivernehmung [seit dem Rechtspflege-Vereinfachungsgesetz 1990]). Diese Anordnungen können mit Ausnahme der Parteivernehmung bereits vor der mündlichen Verhandlung ausgeführt werden, § 55 Abs. 4 S. 2 ArbGG.

§ 274 [Ladung der Parteien; Einlassungsfrist]

(1) Nach der Bestimmung des Termins zur mündlichen Verhandlung ist die Ladung der Parteien durch die Geschäftsstelle zu veranlassen.
(2) Die Ladung ist dem Beklagten mit der Klageschrift zuzustellen, wenn das Gericht einen frühen ersten Verhandlungstermin bestimmt.
(3) ¹Zwischen der Zustellung der Klageschrift und dem Termin zur mündlichen Verhandlung muß ein Zeitraum von mindestens zwei Wochen liegen (Einlassungsfrist). ²Ist die Zustellung im Ausland vorzunehmen, so hat der Vorsitzende bei der Festsetzung des Termins die Einlassungsfrist zu bestimmen.

Gesetzesgeschichte: Eingefügt durch die Vereinfachungsnovelle 1976 (→ Einl. [20. Aufl.] Rdnr. 159). Abs. 1 stimmt mit § 261 a aF, Abs. 3 mit § 262 aF wörtlich überein. § 274 aF (prozeßhindernde Einreden) wurde durch § 282 Abs. 3 nF, § 296 Abs. 3 nF ersetzt. Der frühere Abs. 3 S. 2, wonach die Einlassungsfrist in Meß- und Marktsachen nur mindestens vierundzwanzig Stunden betrug, wurde durch das Gesetz zur

---

falls erscheint es vertretbar, § 273 Abs. 1 weiterhin für anwendbar zu halten (so *Wlotzke-Schwedes-Lorenz* Das neue Arbeitsgerichtsgesetz 1979, 23), doch ist die Substanz dieser Vorschrift ohnehin in § 56 Abs. 1 S. 1, S. 2 Nr. 1 ArbGG sowie in § 139 enthalten. S. auch *Grunsky* ArbGG[7] § 56 Rdnr. 2 (Streit kaum von praktischer Bedeutung).

[60] *Grunsky* ArbGG[7] § 56 Rdnr. 1; *Müller* ArbuR 1989, 272, 276 (mit Einschränkungen). – A.M. *Wlotzke-Schwedes-Lorenz* (Fn. 59) § 56 Rdnr. 2; *Germelmann* in Germelmann-Matthes-Prütting ArbGG[2], § 56 Rdnr. 5; *van Venrooy* ZfA 1984, 337, 336 f.; Voraufl. dieses Komm. Rdnr. 44.
[61] BAG AP § 56 ArbGG 1979 Nr. 1 = DB 1980, 2399.

§ 274 I, II   2. Buch. Verfahren im ersten Rechtszuge. 1. Abschnitt. Landgerichte

Abschaffung der Gerichtsferien vom 28. X. 1996, BGBl. I 1546, ebenso wie der besondere Gerichtsstand des § 30 mit Wirkung ab 1. Januar 1997 aufgehoben.

I. Ladung der Parteien	1
1. Ladung von Amts wegen	1
2. Ausführung durch die Geschäftsstelle	2
3. Prüfung durch die Geschäftsstelle	3
4. Ladungs- und Einlassungsfrist	4
II. Gleichzeitige Zustellung der Klageschrift	5
III. Die Einlassungsfrist	7
1. Anwendungsbereich	7
2. Beginn und Dauer	10
3. Besondere Fälle	11
a) Zustellung im Ausland	11
b) Öffentliche Zustellung	12
4. Verstöße	13
5. Anerkennung ausländischer Urteile	13a
IV. Arbeitsgerichtliches Verfahren	14
1. Anwendbare Vorschriften	14
2. Ladung des Beklagten	15
3. Einlassungs- und Ladungsfrist	16

I. Ladung der Parteien

1. Ladung von Amts wegen

1 Die Ladung der Parteien erfolgt sowohl im Anwalts- als auch im Parteiprozeß von Amts wegen (§ 214), sobald der Termin zur mündlichen Verhandlung bestimmt ist. Die Ladung bedeutet die Aufforderung, in dem bestimmten Termin zu erscheinen. Näher zum Inhalt der Ladung → § 214 Rdnr. 2 f.

2. Ausführung durch die Geschäftsstelle

2 Die *Geschäftsstelle* hat die Ladung zu veranlassen. Dies bedeutet, daß die Ladung wie in § 377 von der Geschäftsstelle auszufertigen und von Amts wegen zuzustellen ist. Während im Verfahren vor den höheren Gerichten stets auch der Kläger durch Zustellung zu laden ist, kann im amtsgerichtlichen Verfahren dem Kläger die Ladung zu dem ersten, auf die Klage bestimmten Termin formlos mitgeteilt werden, § 497 Abs. 1 S. 1. Außerdem entfällt im amtsgerichtlichen Verfahren die Ladung, wenn einer Partei der Termin bereits bei Einreichung der Klage usw. mitgeteilt wurde, § 497 Abs. 2.

3. Prüfung durch die Geschäftsstelle

3 Die Geschäftsstelle ist **nicht befugt, Notwendigkeit oder Zulässigkeit der Ladung zu prüfen**; denn dies wäre eine Überprüfung der richterlichen Terminsansetzung. Wohl aber hat der Urkundsbeamte selbständig zu entscheiden, *wer* zu laden ist. Zu laden sind beide Parteien, bei Streitgenossenschaft sämtliche Streitgenossen, aber auch Streitgehilfen (→ § 67 Rdnr. 19) sowie nach § 640 e beizuladende Personen.

4. Ladungs- und Einlassungsfrist

4 Die **Ladungsfrist** muß gegenüber beiden Parteien gewahrt sein, → § 217. Zur **Einlassungsfrist** gegenüber dem Beklagten → Rdnr. 7.

II. Gleichzeitige Zustellung der Klageschrift

5 Während bis zur Vereinfachungsnovelle 1976 die Zustellung der Klage an den Beklagten und die Ladung zum ersten Verhandlungstermin generell gleichzeitig erfolgten (§ 261 a

Abs. 2 S. 1 aF), ist dies nun nach Abs. 2 nur der Fall, wenn ein **früher erster Termin** (§ 272 Abs. 2, § 275) anberaumt wird. Auch dann kann aber die Klageschrift bereits vor der Terminsbestimmung zugestellt werden, vor allem, um vor der Bestimmung des Termins über die Übertragung des Rechtsstreits auf den Einzelrichter zu entscheiden, → § 271 Rdnr. 12. Bei Anordnung eines **schriftlichen Vorverfahrens** (§ 272 Abs. 2, § 276) wird die Klage in aller Regel ohne Terminsbestimmung zugestellt; das Gesetz verbietet aber nicht, auch in diesem Fall bereits vor der Zustellung der Klage den Haupttermin festzusetzen und mit der Zustellung der Klage (mit der die Fristsetzungen nach § 276 verknüpft sind) bereits die Ladung zu verbinden, → § 276 Rdnr. 49.

Näher zur **Zustellung der Klageschrift** und den damit zu verbindenden Aufforderungen an den Beklagten → § 271. 6

III. Die Einlassungsfrist

1. Anwendungsbereich

Die Einlassungsfrist ist der Zeitraum, der dem **Beklagten** zwischen der Zustellung der Klage und dem ersten Termin mindestens freibleiben muß. Wurde ein **Mahnverfahren in das Streitverfahren übergeleitet**, so ist Abs. 3 entsprechend auf den Zeitraum zwischen der Zustellung der Anspruchsbegründung (§ 697 Abs. 2, § 700 Abs. 4) und dem ersten Verhandlungstermin anzuwenden[1]. 7

Dem **Kläger** gegenüber ist dagegen schon beim ersten Verhandlungstermin lediglich die Ladungsfrist, § 217, einzuhalten. 8

Die Einlassungsfrist braucht nur dann gewahrt zu werden, wenn eine Klage vorliegt, **nicht** dagegen bei einer **Widerklage**, da diese auch ohne vorherige schriftliche Mitteilung in der mündlichen Verhandlung erhoben werden kann, § 261 Abs. 2. Ferner gilt § 274 Abs. 3 nicht bei Anträgen auf Erlaß einer einstweiligen Anordnung, einer **einstweiligen Verfügung** oder eines Arrests; bei diesen ist aber die Ladungsfrist (§ 217) einzuhalten. Für die Frist, die in der Berufungs- und in der Revisionsinstanz zwischen der Bekanntmachung des Termins und der mündlichen Verhandlung eingehalten werden muß, gilt § 274 Abs. 3 entsprechend, § 520 Abs. 3 S. 2, § 555 Abs. 2. 9

2. Beginn und Dauer

Die Einlassungsfrist beginnt mit der **Zustellung** der Klage, auch wenn (vor allem bei schriftlichem Vorverfahren) die Ladung zum Termin erst später erfolgt. Sie beträgt **zwei Wochen** und zwar auch im amtsgerichtlichen Verfahren und im Urkunden- und Wechselprozeß. In Meß- und Marktsachen, d.h. bei Klagen, die unter den Voraussetzungen und im Gerichtsstand des § 30 erhoben werden, betrug die Frist nach dem bis 31. XII. 1996 geltenden, jetzt aufgehobenen (s. Gesetzesgeschichte) Abs. 3 S. 2 nur 24 Stunden. Zur Berechnung der Frist → § 222f. Die Einlassungsfrist kann auf Antrag vom Vorsitzenden bzw. vom Einzelrichter gemäß § 226 **abgekürzt** werden, → § 226 Rdnr. 3. Eine bloß stillschweigende Abkürzung durch Nichtbeachtung der gesetzlichen Dauer oder eine Abkürzung ohne Antrag ist nicht zulässig. 10

---

[1] Zur entsprechenden Anwendung von Abs. 3 S. 1 bei Zurückweisung nach § 296 Abs. 2, § 282 Abs. 2 *BGH* NJW 1982, 1533, 1534; *OLG Köln* FamRZ 1986, 927, 928. S. aber die seither geänderte Regelung in § 697 Abs. 3.

3. Besondere Fälle

a) Zustellung im Ausland

11   Soll die Zustellung der Klage im Ausland (näher → § 199 Rdnr. 1 ff.) bewirkt werden, so ist, weil die zwei Wochen regelmäßig nicht ausreichen werden, die Einlassungsfrist nach Abs. 3 S. 3 in jedem Fall vom Vorsitzenden bzw. vom Einzelrichter zu bestimmen; sie muß aber auch hier mindestens zwei Wochen betragen, wenn nicht die Abkürzung beantragt ist. Die Verfügung ist mit der Klageschrift zuzustellen. Zur öffentlichen Zustellung → Rdnr. 12. – Der Erlaß eines *Versäumnisurteils* kann nach § 337 S. 1 unterbleiben, wenn das Gericht die vom Vorsitzenden bestimmte Einlassungsfrist für zu kurz hält. Ist die Bestimmung der Einlassungsfrist bei einer Zustellung im Ausland unterblieben, so muß der Fall sinngemäß so behandelt werden, wie wenn die Einlassungsfrist ebenso wie die gesetzliche bemessen wäre; auch hier kann das Gericht aber den Erlaß des Versäumnisurteils nach § 337 ablehnen.

b) Öffentliche Zustellung

12   Für öffentliche Zustellungen gelten die gesetzlichen Einlassungsfristen; sie beginnen mit dem Ablauf der Frist des § 206 Abs. 1 zu laufen. Zur Berechnung → § 222 Rdnr. 5 ff. Die öffentliche Zustellung ist im Regelfall als Zustellung im Inland zu behandeln. Weiß das Gericht allerdings, daß sich der Zustellungsempfänger **im Ausland** aufhält oder tritt die öffentliche Zustellung nach § 203 Abs. 2 an die Stelle einer Zustellung im Ausland, so erscheint die entsprechende Anwendung des Abs. 3 S. 3 angemessen.

4. Verstöße

13   Wird die **Einlassungsfrist nicht gewahrt**, sei es infolge ungeeigneter Wahl des Terminstages (→ § 216 Rdnr. 26 ff., § 272 Rdnr. 19) oder einer Verzögerung der Zustellung, so berührt dieser Mangel die Gültigkeit der Klageerhebung durch gleichzeitige Zustellung der Klageschrift nicht. Es darf aber gegen den im Verhandlungstermin nicht erschienenen Beklagten gemäß § 335 Abs. 1 Nr. 2 **kein Versäumnisurteil** erlassen werden, ebensowenig eine Entscheidung nach Lage der Akten, → § 335 Rdnr. 3 ff., § 251 a Rdnr. 5, § 331 Rdnr. 1. Dasselbe gilt, wenn der erschienene Beklagte die *Verhandlung verweigert*[2] (§ 333) oder Vertagung beantragt; er kann also auf diese Weise die Vertagung erzwingen. Läßt sich der Beklagte dagegen auf die Verhandlung ein, so wird der Mangel nach § 295 geheilt. Der *Kläger* kann aus der Nichteinhaltung der Einlassungsfrist keine Rechte herleiten.

5. Anerkennung ausländischer Urteile

13a   Für die im Rahmen des Art. 27 Nr. 2 EuGVÜ und des § 328 Abs. 1 Nr. 2 bei der Anerkennung ausländischer Urteile zu beantwortende Frage, ob dem Beklagten die Klage so rechtzeitig zugestellt wurde, daß er sich verteidigen konnte, gilt keine feste Zeitspanne, vielmehr sind die Umstände des Einzelfalles zu beachten, → § 328 Rdnr. 188. Die Rechtzeitigkeit ist aber jedenfalls zu verneinen, wenn nicht einmal die Einlassungsfrist nach Abs. 3 S. 1 gewahrt wurde[3]; vielfach wird ein längerer Zeitraum erforderlich sein.

---

[2] *Zöller-Greger*[20] Rdnr. 6; *Baumbach-Lauterbach-Hartmann*[55] Rdnr. 10.
[3] *BGH* NJW 1986, 2197 = IPRax 1986, 366; *Walter* IPRax 1986, 349, 350. Die Einlassungsfrist nach dem Recht des Urteilsstaates ist dabei nicht maßgebend, *OLG Köln* IPRax 1995, 256.

IV. Arbeitsgerichtliches Verfahren

1. Anwendbare Vorschriften

Abs. 1 gilt auch im arbeitsgerichtlichen Verfahren aller Instanzen; vor den Arbeitsgerichten ist nach § 46 Abs. 2 S. 1 ArbGG auch § 497 als Sondervorschrift für das amtsgerichtliche Verfahren (→ Rdnr. 2) anzuwenden. **14**

2. Ladung des Beklagten

Da es im arbeitsgerichtlichen Verfahren kein schriftliches Vorverfahren gibt (§ 46 Abs. 2 S. 2 ArbGG), ist Abs. 2 in dem Sinne anzuwenden, daß die **Ladung des Beklagten** zum Verhandlungstermin (d.h. zur Güteverhandlung, § 54 ArbGG) **stets mit der Zustellung der Klageschrift** erfolgt. **15**

3. Einlassungs- und Ladungsfrist

Die **Einlassungsfrist** ist in § 47 Abs. 1 ArbGG gesondert geregelt. Die Vorschrift wurde durch die Beschleunigungsnovelle 1979 geändert, da sich die früheren kurzen Fristen nicht bewährt hatten. Seither muß die Klage stets mindestens eine Woche vor dem Termin zugestellt sein. Für **Zustellungen im Ausland** enthält § 47 ArbGG keine Sondervorschrift; hier ist über § 46 Abs. 2 S. 1 ArbGG auf § 274 Abs. 3 S. 3 zurückzugreifen. **16**

Die **Ladungsfrist** bestimmt sich jetzt auch im arbeitsgerichtlichen Verfahren nach § 217. **17**

Bei **Klagen wegen geschlechtsbedingter Benachteiligung** kann der Arbeitgeber beantragen, daß die mündliche Verhandlung nicht vor Ablauf von sechs Monaten seit Erhebung der (ersten) Klage stattfindet, § 61 b Abs. 4 ArbGG. **18**

§ 275 [Früher erster Termin]

(1) ¹Zur Vorbereitung des frühen ersten Termins zur mündlichen Verhandlung kann der Vorsitzende oder ein von ihm bestimmtes Mitglied des Prozeßgerichts dem Beklagten eine Frist zur schriftlichen Klageerwiderung setzen. ²Andernfalls ist der Beklagte aufzufordern, etwa vorzubringende Verteidigungsmittel unverzüglich durch den zu bestellenden Rechtsanwalt in einem Schriftsatz dem Gericht mitzuteilen; § 277 Abs. 1 Satz 2 gilt entsprechend.

(2) Wird das Verfahren in dem frühen ersten Termin zur mündlichen Verhandlung nicht abgeschlossen, so trifft das Gericht alle Anordnungen, die zur Vorbereitung des Haupttermins noch erforderlich sind.

(3) Das Gericht setzt in dem Termin eine Frist zur schriftlichen Klageerwiderung, wenn der Beklagte noch nicht oder nicht ausreichend auf die Klage erwidert hat und ihm noch keine Frist nach Absatz 1 Satz 1 gesetzt war.

(4) Das Gericht kann dem Kläger in dem Termin oder nach Eingang der Klageerwiderung eine Frist zur schriftlichen Stellungnahme auf die Klageerwiderung setzen.

Gesetzesgeschichte: Eingefügt durch die Vereinfachungsnovelle 1976 (→ Einl. [20. Aufl.] Rdnr. 159). § 275 aF wurde – mit inhaltlichen Änderungen – zu § 280 nF. – Abs. 1 S. 2, 2. Halbs. angefügt durch Rechtspflege-Vereinfachungsgesetz vom 17.XII.1990, BGBl. I 2847.

I. Normzweck	1	b) Amtsgerichtliches Verfahren	14
1. Übersicht	1	c) Fehlen der Aufforderung	15
2. Zweck	2	d) Unterlassen der schriftsätzlichen Mitteilung	16
II. Vorbereitung des frühen ersten Termins, insbesondere Fristsetzung	4	III. Der frühe erste Termin	19
1. Wahlmöglichkeit	4	1. Inhalt und Ablauf	19
2. Frist zur schriftlichen Klageerwiderung	6	2. Anordnungen zur Vorbereitung des Haupttermins	22
a) Anwendungsbereich	6	IV. Weitere Fristsetzungen im frühen ersten Termin oder nach diesem	25
b) Dauer der Frist	7		
c) Festsetzung der Frist	9	1. Klageerwiderungsfrist	25
d) Verlängerung	10	2. Frist für die Stellungnahme des Klägers	28
e) Folgen der Fristversäumnis	11		
3. Aufforderung zum unverzüglichen Vorbringen von Verteidigungsmitteln	13	V. Arbeitsgerichtliches Verfahren	34
		1. Unanwendbarkeit des § 275	34
a) Zweck und Inhalt	13	2. Kündigungssachen	35

I. Normzweck[1]

1. Übersicht

1   Abs. 1 gestattet es, den frühen ersten Termin entweder durch eine **Fristsetzung zur Klageerwiderung** (S. 1) oder durch die **Aufforderung zur unverzüglichen Mitteilung von Verteidigungsmitteln** (S. 2) vorzubereiten. Wie der frühe erste Termin abzulaufen hat, sagt das Gesetz nicht ausdrücklich. Es wendet sich in Abs. 2 gleich den Anordnungen zu, mit denen das Gericht gegebenenfalls den **Haupttermin vorzubereiten** hat. Dazu gehört die Möglichkeit, dem Beklagten eine Frist zur schriftlichen Klageerwiderung zu setzen (Abs. 3) und dem Kläger aufzugeben, diese Erwiderung schriftlich innerhalb einer Frist zu beantworten (Abs. 4).

2. Zweck

2   Die Vorschrift ist dazu bestimmt, Vorbereitung und Durchführung des frühen ersten Termins näher zu regeln und dadurch zur **Konzentration und Beschleunigung des Verfahrens** beizutragen. Im Vordergrund steht das Bestreben des Gesetzgebers, dem Gericht alle nur denkbaren Befugnisse zu geben, den Parteien (und vor allem dem Beklagten) Fristen für ihr Vorbringen zu setzen. Darüber wurde das eigentlich erstrebenswerte Ziel verfehlt, dem Verfahren mit frühem ersten Termin hinreichend klare Konturen zu geben. Schon die **Funktion** dieses Termins ist nicht präzise festgelegt. Nach § 272 Abs. 1 und 2 sowie nach § 275 Abs. 2 scheint der frühe erste Termin in einem recht deutlichen Gegensatz zum Haupttermin zu stehen und vor allem (wenn auch nicht ausschließlich) zu dessen *Vorbereitung*[2] zu dienen. Andererseits kann aber nach Abs. 1 S. 1 der frühe erste Termin seinerseits durch eine dem Beklagten gesetzte Frist zur Klageerwiderung vorbereitet werden, und auch die Vorbereitungsmaßnahmen nach § 273 stehen für jeden Termin (§ 273 Abs. 2 S. 1), also auch für den

---

[1] Lit.: *Deubner* Das Ende der Zurückweisung verspäteten Vorbringens im frühen ersten Termin, NJW 1985, 1140; *Lange* Der frühe erste Termin als Vorbereitungstermin, NJW 1986, 1728; *ders.* Zurückweisung verspäteten Vorbringens im Vorbereitungstermin, NJW 1986, 3043; *Leipold* Auf der Suche nach dem richtigen Maß bei der Zurückweisung verspäteten Vorbringens, ZZP 97 (1984), 395.

[2] Zum frühen ersten Termin als Vorbereitungstermin *Lange* NJW 1986, 1728. Auch *BGHZ* 98, 368, 371 = LM § 275 Nr. 11 = NJW 1987, 500 stellt die Vorbereitungsfunktion in den Vordergrund.

frühen ersten Termin in vollem Umfang zur Verfügung. So erklärt sich die auf den ersten Blick paradoxe Feststellung, der frühe erste Termin könne Haupttermin sein[3]. Zum Begriff des Haupttermins iS des § 348 Abs. 3 → § 348 Rdnr. 22.

Eindeutig ist nur, daß das Verfahren mit frühem erstem Termin **kein schriftliches Vorverfahren** im Sinne des § 276 aufweisen darf. Sobald man aber dieses rein negative Kriterium in eine positive Charakterisierung ummünzen will, steht die dem Gericht eingeräumte Gestaltungsvielfalt im Wege. Das positive Element müßte darin liegen, anders als beim schriftlichen Vorverfahren werde bei frühem erstem Termin auf die echte und gezielt gleich zu Beginn des Verfahrens eingesetzte *Mündlichkeit* vertraut. So mag diese Verfahrensgestaltung ursprünglich gedacht gewesen sein, und nur so erscheint sie auch als Alternative zum *schriftlichen Vorverfahren* wirklich empfehlenswert, → § 272 Rdnr. 9. Da aber auch im Verfahren mit frühem erstem Termin zu einer schriftsätzlichen Vorbereitung dieses Termins aufgefordert und diese durch Fristsetzungen (Abs. 1 S. 1 sowie § 273 Abs. 2 Nr. 1) mit Präklusionsdrohung (§ 296 Abs. 1) mittelbar erzwungen werden kann und zudem nicht vorgeschrieben ist, wie früh der erste Termin stattzufinden hat, kann das Gericht das Verfahren auch in einer Weise gestalten, die von dem Kontrastprogramm einer »frühen Mündlichkeit« nichts mehr übrig läßt. Die angedeutete **Variationsbreite** des Verfahrens mit sogenanntem frühen ersten Termin ist nicht zuletzt deshalb mißlich, weil sich in ihrem Gefolge auch die Voraussetzungen, unter denen Parteivorbringen als verspätet zurückzuweisen ist, als sehr problematisch erweisen, dazu → § 296 Rdnr. 65 ff.

II. Vorbereitung des frühen ersten Termins, insbesondere Fristsetzung

1. Wahlmöglichkeit

Der Vorsitzende (oder ein von ihm bestimmtes Mitglied des Spruchkörpers) hat, wenn er sich für den frühen ersten Termin entscheidet (→ § 272 Rdnr. 8 f.), nach Abs. 1 die Wahl, dem Beklagten eine Frist zur schriftlichen Klageerwiderung zu setzen oder ihn zu unverzüglichem schriftsätzlichem Vorbringen seiner Verteidigungsmittel aufzufordern. Ohne irgendwelche Kriterien anzugeben, stellt das Gesetz die Wahl in das **pflichtgemäße Ermessen** des Richters. Weder die Fristsetzung noch deren Ablehnung sind selbständig anfechtbar. Zu einer mittelbaren Überprüfung, ob die gewählte Verfahrensweise dem Anspruch auf rechtliches Gehör gerecht wird, kommt es, wenn über die Nichtzulassung bzw. Zurückweisung verspäteten Vorbringens zu entscheiden ist, → § 296 Rdnr. 30 ff.

Soweit der frühe erste Termin vor allem deshalb anberaumt wird, um die Möglichkeiten einer nichtstreitigen Erledigung zu klären, erscheint eine **Fristsetzung entbehrlich**, zumal sie einer wirklich frühen Ansetzung des Termins entgegenstehen kann. Je mehr das Gericht dagegen schon den frühen ersten Termin einem *Haupttermin* annähert (zur Problematik dieses Vorgehens → Rdnr. 3) und je weiter es den Terminstag hinausrückt, um so mehr wird sich eine Vorbereitung des Termins durch Fristsetzung und vorbereitende Maßnahmen nach § 273 (→ § 273 Rdnr. 15) empfehlen. Dies gilt vor allem, wenn das Gericht im frühen ersten Termin bereits Beweiserhebungen durchführen will[4].

---

[3] *Thomas-Putzo*[19] Rdnr. 1, 3.   [4] *KG* NJW 1980, 2363.

2. Frist zur schriftlichen Klageerwiderung

a) Anwendungsbereich

6   In **Ehe- und Kindschaftssachen** ist Abs. 1 S. 1 nicht anzuwenden, § 611 Abs. 2, § 640 Abs. 1. Dagegen ist die Fristsetzung im **amtsgerichtlichen Verfahren** zulässig in Verbindung mit einer Anordnung nach § 129 Abs. 2, die man aber in der Fristsetzung als stillschweigend enthalten ansehen kann. Auch nach Widerspruch im **Mahnverfahren** und Antrag auf Durchführung des streitigen Verfahrens kann eine Klageerwiderungsfrist gesetzt werden, da § 275 über § 697 Abs. 2 S. 1 anwendbar ist, jedoch erst nach Eingang der Anspruchsbegründung (durch einen beim Prozeßgericht zugelassenen Rechtsanwalt)[5].

b) Dauer der Frist

7   Die Frist muß nach § 277 Abs. 3 **mindestens zwei Wochen** (von der Zustellung der Verfügung an) betragen. Ihre Dauer ist dem Einzelfall anzupassen, wobei die Verwirklichung des Anspruchs auf rechtliches Gehör (→ vor § 128 Rdnr. 9, 32) über dem Bestreben nach Beschleunigung nicht vernachlässigt werden darf. Im Hinblick auf die Situation des Beklagten und die Aufgaben des Rechtsanwalts ist vor einer zu kurzen Frist dringend zu warnen[6]; **die gesetzliche Mindestfrist wird im allgemeinen nicht ausreichend sein.** Auch sollte eine vernünftige Relation zur Schnelligkeit des gerichtlichen Handelns bestehen. Soll der sog. frühe erste Termin erst Monate nach der Zustellung der Klage stattfinden, so besteht in der Regel kein Grund, dem Beklagten eine extrem kurze Frist von zwei oder drei Wochen für die Klageerwiderung zu setzen.

8   Die **Frist** und der **Terminstag** sollten so festgelegt werden, daß auch bei einer am letzten Tag der Frist eingehenden Klageerwiderung die Zwischenfrist nach § 132 Abs. 1 gewahrt werden kann; denn andernfalls kann das Recht des Klägers auf eine Frist zur Nachreichung eines Schriftsatzes (§ 283) verzögernd wirken. Also wird die Frist nicht später als etwa zwei Wochen vor dem Termin enden dürfen[7].

c) Festsetzung der Frist

9   Die Frist muß durch eine **vom Richter unterschriebene** (Paraphe genügt nicht[8]) Verfügung festgesetzt werden, die dem Beklagten in beglaubigter Abschrift **förmlich zuzustellen** ist (§ 329 Abs. 2 S. 2, § 329 Abs. 1 S. 2 in Verbindung mit § 317 Abs. 2 S. 1, Abs. 3, § 170 Abs. 1); andernfalls ist die Fristbestimmung unwirksam und kann nicht zu einer Nichtzulassung verspäteten Vorbringens (§ 296 Abs. 1) führen[9]. Ein Mangel der Zustellung ist, wie einer Analogie zu § 187 S. 2 zu entnehmen ist, nicht nach § 187 S. 1 heilbar[10]. Ist die Fristsetzung **unklar** oder widersprüchlich, so kann sie ebenfalls keine Präklusionswirkung nach sich ziehen[11]. Außerdem muß die Fristsetzung mit einer **Belehrung** über die notwendige Einreichung durch einen Rechtsanwalt (im Anwaltsprozeß) und über die Folgen der Fristversäumung verbunden werden, § 277 Abs. 2 (→ § 277 Rdnr. 16 ff.); auch dies ist Voraussetzung einer Nichtzulassung verspäteten Vorbringens[12].

---

[5] *OLG Celle* NdsRpfl 1995, 20.
[6] *OLG München* MDR 1980, 147; *Lange* NJW 1986, 1728, 1731 f. (im Regelfall nicht unter drei oder vier Wochen); *Thomas-Putzo*[19] Rdnr. 6; *MünchKommZPO-Prütting* Rdnr. 7.
[7] *Baumbach-Lauterbach-Hartmann*[55] Rdnr. 6.
[8] *BGH* VersR 1983, 33.
[9] *BGHZ* 76, 236 = NJW 1980, 1167 = MDR 1980, 572; *BGH* NJW 1980, 1960; 1981, 286, 1217. Dazu *E. Schneider* MDR 1982, 818.
[10] *BGHZ* 76, 236 (Fn. 9), → auch § 187 Rdnr. 31.
[11] *BVerfGE* 60, 1 = NJW 1982, 1453.
[12] *OLG Düsseldorf* NJW 1978, 2203.

d) Verlängerung

Die Frist kann auf Antrag *verlängert* werden, § 224 Abs. 2; dagegen ist eine *Wiedereinsetzung in den vorigen Stand* (§ 233) nicht zulässig. Zur Verlängerung nach Fristablauf → § 224 Rdnr. 9.

e) Folgen der Fristversäumnis

Werden Verteidigungsmittel nicht innerhalb der nach Abs. 1 S. 1 gesetzten Frist, sondern durch einen verspätet eingereichten Schriftsatz bzw. erst im frühen ersten Termin vorgebracht, so kann dies zur **Nichtzulassung** nach § 296 Abs. 1 führen. Voraussetzung ist zum einen, daß nach dem Maßstab des § 277 Abs. 1 S. 1 (→ § 277 Rdnr. 4ff.) das Vorbringen bereits in die Klageerwiderung gehört hätte und der Beklagte die Verspätung nicht zu entschuldigen vermag. Das Vorbringen darf nicht zurückgewiesen werden, wenn die Frist zu kurz bemessen war, → § 296 Rdnr. 35. Zur Fortgeltung der Frist nach Verweisung → § 281 Rdnr. 36.

Zum anderen verlangt § 296 Abs. 1, daß durch die Zulassung der Verteidigungsmittel die Erledigung des Rechtsstreits **verzögert** würde. Wann diese Voraussetzung vorliegt, ist beim Verfahren mit frühem ersten Termin zweifelhaft. Mit Rücksicht auf die vorbereitende Funktion des frühen ersten Termins sollte eine Verzögerung im Sinne des § 296 Abs. 1 verneint werden, wenn nach der freien Überzeugung des Gerichts der Rechtsstreit im Haupttermin nicht später erledigt werden kann, als dies bei fristgemäßem Vorbringen der Fall gewesen wäre[13]. Der BGH[14] nahm im Ansatz jedoch einen strengeren Standpunkt ein und bejahte aufgrund des sog. absoluten Verzögerungsbegriffs eine Verzögerung grundsätzlich schon dann, wenn die Zulassung des Vorbringens einen Haupttermin erforderlich macht. Wie das BVerfG[15] zutreffend entschieden hat, ist eine Zurückweisung jedoch verfassungswidrig, wenn es sich bei dem frühen ersten Termin erkennbar um einen sog. **Durchlauftermin**[16] handelt, der mangels geeigneter Vorbereitung eine streitige Verhandlung samt Beweisaufnahme von vornherein nicht erlaubte. Im Anschluß hieran entschied auch der BGH[17], verspätetes Vorbringen dürfe im frühen ersten Termin dann nicht zurückgewiesen werden, wenn eine Streitentscheidung in diesem Termin von vornherein ausscheidet. Wenn man einen »Durchlauftermin« schon dann annimmt, wenn mit einer Durchführung der Beweiserhebung in diesem Termin auch bei rechtzeitigem Vortrag von vornherein nicht gerechnet werden konnte, so wird auch nach dieser Auffassung eine gegen den Verhältnismäßigkeitsgrundsatz verstoßende »Überbeschleunigung« durch Präklusion vermieden. Näher → § 296 Rdnr. 65ff. Zur Frage, ob die Nichtzulassung des Vorbringens durch **Säumnis** des Beklagten im frühen ersten Termin vermieden werden kann (sog. Flucht in die Säumnis) → § 296 Rdnr. 79.

---

[13] *OLG München* NJW 1983, 402; *OLG Hamm* NJW 1983, 401; ebenso jedenfalls im konkreten Fall *OLG Karlsruhe* NJW 1984, 618.
[14] *BGHZ* 86, 31 = LM § 275 ZPO Nr. 9 (mit Anm. *Bliesener*) = JZ 1983, 309 (mit Anm. *M. Wolf*) = NJW 1983, 575 (dazu krit. *Deubner* NJW 1983, 1026); ebenso *OLG Karlsruhe* (8. Zivilsenat) NJW 1983, 403; *LG Aachen* MDR 1978, 850.
[15] *BVerfG* 69, 126 = NJW 1985, 1149; ebenso *OLG Frankfurt* MDR 1986, 593; → auch vor § 128 Rdnr. 34.
[16] Zum Begriff *OLG Frankfurt* NJW 1989, 722.
[17] *BGHZ* 98, 368 = NJW 1987, 500 = JZ 1987, 416 (dazu *M. Wolf*, der eine Orientierung am gesetzlichen Leitbild des Prozeßablaufs vorschlägt) = LM § 275 Nr. 11.

3. Aufforderung zum unverzüglichen Vorbringen von Verteidigungsmitteln

a) Zweck und Inhalt

13 Sieht der Vorsitzende davon ab, eine Klageerwiderungsfrist zu setzen oder ist Abs. 1 S. 1 unanwendbar (→ Rdnr. 6), so ist **mit der Ladung des Beklagten** zum frühen ersten Termin die Aufforderung zu verbinden, dem Gericht die beabsichtigten Verteidigungsmittel unverzüglich durch den zu bestellenden Rechtsanwalt in einem Schriftsatz mitzuteilen, Abs. 1 S. 2. Der Sinn dieser Aufforderung liegt vor allem darin, den Beklagten auf die Notwendigkeit der Anwaltsbestellung hinzuweisen; denn die Pflicht, die mündliche Verhandlung durch rechtzeitigen Schriftsatz vorzubereiten, folgt bereits aus § 129 Abs. 1, § 282 Abs. 2. Die Aufforderung bedarf nicht der förmlichen Zustellung. Eine *Belehrung* über die Folgen verspäteten Vortrags ist nicht erforderlich. Abs. 1 S. 2, 2. Halbs. stellt klar, daß sich der Beklagte in dem Schriftsatz zur Übertragung auf den Einzelrichter äußern soll; ein besonderer Hinweis hierauf erfolgt nicht.

b) Amtsgerichtliches Verfahren

14 Im amtsgerichtlichen Verfahren ohne Anwaltszwang ist Abs. 1 S. 2 **nicht anwendbar**, doch kann dem Beklagten nach § 129 Abs. 2 aufgegeben werden, seine Verteidigungsmittel schon vor der mündlichen Verhandlung durch Schriftsatz oder Erklärung zu Protokoll der Geschäftsstelle mitzuteilen, und auch gegen den Zusatz, daß dies *unverzüglich* geschehen solle, bestehen keine Bedenken. Eine solche Aufforderung ist jedoch nicht zweckmäßig, wenn das Verfahren mit frühem ersten Termin mit Rücksicht auf die fehlende anwaltliche Vertretung gewählt wurde, → § 272 Rdnr. 9.

c) Fehlen der Aufforderung

15 Unterbleibt die nach Abs. 1 S. 2 vorgeschriebene Aufforderung, so hat dies auf die **Wirksamkeit der Ladung und der Klageerhebung** (durch Zustellung der Klageschrift, § 274 Abs. 2) keinen Einfluß. Zur Bedeutung für die Zurückweisung wegen Verspätung → Rdnr. 17.

d) Unterlassen der schriftsätzlichen Mitteilung

16 Werden entgegen der Aufforderung Verteidigungsmittel erst im frühen ersten Termin vorgetragen, so kommt eine Zurückweisung nach § 296 Abs. 2 in Verbindung mit § 282 Abs. 1 nicht in Betracht, da § 282 Abs. 1 nur den rechtzeitigen Vortrag *in* der mündlichen Verhandlung vorschreibt[18]. Jedoch steht, wenn sich der Gegner auf den Vortrag hin nicht zu erklären vermag, eine Zurückweisung unter den Voraussetzungen des § 296 Abs. 2 (grobe Nachlässigkeit des Beklagten, Verzögerung des Rechtsstreits) in Verbindung mit § 282 Abs. 2 im *Ermessen* des Gerichts.

17 Im **Parteiprozeß** gilt § 282 Abs. 2, § 296 Abs. 2 nur, wenn eine Aufforderung zur schriftsätzlichen Vorbereitung (nach § 129 Abs. 2, → Rdnr. 14) erfolgt ist, → § 129 Rdnr. 40. Aber auch im Anwaltsprozeß sollte die Präklusion nach § 282 Abs. 2, § 296 Abs. 2 ausscheiden, wenn die **Aufforderung** nach Abs. 1 S. 2 **unterblieben** ist. Zwar folgt die Pflicht zu rechtzeitigem schriftsätzlichem Vortrag bereits aus dem Gesetz (§ 129 Abs. 1, § 282 Abs. 2), aber wenn das Gericht die ihm auferlegte Hinweispflicht verletzt, so ist dies zugunsten der Partei als

---

[18] *KG* NJW 1980, 2363 (mit Anm. *Deubner*).

Mitverantwortung für die unterbliebene oder verspätete schriftsätzliche Mitteilung zu werten und daher von der Zurückweisung wegen Verspätung abzusehen.

Auch bei der Anwendung des § 296 Abs. 2 ist eine **Verzögerung** durch das erstmals im frühen ersten Termin vorgetragene Verteidigungsvorbringen zu verneinen, wenn die Erledigung des Rechtsstreits im Haupttermin bei Berücksichtigung des Vorbringens nach freier Überzeugung des Gerichts genauso erfolgen kann wie bei schriftsätzlicher Ankündigung des Vortrags vor dem frühen ersten Termin, → Rdnr. 12. Folgt man der strengeren Gegenansicht, so wird es zumindest im Rahmen der Ermessensausübung nach § 296 Abs. 2 oft angezeigt sein, von einer Zurückweisung abzusehen, die Gegenäußerung des Klägers (gegebenenfalls unter Fristsetzung nach Abs. 4) abzuwarten und sie dann bei der Vorbereitung des Haupttermins nach § 273 zu berücksichtigen. 18

III. Der frühe erste Termin

1. Inhalt und Ablauf

Der frühe erste Termin ist ein **vollwertiger Termin zur mündlichen Verhandlung**. Die Parteien können alle Prozeßhandlungen, für die die Mündlichkeit vorgeschrieben ist, mit den vollen Wirkungen (die auch im Haupttermin erhalten bleiben) vornehmen. Das Gericht darf aufgrund der Verhandlung alle Entscheidungen (auch Endurteile) erlassen, die durch das Geschehen im Termin gerechtfertigt werden. Bloße Durchlauftermine (oder gar »Durchruftermine«), in denen nur Schriftsätze gewechselt und Anträge gestellt werden sowie ein neuer Termin bestimmt wird, sind sinnlos und gesetzwidrig[19]. 19

Im allgemeinen wird das Gericht zunächst zu klären haben, ob eine **gütliche Beilegung** des Rechtsstreits möglich ist (§ 279 Abs. 1 S. 1), und zu diesem Zweck den Rechtsstreit mit den Parteien erörtern. Kommt keine gütliche Einigung zustande, so sind schon im frühen ersten Termin die **Anträge** zu stellen sowie die **Angriffs- und Verteidigungsmittel** vorzutragen. Für den Gang der Verhandlung gilt § 137, dagegen an sich nicht § 278[20], da der frühe erste Termin keineswegs unter allen Umständen auf die Erledigung des Rechtsstreits bereits nach diesem Termin abzielt. Eine **Einführung in den Sach- und Streitstand** nach § 278 Abs. 1 ist daher nicht vorgeschrieben[21] und jedenfalls bei einem frühen ersten Termin, der vor allem der Sammlung des Streitstoffs dienen soll, nicht unbedingt zweckmäßig. 20

Beweisaufnahmen sind zulässig, sei es daß die Beweismittel durch vorbereitende Anordnung nach § 273 schon für den frühen ersten Termin bereitgestellt oder von den Parteien von sich aus mitgebracht wurden. Für die **Frage- und Hinweispflicht** des Gerichts gilt § 139; die **Erörterung** des Sach- und Streitverhältnisses (§ 139 Abs. 1 S. 2) ist gerade in dieser Phase besonders wichtig[22]. § 278 Abs. 3 ist analog anwendbar[23], soweit bereits aufgrund des frühen ersten Termins *Entscheidungen* im eigentlichen Sinn (nicht nur prozeßleitende Verfügungen) ergehen, andernfalls genügt der Hinweis im Haupttermin. 21

---

[19] *MünchKommZPO-Prütting* § 272 Rdnr. 8; *Zöller-Greger*[20] § 272 Rdnr. 1.
[20] A.M. *Grunsky* JZ 1977, 201, 202. Der praktische Unterschied ist wegen der auch hier befürworteten analogen Anwendbarkeit des § 278 Abs. 3 gering.
[21] *Baumbach-Lauterbach-Hartmann*[55] Rdnr. 9 (aber ratsam). – A.M. *Bischof* Der Zivilprozeß nach der Vereinbarungsnovelle (1980) Rdnr. 96.
[22] Dazu *Lange* NJW 1986, 1728, 1730.
[23] Vgl. Bundestagsrechtsausschuß BT-Drucks. 7/5250, 9; *Bischof* (Fn. 21) Rdnr. 95, 111; *Thomas-Putzo*[19] § 278 Rdnr. 4; *E. Schneider* MDR 1977, 886.

2. Anordnungen zur Vorbereitung des Haupttermins

22 Ergibt sich nicht schon im frühen ersten Termin eine gütliche Einigung oder die Entscheidungsreife, so ist nach Abs. 2 der **Haupttermin** so vorzubereiten, daß der Rechtsstreit auf seiner Grundlage wenn irgend möglich entschieden werden kann. Allerdings wird durch Abs. 2 nicht ausgeschlossen, ausnahmsweise den frühen ersten Termin als solchen zu **vertagen**, wenn es noch nicht zu einer hinreichenden Verhandlung gekommen ist[24].

23 Die in aller Regel aufgrund des frühen ersten Termins mögliche Vorbereitung des Haupttermins erfolgt vor allem durch *Aufklärungs- und Beweisbeschlüsse*. Als vorbereitende Maßnahmen stehen auch die im Katalog des § 273 Abs. 2 genannten Anordnungen zur Verfügung, nur daß sie im Termin nicht durch den Vorsitzenden, sondern durch das gesamte Gericht erlassen werden und an die Stelle bloßer beweisvorbereitender Maßnahmen bereits förmliche Beweisbeschlüsse (§§ 358, 359) und die zu deren Ausführung vor oder nach dem Haupttermin nötigen Anordnungen treten werden. Zu den jetzt noch zulässigen Fristsetzungen → Rdnr. 25 ff.

24 In der Zeit **zwischen dem frühen ersten Termin und dem Haupttermin** kann der Vorsitzende bzw. ein von ihm bestimmtes Mitglied des Gerichts wiederum von § 273 Gebrauch machen; das Gericht kann zwischen den Terminen Beweisbeschlüsse erlassen und nach Maßgabe des § 358 a auch die Aufnahme von Beweisen vor dem Haupttermin anordnen.

IV. Weitere Fristsetzungen im frühen ersten Termin oder nach diesem

1. Klageerwiderungsfrist

25 Der Verlauf des frühen ersten Termins kann dem Beklagten Veranlassung geben, weiteres Verteidigungsvorbringen anzukündigen, so z.B., wenn der Prozeßbevollmächtigte von seinem Mandanten erst noch Informationen einzuholen hat. Durch Fristsetzungen kann das Gericht verhindern, daß die Zulässigkeit weiteren Vorbringens bis zum Haupttermin zur Prozeßverzögerung mißbraucht wird.

26 War dem Beklagten vor dem frühen ersten Termin **noch keine Klageerwiderungsfrist** nach Abs. 1 S. 1 gesetzt, so kann das Gericht im frühen ersten Termin nach Abs. 3 eine solche Frist bestimmen, deren Dauer nach § 277 Abs. 3 mindestens zwei Wochen (vom frühen ersten Termin an) beträgt. Diese Frist ist aber nicht etwa generell zu setzen, sondern nur, wenn noch keine ausreichende Erwiderung auf die Klage vorliegt. Eine **erneute Klageerwiderungsfrist** nach Abs. 3 zu setzen, nachdem bereits von Abs. 1 S. 1 Gebrauch gemacht worden war, erscheint nicht zulässig[25]. Jedoch hat das Gericht (→ Rdnr. 23) in allen Fällen die Möglichkeit, nach § 273 Abs. 1 S. 2, Abs. 2 Nr. 1 eine Frist zur Erklärung über bestimmte (vom Gericht zu bezeichnende) Punkte zu setzen.

27 In **Ehe- und Kindschaftssachen** ist Abs. 3 nicht anwendbar, § 611 Abs. 2, § 640 Abs. 1.

2. Frist für die Stellungnahme des Klägers

28 Hat das Gericht Anlaß zu der Befürchtung, die zügige Erledigung des Prozesses könne durch schleppende Erklärungen des Klägers gefährdet werden, so wird es von der in Abs. 4 eingeräumten Möglichkeit Gebrauch machen, dem Kläger für seine Stellungnahme zur Klage-

---

[24] Vgl. *Bischof* (Fn. 21) Rdnr. 94 (z.B. bei entschuldigtem Ausbleiben oder nicht ordnungsgemäßer Ladung einer Partei oder im Hinblick auf einen übereinstimmenden Vertagungsantrag wegen Vergleichsverhandlungen).

[25] A.M. *Grunsky* JZ 1977, 200, 203.

erwiderung eine Frist zu setzen. Dies kann, wenn im Termin eine ausreichende Klageerwiderung, aber noch keine oder keine vollständige Erklärung des Klägers dazu vorliegt, bereits im frühen ersten Termin geschehen, oder aber danach, wenn erst noch die Klageerwiderung aussteht. Bei Versäumung der Frist gilt § 296 Abs. 1. Die Frist darf nicht mit der Gewährung einer Nachfrist gemäß § 283 verwechselt oder vermengt werden[26], → auch § 276 Rdnr. 48a, die nach Voraussetzungen und Rechtsfolgen anderer Regeln folgt, → § 283 Rdnr. 7 ff.

Wer **für die Fristsetzung zuständig** ist, geht aus Abs. 4 nicht eindeutig hervor. Nach dem Wortlaut des Abs. 4 muß die Frist auch außerhalb der mündlichen Verhandlung vom *Gericht* gesetzt werden[27]. Da dies aber im Vergleich mit den sonst geltenden Regeln keinen rechten Sinn ergibt, wird man den Begriff Gericht hier als allgemeine Bezeichnung auffassen können, die noch nichts über die Zuständigkeit des gesamten Spruchkörpers oder des Vorsitzenden aussagt, und entsprechend Abs. 1 S. 1 sowie Abs. 3 annehmen dürfen, daß *innerhalb* des Termins das **vollständige Spruchkollegium**, *außerhalb* des Termins jedoch der **Vorsitzende** oder ein von ihm bestimmtes Gerichtsmitglied zu dieser Fristsetzung befugt ist[28]. 29

Die **Dauer der Frist** beträgt nach § 277 Abs. 3 und 4 mindestens zwei Wochen vom Termin oder der Zustellung der Fristbestimmung an. Zur **Belehrung des Klägers** (§ 277 Abs. 4 und 2) → § 277 Rdnr. 26. 30

In **Ehe- und Kindschaftssachen** ist Abs. 4 nicht anwendbar, § 611 Abs. 2, § 640 Abs. 1. 31

Neben Abs. 4 besteht die Möglichkeit, den Kläger zur **Erklärung über bestimmte Punkte** aufzufordern und dafür eine Frist zu setzen, § 273 Abs. 1, Abs. 2 Nr. 1. Diese Befugnis hat im Verhandlungstermin das Gericht, außerhalb der Verhandlung dagegen der Vorsitzende bzw. das von ihm bestimmte Mitglied des Gerichts. 32

Ob dem **Kläger** nach Abs. 4 auch schon **vor dem frühen ersten Termin** (aber nach Eingang der Klageerwiderung) eine Frist gesetzt werden kann, erscheint fraglich[29]. Nach dem Aufbau des § 275 könnte man Abs. 4 so verstehen, daß der frühe erste Termin, auf den sich Abs. 2 und 3 beziehen, bereits stattgefunden hat. Dafür spricht auch, daß in Abs. 4 zunächst die Situation »in dem Termin« und erst danach der Eingang der Klageerwiderung angesprochen wird. Angesichts des allgemeinen Bestrebens des Gesetzgebers, dem Gericht umfassende Befugnisse zur Setzung von Fristen zu geben, wird man sich aber über diese Bedenken hinwegsetzen müssen. Bei der praktischen Handhabung sollte jedoch bedacht werden, daß die Setzung einer Frist nach Abs. 4 *vor* dem frühen ersten Termin die Unterschiede zum schriftlichen Vorverfahren verwischt und auch dazu führen kann, den frühen ersten Termin verhältnismäßig weit hinauszurücken. – Bereits vor dem frühen ersten Termin kann der Kläger auch befristet zur **Erklärung über einzelne Punkte** nach Maßgabe des § 273 Abs. 2 Nr. 1 aufgefordert werden. 33

---

[26] Näher *Leipold* JZ 1988, 93 zu *BVerfG* 75, 302 = JZ 1988, 90, das in der Präklusion unter Verwechslung der Grundlagen der Fristsetzung keinen Verfassungsverstoß sieht. Hierzu auch *Liermann* DRiZ 1988, 197. Auch *BVerfG* NJW 1992, 679 deckt eine Verwechslung der Fristen aus § 275 Abs. 4 und § 283 auf; die Verfassungsbeschwerde wurde aus einem anderen Grund für offensichtlich unbegründet erklärt.

[27] Für Zuständigkeit nur des gesamten Spruchkörpers auch außerhalb der mündlichen Verhandlung *OLG Frankfurt* (17. Zivilsenat) MDR 1979, 764; NJW-RR 1986, 1445; *Baumbach-Lauterbach-Hartmann*[55] Rdnr. 14 u. 15; *MünchKommZPO-Prütting* Rdnr. 18; ebenso, aber krit. *Thomas-Putzo*[19] Rdnr. 8; *Zöller-Greger*[20] Rdnr. 7a.

[28] Ebenso *OLG Frankfurt* (9. Zivilsenat) MDR 1990, 60. – Ein Gesetzentwurf des Bundesrates (BR-Drucks. 605/96 – Beschluß vom 18. 10. 1996) will die Zuständigkeit des Vorsitzenden ausdrücklich im Gesetz verankern.

[29] Bejahend *Baumbach-Lauterbach-Hartmann*[55] Rdnr. 14; *Thomas-Putzo*[19] Rdnr. 8.

V. Arbeitsgerichtliches Verfahren

1. Unanwendbarkeit des § 275

34   Gemäß § 46 Abs. 2 S. 2 ArbGG (in der Fassung der Beschleunigungsnovelle 1979) findet § 275 im arbeitsgerichtlichen Verfahren **keine Anwendung**. Daher entfallen auch die Fristsetzungen nach Abs. 1 S. 1, Abs. 3 und 4 samt den Präklusionsmöglichkeiten bei Fristversäumnis[30]. Der Beklagte ist in der Regel nicht aufzufordern, sich zur Klage schriftlich zu äußern, § 47 Abs. 2 ArbGG. Vor der streitigen Verhandlung (analog bereits vor der Güteverhandlung, → § 273 Rdnr. 44) kann der Vorsitzende aber nach § 56 Abs. 1 Nr. 1 ArbGG den Kläger wie den Beklagten zur **Erklärung über bestimmte, genau zu bezeichnende**[31] **Punkte** auffordern und dafür eine Frist setzen, deren Versäumung zur Nichtzulassung des Vorbringens nach § 56 Abs. 2 ArbGG führen kann, → § 273 Rdnr. 45.

2. Kündigungssachen

35   In Kündigungssachen hat dagegen der Vorsitzende, wenn die Güteverhandlung erfolglos blieb und das Verfahren auch nicht in einer sogleich anschließenden Verhandlung abgeschlossen werden konnte, den *Beklagten* zur **schriftlichen Klageerwiderung** binnen einer Frist von mindestens zwei Wochen[32] aufzufordern, § 61 a Abs. 3 ArbGG. Dem *Kläger* kann sodann eine Frist zur **schriftlichen Stellungnahme auf die Klageerwiderung** gesetzt werden, § 61 a Abs. 4 ArbGG. Verspätete Angriffs- oder Verteidigungsmittel sind dann nur noch unter den Voraussetzungen des § 61 a Abs. 5 ArbGG zuzulassen, die mit § 296 Abs. 1 wörtlich übereinstimmen.

§ 276   [Schriftliches Vorverfahren]

(1) ¹Bestimmt der Vorsitzende keinen frühen ersten Termin zur mündlichen Verhandlung, so fordert er den Beklagten mit der Zustellung der Klage auf, wenn er sich gegen die Klage verteidigen wolle, dies binnen einer Notfrist von zwei Wochen nach Zustellung der Klageschrift dem Gericht schriftlich anzuzeigen; der Kläger ist von der Aufforderung zu unterrichten. ²Zugleich ist dem Beklagten eine Frist von mindestens zwei weiteren Wochen zur schriftlichen Klageerwiderung zu setzen. ³Ist die Zustellung der Klage im Ausland vorzunehmen, so bestimmt der Vorsitzende die Frist nach Satz 1; § 175 gilt entsprechend mit der Maßgabe, daß der Zustellungsbevollmächtigte innerhalb dieser Frist zu benennen ist.

(2) Mit der Aufforderung ist der Beklagte über die Folgen einer Versäumung der ihm nach Absatz 1 Satz 1 gesetzten Frist sowie darüber zu belehren, daß er die Erklärung, der Klage entgegentreten zu wollen, nur durch den zu bestellenden Rechtsanwalt abgeben kann.

(3) Der Vorsitzende kann dem Kläger eine Frist zur schriftlichen Stellungnahme auf die Klageerwiderung setzen.

Gesetzesgeschichte: Eingefügt durch die Vereinfachungsnovelle 1976 → (Einl. [20. Aufl.] Rdnr. 159). § 276 aF (Verweisung des Rechtsstreits an das zuständige Gericht) wurde zu § 281 nF. – Abs. 1 S. 3 2. Halbsatz angefügt durch Rechtspflege-Vereinfachungsgesetz vom 17.XII.1990, BGBl. I 2847.

---

[30] *BAG* AP § 56 ArbGG 1979 Nr. 1 = DB 1980, 2399.
[31] *BAG* (Fn. 30).
[32] Dazu krit. *Zimmermann* BB 1984, 478, 479.

I. Zweck und Rechtsnatur des schriftlichen Vorverfahrens ... 1
  1. Zweck ... 1
  2. Rechtsnatur ... 4
II. Anwendungsbereich ... 8
III. Die Fristsetzungen und Belehrungen an den Beklagten ... 10
  1. Aufforderung zur Anzeige der Verteidigungsabsicht ... 10
    a) Inhalt ... 10
    b) Keine Verlängerung ... 12
    c) Frist bei Zustellung im Ausland, Zustellungsbevollmächtigter ... 13
    d) Beginn und Ablauf der Frist ... 14
    e) Belehrung über die Folgen einer Fristversäumung ... 15
  2. Frist zur Klageerwiderung ... 19
    a) Festsetzung und Dauer ... 19
    b) Beginn, Verlängerung ... 20
    c) Belehrung ... 21
  3. Form ... 22
    a) Festsetzung der Fristen ... 22
    b) Unterrichtung des Klägers ... 23
  4. Gerichtliche Verstöße, Behebung von Mängeln ... 24
  5. Rechtsbehelfe ... 25
IV. Versäumung der Frist zur Erklärung der Verteidigungsabsicht ... 26
  1. Bedeutung der Erklärung des Beklagten ... 26
  2. Zeitliche Grenzen ... 29
  3. Bedeutung der Gerichtsferien; deren Aufhebung ... 30
  4. Antrag auf Versäumnisurteil und Entscheidung darüber ... 32
    a) Antrag ... 32
    b) Weitere Voraussetzungen eines Versäumnisurteils ... 33
  5. Bedeutung der Fristsetzung nach Einspruch ... 36
  6. Wiedereinsetzung in den vorigen Stand ... 38
  7. Antrag auf Prozeßkostenhilfe ... 43
  8. Rechtslage nach Mahnverfahren ... 44
    a) Nach Mahnbescheid ... 44
    b) Nach Vollstreckungsbescheid ... 44a
  9. Verfahren ohne Antrag auf Versäumnisurteil ... 45
V. Versäumung der Frist zur Klageerwiderung ... 46
  1. Nichtzulassung von Verteidigungsmitteln ... 46
  2. Ablauf der Frist ... 47
VI. Anerkenntnis im schriftlichen Vorverfahren ... 47a
VII. Frist für die Replik des Klägers ... 48
VIII. Die Anberaumung des Haupttermins ... 49
  1. Zeitpunkt ... 49
  2. Aufhebung des Vorverfahrens ... 50
  3. Aufhebung des Haupttermins ... 51
IX. Sonstige Prozeßhandlungen im schriftlichen Vorverfahren ... 52
X. Arbeitsgerichtliches Verfahren ... 54

I. Zweck und Rechtsnatur des schriftlichen Vorverfahrens

1. Zweck

Zur Wahl zwischen frühem erstem Termin und schriftlichem Vorverfahren → § 272 Rdnr. 3 ff. Das schriftliche Vorverfahren, dessen näherer Regelung § 276 dient, zählt zu den wichtigsten Neuerungen, die durch die Vereinfachungsnovelle 1976 eingeführt wurden. Es zielt auf die **Beschleunigung und Konzentration des Verfahrens** ab und soll dabei zwei unterschiedliche, gestuft aufeinanderfolgende Funktionen erfüllen. Die erste Funktion (man kann sie als **Filterfunktion** kennzeichnen[1]) besteht darin, gleich zu Beginn und so rasch wie möglich diejenigen Verfahren herauszusieben, in denen sich der Beklagte nicht ernsthaft zu verteidigen beabsichtigt. In diesen Fällen soll der Aufwand einer mündlichen Verhandlung erspart, zugleich aber dem Beklagten die Möglichkeit verwehrt werden, durch Passivität die Erledigung des Rechtsstreits hinauszuzögern. Dieser Funktion dienen die zweiwöchige Frist des Abs. 1 S. 1 und die damit verknüpften Möglichkeiten, in nicht streitig werdenden Verfahren ohne mündliche Verhandlung zu entscheiden. Dies kann durch **Versäumnisurteil** (§ 331

1

---

[1] Vgl. *Franzki* DRiZ 1977, 161, 163.

Abs. 3) geschehen, wenn der Beklagte keine Verteidigungsabsicht erklärt, oder durch **Anerkenntnisurteil** (§ 307 Abs. 2), wenn der Beklagte den geltend gemachten Anspruch anerkennt.

2   Bei den Prozessen, die nicht auf diese Weise beendet werden können, wird die zweite Funktion des schriftlichen Vorverfahrens wirksam. Sie besteht darin, die mündliche Verhandlung möglichst rasch, aber auch gründlich vorzubereiten. Diese **Vorbereitungsfunktion** soll ermöglichen, bereits den **ersten Verhandlungstermin als Haupttermin** durchzuführen, in diesem Termin die notwendigen Beweise zu erheben und möglichst bereits aufgrund dieser Verhandlung abschließend zu entscheiden. Um die Parteien in dieser Phase des schriftlichen Vorverfahrens zu einer zügigen Einreichung von Schriftsätzen zu veranlassen, wird dem Beklagten eine **Frist zur Klageerwiderung** gesetzt (Abs. 1 S. 2), und dem Kläger kann dann wiederum befristet aufgegeben werden, sich zur Klageerwiderung zu äußern (Abs. 3).

3   Durch Fristsetzungen allein ist allerdings ein effizienter Haupttermin noch nicht gewährleistet. Jedoch stehen dem Gericht außerdem die **vorbereitenden Maßnahmen** nach § 273 zur Verfügung und darüber hinaus das Recht, nach Maßgabe des § 358 a schon vor dem Haupttermin Beweisbeschlüsse zu erlassen und deren Ausführung anzuordnen.

2. Rechtsnatur

4   Der dogmatische Standort des schriftlichen Vorverfahrens bedarf im **Verhältnis zum Prinzip der Mündlichkeit** (§ 128 Abs. 1) näherer Bestimmung. Die allgemeine Zulässigkeit bzw. (im Anwaltsprozeß, § 129 Abs. 1) Notwendigkeit vorbereitender Schriftsätze stellt keine Durchbrechung des Mündlichkeitsgrundsatzes dar, weil die Schriftsätze als bloße *Ankündigung* des Vortrags in der mündlichen Verhandlung anzusehen sind, → § 128 Rdnr. 29, § 129 Rdnr. 32. Im schriftlichen Vorverfahren ist aber mit dieser Betrachtungsweise allein nicht auszukommen. Wenn nämlich der Beklagte nicht rechtzeitig seine Verteidigungsabsicht anzeigt und der Kläger ein Versäumnisurteil beantragt, so ist darüber auf der Grundlage des lediglich schriftsätzlichen Vorbringens des Klägers zu entscheiden. Also müssen insoweit der **Antrag** des Klägers und sein **schriftlicher Vortrag** als **wirksame Prozeßhandlungen** angesehen werden. Dasselbe gilt für eine Anerkenntniserklärung des Beklagten und einen Antrag des Klägers, ein Anerkenntnisurteil zu erlassen. Das schriftliche Vorverfahren weist also **Züge eines schriftlichen Verfahrens** auf, da bestimmte Prozeßhandlungen von den Parteien schriftlich vorgenommen werden können und das Gericht bereits aufgrund des schriftlichen Prozeßgeschehens Entscheidungen zu treffen vermag.

5   Dennoch **unterscheidet** sich das schriftliche Vorverfahren wesentlich von einem schriftlichen Verfahren nach § 128 Abs. 2 oder 3[2]. Während dort *sämtliche* Prozeßhandlungen schriftlich vorgenommen werden können und das Gericht *jegliche Art der Entscheidung* aufgrund des schriftlichen Vortrags erlassen kann (näher → § 128 Rdnr. 87ff., 99ff., 118ff.), ist dies im Rahmen des schriftlichen Vorverfahrens nicht der Fall. In Übereinstimmung mit der gesetzlichen Regelung, die nur bestimmte schriftliche Elemente hervorhebt, und mit dem Zweck des Gesetzes ist daher das schriftliche Vorverfahren als ein **funktional begrenztes schriftliches Verfahren** zu verstehen. Die Schriftlichkeit ist auf die oben herausgearbeitete Filterfunktion beschränkt und sollte daher nicht darüber hinaus (durch Zulassung weiterer Entscheidungen allein aufgrund der schriftlichen Verfahrenslage, näher → Rdnr. 34, 45) ausgedehnt werden. Soweit dagegen das schriftliche Vorverfahren durch die Vorbereitungs-

---

[2] S. auch *BVerfG* NJW 1993, 2864 (daher kein Gebot des Gleichheitssatzes, auch im schriftlichen Verfahren durch Versäumnisurteil zu entscheiden, hierzu → § 128 Rdnr. 120).

funktion geprägt ist, bleibt der lediglich ankündigende Charakter der Schriftsätze erhalten, so daß insoweit keine Ausnahme vom Mündlichkeitsgrundsatz vorliegt.

Von den eng umgrenzten Ausnahmen abgesehen wird also das **Recht der Parteien auf eine mündliche Verhandlung** und die grundsätzliche **Notwendigkeit der mündlichen Verhandlung** als Basis der gerichtlichen Entscheidungen durch die Anordnung eines schriftlichen Vorverfahrens nicht berührt. 6

Soweit allerdings das Gericht bereits vor der mündlichen Verhandlung **Beweisbeschlüsse** erläßt (§ 358 a), geschieht dies auf der Grundlage des schriftlichen Parteivortrags. Ob aber dieser Parteivortrag letztlich wirksam wird, hängt auch dann noch vom Geschehen in der mündlichen Verhandlung ab. Sollte nun die schriftsätzlich angekündigte Tatsachenbehauptung, über die bereits Beweis angeordnet (und vielleicht sogar erhoben) wurde, nicht vorgetragen werden[3], verlieren Beweisbeschluß und Beweisaufnahme ihre Wirkungen. Insoweit läßt sich auch hier nicht von einem schriftlichen Verfahren im Sinne des § 128 Abs. 2 und 3, sondern nur von einer *partiellen und vorläufigen Durchbrechung des Mündlichkeitsgrundsatzes* sprechen. Diese stellt im übrigen kein Charakteristikum des schriftlichen Vorverfahrens dar, da die Anwendbarkeit des § 358 a nicht auf den Fall des schriftlichen Vorverfahrens beschränkt ist. 7

II. Anwendungsbereich

In **Ehe- und Kindschaftssachen** ist nach § 611 Abs. 2, § 640 Abs. 1 ein schriftliches Vorverfahren nicht zulässig. Im Rahmen eines **schriftlichen Verfahrens** nach § 128 Abs. 2 oder 3 ist § 276 ebenfalls nicht anzuwenden, → § 128 Rdnr. 121. Im übrigen, auch im amtsgerichtlichen Verfahren (→ § 272 Rdnr. 3, 12), steht das schriftliche Vorverfahren **neben dem Verfahren mit frühem erstem Termin zur Wahl des Vorsitzenden**, § 272 Abs. 2. Zu den Kriterien für diese Entscheidung → § 272 Rdnr. 8 ff. Bei einer späteren **Widerklage** nur für diese ein schriftliches Vorverfahren anzuordnen, erscheint nicht angängig[4], da die Verfahrensgestaltung jeweils den gesamten Prozeß betrifft. Zur Frage, ob die Verfahrenswahl geändert werden kann, → § 272 Rdnr. 13 ff. 8

Auch **nach Mahnbescheid und Widerspruch** (§ 697 Abs. 2 S. 1) sowie nach Vollstreckungsbescheid und Einspruch (§ 700 Abs. 4 S. 1) kann das schriftliche Vorverfahren angeordnet werden. In den dabei zu beachtenden Besonderheiten → Rdnr. 44 ff. 9

III. Die Fristsetzungen und Belehrungen an den Beklagten

1. Aufforderung zur Anzeige der Verteidigungsabsicht

a) Inhalt

Mit der unverzüglichen *Zustellung der Klageschrift* (§ 271 Abs. 1) oder – falls dies erst später geschieht (→ § 272 Rdnr. 11, 12a) – mit der *Anordnung des schriftlichen Vorverfahrens* ist der Beklagte durch den Vorsitzenden nach Abs. 1 S. 1 aufzufordern, es dem Gericht innerhalb einer **Frist von zwei Wochen ab Zustellung der Klage** (bzw. Zustellung der Anordnung des schriftlichen Vorverfahrens[5]) schriftlich anzuzeigen, wenn er sich gegen die Klage verteidigen wolle. 10

Im **amtsgerichtlichen Verfahren** hat die Aufforderung wegen § 129 Abs. 2, § 496 dahingehend zu lauten, die Verteidigungsabsicht *schriftlich* oder durch *Erklärung zu Protokoll der Geschäftsstelle* mitzuteilen. Dagegen erscheint es entbehrlich, auf die Zulässigkeit der Erklä- 11

---

[3] Anders *Henckel* JZ 1992, 645, 652, der darin eine Änderung des bereits wirksam gewordenen Vortrags sieht.

[4] A.M. *AK-ZPO-Menne* § 272 Rdnr. 14.

[5] Wenn die Klageschrift bereits vorher zugestellt ist, muß dies in der Formulierung der Fristsetzung berücksichtigt werden, indem auf die Zustellung der Fristsetzung abgehoben wird. Vgl. *SchlHOLG* SchlHA 1983, 165, 166.

rung zu Protokoll der Geschäftsstelle eines *jeden* Amtsgerichts (§ 129 a Abs. 1) besonders hinzuweisen, zumal dann Unklarheiten über die Wahrung der Frist (dafür ist der Eingang des Protokolls beim Prozeßgericht entscheidend, § 129 a Abs. 2 S. 2) entstehen könnten[6].

b) Keine Verlängerung

12   Die Frist von zwei Wochen kann bei Zustellung der Klage im Inland **weder von vornherein noch nachträglich verlängert** werden, da es sich um eine **gesetzliche Frist** im Sinne des § 224 Abs. 2 handelt und eine Verlängerung im Gesetz nicht vorgesehen ist. – Zur Wiedereinsetzung in den vorigen Stand → Rdnr. 38 ff.

c) Frist bei Zustellung im Ausland, Zustellungsbevollmächtigter

13   Bei der Zustellung im Ausland (→ § 274 Rdnr. 11, 12) hat der Vorsitzende die Frist nach Abs. 1 S. 3 zu bestimmen. Die Frist darf, wie sich aus dem Sinnzusammenhang mit Abs. 1 S. 1 ergibt, keinesfalls kürzer als zwei Wochen sein. Die Dauer steht im **Ermessen des Vorsitzenden**, der vermutliche Schwierigkeiten, im Ausland einen Prozeßbevollmächtigten zu finden, ebenso berücksichtigen wird wie die zur Übermittlung einer Stellungnahme an das deutsche Gericht voraussichtlich nötige Zeit. Dagegen braucht, da die Frist erst ab Zustellung läuft, der für die *Klagezustellung* erforderliche Zeitraum nicht einkalkuliert zu werden[7].

13a Innerhalb der gesetzten Klageerwiderungsfrist ist nach Abs. 1 S. 3, 2. Halbsatz der Zustellungsbevollmächtigte nach § 174 Abs. 2, § 175 zu benennen. Geschieht dies nicht, können Versäumnisurteil (§ 331 Abs. 3) und Anerkenntnisurteil (§ 307 Abs. 2) durch Aufgabe zur Post (§ 175 Abs. 1 S. 2) zugestellt werden, näher → § 175 Rdnr. 12. Eine Belehrung über die Pflicht, einen Zustellungsbevollmächtigten zu bestellen, erscheint generell erforderlich, → § 174 Rdnr. 14.

d) Beginn und Ablauf der Frist

14   Die Frist (zur Berechnung → § 222) beginnt mit der **Zustellung** und kann daher gegenüber **Streitgenossen** unterschiedlich laufen (→ § 61 Rdnr. 4). Für einen **Nebenintervenienten** gilt dagegen die Frist gegenüber der Hauptpartei, → § 67 Rdnr. 6. Dasselbe muß für den streitgenössischen Nebenintervenienten gelten, weil der Beitritt erst nach der Zustellung der Klage an den Beklagten erfolgen kann und dann die Frist bereits in Lauf gesetzt ist (vgl. § 69 Rdnr. 8). – Da es sich um eine Notfrist handelt, wird ihr Ablauf **durch die Gerichtsferien nicht gehemmt** (§ 223 Abs. 2), näher → Rdnr. 30.

e) Belehrung über die Folgen einer Fristversäumung

15   Die nach Abs. 2 vorgeschriebene Belehrung über die Folgen einer Versäumung der Frist des Abs. 1 S. 1 muß den Inhalt haben, den Beklagten auf die **Gefahr eines Versäumnisurteils** nach § 331 Abs. 3 hinzuweisen. Es braucht aber weder diese Vorschrift genannt noch der Ausdruck Versäumnisurteil[8] verwendet zu werden. So kann die Belehrung etwa dahingehend formu-

---

[6] A.M. *MünchKommZPO-Prütting* Rdnr. 18; *Baumbach-Lauterbach-Hartmann*[55] Rdnr. 5 (hält den Hinweis auf die Möglichkeit des § 129 a Abs. 1 für nötig und empfiehlt dann auch mitzuteilen, daß für die Fristwahrung der Eingang der Erklärung beim Gericht des Rechtsstreits maßgebend ist).

[7] *Bergerfurth* JZ 1978, 298, 299 (dort Fn. 13). – A.M. *Baumbach-Lauterbach-Hartmann*[55] Rdnr. 6.

[8] Daß aber daraus auf eine Festlegung des Gerichts geschlossen werden könne und ein Ablehnungsgrund entstehen könne (so *Baumbach-Lauterbach-Hartmann*[55] Rdnr. 14), ist, wenn nur von der Möglichkeit oder Gefahr eines Versäumnisurteils gesprochen wird, nicht anzunehmen.

liert werden, der Beklagte müsse bei Versäumung der Frist damit rechnen, daß ohne mündliche Verhandlung allein aufgrund der Angaben in der Klageschrift zu seinem Nachteil entschieden werde.

Auch noch darauf hinzuweisen, daß die Erklärung der Verteidigungsabsicht bis zu dem in § 331 Abs. 3 S. 1, 2. HS genannten **Zeitpunkt** (Übergabe des unterschriebenen Versäumnisurteils an die Geschäftsstelle) beachtet werde und daß die Frist auch während der **Gerichtsferien** laufe[9], erscheint nicht geboten, da nur über die *Folgen*, nicht über die *Voraussetzungen* der Säumnis zu belehren ist. Außerdem ist die Belehrung der nicht bzw. noch nicht anwaltlich vertretenen Partei gegenüber um so weniger wirkungsvoll, je komplizierter sie formuliert ist. 16

Aus denselben Gründen erscheint auch ein Hinweis auf die Möglichkeit, bei Versäumung der Frist **Wiedereinsetzung** zu beantragen (→ Rdnr. 38), weder geboten noch zweckmäßig. 17

Im **amtsgerichtlichen Verfahren** muß der Beklagte nach § 499 auch darüber belehrt werden, daß die schriftliche Anerkennung des Anspruchs eine Verurteilung ohne vorherige mündliche Verhandlung nach sich ziehen könne. Im **landgerichtlichen Verfahren** und vor dem Amtsgericht, soweit dort **Anwaltszwang** besteht (→ § 78 Abs. 2), muß der Beklagte zudem nach § 271 Abs. 2 aufgefordert werden, für den Fall der Verteidigungsabsicht einen beim Prozeßgericht zugelassenen Rechtsanwalt zu bestellen, und dies wiederum ist nach Abs. 2 mit dem Hinweis zu verbinden, daß die Erklärung, sich verteidigen zu wollen, nur durch diesen Rechtsanwalt abgegeben werden kann. 18

2. Frist zur Klageerwiderung

a) Festsetzung und Dauer

Auch die Frist zur schriftlichen Klageerwiderung (Abs. 1 S. 2) ist vom Vorsitzenden sogleich bei Zustellung der Klage (bzw. bei späterer Anordnung des schriftlichen Vorverfahrens, → § 272 Rdnr. 11, 12a, zugleich mit dieser Anordnung) festzusetzen. Die **Zustellung** hat an den von der Partei bestellten Prozeßbevollmächtigten zu erfolgen, auch wenn dieser nicht beim Prozeßgericht zugelassen ist[10]. Wenn die Frist nach dem Gesetz *mindestens* zwei Wochen beträgt, so bedeutet dies nicht, daß in aller Regel nur eine zweiwöchige Frist zu setzen wäre[11]. Vielmehr wird die Wahrung des rechtlichen Gehörs für den Beklagten und auch der Gesichtspunkt der Waffengleichheit[12] (der Kläger kann den Zeitpunkt der Klage bestimmen und sich längere Zeit vorbereiten) **oft eine längere Frist angemessen** erscheinen lassen, erst recht bei kompliziertem und umfangreichem Streitstoff. 19

b) Beginn, Verlängerung

Die Frist **beginnt mit dem Ablauf der Zwei-Wochen-Frist für die Erklärung der Verteidigungsabsicht**, kann also (mit dieser Frist zusammengerechnet) von der Zustellung der Klage an berechnet werden. Auf Antrag, der den Vortrag und die Glaubhaftmachung erheblicher Gründe erfordert, kann die Frist des Abs. 1 S. 2 **verlängert** werden, § 224 Abs. 2. Wird die Klage während des Laufs der Erwiderungsfrist geändert, so erscheint es zulässig, von Amts wegen mit der Zustellung der geänderten Klage die Frist zu verlängern bzw. eine neue, 20

---

[9] Den ersten Hinweis verlangt *Baumbach-Lauterbach-Hartmann*[55] Rdnr. 15 (mit Bedenken); dem folgend *SchlHOLG* SchlHA 1983, 165, 166.
[10] *OLG Düsseldorf* MDR 1985, 852 = NJW-RR 1986, 799.
[11] Vgl. *Leipold* ZZP 93 (1980), 237, 248; *Engels* AnwBl 1979, 205, 206; *Rudolph* Festschr. für die Deutsche Richterakademie (1983), 151, 155f., 171; *Baumbach-Lauterbach-Hartmann*[55] Rdnr. 10; *Zöller-Greger*[20] § 275 Rdnr. 4. S. auch *Franzki* DRiZ 1977, 161, 163; *Schellhammer* ZP[7] Rdnr. 277.
[12] *Franzki* DRiZ 1977, 161, 163.

hinreichend lange Klageerwiderungsfrist (mindestens zwei Wochen von der neuen Zustellung an) zu bestimmen[13]. Dasselbe muß bei erheblich geändertem Sachvortrag des Klägers gelten, → auch Rdnr. 35 sowie § 277 Rdnr. 9.

c) Belehrung

21 Die Fristsetzung ist nach § 277 Abs. 2 mit der Belehrung über die **Folgen der Fristversäumung** (§ 296 Abs. 1) zu verbinden, also mit dem Hinweis, die Nichteinhaltung der Frist könne zur **Nichtzulassung des verspäteten Vorbringens** und zum Verlust des Prozesses führen. Der BGH stellt insoweit strenge Anforderungen und läßt eine formularmäßige Wiedergabe des Gesetzestextes nicht genügen[14], → § 277 Rdnr. 19 f. Im Verfahren mit Anwaltszwang ist außerdem der Hinweis vorgeschrieben, die Klageerwiderung müsse durch den zu bestellenden Rechtsanwalt eingereicht werden. Näher → § 277 Rdnr. 17 ff.

3. Form

a) Festsetzung der Fristen

22 Die Fristen des Abs. 1 sind vom **Vorsitzenden**, nicht von einem von ihm beauftragten Mitglied des Gerichts festzusetzen, offenbar deshalb, weil auch die Anordnung des schriftlichen Vorverfahrens (die ausdrücklich neben den Fristsetzungen erfolgen sollte) nach § 272 Abs. 2 allein Sache des Vorsitzenden ist. Die Fristsetzung durch ein anderes Mitglied des Spruchkörpers, sei es auch im Auftrag des Vorsitzenden, ist nicht wirksam[15]. Die vom Vorsitzenden unterschriebene Verfügung ist in beglaubigter Abschrift förmlich zuzustellen, § 329 Abs. 2 S. 2, näher → § 275 Rdnr. 9.

b) Unterrichtung des Klägers

23 Von der Aufforderung und Fristsetzung nach Abs. 1 S. 1 ist der Kläger zu unterrichten, Abs. 1 S. 1 a. E. Diese Mitteilung kann **formlos** erfolgen; es sollte dabei auch dem Kläger gegenüber ausdrücklich die Anordnung des schriftlichen Vorverfahrens verfügt werden.

4. Gerichtliche Verstöße, Behebung von Mängeln

24 Wurde die **Frist des Abs. 1 S. 1** nicht bzw. nicht ordnungsgemäß gesetzt oder der Beklagte nicht korrekt belehrt, so darf ein **Versäumnisurteil** wegen nicht rechtzeitiger Anzeige der Verteidigungsabsicht (§ 331 Abs. 3) **nicht ergehen**. Fehlen oder Mängel der Fristsetzung und Belehrung nach **Abs. 1 S. 2**, § 277 Abs. 2 stehen einer **Nichtzulassung verspäteten Vorbringens** nach § 296 Abs. 1 entgegen. Eine Heilung einer mangelhaften Fristsetzung nach § 295 Abs. 1 tritt nicht ein[16]. Auch Zustellungsmängel stehen einer Präklusion entgegen, wobei analog § 187 S. 2 keine Heilung nach § 187 S. 1 möglich ist[17], ebensowenig wie eine Heilung

---

[13] Vgl. *OLG Düsseldorf* MDR 1980, 943; *Baumbach-Lauterbach-Hartmann*⁵⁵ Rdnr. 10.
[14] *BGH* NJW 1986, 133; NJW 1991, 2773, 2774 = LM § 276 Nr. 5; weitere Nachw. → § 277 Rdnr. 20.
[15] *OLG Oldenburg* NdsRpfl 1979, 179. – A.M. *Thomas-Putzo*¹⁹ Rdnr. 9. – Offenlassend *BGH* NJW 1991, 2774, 2775 = LM Nr. 5 (dort mwN): jedenfalls unwirksam, wenn ein Mitglied des Spruchkörpers die Frist gesetzt hat, ohne »im Auftrag« oder »in Vertretung« des Vorsitzenden zu handeln; dagegen *Vollkommer* EWiR § 296 1/91, 929, 930.
[16] *BGH* NJW 1991, 2773 = LM § 276 Nr. 5; NJW 1991, 2774, 2775.
[17] *BGHZ* 76, 236 = NJW 1980, 1167; *OLG Düsseldorf* MDR 1985, 852 = NJW-RR 1986, 799.

nach § 295[18]. Die nachträgliche **Behebung von Mängeln** ist zulässig, solange sich der Prozeß im Stadium des schriftlichen Vorverfahrens befindet. Jedoch können dann die Fristen erst von der Zustellung der fehlerfreien Verfügung an laufen[19].

5. Rechtsbehelfe

Grundsätzlich sind weder die Fristsetzungen noch deren Unterlassung (auch wenn einer Parteianregung nicht gefolgt wird) selbständig anfechtbar. Zu einer **mittelbaren Überprüfung** kann es im Rahmen der Anfechtung des Endurteils kommen, vor allem, wenn es um die Rechtmäßigkeit einer Nichtzulassung verspäteten Vorbringens geht. Läßt aber die nach Abs. 1 S. 2 gesetzte Klageerwiderungsfrist durch ihre völlig ungewöhnliche und vom Zweck der Frist in keiner Weise gerechtfertigte Länge erkennen, daß das Gericht im Grunde (sei es auch wegen außergewöhnlicher Belastung) den Prozeß für lange Zeit überhaupt nicht zu betreiben gedenkt, so sollte in entsprechender Anwendung des § 252 die **Beschwerde** gegen eine solche Verfügung des Vorsitzenden zugelassen und für begründet erachtet werden[20], ähnlich wie dies bei einer Ablehnung der Terminsbestimmung oder einer extrem weiten Hinausschiebung des Termins anzunehmen ist, → § 216 Rdnr. 38, § 272 Rdnr. 20.

IV. Versäumung der Frist zur Erklärung der Verteidigungsabsicht

1. Bedeutung der Erklärung des Beklagten

Durch die Erklärung, er wolle sich gegen die Klage verteidigen, sichert sich der Beklagte den weiteren streitigen Ablauf des schriftlichen Vorverfahrens. Unterbleibt dagegen diese Erklärung, so kann – soweit die sonstigen Voraussetzungen gegeben sind – gegen den Beklagten gemäß § 331 Abs. 3 durch Versäumnisurteil entschieden werden, → Rdnr. 32 ff. Die Erklärung ist schriftlich, im Parteiprozeß auch mündlich zu Protokoll der Geschäftsstelle (§ 129 Abs. 2, § 129 a) abzugeben. Es genügt, wenn die Verteidigungsabsicht im Wege der Auslegung aus der Erklärung zu entnehmen ist, so etwa wenn ein Rechtsanwalt lediglich mitteilt, er sei mit der Wahrnehmung der Interessen des Beklagten beauftragt[21]. In der Einreichung einer *Klageerwiderungsschrift* (die auch schon innerhalb der Frist nach Abs. 1 S. 1 zulässig ist) liegt zugleich die Erklärung der Verteidigungsabsicht[22]. Eine Erklärung des Haftpflichtversicherers im Prozeß eines Dritten gegen den Versicherungsnehmer genügt mangels Prozeßvollmacht (→ § 80 Rdnr. 19) nicht[23].

Erklärt der Beklagte, er wolle sich **nicht verteidigen**, so steht dies dem Unterlassen der Verteidigungsanzeige gleich[24] und ist (wenn nicht weitere Zusätze dies rechtfertigen) nicht als Abgabe einer *Anerkenntniserklärung* (mit der Folge des § 307 Abs. 2) zu interpretieren. Auch in diesem Fall ist aber ein Versäumnisurteil erst nach Ablauf der Frist des Abs. 1 S. 1 zulässig[25]; denn dem Beklagten sollte diese, ohnehin recht kurze Frist voll zur Verfügung stehen, und zwar auch, um sich vielleicht nach genauerer Überlegung doch noch zur Verteidigung zu entschließen.

---

[18] *OLG Düsseldorf* MDR 1985, 852 = NJW-RR 1986, 799.
[19] Vgl. *Bergerfurth* JZ 1978, 298, 300.
[20] A.M. *OLG Schleswig* (1. Zivilsenat) NJW 1983, 459 (obwohl die gesetzte Klageerwiderungsfrist mehr als ein Jahr betrug). Gegen die Ablehnung der Terminsbestimmung wegen Überlastung und die Einrichtung einer Warteliste hatte dagegen *OLG Schleswig* (1. Zivilsenat) NJW 1982, 246 die Beschwerde für zulässig und (insoweit entgegen *OLG Schleswig* [2. Zivilsenat] NJW 1981, 691) begründet erklärt.
[21] So Begr. zur Vereinfachungsnovelle BT-Drucks. 7/2729, 80; *Bergerfurth* JZ 1978, 298, 299.
[22] Begr. (Fn. 21) 80.
[23] *LG Düsseldorf* VersR 1989, 467.
[24] Vgl. Begr. (Fn. 21) 70.
[25] A.M. *Bergerfurth* JZ 1978, 298 (dort Fn. 11).

28 Die Verteidigungsabsicht kann im Anwaltsprozeß nur durch den zugelassenen **Rechtsanwalt** erklärt werden; eine Parteierklärung ist hier unwirksam. Eine Pflicht des Gerichts, die Partei auf die Unwirksamkeit der Erklärung hinzuweisen, ist nicht anzunehmen[26], da der Beklagte nach Abs. 2 schon bei der Zustellung der Fristsetzung auf die Notwendigkeit der Anwaltsbestellung hingewiesen wurde, → Rdnr. 18.

2. Zeitliche Grenzen

29 Die Erklärung der Verteidigungsabsicht kann von der Zustellung der Klage an abgegeben werden und ist stets rechtzeitig, wenn sie bis zum Ablauf der nach Abs. 1 S. 1 gesetzten Frist bei Gericht eingeht. Zum Beginn der Frist → Rdnr. 14. Nach § 331 Abs. 3 S. 1, 2. HS steht aber die Erklärung dem Erlaß eines Versäumnisurteils auch dann entgegen, wenn sie zwar erst **nach Ablauf der gesetzten Frist** eingeht[27], aber **bevor** das von den Richtern unterschriebene **Urteil der Geschäftsstelle übergeben** wurde. Wie sich aus dieser, der Regelung für den Widerspruch im Mahnverfahren (§ 694 Abs. 1) nachgebildeten Bestimmung ergibt, ist die Erklärung bis zur Übergabe des unterschriebenen Versäumnisurteils stets zu beachten, ohne daß es auf eine Entschuldigung der Fristüberschreitung durch den Beklagten ankäme. Einer Wiedereinsetzung in den vorigen Stand bedarf es dazu nicht, → Rdnr. 38. Zur Umdeutung einer verspäteten Erklärung in einen Einspruch → Rdnr. 36.

3. Bedeutung der Gerichtsferien; deren Aufhebung

30 Da die Frist des Abs. 1 S. 1 ausdrücklich als Notfrist gekennzeichnet ist, wurde ihr Ablauf durch die Gerichtsferien (§ 199 GVG) **nicht gehemmt**, § 223 Abs. 2. Soweit keine Feriensache vorlag, durfte aber während der Gerichtsferien **keine Entscheidung** erlassen werden, § 200 Abs. 1 GVG. Dies galt auch für ein Versäumnisurteil nach § 331 Abs. 3, und daher vermochte eine bis zum Ende der Gerichtsferien eingegangene Erklärung der Verteidigungsabsicht den **Erlaß eines Versäumnisurteils zu hindern**[28]. Dem ließ sich nicht entgegenhalten, § 276 Abs. 1 S. 1 sei eine lex specialis im Verhältnis zu § 200 GVG[29]; denn aus § 276 Abs. 1 S. 1 ist über die Bedeutung der Gerichtsferien nichts zu entnehmen. Auch der Ausweg, das Versäumnisurteil während der Gerichtsferien der Geschäftsstelle zu übergeben, es aber nicht zuzustellen (erst mit der Zustellung wäre das Urteil erlassen, § 310 Abs. 3), mußte als Umgehung des § 200 Abs. 1 GVG, § 331 Abs. 3 betrachtet werden; denn in § 331 Abs. 3 S. 1 ist deswegen auf die Übergabe des unterschriebenen Versäumnisurteils an die Geschäftsstelle abgestellt, weil sie mit dem Zweck der alsbaldigen Zustellung erfolgt.

31 Durch Gesetz vom 28. X. 1996 (BGBl. I 1546) wurden die **Gerichtsferien mit Wirkung ab 1. Januar 1997 abgeschafft**[30]. Statt dessen ist nach dem neu eingefügten § 227 Abs. 2 ein für die Zeit vom 1. Juli bis 31. August bestimmter Termin auf Antrag zu verlegen, soweit es nicht um eine der dort besonders aufgeführten Materien geht oder das Verfahren besonderer Beschleunigung bedarf. § 223 wurde aufgehoben. Das zu Rdnr. 30 erörterte Problem entfällt damit.

---

[26] A.M. *E. Schneider* JurBüro 1977, 1313, 1314.
[27] Dazu *KG* MDR 1989, 1003 (Eingang bei der betreffenden Abteilung der Geschäftsstelle erforderlich).
[28] *OLG Koblenz* NJW 1979, 1465; *Brühl* FamRZ 1978, 552 (dort Fn. 9); *MünchKommZPO-Prütting* Rdnr. 28; *Rosenberg-Schwab-Gottwald*[15] § 107 IV 1 a. – A.M. *LG Münster* MDR 1995, 415; *AG Bergisch Gladbach* NJW 1977, 2080; *Bruhn* NJW 1979, 2522 (abl. Anm. zu *OLG Koblenz* aaO).

[29] So aber *AG Bergisch Gladbach* und *Bruhn* (beide Fn. 28).
[30] Für Abschaffung der Gerichtsferien z.B. *Krause* ZRP 1984, 174, 177; *Bork* JZ 1993, 55. Zum neuen Recht: *Feiber* Neues Recht für Fristen und Termine NJW 1997, 160.

4. Antrag auf Versäumnisurteil und Entscheidung darüber

a) Antrag

Das Versäumnisurteil im schriftlichen Vorverfahren setzt einen **Antrag des Klägers** voraus, der bereits **in der Klageschrift** gestellt werden kann, § 331 Abs. 3 S. 1 und 2, und meist auch routinemäßig gestellt wird. Stellt der Kläger den **Antrag später**, so erscheint es nicht erforderlich, den **Schriftsatz**, der nur diesen Antrag enthält, *vor* Erlaß des Versäumnisurteils dem Beklagten mitzuteilen oder sogar zuzustellen[31] und ihm Gelegenheit zur Stellungnahme zu geben; denn der Beklagte muß schon aufgrund der Anordnung des schriftlichen Vorverfahrens und der Belehrung nach Abs. 2 damit rechnen, daß gegen ihn ein Versäumnisurteil ergehen kann, wenn er die Verteidigungsabsicht nicht rechtzeitig mitteilt. Der Antrag nach § 331 Abs. 3 entspricht dem Antrag auf Versäumnisurteil in einem Verhandlungstermin; auch dazu wird aber der Beklagte nicht besonders gehört. Dem Anspruch auf rechtliches Gehör genügt die durch Zustellung der Klageschrift, Fristsetzung und Belehrung eröffnete Möglichkeit, die Verteidigungsabsicht mitzuteilen und auf die Klage zu erwidern. Der Antrag ist also zwar zur Information dem Beklagten **formlos mitzuteilen** (§ 270 Abs. 2 gilt nicht, da es sich nicht um einen Sachantrag handelt), aber dies hindert nicht den **Erlaß eines Versäumnisurteils** sogleich nach Eingang des Antrags bei Gericht. Zu den Einzelheiten der Antragstellung → § 331. Zum Verfahren, wenn kein Antrag gestellt wird, → Rdnr. 45. 32

b) Weitere Voraussetzungen eines Versäumnisurteils

Wenn die Frist nach Abs. 1 S. 1 wirksam gesetzt wurde[32] und nach Fristablauf keine Erklärung der Verteidigungsabsicht vorliegt, so rechtfertigt dies (auf Antrag, → Rdnr. 32) nach § 331 Abs. 3 eine Entscheidung gemäß § 331 Abs. 1. Es ergeht also nicht etwa *stets* Versäumnisurteil gegen den Beklagten, sondern es ist zu prüfen, ob die Klage *zulässig* ist und ob das tatsächliche Vorbringen des Klägers in der Klageschrift, das als zugestanden anzusehen ist, den *Klageantrag rechtfertigt*. Näher zum Umfang der Prüfung → § 331 Rdnr. 13 ff. 33

Da es der Sinn und Zweck des schriftlichen Vorverfahrens ist, unstreitige Verfahren auszusondern (Filterfunktion, → Rdnr. 1), ist aus § 331 Abs. 3 nur die Zulässigkeit eines Versäumnisurteils **gegen den Beklagten** herzuleiten. Wenn sich dagegen die Klage als **unzulässig** oder **unschlüssig** darstellt, ist Termin zur mündlichen Verhandlung anzuberaumen und dem Kläger Gelegenheit zu geben, sich dazu zu äußern. Ein **Urteil** (sog. unechtes Versäumnisurteil) **gegen den Kläger** (Abweisung der Klage als unzulässig oder unbegründet ohne mündliche Verhandlung) erscheint dagegen **im schriftlichen Verfahren nicht zulässig**[33], näher → § 331 Rdnr. 66 ff. 34

Wird eine zunächst unschlüssige Klage erst **durch einen neuen Schriftsatz des Klägers schlüssig gemacht**, so ist der Erlaß eines Versäumnisurteils nicht zulässig, da sich das Schweigen des Beklagten nur auf den Klageschriftsatz bezieht. Andererseits ist eine Befugnis, erneut eine Erklärungsfrist im Sinne des Abs. 1 S. 1 zu setzen, dem Gesetz nicht zu entnehmen[34], 35

---

[31] *KG* OLGZ 1994, 579 = NJW-RR 1994, 1344; *Thomas-Putzo*[19] 331 Rdnr. 2. – A.M. *OLG München* MDR 1980, 235; *Geffert* NJW 1978, 1418; *MünchKommZPO-Prütting* Rdnr. 23 (dort Fn. 38).
[32] Nicht z. B., wenn bei der Fristsetzung die förmlichen Voraussetzungen (→ Rdnr. 22) nicht eingehalten wurden, *OLG Nürnberg* NJW 1981, 2266.
[33] *OLG Nürnberg* NJW 1980, 460; *Putzo* NJW 1977, 2; *Grunsky* JZ 1977, 201, 203 (dort Fn. 16); *E. Schumann* Die ZPO-Klausur (1981) Rdnr. 160; *Zöller-Herget*[20] § 331 Rdnr. 13. – A.M. *OLG Köln* OLGZ 1989, 83; *OLG Frankfurt* MDR 1984, 322 = OLGZ 1984, 179; *OLG Celle* OLGZ 1980, 11 = NJW 1980, 2140 (zust. *Kniestedt* NJW 1980, 2141); *Bischof* NJW 1977, 1897, 1898; *Kramer* NJW 1977, 1657 f. (aber erst nach Hinweis an den Kläger gem. § 278 Abs. 3); *Bergerfurth* JZ 1978, 299, 300; *Schwab* NJW 1979, 697; *Franzki* NJW 1979, 9, 10; *Geffert* NJW 1980, 2820; *Rosenberg-Schwab-Gottwald*[15] § 107 IV 2; *Jauernig* ZPR[24] § 66 III 4; *Schellhammer* ZP[7] Rdnr. 292 *Baumbach-Lauterbach-Hartmann*[55] § 331 Rdnr. 21.
[34] *Brühl* FamRZ 1978, 552.

ebensowenig wie es zulässig ist, diese gesetzliche Frist zu verlängern, → Rdnr. 12. Also wird das schriftliche Vorverfahren weiterlaufen und dann[35] (nicht vor Ende der Frist nach Abs. 1 S. 2, die im Hinblick auf das neue Vorbringen auch verlängert bzw. neu gesetzt werden kann, → Rdnr. 20) Verhandlungstermin anberaumt werden müssen.

5. Bedeutung der Fristsetzung nach Einspruch

36 Ergeht im schriftlichen Vorverfahren ein Versäumnisurteil, so ist dagegen idR nur[36] der **Einspruch**[37] statthaft, § 338. Eine verspätete Verteidigungserklärung kann in einen Einspruch **umgedeutet** werden[37a]. Durch zulässigen Einspruch wird der Prozeß in die Lage zurückversetzt, in der er sich vor Eintritt der Säumnis, also vor Versäumung der Frist zur Erklärung der Verteidigungsabsicht befand, § 342. Da andererseits das schriftliche Vorverfahren nicht mehr weiterlaufen kann, **verliert in diesem Fall die für die Klageerwiderung nach Abs. 1 S. 2 gesetzte Frist ihre Bedeutung**. Nach Einspruch ist also nur nach § 340 Abs. 3 zu beurteilen, ob das Vorbringen des Beklagten rechtzeitig ist[38].

37 Andererseits besteht aber auch kein Grund, wegen § 276 Abs. 1 S. 1 und 2 dem Beklagten zur Verteidigung gegen ein Versäumnisurteil eine Frist von mindestens vier Wochen einzuräumen, wenn das **Versäumnisurteil zu Unrecht** (mangels wirksamer Fristsetzung) ergangen ist[39]. Das schriftliche Vorverfahren ist durch den Erlaß des Versäumnisurteils beendet, und nunmehr gelten die Bestimmungen über den Einspruch in gleicher Weise wie wenn das Versäumnisurteil in einem Verhandlungstermin ergangen wäre.

6. Wiedereinsetzung in den vorigen Stand

38 Da es sich bei der Frist nach Abs. 1 S. 1 um eine Notfrist handelt, ist gegen die Versäumung Wiedereinsetzung in den vorigen Stand zulässig, § 233. Solange ein von den Richtern unterschriebenes **Versäumnisurteil noch nicht der Geschäftsstelle übergeben** wurde, ist die **Wiedereinsetzung** jedoch **nicht erforderlich**, da eine jetzt noch bei Gericht eingehende Erklärung der Verteidigungsabsicht ohnehin den Erlaß eines Versäumnisurteils hindert[40], § 331 Abs. 3 S. 1, 2. HS.

39 Die Wiedereinsetzung ist jedenfalls für die Zeit **zwischen Übergabe** des unterschriebenen Versäumnisurteils an die Geschäftsstelle und **Zustellung** des Versäumnisurteils sinnvoll[41].

40 Ist das **Versäumnisurteil bereits** (durch Zustellung an den Beklagten, § 310 Abs. 3) **erlassen worden**, so wird der Beklagte von manchen Stimmen auf den Einspruch verwiesen, weil eine jetzt zu gewährende Wiedereinsetzung in den vorigen Stand zwar die Fristversäumung, aber nicht das Versäumnisurteil zu beseitigen vermöge[42]. Dadurch wird aber das Ziel, den Beklagten vor den Folgen einer unverschuldeten Versäumung der Frist nach Abs. 1 S. 1 zu bewahren, nur unvollkommen erreicht, da die Vollstreckung aus dem Versäumnisurteil nicht auto-

---

[35] Insoweit a. M. *Brühl* FamRZ 1978, 552, der es für richtig hält, das schriftliche Vorverfahren abzubrechen.
[36] Nach dem Grundsatz der Meistbegünstigung (→ Einl. vor § 511 Rdnr. 38 ff.) ist aber auch die Berufung statthaft, wenn das Urteil nicht als Versäumnisurteil bezeichnet ist, *OLG Hamm* NJW-RR 1995, 186.
[37] Zulässig nicht schon vor Zustellung an eine der Parteien, so (trotz Bedenken) auch *Zugehör* NJW 1992, 2261, 2262, aber jedenfalls ab der ersten Zustellung, → § 339 Rdnr. 8.
[37a] *OLG Braunschweig* FamRZ 1995, 237.
[38] *OLG Düsseldorf* NJW 1981, 2264 (mit abl. Anm. *Deubner*). – A. M. *Thomas-Putzo*[19] Rdnr. 9.
[39] A. M. *OLG Nürnberg* NJW 1981, 2266.
[40] *KG* MDR 1989, 1003 (Erklärung muß aber der betreffenden Abteilung der Geschäftsstelle vorliegen – zweifelhaft); *Bergerfurth* JZ 1978, 298, 299; *Rosenberg-Schwab-Gottwald*[15] § 107 IV 1 b; *Baumbach-Lauterbach-Hartmann*[55] § 331 Rdnr. 17; *Thomas-Putzo*[19] Rdnr. 5. – S. auch *Jauernig* ZPR[24] § 66 III 4 (eklatanter Widerspruch im Gesetz).
[41] *Unnützer* NJW 1978, 985; *Kramer* ZZP 91 (1978), 71, 77.
[42] *KG* MDR 1996, 634; *Kramer* ZZP 91 (1978), 71, 76; *Rastätter* NJW 1978, 95; *Rosenberg-Schwab-Gottwald*[15] § 107 IV 2; *Jauernig* ZPR[24] § 66 III 4; *Zöller-Greger*[20] Rdnr. 10a; *Thomas-Putzo*[19] Rdnr. 5; *MünchKommZPO-Prütting* Rdnr. 31.

matisch, sondern erst durch Einstellung (§ 719 Abs. 1) entfällt. Nachdem aber der Gesetzgeber dem Beklagten durch die Bezeichnung der Frist als Notfrist gerade die Wiedereinsetzung in den vorigen Stand als Mittel gegen die Folgen unverschuldeter Fristversäumung eröffnen wollte, erscheint es angemessen, die Rechtswirkungen einer solchen Wiedereinsetzung dem Zweck des Gesetzes entsprechend auszugestalten. Die **Wiedereinsetzung ist daher auch nach Erlaß des Versäumnisurteils zu gewähren**, und zwar mit der Konsequenz, daß durch die Wiedereinsetzung das Versäumnisurteil von selbst **wirkungslos** wird[43].

Man kann dabei an diejenige Rechtsprechung anknüpfen, die bei Versäumung einer *Rechtsmittelfrist* der gewährten Wiedereinsetzung auch die Wirkung zubilligt, eine inzwischen erfolgte **Verwerfung des Rechtsmittels als unzulässig zu beseitigen**[44]. Damit ist bereits anerkannt, daß die Wiedereinsetzung die Kraft haben kann, eine gerichtliche Entscheidung unwirksam zu machen. Zwar trifft es zu, daß im Fall des § 276 Abs. 1 S. 1, § 331 Abs. 3 ein Urteil in der Sache selbst, nicht nur über Zulässigkeitsfragen, vorliegt und von der Wiedereinsetzung betroffen wird, aber dies ist die notwendige Konsequenz der Entscheidung des Gesetzgebers, auch gegen die Frist des § 276 Abs. 1 S. 1, die eben keine Rechtsmittel- oder Rechtsbehelfsfrist darstellt, die Wiedereinsetzung zu gewähren. 41

Neben dem Wiedereinsetzungsantrag kann der Beklagte für den Fall, daß dem Antrag nicht stattgegeben wird, **Einspruch** einlegen. Es handelt sich dabei um eine innerprozessuale Bedingung (→ vor § 128 Rdnr. 210 ff.), die (ähnlich wie etwa bei Haupt- und Hilfsantrag) im Interesse eines zweckmäßigen Rechtsschutzes für den Beklagten als zulässig anzusehen ist. 42

7. Antrag auf Prozeßkostenhilfe

Der Beklagte, der zunächst Antrag auf Prozeßkostenhilfe gestellt hat und bis zur Entscheidung darüber durch seine Mittellosigkeit daran gehindert war, einen Anwalt zu beauftragen und durch diesen die Erklärung der Verteidigungsabsicht abzugeben, kann nach der hier vertretenen Ansicht auch nach Erlaß des Versäumnisurteils Wiedereinsetzung in den vorigen Stand beantragen, → Rdnr. 40. Weitergehend ist jedoch in analoger Anwendung des § 337 S. 1[45] überhaupt **von einem Versäumnisurteil abzusehen**, solange über das Gesuch um **Prozeßkostenhilfe noch nicht entschieden** ist, vorausgesetzt daß das Gesuch bis zu dem in § 331 Abs. 3 S. 1, 2. HS genannten Zeitpunkt (Übergabe des unterschriebenen Versäumnisurteils an die Geschäftsstelle) bei Gericht eingegangen ist[46]. Erst wenn die Prozeßkostenhilfe bewilligt oder abgelehnt ist und nach einer gewissen Überlegungsfrist für den Beklagten keine Erklärung der Verteidigungsabsicht vorliegt, kann auf Antrag das Versäumnisurteil erlassen werden, → § 119 Rdnr. 5. 43

8. Rechtslage nach Mahnverfahren

a) Nach Mahnbescheid

Nach Mahnbescheid, Widerspruch und Abgabe an das Streitgericht gestattet § 697 Abs. 2 S. 1 seit der Änderung[47] durch das Rechtspflege-VereinfachungsG 1990, das schriftliche Verfahren nach § 276 anzuordnen. Dem Antragsgegner ist in diesem Fall sowohl die Frist zur 44

---

[43] So zutr. *Dittmar* AnwBl 1979, 166, 167; ebenso *MünchKommZPO-Feiber* § 233 Rdnr. 11.
[44] → § 238 Rdnr. 10.
[45] Bundestagsrechtsausschuß BT-Drucks. 7/5250, 8; *E. Schneider* JurBüro 1977, 1313, 1314; *Franzki* DRiZ 1977, 161, 163; *Bergerfurth* JZ 1978, 298, 299; *Kramer* ZZP 91 (1978), 71, 77; *Dittmar* AnwBl 1979, 166, 167; *Bender-Belz-Wax* Das Verfahren nach der Vereinfachungsnovelle und vor dem Familiengericht (1977) Rdnr. 92; *Rosenberg-Schwab-Gottwald*[15] § 107 IV 1 a; *Zöller-Greger*[20] Rdnr. 10; *Thomas-Putzo*[19] Rdnr. 5.
[46] So *Kramer* ZZP 91 (1978), 71, 77. Im Interesse der Gleichbehandlung eines mittellosen Beklagten ist dem zuzustimmen.
[47] Dazu *Holch* NJW 1991, 3177, 3178.

§ 276 IV, V   2. Buch. Verfahren im ersten Rechtszuge. 1. Abschnitt. Landgerichte

Mitteilung der Verteidigungsabsicht (Abs. 1 S. 1), als auch die Frist zur schriftlichen Klageerwiderung (Abs. 1 S. 2) zu setzen. Die Frist zur Klageerwiderung kann nach § 697 Abs. 2 S. 2 bereits mit Beginn ab Zustellung der Klageerwiderung gesetzt werden, so daß sie zugleich mit der Frist zur Mitteilung der Verteidigungsabsicht beginnt, näher → § 697 Rdnr. 3. In dem schriftlichen Vorverfahren nach Mahnbescheid, Widerspruch und Abgabe an das Streitgericht können auch Versäumnisurteil (§ 331 Abs. 3) und Anerkenntnisurteil (§ 307 Abs. 2) erlassen werden. Der Widerspruch steht nicht der Erklärung der Verteidigungsabsicht gleich[48].

b) Nach Vollstreckungsbescheid

44a Nach Vollstreckungsbescheid, Einspruch und Abgabe an das Streitgericht kann zwar ebenfalls noch das schriftliche Vorverfahren angeordnet werden, § 700 Abs. 4 S. 1, jedoch keine Frist zur Erklärung der Verteidigungsabsicht gesetzt werden, § 700 Abs. 4 S. 2. Daher ist ein Versäumnisurteil nach § 331 Abs. 3 nicht zulässig[49].

9. Verfahren ohne Antrag auf Versäumnisurteil

45 Liegt trotz Ablaufs der Frist nach Abs. 1 S. 1 *keine Erklärung der Verteidigungsabsicht* durch den Beklagten vor, *unterläßt* es jedoch der Kläger, ein *Versäumnisurteil* gemäß § 331 Abs. 3 zu *beantragen*, so kann das schriftliche Vorverfahren seine Filterfunktion nicht erfüllen. In diesem Fall muß es auf seine Vorbereitungsfunktion beschränkt bleiben, so daß das Gericht **Termin zur mündlichen Verhandlung anzuberaumen** hat[50]. Es ist auch nicht zulässig, gemäß § 251 a Abs. 1 nach Aktenlage zu entscheiden oder das Ruhen des Verfahrens (§ 251a Abs. 3) anzuordnen[51]; denn § 251 a setzt eine anberaumte mündliche Verhandlung voraus, und dem kann das Geschehen im schriftlichen Vorverfahren nicht gleichgestellt werden. Der Termin ist jedoch erst für einen *Zeitpunkt nach Ablauf der Klageerwiderungsfrist* des Abs. 1 S. 2 zu bestimmen, von deren Geltung der Beklagte ausgehen durfte. Daher vermag der Vorschlag, in einem solchen Fall das schriftliche Vorverfahren *abzubrechen*[52], nicht zu überzeugen.

V. Versäumung der Frist zur Klageerwiderung

1. Nichtzulassung von Verteidigungsmitteln

46 Werden Verteidigungsmittel vom Beklagten nicht innerhalb einer nach Abs. 1 S. 2 wirksam[53] gesetzten Klageerwiderungsfrist vorgebracht, so kann dies im Termin zur Nichtzulassung gemäß § 296 Abs. 1 führen. Zum Inhalt der Klageerwiderung → § 277 Rdnr. 4 ff., zu den sonstigen Voraussetzungen einer Nichtzulassung, insbesondere zum Verzögerungsbegriff[54], → § 296 Rdnr. 23 ff. Soweit dies durch zumutbare Maßnahmen möglich ist, muß aber das

---

[48] A.M. *MünchKommZPO-Prütting* Rdnr. 27 (wohl noch von der alten Rechtslage ausgehend).
[49] *Holch* NJW 1991, 3177, 3179.
[50] *Bergerfurth* JZ 1978, 299; *Brühl* FamRZ 1978, 552; *Thomas-Putzo*[19] Rdnr. 4; *MünchKommZPO-Prütting* Rdnr. 22.
[51] So aber *Baumbach-Lauterbach-Hartmann*[55] § 331 Rdnr. 13; *Bischof* Der Zivilprozeß nach der Vereinfachungsnovelle (1980) Rdnr. 121.
[52] So Begr. BT-Drucks. 7/2729, 71.

[53] Daher keine Präklusion, wenn es an der ordnungsgemäßen Zustellung der fristsetzenden Verfügung fehlt, *BGHZ* 76, 236 = NJW 1980, 1167 = MDR 1980, 573; *BGH* NJW 1980, 1960; JZ 1981, 351 = NJW 1981, 2255 (mit Anm. *Deubner*).
[54] Dazu *OLG München* NJW 1990, 1371 (abl. *Deubner*): auch bei kurzer Fristüberschreitung Zurückweisung, wenn bereits Haupttermin anberaumt worden war. Wie *Deubner* aaO hervorhebt, hätte aber gleichwohl die Beweisaufnahme im Haupttermin vorbereitet werden müssen.

verspätete Vorbringen noch bei der Vorbereitung des Haupttermins berücksichtigt werden[55], → § 273 Rdnr. 5 ff., → § 296 Rdnr. 71 ff.

2. Ablauf der Frist

Der Ablauf der Frist nach Abs. 1 S. 2 (zum Beginn und zur Dauer der Frist → Rdnr. 19 f.) wird, da es sich nicht um eine Notfrist handelt, **durch die Gerichtsferien gehemmt**, § 223 Abs. 1 S. 1. **Verlängerung** ist auf Antrag nach Maßgabe des § 224 Abs. 2 möglich. Dagegen ändert es nichts am Ablauf der Frist und (bei Vorliegen der sonstigen Voraussetzungen) an der Präklusion, wenn zwar kein Versäumnisurteil erlassen wurde, aber die Frist bereits abgelaufen war, als die Erklärung der Verteidigungsabsicht und die Klageerwiderung beim Gericht eingingen. Zwar steht die *Erklärung der Verteidigungsabsicht* trotz der Nichteinhaltung der Frist des Abs. 1 S. 1 einem Versäumnisurteil entgegen, wenn dieses nicht bereits vorher der Geschäftsstelle übergeben war, § 331 Abs. 3 S. 1, 2. HS (→ Rdnr. 29, 38), aber daraus ist nicht zu folgern, daß in diesem Fall auch die Versäumung der *Frist* nach Abs. 1 S. 2 folgenlos bliebe[56]. 47

VI. Anerkenntnis im schriftlichen Vorverfahren

Wenn der Beklagte schriftlich erklärt, den Anspruch ganz oder teilweise anzuerkennen (zur Auslegung → Rdnr. 27), so kann auf Antrag des Klägers, der schon in der Klageschrift gestellt werden kann, innerhalb des schriftlichen Vorverfahrens Anerkenntnisurteil erlassen werden, § 307 Abs. 2. Zu den Einzelheiten → § 307 Rdnr. 46 ff. Das im schriftlichen Vorverfahren erklärte Anerkenntnis wirkt fort, auch wenn zunächst kein Anerkenntnis-, sondern ein Versäumnisurteil erlassen und dann nach Einspruch streitig verhandelt wurde[57]. Um als sofortiges Anerkenntnis iS des § 93 gelten zu können, muß die Erklärung regelmäßig bereits innerhalb der Erklärungsfrist nach Abs. 1 S. 1 und nicht erst nach Anzeige der Verteidigungsbereitschaft abgegeben werden[58], → § 93 Rdnr. 5. Jedoch stellt ein Anerkenntnis hinsichtlich des Hilfsantrags, das im Klageerwiderungsschriftsatz erklärt wird, noch ein sofortiges Anerkenntnis dar[58a]. 47a

VII. Frist für die Replik des Klägers

Nur dann, wenn der Vorsitzende aufgrund der Klageerwiderung eine **erneute Stellungnahme des Klägers** vor dem Haupttermin für erforderlich hält, sollte er von der Möglichkeit Gebrauch machen, dem Kläger eine Frist nach Abs. 3 zu setzen[59]. Die Frist kann, da ihr Beginn andernfalls nicht hinreichend klar wäre, **erst nach Eingang der Klageerwiderung** gesetzt werden[60]. Sie beginnt nicht, wenn die Klageerwiderung nicht gleichzeitig zugestellt wird, und wird dann auch nicht mit der späteren Zustellung der Klageerwiderung in Lauf gesetzt; vielmehr bedarf es im Interesse der Rechtsklarheit einer erneuten Fristsetzung[61]. Die Verfügung ist **förmlich zuzustellen**, § 329 Abs. 2 S. 2; sie kann mit vorbereitenden Maßnahmen nach § 273 verbunden werden. Die Frist beträgt nach § 277 Abs. 3 und 4 mindestens zwei Wochen von der Zustellung der Verfügung an. Zur **Belehrung** des Klägers (§ 277 Abs. 4 und 2) → § 277 Rdnr. 26. Im **amtsgerichtlichen Verfahren** kann ebenfalls von Abs. 3 Gebrauch 48

---
[55] *OLG Oldenburg* NdsRpfl 1978, 236.
[56] A.M. *Kramer* NJW 1977, 1661.
[57] *BGH* NJW 1993, 1717.
[58] Nachw. → § 93 Fn. 22. – A.M. *Meiski* NJW 1993, 1904 (Anerkenntnis im Klageerwiderungsschriftsatz genügt); ebenso *OLG Bamberg* FamRZ 1995, 1075.
[58a] *OLG Dresden* ZIP 1995, 1278 = EWiR § 93 ZPO 1/95, 825 (zust. *Siemon*).
[59] Vgl. Begr. BT-Drucks. 7/2729, 36.
[60] *BGHZ* 76, 236 (Fn. 53); *Zöller-Greger*[20] Rdnr. 14; *Thomas-Putzo*[19] Rdnr. 13.
[61] *OLG Nürnberg* MDR 1991, 357.

gemacht werden; der Kläger ist hier zu einer Äußerung durch Schriftsatz oder mündlich zu Protokoll der Geschäftsstelle (§ 129 Abs. 2, § 129 a) aufzufordern. Bei **verspätetem Gegenvorbringen des Klägers** gilt § 296 Abs. 1.

48a Ob eine Replikfrist nach Abs. 3 auch noch **im Verhandlungstermin** gesetzt werden kann, erscheint zweifelhaft; es liegt näher, insoweit § 275 Abs. 4 analog anzuwenden. Jedenfalls muß eine solche Fristsetzung deutlich gekennzeichnet sein (zur Belehrung → § 277 Rdnr. 26), um zur Präklusion nach § 296 Abs. 1, § 528 Abs. 1) führen zu können; insbesondere ist der Unterschied von einer Nachfrist nach § 283 zu beachten[62], die einen anderen Zweck hat und andere Rechtsfolgen nach sich zieht, → auch § 275 Rdnr. 28.

VIII. Die Anberaumung des Haupttermins

1. Zeitpunkt

49 Sind die gesetzten Fristen abgelaufen, ohne daß der Rechtsstreit (etwa durch Versäumnis- oder Anerkenntnisurteil) erledigt worden wäre, so hat der Vorsitzende unverzüglich (§ 216 Abs. 2) den Haupttermin zu bestimmen, und zwar für einen möglichst frühen Zeitpunkt (§ 272 Abs. 3). Das Gesetz verbietet aber nicht, den Haupttermin bereits vor der Zustellung der Klage festzusetzen[63] (zur Ladung → § 274 Rdnr. 5) oder den Haupttermin schon während des Laufs der Fristen zu bestimmen[64], was sich z. B. zusammen mit der Fristsetzung nach Abs. 3 empfehlen kann[65]. Der Terminstag darf erst nach Fristablauf liegen; es ist aber bei Ladung vor Fristablauf nicht erforderlich, daß zwischen dem Fristablauf und dem Termin noch die Ladungsfrist eingehalten wird[66]. Jedoch darf keine Unklarheit darüber entstehen, daß die gesetzten Fristen von der Terminsanberaumung unberührt bleiben[67].

2. Aufhebung des Vorverfahrens

50 Das angeordnete schriftliche Vorverfahren aufzuheben und statt dessen einen frühen ersten Termin oder einen (vorzeitigen) Haupttermin anzuordnen, erscheint zulässig, wenn die Parteien dies im Hinblick auf eine gütliche Einigung **übereinstimmend beantragen** (→ Rdnr. 52), oder solange die **Frist** nach Abs. 1 S. 1 noch **nicht abgelaufen** ist[68], → § 272 Rdnr. 14. Zur Problematik einer vorzeitigen Terminsanberaumung → Rdnr. 45 a. E.

3. Aufhebung des Haupttermins

51 Ist nach schriftlichem Vorverfahren der Haupttermin bereits anberaumt, so kann das Gericht nicht durch Aufhebung des Termins das schriftliche Vorverfahren in dem Sinn wieder eröffnen, daß jetzt etwa noch ein *Versäumnisurteil* nach § 331 Abs. 3 wegen der bislang *unterbliebenen Anzeige der Verteidigungsabsicht* ergehen könnte[69]. Zulässig (aber selten zweckmäßig, vielleicht bei Klageänderung oder zusätzlichen Klageansprüchen) wäre es dagegen, nach Aufhebung des frühen ersten Termins *erstmals* ein schriftliches Vorverfahren anzuordnen, → § 272 Rdnr. 13.

---

[62] Zu Unrecht vermengt durch *OLG Koblenz* MDR 1992, 413.
[63] *Grunsky* JZ 1977, 201, 203; *Franzki* DRiZ 1977, 162. – A.M. *Bischof* (Fn. 51) Rdnr. 59, 144; *ders.* NJW 1977, 1897f.
[64] Davon geht *OLG Schleswig* NJW 1982, 246 ohne weiteres aus. Dagegen neigt *OLG Oldenburg* NdsRpfl 1982, 12 zur Gegenansicht.
[65] Vgl. *Thomas-Putzo*[19] Rdnr. 13.
[66] A.M. *OLG Oldenburg* NdsRpfl 1982, 12.
[67] Aus diesem Grund (Mißverständlichkeit) mag *OLG Oldenburg* NdsRpfl 1982, 12 im Ergebnis zutreffen.
[68] A.M. (jederzeit aufhebbar) *Baumbach-Lauterbach-Hartmann*[55] Rdnr. 1; *Brühl* FamRZ 1978, 551.
[69] *OLG München* OLGZ 1983, 86 = MDR 1983, 324.

IX. Sonstige Prozeßhandlungen im schriftlichen Vorverfahren

Prozeßhandlungen, die generell schriftlich vorgenommen werden können, sind selbstverständlich auch im schriftlichen Vorverfahren möglich. Diejenigen Prozeßhandlungen, die in der mündlichen Verhandlung vorzunehmen sind, können im schriftlichen Vorverfahren, also schriftlich, nur erfolgen, wenn dies im Gesetz vorgesehen ist (so das Anerkenntnis, § 307 Abs. 2) oder die Zulässigkeit der schriftlichen Vornahme aus dem **Zweck des Vorverfahrens** herzuleiten ist. Die **übereinstimmende Erledigungserklärung** und der hierauf ergehende Kostenbeschluß setzen schon nach § 91 a S. 2 keine mündliche Verhandlung voraus und können daher auch im schriftlichen Vorverfahren erfolgen. Dagegen kann eine *einseitige Erledigungserklärung* zwar ebenfalls schriftlich abgegeben werden, aber die Entscheidung darüber setzt eine mündliche Verhandlung voraus[70]. Ein **Prozeßvergleich** ist im schriftlichen Vorverfahren nicht möglich[71], doch können die Parteien beantragen, das schriftliche Vorverfahren zum Zweck einer gütlichen Einigung zu beenden und einen Verhandlungstermin anzuberaumen. Einem solchen übereinstimmenden Antrag sollte das Gericht stattgeben. 52

Eine **Verweisung** des Rechtsstreits an das zuständige Gericht ist ohne mündliche Verhandlung zulässig, § 281 Abs. 2 S. 2, und daher auch im schriftlichen Vorverfahren möglich. 53

X. Arbeitsgerichtliches Verfahren

Hier sind nach § 46 Abs. 2 S. 2 ArbGG die Vorschriften über das schriftliche Vorverfahren **nicht anwendbar**. Zu den möglichen Fristsetzungen → § 275 Rdnr. 34 f. 54

§ 277 [Klageerwiderung]

(1) ¹In der Klageerwiderung hat der Beklagte seine Verteidigungsmittel vorzubringen, soweit es nach der Prozeßlage einer sorgfältigen und auf Förderung des Verfahrens bedachten Prozeßführung entspricht. ²Die Klageerwiderung soll ferner eine Äußerung dazu enthalten, ob einer Übertragung der Sache auf den Einzelrichter Gründe entgegenstehen.

(2) Der Beklagte ist darüber, daß die Klageerwiderung durch den zu bestellenden Rechtsanwalt bei Gericht einzureichen ist, und über die Folgen einer Fristversäumung zu belehren.

(3) Die Frist zur schriftlichen Klageerwiderung nach § 275 Abs. 1 Satz 1, Abs. 3 beträgt mindestens zwei Wochen.

(4) Für die schriftliche Stellungnahme auf die Klageerwiderung gelten Absatz 1 Satz 1 und Absätze 2 und 3 entsprechend.

Gesetzesgeschichte: Eingefügt durch die Vereinfachungsnovelle 1976 (→ Einl. [20. Aufl.] Rdnr. 159). Bis dahin wies das Gesetz hier eine Leerstelle auf, da § 277 aF (dieser betraf das vorbereitende Verfahren in Rechnungssachen) schon durch die Novelle 1924 aufgehoben worden war. Abs. 1 S. 2 angefügt und Abs. 4 neu gefaßt durch Rechtspflege-Vereinfachungsgesetz vom 17. XII. 1990, BGBl. I 2847.

---

[70] *Beuermann* DRiZ 78, 311 hält ein schriftliches Kostenversäumnisurteil für zulässig, wenn sich der Beklagte auf die Erledigungserklärung des Klägers nicht rechtzeitig erklärt. Dem steht nach der hier vertretenen Ansicht (→ Rdnr. 35) entgegen, daß nach der Erledigungserklärung keine neue Frist nach Abs. 1 S. 1 gesetzt werden kann.

[71] Ebenso *Rosenberg-Schwab-Gottwald*[15] § 106 II 2.

I. Normzweck	1	b) Belehrung über Anwaltsvertretung	17
II. Anforderungen an die schriftliche Klageerwiderung	2	c) Belehrung über Fristversäumung	18
1. Geltungsbereich und Bedeutung des Abs. 1	2	d) Formulierung der Belehrung	19
a) Anwendungsbereich	2	2. Rechtsfolgen bei Verstößen	21
b) Verhältnis zu § 282 Abs. 1	3	IV. Frist zur Klageerwiderung	23
2. Allgemeine Auslegungskriterien	4	1. Beginn und Dauer der Frist	23
3. Berücksichtigung der Prozeßlage	8	2. Verstöße	24
4. Auf Förderung des Verfahrens bedachte Prozeßführung	12	V. Frist zur Stellungnahme auf die Klageerwiderung	25
5. Äußerung zur Übertragung auf den Einzelrichter	15a	1. Bedeutung	25
III. Belehrung des Beklagten	16	2. Belehrung über Säumnisfolgen	26
1. Anwendungsbereich und Inhalt	16	3. Inhalt der Stellungnahme	28
a) Anwendungsbereich	16	VI. Arbeitsgerichtliches Verfahren	29

I. Normzweck

1   Sowohl im schriftlichen Vorverfahren als auch im Verfahren mit einem frühen ersten Termin wird die Aufforderung an den Beklagten, binnen einer Frist schriftlich auf die Klage zu erwidern, und die Aufforderung an den Kläger, seinerseits zur Klageerwiderung Stellung zu nehmen, zum Zweck der **Beschleunigung und Konzentration des Verfahrens** eingesetzt. § 277 unterstreicht diese Ziele, indem er Inhalt und Folgen solcher Aufforderungen näher ausgestaltet. Abs. 1 und 4 umreißen, **welches Vorbringen** von den Parteien in der **Klageerwiderung** bzw. in der **Replik** verlangt wird, und schaffen damit die Grundlage dafür, nicht fristgerecht mitgeteiltes Vorbringen auszuschließen, § 296 Abs. 1. Zum Schutz des Beklagten vor unerkannten Säumnisfolgen sieht Abs. 2 eine **Belehrung** vor. In den **Mindestfristen,** die nach Abs. 3 für die Klageerwiderung, nach Abs. 4 für die Replik des Klägers gelten, wird das Bestreben erkennbar, trotz aller Beschleunigungsabsicht den Parteien hinreichende Äußerungsmöglichkeiten zu geben und dadurch ihren Anspruch auf rechtliches Gehör zu wahren.

II. Anforderungen an die schriftliche Klageerwiderung

1. Geltungsbereich und Bedeutung des Abs. 1

a) Anwendungsbereich

2   Die Vorschrift setzt eine Obliegenheit des Beklagten voraus, vor dem Verhandlungstermin auf die Klage zu erwidern. Sie gilt daher stets im **Anwaltsprozeß**, § 129 Abs. 1, im **Parteiprozeß** dagegen nur, wenn durch eine Anordnung nach § 129 Abs. 2 bzw. § 275 Abs. 1 S. 1 oder 2 oder § 276 Abs. 1 S. 2 dem Beklagten aufgegeben wurde, durch Schriftsatz oder mündlich zu Protokoll der Geschäftsstelle auf die Klage zu erwidern. Eine **Fristsetzung für die Klageerwiderung** muß an sich nicht erfolgt sein; Abs. 1 konkretisiert die Anforderungen an die Klageerwiderung z.B. auch für den Fall einer Aufforderung nach § 275 Abs. 1 S. 2. Ihre eigentliche Bedeutung gewinnt die Vorschrift jedoch erst, wenn das Fehlen oder die Unvollständigkeit einer Klageerwiderung zur Nichtzulassung verspäteten Vorbringens führen kann. Dies setzt aber nach § 296 Abs. 1 voraus, daß für die Klageerwiderung eine Frist nach § 275 Abs. 1 S. 1 oder Abs. 3 bzw. nach § 276 Abs. 1 S. 2 gesetzt wurde. – Wird nach Überleitung des **Mahnverfahrens** in das streitige Verfahren dem Beklagten eine Frist zur Klageerwiderung gesetzt, ist § 277 ebenfalls anwendbar, wie sich aus § 697 Abs. 2 S. 1 ergibt.

b) Verhältnis zu § 282 Abs. 1

Allgemein zur **Prozeßförderungspflicht** der Parteien → § 282 Rdnr. 4 ff. Die Formulierung 3
des § 277 Abs. 1 ist dem § 282 Abs. 1, der die Prozeßförderungspflicht in der mündlichen
Verhandlung regelt, angeglichen. Doch ist die Konsequenz eines Verstoßes gegen § 282
Abs. 1 wesentlich weniger streng, da in diesem Fall nach § 296 Abs. 2 eine Zurückweisung
verspäteten Vorbringens nur bei grober Nachlässigkeit der Partei zulässig ist und überdies im
Ermessen des Gerichts steht. Wurde dagegen eine Frist zur Klageerwiderung gesetzt und
dieser (unter Berücksichtigung des Abs. 1) nicht entsprochen, so ist verspätetes Vorbringen
nur noch nach Maßgabe des § 296 Abs. 1 zuzulassen, näher → § 296 Rdnr. 23 ff.

2. Allgemeine Auslegungskriterien

Der Zweck der Vorschrift – in Verbindung mit § 296 Abs. 1 – ist, den **Beklagten an einem** 4
prozeßverschleppenden Vorgehen zu hindern, sei es, daß der Beklagte zunächst überhaupt
nichts vorträgt oder sein Verteidigungsvorbringen nur nach und nach in Bruchstücken
(»tröpfchenweise«) präsentiert. Der Beklagte muß, wenn er sich verteidigen will, sein Verhalten von Beginn des Prozesses an auch am Ziel der Prozeßbeschleunigung orientieren. (Dagegen versteht sich, daß erst **nach Fristablauf eingetretene Tatsachen** nicht von Abs. 1 und § 296
Abs. 1 erfaßt werden.)

Andererseits verlangt aber die **Prozeßförderungspflicht** vom Beklagten nicht, *alles* Vor- 5
bringen und sämtliche Einzelheiten dazu bereits in der Klageerwiderung vorzutragen, ganz
unabhängig davon, ob es nach dem Prozeßverlauf jemals Bedeutung erlangen wird. Daß eine
»Eventualmaxime« im strengen Sinne des Begriffs (eine gewisse Annäherung ist unverkennbar[1]) nicht gemeint ist (→ auch § 282 Rdnr. 16), ergibt sich aus dem Zusammenspiel des § 277
Abs. 1 S. 1 mit § 296 Abs. 1. Es wird nicht etwa *jedes* Verteidigungsvorbringen des Beklagten,
das erst *nach* Ablauf einer Klageerwiderungsfrist erfolgt, grundsätzlich der Nichtzulassung
unterstellt, wenn die Zulassung zur Verzögerung führt und der Beklagte die Verspätung nicht
genügend entschuldigt. Vielmehr ergibt sich neben dem Verschuldenserfordernis (mit Umkehr der Behauptungs- und Beweislast) des § 296 Abs. 1 aus § 277 Abs. 1 S. 1 eine weitere,
objektive Eingrenzung der Prozeßförderungspflicht und damit mittelbar auch der Präklusion.
Diese Grenzen ergeben sich aus der in Abs. 1 S. 1 vorgeschriebenen Berücksichtigung der
Prozeßlage und aus der Orientierung am Begriff der *Prozeßförderung* (während der Hinweis
auf die *sorgfältige* Prozeßführung bereits das Verschuldenselement betrifft).

Die recht unbestimmten gesetzlichen Vorgaben hat der Richter **anhand der Umstände des** 6
Einzelfalles zu konkretisieren und dabei zu bewerten, ob die objektiven Gegebenheiten
(vorbehaltlich der Entschuldigungsprüfung) eine Nichtzulassung verspäteten Vorbringens
rechtfertigen. Nicht zuletzt ist bei der Anwendung des Abs. 1 zu beachten, daß der Beklagte
durch die bloße Setzung einer Klageerwiderungsfrist (→ aber Rdnr. 11) nur ganz allgemein
zur Äußerung aufgefordert, nicht dagegen auf bestimmte Punkte hingelenkt wird, anders als
im Fall des § 273 Abs. 2 Nr. 1. Gerade die *richterlichen Hinweis- und Fragepflichten* (§ 139,
§ 273 Abs. 2 Nr. 1, § 278 Abs. 3) zeigen im übrigen, daß das Gesetz nicht von idealen,
gewissermaßen perfekten Parteien ausgeht, sondern die Verantwortung für die vollständige
und konzentrierte Beibringung des Prozeßstoffs den *Parteien* und dem *Gericht* gemeinsam
auferlegt.

Insgesamt ergibt sich über § 277 Abs. 1 S. 1 ein gewisser **Spielraum in der Handhabung des** 7
§ 296 Abs. 1, der es gestattet, trotz der Ausgestaltung des § 296 Abs. 1 als Muß-Vorschrift

---

[1] *Jauernig* ZPR[24] § 28 III 2 (S. 97); *Leipold* ZZP 93 (1980), 237, 257 ff.; *Schulte* Die Entwicklung der Eventualmaxime (1980), 98, 105. – A.M. *Rosenberg-Schwab-Gottwald*[15] § 81 V 1.

überharte Präklusionsfolgen in einem frühen Stadium des Prozesses zu vermeiden. Damit soll nicht einer grundsätzlich engen, aber doch einer maßvollen Interpretation der Prozeßförderungspflicht nach Abs. 1 S. 1 das Wort geredet werden.

3. Berücksichtigung der Prozeßlage

8   Zu welchen Fragen sich der Beklagte in der Klageerwiderung zu äußern hat, hängt vor allem davon ab, **was der Kläger bislang vorgebracht hat.** Der Beklagte braucht nicht von sich aus auf weitere Tatsachen einzugehen, die als Klagebegründung zwar in Betracht kommen, auf die sich der Kläger aber bislang nicht gestützt hat. Wird z.B. das Klagebegehren aus *eigenem* Recht des Klägers hergeleitet, so kann vom Beklagten nicht verlangt werden, sich in der Klageerwiderung *vorsorglich* auch zu einem an den Kläger *abgetretenen* Anspruch zu äußern[2]. Je eingehender und genauer der Vortrag des Klägers ist, um so mehr ist auch vom Beklagten eine umfassende Stellungnahme zu erwarten. Solange dagegen der Kläger keine Beweismittel für von ihm zu beweisende Tatsachen benennt, wird man auch vom Beklagten nicht verlangen können, bereits Gegenbeweise anzugeben.

9   Die Aufforderung und Fristsetzung verlangt vom Beklagten, auf das zu *diesem Zeitpunkt* vorliegende Vorbringen des Klägers zu erwidern. Bei einer nachfolgenden **Klageänderung** oder einer wesentlichen Ergänzung des Tatsachenvortrags durch den Kläger kommt eine Präklusion nur in Frage, wenn eine neue Erwiderungsfrist gesetzt wurde[3], → auch § 276 Rdnr. 20, 35.

10 Unter dem Gesichtspunkt der Prozeßlage ist auch zu berücksichtigen, **wie lange die dem Beklagten gesetzte Frist war;** denn gerade bei einer ausgedehnten Erwiderungsfrist kann auch eine gründliche Erwiderung verlangt werden. Dieser Aspekt sollte nicht erst bei der Verschuldensprüfung beachtet werden, sondern schon die objektiven Anforderungen mitbestimmen.

11 Zur Prozeßlage gehört auch, **ob bereits ein Verhandlungstermin** stattgefunden hat (Fall des § 275 Abs. 3) und wie weit der Prozeßstoff dabei besprochen wurde. Dies kann Anlaß geben, an die Vollständigkeit der Klageerwiderung höhere Anforderungen zu stellen. Wesentlich erscheint auch, ob das **Gericht** durch **Hinweise, Fragen** und sonstige vorbereitende Maßnahmen (sei es schriftlich oder etwa im frühen ersten Termin) das Augenmerk des Beklagten auf bestimmte Fragenkomplexe gelenkt hat; denn auf solche Punkte muß sich die Klageerwiderung stets erstrecken.

4. Auf Förderung des Verfahrens bedachte Prozeßführung

12 Ausgehend von der konkreten Prozeßlage ist zu bewerten, ob das Vorbringen des Beklagten in hinreichendem Maße zur Prozeßförderung beigetragen hat. Die Zurückweisung von verspätetem Vorbringen kommt (vorbehaltlich der Entschuldigung) vor allem in Betracht, wenn der Beklagte es **überhaupt unterlassen** hat, fristgerecht eine Klageerwiderung abzugeben. Soweit rechtzeitig eine Klageerwiderung eingereicht wurde, kommt es darauf an, ob sie für die zu erwartenden **nächsten Verfahrensphasen** eine hinreichende Basis geliefert hat. **Substantiiertes Bestreiten** des vom Kläger vorgetragenen Sachverhalts und – bei Beweisangeboten des Klägers – die Angabe von Gegenbeweisen gegen behauptete klagebegründende Tatsachen gehören grundsätzlich in die Klageerwiderung, d.h. es ist dem Beklagten nicht gestattet, erst einmal das Ergebnis der Beweisaufnahme abzuwarten.

---

[2] *BVerfGE* 54, 117, 127f. = NJW 1980, 1737 (dazu *Deubner* NJW 1980, 1945). In der fehlerhaften Zurückweisung des Vorbringens sieht das BVerfG einen Verstoß gegen Art. 3 Abs. 1 GG, dazu → vor § 128 Rdnr. 64.

[3] *OLG Düsseldorf* MDR 1980, 943 (zur Klageänderung).

Aber auch der Vortrag von **rechtshemmenden, rechtshindernden oder rechtsvernichtenden** 13
Tatsachen oder von Gegenrechten *kann* bereits in der Klageerwiderung erforderlich sein (→
aber Rdnr. 14f.), und zwar um so mehr, wenn das sonstige Verteidigungsvorbringen nach
Umfang und Erfolgschancen wenig Gewicht hat oder wenn die rechtshemmenden Tatsachen
usw. so naheliegend und klar sind, daß gerade sie eine *rasche* Prozeßbeendigung versprechen.
Unter dem zuletzt genannten Gesichtspunkt wird z.B. die **Einrede der Verjährung** in der
Regel in der Klageerwiderung gebracht werden müssen[4] (wenn die Verjährungsfrist bereits zu
diesem Zeitpunkt abgelaufen ist). Ein Recht des Beklagten, sich auf die Verjährung erst dann
bzw. nur für den Fall zu berufen, daß sich der Anspruch als solcher als begründet erweist, ist
nicht anzuerkennen[5]. (Zur grundsätzlich unzulässigen Eventualstellung von Tatsachenbehauptungen → vor § 128 Rdnr. 214 ff.)

Mit der nicht selten anzutreffenden Formulierung, dem Beklagten sei *nicht jegliche Prozeß-* 14
taktik verwehrt[6], ist nicht allzuviel anzufangen. Richtig ist aber, daß **nicht** schon in der
Klageerwiderungsschrift **Vorsorge für alle Eventualitäten des Prozeßablaufs** getroffen werden muß, sondern bei umfangreichem und gehaltvollem Verteidigungsvorbringen erst einmal
dessen Erfolg abgewartet werden darf. Die Formulierung, es seien schon in der Klageerwiderung *alle Gegenrechte* geltend zu machen[7], erscheint als zu weitgehend. Dabei ist auch der
Grundsatz der **Waffengleichheit der Parteien** (→ vor § 128 Rdnr. 63) zu bedenken, da es dem
Kläger jedenfalls bis zum ersten Verhandlungstermin in der Regel freisteht, seinen Klagevortrag zu ergänzen und zu erweitern.

Wie aus diesen Erwägungen folgt, ist z.B. die Geltendmachung der **Aufrechnung**[8] dann 15
nicht bereits in der Klageerwiderung nötig[9], wenn der Beklagte davon ausgehen kann, daß
sein *Bestreiten der Klageforderung* Erfolg haben kann und zur Klärung dieser Fragen ohnehin
umfangreiche Verhandlungen und Beweisaufnahmen nötig sind. Das gilt auch dann, wenn es
sich um eine mit der Klageforderung *in rechtlichem Zusammenhang* stehende Gegenforderung handelt, während umgekehrt auch die Geltendmachung der Aufrechnung mit einer *nicht
konnexen* Gegenforderung schon in der Klageerwiderung geboten sein kann, wenn keine
hinreichende sonstige Verteidigung vorgetragen wird[10].

5. Äußerung des Beklagten zur Übertragung auf den Einzelrichter

Abs. 1 S. 2 gilt nur für das landgerichtliche Verfahren vor der Zivilkammer, da nur hier eine 15a
Übertragung auf den Einzelrichter (§ 348) in Betracht kommt. Der Beklagte soll sich hierzu in
der Klageschrift äußern, doch erfolgt seit dem Rechtspflege-VereinfachungsG 1990 (BGBl. I
2847) keine gerichtliche Aufforderung und Fristsetzung mehr (anders der damals aufgehobene § 271 Abs. 3 aF). Die Zivilkammer darf im Hinblick auf das Recht auf Gehör (Art. 103
Abs. 1 GG, → vor § 128 Rdnr. 9 ff., insbesondere Rdnr. 45 f. zur Gewährung des Gehörs *vor*
einer Entscheidung) nicht über die Übertragung entscheiden, wenn nicht der Beklagte sich
hierzu geäußert hat oder jedenfalls hinreichende Gelegenheit zur Äußerung besaß[11]. Es muß

---

[4] *E. Schneider* MDR 1977, 793, 795; *Thomas-Putzo*[19] Rdnr. 6.

[5] *E. Schneider* JurBüro 1978, 1265; *Bender-Belz-Wax* Das Verfahren nach der Vereinfachungsnovelle und vor dem Familiengericht (1977) Rdnr. 53; *Leipold* ZZP 93 (1980), 237, 260. – A.M. *Baumbach-Lauterbach-Hartmann*[55] § 282 Rdnr. 8; *AKZPO-Menne* Rdnr. 2.

[6] BVerfGE 54, 117, 127 (Fn. 2); Begr. zur Vereinfachungsnovelle BT-Drucks. 7/2729, 38.

[7] *E. Schneider* MDR 1977, 793, 795; *Thomas-Putzo*[19] Rdnr. 6.

[8] Die Aufrechnung ist Verteidigungsmittel, BGHZ 91, 293, 303 = NJW 1984, 1964, 1967; zur Zurückweisung → § 145 Rdnr. 54.

[9] A.M. (Aufrechnung generell in der Klageerwiderungsschrift geltend zu machen) *E. Schneider* MDR 1977, 793, 794; *Thomas-Putzo*[19] Rdnr. 6.

[10] A.M. *Knöringer* NJW 1977, 2336, 2339, der nur bei Aufrechnung mit einer konnexen Gegenforderung den Vortrag des Aufrechnungssachverhalts als Teil der Klageerwiderung betrachtet.

[11] Vgl. *Seidel* ZZP 99 (1986), 64, 68 (noch zu § 271 Abs. 3 aF, dasselbe muß aber auch für § 277 Abs. 1 S. 2 gelten).

also der Eingang der Klageerwiderung bzw. der Ablauf einer dafür gesetzten Frist abgewartet werden. Entscheidet die Kammer bereits vorher, so ist trotz § 348 Abs. 2 S. 2 eine Gegenvorstellung[12] und gegebenenfalls eine Aufhebung des Übertragungsbeschlusses durch die Kammer zuzulassen. Zur Zulässigkeit der Zustellung der Klage ohne Anberaumung eines frühen ersten Termins oder Anordnung des schriftlichen Vorverfahrens → § 271 Rdnr. 12.

III. Belehrung des Beklagten

1. Anwendungsbereich und Inhalt

a) Anwendungsbereich

16   Die Anforderungen des Abs. 2 gelten, wenn eine Frist zur Klageerwiderung nach § 275 Abs. 1 S. 1, Abs. 3, oder § 276 Abs. 1 S. 2 gesetzt wurde, **nicht** dagegen bei einer Fristsetzung zur **Erklärung über einzelne Punkte** nach § 273 Abs. 2 Nr. 1. Auch eine analoge Anwendung auf den zuletzt genannten Fall erscheint nicht geboten[13], da die Konsequenzen der Versäumung einer solchen Frist wegen der gezielten Fragestellung leichter erkennbar sind und andererseits die Folgen auch nicht so weit reichen wie bei der völligen Unterlassung einer rechtzeitigen Klageerwiderung. Zur Anwendung bei einer Fristsetzung für den *Kläger* → Rdnr. 26 f.

b) Belehrung über Anwaltsvertretung

17   Der Hinweis, die Klageerwiderung sei durch den zu bestellenden Anwalt einzureichen, ist nur für den **Anwaltsprozeß** vorgeschrieben und darf auch hier nach seinem Zweck entfallen, wenn sich für den Beklagten bereits ein Anwalt bestellt hat. Im **Parteiprozeß** ist der Beklagte, soweit eine Klageerwiderungsfrist gesetzt wurde, darauf aufmerksam zu machen, daß die Klageerwiderung schriftlich einzureichen oder zu Protokoll der Geschäftsstelle zu erklären ist.

c) Belehrung über Fristversäumung

18   Über die Folgen einer Fristversäumung ist der Beklagte **sowohl im Partei- als auch im Anwaltsprozeß** zu belehren. Mit Recht lehnt es die Praxis ab, davon eine Ausnahme zu machen, wenn der Beklagte **bereits anwaltlich vertreten** ist[14]; denn der Gesetzestext enthält keine Einschränkung, und einen gewissen Sinn hat die Belehrung auch in diesem Fall. An den Inhalt der Belehrung können jedoch weniger strenge Anforderungen gestellt werden, wenn der Beklagte bereits durch einen Anwalt vertreten ist, → Rdnr. 19.

d) Formulierung der Belehrung

19   Die (neben klaren Mitteilungen über den Fristablauf[15]) notwendige Belehrung über die **Folgen einer Fristversäumung** darf sich jedenfalls nicht in einem Hinweis auf die entsprechende Vorschrift (§ 296 Abs. 1) erschöpfen. Soweit der Beklagte bereits durch einen Anwalt

---

[12] Gegen Anfechtbarkeit durch Beschwerde *Seidel* ZZP 99 (1986), 64, 82.
[13] *Bischof* NJW 1977, 1897, 1899.
[14] BGHZ 88, 180 = NJW 1983, 2507 = MDR 1983, 1017 = LM Nr. 2 (LS, mit Anm. *Recken*); *OLG Düsseldorf* NJW 1978, 2203; *OLG Hamm* MDR 1981, 764; ebenso *Bischof* NJW 1977, 1897, 1899; *Baumbach-Lauterbach-Hartmann*[55] Rdnr. 6. – Zweifelnd *OLG Hamm* NJW 1984, 1566.
[15] *OLG Düsseldorf* NJW 1984, 1567 (auch klare Angaben über die Bedeutung der Gerichtsferien bzw. der Erklärung zur Feriensache nötig), → auch Rdnr. 24.

vertreten ist, erscheint es ausreichend, die drohenden Säumnisfolgen[16] mit den Worten des § 296 Abs. 1 wiederzugeben[17]. Der BGH[18] hat dies jedenfalls dann für ausreichend erklärt, wenn der Beklagte selbst zugelassener Rechtsanwalt ist.

Ob ein Beklagter, für den sich (wie dies in diesem Stadium zumeist der Fall sein wird) **noch kein Anwalt bestellt** hat, durch eine bloße Wiedergabe der Vorschriften hinreichend deutlich auf die Bedeutung der Frist hingewiesen wird, kann man dagegen bezweifeln. Um überscharfe Präklusionsfolgen zu vermeiden, läßt daher der BGH[19] jedenfalls gegenüber der nicht anwaltlich vertretenen Partei eine dem Wortlaut des § 296 Abs. 1 entsprechende Belehrung nicht genügen, sondern verlangt einen **deutlichen Hinweis**, daß sich der Beklagte grundsätzlich nur innerhalb der gesetzten Frist verteidigen könne, ihm bei Versäumung der Frist im allgemeinen jegliche Verteidigung abgeschnitten werde und er den Prozeß aus diesem Grund vollständig verlieren könne. Diese Anforderungen gelten auch dann, wenn die betroffene Partei alsbald nach Fristsetzung einen Anwalt beauftragt hat[20]. Der Versuch, auf diese Weise dem Anspruch des Beklagten auf Rechtsschutz und rechtliches Gehör besser gerecht zu werden, ist begrüßenswert. Er bedarf aber der Ergänzung durch eine Gesetzesauslegung, die auch in anderen Fragen nicht einseitig den Beschleunigungszweck vor Augen hat (z. B. bei der Anwendung des § 277 Abs. 1 S. 1, → Rdnr. 4 ff., 7, vor allem aber bei der Handhabung des Verzögerungsbegriffs in § 296, → § 296 Rdnr. 48 ff., 53 ff.).

2. Rechtsfolgen bei Verstößen

Ist eine Belehrung ganz unterblieben oder entspricht sie nicht den Anforderungen des Abs. 2, so kann die Versäumung der Klageerwiderungsfrist **nicht** zu einer **Präklusion** gemäß § 296 Abs. 1 führen[21]. Die Beachtung des Abs. 2 ist zu den notwendigen Voraussetzungen einer wirksamen Fristsetzung zu rechnen. Da ein Verstoß gegen Abs. 2 nicht erst im Rahmen der Entschuldigung einer Verspätung zu beachten ist[22], spielt es keine Rolle, welche Bedeutung der Fehler des Gerichts im Einzelfall für das Verhalten der Partei bzw. ihres Anwalts hatte.

Eine **Nachholung der Belehrung** ist zulässig, doch kann die Klageerwiderungsfrist dann erst mit der förmlichen Zustellung (§ 329 Abs. 2 S. 2) dieser Hinweise beginnen. Dies ist dem Beklagten in klarer Form mitzuteilen, damit er über den Lauf der Erwiderungsfrist Bescheid weiß und sie vollständig nutzen kann.

---

[16] Das Gesetz verlangt nicht, den Beklagten auch über die Möglichkeit, eine Fristverlängerung zu beantragen, und über die Entschuldigung verspäteten Vorbringens zu belehren, so aber der Vorschlag von *Recken* DRiZ 1980, 336 Fn. 2 für das amtsgerichtliche Verfahren.

[17] *OLG Hamm* NJW 1984, 1566 hält gegenüber einem Rechtsanwalt sogar den Hinweis auf die gesetzlichen Vorschriften für ausreichend. – Offenlassend *BGH* NJW 1986, 133. Gegen eine Differenzierung *MünchKomm-ZPO-Prütting* Rdnr. 7.

[18] *BGH* NJW 1991, 493 = LM § 277 Nr. 3.

[19] *BGHZ* 86, 218 = LM Nr. 1 (LS, mit Anm. *Schmidt-Kessel*) = NJW 1983, 822 = MDR 1983, 383; *BGH* NJW 1991, 2773 = LM § 276 Nr. 5; ebenso *OLG Düsseldorf* NJW 1984, 1567; *OLG Karlsruhe* Justiz 1983, 409 (mit Anm. *Holch*); OLGZ 1984, 471, 473. – S. auch *E. Schneider* MDR 1985, 287. Krit. *Baumbach-Lauterbach-Hartmann*⁵⁵ § 276 Rdnr. 15 (Gesetzeswortlaut nicht so schlecht).

[20] *BGH* NJW 1986, 133 = LM § 276 Nr. 4.

[21] *BGHZ* 86, 218 (Fn. 19); 88, 180 (Fn. 14); *OLG Düsseldorf* NJW 1978, 2203; zust. *BVerfGE* 60, 1, 7 = NJW 1982, 1453.

[22] Anders *Bischof* NJW 1977, 1897, 1899 (die Fristversäumung sei bei fehlender Belehrung in der Regel entschuldigt), während *OLG Düsseldorf* NJW 1978, 2203 wohl nur in der Terminologie abweicht (die Verspätung sei zwingend als genügend entschuldigt anzusehen).

IV. Frist zur Klageerwiderung

1. Beginn und Dauer der Frist

23   Die Frist von mindestens zwei Wochen (Abs. 2) rechnet im Fall des § 275 Abs. 1 von der Zustellung der fristsetzenden Verfügung an; im Fall des § 275 Abs. 3 beginnt sie mit dem Verhandlungstermin, in dem die Fristsetzung verkündet wurde. Für die Klageerwiderungsfrist im schriftlichen Vorverfahren ergibt sich dieselbe Mindestfrist aus § 276 Abs. 1 S. 2. Der **Sinn der Mindestfrist** wäre verkannt, wollte man regelmäßig nur eine Frist von zwei Wochen gewähren. Im allgemeinen und erst recht bei umfangreichem, kompliziertem Sachverhalt oder z. B. bei entlegenem Wohnsitz des Beklagten ist eine **längere Frist angemessen**[23]. Dies gilt hier noch mehr als bei der Bestimmung der Klageerwiderungsfrist im schriftlichen Vorverfahren (→ § 276 Rdnr. 19), weil sich dort nach § 276 Abs. 1 S. 1 und 2 insgesamt für den Beklagten eine Mindestfrist von vier Wochen ergibt. Die gesetzte Frist kann auf begründeten Antrag **verlängert** werden, § 224 Abs. 2.

2. Verstöße

24   Wird die Mindestfrist unterschritten, gilt nicht etwa die zweiwöchige Frist als angeordnet, sondern die **Fristsetzung** ist dann **unwirksam** und ihre Versäumung kann nicht zur Nichtzulassung von Verteidigungsvorbringen nach § 296 Abs. 1 führen[24]. Dasselbe gilt, wenn die Fristsetzung in sich **unklar** oder widersprüchlich ist[25]. Wenn zwar die Mindestfrist eingehalten, aber eine nach den konkreten Umständen **unangemessen kurze Frist** gesetzt wurde, so ist nach Fristablauf eingegangenes Vorbringen dennoch zuzulassen[26], → § 296 Rdnr. 35.

V. Frist zur Stellungnahme auf die Klageerwiderung

1. Bedeutung

25   Abs. 4 betrifft die Fristsetzungen für den Kläger nach § 275 Abs. 4 (→ § 275 Rdnr. 28) oder § 276 Abs. 3 (→ § 276 Rdnr. 48) und ordnet durch die Verweisung auf Abs. 3 ebenfalls eine Mindestfrist von zwei Wochen an. Das bei Rdnr. 23 zum Beginn der Frist und bei Rdnr. 24 zu den Folgen einer zu kurzen Fristsetzung Gesagte gilt entsprechend. Im allgemeinen wird hier eine kürzere Frist in Betracht kommen als bei der Klageerwiderung, da der Kläger bzw. sein Anwalt schon auf die Prozeßführung eingestellt sind, aber bei umfangreichem Tatsachenvortrag des Beklagten kann zur Wahrung des rechtlichen Gehörs für den Kläger auch hier durchaus eine Frist angemessen sein, die weit über der gesetzlichen Mindestfrist liegt.

2. Belehrung über Säumnisfolgen

26   Wie sich seit der Neufassung durch das Rechtspflege-VereinfachungsG vom 17. 12. 1990 (BGBl. I 2847) ausdrücklich aus der Verweisung des Abs. 4 auf Abs. 2 ergibt, ist der **Kläger** über die Folgen einer Fristversäumung **zu belehren**. Dies gilt vor dem Amtsgericht wie vor dem Landgericht, unabhängig davon, ob der Kläger bereits anwaltlich vertreten ist.

---

[23] *Lange* DRiZ 1980, 408, 413; weitere Nachweise → § 276 Fn. 11 f.
[24] *OLG Schleswig* SchlHA 1980, 161.
[25] *BVerfGE* 60, 1 (Fn. 21); *OLG Düsseldorf* NJW 1984, 1567.
[26] *BGH* NJW 1994, 736 = LM § 276 Nr. 6.

3. Inhalt der Stellungnahme

Wie sich aus der Verweisung des Abs. 4 auf Abs. 1 S. 1 ergibt, ist auch die Frage, welches Vorbringen der Kläger in die schriftliche Replik aufzunehmen hat, wertend anhand der **Prozeßlage** und der anzustrebenden **Prozeßförderung** zu beurteilen. Der Kläger muß zum Vorbringen des Beklagten so vollständig wie möglich Stellung nehmen, während ihm durch die Fristsetzung nicht verwehrt ist, andere Klagegründe, die mit dem Vorbringen des Beklagten nicht zusammenhängen, erst nach Ablauf der Frist vorzutragen. 28

VI. Arbeitsgerichtliches Verfahren

Hier ist § 277 ebenso wie die anderen Vorschriften über den frühen ersten Termin und das schriftliche Vorverfahren ausdrücklich für **unanwendbar** erklärt, § 46 Abs. 2 S. 2 ArbGG. 29

§ 278 [Haupttermin]

(1) ¹Im Haupttermin führt das Gericht in den Sach- und Streitstand ein. ²Die erschienenen Parteien sollen hierzu persönlich gehört werden.

(2) ¹Der streitigen Verhandlung soll die Beweisaufnahme unmittelbar folgen. ²Im Anschluß an die Beweisaufnahme ist der Sach- und Streitstand erneut mit den Parteien zu erörtern.

(3) Auf einen rechtlichen Gesichtspunkt, den eine Partei erkennbar übersehen oder für unerheblich gehalten hat, darf das Gericht, soweit nicht nur eine Nebenforderung betroffen ist, seine Entscheidung nur stützen, wenn es Gelegenheit zur Äußerung dazu gegeben hat.

(4) Ein erforderlicher neuer Termin ist möglichst kurzfristig anzuberaumen.

Gesetzesgeschichte: Eingefügt durch die Vereinfachungsnovelle 1976 (→ Einl. [20. Aufl.] Rdnr. 159). § 278 Abs. 1 aF (Geltendmachung von Angriffs- und Verteidigungsmitteln bis zum Schluß der mündlichen Verhandlung) wurde dabei durch § 296 a nF ersetzt; § 278 Abs. 2 aF (Auferlegung der Prozeßkosten bei Prozeßverzögerung) ist entfallen.

I. Normzweck	1	b) Erörterung	17
II. Ablauf des Haupttermins	3	c) Zugehörigkeit zur selben mündlichen Verhandlung	18
1. Maßgebende Vorschriften	3	5. Verstöße	19
2. Einführung in den Sach- und Streitstand	4	III. Bestimmung eines neuen Termins	20
a) Reihenfolge	4	1. Gründe	20
b) Zuständigkeit	5	2. Anberaumung	21
c) Sach- und Streitstand	6	3. Bedeutung	23
d) Hinweis auf Rechtsfragen	10	IV. Pflicht zum Hinweis auf rechtliche Gesichtspunkte (Abs. 3)	24
e) Erläuterungen für die Parteien	11	1. Zielsetzung	24
f) Entbehrlichkeit der Einführung	12	2. Entstehungsgeschichte	26
3. Persönliche Anhörung der Parteien	13	3. Anwendungsbereich	27
a) Anwendungsbereich	13	a) Im Zivilprozeß	27
b) Zweck	14	b) Außerhalb des Zivilprozesses	29a
c) Zeitpunkt	15	4. Voraussetzungen der Hinweispflicht	30
4. Beweisaufnahme und erneute Erörterung	16	a) Allgemeines	30
a) Beweisaufnahme	16	b) Rechtlicher Gesichtspunkt	31

c) Entscheidungserheblichkeit	38	b) Form	53
d) Übersehener Gesichtspunkt	42	c) Adressat	54
e) Nicht nur für Nebenforderung bedeutsam	45	d) Inhalt des Hinweises	55
f) Beispiele aus der Rechtsprechung	49	e) Gewährung der Gelegenheit zur Stellungnahme	57
5. Erfüllung der Hinweispflicht	52	6. Verstöße	62
a) Zuständigkeit	52	V. Arbeitsgerichtliches Verfahren	67

I. Normzweck

1 Durch Anweisungen über Ablauf und Inhalt des Haupttermins dient § 278 dem Ziel, den Rechtsstreit in der Regel aufgrund *eines* umfassend vorbereiteten Haupttermins zu erledigen, § 272 Abs. 1. Zu einer **konzentrierten mündlichen Verhandlung** sollen die Einführung in den Sach- und Streitstand durch das Gericht und die persönliche Anhörung der Parteien (Abs. 1) ebenso beitragen wie die nach der streitigen Verhandlung unmittelbar folgende Beweisaufnahme und die anschließende erneute Erörterung des Sach- und Streitstands (Abs. 2). Soweit dennoch mit einem Haupttermin allein nicht auszukommen ist, schreibt Abs. 4 jedenfalls vor, einen neuen Termin möglichst kurzfristig anzuberaumen.

2 § 278 ragt jedoch aus den Vorschriften der Vereinfachungsnovelle 1976 insofern heraus, als mit den Vorgaben für den Inhalt des Haupttermins nicht nur das Ziel der Beschleunigung und Konzentration des Verfahrens verfolgt, sondern auch eine **inhaltliche Verbesserung des Rechtsschutzes** angestrebt wird. So ist in den Anordnungen des Abs. 1 das Bemühen des Gesetzgebers zum Ausdruck gekommen, das Prozeßgeschehen für die Parteien besser verständlich zu machen und ihre persönliche Mitwirkung zu verstärken. Vor allem aber dient die **Hinweispflicht** nach Abs. 3 dem Zweck, die Parteien vor **Überraschungsentscheidungen** zu schützen, um ihnen ein **faires Verfahren** und die effektive Ausübung ihres **Rechts auf Gehör** zu sichern, → Rdnr. 24.

II. Ablauf des Haupttermins

1. Maßgebende Vorschriften

3 § 278 enthält keineswegs eine abschließende Regelung dessen, was im Haupttermin zu geschehen hat, sondern **ergänzt** lediglich die **allgemeinen Vorschriften über die mündliche Verhandlung** in einzelnen Punkten. Die dogmatische Basis bilden die Grundsätze der *Mündlichkeit* (§ 128 Abs. 1, → § 128 Rdnr. 1 ff.) und der *Verhandlungsgrundsatz* (→ vor § 128 Rdnr. 75 ff.); dem ist bei der Auslegung des § 278 Rechnung zu tragen. Die *Leitung der Verhandlung* obliegt dem Vorsitzenden nach näherer Maßgabe des § 136. In welcher Form die Parteien zu verhandeln haben, ist auch und gerade im Haupttermin nach § 137 zu beurteilen, während für die Substanz des Parteivorbringens § 138 und für die richterliche Frage- und Hinweispflicht § 139 (ergänzt durch Abs. 3) gilt. Nicht zuletzt hat das Gericht auch im Haupttermin auf eine *gütliche Beilegung* des Rechtsstreits bedacht zu sein, § 279.

2. Einführung in den Sach- und Streitstand

a) Reihenfolge

4 Was die Reihenfolge des Geschehens in der Verhandlung angeht, so ist weder aus § 137 Abs. 1 ein zeitlicher Vorrang der Antragstellung zu entnehmen, noch aus § 278 Abs. 1

abzuleiten, die Verhandlung müsse notwendigerweise mit der gerichtlichen Einführung in den Sach- und Streitstand beginnen. Vielmehr stellt die Reihung eine **Zweckmäßigkeitsfrage** dar, wobei es freilich (auch im Hinblick auf die Möglichkeit einer gütlichen Einigung) oft besser sein wird, mit einführenden gerichtlichen Bemerkungen und einer formlosen Erörterung des Streitkomplexes zu beginnen, näher → § 137 Rdnr. 2.

b) Zuständigkeit

Wenn Abs. 1 die Einführung in den Sach- und Streitstand dem Gericht zur Aufgabe macht, so ist damit der **Vorsitzende** gemeint, da ihm nach § 136 die Leitung der mündlichen Verhandlung obliegt. Der Vorsitzende ist jedoch berechtigt, die Einführung einem der Beisitzer, insbesondere dem Berichterstatter, zu übertragen, → § 136 Rdnr. 3. 5

c) Sach- und Streitstand

Unter dem »Sachstand« sind die materiellen Positionen der Parteien, unter dem »Streitstand« der bisherige Prozeßablauf zu verstehen. In beides hat der Vorsitzende lediglich **einzuführen**, d. h. in groben Zügen die inhaltlichen Schwerpunkte des Streits und den Verlauf des Verfahrens zu umreißen, damit sich die Parteien dann im einzelnen dazu äußern können[1]. Auch kann es zweckmäßig sein, den Parteien noch Informationen über den Erfolg der terminsvorbereitenden Maßnahmen des Gerichts zu geben. 6

Die Einführung anders zu verstehen und dem Vorsitzenden aufzugeben, das gesamte bisherige Vorbringen der Parteien im einzelnen vorzutragen[2], stößt sowohl auf dogmatische als auch auf praktische Bedenken. Soweit der Prozeßstoff bisher nur in Form von Schriftsätzen vorliegt, ist es Sache der **Parteien**, ihr Vorbringen durch **mündlichen Vortrag** (sei es auch durch Bezugnahme auf Schriftsätze, → § 137 Rdnr. 7) erst rechtswirksam zu machen. Der Parteivortrag kann durch die gerichtliche Einführung erleichtert, aber nicht ersetzt werden, → § 137 Rdnr. 6. Würde der Vorsitzende die Darstellung des beiderseitigen Vorbringens aufgrund der Schriftsätze im einzelnen übernehmen, so wäre der Grundsatz der mündlichen Verhandlung der *Parteien* (§ 128 Abs. 1) verletzt. Mindestens ebenso gewichtig ist die Gefahr, auf diese Weise den **Verhandlungsgrundsatz** zu verlassen und im Grunde der Untersuchungsmaxime zu folgen, wenn der Vorsitzende den Termin bereits mit einer eigenen detaillierten Darstellung des Sachverhalts eröffnet und dann etwa nur noch einzelne gezielte Fragen an die Parteien richtet. 7

Praktisch gesehen sollte den Parteien (vorbehaltlich einer eventuellen Präklusion, → § 296) auch nicht die Möglichkeit genommen werden, im Termin im einzelnen etwas **anderes vorzutragen als in den Schriftsätzen angekündigt** wurde. Es kann dies durchaus zu einer Vereinfachung des Verfahrens beitragen. Wäre aber der Schriftsatzinhalt bereits im einzelnen vom Vorsitzenden bzw. Berichterstatter vorgetragen, so könnte es dadurch den Parteien schwerer fallen, sich noch davon zu lösen[3]. 8

Einer Information über die Einzelheiten eines **frühen ersten Termins** oder des **Akteninhalts** bedürfen die Parteien nicht, da sie bzw. ihre Anwälte den Prozeßverlauf und den Schriftsatzinhalt zu kennen haben. Auch sollte es nicht Aufgabe der Einführung durch den Vorsitzenden oder Berichterstatter sein, etwa die anderen Mitglieder des Gerichts erstmals über den Akteninhalt zu informieren. 9

---

[1] Vgl. *Bender-Belz-Wax* Das Verfahren nach der Vereinfachungsnovelle und vor dem Familiengericht (1977) Rdnr. 104; *Weber* DRiZ 1978, 166, 168.

[2] Etwa damit die Parteien kontrollieren können, ob das Gericht ihren Vortrag richtig und vollständig aufgefaßt hat, so aber *Thomas-Putzo*[19] Rdnr. 1.

[3] *Bender-Belz-Wax* (Fn. 1) Rdnr. 104.

d) Hinweis auf Rechtsfragen

10 Ob der Vorsitzende bzw. Berichterstatter schon im Rahmen der Einführung auf Rechtsfragen hinweist, steht in seinem *Ermessen*. Es kann dies, um den Blick der Parteien auf das Wesentliche zu lenken, durchaus zweckmäßig sein[4]. Bereits vorzutragen, wie das *Gericht selbst die Rechtslage (vorläufig) beurteilt*[5], ist dagegen weder geboten noch zweckmäßig; dadurch würde allzu leicht der Eindruck erweckt, das Gericht sei bereits vor der Verhandlung der Parteien weitgehend festgelegt.

e) Erläuterungen für die Parteien

11 Eine andere Frage ist, wieweit der Richter die Einführung dazu verwenden sollte, den **persönlich anwesenden Parteien** das prozessuale Geschehen in den Grundlinien zu erläutern[6]. Jedenfalls bei anwaltlich vertretenen Parteien werden auch insoweit kurze Hinweise genügen; denn schließlich sind die Anwälte nicht zuletzt zu dem Zweck bestellt, ihren Mandanten über die auftretenden materiellen und prozessualen Rechtsfragen Auskunft zu geben. Sind die Parteien nicht durch Anwälte vertreten, so werden sich eher etwas ausführlichere Hinweise des Richters empfehlen.

f) Entbehrlichkeit der Einführung

12 Zuweilen kann die Einführung in den Sach- und Streitstand zu Beginn des Haupttermins auch ganz entbehrlich sein, so etwa wenn sich der Sach- und Streitstand besonders einfach darstellt[7] oder auch wenn ein früher erster Termin stattgefunden hat und nun – ohne daß sich mittlerweile Neues ergeben hätte – zunächst ein Beweisbeschluß ausgeführt werden soll[8].

3. Persönliche Anhörung der Parteien

a) Anwendungsbereich

13 Sind die Parteien (oder eine von ihnen) persönlich erschienen, so sollen sie gemäß Abs. 1 S. 2 persönlich gehört werden. Dabei spielt es keine Rolle, ob die Partei aufgrund gerichtlicher Anordnung (§ 141 Abs. 1, § 273 Abs. 2 Nr. 4, § 279 Abs. 1 S. 2) oder von sich aus neben dem Prozeßbevollmächtigten erschienen ist. Die Vorschrift geht insofern über § 137 Abs. 4 hinaus, als die **Anhörung von Amts wegen**, nicht bloß auf Antrag der Partei stattfinden soll. Abs. 1 S. 2 hat genaugenommen nur für die **anwaltlich vertretene Partei** Bedeutung. Ist die Partei nicht anwaltlich vertreten, so ist außerhalb des Anwaltszwangs ohnehin die gesamte Verhandlung mit ihr persönlich zu führen, während im Anwaltsprozeß die nicht durch einen Anwalt vertretene, aber erschienene Partei als säumig anzusehen ist, so daß es auch nicht zu einer persönlichen Anhörung kommen kann (anders in Ehesachen, → § 613 Rdnr. 5). Sollte die Partei einen persönlichen Vertreter i. S. des § 141 Abs. 3 S. 2 entsandt haben, so gilt Abs. 1 S. 2 für diesen.

---

[4] Vgl. *Bischof* Der Zivilprozeß nach der Vereinfachungsnovelle (1980) Rdnr. 155.
[5] Dafür *Grunsky* JZ 1977, 201, 203.
[6] Vgl. Begr. zur Vereinfachungsnovelle BT-Drucks. 17/2729, 72, wonach der Haupttermin dazu beitragen soll, den Parteien das Prozeßgeschehen verständlich zu machen.
[7] *Baumbach-Lauterbach-Hartmann*[55] Rdnr. 5.
[8] Vgl. *Bischof* (Fn. 4) Rdnr. 157.

b) Zweck

Die Anhörung dient sowohl dem Zweck, den **Sachvortrag der Parteien** zu klären und zu vervollständigen, als auch dem Ziel, den Parteien ihre **Mitverantwortung** vor Augen zu führen und sie von der Aufgeschlossenheit des Gerichts für die Argumente der Parteien und vom richterlichen Bemühen um eine gerechte Konfliktlösung zu überzeugen. Das Gespräch des Richters mit den Parteien kann auch den Weg zu einer **gütlichen Einigung** erleichtern. Dagegen ist die Anhörung **nicht als Mittel der Beweiserhebung** oder gar einer richterlichen Inquisitionstätigkeit zu verstehen, und es ist auch auf die Funktion der Prozeßbevollmächtigten Bedacht zu nehmen, → § 141 Rdnr. 2, 3 sowie unten Rdnr. 15. Daher geht es zu weit, die Parteianhörung geradezu als Kernstück des Haupttermins zu bezeichnen[9].

c) Zeitpunkt

Die systematische Stellung des Abs. 1 S. 2 könnte den Schluß nahelegen, die Parteien seien gleich im Anschluß an die gerichtliche Einführung in den Sach- und Streitstand persönlich zu hören. Jedoch ist der **Parteivortrag** i. S. des § 137 Abs. 2 **in erster Linie Sache der Anwälte**, die der Partei nicht etwa bloß als Beistand zu dienen, sondern sie im Rechtssinne zu vertreten haben, → § 85 Rdnr. 1. Daran und überhaupt an der Funktion der Prozeßbevollmächtigten etwas zu ändern, ist nicht der Sinn des Abs. 1 S. 2. Das Wort »hierzu« ist daher nicht auf die gerichtliche Einführung, sondern auf den Sach- und Streitstand zu beziehen. Aus Abs. 1 S. 2 ist keine Anordnung über den regelmäßigen Zeitpunkt der Anhörung zu entnehmen, sondern diese Frage ist dem *Ermessen* des Vorsitzenden zu überlassen. Es kann durchaus Fälle geben, in denen es zweckmäßig ist, die Parteien sehr frühzeitig persönlich zu Wort kommen zu lassen (etwa auch im Hinblick auf eine denkbare gütliche Einigung), aber im Regelfall wird **an erster Stelle den Rechtsanwälten das Wort zu erteilen** sein[10]. Es versteht sich, daß auch eine *mehrmalige* persönliche Anhörung der Parteien in verschiedenen Stadien des Haupttermins zulässig ist.

4. Beweisaufnahme und erneute Erörterung

a) Beweisaufnahme

Auf die streitige Verhandlung (näher zum Inhalt → § 137), für die die Stellung der Anträge (§ 137 Abs. 1) wesentlich ist, soll die Beweisaufnahme nach Abs. 2 S. 1 **unmittelbar folgen**. Diesem Ziel dient die Vorbereitung des Haupttermins durch einen Beweisbeschluß im frühen ersten Termin oder nach § 358 a und durch die Anordnungen gemäß § 273. Scheitern solche Versuche, etwa weil geladene Zeugen nicht erschienen sind oder weil im Haupttermin neue, nicht präsente Beweise angeboten werden (ohne daß eine Zurückweisung wegen Verspätung, → § 296, zu erfolgen hätte), so ist, gegebenenfalls nach Erlaß eines Beweisbeschlusses, zu vertagen[11], Abs. 4.

b) Erörterung

Die an die Beweisaufnahme anschließende **Erörterung des Sach- und Streitstands** (Abs. 2 S. 2) schließt die Verhandlung über das Ergebnis der Beweisaufnahme i. S. des § 285 Abs. 1

---

[9] A.M. *Bender-Belz-Wax* (Fn. 1) Rdnr. 105.
[10] *Bischof* (Fn. 4) Rdnr. 156.
[11] Vgl. *BGH* NJW 1976, 1742 = LM § 398 Nr. 8 (Vertagung auch dann, wenn das Erscheinen von Zeugen, die sich im Ausland aufhalten, nicht erzwungen werden kann, aber eine Partei die Gestellung für den nächsten Termin zusagt).

ein. Im allgemeinen wird eine Vertagung, nur um einer Partei die Stellungnahme zum Beweisergebnis zu ermöglichen, nicht in Betracht kommen[12], → auch vor § 128 Rdnr. 35 c, § 285 Rdnr. 3. Als wesentlicher Vorgang der Verhandlung (§ 160 Abs. 2) ist die Erörterung in das **Protokoll** aufzunehmen[13], → § 160 Rdnr. 3.

Die Erörterung bezieht sich auf den gesamten Sach- und Streitstand, wobei das Gericht weiterhin seine **Frage- und Hinweispflichten** nach § 139 und § 278 Abs. 3 zu beachten hat und immer noch auf eine gütliche Einigung (§ 279) bedacht sein muß. Ob es für den Regelfall zweckmäßig ist, nach der Stellungnahme der Parteien zum Beweisergebnis eine **Zwischenberatung des Gerichts** einzuschieben, sodann den Parteien ein vorläufiges Ergebnis mit Begründung zu unterbreiten und sie darüber diskutieren zu lassen[14], erscheint recht zweifelhaft; es ist aber dies jedenfalls eine dem Gesetz nicht widersprechende Verfahrensweise. Allerdings muß dabei vermieden werden, den Eindruck einer vorzeitigen Festlegung des Gerichts zu erwecken. – Im Verfahren der **freiwilligen Gerichtsbarkeit** ist Abs. 2 S. 2 wegen der dort geltenden flexibleren Vertragsgestaltung nicht anwendbar[15].

c) Zugehörigkeit zur selben mündlichen Verhandlung

18 Beweisaufnahme und anschließende Erörterung sind Teil derselben mündlichen Verhandlung. Falls eine Partei, die *bereits verhandelt* hatte, bei Beweisaufnahme und Erörterung *nicht mehr anwesend* sein sollte, ist ein Versäumnisurteil nicht statthaft[16].

5. Verstöße

19 Im allgemeinen kann auf Verstöße gegen Abs. 1 und Abs. 2 kein Rechtsmittel gestützt werden, zumal es sich weitgehend um *Soll-Vorschriften* handelt. Anders ist es aber, wenn in der konkreten Gestaltung des Verhandlungsablaufs eine Verletzung des **Rechts auf Gehör** (→ vor § 128 Rdnr. 9 ff.) liegt, z. B. wenn einer Partei nach der Beweisaufnahme entgegen Abs. 2 S. 2 die Gelegenheit zur Stellungnahme und zu weiterem Vortrag verwehrt wurde[17]. Gegen Art. 103 Abs. 1 GG verstößt es in der Regel, wenn im Anwaltsprozeß die von der Partei beantragte *persönliche Anhörung* unterbleibt[18], näher → vor § 128 Rdnr. 23 a.

III. Bestimmung eines neuen Termins

1. Gründe

20 Das anzustrebende Ziel, den Rechtsstreit aufgrund eines einzigen Haupttermins zu erledigen, läßt sich keineswegs immer erreichen. Der Grund dafür kann z. B. darin liegen, daß die **Beschaffung der Beweismittel mißlungen** ist, ohne daß eine der Parteien dies zu verantworten hätte, während die Beibringung der Beweismittel in einem weiteren Verhandlungstermin möglich erscheint[19]. Aber auch **neuer**, nicht zurückzuweisender **Parteivortrag** oder die Erhebung neuer Klage- und Widerklageansprüche können die Erledigung des Rechtsstreits im ersten Haupttermin hindern. Wird keine Entscheidungsreife (§ 300 Abs. 1) erzielt, so *muß* ein

---

[12] *Franzki* DRiZ 1977, 161, 163; *Baumbach-Lauterbach-Hartmann*[55] Rdnr. 8.
[13] *BGH* NJW 1990, 121.
[14] So *Bender-Belz-Wax* (Fn. 1) Rdnr. 116.
[15] *BayObLGZ* 1990, 177 (aber Recht auf Gehör zu beachten).
[16] *BGHZ* 63, 94 = NJW 1974, 2322; *OLG Hamm* NJW 1974, 1097; *Bischof* (Fn. 4) Rdnr. 162.
[17] *BGH* NJW 1990, 121, 122.
[18] Dazu *BayVerfGH* NJW 1984, 1026 (Verletzung des Rechts auf Gehör kommt nur in Betracht, wenn die Partei die Anhörung deutlich beantragte, nicht wenn lediglich ein Handzeichen der Partei unbeachtet blieb).
[19] Vgl. *BGH* NJW 1976, 1742 (Fn. 11).

neuer Termin zur mündlichen Verhandlung anberaumt werden, es sei denn, es wären die Voraussetzungen für eine Entscheidung ohne mündliche Verhandlung (§ 128 Abs. 2) bzw. für ein schriftliches Verfahren nach § 128 Abs. 3 gegeben.

2. Anberaumung

Der **neue Verhandlungstermin ist unverzüglich zu bestimmen**, § 216 Abs. 2, am besten gleich in der mündlichen Verhandlung in Abstimmung mit den Parteien[20], und soll nach Abs. 4 **so rasch wie möglich** stattfinden. Dies ist freilich nicht mehr als eine weitere Mahnung zur Beschleunigung; wann der Termin stattfinden kann, entscheidet sich danach, wieviel Zeit den Parteien zur Vorbereitung gewährt werden muß, aber auch nach dem Terminkalender des Gerichts und der Anwälte. 21

Da Abs. 4 lediglich verlangt, den Termin so kurzfristig anzusetzen, als dies nach den Umständen möglich ist, verbietet er dem Gericht nicht[21], **mit der Anberaumung des Termins zunächst zu warten**, bis ein Sachverständigengutachten eingegangen ist oder die Parteien bestimmte, ihnen aufgegebene Mitteilungen gemacht haben, von denen es erst abhängt, wann der nächste Termin möglich ist[22]. Auch das Gebot der unverzüglichen Terminsbestimmung nach § 216 Abs. 2 (das den Zeitpunkt der Terminsverfügung betrifft, → § 216 Rdnr. 8) ist in diesem Fall nicht verletzt, da das Verhalten des Vorsitzenden nicht als schuldhaftes Zögern zu bewerten ist. Ob es zweckmäßig ist, so vorzugehen, stellt eine andere, ganz von den Umständen abhängende Frage dar. 22

3. Bedeutung

Der neue Termin ist eine **Fortsetzung des Haupttermins**. Die Einführung in den Sach- und Streitstand und die persönliche Anhörung der Parteien (Abs. 1) müssen daher nicht etwa grundsätzlich erneut stattfinden, sondern nur, soweit dies nach dem pflichtgemäßen Ermessen des Gerichts zweckmäßig erscheint. 23

IV. Pflicht zum Hinweis auf rechtliche Gesichtspunkte (Abs. 3)

1. Zielsetzung[23]

Der Zweck der Vorschrift ist, die Parteien vor Überraschungsentscheidungen zu schützen. Gerichtliche Hinweise dienen der effektiven Wahrnehmung des **Rechts auf Gehör** durch die Parteien, → vor § 128 Rdnr. 41 f. Noch stärker tritt aber als verfassungsrechtlicher Hintergrund des Abs. 3 das **Recht auf faires Verfahren** (→ vor § 128 Rdnr. 65 ff.) hervor[24]. Diesem 24

---

[20] *Bender-Belz-Wax* (Fn. 1) Rdnr. 122.
[21] A.M. OLG Frankfurt FamRZ 1978, 919; *MünchKommZPO-Prütting* Rdnr. 20.
[22] Wenn die Parteien den Auflagen nicht nachkommen, ist ebenfalls Termin zu bestimmen. Die Einwände von *MünchKommZPO-Prütting* Rdnr. 20 gegen die hier vertretene Ansicht, der neue Termin müsse gleich im Haupttermin bestimmt werden, beruhen insoweit auf einem Mißverständnis.
[23] Lit. zu Abs. 3: *H. Bauer* Der Begriff der »Nebenforderung« i. S. von § 278 III ZPO NJW 1978, 1238; *Bischof* Streitfragen der Vereinfachungsnovelle NJW 1977, 1897, 1900; *ders.* Rechtlicher Hinweis nach § 278 Abs. 3 ZPO mit Schriftsatzfrist MDR 1993, 615; *Fischer* Ausnahmen von der richterlichen Aufklärungs- und Hinweispflicht

nach den §§ 139 I, 278 III ZPO DRiZ 1995, 264; *Franzki* Das Gesetz zur Vereinfachung und Beschleunigung gerichtlicher Verfahren (Vereinfachungsnovelle) DRiZ 1977, 161, 164; *Helbig* Das Verbot von Überraschungsentscheidungen nach § 278 III ZPO, Diss. Freiburg (1979); *Hinz* Verbesserter Schutz vor Überraschungsentscheidungen im Zivilprozeß – eine unnötige Reform? NJW 1976, 1187; *Laumen* Das Rechtsgespräch im Zivilprozeß (1984), insbes. 157 ff.; *E. Peters* Richterliche Hinweispflichten und Beweisinitiativen im Zivilprozeß (1983); *Putzo* Die Vereinfachungsnovelle NJW 1977, 1, 3; *E. Schneider* Beiträge zum neuen Zivilprozeßrecht (Teil II) MDR 1977, 881; *Stürner* Die richterliche Aufklärung im Zivilprozeß (1982), insbes. Rdnr. 82 ff.
[24] Daß Abs. 3 der Sicherung des Rechts auf faires Ver-

Schutzzweck kommt bei der Auslegung des Abs. 3 besondere Bedeutung zu, → auch Rdnr. 42 a.

24a Das Gericht hat auf solche rechtliche Gesichtspunkte, auf die es seine Entscheidung stützen will, die aber von den Parteien übersehen oder für unerheblich gehalten wurden, besonders hinzuweisen, um den Parteien vor der Entscheidung Gelegenheit zur Stellungnahme zu geben. Die Parteien können dann ihr rechtliches und vor allem auch ihr tatsächliches Vorbringen ergänzen. Auf diese Weise soll zu dem auch sonst von der Vereinfachungsnovelle 1976 verfolgten Ziel beigetragen werden, den **Prozeßstoff schon in der ersten Instanz möglichst erschöpfend zu behandeln** und den Anreiz zur Einlegung von Rechtsmitteln zu mindern[25]. Fügt sich die Vorschrift insoweit in die Beschleunigungs- und Konzentrationsabsichten des Gesetzgebers ein, so ist doch andererseits nicht zu verkennen, daß Abs. 3 auch einen Beitrag zur inhaltlichen Qualität des Rechtsschutzes leisten soll. Das Gericht wird angehalten, um eine offene und vollständige Erörterung in der mündlichen Verhandlung bemüht zu sein.

25 Diese Pflicht ist mit der Frage- und Hinweispflicht nach § 139 eng verwandt; während es aber dort auch und sogar in erster Linie um den *Tatsachenvortrag* und die *Anträge* der Parteien geht, bezieht sich die Hinweispflicht des Abs. 3 auf **rechtliche Gesichtspunkte**. Schon nach § 139 Abs. 1 S. 2 hat aber das Gericht das Sach- und Streitverhältnis auch nach der rechtlichen Seite mit den Parteien zu erörtern, → § 139 Rdnr. 26 a. Daß sich daraus, um Überraschungsentscheidungen zu vermeiden, in manchen Fällen eine Pflicht zum Hinweis auf rechtliche Gesichtspunkte ergeben kann, war bereits vor der Einführung des Abs. 3 anerkannt. Abs. 3 hat insoweit **nichts grundlegend Neues** eingeführt[26], aber immerhin die Pflicht zum Hinweis auf rechtliche Gesichtspunkte klargestellt und unterstrichen.

2. Entstehungsgeschichte[27]

26 Abs. 3 gehörte im Gesetzgebungsverfahren zu den umstrittensten Bestimmungen. Die Vorschrift war im Regierungsentwurf der Vereinfachungsnovelle noch nicht enthalten, sondern geht auf einen **Vorschlag des Rechtsausschusses des Deutschen Bundestags**[28] zurück, den sich der Bundestag zu eigen machte. Die vom Bundestag beschlossene Fassung stieß jedoch auf die Kritik des *Bundesrats*, der Erschwerungen und Verzögerungen des Verfahrens befürchtete. Um eine engere Formulierung durchzusetzen[29], rief der Bundesrat den Vermittlungsausschuß an[30]. Der *Vermittlungsausschuß* folgte in seinem Vorschlag[31], der schließlich unverändert zum Gesetz wurde, in zwei Punkten dem Antrag des Bundesrats. Zum einen wurde die Hinweispflicht auf *rechtliche Gesichtspunkte* beschränkt, während ursprünglich schlechthin von Gesichtspunkten die Rede war. Zum anderen wurde der einschränkende Halbsatz »soweit nicht nur eine Nebenforderung betroffen ist« in die Bestimmung aufgenommen. Von diesen beiden *Einschränkungen* abgesehen, blieb es bei der vom Bundestagsrechtsausschuß stammenden Formulierung.

3. Anwendungsbereich

a) Im Zivilprozeß

27 Die Vorschrift ist den Bestimmungen über den Haupttermin zugeordnet, da im **Haupttermin** im Regelfall die umfassende und abschließende rechtliche Erörterung vor dem gerichtlichen Urteil stattfinden soll. Aus der systematischen Stellung der Vorschrift folgt aber nicht,

---

fahren dient, betonen z.B. *OLG Köln* ZIP 1989, 604; *OLG Hamm* NJW-RR 1991, 703.
[25] Vgl. Bericht des Bundestagsrechtsausschusses BT-Drucks. 7/5250, 8.
[26] So auch *BGH* NJW 1980, 1794, 1795 = MDR 1980, 753; *OLG Hamburg* MDR 1984, 672.
[27] Dazu *Laumen* (Fn. 23) 157 ff.

[28] BT-Drucks. 7/5250, 8, 35.
[29] Der Rechtsausschuß des Bundesrates hatte sogar empfohlen, die Streichung der Vorschrift zu verlangen, BR-Drucks. 386/1/76, 1.
[30] BT-Drucks. 7/5499, 1.
[31] BT-Drucks. 7/5565, 2.

daß sie nur im Haupttermin Geltung beanspruchen würde. Der Wortlaut enthält keine derartige Einschränkung und zum Zweck der Vorschrift würde sie nicht passen. Die Bestimmung ist vielmehr, wovon auch ihre Urheber ausgingen[32], **im gesamten Prozeß anzuwenden**[33], selbstverständlich auch im Anwaltsprozeß, → Rdnr. 43. Sie gilt im **frühen ersten Termin,** soweit bereits aufgrund dieser mündlichen Verhandlung entschieden wird, ebenso aber auch im **fakultativ mündlichen Verfahren** (z.B. im Beschwerdeverfahren[34]) oder im **schriftlichen Verfahren** nach § 128 Abs. 2 und 3.

Im **schriftlichen Vorverfahren** kann der Hinweis geboten sein, soweit bereits eine *Entscheidung* ergehen darf. Wer z.B. – entgegen der hier vertretenen Ansicht, → § 276 Rdnr. 34 – im schriftlichen Vorverfahren ein klagabweisendes Urteil (sog. unechtes Versäumnisurteil) für zulässig hält, muß dann auch Abs. 3 beachten. **28**

Schon bei der **Terminsvorbereitung** (§ 273 Abs. 1, Abs. 2 Nr. 1) *kann* ein Hinweis nach Abs. 3 erfolgen[35], und es empfiehlt sich dies vor allem, wenn damit gerechnet werden muß, daß der neue rechtliche Gesichtspunkt umfangreichen neuen Tatsachenvortrag hervorruft. Rechtlich **genügt** es aber stets, wenn der **Hinweis im Verhandlungstermin** erfolgt, zur Frage, wie dann weiter zu verfahren ist, → Rdnr. 57. Ist die **Partei,** an die der Hinweis zu richten wäre, im Verhandlungstermin **säumig,** so darf die Entscheidung ohne den Hinweis auf den betreffenden rechtlichen Gesichtspunkt gestützt werden[36]. **29**

b) Außerhalb des Zivilprozesses

Als Konkretisierung des Rechts auf Gehör und des Rechts auf faires Verfahren (→ Rdnr. 24) ist in allen Zweigen der Gerichtsbarkeit von einem Verbot von Überraschungsentscheidungen auszugehen. In diesem Sinne gilt § 278 Abs. 3 entsprechend z.B. in der freiwilligen Gerichtsbarkeit[37], aber auch etwa im verwaltungsgerichtlichen[38] und im sozialgerichtlichen[39] Verfahren. Zur Arbeitsgerichtsbarkeit → Rdnr. 67. Im schiedsgerichtlichen Verfahren gilt Abs. 3 nach Ansicht des BGH[40], soweit er über den Anspruch auf rechtliches Gehör hinausgeht, nur, wenn die Parteien dies vereinbart haben. Geht man von einer weitgehenden Deckung zwischen Abs. 3 und den Anforderungen des Rechts auf Gehör sowie dem Anspruch auf faires Verfahren aus (→ Rdnr. 66), so wird diese Aussage stark relativiert. **29a**

4. Voraussetzungen der Hinweispflicht

a) Allgemeines

Die Formulierung des Gesetzes ist auf das Gericht im Stadium der *Entscheidungsfindung* bezogen. Soweit aber das Gericht seine Entscheidung auf einen bestimmten rechtlichen Gesichtspunkt nur dann stützen darf, wenn es Gelegenheit zur Äußerung eingeräumt hat, ist damit zugleich eine **Hinweispflicht** aufgestellt. Für die Anwendung des Gesetzes liegen die **30**

---

[32] Bericht des Bundestagsrechtsausschusses BT-Drucks. 7/5250, 9.
[33] *OLG München* MDR 1981, 502, 503; *Putzo* NJW 1977, 1, 3; *Bischof* (Fn. 4) Rdnr. 183; *ders.* NJW 1977, 1902; *Thomas-Putzo*[19] Rdnr. 3; *Zöller-Greger*[20] Rdnr. 8; *Laumen* (Fn. 23) 165 ff.; *Kramer* NJW 1977, 1657, 1658; ähnl. *Franzki* DRiZ 1977, 161, 163 (zweifelnd hinsichtlich des Verfahrens ohne mündliche Verhandlung, doch sei dort § 139 Abs. 1 entsprechend auszulegen).
[34] Vgl. *OLG Oldenburg* JurBüro 1978, 1811, 1812.
[35] Dies empfiehlt dringend *E. Schneider* JurBüro 1978, 638.
[36] *Franzki* DRiZ 1977, 161, 164.
[37] *BayObLGZ* 1988, 422; *OLG Köln* ZIP 1992, 580 = OLGZ 1993, 395.
[38] Vgl. *BVerwG* NJW 1986, 445.
[39] *BSG* RV 1991, 53 = Juris Dokument Nr. 372 674; *BSG* NJW 1991, 1910 (mit der unzutreffenden Aussage, Art. 103 Abs. 1 GG schütze nicht die Anhörung einer Partei hinsichtlich ihrer Rechtsmeinung, dagegen → vor § 128 Rdnr. 35 mit Fn. 155).
[40] *BGHZ* 85, 288, 292 = MDR 1983, 381, 382.

Dinge während des laufenden Verfahrens, insbesondere in der mündlichen Verhandlung einerseits und bei der Überprüfung im Stadium der Entscheidungsfindung andererseits unterschiedlich. Bis zum Schluß der mündlichen Verhandlung entspricht dem Zweck der Vorschrift eine **großzügige Handhabung,** und es empfiehlt sich auch nicht, über die exakten Grenzen der Hinweispflicht subtile Überlegungen anzustellen. Vielmehr sollte das Gericht **im Zweifel stets einen Hinweis geben.** Bei der Beurteilung ex post kommt man dagegen um eine einigermaßen klare Grenzziehung nicht herum. Das gilt schon für das Gericht bei seiner Entscheidungsfindung, da die *Wiedereröffnung* der bereits geschlossenen Verhandlung sowohl für das Gericht als auch für die Parteien gravierend ist, so daß sie nicht etwa im Zweifel empfohlen werden kann. Erst recht ist eine genaue Umgrenzung der Hinweispflicht erforderlich, wenn es in der *Rechtsmittelinstanz* darum geht, ob ein Verfahrensfehler der Vorinstanz gegeben ist.

b) Rechtlicher Gesichtspunkt

31   Den Begriff des rechtlichen Gesichtspunkts, dessen **Unbestimmtheit** augenfällig ist, findet man auch in § 265 Abs. 1 StPO. Der Bereich der richterlichen Hinweispflicht ergibt sich aber dort nicht oder jedenfalls nicht in erster Linie aus diesem Begriff, sondern aus der vorausgehenden gesetzlichen Aussage, das Gericht dürfe (ohne besonderen Hinweis) nicht aufgrund eines *anderen* als des in der gerichtlich zugelassenen Anklage angeführten *Strafgesetzes* verurteilen. Die umfangreiche strafprozessuale Judikatur zu dieser Frage läßt sich auf den Zivilprozeß schon wegen der anderen Struktur der Rechtssätze kaum übertragen. Immerhin kommen als veränderte rechtliche Gesichtspunkte im Strafprozeß nur *wichtige* Veränderungen in Betracht, z. B. die Anwendung eines anderen Straftatbestandes, eine dem Wesen nach andersartige Begehungsform desselben Strafgesetzes, der Wechsel zwischen Versuch und Vollendung oder zwischen fahrlässiger und vorsätzlicher Begehung einer Tat oder eine andere Teilnahmeform[41].

32   Bedenkt man den Zweck des Abs. 3, die Parteien vor Überraschungsentscheidungen zu schützen und das Recht auf faires Verfahren zu sichern, so ist der Begriff des rechtlichen Gesichtspunkts eher weit **aufzufassen,** so daß auch einzelne Voraussetzungen einer Rechtsfolge erfaßt werden. Jedes rechtliche Argument im Rahmen der Erwägungen zur Anwendbarkeit oder Nichtanwendbarkeit einer Vorschrift einzubeziehen[42], erscheint dagegen zu weitgehend oder jedenfalls mißverständlich. Vielmehr muß es sich um die **tragenden rechtlichen Erwägungen** handeln[43]. Daher ist ein anderer rechtlicher Gesichtspunkt vor allem in der **Anwendung einer anderen Rechtsnorm** (sei es des geschriebenen Rechts oder des Gewohnheitsrechts) oder einer nach ihrer Bedeutung eigenständigen Tatbestandsalternative innerhalb einer solchen Norm zu sehen. Abs. 3 greift also ein, wenn das Gericht eine **andere Anspruchsgrundlage** heranziehen will[44], etwa Bereicherungsrecht statt Vertrag oder Delikt statt Gefährdungshaftung, wenn der **Vertragstyp** anders eingeordnet wird (z. B. Kaufvertrag statt Werkvertrag), wenn statt einvernehmlicher eine streitige Scheidung in Betracht kommt[45], aber auch, wenn etwa im Rahmen derselben Anspruchsgrundlage (§ 823 Abs. 1 BGB) statt der Verletzung des Eigentums eine Verletzung des allgemeinen Persönlichkeitsrechts in Betracht gezogen wird. Auch die Anwendbarkeit oder Nichtanwendbarkeit **vertraglicher Vereinbarungen oder AGB-Klauseln** stellt einen rechtlichen Gesichtspunkt dar[46],

---

[41] Vgl. *Löwe-Rosenberg-Gollwitzer* StPO[24] § 265 Rdnr. 20 ff.; *Karlsruher Kommentar* (*Hürxthal*) StPO[3] § 265 Rdnr. 6 ff.; *Kleinknecht/Meyer-Goßner* StPO[42] § 265 Rdnr. 8 ff.

[42] A.M. *Baumbach-Lauterbach-Hartmann*[55] Rdnr. 13 (auch jede in Rsp. und/oder Lehre vertretene Ansicht); ebenso *Laumen* (Fn. 23) 169; *Deubner* JuS 1986, 724,

726 (dort Fn. 9). – Dazu krit. *Baur* ZZP 91 (1978), 330.

[43] *Bischof* (Fn. 4) Rdnr. 178; *ders.* NJW 1977, 1897, 1901; *MünchKommZPO-Prütting* Rdnr. 29.

[44] Dies ist das einzige im Bericht des Bundestagsrechtsausschusses (BT-Drucks. 7/5250, 9) genannte Beispiel.

[45] *OLG Frankfurt* FamRZ 1985, 823.

[46] *OLG Düsseldorf* MDR 1982, 855.

ebenso die **Art der Schadensberechnung**⁴⁷. Eine bestimmte **Auslegung** eines Rechtsgeschäfts, insbesondere eines Vertrags, ist ebenfalls als rechtlicher Gesichtspunkt iS des Abs. 3 zu betrachten⁴⁸, desgleichen die **Wirksamkeit** oder Unwirksamkeit eines Rechtsgeschäfts⁴⁹. Rechtliche Gesichtspunkte bei der Anwendung **ausländischen Rechts** werden ebenfalls von Abs. 3 erfaßt, → Rdnr. 50.

Unterschiedliche rechtliche Gesichtspunkte, unter denen das **Verteidigungsvorbringen** gewürdigt wird, wären etwa die Anwendung der Anfechtungsvorschriften, während bislang nur von Nichtigkeit des Vertrags oder von Wandelung die Rede war, aber auch die Annahme einer Irrtumsanfechtung, wenn sich die Verhandlung zuvor nur auf arglistige Täuschung bezog. 33

Der rechtliche Gesichtspunkt kann auch auf dem Gebiet des **Verfahrensrechts** liegen⁵⁰, wenn etwa eine andere Vorschrift zur Begründung der gerichtlichen Zuständigkeit herangezogen werden soll oder Parteivorbringen als verspätet zurückgewiesen werden soll, ohne daß dies bislang in der Verhandlung angesprochen war. 34

Ebenso wie die **Hinweise** nach § 139 müssen sich auch diejenigen nach Abs. 3 **im Rahmen des von den Parteien umrissenen Streitgegenstands,** des von ihnen unterbreiteten streitigen Interesses halten, näher → § 139 Rdnr. 5, 5a, 20, 20a, 23. Das Gericht hat nach Abs. 3 nicht die Aufgabe, auf mögliche Ansprüche oder Einwendungen aus einem anderen Sachverhalt hinzuweisen. 35

Ebensowenig wie nach § 139 (näher → § 139 Rdnr. 24 f.) ist es nach Abs. 3 Sache des Gerichts, den *Beklagten* auf die Möglichkeit hinzuweisen, eine **Einrede,** insbesondere die **Verjährung** geltend zu machen⁵¹. Dagegen kann ein Hinweis an den *Kläger* geboten sein, wenn das Gericht im Vortrag des Beklagten die konkludent erklärte Verjährungseinrede erblickt⁵². 36

Auf **tatsächliche Gesichtspunkte** bezieht sich die Hinweispflicht nach Abs. 3 **nicht.** Zwar ist zuzugeben, daß rechtliche und tatsächliche Fragen in enger Verzahnung untereinander stehen, aber dies rechtfertigt nicht, die im Gesetzgebungsverfahren (→ Rdnr. 26) *ausdrücklich hinzugefügte* Beschränkung auf rechtliche Gesichtspunkte wieder beiseite zu schieben⁵³. Daß das Gericht auf *rechtliche* Gesichtspunkte hinzuweisen hat, eröffnet den Parteien den Weg zu neuem Tatsachenvortrag, überläßt es jedoch ihnen, ob und in welchem Umfang sie davon Gebrauch machen wollen. Gerade der Ausgangspunkt bei der rechtlichen Beurteilung entspricht den zivilprozessualen Verfahrensprinzipien, insbesondere der Verhandlungsmaxime als Ausdruck der Parteiverantwortung für den Tatsachenvortrag, → vor § 128 Rdnr. 75. Oft liegen aber in diesem Bereich Abs. 3 und § 139 eng nebeneinander. Wenn die Parteien einen rechtlichen Gesichtspunkt für unerheblich gehalten haben, darf das Gericht nicht mangels schlüssigem Tatsachenvortrag die Klage abweisen, ohne auf die Bedeutung des rechtlichen Gesichtspunkts nach Abs. 3 hingewiesen zu haben⁵⁴. Haben die Parteien zwar den maßgeblichen rechtlichen Gesichtspunkt erkannt, ist aber das tatsächliche Vorbringen nach Ansicht des Gerichts nicht ausreichend (unschlüssig bzw. nicht genügend substantiiert) so ist hierauf nach § 139 hinzuweisen, → § 139 Rdnr. 6, 11. 37

---

⁴⁷ *OLG Nürnberg* MDR 1985, 240.
⁴⁸ *BGH* NJW 1993, 667.
⁴⁹ *BGH* NJW 1986, 2245, 2247 (zur Unwirksamkeit einer Rücktrittserklärung).
⁵⁰ *OLG Köln* NJW 1995, 2116 (unterlassener Beweisantritt); *Franzki* DRiZ 1977, 161, 164; *Thomas-Putzo*¹⁹ Rdnr. 7.
⁵¹ *OLG Hamburg* MDR 1984, 672 (dazu abl. *E. Schneider* MDR 1984, 945) = NJW 1984, 2710 (gegen *LG Hamburg* NJW 1984, 1904); *Franzki* DRiZ 1977, 161, 164; *Rosenberg-Schwab-Gottwald*¹⁵ § 78 III 1 d; zu § 278 Abs. 3 letztlich ebenso *E. Schneider* MDR 1977, 881, 885, der aber (MDR 1977, 969, 974) eine Hinweispflicht nach § 139 bejaht, → § 139 Fn. 120. Auch *Laumen* (Fn. 23) 172 ff., 219 ff. entnimmt eine Hinweispflicht zwar nicht aus § 278 Abs. 3, jedoch aus § 139. – Weitere Nachw. → § 139 Fn. 120.
⁵² *Bischof* (Fn. 4) Rdnr. 179 f.
⁵³ Vgl. *Bischof* (Fn. 4) Rdnr. 177; *ders.* NJW 1977, 1897, 1900. – A. M. *E. Schneider* MDR 1977, 1, 3.
⁵⁴ *OLG Düsseldorf* NJW-RR 1992, 1268.

37a Ob der **Beweis** einer streitigen Tatsache erbracht ist, stellt in diesem Zusammenhang einen tatsächlichen, nicht einen rechtlichen Gesichtspunkt dar. Die Anwendung von Beweis- und **Beweislastregeln** betrifft dagegen die rechtliche Seite. Wohin der **Anscheinsbeweis** gehört[55], kann man bezweifeln. Nach der hier vertretenen Ansicht (→ § 286 Rdnr. 94, 99) handelt es sich um *besondere Rechtsnormen* (Reduzierung des Beweismaßes unter bestimmten Voraussetzungen), also um einen rechtlichen Gesichtspunkt. Sieht man im Anscheinsbeweis dagegen lediglich einen Vorgang im Rahmen der *freien Beweiswürdigung* nach § 286 Abs. 1, so stellt es keinen rechtlichen, sondern einen tatsächlichen Gesichtspunkt dar, ob die Regeln über den Anscheinsbeweis eingreifen oder nicht. Auch ein **Hinweis auf eine abweichende Beweiswürdigung** kann freilich im Einzelfall nach § 139 bzw. unter den Gesichtspunkten des rechtlichen Gehörs und des Rechts auf faires Verfahren geboten sein, so z.B. dann, wenn das Gericht bisher den Parteien zu verstehen gab, es gehe von einer bestimmten Beweiswürdigung (oder davon, daß kein Anscheinsbeweis vorliege) aus und dann zu einer anderen Auffassung gelangt, oder wenn das Gericht eine von keiner Seite vorhergesehene Tatsachenwürdigung vornehmen will, ebenso, wenn der Berufungsgegner keinen Grund zur Annahme hatte, das Berufungsgericht werde in der Beweiswürdigung der Auffassung der ersten Instanz nicht folgen[56], näher → § 139 Rdnr. 12, 17. Ein Hinweis kann auch erforderlich sein, wenn das Gericht sich ausschließlich auf ein von einer Partei vorgelegtes Privatgutachten stützen will[57].

c) Entscheidungserheblichkeit

38 Im Stadium der Entscheidungsfindung hat das Gericht nur bei denjenigen rechtlichen Gesichtspunkten, **auf die es seine Entscheidung stützen** will, zu überprüfen, ob der Hinweispflicht entsprochen worden ist. Gemeint sind die tragenden rechtlichen Gesichtspunkte, also in erster Linie diejenigen, bei deren Wegfall die Entscheidung im Ergebnis anders lauten würde. Wenn aber die Entscheidung auf mehrere, nebeneinanderstehende Begründungen gestützt wird, muß auch für eine solche sogenannte **Hilfsbegründung** Abs. 3 beachtet werden[58]. In der höheren Instanz kann nämlich gerade diese Begründung als einzige bei Bestand bleiben und dann würde sich das Fehlen des Hinweises, der die Partei möglicherweise bereits in der Vorinstanz zu weiterem Tatsachenvortrag angeregt hätte, auch im Ergebnis negativ auswirken können[59]. Es besteht jedoch keine Pflicht zur mehrfachen Begründung einer Entscheidung, so daß das Gericht, sollte bei einer der Begründungen Abs. 3 nicht erfüllt sein, diese Begründung weglassen und dadurch die Wiedereröffnung der Verhandlung vermeiden kann. Für obiter dicta oder in der Entscheidung offen gelassene Rechtsfragen gilt Abs. 3 nicht.

39 Welche rechtlichen Gesichtspunkte die Entscheidung letztlich tragen werden, wird erst in der Schlußberatung entschieden. Daher ist bis zum Schluß der mündlichen Verhandlung Abs. 3 für **alle rechtlichen Gesichtspunkte** zu beachten, die nach Ansicht des Gerichts **entscheidungserheblich sein können,** die also aus seiner Sicht jedenfalls ernsthaft in Betracht kommen. Daraus erwächst dann keine unerträgliche Verfahrenserschwerung, wenn man den Begriff des rechtlichen Gesichtspunkts nicht auf jedes Detail der rechtlichen Beurteilung erstreckt, → Rdnr. 32.

40 Ob die Partei aufgrund des Hinweises **in der Lage** sein wird, neue Tatsachen und Beweismittel vorzutragen, hat das Gericht **nicht zu prüfen**[60]. Dies gilt schon deshalb, weil der Hinweis

---

[55] Für Anwendung des Abs. 3 *Franzki* DRiZ 1977, 161, 164.
[56] *BVerfG* VersR 1991, 1268 (dagegen *Baumbach-Lauterbach-Hartmann*[55] Rdnr. 10).
[57] *OLG Karlsruhe* NJW 1990, 192.
[58] *E. Schneider* MDR 1977, 881, 883; *Laumen* (Fn. 23) 171; *Rosenberg-Schwab-Gottwald*[15] § 78 III 1 d;

Thomas-Putzo[19] Rdnr. 7; *MünchKommZPO-Prütting* Rdnr. 32. – A.M. *Bischof* (Fn. 4) Rdnr. 178; *ders.* NJW 1977, 1897, 1901; *Stürner* (Fn. 23) Rdnr. 83.
[59] Beispiel: *BGH* EWiR § 278 ZPO 1/87, 511 (*E. Schneider*).
[60] *OLG Düsseldorf* MDR 1982, 855; *E. Peters* (Fn. 23) 121; *Laumen* (Fn. 23) 163; *Deubner* JuS 1986, 724, 726.

der Partei auch ermöglichen soll, neue *rechtliche* Argumente vorzutragen. Im übrigen wird es meist auch kaum möglich sein, hinreichend genau vorauszusagen, welche Reaktionen der Hinweis auslösen wird. Auch wenn neuer Tatsachenvortrag voraussichtlich bereits als **verspätet** zurückzuweisen wäre, hat dennoch der Hinweis zu erfolgen[61]. Eine andere Frage ist, ob in einem solchen Fall das Unterlassen des Hinweises ein Rechtsmittel zu begründen vermag, → Rdnr. 63.

Entscheidung im Sinne des Abs. 3 ist nach dem Zweck der Vorschrift nur eine Entscheidung i. e. S., d. h. ein förmlicher richterlicher Ausspruch darüber, was in prozessualer oder in materieller Beziehung Rechtens ist, → vor § 300 Rdnr. 2. **Prozeßleitende Verfügungen** gehören nicht hierher, weil der Partei dadurch nicht die Möglichkeit genommen wird, auf die Entscheidung i. e. S. durch ihren Vortrag Einfluß zu nehmen. Daher nötigt Abs. 3 nicht dazu, vor einem **Beweisbeschluß** einen Hinweis auf einen neuen rechtlichen Gesichtspunkt zu geben[62]; ob dies im Einzelfall dennoch vom Gericht für zweckmäßig gehalten wird, ist eine andere Frage. Vor Anordnung einer Beweisaufnahme durch den Einzelrichter in der Berufungsinstanz (§ 524) braucht den Parteien kein Hinweis auf diese Möglichkeit gegeben zu werden[63]. **Verweisungsbeschlüsse** (§ 281) stellen dagegen Entscheidungen i. S. des Abs. 3 dar[64]. 41

d) Übersehener Gesichtspunkt

Da es darum geht, Überraschungsentscheidungen zu vermeiden, hat das Gericht aufgrund des gesamten bisherigen Prozeßverlaufs zu prüfen, ob der Hinweis erforderlich ist. Er ist es nicht, wenn der rechtliche Gesichtspunkt bereits ausdrücklich oder jedenfalls dem Sinne nach Gegenstand der Verhandlung (einschließlich der in Bezug genommenen Schriftsätze) war. Hat der Prozeßgegner bereits auf den Gesichtspunkt hingewiesen, so bedarf es in der Regel keines gerichtlichen Hinweises mehr[64a]. Wenn dagegen keine Partei darauf eingegangen ist, so ist in der Regel davon auszugehen, daß der Gesichtspunkt übersehen wurde[65]. Abs. 3 gilt aber auch – wie die Worte »für unerheblich gehalten« belegen – wenn der Gesichtspunkt zwar genannt war, aber von einer Partei **nicht erkannt** wurde, daß dieser Gesichtspunkt ernsthaft in Betracht kommt. Der Zusatz »erkennbar« bedeutet nicht mehr, als daß das Gericht den **bisherigen Inhalt des Prozesses zugrundezulegen** hat. Dagegen wäre es nicht sinnvoll, in irgendeiner Form auf die subjektive Erkenntnisfähigkeit des Gerichts abzustellen, also darauf, was das Gericht hätte erkennen können. Auch in der **Rechtsmittelinstanz** ist die Frage, ob ein Verstoß gegen Abs. 3 vorliegt, objektiv aufgrund der Prozeßsituation in der Vorinstanz zu prüfen, ohne daß für ein Ermessen des Rechtsmittelgerichts Raum wäre[66]. 42

Nicht selten ergibt sich unter Berücksichtigung des Rechts auf faires Verfahren eine Hinweispflicht, wenn das **Gericht** seine **Auffassung während des Verfahrens ändert** und die Parteien aufgrund des bisherigen Prozeßgeschehens (Erlaß von Beweisbeschlüssen, Durchführung von Beweisaufnahmen) davon ausgehen konnten, die bisher im Mittelpunkt des Prozesses stehenden rechtlichen Gesichtspunkte (und das dazu gehörende tatsächliche Vorbringen) würden prozeßentscheidend sein[67]. So bedarf es eines Hinweises, wenn das Gericht zunächst eine Partei auf die Notwendigkeit der Beweisführung zu einem bestimmten Punkt aufmerksam gemacht hat, dann aber ohne Erhebung der angebotenen Beweise die Klage aus 42a

---

– A.M. *Bischof* NJW 1977, 1897, 1901 f.; *Schellhammer* ZP⁷ Rdnr. 418.

[61] A.M. *Bischof* NJW 1977, 1897, 1902.
[62] *Bischof* NJW 1977, 1897, 1901; *MünchKommZPO-Prütting* Rdnr. 31. – A.M. *Hartmann* NJW 1978, 1461; *Baumbach-Lauterbach-Hartmann*⁵⁵ Rdnr. 17.
[63] Vgl. *BGH* NJW 1992, 1966.

[64] *Baumbach-Lauterbach-Hartmann*⁵⁵ Rdnr. 17; insoweit ähnlich *Bischof* NJW 1977, 1897, 1901.
[64a] *OLG Frankfurt* FamRZ 1996, 174.
[65] *BGH* NJW 1991, 637, 639; *BGH* NJW 1993, 667.
[66] Dagegen spricht *E. Schneider* MDR 1977, 881, 885 von einem Ermessen des Revisionsgerichts.
[67] Vgl. *OLG München* NJW-RR 1992, 61.

anderen Gründen abweist[68], oder wenn über Grund und Höhe eines Unterhaltsanspruchs Beweis erhoben wird und die Klage wegen (zuvor nur beiläufig erwähnter) Verwirkung (§ 1611 BGB) abgewiesen werden soll[69].

43 Die Vorschrift gilt, wie schon aus der systematischen Stellung folgt, auch im **Anwaltsprozeß**[70]. Die **Notwendigkeit eines Hinweises hängt nicht davon ab**, ob die Partei (bzw. ihr Prozeßbevollmächtigter) den rechtlichen Gesichtspunkt auch von sich aus unschwer **hätte erkennen können**[71]; erst bei der Frage, wie *nach* dem Hinweis zu verfahren ist, spielt dies eine Rolle, → Rdnr. 57 ff. Falls sich eine Partei darauf beschränkt, nur Tatsachen vorzutragen, muß sie dennoch auf die wesentlichen rechtlichen Gesichtspunkte hingewiesen werden[72], soweit nicht der Tatsachenvortrag zugleich – etwa im Sinne einer »Parallelwertung in der Laiensphäre« – erkennen läßt, daß der rechtliche Gesichtspunkt seiner Substanz nach erkannt wurde. Bei einem anderen Verständnis des Abs. 3 käme man zu einer nicht gerechtfertigten Benachteiligung derjenigen Partei, deren Anwalt nicht näher auf die Rechtslage eingeht, oder die überhaupt nicht anwaltlich vertreten ist[73].

44 Der **nicht anwaltlich vertretenen** (und selbst nicht rechtskundigen) Partei gegenüber muß der Hinweis auch inhaltlich etwas anders aussehen als sonst[74]. Der Richter darf sich hier nicht nur mit der Angabe von Paragraphen begnügen, sondern muß den Sinn der rechtlichen Gesichtspunkte in einer für den Laien soweit verständlichen Weise erklären, daß dieser beurteilen kann, in welcher Richtung noch Tatsachenvortrag in Betracht kommt.

e) Nicht nur für Nebenforderung bedeutsam

45 Ob der **Begriff der Nebenforderung** wie in § 4 Abs. 1 als *Gegensatz zur Hauptforderung*, von der sie abhängt, aufzufassen ist[75] oder ob darunter im Sinne einer *wirtschaftlichen Betrachtungsweise* unbedeutende Teile des vom Kläger Begehrten zu verstehen sind[76], ist umstritten. Der Bundesrat (→ Rdnr. 26) wollte mit dieser Einschränkung eine über § 139 hinausgehende Hinweispflicht ausschließen, wenn lediglich **Zinsen, Kosten** oder die **vorläufige Vollstreckbarkeit** betroffen sind[77]. Dahinter stand wohl die Erfahrung, daß diese Fragen in vielen Prozessen nicht im einzelnen rechtlich erörtert werden, sondern die Parteien es dem Gericht überlassen, die maßgebenden Rechtsnormen herauszuarbeiten. Das Schweigen der Partei hat dann eine andere Bedeutung als bei den Hauptforderungen; es bedeutet nicht, daß rechtliche Gesichtspunkte *übersehen* worden wären, sondern daß man es *nicht für angezeigt* hielt, sich dazu im einzelnen zu erklären.

46 Da der Wortlaut und die Gesetzesbegründung übereinstimmen, sollte man auch bei der Auslegung den Begriff der **Nebenforderung grundsätzlich als Gegensatz zur Hauptforderung** auffassen und ihn – wie in § 4 – auf neben der Hauptforderung verlangte **Früchte, Nutzungen** und Zinsen sowie die Kosten beschränken, zusätzlich aber auch auf die (von § 4 Abs. 1 nicht erfaßte) Frage der **vorläufigen Vollstreckbarkeit**.

47 Wenn allerdings eine solche Nebenforderung den Parteien so wesentlich erscheint, daß darüber **rechtlich im einzelnen verhandelt wurde**, dann sollte auch das Gericht verpflichtet

---

[68] *OLG Hamm* MDR 1993, 270; ähnlich *OLG Frankfurt* NJW 1986, 855 (Nichtausführung eines Auflagen- und Beweisbeschlusses).
[69] *OLG Bamberg* FamRZ 1994, 459.
[70] *OLG Nürnberg* MDR 1985, 240; *OLG Köln* FamRZ 1996, 300 (LS). S. auch *BGH* NJW 1989, 717, 718; MDR 1989, 1102; NJW-RR 1993, 569.
[71] *Zöller-Greger*[20] Rdnr. 6; *E. Schneider* MDR 1977, 881, 882; *Laumen* (Fn. 23) 174.
[72] *E. Schneider* MDR 1977, 881, 886; *Stürner* (Fn. 23) Rdnr. 86. – A.M. *Franzki* DRiZ 1977, 161, 163.
[73] Dies befürchtet auch *Franzki* DRiZ 1977, 161, 163.

[74] Ebenso *MünchKommZPO-Prütting* Rdnr. 33.
[75] *LG Koblenz* VersR 1988, 361 = AnwBl 1987, 332; *Franzki* DRiZ 1977, 161, 164; *Baumbach-Lauterbach-Hartmann*[55] Rdnr. 18; *E. Peters* (Fn. 23) 121.
[76] *E. Schneider* MDR 1977, 881, 884; *H. Bauer* NJW 1978, 1238; *Stürner* (Fn. 23) Rdnr. 88 f.; *Laumen* (Fn. 23) 177 ff.; *Bender-Belz-Wax* (Fn. 1) Rdnr. 118; *Fischer* DRiZ 1995, 264; *Zöller-Greger*[20] Rdnr. 6a; *Thomas-Putzo*[19] Rdnr. 11; *AK-ZPO-Schmidt* § 139 Rdnr. 66; *Schellhammer* ZP[7] Rdnr. 419 a. E.
[77] BT-Drucks. 7/5499, 1.

sein, auf einen von den Parteien erkennbar übersehenen rechtlichen Gesichtspunkt hinzuweisen. Eine solche **einschränkende Auslegung** läßt sich aus dem Zweck der Vorschrift rechtfertigen. Auf das **Parteiverhalten** abzustellen, erscheint sinnvoller, als ein bestimmtes prozentuales Verhältnis des Wertes der Nebenforderung zum Wert der Hauptforderung als Maßstab zu wählen.

Umgekehrt wären zwar die Grenzen der *Auslegung* überschritten, wollte man eine Hauptforderung oder Teile davon wegen untergeordneter wirtschaftlicher Bedeutung als Nebenforderung i. S. des Abs. 3 auffassen. Geht es aber **im Verhältnis zum gesamten Streitkomplex um wirklich geringfügige Beträge,** über die die Parteien, was die Rechtsfragen angeht, von sich aus nicht im einzelnen verhandeln, erscheint es zulässig, sie im Wege der **Analogie** einer Nebenforderung gleichzustellen und auch insoweit dem Gericht zu gestatten, seine Entscheidung auf nicht erörterte rechtliche Gesichtspunkte zu stützen. Dies unabhängig vom Parteiverhalten bei Einzelposten bis zur Höhe von 10 bis 15 % des Gesamtstreitwerts anzunehmen[78], erscheint jedoch viel zu weitgehend. 48

f) Beispiele aus der Rechtsprechung

Ein Hinweis wurde für erforderlich gehalten (wobei zumeist Abs. 3 und § 139 nebeneinander als Rechtsgrundlagen genannt wurden), wenn das **Berufungsgericht** von der Auffassung des erstinstanzlichen Richters **abweicht** (z. B. einen Anscheinsbeweis verneint[79]) und erst dadurch für die in erster Instanz siegreiche Partei Anlaß zu weiterem Tatsachenvortrag oder zu neuen Beweisanträgen entsteht[80]; wenn die Klage in erster Instanz wegen Verjährung abgewiesen worden war, mit der sich auch Berufungsbegründung und Berufungserwiderung im wesentlichen befaßten, während das Berufungsgericht die Verjährung verneint und aufgrund eines in erster Instanz eingeholten Beweissicherungsgutachtens entscheiden will[81]; wenn die Parteien im Verfahren nach § 887 lediglich über die Auslegung eines Prozeßvergleichs streiten, während das Gericht zu dem Ergebnis kommt, der Titel habe **keinen vollstreckungsfähigen Inhalt**[82]; wenn das Gericht das **Bestreiten** der Klageforderung für **unsubstantiiert** hält, obwohl der Beklagte von mangelnder Schlüssigkeit der Klage ausgehen durfte[83]; wenn eine Klage abgewiesen werden soll, da der **Antrag** auf etwas **rechtlich Unmögliches** abziele, obgleich das Gericht der Vorinstanz gerade diese Fassung des Antrags angeregt hatte[84]; wenn eine Klageabweisung aufgrund der **Aufrechnung** mit einer nach Ansicht des Gerichts nur unsubstantiiert bestrittenen Gegenforderung in Betracht gezogen wird, obwohl der Kläger darauf vertrauen darf, das Gericht werde zunächst über einen ausdrücklich bestritten Minderungsanspruch des Beklagten befinden[85]; wenn das Gericht die Klage wegen der (von den Parteien nicht erörterten) **Versäumung der Klagefrist** nach § 12 VVG abweisen will[86]; wenn die Sachbefugnis des klagenden einzelnen Wohnungseigentümers, die der Kläger ohne weiteres für gegeben hielt, vom Gericht verneint wird[87]; wenn das Gericht die Aktivlegitimation bezweifelt, obwohl der Beklagte ausdrücklich vorgetragen hat, diese werde nicht bestritten[88]; wenn im Urteil erstmals Auftreten als Stellvertreter angesprochen und 49

---

[78] A.M. *E. Schneider* MDR 1977, 881, 885; *H. Bauer* NJW 1978, 1238; *Fischer* DRiZ 1995, 264; – *Laumen* (Fn. 23) 178 f. spricht sich für eine Obergrenze von 10 % des Streitwerts der Hauptforderung aus, berücksichtigt aber auch die absolute Höhe der Teilforderung und ihre wirtschaftliche Bedeutung für die betroffene Partei. – In etwa wie hier *MünchKommZPO-Prütting* Rdnr. 28.
[79] *BGH* NJW 1994, 1880, 1881.
[80] *BVerfG* NJW 1992, 678, 679; *BGH* NJW 1981, 1378.
[81] *BGH* NJW 1987, 781.
[82] *OLG Köln* OLGZ 1983, 255.
[83] *OLG Köln* NJW 1980, 2361 = OLGZ 1980, 490.
[84] *BGH* NJW 1984, 731 = FamRZ 1984, 165.
[85] *OLG München* MDR 1981, 502 = NJW 1981, 1106 (LS).
[86] *OLG Köln* MDR 1980, 320.
[87] *BGH* NJW 1989, 717, 718.
[88] *BGH* NJW-RR 1994, 1085 = NJW 1994, 2959 (LS).

der Entscheidung zugrunde gelegt wird[88a]; wenn eine Forderungsabtretung wegen Verstoßes gegen das RechtsberatungsG für unwirksam erachtet wird, obwohl davon im Prozeß nicht die Rede war[88b]; wenn das Gericht einer Vertragsauslegung folgen will, die von den Parteien nicht angesprochen worden war[89]; wenn eine Werklohnklage mangels Vortrags der Abnahme bzw. der Abnahmefähigkeit abgewiesen werden soll[90]; wenn bei einer ausschließlich auf § 631 BGB gestützten Werklohnklage eine Anrechnung ersparter Aufwendungen nach § 649 BGB in Betracht kommt[91]; wenn erhöhte Unterhaltssätze aufgrund einer Änderung der Düsseldorfer Tabelle angewendet werden[92].

50 Auf die **Anwendbarkeit ausländischen Rechts** ist besonders hinzuweisen, wenn sie von den Parteien nicht erörtert wurde, oder wenn das Berufungsgericht sie im Gegensatz zum Richter der ersten Instanz und zur Ansicht der Parteien bejahen will[93]; diese schon früher aufgrund § 139 bejahte Pflicht (→ § 139 Rdnr. 26) ergibt sich erst recht aus § 278 Abs. 3. Auch im Rahmen der Anwendung ausländischen Rechts kann eine Hinweispflicht bestehen, z. B. wenn bisher nur über positive Kenntnis gestritten wurde, während das Gericht auch schuldhafte Unkenntnis für rechtserheblich hält[94].

51 Weder aus § 139 noch aus § 278 Abs. 3 folgt eine Pflicht des Gerichts, eine Partei auf die Möglichkeit hinzuweisen, **Ansprüche anderer Art** geltend zu machen (z. B. Aufstockungsunterhalt statt Unterhalt wegen Erwerbsunfähigkeit[95]), → § 139 Rdnr. 20 f., 23.

5. Erfüllung der Hinweispflicht

a) Zuständigkeit

52 Wenn Abs. 3 vom *Gericht* spricht, so ist dies schon deshalb verständlich, weil die Formulierung von der Situation **bei Entscheidungsfindung** ausgeht. Dann ist es Sache des **gesamten Spruchkörpers**, zu prüfen, ob der betreffende rechtliche Gesichtspunkt im Verfahren erörtert wurde oder die mündliche Verhandlung wieder eröffnet werden muß, um Gelegenheit zur Äußerung zu geben. Während des laufenden Verfahrens gehört die Hinweispflicht dagegen zu den Aufgaben des **Vorsitzenden** im Rahmen seiner prozeßleitenden Funktion, soweit er nicht einen anderen Richter (insbesondere den Berichterstatter) damit betraut. Dies gilt sowohl in der mündlichen Verhandlung, → § 136 Rdnr. 3, 4, als auch vor und zwischen den Terminen, vgl. § 273 Abs. 2 Nr. 1. Der Hinweis setzt also *keinen Beschluß des gesamten Kollegiums* voraus[96].

b) Form

53 Der Hinweis erfolgt außerhalb der mündlichen Verhandlung durch **formlos** mitzuteilende schriftliche Verfügung, in der Verhandlung durch mündlichen Hinweis. Dessen *Protokollierung* (oder Feststellung im Urteilstatbestand) ist nicht vorgeschrieben, aber empfehlenswert, um für die Rechtsmittelinstanz Klarheit zu schaffen[97].

[88a] *BFH* HFR 1996, 417.
[88b] *OLG Düsseldorf* NJW-RR 1996, 1021.
[89] *BGH* NJW 1993, 667.
[90] *OLG Hamm* NJW-RR 1994, 474.
[91] *OLG Hamm* NJW-RR 1995, 956.
[92] *OLG Bamberg* FamRZ 1992, 1453.
[93] *BGH* NJW 1976, 474 = MDR 1976, 379.
[94] *BGH* NJW 1991, 637, 638 f.
[95] *OLG Stuttgart* NJW 1981, 2581.
[96] Ebenso *MünchKommZPO-Prütting* Rdnr. 41; im Ergebnis auch *Baumbach-Lauterbach-Hartmann*[55] Rdnr. 12, der aber annimmt, strenggenommen setze Abs. 3 vorherige Beratung und Abstimmung des Kollegiums voraus.
[97] *Franzki* DRiZ 1977, 161, 164; *Bischof* (Fn. 4) Rdnr. 182; *Zöller-Greger*[20] Rdnr. 9.

c) Adressat

Da der Zweck der Vorschrift darin besteht, vor Überraschungsentscheidungen, also vor **54** unerwarteten nachteiligen Entscheidungen, zu schützen, ist der Hinweis in erster Linie an diejenige Partei zu richten, **zu deren Nachteil** sich der betreffende rechtliche Gesichtspunkt auswirken würde. Zur Wahrung der **Gleichbehandlung der Parteien** (→ vor § 128 Rdnr. 62) und im Hinblick auf den Anspruch auf rechtliches Gehör muß aber auch die durch den neuen rechtlichen Gesichtspunkt begünstigte Partei von dem Hinweis Kenntnis erhalten, so daß auch ihr eine außerhalb der mündlichen Verhandlung ergangene Verfügung mitzuteilen ist.

d) Inhalt des Hinweises

Inhalt des Hinweises ist lediglich, den Parteien deutlich zu machen, daß der betreffende **55** rechtliche Gesichtspunkt möglicherweise eine Rolle spielen könnte. Dagegen braucht das Gericht weder die Einzelheiten der juristischen Argumentation und des wissenschaftlichen Meinungsstandes auszubreiten noch seine eigene (vorläufige) Rechtsansicht darzulegen[98]; ein «Rechtsgespräch» in diesem (mißverständlichen) Sinne wird auch nicht durch den Anspruch auf rechtliches Gehör gefordert, → vor § 128 Rdnr. 42. Soweit das Gericht weitergehend darlegt, **welcher Rechtsansicht es zu folgen beabsichtigt,** ist dies jedoch kein Ablehnungsgrund[99], → § 42 Rdnr. 11.

Der rechtliche Gesichtspunkt muß in einer **für die Parteien verständlichen Weise** bezeich- **56** net werden. Dazu genügt dem Anwalt gegenüber der Hinweis auf bestimmte Vorschriften oder die Verwendung juristischer Fachausdrücke, während die anwaltlich nicht vertretene und selbst nicht rechtskundige Partei Anrecht auf eine für sie verständliche Umschreibung der Rechtsfrage hat, → Rdnr. 44, ohne freilich einen Rechtskundeunterricht durch das Gericht erwarten zu dürfen.

e) Gewährung der Gelegenheit zur Stellungnahme

Weist das Gericht in der mündlichen Verhandlung, insbesondere im Haupttermin, auf einen **57** von den Parteien bisher nicht erörterten rechtlichen Gesichtspunkt hin, so haben sich die Parteien dazu **in der Regel im selben Termin** zu äußern. Eine kurze Verhandlungspause, z.B. auch um Gelegenheit zur telefonischen Rückfrage zu geben, kann erforderlich sein. Aus dem gerichtlichen Hinweis folgt kein **grundsätzliches Recht auf Vertagung** der Verhandlung, wohl aber dann, wenn der Partei eine sofortige Stellungnahme nicht zugemutet werden kann[100]. Erklärt eine Partei, sie sei auf den neuen rechtlichen Gesichtspunkt nicht hinreichend vorbereitet, so muß auch geprüft werden, ob sich die Partei nicht im Rahmen ihrer **Prozeßförderungspflicht** (§ 282 Abs. 1) von sich aus **hätte umfassend vorbereiten müssen**[101]. Zwar hängt die Hinweispflicht nicht davon ab, was die Partei alleine hätte erkennen können, → Rdnr. 43, aber für das weitere Verfahren ist dies zu berücksichtigen.

Soweit sich also der rechtliche Gesichtspunkt im Rahmen gängiger Rechtssätze hält und die **58** dafür eventuell zusätzlich in Betracht kommenden Tatsachen mit dem bisherigen Vortrag der Parteien in engem Zusammenhang stehen, muß jedenfalls von der anwaltlich vertretenen Partei eine **sofortige Stellungnahme** zur Tatsachen- und Rechtsfrage abgegeben werden. Bei

---

[98] *E. Schneider* MDR 1977, 881, 883; *Baumbach-Lauterbach-Hartmann*[55] Rdnr. 21; *Thomas-Putzo*[19] Rdnr. 6.
[99] *OLG Karlsruhe* OLGZ 1978, 224, 226; *Franzki* DRiZ 1977, 161, 165; *Thomas-Putzo*[19] Rdnr. 6.
[100] *OLG München* BauR 1993, 346; *OLG Köln* NJW-RR 1995, 890 (Verletzung des Rechts auf Gehör).

[101] Ähnlich *Franzki* DRiZ 1977, 161, 164; *ders.* NJW 1979, 9, 12. – A.M. *E. Schneider* MDR 1977, 881, 887, s. auch *ders.* JurBüro 1978, 638.

einer nicht anwaltlich vertretenen Partei ist ein etwas großzügigerer Standpunkt angezeigt, aber auch sie muß im Termin über die zum Streitkomplex gehörenden Tatsachen in hinreichendem Maße informiert sein. Ist eine Vertretung durch sog. **Kartellanwälte** üblich, weil in der Regel keine Erörterung im Termin stattfindet, so darf ein gebotener Hinweis nicht deshalb unterbleiben, weil der Kartellanwalt ohnehin nichts dazu sagen kann[102]; vielmehr ist dann Gelegenheit zur Stellungnahme einzuräumen, → Rdnr. 60. Dies gebietet der Grundsatz des fairen Verfahrens, wenngleich die »Verhandlung« mit Kartellanwälten dem Zweck des Gesetzes zuwiderläuft.

59   Hat das Gericht dagegen durch bisherige Äußerungen oder die Verfahrensführung (z.B. den Erlaß eines Beweisbeschlusses) bestimmte **Erwartungen** hinsichtlich der rechtlichen Beurteilung **geweckt** und wird dann auf eine (mögliche) **andere rechtliche Würdigung** hingewiesen, so muß den Parteien hinreichend Zeit und Gelegenheit gegeben werden, dieser neuen Situation gerecht zu werden[103].

60   Soweit nach dem Gesagten von einer Partei keine sofortige Äußerung verlangt werden kann, muß ein **neuer Verhandlungstermin** (Abs. 4) anberaumt werden. Abs. 3 rechtfertigt es nicht, den Parteien Gelegenheit zur schriftsätzlichen Äußerung einzuräumen[104] und dann ohne erneute mündliche Verhandlung zu entscheiden; denn es ist nicht der Zweck der Vorschrift, den Grundsatz der *Mündlichkeit* (§ 128 Abs. 1) zu durchbrechen. Die Praxis geht zwar zum Teil unreflektiert davon aus, es könne entweder ein neuer Termin anberaumt oder eine Schriftsatzfrist gewährt werden[105], doch gibt es dafür weder eine ausdrückliche gesetzliche Grundlage noch entspricht eine solche Teilschriftlichkeit dem Sinn und Zweck des Abs. 3. Eine *Analogie zu* § 283 erscheint *nicht gerechtfertigt*[106]; denn im Fall des § 283 wird der einen Partei das Recht zur Nachreichung eines Schriftsatzes deshalb eingeräumt, weil die andere Partei es unterlassen hat, ihren Vortrag rechtzeitig mitzuteilen. Nur deshalb ist die einseitige Begünstigung einer Partei durch Gewährung der Schriftsatzfrist zu rechtfertigen. Vergleichbare Voraussetzungen liegen im Fall des Abs. 3 nicht vor. Hier muß vielmehr auch nach einem Hinweis beiden Parteien das Recht auf Gehör gewährt werden, und es muß die eine Partei auch jeweils zum Vortrag der anderen noch Stellung nehmen können. Diesem Zweck aber dient nach dem Grundsatz des § 128 Abs. 1 die mündliche Verhandlung. Das Gericht kann jedoch in geeigneten Fällen fragen, ob die Parteien mit einer *Entscheidung ohne mündliche Verhandlung* nach § 128 Abs. 2 einverstanden sind, und dann nach Maßgabe dieser Bestimmung beiden Parteien das befristete Recht zur schriftsätzlichen Äußerung einräumen.

61   Stellt das Gericht erst **nach Schluß der mündlichen Verhandlung** fest, daß ein Hinweis nach Abs. 3 erforderlich ist, so muß von Amts wegen die **Verhandlung wieder eröffnet** werden[107], § 156 (→ auch § 156 Rdnr. 3). Schon wegen § 296 a, aber auch wegen des Mündlichkeitsgrundsatzes (§ 128 Abs. 1) geht es nicht an, ohne erneute Eröffnung der Verhandlung schriftliche Stellungnahmen der Parteien entgegenzunehmen bzw. dazu aufzufordern. Im allgemeinen wird – möglichst kurzfristig – ein **neuer Termin zur mündlichen Verhandlung** anzuberaumen sein. Das Gericht kann aber auch die Wiedereröffnung der Verhandlung verfügen, die Parteien schriftlich auf den rechtlichen Gesichtspunkt hinweisen und **anregen,** einer Entschei-

---

[102] *OLG Düsseldorf* NJW 1989, 1489.
[103] *OLG München* OLGZ 1979, 355; s. auch *OLG Köln* NJW-RR 1992, 719.
[104] A.M. *Grunsky* JZ 1977, 201, 204.
[105] So wohl (worauf *Bischof* MDR 1993, 615, 616 besonders hinweist) BGH NJW 1981, 1378, 1379 (ohne aber die Frage zu erörtern); auch z.B. *OLG Düsseldorf* NJW 1989, 1489; *OLG Hamm* MDR 1993, 270, 271.
[106] Ebenso *MünchKommZPO-Prütting* Rdnr. 46; der Sache nach auch *OLG Köln* NJW-RR 1995, 890. – A.M.

Bischof NJW 1977, 1897, 1902; *ders.* MDR 1993, 615; *E. Schneider* MDR 1977, 881, 886; *Baumbach-Lauterbach-Hartmann*[55] Rdnr. 20; *Zöller-Greger*[20] Rdnr. 8; *Laumen* (Fn. 23) 180; wohl auch *Thomas-Putzo*[19] Rdnr. 9.
[107] *OLG Köln* MDR 1983, 760; *BayVerfGH* NJW 1984, 1026, 1027; s. auch *OLG Köln* NJW 1980, 2361. – Das gilt auch, wenn sich die Notwendigkeit eines Hinweises aus einem gemäß § 283 nachgelassenen Schriftsatz ergibt, *OLG München* MDR 1981, 502.

6. Verstöße

Eine Verletzung des Abs. 3 stellt *keinen absoluten Revisionsgrund* dar, kann aber als **Verfahrensfehler** sowohl die Berufung oder Beschwerde als auch die Revision begründen. Als wesentlicher Verfahrensfehler führt (wenn die weitere Beschwerde überhaupt statthaft ist, § 568 Abs. 2 S. 1) der Verstoß gegen Abs. 3 auch dann zur **Zulässigkeit der weiteren Beschwerde** (§ 568 Abs. 2 S. 2), wenn die Entscheidungen der ersten und zweiten Instanz im Ergebnis übereinstimmen[108]. Ein eindeutiger und schwerwiegender Verstoß kann auch zur ausnahmsweisen Anfechtbarkeit einer Entscheidung unter dem Gesichtspunkt der »greifbaren Gesetzeswidrigkeit«[109] oder zur Zulässigkeit einer Gegenvorstellung gegen einen Beschluß (→ vor § 128 Rdnr. 54c ff.) führen. Der Verstoß gegen Abs. 3 eröffnet nicht die zulassungsfreie Rechtsbeschwerde nach § 100 Abs. 3 PatG[110]. 62

Das **Rechtsmittelgericht** muß, wenn die Frage entscheidungserheblich ist (→ nach Fn. 111), aufgrund des Protokolls, des Urteilsinhalts, der Angaben der Parteien und notfalls durch Einholung dienstlicher Äußerungen der Richter der ersten Instanz prüfen, ob ein Hinweis nach Abs. 3 unterblieben ist[111]. Für die Begründetheit kommt es auch darauf an, was die Partei bei erfolgtem Hinweis hätte vortragen wollen. Geht es allein darum, *rechtliche* Argumente vorzubringen, so ist dazu in den Rechtsmittelinstanzen ohnehin Gelegenheit, so daß der Verstoß gegen Abs. 3 für die Begründetheit des Rechtsmittels ohne eigenständige Bedeutung ist. Das Urteil kann aber auf dem Verfahrensfehler beruhen, wenn die unterlegene Partei *Tatsachen* vorgetragen hätte, die nicht als verspätet zurückzuweisen gewesen wären und die sich auf die Entscheidung zumindest möglicherweise ausgewirkt hätten. Ebenso wie dies im Fall des § 139 anerkannt ist (→ § 139 Rdnr. 36a), muß daher die Partei, wenn sie die Verletzung des Abs. 3 rügt, auch **angeben, was sie im Falle des Hinweises vorgetragen hätte**[112]. 63

Der (ursächliche) Verfahrensfehler rechtfertigt die **Zurückverweisung** nach § 539[113], die vor allem bei umfangreichem neuem Vortrag von Tatsachen und Beweismitteln in Betracht kommen wird[114]. Es ist aber verfehlt, eine eindeutige fehlerhafte Anwendung des materiellen Rechts dadurch zu einem die Zurückverweisung rechtfertigenden Verfahrensfehler zu machen, daß von einer Pflicht des Gerichts ausgegangen wird, die Parteien auf seine unvertretbare Rechtsansicht hinzuweisen[115], → § 139 Rdnr. 36. Die höhere Instanz hat bei der Prüfung, ob die Hinweispflicht verletzt wurde, vom materiell-rechtlichen Standpunkt der Vorinstanz, ohne Rücksicht auf seine Richtigkeit, auszugehen[116]. 64

Der Verstoß *kann* bei offensichtlichem Fehlverhalten des Gerichts zur **Niederschlagung von Kosten** gemäß § 8 GKG führen, doch geht es zu weit, dies bei *jedem* Verstoß gegen Abs. 3 anzunehmen[117]. 65

---

[108] *OLG Köln* NJW 1980, 1531; OLGZ 1983, 255.
[109] Vgl. *OLG Bamberg* FamRZ 1992, 1453 (zu § 99 Abs. 1; im konkreten Fall die Anfechtbarkeit verneinend).
[110] *BGH* NJW 1980, 1794 (Fn. 26).
[111] *Lueder* NJW 1982, 2763 betont zutreffend, daß aus dem Schweigen des Protokolls und des Urteils noch nicht zu schließen ist, es sei kein Hinweis erfolgt.
[112] *BGH* MDR 1988, 490; 1991, 240; MDR 1994, 1238 (LS) (auch bei Rechtsbeschwerde) = AgrarR 1994, 367; *Bischof* (Fn. 4) Rdnr. 182; *ders.* NJW 1977, 1897, 1902; *Franzki* DRiZ 1977, 161, 164.

[113] Vgl. *OLG Köln* MDR 1980, 320; NJW 1980, 2361 (Fn. 83); FamRZ 1996, 300 (LS); *OLG Düsseldorf* NJW-RR 1996, 1021.
[114] Vgl. *OLG Düsseldorf* MDR 1982, 855; *Franzki* DRiZ 1977, 161, 164; *Thomas-Putzo*[19] Rdnr. 12.
[115] Der Leitsatz von *OLG Köln* ZIP 1989, 604 ist insoweit bedenklich.
[116] *BGH* MDR 1990, 615 = NJW-RR 1990, 340; → auch § 139 Rdnr. 36.
[117] A.M. wohl *E. Schneider* MDR 1977, 881, 887.

66 Mit der **Verfassungsbeschwerde** (→ vor § 128 Rdnr. 58) zum Bundesverfassungsgericht (bzw. zum BayVerfGH, → vor § 128 Rdnr. 60) kann die Verletzung des Abs. 3 erfolgreich gerügt werden, soweit darin zugleich ein Verstoß gegen den Grundsatz des **rechtlichen Gehörs** (Art. 103 Abs. 1 GG) oder das **Recht auf faires Verfahren** (→ vor § 128 Rdnr. 65) liegt. Dies ist aber nach h. M. nicht immer der Fall[118], da Abs. 3 (ebenso wie § 139) mit der hier vorgesehenen richterlichen Aktivität über das durch Art. 103 Abs. 1 GG vorgeschriebene Maß der Gehörgewährung hinausgehe, näher → vor § 128 Rdnr. 41. Die grundsätzlich richtige Aussage, ein Verstoß gegen die nach der ZPO bestehenden Hinweispflichten stelle nicht notwendigerweise eine Verfassungsverletzung dar, dürfte allerdings für § 139 größere Bedeutung haben als für § 278 Abs. 3; denn Überraschungsentscheidungen verstoßen regelmäßig gegen das Recht auf Gehör und vor allem gegen das Recht auf faires Verfahren. Beispiele einer Verletzung des Rechts auf Gehör → vor § 128 Rdnr. 41 f.

V. Arbeitsgerichtliches Verfahren

67 Anders als die §§ 275 bis 277 (unanwendbar nach § 46 Abs. 2 S. 2 ArbGG) gilt § 278 auch im arbeitsgerichtlichen Verfahren, und zwar **für die streitige Verhandlung** nach der erfolglosen Güteverhandlung, gleich ob sie sich sofort daran anschließt oder ob ein neuer Termin dafür bestimmt wird (§ 54 Abs. 4 ArbGG). Ein Hinweis nach Abs. 3 ist z. B. erforderlich, wenn das Gericht die tariflichen Tätigkeitsmerkmale für verfassungswidrig und injustitiabel hält[119].

§ 279 [Gütliche Beilegung des Rechtsstreits; Güteversuch]

(1) ¹Das Gericht soll in jeder Lage des Verfahrens auf eine gütliche Beilegung des Rechtsstreits oder einzelner Streitpunkte bedacht sein. ²Es kann die Parteien für einen Güteversuch vor einen beauftragten oder ersuchten Richter verweisen.

(2) ¹Für den Güteversuch kann das persönliche Erscheinen der Parteien angeordnet werden. ²Wird das Erscheinen angeordnet, so gilt § 141 Abs. 2 entsprechend.

Gesetzesgeschichte: Eingefügt durch die Vereinfachungsnovelle 1976 (→ Einl. [20. Aufl.] Rdnr. 159). Abs. 1 trat an die Stelle von § 296 Abs. 1 aF und § 495 Abs. 2 aF; Abs. 2 entspricht § 296 Abs. 2 aF. § 279 aF betraf die Zurückweisung von Angriffs- und Verteidigungsmitteln und wurde durch § 296 nF abgelöst.

I. Der Gütegedanke	1	3. Vor dem Einzelrichter	11
1. Zur Entwicklung bis zur Novelle 1950	1	4. Wettbewerbs- und Urheberrechtssachen	14
2. Änderung durch die Vereinfachungsnovelle 1976	3	III. Die Anordnung des persönlichen Erscheinens der Parteien	16
3. Neuere Diskussion	4	IV. Das arbeitsgerichtliche Verfahren	17
II. Das Bemühen um gütliche Beilegung des Rechtsstreits	7	1. Die Güteverhandlung	17
1. Vor dem Prozeßgericht	8	2. Sonstiges Bemühen um gütliche Erledigung	23
2. Vor dem beauftragten oder ersuchten Richter	9	3. Vorverfahren vor dem Innungsausschuß	26

---

[118] *BVerfG* NJW 1980, 1093; NJW 1994, 1274; *BayVerfGH* FamRZ 1992, 968; *BGHZ* 85, 288, 292 = MDR 1983, 381, 382; *MünchKommZPO-Prütting* Rdnr. 50; *Baumbach-Lauterbach-Hartmann*[55] Rdnr. 10. – A.M. *Waldner* Der Anspruch auf rechtliches Gehör (1989) Rdnr. 111.

[119] *BAGE* 51, 59, 103 f. (zugleich Verstoß gegen Art. 103 Abs. 1 GG) = AP §§ 22, 23 BAT 1975 Nr. 115 (*Brox*, krit. zur Annahme einer Verfassungsverletzung).

4. Anrufung des Seemannsamts 27
5. Schiedsverfahren bei Streitigkeiten über Erfindungen eines Arbeitnehmers 28
6. Schiedsstellen für Arbeitsrecht 28a
V. Gütestellen und andere Einrichtungen zur gütlichen Beilegung von Rechtsstreitigkeiten 29
1. Von den Landesjustizverwaltungen eingerichtete oder anerkannte Gütestellen 29
2. Einrichtungen und Schiedsstellen in bestimmten Rechtsgebieten 35
3. Weitere Einrichtungen zur gütlichen Beilegung von Rechtsstreitigkeiten 37
4. Freiwilligkeit, vertragliche Schlichtungsklauseln 41

I. Der Gütegedanke[1]

1. Zur Entwicklung[2] bis zur Novelle 1950

Der Gedanke staatlicher Rechtshilfe zur Herbeiführung eines außerstreitigen gütlichen Ausgleichs privatrechtlicher Differenzen, also der sog. Gütegedanke, ist alt; er läßt sich bis in die Anfänge des deutschen Zivilprozesses zurückverfolgen. Unter dem Druck der wirtschaftlichen Not in der Zeit des 1. Weltkriegs und in der Nachkriegszeit setzte sich verstärkt die Erkenntnis durch, daß der Staat gerade auch auf dem Gebiet der streitigen Gerichtsbarkeit neben der eigentlichen streitentscheidenden Rechtsprechung die **Pflicht zur vermittelnden, prozeßverhindernden Tätigkeit** hat. 1

Nach gewissen Ansätzen in der EntlastungsVO von 1915 (§ 18 ursprünglicher Zählung) hatte die Novelle 1924 das **Güteverfahren** in zweifacher Weise **obligatorisch** gestaltet. Der Gläubiger hatte, von gewissen Ausnahmen (§ 495 a) abgesehen, in den amtsgerichtlichen Streitigkeiten zunächst *nur ein Anrecht auf Vermittlung* und erst nach Scheitern des Vermittlungsversuchs den Anspruch auf Rechtsschutz durch Urteilsspruch. Andererseits bestand für den Gegner eine – wenn auch gegenüber dem Streitverfahren wesentlich abgeschwächte – Einlassungspflicht im Sinne einer prozessualen Last. Es zeigte sich aber, daß es *nicht zweckmäßig* ist, das Güteverfahren als *besonderes Verfahren* dem Prozeß voranzustellen. Die Verlegung des Sühneversuchs in ein vorprozessuales Stadium mit den sich daran knüpfenden technischen Folgerungen bzgl. der Rechtshängigkeit, der Gestaltung des Mahnverfahrens usw. führte zu zahlreichen, z.T. wenig durchsichtigen Einzelbestimmungen und zu manchen unerwünschten Verwicklungen. **Die an das obligatorische Güteverfahren geknüpften Erwartungen erfüllten sich in der Praxis nicht.** Daher hob die Novelle 1950 Art. 2 Nr. 62, 67 die Vorschriften über ein besonderes Güteverfahren **auf.** Um aber die Bedeutung des Gütegedankens auch für das amtsgerichtliche Verfahren klar hervortreten zu lassen, wurde in § 495 Abs. 2 aF besonders ausgesprochen, der Richter solle in jeder Lage des Verfahrens auf die gütliche Beilegung des Rechtsstreits hinwirken. 2

---

[1] Lit. (vor allem zur richterlichen Vergleichstätigkeit; zum Prozeßvergleich → § 794 Fn. 1): *Bork* Der Vergleich (1988); *Ekelöf* Güteversuch und Schlichtung, Gedächtnisschr. für R. Bruns (1980), 3; *Forschungsinstitut für öffentliche Verwaltung bei der Hochschule für Verwaltungswissenschaften Speyer-Prognos AG* (Hrsg.) Mögliche Entwicklungen im Zusammenspiel von außer- und innergerichtlichen Konfliktregelungen, 2 Bände, (1990); *Freund* Die Legitimität des gerichtlichen Vergleichs und seines Verfahrens DRiZ 1983, 136; *P. Gottwald* Die Bewältigung privater Konflikte im gerichtlichen Verfahren ZZP 95 (1982), 245, 252, 255; *W. Gottwald-Hutmacher-Röhl-Strempel* (Hrsg.) Der Prozeßvergleich (1983); *W. Gottwald* Streitbeilegung ohne Urteil (1981); *W. Gottwald-Haft* (Hrsg.) Verhandeln und Vergleichen als juristische Fertigkeiten, 2. Aufl. (1993); *Michel* Der Prozeßvergleich in der Praxis JuS 1986, 51; *Röhl* Der Vergleich im Zivilprozeß. Untersuchungen an einem großstädtischen Amtsgericht (1983); *Salje* Der mißbrauchte Prozeßvergleich – ein Beispiel für kapazitätsgesteuerte Gerechtigkeit? DRiZ 1994, 285; *E. Schneider* Der Prozeßvergleich im neuen Recht JurBüro 1977, 145; *ders.* Der Prozeßvergleich JuS 1976, 145; *Strecker* Möglichkeiten und Grenzen der Streitbeilegung durch Vergleich DRiZ 1983, 97; *Struck* Der Abschluß des Prozeßvergleichs als Ausbildungsproblem JuS 1975, 762; *Stürner* Die Aufgabe des Richters, Schiedsrichters und Rechtsanwalts bei der gütlichen Streiterledigung JR 1979, 133; *ders.* Gütliche Beilegung des Rechtsstreits, Grundfragen richterlicher Streitschlichtung DRiZ 1976, 202; *Wacke* Besser ein magerer Vergleich als ein fetter Prozeß AnwBl 1991, 601; *Weber* Gütliche Beilegung und Verhandlungsstil im Zivilprozeß DRiZ 1978, 166; *M. Wolf* Normative Aspekte richterlicher Vergleichstätigkeit ZZP 89 (1976), 260. – Lit. zu besonderen Güteverfahren bzw. zur außergerichtlichen Streitbeilegung → Fn. 3.

[2] Vgl. dazu *Schuster* Zivilprozeß und Güteverfahren, in: *Blankenburg-W.Gottwald-Strempel* (Hrsg.) Alternativen in der Ziviljustiz (1982), 189 ff.

2. Änderungen durch die Vereinfachungsnovelle 1976

3 Die Vereinfachungsnovelle 1976 faßte die §§ 296 aF und 495 Abs. 2 aF zum neuen § 279 zusammen. Damit ist der **Richter des Landgerichts in gleicher Weise wie der Richter des Amtsgerichts**, d. h. nachdrücklicher als nach § 296 aF, gehalten, in jeder Lage des Verfahrens auf eine **gütliche Beilegung des Rechtsstreits bedacht** zu sein. Nach S. 2 kann das Gericht die Parteien wie früher zu einem Güteversuch vor den beauftragten oder ersuchten Richter laden. § 279 Abs. 2 (Anordnung des persönlichen Erscheinens der Parteien) übernahm die Regelung des § 296 Abs. 2 aF unverändert.

3. Neuere Diskussion

4 Überlegungen zu einer verstärkten **vor- und außergerichtlichen Streitbeilegung** oder zu einem **freiwilligen Güteverfahren vor dem Zivilrichter** als »Alternativen in der Zivilrechts« spielen auch in der neueren Reformdiskussion eine erhebliche Rolle[3]; der Ertrag in der Gesetzgebung wie in der Praxis blieb aber gering. Das oft genannte Vorbild Japans[4], in dem das Schlichtungswesen eine sehr bedeutende Rolle spielt, wird sich aufgrund der unterschied-

---

[3] Vgl. den Sammelband von *Blankenburg-W. Gottwald-Strempel* (Hrsg.) Alternativen in der Ziviljustiz (1982) über eine Arbeitstagung des Bundesministeriums der Justiz, dazu auch *Blankenburg-W. Gottwald-de With* ZRP 1982, 6, 28, 188; ferner u. a. *Blankenburg-Klausa-Rottleuthner* (Hrsg.) Alternative Rechtsformen und Alternativen zum Recht, Jahrbuch für Rechtstheorie und Rechtssoziologie 6 (1980); *Böckstiegel* Schlichten statt Richten DRiZ 1996, 267; *Breidenbach* Mediation (1995); *Denti-Vigoriti* Le rôle de la conciliation comme moyen d'éviter le procès et de résoudre le conflit (rechtsvergleichend) in *Habscheid* (Hrsg.) Effektiver Rechtsschutz und verfassungsmäßige Ordnung, Die Generalberichte zum VII. Internationalen Kongreß für Prozeßrecht Würzburg 1983 (1983), 345; *Frommel* Entlastung der Gerichte durch Alternativen zum zivilen Justizverfahren? ZRP 1983, 31; *Gilles* Streiterledigungssysteme und Rechtskultur, Konfliktbeilegung innerhalb der staatlichen Ziviljustiz durch Zivilprozeßverfahren und sog. Alternativen hierzu in der Bundesrepublik Deutschland, in: The International Symposium on Civil Justice in the Era of Globalization Tokyo 1992, Collected Reports (Tokyo 1993), 552; *ders.* ADR from a German point of view aaO (wie vorher zitierte Abhandlung), 491; *W. Gottwald-Strempel* (Hrsg.) Streitschlichtung, Rechtsvergleichende Beiträge zur außergerichtlichen Streitbeilegung (1995); *Hendel* Die staatliche Schlichtungsstelle, Recht und Politik 1977, 9; *Herrmann* Die UNCITRAL-Vergleichsordnung, Nützliche Regeln für selbständige Schlichtungsverfahren ZZP 97 (1984), 445; *v. Hoffmann* Privatrechtliche Schlichtung in der Bundesrepublik Deutschland, in: *Gilles* (Hrsg.) Effektivität des Rechtsschutzes und verfassungsmäßige Ordnung, Die deutschen Landesberichte zum VII. Internationalen Kongreß für Prozeßrecht in Würzburg 1983 (1983), 217; *Holtwick-Mainzer* Der übermächtige Dritte. Eine rechtsvergleichende Untersuchung über den streitschlichtenden und streitentscheidenden Dritten (1985); *Kotzorek* Schieds- und Schlichtungsstellen für Verbraucher-Konditionenkartell oder verbesserter Konsumentenschutz? ZRP 1986, 282; *Leipold* Der Schlichtungsgedanke zwischen Realität und Utopie, in *Kroeschell* (Hrsg.), Recht und Verfahren, Symposion der rechtswissenschaftlichen Fakultäten der Albert-Ludwigs-Universität Freiburg und der Städtischen Universität Osaka (1993), 237; *Morasch* Schieds- und Schlichtungsstellen in der Bundesrepublik (1984); *Morasch-Blankenburg* Schieds- und Schlichtungsstellen – ein noch entwicklungsfähiger Teil der Rechtspflege, ZRP 1985, 217; *Neumann* Zur außergerichtlichen Schlichtung ZRP 1986, 286; *Preibisch* Außergerichtliche Vorverfahren in Streitigkeiten der Zivilgerichtsbarkeit (1982); *Prütting* Schlichten statt Richten? JZ 1985, 261; *ders.* Streitschlichtung nach japanischem und deutschem Recht, in: Recht in Ost und West, Festschr. zum 30-jährigen Jubiläum des Instituts für Rechtsvergleichung der Waseda-Universität (Tokyo 1988), 719; *G. Schmidt-v. Rhein* Neue Ansätze in der außergerichtlichen Konfliktregelung ZRP 1984, 119; *Schuster* Das Güteverfahren: Eine Alternative in der Ziviljustiz? in: *W. Gottwald* u.a. (Hrsg.) Der Prozeßvergleich (1983), 109 ff.; *ders.* Zivilprozeß und Güteverfahren (Fn. 2); *Stock-Thünte-Wolff* Schnittstellen von außer- und innergerichtlicher Konfliktbearbeitung im Zivilrecht: Bestandsaufnahme und Probleme in den neuen Bundesländern, 1995 verglichen mit den Erfahrungen in den alten Bundesländern, 1995; *Strempel* Vor- und außergerichtliche Konfliktlösungen als Alternativen für die Justiz? Recht und Politik 1981, 56; *Walter* Dogmatik der unterschiedlichen Verfahren zur Streitbeilegung ZZP 103 (1990), 142; *M. Wolf* Entwicklungstendenzen im Zivilprozeßrecht ZRP 1979, 175, 176, 179; *Zugehör* Zweckmäßigkeit und Grundriß eines freiwilligen Güteverfahrens vor dem Zivilrichter DRiZ 1984, 465. S. außerdem die Lit. in Fn. 1 u. 4.

[4] Dazu *Ishibe* Das Schlichtungswesen aus rechtshistorischer und rechtsvergleichender Sicht, in *Kroeschell* (Hrsg.), Recht und Verfahren, Symposion der rechtswissenschaftlichen Fakultäten der Albert-Ludwigs-Universität Freiburg und der Städtischen Universität Osaka (1993), 215; *Ishikawa* Die Bedeutung der Schlichtung als Mittel der Streitbeilegung unter Vermeidung gerichtlicher Auseinandersetzung in Japan (1988) (Universität des Saarlandes, Vorträge, Reden und Berichte aus dem Europa-Institut, Nr. 127); *ders.* Bewußtsein des Volkes und das System der Erledigung von Rechtsstreitigkeiten, Daseinsberechtigung des Schlichtungsverfahrens in Japan, in: *Hirsch* und *Weigend* (Hrsg.) Strafrecht und Kriminalpolitik in Japan und Deutschland (1989), 192; *Krapp* Zivilrechtliche Schlichtung an japanischen Gerichten, in *W. Gottwald-Strempel*, Streitschlichtung (Fn. 3), 77; *Rokumoto* Tschotei (Schlichtung) – Eine japanische Alternative zum Recht: Verfahren, Praxis und Funktionen, Jahrbuch für Rechtssoziologie und Rechtstheorie, Bd. VI (1980), 390.

lichen rechtskulturellen Gegebenheiten, vor allem der deutschen Neigung zur möglichst vollständigen Verrechtlichung von Konflikten, gewiß nie erreichen lassen[5]. Auch dürfte selbst in Japan die richterliche Streitentscheidung zunehmend an Bedeutung gewinnen[6]. Gleichwohl sollte nicht versäumt werden, Anregungen aus dem japanischen Schlichtungsrecht (und aus dem Recht anderer Staaten[7]) zu gewinnen und in praktische Erprobung umzusetzen.

Die Rückkehr zu einem generellen **obligatorischen Güteverfahren** vor dem Prozeß wird wegen der negativen Erfahrungen mit der Novelle 1924 vorwiegend abgelehnt[8]. Einzelne obligatorische Vorverfahren vor Gremien mit besonderer Sachkunde (→ Rdnr. 36) haben sich jedoch bewährt[9]. 5

Die Befürworter eines verstärkten Einsatzes und Ausbaus **außergerichtlicher Schieds- und Einigungsstellen** erhoffen sich davon neben einer Entlastung der Gerichte schnelleren, billigeren und bürgernäheren Rechtsschutz und eine sozial gerechtere Verteilung der Rechtschancen[10]. Kritiker verweisen u. a. auf die geringe Inanspruchnahme des Schiedsmanns (jetzt Schiedsamt, → Rdnr. 38) zur gütlichen Beilegung zivilrechtlicher Streitigkeiten. Sie fürchten einen Verlust von Rechtschancen durch den Mangel an Förmlichkeit in solchen Verfahren und die oft nutzlose zeitliche Verzögerung. Insbesondere bei von privater Seite (Wirtschafts- und Interessenverbänden) angebotenen Schlichtungseinrichtungen sei zudem eine gewisse Parteilichkeit nicht auszuschließen[11]. 6

Ein **Gesetzentwurf des Bundesrates**[11a], der sich derzeit in der parlamentarischen Beratung befindet, sieht in einem neuen § 15a EGZPO eine **Öffnungsklausel** vor, die es dem Landesgesetzgeber ermöglicht, bei vermögensrechtlichen Streitigkeiten bis 1000 DM (hier alternativ zum Mahnverfahren) sowie in bestimmten nachbarrechtlichen Streitigkeiten die **Anrufung einer Gütestelle** vor der Klageerhebung vorzuschreiben. 6a

II. Das Bemühen um gütliche Beilegung des Rechtsstreits

§ 279 regelt ganz **allgemein für sämtliche zivilprozessualen Verfahren** den Güteversuch. Er drückt am deutlichsten die Bedeutung des Gütegedankens innerhalb der ZPO aus. Die Vorschrift gilt auch für das amtsgerichtliche Verfahren, § 495. Auch dort geht der Klage kein besonderes Güteverfahren mehr voraus. Nicht nur in erster Instanz, sondern auch in der Berufungs- und Revisionsinstanz[12], ist das Gericht berechtigt, auf Antrag oder von Amts wegen die gütliche Beilegung des ganzen Rechtsstreits zu versuchen oder auch die Parteien zum Zweck des Güteversuchs vor einen beauftragten oder ersuchten Richter zu verweisen. Über den hierbei zustandekommenden Vergleich s. § 794 Nr. 1 sowie § 160 Abs. 3 Nr. 1. 7

Das Bemühen um gütliche Einigung der Parteien ist eine zentrale Aufgabe des Gerichts, in der sich der **Rechtsfriedenszweck** des Zivilprozesses (→ Einl. [20. Aufl.] Rdnr. 11) widerspie-

---

[5] Näher *Leipold* (Fn. 3). Äußerst skeptisch zu den Chancen des Schlichtungsgedankens in Deutschland *Gilles* ADR from a German point of view (Fn. 3), 494 f.

[6] Eine Konvergenz der Entwicklung in beiden Ländern erwartet *Prütting* Streitschlichtung (Fn. 3), 726.

[7] Dazu den Generalbericht von *Kojima* (Japan) sowie die Länderberichte von *Rosenberg* (USA), *Bergholtz* (Schweden), *Blankenburg* (Niederlande), *Carpi* (Italien), *Gilles* (Deutschland), *Song* (Korea), *Stein* (England), *Vindeløv* (Dänemark) in: The International Symposium on Civil Justice in the Era of Globalization Tokyo 1992, Collected Reports (Tokyo 1993), 465 ff.; ferner die Berichte in W. *Gottwald-Strempel*, Streitschlichtung (Fn. 3). Zur Alternative Dispute Resolution (ADR) in den USA *Breidenbach* (Fn. 3).

[8] *Schuster* Das Güteverfahren (Fn. 3) 109, 112 f.; *ders.* Zivilprozeß und Güteverfahren (Fn. 2) 189, 194; *Rothweiler-Sauer* Schlichtungsstellen – eine Alternative? NJW 1978, 797 f. Vgl. auch BT-Drucks. 9/2189, 3 zur Frage eines obligatorischen Sühneverfahrens in bürgerlichen Rechtsstreitigkeiten. Die negativen Erfahrungen mit dem obligatorischen Güteverfahren bezweifelt *Röhl* DRiZ 1983, 90. – Ein wiederkehrender Gedanke ist es, Bagatellsachen aus dem gerichtlichen Verfahren herauszulösen, *Bender* DRiZ 1976, 193; *Seetzen* DRiZ 1980, 177; *Hendel* Recht und Politik 1977, 9; vgl. dazu *Kniffka* DRiZ 1982, 13 mwFn.

[9] Vgl. *Preibisch* (Fn. 3) 76, 273.

[10] Vgl. *Röhl* Zum Hintergrund der Suche nach Alternativen, in: *Blankenburg u. a.* (Hrsg.) Alternativen in der Ziviljustiz (1982), 15 mwN; *Strempel* Recht und Politik 1981, 56; *Morasch-Blankenburg* ZRP 1985, 217, 223; *Kotzorek* ZRP 1986, 282; *Neumann* ZRP 1986, 286.

[11] *Falke-Gessner* in: *Blankenburg u. a.* (Hrsg.) Alternativen in der Ziviljustiz (1982), 307 mwN; *Rothweiler-Sauer* NJW 1978, 797 ff.; *Nicklisch* BB 1971, 1205. Gegen Zweifel an der Neutralität *Kotzorek* ZRP 1986, 282. – Zur Streitschlichtung durch den Schiedsmann in Zivilsachen *Seetzen* ZRP 1982, 99.

[11a] BR-Drucks. 605/96 (Beschluß vom 18. X. 1996), S. 9, Begr. S. 29 ff. – Dazu krit. *Boysen* ZRP 1996, 291, 293.

[12] Vgl. *RGZ* 104, 394, sowie §§ 523 Abs. 1, 523 a Abs. 1 und 2 iVm § 349.

gelt. Der Richter soll den Parteien die Vorteile einer Einigung, insbesondere eines Prozeßvergleichs vor Augen führen, darf aber keinen Druck auf die Parteien ausüben[13]. Vielmehr ist auch der Wunsch nach einem gerichtlichen Urteil zu respektieren, das die Parteien im Rahmen des Anspruchs auf Rechtsschutz verlangen dürfen und das auch für den Prozeß als Institution unverzichtbare Bedeutung gewinnt. Eine extrem hohe Vergleichsquote ist daher nicht uneingeschränkt positiv zu bewerten.

1. Vor dem Prozeßgericht

8   Der Güteversuch vor dem Prozeßgericht ist eine richterliche Tätigkeit, die jederzeit ohne weiteres in die Verhandlung eingeschoben werden kann; ein förmlicher Beschluß ist dazu nicht erforderlich. Zu einem Güteversuch nach Schluß der mündlichen Verhandlung bedarf es der Wiedereröffnung der Verhandlung, § 156[14].

8a Der oben in Rdnr. 6a erwähnte **Gesetzentwurf** des Bundesrates sieht einen neuen Abs. 3 vor, wonach ein **gerichtlicher Vergleich** auch dadurch geschlossen werden kann, daß die Parteien den in einem gerichtlichen Beschluß enthaltenen Vorschlag **durch Schriftsatz** annehmen.

2. Vor dem beauftragten oder ersuchten Richter

9   Die (in Abs. 1 a. E.) vorgesehene »**Verweisung**« der Parteien[15] »zum Zwecke des Güteversuchs« vor einen *beauftragten oder ersuchten Richter* muß durch *Beschluß* besonders angeordnet werden. Eine vorherige mündliche Verhandlung setzt die Anordnung nicht voraus[16]. Es ginge aber nicht an, entgegen §§ 272 Abs. 3, 520, 555 die Instanz mit einem Güteversuch vor dem beauftragten oder ersuchten Richter zu beginnen. Das Verfahren vor diesen Richtern untersteht ebenso wie das Beweisverfahren (→ § 361 Rdnr. 1) *dem Amtsbetrieb*[17]; der Termin ist von Amts wegen zu bestimmen und den Parteien bekanntzugeben. **Anwaltszwang** besteht in diesem Fall (auch für den Abschluß eines Prozeßvergleichs) **nicht**[18], § 78 Abs. 3 (→ § 78 Rdnr. 24). Bleibt eine Partei oder bleiben beide im Gütetermin aus, so ist der Güteversuch mißlungen; sachliche Nachteile oder auch nur Kostenfolgen nach § 95 treten nicht ein. Soweit der Prozeß im Güteverfahren nicht oder nicht ganz erledigt ist, hat der Vorsitzende des Prozeßgerichts nach Eingang der Akten den *Termin zur Fortsetzung der Verhandlung* zu bestimmen und den Parteien bekanntzugeben. Die Ladung erfolgt von Amts wegen, §§ 214, 497.

10 Auch **ohne den Beschluß auf Verweisung** zum Zwecke des Güteversuchs darf ein beauftragter oder ersuchter Richter Vergleichsverhandlungen vornehmen, wenn beide Parteien (z.B. aus Anlaß einer Beweisaufnahme) vor ihm erschienen sind[19]. Aber die Befugnis, einen *besonderen Termin* zum Güteversuch zu bestimmen oder zu diesem Zweck das persönlich Erscheinen der Parteien (→ Rdnr. 16) anzuordnen, steht ihm in diesem Fall nicht zu.

---

[13] Vgl. *BGH* NJW 1966, 2300 (abl. *E. Schneider*, zust. *Ostler*): Anfechtbarkeit eines Prozeßvergleichs wegen widerrechtlicher Drohung durch den Vorsitzenden, er werde andernfalls sofort ein bereits feststehendes Urteil erlassen. Der BGH zitiert zustimmend die Bemerkung Rosenbergs, ein Richter, der allzusehr auf einen Vergleich dränge, setze sich dem Verdacht aus, er scheue die Mühen der Findung und Abfassung des Urteils. – Zur Intensität der richterlichen Vergleichsbemühungen *AK-ZPO-Röhl* Rdnr. 4 ff.; *MünchKommZPO-Prütting* Rdnr. 9 ff.; *Zöller-Greger* Rdnr. 3; *Schellhammer* ZPR⁶ Rdnr. 710 ff.; *Salje* DRiZ 1994, 285.

[14] Vgl. *BGH* JR 1967, 23.

[15] Nicht aber eine Partei zur Vernehmung über den Vergleichsvorschlag der anderen.

[16] *OLG München* JurBüro 1964, 449; 1962, 355 = NJW 1962, 1114.

[17] Demgemäß ist für den Lauf der Verjährungsfrist infolge Nichtbetreibens (§ 211 BGB) kein Raum: *RGZ* 128, 191.

[18] *OLG Düsseldorf* NJW 1975, 2298 (zust. *Jauernig*); *BayObLG* NJW 1965, 1277; *MünchKommZPO-Prütting* Rdnr. 14. – A. M. *H. Schneider* NJW 1971, 1043 f. – Zum Eheverfahren vgl. *Jost* NJW 1980, 327, 329 mwN.

[19] *RG* SeuffArch 40 (1885), 381.

3. Vor dem Einzelrichter

Im Verfahren vor dem Einzelrichter (§§ 348 ff., 524) besteht **Anwaltszwang**[20]. Der Einzelrichter repräsentiert das Kollegium, deshalb unterliegen Prozeßhandlungen vor dem Einzelrichter denselben Voraussetzungen wie bei ihrer Vornahme vor dem vollbesetzten Gericht. Dies gilt insbesondere für den **Prozeßvergleich**. (Allgemein zum Anwaltszwang bei Abschluß eines Prozeßvergleichs → § 78 Rdnr. 16 ff., § 794 Rdnr. 22). **11**

Wie jedenfalls seit der Einzelrichter-Novelle 1974 kaum mehr bestritten wird, enthält § 279 auch bei weitester Interpretation **keine Befreiung vom Anwaltszwang**. Der Anwaltszwang vor dem Einzelrichter läßt sich auch nicht dadurch umgehen, daß sich dieser zum beauftragten Richter nach § 279 Abs. 1 S. 2 bestellt, gleich ob er einen besonderen Termin zum Zweck des Güteversuchs anberaumt[21] oder nicht. Im einzelrichterlichen Verfahren ist eine Verweisung gemäß Abs. 1 S. 2 nur an einen ersuchten, nicht an einen beauftragten Richter möglich. **12**

Der in dem Termin vor dem Einzelrichter **in Abwesenheit der Anwälte geschlossene Vergleich** ist kein ordnungsmäßig zustandegekommener Vollstreckungstitel[22]. **13**

4. Wettbewerbs- und Urheberrechtsachen

Über die Vertagung zwecks Güteversuchs vor den Einigungsstellen der Industrie- und Handelskammern in Streitigkeiten über Wettbewerbshandlungen s. § 27 a UWG, wegen der gleichen Regelung bei Zugabestreitigkeiten § 2 ZugabeG, bei Rabattstreitigkeiten § 13 RabattG, dazu → Rdnr. 35. **14**

Nach § 16 Abs. 2 S. 2 des Gesetzes über die **Wahrnehmung von Urheberrechten und verwandten Schutzrechten** (idF vom 24.VI.1985, BGBl. I 1137) muß das Gericht den Rechtsstreit aussetzen, um den Parteien die (obligatorische) Anrufung der Schiedsstelle (→ Rdnr. 36) zu ermöglichen, wenn sich erst im Laufe des Rechtsstreits herausstellt, daß die Anwendbarkeit oder Angemessenheit des Tarifs über die Vergütung der von der Verwertungsgesellschaft wahrgenommenen Rechte und Ansprüche (§ 13 des Gesetzes) im Streit ist. **15**

III. Anordnung des persönlichen Erscheinens der Parteien

Das Prozeßgericht kann anordnen, daß die **Parteien persönlich** vor dem Prozeßgericht oder vor dem beauftragten oder ersuchten Richter erscheinen. Im Falle der Verweisung zum Zwecke des Güteversuchs an den beauftragten oder ersuchten Richter hat auch dieser das Recht zu einer solchen Anordnung. Die Parteien sind von Amts wegen zu laden, auch wenn sie Prozeßbevollmächtigte haben (§ 279 Abs. 2 S. 2, § 141 Abs. 2). Dadurch wird das Erfordernis der Verkündung des Beschlusses oder seiner Mitteilung von Amts wegen, § 329, nicht berührt, → darüber § 141 Rdnr. 18. Das **Ausbleiben** der geladenen Partei hat keine Rechtsnachteile (auch nicht im Kostenpunkt) zur Folge. Die Festsetzung eines **Ordnungsgeldes** nach § 141 Abs. 3 ist **nicht statthaft**[23], da auf § 141 Abs. 3 nicht verwiesen ist. Anders ist es, wenn das persönliche Erscheinen zugleich zur Aufklärung des Sachverhalts (§ 141 Abs. 1 S. 1) **16**

---

[20] *OLG Karlsruhe* JurBüro 1976, 372; *OLG Hamm* NJW 1975, 1709; 1972, 1998; *OLG Celle* OLGZ 1975, 353; *OLG Köln* NJW 1972, 2317; *OLG Bremen* MDR 1969, 393 (abl. *E. Schneider*); *Zöller-Greger*[20] Rdnr. 2; *Thomas-Putzo*[19] Rdnr. 1; jetzt ganz h. M. – A. M. (vor der Einzelrichter-Novelle 1974) *OLG Celle* Rpfleger 1974, 319; MDR 1967, 407; *OLG Köln* MDR 1973, 413; *OLG Koblenz* NJW 1971, 1043 (abl. *H. Schneider*); *OLG Neustadt* NJW 1964, 1329.

[21] So aber *OLG Hamburg* MDR 1950, 293.

[22] *OLG Karlsruhe* JurBüro 1976, 372; *OLG Köln* NJW 1972, 2317; *OLG Bremen* MDR 1969, 393; *Wieczorek*[2] § 296 Anm A III; *MünchKommZPO-Prütting* Rdnr. 14. – A.M. *OLG Neustadt* NJW 1958, 795; *Kablitz* NJW 1958, 1029, 1031.

[23] *OLG Karlsruhe* Justiz 1987, 185; *KG* MDR 1984, 325; *OLG Nürnberg* MDR 1978, 449; *OLG Köln* NJW 1974, 1003 (krit. *Burger* MDR 1982, 91); FamRZ 1995, 100; *Thomas-Putzo*[19] Rdnr. 2; *Zöller-Greger*[20] Rdnr. 4; *MünchKommZPO-Prütting* Rdnr. 15.

angeordnet und in der Ladung hierauf hingewiesen wurde, → § 141 Rdnr. 4, 9, 33. Wegen der abweichenden Regelung im arbeitsgerichtlichen Verfahren → § 141 Rdnr. 48.

IV. Das arbeitsgerichtliche Verfahren

1. Die Güteverhandlung

17 Im arbeitsgerichtlichen Verfahren ist ein Güteversuch vorgeschrieben; dieser erfolgt aber erst nach Klageerhebung. Die mündliche Verhandlung beginnt nämlich mit einer vor dem Vorsitzenden allein stattfindenden Verhandlung zum Zwecke der gütlichen Einigung der Parteien, der sog. **Güteverhandlung**, § 54 Abs. 1 ArbGG. Eine Ausnahme gilt nur für Berufsausbildungsstreitigkeiten nach § 111 Abs. 2 S. 8 ArbGG, → Rdnr. 26. In *Kündigungsschutzverfahren* soll die Güteverhandlung innerhalb von zwei Wochen nach Klageerhebung stattfinden, § 61 a Abs. 2 ArbGG[24].

18 Der Vorsitzende hat, um eine Einigung zu fördern, in dieser Verhandlung das gesamte **Streitverhältnis zu erörtern**, § 54 Abs. 1 S. 2 ArbGG; daß dies unter freier Würdigung aller Umstände geschehen soll, will besagen, daß nicht nur rechtliche, sondern auch wirtschaftliche, soziale, Billigkeitserwägungen und dergleichen in die Erörterung einzubeziehen sind. Ob der Vorsitzende seine Rechtsauffassung zum Ausdruck bringt oder nicht[25], hängt davon ab, ob er sich davon eine Förderung seines Einigungsversuchs versprechen kann. Nach § 54 Abs. 1 S. 3 ArbGG kann er **alle der Aufklärung des Sachverhalts dienenden Handlungen** vornehmen, die sofort erfolgen können, eidliche Vernehmungen sind jedoch nach § 54 Abs. 1 S. 4 ArbGG ausgeschlossen. Demnach darf er anwesende oder sofort erreichbare Zeugen und Sachverständige informatorisch befragen, greifbare Urkunden sich vorlegen lassen oder beiziehen, gegebenenfalls auch eine sofort ausführbare Ortsbesichtigung durchführen oder z. B. eine telefonische Auskunft einholen.

19 Gemäß § 51 Abs. 1 ArbGG kann der Vorsitzende das **persönliche Erscheinen der Parteien** zum Güteversuch anordnen. Anders als beim Güteversuch nach § 279 ist hier die Festsetzung eines Ordnungsgeldes statthaft (§ 51 Abs. 1 ArbGG i. V. m. § 141 Abs. 2, 3; → § 141 Rdnr. 48). **Erscheint eine Partei nicht** zur Güteverhandlung, so schließt sich die weitere Verhandlung in der Regel unmittelbar an (§ 54 Abs. 4 ArbGG). Ist die Partei auch hier säumig (§§ 330, 331, 333, 335), so kann der Vorsitzende allein (§ 55 Abs. 1 Nr. 4) ein Versäumnisurteil erlassen[26], → vor § 330 Rdnr. 47.

20 **Erscheint (oder verhandelt) keine der Parteien,** so muß der Vorsitzende das Ruhen des Verfahrens anordnen oder – falls eine Partei dies rechtzeitig beantragt – Termin zur streitigen Verhandlung bestimmen, § 54 Abs. 5 ArbGG.

21 Das **Ergebnis der Güteverhandlung**, insbesondere ein Prozeßvergleich (der Vollstreckungstitel sein kann, § 794 Abs. 1 Nr. 1), ist zu Protokoll zu nehmen, § 54 Abs. 3 ArbGG. Über die zur Aufklärung des Sachverhalts vorgenommenen Handlungen muß das Protokoll ebenfalls Auskunft geben[27], nicht aber über den Inhalt von Aussagen, Ergebnisse einer Ortsbesichtigung und dergleichen. § 160 Abs. 3 Nrn. 4, 5 kommen hier nicht in Betracht, weil es sich nicht um förmliche Vernehmungen, sondern nur um formlose, vorläufige Befragungen handelt.

---

[24] Dazu krit. *Zimmermann* BB 1984, 478, 479.

[25] Dafür: *Darwig* RdA 1950, 418. – A. M. *Rewolle* RdA 1950, 145. – S. auch *Grunsky* ArbGG[7] § 54 Rdnr. 9: Es empfehle sich idR, daß der Vorsitzende seine Rechtsansicht offenlege. *Germelmann* in *Germelmann-Matthes-Prütting* ArbGG[2] § 54 Rdnr. 21 empfiehlt möglichst große Offenheit des Vorsitzenden.

[26] Vgl. *Dütz* RdA 1980, 87; *Grunsky* ArbGG[7] § 55 Rdnr. 2, 6; *Germelmann* in *Germelmann-Matthes-Prütting* ArbGG[2] § 54 Rdnr. 48 f.

[27] Ein Geständnis kann in der Güteverhandlung wirksam nur zu Protokoll erklärt werden (§ 54 Abs. 2 ArbGG entsprechend) BAG AP Nr. 27 zu § 138 BGB; *LAG Nürnberg* Amtsblatt des Bayerischen Staatsministeriums für Arbeit und Sozialordnung 1978, C 23.

Scheitert die Güteverhandlung, so schließt sich regelmäßig die **streitige Verhandlung** vor der Kammer unmittelbar an; falls dem Hinderungsgründe entgegenstehen, hat sie alsbald stattzufinden, § 54 Abs. 4 ArbGG. 22

2. Sonstiges Bemühen um gütliche Erledigung

Für die streitige Verhandlung nach Abschluß des Güteverfahrens sowie für das Verfahren höherer Instanzen besteht die **Pflicht des Gerichts** fort, auf eine **gütliche Erledigung** hinzuwirken, vgl. § 57 Abs. 2 ArbGG, der § 279 Abs. 1 S. 1 entspricht. 23

Sachlich ist es daher unschädlich, wenn die – zwingend vorgeschriebene – **Güteverhandlung** vor dem Vorsitzenden gemäß § 54 Abs. 1 ArbGG **unterblieben** ist, da keine der Partei durch alsbaldige Verhandlung vor der vollbesetzten Kammer beschwert ist. 24

Die **Verweisung an einen beauftragten Richter** kommt im arbeitsgerichtlichen Verfahren nicht in Frage. Die Verweisung zum Zwecke des Güteversuchs an ein ersuchtes (Arbeits- oder Amts-)Gericht (§ 13 Abs. 1 ArbGG) ist dagegen zulässig. 25

3. **Zum Vorverfahren vor dem Innungsausschuß** usw. (§ 111 Abs. 2 ArbGG) → § 253 Rdnr. 231 f. Soweit dieses Verfahren durchzuführen ist, d.h. soweit ein Ausschuß für Streitigkeiten aus einem Berufsausbildungsverhältnis gebildet ist, findet ein Güteverfahren vor dem Arbeitsgericht nicht statt, § 111 Abs. 2 S. 8 ArbGG. 26

4. Über die **Anrufung des Seemannsamts** wegen einer vorläufigen Entscheidung (§ 111 Abs. 1 S. 2 ArbGG) über die Berechtigung einer Kündigung von Heuerverhältnissen s. § 69 SeemannsG vom 26. VII. 1957 (BGBl. II S. 713, 722). 27

5. Das **Schiedsverfahren bei Streitigkeiten über Erfindungen eines Arbeitnehmers** (→ Rdnr. 36) kommt für die Arbeitsgerichte nur in Betracht, wenn es sich ausschließlich um Ansprüche auf Leistung einer festgestellten oder festgesetzten Vergütung für die Erfindung eines Arbeitnehmers handelt, da nur insoweit nach § 39 Abs. 2 ArbNErfG, § 2 Abs. 2 Buchst. a ArbGG die Arbeitsgerichte (→ § 1 Rdnr. 191a ff.), im übrigen aber die Landgerichte (→ § 1 Rdnr. 90) zuständig sind. Eine vor Durchführung des Schiedsverfahrens beim Arbeitsgericht erhobene Klage wäre als zur Zeit unzulässig abzuweisen, sofern nicht eine der Ausnahmen des § 37 Abs. 2 bis 5 ArbNErfG vorliegt. 28

6. Die **Schiedsstellen für Arbeitsrecht** in den neuen Bundesländern wurden im Zuge der Einrichtung der Arbeitsgerichtsbarkeit spätestens zum 31.XII.1992 aufgehoben (Gesetz vom 20.XII.1991, BGBl. I 2321). 28a

V. Gütestellen und andere Einrichtungen zur gütlichen Beilegung von Rechtsstreitigkeiten

1. Von den Landesjustizverwaltungen eingerichtete oder anerkannte Gütestellen

Zur Förderung des Gütegedankens können die **Landesjustizverwaltungen** ferner **besondere Gütestellen** einrichten oder anerkennen, arg. § 91 Abs. 3, § 794 Abs. 1 Nr. 1. Die Anrufung solcher Gütestellen kann jedoch nicht zur Pflicht gemacht werden. 29

Die Landesjustizverwaltungen können **bereits vorhandene Behörden** oder Beamte (etwa Notare, Jugendämter [für Unterhaltsansprüche] und dgl.) mit der Gütetätigkeit betrauen. Für die Anerkennung kommen im wesentlichen nur die von Gemeinden, Innungen usw. ins Leben gerufenen Güte- oder Einigungsstellen in Betracht. 30

In **Hamburg** fungiert die Öffentliche Rechtsauskunfts- und Vergleichsstelle[28] als solche Gütestelle; ebenso in **Lübeck**[29]. In **Bayern** wurden einzelne Schlichtungsstellen für Zivilsachen eingerichtet[30]. 31

---

[28] S. VO über die ÖRA vom 4.II.1946 BL I 333-a (geändert 9.XII.1966, GVBl 265), Geschäftsordnung für die ÖRA vom 15.XI.1946 BL I 333-a-1 (geändert 9.XII.1974, GVBl 381); zur Geschichte: 50 Jahre ÖRA Hamburg, Hamburger Dokumente 1.73 (1973), s. auch: *Schumacher* BB 1956, 1119; *C.-D. Schumann* DRiZ 1970, 60; *Hen-*

32 Die Justizverwaltung kann die Anerkennung an die Erfüllung und Einhaltung bestimmter **Bedingungen** knüpfen; sie kann sie widerrufen, sowie von vornherein zeitlich beschränken, d. h. Kontrolle über die Gütestellen ausüben.

33 Der **Güteantrag** unterbricht gemäß § 209 Abs. 2 Nr. 1 a BGB die Verjährung[31]. Das Güteverfahren ist beendet (§ 91 Abs. 3) in dem Zeitpunkt, in dem die Gütestelle ihre Vermittlungstätigkeit endgültig als erfolglos einstellt. Eine von der Gütestelle ausgestellte Bescheinigung darüber bindet den Richter nicht, wird aber in der Regel genügen. Wegen der Kosten → § 91 Rdnr. 43. Vgl. ferner § 794 Rdnr. 45 und § 797 a Rdnr. 1 ff.

34 Der **Rechtsanwalt** erhält für sein Tätigwerden in diesem Verfahren eine **volle Gebühr,** § 65 Abs. 1 Nr. 1 BRAGO; eine weitere Gebühr entsteht für die Mitwirkung beim Abschluß eines Vergleichs, § 65 Abs. 2 BRAGO.

2. Einigungs- und Schiedsstellen in bestimmten Rechtsgebieten

35 a) Eine den besonderen Gütestellen ähnliche Stellung haben die aufgrund des § 27 a UWG (Fassung des Art. I des G v. 11.III.1957, BGBl I 172) bei den Industrie- und Handelskammern errichteten **Einigungsstellen**[32] für bürgerliche Rechtsstreitigkeiten, soweit sie **Wettbewerbshandlungen** im geschäftlichen Verkehr mit dem letzten Verbraucher betreffen oder soweit der Gegner zustimmt. Nach § 2 ZugabeG vom 12.V. 1933 (RGBl I 264) und § 13 RabattG vom 25.XI.1933 (RGBl I 1011), beide i.d.F. der Art. 2, 3 des G vom 11.III.1957 (BGBl I 172) können diese Einigungsstellen auch bei **Streitigkeiten aus dem Zugabeverbot** (VO vom 9.III.1932, I. Teil, RGBl I 121) oder aus dem RabattG angerufen werden. Wegen der Anwaltsgebühren s. § 65 Abs. 1 Nr. 4 BRAGO, wegen der Vollstreckbarerklärung → § 1044 a Rdnr. 7.

36 b) **Obligatorisch** ist die **Anrufung der Schiedsstelle** nach den §§ 28 ff. ArbNErfG vom 25.VII.1957 (BGBl. I 756), zuletzt geändert durch G v. 5.X.1994 (BGBl. I 2911), und der Schiedsstelle nach den §§ 14 ff. des G über die Wahrnehmung von Urheberrechten und verwandten Schutzrechten **(WahrnG)** vom 9.IX.1965 (BGBl. I 1294 idF vom 25.X.1994, BGBl. I 3082)[33], die beide beim Patentamt eingerichtet sind (vgl. § 29 ArbNErfG, § 18 i.V.m. § 14 Abs. 2 WahrnG), ebenso das Verfahren vor der **Schiedsstelle beim Entschädigungsfonds** nach § 14 PflVersG (vom 5.IV. 1965, BGBl. I 213 i.V.m. §§ 5 bis 9 VO über den Entschädigungsfonds vom 14.XII.1965, BGBl. I 2093)[34].

3. Weitere Einrichtungen zur gütlichen Beilegung von Rechtsstreitigkeiten

37 Schließlich dienen der gütlichen Beilegung von Rechtsstreitigkeiten auch verschiedene **andere Einrichtungen,** die keine Gütestellen i.S. des § 794 Abs. 1 Nr. 1 darstellen.

38 Besonders hervorzuheben sind die **Schiedsämter**[35] (früher Schiedsmänner) in den einzelnen Ländern[36]. In den **neuen Bundesländern** werden **Schiedsstellen in den Gemeinden**

---

nings in: *Blankenburg u. a.* (Hrsg.) Alternativen in der Ziviljustiz (1982), 51 ff.; zur Unterbrechung von Fristen → Fn. 31.
[29] AV des Landesjustizministers vom 4.VIII.1949 (SchlHA 1949, 276) geänd. durch AV LJM vom 17.XII.1952 (SchlHA 1953, 9) und aufrecht erhalten durch AV JM vom 29.XII.1975 (SchlHA 1976, 21), s. zu beiden Einigungsstellen: *Baumgärtel* Gleicher Zugang zum Recht für alle (1976), 20 ff.; *Röper* Rechtsschutz für sozial Schwache (1976), 30 ff.
[30] In München, Würzburg und Traunstein. Dazu *Bethke* NJW 1993, 2728.
[31] Vgl. dazu *Schumacher* (Fn. 28); *ders.* MDR 1956, 590; *OLG Hamburg* MDR 1965, 130. Die Unterbrechung der Verjährung tritt unabhängig vom Gerichtsstand ein,

BGH JR 1994, 241 (*F. Peters*) (zur Hamburger Gütestelle). Zur Wahrung der Konkursanfechtungsfrist durch Antrag bei der Hamburger Gütestelle *Gerhardt* NJW 1981, 1542.
[32] Vgl. *Lukes* Festschr. für *Nipperdey* II (1965), 365 ff.
[33] Vgl. *Reinbothe* Schlichtung im Urheberrecht (1978) und *Reimer* GRUR Int. 1982, 215 (insbes. auch zu ausländischen Modellen).
[34] Näher *Sieg* VersR 1967, 324; *Preibisch* (Fn. 3) 60 f.
[35] Dazu *Röhl* (Hrsg.) Das Güteverfahren vor dem Schiedsmann. Soziologische und kommunikationswissenschaftliche Untersuchungen (1987); *Gain-Schulte* Das Schlichtungsverfahren vor Schiedsämtern und Schiedsstellen, 4. Aufl. (1991).
[36] Berlin: SchiedsmannsG vom 31.V. 1965, GVBl 705

errichtet[37]. Die vor den Schiedsämtern oder Schiedsstellen in den Gemeinden abschlossenen Vergleiche fallen nicht unter § 794 Abs. 1 Nr. 1, sind aber Vollstreckungstitel kraft Landesrecht auf der Grundlage des § 801, → § 801 Rdnr. 2. Die Vollstreckungsklausel wird durch das Amtsgericht erteilt, in dessen Bereich das Schiedsamt bzw. die Schiedsstelle ihren Sitz hat.

Schlichtend werden auch die **Handwerksinnungen** oder ihre Ausschüsse tätig, soweit sie nach § 54 Abs. 3 Ziff. 3 HandwO (i. d. F. vom 28.XII.1965, BGBl 1966 I 1) bei Streitigkeiten zwischen Innungsmitgliedern und ihren Auftraggebern vermitteln[38] (z. B. wegen mangelhafter Malerarbeiten oder Reinigungsschäden; die Schiedsstellen für das Kfz-Handwerk haben Schiedsgutachterfunktion[39]), ebenso die von den **Handwerkskammern** gemäß § 91 Abs. 1 Nr. 10 HandwO eingerichteten **Vermittlungsstellen** zur Beilegung von Streitigkeiten zwischen selbständigen Handwerkern und ihren Auftraggebern wie die Bauschlichtungsstelle bei der Handwerkskammer Rhein/Main[40] u. a.

Zwischen Rechtsanwälten und ihren Auftraggebern oder Rechtsanwälten untereinander vermitteln bei Streitigkeiten die **Vorstände der Rechtsanwaltskammern** (§ 73 Abs. 2 Nr. 2 und 3 BRAO). 39

Für **Arzthaftpflichtfragen** haben die Ärztekammern **Schlichtungsstellen** errichtet[41]. Bei vielen Industrie- und Handelskammern bestehen Schlichtungsstellen für **Verbraucherbeschwerden**[42]. Zahlreiche weitere Schieds- und Schlichtungsstellen für einzelne Branchen, in neuerer Zeit z. B. für Kundenbeschwerden im **Bankgewerbe**[43], treten hinzu[44]. 40

4. Freiwilligkeit, vertragliche Schlichtungsklauseln

Soweit nichts anderes bestimmt ist, steht es den Parteien frei, ob sie zunächst eine der Güte- und Schlichtungsstellen anrufen oder sogleich den Weg des Zivilprozesses beschreiten. Die Nichtanrufung rechtfertigt es nicht, die beantragte Prozeßkostenhilfe wegen Mutwilligkeit der Rechtsverfolgung abzulehnen, → § 114 Rdnr. 33 (Nachw. dort Fn. 117). 41

Eine **vertragliche Vereinbarung**, bei Streitigkeiten solle zunächst eine Schiedsstelle angerufen werden, führt zur Unzulässigkeit einer sofort erhobenen Klage[45]. Gegen einen derartigen zeitweiligen Ausschluß der Klagbarkeit bestehen in dem Bereich, in dem die Parteien auch materiell-rechtlich disponieren können, keine grundsätzlichen Bedenken, dazu → § 253 42

(geändert 29.VI.1987, GVBl 1861); Hessen: SchiedsamtsG vom 23.III.1994, GVBl I 148, DV vom 17.VII.1975, GVBl I 187; Niedersachsen: Niedersächsisches Gesetz über gemeindliche Schiedsämter vom 1.XII.1989, GVBl 389 (geändert 17.XII.1991 GVBl 367); NRW: Schiedsamtsgesetz-NW vom 16.XII.1992, GVNV 32/SGV NW 316; Rheinland-Pfalz: Schiedsamtsordnung vom 12.IV.1991, GVBl 209; Saarland: Schiedsordnung vom 6.IX.1989, ABl 1509 (geändert 15.VII.1992, ABl 838); Schleswig-Holstein: Schiedsordnung für das Land Schleswig-Holstein vom 10.IV.1991, GVOBl 232.

[37] Gesetz über die Schiedsstellen in den Gemeinden vom 13.IX.1990, GBl. DDR I 1527; Weitergeltung nach Einigungsvertrag Anl. II Kap. III, Sachgebiet A Abschnitt I Nr. 3; Änderung in Brandenburg durch Gesetz vom 28.V. 1993, GVBl. I 194. Dazu *F. Müller* DtZ 1992, 18; *Schulte* Gesetz über die Schiedsstellen in den Gemeinden der Bundesländer der ehemaligen DDR (1991).

[38] Vgl. *Preibisch* (Fn. 3) 57 ff. mit Beispielen u. Nachw.; *Rothweiler-Sauer* NJW 1978, 797.

[39] *Preibisch* (Fn. 3), 57, vgl. zu ihrer Problematik *Nicklisch* BB 1981, 1653; *ders.* BB 1971, 1205; *Rauscher* BB 1974, 629.

[40] Vgl. dazu *W. Gottwald-Plett-Schmidt-v. Rhein* NJW 1983, 665.

[41] Vgl. *Bodenburg-Matthies* VersR 1982, 729 mwN; *Matthies* Schiedsinstanzen im Bereich der Arzthaftung: Soll und Haben (1984); zur Praxis *Eberhardt* NJW 1986, 747.

[42] Vgl. *Reich* Alternativen zur Zivilustiz im Verbraucherschutz, in: *Blankenburg u. a.* (Hrsg.) Alternativen in der Ziviljustiz (1982), 219, 225; *Hegenbarth* Privatisierte Konfliktregelung: Entrechtung durch Entrechtlichung? in: *Blankenburg u. a.* (s. o.) 257 ff.; *Miletzki* Formen der Konfliktregelung im Verbraucherrecht. Der Beitrag der Schlichtungsstellen zur Rechtsverwirklichung (1982); s. auch *Röhl* Vorschlag für einen Modellversuch zur Regelung von kleineren Streitfällen zwischen Verbrauchern und Waren- und Dienstleistungslieferanten (1980), 174 ff.

[43] Dazu *Hoeren* NJW 1992, 2727.

[44] Umfassende Zusammenstellungen (mit Anschriften) enthalten die Broschüre »Schlichten ist besser als Richten« 7. Aufl., 1990 herausgegeben vom Presse- und Informationsamt der Bundesregierung, sowie *Gängel-Gansel-Richter* Rechtsberatung und Schlichtung (Beck-Rechtsberater im dtv, 1994).

[45] BGH NJW 1984, 669 = ZZP 99 (1986), 90 (krit. *Prütting*).

Rdnr. 214. Allerdings ist das wirksame Zustandekommen der Vereinbarung sorgfältig zu prüfen, wobei die für Schiedsverträge geltenden Bestimmungen (§§ 1025–1027) entweder analog gelten oder jedenfalls bei der Beurteilung unter den Gesichtspunkten von Treu und Glauben und der guten Sitten herangezogen werden sollten. Auch wird man[46] die Wirksamkeit der Klausel davon abhängig machen müssen, daß das Schlichtungsverfahren rechtsstaatlichen Mindestanforderungen genügt.

§ 280 [Abgesonderte Verhandlung und Zwischenurteil über die Zulässigkeit der Klage]

(1) Das Gericht kann anordnen, daß über die Zulässigkeit der Klage abgesondert verhandelt wird.

(2) ¹Ergeht ein Zwischenurteil, so ist es in betreff der Rechtsmittel als Endurteil anzusehen. ²Das Gericht kann jedoch auf Antrag anordnen, daß zur Hauptsache zu verhandeln ist.

Gesetzesgeschichte: Eingefügt durch die Vereinfachungsnovelle 1976 (→ Einl. [20. Aufl.] Rdnr. 159). Die Vorschrift ersetzte § 275 aF. § 280 aF (Zwischenfeststellungsklage) wurde bei unverändertem Wortlaut zu § 256 Abs. 2 nF.

I. Normzweck	1		2. Anordnung der Verhandlung zur Hauptsache vor Rechtskraft des Zwischenurteils	24
II. Die abgesonderte Verhandlung über die Zulässigkeit der Klage	2		V. Die gleichzeitige Verhandlung über die Zulässigkeit und über die Hauptsache	27
1. Begriff der Zulässigkeit der Klage	2			
2. Anordnung	5		1. Abhängigkeit des Verfahrens und des Urteils zur Hauptsache vom Fortbestand des Zwischenurteils	28
3. Gegenstand der abgesonderten Verhandlung	6		a) Bedingtes Urteil zur Hauptsache	28
4. Einlassung zur Hauptsache	8		b) Gestaltungsurteile	31
III. Die Entscheidung über die Zulässigkeit der Klage	9		c) Aufhebung des Zwischenurteils	33
1. Bei Unzulässigkeit der Klage	11		d) Vollstreckbarkeit des Endurteils	34
2. Bei Zulässigkeit der Klage	13			
a) Zwischenurteil	13		2. Säumnis im Verfahren zur Hauptsache	35
b) Anfechtbarkeit des Zwischenurteils	15		3. Klagerücknahme	36
IV. Das weitere Verfahren	23		VI. Arbeitsgerichtliches Verfahren	37
1. Abwarten der Rechtskraft des Zwischenurteils	23			

I. Normzweck

1   Über die Zulässigkeit der Klage ist im Regelfall gleichzeitig mit der Hauptsache zu verhandeln und im Endurteil zu entscheiden. Da aber, wenn eine Zulässigkeitsvoraussetzung fehlt, die Verhandlung zur Hauptsache wertlos wird, gestattet die ZPO die abgesonderte Verhandlung und Entscheidung über die Zulässigkeit der Klage, indem sie dem Gericht die Befugnis gibt, die abgesonderte Verhandlung durch prozeßgestaltende Anordnung herbeizuführen. Auch die selbständige Anfechtbarkeit (Abs. 2 S. 1) eines Zwischenurteils, in dem die Zulässig-

---

[46] Mit *Prütting* ZZP 99 (1986), 97.

keit bejaht wurde, dient dem Zweck, die **Zulässigkeitsfrage vorab zu klären** und zu vermeiden, daß sich das Verfahren zur Hauptsache später als überflüssig erweist. Andererseits ist damit die Gefahr einer erheblichen Verzögerung des gesamten Prozesses gegeben. Daher erlaubt es Abs. 2 S. 2 dem Gericht, die Verhandlung über die Hauptsache anzuordnen, obwohl das Zwischenurteil über die Zulässigkeit noch nicht rechtskräftig geworden ist.

II. Die abgesonderte Verhandlung über die Zulässigkeit der Klage

1. Begriff der Zulässigkeit der Klage

Während früher (§§ 274, 275 aF) die abgesonderte Verhandlung und das selbständig anfechtbare Zwischenurteil auf bestimmte Prozeßvoraussetzungen beschränkt waren, hat die Vereinfachungsnovelle 1976 den **Anwendungsbereich generell auf die Zulässigkeit der Klage erstreckt**. Die Regelung, die in Streitsachen der Freiwilligen Gerichtsbarkeit entsprechend angewendet wird[1], bezieht sich daher jetzt[2] auf **alle allgemeinen Prozeßvoraussetzungen** (Sachentscheidungsvoraussetzungen) für die Klage (→ Einl. [20. Aufl.] Rdnr. 311, 314), auf die **prozeßhindernden Einreden** (→ Einl. [20. Aufl.] Rdnr. 317, also die Ausländersicherheit, → § 112 Rdnr. 1 sowie unten Rdnr. 18, und die Schiedsklausel, → § 1027 a Rdnr. 20, zur Einrede der nicht erstatteten Kosten → § 269 Rdnr. 82) und auf **besondere Prozeßvoraussetzungen** für die Klage, z. B. auf die in besonderen Verfahrensarten bestehenden Zulässigkeitsvoraussetzungen, wie etwa die Zulässigkeitsvoraussetzungen der Wiederaufnahmeklage[3]. Die abgesonderte Verhandlung kann auch hinsichtlich der Zulässigkeit des Rechtswegs angeordnet werden; die Vorabentscheidung durch Beschluß und dessen Anfechtung richten sich jedoch nach § 17 a Abs. 3 u. 4 GVG (→ § 281 Rdnr. 74 ff.), nicht nach § 280 Abs. 2.

2

Nicht erfaßt wird dagegen die **Zulässigkeit eines Rechtsmittels**. Es muß sich um die Zulässigkeit der **Klage als solcher** handeln (→ Fn. 2), nicht um die Zulässigkeit (bzw. Wirksamkeit) *einzelner* Prozeßhandlungen oder gerichtlicher Entscheidungen. Die Verhandlung über die **Zulässigkeit eines Beweismittels** gehört ebensowenig hierher wie diejenige über die Wirksamkeit einer **Klagerücknahme** oder eines **Prozeßvergleichs**[4], da es dabei nicht um die Zulässigkeit der Klage, sondern um die Zulässigkeit der Verfahrensfortsetzung geht. Die Zulässigkeit einer **Klageänderung** wird ebenfalls nicht von § 280 erfaßt (zur Unanfechtbarkeit der zulassenden Entscheidung → § 268). Dagegen gilt § 280 beim **Parteiwechsel**, soweit sich die Verhandlung und Entscheidung auf die Zulässigkeit der Klage gegen einen neuen Beklagten[5] (oder durch einen neuen Kläger) bezieht. – Die Vorschrift gilt **in allen Verfahrensarten**, auch in Ehesachen[6]. – Bei den von § 280 nicht erfaßten Zulässigkeitsfragen kann ebenfalls gesonderte Verhandlung angeordnet werden (→ § 146 Rdnr. 4, 9); ein Zwischenurteil, das aber nicht selbständig anfechtbar ist, kann nach § 303 ergehen.

3

---

[1] *OLG Celle* NJW-RR 1989, 143 (für Wohnungseigentumssachen).

[2] Vgl. Begr. BT-Drucks. 7/2729, 74, wonach der Begriff Zulässigkeit der Klage sowohl Prozeßhindernisse als auch sämtliche Prozeßvoraussetzungen erfaßt. Ebenso Bericht der Kommission für das Zivilprozeßrecht (1977), 59. Dagegen war nicht daran gedacht, Zulässigkeitsfragen aller Art zu erfassen, → Rdnr. 3.

[3] *BGH* NJW 1979, 427 = FamRZ 1979, 118 = MDR 1979, 297.

[4] Ebenso *Rimmelspacher* ZZP 97 (1984), 239; *Münch-KommZPO-Prütting* Rdnr. 4; *Thomas-Putzo*[19] § 303 Rdnr. 2. Vgl. (jedoch zu § 275 aF) *BGH* LM Nr. 3 zu § 275 (aF) (nicht für Frage der Wirksamkeit eines Prozeßvergleichs, aber Umdeutung in anfechtbares Teilurteil über Zwischenfeststellungsklage), ähnlich *BAG* AP Nr. 1 zu § 275 (aF). – A. M. *Pecher* ZZP 97 (1984), 139, 161; *AK-ZPO-Deppe-Hilgenberg* Rdnr. 2. – Offenlassend *BGH* NJW 1996, 3345, 3346 (jedenfalls ist bei Bejahung der Wirksamkeit des Prozeßvergleichs, die Erledigung des Rechtsstreits durch Endurteil auszusprechen).

[5] *BGH* NJW 1981, 989 = JZ 1981, 147 = LM § 303 Nr. 10 (Beklagtenwechsel in der Berufungsinstanz); LM § 264 ZPO 1976 Nr. 8 (Einbeziehung weiterer Beklagter in der Berufungsinstanz). – A. M. *Franz* NJW 1982, 15, 16 (nicht anfechtbares Zwischenurteil nach § 303).

[6] *OLG Zweibrücken* FamRZ 1983, 617.

[7] *BAG* MDR 1984, 522 = NJW 1984, 1990 = SAE 1984, 85, 81 (mit krit. Anm. *Leipold*).

4 Der Große Senat des BAG[7] leitet aus einer entsprechenden Anwendung von § 280 und § 303 die Befugnis ab, vorab gesondert über die **Zulässigkeit der Anrufung des Großen Senats** zu entscheiden. Näher läge es, sich insoweit nur auf die Analogie zu § 303 zu stützen; da aber die Entscheidung des Großen Senats ohnehin nicht anfechtbar ist, bleibt die Anwendung des § 280 ohne Konsequenzen.

2. Anordnung

5 Das Gericht ist berechtigt, auf Antrag oder von Amts wegen nach seinem Ermessen die abgesonderte Verhandlung anzuordnen, wenn der Beklagte eine prozeßhindernde Einrede geltend macht oder wenn das Gericht von Amts wegen eine der Prozeßvoraussetzungen zu prüfen hat. Die Anordnung ist **jederzeit**, auch nach Verwerfung einer anderen Zulässigkeitsrüge[8] oder im Falle des nachträglichen Vorbringens (§ 282 Abs. 3, § 296 Abs. 3) zulässig, auch noch in der Berufungs-[9] und in der Revisionsinstanz[10]. Sie kann auf einzelne Zulässigkeitsfragen beschränkt werden[11]. Die Anordnung (und Durchführung) der abgesonderten Verhandlung über die Zulässigkeit zwingt das Gericht nicht, durch Zwischenurteil zu entscheiden. Vielmehr kann die Anordnung entsprechend § 150 **aufgehoben** und (nach Verhandlung über die Hauptsache) durch Endurteil zugleich über die Zulässigkeit und in der Sache selbst entschieden werden[12].

3. Gegenstand der abgesonderten Verhandlung

6 Die abgesonderte Verhandlung ist ein Zwischenstreit. Beim Ausbleiben einer Partei in einem lediglich zur Verhandlung über die Prozeßvoraussetzungen und Prozeßhindernisse bestimmten Termin ist daher § 347 Abs. 2 anwendbar. Es kann deswegen jedenfalls **kein Versäumnisurteil in der Sache** ergehen. Bei Säumnis des Beklagten könnte aber auf der Grundlage des § 331 Abs. 1 (soweit nicht, wie in der Regel, die Prüfung von Amts wegen gilt, → § 331 Rdnr. 13) das *Zwischenurteil als Versäumnisurteil* ergehen, während bei Säumnis des Klägers nur ein kontradiktorisches Urteil trotz der Säumnis (Klageabweisung bei Unzulässigkeit der Klage, → § 330 Rdnr. 11, oder Zwischenurteil bei Zulässigkeit der Klage) in Betracht kommt.

7 Die abgesonderte Verhandlung über die Zulässigkeit der Klage kann wegen der **Abhängigkeit einzelner Prozeßvoraussetzungen von der rechtlichen und tatsächlichen Gestaltung der Hauptsache**, z. B. bei der Zuständigkeit, der Zulässigkeit des Rechtswegs und der Prozeßfähigkeit, unter Umständen ein Eingehen auf die Hauptsache erfordern; aber dies ist keine »Verhandlung zur Hauptsache« und die Entscheidung darüber, die nur Teil der Gründe des Zwischenurteils ist, präjudiziert das Endurteil nicht. Zur Frage, inwieweit die für die Prozeßvoraussetzungen wesentlichen Tatsachen des Beweises bedürfen, → bezüglich der Zuständigkeit § 1 Rdnr. 15 ff., allgemein zur Prüfung der Prozeßvoraussetzungen → Einl. [20. Aufl.] Rdnr. 318 ff.

4. Einlassung zur Hauptsache

8 Der Beklagte, der die Unzulässigkeit der Klage rügt, ist außer im Fall des § 269 Abs. 4 (→ § 269 Rdnr. 82) seit der Novelle 1924 **nicht befugt**, die **Einlassung zur Hauptsache zu verweigern**. Wenn das Gericht keine abgesonderte Verhandlung anordnet und sich der Beklagte zur Hauptsache nicht einläßt, läuft er Gefahr, daß bei Bejahung der Zulässigkeit sofort die Folgen

---

[8] *RGZ* 57, 418.
[9] Vgl. *RG* WarnRsp 13 (1920) Nr. 260.
[10] Beispiel: *BGH* U. vom 5.XI.1991 – X ZR 85/86, BGHDAT § 280 Dokument 2.
[11] *OLG Celle* NJW-RR 1989, 143; *Grunsky*[2] 471.
[12] *LG Hildesheim* NdsRpfl 1952, 183; *Bergenroth* NJW 1952, 1204; *Rosenberg-Schwab-Gottwald*[15] § 59 III 2; *Zöller-Greger*[20] Rdnr. 3.

des unvollständigen Verhandelns nach §§ 138, 334 eintreten, also ein kontradiktorisches Urteil zur Sache selbst gegen ihn ergehen kann[13]. Der Beklagte, der die Unzuständigkeit gerügt hat, kann **vorsorglich zur Hauptsache verhandeln,** ohne daß dadurch die zuständigkeitsbegründende Wirkung nach § 39 oder nach Art. 18 EuGVÜ[14] eintreten würde, → § 39 Rdnr. 8, 15.

III. Die Entscheidung über die Zulässigkeit der Klage

Zur **Prüfung der Prozeßvoraussetzungen** → auch Einl. [20. Aufl.] Rdnr. 318 ff. 9

Bei der **Kammer für Handelssachen** hat im Fall abgesonderter Verhandlung der **Vorsitzende** über die Zulässigkeit der Klage zu entscheiden, § 349 Abs. 2 Nr. 2. 10

1. Bei Unzulässigkeit der Klage

Wird eine Prozeßvoraussetzung verneint bzw. eines der Prozeßhindernisse bejaht, so wird, außer im Fall der nichtgeleisteten Prozeßkostensicherheit (→ § 113 Rdnr. 4) und den Verweisungsfällen der §§ 281, 506, § 17 a GVG, die **Klage durch Urteil als unzulässig abgewiesen.** Die ZPO kennt außer im Falle des § 113 S. 2 keine besondere Formel für diese Urteile, schließt sie aber auch nicht aus. Ein solches Urteil, die sog. Prozeßabweisung[15] (absolutio ab instantia), ist Endurteil (→ § 300 Rdnr. 6) und erzeugt als solches Rechtskraft nach Maßgabe seines Inhalts, → § 322 Rdnr. 136 ff. 11

Eine Sachentscheidung unter **Offenlassung der Prozeßvoraussetzungen** ist grundsätzlich unzulässig. Zu den Ausnahmen dazu, insbesondere bei den sog. Rechtsschutzvoraussetzungen als »bedingten« Sachurteilsvoraussetzungen → Einl. [20. Aufl.] Rdnr. 327, 333. 12

2. Bei Zulässigkeit der Klage

a) Zwischenurteil

Bejaht das Gericht die **Prozeßvoraussetzungen** bzw. verneint es die Prozeßhindernisse, so kann das Gericht durch Zwischenurteil entscheiden. Das Zwischenurteil enthält keinen Ausspruch über die **Kosten,** → § 91 Rdnr. 6. Zum **Streitwert** → § 3 Rdnr. 58, Stichwort Sachurteilsvoraussetzungen. 13

Besonderes (Vorabentscheidung durch Beschluß, Anfechtung mit sofortiger Beschwerde) gilt nach § 17 a Abs. 3 und 4 GVG für die Entscheidung über die **Zulässigkeit des Rechtsweges,** → § 281 Rdnr. 74 ff.

Ist über **verschiedene Zulässigkeitsfragen** zu entscheiden, so kann das Gericht ein Zwischenurteil zunächst über *eine* der Zulässigkeitsvoraussetzungen erlassen[16]. Im **Tenor** ist dann das Vorliegen der einzelnen Zulässigkeitsvoraussetzungen (bzw. das Nichtbestehen einer prozeßhindernden Einrede) festzustellen, während im anderen Fall die Klage insgesamt für unzulässig erklärt werden kann. 14

Das Zwischenurteil ist vom Erlaß an nach § 318 für das Gericht **bindend.** Dies gilt allerdings nicht, soweit sich die maßgeblichen Verhältnisse nachträglich ändern, → auch § 318 Rdnr. 7.

---

[13] A.M. *Goldschmidt* Die neue ZPO (1924), § 275, 1, der hier Nichtverhandeln (§ 333) annahm und demgemäß Versäumnisurteil zulassen wollte.
[14] *EuGH* IPRax 1982, 234 = NJW 1982, 507 (LS) = AWD 1981, 709; IPRax 1982, 238 = AWD 1982, 48 = NJW 1982, 1213 (LS) (zu beiden Entscheidungen *Leipold* IPRax 1982, 222); IPRax 1984, 259 (dazu *Hübner* IPRax 1984, 237, 239); *Kropholler* Europäisches Zivilprozeßrecht[4] Art. 18 Rdnr. 10 ff.
[15] S. auch *RGZ* (VZS) 70, 184 ff. (Prozeßurteil).
[16] Vgl. *RAG* ArbRS 29 (1937), 303.

Die Bindung reicht nur soweit, wie das Gericht entschieden hat, beschränkt sich also gegebenenfalls auf die im Zwischenurteil bejahten einzelnen Zulässigkeitsvoraussetzungen.

b) Anfechtbarkeit des Zwischenurteils

15   Das Urteil ist nach Abs. 2 S. 1 in Abweichung von § 303 hinsichtlich der **Rechtsmittel** als Endurteil anzusehen[17], und zwar auch dann, wenn die Klage auf mehrere Klagegründe gestützt ist und der Zwischenstreit über die Prozeßvoraussetzungen nur einen der Klagegründe betrifft[18]. Hierbei kann es bezüglich derjenigen Prozeßvoraussetzungen, die von Amts wegen zu prüfen sind, keinen Unterschied ausmachen, ob der Mangel von dem Beklagten **geltend gemacht** war oder das Gericht **von Amts wegen** entschieden hat[19]; denn in den Fällen der Prüfung von Amts wegen ist die Rüge der Partei sachlich immer nur Anregung. Dies gilt erst recht seit der Neufassung des Gesetzes (→ Rdnr. 2), das den Ausdruck »Urteil, durch das die prozeßhindernde Einrede verworfen wird« (so § 275 Abs. 2 aF) nicht mehr verwendet.

16   Ebensowenig kann für die Frage der **Rechtsmittelfähigkeit** des Zwischenurteils entscheidend sein, ob das Gericht **abgesonderte Verhandlung angeordnet hatte** oder nicht[20]. Für die früher herrschende gegenteilige Auffassung, die die Rechtsmittelfähigkeit des Zwischenurteils streng auf die Fälle des Abs. 1 (§ 275 Abs. 1 aF) beschränkte[21], läßt sich weder dem Wortlaut noch dem Sinn der Vorschrift ein überzeugendes Argument entnehmen. Praktisch würde sich diese Ansicht (seitdem der frühere Regelfall, die Verweigerung der Einlassung, fortgefallen ist, → Rdnr. 8) dahin auswirken, daß es dem Ermessen des Gerichts überlassen wäre, ob es durch die Anordnung der abgesonderten Verhandlung seine Entscheidung rechtsmittelfähig machen will oder nicht, und daß die Zulässigkeit des Rechtsmittels hernach nicht selten lediglich von der nachträglichen Feststellbarkeit der Anordnung einer abgesonderten Verhandlung (vgl. § 165 Rdnr. 11) abhängen würde. Die als Zwischenurteil über die Zulässigkeit der Klage erlassene Entscheidung unterliegt vielmehr **stets** der **selbständigen Anfechtung** durch Berufung oder Revision[22].

17   Selbständig anfechtbar ist z. B. auch ein Zwischenurteil, das den **Parteiwechsel** (neuer Beklagter) für zulässig erklärt[23]. Ein Zwischenurteil über die **Zulässigkeit der Wiederaufnahmeklage** ist analog Abs. 2 S. 1 auch insoweit selbständig anfechtbar, als darin das Vorliegen eines Wiederaufnahmegrundes bejaht wird[24], → § 590 Rdnr. 3.

18   Als **Zwischenurteil** kommt grundsätzlich nur eine die **Zulässigkeit bejahende Entscheidung** in Betracht, da bei Unzulässigkeit die Klage durch Endurteil abzuweisen ist[25], → Rdnr. 11. Wird in einem Zwischenurteil die Zuständigkeit bejaht, in den Gründen aber ausgeführt, daß sie für bestimmte Anspruchsgrundlagen nicht gegeben ist, so sollte man im Interesse der Vorabklärung auch insoweit die Anfechtbarkeit bejahen[26]. Selbständig anfechtbar ist ein Zwischenurteil, in dem die Einrede der vom ausländischen Kläger zu bestreitenden Prozeßkostensicherheit verworfen wird, → § 112 Rdnr. 1 mit Nachw. Dagegen ist die Rechtslage zweifelhaft, wenn durch Zwischenurteil die Verpflichtung des ausländischen Klägers zur **Leistung der Prozeßkostensicherheit** ausgesprochen wird. Der BGH hält daran fest, ein

---

[17] Vgl. insbesondere *RGZ* (VZS) 70, 179 ff., 185.
[18] *RGZ* 129, 95 (Zulässigkeit des Rechtswegs).
[19] A.M. (nur bei Rüge der Partei) *Schwab* Festschr. f. Weber (1975), 413, 426 (zu § 275 aF).
[20] Ebenso *BGH* WM 1994, 1051, 1052.
[21] S. aus der Zeit vor der Novelle 1924 *RGZ* 11, 391; 15, 399; 110, 58. Ebenso *Pagenstecher* JR 1927, 322; *Rosenberg* JZ 1957, 96; *Schwab* (Fn. 19) 424; *Rosenberg-Schwab-Gottwald*[15] § 59 III 2; *MünchKommZPO-Prütting* Rdnr. 8; *AK-ZPO-Deppe-Hilgenberg* Rdnr. 7.

[22] So auch *BGH* WM 1994, 1051, 1052; NJW 1956, 1920 = JZ 1957, 95 = LM Nr. 4 zu § 29; *Pohle* zu AP Nr. 28 zu § 2 ArbGG 1953; *Schiedermair* JuS 1961, 213; *Wieczorek*[2] § 275 B II b; *Thomas-Putzo*[19] Rdnr. 6; *Zöller-Greger*[20] Rdnr. 8.
[23] *BGH* NJW 1981, 989 (Fn. 5).
[24] *BGH* NJW 1979, 427 (Fn. 3).
[25] Ebenso Begr. BT-Drucks. 7/2729, 73; *BGH* NJW 1996, 3345, 3346.
[26] A.M. *BGH* VersR 1985, 44, 45.

derartiges Zwischenurteil sei nicht selbständig anfechtbar[27]. Nach dem von § 275 Abs. 2 aF (Verwerfung einer prozeßhindernden Einrede) abweichenden Wortlaut des Abs. 2 S. 1 ist es jedoch durchaus vertretbar, die selbständige Anfechtbarkeit eines solchen Zwischenurteils durch den Kläger zu bejahen[28]. Dies dient (anders als der BGH meint) der Verfahrensbeschleunigung, da andernfalls der Kläger den Ablauf der ihm gesetzten Frist abwarten und das danach wegen Nichtleistung der Sicherheit ergehende Endurteil nach § 113 S. 2 anfechten muß. Daß der Kläger durch die Gegenauffassung gezwungen werde, vorsorglich die Sicherheit zu erbringen, kann man auch (wiederum entgegen dem BGH) kaum als wünschenswerten »Nachdruck« für die Pflicht zur Sicherheitsleistung begrüßen, wenn das Bestehen dieser Pflicht gerade im Streit ist. Ist der Beklagte mit der im Zwischenurteil festgesetzten Höhe der Sicherheitsleistung nicht einverstanden, so erscheint es sachgerecht, auch ihm die selbständige Anfechtung zu gestatten, statt ihm den komplizierten Weg zu eröffnen, durch »Aufrechterhaltung der Einrede« eine Verwerfung durch ein weiteres, dann selbständig anfechtbares Zwischenurteil zu erreichen[29].

Ein Zwischenurteil, das den Eintritt der Unterbrechung des Verfahrens (§§ 239 ff.) feststellt, bringt nicht die Zulässigkeit der Klage zum Ausdruck, sondern steht einem Ausspruch der Unzulässigkeit der Klage näher. Im Interesse eines effektiven Rechtsschutzes ist aber die Anfechtbarkeit zu bejahen[30], wobei § 280 im Wege eines Erst-recht-Schlusses herangezogen werden kann, näher → vor § 239 Rdnr. 12.

Sachliche **Beschränkungen der Rechtsmittel**, die auch bei der Anfechtung des Zwischenurteils gelten, enthalten die §§ 10, 512 a (→ § 512 a Rdnr. 2), § 549 Abs. 2; sie betreffen die Begründetheit, nicht die Zulässigkeit[31], → § 512 a Rdnr. 5. **19**

In der **Rechtsmittelinstanz** ist nur über jene Prozeßvoraussetzung zu entscheiden, auf die sich das Zwischenurteil bezieht; § 538 Abs. 2 gilt hier nicht[32]. Der Rechtsstreit erwächst nur hinsichtlich des Zwischenstreits in die Rechtsmittelinstanz, so daß das Rechtsmittelgericht nicht in der Sache selbst entscheiden darf[33]. Hat das Rechtsmittel Erfolg, so ist es überflüssig (wenn auch unschädlich) eine Zurückverweisung (§ 538 Abs. 1 Nr. 2) auszusprechen, da der Rechtsstreit im übrigen ohnehin in der unteren Instanz anhängig geblieben ist[34]. **20**

Im Wege des **Rechtsmittels gegen das später ergehende Endurteil** ist das Zwischenurteil dagegen nicht anfechtbar; es **bindet** daher das Rechtsmittelgericht auch hinsichtlich derjenigen bejahten[35] Prozeßvoraussetzungen, die von Amts wegen zu prüfen sind[36]. **21**

Wurde die Zulässigkeit der Klage in gesetzwidriger Weise durch **Beschluß** ausgesprochen, so erscheint es gerechtfertigt, dagegen entsprechend Abs. 2 S. 1 die *Beschwerde* zuzulassen[37], ebenso aber auch – entsprechend dem *Grundsatz der Meistbegünstigung* bei inkorrekten Entscheidungen (→ Einl. vor § 511 Rdnr. 38 ff.) – das Rechtsmittel, das gegen ein *Urteil* statthaft wäre. **22**

---

[27] *BGHZ* 102, 232 = NJW 1988, 1733; übereinstimmend mit der früheren Rsp, z.B. *BGH* NJW 1965, 761; 1974, 238 = LM Nr. 8 zu § 110. Ebenso *Thomas-Putzo*[19] Rdnr. 7; *MünchKommZPO-Prütting* Rdnr. 6; *Zöller-Greger*[20] Rdnr. 8; *Demharter* MDR 1986, 186; *Bork* → § 112 Rdnr. 2.
[28] So *OLG Düsseldorf* IPrax 1991; 189; *OLG Karlsruhe* MDR 1986, 593; *OLG Bremen* NJW 1982, 2737; *OLG Hamburg* VersR 1979, 847 (LS).
[29] So aber die h.M., *BGH* NJW-RR 1990, 378 = MDR 1990, 432; NJW 1974, 238; *Bork* → § 112 Rdnr. 5 mwN.
[30] A.M. *BGHR* ZPR § 303 Anfechtbarkeit 1.
[31] Das Rechtsmittel könnte also nicht durch Beschluß nach § 519 b Abs. 2, § 554 a Abs. 2 verworfen werden.

A.M. *RGZ* 110, 57, das Unzulässigkeit der Berufung annahm.
[32] *BGHZ* 27, 15, 26; *BGH* LM § 280 Nr. 23 = NJW-RR 1986, 61 = MDR 1986, 477; *BAG* AP Nr. 2 zu § 275 (aF).
[33] *BAG* NJW 1967, 648.
[34] *BGHZ* 27, 15, 27; *BAG* NJW 1967, 648; *RGZ* (VZS) 70, 179, 183.
[35] Hinsichtlich solcher Zulässigkeitsvoraussetzungen, über die im Zwischenurteil nicht entschieden wurde, tritt keine Bindungswirkung ein, *Grunsky*[2] 471.
[36] *RG* WarnRspr 10 (1917), Nr. 354; JW 1911, 459 (die freilich von der »Rechtskraft« sprechen, dazu → § 318 Rdnr. 1); *OLG Frankfurt* NJW 1970, 1010.
[37] *OLG Zweibrücken* FamRZ 1983, 617.

IV. Das weitere Verfahren

1. Abwarten der Rechtskraft des Zwischenurteils

23   Nachdem die Zulässigkeit der Klage durch Zwischenurteil festgestellt ist, tritt ein **tatsächlicher Stillstand** des Verfahrens bis zur formellen Rechtskraft des Zwischenurteils ein[38]. Die Fortsetzung des Verfahrens erfolgt dann durch **Terminsbestimmung von Amts wegen**[39], § 216.

2. Anordnung der Verhandlung zur Hauptsache vor Rechtskraft des Zwischenurteils

24   Das Gericht kann nach Abs. 2 S. 2 auf Antrag einer der Parteien bei Erlaß des Zwischenurteils oder nachträglich, vor oder nach der Einlegung eines Rechtsmittels, anordnen, daß zur Hauptsache zu verhandeln sei, obgleich das Zwischenurteil noch nicht rechtskräftig ist[40]. Eine solche Anordnung ist auch dann zulässig, wenn die Zulässigkeit der Klage nicht vom Gericht erster Instanz, sondern erst vom Berufungsgericht ausgesprochen wurde. Die Anordnung steht im **Ermessen** des Gerichts[41], wobei die Dringlichkeit der Sache und die voraussichtliche Erfolglosigkeit der Anfechtung die wesentlichen Gesichtspunkte sind. Besteht zwischen den Parteien Einverständnis, so kann die Anordnung ohne mündliche Verhandlung ergehen, → § 128 Rdnr. 26. Andernfalls ist zur Verhandlung über den Antrag ein Termin zu bestimmen, § 216. Die Entscheidung ergeht dann durch verkündeten Beschluß[42], in dem sofort der Termin zur Verhandlung über die Hauptsache bestimmt werden kann.

25   Der **Beschluß,** der die **Verhandlung zur Hauptsache ablehnt oder anordnet,** unterliegt in entsprechender Anwendung des § 252 der Beschwerde[43], d.h. der einfachen Beschwerde bei Ablehnung, der sofortigen Beschwerde bei Anordnung der Verhandlung zur Hauptsache.

26   Wird die *Verhandlung* zur Hauptsache angeordnet, so ist auch **über die Hauptsache zu entscheiden;** eine Aussetzung der Entscheidung, um die Rechtskraft des Zwischenurteils abzuwarten, ist unzulässig[44].

V. Die gleichzeitige Verhandlung über die Zulässigkeit und über die Hauptsache

27   Wird die Verhandlung zur Hauptsache angeordnet und ergreift der Beklagte gegen das Zwischenurteil ein Rechtsmittel, so ist der Prozeß wie in den parallelen Fällen des § 304 und der Vorbehaltsurteile nach §§ 302, 599 **gleichzeitig in zwei Instanzen anhängig;** aber die weitere Verhandlung wie die darauf ergehende Entscheidung ist durch den Rechtsbestand des Zwischenurteils inhaltlich **bedingt**[45].

---

[38] *RGZ* 57, 417.
[39] *BGH* NJW 1979, 2307 (zu § 304); *Zöller-Greger*[20] Rdnr. 9; *Thomas-Putzo*[19] Rdnr. 9.
[40] Für analoge Anwendung des Abs. 2 S. 2 (und des § 304 Abs. 2, 2. HS) bei der Verbindung von Zustimmungs- und Ausschlußklage bei Personenhandelsgesellschaften *Merle* ZGR 1979, 67, 78 ff.
[41] Ebenso *KG* MDR 1971, 588.
[42] Vgl. dazu auch *Hein* Identität der Partei 1 (1918), 275 f.
[43] Wie hier *OLG Köln* NJW 1956, 555 (zu § 304); *OLG Karlsruhe* NJW 1971, 662; *KG* MDR 1971, 588 (zu § 304); ohne die Differenzierung nach § 252 *Baumbach-Lauterbach-Hartmann*[55] Rdnr. 11 (einfache Beschwerde); *AK-ZPO-Deppe-Hilgenberg* Rdnr. 9 (sofortige Beschwerde). – A.M. *RGZ* 57, 416 f., wo die Beschwerde mit Rücksicht darauf, daß der Beschluß aufgrund obligatorischer mündlicher Verhandlung zu ergehen hat, ganz versagt wird; *MünchKommZPO-Prütting* Rdnr. 12. Gegen die Anordnung der Verhandlung zur Hauptsache versagen die Beschwerde *OLG München* NJW 1974, 1514; *OLG Frankfurt* MDR 1985, 149; *Thomas-Putzo*[19] Rdnr. 9; *Zöller-Greger*[20] Rdnr. 9.
[44] S. auch *RGZ* 3, 403; *Keyßner* ZHR 27 (1882), 327. – A.M. *Oppenheim* Gruchot 27 (1883), 1 ff.; *Eccius* Gruchot 27 (1883), 426 ff.
[45] S. dazu *Schiedermair* JuS 1961, 212.

1. Abhängigkeit des Verfahrens und des Urteils zur Hauptsache vom Fortbestand des Zwischenurteils

a) Bedingtes Urteil zur Hauptsache

Ergeht in der ersten Instanz ein kontradiktorisches Urteil zur Hauptsache, so wird dadurch das Zwischenurteil über die Zulässigkeit der Klage nicht wie ein gewöhnliches Zwischenurteil (§ 303) absorbiert. Das Urteil zur Hauptsache ergeht vielmehr unter der (stillschweigenden) **auflösenden Bedingung,** daß das Zwischenurteil bestehen bleibt, und wird **von selbst hinfällig**, wenn ihm durch eine Abänderung der Vorentscheidung seitens des Richters der höheren Instanz diese Grundlage entzogen wird, sollte es selbst auch bereits die formelle Rechtskraft erlangt haben[46]. 28

Der Erlaß des Urteils in der Hauptsache hindert also den Beklagten nicht, die noch nicht rechtskräftig gewordene Vorentscheidung über die Zulässigkeit der Klage **anzufechten** und damit auch die Beseitigung des bereits verkündeten oder rechtskräftigen Urteils in der Hauptsache herbeizuführen[47]. Einer **förmlichen Aufhebung** des Urteils in der Hauptsache durch den Richter, der in letzter Instanz über das Zwischenurteil erkennt, bedarf es nicht; sie erscheint auch nicht zulässig, da die Hauptsache nicht bei ihm anhängig ist. Ebensowenig kommt eine **Restitutionsklage** in Frage, denn § 580 Nr. 7 a setzt ein früheres, rechtskräftig gewordenes Urteil voraus. 29

War das Zwischenurteil bei Erlaß des Urteils zur Hauptsache **bereits angefochten,** so wird das Rechtsmittelverfahren durch das spätere Urteil in der Hauptsache, auch im Falle seiner Rechtskraft, nicht gegenstandslos. 30

b) Gestaltungsurteile

Die Abhängigkeit des Hauptsacheurteils vom Fortbestand des Zwischenurteils als *auflösende* Bedingung aufzufassen, ist im Hinblick auf die sogleich eintretende vorläufige Vollstreckbarkeit (→ Rdnr. 34) gerechtfertigt. Bei Gestaltungsurteilen (z.B. Ehescheidung, Ausschluß aus einer Gesellschaft, allgemein zu den Gestaltungsklagen → vor § 253 Rdnr. 39ff.) erscheint es dagegen bedenklich, die Gestaltungswirkung mit der formellen Rechtskraft des Urteils in der Hauptsache zunächst eintreten und dann bei Aufhebung des Zwischenurteils wieder entfallen zu lassen[48]. Es müßte dann ein rückwirkender Wegfall der Gestaltungswirkung bejaht werden, während sonst eine auflösende Bedingung gerade nicht zur Rückwirkung führt (§ 158 Abs. 2 BGB). Selbst wenn man die Rückwirkung bejaht, würden bei der Abwicklung der mittlerweile eingetretenen tatsächlichen Verhältnisse unter Umständen erhebliche Komplikationen eintreten[49]. Daher erscheint es angezeigt, die **Gestaltungswirkung erst dann** eintreten zu lassen, wenn sowohl das **Urteil in der Hauptsache** als auch das die Zulässigkeit bejahende **Zwischenurteil** formell **rechtskräftig** geworden sind. Methodisch läßt sich dies dadurch rechtfertigen, daß man nur unter der genannten doppelten Voraussetzung eine »Rechtskraft des Urteils« im Sinne der entsprechenden materiellen Tatbestände (z.B. beim Scheidungsurteil des § 1564 S. 2 BGB) annimmt. 31

---

[46] So auch BGH NJW 1973, 467, 468; RGZ 5, 424; 15, 349; 77, 95 (zu § 304); OLG Kiel OLG Rsp 19 (1909), 121; KG OLG Rsp 18 (1909), 387.

[47] Vgl. OLG Kiel OLG Rsp 19 (1909), 121.

[48] Darauf weist Merle ZGR 1979, 67, 81ff. zutreffend hin, der sich daher für die Annahme einer *aufschiebenden* Bedingung ausspricht. Dem ist hinsichtlich der Gestaltungswirkung im Ergebnis zuzustimmen.

[49] Man käme zu ähnlichen Schwierigkeiten wie etwa bei der erfolgreichen Wiederaufnahmeklage gegen ein rechtskräftiges Scheidungsurteil (→ § 578 Rdnr. 4ff.), die man aber hier weniger leicht in Kauf nehmen kann da die Aufhebung des Zwischenurteils – anders als eine erfolgreiche Wiederaufnahmeklage – nicht bloß in Ausnahmefällen in Betracht kommt.

32   Eine andere Frage ist, ob in solchen Fällen überhaupt die **Anordnung der Verhandlung zur Hauptsache** vor Rechtskraft des Zwischenurteils zweckmäßig ist; dies wird in aller Regel zu verneinen sein. Rechtlich verboten ist die Anordnung der Verhandlung zur Hauptsache jedoch nicht.

c) Aufhebung des Zwischenurteils

33   Wird die Zwischenentscheidung aufgehoben, während die Hauptsache noch in erster Instanz schwebt, so **erledigt** sich, wenn es zur rechtskräftigen Prozeßabweisung kommt, das Verfahren zur Hauptsache von selbst. Erfolgt die Aufhebung, während die Hauptsache in der Rechtsmittelinstanz schwebt, so ist (bei rechtskräftiger Prozeßabweisung) das **Rechtsmittel erledigt**; es mag zweckmäßig sein, das gegenstandslos gewordene erstinstanzliche Urteil in der Hauptsache aufzuheben[50], notwendig ist dies aber nicht, und für eine Kostenentscheidung ist kein Raum, da die in dem prozeßabweisenden Urteil enthaltene Kostenentscheidung die Kosten des gesamten Verfahrens deckt[51].

d) Vollstreckbarkeit des Endurteils

34   Da das Endurteil in seiner Wirksamkeit von der Rechtskraft des Zwischenurteils abhängt, tritt die *endgültige* Vollstreckbarkeit erst ein, wenn auch das *Zwischenurteil* rechtskräftig ist, → § 704 Rdnr. 3. Trotz der Abhängigkeit vom Zwischenurteil ist das **Endurteil aber für vorläufig vollstreckbar zu erklären**, näher → § 704 Rdnr. 3 a. Vom gegenteiligen Standpunkt aus wäre der Kläger schlechter gestellt, als wenn das Gericht von der – gerade der glatteren Erledigung des Rechtsstreits dienenden – Befugnis der abgesonderten Entscheidung mit nachfolgender Verhandlung über die Hauptsache keinen Gebrauch gemacht hätte; das kann nicht dem Sinn des Gesetzes entsprechen[52].

2. Säumnis im Verfahren zur Hauptsache

35   Im Falle der Säumnis in der weiteren Verhandlung zur Hauptsache haben dieselben Grundsätze (→ Rdnr. 28) zu gelten. Auch ein rechtskräftiges Versäumnisurteil entfällt also, wenn das Zwischenurteil aufgehoben und die Klage rechtskräftig als unzulässig abgewiesen wird. Denn auch wenn ein Versäumnisurteil in der Sache selbst nach §§ 330 ff. ergeht, so ruht doch dieses Urteil genauso wie ein kontradiktorisches auf dem vorher erlassenen Zwischenurteil, und genau wie dort ist das Gericht nach Maßgabe des § 318 an sein Zwischenurteil gebunden. Folglich muß dem Versäumnisurteil **ebenfalls die stillschweigende Bedingung** innewohnen, daß das Zwischenurteil aufrecht erhalten bleibt[53]. (Anders ist es, wenn im Nachverfahren des § 304 Abs. 2 der Kläger ausbleibt; denn dann wird das schon rechtskräftige Zwischenurteil durch den mit der Säumnis eintretenden Rechtsverlust unerheblich, → § 304 Rdnr. 47, § 332 Rdnr. 4).

---

[50] *OLG Hamburg* OLG Rsp 19 (1909), 120.
[51] *OLG Rostock* OLG Rsp 19 (1909), 148, das die Berufung verwerfen will.
[52] RGZ 107, 33 (zu § 304); KG OLG Rsp 18 (1909), 387; eingehend *Schiedermair* JuS 1961, 216. – A.M. *OLG Colmar* OLG Rsp 7 (1903), 303. – Abweichend *Gelhaar* VersR 1964, 206 (zu § 304, endgültige Vollstreckbarkeit bei formeller Rechtskraft des Betragsurteils).

[53] S. auch KG OLG Rsp 9 (1904), 135; *OLG Kiel* Rsp 19 (1909), 121; *Troll* Das Versäumnisurteil nach der Reichscivilprozeßordnung (1887), 62; *Zeitlmann* Über den Einfluß der Zwischenurteile und des bedingten Endurteils auf nachfolgende Versäumnisurteile (1893), 29 ff.; *Stein* Der Urkunden- und Wechselprozeß (1887), 342 ff. – A.M. RGZ 14, 344 f.; *OLG Rostock* SeuffArch 45 (1890), 231.

3. Klagerücknahme

Das Zwischenurteil kommt in Wegfall, wenn, während der Streit darüber in der höheren Instanz schwebt, die Klage zurückgenommen wird, § 269 Abs. 3 S. 1, 2. HS. 36

VI. Arbeitsgerichtliches Verfahren

Zu den Zulässigkeitsrügen → § 282 Rdnr. 47. § 280 gilt im Urteilsverfahren und (entsprechend) im Beschlußverfahren; hier kann die Zulässigkeit des Antrags durch einen selbständig anfechtbaren *Zwischenbeschluß* ausgesprochen werden[54]. Hinsichtlich der **selbständigen Anfechtung** des die Zulässigkeit der Klage bejahenden Zwischenurteils gilt nichts Abweichendes[55], während die selbständige Anfechtbarkeit eines *Grundurteils* (§ 304) durch § 64 Abs. 7 ArbGG ausgeschlossen ist, → § 304 Rdnr. 57 f. 37

§ 281 [Verweisung bei Unzuständigkeit]

(1) ¹Ist aufgrund der Vorschriften über die örtliche oder sachliche Zuständigkeit der Gerichte die Unzuständigkeit des Gerichts auszusprechen, so hat das angegangene Gericht, sofern das zuständige Gericht bestimmt werden kann, auf Antrag des Klägers durch Beschluß sich für unzuständig zu erklären und den Rechtsstreit an das zuständige Gericht zu verweisen. ²Sind mehrere Gerichte zuständig, so erfolgt die Verweisung an das vom Kläger gewählte Gericht.

(2) ¹Anträge und Erklärungen zur Zuständigkeit des Gerichts können vor dem Urkundsbeamten der Geschäftsstelle abgegeben werden. ²Die Entscheidung kann ohne mündliche Verhandlung ergehen. ³Der Beschluß ist unanfechtbar. ⁴Der Rechtsstreit wird bei dem im Beschluß bezeichneten Gericht mit Eingang der Akten anhängig. ⁵Der Beschluß ist für dieses Gericht bindend.

(3) ¹Die im Verfahren vor dem angegangenen Gericht erwachsenen Kosten werden als Teil der Kosten behandelt, die bei dem im Beschluß bezeichneten Gericht erwachsen. ²Dem Kläger sind die entstandenen Mehrkosten auch dann aufzuerlegen, wenn er in der Hauptsache obsiegt.

Gesetzesgeschichte: Bis 1900 § 249, dann § 276. Änderungen durch EntlVO 1915 (→ Einl. [20. Aufl.] Rdnr. 118), § 27 alter Zählung, und durch Nov 1924 (→ Einl. Rdnr. 123). Durch die Vereinfachungsnovelle 1976 (→ Einl. Rdnr. 159) wurde aus § 276 aF ohne Änderung des Wortlauts § 281 nF. (§ 281 aF, der die Rechtshängigkeit eines im Laufe des Prozesses erhobenen Anspruchs regelte, wurde unverändert zu § 261 Abs. 2 nF.) § 281 Abs. 2 neu gefaßt durch Rechtspflege-Vereinfachungsgesetz vom 17.XII.1990 (BGBl. I 2847).

I. Allgemeines, Geltungsbereich	1	6. Erfaßte Verfahrensarten		6
1. Entstehung, Zweck	1	a) Urteils-, Beschlußverfahren;		
2. Nur inländische Gerichte	2	Familiensachen		6
3. Anwendungsbereich	3	b) Mahnverfahren		7
4. Abgabe	4			
5. Wechsel des Spruchkörpers	5			

---

[54] *Grunsky* ArbGG⁷ § 80 Rdnr. 45; *Matthes* in Matthes-Germelmann-Prütting ArbGG² § 84 Rdnr. 6.

[55] S. auch *BAG* AP Nr. 28 zu § 3 ArbGG 1953 (mit Anm. *Pohle*); *LAG* Berlin ArbRsp 1 (1927/28), 156; *LAG Hamm* AP 50 Nr. 167 (mit Anm. *Volkmar*).

II. Die Voraussetzungen der Verweisung ... 10
 1. Rechtshängigkeit ... 10
 2. Unzuständigkeit ... 11
  a) Art, Zeitpunkt ... 11
  b) Mehrere Gerichtsstände ... 12
  c) Klagehäufung, mehrere Klagegründe, Teilverweisung ... 13
  d) Haupt- und Hilfsantrag ... 14
 3. Antrag ... 15
  a) Notwendigkeit und Inhalt ... 15
  b) Stellung des Antrags ... 16b
 4. Bestimmung des zuständigen Gerichts ... 17
III. Das Verfahren bei der Verweisung ... 19
 1. Ohne obligatorische mündliche Verhandlung ... 19
 2. Beschluß ... 20
 3. Unanfechtbarkeit ... 22
 4. Verweisung nach Einspruch ... 23
IV. Die Wirkungen der Verweisung ... 24
 1. Rechtshängigkeit ... 24
 2. Bindung ... 27
  a) Inhalt, Umfang ... 27
  b) Unrichtige Beschlüsse, fehlerhaftes Verfahren ... 29
  c) Reichweite der Bindung bei späteren Veränderungen ... 34
 3. Verfahrensfortgang ... 35
V. Verweisung in der Rechtsmittelinstanz ... 37
 1. Zulässigkeit, Antrag ... 37
 2. Verweisungsurteil ... 38
VI. Kosten und Gebühren ... 39
 1. Allgemeines ... 39
 2. Kostenlast des Klägers, Abs. 3 S. 2 ... 40
  a) Mehrkosten ... 40
  b) Mahnverfahren, Kostenübernahme im Vergleich ... 41
  c) Verstoß ... 42
 3. Notwendigkeit ... 43
 4. Gerichtsgebühren ... 44
VII. Verweisung und Abgabe bei Beteiligung von Familiengerichten (AG) und Familiensenaten (OLG) ... 45
 1. Allgemeines ... 45
 2. Verweisung bzw. Abgabe innerhalb der ersten Instanz ... 46
  a) Innerhalb eines Amtsgerichts ... 46
  b) Verweisung von einem Amtsgericht an ein anderes Amtsgericht ... 48
  c) Vom Amtsgericht (Familiengericht) an das Landgericht ... 51
  d) Vom Landgericht an das Amtsgericht ... 52
  e) Abgabe und Verweisung bei nachträglicher Rechtshängigkeit einer Ehesache ... 53
 3. In der Rechtsmittelinstanz ... 56
  a) Rechtsmittelzuständigkeit des LG und des OLG ... 56
  b) Fehlerhafte Beurteilung in erster Instanz bei Berufung zum OLG ... 57
   aa) Amtsgericht (Familiengericht) als erste Instanz ... 57
   bb) Landgericht als erste Instanz ... 58
   cc) Kompetenzkonflikt beim OLG ... 60
  c) Fehlbeurteilung in erster Instanz bei Berufung zum LG ... 61
VIII. Zivilkammer und Kammer für Handelssachen ... 62
 1. Verweisung durch die Kammer für Handelssachen ... 63
 2. Verweisung durch die Zivilkammer ... 64
 3. Verweisung durch das Amtsgericht ... 65
 4. Antrag und Verweisungsbeschluß ... 66
IX. Verhältnis zur freiwilligen Gerichtsbarkeit ... 67
 1. Ausdrückliche Regelungen ... 67
 2. Entsprechende Anwendung der §§ 17 ff. GVG bei Parteistreitsachen ... 72
 3. Andere Verfahren ... 73b
X. Verweisung zwischen den Rechtswegen ... 74
 1. Rechtsgrundlagen seit der Reform 1990; Anwendungsbereich ... 74
 2. Voraussetzungen der Verweisung ... 80
  a) Verweisung von Amts wegen; Ausnahmen ... 80
  b) Unzulässigkeit des angerufenen Rechtswegs ... 83
  c) Bestimmung des Rechtswegs ... 86
  d) Anhörung der Parteien ... 88
 3. Verweisungsbeschluß ... 89
 4. Anfechtung ... 90
 5. Wirkungen der Verweisung ... 91
  a) Rechtshängigkeit, Prozeßkostenhilfe ... 91
  b) Fristwahrung ... 92
  c) Verfahrensfortgang ... 93

6. Bindungswirkung des Verweisungsbeschlusses	94
7. Kosten	96
8. Verweisung in der Rechtsmittelinstanz	97
a) Nach Zulässigkeitsbeschluß der ersten Instanz	97
b) Nach Sachentscheidung der Vorinstanz	98
c) Nach Abweisung der Klage als unzulässig durch Endurteil	99
XI. Arbeitsgerichtliches Verfahren	100
1. Rechtsgrundlagen; Anwendungsbereich	100
2. Verweisung zwischen Arbeitsgerichtsbarkeit und ordentlicher Gerichtsbarkeit	102
a) Voraussetzungen	102
b) Bindungswirkung	104
3. Verweisung innerhalb der Arbeitsgerichtsbarkeit wegen örtlicher Unzuständigkeit	106
a) Verweisung von Amts wegen	106
b) Unanfechtbarkeit	107
c) Zuständigkeitsbejahender Vorabbeschluß	108
d) Entscheidung ohne mündliche Verhandlung und rügelose Einlassung	109
e) Bindungswirkung	110
4. Verweisung wegen sachlicher Unzuständigkeit; Kammern mit erweitertem Bezirk	111
5. Verweisung wegen der Verfahrensart	112
6. Spruchkörperbesetzung	113
7. Kosten und Gebühren bei Verweisung zwischen Arbeitsgerichtsbarkeit und ordentlicher Gerichtsbarkeit	114
a) Parteikosten	114
b) Gerichtskosten	116

Stichwortregister zur Verweisung

Abgabe: → Rdnr. 4
— im Bereich der Freiwilligen Gerichtsbarkeit: → Rdnr. 67 ff.
— im Mahnverfahren: → Rdnr. 9
— vor Zustellung der Klage: → Rdnr. 10, 39
— zwischen Familiengericht und Prozeßabteilung: → Rdnr. 46 ff.
Ablehnung eines Verweisungsantrags: → Rdnr. 22 b
AGB: → Rdnr. 30 c
Amtspflichtverletzung: → Rdnr. 85
Amtswegige Verweisung: → Rdnr. 80 ff., 106
Anfechtung: → Rdnr. 22 ff., 31 f.
— bei Rechtswegverweisung: → Rdnr. 90
— bei Verweisung in der Rechtsmittelinstanz: → Rdnr. 38
— im Verhältnis zur Freiwilligen Gerichtsbarkeit: → Rdnr. 72
— innerhalb der Arbeitsgerichtsbarkeit: → Rdnr. 107
Antrag: → Rdnr. 15 ff.
Anwaltsgebühren: → Rdnr. 44
— im Verhältnis zur Arbeitsgerichtsbarkeit: → Rdnr. 114 f.
Anwaltsgericht: → Rdnr. 75
Anwaltszwang: → Rdnr. 16 b
Anwendungsbereich: → Rdnr. 3
Arbeitsgerichtsbarkeit: → Rdnr. 75, 100 ff.
Arrest: → Rdnr. 6
Aufgebotsverfahren: → Rdnr. 6
Aufrechnung (Rechtsweg): → Rdnr. 84

Ausländische Entscheidungen: → Rdnr. 6
Ausländisches Gericht: → Rdnr. 2, 101
Ausschlußfrist: → Rdnr. 25
Äußerungsfrist: → Rdnr. 33 a

Begründung des Verweisungsbeschlusses: → Rdnr. 21, 30
Berufungsinstanz: → Rdnr. 37
— bei Familiensachen: → Rdnr. 56 ff.
— bei Rechtswegverweisung: → Rdnr. 98 f.
Beschluß: → Rdnr. 20 f.
Beschlußverfahren: → Rdnr. 6
— Arbeitsgerichtsbarkeit: → Rdnr. 112
Beschwerde: → Rdnr. 31
— bei Rechtswegverweisung: → Rdnr. 90
— im Verhältnis zur Freiwilligen Gerichtsbarkeit: → Rdnr. 72
Beschwerdeinstanz: → Rdnr. 37
Bestimmung des Gerichtsstands: → Rdnr. 33
Beweisaufnahmen vor dem verweisenden Gericht: → Rdnr. 36
Beweiserhebung: → Rdnr. 17
Bindung: → Rdnr. 27 ff.
— bei Familiensachen: → Rdnr. 46, 48 ff., 51, 52, 54, 57, 58 f.
— bei Rechtswegverweisung: → Rdnr. 94 f.
— innerhalb der Arbeitsgerichtsbarkeit: → Rdnr. 110
— zwischen Arbeitsgerichtsbarkeit und ordentlicher Gerichtsbarkeit: → Rdnr. 104

Doppelwohnsitz: → Rdnr. 30c

Eidesstattliche Versicherung: → Rdnr. 6
Einspruch: → Rdnr. 23
Einstweilige Verfügung: → Rdnr. 6
Einverständnis: → Rdnr. 32
Einzelrichter: → Rdnr. 20
Enteignungsentschädigung: → Rdnr. 85
Ergänzung der Entscheidung: → Rdnr. 42
Erledigung der Hauptsache: → Rdnr. 10, 40
EuGVÜ: → Rdnr. 2

Familiengericht: → Rdnr. 45 ff.
Familiensachen: → Rdnr. 6a, 45 ff.
Familiensenat: → Rdnr. 45b, 57, 58, 60, 61
Fehlen jeder gesetzlichen Grundlage: → Rdnr. 30
Fehlerhafte Kostenentscheidung: → Rdnr. 42
Fehlerhaftes Verfahren: → Rdnr. 29 ff.
Feriensache: → Rdnr. 33a
Finanzgerichtsbarkeit: → Rdnr. 75, 79
Forderungspfändung: → Rdnr. 6
Formelle Anknüpfung: → Rdnr. 45b
Formlose Mitteilung: → Rdnr. 21
Fortdauer der Rechtshängigkeit: → Rdnr. 25, 36
Freiwillige Gerichtsbarkeit: → Rdnr. 67 ff.
Fristwahrung: → Rdnr. 25
– bei Rechtswegverweisung: → Rdnr. 92
Funktionelle Zuständigkeit: → Rdnr. 11

Gebühren: → Rdnr. 39 ff.
– zwischen Arbeitsgerichtsbarkeit und ordentlicher Gerichtsbarkeit: → Rdnr. 114 ff.
Gerichtlicher Vergleich: → Rdnr. 41
Gerichtsbezirk: → Rdnr. 30b
Gerichtsferien: → Rdnr. 33a
Gerichtsgebühren: → Rdnr. 44
– zwischen Arbeitsgerichtsbarkeit und ordentlicher Gerichtsbarkeit: → Rdnr. 116
Gerichtsstandsbestimmung: → Rdnr. 33
Geschäftsverteilung: → Rdnr. 45
Geständnis: → Rdnr. 36

Hauptantrag: → Rdnr. 14, 46
– Rechtsweg: → Rdnr. 46
HausratsVO: → Rdnr. 30c, 68, 71
Hilfsantrag: → Rdnr. 14, 46
– Rechtsweg: → Rdnr. 84

Internationale Zuständigkeit: → Rdnr. 2, 101

Kammer für Handelssachen: → Rdnr. 62 ff.
Kammern mit erweitertem Bezirk: → Rdnr. 111
Kartellsachen: → Rdnr. 6, 37a
Klageänderung: → Rdnr. 34
Klagehäufung: → Rdnr. 13
– Rechtsweg: → Rdnr. 84

Kompetenzkonflikt
– beim OLG: → Rdnr. 60
– zwischen allgemeiner Prozeßabteilung und Familiengericht: → Rdnr. 47
Konkurs: → Rdnr. 6
Kosten: → Rdnr. 39 ff.
– zwischen Arbeitsgerichtsbarkeit und ordentlicher Gerichtsbarkeit: → Rdnr. 114 ff.
– bei Rechtswegverweisung: → Rdnr. 96
Kostenfestsetzungsantrag: → Rdnr. 6
Kostenfestsetzungsverfahren: → Rdnr. 24
Kostenübernahme in Vergleich: → Rdnr. 41

Landwirtschaftssachen: → Rdnr. 70 f.
Lugano-Übereinkommen: → Rdnr. 2

Mahnantrag: → Rdnr. 8
Mahnbescheid: → Rdnr. 8
Mahnverfahren: → Rdnr. 7 ff., 29, 41
Materielle Anknüpfung: → Rdnr. 45b
Mehrere Gerichtsstände: → Rdnr. 12, 17
Mehrkosten: → Rdnr. 39 f.
– bei Rechtswegverweisung: → Rdnr. 96
– zwischen Arbeitsgerichtsbarkeit und ordentlicher Gerichtsbarkeit: → Rdnr. 114 f.
Mündliche Verhandlung: → Rdnr. 19

Nebenverfahren: → Rdnr. 24
Neue Bundesländer: → Rdnr. 3
Notwendige Kosten: → Rdnr. 42 f.

OLG bei Familiensache: → Rdnr. 45b, 57 ff.
Ordentliche Gerichtsbarkeit: → Rdnr. 75
Örtliche Zuständigkeit: → Rdnr. 11

Parteikosten (Arbeitsgerichtsbarkeit und ordentliche Gerichtsbarkeit): → Rdnr. 114 f.
Parteistreitsachen der FG: → Rdnr. 72 ff.
Patentsachen: → Rdnr. 6
Präklusion: → Rdnr. 36
Prozeßkostenhilfe: → Rdnr. 6, 24, 36
– bei Rechtswegverweisung: → Rdnr. 78, 91
Prozeßvergleich: → Rdnr. 41

Rechtliches Gehör: → Rdnr. 19, 31 ff.
Rechtshängigkeit: → Rdnr. 10
– beim angewiesenen Gericht: → Rdnr. 24 ff.
– bei Rechtswegverweisung: → Rdnr. 91
Rechtsmittelinstanz: → Rdnr. 37 ff.
– bei Rechtswegverweisung: → Rdnr. 97 ff.
Rechtsweg: → Rdnr. 28, 74 ff.
Rechtswegverweisung: → Rdnr. 74 ff.
Rechtswegzuständigkeit kraft Sachzusammenhangs: → Rdnr. 84, 103
Registersachen: → Rdnr. 73b
Revisionsinstanz: → Rdnr. 37

Rügelose Einlassung (Arbeitsgerichtsbarkeit): →
  Rdnr. 109

Sachliche Zuständigkeit: → Rdnr. 11
Sachzusammenhang: → Rdnr. 84, 103
Säumnis des Beklagten: → Rdnr. 15
Schiedsgericht: → Rdnr. 3, 101
Schiedssprüche: → Rdnr. 6
Sozialgerichtsbarkeit: → Rdnr. 75, 79
Spruchkörper: → Rdnr. 5
Spruchkörperbesetzung (Arbeitsgerichtsbarkeit):
  → Rdnr. 113
Stufenklage: → Rdnr. 34

Teilverweisung: → Rdnr. 13
Terminsbestimmung: → Rdnr. 26

Überörtliche Sozietät: → Rdnr. 40
Überraschungsentscheidung: → Rdnr. 33a
Unabänderlichkeit: → Rdnr. 22
Unanfechtbarkeit: → Rdnr. 22 ff.
Unrichtiger Beschluß: → Rdnr. 29 ff.
Unterbliebene Kostenauferlegung: → Rdnr. 42
Unzulässiger Rechtsweg: → Rdnr. 83 ff.
Unzuständigkeit: → Rdnr. 11 ff.
Urkundenprozeß: → Rdnr. 6
Urteilsverfahren: → Rdnr. 6
– Arbeitsgerichtsbarkeit: → Rdnr. 112

Verfahrensarten: → Rdnr. 6
Verfahrensfortgang: → Rdnr. 35 f.
– Rechtswegverweisung: → Rdnr. 92
Vergleich: → Rdnr. 41
Vergleichsverfahren: → Rdnr. 6
Verkehrsanwaltskosten: → Rdnr. 40
Verkündung: → Rdnr. 21
Verspätetes Vorbringen: → Rdnr. 36
Vertragshilfeverfahren: → Rdnr. 73a
Verwaltungsbehörde: → Rdnr. 3
Verwaltungsgerichtsbarkeit: → Rdnr. 75, 79
Verweisung
– allgemeines Prozeßgericht im Verhältnis zu Familiengericht und Familiensenat: → Rdnr. 45 ff.

– innerhalb der Arbeitsgerichtsbarkeit: →
  Rdnr. 106 ff.
– zwischen ordentlicher Gerichtsbarkeit und Arbeitsgerichtsbarkeit: → Rdnr. 102 f., 114 ff.
– zwischen den Rechtswegen: → Rdnr. 74 ff.
– zwischen Prozeßgericht und Freiwilliger Gerichtsbarkeit: → Rdnr. 67 f.
– zwischen Zivilkammer und Kammer für Handelssachen: → Rdnr. 62 ff.
Verweisungsbeschluß: → Rdnr. 20 f.
– Rechtswegverweisung: → Rdnr. 89
Verweisungsurteil: → Rdnr. 38
Verwirkung von Prozeßhandlungen: → Rdnr. 36
Vollstreckbarerklärung: → Rdnr. 6
Vollstreckungsverfahren: → Rdnr. 6
Vormundschaftssachen: → Rdnr. 73b
Vorsitzender der Kammer für Handelssachen: →
  Rdnr. 20

Wahlrecht: → Rdnr. 12, 17
Wechsel des Spruchkörpers: → Rdnr. 5
Wechselprozeß: → Rdnr. 6
Weiterverweisung: → Rdnr. 27 f.
– bei Rechtswegverweisung: → Rdnr. 95
Widerklage: → Rdnr. 13, 36, 37
Widerspruch gegen Mahnbescheid: → Rdnr. 9
Wiederaufnahmeantrag: → Rdnr. 22a
Wiederaufnahmeverfahren: → Rdnr. 6
Wiedergutmachungssachen: → Rdnr. 73a
Willkürliche Verweisung: → Rdnr. 30
Wohnsitz: → Rdnr. 30c
Wohnsitzwechsel: → Rdnr. 34
Wohnungseigentumssache: → Rdnr. 69, 71, 73 f.

Zeitpunkt: → Rdnr. 11
Zivilkammer: → Rdnr. 62 ff.
Zurückverweisung: → Rdnr. 27, 32
Zurückweisung wegen Verspätung: → Rdnr. 36
Zuständigkeitsvereinbarungen: → Rdnr. 34
Zustellung: → Rdnr. 21
Zwangsvollstreckung: → Rdnr. 6
Zweige der Gerichtsbarkeit: → Rdnr. 74 ff.

I. Allgemeines, Geltungsbereich[1]

1. Entstehung, Zweck

Die Unzuständigkeit des Gerichts mußte ursprünglich stets durch Urteil ausgesprochen werden und führte zur Verweisung nur bei sachlicher Unzuständigkeit, sonst zur Abweisung der Klage. Nach verschiedenen Zwischenstufen wurde allgemein die **beschlußmäßige Ver-** 1

---

[1] Lit.: *Fischer* Zur Bindungswirkung rechtswidriger Verweisungsbeschlüsse im Zivilprozeß gemäß § 281 II 5 ZPO, NJW 1993, 2417; *Rüßmann* Die Verweisung nach § 281 ZPO und das EuGVÜ, JPRax 1996, 402.

§ 281 I   2. Buch. Verfahren im ersten Rechtszuge. 1. Abschnitt. Landgerichte

weisung des Rechtsstreits vom unzuständigen an das zuständige Gericht zugelassen. Zweck dieser Regelung ist es, Zeit und Kosten zu sparen und so der **Prozeßökonomie** Rechnung zu tragen.

2. Nur inländische Gerichte

2   An ein **ausländisches** Gericht kann nicht verwiesen werden[2]. Dies gilt auch im Bereich des EuGVÜ[2a] und des Lugano-Übereinkommens. Daß § 281 nur die Verweisung an ein zuständiges inländisches Gericht meint, läßt sich schon daraus erkennen, daß die Geltung der Vorschrift auch für das zuständige Gericht vorausgesetzt wird. Dagegen macht es keinen Unterschied, ob das zuständige Gericht demselben oder einem anderen deutschen Bundesland angehört.

3. Anwendungsbereich

3   Der unmittelbare Geltungsbereich des § 281 erfaßt nur Verweisungen **innerhalb der streitigen ordentlichen Gerichtsbarkeit**. § 281 ist jedoch auch auf das Verhältnis zu besonderen Zivilgerichten[3] anwendbar. § 281 gilt nicht für Verweisungen zwischen den Rechtswegen, → Rdnr. 74 ff., auch nicht mehr im Verhältnis von ordentlichen Gerichten und Arbeitsgerichten, → Rdnr. 102 ff., und ebensowenig innerhalb der Arbeitsgerichtsbarkeit, → Rdnr. 106. Eine Verweisung an eine Verwaltungsbehörde[4] oder ein privates Schiedsgericht[5] ist unzulässig.

In den **neuen Bundesländern** galt auch vor Kreis- und Bezirksgerichten ab dem Beitrittszeitpunkt (3. Oktober 1990) § 281[6]. Die in den neuen Bundesländern im Zusammenhang mit der Einführung der allgemeinen Gerichtsverfassung erfolgten **Verfahrensüberleitungen** fallen dagegen nicht unter § 281[7].

4. Abgabe

4   Von der Verweisung zu unterscheiden ist die Abgabe einer Sache, die vor allem im familiengerichtlichen Bereich sowie gegenüber Gerichten der freiwilligen Gerichtsbarkeit in Betracht kommt, dazu → Rdnr. 46 ff.; 67 ff.

5. Wechsel des Spruchkörpers

5   Eine Verweisung liegt nur bei einem **Wechsel des Gerichts** vor, also nicht, wenn das erkennende Gericht die Sache an einen anderen **Spruchkörper** (Kammer, Senat) desselben Gerichts abgibt[8], → auch § 1 Rdnr. 125, 127. Zum Verhältnis von Zivilkammer und Kammer

---

[2] *OLG Köln* NJW 1988, 2182; *LG Kaiserslautern* NJW 1988, 652. – Auch nicht an den *EuGH*, *Schumann* ZPP 78 (1965), 93; *Basse* Das Verhältnis zwischen der Gerichtsbarkeit des Gerichtshofes der europäischen Gemeinschaften und der deutschen Zivilgerichtsbarkeit (1967), 335.

[2a] *OLG Hamm* OLG-Rp Hamm 1995, 69 = Juris Dok. Nr. 785441. – Dagegen gilt § 281, soweit sich innerhalb der Bundesrepublik die örtliche Zuständigkeit aus dem EuGVÜ, etwa aus dessen Art. 5 Nr. 1, ergibt, *LG Berlin* JPRax 1996, 416; *Rüßmann* JPRax 1996, 402, 403.

[3] Zu den besonderen Gerichten → Einl. [20. Aufl.] Rdnr. 610 ff. In Betracht kommt das Bundespatentgericht, → Einl. Rdnr. 620. Die deutschen Rhein-, Mosel- und Binnenschiffahrtsgerichte sind keine besonderen Gerichte, sondern besondere Abteilungen der ordentlichen Gerichte, → Einl. Rdnr. 622. Für das Verhältnis dieser Gerichte zu anderen ordentlichen Gerichten gilt aber § 281 entsprechend, vgl. *BGHZ* 45, 237. Ferner → Fn. 8.

[4] Vgl. *BGH* LM § 209 BEG 1956 Nr. 43.

[5] Auch das New Yorker (UN-)Übereinkommen über die Anerkennung und Vollstreckung ausländischer Schiedssprüche (vom 10.VI.1958), → Anhang zu § 1044 A I, schreibt in Art. II Abs. 3 nur vor, daß die Parteien auf das schiedsrichterliche Verfahren zu verweisen sind. – Zum Schiedsgericht in Arbeitssachen → bei Fn. 294.

[6] *BGH* DtZ 1991, 297 = FamRZ 1991, 928.

[7] *OLG Jena* OLG-NL 1994, 94.

[8] *BGHZ* 6, 178; *RGZ* 119, 384. – S. aber *Pohle* Festschr. für Apelt (1958), 188: Verweisung entsprechend § 281 (damals § 276), wenn die Zuständigkeit des beson-

für Handelssachen → Rdnr. 62 ff., zur Überleitung zwischen Streit- und Familiengericht → Rdnr. 45 ff.

6. Erfaßte Verfahrensarten

a) Urteils-, Beschlußverfahren; Familiensachen

§ 281 gilt seines Grundgedankens wegen nicht nur in jenen Verfahren, die auf ein **Urteil** abzielen, sondern auch dann, wenn eine mündliche Verhandlung nicht stattfindet[9] und daher die Endentscheidung durch Beschluß ergehen würde, → auch Einl. (20. Aufl.) Rdnr. 300 ff. § 281 ist also nicht nur im gewöhnlichen Streitverfahren, auch im Wiederaufnahmeverfahren[10], sowie im Urkunden- und Wechselprozeß[11] anwendbar, sondern auch bei Patent[12] und Kartellsachen[13], im Arrest- und Verfügungsverfahren[14] (→ § 919 Rdnr. 1), auch wenn keine mündliche Verhandlung stattfindet, im Verfahren zur Vollstreckbarerklärung von Schiedssprüchen und ausländischen Entscheidungen, auch soweit diese ohne mündliche Verhandlung erfolgen kann (→ Anhang zu § 723), ferner im Aufgebotsverfahren[15], im Vergleichsverfahren[16], im Prozeßkostenhilfeverfahren[17] (→ § 117 Rdnr. 7 ff.; zur Verweisung der Hauptsache → unten Rdnr. 24) und im Verfahren auf Abgabe einer eidesstattlichen Versicherung[18], ebenso im Konkursverfahren[19]. Im Zwangsvollstreckungsverfahren nach §§ 828 ff. (Forderungspfändung) erscheint zwar eine Abgabe, aber keine bindende Verweisung möglich, soweit der Schuldner nach § 834 nicht gehört werden darf[20]. Die Verweisung eines Kostenfestsetzungsantrags vom Prozeßgericht an das Vollstreckungsgericht fällt, da es um die funktionelle Zuständigkeit geht, nicht unter § 281 und ist daher nicht bindend[21]. Auch ein Wechsel vom Erkenntnisverfahren in das Vollstreckungsverfahren ist nicht im Wege der Verweisung möglich[22].

§ 281 gilt auch in **Familiensachen**, und zwar auch in den in § 621 a Abs. 1 S. 1 genannten Angelegenheiten aus dem Bereich der freiwilligen Gerichtsbarkeit, näher → § 621 a Rdnr. 6 a.

6

6a

---

deren Spruchorgans vom Gesetz zwingend und unmittelbar vorgeschrieben ist. So bei den Schiffahrtsgerichten, → Fn. 3, → auch Fn. 37.
[9] *BGH* NJW 1964, 247.
[10] *BayObLG* WuM 1991, 133; → § 586 Rdnr. 7.
[11] *BGH* Warn 1975 Nr. 194 = NJW 1976, 330 = MDR 1976, 206; *BAG* AP § 36 Nr. 12 = NJW 1972, 1216.
[12] *BGHZ* 72, 1 = NJW 1978, 2245 = LM § 51 PatG Nr. 5 (LS, zust. *Bruchhausen*).
[13] *BGHZ* 49, 33 = LM § 276 (aF) Nr. 25 = NJW 1968, 351; *BGHZ* 71, 367, 374.
[14] *BGH* FamRZ 1989, 847 (mit bindender Wirkung, wenn das rechtliche Gehör gewährt wurde). Nicht überzeugend *BAG* AP Nr. 27 zu § 36 ZPO = BB 1982, 313 (LS), wonach es im einstweiligen Verfügungsverfahren ohne vorherige mündliche Verhandlung trotz fehlenden Gehörs für den Gegner bei der Bindungswirkung bleibe. – Zur Verweisung nach Widerspruch → § 924 Rdnr. 19. Zur Verweisung bei Terminsbeantragung vor dem AG statt vor dem Gericht der Hauptsache im Fall des § 942 → § 942 Rdnr. 10 f.
[15] *RGZ* 121, 20.
[16] *RGZ* 131, 200.
[17] Die Verweisung des Prozeßkostenhilfeverfahrens allein kann aber das angewiesene Gericht nicht bezüglich der bei ihm anhängig werdenden Hauptsache binden, *BGH* LM § 281 ZPO 1976 Nr. 25 = NJW-RR 1992, 59; FamRZ 1991, 1172 = NJW-RR 1991, 1342; NJW-RR 1994, 706; *BAG* NJW 1993, 751; *OLG Hamm* FamRZ 1995, 614; *OLG Frankfurt* NJW-RR 1989, 6; *Pohle* AP Nr. 13 zu § 276 ZPO (aF) (gegen *BAG* das. = NJW 1960, 310); MDR 1982, 171 = NJW 1982, 960 [LS]); *Dunz* NJW 1962, 814; *OLG Hamburg* NJW 1973, 812. Jedoch kann das angewiesene Gericht die Prozeßkostenhilfe nicht mit der Begründung fehlender Zuständigkeit in der Hauptsache versagt werden, *BAG* NJW 1993, 751, 752. Kommt es zu einer Verweisung der Hauptsache, bleibt die Wirkung der Prozeßkostenhilfebewilligung erhalten, → § 119 Rdnr. 3. *OLG Frankfurt* NJW-RR 1989, 6, 7 geht von einer Prozeßkostenhilfebewilligung für die beim anderen (nach Ansicht des Prozeßkostenhilfe-Gerichts zuständigen) Gericht zu erhebende Klage aus.
[18] *BGH* NJW 1964, 45; *OLG Düsseldorf* OLGZ 1973, 243; Rpfleger 1975, 102.
[19] *OLG München* MDR 1987, 147. – S. auch *BGH* NJW 1996, 3013 (Bindungswirkung entfällt hier nicht ohne weiteres, weil Schuldner vor Verweisung nicht gehört wurde).
[20] A. M. *BayObLGZ* 1985, 397 = NJW-RR 1986, 421 = Rpfleger 1986, 98, weil § 834 nicht gegen das Recht auf Gehör verstoße. Es ist aber eine andere Frage, ob man einer solchen Entscheidung eine bindende Wirkung zulegen kann. *BGH* NJW 1983, 1859 = FamRZ 1983, 578 weist auf die Bedenken hin, läßt aber die Frage letztlich offen.
[21] *BayObLGZ* 1988, 305 = Rpfleger 1989, 80 = MDR 1989, 167.
[22] *OLG Oldenburg* MDR 1989, 1002.

b) Mahnverfahren

7 Hier ist zu unterscheiden zwischen dem Mahnantrag beim unzuständigen Gericht, der Abgabe durch das Mahngericht nach Widerspruch bzw. Einspruch und der Verweisung durch das Gericht, an das der Rechtsstreit abgegeben wurde.

8 Ist der **Mahnantrag** an ein unzuständiges Gericht gerichtet, so ist eine formlose Abgabe an das zuständige Gericht möglich[23] (dagegen → § 689 Rdnr. 13), wodurch die verjährungsunterbrechende Wirkung mit Einreichung des Mahnantrags eintritt, wenn der Mahnbescheid demnächst zugestellt wird[24]. Um eine Verweisung iS des § 281 handelt es sich dabei nicht; eine Bindung für das Gericht, an das abgegeben wurde, tritt nicht ein[25]. Nach Erlaß des Mahnbescheids durch ein unzuständiges Gericht ist eine Verweisung oder Abgabe an das für das Mahnverfahren zuständige Gericht zum Zwecke des Erlasses des Vollstreckungsbescheids unzulässig[26].

9 Nach Widerspruch hat das Mahngericht den Rechtsstreit an das im Mahnbescheid bezeichnete Gericht **abzugeben;** die Parteien können aber auch übereinstimmend die Abgabe an ein anderes Gericht beantragen, § 696 Abs. 1 S. 1. Dasselbe gilt nach Vollstreckungsbescheid und Einspruch, § 700 Abs. 3 S. 1. Die Abgabe hat keine bindende Wirkung hinsichtlich der Zuständigkeit, § 696 Abs. 5, § 700 Abs. 3 S. 2. Hält sich das Gericht, an das die Abgabe erfolgt ist, für unzuständig, so ist auf Antrag eine (bindende[27]) **Verweisung** an das zuständige Gericht nach § 281 auszusprechen, → § 696 Rdnr. 9. Anders als nach dem früheren Rechtszustand kann der Kläger, wenn das Gericht zuständig ist, nicht durch eine Ausübung des Wahlrechts nach § 35 jetzt noch die Verweisung an ein anderes zuständiges Gericht erreichen[28], → § 35 Rdnr. 2 mit Fn. 7, → § 696 Rdnr. 9. Eine gleichwohl unter Nichtbeachtung der Rechtsänderung erfolgte Verweisung durch das zuständige Gericht an ein anderes, erst jetzt vom Kläger gewähltes Gericht, ist nach Ansicht des BGH[29] willkürlich und daher nicht bindend, → auch Rdnr. 29.

II. Die Voraussetzungen der Verweisung

1. Rechtshängigkeit

10 Die zu verweisende Sache muß rechtshängig, eine Klage also **zugestellt** sein[30]. Soweit in Familiensachen aus dem Bereich der freiwilligen Gerichtsbarkeit die formlose Mitteilung des Antrags an den Gegner genügt, ist eine bindende Verweisung nach § 281 möglich[31]; zur Anwendbarkeit des § 281 → § 621 a Rdnr. 6a. Vor Zustellung ist eine eingereichte Klageschrift auf entsprechenden Antrag des Klägers an das von ihm bezeichnete Gericht weiterzuleiten[32], doch handelt es sich dabei nicht um eine Verweisung nach § 281, so daß keine

---

[23] *BGHZ* 86, 313, 322 = NJW 1983, 1050.
[24] *BGHZ* 86, 313, 322 (Fn. 23). Ebenso *BGH* NJW 1990, 1368 zur Abgabe eines an das zuständige Gericht adressierten, aber bei einem unzuständigen Gericht eingegangenen Mahnantrags. – A.M. *KG* NJW 1983, 2709; *Schlosser* → § 689 Rdnr. 13 mwN.
[25] *Schlemmer* Rpfleger 1978, 201, 203; *Zinke* NJW 1983, 1081, 1084. – Für Zulässigkeit einer bindenden Verweisung noch *BGH* Rpfleger 1978, 13.
[26] *BGH* Rpfleger 1989, 516 = NJW 1990, 1119.
[27] Die Verweisung ist auch dann bindend, wenn sie aufgrund einer erst jetzt vom Kläger geltend gemachten ausschließlichen Gerichtsstandsvereinbarung erfolgt, *BGH* NJW 1993, 2810.
[28] *BGH* NJW 1993, 1273; *LG Wiesbaden* NJW 1992, 1634.

[29] *BGH* NJW 1993, 1273. – Bindend ist aber eine Verweisung aufgrund einer vor Abgabe durch das Mahngericht geschlossenen Zuständigkeitsvereinbarung, *BayObLG* MDR 1995, 312 = NJW-RR 1995, 635.
[30] *BGH* MDR 1983, 466 Nr. 6; *Jauernig* NJW 1995, 2017, 2018.
[31] *BGHR* ZPO § 36 Nr. 6 Unzuständigerklärung, rechtskräftige 1 (betr. Regelung des Umgangsrechts); *BGH* EzFamR aktuell 1994, 100 (betr. Sorgerechtsübertragung).
[32] *BGHZ* 90, 249, 252 = NJW 1984, 1559 = LM § 270 Nr. 7 (LS, mit Anm. *Gärtner*) = MDR 1984, 577 = ZIP 1984, 487; *BGH* LM § 36 (Nr. 6) Nr. 19 = NJW 1980, 1281; *BAG* AP § 36 Nr. 17; s. auch *BayObLG* NJW 1964, 1573 = MDR 1964, 767 und den Fall *BGHZ* 34, 230, 235 = MDR 1961, 488 Nr. 24 = NJW 1961, 1014.

Bindung des zweiten Gerichts eintritt[33]. Ein Verweisungsantrag des Klägers kann aber nicht einfach als Abgabeantrag aufgefaßt werden, da bei Abgabe und späterer Zustellung durch das angewiesene Gericht möglicherweise fristwahrende Wirkungen nicht eintreten[34]. Im Regelfall ist daher zuzustellen und gegebenenfalls später zu verweisen, es sei denn, daß der Kläger die Abgabe vor Zustellung wünscht. Erklären die Parteien den Rechtsstreit übereinstimmend **in der Hauptsache für erledigt,** so ist die Rechtshängigkeit der Hauptsache beendet (→ § 91 a Rdnr. 20) und eine Verweisung allein wegen der Kostenentscheidung ist nicht mehr möglich[35], weil das Gericht, bei dem die Hauptsache anhängig war, dafür zuständig ist. Auch bei einseitiger Erledigungserklärung sollte dasselbe gelten[36].

2. Unzuständigkeit

a) Art, Zeitpunkt

Das angerufene Gericht muß unzuständig sein. Dabei kommt der Mangel der **sachlichen** 11 (einschließlich der Zuständigkeit besonderer Zivilgerichte) oder **örtlichen** Zuständigkeit[37] oder beider in Betracht, nicht aber auch ein solcher der funktionellen Zuständigkeit[38]. Ebenfalls liegt kein Fall des § 281 vor, wenn eine Sache wegen anderweitiger Rechtshängigkeit an das Gericht »verwiesen« wird, bei dem das Verfahren bereits anhängig ist; einem solchen, nicht im Rahmen des § 281 ergangenen Beschluß kommt auch keine bindende Wirkung zu[39]. Die Unzuständigkeit muß **zum Schluß der mündlichen Verhandlung** bestehen; es sind also einerseits die Begründung der Zuständigkeit durch Vereinbarung oder rügeloses Verhandeln zur Hauptsache (§§ 38 ff.), andererseits die Fortdauer der Zuständigkeit nach § 261 Abs. 3 Nr. 2 (auch bei späterer abweichender Prorogation, → § 38 Rdnr. 58 und unten Rdnr. 34) zu beachten. § 281 gilt auch, wenn das Gericht für eine **geänderte Klage** unzuständig ist, → § 264 Rdnr. 40. Nach einem **Teilurteil** ist noch eine Verweisung hinsichtlich des nicht erledigten Teils des Rechtsstreits möglich[40].

b) Mehrere Gerichtsstände

Sind mehrere Gerichte zuständig, so kann der Kläger seine **Wahl (§ 35) nicht nachträglich** 12 **ändern**[41], um eine Verweisung an ein anderes Gericht zu erreichen. Zum Mahnverfahren → Rdnr. 9.

---

[33] *BGH* FamRZ 1995, 32, 33; MDR 1983, 466 Nr. 6; *BayObLG* JurBüro 1989, 245 (zur Verweisung im Kostenfestsetzungsverfahren); *Jauernig* NJW 1995, 2017, 2018.

[34] Für die Wahrung der Klagefrist nach Art. 8 X des Finanzvertrages läßt *BGHZ* 34, 230 (Fn. 32) mit Recht die Einreichung (§ 270 Abs. 3) beim ersten Gericht gelten. Nach *BGHZ* 90, 249, 252 (Fn. 32) gilt dies nicht für die Frist des § 41 Abs. 1 S. 1 KO, wenn die Klageschrift nach Fristablauf lediglich an ein anderes Gericht abgegeben wird und erst dieses die Zustellung der nicht von einem bei ihm zugelassenen Rechtsanwalt unterzeichneten Klageschrift bewirkt. Gegen dieses Vorgehen → *Schumann* § 262 Rdnr. 7 (dort Fn. 9). Zum Vorteil der Verweisung nach Zustellung s. auch *Jauernig* NJW 1995, 2017, 2019. Zur Abgabe im Mahnverfahren → Rdnr. 8 f.

[35] *OLG Frankfurt* MDR 1981, 676 = JurBüro 1981, 1399.

[36] Vgl. *OLG München* OLGZ 1986, 67 (zur Rechtswegverweisung).

[37] § 281 gilt auch im Verhältnis zu den besonderen Kammern mit erweitertem Gerichtssprengel, z.B. den Gerichten für Patentstreitsachen (§ 51 Abs. 2 PatG), vgl. *BGHZ* 8, 21. → hierzu eingehend vor § 12 Rdnr. 5 ff.

[38] *BAG* NJW 1971, 723, 724; *BayObLGZ* 1988, 305 (Fn. 21); *OLG Karlsruhe* Justiz 1968, 46 (Klageerhebung in Berufungsinstanz).

[39] *BGH* NJW 1980, 290 = MDR 1980, 214 = LM § 36 Nr. 18, → auch Rdnr. 30 bei Fn. 98.

[40] Vgl. *BGH* NJW-RR 1992, 1091 (zu einer Verweisung nach rechtskräftigem Teilanerkenntnisurteil).

[41] *LAG Kiel* AP § 276 (aF) Nr. 1 (zust. *Pohle*).

c) Klagehäufung, mehrere Klagegründe, Teilverweisung

13 Werden mehrere prozessuale Ansprüche im Wege der **Klagehäufung** oder **Widerklage** geltend gemacht, so ist unter Trennung der Verfahren (→ § 145 Rdnr. 9) die Verweisung einzelner Ansprüche zulässig[42]. Sofern das Gericht bei einer Klage mit einheitlichem Antrag, die auf mehrere Klagegründe gestützt wird, **nur für einen Teil der Gründe zuständig** ist (etwa nur für Anspruchsgrundlagen aus unerlaubter Handlung, nicht aus Vertrag)[43], so kann eine teilweise Verweisung nicht erfolgen[44], solange über die Klage nicht entschieden ist. Ist aber die Klage, soweit die Zuständigkeit reicht, als *unbegründet* abzuweisen, so sollte man eine **gleichzeitige Verweisung in dem klagabweisenden Endurteil** bezüglich der anderen Klagegründe zulassen, die mit Rechtskraft des Endurteils wirksam wird[45]. Damit wird dem Grundgedanken des Gesetzes Rechnung getragen und § 281 sinnvoll fortentwickelt.

d) Haupt- und Hilfsantrag

14 Ist das angerufene Gericht **für den Hauptantrag unzuständig**, so ist zu verweisen, gleich ob die Zuständigkeit etwa für den Hilfsantrag gegeben wäre[46]. Ist das erste Gericht dagegen für den **Hauptantrag zuständig,** für den Hilfsantrag aber nicht, so kann nicht verwiesen werden, solange über den Hauptantrag nicht entschieden ist. Wird aber der Hauptantrag abgewiesen, so kann – wie bei mehrfacher Klagebegründung – in dieser Entscheidung eine **Verweisung hinsichtlich des Hilfsantrags** erfolgen[47], die mit Rechtskraft der Entscheidung wirksam wird.

3. Antrag

a) Notwendigkeit und Inhalt

15 Die Verweisung setzt einen **Antrag des Klägers** voraus; sie kann weder auf Antrag des Beklagten noch von Amts wegen erfolgen. Stellt der Kläger den Antrag nicht, so ist die Klage durch Endurteil abzuweisen. Der Antrag kann auch bei **Säumnis des Beklagten** gestellt werden, → § 331 Rdnr. 1; er kann auch hilfsweise[48], im Verfahren nach § 36 Nr. 6[49] und auch

---

[42] *BAG* NJW 1974, 1840 = AP Nr. 16 zu § 36 ZPO. Bindend ist auch die Verweisung einer nach Schluß der mündlichen Verhandlung eingereichten und zugestellten Widerklage, *OLG Karlsruhe* Justiz 1986, 22.

[43] Das Problem entfällt, wenn man in diesen Fällen eine umfassende Zuständigkeit kraft Sachzusammenhangs anerkennt, dagegen → § 1 Rdnr. 10. Eine Analogie zu § 17 Abs. 2 S. 1 GVG nF (→ Rdnr. 84) ist erwägenswert. Für einen allgemeinen Gerichtsstand des Zusammenhangs im Anschluß an § 17 Abs. 2 S. 1 GVG *Hoffmann* ZZP 107 (1994), 3.

[44] Die Rsp lehnt eine Teilverweisung generell ab, s. *RGZ* 165, 384; *BGHZ* 5, 107; NJW 1971, 564, 1217 (LS, mit insoweit abl. Anm. *Ritter*) = JR 1971, 245 (abl. *Bökelmann*) = JZ 1971, 336 (abl. *Grunsky*) = MDR 1971, 290 = LM § 276 (aF) Nr. 26 = *Baumgärtel* ZPR² 80 (mit zust. Anm. *Baumgärtel*); *OLG Freiburg* JZ 1953, 474; *OLG Frankfurt* MDR 1982, 1023; ebenso *Zöller-Greger*[20] Rdnr. 8; *Thomas-Putzo*[19] Rdnr. 9; vgl. ferner Fn. 263.

[45] Dafür *A. Blomeyer* Festschr. der Juristischen Fakultät der Freien Universität Berlin zum 41. Deutschen Juristentag in Berlin (1955), 74ff.; *ders.* ZPR² § 5 VIII 2; *Henckel* Parteilehre und Streitgegenstand im Zivilprozeß (1961), 279f.; *Rosenberg*[9] § 33 II 2; *Jauernig* ZPR²⁴ § 12 II; *Roth* MDR 1967, 15; *Ritter* NJW 1971, 1217; *Krause* ZZP 83 (1970), 289, 320f.; *Schönke-Kuchinke*[9] 66, 68; *Georgiades* Die Anspruchskonkurrenz im Zivilrecht und Zivilprozeßrecht (1967), 274f.; *E. Schumann* JuS 1985, 203, 204f. – Zum selben Problem bei den Rechtswegverweisungen → Rdnr. 85. Wird kein Verweisungsantrag gestellt, ist die Klage teils als unbegründet, teils als unzulässig abzuweisen, → § 1 Rdnr. 11.

[46] Vgl. *BGH* NJW 1956, 1357 = LM § 51 SGG Nr. 2; *BAG* BB 1975, 1642 (LS) = AP § 55 SGG Nr. 1 (zust. *Brackmann*) für Rechtswegverweisung, wonach das Verfahren über den Hilfsanspruch bis zur Entscheidung über den Hauptanspruch ausgesetzt wird.

[47] *BGH* NJW 1980, 1283 = MDR 1980, 535 = LM Nr. 11.

[48] *RGZ* 108, 263; *BGHZ* 5, 107; Verweisung auch hier durch unanfechtbaren Beschluß, vgl. *Kion* NJW 1968, 268 gegen *VGH Kassel* NJW 1967, 2174.

[49] *BGHZ* 71, 69, 75 (Fn. 95) (aufgrund eines solchen Antrags kann im Verfahren nach § 36 Nr. 6 ein drittes, ausschließlich zuständiges Gericht bestimmt werden, obgleich es bislang noch nicht mit der Sache befaßt war, → auch § 36 Rdnr. 23).

noch in höherer Instanz (→ Rdnr. 37) erfolgen. Zur einstweiligen Zulassung → § 89 Rdnr. 5. Gemäß § 139 hat das Gericht den Kläger auf die Vorteile dieses Antrags **hinzuweisen**[50], aber gegebenenfalls zugleich auf den Verlust der Anfechtung der Zuständigkeitsentscheidung.

Der Kläger braucht in dem Verweisungsantrag das **zuständige Gericht nicht zu bezeichnen.** 16 Geschieht dies aber und hält das verweisende Gericht das bezeichnete Gericht für unzuständig, so ist (gegebenenfalls durch Rückfrage) festzustellen, ob der Kläger die Verweisung nur an das genannte Gericht wünscht. Ist dies zu bejahen, so kann mangels Antrags nicht an ein anderes Gericht verwiesen werden; die Klage ist dann abzuweisen.

Zur **Unanfechtbarkeit** der Abweisung des Antrags → Rdnr. 22b. 16a

b) Stellung des Antrags

Seit der Gesetzesänderung durch das Rechtspflege-Vereinfachungsgesetz 1990 kann der 16b Antrag vor dem Urkundsbeamten der Geschäftsstelle gestellt werden, Abs. 2 S. 1. Daraus folgt, daß der außerhalb der mündlichen Verhandlung gestellte Antrag nicht dem Anwaltszwang unterliegt (§ 78 Abs. 3), auch wenn der Antrag in einem Schriftsatz gestellt wird, → § 78 Rdnr. 21.

4. Bestimmung des zuständigen Gerichts

Es muß das zuständige Gericht bestimmt werden. Nötigenfalls sind dazu Beweise zu 17 erheben, → auch § 1 Rdnr. 15 ff. Für die Umstände, die die Zuständigkeit des anderen Gerichts begründen, ist der Zeitpunkt der Verweisung, nicht der Klageerhebung maßgebend. Nach Möglichkeit sollte das örtlich *und* sachlich zuständige Gericht bestimmt werden. Die Verweisung kann aber auch vom örtlich unzuständigen an ein örtlich zuständiges, vom sachlich unzuständigen an ein sachlich zuständiges Gericht erfolgen, ohne daß sich das verweisende Gericht über die andere Zuständigkeitsart äußert[51]. Sind **mehrere andere Gerichte örtlich zuständig,** so kann die Verweisung wegen örtlicher Unzuständigkeit nicht erfolgen, wenn der Kläger die ihm nach Abs. 1 S. 2 auch jetzt obliegende Wahl (§ 35) nicht treffen will.

Eine **Verweisung,** die das **zuständige Gericht nicht bestimmt** oder die nachträgliche Wahl 18 den Parteien überläßt, wäre wegen dieses inhaltlichen Mangels unwirksam und anfechtbar[52]. Die Verweisung an eine bestimmte Abteilung des anderen Gerichts ist, abgesehen von den Kammern für Handelssachen, → Rdnr. 62 ff. – weder zulässig, noch wäre sie bindend[53], → auch Rdnr. 5 und 45 ff.

III. Das Verfahren bei der Verweisung

1. Ohne obligatorische mündliche Verhandlung

Der Verweisungsbeschluß kann seit dem Rechtspflege-Vereinfachungsgesetz 1990 ohne 19 mündliche Verhandlung ergehen[54], Abs. 2 S. 2. Beiden Parteien ist aber vor dem Beschluß das rechtliche Gehör zu gewähren; zu Verstößen hiergegen → Rdnr. 31 ff.

---

[50] Vgl. *BGHZ* 49, 33, 38; *Stürner* Die richterliche Aufklärung im Zivilprozeß (1982), Rdnr. 91.
[51] A.M. *OLG München* OLG Rsp 40 (1920), 381; *OLG Oldenburg* NdsRpfl 1983, 206 (pflichtgemäßes Ermessen, das sachlich und örtlich zuständige Gericht zu bestimmen).
[52] *OLG Celle* MDR 1953, 111.
[53] Vgl. *BGHZ* 6, 178.
[54] Dazu *Hansens* NJW 1991, 953, 955.

2. Beschluß

20 Die Verweisung erfolgt **in der ersten Instanz,** auch bei hilfsweise beantragter Verweisung[55], durch **Beschluß,** selbst wenn über die Zuständigkeit des angerufenen Gerichts eine abgesonderte Verhandlung (§ 280 Abs. 1) angeordnet war[56]. Nur dann, wenn erst **in höherer Instanz** verwiesen wird und dabei das Urteil der Vorinstanz aufgehoben wird, muß ein **Urteil** ergehen, → Rdnr. 38. Die Verweisung kann durch den **Vorsitzenden der Kammer für Handelssachen** (§ 349 Abs. 2 Nr. 1) erfolgen, ebenso durch den **Einzelrichter** nach § 348, weil dieser in vollem Umfang an die Stelle der Kammer tritt, nicht dagegen durch den Einzelrichter in der Berufungsinstanz, → § 524 Rdnr. 17.

21 Der Beschluß hat die **Unzuständigkeit** und die **Verweisung** auszusprechen, die Klage aber nicht zusätzlich als unzulässig abzuweisen[57]. Der Beschluß ist zu **begründen** (allg. → § 329 Rdnr. 10), zumindest muß er die gesetzliche Grundlage erkennen lassen (→ Rdnr. 30). Eine Entscheidung über die **Kosten** ist unzulässig, näher → Rdnr. 39 ff. Der Beschluß ist zu *verkünden*, wenn er aufgrund mündlicher Verhandlung ergeht, § 329 Abs. 1 S. 1 (zur Geltung dieser Vorschrift auch bei fakultativer mündlicher Verhandlung → § 329 Rdnr. 33); der *Zustellung* bedarf er auch dann nicht, wenn er in Abwesenheit des Beklagten ergeht. Wird der Beschluß *ohne mündliche Verhandlung* erlassen, so genügt nach § 329 Abs. 2 S. 1 *formlose Mitteilung*[58].

3. Unanfechtbarkeit

22 Der Beschluß ist nach Abs. 2 S. 3 **für die Parteien im Regelfall unanfechtbar,** auch wenn er zu Unrecht erlassen ist[59]. Jedoch ist in den bei Rdnr. 30 ff. genannten **Ausnahmefällen** (willkürliche Verweisung, Verletzung des Anspruchs auf rechtliches Gehör) die Anfechtbarkeit (Beschwerde) zu bejahen. – Für das **Gericht** selbst ist der Beschluß, vorbehaltlich einer Berichtigung nach § 319[60], vom Erlaß an entsprechend § 318 **unabänderlich**[61], da es sich um eine Entscheidung im engeren Sinn, nicht um eine prozeßleitende Verfügung handelt. Daß die Rechtshängigkeit bei dem angewiesenen Gericht nunmehr erst mit Eingang der Akten beginnt (Abs. 2 S. 4), bleibt insoweit ohne Auswirkungen.

22a Die Unanfechtbarkeit des Beschlusses gilt, selbst wenn der Beschluß unter Verletzung von Verfahrensvorschriften zustande gekommen ist oder sich über eine ausschließliche Zuständigkeit hinweggesetzt hat, auch für die **höheren Instanzen**[62]. Ein Wiederaufnahmeantrag kommt auch beim Vorliegen von Nichtigkeits- oder Restitutionsgründen nicht in Betracht[63]. Sollte das Gericht dagegen sich ohne gleichzeitige Verweisung für unzuständig erklären, so fiele dieser Beschluß nicht unter Abs. 2 und unterläge der Beschwerde[64].

22b Die **Ablehnung eines Verweisungsantrags** ist (solange kein Zwischenurteil nach § 280 Abs. 2 S. 1 ergeht) schon nach allgemeinen Grundsätzen unanfechtbar[65].

---

[55] *AG Lübeck* SchlHA 1968, 218.
[56] *BAG* BB 1976, 513 (LS) = RdA 1976, 210 (LS).
[57] *BAG* (Fn. 56).
[58] *RGZ* 121, 20, 22 f.; 131, 197, 200.
[59] *BGHZ* 1, 341, 342; 2, 278, 279 = LM § 276 (aF) Nr. 2 = NJW 1951, 802; *RGZ* 131, 197, 200; *OLG Celle* NJW 1947, 67; *Osterrieth* JZ 1952, 23. Auch Verweisung durch Urteil ist unanfechtbar, *BGHZ* 2, 278. – A.M. *KG* KGBl 1921, 68; *LG Neuruppin* NJ 1951, 379 für den Fall, daß der Beschluß ohne Antrag des Klägers erging, weiter *LG Freiburg* ZZP 64 (1951), 150.
[60] Z.B. bei Verwechslung zweier Orte mit gleichem Namen; dagegen keine Berichtigung, wenn sich nachträglich der Wohnsitz des Beklagten anders darstellt, *BGH* NJW-RR 1993, 1715. – S. auch *LG Mannheim* WuM 1973, 195 = MDR 1974, 234 = ZMR 1974, 176 (keine Berichtigung bei rechtsirriger Willensbildung).
[61] *BGHZ* 2, 278, 279 (Fn. 59); *LG Köln* WuM 1967, 175 = ZMR 1968, 189 (LS).
[62] Vgl. *RGZ* 108, 263; *BGHZ* 2, 278, 279 (Fn. 59).
[63] S. *Pohle* Anm. zu *LAG Kiel* AP § 276 (aF) Nr. 1.
[64] So auch *OLG Bamberg* SeuffArch 61 (1906), 336; vgl. ferner *OLG Celle* MDR 1953, 111. Allgemein zur Anfechtung inkorrekter Entscheidungen → Allg. Einl. vor § 511 Rdnr. 37 ff.
[65] *OLG Oldenburg* MDR 1992, 518 = NJW-RR 1992, 828.

4. Verweisung nach Einspruch

Für die Verweisung nach Einspruch gilt **keine besondere Vorschrift mehr,** seit § 508 Abs. 3 23
aF durch die Vereinfachungsnovelle 1976 (→ Einl. [20. Aufl.] Rdnr. 159) aufgehoben wurde.
Vor der Verweisung ist auch weiterhin die *Zulässigkeit* des Einspruchs zu prüfen, § 341
Abs. 1. Dagegen war es das Ziel der Reform, die **Bindung** des Gerichts, an das verwiesen wird,
an die Entscheidung des verweisenden Gerichts über die Zulässigkeit des Einspruchs **zu
beseitigen**[66]. Dies gilt jedenfalls dann, wenn lediglich ein *Verweisungsbeschluß* ergangen ist.
Wenn dagegen das erste Gericht durch *Zwischenurteil* (§ 303) die Zulässigkeit des Einspruchs
bejaht hat, wird sich die *Bindung* an dieses Urteil (§ 318) auch auf das angewiesene Gericht
erstrecken müssen.

IV. Die Wirkungen der Verweisung

1. Rechtshängigkeit

Die Rechtshängigkeit des Rechtsstreits bei dem im Beschluß bezeichneten Gericht **beginnt** 24
seit dem Rechtspflege-Vereinfachungsgesetz 1990 nicht mehr schon mit der Verkündung
(bzw. der Mitteilung gemäß § 329 Abs. 2) des Verweisungsbeschlusses, sondern erst **mit dem
Eingang der Akten,** Abs. 2 S. 4. Das Gericht ist von diesem Zeitpunkt an Prozeßgericht, z. B.
für den Arrest, und zwar Gericht derselben (ersten) Instanz. Die Verweisung erstreckt sich
auch auf **Nebenverfahren,** z. B. das Prozeßkostenhilfe-[67] und das Kostenfestsetzungsverfahren[68].

Das weitere Verfahren bildet mit dem vorausgegangenen einen einheitlichen Rechtszug[69] 25
dergestalt, daß die **Wirkungen der Rechtshängigkeit** bereits mit der Klage[70] vor dem unzuständigen Gericht eingetreten sind. Dies gilt auch dort, wo das Gesetz die Klageerhebung
binnen einer **Ausschlußfrist** vorschreibt[71]; es sollte zur Vermeidung von Rechtsverlusten
ohne Unterschied angenommen werden, ob für die Klage eine ausschließliche (sachliche oder
örtliche) Zuständigkeit vorgeschrieben ist[72] oder nicht. Die Regelung für die Rechtswegverweisung in § 17 b Abs. 1 S. 2 GVG, → Rdnr. 92, bestätigt diese Ansicht. Auch die Frist für die
Wiederaufnahmeklage (§ 586 Abs. 1) wird gewahrt[73]. Über die Fortdauer der Vollmacht →
§ 81 Rdnr. 6, über die Notwendigkeit der Zustellung an den bisherigen Prozeßbevollmächtigten → § 176 Rdnr. 29, über die Prozeßkostenhilfe → § 119 Rdnr. 3.

Das bezeichnete Gericht hat nach Eingang der Akten **von Amts wegen den Termin** 26
anzusetzen (§ 216 Abs. 1), und es sind dann beide Parteien von Amts wegen zu laden, der
Beklagte auch dann, wenn er vor der Verweisung säumig war, arg. § 335 Abs. 2.

---

[66] Begr. BT-Drucks. 7/2729, 85.
[67] *OLG Schleswig-Holstein* SchlHA 1995, 223, 224; *OLG Bamberg* BayJMBl 1952, 133.
[68] *OLG Frankfurt* Rpfleger 1974, 321.
[69] *BGH* NJW 1984, 1901.
[70] Soweit es sich um die Wahrung von Fristen handelt, unter Rückwirkung auf den Zeitpunkt der Einreichung § 270 Abs. 3; → auch Fn. 34.
[71] Vgl. *RGZ* 94, 133 (zum preußischen Wasserstraßengesetz); 93, 312 (§ 30 preußisches Enteignungsgesetz, keine ausschließliche sachliche Zuständigkeit); 114, 126;

149, 9; *BGH* LM § 193 BGB Nr. 1 = NJW 1953, 1139 (zu § 41 KO); *BAG* NJW 1960, 2165; *VGH Kassel* NJW 1965, 603. Zur Abgabe vor Klagezustellung → Fn. 34.
[72] *BGH* 35, 374 = NJW 1961, 2259 (zu Art. 8 X Finanzvertrag); *BayObLG* NJW 1969, 191, 193 f. (zu § 23 Abs. 4 WEG). Dies gilt auch für die Klagefrist nach § 30 preußisches Enteignungsgesetz (ausschließliche örtliche Zuständigkeit), *BGHZ* 97, 155 = NJW 1986, 2255 in Abweichung von *RGZ* 92, 40; *RG* JW 1917, 231.
[73] → § 586 Rdnr. 7 sowie *BayObLG* WuM 1991, 133.

2. Bindung

a) Inhalt, Umfang

27 Der Verweisungsbeschluß ist für das darin bezeichnete Gericht bindend, Abs. 2 S. 5. Bindend festgestellt ist zum einen die **Unzuständigkeit des verweisenden Gerichts**[74], so daß eine *Zurückverweisung* an dieses ausgeschlossen ist[75]. Darüber hinaus wird aber auch die **Zuständigkeit des angewiesenen Gerichts** bindend festgelegt. Wie weit diese positive Bindungswirkung reicht, ist zweifelhaft. Jegliche Weiterverweisung auszuschließen, ginge zu weit, zumal wenn man die Verweisung nur wegen einer Zuständigkeitsart zuläßt, → Rdnr. 17. Dem Grundgedanken des Gesetzes entsprechend, eine Wiederholung der Zuständigkeitsprüfung zu vermeiden[76], sollte der **Umfang der Bindungswirkung** davon abhängen, **welche Zuständigkeitsart** das verweisende Gericht für das zweite Gericht **geprüft und bejaht** hat[77]. Dabei kommt, um eine klare und praktikable Abgrenzung zu gewinnen, in der Regel nur die ausdrückliche Bejahung einer Zuständigkeitsart in Betracht[78]. Soweit die Zuständigkeit des zweiten Gerichts nicht festgestellt wurde, ist eine **Weiterverweisung** möglich. Es kann also, wenn nur wegen örtlicher Unzuständigkeit verwiesen wurde, nicht wegen örtlicher Unzuständigkeit[79], wohl aber wegen sachlicher Unzuständigkeit weiterverwiesen werden[80]. Ebenso kann wegen örtlicher Unzuständigkeit weiterverwiesen werden, wenn nur die sachliche Zuständigkeit des zweiten Gerichts bejaht wurde[81].

28 Die **Weiterverweisung in einen anderen Rechtsweg** wird nie durch den Verweisungsbeschluß innerhalb eines Rechtswegs ausgeschlossen[82]. Dies gilt seit der Neuregelung der Rechtswegverweisung (→ Rdnr. 75) auch im Verhältnis zwischen ordentlicher Gerichtsbarkeit und Arbeitsgerichtsbarkeit[83]. Auch hindert der Verweisungsbeschluß das angewiesene Gericht nicht, seine **internationale Zuständigkeit** zu prüfen[84].

---

[74] → Fn. 60 f. zur Unabänderlichkeit des Verweisungsbeschlusses.
[75] *OLG München* NJW 1956, 187; *OLG Düsseldorf* JMBlNRW 1969, 90 (auch bei späterer gesetzlicher Zuständigkeitsänderung). – Erfolgt dennoch eine Zurückverweisung, gilt § 36 Nr. 6; *BGH* LM § 36 Ziff. 6 Nr. 1, → auch 36 Rdnr. 22.
[76] *BGH* Warn 1975 Nr. 194 (Fn. 11); *BAG* AP Nr. 12 zu § 36 ZPO (Fn. 11) jeweils zur Selbstbindung für das Nachverfahren bei Bejahung der eigenen Zuständigkeit im Scheckvorbehaltsurteil.
[77] Die vielfach verwendete Formel, der Verweisungsbeschluß binde nur, soweit er binden wolle (so *BGH* NJW 1963, 585; 1964, 1416 = MDR 1964, 574; *OLG München* NJW 1958, 148; 1972, 61; *Baumbach-Lauterbach--Hartmann*[55] Rdnr. 33), ist mißverständlich, da es auf den objektiven Inhalt des Verweisungsbeschlusses, nicht auf den Bindungswillen des Gerichts ankommt; diesen betont allerdings auch *BayObLG* 1982, 381 = MDR 1983, 322 Nr. 68; *BayObLG* MDR 1983, 322 Nr. 69. – Wie hier *BGHZ* 63, 214, 216 = MDR 1975, 296; *BAG* AP § 36 Nr. 20 = BB 1976, 1564 (LS) = RdA 1976, 401 (LS); *BAG* NJW 1993, 1878, 1879; *OLG Frankfurt* OLGZ 1979, 451 (452) = Rpfleger 1979, 389.
[78] Anders *BGH* NJW 1964, 45; *BayObLG* MDR 1983, 322 Nr. 69; *BayObLGZ* 1982, 381 (Fn. 77); *OLG München* NJW 1958, 148; *OLG Frankfurt* OLGZ 1979, 451 (Fn. 77); *OLG Schleswig* SchlHA 1972, 169; *OLG Oldenburg* NdsRpfl 1983, 206 (nur dann keine Bindung, wenn einschränkender Wille des verweisenden Gerichts klar feststellbar sei). – Nach *BayObLG* NJW-RR 1996, 956 tritt bei einer Verweisung durch AG am LG Bindung auch hinsichtlich der örtlichen Zuständigkeit ein, wenn das AG diese erkennbar mitgeprüft und bejaht und auch insoweit eine Bindungswirkung gewollt hat.
[79] *BayObLG* NJW-RR 1991, 187 = JuS 1991, 513 (K. Schmidt).
[80] *BGH* NJW 1963, 585; *BayObLGZ* 1985, 387, 389 = MDR 1986, 326; *OLG München* OLGZ 1965, 187, 189 = NJW 1965, 767 (LS); *OLG München* NJW 1972, 61 differenziert weitergehend auch innerhalb der Verweisung wegen örtlicher Unzuständigkeit.
[81] *BAG* NJW 1970, 1702 = DB 1970, 1184 = AP Nr. 7 zu § 36 ZPO (zust. *J. Blomeyer*); *BayObLGZ* 1982, 381 (Fn. 77); *OLG Köln* VersR 1994, 77 (LS); MDR 1973, 233; *OLG München* OLGZ 1965, 187, 189 = NJW 1965, 767 (LS); *OLG Nürnberg* Rpfleger 1974, 406; s. auch *BGH* FamRZ 1988, 491 (Verweisung von LG an AG, wobei offengelassen wurde, ob § 621 Abs. 2 S. 1 für ein anderes AG eingreift). Es trifft nicht zu, daß eine Verweisung wegen sachlicher Unzuständigkeit notwendig die Prüfung der örtlichen Zuständigkeit in sich schließe, z. B. bei Verweisung vom AG an das übergeordnete LG. – A.M. *OLG München* NJW 1958, 148; *OLG Hamburg* NJW 1959, 2073; *Thomas-Putzo*[19] Rdnr. 14; für den Regelfall auch *Baumbach-Lauterbach-Hartmann*[55] Rdnr. 36. – *OLG München* Rpfleger 1971, 440 = MDR 1972, 151 läßt eine Zurückverweisung an das sachlich ausschließlich zuständige AG zu, wenn eine Sache nur wegen der Höhe des Streitwerts an das übergeordnete LG verwiesen wurde. – Zur Weiterverweisung an ein Gericht der freiwilligen Gerichtsbarkeit → Fn. 231.
[82] *BGH* NJW 1978, 949 (vorherige Verweisung wegen sachlicher Unzuständigkeit).
[83] *BAG* NJW 1993, 1878.
[84] *OLG Karlsruhe* NJW-RR 1989, 187; *LG Itzehoe*

b) Unrichtige Beschlüsse, fehlerhaftes Verfahren

Der Verweisungsbeschluß **bindet auch dann, wenn er inhaltlich unrichtig ist,** selbst wenn eine ausschließliche Zuständigkeit mißachtet wurde[85], und ebenso, wenn er aufgrund eines fehlerhaften Verfahrens erlassen wurde[86]. Zur Unanfechtbarkeit → Rdnr. 22. Durch die Bindungswirkung sollen unnötige Zuständigkeitsstreitigkeiten vermieden werden[87]. Dieser Gesetzeszweck darf angesichts der von der Rechtsprechung anerkannten Ausnahmen von der Bindungswirkung nicht außer acht gelassen werden; solche Ausnahmen müssen vielmehr eng begrenzt bleiben[88]. Dem steht auch nicht etwa der Anspruch auf den gesetzlichen Richter entgegen[89]. Die Ansicht des BGH[90], eine nach Mahnverfahren und Abgabe an das (zuständige) Streitgericht auf Antrag des Klägers erfolgte Verweisung an ein anderes zuständiges Gericht sei wegen Nichtbeachtung der Gesetzesänderung (→ Rdnr. 9) willkürlich und daher nicht bindend, erscheint unter diesem Gesichtspunkt fragwürdig. Auch sollte man die Bindung nicht schon dann verneinen, wenn etwa die Überleitungsvorschrift bei gesetzlicher Erhöhung der Zuständigkeitsgrenze falsch angewendet wurde[91]. Die Ansicht[92], der Gedanke der Verfahrenskonzentration beim Gericht der Ehesache (§ 621 Abs. 2 u. 3) habe Vorrang vor der Bindungswirkung eines in dieser Hinsicht fehlerhaften Verweisungsbeschlusses, überzeugt ebenfalls nicht.

29

Eine **Ausnahme**[93] ist – mit der Rechtsprechung – erst dann anzunehmen, wenn der Beschluß **schlechterdings nicht als im Rahmen des § 281 ergangen** angesehen werden kann[94]. Hierzu zählen Verweisungen, denen **jede gesetzliche Grundlage fehlt**[95] (die Rsp kennzeichnet solche Fälle auch als **willkürlich**[96]), also die Verweisung an ein OLG als erstinstanzliches Gericht[97], wie auch die Verweisung wegen anderer Rechtshängigkeit[98], die Verweisung des Antrages auf Erlaß einer einstweiligen Verfügung an den BGH[99] oder die Verweisung zur Kostenentscheidung[100]. Zu weit geht es aber, einen Verweisungsbeschluß dann als willkürlich und nicht bindend anzusehen, wenn er einer Rechtsgrundlage in dem Sinne entbehrt, daß einzelne Voraussetzungen der Verweisung fehlerhaft, insbesondere im Gegensatz zur h.M.,

30

NJW 1970, 1010; *ArbG Kaiserslautern* IPRax 1988, 250 (LS); *Schütze* RIW 1995, 630, 631.
[85] *BGH* LM § 276 (aF) Nr. 18 = NJW 1962, 1819; FamRZ 1982, 1199 = NJW 1983, 285; *BAG* BB 1984, 1050 (LS); 1983, 579 (LS) = RdA 1972 (LS); *OLG Frankfurt* OLGZ 1979, 451 = Rpfleger 1979, 389 = MDR 1979, 851 = JurBüro 1979, 1369 = BB 1979, 1009 (LS); *OLG Düsseldorf* NJW-RR 1989, 1021 (dies gilt auch bei Klagehäufung; die Bindungswirkung kann nicht durch Verfahrenstrennung und Zurückverweisung beseitigt werden).
[86] *BGH* LM § 36 Ziff. 6 Nr. 1 und die folgenden Fn. – Z.B. wenn entgegen § 508 Abs. 3 S. 1 aF die Zulässigkeit des Einspruchs nicht geprüft wurde, *BGH* NJW 1967, 565 = MDR 1967, 195; 1976, 471 = Rpfleger 1976, 175; 1974, 147 = WM 1974, 104; *BAG* AP § 36 Nr. 19 = DB 1977, 872 (LS) = BB 1976, 1032 (LS) = RdA 1979, 274 (LS); *OLG Köln* JMBlNRW 1958, 197 = ZZP 72 (1959), 289 = NJW 1958, 1594 (LS); *OLG Düsseldorf* JMBlNRW 1971, 69.
[87] *BGH* FamRZ 1988, 943; NJW-RR 1992, 902, 903; FamRZ 1992, 1165.
[88] Der entgegengesetzten Tendenz von *Fischer* NJW 1993, 2417 kann daher nicht zugestimmt werden.
[89] *BGH* FamRZ 1992, 1165.
[90] *BGH* NJW 1993, 1273. Ebenso *BayObLGZ* 1993, 317 = NJW-RR 1994, 891 = MDR 1994, 94 (auch weil jede Begründung für die angenommene Unzuständigkeit fehlte). – Bindend ist die Verweisung aufgrund einer Zuständigkeitsvereinbarung nach Einreichung des Mahnantrags, *BayObLG* NJW-RR 1995, 635.

[91] Zutr. *OLG Schleswig* NJW 1993, 3209; a.M. *OLG Frankfurt* NJW 1993, 2448, beide zu Verweisungen wegen Erhöhung der Wertgrenze durch das RechtspflegeentlastungsG 1993.
[92] *OLG Frankfurt* FamRZ 1988, 184, 185.
[93] Zu den Grenzen der Bindungswirkung *Bornkamm* NJW 1989, 2713, 2721; *Fischer* NJW 1993, 2417.
[94] *RGZ* 119, 379, 384; *BGHZ* 2, 278, 280 = LM § 276 (aF) Nr. 2 = NJW 1951, 802; LM § 36 Ziff. 6 Nr. 1; *BayObLG* MDR 1880, 583; *OLG Frankfurt* OLGZ 1980, 202 = MDR 1980, 583 = JurBüro 1980, 1250.
[95] *BGHZ* 1, 341, 342 = LM § 276 (aF) Nr. 1; *BGHZ* 71, 69, 72 = LM § 36 Ziff. 6 Nr. 12 (LS, Anm. *Rottmüller*) = NJW 1978, 1163; FamRZ 1984, 774; NJW 1984, 740; LM § 36 Ziff. 6 Nr. 4 = NJW 1964, 1416; *BAG* AP § 36 Nr. 9; *BayObLG* MDR 1980, 583; *OLG Koblenz* Rpfleger 1974, 26.
[96] *BGHZ* 1, 341, 342 (Fn. 95); *BGHZ* 71, 69, 72 (Fn. 95); *BGHZ* 102, 338, 341 = NJW 1988, 1794; FamRZ 1984, 774; NJW 1984, 740; *BayObLG* MDR 1980, 583; *OLG Frankfurt* OLGZ 1980, 202 (Fn. 94); *OLG Oldenburg* NJW 1973, 810, 811. – S. auch *BGH* NJW 1980, 1586 (zum vergleichbaren Fall im Strafprozeß).
[97] *BGHZ* 2, 278, 280 (Fn. 94); LM § 36 Ziff. 6 Nr. 1; *KG* JW 1929, 869; *OLG Naumburg* OLG-NL 1995, 84 (gilt auch im Verfahren in Landwirtschaftssachen).
[98] *BGH* NJW 1980, 290 (Fn. 39).
[99] *BGH* WM 1976, 1201.
[100] *LG Tübingen* MDR 1958, 926.

beurteilt wurden[101]. Ob schon dann, wenn der Beschluß mangels Begründung nicht erkennen läßt, ob er auf einer gesetzlichen Grundlage beruht, die Bindungswirkung zu verneinen ist[102], erscheint zweifelhaft. Nach Ansicht des BGH entfällt die Bindungswirkung auch bei fehlender Begründung des Verweisungsbeschlusses dann nicht, wenn der Verweisung ein übereinstimmender Antrag der Beteiligten zugrundeliegt[103], wenn die Begründung außerhalb des Verweisungsbeschlusses aktenkundig gemacht und den Beteiligten mitgeteilt wurde[104] oder wenn aus einer gerichtlichen Anfrage der Grund für die Verweisung erkennbar ist[105]. Liegen diese Besonderheiten nicht vor, so wird die fehlende Begründung den Beschluß dann als willkürlich und daher nicht bindend erscheinen lassen, wenn nach den Umständen keine denkbare Grundlage für die Verweisung erkennbar ist[106].

30a Nicht zu diesen Ausnahmen zählen Beschlüsse, die ohne Antrag[107] oder nur aufgrund eines Antrags des Beklagten[108] ergingen, wobei aber vorausgesetzt ist, daß beiden Parteien das rechtliche Gehör gewährt wurde. Zur Verletzung des **Rechts auf Gehör** → Rdnr. 31 ff.

Weitere Einzelfälle:

30b Wenn offensichtlich ist, daß an das Gericht verwiesen werden sollte, in dessen Bezirk der Wohnsitz, Erfüllungsort, Unfallort usw. lag, und dieser Ort irrtümlich einem **falschen Gerichtsbezirk** zugeordnet wurde, sollte man die Bindung verneinen und eine Weiterverweisung an das für den Ort zuständige Gericht gestatten[109].

30c Grundsätzlich **entfällt aber die Bindungswirkung nicht** schon bei fehlerhafter rechtlicher oder tatsächlicher Beurteilung der Zuständigkeitsvoraussetzungen. An der **Bindung ändert es z. B. nichts,**
– wenn aus den tatsächlichen Umständen zu Unrecht auf die Begründung eines Wohnsitzes geschlossen wurde[110],
– wenn der Doppelwohnsitz eines Kindes nach Trennung der Eltern nicht beachtet wurde[111],
– wenn der Beklagte entgegen der Annahme des verweisenden Gerichts seinen Wohnsitz noch im Gerichtsbezirk hatte[112],
– wenn der Beklagte seinen Wohnsitz zum Zeitpunkt des Verweisungsbeschlusses an einen anderen (dritten) Ort verlegt hatte, ohne daß dies dem verweisenden Gericht bekannt war[113],
– wenn das Gericht den Zeitpunkt der Begründung der Rechtshängigkeit nicht gekannt und daher eine Wohnsitzveränderung des Beklagten entgegen § 261 Abs. 3 Nr. 2 noch berücksichtigt[114] oder sonst § 261 Abs. 3 Nr. 2 nicht beachtet hat[115],
– wenn AGB mit Zuständigkeitsvereinbarung vor dem verweisenden Gericht nicht vorgetragen und daher nicht berücksichtigt worden waren[115a],
– wenn der Zuständigkeitsstreitwert fehlerhaft bestimmt wurde[115b],

---

[101] Bedenklich z.B. *OLG Köln* FamRZ 1985, 1060 (fehlerhafte Annahme fortbestehender Anhängigkeit der Ehesache, § 621 Abs. 2); *BayObLGZ* 1996, 14 (Verkennung eindeutiger ausschließlicher Zuständigkeit des verweisenden Gerichts).
[102] So *OLG München* FamRZ 1982, 942; MDR 1980, 1029 = JurBüro 1980, 1891; *OLG Hamburg* FamRZ 1978, 906; skept. *E. Schneider* DRiZ 1983, 24, 26.
[103] *BGH* FamRZ 1988, 943. – A.M. *KG* MDR 1993, 176.
[104] *BGHR* § 281 Abs. 2 Begründungszwang 2; ebenso *OLG Karlsruhe* WuM 1994, 338 = Justiz 1995, 224; ähnlich *OLG Karlsruhe* FamRZ 1991, 90 (wenn sich die vom Gericht als zutreffend erachtete gesetzliche Grundlage den Akten entnehmen läßt).
[105] *BGH* NJW-RR 1990, 506.
[106] Insoweit ähnlich *KG* MDR 1993, 176; *BayObLGZ* 1993, 317.
[107] *BGHZ* 1, 341, 342 (Fn. 95); zust. *BGH* LM § 36 Ziff. 6 Nr. 4 (Fn. 95); LM Nr. 16 = NJW 1986, 3141; FamRZ 1984, 774; NJW 1979, 551; RGZ 131, 197, 200; *OLG Celle* NJW 1947/1948, 67, 68 = JR 1948, 334; *LAG Kiel* AP § 276 (aF) Nr. 1. – A.M. *BGH* (Strafsenat) NJW 1990, 723 (weil dann vielfach auch das Recht des Antragsberechtigten auf Gehör verletzt sei); *OLG Oldenburg* ZZP 70 (1957), 265, 267 = NdsRpfl 1957, 72 (bei Hinzutreten weiterer Verfahrensfehler); *LG Stade* MDR 1961, 152 und *E. Schneider* DRiZ 1983, 24, der hierin eine Verletzung des Anspruchs auf Gewährung des rechtlichen Gehörs sieht.
[108] *BGH* DtZ 1991, 439.
[109] *OLG Schleswig-Holstein* SchlHA 1991, 15; *BAG* NZA 1994, 959 = BB 1995, 627.
[110] *BGH* NJW-RR 1990, 506, 507.
[111] *BGH* FamRZ 1990, 1226 = NJW-RR 1990, 1282; *BGH* NJW-RR 1992, 258; *BGH* EzFamR § 11 BGB Nr. 9.
[112] *BGH* NJW-RR 1994, 126 = FamRZ 1994, 437.
[113] Vgl. *BGH* FamRZ 1986, 1090.
[114] *BGH* NJW-RR 1990, 708.
[115] *BGH* DAVorm 1992, 70; FamRZ 1992, 1165; FamRZ 1993, 50.
[115a] *BGH* NJW-RR 1995, 702 = MDR 1995, 951.
[115b] *OLG Karlsruhe* WuM 1994, 338 (Fn. 104).

– wenn nach einer Verweisung von einem Amtsgericht an ein anderes wegen örtlicher Unzuständigkeit der Rechtsstreit an ein anderes als das übergeordnete Landgericht weiterverwiesen wird[116],
– wenn die ausschließliche Zuständigkeit des Familiengerichts außer acht gelassen wurde[117],
– wenn bei Beurteilung der ausschließlichen Zuständigkeit nach § 621 Abs. 2 auf einen falschen Zeitpunkt abgestellt wurde[118],
– wenn ein Verfahren zu Unrecht als Rechtsstreitigkeit nach der HausratsVO eingeordnet wurde[119].

Den Verweisungen ohne jede gesetzliche Grundlage sind Beschlüsse gleichzustellen, die unter **Verletzung des Anspruchs** eines Verfahrensbeteiligten **auf Gewährung des rechtlichen Gehörs** ergehen, → hierzu vor § 128 Rdnr. 21c, 55. Danach ist ein Verweisungsbeschluß in solchen Fällen trotz Abs. 2 S. 3 (→ Rdnr. 22) mit der Beschwerde **anfechtbar**[120]. Das rechtliche Gehör kann in der Beschwerdeinstanz nachgeholt werden, und es kann dann vom Beschwerdegericht über den Verweisungsantrag sachlich entschieden werden[120a]. 31

Bei Versagung des rechtlichen Gehörs ist entgegen Abs. 2 S. 5 auch das **angewiesene Gericht nicht gebunden**[121] (das Verfahren wird aber gleichwohl bei ihm anhängig[122]) und kann das Verfahren an das erste Gericht **zurückverweisen.** Dabei besonders zu prüfen, ob die erste Verweisung möglicherweise unterblieben wäre, wenn der nicht angehörten Partei das Gehör gewährt worden wäre[123], erscheint nicht veranlaßt. Auch hängt das Fehlen der Bindungswirkung nicht davon ab, ob die beeinträchtigte Partei von ihrem Recht zur *Anfechtung* des Beschlusses (→ Rdnr. 31) Gebrauch gemacht und die Aufhebung des Verweisungsbeschlusses herbeigeführt hat[124]; vielmehr stehen nach h. M. die Anfechtbarkeit und die Verneinung der Bindung als Rechtsfolgen nebeneinander[125]. Für diese Ansicht sprechen Gründe der Verfahrensvereinfachung. Es wird sich in solchen Fällen meistens um ein Versehen des verweisenden Gerichts handeln, und wenn dies von dem angewiesenen Gericht bemerkt wird, kommt man durch eine Zurückverweisung am raschesten zu einer Korrektur. Wenn sich allerdings die Partei, deren Anspruch auf Gehör verletzt wurde, vor dem angewiesenen Gericht **mit der Verweisung einverstanden erklärt,** so ist der Verstoß als geheilt anzusehen und daher auch die Bindung nach Abs. 2 S. 5 zu bejahen. 32

Auch für das **Verfahren zur Bestimmung des Gerichtsstands** (§ 36 Nr. 6) ist eine Verweisung, die unter Verletzung des Anspruchs auf rechtliches Gehör erfolgte, **nicht bindend**[126]. Wegen der Schwere des Verstoßes entfällt die Bindung selbst dann, wenn die Verweisung an 33

---

[116] *BayObLGZ* 1985, 387 = MDR 1986, 326.
[117] *BGH* FamRZ 1990, 147 = NJW-RR 1989, 1343; EzFamR § 281 ZPO Nr. 15.
[118] *BGH* LM Nr. 16 zu § 281 ZPO 1976.
[119] *BGH* LM Nr. 16 zu § 281 ZPO 1976.
[120] *OLG Oldenburg* ZZP 70 (1957), 265 (Fn. 107): *OLG Celle* NdsRpfl 1973, 251; *LG Köln* Rpfleger 1970, 251 (zust. *Petermann*) = JurBüro 1970, 701; *LG Mannheim* MDR 1965, 582; *LG Stade* MDR 1961, 152; *Schumann* ZZP 96 (1983), 137, 210 Fn. 277; *E. Schneider* DRiZ 1983, 24, 25. – A.M. *OLG Köln* FamRZ 1992, 971 = VersR 1992, 1111; *KG* MDR 1988, 417 = AnwBl 1988, 293; *OLG Bremen* OLGZ 1975, 475 (zu § 102 GVG). – Gegen Anfechtbarkeit eines Rückverweisungsbeschlusses *OLG Düsseldorf* MDR 1996, 311.
[120a] A.M. *OLG München* NJW-RR 1995, 957, das eine Sachentscheidung des Beschwerdegerichts sogar als Fall der greifbaren Gesetzeswidrigkeit und Entziehung des gesetzlichen Richters ansieht und daher eine weitere außerordentliche Beschwerde zuläßt.
[121] *BGH* FamRZ 1995, 1135; FamRZ 1984, 162; NJW 1983, 1859 = FamRZ 1983, 578; JZ 1982, 27; NJW 1979, 551; *OLG Frankfurt* BB 1980, 390 (LS) = VersR 1980, 485 (LS); NJW 1962, 449, 450, 814 (LS, abl. *Dunz*); *OLG Düsseldorf* OLGZ 1973, 243, 245 (zu § 102 GVG); Rpfleger 1975, 102; *OLG Nürnberg* Rpfleger 1974, 406; *LG Mainz* Rpfleger 1971, 186. – A.M. *OLG Bremen* OLGZ 1975, 475; *Schumann* ZZP 96 (1983), 137, 210 Fn. 277; *E. Schneider* DRiZ 1983, 24, 27; *Henckel* ZZP 77 (1964), 321, 322.
[122] *BGH* NJW 1989, 461, 462 = JZ 1989, 50.
[123] So *OLG Düsseldorf* Rpfleger 1975, 102.
[124] So aber *E. Schneider* DRiZ 1983, 24, 26 (anders für das Verfahren nach § 36 Nr. 6, aaO 27). *Schumann* ZZP 96 (1983), 137, 210 Fn. 277 sieht nur die ausnahmsweise gegebene Anfechtbarkeit des Verweisungsbeschlusses, nicht das Fehlen der Bindungswirkung. Umgekehrt verneinen *OLG Köln* VersR 1992, 1111; *Zöller-Greger*[20] Rdnr. 14 generell die Anfechtbarkeit, auch in den Fällen, in denen ausnahmsweise keine Bindung eintritt.
[125] So auch die Darstellung bei *MünchKommZPO-Prütting* Rdnr. 41, 55 f.; *Thomas-Putzo*[19] Rdnr. 12, 14; *Rosenberg-Schwab-Gottwald*[15] § 39 II 2 e (S. 196); *Zeiss*[8] Rdnr. 119 f.
[126] *BGHZ* 71, 69, 72 (Fn. 95); *BGH* FamRZ 1988, 492; FamRZ 1990, 1224; NJW 1979, 551, 984; NJW 1980,

ein *zuständiges* Gericht erfolgt war[127]. – Hatte ein angewiesenes Gericht den Rechtsstreit wegen Versagung des rechtlichen Gehörs zulässigerweise zurückverwiesen[128], so entfaltet ausnahmsweise[129] auch die nun unter Anhörung der Parteien ergangene **Neuvornahme** des Verweisungsbeschlusses keine Bindungswirkung im Verfahren nach § 36 Nr. 6, wenn das verweisende Gericht aufgrund der Begründung der Zurückverweisung wußte, daß es *keinerlei sachlichen Grund* zur Verweisung hatte[130].

Einzelfälle zur Verletzung des Rechts auf Gehör

33a   Der Verweisungsbeschluß ist wegen Verletzung des Rechts auf Gehör **nicht bindend,**
– wenn vor Ablauf einer vom Gericht gesetzten Äußerungsfrist der Verweisungsbeschluß erlassen wurde[131],
– wenn eine Partei in der zugrundeliegenden mündlichen Verhandlung nicht vertreten und nicht ordnungsgemäß geladen war[132],
– wenn der Rechtsstreit nach Ablehnung der Verfahrensübernahme durch ein anderes Gericht zunächst beim ursprünglichen Gericht weitergeführt und dann ohne vorherige Ankündigung ein Verweisungsbeschluß erlassen wird (Überraschungsentscheidung)[133],
– wenn am letzten Tag der Gerichtsferien entschieden wurde, ohne daß die Parteien auf die Absicht des Gerichts hingewiesen worden wären, das Verfahren als Feriensache zu behandeln[134].
Das **Recht auf Gehör** ist aber **ausreichend gewährt,** wenn die Partei zur vom Gericht beabsichtigten bzw. angeregten Verweisung Stellung nehmen konnte, ohne daß zum Verweisungsantrag des Gegners noch eine gesonderte Stellungnahme ermöglicht wurde[135].

c) Reichweite der Bindung bei späteren Veränderungen

34   Die bindende Wirkung des Verweisungsbeschlusses geht als **neuere Entscheidung** der Bindung des Gerichts an eine frühere eigene, die Zuständigkeit verneinende Entscheidung vor[136], → auch § 322 Rdnr. 226. Durch eine nachträgliche Veränderung der zuständigkeitsbegründenden Umstände (z. B. Wohnsitzwechsel[137], auch durch **nachträgliche Zuständigkeitsvereinbarungen**[138], wird die Bindungswirkung nicht berührt, § 261 Abs. 3 Nr. 2. Ebensowenig erlaubt ein übereinstimmender Verweisungsantrag der Parteien eine Abweichung von der bindenden Wirkung des Verweisungsbeschlusses[139]. Die fortdauernde Bindungswirkung gilt auch bei einer **Stufenklage**[140]. Dagegen ist eine **Änderung der Zuständigkeit** durch Klageän-

---

192; NJW 1995, 534; *BAG* NJW 1971, 1719 (LS) = AP § 36 Nr. 9 (mit abl. Anm. *Mes*); *OLG Nürnberg* FamRZ 1994, 838; *OLG Schleswig* SchlHA 1979, 192; *OLG Düsseldorf* OLGZ 1973, 243, 245 (zu § 102 GVG); Rpfleger 1975, 102; *E. Schneider* DRiZ 1983, 24, 26 f. – A. M. *OLG Bremen* OLGZ 1975, 475. Einschränkend *BAG* AP § 36 Nr. 24 = ArbuR 1979, 313 (LS), wonach die Anhörung im Bestimmungsverfahren nachgeholt werden könne und dann *zugunsten* der jetzt angehörten Partei an der Bindungswirkung festzuhalten sei. Das läßt sich mit der bei Rdnr. 32 a. E. dargelegten Erwägung (Heilung durch Nachholung der Anhörung und Einverständnis mit der Verweisung) rechtfertigen.
[127] *BayObLG* MDR 1980, 583; zust. *E. Schneider* DRiZ 1983, 24, 27. – A. M. *Thomas-Putzo*[19] Rdnr. 12.
[128] → Rdnr. 32.
[129] Im Regelfall muß der erneute Verweisungsbeschluß als bindend angesehen werden, auch wenn er inhaltlich mit dem ursprünglich ergangenen übereinstimmt.
[130] *OLG Frankfurt* OLGZ 1980, 202 (Fn. 94) (mit zu weitgehendem Leitsatz), welches die erneute Verweisung in einem solchen Fall für rechtsmißbräuchlich hält.
[131] *BGH* FamRZ 1988, 492 = NJW-RR 1988, 521; *LG Kiel* SchlHA 1984, 175.
[132] Vgl. *BGH* NJW-RR 1992, 258.

[133] *OLG Nürnberg* FamRZ 1994, 838.
[134] *BGHR* ZPO § 281 Abs. 2 Gehör, rechtliches 2.
[135] *BGHR* ZPO § 281 Abs. 2 Gehör, rechtliches 3.
[136] *BGH* NJW 1997, 869 (jedoch offenlassend bei Anwendbarkeit von § 11). – A. M. *OLG München* NJW 1956, 187 (zu § 11).
[137] *BGH* NJW-RR 1995, 513 = FamRZ 1995, 729.
[138] *BGH* NJW-RR 1995, 513, 514 (Fn. 137); NJW-RR 1994, 126; NJW 1963, 585; *OLG Köln* NJW 1962, 540; JMBlNRW 1970, 30 = ZMR 1970, 119 (LS); *OLG Nürnberg* MDR 1963, 851; *OLG München* OLGZ 1965, 187, 190 = NJW 1965, 767 (LS); *OLG Celle* NdsRpfl 1969, 106; *OLG Düsseldorf* JMBlNRW 1971, 211; verweist ein Gericht unter Mißachtung dieses Grundsatzes, so steht auch dies der bindenden Wirkung des Beschlusses nicht entgegen, *OLG Düsseldorf* OLGZ 1976, 475; – a. M. *LG Aurich* NdsRpfl 1979, 147; zust. *E. Schneider* JurBüro 1979, 1446. → auch § 38 Rdnr. 58 f. – A. M. *OLG Celle* MDR 1957, 679; *OLG Oldenburg* MDR 1962, 60.
[139] *BGH* NJW-RR 1995, 513, 514 (Fn. 137); NJW-RR 1994, 126 = FamRZ 1994, 437.
[140] *BGH* NJW-RR 1995, 513 (Fn. 137) (auch wenn das Verfahren nach Anerkennung des Auskunftsanspruchs längere Zeit nicht weiterbetrieben worden war).

derung[141] oder gemäß § 506 Abs. 1 nach dem Verweisungsbeschluß zu beachten und der Rechtsstreit gegebenenfalls zurück- oder weiterzuverweisen. Zur Behebung eines etwa entstehenden Kompetenzkonflikts s. § 36 Nr. 6 (→ § 36 Rdnr. 20ff.)[142]. – Die Abgabe im Mahnverfahren hat dagegen keine bindende Wirkung, § 696 Abs. 5 (→ § 696 Rdnr. 9ff.).

3. Verfahrensfortgang

Das Verfahren vor dem zweiten Gericht richtet sich immer – auch bei inhaltlich unrichtiger Verweisung – nach der für das angewiesene Gericht geltenden Verfahrensordnung (bedeutsam für Überleitungen i. S. d. Rdnr. 67ff., 74ff.) und schließt sich an das Verfahren vor dem ersten Gericht **unmittelbar in der Lage an**, in der es sich **vor der Verweisung** befand, arg. Abs. 3[143]. Es ist auch für die Handlungen vor dem Urteil nirgends vorgeschrieben, daß sie von und vor dem zuständigen Gericht vorgenommen sein müssen; es genügt, daß das Gericht Prozeßgericht war. Aus dem Gesagten folgt aber nicht, daß bei einer Verweisung durch den **Einzelrichter** an ein anderes Landgericht der Prozeß als einzelrichterliches Verfahren fortzusetzen ist[144]; vielmehr hat darüber erst die Kammer des angewiesenen Gerichts zu befinden, → § 350 Rdnr. 2.

35

Demgemäß dauert die **Rechtshängigkeit** mit allen ihren Wirkungen fort[145]. Die **richterlichen Akte** des ersten Gerichts bleiben erhalten und seine **Beweisaufnahmen** sind zu übernehmen[146]; sie bedürfen der Wiederholung nur in demselben Umfang, wie dies sonst bei Richterwechsel innerhalb des anhängigen Prozesses nötig ist (→ § 285 Rdnr. 6). Als Folge der Rechtshängigkeit hat das angewiesene[147] bzw. das diesem übergeordnete Gericht[148] auch über ein **Rechtsmittel** gegen eine Entscheidung zu befinden, die vor dem Verweisungsbeschluß erging. Ebenso wirken die **Anträge und Erklärungen der Parteien** fort[149], insbesondere die Widerklage und das Geständnis, und eine Nachholung unterlassener Prozeßhandlungen findet nur statt, wenn sie bei Fortsetzung des Rechtsstreits vor demselben Gericht statthaft wäre. Die *Verwirkung* von Prozeßhandlungen in dem Verfahren vor dem ersten Gericht bleibt ebenfalls erhalten. Für die **Zurückweisung verspäteten Vorbringens** (insbesondere nach § 296) behält das Geschehen vor dem ersten Gericht (z. B. Ablauf einer Frist[150]) ebenfalls seine Bedeutung. – Die vor dem verweisenden Gericht erfolgte Bewilligung der **Prozeßkostenhilfe** wirkt fort, → § 119 Rdnr. 3.

36

V. Verweisung in der Rechtsmittelinstanz

1. Zulässigkeit, Antrag

Der Verweisungsantrag kann auch **in der Rechtsmittelinstanz**, sowohl in der Berufungs-[151] und Beschwerde-[152] wie auch erstmalig in der Revisionsinstanz[153] – auch hilfsweise (oben

37

---

[141] *BGH* NJW 1990, 53 = JZ 1989, 1075 = LM Nr. 21; LM § 276 (aF) Nr. 18 = NJW 1962, 1819; *OLG Frankfurt* FamRZ 1981, 186.
[142] Vgl. *BGH* LM § 36 Ziff. 6 Nr. 1; *LAG Kiel* AP § 276 (aF) Nr. 1 (zust. *Pohle*).
[143] So ausdr. die Begr. zu dem Gesetz vom 1.VI.1909, 38 a. E., abgedr. in den Materialien, 3. Beiheft zu OLG Rsp 09 (1904), 22; *BGH* NJW 1984, 1901 (das Verfahren vor beiden Gerichten bilde eine Einheit).
[144] A.M. *OLG Koblenz* MDR 1986, 153; *Rosenberg-Schwab-Gottwald*[15] § 110 II 2.
[145] *LG Paderborn* DAVorm 1977, 177.
[146] *BGH* LM § 648 Nr. 2.
[147] *OLG Frankfurt* Rpfleger 1974, 321 (Kostenfestsetzungsverfahren).
[148] *KG* NJW 1969, 1816 = Rpfleger 1964, 214 (Kostenfestsetzungsverfahren); *OLG Nürnberg* OLGZ 1969, 56 (Anordnung gemäß § 769).
[149] Z.B. *OLG Frankfurt* Rpfleger 1974, 321; *AG Marktoberdorf* DAVorm 1976, 301.
[150] *OLG Frankfurt* NJW-RR 1993, 1048 (Klageerwiderungsfrist behält ihre Präklusionswirkung, auch bei Verweisung von der Zivilkammer an die Kammer für Handelssachen)
[151] RGZ 95, 280; 108, 263; BGHZ 2, 278, 279 (Fn. 94); MDR 1953, 544; *BVerwG* NJW 1979, 1899 (LS); *BAG* AP § 48 ArbGG Nr. 1 (zust. *Leipold*) = BB 1975, 1209 (LS) = RdA 1975, 389 (LS); KG BB 1983, 213, 214; JW 1921, 472; *OLG Jena* JW 1921, 909; *OLG Hamm* AP 50, Nr. 244; MDR 1952, 235; *ObArbG Rheinland-Pfalz* AP 50, Nr. 267.
[152] *OLG Frankfurt* NJW 1962, 449.

Fn. 48)¹⁵⁴ – gestellt werden, vgl. §§ 523, 557; der Rechtsstreit muß allerdings durch ein zulässiges Rechtsmittel in die höhere Instanz gelangt sein¹⁵⁵. Hatte der untere Richter die Zuständigkeit durch Zwischenurteil nach § 280 Abs. 2 oder in den Gründen des Endurteils *bejaht*, so ist, wenn sich die Unzuständigkeit in der höheren Instanz ergibt, auf Antrag der Rechtsstreit **unter Aufhebung des angefochtenen Urteils** an das zuständige Gericht der ersten Instanz zu verweisen. S. jedoch wegen der beschränkten Nachprüfung der die Zuständigkeit bejahenden Entscheidung §§ 10, 512 a, 549 Abs. 2. War die Klage von dem unteren Gericht mangels eines Verweisungsantrags *wegen Unzuständigkeit abgewiesen*, so kann der Antrag, auch hilfsweise, in der Rechtsmittelinstanz nachgeholt werden; in diesem Falle hat dann das Rechtsmittelgericht, wenn es in der Zuständigkeitsfrage dem Vorderrichter folgt, die Verweisung, ebenfalls unter Aufhebung des Urteils, auszusprechen¹⁵⁶. Fehlt die Zuständigkeit für eine **Widerklage,** so ist diese abzutrennen (→ § 145 Rdnr. 9) und (unter Aufhebung des erstinstanzlichen Urteils, soweit es über die Widerklage entschieden hat) an das zuständige Gericht erster Instanz zu verweisen¹⁵⁷. Erstmals in der Berufungsinstanz erhobene Ansprüche können ohne Aufhebung des Urteils erster Instanz an das zuständige erstinstanzliche Gericht verwiesen werden¹⁵⁸.

37a Von diesen Fällen (Verweisung wegen Unzuständigkeit der ersten Instanz) ist die Verweisung **von einem Rechtsmittelgericht an ein anderes** zu unterscheiden. Sie kommt bei einem beim funktionell unzuständigen Gericht eingelegten Rechtsmittel grundsätzlich nicht in Betracht¹⁵⁹, u. U. jedoch im Rahmen des Grundsatzes der Meistbegünstigung (dazu → Allg. Einl. vor § 511 Rdnr. 38 ff.), soweit das Rechtsmittelverfahren an das bei richtiger Vorentscheidung zuständige Gericht weitergeleitet werden soll. Eine Verweisung von einem Rechtsmittelgericht an ein anderes erfolgt grundsätzlich ohne Bindungswirkung¹⁶⁰. Die von der Rechtsprechung anerkannten Ausnahmen im Zusammenhang mit der Zuständigkeit des Familiengerichts haben durch die Änderung der gesetzlichen Regelung ihre Bedeutung verloren, → Rdnr. 45 b. Eine besondere Situation besteht aufgrund der Zuständigkeitsregeln des GWB in **Kartellsachen**; hier wird die Verweisung einer beim allgemein zuständigen OLG eingelegten Berufung an das Kartell-OLG entsprechend § 281 zugelassen¹⁶¹. – Eine Verweisung durch das LG als Berufungsgericht an das OLG kann auch dann nicht erfolgen, wenn in der Berufungsinstanz durch Klageerweiterung oder Klagehäufung die amtsgerichtliche Zuständigkeitsgrenze überschritten wird¹⁶¹ᵃ; § 506 ist in diesem Fall nicht anwendbar, näher → § 506 Rdnr. 16.

2. Verweisungsurteil

38 Die Urteilsaufhebung und die Verweisung können stets nur **durch Urteil** erfolgen¹⁶². Ergibt sich bei der Berufung gegen ein amtsgerichtliches Urteil, daß nicht das AG, sondern das

---

¹⁵³ *RGZ* 165, 384; 170, 232; *BGHZ* 5, 107; 16, 345; NJW 1968, 351, 352; *BSG* MDR 1970, 179; *BayObLG* NJW 1949, 223; 1958, 1825; *OLG Frankfurt* HEZ 1, 53; *LAG Hamm* AP 53 Nr. 196 (zust. *Wieczorek*). – A.M. *RGZ* 130, 53; *RAG* BenshS 9 (1930), 55 (weil § 565 Abs. 3 Nr. 2 Sachentscheidung vorschreibe). Dagegen *Jonas* JW 1930, 3483.

¹⁵⁴ *BGHZ* 5, 107; *BVerwG* NJW 1979, 1899 (LS); *BSG* MDR 1970, 179; *BAG* AP § 48 ArbGG Nr. 1 (Fn. 151); *ObArbG Rheinland-Pfalz* AP 50 Nr. 267; *KG* BB 1983, 213, 214.

¹⁵⁵ *BGH* LM § 511 Nr. 6; *BGHZ* 16, 339, 345 = NJW 1955, 791 = AP § 118 ArbGG Nr. 4 (mit Anm. *Pohle*, der eine Unzulässigkeit, die sich nur aus einer Unzuständigkeit ergibt und durch Verweisung zu beheben wäre, nicht beachten will).

¹⁵⁶ *OLG Köln* OLGZ 1989, 83; *BVerwG* NJW 1979, 1899 (LS); *BAG* AP § 48 ArbGG Nr. 1 (Fn. 151); *KG* BB 1983, 213, 214.

¹⁵⁷ *OLG Koblenz* GRUR 1984, 903.

¹⁵⁸ *OLG Köln* FamRZ 1990, 644.

¹⁵⁹ *BGH* FamRZ 1996, 1544; *OLG Düsseldorf* DAVorm 1988, 1029. S. auch *BGH* LM § 65 LwAnpG Nr. 27 = MDR 1995, 90 (LS).

¹⁶⁰ *BGH* FamRZ 1984, 36 = MDR 1984, 214 = LM Nr. 13; FamRZ 1984, 774; NJW 1986, 2764.

¹⁶¹ *BGHZ* 49, 33, 38; 71, 367, 374; *OLG Köln* NJW-RR 1994, 1389.

¹⁶¹ᵃ *BGH* JZ 1996, 975 (mit abl. Anm. *Rimmelspacher*, der Verweisung analog § 506 befürwortet).

übergeordnete LG zuständig ist, so muß das LG die Verweisung an sich selbst als Gericht erster Instanz[163] aussprechen; auch in diesem Falle bedarf es eines die Vorentscheidung aufhebenden Urteils, da andernfalls das LG nur als Berufungsgericht, also unanfechtbar, entscheiden könnte. Das **verweisende Urteil** ist wie ein Verweisungsbeschluß **unanfechtbar**[164] und **bindend**, → auch Rdnr. 27ff. Zur Kostenentscheidung → Rdnr. 39. – Zur Verweisung nach Widerspruch im Arrestverfahren → § 924 Rdnr. 19.

VI. Kosten und Gebühren

1. Allgemeines

Die im Verfahren vor dem angegangenen Gericht erwachsenen Kosten werden nach Abs. 3 S. 1 als **Teil der Kosten** behandelt, die **bei dem zweiten Gericht** erwachsen. Allein dieses Gericht hat deshalb über die Kosten zu entscheiden und zwar einschließlich der durch Anrufung des ersten Gerichts entstandenen Mehrkosten[165]; nur wenn ein **Rechtsmittelgericht** verweist, legt es die Kosten des Rechtsmittelverfahrens als Mehrkosten in dem Verweisungsurteil, → Rdnr. 38, dem Kläger auf[166]. Die Gebühren werden nicht doppelt berechnet, sondern die im Verfahren vor dem verweisenden Gericht entstandenen auf die neu entstehenden **angerechnet**. Berechnung und Erstattungsfähigkeit bestimmen sich aber nach wie vor nach den für das *verweisende* Gericht geltenden Bestimmungen. Bei einer **Abgabe vor Zustellung** der Klage gilt Abs. 3 S. 1 nicht[167].

39

2. Kostenlast des Klägers, Abs. 3 S. 2

a) Mehrkosten

Bei der Entscheidung des zweiten Gerichts sind jedoch die §§ 91 ff. nur mit der Maßgabe anwendbar, daß dem **Kläger** die entstandenen[168] **Mehrkosten**[169] auch dann aufzuerlegen sind, wenn er in der Hauptsache obsiegt[169a] oder, was dem gleichsteht, bei Erledigung der Hauptsache, § 91 a, die Kosten im übrigen ganz oder zum Teil dem Beklagten auferlegt werden. Mehrkosten im Sinne des Abs. 3 S. 2 sind der Unterschied zwischen den Gesamtkosten vor

40

---

[162] S. die Entscheidungen in Fn. 151, ferner *RGZ* 165, 384; *BGHZ* 5, 107; *OLG Frankfurt* FamRZ 1991, 1073; *BAG* AP § 276 (aF) Nr. 11, 25. Dies gilt auch bei Abgabe nach § 12 Abs. 2 LwVG (→ Rdnr. 70), *BGH* NJW-RR 1988, 1405 = MDR 1989, 41.

[163] Welche *Kammer* dann zuständig ist, stellt eine Frage der Geschäftsverteilung dar. Es bestehen aber keine Bedenken, gegebenenfalls gleich im Urteil an die zuständige erstinstanzliche Kammer zu verweisen, also der Sache nach Verweisung und (nicht bindende) Abgabe zu verbinden. S. auch (jedoch zu § 506) *OLG Oldenburg* NJW 1973, 810 (bejaht die Bindungswirkung auch für die Verweisung an die erstinstanzliche Kammer); *LG Hannover* MDR 1985, 329.

[164] *RGZ* 95, 280; 108, 263; *BGHZ* 2, 278 (Fn. 94); MDR 1953, 544; *BVerwG* NJW 1979, 1899 (LS). Das gilt auch, wenn in Arbeitssachen die Revision vom Berufungsgericht zugelassen wurde, *BAG* AP § 278 aF Nr. 11 (Anm. *Pohle*); *RAG* 22, 1. – Soll über die Zuständigkeit vom Revisionsgericht entschieden werden, darf der Kläger den Verweisungsantrag daher erst in der Revisionsinstanz stellen, *BAG* AP § 48 ArbGG Nr. 1 (Fn. 151).

[165] *OLG Koblenz* Rpfleger 1974, 26, 27.

[166] *BGHZ* 11, 58; 12, 53, 69f.; 14, 231; 22, 71. – Zur Zuständigkeit für die *Kostenfestsetzung* → § 103 Rdnr. 16.

[167] *OLG Schleswig* SchlHA 1991, 47 = JurBüro 1991, 701 (kein Kostenausspruch nach Abs. 3 S. 2; die vor dem ersten Gericht entstandenen zusätzlichen Anwaltskosten des Klägers sind nicht erstattungsfähig; ebenso *KG* MDR 1990, 1019. – A.M. *OLG Hamburg* MDR 1986, 679 (Aussonderung der Mehrkosten nur, wenn ein Kostenausspruch analog § 281 Abs. 3 S. 2 erfolgt ist).

[168] Fiktive Mehrkosten werden nicht erstattet, *OLG München* Rpfleger 1979, 387.

[169] Wurden die vor dem unzuständigen Gericht entstandenen »Kosten« auferlegt, so kann dies als Auferlegung der Mehrkosten ausgelegt werden, *OLG Koblenz* JurBüro 1991, 1547.

[169a] Unterliegt der Kläger gänzlich, so bedarf es keines gesonderten Kostenausspruchs, *OLG Düsseldorf* Rpfleger 1995, 226. – Eine teilweise Kostenpflicht des Klägers umfaßt (anteilig) auch die Kosten vor dem Erstgericht, wenn kein Ausspruch nach Abs. 3 S. 2 erfolgt ist, *OLG Schleswig-Holstein* SchlHA 1996, 165.

beiden Gerichten und denjenigen Kosten, die dem Beklagten bei sofortiger Anrufung des zuständigen Gerichts entstanden wären[170], wobei jeweils nur *notwendige* Kosten zu berücksichtigen sind[171]. Bei Beauftragung einer **überörtlichen Sozietät** wurde neuerdings die doppelte Entstehung der gleichen Gebühren abgelehnt, auch wenn beim angewiesenen Gericht andere (dort zugelassene) Anwälte tätig wurden[172]. Kosten des Anwalts des Klägers vor dem Erstgericht können als **Verkehrsanwaltskosten** erstattungsfähig sein, wenn die besonderen Voraussetzungen hierfür (→ § 91 Rdnr. 70 ff.) vorliegen[173], näher → § 91 Rdnr. 83. Eine *Nachprüfung* der Verweisung im Rahmen der Kostenentscheidung ist ausgeschlossen; eine unrichtige Verweisung geht also in Ansehung der entstandenen Mehrkosten zu Lasten des Klägers[174]. Die Sonderregelung im § 344 bezüglich der Kosten eines der Verweisung vorausgegangenen Versäumnisverfahrens gilt auch im Fall des Abs. 3 S. 2[175].

b) Mahnverfahren, Kostenübernahme im Vergleich

41 Für die **Verweisung nach Mahnverfahren** gilt nichts besonderes mehr, → § 696 Rdnr. 14. – Die Kostenübernahme in einem gerichtlichen **Vergleich** bezieht sich regelmäßig nur auf die notwendigen Kosten, nicht aber auf die des Abs. 3 S. 2[176], dazu auch → § 98 Rdnr. 7, 7a (mit Nachw. in Fn. 26).

c) Verstoß

42 Ist die **Belastung des Klägers** mit den Mehrkosten entgegen Abs. 3 S. 2 **unterblieben**[177], so spricht (entgegen der in der Vorauf. vertretenen Ansicht) einiges dafür, den Mangel im Kostenfestsetzungsverfahren insoweit zu beheben, als die in dem Verfahren vor dem verweisenden Gericht entstandenen Kosten nicht als *notwendige* Kosten der Rechtsverfolgung angesehen werden[178]; die Frage ist seit langem äußerst umstritten, → auch (a. M.) *Bork* § 91

---

[170] *OLG Hamm* MDR 1990, 161; *OLG Frankfurt* JurBüro 1988, 1338; *OLG Düsseldorf* Rpfleger 1971, 409 = JurBüro 1971, 947; 1979, 622; *OLG Bremen* JurBüro 1978, 1405 (zust. *Mümmler*); *OLG Celle* JurBüro 1969, 963; NdsRpfl 1975, 123; *OLG München* Rpfleger 1969, 140 = NJW 1969, 1217 = JurBüro 1969, 423; *OLG Hamm* Rpfleger 1970, 179 = JurBüro 1970, 533; *KG* Rpfleger 1976, 325 = JurBüro 1976, 814 = NJW 1976, 1272 (LS); *LG Stuttgart* NJW 1968, 1727.

[171] *OLG Düsseldorf* JurBüro 1980, 621. – Ob man aber die Erstattungsfähigkeit der für den Beklagten vor dem Erstgericht entstandenen Anwaltskosten mit der Begründung verneinen kann, die Rüge der Unzuständigkeit habe nur der Prozeßverzögerung gedient (so *OLG Hamm* JurBüro 1989, 1694) erscheint sehr zweifelhaft.

[172] *OLG München* JurBüro 1995, 250 = AnwBl 1995, 196 = Rpfleger 1995, 432; *KG* Rpfleger 1995, 433; enger *OLG Düsseldorf* MDR 1994, 1253 = NJW-RR 1995, 376 (keine Verdoppelung der Gebühren, wenn der Beklagte von vornherein mit der Verweisung rechnete). Jedenfalls solange die Lokalisation gilt (zur Rechtslage ab dem Jahr 2000 bzw. 2005 → § 271, Gesetzesgeschichte), überzeugen diese Entscheidungen nicht. Abl. auch *Herrlein* Rpfleger 1995, 399.

[173] *OLG Frankfurt* JurBüro 1987, 1072 (*Mümmler*); JurBüro 1988, 1338 (*Mümmler*); *OLG Hamburg* JurBüro 1988, 1185.

[174] *KG* OLG Rsp 29 (1914), 125. – A. M. *OLG Köln* ZZP 64 (1951), 149; *FG Münster* ZIP 1991, 1155, 1156.

[175] Vgl. auch *OLG Frankfurt* JR 1926 Nr. 317.

[176] Vgl. hierzu *OLG Bamberg* JurBüro 1988, 1689; *OLG Köln* Rpfleger 1987, 429; *OLG Hamm* MDR 1967, 931 = NJW 1968, 403; *KG* JurBüro 1971, 791 = Rpfleger 1971, 260. – A. M. z. B. *OLG Stuttgart* JurBüro 1986, 103 (*Mümmler*). Die Mehrkosten werden jedenfalls mangels Notwendigkeit weithin für nicht erstattungsfähig gehalten, so *OLG Frankfurt* JurBüro 1988, 1338 (*Mümmler*); *OLG München* JurBüro 1985, 292; *OLG Bremen* Rpfleger 1986, 402; *OLG Bamberg* JurBüro 1988, 1689; – a. M. *OLG Koblenz* MDR 1987, 681; *OLG Karlsruhe* JurBüro 1988, 1696 (*Mümmler*). – Zu einem Vergleich ohne Kostenregelung *KG* Rpfleger 1976, 103 = MDR 1976, 405; *OLG Frankfurt* JurBüro 1978, 594 (*Mümmler* mwN).

[177] Dies ist nicht schon dann gegeben, wenn dem Kläger die durch die Anrufung des unzuständigen Gerichts erwachsenen Kosten fehlerhaft nach § 92 statt nach Abs. 3 S. 2 auferlegt werden, *OLG Braunschweig* JurBüro 1977, 1775.

[178] *OLG Schleswig-Holstein* SchlHA 1995, 223 (unter Aufgabe von SchlHA 1976, 13); *OLG Frankfurt* MDR 1997, 102, 103; JurBüro 1988, 1338 (*Mümmler*); Rpfleger 1981, 29 = MDR 1981, 58; *OLG München* JurBüro 1985, 292 (*Mümmler*); *OLG Bremen* Rpfleger 1987, 33; *OLG Celle* Rpfleger 1969, 170; *OLG Hamm* Rpfleger 1991, 267 (abl. *Schlaap-Ebmeier*); *OLG Saarbrücken* NJW 1975, 982 (abl. *H. Schmidt*); *Bierbach* Rpfleger 1954, 229; *E. Schneider* MDR 1965, 799. - A. M. *OLG Koblenz* JurBüro 1992, 631 (abl. *Mümmler*); NJW-RR 1992, 892; *OLG Köln* Rpfleger 1993, 37; *OLG Düssel-*

Rdnr. 49 (mit Nachw. in Fn. 133). Auch ist, wenn es sich hier strenggenommen auch nicht um eine unvollständige, sondern um eine sachlich falsche Kostenentscheidung handelt, eine **Ergänzung** der Entscheidung nach § 321 zuzulassen[179], → auch § 321 Rdnr. 5. Eine isolierte **Anfechtung** der Kostenentscheidung ist nicht statthaft, auch wenn Abs. 3 S. 2 übersehen wurde[180].

3. Notwendigkeit

Die Mehrkosten sind bei der Kostenfestsetzung auf ihre Notwendigkeit nach § 91 zu prüfen. Zum Anwaltswechsel nach Verweisung → § 91 Rdnr. 107 f. Bei der Verweisung an ein anderes Amtsgericht können keinesfalls mehr Kosten erstattet verlangt werden, als entstanden wären, wenn der erste Anwalt die Termine bei dem anderen Gericht selbst wahrgenommen hätte.

43

4. Gerichtsgebühren

Für die Gerichtsgebühren gilt nach § 9 Abs. 1 GKG das Verfahren vor und nach der Verweisung an ein erstinstanzliches Gericht derselben oder eines anderen Zweiges der Gerichtsbarkeit als **eine Kosteninstanz** (zu den Fällen der Zurückverweisung des Rechtsstreits → § 33 GKG)[180a]. Das gleiche gilt gemäß § 14 Abs. 1 S. 1 BRAGO für die **Anwaltsgebühren**, wenn die Verweisung oder Abgabe nicht an ein Gericht eines niedrigeren Rechtszuges erfolgt, § 14 Abs. 1 S. 2 BRAGO[181].

44

VII. Verweisung und Abgabe bei Beteiligung von Familiengerichten (AG) und Familiensenaten (OLG)

1. Allgemeines

Die lückenhafte gesetzliche Regelung und die dazu ergangene Rechtsprechung haben zu einer sehr unübersichtlichen Rechtslage geführt. Zu einer einigermaßen klaren Handhabung käme man, wenn man das Verhältnis zwischen den Abteilungen für Familiensachen (= Familiengericht) und den Abteilungen für Zivilsachen beim Amtsgericht wie eine Frage der sachlichen Zuständigkeit behandeln würde[182]. Dies würde bei Verweisungen zu einer weitgehenden Anwendbarkeit von § 281 (einschließlich der bindenden Wirkung von Verweisungsbeschlüssen) führen. Der BGH[183] nimmt jedoch an, bei der in § 23 b bestimmten

45

---

dorf NJW 1965, 1385; JurBüro 1988, 784 (*Mümmler*); *KG* MDR 1976, 405 = Rpfleger 1976, 103; *OLG Celle* NdsRpfl 1964, 244; *OLG Hamburg* MDR 1965, 495; 1972, 429 (LS); *OLG Bremen* NJW 1972, 1206; *OLG Bamberg* JurBüro 1972, 885; *OLG Stuttgart* JurBüro 1986, 103 (*Mümmler*).

[179] *OLG Koblenz* JurBüro 1992, 631 (abl. *Mümmler*); *OLG Köln* Rpfleger 1993, 37; *RG* HRR 1935, Nr. 43; *OLG Karlsruhe* JW 1931, 3607; *OLG Köln* ZZP 64 (1951), 148; *OLG Bremen* NJW 1972, 1206; *OLG Hamburg* MDR 1965, 495; *OLG Celle* Rpfleger 1969, 170; *OLG Hamm* Rpfleger 1971, 442 = JurBüro 1972, 70. – A.M. *OLG Schleswig-Holstein* SchlHA 1995, 223.

[180] *OLG Koblenz* MDR 1985, 851.

[180a] Bei Verfahrenstrennung und Verweisung des Verfahrens gegen einen von mehreren Beklagten entstehen die Gebühren jedoch neu, *OLG München* NJW-RR 1996, 1279.

[181] Vgl. *OLG Nürnberg* JurBüro 1991, 1636 (*Mümm-*

ler) zur Verweisung vom LG an das Schiffahrtsgericht. S. auch *OLG Oldenburg* Rpfleger 1984, 431 (erneute Entstehung der Prozeßgebühr, wenn der Rechtsstreit in der Berufungsinstanz vom LG an eine erstinstanzliche Kammer desselben LG verwiesen wird, str.). – Über den Kostenansatz und die Vergütung des *beigeordneten Anwalts* bei Verweisung oder Abgabe eines Verfahrens an ein Gericht eines anderen Landes s. die Ländervereinbarung in Anlage 1 u. 2 zu § 6 Kostenverfügung vom 1.3.76 (Text und Fundstellen abgedruckt bei Hartmann Kostengesetze[26] unter VII. DVKostG).

[182] Dafür wiederholt und mit eingehender Begründung *Jauernig*, u.a. in FamRZ 1977, 681 u. 761; 1978, 675; 1989, 1; zustimmend *OLG Oldenburg* FamRZ 1978, 344 (zumindest analog der sachlichen Zuständigkeit zu behandeln). In der Folgezeit orientiert sich die Praxis an der anderslautenden Rsp des BGH.

[183] *BGHZ* 71, 264, 268 f. = NJW 1978, 1531 = FamRZ 1978, 582 (ablehnend *Jauernig* FamRZ 1978, 675).

Zuständigkeit der Familiengerichte handle es sich nicht um eine Frage der sachlichen Zuständigkeit, sondern um eine **gesetzlich vorgeschriebene, gerichtsinterne Aufgabenzuweisung**, anders ausgedrückt um Spezialspruchkörper mit gesetzlich geregelter Geschäftsverteilung. In gleicher Weise beurteilt der BGH[184] das Verhältnis zwischen Familiensenaten (§ 119 Abs. 1 Nr. 1 u. 2, Abs. 2 iV mit § 23 b Abs. 1 u. 2 GVG) und allgemeinen Zivilsenaten beim OLG.

45a   An sich wäre auch bei dem vom BGH gewählten Ausgangspunkt eine analoge Anwendung von § 281 möglich und naheliegend[185]. Der BGH[186] betont aber den Gegensatz zu einer Frage der sachlichen Zuständigkeit und gelangt damit, soweit es um die Spruchkörperzuständigkeit geht, zu formlosen, nicht bindenden Abgaben, die nicht von § 281 erfaßt werden.

45b   In der **Berufungsinstanz** treten weitere Probleme hinzu. Der BGH[187] vertrat in der Frage, ob die Familiensenate des OLG oder die allgemeinen Zivilsenate des OLG oder das LG für die Berufung zuständig sind, den Standpunkt, es komme nicht darauf an, ob in erster Instanz das Amtsgericht als Familiengericht oder die allgemeine Zivilprozeßabteilung des Amtsgerichts oder das LG entschieden habe, sondern darauf, ob eine Familiensache vorliege oder nicht. Diese sog. *materielle Anknüpfung* führte zu erheblichen Komplikationen, die sich, was die richtige Einlegung der Berufung angeht, nur mühsam mithilfe der Meistbegünstigungstheorie und einer anschließenden bindenden Verweisung analog § 281 an das richtige Berufungsgericht beheben ließen[188]. Der Gesetzgeber führte jedoch mit der Neufassung der §§ 72, 119 Abs. 1 Nr. 1 u. 2 GVG durch das UÄndG vom 20.II.1986 (BGBl. I 301) die **formelle Anknüpfung** ein[189]. Seither hängt die Zuständigkeit des OLG als Berufungsgericht davon ab, ob in erster Instanz das Familiengericht entschieden hat, nicht davon, ob wirklich eine Familiensache vorlag. Die frühere Rechtsprechung, die bei irrtümlicher Bejahung oder Verneinung einer Familiensache in erster Instanz eine Verweisung vom einen Rechtsmittelgericht an das andere analog § 281 zuließ, ist durch diese Gesetzesänderung überholt[190]. Der BGH erstreckt die Konsequenzen der formellen Anknüpfung jedoch nur auf die Zuständigkeit des OLG als solches, behandelt aber die Frage, ob innerhalb des OLG ein Familiensenat oder ein Zivilsenat zu entscheiden hat, weiterhin im Sinne einer materiellen Anknüpfung, nämlich danach, ob eine Familiensache vorliegt oder nicht[191]. Die wünschenswerte Vereinfachung der Rechtslage ist daher durch die Gesetzesänderung im Jahre 1986 nur teilweise erreicht worden. In der folgenden Darstellung werden die verschiedenen Fallgestaltungen aufgegliedert; es kann aber nicht auf alle Einzelfragen (die zu einem guten Teil außerhalb des § 281 liegen) eingegangen werden.

2. Verweisung bzw. Abgabe innerhalb der ersten Instanz

a) Innerhalb eines Amtsgerichts

46   Gelangt eine Familiensache an eine allgemeine Zivilprozeßabteilung oder umgekehrt eine Nichtfamiliensache an die Abteilung für Familiensachen, so ist innerhalb des Gerichts von Amts wegen formlos und nicht bindend an den anderen Spruchkörper abzugeben[192]. Bei

---

[184] *BGHZ* 71, 264, 266 (Fn. 183).
[185] *Jauernig* FamRZ 1978, 675, 676.
[186] *BGHZ* 71, 264, 272f. (Fn. 183); *BGH* NJW 1979, 2517f. = FamRZ 1979, 1005; LM § 23 b GVG Nr. 19.
[187] Grundlegend *BGHZ* 72, 182 = NJW 1979, 43 = FamRZ 1978, 873; sodann ständige Rsp., z. B. *BGH* NJW 1979, 552 u. 1048; 1980, 1282; 1981, 2418, 2419.
[188] *BGHZ* 72, 182, 187 ff. (Fn. 187); *BGH* NJW 1980, 1282; NJW 1981, 2418; 1986, 2764.
[189] Zu den Konsequenzen dieser Gesetzesänderung eingehend *Jauernig* FamRZ 1989, 1.

[190] *BGH* NJW 1991, 231. Anders allerdings, wenn unklar ist, ob das Amtsgericht als Familiengericht entschieden hat, → Fn. 207a.
[191] *BGH* FamRZ 1994, 25, 26 = NJW-RR 1993, 1282 (dagegen *Bergerfurth* FamRZ 1994, 372); FamRZ 1988, 1035 (dazu krit. *Jauernig* FamRZ 1988, 1260); FamRZ 1989, 165.
[192] *BGHZ* 71, 264, 272f. (Fn. 183); *BGH* FamRZ 1979, 217, 218 = LM § 23 b GVG Nr. 14; *OLG Düsseldorf* FamRZ 1978, 125; *Bosch* FamRZ 1986, 819. Für eine bindende Verweisung nach § 281 insbes. *Jauernig* FamRZ 1989, 1, 5.

geltend gemachtem Haupt- und Hilfsanspruch geschieht dies erst, wenn die zur Entscheidung über den Hauptantrag berufene Abteilung den Hauptantrag abgewiesen hat[193].

Die formlose Abgabe ist **nicht selbständig anfechtbar**[194]. Die Parteien haben die Möglichkeit, durch Gegenvorstellung auf eine andere Beurteilung hinzuwirken. Im übrigen kann eine Verletzung der Zuständigkeitsregeln mit den gewöhnlichen Rechtsmitteln gegen die Endentscheidung geltend gemacht werden, wobei die Einschränkung durch § 529 Abs. 3 (rechtzeitige Rüge) zu beachten ist. Zur Auswirkung eines Fehlers in der Berufungsinstanz → Rdnr. 57, 61. 46a

Kommt es zwischen allgemeiner Prozeßabteilung des AG und Familiengericht zu einem **Kompetenzkonflikt,** so bestimmt das **OLG** als das im jeweiligen Instanzenzug vorgesehene gemeinsame übergeordnete Gericht entsprechend § 36 Nr. 5 oder Nr. 6 die zur Entscheidung zuständige Abteilung[195], näher → § 36 Rdnr. 20 ff. Eine Entscheidung des Präsidiums des AG über die Zuweisung der Geschäfte (§ 21 e Abs. 1 S. 1 GVG) kommt nicht in Betracht, da die Verteilung der Geschäfte zwischen dem Familiengericht und der allgemeinen Prozeßabteilung auf zwingender gesetzlicher Vorschrift (§ 23 b GVG) beruht[196]. 47

b) Verweisung von einem Amtsgericht an ein anderes Amtsgericht

Die Verweisung von einem Amtsgericht an ein anderes Amtsgericht wegen örtlicher Unzuständigkeit erfolgt nach § 281[197]. Dies gilt auch, wenn die örtliche Zuständigkeit des angewiesenen Gerichts darauf beruht, daß ihm gemäß § 23 c GVG die Familiensachen für die Bezirke mehrerer Amtsgerichte zugewiesen wurden[198]. Das Familiengericht oder die allgemeine Zivilprozeßabteilung des einen Amtsgerichts können allgemein an das andere Amtsgericht oder aber an das Familiengericht oder die allgemeine Zivilprozeßabteilung des anderen Amtsgerichts verweisen. Die Bindungswirkung erstreckt sich jedenfalls auf die örtliche Zuständigkeit, auch wenn fehlerhaft eine Familiensache angenommen[199] oder verneint[200] wurde, darüberhinaus auch auf die sachliche Zuständigkeit des angewiesenen Amtsgerichts, wenn darüber im Verweisungsbeschluß entschieden wurde. Gleichwohl tritt aber nach der Rsp **keine Bindungswirkung** darüber ein, ob beim angewiesenen Amtsgericht das Familiengericht oder die allgemeine Zivilprozeßabteilung zuständig ist[201]. 48

Überzeugend ist diese Lösung nicht. Dem Zweck des § 281, Zuständigkeitsstreitigkeiten nicht ausufern zu lassen, würde es entsprechen, auch hinsichtlich der Frage, ob Familiengericht oder allgemeine Zivilprozeßabteilung zuständig sind, eine **Bindung** eintreten zu lassen, wenn diese Frage vom verweisenden Gericht geprüft wurde[202]. Diese Bindung hätte sich dann, wie sonst im Bereich des § 281, auch auf die Beurteilung durch die Rechtsmittelinstanz zu erstrecken. Die Gegenansicht gibt der Abgrenzung zwischen Familiengericht und allgemeiner Zivilprozeßabteilung im Ergebnis größeres Gewicht als einer Frage der sachlichen Zuständigkeit. 49

Erfolgt die **Verweisung im Prozeßkostenhilfeverfahren,** tritt die Bindung nicht auch für den späteren Rechtsstreit ein[203]. 50

---

[193] BGH NJW 1980, 1283 = MDR 1980, 565 = FamRZ 1980, 554; NJW 1981, 2417, 2418.
[194] A.M. *Thomas-Putzo*[19] Rdnr. 3 – LG Mainz NJW 1978, 171 bejaht die Beschwerde gegen einen die Abgabe ablehnenden Beschluß des Vollstreckungsgerichts sowie gegen eine Abgabe durch das Vollstreckungsgericht an das Familiengericht.
[195] BGHZ 71, 264, 270 f. (Fn. 183).
[196] BGHZ 71, 264, 269 (oben), 270 (Fn. 183).
[197] BGH 71, 15 (auch bei den von § 621 a Abs. 1 S. 1 erfaßten Familiensachen) = NJW 1978, 888 = FamRZ 1978, 331 = LM § 621 a Nr. 1 (LS, zust. *Hoegen*); FamRZ 1984, 162.
[198] Offenlassend OLG Karlsruhe FamRZ 1986, 819. Der Gegenansicht zuneigend *Bosch* FamRZ 1986, 819, 820.
[199] BGH FamRZ 1988, 155 = NJW-RR 1989, 195.
[200] Vgl. BGH FamRZ 1990, 987.
[201] BGH NJW 1980, 1282; NJW-RR 1989, 195.
[202] Dafür insbes. *Jauernig* FamRZ 1989, 1, 5 ff.
[203] OLG Saarbrücken FamRZ 1978, 807; OLG Karlsruhe OLGZ 1985, 123. – A.M. OLG Düsseldorf Rpfleger 1979, 431, → auch Fn. 17.

c) Vom Amtsgericht (Familiengericht) an das Landgericht

51 Die Verweisung wegen sachlicher Unzuständigkeit vom Familiengericht an das Landgericht erfolgt nach § 281 und ist hinsichtlich der Zuständigkeit des Landgerichts bindend. Jedoch wird die Verneinung einer Familiensache im Verweisungsbeschluß vom BGH für die Spruchkörperzuständigkeit in der Berufungsinstanz nicht als bindend betrachtet, → Rdnr. 58 f.

d) Vom Landgericht an das Amtsgericht

52 Die Verweisung richtet sich nach § 281, bindet aber nur hinsichtlich der sachlichen (und, falls im Verweisungsbeschluß geprüft, der örtlichen) Zuständigkeit. Nach der Rechtsprechung des BGH sind dagegen, auch wenn die Verweisung an das Familiengericht oder an die allgemeine Prozeßabteilung des Amtsgerichts erfolgt, die Spruchkörper des Amtsgerichts hinsichtlich ihrer Zuständigkeit nicht gebunden[204]. Sachgerecht wäre es jedoch (→ bereits Rdnr. 49), die Bindungswirkung auf die Spruchkörperzuständigkeit zu erstrecken, wenn diese im Verweisungsbeschluß geprüft wurde[205]. Die Rechtsprechung bejaht eine Bindungswirkung der Verweisung vom Landgericht an das Amtsgericht-Familiengericht immerhin dann, wenn diese Verweisung auch nach §§ 18, 18 a HausratsVO erfolgte[206].

e) Abgabe und Verweisung bei nachträglicher Rechtshängigkeit einer Ehesache

53 Ausdrücklich geregelt ist der Fall, daß bei einer familiengerichtlichen Abteilung eines Amtsgerichts eine Ehesache rechtshängig wird, während bei einer anderen familiengerichtlichen Abteilung **desselben Amtsgerichts** bereits eine andere Familiensache anhängig ist: Hier ist die andere Familiensache von Amts wegen an die Abteilung der Ehesache **abzugeben**, § 23 b Abs. 2 S. 2 GVG.

54 Wird während der Anhängigkeit der anderen Familiensache[207] die Ehesache bei einem **anderen Gericht** rechtshängig, so sind ZPO-Familiensachen dorthin von Amts wegen zu *verweisen* (§ 621 Abs. 3 S. 1), FG-Familiensachen dorthin *abzugeben* (§ 621 Abs. 3 S. 1 bzw. § 64 Abs. 2 S. 1 FGG, § 11 Abs. 3 S. 1 HausratsVO). Diese Verweisung bzw. Abgabe an ein anderes Gericht ist **unanfechtbar** und **bindend**[207a]; denn in § 621 Abs. 3 S. 2, § 64 Abs. 2 S. 2 FGG und § 11 Abs. 3 S. 2 HausratsVO ist die entsprechende Anwendung von § 281 Abs. 2 und Abs. 3 S. 1 bestimmt.

55 Zur **Bindungswirkung** eines gegen § 621 Abs. 2 verstoßenden Verweisungsbeschlusses → Rdnr. 30 c. Zu Einzelfragen der Verweisung bzw. Abgabe nach § 621 Abs. 3 → § 621 Rdnr. 55.

---

[204] *BGH* NJW 1980, 1282; NJW 1981, 2418, 2419; *BayObLG* NJW-RR 1993, 10, 11; *OLG Frankfurt* NJW-RR 1989, 6, 7; *OLG München* FamRZ 1979, 721; *OLG Karlsruhe* OLGZ 1985, 123, 124. – *OLG Zweibrücken* FamRZ 1979, 839 verneint bei einer Verweisung vom LG an ein Familiengericht sogar jede Bindungswirkung.

[205] So *OLG Köln* FamRZ 1982, 944 (Bindung des Familiengerichts, wenn das LG nach Prüfung, ob es sich um eine Familiensache handelt, an das FamG verwiesen hat). Für Bindung insbes. *Jauernig* FamRZ 1988, 1258, 1259; 1989, 1, 5 ff.

[206] *OLG Karlsruhe* NJW-RR 1993, 71.

[207] Eine Abgabe an das Gericht der Ehesache scheidet – trotz fortbestehender Anhängigkeit der Familiensache – nach Verkündung oder Zustellung der Entscheidung in der Familiensache aus, selbst wenn die Rechtsmittelfrist noch läuft, *BGH* FamRZ 1985, 800; *KG* FamRZ 1979, 1062; *OLG Stuttgart* FamRZ 1978, 816.

[207a] Jedoch tritt keine Bindung ein, wenn die Abgabe auf dem Irrtum des abgebenden Gerichts beruht, die Ehesache sei rechtshängig, *BGH* NJW-RR 1996, 897.

3. In der Rechtsmittelinstanz

a) Rechtsmittelzuständigkeit des LG und des OLG

Hat das Familiengericht entschieden, so ist für die Berufung das OLG zuständig, § 119 Abs. 1 Nr. 1, auch wenn keine Familiensache vorlag (formelle Anknüpfung, → Rdnr. 45b). Umgekehrt ist das LG als Berufungsgericht zuständig, wenn in erster Instanz die allgemeine Prozeßabteilung des AG entschieden hat, mag auch eine Familiensache vorgelegen haben.

56

b) Fehlerhafte Beurteilung in erster Instanz bei Berufung zum OLG

aa) Amtsgericht (Familiengericht) als erste Instanz

Hat das Amtsgericht zu Unrecht eine Familiensache angenommen und daher das Familiengericht entschieden[207b], so ist eine Verweisung der Berufung vom OLG an das LG seit der Gesetzesänderung 1986 nicht mehr zulässig, → Rdnr. 45b. Der BGH[208] erstreckt jedoch die Konsequenzen der damals eingeführten formellen Anknüpfung nicht auf die Frage, ob innerhalb des OLG ein Familiensenat oder ein Zivilsenat zuständig ist. Liegt nach Auffassung des OLG entgegen der Annahme der ersten Instanz keine Familiensache vor, so ist nach Ansicht des BGH das Berufungsverfahren formlos und nicht bindend an den allgemeinen Zivilsenat abzugeben. Dies gilt allerdings nur, wenn das Nichtvorliegen einer Familiensache gemäß § 529 Abs. 3 rechtzeitig gerügt wurde; ohne solche Rüge bleibt es bei der Zuständigkeit des Familiensenats[209]. Mit der Abgabe durch den Familiensenat an den Zivilsenat sind nach Auffassung des BGH[210] die Folgen der fehlerhaften Beurteilung in erster Instanz erschöpft; es findet mit anderen Worten aus diesem Grund keine Aufhebung des Urteils statt und erst recht keine Zurückverweisung[211] an die richtige erste Instanz (allgemeine Zivilprozeßabteilung des Amtsgerichts oder Landgericht). Darin sieht der BGH den Vorteil der von ihm vertretenen Auffassung. Er hält es für genügend, wenn wenigstens in der Berufungsinstanz der materiell richtige Spruchkörper entscheidet. Damit ergibt sich aber eine kaum verständliche Diskrepanz zur Situation, in der in erster Instanz die allgemeine Zivilprozeßabteilung des AG entschieden hat, obwohl materiell eine Familiensache vorliegt. In diesem Fall muß die Entscheidung der ersten Instanz aufgehoben werden und die Sache an das Familiengericht verwiesen werden, → Rdnr. 61.

57

bb) Landgericht als erste Instanz

Wurde in erster Instanz durch das LG entschieden, liegt aber eine Familiensache vor, so ist laut BGH für die Entscheidung über die Berufung der Familiensenat zuständig, an den daher die Berufung formlos und nicht bindend abzugeben ist[212]. Eine Aufhebung des erstinstanzlichen Urteils wegen des Fehlers und eine Zurückverweisung an die richtige erste Instanz sollen nicht erfolgen[213]. Das Vorliegen einer Familiensache muß nach § 529 Abs. 3 rechtzeitig

58

[207b] Anders ist es, wenn zweifelhaft ist, ob das Amtsgericht als Familiengericht oder als allgemeines Prozeßgericht entschieden hat. Dann gilt für die Einlegung der Berufung der Meistbegünstigungsgrundsatz (→ Einl. vor § 511, Rdnr. 38 ff.), und das OLG hat gegebenenfalls die Berufung analog § 281 an das LG (oder umgekehrt das LG an das OLG) zu verweisen, *BGH* FamRZ 1995, 219 u. 351.
[208] *BGH* FamRZ 1994, 25, 26 (dagegen *Bergerfurth* FamRZ 1994, 372).

[209] *BGH* FamRZ 1988, 1035 (dazu krit. *Jauernig* FamRZ 1988, 1260); FamRZ 1989, 165.
[210] *BGH* FamRZ 1994, 25, 27. Ebenso *Kissel* GVG², § 119 Rdnr. 14.
[211] A.M. *Bergerfurth* FamRZ 1994, 372.
[212] *BGH* FamRZ 1994, 25, 27.
[213] *BGH* FamRZ 1994, 25, 27. – A.M. *Bergerfurth* FamRZ 1994, 372; *Kissel* GVG² § 119 Rdnr. 16.

gerügt sein. Eine Verweisung vom Familiengericht an das Landgericht ändert nichts an der Zuständigkeit des Familiensenats, wenn der Beklagte der Verweisung vor dem Familiengericht widersprochen hat und in der Berufungsinstanz die Zuständigkeit des allgemeinen Zivilsenats rügt[214].

59 Auch in diesem Zusammenhang wäre es überzeugender, dem Verweisungsbeschluß hinsichtlich des Nichtvorliegens einer Familiensache Bindungswirkung zuzusprechen. Soweit keine Verweisung in erster Instanz erfolgte, sondern die Sache von Anfang an beim Landgericht anhängig war, fragt es sich, ob nicht der vorliegende Mangel aufgrund § 10 unschädlich ist; denn der Gedanke, daß die Entscheidung des LG jedenfalls nicht geringerwertig ist als die des AG, erscheint in diesem Zusammenhang genauso berechtigt wie sonst[215].

cc) Kompetenzkonflikt beim OLG

60 Bei einem Zuständigkeitsstreit zwischen einem Familiensenat und einem allgemeinen Zivilsenat desselben OLG entscheidet entsprechend § 35 Nr. 5 u. 6 der **BGH**[216], näher → § 36 Rdnr. 20 ff. Das Präsidium des Gerichts ist nicht zu einer Entscheidung im Zuständigkeitskonflikt befugt.

c) Fehlbeurteilung in erster Instanz bei Berufung zum LG

61 Hat die allgemeine Zivilprozeßabteilung des Amtsgerichts entschieden, obwohl eine Familiensache vorlag, und wurde das Vorliegen einer Familiensache nach § 529 Abs. 3 rechtzeitig gerügt, so ist das Urteil aufzuheben und die Sache an das Familiengericht zu verweisen[217], §§ 523, 281 (analog). Hier kann das LG als zuständiges Berufungsgericht die Sache nicht an den Familiensenat des OLG gelangen lassen[218]; würde man dies (etwa in Form einer Verweisung analog § 281) zulassen, so wäre man wieder bei der Rechtslage, wie sie aufgrund der früheren, 1986 vom Gesetzgeber beseitigten materiellen Anknüpfung der Rechtsmittelzuständigkeit angenommen wurde. Hier wäre also der Widerspruch zum Gesetz evident. Läßt sich bei dieser Konstellation eine Aufhebung und Verweisung an das zuständige Gericht erster Instanz nicht vermeiden, so erweist sich aber auch die vom BGH innerhalb des OLG für richtig gehaltene Vorgehensweise (Abgabe an den materiell »richtigen« Senat, → Rdnr. 57 f.) als problematisch.

VIII. Zivilkammer und Kammer für Handelssachen[219]

62 Das Verhältnis der Zivilkammer zur Kammer für Handelssachen (KfHS) desselben LG wird positiv-rechtlich **nicht** als Abgrenzung der **sachlichen Zuständigkeit** behandelt. Daher findet weder eine Verweisung nach § 281[220] statt noch eine Vereinbarung. Der Einfluß des Partei-

---

[214] *BGH* FamRZ 1994, 25, 26.
[215] A.M. *Roth*, → § 10 Rdnr. 4 u. 11.
[216] *BGHZ* 71, 264 (Fn. 183).
[217] *Jauernig* FamRZ 1986 1, 3. Das von *Jauernig* Ausgeführte muß im Verhältnis LG/AG auch dann gelten, wenn man der Ansicht des *BGH* für die Rechtslage beim OLG folgt. *BGH* NJW 1991, 231, 232 geht bei Berufung an das LG von einer Aufhebung und Verweisung an die erste Instanz aus, läßt aber offen, ob eine Zurückverweisung nach § 539 oder eine Verweisung gemäß §§ 523, 281 an den zuständigen Spruchkörper zu erfolgen hat. Für Zurückverweisung an das Familiengericht *Kissel* GVG² § 119 Rdnr. 15; *Baumbach-Lauterbach-Albers*⁵⁵ § 119 GVG Rdnr. 6.

[218] *BGH* NJW 1991, 231, 232; *KG* FamRZ 1987, 608 = NJW-RR 1987, 1483; *Kissel* GVG² § 119 Rdnr. 15.
[219] Lit.: *Gaul* Das Zuständigkeitsverhältnis der Zivilkammer zur Kammer für Handelssachen bei gemischter Klagenhäufung und (handelsrechtlicher) Widerklage, JZ 1984, 57; *ders.* JZ 1984, 563; *Herr* Das Zuständigkeitsverhältnis der Zivilkammer zur Kammer für Handelssachen; JZ 1984, 318; *Stein* Die künftige Zuständigkeit der Kammern für Handelssachen, LeipZ 1909, 649.
[220] *OLG Nürnberg* NJW 1975, 2345 = MDR 1976, 228, 229.

willens beschränkt sich darauf, daß kein Antrag gestellt wird. Die Zustimmung zum Antrag des Gegners bindet das Gericht nicht, § 98 Abs. 4 GVG. – Zur **Berufungsinstanz** → § 519 b Rdnr. 42.

1. Verweisung durch die Kammer für Handelssachen

Wird vor der Kammer für Handelssachen durch Klage, Klageänderung[221], Zwischenfeststellungsklage (§ 256 Abs. 2) oder Widerklage (dazu näher → § 33 Rdnr. 38) eine Sache anhängig, die **nicht Handelssache** (→ § 1 Rdnr. 132) ist, so ist der ganze Rechtsstreit auf **Antrag des Gegners** durch den Vorsitzenden (§ 349 Abs. 2 S. 1) an die Zivilkammer zu verweisen, § 97 Abs. 1, § 99 Abs. 1 GVG. Unabhängig von einem Antrag und folglich auch nach Verlust des Antragsrechts kann die KfHS die Verweisung **von Amts wegen** unter denselben Voraussetzungen aussprechen, aber nur solange nicht eine Verhandlung zur Hauptsache erfolgt und auf diese Verhandlung ein Beschluß verkündet ist, und nicht aus dem Grunde, daß der Beklagte nicht Kaufmann ist, § 97 Abs. 2 S. 2, § 99 Abs. 2 S. 2 GVG.

63

2. Verweisung durch die Zivilkammer

Wird vor der Zivilkammer eine Klage erhoben, die vor die KfHS gehört, so ist die Verweisung **nur auf Antrag des Beklagten**[222], nicht auch von Amts wegen zulässig. Der Antrag kann darauf, daß der Beklagte *Kaufmann* sei, nur gestützt werden, wenn der Beklagte ins Handelsregister eingetragen ist, § 98 Abs. 1 S. 2 GVG[223]. Zur Widerklage s. § 98 Abs. 2 GVG, → § 33 Rdnr. 38.

64

3. Verweisung durch das Amtsgericht

Schwebt der Rechtsstreit vor dem AG, so kann die Verweisung, wenn der Kläger dies beantragt, auch **an die KfHS des übergeordneten oder eines anderen LG** erfolgen, § 96 Abs. 2 GVG. Sie **bindet** dann die KfHS nur insoweit, als sie die **örtliche** und **sachliche Zuständigkeit** des LG oder die örtliche Zuständigkeit der nur für einen Teil des Bezirks errichteten KfHS betrifft[224]. Dagegen ist sie **nicht bindend,** soweit sie die **KfHS** als solche für zuständig erklärt, also das Vorliegen einer Handelssache im Sinne des § 95 GVG bejaht. Denn es liegt insoweit keine sachliche Zuständigkeit oder Unzuständigkeit vor, → § 1 Rdnr. 131[225], und der Antrag des Klägers hat nur zur Folge, daß die Verhandlung vorbehaltlich der Prüfung und Verweisung seitens der KfHS gemäß § 97 GVG vor dieser stattfindet[226]. Daraus folgt zugleich, daß der Antrag des Klägers nach § 96 Abs. 2 GVG vor dem AG weder sachlich zu *prüfen* ist noch als *unbegründet abgelehnt* werden darf. Geschähe dies dennoch, so wäre es für das LG nicht verbindlich, die Verhandlung also dennoch vor der KfHS anzuberaumen.

65

4. Antrag und Verweisungsbeschluß

Der Verweisungsantrag ist nur **vor der Verhandlung des Antragstellers zur Sache,** d.h. im Gegensatz zu § 282 Abs. 3 zu Hauptsache und Verfahren, zulässig[227], § 101 Abs. 1 S. 1 GVG.

66

---

[221] Die Klageänderung ist nur in § 99 Abs. 2 GVG erwähnt; aber es sollte wohl auch Abs. 1 für sie entsprechend gelten.
[222] Hierzu auch *Gaul* JZ 1984, 57, 60.
[223] A. M. *LG Tübingen* MDR 1979, 238 bei Verweisung von der Zivilkammer an die KfHS in zweiter Instanz, weil gemäß § 100 GVG nur die analoge Anwendung der §§ 96 ff. GVG vorgesehen sei.

[224] Vgl. *Stein* LeipZ 1909, 649, 661.
[225] *Stein* LeipZ 1909, 649 f.
[226] *Stein* LeipZ 1909, 649, 657.
[227] Im Anschluß an ein Mahnverfahren kann der Antrag also noch in der Klagebegründung gestellt werden, *OLG Frankfurt* MDR 1980, 857, → auch § 1 Fn. 226, § 690 Rdnr. 11. – Wird der Rechtsstreit nach mündlicher Verhandlung von einem LG ohne KfHS an ein LG mit

Wurde vor der mündlichen Verhandlung eine Frist zur Klageerwiderung oder Berufungserwiderung gesetzt, so muß der Antrag innerhalb dieser Frist gestellt werden, § 101 Abs. 1 S. 2 GVG. Seit dem Rechtspflege-Vereinfachungsgesetz 1990 gilt für die Zurückweisung des Antrags als verspätet § 296 Abs. 3 entsprechend, § 101 Abs. 1 S. 3 GVG. Wird trotz Verspätung des Antrags die Verweisung ausgesprochen, so ist der Beschluß gleichwohl nach § 102 S. 2 GVG bindend[228].

Über den Verweisungsantrag ist *vorab*, d. h. vor allen anderen Fragen des Prozesses, zu verhandeln und zu entscheiden, wozu es keiner mündlichen Verhandlung bedarf, § 101 Abs. 2 GVG. Der Beschluß ist **bindend** und **unanfechtbar**, § 102 S. 1, S. 2 GVG[229]. Die **Fortsetzung** des Verfahrens erfolgt durch Terminsbestimmung von Amts wegen, § 102 S. 3 GVG.

IX. Verhältnis zur freiwilligen Gerichtsbarkeit

1. Ausdrückliche Regelungen

67 Im Verhältnis zur freiwilligen Gerichtsbarkeit (→ Einl. [20. Aufl.] Rdnr. 457) fehlt es an einer ausdrücklichen allgemeinen Regelung. In verschiedenen Gesetzen ist eine **Abgabe** durch das Prozeßgericht an das Gericht der freiwilligen Gerichtsbarkeit vorgesehen. Zum Unterschied von einer Verweisung innerhalb der ordentlichen Gerichtsbarkeit, → Rdnr. 35 f., kann das Verfahren in diesen Fällen nicht einfach in der Lage, in der es sich zur Zeit der Verweisung befand, von dem neuen Gericht übernommen und fortgesetzt werde, weil die für die beteiligten Gerichte geltenden Verfahrensgesetze zu große Unterschiede aufweisen, insbesondere in der Bewertung von Handlungen und Unterlassungen einer Partei einerseits im Bereich des Verhandlungs-, andererseits im Bereich des Untersuchungsgrundsatzes. Vielfach kommt bei der Identität des ordentlichen Gerichts mit dem Gericht der freiwilligen Gerichtsbarkeit auch nicht eine Verweisung im Sinne eines Wechsels des Gerichts oder auch nur des Richters, sondern nur der Übergang in ein anderes Verfahren in Betracht.

Eine **Abgabe** ist kraft ausdrücklicher gesetzlicher Bestimmung gestattet:

68 a) Vom **Prozeßgericht an das Familiengericht** bei Ansprüchen hinsichtlich der Ehewohnung und des Hausrats, §§ 18[230], 18 a der 6. DVO zum EheG (HausratsVO).

69 b) Vom **Prozeßgericht** an den **Richter der freiwilligen Gerichtsbarkeit** nach § 46 Abs. 1 WohnungseigentumsG (WEG)[231].

KfHS verwiesen, so kann der Antrag, auch wenn er vor Terminsanberaumung gestellt wird, nicht nachgeholt werden, *LG Freiburg* NJW 1972, 1902.

[228] A. M. *OLG Nürnberg* NJW 1993, 3208. Das Argument des OLG Nürnberg, andernfalls könnten Fristvorschriften sanktionslos übergangen werden, überzeugt nicht, da auch sonst, wenn ein Gericht fehlerhaft nicht von einer Zurückweisungsvorschrift Gebrauch macht, regelmäßig keine Sanktion besteht, → § 296 Rdnr. 129.

[229] *BGH* NJW 1975, 450, 451 = JuS 1975, 398 (LS, *Bähr*) (auch dazu, daß sich die Bindungswirkung auf die mitgeprüfte und verneinte Zuständigkeit der Arbeitsgerichte bezieht; dies kann aber seit der Neuregelung der Rechtswegverweisung, → Rdnr. 74 ff., nicht mehr gelten); *OLG Hamburg* MDR 1970, 1019 (keine Anfechtung bei abgelehnter Verweisung an KfHS); *OLG Nürnberg* MDR 1973, 507 (keine Beschwerde bei Wiederaufhebung des Verweisungsbeschlusses an die KfHS); *OLG Nürnberg* NJW 1975, 2345 = MDR 1976, 228, 229 (keine Zurückverweisung durch die KfHS); *Stein* LeipZ 1909, 649, 657 f.; *Herr* JZ 1984, 318; s. auch *OLG München* ZZP 54 (1929), 96. – Für die Bindung, die Unanfechtbarkeit und die Ausnahmen davon gilt das bei Rdnr. 27 ff. Gesagte entsprechend; dafür auch *Gaul* JZ 1984, 57, 64, 563.

[230] Eine Bindung nach § 18 HausratsVO tritt aber nicht ein, wenn für die Abgabe innerhalb desselben Gerichts mehrere Gründe in Frage kommen und der Beschluß nicht erkennen läßt, daß er auf § 18 HausratsVO gestützt ist, *OLG Düsseldorf* Rpfleger 1980, 66.

[231] Zur Kostenentscheidung nach einer solchen Abgabe *BayObLG* JurBüro 1990, 1514 (§ 281 Abs. 3 S. 2 ist entsprechend anzuwenden). – Gemäß § 46 Abs. 1 WEG ist auch eine Weiterverweisung an das örtlich und sachlich ausschließlich zuständige Gericht der freiwilligen Gerichtsbarkeit möglich, nachdem zuvor zwischen zwei Streitgerichten wegen örtlicher Unzuständigkeit verwiesen worden war, *BayObLGZ* 1970, 65 = NJW 1970, 1550. Zur Bindungswirkung → Fn. 233 f.

c) Vom **Prozeßgericht** an das **Landwirtschaftsgericht** und umgekehrt in Landwirtschaftssachen nach § 12 des Gesetzes über das Verfahren in Landwirtschaftssachen (LwVG)[232].

In allen diesen Fällen ist der Abgabebeschluß nicht nur für das darin bezeichnete Gericht[233], sondern auch für die jeweils angegebene Abteilung **bindend**[234]. Das bedeutet dann aber auch eine Bindung hinsichtlich der Rechtsnatur des Verfahrens und damit des anwendbaren Verfahrensrechts[235]. Die vor dem abgegebenen Gericht entstandenen Kosten sind als Teil der vor dem übernehmenden Gericht entstandenen Kosten zu behandeln, s. § 23 HausratsVO, § 50 WEG, § 12 Abs. 3 LwVG[236]. Zu den Ausnahmen von der Bindungswirkung gilt das → Rdnr. 30 ff. Gesagte entsprechend[237].

Zur Verweisung bzw. Abgabe an das **Gericht der anhängig gewordenen Ehesache** → Rdnr. 53 ff.

2. Entsprechende Anwendung der §§ 17 ff. GVG bei Parteistreitsachen

Schon die erwähnten ausdrücklichen gesetzlichen Bestimmungen sind insofern lückenhaft, als sie zumeist nur die Abgabe vom Prozeßgericht an das Gericht der freiwilligen Gerichtsbarkeit, nicht in der umgekehrten Richtung regeln. Unklar ist außerdem, inwieweit ein Abgabebeschluß der Anfechtung unterliegt. Die gegenseitige Verweisung läßt sich in den genannten Fällen schon mit einer analogen Anwendung der ausdrücklichen Bestimmungen auch auf die Abgabe vom Gericht der freiwilligen Gerichtsbarkeit an das Prozeßgericht begründen[238]. Die Einzelfragen, insbesondere nach der Anfechtbarkeit, sind aber damit noch nicht beantwortet. Außerdem erscheint es geboten, über den Anwendungsbereich der wenigen ausdrücklichen gesetzlichen Regeln hinaus auch in sonstigen Partei-Streitsachen eine Abgabe bzw. Verweisung zwischen dem Prozeßgericht und dem Gericht der freiwilligen Gerichtsbarkeit und umgekehrt zuzulassen. Man kann insoweit von einem allgemeinen Grundsatz des heutigen Verfahrensrechts ausgehen, der Verfahrensüberleitung an das richtige Gericht bzw. in die richtige Verfahrensart den Vorzug vor einem Abbruch des Verfahrens und der Einleitung eines neuen Verfahrens zu geben, soweit dies mit der Struktur des Verfahrens verträglich ist. Dabei stehen mit dem Modell der inner-zivilprozessualen Verweisung nach § 281 und dem Modell der Rechtswegverweisung zwei Möglichkeiten zur Verfügung. Mit einer Überleitung zwischen Prozeßgericht und Gericht der freiwilligen Gerichtsbarkeit ist der Wechsel der anwendbaren Verfahrensordnung (auch bei fehlerhafter Verweisung[239]) verbunden. Insofern

---

[232] Zur Abgabe in der Rechtsmittelinstanz → Fn. 162 a.E. Zur Bindung → Fn. 237.
[233] *OLG Düsseldorf* OLGZ 1969, 385 (§ 18 HausratsVO); *OLG Karlsruhe* OLGZ 1975, 285; NJW 1969, 1442 (abl. *Merle* aaO. 1859); *LG Bochum* Rpfleger 1982, 340 (§ 46 WEG). – A.M. *OLG München* NJW 1968, 994; *LG Schweinfurt* MDR 1976, 148; *Blunck* FamRZ 1976, 625.
[234] *OLG Frankfurt* FamRZ 1981, 479 sowie *OLG Stuttgart* FamRZ 1996, 172 (Bindung bei Abgabe nach § 18 HausratsVO innerhalb desselben AG); *OLG Karlsruhe* FamRZ 1991, 1082 = NJW-RR 1993, 71 (Verweisung vom LG an das AG-Familiengericht nach §§ 18, 18 a HausratsVO). Die Ansicht des *OLG Bamberg* FamRZ 1990, 179, bei Abgabe innerhalb desselben AG nach § 18 HausratsVO trete keine Bindung ein, widerspricht dem Gesetz. – Die Bindungswirkung bei Verweisung eines Rechtsstreits durch das Prozeßgericht als WEG-Sache an das Gericht der Freiwilligen Gerichtsbarkeit gilt auch bei der Bestimmung des zuständigen Gerichts durch das gemeinschaftliche obere Gericht, es sei denn, die Abgabe wäre in offensichtlich unrichtiger Weise (willkürlich) erfolgt, *OLG Köln* OLGZ 1984, 399; *BayObLGZ* 1986, 285 = MDR 1987, 59.

[235] *OLG Karlsruhe* OLGZ 1986, 129. – A.M. *AG Dinslaken* FamRZ 1994, 521.
[236] Vgl. dazu *BGHZ* 12, 267 (auch bei Abgabe durch höhere Instanz bei mehreren Beteiligten keine Kostenentscheidung wegen § 44 Abs. 1 LwVG).
[237] Dazu *BayObLGZ* 1986, 285 = MDR 1987, 59 (eine offensichtlich unrichtige und nicht näher begründete Annahme einer Wohnungseigentumssache läßt den Abgabebeschluß als willkürlich und daher nicht bindend erscheinen); noch etwas weitergehend *BayObLG* MDR 1991, 866 (bei offensichtlich unrichtiger Bejahung einer Wohnungseigentumssache keine Bindung); *OLG Rostock* AgrarR 1995, 411 (keine Bindung nach § 12 LwVG, wenn offen ist, ob die Verweisung hierauf oder auf § 281 gestützt ist); s. auch *OLG Stuttgart* FamRZ 1996, 172 (Bindung der Abgabe nach § 18 HausrVO, wenn es sich jedenfalls um einen Hausratsgegenstand handeln kann).
[238] Für Abgabe vom Wohnungseigentumsgericht an das Prozeßgericht von Amts wegen analog § 46 WEG *BGH* NJW 1989, 714.
[239] Vgl. *OLG Hamm* OLGZ 1990, 291, 297 (zur fehlerhaften Verweisung eines Zivilprozesses in das Verfahren nach § 15 Abs. 1 BNotO).

steht diese Überleitung in ihren Wirkungen einer Rechtswegverweisung näher als einer Verweisung innerhalb der ordentlichen Gerichtsbarkeit wegen örtlicher oder sachlicher Unzuständigkeit. Es erscheint daher sachgerecht, die Regeln über die **Rechtswegverweisung** (§§ 17 ff. GVG) **analog** auf das Verhältnis zwischen Prozeßgericht und Gericht der freiwilligen Gerichtsbarkeit anzuwenden[240]. Eine wichtige Konsequenz hieraus ist, daß die Abgabe- bzw. Verweisungsbeschlüsse auch nach Maßgabe des § 17 a Abs. 4 S. 3 in Verbindung mit den Vorschriften der jeweils anwendbaren Verfahrensordnung (ZPO oder FGG[240a]) **angefochten** werden können.

73   Daher ist nunmehr auch ein Abgabebeschluß vom Prozeßgericht an das Gericht der freiwilligen Gerichtsbarkeit in Wohnungseigentumssachen analog § 17 a Abs. 4 S. 3 GVG anfechtbar[241]. Aus der analogen Anwendung der Vorschriften über die Rechtswegverweisung folgt ferner, daß die Abgabe entsprechend § 17 a Abs. 2 S. 1 GVG **von Amts wegen** zu erfolgen hat[242]. Wurde entgegen § 17 a Abs. 3 S. 2 GVG trotz Rüge die Zuständigkeit des Prozeßgerichts erst im Endurteil bejaht, so steht § 17 a Abs. 5 GVG der Anfechtung nicht entgegen[242a], → Rdnr. 98.

73a   Schon vor der Neuregelung der Rechtswegverweisung wurde mit unterschiedlicher Begründung bei sog. **echten Parteistreitsachen** in verschiedener Hinsicht eine gegenseitige Abgabe für zulässig erachtet, so insbesondere im Verhältnis des Zivilprozesses zu den Vertragshilfeverfahren, den Wiedergutmachungssachen, den Verfahren nach § 43 WEG[243] und dergleichen[244].

3. Andere Verfahren

73b   Eine bindende und die Verfahrensidentität bewahrende Abgabe in Angelegenheiten der freiwilligen Gerichtsbarkeit, die keine echten Parteistreitsachen sind, z. B. in Beurkundungs-, Vormundschafts- und Registersachen[245], dürfte im allgemeinen nicht in Betracht kommen[246]. Eine bindende Verweisung zwischen Familiengericht und Vormundschaftsgericht in Angelegenheiten der freiwilligen Gerichtsbarkeit ist nicht möglich[247].

---

[240] *BGH* NJW 1995, 2851; *BayObLGZ* 1991, 186 = NJW-RR 1991, 1356; *BayObLG* NJW 1991, 1358 (sämtliche Entscheidungen zur Abgabe vom Prozeßgericht an das Wohnungseigentumsgericht); *BayObLG* WuM 1987, 333 (zur Verweisung vom Wohnungseigentumsgericht an das Prozeßgericht); *BGH* MDR 1996, 1290 (zum Verhältnis zwischen ordentlicher streitiger Gerichtsbarkeit und Landwirtschaftsgericht); *MünchKommZPO-Wolf* § 17 a GVG Rdnr. 3.
[240a] Der im FGG vorgesehene Rechtsmittelzug wird dadurch nicht verkürzt, so daß gegen eine Verweisung aus dem WEG-Verfahren an das Prozeßgericht nach erfolgloser Erstbeschwerde die sofortige weitere Beschwerde statthaft ist, *BayObLG* MDR 1996, 95.
[241] So *BayObLG* NJW-RR 1991, 1358 unter Berufung auf die geänderte Rechtslage; abweichend von *BGHZ* 97, 287 = NJW 1986, 1994. S. auch *BayObLGZ* 1994, 60. – Zur Verweisung an das Prozeßgericht → Fn. 240 a.
[242] A.M. nach früherem Recht *OLG München* MDR 1989, 264 = NJW-RR 1989, 272 (Verweisung vom Wohnungseigentumsgericht an das Prozeßgericht nur auf Antrag).
[242a] *BGH* NJW 1995, 2851, 2852; *OLG Köln* NJW-RR 1995, 910.
[243] *BGH* NJW 1980, 2466 (mit ausführlichen Nachw.). Der BGH bejahte die Bindungswirkung des Abgabebeschlusses vom Gericht der freiwilligen Gerichtsbarkeit an das Prozeßgericht, ließ aber die genaue Rechtsgrundlage offen.
[244] Für Abgabe analog § 18 HausratsVO, § 46 WEG *BGHZ* 10, 155, 162 = NJW 1953, 1508 = JZ 1953, 759 (zust. *Keidel*). Für Verweisung an das Vormundschaftsgericht analog § 17 GVG (damaliger Fassung) *BGHZ* 40, 1, 6 = NJW 1963, 2219, 2220 (Herausgabe eines Kindes, § 1632 Abs. 2 BGB aF) und *BGH* NJW 1974, 494 = MDR 1974, 475 (Feststellung der Vaterschaft nach dem Tode des Mannes, § 1600 n Abs. 2 BGB). – *BGH* DNotZ 1980, 496, 499 = WM 1980, 1243, 1244 sprach sich dafür aus, § 17 GVG (nicht § 281 ZPO) soweit wie möglich entsprechend anzuwenden.
[245] *OLG München* NJW-RR 1988, 981 hält eine bindende Verweisung vom Grundbuchamt an das Vollstreckungsgericht immerhin für möglich.
[246] *MünchKommZPO-Wolf* § 17 a GVG Rdnr. 4 (auch nicht in Antragsverfahren außerhalb der echten Streitsachen). *Kissel* GVG² § 17 Rdnr. 44 bejaht die Verweisung in entsprechender Anwendung der §§ 17 bis 17 b GVG bei den echten Streitsachen und den Antragsverfahren, nicht bei den Amtsverfahren; ebenso im wesentlichen *Keidel-Kuntze-Winkler* FG¹³ § 1 Rdnr. 21.
[247] *BGH* LM Nr. 22 = NJW-RR 1990, 707 = FamRZ 1990, 865.

X. Verweisung zwischen den Rechtswegen

1. Rechtsgrundlagen seit der Reform 1990; Anwendungsbereich

Zwischen den verschiedenen Zweigen der Gerichtsbarkeit (Rechtswegen) ist seit längerem eine **lückenlose Verweisung** möglich. Dagegen gibt es keine Verweisung im Verhältnis zur Verfassungsgerichtsbarkeit und ebensowenig zu ausländischen oder internationalen Gerichten. In den Verweisungsregeln und der gegenseitigen Bindung der Gerichte kommt die **Gleichwertigkeit aller Rechtswege** zum Ausdruck.

74

Rechtsgrundlagen für die Verweisung und ihre Rechtsfolgen sind nunmehr für alle Rechtswege (ordentliche Gerichtsbarkeit, Arbeitsgerichtsbarkeit, Verwaltungsgerichtsbarkeit, Sozialgerichtsbarkeit, Finanzgerichtsbarkeit) die §§ 17 a, 17 b GVG in der Fassung des Gesetzes zur Neuregelung des verwaltungsgerichtlichen Verfahrens (4. VwGOÄndG) vom 17.XII. 1990 (BGBl. I 2809)[248]. Diese Bestimmungen gelten auch für das Verhältnis zwischen ordentlicher Gerichtsbarkeit und Arbeitsgerichtsbarkeit, für das zuvor nicht die Bestimmungen über die Rechtswegverweisung, sondern (über § 48 Abs. 1 ArbGG aF) § 281 maßgebend gewesen war, näher → Rdnr. 100. Bei Verfahren vor einem Gericht der freiwilligen Gerichtsbarkeit kommt eine Verweisung an ein Gericht eines anderen Rechtswegs analog § 17a GVG in Betracht[249], wenn sich das anhängige Verfahren seiner Struktur nach für eine derartige Verweisung eignet. Zum Verhältnis der freiwilligen Gerichtsbarkeit zur ordentlichen Gerichtsbarkeit → Rdnr. 77 ff. Auch Verweisungen zwischen Anwaltsgericht oder Anwaltsgerichtshof und ordentlichem Gericht bestimmen sich nach § 17 a GVG[249a].

75

Die Neuregelung brachte wesentliche Veränderungen mit sich, die auf eine Vereinfachung des Verfahrens[250] und eine möglichst frühzeitige Klärung der Rechtswegfrage abzielen. Die Entscheidung über die Zulässigkeit des Rechtswegs und die Verweisung erfolgen nicht mehr durch Urteil, sondern vorab durch **Beschluß**. Die Entscheidung ergeht **von Amts wegen** und ist selbständig anfechtbar. Auch die Bindungswirkung der Verweisung wurde erweitert; eine Weiterverweisung an einen dritten Rechtsweg ist nunmehr ausgeschlossen. Zugleich wurde die Zuständigkeit des Rechtswegs, der für einen rechtlichen Gesichtspunkt zuständig ist, auch auf konkurrierende rechtliche Gesichtspunkte erweitert, also die **Zuständigkeit kraft Sachzusammenhangs** eingeführt, § 17 Abs. 2 S. 1 GVG.

76

Die Verweisung findet nicht statt, wenn der Rechtsstreit – sei es auch nur einseitig[251] – in der **Hauptsache für erledigt erklärt** ist.

77

Auch im Verfahren des **einstweiligen Rechtsschutzes** kann zwischen den verschiedenen Rechtswegen verwiesen werden[252]. Ein **Prozeßkostenhilfeverfahren** kann analog § 17 a GVG zusammen mit dem bereits rechtshängigen Hauptsacheverfahren an einen anderen Rechtsweg verwiesen werden[252a]. Ist das vom Antragsteller beabsichtigte Hauptsacheverfahren noch nicht rechtshängig, so erscheint eine entsprechende Anwendung des § 17 a GVG auf das Prozeßkostenhilfeverfahren kaum möglich[253], jedenfalls beschränkt sich die Bindungswir-

78

---

[248] Dazu *Kissel* Neues zur Gerichtsverfassung NJW 1991, 945, 957; *Schaub* Die Rechtswegzuständigkeit und die Verweisung des Rechtsstreits BB 1993, 1666; *Ressler* Zur vereinfachenden Wirkung der Verfahrensvorschriften über die Bestimmung des Gerichtszweiges JZ 1994, 1035. Zur früheren Rechtslage *Saure* Die Rechtswegverweisung (§ 17 Abs. 3 GVG) (1971); *Krause* Verfahrensrechtliche Probleme der Entscheidung über den Rechtsweg und der Verweisung von Rechtsweg zu Rechtsweg ZZP 83 (1970), 289.

[249] *OLG Hamm* NJW 1992, 2643 = OLGZ 1992, 417; *Kissel* GVG² § 17 Rdnr. 42, 44.

[249a] *Anwaltsgerichtshof Sachsen-Anhalt* NJW-RR 1995, 1206, 1207.

[250] Dazu krit. *Ressler* JZ 1994, 1035.

[251] *OLG München* OLGZ 1986, 67 ff.

[252] *OVG Münster* NVwZ 1994, 178; *VGH München* NVwZ-RR 1993, 668; *OVG Berlin* NVwZ 1992, 685; *VGH Mannheim* NJW 1994, 1362; *VGH Kassel* NJW 1996, 474, 475; *MünchKommZPO-Wolf* § 17 GVG Rdnr. 3. Zum früheren Recht *OLG Karlsruhe* OLGZ 1987, 128. – A.M. *OVG Koblenz* DVBl 1993, 260; *Schenke* JZ 1996, 998, 1003 mwN.

[252a] So ist wohl *VGH Mannheim* NJW 1992, 707 zu verstehen.

[253] Verneinend *OVG Bautzen* NJW 1994, 1020; *OVG Münster* NJW 1993, 2766; *VGH Mannheim* NJW 1995, 1915; *MünchKommZPO-Wolf* § 17 GVG Rdnr. 4. – Offenlassend *BAG* NJW 1993, 751.

kung auf das Prozeßkostenhilfeverfahren, während hinsichtlich der Beurteilung der Rechtswegfrage im Hauptsacheverfahren keine Bindung eintritt[254], → auch Rdnr. 6 (Fn. 17) zur entsprechenden Frage innerhalb der ordentlichen Gerichtsbarkeit.

79 Die Verweisungsregeln der §§ 17 a, 17 b GVG gelten entsprechend (mit wesentlichen Modifizierungen hinsichtlich der Anfechtbarkeit) für Verweisungen wegen sachlicher oder örtlicher Unzuständigkeit innerhalb der Arbeitsgerichtsbarkeit (§ 48 ArbGG, näher → Rdnr. 106 ff.), der Verwaltungsgerichtsbarkeit (§ 83 VwGO), der Sozialgerichtsbarkeit (§ 98 Abs. 1 SGG) und der Finanzgerichtsbarkeit (§ 70 FGO).

2. Voraussetzungen der Verweisung

a) Verweisung von Amts wegen; Ausnahmen

80 Die Verweisung setzt (anders als früher) keinen Antrag voraus; vielmehr hat das Gericht von Amts wegen mit der Unzulässigkeit des Rechtswegs die Verweisung an das zuständige Gericht des zulässigen Rechtswegs auszusprechen, § 17 a Abs. 2 S. 2 GVG. Die Klage darf also im Regelfall nicht wegen Unzulässigkeit des Rechtswegs abgewiesen werden. Auch kann nicht durch Beschluß die Unzuständigkeit ausgesprochen werden, ohne daß zugleich die Verweisung erfolgt[255].

81 Wenn allerdings ein für die Klage im anderen Rechtszug vorgeschriebenes Vorverfahren vor Verwaltungsbehörden noch nicht durchgeführt ist, würde die Verweisung keinen Sinn ergeben, so daß hier die Abweisung der Klage als unzulässig durch Urteil angemessen erscheint[256]. (Eine Verweisung wäre allenfalls denkbar, wenn das Verfahren vor dem angewiesenen Gericht bis zur Nachholung des Vorverfahrens auszusetzen wäre.) Von dieser besonderen Situation abgesehen, in der der Rechtsweg zur anderen Gerichtsbarkeit im Grunde noch nicht eröffnet ist, hat das verweisende Gericht nicht zu prüfen, ob die Prozeßvoraussetzungen für die Klage vor dem angewiesenen Gericht erfüllt sind[257]. Auch eine anderweitige Rechtshängigkeit steht daher der Verweisung nicht entgegen[258].

82 Wird ausnahmsweise die Klage wegen Unzulässigkeit des Rechtswegs durch Urteil abgewiesen, so ist bei Rechtskraft dieser Entscheidung ebenfalls eine Bindung der Gerichte anderer Rechtswege anzunehmen, die sowohl die Unzulässigkeit des ersten Rechtswegs als auch die im Urteil bejahte Zulässigkeit eines anderen Rechtswegs umfaßt. Die Bindung ist für diesen Fall zwar nicht ausdrücklich gesetzlich verankert, entspricht aber dem Zweck der Gesamtregelung und dem Prinzip der Gleichwertigkeit der Rechtswege.

b) Unzulässigkeit des angerufenen Rechtswegs

83 Die Verweisung kommt nur in Betracht, wenn der Rechtsweg zu dem zunächst angerufenen Gericht *nicht* gegeben ist. Zur Entscheidung bei Bejahung des Rechtswegs → Rdnr. 97. Zur Prüfung der Zulässigkeit des Rechtswegs[258a] → Einl. (20. Aufl.) Rdnr. 404.

---

[254] *BAG* NJW 1993, 751 im Anschluß an *BGH* LM § 281 Nr. 25.
[255] *BVerwG* NVwZ 1995, 372.
[256] So *BGH* NJW 1993, 332 für den Fall, daß das nach dem VermG vorgesehene Verwaltungsverfahren noch nicht abgeschlossen ist, s. auch *BGH* DtZ 1995, 404, 406. Allerdings sollte, wenn ein zivilrechtlicher Anspruch behauptet wird, der aber durch das VermG ausgeschlossen ist, die Klage als unbegründet abgewiesen werden, näher s. *Leipold* JZ 1993, 704. – *OLG Thüringen* OLG-NL 1994, 239 hält in einem solchen Fall die Verweisung an das Verwaltungsgericht für geboten, auch wenn dort ein anderes Klageziel und eine andere Partei notwendig werden.
[257] *VGH Mannheim* NJW 1991, 1905 (das Fehlen des Antrags nach § 317 BauGB hindert die Verweisung an das LG – Kammer für Baulandsachen – nicht).
[258] *OLG Thüringen* OLG-NL 1994, 239, 240. – A.M. *VGH Baden-Württemberg* VGH BW RspDienst VBlBW 1/1995.
[258a] Dazu zuletzt *BGH* NJW 1996, 3012: die behauptete Zulässigkeit des Zivilrechtsweges muß sich auch

Ist bei einheitlichem prozessualem Anspruch der Rechtsweg für einen Teil der vorgebrach- 84
ten Klagegründe gegeben[259], so hat das Gericht gleichwohl die Kompetenz, auch über die
anderen in Betracht kommenden rechtlichen Gesichtspunkte zu entscheiden, § 17 Abs. 2 S. 1
GVG. Damit wurde eine **Rechtswegzuständigkeit kraft Sachzusammenhangs** eingeführt. Sie
gilt jedoch nur, soweit es sich um ein und denselben Streitgegenstand (prozessualen Anspruch) handelt, also nicht etwa bei Klagehäufung[260] und auch nicht bei Aufrechnung[261]. Bei
Haupt- und Hilfsantrag, für die jeweils verschiedene Rechtswege zuständig sind, hat bei
Abweisung des Hauptantrags als unbegründet eine Verweisung hinsichtlich des Hilfsantrags
an den dafür zuständigen Rechtsweg zu erfolgen[262]; das bei Rdnr. 14 Gesagte gilt insoweit
entsprechend.

Eine Ausnahme von der alle konkurrierenden Anspruchsgrundlagen umfassenden Rechts- 85
wegzuständigkeit besteht gemäß § 17 Abs. 2 S. 2 GVG, soweit durch Art. 14 Abs. 3 S. 4 GG
(Enteignungsentschädigung) und Art. 34 S. 3 GG (Anspruch aus Amtspflichtverletzung sowie
Rückgriff) die Zuständigkeit der ordentlichen Gerichte kraft Verfassung vorgeschrieben ist.
Kommen also entsprechende Anspruchsgrundlagen in einem Rechtsstreit vor den Verwal-
tungsgerichten usw. neben Anspruchsgrundlagen in Betracht, für die die Verwaltungsgerichtsbarkeit zuständig ist, so wird man auf die frühere Diskussion zurückgreifend annehmen
müssen, daß eine Teilverweisung nicht *vor* der Entscheidung über die Klage erfolgen kann,
wohl aber in einem die Klage im übrigen (d.h. soweit der Rechtsweg gegeben ist) als
unbegründet abweisenden *Endurteil*[263].

c) Bestimmung des Rechtswegs

Das Gericht muß einen anderen Rechtsweg für gegeben erachten. Innerhalb des anderen 86
Rechtswegs ist an das sachlich und örtliche zuständige Gericht zu verweisen; diese Zuständig-
keitsfragen sind also vor der Verweisung zu prüfen, doch tritt insoweit keine Bindung ein, →
Rdnr. 95. Bei Zuständigkeit mehrerer Gerichte wird an das vom Kläger auszuwählende
Gericht verwiesen oder, wenn keine Wahl erfolgt, an ein vom verweisenden Gericht ausge-
wähltes Gericht, § 17a Abs. 2 S. 2 GVG. Diese Regelung gilt für eine mehrfache (insbesondere

---

dann schlüssig aus dem Klagevorbringen ergeben, wenn die zuständigkeits- und die anspruchsbegründenden Tatsachen zusammenfallen.

[259] Durch § 17 Abs. 2 S. 1 GVG erhält die Frage, auf welcher tatsächlichen Grundlage die Zulässigkeit des Rechtswegs zu beurteilen ist, weit größeres Gewicht als bisher. Dazu *BAG* NJW 1994, 1172 (Beweiserhebung über das Vorliegen eines Arbeitsverhältnisses nötig, a. M. *OLG Köln* MDR 1993, 1117); *BVerwG* MDR 1993, 800 (die Berufung auf eine offensichtlich nicht gegebene Anspruchsgrundlage hindert die Verweisung). Zur Gefahr einer Manipulation des Rechtswegs *J. Hager* Festschr. f. Kissel (1994), 327.

[260] *BGHZ* 114, 1, 2 f. = NJW 1991, 1686 = MDR 1991, 792 = ZZP 105 (1992), 83 (insoweit zust. *Schilken,* aaO 88, 90 f.); *OLG Frankfurt* NJW-RR 1995, 319; *BVerwG* NJW 1994, 2500; *VGH Mannheim* NJW 1993, 3344.

[261] Str., näher → § 145 Rdnr. 33 mit Nachw.; neben den dort Genannten wie hier auch *VGH Kassel* NJW 1994, 1488, 1490; *FG Baden-Württemberg* NVwZ-RR 1993, 61, 63; *G. Lüke* Festschr. f. Kissel (1994), 710, 717 ff.; *Musielak* JuS 1994, 817, 823. – A. M. *VGH Kassel* DVBl 1994, 806; *Lißeck* SAE 1993, 91, 92; *Hoffmann* ZZP 107 (1994), 3, 26 ff.; *Hager* Festschr. f. Kissel (1994), 327, 344 ff.; *Vollkommer* Festschr. f. Kissel (1994), 1183,

1201 ff.; *Schwab* Festschr. f. Zeuner (1994), 499, 503; *Schenke* JZ 1996, 998, 1002; *Kissel* GVG[2] § 17 Rdnr. 40; *ders.* NZA 1995, 345, 354. – Keinesfalls kann über eine von § 17 Abs. 2 S. 2 GVG erfaßte streitige Forderung außerhalb des ordentlichen Rechtswegs entschieden werden, *BVerwG* NJW 1993, 2255. – Als zulässig ist aber nach wie vor die Entscheidung der ordentlichen Gerichte und der Arbeitsgerichte über aufgerechnete Forderungen aus dem jeweils anderen Rechtsweg anzusehen, → § 145 Rdnr. 32.

[262] *VGH Mannheim* NJW 1993, 3344.

[263] Ebenso (zur früheren Rechtslage) *OLG Köln* OLGZ 1968, 11, 15 f.; *Eyermann-Fröhler* VwGO[9] § 40 Rdnr. 47 ff.; *Saure* (Fn. 248) 129 ff., 156; *Georgiades* (Fn. 45) 275; *Schönke-Kuchinke*[9] 173. Vgl. ferner die Nachw. oben Fn. 45 zum entsprechenden Problem innerhalb der ordentlichen Gerichtsbarkeit. – Die Rsp. lehnte eine Teilverweisung regelmäßig ab, *BGHZ* 13, 145, 153 = NJW 1954, 1321; *BGHZ* 85, 121, 127 = NJW 1983, 1798, 1799; *BGHZ* 87, 9, 19 = NJW 1983, 2311, 2313; *BGH* VersR 1991, 324, 325; *BVerwG* 18, 181, 183 ff.; 22, 45, 47; JZ 1966, 795 = MDR 1966, 170. Ebenso *Ule* Verwaltungsgerichtsbarkeit I, 2. Halbb. (1962)[2] § 41 II 3 a; *ders.* Verwaltungsprozeßrecht[8] § 9 II 2 (S. 57); *Stein* MDR 1972, 733, 735.

örtliche) Zuständigkeit innerhalb des anderen Rechtswegs, aber auch, wenn (denkbar bei mehreren Anspruchsgrundlagen) mehrere andere Rechtswege zuständig sind.

87 Die Verweisung hat stets an das Gericht *erster* Instanz zu erfolgen[264].

d) Anhörung der Parteien

88 Die Parteien sind vor der Entscheidung über die Zulässigkeit des Rechtswegs und die Verweisung zu hören, § 17 a Abs. 2 S. 1 GVG. Eine mündliche Verhandlung ist nicht obligatorisch, § 17 a Abs. 4 S. 1 GVG.

3. Verweisungsbeschluß

89 Die Verweisung erfolgt durch **Beschluß**, der zu begründen ist, § 17 a Abs. 4 S. 2 GVG. Der Beschluß ist gemäß § 329 Abs. 3 förmlich zuzustellen[265], da er der sofortigen Beschwerde unterliegt, → Rdnr. 90.

4. Anfechtung

90 Der Verweisungsbeschluß ist nach § 17 a Abs. 4 S. 3 GVG mit der sofortigen Beschwerde anfechtbar. Die sofortige weitere Beschwerde ist wegen § 567 Abs. 3 S. 1 nur gegen Beschwerdeentscheidungen des OLG (jedoch nicht im Verfahren der einstweiligen Verfügung[266]) statthaft, vorausgesetzt, daß sie im Beschluß zugelassen ist, § 17 a Abs. 4 S. 3 GVG. Zulassungsgründe sind eine Rechtsfrage mit grundsätzlicher Bedeutung oder eine Abweichung von der Entscheidung eines obersten Gerichtshofes des Bundes oder des Gemeinsamen Senats der obersten Gerichtshöfe des Bundes, § 17 a Abs. 4 S. 4 GVG. Der oberste Gerichtshof des Bundes (in der ordentlichen Gerichtsbarkeit der BGH) ist an die Zulassung der weiteren Beschwerde gebunden, § 17 a Abs. 4 S. 6 GVG. Ein neuer selbständiger Beschwerdegrund (§ 568 Abs. 2 S. 2) braucht nicht gegeben zu sein[267]. Die Bindung an die Zulassung der sofortigen Beschwerde besteht auch dann, wenn die Vorabentscheidung über die Zulässigkeit des Rechtswegs erstmals in der Berufungsinstanz getroffen wurde[268].

5. Wirkungen der Verweisung

a) Rechtshängigkeit, Prozeßkostenhilfe

91 Nach *Rechtskraft* des Verweisungsbeschlusses wird der Rechtsstreit mit Eingang der Akten bei dem angewiesenen Gericht anhängig, § 17 b Abs. 1 S. 1 GVG[269]. Die Bewilligung der *Prozeßkostenhilfe* durch das verweisende Gericht gilt weiter[269a].

b) Fristwahrung

92 Die Wirkungen der beim verweisenden Gericht eingetretenen Rechtshängigkeit bleiben bestehen, § 17 b Abs. 1 S. 2 GVG. Für die **Wahrung von Fristen** und für die materiell-

---

[264] *Stein* MDR 1972, 733, 736 f. zur Verweisung im Rechtsmittelverfahren.
[265] *BAG* NZA 1992, 1047 = MDR 1993, 57.
[266] *OLG Hamburg* GRUR 1993, 776.
[267] *BGH* JZ 1993, 731.
[268] *BGHZ* 120, 198 = NJW 1993, 388 = JZ 1993, 731.

[269] Die Versendung der Akten ist erst nach Rechtskraft des Verweisungsbeschlusses zulässig, wobei (falls die Zustellung unterblieben ist) §§ 516, 552 analog gelten, *BAG* NZA 1992, 1047 (Fn. 265).
[269a] *OLG Köln* NJW 1995, 2728 (zur Verweisung vom ArbG an das ordentliche Gericht).

rechtlichen Wirkungen der Rechtshängigkeit gilt also der Zeitpunkt der Klageerhebung. In Verbindung mit § 281 treten diese Wirkungen demnach auch bei einer Klage ein, die nicht nur im falschen Gerichtszweig, sondern auch vor dessen örtlich oder sachlich unzuständigen Gericht erhoben wird. Auch wenn die Klageerhebung vor dem unzuständigen Gericht nicht auf Erwägungen über den einzuschlagenden Rechtsweg, sondern auf einer irrtümlich fehlerhaften Adressierung der Klageschrift beruht, sollte man die Klagefrist bei einer Verweisung als gewahrt ansehen[270].

c) Verfahrensfortgang

Es ist nicht ausgeschlossen, daß das nunmehr mit dem Rechtsstreit befaßte Gericht etwas von den Ergebnissen des Verfahrens vor dem zuerst angegangenen Gericht (z. B. Beweisaufnahmen) übernimmt, doch kommt eine Gesamtübernahme wegen der Verschiedenheit der Verfahrensordnungen nicht in Betracht. Insbesondere sind *Anerkenntnisse* oder *Zugestehen von Tatsachen* nur insoweit bindend, als sie es auch nach den jetzt anzuwendenden Verfahrensgesetzen wären, und ebensowenig kann eine Prozeßhandlung als *versäumt* betrachtet werden, wenn nur das für das erstangerufene Gericht maßgebende Gesetz dies vorgesehen hatte[271]. 93

6. Bindungswirkung des Verweisungsbeschlusses[272]

Der Verweisungsbeschluß ist für das Gericht, an das der Rechtsstreit verwiesen wird, hinsichtlich des Rechtswegs[272a] bindend, § 17a Abs. 2 S. 3 GVG, vorbehaltlich offensichtlicher Gesetzwidrigkeit[273], → Rdnr. 30ff. Das angewiesene Gericht kann also seinen **Rechtsweg nicht deshalb verneinen,** weil das **erste bejaht;** es kann deshalb auch nicht an das erste Gericht zurückverweisen[274]. Anders als früher ist durch die Bindungswirkung des Verweisungsbeschlusses auch eine Weiterverweisung an einen dritten Rechtsweg ausgeschlossen. Die materiell-rechtliche Prüfungspflicht umfaßt auch die eigentlich vor dem verweisenden Gericht oder in einem dritten Zweig der Gerichtsbarkeit zu prüfenden Anspruchsgrundlagen[275]. Bei der rechtlichen Beurteilung besteht keine Bindung an die Auffassung des verweisenden Gerichts[276]. 94

Das nunmehr mit der Sache befaßte Gericht kann den Rechtsstreit jedoch **innerhalb seiner Gerichtsbarkeit** wegen örtlicher oder sachlicher Unzuständigkeit an ein anderes Gericht **weiterverweisen**[277]. Das ist auch sachgerecht; denn ihre eigene Zuständigkeitsordnung können die Gerichte eines Rechtswegs selbst am besten beurteilen, und Fehlverweisungen könnten für die Parteien hier wesentliche Nachteile bringen (Instanzverlust, Ausschaltung besonderer Abteilungen oder Kammern, die nur bei bestimmten Gerichten dieses Rechtswegs eingerichtet sind). Umgekehrt hindert eine **Verweisung innerhalb eines Rechtswegs** nicht, daß 95

---

[270] A.M. *OVG Koblenz* NJW 1981, 1005.
[271] Zur Fortsetzung des Verfahrens auch *Krause* ZZP 83 (1970), 289, 323; *ders.* DÖV 1970, 695 zur Verfahrensgestaltung nach fehlerhafter Rechtswegentscheidung.
[272] Hierzu *Krause* ZZP 83 (1970), 294ff.; *Saure* (Fn. 248) 117ff.
[272a] Nicht hinsichtlich sonstiger Sachentscheidungsvoraussetzungen, etwa der staatlichen Jurisdiktionsgewalt in einer kirchlichen Angelegenheit, *VG Berlin* NVwZ 1995, 512. Die bindende Rechtswegentscheidung darf aber nicht durch angebliches Fehlen des Rechtsschutzbedürfnisses im neuen Rechtsweg korrigiert werden, insoweit bedenklich *FG Nürnberg* BB 1995, 1280.

[273] *BAG* NJW 1993, 1878; NZA 1994, 478; NJW 1996, 413; *BSG* MDR 1989, 189.
[274] *MünchKommZPO-Wolf* § 17a GVG Rdnr. 18 (weder Rück- noch Weiterverweisung an einen anderen Rechtsweg); ebenso *Kissel* GVG² § 17 Rdnr. 28.
[275] So bereits zum früheren Recht *BGH* WM 1977, 1261 = MDR 1978, 123; *BVerwGE* 27, 170, 175 = NJW 1967, 2128.
[276] *BVerfG* NJW 1992, 359, 361; *BGH* NJW 1990, 1794, 1795.
[277] *BAG* NZA 1992, 1047 (Fn. 265); NZA 1994, 478; *OLG Karlsruhe* MDR 1995, 88; *KG* Rpfleger 1995, 288 (*Herrmann*); *Kissel* GVG² § 17 Rdnr. 28; *MünchKomm-ZPO-Wolf* § 17a GVG Rdnr. 18.

das angewiesene Gericht den Rechtsstreit an einen anderen Rechtsweg verweist[278], → auch Rdnr. 28.

7. Kosten

96   Gemäß § 17 b Abs. 2 S. 1 GVG werden die vor dem Erstgericht entstandenen Kosten als Teil der Kosten behandelt, die bei dem Gericht erwachsen, an das verwiesen wurde. Die **Mehrkosten** sind jedoch gemäß § 17 b Abs. 2 S. 2 GVG auch bei Obsiegen dem Kläger aufzuerlegen. Über die Kosten der Rechtsmittel innerhalb des Vorabentscheidungsverfahrens ist in der Rechtsmittelentscheidung nach §§ 91 ff. zu befinden[279].

8. Verweisung in der Rechtsmittelinstanz

a) Nach Zulässigkeitsbeschluß der ersten Instanz

97   Bejaht das Gericht der ersten Instanz die Zulässigkeit des zu ihm beschrittenen Rechtswegs, so hat es dies durch Beschluß auszusprechen, wenn die beklagte Partei die Zulässigkeit gerügt hat, § 17 a Abs. 2 S. 2 GVG. Ohne derartige Rüge kann das Gericht nach seinem Ermessen einen die Zulässigkeit des Rechtswegs vorab bejahenden Beschluß erlassen, § 17 a Abs. 2 S. 1 GVG. In beiden Fällen ist der Beschluß mit der sofortigen Beschwerde anfechtbar, § 17 a Abs. 4 S. 3 GVG. Verneint das Beschwerdegericht die Zulässigkeit des Rechtswegs, so hebt es durch Beschluß die Entscheidung der ersten Instanz auf und verweist den Rechtsstreit an den zulässigen Rechtsweg. Entsprechendes gilt für die Entscheidung aufgrund sofortiger weiterer Beschwerde, zu deren Zulässigkeit → Rdnr. 90.

b) Nach Sachentscheidung der Vorinstanz

98   Im Rahmen eines Rechtsmittels gegen eine Entscheidung in der Hauptsache wird die Zulässigkeit des Rechtswegs grundsätzlich nicht mehr geprüft, § 17 a Abs. 5 GVG. Diese Regelung setzt aber voraus, daß eine dem Gesetz entsprechende Vorabklärung der Rechtswegfrage erfolgt ist, bei der auch Rechtsmittel eingeräumt sind, → Rdnr. 97. Mit Recht hat der BGH daher § 17 a Abs. 5 GVG nicht angewendet, wenn bei Abschluß des ersten Rechtszuges die Neuregelung der Rechtswegverweisung noch nicht in Kraft getreten war[280]. Wurde in erster Instanz fehlerhaft trotz Rüge der Partei[281] nicht durch Vorabbeschluß über die Zulässigkeit des Rechtswegs entschieden, sondern ein Sachurteil erlassen, so gilt der Ausschluß der Überprüfung nach § 17 a Abs. 5 GVG ebenfalls nicht[282]. Das Sachurteil kann in einem solchen Fall wahlweise mit der Berufung oder der sofortigen Beschwerde angefochten werden[283]. § 17 a Abs. 5 GVG sollte – entgegen dem BGH[284] – auch dann nicht angewendet werden, wenn in der ersten Instanz die Klage durch Endurteil als unzulässig abgewiesen wurde und

---

[278] *BAG* NJW 1993, 1878.
[279] *BGH* NJW 1993, 2541; s. auch *OVG Nordrhein-Westfalen* JurBüro 1994, 747. – Der Beschwerdewert wird dem Hauptsachewert gleichgesetzt, *LAG Köln* DB 1992, 2351 (LS); *OLG Köln* NJW-RR 1993, 639.
[280] *BGHZ* 114, 1, 3 f. (Fn. 260); *BGH* MDR 1991, 793.
[281] Ohne Rüge ist ein Vorabbeschluß nicht vorgeschrieben, so daß in einem solchen Fall § 17 a Abs. 5 GVG gilt, wenn die Zulässigkeit des Rechtswegs in den Gründen ausdrücklich oder auch nur konkludent bejaht worden ist, *BGH* DtZ 1993, 249, 250; NJW 1994, 387; *BAG* NJW 1996, 3430; *OVG Düsseldorf* NVwZ 1993, 405.

[282] *BGHZ* 119, 246 = NJW 1993, 470 = JR 1993, 148 (*Hoffmann*) = LM § 17 a GVG Nr. 3 (*M. Wolf*); *BGHZ* 121, 367, 370 f. = NJW 1993, 1799; *VGH München* NVwZ-RR 1993, 668; *OLG Köln* NJW-RR 1995, 910; *OLG Jena* OLG-NL 1995, 44.
[283] *BAG* NZA 1992, 956 = SAE 1993, 86 (*Lißeck*); NZA 1995, 595; *LG Trier* NJW-RR 1992, 1533; *OVG Koblenz* NVwZ-RR 1993, 668; *OLG Köln* NJW-RR 1995, 910; *OLG Jena* OLG-NL 1995, 44.
[284] *BGHZ* 120, 204 = NJW 1993, 389 = JZ 1993, 728.

dann auch in der zweiten Instanz keine Vorabentscheidung über die Zulässigkeit des Rechtswegs, sondern ein Sachurteil erlassen wurde[285]. Um das Verfahren in diesen Fällen auf den in § 17 a GVG vorgesehenen Weg zurückzubringen, wird man, wenn die erste Instanz durch Vorabbeschluß hätte entscheiden müssen, einen Vorabbeschluß in zweiter Instanz zuzulassen haben, in dem entweder die Zulässigkeit des Rechtswegs bejaht[286] oder (unter Aufhebung des erstinstanzlichen Urteils) die Unzulässigkeit des Rechtswegs festgestellt und die Verweisung an das erstinstanzliche Gericht[287] des zuständigen Rechtswegs ausgesprochen wird[288].

c) Nach Abweisung der Klage als unzulässig durch Endurteil

Wurde in erster Instanz die Klage unter Verneinung des Rechtswegs als unzulässig abgewiesen, sei es zulässigerweise in einem Ausnahmefall (→ Rdnr. 81) oder indem fehlerhaft kein Verweisungsbeschluß erging, so ist die Überprüfung der Zulässigkeit des Rechtswegs in der Berufungsinstanz durch § 17 a Abs. 5 GVG nicht ausgeschlossen, da keine Entscheidung in der Hauptsache iS dieser Vorschrift vorliegt[289]. Hier ist die Verweisung in der höheren Instanz unter Aufhebung des erstinstanzlichen Urteils nachzuholen[290], soweit die Voraussetzungen gegeben sind. Beim Ausschluß der Rechtswegprüfung durch § 17 a Abs. 5 GVG verbleibt es dagegen, wenn (ohne Rüge der Zulässigkeit des Rechtswegs) durch Urteil der ersten Instanz die Klage mit der Begründung als unzulässig abgewiesen wurde, der Rechtsweg sei zwar gegeben, doch fehle eine andere Zulässigkeitsvoraussetzung; ein solches Urteil ist eine Entscheidung in der Hauptsache iS des § 17 a Abs. 5 GVG[291].

99

XI. Arbeitsgerichtliches Verfahren

1. Rechtsgrundlagen; Anwendungsbereich

Während früher im arbeitsgerichtlichen Verfahren § 281 sowohl auf das Verhältnis der Arbeitsgerichte zueinander wie auf das der Arbeitsgerichte zu den ordentlichen Gerichten entsprechend anwendbar war, § 48 Abs. 1 ArbGG aF, wurde 1990 durch das 4. VwGO-ÄndG die Rechtslage entscheidend geändert[292]. Seither verweist § 48 Abs. 1 ArbGG sowohl für die Zulässigkeit des Rechtswegs und der Verfahrensart als auch für die sachliche und örtliche Zuständigkeit auf die §§ 17 bis 17 b GVG. Hinzutreten einige wenige ergänzende Bestimmungen in § 48 Abs. 1 ArbGG. Durch die Neuregelung wurde das Verhältnis der Arbeitsgerichte zu den ordentlichen Gerichten dem Verhältnis zu den sonstigen Rechtswegen gleichgestellt

100

---

[285] Näher *Leipold* JZ 1993, 703, 706 ff.
[286] *BAG* NZA 1992, 956 (Fn. 283). So geschehen in dem Verfahren *BGH* JZ 1993, 731 – *OLG Jena* OLG-NL 1995, 42 hält einen Beschluß für unnötig, wenn das Urteil revisibel ist.
[287] A.M. *Kissel* GVG² § 17 Rdnr. 23 f., der eine Verweisung an das Rechtsmittelgericht des zulässigen Rechtswegs für richtig hält.
[288] *BGH* MDR 1996, 1290, 1291; *BAG* NZA 1992, 956 (Fn. 283); *LG Trier* NJW-RR 1992, 1533.
[289] *BGH* DtZ 1993, 249, 250.
[290] *OLG Saarbrücken* NJW 1995, 1562; *OVG Nordrhein-Westfalen* JurBüro 1994, 747. Vgl. *OVG Münster* NVwZ-RR 1993, 670; *OVG Schleswig* NVwZ-RR 1993, 670.
[291] *BGHZ* 119, 246 (Fn. 282); *OVG Münster* NVwZ 1994, 179.
[292] Dazu *Jauernig* § 17 II GVG (gemeint ist § 17a II GVG) – das unverstandene Wesen NZA 1995, 12; *Kissel* Die neuen §§ 17 bis 17b in der Arbeitsgerichtsbarkeit NZA 1995, 345; *Koch* Neues im arbeitsgerichtlichen Verfahren NJW 1991, 1856; *Krasshöfer-Pidde/Molkenbur* Der Rechtsweg zu den Gerichten für Arbeitssachen im Urteilsverfahren NZA 1991, 623; *Künzl* Rügelose Einlassung im arbeitsgerichtlichen Verfahren? BB 1991, 757; *G. Lüke* Der Rechtsweg zu den Arbeitsgerichten und die dogmatische Bedeutung der Neuregelung, Festschr. f. Kissel (1994), 709; *Mayerhofer* Rechtsweg oder sachliche Zuständigkeit? Das Verhältnis der ordentlichen Gerichte zu den Gerichten für Arbeitssachen nach dem Inkrafttreten des 4. VwGOÄndG NJW 1992, 1602; *Schaub* Die Rechtswegzuständigkeit und die Verweisung des Rechtsstreits BB 1993, 1666; *Schwab* Neuerungen im arbeitsgerichtlichen Verfahren NZA 1991, 657; *Vollkommer* Die Neuregelung des Verhältnisses zwischen den Arbeitsgerichten und den ordentlichen Gerichten und ihre Auswirkungen, Festschr. f. Kissel (1994), 1183; *Zwanziger* Probleme der Neuregelung des Verweisungsrechts im arbeitsgerichtlichen Verfahren DB 1991, 2239.

und insbesondere die Anfechtbarkeit einer Verweisungsentscheidung eingeführt. Ob darin ein Fortschritt liegt, kann man bezweifeln. Zugleich wurde die Auseinanderentwicklung des arbeitsgerichtlichen und des zivilgerichtlichen Verfahrens dadurch verstärkt, daß bei Verweisungen innerhalb der Arbeitsgerichtsbarkeit nunmehr andere Regeln gelten als innerhalb des Zivilprozesses, wobei die entsprechende Anwendung der §§ 17 bis 17 b GVG auf die Verweisung wegen örtlicher Unzuständigkeit überdies wenig durchdacht erscheint, → Rdnr. 108 f.

101 § 48 Abs. 1 ArbGG, § 17 a GVG gelten nicht für die **internationale Zuständigkeit**[293]; eine Verweisung an ein ausländisches Gericht ist nicht zulässig, → Rdnr. 2. Zwischen einem Arbeitsgericht und einem **Schiedsgericht** im Sinne der §§ 101 ff. ArbGG ist § 17 a GVG, ebenso wie früher § 281, nicht anwendbar[294].

2. Verweisung zwischen Arbeitsgerichtsbarkeit und ordentlicher Gerichtsbarkeit

a) Voraussetzungen

102 Verweisungen eines Rechtsstreits durch ein Arbeitsgericht an ein ordentliches Gericht oder umgekehrt erfolgen nach §§ 17 a, b GVG, nicht mehr nach § 281 ZPO. Dabei ist davon auszugehen, daß auch das Verhältnis der Arbeitsgerichtsbarkeit zur ordentlichen Gerichtsbarkeit eine Frage der Zulässigkeit des Rechtswegs darstellt[295]. Aus dem Gesetzeswortlaut ergibt sich dies zwar nicht mit voller Klarheit; denn in § 48 Abs. 1 ArbGG ist die Anwendbarkeit der §§ 17 bis 17 b GVG auch für die *sachliche* Zuständigkeit angeordnet, und da innerhalb der Arbeitsgerichtsbarkeit keine Aufteilung der sachlichen Zuständigkeit auf unterschiedliche Eingangsgerichte besteht, könnte damit das Verhältnis zu den ordentlichen Gerichten gemeint sein. Andererseits wurde zugleich in den Überschriften zu § 2 und 2 a ArbGG das Wort »Sachliche« gestrichen, und dadurch sollte doch wohl zum Ausdruck gebracht werden, daß nunmehr die Abgrenzung der Kompetenzbereiche von ordentlicher Gerichtsbarkeit und Arbeitsgerichtsbarkeit nicht mehr als Frage der sachlichen Zuständigkeit anzusehen ist. Daher wird man die Erwähnung der sachlichen Zuständigkeit in § 48 Abs. 1 ArbGG nicht auf das Verhältnis zur ordentlichen Gerichtsbarkeit beziehen können, sondern darin ein Versehen des Gesetzgebers zu sehen haben[296].

103 Für die Prüfung der Zulässigkeit des Rechtswegs, die Entscheidung hierüber (insbesondere den Vorabbeschluß) und die Anfechtbarkeit gilt daher auch im Verhältnis der Arbeitsgerichtsbarkeit zur ordentlichen Gerichtsbarkeit das zu Rdnr. 80 ff. Ausgeführte. Bei der Prüfung, ob der ordentliche Rechtsweg oder der Rechtsweg zu den Arbeitsgerichten gegeben ist, muß vor allem die **Rechtswegzuständigkeit kraft Sachzusammenhangs** nach § 17 Abs. 2 GVG beachtet werden. Auch nach dem jetzt geltenden Recht ist, jedenfalls dann, wenn auch eine Zuständigkeit der ordentlichen Gerichte in Betracht kommt, die Rechtswegzuständigkeit nicht allein aufgrund der vom Kläger behaupteten Tatsachen zu beurteilen; vielmehr ist gegebenenfalls über das Vorliegen der zuständigkeitsbegründenden Tatsachen **Beweis zu erheben.** Dies gilt insbesondere für die Tatsachen, von denen das Vorliegen eines Arbeitsverhältnisses abhängt[297]. Kann dagegen die vor dem ArbG erhobene Klage nur Erfolg haben, wenn der Kläger

---

[293] *LAG Rheinland-Pfalz* NZA 1992, 138.
[294] Tarifschiedsgericht für die deutsche Seeschiffahrt AP Nr. 1 zu § 102 ArbGG 1953, auch zur Wahrung der Ausschlußfrist des § 3 KSchG.
[295] *BAG* NZA 1992, 954, 955 = AP Nr. 7 zu § 48 ArbGG; NJW 1996, 2948, 2949; AP Nr. 42 zu § 36 ZPO; *OLG Köln* NJW-RR 1993, 639; *OLG Frankfurt* NJW-RR 1995, 319; *Koch* NJW 1991, 1856, 1858; *Mayerhofer* NJW 1992, 1602; *G. Lüke* (Fn. 292), 716; *Vollkommer* (Fn. 292), 1191; *Jauernig* NZA 1995, 12, 13; *Kissel* NZA 1995, 345, 346. – A.M. *Schwab* NZA 1991, 657, 663; *Krasshöfer-Pidde/Molkenbur* NZA 1991, 623, 628 f., die zwischen ordentlicher Gerichtsbarkeit und Arbeitsgerichtsbarkeit nach wie vor § 281 (aber ohne Antragserfordernis) für maßgebend halten.
[296] *BAG* NZA 1992, 954, 955 (Fn. 295); *GK-ArbGG-Bader* § 48 Rdnr. 12.
[297] *BAG* NJW 1994, 604 = AP Nr. 6 zu § 17 a GVG (zust. *K. Schreiber*); NJW 1994, 1172.

Arbeitnehmer ist (sog. sic-non-Fall), so genügt der schlüssige Vortrag von Tatsachen, aus denen sich die Arbeitnehmereigenschaft ergibt, nach neuerer Ansicht des *BAG*[297a] sogar die bloße Rechtsbehauptung des Klägers, er sei Arbeitnehmer. → auch § 1 Rdnr. 175.

b) Bindungswirkung

104 Für die Bindungswirkung und die Ausnahmen davon gilt das oben bei Rdnr. 27 ff. Gesagte entsprechend[298]. Eine **Zurückverweisung** an ein Arbeitsgericht (bzw. ordentliches Gericht) ist ebenso ausgeschlossen wie eine Verweisung an ein Gericht eines dritten Rechtsweges. Dagegen wird die örtliche und sachliche Zuständigkeit des angewiesenen ordentlichen Gerichts oder Arbeitsgerichts in keinem Fall mehr bindend festgestellt; vielmehr ist eine Weiterverweisung innerhalb des Rechtsweges zulässig[299]. Eine Verweisung innerhalb des ordentlichen Rechtswegs oder zwischen Zivilkammer und Kammer für Handelssachen schließt eine Weiterverweisung an ein Arbeitsgericht nicht aus[300].

105 Zu den **Kostenfragen** → Rdnr. 114 ff. Zur **Prozeßkostenhilfe** → Rdnr. 91.

3. Verweisung innerhalb der Arbeitsgerichtsbarkeit wegen örtlicher Unzuständigkeit

a) Verweisung von Amts wegen

106 Die Verweisung wegen örtlicher Unzuständigkeit erfolgt nach § 48 Abs. 1 ArbGG, § 17 a GVG von Amts wegen, anders als nach § 281 Abs. 1 S. 1. Die Klage darf also auch dann nicht durch Urteil als unzulässig abgewiesen werden, wenn der Kläger keinen Verweisungsantrag stellt[301]. Ergeht gleichwohl eine solche Entscheidung, so ist dagegen die Berufung statthaft, und das Berufungsgericht hat unter Aufhebung des erstinstanzlichen Urteils durch Beschluß die Verweisung auszusprechen[302].

106a Eine Verweisung von Amts wegen an das Gericht der ersten Klage sieht § 61 b Abs. 3 S. 2 ArbGG vor, wenn der Arbeitgeber bei **Klagen wegen geschlechtsbedingter Benachteiligung** einen Antrag auf Begrenzung der Entschädigungssumme bei mehreren Klagen stellt.

b) Unanfechtbarkeit

107 Beschlüsse nach § 17 a Abs. 2 und 3 GVG über die örtliche Zuständigkeit sind gemäß § 48 Abs. 1 Nr. 1 ArbGG unanfechtbar. Dies gilt sowohl für Beschlüsse, die wegen örtlicher Unzuständigkeit die Verweisung an ein anderes Arbeitsgericht aussprechen, als auch für Beschlüsse, in denen das Bestehen der örtlichen Zuständigkeit des angerufenen Arbeitsgerichts bejaht wird.

c) Zuständigkeitsbejahender Vorabbeschluß

108 Wegen der fehlenden Anfechtbarkeit der Entscheidung über die örtliche Zuständigkeit, macht es wenig Sinn, auch bei Bejahung der (vom Beklagten gerügten) örtlichen Zuständig-

---

[297a] *BAG* (5. Senat) NJW 1996, 2948 (mit umfassenden Nachweisen).
[298] Nach *BAG* NZA 1984, 97 = AP Nr. 35 zu § 36 ZPO ist die Verweisung an ein Arbeitsgericht auch dann bindend, wenn das LG seine Zuständigkeit aus Gründen verneint hat, die auf den ersten Blick abwegig sind. Nach der (teils problematischen) Rechtsprechung des *BGH* (→ Rdnr. 30) wäre unter dieser Voraussetzung die Bindung wohl zu verneinen.
[299] *BAG* NZA 1992, 1047.
[300] *BAG* NJW 1993, 1878 = AP Nr. 42 zu § 36 ZPO; NZA 1994, 478.
[301] *LAG* Hamm NZA 1992, 136.
[302] *LAG* Hamm NZA 1992, 136.

keit stets einen Vorabbeschluß für geboten zu erachten. Man sollte es vielmehr als Frage des gerichtlichen Ermessens ansehen, ob ein zuständigkeitsbejahender Vorabbeschluß ergeht oder ob sogleich in der Sache entschieden und die örtliche Zuständigkeit in den Gründen bejaht wird[303].

d) Entscheidung ohne mündliche Verhandlung und rügelose Einlassung

109 Aus der in § 48 Abs. 1 ArbGG angeordneten entsprechenden Anwendung des § 17 a GVG folgt, daß über die örtliche Zuständigkeit ohne mündliche Verhandlung entschieden werden kann, § 17 a Abs. 4 S. 1 GVG, und daß der Rechtsstreit bei Verneinung der örtlichen Zuständigkeit auch ohne Antrag an das örtlich zuständige Gericht zu verweisen ist, § 17 a Abs. 2 S. 1 GVG. Andererseits kann aber die örtliche Zuständigkeit eines an sich unzuständigen Gerichts gemäß § 39, der auch im arbeitsgerichtlichen Verfahren gilt (→ § 39 Rdnr. 16) durch rügeloses Verhandeln zur Hauptsache begründet werden, vorausgesetzt allerdings, daß das Gericht den Beklagten zuvor auf die Unzuständigkeit und die Folgen rügelosen Verhandelns hingewiesen hat, § 504 (zur Anwendbarkeit im arbeitsgerichtlichen Verfahren → § 504 Rdnr. 9). Es kann nicht der Sinn der Verweisungsregeln sein, die Möglichkeit der Zuständigkeitsbegründung auszuschließen[304]. Eine Verweisung ohne mündliche Verhandlung wird daher nur erfolgen können, wenn der Beklagte, der vor einer Verweisung anzuhören ist (§ 17 a Abs. 2 GVG), die örtliche Zuständigkeit rügt. Das Gericht kann schon im Zusammenhang mit einer Anhörung ohne mündliche Verhandlung den Hinweis nach § 504 geben. Das ändert aber nichts daran, daß die Zuständigkeit erst durch rügeloses Verhandeln in der mündlichen Verhandlung erfolgt. Wenn – trotz Hinweises – keine Zuständigkeitsrüge erfolgt, so wird zunächst von einem Vorabbeschluß abzusehen und mündliche Verhandlung anzuberaumen sein[305].

e) Bindungswirkung

110 Verweisungsbeschlüsse innerhalb der Arbeitsgerichtsbarkeit wegen örtlicher Unzuständigkeit sind nach § 48 Abs. 1 ArbGG, § 17 a Abs. 2 S. 3 GVG bindend. Es gelten aber die zu Rdnr. 30 ff. dargelegten Ausnahmen entsprechend, so daß insbesondere dann keine Bindung eintritt, wenn das Recht auf Gehör nicht beachtet wurde[306].

4. Verweisung wegen sachlicher Unzuständigkeit; Kammern mit erweitertem Bezirk

111 Innerhalb der Arbeitsgerichtsbarkeit kommt eine Verweisung wegen sachlicher Unzuständigkeit nicht in Betracht, da es keine verschiedenen Eingangsgerichte gibt. Das Verhältnis verschiedener gleichartiger *Kammern* ist nicht Frage der sachlichen Zuständigkeit, sondern der Geschäftsverteilung, → § 1 Rdnr. 125. Allerdings kann bei Kammern mit *erweitertem Bezirk*, § 17 Abs. 2 S. 2 ArbGG, die Verneinung ihrer geschäftsverteilungsmäßigen Kompetenz zur Verweisung an ein anderes Arbeitsgericht in *entsprechender Anwendung* der Regeln

---

[303] *Zwanziger* DB 1991, 2239, 2240 (teleologische Reduktion). – A.M. *GK-ArbGG-Bader* § 48 Rdnr. 57.
[304] Hierzu *Künzl* BB 1991, 757, der nach geltendem Recht keinen Weg sieht, dieses unerwünschte Ergebnis zu vermeiden.
[305] Anders *Krasshöfer-Pidde/Molkenbur* NZA 1991, 623, 628, die die Anberaumung der mündlichen Verhandlung dann für erforderlich halten, wenn beide Parteien (?) nach dem Hinweis gemäß § 504 erklären, daß sie sich rügelos einlassen wollen.

[306] *BAG* NZA 1992, 1049; NZA 1994, 479. – Die fehlende Begründung des Verweisungsbeschlusses ist dagegen unschädlich, wenn sich der Verweisungsgrund aus den Akten ergibt, *BAG* NZA 1992, 1047, 1048. – Fehlende Bindung wegen offensichtlicher Gesetzwidrigkeit kann sich daraus ergeben, wenn vom Kläger getroffene Wahl unter mehreren zuständigen Gerichten (§ 17 a Abs. 2 S. 2 GVG) bei einer Weiterverweisung willkürlich nicht beachtet wurde, *BAG* NZA 1994, 478; dazu krit. *Jauernig* NZA 1995, 12.

über eine Verweisung wegen örtlicher Unzuständigkeit Anlaß geben, → vor § 12 Rdnr. 7. Zwischen einfachen und Fachkammern desselben Arbeitsgerichts erscheint eine formlose Abgabe von Amts wegen zulässig[307].

5. Verweisung wegen der Verfahrensart

Ist statt des eingeleiteten Urteilsverfahrens das Beschlußverfahren gegeben oder umgekehrt, so gilt für die Verweisung in die jeweils andere Verfahrensart kraft ausdrücklicher Anordnung in § 48 Abs. 1 ArbGG die Regelung des § 17 a GVG entsprechend. Es ist also auch insoweit nach Maßgabe des § 17 a Abs. 2 bis 4 GVG durch Vorabbeschluß – Verweisung oder Bejahung der Verfahrensart – zu entscheiden, der gemäß § 17 a Abs. 4 S. 3 bis 6 GVG der Anfechtung unterliegt.

112

6. Spruchkörperbesetzung

Nach § 48 Abs. 1 Nr. 2 ArbGG ergeht beim ArbG ein Verweisungsbeschluß oder ein die Zuständigkeit bejahender Beschluß (beides sind Beschlüsse nach § 17 a Abs. 4 GVG) auch außerhalb der mündlichen Verhandlung stets durch die Kammer. Dies schließt aber nicht aus, daß der Vorsitzende im unmittelbaren Anschluß an eine Güteverhandlung nach § 55 Abs. 3 ArbGG einen Verweisungsbeschluß allein erläßt, wenn die Parteien dies übereinstimmend beantragen[308]. Ein ohne diese Voraussetzung allein vom Vorsitzenden erlassener Verweisungsbeschluß ist gleichwohl bindend[309]. In der Beschwerdeinstanz entscheidet das Gericht analog § 64 Abs. 7, § 53 Abs. 1 S. 1 ArbGG ohne die ehrenamtlichen Richter, wenn von einer mündlichen Verhandlung abgesehen wird[310], während andernfalls die Mitwirkung der ehrenamtlichen Richter erforderlich ist[311]. Dasselbe hat entsprechend § 72 Abs. 1, § 53 Abs. 1 S. 1 ArbGG für die Entscheidung in der Revisionsinstanz zu gelten[312].

113

7. Kosten und Gebühren bei Verweisung zwischen Arbeitsgerichtsbarkeit und ordentlicher Gerichtsbarkeit

a) Parteikosten

Für die Kosten gilt § 17 b Abs. 2 S. 2 GVG. Dabei sind die Fragen der *Erstattungsfähigkeit* und der *Mehrkosten* im Sinne des § 17 b Abs. 2 S. 2 GVG zu unterscheiden. Die **Erstattungsfähigkeit** bestimmt sich nach den Vorschriften, die für jenes Gericht gelten, vor dem die Kosten entstanden sind; zur Erstattungsfähigkeit in der Arbeitsgerichtsbarkeit → § 91 Rdnr. 111 ff. Die Erstattung der **vor dem Arbeitsgericht erwachsenen Anwaltskosten** bleibt also auch bei Verweisung an ein ordentliches Gericht durch § 12 a Abs. 1 S. 1 ArbGG ausgeschlossen[313]. Nur wenn der entsprechende Gebührentatbestand vor dem ordentlichen Gericht erneut

114

---

[307] *Grunsky* ArbG[7] § 17 Rdnr. 7; *GK-ArbGG* § 17 Anm. 2 b; *Germelmann-Matthes-Prütting* ArbGG[2] § 17 Rdnr. 13. – A.M. Voraufl. Rdnr. 87 (entsprechende Anwendung des § 94 ff. GVG).
[308] *Zwanziger* DB 1991, 2239, 2240; *Krasshöfer-Pidde/Molkenbur* NZA 1991, 623, 628; *Kissel* NZA 1995, 345, 347. – A.M. *Koch* NJW 1991, 1856, 1858; *Klimpe-Auerbach* ArbuR 1992, 110, 114; *Schaub* BB 1993, 1666, 1668.
[309] *LAG Köln* LAGE § 281 ZPO Nr. 1.
[310] *BAG* NZA 1993, 619 = AP Nr. 4 zu § 17 a GVG; *LAG Köln* NZA 1992, 139. Offenlassend *BAG* NZA 1993, 617, 619 = AP Nr. 25 zu § 2 ArbGG 1979 (krit. *Leipold*).
[311] *BAG* AP Nr. 12 zu § 5 ArbGG.
[312] Ebenso *BAG* NZA 1993, 619 (Fn. 310); AP Nr. 12 zu § 5 ArbGG 1979 für den Fall der Entscheidung ohne mündliche Verhandlung, während offen gelassen wird, ob auch bei Entscheidung aufgrund mündlicher Verhandlung ohne die ehrenamtlichen Richter zu entscheiden ist.
[313] *OLG Frankfurt* MDR 1983, 941; *KG* AP § 61 ArbGG aF Nr. 1; *OLG Celle* AP § 61 ArbGG aF Nr. 16 (zust. *Pohle*); *OLG München* AP § 61 ArbGG aF Nr. 5; → ferner § 91 Rdnr. 111a (dort Fn. 423).

verwirklicht wird, kommt daher eine Erstattung in Betracht[314], so daß z.B. eine vor dem Arbeitsgericht entstandene Beweisgebühr nicht allein dadurch erstattbar wird, daß das LG ohne weitere Beweisaufnahme das Ergebnis der vor dem Arbeitsgericht durchgeführten Beweisaufnahme verwertet[315].

115 Dagegen gilt, wie § 12 a Abs. 1 S. 3 ArbGG ausdrücklich bestimmt, der Ausschluß der Erstattungsfähigkeit nicht für die **vor dem ordentlichen Gericht entstandenen Anwaltskosten**; ihre Erstattungsfähigkeit wird durch die Verweisung nicht berührt. Daher hat der Kläger bei Unterliegen[316] oder Klagerücknahme[317] vor dem Arbeitsgericht die vor dem ordentlichen Gericht entstandenen Anwaltskosten zu erstatten. Da die Anwaltskosten vor dem ordentlichen Gericht erstattungsfähig sind, also zu den zu verteilenden Kosten gehören, vor dem Arbeitsgericht dagegen nicht, stellen sie stets **Mehrkosten** im Sinne des § 17 b Abs. 2 S. 2 GVG dar. Der vor dem Arbeitsgericht obsiegende Kläger hat also stets die eigenen Anwaltskosten und diejenigen des Beklagten zu tragen[318], soweit sie vor dem ordentlichen Gericht entstanden sind. Es spielt daher keine Rolle, ob der Beklagte auch bei sofortiger Klage vor dem Arbeitsgericht denselben Rechtsanwalt bestellt hätte bzw. ob dieser den Rechtsstreit nach Verweisung fortführt, auch wenn dabei die in der ordentlichen Gerichtsbarkeit vorgenommenen gebührenrechtlich relevanten Tätigkeiten vor dem Arbeitsgericht wiederholt werden.

b) Gerichtskosten

116 Bezüglich der Gerichtskosten ist aus § 9 Abs. 1 GKG zu entnehmen, daß die im Verfahren vor dem verweisenden Gericht entstandenen Gebühren auf die Gebühren des weiteren Verfahrens **angerechnet** werden, also keine doppelte Erhebung stattfindet. Für die Gebührenpflicht und die Höhe der Gebühren gelten die Vorschriften jenes Gerichts, vor dem sich der gebührenauslösende Tatbestand ereignet hat. Eine *vor dem Arbeitsgericht* erfolgte Beweisaufnahme bleibt also gebührenfrei, auch wenn der Rechtsstreit an ein ordentliches Gericht verwiesen wird[319]. Mit der Gebühr des § 12 ArbGG ist auch die Prozeßgebühr vor dem ordentlichen Gericht abgegolten[320]. Umgekehrt fällt die vor dem *ordentlichen Gericht* entstandene Gebühr nicht fort, wenn vor dem Arbeitsgericht, an das der Rechtsstreit verwiesen wird, die Gebühren geringer wären oder Gebührenfreiheit (z.B. infolge Vergleichs) einträte[321]. Die *Beiordnung eines Rechtsanwalts* gemäß § 11 a ArbGG, ohne daß daneben Prozeßkostenhilfe bewilligt wird, befreit die Partei nicht von der Zahlung der Gerichtskosten, wenn die Sache an das LG verwiesen wird[322].

---

[314] *OLG Karlsruhe* JurBüro 1991, 1637; *OLG Düsseldorf* Rpfleger 1971, 250; *OLG München* Rpfleger 1971, 30 = NJW 1971, 473 (LS).
[315] *OLG München* Rpfleger 1971, 266 = NJW 1971, 1617 (LS).
[316] *LAG München* AP § 276 aF Nr. 19 (zust. *Tschischgale*).
[317] *LAG München* AP § 276 aF Nr. 18.
[318] H.M., z.B. *LAG Rheinland-Pfalz* JurBüro 1988, 1658; *LAG Hamm* MDR 1987, 876; *LAG Schleswig-Holstein* AnwBl 1985, 102; *LAG Stuttgart* NJW 1984, 86; *ArbG Flensburg* JurBüro 1981, 1693; *von Gierke-Braune/Hiekel* Rpfleger 1985, 226; *Grunsky* ArbGG[7]

§ 12 a Rdnr. 12; *Germelmann* in Germelmann-Matthes-Prütting ArbGG[2] § 12 a Rdnr. 18. – A.M. *LAG Bremen* MDR 1986, 434; *Schaub* NJW 1968, 480, 481; GK-ArbGG § 12 a Anm. I. – Weitere Nachw. → § 91 Rdnr. 111a (dort Fn. 422).
[319] *OLG Frankfurt* MDR 1958, 252; *OLG Düsseldorf* JMBlNRW 1958, 93.
[320] → Fn. 319.
[321] Vgl. *LAG Altona* ArbRsp 1930, 329 (zust. *Jonas*); *LAG Gleiwitz* ArbRS 29 (1937) (LAG), 3. Ebenso auch BGHZ 11, 57; *OLG Braunschweig* RdL 1952, 76 bei der Verweisung an das Landwirtschaftsgericht.
[322] *LG Berlin* MDR 1983, 852.

§ 282 [Zeitpunkt des Vorbringens]

(1) Jede Partei hat in der mündlichen Verhandlung ihre Angriffs- und Verteidigungsmittel, insbesondere Behauptungen, Bestreiten, Einwendungen, Einreden, Beweismittel und Beweiseinreden, so zeitig vorzubringen, wie es nach der Prozeßlage einer sorgfältigen und auf Förderung des Verfahrens bedachten Prozeßführung entspricht.

(2) Anträge sowie Angriffs- und Verteidigungsmittel, auf die der Gegner voraussichtlich ohne vorhergehende Erkundigung keine Erklärung abgeben kann, sind vor der mündlichen Verhandlung durch vorbereitenden Schriftsatz so zeitig mitzuteilen, daß der Gegner die erforderliche Erkundigung noch einzuziehen vermag.

(3) ¹Rügen, die die Zulässigkeit der Klage betreffen, hat der Beklagte gleichzeitig und vor seiner Verhandlung zur Hauptsache vorzubringen. ²Ist ihm vor der mündlichen Verhandlung eine Frist zur Klageerwiderung gesetzt, so hat er die Rügen schon innerhalb der Frist geltend zu machen.

Gesetzesgeschichte: Eingefügt durch die Vereinfachungsnovelle 1976 (→ Einl. [20. Aufl.] Rdnr. 159). Während Abs. 1 keinen unmittelbaren Vorgänger hat, deckt sich Abs. 2 im wesentlichen mit § 272 aF. Durch Abs. 3 (und § 296 Abs. 3) wurden die in § 274 aF enthaltenen Regeln über das Vorbringen sog. prozeßhindernder Einreden ersetzt. § 282 aF (Beweisantritt durch die Parteien) ist entfallen.

I. Normzweck und Überblick 1	b) Gewährung einer Schriftsatzfrist 29
1. Allgemeines 1	c) Zurückweisung wegen Verspätung 30
2. Allgemeine Prozeßförderungspflicht 2	d) Vertagung 31
3. Besondere Regeln für Zulässigkeitsrügen 3	IV. Rügen zur Zulässigkeit der Klage 32
II. Die allgemeine Prozeßförderungspflicht 4	1. Begriff der Zulässigkeitsrüge 32
1. Rechtsnatur 4	a) Änderung durch die Vereinfachungsnovelle 1976 32
2. Anwendungsbereich 7	b) Prozeßhindernde Einreden und von Amts wegen zu beachtende Zulässigkeitsvoraussetzungen 33
3. Von der Prozeßförderungspflicht erfaßtes Vorbringen 10	
4. Rechtzeitigkeit 12	c) Die Zulässigkeitsrügen im einzelnen 34
a) Vorbringen in der mündlichen Verhandlung 12	
b) Objektive Umschreibung 13	d) Antrag auf Verweisung an die Kammer für Handelssachen oder an die Zivilkammer 35
c) Bedeutung des Verschuldens 14	
d) Zur Formulierung des Gesetzes 15	e) Keine analoge Anwendung auf Gegenvorbringen des Klägers 36
e) Bedeutung der Prozeßlage im einzelnen 18	2. Rechtzeitigkeit der Rüge 37
f) Verhältnis zur Berufungsinstanz 21	a) Gleichzeitiges Vorbringen in der mündlichen Verhandlung 37
III. Die Pflicht zur rechtzeitigen Mitteilung durch vorbereitenden Schriftsatz 22	b) Vorbringen vor der mündlichen Verhandlung des Beklagten zur Hauptsache 38
1. Anwendungsbereich 22	
2. Verhältnis zu § 132 23	c) Entscheidung ohne mündliche Verhandlung oder nach Lage der Akten 41
3. Inhalt der Pflicht 24	
4. Folgen eines Verstoßes 28	d) Klageerwiderungsfrist 42
a) Keine Anwendung des § 138 Abs. 3 bei Nichterklärung des Gegners 28	e) Sonstige zeitliche Begrenzungen 43
	3. Verstöße 44

| V. Arbeitsgerichtliches Verfahren | 45 | 2. Vorbereitende Schriftsätze | 46 |
| 1. Geltung der Prozeßförderungspflicht | 45 | 3. Zulässigkeitsrügen | 47 |

I. Normzweck und Überblick[1]

1. Allgemeines

1   Alle drei Absätze des § 282 verfolgen das Ziel, die Parteien zu einer **zügigen und konzentrierten Prozeßführung** anzuhalten. Zu diesem Zweck werden unmittelbar durch das Gesetz Verhaltensanforderungen für die Parteien aufgestellt. Dieses allgemeine Mittel zur Verfahrenskonzentration steht selbständig neben den verschiedenen richterlichen Befugnissen, auf die Parteien gezielt durch die Setzung von *Fristen* einzuwirken (§ 273 Abs. 2 Nr. 1, §§ 275 bis 277), wobei die Fristsetzungen, da sie klarere Anforderungen stellen als § 282 Abs. 1 und 2, das effektivere Instrument darstellen.

2. Allgemeine Prozeßförderungspflicht

2   Abs. 1 stellt für die mündliche Verhandlung eine allgemeine Prozeßförderungspflicht der Parteien auf, d.h. eine **Pflicht zu rechtzeitigem Vortrag nach Maßgabe der Prozeßlage.** Hinzu tritt nach Abs. 2 die Pflicht, das Vorbringen schon vor der mündlichen Verhandlung so rechtzeitig durch **Schriftsätze** mitzuteilen, daß der Gegner die zu einer Stellungnahme notwendigen Informationen noch einzuholen vermag. Die Anforderungen an die Parteien nach Abs. 1 oder Abs. 2 stehen keineswegs nur auf dem Papier; denn ihre Mißachtung kann in derselben Instanz zur **Zurückweisung** des verspäteten Vorbringens nach § 296 Abs. 2 führen und auch in der Berufungsinstanz einer Nachholung des Vorbringens entgegenstehen, § 528 Abs. 2.

3. Besondere Regeln für Zulässigkeitsrügen

3   Rügen, die sich auf die Zulässigkeit der Klage beziehen, sollen im Interesse der Prozeßökonomie möglichst frühzeitig geklärt werden, damit sich nicht etwa umfangreiche Verhandlungen zur Sache später als nutzlos erweisen[2]. Daher verlangt Abs. 3 vom Beklagten, derartige Rügen **vor seiner Verhandlung zur Hauptsache** (oder, falls eine solche Frist gesetzt wurde, bereits innerhalb der Klageerwiderungsfrist) geltend zu machen. Zur Nichtzulassung (gemäß § 296 Abs. 3) kann die Verspätung des Vorbringens jedoch nur dann führen, wenn es sich um Unzulässigkeitsgründe handelt, auf die der Beklagte wirksam *verzichten* kann, die also nicht von Amts wegen zu prüfen sind.

---

[1] Lit.: *Bender-Belz-Wax* Das Verfahren nach der Vereinfachungsnovelle und vor dem Familiengericht (1977), Rdnr. 42ff.; *Kallweit* Die Prozeßförderungspflicht der Parteien und die Präklusion verspäteten Vorbringens im Zivilprozeß nach der Vereinfachungsnovelle vom 3.12.1976 (1983); *Kawano* Wahrheits- und Prozeßförderungspflicht als Verhaltenspflicht der Parteien gegeneinander, Festschr. für Henckel (1995), 411; *Leipold* Prozeßförderungspflicht der Parteien und richterliche Verantwortung ZZP 93 (1980), 236; *E. Schneider* Beiträge zum neuen Zivilprozeßrecht (Teil 1) MDR 1977, 793, 794ff.; *Weth* Die Zurückweisung verspäteten Vorbringens im Zivilprozeß (1988). Weitere Lit. zur Zurückweisung wegen Verspätung → § 296 Fn. 1.

[2] Vgl. *BGH* NJW 1985, 743, 744.

II. Die allgemeine Prozeßförderungspflicht

1. Rechtsnatur[3]

Es unterliegt der freien Entscheidung der Parteien, ob sie im Prozeß Anträge stellen und welches Vorbringen sie zur Rechtfertigung dieser Anträge oder zur Verteidigung dagegen dem Gericht unterbreiten. Es gibt also keine Pflicht zum Vortrag, sondern nur eine Vorbringenslast (allgemein zum Begriff der Last → Einl. [20. Aufl.] Rdnr. 233), da das völlige oder teilweise Absehen von wirksamem Vortrag zum Prozeßverlust führen kann, sei es durch Versäumnisurteil oder kontradiktorisches Urteil. Die Prozeßförderungspflicht soll demgegenüber verhindern, daß die Parteien durch die Art und Weise ihres Vorbringens den Prozeßablauf *verzögern*. Durch diese **Beschränkung auf den zeitlichen Aspekt** unterscheidet sich die allgemeine Prozeßförderungspflicht von der Wahrheits- und Vollständigkeitspflicht nach § 138 Abs. 1 und 2 (dazu → § 138 Rdnr. 1, 3).   4

Wenn das Verzögerungsverbot vom Gesetzgeber als Pflicht zu rechtzeitigem Vorbringen formuliert wurde, so läßt sich dies rechtsdogmatisch als **Nebenpflicht der Parteien** bei ihrem prozessualen Verhalten qualifizieren, nämlich **bei der Ausübung des Anspruchs auf Rechtsschutz und auf rechtliches Gehör**. Daß es sich bei der allgemeinen Prozeßförderungspflicht um eine *echte Rechtspflicht* (dazu allgemein → Einl. [20. Aufl.] Rdnr. 238), nicht nur um eine Last handelt, wird schon durch die Formulierung des Abs. 1 nahegelegt. Die Rechtsordnung mißbilligt es, wenn eine Partei durch verspäteten Vortrag das Verfahren verzögert. Dies kommt vor allem in der Sanktion auf solches Verhalten zum Ausdruck, nämlich in der möglichen Zurückweisung von Vorbringen, wenn die Partei schuldhaft die allgemeine Prozeßförderungspflicht verletzt hat, § 296 Abs. 2.   5

Die allgemeine Prozeßförderungspflicht stellt eine **prozessuale Pflicht** der Parteien im Verhältnis zum Gericht dar[3a], also eine Pflicht im Rahmen des öffentlich-rechtlichen Prozeßrechtsverhältnisses (dazu allgemein → Einl. [20. Aufl.] Rdnr. 228). *Materiell-rechtliche* Folgen im Verhältnis der Parteien zueinander können sich aus einem Verstoß gegen die Prozeßförderungspflicht nicht ergeben. Aus der Prozeßförderungspflicht folgt auch eine Pflicht, die nötigen Unterlagen rechtzeitig zu beschaffen, soweit dies einer Partei möglich ist, doch darf die im Prozeß mögliche Beweiserhebung nicht mit der Begründung unterbleiben, die Partei hätte schon vor dem Prozeß, insbesondere durch gesonderte Klage, die Unterlagen beibringen müssen[4].   6

2. Anwendungsbereich

Abs. 1 regelt nur den Zeitpunkt des Vorbringens **in der mündlichen Verhandlung** und ergibt nicht, ob und in welchem Zeitpunkt das Vorbringen schon vor einem Verhandlungstermin schriftlich anzukündigen ist[5]. Dies richtet sich vielmehr nach Abs. 2 oder nach den konkreten richterlichen Fristsetzungen für die Klageerwiderung, die Stellungnahme auf die Klageerwiderung oder für die Erklärung zu einzelnen Punkten. Für die Frage, welches Vorbringen in die Klageerwiderung oder die Replik aufzunehmen ist, stellt § 277 Abs. 1 und 4 einen mit § 282 Abs. 1 übereinstimmenden Maßstab auf, näher → § 277 Rdnr. 2 ff., 28.   7

In der **Berufungsinstanz** kann sich aus Abs. 1 aufgrund der soeben erwähnten Beschränkung auf Vorbringen in der mündlichen Verhandlung *nicht* die Pflicht ergeben, Angriffs- und Verteidigungsmittel in der *Berufungsbegründung* oder in der *Erwiderung* auf die Berufungsbegründung vorzubringen[6]. Vielmehr sind dafür allein die §§ 519, 520 Abs. 2 maßgebend. Jedoch ist § 282 Abs. 1 für die Berufungsinstanz in doppelter Hinsicht bedeutsam. Zum einen   8

---

[3] Dazu ausführlich *Leipold* (Fn. 1) 238 ff.
[3a] *Kawano* (Fn. 1), 420 ff. nimmt dagegen in erster Linie eine Verhaltenspflicht der Parteien im Verhältnis zueinander an.
[4] Vgl. *OLG Köln* VersR 1987, 164 zur Beschaffung von Krankenunterlagen für den Arzthaftungsprozeß.
[5] *BVerfG* NJW 1989, 706, 707; *BGH* NJW 1982, 1533, 1534; *KG* NJW 1980, 2362 (mit insoweit zust. Anm. *Deubner*).
[6] A.M. wohl *BGH* NJW 1981, 1378.

gilt Abs. 1 auch für das **Verhältnis zwischen erster und zweiter Instanz.** Die allgemeine Prozeßförderungspflicht verlangt von den Parteien, ihre Angriffs- und Verteidigungsmittel schon in der ersten Instanz vorzubringen, soweit dies nach Maßgabe der Prozeßlage im Hinblick auf die erstrebte Konzentration des Verfahrens angemessen erscheint (näher → Rdnr. 21, 21a). Diese über die erste Instanz hinausreichende Bedeutung des Abs. 1 ergibt sich aus § 528 Abs. 2. Danach kann es zur Nichtzulassung neuer Angriffs- und Verteidigungsmittel in der Berufungsinstanz führen, wenn deren Vortrag in erster Instanz entgegen § 282 Abs. 1 unterblieben ist[7]; näher → § 528 Rdnr. 4ff. Zum andern ist § 282 (samt den Sanktionen nach § 296) gemäß § 523 auch **unmittelbar im Berufungsverfahren anzuwenden** und verwehrt den Parteien, innerhalb der mündlichen Verhandlung der Berufungsinstanz ihre noch zulässigen Angriffs- und Verteidigungsmittel in prozeßverzögernder Weise nur nach und nach vorzutragen.

9   Im **schriftlichen Verfahren** tritt der Schriftsatzwechsel an die Stelle der mündlichen Verhandlung, so daß eine sinngemäße Anwendung des Abs. 1 in Betracht kommt. Dabei müssen jedoch die Besonderheiten des schriftlichen Verfahrens berücksichtigt werden. § 128 Abs. 2 S. 2 verpflichtet das Gericht, den Zeitpunkt zu bestimmen, bis zu dem Schriftsätze eingereicht werden können; nach § 128 Abs. 3 S. 2 ist vom Gericht der Zeitpunkt festzulegen, der dem Schluß der mündlichen Verhandlung entspricht. Daraus ist zu folgern (und so werden diese gerichtlichen Anordnungen auch auf die Parteien wirken), daß ein Vorbringen bis zu diesen Zeitpunkten rechtzeitig ist, also durch § 282 Abs. 1 *keine zusätzlichen zeitlichen Anforderungen* begründet werden. (Besondere Fristsetzungen innerhalb der gesamten Zeiträume sind jedoch möglich, → § 128 Rdnr. 84.) Wenn aber *nach* den festgelegten Zeitpunkten nicht durch Urteil entschieden wird (dann gilt § 296a) und im weiteren Verlauf des Verfahrens neue Angriffs- und Verteidigungsmittel vorgetragen werden, so kann dies gegen § 282 Abs. 1 verstoßen, da insoweit das Verfahren bis zu den Schlußzeitpunkten einer mündlichen Verhandlung gleichsteht, → § 128 Rdnr. 84.

3. Von der Prozeßförderungspflicht erfaßtes Vorbringen

10 Das Verzögerungsverbot des Abs. 1 bezieht sich auf **Angriffs- und Verteidigungsmittel jeglicher Art** (zum Begriff → § 146 Rdnr. 2), gleich ob sie als selbständig oder unselbständig (→ § 146 Rdnr. 4) zu qualifizieren sind. Zu den Verteidigungsmitteln gehört auch die Geltendmachung der **Aufrechnung**[8]. Bei **Gestaltungsrechten** ist allerdings zu prüfen, ob eine zeitliche Beschränkung aus prozessualen Gründen den Intentionen des materiellen Rechts zuwiderläuft[9], so etwa beim Widerspruchsrecht des Mieters gegen die Kündigung, näher → § 259 Rdnr. 14.

11 Was selbst **Angriff,** nicht Angriffsmittel ist, wird dagegen von Abs. 1 **nicht erfaßt,** also nicht Klageantrag, Klageänderung, Klageerweiterung, Widerklage, Rechtsmittelantrag, Anschlußrechtsmittelantrag[10]. Nicht Verteidigungsmittel, sondern (von Abs. 1 nicht erfaßte) **Verteidigung** sind der Klageabweisungsantrag und der Antrag auf Verwerfung oder Zurückweisung eines Rechtsmittels. Auch Anträge zum Prozeßbetrieb und zur Prozeßleitung stellen keine Angriffs- oder Verteidigungsmittel dar. Näher → § 146 Rdnr. 2 und § 296 Rdnr. 36ff.

---

[7] So etwa, wenn ein erkennbar prozeßentscheidender Punkt erstmals in der Berufungsinstanz unter Zeugenangebot bestritten wird, *OLG Celle* NJW 1989, 3023, 3024.

[8] *BGH* NJW 1984, 1964 (daher wird die Aufrechnung samt den ihrer Begründung dienenden Tatsachen von der zur Klageerwiderung gesetzten Frist erfaßt). Auch die Geltendmachung der *Anfechtung* gehört zu den Angriffs- und Verteidigungsmitteln, *BAG* NZA 1985, 130, 131 = AP § 340 Nr. 3.

[9] *MünchKommZPO-Prütting* Rdnr. 16f.

[10] *BGHZ* 83, 371, 376ff. (Fn. 23) (dagegen werden die mit der Anschlußberufung geltend gemachten Verteidigungsmittel gegen die erstinstanzliche Verurteilung von § 282 Abs. 1 und 2, § 528 Abs. 2 erfaßt, → Rdnr. 21a).

4. Rechtzeitigkeit

a) Vorbringen in der mündlichen Verhandlung

Abs. 1 gilt nur für das Vorbringen in der mündlichen Verhandlung, nicht für den Vortrag durch Schriftsätze (→ Rdnr. 7) und kann daher innerhalb der Instanz nur verletzt sein, wenn **mehrere Verhandlungstermine** stattgefunden haben und das Vorbringen nicht bereits im ersten Termin erfolgte[11]. Es kann sich dabei um einen frühen ersten Termin und den nachfolgenden Haupttermin handeln, aber auch um mehrere Haupttermine. Dagegen ginge es zu weit, aus Abs. 1 (anders ist es bei Abs. 3) eine Pflicht herzuleiten, innerhalb ein und desselben Verhandlungstermins frühzeitig vorzutragen, also auch noch nach der Uhrzeit des Vorbringens zu unterscheiden. 12

b) Objektive Umschreibung

Wann das Vorbringen zu erfolgen hat, wird durch Abs. 1 **objektiv umschrieben.** Soweit bestimmte Teile des Vorbringens nach der Prozeßlage noch nicht verlangt werden konnten, kommt dies der Partei auch dann zugute, wenn sie die Prozeßlage nicht richtig eingeschätzt hat[12]. 13

c) Bedeutung des Verschuldens

Die Zurückweisung hängt zusätzlich vom **Verschulden** der Partei ab, und zwar ist dazu sowohl nach § 296 Abs. 2 (innerhalb derselben Instanz) als auch nach § 528 Abs. 2 (Zurückweisung neuen Vorbringens in der Berufungsinstanz) grobe Nachlässigkeit erforderlich. Praktisch wird es vor allem auf diese Voraussetzung ankommen, und auch eine kasuistische Erläuterung erfolgt daher am besten unter dem Gesichtspunkt, in welchen Fällen eine grob nachlässige Verletzung der allgemeinen Prozeßförderungspflicht angenommen werden kann, → § 296 Rdnr. 105 ff. Hier geht es nur darum, die allgemeinen Grundlagen für die Verletzung der Prozeßförderungspflicht aufzuzeigen. 14

d) Zur Formulierung des Gesetzes

Die **weite Formulierung des Gesetzes** ist augenfällig. Man sollte sie dennoch nicht als bloße Leerformel abtun, sondern das Bemühen des Gesetzgebers anerkennen, die zeitlichen Anforderungen wenigstens andeutungsweise abzustecken. Grundsätzlich ist frühzeitig und konzentriert, nicht nach und nach in einzelnen Teilstücken vorzutragen. Die Verpflichtung zu einer sorgfältigen und auf Förderung des Verfahrens bedachten Prozeßführung bedeutet, daß die Partei nicht das Recht hat, nach eigenem Gutdünken die mündliche Verhandlung bis zum letzten Zeitpunkt auszunutzen und ihren Vortrag (oder Teile davon) solange wie möglich vor sich herzuschieben. 15

Auf der anderen Seite verdeutlicht der Hinweis auf die **Prozeßlage,** daß nicht etwa sämtliches Vorbringen gleich zu Beginn der mündlichen Verhandlung erforderlich ist, sondern nur, soweit die Angriffs- und Verteidigungsmittel nach dem gegenwärtigen Stand des Verfahrens erheblich erscheinen. Dadurch unterscheidet sich die in Abs. 1 enthaltene Regelung (trotz einer Annäherung, → auch § 277 Rdnr. 5) von der Eventualmaxime im strengen Sinne des Wortes. 16

---

[11] Ebenso *BGH* NJW 1992, 1965 = FamRZ 1992, 1166; NJW 1993, 1926, 1927.

[12] *OLG Schleswig* SchlHA 1982, 72, 73.

17 Allerdings muß vermieden werden, die **Prozeßförderungspflicht** unter Hinweis auf die Bedeutung der Prozeßlage **auszuhöhlen** und es doch wieder dem Belieben der Parteien zu überlassen, wann sie – bis zum Schluß der mündlichen Verhandlung – ihre Angriffs- und Verteidigungsmittel vorbringen. Ein vom Bundestag auf Vorschlag des Rechtsausschusses[13] beschlossener ausdrücklicher Zusatz zu Abs. 1, der den Parteien die Beschränkung auf einzelne Angriffs- und Verteidigungsmittel gestatten wollte, solange sie nach dem Sach- und Streitstand davon ausgehen konnten, daß das Vorbringen für die Rechtsverfolgung bzw. Rechtsverteidigung ausreichend sei, wurde auf Antrag des Bundesrats[14] schließlich gestrichen[15], um nicht die besondere Betonung der Prozeßförderungspflicht zu verwässern und die Parteien erneut zur »tropfenweisen« Information des Gerichts zu verleiten.

e) Bedeutung der Prozeßlage im einzelnen

18 Zur **Prozeßlage** gehört jeweils auch das bereits vorliegende **Vorbringen des Gegners**[16]. Der **Beklagte** darf sich damit begnügen, die vorhandene Klagebegründung zu entkräften und braucht sich nicht schon vorsorglich gegen mögliche (aber noch nicht vorgetragene) Klagegründe zu verteidigen, mögen sie ihm auch aus dem vorprozessualen Streit bekannt sein. Umgekehrt darf sich auch der **Kläger** zunächst auf diejenigen Anspruchsgrundlagen und den dazugehörigen Sachverhalt beschränken, die aus seiner Sicht im Vordergrund stehen, solange er noch keinen Grund hat, ein Scheitern mit dieser Klagebegründung in Betracht zu ziehen[15a]. Der Kläger braucht sich nicht vorsorglich zu einem vom Beklagten noch nicht vorgetragenen Verteidigungsmittel (z. B. zu einer lediglich vorbehaltenen Aufrechnung) zu äußern[17]. Für das Vorbringen von **Einreden** und **Gegenrechten** gilt das zu § 277 Rdnr. 13 ff. Gesagte entsprechend. Ebenso wie dort zur Klageerwiderung ausgeführt, hat der Beklagte auch im Rahmen des § 282 Abs. 1 kein Recht, die **Verjährungseinrede** vorerst (etwa bis das Ergebnis einer Beweisaufnahme über das Bestehen des Anspruchs feststeht) aufzusparen[18].

19 Auch die **Anforderungen an den Vortrag im einzelnen** werden von der Prozeßlage bestimmt, so daß z.B. der Vortrag zu den Einzelheiten des Vertragsschlusses nachgebracht werden darf, wenn der Kläger erst durch das Verteidigungsvorbringen des Beklagten auf die Bedeutung einzelner Punkte hingewiesen wird. Es entspricht aber nicht dem Sinn des Gesetzes, darüber hinausgehend den Parteien eine Staffelung ihres Vorbringens in dem Sinne zu gestatten[19], daß Tatsachen und Beweismittel teils vorgetragen, teils lediglich angekündigt werden. Die **Beweismittel** für eine bestimmte tatsächliche Behauptung (bzw. zu deren Widerlegung) müssen grundsätzlich frühzeitig und umfassend angeboten werden. Dazu gehört auch die Mitteilung ladungsfähiger Anschriften von Zeugen oder die Information des Gerichts über eine Veränderung des Aufenthaltsorts eines Zeugen, der im Wege der Rechtshilfe vernommen werden soll[20]. Die Parteien sind also im allgemeinen nicht berechtigt, etwa zunächst nur einige Zeugen zu benennen und erst dann, wenn sich die Aussagen dieser Zeugen als wenig ergiebig erwiesen haben, die Vernehmung weiterer Zeugen zu beantragen. Ob bei mehreren Beweismitteln die Beweisaufnahme konzentriert durchgeführt wird, oder – u.U. auch aus ökonomischen Gründen, nämlich um eine vielleicht überflüssige Beweisaufnahme zu vermeiden – auf mehrere Termine verteilt wird, hat das Gericht zu entscheiden, nicht die Parteien.

---

[13] Vgl. BT-Drucks. 7/5250, 4, 9, 36; dazu *Leipold* ZZP 93 (1980), 237, 259.
[14] Anrufung des Vermittlungsausschusses durch den Bundesrat, BR-Drucks. 386/76, Anlage S. 3 = BT-Drucks. 7/5499, 2.
[15] Auf Vorschlag des Vermittlungsausschusses, dem Bundestag und Bundesrat zustimmten, vgl. die Auszüge aus den Protokollen der Bundestags- bzw. Bundesratssitzung, wiedergegeben in AnwBl 1977, 13 ff.
[15a] Vgl. *VerfGH Berlin* JR 1995, 497, 498, wonach auch ein unter faktischen Gesichtspunkten erfolgendes sukzessives Vorbringen nicht stets ausgeschlossen ist.
[16] Vgl. *BayVerfGH* NJW-RR 1992, 895, 896.
[17] *BVerfGE* 67, 39 = NJW 1984, 2203 = JZ 1984, 680. S. auch *BVerfG* NJW 1991, 2275, 2276.
[18] *OLG Hamm* NJW-RR 1993, 1150 = MDR 1993, 686; *Zöller-Greger*[20] Rdnr. 3. – A.M. *Baumbach-Lauterbach-Hartmann*[55] Rdnr. 8.
[19] Dafür *MünchKommZPO-Prütting* Rdnr. 20 ff.
[20] *LG Frankfurt* NJW-RR 1986, 143.

Die **nicht beweisbelastete Partei** darf mit ihren Beweisanträgen nicht zuwarten, bis klar ist, ob der Kläger mit seinen Beweismitteln den Beweis geführt hat. Wenn allerdings die beweisbelastete Partei *keine* Beweisanträge gestellt hat und auch mit einer Beweiserhebung von Amts wegen nicht zu rechnen ist, so kann von der nicht beweisbelasteten Partei noch nicht die Benennung von Gegenbeweismitteln erwartet werden.

Zur Prozeßlage gehört auch, ob die **Verhandlung auf bestimmte Teile des Streitgegenstands beschränkt** ist, etwa auf die Klageforderung im Gegensatz zur Aufrechnung (§ 145 Abs. 3), auf einzelne Angriffs- oder Verteidigungsmittel (§ 146), auf die Zulässigkeit der Klage (§ 280 Abs. 1) oder auf den Grund des Anspruchs (§ 304 Abs. 1). Eine Gliederung der Verhandlung kann sich auch ohne ausdrückliche gerichtliche Verfügung aus der Art und Weise der Prozeßführung durch das Gericht ergeben, insbesondere aus den Maßnahmen, die das Gericht zur Vorbereitung der mündlichen Verhandlung getroffen hat. 20

f) Verhältnis zur Berufungsinstanz

Die Prozeßlage spielt auch im Verhältnis zur **Berufungsinstanz** eine entscheidende Rolle, d.h. für die Frage, ob ein in erster Instanz unterbliebener Vortrag noch **nachgeholt** werden kann. Dabei ist darauf abzustellen, ob die Partei aufgrund des beiderseitigen Parteivorbringens in erster Instanz und des Prozeßgeschehens erwarten konnte, ohne das unterlassene Angriffs- oder Verteidigungsmittel zum Erfolg zu gelangen. So kann eine Verletzung der allgemeinen Prozeßförderungspflicht zu verneinen sein, wenn eine Partei zwar den **Zeugenbeweis erst in der zweiten Instanz** antritt, sich aber in erster Instanz auf die in einem vorausgegangenen Strafverfahren *protokollierten Zeugenaussagen* berufen hatte und davon ausgehen konnte, das Gericht werde die Aussagen in einem für den Beweis ausreichenden Sinne würdigen[21]. Dagegen verstößt eine Partei gegen § 282 Abs. 1, wenn sie Angriffe gegen ein im ersten Rechtszug eingeholtes **Sachverständigengutachten** erstmals in der Berufungsinstanz vorbringt, während sie in erster Instanz zu dem ihr rechtzeitig mitgeteilten Gutachten geschwiegen und auch keine Vertagung zur Überprüfung des Gutachtens beantragt hat, so daß das Gericht erster Instanz davon ausgehen konnte, die Partei trete dem Gutachten nicht entgegen[22]. 21

Wurden Angriffs- und Verteidigungsmittel in erster Instanz entgegen § 282 Abs. 1 nicht vorgetragen, so behält der Verstoß für die Berufungsinstanz auch dann seine Bedeutung (kann also zur Nichtzulassung des Vorbringens gemäß § 528 Abs. 2 führen), wenn der Vortrag im Rahmen einer **Anschlußberufung** erfolgt, aber nicht zur Begründung neuer prozessualer Ansprüche dient, sondern zur Aufhebung der erstinstanzlichen Verurteilung führen soll[23]. 21a

III. Die Pflicht zur rechtzeitigen Mitteilung durch vorbereitenden Schriftsatz

1. Anwendungsbereich

Abs. 2 *begründet* keine Pflicht, die mündliche Verhandlung durch Schriftsätze vorzubereiten, sondern stellt zeitliche Anforderungen auf, *soweit* eine Schriftsatzpflicht besteht. Daher gilt die Vorschrift stets im **Anwaltsprozeß** (§ 129 Abs. 1), dagegen grundsätzlich nicht im Parteiprozeß, sondern nur, wenn das Gericht den Parteien die Vorbereitung der Verhandlung durch Schriftsätze (oder durch Erklärung zu Protokoll der Geschäftsstelle) aufgegeben hat, 22

---

[21] *BGH* NJW 1983, 999 (mit Anm. *Deubner*) = MDR 1983, 301 = LM § 528 Nr. 23.
[22] *OLG Hamburg* MDR 1982, 60.
[23] *BGHZ* 83, 371, 376 ff. = NJW 1982, 1708 (mit Anm. *Deubner*) = MDR 1982, 843 = JZ 1982, 512 = LM § 521 Nr. 13.

§ 129 Abs. 2[24]. – Um **welchen Termin** (früher erster Termin, Haupttermin, weiterer Haupttermin) es sich handelt, spielt keine Rolle.

2. Verhältnis zu § 132

23 Abs. 2 enthält keine den § 132 einschränkende Bestimmung; beide Vorschriften stehen vielmehr **unabhängig nebeneinander**, → auch § 132 Rdnr. 2, 9. Obwohl die Fristen des § 132 eingehalten sind, kann ein Verstoß gegen Abs. 2 vorliegen[25]. Die Frage, ob ein Antrag oder ein tatsächliches Vorbringen »rechtzeitig mittels Schriftsatzes mitgeteilt« ist, dergestalt, daß gegen den *säumigen* Gegner Versäumnisurteil ergehen kann (§ 335 Abs. 1 Nr. 3), bestimmt sich, soweit nicht § 274 Abs. 3 (Wahrung der Einlassungsfrist) maßgebend ist, allein nach dem die Fristen für den Schriftsatzverkehr generell regelnden § 132. Für eine Anwendung des § 282 Abs. 2 ist, wie sich aus dem Zweck der Vorschrift ergibt, nur dann Raum, wenn eine Gegenerklärung in Frage steht, wenn der Gegner also im Termin *nicht säumig* ist.

3. Inhalt der Pflicht

24 Die Pflicht zur rechtzeitigen schriftsätzlichen Ankündigung nach Abs. 2 erfaßt sowohl die **Anträge** als auch die **Angriffs- und Verteidigungsmittel**.

25 Auch **Rechtsausführungen** werden von Abs. 2 insofern erfaßt[26], als dem Gegner auch dafür bei nicht rechtzeitiger vorheriger Mitteilung eine Frist nach § 283 gesetzt werden kann, → § 283 Rdnr. 11. Ebenso gilt Abs. 2 für rechtliches Vorbringen im Sinne des § 293.

26 **Welche Angriffs- und Verteidigungsmittel** bereits vor der mündlichen Verhandlung mitzuteilen sind, bestimmt sich entsprechend dem Maßstab des Abs. 1; denn auch bei der schriftsätzlichen Vorbereitung kann nicht verlangt werden, alles auch nur eventuell relevant werdende Vorbringen anzukündigen[27].

27 Die Pflicht zur rechtzeitigen Mitteilung hat nicht den Zweck, dem *Gericht* die Vorbereitung des Termins zu ermöglichen[28], sondern soll dafür sorgen, daß der **Gegner** seine Stellungnahme sogleich im Verhandlungstermin abgeben kann. Daher bezieht sich die Pflicht aus Abs. 2 nur auf solche Angriffs- und Verteidigungsmittel, zu denen der Gegner voraussichtlich **nicht ohne vorherige Erkundigung** eine Erklärung abgeben kann. Diese Voraussetzung ist schon dann erfüllt, wenn nach dem bisherigen Prozeßgeschehen anzunehmen ist, daß sich der Anwalt hierzu erst noch um Information seitens seiner Partei bemühen muß[29]. Welcher *Zeitraum* für die Einholung der Erkundigung erforderlich ist[30], richtet sich nach der Art des Vorbringens, der Lebenserfahrung und den konkreten Umständen, allerdings nur, soweit diese für die Partei, um deren Vorbringen es geht, erkennbar sind. Dabei muß auch vom Gegner ein zügiges, nicht prozeßverzögerndes Verhalten verlangt werden. Hat sich der Gegner seinerseits bereits zu dem Tatsachenstoff schriftsätzlich geäußert, so bedarf es keiner Ankündigung nach Abs. 2 mehr[31].

---

[24] *BVerfG* NJW 1989, 706, 707; NJW 1993, 1319. – A.M. *Baumbach-Lauterbach-Hartmann*[55] Rdnr. 15 (Anordnung nach § 129 Abs. 2 falle nicht unter § 282 Abs. 2). – *BPatG* GRUR 1996, 414, 416 will Abs. 2 schon dann entsprechend anwenden, wenn die Partei anwaltlich vertreten ist.
[25] *BGH* NJW 1982, 1533 = VersR 1982, 345; *Zöller-Greger*[20] Rdnr. 4.
[26] *Baumbach-Lauterbach-Hartmann*[55] Rdnr. 15.
[27] *OLG Schleswig* SchlHA 1982, 72, 73.

[28] Ebenso *BGH* NJW 1989, 716.
[29] *MünchKommZPO-Prütting* § 296 Rdnr. 138 hält diese Formulierung für zu weitgehend; die Differenz in der Sache erscheint indes gering.
[30] Für die Klagebegründung nach Mahnbescheid und Widerspruch nimmt *BGH* NJW 1982, 1533, 1534 an, dem Beklagten müßten entsprechend § 274 Abs. 3 S. 1 mindestens zwei Wochen für erforderliche Erkundigungen zur Verfügung stehen.
[31] *BGH* WM 1984, 924.

4. Folgen eines Verstoßes

a) Keine Anwendung des § 138 Abs. 3 bei Nichterklärung des Gegners

Vermag sich der Gegner wegen der Nichtbeachtung des Abs. 2 im Termin zu tatsächlichem Vorbringen nicht zu äußern, so treten die Folgen des § 138 Abs. 3 nicht ein, d.h. das Vorbringen ist **nicht als zugestanden anzusehen**. 28

b) Gewährung einer Schriftsatzfrist

Dem Gegner kann gemäß § 283 auf Antrag die **nachträgliche schriftliche Abgabe der Erklärung** innerhalb einer **Frist** gestattet werden, näher → § 283 Rdnr. 11ff. Zur Rechtslage, wenn der Gegner keinen solchen Antrag stellt, → § 283 Rdnr. 6. 29

c) Zurückweisung wegen Verspätung

Angriffs- und Verteidigungsmittel (nicht Anträge) können gemäß § 296 Abs. 2 **zurückgewiesen** werden, wenn die Zulassung die Erledigung des Prozesses verzögern würde und eine grob nachlässige Verspätung vorlag, näher → § 296 Rdnr. 93, 97ff. Die Notwendigkeit, eine Frist nach § 283 zu gewähren, ist jedoch nicht als Verzögerung i.S.v. § 296 Abs. 2 zu bewerten. Daher ist, wenn der Gegner im Termin keine Erklärung abgeben kann, zunächst auf Antrag diese Frist zu setzen und erst nach deren Ablauf zu prüfen, ob eine Zurückweisung des Vorbringens in Betracht kommt, näher → § 283 Rdnr. 3ff. 30

d) Vertagung

Das Gericht kann auch die **mündliche Verhandlung vertagen,** um dem Gegner die Abgabe der Erklärung zu ermöglichen. Wurde schuldhaft gegen Abs. 2 verstoßen, so sind die durch die Vertagung verursachten **Kosten** der schuldigen Partei aufzuerlegen, § 95. Außerdem ist die Verhängung einer **Verzögerungsgebühr** nach § 34 Abs. 1 GKG möglich, → § 95 Rdnr. 4. 31

IV. Rügen zur Zulässigkeit der Klage

Zum **Normzweck** des Abs. 3 → Rdnr. 3.

1. Begriff der Zulässigkeitsrüge

a) **Änderung durch die Vereinfachungsnovelle 1976.** – Durch die Vereinfachungsnovelle 1976 trat Abs. 3 zusammen mit § 280 (abgesonderte Verhandlung und Zwischenurteil über die Zulässigkeit) und § 296 Abs. 3 (Zurückweisung verspäteter Zulässigkeitsrügen) an die Stelle von § 274 aF. Der in § 274 aF verwendete Begriff der »prozeßhindernden Einreden« war mißverständlich, da das Gesetz darunter auch die von Amts wegen zu prüfenden Zulässigkeitsvoraussetzungen verstand. Außerdem war die in § 274 Abs. 2 aF enthaltene Aufzählung der sogenannten prozeßhindernden Einreden unvollständig. Die Vereinfachungsnovelle 1976 wählte daher den allgemeinen Begriff der Rügen, die die Zulässigkeit der Klage betreffen, und verzichtete darauf, diese Rügen im einzelnen aufzuzählen[32]. 32

---

[32] Vgl. Begr. BT-Drucks. 7/2729, 74, Bericht der Kommission für das Zivilprozeßrecht (1977), 59.

b) Prozeßhindernde Einreden und von Amts wegen zu beachtende Zulässigkeitsvoraussetzungen

33 Mit den Rügen, die die Zulässigkeit der *Klage* (nicht etwa jegliche Zulässigkeitsfrage, → § 280 Rdnr. 2 ff.) betreffen, ist **jegliches Vorbringen** gemeint, aus dem sich nach Ansicht des Beklagten die **Unzulässigkeit der Klage** ergeben soll. Einer *Rüge* im Rechtssinne, d. h. einer Berufung der Partei auf die Unzulässigkeit, bedarf es freilich nur bei den Unzulässigkeitsgründen, die nicht von Amts wegen zu prüfen sind. Unter Abs. 3 fallen jedoch nicht nur diejenigen Zulässigkeitsvoraussetzungen, die nur auf *Einrede* des Beklagten zu berücksichtigen sind (und die man heute am besten als »prozeßhindernde Einreden« bezeichnet), sondern auch die *von Amts wegen zu prüfenden* Fälle. Daß dem Gesetz dieser **weite Begriff der Zulässigkeitsrügen** zugrunde liegt[33], zeigt sich in § 296 Abs. 3; denn diejenigen Zulässigkeitsrügen, bei denen eine Präklusion in Betracht kommt, werden dort erst durch das *zusätzliche* Kriterium »auf die der Beklagte verzichten kann«, umrissen. Nur bei den verzichtbaren Zulässigkeitsrügen (näher → § 296 Rdnr. 116) kann der Verstoß gegen Abs. 3 zur Nichtzulassung der Rüge führen; bezogen auf die sonstigen, von Amts wegen zu prüfenden Zulässigkeitsvoraussetzungen (und diese stellen die große Mehrzahl dar) besitzt Abs. 3 im Ergebnis nur den Charakter einer Soll-Vorschrift. – Auch für **Zuständigkeitsrügen** (näher → § 39 Rdnr. 13 f.), einschließlich der internationalen Zuständigkeit (zu Art. 18 EuGVÜ[34] → § 39 Rdnr. 15), gilt Abs. 3.

c) Die Zulässigkeitsrügen im einzelnen

34 Unter die **Zulässigkeitsrügen** (zum Begriff Zulässigkeit der Klage → § 280 Rdnr. 2 ff.) im Sinne des Abs. 3 fallen die **allgemeinen Prozeßvoraussetzungen** (besser **Sachentscheidungsvoraussetzungen** genannt, zum Begriff → Einl. [20. Aufl.] Rdnr. 312), die **besonderen Prozeßvoraussetzungen** (→ Einl. [20. Aufl.] Rdnr. 315), für die Klage und die echten **prozeßhindernden Einreden,** nämlich die Einrede des Schiedsvertrags[35] (→ § 1027 a), die Einrede der fehlenden Kostenerstattung des Vorprozesses (→ § 269 Abs. 4) und die Einrede der Prozeßkostensicherheit von Ausländern[36] (→ § 110 Rdnr. 43, § 111 Rdnr. 1). Auch die Einrede fehlender Klagbarkeit aufgrund einer Schlichtungsklausel gehört hierher[37]. Stets muß es um Rügen gehen, die sich auf die Zulässigkeit der *Klage* beziehen; Rügen der Unzulässigkeit eines *Rechtsmittels* fallen nicht unter Abs. 3.

d) Antrag auf Verweisung an die Kammer für Handelssachen oder an die Zivilkammer

35 Anträge auf Verweisung an eine andere Kammer (also von der Zivilkammer an die Kammer für Handelssachen oder umgekehrt) sind nach § 101 Abs. 1 S. 1 GVG nur vor der Verhandlung des Antragstellers zur Sache zulässig. Diese Anforderung geht über § 296 Abs. 3 S. 1 hinaus, da der Antrag auch vor einer Verhandlung des Antragstellers zur Zulässigkeit der Klage gestellt werden muß. Wurde dem Antragsteller eine Frist zur Klageerwiderung oder zur Berufungserwiderung gesetzt, so ist der Antrag innerhalb der Frist zu stellen, § 101 Abs. 1 S. 2

---

[33] A.M. *Bender-Belz-Wax* (Fn. 1) Rdnr. 61, die von analoger Anwendung sprechen.
[34] Für Anwendbarkeit von § 282 Abs. 3 auch *LG Frankfurt* RIW/AWD 1993, 933, 934.
[35] *OLG München* MDR 1994, 1244 = NJW-RR 1995, 127; *OLG Frankfurt* MDR 1982, 329; *OLG Düsseldorf* RIW 1996, 776 (unabhängig davon, ob der Schiedsvertrag nach ausländischem Recht zu beurteilen ist). – Zu den Anforderungen an die rechtzeitige Erhebung der Einrede *BGH* KTS 1984, 731 = MDR 1985, 207 = NJW 1985, 743

(Abs. 3 gilt, wenn die Klage erkennbar auf den mit der Schiedsabrede verbundenen Anspruch gestützt wird, gleich ob der Klagevortrag schlüssig ist); *BGH* JZ 1989, 201, 202 (*W. Bosch*) (Vorbringen zur Auslegung des – rechtzeitig eingewandten – Schiedsvertrags iS einer Kompetenz-Kompetenz- Klausel kann später erfolgen).
[36] *OLG Frankfurt* MDR 1992, 188.
[37] *OLG Oldenburg* MDR 1987, 414. – A.M. *Baumbach-Lauterbach-Hartmann*[55] Rdnr. 20.

GVG[38]. Für die Zurückweisung eines nicht rechtzeitig gestellten Antrags gilt § 296 Abs. 3 entsprechend, § 101 Abs. 1 S. 3 GVG.

e) Keine analoge Anwendung auf Gegenvorbringen des Klägers

Abs. 3 richtet sich nur an den **Beklagten** (oder Widerbeklagten) und verlangt von ihm, die Unzulässigkeit der Klage (oder Widerklage) gleich zu Beginn des Verfahrens geltend zu machen. **Vorbringen des Klägers,** aus dem dieser die Zulässigkeit der Klage herleitet, wird dagegen von Abs. 3 **nicht erfaßt.** Eine analoge Anwendung der Vorschrift erscheint auch dann nicht gerechtfertigt, wenn es sich um Vorbringen handelt, das der Kläger einer verzichtbaren Zulässigkeitsrüge des Beklagten (z. B. der Einrede des Schiedsvertrags) entgegensetzt[39]. Hier besteht nicht wie in den Fällen verspäteter Zulässigkeitsrügen die Gefahr, daß durch verspätes Vorbringen die etwa mittlerweile erfolgte Verhandlung zur Hauptsache bedeutungslos wird; denn es soll ja durch das Vorbringen des Klägers gerade die Zulässigkeit gestützt werden. Im übrigen geht es bei Abs. 3 auch auf Seiten des Beklagten nur um die Rüge als solche, d.h. auch der Beklagte kann noch später Tatsachen und Beweismittel vortragen, um die (rechtzeitig geltend gemachte) Unzulässigkeitsrüge zu begründen[40]. Für **Tatsachen** und **Beweismittel,** die vom Beklagten zur Begründung der (rechtzeitig gerügten) *Unzulässigkeit,* vom Kläger zur Begründung der *Zulässigkeit* der Klage vorgetragen werden, gelten jedoch die allgemeine Prozeßförderungspflicht nach Abs. 1, die Anzeigepflicht nach Abs. 2 sowie die etwa gesetzten Fristen für Klageerwiderung und Replik. Aus einem Verstoß dagegen kann sich – soweit keine Prüfung von Amts wegen stattzufinden hat – die Präklusion nach § 296 Abs. 1 oder 2 ergeben.

2. Rechtzeitigkeit der Rüge

a) Gleichzeitiges Vorbringen in der mündlichen Verhandlung

Sämtliche Zulässigkeitsrügen sind nach Abs. 3 S. 1 gleichzeitig, d.h. bis zum Schluß der mündlichen Verhandlung über die erste Einrede[41], vorzubringen. Hier gilt also die **Eventualmaxime**[42]. Der Beklagte darf die Zulässigkeitsrügen nicht erst nach und nach vortragen, etwa indem er zunächst den Erfolg der zuerst vorgebrachten Rüge abwartet. Wird eine Zulässigkeitsrüge erst nach Schluß der Verhandlung über die zuerst vorgetragene Rüge geltend gemacht – etwa nach Verwerfung der zuerst erhobenen Zulässigkeitsrüge –, so ist sie bereits verspätet, auch wenn das Vorbringen noch vor der Verhandlung zur Hauptsache erfolgt[43]. Das Erfordernis der **Gleichzeitigkeit** hat also eigenständige Bedeutung neben der Notwendigkeit des Vorbringens vor der Verhandlung zur Hauptsache. Eine Rüge ist dann **vorgebracht,** wenn sich der Beklagte auf die Unzulässigkeitsfolge aus einer bestimmten rechtlichen Begründung berufen hat. Für die zur Begründung dienenden Tatsachen und Beweismittel gelten dann die allgemeinen zeitlichen Anforderungen, → Rdnr. 36. Die Rüge der **örtlichen** und die der **sachlichen Unzuständigkeit** bilden dabei zwei gesonderte Zulässigkeitsrügen[44]. Wird

---

[38] Durch die Neufassung des § 101 Abs. 1 S. 2 und 3 GVG durch das Rechtspflege-Vereinfachungsgesetz vom 17.XII.1990, BGBl. I 2847 hat sich die früher streitige Frage nach einer entsprechenden Anwendung des § 282 Abs. 3 (dazu s. Vorauf. Rdnr. 35) erledigt.

[39] Ebenso *Weth* (Fn. 1), 80. – A. M. *J. Schröder* ZZP 91 (1978), 302, 308, 313; *Baumbach-Lauterbach-Hartmann*[55] Rdnr. 17; *Thomas-Putzo*[19] Rdnr. 7.

[40] A.M. *Weth* (Fn. 1) 114 f. Möglicherweise liegt insoweit ein Mißverständnis vor. Wenn die Rüge der Unzulässig-

sigkeit zurückgewiesen wird, so sind damit auch nach der hier vertretenen Ansicht zugleich die zur Begründung der Unzulässigkeit vorgetragenen Tatsachen und Beweismittel zurückgewiesen.

[41] So auch *OLG Dresden* SeuffArch 75 (1920), 196.

[42] *OLG Hamburg* OLG Rsp 27 (1913), 77; *Zöller-Greger*[20] Rdnr. 6.

[43] *OLG Köln* OLG Rsp 2 (1901), 397; *OLG Hamburg* OLG Rsp 27 (1913), 27.

[44] *OLG Köln* OLG Rsp 2 (1901), 397.

dagegen die örtliche Zuständigkeit aus verschiedenen Gründen geleugnet, so stellt dies eine einzige Zulässigkeitsrüge dar[45]. Abs. 3 gilt auch, soweit die Zuständigkeit durch eine Verhandlung zur Hauptsache begründet werden kann (§ 39), und kann also zusammen mit § 296 Abs. 3 dazu führen, daß die Zulässigkeitsrüge bereits vor der Verhandlung zur Hauptsache verloren geht[46]. Im amtsgerichtlichen Verfahren gilt dies jedoch erst, wenn das Gericht den Beklagten nach § 504 auf die Unzuständigkeit hingewiesen hat, näher → § 39 Rdnr. 14, § 296 Rdnr. 117. Andererseits kann durch rügeloses Verhandeln zur Hauptsache die Zuständigkeit nach § 39 begründet werden, obwohl die Voraussetzungen eines Rügeverlusts nach § 296 Abs. 3 nicht vorliegen, → § 39 Rdnr. 13. Zur internationalen Zuständigkeit → § 296 Rdnr. 117 a.

b) Vorbringen vor der mündlichen Verhandlung des Beklagten zur Hauptsache

38   Hauptsache ist die zu entscheidende Streitsache selbst im Gegensatz zum *Verfahren* und den Erklärungen darüber, näher → § 39 Rdnr. 5. Zum Begriff der Verhandlung → § 333 Rdnr. 1. Ob die Verhandlung zur Hauptsache vor dem Kollegium oder dem Einzelrichter stattfindet, spielt keine Rolle. Äußerungen des Beklagten im Rahmen eines Güteversuchs (vgl. § 279 Abs. 1 S. 2, Abs. 2), sei es vor dem Kollegium, dem Einzelrichter oder einem beauftragten oder ersuchten Richter, stellen kein Verhandeln zur Hauptsache dar. Bei *Klagehäufung* sowie bei Klage und Widerklage ist auf den einzelnen prozessualen Anspruch abzustellen, bei einer *Klageänderung* kommt es auf die Verhandlung zur Hauptsache hinsichtlich des geänderten Anspruchs an, → auch § 264 Rdnr. 40. Bei einer später erhobenen *Zwischenfeststellungsklage* ist auf die Verhandlung zur Hauptsache über diesen Antrag abzustellen, → § 256 Rdnr. 156.

39   Beantragt der Beklagte ein **Versäumnisurteil**, so liegt darin zwar ein Verhandeln zur Hauptsache; der Beklagte kann aber, wenn der Kläger Einspruch erhoben hat, wegen § 342 noch alle Zulässigkeitsrügen vorbringen, → § 330 Rdnr. 4.

40   Hat der Beklagte die Zulässigkeitsrüge geltend gemacht, so geht sie ihm nicht dadurch verloren, daß er nunmehr **(eventuell) zur Hauptsache verhandelt.** In der Regel ist der Beklagte sogar verpflichtet, anschließend zur Hauptsache zu verhandeln, wenn das Gericht die Verhandlung nicht auf die Zulässigkeitsfrage beschränkt. Ein Recht, die Einlassung zu verweigern, steht dem Beklagten nur bei der Einrede der mangelnden Kostenerstattung (nach Rücknahme einer früheren Klage) zu, § 269 Abs. 4.

c) Entscheidung ohne mündliche Verhandlung oder nach Lage der Akten

41   Bei schriftlichem Verfahren (§ 128 Abs. 2 und 3) und bei Entscheidungen nach Aktenlage (§ 251 a, § 331 a) ist der Inhalt der Schriftsätze als Streitstoff in den Prozeß eingeführt, → § 128 Rdnr. 89, 91, § 251 a Rdnr. 14. Daher ist Abs. 3 S. 1 in diesen Fällen entsprechend auf die **schriftsätzliche Erörterung der Hauptsache** durch den Beklagten anzuwenden, so daß eine erst später erhobene (verzichtbare) Zulässigkeitsrüge nach Maßgabe des § 296 Abs. 3 verspätet sein kann. Jedoch kann der Beklagte im Fall des schriftlichen Verfahrens nach § 128 Abs. 2 die Zulässigkeitsrügen noch zusammen mit seiner Zustimmung zum schriftlichen Verfahren vortragen, → § 128 Rdnr. 90, und bei schriftlichem Verfahren nach § 128 Abs. 3 kann der Rügeverlust erst durch schriftsätzliches Vorbringen zur Hauptsache *nach* der gerichtlichen Anordnung des schriftlichen Verfahrens (→ § 128 Rdnr. 116) eintreten; denn vor den beiden genannten Zeitpunkten brauchte der Beklagte nicht damit zu rechnen, daß durch seinen

---

[45] A.M. *OLG Hamburg* OLG Rsp 27 (1913), 77, 79.   [46] *BayObLG* SeuffArch 39 (1884), 230; *OLG Hamburg* OLG Rsp 27 (1913), 77.

lediglich schriftsätzlichen Vortrag zur Hauptsache ein Verlust von Zulässigkeitsrügen bewirkt werden könnte.

d) Klageerwiderungsfrist

Nur[47] wenn dem Beklagten eine Frist zur Klageerwiderung gesetzt wurde (§ 276 Abs. 1 S. 2, § 275 Abs. 1 S. 1, Abs. 3, § 697 Abs. 2 S. 2), hat er die Zulässigkeitsrügen (und zwar sämtliche) nach Abs. 3 S. 2 bereits **innerhalb der Klageerwiderungsfrist vorzubringen**. Dies gilt auch, wenn innerhalb eines Verfahrens ohne mündliche Verhandlung eine Klageerwiderungsfrist gesetzt wurde (zur Zulässigkeit → § 128 Rdnr. 84, 119). Wurde die Zulässigkeitsrüge nicht innerhalb der Klageerwiderungsfrist erhoben, so bleibt sie auch nach Versäumnisurteil gegen den Beklagten und Einspruch verspätet[48]. 42

e) Sonstige zeitliche Begrenzungen

Im Falle des Einspruchs hat der Beklagte die Zulässigkeitsrügen in der **Einspruchsschrift** vorzubringen, § 340 Abs. 3. Im Berufungsverfahren sind die (verzichtbaren) Rügen, die die Zulässigkeit der Klage betreffen, in die **Berufungsbegründung** bzw. – falls dem Berufungsbeklagten dafür eine Frist gesetzt wurde – in die schriftliche Berufungserwiderung aufzunehmen, § 529 Abs. 1. 43

3. Verstöße

Trägt der Beklagte Rügen, die die Zulässigkeit der Klage betreffen, später vor, als dies nach Abs. 3 S. 1 oder 2 zulässig ist, so wird die Zulässigkeitsrüge nach § 296 Abs. 3 nur zugelassen, wenn der Beklagte die Verspätung genügend zu **entschuldigen** vermag. Allerdings gilt dies nur für solche Rügen, auf die der **Beklagte verzichten kann,** näher → § 296 Rdnr. 116 ff., auch zur örtlichen, sachlichen und internationalen Zuständigkeit. Dadurch reduziert sich die praktische Bedeutung des Abs. 3 auf diese Rügen. Die Entschuldigung nützt nichts, wenn nach § 39 durch das rügelose Verhandeln zur Hauptsache bereits die **Zuständigkeit begründet** wurde, → § 39 Rdnr. 13. 44

V. Arbeitsgerichtliches Verfahren

1. Geltung der Prozeßförderungspflicht

Die Verpflichtung zur frühzeitigen Geltendmachung der Angriffs- und Verteidigungsmittel nach **Abs. 1** besteht auch im arbeitsgerichtlichen *Urteilsverfahren* erster und zweiter Instanz in derselben Weise wie im Zivilprozeß (§ 46 Abs. 2, § 64 Abs. 6 ArbGG), *nicht* dagegen im *Beschlußverfahren*, da dort der Untersuchungsgrundsatz gilt, § 83 Abs. 1 S. 1 ArbGG. Auch hier ist aber den Beteiligten durch § 83 Abs. 1 S. 2 ArbGG eine Pflicht zur Mitwirkung bei der Aufklärung des Sachverhalts auferlegt[49]. 45

---

[47] *OLG Düsseldorf* NJW-RR 1992, 959.
[48] *OLG München* MDR 1994, 1244 = NJW-RR 1995, 127.

[49] Eine Zurückweisung von Vorbringen wegen Verletzung der Mitwirkungspflicht halten *Dütz* RdA 1980, 98 sowie *Grunsky* ArbGG[7] § 83 Rdnr. 6 (in krassen Fällen) für zulässig.

2. Vorbereitende Schriftsätze

46 Für die Anwendung des **Abs. 2** ist im erstinstanzlichen Verfahren im allgemeinen *kein Raum*, da vor den Arbeitsgerichten keine Pflicht zur Einreichung vorbereitender Schriftsätze besteht. Anders ist es, wenn den Parteien gemäß § 129 Abs. 2 *aufgegeben* wurde, die mündliche Verhandlung durch Schriftsätze vorzubereiten, → § 129 Rdnr. 43. Außerdem sieht § 61 a Abs. 3 und 4 ArbGG für **Kündigungssachen** die Setzung von Fristen zur schriftlichen Stellungnahme vor. Im Verfahren der **höheren Instanz** besteht dagegen generell die Verpflichtung, die mündliche Verhandlung durch Schriftsätze vorzubereiten, → § 129 Rdnr. 42, so daß auch Abs. 2 anzuwenden ist.

3. Zulässigkeitsrügen

47 Für die Rügen, die sich auf die Zulässigkeit der Klage beziehen, gelten auch im arbeitsgerichtlichen Verfahren die besonderen Anforderungen des **Abs. 3 S. 1**. Auf die *Güteverhandlung* (→ § 279 Rdnr. 17) ist Abs. 3 S. 1 jedoch nicht anzuwenden[50], § 54 Abs. 2 S. 3 ArbGG; eine Zulässigkeitsrüge kann also stets noch in der anschließenden weiteren Verhandlung erfolgen. **Abs. 3 S. 2** hat im arbeitsgerichtlichen Verfahren in der Regel keine Bedeutung, da hier im allgemeinen keine Klageerwiderungsfrist gesetzt werden kann, § 46 Abs. 2 S. 2 ArbGG, → § 275 Rdnr. 34 f., § 276 Rdnr. 54. Wenn dagegen dem Beklagten in **Kündigungssachen** eine Frist zur schriftlichen Klageerwiderung gesetzt wird, § 61 a Abs. 3 ArbGG, wird man darauf auch Abs. 3 S. 2 anwenden können, → auch § 296 Rdnr. 134.

§ 283 [Frist zur Nachreichung eines Schriftsatzes]

[1]**Kann sich eine Partei in der mündlichen Verhandlung auf ein Vorbringen des Gegners nicht erklären, weil es ihr nicht rechtzeitig vor dem Termin mitgeteilt worden ist, so kann auf ihren Antrag das Gericht eine Frist bestimmen, in der sie die Erklärung in einem Schriftsatz nachbringen kann; gleichzeitig wird ein Termin zur Verkündung einer Entscheidung anberaumt.** [2]**Eine fristgemäß eingereichte Erklärung muß, eine verspätet eingereichte Erklärung kann das Gericht bei der Entscheidung berücksichtigen.**

Gesetzesgeschichte: Eingefügt durch Vereinfachungsnovelle 1976 (→ Einl. [20. Aufl.] Rdnr. 159). Die Vorschrift löste den durch die Novelle 1924 (→ Einl. [20. Aufl.] Rdnr. 123) eingefügten § 272a aF ab. § 283 aF betraf den Zeitpunkt der Geltendmachung von Beweismitteln und Beweiseinreden sowie deren Zurückweisung; die Vorschrift ist in den allgemeinen Bestimmungen über Angriffs- und Verteidigungsmittel, insbesondere in §§ 282, 296, 296a aufgegangen.

I. Normzweck	1	3. Fehlerhafte Gestattung der Nachreichung	9
II. Verhältnis zur Zurückweisung wegen Verspätung	3	4. Nachträglich ohne Gestattung eingereichte Schriftsätze	10
III. Anwendungsbereich, Verstöße	7	IV. Antrag und Entscheidung	11
1. Geltungsbereich	7	1. Voraussetzungen	11
2. Keine Frist für die nicht rechtzeitig mitteilende Partei	8	a) Keine rechtzeitige Mitteilung	11

---

[50] *LAG München* ARSt 1988, 94 (LS).

b) Keine sofortige Erklärung des Gegners	15
2. Antrag	16
3. Fristverlängerung	18
4. Entscheidung über den Antrag	19
5. Anfechtung	22
V. Das weitere Verfahren	23
1. Bedeutung der Frist	23
2. Umfang der Berücksichtigung eines nachgereichten Schriftsatzes; Grenzen	26
3. Fehlen einer Erklärung	28
4. Entscheidung aufgrund (ergänzter) mündlicher Verhandlung	29
5. Unterbrechung	31
VI. Arbeitsgerichtliches Verfahren	32

I. Normzweck[1]

Die Vorschrift erhielt ihre geltende Fassung und ihren heutigen Standort durch die Vereinfachungsnovelle 1976, entspricht aber inhaltlich weitgehend dem zuvor geltenden, durch die Novelle 1924 eingefügten § 272a aF. Die Bestimmung bietet eine Handhabe, bei nicht oder nicht rechtzeitig angekündigtem neuen Vorbringen die andernfalls notwendige **Vertagung zu vermeiden**. 1

§ 283 gewährt dem durch das neue Vorbringen überraschten Gegner das Recht, seine Gegenerklärung schriftlich nachzubringen. Die Vorschrift dient der effektiven Gewährung des **rechtlichen Gehörs**. Art. 103 Abs. 1 GG ist verletzt, wenn ohne Begründung eine beantragte Nachfrist nicht gewährt und statt dessen sogleich entschieden wird[2]. Macht die betroffene Partei vom Recht, eine Schriftsatzfrist zu beantragen, keinen Gebrauch, so kann einer späteren Verfassungsbeschwerde der Grundsatz der Subsidiarität (→ vor § 128 Rdnr. 58) entgegenstehen[3]. 2

In der Gewährung einer Schriftsatzfrist liegt ebenso wie in den Fällen der §§ 251a, 331a eine gewisse **Durchbrechung des Mündlichkeitsprinzips**. Mit dieser Regelung, die sich praktisch dahin auswirkt, daß die mit der Ankündigung ihres Vorbringens säumige Partei dem Gegner das letzte Wort überlassen muß, verfolgt das Gesetz das Ziel, die **Parteien zur rechtzeitigen Ankündigung** neuen Vorbringens zu veranlassen. Außerdem will die Vorschrift einem sachlich unbegründeten, lediglich auf mangelnder Information des Prozeßbevollmächtigten beruhenden vorsorglichen Bestreiten entgegenwirken. 2a

II. Verhältnis zur Zurückweisung wegen Verspätung

Als Rechtsfolge der unterbliebenen bzw. nicht rechtzeitigen vorherigen Mitteilung tatsächlichen Vorbringens kommt nicht nur die **Fristgewährung** nach § 283, sondern auch die **Zurückweisung** des betreffenden Vorbringens in Betracht, sei es nach § **296 Abs. 2** oder auch nach § **296 Abs. 1** (wenn zugleich eine der dort genannten Fristen nicht eingehalten wurde). Wie sich diese beiden Rechtsfolgen zueinander verhalten sollen, geht aus dem Gesetz nicht klar hervor. 3

Für die Zulässigkeit einer *sofortigen* Zurückweisung des nicht rechtzeitig mitgeteilten Vorbringens[4] (sofern die sonstigen Voraussetzungen des § 296 Abs. 1 oder Abs. 2 erfüllt sind) 4

---

[1] Lit.: *A. Mayer* Übergabe von Schriftsätzen im Verhandlungstermin NJW 1985, 937; *Fischer* Die Berücksichtigung »nachgereichter Schriftsätze« im Zivilprozeß NJW 1994, 1315.
[2] *BVerfG* NJW 1992, 2144; FamRZ 1995, 1561.
[3] Vgl. *BVerfG* NJW 1993, 2793; → auch vor § 128 Rdnr. 30b a.E.

[4] So *OLG Schleswig* SchlHA 1979, 22, 23; *OLG Stuttgart* NJW 1984, 2538; *Baumbach-Lauterbach-Hartmann*[55] Rdnr. 1 ff. S. auch (mit ähnlicher Tendenz) *OLG Hamm* MDR 1986, 766.

läßt sich anführen, daß schon die Gewährung der Schriftsatzfrist eine gewisse Verzögerung bedeuten kann, nämlich dann, wenn das Gericht ohne die Fristsetzung in der Lage wäre, sogleich eine Entscheidung zu verkünden. Andererseits ist, solange der Gegner keine Erklärung abgegeben hat, noch offen, ob und inwieweit er das nicht rechtzeitig mitgeteilte tatsächliche Vorbringen bestreitet. Soweit das Vorbringen **nicht bestritten** wird, kann es ohne weiteren Zeitverlust bei der nach Fristablauf zu verkündenden Entscheidung berücksichtigt werden. Im Interesse einer möglichst umfassenden Berücksichtigung des Parteivorbringens ist daher der **Weg des § 283 als vorrangig** zu betrachten.

5   Vor Zurückweisung ist also, wenn der Gegner sich nicht sofort erklären kann, auf Antrag eine **Schriftsatzfrist** nach § 283 zu gewähren, und dies ist **nicht als Verzögerung des Rechtsstreits i. S. v. § 296 anzusehen**[5]. Nach Ablauf der Frist (und unter Berücksichtigung einer Erklärung des Gegners in dem bei Rdnr. 26 ff. dargestellten Umfang) ist dann darüber zu befinden, ob die Voraussetzungen für eine Zurückweisung des nicht rechtzeitig mitgeteilten Vorbringens gegeben sind[6]. Dazu → § 296 Rdnr. 63 f., 101. Sofortige Zurückweisung ohne dieses Vorgehen verstößt gegen Art. 103 Abs. 1 GG[7]. Wird ohne Gewährung einer Schriftsatzfrist zurückgewiesen, so wird der darin liegende Verfahrensfehler nicht dadurch geheilt, daß sich aus dem Vorbringen des Gegners in zweiter Instanz ergibt, daß auch bei Vorgehen nach § 283 eine Zurückweisung erfolgt wäre[8].

6   In **keinem Fall** hat der Gegner ein Recht, sich zu dem nicht rechtzeitig angekündigten Vorbringen weder inhaltlich zu äußern noch einen Antrag nach § 283 zu stellen (also im Ergebnis die **Einlassung zu verweigern**). Der Gegner kann also nicht auf diese Weise eine Zurückweisung wegen Verspätung (nach § 296 Abs. 1 oder 2) erzwingen[9]. Er ist vom Gericht gegebenenfalls auf seine Erklärungspflicht und auf die Möglichkeit des Antrags nach § 283 hinzuweisen[10]. Wenn sich der Gegner weder inhaltlich äußert **noch einen Antrag** nach § 283 stellt, so ist das tatsächliche Vorbringen gemäß § 138 Abs. 3 als zugestanden anzusehen[11]. Besteht das nicht rechtzeitig angekündigte Vorbringen in einem im Termin präsenten Beweismittel, so wird im allgemeinen die Beweiserhebung samt Gewährung einer Schriftsatzfrist angezeigt sein[12].

6a   In der Literatur[13] wird eine Ausnahme für den Fall empfohlen, daß der erst im Termin vorgelegte Schriftsatz wegen des **Umfangs des Vorbringens** nicht einmal zum Gegenstand der mündlichen Verhandlung gemacht werden kann. Hier soll (bei Vorliegen der sonstigen Voraussetzungen) sofortige Zurückweisung möglich sein. Dem wird man allenfalls in Extrem-

---

[5] *BGHZ* 94, 195 = NJW 1985, 1539; *BGH* NJW 1985, 1556, 1558 = WM 1985, 264, 267; *BAG* NJW 1989, 2213; *VerfGH* Berlin JR 1996, 497, 498; *OLG München* OLGZ 1979, 479, 480; *OLG Frankfurt* NJW 1987, 1089; NJW-RR 1992, 1405; *KG* NJW 1983, 580 = MDR 1983, 235; *OLG Karlsruhe* NJW 1984, 618; *OLG Köln* VersR 1989, 278; *OLG Hamm* MDR 1992, 186; *OLG Naumburg* NJW-RR 1994, 704; *OLG Schleswig* NJW 1986, 856; *OLG Düsseldorf* NJW 1987, 507; *Fey* DRiZ 1978, 180; *Büchel* NJW 1979, 945, 950; *Deubner* NJW 1981, 2256; *Hermisson* NJW 1983, 2229, 2230; *A. Mayer* NJW 1985, 937, 939; *Zöller-Greger*[20] § 296 Rdnr. 16; *Thomas-Putzo*[19] Rdnr. 1.

[6] Daß dem Gegner die Schriftsatzfrist nach § 283 gewährt wurde, steht also nicht etwa einer Zurückweisung nach Fristablauf entgegen, *BGH* NJW 1985, 1556, 1558 = WM 1985, 264, 267; *LG Frankfurt* NJW-RR 1995, 1211.

[7] *BVerfG* NJW 1989, 705. – A.M. *BayVerfGH* BayVBl 1988, 460 (zu Art. 91 Abs. 1 BV).

[8] *BAG* NJW 1989, 2213, 2214; *OLG Düsseldorf* NJW 1987, 507, 508; *LG Münster* MDR 1990, 1021. – A.M. *KG* NJW 1983, 580, 581; *LG Berlin* NJW-RR 1992, 958.

[9] *BGHZ* 94, 195, 214 (Fn. 5); *OLG München* OLGZ 1979, 479, 480; *KG* NJW 1983, 580 (Fn. 5); *OLG Naumburg* NJW-RR 1994, 704; *Hensen* NJW 1984, 1672; *Zöller-Greger*[20] § 296 Rdnr. 16. S. auch *BVerfGE* 51, 188, 192.

[10] *BGHZ* 94, 195, 214 (Fn. 5); *OLG Frankfurt* NJW-RR 1992, 1405, 1406; *OLG Schleswig* SchlHA 1988, 94; *OLG Hamm* MDR 1992, 186; s. auch *BVerfG* NJW 1989, 705.

[11] *BGHZ* 94, 195, 214 (Fn. 5); *OLG Schleswig* NJW 1986, 856; *OLG Frankfurt* NJW-RR 1992, 1405, 1406. – *Hensen* NJW 1984, 1672 hält es dagegen für zulässig, von Amts wegen eine Erklärungsfrist nach § 283 zu setzen.

[12] A.M. *OLG Hamm* MDR 1986, 766 (sofortige Zurückweisung eines neuen Zeugen).

[13] *A. Mayer* NJW 1985, 937, 940.

fällen zustimmen können; im allgemeinen sollte die mündliche Verhandlung einen konzentrierten Vortrag der Hauptpunkte ermöglichen.

Auch die Auferlegung einer Verzögerungsgebühr nach § 34 GKG (→ § 95 Rdnr. 4) ist nicht gerechtfertigt, wenn durch Schriftsatznachlaß eine Vertagung hätte vermieden werden können[14]. **6b**

III. Anwendungsbereich, Verstöße

1. Geltungsbereich

Die Vorschrift setzt eine Pflicht zur schriftsätzlichen Ankündigung voraus und gilt daher stets im **Anwaltsprozeß** (§ 129 Abs. 1), im **Parteiprozeß** dagegen nur, wenn die Vorbereitung durch Schriftsätze **angeordnet** wurde (§ 129 Abs. 2), was allerdings auch *stillschweigend* durch entsprechende *Fristsetzungen* geschehen kann, → § 272 Rdnr. 12, § 273 Rdnr. 23, § 275 Rdnr. 6. **7**

Eine **analoge Anwendung** der Vorschrift auf andere Situationen, in denen einer Partei eine sofortige Äußerung nicht zumutbar ist, ohne daß der Gegner dies zu verantworten hat (z.B. bei völlig überraschendem Ergebnis der Beweisaufnahme[15]), erscheint wegen des damit verbundenen Nachteils für die andere Seite (→ Rdnr. 2a) nicht gerechtfertigt. Selbstverständlich ist in solchen Fällen das rechtliche Gehör zu gewähren, aber eben nicht in einseitiger Form, sondern durch Vertagung oder u. U. durch schriftliches Verfahren nach § 128 Abs. 2. **7a**

2. Keine Frist für die nicht rechtzeitig mitteilende Partei

Unstatthaft ist es, in Verbindung mit der Fristsetzung nach § 283 auch dem *Gegner* der zur Erklärung gehaltenen Partei eine weitere Frist zur Gegenerklärung zu geben. Das würde auf ein unzulässiges *schriftliches Verfahren* hinauslaufen[16]. **8**

3. Fehlerhafte Gestattung der Nachreichung

Gestattet das Gericht den Parteien die Nachreichung von Schriftsätzen, ohne daß die Voraussetzungen des § 283 vorliegen, so ist dieses Verfahren unzulässig, aber auch unzweckmäßig. Dadurch wird die Mündlichkeit und die Unmittelbarkeit preisgegeben; das Verfahren führt auch leicht zu einer Verzögerung. Andererseits müssen aber die **Schriftsätze berücksichtigt** werden, auch wenn die Gestattung der Nachreichung zu Unrecht erfolgt ist[17]. Das gebietet der *Vertrauensschutz* für die Parteien. Das Gericht hat in einem solchen Fall die *mündliche Verhandlung* wieder zu eröffnen, § 156. **9**

4. Nachträglich ohne Gestattung eingereichte Schriftsätze

Schriftsätze, die ohne gerichtliche Gestattung nach Schluß der mündlichen Verhandlung eingereicht wurden, sind dagegen **grundsätzlich nicht mehr zu berücksichtigen**[18], können **10**

---

[14] *OLG Düsseldorf* NJW-RR 1995, 638 = MDR 1995, 752.
[15] So *OLG Koblenz* NJW-RR 1991, 1087.
[16] *OLG München* WRP 1972, 41; *OLG Schleswig* SchlHA 1983, 182. – S. auch *Jescheck* ZZP 65 (1952), 385. – A.M. *Zöller-Greger*[20] Rdnr. 3, falls beide Parteien gegen § 132 verstoßen haben. Dann erscheint jedoch eine Vertagung angezeigt.
[17] *BAG* AP § 288 Nr. 1 (mit Anm. *Mes*) = RdA 1973, 277 (LS). S. auch *OLG Köln* JMBlNRW 1969, 281 (bei Verzicht auf die Rüge des Verstoßes, § 295).
[18] *OLG Köln* FamRZ 1991, 1458 (LS) (auch nicht in den Tatbestand des Urteils aufzunehmen).

aber Anlaß zur Wiedereröffnung der mündlichen Verhandlung geben, näher → § 133 Rdnr. 11, → § 296 a Rdnr. 10 ff. Ergibt sich aus einem derartigen nachträglich eingereichten Schriftsatz, daß die Sache noch nicht hinreichend erörtert ist und das Gericht seinen **Frage- und Hinweispflichten** (§§ 139, 278 Abs. 3) **nicht gerecht geworden** ist, dann *muß* die Verhandlung gemäß § 156 wieder eröffnet werden (→ § 139 Rdnr. 35 Fn. 153, § 156 Rdnr. 3, § 278 Rdnr. 61); andernfalls kann eine Versagung des rechtlichen Gehörs vorliegen[19]. Nach mündlich erstattetem **Sachverständigengutachten** (insbesondere zu medizinischen Fragen) kann es Art. 103 Abs. 1 GG gebieten, einen nicht nachgelassenen Schriftsatz zu berücksichtigen und die mündliche Verhandlung wieder zu eröffnen[20].

IV. Antrag und Entscheidung

1. Voraussetzungen

a) Keine rechtzeitige Mitteilung

11 Erforderlich ist, daß der Prozeßgegner ein Vorbringen **nicht oder nicht rechtzeitig durch vorbereitenden Schriftsatz mitgeteilt** hat. Bei nicht rechtzeitiger Mitteilung neuer *Anträge*[21], bei neuen *Rechtsausführungen* (→ auch § 296 a Rdnr. 10) sowie bei *Gegenerklärungen* auf tatsächliche Behauptungen, in denen nicht wiederum selbständige neue Behauptungen enthalten sind, greift § 283 ebenfalls Platz[22], da sich die jetzige Fassung nicht nur auf *Behauptungen* (so § 272 aF), sondern **allgemein auf Vorbringen** bezieht. Desgleichen ist § 283 im Fall *neuer Beweisantritte* anzuwenden[23].

12 Nicht rechtzeitig ist die Mitteilung jedenfalls dann, wenn die **Frist des § 132** nicht gewahrt wurde. Dagegen wurde es früher abgelehnt, die Vorschrift auch bei einem **Verstoß gegen die allgemeine Pflicht** zur rechtzeitigen Mitteilung (damals § 272 aF, jetzt **§ 282 Abs. 2 nF**) anzuwenden[24]. Die Begründung ging dahin, die Anwendung des § 272 a aF bedeute für die die neue Behauptung aufstellende Partei die Abschneidung der Duplik, und dieser Nachteil dürfe ihr nicht erwachsen, wenn sie den für die Mitteilung vorbereitender Schriftsätze *eindeutig* aufgestellten Erfordernissen genügt habe.

13 Der damit angesprochene Gedanke der Rechtsklarheit ist zwar an sich einleuchtend, aber auf der anderen Seite kann ein Verstoß gegen § 282 Abs. 2 zu der noch wesentlich härteren Folge des § 296 Abs. 2, nämlich zur Zurückweisung des nicht rechtzeitig angekündigten Vorbringens führen. Daher liegt es heute näher, **auch bei Verstoß gegen § 282 Abs. 2** den § 283 anzuwenden. Zu den Anforderungen des § 282 Abs. 2 → § 282 Rdnr. 24 ff. Dazu, daß gegebenenfalls *vor* einer Zurückweisung wegen Verspätung von § 283 Gebrauch zu machen ist, → Rdnr. 5 sowie § 296 Rdnr. 101.

14 **Nicht maßgebend** sind dagegen für § 283 die **Fristen** nach § 273 Abs. 2 Nr. 1, §§ 275 bis 277[25]. Jedoch ist § 283 anwendbar, wenn *neben* einer Überschreitung der genannten Fristen auch die Frist des § 132 nicht gewahrt bzw. den Anforderungen des § 282 Abs. 2 nicht genügt ist (→ Rdnr. 13). Zur Zurückweisung wegen Verspätung → Rdnr. 4 f. sowie → § 296 Rdnr. 63 f., 101 f.

---

[19] *OLG Nürnberg* NJW 1949, 29. *BayObLG* HEZ 2, 293.
[20] → vor § 128 Rdnr. 35c; *OLG Zweibrücken* NJW-RR 1989, 221.
[21] A.M. für Sachanträge *Baumbach-Lauterbach-- Hartmann*[55] Rdnr. 4.
[22] Anders zur früheren Fassung *BGH* NJW 1951, 273; *OLG Neustadt* JR 1960, 263.
[23] Für diesen Fall wurde schon zu § 272 a aF eine entsprechende Anwendung bejaht, s. 19. Aufl. § 272 a Anm. II 1 a.
[24] 19. Aufl. § 272 a II 1 a; ebenso weiterhin *Thomas-Putzo*[19] Rdnr. 2. – Anders bereits zu § 272 a aF *Wieczorek*[2] § 272 a Anm. A I a (auf § 132 und auf § 272 aF abzustellen).
[25] A.M. *Baumbach-Lauterbach-Hartmann*[55] Rdnr. 5.

b) Keine sofortige Erklärung des Gegners

Voraussetzung ist weiter, daß die Partei infolge der nicht rechtzeitigen Mitteilung **nicht in** **15** **der Lage ist, sich in der mündlichen Verhandlung auf das Vorbringen zu erklären.** Die Partei erlangt also durch das säumige Verhalten des Gegners kein unbedingtes Anrecht auf Gewährung der Frist. Ob die Partei zur sofortigen Erklärung in der Lage ist, hat das Gericht nach seinem *Ermessen* zu entscheiden. Beruht die Unmöglichkeit der alsbaldigen Gegenerklärung nicht auf der verspäteten Mitteilung der Behauptung, sondern auf dem eigenen Verhalten der Partei, insbesondere der mangelnden Information ihres Prozeßbevollmächtigten, so greift § 283 an sich nicht ein; es bestehen aber keine Bedenken, bei **Einverständnis des Gegners** gleichwohl die Frist zu gewähren[26].

2. Antrag

Der Antrag auf Fristsetzung steht nur der durch das neue Vorbringen überraschten Partei **16** zu, nicht auch dem Gegner. Wegen der von Amts wegen anzuordnenden, in ihren Wirkungen von § 283 wesentlich verschiedenen Fristsetzung zur weiteren Aufklärung s. § 273 Abs. 2 Nr. 1. Zum **Unterbleiben des Antrags** → Rdnr. 6.

An den **fruchtlosen Ablauf der Frist** knüpfen sich die gleichen Wirkungen wie an die **17** Nichtbeantwortung des gegnerischen Vorbringens in der mündlichen Verhandlung, § 138 Abs. 3. Die Partei nimmt also damit, daß sie die Frist für sich in Anspruch nimmt, auch die Verantwortung auf sich, innerhalb der Frist die Erklärung abzugeben. Sie sollte demgemäß bei Stellung des Antrags die mutmaßliche *Dauer* ihrer Erkundigungen abschätzen und dem Gericht mitteilen.

3. Fristverlängerung

Wegen Verlängerung der Frist[27] und Verlegung des Verkündungstermins → §§ 224, 227. **18** Die vom *Kollegium* bewilligte Frist kann an sich nur vom *Kollegium*, nicht vom *Vorsitzenden allein* verlängert werden, doch muß, wenn die Fristverlängerung diesen Mangel aufwies, ein innerhalb der verlängerten Frist eingereichter Schriftsatz dennoch berücksichtigt werden[28].

4. Entscheidung über den Antrag

Ob das Gericht dem Antrag stattgeben oder die Verhandlung nach § 227 Abs. 1 vertagen **19** will, steht in seinem **Ermessen**. Einer der beiden Wege muß wegen des Anspruchs auf rechtliches Gehör (Art. 103 Abs. 1 GG, → Rdnr. 2) beschritten werden. Von § 283 Gebrauch zu machen, empfiehlt sich dann, wenn vorauszusehen ist, daß aufgrund der in Aussicht gestellten Gegenerklärung der Rechtsstreit zu einer Entscheidung, sei es Beweisbeschluß oder Urteil, reif wird.

Auch wenn eine **Zurückweisung des Vorbringens** wegen Verspätung nach § 296 **in Betracht** **20** **kommt,** ist auf Antrag die Schriftsatzfrist nach § 283 zu gewähren, damit aufgrund der nachgebrachten Erklärung festgestellt werden kann, ob das Vorbringen bestritten wird, → Rdnr. 4 f. Auch sonst wird sich das Anwendungsgebiet des § 283 vor allem auf diejenigen Fälle

---

[26] Ebenso *MünchKommZPO-Prütting* Rdnr. 11.
[27] Eine zu kurz bemessene Frist kann zu einem Verstoß gegen Art. 103 Abs. 1 GG führen, *BAG* DB 1982, 1172 (nur drei Werktage zur Prüfung umfangreicher Geschäftsunterlagen).
[28] *BGH* NJW 1983, 2030 = MDR 1983, 838 = LM § 224 Nr. 8.

§ 283 IV, V   2. Buch. Verfahren im ersten Rechtszuge. 1. Abschnitt. Landgerichte

beschränken, in denen sich die Partei lediglich die Erklärung über Bestreiten oder Nichtbestreiten einer Behauptung vorbehält.

21 Die Fristsetzung erfolgt durch **Beschluß** in Verbindung mit der Anberaumung eines **Verkündungstermins.** Soweit es um die Verkündung eines Urteils geht, gilt für den Zeitpunkt des Verkündungstermins § 310 Abs. 1 S. 2[29], da davon (anders als in § 272a aF) keine Ausnahme gemacht ist. Wegen der ohnehin flexiblen Fassung des § 310 Abs. 1 S. 2 ergeben sich aber daraus keine Schwierigkeiten; denn die Nachfrist kann als wichtiger Grund für einen insgesamt längeren Zeitraum angesehen werden.

5. Anfechtung

22 Da der Beschluß stets aufgrund mündlicher Verhandlung ergeht, ist eine **Beschwerde nicht zulässig,** § 567. Der Mangel der Voraussetzungen des § 283 kann jedoch vom Gegner mit den Rechtsmitteln gegen das Endurteil geltend gemacht werden, § 512.

V. Das weitere Verfahren

1. Bedeutung der Frist

23 Die Partei hat ihre Erklärung innerhalb der Frist dem Gericht einzureichen. Anders als nach § 272 a aF tritt die Präklusionswirkung jetzt grundsätzlich bereits mit dem Fristablauf ein, während die Berücksichtigung eines **nach Fristablauf,** aber vor dem Verkündungstermin eingegangenen Schriftsatzes im **Ermessen** des Gerichts steht. Im Rahmen dieses Ermessens wird es für die Berücksichtigung sprechen, wenn die Frist nur geringfügig überschritten wurde oder wenn das Gericht ohnehin noch nicht mit der Vorbereitung der Entscheidung begonnen hat[30]. Wird die Fristversäumung hinreichend **entschuldigt,** so ist im Hinblick auf den Anspruch auf rechtliches Gehör (Art. 103 Abs. 1 GG) sogar eine *Pflicht* zur Berücksichtigung anzunehmen. Wegen der unterschiedlichen Rechtsfolgen darf die Frist nach § 283 nicht mit Fristen nach §§ 275, 276 verwechselt werden, näher → § 275 Rdnr. 28, → § 276 Rdnr. 48a.

24 Der Schriftsatz ist dem Gegner stets **von Amts wegen zuzustellen** bzw. mitzuteilen, § 270, auch wenn die Erklärung nicht mehr berücksichtigt wird. Es ist jedoch nicht erforderlich, daß der Schriftsatz dem Gegner *vor* dem Verkündungstermin zugegangen ist, da der Gegner kein Recht auf Berücksichtigung einer Replik hat[31].

25 Die gesetzte Frist muß der Partei auf jeden Fall freibleiben; *nach* Ablauf der Frist ist dagegen eine **Vorverlegung des Verkündungstermins** von Amts wegen oder auf Antrag des Gegners nicht ausgeschlossen.

2. Pflicht zur Berücksichtigung eines nachgereichten Schriftsatzes; Grenzen

26 Ist der Schriftsatz vor Fristablauf eingereicht (oder zwischen Fristablauf und Verkündungstermin, aber nach dem Ermessen des Gerichts zu berücksichtigen, → Rdnr. 23), so ist der Inhalt der schriftlichen Erklärung ohne Rücksicht auf das Einverständnis des Gegners[32] zu

---

[29] A.M. *Baumbach-Lauterbach-Hartmann*[55] Rdnr. 12 (wendet aber § 310 Abs. 1 S. 2 sinngemäß seit Ablauf der Nachfrist an).
[30] Vgl. Begr. zur Vereinfachungsnovelle 1976, BT-Drucks. 7/2729, 74f.; s. auch *E. Schneider* MDR 1989,

712. – Für großzügigere Handhabung des Ermessens als im Fall des § 296 a *Fischer* NJW 1994, 1315, 1319.
[31] Vgl. Begr. (Fn. 30) 75.
[32] BGH NJW 1952, 222.

berücksichtigen. Andernfalls ist der Anspruch auf rechtliches Gehör verletzt[33]. In solchen Fällen ist analog § 513 Abs. 2 die Berufung ohne Rücksicht auf die Berufungssumme zulässig, → vor § 128 Rdnr. 54 a. E.

Der nachgereichte Schriftsatz ist aber nur insoweit zu berücksichtigen, als das neue Vorbringen **durch den verspäteten Schriftsatz veranlaßt** ist[34]. Das Gericht kann in dem Beschluß angeben, zu welchen Punkten die Erklärung nachgereicht werden darf[35]. Hinsichtlich der zu verkündenden **Entscheidung** (Beweisbeschluß, Endurteil oder sonstiges) hat das Gericht ebenso freie Hand wie nach jeder mündlichen Verhandlung. Es ist auch nicht gehindert, die **Wiedereröffnung der mündlichen Verhandlung** anzuordnen, § 156. Dies ist dann erforderlich, wenn der Inhalt des nachgereichten Schriftsatzes über den Rahmen einer einfachen Gegenerklärung hinausgeht und seinerseits (durch den verspäteten Schriftsatz veranlaßte und daher zu berücksichtigende) neue Behauptungen bringt, die wiederum eine Gegenerklärung erfordern[36]. Auch die Notwendigkeit eines Hinweises nach § 278 Abs. 3 kann zur Wiedereröffnung der mündlichen Verhandlung zwingen[37]. Über einen **neuen oder geänderten Klageantrag,** der in dem nachgereichten Schriftsatz enthalten ist, darf ohne Wiedereröffnung der mündlichen Verhandlung nicht entschieden werden[38], die aber auch in diesem Fall im gerichtlichen Ermessen steht, → § 156 Rdnr. 1. Die Schriftsatzfrist läßt, abgesehen von dem zulässig nachgebrachten Vortrag, den Schluß der mündlichen Verhandlung unberührt, so daß eine **Widerklage** in dieser Phase nicht wirksam erhoben werden kann[39], → § 296 a Rdnr. 15 f.

26a

Der Inhalt einer auf die Gegenerklärung eingehenden **Replik** darf bei der Entscheidung **nicht berücksichtigt** werden; er kann jedoch u. U. dem Gericht Anlaß geben, vom Erlaß einer Entscheidung abzusehen und zwecks Ausübung des Fragerechts, § 139, die Wiedereröffnung des Verfahrens anzuordnen; diese Ermessensentscheidung ist der Nachprüfung des Revisionsgerichts entzogen[40].

27

3. Fehlen einer Erklärung

Ist ein Schriftsatz bis zum Verkündungstermin nicht eingereicht (bzw. wird eine zwischen Fristablauf und Verkündungstermin eingereichte Erklärung nicht mehr berücksichtigt), so gelten nach Maßgabe des § 138 Abs. 3 die gegnerischen Behauptungen als **nicht bestritten**. Daß dies im Gesetzestext nicht mehr ausdrücklich gesagt ist (anders § 272 a aF), hat nicht zu einer Änderung geführt[41]. Wegen der Nachholung der unterbliebenen Erklärung gilt das zu § 138 Rdnr. 31 b Ausgeführte entsprechend. Der Ablauf der Frist ist ohne Bedeutung, wenn ein *schriftliches Verfahren* aufgrund Zustimmung der Parteien angeordnet wurde[42].

28

---

[33] *BVerfGE* 11, 218 = MDR 1960, 734. → auch vor § 128 Rdnr. 32 d.
[34] Vgl. *BGH* FamRZ 1979, 573 (die Formulierung des *BGH*, die Partei dürfe sich nur über die *Richtigkeit* des verspäteten Vorbringens erklären, erscheint indes zu eng; es muß ihr auch gestattet werden, Ergänzungen oder entgegenwirkende Tatsachen vorzutragen); WM 1980, 827; NJW 1965, 297 = MDR 1965, 195 = LM Nr. 4 (für den Fall, daß der verspätete Schriftsatz in Wirklichkeit kein neues Vorbringen enthielt, im übrigen offenlassend); LM § 242 (A) BGB Nr. 7; *OLG Köln* JMBlNRW 1969, 281; *LG Braunschweig* WuM 1977, 10; *MünchKommZPO-Prütting* Rdnr. 20; *Zöller-Greger*[20] Rdnr. 5; *Thomas-Putzo*[19] Rdnr. 4. – Weitergehend (volle Berücksichtigung) *BGH* NJW 1952, 222 (aufgegeben durch *BGH* NJW 1966, 1657, 1658); *RGZ* 151, 196; *Wieczorek*[2] § 272 a Anm. B II b 2. – Wird im Tatbestand unter Hinweis auf § 283

(§ 272 a aF) auf den nachgebrachten Schriftsatz Bezug genommen, so wird dadurch nur die Gegenerklärung, nicht sonstiges neues Vorbringen in den Tatbestand aufgenommen, *BGH* LM § 242 (A) BGB Nr. 7.
[35] Dies empfiehlt *Baumbach-Lauterbach-Hartmann*[55] Rdnr. 14.
[36] *OLG Köln* JMBlNRW 1969, 281; *BayObLG* HEZ 2, 293.
[37] *BayVerfGH* NJW 1984, 1026, 1027; *OLG München* MDR 1981, 502 = NJW 1981, 1106 (LS), → § 278 Rdnr. 61.
[38] *OLG München* MDR 1981, 502 (Fn. 37).
[39] *OLG Hamburg* MDR 1995, 526.
[40] *RG* HRR 1929 Nr. 1162.
[41] Vgl. Begr. zur Vereinfachungsnovelle 1976, BT-Drucks. 7/2729, 75 (Streichung als überflüssig).
[42] *BGHZ* 11, 27 = NJW 1954, 266.

4. Entscheidung aufgrund (ergänzter) mündlicher Verhandlung

29 Das Verfahren nach § 283 steht als gemischt-schriftliches demjenigen nach § 251 a nahe. Im Gegensatz zu der Entscheidung nach Lage der Akten handelt es sich hier aber nur um eine Ergänzung der mündlichen Verhandlung; die **Entscheidung** ergeht also gleichwohl **aufgrund der mündlichen Verhandlung**. Das Urteil, das zu verkünden (nicht etwa schriftlich mitzuteilen) ist, → § 310 Rdnr. 1, darf demnach nur von denjenigen Richtern erlassen werden, die an der mündlichen Verhandlung teilgenommen haben[43].

30 Weiter ist dies von Bedeutung für den **Schluß der mündlichen Verhandlung** i. S. der §§ 323, 767 usw.: Für diejenige Partei, der ein Schriftsatz vorbehalten wurde, ist – soweit der Vorbehalt reicht, also noch Tatsachen vorgetragen werden konnten (→ Rdnr. 26 f.) – der **Fristablauf** (oder, wenn ein zwischen Fristablauf und Verkündungstermin eingereichter Schriftsatz noch berücksichtigt wurde, der Zeitpunkt seines Eingangs bei Gericht) als Schluß der mündlichen Verhandlung maßgebend, **nicht** aber für den **Gegner**[44]. Zur **Zuständigkeitsbegründung** durch rügelose Verhandlung zur Hauptsache im Termin → § 39 Rdnr. 5.

5. Unterbrechung

31 Auch i. S. des § 249 Abs. 3 ist der Fristablauf (bzw. der Eingang einer nach Fristablauf eingereichten, aber noch zu berücksichtigenden Erklärung) als Schluß der mündlichen Verhandlung anzusehen[45], so daß eine *danach* eintretende Unterbrechung die Verkündung der Entscheidung nicht hindert.

VI. Arbeitsgerichtliches Verfahren

32 Eine Fristgewährung nach § 283 kommt nur in Betracht, soweit eine Pflicht zur Einreichung vorbereitender Schriftsätze besteht, also in den höheren Instanzen, dagegen in der Regel nicht in der ersten Instanz, näher → § 282 Rdnr. 46.

---

[43] So auch *Püschel* JR 1926, 27. – A. M. *Graßhof* JR 1926, 493.
[44] Ebenso *Baumbach-Lauterbach-Hartmann*[55] Rdnr. 20; *Thomas-Putzo*[19] Rdnr. 6.
[45] Teils abweichend *Baumbach-Lauterbach--Hartmann*[55] Rdnr. 20 (Eingang der fristgemäßen Erklärung oder Fristablauf).

Stichwortregister zum Beweisrecht (§§ 284 – 287)

Ablehnung von Beweisanträgen: → § 284 Rdnr. 40 ff., 51 ff.
- Ausforschungsbeweis: → § 284 Rdnr. 40 ff.
- Bereits erwiesene Tatsachen: → § 284 Rdnr. 77
- Bindung an Entscheidungen: → § 284 Rdnr. 81 f.
- Fehlende Beweiserheblichkeit: → § 284 Rdnr. 73 ff.
- Forderungshöhe: → § 287 Rdnr. 27
- Nicht ernstlich gemeinter Beweisantrag: → § 284 Rdnr. 84
- Offenkundigkeit: → § 284 Rdnr. 72
- Rechtskraft: → § 284 Rdnr. 81 f.
- Rechtsmißbrauch: → § 284 Rdnr. 83
- Rechtswidrig erlangte Beweismittel: → § 284 Rdnr. 56 ff.
- Schadensermittlung: → § 287 Rdnr. 27
- Überzeugung vom Gegenteil: → § 284 Rdnr. 78
- Unaufklärbarkeit: → § 284 Rdnr. 76
- Unbestimmtheit: → § 284 Rdnr. 42
- Unerheblichkeit: → § 284 Rdnr. 75
- Unerreichbarkeit des Beweismittels: → § 284 Rdnr. 65 f.
- Ungeeignetheit des Beweismittels: → § 284 Rdnr. 67 ff.
- Unglaubwürdigkeit des Beweismittels: → § 284 Rdnr. 70
- Verfahren: → § 284 Rdnr. 85
- Verschleppungsabsicht: → § 284 Rdnr. 83
- Wahrunterstellung: → § 284 Rdnr. 79 f.
- Zwecklosigkeit des Beweises: → § 284 Rdnr. 64 f.

Ablehnung Beweisantritt: → § 287 Rdnr. 27

Abschluß eines Rechtsgeschäfts
- Anscheinsbeweis: → § 286 Rdnr. 114 ff.
- Beweislast: → § 286 Rdnr. 77 ff.

Abwägung der möglichen Fehlurteile: → § 286 Rdnr. 43

Abzahlungskauf
- Benutzungsvergütung: → § 287 Rdnr. 9
- Beweislast: → § 286 Rdnr. 75 bei Fn. 180

Aids (Anscheinsbeweis): → § 286 Rdnr. 111

Akkordgruppe (Beweislast): → § 286 Rdnr. 86a Fn. 208b

Alkoholeinfluß (Anscheinsbeweis): → § 286 Rdnr. 104

Allgemeine Geschäftsbedingungen (beweisrechtliche Klauseln): → § 286 Rdnr. 136

Amtliche Auskunft: → § 284 Rdnr. 28

Amtshaftung (Beweis des Haftungsgrundes): → § 287 Rdnr. 14 f.

Anerkennungsvertrag: → § 286 Rdnr. 134

Anfahren (Anscheinsbeweis): → § 286 Rdnr. 106

Anfangstermin (Beweislast): → § 286 Rdnr. 79

Anfechtbarkeit eines Rechtsgeschäfts (Beweislast): → § 286 Rdnr. 66

Anhaltspunkte (Beweisantrag): → § 284 Rdnr. 45 ff.

Ankerverlust (Anscheinsbeweis): → § 286 Rdnr. 101

Annahme der Leistung: → § 286 Rdnr. 64

Anscheinsbeweis: → § 286 Rdnr. 48, 87 ff.
- Allgemeine Grundsätze: → § 286 Rdnr. 87 ff.
- Anwendungsbereich: → § 286 Rdnr. 94 f.
- Arbeitsvertrag: → § 286 Rdnr. 118
- Arzthaftung: → § 286 Rdnr. 111
- Beweismaß: → § 286 Rdnr. 5a, 92 ff.
- Brandstiftung: → § 286 Rdnr. 117
- Diebstahlsversicherung: → § 286 Rdnr. 96
- Eisenbahnverkehr: → § 286 Rdnr. 109
- Erfahrungssätze: → § 286 Rdnr. 7, 90, 99a
- Erschütterung: → § 286 Rdnr. 97 ff.
- Gegenbeweis: → § 286 Rdnr. 97 f.
- Grobe Fahrlässigkeit: → § 286 Rdnr. 100
- Handwerkerleistungen: → § 286 Rdnr. 110
- Innere Tatsachen: → § 286 Rdnr. 117
- Kündigung: → § 286 Rdnr. 118
- Parteivereinbarung: → § 286 Rdnr. 132
- Pflichtteilsergänzung: → § 286 Rdnr. 117
- Rechtfertigung: → § 286 Rdnr. 94 ff.
- Rechtsnatur: → § 286 Rdnr. 99
- Revision: → § 286 Rdnr. 99a
- Schiffsverkehr: → § 286 Rdnr. 101
- Schmiergelder: → § 286 Rdnr. 114
- Schutzgesetze: → § 286 Rdnr. 91
- Selbsttötung: → § 286 Rdnr. 117
- Sportunfälle: → § 286 Rdnr. 112
- Straßenverkehr: → § 286 Rdnr. 102 ff.
- Typischer Geschehensablauf: → § 286 Rdnr. 88, 94
- Urheberrechtsverletzung: → § 286 Rdnr. 113
- Urkunde: → § 286 Rdnr. 115 f.
- Vertrag: → § 286 Rdnr. 114 ff.
- Warenlieferung: → § 286 Rdnr. 110
- Wirkung: → § 286 Rdnr. 92 ff., 97 f.
- Zugang: → § 286 Rdnr. 119

Anschnallpflicht (Anscheinsbeweis): → § 286 Rdnr. 108

Anwaltliches Standesrecht (Verstoß bei Beschaffung von Beweismitteln): → § 284 Rdnr. 60

Arbeitsunfähigkeitsbescheinigung: § 286 Rdnr. 24a

Arbeitsvertrag
- Anscheinsbeweis: → § 286 Rdnr. 118
- Beweislast: → § 286 Rdnr. 86a

Architektenvertrag
- Vergütung (Anscheinsbeweis): → § 286 Rdnr. 117 Fn. 372
- Vergütung (Beweislast): → § 286 Rdnr. 82
- Vertragsverletzung (Anscheinsbeweis): → § 286 Rdnr. 110 Fn. 246
- Vertragsverletzung (Beweislast): → § 286 Rdnr. 86a Fn. 208

Arglistiges Verschweigen: → § 286 Rdnr. 79 Fn. 188

Arglistige Täuschung
- Anscheinsbeweis: → § 286 Rdnr. 117 Fn. 372
- Beweislast: → § 286 Rdnr. 66

Arzthaftung
- Anscheinsbeweis: → § 286 Rdnr. 100 Fn. 284, Rdnr. 111
- Ärztliche Dokumentationspflicht: → § 286 Rdnr. 127, 127a, 130
- Aufklärungspflicht (Beweislast): → § 286 Rdnr. 68, 86d, 86e
- Beweislast: → § 286 Rdnr. 68, 86b
- Beweislastumkehr: → § 286 Rdnr. 126 ff.
- Einwilligung des Patienten (Beweislast): → § 286 Rdnr. 68
- Grober Behandlungsfehler: → § 286 Rdnr. 128, 128a

Auffahrunfall (Anscheinsbeweis): → § 286 Rdnr. 105

Aufklärungspflicht aus Vertrag (Beweislast): → § 286 Rdnr. 86d, 86e

Aufklärungspflicht des Arztes (Beweislast): → § 286 Rdnr. 38, 86b

Aufklärungsrichtiges Verhalten (Beweislast): → § 286 Rdnr. 86d, 86e
- Banken § 286 Rdnr. 86e
- Rechtsanwalt § 286 Rdnr. 86e
- Steuerberater § 286 Rdnr. 86e
- Terminoptionsvermittler § 286 Rdnr. 86e

Auflösende Bedingung (Beweislast): → § 286 Rdnr. 81

Aufopferung (Schadensschätzung): → § 287 Rdnr. 6

Aufschiebende Bedingung
- Beweis des unbedingten Vertragsschlusses: → § 286 Rdnr. 115
- Beweislast: → § 286 Rdnr. 78

Augenscheinsbeweis
- Beweisvereitelung: → § 286 Rdnr. 120 ff.
- Unerreichbarkeit des Beweismittels: → § 284 Rdnr. 66

Ausforschungsbeweis: → § 284 Rdnr. 40 ff.

Auskunftsverweigerung (Beweislastumkehr): → § 286 Rdnr. 123

Ausland (Vortrag der Beweisaufnahme): → § 285 Rdnr. 7

Ausländisches Recht
- Beweislastregeln: → § 286 Rdnr. 55
- Beweiswürdigung: → § 286 Rdnr. 9
- Schadensschätzung: → § 287 Rdnr. 4

Auslegung von Rechtsgeschäften: → § 284 Rdnr. 13, § 286 Rdnr. 27

Auslegungsregeln: → § 286 Rdnr. 23

Ausnahmetatbestand (Beweislast): → § 286 Rdnr. 65

Ausreisebedingte Grundstücksveräußerungen (Anscheinsbeweis): → § 286 Rdnr. 117

Ausschluß von Beweismitteln: → § 284 Rdnr. 54 ff.
- Maßgebliches Recht: → § 286 Rdnr. 9

Außeramtliche Kenntnis: → § 286 Rdnr. 18

Außergerichtliches Geständnis: → § 284 Rdnr. 20, 27

Autowaschanlage (Beweislast): → § 286 Rdnr. 86a Fn. 208

Bademeister (Beweislastumkehr): → § 286 Rdnr. 131

Barzahlung
- Anscheinsbeweis: → § 286 Rdnr. 115
- Beweislast: → § 286 Rdnr. 75 bei Fn. 180

Baumängel (Anscheinsbeweis): → § 286 Rdnr. 110

Bayes-Theorem: → § 286 Rdnr. 4a

Bedingung
- Auflösende (Beweislast): → § 286 Rdnr. 81
- Aufschiebende (Beweislast): → § 286 Rdnr. 78
- Beweis des unbedingten Vertragsschlusses: → § 286 Rdnr. 115
- Nachträgliche (Beweislast): → § 286 Rdnr. 81

Beeidigung der Partei (Schadensermittlung): → § 287 Rdnr. 38

Beförderungsvertrag (Beweislast): → § 286 Rdnr. 86a Fn. 208

Befristetes Arbeitsverhältnis: → § 286 Rdnr. 81

Befristung: → § 286 Rdnr. 81

Behandlungsfehler (Beweislastumkehr): → § 286 Rdnr. 128 ff.

Behauptungslast: → § 284 Rdnr. 29, § 286 Rdnr. 28, 30 f.
- Objektive: → § 286 Rdnr. 28
- Sekundäre: → § 286 Rdnr. 30
- Subjektive: → § 286 Rdnr. 30 f.

Beifahrerrechtsprechung: → § 286 Rdnr. 1

Beleuchtungsvorschriften (Anscheinsbeweis): → § 286 Rdnr. 91 Fn. 256, Rdnr. 103 Fn. 307, Rdnr. 107

Benachrichtigung der Parteien (vom Eingang der Beweisverhandlungen): → § 285 Rdnr. 11

Beratungspflicht aus Vertrag (Beweislast): → § 286 Rdnr. 64 Fn. 148, Rdnr. 86d

Berufspflichten (Beweislastumkehr): → § 286 Rdnr. 131

Berufung
- Beweiswürdigung: → § 286 Rdnr. 15
- Schadensermittlung: → § 287 Rdnr. 33

Beschränkte Geschäftsfähigkeit (Beweislast): → § 286 Rdnr. 72

Bestätigung von Tatsachen (in AGB): → § 286 Rdnr. 136

Betriebsübergang: → § 286 Rdnr. 118

Beurkundung eines Rechtsgeschäfts
- Beweislast für Vorbehalt der Beurkundung: → § 286 Rdnr. 79
- Vermutung der Vollständigkeit der Urkunde: → § 286 Rdnr. 116

Beweis: → Einzelstichworte
- Anforderungen: → § 286 Rdnr. 4 ff.
- Anordnung: → § 284 Rdnr. 49
- Arten: → § 284 Rdnr. 22 ff.
- Begriff: → § 284 Rdnr. 3
- Beweisantritt: → § 284 Rdnr. 29 ff.
- Beweismittel: → § 284 Rdnr. 26 ff.
- Erschöpfung der Beweise: → § 284 Rdnr. 51
- Freibeweis: → § 284 Rdnr. 25, 28
- Gegenstand (→ auch Beweisgegenstand): → § 284 Rdnr. 9 ff.
- Glaubhaftmachung: → § 284 Rdnr. 24, 28, 31
- Mittelbarer Beweis: → Indizienbeweis
- Recht auf Beweis: → § 284 Rdnr. 51 Fn. 89
- Strengbeweis: → § 284 Rdnr. 23, 27
- Umfang der Beweisaufnahme: → § 284 Rdnr. 51 ff.
- Unmittelbarer Beweis: → § 284 Rdnr. 8

Beweis des ersten Anscheins: → Anscheinsbeweis

Beweis des Gegenteils: → § 284 Rdnr. 6, § 286 Rdnr. 6, 97

Beweisanordnung: → § 284 Rdnr. 49

Beweisantrag: → § 284 Rdnr. 31 f.
- Ablehnung: → Ablehnung von Beweisanträgen
- Folgen der Nichtberücksichtigung: → § 284 Rdnr. 52
- Inhalt: → § 284 Rdnr. 31
- Rücknahme: → § 284 Rdnr. 32
- Sachverständigenbeweis: → § 284 Rdnr. 31
- Urkundenbeweis: → § 284 Rdnr. 31
- Zeitpunkt: → § 284 Rdnr. 30

Beweisantretung: → § 284 Rdnr. 29 ff. → auch Beweisantrag
- Parteivereinbarung: → § 286 Rdnr. 133

Beweisaufnahme: → § 284 Rdnr. 4, 22, 49 f., 51 ff.
- Absehen von einer Beweisaufnahme: → § 287 Rdnr. 27 ff.
- Anzuwendende Vorschriften: → § 284 Rdnr. 50
- Umfang: → § 284 Rdnr. 51 ff.
- Unzulässigkeit: → § 284 Rdnr. 54 ff.
- Verhandlung über das Ergebnis der Beweisaufnahme: → § 285 Rdnr. 1 ff.
- Verwertbarkeit: → § 286 Rdnr. 17
- Vorübergehende Hindernisse: → § 284 Rdnr. 66

Beweisbeschluß: → § 284 Rdnr. 49, § 286 Rdnr. 33

Beweiseinreden: → § 284 Rdnr. 21
- Zeitpunkt des Vorbringens: → § 284 Rdnr. 30

Beweisergebnis: → § 286 Rdnr. 10 f.
- Verhandlung über das Beweisergebnis: → § 285 Rdnr. 1 ff.
- Vortrag des Beweisergebnisses: → § 285 Rdnr. 5 ff.

Beweiserheblichkeit: → § 284 Rdnr. 73 ff.
- Kein Zwischenurteil: → § 284 Rdnr. 85

Beweiserlangung, rechtswidrige: → § 284 Rdnr. 56 ff.

Beweiserleichterungen: → § 286 Rdnr. 47 ff., 87 ff., 120 ff. → Anscheinsbeweis, → Beweislastumkehr, → Schadensschätzung

Beweisermittlungsantrag: → § 284 Rdnr. 40 → Ausforschungsbeweis

Beweisführung: → § 283 Rdnr. 4, 29 ff. → Beweisantrag
- Zeitpunkt: → § 284 Rdnr. 30
- Ziel: → § 284 Rdnr. 10

Beweisführungslast: → § 286 Rdnr. 29 ff.

Beweisgebühr: → § 285 Rdnr. 7 Fn. 17, 19

Beweisgegenstand: → § 284 Rdnr. 9 ff.
- Erfahrungssätze: → § 284 Rdnr. 16
- Juristische Tatsachen: → § 284 Rdnr. 13 f.
- Rechtssätze: → § 284 Rdnr. 15
- Tatsachen: → § 284 Rdnr. 9 ff.

Beweishindernisse: → § 284 Rdnr. 54 ff.

Beweislast: → § 286 Rdnr. 25 ff. Zu den Sachfragen → Einzelstichworte (z. B. → Produzentenhaftung)
- Ausdrückliche Beweislastregeln: → § 286 Rdnr. 42
- Ausländisches Recht: → § 286 Rdnr. 55
- Ausnahmetatbestände: → § 286 Rdnr. 65 ff.
- Ergänzende Rechtsnormen: → § 286 Rdnr. 75
- Gefahrenbereich: → § 286 Rdnr. 50, 86a
- Gesetzesfassung: → § 286 Rdnr. 59 ff.
- Grundregeln: → § 286 Rdnr. 37 ff.
- Landesrecht: → § 286 Rdnr. 55
- Normentheorie: → § 286 Rdnr. 45 Fn. 106
- Objektive Beweislast: → § 286 Rdnr. 25 ff.
- Parteistellung: → § 286 Rdnr. 36
- Parteivereinbarung: → § 286 Rdnr. 133 f., 136
- Rechtsbegründende Tatsachen: → § 286 Rdnr. 41 ff., 59
- Rechtshemmende Tatsachen: → § 286 Rdnr. 41
- Rechtshindernde Tatsachen: → § 286 Rdnr. 38 ff., 59 ff.
- Rechtsnatur: → § 286 Rdnr. 54 f.

– Rechtsvernichtende Tatsachen: → § 286 Rdnr. 38 ff.
– Rechtsweg: → § 286 Rdnr. 57
– Richterliche Rechtsfortbildung: → § 286 Rdnr. 48, 86 f
– Schadensermittlung: → § 287 Rdnr. 25
– Subjektive Beweislast: → § 286 Rdnr. 26, 29 ff.
– Umkehr: → Beweislastumkehr
– Verstöße gegen Beweislastregeln: → § 286 Rdnr. 55
– Verteilung: → § 286 Rdnr. 34 ff.
– Wertungsschichten: → § 286 Rdnr. 45 f.
Beweislastregeln: → § 286 Rdnr. 37 ff. → Beweislast
Beweislastumkehr: → § 286 Rdnr. 120 ff.
– Arzthaftungsprozeß: → § 286 Rdnr. 126 ff.
– Ärztliche Dokumentation: → § 286 Rdnr. 127, 130
– Behandlungsfehler: → § 286 Rdnr. 128 f.
– Beweisvereitelung: → § 286 Rdnr. 121 ff.
– Pflichtverletzung: → § 286 Rdnr. 131
Beweislastvereinbarung: → § 286 Rdnr. 133 f., 136
Beweismaß: → § 286 Rdnr. 2 ff.
– Anscheinsbeweis: → § 286 Rdnr. 92 f.
– Glaubhaftmachung: → § 284 Rdnr. 24
– Schadensschätzung: → § 287 Rdnr. 30
Beweismittel: → § 284 Rdnr. 26 f.
– Bezeichnung: → § 284 Rdnr. 29, 31
– Parteivereinbarung: → § 286 Rdnr. 133 ff.
– Rechtswidrig erlangte Beweismittel: → § 284 Rdnr. 56 ff.
– Unerreichbarkeit: → § 284 Rdnr. 65
– Ungeeignetheit: → § 284 Rdnr. 67 ff.
– Unglaubwürdigkeit: → § 284 Rdnr. 70
– Unzulässige Beweismittel: → § 284 Rdnr. 54 ff.
– Wahl durch die Parteien: → § 284 Rdnr. 33 ff.
– Zeitpunkt des Vorbringens: → § 284 Rdnr. 30, 51
Beweisregeln, gesetzliche: → § 286 Rdnr. 22 ff.
Beweisstärke: → Beweismaß
Beweisverbindung: → § 284 Rdnr. 29
Beweisverbote: → § 284 Rdnr. 54 f., 56 ff.
Beweisvereitelung: → § 286 Rdnr. 121 ff.
Beweisverträge: → § 286 Rdnr. 132 ff.
Beweiswürdigung, freie: → § 286 Rdnr. 1 ff.
– Anscheinsbeweis: → § 286 Rdnr. 87 ff.
– Begründung: → § 286 Rdnr. 12 ff.
– Erfahrungssätze: → § 284 Rdnr. 17, § 286 Rdnr. 7, 90
– Grundlage: → § 286 Rdnr. 10 f.
– Indizienbeweis: → § 286 Rdnr. 8
– Maßgebliches Recht: → § 286 Rdnr. 9
– Nachprüfung: → § 286 Rdnr. 15
– Parteivereinbarung: → § 286 Rdnr. 20, 132
– Parteiverhalten: → § 286 Rdnr. 120 ff.
– Schadensermittlung: → § 287 Rdnr. 27, 37

– Umfang: → § 286 Rdnr. 6 ff.
– Verbot der Vorauswürdigung: → § 284 Rdnr. 67, 76
– Voraussetzungen: → § 286 Rdnr. 16 ff.
Blutgruppenuntersuchung (Unerreichbarkeit des Beweismittels): → § 284 Rdnr. 66
Bluttransfusion (Anscheinsbeweis): → § 286 Rdnr. 88 Fn. 246, Rdnr. 111
Börsentermingeschäft: → § 286 Rdnr. 66a, 86e
Böser Glaube (Beweislast): → § 286 Rdnr. 62
Bote (Beweislast): → § 286 Rdnr. 80
Brandstiftung (Anscheinsbeweis): → § 286 Rdnr. 117
Brief (Zugang): → § 286 Rdnr. 119
Briefgeheimnis (Verwertungsverbot): → § 284 Rdnr. 59
Bürgschaft: → § 286 Rdnr. 64
Bundesentschädigungsgesetz (Schadensermittlung): → § 287 Rdnr. 9

Culpa in contrahendo (Beweislast): → § 286 Rdnr. 86a Fn. 208, Rdnr. 86 d, Fn. 221 a

Darlehen (Beweislast): → § 286 Rdnr. 79
Datensicherung (Beweislast): → § 286 Rdnr. 131
Diebstahlsversicherung (Beweiserleichterung): → § 286 Rdnr. 96
Dienstvertrag (Beweislast): → § 286 Rdnr. 86a, 86c Fn. 218
Dispositivgesetze (Beweislast): → § 286 Rdnr. 75
Dokumentationspflichten: → § 286 Rdnr. 122, 127
Drohung (Beweislast): → § 286 Rdnr. 66

Ehrenschutz (Beweislast): → § 286 Rdnr. 58
Eidesstattliche Versicherung: → § 284 Rdnr. 28
Einbruchsdiebstahl (Beweis): → § 286 Rdnr. 96 Fn. 266
Einwilligung des Patienten (Beweislast): → § 286 Rdnr. 68
Einwilligung des Verletzten (Beweislast): → § 286 Rdnr. 67
Eisenbahnverkehr (Anscheinsbeweis): → § 286 Rdnr. 109
Emissionen (Beweislast): → § 286 Rdnr. 86i
Endtermin (Beweislast): → § 286 Rdnr. 81
Enteignnng (Schadensschätzung): → § 287 Rdnr. 6
Entscheidung nach Lage der Akten (Verwertung des Beweisergebnisses): → § 285 Rdnr. 9
Entscheidung ohne mündliche Verhandlung (Verwertung des Beweisergebnisses): → § 285 Rdnr. 11
Entstehung des Schadens (Beweisanforderungen): → § 287 Rdnr. 12
Erbbiologisches Gutachten (Unerreichbarkeit des Beweismittels): → § 284 Rdnr. 66

Erbscheinsverfahren (Beweislast): → § 286 Rdnr. 26 Fn. 69, Rdnr. 29 Fn. 78
Erbvertrag (Beweislast bei Anfechtung): → § 286 Rdnr. 66 Fn. 156
Erfahrungssätze: → § 284 Rdnr. 16 ff., § 286 Rdnr. 7, 18
– Ablehnung von Beweisanträgen: → § 284 Rdnr. 53
– Anscheinsbeweis: → § 286 Rdnr. 90, 99, 117 Fn. 372
– Beweismittel: → § 284 Rdnr. 17, 27
Erfüllung von Verbindlichkeiten (Beweislast): → § 286 Rdnr. 63 f.
Ergänzende Rechtsnormen (Beweislast): → § 286 Rdnr. 75, 82
Ergebnis der Beweisführung: → Beweisergebnis
Ermittlung der Forderungshöhe: → § 287 Rdnr. 21 ff.
Ersatzbeweis durch Urkunden: → § 284 Rdnr. 34 ff.
Erschöpfung der Beweise: → § 284 Rdnr. 51
Erschütterung des Anscheinsbeweises: → § 286 Rdnr. 97 f.
Erwerbsschaden: → § 287 Rdnr. 26

Fahrtschreiber (Beweiswürdigung): → § 286 Rdnr. 14 Fn. 34
Fangschaltung: → § 284 Rdnr. 62
Fernsprechgeheimnis (Verwertungsverbot): → § 284 Rdnr. 59
Feststellungsklage, negative (Beweislast): → § 286 Rdnr. 36
Feststellungslast: → Beweislast
Fingierter Verkehrsunfall (Beweislast): → § 286 Rdnr. 67
Folgeschäden (Beweisanforderungen): → § 287 Rdnr. 17
Forderungshöhe (Ermittlung): → § 287 Rdnr. 21 ff.
Form eines Rechtsgeschäfts (Beweislast): → § 286 Rdnr. 65
Fotografie, rechtswidrig erlangte: → § 284 Rdnr. 58
Freibeweis: → § 284 Rdnr. 25, 28
Freiwillige Gerichtsbarkeit (Beweislast): → § 286 Rdnr. 26 Fn. 69
Fußballspiel (Anscheinsbeweis): → § 286 Rdnr. 112

Garantie: → § 286 Rdnr. 67
Gastaufnahmevertrag (Beweislast): → § 286 Rdnr. 86a
Gebot effektiven Rechtsschutzes: → § 286 Rdnr. 52
Gebührenvereinbarung mit Rechtsanwalt (Beweislast): → § 286 Rdnr. 84
Gefahrenbereich (Beweislast): → § 286 Rdnr. 50, 86a

Gefahrgeneigte Arbeit (Beweislast): → § 286 Rdnr. 86a
Gegenbeweis: → § 284 Rdnr. 7, 78
– Anscheinsbeweis: → § 286 Rdnr. 97
– Ausschluß durch Parteivereinbarung: → § 286 Rdnr. 134
– Nichterhebung: → § 284 Rdnr. 79, § 286 Rdnr. 29
– Zulässigkeit: → § 284 Rdnr. 78
Geheimer Vorbehalt (Beweislast): → § 286 Rdnr. 66
Geheimverfahren: → § 284 Rdnr. 33, § 285 Rdnr. 1
Geldautomat (Anscheinsbeweis): → § 286 Rdnr. 100 Fn. 285
Gerichtliches Geständnis: → § 284 Rdnr. 27, § 286 Rdnr. 6 Fn. 13
Geschäft für den, den es angeht (Beweislast): → § 286 Rdnr. 80 Fn. 191
Geschäftsunfähigkeit (Beweislast): → § 286 Rdnr. 72
Gesellschaftsvertrag (tatsächliche Vermutung für Abänderung): → § 286 Rdnr. 120 Fn. 389
Gesetzliche Vermutungen: → § 284 Rdnr. 6, 20, § 286 Rdnr. 42, 97
Geständnis
– Außergerichtliches: → § 284 Rdnr. 20, 27
– Gerichtliches: → § 284 Rdnr. 27, § 286 Rdnr. 6 Fn. 13
Gestellter Verkehrsunfall (Beweislast): → § 286 Rdnr. 67
Gewißheit: → § 286 Rdnr. 3
Glahbhaftigkeit: → § 286 Rdnr. 17a
Glaubwürdigkeit: → § 286 Rdnr. 17a
Glaubwürdigkeitsumstände: → § 286 Rdnr. 17a
Glatteisunfälle (Anscheinsbeweis): → § 286 Rdnr. 113
Glaubhaftmachung: → § 284 Rdnr. 24, 28, 31, 35, § 286 Rdnr. 4
Grobe Fahrlässigkeit (Anscheinsbeweis): → § 286 Rdnr. 100, 104 Fn. 310
Güterbeförderung (Anscheinsbeweis): → § 286 Rdnr. 109
Guter Glaube (Beweislast): → § 286 Rdnr. 62

Haftungsausfüllende Kausalität (Schadensschätzung): → § 287 Rdnr. 16 f., 30 Fn. 100
Haftungsbegründende Kausalität (Beweisanforderungen): → § 287 Rdnr. 13 ff.
Haftungsgrund, konkreter (Beweisanforderungen): → § 287 Rdnr. 11
Handelsbräuche (Feststellung): → § 284 Rdnr. 16 Fn. 20
Handwerkerleistungen (Anscheinsbeweis): → § 286 Rdnr. 110
Hauptbeweis: → § 284 Rdnr. 5
Haustürwiderrufsgesetz: → § 286 Rdnr. 66

Heimliche Beobachtung (Verwertungsverbot): →
§ 284 Rdnr. 58
Hilfstatsachen des Beweises: → § 284 Rdnr. 21 →
auch Indizienbeweis
HIV-Infektion (Anscheinsbeweis): → § 286
Rdnr. 111
Hofübergabevertrag: → § 286 Rdnr. 81
Hypothetische Schadensursachen (Beweislast): →
§ 286 Rdnr. 74 Fn. 177

Immissionen (Beweislast): → § 286 Rdnr. 86i
Individueller Willensentschluß (Anscheinsbeweis): → § 286 Rdnr. 117
Indizienbeweis: → § 284 Rdnr. 8, 19 f.
– Anscheinsbeweis: → § 286 Rdnr. 87 f.
– Beweiserheblichkeit: → § 284 Rdnr. 73 f., 79
– Beweiswürdigung: → § 284 Rdnr. 17, § 286
Rdnr. 1, 8
– Parteivereinbarung: → § 286 Rdnr. 134
Industrieemissionen (Beweislast): → § 286
Rdnr. 86i
Innere Tatsachen (Anscheinsbeweis): → § 286
Rdnr. 117
Irrtum (Beweislast): → § 286 Rdnr. 66

Kassenfehlbestand (Beweislast): → § 286
Rdnr. 86a Fn. 208b
Kauf (Beweislast): → § 286 Rdnr. 79
Kausalität (Anscheinsbeweis): → § 286 Rdnr. 91, 95, 100
– Haftungsausfüllende Kausalität (Beweisanforderungen): → § 287 Rdnr. 16 f.
– Haftungsbegründende Kausalität (Beweisanforderungen): → § 287 Rdnr. 13 ff.
Kenntnis (Beweislast): → § 286 Rdnr. 62
Konkreter Haftungsgrund (Beweisanforderungen): → § 287 Rdnr. 11
Kraftfahrzeugsdiebstahl (Beweiserleichterung): → § 286 Rdnr. 96
Krankenhauspflegepersonal (Beweislastumkehr): → § 286 Rdnr. 131
Kündigung des Arbeitsvertrages (Anscheinsbeweis): → § 286 Rdnr. 118
Kündigungsfristen (Beweislast): → § 286 Rdnr. 75

Ladungsschaden (Anscheinsbeweis): → § 286
Rdnr. 101
Lagerungsschaden: → § 286 Rdnr. 86b
Landesrecht (Beweislastregeln): → § 286 Rdnr. 55
Lauschzeuge: → § 284 Rdnr. 58
Leibesfrucht (Schädigung): → § 287 Rdnr. 14
Fn. 25
Liebesbriefe, rechtswidrig erlangte (Verwertungsverbot): → § 284 Rdnr. 58
Lizenzgebühr: → § 287 Rdnr. 19
Lohnfortzahlungsprozeß: → § 286 Rdnr. 24a

Mehrverkehrseinrede (fehlende Anhaltspunkte):
→ § 284 Rdnr. 46
Mietvertrag (Beweislast): → § 286 Rdnr. 86a
Minderung: → § 287 Rdnr. 7
Mindestschaden: → § 287 Rdnr. 25
Mittelbare Beweisführung: → Indizienbeweis

Nebenabreden, mündliche: → § 286 Rdnr. 116
Nichtaufbewahrung einer Probe (Beweislastumkehr): → § 286 Rdnr. 123
Nichtentbindung von der Schweigepflicht
– Beweislastumkehr: → § 286 Rdnr. 123
– Beweiswürdigung: → § 286 Rdnr. 10 Fn. 24
Nichterhebung von Diagnose- und Kontrollbefunden (Beweislastumkehr): → § 286 Rdnr. 127a
Nicht ernstlich gemeinte Beweisanträge: → § 284
Rdnr. 84
Nichtigkeit eines Rechtsgeschäfts (Beweislast): →
§ 286 Rdnr. 66
Normentheorie: → § 286 Rdnr. 47 Fn. 106
Normzweck: → § 287 Rdnr. 1, 2
Notwehr (Beweislast): → § 286 Rdnr. 67 Fn. 159
Nutzungsvergütung: → § 287 Rdnr. 9

Objektives Beweismaß: → § 286 Rdnr. 2
Offenkundigkeit von Tatsachen: → § 284
Rdnr. 72, § 286 Rdnr. 18
Operation (Anscheinsbeweis): → § 286 Rdnr. 111
Operation durch Assistenzarzt (Anscheinsbeweis): → § 286 Rdnr. 129
Ort der Leistung (Beweislast): → § 286 Rdnr. 75

Parteivereinbarungen beweisrechtlichen Inhalts:
→ § 286 Rdnr. 20, 132 ff.
Parteiverhalten (Beweiswürdigung): → § 286
Rdnr. 120
Parteivernehmung
– Ausforschungsbeweis: → § 284 Rdnr. 43
– Beweisführungslast: → § 286 Rdnr. 29
– Schadensermittlung: → § 287 Rdnr. 35 ff.
Parteivorbringen (Beweiswürdigung): → § 286
Rdnr. 10 Fn. 21
Patent
– Anscheinsbeweis: → § 286 Rdnr. 117 Fn. 371
– Schätzung der Lizenz: → § 287 Rdnr. 5 Fn. 10
Persönlicher Eindruck: → § 286 Rdnr 17a
Persönlicher Eindruck des Richters: → § 285
Rdnr. 6 Fn. 15, Rdnr. 7, § 286 Rdnr. 16 Fn. 41
Persönlichkeitsrecht (Verwertungsverbot): →
§ 284 Rdnr. 58, 63
Pfandgläubiger: → § 286 Rdnr. 64
Pflichtverletzungen (Beweislastumkehr): → § 286
Rdnr. 121 ff., 131
Pflichtteilsergänzung (Anscheinsbeweis): → § 286
Rdnr. 117
Positive Vertragsverletzung (Beweislast): → § 286
Rdnr. 86a, 86b

Postgeheimnis (Verwertungsverbot): → § 284 Rdnr. 59
Preis (Beweislast): → § 286 Rdnr. 82 ff.
Prima-facie-Beweis: → Anscheinsbeweis
Privates Wissen des Richters: → § 284 Rdnr. 17, § 286 Rdnr. 18
Privatgutachten: → § 284 Rdnr. 35, § 286 Rdnr. 14
Privaturkunde: → § 284 Rdnr. 35
Produkthaftung (Anscheinsbeweis): → § 286 Rdnr. 110
Produzentenhaftung (Beweislast): → § 286 Rdnr. 86f, 86g, 86h
Prozessuale Fragen (Beweislast): → § 286 Rdnr. 52
Prozeßvorgänge (Beweiswürdigung): → § 286 Rdnr. 6 Fn. 13

Rabatt (Beweislast): → § 286 Rdnr. 85
Ratenzahlung
– Beweis: → § 286 Rdnr. 116 Fn. 366
– Beweislast: → § 286 Rdnr. 75
Recht auf Beweis: → § 284 Rdnr. 51 Fn. 89
Recht auf Gehör: → § 286 Rdnr. 16
Rechtfertigungsgründe (Beweislast): → § 286 Rdnr. 67
Rechtliches Gehör: → § 284 Rdnr. 52
Rechtsanwaltsgebühr (Beweislast): → § 286 Rdnr. 84
Rechtsbegründende Tatsachen: → § 286 Rdnr. 38 ff., 59
Rechtsgeschäft (Beweislast): → § 286 Rdnr. 77 ff.
– Änderung (Beweislast): → § 286 Rdnr. 81
– Anfangstermin (Beweislast): → § 286 Rdnr. 79
– Anfechtbarkeit (Beweislast): → § 286 Rdnr. 66
– Art (Beweislast): → § 286 Rdnr. 79
– Auflösende Bedingung (Beweislast): → § 286 Rdnr. 81
– Aufschiebende Bedingung (Beweislast): → § 286 Rdnr. 78
– Endtermin (Beweislast): → § 286 Rdnr. 81
– Form (Beweislast): → § 286 Rdnr. 65
– Nichtigkeit (Beweislast): → § 286 Rdnr. 66
– Unbedingter Vertrag (Beweis): → § 286 Rdnr. 115
– Vertragsbedingungen (Beweis): → § 286 Rdnr. 114
Rechtshemmende Tatsachen: → § 286 Rdnr. 38
Rechtshindernde Tatsachen: → § 286 Rdnr. 38 ff., 59 ff.
Rechtsirrtum (Beweislast): → § 286 Rdnr. 70
Rechtskraftwirkung: → § 284 Rdnr. 81 f.
Rechtsmißbrauch
– Beweisanträge: → § 284 Rdnr. 83
– Beweislast: → § 286 Rdnr. 71
Rechtsvernichtende Tatsachen: → § 286 Rdnr. 38 ff.

Rechtswidrig erlangte Beweismittel: → § 284 Rdnr. 56 ff.
Regelbeweismaß: → § 286 Rdnr. 4 ff.
Reitunterricht (Anscheinsbeweis): → § 286 Rdnr. 112
Revision
– Ablehnung von Beweisanträgen: → § 284 Rdnr. 52
– Abweichung von Sachverständigengutachten: → § 286 Rdnr. 15
– Anscheinsbeweis: → § 286 Rdnr. 99
– Beweiswürdigung: → § 286 Rdnr. 15
– Schadensermittlung: → § 287 Rdnr. 34
– Verstoß gegen Beweislastregeln: → § 286 Rdnr. 55
– Verstoß gegen § 285 Abs. 1: → § 285 Rdnr. 4
Richterliche Abstimmung und Beratung (Beweiserhebung): → § 284 Rdnr. 55
Richterliche Rechtsfortbildung: → § 286 Rdnr. 49, 86f, 99
Richterliche Überzeugung: → § 286 Rdnr. 1 ff.
Risikoaufklärung des Patienten (Beweislast): → § 286 Rdnr. 68
Röntgenaufnahmen
– Nichtvorlage (Beweiswürdigung): → § 286 Rdnr. 120
– Unterlassene Anfertigung (Beweislastumkehr): → § 286 Rdnr. 127a
Rücknahme ehrenkränkender Behauptungen (Beweislast): → § 286 Rdnr. 58
Rücknahme von Beweisanträgen: → § 284 Rdnr. 32

Sachkunde des Richters: → § 286 Rdnr. 14
Sachverständigenbeweis
– Ablehnung wegen Ungeeignetheit: → § 284 Rdnr. 68
– Abweichung von Sachverständigengutachten: → § 286 Rdnr. 14
– Beweisantrag: → § 284 Rdnr. 31
– Beweisvereitelung: → § 286 Rdnr. 125
– Beweiswürdigung: → § 286 Rdnr. 14
– Erfahrungssätze: → § 284 Rdnr. 17
– Schadensschätzung: → § 287 Rdnr. 31
– Unerreichbarkeit des Beweismittels: → § 284 Rdnr. 66
Säumnis (Verhandlung über das Beweisergebnis): → § 285 Rdnr. 9
Säumnis des Beklagten (Behauptungslast): → § 286 Rdnr. 28
Schadensermittlung: → Schadensschätzung
Schadensersatzansprüche
– Anscheinsbeweis: → § 286 Rdnr. 87 ff.
– Beweis: → Schadensschätzung
– Beweislast: → § 286 Rdnr. 50, 86a – 86i, 67 ff.
– Beweislastumkehr: → § 286 Rdnr. 120 ff.

Schadensschätzung: → § 287 Rdnr. 1 ff.
– Absehen von Beweisaufnahme: → § 287 Rdnr. 27
– Abweichungen von § 286: → § 287 Rdnr. 24 ff.
– Amtshaftung: → § 287 Rdnr. 14 f.
– Anwendungsgebiet des § 287 Abs. 1: → § 287 Rdnr. 3 ff.
– Art des Ersatzes: → § 287 Rdnr. 7, 20
– Aufopferung: → § 287 Rdnr. 6
– Beweislast: → § 287 Rdnr. 25a, 30
– Beweismaß: → § 287 Rdnr. 30
– Enteignung: → § 287 Rdnr. 6
– Haftungsausfüllende Kausalität: → § 287 Rdnr. 16
– Haftungsbegründende Kausalität: → § 287 Rdnr. 13 ff.
– Haftungsgrund: → § 287 Rdnr. 11
– Kausalzusammenhang: → § 287 Rdnr. 13 ff.
– Mitwirkendes Verschulden: → § 287 Rdnr. 17, 19
– Parteivernehmung: → § 287 Rdnr. 35 ff.
– Sachverständigenbeweis: → § 287 Rdnr. 31
– Substantiierung der Behauptung: → § 287 Rdnr. 25 ff.
– Überprüfung in den Rechtsmittelinstanzen: → § 287 Rdnr. 33 ff.
– Unerlaubte Handlungen: → § 287 Rdnr. 4, 14 f.
– Urteilsgründe: → § 287 Rdnr. 29
– Versäumnisverfahren: → § 287 Rdnr. 39
– Vertragsverletzungen: → § 287 Rdnr. 4, 14 f.
– Voraussetzungen des Schadensersatzanspruchs: → § 287 Rdnr. 10 ff.
Schätzung der Forderungshöhe: → § 287 Rdnr. 21 ff.
Scheingeschäft (Beweislast): → § 286 Rdnr. 66
Schenkung (Beweislast): → § 286 Rdnr. 79
Schiffsverkehr
– Anscheinsbeweis: → § 286 Rdnr. 101, 113 Fn. 355
– Beweislast: → § 286 Rdnr. 86a Fn. 208, Rdnr. 122 Fn. 404
Schleppvertrag (Beweislast): → § 286 Rdnr. 86a Fn. 208
Schlittschuhläufer (Anscheinsbeweis): → § 286 Rdnr. 112
Schmerzensgeld: → § 287 Rdnr. 5 Fn. 8
Schmiergelder (Anscheinsbeweis): → § 286 Rdnr. 114
Schriftliche Bestätigung (Beweislast): → § 286 Rdnr. 79
Schutzhelm (Anscheinsbeweis): → § 286 Rdnr. 108
Schweigepflicht (Beweishindernis): → § 284 Rdnr. 54
→ Nichtentbindung von der Schweigepflicht
Schweißarbeiten (Anscheinsbeweis): → § 286 Rdnr. 110

Sekundärschäden (Arzthaftung, Beweiserleichterung): → § 286 Rdnr. 128a Fn. 442
Selbsttötung (Anscheinsbeweis): → § 286 Rdnr. 117
Sittenwidrigkeit (Beweislast): → § 286 Rdnr. 66
Skiunfall (Anscheinsbeweis): → § 286 Rdnr. 110, 112
Skonto (Beweislast): → § 286 Rdnr. 85
Sportunfall
– Anscheinsbeweis: → § 286 Rdnr. 110, 112
– Beweislast für Regelverletzung: → § 286 Rdnr. 69
Stellvertretung (Beweislast): → § 286 Rdnr. 80
Steuergeheimnis (Beweishindernis): → § 284 Rdnr. 54
Stillschweigendes Gesetzesrecht: → § 286 Rdnr. 37
Strafprozeß (Verwertung einer Beweisaufnahme): → § 284 Rdnr. 34, 37 f., 60
Strafurteil (keine Bindung an Tatsachenfeststellungen): → § 286 Rdnr. 19
Straßenverkehrsunfälle (Anscheinsbeweis): → § 286 Rdnr. 102 ff.
Strengbeweis: → § 284 Rdnr. 23, 27
Stundung (Beweislast): → § 286 Rdnr. 75, 81
Subjektive Beweislast: → § 286 Rdnr. 29 ff.
Substantiierung von Behauptungen
– Beweisantrag: → § 284 Rdnr. 44 ff.
– Schadensschätzung: → § 287 Rdnr. 25 ff.

Tarifvertrag (Schätzung der Zahl tarifgebundener Arbeitnehmer): → § 287 Rdnr. 23 Fn. 66
Tatsachen
– Begriff: → § 284 Rdnr. 9 ff.
– Bestimmtheit der Behauptung: → § 284 Rdnr. 44 ff.
– Beweiserheblichkeit: → § 284 Rdnr. 73 ff., 79, 85
– Hilfstatsachen des Beweises: → § 284 Rdnr. 21
– Hypothetische Tatsachen: → § 284 Rdnr. 12, § 287 Rdnr. 27
– Indizien: → Indizienbeweis
– Innere Tatsachen (Anscheinsbeweis): → § 286 Rdnr. 117
– Juristische Tatsachen: → § 284 Rdnr. 13 f.
– Negative Tatsachen: → § 284 Rdnr. 12, § 286 Rdnr. 44, 60
– Rechtsbegründende Tatsachen: → § 286 Rdnr. 41 ff., 59
– Rechtshemmende Tatsachen: → § 286 Rdnr. 41
– Rechtshindernde Tatsachen: → § 286 Rdnr. 41 ff., 59 ff.
– Rechtskraft: → § 284 Rdnr. 81 f.
– Rechtsvernichtende Tatsachen: → § 286 Rdnr. 41 ff.
Tatsachen aufgrund Beweisaufnahme: → § 286 Rdnr. 11

Teilzahlungsabrede
- Beweis: → § 286 Rdnr. 116 Fn. 366
- Beweislast: → § 286 Rdnr. 75

Telefax: → § 286 Rdnr. 119a

Telefongespräch (Verwertungsverbote)
- Heimliches Mithören: → § 284 Rdnr. 59
- Tonbandaufzeichnung: → § 284 Rdnr. 61
- Überwachung: → § 284 Rdnr. 59

Telefonrechnung: → § 286 Rdnr. 119b

Testament (Beweislast): → § 286 Rdnr. 76
- Sittenwidrigkeit (Beweislast): → § 286 Rdnr. 66 Fn. 155
- Testierfähigkeit (Beweislast): → § 286 Rdnr. 73
- Vernichtung (Beweislastumkehr): → § 286 Rdnr. 123

Testierunfähigkeit (Beweislast): → § 286 Rdnr. 46, 73f.

Theorem von Bayes: → § 286 Rdnr. 4a

Tonbandaufnahme (Verwertungsverbot): → § 284 Rdnr. 58f., 61 ff.

Typischer Geschehensablauf: → § 286 Rdnr. 88 ff.

Überflüssigkeit des Beweises: → § 284 Rdnr. 71
Überholen (Anscheinsbeweis): → § 286 Rdnr. 105
Überwiegende Wahrscheinlichkeit: → § 286 Rdnr. 5, 47, 94
Überzahlung von Arbeitsentgelt (Anscheinsbeweis): → § 286 Rdnr. 118a
Überzeugung des Richters: → § 286 Rdnr. 1 ff.
Überzeugung vom Gegenteil (Ablehnung von Beweisanträgen): → § 284 Rdnr. 78
Umkehr der Beweislast: → Beweislastumkehr
Umwelthaftung: → § 286 Rdnr. 86i
Unerhebliche Tatsachen (Ablehnung von Beweisanträgen): → § 284 Rdnr. 75
Unerreichbarkeit des Beweismittels: → § 284 Rdnr. 65
Unfallversicherung und Kausalität: → § 287 Rdnr. 14
Ungeeignetheit des Beweismittels: → § 284 Rdnr. 67 ff.
Unglaubwürdigkeit des Beweismittels (Ablehnung von Beweisanträgen): → § 284 Rdnr. 70
Ungünstiges Parteivorbringen: → § 286 Rdnr. 31
Unlauterer Wettbewerb (Beweislast): → § 286 Rdnr. 51 Fn. 112
Unökonomischer Beweisantrag: → § 284 Rdnr. 71
Unterhaltsansprüche: → § 287 Rdnr. 22
Unterhaltsprozeß (Schätzung): → § 287 Rdnr. 5, 22
Unterlassungspflicht (Beweislast): → § 286 Rdnr. 63
Untersuchungsmaxime
- Ausforschungsbeweis: → § 284 Rdnr. 40, 46
- Beweiserschöpfung: → § 284 Rdnr. 51
- Beweisführung: → § 286 Rdnr. 5
- Beweislast: → § 286 Rdnr. 26

- Beweiswürdigung: → § 286 Rdnr. 6
- Einführung der Tatsachen: → § 284 Rdnr. 10

Untersuchungs- und Kontrollpflicht (Beweislastumkehr): → § 286 Rdnr. 122

Unzulässigkeit von Beweisanträgen: → § 284 Rdnr. 40 ff., 54 ff.

Unzurechnungsfähigkeit (Beweislast): → § 286 Rdnr. 74

Urheberrechtsverletzungen (Anscheinsbeweis): → § 286 Rdnr. 113

Urkunde (Vermutung der Vollständigkeit): → § 286 Rdnr. 115 f.

Urkundenbeweis
- Beweisantritt: → § 284 Rdnr. 31
- Beweisregeln: → § 286 Rdnr. 24
- Gutachten: → § 284 Rdnr. 34 f.
- Privatgutachten: → § 284 Rdnr. 35
- Unerreichbarkeit des Beweismittels: → § 284 Rdnr. 65
- Vernehmungsprotokolle: → § 284 Rdnr. 34, 36 ff.

Urkundenprozeß (Ausschluß von Beweismitteln): → § 284 Rdnr. 54

Verdachtskündigung: → § 286 Rdnr. 19
Vereitelung der Wahrheitsfindung (Beweislastumkehr): → § 286 Rdnr. 123
Verfahrensfehler im Strafverfahren (Verwertungsverbot): → § 284 Rdnr. 60
Vergütung (Beweislast): → § 286 Rdnr. 82 ff.
Verhandlung über das Beweisergebnis: → § 285 Rdnr. 1 ff.
- Anforderungen: → § 285 Rdnr. 1, 3
- Entscheidung nach Lage der Akten: → § 285 Rdnr. 9
- Entscheidung ohne mündliche Verhandlung: → § 285 Rdnr. 11
- Nachträgliche Stellungnahme: → § 285 Rdnr. 3
- Schriftsätzliche Stellungnahme: → § 285 Rdnr. 2
- Verzicht der Parteien: → § 285 Rdnr. 1
- Zeitpunkt: → § 285 Rdnr. 3
Verkehrsunfälle (Anscheinsbeweis): → § 286 Rdnr. 102 ff.
Vermutung der Vollständigkeit der Urkunde: → § 286 Rdnr. 115 f.
Vernehmungsprotokolle (Urkundenbeweis): → § 284 Rdnr. 34, 36, 38
Verschleppungsabsicht: → § 284 Rdnr. 83
Verschulden (Anscheinsbeweis): → § 286 Rdnr. 91, 95, 100 ff.
Verschulden beim Vertragsschluß (Beweislast): → culpa in contrahendo
Verstoß gegen anwaltliches Standesrecht (Verwertung von Beweismitteln): → § 284 Rdnr. 60
Verstoß gegen Schutzgesetze (Anscheinsbeweis): → § 286 Rdnr. 91

Vertrag
- Abschluß (Anscheinsbeweis): → § 286 Rdnr. 114 ff.
- Abschluß (Beweislast): → § 286 Rdnr. 77 ff.
- Aufklärungspflicht (Beweislast): → § 286 Rdnr. 86d, 86e
- Beratungspflicht (Beweislast): → § 286 Rdnr. 64 Fn. 148, Rdnr. 86d, 86e
- Inhalt (Beweislast): → § 286 Rdnr. 77 ff.
- Positive Vertragsverletzung (Beweislast): → § 286 Rdnr. 86a
- Vertrag mit Schutzwirkung zugunsten Dritter (Beweislast): → § 286 Rdnr. 86a Fn. 208
- Vertrag zugunsten Dritter (Beweislast): → § 286 Rdnr. 86
- Vertragsbedingungen (Anscheinsbeweis): → § 286 Rdnr. 114 ff.
- Vertragsstrafe (Beweislast): → § 286 Rdnr. 63

Vertrauliches Gespräch (Verwertungsverbot): → § 284 Rdnr. 60, 61
Vertretung (Beweislast): → § 286 Rdnr. 80
Verwandte als Zeugen: → § 286 Rdnr. 1
Verwertungsverbot: → § 284 Rdnr. 56 ff.
Verzug (Beweislast): → § 286 Rdnr. 64 Fn. 146
Vollbeweis: → § 286 Rdnr. 4 f., 47
Vollstreckungsgegenklage (Beweislast): → § 286 Rdnr. 36
Vorauswürdigung von Beweismitteln: → § 284 Rdnr. 67, 70, 76, 78
Vorfahrtverletzung (Anscheinsbeweis): → § 286 Rdnr. 103
Vortrag des Beweisergebnisses: → § 285 Rdnr. 5 ff.
- Beweisaufnahme vor beauftragtem oder ersuchtem Richter: → § 285 Rdnr. 7
- Entscheidung nach Lage der Akten: → § 285 Rdnr. 9
- Entscheidung ohne mündliche Verhandlung: → § 285 Rdnr. 11
- Richterwechsel: → § 285 Rdnr. 6

Vorwegnahme der Beweiswürdigung: → § 284 Rdnr. 67, 70, 76, 78

Waffengleichheit: → § 286 Rdnr. 35, 53
Wahrnehmung berechtigter Interessen (Beweiserlangung): → § 284 Rdnr. 62

Wahrscheinlichkeit: → § 286 Rdnr. 1 ff., 4a, 5, 47
Wahrunterstellung: → § 284 Rdnr. 79 f.
Warenlieferung
- Anscheinsbeweis: → § 286 Rdnr. 110
- Beweislast (Produzentenhaftung): → § 286 Rdnr. 86f – 86h
- Beweisvereitelung: → § 286 Rdnr. 123

Wechselprozeß (Ausschluß von Beweismitteln): → § 284 Rdnr. 54
Wendendes Fahrzeug: → § 286 Rdnr. 105
Werkvertrag
- Behauptete Schenkung (Beweislast): → § 286 Rdnr. 79
- Positive Vertragsverletzung (Beweislast): → § 286 Rdnr. 86a – 86e
- Werklohn (Beweislast): → § 286 Rdnr. 82

Wertungsschichten: → § 286 Rdnr. 47
Widerruf einer ehrenkränkenden Behauptung (Beweislast): → § 286 Rdnr. 58
Wildunfall (Anscheinsbeweis): → § 286 Rdnr. 102 Fn. 296, Rdnr. 104 Fn. 310

Zahlungskonto (Beweislast): → § 286 Rdnr. 85
Zeit der Leistung (Beweislast): → § 286 Rdnr. 75
Zeugenbeweis
- Ablehnung: → § 284 Rdnr. 67, 69 f., 75
- Beweishindernisse: → § 284 Rdnr. 54
- Parteivereinbarung (Ausschluß der erneuten Vernehmung): → § 284 Rdnr. 36 Fn. 55
- Schweigepflicht: → § 284 Rdnr. 54
- Unereichbarkeit des Beweismittels: → § 284 Rdnr. 65
- Ungeeignetheit: → § 284 Rdnr. 69
- Unglaubwürdigkeit: → § 284 Rdnr. 70
- Verhältnis zum Urkundenbeweis: → § 284 Rdnr. 33 ff.
- Zeugnisverweigerungsrecht: → § 284 Rdnr. 54 f.

Zivilurteil (keine Bindung an Tatsachenfeststellungen): → § 286 Rdnr. 19b
Zugang (Anscheinsbeweis): → § 286 Rdnr. 119
Zurückweisung von Beweisanträgen (wegen Verspätung): → § 284 Rdnr. 83
Zwecklosigkeit des Beweises: → § 284 Rdnr. 64 ff.
Zwischenurteil (Zulässigkeit einer Beweiserhebung): → § 284 Rdnr. 85

§ 284 [Beweisaufnahme]

Die Beweisaufnahme und die Anordnung eines besonderen Beweisaufnahmeverfahrens durch Beweisbeschluß wird durch die Vorschriften des fünften bis elften Titels bestimmt.

Gesetzesgeschichte: Bis 1900 § 257 CPO.

Vorbemerkung	1
I. Begriff und Ziel des Beweises	3
1. Begriff des Beweises	3
2. Beweisführung und Beweisaufnahme	4
3. Hauptbeweis und Gegenbeweis	5
a) Hauptbeweis	5
b) Gegenbeweis	7
4. Unmittelbarer Beweis und Indizienbeweis	8
II. Der Gegenstand des Beweises	9
1. Tatsachen	9
2. Unterscheidung zwischen Tatsachen und juristischer Beurteilung	13
3. Rechtssätze	15
4. Erfahrungssätze	16
5. Unmittelbar erhebliche Tatsachen und Indizien	19
6. Hilfstatsachen des Beweises	21
III. Arten der Beweiserhebung und Beweismittel	22
1. Arten der Beweiserhebung	22
a) Strengbeweis	23
b) Glaubhaftmachung	24
c) Freibeweis	25
2. Beweismittel	26
a) Beweismittel des Strengbeweises	27
b) Beweismittel der Glaubhaftmachung und des Freibeweises	28
IV. Beweisführung (Beweisantritt) durch die Parteien	29
1. Beweisantritt als Aufgabe der Parteien	29
2. Zeitpunkt	30
3. Inhalt des Beweisantrags	31
4. Wahl zwischen verschiedenen Beweismitteln	33
a) Urkundenbeweis statt Zeugen- oder Sachverständigenbeweis	34
b) Parteierklärungen in einem früheren Prozeß	39
5. Ausforschungsbeweis	40
a) Allgemeines	40
b) Mangelnde Bestimmtheit	42
c) Fehlende Anhaltspunkte	45
V. Anordnung und Durchführung der Beweisaufnahme	49
1. Beweisanordnung	49
2. Vorschriften über die Beweisaufnahme	50
VI. Der Umfang der Beweisaufnahme (Ablehnung von Beweisanträgen)	51
1. Grundsatz	51
2. Beweishindernisse	54
a) Gesetzliche Einschränkungen	54
b) Rechtswidrig erlangte Beweismittel	56
aa) Begründung des Verwertungsverbots	56
bb) Rechtswidrigkeit und Rechtfertigung	61
3. Zwecklosigkeit des Beweises	64
a) Unerreichbarkeit des Beweismittels	65
b) Ungeeignetheit des Beweismittels	67
4. Überflüssigkeit des Beweises	71
a) Offenkundigkeit	72
b) Fehlende Beweiserheblichkeit	73
c) Bereits bewiesene Tatsache	77
d) Wahrunterstellung	79
e) Bindung an gerichtliche oder behördliche Entscheidungen	81
5. Beweisanträge in Verschleppungsabsicht und nicht ernstlich gemeinte Beweisanträge	83
a) Verspätung und Verschleppungsabsicht	83
b) Nicht ernstlich gemeinte Beweisanträge	84
6. Verfahren	85

Stichwortregister zum Beweisrecht (§§ 284–287) → vor § 284

1 **Vorbemerkung:** Der Inhalt des § 284 erschöpft sich in einer Verweisung auf die §§ 355 bis 484. Da es aber seit der Neufassung des § 282 durch die Vereinfachungsnovelle 1976 an einer allgemeinen Vorschrift über Beweis und Beweisführung fehlt, werden die allgemeinen Grundsätze des Beweises bei § 284 dargestellt.

2 Zur Beweiswürdigung → § 286 Rdnr. 1 ff., zur Beweislast → § 286 Rdnr. 25 ff.

I. Begriff und Ziel des Beweises[1]

1. Begriff des Beweises

3 Beweis ist derjenige prozessuale Vorgang, der dem Richter eine auf objektive Gründe gestützte Überzeugung von der Wahrheit tatsächlicher Behauptungen verschaffen soll. Die **Wahrheitsfindung** ist jedoch kein Selbstzweck (→ Einl. [20. Aufl.] Rdnr. 21), sondern dient dazu, die Grundlagen für die Anwendung der Rechtssätze zu gewinnen und so die Entscheidung des Streits der Parteien zu ermöglichen. Die Tatsachenbehauptungen der Parteien bedürfen insoweit des Beweises, als nicht – auf dem Gebiet des Verhandlungsgrundsatzes (→ vor § 128 Rdnr. 75 ff.) – die richterliche Wahrheitsprüfung durch Geständnis (§ 288 Abs. 1), Nichtbestreiten (§ 138 Abs. 3) oder Säumnis des Beklagten (§ 331 Abs. 1 S. 1) ausgeschlossen ist oder einzelne Tatsachen als offenkundig anzusehen sind (§ 291).

2. Beweisführung und Beweisaufnahme

4 Die *Beweisführung* durch die Parteien führt zu der dem Richter obliegenden *Aufnahme des Beweises*. Im Bereich des Verhandlungsgrundsatzes ist die **Beweisantretung** grundsätzlich Sache der **Parteien**. Dem **Gericht** ist aber auch hier in ziemlich weitem Umfang gestattet, nach seinem Ermessen unabhängig von einem Beweisantritt der Parteien Beweismittel (jedoch nicht den Zeugenbeweis) heranzuziehen und zu verwerten, näher → vor § 128 Rdnr. 78. Im Bereich des Untersuchungsgrundsatzes (→ vor § 128 Rdnr. 86) ist es Aufgabe des Gerichts, von sich aus die erforderlichen Beweise zu erheben.

3. Hauptbeweis und Gegenbeweis

5 a) **Hauptbeweis** ist der Beweis der **beweisbelasteten Partei** für die Wahrheit einer Behauptung. Dieser Beweis soll das Vorliegen der Tatbestandsmerkmale der anzuwendenden Rechtsnormen ergeben. Der Hauptbeweis ist erst erbracht, wenn der Beweisführer dem Richter die volle Überzeugung von der Wahrheit der behaupteten Tatsache verschafft hat, näher → § 286 Rdnr. 4.

---

[1] Allgemeine Lit. zum Beweisrecht: Freiheit und Bindung des Zivilrichters in der Sachaufklärung (1966), (Beiträge von *Esser, Kuchinke, Lando, Bolding*); *W. Bernhardt* Die Aufklärung des Sachverhalts im Zivilprozeß, Festg. f. Rosenberg (1949), 9; *R. Bruns* Die Beweisführung im Prozeß, in: *Gilles* (Hrsg.) Humane Justiz, Die deutschen Landesberichte zum ersten internationalen Kongreß für Zivilprozeßrecht in Gent 1977 (1977), 137; *Coester-Waltjen* Internationales Beweisrecht (1983); *Döhring* Die Erforschung des Sachverhalts im Prozeß (1964); *Hasler* Die Feststellung des Tatbestandes im Zivilprozeß, Zürich (1926); *Hruschka* Die Konstitution des Rechtsfalles (1965); *Musielak-Stadler* Grundfragen des Beweisrechts (1984); (s. auch JuS 1979, 721, 877; 1980, 126); *E. Peters* Beweisarten im Zivilprozeß JA 1981, 65; *Nagel* Beweisrecht im Europäischen Zivilprozeß (1967); *E. Schneider* Beweis und Beweiswürdigung[3]; *E. Wildhagen* Der Sachverhalt – ein Stiefkind des Zivilprozesses (1929).
Lit. zum Umfang der Beweisaufnahme → Fn. 88, zu Beweiswürdigung und Beweismaß → § 286 Fn. 1, zur Beweislast → § 286 Fn. 66, zum Anscheinsbeweis → § 286 Fn. 244.

Auch der »**Beweis des Gegenteils**« i. S. des § 167 Abs. 2 und insbesondere zur Widerlegung 6
gesetzlicher Vermutungen (§ 292 S. 1) ist Hauptbeweis. Die Partei, die sich auf das »Gegenteil« beruft, trägt in diesen Fällen die Beweislast. Es genügt daher zur Beweisführung nicht, daß die Möglichkeit eines anderen Hergangs dargetan wird; vielmehr muß der volle, zur richterlichen Überzeugung führende Beweis des Gegenteils geführt werden, näher → § 292 Rdnr. 15.

b) **Gegenbeweis** ist der Beweis der anderen (nicht beweisbelasteten) Partei für die Nicht- 7
wahrheit der behaupteten Tatsachen, der Beweis zur »Widerlegung tatsächlicher Behauptungen« (§ 130 Nr. 5). Der Gegenbeweis ist bereits dann erfolgreich, wenn durch ihn die Überzeugung des Richters von der Wahrheit der beweisbedürftigen Tatsache erschüttert wird[2].

4. Unmittelbarer Beweis und Indizienbeweis

Sowohl der Hauptbeweis als auch der Gegenbeweis können durch unmittelbaren (direkten) 8
Beweis oder durch mittelbaren Beweis (Indizienbeweis) geführt werden. Der unmittelbare Beweis bezieht sich auf Tatsachen, die den Tatbestand der anzuwendenden Rechtsnormen ausfüllen; der mittelbare Beweis betrifft dagegen Tatsachen, aus denen nach den Gesetzen der Lebenserfahrung und den konkreten Umständen auf die unmittelbar erheblichen Tatsachen geschlossen wird, → Rdnr. 19. Zur Schlüssigkeitsprüfung beim Indizienbeweis → Rdnr. 74.

II. Der Gegenstand des Beweises[3]

1. Tatsachen

Den Gegenstand des Beweises bilden in erster Linie die Tatsachen[4], d.h. die dem verhan- 9
delten Einzelfalle angehörigen konkreten, nach Zeit und Raum bestimmten Geschehnisse und Zustände der Außenwelt (äußere Tatsachen) wie des menschlichen Seelenlebens (innere Tatsachen), deren Subsumtion unter die Tatbestandsmerkmale der Rechtssätze die eigentliche Richteraufgabe darstellt. Die Tatsachen selbst kann der Richter nur wahrnehmen, wenn sie ihm beim Augenschein unmittelbar gegenübertreten. Bei den übrigen Beweismitteln, also der Urkunde, der Zeugenaussage, dem Sachverständigengutachten und der Parteivernehmung, treten sie dagegen stets als Aussagen von Personen über die Tatsachen, d.h. als »Tatsachenurteile« (im Sinne der Logik), auf. Auch beim Augenschein hat der Richter die Wahrnehmung in sich zu einem solchen Tatsachenurteil zu verarbeiten.

Jede Tatsache muß in den Prozeß als Tatsachenurteil (im Sinne der Logik) eingeführt 10
werden. In der Regel geschieht dies in Form einer **Parteibehauptung** (vgl. § 130 Nr. 4 und 5, § 286 Abs. 1 S. 1: »tatsächliche Behauptungen«). Im Bereich des Untersuchungsgrundsatzes

---

[2] *BGH* LM § 286 (B) Nr. 39 = MDR 1978, 914; LM § 286 (B) Nr. 50 = MDR 1983, 830 = NJW 1983, 1740 (LS); OGHZ 4, 105, 107. Zur Erschütterung des Anscheinsbeweises § 286 Rdnr. 97f.

[3] Zum folgenden vgl. besonders *Stein* Das private Wissen des Richters (1893), 5ff.; *Kleinfeller* Geschichtliche Entwicklung des Tatsacheneides (1891), 1ff.; *Rupp* Beweis im Strafverfahren (1884); *Hegler* Die Unterscheidung des Sachverständigen vom Zeugen im Prozeß AcP 104 (1909), 151, 162ff.; *Levin* Richterliche Prozeßleitung und Sitzungspolizei (1913), 148ff.; *Alsberg-Nüse-K. Meyer* Der Beweisantrag im Strafprozeß[5] 190ff.; *Engisch* Logische Studien zur Gesetzesanwendung[3]; *Henke* Die Tatfrage (1966), 138ff.; *Kuchinke* Grenzen der Nachprüfbarkeit tatrichterlicher Würdigung und Feststellungen in der Revisionsinstanz (1964); *Larenz* Methodenlehre der Rechtswissenschaft[6], 304ff.; *E. Mezger* Der psychiatrische Sachverständige im Prozeß, Beiheft zu AcP 117 (1919), 36ff.; *Scheuerle* Beiträge zum Problem der Trennung von Tat- und Rechtsfrage AcP 157 (1958/59), 1, s. ferner die Lit. in Fn. 1.

[4] Zum Tatsachenbegriff im wesentlichen wie hier *BGH* DRiZ 1974, 27.

(→ vor § 128 Rdnr. 86 ff.) und zum Teil auch bei der Prüfung von Amts wegen (→ vor § 128 Rdnr. 91, 95) können Tatsachenurteile auch durch das Gericht zum Prozeßstoff gemacht werden. Das **Ziel der Beweisführung** ist in der Regel die Feststellung der Wahrheit oder Unwahrheit des Tatsachenurteils.

11   Alle **Tatsachenurteile** (im Sinne der Logik) entstehen durch **Schlußfolgerung**, durch Subsumtion von Wahrnehmungen der Tatsachen unter allgemeine Oberbegriffe und Obersätze irgendwelcher Art. Eine Angabe über Tatsachen ohne Urteil des sie Aussprechenden ist logisch unmöglich[5]: Die scheinbare Verschiedenheit der Fälle beruht nur darauf, daß die zur Bildung des Tatsachenurteils erforderliche Wahrnehmung und Schlußfolgerung bald einfach, bald, wie z.B. bei inneren Tatsachen, verwickelt ist[6].

12   Da die sog. Tatsachen in Wahrheit Urteile über Tatsachen sind, ist es auch möglich, **hypothetische Tatsachen** (wie jemand gehandelt haben würde)[7] sowie **negative Tatsachen**[8] oder die Unmöglichkeit einer Tatsache als Gegenstand des Beweises zu behandeln.

2. Unterscheidung zwischen Tatsachen und juristischer Beurteilung

13   Die Bestimmung des Tatsachenbegriffs ermöglicht die für die Begrenzung des Beweises wie für die Behandlung des Geständnisses (→ § 288 Rdnr. 5 f.) wichtige Trennung von denjenigen Behauptungen, die nicht Beweisgegenstand sein können. Vom Tatsachenurteil als einer Aussage über die Tatsache als solche ist die **Subsumtion** (Beurteilung) der unstreitigen oder bewiesenen Tatsachen unter die Tatbestandsmerkmale der Rechtssätze zu unterscheiden. Nicht zu den Tatsachen gehören daher die sog. **juristischen Tatsachen** oder juristischen Urteile. Dabei handelt es sich um Aussagen darüber, daß in bestimmten Tatsachen ein Rechtsbegriff (Verjährung, Zufall, Verschulden usw.) verkörpert sei oder daß ein tatsächlicher Hergang ein bestimmtes Rechtsverhältnis (Kauf, Miete usw.) darstelle, oder endlich, daß ein Anspruch oder eine Rechtsfolge anderer Art bestehe. Alle diese juristischen Urteile werden gewonnen durch Subsumtion konkreter Tatsachen unter Rechtssätze, also durch die im Rechtsstreit dem Richter obliegende Tätigkeit (→ vor § 128 Rdnr. 106 ff., § 253 Rdnr. 136); sie können daher nicht unmittelbar den Gegenstand des Beweises bilden[9]. Daher gibt es weder Geständnis noch Zeugnis z.B. über die Stellung als Erbe[10] oder als Arbeitgeber oder als Schiffseigner[11], die **Auslegung** der Urkunde[12] oder eines Rechtsgeschäfts[13], oder darüber, ob ein Geschäft gegen die guten Sitten verstößt[14], eine Ehe eine Schein- oder nichtige

---

[5] *S. Stein* (Fn. 3), 8; *Hegler* (Fn. 3), 162 ff.

[6] Vgl. auch *RGSt* 26, 70; 37, 371; ferner z.B. *RG* JW 1901, 36; 1902, 166; 1904, 40; 1905, 87; 1906, 27; 1912, 44, 76 u.a.

[7] Vgl. *RGZ* 32, 375; 62, 415 f.; *RG* JW 1909, 464; SeuffArch 65 (1910), 475 u.a.

[8] Anders *Mitsopoulos* ZZP 91 (1978), 113, 123 f., nach dessen Ansicht sich der Vortrag einer negativen Tatsache »nicht selbständig auf die Nichtexistenz der Tatsache bezieht«, »sondern auf den Beweis, daß die konkrete Realitätsgestaltung den Eintritt der Tatsache ausschließt«.

[9] Vgl. *RGZ* 92, 223; *RG* JW 1900, 311, 749; *WarnRsp* 2 (1909) Nr. 429. – S. auch *Stein* (Fn. 3), 56 ff., 60; *RG* Gruchot 40 (1896), 960; JW 1903, 179.

[10] *RG* WarnRsp 12 (1919) Nr. 440. – Nach *BGH* LM § 260 BGB Nr. 1 können geläufige Rechtsbegriffe wie Erbe, Pflichtteilsberechtigter als juristische Tatsachen zugestanden werden. Dies erscheint nur zutreffend, soweit man darin eine abgekürzte (zusammenfassende) Tatsachenbehauptung sehen kann, → Rdnr. 14.

[11] *OLG Schwerin* NJ 1952, 91.

[12] *RG* JW 1896, 282; 1897, 304; Gruchot 42 (1898), 1188; JW 1912, 357; *RAG* ArbRsp 1 (1927/28), 407. – A.M. *BGH* LM § 260 BGB Nr. 1, der die Auslegung zum Tatsachenstoff rechnet und der Parteiverfügung unterstellt. – Anders ist es bezüglich außerhalb der Urkunde liegender, für ihre Auslegung in Betracht kommender Umstände; insoweit greifen wiederum die Grundsätze über den Tatsachenbeweis ein, *RG* JW 1927, 514; s. auch *BGH* NJW 1984, 721 (Fn. 13).

[13] *BGH* NJW-RR 1989, 1282; LM § 133 (B) BGB Nr. 1; NJW 1984, 721 = JZ 1984, 197 (anders hinsichtlich des wirklichen Willens); *RG* JW 1903, 179; 1908, 269 f.; *RAG* HRR 1932 Nr. 2276; *OLG München* OLG Rsp 25 (1912), 115. S. ferner *Danz* Auslegung der Rechtsgeschäfte[3] 35 ff., → auch §§ 549, 550 Rdnr. 33 ff. – A.M. *RG* JW 1901, 6; Gruchot 52 (1908), 929 f. (beide zu § 288); JW 1905, 682.

[14] *RG* JW 1899, 768.

Ehe ist[15] usw.[16], sondern nur über die zugrundeliegenden Tatsachen, die allerdings auch in »juristischer Einkleidung« (→ Rdnr. 14) vorkommen können. Die Auffassung der Zeugen, Sachverständigen oder der vernommenen Parteien über die rechtliche Bewertung ihrer Wahrnehmungen ist unerheblich.

Es kann in solchen Fällen aber auch lediglich **die juristisch gefärbte Einkleidung einer Tatsachenbehauptung** vorliegen, wenn nämlich die Subsumtion als unzweifelhaft und sicher betrachtet wird, wenn also die verwendeten Rechtsbegriffe allgemein bekannte sind, deren Namen mit dem sprachlichen Ausdruck für den tatsächlichen Hergang zusammenfällt (kaufen, mieten usw.), oder doch solche, die dem Aussagenden vermöge seiner Lebensstellung bekannt und geläufig sind. Soweit es sich um Rechtsbegriffe oder Rechtsverhältnisse handelt, die nicht unmittelbar den Gegenstand der richterlichen Entscheidung bilden, sondern ihr nur präjudiziell sind, können solche Behauptungen wie in der Klage (→ § 253 Rdnr. 137) und beim Geständnis (→ § 288 Rdnr. 6), so auch beim Beweis abkürzend als Tatsachenurteil behandelt werden und somit auch Beweisthema sein. Sowie aber die Subsumtion dem Gericht zweifelhaft oder unter den Parteien streitig oder nach Ansicht des Gerichts für den Aussagenden zu schwierig ist, muß auf die **einzelnen konkreten Tatsachen** zurückgegangen werden[17]. Darauf hat das Gericht nach § 139 Abs. 1 S. 1 hinzuweisen. Wieweit die Auflösung im einzelnen Fall zu gehen hat, ergibt sich aus ihrem konkreten Zweck, namentlich mit Rücksicht auf die Erklärung des Gegners. Dazu → auch § 286 Rdnr. 77.

14

3. Rechtssätze

Die Rechtssätze hat das Gericht von sich aus ohne Rücksicht auf Parteibehauptungen heranzuziehen (→ vor § 128 Rdnr. 107); sie sind grundsätzlich nicht Gegenstand des Beweises. Jedoch kann über die in § 293 genannten Rechtsnormen, insbesondere über ausländisches Recht, auch eine Beweiserhebung stattfinden, näher → § 293 Rdnr. 31 ff.

15

4. Erfahrungssätze

Einen Gegensatz zu den Tatsachen in dem oben (→ Rdnr. 9 ff.) besprochenen Sinne der konkreten Einzeltatsachen (auch zu den offenkundigen Tatsachen, → § 291 Rdnr. 1), bilden die Erfahrungssätze[18]. Darunter versteht man sowohl die aus der Beobachtung von Einzelfällen gewonnenen Sätze der **allgemeinen Lebenserfahrung**[19] als auch die allgemeinen Regeln, Grundsätze und Erkenntnisse in Verkehrsleben (§§ 157, 242 BGB), Handel (Handelsbräuche[20], s. § 346 HGB, § 114 GVG) und Gewerbe, aber auch in Kunst, Wissenschaft und

16

---

[15] *RGZ* 91, 403.
[16] Vgl. auch *RAG* 14, 241 (darüber, ob aus bestimmten Erklärungen eine Kündigung hervorgeht).
[17] Vgl. besonders *RGZ* 3, 398; 7, 2; 10, 304; 15, 336; 21, 402; 32, 407; 50, 159; 58, 54; 88, 437 und oft, z. B. *RG* JW 1901, 751; 1902, 128, 421; 1903, 123, 124; 1904, 296; 1905, 179, 225; 1911, 945; 1914, 240; WarnRsp 2 (1909) Nr. 77, 271; 6 (1913) Nr. 178; SeuffArch 80 (1926), 49; JR 1926 Nr. 1305 und zahlreiche OLG-Entscheidungen. Vgl. ferner *Stein* (Fn. 3), 10, 13, 60; *Stölzel* ZZP 29 (1901), 339 ff.
[18] Ausführlich darüber *Stein* (Fn. 3), 12 ff. Für die grundsätzliche Trennung der Erfahrungssätze von den Tatsachen auch *RGZ* 64, 34; 99, 71; WarnRsp 11 (1918) Nr. 100; JW 1914, 36; vgl. auch *RGZ* 76, 174 ff. a. E.; Gruchot 57 (1913), 904; *BGHZ* 2, 84; *Danz* (Fn. 13),

97 ff.; *Hegler* (Fn. 3), 166 ff.; *Bernhardt* (Fn. 1), 22; s. auch *Levin* (Fn. 3), 155 ff. Wegen der praktischen Bedeutung → § 286 Rdnr. 7, 90, § 291 Rdnr. 1, vor § 402 Rdnr. 12 ff., und §§ 549, 550 Rdnr. 25. Ablehnend *Sauer* Grundlagen des Prozeßrechts[2], 66 f.; *ders.* Allgemeine Prozeßrechtslehre (1951), 188. – Auf dem Boden der früher üblichen Gleichstellung mit den Tatsachen, insbesondere den notorischen, *RGZ* 85, 189; *RG* Gruchot 54 (1910), 1142; Gruchot 58 (1914), 482 und in besonders bedenklicher Wendung *RGZ* 84, 166; *RG* JW 1907, 264.
[19] Beispiele *OGHZ* 3, 376; *BGHZ* 2, 84; 3, 51; *BGH* JZ 1951, 560; vgl. auch *BGHZ* 7, 200.
[20] Zur Feststellung von Handelsbräuchen *Limbach* Berliner Festschr. für Hirsch (1968), 77; *Wagner* NJW 1969, 1282.

Technik. Es gehören dazu also auch alle diejenigen Sätze, die Inhalt einer **besonderen Fach- oder Sachkunde** sind, einschließlich der Erkenntnisse der wissenschaftlichen Forschung.

17   Die Erfahrungssätze dienen im Prozeß als **Obersätze für die Beurteilung der Tatsachen,** und zwar sowohl bei der eigentlichen Subsumtion unter die Rechtsbegriffe wie bei der Würdigung der Beweismittel und der Beweisanzeichen (Indizien). Da alle diese Tätigkeiten Aufgaben des Richters sind, gelten für die Feststellung der Erfahrungssätze nicht dieselben Regeln wie für die konkreten Einzeltatsachen. Die Erfahrungssätze brauchen von den Parteien ebensowenig behauptet zu werden wie die Rechtssätze und sind auch nicht Gegenstand eines Geständnisses, → vor § 128 Rdnr. 107. Das Gericht kann seine eigene Sachkunde anwenden und auch ohne Beweisverfahren entsprechende Kenntnisse (etwa durch Literaturstudium) erwerben, → vor § 402 Rdnr. 32. Soweit es nach dem pflichtgemäßen Ermessen des Gerichts erforderlich ist, können und müssen jedoch die Erfahrungssätze durch Sachverständigengutachten bewiesen werden (näher zu den Aufgaben des Sachverständigen → vor § 402 Rdnr. 7 ff.).

18   Über den **Beweiswert** der Erfahrungssätze → § 286 Rdnr. 7, über ihre Bedeutung im Rahmen des **Anscheinsbeweises** → § 286 Rdnr. 90.

5. Unmittelbar erhebliche Tatsachen und Indizien

19   Nur solche Tatsachen bilden den Gegenstand des Beweises, die erheblich sind, d. h. entweder nach Maßgabe des anzuwendenden Rechtssatzes zum Tatbestand gehören oder Indizien darstellen. **Indizien** (Hilfstatsachen) sind Tatsachen, aus denen nach den Gesetzen der Erfahrung (→ Rdnr. 16) auf die unmittelbar erheblichen Tatsachen geschlossen wird[21]. Sie sind als solche Beweisgegenstand, nicht Beweismittel. Der Beweisführer muß nicht nur die Haupttatsache, sondern auch die Hilfstatsachen bezeichnen, aus denen sich die Haupttatsache ergeben soll, und daher beim Beweis einer inneren Tatsache durch Vernehmung eines Dritten angeben, welche Tatsachen der Zeuge bekunden soll[22], → auch Rdnr. 74. Rechtliche Einschränkungen des Indizienbeweises, der sog. mittelbaren Beweisführung, bestehen nicht; es können überall statt der unmittelbar erheblichen Tatsachen Indizien bewiesen werden[23]. Zur Ablehnung von Beweisanträgen, die auf einen Indizienbeweis gerichtet sind, → Rdnr. 74 (Schlüssigkeitsprüfung). Der Indizienbeweis ist auch dann zulässig, wenn das materielle Recht eine ausdrückliche Erklärung fordert, nur daß dann Indizien für eine ausdrückliche Erklärung zu beweisen sind[24].

20   Die Partei kann **gleichzeitig** Beweise für die unmittelbar erhebliche Tatsache und für die Indizien, einschließlich des **außergerichtlichen Geständnisses** (→ Rdnr. 27), anbieten; die Würdigung beider ist gleich frei (§ 286)[25]. Ein beantragter Gegenbeweis gegen die Hauptsache darf nicht deshalb unterbleiben, weil unstreitige Indizien einen Schluß auf die Haupttatsache zulassen[25a]. Sowohl die **Indizien** wie die eine gesetzliche Vermutung begründenden Umstände (→ § 292 Rdnr. 12) sind von den Parteien zu **behaupten** und unter **Beweis** zu stellen. Wenn aber die Partei den unmittelbaren Beweis antritt und sich *aus der Beweisaufnahme* Indizien für die zu beweisende Tatsache ergeben, die als solche nicht behauptet sind, müssen sie berücksichtigt werden.

---

[21] *BGHZ* 53, 245, 260 = NJW 1970, 946, 950. – Über den Indizienbeweis s. *Stein* (Fn. 3), 34; *Nack* NJW 1983, 1035; *Baumgärtel* Beweislastpraxis im Privatrecht (1996) 181 ff.
[22] *BGH* NJW 1992, 2489; NJW-RR 1988, 1529.
[23] Vgl. *RG* SeuffArch 61 (1906), 2. Dies gilt selbst bei der Eheschließung, *RGZ* 11, 425; *RG* JW 1902, 361.
[24] *RG* JW 1896, 718 f.
[25] *OGHZ* 4, 108.
[25a] *BGH* WM 1996, 2272.

6. Hilfstatsachen des Beweises

Außerdem können Beweisthema die sog. Hilfstatsachen des Beweises sein, d.h. diejenigen Tatsachen, die für die Würdigung der Beweismittel und Indizien in Betracht kommen und besonders den Gegenstand der sog. *Beweiseinreden* bilden (§ 282 Abs. 1), wie die Echtheit von Urkunden (§§ 439ff.), die persönlichen Verhältnisse von Zeugen und Sachverständigen und die für ihre Glaubwürdigkeit oder Sachkunde maßgebenden Umstände (§ 395 Abs. 2 S. 2, § 402) usw.[26]. Auch hierfür können Indizien benannt werden, wie z.B. der Echtheitsbeweis durch Schriftvergleichung (§ 441) ein Indizienbeweis für eine Hilfstatsache ist. Es gilt dann das oben (→ Rdnr. 19) Gesagte entsprechend.

III. Arten der Beweiserhebung und Beweismittel

1. Arten der Beweiserhebung

Hier sind **drei Formen** zu unterscheiden: Strengbeweis, Glaubhaftmachung und Freibeweis.

a) Strengbeweis

Strengbeweis bedeutet die Beweiserhebung in dem von der ZPO geregelten Verfahren (§§ 355ff.) mit den von der Prozeßordnung vorgesehenen Beweismitteln. Der Strengbeweis hat die Herbeiführung der vollen richterlichen Überzeugung zum Ziel.

b) Glaubhaftmachung

Glaubhaftmachung (§ 294) ist eine erleichterte Art der Beweisführung; sie ist kraft ausdrücklicher gesetzlicher Anordnung bei gewissen Zwischenentscheidungen und bei manchen prozessualen Vorfragen genügend (zu den Anwendungsfällen → § 294 Rdnr. 2). Die Formen des gewöhnlichen Beweisverfahrens brauchen bei der Glaubhaftmachung nicht beachtet zu werden; es sind auch andere als die in der ZPO genannten Beweismittel zulässig. Jedoch sind nur Beweise statthaft, die sofort erhoben werden können, § 294 Abs. 2. Die Tatsachen brauchen bei der Glaubhaftmachung nicht zur vollen richterlichen Überzeugung bewiesen zu werden; es genügt ein geringeres Maß von Wahrscheinlichkeit. Näher → § 294.

c) Freibeweis

Die dritte Beweiserhebungsart ist der sog. **Freibeweis**. Die Vorschriften über das Beweisverfahren brauchen hier nicht beachtet zu werden; es können auch andere als die in der ZPO ausdrücklich genannten Beweismittel benutzt werden. Der Freibeweis soll gelten für den Nachweis der Prozeßvoraussetzungen[27] und der Zulässigkeitsvoraussetzungen von Rechtsmitteln[28] sowie sonstiger von Amts wegen zu prüfender Punkte. Zur Kritik an dieser Auffassung → vor § 355 Rdnr. 21ff.. Über die sog. formlose Besichtigung → vor § 371 Rdnr. 2.

---

[26] Vgl. über diese Kategorie *Kries* Lehrbuch des Strafprozesses (1892), 333; *Ditzen* ZStW 10 (1890), 152; *Münzel* ZZP 65 (1952), 300ff.; *RG* JW 1902, 270; JW 1905, 26f.S. auch *Neubauer* ZZP 19 (1894), 144; *Alsberg-Nüse-K. Meyer*⁵ (Fn. 3), 579.

[27] BGH NJW 1992, 627, 628; NJW 1951, 441 = JZ 1951, 238 = LM § 56 Nr. 1 (mit Anm. *Pritsch*). – Zu den Grenzen des Freibeweises s. auch *Koch-Steinmetz* MDR 1980, 901.
[28] BGH NJW 1987, 2875 = ZZP 101 (1988), 294 (abl. *E. Peters*).

2. Beweismittel

26 Die Beweismittel sind in den drei Beweiserhebungsarten verschieden.

a) Beweismittel des Strengbeweises

27 Beweismittel des Strengbeweises sind: Augenschein (§§ 371 ff.), Zeugen (§§ 373 bis 401), Sachverständige (§§ 402 bis 414), Urkunden (§§ 415 bis 444) und Parteivernehmung (§§ 445 bis 455). Die Augenscheinsobjekte, Zeugen, Urkunden und die Parteivernehmung sind Beweismittel für die Tatsachen, Urkunden in gewissem Umfang auch für Erfahrungssätze, die Sachverständigen für die Erfahrungssätze und für Tatsachen (näher → vor § 402 Rdnr. 7 ff.); wegen der amtlichen Auskünfte → vor § 373 Rdnr. 51. Das außergerichtliche Geständnis ist kein Beweismittel, sondern ein Indiz; es ist also Gegenstand des Beweises, → Rdnr. 20 und § 288 Rdnr. 24. Das gerichtliche Geständnis dagegen ist eine Prozeßhandlung (prozessuale Willenserklärung, → vor § 128 Rdnr. 179, § 288 Rdnr. 4) und nur da Indiz, wo es ausnahmsweise die ihm nach §§ 288 ff. zukommende Wirkung nicht hat, → § 288 Rdnr. 18.

Über die Wahl der Parteien unter den vorhandenen Beweismitteln → Rdnr. 33.

b) Beweismittel der Glaubhaftmachung und des Freibeweises

28 Für die Glaubhaftmachung und für den Freibeweis (soweit man ihn für zulässig hält, → aber vor § 355 Rdnr. 21 ff.) gilt die Beschränkung auf die in der Prozeßordnung genannten Beweismittel nicht. In diesen Beweiserhebungsarten sind zulässig eidesstattliche Versicherungen[29], auch solche der Partei (→ § 294 Rdnr. 16), beigezogene Akten auch dann, wenn sie nicht zum Gegenstand eines Urkundenbeweises gemacht worden sind. Auch die **amtliche Auskunft** (angesprochen in § 273 Abs. 2 Nr. 2, vgl. auch § 118 Abs. 2 S. 2, § 437 Abs. 2) wird zum Teil als Mittel des Freibeweises bezeichnet. Dies ist jedoch insofern irreführend, als die amtliche Auskunft unter bestimmten Voraussetzungen auch außerhalb des Freibeweises als Beweismittel in Betracht kommt, zu den Grenzen → vor § 373 Rdnr. 51.

IV. Beweisführung (Beweisantritt) durch die Parteien

1. Beweisantritt als Aufgabe der Parteien

29 Wie die Behauptungen der Parteien so sind auch die Beweise dafür von den Parteien aus eigener Initiative, und zwar regelmäßig sofort bei der Aufstellung der Behauptung anzubieten (Grundsatz der Beweisverbindung). Dabei sagt grundsätzlich das Gesetz, nicht das Gericht, den Parteien, was sie zur Durchführung ihrer Ansprüche zu behaupten und zu beweisen haben und wem von ihnen die Behauptung und der Beweis obliegt. Der Vorsitzende hat jedoch nach § 139 Abs. 1 S. 1 die Pflicht, auf die Bezeichnung der Beweismittel hinzuwirken, → § 139 Rdnr. 16. Auch die Erklärung über die von der Gegenpartei angegebenen Beweismittel hat ohne Aufforderung zu geschehen, → aber § 510. Zu den Folgen unterlassener Erklärung → § 439 Abs. 3, § 446.

2. Zeitpunkt

30 Die Pflicht zum rechtzeitigen Vorbringen der Beweismittel und Beweiseinreden in der mündlichen Verhandlung ergibt sich aus § 282 Abs. 1, → § 282 Rdnr. 19. Doch hat sich bereits

---

[29] *BGH* NJW 1992, 627 (zum Freibeweis).

die Vorbereitung der mündlichen Verhandlung durch Schriftsätze auch auf die Angabe der Beweismittel und die Erklärung über die vom Gegner bezeichneten Beweise zu erstrecken, vgl. § 130 Nr. 5, § 131, § 282 Abs. 2, § 519 Abs. 3 Nr. 2. Bis zum Schluß der mündlichen Verhandlung bleibt der Beweisantritt zulässig (§ 296 a), soweit nicht eine Zurückweisung wegen Verspätung (§§ 296, 527, 528) erfolgt.

3. Inhalt des Beweisantrags

Beweisantrag[30] bedeutet die Willenserklärung einer Partei, das Gericht möge bestimmte Tatsachen durch bestimmte Beweismittel feststellen. Der Antritt des Beweises erfolgt dadurch, daß die Beweismittel zu den einzelnen Tatsachen individuell bezeichnet werden[31] (vgl. §§ 371, 373, 420 ff., 445); nur beim Sachverständigenbeweis genügt die Berufung darauf unter Angabe der zu begutachtenden Punkte, ohne daß die Person des Sachverständigen bezeichnet zu werden braucht, § 403. Bei Tatsachenbehauptungen, die als juristische oder technische Urteile auftreten, kann die Auflösung in konkrete Einzeltatsachen erforderlich (→ Rdnr. 14) und vom Gericht gemäß § 139 herbeizuführen sein[32]. Beim Urkundenbeweis besteht der Beweisantritt im Fall des § 420 in der Vorlegung der Urkunde. Im übrigen hat die Partei nur bei der Glaubhaftmachung (wegen § 294 Abs. 2) die Pflicht, Beweismittel ohne richterliche Anordnung herbeizuschaffen. Umgekehrt hat die Partei, abgesehen von der Glaubhaftmachung, nicht geradezu ein Recht darauf, daß die herbeigeschafften Beweise sofort erhoben werden. Jedoch soll die Beweisaufnahme gemäß § 278 Abs. 2 der streitigen Verhandlung unmittelbar folgen.

31

Ein Beweisantrag kann grundsätzlich bis zur Aufnahme des Beweises **zurückgenommen** werden, → vor § 128 Rdnr. 223; Grenzen ergeben sich jedoch aus §§ 399, 436. Die Rücknahme kann auch *konkludent* erfolgen[33] und sich (nach den konkreten Umständen) z. B. daraus ergeben, daß die Partei nach einer vom Gericht erkennbar als erschöpfend gewollten Beweisaufnahme nicht auf den Beweisantrag zurückkommt[34]. Eine spätere Erneuerung des Beweisantrags wird durch die Rücknahme (vorbehaltlich der Präklusion wegen Verspätung) nicht ausgeschlossen[35]. Zum **Verzicht** auf einen bereits erhobenen Beweis → vor § 128 Rdnr. 223.

32

4. Wahl zwischen verschiedenen Beweismitteln

Unter den vorhandenen Beweismitteln haben die Parteien die freie Wahl, soweit nicht ausnahmsweise eine Beschränkung vorgeschrieben ist, z. B. im Urkundenprozeß, §§ 592, 595 Abs. 2, s. ferner Art. 44 Abs. 1 WechselG, Art. 40 ScheckG. Wegen des Nachweises der Zustellung → § 190 Rdnr. 3. Auch Erbschein (→ § 239 Rdnr. 19), Testamentsvollstreckerzeugnis[36] und ähnliche Urkunden sind keine ausschließlichen Beweismittel. Landesgesetze, die in Ansehung gewisser Rechtsverhältnisse einzelne Arten von Beweismitteln ausschließen, sind außer Kraft gesetzt, → § 14 Abs. 2 Nr. 2 EGZPO und die Kommentierung dazu (abgedruckt nach § 1048). Die ZPO kennt **keinen Grundsatz der materiellen Beweisunmittelbarkeit**, näher → § 355 Rdnr. 21. So kann z. B. ein Zeuge benannt werden, der nur mittelbare

33

---

[30] Dazu *Teplitzky* JuS 1968, 71; *ders.* DRiZ 1970, 280; *Michel* Der Schriftsatz des Anwalts im Zivilprozeß (1984), 112.
[31] Allgemeine Bezugnahme auf Vorbringen im Vorprozeß oder in der Vorinstanz genügt nicht, BGHZ 35, 103 = NJW 1961, 1458; RG JW 1938, 2376. – Unterläßt die Partei die Klarstellung, auf welche Behauptungen sich der Beweisantrag bezieht, so liegt im Unterbleiben der Beweiserhebung kein Verstoß gegen § 286, BAG BB 1975, 885 (LS) = RdA 1975, 206 (LS).
[32] Vgl. *RGZ* 97, 206 ff. a. E.
[33] *BGH* LM § 286 (E) Nr. 12 = MDR 1969, 462.
[34] *BGH* NJW 1994, 329; LM § 286 (E) Nr. 13 = MDR 1969, 746; *BAG* AP § 286 Nr. 7 (mit Anm. *Mes*) = RdA 1978, 199 (LS).
[35] *BAG* NJW 1974, 1349; *RG* JW 1937, 1237.
[36] *RG* JW 1910, 802.

Kenntnis hat, ohne die Vernehmung der unmittelbar betroffenen Person (die möglicherweise nicht wahrheitsgemäß aussagt) zu beantragen[37]. Die Verwertung mittelbarer Beweismittel verstößt auch nicht gegen den Anspruch auf rechtliches Gehör und auf faires Verfahren[38]. Eine Beweisführung, die darauf hinausläuft, dem Gegner die Kenntnis der unmittelbar rechtserheblichen Tatsache zu verwehren und nur eine Mittelsperson über ihre Feststellungen zu vernehmen, ist jedoch mit den genannten Verfahrensgrundsätzen unvereinbar[39].

a) Urkundenbeweis statt Zeugen- oder Sachverständigenbeweis

34   Da ein dem § 250 StPO entsprechendes Verbot in der ZPO nicht besteht, kann der Beweisführer **statt des Zeugenbeweises** oder **Sachverständigenbeweises** den Weg des **Urkundenbeweises** wählen[40]. Es können daher (auch im Urkundenprozeß, → § 592 Rdnr. 17)[41] die **Protokolle** über Aussagen von Zeugen, die in einem früheren Prozeß oder in einem anderen Stadium desselben Prozesses[42], auch in einem Ermittlungs- oder Strafverfahren[43] oder im Prozeßkostenhilfeverfahren, § 118 Abs. 2[44], nach Maßgabe der Gesetze vernommen worden sind, als Urkunden benützt und frei gewürdigt werden[45], auch wenn der Zeuge im gegenwärtigen Rechtsstreit noch einmal vernommen worden ist[46]. Ebenso ist die Verwertung von in einem früheren Zivilprozeß[47] oder Strafprozeß[48] erstellten **Gutachten** im Wege des Urkundenbeweises zulässig. Näher zur Verwertung von Gutachten → vor § 402 Rdnr. 54. Soweit es sich um Gutachten handelt, ist auch ihre Beiziehung von Amts wegen zulässig. Ob die Aussagen früher beeidigt waren oder nicht, macht dabei keinen Unterschied – selbstverständlich vorbehaltlich der Frage des Beweiswertes der unbeeidigten Aussage[49]. – Zur Benutzung der Beweiserhebung aus einem selbständigen Beweisverfahren (Beweissicherungsverfahren) → § 493 Rdnr. 1.

35   Auch eine **Privaturkunde**, die das Zeugnis oder Gutachten ersetzen soll, kann im Wege des Urkundenbeweises beigebracht werden (z.B. ärztliche Atteste[50], Privatgutachten[51], Briefe). Nur wird hier der Beweiswert nicht selten gering sein und unter Umständen gänzlich fehlen[52]. Verschieden davon ist die Beibringung des Zeugnisses oder Gutachtens in einer Urkunde, die lediglich zum Ersatz der persönlichen Vernehmung errichtet ist. Eine solche Umgehung der Unmittelbarkeit ist regelmäßig unzulässig[53]; denn hier wird nur die Form des Zeugenbeweises geändert. Ausnahmen gelten jedoch bei der Glaubhaftmachung, → § 294 Rdnr. 12, und bei der amtlichen Auskunft, → vor § 373 Rdnr. 51. Ferner → § 363 Rdnr. 5 wegen schriftlicher

---

[37] *BGH* NJW 1992, 1899 (zum Beweis einer inneren Tatsache).
[38] Insoweit zutreffend *BVerfG* NJW 1994, 2347.
[39] Ohne Gespür für das eigentliche Problem *BVerfG* NJW 1994, 2347; *BAG* NJW 1993, 612 zum Nachweis des Vertretenseins einer Gewerkschaft im Betrieb durch notarielle Erklärung ohne Nennung des Namens des Arbeitnehmers (für Zulässigkeit solchen Vorgehens auch *Grunsky* ArbuR 1990, 105; a.M. *Prütting-Weth* ArbuR 1990, 269). Dagegen *Prütting-Weth* NJW 1993, 576; *Schilken* SAE 1993, 308, 314.
[40] BGHZ 1, 220; RGZ 46, 410; RG JW 1897, 287, 343; 1930, 2052 u.a.
[41] A.M. BGHZ 1, 220.
[42] RG JW 1897, 287.
[43] *BGH* NJW 1985, 1470, 1471. Zur unterlassenen Belehrung → Rdnr. 60.
[44] *BGH* LM § 355 Nr. 4 = NJW 1960, 862 = MDR 1960, 486.
[45] RGZ 15, 335; 102, 328; RG JW 1900, 292; KG VersR 1976, 474 (LS) und die Entscheidungen in Fn. 49, 59.

[46] Vgl. *BGH* VersR 1970, 375.
[47] Vgl. *OLG München* NJW 1986, 263.
[48] *BGH* VersR 1970, 322 = WM 1970, 408.
[49] Vgl. RGZ 15, 342; RG JW 1893, 15, 538; 1897, 4, 230; 1907, 714 f.; Gruchot 50 (1906), 1126 u.a. Die in verschiedenen angeführten Entscheidungen versuchte Unterscheidung zwischen »vollgültigen« und anderen Beweismitteln ist juristisch unhaltbar und praktisch nicht durchführbar.
[50] Vgl. RG HRR 1930 Nr. 1864.
[51] So jedenfalls *BGH* LM § 286 (E) Nr. 7; VersR 1962, 450. – Als ein dem Sachverständigengutachten vergleichbares Beweismittel kann ein Privatgutachten jedoch nur behandelt werden, wenn beide Parteien damit einverstanden sind, vgl. *BAG* DB 1961, 1104, näher → vor § 402 Rdnr. 58; zur Beweiswürdigung → auch § 286 Rdnr. 14.
[52] RG JW 1900, 828.
[53] Vgl. RGZ 49, 374 (Zeugnis); 54, 269 f.; RG JW 1911, 373; 1912, 200; JR 1925 Nr. 938 (Gutachten). – A.M. *Wieczorek*[2] § 286 Anm. C III b 3, der nur den Beweiswert einer derartigen Urkunde als gering erachtet.

Erklärungen im Ausland befindlicher Zeugen. Wegen der schriftlichen Beantwortung der Beweisfragen → § 377 Abs. 3 und die Anm. dazu.

Soweit danach der **Ersatzbeweis durch Urkunden** zulässig ist, bedarf es weder einer Einwilligung des Gegners noch gar einer Vereinbarung der Parteien darüber[54]. Aber sowohl der Gegner wie auch der Beweisführer kann, auch in der Berufungsinstanz (§ 528)[55], den Zeugen- oder Sachverständigenbeweis antreten. Die weitergehenden Möglichkeiten der Wahrheitserforschung, welche eine Vernehmung des Zeugen vor dem Prozeßgericht bietet, fehlen nämlich bei der Verwertung des Protokolls im Wege des Urkundenbeweises. Es entfällt insbesondere die Möglichkeit, dem Zeugen Vorhalte zu machen, ihm weitere Fragen vorzulegen, ihn den Parteien oder anderen Zeugen gegenüberzustellen, seinen persönlichen Eindruck zu würdigen usw. Mit Rücksicht auf diese besonderen Garantien kann die Verwertung des Protokolls über die frühere Zeugenaussage im Wege des Urkundenbeweises eine nochmalige Vernehmung nicht ersetzen, wenn eine Partei die Vernehmung des Zeugen beantragt[56]. Wird aber kein solcher Antrag gestellt, so braucht die protokollierte Aussage nicht grundsätzlich anders bewertet zu werden als eine Aussage im laufenden Prozeß – sie kann, muß aber nicht geringeren Beweiswert haben[56a]. – Das Gesagte gilt auch für die Verwertung des Augenscheins oder einer Parteivernehmung aus einem anderen Verfahren[57]. Der Antrag auf Vernehmung der in einem früheren Verfahren vernommenen Zeugen bedeutet die Antretung des Zeugenbeweises über alle Tatsachen, die den Gegenstand der Beweiserhebung im Vorprozeß gebildet haben[58]. 36

Der **Antrag auf Vernehmung** (der kein Antrag auf wiederholte Zeugenvernehmung i. S. des § 398 ist) darf trotz der vorliegenden Urkunden nur nach den allgemeinen Grundsätzen (→ Rdnr. 51 ff.) abgelehnt werden[59]. Dies gilt insbesondere auch für die Verwertung der Beweisaufnahme eines vorangegangenen Strafverfahrens[60]. 37

Die Partei muß die **Zeugenvernehmung ausdrücklich beantragen,** wenn sie sich mit der urkundlichen Verwertung der Zeugenaussage aus einem anderen Verfahren nicht begnügen will[61]. Wenn sich die Partei in einem vorbereitenden Schriftsatz sowohl auf den Zeugenbeweis als auch auf die Niederschriften in polizeilichen Ermittlungsakten, Strafakten usw. bezogen hat, und sich in der mündlichen Verhandlung ohne zusätzliche Erklärung mit der Verwertung der beigezogenen Akten einverstanden erklärt, so ist ein Antrag auf Zeugenvernehmung nicht gestellt[62]. Hat sich die beweispflichtige Partei in erster Linie auf die Vernehmungsprotokolle aus einem vorangegangenen Strafverfahren berufen und nur hilfsweise die Zeugenvernehmung beantragt, so kann sich der Beweisgegner, wenn er die Vernehmung erreichen will, nicht darauf beschränken, der Verwertung der Strafakten zu widersprechen, sondern muß sich selbst auf den Zeugenbeweis berufen[63]. 38

---

[54] *OLG München* NJW 1986, 263; *RG* JW 1907, 714 f.; WarnRsp 1 (1908) Nr. 246; JW 1911, 200. – A.M. *RG* Gruchot 50 (1906), 125; JW 1908, 304; 1910, 27.

[55] *BGH* LM § 355 Nr. 4 (Fn. 44). – Die erneute Vernehmung kann aber durch Vereinbarung der Parteien ausgeschlossen sein, vgl. *KG* OLG Rsp 17 (1908), 159; ähnl. *RG* JW 1908, 304.

[56] So z. B. *RG* WarnRsp 29 (1937) Nr. 140; *OLG Kiel* SchlHA 1947, 292; *Strack* SJZ 1949, 832. – *BVerfG* NZV 1993, 185 sieht aber in der Nichtvernehmung unter Verwertung eines Protokolls aus einem Bußgeldverfahren keinen Verstoß gegen Art. 103 Abs. 1 GG.

[56a] *BGH* NJW 1995, 2856 betont den Unterschied zwischen Urkundenbeweis und (aktueller) Zeugenvernehmung zu sehr; auch eine Beurteilung der Glaubwürdigkeit im Hinblick auf die protokollierte Aussage erscheint nicht von vornherein ausgeschlossen.

[57] *BGH* LM § 445 Nr. 3.
[58] BGHZ 7, 122; RGZ 46, 414.
[59] BGHZ 7, 122; LM § 286 (E) Nr. 11; *BGH* NJW 1964, 1179; OGHZ 1, 207; RGZ 15, 335; 46, 412; 81, 196; 105, 221; *RG* JW 1935, 2953; 1937, 2226.
[60] *OLG Koblenz* VRS 68 (1985), 27; *OLG Kiel* SchlHA 1947, 292; *OLG Stuttgart* VersR 1956, 562. S. zur Verwertung der Strafakten in Haftungsprozessen auch *Rose* DRiZ 1954, 161; *Biechtler* DRiZ 1955, 40.
[61] *BGH* NJW 1968, 957 = MDR 1968, 529 (LS).
[62] *OLG München* NJW 1972, 2047 = VersR 1972, 1177; VersR 1976, 1143 (dazu krit. *E. Schneider* VersR 1977, 163 – Verstoß gegen die richterliche Hinweis- und Fragepflicht); *KG* NJW 1974, 2011.
[63] *BGH* VersR 1970, 322 (Fn. 48).

b) Parteierklärungen in einem früheren Prozeß

39 Auch Erklärungen, die eine Partei in einem früheren Prozeß als Partei oder als Zeuge abgegeben hat, können durch Urkunden bewiesen werden[64]. Die Aussage bei einer Parteivernehmung (beeidet oder unbeeidet) ist ebenso frei zu würdigen[65] wie ein Geständnis in einem früheren Prozeß, → § 288 Rdnr. 24. Zur Verwertung früherer Zeugenaussagen einer im selben Prozeß später zur Partei gewordenen Person → vor § 373 Rdnr. 13.

5. Ausforschungsbeweis[66]

a) Allgemeines

40 Ein Beweisantritt, der als Ausforschungsbeweis (man spricht auch von einem Beweisermittlungsantrag) zu qualifizieren ist, ist im Bereich der Verhandlungsmaxime unzulässig, während für ein Verbot der Ausforschung bei Geltung der Untersuchungsmaxime kein Raum ist, → § 640 Rdnr. 33 ff. Zum schiedsgerichtlichen Verfahren → § 1034 Rdnr. 13. Von welchen Kriterien es abhängt, ob ein Ausforschungsbeweis vorliegt, ist allerdings recht unklar. Es geht dabei teils um Anforderungen an die Bestimmtheit der Tatsachenbehauptungen und der Beweismittel (→ Rdnr. 42), teils um das Fehlen von Anhaltspunkten für den behaupteten Sachverhalt[67] (→ Rdnr. 45). Als **Ausnahme** von der grundsätzlichen Pflicht des Gerichts, die angebotenen Beweise auch zu erheben (→ Rdnr. 51), muß der Begriff des Ausforschungsbeweises mit **Zurückhaltung** angewendet werden. Der BGH hatte verschiedentlich Anlaß, die Zurückweisung eines angeblichen Ausforschungsbeweises durch die Instanzgerichte zu korrigieren, und ließ dabei eine kritische Grundeinstellung zu den in der Rechtsprechung der Untergerichte gelegentlich anzutreffenden Vorstellungen erkennen[68].

41 Der Begriff des Ausforschungsbeweises darf **nicht** dazu dienen, eine **unbequeme**, die rasche Erledigung des Rechtsstreits hindernde Beweisaufnahme zu vermeiden. Für **prozeßverzögernde Beweisanträge** gelten in erster Linie die Regeln über die Zurückweisung verspäteten Vorbringens (§§ 296, 527f.); zur Ablehnung wegen Verschleppungsabsicht → Rdnr. 83. Auch die mehr oder weniger große **Wahrscheinlichkeit** der aufgestellten Behauptungen darf für die Zulässigkeit des Beweises nicht entscheidend sein[69], zumal von einem grundsätzlichen Verbot der Vorauswürdigung von Beweismitteln auszugehen ist, → Rdnr. 67.

---

[64] *RG* JW 1903, 238; 1908, 748; WarnRsp 12 (1919) Nr. 456, 463; JW 1915, 798.

[65] Vgl. *RGZ* 32, 426; 46, 412 (zum Partei-Eid früheren Rechts).

[66] Lit.: *Arens* Zur Aufklärungspflicht der nicht beweisbelasteten Partei im Zivilprozeß ZZP 96 (1983), 1, 4; *Büttner* Vaterschaftsprozesse und Ausforschungsbeweis ZZP 67 (1954), 73; *Chudoba* Der ausforschende Beweisantrag (1993) (dazu *Stadler* ZZP 107 [1994], 382); *Dunz* Der unzulässige Ausforschungsbeweis NJW 1956, 769; *Gamp* Die Bedeutung des Ausforschungsbeweises im Zivilprozeß DRiZ 1982, 165; *Kuchinke* Freiheit und Bindung des Zivilrichters in der Sachaufklärung (1966), 40ff.; *Lang* Der Ausforschungsbeweis im Unterhaltsprozeß des unehelichen Kindes DRiZ 1962, 229; *Lüderitz* Ausforschungsverbot und Auskunftsanspruch bei Verfolgung privater Rechte (1966); *R. Müller* Der Ausforschungsbeweis (Zürich 1991); *E. Peters* Ausforschungsbeweis im Zivilprozeß (1966); *ders.* ZZP 81 (1968), 294 (Besprechung der Schrift v. Lüderitz); *Schlosser* Internationale Rechtshilfe und rechtsstaatlicher Schutz von Beweispersonen ZZP 94 (1981), 369, 375ff.; *Stürner* Die Aufklärungspflicht der Parteien des Zivilprozesses (1976), 106ff. – Zum Beweisermittlungsantrag im Strafprozeß *Alsberg-Nüse-K. Meyer* Der Beweisantrag im Strafprozeß[5] 75ff.; *Roxin* Strafverfahrensrecht[23] § 43 B I 2. Die strafprozessualen Grundsätze lassen sich jedoch nicht ohne weiteres auf den Zivilprozeß übertragen.

[67] Mit Rücksicht auf diese Fälle und den darin enthaltenen berechtigten Kern (→ Rdnr. 47) kann man die Problematik des Ausforschungsbeweises nicht ausschließlich als Frage der Bestimmtheit des Beweisantrags auffassen, a. M. *Gamp* DRiZ 1982, 165, 171; *AK-ZPO-Rüßmann* Rdnr. 11; dagegen *Baumbach-Lauterbach-Hartmann*[55] Einf. vor § 284, Rdnr. 27; s. auch *MünchKommZPO-Prütting* Rdnr. 73; *Zöller-Greger*[20] vor § 284 Rdnr. 5. Gegen die Bewertung des Ausforschungsbeweises als Scheinproblem auch *Stürner* (Fn. 66), 110.

[68] Vgl. *BGH* NJW 1980, 633, 634; 1992, 1967; 1991, 2707; 1988, 2100; 1986, 246, 247. S. auch *BGH* JZ 1985, 183 (mit krit. Anm. *Stürner*). – Die Qualifizierung als unzulässige Ausforschung, obwohl die Tatsache konkret genug bezeichnet ist, kann gegen Art. 3 Abs. 1 GG (Willkürverbot) verstoßen, *BVerfG* v. 9. II. 1994 (1 BvR 937/93), Juris Dok. Nr. 344159.

[69] *BGH* LM § 282 Nr. 5 = MDR 1972, 768 = WM

b) Mangelnde Bestimmtheit

Ein Beweisantritt, dem die Bestimmtheit der zu ermittelnden Tatsachen oder die Bestimmtheit der zu benutzenden Beweismittel oder beides fehlt, ist unzulässig[70]. Dies gilt z. B. für den Antrag, eine Person als Zeuge zu vernehmen, weil sie etwas Wichtiges über das Beweisthema wisse[71] oder (bei Berufung auf Notwehr) für die Benennung eines Zeugen »zum Hergang der Auseinandersetzung«[72]. Der Beweisführer braucht aber im allgemeinen nicht anzugeben, wie ein Zeuge Kenntnis von den unter Beweis gestellten Tatsachen erhalten hat, es sei denn, daß es sich dabei um innere Tatsachen handelt[73], → auch Rdnr. 74 zum Indizienbeweis bei inneren Tatsachen. Zum Antrag auf Zeugenbeweis → auch § 373. Die Behauptung muß konkret genug sein, um dem Gegner eine sachliche Stellungnahme zu ermöglichen und die Erheblichkeit beurteilen zu können[74]. Welche Tatsachen im einzelnen zu behaupten sind, ergibt sich in erster Linie aus den Tatbestandsmerkmalen der anzuwendenden Rechtssätze. Reichen die behaupteten Tatsachen nicht aus, um (die Wahrheit unterstellt) die erforderlichen Tatbestandsvoraussetzungen zu erfüllen, so unterbleibt die Beweiserhebung, weil die vorgetragenen Tatsachenbehauptungen nicht schlüssig und damit nicht erheblich sind. 42

Im Verbot des Ausforschungsbeweises kommt zum Ausdruck, daß es nicht der Zweck der Beweiserhebung sein darf, erst die notwendigen **schlüssigen Tatsachenbehauptungen** zu gewinnen[75]. Das Rechtsinstitut des Ausforschungsbeweises dient auch dem Schutz des Gegners (vor allem, wenn Parteivernehmung oder Untersuchung des Gegners beantragt ist) und bewahrt ihn davor, dem anderen Teil erst die Munition für dessen prozessuales Begehren liefern zu müssen. Mit Recht geht die Rechtsprechung davon aus, im allgemeinen sei keine Partei gehalten, dem Prozeßgegner für seinen Prozeßsieg das Material zu verschaffen, über das er nicht schon von sich aus verfügt[76]. Es kommt also insoweit im Ausforschungsbeweis auch die Ablehnung einer allgemeinen prozessualen Aufklärungspflicht der nicht behauptungs- und beweisbelasteten Partei zum Ausdruck, → § 138 Rdnr. 22. 43

Wie **konkret** die jeweiligen **Tatsachenbehauptungen** sein müssen, um – falls der Gegner sie bestreitet – eine Beweisaufnahme zu rechtfertigen, muß unter Berücksichtigung der Wahrheits- und Vollständigkeitspflicht (§ 138 Abs. 1) anhand der Umstände des Einzelfalles beurteilt werden. Dabei dürfen allerdings bei Vorgängen, die die behauptungsbelastete Partei selbst im einzelnen gar nicht erkennen bzw. sachverständig beurteilen kann, keine überhöhten, unzumutbaren Anforderungen gestellt werden[77]. Wenn eine rechtserhebliche Tatsache behauptet ist, die sich außerhalb der eigenen Sphäre des Behauptenden ereignet haben soll (z.B. Zahlung einer Geldsumme durch einen Dritten an den Gegner), so brauchen nicht die konkreten Begleitumstände (z.B. Ort und Zeit der Zahlung) vorgetragen zu werden[78]. Auch sonst müssen nicht alle mehr oder weniger zufälligen *Begleitumstände* dargelegt werden, solange weder Fragen des Gerichts noch Erklärungen des Gegners Anlaß dazu geben[79]. Gibt 44

1972, 786 im Anschluß an *Dunz* NJW 1956, 769, 771; *MünchKommZPO-Prütting* Rdnr. 74.
[70] Vgl. *BGH* LM § 138 Nr. 14 = NJW 1974, 1710, 1711; *BAG* AP § 1 TVG (Tarifliche Übung) Nr. 2 (Zeugenbeweis ohne hinreichende Angabe der zu beweisenden Tatsachen); *RG* Gruchot 65 (1921), 495; *RGZ* 170, 264; *OLG Düsseldorf* VersR 1979, 942; *ObArbG Rheinland-Pfalz* AP 52 Nr. 4; *LG Köln* VersR 1981, 245 (unspezifizierter Antrag auf Beiziehung der Akten eines strafrechtlichen Ermittlungsverfahrens). Zur Ablehnung eines zu unbestimmten Rechtshilfeersuchens *BAG* NJW 1991, 1252. – Gegen eine Überspannung der Anforderungen an die Konkretisierung *BGH* NJW 1962, 676.
[71] Vgl. auch das Beispiel *RG* WarnRsp 27 (1935) Nr. 127.
[72] *OLG Köln* MDR 1976, 407.

[73] *BGH* NJW-RR 1988, 1087.
[74] *BGH* NJW 1992, 1967; VersR 1993, 593, 594; NJW-RR 1993, 1116, 1117; NJW-RR 1996, 56. Zu den Anforderungen an die Schlüssigkeit auch *BGH* NJW-RR 1995, 722.
[75] *BGH* JR 1994, 361; 365 (*Wank*); *BAG* AP § 1 TVG (Tarifliche Übung) Nr. 2 (zum Zeugenbeweis); AP Nr. 14 zu § 1 TVG Tarifverträge: Rundfunk (zum Augenschein); *OLG Köln* MDR 1973, 233.
[76] So *BGH* NJW 1958, 1491, 1492. S. auch *RG* HRR 1940 Nr. 619.
[77] Vgl. *OLG München* MDR 1979, 1030 (zum Arzthaftungsprozeß).
[78] *BGH* LM § 282 Nr. 5 (Fn. 69).
[79] *BGH* DRiZ 1971, 93.

der Gegner seinerseits eine eher ungenaue Darstellung ab, so kann dies zugunsten der beweisführenden Partei ins Gewicht fallen und die Anforderungen an die Substantiierung ihrer Behauptung mindern[80] (wenn nicht eine fehlende Substantiierung des Bestreitens sogar dazu führt, daß das Bestreiten unwirksam ist, → § 138 Rdnr. 28f.).

c) Fehlende Anhaltspunkte

45 Mit der Bestimmtheit der behaupteten Tatsachen hat es dagegen unmittelbar nichts zu tun, wenn man einen Beweisantrag deshalb für unzulässig erklärt, weil es an hinreichenden Anhaltspunkten für die Behauptung fehle.

46 Mit dieser Begründung wurde (vor der Reform des Nichtehelichenrechts 1970, nämlich im Zusammenhang mit der sog. **Mehrverkehrseinrede** des § 1717 BGB aF) vielfach der Antrag, die Kindesmutter über einen behaupteten Mehrverkehr zu vernehmen, nur dann für zulässig erklärt, wenn dafür gewisse **Anhaltspunkte** (z. B. aufgrund des Lebenswandels) vorlagen[81]. Diese Ansicht war schon damals problematisch[82]. Heute gilt für die Feststellung der Vaterschaft generell die Untersuchungsmaxime, so daß das Gericht von sich aus alle Beweismöglichkeiten auszuschöpfen hat. Näher dazu, insbesondere zur Frage, welche Bedeutung den »Anhaltspunkten« heute im Bereich des Vaterschaftsbeweises zukommt, → vor § 371 Rdnr. 22 sowie § 640 Rdnr. 33ff.

47 Die Forderung, die beweisführende Partei müsse **Anhaltspunkte** für die Richtigkeit ihrer Behauptung haben, läßt sich nicht ohne weiteres aus der *Wahrheitspflicht* der Partei herleiten. Die Wahrheitspflicht hindert an sich die Partei nur, Tatsachen zu behaupten, von deren Gegenteil sie überzeugt ist, nicht dagegen, Tatsachen vorzubringen, die sie nur für wahrscheinlich oder möglich hält[83], → § 138 Rdnr. 11. Eine Vermutung kann durchaus die Grundlage für einen zulässigen Beweisantrag bilden, solange nicht erkennbar der Beweisführer selbst nicht an die Möglichkeit der Vermutung glaubt[84]. Wenn die Partei keinerlei Anhaltspunkte nennen kann, so kann dies im konkreten Fall den Schluß auf die subjektive Unwahrheit der Behauptung zulassen und unter diesem Gesichtspunkt den Verzicht auf die Beweisaufnahme rechtfertigen. Um aber die Partei nicht rechtsschutzlos zu stellen, darf dies nur in extremen Fällen angenommen werden, nämlich bei Behauptungen, die sich als **willkürliche, ohne greifbare Anhaltspunkte ausgesprochene Vermutungen** darstellen, die also, wie z. B. der BGH[85] formuliert, ohne jede Grundlage ins Blaue hinein aufgestellt wurden. Man kann in solchen Sonderfällen auch von einem rechtsmißbräuchlichen Beweisantrag sprechen[86]. Eine Beweisaufnahme darf aber nicht schon deshalb abgelehnt werden, weil ein Widerspruch zu eigenen vorprozessualen Äußerungen der Partei besteht[86a] oder weil eine behauptete Vereinbarung in einem bestätigenden Schreiben der Partei nicht enthalten ist[86b].

48 Die Frage nach **Anhaltspunkten** für die Behauptung steht insofern in einem gewissen Zusammenhang mit der **Bestimmtheit** der Tatsachenbehauptung, als aus der weitgehenden

---

[80] *BGH* LM § 282 Nr. 1 = NJW 1964, 2414.
[81] Vgl. *RGZ* 162, 320; *OLG Jena* HRR 1940 Nr. 443; *OLG München* HRR 1941 Nr. 49; *LG Münster* MDR 1952, 560; *OLG Freiburg* ZZP 65 (1952), 290; *Lühr* ZBlJR 1951, 63, 96. – Dazu *Gamp* DRiZ 1982, 165, 166.
[82] Damals a. M. *Stückrath* MDR 1950, 30; *A. Blomeyer* ZPR § 74 II 1; *H. Arndt* DRiZ 1966, 301; einschränkend und zweifelnd auch *Esser* MDR 1952, 537; gegen überhöhte Anforderungen *Lüderitz* (Fn. 66), 29f.; gegen Beweisablehnung auch *BGH* NJW 1964, 1179. – Zu den Anforderungen an die Schlüssigkeit einer Klage, mit der (nach heutigem Recht) die Anerkennung der Vaterschaft angefochten wird, vgl. *Demharter* FamRZ 1985, 232.
[83] *BGH* NJW-RR 1988, 1529; JR 1994, 361, 365 (*Wank*); NJW 1995, 1160; NJW 1995, 2111, 2112 = MDR 1995, 738 (dazu *Baumgärtel* MDR 1995, 987). – Zum Strafprozeß entsprechend *BGH* NJW 1987, 2384, 2385 = JR 1988, 387 (*Welp*).
[84] *BGH* NJW 1986, 246, 247.
[85] Vgl. *BGH* NJW 1995, 2111 (Fn. 83); 1992, 1967, 1968; 1991, 2707; 1988, 2100; 1986, 246, 247; LM § 282 Nr. 1 (Fn. 80); NJW 1980, 633, 634; JZ 1985, 183, 184 (mit krit. Anm. *Stürner*); *BVerwG* NJW 1988, 1746. Soll eine Behauptung als willkürliche Vermutung unberücksichtigt bleiben, so muß das Gericht zunächst mit der Partei erörtern, welche greifbaren Anhaltspunkte sie für ihre Behauptung vorbringen will, *BGH* LM § 138 Nr. 11 = NJW 1968, 1233.
[86] So auch *BGH* NJW 1992, 1967, 1968; 1991, 2707, 2709; 1988, 2100, 2101; JZ 1985, 183, 184; LM § 138 Nr. 11 (Fn. 85).

Unbestimmtheit einer Behauptung der Schluß gezogen werden könnte, die Partei stelle die Behauptung aufs Geratewohl auf. Soweit es sich aber um Sachverhalte handelt, die ihrer Natur nach für die Partei im einzelnen nicht erkennbar sind[87], sei es, daß sie in der Sphäre des Gegners liegen oder daß erst ein Sachverständigengutachten näheren Aufschluß bringen kann (z. B. über Fragen der Schadensverursachung), erscheint diese Schlußfolgerung nur bedingt zulässig. Hier muß es genügen, wenn aus der Sicht der Partei ein – ihr im einzelnen nicht bekannter – Tatsachenverlauf als möglich erscheint, der die erforderlichen Tatbestandsmerkmale (z. B. die Kausalität einer Pflichtverletzung für den eingetretenen Schaden) rechtfertigt. Die genauere Klärung kann dann der Beweiserhebung, insbesondere durch Sachverständigengutachten, überlassen bleiben.

V. Anordnung und Durchführung der Beweisaufnahme

1. Beweisanordnung

Die Beweisanordnung ist der Ausspruch des Gerichts, daß Beweis, in der Regel gemäß dem Beweisantritt der Parteien, erhoben werden soll. Der Beweis wird entweder durch eine **formlose Anordnung** oder durch einen **Beweisbeschluß** angeordnet, §§ 358 bis 360. Der Beweisbeschluß ist nur prozeßleitende Verfügung; er enthält keine Entscheidung über die Erheblichkeit der Tatsachen und keine Regelung der Beweislast, → § 359 Rdnr. 1. Zum Verfahren bei Ablehnung von Beweisanträgen → Rdnr. 85.

49

2. Vorschriften über die Beweisaufnahme

Allgemeine Bestimmungen über die Beweisaufnahme enthalten die §§ 355 bis 357, 361 bis 370. Hinzu treten die besonderen Vorschriften über den Antritt und die Aufnahme der **einzelnen Beweismittel** in den §§ 371 bis 484. Das **selbständige Beweisverfahren**, insbesondere zur Sicherung des Beweises, ist in den §§ 485 bis 494a geregelt.

50

VI. Der Umfang der Beweisaufnahme (Ablehnung von Beweisanträgen)[88]

1. Grundsatz

Die ZPO enthält keine ausdrücklichen allgemeinen Grundsätze über den Umfang der Beweisaufnahme. Aus der Wahrheitserforschungspflicht des Gerichts und aus dem verfas-

51

86a *BGH* NJW 1996, 394.
86b *BGH* NJW 1996, 1541, 1542.
87 Dazu ausführlich *Stürner* (Fn. 66), 119 ff. Wenn es sich um Vorgänge der fremden Geschäfts- und Persönlichkeitssphäre handelt, verlangt *Stürner* (S. 133) – im Rahmen einer »Plausibilitätskontrolle« – Anhaltspunkte, die zusammen mit einem Erfahrungssatz die aufgestellte Behauptung als vernünftige und nicht willkürliche Vermutung ausweisen.
88 Lit. *Habscheid* Das Recht auf Beweis, in: Effektivität des Rechtsschutzes und verfassungsmäßige Ordnung, Die deutschen Landesberichte zum VII. Internationalen Kongreß für Prozeßrecht in Würzburg 1983, hrsg. v. *Gilles* (1983), 25; auch abgedruckt in ZZP 96 (1983), 306; *Schlosser* Beweisantrag und Sachverständigengutachten im Statusprozeß FamRZ 1976, 6; *E. Schneider* Die Ablehnung von Beweisanträgen im Zivilprozeß unter besonderer Berücksichtigung der höchstrichterlichen Rechtsprechung ZZP 75 (1962), 173; *ders.* Die zivilprozessuale Beweisantizipation in der neueren Rechtsprechung MDR 1969, 268; *Schönke* Der Umfang der Beweisaufnahme, Festg. f. Rosenberg (1949), 217; *Söllner* Zur Bedeutung der Erfahrungssätze bei der Ablehnung von Beweisanträgen JuS 1994, 238, 334; *Störmer* Beweiserhebung, Ablehnung von Beweisanträgen und Beweisverwertungsverbote im Zivilprozeß JuS 1994, 238, 334; *Strack* Die Übergehung eines Beweisantritts als Revisionsgrund im Zivilprozeß SJZ 1949, 830; *Teplitzky* Der Beweisantrag im Zivilprozeß und seine Behandlung durch die Gerichte JuS 1968, 71; *ders.* Der Beweisantrag im Zivilprozeß DRiZ 1970, 280. – Rechtsvergleichend *Perrot* Le droit à la preuve, in: Effektiver Rechtsschutz und verfassungsmäßige Ordnung, Die Generalberichte zum VII. Internationalen Kongreß für Prozeßrecht Würzburg 1983, hrsg. v. *Habscheid* (1983), 91. – Lit. zu den rechtswidrig erlangten Beweismitteln, → Fn. 101.

sungsrechtlich garantierten Anspruch auf Justizgewährung[89] (→ Einl. [20. Aufl.] Rdnr. 204 ff.) ist aber als leitender Grundsatz zu entnehmen, daß das Gericht die von den Parteien **angetretenen Beweise erschöpfen muß**[90]. Dies gilt auch im Bereich des Untersuchungsgrundsatzes, näher → § 616 Rdnr. 9, § 640 Rdnr. 33 ff. (Vaterschaftsbeweis). Gesetzliche Ausnahmen von diesem Grundsatz ergeben sich aus den Bestimmungen, nach denen **verspätet** angebotene Beweismittel zurückgewiesen werden können (§§ 296, 527 f.). Aber auch unabhängig von diesen im Gesetz ausdrücklich vorgesehenen Möglichkeiten kann die Aufnahme angetretener Beweise unter besonderen Umständen abgelehnt werden, so z. B. wenn es sich um einen **Ausforschungsbeweis** (Beweisermittlungsantrag) handelt, näher → Rdnr. 40. Im übrigen können, soweit die ZPO keine Bestimmungen enthält, für die Ablehnung von Beweisanträgen die Grundsätze des § 244 Abs. 3 und 4 StPO als Richtschnur angesehen werden[91], da sie auf den von der Rechtsprechung erarbeiteten Erkenntnissen beruhen. § 244 Abs. 5 StPO ergibt dagegen keine zusätzlichen Kriterien, die zur Übernahme in den Zivilprozeß zu empfehlen wären. Zu § 244 Abs. 5 S. 2 StPO → Rdnr. 65.

52 Die bestehenden **Grenzen für die Ablehnung** von Beweisanträgen müssen sorgfältig beachtet werden. Es stellt einen erheblichen **Verfahrensverstoß** (§ 539, für die Revision gilt § 554 Abs. 3 Nr. 3 b, → § 554 Rdnr. 10) dar, wenn ein Gericht eine Partei für beweisfällig erachtet, ohne alle von der Partei zulässigerweise angebotenen und für die Sachentscheidung erheblichen Beweise erschöpft zu haben[92]. Darüber hinaus kann nach der Rechtsprechung des BVerfG in der Nichtberücksichtigung rechtserheblicher Beweisanträge ein Verstoß gegen den **Anspruch auf rechtliches Gehör** liegen, näher → vor § 128 Rdnr. 37. Das BVerfG hat dies u. a. dann angenommen, wenn das Gericht einen angebotenen Zeugen ohne Begründung[93] oder aufgrund eindeutig unzulässiger vorweggenommener Beweiswürdigung[93a] nicht vernahm oder es fehlerhaft unterließ, vor Nichtberücksichtigung des Beweisantrages eine Frist gemäß § 356 (zur Beibringung der richtigen Anschrift eines Zeugen) zu setzen[94].

53 Über die **freiere Stellung des Gerichts** im Fall des § 287 → § 287 Rdnr. 27 ff. Für **Erfahrungssätze**, die das Gericht kennt, dürfen angebotene Beweise abgelehnt werden, → vor § 402 Rdnr. 30[95]. Zur Frage, wann ein Sachverständigenbeweis zu erheben ist, → vor § 402 Rdnr. 25 ff.; zu den **Vaterschaftsgutachten** → § 640 Rdnr. 37 ff. Zum **Verfahren** bei der Ablehnung von Beweisanträgen → Rdnr. 85.

2. Beweishindernisse

a) Gesetzliche Einschränkungen

54 Die Verwertung bestimmter Beweise kann durch Rechtssätze ausgeschlossen sein, sei es generell oder jedenfalls hinsichtlich bestimmter Beweistatsachen. Man spricht in diesen Fällen

---

[89] Daß sich daraus ein verfassungsrechtliches Recht auf Beweis ergibt, betont zutreffend *Habscheid* (Fn. 88), 26 f. Dafür auch *H. Roth* (Fn. 101), 284 f.; *MünchKommZPO-Prütting* Rdnr. 18.
[90] *BVerfGE* 50, 32, 36 = NJW 1979, 113 = JZ 1979, 23; *BGHZ* 53, 245, 259 f. = NJW 1970, 946. Die Rsp spricht von der durch § 286 begründeten Pflicht, *BGH* NJW 1952, 931, 933; *RGZ* 94, 144; *OLG München* NJW 1972, 2048; *OLG Köln* VersR 1975, 994.
[91] *BGH* VersR 1959, 729 = DRiZ 1959, 252; DRiZ 1966, 381; *BGHZ* 53, 245, 258, 259 (Fn. 90); *BGH* NJW 1994, 1348, 1349; *OLG München* NJW 1972, 2048; *OLG Köln* VersR 1975, 994, zum Statusprozeß *Schlosser* FamRZ 1976, 6. – A. M. *E. Schneider* ZZP 75 (1962), 180. Zur Entstehungsgeschichte des § 244 StPO s. *Löwe-*

Rosenberg (*Gollwitzer*) StPO[24] § 244 (Vorbem.). Zur Anwendung des § 244 Abs. 3 im Strafprozeß s. *Alsberg-Nüse-K. Meyer*[5] (Fn. 3), 409 ff. sowie die StPO-Kommentare.
[92] So z. B. *BGH* NJW 1951, 481; *RG* WarnRsp 33 (1919) Nr. 7; *RAG* ArbRS 45 (1942), 23; *RAG* 25, 257; *OLG Düsseldorf* NJW 1968, 1095; *OLG München* NJW 1972, 2048.
[93] *BVerfG* NZV 1993, 183 (aber keine Verfassungsverletzung, wenn keine Vernehmung, aber Verwertung eines Protokolls aus einem Bußgeldverfahren).
[93a] *BVerfG* NJW-RR 1995, 441.
[94] *BVerfG* 65, 305, 307 = JZ 1984, 244.
[95] *RGZ* 94, 116; *RG* Gruchot 57 (1913), 1001.

von Beweishindernissen⁹⁶. Ein Hauptbeispiel ist der Ausschluß anderer Beweismittel als Urkunden und Parteivernehmung im **Urkunden- und Wechselprozeß** im Rahmen der §§ 592, 595, 605 Abs. 1. Der Antrag, Steuerakten des Finanzamts über den Gegner beizuziehen, ist unzulässig, wenn der Gegner das Finanzamt nicht von der Verpflichtung zur Wahrung des **Steuergeheimnisses** entbunden hat⁹⁷. Der Zulässigkeit des Zeugenbeweises über bestimmte Tatsachen kann die **Schweigepflicht** entgegenstehen, § 383 Abs. 3. Abzulehnen sind daher der Antrag auf Vernehmung eines Beamten als Zeugen über Tatsachen, auf die sich die Pflicht zur Amtsverschwiegenheit erstreckt; der Antrag auf Vernehmung eines Arztes als Zeugen über Tatsachen, die unter seine Schweigepflicht fallen⁹⁸; der Antrag auf Vernehmung eines Zeugen, dem gemäß § 174 Abs. 3 S. 1 GVG ein Schweigegebot auferlegt ist, über Tatsachen, die unter dieses Gebot fallen. Auch der **Parteivortrag** kann unverwertbar sein, wenn gegen eine **Verschwiegenheitspflicht** verstoßen wird⁹⁹. Hat die beweispflichtige Partei unter Verletzung der Verschwiegenheitspflicht einen Dritten informiert, so ist dessen Zeugenvernehmung unzulässig¹⁰⁰.

Auch die **Geltendmachung eines bestehenden Zeugnisverweigerungsrechts** führt zur Unzulässigkeit der Beweisaufnahme durch Vernehmung des Zeugen, sei es generell (§ 383 Abs. 1 Nr. 1 bis 3) oder jedenfalls hinsichtlich bestimmter Tatsachen (§ 383 Abs. 1 Nr. 4 bis 6, §§ 384f.). Ein Beweishindernis bezüglich bestimmter Tatsachen ergibt sich weiter z.B. daraus, daß über Vorgänge aus der **richterlichen Abstimmung und Beratung** grundsätzlich jede Beweiserhebung durch Vernehmung der Beteiligten unstatthaft ist, näher → § 309 Rdnr. 7, § 383 Rdnr. 108.

55

b) Rechtswidrig erlangte Beweismittel¹⁰¹

aa) Begründung des Verwertungsverbots

Die ZPO enthält kein ausdrückliches Verbot der Verwertung solcher Beweismittel, die durch eine Partei auf rechtswidrige Weise erlangt worden sind (zu Verfahrensfehlern des Gerichts bei der Beweiserhebung → § 286 Rdnr. 17). Doch ist die Ansicht, eine derartige Rechtswidrigkeit sei für die prozessuale Verwertung des Beweismittels gänzlich belanglos, da das Prinzip der Wahrheitserforschung im Prozeß stets vorgehe¹⁰², nicht vertretbar. Daß die

56

---

⁹⁶ Ausdruck von *Goldschmidt* Der Prozeß als Rechtslage (1925), 450. Demgegenüber faßt das strafprozessuale Schrifttum die meisten hier behandelten Fälle im Anschluß an *Beling* (Die Beweisverbote als Grenzen der Wahrheitserforschung im Strafprozeß, 1903) als *Beweisverbote* auf, so z.B. auch *Alsberg-Nüse-K. Meyer*⁵ (Fn. 3), 430ff. S. auch die Lit. unten Fn. 101.
⁹⁷ *BAG* DB 1975, 212 = NJW 1979, 408 (LS) (die Weigerung, vom Steuergeheimnis zu entbinden, kann aber im Rahmen der Beweiswürdigung berücksichtigt werden).
⁹⁸ *RG* WarnRsp 27 (1935) Nr. 182.
⁹⁹ *KG* NJW 1994, 462 (zur Darlegung des Arrestgrundes durch den Anwalt zur Sicherung seines Honoraranspruchs gegen den Mandanten; im Ergebnis erscheint das vom KG bejahte Verwertungsverbot allerdings zweifelhaft).
¹⁰⁰ *OLG Köln* NJW-RR 1993, 1073.
¹⁰¹ Lit.: *Baumgärtel* ZZP 69 (1956), 103; *ders.* Festschr. F. Klug (1983), 477; *ders.* Beweislastpraxis im Privatrecht (1996), 53ff.; *Dilcher* AcP 158 (1959/60), 469; *Gamp* DRiZ 1981, 41; *Habscheid* Gedächtnisschrift f.H. Peters (1967), 840; *ders.* Das Recht auf Beweis (Fn. 88) 41; *ders.* Gedächtnisschrift für Arens (1993), 187; *Kaissis* Die Verwertbarkeit materiell-rechtswidrig erlangter Beweismittel im Zivilprozeß (1978); (dazu *Baumgärtel* ZZP 97 (1984), 93); *Kellner* JR 1950, 270; *Konzen* Rechtsverhältnisse zwischen Prozeßparteien (1976), 176ff., 242ff.; *E. Peters* ZZP 76 (1963), 145; *Pleyer* ZZP 69 (1956), 327; *A. Roth* JR 1950, 715; *H. Roth* in *Erichsen-Kollhosser-Welp* (Hrsg.) Recht der Persönlichkeit (1996), 279; *Schwab* Festschr. f. Hubmann (1985), 421; *Störmer* JuS 1994, 334; *Werner* NJW 1988, 993; *Zeiss* ZZP 89 (1976), 377. – Im Strafprozeß wird das Problem im Rahmen der Diskussion über die Beweisverbote behandelt, dazu *Roxin* Strafverfahrensrecht²³ § 24 D; *Löwe-Rosenberg-Gollwitzer* StPO²⁴ § 244 Rdnr. 189ff.; *Karlsruher Kommentar-Pfeiffer* StPO³ Einl. Rdnr. 117ff.; *Kleinknecht/Meyer-Goßner* StPO⁴² Einl. Rdnr. 50ff.
¹⁰² So aber *Roth* JR 1950, 715. Auch die 18. Aufl. dieses Kommentars (IV vor § 355, § 420 III) lehnte ein Verwertungsverbot bei rechtswidrig erlangten Beweismitteln noch generell ab. Für weitgehende Zulässigkeit der Verwertung jetzt *H. Roth* (Fn. 101) unter Berufung auf das Recht auf Beweis, dann allerdings doch mit der

Wahrheitsermittlung keinen unbedingten Vorrang vor anderen Rechtsprinzipien beanspruchen kann[103], geht schon aus dem Beweisrecht der ZPO deutlich hervor (vgl. z. B. die Zeugnisverweigerungsrechte, §§ 383 f., die Beschränkung des Urkundenbeweises, § 422). Allerdings folgt ein Verbot der Verwertung nicht etwa mit logisch zwingender Kraft aus dem materiellen Rechtswidrigkeitsurteil über die Erlangungshandlung. Es stellt aber ein allgemeines Rechtsprinzip dar, daß die Auswertung einer rechtswidrig herbeigeführten Lage unzulässig ist und die rechtmäßige Situation wieder hergestellt werden muß. Um dies zu erreichen, gewährt das materielle Recht als angemessenes Mittel Ansprüche auf Herausgabe, Folgenbeseitigung, Schadensersatz usw. Geht es um Beweismittel, so ist ein **Verwertungsverbot** die geeignete Rechtsfolge, um diesen Rechtsgrundsatz durchzusetzen[104]. Die Verwertbarkeit rechtswidrig erlangter Beweismittel würde ferner einen Anreiz zu rechtswidrigem Tun bieten[105], der die Rechtsordnung im Hinblick auf das Unwerturteil über die Erlangungshandlung als widersprüchlich und inkonsequent erscheinen ließe[106]. Zu eng wäre es, allein darauf abzustellen, ob bei der Verwertung, also bei der Beweisaufnahme, eine Rechtsverletzung, insbesondere eine Verletzung des Persönlichkeitsrechts erfolgen würde[107].

57 Weil das Verwertungsverbot den Charakter einer Sanktion gegenüber der rechtswidrigen Handlung besitzt, kommt es vor allem dann in Betracht, wenn die rechtswidrige Handlung durch die **Partei** begangen wurde oder ihr nach zivilrechtlichen Grundsätzen **zuzurechnen** ist. Es muß aber als Zurechnungsgrund auch genügen, wenn sich die Partei durch den Beweisantrag das *rechtswidrige Verhalten eines anderen* zunutze machen würde.

58 Da das Verbot der Verwertung aus dem Sinn des Unwerturteils heraus entwickelt werden muß, sollte es nicht pauschal bei jeder rechtswidrigen Beweiserlangung bejaht werden. Vielmehr ist die Verwertung des rechtswidrig erlangten Beweismittels nur dann ausgeschlossen, wenn diese Rechtsfolge dem **Sinn und Zweck der verletzten Norm,** ihrer Schutzrichtung, entspricht[108]. Das ist vor allem bei Eingriffen in die Intimsphäre, in das **Persönlichkeitsrecht,** zu bejahen. So ist z. B. die Verwertung rechtswidrig (vgl. § 201 StGB) hergestellter Tonbandaufnahmen[109] oder Fotografien[110], gestohlener oder unterschlagener Liebesbriefe[111] oder

---

Einschränkung, der Beweisführer müsse sich in Beweisnot befinden und es müßten zunächst alle sonstigen Beweismittel ausgeschöpft werden.

[103] A.M. *Sauer* Allgemeine Prozeßrechtslehre (1951), 138. Dagegen *Habscheid* Gedächtnisschr. f. H. Peters (1967), 853; *E. Peters* ZZP 76 (1963), 148. Allg. zur Bedeutung der Wahrheitsfindung im Rahmen der Prozeßzwecklehre → Einl. [20. Aufl.] Rdnr. 21.

[104] Ähnliche Erwägungen finden sich bei *Konzen* (Fn. 101), 244 ff.

[105] Vgl. *BGH* NJW 1970, 1848 = MDR 1970, 996 = JZ 1971, 387 (mit krit. Anm. *Arzt*) = LM § 373 Nr. 6; *Baumgärtel* ZZP 69 (1956), 103 f. Den Gedanken der Generalprävention betont besonders *Kaissis* (Fn. 101), 120 ff.

[106] Zust. *LAG Berlin* JZ 1982, 258 (→ Fn. 133). – In diesem Sinne ist es gerechtfertigt, wenn auf die Einheit der Rechtsordnung hingewiesen wird, so u. a. *Kellner* JR 1950, 270; *Siegert* NJW 1957, 689. Gegen diese Begr. *Dilcher* AcP 158 (1959/60), 469; *E. Peters* ZZP 76 (1963), 153; *Kleinknecht* NJW 1966, 1541 f.

[107] So aber *Werner* NJW 1988, 993, 1002.

[108] So der Grundgedanke von *Grünwald* JZ 1966, 489 (für den Strafprozeß), differenzierend auch *E. Peters* ZZP 76 (1963), 164 f. Für Anknüpfung an die Schutzrichtung der verletzten Norm auch *Grunsky*[2] § 42 III 2 (S. 445); abl. *Zeiss* ZZP 89 (1976), 389, der selbst (neben anderen Erwägungen) bei Eingriffen in das allgemeine Persönlichkeitsrecht auf die Schwere des Eingriffs und den mit der Verwertung verfolgten Zweck abstellen will, aaO 395. Gegen die Anknüpfung an den Schutzzweck auch *Habscheid* (Fn. 88), 42; *H. Roth* (Fn. 101), 282. Ein allgemeines Verwertungsverbot aus dem Gesichtspunkt von Treu und Glauben im Prozeß bejahen *Baumgärtel* ZZP 69 (1956), 103 f.; *Pleyer* ZZP 69 (1956), 334 ff. Eine differenzierende, vom Schutzzweck der Norm ausgehende und sodann die Interessen abwägende Lösung ausführlich *Baumgärtel* Festschr. f. Klug (1983), 477, 484; *ders.* Beweislastpraxis (Fn. 101), 78 f.

[109] *BGH* JZ 1982, 199 = NJW 1982, 277 = MDR 1982, 397 (anders im konkreten Fall, → Fn. 139); *LG Hagen* BB 1955, 489; *ArbG Kassel* BB 1955, 31; für den Strafprozeß *BVerfGE* 34, 238, 245 = NJW 1973, 891 = JZ 1973, 504 (mit Anm. *Arzt*); *BGHSt* 14, 358 = NJW 1960, 1580 = MDR 1960, 856; *BayObLG* NJW 1990, 197; NJW 1994, 1671; *OLG Düsseldorf* NJW 1966, 214. S. auch *Maunz-Dürig* GG Art. 2 Rdnr. 40; *Siegert* NJW 1957, 689; *Kramer* NJW 1990, 1760.

[110] Jedoch liegt kein rechtswidriger Eingriff in das Persönlichkeitsrecht vor, wenn (zur Gewinnung von Beweismitteln für zivilrechtliche Streitigkeiten) ein in der Öffentlichkeit spielendes Kind (*KG* JZ 1980, 31 = NJW 1980, 894 = MDR 1980, 311) oder der Balkon der Wohnung eines anderen (*OLG Celle* MDR 1980, 311) oder das Abführen eines Störers durch die Polizei zum Schutz des Hausfriedens (*LG Oldenburg* JZ 1990, 1080) photographiert wird. Zur Interessenabwägung bei eigenmächtigen Photoaufnahmen zum Zweck der Beweismittelgewin-

anderer rechtswidrig erlangter, rein persönlicher Aufzeichnungen (z. B. Tagebücher)[112] unzulässig; entsprechende Beweisanträge sind abzulehnen. Dies gilt auch für heimliche Tonbandaufnahmen von geschäftlichen Gesprächen[113]. Ist die Verwertung eines Tonbands unzulässig, so darf über seinen Inhalt auch nicht durch Vernehmung von Zeugen, denen es vorgespielt wurde, Beweis erhoben werden[114]. Unzulässig ist auch die Vernehmung eines Zeugen, durch den (unter der Geltung des früheren Scheidungsrechts) ein Ehegatte den anderen **heimlich in der Wohnung beobachten** ließ, um ein Beweismittel für ehewidrige Handlungen zu erlangen[115]. Ob man die Aussage eines heimlich eingesetzten **Lauschzeugen** generell als unverwertbar ansehen kann, erscheint zweifelhaft; der BGH stellt insoweit auf eine Güterabwägung im Einzelfall ab[116]. Ein zufälliger Lauschzeuge sollte stets als zulässiger Zeuge betrachtet werden[117].

Auch bei einer **Verletzung des Brief-, Post- oder Fernsprechgeheimnisses** ist ein Beweisverbot als adäquate Sanktion anzuerkennen[118]. Daher wäre ein rechtswidrig geöffneter und abgelichteter Brief ein unzulässiges Beweismittel. Ebenso darf die Zeugenaussage einer Telefonistin, die ein Telefongespräch eines Arbeitnehmers heimlich mitgehört und mitstenografiert hat, nicht verwertet werden[119]. Durch **unzulässige**[120] dienstliche **Telefonüberwachung** erlangte Beweismittel dürfen ebenfalls nicht verwendet werden[121]; bei einer Verletzung von völkerrechtlichen Grundsätzen (Immunität) ist auf deren Schutzrichtung abzustellen[122]. Die Ergebnisse einer *zulässigen* Telefonüberwachung sind unverwertbar, soweit sie mit dem der Überwachungsanordnung zugrunde liegenden Verdacht nicht in Zusammenhang stehen[123].   59

Dagegen ist es nicht rechtswidrig, wenn sich ein Gesprächsteilnehmer **Aufzeichnungen über ein vertrauliches Gespräch** macht[124], so daß hier auch kein Verwertungsverbot in Betracht kommt. Auch **Verfahrensfehler im Strafverfahren** können einer Beweismittelverwertung im Zivilprozeß entgegenstehen. Hat z. B. ein Polizeibeamter (oder Staatsanwalt) die Partei des Zivilprozesses als Beschuldigten oder als (weigerungsberechtigten) Zeugen vernommen, ohne auf das Recht zur Aussageverweigerung hingewiesen zu haben (§ 163 a Abs. 4 S. 2, § 136 Abs. 1 S. 2 StPO für den Beschuldigten, § 163 a Abs. 5, § 52 Abs. 3 StPO für den Zeugen), so kann im Zivilprozeß weder das Protokoll im Wege des Urkundenbeweises (→ Rdnr. 34) verwertet noch der vernehmende Beamte als Zeuge vernommen werden[125], es sei   60

---

nung *OLG Frankfurt* MDR 1981, 316. Daß eine Photoaufnahme einer Person ohne deren Einwilligung grundsätzlich nicht durch das Interesse, ein Beweismittel zu erlangen, gerechtfertigt werden könne (so *OLG Hamm* JZ 1988, 308 [abl. *Helle* mwN]), erscheint unzutreffend.

[111] *Kellner* JR 1950, 270; *Bosch* FamRZ 1967, 680. – A. M. *E. Peters* ZZP 76 (1963), 153. Die Verwertbarkeit rechtswidrig erlangter Urkunden bejahen *Zeiss* ZZP 89 (1976), 390f., 398f.; *Habscheid* (Fn. 88), 42, während *Dilcher* AcP 158 (1959/60), 488f. den Beweis nur dann für zulässig hält, wenn die Partei (falls sie die Urkunde nicht in Besitz hätte) die Vorlage verlangen könnte.

[112] Zur Verwertung von intimen Tagebuchaufzeichnungen im Strafprozeß → Rdnr. 63.

[113] *OLG Köln* NJW 1987, 262 (heimliche Aufnahme von Vertragsverhandlungen). – Nach *BGH* JZ 1988, 304 (abl. *Walter*) kann in einem solchen Fall auch auf Löschung der in einem anderen Prozeß als Beweismittel vorgelegten Tonaufzeichnung geklagt werden, dazu → § 138 Rdnr. 20ff.

[114] *BayObLG* NJW 1990, 197; *OLG Düsseldorf* NJW 1966, 214.

[115] *BGH* NJW 1970, 1848 (Fn. 105).

[116] *BGH* NJW 1991, 1180 = JZ 1991, 927 (krit. *Helle*); NJW 1994, 2289 = JZ 1994, 915 (zust. *Helle*) = MDR 1994, 766 (*Baumgärtel*). Für Unverwertbarkeit *LG Kassel* NJW-RR 1990, 62 (Mithören eines Gesprächs unter Anwesenden über zu diesem Zweck nicht aufgelegten Telefonhörer).

[117] So auch *BGH* MDR 1964, 166, 167.

[118] So für den Strafprozeß *LG Stuttgart* JZ 1965, 686 (krit. dazu *Evers* JZ 1965, 661); *Zillmer* NJW 1965, 2094.

[119] *ArbG Essen* BB 1970, 258.

[120] Zu den Grenzen der Verwertung bei zulässiger Überwachung → Fn. 123.

[121] Vgl. *OLG Köln* NJW 1979, 1216 (zum Strafprozeß, auch hinsichtlich mittelbar erlangter Beweismittel).

[122] Vgl. – zum Strafprozeß – *BGHSt* 36, 396 u. 37, 30 = JZ 1990, 1031 u. 1033 (*Schroeder*).

[123] *BGH* NJW 1976, 1462 (zum ehrengerichtlichen Verfahren), dazu *Maiwald* JuS 1978, 379. – Wurde bei einer zulässigen Telefonüberwachung ein Gespräch aufgezeichnet, das in dem Raum mit Telefonapparat stattfand, so ist die Aufzeichnung unverwertbar, *BGHSt* 31, 296; NJW 1983, 1569 = NStZ 1983, 517 (mit zust. Anm. *Geerds*) = JZ 1984, 385 (Strafprozeß).

[124] *BGHZ* 80, 25, 42 = JZ 1981, 705 = MDR 1981, 484; *BGH* JZ 1981, 709 = MDR 1981, 485.

[125] *BGH* NJW 1985, 1470, 1471. – Dagegen neigt *OLG Hamm* NJW-RR 1989, 573 dazu, ein Geständnis für

denn, daß ein Rügeverlust nach § 295 eintritt[126] oder der Zeuge im Zivilprozeß von seinem Zeugnisverweigerungsrecht keinen Gebrauch macht[127]. Zur Verwertung von Protokollen über frühere Vernehmungen, wenn später vom Zeugnisverweigerungsrecht Gebrauch gemacht wird[128], → § 383 Rdnr. 20. Ein Verstoß gegen anwaltliches Standesrecht bei der Beschaffung von Beweismitteln braucht nicht zur Unverwertbarkeit zu führen[129].

bb) Rechtswidrigkeit und Rechtfertigung

61 Die Rechtswidrigkeit der Beweismittelerlangung darf nicht vorschnell bejaht werden. So ist (unter Berücksichtigung der Verkehrsauffassung) bei telefonischen Mitteilungen, bei denen die Persönlichkeit des Sprechers völlig hinter dem objektiven Gehalt der Mitteilung zurücktritt, eine **Aufzeichnung** auf Tonband durch den Empfänger bzw. dessen Hilfspersonen als zulässig anzusehen[130]. Vor allem im kaufmännischen oder sonstigen geschäftlichen Verkehr kann eine solche Rechtfertigung anzunehmen sein. (Die Aufzeichnung ist dann auch nicht unbefugt i. S. v. § 201 Abs. 1 StGB, → Fn. 130.) Zumindest in solchen Fällen ist auch das von einem der Gesprächspartner gestattete Mithören eines Telefongesprächs (mit Hilfe eines Tonverstärkers usw.) durch einen Dritten zulässig und daher die Zeugenaussage des Dritten ein zulässiges Beweismittel[131]. Weitergehend ist aber heute nach dem Stand der Technik und der Üblichkeit solcher Anlagen das von einem der Gesprächspartner auf seiner Seite gestattete[132] **Mithören eines Telefongesprächs** über einen Tonverstärker, Zweithörer usw. (nicht aber eine Tonaufzeichnung) im Regelfall nicht als rechtswidrig anzusehen[133], es sei denn, es wäre etwa dem anderen Teil die Vertraulichkeit (zumindest stillschweigend) zugesichert worden. Läßt dagegen der Arbeitgeber über eine Bürosprechanlage einen Dritten ein Gespräch mit dem Arbeitnehmer mithören, das nach den Umständen als **vertrauliche Unterredung** zu verstehen war, so darf der Dritte nicht als Zeuge über den Inhalt der Unterredung vernommen werden[134]. In der Benutzung eines Diensttelefons und der Kenntnis von der Aufschaltmöglichkeit liegt auch keine Einwilligung in das Mithören durch den Arbeitgeber oder dessen Vertreter[135].

62 Eine grundsätzlich rechtswidrige Beweiserlangung kann im Einzelfall **gerechtfertigt** sein; auch dann besteht kein Verwertungsverbot. Für die Rechtfertigung gelten die allgemeinen zivilrechtlichen Grundsätze; sie kann sich insbesondere (gegenüber rechtswidrigem Verhalten) aus Notwehr oder notwehrähnlicher Lage, aber auch aus **berechtigter Wahrnehmung höherrangiger Interessen**[136] ergeben[137]. Das Interesse, sich Beweismittel für zivilrechtliche

---

verwertbar zu halten, das im Strafverfahren aufgrund verfahrensfehlerhafter Handlungsweise des Gerichts oder eines Ermittlungsorgans zustandegekommen ist.
[126] *BGH* NJW 1985, 1158.
[127] *BGH* NJW 1985, 1470.
[128] Für Unverwertbarkeit eines polizeilichen Protokolls über die Vernehmung eines Kindes, wenn die Eltern im Zivilprozeß als gesetzliche Vertreter vom Zeugnisverweigerungsrecht Gebrauch machen *OLG Frankfurt* MDR 1987, 151.
[129] *KG* WRP 1977, 712 (Testkauf durch Rechtsanwalt).
[130] Vgl. *BVerfGE* 34, 238, 247 (nennt als Beispiele fernmündliche Durchsagen, Bestellungen, Börsennachrichten). – In solchen Fällen wird (unter dem Gesichtspunkt einer mutmaßlichen Einwilligung) auch die Strafbarkeit nach § 201 StGB verneint, vgl. *Lenckner* in: *Schönke-Schröder* StGB²⁴ § 201 Rdnr. 30.
[131] *OLG Karlsruhe* OLGZ 1980, 207.
[132] Das Mithören durch einen Dritten ohne Einwilligung eines der Gesprächspartner bleibt nach wie vor grundsätzlich rechtswidrig, → Rdnr. 59.

[133] *BGH* MDR 1964, 166; JZ 1982, 375 = NJW 1982, 1397 = JR 1982, 373 (mit zust. Anm. *Schlund*) (Verstärker usw. ist kein Abhörgerät i. S. des § 201 Abs. 2 StGB); *BGH* NJW 1994, 596 (gestattetes Mithören durch Polizeibeamten); *LAG Köln* NZA 1994, 48 (LS). – A.M. *LAG Berlin* JZ 1982, 258 (Mithören eines Telefongesprächs zwischen Arbeitgeber und Arbeitnehmer durch die Ehefrau des Arbeitgebers sei rechtswidrig und daher die Vernehmung der Ehefrau als Zeugin unzulässig). Die Zulässigkeit der Zeugenvernehmung über ein (per Verstärker o. a.) mitgehörtes Telefongespräch verneinen auch *LG Frankfurt* NJW 1982, 1056; *AG Lübeck* MDR 1981, 940; *LAG Berlin* BB 1974, 1535 (LS) = DB 1974, 1243 (LS); *ArbG Berlin* NJW-RR 1989, 861 (Telefongespräche zwischen Arbeitnehmer und Arbeitgeber in den Büroräumen).
[134] *BAG* NJW 1983, 1691 = MDR 1983, 787 = SAE 1984, 294 (mit Anm. *E. Lorenz-Unger*).
[135] *BVerfG* NJW 1992, 815.
[136] S. zu diesem Rechtfertigungsgrund *BGHZ* 3, 280; 24, 80.

Ansprüche zu sichern, vermag die unerlaubte Handlung (z. B. eine heimliche Tonbandaufnahme)[138] nicht generell zu rechtfertigen. Vielmehr muß eine Abwägung der widerstreitenden Interessen stattfinden[138a], wobei sowohl die Umstände des konkreten Falles als auch die generelle Bedeutung der betroffenen Rechtsgüter zu berücksichtigen sind. Dabei muß, soll der Eingriff gerechtfertigt und damit die Verwertung des erlangten Beweismittels zulässig sein, das Interesse an der Wahrheitsfindung entsprechend § 34 S. 1 StGB gegenüber dem betroffenen Schutzgut wesentlich überwiegen[139]. Die Erfassung von Ferngesprächsdaten (z. B. Herkunft des Anrufs) durch eine **Fangschaltung**[139a] kann eher gerechtfertigt sein als eine Aufnahme des Gesprächsinhalts.

Soweit es um Eingriffe in das **Persönlichkeitsrecht** geht (Verwertung heimlich hergestellter Tonbandaufnahmen) unterscheidet das BVerfG[140] verschiedene Schutzbereiche. Einen **Kernbereich privater Lebensgestaltung** erklärt das BVerfG für **absolut geschützt**, so daß (im Strafprozeß) die Verwertung einer diesen unantastbaren Bereich betreffenden heimlichen Tonbandaufnahme keinesfalls gerechtfertigt sein könne. In einem weiteren Bereich des privaten Lebens kann dagegen der in der Verwertung liegende Eingriff durch überwiegende öffentliche Interessen (unter Wahrung des Verhältnismäßigkeitsgrundsatzes) gerechtfertigt sein. Von denselben Grundsätzen gehen BVerfG[141] und BGH[142] bei der Frage aus, ob **Tagebücher** bzw. tagebuchähnliche Aufzeichnungen des Beschuldigten intimen Charakters im Strafverfahren verwertet werden dürfen, wobei allerdings der Ansatz nicht bei einer rechtswidrigen Erlangung des Beweismittels, sondern bei einer Verletzung des allgemeinen Persönlichkeitsrechts durch die Verwertung im Prozeß liegt. Die zur Verwertbarkeit im Strafprozeß[143] getroffene Unterscheidung läßt sich (im Rahmen des bei Rdnr. 62 Gesagten) auch auf den Zivilprozeß übertragen[144], wobei im nicht absolut geschützten Bereich die Interessen des Gegners in die Abwägung einzubeziehen sind.

63

3. Zwecklosigkeit des Beweises

Zulässig ist die Ablehnung eines Beweisantrages, wenn der beantragte Beweis zu keinem Ergebnis führen kann, also zwecklos ist. Dies ist der Fall, wenn das Beweismittel unerreichbar oder ungeeignet ist.

64

a) Unerreichbarkeit des Beweismittels

Die Zwecklosigkeit der beantragten Beweisaufnahme wegen Unerreichbarkeit des Beweismittels hat vor allem für den Zeugenbeweis und für den Urkundenbeweis Bedeutung. Ein **Zeuge** ist unerreichbar, wenn seine Heranziehung zur Aussage daran scheitert, daß entweder

65

---

[137] S. – zur heimlichen Tonbandaufnahme – *BGHZ* 27, 284 = NJW 1958, 1344; *BGHSt* 14, 358 = NJW 1958, 1344; *KG* NJW 1956, 26; *OLG Celle* NJW 1965, 1678; *KG* NJW 1967, 115 (stellt im konkreten Fall aber wohl zu geringe Anforderungen an die Rechtfertigung); *Dreher-Tröndle* StGB[47] § 201 Rdnr. 7. - Für die strafrechtliche Beurteilung lehnt *Lenckner* in: *Schönke- Schröder* StGB[24] § 201 Rdnr. 32 einen Rechtfertigungsgrund der Wahrnehmung berechtigter Interessen ab und greift allein auf den rechtfertigenden Notstand (§ 34 StGB) zurück (aaO Rdnr. 31).
[138] *BGHZ* 27, 284; *OLG Düsseldorf* NJW 1966, 214; *OLG Köln* NJW 1987, 262.
[138a] Grundsätzlich aM *H. Roth* (Fn. 101), 285 ff.
[139] *BGH* JZ 1982, 199 (Fn. 109) (zulässige Verwertung einer heimlich angefertigten Tonbandaufnahme im Ehrenschutzprozeß).
[139a] Dazu *BVerfGE* 85, 386 = NJW 1992, 1875.

[140] *BVerfGE* 34, 238, 245 ff. (Fn. 109); s. auch *BVerfGE* 35, 202, 220 = JZ 1973, 509.
[141] *BVerfGE* 80, 367 = NJW 1990, 563 (im Ergebnis für Zulässigkeit der Verwertung in einem Fall schwerster Kriminalität). Dazu *Amelung* NJW 1990, 1753; *Küpper* JZ 1990, 416.
[142] *BGHSt* 34, 397 = NJW 1988, 1037 (aufrechterhalten durch *BVerfGE* 80, 367; s. vorhergehende Fn.); *BGHSt* 19, 325 = NJW 1964, 1139 (*Dünnebier*) (Verwertungsverbot im konkreten Fall bejaht).
[143] Zur Verwertung einer von einem Dritten rechtswidrig hergestellten Tonbandaufnahme im Strafprozeß *BGH* NJW 1989, 2760 (abl. *Kramer* NJW 1990, 1760); *EGMR* NJW 1989, 654 (Verwertung verstößt im konkreten Fall nicht gegen das Recht auf faires Verfahren nach Art. 6 Abs. 1 EMRK [dazu → vor § 128 Rdnr. 65 ff.]).
[144] A.M. *Baumgärtel* Festschr. f. Klug (1983), 480.

seine Person oder sein Aufenthalt unbekannt und nicht zu ermitteln ist. Fehlt die ladungsfähige Anschrift des Zeugen (→ § 373 Rdnr. 1), so ist zunächst eine Frist für die Beibringung der Anschrift nach § 356 zu setzen[145]. Zur Hinweispflicht des Gerichts, wenn der Name des Zeugen zunächst nicht genannt wurde, → § 139 Rdnr. 16 (Fn. 57). Hält sich ein Zeuge an einem bekannten Ort **im Ausland** auf, und ist nicht mit einem Erscheinen vor dem Prozeßgericht zu rechnen, so ist eine Zeugenvernehmung im Wege der Rechtshilfe (näher → § 363) herbeizuführen. Nur ausnahmsweise kann in solchen Fällen der Beweisantrag wegen Unerreichbarkeit des Beweismittels abgelehnt werden, wenn das Erscheinen vor einem deutschen Gericht, etwa zur Gegenüberstellung mit den Parteien oder anderen Zeugen, unbedingt erforderlich ist, aber nicht herbeigeführt werden kann[146]. Im Regelfall ist die Vernehmung im Ausland geboten, der auch der Grundsatz der Unmittelbarkeit (§ 355) nicht entgegensteht[147]. Der 1993 eingefügte § 244 Abs. 5 S. 2 StPO, wonach die Ladung eines Zeugen im Ausland abgelehnt werden kann, wenn die Vernehmung nach pflichtgemäßem Ermessen zur Erforschung der Wahrheit nicht erforderlich ist, sollte dabei nicht zum Vorbild genommen werden. Der normative Gehalt der Vorschrift ist unklar[148], und zur Abwehr von in Verschleppungsabsicht gestellten Beweisanträgen genügen die bisher bereits anerkannten Grundsätze, → Rdnr. 83. – Ist eine Partei ernstlich um die Gestellung des Zeugen bemüht, so muß ihr dazu gegebenenfalls auch durch eine Terminsverlegung Gelegenheit gegeben werden; auch der Beschleunigungsgedanke darf in solchen Fällen nicht dazu führen, die Beweisaufnahme zu rasch als unmöglich zu betrachten[149].

66 Aus dem gleichen Gesichtspunkt kann auch die Aufnahme eines **Augenscheinsbeweises** und eines **Sachverständigenbeweises** abgelehnt werden; von Bedeutung ist dies insbesondere für die Blutgruppenuntersuchung und für die Ähnlichkeitsuntersuchung (erbbiologisches Gutachten), wenn die erforderlichen Untersuchungspersonen nicht erreichbar sind. Die *Schwierigkeit* der Beweiserhebung durch Ähnlichkeitsuntersuchung rechtfertigt dagegen die Ablehnung nicht[150]. Wenn in Kindschaftssachen ein Gutachten wegen des Alters des Kindes derzeit noch nicht erstattet werden kann, so ist das Verfahren nach Maßgabe des § 640f auszusetzen. In sonstigen Fällen, in denen nur **vorübergehende Hindernisse** bestimmter Dauer der Durchführung der Beweisaufnahme entgegenstehen, ist der Beweisantrag zulässig und mit der Beweisaufnahme bis zur Behebung des Hindernisses zu warten, soweit dies dem Gegner billigerweise zugemutet werden kann, näher → § 356 Rdnr. 8. Bei Hindernissen *ungewisser* Dauer gilt § 356 (Fristsetzung).

b) Ungeeignetheit des Beweismittels

67 Die Zwecklosigkeit des Beweises kann sich aus der völligen Ungeeignetheit des bezeichneten Beweismittels ergeben[151]. Bei der Ablehnung eines Beweisantrags aus diesem Grund ist größte Zurückhaltung erforderlich; es besteht sonst die **Gefahr**, daß ein **noch nicht erhobener Beweis vorweg gewürdigt** wird[152]. Die Beweiserhebung darf nicht durch *Vermutungen* über das, was die Beweisaufnahme ergeben könnte, ersetzt werden[153]. Ein Beweisantrag darf also

---

[145] *BGH* NJW 1974, 188 = MDR 1974, 296.
[146] Dies muß aber feststehen, vgl. *BGH* ZZP 105 (1992), 500 (*Leipold*).
[147] Näher *Leipold* ZZP 105 (1992), 507.
[148] Dazu *Karlsruher Kommentar-Herdegen* StPO³ § 244 Rdnr. 85. – Nach *BGH* JZ 1995, 209 (*Perron*) befreit § 244 Abs. 5 S. 2 StPO das Gericht vom Verbot der Beweisantizipation, doch bleibt unklar, in welchem Umfang dies der Fall ist (vgl. *Perron* JZ 1995, 210, 212).
[149] *BGH* NJW 1977, 1742 = MDR 1977, 47.
[150] *BGH* NJW 1964, 1179.

[151] Ebenso *BGH* NJW 1994, 1348, 1350 (zu weiterem DNA-Gutachten im Vaterschaftsprozeß; hierzu → § 640 Rdnr. 41a).
[152] Vgl. *BVerfG* NJW 1993, 254; *BGH* NJW 1994, 1348, 1350; BGHZ 5, 287; LM § 286 (E) Nr. 11; FamRZ 1956, 149; ZZP 72 (1959), 198; BGHZ 40, 367, 374; *BGH* Warn 1973 Nr. 199; DRiZ 1974, 27; *E. Schneider* MDR 1969, 268. – Zur Bedeutung der Erfahrungssätze bei Feststellung der Ungeeignetheit eines Beweismittels *Söllner* MDR 1988, 363.
[153] RAG 8, 317, 322.

nicht allein deswegen zurückgewiesen werden, weil die aufgestellte Behauptung *unwahrscheinlich* ist[154] bzw. die beantragte Beweisaufnahme aller Wahrscheinlichkeit nach erfolglos bleiben werde[155]; eine **derartige Würdigung eines noch nicht vorliegenden Beweises** ist unter allen Umständen **unzulässig**. Hiergegen wird in der Gerichtspraxis zuweilen verstoßen[156]. Auch die Ablehnung einer beantragten wiederholten Vernehmung eines Zeugen mit der Begründung, daß einer anders lautenden Aussage jetzt kein Glauben mehr geschenkt werden könne[157], sollte auf Ausnahmefälle beschränkt werden.

Die Ablehnung ist nur zulässig, wenn es **ausgeschlossen** erscheint, daß die Beweisaufnahme **irgendetwas Sachdienliches** für die Bildung der richterlichen Überzeugung ergeben würde[158]. So hat es die Judikatur z.B. abgelehnt, ein Sachverständigengutachten einzuholen, mit dem aufgrund einer Scheckunterschrift die Geschäftsunfähigkeit wegen Volltrunkenheit zum Zeitpunkt der Unterschriftsleistung bewiesen werden sollte[159]. Die Einnahme eines gerichtlichen Augenscheins kann ein gänzlich ungeeignetes Beweismittel sein, um in einem tariflichen Eingruppierungsstreit das zeitliche Ausmaß der einzelnen, unregelmäßig wechselnden Aufgaben des Arbeitnehmers festzustellen[160].

Die **Ungeeignetheit eines Zeugen** kann sich aus körperlichen oder geistigen Gebrechen[161] ergeben, die die Wahrnehmungsfähigkeit oder die Wiedergabefähigkeit mit Sicherheit gänzlich ausschließen, ebenso aus einer vorübergehenden geistigen Störung, etwa aus Trunkenheit zur Zeit der Tat. Die Vernehmung von Kindern (z.B. in Ehesachen) kann abgelehnt werden, wenn sie zum Zeitpunkt der zu beweisenden Ereignisse eindeutig noch zu jung waren, um brauchbare Wahrnehmungen von den erheblichen Tatsachen machen zu können[162]. Dagegen darf die Vernehmung von Zeugen nicht deshalb abgelehnt werden, weil sie wegen der langen verflossenen Zeit und der wahrscheinlich geschwundenen Erinnerung nach der Lebenserfahrung keine Klärung bringen werde[163]. Mag dies zuweilen auch nahe liegen, so läßt es sich doch erst nach der Vernehmung endgültig beurteilen. Unzulässig ist es auch, den künftigen Bekundungen von Zeugen die Erheblichkeit abzusprechen, weil sie in beigebrachten Erklärungen nur »Mutmaßungen« geäußert haben[164] oder weil ihre Bekundungen für den Gutachter nur von zweifelhaftem Wert sein können[165]. Wenn aber ein Vorgang durch Videoaufzeichnungen oder Fotos deutlich wiedergegeben wird, kann es zulässig sein, auf die Vernehmung von Zeugen, die den Vorgang beobachtet haben, zu verzichten[166].

Mit der **Unglaubwürdigkeit** des Beweismittels kann die Ablehnung eines Beweisantrags wegen völliger Ungeeignetheit höchstens in seltenen Ausnahmefällen begründet werden[167], da über die Glaubwürdigkeit grundsätzlich erst dann befunden werden kann, wenn der Beweis erhoben ist. Zur Ablehnung genügt keinesfalls der allgemeine Hinweis auf Unglaubwürdigkeit oder auf erhebliche Bedenken gegen die Glaubwürdigkeit[168]. Auch wenn besondere Tatsachen feststehen, die an der Glaubwürdigkeit von vornherein **zweifeln** lassen, muß

---

[154] *RG* WarnRsp 22 (1930) Nr. 73.
[155] Ebenso *BGH* VersR 1960, 225; s. auch *RGZ* 95, 191; *RG* WarnRsp 20 (1928) Nr. 124.
[156] *RG* WarnRsp 20 (1928) Nr. 124; *OGHZ* 3, 117; *BGHZ* 5, 287.
[157] So *RAG* 26, 326, 328; *RG* JW 1907, 109.
[158] *BGH* DRiZ 1962, 167; NJW 1956, 1480.
[159] *OLG Köln* VersR 1973, 643. – Zu den Anforderungen an die völlige Ungeeignetheit eines Sachverständigengutachtens vgl. *BayObLG* MDR 1981, 338 (Strafprozeß).
[160] *BAG* AP Nr. 14 zu § 1 TVG Tarifverträge: Rundfunk.
[161] *RG* HRR 1937 Nr. 339; *BGH* VersR 1960, 225 (Unfallfolgen).
[162] Vgl. *RG* WarnRsp 32 (1914) Nr. 116.

[163] *BGH* VersR 1958, 170, 340. S. auch *BGHZ* 40, 373.
[164] *RGZ* 98, 30.
[165] *OGHZ* 3, 117.
[166] Vgl. *LG Stuttgart* VersR 1988, 600 = NJW-RR 1988, 1241 (betr. Körperverletzung bei einem Fußballspiel).
[167] Die Rsp schließt die Ablehnung wegen gänzlicher Unglaubwürdigkeit nicht völlig aus, hält aber eine Vorauswürdigung grundsätzlich für unzulässig. Die Ablehnung wegen Unglaubwürdigkeit wurde z.B. gebilligt von *RG* JR 1925 Nr. 933; HRR 1930 Nr. 1660; HRR 1937 Nr. 339 (hier in Verbindung mit anderen Umständen), für unzulässig erklärt dagegen von *RG* JW 1911, 549; 1930, 1061 und den Entscheidungen Fn. 168 bis 171.
[168] *RG* WarnRsp 21 (1929) Nr. 79.

der Beweis erhoben werden. Die Bedeutung solcher Umstände – z.B. eines Meineids, einer strafbaren uneidlichen Aussage, eines Betrugs des Zeugen, eines Versuchs, andere Zeugen zu beeinflussen, enger Beziehungen zu einer Partei (Verlöbnis, Ehe, Verwandtschaft)[169], Schwägerschaft), gewisser Beziehungen zur Sache (Regreßpflicht, Verdacht der Beteiligung des Zeugen an einer unerlaubten Handlung) usw. – kann in aller Regel erst dann endgültig beurteilt werden, wenn die Beweisaufnahme erfolgt ist. Unzulässig ist es z.B., in einem Rechtsstreit über ein Warenzeichenrecht die Vertreter und Abnehmer einer Partei ohne besonderen Anhalt als unglaubwürdig anzusehen, weil sie an der Löschung des Zeichens interessiert seien[170]. Eine Zeugenvernehmung kann auch nicht schon allein mit der Begründung als unzulässig angesehen werden, daß sie nicht anders als eine reine Parteibehauptung gewertet werden könnte[171]. Der Aussage eines Beifahrers in einem Unfallfahrzeug darf nicht von vornherein der Beweiswert abgesprochen werden[172]; erst recht darf nicht schon die Vernehmung als Zeuge abgelehnt werden.

4. Überflüssigkeit des Beweises

71   Ein Beweisantrag kann auch wegen Überflüssigkeit des Beweises abgelehnt werden. Dies ist dann möglich, wenn die zu beweisende Tatsache offenkundig oder bedeutungslos oder schon erwiesen ist, oder wenn sie als wahr unterstellt wird, oder wenn es wegen der Bindung des Richters an die Entscheidung eines Gerichts oder einer Behörde auf die Feststellung der Tatsache nicht ankommt. Unzulässig ist es dagegen, außerhalb des Anwendungsgebiets von § 287 einen Beweisantrag deshalb abzulehnen, weil die Beweiserhebung »höchst unökonomisch« sei[173].

a) Offenkundigkeit

72   Daß bei dem Gericht offenkundige Tatsachen nicht des Beweises bedürfen, spricht das Gesetz in § 291 ausdrücklich aus, näher → § 291 Rdnr. 6f.

b) Fehlende Beweiserheblichkeit

73   Zulässig ist die Ablehnung eines Beweisantrags ferner dann, wenn die unter Beweis gestellte Tatsache bedeutungslos ist. Für den Erfolg eines Beweisantrags ist Voraussetzung, daß die Tatsache beweiserheblich ist[174]. Dies trifft bei allen Tatsachen zu, die im Fall ihres Beweises geeignet sind, auf die Bildung der richterlichen Überzeugung einen Einfluß auszuüben. Die Entscheidung darüber, ob eine Tatsache erheblich ist, ergibt sich für die unmittelbar erheblichen Tatsachen aus den Rechtssätzen; bei mittelbar erheblichen Tatsachen (Indizien) muß der Richter aufgrund seiner Lebenserfahrung und der feststehenden Umstände über die Erheblichkeit entscheiden.

74   Ein auf **Indizien** gestützter Beweisantrag (→ Rdnr. 19) ist nicht deshalb abzulehnen[175], weil ein *unmittelbarer* Beweis erhoben wurde, noch bevorsteht oder jedenfalls möglich wäre. Der

---

[169] *BGHZ* 40, 373; *OGHZ* 1, 353 = NJW 1949, 382; *RG* JW 1931, 3335; LeipZ 1931, 769 Nr. 19.
[170] *RGZ* 98, 30.
[171] *RGZ* 156, 262.
[172] *BGH* NJW 1988, 566 (gegen eine anderslautende sog. Beifahrerrechtsprechung) (zust. *Walter*); *Greger* NZV 1988, 13. Eine derartige vorweggenommene Beweiswürdigung kann auch gegen Art. 103 Abs. 1 GG verstoßen, *BVerfG* NJW-RR 1995, 441.

[173] *BVerfGE* 50, 32, 36 (Fn. 90) (Verstoß gegen Art. 103 Abs. 1 GG).
[174] Vgl. z.B. *RG* JW 1932, 1220; *RAG* ArbRS 45 (1942), 23.
[175] A.M. *Bennecke-Beling* Lehrbuch des Reichsstrafprozeßrechts (1900), 319, weil nach dem Unmittelbarkeitsprinzip der direkte Beweis dem Indizienbeweis vorgehe. Der Unmittelbarkeitsgrundsatz steht aber (jedenfalls im Zivilprozeß) der Verwertung von Indizien nicht entgegen.

Indizienbeweis ist mit anderen Worten nicht nur dann zulässig, wenn ein direkter Beweis nicht möglich erscheint. Zur Wahl zwischen verschiedenen Beweismitteln → auch Rdnr. 33. Der Indizienbeweis darf jedoch abgelehnt werden, wenn die behauptete (→ Rdnr. 20) und unter Beweis gestellte Hilfstatsache, auch wenn man deren Richtigkeit unterstellt, weder allein noch in Verbindung mit weiteren Indizien und mit dem sonstigen Sachverhalt einen hinreichend sicheren Schluß auf die zu beweisende Haupttatsache zuläßt[176]. Es ist also zulässig (und erforderlich), die **Schlüssigkeit des angetretenen Indizienbeweises** vor der Beweiserhebung zu prüfen. Dementsprechend können auch Beweisanträge über Indiztatsachen, aus denen sich die Unglaubwürdigkeit eines Zeugen ergeben soll, abgelehnt werden, wenn das Gericht selbst bei Beweis der Indiztatsachen keinen Schluß auf die Unglaubwürdigkeit ziehen will[177]. Soll durch einen Zeugen der Beweis für eine nicht in seiner Person eingetretene innere Tatsache (z. B. Kenntnis einer dritten Person) geführt werden, so verlangt der BGH[178] für den Regelfall eine schlüssige Darlegung, aufgrund welcher Umstände der Zeuge Kenntnis von der inneren Tatsache erlangt hat, → auch § 373 Rdnr. 1.

Ein Beweisantrag, der auf die Feststellung einer **unerheblichen Tatsache** gerichtet ist, kann abgelehnt werden[179]; es ist dies nicht eine unzulässige Vorwegnahme eines erst zu erhebenden Beweises[180]. Das Gericht muß die Bedeutungslosigkeit, wenn sie nicht klar auf der Hand liegt, näher darlegen. Von der Vernehmung eines Zeugen kann »nur unter eingehender Begründung der völligen Bedeutungslosigkeit seiner Aussage für die Bildung der richterlichen Überzeugung Abstand genommen werden«[181]. Es genügt nicht, daß die beantragte Beweisaufnahme aller Wahrscheinlichkeit nach erfolglos bleiben werde, → Rdnr. 67. 75

Unzulässig ist es, die Bedeutungslosigkeit deswegen zu unterstellen, weil ein Vorgang als **unaufklärbar** angesehen wird[182]. Ist streitig, ob ein Unfall auf einer Treppe auf eine Verletzung der Reinigungspflicht zurückzuführen ist, so kann ein angetretener Beweis dafür, daß schon früher andere Leute auf der Treppe gefallen seien, nicht mit der Begründung abgelehnt werden, daß nicht feststehe, was in jenen Fällen die Ursache des Sturzes gewesen sei. Wenn, wie unter Beweis gestellt wird, auch andere Personen auf der Treppe ausgeglitten sind, so kann nicht vor der Beweiserhebung gesagt werden, daß die Treppe nicht zu glatt gewesen sei; dies würde eine unzulässige Vorwegnahme der Beweiswürdigung bedeuten[183]. 76

c) Bereits bewiesene Tatsache

Ein Beweisantrag kann abgelehnt werden, wenn die unter Beweis gestellte Tatsache bereits erwiesen ist. Auch bei diesem Ablehnungsgrund ist zu beachten, daß nicht der endgültigen Beweiswürdigung vorgegriffen werden darf. Eine Ablehnung unter diesem Gesichtspunkt ist nur zulässig, wenn es bei der Entschließung über den Beweisantrag als ausgeschlossen erscheint, daß nach Abschluß der gesamten Beweisaufnahme doch noch Zweifel an der Tatsache entstehen. 77

Unzulässig ist dagegen die Ablehnung eines Beweisantrags, weil das Gericht **vom Gegenteil der Behauptung überzeugt** ist[184]. Vielmehr ist ein Gegenbeweis gegen die als bewiesen 78

---

[176] *BGH* NJW-RR 1993, 443; *BGHZ* 53, 245, 261 = NJW 1970, 946, 950 = MDR 1970, 491; *BGH* DRiZ 1974, 27; *BGH* NJW 1982, 2447 = VersR 1982, 972 = MDR 1983, 47 (dazu *Nack* Indizienbeweisführung und Denkgesetze NJW 1983, 1035); ferner *BGH* LM § 383 Nr. 2 = WM 1983, 653, 654 (wenn die Beachtlichkeit der Indiztatsache naheliegt, muß sich die Prüfung der Schlüssigkeit aus den Entscheidungsgründen ergeben). Befindet sich die Partei in Beweisnot, so ist dies nach *BGH* DB 1969, 1300 (LS) zugunsten der Beweiserhebung durch Indizienbeweis zu berücksichtigen.
[177] *BGHZ* 121, 266, 271 = NJW 1993, 1391.
[178] *BGH* NJW 1983, 2034 = MDR 1983, 838 = WM 1983, 825.

[179] *RG* JW 1932, 1220; *OGHZ* 1, 247; *BGH* LM § 539 Nr. 1 (nicht beweiskräftiges Indiz); *OLG München* OLGZ 1975, 52 (auch ein nach Ablehnung der Zeugenvernehmung im anhängigen Prozeß gestellter Antrag auf Vernehmung im Beweissicherungsverfahren ist dann abzulehnen).
[180] *RG* WarnRsp 20 (1928) Nr. 179.
[181] *RG* WarnRsp 29 (1937) Nr. 140.
[182] *BGHZ* 2, 61.
[183] *RG* WarnRsp 30 (1938) Nr. 5; weiter *BGHZ* 2, 61.
[184] *BVerfG* NJW 1993, 254, 255; *BGH* NJW 1994, 1348, 1350.

angesehene Tatsache stets zulässig[185]. (Davon zu unterscheiden ist die Ablehnung eines Beweisantrags, weil besondere Gründe für die *völlige Ungeeignetheit des Beweismittels* (→ Rdnr. 67) vorliegen[186]; dies muß vom Gericht eingehend begründet werden[187].) Mag eine Behauptung auch recht unwahrscheinlich erscheinen, so ist doch stets mit der Möglichkeit zu rechnen, daß sie durch die Erhebung des angebotenen Beweises eine Aufklärung erhält, die geeignet ist, die bisherige Überzeugung des Gerichts zu erschüttern[188].

d) Wahrunterstellung

79 Die Ablehnung eines Beweisantrags wird ferner für zulässig gehalten, wenn die zu beweisende Tatsache als wahr unterstellt werden kann; dieser besonders für das Strafverfahren behandelte Ablehnungsgrund[189] wurde auch auf den Zivilprozeß übertragen[190]. Eine an sich beweisbedürftige Tatsache kann aber im Zivilprozeß nur dann ohne Beweis als wahr unterstellt werden, wenn die Entscheidung von ihrer Wahrheit oder Unwahrheit nicht berührt wird. So können rechtsbegründende Tatsachen (z.B. der Abschluß eines Vertrags) als wahr unterstellt werden, wenn feststeht, daß die Klage ohnehin (z.B. wegen Minderjährigkeit eines Vertragspartners) abzuweisen ist. Unter Beweis gestellte Indizien können als wahr unterstellt werden, wenn das Gericht ihre Beweiskraft verneint[191], → Rdnr. 74. Die »als wahr unterstellten« Tatsachen sind aber in diesen Fällen in Wahrheit nichts anderes als **nicht mehr beweiserhebliche** Tatsachen, also Tatsachen, deren Wahrheit nunmehr dahingestellt bleiben kann[192]. Als Fall der Wahrunterstellung könnte man es ferner bezeichnen, wenn ein von der *nicht beweisbelasteten* Partei angebotener Gegenbeweis nicht erhoben wird, weil die *beweisbelastete* Partei selbst keinen oder keinen ausreichenden Beweis geführt hat. Dies folgt aber aus den Regeln der subjektiven Beweislast, → § 286 Rdnr. 29; der Begriff der Wahrunterstellung wirkt auch hier eher verwirrend als klarstellend.

80 Die »Wahrunterstellung« muß sich stets auf die Beweistatsachen selbst beziehen. Das Gericht muß also die **zu beweisenden Tatsachen** als nachgewiesen unterstellen; es genügt nicht die Unterstellung, daß der Zeuge die *Angaben* machen wird, die Gegenstand der beantragten Beweisaufnahme sein sollen[193].

e) Bindung an gerichtliche oder behördliche Entscheidungen

81 Die Rechtskraftwirkung (Bindungswirkung) gerichtlicher Entscheidungen oder Verwaltungsakte (zur Bindung an Entscheidungen anderer Zweige der Gerichtsbarkeit → § 322 Rdnr. 284ff., an Verwaltungsakte → Einl. [20. Aufl.] Rdnr. 555) bedeutet im allgemeinen eine Bindung hinsichtlich der festgestellten *Rechtsfolge*, während die *Tatsachen* als solche nicht rechtskräftig festgestellt werden. Jedoch ergibt sich aus der Bindung an die Feststellung der Rechtsfolge, daß es auf die Tatsachen, von denen die Rechtsfolge nach den maßgeblichen

---

[185] *BGHZ* 53, 245, 260 = NJW 1970, 946, 950; *BGH* Warn 1973 Nr. 199; DRiZ 1966, 381; 1974, 27; *RGZ* 24, 336; *RG* JW 1899, 433; Gruchot 57 (1913), 166; WarnRsp 12 (1919), 365.
[186] *BGH* NJW 1951, 481; LM § 286 (E) Nr. 7 a = NJW 1956, 1480 = VersR 1956, 504; ZZP 72 (1959), 198; VersR 1959, 729; *RG* JW 1930, 1061.
[187] *RG* JW 1910, 68; 1930, 1061; HRR 1931 Nr. 794.
[188] *RG* JW 1910, 68.
[189] Vgl. *Löwe-Rosenberg* (*Gollwitzer*) StPO[24] § 244 Rdnr. 237ff.; *Alsberg-Nüse-K. Meyer*[5] (Fn. 3), 650ff. Grundsätzliche Bedenken gegen die Wahrunterstellung bei *Radbruch* RG Festgabe V, 202.

[190] Vgl. *BGHZ* 53, 245, 260 (Fn. 185) (wenn das Gericht wirklich die behauptete Tatsache als wahr behandelt und sich damit nicht in Widerspruch setzt); *OGHZ* 1, 352. *Baumbach-Lauterbach-Hartmann*[55] § 286 Rdnr. 30.
[191] *BGH* LM § 539 Nr. 1.
[192] Insofern ist die Kritik von *E. Schneider* ZZP 75 (1962), 207 durchaus berechtigt.
[193] *BGH* NJW 1951, 481; LM § 286 (E) Nr. 11; NJW 1962, 676; *BGHZ* 40, 367, 374; *Alsberg-Nüse-K. Meyer*[5] (Fn. 3), 676. Vgl. auch *BVerwG* NJW 1968, 1441.

Rechtssätzen eigentlich abhängt, nicht mehr ankommt. Daher sind Beweisanträge abzulehnen, wenn mit deren Hilfe ein Sachverhalt bewiesen werden soll, der eine von der rechtskräftigen Feststellung abweichende Rechtsfolge ergeben würde. Dies gilt jedoch nur innerhalb der objektiven, subjektiven und zeitlichen Grenzen der Rechtskraft (→ § 322 Rdnr. 74ff., 228ff., § 325).

Als Beispiel für eine derartige Bindung sei auf das Verhältnis der Zivilgerichte zu den **Behörden der Sozialversicherung** hingewiesen. Nach § 638 RVO sind die Gerichte bei der Entscheidung über Ersatzansprüche der in §§ 636, 637 RVO genannten Art an die Entscheidung gebunden, die in einem Verfahren der RVO oder des SGG darüber ergeht, ob ein entschädigungspflichtiger Unfall vorliegt und in welchem Umfang und von welchem Versicherungsträger die Entschädigung zu gewähren ist. Gemäß § 642 Abs. 2 RVO gilt diese Bindung der Gerichte auch für die in §§ 640f. RVO bezeichneten Ansprüche. Diese Bindung erstreckt sich nach ständiger Rsp[194] auch auf die Feststellung des Betriebes, in welchem der Verletzte zur Zeit des Unfalls tätig war; denn die Feststellung des ersatzpflichtigen Versicherungsträgers setzt regelmäßig die Bestimmung des Unternehmers voraus, in dessen Betrieb sich der Unfall ereignet hat. Wird in einem Zivilprozeß nach einem vorausgegangenen Verfahren vor den Behörden der Sozialversicherung die Aufnahme eines Beweises darüber beantragt, in welchem Betrieb der Verletzte zur Zeit des Unfalls tätig war, so steht diesem Beweisantrag die bindende rechtskräftige Feststellung entgegen.

5. Beweisanträge in Verschleppungsabsicht und nicht ernstlich gemeinte Beweisanträge

a) Verspätung und Verschleppungsabsicht

Die **Zurückweisung verspäteter Beweisanträge** ist nach §§ 282, 296, 527f. zu beurteilen. Diese Regeln sind, soweit es um die Verspätung eines Beweisantrags geht, als *abschließend* anzusehen[195]. Erst recht gilt dies seit der Verschärfung der Bestimmungen durch die Vereinfachungsnovelle 1976, → § 296 Rdnr. 4. Es erscheint aber nicht völlig ausgeschlossen, außerhalb des Anwendungsbereichs dieser Vorschriften einen Beweisantrag wegen **Verschleppungsabsicht** zurückzuweisen, da ein solcher Fall auch dann denkbar ist, wenn keine Verspätung i. S. der Präklusionsvorschriften vorliegt. Allerdings muß dann die Verschleppungsabsicht offensichtlich sein[196], so daß sich der Beweisantrag eindeutig als **rechtsmißbräuchlich** darstellt.

b) Nicht ernstlich gemeinte Beweisanträge

Als nicht ernstlich gemeint sind Beweisanträge dann zurückzuweisen, wenn die Umstände eindeutig ergeben, daß mit dem Antrag ein sonstiger verfahrensfremder Zweck verfolgt wird. Dies ist z. B. der Fall, wenn offensichtlich ist, daß der Antrag nicht der Aufklärung einer für die Entscheidung erheblichen Frage dienen soll, sondern z. B. ein Zeuge lediglich zu einer ihn bloßstellenden oder ihm geschäftlich nachteiligen Aussage veranlaßt werden soll. In der Regel wird dann allerdings die Ablehnung schon aus einem anderen Grund (insbesondere wegen Überflüssigkeit des Beweises, → Rdnr. 71) gerechtfertigt sein.

6. Verfahren

Während im Strafprozeß die Ablehnung eines Beweisantrags durch einen Beschluß des Gerichts erfolgen muß (§ 244 Abs. 6 StPO), ist im Zivilprozeß über Beweisanträge nicht

---

[194] *RGZ* 92, 296; 93, 323; 97, 206; 111, 159.
[195] Vgl. *BGH* NJW 1972, 1133 = MDR 1972, 508 (zum früheren Recht); *BGH* MDR 1981, 836.
[196] So auch *Musielak-Stadler* Grundfragen des Beweisrechts (1984), Rdnr. 37 sowie JuS 1979, 721, 724.

gesondert zu entscheiden. Vielmehr erfolgt die Ablehnung eines Beweisantrags in **den Gründen des Endurteils**[197], wobei es vom Grund der Nichtberücksichtigung abhängt, ob darüber *ausdrückliche* Ausführungen notwendig sind. Soweit das Gericht z.B. die unter Beweis gestellte Tatsache als nicht erheblich oder als bereits erwiesen ansieht, braucht die Ablehnung des Beweisantrags nicht besonders ausgesprochen zu werden, da sie sich aus dem sonstigen Inhalt der Urteilsbegründung ergibt[198]. Streiten die Parteien über die **Zulässigkeit** einer Beweiserhebung, so kann darüber durch ein (nicht selbständig anfechtbares) *Zwischenurteil* nach § 303 entschieden werden, → § 303 Rdnr. 5, nicht dagegen über die Erheblichkeit der unter Beweis gestellten Tatsachen oder über Fragen der Beweiswürdigung.

§ 285 [Verhandlung nach Beweisaufnahme]

(1) Über das Ergebnis der Beweisaufnahme haben die Parteien unter Darlegung des Streitverhältnisses zu verhandeln.
(2) Ist die Beweisaufnahme nicht vor dem Prozeßgericht erfolgt, so haben die Parteien ihr Ergebnis auf Grund der Beweisverhandlungen vorzutragen.

Gesetzesgeschichte: Bis 1900 § 258 CPO. Sprachliche Änderung BGBl. 1950, 533.

I. Verhandlung über das Beweisergebnis 1	III. Entscheidung nach Lage der Akten und ohne mündliche Verhandlung 9
II. Vortrag des Beweisergebnisses 5	1. Entscheidung nach Lage der Akten 9
1. Beweisaufnahme vor dem Prozeßgericht 5	2. Entscheidung ohne mündliche Verhandlung 11
2. Vortrag nach Richterwechsel 6	
3. Nicht vor dem Prozeßgericht erfolgte Beweisaufnahmen 7	

Stichwortregister zum Beweisrecht (§§ 284–287) → vor § 284.

I. Verhandlung über das Beweisergebnis

1   Die **Verhandlung** über das Ergebnis der Beweisaufnahme (Abs. 1) soll den Parteien Gelegenheit geben, ihre Auffassung davon sowie etwaige Beweiseinreden (§ 282 Abs. 1) geltend zu machen. Beweismittel, bei denen den Parteien die Möglichkeit dieser Verhandlung abgeschnitten war, dürfen nicht benutzt werden[1]. Die Bestimmung steht beweisrechtlichen Geheimverfahren entgegen[2]. Es ist nicht erforderlich, daß die Parteien die Erörterung über die Beweisaufnahme zu einer Verhandlung mit Stellung von *Anträgen* gestalten[3] bzw. die bereits früher gestellten Anträge wiederholen[4]. Die Parteien können auch auf die Verhandlung

---

[197] *Teplitzky* JuS 1968, 71, 76; *E. Schumann* Die ZPO-Klausur (1981) Rdnr. 332 (dort Fn. 5); *Musielak-Stadler* Grundfragen des Beweisrechts (1984) Rdnr. 41 sowie Jus 1979, 721, 724; *Rosenberg-Schwab-Gottwald*[15] § 118 I 3e.
[198] Vgl. *Teplitzky* JuS 1968, 71, 76; *Musielak-Stadler* (Fn. 197). – Auch in der Rsp wird betont, es müsse nicht jedes abgelehnte Beweisangebot in den Entscheidungsgründen ausdrücklich abgehandelt werden, *BGH* LM § 383 Nr. 2 (Fn. 176) (anders im konkreten Fall).

[1] *RGZ* 17, 425; *RG* JW 1898, 4; Gruchot 62 (1918), 608.
[2] Zutr. *MünchKommZPO-Prütting* Rdnr. 10. Hierzu → vor § 128 Rdnr. 35b, c und 122a; → § 284 Rdnr. 33. Gegen eine Art Geheimverfahren, um Betriebsgeheimnisse zu wahren, auch *OLG Köln* NJW-RR 1996, 1277 (kein Ausschluß der Partei von der Einsicht in die vom Sachverständigen vertretenen Geschäftsunterlagen des Gegners).
[3] *RAG* ArbRS 41 (1941), 412.
[4] *BGHZ* 63, 95 = NJW 1974, 2322.

verzichten[5]. Die Verhandlung über das Beweisergebnis ist gemäß § 160 Abs. 2 als wesentlicher Vorgang der Verhandlung im **Protokoll** festzuhalten[6]. – Wurde im selben Termin von einer Partei *vor* der Beweisaufnahme verhandelt, danach jedoch nicht mehr, so stellt dies *keine Säumnis* dar[7]. – Im Verfahren der **freiwilligen Gerichtsbarkeit** gilt § 285 auch dann nicht, wenn eine mündliche Verhandlung durchgeführt wird[8].

Mit Einverständnis der Parteien kann diesen auch die **schriftsätzliche Stellungnahme** zum Ergebnis der Beweisaufnahme vorbehalten werden[9]. Dies ist nichts anderes als eine Anwendung des § 128 Abs. 2, so daß auch die Anordnungen nach § 128 Abs. 2 S. 2 (→ § 128 Rdnr. 81 ff.) zu treffen sind. Zum bereits vorher angeordneten Verfahren ohne mündliche Verhandlung → Rdnr. 11.

2

Die Verhandlung über das Beweisergebnis soll sich, soweit irgend möglich, **unmittelbar an die Beweisaufnahme anschließen**. Aus dem Anspruch auf rechtliches Gehör kann sich weitergehend die Notwendigkeit ergeben, der Partei auch noch die Möglichkeit zur **nachträglichen Stellungnahme** (z. B. nach sachkundiger Beratung) einzuräumen[10], näher → vor § 128 Rdnr. 35c, § 283 Rdnr. 10; es gibt aber nicht etwa generell einen Anspruch auf Nachlaß eines Schriftsatzes zum Beweisergebnis[11] bzw. auf Vertagung. Zur Frage einer analogen Anwendung des § 283 → § 283 Rdnr. 7a.

3

Die **Verletzung** des Abs. 1 stellt einen wesentlichen Verfahrensmangel (§ 539) dar[11a] und kann die Revision begründen[12].

4

Eine **Beweisgebühr** des Rechtsanwalts (§ 31 Abs. 1 Nr. 3 BRAGO) wird durch Vertretung bei der Verhandlung über das Beweisergebnis nicht ausgelöst[13].

II. Vortrag des Beweisergebnisses

1. Beweisaufnahme vor dem Prozeßgericht

Hat die Beweisaufnahme vor dem Prozeßgericht stattgefunden, so schließt sich die Verhandlung unmittelbar an die Beweisaufnahme an, s. auch § 278 Abs. 2 S. 2. Der Termin für die Beweisaufnahme vor dem Prozeßgericht ist daher zugleich zur Fortsetzung der mündlichen Verhandlung bestimmt, § 370 Abs. 1. Ein *Vortrag* des Beweisergebnisses erübrigt sich; dies gilt auch bei Vertagung.

5

2. Vortrag nach Richterwechsel

Im Falle des **Richterwechsels**, auch bei der Verhandlung vor dem Kollegium nach vorausgegangenem einzelrichterlichem Verfahren, ist das Ergebnis in entsprechender Anwendung des Abs. 2 durch die Parteien vorzutragen, → auch § 128 Rdnr. 36. Sofern keine Partei widerspricht und das Gericht es für angemessen hält, kann der Vortrag aber durch **Bezugnahme auf das Protokoll ersetzt** werden, § 137 Abs. 3 S. 1[14]. Wenn eine Protokollierung der Aussagen der Zeugen oder Sachverständigen nicht stattgefunden hat (§ 161) oder wenn das Protokoll

6

---

[5] *BGH* (Fn. 4).
[6] *BGH* NJW 1990, 121; *LAG Hessen* NZA-RR 1996, 168.
[7] *BGH* (Fn. 4); *OLG Hamm* NJW 1974, 1097.
[8] *BayObLGZ* 1990, 177 = FamRZ 1990, 1279.
[9] Vgl. *BGH* VersR 1960, 321 (den Parteien darf aber nicht gegen ihren Willen die Möglichkeit abgeschnitten werden, nicht nur schriftsätzlich, sondern in der mündlichen Verhandlung zum Beweisergebnis Stellung zu nehmen).
[10] *BGH* NJW 1982, 1335 = MDR 1982, 571 = LM § 136 Nr. 1 (nach mündlicher Anhörung eines Sachverständigen zu schwierigen medizinischen Fragen).
[11] *BGH* NJW 1991, 1547, 1548.
[11a] *LAG Hessen* NZA-RR 1996, 168, 169 (im arbeitsgerichtlichen Verfahren aber wegen § 68 ArbGG in der Berufungsinstanz zu korrigieren).
[12] S. *BGH* NJW 1990, 121, 122; VersR 1960, 321.
[13] *OLG Koblenz* JurBüro 1995, 83 = AnwBl 1994, 303 (zum Beitritt des Streitverkündungsempfängers nach Eingang der amtlichen Auskunft).
[14] *RAG* 14, 285 (290).

nicht genügend erscheint[15], muß bei Richterwechsel die Beweisaufnahme selbst wiederholt werden[16].

3. Nicht vor dem Prozeßgericht erfolgte Beweisaufnahmen

7   Ist der **Beweis vor einem beauftragten oder ersuchten Richter** oder **im Ausland** aufgenommen, so haben die Parteien, und zwar zunächst der Beweisführer, das Ergebnis der Beweisaufnahme, soweit nötig unter Vorlesung des Protokolls, **vorzutragen** und darüber zu **verhandeln**[17], darüber und über den Fall unvollständigen Vortrags → auch § 128 Rdnr. 32. Wegen der Bezugnahme auf das Protokoll gilt das gleiche wie oben zu Rdnr. 6. Nicht in dem Protokoll niedergelegte, **persönliche Eindrücke** des beauftragten oder ersuchten Richters können nicht berücksichtigt werden[18]. Auch die Beweisverhandlungen aus einem **selbständigen Beweisverfahren** (Beweissicherungsverfahren) (zur Benutzung → § 493) sind nach Abs. 2 vorzutragen[19]. Daß die selbständige Beweisaufnahme gemäß § 493 Abs. 1 einer Beweisaufnahme vor dem Prozeßgericht gleichsteht, betrifft die Wirkung und ändert nichts daran, daß die Beweisaufnahme nicht vor dem Prozeßgericht erfolgt ist; allein darauf kann es für § 285 Abs. 2 ankommen.

Ebenso ist, wenn schriftliche Begutachtung angeordnet wurde (§ 411), der Inhalt des Gutachtens von den Parteien vorzutragen[20] oder nach Maßgabe des § 137 Abs. 3 in Bezug zu nehmen. **Keines Vortrags** bedarf es dagegen, wenn die Beweisaufnahme **von Amts wegen angeordnet** war (§ 144) oder einen von Amts wegen zu berücksichtigenden Punkt betraf.

8   Eine **Verletzung** des Abs. 2 begründet die Revision, sofern das Urteil darauf beruht[21].

III. Entscheidung nach Lage der Akten und ohne mündliche Verhandlung

1. Entscheidung nach Lage der Akten

9   Bleiben beide Parteien in dem gleichzeitig zur Beweisaufnahme bestimmten Verhandlungstermin (§ 370 Abs. 1) oder in dem Verhandlungstermin aus, der nach Erledigung der Beweisaufnahme durch den beauftragten oder ersuchten Richter stattfindet (§ 370 Abs. 2), so

---

[15] So, wenn nach Richterwechsel bei der Würdigung einer Zeugenaussage der persönliche Eindruck verwertet werden soll, der im Protokoll nicht niedergelegt ist, BGHZ 53, 245, 257; BGHZ 87, 337 = NJW 1984, 918 = JZ 1984, 186 = ArbuR 1984, 157 (mit Anm. *Herschel*). Dies sollte allerdings nur dann gelten, wenn es auf den persönlichen Eindruck entscheidend ankommt, weil daraus die Unglaubwürdigkeit oder – entgegen substantiierten Bedenken – die Glaubwürdigkeit des Zeugen hergeleitet wird, vgl. *Leipold* ZGR 1985, 113, 122 f.

[16] So auch *RGZ* 14, 379, 383; 17, 347; *RG* JW 1896, 148 (Schriftvergleichung); JW 1897, 230, 601. Bei ausreichender Protokollierung, auch bei Richterwechsel, ist keine Wiederholung erforderlich, *RAG* 14, 285, 290. Vgl. auch *BGH* ZZP 65 (1952), 267.

[17] Durch den Vortrag in der mündlichen Verhandlung wird die Beweisgebühr des Rechtsanwalts begründet, str., vgl. bejahend *Riedel-Sußbauer* BRAGO[7] § 31 Rdnr. 129; verneinend *Gerold-Schmidt-v. Eicken-Madert* BRAGO[12] § 31 Rdnr. 132, s. aber auch Rdnr. 134 (Kenntnisnahme und Prüfung der Protokolle über eine auswärtige Beweisaufnahme ist noch Tätigkeit in der Beweisaufnahme) sowie unten Fn. 19 u. 20.

[18] Vgl. *BGH* NJW 1991, 1302; *BGH* NJW 1960, 1252; *RG* JW 1933, 2215; 1939, 650.

[19] *OLG Nürnberg* NJW 1972, 773; *OLG Hamm* MDR 1992, 713; *MünchKommZPO-Prütting* Rdnr. 8; *Mümmler* JurBüro 1991, 826; *Göttlich-Mümmler* BRAGO[18] Beweissicherungsverfahren – Selbständiges Beweisverfahren Anm. 5 (S. 318). – A.M. *Hartmann* Kostengesetze[27] § 34 BRAGO Rdnr. 36; *Riedel-Sußbauer* BRAGO[7] § 31 Rdnr. 133. – Eine andere Frage ist, ob der Vortrag die Beweisgebühr des Rechtsanwalts auslöst. Dies wird nunmehr von der ganz h.M. verneint, *OLG Hamm* MDR 1992, 713; *OLG Bamberg* JurBüro 1991, 1644; *OLG Koblenz* JurBüro 1991, 825; JurBüro 1994, 487 = MDR 1994, 103; *LG Kiel* JurBüro 1992, 539; *Gerold-Schmidt-v. Eicken-Madert* BRAGO[7] § 31 Rdnr. 133; *Göttlich-Mümmler* BRAGO[18] aaO. – A.M. *Hartmann* Kostengesetze[27] § 34 BRAGO Rdnr. 36 (Beweisgebühr nach § 34 Abs. 2 BRAGO könne entstehen; gemeint ist wohl: wenn die Parteien darüber im Hauptprozeß verhandeln).

[20] *BGHZ* 35, 370, 373 = NJW 1961, 2308. Durch Vertretung im Termin des Vortrags fällt die Beweisgebühr für den Rechtsanwalt an, *OLG Bamberg* FamRZ 1992, 1329.

[21] *RG* JW 1905, 233; *RAG* ArbRspr 1932, 285. Vgl. auch *RG* JW 1933, 2215.

ist, wenn das Gericht von der Befugnis zur Entscheidung nach Lage der Akten (§ 251a) Gebrauch macht, das **Ergebnis der Beweisaufnahme** – soweit es in dem Protokoll über die Beweisaufnahme niedergelegt ist, → Rdnr. 7 bei Fn. 18 – **zu berücksichtigen;** denn als Prozeßstoff in das Verfahren eingeführt ist es bereits durch die Beweisaufnahme (→ dazu auch § 128 Rdnr. 32) und eines Vortrags des Beweisergebnisses bedarf es in dem nunmehr nichtmündlichen Verfahren ebensowenig wie in einem von vornherein schriftlichen Verfahren. Wegen des Urkundenbeweises nach § 432 → auch § 432 Rdnr. 16. Daraus, daß die Parteien über das Beweisergebnis **nicht verhandelt** haben, können unter dem Gesichtspunkt des beiderseitigen Anspruchs auf rechtliches Gehör keine Bedenken gegen die Berücksichtigung hergeleitet werden, da sich die Parteien **freiwillig** durch ihre Säumnis der Verhandlungsmöglichkeit begeben haben, → vor § 128 Rdnr. 30a. Etwaige zu dem Beweisergebnis abgegebene **schriftsätzliche Erklärungen** sind bei der Entscheidung nach Aktenlage ebenso wie sonstige Schriftsätze zu berücksichtigen, → § 251 a Rdnr. 14.

Im Falle des **§ 331 a** gilt das Ausgeführte entsprechend. 10

2. Entscheidung ohne mündliche Verhandlung

Bei der Entscheidung ohne mündliche Verhandlung, § 128 Abs. 2 und 3, ist das **Ergebnis der Beweisaufnahme zu berücksichtigen**, ohne daß es eines mündlichen oder schriftlichen *Vortrags* durch die Parteien bedarf. Den Parteien muß jedoch ausreichende **Gelegenheit** gegeben werden, schriftsätzlich zum Ergebnis der Beweisaufnahme **Stellung zu nehmen**. Sie müssen daher, wenn die Zustimmung zur Entscheidung ohne mündliche Verhandlung vor der Beweisaufnahme erklärt wurde bzw. das schriftliche Verfahren nach § 128 Abs. 3 vorher angeordnet wurde, **vom Eingang der Beweisverhandlungen** des ersuchten Richters (§ 362 Abs. 2), aber auch vom Eingang beigezogener Akten, eingeholter amtlicher Auskünfte, schriftlicher Zeugenaussagen (§ 377 Abs. 3) und Gutachten (§ 411 Abs. 1) usw. **benachrichtigt** werden. 11

§ 286 [Freie Beweiswürdigung]

(1) ¹Das Gericht hat unter Berücksichtigung des gesamten Inhalts der Verhandlungen und des Ergebnisses einer etwaigen Beweisaufnahme nach freier Überzeugung zu entscheiden, ob eine tatsächliche Behauptung für wahr oder für nicht wahr zu erachten sei. ²In dem Urteil sind die Gründe anzugeben, die für die richterliche Überzeugung leitend gewesen sind.

(2) An gesetzliche Beweisregeln ist das Gericht nur in den durch dieses Gesetz bezeichneten Fällen gebunden.

Gesetzesgeschichte: Bis 1900 § 259 CPO.

I. Der Grundsatz der freien Beweiswürdigung	1
1. Entscheidung nach richterlicher Überzeugung	1
2. Anforderungen an den Beweis (Beweismaß)	4
3. Problematik der Beweiserleichterungen	5a
4. Reichweite der freien Beweiswürdigung	6
a) Beweisbedürftige Tatsachen	6
b) Erfahrungssätze	7
c) Indizienbeweis	8
5. Maßgebliches Recht bei Auslandsbezug	9
II. Beweiswürdigung und Begründung	10
1. Grundlage	10
2. Angabe der Gründe	12
III. Die Voraussetzungen einer ordnungsgemäßen Beweiswürdigung im einzelnen	16
1. Berücksichtigungsfähige Umstände	16

2. Wahrung der wesentlichen Formen bei der Beweisaufnahme	17
3. Glaubwürdigkeitsumstände bei Vernehmung durch anderen Richter	17a
4. Nichtverwertbarkeit der außeramtlichen Kenntnis des Richters	18
5. Feststellungen in einem straf- oder zivilrichterlichen Urteil	19
6. Keine Parteidisposition über die Beweiswürdigung	20
7. Ablehnung von Beweisanträgen	21
IV. Gesetzliche Beweisregeln; Ähnliches	22
1. Überblick	22
2. Arbeitsunfähigkeitsbescheinigung	24a
V. Beweislast	25
1. Begriffe	25
a) Objektive Beweis- und Behauptungslast	25
b) Subjektive Beweis- und Behauptungslast	29
2. Grundregeln und Methode der Beweislastverteilung im Zivilrecht	34
a) Aufteilung der Beweislast; Unabhängigkeit von der Parteistellung	34
b) Ungeschriebene Grundregel	37
c) Ausdrückliche gesetzliche Beweislastregeln	42
d) Sachliche Gründe der Beweislastverteilung	43
e) Die abstrakt-generelle Beweislastregelung und ihre Modifizierung (Beweiserleichterungen)	47
3. Rechtsnatur und Geltungsbereich der Beweislastregeln	54
a) Rechtsnatur, Anwendungsbereich, verfahrensmäßige Behandlung	54
b) Beweislast und Rechtsweg	57
4. Die Fassung des Gesetzes als Ausdruck von Beweislastregeln	59
a) Entscheidung des Gesetzgebers für eine bestimmte Gesetzesfassung	60
b) Beispiele	62
c) Ausnahmetatbestände	65
5. Beweislast bei ergänzenden Rechtsnormen	75
6. Beweislast für Abschluß und Inhalt eines Rechtsgeschäfts	77
a) Allgemeines	77
b) Aufschiebende Bedingung	78
c) Art des Rechtsgeschäfts	79
d) Stellvertretung	80
e) Stundung, auflösende Bedingung, Änderung, Aufhebung, Befristung	81
f) Höhe des Preises	82
g) Vertrag zugunsten eines Dritten	86
7. Beweislast bei positiver Vertragsverletzung	86a
8. Beweislast für aufklärungsrichtiges Verhalten	86d
9. Produzentenhaftung	86f
10. Umwelthaftung	86i
VI. Der Anscheinsbeweis (prima-facie-Beweis)	87
1. Allgemeine Grundsätze	87
a) Der Anscheinsbeweis als Indizienbeweis bei typischem Geschehensablauf	87
b) Verhältnis zum gewöhnlichen Beweis (Vollbeweis)	92
c) Die Erschütterung des Anscheinsbeweises	97
d) Rechtsnatur	99
2. Einzelfälle	100
a) Schiffsverkehr	101
b) Straßenverkehr	102
c) Eisenbahnverkehr	109
d) Warenlieferung, Produkthaftung, Handwerkerleistungen	110
e) Arzthaftung	111
f) Sportunfälle	112
g) Weitere Unfälle und Schädigungen	113
h) Vertragsbedingungen und Vertragsabschluß	114
i) Innere Tatsachen, individueller Willensentschluß	117
j) Arbeitsvertrag	118
k) Zugang; Telefax	119
l) Telefonrechnung	119b
VII. Die Umkehr der Beweislast	120
1. Allgemeines, insbesondere Beweisvereitelung	120
2. Beispielsfälle	123
3. Beweislastumkehr (bzw. Beweiserleichterung) im Arzthaftungsprozeß	126
a) Unzulängliche Dokumentation	127
b) Nichterhebung oder Nichtaufbewahrung von Diagnose- und Kontrollbefunden	127a
c) Grober Behandlungsfehler	128
d) Rechtsfolge	130

4. Beweislastumkehr bei sonstigen Pflichtverletzungen	131	VIII. Parteivereinbarungen beweisrechtlichen Inhalts (Beweisverträge)	132
		1. Allgemeines	132
		2. Klauseln in Allgemeinen Geschäftsbedingungen	136

Stichwortregister zum Beweisrecht (§§ 284–287) → vor § 284

I. Der Grundsatz der freien Beweiswürdigung

1. Entscheidung nach richterlicher Überzeugung

Der Grundsatz der freien Beweiswürdigung[1] bedeutet, daß der Richter die Frage, ob eine tatsächliche Behauptung wahr ist, dann zu bejahen hat, wenn er als besonnene, gewissenhafte und lebenserfahrene Person aus objektiven Gründen die gewonnene Wahrscheinlichkeit als genügend ansieht. Der Grundsatz umfaßt die Freiheit von jedem gesetzlichen Zwang, nur bestimmte Beweismittel (z.B. zwei Zeugen) als genügend oder andere (z.B. Aussagen von Verwandten der Partei) als ungenügend anzusehen; er stellt den direkten und den indirekten (Indizien-) Beweis als gleichberechtigt nebeneinander, → § 284 Rdnr. 8. Die freie Beweiswürdigung bedeutet aber auch die Pflicht des Richters, die Beweise konkret zu würdigen und schließt es aus, statt dessen abstrakte Beweisregeln aufzustellen. Es verstößt daher gegen § 286, den Aussagen von Insassen unfallbeteiligter Kraftfahrzeuge oder von Verwandten und Freunden der Unfallbeteiligten von vornherein nur für den Fall Beweiswert zuzuerkennen, daß sonstige objektive Gesichtspunkte für die Richtigkeit der Aussagen sprechen (Ablehnung der sog. **Beifahrerrechtsprechung**)[2]. Auch sonst dürfen Zeugen, die einer Partei nahestehen oder am Ausgang des Rechtsstreits selbst interessiert sind, nicht von vornherein als unglaubwürdig angesehen werden[3]. Die Ablehnung eines Beweisantrags, weil der Zeuge einer Partei 1

---

[1] Lit: *Baumgärtel* Das Beweismaß im deutschen Zivilprozeß in *Habscheid-Beys* (Hrsg.) Grundfragen des Zivilprozeßrechts – die internationale Dimension (1991), 539, Diskussion S. 697; *ders.* Beweislastpraxis im Privatrecht (1996), 27 ff.; *R. Bender* Das Beweismaß, Festschr. für Baur (1981), 247; *R. Bender-Nack* Vom Umgang der Juristen mit der Wahrscheinlichkeit, Festschr. für die Deutsche Richterakademie (1983), 263; *R. Bender-Röder-Nack* Tatsachenfeststellung vor Gericht[2] (1995), I (Glaubwürdigkeits- und Beweislehre), II (Vernehmungslehre); *A. Blomeyer* Beweislast und Beweiswürdigung im Zivil- und Verwaltungsprozeß, Gutachten für den 46. Deutschen Juristentag (1966), Verhandlungen 1, Teil 2 A; *Bohne* Zur Psychologie der richterlichen Überzeugungsbildung (1948); *Brehm* Die Bindung des Richters an den Parteivortrag und Grenzen freier Verhandlungswürdigung (1982); *R. Bruns* Beweiswert, ZZP 91 (1978), 64; *Döhring* Die Erforschung des Sachverhalts im Prozeß. Beweiserhebung und Beweiswürdigung (1964); *Ekelöf* Beweiswert, Festschr. für Baur (1981), 343; *P. Gottwald* Schadenszurechnung und Schadensschätzung (1979), insbes. 186 ff.; *Greger* Beweis und Wahrscheinlichkeit (1978); *Habscheid* Beweislast und Beweismaß – ein kontinentaleuropäisch-angelsächsischer Rechtsvergleich, Festschr. für Baumgärtel (1990), 105; *Heinsheimer* Die Freiheit der richterlichen Überzeugung und die Aufgaben der Revisionsinstanz, Festschr. für F. Klein (1914), 133 ff.; *M. Huber* Das Beweismaß im Zivilprozeß (1983); *Isay* Rechtsnorm und Entscheidung (1929); *Kargados* Das Beweismaß, in *Habscheid-Beys* Grundfragen des Zivilprozeßrechts – die internationale Dimension (1991), 581; *Krönig* Die Kunst der Beweiserhebung[3]; *Leipold* Beweismaß und Beweislast im Zivilprozeß (1985), (Schriftenreihe der Juristischen Gesellschaft zu Berlin, Heft 93); *Maassen* Beweismaßprobleme im Schadensersatzprozeß (1975); *Motsch* Vom rechtsgenügenden Beweis (1983); *Musielak* Die Grundlagen der Beweislast im Zivilprozeß (1975), 105 ff.; *ders.* Das Überviktsprincip, Zum Verhältnis von richterlicher Überzeugung und Wahrscheinlichkeit, Festschr. für Kegel (1977), 451; *Musielak-Stadler* Grundfragen des Beweisrechts (1984), 63 (s. auch JuS 1980, 279, 427, 583, 739); *Nell* Wahrscheinlichkeitsurteile in juristischen Entscheidungen (1983); *E. Schneider* Beweis und Beweiswürdigung[5] (1994); *R. Schreiber* Theorie des Beweiswertes für Beweismittel im Zivilprozeß (1968); *Stein* Das private Wissen des Richters (1893); *Tietgen* Beweislast und Beweiswürdigung im Zivil- und Verwaltungsprozeß, Gutachten für den 46. Deutschen Juristentag (1966), Verhandlungen 1 Teil 2 B; *Ude* Freie Beweiswürdigung und freies richterliches Ermessen, ZZP 6 (1883), 419; *G. Walter* Freie Beweiswürdigung (1979); *Wassermeyer* Beweislast und Beweiswürdigung im Zivil- und Verwaltungsprozeß, Referat zum 46. Deutschen Juristentag (1966), Verhandlungen 2 E 7. – Ferner → die Literaturangaben in Fn. 66 (zur *Beweislast*), Fn. 244 (zum *Anscheinsbeweis*).

[2] BGH NJW 1988, 566 (zust. *Walter*); *Greger* NZV 1988, 13; *Reinecke* MDR 1989, 114.

[3] BGH NJW 1995, 955.

persönlich nahesteht, verstößt auch gegen das Recht auf Gehör (Art. 103 Abs. 1 GG)[4], → auch vor § 128 Rdnr. 37.

2   Man hat die Frage aufgeworfen, ob die **richterliche Überzeugung** als *subjektives* Kriterium zu verstehen ist, das über die Erbringung des Beweises entscheidet[5], oder ob es angezeigt ist, die Anforderungen an die Beweisstärke (das Beweismaß) *objektiv* im Sinne eines bestimmten (hohen) Wahrscheinlichkeitsgrades aufzufassen[6]. Entscheidung nach freier Überzeugung bedeutet nicht eine Beurteilung nach subjektiver Beliebigkeit. Vielmehr muß der Richter die objektiven Gegebenheiten, nämlich sowohl die Beweisergebnisse als auch den gesamten Inhalt der Verhandlungen, zugrunde legen und bei der Beurteilung die Denkgesetze sowie die allgemeinen Erfahrungsregeln beachten. Auf dieser Grundlage hat der Richter zu prüfen, ob er als erfahrener und gewissenhafter Beurteiler von der Wahrheit oder Unwahrheit einer Tatsachenbehauptung auszugehen hat. Da aber die erreichte Beweisstärke nicht objektiv meßbar ist, bleibt schließlich doch stets die Notwendigkeit einer subjektiven, persönlichen Entscheidung. Deshalb kann weder einer rein subjektiven noch einer rein objektiven Beweismaßtheorie gefolgt werden; vielmehr handelt es sich um eine **Kombination objektiver und subjektiver Faktoren.** Dies versucht die oben (→ Rdnr. 1) wiedergegebene Formel zu umschreiben.

3   Die subjektive Seite würde jedoch überbewertet, wenn man als richterliche Überzeugung eine **persönliche Gewißheit** des Richters von der Wahrheit oder Unwahrheit der Tatsachenbehauptung verlangt[7]. Der Richter hat nicht in seiner *Person*, sondern in seiner *Rolle als Richter* überzeugt zu sein. Von persönlicher Gewißheit kann man im gewöhnlichen Zivilprozeß auch deswegen im allgemeinen nicht sprechen, weil der Richter im wesentlichen die von den Parteien vorgelegten Tatsachenbehauptungen und die von ihnen vorgebrachten Beweise zu würdigen hat, womit aber stets die Möglichkeit verbunden ist, daß sich der Sachverhalt in Wirklichkeit erheblich anders darstellt. Schließlich würde das Erfordernis einer *persönlichen Gewißheit* auch nicht zu der (richtigen) Aussage passen, es brauche nicht etwa jeglicher Zweifel ausgeschaltet zu sein (→ Rdnr. 4). Eine *Gewißheit mit Zweifeln* wäre jedoch ein Widerspruch in sich.

2. Anforderungen an den Beweis (Beweismaß)

4   § 286 verlangt den **Vollbeweis**, verbietet also dem Richter, sich mit einer bloßen *überwiegenden Wahrscheinlichkeit* zu begnügen, wie dies bei der Glaubhaftmachung gestattet ist (→ § 294 Rdnr. 6). Andererseits ginge es zu weit, für den Beweis eine mathematische, jeden Zweifel und jede Möglichkeit des Gegenteils ausschließende Gewißheit zu verlangen. Diese ist auf dem Wege des prozessualen, d. h. historischen Beweises überhaupt nicht zu erlangen. Der Richter darf und muß sich immer mit einem **für das praktische Leben brauchbaren Grad der Beweisstärke** begnügen, der dem Zweifel Schweigen gebietet, ohne ihn völlig auszuschließen[8]. Dadurch werden auch die Anforderungen an den Beweis von negativen Tatbestandsmerkmalen auf ein vernünftiges Maß zurückgeführt. Die genannten Anforderungen an den Beweis gelten auch da, wo das Gesetz eine »offenbare« Unmöglichkeit oder Unbilligkeit

---

[4] BVerfG NJW-RR 1995, 411.
[5] Dafür z. B. *Greger* (Fn. 1), 113 ff. Gegen eine Bindung des Richters an ein objektives Einheitsbeweismaß und für ein freies subjektives Beweismaß *P. Gottwald* (Fn. 1), 186 ff., 202.
[6] So ausführlich *M. Huber* (Fn. 1), Ergebnis S. 150; im Anschluß an *Musielak* Grundlagen (Fn. 1), 109 f.; s. auch *Maassen* (Fn. 1), 194 (Ergebnis). Kritisch zur Verwendung eines objektiven Wahrscheinlichkeitsbegriffs *Nell* (Fn. 1), 100 ff.

[7] So aber z. B. *BGHZ* 53, 245, 256 = NJW 1970, 946, 948. Dazu auch *Leipold* (Fn. 1), 9 ff.
[8] Vgl. darüber *Stein* (Fn. 1), 28 f.; *RGZ* 15, 338; 102, 316, 321; 162, 223 (Geisteskrankheit); *RG* JW 1908, 197; Gruchot 54 (1910), 670; Gruchot 58 (1914), 505; JW 1919, 572; *BGHZ* 7, 120; *BGH* NJW 1951, 70, 588 u. a.; s. auch *RGSt* 61, 206; *BGH* (Strafsache) NJW 1951, 83 (krit. hierzu *v. Scanzoni* NJW 1951, 222); vgl. auch *Pagenstecher* Materielle Rechtskraft (1905), 168 ff.

o. ä. verlangt, z. B. nach §§ 319, 660, 1591 BGB[9], und andererseits auch bei Schätzungen von Beträgen, soweit nicht hier §§ 3, 287, 510 b dem Gericht eine *größere Freiheit* gewähren. Ist der erforderliche Grad der Wahrscheinlichkeit nicht zu erreichen, so kommt die amtswegige Vernehmung einer oder beider Parteien nach § 448 in Frage.

Der Grad der erreichten Wahrscheinlichkeit läßt sich in der Regel **nicht mathematisch** berechnen. Auch beim Indizienbeweis ist es nicht erforderlich, eine Berechnung der Wahrscheinlichkeit (etwa nach dem Theorem von Bayes) durchzuführen[10].

4a

Daß der Richter **nicht nach der lediglich überwiegenden Wahrscheinlichkeit** entscheiden darf, gilt auch, wenn weder der Beweis der Wahrheit noch derjenige der Unwahrheit einer Tatsachenbehauptung gelungen ist. In diesem Fall ist nach den Regeln der **objektiven Beweislast** (→ Rdnr. 25) zu entscheiden, nicht danach, welche Behauptung die wahrscheinlichere ist. Die Gegenmeinung[11] (Entscheidung nach überwiegender Wahrscheinlichkeit, sog. Überwiegensprinzip) steht mit dem Gesetz nicht in Einklang und ist auch rechtspolitisch nicht überzeugend[12]. Solchen Entscheidungen, die auf einer bloß leicht überwiegenden Wahrscheinlichkeit beruhen, müßte es notgedrungen an der inneren Überzeugungskraft mangeln. Auch käme es einer Aufforderung zu noch unbekümmerterem Prozessieren gleich, wenn man schon das Erreichen einer auch nur geringfügig überwiegenden Wahrscheinlichkeit der anspruchsbegründenden Tatsachen für den Erfolg einer Klage ausreichen ließe.

5

3. Problematik der Beweiserleichterungen

Nur unter besonderen Voraussetzungen (vor allem in den Fällen des *Anscheinsbeweises*, → Rdnr. 87ff., 92) können davon Abstriche im Sinne einer Herabsetzung des erforderlichen Beweismaßes gemacht werden. Der Bereich dieser **Ausnahmen** muß rechtssatzmäßig begrenzt bleiben (→ Rdnr. 94f.); andernfalls könnte der Vollbeweis nicht als *Regelbeweismaß* aufrechterhalten werden. Die Rechtsprechung arbeitet demgegenüber in sehr unterschiedlichen Zusammenhängen und zum Teil recht großzügig mit Begriffen wie Beweiserleichterungen, tatsächliche Vermutung und Anscheinsbeweis. Wenn aber die Voraussetzungen und die Rechtsfolgen von »Beweiserleichterungen« nicht festgelegt werden, besteht die Gefahr eines Abgleitens in richterliches Billigkeitsrecht. Es gibt keine richterliche Ermessensfreiheit zur Gewährung von Beweiserleichterungen oder zur Modifizierung der Beweislastregeln.

5a

4. Reichweite der freien Beweiswürdigung

a) Die freie Beweiswürdigung erstreckt sich auf alle **Tatsachen** (→ § 284 Rdnr. 9), deren Feststellung erforderlich ist[13], auch auf den Beweis des Gegenteils bei den Vermutungen, → § 292 Rdnr. 15f., und zwar auf dem Gebiet der Verhandlungsmaxime auf alle *bestrittenen*

6

---

[9] *RG* Gruchot 48 (1904), 965f.; WarnRsp 12 (1919), Nr. 171; OGHZ 3, 113, 124, 359; BGHZ 7, 120; *BGH* NJW 1951, 558; *Dünnebier* DRiZ 1951, 194. – A.M. *RG* WarnRsp 1 (1908), Nr. 220.

[10] *BGH* ZZP 103 (1990), 62 (*Rüßmann*) = NJW 1989, 3161.

[11] *Kegel* Festschr. für Kronstein (1967), 321; *Maassen* (Fn. 1), 194 (Ergebnis); *Motsch* (Fn. 1), z. B. 36, 86, 91, 247f.; *Musielak* Grundlagen (Fn. 1), 110ff. (für den Kausalitätsbeweis); s. auch *ders.* Festschr. für Kegel (Fn. 1), 470f. (aber nicht generell für Ausreichen der überwiegenden Wahrscheinlichkeit, sondern nur, soweit triftige Gründe für eine Herabsetzung des Beweismaßes vorliegen); wohl auch *J. P. Schmidt* Teilbarkeit und Unteilbarkeit des Geständnisses im Zivilprozeß (1972), 174ff. Differenzierend *Nell* (Fn. 1), 210ff., der den für das Beweismaß jeweils maßgeblichen Wahrscheinlichkeitsgrad aufgrund einer Interessenabwägung bestimmen will.

[12] Abl. auch *Arens* ZZP 88 (1975), 1, 30ff.; *G. Walter* (Fn. 1), 173ff., 188; *Greger* (Fn. 1), 104ff.; *Rosenberg-Schwab*[14] § 113 II; *Leipold* (Fn. 1), 6ff.; *Habscheid* (Fn. 1), 118f.; *MünchKommZPO-Prütting* Rdnr. 34ff.; grundsätzlich auch *Baumgärtel* Beweislastpraxis (Fn. 1), 49f. – *P. Gottwald* (Fn. 1), 205; *Rosenberg-Schwab-Gottwald*[15] § 115 II 2 meint, im praktischen Ergebnis bestehe kein Unterschied.

[13] Gegebenenfalls auch auf Prozeßvorgänge, z. B. gerichtliche Geständnisse. Über die Beweiswürdigung bei der Zustellung → § 190 Rdnr. 2, § 191 Rdnr. 3.

§ 286 I, II   2. Buch. Verfahren im ersten Rechtszuge. 1. Abschnitt. Landgerichte

Tatsachen, auf dem Gebiet der Prüfung von Amts wegen (→ vor § 128 Rdnr. 91, 96) und der Untersuchungsmaxime (→ vor § 128 Rdnr. 86) auf sämtliche Tatsachen.

7   b) Die freie Beweiswürdigung bezieht sich ebenso auf die **Erfahrungssätze** (→ § 284 Rdnr. 16). Die Erfahrungssätze haben einen verschieden starken Beweiswert. In gewissen Fällen kann der Erfahrungssatz allein eine ausreichende Wahrscheinlichkeit für ein bestimmtes Geschehen begründen, also den vollen Beweis oder jedenfalls den Beweis des ersten Anscheins (→ Rdnr. 87 ff.) erbringen. Andere Erfahrungssätze begründen keine so hohe Wahrscheinlichkeit für ein bestimmtes Geschehen; aber auch diese können nach der von Fall zu Fall zu beurteilenden Stärke ihrer Beweiskraft zusammen mit anderen Umständen bei der Beweiswürdigung berücksichtigt werden[14].

8   c) Die freie Beweiswürdigung umfaßt beim **Indizienbeweis**[15] sowohl die Feststellung der *Beweisanzeichen* selbst wie auch die *Schlußfolgerung* von ihnen auf die unmittelbar erhebliche Tatsache[16], → auch § 284 Rdnr. 74. – Zu den gesetzlichen Vermutungen → dagegen § 292 Rdnr. 14.

5. Maßgebliches Recht bei Auslandsbezug

9   Maßgebend für die Beweiswürdigung einschließlich des (generellen) Beweismaßes ist grundsätzlich das **Recht des Gerichtsortes**[17] (lex fori, allg. → Einl. [20. Aufl.] Rdnr. 736 ff.). Der Ausschluß bestimmter Beweismittel (z. B. des Zeugenbeweises) kann jedoch als *materiell-rechtliche Norm* (einer Formvorschrift ähnlich) zu qualifizieren und daher nach dem *anwendbaren Sachrecht* zu beurteilen sein, → Einl. (20. Aufl.) Rdnr. 739[18]. Zur Beweislast → Rdnr. 55. Auch Regeln des materiellen Rechts, die im konkreten Sachzusammenhang Einfluß auf das Beweismaß gewinnen, sind mit der lex causae zusammen anzuwenden.

II. Beweiswürdigung und Begründung

1. Grundlage

10   Als Grundlage der Beweiswürdigung soll nicht nur das Ergebnis einer etwaigen Beweisführung, sondern der **gesamte Inhalt der Verhandlungen** dienen[19]. § 286 ist verletzt, wenn nicht das gesamte verfügbare Material berücksichtigt wurde, so auch, wenn wesentlicher Parteivortrag bei der Beweiswürdigung übergangen wurde[20]. Der Richter hat sowohl die *Beweisergebnisse*, ohne Rücksicht auf die Beweislast (→ vor § 128 Rdnr. 79), wie auch die Handlungen, Erklärungen[21] und Unterlassungen der Parteien, auch soweit es sich nicht um Geständnisse handelt[22], sowie diejenigen der Parteivertreter (§ 85)[23] frei zu beurteilen, namentlich auch die

---

[14] *BGHZ* 2, 85; LM § 1006 BGB Nr. 8 = NJW 1961, 777.
[15] *OGHZ* 4, 108.
[16] *BGH* NJW 1951, 70. Insofern, aber auch nur insofern, steht das Indiz, eine Tatsache, die Beweisgegenstand ist, den Beweismitteln gleich. S. *Stein* (Fn. 1), 32, 34.
[17] *Riezler* Internationales Zivilprozeßrecht (1949), 466; *Habscheid* (Fn. 1), 119; *Schack* IZVR (1991) Rdnr. 694 ff.; *MünchKommZPO-Prütting* Rdnr. 19. – A.M. *Coester-Waltjen* Internationales Beweisrecht (1983) Rdnr. 355 ff., die für die Festlegung des Beweismaßes das jeweilige Sachrecht (lex causae) anwenden will; *Geimer* IZPR[2] Rdnr. 2334 ff.
[18] Zu den Beweismittelbeschränkungen ausführlich *Coester-Waltjen* (Fn. 17) Rdnr. 443 ff. (für grundsätzliche Geltung der lex causae).
[19] Dazu ausführlich *Brehm* (Fn. 1).
[20] *BGH* FamRZ 1992, 537; NJW-RR 1992, 1392, 1393.
[21] Das Vorbringen einer Partei ist bei der Beweiswürdigung zu berücksichtigen, kann aber nicht ein Beweismittel (insbesondere die Parteivernehmung) ersetzen, näher → § 141 Rdnr. 2, → vor § 445 Rdnr. 5. Bedenklich daher *BGH* LM § 286 (B) Nr. 4 = ZZP 65 (1952), 270. Nach *BGH* LM § 286 (B) Nr. 10 = NJW 1960, 100 = MDR 1960, 135 muß, wenn tatsächliche Feststellungen auf bestrittenes Parteivorbringen gegründet werden, das Urteil erkennen lassen, daß sich das Gericht dessen bewußt war und daß keine wesentlichen Umstände übersehen wurden. Kritisch zur Praxis (Parteianhörung zum Zwecke der Wahrheitsermittlung) *Brehm* (Fn. 1), 230 ff.
[22] *RGZ* 86, 331; *RG* JW 1912, 540; JW 1915, 798; LeipZ 1925, 772.

Verweigerung einer Antwort oder Auskunft (→ § 139 Rdnr. 32, § 141 Rdnr. 24 sowie unten Rdnr. 120 ff.), die *Nichtbefreiung* von der Schweigepflicht[24], die Vorenthaltung von Beweismitteln (→ Rdnr. 123 sowie → vor § 371 Rdnr. 32 ff., §§ 446, 454), Verstöße gegen die Pflicht zur subjektiven Wahrheit hinsichtlich anderer Behauptungen, die Modifizierung des Vorbringens während des Prozesses[24a] usw. Dadurch ist dem Richter die Möglichkeit gegeben, auch bestrittene Tatsachen mittels **Schlußfolgerung aus anderen unbestrittenen oder bereits festgestellten Tatsachen** ohne Beweiserhebung als wahr anzunehmen[25].

Als Ergebnis der Beweisführung erscheinen auch diejenigen Tatsachen, die der Richter 11 durch Auslegung der Zeugenaussagen[26], durch die Würdigung des Verhaltens der Zeugen (z.B. Verweigerung des Zeugnisses, → näher § 384 Rdnr. 20)[27], Verweigerung der Eidesleistung[28] zu gewinnen vermag, insbesondere Indizien, die sich bei der Aufnahme des direkten Beweises ergeben, → § 284 Rdnr. 20. Treten bei der Beweisaufnahme neue rechtserhebliche Tatsachen zutage, so dürfen sie im Bereich der Verhandlungsmaxime nur berücksichtigt werden, wenn eine Partei sich das ihr günstige Beweisergebnis zu eigen macht[29], → vor § 128 Rdnr. 76. – Die freie Überzeugung des Richters darf aber keinesfalls nur das Ergebnis eines dunklen Gefühlsprozesses oder allgemeiner Vermutungen sein; sie muß sich vielmehr auf die **Prüfung der konkreten Sachlage** nach den allgemein gültigen **Regeln der Logik und der Erfahrung** gründen. – Sollen prozessuale Vorgänge bei der Beweiswürdigung verwertet werden, so ist auch den Parteien Kenntnis davon und Gelegenheit zur Stellungnahme zu geben[30].

2. Angabe der Gründe

Um Abwege zu vermeiden und eine Nachprüfung (→ Rdnr. 15) zu ermöglichen, sind in 12 dem Urteil die **Gründe** anzugeben, die **für die richterliche Überzeugung leitend** waren. Allgemeine Redensarten, wie daß das Gericht aufgrund der Verhandlung und der Beweisaufnahme die Überzeugung erlangt habe, genügen nicht. Das Gericht hat vielmehr die erhobenen Beweise und sonstigen Momente (→ Rdnr. 10) sämtlich und in ihrem Zusammenhang[31] zu prüfen und gegebenenfalls ihre Nichtbeachtung zu begründen. Legt das Beweisergebnis eine bestimmte Schlußfolgerung besonders nahe, so muß eine Begründung dafür gegeben werden, warum dieser Schluß nicht gezogen wird[32]. Wenn sich das Gericht mit Umständen, die sich als erheblich für die Beweiswürdigung geradezu aufdrängen, nicht auseinandersetzt, so kann über die Verletzung des § 286 hinaus ein Verstoß gegen das **Willkürverbot** (Art. 3 Abs. 1 GG) vorliegen, der die Verfassungsbeschwerde begründet[33].

Zum Verfahren bei **Ablehnung eines Beweisantrags** → § 284 Rdnr. 85. 13

Auch **Sachverständigengutachten** unterliegen der freien Beweiswürdigung; das Gericht 14

---

[23] *RG* JW 1904, 538; *OLG Karlsruhe* BadRPr 1905, 153.
[24] Vgl. *BGH* NJW 1967, 2012 (Bankgeheimnis; aus grundloser Nichtentbindung von der Schweigepflicht können nachteilige Schlüsse gezogen werden); *BGH* LM § 383 Nr. 2 = WM 1983, 653, 655 = MDR 1984, 48 (Nichtentbindung des Steuerberaters von der Verschwiegenheitspflicht durch die nicht beweispflichtige Partei ist frei zu würdigen); *RG* JW 1915, 1361. – Zu den Fällen der Beweislastumkehr → Rdnr. 120 ff.
[24a] Vgl. *BGH* WM 1995, 1775.
[25] *RG* JW 1910, 154 (zu § 440); HRR 1928 Nr. 1651; *BGH* NJW 1955, 671.
[26] Die ihm freisteht, *RG* SeuffArch 51 (1896), 350.
[27] BGHZ 26, 399 = NJW 1958, 826; *BGHSt* 2, 351; 6, 279; *BayObLGZ* 1951 Nr. 18. – A.M. *KG* NJW 1966, 605; *E. Peters* ZZP 77 (1964), 444 (bezügl. § 383).
[28] *OGHZ* 1, 227.
[29] *BGH* LM § 286 (B) Nr. 75 = NJW-RR 1990, 507 = MDR 1990, 707.
[30] *BGH* NJW 1961, 263 = LM § 286 (A) Nr. 17, → auch Fn. 48.
[31] Vgl. *RGZ* 15, 339; *RG* JW 1899, 278. Dabei bedarf es nicht unbedingt eines ausdrücklichen Eingehens auf jedes einzelne Vorbringen oder jedes einzelne Beweismittel, wenn sich nur insgesamt ergibt, daß eine sachentsprechende Beurteilung erfolgt ist, BGHZ 3, 162, 175; *BGH* LM § 383 Nr. 2 (Fn. 24); *RG* JW 1911, 946; 1912, 754.
[32] *BayObLG* JurBüro 1988, 1533.
[33] *BVerfG* NJW 1994, 2279.

muß aber die Abweichung davon ausreichend begründen[34] und die Begründung muß erkennen lassen, daß die Beurteilung nicht von einem Mangel an Sachkunde beeinflußt ist[35]. Bei widersprüchlichen Gutachten darf das Gericht nicht dem einen folgen, ohne sich mit dem anderen auseinanderzusetzen[36]. Der Tatrichter hat auf die Aufklärung von Widersprüchen zwischen mehreren Sachverständigen oder innerhalb eines Gutachtens hinzuwirken[37]. Eine unzureichende Beweiswürdigung kann auch darin liegen, daß Tatsachenfeststellungen getroffen werden, ohne ein nach Sachlage erforderliches Sachverständigengutachten einzuholen. Wenn das Gericht der Tatsacheninstanz eine medizinische Frage ohne Sachverständigengutachten allein aufgrund von Erkenntnissen aus der Fachliteratur beurteilen will, so muß es darlegen, daß es die für die Auswertung erforderliche Sachkunde besitzt[38]. **Privatgutachten** sind zu berücksichtigen, vor allem wenn sich Widersprüche zu gerichtlichen Gutachten ergeben[38a]. Wurden sich widersprechende Privatgutachten kompetenter Sachverständiger vorgelegt, so darf der Tatrichter in der Regel nicht einem der Gutachten den Vorzug geben, ohne ein gerichtliches Sachverständigengutachten eingeholt zu haben[39]. Näher zur Würdigung von Sachverständigengutachten → § 412 Rdnr. 1ff.

14a   Ein erheblicher **Mangel in der Angabe der maßgeblichen Gründe** stellt eine Verletzung des § 286 dar[40], während der formale Mangel des § 551 Nr. 7 nur dann vorliegt, wenn gar keine Gründe vorhanden sind oder ein Rechtsbehelf vollständig mit Stillschweigen übergangen ist, → § 551 Rdnr. 25.

15   Die Beweiswürdigung des ersten Richters unterliegt der Nachprüfung des **Berufungsrichters** wiederum nach dem Grundsatz freier Beweiswürdigung, der Kontrolle des **Revisionsrichters** dagegen nur hinsichtlich der Wahrung der gesetzlichen Voraussetzungen und Grenzen, → auch § 561 Rdnr. 31f.

III. Die Voraussetzungen einer ordnungsgemäßen Beweiswürdigung im einzelnen

1. Berücksichtigungsfähige Umstände

16   Nur aus den **Verhandlungen** und aus der **Beweisaufnahme** darf die Überzeugung geschöpft sein; der Richter darf daher nur die ordnungsgemäß vor dem erkennenden Gericht *aufgenommenen* Beweise und die ordnungsgemäß *vorgetragenen* oder in Bezug genommenen (→ § 128 Rdnr. 32, § 285 Abs. 2) Ergebnisse anderweiter Beweisaufnahmen berücksichtigen[41]. Im Falle der Entscheidung ohne mündliche Verhandlung, § 128 Abs. 2 und 3, sowie der Entscheidung nach Lage der Akten, §§ 251 a, 331 a, ist der Vortrag des Beweisergebnisses nicht

---

[34] *BGH* NJW 1951, 566 = LM § 286 (B) Nr. 2; VersR 1954, 531 = LM § 286 (D) Nr. 2; VersR 1956, 191; 1957, 247; 1960, 470; NJW 1961, 2061 = MDR 1960, 925 = LM § 286 (B) Nr. 16; MDR 1963, 402 = VersR 1963, 257 = LM § 286 (B) Nr. 16 (betreff Fahrtschreiber; die allgemeine Erwägung, daß jedes Meßinstrument versagen kann, reicht nicht aus); LM § 286 (A) Nr. 20 = NJW 1962, 676; LM § 286 (B) Nr. 44 = NJW 1981, 2578 (zur Notwendigkeit, ein unvollständiges oder unklares Gutachten vor der Entscheidung ergänzen oder erläutern zu lassen); LM § 286 (B) Nr. 52 = NJW 1984, 1408 (Verstoß gegen § 286, wenn das Gericht aufgrund eigenen, aus Lehrbüchern erworbenen Fachwissens von dem medizinischen Sachverständigengutachten abweicht, ohne seine Bedenken mit dem Sachverständigen zu erörtern). Die Gründe für die Abweichung vom Gutachten sind im einzelnen darzulegen; sie müssen die Nachprüfung ermöglichen, ob das Gericht die Grenzen seines Ermessens eingehalten hat. → auch § 412 Rdnr. 2ff.
[35] *BGH* NJW 1989, 2948.
[36] *BGH* VersR 1986, 467.
[37] *BGH* NJW 1994, 2419; NJW 1995, 779 u. NJW 1996, 1597, 1598 (Widerspruch zwischen schriftlichem Gutachten und Äußerung bei mündlicher Anhörung).
[38] *BGH* NJW 1993, 2378; NJW 1994, 2419.
[38a] *BGH* NJW 1996, 1597, 1599.
[39] *BGH* NJW 1993, 2382.
[40] So *RG* von jeher ständig; *RGZ* 4, 212; 6, 170; 8, 14f.; 15, 338f.; 19, 229 usw.; *DR* 1939, 186; *BayObLGZ* 1951 Nr. 20; weiter *Strack* SJZ 1949, 830.
[41] Vgl. *RGZ* 17, 425; *RG* SeuffArch 72 (1917), 309; JW 1933, 2215; JW 1939, 650 (nicht protokollierte Eindrücke des beauftragten Richters sind unverwertbar); ferner *RG* WarnRsp 26 (1934) Nr. 173. → auch § 285 Rdnr. 6f.

erforderlich, dazu → § 285 Rdnr. 9 ff. Bei der Beweiswürdigung dürfen stets nur solche Umstände berücksichtigt werden, zu denen die Parteien Stellung nehmen konnten. Dies folgt aus dem **Anspruch auf rechtliches Gehör,** → vor § 128 Rdnr. 35a. Will das Gericht z. B. bei der Würdigung eines Sachverständigengutachtens Erkenntnisse über Sachkunde und Verhalten des Sachverständigen aus einem anderen Prozeß verwerten, so müssen diese Umstände zuvor in den jetzigen Rechtsstreit eingeführt werden[42].

2. Wahrung der wesentlichen Formen bei der Beweisaufnahme

Die richterliche Überzeugung darf sich nur auf eine **Beweisaufnahme** stützen, bei der **alle wesentlichen Formen** gewahrt sind; dazu gehören z.B. die Unmittelbarkeit der Beweisaufnahme nach § 355[43], die Zuziehung der Parteien zur Beweisaufnahme (§ 357, zu Verstößen → § 357 Rdnr. 15), die Protokollierung (§§ 160 f.) usw. Das Ergebnis der Beweisaufnahme muß weiter, mit Ausnahme der Fälle des § 128 Abs. 2 und 3 und der §§ 251 a, 331 a, den Gegenstand der mündlichen Verhandlung gebildet haben (§ 285 Abs. 1), → § 285 Rdnr. 1, 9. Nur wenn die Einhaltung der gesetzlichen Form der Beweisaufnahme nicht mehr möglich ist, kann das Ergebnis dennoch für die freie Beweiswürdigung verwertet werden.

17

3. Glaubwürdigkeitsumstände bei Vernehmung durch anderen Richter

Der Beweiswert einer Zeugenaussage hängt von der auf die Sachdarstellung bezogenen *Glaubhaftigkeit* und der sich auf die Persönlichkeit des Zeugen beziehenden *Glaubwürdigkeit* ab[44]. Bei der Beurteilung der **Glaubwürdigkeit** eines Zeugen dürfen nur solche Umstände (z.B. persönlicher Eindruck des Zeugen, Verhalten bei der Vernehmung) berücksichtigt werden, die von allen an der Entscheidung beteiligten Richtern unmittelbar wahrgenommen wurden oder aktenkundig sind, also in das Vernehmungsprotokoll aufgenommen wurden, so daß auch den Parteien eine Stellungnahme dazu möglich war. Bei Beweisaufnahme durch einen ersuchten oder beauftragten Richter oder durch den früheren Richter (bei Richterwechsel) dürfen nicht protokollierte Eindrücke des vernehmenden Richters nicht verwertet werden[45]. Wird ohne solche Grundlage die Glaubwürdigkeit verneint, so liegt ein Verstoß gegen § 286 vor[46]. Aus dem Gesagten kann sich die Notwendigkeit ergeben, den Zeugen erneut zu vernehmen, → § 398 Rdnr. 5, 17. Zur Wiederholung der Beweisaufnahme in der **Berufungsinstanz** → § 526 Rdnr. 4 ff.

17a

4. Nichtverwertbarkeit der außeramtlichen Kenntnis des Richters

Seine **außeramtliche Kenntnis** darf der Richter hinsichtlich beweisbedürftiger Tatsachen grundsätzlich nicht verwerten, und zwar weniger mit Rücksicht auf das Dispositionsrecht der Parteien, sondern vor allem wegen der auch vom Gesetz (§ 41 Nr. 5) anerkannten Unvereinbarkeit der Stellung als Zeuge und als Richter, die jede Würdigung des Wertes des richterlichen Wissens ausschließen würde[47]. Das Verbot gilt jedoch nicht für offenkundige Tatsachen (§ 291) und ebensowenig für die Verwertung der Kenntnis von Erfahrungssätzen[48], → § 284 Rdnr. 17.

18

---

[42] BGH NJW 1993, 2382.
[43] Vgl. RG JW 1933, 2215.
[44] Zu dieser Unterscheidung BGH NJW 1991, 3284.
[45] BGH NJW 1991, 1180 u. 1302; dazu Pantle NJW 1991, 1279 (zur Beweiswürdigung im Fall des § 524 Abs. 2 S. 2); BGH NJW 1992, 1966; NJW 1995, 1292.
[46] BGH VersR 1993, 334; NJW-RR 1995, 1210.

[47] Vgl. *Richard Schmidt* Die außergerichtlichen Wahrnehmungen (1892), (SächsArch 2 (1892), 265 ff., mit Lit); *Stein* (Fn. 1), 1 ff.; *Leonhard* Beweislast (1926), 217; OLG Karlsruhe VersR 1954, 464. S. auch RGSt 26, 272. – A. M. *Heusler* AcP 62 (1879), 270; *Canstein* ZZP 2 (1880), 352 f.

[48] Will aber das Gericht ein Wissen an Erfahrungssät-

5. Feststellungen in einem straf- oder zivilrichterlichen Urteil

19 Die in einem **strafrichterlichen Urteil** enthaltene Feststellung von Tatsachen bindet zwar den Zivilrichter nicht; das Urteil kann aber als Beweisurkunde verwertet werden; näher dazu → § 14 EGZPO Rdnr. 2 (kommentiert nach § 1048). Die Feststellungen im Strafurteil dürfen nicht unbesehen und ohne weitere Prüfung übernommen werden[49]; auch die Aussage, den Feststellungen sei in der Regel zu folgen, wenn die Parteien keine gewichtigen Gründe für die Unrichtigkeit beibringen[50], erscheint zu pauschal, → § 14 EGZPO Rdnr. 2 (abgedruckt nach § 1048). Das Verhalten im Strafverfahren (z.B. Eingeständnis der Täterschaft) kann zu der Notwendigkeit führen, im Zivilprozeß den Gegenbeweis zu erbringen[51]. Die Beiziehung der Strafverfahrensakten und die Feststellungen im Strafurteil rechtfertigen es nicht, von der Erhebung angebotener Gegenbeweise abzusehen, etwa die Vernehmung von Zeugen wegen deren bereits erfolgter Vernehmung im Strafprozeß abzulehnen[52], → § 284 Rdnr. 36 ff. Auch bei einer Verdachtskündigung muß sich das Gericht ohne Bindung an ein rechtskräftiges Strafurteil (das aber bei der Beweiswürdigung zu berücksichtigen ist) nach Erhebung angebotenen Zeugen- oder Sachverständigenbeweises eine eigene Überzeugung bilden[53]. Der Umstand allein, daß ein Strafverfahren stattgefunden hat (in dem der Angeklagte aber freigesprochen wurde), kann im Zivilprozeß nicht als belastender Umstand gegen den damaligen Angeklagten gewertet werden[54].

19a Zur Anwendbarkeit der Beweisregel des § 190 StGB bei Behauptung einer Straftat → Rdnr. 58.

19b Dasselbe wie zum Strafurteil gilt von den tatsächlichen Feststellungen eines früheren **Zivilurteils**[55], gleichviel ob seine Entscheidung für den gegenwärtigen Prozeß Rechtskraft schafft oder nicht, → auch § 322 Rdnr. 84 ff., sowie → § 68 Rdnr. 4 f.

6. Keine Parteidisposition über die Beweiswürdigung

20 Die freie Beweiswürdigung ist richterliche Aufgabe und als solche **der Parteidisposition entzogen**[56]; sie gestattet es dem Richter, aus dem vorgebrachten Tatsachenstoff auch solche Schlußfolgerungen (hinsichtlich behaupteter Tatsachen) zu ziehen, die keine Partei gezogen hat. Über die Grenzen, in denen *Parteiabreden* (Beweisverträge) zulässig sind, → Rdnr. 132 ff. Über den Ausschluß einzelner Tatbestandselemente von der richterlichen Feststellung durch Bestellung von Schiedsgutachtern → vor § 1025 Rdnr. 21 ff.

21 7. Zur **Ablehnung von Beweisanträgen** → § 284 Rdnr. 51 ff.

IV. Gesetzliche Beweisregeln; Ähnliches

1. Überblick

22 Durch Abs. 2 wurden sämtliche in **Landesgesetzen** begründeten Beweisregeln **aufgehoben**, d.h. alle Rechtssätze, die den Richter zwangen oder ihm verboten, bestimmten Beweismitteln einen bestimmten Beweiswert beizulegen. Dazu noch → § 14 Abs. 2 Nr. 1 bis 3 EG ZPO (kommentiert nach § 1048).

---

zen verwerten, das über die allgemeine Lebenserfahrung hinausgeht, so muß dies den Parteien mitgeteilt werden, damit sie Gelegenheit zur Stellungnahme haben, *BGH* LM § 286 (B) Nr. 23 = DRiZ 1967, 198 = MDR 1967, 745.
[49] *OLG Koblenz* AnwBl 1990, 215.
[50] *OLG Köln* FamRZ 1991, 580.
[51] *AG Schöneberg* NJW-RR 1987, 1316.
[52] *BGH* NJW-RR 1988, 1527.
[53] *BAG* NJW 1993, 83.
[54] *BGH* NJW-RR 1990, 446.
[55] *RG* Gruchot 52 (1908), 1015.
[56] *RGZ* 96, 57; JW 1900, 151.

Reichsgesetzliche (heute bundesgesetzliche) Beweisregeln bleiben unberührt, § 13 EG 23
ZPO, so daß z. B. auch § 190 StGB anwendbar ist[57], → Rdnr. 58. Geltende Beweisregeln
enthalten insbesondere §§ 60, 66 PersonenstandsG (vom 8. VIII. 1957, BGBl. I S. 1126), s.
auch § 61 der AusfVO hierzu (vom 23. XII. 1991, BGBl. 1992 I S. 3). S. ferner § 32 ff. GBO. Zu
den **gesetzlichen Vermutungen,** die Beweislastregeln darstellen, → § 292 sowie unten
Rdnr. 24a. Die **Auslegungsregeln** sind keine Beweisregeln.

Die **ZPO** selbst enthält, nachdem die Novelle 1933 den »gestabten Parteieid« (→ vor § 445 24
Rdnr. 1) mit den gesetzlichen Beweisfolgen beseitigt hat, nur noch **wenige Beweisregeln,** so
für den Urkundenbeweis, §§ 415 bis 418, und einige vereinzelte in den §§ 165, 198 Abs. 2,
202 Abs. 2, 212 a, 270 Abs. 2 S. 2, 314, 357 Abs. 2 S. 2, 435, 438 Abs. 2, 497 Abs. 1 S. 2. Keine
Beweisregeln sind die Vorschriften über das *Geständnis* (→ § 288 Rdnr. 4) und die Bestimmungen, die als Folge des Unterbleibens einer Prozeßhandlung das Gericht verpflichten,
Tatsachen *ohne Prüfung ihrer Wahrheit* dem Urteil zugrunde zu legen (§§ 138 Abs. 3, 175
Abs. 1 S. 3, 239 Abs. 4, 242, 244 Abs. 2 S. 2, 331 Abs. 1, 439 Abs. 3, 542 Abs. 2 S. 1); denn in
diesen Fällen kommt es zu keinem *Beweis* der betreffenden Tatsachen.

2. Arbeitsunfähigkeitsbescheinigung

Angesichts des Grundsatzes der freien Beweiswürdigung können generelle Aussagen über 24a
den Wert bestimmter Beweismittel grundsätzlich nur aufgrund von Erfahrungssätzen und
ohne normative Bindung getroffen werden. In diesem Zusammenhang wird nicht selten der
Begriff der tatsächlichen Vermutung verwendet, der von einer gesetzlichen Vermutung scharf
zu trennen ist, → § 292 Rdnr. 6. Methodisch ist es nicht ausgeschlossen, aus bestimmten
gesetzlichen Regelungen im Wege der Auslegung auch normative beweisrechtliche Aussagen
zu entnehmen. So spricht das BAG[58] einer ärztlichen Arbeitsunfähigkeitsbescheinigung im
Lohnfortzahlungsprozeß einen hohen Beweiswert zu und verweist angesichts der Kritik[59],
die hieran aufgrund praktischer Erfahrungen geäußert wurde, auf die aus § 3 Abs. 1 S. 1 und
§ 5 S. 1 Nr. 1 LohnFG (jetzt – insoweit ohne sachliche Änderung – § 5 Abs. 1 S. 2 u. 3, § 7 S. 1
Nr. 1 EntgeltfortzG vom 26. V. 1994, BGBl. I 1014, 1065) zu entnehmende normative
Wertung, wonach die Arbeitsunfähigkeitsbescheinigung das für den Arbeitnehmer grundsätzlich erforderliche, aber auch ausreichende Beweismittel darstelle[60]. Da dem Arbeitgeber
die Möglichkeit offensteht, konkrete Umstände darzulegen und zu beweisen, aus denen sich
Zweifel an der Arbeitsunfähigkeit ergeben, und so den Arbeitnehmer zu weiterem Beweis zu
zwingen, kann man dogmatisch von einer **gesetzlichen Vermutung mit erleichterter Wider-
leglichkeit** sprechen[61]. Die Figur des Anscheinsbeweises[62] paßt dagegen weniger, da es an
dem dafür erforderlichen typischen Geschehensablauf fehlt, und auch von einer Absenkung
des Beweismaßes kann nicht gesprochen werden, da es um die Bedeutung eines bestimmten
Beweismittels geht. Weitergehend will der EuGH[63] bei »Wanderarbeitnehmern« einer ausländischen Arbeitsunfähigkeitsbescheinigung unter bestimmten Voraussetzungen sogar eine
tatsächliche und rechtliche Bindungswirkung im Lohnfortzahlungsprozeß gegen den Arbeitgeber zugestehen. Diese Ansicht verstößt jedoch gegen die Rechtsschutzgarantie zugunsten

---

[57] *BGH* NJW 1985, 2644, 2646.
[58] *BAGE* 28, 144, 146 = AP LohnFG § 3 Nr. 2; *BAG* AP LohnFG § 3 Nr. 3.
[59] *LAG München* NJW 1989, 998 = NZA 1989, 597; s. auch *LAG München* NJW 1989, 2970 (LS).
[60] *BAG* NJW 1993, 809, 810 = NZA 1993, 23, 24.
[61] Näher hierzu und zur gesamten Problematik *Leipold* Festschr. für Kissel (1994), 629, 637 ff.
[62] Für Anscheinsbeweis bzw. Beweismaßreduzierung

Clausen ArbuR 1989, 330, 332 ff.; *Lambeck* NZA 1990, 88, 89 ff. – Dagegen *Reinecke* DB 1989, 2069, 2072; *Rehbinder* Festschr. für O. Vogel (1991), 183, 193.
[63] *EuGH* NJW 1992, 2687 = EuZW 1992, 480 (Fall Paletta). Dazu *Abele* EuZW 1992, 482; *Steinmeyer* Festschr. für Kissel (1994), 1165; *Eichenhofer* JZ 1995, 1047, 1050; *Preis* ZIP 1995, 891, 897; *Schlachter* Der Europäische Gerichtshof und die Arbeitsgerichtsbarkeit (1995) (Jenaer Schriften zum Recht, Bd. 5), 44 ff.

des Arbeitgebers, die auch auf der Ebene des europäischen Rechts zu beachten ist[64]. Eine erneute Vorlage durch das BAG[65] veranlaßte den EuGH[65a] nicht dazu, seine Position grundsätzlich zu überdenken. Der EuGH gestand lediglich zu, der Nachweis rechtsmißbräuchlichen oder betrügerischen Verhaltens bleibe offen, betonte aber ausdrücklich, die von der Rechtsprechung des BAG entwickelten Grundsätze zur Erschütterung des Beweiswertes einer ärztlichen Arbeitsunfähigkeitsbescheinigung könnten im Bereich der europäischen Regelung keine Anwendung finden.

V. Beweislast[66]

1. Begriffe

a) Objektive Beweis- und Behauptungslast

25   Trotz Erschöpfung aller angebotenen bzw. verfügbaren Beweise gelingt es dem Gericht nicht immer, das Vorliegen oder Nichtvorliegen aller rechtserheblichen Tatsachen festzustellen. Daran ändert auch die *freie Beweiswürdigung* nichts. Wenn § 286 Abs. 1 nur die beiden Möglichkeiten erwähnt, eine tatsächliche Behauptung für wahr oder für nicht wahr zu erachten, so ist damit kein Zwang für den Richter verbunden, sich stets für die Feststellung der

---

[64] Näher s. *Leipold* Festschr. für Kissel (1994), 629, 647ff.
[65] *BAG* NZA 1994, 683 = SAE 1995, 55 (*Franzen*). Das BAG fragte nach der Geltung des Einwands des Rechtsmißbrauchs und nach der Wahrung des Verhältnismäßigkeitsgrundsatzes.
[65a] *EuGH* NJW 1996, 1881. Dazu *Abele* NZA 1996, 631; *Schlachter* EuZW 1996, 377, die beide das Bemühen des *BAG*, zu einer erleichterten und damit für den Arbeitgeber praktikableren Widerlegung der ausländischen Arbeitsunfähigkeitsbescheinigung zu gelangen, für gescheitert halten. Das *BAG* ArbuR 1997, 119 hat die Sache zur Klärung der Mißbrauchsfrage zurückverwiesen.
[66] Lit: *Baumgärtel* (Hrsg.) Handbuch der Beweislast im Privatrecht, Bd. 1² (1991), Bd. 2–5 (1985ff.); *ders.* Beweislastpraxis im Privatrecht (1996); *A. Blomeyer* Beweislast und Beweiswürdigung im Zivil- und Verwaltungsprozeß, Gutachten für den 46. Deutschen Juristentag (1966), Verhandlungen 1, Teil 2 A; *Bruske* Beweiswürdigung und Beweislast bei Aufklärungspflichtverletzungen im Bankrecht (1994); *Ekelöf* Beweiswürdigung, Beweislast und Beweis des ersten Anscheins ZZP 75 (1962), 289; *Gautschi* Beweislast und Beweiswürdigung bei freiem richterlichem Ermessen (Zürich 1913); *Gmehling* Die Beweislastverteilung bei Schäden aus Industrieimmissionen (1989); *Guldener* Beweiswürdigung und Beweislast nach schweizerischem Zivilprozeßrecht (Zürich 1955); *Habscheid* Beweislast und Beweismaß – ein kontinentaleuropäisch-angelsächsischer Rechtsvergleich, Festschr. für Baumgärtel (1990), 105; *Hedemann* Die Vermutung nach dem Recht des Deutschen Reiches (1904); *Heinemann* Die Beweislastverteilung bei positiven Forderungsverletzungen (1988); *Heinrich* Die Beweislast bei Rechtsgeschäften (1996); *Hofmann* Die Umkehrung der Beweislast in der Kausalfrage (1972); *Kasparek* Die Lehre von der Beweislast als Lehre von der Urteilsfindung bei ungeklärtem Tatbestande (1937); *Kaufmann* Die Beweislastproblematik im Arzthaftungsprozeß (1984); *Kegel* Der Individualanscheinsbeweis und

die Verteilung der Beweislast nach überwiegender Wahrscheinlichkeit, Festgabe für Kronstein (1967), 321; *Kempe* Beweisprobleme im Wettbewerbsrecht (1992); *Klicka* Die Beweislastverteilung im Zivilverfahrensrecht (Wien 1995); *Kur* Beweislast und Beweisführung im Wettbewerbsprozeß (1981); *Leipold* Beweislastregeln und gesetzliche Vermutungen (1966); *ders.* Beweismaß und Beweislast im Zivilprozeß (1985); *Leonhard* Die Beweislast² (1926); *Lüke* Über die Beweislast im Zivil- und Verwaltungsprozeß, JZ 1966, 587; *Martinius* Behauptungs- und Beweislast bei der Negative und dem bedingten Vertrage (1902); *Musielak* Die Grundlagen der Beweislast im Zivilprozeß (1975); *ders.* Beweislastverteilung nach Gefahrenbereichen AcP 176 (1976), 465; *ders.* Gegenwartsprobleme der Beweislast ZZP 100 (1987), 385; *Musielak-Stadler* Grundfragen des Beweisrechts (1984), 102 (s. auch JuS 1983, 198, 368, 526, 609); *Pohle* Bemerkungen zur Lehre von der Beweislast MDR 1949, 386; *ders.* Zur Beweislast im internationalen Recht, Festschr. für Dölle (1963), Bd. II, 317; *Prölls* Beweiserleichterungen im Schadensersatzprozeß (1966); *Prütting* Gegenwartsprobleme der Beweislast (1983); *Redeker* Beweislast und Beweiswürdigung im Zivil- und Verwaltungsprozeß NJW 1966, 1777; *Reinecke* Die Beweislastverteilung im Bürgerlichen Recht und im Arbeitsrecht als rechtspolitische Regelungsaufgabe (1976); *Rosenberg* Die Beweislast⁵; *ders.* Zur Lehre von sog. qualifizierten Geständnisse AcP 94 (1903), 1; *Schwab* Zur Abkehr moderner Beweislastlehren von der Normentheorie, Festschr. für H.-J. Bruns (1978), 505; *Schwering* System der Beweislast im englisch-amerikanischen Zivilprozeß (1969); *Stoll* Die Beweislastverteilung bei positiven Vertragsverletzungen, Festschr. für F. v. Hippel (1967), 517; *ders.* Haftungsverlagerung durch beweisrechtliche Mittel AcP 176 (1976), 145; *Wahrendorf* Die Prinzipien der Beweislast im Haftungsrecht (1976). – Ferner → die Literaturangaben in Fn. 1 (zur *Beweiswürdigung*), Fn. 244 (zum *Anscheinsbeweis*), Fn. 388, 420 (zur *Beweislastumkehr*, insbesondere im Arzthaftungsprozeß).

Wahrheit oder der Unwahrheit zu entscheiden⁶⁷. Dies wird durch die *ausdrücklichen gesetzlichen Beweislastregeln* (→ Rdnr. 42) bestätigt, die sonst keine Existenzberechtigung hätten.

Trotz eines non liquet in der Tatfrage ist das **Gericht** jedoch – grundsätzlich⁶⁸ – **verpflichtet,** 26 über die vorliegende **Rechtsfrage positiv oder negativ zu entscheiden.** Wie trotz der Unaufklärbarkeit zu entscheiden ist, stellt das Problem der sog. objektiven Beweislast oder Feststellungslast dar. Diese Frage nach den **Folgen der Beweislosigkeit** ergibt sich im Verfahren mit *Untersuchungsmaxime* ebenso wie bei Geltung der *Verhandlungsmaxime.* Seit langem ist anerkannt, daß das Problem der objektiven Beweislast von den Verfahrensmaximen unabhängig ist⁶⁹; abweichende Aussagen⁷⁰ beziehen sich bei näherem Zusehen meist nur auf die *subjektive* Beweislast (Beweisführungslast), → Rdnr. 29.

Die Beweislast erstreckt sich nur auf **Tatsachen,** nicht auf die rechtliche Würdigung. Daher 27 gibt es z. B. keine Beweislastentscheidung über Sorgfaltsanforderungen (im Rahmen der Verschuldensfrage)⁷¹. Auch die **Auslegung** als solche kann **nicht Gegenstand des Beweises** sein, → § 284 Rdnr. 13; die Beweislast hat daher auf die Auslegung keinen Einfluß⁷². Dies gilt auch dann, wenn die Auslegung zu keinem sicheren Ergebnis führt⁷³. Dagegen greifen die Grundsätze über die Beweislast ein für *Tatsachen,* welche die Auslegung beeinflussen können⁷⁴.

Neben der objektiven Beweislast ist auch eine **objektive Behauptungslast**⁷⁵ anzuerkennen. 28 Sie betrifft die Frage, welche Folgen es für die Entscheidung hat, wenn bestimmte Tatsachen von keiner der Parteien behauptet werden (und auch nicht, soweit dies zulässig ist, → vor § 128 Rdnr. 86, 95, vom Gericht von Amts wegen zum Prozeßstoff gemacht werden). Grundsätzlich deckt sich die Behauptungslast mit der Beweislast. Ihre Bedeutung ist geringer als die der Beweislast, da an Behauptungen meist kein Mangel herrscht⁷⁶ und außerdem das Gericht auf Klarheit und Vollständigkeit des Tatsachenvortrags hinzuwirken hat, → § 139 Rdnr. 11 ff. Wichtig ist die Behauptungslast bei **Säumnis des Beklagten:** Die Schlüssigkeit der Klage (§ 331 Abs. 2) erfordert, daß alle Tatsachen behauptet sind, die zur Behauptungslast des Klägers gehören.

b) Subjektive Beweis- und Behauptungslast

Eine subjektive Beweislast oder Beweisführungslast⁷⁷ gibt es nur dann, wenn den Parteien 29 die Beibringung der Beweismittel obliegt, also nur im Verfahren mit Verhandlungsmaxime⁷⁸. Ihre Bedeutung tritt gegenüber der objektiven Beweislast zurück. Folge der subjektiven Beweislast ist es, daß das Gericht seine Anregung zur Bezeichnung der Beweismittel (§ 139 Abs. 1) in erster Linie an die beweisbelastete Partei zu richten hat und daß ein **vom nicht beweisbelasteten Gegner angebotener Beweis (Gegenbeweis,** → § 284 Rdnr. 7) nicht zu erheben ist, wenn die beweispflichtige Partei selbst keinen Beweis angeboten hat⁷⁹. Ferner

---

⁶⁷ A.M. *Motsch* (Fn. 1), 34, 83, 85.
⁶⁸ Eine Ausnahme bildete nach früherem Recht (vor dem NichtehelichenG) die Abweisung der positiven oder negativen Klage auf Feststellung der unehelichen Vaterschaft bei non liquet ohne Feststellung des Gegenteils, BGHZ 17, 252. S. dazu 19. Aufl. § 282 IV 4 d.
⁶⁹ *Rosenberg* (Fn. 66), 28 ff.; *Leonhard* (Fn. 66), 215 ff.; *A. Blomeyer* ZPR² § 69 I 1. Auch im Straf- und Verwaltungsprozeß gibt es daher eine objektive Beweislast, ebenso in Verfahren der Freiwilligen Gerichtsbarkeit, z. B. im Erbscheinsverfahren, *BayObLG* MDR 1980, 314 = Rpfleger 1980, 60.
⁷⁰ Z. B. *BFH* NJW 1956, 487; 1963, 272.
⁷¹ *BGH* LM § 282 (Beweislast) Nr. 25 = NJW 1973, 2207.
⁷² *BGHZ* 20, 109 = NJW 1956, 665; NJW 1984, 721.

⁷³ *Pohle* MDR 1951, 91. – A.M. *Krönig* MDR 1950, 664; 1951, 92.
⁷⁴ *RAG* HRR 1932 Nr. 2276; *BGH* LM § 133 (B) BGB Nr. 1; *BGHZ* 20, 109 (Fn. 72); NJW 1984, 721, 722.
⁷⁵ Eingehend *Rosenberg* (Fn. 66), 43 ff.
⁷⁶ Vgl. *Rosenberg* (Fn. 66), 44.
⁷⁷ *Rosenberg* (Fn. 66), 18 ff. – Gegen diesen Begriff aber *Lüke* JZ 1966, 588; krit. auch *Redeker* NJW 1966, 1778.
⁷⁸ Also z. B. nicht im Erbscheinsverfahren, *BayObLGZ* 1968, 268, 273 = DNotZ 1969, 301, 303.
⁷⁹ *OLG Celle* VersR 1974, 663 = WM 1974, 246; *Rosenberg* (Fn. 66), 23; *A. Blomeyer* ZPR² § 69 I 1; *Weber* NJW 1972, 896; *Born* JZ 1981, 775, 776; *Grunsky*² § 41 II 2 (S. 423). – A.M. *Walther* NJW 1972, 237. – Wenn das Nichtvorliegen derselben Tatsache, für die die beweis-

gestattet § 445 Abs. 1 nur jener Partei, der die Beweisführungslast obliegt, den Beweisantritt durch **Antrag auf Parteivernehmung**.

30   Auch von einer **subjektiven Behauptungslast** kann nur im Verfahren mit Verhandlungsmaxime gesprochen werden, da nur hier den Parteien die Einführung der Tatsachen obliegt. Die Behauptungslast trifft zunächst diejenige Partei, die auch die Beweislast für die betreffende Tatsache trägt. Jedoch muß sich zu einer behaupteten Tatsache auch der Gegner äußern, und zwar in substantiierter Form, soweit dies nach den konkreten Umständen erwartet werden kann. Wenn die Einzelheiten nur dem Gegner bekannt sind und ihm deren Vortrag zumutbar ist, so braucht die beweisbelastete Partei ihr Vorbringen erst unter Beweis zu stellen, wenn der Gegner eine substantiierte Sachdarstellung gegeben hat[80]. Darin liegt eine **sekundäre Behauptungslast** des Gegners der primär behauptungs- und beweispflichtigen Partei, → § 138 Rdnr. 28, → auch unten Fn. 103 zur Behauptungslast bei negativen Tatsachen.

31   Weder die subjektive Beweislast noch die subjektive Behauptungslast haben jedoch zur Folge, daß der Richter etwa nur die von der beweispflichtigen Partei aufgestellten Behauptungen und erbrachten Beweise beachten dürfe; er hat vielmehr stets den **gesamten Inhalt der Verhandlung** zu berücksichtigen, also auch eigenes ungünstiges Vorbringen einer Partei[81], z. B. vom Kläger vorgetragene anspruchsvernichtende oder -hindernde Tatsachen. Darüber und über die Ausnahme für die Einrederechte, deren Berücksichtigung eine Willenserklärung des Einrederechtigten fordert, → vor § 128 Rdnr. 79 f., 81.

32   Bei der **Würdigung der Beweise** spielt es keine Rolle, **auf wessen Antrag** eine Beweiserhebung erfolgt ist; es kann also z.B. das Vorliegen einer rechtsvernichtenden Tatsache aus einem vom Kläger vorgebrachten Beweismittel gefolgert werden. Wenn allerdings nur die nicht mit dem Beweis belastete Partei Beweis anbietet, so ist dieser Gegenbeweis nicht zu erheben, → Rdnr. 29.

33   Da der Beweisbeschluß nur prozeßleitende Anordung ist (→ § 359 Rdnr. 1), kann die Frage der Beweislast zumeist **bis zum Endurteil offen** bleiben, und auch hier taucht sie praktisch nicht auf, wenn eine **eindeutige Tatsachenfeststellung** vorliegt, sei es aufgrund des unstreitigen Sachverhalts, sei es aufgrund der erhobenen Beweise[82].

2. Grundregeln und Methode der Beweislastverteilung im Zivilrecht

a) Aufteilung der Beweislast; Unabhängigkeit von der Parteistellung

34   Der Verhandlungsgrundsatz ist nicht Voraussetzung der Beweislast im objektiven Sinn; er ergibt auch nicht, welcher der Parteien der Beweis obliegt. Daß die Beweislast im Zivilprozeß[83] **zwischen den Parteien verteilt** ist[84], daß also der Kläger nicht alles, auch den Nichtuntergang seines Rechts und dergleichen, zu beweisen hat, ist kein Gebot der Logik, auch nicht eine Folge einer Vermutung für die Fortdauer einmal entstandener Rechte oder gar einmal entstandener Tatsachen oder Zustände. Doch ist die Aufteilung eine Forderung der Gerech-

---

pflichtige Partei keinen Beweis angeboten hat, hinsichtlich eines anderen Anspruchs als rechtshindernde Tatsache zur Beweislast des Gegners gehört oder für einen Anspruch des Gegners rechtsbegründend ist und daher vom Gegner unter Beweis gestellt wurde, muß der Beweis erhoben und für beide Ansprüche verwertet werden.

[80] BGHZ 121, 357, 365 = NJW 1993, 2168, 2171 = JR 1994, 154, 157 (*Schubert*).

[81] *OLG Köln* MDR 1970, 597. − S. auch *BGH* WuW-Entscheidungssammlung 1983, 478 (die Klage ist aufgrund des eigenen, ihm ungünstigen Vorbringens des Klägers abzuweisen, auch wenn der Gegner zum selben Punkt eine abweichende, dem Kläger günstige Darstellung gegeben hat, die aber nicht etwa unstreitig geworden ist).

[82] Vgl. z.B. *RGZ* 68, 357; 105, 7; WarnRsp 14 (1941) Nr. 234; *OGHZ* 4, 107; *Rosenberg* (Fn. 66), 8; *Pohle* MDR 1949, 386. Vgl. aber (z.T. abweichend) *Peters* MDR 1949, 66.

[83] Dagegen ist im Strafprozeß gemäß dem Satz »in dubio pro reo« die Beweislast hinsichtlich der materiellen Strafvoraussetzungen grundsätzlich zugunsten des Angeklagten geregelt.

[84] Gegen eine Verteilung hinsichtlich der sog. rechtshindernden Tatsachen (→ Rdnr. 41, 59 ff.) *Leonhard* (Fn. 66) 3 ff., 78 ff., 126 ff. S. darüber *Seuffert* ZZP 35 (1906), 104 ff.; *Brodmann* AcP 98 (1906), 84 ff., 156 ff.

tigkeit, um die Durchsetzung eines Rechts nicht unzumutbar zu erschweren[85]. Sie entspricht zudem der kontradiktorischen Gestaltung des Prozesses.

Aus dem Prinzip der **Gleichheit vor dem Richter** (Waffengleichheit) ist nicht herzuleiten, 35 daß beide Parteien stets gleichmäßig die Beweislast zu tragen hätten, → vor § 128 Rdnr. 63. Die materiell-rechtliche Gestaltung der Rechtsfolgevoraussetzungen und die dazugehörige Beweislastregelung zusammen müssen jedoch rechtsstaatlichen Anforderungen und den Erfordernissen des Gleichheitssatzes gerecht werden.

Ohne Einfluß auf die Verteilung der Beweislast ist, wie außer Streit steht, die **Parteistel-** 36 **lung**[86]. Die Beweislastgrundsätze nehmen die Rechtsstellung, nicht die Rolle als Kläger oder Beklagter zum Ausgangspunkt. Bei der negativen Feststellungsklage hat daher der Beklagte die anspruchsbegründenden Tatsachen zu beweisen; bleibt es insoweit bei einem non liquet, so ist der negativen Feststellungsklage stattzugeben[87], näher → § 256 Rdnr. 117. Die Beweislast im Rahmen einer Zwischenfeststellungsklage entspricht derjenigen bei der Hauptsacheklage[88]. Ebenso gelten die allgemeinen Beweislastgrundsätze bei den Klagen, die sich auf Einwendungen stützen, wie die Vollstreckungsgegenklage des § 767[89] u. ä., sowie dann, wenn ein Tatbestand zum Zwecke der Verteidigung (z. B. zur Begründung eines Zurückbehaltungsrechts[90], des Einwandes aus § 61 VVG[91]) geltend gemacht wird. – Zur Beweislast für die Prozeßvoraussetzungen → Einl. [20. Aufl.] Rdnr. 323.

Der **Übergang eines Rechts** oder einer Verbindlichkeit auf eine andere Person läßt die Beweislastregelung unberührt, so daß z. B. bei Geltendmachung eines Anspruchs durch den **Erben** des Gläubigers dieselben Beweislastregeln gelten, wie sie bei Geltendmachung durch den Erblasser gegolten hätten[92].

b) Ungeschriebene Grundregel

Soweit keine ausdrücklichen Beweislastregeln bestehen, liegt nicht etwa ein' normfreier 37 Raum vor. Vielmehr ist von der **Geltung einer Grundregel der Beweislast im Zivilrecht** auszugehen, die nahezu allgemein anerkannt ist. Sie war auch im E. I des BGB vorgesehen, wurde nur als selbstverständlich weggelassen[93] und kann daher als **stillschweigendes Gesetzesrecht**[94], zumindest aber als Gewohnheitsrecht[95] bezeichnet werden.

Danach trägt jede Partei, die den **Eintritt einer Rechtsfolge** geltend macht, die **Beweislast** 38 **für die rechtsbegründenden Tatsachen**; wer sich dagegen auf Nichteintritt, Hemmung oder Untergang beruft, trägt die **Beweislast für die rechtshindernden, rechtshemmenden und rechtsvernichtenden Tatsachen**[96].

Wer die Rechtsfolge in Anspruch nimmt, hat also nur den Tatbestand ihrer Entstehung, wer 39 sie als nachträglich verändert oder erloschen bekämpft, den Tatbestand ihrer **Umgestaltung** oder ihres **Untergangs** zu beweisen[97].

---

[85] *BGH* NJW 1986, 2426, 2427 = JZ 1986, 686, 688 (*Baumgärtel*).
[86] *BGH* NJW 1993, 1716, 1717; *RGZ* 9, 337; 30, 174; *Stein* (Fn. 1), 93; *Rosenberg* (Fn. 66), 173 ff.; AcP 94 (1903), 77.
[87] *BGH* NJW 1993, 1716.
[88] *BGHZ* 125, 251, 257 = NJW 1994, 1353, 1354.
[89] So auch *RG* Gruchot 49 (1905), 913 f.; *Goldschmidt* Ungerechtfertigter Vollstreckungsbetrieb (1910), 63; *Oertmann* AcP 107 (1911), 239 f.
[90] *RG* SeuffArch 69 (1914), 311.
[91] Für diesen Fall bezüglich der Grundsätze des prima-facie-Beweises a.M. *RGZ* 127, 28. Dagegen *Gerhard* JW 1930, 3624.
[92] *BGH* FamRZ 1993, 1311.
[93] S. E I §§ 193, 194 Abs. 1, Protokolle zum BGB Bd. I 259.
[94] *Leipold* Beweislastregeln (Fn. 66), 45 f.
[95] *Wach* ZZP 29 (1901), 386. – A.M. *Rosenberg* (Fn. 66), 117 f.; AcP 94 (1903), 15.
[96] So auch die ständige Rsp, etwa *BGH* NJW 1983, 2944; *BGH* NJW 1986, 2426, 2427 (Fn. 85); *BGHZ* 113, 222, 225 = NJW 1991, 1052, 1053; *BGHZ* 121, 357, 364 = NJW 1993, 2168, 2170 = JR 1994, 154, 157 (*Schubert*); *BAG* NJW 1995, 2941, 2942.
[97] Ebenso *BGH* LM § 282 (Beweislast) Nr. 24 = NJW 1972, 1674 = JZ 1972, 744.

40   Auch den rechtsvernichtenden Tatsachen können aber wieder **vernichtungshindernde** (rechtserhaltende) **Tatsachen** gegenübertreten, die dann zur Beweislast des Gegners stehen[98].

41   Ob eine Tatsache **rechtsbegründend** oder **rechtsvernichtend** wirkt, ist schon im materiellen Recht vorgegeben. Dagegen ist es, wenn man nur die *materiell-rechtliche* Wirkung betrachtet, **gleichgültig**, ob eine Tatsache **rechtsbegründend** oder ihr **kontradiktorisches Gegenteil rechtshindernd** ist. Die sog. rechtshindernden Tatsachen oder Normen des BGB sind daher nichts anderes als der **Ausdruck besonderer Beweislastregeln**[99]: Durch die **Fassung der Rechtssätze** wird die Verteilung der Beweislast zum Ausdruck gebracht (näher → Rdnr. 59ff.). Die oben wiedergegebene Grundregel ist daher für sich betrachtet hinsichtlich der rechtshindernden Tatsachen substanzlos, da erst noch durch eine besondere (zumindest in der Normfassung ausgedrückte) Beweislastregel eine Tatsache zur rechtshindernden gemacht sein muß.

c) Ausdrückliche gesetzliche Beweislastregeln

42   Ausdrückliche Bestimmungen über die Beweislast sind im BGB und sonstigen Gesetzen des Privatrechts selten, s. §§ 179 Abs. 1, 282, 345, 358, 363, 442, 542 Abs. 3, 611 a Abs. 1 S. 3, 636 Abs. 2, 2336 Abs. 3 (2297 S. 2, 2338 Abs. 2 S. 1) BGB, ferner z. B. § 8 Abs. 2 und 3, § 30 Nr. 2, § 31 Nr. 2 KO, § 3 Abs. 1 Nr. 2 AnfG, § 45 LuftverkehrsG, Art. 46 Abs. 2 S. 2 WechselG. Auch die **widerleglichen gesetzlichen Vermutungen stellen** besondere Beweislastregeln dar, → § 292 Rdnr. 7.

d) Sachliche Gründe der Beweislastverteilung

43   Um Zweifelsfälle, die wegen des weitgehenden Fehlens ausdrücklicher Regeln recht häufig sind, lösen zu können, ist es erforderlich, die sachlichen Gründe und Wertungen zu erhellen, die hinter den Beweislastregeln stehen[99a]. Das Beweislasturteil kann immer vom »eigentlich« (nämlich bei Feststellbarkeit der Tatsachenlage) materiell-rechtlich richtigen Urteil abweichen. Daher sind die **möglichen »Fehlurteile«** gegeneinander abzuwägen[100], und es ist zu fragen, welche Abweichung eher in Kauf genommen werden kann. Es handelt sich aber dabei nicht um eine Abwägung im konkreten Fall, sondern um eine abstrakt-normative Bewertung.

44   Daß grundsätzlich die **rechtsfolgebegründenden und – vernichtenden Tatsachen zu beweisen** sind, kann auf den Schutz des Besitzstandes im weitesten Sinn und auf die Bevorzugung der rechtlichen Freiheit vor der rechtlichen Gebundenheit zurückgeführt werden[101]. Dagegen sind bei der Frage, ob Abweichungen von dieser Grundregel, also besondere Beweislastregeln (sog. rechtshindernde Tatsachen) eingreifen, recht verschiedene Gesichtspunkte zu berücksichtigen[102]. In Betracht kommen insbesondere eine überwiegende lebensmäßige *Wahrscheinlichkeit* für bestimmte Tatsachen (daher ist z. B. die Geisteskrankheit, nicht aber die geistige Gesundheit zu beweisen), die Nähe einer Partei zum Beweis (vgl. z. B. die Notwendigkeit der Exkulpation nach § 831 Abs. 1 S. 2 BGB, → auch Rdnr. 86a zur Rsp zur positiven Vertragsverletzung), die Möglichkeit, sich die *Beweisbarkeit zu sichern*, die Schwierigkeit, *negative* Tatsachen zu beweisen[103] (→ aber Rdnr. 60).

---

[98] Vgl. *BGH* NJW 1988, 640, 642; NJW 1989, 1728, 1729; *Rosenberg* (Fn. 66), 101 f.

[99] *Leipold* Beweislastregeln (Fn. 66), 38 ff. gegen *Rosenberg* (Fn. 66), 134 ff.

[99a] Dies gilt auch für die Beweislast bei verfahrensrechtlichen Tatbeständen, dazu eingehend *Klicka* (Fn. 66), 73 ff.

[100] Vgl. *Kummer* Berner Kommentar zum ZGB (1962), Art. 8 Rdnr. 28, 114; *Leipold* Beweislastregeln (Fn. 66), 49.

[101] *Leipold* Beweislastregeln (Fn. 66), 46 ff.

[102] Dazu *Pohle* AcP 155 (1956), 178 ff.; *A. Blomeyer* Gutachten (Fn. 66), 6 ff.

[103] Vgl. dazu *Rosenberg* (Fn. 66), 330 ff.; *v. Greyerz* Der Beweis negativer Tatsachen (1963). Der Beweis des Nichtvorliegens von Tatsachen ist nicht etwa unmöglich; gegen welche Tatsachen der Beweis zu richten ist, ergibt sich weitgehend aus den Behauptungen des Gegners, den hier eine Darlegungslast trifft, vgl. *BGH* LM § 282 Beweislast Nr. 5 = NJW 1958, 1188; JZ 1958, 444; NJW

Ergibt sich aus dem Gesetz, daß eine **Rechtsfolge für den Regelfall als angemessen bewertet** 45
wird, so trifft denjenigen die Beweislast, der die Voraussetzungen für eine **Ausnahme** behauptet[104] (→ Rdnr. 75 zu den Dispositivnormen). Die materiell-rechtlichen Rechtsfolgen hängen oft von einem bestimmten *Grundtatbestand* ab, der für sich betrachtet das Recht oder den Anspruch rechtfertigt, solange nicht besondere Tatsachen hinzutreten, die zur Verneinung der Rechtsfolge führen. In dieser Weise wohnt schon dem materiell-rechtlichen Denken eine Dialektik, d.h. ein Wechselspiel von Gründen und Gegengründen inne. An diese materiell-rechtlichen Strukturen, die man auch **Wertungsschichten** nennen kann[105], läßt sich bei der Zuweisung der Beweislast anknüpfen, auch wenn der Gesetzgeber die betreffenden Vorschriften nicht bewußt im Hinblick auf die Beweislast formuliert hat[106]. Es ist dabei zu bewerten, welche Voraussetzungen einer Rechtsfolge **als Normal-** und zugleich **Mindesttatbestand** anzusehen sind. Mit deren Feststellung kann man sich notfalls (d.h. wenn die Klärung weiterer behaupteter Einzelheiten mißlingt) begnügen und daher die Beweislast für die *entgegenstehende* Tatsache dem auferlegen, der die Rechtsfolge leugnet.

Die Erkenntnis, daß die Beweislastregeln eigene Rechtsnormen darstellen und sich nicht 46
zwingend aus dem Aufbau der materiell-rechtlichen Norm ergeben, läßt es methodisch zulässig erscheinen, in bestimmten Fällen die materiell-rechtlichen Tatbestandsvoraussetzungen unter beweislastrechtlichen Gesichtspunkten weiter aufzugliedern. Es kann also ein Regel-Ausnahmeverhältnis auch innerhalb der einzelnen tatsächlichen Elemente angenommen werden, von denen insgesamt die Ausfüllung des gesetzlichen Tatbestandsmerkmals abhängt. Ein Beispiel einer solchen **beweislastrechtlichen Feinstrukturierung** bietet die Regel, bei Nachweis der Geschäfts- oder Testierunfähigkeit für einen bestimmten Zeitpunkt (Regel) habe das Vorliegen eines lichten Intervalls (als Ausnahme) derjenige zu beweisen, der sich auf die Wirksamkeit des Rechtsgeschäfts beruft, → Rdnr. 73a. Mit derselben methodischen Rechtfertigung kann, wenn die Kenntnis von einer Verfügung von Todes wegen (als Voraussetzung des Beginns der Anfechtungsfrist) feststeht, die Beweislast für ein späteres Vergessen der Verfügung demjenigen auferlegt werden, der den Beginn der Anfechtungsfrist verneint[107].

e) Die abstrakt-generelle Beweislastregelung und ihre Modifizierung (Beweiserleichterungen)

Schon aus den ausdrücklichen Beweislastbestimmungen (→ Rdnr. 42) läßt sich entnehmen, 47
daß der Gesetzgeber von einer *generellen* Regelung der Beweislast ausging, so daß die

---

1987, 1322, 1323; NJW-RR 1993, 746, 747; NJW-RR 1996, 1211; → auch Fn. 139.

[104] Dem Regel-Ausnahmeverhältnis mißt der BGH in ständiger Rsp entscheidende Bedeutung bei, so z.B. BGHZ 87, 393, 400 = NJW 1983, 2499, 2500; BGHZ 101, 172 = NJW 1988, 640, 642; BGH NJW 1989, 1728, 1729; NJW-RR 1992, 751, 753.

[105] Vgl. *Leipold* AcP 179 (1979), 502, 504; daran anknüpfend *Prütting* (Fn. 66), 285 ff.

[106] Hierin liegt der berechtigte Kern der sog. Normentheorie, wonach die Beweislast davon abhängt, ob es sich um die Voraussetzungen einer rechtsbegründenden, rechtshindernden oder rechtsvernichtenden Norm handelt. Jedoch folgt die Beweislast keineswegs zwingend aus der Formulierung der materiell-rechtlichen Normen, weil diese – wie *Rosenberg* (Fn. 66), 12, 98 f. lehrte – bei non liquet jeweils »unanwendbar« wären. S. dazu ausführlich *Leipold* Beweislastregeln (Fn. 66), 30 ff. in Auseinandersetzung mit der Normentheorie Rosenbergs. Für Aufrechterhaltung der Normentheorie durch Anerkennung einer ungeschriebenen »Operationsregel« (welche im Fall des non liquet die Entscheidung trifft, die materielle Norm nicht anzuwenden) *Schwab* (Fn. 66), 505, 519. Ähnlich will *Musielak* Grundlagen (Fn. 66), 293 ff. eine »Grundregel« des Inhalts anerkennen, der Richter habe im Falle des non liquet so zu entscheiden, als ob Tatsachen ermittelt wären, aus denen sich ergibt, daß die tatsächlichen Voraussetzungen der jeweiligen Tatbestandsmerkmale nicht erfüllt seien. Eine solche Operationsregel oder Grundregel ist aber als Rechtsnorm nicht auszumachen; ihre Anerkennung würde außerdem nur verdecken, daß es bei der Beurteilung der Beweislast um Wertungsfragen, nicht um logische Schlußfolgerungen aus der Formulierung des materiell-rechtlichen Gesetzes geht. – Für eine modifizierte Normentheorie (der Sache nach mit der hier vertretenen Ansicht weitgehend übereinstimmend) *Baumgärtel* Beweislastpraxis (Fn. 66), 99 ff., 120.

[107] Vgl. *Leipold* ZEV 1995, 99, 100 (zu BayObLG ZEV 1995, 105, das einen Anscheinsbeweis für die Kenntnis annimmt).

Entscheidung darüber **nicht** etwa vom Richter von Fall zu Fall **nach billigem Ermessen**[108] getroffen werden kann. Auch bestätigen die ausdrücklichen Beweislastregeln, daß dem Gesetz nicht die Vorstellung zugrunde liegt, bei nicht gelungenem Vollbeweis sei grundsätzlich nach *überwiegender Wahrscheinlichkeit* zu entscheiden, → Rdnr. 5, oder demjenigen die Beweislast aufzuerlegen, der sich gegen die im konkreten Fall *wahrscheinlichere* Behauptung wendet[109]. Die Besonderheiten des einzelnen Prozesses sind jedoch von Bedeutung für die Beweiswürdigung, → Rdnr. 10.

48   Die bisher dargestellten Beweislastregeln sind **abstrakt-generell,** da sie jeweils für die Voraussetzungen eines bestimmten Tatbestandsmerkmals die Beweislast der einen oder anderen Seite auferlegen, ohne Rücksicht auf zusätzliche konkrete Gegebenheiten, wie etwa das außerprozessuale oder prozessuale Verhalten einer Partei, die Erreichbarkeit der Beweismittel im konkreten Fall oder das Bestehen von Erfahrungssätzen für oder gegen das Vorliegen bestimmter Tatsachen. Solche zusätzliche Aspekte können aber das Ergebnis der abstrakt-generellen Beweislastregelung ungerecht erscheinen lassen. Daher hat die Rsp in zunehmendem Maß derartige Gegebenheiten zum Anlaß genommen, das abstrakt-generelle Beweis- und Beweislastrecht zu **modifizieren,** sei es, daß unter erleichterten Voraussetzungen der Beweis als geführt angesehen wird **(Anscheinsbeweis,** → Rdnr. 87), sei es, daß eine **Umkehr der Beweislast** angenommen wird (→ Rdnr. 120).

49   Durch diese **Beweiserleichterungen** wurde das Gesamtgebiet des Beweisrechts zunehmend flexibler gestaltet. Wenngleich die entstandene Vielschichtigkeit des beweis- und beweislastrechtlichen Systems als Weg zu gerechten Ergebnissen zu begrüßen ist, muß doch schon wegen der Bindung des Richters an das Gesetz (nicht zuletzt im Interesse der Rechtssicherheit und der Rechtsgleichheit) vermieden werden, die Anforderungen an den Beweis und die Beweislastfragen nur noch nach richterlichem Ermessen im Einzelfall zu beurteilen. Die angesprochenen beweis- und beweislastrechtlichen Institute sind daher nicht als Anerkennung richterlicher Freiräume aufzufassen, sondern als **richterrechtliche Rechtsfortbildung,** bei der darauf geachtet werden sollte, Voraussetzungen und Rechtsfolgen so weit wie möglich **rechtssatzmäßig zu fixieren**[110]. Zum Anscheinsbeweis → auch Rdnr. 94 f., zur Beweislastumkehr → Rdnr. 130.

50   Die rechtssatzmäßige Bindung würde in viel zu weitem Umfang aufgegeben, wenn man die Beweislast bei Schadensersatzansprüchen generell **nach Gefahrenbereichen** verteilen wollte[111]. Dagegen bestehen diese Bedenken nicht, wenn man (mit der Rsp, → Rdnr. 86a) im Rahmen der analogen Anwendung des § 282 BGB den Gefahrenbereichsgedanken berücksichtigt.

51   Auch der Umstand, daß eine Partei im konkreten Fall den **Beweis leichter führen kann** als die andere, vermag *allein* die Auferlegung der Beweislast in Abweichung von der abstrakt-generellen Regelung nicht zu rechtfertigen[112]. In vielen rechtlichen Beziehungen gehört es zur Selbstverantwortung der Parteien, sich rechtzeitig Beweismittel zu sichern. Eine generelle Pflicht, dem Gegner das Material (und dazu gehören auch die Beweismittel) für dessen Rechtsverfolgung oder Rechtsverteidigung an die Hand zu geben, ist nach wie vor nicht zu

---

[108] Dafür insbesondere *Gautschi* (Fn. 66), 10 ff.; vgl. ferner *v. Bar* Recht und Beweis im Civilprozesse (1867), 28; *Fischer* Recht 1909, 103; *Hölder* AcP 73 (1888), 156; *Peters* MDR 1949, 69; *Ekelöf* ZZP 75 (1962), 298. – Abl. u. a. *Richard Schmidt* Lb² 474; *Rosenberg* (Fn. 66), 92; *Leipold* Beweislastregeln (Fn. 66), 45.

[109] Zutr. BGH NJW 1970, 1181 = JZ 1970, 509 = LM § 328 BGB Nr. 42; *Rosenberg-Schwab-Gottwald*¹⁵ § 117 II 5 b.

[110] Dazu näher *Leipold* Beweismaß (Fn. 66)

[111] Nachweise → Fn. 209.

[112] Vgl. – der Sache nach ebenso – BGH NJW 1986, 2426, 2427. Problematisch erscheint es etwa, die Beweislast dem Beklagten allein schon deshalb aufzuerlegen, weil dem Kläger (Wirtschaftsverband) eine genaue Kenntnis der (von ihm behaupteten!) Unrichtigkeit von Werbebehauptungen (z.B. von Angaben des Beklagten über den früher verlangten Verkaufspreis) fehle, so aber BGH NJW 1974, 1822 = LM § 3 UWG Nr. 131. Der Kläger hätte die frühere Preisgestaltung beobachten können; im übrigen zwingt ihn niemand dazu, nicht beweisbare Behauptungen aufzustellen.

bejahen; gegen eine allgemeine Aufklärungspflicht der Parteien → auch § 138 Rdnr. 22. Gesichtspunkte wie Gefahrenbereich oder Nähe zum Beweis sind **Wertungsgesichtspunkte**, die – neben anderen – bei der Beurteilung zweifelhafter Beweislastfragen zu berücksichtigen sind (→ Rdnr. 44), aber keine unmittelbaren und alleinigen Beweislastkriterien.

Bei der Beurteilung der Beweislast, insbesondere für prozessuale Fragen, muß auch das verfassungsrechtliche **Gebot des effektiven Rechtsschutzes** beachtet werden. Der BGH[113] hat daraus z. B. den Schluß gezogen, einer Partei dürfe nicht die Beweislast für gerichtsinterne, von ihr nicht aufzuklärende Vorgänge auferlegt werden. 52

Auch der Grundsatz der **Waffengleichheit** der Parteien kann Einfluß gewinnen, doch läßt sich daraus nicht die Forderung nach einer gleichmäßigen Verteilung der Beweislast auf die Parteien herleiten, → vor § 128 Rdnr. 63. Auch sonst sollte man mit der Ableitung konkreter beweisrechtlicher Folgerungen aus der Verfassung zurückhaltend sein[114]. 53

3. Rechtsnatur und Geltungsbereich der Beweislastregeln

a) Rechtsnatur, Anwendungsbereich, verfahrensmäßige Behandlung

Die Beweislast wird durch besondere Rechtsnormen geregelt, mögen diese im allgemeinen auch nicht ausdrücklich im Gesetz zu finden sein, → Rdnr. 37, 42. Ob diese Regeln dem Prozeßrecht[115] oder dem materiellen Recht[116] oder keinem von beiden[117] angehören, ist seit langem streitig. Unter der Zuordnung zum *materiellen Recht* ist dabei zu verstehen, daß die Beweislastnormen zum selben Rechtsgebiet gehören wie jene Normen, um deren Anwendung es geht[118], d. h. zum »Recht der Materie«. Weder der äußere Standort von Beweislastregeln noch die Ansicht des Gesetzgebers[119] sind für die systematische Einordnung maßgebend. Für die materielle Beurteilung läßt sich nicht anführen, daß schon das materielle Recht ergebe, welche Tatsachen rechtsfolgebegründend oder -vernichtend seien; denn damit ist noch keine Beweislastregel gegeben. Für die Betrachtung als *Prozeßrecht* spricht, daß die Beweislastnormen nur im Prozeß ihre Wirkung entfalten, während das außerprozessual gedachte materielle Recht die Rechtsfolgen grundsätzlich an die Existenz der Tatsachen, nicht an den Beweis anknüpft und daher ohne Beweislastregeln auskommt[120]. Umgekehrt wird die materielle Qualifikation dadurch nahegelegt, daß die Beweislastnormen nicht nur den *Gang des Verfahrens*, sondern den *Inhalt der Entscheidung* bestimmen. Sie sind keine *Verhaltensnormen*, wohl aber *Entscheidungsnormen*[121]. 54

Rein theoretisch gesehen, läßt sich der Streit über die Qualifikation kaum entscheiden, da die **Grenze zwischen materiellem Recht und Prozeßrecht nach verschiedenen Kriterien** gezogen werden kann[122]. Blickt man dagegen auf die praktische Behandlung der Beweis- 55

---

[113] BGH NJW 1981, 1673 = MDR 1981, 644 (zur Beweislast für die Zulässigkeit des Einspruchs).
[114] Dazu *Huster* NJW 1995, 112 gegen die verfassungsrechtliche Argumentation von *Reinhardt* NJW 1994, 93.
[115] *Wach* Handbuch des Deutschen Zivilprozeßrechts, 1 (1885), 125; *Fischer* Recht und Rechtsschutz (1889), 19; *Kohler* Gruchot 31 (1887), 306; *Hellwig* Lb 1, 6; *Förster-Kann* Anm. 4 b; *Bernhardt* JR 1966, 325.
[116] *Leonhard* (Fn. 66), 225 f.; *Rosenberg* (Fn. 66), 77 ff.; *Neuner* Privatrecht und Prozeßrecht (1925), 181 ff.; *Nikisch* Lb² § 82 III 2; *Redeker* NJW 1966, 1781.
[117] So *A. Blomeyer* Gutachten (Fn. 66), 9. – Für Zuordnung zum »materiellen Justizrecht« (→ dazu Einl [20. Aufl.] Rdnr. 39; *Leipold* Beweislastregeln [Fn. 66], 72); *Goldschmidt* Materielles Justizrecht, Festgabe für Hübler (1905), 85, 101; *ders.* Zwei Beiträge zum materiellen Ziviljustizrecht, Festschr. für Heinrich Brunner (1914), 109, 112 ff.; *Kipp* Über Doppelwirkungen im Recht, Festschr. für v. Martitz (1911), 219.
[118] *Rosenberg* (Fn. 66), 81; *Diederichsen* VersR 1966, 215; *Leipold* Beweislastregeln (Fn. 66), 67.
[119] Bei Schaffung der ZPO ging man von der materiell-rechtlichen Qualifizierung aus; die Streichung der im E I vorgesehenen Vorschriften des BGB durch die 2. Kommission erfolgte dagegen unter Ablehnung einer grundsätzlichen Stellungnahme, Protokolle zum BGB Bd. I 258 f.
[120] Vgl. dazu *Pohle* Festschr. für Dölle (1963), Bd. II, 328 ff.
[121] *A. Blomeyer* Gutachten (Fn. 66), 9 f.
[122] Näher *Leipold* Beweislastregeln (Fn. 66), 72 ff.

lastregeln, so ergibt sich, daß sie – als **Rechtsanwendungsnormen**[123] – wegen des engen Sachzusammenhangs in den wesentlichsten Punkten wie jene Normen zu behandeln sind, um deren Anwendung es geht. So ist heute anerkannt, daß, soweit ausländisches Recht anzuwenden ist, auch die zugehörigen **Beweislastregeln des ausländischen Rechts** zur Anwendung kommen[124]. Ferner bedarf ein Verstoß gegen Beweislastregeln – anders als ein Verfahrensfehler – **nicht der ausdrücklichen Rüge** nach § 559 Abs. 2 S. 2 in der Revisionsinstanz[125], wenn es um die Beweislast hinsichtlich materieller Rechtssätze geht. Schließlich wird mit Recht angenommen, daß die Beweislastvorschriften des **Landesrechts** insoweit gelten, als sie auf den gemäß Art. 55 ff. EGBGB landesrechtlich geordneten Gebieten bestehen[126]. Im Hinblick auf diese rechtliche Behandlung ist der **materiellen Qualifikation** (im Sinne der Zugehörigkeit zum »Recht der Materie«, → Rdnr. 54) der Vorzug zu geben[127].

56   Wegen der **vertraglichen Regelung** von Beweislastfragen → Rdnr. 133 ff.

b) Beweislast und Rechtsweg

57   Wegen des engen Zusammenhangs mit dem materiellen Recht bleibt die Beweislastregelung grundsätzlich **unverändert,** wenn bestimmte Rechtsstreitigkeiten einem »**fremden**« **Rechtsweg zugewiesen** werden. Soweit also im Zivilprozeß über öffentlich-rechtliche Streitigkeiten zu entscheiden ist, gelten keine anderen Beweislastregeln als im Verwaltungsprozeß[128]. Ebenso sind bei materiell-rechtlichen Verweisungen zwischen verschiedenen Rechtsgebieten in vielen Fällen die **Beweislastregeln des fremden Rechtsgebiets übernehmbar,** doch ist hier eine Einzelanalyse geboten und die Eigenart der jeweiligen Rechtsfolgen zu beachten[129].

58   Für den Anspruch auf **Widerruf einer ehrenkränkenden Behauptung** hat der BGH entgegen der Regelung des § 186 StGB den Beweis der *Unwahrheit* gefordert[130], während einer Klage auf *Unterlassung,* Beseitigung in anderer Form, Schadensersatz in Geld[131] und – insoweit entgegen dem BGH[132] – zumindest zum sog. eingeschränkten Widerruf auch bei non liquet unter Anwendung von § 186 StGB stattzugeben ist. Nachdem die Rechtsprechung dem Widerrufspflichtigen den *Zusatz* gestattet, er gebe die Erklärung in Erfüllung des gegen ihn ergangenen rechtskräftigen Urteils ab[133], andererseits aber auch keine Klage auf Feststellung der Unwahrheit ehrenrühriger Tatsachenbehauptungen zuläßt[134], sollte man erwägen, den

---

[123] *Plósz* Zwei Vorträge aus dem ungarischen Zivilprozeßrecht (1917), 34; *Pohle* AcP 155 (1956), 173.

[124] BGHZ 3, 346; RGZ 6, 412; 9, 339; *Riezler* Internationales Zivilprozeßrecht (1949), 108, 464; *Nußbaum* Grundzüge des internationalen Privatrechts (1952), 178; *Pohle* (Fn. 120), 335 f.; *Kegel* Internationales Privatrecht⁶ § 22 IV; *Coester-Waltjen* (Fn. 17) Rdnr. 368 ff. Anders, wenn an prozessuale Tatbestände Beweislastfolgen geknüpft sind, s. *Pohle* und *Kegel* aaO. Zur Übernahme von Beweislastregeln aus dem amerikanischen Zivilprozeß vgl. *Eisner* ZZP 80 (1967), 78.

[125] BGH LM § 559 Nr. 8; NJW 1978, 886 = MDR 1978, 479; RG Gruchot 56 (1912), 898 f.; Recht 1916, Beilage Nr. 279; JW 1937, 2228; *Rosenberg* (Fn. 66), 86. – A.M. *Förster-Kann* Anm. 4 b, aa; BayObLGZ 1 (1872), Nr. 34; *Bernhardt* JR 1966, 325. S. rechtsvergleichend hierzu *Schoch* Klagbarkeit, Prozeßanspruch und Beweis (1934), 129 ff.

[126] *Rosenberg* (Fn. 66), 85. Vgl. auch RG JW 1923, 602 (mit Anm. *Pagenstecher*). – A.M. *Förster-Kann* Anm. 4 b, bb.

[127] Dafür auch BGH MDR 1983, 220, 734.

[128] Vgl. (zum Streit über Fernsprechgebühren nach damaligem Recht) *Leipold* BB 1966, 803 gegen LG Braunschweig BB 1965, 928. Zur heutigen Diskussion über einen Anscheinsbeweis → Rdnr. 119b.

[129] Dazu eingehend *Leipold* Beweislastregeln (Fn. 66), 106 ff.

[130] BGHZ 37, 187. Ablehnend *Schlosser* JZ 1963, 309; *Johannes* JZ 1964, 317. Die Möglichkeit eingeschränkten Widerrufs bejahen u.a. *Helle* NJW 1962, 1813; *Rehbinder* JZ 1963, 314; *Leipold* Beweislastregeln (Fn. 66), 157 ff. – Für den Anspruch auf Widerruf ehrenkränkender Behauptungen im öffentlichen Recht legt VG Düsseldorf NJW 1982, 2333 die Beweislast dem Beklagten auf. Zust. *W. Berg* JuS 1984, 521.

[131] Auch hier soll aber nach *BGH* NJW 1985, 1621 den Kläger die Beweislast für die Unwahrheit treffen, wenn (bei unterstellter Wahrheit) ein berechtigtes Interesse an der Äußerung zu bejahen ist.

[132] BGHZ 69, 181 will zum eingeschränkten Widerruf nur verurteilen, wenn bei objektiver Beurteilung ernstliche Anhaltspunkte für die Wahrheit des Vorwurfs fehlen.

[133] BVerfGE 28, 1, 10. – Zur praktischen Nutzung solcher Abschwächungsmöglichkeiten vgl. *Leipold* ZZP 84 (1971), 150, 153.

[134] BGHZ 68, 331 = NJW 1977, 1288.

Widerruf generell durch eine »**Rücknahme**« der Erklärung zu ersetzen, dafür aber grundsätzlich den auf Rücknahme in Anspruch genommenen **Beklagten analog § 186 StGB** mit dem Beweis der Wahrheit zu belasten[135]. Auch die Beweisregeln des § 190 StGB (Wahrheitsbeweis für die Behauptung einer Straftat) sind im Zivilprozeß anzuwenden, soweit es um Ansprüche aus § 823 Abs. 2 BGB, § 186 StGB geht[136], → auch Rdnr. 23.

4. Die Fassung des Gesetzes als Ausdruck von Beweislastregeln

Das *Vorliegen* einer *rechtshindernden* Tatsache hat materiell-rechtlich die gleiche Wirkung wie das *Fehlen* einer *rechtsbegründenden* Tatsache: Die Rechtsfolge tritt nicht ein. Dasselbe gilt für das Verhältnis von rechtsvernichtenden zu vernichtungshindernden (rechtserhaltenden) Tatsachen. Die Sonderung der rechtshindernden (bzw. rechtserhaltenden) Tatsachen in der **Formulierung des Gesetzes** kann aber den Willen des Gesetzgebers zum Ausdruck bringen, daß diese Tatsachen von demjenigen zu **beweisen** sind, der sich auf ihr Vorliegen beruft. Dies gilt insbesondere für das **BGB**, weil man **bei dessen Formulierung die Beweislast mitbedacht** hat. Auch wenn dies nicht oder jedenfalls *nicht* nachweislich der Fall ist, kann die Formulierung der materiell-rechtlichen Vorschriften einen Anhaltspunkt für eine **Strukturierung des Tatbestands** (Mindesttatbestand und Ausnahmemerkmale) geben, die eine entsprechende Beweislastverteilung nahelegt, → Rdnr. 45.

59

a) Entscheidung des Gesetzgebers für eine bestimmte Gesetzesfassung

Es ist eine Frage der Zweckmäßigkeit, der Billigkeit und der effektiven Anwendbarkeit der Rechtssätze, ob der Gesetzgeber einen bestimmten Tatumstand als rechtshindernden oder seine Abwesenheit als (negatives) Tatbestandsmoment aufstellen will. Das Gesetz kann auch **Negativen** zu Tatbestandsmerkmalen machen, wie z. B. das Fehlen des rechtlichen Grundes in § 812 Abs. 1 S. 1 BGB[137], das Nichtbestehen einer anderweitigen Ersatzmöglichkeit in § 839 Abs. 1 S. 2 BGB[138], das Nichtkennen in § 30 Nr. 2 KO, die Unbescholtenheit in § 1300 BGB (dazu → auch Fn. 246). Auch die **negativen Tatsachen** müssen dann **bewiesen** werden[139] und können es, da es sich für die praktische Rechtsanwendung immer nur um die konkrete Verneinung bestimmter Tatsachen handelt und im übrigen ihr Beweis frei zu würdigen ist.

60

Die Rechtsanwendung hat die **Entscheidung des Gesetzgebers** zu ermitteln und sich ihr zu beugen. Gerade dem BGB gegenüber wird diese Feststellung dadurch erleichtert, daß man bei der **Fassung der Rechtssätze** auf die Klarstellung des Verhältnisses von Hinderung und negativem Erfordernis bedacht war. Die Wendungen, daß etwas nicht gelte (nicht eintrete, ausgeschlossen sei usw.), »wenn ...«, daß eine Wirkung eintrete, »es sei denn, daß...« oder »wenn nicht ...« sollen auf eine zu beweisende rechtshindernde Tatsache hinweisen. Die

61

---

[135] Dazu näher *Leipold* Festschr. für Hubmann (1985), 271.
[136] *BGH* NJW 1985, 2644, 2646 (zum Schadensersatzanspruch wegen Verletzung des Persönlichkeitsrechts).
[137] *BGH* NJW-RR 1996, 1211 (Ausräumen der vom Empfänger behaupteten Rechtsgründe genügt); *BGH* NJW-RR 1992, 1214, 1216 = LM § 355 Nr. 13 (Beweislast des Bereicherungsgläubigers auch bei Zahlung »ohne Anerkennung einer Rechtspflicht«); anders (Beweislast des Bereicherungsschuldners) bei Zahlung unter Vorbehalt des Bestehens der Schuld, *OLG Düsseldorf* NJW-RR 1989, 27, NJW-RR 1996, 1430, oder vorbehaltlich der Feststellung der Forderung, *BGH* NJW 1989, 161; anders auch bei Rückforderung durch den zur Zahlung auf erstes Anfordern verpflichteten Bürgen, *BGH* NJW 1989, 1606.
[138] *BGHZ* 37, 377; *BGH* DB 1969, 788; *OLG Düsseldorf* VersR 1969, 261; *LG Heidelberg* VersR 1974, 42 (LS).
[139] Vgl. *Rosenberg* (Fn. 66), 330 ff.; *Leonhard* (Fn. 66), 42 ff. Beispiele für die Notwendigkeit eines Negativenbeweises enthalten *BGH* LM § 242 BGB (Ca) Nr. 13 (Nichtvorliegen liebloses Verhaltens); LM § 282 (Beweislast) Nr. 5 (Nichtgeltendmachung einer Forderung), Nr. 13 = NJW 1962, 1718 = MDR 1962, 885 (Nichtzustimmung); *BGH* NJW 1987, 1322, 1323 (Unterlassen eines anwaltlichen Rates); NJW-RR 1993, 746 (fehlende Lieferfähigkeit).

Fassung, daß etwas gelte, »wenn (eine Tatsache) nicht« vorliege, soll dagegen auf die Beweislast für das Nichtvorliegen der Tatsache hinweisen. Diese Bedeutung der Fassung ist allgemein anerkannt[140], freilich wird dadurch in Zweifelsfällen eine wertende Untersuchung der Beweislastgestaltung nicht erspart.

b) Beispiele

62 Im Wege der erwähnten Technik ist meistens nicht der *gute Glaube* oder die Unkenntnis zur *Voraussetzung* der Wirkung (so aber § 1007 Abs. 1 BGB), sondern die **Kenntnis** oder der **böse Glaube** zur (zu beweisenden) **rechtshindernden Tatsache** gemacht, s. besonders § 932 Abs. 1 S. 1, § 1207[141] iV mit § 932, § 936 Abs. 2, § 937 Abs. 2, § 955 Abs. 1 S. 2, § 1007 Abs. 3 sowie § 892 Abs. 1, § 2366 BGB usw.[142]

63 Ferner ist durch ausdrückliche Beweislastverteilung regelmäßig die **Erfüllung der Verbindlichkeit** zur zu beweisenden Tatsache gemacht, auch wo an sich zunächst die *Nichterfüllung* als das rechtswirksame (die Rechtsfolge auslösende) Moment erscheint, wie z.B. bei der Vertragsstrafe und dem vertragsmäßigen Rücktrittsrecht, §§ 345, 358[143] BGB, vgl. ferner § 542 Abs. 3, § 636 Abs. 2 BGB[144], (und entsprechend bei Verfallklauseln, → § 726 Rdnr. 6), wovon aber wieder für den Fall einer **geschuldeten Unterlassung** eine **Ausnahme** gemacht wird, §§ 345, 358 BGB[145]. Das letztere entspricht der allgemein erkennbaren Absicht, wenn möglich die *positive Tatsache* statt der negativen mit Rechtswirkung auszustatten.

64 An die genannten ausdrücklichen Beweislastregeln anknüpfend, ist die Beweislast für die (rechtzeitige) **Erfüllung** einer ihm obliegenden Pflicht zur Leistung, die in einem positiven Tun besteht, allgemein dem **Schuldner** aufzuerlegen, auch wenn der Gläubiger dem Schuldner gegenüber ungünstige Rechtsfolgen geltend macht[146], die an die Nichterfüllung oder nicht rechtzeitige Erfüllung geknüpft sind, so z.B. das Rücktrittsrecht nach § 326 BGB[147] oder einen Anspruch auf Schadensersatz wegen Nichterfüllung[148]. Bei akzessorischen Verbindlichkeiten gelten dieselben Regeln, so daß etwa der **Bürge** die Beweislast trägt, wenn er sich auf die Erfüllung der Hauptschuld beruft[149]. Ein **Pfandgläubiger** braucht nur das Entstehen der gesicherten Forderung, nicht deren Nichterlöschen zu beweisen, auch im Rechtsstreit mit einem konkurrierenden Pfändungsgläubiger[150]. – Nach **Annahme der Leistung** als Erfüllung muß aber der Gläubiger die behauptete Unzulänglichkeit oder Unvollständigkeit der Leistung[151] beweisen, § 363 BGB. Auch kann der Ablauf gesetzlicher **Aufbewahrungsfristen** für Unterlagen des Schuldners dazu führen, daß nunmehr der Gläubiger die Nichterfüllung zu beweisen hat[151a].

---

[140] Vgl. *RGZ* 60, 420; *RG* SeuffArch 65 (1910), 190 (zu § 814 BGB); *RGZ* 61, 284 (zu § 139 BGB); 61, 239 (zu § 828 Abs. 2 BGB); SeuffArch 61 (1906), 138 (zu §§ 615, 324 BGB); SeuffArch 66 (1911), 133 (zu § 833 Abs. 2 BGB); JW 1910, 20 (zu § 906 BGB); *RGZ* 78, 369; *Rosenberg* (Fn. 66) 126 ff. mwN.

[141] Dazu *BGH* NJW 1982, 38 (gegen Überspannung der Beweisanforderungen für Bösgläubigkeit einer Pfandkreditanstalt).

[142] Vgl. *RGZ* 79, 165; 82, 37 f.; *Rosenberg* (Fn. 66), 335 ff.

[143] *BGH* NJW 1981, 2403 (daher ist auch die Einhaltung einer vertraglichen Zusicherung – Einsparung von Heizenergie – vom Unternehmer zu beweisen).

[144] Vgl. *RG* JW 1914, 73 (zu § 345 BGB); WarnRsp 13 (1920), Nr. 222; *Rosenberg* (Fn. 66), 345 f. – A.M. *Leonhard* (Fn. 66), 328, der die gesetzlichen Fälle als Ausnahmen ansieht.

[145] *RG* Gruchot 55 (1911), 85.

[146] *BGH* NJW 1969, 875 = LM § 284 BGB Nr. 17 (Schuldner, der sich im Verzug befindet, muß daher auch beweisen, daß er durch spätere Erfüllung die Verzugsfolgen ausgeräumt hat); *BGHZ* 69, 361, 368.

[147] *BGH* LM § 286 (B) Nr. 39.

[148] *BGH* VersR 1973, 342; NJW 1982, 1516. – Wenn aber Schadensersatzansprüche aus einer nicht gehörigen Erfüllung der Verpflichtung zu umfassender Beratung und Belehrung hergeleitet werden (z. B. gegen einen Rechtsanwalt oder Notar), so trägt der Gläubiger die Beweislast für das behauptete Unterlassen, *BGH* NJW 1985, 264. → auch Rdnr. 86 d, e.

[149] *BGH* NJW 1988, 906; NJW 1995, 2160 (auch bei Bürgschaft für Tagessaldo).

[150] *BGH* NJW 1986, 2426.

[151] Z.B. die Nichtlieferung eines Benutzerhandbuchs bei Computerleasing, *BGH* NJW 1989, 3222, 3223; das Fehlen einer vom Käufer eines Hauses vertraglich übernommenen Alarmanlage, *OLG Köln* NJW-RR 1995, 751.

[151a] *OLG Bamberg* WM 1995, 918 im Anschluß an *BGH* WM 1972, 281.

c) Ausnahmetatbestände

Vielfach ist einem Umstand seine Gegenwirkung nicht innerhalb eines konkreten Rechtsverhältnisses, sondern allgemein, etwa im Allgemeinen Teil des BGB, beigelegt. Auch dann trägt in der Regel derjenige die Beweislast, der sich auf diese **Gegenwirkung** beruft. Jedoch folgt dies nicht zwingend aus der Formulierung des Gesetzes, sondern bedarf der sachlichen Nachprüfung. So ist etwa die Einhaltung der **Form als rechtsbegründendes Merkmal** anzusehen und daher die Beweislast dem aufzuerlegen, der sich auf die Wirksamkeit des Rechtsgeschäfts beruft[152], obwohl man nach der Formulierung des § 125 BGB von einer Gegenwirkung sprechen könnte. Es würde aber dem Zweck der Formvorschriften widersprechen, ein Rechtsgeschäft auch im Fall des fortbestehenden Zweifels über die Form als wirksam anzuerkennen. 65

Im allgemeinen ist es jedoch sachgerecht, die Tatbestände, aus denen die **Nichtigkeit** oder **Anfechtbarkeit** eines Rechtsgeschäfts folgt, als Ausnahmetatbestände aufzufassen und bei non liquet über die tatsächlichen Voraussetzungen die Wirksamkeit des Rechtsgeschäfts zu bejahen. Wer sich also auf **Scherz**, Vorliegen eines **Scheingeschäfts**[153], **Irrtum, arglistige Täuschung, Drohung**[154], **Verstoß gegen die guten Sitten**[155], geheimen Vorbehalt oder dergleichen beruft, hat die Voraussetzungen der hier eingreifenden Rechtssätze darzulegen und zu beweisen[156]. Für die Voraussetzungen eines **Widerrufs** nach dem HTürWG trägt der Kunde die Beweislast, auch dafür, daß der Vertrag zu einem Zeitpunkt abgeschlossen wurde, als dieses Gesetz schon in Kraft war[157]. 66

Während somit im allgemeinen die Wirksamkeit eines Rechtsgeschäfts die Regel darstellt und Unwirksamkeitsgründe als Ausnahme zu beweisen sind, ist es bei **Börsentermingeschäften** gerade umgekehrt. Da das Gesetz (§ 52 BörsG) davon ausgeht, daß Börsentermingeschäfte grundsätzlich unverbindlich sind, wenn nicht einer der Gründe nach §§ 53ff. BörsG eingreift, ist das Vorliegen eines dieser Wirksamkeitsgründe zu beweisen[158]. 66a

Um Ausnahmetatbestände geht es auch, wenn die Erlaubtheit einer im allgemeinen rechtswidrigen Handlung darzulegen ist, d. h. die Beweislast für **Rechtfertigungsgründe** trägt derjenige, der sie geltend macht[159]. Wer sich auf eine rechtfertigende **Einwilligung des Verletzten** beruft, trägt also die Beweislast. Das gilt auch für den **Versicherer**, der sich darauf beruft, ein **Verkehrsunfall** sei zum Zweck des Versicherungsbetrugs **fingiert (verabredet)** worden[160]. Hat der Verkäufer dem Käufer eine **Garantie** gegeben, so trägt er die Beweislast dafür, daß der Käufer schuldhaft einen Garantiefall herbeigeführt hat[161]. Den Schuldner eines Schadensersatzanspruchs trifft die Beweislast dafür, daß der Geschädigte schuldhaft versäumt habe, den **Schaden abzuwenden** (§ 254 Abs. 2 BGB)[162]. 67

Bei einem Anspruch aus **Arzthaftung** muß der in Anspruch genommene Schuldner (Arzt, Krankenhausträger) das Vorliegen einer **rechtfertigenden Einwilligung des Patienten** in die 68

---

[152] Ebenso *Rosenberg* (Fn. 66), 253; im Ergebnis übereinstimmend *Heinrich* (Fn. 66), 106 ff. (Sonderregel kraft historischer Auslegung).
[153] *BGH* JZ 1977, 341 = FamRZ 1977, 311; NJW 1988, 2597, 2599; NJW 1991, 1617.
[154] *BGH* LM § 123 BGB Nr. 23; NJW 1983, 1266.
[155] Dies gilt auch für die Voraussetzungen der Sittenwidrigkeit eines Testaments, *BGHZ* 53, 369, 378 (zum sog. Geliebtentestament).
[156] Vgl. *Rosenberg* (Fn. 66), 260; AcP 94 (1903), 24; *RGZ* 70, 90; SeuffArch 61 (1906), 2; JW 1909, 661 f.; Recht 1920, Nr. 2794; *OLG Hamm* MDR 1966, 928 (Anfechtung eines Erbvertrags). – A.M. *Leonhard* (Fn. 66), 279. – Die Voraussetzungen für das Erlöschen des Anfechtungsrechts, § 124 BGB, sind wiederum vom Gegner darzulegen, *RG* JW 1911, 648.

[157] *BGH* NJW 1991, 1052.
[158] *BGH* NJW-RR 1992, 751 = LM § 826 (H) BGB Nr. 9 (dies gilt auch, wenn Schadensersatz verlangt wird, weil dem Kläger die Möglichkeit genommen worden sei, den Termineinwand geltend zu machen).
[159] *BGHZ* 24, 27; 39, 103, 108; *BGH* NJW 1976, 41, 42; NJW 1985, 2028 (zu Amtspflichtverletzung des Notars). Vgl. für Notwehr, Berechtigung zum Waffengebrauch *RGZ* 33, 352; 88, 118.
[160] *BGHZ* 71, 339 = NJW 1978, 2154; VersR 1979, 281; *OLG Hamm* VersR 1982, 642. Einen Anscheinsbeweis für einen »gestellten« Unfall bejaht (aufgrund der festgestellten Umstände) *LG München I* VersR 1983, 300.
[161] *BGH* NJW 1995, 516.
[162] *BGH* NJW-RR 1986, 1083 = VersR 1986, 705.

Operation und (als Wirksamkeitsvoraussetzung für diese Einwilligung[163]) einer **ordnungsgemäßen Risikoaufklärung** des Patienten beweisen[164]. (Anders bei Schadensersatzansprüchen aufgrund Verletzung sonstiger ärztlicher Hinweispflichten, → Rdnr. 86c) Dabei dürfen, wie der BGH[165] betont, keine unbilligen und übertriebenen Anforderungen an den Beweis der ordnungsgemäßen Aufklärung gestellt werden. Unberührt bleibt, daß der Verletzte die Ursächlichkeit des Eingriffs, über den er mangelhaft aufgeklärt wurde, für den Gesundheitsschaden zu beweisen hat[166].

69 Bei einem **Sportunfall** muß der Geschädigte die Verletzung der sportlichen Regeln durch den Schädiger beweisen[167]. Zum Anscheinsbeweis → Rdnr. 112.

70 Die Voraussetzungen eines den Vorsatz ausschließenden **Rechtsirrtums** sind von dem zu beweisen, der sich darauf beruft[168].

71 Als Ausnahmevoraussetzungen sind die Tatsachen zu beweisen, aus denen sich der **Mißbrauch eines Rechts** ergibt[169], etwa nach §§ 226[170], 1353 Abs. 2[171] BGB.

72 Auch der **Mangel** oder die **Beschränkung der Geschäftsfähigkeit** ist von dem zu beweisen, der sich darauf beruft[172]; denn das BGB kennt den Begriff der Geschäftsfähigkeit nur in der (unverbindlichen) Überschrift zum 1. Titel des Dritten Abschnittes des 1. Buches. In seinen allein verbindlichen Rechtssätzen knüpft es nirgends eine Rechtswirkung an die Geschäftsfähigkeit, sondern nur Hinderungen an ihren Mangel, wie es denn auch nur bestimmt, wer geschäfts*un*fähig und in der Geschäftsfähigkeit *beschränkt*, nicht wer geschäftsfähig ist, – von den Fällen abgesehen, in denen die Geschäftsfähigkeit als (zu beweisende) Ausnahme von der regelmäßigen Beschränkung eintritt (§§ 112 f. BGB); dadurch wird aber die Regel nur bestätigt. Zu beweisen ist auch, daß ein Rechtsgeschäft zum *Zeitpunkt* der fehlenden oder beschränkten Geschäftsfähigkeit vorgenommen wurde[173]. Dagegen ist die Verweigerung der Genehmigung durch den gesetzlichen Vertreter zu beweisen, wenn daraus die Unwirksamkeit eines Vertrages trotz späterer Genehmigung durch den volljährig gewordenen Vertragsschließenden hergeleitet wird[174].

73 Auch die **Testierfähigkeit** ist im Regelfall als gegeben anzunehmen, d.h. die Beweislast trägt, wer die Testierunfähigkeit behauptet[175].

73a Ist die Geschäfts- oder Testierunfähigkeit für einen bestimmten Zeitraum nachgewiesen, so hat nach h.M.[176] derjenige das Vorliegen eines «**lichten Augenblicks**» darzulegen und zu beweisen, der die Wirksamkeit des Rechtsgeschäfts geltend macht. Darin liegt eine beweislastrechtliche Feinstrukturierung des Tatbestands, → Rdnr. 46.

74 Ebenso bedarf bei deliktischen Ansprüchen die **Unzurechnungsfähigkeit** des Beweises, was

---

[163] *BGHZ* 29, 46, 58; 29, 176, 180.
[164] *BGH* NJW 1984, 1807, 1808 = JZ 1985, 236, 237 (zust. *Giesen*); *Deutsch* NJW 1984, 1802; *MünchKomm-BGB-Mertens*² § 823 Rdnr. 460. – A.M. *Baumgärtel* Gedächtnisschrift für R. Bruns (1980), 93, 105; *Baumgärtel-Wittmann* (Fn. 66), § 823 1 Rdnr. 47; *Kaufmann* (Fn. 420), 59 ff., für die deliktische Haftung auch *H. Schmid* NJW 1984, 2601, 2605 f.
[165] *BGH* NJW 1985, 1399. S. auch *OLG Hamm* VersR 1995, 661; *OLG Köln* VersR 1995, 967.
[166] *BGH* NJW 1986, 1541 = LM § 286 (A) Nr. 46.
[167] *BGHZ* 63, 140 = NJW 1975, 109; *OLG Bamberg* NJW 1972, 820; *AG Berlin-Charlottenburg* VersR 1982, 1086. – A.M. *OLG München* NJW 1970, 2297. – Dazu s. auch *Scheffen* Beweislastfragen bei Sportunfällen in: Beweisprobleme in der Sportrechtsprechung, Schriftenreihe des Württembergischen Fußballverbands (1984), 48.
[168] *BGH* NJW 1977, 1875, 1878; *Leipold* Beweislastregeln (Fn. 66), 155.

[169] *BGH* NJW 1975, 827, 829. S. auch *BAG* NJW 1971, 111.
[170] *RGZ* 98, 17; WarnRsp 12 (1919), Nr. 10. – S. auch *BGH* LM § 282 (Beweislast) Nr. 5 (Verwirkung).
[171] *RGZ* 103, 346.
[172] So auch *RGZ* 61, 239 f.; 74, 144 f.; JW 1911, 328; WarnRsp 13 (1920), Nr. 108; *BayObLGZ* 1967, 319 = MDR 1968, 149 (Geschäftsunfähigkeit auch dann zu beweisen, wenn daraus eine Verschiebung des Beginns der Verjährungsfrist hergeleitet wird); *Rosenberg* (Fn. 66) 337; *Leipold* Beweislastregeln (Fn. 66), 111 ff.
[173] *OLG Saarbrücken* NJW 1973, 2065.
[174] *BGH* NJW 1989, 1728.
[175] *BGH* FamRZ 1958, 127; *BayObLGZ* 1979, 256, 261, 266; 1982, 309, 312; *BayObLG* FamRZ 1984, 823, 824; FamRZ 1989, 1346.
[176] *BGH* NJW 1988, 3011; *BayObLG* FamRZ 1990, 801, 803 (*Rüßmann*). – A.M. *Baumgärtel-Laumen* Hdb. der Beweislast, Bd. 1², § 104 Rdnr. 5.

schon die Fassung der §§ 827f. BGB erkennen läßt[177]. Dasselbe gilt im Versicherungsrecht (Unzurechnungsfähigkeit des Versicherungsnehmers bei Herbeiführung des Versicherungsfalls)[178] und bei der Erbunwürdigkeit (wegen einer schuldhaften Handlung)[179].

5. Beweislast bei ergänzenden Rechtsnormen

In vielen Fällen stellt das Gesetz **ergänzende Rechtsnormen** (Dispositivgesetze) auf, die 75 dann eingreifen, wenn die Parteien über einen Punkt **nichts vereinbart** haben, z.B. über Ort und Zeit der Leistung, Kündigungsfristen usw. Hier hat das BGB in nahezu allen Fällen, in denen die ergänzende Natur des Rechtssatzes als solche gekennzeichnet ist, durch seine Fassung die vertragsmäßige Vereinbarung zu einem Grund des Ausschlusses, nicht das Fehlen einer Vereinbarung zum Tatbestand des Eingreifens dieser Rechtssätze gemacht. Deshalb ist **der behauptete Vertragsinhalt** jeweils zu **beweisen**. Das gleiche darf auch für die Fälle gefolgert werden, in denen die abweichende Vereinbarung im Gesetz unerwähnt geblieben ist oder die Fassung des Gesetzes, wie in §§ 269 Abs. 1, 271 Abs. 1 BGB, scheinbar auf das Gegenteil hinweist. Der Gesetzgeber hat die Regelung der Dispositivnorm als **das im Regelfall Angemessene** bewertet; deshalb ist es gerechtfertigt, sie auch bei non liquet über eine abweichende Vereinbarung anzuwenden. Daher hat die Vereinbarung einer anderen Rechtsfolge (insbesondere eine **Stundungs- oder Teilzahlungsabrede**) zu beweisen, wer sich darauf beruft[180]; auch bei *nachträglicher* Abrede, → Rdnr. 81.

Ebenso trägt die Beweislast, wer dem gesetzlichen Erben gegenüber Vorhandensein und 76 Gültigkeit eines **Testaments** behauptet[181].

6. Beweislast für Abschluß und Inhalt eines Rechtsgeschäfts[181a]

a) Allgemeines

Wer eine Rechtsfolge aus einem Rechtsgeschäft herleitet, hat dessen Abschluß und Inhalt zu behaupten 77 und zu beweisen. Oft erfolgt die Behauptung zunächst in schlagwortartiger Form (»der Beklagte kaufte«). Eine restlose Auflösung in die **Einzeltatsachen** (Substantiierung) erfolgt im allgemeinen nicht. Vielmehr ergibt die Verteidigung des Gegners, nach welcher Richtung und in welchem Maße die Auflösung zu erfolgen hat[182], ob sie z.B. den Abschluß im eigenen Namen, die Vollendung des Vertragsschlusses durch Angebot und Annahme, den Abschluß eines sofort wirksamen Vertrages (im Gegensatz zum bedingten) zum Gegenstand hat.

b) Aufschiebende Bedingung

Gegenüber dem aus dem Vertrag abgeleiteten Begehren auf Verurteilung zur sofortigen 78 Leistung ist die Behauptung einer noch nicht eingetretenen **aufschiebenden Bedingung** nicht

---

[177] BGHZ 39, 103, 108; BGH NJW 1980, 2183, 2184. Vom Verletzten nachzuweisen ist dagegen das Vorliegen einer Handlung des Schädigers (im Sinne des äußeren Erscheinungsbildes), BGHZ 39, 103; für eine behauptete Bewußtlosigkeit bei der »Handlung« trägt aber der Täter die Beweislast, BGH JZ 1987, 40 (*Baumgärtel*).
[178] BGH NJW 1990, 2387.
[179] BGH JZ 1988, 314.
[180] Vgl. *Rosenberg* (Fn. 66), 294ff., 301; *Musielak* Grundlagen (Fn. 66), 344; RGZ 57, 46ff.; WarnRsp 10 (1917), Nr. 54; OLG Hamburg SeuffArch 55 (1900), 269; HGZ 33 (1912), 228; OLG Braunschweig SeuffArch 61 (1906), 443; OLG Königsberg OLG Rsp 5, 144; OLG München OLG Rsp 29 (1914), 103 (beide zu § 271 BGB); LAG Baden-Württemberg DB 1970, 886 (zu § 271 BGB).

– A.M. BGH NJW 1975, 206 = MDR 1975, 224 (bei Streit über Bar- oder Abzahlungskauf muß der Verkäufer die Einigung über einen Barkauf beweisen; anders wenn die behauptete Einräumung von Ratenzahlung in Widerspruch zum Inhalt des schriftlichen Kaufvertrags steht, BGH NJW 1980, 1680); RGZ 68, 305; WarnRsp 10 (1917), Nr. 11; OLG Braunschweig OLG Rsp 15 (1907), 125f.; *A. Blomeyer* ZPR[2] § 70 II 2a (sämtliche zu § 271 BGB); *Leonhard* (Fn. 66), 288f.; *Martinius* (Fn. 66), 60ff.; *Reinecke* JZ 1977, 159, 165. – Offenlassend BGHZ 125, 251, 256 = NJW 1994, 1353, 1354.
[181] OLG Celle OLG Rsp 18 (1909), 350.
[181a] Dazu ausführlich *Heinrich* (Fn. 66), 87 ff.
[182] Vgl. BGH LM Nr. 12 = NJW 1962, 1394.

nur Leugnung der Wirksamkeit des Vertrages, sondern des Vertragsinhalts. Denn die Bedingung ist, wenn sie dem Vertrag von Anfang an hinzugefügt war (zur Behauptung einer nachträglichen Hinzufügung → Rdnr. 81), nicht eine Nebenabrede zu dem auf sofortige Wirksamkeit gerichteten Vertrag, sondern sie gestaltet als **Teil des Vertragsinhalts** die Rechtsfolgen des Vertrages; der rechtsgeschäftliche Wille ist nicht auf die sofortige Entstehung der Rechtswirkung gerichtet; er will sie zunächst gar nicht entstehen lassen, und ob sie in der Zukunft entstehen soll, bleibt eine offene Frage. Dieser Behauptung gegenüber muß daher **der Gläubiger** dartun, daß der Vertrag auf die sofortige Leistung, die er beansprucht, gerichtet war; ihm obliegt mithin der **Beweis des unbedingten Vertragsschlusses**[183], → aber zur Führung des Beweises Rdnr. 115.

c) Art des Rechtsgeschäfts

79   Dasselbe (Beweislast des Gläubigers) gilt entsprechend für die Behauptung, daß ein **Anfangstermin** verabredet sei[184], daß ein anderes Rechtsgeschäft vorliege (z.B. **Schenkung** statt Kauf[185] oder statt Werkvertrag[186]), daß Beurkundung oder schriftliche Bestätigung vorbehalten sei[187] und ähnliche Fälle[188]. Zur Entgeltlichkeit und zur Höhe der Vergütung beim Werkvertrag → Rdnr. 82. Für das Vorliegen eines **Darlehens** trägt der Kläger (Darlehensgeber) die Beweislast, wenn sich der Beklagte auf eine Schenkung beruft[189]; auch einen anderen vom Beklagten behaupteten Rechtsgrund muß der Kläger ausschließen[190].

d) Stellvertretung

80   Dagegen hat der persönlich in Anspruch genommene **Beklagte** die Behauptung zu beweisen, er habe (ausdrücklich oder aus den Umständen erkennbar) in **fremdem Namen** gehandelt[191]. Der als Vertreter ohne Vertretungsmacht in Anspruch Genommene muß seine Vollmacht darlegen und beweisen; dies gilt auch bei der Haftung aufgrund Zeichnung eines Wechsels im Namen eines anderen[192]. Wer umgekehrt Rechte gegen den *Vertretenen* geltend macht, muß das Handeln des Vertreters *im fremden Namen* und die Entstehung der Vertretungsmacht nachweisen. Das **Erlöschen der Vertretungsmacht** gehört zur Beweislast des Gegners. Wenn aber das Erlöschen feststeht, muß wiederum der Kläger, der den Vertretenen in Anspruch nimmt, beweisen, daß das Rechtsgeschäft während des Bestehens der Vollmacht

---

[183] Wie hier *BGH* JZ 1985, 146 = NJW 1985, 497; *RGZ* 18, 158; 107, 405, 406; *RG* JW 1901, 863; 1902, 312; Gruchot 51 (1907), 828; *OLG Braunschweig* OLG Rsp 15 (1907), 125; *OLG Hamburg* MDR 1950, 744; *Leonhard* (Fn. 66), 252f f.; 286 f.; *Pohle* AcP 155 (1956), 176 ff.; *A. Blomeyer* ZPR² § 70 II 2 b; *Reinecke* JZ 1977, 159, 165. – A.M. *Rosenberg* (Fn. 66), 262 ff.; *Musielak* Grundlagen (Fn. 66), 342; *Heinrich* (Fn. 66) 157 ff.

[184] Vgl. *RG* JW 1895, 70; *Leonhard* (Fn. 66), 292. – A.M. *Rosenberg* (Fn. 66), 308.

[185] Vgl. *RGZ* 6, 79; 7, 45; *RG* Gruchot 50 (1906), 947; WarnRsp 12 (1919), Nr. 336; *OLG Braunschweig* Seuff-Arch 54 (1899), 403; *OLG Rostock* OLG Rsp 21 (1910), 206; *OLG Colmar* OLG Rsp 24 (1912), 393; *Rosenberg* (Fn. 66), 281. – A.M. *AG Adelsheim* MDR 1969, 307 (dagegen *E. Schneider* MDR 1969, 666).

[186] *LG Oldenburg* MDR 1970, 326.

[187] *RG* JW 1916, 1121; Gruchot 62 (1918), 590.

[188] Vgl. *RG* JW 1903, 43 (Kläger hat arglistiges Verschweigen zu beweisen, wenn der Beklagte eine aufklärende Äußerung behauptet). Ferner *RGZ* 66, 201 (Kläger beweist den streitigen Zeitpunkt bei der Veränderung eines Wechsels).

[189] *BGH* JuS 1976, 816 = WM 1976, 974; *OLG Hamm* NJW 1978, 224 = JuS 1978, 274. S. auch *OLG Schleswig* MDR 1982, 317 (wenn zunächst offengelassen wurde, ob eine Geldsumme als Schenkung oder Darlehen gelten solle, muß der Geldgeber die Behauptung des Empfängers widerlegen, man habe sich später auf Schenkung geeinigt).

[190] *BGH* NJW 1983, 931 = MDR 1983, 205.

[191] Das Gesetz betrachtet die persönliche Verpflichtung als Normalfall. Auch § 179 BGB – der persönlich in Anspruch genommene Beklagte muß die Vollmacht beweisen, um der Eigenhaftung zu entgehen – spricht für die Beweislast des Beklagten. Ebenso *BGH* LM § 517 Nr. 1 = BB 1953, 369; NJW 1975, 775 = JZ 1975, 283; NJW 1986, 1675. – Beim Geschäft für den, den es angeht, ist das Handeln im fremden Interesse zu beweisen, *K. Müller* JZ 1982, 777, 784.

[192] *BGHZ* 99, 50 = NJW 1987, 649 = JZ 1987, 310 (zust. *Baumgärtel*).

abgeschlossen wurde¹⁹³. – Analog zur behaupteten Stellvertretung ist auch demjenigen die Beweislast aufzuerlegen, der behauptet, er habe eine von ihm abgegebene Erklärung nur als **Bote** eines anderen übermittelt¹⁹⁴.

e) Stundung, auflösende Bedingung, Änderung, Aufhebung, Befristung

Wenn die **nachträgliche Hinzufügung einer Bedingung** oder eine nachträgliche **Stundung,** d.h. die vertragliche Hinausschiebung einer schon fälligen Leistungspflicht, oder eine spätere **Änderung** des Vertrages¹⁹⁵ behauptet wird, so steht der Tatbestand einer Rechtsänderung in Frage, der von demjenigen zu beweisen ist, der aus der Änderung Rechte ableitet¹⁹⁶. Zur ursprünglichen Teilzahlungsvereinbarung → Rdnr. 75. Erst recht hat eine **Vertragsaufhebung** als rechtsvernichtende Tatsache (→ Rdnr. 38) derjenige zu beweisen, der sich darauf beruft. Entgegen der Ansicht des BGH¹⁹⁷ ist daher auch beim formlosen Hofübergabevertrag der nachträgliche Wegfall der Bindung von dem zu beweisen, der seine Verpflichtung bestreitet. – Zu beweisen sind auch Vereinbarung und Eintritt einer **auflösenden Bedingung** oder eines **Endtermins**. Denn der Vertragswille geht in diesem Fall auf die sofortige Entstehung der Rechtsfolge; trotz der auflösenden Bedingung bleibt der vorgetragene Vertragsschluß die geeignete Grundlage des Antrags auf Verurteilung zur Leistung. Von der Abrede der Bedingung und ihrem Eintritt abhängig ist nur das Erlöschen der an sich eingetretenen Wirkung; dafür aber hat nach dem bei Rdnr. 39 Ausgeführten der die Beweislast, der sich darauf beruft¹⁹⁸. Bei Streit über die Dauer eines **befristeten Arbeitsverhältnisses** hat derjenige die Befristungsdauer zu beweisen, der die kürzere Frist geltend macht¹⁹⁹. 81

f) Höhe des Preises

Als Fall der Leugnung des behaupteten Vertragsinhalts wird es auch angesehen, wenn eine Partei (der Gläubiger) eine **Gegenleistung nach billigem Ermessen,** den **angemessenen** oder **üblichen Preis** verlangt, die andere Partei (der Schuldner) dagegen die **Verabredung** eines bestimmten (niedrigeren) Preises behauptet. Da der Vortrag des Vertragsinhalts den Schluß darauf ermöglichen soll, daß der im Antrag bezeichnete Preis geschuldet werde, so enthält die Forderung des angemessenen Preises in abgekürzter Form die Behauptung, daß ein *bestimmter Preis nicht verabredet* sei und daher aufgrund stillschweigender Einigung oder kraft gesetzlicher Ergänzungsregel (z.B. §§ 612 Abs. 2, 632 Abs. 2, 653 Abs. 2 BGB) der übliche Preis usw. zu zahlen sei. Daher soll hier nach überwiegender Ansicht die *Negative* (Vertragsschluß ohne ausdrückliche Abrede über den Preis) im Streitfall zu beweisen sein²⁰⁰. Der den üblichen Werklohn fordernde Unternehmer muß danach die Behauptung des Bestellers widerlegen, es sei ein bestimmter, geringerer Werklohn vereinbart worden; gelingt dieser Beweis nicht, steht dem Unternehmer nur die vom Besteller als vereinbart behauptete Vergütung zu²⁰¹. Überzeugender wäre es aber, ähnlich wie in den bei Rdnr. 75 genannten 82

---

¹⁹³ *BGH* NJW 1974, 748 = LM § 282 (Beweislast) Nr. 26; WM 1984, 603, 604.
¹⁹⁴ *OLG Schleswig* MDR 1977, 847.
¹⁹⁵ *BGH* NJW 1995, 49.
¹⁹⁶ RGZ 57, 48; WarnRsp 13 (1920), Nr. 44; *OLG Hamm* OLG Rsp 20 (1910), 168f.; *Rosenberg* (Fn. 66), 262.
¹⁹⁷ *BGH* NJW 1993, 267, 268.
¹⁹⁸ Ebenso *BGH* MDR 1966, 571; RGZ 28, 145; *OLG Kiel* OLG Rsp 9 (1904), 456 (Ausschlußfrist). – A.M. Motive zum BGB 1, 384; *Reinecke* JZ 1977, 159, 165.
¹⁹⁹ *BAG* NJW 1995, 2941 = NZA 1995, 780.

²⁰⁰ *Baumgärtel* Hdb. der Beweislast, Bd. 1², § 612 Rdnr. 4; *Rosenberg* (Fn. 66) 287ff.; *Leonhard* (Fn. 66), 340ff.; RGZ 57, 49; SeuffArch 58 (1903), 260; JW 1907, 175. – A.M. *Musielak* Grundlagen (Fn. 66), 349; *Reinecke* (Fn. 66), 111f. (differenzierend); *Heinrich* (Fn. 66), 170ff.
²⁰¹ *BGH* NJW 1983, 1782 = MDR 1983, 745 (dagegen *v. Mettenheim* NJW 1984, 776); BGHZ 80, 257 = NJW 1981, 1442; *BGH* NJW-RR 1996, 952 (Besteller muß aber die behauptete Vereinbarung substantiiert darlegen und an die Beweisführung des Unternehmers sind keine zu strengen Anforderungen zu stellen); *C.-D. Schumann*

Fällen, bei non liquet über eine bestimmte Vereinbarung die **gesetzliche Ergänzungsregel** (angemessene Vergütung) zur Anwendung zu bringen. Ist bei einem Werkvertrag (Architektenvertrag) streitig, ob überhaupt eine Vergütung zu zahlen ist, so hat der Architekt die Umstände iS des § 632 Abs. 1 BGB zu beweisen, wonach die Leistung nur gegen eine Vergütung zu erwarten ist, während die Behauptung, gleichwohl habe man sich auf eine unentgeltliche Leistung geeinigt, vom Auftraggeber zu beweisen ist[202].

83   War zunächst keine bestimmte Vereinbarung getroffen und daher die übliche Vergütung als vereinbart anzusehen, so ist die **behauptete spätere Vereinbarung** eines niedrigeren[203] oder höheren Entgelts von dem zu beweisen, der sich darauf beruft.

84   Wenn die **Vergütung durch Gesetz bestimmt** ist, muß eine behauptete davon **abweichende Vereinbarung** bewiesen werden. Daher trägt die Beweislast für eine Gebührenvereinbarung zwischen Rechtsanwalt und Mandant diejenige Seite, die daraus Rechte für sich herleitet[204].

85   Behauptet der Käufer einen *von vornherein* eingeräumten **Rabatt** oder **Zahlungsskonto**, so trägt der **Verkäufer** die Beweislast für die Vereinbarung eines Kaufpreises ohne derartigen Abzug (bzw. mit einem Abzug in geringerer Höhe)[205], während für eine *nachträgliche* Vereinbarung derartiger Abzüge (teilweiser Erlaß) dem *Käufer* der Beweis obliegt.

g) Vertrag zugunsten eines Dritten

86   Den Abschluß eines Vertrages mit diesem Inhalt hat der Dritte zu beweisen. Das gilt auch, wenn der Erblasser ein Sparbuch auf den Namen des Dritten angelegt hat, aber streitig ist, ob damit der Wille verbunden war, das Sparguthaben dem Dritten zuzuwenden[206].

7. Beweislast bei positiver Vertragsverletzung

86a Ausdrückliche gesetzliche Beweislastregeln können im Wege der Analogie auf nicht unmittelbar geregelte, aber ähnlich gelagerte Fälle erstreckt werden. So muß nach einer in der Literatur verbreiteten Ansicht[207] bei einem Anspruch aus positiver Vertragsverletzung analog § 282 BGB der Schuldner regelmäßig den Beweis für die Schuldlosigkeit führen, während die Rechtsprechung insoweit zurückhaltender ist, aber die Analogie jedenfalls für bestimmte Fälle bejaht. Der BGH stellt auf die Art der Vertragsbeziehung und der Schadensquelle ab und bejaht die Beweislast des Schuldners insbesondere bei **Dienst-, Werk- und Gastaufnahmeverträgen,** wenn die Sachlage zunächst den Schluß auf eine Verletzung der Sorgfaltspflicht rechtfertigt und die **Ursache im Gefahrenbereich (Verantwortungsbereich)[208]** des Schuldners

---

NJW 1971, 495 (gegen *v. Mettenheim* NJW 1971, 20); OLG *Düsseldorf* DB 1978, 1883 u. OLG *Frankfurt* MDR 1979, 756 (beide zum Architektenvertrag; der Bauherr muß aber konkrete Einzeltatsachen vortragen, die für die Vereinbarung einer bestimmten Vergütung sprechen). Gegenüber einem Anspruch auf Erstattung von Auslagen (§ 670 BGB) muß dagegen der Auftraggeber beweisen, daß ein Festpreis vereinbart sei, *BGH* DB 1969, 1838 = MDR 1969, 999 = NJW 1969, 1847 (LS, dazu krit. *Diehl* NJW 1970, 95).
[202] *BGH* NJW 1987, 2742.
[203] *BGH* NJW 1982, 1523 = MDR 1982, 828.
[204] *OLG München* MDR 1984, 844 = NJW 1984, 2537 = OLGZ 1984, 439.
[205] *BGH* NJW 1983, 2944 = MDR 1984, 139 = BB 1983, 2140 (zust. *Baumgärtel*).
[206] *BGH* NJW 1970, 1181 = JZ 1970, 509 = LM § 328 BGB Nr. 42.
[207] Vgl. *Raape* AcP 147 (1941), 218; *Lindenmaier* Festschr. für Raape (1948), 349; *Rosenberg* (Fn. 66), 360 ff. Differenzierend u. a. *Stoll* Festschr. für F. v. Hippel (1967), 517; AcP 176 (1976), 145, 197; *Larenz* SchuldR I[14] § 24 I b; *Staudinger-Löwisch* BGB[13] § 282 Rdnr. 17 ff.
[208] Vgl. BGHZ 8, 241 (*Beförderungsvertrag*); 23, 288 (*Werkvertrag*); 27, 236 (*Schleppvertrag*); 28, 251 (*Architektenvertrag*); BGH NJW 1962, 31 = MDR 1962, 45 (Warenhaus, *culpa in contrahendo*; dasselbe gilt bei Schutzwirkung zugunsten Dritter, BGHZ 66, 51, 53 = NJW 1976, 712); NJW 1964, 36 (*Mietvertrag*); MDR 1966, 491 = VersR 1966, 344 (*Dienstvertrag*); NJW 1968, 43 (*Architektenvertrag*, auch für Ansprüche aus § 635 BGB) (dazu *Fuchs* NJW 1968, 835) = JZ 1968, 23 = MDR 1968, 141; JZ 1969, 335 (Fn. 218) (*Dienst- oder Werkvertrag*); NJW 1976, 1315 (*Mietvertrag*) = JR 1976, 459 (mit im Ergebnis zust. Anm. *Haase*); NJW 1978, 2197 (*Mietvertrag*); *BGH* JZ 1981, 273 (Fn. 221) (Pflege eines Pferdes); WM 1983, 916 (Werkvertrag, auch für Ansprüche aus § 635 BGB); *BGH* NJW-RR 1991, 575 (Auftrag);

liegt²⁰⁹. Im **Arbeitsverhältnis** gilt § 282 BGB bei Schadensersatzansprüchen des Arbeitnehmers gegen den Arbeitgeber für Schadensursachen im Gefahrenbereich des Arbeitgebers²⁰⁹ᵃ. Im Rahmen der eingeschränkten **Haftung des Arbeitnehmers** bei gefahrgeneigter Arbeit war dagegen die Anwendung des § 282 BGB abzulehnen ²⁰⁹ᵇ. Seit die Beschränkung der Haftung des Arbeitnehmers unabhängig vom Merkmal der Gefahrgeneigtheit bei allen Schädigungen durch betrieblich veranlaßte Tätigkeiten gilt²⁰⁹ᶜ, dürfte die Anwendung des § 282 BGB zu Lasten des Arbeitnehmers generell ausscheiden. Beim **Mietvertrag** muß sich der Mieter entlasten, wenn die Ursache für eine Verschlechterung der Mietsache in seinem Bereich liegt, doch hat der Vermieter die Beweislast dafür, daß die Schadensursache im Verantwortungsbereich des Mieters, nicht des Vermieters liegt²¹⁰. Besteht in einem Ladengeschäft ein objektiv **verkehrswidriger Zustand,** so muß sich der Inhaber sowohl bei Ansprüchen aus positiver Vertragsverletzung (Kaufvertrag) als auch bei solchen aus culpa in contrahendo hinsichtlich des Verschuldens entlasten; bei deliktischen Ansprüchen gelangt der BGH (trotz grundsätzlicher Nichtanwendung von § 282 BGB) bei dieser Situation zu einem ähnlichen Ergebnis, da der objektive Pflichtenverstoß die Verletzung der inneren Sorgfalt indiziere oder ein Anscheinsbeweis dafür spreche²¹¹. Allgemein läßt sich die Beweislastverteilung nach Gefahrenbereichen jedoch nicht auf die deliktische Haftung übertragen²¹²; zur Produzentenhaftung → Rdnr. 86 f., zum Verstoß gegen Verkehrssicherungspflichten → Rdnr. 113.

Dagegen wird eine Ausdehnung des § 282 BGB auf den Bereich der **ärztlichen Haftung** bei Mißerfolg ärztlichen Handelns für den Regelfall abgelehnt²¹³; zur Beweislastumkehr in besonderen Fällen → Rdnr. 126 ff. Jedoch ist § 282 BGB analog anzuwenden, wenn der Schaden durch ein *mangelhaftes* technisches Gerät verursacht wurde, das bei der Krankenbehandlung eingesetzt wurde²¹⁴. Der **Krankenhausträger** muß sich analog § 282 BGB entlasten, wenn sich der Gesundheitsschaden in einem Bereich ereignet hat, dessen Gefahren vom Klinikpersonal voll beherrscht werden können und müssen²¹⁵. Bei **Lagerungsschäden** muß daher grundsätzlich vom Krankenhausträger bewiesen werden, daß die Ursache nicht in einer

86b

BGH NJW-RR 1995, 684 = VersR 1995, 805 (positive Vertragsverletzung bei Werkvertrag – Unternehmer muß sich hinsichtlich Verschuldens entlasten, wenn entweder objektiver Pflichtverstoß feststeht oder Schadensursache in seinen Herrschafts- oder Verantwortungsbereich fällt). S. auch *OLG Koblenz* NJW-RR 1995, 1135 (Autowaschanlage); NJW 1965, 2347 (Beaufsichtigung von Kindern in *Warenhaus*); dazu *Fichtner* NJW 1966, 454; *OLG Düsseldorf* NJW 1966, 737 (§ 282 BGB nicht anwendbar bei Ansprüchen des *Fahrschule* gegen einen Fahrschüler wegen Beschädigung des Wagens); *OLG Düsseldorf* MDR 1974, 1017 (Beweislast des Unternehmens bezüglich Schadensursache und Nichtverschulden, wenn ein Fahrzeug in der *Reparaturwerkstätte* durch *Brand* zerstört wird); *OLG Hamburg* VersR 1970, 1101; 1972, 658 (*Schiffsführerhaftung*); *OLG Karlsruhe* NJW 1985, 142 (zur Beweislast für *Schadensursachen in Mietwohnungen*).
²⁰⁹ Krit. zur Beweislastverteilung nach Gefahrenbereichen in der Rsp des BGH *Musielak* AcP 176 (1976), 465; *Larenz* Festschr. für Hauß (1978), 225; s. auch *MünchKommBGB-Emmerich*³ vor § 275 Rdnr. 378 – *Prölss* (Fn. 66), 72 ff.; VersR 1964, 901 will die Beweislastverteilung nach Gefahrenbereichen auch auf das Deliktsrecht ausdehnen, doch baut die Beweislastregelung zu Ungunsten des Schuldners auf seiner bestehenden Leistungsverpflichtung auf. Abl. auch *A. Blomeyer* Gutachten (Fn. 66), 9; *Rosenberg-Schwab-Gottwald*¹⁵ § 117 II 5 a. Gegen Beweiserleichterungen analog § 282 BGB außerhalb der vertraglichen Haftung *BGH* NJW 1978, 1576.

²⁰⁹ᵃ *BAG* AP § 282 BGB Nr. 7 (mit im Ergebnis zust. Anm. *Mayer-Maly*).
²⁰⁹ᵇ *BAGE* 19, 66 = AP § 282 BGB Nr. 5 = NJW 1967, 269; AP § 611 BGB (Haftung des Arbeitnehmers) Nr. 42 (abl. *Sieg*); DB 1969, 2281; BB 1970, 1215 = DB 1970, 1886; BB 1970, 1349 = DB 1970, 1982; *BGH* NJW 1973, 2020, 2021; AP § 611 BGB (Haftung des Arbeitnehmers) Nr. 63. – Zur Beweislast bei Schlechtleistung in einer Akkordgruppe *BAGE* 26, 130 = AP § 611 (Akkordkolonne) Nr. 4 (abl. *Lieb*) = SAE 1975, 94 (abl. *Neumann-Duesberg*) = EzA § 611 BGB Arbeitnehmerhaftung Nr. 24 (zust. *Hanau*); zur Beweislast bei Kassenfehlbestand *BAG* NJW 1985, 219.
²⁰⁹ᶜ *BAGE* (GS) 70, 337 = NZA 1993, 547 = JZ 1993, 908 (*Marhold*) = SAE 1994, 89 (*Bydlinski*); *BGH* NJW 1994, 856.
²¹⁰ *BGH* JZ 1995, 310 (zust. *Baumgärtel*).
²¹¹ *BGH* NJW 1986, 2757.
²¹² *OLG Hamm* VRS 84 (1993), 182, 185; weitere Nachw. → Fn. 209.
²¹³ *BGH* NJW 1977, 1102 (gilt auch für Tierarzt); NJW 1980, 1333 = MDR 1980, 479 = VersR 1980, 428.
²¹⁴ *BGH* NJW 1978, 584 = JR 1978, 372 (mit Anm. *Baumgärtel*) = JZ 1978, 275 (mit Anm. *Deutsch*).
²¹⁵ *BGH* NJW 1984, 1403; NJW 1991, 1541.
²¹⁶ *BGH* NJW 1984, 1403; *OLG Köln* VersR 1991, 695, 696.

falschen Lagerung oder einem Versagen technischer Geräte liegt[216]; doch gilt dies nicht bei einer nicht im voraus erkennbaren, extrem seltenen körperlichen Anomalie[217].

86c Die **Beweislast des Schuldners** gemäß § 282 BGB betrifft nur das **Nichtverschulden;** er trägt dagegen nicht die Beweislast für das *Fehlen einer objektiven Pflichtverletzung* oder für die *Nichtursächlichkeit* einer Pflichtverletzung für den Schaden[218]. Daß der *Geschädigte* die Pflichtverletzung zu beweisen hat, gilt z. B. auch dann, wenn behauptet wird, ein *Arzt* habe auf das verbleibende Schwangerschaftsrisiko nach einer Sterilisation nicht hingewiesen[219]. Ob bei richtiger ärztlicher Aufklärung weitere Untersuchungen noch hätten durchgeführt und der Schaden dadurch hätte vermieden werden können, hat ebenfalls der Geschädigte zu beweisen[220]. – Liegen allerdings **zwei Pflichtverletzungen** vor und läßt sich nicht aufklären, welche davon für den Schaden ursächlich war, so fällt dies dem Schuldner zur Last, so daß er sich hinsichtlich beider Pflichtverletzungen exkulpieren muß[221].

8. Beweislast für aufklärungsrichtiges Verhalten

86d Hat der Schuldner eine **vertragliche (oder vorvertragliche**[221a]**) Aufklärungs- oder Beratungspflicht verletzt,** so trifft ihn die Beweislast dafür, daß der Schaden auch bei pflichtgemäßem Verhalten eingetreten wäre, weil sich der Geschädigte über einen entsprechenden Rat hinweggesetzt hätte[222], → auch Fn. 148. Dies setzt aber voraus, daß der Schaden vermieden worden wäre, wenn der Rat befolgt worden wäre, so daß sich aus dem unterbliebenen Hinweis des Notars auf die Notwendigkeit einer notariellen Beurkundung keine beweisrechtlichen Folgen dafür ergeben, ob bei ordnungsgemäßer Belehrung von einer Beteiligung an einem Bauherrenmodell abgesehen worden wäre[223]. Der BGH betont, die Beweislastumkehr bei Verletzung einer Aufklärungspflicht gelte nur, wenn die Aufklärungs-, Hinweis- oder Beratungspflicht gerade dazu diene, dem Vertragsgegner ein bestimmtes Risiko bewußt zu machen und ihm Klarheit zu geben, ob er an der ins Auge gefaßten Maßnahme festhalten wolle[224].

86e Während der XI. Zivilsenat des BGH mit eben dieser Begründung daran festhält, bei Verletzung von Aufklärungspflichten durch **Terminoptionsvermittler**[225] oder **Banken**[226] (soweit es für den Aufzuklärenden vernünftigerweise nur eine Reaktionsmöglichkeit gibt) eine

---

[217] *BGH* NJW 1995, 1618 = VersR 1995, 539.
[218] *BGH* VersR 1968, 650 (provisorische Stromkabelverlegung); JZ 1969, 335 = VersR 1969, 470 = LM § 282 BGB Nr. 18 (Dienst- oder Werkvertrag); BGHZ 61, 118, 120 = NJW 1973, 1688; NJW 1978, 1576; NJW 1978, 2197; NJW 1982, 1147; *OLG Bremen* VersR 1970, 853 (Versicherungsmakler).
[219] *BGH* NJW 1981, 2002; *OLG Bremen* VersR 1982, 959; *OLG Frankfurt* VersR 1983, 879; s. auch BGH NJW 1981, 630 = VersR 1981, 278; *OLG Koblenz* VersR 1984, 371, 373 (der Geschädigte muß auch beweisen, daß er sich bei entsprechendem Hinweis zu einem den Schaden verhindernden Verhalten entschlossen hätte), anders aber *BGH* NJW 1984, 658 = JZ 1984, 886, 888 (mit Anm. *Deutsch*) (Beweislast des Schädigers dafür, daß sich der Geschädigte nach ordnungsgemäßer Aufklärung nicht »aufklärungsrichtig« verhalten hätte und dem drohenden Schaden nicht entgegengetreten wäre, z. B. – bei drohender pränataler Schädigung eines Kindes – durch Untersuchung und gegebenenfalls Schwangerschaftsunterbrechung).
[220] *BGH* NJW 1987, 2923.
[221] *BGH* JZ 1981, 273 (zust. *Baumgärtel*) = NJW 1980, 2186.

[221a] Wer vorvertragliche Pflichten durch falsche Angaben verletzt, muß widerlegen, daß der andere Teil bei richtiger Information vom Vertragsschluß Abstand genommen hätte, *BGH* NJW 1996, 2503 (falsche Umsatzzahlen beim Kauf einer Gaststätte).
[222] *BGHZ* 61, 118 = NJW 1973, 1688 (dazu *Hofmann* NJW 1974, 1641; *J. Schmidt* JuS 1975, 430); BGHZ 64, 46, 51 = NJW 1975, 824; BGHZ 72, 93, 106 = NJW 1978, 2145, 2148; BGHZ 94, 356, 362 = NJW 1985, 2595 (Haftung des Versicherungsmaklers). *BGH* NJW 1984, 1688 = MDR 1984, 557 erstreckt dies auch auf den »Hintermann« einer GmbH, obgleich dieser nur deliktisch haftet. – Bei einer Verletzung der ärztlichen Aufklärungspflicht (als Voraussetzung einer wirksamen Einwilligung des Patienten, → Fn. 164) kommt es darauf, wie sich der Patient bei ordnungsgemäßer Aufklärung verhalten hätte, grundsätzlich nicht an, *BGHZ* 61, 118, 123 mwN. Ferner → Fn. 219.
[223] *BGH* NJW 1992, 3237, 3241.
[224] *BGHZ* 123, 311 = NJW 1993, 3259 = JR 1994, 463 (zust. *Baumgärtel*).
[225] *BGH* NJW 1994, 512, 514.
[226] *BGH* NJW 1994, 2541. – Zur Beweislast bei Verletzung bankvertraglicher Aufklärungspflichten *H. Roth* ZHR 154 (1990), 513; *Bruske* (Fn. 66).

Beweislastumkehr zu bejahen, entwickelte sich die Rechtsprechung zur Rechtsberaterhaftung in eine andere Richtung. Bei der Haftung des **Rechtsanwalts** und des **Steuerberaters** (ebenso bei der Notarhaftung[226a]) geht der BGH (IX. Zivilsenat) (Nachw. → Fn. 228) nicht mehr von einer Beweislastumkehr aus, sondern nimmt eine Vermutung an, die einen Anwendungsfall des **Anscheinsbeweises**[227] darstellen soll. Diese Beweiserleichterung zugunsten des Mandanten soll aber auch nicht generell gelten, sondern nur, wenn ein Tatbestand vorliegt, bei dem der Ursachenzusammenhang zwischen der Pflichtverletzung des Beraters und einem bestimmten Verhalten typischerweise gegeben ist[228]. Auch bei einer groben Verletzung sonstiger anwaltlicher Pflichten nimmt der BGH (IX. Zivilsenat)[229] keine Beweislastumkehr an, wie sie bei der Arzthaftung entwickelt wurde (→ Rdnr. 128 ff.), sondern verweist auf die Möglichkeit eines Anscheinsbeweises. Ebenso bejaht der BGH[230] einen Anscheinsbeweis dafür, daß der Mandant rechtzeitig die erforderlichen Informationen erteilt hätte, wenn der Anwalt seine Beratungs- und Aufklärungspflicht erfüllt hätte. Im Ergebnis werden durch diese Rechtsprechung Beweiserleichterungen im Rahmen der Beweiswürdigung gewährt, die aber weitgehend einzelfallbezogen bleiben. Es zeigt sich somit ähnlich wie bei der Arzthaftung (→ Rdnr. 130) die Tendenz zu flexiblen, freilich auch (vorbehaltlich der Herausbildung eines Fallrechts) kaum vorhersehbaren Lösungen.

9. Produzentenhaftung

Neue Beweislastregeln können im Wege richterlicher Rechtsfortbildung geschaffen werden, freilich nur unter denselben methodischen Voraussetzungen, die auch sonst bei der richterlichen Rechtsfortbildung gelten (dazu → Einl. [20. Aufl.] Rdnr. 24 f., 94). Hier ist z.B. die von der Rechtsprechung bereits vor Inkrafttreten des ProdHaftG entwickelte Beweislastregelung für den Bereich der Produzentenhaftung zu erwähnen. Danach muß, wenn bei der bestimmungsgemäßen Verwendung eines fehlerhaften Industrieerzeugnisses eine Person oder eine Sache geschädigt wurde, der **Hersteller**[231] beweisen, daß ihn hinsichtlich des Fehlers des Produkts **kein Verschulden** trifft[232]. Damit ist nicht nur die *subjektive* Seite, sondern auch der *objektive Pflichtenverstoß* bei der Herstellung gemeint[233]. Wurde eine Infusionsflüssigkeit im Organisationsbereich eines Krankenhauses unsteril, so muß der Krankenhausträger darlegen und beweisen, daß der Fehler nicht auf einem ihm zuzurechnenden Organisations- oder Personalverschulden beruht[234]. Verletzt der Hersteller eine (aus der Verkehrssicherungspflicht folgende) Pflicht zur Überprüfung und Befunderhebung, so kann daraus die

86f

[226a] *BGH* NJW 1995, 330, 332; WM 1996, 2071, 2072.
[227] Ebenso *Vollkommer* Festschr. für Baumgärtel (1990), 585, 592. Gegen eine Beweislastumkehr auch *Stodolkowitz* VersR 1994, 11. – Für Zuordnung zur Beweislast dagegen *Schultz* VersR 1990, 808, 809.
[228] *BGHZ* 123, 311 (Fn. 224); *BGH* NJW 1995, 449, 451.
[229] *BGH* NJW 1994, 3295, 3298 = JZ 1995, 467 (krit. *Teske*).
[230] *BGH* NJW 1994, 1472, 1475.
[231] *BGH* JZ 1976, 523 (krit. *Lieb*) dehnt die Grundsätze über die Beweislast bei Produzentenhaftung auch auf Personen aus, die neben dem Hersteller haften, z.B. als Produktionsleiter. *BGH* NJW 1992, 1039 = JZ 1993, 671 (zust. *Giesen*) = JR 1992, 501 (zust. *Baumgärtel*) wendet die Grundsätze der Beweislastumkehr auch auf Inhaber von Kleinbetrieben (Gaststätten) an.
[232] Grundlegend *BGHZ* 51, 91 = NJW 1969, 269 = JZ 1969, 387 (mit Anm. *Deutsch*); ferner z.B. *BGHZ* 59, 303 = JZ 1973, 88 (Lieferung verschmutzten Wassers durch Gemeinde); *BGHZ* 67, 359, 362. – Ausführlich *Baumgärtel-Wittmann* (Fn. 66) § 823 I Rdnr. 55 ff. Nach *BGHZ* 105, 346, 352 = NJW 1989, 707 (verseuchtes Fischfutter) gelten die Grundsätze der Produzentenhaftung auch zwischen Gewerbetreibenden.
[233] Klarstellend *BGHZ* 80, 186, 196 = NJW 1981, 1603; ebenso *BGH* NJW 1996, 2507. Anders aber bei einem bloßen Instruktionsfehler, d.h. einer angeblich unterlassenen Warnung. Hier muß zunächst die Geschädigte Tatsachen beweisen, aus denen sich ergibt, daß der Hersteller zur Warnung verpflichtet war; dann erst muß der Hersteller seine Schuldlosigkeit beweisen, *BGHZ* aaO. Die Grundsätze der Produzentenhaftung gelten für eine Instruktionspflichtverletzung, wenn die Pflicht schon bei Inverkehrbringen des Produktes besteht, nicht aber, wenn sie erst nach diesem Zeitpunkt entsteht, *BGHZ* 116, 60, 72 f. = NJW 1992, 560, 562 (Kindertee).
[234] *BGH* NJW 1982, 699 = MDR 1982, 397 = VersR 1982, 161.

Beweislast des Herstellers dafür folgen, daß der Produktfehler nicht in seinem Verantwortungsbereich entstanden ist[235].

86g Der Geschädigte trägt auch im Produkthaftungsprozeß die Beweislast dafür, daß der Schaden **durch die Inverkehrgabe des fehlerhaften Produkts verursacht** wurde[236]. Er braucht aber nicht aufzuklären, ob der Fehler des Produkts auf eine vom Hersteller zu verantwortende Verletzung der Sorgfaltspflicht zurückzuführen ist und auf welche Weise die etwaige Pflichtverletzung zur Fehlerentstehung geführt hat[237]. Diese Entlastung vom Nachweis des Ursachenzusammenhangs zwischen Pflichtverletzung und Fehler gilt auch bei der Haftung aufgrund der Verwendung von Blut eines HIV-infizierten Spenders[238].

86h Diese zur Anwendung von § 823 Abs. 1 BGB entwickelten richterrechtlichen Beweislastregeln behalten auch neben dem **ProdHaftG** Bedeutung, da die Haftung aufgrund anderer Vorschriften unberührt bleibt (§ 15 Abs. 2 ProdHaftG) und zum Teil (z. B. hinsichtlich des Schmerzensgeldes) über die Ansprüche nach dem ProdHaftG hinausgeht. Nach § 1 Abs. 4 S. 1 ProdHaftG trägt der Geschädigte die Beweislast für den Fehler, den Schaden und den ursächlichen Zusammenhang zwischen Fehler und Schaden. Der Hersteller trägt dagegen gemäß § 1 Abs. 4 S. 2 ProdHaftG die Beweislast für die Haftungsausschlußgründe nach § 1 Abs. 2 und 3 ProdHaftG. Dabei ergibt sich aus § 1 Abs. 1 Nr. 2 ProdHaftG eine gewisse Beweiserleichterung für den Hersteller, da es für den Ausschluß der Haftung genügt, wenn nach den Umständen davon auszugehen ist, daß das Produkt den Fehler noch nicht hatte, als es in Verkehr gebracht wurde. Hierin liegt eine Reduzierung des Beweismaßes – es genügt statt des vollen Beweises eine hohe Wahrscheinlichkeit, daß der Fehler erst später entstanden ist[239].

10. Umwelthaftung

86i Bei behaupteter **Schädigung durch Industrieemissionen** muß der Betreiber der Anlage schon bei der Haftung nach BGB beweisen, daß die Emissionsgrenzwerte eingehalten und die zumutbaren Vorkehrungen zur Verhinderung einer Schädigung getroffen wurden[240]. Nach der gesetzlichen Vermutung des § 6 Abs. 1 S. 1 UmweltHG[241] wird die Kausalität zwischen anlagenbedingter Umwelteinwirkung und Rechtsgutsverletzung sowie die Kausalität zwischen der Rechtsgutsverletzung und dem Schaden vermutet[242], wenn eine Anlage nach den Gegebenheiten des Einzelfalles geeignet ist, den eingetretenen Schaden zu verursachen[243].

---

[235] *BGHZ* 104, 323 = *NJW* 1988, 2611 = *JZ* 1988, 966 (*Giesen*); *BGH NJW* 1993, 528 = *JZ* 1993, 678 (krit. *Foerste*); *BGH NJW* 1995, 2162, 2164 (alle Entscheidungen zur Explosion von Sprudelflaschen); *Arens* ZZP 101 (1991), 123, 131 ff.

[236] *BGHZ* 114, 284, 296 = *JZ* 1991, 785 (dazu *Spickhoff* JZ 1991, 756) = *NJW* 1991, 1948.

[237] *BGHZ* 114, 284, 296 (Fn. 236). → auch Rdnr. 131 bei Fn. 455a (EDV-Programm).

[238] *BGHZ* 114, 284, 297 (Fn. 236).

[239] Vgl. Begr. BT-Drucks. 11/2447, 14; *MünchKommBGB-Mertens/Cahn*, Ergänzungsband zur 2. Aufl., § 1 ProdHaftG Rdnr. 32; *Taschner-Frietsch* ProdHaftG (1990), § 1 Rdnr. 141; *Kullmann* ProdHaftG (1990), 56 (Beweismaß vergleichbar § 287 ZPO; ernsthafte Möglichkeit der Fehlerentstehung nach Inverkehrbringen reicht aus); *Graf von Westphalen*, Produkthaftungshandbuch, Bd. II (1991), § 69 Rdnr. 8 f. (überwiegende Wahrscheinlichkeit der Fehlerfreiheit bei Inverkehrbringen); *Arens* ZZP 101 (1991), 123, 130.

[240] *BGHZ* 92, 143 = *JZ* 1984, 1106 (zust. *Baumgärtel*) = *NJW* 1985, 47 (Kupolofen). Dazu *Gmehling* (Fn. 66), 125 ff.

[241] Dazu *Diederichsen* PHI 1992, 162, 166 ff.; *Diederichsen-Wagner* VersR 1993, 641, 646 ff.; *Deutsch* JZ 1991, 1097, 1100 ff.; *Hager* NJW 1991, 134, 137 ff.; *Landsberg-Lülling* Umwelthaftungsrecht (1991), § 6; *Marburger* AcP 192 (1992), 1, 23 ff.; *Salje* UmweltHG (1993), § 6; *Stecher* Die Ursachenvermutungen des Umwelthaftungs- und des Gentechnikgesetzes (1995).

[242] Vgl. Begr. BT-Drucks. 11/7104, 18 (Vermutung soll für den gesamten Kausalverlauf gelten); *Deutsch* JZ 1991, 1097, 1100 f. – Nach h. M. bezieht sich § 6 Abs. 1 UmweltHG nur auf die haftungsbegründende Kausalität, für die haftungsausfüllende gilt § 287 ZPO, *Landsberg-Lülling* (Fn. 241), § 6 Rdnr. 48; *Marburger* AcP 192 (1992), 1, 23; *Salje* (Fn. 241), § 6 Rdnr. 23; *Stecher* (Fn. 241), 276 f.

[243] Die Vermutung der Kausalität gilt nur, wenn die Anlage abstrakt (ihrer Art nach) und konkret (nach den Gegebenheiten des Einzelfalles) geeignet ist, einen Schaden dieser Art zu verursachen, *OLG Düsseldorf* NJW-RR 1994, 1181.

VI. Der Anscheinsbeweis (prima-facie-Beweis)[244]

1. Allgemeine Grundsätze

a) Der Anscheinsbeweis als Indizienbeweis bei typischem Geschehensablauf

Die freie Beweiswürdigung (§ 286 Abs. 1) gestattet dem Richter, aus den unbestrittenen oder durch Beweis festgestellten Tatsachen Schlüsse auf das Vorliegen oder Nichtvorliegen anderer, noch streitiger Tatsachen zu ziehen. Ein derartiger *mittelbarer Beweis* (Indizienbeweis, → § 284 Rdnr. 19) wird insbesondere durch die Berücksichtigung der *Lebenserfahrung* ermöglicht. Es besteht dann keine Ungewißheit mehr; der Beweis der Tatsache ist nach der richterlichen Überzeugung erbracht. 87

Eine besondere Art des Indizienbeweises stellt der von der Rechtsprechung entwickelte **Beweis nach dem ersten Anschein** (prima-facie-Beweis) dar[245]. Dabei muß es sich um Fälle eines sog. »**typischen Geschehensablaufes**« handeln[246]: Das Gericht sieht denjenigen Verlauf, der bei der gegebenen Sachlage der **Regel des Lebens, dem Üblichen, Gewöhnlichen** entspricht, kraft freier Würdigung als erwiesen an. Unter typischen Geschehensabläufen[247] sind solche Tatbestände zu verstehen, bei denen eine ohne weiteres naheliegende Erklärung nach der allgemeinen Lebenserfahrung zu finden ist, und bei denen angesichts des typischen Charakters die konkreten Umstände des Einzelfalles für die tatsächliche Beurteilung – jedenfalls zunächst – ohne Belang sind. 88

Es **genügt nicht**, daß nur ein gewisser Grad von Wahrscheinlichkeit erbracht wird[248], der Richter muß vielmehr aufgrund der unstreitigen oder durch Beweis festgestellten Tatsa- 89

---

[244] Lit: *Baumgärtel* Beweislastpraxis im Privatrecht (1996), 158 ff.; *Diederichsen* Zur Rechtsnatur und systematischen Stellung von Beweislast und Anscheinsbeweis, VersR 1966, 211; *ders.* Fortschritte im dogmatischen Verständnis des Anscheinsbeweises ZZP 81 (1968), 45; *Greger* Praxis und Dogmatik des Anscheinsbeweises VersR 1980, 1091; *Hagel* Der Anscheinsbeweis unter besonderer Berücksichtigung des Straßenverkehrsrechts, VersR 1973, 796; *Hainmüller* Der Anscheinsbeweis und die Fahrlässigkeitstat im heutigen Schadensersatzprozeß (1966); *Kegel* Der Individualanscheinsbeweis und die Verteilung der Beweislast nach überwiegender Wahrscheinlichkeit, Festgabe für Kronstein (1967), 321; *Kollhosser* Anscheinsbeweis und freie richterliche Beweiswürdigung, AcP 165 (1965), 46; *Lepa* Beweiserleichterungen im Haftpflichtrecht NZV 1992, 129; *E. Pawlowski* Der prima-facie-Beweis bei Schadensersatzansprüchen aus Delikt und Vertrag (1966); *Rommé* Der Anscheinsbeweis im Gefüge von Beweiswürdigung, Beweismaß und Beweislast (1989); *E. Schneider* Der Anscheinsbeweis grober Fahrlässigkeit MDR 1971, 535; *G. Walter* Der Anwendungsbereich des Anscheinsbeweises ZZP 90 (1977), 270; *Wassermeyer* Der prima-facie-Beweis und die benachbarten Erscheinungen (1954); *ders.* Der Kollisionsprozeß in der Binnenschiffahrt⁴ (1971), 77, 97 ff.; *ders.* Die Verteilung der Beweislast beim Schiffszusammenstoß, VersR 1974, 1052. – Weitere Lit → Fn. 66.

[245] *A. Blomeyer* ZPR² § 72 III 1, Gutachten (Fn. 66), 24; *Henke* JR 1961, 48; *Hainmüller* (Fn. 244), 179 – A. M. *Baumgärtel* (Fn. 244), 185 f.

[246] BGH LM § 286 (C) Nr. 1, 7, 11, 23, 34, 42a; BGHZ 24, 308; BGH LM § 123 BGB Nr. 38; VersR 1982, 1145; NJW 1984, 360, 361; VersR 1991, 460, 461; NJW 1991, 230, 231; NJW 1996, 1405, 1406; ständige Rsp. Der typische Geschehensablauf setzt nicht voraus, daß er sich zahlenmäßig geradezu häufig ereignet. Bei Übertragung des Blutes eines Lueskranken auf einen anderen Patienten hat der BGH in einleuchtender Weise prima facie auf eine Infektion *durch* die Transfusion geschlossen, solange keine andere Infektionsursache ersichtlich ist (BGHZ 11, 227, 231; VersR 1957, 252 – wobei solche Fälle bereits mehrfach die Rsp beschäftigt haben, also nicht völlig außergewöhnlich zu sein scheinen, vgl. BGHZ 5, 321; 8, 243. Bedenklich ist aber, daß in BGHZ 11, 227 auch das *Vorliegen* der Infektion, also der Erkrankung, mittels eines Anscheinsbeweises festgestellt wurde.) Krit. dazu *Kollhosser* AcP 165 (1965), 77 f.; *Hainmüller* (Fn. 244), 193 Fn. 257; *Diederichsen* VersR 1966, 220; *A. Blomeyer* Gutachten (Fn. 66), 34 f., 50. Nicht beachtet wurde die Beschränkung des Anscheinsbeweises auf einen typischen Geschehensablauf z. B. in BAG AP § 282 Nr. 1 (mit Anm. *Pohle*). Auch *OLG Bamberg* FamRZ 1967, 334 (bei Anspruch aus § 1300 BGB Anscheinsbeweis für Unbescholtenheit) überdehnt den Begriff des Anscheinsbeweises. *BGH* LM § 286 (C) Nr. 69 = JZ 1978, 111 = MDR 1978, 300 läßt offen, ob ein Anscheinsbeweis auch ohne typischen Geschehensablauf möglich ist.

[247] Dazu *Lepa* NZV 1992, 129, 130. – Gegen die Beschränkung des Anscheinsbeweises auf typische Geschehensabläufe *Prölss* (Fn. 66), 20 f.; *Kollhosser* (Fn. 244), 53, 69 hält den typischen Geschehensablauf als Abgrenzungskriterium für wertlos; dagegen *A. Blomeyer* Gutachten (Fn. 66), 54; *Leipold* Beweismaß (Fn. 66), 14.

[248] *BGH* LM § 823 BGB Nr. 3; NJW 1966, 1263; RGZ 126, 70; 130, 359; 134, 242; 163, 27; DR 1939, 1466; 40, 744. – Abweichend *Kegel* (Fn. 244), 343 f. (überwiegende Wahrscheinlichkeit genügend).

chen²⁴⁹ kraft seiner Lebenserfahrung²⁵⁰ den streitigen Vorgang jedenfalls zunächst einmal als gegeben betrachten können. Dagegen reicht es nicht, wenn erfahrungsgemäß zwei verschiedene Möglichkeiten in Betracht zu ziehen sind, von denen eine **wahrscheinlicher** ist als die andere²⁵¹.

90 Der Anscheinsbeweis setzt **Erfahrungssätze** von hinreichender Tragfähigkeit²⁵² voraus (zum verschieden starken Beweiswert der Erfahrungssätze → Rdnr. 7). Der BGH²⁵³ verlangt, daß der zugrundegelegte Erfahrungssatz in den Entscheidungsgründen festgestellt wird. Die Anerkennung des Anscheinsbeweises zeigt, daß die Anforderungen an die Grundlagen der richterlichen Überzeugung nicht überspannt werden dürfen: Die bloße abstrakte Möglichkeit eines anderen Verlaufs – die letztlich bei jedem Anscheinsbeweis besteht²⁵⁴ – schließt die Bildung der richterlichen Überzeugung und damit die Feststellung der Tatsache nicht aus.

91 Der Anscheinsbeweis begnügt sich ferner in zahlreichen Fällen mit einer mehr **allgemeinen Feststellung**, ohne daß der konkrete Verlauf im einzelnen geklärt zu werden braucht. Er ermöglicht insbesondere bei Schadensersatzansprüchen den Schluß auf **irgendein ursächliches und schuldhaftes Verhalten**²⁵⁵. Als Grundlage für einen Anscheinsbeweis von Kausalität und Verschulden dient dabei vielfach der Verstoß gegen solche Vorschriften (**Schutzgesetze**), deren Ziel es ist, den Eintritt eines Schadens zu verhindern²⁵⁶, wobei vorausgesetzt wird, daß sich die vom Schutzgesetz bekämpfte Gefahr bei dem Unfall auch tatsächlich verwirklicht hat²⁵⁷. Auch soll der Anscheinsbeweis nach Ansicht des BGH²⁵⁸ nur gelten, wenn das Schutzgesetz das geforderte Verhalten so konkret umschreibt, daß die Verwirklichung des objektiven Tatbestands den Schluß auf einen subjektiven Schuldvorwurf nahelegt. – Bei Nichteinhaltung von **DIN-Normen** (bei Aushebung und Sicherung einer Baugrube) nimmt der BGH²⁵⁹ weitergehend eine widerlegliche Vermutung dafür an, daß eingetretene Schäden auf dem Nachbargrundstück hierauf zurückzuführen sind. Die Begründung erscheint zweifelhaft; näher läge es, auch in solchen Fällen mit einem Anscheinsbeweis²⁶⁰ zu arbeiten. – Zum Anscheinsbeweis bei Verletzung von Verkehrssicherungspflichten → Rdnr. 113.

b) Verhältnis zum gewöhnlichen Beweis (Vollbeweis)

92 Wie sich der Anscheinsbeweis in Voraussetzungen und Wirkungen vom gewöhnlichen Beweis unterscheidet, erscheint nicht völlig geklärt. Falls ein Anscheinsbeweis nur dann bejaht werden könnte, wenn der Richter von der Wahrheit der zu beweisenden Tatsache **überzeugt** ist, würde sich der Anscheinsbeweis in den Anforderungen an die zu erreichende

---

²⁴⁹ Die Beweislast für die Ausgangstatsachen trifft diejenige Partei, die daraus den Anscheinsbeweis ableiten will, *BGHZ* 7, 201.
²⁵⁰ Der prima-facie-Beweis ist nicht auf Billigkeitserwägungen zu gründen, *RG* JW 1932, 2025.
²⁵¹ *BGHZ* 24, 308, 313; *BGH* NJW 1978, 2032, 2033; NJW-RR 1988, 789.
²⁵² *Hainmüller* (Fn. 244), 26 ff. versucht diese als »Erfahrungsgrundsätze« näher zu umreißen.
²⁵³ *BGH* VersR 1991, 460, 461; s. auch *BGH* NJW 1987, 1694.
²⁵⁴ Vgl. *BGH* LM § 286 (C) Nr. 20 a, 29, 31, 53.
²⁵⁵ Vgl. *BGH* LM § 286 (C) Nr. 20; *RGZ* 163, 28; *Wassermeyer* Prima-facie-Beweis (Fn. 244), 14 ff.; *Kollhosser* AcP 165 (1965), 48, 62; *Hainmüller* (Fn. 244), 230 ff.; *Diederichsen* VersR 1966, 212 Fn. 12, 217; *A. Blomeyer* Gutachten (Fn. 66), 23. – *Lepa* NZV 1992, 129, 130 sieht in der »Irgendwie«- Feststellung geradezu das Wesen des Anscheinsbeweises.
²⁵⁶ So z.B. *RGZ* 21, 110 und *OGHZ* 4, 201 (Vorschriften zur Sicherung des Schiffsverkehrs); *BGH* LM § 823 BGB (E) Nr. 5 sowie MDR 1972, 226 und *OLG Frankfurt* VersR 1972, 105 (Unfallverhütungsvorschrift); *BGH* LM § 23 StVO Nr. 3 (Beleuchtungsvorschrift); LM § 17 StVG Nr. 13 (Signalordnung); LM § 286 (C) Nr. 9 und Dt. Rsp. IV 413, 30 f. (Verletzung der Vorfahrt); Dt. Rsp. IV 413, 91 b (Beleuchtung eines Gerüsts); VersR 1972, 767 (Gasleitung); MDR 1974, 217 (Sturz auf einer ungesicherten Treppe); *OLG Düsseldorf* VersR 1982, 501 (Sicherung eines Baugerüsts); *OLG München* VersR 1974, 269 (Reinigungsanordnung); BayObLGZ 1975, 276 = VersR 1976, 788 (Brandverhütungsvorschrift). – Vgl. die Zusammenstellung bei *Hainmüller* (Fn. 244), 188 ff.
²⁵⁷ *BGH* VersR 1986, 916 = JZ 1986, 1020.
²⁵⁸ *BGH* NJW 1992, 1039 = JR 1992, 501 (*Baumgärtel*) = JZ 1993, 671 (*Giesen*).
²⁵⁹ *BGH* NJW 1991, 2021, 2022 im Anschluß an *Marburger* Die Regeln der Technik (1979), 448 ff., 453 ff., der sich für eine Beweislastumkehr als Sanktion für die rechtswidrige Gefahrerhöhung ausspricht.
²⁶⁰ Vgl. *OLG Koblenz* NJW-RR 1988, 1486 (Bruch einer Leiter).

Beweisstärke nicht vom gewöhnlichen Beweis unterscheiden. Das den Begriff kennzeichnende Element des »ersten Anscheins« zeigt aber, daß das Beweisergebnis nicht mit dem Resultat eines gewöhnlichen Beweises übereinstimmt: Es handelt sich um einen zunächst zulässigen Schluß auf die zu beweisende Tatsache, der aber die Möglichkeit einer anderen Tatsachenlage keineswegs ausschließt, sondern umgekehrt in allgemeiner Form geradezu einkalkuliert, und daher nicht mit der beim gewöhnlichen Beweis erforderlichen, dem Zweifel Schweigen gebietenden Beweisstärke (→ Rdnr. 4) gleichgestellt werden kann. In den Fällen des Anscheinsbeweises werden vielmehr **an die Beweisstärke geringere Anforderungen gestellt** als beim gewöhnlichen Beweis, d.h. es gilt ein niedrigeres Beweismaß als das des Vollbeweises[261].

Der BGH hält dagegen daran fest, der Anscheinsbeweis müsse die **Überzeugung des Richters** in vollem Umfang begründen[262]. Daß dies der tatsächlich erreichten Beweisstärke nicht entspricht, wird aber schon in der vom BGH (Fn. 262) im gleichen Atemzug gebrauchten Formulierung deutlich, der typische Geschehensablauf müsse die Bejahung der Beweisfrage »nahelegen«; denn wenn die Wahrheit der entsprechenden Tatsachenbehauptung nur naheliegt, dann ist vom Sprachsinn her noch keine volle Überzeugung gegeben. Auch der BGH[263] stellt im übrigen dem Anscheinsbeweis ganz unbefangen den »*vollen Beweis*« gegenüber und erkennt damit in der Terminologie an, daß mit dem Anscheinsbeweis ein *weniger an Beweisstärke* verbunden ist als beim gewöhnlichen Beweis. Das BVerfG[264] hat keine Bedenken dagegen, den Anscheinsbeweis bei der Verhängung eines Ordnungsgeldes nach § 890 Abs. 1 heranzuziehen, erklärt aber, ein Beweis des ersten Anscheins reiche für eine Verurteilung in einem Strafprozeß grundsätzlich nicht aus. Darin wird ebenfalls deutlich, daß der Anscheinsbeweis zu einer geringeren Beweisstärke führt als der Vollbeweis.

93

Die **Rechtfertigung für die Anerkennung des Anscheinsbeweises** kann, da § 286 eine derartige Differenzierung im Beweismaß nicht erkennen läßt, nur in den von der Rechtsprechung entwickelten Regeln über den Anscheinsbeweis gefunden werden, die sich demnach als richterrechtliche (bzw. heute gewohnheitsrechtliche, → Rdnr. 99a) Normen darstellen. Da aber ein Regelbeweismaß (das des Vollbeweises) und ein reduziertes Beweismaß (das des Anscheinsbeweises) nicht unabgegrenzt nebeneinander gelten können, muß der **Anwendungsbereich des Anscheinsbeweises** durch tatbestandsmäßig umschriebene Voraussetzungen vom Normalfall unterschieden werden. Der Kern der Beweisführung und zugleich das entscheidende rechtfertigende Element liegt in dem **typischen Geschehensablauf.** Auf diese Voraussetzung kann, mag sie auch vergleichsweise unbestimmt sein, nicht verzichtet werden, wenn man nicht generell ein reduziertes Beweismaß (etwa überwiegende Wahrscheinlichkeit) akzeptieren will (dagegen → Rdnr. 5). Diejenigen Entscheidungen, die einen Anscheinsbeweis *unabhängig* vom Vorliegen eines typischen Geschehensablaufes anerkennen (→ Fn. 246), sind daher abzulehnen.

94

Aber auch der typische Geschehensablauf allein vermag den Anscheinsbeweis nicht immer zu rechtfertigen. Da die Führung eines Anscheinsbeweises bedeutet, daß eine Einzelaufklärung der Tatsachenlage unterbleibt (→ Rdnr. 91), muß es von den **Tatbestandsmerkmalen** her, um deren tatsächliche Voraussetzungen es geht, zulässig sein, sich mit einer solchen Irgendwie-Feststellung zu begnügen. Beim Anscheinsbeweis von **Kausalität** und **Verschulden** leuchtet ein solches Vorgehen ein. Wenn man für diese Voraussetzungen des materiellen

95

---

[261] Vgl. *Musielak* (Fn. 66), 120 ff. (für den Anscheinsbeweis der Kausalität, anders jedoch hinsichtlich des Anscheinsbeweises der Fahrlässigkeit, aaO 89 ff.); *G. Walter* (Fn. 1), 205 ff.; *R. Bender* (Fn. 1) 259; *Nell* (Fn. 1), 97; *Leipold* Beweismaß (Fn. 66), 11 ff.; *Rommé* (Fn. 244), 121 ff. – A.M. *P. Gottwald* (Fn. 1), 202; *MünchKomm-ZPO-Prütting* Rdnr. 44, 51.

[262] *BGH* NJW 1982, 2668 = MDR 1983, 46 = LM § 8 StVO Nr. 6.
[263] So z.B. in *BGH* LM § 286 (C) Nr. 72 = MDR 1981, 738.
[264] *BVerfGE* 84, 82, 87 = NJW 1991, 3139.

Rechts immer eine bis ins einzelne gehende tatsächliche Aufklärung verlangen wollte, wären die materiellen Anspruchsgrundlagen weitgehend entwertet. Ob man außerhalb des Beweises von Kausalität und Verschulden überhaupt die Regeln des Anscheinsbeweises anwenden sollte, erscheint sehr fraglich. Wenn man zugibt, daß der Anscheinsbeweis mehr ist als eine bloße Anwendung des § 286, dann ist es auch ohne inneren Widerspruch möglich, den **Anwendungsbereich** dieser besonderen beweisrechtlichen Norm **auf den Nachweis von Ursächlichkeit und Verschulden zu beschränken**[265].

96   Vom Anscheinsbeweis zu unterscheiden sind Fälle, in denen im Rahmen **vertraglicher Rechtsbeziehungen** aufgrund des **Vertragsinhalts** und der typischen Interessenlage angenommen werden kann, daß vom Vorliegen einer relevanten Tatsache bereits bei hinreichender Wahrscheinlichkeit auszugehen ist. Eine solche Beweiserleichterung, die keinen typischen Geschehensablauf voraussetzt und keinen Anscheinsbeweis darstellt, wird bei der **Diebstahlsversicherung** (insbesondere für Kraftfahrzeuge) bejaht[265a]. Hier genügt die Feststellung von Beweisanzeichen, denen das äußere Bild eines bedingungsgemäß versicherten Diebstahls mit hinreichender Wahrscheinlichkeit entnommen werden kann[266]. Die Anwendung eines niedrigeren Beweismaßes wird hier aus dem Zweck der Diebstahlsversicherung unter Auslegung von § 12 AKB hergeleitet, also auf eine Vereinbarung (in Form typisierter Bedingungen) gestützt. Diese »bedingungsgemäße Herabsetzung des Beweismaßes« (so BGH Fn. 267) kommt aber nur dem Versicherungsnehmer, nicht auch dem Versicherer in einem Rückforderungsprozeß zugute[267]. Die Herabsetzung des Beweismaßes zugunsten des Versicherungsnehmers gilt auch für Einbruchdiebstahl oder Entwendung durch Raub oder räuberische Erpressung[268].

c) Die Erschütterung des Anscheinsbeweises

97   Durch den Anscheinsbeweis wird praktisch der Gegner zum Beweis genötigt. Dennoch wäre es unrichtig, hier von einer Verschiebung oder Umkehrung der Beweislast[269] zu sprechen. Der Gegner braucht nämlich nicht das *Gegenteil* (insbesondere das Nichtvorliegen von Kausalität oder Verschulden) nachzuweisen, sondern lediglich die auf dem Anscheinsbeweis beruhende Schlußfolgerung zu **erschüttern,** also einen sog. **Gegenbeweis** (→ § 284 Rdnr. 7) zu

---

[265] Daß der Beweis von Kausalität und Verschulden den Kernbereich des Anscheinsbeweises darstellt, erkennt auch die Rechtsprechung an, z.B. *BGH* LM § 286 (C) Nr. 54 = NJW 1966, 1263 = MDR 1966, 663. Von hier aus wäre es kein allzu großer Schritt, eine normative Begrenzung auf diese Beweisfragen zu bejahen, solange sich nicht auch in anderen Fällen ein hinreichendes beweisrechtliches Bedürfnis in Verbindung mit einer vergleichbaren Struktur der materiell-rechtlichen Tatbestandsmerkmale feststellen läßt. – S. auch *G. Walter* (Fn. 1), 215 f., 232 f., der die Beweismaßreduzierung für bestimmte Fallgruppen begründen will, sich dabei allerdings vom Anscheinsbeweis als solchem und seiner Kopplung mit dem typischen Geschehensablauf lösen möchte. Damit erhält aber die Beweiserleichterung einen generalklauselartigen Charakter, der nur durch Fallgruppen konkretisiert wird. Demgegenüber wird hier eine normative Fixierung des Anwendungsbereichs befürwortet. S. auch *Leipold* Beweismaß (Fn. 66), 14 ff.

[265a] Dazu ausführlich *Römer* NJW 1996, 2329.

[266] BGHZ 79, 54, 59 = MDR 1981, 297; *BGH* MDR 1984, 209 = VersR 1984, 29; VersR 1985, 559; NJW-RR 1990, 92 = VersR 1990, 45; NJW 1995, 2169; *OLG Hamm* VersR 1981, 1073 (Bootsdiebstahl). Die Beweisanforderungen dürfen aber auch nicht zu gering angesetzt werden, vgl. *BGH* NJW-RR 1996, 983. – Nach *OLG Düsseldorf* VersR 1995, 460 gilt die Beweiserleichterung auch für den Nachweis des Zeitpunkts des Diebstahls. – S. auch *OLG Hamm* VersR 1981, 925 (zur Krankenversicherung; es genügt, wenn der Versicherungsnehmer das äußere Erscheinungsbild eines Unfalls dartut).

[267] BGHZ 123, 217 = NJW 1993, 2678 = MDR 1993, 1055 (*Knoche*).

[268] *BGH* NJW 1991, 3284. – Zu den Beweisanforderungen, wenn der Versicherer einen vorgetäuschten Einbruch (bzw. eigene Brandstiftung) einwendet, s. *BGH* NJW-RR 1996, 275.

[269] Wie hier *BGHZ* 2, 1; *BGH* LM § 286 (A) Nr. 6; LM § 286 (C) Nr. 7; *OGHZ* 4, 201; *RGZ* 69, 434; 84, 385; 120, 264; 134, 241; 157, 88; 159, 239, 289; DR 1940, 744; *Rosenberg* (Fn. 66), 184; *A. Blomeyer* Gutachten (Fn. 66), 18 f.; *Hainmüller* (Fn. 244), 84. Anders z.B. *Fitting* ZZP 13 (1889), 66. Ähnliche Wendungen in gerichtlichen Entscheidungen bei *Leonhard* (Fn. 66), 181 f.; vgl. ferner *Smid* Der prima-facie-Beweis (1925); *Rabel* RheinZ 1923, 428; *Heinsheimer* RheinZ 1924, 1 ff.; *Wassermeyer* Kollisionsprozeß⁴ (Fn. 244), 84 ff.; *ders.* Prima-facie-Beweis (Fn. 244), 3 ff. (für den prima-facie-Schuldbeweis; den prima-facie-Kausalitätsbeweis lehnt *Wassermeyer* ab); *Peters* MDR 1949, 67.

führen²⁷⁰. Der Anscheinsbeweis unterscheidet sich damit in der Wirkung von den Beweislastregeln und gesetzlichen Vermutungen (→ § 292 Rdnr. 15)²⁷¹.

Gelingt es dem Gegner, **erhebliche konkrete Zweifel an dem Beweis** zu wecken, so geht dies zu Lasten der Partei, die die Beweislast von vornherein hatte und behalten hat²⁷². Zur Entkräftung des prima-facie-Beweises ist erforderlich, daß der Gegner den **Nachweis der ernsthaften Möglichkeit**²⁷²ᵃ **eines anderen (atypischen) Geschehensablaufes im konkreten Fall** erbringt; der Nachweis der größeren Wahrscheinlichkeit dieser Sachverhaltsgestaltung ist nicht erforderlich²⁷³. Die Möglichkeit eines anderen Ablaufs muß aber aus **konkreten Tatsachen** abgeleitet werden, die vom Gegner zu behaupten und voll zu beweisen sind²⁷⁴. Durch einen derartigen Nachweis wird dargetan, daß es sich – entgegen dem ersten Anschein – um einen *atypisch* gestalteten Sachverhalt handelt. Welche Tatsachen im konkreten Fall ausreichen, um ernsthaft einen anderen Geschehensablauf als den nach der allgemeinen Erfahrung typischen in Betracht zu ziehen und somit den Anscheinsbeweis zu erschüttern, ist Sache der tatrichterlichen Würdigung²⁷⁵.

98

d) Rechtsnatur

Die Rechtsnatur des Anscheinsbeweises ist umstritten. Da seine Bedeutung auf dem Gebiet der Beweiswürdigung²⁷⁶ (nicht der Beweislast²⁷⁷) liegt, handelt es sich um ein **prozeßrechtliches Institut**²⁷⁸. In § 286 findet der Anscheinsbeweis nur insoweit eine Grundlage, als die freie Beweiswürdigung dem Richter Schlußfolgerungen aufgrund von Indizien und Erfahrungssätzen gestattet.

99

Die Reduzierung der erforderlichen Beweisstärke im Vergleich zum Vollbeweis läßt sich dagegen nicht aus § 286 herleiten. Aus § 286 ergibt sich auch nicht²⁷⁹, daß die Regeln des Anscheinsbeweises den Richter **rechtlich binden** und daß daher, worauf in der praktischen Anwendung das Schwergewicht liegt, ihre Anwendung **in der Revisionsinstanz überprüfbar** ist. Die allgemeinen Grundsätze²⁸⁰ des Anscheinsbeweises sind aber als *richterrechtliche Rechtsfortbildung*, heute auch schon als **Gewohnheitsrecht** anzusehen²⁸¹. Die zugrundeliegenden *Erfahrungssätze* selbst werden dadurch jedoch nicht zu Rechtsnormen²⁸².

99a

---

²⁷⁰ *A. Blomeyer* ZPR² § 73 I; Gutachten (Fn. 66), 18 ff. spricht von einer Gegenbeweislast, im Anschluß an *Rosenberg* (Fn. 66), 193 ff.
²⁷¹ Die Bezeichnung als (tatsächliche) Vermutung sollte daher besser vermieden werden.
²⁷² RG JW 1936, 1967.
²⁷²ᵃ BGH VersR 1995, 723.
²⁷³ BGHZ 2, 1; 6, 169; 8, 239; 17, 191; *BGH* LM § 286 (C) Nr. 10, 20a, 29, 31, 42; VersR 1995, 723; ständige Rsp.
²⁷⁴ BGHZ 2, 1; 6, 169; 8, 239; 17, 191; LM § 286 (C) Nr. 20a, Nr. 71 = NJW 1978, 2032; VersR 1989, 54, 55; NJW 1991, 230, 231; VersR 1995, 723; ständige Rsp.
²⁷⁵ BGH LM § 286 (C) Nr. 58 = NJW 1969, 277.
²⁷⁶ *E. Pawlowski* (Fn. 244), unternimmt dagegen eine weitgehend materiell-rechtliche Deutung des prima-facie-Beweises bei deliktischen und vertraglichen Schadensersatzansprüchen. Im prima-facie-Beweis der Kausalität bei Delikt sieht *E. Pawlowski* die Konstruktion der Rechtswidrigkeit als Pflichtwidrigkeit (S. 46, 51); im prima-facie-Beweis der Schuld den Ausdruck eines objektiven Schuldbegriffs (S. 67). Die bei positiver Vertragsverletzung von der Rsp als Grundlage eines prima-facie-Beweises für das Verschulden geforderte Sachlage deutet *E. Pawlowski* als Feststellung der Vertragswidrigkeit des

Schuldners (S. 85 ff.). Bei dieser Betrachtungsweise wird aber zum einen die entscheidende Bedeutung der typischen Fallgestaltung für den prima-facie-Beweis außer acht gelassen und zum anderen der Erschütterungsbeweis zu Unrecht weitgehend als Hauptbeweis verstanden (S. 31, 33, 67, 102).
²⁷⁷ BGH VersR 1985, 133 (daher auch im Haftpflichtprozeß nach CMR zulässig).
²⁷⁸ A.M. *Diederichsen* VersR 1966, 221, der den Anscheinsbeweis zum materiellen Recht zählt, da er die Zurechnung von tatsächlich unaufgeklärten Sachverhaltselementen bewirke. Dagegen *A. Blomeyer* Gutachten (Fn. 66), 30.
²⁷⁹ A.M. *A. Blomeyer* Gutachten (Fn. 66), 27, 47, der die Bindung an Erfahrungssätze aus § 286 Abs. 1 entnimmt, so daß die Revisibilität sich aus dem Verstoß gegen § 286 ergibt.
²⁸⁰ Abweichend sieht *Kollhosser* AcP 165 (1965), 56 ff., 80 in den Einzelsätzen des prima-facie-Beweises gewohnheitsrechtliche Beweiswürdigungsregeln.
²⁸¹ Vgl. *RGZ* 69, 434; 130, 359.
²⁸² A.M. *Schwinge* Revisionsrecht² 157 (Rechtsnormen durch Bezugnahme in § 286); *Haimmüller* (Fn. 244), 59 ff. (Rechtsnormen des Richterrechts).

2. Einzelfälle

100 Der Anscheinsbeweis findet vor allem[283] für den Nachweis von **Ursächlichkeit** und **Verschulden** Anwendung, worauf schon die Formel vom typischen Geschehensablauf hindeutet. Mittels eines Anscheinsbeweises kann sowohl von einem feststehenden Ereignis auf den Zusammenhang mit einem eingetretenen Erfolg wie auch umgekehrt von einem eingetretenen Erfolg auf ein bestimmtes Ereignis als Ursache geschlossen werden[284]. Für den Nachweis **grober Fahrlässigkeit** will die Rsp den Anscheinsbeweis (jedenfalls in der Regel) nicht heranziehen[285].

Beispiele:

101 a) **Schiffsverkehr**: Bei **Schiffszusammenstößen**[286] spricht der erste Anschein für ein Verschulden der Schiffsführung, die gegen zur Sicherung des Schiffsverkehrs erlassene Vorschriften[287] oder gegen Regeln der seemännischen Praxis[288] verstoßen hat, sowie für ein Verschulden der Führung jenes Schiffes, das mit einem stilliegenden Schiff oder Bauwerk kollidiert[289] oder das auf ein vorausfahrendes Schiff auffährt[290]. Bei Verlust eines Ankers durch Bruch der Ankerkette wird ein Anscheinsbeweis für Verschulden der Schiffsführung bejaht (entweder unsachgemäßes Ankermanöver oder mangelhafte Pflege der Kette), jedoch nicht, wenn ein verborgener Materialfehler vorlag[291]. – Verneint wurde ein Anscheinsbeweis für Verschulden der Schiffsbesatzung an dem auf einem Seeschiff entstandenen **Ladungsschaden**, wenn die Fahrt störungsfrei verlief und das Schiff kein schweres Wetter antraf[292], oder für Ursächlichkeit einer fehlerhaften Drahtbefestigung, wenn das Abstoppen in einer Schleuse mißlingt[293].

102 b) **Straßenverkehr**: Besondere Bedeutung hat der Anscheinsbeweis bei Straßenverkehrsunfällen erlangt. Ein prima-facie-Schluß auf **Verschulden des Fahrers** ergibt sich, wenn ein Fahrzeug gegen einen Baum[294] oder Begrenzungspfosten[295] stößt, wenn ein Fahrzeug von der Straße ab[296] und ins Schleudern

---

[283] *Hainmüller* (Fn. 244), 170 will (anders als die Rsp) den Anscheinsbeweis auf die (haftungsbegründende) Kausalität und die Fahrlässigkeit beschränken. – Ob man außerhalb des Kausalitäts- und Verschuldensnachweises den Anscheinsbeweis anerkennen sollte, ist in der Tat zweifelhaft → Rdnr. 95.

[284] *BGH* LM § 286 (C) Nr. 26 (Vorfinden von Tamponresten in Operationswunden erlaubt den Schluß auf Zurücklassung durch den operierenden Arzt; *BGH* NJW 1991, 230 = LM § 286 (C) Nr. 87 (typische Unfallverletzungen begründen den Anscheinsbeweis dafür, daß der Sicherheitsgurt nicht angelegt war).

[285] *BGH* VersR 1968, 668; 1969, 77; 1972, 171; LM § 277 BGB Nr. 3; LM § 640 RVO Nr. 4; WM 1983, 1009 = VRS 65 (1983), 347; *BAG* VersR 1974, 379; *KG* OLGZ 1975, 8; *OLG Köln* VersR 1976, 71; 1978, 154; *OLG Hamm* VersR 1976, 683; *OLG Karlsruhe* VersR 1983, 627; *OLG Nürnberg* VersR 1995, 331. Teils abweichende Rsp → Fn. 310. Einen Anscheinsbeweis für grobe Fahrlässigkeit des Kontoinhabers bei Abhebung durch einen Dritten am Geldautomaten (mit ec-Karte und PIN-Nr.) bejaht *AG Diepholz* WM 1995, 1919.

[286] Dazu auch *Wassermeyer* VersR 1974, 1052.

[287] *BGH* VRS Bd. 71 (1986), 133 (Fortsetzung der Fahrt durch Steuermann ohne Radarschifferzeugnis); *RGZ* 21, 110; 76, 297; 97, 13; *OGHZ* 4, 201; *BGH* LM BinnSchStrO 1966 Nr. 1/2 = MDR 1971, 562 (Nichtabgabe der vorgeschriebenen Nebelzeichen); *OLG Hamburg* VersR 1974, 1200 = MDR 1974, 675 (unterlassene Schallsignale).

[288] *BGH* LM SeeschiffahrtsstrO Nr. 1.

[289] *BGH* LM § 286 (C) Nr. 4; VersR 1969, 1090; *OLG München* VersR 1960, 976; *KG* VersR 1976, 463; *RGZ* 120, 264; SeuffArch 71 (1916), 411. Ebenso, wenn das stilliegende Schiff zwar nicht ordnungsgemäß gesichert war, aber jedenfalls so, daß es nicht in den Kurs des anderen Schiffes gelangen konnte, *BGH* LM § 92b BinnSchG = VersR 1982, 646 = VersR 1982, 491, anders bei nicht vorschriftsmäßiger Beleuchtung des stilliegenden Schiffes, *BGH* MDR 1966, 578 oder wenn das Schiff an unerlaubter Stelle vor Anker lag, *OLG Hamburg* VersR 1974, 1200 (Fn. 287). – Zum Schiffszusammenstoß s. ferner *BGH* LM § 286 (C) Nr. 20; *RGZ* 69, 434; zum Anscheinsbeweis für Verschulden der Schiffsführung bei einem zur Verformung von Leitdalben führenden Aufprall *BGH* LM § 286 (C) Nr. 68 = MDR 1977, 820.

[290] *RhSchOG Köln* VersR 1979, 439.

[291] *BGH* LM § 286 (C) Nr. 67 = VersR 1977, 247.

[292] *OLG Hamburg* VersR 1978, 713.

[293] *BGH* NZV 1993, 225. – Der Anscheinsbeweis streitet für ein Verschulden der Schiffsführung, wenn ein Schiff bei Einfahrt in eine Schleuse das Untertor anfährt, *OLG Karlsruhe* NZV 1995, 361.

[294] *BGH* LM § 286 (C) Nr. 7; *BGHZ* 8, 239; MDR 1959, 480 = VersR 1959, 445 (nicht schon dadurch ausgeräumt, daß von Müdigkeit übermannt, denn auch das weist auf Verschulden hin), *OLG Hamburg* VersR 1970, 188 (Hinweis auf witterungsbedingte Straßenglätte genügt nicht ohne weiteres zur Entkräftung); *RG* JW 1932, 2025; 1936, 1890; *LG Stade* MDR 1952, 493 (grobe Fahrlässigkeit, → aber Fn. 285).

[295] Vgl. *OLG München* VersR 1970, 630 (aber nicht auch Anscheinsbeweis für Verschulden des Halters, der dem Fahrer das Steuer überlassen hatte).

[296] *BGH* VersR 1966, 693 (auf gut ausgebauter, 7 m breiter Straße in leichter Linkskurve); DAR 1984, 85; *BAG* NJW 1967, 269 (normale, nicht leichteste Fahrlässigkeit); *OLG Stuttgart* VersR 1974, 502 (Entkräftung möglich, wenn nachweislich ein Hase kurz vor dem Fahrzeug die Straße überquert hat); *OLG Karlsruhe* Justiz

gerät²⁹⁷, auch bei (dem Fahrer bekannter) Eisglätte²⁹⁸, wenn ein Kraftwagen den Bürgersteig²⁹⁹ oder den Grünstreifen auf der Autobahn³⁰⁰ überfährt, und wenn ein Motorradfahrer³⁰¹ stürzt, nachdem er eine Kurve nahe der Grenzgeschwindigkeit durchfahren hat³⁰². Gerät ein Kraftfahrzeug³⁰³ oder ein Radfahrer³⁰⁴ auf die linke Straßenseite, so spricht der erste Anschein für ein Verschulden des Auto- bzw. Radfahrers.

Bei **Zusammenstößen** spricht der erste Anschein für ein Verschulden des **Linksfahrenden**³⁰⁵, bei Zusammenstößen auf Kreuzungen für eine schuldhafte **Verletzung der Vorfahrt**³⁰⁶, bei einer Ampelregelung mit Abbiegepfeil aber nicht für Verschulden des Linksabbiegers im Verhältnis zum entgegenkommenden Verkehrsteilnehmer³⁰⁶ᵃ. Der Anscheinsbeweis gegen den Vorfahrtsverletzenden gilt nicht, wenn ein Wartepflichtiger nach rechts in die Vorfahrtsstraße einbiegt und dabei auf der rechten Fahrbahnseite mit einem von rechts kommenden, überholenden Fahrzeug zusammenstößt³⁰⁷.

103

Alkoholeinfluß, der die Fahrtüchtigkeit beeinträchtigt³⁰⁸, ist in der Regel (bei einer Verkehrssituation, die ein nüchterner Fahrer gemeistert hätte³⁰⁹) ursächlich für einen eintretenden Unfall³¹⁰. Auch für Verschulden eines auf der Straße liegenden und dann überfahrenen Fußgängers, der unter Alkoholeinfluß stand, kann ein Anscheinsbeweis sprechen³¹¹.

104

Wird beim **Vorbeifahren** der erforderliche **Abstand** nicht eingehalten, so ergibt sich daraus der Schluß auf Verschulden des Vorbeifahrenden³¹². Bei **Auffahren** auf vorausfahrende³¹³ oder seitlich parkende³¹⁴

105

1979, 295 (bloße Behauptung, dem Fahrer sei ein Tier in den Weg gelaufen, genügt nicht zur Entkräftung des Anscheinsbeweises); *OLG Hamm* VersR 1979, 357 (nicht ohne weiteres Schluß auf grobe Fahrlässigkeit des von der Autobahnfahrbahn abgekommenen Fahrers). – Der Anscheinsbeweis gilt dagegen nicht, wenn das Abkommen von der Straße mit einem knappen Überholtwerden durch ein anderes Fahrzeug in Zusammenhang steht, *BGH NJW* 1996, 1828.
Zum Anscheinsbeweis bei Wildunfällen vgl. *OLG Nürnberg* VersR 1981, 1069 (Anscheinsbeweis für Mitursächlichkeit). Ob es einen Anscheinsbeweis für Vorliegen eines Wildunfalls gibt, läßt *OLG Hamm* VersR 1982, 868 offen; verneinend *Theda* VersR 1974, 214, 215f.
²⁹⁷ *BGH* VersR 1961, 232; MDR 1961 133 = VersR 1963 (vereiste Fahrbahn, mindestens 40 km/h); *OLG Bremen* VersR 1966, 278 (aber nicht, wenn die Beschaffenheit der Straße einen atypischen Verlauf nahelegt). – S. auch *BGH* LM § 286 (C) Nr. 34: kein Anscheinsbeweis dafür, daß sich ein schleudernder Wagen bei nicht abgefahrenem Reifenprofil wieder abfangen ließe.
²⁹⁸ *BGH* LM § 286 (C) Nr. 62a = VersR 1971, 842; NJW 1989, 3273, 3274.
²⁹⁹ *BGH* LM § 286 (C) Nr. 2 = NJW 1951, 195.
³⁰⁰ *BGH* LM § 256 Nr. 45. – Der prima-facie-Beweis für das Verschulden eines Fahrers, dessen Pkw auf der Autobahn aus der Fahrtrichtung abkommt, ist jedoch ausgeräumt bei erheblichem Höhenunterschied der Betonplatten von Überhol- und Normalfahrbahn *BGH* VersR 1966, 344.
³⁰¹ Dazu auch *OLG Düsseldorf* VersR 1981, 263; *OLG Hamburg* VersR 1982, 873 (u. a. zum Anscheinsbeweis bei Fahren ohne Fahrerlaubnis).
³⁰² *BGH* MDR 1963, 123 = VersR 1962, 1208.
³⁰³ *BGH* VersR 1969, 636; *OLG Frankfurt* VersR 1978, 828. Anders, wenn das Abkommen von der Fahrtrichtung auf einem Bremsvorgang beruht, dessen Ursache nicht erwiesen ist, *OLG Oldenburg* VersR 1978, 1148.
³⁰⁴ *BGH* LM § 828 BGB Nr. 4 = NJW 1970, 1038 = MDR 1970, 578 (dies gilt auch, wenn es um die Fahrlässigkeit eines Jugendlichen geht). Stark einschränkend *BGH* JZ 1986, 251 = NJW-RR 1986, 383, wobei es aber der Sache nach bereits um eine Erschütterung des Anscheinsbeweises aufgrund der konkreten Umstände geht.
³⁰⁵ *BGH* LM § 8 StVO Nr. 9; VRS 22 (1962), 88; NJW 1962, 796.

³⁰⁶ *BGH* LM § 13 StVO Nr. 7; VersR 1958, 781; VersR 1959, 792 (anders im konkreten Fall); *OLG Celle* VersR 1973, 1147 u. *OLG Stuttgart* VersR 1982, 1175 (nicht bei nachgewiesener überhöhter Geschwindigkeit des Vorfahrtberechtigten); *OLG Hamm* VersR 1975, 161; *OLG Köln* VersR 1978, 830; 1981, 340.
³⁰⁶ᵃ *BGH* NJW 1996, 1405.
³⁰⁷ *BGH* LM § 8 StVO Nr. 6 = NJW 1982, 2668 = MDR 1983, 46. – Ist der vorfahrtberechtigte Fahrer ohne Beleuchtung des Fahrzeugs gefahren, so spricht der Anscheinsbeweis für sein Verschulden, *KG* VersR 1983, 839 = VRS 64 (1983), 172.
³⁰⁸ Aber kein Anscheinsbeweis für Fahruntüchtigkeit, wenn die Blutalkoholkonzentration unterhalb der Grenze für absolute Fahruntüchtigkeit liegt, *BGH* NJW 1988, 1846.
³⁰⁹ Diese Einschränkung betonen *OLG Zweibrücken* VRS 88 (1995), 109; *OLG Saarbrücken* VersR 1974, 259; *OLG Koblenz* VersR 1974, 1215; *KG* VersR 1974, 266; *OLG Zweibrücken* VersR 1977, 246. – Daher kein Anscheinsbeweis für die Ursächlichkeit des Alkoholeinflusses, wenn ein Fußgänger im letzten Moment die Straße überquerte mit, *BGH* VersR 1961, 620; wenn ein anderer Fahrer die Vorfahrt verletzt, *BGH* VersR 1961, 693; s. auch *BGH* VersR 1962, 132 (anderer Fahrer ebenfalls nicht nüchtern).
³¹⁰ *BGHZ* 18, 311; VersR 1966, 585; VersR 1986, 141; *OLG Schleswig-Holstein* VersR 1961, 841; VersR 1972, 292 (mit Anm. *Franke*); *OLG Köln* MDR 1969, 399 = VersR 1969, 1014 (grobe Fahrlässigkeit); *OLG Stuttgart* VersR 1972, 290 (kein Anscheinsbeweis für grobe Fahrlässigkeit); *OLG Frankfurt* VersR 1981, 51 (auch bei Wildschaden Anscheinsbeweis für grobe Fahrlässigkeit); *OLG München* VersR 1981, 373; *OLG Oldenburg* VersR 1982, 968; *OLG Karlsruhe* VersR 1983, 627; *OLG Hamm* VersR 1995, 949.
³¹¹ *BGH* LM § 286 (C) Nr. 66 = NJW 1976, 897 = MDR 1976, 654. Zum Anscheinsbeweis zu Lasten eines Fußgängers unter Alkoholeinfluß s. auch *OLG Braunschweig* VersR 1967, 1188; *OLG Koblenz* VersR 1975, 514; *OLG Hamm* VersR 1968, 86; 1977 762; andererseits *OLG Zweibrücken* VersR 1977, 1135 (LS); *LG Münster* VersR 1977, 27 (Entkräftung, wenn der Kfz-Fahrer ebenfalls unter Alkoholeinfluß stand und absolut fahruntüchtig war).
³¹² *BGH* LM § 286 (C) Nr. 10.
³¹³ *BGH* MDR 1964, 314 = LM § 286 (C) Nr. 53;

Fahrzeuge oder Hindernisse[315] spricht der erste Anschein für eine verschuldete Fahrweise des Auffahrenden. Dies gilt jedoch nicht, wenn bei Dunkelheit ein Fußgänger angefahren wird, der möglicherweise so spät in die Fahrbahn getreten ist, daß ein Zusammenstoß auch bei Sichtgeschwindigkeit nicht hätte vermieden werden können[316]. Auch wurde ein Anscheinsbeweis für Verschulden des die Autobahn benutzenden, bevorrechtigten Fahrers verneint, wenn sich der Auffahrunfall im zeitlichen und räumlichen Zusammenhang mit dem Einfahren eines Fahrzeugs in die Autobahn ereignete[317]. Bei **Zusammenstoß mit einem entgegenkommenden Fahrzeug** ist nach der Lebenserfahrung vom Ursachenzusammenhang mit dem **Überholmanöver** auszugehen[318]. Nicht einleuchtend ist es, einen Anscheinsbeweis für Verschulden des überholenden Fahrzeugs zu verneinen, wenn dieses mit der rechten Vorderkante gegen die linke Hinterseite des überholten Fahrzeugs stößt und sich der Vorgang kurz vor einer Kurve ereignete, wo das Überholen durch eine durchgezogene Mittellinie verboten war[319]. Bei Zusammenstoß eines wendenden mit einem entgegenkommenden Fahrzeug spricht der Anscheinsbeweis für ein unfallursächliches Fehlverhalten des Wendenden[320].

106 Bei einem Unfall im unmittelbaren Zusammenhang mit dem **Anfahren vom Fahrbahnrand** spricht der Beweis des ersten Anscheins für ein Verschulden des Anfahrenden[321]; ähnliches gilt für das Verschulden eines aus einem Parkstreifen rückwärts auf die Fahrbahn einfahrenden Kraftfahrers[322].

107 Aus dem **Verstoß gegen Beleuchtungsvorschriften** ergibt sich der Schluß auf die Ursächlichkeit für einen Zusammenstoß[323]. Wird ein Verkehrszeichen übersehen, so läßt dies prima-facie auf Fahrlässigkeit schließen[324]. Ein Anscheinsbeweis für Verschulden des Kraftfahrers ergibt sich nicht allein daraus, daß ein Fußgänger beim **Überschreiten der Fahrbahn** angefahren wird[325].

108 Erleidet ein Motorradfahrer, der **ohne Schutzhelm** fährt, bei einem Unfall Kopfverletzungen, vor denen der Helm allgemein schützen soll, so spricht der Anscheinsbeweis für einen ursächlichen Zusammenhang zwischen dem Nichtbenutzen des Helms und den eingetretenen Kopfverletzungen[326]. Bei Verstößen gegen die **Anschnallpflicht** kann bei typischen Gruppen von Unfallverläufen ebenfalls der erste Anschein für die Ursächlichkeit für Verletzungen sprechen[327]. Aus bestimmten typischen Verletzungen kann sich ein Anscheinsbeweis dafür ergeben, daß der Verletzte den **Sicherheitsgurt nicht angelegt** hatte[328].

109 c) **Eisenbahnverkehr; Gütertransport:** Bei Eisenbahnunfällen wurde auf ein Verschulden des Verunglückten geschlossen, der trotz rechtzeitig geschlossener Schranke **vom Zug erfaßt** wurde[329], auf Unfallursächlichkeit der Unterlassung eines vorgeschriebenen Signals[330], nicht aber bei einem Unfall auf den Zu- oder Abgängen zum Zug auf eine Vertragsverletzung des Beförderers[331], ebensowenig umgekehrt

---

VersR 1969, 859, 900; *LG Stuttgart* VersR 1966, 149; 1973, 325; *OLG Köln* VersR 1970, 91; 1971, 945 (auch bei Kolonnenfahrt auf der Autobahn); *OLG Hamburg* DAR 1965, 301; *OLG Celle* VersR 1974, 496. Zur Erschütterung dieses Anscheinsbeweises aufgrund der konkreten Umstände *OLG Köln* VersR 1974, 161 (LS) (plötzliches Abbremsen); *OLG Celle* VersR 1975, 265 sowie *OLG Köln* VersR 1978, 143 u. *OLG Düsseldorf* VersR 1983, 40 u. *KG* VRS 65 (1983), 189 u. *LG Gießen* VersR 1996, 773 (vorausfahrendes Fahrzeug wechselt kurz vor dem Aufprall die Fahrbahn); *OLG Hamburg* VersR 1980, 1171 (Ölspur und Seitenwind); *OLG Hamm* VersR 1981, 788 (vorausfahrendes Fahrzeug stellt sich quer); *OLG Nürnberg* DAR 1984, 229 (Auffahren des nachfolgenden Autos). Zu Kettenauffahrunfällen *OLG Karlsruhe* NJW 1971, 1944; *OLG Hamm* VersR 1982, 1150 (uneingeschränkte Geltung des Anscheinsbeweises nur für den letzten Fahrer der Kette).

[314] *BGH* LM § 286 (C) Nr. 20a; VersR 1989, 54 (auch beim Auffahren auf einen auf dem rechten Fahrstreifen der Autobahn liegengebliebenen Tieflader).

[315] *BGH* VersR 1966, 567 (quergestellter Anhänger); LM § 286 (C) Nr. 42 = MDR 1960, 42 = NJW 1960, 99 = VersR 1959, 1034 (unbeleuchtetes Hindernis); *OLG Hamm* VersR 1976, 299 (LS) (zumindest für Mitursächlichkeit).

[316] *BGH* LM § 276 (Cg) BGB Nr. 8a = MDR 1968, 572 = VersR 1968, 603.

[317] *BGH* LM § 18 StVO 1970 Nr. 2 = NJW 1982, 1595.

[318] *BGH* MDR 1983, 37.

[319] *BGH* LM § 286 (C) Nr. 65 = NJW 1975, 312.

[320] *BGH* LM § 286 (B) Nr. 64 = NJW-RR 1986, 384 (aber Erschütterung des Anscheinsbeweises bei weit überhöhter Geschwindigkeit des entgegenkommenden Fahrzeugs).

[321] *OLG Düsseldorf* VersR 1977, 60; 1978, 852.

[322] *OLG Frankfurt* VersR 1982, 1079.

[323] *BGH* LM § 23 StVO Nr. 3; VersR 1959, 805; VersR 1964, 296; *OLG Düsseldorf* VersR 1972, 378; 1975, 143, 144.

[324] *BGH* VersR 1955, 183 f.

[325] *BGH* LM § 286 (C) Nr. 13 (der erste Anschein spreche für Unaufmerksamkeit des Fußgängers), s. auch *OLG Düsseldorf* DAR 1977, 268. – *OLG München* VersR 1968, 480 verneint unter den konkreten Umständen einen Anscheinsbeweis für Mitverschulden des angefahrenen Fußgängers, während *BGH* VersR 1974, 196 einen Anscheinsbeweis für Mitverschulden des Fußgängers bejaht, wenn dieser aufgrund einer durch das Herannahen eines Fahrzeugs bewirkten Schreckreaktion zu Fall kommt.

[326] *BGH* LM § 286 (C) Nr. 77 = NJW 1983, 1380.

[327] *BGH* LM § 254 BGB (Cb) Nr. 6 = NJW 1980, 2125; s. aber *OLG Karlsruhe* MDR 1979, 845 (nicht bei Frontalzusammenstoß bei hoher Geschwindigkeit).

[328] *BGH* NJW 1991, 230 = LM § 286 (C) Nr. 87.

[329] *BGH* LM § 1 HaftpflichtG Nr. 11.

[330] *BGH* LM § 17 StVG Nr. 13.

[331] *RGZ* 86, 321.

auf eigenes Verschulden eines Reisenden, wenn sich beim Aussteigen ein Unfall ereignet[332]. Lehnt sich ein Fahrgast während der Fahrt aus dem Fenster, so greift ein Anscheinsbeweis für Mitursächlichkeit dieses Verschuldens gegen sich selbst ein, wenn der Fahrgast von einem aus dem fahrenden Zug geworfenen Gegenstand getroffen wird[333]. – Bei der **Güterbeförderung** wurde aus Verzögerung[334] oder Verlust[335] auf Verschulden des Bahnpersonals geschlossen. – Aus einem »normalen« Verlauf eines Straßengütertransports kann nicht prima facie darauf geschlossen werden, daß die Ursache eines Transportschadens in Verpackungsmängeln liege[336].

d) **Warenlieferung, Produkthaftung, Handwerkerleistungen:** Auch bei der Lieferung **mangelhafter Waren** können Kausalität[337] und Verschulden[338] durch Anscheinsbeweis nachgewiesen werden. Es gibt aber keinen allgemeinen Anscheinsbeweis dafür, daß ein aus der Sphäre des Herstellers stammender Produktfehler vorliegt[339]. Zur Beweislast bei der Produkthaftung → Rdnr. 86f. Der Anscheinsbeweis für Kausalität und Verschulden kann auch bei einstürzenden Bauwerken[340] oder bei zahlreichen schweren **Mängeln eines Bauwerks**[341] eingreifen. Aus der Tatsache der Nichtauslösung einer **Ski-Sicherheitsbindung** bei einem Sturz kann jedoch nicht ohne weiteres auf eine unvorschriftsmäßige Montage oder Einstellung der Bindung geschlossen werden[342]. Bei **Handwerkerleistungen** kommt ein Anscheinsbeweis in Betracht, wenn es sich um einen Fehler handelt, der bei der betreffenden Tätigkeit typischerweise häufig vorkommt; ein örtlicher und zeitlicher Zusammenhang zwischen der Tätigkeit eines Handwerkers und der Feststellung einer fehlerhaften Schaltung oder Montage genügt dagegen allein nicht für einen Anscheinsbeweis, der Handwerker habe die Schadensursache gesetzt[343]. Ein Anscheinsbeweis für die Ursächlichkeit kommt (je nach den Umständen) in Betracht, wenn es in zeitlichem und räumlichem Zusammenhang mit **Schweißarbeiten** zu einem Brand kommt[344]. **110**

e) **Arzthaftung:** Bei Ersatzansprüchen wegen fehlgeschlagener ärztlicher Behandlung[345] spielt der Anscheinsbeweis ebenfalls eine bedeutsame Rolle. Auf **Verschulden des Arztes** wurde beim Zurückbleiben größerer Gegenstände in Operationswunden[346] und beim Eintritt sofortiger Lähmung nach Injektionen[347] geschlossen, auf Ursächlichkeit bei Transfusion von Blut eines Lueskranken[348]. Bei Übertragung von Blut eines an **Aids** erkrankten Spenders auf einen keiner Risikogruppe angehörenden Empfänger spricht der Anscheinsbeweis für Ursächlichkeit für eine danach aufgetretene HIV-Infektion, ebenso für Ansteckung des Ehegatten durch den Blutempfänger[349]. Die Anwendung des Anscheinsbeweises darf aber **nicht** dazu führen, beim Mißlingen eines Eingriffs **generell auf einen schuldhaften Fehler des Arztes** zu schließen[350], → auch Rdnr. 86b. Zu den – sachlich eng benachbarten – Fällen von Beweiserleichterungen bis hin zur Beweislastumkehr bei schwerem Behandlungsfehler oder unzulänglicher ärztlicher Dokumentation → Rdnr. 126ff. **111**

f) **Sportunfälle:** Beim **Skifahren** kann der erste Anschein für Verschulden des von hinten Kommenden an einem Zusammenstoß sprechen[351]. Bei einem Zusammenstoß von **Schlittschuhläufern** wurde ein **112**

---

[332] *BGH* LM § 1 HaftpflichtG Nr. 13.
[333] *BGH* NJW 1987, 2445.
[334] *RGZ* 99, 17.
[335] *RGZ* 102, 92, 206.
[336] *BGH* VersR 1985, 133.
[337] *BGHZ* 17, 191 (eingelegte Gurken durch gechlortes Wasser verdorben).
[338] *BGH* LM § 286 (C) Nr. 12 (vergiftetes Öl); *RGZ* 97, 116 (Salmiakgeist statt Selterswasser); 99, 101 (bleihaltiges Wasser); JW 1920, 832 (andere Pflanzen statt Rotkohl). – Dagegen kein Anscheinsbeweis für Verschulden der Geschäftsleitung, wenn bei Massenfabrikation ein einzelnes mangelhaftes Stück unterläuft (gebrochene Fahrradgabel), *BGH* LM § 286 (C) Nr. 24.
[339] *BGH* NJW 1987, 1694.
[340] *BGH* LM § 286 (C) Nr. 31 (Deckeneinbruch); *RG* SeuffArch 74 (1919), 368 (Mauer).
[341] Vgl. *OLG Köln* VersR 1975, 352 = WM 1975, 76 (Schluß auf schuldhafte Verletzung der Vertragspflichten durch den Architekten).
[342] *OLG Köln* VersR 1976, 1164. – S. auch *M. Huber* NJW 1980, 2561, 2562 (zur Haftung des gewerbsmäßigen Ski-Vermieters).
[343] *BGH* LM § 286 (C) Nr. 71 = MDR 1979, 1012 = VersR 1979, 822.

[344] Dazu *BGH* VersR 1974, 750; 1980, 532; MDR 1984, 221 = LM § 286 (C) Nr. 78.
[345] Vgl. allgemein *BGH* LM § 286 (C) Nr. 25.
[346] *BGHZ* 4, 138 (Instrument von Handgröße); LM § 286 (C) Nr. 15 (16 cm lange, 8 cm breite Arterienklemme); nicht aber bei Zurückbleiben eines Tupfers (*BGH* VersR 1957, 786). S. auch *BGH* LM § 286 (C) Nr. 26.
[347] *BGH* VersR 1957, 336; 1961, 1118.
[348] *BGH* VersR 1927, 252, dazu → Fn. 246.
[349] *BGHZ* 114, 284 = NJW 1991, 1948. – Dagegen kein Anscheinsbeweis für einen Kausalzusammenhang zwischen Bluttransfusion und HIV-Infektion, wenn nicht feststeht, daß die Blutkonserve von einem infizierten Spender stammte, *OLG Düsseldorf* NJW 1995, 3060; NJW 1996, 1599, 1600.
[350] *BGH* DB 1965, 1399; vgl. auch *RG* JW 1936, 257; *BGHZ* 7, 198 (kein Erfahrungssatz, daß ein Arzt, der vor oder nach einer Operation die Sorgfaltspflicht verletzt, auch einen *bei* der Operation eingetretenen Mißerfolg durch Verschulden herbeigeführt hat); VersR 1959, 365 (kein Anscheinsbeweis bei zwei möglichen Ursachenreihen, wovon eine unverschuldet ist); LM § 823 (Aa) BGB Nr. 21 (keine gesicherte Erfahrung, daß Allergie ursächlich für schwere Blut- und Knochenmarkserkrankung); *OLG Düsseldorf* NJW 1975, 595 = FamRZ 1975, 100

Anscheinsbeweis für das Verschulden des überholenden Schlittschuhläufers verneint³⁵². Beim **Fußballspiel** kann aus einer schwerwiegenden Verletzung des angegriffenen ballführenden Spielers *nicht* prima-facie auf einen Regelverstoß des Angreifers geschlossen werden³⁵³. Der Sturz eines Reiters vom Pferd während des **Reitunterrichts** begründet keinen Anscheinsbeweis für eine Verletzung von Vertragspflichten durch den Reitlehrer³⁵⁴. – Zur **Beweislast** → auch Rdnr. 69.

113   g) **Weitere Unfälle und Schädigungen:** Die Rsp hat den Anscheinsbeweis für Kausalität und Verschulden auch bei zahlreichen sonstigen Unfällen³⁵⁵ und Schädigungen³⁵⁶, aber auch z.B. bei behaupteter **Urheberrechtsverletzung**³⁵⁷ und bei **Raubpressung** von Schallplatten³⁵⁸ verwendet. Bei **Glatteisunfällen** (Sturz) spricht, wenn die Streupflicht verletzt wurde, der Anscheinsbeweis für die Ursächlichkeit der Pflichtverletzung³⁵⁹. Dies gilt jedoch nicht, wenn sich der Unfall erst längere Zeit nach dem Ende der Streupflicht ereignet hat³⁶⁰. Werden **Verkehrssicherungspflichten** verletzt, die wie Schutzgesetze und Unfallverhütungsvorschriften typischen Gefährdungen entgegenwirken sollen, so greift ein Anscheinsbeweis für Kausalität der Pflichtverletzung ein, wenn sich die entsprechende Gefahr verwirklicht hat³⁶¹. Zur Beweislast hinsichtlich des Verschuldens → Rdnr. 86a.

114   h) **Vertragsbedingungen und Vertragsabschluß:** Bei der Gewährung von **Schmiergeldern** an Angestellte der Gegenpartei kann prima-facie darauf geschlossen werden, daß die *Vertragsbedingungen* dadurch zu Ungunsten des Geschäftsherrn beeinflußt wurden³⁶². Der Inhalt eines Vertrages kann den Anschein begründen, daß es sich dabei um einen **Formularvertrag** handelt, der dem AGBG unterliegt³⁶³.

115   In anderen Fällen spielt die **allgemeine Lebenserfahrung** für die Beweisführung eine erhebliche Rolle, ohne daß es sich freilich um einen Anscheinsbeweis im hier vertretenen Sinne (→ Rdnr. 94f.) handelt. Z.B. kann für die **sofortige Barzahlung** bei einem Kauf, der erfahrungsgemäß nicht als Kreditgeschäft abgeschlossen wird, ein Beweis allein aufgrund der Lebenserfahrung in Betracht kommen, → auch Fn. 180. Nicht selten zeigt sich, daß bei der Auflösung zusammenfassender Behauptungen in die konkreten Einzelvorgänge (→ Rdnr. 77) sich so viele Einzeltatsachen als unstreitig oder erwiesen ergeben, daß das Gericht sich seine Überzeugung in eine bestimmte Richtung bilden kann³⁶⁴. Hat z.B. der Kläger den **unbedingten Vertragsabschluß** zu beweisen (→ Rdnr. 78) und legt er die **Vertragsurkunde** vor, die einen vollständigen Vertrag ohne die Bedingung enthält, oder einen seinem Inhalt nach zusammenhängenden Briefwechsel von gleicher Bedeutung, oder stellt er Zeugen, die den Vertragsschluß als solchen bekunden, aber von einer Bedingung nichts wissen, so wird der Richter, wenn er glaubt, daß die Urkunde vollständig ist oder daß die Zeugen von der Bedingung etwas hätten hören müssen, zunächst regelmäßig zu der Überzeugung gelangen, daß ein unbedingter Vertragsschluß vorliegt, und diesem Beweisergebnis gegenüber hat der Beklagte nunmehr im Wege des Gegenbeweises (→ § 284 Rdnr. 7) die Verabredung der Bedingung darzutun³⁶⁵).

116   Dasselbe gilt in allen Fällen, in denen gegenüber einem in sich schlüssigen schriftlichen Vertrag mündliche Nebenabreden behauptet werden, sog. **Vermutung der Vollständigkeit und Richtigkeit der**

(kein Anscheinsbeweis für Arztverschulden, wenn trotz Operation zwecks Sterilisierung keine Zeugungsunfähigkeit eingetreten ist).
³⁵¹ *OLG Düsseldorf* MDR 1966, 504.
³⁵² *BGH* LM § 823 BGB (Da) Nr. 17 = NJW 1982, 2555.
³⁵³ *BGH* NJW 1975, 109, 111 = JZ 1975, 122, 124.
³⁵⁴ *OLG Düsseldorf* VersR 1980, 270.
³⁵⁵ *RGZ* 84, 385 (Ursächlichkeit der Seeuntüchtigkeit eines Schiffes für Versinken); Gruchot 55 (1911), 966 (Herunterfallen einer Teppichrolle); SeuffArch 75 (1920), 169 (unbeabsichtigte Auslösung eines Gewehrs); *BGH* LM § 823 BGB (E) Nr. 5 (Verstoß gegen Unfallverhütungsvorschrift); LM § 286 (C) Nr. 17 (Ursächlichkeit der Beckentiefe für Versinken eines Nichtschwimmers); LM § 286 (C) Nr. 29 u. VersR 1961, 796 (Ursächlichkeit der Trunkenheit); VersR 1962, 231 (Nichtbeachtung des Sicherheitsabstands eines Ofens ursächlich für Brand); LM § 7 BinnenschiffG Nr. 4 (Tragfähigkeit eines Brettes); *OLG Bamberg* JW 1931, 1500 (Verletzung durch Zuschlagen einer Ladentüre, recht weitgehend); *KG* VersR 1962, 31 (Ursächlichkeit eines Unfalls für späteren Tod).
³⁵⁶ *RG* JW 1922, 485 u. *RGZ* 95, 104 (mangelhafte Arbeitsstätte bzw. feuchte Dienstwohnung ursächlich für Erkrankung); *BGH* VersR 1962, 60 (Gifte aus einem Betrieb ursächlich für Fischsterben).
³⁵⁷ *BGH* LM § 24 UrhG Nr. 1 = MDR 1970, 991 (die weitgehende Übereinstimmung zweier Musikwerke rechtfertige den Anscheinsbeweis für die bewußte oder unbewußte Zugrundelegung des älteren Werkes bei Schaffung des neueren).
³⁵⁸ Nach *BGHZ* 100, 31 = NJW 1987, 2876 begründet die ohne Auftrag des Nutzungsberechtigten erfolgte Herstellung und Veräußerung von Schallplattenhüllen den Anscheinsbeweis dafür, daß auch Schallplatten in entsprechendem Umfang hergestellt und vertrieben wurden.
³⁵⁹ *OLG Frankfurt* VersR 1980, 50. Dagegen spricht kein Anscheinsbeweis für die Verletzung der Streupflicht, *LG Mannheim* VersR 1980, 1152.
³⁶⁰ *BGH* NJW 1984, 432 = JZ 1984, 100.
³⁶¹ *BGH* NJW 1994, 945 (extrem glatte Treppenstufen).
³⁶² *BGH* MDR 1962, 546; *RGZ* 136, 360.
³⁶³ *BGH* NJW 1992, 2160, 2162.
³⁶⁴ S. dazu *Brodmann* AcP 98 (1906), 92ff., 103ff., 117ff.
³⁶⁵ Vgl. *RGZ* 29, 119; *RG* JW 1897, 154; 1902, 312; *Leonhard* (Fn. 66), 254.

Urkunde³⁶⁶. Dies ist eine selbständige gewohnheitsrechtliche Regel, die man vom Anscheinsbeweis unterscheiden sollte. Die Vollständigkeitsvermutung bezieht sich aber nur auf die getroffenen **Vereinbarungen,** nicht auf die Wiedergabe von Hinweisen oder aufklärenden Informationen³⁶⁷. – Aus einer über lange Jahre hinweg *widerspruchslos hingenommenen Abrechnungsmethode* kann sich eine tatsächliche Vermutung für eine **Abänderung des Vertrages** ergeben³⁶⁸.

i) **Innere Tatsachen, individueller Willensentschluß:** Auch für innere Tatsachen wurde zuweilen ein Anscheinsbeweis angenommen³⁶⁹, doch wird es hier zumeist an einem typischen Geschehensablauf fehlen³⁷⁰. Bei besonderen, **einmaligen Vorgängen** ist mangels typischen Geschehensablaufs **kein Raum für den Anscheinsbeweis**³⁷¹, daher im allgemeinen nicht bei der Feststellung eines **individuellen Willensentschlusses**³⁷², etwa der vorsätzlichen Selbsttötung³⁷³ oder einer vorsätzlichen Brandstiftung (Herbeiführung des Versicherungsfalles)³⁷⁴, oder gar bei der Frage, ob der Kläger den tödlichen Unfall seiner Frau vorsätzlich herbeigeführt hat³⁷⁵. Der BGH erkennt aber Ausnahmen von der Regel, für individuelle Verhaltensweisen gebe es keinen Anscheinsbeweis, an und hält insbesondere bei der Haftung von Anwälten und Steuerberatern einen Anscheinsbeweis für **aufklärungsrichtiges Verhalten** des Mandanten für möglich³⁷⁶, → Rdnr. 86e. Einem Anscheinsbeweis für eine Willensrichtung kommt es auch nahe, wenn der BGH bei Ansprüchen auf Pflichtteilsergänzung wegen Schenkungen (§ 2325 BGB) eine *tatsächliche Vermutung* für die Einigung über die *Unentgeltlichkeit* annimmt, sofern bei einem gegenseitigen Vertrag ein grobes Mißverhältnis zwischen Leistung und Gegenleistung besteht³⁷⁷. Erwähnenswert ist auch der vom BVerwG³⁷⁷ᵃ angenommene Anscheinsbeweis dafür, daß eine **ausreisebedingte Grundstücksveräußerung** auf eine Nötigung durch DDR-Behörden zurückzuführen ist.

j) **Arbeitsvertrag:** Im Arbeitsrecht wurde ein Anscheinsbeweis aufgrund der bisherigen Dauer der Arbeitsunfähigkeit für die zu erwartende **künftige Arbeitsunfähigkeit** verneint³⁷⁸, aber ein Anscheinsbeweis dafür bejaht, daß eine in zeitlichem Zusammenhang mit einer Krankmeldung erklärte **Kündigung** aus Anlaß der Arbeitsunfähigkeit erfolgte³⁷⁹. Von einem Erfahrungssatz, wonach eine **krankhafte Alkoholabhängigkeit** in der Regel vom Arbeitnehmer *selbst verschuldet* sei, geht das BAG³⁸⁰ *nicht* mehr aus.

Zur **Arbeitsunfähigkeitsbescheinigung** → Rdnr. 24a. Beim **Betriebsübergang** (§ 613 a BGB) bejaht das BAG³⁸¹ einen Anscheinsbeweis für das Vorliegen eines entsprechenden Rechtsgeschäfts, wenn die

117

118

118a

---

³⁶⁶ *BGH* NJW 1980, 1680 (wer im Widerspruch zum Inhalt des schriftlichen Vertrages behauptet, ihm sei Ratenzahlung eingeräumt, muß dies beweisen); *BGH* NJW 1995, 3258 (Abweichung des Verständnisses vom eindeutigen Wortlaut ist zu beweisen); NJW 1996, 1541, 1542 (da die Vermutung widerleglich ist, darf eine beantragte Beweisaufnahme über weitere Vereinbarungen nicht vorweg abgelehnt werden); *OLG Frankfurt* FamRZ 1981, 1100; *RGZ* 52, 23; 68, 15; *Leonhard* (Fn. 66), 269 f.
³⁶⁷ *BGH* DNotZ 1986, 78.
³⁶⁸ *BGH* WM 1978, 1049 = BB 1978, 1137 = DB 1978, 1831, → auch Fn. 389.
³⁶⁹ *RGZ* 100, 193 (bei Erwerb mit Mitteln der Braut Wille, Eigentum für diese zu erwerben); *OLG Düsseldorf* NJW 1952, 1337 (Schädigungsvorsatz bei Ehebruch).
³⁷⁰ Vgl. *RGZ* 130, 359 (Kenntnis von Wucher); 163, 27 (kein Anscheinsbeweis für Erkennen eines Konstruktionsfehlers).
³⁷¹ *BGH* NJW 1951, 70 (kein Anscheinsbeweis für Vereinbarung der Nutzungsbefugnis am Patent); LM § 9 BEG 1956 Nr. 18 (kein Anscheinsbeweis für die Frage, wie ein einzelner von einem historischen Ereignis betroffen worden wäre); WuW 1970, 228 (Beteiligung an früherer Preisabsprache ergibt keinen Anscheinsbeweis für Beteiligung auch an späterer Absprache). – Vgl. auch *BGHZ* 31, 357 = NJW 1960, 818 = MDR 1960, 389 (kein Anscheinsbeweis für die Wahrheit von in einem Meldeschein angegebenen Tatsachen); NJW 1951, 230 (kein Anscheinsbeweis für Inhaberschaft aus gewerbepolizeilicher Anmeldung eines Betriebs).
³⁷² *BGH* LM § 286 (C) Nr. 11 (Entschluß zur Scheidung); Nr. 42a; LM § 123 BGB Nr. 21 = MDR 1960, 660 (kein Anscheinsbeweis für Ursächlichkeit einer arglistigen Täuschung bei Anlage von Geld durch Privatperson; anders bei Warenumsatzgeschäft, *BGH* LM § 123 BGB Nr. 16 = NJW 1958, 177); *BGH* LM § 123 BGB Nr. 38 = NJW 1968, 2139 = MDR 1969, 39 (kein Anscheinsbeweis dafür, daß jemand durch eine arglistige Täuschung zum Vertragsschluß bestimmt wurde); MDR 1980, 223 (Höhe des Architektenhonorars); NJW 1983, 1548, 1551 (kein Anscheinsbeweis dafür, daß von der Eheschließung mit dem neuen Lebensgefährten abgesehen wird, um sich den Unterhaltsanspruch aus früherer, geschiedener Ehe zu erhalten). Erfahrungssätze, die für einen Anscheinsbeweis nicht ausreichen, können aber auch bei individuellem Handeln bei der (gewöhnlichen) Beweiswürdigung berücksichtigt werden, *BGH* NJW 1961, 777 = MDR 1961, 315 = LM § 1006 BGB Nr. 8.
³⁷³ *BGHZ* 100, 214 = NJW 1987, 1944; *OLG Frankfurt* VersR 1984, 756, 757; *OLG München* OLGZ 1984, 241 = VersR 1984, 576.
³⁷⁴ *BGHZ* 104, 256 = NJW 1988, 2040 = JZ 1988, 1085.
³⁷⁵ *RGZ* 157, 88.
³⁷⁶ *BGH* NJW 1993, 3259, 3260.
³⁷⁷ *BGHZ* 59, 132, 136 = NJW 1972, 1709, 1710; WM 1973, 681. Man kann aber mit *Spellenberg* FamRZ 1974, 350, 359 bezweifeln, ob es in solchen Fällen für die Beurteilung als Schenkung überhaupt noch auf das subjektive Element einer Willenseinigung ankommt. Anders *Baumgärtel* Festschr. für Hübner (1984), 404.
³⁷⁷ᵃ *BVerwG* NJW 1996, 1909, 1910; DtZ 1996, 399 (insbes. zur Erschütterung dieses Anscheinsbeweises).
³⁷⁸ *BAG* NJW 1983, 2897 = MDR 1983, 610.
³⁷⁹ *BAG* NJW 1981, 1061 = WM 1981, 315.
³⁸⁰ *BAG* NJW 1983, 2659 = RdA Nr. 233 (LS) = AP § 1 LohnFG Nr. 52.
³⁸¹ *BAG* NJW 1986, 454 = AP § 613 a BGB Nr. 41.

wesentlichen Betriebsmittel des bisherigen Betriebs zur Führung eines gleichartigen Geschäftsbetriebs verwendet werden. Bei relativ geringer **Überzahlung von Arbeitsentgelt** kann ein Anscheinsbeweis für Wegfall der Bereicherung eingreifen[381a].

119   k) **Zugang, Telefax:** Ein Anscheinsbeweis für den Zugang eines gewöhnlichen Briefes[382] oder eines Einschreibebriefes[383] wird von der Rsp nach wie vor[384] **abgelehnt**. Zwar ist in diesen Fällen eine ausreichende Regel des Lebens für den Zugang gegeben, doch geht man davon aus, die Anerkennung des **Anscheinsbeweises widerspreche der gesetzlichen Entscheidung** in § 130 Abs. 1 S. 1 BGB (nicht Absendung, sondern **Zugang** erforderlich)[385]. Um den Beweis des Zugangs sicherzustellen, ist daher ein Einschreiben mit Rückschein zweckmäßig. – Wurde ein **Abmahnschreiben** abgeschickt, so muß dagegen (im Rahmen des § 93) der Adressat beweisen, daß es ihm nicht zugegangen ist, näher → § 93 Rdnr. 16b.

119a   Der Nachweis der Absendung eines **Telefaxes**, insbesondere durch Sendeprotokoll, begründet keinen Anscheinsbeweis für den Zugang[386].

119b   l) **Telefonrechnung:** Für die Richtigkeit einer Telefonrechnung der deutschen Bundespost Telekom, die durch eine automatische Gebührenerfassungseinrichtung erstellt wurde, soll ein Anscheinsbeweis sprechen, solange keine Anhaltspunkte für technische Fehler bestehen[387].

VII. Die Umkehr der Beweislast

1. Allgemeines, insbesondere Beweisvereitelung[388]

120   Im Rahmen der **freien Beweiswürdigung** hat das Gericht auch das **Verhalten einer Partei** vor und während des Prozesses zu berücksichtigen, → Rdnr. 10; es kann – je nach den Umständen – aus lange dauernder tatsächlicher Übung[389], aus dem Verhalten der nicht beweisbelasteten Partei[390] – z.B. aus unsicheren und wechselnden Angaben[391], aus der Weigerung, Zeugen zu nennen, die nur ihr bekannt sind[392], aus der Nichtvorlage von Röntgenaufnahmen[393] – Schlüsse auf die Wahrheit des gegnerischen Vorbringens ziehen. Im Abstammungsprozeß kann die **Verweigerung einer Blutentnahme** (durch eine Partei, die sich im Ausland aufhält), dazu führen, schwerwiegende Zweifel an der Vaterschaft (§ 1600 o Abs. 2 S. 2 BGB) zu verneinen[394], näher → § 372 a Rdnr. 31 a.E., → § 640 Rdnr. 33a.

[381a] *BAG* NJW 1996, 411.
[382] *BAG* VersR 1978, 671; *LG Köln* VersR 1959, 461.
[383] *BGHZ* 24, 308 = NJW 1957, 1230 = LM § 130 BGB Nr. 3; VersR 1968, 241; *OLG Hamm* VersR 1976, 722; 1980, 1062, 1063.
[384] Bekräftigt in *BGH* NJW 1995, 665, 666. S. auch *BVerfG* NJW 1991, 2757; NJW 1995, 2095 (keine Vermutung für Zugang einer gewöhnlichen Postsendung). Im Ergebnis übereinstimmend *Heinrich* (Fn. 66), 100 ff.
[385] *BGH* (Fn. 383); *Diederichsen* VersR 1966, 221.
[386] *BGH* NJW 1995, 665 = JZ 1995, 628 (*Fritzsche*) = LM § 144 ZPO Nr. 12 (*Marly*); *KG* NJW 1994, 3172; *OLG München* (7. ZS) NJW 1993, 2447; *LG Darmstadt* NJW 1993, 2448; *Pape* NJW 1996, 417, 424; *Laghzaoui-Wirges* MDR 1996, 230, 231; zur Beweiswürdigung im Einzelfall *OLG Rostock* NJW 1996, 1831. – A.M. *OLG München* (23. ZS) NJW 1994, 527.
[387] *OLG Hamm* EWiR 1994, 599 (*Teske*); *LG Weiden* NJW-RR 1995, 1278; *LG Essen* NJW 1994, 2365; *LG Hannover* MDR 1990, 728 (Erschütterung durch Gebührensprung erst, wenn dieser durch keinerlei vernünftige Gründe erklärbar ist); *LG Saarbrücken* JW-RR 1996, 894; *AG Koblenz* NJW 1994, 2367; Erschütterung bejahend *AG Leipzig* NJW-RR 1994, 1395; *AG Frankfurt* DWW 1994, 187; *LG München* II NJW-RR 1996, 893. – A.M. *LG Landau* EWiR 1994, 601 (*Teske*); einschränkend *LG Aachen* NJW 1995, 2364 = EWiR 1995, 189 (*Teske*) (kein Anscheinsbeweis, wenn die Rechnung plötzlich um ein Mehrfaches ansteigt); *LG Berlin* NJW-RR 1996, 895.
[388] Lit: *Arens* ZZP 96 (1983), 1, 23; *A. Blomeyer* AcP 158 (1959/60), 97; *Gerhardt* AcP 169 (1969), 289; *Musielak-Stadler* Grundfragen des Beweisrechts (1984) Rdnr. 183; *E. Peters* ZZP 82 (1969), 200; *E. Schneider* MDR 1969, 4; *Baumgärtel* Beweislastpraxis (Fn. 66) 80 ff; *Krapoth* Die Rechtsfolgen der Beweisvereitelung im Zivilprozeß (1996).
[389] Vgl. *BGH* MDR 1966, 401 (20-jährige vom Gesellschaftsvertrag abweichende Gewinnverteilung ergibt »tatsächliche Vermutung« für Abänderung des Gesellschaftsvertrags; während der BGH dies als Beweislastumkehr auffaßt, handelt es sich richtiger um eine Beweiswürdigung, → auch Fn. 368); *BGH* FamRZ 1967, 279 (Anschaffung von Hofinventar für die Eigentümerin, wenn während langer Verwaltung durch den Ehemann nichts anderes zum Ausdruck gebracht wurde).
[390] Die Verteilung der Beweislast bedeutet nicht, daß der Gegner jeder Darlegungspflicht enthoben wäre, vgl. *RGZ* 103, 6.
[391] Vgl. *RGZ* 97, 116.
[392] *BGH* NJW 1960, 821.
[393] Vgl. *BGH* NJW 1963, 389 = MDR 1963, 123 = JZ 1963, 369.
[394] *BGH* NJW 1986, 2371 = JZ 1987, 42 (*Stürner*) = IPRax 1987, 176 (dazu *Schlosser* aaO 153); *BGHZ* 121, 266 = NJW 1993, 1391.

Die Rechtsprechung hat darüber hinaus (in Anlehnung an §§ 427, 444) den allgemeinen Grundsatz entwickelt, daß eine schuldhafte – arglistige oder fahrlässige[395] – **Beweisvereitelung** durch die nicht beweispflichtige Partei[396] zu einer **Umkehr der Beweislast** führe[397] oder jedenfalls Beweiserleichterungen zur Folge habe. Ob es sich dabei um eine echte Beweislastumkehr[398] oder um eine Regel der Beweiswürdigung[399] handelt, ist zweifelhaft. Eine vorsätzliche, vor allem aber eine fahrlässige Beweisvereitelung gestattet allein in der Regel keinen Schluß auf die wahre Tatsachenlage. Insofern liegt eine Beweislastumkehr als Sanktion oder Ausgleich für die Beweisvereitelung näher als eine Zuordnung zur Beweiswürdigung. Voraussetzung der Beweislastumkehr ist (anders als bei der Berücksichtigung des Verhaltens im Rahmen der Beweiswürdigung, → Rdnr. 10) eine **Pflicht der Partei**, Beweismittel aufzubewahren bzw. deren Beeinträchtigung zu unterlassen, die sich aus Vertrag oder aus allgemeinen Grundsätzen (insbesondere Treu und Glauben) ergeben kann[400]. Dazu auch → § 444 Rdnr. 7 f. Die Beweislastumkehr greift nicht ein, wenn sich die betroffene Partei den Beweis auch selbst hätte sichern können[401]. 121

Auch wer gegen eine gesetzliche **Pflicht zur Vornahme von Untersuchungen oder Kontrollen** verstoßen hat, die dem Schutz der geschädigten Partei dient, hat die Folgen der nicht mehr möglichen Aufklärung in Form der Beweislastumkehr zu tragen[402]. Auch bei Verletzung von **Dokumentationspflichten** (unterlassene Schaffung von Beweismitteln) kommen Beweiserleichterungen in Betracht[403], so auch, wenn eine Behörde es bei Einweisung eines Obdachlosen unterlassen hat, den Zustand der Wohnung festzuhalten[403a]. Der Grundsatz der Beweisvereitelung kann **keine Anwendung** finden, wenn schon das **schadensbegründende Ereignis** selbst (dessen schuldhafte Verursachung, Rechtswidrigkeit o. ä. gerade streitig ist) die Unaufklärbarkeit herbeigeführt hat[404]. 122

2. Beispielsfälle

Eine Beweislastumkehr kommt in Betracht, wenn durch Verfügung über die beanstandete Ware[405] oder durch pflichtwidrige **Nichtaufbewahrung einer Probe**[406] die Feststellung der Beschaffenheit unmöglich gemacht wird, wenn durch Verweigerung der Behandlung in einer Klinik der Nachweis der Heilbarkeit vereitelt wird[407], ferner bei arglistiger **Vernichtung eines Testaments,** um dessen Formgültigkeit oder Inhalt es geht[408], bei **treuwidriger Verweigerung der Auskunft**[409], Vereitelung der Wahrheitsfindung durch im konkreten Fall ungerechtfertigte **Ausnutzung des Bankgeheimnisses**[410], Nichtbindung von 123

---

[395] A.M. *Riezler* IherJb 89 (1941), 239.
[396] Oder durch solche dritte Personen, deren Verhalten sich die Partei zurechnen lassen muß, vgl. *RGZ* 101, 197; *OGHZ* 1, 270 (Rechtsnachfolge).
[397] *RGZ* 20, 6; 60, 151; *BGHZ* 6, 224.
[398] So *Riezler* IherJb 89 (1941), 239; *Nikisch* Lb² 324; *A. Blomeyer* AcP 158 (1959/60), 106.
[399] So *OLG Karlsruhe* FamRZ 1990, 521; *Rosenberg* (Fn. 66), 190 f.; *Leonhard* (Fn. 66), 186 f.; *Zöller-Greger*²⁰ Rdnr. 14. Die Beurteilung in der Rsp ist schwankend; ausdrücklich offenlassend *BGH* NJW 1986, 59, 61 = KTS 1985, 365, 368. Ausführlich *MünchKommZPO-Prütting* Rdnr. 79 ff., der eine eigenständige Sanktion annimmt. *Baumgärtel* Beweislastpraxis (Fn. 244) 96 nimmt in erster Linie eine Abstufung des Beweismaßes an. *Krapoth* (Fn. 388), 80 ff. billigt dem Richter ein Ermessen zwischen freier Beweiswürdigung und Beweislastumkehr zu.
[400] Vgl. *A. Blomeyer* AcP 158 (1959/60), 99 ff.; *RGZ* 20, 6; *BGHZ* 6, 224 (vertragliche Nebenpflichten); *RGZ* 60, 151 (Treu und Glauben).
[401] *BSG* NJW 1994, 1303.
[402] *BGH* NJW 1983, 2935 = MDR 1983, 742 (zum Verstoß gegen die Untersuchungspflicht nach § 8 TrinkwasserVO).
[403] *BGH* NJW 1986, 59 = KTS 1985, 365, 368.
[403a] *BGH* NJW 1996, 315, 317.
[404] Vgl. *BGH* NJW 1986, 59, 61 (Fn. 399); *RGZ* 76, 295, 297 (führt der Untergang eines Schiffes aufgrund eines Schiffszusammenstoßes zum Verlust jeglicher Beweismittel für das Nichtverschulden der Besatzung des gesunkenen Schiffs, so rechtfertigt dies nicht, die Beweislast der Gegenpartei aufzuerlegen); *RG* WarnRsp 10 (1917), Nr. 402 (keine Beweislastumkehr, wenn hydrologische und geologische Untersuchungen durch einen gezogenen Graben unmöglich gemacht wurden, um dessen rechtswidrige Anlegung gerade der Streit geht).
[405] *RGZ* 20, 6.
[406] *BGHZ* 6, 224.
[407] *RGZ* 60, 151.
[408] *RGZ* 101, 197; *OGHZ* 1, 270; *OLG Hamm* MDR 1967, 403.
[409] *OLG Hamburg* SeuffArch 50 (1895), 60. – Nicht dagegen bei der Weigerung, den Notar von der Schweigepflicht zu entbinden, *RG* WarnRsp 12 (1919), Nr. 130.
[410] *BGH* LM § 286 (B) Nr. 24 = NJW 1967, 2012; s. auch *OLG Celle* ZIP 1982, 1323.

der **ärztlichen Schweigepflicht** und Weigerung, sich einer (ungefährlichen) ärztlichen Untersuchung zu unterziehen⁴¹¹, verspätete Entbindung von der ärztlichen Schweigepflicht⁴¹² oder Nichtvorlage von Akten⁴¹³. Entbindet eine nicht beweisbelastete Partei einen Zeugen nicht von der **Schweigepflicht**, so führt dies nur dann zu beweisrechtlichen Nachteilen, wenn darin ein vorwerfbares, mißbilligenswertes Verhalten liegt⁴¹³ᵃ. Zur Beweislastumkehr kann es führen, wenn die Partei einen **Zeugen** veranlaßt, den Aufenthaltsort zu wechseln und geheimzuhalten⁴¹⁴, wenn sie die Aufbewahrung eines Telegramms unterläßt⁴¹⁵, oder wenn durch unzulässige Vermischung von Geldern der Beweis vereitelt wurde, aus welchen Mitteln bestimmte Kredite stammen⁴¹⁶. Bei **nicht ordnungsgemäßer Buch- und Kassenführung** trifft den Geschäftsführer einer GmbH die Beweislast dafür, daß die Einnahmen pflichtgemäß an die Gesellschaft abgeführt wurden⁴¹⁷.

124 Unterläßt es eine Gemeinde, den ursprünglichen **Straßenzustand zu vermessen**, so trägt sie die Beweislast dafür, daß eine Niveauveränderung der Straße als Ursache von Überschwemmungsschäden nach Ausbau der Straße ausscheidet⁴¹⁸.

125 Wird die Erhebung eines **Sachverständigenbeweises** dadurch **unmöglich gemacht**, daß beim Ortstermin dem Vertreter des Gegners der Zutritt zu dem zu begutachtenden Anwesen verweigert wird, so ist dies ebenfalls als Beweisvereitelung zu bewerten⁴¹⁹, → auch § 357 Rdnr. 21. Zur Weigerung, die Einnahme eines Augenscheins zu dulden, → vor § 371 Rdnr. 32 ff.

3. Beweislastumkehr (bzw. Beweiserleichterung) im Arzthaftungsprozeß⁴²⁰

126 Grundsätzlich hat im Arzthaftungsprozeß der Patient sowohl den Beweis für einen ärztlichen Behandlungsfehler als auch für den Ursachenzusammenhang zwischen diesem Fehler und dem geltend gemachten Gesundheitsschaden zu führen⁴²¹. Dabei ist § 282 BGB grundsätzlich nicht anzuwenden, → Rdnr. 86b. Jedoch wird aufgrund der besonderen Situation – unter Berücksichtigung der typischen Aufklärungsschwierigkeiten und der Billigkeit – in vielen Fällen eine Beweiserleichterung, insbesondere in Form einer Beweislastumkehr, zugunsten des Patienten bejaht. Dabei lassen sich verschiedene Fallgruppen unterscheiden, deren Abgrenzung freilich zum Teil unscharf ist.

---

⁴¹¹ *BGH* NJW 1972, 1131 = FamRZ 1972, 253 = MDR 1972, 495.
⁴¹² *BGH* VersR 1981, 42; *OLG Frankfurt* NJW 1980, 2758 = VersR 1981, 42 (Vorinstanz zu BGH aaO).
⁴¹³ *RG* HRR 1932 Nr. 181; *OLG Köln* MDR 1968, 674.
⁴¹³ᵃ *BGH* NJW-RR 1996, 1534 (keine Beweisvereitelung, wenn Anlaß zu der Besorgnis besteht, der Zeuge – Notar – könne einseitig zugunsten des Gegners aussagen); LM § 242 (Bd) BGB Nr. 31 = NJW-RR 1988, 962; enger *BGH* LM § 383 ZPO Nr. 2 = MDR 1984, 48 (triftiger Grund für die Weigerung kann in höheren, über den Rechtsstreit hinausgehenden Interessen liegen). Auch *RG* WarnRsp 5 (1912) Nr. 130 sah in der Nichtentbindung eines Notars von der Schweigepflicht keine Beweisvereitelung.
⁴¹⁴ *RG* WarnRsp 11 (1918), Nr. 54.
⁴¹⁵ *RGZ* 105, 259. Es war daher nicht zu klären, ob das Telegramm einen Vermerk über telefonisches Zusprechen enthielt.
⁴¹⁶ *RGZ* 87, 440.
⁴¹⁷ *BGH* MDR 1991, 509 = ZIP 1991, 98.
⁴¹⁸ *OLG Frankfurt* MDR 1984, 946 = VersR 1984, 1154.
⁴¹⁹ *OLG München* NJW 1984, 807.
⁴²⁰ Aus der Lit.: *Baumgärtel* Handbuch der Beweislast im Privatrecht Bd. 1² (1991), § 823 Anhang C II; *ders.* Beweislastpraxis (Fn. 244), 272 ff.; *E. Deutsch* Arztrecht und Arzneimittelrecht², 145 ff.; *Fastenrath* Arzthaftpflichtprozeß und Beweislastverteilung (1990); *Franzki* Die Beweisregeln im Arzthaftungsprozeß (1982); *Geiß* Arzthaftpflichtprozeß²; *Giesen* Arzthaftungsrecht (1990), 124 ff.; *ders.* Arzthaftungsrecht – Medical malpractice law (1981), 132 ff., 137 ff.; *ders.* JZ 82, 448; *ders.* JZ 1990, 1053; *Hofmann* (Fn. 66) 8 ff.; *Kaufmann* Die Beweislastproblematik im Arzthaftungsprozeß (1984); *Kuhn* Kunst- bzw. Behandlungsfehler in *Honsell* (Hrsg.) Handbuch des Arztrechts (Zürich, 1994), 67, 84 ff. (zum Schweizer Recht); *Laufs* Arztrecht⁵ Rdnr. 586 ff.; *ders.* NJW 1982, 1319, 1322; NJW 1983, 1345, 1348; *Musielak-Stadler* (Fn. 66) Rdnr. 261; *Park* Das System des Arzthaftungsrechts (1992), 183 ff.; *Ratajczak/Stegers* Medizin-Haftpflichtschäden (1989), Rdnr. 333 ff.; *H. Schmid* NJW 1994, 767, 771; *Sick* Beweisrecht im Arztpflichtprozeß (1986); *Steffen* Referat zum 52. Deutschen Juristentag (1978), Verhandlungen II, J 8, 22 ff.; *Stürner* Entwicklungstendenzen des zivilprozessualen Beweisrechts und Arzthaftungsprozeß NJW 1979, 1225; *Taupitz* Prozessuale Folgen der »vorzeitigen« Vernichtung von Krankenunterlagen ZZP 100 (1987), 287; *Wachsmuth/H.-L. Schreiber* NJW 1981, 1985, 1986; *Weimar* JR 1977, 7; *Weissauer* Referat zum 52. Deutschen Juristentag (1978), Verhandlungen II J 29, 35 ff.; *Weyers* Gutachten zum 52. Deutschen Juristentag (1978), Verhandlungen I, A 1, 32 ff., 44 ff. – Zur verfassungsrechtlichen Beurteilung *BVerfGE* 52, 131 = NJW 1979, 1925; dazu kritisch *Stürner* NJW 1979, 2334, → auch vor § 128 Rdnr. 63.
⁴²¹ *BGHZ* 99, 391, 398 = NJW 1987, 1482, 1483; *BGH* NJW 1988, 2949, ständige Rsp.

a) Unzulängliche Dokumentation

Eine Beweiserleichterung wird schon dann bejaht, wenn die **ärztliche Dokumentation** 127 offensichtlich unzulänglich ist[422]. Dies gilt aber nicht, soweit die Dokumentation einer Kontrolluntersuchung ohne positiven Befund medizinisch nicht üblich ist[423]. Auch bei Dokumentationsmängeln muß der Patient darlegen und gegebenenfalls beweisen, daß ein schuldhafter Behandlungsfehler als Schadensursache ernstlich in Betracht kommt[424]. Durch das Dokumentationsversäumnis wird zunächst nur die Vermutung begründet, daß eine nicht dokumentierte Maßnahme vom Arzt auch nicht getroffen wurde[425]. Der Dokumentationsmangel kann aber mittelbar Bedeutung für den Nachweis des Ursachenzusammenhangs gewinnen, wenn der anzunehmende Behandlungsfehler als grob zu bewerten ist oder gegen eine Befundsicherungspflicht (→ Rdnr. 127a) verstoßen wurde[426]. Eine Umkehr der Beweislast kommt außerdem nur dann in Frage, wenn durch die Lückenhaftigkeit der ärztlichen Dokumentation die Aufklärung des Sachverhalts für den geschädigten Patienten **unzumutbar erschwert** wurde[427].

b) Nichterhebung oder Nichtaufbewahrung von Diagnose- und Kontrollbefunden

Die Unaufklärbarkeit geht zu Lasten des Arztes, wenn er sie durch **Unterlassen von** 127a **Röntgenaufnahmen**[428] oder sonstigen **notwendigen Feststellungen**[429] schuldhaft herbeigeführt hat. Eine Beweislastumkehr tritt jedenfalls dann ein, wenn einfache **Diagnose- und Kontrollbefunde** in erheblichem Maße **nicht erhoben** wurden[430]. Hieraus folgt (weitergehend als bei bloßen Dokumentationsmängeln, → Rdnr. 127) eine Beweislastumkehr auch für die Ursächlichkeit eines Behandlungsfehlers[431], wenn der erhobene Befund den Ursachenverlauf wahrscheinlich geklärt hätte[432]. Das Unterlassen einer gebotenen Röntgenaufnahme und – infolgedessen – einer gebotenen Operation kann einen groben Behandlungsfehler darstellen und deswegen zu Beweiserleichterungen (→ Rdnr. 128) führen[433]. Sind **Unterlagen** (z. B. Röntgenaufnahmen) aus ungeklärten Gründen **verschwunden**, so geht dies zu Lasten des Krankenhausträgers, der dann z. B. die Behauptung widerlegen muß, ein bestimmter Befund sei auf der nicht mehr auffindbaren Röntgenaufnahme erkennbar gewesen[433a].

c) Grober Behandlungsfehler

Ferner wird eine Beweislastumkehr (bezüglich der Kausalität für die haftungsbegründende 128 Gesundheitsschädigung, den sog. Primärschaden[434]) dann angenommen, wenn dem Arzt ein **grober** (schwerer[435]) **Behandlungsfehler** zur Last fällt, der geeignet[436] ist, einen Schaden der

---

[422] BGHZ 72, 132 = LM § 282 (Beweislast) Nr. 29 (LS mit Anm. *Dunz* = NJW 1978, 2337 = JZ 1978, 721 (dazu *Walter* JZ 1978, 806); BGH JZ 1986, 958 (*Matthies*) = NJW 1986, 2365. – S. auch *Wasserburg* NJW 1980, 617, 623; *Laufs* NJW 1982, 1323.
[423] BGH NJW 1993, 2375.
[424] BGH NJW 1983, 332 = MDR 1983, 300 = JR 1983, 192 (abl. *Baumgärtel*).
[425] BGH NJW 1988, 2949.
[426] BGH NJW 1989, 2330.
[427] BGH NJW 1984, 1403 (zur Dokumentation der Lagerung des Patienten auf dem Operationstisch).
[428] RGZ 128, 125; OLG Frankfurt JW 1934, 3299.
[429] RG HRR 1935 Nr. 1009 (genaue Aufzeichnungen über Bestrahlung); BGH LM § 282 (Beweislast) Nr. 2 (Feststellungen über herausoperierten Tupfer); LM § 287 Nr. 15 (bakteriologische Untersuchung).

[430] BGH NJW 1988, 2949, 2950; BGH NJW 1983, 333 (Fn. 424).
[431] BGH NJW 1988, 2949, 2950.
[432] BGH NJW 1987, 1482.
[433] BGH NJW 1989, 2332.
[433a] BGH VersR 1996, 330.
[434] Im allgemeinen dagegen nicht für Sekundärschäden (Folgeschäden), zur Abgrenzung BGH NJW 1988, 2948.
[435] In der Rsp sind die Formulierungen wechselnd. Zu den Voraussetzungen eines schweren Behandlungsfehlers BGH JZ 1983, 963, 964 (mit Anm. *Stürner*) = NJW 1983, 2080 (Fehler, der – aus objektiver ärztlicher Sicht – schlechterdings nicht unterlaufen darf); s. auch BGH NJW 1986, 1540; NJW 1988, 1511 u. 1513. Nicht entscheidend ist der Grad der subjektiven Vorwerfbarkeit, BGH NJW 1992, 754.
[436] Dazu näher BGH NJW 1983, 333, 334 (mit Anm.

Art herbeizuführen, der tatsächlich eingetreten ist[437]. Dies ist als Ausgleich dafür zu verstehen, daß durch den groben Behandlungsfehler das Spektrum der für den eingetretenen Schaden in Betracht kommenden Ursachen verbreitert bzw. verschoben wurde[438], daß also die Aufklärung des sonst eingetretenen (hypothetischen) Krankheitsverlaufs erschwert wurde[439]. Auch die Unterlassung der gebotenen **therapeutischen Aufklärung** kann einen groben Behandlungsfehler darstellen[440].

128a Die Beweislastumkehr setzt voraus, daß sich gerade das **Risiko verwirklicht** hat, dessen Nichtbeachtung den Fehler als grob erscheinen läßt[441]. Die Beweislastumkehr gilt im allgemeinen nur für die Verursachung von **unmittelbaren Gesundheitsschäden**[442]. Der Beweislastumkehr kann entgegenstehen, daß ein Ursachenzusammenhang zwischen dem Fehler und dem Schaden in hohem Maße unwahrscheinlich ist[443].

129 Ähnlich wie bei einem groben Behandlungsfehler kehrt sich die Beweislast (für die Ursächlichkeit der fehlenden Qualifikation) dann zugunsten des geschädigten Patienten um, wenn eine Operation einem dafür **nicht ausreichend qualifizierten Assistenzarzt** übertragen worden war[444] oder bei einer Operation durch einen Berufsanfänger die gebotene fachärztliche Assistenz fehlte[445]. Auch grobe Verstöße gegen ärztliche **Organisationspflichten** können zur Beweislastumkehr führen[446].

d) Rechtsfolge

130 Die Abgrenzung zum prima-facie-Beweis bei der Arzthaftung (→ Rdnr. 111) ist in der Rechtsprechung fließend. Der BGH trennt Beweiswürdigung und Beweislastumkehr in diesen Fällen nicht scharf voneinander, sondern umschreibt die Rechtsfolge dahingehend, der Behandlungsfehler könne die **Beweislast »bis zur Umkehr verschieben«**[447] bzw. Beweiserleichterungen bis hin zur Beweislastumkehr zur Folge haben[448]. Zu den Folgen einer unzulänglichen ärztlichen Dokumentation betont der BGH[449], es dürfe nicht nach einer starren Regel eine Beweislastumkehr angenommen werden, vielmehr seien Beweiserleichterungen dann und so weit geboten, als *nach dem Ermessen des Tatrichters* dem Patienten die volle Beweislast billigerweise nicht mehr zugemutet werden könne. Mit dieser **Vermengung von Beweiswürdigung und Beweislast** und – vor allem – mit dem Abstellen auf die Billigkeit im Einzelfall wird aber die **Voraussehbarkeit** und **Gleichheit** der beweisrechtlichen Beurteilung ohne Not aufs Spiel gesetzt[450].

Matthies) = JR 1983, 282 (mit Anm. *Schlund*) = LM § 823 (Eh) BGB Nr. 44 (der Behandlungsfehler muß nicht unbedingt eine naheliegende Schadensursache sein); s. auch OLG Bremen NJW-RR 1996, 1114 (keine Beweislastumkehr, wenn die Ursächlichkeit in hohem Maße unwahrscheinlich ist).
[437] RGZ 171, 168; BGH LM § 286 (C) Nr. 25, 56; § 287 Nr. 15 (ohne Beschränkung auf leichtfertige Gefährdung, krit. dazu *A. Blomeyer* AcP 158 [1959/60], 106); *BGH* LM § 823 BGB (Aa) Nr. 15, 21; LM § 286 (C) Nr. 55 = NJW 1967, 1508 = MDR 1967, 578; LM § 286 (C) Nr. 56 = NJW 1968, 1185 = MDR 1968, 573; NJW 1974, 1424, 1426.
[438] BGH NJW 1988, 2949, 2950; NJW 1995, 778, 779.
[439] BGH NJW 1988, 2303, 2304.
[440] BGH NJW 1989, 2318.
[441] BGH NJW 1981, 2513 = VersR 1981, 954.
[442] BGH NJW 1978, 1683 = MDR 1978, 916 = VersR 1978, 764 (für Sekundärschäden kommt eine Beweiserleichterung jedoch in Betracht, wenn sie in typischer Weise mit der Primärschädigung verbunden sind).
[443] BGH NJW 1988, 2949, 2950 f.; NJW 1995, 778, 779 = JZ 1995, 408 (*Baumgärtel*).
[444] BGHZ 88, 248, 256 f. = NJW 1984, 655 = MDR 1984, 218 = JZ 1984, 327 (*Giesen*).
[445] BGH NJW 1992, 1560; OLG Düsseldorf NJW 1995, 1620.
[446] Vgl. BGH JZ 1994, 787 (*Uhlenbruck*).
[447] BGHZ 72, 132, 136 (Fn. 422).
[448] So z. B. BGHZ 85, 212, 215 = NJW 1983, 333, 334; BGH NJW 1988, 2303, 2304; NJW 1989, 2332.
[449] BGHZ 72, 132, 140 (Fn. 422); ebenso OLG Braunschweig VersR 1980, 853, 854. S. auch *Dunz* Anm. zu LM § 282 (Beweislast) Nr. 29.
[450] Krit. auch *Stürner* NJW 1979, 1224, 1230; OLG Giesen JZ 1982, 448, 450; *Musielak-Stadler* (Fn. 66) Rdnr. 264 (S. 151). S. auch *Leipold* Beweismaß (Fn. 66), 22 ff.

4. Beweislastumkehr bei sonstigen Pflichtverletzungen

Die Beweislastumkehr aufgrund eines groben Behandlungsfehlers wurde auch auf die Haftung des Tierarztes angewendet[451]. Der BGH hat die Grundsätze über die Beweislastumkehr bei grobem ärztlichem Behandlungsfehler ferner auf die **grobe Pflichtverletzung** eines Bademeisters[452] oder des Krankenhauspflegepersonals[453] übertragen, weil es sich dort ebenfalls um Berufspflichten handle, die auf die Bewahrung anderer vor Gefahren für Körper und Gesundheit gerichtet seien. Eine **allgemeine Regel**, wonach das **Risiko eines nicht voll aufklärbaren Sachverhalts** stets dem zur Last fällt, der es **durch pflichtwidriges Verhalten geschaffen** hat, läßt sich dagegen nach Ansicht des BGH[454] **nicht** aufstellen, z. B. nicht für die Anwaltshaftung[455]. Soweit die verletzte Pflicht aber gerade dem Zweck dient, die spätere Unaufklärbarkeit von Schadensursachen zu verhindern, tritt eine Beweislastumkehr ein, so z. B. wenn ein EDV-Anbieter bei der Implementierung eines Programms die Überprüfung der zur **Datensicherung** erforderlichen Vorkehrungen unterlassen hat[455a]. Auch trifft denjenigen, der eine **vertragliche Aufklärungs- oder Beratungspflicht verletzt** hat, die Beweislast dafür, daß der Schaden auch bei pflichtgemäßem Verhalten eingetreten wäre, weil sich der Geschädigte über jeden Rat hinweggesetzt hätte, → Rdnr. 86d, e. Zum Anscheinsbeweis bei **Verstoß gegen Schutzgesetze** → Rdnr. 91.

131

VIII. Parteivereinbarungen beweisrechtlichen Inhalts (Beweisverträge)

1. Allgemeines

Hinsichtlich der Zulässigkeit von Parteivereinbarungen ist zu unterscheiden. Der **richterlichen Beweiswürdigung** Schranken aufzuerlegen, sind die Parteien nicht befugt[456], → Rdnr. 20. Eine Vereinbarung, wonach unter bestimmten Voraussetzungen ein *Anscheinsbeweis* als geführt zu gelten habe, kann daher keine Wirkung äußern.

132

Mittelbar können die Parteien dagegen auf die Beweisfrage dadurch Einfluß nehmen, daß sie (im Rahmen der materiellen Vertragsfreiheit) die Rechtsfolgevoraussetzungen entsprechend gestalten, → zum Nachweis des Diebstahls Rdnr. 96. Auch sind die Parteien im Geltungsbereich des Verhandlungsgrundsatzes (→ vor § 128 Rdnr. 75 ff.) nicht gehindert, Abreden über den Ausschluß und die Beschränkung bestimmter Beweisantritte und **Beweismittel**[457] wie auch über die **Beweislast** zu treffen[458] (vgl. – argumentum a maiore ad minus – die Anerkennungsverträge, → § 138 Rdnr. 37). Soweit eine Beweiserhebung *von Amts wegen* zulässig ist, kann sie freilich durch derartige Vereinbarungen nicht ausgeschlossen werden. Zu den allgemeinen Wirksamkeitsvoraussetzungen prozeßrechtlicher Verträge → vor § 128 Rdnr. 236 ff.

133

---

[451] *OLG München* NJW-RR 1989, 988 = MDR 1989, 738.
[452] *BGH* NJW 1962, 959 = MDR 1962, 471 = LM § 823 BGB (J) Nr. 16.
[453] *BGH* NJW 1971, 241 = LM § 286 (C) Nr. 62.
[454] *BGH* NJW 1984, 432, 433 = JZ 1984, 100 im Anschluß an *BGHZ* 61, 118, 121 = NJW 1973, 1688.
[455] *BGH* NJW 1988, 200 = JZ 1988, 656 (abl. *Giesen*); NJW 1994, 3295, 3298 = JZ 1995, 467 (krit. *Teske*): aber Anscheinsbeweis möglich.
[455a] *BGH* NJW 1996, 2924, 2927 im Anschluß an die Rsp zur ärztlichen Befundsicherung (→ Rdnr. 127, 127a) und zur Produkthaftung (→ Rdnr. 86 f a. E.)
[456] Ebenso *MünchKommZPO-Prütting* Rdnr. 153. Vgl. *RGZ* 96, 59.

[457] A.M. *LG Köln* MDR 1960, 846 im Anschluß an *Wieczorek*² C § 282 III. → auch § 284 Fn. 55.
[458] S. dazu *Sachse* ZZP 54 (1929), 409; *Rosenberg* (Fn. 66), 86; *Schiedermair* Vereinbarungen im Zivilprozeß (1935), 119; *Baumgärtel* Die Prozeßhandlung der Partei im Zivilprozeß (1957), 248; *ders.* Die Auswirkungen von Parteivereinbarungen auf die Beweislast Festschr. f. Fasching (1988), 67; *A. Blomeyer* ZPR² § 70 IV, § 71 II; *P. Schlosser* Einverständliches Parteihandeln im Zivilprozeß (1968), 82; *Eickmann* Beweisverträge im Zivilprozeß (1987). – Zur Zulässigkeit derartiger Verträge, wenn das Streitverhältnis nach ausländischem Recht zu beurteilen ist s. *Riezler* Internationales Zivilprozeßrecht (1949), 43, 468.

134   Die Parteien können vereinbaren, daß bestimmte Tatsachen **nicht bestritten** werden sollen (sog. Anerkennungsvertrag, → § 138 Rdnr. 37) bzw. daß sie **ohne Beweise zugrunde zu legen** sind, aber auch, daß der Beweis bestimmter Hilfstatsachen (Indizien) genügen soll (z.B. »Postschein statt Quittung«). Dies kann allerdings nur gelten, soweit die betroffenen Rechtsbeziehungen auch materiell-rechtlich der Parteidisposition unterstehen. Der **Sinn einer solchen Abrede** kann sein, daß ein **Gegenbeweis überhaupt ausgeschlossen** sein soll, daß also z.B. bei Nachweis der Absendung das für den Eintritt der Rechtswirkung wesentliche Zugehen der Willenserklärung feststehen soll. Durch eine derartige Vereinbarung wird das eine Tatbestandsmerkmal (Zugang) durch das andere (Absendung) ersetzt. Der Inhalt solcher Abreden kann aber auch sein, daß dem Gegner der Beweis für das Nichtvorliegen der entscheidenden Tatsache, z.B. für das Nichtzugehen, offenbleiben soll. Dann handelt es sich um eine **Beweislastvereinbarung**. Ob der eine oder andere Inhalt anzunehmen ist, stellt eine Frage der **Auslegung** dar[459].

135   Davon zu unterscheiden sind diejenigen zivilrechtlichen Vereinbarungen, nach denen die Berechtigung oder Verpflichtung von einer bestimmten **Form der Feststellung** abhängig ist, so daß also letztere die zivilrechtliche Voraussetzung des Anspruchs selbst bildet[460]. Dies kann z.B. bei einer Klausel in einem Prozeßvergleich der Fall sein, wonach die Vollstreckung davon abhängen soll, daß ein Dritter in notarieller Urkunde erklärt, die Nachbesserung sei erbracht[461]. – Zu Vereinbarungen, durch die der **Vollstreckungsgläubiger** in einer vollstreckbaren Urkunde vom Nachweis des *Entstehens der Schuld* oder der *Fälligkeit* freigestellt wird, → § 797 Rdnr. 8[462].

2. Klauseln in Allgemeinen Geschäftsbedingungen

136   **Besondere Schranken** gelten (im Rahmen des persönlichen Anwendungsbereichs der AGBG-Vorschriften, s. § 24 AGBG) für Klauseln in Allgemeinen Geschäftsbedingungen mit beweisrechtlichen Wirkungen[463]. § 11 Nr. 5 b AGBG erklärt die **Pauschalierung von Schadensersatzansprüchen** des AGB-Verwenders für unwirksam, wenn dem Gegner der Nachweis abgeschnitten wird, ein Schaden sei nicht entstanden oder jedenfalls wesentlich niedriger als die Pauschale. Weitreichende Bedeutung hat § 11 Nr. 15 a AGBG. Danach sind **AGB-Bestimmungen unwirksam, die die Beweislast zum Nachteil des anderen Vertragsteils ändern**, insbesondere durch Auferlegung der Beweislast für Umstände, die im Verantwortungsbereich des Verwenders der AGB liegen! Unwirksam ist z.B. eine AGB-Klausel, durch die dem Einlagerer der Beweis aufgebürdet wird, daß das Lagergut durch Verschulden des Lagerhalters beschädigt wurde oder verloren ging[464]. Im kaufmännischen Verkehr, in dem § 11 AGBG nicht gilt (§ 24 AGBG), ergibt sich gleichwohl aus § 9 AGBG die Unwirksamkeit solcher Beweislastregeln in AGB, die dem anderen Teil die Beweislast für Umstände auferlegen, die im Verantwortungsbereich des AGB-Verwenders liegen[465]. Unwirksam sind gemäß § 11 Nr. 15 b AGBG auch Beweislaständerungen durch formularmäßig abgegebene **Bestätigungen bestimmter Tatsachen** (z.B. der Mangelfreiheit eines vermieteten Fahrzeugs bei Übergabe). Hierunter fällt auch eine formularmäßige Aushandelsbestätigung[466]. Soll die

---

[459] Vgl. *RGZ* 11, 10, 17 (vereinbarter Versicherungswert).
[460] Vgl. *RGZ* 20, 402; *KG* OLG Rsp 3 (1901), 153. S. auch *Wach* AcP 64 (1881), 225; *Köhler* Gruchot 31 (1887),, 301 ff. – A. *Blomeyer* (Fn. 458) spricht dagegen den Beweislast- und Beweismittelverträgen generell materiell-rechtlichen Gehalt zu.
[461] Vgl. *Münzberg* Rpfleger 1984, 277 Fn. 7.
[462] Dazu auch *BGH* LM § 767 Nr. 56 = NJW 1981, 2756.

[463] Dazu *Bennemann* Fiktionen und Beweislastregeln in Allgemeinen Geschäftsbedingungen (1987).
[464] So bereits vor der Geltung des AGBG *BGHZ* 41, 151 = NJW 1964, 1123 (dazu *Hart* NJW 1964, 1205) = MDR 1964, 483 = JZ 1965, 26 (mit Anm. *Plassmann*); s. auch *OLG Hamburg* MDR 1967, 771.
[465] *BGHZ* 101, 172, 184 = NJW 1988, 640 – S. aber zur Wirksamkeit der aus § 51b S.2 ADSp folgenden Beweislastregelung *BGH* NJW 1995, 1490.
[466] *BGHZ* 99, 374 = NJW 1987, 1634.

Bestätigung ganz an die Stelle der eigentlich relevanten Tatsache treten (die also **fingiert** bzw. unwiderleglich vermutet wird), so wird man hierauf § 11 Nr. 15 b AGBG analog anzuwenden haben[467]. Eine Klausel, die vorsieht, eine **Erklärung des Verwenders von besonderer Bedeutung gelte als zugegangen**, ist schon nach § 10 Nr. 6 AGBG unwirksam.

§ 287 [Ermittlung des Schadens oder der Höhe einer Forderung]

(1) ¹Ist unter den Parteien streitig, ob ein Schaden entstanden sei und wie hoch sich der Schaden oder ein zu ersetzendes Interesse belaufe, so entscheidet hierüber das Gericht unter Würdigung aller Umstände nach freier Überzeugung. ²Ob und inwieweit eine beantragte Beweisaufnahme oder von Amts wegen die Begutachtung durch Sachverständige anzuordnen sei, bleibt dem Ermessen des Gerichts überlassen. ³Das Gericht kann den Beweisführer über den Schaden oder das Interesse vernehmen; die Vorschriften des § 452 Abs. 1 Satz 1, Abs. 2 bis 4 gelten entsprechend.

(2) Die Vorschriften des Abs. 1 Satz 1, 2 sind bei vermögensrechtlichen Streitigkeiten auch in anderen Fällen entsprechend anzuwenden, soweit unter den Parteien die Höhe einer Forderung streitig ist und die vollständige Aufklärung aller hierfür maßgebenden Umstände mit Schwierigkeiten verbunden ist, die zu der Bedeutung des streitigen Teiles der Forderung in keinem Verhältnis stehen.

Gesetzesgeschichte: Bis 1900 § 260 CPO. Änderungen durch die Novellen 1924 (RGBl. 1924 I 135, 138) und 1933 (RGBl. 1933 I 780, 783).

Stichwortverzeichnis zum Beweisrecht (§§ 284–287) → vor § 284

I. Normzweck	1
II. Anwendungsgebiet der Schadensermittlung nach Abs. 1	3
1. Schaden	3
2. Die einzelnen Voraussetzungen eines Schadensersatzanspruchs	10
a) Konkreter Haftungsgrund	11
b) Entstehung eines Schadens	12
c) Kausalzusammenhang	13
aa) Haftungsbegründende Kausalität	13
bb) Haftungsausfüllende Kausalität	16
cc) Kausalitätstheorie	18
d) Höhe des entstandenen Schadens	19
III. Die Ermittlung der Forderungshöhe nach Abs. 2	21
1. Ansprüche auf Geld oder vertretbare Sachen	22
2. Schätzung der Forderungshöhe	23
IV. Die Abweichungen von § 286	24
1. Geringere Anforderungen an die Substantiierung der Behauptung	25
2. Absehen von einer Beweisaufnahme, herabgesetztes Beweismaß	27
3. Sachverständigenbeweis	31
4. Überprüfung in den Rechtsmittelinstanzen	33
V. Die Parteivernehmung	35
1. Gegenstand der Vernehmung	35
2. Bedeutung und Inhalt der Vernehmung	36
3. Beweiswürdigung	37
4. Beeidigung	38
VI. Versäumnisverfahren	39

---

[467] *Brandner* in *Ulmer-Brandner-Hensen* AGBG⁷ § 11 Nr. 15 Rdnr. 17; *Bennemann* (Fn. 463), 173. – *BGH* NJW 1988, 258, 259; *Staudinger-Schlosser* BGB¹² § 11 Nr. 15 AGBG Rdnr. 2; *MünchKommBGB-Basedow*³ AGBG § 11 Rdnr. 235, 246 wenden dagegen auf Fiktionsklauseln § 9 AGBG an.

I. Normzweck[1]

1   Entstehung und Höhe eines Schadens können wegen der vielfach eingreifenden hypothetischen Elemente nur selten genau substantiiert und dem § 286 entsprechend bewiesen werden.
Zu strenge Beweisanforderungen könnten dazu führen, den materiell-rechtlichen Schadensersatzansprüchen ihre Wirkung zu nehmen. Deshalb wird in Abs. 1 die **Feststellung von Schäden** durch Ausdehnung des richterlichen Ermessens bei der Beweisaufnahme (→ Rdnr. 27) und durch Herabsetzung des Beweismaßes (→ Rdnr. 30) über die Schranken des § 286 hinaus **erleichtert**. Die Abgrenzung von § 286 bereitet insofern Schwierigkeiten, als § 287 Abs. 1 auch das Ob der Schadensentstehung anspricht. Dies ändert aber nichts daran, daß der konkrete Haftungsgrund nach § 286 Abs. 1 bewiesen werden muß. Dabei können jedoch andere Beweiserleichterungen, insbesondere der Anscheinsbeweis (→ § 286 Rdnr. 87 ff.), zum Zuge kommen.

2   Abs. 2 erstreckt diese Regelung auf andere Fälle, in denen die **Höhe einer Forderung streitig** ist, jedoch nicht generell, sondern nur unter der Voraussetzung, daß die vollständige Aufklärung *unverhältnismäßige Schwierigkeiten* bereiten würde.

II. Anwendungsgebiet der Schadensermittlung nach Abs. 1

1. Schaden

3   Es muß sich um einen Schaden handeln, d. h. um eine **Einbuße am Vermögen,** §§ 249 ff., 842 BGB, oder an **anderen Rechtsgütern,** §§ 847, 1300 BGB, die jemand – zumeist durch ein nicht von der Rechtsordnung gebilligtes Ereignis[2] – erleidet[3]. Wenn die Schadensersatzpflicht auf das sog. *negative Interesse* beschränkt ist, §§ 122 Abs. 1, 179 Abs. 2, 307, 309 BGB, so berührt dies ihre Natur nicht.

4   § 287 gilt ohne Rücksicht darauf, ob der Schadensersatz kraft **Vertrages,** wie bei einer Versicherung[4], oder wegen **Vertragsverletzung** oder aus **unerlaubter Handlung**[5] oder **ohne Rücksicht auf Verschulden** kraft gesetzlicher Pflicht[6] zu leisten ist. Es spielt auch keine Rolle, ob für eigenes oder fremdes Handeln (§§ 278, 831 f. BGB) gehaftet wird, und ob die Pflicht auf dem Bundes- oder dem vorbehaltenen Landesrecht, auf internationalem Einheitsrecht (z. B. UN-Kaufrecht[6a]) oder in der Sache anwendbarem ausländischen Recht (→ auch § 286 Rdnr. 9) beruht.

---

[1] Lit: *Arens* Dogmatik und Praxis der Schadensschätzung ZZP 88 (1975), 1; *Gottwald* Schadenszurechnung und Schadensschätzung (1979); *Greger* Beweis und Wahrscheinlichkeit (1978), 128, 152; *Hanau* Die Kausalität der Pflichtwidrigkeit (1971), 119; *Hainmüller* Der Anscheinsbeweis und die Fahrlässigkeitstat im heutigen deutschen Schadensersatzprozeß (1966), 145; *Henckel* Grenzen richterlicher Schadensschätzung (*BGH* NJW 1973, 1283) JuS 1975, 221; *v. Hoyningen-Huene/Boemke* Beweisfragen bei Berufsfortkommensschäden (§ 252 S. 2 BGB, § 287 I ZPO) NJW 1994, 1757; *Klauser* Möglichkeit und Grenze richterlicher Schadensschätzung (§ 287 ZPO) JZ 1968, 167; *Lepa* Beweiserleichterungen im Haftpflichtrecht NZV 1992, 129, 132; *Maassen* Beweismaßprobleme im Schadensersatzprozeß (1975), 87; *MünchKommBGB-Grunsky*[3] vor § 249 BGB Rdnr. 140 f.; *Prölss* Beweiserleichterungen im Schadensersatzprozeß (1966), 47; *H. Roth* Beweismaß und Beweislast bei der Verletzung von bankvertraglichen Aufklärungs- und Beratungspflichten ZHR 154 (1990), 513, 522; *Staudinger-Medicus*[12] Vorbem. zu §§ 249–254, Rdnr. 43 f.; *Stoll* Haftungsverlagerung durch beweisrechtliche Mittel AcP 176 (1976), 145, 181; *Wahrendorf* Die Prinzipien der Beweislast im Haftungsrecht (1976), 42; *G. Walter* Freie Beweiswürdigung (1979), 191.

[2] Vgl. *RG* JR 1925 Nr. 1059 (der auf § 242 BGB gestützte Anspruch auf Aufwertung einer Urteilssumme fällt nicht unter § 287 Abs. 1).

[3] Die besondere Erwähnung des *Interesses*, worunter man früher die Vermögensverminderung samt der entgangenen Vermögensvermehrung verstand, ist ohne praktische Bedeutung.

[4] S. *BGH* NJW 1993, 201; *OLG Frankfurt* MDR 1983, 494 (Schätzung auch dann, wenn der Versicherungsnehmer zunächst irrtümlich den Schaden zu niedrig angegeben hat und der Versicherer daher von Ermittlungen Abstand genommen hat).

[5] Auch für Anspruch aus § 97 UrhG: *BGHZ* 97, 37, 41 = NJW 1987, 1401 (Schadensberechnung nach angemessener Lizenzgebühr).

[6] Vgl. *BAG* WM 1982, 855, 857 (zu § 717 Abs. 2); *BGH* NJW-RR 1989, 1401 (zu § 945); *RGZ* 45, 356 (Nichterfüllung des Urteils).

[6a] *Schiedsgericht der Handelskammer Hamburg* NJW 1996, 3229, 3231 (zu Art. 74 CISG).

Abs. 1 gilt auch bei Ansprüchen auf **angemessene Entschädigung**, z. B. nach § 651 f Abs. 2 BGB (wegen nutzlos aufgewendeter Urlaubszeit)[7], oder auf **billige Entschädigung**, z. B. nach § 847 BGB[8], oder für die nach freiem Ermessen festzusetzende Entschädigung nach § 61 Abs. 2 S. 1 ArbGG[9], ebenso soweit aus *Bereicherungsrecht* ein Anspruch auf **Wertersatz** besteht[10], oder soweit es in Unterhaltsprozessen um schädigungsbedingten Mehraufwand geht[11]. Auch im Rahmen der Anpassung eines Prozeßvergleichs wegen **Fehlens der Geschäftsgrundlage** kommt eine Schätzung nach Abs. 1 in Betracht[12].

Ebenso gehört die **Entschädigung für Eingriffe der Staatsgewalt** hierher[13]. Bei Ansprüchen auf billige Entschädigung aus **Aufopferung** oder **Enteignung** ist § 287 seinem Zweck nach ebenfalls anwendbar, da hier die gleichen Beweisschwierigkeiten wie bei Schadensersatzansprüchen auftreten[14]. Nach § 287 kann auch festgestellt werden, wie ein Vorprozeß über die Enteignungsentschädigung entschieden worden wäre, wenn davon das Ob und die Höhe des im Anwaltshaftungsprozeß geltend gemachten Schadensersatzanspruchs des Enteigneten abhängen[15].

Soweit das Gesetz **Grundsätze für die Berechnung** eines Schadens aufstellt, z. B. §§ 430, 658 f., 709 HGB, wird die Anwendbarkeit des § 287 nur beschränkt, nicht ausgeschlossen[16]. Unerheblich ist auch, ob der Schadensersatz durch **Naturalherstellung** oder in **Geld**, §§ 249 ff. BGB, ob er durch *Kapital* oder *Rente*, § 843 BGB, § 8 HaftpflichtG, zu leisten ist[17]. Bei Gewährleistungsansprüchen auf **Minderung** (§§ 462, 472 f., 634 BGB) ist aber keine Schätzung der Minderung nach Abs. 1 zulässig[18].

Gleichgültig ist, ob die **Klage auf Ersatz** des Schadens oder nachträgliche **Urteilsänderung**, § 323, gerichtet ist, oder ob die Frage des Schadens als **Einrede** auftaucht.

Nach § 2 Abs. 2 AbzahlungsG galt § 287 für die Ermittlung der **Benutzungsvergütung** entsprechend[19]. Das VerbrKrG, durch das das AbzahlungsG außer Kraft gesetzt wurde, enthält keine ausdrückliche Bestimmung diesen Inhalts. Gleichwohl ist hier wie auch sonst eine Schätzung des Werts der als Nutzungen herauszugebenden Gebrauchsvorteile analog § 287 zuzulassen[20]. – § 287 ist auch im Verfahren vor Entschädigungsbehörden (§ 191 Abs. 2 BEG 1956) und Entschädigungsgerichten (§ 209 Abs. 1 BEG 1956) anzuwenden.

2. Die einzelnen Voraussetzungen eines Schadensersatzanspruchs

Bei jedem Schadensersatzanspruch sind folgende **einzelne Elemente** zu unterscheiden:

---

[7] Dazu *BGH* JZ 1983, 203, 205 = NJW 1985, 35, 37; JZ 1983, 205 (*Tonner*).
[8] *BGH* WM 1971, 634 = VersR 1971, 655; NJW 1992, 1043 (zum Ermessen bei Versagung eines Schmerzensgeldes für Bagatellschäden).
[9] *BAG* DB 1987, 2662, 2663; *Grunsky* ArbGG[7] § 61 Rdnr. 14.
[10] Vgl. *BGHZ* 82, 310, 316, 322 = NJW 1982, 1151 (zur Bemessung der als Wertersatz geschuldeten Lizenz bei Patentverletzung).
[11] *BGH* NJW 1981, 1313, 1314 = FamRZ 1981, 338, 340; NJW 1982, 41, 43 = FamRZ 1981, 1165, 1167. S. auch *BGH* NJW 1983, 2082, 2083 = FamRZ 1983, 689, 690 (Schätzung von Bedarfsposten im Unterhaltsprozeß).
[12] Nach *BGH* NJW 1984, 1746, 1747; *OLG Köln* NJW 1994, 3236, 3237 gilt § 287 zumindest analog.
[13] Vgl. *BGHZ* 68, 86 = NJW 1977, 957 (zu § 7 des Gesetzes über die Entschädigung für Strafverfolgungsmaßnahmen, Schätzung des Anteils der Verteidigungskosten an den auch andere Tätigkeiten abgeltenden Rechtsanwaltsgebühren); *RG* JW 1907, 191 (Entschädigung bei Freispruch im Wiederaufnahmeverfahren).
[14] *BGHZ* 29, 95 = NJW 1959, 386 (Aufopferung); *BGHZ* 29, 217 = NJW 1959, 771 (Enteignung); *BGHZ* 39, 219 (Enteignung).
[15] *RG* HRR 1940 Nr. 243.
[16] *RG* JW 1910, 827.
[17] *BGH* NJW-RR 1992, 792; *RG* JW 1900, 839 (Nr. 2). → auch Fn. 56 f.
[18] *BGH* Warneyer 1971 Nr. 202 = WM 1971, 1382. – Jedoch kann Abs. 2 eingreifen, vgl. z. B. *BGH* JZ 1972, 319; *BGHZ* 77, 320, 326; *OLG Karlsruhe* WM 1990, 1120, 1122.
[19] S. dazu *RGZ* 138, 28, 32.
[20] *BGHZ* 115, 47, 49 = NJW 1991, 2484 = JR 1992, 154 (*Dreher*) für den Wert der nach § 347 S. 2 BGB zu ersetzenden Gebrauchsvorteile; ebenso *Staudinger-Gursky* BGB[13] § 987 Rdnr. 17; *Soergel-Hadding* BGB[12] § 347 Rdnr. 3. Auch nach *MünchKommBGB-Janßen*[3] § 347 Rdnr. 20 a und *MünchKommBGB-Habersack*[3] § 13 VerbrKrG Rdnr. 34 ist die Höhe eines Anspruchs auf Nutzungsherausgabe nach § 287 zu schätzen.

a) Konkreter Haftungsgrund

11 Die Tatsachen, aus denen die **Verpflichtung einer Person zum Ersatz hergeleitet** wird, also namentlich ihr rechts- oder vertragswidriges Tun oder Unterlassen und ihr subjektives Verschulden, bilden den **konkreten Haftungsgrund**. Für den Beweis dieser Tatsachen gelten die allgemeinen Grundsätze des § 286, sowohl für die Notwendigkeit der Substantiierung wie für das Beweismaß und das Erfordernis erschöpfender Begründung des Urteils[21]. Es können aber andere Beweiserleichterungen, insbesondere nach den Regeln des Anscheinsbeweises (→ § 286 Rdnr. 87 ff.) eingreifen.

b) Entstehung eines Schadens

12 Ob und in welchem Umfang überhaupt ein liquidationsfähiger Schaden vorliegt[22] und nach welchen Grundsätzen er zu berechnen ist, ist nach materiellem Recht zu beurteilen. Für die Tatsachen, aus denen nach Maßgabe der materiell-rechtlichen Vorschriften die **Entstehung eines Schadens** folgt, z.B. für die Frage, ob ein *Gewinn* entgangen ist (§ 252 BGB), ob eine *Benachteiligung des Erwerbes* usw. vorliegt (§ 842 BGB), ob ein nicht vermögensrechtlicher Schaden entstanden ist (§§ 847, 1300 BGB)[23], gilt § 287.

c) Kausalzusammenhang

aa) Haftungsbegründende Kausalität

13 Für die Feststellung, ob ein bestimmtes Ereignis den **Geschädigten tatsächlich betroffen** hat, greifen die Grundsätze des § 286 ein[24]; denn diese Kausalbeziehung bildet einen Teil des Haftungsgrundes (haftungsbegründende Kausalität).

14 Bei **Schadensersatzansprüchen aus § 823 Abs. 1 BGB** muß im allgemeinen der Zusammenhang zwischen dem Verhalten des Schädigers und der **ersten Verletzung des Rechtsguts** nach § 286 Abs. 1 bewiesen werden[25]. Dasselbe gilt bei **Vertragsverletzungen,** wenn es um eine Haftung für Schädigung der in § 823 Abs. 1 genannten Rechte und Rechtsgüter (insbesondere um Personen- oder Sachschäden) infolge einer Vertragsverletzung geht[26]. Dagegen gehört bei Ansprüchen aus Vertragsverletzung oder Amtspflichtverletzung, die auf Ersatz eines **reinen Vermögensschadens** gerichtet sind, der Schadenseintritt *nicht* zum Haftungsgrund, so daß auch für den Beweis der *Ursächlichkeit* der Amtspflicht- oder Vertragsverletzung für den Schadenseintritt regelmäßig bereits die Beweiserleichterung des Abs. 1 gilt[27]. Der nach § 286

---

[21] Vgl. *BGH* ZZP 65 (1952), 270 = LM Nr. 4 zu § 286 (B); *BGH* NVwZ-RR 1989, 600, 602; NJW-RR 1987, 1019, 1020 (der Anfangszeitpunkt einer über einen längeren Zeitraum andauernden Schädigungshandlung und der Zeitpunkt, ab dem das Verhalten eines Dritten dem Schädiger zurechenbar ist, gehören zum konkreten Haftungsgrund; insoweit gilt daher § 286).

[22] Vgl. etwa *BGH* NJW 1984, 2282 (Zerstörung eines Bastlerbootes).

[23] *RG* JW 1902, Beilage 247.

[24] *BGHZ* 4, 196 = NJW 1952, 301 = LM Nr. 5 (mit Anm. *Ascher*); LM Nr. 11 zu § 9 StVO; Nr. 19 zu § 286 (B) = MDR 1964, 42; *BAG* BB 1967, 672 (Zahl der zum Ersatz verpflichtenden Handlungen nach § 287 zu schätzen). – Bei zwei möglichen Unfallursachen genügt also nicht die größere Wahrscheinlichkeit der einen (haftungsbegründenden) Kausalität, *BGH* LM Nr. 3 zu § 823 BGB (J) = MDR 1954, 349 = JZ 1954, 448; *OLG Köln* NJW-RR 1993, 598, 599 = VersR 1993, 894 (§ 287 gilt auch nicht für die haftungsbegründende Kausalität bei emissionstypischen Schäden).

[25] *BGH* NJW 1993, 3073, 3076; VersR 1975, 540, 541. – Bei der Schädigung einer Leibesfrucht durch einen Unfall der Mutter wendet *BGHZ* 58, 48, 53 = NJW 1972, 1126 = JZ 1972, 363 (mit krit. Anm. *Stoll*) auf die Verursachung des Gesundheitsschadens des Kindes bereits § 287 an, wenn jedenfalls nach § 286 bewiesen ist, daß das Kind »in Mitleidenschaft« gezogen wurde.

[26] *BGH* NJW 1987, 705; NJW 1993, 3073, 3076.

[27] *BGH* VersR 1975, 540, 541. – Zur *Amtspflichtverletzung* s. auch *BGHZ* 58, 343, 349 = NJW 1972, 1422, 1424; *BGH* JZ 1972, 320, 321; LM § 282 (Beweislast) Nr. 27 = MDR 1974, 747; LM § 839 (Fd) BGB Nr. 19 = MDR 1978, 735; NJW 1983, 2241 = LM § 839 (Fd) BGB

zu führende Beweis des konkreten Haftungsgrundes reicht hier nur bis zu der Feststellung, der Vertragspartner sei **von dem Verstoß so betroffen, daß für ihn nachteilige Folgen eintreten konnten,** während die Entstehung des konkreten Vermögensschadens nicht mehr nach § 286 sondern nach § 287 festzustellen ist[28]. – Bei der **Unfallversicherung** sind das Unfallereignis und die dadurch entstandene Gesundheitsbeeinträchtigung gemäß § 286, die Frage, ob dieses Geschehen zum Tod oder zur Invalidität geführt hat, dagegen nach § 287 zu beurteilen[29].

In der **Literatur** wurde die Unbestimmtheit des Kriteriums des »Betroffenseins« kritisiert[30] und von manchen verlangt, stärker auf die materiell-rechtlichen Unterschiede der Haftungstatbestände zu achten. *Hanau*[31] zieht den Anwendungsbereich des § 287 weiter, indem er bei Verhaltensnormtatbeständen (Vertragsverletzung, Amtspflichtverletzung) **nur die Verletzung der Verhaltenspflicht** zum nach § 286 zu beweisenden Haftungsgrund rechnet (bei Vertragsverletzungen allerdings auch die Verursachung von Unmöglichkeit oder Verzug durch die Vernachlässigung der vertraglichen Sorgfalt[32]) und bei den Eingriffstatbeständen (insbesondere § 823 Abs. 1 BGB) die **unmittelbare Gefährdung des Rechtsguts** für den Haftungsgrund ausreichen läßt. *Arens* stimmt dem hinsichtlich der Verhaltensnormtatbestände zu[33], während für ihn bei den Eingriffstatbeständen erst die **Verletzung des Rechtsguts** den Haftungsgrund vollständig macht[34]. *Gottwald*[35] will sogar **jeden Nachweis der Kausalität** zwischen Handlung und Verletzungserfolg dem § 287 zuordnen. Demgegenüber verdient das Bestreben der Rechtsprechung den Vorzug, zwar § 287 nicht lediglich auf die Feststellung der Höhe des Schadens zu beschränken, andererseits aber den Haftungsgrund nicht zu rasch zu bejahen und daher wenigstens den vollen Nachweis einer gewissen Berührung der Rechtssphäre des Geschädigten durch das Verhalten des Schädigers zu verlangen. 15

bb) Haftungsausfüllende Kausalität

Der Kausalzusammenhang zwischen dem zum Schadensersatz verpflichtenden Verhalten des Täters und dem entstandenen Schaden im einzelnen (haftungsausfüllende Kausalität) bildet an sich ebenfalls einen Teil des verpflichtenden Tatbestandes (→ Rdnr. 11) und auch der Wortlaut des Gesetzes umfaßt ihn nicht ausdrücklich. Mit Rücksicht darauf aber, daß es sich hier in erster Linie um verbindende **Schlußfolgerungen,** oft genug **hypothetischer Art** (z. B. bei Unterlassungen), zwischen den allein dem Beweis zugänglichen Tatsachen handelt, für die dasselbe praktische Bedürfnis besteht wie bei den unter Rdnr. 12 und 19 bezeichneten Punkten, rechnet die Praxis seit jeher einhellig auch diese Fragen des **haftungsausfüllenden Kausalzusammenhangs** hierher[36], gleichviel ob ihre Beantwortung allein oder in Verbindung mit den anderen Fragen zu erfolgen hat. § 287 gilt im Falle kumulativer (haftungsausfüllender) Kausalität[37], nicht aber, wenn zwei Geschehnisse unabhängig voneinander als Schadensursache in Betracht kommen und unklar ist, welches den Schaden herbeigeführt hat[38]. 16

Die Beurteilung der haftungsausfüllenden Kausalität gehört auch dann hierher, wenn nach § 254 Abs. 1 oder 2, § 846 BGB die **Mitwirkung des Geschädigten und des Schädigers** in ihrem 17

Nr. 23; NJW-RR 1994, 1171, 1172; NJW-RR 1995, 248, 249; WM 1996, 1333 (Notarhaftung). – Zur *Vertragsverletzung* s. z. B. BGHZ 84, 244, 253 = NJW 1982, 2238 = LM § 230 BGB Nr. 6 (LS, mit Anm. *Dehner*); NJW 1982, 1285, 1287 (beide Entscheidungen betreffen die Haftung des Steuerberaters).
[28] BGH NJW 1993, 3073, 3076; LM § 286 (A) Nr. 40 = NJW 1983, 998, 999. Dem BGH für die Verletzung von Aufklärungspflichten wohl zust. *Stodolkowitz* VersR 1994, 11, 14.
[29] BGH NJW 1993, 201.
[30] *Arens* ZZP 88 (1975), 1, 7 ff., 27; *Stoll* AcP 176 (1976), 145, 185. – Durch die neuere Rsp (→ Fn. 26) ist aber die Bedeutung des »Betroffenseins« reduziert worden.

[31] *Hanau* (Fn. 1) 121 f., 136. Dagegen *Stoll* AcP 176 (1976), 145, 187.
[32] *Hanau* (Fn. 1) 122.
[33] *Arens* ZZP 88 (1975), 1, 26.
[34] *Arens* ZZP 88 (1975), 1, 20.
[35] *Gottwald* (Fn. 1), 49 ff., 89, 243.
[36] BGHZ 2, 140; 7, 198, 203; 7, 287, 295; NJW 1951, 405; 1952, 301; 1958, 1579; 1964, 662; BAG AP Nr 1 zu § 139; VersR 1970, 1140. Ebenso z. B. *Klauser* JZ 1968, 167; *Teplitzky* GRUR 1987, 215, 216 (auch im Wettbewerbsrecht); *H. Roth* ZHR 154 (1990), 513, 525. – A.M. *Prölss* (Fn. 1) 54 ff.; *Wahrendorf* (Fn. 1) 49. – Einschränkend BGH VersR 1960, 369; 1961, 183; dazu → Fn. 46.
[37] OLG Frankfurt OLGZ 1987, 23, 25.
[38] BGH NJW 1963, 1828, 1829.

ursächlichen Wert gegeneinander abzuwägen sind[39]; → auch Rdnr. 19 a. E. Hier kann die Beweiserleichterung des § 287 auch dem Schädiger zugutekommen[40]. Ebenso ist der **Ursachenbeitrag mehrerer Immittenten** nach Abs. 1 zu bestimmen[41].

Auch die **Verursachung von Folgeschäden,** also von Schäden, die erst nach der ersten haftungsauslösenden Verletzung entstehen, ist nach § 287 Abs. 1 zu beurteilen[42].

cc) Kausalitätstheorie

18 Wann ein **Kausalzusammenhang** anzunehmen ist, also die Frage der sog. Kausalitätstheorie, ist nach Bürgerlichem Recht zu entscheiden[43].

d) Höhe des entstandenen Schadens

19 Die **Höhe des entstandenen Schadens** umfaßt nicht nur den **Wert** der vernichteten Vermögensobjekte (auch den merkantilen Minderwert eines Unfallfahrzeugs[44]) oder den **Betrag** des entgangenen Gewinns oder der »billigen« Entschädigung bei immateriellem Schaden (§§ 847, 1300 BGB) oder die Höhe einer angemessenen **Lizenzgebühr**[45], sondern auch solche **Tatsachen,** die für die Berechnung **zugrunde zu legen** sind[46], wie z. B. das Datum der Schadenszufügung bei wechselndem Wert des Gegenstands, etwa bei Wertpapieren mit Börsenkurs[47], die mutmaßliche Dauer einer Rente[48], die voraussichtliche Entwicklung der Erwerbstätigkeit[49], die Feststellung einer hypothetischen Schadensursache, die den Entschädigungszeitraum beendet hätte[50], die Verteilung des Schadens bei mehreren Betroffenen[51] oder auf mehrere Schädiger[52], sofern sie nicht wie nach § 42 Abs. 2 S. 2, § 830, § 840 Abs. 1, § 1833 Abs. 2 S. 1 BGB als Gesamtschuldner haften, die Höhe der durch das zum Schadensersatz verpflichtende Verhalten verursachten Vorteile[53], und besonders das **mitwirkende Verschulden** des Geschädigten in § 254 Abs. 1 BGB[54] und in § 254 Abs. 2 BGB[55].

20 Dagegen bezieht sich § 287 **nicht auf die Art des Ersatzes** durch Naturalherstellung oder in Geld, §§ 249ff. BGB, durch Kapital oder Rente[56], auch nicht auf das Vorliegen eines wichtigen Grundes für das Verlangen einer Kapitalabfindung nach § 843 Abs. 3 BGB[57].

---

[39] *BGH* NJW-RR 1988, 1373; NJW 1993, 2674, 2676.
[40] Dazu *BGH* NJW 1986, 2945; *Lepa* NZV 1992, 129, 133f.
[41] *BGHZ* 66, 71, 76 = NJW 1976, 797 (zu § 906 Abs. 2 S. 2 BGB); *BGH* 70, 102, 108.
[42] *BGH* LM Nr. 10 = VersR 1958, 547; VersR 1963, 67; LM Nr. 39 = NJW 1970, 1970 = JZ 1971, 228 (*Klauser*); LM Nr. 43 = NJW 1973, 1413; NJW 1976, 1145, 1146; NJW 1992, 3298 (Tod ist bei § 844 Abs. 2 BGB Folgeschaden der Körperverletzung, so daß der Kausalverlauf nach § 287 zu beurteilen ist); *MünchKommZPO-Prütting* Rdnr. 13. – A.M. *Stoll* AcP 176 (1976), 145, 193f.; JZ 1972, 365; *Arens* ZZP 88 (1975), 1, 38ff., 42 (soweit es sich um eine weitere Rechtsgutsverletzung, nicht um eine Fortentwicklung der Erstschädigung handelt); *MünchKommBGB-Grunsky*[3] vor § 249 BGB Rdnr. 141; krit. im Hinblick auf die dogmatische Begründung auch *Rosenberg-Schwab-Gottwald*[15] § 116 II 4 b (für einheitliche Anforderungen bei Kausalfragen).
[43] Zusammenfassend *BGHZ* 2, 140; 3, 265.
[44] Dazu z.B. *KG* Verkehrsrechtliche Mitteilungen 1991, 28.
[45] Vgl. *BGHZ* 97, 37, 41 = NJW 1987, 1405.
[46] Vgl. *BGH* VersR 1962, 1099. S. auch *RGZ* 46, 407 (Ordnungsmäßigkeit des Deckungskaufes). – Nach *BGH* VersR 1960, 369, 370; 1961, 183 sollen dagegen reale Tatsachen, die als Grundlage für die Ausübung des Ermessens (insbesondere bei Beurteilung der Kausalität) in Betracht kommen, nach § 286 bewiesen werden müssen. Dagegen *Klauser* JZ 1968, 167, 168; *Arens* ZZP 88 (1975), 1, 43ff.
[47] *RGZ* 31, 88.
[48] *BGH* JZ 1951, 114.
[49] *BGH* NJW 1995, 1023, 1024; NZV 1995, 189.
[50] *BGH* LM § 66 BEG 1956 Nr. 5 = RzW 1959, 401 = MDR 1959, 646; LM § 9 BEG 1956 Nr. 18 = RzW 1959, 463 = MDR 1959, 740.
[51] Vgl. *BGHZ* 29, 393 = NJW 1959, 1079. – Abl. *Prölss* (Fn. 1) 59.
[52] *RGZ* 36, 279; 51, 248; SeuffArch 56 (1901), 294.
[53] Vgl. *BVerwG* NJW 1988, 926, 927.
[54] § 287 Abs. 1 gilt hier für die Höhe des zu vertretenden Schadensanteils, *BGH* VersR 1961, 368, während die das mitwirkende Verschulden begründenden Tatsachen nach § 286 festzustellen sind; *BGH* VersR 1957, 236, 571, 752; NJW 1968, 985 = LM Nr. 6 zu § 254 (G) BGB; *BGH* NJW-RR 1988, 1373; NJW 1993, 2674, 2676. – Ebenso *Arens* ZZP 88 (1975), 1, 45; *Klauser* JZ 1968, 167, 169.
[55] *BGH* NJW 1986, 2945: Verletzung der Schadensminderungsobliegenheit ist nach § 286, der Einfluß auf den Schadensumfang gemäß § 287 nachzuweisen.
[56] A.M. *BGH* NJW 1957, 383 = LM Nr. 10 zu § 847 BGB (zur Form des Schmerzensgeldes). Dagegen auch *Prölss* (Fn. 1) 59f.
[57] Vgl. *RGZ* 45, 207.

III. Die Ermittlung der Forderungshöhe nach Abs. 2

Die Novelle 1924 hat die Regelung in § 287 – mit Ausnahme der besonderen Vorschrift 21
über die Parteivernehmung, → Rdnr. 35 – **auf andere vermögensrechtliche Streitigkeiten** (zum Begriff → § 1 Rdnr. 43) in folgendem Umfang **ausgedehnt**:

1. Ansprüche auf Geld oder vertretbare Sachen.

Es muß sich, wie aus dem Ausdruck »Höhe der Forderung« folgt, um Ansprüche auf Geld 22
oder vertretbare Sachen handeln. In Betracht kommen insbesondere solche Ansprüche, bei denen der Umfang der Leistung erst durch **Berechnung** zu ermitteln oder durch **Ermessen** zu bestimmen ist, wie in den Fällen der §§ 315, 319, 343, 655, 660, 2048, 2156 BGB, § 744 HGB, ferner Ansprüche auf Minderung, §§ 462, 472 f. BGB (→ Fn. 18), aus ungerechtfertigter Bereicherung[58], §§ 812 ff. BGB, § 717 Abs. 3 ZPO, auch Unterhaltsansprüche[59] oder der Vergütungsanspruch aus § 1836 Abs. 1 BGB[60]. Ob die Forderung *klageweise* geltend gemacht ist oder die Frage ihrer Höhe bei einer *Einrede* auftaucht, gilt auch hier gleich[61].

2. Schätzung der Forderungshöhe

Hinsichtlich der die Existenz der Forderung begründenden Tatsachen gilt § 286[62], → 23
Rdnr. 11. § 287 greift nur ein **bezüglich der Höhe** einschließlich der Frage, ob sich aus dem Tatbestand überhaupt ein summenmäßiger Anspruch ergibt[63]. Voraussetzung der Schätzung ist dabei aber, daß die **vollständige Aufklärung** der für die Höhe der Forderung maßgebenden Umstände mit **unverhältnismäßigen Schwierigkeiten** (z. B. einem unangemessenen Aufwand an Kosten einer Beweisaufnahme) verbunden[64] oder unmöglich[65] sein würde. Eine **allgemeine Befugnis**, an Stelle des Beweises nach § 286 zu einer **Schätzung** zu greifen, wenn die genaue Feststellung der rechtserheblichen Tatsachen mit besonderen Schwierigkeiten verbunden ist, kann aus Abs. 2 **nicht hergeleitet** werden[66].

IV. Die Abweichungen von § 286

§ 287 betrifft wie § 286 die Beweiswürdigung und setzt daher einen streitigen Sachverhalt 24
voraus[67]. Jedoch sind im Verhältnis zu § 286 mehrere Besonderheiten zu beachten.

---

[58] *BGH* GRUR 1962, 261 (§ 287 Abs. 1 dagegen nicht anwendbar, → aber Fn. 10); *BGH* NJW 1992, 2084, 2085 (angemessene Vergütung für rechtswidrige Veröffentlichung eines Fotos).
[59] *BGH* NJW-RR 1993, 898, 900. Der Anspruchsgrund der Unterhaltsansprüche (z. B. auch, ob der Unterhaltsgläubiger keine angemessene Erwerbstätigkeit zu finden vermag, § 1573 Abs. 1 BGB) ist nach § 286 nachzuweisen, für den Anspruchsumfang gilt § 287 Abs. 2, *BGH* NJW 1986, 3080, 3081 = FamRZ 1986, 885, 886; z. B. gilt § 287 für die Bedarfspositionen des Unterhaltsberechtigten, *BGH* FamRZ 1983, 689, 690, und die fiktiven Einkünfte, *BGH* FamRZ 1984, 662, 663.
[60] *BayObLG* FamRZ 1993, 237 (§ 287 Abs. 2 im FG-Verfahren entsprechend anzuwenden); *LG München* FamRZ 1995, 112.
[61] *RGZ* 139, 172.
[62] Vgl. *BGH* MDR 1985, 494.
[63] *RGZ* 139, 172 (Schätzung, ob überhaupt ein herauszugebender Gewinn erzielt ist).
[64] Vgl. *BGH* NJW-RR 1993, 898, 900 f.
[65] *BGH* JR 1961, 500 = DB 1961, 1065.
[66] *BGH* NJW-RR 1992, 1077, 1078. Vgl. *Leipold* SAE 1980, 219, 221 (gegen die großzügigere Heranziehung des § 287 Abs. 2 durch das *BAG* SAE 1980, 215, 217 = AP Nr. 16 zu § 5 TVG, das im Verfahren über die Allgemeinverbindlichkeit eines Tarifvertrages eine Schätzung der Zahl der bei tarifgebundenen Arbeitgebern beschäftigten Arbeitnehmer für zulässig erklärte).
[67] *BAG* AP Nr. 97 zu §§ 22, 23 BAT 1975.

1. Geringere Anforderungen an die Substantiierung der Behauptung

25 § 287 erleichtert dem Geschädigten nicht nur die Beweisführung, sondern auch die **Darlegungslast**[68]. Zur Zulässigkeit eines **unbezifferten Antrags** → § 253 Rdnr. 81. Die Behauptungen der Parteien zu den von § 287 erfaßten Punkten brauchen nicht so weit wie sonst substantiiert zu sein, d. h. es bedarf nicht der Angabe von Tatsachen, die einen *zwingenden Schluß* auf den behaupteten Schaden bzw. auf die behauptete Höhe der Forderung zulassen[69]. Allerdings liegen solche Angaben im Interesse der Parteien, und der Richter ist auch hier nach § 139 Abs. 1 verpflichtet, sich durch Fragen alle für seine Entscheidung erforderlichen Grundlagen zu verschaffen[70]. Auch muß der Parteivortrag den **Mindestanforderungen** entsprechen, d. h. die Partei muß dem Gericht eine tatsächliche Grundlage für die Schätzung unterbreiten[71] und sich in dem nach den Umständen zumutbaren Maß um eine Substantiierung bemühen[72]. Unterläßt eine Partei die ihr möglichen konkreten Angaben, durch die der Schaden bestimmbar gemacht würde, so kommen ihr die Beweiserleichterungen des § 287 nicht zugute[73]. Die Anknüpfungstatsachen der Schätzung müssen auch dem Gegner dargelegt werden; es genügt nicht, wenn sie nur einem Sachverständigen zur Erstellung eines Gutachtens zugänglich gemacht werden[74].

25a Eine **Abweisung** des Anspruchs wegen mangelnder Darlegung der Entstehung und Höhe des Schadens bzw. der Höhe der sonstigen Forderung kommt nicht in Frage, solange das Gericht auf der Grundlage der vorgetragenen und nicht bestrittenen (oder bewiesenen) Tatsachen unter Anwendung der ihm zustehenden Erkenntnismittel zu einer auch nur **allgemeinen Schätzung**[75] oder der Bestimmung eines Mindestschaden[76] kommen kann, es sei denn, daß auch auf dem Wege des § 139 Abs. 1 mangels greifbarer Anhaltspunkte eine Grundlage für das Urteil nicht zu gewinnen ist und das **richterliche Ermessen vollends in der Luft schwebte**[77]. Nur in diesem Fall ist nach den Regeln der Beweislast zu entscheiden[78].

25b Stets hat das Gericht den **gesamten Parteivortrag** und alle für die Beurteilung maßgeblichen Umstände zu würdigen[79]. Soweit ein Wahlrecht zwischen abstrakter und konkreter Schadensberechnung besteht, ist die abstrakte Berechnung unzulässig, wenn der Beweispflichtige einen Beweis für die ihm günstigere konkrete Berechnung angeboten hat[80].

26 Das Gesagte gilt auch, wenn neben § 287 die **Beweiserleichterung des § 252 S. 2 BGB** anzuwenden ist[81]. Eine Schadensschätzung kommt hier dann nicht in Betracht, wenn nach

---

[68] *BGH* NJW-RR 1988, 410; NJW-RR 1992, 202 u. 792; NJW 1993, 734; NJW-RR 1995, 248, 250; NJW 1996, 2924, 2925.
[69] *BGH* NJW 1980, 1742, 1743; NJW-RR 1992, 792; der Grad der Wahrscheinlichkeit der Sachverhaltsschilderung ist für den Umfang der Darlegungslast grundsätzlich ohne Bedeutung, *BGH* VersR 1990, 656, 657.
[70] *BGH* NJW-RR 1987, 797; 1990, 171, 172; *RG* (VZS) 21, 387.
[71] *BGHZ* 77, 16, 19 = NJW 1980, 2522, 2523; NJW 1971, 836; Ausgangs- und Anknüpfungstatsachen der Schadensberechnung müssen schlüssig dargelegt werden, *BGH* NJW 1988, 3016, 3017.
[72] *BGH* LM Nr. 57 = NJW 1981, 1454 (keine Anwendung des § 287, wenn die Partei hartnäckig mit der Substantiierung ihres Anspruchs zurückgehalten und die zumutbare Mitwirkung am Beweisverfahren verweigert hat).
[73] *OLG Frankfurt* VersR 1991, 1070; *OLG Hamm* NJW-RR 1990, 42; *OLG Karlsruhe* VersR 1988, 1164; *Lepa* NZV 1992, 129, 134.
[74] *BGH* NJW 1988, 3016, 3017.

[75] S. die Entscheidungen in Fn. 69, 70, 77 sowie *BGH* NJW 1951, 405; NJW-RR 1988, 410; NJW-RR 1993, 795, 796 (sofern die Schätzung des gesamten Schadens ausscheidet, ist auch zu prüfen, ob nicht einzelne Schadensteile anerkannt werden können).
[76] *BGH* NJW 1964, 589 = LM Nr. 33; *BGH* NJW 1987, 909, 910; NJW 1994, 663, 664 = JZ 1994, 530 (zust. *Baumgärtel*); *BGHZ* 119, 20, 31 = NJW 1992, 2753, 2757.
[77] *BGH* NJW 1951, 405; *BGHZ* 29, 393, 400; *BAG* NJW 1963, 925 = AP Nr. 1; *BGH* NJW-RR 1992, 202, 203; NJW 1994, 663, 664 (Fn. 76); NJW 1996, 2924, 2925.
[78] *OLG Frankfurt* OLGZ 1968, 436, 438 f.
[79] *BGH* NJW 1993, 2383, 2384; VersR 1992, 1410.
[80] *BGH* NJW 1992, 2427, 2428.
[81] Vgl. *BGH* NJW 1991, 3277, 3278; MDR 1992, 900; NZV 1995, 189, 190 = LM Nr. 114. – Zum Verhältnis von § 287 zu § 252 S. 2 BGB insbesondere bei Berufsfortkommensschäden v. *Hoyningen-Huene/Boemke* NJW 1994, 1757; bei Verletzung bankvertraglicher Aufklärungs- und Beratungspflichten *H. Roth* ZHR 154 (1990), 513, 522 ff.

dem Vorbringen des Klägers die behauptete Gewinnerwartung völlig ungewiß ist[82]. Ebenso ist eine rein abstrakte Berechnung eines Erwerbsschadens eines Arbeitnehmers oder auch eines Unternehmers auch nach § 287 unzulässig; es müssen konkrete Anhaltspunkte für die Schadensermittlung dargelegt werden[83], die es jedenfalls einem Sachverständigen ermöglichen, die für die Beweisfragen weiter erforderlich werdenden Umstände festzustellen[84].

2. Absehen von einer Beweisaufnahme, herabgesetztes Beweismaß

In Beziehung auf die Beweiswürdigung ist ferner das Gericht, in wesentlicher Abweichung von § 286, auch wenn das Ergebnis der Verhandlung und einer etwaigen Beweisaufnahme nicht genügt, um seine volle Überzeugung zu begründen, dennoch berechtigt, die **Aufnahme der von den Parteien angebotenen Beweise abzulehnen**[85] und ohne (weitere) Beweiserhebung über den Schaden bzw. die Forderungshöhe nach freiem Ermessen innerhalb der Parteianträge (§ 308 Abs. 1)[86] zu entscheiden. Dies gilt insbesondere für hypothetische Tatsachen[87]. Dabei ist jedoch vorausgesetzt, daß alles von den Parteien Vorgebrachte gewürdigt ist[88] und die Ablehnung der Beweise begründet wird[89], wobei die Begründung erkennen lassen muß, daß eine sachentsprechende Beurteilung überhaupt stattgefunden hat und nicht wesentliche, die Entscheidung bedingende Momente außer acht gelassen worden sind[90]. Ob man aus § 287 auch die Befugnis herleiten kann, einen **Mindestschaden** zu schätzen und durch **Teilurteil** (§ 301) zuzusprechen, hinsichtlich des überschießenden Betrags aber die Einholung eines Sachverständigengutachtens anzuordnen[90a], erscheint nicht ganz zweifelsfrei, aber im Interesse eines effektiven Rechtsschutzes doch beifallswürdig. 27

Ein Recht des Gerichts, von den Parteien **nicht vorgetragene Tatsachen zu berücksichtigen**[91], läßt sich aus § 287 nicht herleiten[92], doch kann und muß (ebenso wie im Bereich des § 286, → § 286 Rdnr. 11, 18, → § 284 Rdnr. 16f.) das Gericht die allgemeine Lebenserfahrung[93] von sich aus beachten. 28

Die **tatsächlichen Grundlagen der Schätzung** und ihre Auswertung sind **in den Urteilsgründen darzulegen,** um die Nachprüfung (→ Rdnr. 33f.) zu ermöglichen[94]. Dagegen braucht – anders als im Fall des § 286 – das gewonnene Ergebnis nicht durch Angabe der einzelnen maßgebenden Momente begründet zu werden[95]; dies folgt aus dem Begriff des hier eingeräumten richterlichen Ermessens. 29

---

[82] *BGHZ* 54, 45, 55; s. auch *BGHZ* 62, 103, 108 = NJW 1974, 895; *BAG* NJW 1968, 72; AP Nr. 2 zu § 252 BGB (*E. Schneider*); NJW 1976, 1470.
[83] Dazu *BGH* NJW 1993, 2673; NJW 1995, 1023, 1024; NZV 1995, 189 = LM Nr. 114: die Anforderungen an die Darlegung dürfen aber auch nicht überspannt werden; *OLG Frankfurt* MDR 1995, 1012.
[84] *BGH* NJW 1991, 3277, 3278.
[85] Das Ermessen des Gerichts nach § 287 Abs. 1 S. 2 bedeutet, daß es an die Beweisanträge nicht gebunden ist, *BGH* NJW 1991, 1412, 1413. Vgl. auch *BGH* NJW 1985, 860, 861. Dies gilt, wenn der Schaden teilweise bewiesen ist, auch für den Rest, *RGZ* 68, 35.
[86] *BGH* NJW-RR 1990, 997, 998.
[87] Z.B. wie ein anderes Gericht entschieden haben würde, vgl. auch *RG* JW 1936, 814, oder hätte entscheiden müssen, vgl. *BGH* NJW 1956, 505 = LM Nr. 6 zu § 826 (Fa) BGB (erschlichenes Urteil); NJW 1959, 1125 = LM Nr. 8 zu § 839 (D) BGB (Amtspflichtverletzung); NJW 1964, 405 = LM Nr. 31 (Ersatzanspruch gegen den Prozeßbevollmächtigten wegen pflichtwidriger Prozeßführung). Dabei gilt im Regreßprozeß auch dann § 287, wenn das Ausgangsverfahren nach dem Amtsermittlungsgrundsatz zu führen war, *BGH* NJW 1996, 2501.
[88] *BGH* LM Nr. 1.
[89] *BAG* NJW 1963, 925 = AP Nr. 1; *BGH* NJW 1982, 32, 33; *Lepa* NZV 1992, 129, 134.
[90] *BGH* NVwZ-RR 1989, 600, 602.
[90a] So *BGH* JZ 1996, 1188 (abl. *K. G. Müller*, dessen abschließender Hinweis auf die Möglichkeit einer Leistungsverfügung angesichts der üblichen restriktiven Handhabung dieses Rechtsinstituts nicht überzeugt).
[91] So *RG* JW 1909, 141; *BGH* NJW 1951, 405; *Stein* Das private Wissen des Richters (1893), 165 Fn. 12; 19. Aufl. dieses Kommentars § 287 III 1.
[92] Zutreffend *Klauser* JZ 1968, 167, 169f.
[93] Z.B. über die Höhe der bei einer Geldanlage erreichbaren Zinssätze, *BGHZ* 80, 269, 279.
[94] *BGHZ* 6, 63 = NJW 1952, 978; *BGHZ* 39, 219; 63, 353, 357 = NJW 1975, 388; *BAG* NJW 1963, 925 = AP Nr. 1; NJW 1991, 2340, 2342 (Schmerzensgeld); nach *BGH* VersR 1990, 907, 908 muß in der Entscheidung auch zum Ausdruck gebracht werden, daß das Gericht einzelne für die Höhe einer Rente an sich erhebliche Tatsachen bei seiner Zukunftsprognose nicht berücksichtigt hat.
[95] *BGHZ* 3, 175; 39, 219.

30 In der freieren Stellung des Gerichts im Bereich des § 287 liegt zugleich eine gewisse **Herabsetzung der Anforderungen an das Beweismaß**[96]; denn wenn ein Schadensbetrag usw. nur geschätzt ist, kann der Richter nicht von der Richtigkeit des Betrages in vollem Umfang überzeugt sein[97]. Während man bei der Frage der **Schadens-** bzw. **Forderungshöhe** in den Randzonen geradezu von einem richterlichen *Ermessen* bei der Festsetzung des Betrages sprechen kann[98], liegen die Dinge bei der Beurteilung von Kausalitätsfragen (soweit sie unter § 287 fallen, → Rdnr. 13 ff.) etwas anders[99]. Hier muß, wenn schon keine volle richterliche Überzeugung, so doch eine **deutlich überwiegende Wahrscheinlichkeit**[100] für die Kausalität verlangt werden. Dieses Beweismaß gilt auch bei der Beurteilung von Sachverständigengutachten[101]. Andernfalls ist nach den **Beweislastregeln** zu entscheiden, die durch § 287 keineswegs außer Kraft gesetzt werden[102].

3. Sachverständigenbeweis

31 Die Begutachtung durch Sachverständige anzuordnen, soweit es einer solchen bedarf[103], ist das Gericht schon nach § 144 Abs. 1 befugt; das Recht des Gerichts, nach seinem **Ermessen** von einer Begutachtung **abzusehen,** reicht aber im Bereich des § 287 weiter als sonst. – Aus der **Weigerung des Geschädigten,** sich durch einen gerichtlich ernannten Sachverständigen untersuchen zu lassen, können auch im Bereich des § 287 ungünstige Folgerungen gezogen werden[104].

32 Die Aufnahme **anderer Beweismittel** kann auch in den Fällen des § 287 nur nach Maßgabe der §§ 142 ff. von Amts wegen angeordnet werden.

4. Überprüfung in den Rechtsmittelinstanzen

33 Die Anwendung des freien Ermessens unterliegt der Nachprüfung in der **Berufungsinstanz.** Das Berufungsgericht darf also seine freie Überzeugung an die Stelle der Auffassung des erstinstanzlichen Gerichts setzen, muß aber dann auch die unterschiedliche Beurteilung der Tatsachen näher erläutern[105].

---

[96] Nach *BGH* NJW 1972, 1515, 1516 darf sich der Richter im Bereich des § 287 je nach Lage des Falles anstelle einer an Sicherheit grenzenden mit einer mehr oder minder hohen (mindestens aber überwiegenden) Wahrscheinlichkeit begnügen. *BGH* NJW 1992, 2694, 2695; NJW 1993, 734; WM 1996, 1333 sprechen ausdrücklich von einer Verringerung des Beweismaßes. Die Unglaubwürdigkeit des Klägers führt nicht zum Beweismaß des § 286, sondern ist nach § 287 zu würdigen, *BGH* MDR 1988, 298 = LM Nr. 79. – Zur Herabsetzung des Beweismaßes vgl. *Klauser* JZ 1968, 167, 170; *H. Roth* ZHR 154 (1990), 513, 522; *Lepa* NZV 1992, 129, 133; *MünchKommZPO-Prütting* Rdnr. 3, 17; *Zöller-Greger*[20] Rdnr. 1. – A.M. *Gottwald* (Fn. 1), 214 ff. (insoweit kein Unterschied zu § 286, dagegen *Koziol* AcP 180 [1980], 418); *AK-ZPO-Rüßmann* Rdnr. 5 (§ 287 überflüssig).

[97] *BGH* NJW 1973, 1283 = LM Nr. 44 (unter III 2 a.E.). Krit. zu dieser Entscheidung *Henckel* JuS 1975, 221.

[98] Vgl. *Hainmüller* (Fn. 1), 146; s. auch *Prölss* (Fn. 1), 49.

[99] Für die Differenzierung *BGH* LM Nr. 39 = NJW 1970, 1970; *Arens* ZZP 88 (1975), 1, 34 f.; s. auch *Lepa* NZV 1992, 129, 134.

[100] *BGH* WM 1996, 1333. Der Sache nach übereinstimmend, wenngleich mit leicht variierenden Formulierungen *BGH* NJW 1973, 1283, 1284; NJW 1992, 3298, 3299; NJW 1993, 734; NJW-RR 1995, 248, 250.

[101] *OLG Hamm* NJW-RR 1994, 481: Die Beweiserleichterung des § 287 darf dem Geschädigten nicht dadurch wieder genommen werden, daß medizinische Sachverständige bei ihrer Gutachtenerstellung strengere Beweismaßstäbe anlegen.

[102] *BGH* LM Nr. 39 (Fn. 99), 44 (Fn. 97); NJW 1972, 1515; VRS 68 (1985), 31. Mißverständlich *BGH* NJW-RR 1995, 248, 249, weil das Gericht Beweiserleichterungen bis zur Umkehr der Beweislast (die aus anderen Gründen eintreten mögen) nicht klar genug von der Rechtsfolge des § 287 (die nicht in einer Beweislastumkehr besteht) unterscheidet. – Die Bedeutung der Beweislast auch im Bereich des § 287 betont *Gottwald* (Fn. 1), 231 ff.

[103] Auch im Rahmen des § 287 überschreitet das Gericht die Grenzen des Ermessens, wenn es sich eine Sachkunde zutraut, die es nicht besitzen kann, vgl. *BGH* VersR 1962, 419; MDR 1988, 488 = LM Nr. 80; NJW 1988, 3016, 3017; NVwZ-RR 1989, 600, 602; NJW 1995, 1619. → auch Rdnr. 34 a. E.

[104] *BGH* VersR 1973, 1028.

[105] *BGHZ* 63, 353, 358 (Fn. 94); MDR 1988, 950, 951. – Eine Zurückverweisung (§ 539) kommt in Betracht, wenn die Grundlagen der Schätzung in der Vorinstanz nicht mit den Parteien erörtert wurden, *OLG Köln* MDR

Das **Revisionsgericht** dagegen kann nur prüfen, ob der Richter sich der *Grenzen seines Ermessens* bewußt war und sie nicht überschritten hat[106]. Ein Revisionsgrund ist auch gegeben, wenn nicht erkennbar ist, daß sich die Vorinstanz der *freieren Stellung* nach § 287 bewußt war[107]. Rechtsfehlerhaft ist es, wenn das Gericht, ohne sich mit den Ausführungen des gerichtlich zugezogenen Sachverständigen auseinanderzusetzen, zu einer abweichenden Beurteilung der Kausalität gelangt[108].   34

V. Die Parteivernehmung

1. Gegenstand der Vernehmung

Das Gericht ist im Falle des Abs. 1 – nicht auch des Abs. 2 – berechtigt, auch unter Abschneidung jeder sonstigen Beweisaufnahme, den **Beweisführer** über den **Schaden**, d.h. über dessen **Höhe** zu vernehmen. Auf die übrigen für den Anspruch erforderlichen Tatsachen bezieht sich diese Befugnis, deren Schwergewicht im **Absehen von sonstigen Beweisaufnahmen** liegt, nicht; für diese Tatsachen bewendet es hinsichtlich der Parteivernehmung bei den allgemeinen Vorschriften der §§ 445, 447, 448. Der Umstand, daß der Beweisführer den Schaden ungenügend substantiiert hat, entbindet das Gericht nicht von der Pflicht zu prüfen, ob die Vernehmung anzuordnen ist. Wegen der Nachprüfung gilt das oben (→ Rdnr. 33 f.) Bemerkte.   35

2. Bedeutung und Inhalt der Vernehmung

Sachlich handelt es sich bei der Vernehmung des Beweisführers nach Abs. 1 S. 3 um eine **Unterart der Parteivernehmung** nach § 448, nicht lediglich um eine *Anhörung* gemäß § 141[109]. Die Besonderheit liegt darin, daß die Anordnung nach § 287 nicht voraussetzt, daß die bisherige Verhandlung und Beweisaufnahme bereits gewisse *Anhaltspunkte* zugunsten des Beweisführers erbracht hat. Die Vernehmung hat, soweit dies möglich ist, die Faktoren zu umfassen, aus denen die Höhe des Schadens zu errechnen ist. Sie kann sich aber auch, entsprechend dem früheren Schätzungseid, darauf erstrecken, **wie hoch der Geschädigte seinen Schaden schätzt**; sachlich bedeutet das die Abgabe eines *Gutachtens in eigener Sache*, und der Beweiswert einer solchen Schätzung hängt wesentlich davon ab, ob und welche Momente die Partei bei ihrer Aussage zur Stützung ihrer Schätzung beibringt.   36

1980, 674 = VersR 1980, 952, oder wenn überhaupt das Eingreifen des § 287 verkannt wurde, *OLG Zweibrücken* MDR 1989, 268.
[106] *BGHZ* 3, 175; 6, 63; VersR 1958, 371. Die Rsp überprüft dabei, ob die Schadensermittlung auf grundsätzlich falschen oder offenbar unsachlichen Erwägungen beruht, ob wesentliche, die Entscheidung bedingende Tatsachen außer Acht gelassen worden sind und ob sonstige Rechtsvorschriften oder Denk- und Erfahrungssätze verletzt worden sind, *BGHZ* 39, 198, 219; LM Nr. 35; *BGHZ* 83, 61, 66; *BGH* NJW 1985, 387; *BAG* SAE 1980, 215 (mit Anm. *Leipold*) (Fn. 66); *BGH* NJW-RR 1993, 795, 796; NJW-RR 1995, 248, 250; NZV 1995, 189 = LM Nr. 114. Diese Grundsätze gelten auch, wenn es um das Ob und Inwieweit einer Beweisanordnung geht, *BGH* NJW-RR 1989, 1401, 1402. – Nach *BGHZ* 56, 214, 218 = NJW 1971, 1692, 1693 ist es zwar nicht Aufgabe des Revisionsgerichts, dem Tatrichter eine bestimmte *Methode der Schadensberechnung* vorzuschreiben, doch sei in typischen Fällen die Schätzung daraufhin zu überprüfen, ob sie den Gegenstand des zu entschädigenden Vermögensnachteils beachtet und nicht zu einer grundlosen Bereicherung des Geschädigten oder einem verkappten Ausgleich immateriellen Schadens führt. – Ermessensfehlerhaft kann nach den konkreten Gegebenheiten eine *schematische Schätzung* (ohne Zuziehung eines Sachverständigen) sein, vgl. *BGH* NJW 1980, 281, 282 (zum merkantilen Minderwert bei Lkw).
[107] *BGHZ* 60, 177, 184 = NJW 1973, 993, 994; NJW 1980, 1679, 1680.
[108] *BGH* VersR 1972, 980, 982.
[109] *OLG Koblenz* VersR 1980, 1173 (daher Entstehung der Beweisgebühr).

3. Beweiswürdigung

37   In der Würdigung der Parteiaussage ist das Gericht nach §§ 286, 453 Abs. 1 **frei;** ebenso kann es selbstverständlich die *Verweigerung* der Aussage im ganzen oder über einzelne Fragen frei würdigen.

4. Beeidigung

38   Hält das Gericht die uneidliche Aussage nicht für ausreichend, um sich von der Wahrheit der Angaben zu überzeugen, so kann es nach dem in Bezug genommenen § 452 Abs. 1 S. 1 die **Beeidigung der Partei anordnen;** die Beeidigung unterbleibt jedoch nach § 452 Abs. 3, wenn die **Gegenpartei darauf verzichtet.** Durch die Beeidigung der Partei legt sich das Gericht hinsichtlich der *Würdigung* der Aussage keine Schranken auf.

VI. Versäumnisverfahren

39   Im Falle der Säumnis ist § 287 **nicht anwendbar.** Denn bei Entstehung und Höhe eines Schadens handelt es sich um eine auf Schlußfolgerungen beruhende tatsächliche Behauptung, wie andere auch, → § 284 Rdnr. 8, für die die einzelnen Faktoren nur die Bedeutung von Indizien haben. Wie daher die **Höhe des Schadens** Gegenstand des Geständnisses sein kann, so ist sie **bei Säumnis des Beklagten** unter Ausschluß der richterlichen Würdigung **Gegenstand der Säumnisfolge des § 331 Abs. 1 S. 1.**
   Wegen der **Vereinbarungen über den Schadensbeweis** → § 286 Rdnr. 132 ff.

§ 288   [Gerichtliches Geständnis]

(1) Die von einer Partei behaupteten Tatsachen bedürfen insoweit keines Beweises, als sie im Laufe des Rechtsstreits von dem Gegner bei einer mündlichen Verhandlung oder zum Protokoll eines beauftragten oder ersuchten Richters zugestanden sind.

(2) Zur Wirksamkeit des gerichtlichen Geständnisses ist dessen Annahme nicht erforderlich.

Gesetzesgeschichte: Bis 1900 § 261 CPO.

I. Begriff und rechtliche Natur des gerichtlichen Geständnisses	1
1. Erklärungsinhalt	1
2. Rechtsnatur	2
II. Voraussetzungen	5
1. Gegenstand des Geständnisses	5
a) Tatsachen; Unterscheidung von Anerkenntnis und anerkenntnisähnlicher Erklärung	5
b) Ungünstige, vom Gegner behauptete Tatsachen; vorweggenommenes Geständnis	9
2. Die Erklärung des Geständnisses	10
a) Auslegung	10
b) Abgabe vor Gericht innerhalb des Rechtsstreits	13
c) Protokollierung	15
3. Voraussetzungen in der Person des Erklärenden	16
4. Ausschluß der Geständniswirkung außerhalb des Verhandlungsgrundsatzes	17
5. Anwendbarkeit bei Erteilung einer vollstreckbaren Ausfertigung	18a
III. Wirkung, Verhältnis zur Wahrheitspflicht	19
1. Rechtsfolgen	19
2. Grenzen der Geständniswirkung	21
IV. Außergerichtliches Geständnis	24
V. Arbeitsgerichtliches Verfahren	25

I. Begriff und rechtliche Natur des gerichtlichen Geständnisses[1]

1. Erklärungsinhalt

Das gerichtliche Geständnis ist die innerhalb des Rechtsstreits abgegebene **Erklärung einer Partei**, daß eine **vom Gegner behauptete, ihr im Rechtssinne ungünstige Tatsache wahr sei.**

2. Rechtsnatur

Das gerichtliche Geständnis hat eine **doppelte Wirkung.** Zunächst wirkt es auf dem Gebiet des Verhandlungsgrundsatzes ebenso wie das Schweigen auf die gegnerische Behauptung: Was eine Partei gegen sich gelten läßt, wird ohne weiteres zur **Urteilsgrundlage,** § 138 Abs. 3, § 331 Abs. 1 S. 1. Über die Einschränkungen hinsichtlich unmöglicher und offenkundig unwahrer Tatsachen → Rdnr. 21f. Zu dieser Wirkung ist weder eine Erklärung eines Geständnisses noch ein entsprechender Parteiwille erforderlich.

Die zweite Wirkung des gerichtlichen Geständnisses, die über das bloße Nichtbestreiten hinausgeht, besteht dagegen in der **Bindung der Partei** an ihr Wort: Während das bisher *unterlassene Bestreiten* bis zum Schluß der mündlichen Verhandlung (§ 296 a) (vorbehaltlich Zurückweisung wegen Verspätung, §§ 296, 527f.) mit der Wirkung *nachgeholt* werden kann[2], daß die Tatsache nunmehr des Beweises bedarf, → § 138 Rdnr. 31b, ist nach einem gerichtlichen Geständnis ein einfaches Bestreiten ausgeschlossen und der *Widerruf* an den doppelten Nachweis gebunden, daß das Geständnis der *Wahrheit* nicht entspricht *und* daß es durch einen *Irrtum* veranlaßt ist, §§ 290, 532.

In dem Geständnis liegt somit ein **Willensmoment:** Die Partei erklärt, eine Tatsache gegen sich gelten lassen zu wollen. Damit stimmt überein, daß das Geständnis gegenständlich nicht beschränkt ist (also auch Tatsachen zugestanden werden können, die die Partei gar nicht wissen *kann*, insbesondere solche, die die Partei nicht selbst wahrgenommen hat[3]), ferner, daß das Geständnis durch eine *vorhergehende Beweisaufnahme* nicht ausgeschlossen wird, und endlich, daß ihm seine spezifische Wirksamkeit dort fehlt, wo die Tatsachenlage unabhängig vom Parteiwillen festgestellt werden soll, → Rdnr. 17. Die **Willenserklärung,** die somit positivrechtlich in dem Geständnis liegt, ist die Erklärung des **Einverständnisses** damit, daß die Tatsache **ungeprüft zur Urteilsgrundlage gemacht** wird[4]. Daraus ergibt sich, daß das Geständnis nicht als *Beweismittel* anzusehen ist; denn auf den Richter wirkt es wie das Nichtbestreiten als Ausschluß der *Wahrheitsprüfung*[5].

---

[1] Lit: *Baur* Vereinbarungen der Parteien über präjudizielle Rechtsverhältnisse im Zivilprozeß, Festschr. für Bötticher (1969), 1; *Bülow* Das Geständnisrecht, Ein Beitrag zur allgemeinen Theorie der Rechtshandlungen (1899); *ders.* Über den Begriff des gerichtlichen Geständnisses, AcP 88 (1898), 317; *Häsemeyer* Parteivereinbarungen über präjudizielle Rechtsverhältnisse – Zur Fragwürdigkeit der Parteidisposition als Urteilsgrundlage, ZZP 85 (1972), 207; *Hegler* Beiträge zur Lehre vom prozessualen Anerkenntnis und Verzicht (1903); *Orfanides* Das vorweggenommene Geständnis, Festschr. für Baumgärtel (1990), 427; *ders.* Probleme des gerichtlichen Geständnisses NJW 1990, 3174; *Pawlowski* Keine Bindung an »Geständnisse« im Zivilprozeß? MDR 1997, 7; *Scherer* Zweifel des Gerichts an der Wahrheit unstreitiger Tatsachenbehauptungen DRiZ 1996, 58; *J. P. Schmidt* Teilbarkeit und Unteilbarkeit des Geständnisses im Zivilprozeß (1972); *E. Schneider* Das Geständnis im Zivilprozeß MDR 1991, 297; *Schoofs* Entwicklung und aktuelle Bedeutung der Regeln über Geständnis und Nichtbestreiten im Zivilprozeß, Diss. Münster 1980; *Würthwein* Umfang und Grenzen des Parteieinflusses auf die Urteilsgrundlagen im Zivilprozeß (1977).

[2] Ganz h. M., s. nur *BGH* NJW 1991, 1683 = LM Nr. 30 zu § 138 ZPO. – Die vom *OLG München* MDR 1984, 321 vertretene Gegenansicht widerspricht dem Gesetz. Entschieden ablehnend auch *E. Schneider* MDR 1991, 297, 298.

[3] Vgl. *BGH* NJW 1962, 1390, 1391; 1987, 1947, 1948. – A.M. *Orfanides* NJW 1990, 3174, 3177.

[4] So auch *BGH* LM Nr. 3 = NJW 1962, 1390.

[5] *Schultze* ZZP 19 (1894), 341 ff.; *Stein* Das private Wissen des Richters (1893), 91; *Hegler* (Fn. 1), 141 ff. u. a. – A.M. *Wittmaack* AcP 88 (1898), 1, 51 ff.; *Bernhardt* Festg. für Rosenberg (1949), 33.

II. Voraussetzungen

1. Gegenstand des Geständnisses

a) Tatsachen, Unterscheidung von Anerkenntnis und anerkenntnisähnlicher Erklärung

5 Die Erklärung muß sich auf **Tatsachen**[6] beziehen; denn nur in diesem Fall kann von einem Ausschluß des Beweises die Rede sein.

6 Über den Begriff der **Tatsache** und seine Gegensätze → § 284 Rdnr. 9 ff. Danach kann das Geständnis die Tatsache auch in ihrer **technischen oder juristischen Einkleidung** zum Gegenstand haben, als sog. technisches oder juristisches Urteil auftreten, wenn die richtige Subsumtion der Tatsachen unstreitig oder durch das Verständnis des Zugestehenden gewährleistet ist. Dies ist vor allem bei **einfachen Rechtsbegriffen**[7] (z. B. Abschluß eines Vertrages[8], Eigentum[9], Abnahme[10], Arbeitsunfähigkeit[11]) zu bejahen. Möglich ist z. B. auch ein Geständnis über die Eigenschaft als »Erbe« oder »Pflichtteilsberechtigter«[12], soweit dies als zusammenfassendes Geständnis der zugrundeliegenden Tatsachen aufgefaßt werden kann, → auch § 284 Rdnr. 13 bei Fn. 10. Unter der gleichen Voraussetzung können auch **Tatsachenkomplexe** in ihrer juristischen Zusammenfassung als Rechtsverhältnisse den Gegenstand des Geständnisses bilden[13], namentlich als *bedingende Rechtsverhältnisse*, hinsichtlich derer ohnehin eine rechtskräftige Feststellung nicht erfolgt[14]. Ferner → Rdnr. 8.

7 Dagegen ist ein Geständnis, das **nur** die **juristische** oder technische **Beurteilung** zum Gegenstand hat, oder das diese Beurteilung im Streitfall unter Ausschluß der richterlichen Entscheidung feststellen soll, als mit der Stellung des Richters (→ vor § 128 Rdnr. 107 f.) unvereinbar **ausgeschlossen**: Die *Tatsachenbeurteilung*, die kein Teil des Beweises ist, können die Parteien durch ein Geständnis nicht ausschließen[15]. Wollen sie die Tatsachenbeurteilung durch das Gericht vermeiden, so muß ein **Anerkenntnis** erfolgen. Das aber ist die Einräumung der vom Gegner behaupteten **Rechtsfolge**; es enthält kein Geständnis der *Tatsachen*[16], und seine Wirkung besteht darin, daß dem Richter die juristische Prüfung, ob sich diese Rechtsfolge aus den vorgetragenen Tatsachen ergibt, abgeschnitten wird (vgl. § 307 mit § 331 Abs. 2). Dagegen können die Parteien **nicht** dem Gericht durch ein Geständnis von **einzelnen Rechtsfragen** oder von Behauptungen über den **Inhalt von Rechtssätzen**[17] die rechtlichen Grundlagen seiner Prüfung aufzwingen. Ebensowenig können sie die richterliche

---

[6] *BGHZ* 8, 235 = LM Nr. 1 = NJW 1953, 621 (keine Bindung der Partei, wenn es sich um Wertung handelt); *BAG* AP Nr. 1 (*Mes*) (Geständnis kann sich auf den Inhalt einer Arbeitsplatzbeschreibung beziehen).
[7] Zum Zugestehen einer Schenkung *BGH* NJW 1992, 906 (jedenfalls dann kein Geständnis, wenn – bei nichtehelicher Lebensgemeinschaft – die rechtliche Beurteilung zweifelhaft ist). S. auch *BGH* JZ 1987, 150, 152 (es kann nicht die »Schenkung als solche« als unstreitig behandelt werden, wenn unterschiedliche tatsächliche Vorgänge vorgetragen werden); *E. Schneider* MDR 1991, 297, 299.
[8] *BGH* WM 1980, 193, 194; *OLG Köln* VersR 1996, 1520 (Hardwarewartungsvertrag).
[9] *OLG Koblenz* OLGZ 1993, 234 = NJW-RR 1993, 571 (aber kein Geständnis, wenn zusätzlich Tatsachen vorgetragen werden, die zu einer abweichenden rechtlichen Beurteilung führen).
[10] *OLG Frankfurt* NJW-RR 1994, 530.
[11] *OLG Hamm* VersR 1988, 796 sieht in der Arbeitsunfähigkeit eine geständnisfähige Tatsache.
[12] *BGH* LM Nr. 1 zu § 260 BGB.
[13] Vgl. *BGH* NJW 1974, 1865, 1866 (Zustehen einer Forderung).
[14] Vgl. *Danz* Die Auslegung der Rechtsgeschäfte³, 97 f.; *Lent* Die Gesetzeskonkurrenz im bürgerlichen Recht und Zivilprozeß 2 (1916), 76 ff.; ferner *RGZ* 11, 406; 32, 407 f.; 35, 411; 58, 54 (bedenklich).
[15] Vgl. *BGH* JR 1969, 102 = DB 1969, 301 (anderweitige rechtliche Beurteilung durch das Gericht wird nicht dadurch ausgeschlossen, daß die Parteien übereinstimmend einen formnichtigen Grundstückskaufvertrag als gültig behandelt wissen wollen); MDR 1978, 472 (zu der dem Richter obliegenden Beurteilung, ob ein Schriftzug eine Namensunterschrift darstellt). – S. auch *RGZ* 10, 364; 32, 409; 35, 411; *RG* JW 1901, 58; 1908, 64. Vgl. auch *RAG* 14, 241 (das Ziehen übereinstimmender Folgerungen aus verschiedenen Tatsachen ist kein Geständnis).
[16] Vgl. *BGH* VersR 1957, 720; *RG* SeuffArch 57 (1902), 243; *BayObLG* SeuffArch 47 (1892), 345. – *RGZ* 67, 154; JW 1907, 676 wollen den einzelnen Fall prüfen.
[17] *BGH* VersR 1978, 643.

Würdigung des tatsächlich Streitigen dadurch ausschließen, daß sie sich über die **Auslegung** einer Urkunde oder dgl. einigen, → § 284 Rdnr. 13 Fn. 12. Der *innere Wille* des Erklärenden kann zwar als *Tatsache* zugestanden werden, aber dies bedeutet nicht, daß damit auch das Auslegungsergebnis für das Gericht feststünde; denn dafür ist nur der *erklärte* Wille maßgebend, und insoweit wird das Gericht durch das Geständnis nicht gebunden[18]. – Endlich gibt es auch kein bindendes Geständnis von **Erfahrungssätzen**, → § 284 Rdnr. 17[19], oder von einzelnen Elementen der *Beweiswürdigung* (z. B. Glaubwürdigkeit eines Zeugen).

Neben der bei Rdnr. 6 dargestellten Möglichkeit, rechtliche Begriffe als zusammengefaßte Tatsachenbehauptungen aufzufassen und damit die Geständnisregeln anzuwenden, kommt in Analogie zu § 307 (→ auch § 307 Rdnr. 8) auch die Anerkennung solcher Parteivereinbarungen in Betracht, die sich **unmittelbar auf eine Rechtsfolge beziehen,** die für den geltend gemachten prozessualen Anspruch **präjudiziell** ist[20]. Derartigen **anerkenntnisähnlichen Erklärungen** sollte dann eine das Gericht bindende Wirkung zugemessen werden, wenn sie sich auf solche Rechtsfolgen beziehen, die auch zum Gegenstand einer *selbständigen Leistungs- oder Feststellungsklage* gemacht werden könnten und dann der Parteidisposition durch Verzicht oder Anerkenntnis unterliegen würden. Hinsichtlich einzelner *Teilfragen der rechtlichen Beurteilung* sollte es dagegen dabei bleiben, daß die Parteien den Richter weder analog §§ 306 f. noch nach § 288 binden können.

8

b) Ungünstige, vom Gegner behauptete Tatsachen; vorweggenommenes Geständnis

Die **Tatsachen** müssen **dem Zugestehenden ungünstig** im Sinne der Beweislastverteilung (→ § 286 Rdnr. 25 ff.) und *vom Gegner behauptet* sein. Wenn dagegen eine Partei eine **ihr ungünstige Tatsache** von sich aus **behauptet,** so kann sie diese Behauptung wie jede andere zunächst frei widerrufen[21]. Tut sie es bis zum Schluß der mündlichen Verhandlung nicht, so bildet diese Tatsache zwar die Grundlage des Endurteils, soweit sie nicht etwa nur ein materielles Einrederecht des Gegners begründet und der Gegner die Einrede nicht geltend gemacht hat (→ vor § 128 Rdnr. 81); aber das ist keine Geständniswirkung; denn es ist als zivilprozessualer Grundsatz anzuerkennen, daß jede Partei ihre Behauptungen unter Unterstellung ihrer Wahrheit gegen sich gelten lassen muß[22], näher → vor § 128 Rdnr. 79. Es könnte daher auch in der zweiten Instanz § 532 keine Anwendung finden. Ebenso bleibt die Partei zum Widerruf ihrer Behauptung berechtigt[23], wenn der Gegner sie *bestreitet*[24]. Wenn dagegen der **Gegner** vor dem Widerruf die entsprechende Behauptung seinerseits **aufgreift,** d. h. ausdrücklich oder sinngemäß in der Form der Annahme der Behauptung der anderen Seite auch seinerseits **dieselbe Behauptung aufstellt,** so wird sie nunmehr, weil jetzt übereinstimmende Erklärungen über die Tatsache vorliegen, deren Reihenfolge unerheblich ist, zum

9

---

[18] A.M. *BGH* LM Nr. 5 = NJW 1981, 1562 = MDR 1981, 829 (zur Testamentsauslegung). *BGH* NJW 1987, 901 (s. auch *BGH* NJW-RR 1989, 1282) setzt dagegen den tatsächlichen (inneren) Willen nicht mit dem Auslegungsergebnis gleich; dann bestehen gegen die Anwendung des § 288 keine Bedenken; s. dazu auch *MünchKommBGB-Leipold*[2] § 2084 Rdnr. 82.
[19] Ebenso *RGZ* 64, 34. – A.M. *RG* JW 1907, 264.
[20] *BAG* NJW 1996, 1299, 1300 geht ohne weiteres davon aus, ein Geständnis könne sich auf präjudizielle Rechtsverhältnisse beziehen. – Vgl. – teils weitergehend als die hier vertretene Ansicht – *Baur* (Fn. 1), 1, 10, der Vereinbarungen über die rechtliche Bewertung präjudizieller Rechtsverhältnisse für wirksam und den Richter bindend erklärt; *M. Wolf* Das Anerkenntnis im Prozeßrecht (1969), 65; *Grunsky*[2] § 3 II 3 (S. 21), § 201 (S. 185)

(Bindung des Gerichts an übereinstimmende Rechtsauffassungen der Parteien); *Würthwein* (Fn. 1), 131 ff. (sämtliche Dispositionen über Rechtsfragen zulässig); *MünchKommZPO-Prütting* Rdnr. 17 (präjudizielle Rechtsfolge als Tatsachenkomplex in seiner juristischen Zusammenfassung geständnisfähig). – A.M. *Häsemeyer* ZZP 85 (1972), 207, 228, der Parteivereinbarungen über präjudizielle Rechtsverhältnisse generell für unzulässig hält.
[21] *BGH* NJW-RR 1995, 1340, 1341; *RG* JW 1902, 127; auch *RGZ* 100, 279. – A.M. *Orfanides* (Fn. 1), 427, 437.
[22] S. auch *A. Schmidt* JZ 1956, 559.
[23] *BGH* NJW 1968, 2373; 1978, 884, 885 = FamRZ 1978, 332, 333.
[24] *RGZ* 100, 279; *RG* JW 1898, 413; 1902, 92; 1904, 448; 1909, 729 u.a.

vorweggenommenen (antezipierten) Geständnis[25], ohne daß es einer Wiederholung der Behauptung oder eines Festhaltens daran bedürfte[26].

2. Die Erklärung des Geständnisses

a) Auslegung

10 Obwohl das Geständnis im Gegensatz zum bloßen Nichtbestreiten von Tatsachen steht (→ Rdnr. 3), braucht es **nicht ausdrücklich erklärt** zu sein[27]. Jede Erklärung (bloßes Stillschweigen genügt nicht[28]), die ein unzweideutiges Zugeben der Wahrheit enthält[29], genügt; der Sinn der Erklärung ist durch *Auslegung* (→ vor § 128 Rdnr. 192 ff.) – auch durch das Revisionsgericht[30] – festzustellen. Auch ob die Erklärung, die Behauptung des Gegners »nicht zu bestreiten« oder »nicht bestreiten zu wollen« ein Geständnis ist oder nicht, ist Auslegungsfrage, deren Beantwortung von der Lage des Einzelfalles abhängt und die wohl *nur unter besonderen Umständen bejaht* werden kann[31]. Daher wird man auch in einer nicht bedingten Aufrechnung (Hauptaufrechnung) – entgegen dem BGH[31a] – über das Nichtbestreiten hinaus nicht ohne weiteres ein Zugestehen der klagebegründenden Tatsachen sehen können. Ein Geständnis kann vorliegen, wenn nach einer Beweisaufnahme bestimmte Tatsachen zwischen den Parteien unstreitig werden[32]. Beiläufige Formulierungen zu Fragen, deren mögliche Entscheidungserheblichkeit von keinem Prozeßbeteiligten erkannt wurde, stellen dagegen kein Geständnis dar[32a]. Stets ist ein Geständnis zu verneinen, wenn der Erklärung ein den Geständniswillen deutlich ausschließender Zusatz (»für die erste Instanz«[33] usw.) beigefügt ist (eine andere Frage ist, ob das Bestreiten in zweiter Instanz noch zuzulassen ist, § 528 Abs. 2). Die Beschränkung eines *Geständnisses* auf eine bestimmte Instanz ist dagegen wirkungslos[34].

11 Ein *bedingtes* (eventuelles) Geständnis ist unzulässig und wirkungslos[35]; anders, wenn die Beifügung der Bedingung sachlich nur eine Verwahrung gegen die *Erheblichkeit* der Tatsache ist (z. B. Geständnis über Tatsachen, die den Schadensbetrag betreffen, bei gleichzeitigem Bestreiten der Schadensverursachung). Die Erklärung muß als solche gewollt sein; dagegen ist nicht erforderlich, daß der Erklärende das Bewußtsein davon hat, daß ihm die Tatsache ungünstig sei[36], und den Willen besitzt, die Tatsache festzustellen (den sog. *animus confitendi*).

---

[25] Vgl. *BGH* NJW 1990, 392, 393; WM 1994, 525; *OLG Frankfurt* NJW-RR 1994, 530, 531.
[26] *BGH* NJW 1978, 884 (Fn. 23). – A.M. *Pagenstecher* Materielle Rechtskraft (1905), 431 f., 441 f., s. auch *RG* WarnRsp 11 (1918) Nr. 133.
[27] *OLG Köln* ZIP 1985, 436; NJW-RR 1993, 573.
[28] *BGH* NJW 1991, 1683; 1987, 1947; LM Nr. 30 zu § 282 (Beweislast) (zu II) = DB 1979, 1793.
[29] Vgl. *RG* JW 1897, 79, 417; SeuffArch 73 (1918), 377 (gemeinsame Erklärung beider Parteien).
[30] *BGH* NJW 1991, 1683; 1992, 2818, 2820; LM Nr. 8 zu § 419 BGB = NJW 1957, 420 = BB 1957, 130 f.; *BGH* LM Nr. 3 (Fn. 4), Nr. 5 (Fn. 18); *BAG* AP Nr. 2 zu § 18 BSeuchG (*G. Küchenhoff*) = EzA Nr. 1.
[31] So auch *BGH* JZ 1962, 252; *RGZ* 40, 269; Gruchot 56 (1912), 990; JW 1912, 592 u.a. für »nicht bestreiten«; *BGH* NJW 1983, 1496 = JZ 1983, 442 = MDR 1983, 661 (kein Geständnis, wenn eine Partei dem Vortrag des Gegners lediglich nicht entgegentritt). – Anders (im Regelfall Geständnis) für »nicht bestreiten zu wollen« *RGZ* 4, 421; JW 1896, 204; JR 1926 Nr. 732. – Ein Geständnis kann auch darin liegen, daß eine Behauptung fallengelassen wird, vgl. *BAG* AP Nr. 2 zu § 18 BSeuchG (Fn. 30).
[31a] *BGH* 1996, 1067 = NJW-RR 1996, 699 = LM Nr. 12.
[32] *BGH* NJW 1994, 3109 = MDR 1995, 90 = LM § 288 Nr. 10.
[32a] *BGH* WM 1995, 1775, 1776.
[33] S. aber *OLG Köln* JurBüro 1975, 1251 (zust. *E. Schneider*) = VersR 1976, 96 (LS) (im konkreten Fall Geständnis trotz floskelhaften Zusatzes, die Partei bestreite nicht »für diese Instanz«).
[34] *OLG Hamburg* SeuffArch 47 (1892), 237; 52 (1897), 356.
[35] Vgl. *Bülow* (Fn. 1), 260 f.; *Hellwig* Prozeßhandlung und Rechtsgeschäft, Festgabe für Otto Gierke, Bd. 2 (1910), 56. – A.M. *RGZ* 42, 322 (Geständnis der klagebegründenden Tatsachen für den Fall des Durchgreifens der Aufrechnungseinrede).
[36] *BGH* LM Nr. 8 zu § 419 BGB (Fn. 30). – A.M. anscheinend *RGZ* 86, 146.

Die Aussage einer **Partei** bei ihrer **Vernehmung**, §§ 445 ff., ist **kein Geständnis**[37]; ein 12
solches kann aber darin liegen, daß die Partei oder ihr Prozeßbevollmächtigter bei der
nachfolgenden Verhandlung sich die Bekundung weiter zu eigen macht[38], → auch vor § 445
Rdnr. 6.

b) Abgabe vor Gericht innerhalb des Rechtsstreits

Das Geständnis muß ein **gerichtliches** sein, d.h. **im Laufe des Rechtsstreits** erfolgen. Ein 13
Geständnis in einem *anderen* Rechtsstreit genügt also nicht[39] (zur Bedeutung als außergerichtliches Geständnis → Rdnr. 24); ebensowenig genügt eine Erklärung im Prozeßkostenhilfeverfahren[40]. Es muß in einer mündlichen Verhandlung (wobei eine Bezugnahme auf Schriftsätze genügt[41]) oder zum Protokoll eines beauftragten oder ersuchten Richters abgegeben
sein. Im Falle der **Entscheidung ohne mündliche Verhandlung** (§ 128 Abs. 2 und 3) und
derjenigen nach Lage der Akten (§§ 251 a, 331 a) steht das **schriftsätzliche Geständnis** dem in
der mündlichen Verhandlung abgegebenen gleich (→ auch § 128 Rdnr. 90, 92 f.); im übrigen
genügt das Geständnis im vorbereitenden Schriftsatz oder zum Protokoll der Geschäftsstelle
nicht (→ aber Rdnr. 24)[42]. Nur im Verfahren mit *fakultativer mündlicher Verhandlung* genügt
stets die schriftliche Erklärung, → § 128 Rdnr. 43.

Das Geständnis kann **in jedem Termin** (bis zum Schluß der mündlichen Verhandlung, § 296 a) 14
erfolgen, und, da es der Annahme nicht bedarf, auch in Abwesenheit des Gegners. Wird das
Verfahren, in dem das Geständnis abgelegt ist, gemäß §§ 539, 564 Abs. 2 aufgehoben, so
behält das Geständnis einen beschränkten Wert als *außergerichtliches* Geständnis, →
Rdnr. 24.

c) Protokollierung

Die Protokollierung ist durch § 160 Abs. 3 Nr. 3 generell vorgeschrieben, bildet aber gemäß 15
§ 288 Abs. 1 eine Voraussetzung der *Wirksamkeit* nur vor dem beauftragten oder ersuchten
Richter, → § 160 Rdnr. 18. Fehlende Vorlesung und Genehmigung des Protokolls hindern die
Wirksamkeit eines Geständnisses nicht[43], → auch § 162 Rdnr. 11.

3. Voraussetzungen in der Person des Erklärenden

Das Geständnis als Prozeßhandlung muß von der **prozeßfähigen Partei** bzw. von dem 16
gesetzlichen Vertreter[44] der nicht prozeßfähigen Partei abgelegt werden. Über die Befugnis
des *Prozeßbevollmächtigten* und des *Beistandes* → §§ 81, 90 Abs. 2, über den Anwaltszwang

---

[37] So jetzt auch *BGHZ* 129, 108 = *NJW* 1995, 1432 = LM Nr. 11 (abl. *Wax*) unter Aufgabe von *BGHZ* 8, 235 = LM Nr. 1 = *NJW* 1953, 621 (abl. *Lent*); offenlassend noch *BGH NJW* 1987, 1947, 1948. – Wie hier *Orfanides NJW* 1990, 3174; *Polyzogopoulos* Parteianhörung und Parteivernehmung in ihrem gegenseitigen Verhältnis (1976) 106; *Rosenberg-Schwab*[14] § 125 I 3. Im konkreten Fall gegen ein Geständnis auch *OLG Zweibrücken OLGZ* 1978, 357 (da nicht im Rahmen einer mündlichen Verhandlung mit der vernommenen Partei). – A.M. (vor dem Auffassungswandel des BGH) *OLG Köln JMBlNRW* 1995, 6; *MünchKommZPO-Prütting* Rdnr. 26; *Zöller-Greger*[20] Rdnr. 5; *Thomas-Putzo*[19] Rdnr. 4; *Rosenberg-Schwab-Gottwald*[15] § 124 I 3. – Bei der Anhörung nach § 137 Abs. 4 kann die Partei dagegen ein Geständnis abgeben, → § 78 Rdnr. 40 bei Fn. 121.

[38] Vgl. *RG JW* 1938, 1272.
[39] *BAG NJW* 1996, 1299, 1300. Insoweit unklar *OLG Düsseldorf MDR* 1990, 627, 628.
[40] *OLG Frankfurt VersR* 1984, 972 (LS).
[41] *OLG Hamm WM* 1990, 1105, 1106; *OLG Koblenz OLGZ* 1990, 127 = *AnwBl* 1990, 166; auch eine stillschweigende Bezugnahme kann genügen, *BGH NJW-RR* 1990, 150; *OLG Celle BauR* 1996, 263. → auch § 137 Rdnr. 8.
[42] *RG JW* 1899, 177. – Auch die Erklärung im Verfahren über die Gewährung von Prozeßkostenhilfe wirkt nicht als Geständnis im nachfolgenden Prozeß, *OLG Frankfurt VersR* 1984, 972.
[43] *BGH NJW* 1994, 3109 (Fn. 32).
[44] Bei Gesamtvertretung (Eltern) von beiden gesetzlichen Vertretern, *BGH NJW* 1987, 1947, 1948.

→ § 78 Rdnr. 40 f., über den **sofortigen Widerruf des Geständnisses durch die Partei** → § 85 Rdnr. 5. Ferner über das Geständnis einzelner **Streitgenossen** → § 61 Rdnr. 3[45], § 62 Rdnr. 33, über das des Streitgehilfen → § 67 Rdnr. 12 und § 69 Rdnr. 9.

4. Ausschluß der Geständniswirkung außerhalb des Verhandlungsgrundsatzes

17 Das gerichtliche Geständnis ist insoweit **ausgeschlossen,** als das Gericht zur **Prüfung von Amts wegen** in Bezug auf prozessuale Tatbestände verpflichtet ist (→ vor § 128 Rdnr. 91, 96), weil mit ihr die Ausschließung der Wahrheitsprüfung kraft Parteiwillens unverträglich wäre. Auch im Bereich der **Untersuchungsmaxime** (→ vor § 128 Rdnr. 86) gelten die Regeln über das gerichtliche Geständnis nicht, so kraft ausdrücklicher Vorschrift in Ehesachen (§ 617) und Kindschaftssachen (§ 640 Abs. 1). Im **Verbundverfahren** wird die Geständniswirkung auch in den zivilprozessualen Folgesachen hinter einer von Amts wegen erfolgten Tatsachenfeststellung zurücktreten müssen[46], → auch § 624 Rdnr. 2. – Ferner sind die §§ 288 ff. bei der Berichtigung des Urteilstatbestandes unanwendbar, → § 320 Rdnr. 12.

18 Soweit das gerichtliche Geständnis aus einem der bei Rdnr. 16 und 17 genannten Gründe nicht die Wirkung des § 288 hat, bleibt es – ebenso wie das außergerichtliche Geständnis, → Rdnr. 24 – als **Beweisindiz** von Bedeutung, dessen Beweiswert nach § 286 frei zu würdigen ist.

5. Anwendbarkeit bei Erteilung einer vollstreckbaren Ausfertigung

18a Im Verfahren über die Erteilung einer vollstreckbaren Ausfertigung ist § 288 (anders als § 138 Abs. 3, → § 138 Rdnr. 33) anwendbar, näher → § 726 Rdnr. 19, § 727 Rdnr. 38, § 730 Rdnr. 3.

III. Wirkung, Verhältnis zur Wahrheitspflicht

1. Rechtsfolgen

19 Die Wirkung des gerichtlichen Geständnisses besteht im **Ausschluß der Wahrheitsprüfung** durch das Gericht[46a] und in der Beschränkung des Widerrufs, → Rdnr. 3. Dagegen hindert das Geständnis den *Gegner* nicht an der Zurücknahme der eigenen, ihm günstigen Behauptung[47]. Die Wirkung tritt sofort mit der Erklärung bzw. beim vorweggenommenen Geständnis mit der Berufung des Gegners darauf ein. Einer *Annahme* bedarf das Geständnis nicht (Abs. 2); eine Zurückweisung ist unerheblich. Das in erster Instanz abgegebene Geständnis gilt **auch für die Berufungsinstanz,** näher → § 532.

20 Die Wirkung des Geständnisses **beschränkt sich auf den Prozeß,** in dem das Geständnis erklärt wurde, → Rdnr. 13. Problematisch ist, ob das einmal abgegebene Geständnis auch dann wirkt, wenn im selben Prozeß durch *Klageänderung, nachträgliche Klagehäufung* oder *Widerklage* andere Streitgegenstände geltend gemacht werden. Im Hinblick auf den Dispositionscharakter des Geständnisses (Willenserklärung, → Rdnr. 4) liegt es näher, die bindende Wirkung für einen **neuen Streitgegenstand** zu **verneinen**[48].

---

[45] Dazu *OLG Karlsruhe* BB 1971, 1384 (keine Wirkung des Geständnisses eines Streitgenossen gegenüber einem anderen – einfachen – Streitgenossen, der dieselben Tatsachen bestreitet).
[46] Näher *Roth* ZZP 103 (1990), 5, 8 ff.
[46a] A. M. *Scherer* DRiZ 1996, 58. Dagegen zutr. *Pawlowski* MDR 1997, 7. → auch § 138 Rdnr. 31 a.

[47] S. auch *OLG Kassel* ZZP 39 (1909), 514 f.
[48] Vgl. *BGH* LM Nr. 3 (Fn. 4) (Geständnis nicht ohne weiteres auf einen neuen Klagegrund übertragbar); *Roth* ZZP 103 (1990), 5, 12; *Zöller-Greger*[20] Rdnr. 6. – A.M. *Grunsky*[2] § 20 I (S. 187).

2. Grenzen der Geständniswirkung

Die Wirkung ist ausgeschlossen für das Geständnis **unmöglicher**, d. h. der Erfahrung vollständig widersprechender Tatsachen, ohne Unterscheidung, ob es sich um eine nur im einzelnen Fall oder um eine allgemein unmögliche Tatsache handelt; an die Feststellung einer Tatsache, die nicht wahr sein *kann*, darf der Richter – ohne Rücksicht auf das Parteiverhalten – überhaupt nicht herantreten[49].   21

Den unmöglichen Tatsachen stehen hierin gleich[50] die **offenkundig unwahren**[51]; denn sie   22
»bedürfen keines Beweises«, → § 291[52]. Tatsachen, deren **Gegenteil als bewiesen** angesehen wird, können aber nicht als offenkundig unwahr behandelt werden; das Geständnis bzw. der übereinstimmende Parteivortrag bleibt also in diesem Fall bindend[53].

Die Vorschriften über die bindende Wirkung des gerichtlichen Geständnisses – gegenüber   23
dem Gericht wie gegenüber den Parteien – stehen in einem gewissen Spannungsverhältnis zur Wahrheitspflicht der Parteien (§ 138 Abs. 1). Zum Teil wird ein **bewußt unwahres Geständnis** als unwirksam angesehen, weil es gegen die Wahrheitspflicht verstoße[54]. Dabei wird aber außer acht gelassen, daß die Wahrheitspflicht nur bewußt unwahre Behauptungen *zu eigenen Gunsten* verbietet, → § 138 Rdnr. 5, also durch das Zugestehen *ungünstiger* unwahrer Behauptungen nicht verletzt werden kann. Zum Anderen geht die gesetzliche Regelung der §§ 288 ff. dem § 138 Abs. 1 deshalb vor, weil hier vom Gesetz das *Willensmoment* (→ Rdnr. 4) in den Vordergrund gerückt und den Parteien eine **Dispositionsbefugnis** zugebilligt wurde. Grundsätzlich ist also auch das **bewußt unwahre Geständnis bindend**[55]. Anders ist es nur, wenn das bewußt unwahre Geständnis in *kollusivem Zusammenwirken* mit dem Gegner abgegeben wird[56], um von der Rechtsordnung mißbilligte Wirkungen zu erzielen (Umgehung von zwingenden Gesetzen, rechtswidrige Nachteile für Dritte). Das würde z. B. in dem Fall praktisch, daß der Beklagte zum Zweck der Vermögensverschiebung in kollusivem Zusammenwirken mit dem Kläger den Erlaß von Vollstreckungstiteln gegen sich zu erschleichen sucht. Ein Geständnis mit diesem Ziel wäre rechtlich wirkungslos.

IV. Außergerichtliches Geständnis

Hierunter fällt jedes Geständnis, das den Erfordernissen der gerichtlichen Erklärung (→   24
Rdnr. 13) nicht entspricht, also sowohl das überhaupt *nicht in einem gerichtlichen Verfahren* als auch das *in einem anderen Prozeß*[57] abgelegte Geständnis. Das gerichtliche Geständnis außerhalb des Verhandlungsgrundsatzes steht sachlich dem außergerichtlichen gleich, → Rdnr. 18. Das außergerichtliche Geständnis ist eine – erforderlichenfalls im Streitfall zu beweisende – Tatsache, aus der ein wichtiger Schluß auf die Wahrheit gezogen werden kann,

---

[49] S. auch *OLG Hamburg* HGZ 28 (1907), 12; *Kohler* Der Prozeß als Rechtsverhältnis (1888, Neudruck 1969), 18 ff.; *ders.* Gruchot 31 (1887), 3; *Stein* Der Urkunden- und Wechselprozeß (1887), 133 f.; *ders.* (Fn. 5), 167 f.; *MünchKommZPO-Prütting* Rdnr. 35.

[50] Ohne im übrigen zu ihnen zu gehören, *Stein* (Fn. 5), 38, 150.

[51] *BGH* VersR 1970, 826, 827; NJW 1979, 2089; *OLG Köln* r + s 1992, 80, 81; *MünchKommZPO-Prütting* Rdnr. 35.

[52] *Stein* (Fn. 5), 97 f.; *Reichel* AcP 104 (1909), 127; *OLG Kiel* SchlHA 1946, 269. – A. M. *Grunsky*² § 20 I (S. 187); *Langenbeck* ZZP 4 (1882), 470, 493.

[53] *LG Berlin* NJW 1978, 1061. – A. M. *Nikisch* Lb² 263; auch *Bernhardt* (Fn. 5), 33.

[54] So *Bernhardt* (Fn. 5), 32; *ders.* JZ 1963, 245; *Wieczorek*² A I b 2; *J. P. Schmidt* (Fn. 1), 148 ff.; *Orfanides* Die Berücksichtigung von Willensmängeln im Zivilprozeß (1982), 92 ff. (der Widerruf setze nur den Beweis der Unwahrheit voraus); *Olzen* ZZP 98 (1985), 403, 421; wohl auch *Lent* Wahrheits- und Aufklärungspflicht (1942), 50.

[55] Ebenso *BGH* NJW 1995, 1432, 1433 (Fn. 37); BGHZ 37, 154 (§ 290 Fn. 5); VersR 1970, 826; *OLG Oldenburg* NdsRpfl 1992, 48; *Rosenberg-Schwab-Gottwald*¹⁵ § 114 I 1 f; *A. Blomeyer* ZPR² § 68 IV 2; *MünchKommZPO-Prütting* Rdnr. 34; *Thomas-Putzo*¹⁹ Rdnr. 7; *Baur-Grunsky* ZPR⁸ Rdnr. 43 (S. 32); *E. Schneider* MDR 1975, 444, 445; *ders.* MDR 1991, 297, 299.

[56] *BGH* VersR 1970, 826, 827; *OLG Frankfurt* VersR 1978, 260.

[57] Vgl. *BGH* VersR 1985, 83, 85.

also ein **Indiz**, kein Beweismittel[58]. Sein Beweiswert hängt von der **freien richterlichen Würdigung** ab[59], wobei der Umstand, daß sich der Gestehende der Tragweite seiner Erklärung bewußt war (sog. *animus confitendi*) oder sie dem Gegner gegenüber, besonders in urkundlicher Form (Quittung) abgab, wesentliche Bedeutung hat. Eine *Annahme* der Erklärung seitens des Gegners (außerhalb des Prozesses) ist nicht erforderlich, da der Beweisgrund in dem Inhalt der Erklärung selbst besteht. Wegen des Widerrufs → § 290 Rdnr. 9.

V. Arbeitsgerichtliches Verfahren

25 Im **Urteilsverfahren** ist § 288 anwendbar. Ein in der **Güteverhandlung** erklärtes Geständnis bindet nur, wenn es zu Protokoll erklärt wurde, § 54 Abs. 2 S. 2 ArbGG. Im **Beschlußverfahren** gilt § 288 wegen des dort geltenden Untersuchungsgrundsatzes (§ 83 Abs. 1, § 90 Abs. 2 ArbGG) nicht. Dies schließt nicht aus, im konkreten Fall dem übereinstimmenden Vortrag der Beteiligten im Wege der freien Beweiswürdigung ohne weitere Ermittlung zu folgen[60].

§ 289 [Zusätzliche Behauptungen beim Geständnis]

(1) Die Wirksamkeit des gerichtlichen Geständnisses wird dadurch nicht beeinträchtigt, daß ihm eine Behauptung hinzugefügt wird, die ein selbständiges Angriffs- oder Verteidigungsmittel enthält.

(2) Inwiefern eine vor Gericht erfolgte einräumende Erklärung ungeachtet anderer zusätzlicher oder einschränkender Behauptungen als ein Geständnis anzusehen sei, bestimmt sich nach der Beschaffenheit des einzelnen Falles.

Gesetzesgeschichte: Bis 1900 § 262 CPO.

I. Zusätzliche Behauptungen beim Geständnis[1]

1 Abs. 1 lehnt die sog. *Unteilbarkeit* des gerichtlichen Geständnisses[2] für den Fall ab, daß einem Geständnis eine **Behauptung beigefügt** wird, die ein **selbständiges Angriffs- oder Verteidigungsmittel** in dem oben in § 146 Rdnr. 4 geschilderten Sinn darstellt, d. h. einen selbständigen, von der Wahrheit der zugestandenen Angriffstatsachen unabhängigen Tatbestand, z. B. die Zahlung bei zugestandenem Vertragsschluß. In einem solchen Fall wird zwar die Rechtsfolge verneint, aber am Zugestehen der Tatsachen ändert dies nichts. Geständnis und Gegenerklärung haben *verschiedene Tatbestände*.

II. Bedeutung des Abs. 2

2 Aus Abs. 2 ergibt sich, daß auch dann ein Geständnis vorliegen kann, wenn mit einer einräumenden Erklärung **zusätzliche oder einschränkende tatsächliche Behauptungen** verbunden sind, die sich auf *denselben Tatbestand*, z. B. den Vertragsinhalt, beziehen. Dabei sind zwei Fragen zu unterscheiden:

---

[58] *Heusler* AcP 62 (1879), 209, 231; *Wach* AcP 64 (1881), 201, 216. – Vgl. auch *BGH* FamRZ 1985, 271, 273 (wegen einer derartigen Erklärung darf nicht eine beantragte Beweisaufnahme abgelehnt werden).
[59] Vgl. *RG* JW 1897, 565; SeuffArch 54 (1899), 346; Gruchot 58 (1914), 835. – A.M. *LG Hanau* VersR 1969, 623 (LS) (Beweislastumkehr).
[60] Vgl. *Grunsky* ArbGG[7] § 83 Rdnr. 6.
[1] Lit.: *J. P. Schmidt* Teilbarkeit und Unteilbarkeit des Geständnisses im Zivilprozeß (1972).
[2] Anders der französische Code civil, Art. 1356. Dazu *J. P. Schmidt* (Fn. 1), 3 ff.

1. Inhalt des Geständnisses

Zunächst ist zu klären, welche **einzelnen Tatsachen zugestanden** sein sollen (z.B. Kauf 3
eines bestimmten Gegenstandes an einem bestimmten Datum) und welche durch die Zusätze
oder Einschränkungen als bestritten anzusehen sind (z.B. Höhe des Kaufpreises). Darüber
entscheidet die **Auslegung** der abgegebenen Erklärung.

2. Wirkung der Zusätze oder Einschränkungen

Sodann ergibt sich die Frage, ob der Gegner durch dieses eingeschränkte Geständnis von 4
seiner ursprünglichen Beweislast völlig befreit ist, weil alle von ihm zu beweisenden Tatsachen zugestanden sind und die Einschränkungen oder Zusätze von der sie vorbringenden Partei zu beweisen sind (Fall des sog. **qualifizierten Geständnisses**), oder ob die Einschränkungen und Zusätze zur Folge haben, daß der Gegner in diesen Punkten noch Beweis erbringen muß (Fall des sog. **motivierten Leugnens**). Darüber entscheiden die **Regeln der Beweislast**[3], näher → § 286 Rdnr. 25 ff. Danach liegt z.B. ein qualifiziertes Geständnis vor, wenn der Vertragsschluß zugestanden, aber Irrtum, Scheingeschäft usw. behauptet wird (→ § 286 Rdnr. 66), ein Leugnen dagegen bei der Behauptung der aufschiebenden Bedingung, eines Anfangstermins oder eines anderen vereinbarten Preises (→ § 286 Rdnr. 78 f.).

Die Hinzufügung einer **abweichenden rechtlichen Auffassung** hinsichtlich der zugestandenen Tatsachen läßt das Geständnis als solches stets bestehen[4]. 5

§ 290 [Widerruf des Geständnisses]

¹Der Widerruf hat auf die Wirksamkeit des gerichtlichen Geständnisses nur dann Einfluß, wenn die widerrufende Partei beweist, daß das Geständnis der Wahrheit nicht entspreche und durch einen Irrtum veranlaßt sei. ²In diesem Falle verliert das Geständnis seine Wirksamkeit.

Gesetzesgeschichte: Bis 1900 § 263 CPO.

I. Anwendungsbereich[1]

Während die *einseitige* Parteibehauptung und das Zugestehen von *Rechtsfragen* (→ § 288 1
Rdnr. 7)[2] frei widerruflich sind, ist das gerichtliche Geständnis (→ § 288 Rdnr. 5) für den Zugestehenden **bindend**. Es kann nicht durch freien einseitigen Widerruf oder durch eine Anfechtung nach Maßgabe des BGB beseitigt werden, näher → vor § 128 Rdnr. 224, 226, 227 ff.[3]. Vielmehr bedarf es dazu des **doppelten Beweises**, daß das Geständnis der *Wahrheit* nicht entspricht und daß es durch einen *Irrtum*, d.h. den irrigen Glauben an die Wahrheit der Tatsache[4], veranlaßt wurde. Da die Regelung darauf beruht, daß das Geständnis nicht

---

[3] Dazu krit. *J.P. Schmidt* (Fn. 1), 155 ff., 178, der die Bedeutung der Beweislastregeln reduzieren will, u.a. weil die Wahrscheinlichkeit für die Feststellung einer Tatsache ausreiche. Dagegen → § 286 Rdnr. 5.
[4] *RG* JW 1897, 461; WarnRsp 30 (1938), Nr. 126.
[1] Lit.: *Arens* Willensmängel bei Parteihandlungen im Zivilprozeß (1968), 194 ff. Ferner → § 288 Fn. 1.
[2] *RGZ* 10, 364; 32, 409; 35, 411. – A.M. *RGZ* 58, 54.
[3] Zum Teil abweichend *Walsmann* AcP 102 (1907), 1, 139 ff. – *Arens* (Fn. 1), 194, 204 befürwortet mit einleuchtenden Gründen die Widerruflichkeit entsprechend § 290

bei Irrtum in der Erklärungshandlung oder über den Erklärungsinhalt, wenn der Gestehende diesen Irrtum und die Unwahrheit des Geständnisses nachweist. Zust. *Orfanides* Die Berücksichtigung von Willensmängeln im Zivilprozeß (1982), 110; abl. *Henckel* Prozeßrecht und materielles Recht (1970), 82 (dort Fn. 115), der aber in solchen Fällen das Geständnis dann für unbeachtlich hält, wenn das Gericht eine gebotene irrtumsvermeidende Aufklärung (§ 139) unterlassen hat.
[4] *RG* JW 1902, 166.

Wissens-, sondern prozessuale Willenserklärung ist, → § 288 Rdnr. 4, erscheint es unbedenklich, die Rücknahme des Geständnisses **mit Zustimmung des Gegners** zuzulassen.

Ein **bewußt unwahres Geständnis** ist nicht widerruflich[5]; ein derartiges Geständnis beruht nicht auf einem Irrtum, und § 290 ist durch § 138 Abs. 1 nicht außer Kraft gesetzt, näher → § 288 Rdnr. 23 mit Nachw.

2   Nicht anzuwenden ist § 290 auf ein **Anerkenntnis**[6] oder einen **Verzicht,** → § 307 Rdnr. 43.

II. Voraussetzungen des Widerrufs

1. Beweis der Unwahrheit

3   Der hier erforderliche Nachweis der Unwahrheit läuft im Ergebnis auf eine *Umkehrung der Beweislast*[7] hinaus. Im einzelnen gilt auch hier der Grundsatz der freien Beweiswürdigung (§ 286 Abs. 1). Beschränkungen bestehen in dieser Hinsicht nicht; auch die Parteivernehmung ist nicht ausgeschlossen.

2. Irrtum

4   Ob der Irrtum ein *tatsächlicher* oder ein *Rechtsirrtum*, ob er *entschuldbar* ist oder nicht, ist gleichgültig[8]. Der Beweis hat sich auf die Tatsachen zu richten, die den Zugestehenden an der Erkenntnis des wahren Sachverhalts hinderten oder die unrichtige Darstellung herbeiführten[9], und ist nach § 286 Abs. 1 frei zu würdigen. Die Berufung auf *Scherz* oder *Scheinerklärung* steht dem Irrtumsbeweis *nicht* gleich, → auch vor § 128 Rdnr. 229[10].

5   Maßgebend ist wie nach § 166 Abs. 1 BGB der Irrtum desjenigen, der das Geständnis abgelegt hat, also der der **Partei** oder ihres gesetzlichen oder bevollmächtigten oder vollmachtlosen (im Fall des § 89) **Vertreters**[11]. Nur muß der Irrtum des Vertreters sich auf die von ihm zugestandene Tatsache selbst, nicht auf die ihm von der Partei erteilte Information beziehen[12]. Trug der Vertreter nur die Information der Partei vor, so bildet der Irrtum der Partei den Grund des eigenen Irrtums des Vertreters, so daß der Widerruf berechtigt ist. Umgekehrt ist der Widerruf ausgeschlossen, wenn die Partei[13] in Kenntnis der Unwahrheit den **Auftrag zum Geständnis gegeben** oder es nachträglich genehmigt hat, vgl. § 166 Abs. 2 BGB, → auch § 85 Rdnr. 3.

6   Der Widerruf ist unabhängig von einem Wechsel in der Vertretung der Partei und kann (vorbehaltlich einer Zurückweisung als verspätet) auch noch in der **Berufungsinstanz** erfolgen[14].

7   Auf den **sofortigen Widerruf** eines Geständnisses des Prozeßbevollmächtigten oder Beistands durch die zusammen mit dem Bevollmächtigten (→ § 85 Rdnr. 5) oder dem Beistand

---

[5] *BGHZ* 37, 154 = LM Nr. 1 (*Johannsen*) = NJW 1962, 1395 = MDR 1962, 730 = JZ 1963, 258; *BGH VersR* 1970, 826; *Nikisch* Lb² 263; *Rosenberg-Schwab-Gottwald*¹⁵ § 114 I 1 f; *Arens* (Fn. 1) 198; *Arens-Lüke* ZPR⁶ Rdnr. 224; *Grunsky*² § 20 I (S. 188); *Jauernig* ZPR²⁴ § 44 III 2 (S. 164); *MünchKommZPO-Prütting* Rdnr. 6. – A.M. *Bernhardt* Festg. für Rosenberg (1949), 32; *ders.* JZ 1963, 245; *Wieczorek*² A II; *J.P. Schmidt* (§ 288 Fn. 1), 148 ff.; *Orfanides* (Fn. 3) 92 ff.; *AK-ZPO-Rüßmann* Rdnr. 1.

[6] *BGHZ* 80, 389, 393 = NJW 1981, 2193 = MDR 1981, 924 = FamRZ 862 = JR 1982, 105 (*K. Schreiber*); *OLG Köln* FamRZ 1991, 856; *OLG Schleswig* FamRZ 1993, 577.

[7] Dazu *OLG Frankfurt* MDR 1982, 329 (materiell-rechtliche Beweiserleichterungen gelten dann nicht mehr); ebenso *OLG Düsseldorf* r + s 1985, 202.

[8] Vgl. RGZ 11, 408.

[9] *RG* JW 1902, 166; SeuffArch 73 (1918), 377.

[10] *RG* JW 1902, 166; *Wach* AcP 64 (1881) 201, 248.

[11] Vgl. *BAG* AP Nr. 1 zu § 288 (*Mes*); *Rosenberg* Die Stellvertretung im Prozeß (1908), 926; *Schilken* Wissenszurechnung im Zivilrecht (1983), 205 ff.

[12] Vgl. *RG* JW 1902, 166; *RAG* 26, 343; im Ergebnis ebenso *Schilken* (Fn. 11), 206.

[13] Oder ein Dritter, den die Partei mit der Information des Prozeßbevollmächtigten beauftragt hatte, RGZ 146, 348.

[14] Vgl. *RGZ* 11, 405, 406; *OLG Hamm* NJW 1955, 873 (auch durch Streitgehilfen).

(→ § 90 Rdnr. 5) **erschienene Partei**, § 85 Abs. 1, § 90 Abs. 2, ist § 290 nicht anwendbar[15]; vielmehr ist der sofortige Widerruf durch die Partei ohne die Voraussetzungen des § 290 zulässig. Ebensowenig gilt § 290 für das sog. fingierte Geständnis (§ 138 Abs. 3) bei bloßem **Nichtbestreiten**[16], → § 138 Rdnr. 31 b. Zur Abgrenzung vom Geständnis → § 288 Rdnr. 10.

Zum Widerruf durch den **Streitgehilfen** → § 67 Rdnr. 12; der widerrufende Streithelfer muß den Irrtum der zugestehenden Hauptpartei beweisen[16a]. 8

III. Außergerichtliches Geständnis

Das außergerichtliche Geständnis (→ § 288 Rdnr. 24) **fällt nicht unter § 290** und kann nach freier Würdigung des Gerichts durch den Nachweis des Irrtums oder der Unwahrheit allein **beseitigt** werden. Enthält es aber eine materiell-rechtliche Willenserklärung (z. B. die Übernahme einer Verpflichtung), so bestimmt sich seine Anfechtung nach Bürgerlichem Recht[17]. Auf einen *Anerkennungsvertrag* (→ § 138 Rdnr. 37) sind die Anfechtungsbestimmungen des BGB anwendbar, → vor § 128 Rdnr. 237, 243. 9

§ 291 [Offenkundige Tatsachen]

Tatsachen, die bei dem Gericht offenkundig sind, bedürfen keines Beweises.

Gesetzesgeschichte: Bis 1900 § 264 CPO.

I. Begriff und Voraussetzungen der Offenkundigkeit	1	2. Bedeutung für die höheren Instanzen	8
1. Allgemeinkundige Tatsachen	2	III. Einführung der offenkundigen Tatsachen in den Prozeß, rechtliches Gehör	10
2. Gerichtskundige Tatsachen	4		
II. Wirkung der Offenkundigkeit	6		
1. Keine Beweisführung, Zulässigkeit des Gegenbeweises	7		

I. Begriff und Voraussetzungen der Offenkundigkeit[1]

§ 291 handelt von den **bei dem Gericht offenkundigen** (notorischen) **Tatsachen**. Tatsachen sind (→ § 284 Rdnr. 9) die konkreten Geschehnisse und Zustände des einzelnen Falls im Gegensatz zu den mißverständlich so bezeichneten *allgemeinen* Tatsachen, d. h. den *Erfahrungssätzen* sowohl der allgemeinen Bildung und Lebenserfahrung als auch der besonderen Wissensgebiete. Die Erfahrungssätze, im Streitfall durch Sachverständige zu beweisen, sind ihrer Natur nach offenkundig[2], d. h. unbestimmt vielen Menschen bekannt, deren Wissensquelle gleichgültig ist, insbesondere nicht eigene Wahrnehmung oder Erforschung zu sein braucht[3]. Die Erfahrungssätze bedürfen des Beweises nicht, wenn das Gericht sie kennt (→ 1

---

[15] *RGZ* 11, 405, 406.
[16] *BGHZ* 12, 49, 51; *BGH* LM Nr. 30 zu § 282 (Beweislast) (zu II) = DB 1979, 1793; NJW 1982, 183 = MDR 1982, 209 = JR 1982, 333 (zust. *K. Schreiber*); NJW 1983, 1496, 1497 = JZ 1983, 442 = MDR 1983, 661; *OLG Karlsruhe* VersR 1981, 645, h.M. (weitere Nachw.) → § 138 Fn. 97). – Die vom *OLG München* MDR 1984, 321 vertretene Gegenansicht (völlige Gleichsetzung mit einem Geständnis) ist vereinzelt geblieben.
[16a] *OLG Celle* BauR 1996, 263.
[17] S. auch *RG* Gruchot 48 (1904), 1128.
[1] Dazu *Walter* Freie Beweiswürdigung (1979), 262 ff.;

Pantle Beweiserhebung über offenkundige Tatsachen? MDR 1993, 1166; aus der älteren Lit. vor allem *Stein* Das private Wissen des Richters (1893), 138 ff.; ferner *Alsberg-Nüse-K. Meyer* Der Beweisantrag im Strafprozeß[5] (1983), 530 ff.; *R. Schultz* Die Gerichtskundigkeit von Tatsachen, Festg. für Richard Schmidt (1932), 1, 283 ff.
[2] Dazu *Alsberg-Nüse-K. Meyer* (Fn. 1), 552 ff.
[3] Aus der Offenkundigkeit folgt aber nicht, daß sie im Sinne des § 291 offenkundige *Tatsachen* sind, → auch § 284 Fn. 18. Ebenso *Pantle* MDR 1993, 1166, 1168.

vor § 402 Rdnr. 30). Bei den Tatsachen ist dagegen die irgendwie, also auf privatem Wege, erworbene Kenntnis des Gerichts regelmäßig unverwendbar[4] (→ § 286 Rdnr. 18); sie müssen vielmehr, um als nicht des Beweises bedürftig unter § 291 zu fallen, *bei dem Gericht offenkundig* sein.

1. Allgemeinkundige Tatsachen

2   Beim Gericht offenkundig können zunächst diejenigen Tatsachen sein, die **außerhalb des Gerichts** in engeren oder weiteren Kreisen **offenkundig** (allgemeinkundig) sind[5]. Das sind Ereignisse oder Zustände, die (wie z.B. das jeweilige Datum) von so vielen **wahrgenommen werden** oder, wie etwa Lage und Entfernung von Ortschaften[6], jederzeit wahrgenommen werden können, daß die individuelle Wahrnehmung des einzelnen und ihre Unsicherheit außer Betracht bleibt, und ferner diejenigen Tatsachen, die so **allgemein** und so ohne ernstlichen Widerspruch **anerkannt und verbreitet** werden (durch amtliche Bekanntmachung, Nachschlagewerke, allgemein zugängliche Statistiken[7], anerkannte Angaben der Geschichte[8], der Erdkunde usw., vor allem auch durch die Zeitungen[9], [Fach[10]]Zeitschriften[11], Rundfunk, Fernsehen verbreitete und allgemein anerkannte Tatsachen), daß auch ein besonnener Mensch von ihrer Wahrheit überzeugt sein kann (darüber → § 286 Rdnr. 1)[12]. Die Offenkundigkeit ist aber keine den Tatsachen[13] bzw. ihrer Kenntnis ein für allemal anhaftende Eigenschaft. Sie beschränkt sich zumeist auf einen lokal oder durch nationale, gesellschaftliche, berufliche Grenzen bestimmten, wie immer gearteten Kreis, und *wechselt* vor allem der Zeit nach, so daß die heutige offenkundige Tatsache (z.B. das Datum von Ostern in diesem Jahr o.ä.) nach Wochen und Jahren vergessen ist. Der Richter muß sich von der Neigung freihalten, alles ihm (vielleicht nur vermeintlich[14]) Bekannte für offenkundig zu halten.

3   Bei dem **Gericht** offenkundig ist eine solche Tatsache dann, wenn die jeweils **erkennenden Richter**[15] sie als offenkundig kennen, d.h. die Überzeugung von ihrer Wahrheit und Allgemeinkundigkeit aus ihrem Privatleben mitbringen[16]. Im Kollegium genügt dazu die **Kenntnis der Mehrheit;** denn die Offenkundigkeit wird nur bei der Abstimmung darüber erheblich, ob über die Tatsache Beweis zu erheben oder die Sache ohne solchen entscheidungsreif ist; hier

---

[4] Anders die Akzentuierung durch *Walter* (Fn. 1), 283f. (eigenes Wissen des Richters sei grundsätzlich verwertbar, soweit es sich nicht um Wissen handle, das Zeugenqualität besitze).

[5] Beispiele: Knappes Wohnungsangebot für kinderreiche Gastarbeiterfamilien, *LG Mannheim* NJW 1977, 1729; verfassungswidrige Intention der KPD, *LG Berlin* NJW 1977, 251, 252; erreichtes Stadium beim Bauarbeiten an einer Straße, *KG* JR 1970, 24, 28; Unmöglichkeit der auf eine magische Partnerzusammenführung gerichteten Leistung, *LG Kassel* NJW-RR 1988, 1517; NJW 1985, 1642; Unmöglichkeit einer magischen Beeinflussung in Sorgerechtsverfahren, *LG Aachen* MDR 1989, 63. – Nicht dagegen der Zugang eines nachweislich als Einschreiben abgesandten Schreibens, *KG* Rpfleger 1974, 119, 121; die konkrete Lärmbelästigung durch eine Tennisanlage, *OLG Schleswig* NJW-RR 1991, 715.

[6] Auch die Lage in einem bestimmten Gerichtsbezirk, *OLG Dresden* SächsArch 4 (1894), 555.

[7] So z.B. die Zahlenangaben in den statistischen Jahrbüchern, *BGH* NJW-RR 1993, 1122 = MDR 1994, 359. Für Verwertbarkeit statistischer Erhebungen nach § 291 auch *BAGE* 68, 320, 326.

[8] A.M. *Hegler* AcP 104 (1909), 170f., → auch Fn. 31.

[9] *RGZ* 102, 343f.

[10] Z.B. der statistische Index der Lebenshaltungskosten durch Veröffentlichung in der NJW, *BGH* NJW 1992, 2088.

[11] Gemeint ist eine allgemeine, ohne Widerspruch gebliebene Verbreitung durch die Medien; nicht etwa reicht jede Mitteilung, gerade auch in einer illustrierten Zeitschrift, vgl. *KG* JR 1972, 476, 477.

[12] Dem obigen Text folgend *OLG Hamburg* FamRZ 1982, 425, 426.

[13] Auch *Negativen* können offenkundig sein, wenn die positive Tatsache bei ihrem Vorliegen hätte offenkundig werden müssen. Verschieden davon sind die *unmöglichen* Tatsachen, die nicht durch die Offenkundigkeit ihres Gegenteils, sondern durch den *erfahrungsgemäßen* Ausschluß desselben charakterisiert werden. Dazu *Stein* (Fn. 1), 37f., 150.

[14] Wie leicht ein Irrtum unterlaufen kann, zeigt *BVerfGE* 48, 206 (das Zivilgericht war zu Unrecht davon ausgegangen, die Briefkästen in einem bestimmten Ort würden samstags nicht geleert).

[15] Nicht die Behörde als solche, s. auch *Stein* (Fn. 1), 154.

[16] »Amtlich« brauchen sie den Richtern nicht bekannt zu sein, s. *Stein* (Fn. 1), 151f. Bedenklich *RG* JW 1911, 102; Gruchot 54 (1910), 1142 (betrifft Erfahrungssätze).

aber gilt § 196 GVG[17]. Eine Pflicht zur Kenntnis der Offenkundigkeit ist bei dem raschen Wechsel dieser Eigenschaft (→ Rdnr. 2) zu verneinen[18].

2. Gerichtskundige Tatsachen

Neben den allgemeinkundigen Tatsachen steht eine zweite Reihe von Tatsachen, die außerhalb des Gerichts vielleicht nur den Beteiligten oder niemand bekannt sind, die aber bei dem Gericht offenkundig sind, weil der **Richter sie aus seiner amtlichen Tätigkeit kennt,** die gerichtskundigen Tatsachen i. e. S.[19]. Eine solche Gerichtskundigkeit besteht dann, wenn es sich um **amtliche Handlungen und Wahrnehmungen der erkennenden Richter** handelt, deren sie bzw. wiederum im Kollegium die Mehrheit (→ Rdnr. 3) sich noch mit einer die volle Überzeugung begründenden Sicherheit zu erinnern vermögen. 4

Es gehören also hierher **nicht die aktenkundigen Tatsachen,** wie etwa alle vorhandenen Einträge in Handelsregister, Grundbücher usw. des eigenen oder eines anderen Gerichts als solche[20], sondern nur diejenigen Tatsachen, von denen der Richter **selbst Kenntnis genommen** hat[21] und die ihm noch so bekannt sind, daß er der Feststellung aus den Akten nicht bedarf[22]; dann aber auch ohne Unterscheidung zwischen den verschiedenen Aufgaben des Gerichts in Zivil- und Strafsachen, Freiwilliger Gerichtsbarkeit, Angelegenheiten der Justizverwaltung usw.[23]. Als gerichtskundige Tatsachen kommen z. B. in Betracht die Kenntnis von früheren Prozessen[24], Vollstreckungen (auch Abgabe der Offenbarungsversicherung), Eintragungen ins Handelsregister, Eintragung, Löschung und Tod von Rechtsanwälten usw. Gerade solche Tatsachen, nicht allgemeinkundige, sind in § 727 sowie in § 2356 Abs. 3 BGB, § 71 Abs. 2, § 147 Abs. 2, §§ 164, 177 ZVG, § 29 Abs. 1 GBO als beim Gericht offenkundig gemeint. Auch hier ist an den Richter die Anforderung *sorgfältiger Selbstprüfung zu stellen*[25]. 5

II. Wirkung der Offenkundigkeit

Soweit Tatsachen beim Gericht offenkundig sind, findet **keine Beweisführung** für diese Tatsache statt. Die Tatsache kann weder mit Wirksamkeit *bestritten* noch ihr Gegenteil wirksam *zugestanden* werden, → § 288 Rdnr. 22. Dies gilt auch im Versäumnisverfahren, → § 331 Rdnr. 5, und im Urkundenprozeß, → § 592 Rdnr. 11, § 597 Rdnr. 4 bei Fn. 24. – Zur Bedeutung der Offenkundigkeit für die Umschreibung eines Vollstreckungstitels → § 727. 6

---

[17] So auch *RAG* JW 1929, 1325; *BGH* VersR 1960, 511 (zur Gerichtskundigkeit); *Rosenberg-Schwab-Gottwald*[15] § 114 I 3 c; s. auch *Stein* (Fn. 1), 154, 161 f. – A.M. *Wieczorek*[2] A III b 3, c; *A. Blomeyer* ZPR[2] § 67 II 2 a; für Gerichtskundigkeit *RG* (in Strafs.) JW 1929, 48; 1930, 715.
[18] *Stein* (Fn. 1), 152 f.
[19] Dazu *Stein* (Fn. 1), 157 ff.; *R. Schultz* (Fn. 1); *Alsberg-Nüse-K. Meyer*[5] (Fn. 1), 545.
[20] So auch *RGZ* 13, 371; *BayObLG* OLG Rsp 42 (1922), 55; *OLG Dresden* SeuffArch 59 (1904), 342; *OLG Hamburg* OLG Rsp 37 (1918), 157.
[21] Vgl. *RGZ* 113, 17 (Verhalten der Parteien im Prozeß); *OLG Frankfurt* NJW 1977, 767, 768; *OLG Hamburg* FamRZ 1982, 425, 426; *Schlosser* ZPR I[2] Rdnr. 170; *Zöller-Greger*[20] Rdnr. 1; *Baumbach-Lauterbach-Hartmann*[55] Rdnr. 4; *Wieczorek*[2] A III c 4. – A.M. *BGHSt* 6, 292 (auch aus anderem Verfahren, z. B. durch Mitteilung oder Lesen im Urteil); *Rosenberg-Schwab-Gottwald*[15] § 114 I 3 b; *Thomas-Putzo*[19] Rdnr. 2.

[22] S. auch *Alsberg* JW 1918, 793. Bedarf er einer solchen, so ist gemäß § 432 durch Bezugnahme auf die Akten in den Händen des urteilenden Gerichts Beweis anzutreten. Vgl. *RGZ* 8, 45.
[23] *Stein* (Fn. 1), 151.
[24] *RG* WarnRspr 1 (1908) Nr. 93; WarnRspr 2 (1909) Nr. 294; *OGHZ* 1, 177; *BayObLGZ* 1951 Nr. 33. – Dagegen ist eine im Wege der Beweiswürdigung in einem früheren Verfahren festgestellte Tatsache auch für denselben Richter nicht offenkundig, *Schlosser* ZPR I[2] Rdnr. 170; offenlassend *BVerwG* NVwZ 1990, 571 (zum Asylverfahren). – S. auch *BAG* MDR 1996, 827, 828 (in anderem Verfahren festgestellter Zeitpunkt der Unterzeichnung eines Tarifvertrags ist offenkundige Tatsache).
[25] Auch die Vorgänge des jeweils anhängigen Prozesses sind als solche nicht notwendigerweise offenkundig. S. auch § 285.

1. Keine Beweisführung, Zulässigkeit des Gegenbeweises

7 Die Offenkundigkeit ist weder Beweismittel noch Gegenstand der Beweisführung durch die Parteien; eine Beweisführung für die Offenkundigkeit bei dem Gericht ist nicht denkbar[26], und die Feststellung, daß eine Tatsache bei dem Gericht offenkundig sei, bedarf einer weiteren Begründung (nach § 286 Abs. 1) nicht[27]. Wohl aber ist der **Gegenbeweis,** daß die als offenkundig *angenommene* Tatsache doch unwahr sei, in demselben Umfang statthaft, wie dies gegenüber einer aus der Beweisaufnahme geschöpften Überzeugung der Fall ist[28]. Ist eine Tatsache *allgemeinkundig,* aber den *erkennenden Richtern unbekannt,* so ist auch ein Beweis der außerhalb des Gerichts bestehenden Offenkundigkeit als Indizienbeweis nicht ausgeschlossen[29] und private Erkundigung des Richters darüber statthaft, insbesondere durch Unterrichtung aus dem Schrifttum oder anderen Erkenntnisquellen außerhalb einer eigentlichen Beweisaufnahme[30]. Demgemäß kann der Richter auch, wenn die offenkundige Tatsache einem bestimmten Wissensgebiet angehört (→ Rdnr. 2), Sachverständige als solche darüber befragen[31].

2. Bedeutung für die höheren Instanzen

8 Eine Tatsache, die für das Gericht des ersten Rechtszuges offenkundig ist, braucht es für das Gericht des **höheren Rechtszuges** nicht zu sein und umgekehrt[32]. Da nun nach § 291 die Offenkundigkeit stets für das erkennende Gericht vorhanden sein muß, so muß, wenn der **Berufungsrichter** für sich die Gerichtskundigkeit verneint, nunmehr Beweis stattfinden, wobei der Berufungsrichter frei zu prüfen hat, welcher Beweiswert der vom Unterrichter festgestellten Offenkundigkeit beizulegen ist.

9 Der **Revisionsrichter** ist an die im Berufungsurteil enthaltene Feststellung der Offenkundigkeit als an eine tatsächliche Feststellung *gebunden* (→ auch § 561 Rdnr. 31), und die Revision kann nur auf Verletzung der Rechtssätze über die Offenkundigkeit, nicht auf deren Annahme selbst, gegründet werden[33]. Zur Berücksichtigung *neu* entstandener Tatsachen, die offenkundig sind, in der Revisionsinstanz → § 561 Rdnr. 24 (bei Fn. 73). Soweit das Revisionsgericht dagegen (in prozessualer Beziehung) selbst tatsächliche Feststellungen zu treffen oder nachzuprüfen hat, § 559, gilt auch dafür der allgemeine Begriff der Offenkundigkeit[34].

III. Einführung der offenkundigen Tatsachen in den Prozeß, rechtliches Gehör

10 Die Offenkundigkeit kommt, ebenso wie der Beweis, den sie ersetzt, nach wohl noch überwiegender Ansicht nur hinsichtlich solcher Tatsachen in Betracht, die **von einer Partei in den Prozeß eingeführt** sind[35]; bestehen in dieser Hinsicht Zweifel, so hat das Gericht nach

---

[26] *RGZ* 2, 385; 13, 372.
[27] *RG* Gruchot 66, 475.
[28] *BGH* MDR 1990, 899 = NJW-RR 1990, 1376 (zum Verständnis einer Werbeaussage; es geht dabei allerdings eher um Erfahrungssätze, insoweit zutr. *Pantle* MDR 1993, 1166, 1168); *Stein* (Fn. 1), 171; *Wach* Vorträge über die Reichs-Civilprozeßordnung² (1896), 208. – A.M. *Pantle* MDR 1993, 1166.
[29] *Stein* (Fn. 1), 168; *Langenbeck* ZZP 4 (1882), 493; *Wach* (Fn. 28), 209.
[30] *Stein* (Fn. 1), 169f.; *Wach* (Fn. 28), 209; *RG* WarnRsp 1 (1908) Nr. 408 (geschichtliche Tatsache). Vgl. auch *RG* JW 1926, 2630 (nicht unbedenklich).
[31] *Hegler* AcP 104 (1909), 151, 169ff., der allerdings solche Tatsachen nicht zu den offenkundigen rechnet.

[32] Ebenso *BayObLGZ* 22 (1922/23), 231.
[33] *RGZ* 13, 369; 143, 175, 184; *RG* SeuffArch 50 (1895), 223; JW 1899, 12; 1911, 102; HRR 1932 Nr. 1245; *KG* Rpfleger 1974, 119, 121; *Stein* (Fn. 1), 172f. Die abweichende Meinung von *RGZ* 17, 271 bezieht sich nur auf Erfahrungssätze (allgemeine wissenschaftliche Wahrheiten), dazu → § 549 Rdnr. 25.
[34] Vgl. *RGZ* 41, 367.
[35] Vgl. *BAG* NJW 1977, 695; *RG* JW 1899, 485; Recht 1916 Nr. 716; *RGZ* 143, 175, 183; *BayObLGZ* 4 (1904), 445 f.; *OLG Schleswig* SchlHA 1974, 168; *Stein* Der Urkunden- und Wechselprozeß (1887), 133; *Grunsky*² § 40 II 3 a; *Baumbach-Lauterbach-Hartmann*⁵⁵ Rdnr. 6; *Wieczorek*² A I a. – A.M. *Bernhardt* Festg. für Rosenberg (1949), 22; *Weyers* Festg. für Esser (1975), 193, 207;

§ 139 zu verfahren³⁶. Daran ist richtig, daß das Gericht nicht unter Berufung auf die Offenkundigkeit den Streitgegenstand erweitern darf, indem es Rechtsfolgen aus Tatsachen herleitet, auf die sich die Parteien nicht berufen wollen³⁷. Tatsachen, deren **Gegenteil offenkundig** ist, dürfen dagegen vom Gericht nicht dem Urteil zugrunde gelegt werden. Daher ist selbst das **Geständnis** (und erst recht das Behaupten und Nichtbestreiten, § 138 Abs. 3) einer solchen Tatsache für das Gericht **nicht bindend,** → § 288 Rdnr. 22. Insoweit muß also die Offenkundigkeit von Amts wegen berücksichtigt werden.

Die Notwendigkeit einer **Parteibehauptung** besteht **nicht,** soweit es sich bei den offenkundigen Tatsachen um *Indizien* für eine von der Partei behauptete Tatsache oder um *Hilfstatsachen* des Beweises (z. B. gerichtskundige Eigenschaften von Zeugen³⁸) handelt. Dasselbe gilt bei den **von Amts wegen zu berücksichtigenden Punkten:** Sind die Tatsachen offenkundig, so hat das Gericht eben keinen Zweifel (vgl. § 139 Abs. 2) und es muß (z. B. wenn die eine Unterbrechung nach §§ 239 ff. begründenden Tatsachen offenkundig sind) diese Tatsachen ohne weiteres berücksichtigen³⁹, → auch § 337 Rdnr. 9. – Im Bereich der **Untersuchungsmaxime** können die offenkundigen Tatsachen vom Gericht eingeführt werden. 11

Stets müssen die offenkundigen Tatsachen, die das Gericht verwerten will, im Hinblick auf den Grundsatz des **rechtlichen Gehörs** (Art. 103 Abs. 1 GG) zum **Gegenstand der Verhandlung** gemacht werden⁴⁰. Wenn allerdings die Existenz und die Entscheidungserheblichkeit einer allgemeinkundigen Tatsache den Parteien mit Sicherheit gegenwärtig ist, bedarf es nicht noch eines *ausdrücklichen* gerichtlichen Hinweises⁴¹. 12

§ 292 [Gesetzliche Vermutungen]

¹**Stellt das Gesetz für das Vorhandensein einer Tatsache eine Vermutung auf, so ist der Beweis des Gegenteils zulässig, sofern nicht das Gesetz ein anderes vorschreibt.** ²**Dieser Beweis kann auch durch den Antrag auf Parteivernehmung nach § 445 geführt werden.**

Gesetzesgeschichte: Eingefügt durch die Novelle 1898 (→ Einl. [20. Aufl.] Rdnr. 113), Änderung RGBl. 1933 I 821, 849 (→ Einl. [20. Aufl.] Rdnr. 133).

I. Begriff und Rechtsnatur der gesetzlichen Vermutungen	1	4. Rechtsnatur der widerleglichen Vermutungen	6
1. Bedeutung des § 292	1	a) Abgrenzung von den sog. tatsächlichen Vermutungen	6
2. Beispiele gesetzlicher Vermutungen	2	b) Einordnung als Beweislastregeln	7
a) Widerlegliche Vermutungen	2	c) Ausgangstatsachen (Vermutungsbasis)	8
b) Unwiderlegliche Vermutungen	4		
3. Rechtsnatur der unwiderleglichen Vermutungen	5	d) Tatsachen- und Rechtsvermutungen	9

Zettel Der Beibringungsgrundsatz (1977), 102 ff., 111; *Rosenberg-Schwab-Gottwald*¹⁵ § 114 I 3 vor a; *Jauernig* ZPR²⁴ § 49 VII 3; *MünchKommZPO-Prütting* Rdnr. 13; *P. Schlosser* ZPR I² § 6 III 3 (Rdnr. 168) (für die allgemeinkundigen Tatsachen); differenzierend *Brüggemann* Judex statutor und judex investigator (1968), 337 ff.
³⁶ Zur Verpflichtung des Gerichts, auf eine nur dem Gericht aber noch nicht den Parteien bekannte Tatsache (Zustellung der Hauptsacheklage, § 926) hinzuweisen s. OLG Frankfurt MDR 1977, 849.

³⁷ Ähnlich *Brüggemann* (Fn. 35), 341, 343.
³⁸ S. auch *RG* Gruchot 36 (1892), 1133.
³⁹ S. *RGZ* 38, 387.
⁴⁰ *BVerfGE* 10, 177 (für gerichtskundige Tatsachen) = NJW 1960, 31 = MDR 1960, 24 = JZ 1960, 124; *BVerfGE* 48, 206, 209; *BGHZ* 31, 43, 45 = NJW 1959, 2213, 2214; *BGH* NJW-RR 1993, 1123 = MDR 1994, 359; *BSG* NJW 1973, 392 = MDR 1973, 346; *Brüggemann* (Fn. 35), 339.
⁴¹ *BGHZ* 31, 43, 45 (Fn. 40); *BSG* NJW 1979, 1063 = MDR 1979, 172 (dazu krit. *E. Schneider* MDR 1979, 435).

§ 292 I 2. Buch. Verfahren im ersten Rechtszuge. 1. Abschnitt. Landgerichte

e) Materiell-rechtliche Qualifikation	10
II. Die Behandlung der Vermutungen im Prozeß	12
1. Behauptung und Beweis der Vermutungsbasis	12
2. Keine Behauptungslast für die vermutete Tatsache	13
3. Wirkung der Vermutung	14
4. Widerlegung der Vermutung	15

I. Begriff und Rechtsnatur der gesetzlichen Vermutungen[1]

1. Bedeutung des § 292

1 § 292 S. 1 stellt klar, daß eine gesetzliche Vermutung (des Bundes- oder Landesrechts) **grundsätzlich als widerlegliche** (praesumtio iuris) aufzufassen ist (auch wenn die Widerlegbarkeit in der entsprechenden Vorschrift nicht ausdrücklich erwähnt ist) und nur dann als unwiderlegliche (praesumtio iuris et de iure), wenn dies im Gesetz besonders vorgeschrieben ist. Für *vertraglich* vereinbarte Vermutungen oder sonstige vertragliche Beweislastregelungen gilt § 292 nicht, auch nicht für derartige Regeln in Allgemeinen Geschäftsbedingungen und Formularverträgen[2]. Näher → § 286 Rdnr. 132 ff., 136.

2. Beispiele gesetzlicher Vermutungen

a) Widerlegliche Vermutungen

2 Widerlegliche Vermutungen finden sich u.a. in §§ 484, 891, 921, 938, 1006, 1058, 1117 Abs. 3, 1154 Abs. 1, 1253 Abs. 2, 1362, 1377 Abs. 1 und 3, 1591 Abs. 2, 1600 o Abs. 2, 1610 a[3], 1964 Abs. 2, 2009, 2255 S. 2, 2365 BGB, §§ 9 bis 11 VerschollenhG, § 10 UrheberrechtsG, § 13 b Abs. 2 UrhWahrnG[4], § 22 Abs. 3, § 23a, § 26 Abs. 2 S. 3 G gegen Wettbewerbsbeschränkungen[4a], § 180 a Abs. 1 VVG, § 49 a Abs. 1 S. 2 LuftverkehrsG, § 120 BundesbergG[5], § 6 Abs. 1 S. 1 UmweltHG (mit besonderer Ausschlußregelung in § 7 UmweltHG)[6], §§ 167 Abs. 2, 437 Abs. 1, 440 Abs. 2 ZPO, § 7 Abs. 3 KO, §§ 15 Abs. 2, 28 Abs. 2, 31 Abs. 2[7] BundesentschädigungsG, Internationales Eisenbahnfrachtverkehrsabkommen (CIM) Art. 37 § 2, 38 § 1, 39 § 1, Internationales Eisenbahn-Personen- und Gepäckverkehrsabkommen (CIV) Art. 36 § 2, 37 § 1 (Fundstellen → § 147 Rdnr. 13 mit Fn. 25), Übereinkommen über den

---

[1] *Lit.: Baumgärtel* Die Bedeutung der sog. »tatsächlichen Vermutung« im Zivilprozeß, Festschr. für Schwab (1990), 43; *Donau* Die Bedeutung von Fiktionen, Vermutungen und Auslegungsregeln im summarischen Prozeß, ZZP 67 (1954), 451; *Guggenbühl* Die gesetzlichen Vermutungen des Privatrechts und ihre Wirkungen im Zivilprozeß (Zürich 1990); *Habscheid* Vermutungen im neuen Scheidungsrecht, Festschr. für Bosch (1976), 355; *Hedemann* Die Vermutung nach dem Recht des Deutschen Reiches (1904); *Kuttner* Rechtsvermutungen aus Akten der freiwilligen Gerichtsbarkeit, IherJb 61 (1912), 109; *Leipold* Beweislastregeln und gesetzliche Vermutungen, insbesondere bei Verweisungen zwischen verschiedenen Rechtsgebieten (1966); *Leonhard* Die Beweislast[2] 232 ff.; *Lieb* Vermutungen, Beweislastverteilung und Klarstellungsobliegenheiten im Arbeitskampf, Festschr. für Herschel (1982), 223; *Medicus* Ist Schweigen Gold? Zur Widerlegung der Rechtsvermutungen aus §§ 891, 1006 BGB, Festschr. für Baur (1981), 63; *Musielak* Die Grundlagen des Beweisrechts im Zivilprozeß (1975), 60 ff.; *Prütting* Gegenwartsprobleme der Beweislast (1983), 48 ff.; *ders*. Die Vermutungen im Kartellrecht, Festschr. für Vieregge (1995), 733; *Rosenberg* Die Beweislast auf der Grundlage des Bürgerlichen Gesetzbuchs und der Zivilprozeßordnung[5] (1965), 199 ff.; *O. Werner* Grundprobleme des § 1006 BGB, JA 1983, 617.

[2] BGH NJW 1963, 2099; *O. Werner* NJW 1971, 1924, 1925.

[3] Dazu *Drerup* NJW 1991, 683; *Kalthoener* NJW 1991, 1037; *Diederichsen* Festschr. für Gernhuber (1993), 597.

[4] Dazu *BGH* NJW 1990, 451; 1991, 2025.

[4a] Dazu *Prütting* Die Vermutungen im Kartellrecht (Fn. 1).

[5] Dazu *Nölscher* NJW 1981, 2039.

[6] Dazu *Hager* NJW 1991, 134, 137; *Stecher* Die Ursachenvermutung des Umwelthaftungs- und des Gentechnikgesetzes (1995), 102, 220, 276, 318; ferner → § 286 Rdnr. 86 i.

[7] Dazu *BGH* LM § 31 BEG 1956 Nr. 54 (Anwendung der Vermutung für einen früheren Zeitpunkt ist möglich, auch wenn die Vermutung für den Zeitpunkt der Entscheidung widerlegt ist).

Beförderungsvertrag im internationalen Straßengüterverkehr (CMR) Art. 9 Abs. 2, 18 Abs. 2, 30 Abs. 1 (BGBl. 1961 II 1119, 1962 II 12, Änderung BGBl. 1980 II 733, 1443).

Wo dagegen etwas »im Zweifel« gelten soll, §§ 154, 329 ff., 336 ff., 364 BGB usw., handelt 3 es sich um eine **Auslegungsregel,** die den Sinn einer Erklärung klarstellt, nicht um die *Vermutung* eines bestimmten Willens[8].

b) Unwiderlegliche Vermutungen

Unwiderlegliche Vermutungen sind selten, finden sich aber z.B. in § 1566 Abs. 1 und 2 4 BGB. In der ZPO können die §§ 267, 551 als unwiderlegliche Vermutungen angesehen werden, → § 267 Rdnr. 1, § 551 Rdnr. 1, obwohl der Ausdruck Vermutung vom Gesetz nicht gebraucht wird. Als unwiderlegliche Vermutung kann die vereinsrechtliche Regelung angesehen werden, wonach im Vereinsregister als Vorstand eingetragene Personen stets (auch wenn die Unrichtigkeit der Eintragung feststeht) zur Einberufung der Mitgliederversammlung befugt sind (§ 121 Abs. 2 S. 2 AktG bzw. allgemeiner Rechtsgrundsatz)[9].

3. Rechtsnatur der unwiderleglichen Vermutungen

Bei den unwiderleglichen Vermutungen handelt es sich in Wahrheit um die **Aufstellung** 5 **eines zweiten Tatbestandes** (nämlich der Ausgangstatsache der Vermutung) für eine bestimmte Rechtsfolge. Sie stimmen insoweit mit den *Fiktionen* überein[10], können aber von diesen nach dem gesetzgeberischen Motiv unterschieden werden[11]: Die unwiderlegliche Vermutung will Fälle des Vorliegens wie des Nichtvorliegens der vermuteten Tatsache erfassen, während die Fiktion davon ausgeht, daß die fingierte Tatsache gewiß nicht gegeben ist. Unwiderlegliche Vermutungen sind – je nachdem, auf welche Rechtsfolge sie sich beziehen – Sätze des materiellen oder prozessualen Rechts; bei ihrer Anwendung ergeben sich keine Besonderheiten. Daß eine Vermutung unwiderleglich sein soll, wird man nur bei klarer gesetzlicher Anordnung annehmen können[12].

4. Rechtsnatur der widerleglichen Vermutungen

a) Abgrenzung von den sog. tatsächlichen Vermutungen

Die widerleglichen Vermutungen sind als **Rechtssätze** von den sog. *tatsächlichen Vermu-* 6 *tungen* (praesumtiones facti) zu scheiden. Bei diesen handelt es sich um die vom Richter aufgrund der Lebenserfahrung zu ziehenden Schlüsse[13]; sie unterliegen der freien Beweiswürdigung, ferner den gewohnheitsrechtlichen Regeln über den Anscheinsbeweis, → § 286 Rdnr. 87 ff.

---

[8] Vgl. *BGH* NJW 1951, 397 (zu § 154 BGB); *Hedemann* (Fn. 1), 227; *Rosenberg* (Fn. 1), 211; *Diederichsen* NJW 1965, 671.
[9] *BayObLGZ* 1985, 24.
[10] *BGH* NJW 1965, 584; *OVG Münster* NVwZ-RR 1989, 500; *Rosenberg* (Fn. 1), 213; *Leipold* (Fn. 1), 102 ff.
[11] Vgl. *Oertmann* Rechtsordnung und Verkehrssitte insbesondere nach Bürgerlichem Recht (1914), 295; *Wach* Hdb 1, 302; *Richard Schmidt* Lb² 471; *Pohle* Gedächtnisschr. für Calamandrei 2 (1958), 377, 393.
[12] *OVG Münster* NVwZ-RR 1989, 500.

[13] Vgl. *BGH* NJW 1951, 397. – Eine ärztliche Arbeitsunfähigkeitsbescheinigung soll z.B. keine gesetzliche Vermutung begründen, so *BAGE* 28, 144 = NJW 1977, 350 = JZ 1977, 186. Da aber die Rsp dieser Bescheinigung kraft des LohnFG eine normativ geregelte Bedeutung zumißt, erscheint es angemessen, von einer gesetzlichen Vermutung der Richtigkeit, allerdings mit erleichterter Widerlegbarkeit, zu sprechen, näher → § 286 Rdnr. 24a sowie *Leipold* Festschr. für Kissel (1994), 629, 637 ff.

b) Einordnung als Beweislastregel

7   Die **vermutete Tatsache bedarf keines Beweises**. Dieser Wirkung nach können die widerlegichen gesetzlichen Vermutungen sowohl als widerlegliche *Beweisregeln*[14] für die vermutete Tatsache wie als besondere *Beweislastregeln*[15] aufgefaßt werden, ohne daß sich daraus nennenswerte praktische Unterschiede ergäben. Für die heute vorherrschende Betrachtung als **Beweislastregeln** spricht, daß die vermutete Tatsache auch nicht behauptet zu werden braucht[16], → Rdnr. 13, daß sie ferner vom Gesetz (§ 292 S. 2) nicht als erwiesen i. S. des § 445 Abs. 2 behandelt wird, und daß es auch gesetzliche Vermutungen gibt (z. B. die Kommorientenvermutung, § 11 VerschollenheitsG), die nicht durch Wahrscheinlichkeitsschlüsse getragen werden. Die Beurteilung als Beweislastregeln stimmt zudem mit der sonstigen weitgehenden Abschaffung der Beweisregeln im modernen Prozeß überein.

c) Ausgangstatsachen (Vermutungsbasis)

8   Die widerleglichen Vermutungen führen hinsichtlich der vermuteten Tatsache zu einer Abweichung von den allgemeinen Beweislastregeln. Sie unterscheiden sich von den übrigen Beweislastregeln dadurch, daß sie an bestimmte Voraussetzungen (**Ausgangstatsachen, Vermutungsbasis**) geknüpft sind[17]. Diese Voraussetzungen hat derjenige zu beweisen, zu dessen Gunsten die Vermutung wirken soll, → Rdnr. 12. Insofern ist es gerechtfertigt, von einer **Verschiebung des Beweisthemas** durch die Vermutung (Ausgangstatsache statt vermuteter Tatsache) zu sprechen[18]. Steht aber die Ausgangstatsache fest, so wirkt die Vermutung bezüglich der vermuteten Tatsache als Beweislastregel.

d) Tatsachen- und Rechtsvermutungen

9   Die widerleglichen Vermutungen beziehen sich meist auf **Tatsachen**, zum Teil werden aber auch Rechte vermutet, so in §§ 891, 1006, 1362, 2365 BGB. Diese **Rechtsvermutungen**[19] sind ebenfalls besondere Beweislastregeln; sie kehren die Beweislast hinsichtlich aller Voraussetzungen der vermuteten Rechtsfolge um.

e) Materiell-rechtliche Qualifikation

10   Ob die widerleglichen Vermutungen als **materielle**[20] oder **prozessuale**[21] Vorschriften anzusehen sind, ist ebenso umstritten wie bei den sonstigen Beweislastregeln. Das bei § 286 Rdnr. 54f. Gesagte gilt hier entsprechend. Auch die Stellung der widerleglichen Vermutungen ist zwiespältig[22], weil sie anders als die rein materiellen Normen keine Verhaltensnormen sind und ihre Wirkung erst im Prozeß entfalten, dort aber andererseits nicht den Gang des Verfahrens (formelles Recht), sondern den Inhalt des Urteils bestimmen. Blickt man aber auf die praktischen Konsequenzen, so ist auch hier im allgemeinen der **materiellen Qualifikation** der Vorzug zu geben, d. h. die widerleglichen Vermutungen sind zum selben Rechtsgebiet

---

[14] *Planck* Lb 2, 167; *Wendt* AcP 63 (1880), 254, 288; *Leonhard* (Fn. 1), 237.

[15] *Rosenberg* (Fn. 1), 216f.; *Rosenberg-Schwab-Gottwald*[15] § 117 II 3; *MünchKommZPO-Prütting* Rdnr. 21; eingehend *Leipold* (Fn. 1), 85ff.; *Musielak* (Fn. 1) 61ff.

[16] Eine gesetzliche Beweisregel würde dagegen an der Behauptungslast für die Beweistatsache nichts ändern.

[17] Vgl. *Rosenberg* (Fn. 1), 203.

[18] BGH NJW 1951, 397; *Rosenberg* (Fn. 1), 217; *Nikisch* Lb² § 82 IV 1; *A. Blomeyer* ZPR² § 67 II 2 b.

[19] Vgl. *Rosenberg* (Fn. 1), 225ff.; *Leipold* (Fn. 1), 93ff.

[20] *Rosenberg* (Fn. 1), 224, 242 mwN; *Pohle* MDR 1956, 414.

[21] *Hedemann* (Fn. 1), 344; *Stein* Das private Wissen des Richters (1893), 37, 49; *Baumbach-Lauterbach-Hartmann*⁵⁵ Rdnr. 5; OLG Neustadt NJW 1952, 940.

[22] Ausführlich *Leipold* (Fn. 1), 67ff.

(dem »Recht der Materie«) zu rechnen wie die Rechtssätze, deren Tatbestandsmerkmale vermutet werden.

Wenn nach **ausländischem Recht** zu entscheiden ist, sind also auch dessen gesetzliche Vermutungen zu beachten[23]. Soweit **Landesrecht** gilt, sind auch seine Vermutungen anzuwenden[24]. In der **Revisionsinstanz** ist eine Rüge der Verletzung (§ 559 Abs. 2 S. 2) nicht erforderlich, soweit sich die Vermutungen auf materiell-rechtliche Tatbestände beziehen[25]. Der prozessuale Gehalt einer Vermutung kann aber dafür sprechen, sie bei einer Gesetzesänderung auch auf zurückliegende Sachverhalte anzuwenden[26].   11

II. Die Behandlung der Vermutungen im Prozeß

1. Behauptung und Beweis der Vermutungsbasis

Diejenige Tatsache, auf die das Gesetz die Vermutung gründet, muß *behauptet* und, sofern sie nicht unbestritten oder offenkundig ist, *bewiesen* werden, und zwar von demjenigen, der die vermutete Tatsache oder die Voraussetzungen des vermuteten Rechts ohne die Vermutung zu beweisen hätte. Für diesen Beweis gelten die allgemeinen Regeln. Insbesondere kann der Gegner den Gegenbeweis gegen die Vermutungsbasis führen und dadurch die Vermutung beseitigen[27].   12

2. Keine Behauptungslast für die vermutete Tatsache

Die vermutete Tatsache selbst braucht nicht behauptet zu werden[28]; denn das Gesetz ordnet die Vermutung von sich aus an. Bei den Rechtsvermutungen braucht der Vermutungsbegünstigte zunächst keine Entstehungstatsachen für das vermutete Recht anzugeben[29]. Behauptet aber der Gegner das Nichtvorliegen der Voraussetzungen für das vermutete Recht, so muß der Vermutungsbegünstigte, wenn er bestreiten will, dem nach § 138 Abs. 1, 2 und 4 die Behauptung positiver Erwerbstatsachen entgegensetzen, soweit sie im Bereich seiner Kenntnismöglichkeiten liegen[30].   13

3. Wirkung der Vermutung

Steht die Vermutungsbasis fest, so bedarf kraft der Vermutung die vermutete Tatsache keines Beweises. Für eine richterliche Beweiswürdigung ist insoweit kein Raum[31].   14

---

[23] *OLG Dresden* SeuffArch 66, 68; *Hedemann* (Fn. 1), 344 (trotz prozessualer Qualifikation); *Rosenberg* (Fn. 1), 224; *Nußbaum* Deutsches Internationales Privatrecht (1932), 413; *M. Wolff* Das Internationale Privatrecht Deutschlands³ 131; *Kummer* Berner Kommentar zum ZGB I (Bern 1962) Art. 8 Rdnr. 278.

[24] Vgl. *RG* JW 1898, 59; SeuffArch 56 (1901), 470; RGZ 160, 285; *Hedemann* (Fn. 1), 346 ff.

[25] *Rosenberg* (Fn. 1), 225.

[26] *BGH* NJW 1990, 451, 452 f. (zu § 13 b Abs. 2 UrhWahrnG).

[27] Vgl. *Hedemann* (Fn. 1), 314 f.; *Rosenberg* (Fn. 1), 219 f.

[28] So auch *Rosenberg* (Fn. 1), 218; *Kummer* (Fn. 23), Rdnr. 258; *Leipold* (Fn. 1), 89; *MünchKommZPO--Prütting* Rdnr. 16; *Thomas-Putzo*¹⁹ Rdnr. 3. – A.M. *Hedemann* (Fn. 1), 283 ff.; *Leonhard* (Fn. 1), 236; *Musielak* (Fn. 1) 55.

[29] *BGH* LM Nr. 16 zu § 1006 BGB = JR 1978, 18 (*Baumgärtel-Wittmann*) = DB 1977, 490 = MDR 1977, 661; allg. M.; so u. a. *Hedemann* (Fn. 1), 287; *Rosenberg* (Fn. 1), 229.

[30] Näher *Leipold* (Fn. 1), 97; vgl. auch *Schulte* BB 1977, 269, 272; *Baumgärtel-Wittmann* JR 1978, 20 f.; *R. Bruns* ZPR² § 32 (S. 241 Fn. 16); *Musielak* (Fn. 1), 82; *M. Wolf* JuS 1985, 941, 944. Ähnlich *Medicus* (Fn. 1), 80 zu § 1006 BGB (Auskunftspflicht des Besitzers, unter welchen Umständen er den Besitz erworben hat), → auch Rdnr. 17.

[31] Vgl. *BGH* MDR 1959, 114 = RzW 1959, 143 = LM Nr. 2 zu § 28 BEG 1956.

4. Die Widerlegung der Vermutung

15 Bei den widerleglichen Vermutungen bleiben aber dem Gegner Behauptung und Beweis des Gegenteils der vermuteten Tatsache offen. Wird auf seine Behauptung hin das Nichtvorliegen der vermuteten Tatsache zugestanden oder nicht bestritten, so ist wie sonst kein Beweis erforderlich (§§ 138 Abs. 3, 288 Abs. 1)[32]. Andernfalls muß zur Entkräftung der Vermutung der **volle Beweis des Nichtvorliegens** der vermuteten Tatsache geführt werden. Dieser Beweis ist nicht Gegen-, sondern Hauptbeweis (→ § 284 Rdnr. 6). Es genügt deshalb nicht, daß die *Möglichkeit* eines anderen Hergangs dargetan wird; denn mit dieser rechnet jede Vermutung von vornherein. Vielmehr muß der überzeugende Beweis des Gegenteils geführt werden[33]. Hier liegt der wesentliche Unterschied zum Anscheinsbeweis (prima-facie-Beweis) und den sog. tatsächlichen Vermutungen, → § 286 Rdnr. 87 ff. Besondere gesetzliche Regeln können aber die Widerlegung der Vermutung erleichtern. So gilt z.B. die Vaterschaftsvermutung des § 1600 o Abs. 2 S. 1 BGB nach S. 2 dann nicht, wenn nach Würdigung aller Umstände schwerwiegende Zweifel an der Vaterschaft verbleiben. – Zu §§ 6 f. Umwelt HG → Rdnr. 2.

16 Der **Beweis des Gegenteils** folgt den allgemeinen Regeln. Wie § 292 S. 2 ausdrücklich klarstellt, kann er auch durch Antrag auf **Parteivernehmung** nach § 445 geführt werden. § 445 Abs. 2 ist in diesem Fall nicht anwendbar[34]. Zulässig ist auch die Parteivernehmung des Beweisführers nach § 447. Ist der Beweis nicht voll geführt, so kann er nach § 448 durch amtswegige Parteivernehmung ergänzt werden. Der Beweis kann auch mittels *Indizien* geführt werden und unterliegt der freien Würdigung nach § 286[35]. Das gilt auch für die Vermutungen nach §§ 9 bis 11 VerschollenheitsG[36].

17 Bei den **Rechtsvermutungen** müssen zur Widerlegung Tatsachen bewiesen werden, aus denen sich das Nichtbestehen des vermuteten Rechts ergibt. Hat der Vermutungsbegünstigte **Erwerbstatsachen vorgetragen** und der Gegner diese widerlegt, so ist damit auch die Vermutung entkräftet, wenn andere Erwerbstatsachen nach dem beiderseitigen Vortrag nicht in Betracht kommen[37]. Die Widerlegung darf nicht deshalb verneint werden, weil das *Gericht* einen Sachverhalt als *möglich* ansieht, den keine der *Parteien* behauptet hat[38].

18 Die **Reichweite** der einzelnen **Rechtsvermutung** hängt vom Wortlaut und der Auslegung der betreffenden Bestimmung ab. Zur Widerlegung des § 1362 Abs. 1 BGB genügt es, wenn der Gegner die tatsächlichen Voraussetzungen seines eigenen (der Vermutung entgegenstehenden) Rechts beweist; daß dieses *entstandene* Recht später wieder *weggefallen* ist, gehört dann zur Beweislast der anderen Seite[39].

---

[32] *RGZ* 49, 8. Dagegen bleibt eine unwiderlegliche Vermutung auch dann unberührt, wenn das Nichtvorliegen der vermuteten Tatsache unstreitig ist (a.M. *OLG Köln* NJW 1968, 2011; dazu krit. *Kubisch* NJW 1969, 53). Doch kann darin – soweit zulässig – eine Vereinbarung über die Geltung der Vermutung liegen.

[33] *BGH* MDR 1959, 114 (Fn. 31); NJW 1980, 1047, 1048; BVerwGE 85, 314, 321; *RGZ* 92, 68; *Rosenberg* (Fn. 1), 220. Der Beweis der überwiegenden Wahrscheinlichkeit des Gegenteils genügt nicht.

[34] *BGHZ* 104, 172, 177 = NJW 1988, 2741, 2742.

[35] *RGZ* 49, 9; 114, 75, → ferner Fn. 36.

[36] Vgl. *EGH* MDR 1959, 29 = RzW 1959, 42 = LM Nr. 1 zu § 180 BEG 1956; *RG* Gruchot 54 (1910), 668.

[37] Vgl. *BGH* LM Nr. 16 zu § 1006 BGB (Fn. 29); im Ergebnis ähnlich *KG* JR 1978, 378. S. auch *Leipold* (Fn. 1), 97; *Medicus* (Fn. 1), 74 ff., 82.

[38] *BGH* LM Nr. 16 zu § 1006 BGB (Fn. 29).

[39] *BGH* LM Nr. 4 zu § 1362 BGB = NJW 1976, 238 = FamRZ 1976, 81 = MDR 1976, 309.

§ 293 [Ermittlung von ausländischem Recht, Gewohnheitsrecht und Satzungen]

¹Das in einem anderen Staate geltende Recht, die Gewohnheitsrechte und Statuten bedürfen des Beweises nur insofern, als sie dem Gericht unbekannt sind. ²Bei Ermittlung dieser Rechtsnormen ist das Gericht auf die von den Parteien beigebrachten Nachweise nicht beschränkt; es ist befugt, auch andere Erkenntnisquellen zu benutzen und zum Zwecke einer solchen Benutzung das Erforderliche anzuordnen.

Gesetzesgeschichte: Bis 1900 § 261 CPO.

- I. Normzweck ... 1
- II. Feststellung der Rechtssätze im allgemeinen (außerhalb des von § 293 erfaßten Bereichs) ... 3
  - 1. Das vom Richter ohne Beweisverfahren festzustellende Recht ... 3
    - a) Inländisches Gesetzesrecht, einschließlich Recht der ehemaligen DDR ... 4
    - b) Völkerrecht ... 6
    - c) Europäisches Gemeinschaftsrecht ... 7
  - 2. Feststellung und Auslegung des nicht von § 293 erfaßten Rechts ... 8
    - a) Richterliche Pflicht ... 8
    - b) Feststellungszwang ... 10
    - c) Mitwirkung der Parteien ... 11
    - d) Einholung von amtlichen Auskünften oder Sachverständigengutachten ... 12
    - e) Völkerrecht ... 14
    - f) Recht der Europäischen Gemeinschaften ... 16
  - 3. Das richterliche Prüfungsrecht ... 17
    - a) Allgemeines ... 17
    - b) Prüfungskompetenz ... 19
    - c) Verwerfungskompetenz ... 21
- III. Die nach § 293 zu ermittelnden Rechtssätze ... 26
  - 1. Ausländisches Recht ... 27
  - 2. Gewohnheitsrecht ... 29
  - 3. Statuten ... 30
- IV. Die Feststellung des ausländischen Rechts sowie der Gewohnheitsrechte und Statuten ... 31
  - 1. Die richterliche Erforschungspflicht ... 31
  - 2. Verfahren bei der Erforschung durch das Gericht ... 36
    - a) Gerichtsinterne Erforschung ... 37
    - b) Ermittlung im formlosen Verfahren ... 39
    - c) Förmliches Beweisverfahren ... 43
    - d) Beweisgebühr ... 46
  - 3. Die Mitwirkung der Parteien ... 47
  - 4. Gewohnheitsrecht ... 52
  - 5. Rechtliches Gehör ... 53
  - 6. Versäumnisverfahren ... 54
  - 7. Einstweiliger Rechtsschutz ... 55
- V. Anwendung und Auslegung des ausländischen Rechts ... 57
  - 1. Bindung ... 57
  - 2. Berücksichtigung der tatsächlichen Rechtslage im Ausland ... 58
- VI. Nichtermittelbarkeit des ausländischen Rechts ... 60
  - 1. Kein Feststellungszwang ... 60
  - 2. Anzuwendendes Recht ... 61
- VII. Verstöße ... 66
  - 1. Verletzung der Ermittlungspflicht ... 66
  - 2. Fehlerhafte Anwendung des ausländischen Rechts ... 69
- VIII. Arbeitsgerichtliches Verfahren ... 70
  - 1. Anwendungsbereich des § 293 ... 70
  - 2. Fehlerhafte Anwendung des ausländischen Rechts ... 71
- IX. Anhang: Das Europäische Übereinkommen vom 7.VI.1968 betreffend Auskünfte über ausländisches Recht ... 72
  - 1. Zweck und Geltungsbereich; deutsch-marokkanischer Vertrag ... 72
  - 2. Das Verfahren im einzelnen ... 75
    - a) Entscheidung über Einholung der Auskunft ... 75
    - b) Abfassung des Ersuchens ... 76
    - c) Übermittlung des Ersuchens ... 77
    - d) Beantwortung ... 78
    - e) Kosten ... 79
    - f) Wirkung der erteilten Auskunft ... 80
  - 3. Bewertung ... 81
  - 4. Textanhang ... 82

Leipold XI/1996

A. Europäisches Übereinkommen betreffend Auskünfte über ausländisches Recht vom 7.VI.1968   82

B. Gesetz zur Ausführung des Europäischen Übereinkommens vom 7.VI.1968 betreffend Auskünfte über ausländisches Recht vom 5.VII.1974   106

I. Normzweck[1]

1   Das **anzuwendende Recht** ist vom Gericht **von Amts wegen festzustellen**. Für diese gerichtliche Tätigkeit gelten grundsätzlich nicht die Vorschriften über das Vorbringen und den Beweis von Tatsachen. Anders als hinsichtlich der Tatsachen haben die Parteien auf die Feststellung der Rechtssätze keinen bestimmenden Einfluß. Dies kommt in dem Satz »iura novit curia« zum Ausdruck, → auch vor § 128 Rdnr. 107.

2   Für die **Feststellung ausländischen Rechts** sowie von **Gewohnheitsrechten und Statuten** enthält § 293 jedoch besondere Regeln, weil hier vom Gericht nicht in derselben Weise wie beim inländischen Gesetzesrecht verlangt werden kann, das Recht zu kennen oder sich die Kenntnis ohne Mitwirkung anderer Personen zu beschaffen. Auch hier ist aber, wie S. 1 ergibt, nicht etwa generell ein Beweis zu fordern. Nur soweit die Vorschriften des ausländischen Rechts usw. dem Gericht unbekannt sind, können besondere Verfahrensschritte zur **Ermittlung** dieses Rechts notwendig werden. Wie diese Ermittlung durchgeführt wird, stellt S. 2 weitgehend in das Ermessen des Gerichts. Die Parteien sind berechtigt, Nachweise über das ausländische Recht usw. beizubringen; es gibt aber keinen grundsätzlichen Vorrang der Parteitätigkeit. Vielmehr ist das Gericht berechtigt (und grundsätzlich auch verpflichtet, →

---

[1] Lit: *Arens* Prozessuale Probleme bei der Anwendung ausländischen Rechts im deutschen Zivilprozeß, Festschr. für Zajtay (1982), 7; *v. Bar* Internationales Privatrecht, Bd. 1 (1987), Rdnr. 372 ff.; *Broggini* Die Maxime »iura novit curia« und das ausländische Recht AcP 155 (1956), 469; *Buchholz* Zur richterlichen Rechtsfindung in internationalen Familiensachen, Festschr. für Hauß (1978), 15; *Coester-Waltjen* Internationales Beweisrecht (1983); *Dölle* Bemerkungen zu § 293 ZPO, Festschr. für Arthur Nikisch (1958), 185; *ders.* Über die Anwendung fremden Rechts, Jahrbuch der Max-Planck-Gesellschaft 1956, 34 = GRUR 1957, 56; *Fastrich* Revisibilität der Ermittlung ausländischen Rechts ZZP 97 (1984), 423; *Firsching* Die Anwendung ausländischen Rechts, Bericht über die Arbeit der Studienkommission für Internationales Recht der Internationalen Vereinigung der Richter DRiZ 1968, 278; *Flessner* Fakultatives Kollisionsrecht RabelsZ 34 (1970), 547; *Fuchs* Die Ermittlung ausländischen Rechts durch Sachverständige RIW 1995, 807; *Geimer* Internationales Zivilprozeßrecht[2] Rdnr. 2570 ff.; *Hetger* Die Ermittlung ausländischen Rechts DRiZ 1995, 267 = FamRZ 1995, 654; *Huzel* Zur Zulässigkeit eines »Auflagenbeschlusses« im Rahmen des § 293 ZPO IPRax 1990, 77; *Kegel* Die Ermittlung ausländischen Rechts, in: Die Anwendung ausländischen Rechts im internationalen Privatrecht (Generalreferat), herausgegeben von *D. Müller* (1968) S. 157; *Kegel* Internationales Privatrecht[7] § 15; *ders.* Zur Organisation der Ermittlung ausländischen Privatrechts, Festschr. für Nipperdey 1 (1965), 453; *Kralik* Iura novit curia und das ausländische Recht, Zeitschrift für Rechtsvergleichung 1962, 75; *Kreuzer* Einheitsrecht als Ersatzrecht – Zur Frage der Nichtermittelbarkeit fremden Rechts NJW 1983, 1943; *Kropholler* Internationales Privatrecht[2] § 59; *Lange* Das Rechtsgutachten im Wandel der Geschichte JZ 1969, 157; *Linke* Internationales Zivilprozeßrecht (1990), § 7; *Luther* Kollisions- und Fremdrechtsanwendung in der Gerichtspraxis RabelsZ 37 (1973), 660; *D. Müller* Die Anwendung ausländischen Rechts im internationalen Privatrecht (1968), 66; *K. Müller* Zur Nichtfeststellbarkeit des kollisionsrechtlich berufenen ausländischen Rechts NJW 1981, 481; *Münchener Kommentar zum BGB*[2], Bd. 7 EGBGB (1990), IPR Einl. Rdnr. 453 ff. (*Sonnenberger*); *Nagel* Internationales Zivilprozeßrecht[3] VIII; *ders.* Sachverständigenbeweis im Rahmen internationaler Rechtshilfe IPRax 1981, 47; *Otto* Der verunglückte § 293 ZPO und die Ermittlung ausländischen Rechts durch »Beweiserhebung« IPRax 1995, 299; *Riezler* Internationales Zivilprozeßrecht (1949), 491; *Samtleber:* Der unfähige Gutachter und die ausländische Rechtspraxis NJW 1992, 3057; *Schack* Internationales Zivilverfahrensrecht[2] § 14; *ders.* Subrogation und Prozeßstandschaft, Ermittlung ausländischen Rechts in einstweiligen Verfügungsverfahren IPRax 1995, 158; *Schlesinger* Die Behandlung des Fremdrechts im amerikanischen Zivilprozeß RabelsZ 27 (1962), 54; *Schütze* Zur Revisibilität ausländischen Rechts NJW 1970, 1584; *ders.* Ausländisches Recht als beweisbedürftige Tatsache NJW 1965, 1652; *ders.* Feststellung und Revisibilität europäischen Rechts im Zivilprozeß, in: Wege zu einem europäischen Zivilprozeßrecht (1992), 93; *Soergel-Kegel* Bd. 10 EGBGB[12] vor Art. 3 Rdnr. 166; *Sommerlad/Schrey* Die Ermittlung ausländischen Rechts im Zivilprozeß und die Folgen der Nichtermittlung NJW 1991, 1377; *Stein* Das private Wissen des Richters – Untersuchungen zum Beweisrecht beider Prozesse (1893), 174; *Steindorff* Das Offenlassen der Rechtswahl im IPR und die Nachprüfung ausländischen Rechts durch das Revisionsgericht JZ 1963, 200; *Wengler* Der deutsche Richter vor unaufklärbarem und unbestimmtem ausländischen Recht JR 1983, 221. – Lit. zum Europäischen Übereinkommen betreffend Auskünfte über ausländisches Recht → Fn. 137.

Rdnr. 33), die ihm zugänglichen Erkenntnismittel zu verwenden. Es kann sich solche Erkenntnisquellen von Amts wegen verschaffen, sei es in formloser Weise oder im Wege eines förmlichen Sachverständigenbeweises, → Rdnr. 36 ff.

II. Feststellung der Rechtssätze im allgemeinen (außerhalb des von § 293 erfaßten Bereichs)

1. Das vom Richter ohne Beweisverfahren festzustellende Recht

§ 293 nennt diejenigen Rechtsnormen (ausländisches Recht, Gewohnheitsrecht, Statuten), für die ein *Beweisverfahren* in Betracht kommt. Daraus ergibt sich umgekehrt, welche Vorschriften der **Richter selbst zu kennen** bzw. selbsttätig festzustellen hat. 3

a) Inländisches Gesetzesrecht, einschließlich Recht der ehemaligen DDR

Das inländische Gesetzesrecht, d.h. alle nicht nur auf Gewohnheit oder Statut beruhenden Rechtsnormen des Bundes und der Länder[2] – gleichviel im Gebiet welchen Landes das Gericht seinen Sitz hat[3] –, muß der Richter, wenn er dieser Rechtssätze bedarf und sofern sie ihm nicht ohnehin bekannt sind, von Amts wegen (→ vor § 128 Rdnr. 107), d.h. selbsttätig und ohne Beweisverfahren (näher → Rdnr. 8 ff.), erforschen[4]. Zu dem Gesetzesrecht im materiellen Sinne gehören auch die **Verordnungen** des Bundes und der Länder, ebenso auch Vorschriften über die Errichtung der Behörden, die Einteilung der Gemeinden und Gemeindeverbände[5], desgleichen Verordnungen, die von Gemeinden usw. aufgrund einer Delegation der staatlichen Normsetzungsgewalt erlassen wurden, z.B. lokale Verordnungen (etwa Polizeiverordnungen[6]). Aber auch **Satzungen** von Gemeinden usw. wird man heute wie das Gesetzesrecht behandeln müssen, → näher Rdnr. 30. 4

Auch das Recht der ehemaligen **DDR** ist nach diesen Grundsätzen zu ermitteln; § 293 gilt dafür nicht. Zwar hatte sich in der Endphase des Bestehens der DDR in der Bundesrepublik die Auffassung durchgesetzt, das Recht der DDR dem ausländischen Recht iS des § 293 gleichzustellen[7], dafür besteht aber seit der deutschen Einigung kein Anlaß mehr[8]. Gleich ob das DDR-Recht auf alte (vor der Einigung abgeschlossene) Sachverhalte anzuwenden ist oder ob es nach Maßgabe des Einigungsvertrages auch für neue Sachverhalte fortgilt, ist es hinsichtlich der Ermittlung dem sonstigen Recht der Bundesrepublik gleichzustellen. Eine Einholung von amtlichen Auskünften oder Sachverständigengutachten kommt nur nach den engen bei Rdnr. 13 dargestellten Grundsätzen in Betracht. 4a

Auch das **Internationale Privatrecht**[9] und das **Internationale Zivilprozeßrecht** der Bundesrepublik Deutschland gehören zum inländischen Recht und sind daher von Amts wegen anzuwenden und zu erforschen, → auch Rdnr. 31. 5

---

[2] Ebenso Vorschriften der Besatzungsmächte, dazu *Dölle* Festschr. für Raape (1948), 159.
[3] A.M. *Baumbach-Lauterbach-Hartmann*[55] Rdnr. 3, der auf die Geltung im Gerichtsbezirk abstellt.
[4] Vgl. *RGZ* 43, 418 (auch Bekanntmachung zu ermitteln); s. auch *RGZ* 111, 115, 119 (bezüglich der Erforschung keinerlei Bindung an Parteianträge); ebenso *Riezler* (Fn. 1) 494.
[5] *RGZ* 2, 63, 65.
[6] *RGZ* 43, 418, 420 f.; s. auch *RGZ* 111, 115, 119.
[7] Obgleich die DDR im staats- und völkerrechtlichen Sinne nicht als Ausland anzusehen war, näher s. 20. Aufl., § 293 Rdnr. 28 mwN.
[8] Ebenso *MünchKommZPO-Prütting* Rdnr. 21.
[9] Zuletzt BGH NJW 1995, 2097 = JZ 1995, 784 (*Stoll*) = LM § 293 Nr. 21 (*Kronke*); NJW 1996, 54.

b) Völkerrecht

6   Wie das inländische Gesetzesrecht sind auch die durch Transformationsgesetz (Art. 59 Abs. 2 GG) übernommenen Normen des **Völkervertragsrechts**[10] sowie die **allgemeinen Regeln des Völkerrechts,** vor allem des Völkergewohnheitsrechts (Art. 25 S. 1 GG)[11], zu behandeln. Zur Vorlage an das BVerfG → Rdnr. 14 f.

c) Europäisches Gemeinschaftsrecht

7   Dem inländischen Gesetzesrecht steht das Recht der Europäischen Gemeinschaften gleich. Das ergibt sich bei dem sog. **primären Gemeinschaftsrecht** (d.h. den Gründungsverträgen samt Anlagen, Annexen und Protokollen) schon aus seiner (durch das nationale Zustimmungsgesetz bewirkten) Transformation in das Recht der Mitgliedsstaaten. Dasselbe gilt für das sog. **sekundäre Gemeinschaftsrecht,** d.h. das aufgrund der Europa-Verträge (Montan-, EG- und EuratomV) von den Gemeinschaftsorganen erlassene Recht. Dieses bedarf keines Transformationsaktes; es gilt unmittelbar in jedem Mitgliedstaat (Art. 14 Abs. 2 MontanV, Art. 189 Abs. 2, 3, 4 EGV, Art. 161 Abs. 2, 3, 4 EuratomV). Der Richter hat daher europäisches Gemeinschaftsrecht von Amts wegen zu erforschen; **§ 293 ist nicht einschlägig**[12]. Zur Gültigkeits- und Auslegungsvorlage an den EuGH → Rdnr. 16 sowie → § 148 Rdnr. 188 ff.

2. Feststellung und Auslegung des nicht von § 293 erfaßten Rechts

a) Richterliche Pflicht

8   Die Feststellung des inländischen Gesetzesrechts (→ Rdnr. 4), des Völkerrechts (→ Rdnr. 6) und des europäischen Gemeinschaftsrechts (→ Rdnr. 7) obliegt dem Richter in eigener Verantwortung. Kennt er die einschlägigen Rechtsnormen nicht, so muß er sich das nötige Wissen durch Studium der Literatur (auch z. B. unter Mitwirkung von Rechtsreferendaren oder wissenschaftlichen Mitarbeitern) beschaffen. Der Richter kann sich auch von Kollegen oder anderen kundigen Personen über die Rechtssätze informieren lassen. Bei derartigen vom Richter zur Feststellung der Rechtslage vorgenommenen Schritten handelt es sich **nicht um ein Beweisverfahren,** auch nicht um einen Freibeweis. Vielmehr ist die Erlangung der notwendigen Rechtskenntnisse ein **Internum in der Person des Richters** und daher kein Bestandteil des Prozesses. Daher brauchen die Parteien über die einzelnen Bemühungen des Richters zur Informationsgewinnung nicht unterrichtet oder daran beteiligt zu werden, und es gilt dafür, da es sich nicht um einen Teil des Verfahrens handelt, nicht der Grundsatz des rechtlichen Gehörs. Der Richter braucht auch nicht mitzuteilen, wie er subjektiv die Rechtskenntnis gewonnen hat, sondern muß allein die rechtliche Geltung der Rechtssätze und deren Inhalt in objektiver Form (bei entlegeneren Vorschriften vor allem durch Angaben über die Veröffentlichung des Gesetzes im Gesetzblatt) begründen.

9   Auch die **Auslegung** der Rechtssätze ist grundsätzlich persönliche Aufgabe des Richters in dem bei Rdnr. 8 umschriebenen Sinn. Die Parteien können dem Richter auch durch überein-

---

[10] *Riezler* (Fn. 1) 494.
[11] S. auch *Mann* Völkerrecht im Prozeß SJZ 1950, 546 ff. – Regionales Völkergewohnheitsrecht wird man dagegen als Gewohnheitsrecht i.S. des § 293 ansehen müssen.
[12] Ebenso *Schütze* Feststellung und Revisibilität (Fn. 1), 98; grundsätzlich auch *Sommerlad/Schrey* NJW 1991, 1377, 1378 (anders bei nicht umgesetzten Richtlinien der EG). – Die abweichende Ansicht des *OLG München* EuR 1988, 409 (abl. *Nicolaysen*) zum EWG-Vertrag ist vereinzelt geblieben.

stimmenden Vortrag keine bestimmte Auslegung oder Anwendung des Rechts vorschreiben[13], näher → vor § 128 Rdnr. 107.

b) Feststellungszwang

Die richterliche Bemühung zur Erkenntnis und Anwendung der nicht von § 293 erfaßten Rechtsnormen muß immer zu einem bestimmten Ergebnis über Geltung und Inhalt der Rechtssätze führen. Der Richter darf also seine Erkenntnisbemühungen nicht mit dem Ergebnis beenden, er könne über das Bestehen oder den Sinn solcher Rechtssätze keine Klarheit gewinnen. Ein non liquet in der Rechtsfrage ist nicht zulässig. Nur bei den von § 293 erfaßten Rechtsnormen, namentlich bei ausländischem Recht, darf das Ergebnis der Feststellungsbemühungen auch dahin lauten, die Rechtslage sei nicht zuverlässig zu ermitteln, → Rdnr. 60. Zur Frage, wie dann zu entscheiden ist, → Rdnr. 61ff. **10**

c) Mitwirkung der Parteien

Die Parteien sind *berechtigt*, aber *nicht verpflichtet*, sich zu Geltung und Inhalt der Rechtssätze (außerhalb des Bereichs von § 293) zu äußern. Der Richter ist nicht berechtigt, den Parteien die Erbringung von Nachweisen über das inländische Gesetzesrecht, das Völkerrecht oder das Recht der Europäischen Gemeinschaften aufzugeben. In komplizierten Fällen kann er immerhin die Vorlage von **Rechtsgutachten** durch die Parteien *anregen*. Solche Gutachten sind dann ebenso wie die Rechtsausführungen der Parteien oder ihrer Anwälte zu behandeln, → vor § 402 Rdnr. 8. **11**

d) Einholung von amtlichen Auskünften oder Sachverständigengutachten

Obgleich dies im Gesetz nicht ausdrücklich gesagt ist, folgt aus der Pflicht des Richters, das inländische Gesetzesrecht usw. selbst zu kennen bzw. zu erforschen, grundsätzlich auch ein **Verbot** für den Richter, insoweit **ein Beweisverfahren durchzuführen**, sei es ein solches des Freibeweises oder des Strengbeweises. Es kann also in der Regel weder eine amtliche Auskunft noch ein Sachverständigengutachten über diese Rechtssätze eingeholt werden[14], auch wenn es sich um ein Rechtsgebiet handelt, mit dem der Richter im allgemeinen nicht befaßt ist[15]. **12**

Eine **Ausnahme** wird man dann anerkennen können, wenn es sich um Rechtssätze handelt, die an sich seit längerem außer Kraft getreten sind, aber etwa aufgrund des Übergangsrechts im konkreten Fall eine Rolle spielen. Hier kann, wenn die Feststellung ähnlich schwierig ist wie bei ausländischem Recht, § 293 analog angewendet und ebenso wie bei der Ermittlung des ausländischen Rechts (→ Rdnr. 39, 43) die Auskunft eines wissenschaftlichen Instituts oder auch ein Sachverständigengutachten eingeholt werden. Ganz ausnahmsweise erscheint auch zur Ermittlung und zum Verständnis **äußerst spezieller bzw. entlegener Rechtssätze** (etwa auf technischem Gebiet) die Einholung von Auskünften bei Behörden oder wissenschaftlichen Instituten oder die Zuziehung eines Sachverständigen analog § 293 zulässig. **13**

---

[13] *RG* JW 1898, 371; Gruchot 58 (1914), 1050, 1052.
[14] *RGZ* 30, 79, 80; JW 1892, 430; *BGH* NJW 1966, 1364 (keine Beweisgebühr für den Prozeßbevollmächtigten, insoweit a.M. *Gerold-Schmidt-v. Eicken-Madert* BRAGO¹² § 31 Rdnr. 84).

[15] Also z.B. keine Einholung eines Sachverständigengutachtens über Steuerrecht durch den Zivilrichter, *Tipke* NJW 1976, 2199; dem folgend *OLG Bremen* DStR 1977, 386, 388 (mit zust. Anm. *Späth*), ebenso *LG Hamburg* MDR 1984, 413 (keine Beweisgebühr); ausführlich *Nickl* NJW 1989, 2091, 2093f.

e) Völkerrecht

14 Grundsätzlich gilt die unbeschränkte richterliche Ermittlungspflicht auch für die Rechtssätze des Völkerrechts[16]. Ergeben sich aber im Rechtsstreit Zweifel darüber, ob eine allgemeine Regel des Völkerrechts (nicht des Völkervertragsrechts, → auch § 148 Rdnr. 72) Bestandteil des Bundesrechts ist und ob sie unmittelbar Rechte und Pflichten für den einzelnen erzeugt, so hat das Gericht darüber die Entscheidung des BVerfG einzuholen, Art. 100 Abs. 2 GG (darüber, insbesondere über die Aussetzung → § 148 Rdnr. 50 ff., 71 ff.).

15 Dadurch soll eine **einheitliche Rechtsprechung** über die Geltung und die Tragweite[17] allgemeiner völkerrechtlicher Regeln erreicht werden[18]. Daher ist die Feststellung und Auslegung der allgemeinen Völkerrechtssätze den Zivilgerichten entzogen, wenn das Gericht auf **ernsthafte Zweifel** über **Geltung** und **Umfang** solcher Rechtssätze stößt. Diese Zweifel können sich aus der Auffassung des vorlegenden Gerichts selbst ergeben, doch ist dies nicht notwendig. Auch wenn das Gericht glaubt, für sich zu einem eindeutigen Ergebnis kommen zu können, muß es aussetzen und vorlegen, wenn es »von der Meinung eines Verfassungsorgans oder von den Entscheidungen hoher deutscher, ausländischer oder internationaler Gerichte oder von den Lehren anerkannter Autoren der Völkerrechtswissenschaft« abweichen würde[19]. Nicht ausreichend sind dagegen bloße Zweifel einer Prozeßpartei. Andernfalls könnten die Parteien den Zwang zur Vorlage herbeiführen[20]. Das schließt aber nicht aus, daß durch das im Auftrag einer der Parteien erstattete Gutachten eines namhaften Rechtswissenschaftlers erst die Zweifel begründet werden[21]. Selbst wenn das Gericht dessen Ausführungen für unzutreffend hält, muß es, soweit das Gutachten nicht offensichtlich unrichtig ist[22], die Frage dem BVerfG vorlegen. – Die Entscheidung des BVerfG hat **Gesetzeskraft**, § 31 Abs. 2 BVerfGG.

f) Recht der Europäischen Gemeinschaften

16 Hier ist die **weitreichende Zuständigkeit des EuGH** zur Vorabentscheidung über Gültigkeits- und Auslegungsfragen zu beachten, so nach Art. 177 EG-Vertrag, Art. 41 Montan-Vertrag und Art. 150 Euratom-Vertrag (→ § 148 Rdnr. 181 ff.). Aus den genannten Bestimmungen kann sich für das deutsche Gericht ein Recht oder auch eine Pflicht zur **Vorlage** an den EuGH ergeben, um eine Auslegungsfrage klären zu lassen. Zu allen Einzelheiten → § 148 Rdnr. 177 ff. Auch für die **Auslegung des EuGVÜ** besteht eine solche Vorabentscheidungszuständigkeit des EuGH, → § 148 Rdnr. 185.

3. Das richterliche Prüfungsrecht[23]

a) Allgemeines

17 Die Pflicht zur Erforschung des inländischen Rechts schließt die Verpflichtung ein, die sich äußerlich als Gesetze, Verordnungen usw. darstellenden Kundmachungen auf ihre **Rechts-**

---

[16] Vgl. *Maunz* in *Maunz-Dürig* GG Art. 100 Rdnr. 45; *Stern* in *Bonner Kommentar* zum GG (Zweitbearbeitung) Art. 100 Rdnr. 240.
[17] BVerfGE 15, 25, 33.
[18] BVerfGE 15, 25, 33; 23, 288, 317.
[19] BVerfGE 23, 288, 319; ebenso *Leibholz-Rinck* GG⁷ Art. 100 Rdnr. 344; *Maunz* in *Maunz-Dürig* GG Art. 100 Rdnr. 45.
[20] Treffend *v. Münch* JZ 1964, 163, 164; im Ergebnis ebenso *Maunz* in *Maunz-Dürig* GG Art. 100 Rdnr. 44.
[21] So im Fall *BVerfGE* 23, 288.
[22] Vgl. BVerfGE 23, 288, 317 (ausschließliche Entscheidung durch das BVerfG, abgesehen vom Fall der Evidenz), 319 (Vorlagepflicht bei ernstzunehmenden völkerrechtlichen Argumenten).

[23] *Morstein-Marx* Variationen über die richterliche Zuständigkeit zur Prüfung der Rechtmäßigkeit des Gesetzes (1927); *E. v. Hippel* Das richterliche Prüfungsrecht, in: Handbuch des Deutschen Staatsrechts 2 (1932), 546 ff.; *Spanner* Die richterliche Prüfung von Gesetzen und Verordnungen (1951); *Pfeiffer* Die Verfassungsbeschwerde in der Praxis (1959), 298 ff.; *Bettermann* in: Handbuch der Grundrechte III 2 (1959) 898 ff.; *ders.* Die konkrete Normenkontrolle und sonstige Gerichtsvorlagen, in: Bundesverfassungsgericht und Grundgesetz, Festg. aus Anlaß des 25-jährigen Bestehens des BVerfG (1976), 323; *E. R. Huber* Deutsche Verfassungsgeschichte seit 1789, Bd. 3 (1963), 1055 ff.; *Maurer* DÖV 1963, 683 ff.; *H. Krüger* Allgemeine Staatslehre² 707 ff.; *J. Ipsen* Rechtsfolgen der Verfassungswidrigkeit von Norm und

wirksamkeit als Rechtsnormen nachzuprüfen. Das Prüfungsrecht der Zivilgerichte erstreckt sich einerseits darauf, ob eine Norm, die der Richter anwenden will, ordnungsgemäß als Rechtssatz zustande gekommen ist, und andererseits darauf, ob sie nicht wegen Verstoßes gegen eine Norm höheren Ranges nichtig ist.

Dieses richterliche Prüfungsrecht hatte die Rechtsprechung erst unter der Weimarer Verfassung in Anspruch genommen[24]. Das GG hat es grundsätzlich bestätigt, aber zu einem wesentlichen Teil bei den **Verfassungsgerichten** des Bundes und der Länder konzentriert[25]. Man unterscheidet zwei Seiten des richterlichen Prüfungsrechts: Die **Prüfungskompetenz** und die **Verwerfungskompetenz**[26]. Der erstgenannte Begriff bezieht sich auf die Befugnis (die Pflicht)[27] des Richters, den Rechtssatz auf seine Verfassungsmäßigkeit bzw. die Übereinstimmung mit sonstigem höherrangigem Recht zu prüfen. Die Verwerfungskompetenz betrifft die nächste Stufe: Die Befugnis des Richters, dem als verfassungswidrig (oder als einer anderen höherrangigen Norm widersprechend) erkannten Rechtssatz die Gefolgschaft zu versagen. 18

b) Prüfungskompetenz

Die Prüfungskompetenz steht jedem deutschen Richter in jedem Verfahren **grundsätzlich gegenüber jeder Norm** zu[28]. Da naturgemäß der oberste Maßstab selbst keiner Prüfung unterliegt, scheidet ein richterliches Prüfungsrecht gegenüber der Verfassung aus, es sei denn, im Einzelfall greift überpositives Recht (Naturrecht) ein oder die Rechtsfigur der »verfassungswidrigen Verfassungsnorm«, → § 148 Rdnr. 60 bei Fn. 166. Auch ein richterliches Prüfungsrecht gegenüber dem **primären Gemeinschaftsrecht der Europäischen Gemeinschaften** gibt es nicht[29]. 19

Recht und Pflicht zur Prüfung entfallen, wenn das Gericht **an eine bestimmte Rechtsauffassung gebunden** ist, also dann, wenn bereits eine verbindliche Entscheidung des BVerfG oder eines Landesverfassungsgerichts zu dieser Frage vorliegt. Zur Bindungswirkung verfassungsgerichtlicher Entscheidungen, insbesondere zu § 31 BVerfGG → § 322 Rdnr. 306 ff. Dasselbe gilt auch dann, wenn das Untergericht an die Rechtsauffassung des (zurückverweisenden) Rechtsmittelgerichts gebunden ist, → § 148 Rdnr. 90, § 538 Rdnr. 36, § 565 Rdnr. 8 ff. 20

c) Verwerfungskompetenz

Die Verwerfungskompetenz ist dagegen dem Zivilrichter in wesentlichem Umfang **entzogen**. Soweit sie **bei den Verfassungsgerichten konzentriert** ist, nennt man das für die Prüfung der Norm vorgesehene Verfahren »konkrete Normenkontrolle«, bisweilen auch ungenau Richterklage. Zu allen Einzelheiten → § 148 Rdnr. 50 ff., wo die Fälle mangelnder Verwerfungskompetenz des Zivilrichters zusammengestellt sind und das Verfahren erläutert ist. Das Verfahren vor dem **Europäischen Gerichtshof** heißt Vorabentscheidungsverfahren (Einzelerläuterung → § 148 Rdnr. 177 ff.). 21

Durch die **Konzentration des Verwerfungsmonopols** bei besonderen Spruchkörpern (Bundesverfassungsgericht, Landesverfassungsgerichte, Gerichtshof der Europäischen Gemeinschaften) soll einerseits die Rechtsprechung in diesen staatsrechtlichen oder europäischen Fragen besonders sachkundigen Ge- 22

Einzelakt (1980), 23 ff.; *Stern* Das Staatsrecht der Bundesrepublik Deutschland II (1980) § 44 IV 5 b (S. 988 ff.); *Hesse* Grundzüge des Verfassungsrechts der Bundesrepublik Deutschland[20] Rdnr. 682 ff.; *Maunz-Zippelius* Deutsches Staatsrecht[29] § 41 IV 1 (S. 357), ferner → § 148 Rdnr. 50 ff.

[24] RGZ 111, 320; s. auch *Maunz* in *Maunz-Dürig* GG Art. 100 Rdnr. 1.

[25] Dazu *Ipsen* in: Deutsche Landesreferate zum III. Internationalen Kongreß für Rechtsvergleichung 1950, 819.

[26] BVerfGE 4, 339; vgl. *Bachof* AöR 87 (1962), 1 ff.

[27] Vgl. *Morstein-Marx* (Fn. 23) 3 f.; *Maunz* in *Maunz-Dürig* GG Art. 100 Rdnr. 4.

[28] Dazu *Maunz* in *Maunz-Dürig* GG Art. 100 Rdnr. 2 f.

[29] *E. Schumann* ZZP 78 (1965), 121 ff.

richten anvertraut werden, andererseits verhindert werden, daß jeder beliebige Richter in jedem Prozeß die Gültigkeit eines Rechtssatzes verneinen und so den deutschen oder europäischen Gesetzgeber *kontrollieren* kann und daß durch widersprechende Entscheidungen außerdem *Rechtsunsicherheit* entsteht[30]. Will der Richter die Gültigkeit einer Norm verneinen, muß er deshalb in den Fällen mangelnder Verwerfungskompetenz das **Verfahren aussetzen** und eine Entscheidung des zuständigen Verfassungsgerichts oder des EuGH einholen.

23 Die **eigene Verwerfungskompetenz** besitzt der Zivilrichter jedoch beim **untergesetzlichen Bundesrecht** (bei den Verordnungen des Bundesrechts)[31] und beim **vorkonstitutionellen Recht**[32]. Gegenüber den Normen des Landesrechts hat der Zivilrichter je nach Landesverfassungsrecht unterschiedliche Befugnisse, näher → § 148 Rdnr. 115. Zum früheren Besatzungsrecht → § 148 Rdnr. 61.

24 Gegenüber dem **sekundären Recht des EWG- und des Euratomvertrages** (zur Terminologie → Rdnr. 7) hat der nicht-letztinstanzliche Zivilrichter volle Verwerfungskompetenz; er ist zur Vorlage an den EuGH berechtigt, aber anders als das Zivilgericht letzter Instanz nicht verpflichtet. Näher zur Gültigkeitsvorlage an den EuGH → § 148 Rdnr. 193, 202. Beim **Montanvertrag** besteht dagegen immer ein Verwerfungsmonopol des EuGH, Art. 41 Montanvertrag (→ § 148 Rdnr. 202).

25 Zur Frage, inwieweit **Europäisches Gemeinschaftsrecht** der Überprüfung durch das **BVerfG** unterliegt, → § 148 Rdnr. 62 ff.

III. Die nach § 293 zu ermittelnden Rechtssätze

26 Eine unbedingte Ermittlungspflicht, die stets zu einem eindeutigen Ergebnis führen müßte, wird dem Richter bei sonstigem Recht nicht auferlegt (zu den Grenzen der richterlichen Erforschungspflicht → Rdnr. 34 f.), d. h. in Bezug auf das im Ausland geltende Recht sowie auf die Gewohnheitsrechte und Statuten, auch wenn die letzteren innerhalb seines Gerichtsbezirks gelten.

1. Ausländisches Recht

27 Ausländisches Recht sind die **nicht im Geltungsbereich des Grundgesetzes verbindlichen Normen.** Zu inländischem Recht werden sie auch nicht durch *inhaltliche Übereinstimmung* mit dem deutschen Recht[33], wie es etwa beim Scheck- und Wechselrecht vorkommen kann. Zum inländischen Recht gehört das deutsche **Internationale Privatrecht,** aber nicht die ausländische Rechtsordnung, auf die das deutsche Internationale Privatrecht verweist (dazu → Rdnr. 31).

28 Zum Recht der ehemaligen **DDR** → Rdnr. 4a.

2. Gewohnheitsrecht

29 Gewohnheitsrecht sind Rechtssätze, die nicht durch hoheitliche Rechtssetzungsakte, sondern aufgrund *tatsächlicher Übung* entstanden sind. Eine **Gewohnheit** wird dann als **rechtsbildend** angesehen, »wenn sie sich durch lange dauernde Übung äußerlich betätigt und wenn sie auf der ernstlichen, gemeinsamen Überzeugung beruht, daß damit Recht geübt werde«[34]. Es

---

[30] *E. Schumann* Stichwort »Richterliches Prüfungsrecht«, Evang. Staatslexikon³ 3016 ff.
[31] → § 148 Rdnr. 53.
[32] Näher → § 148 Rdnr. 66.
[33] Vgl. *BGH* NJW 1959, 1873 (zur grundsätzlichen Nichtüberprüfbarkeit der Auslegung ausländischen Rechts in der Revisionsinstanz, auch bei Übereinstimmung mit einem deutschen Gesetz, dazu näher → §§ 549, 550 Rdnr. 11).
[34] *RGZ* 75, 40, 41.

handelt sich also um ungeschriebene Regeln, die in der Überzeugung ihrer rechtlichen Geltung ständig geübt werden. Die **Observanz** (auch Herkommen genannt) stellt lediglich einen Unterfall bei räumlich nur begrenzt wirkendem Gewohnheitsrecht dar. Als Beispiel werden Fischereirechte an einem bestimmten Fluß genannt[35].

3. Statuten

Dem Begriff »Statuten« kann man im Rahmen des § 293 heute nur noch schwer einen faßbaren Inhalt geben. Man wird den Begriff aufgrund des Wandels der staatsrechtlichen Verhältnisse und der Rechtsquellenlehre als **weitgehend gegenstandslos** betrachten müssen. Bei den »Statuten« im Sinne des § 293 müßte es sich, wie auch aus § 293 S. 2 hervorgeht, um **Rechtsnormen** handeln[36]. Ursprünglich waren damit »die auf der Autonomie engerer Kreise (namentlich der Korporationen und des Adels) beruhenden Normen« gemeint[37]. Eine vergleichbare Autonomie, insbesondere zur Setzung von Normen auf dem Gebiet des Privatrechts, gibt es jedoch kaum mehr. In Betracht kommen etwa noch die Statuten einer »Hannoverschen Realgemeinde«[38]. Schon früher setzte sich die Ansicht durch, daß mit den »Statuten« **nicht** die **lokalen Rechtsnormen** gemeint sind, die **auf Gesetz beruhen,** mochten sie auch früher hin und wieder als »statutarisches Recht« bezeichnet werden[39]. Daher können örtliche Verordnungen nicht zu den Statuten gerechnet werden, → Rdnr. 4. Zum Teil werden heute diejenigen Rechtsnormen als Statuten im Sinne des § 293 bezeichnet, die *auf der Selbstverwaltung öffentlich-rechtlicher Körperschaften beruhen*[40]. In Betracht kämen dann etwa die Satzungen von Gemeinden, Gemeindeverbänden, Universitäten, öffentlich-rechtlichen Berufsverbänden u. ä. **Dagegen spricht** aber, daß von einer vollständigen *Autonomie* auch in diesen Bereichen kaum mehr die Rede sein kann. Auch die Kompetenz zum Erlaß von Satzungen beruht heute im allgemeinen auf *gesetzlicher Grundlage*. Darüber hinaus werden derartige Normen oft auch erst durch Zustimmung staatlicher Organe wirksam[41]. Hinzu kommt, daß die Abgrenzung zwischen Verordnungen und Satzungen – insbesondere im Bereich der gemeindlichen Vorschriften – positiv-rechtlich recht verschieden erfolgen kann, ohne daß sich daraus aus der Sicht des § 293 ein sinnvolles Abgrenzungskriterium ergeben würde. Vor allem aber handelt es sich bei diesen Satzungen nicht um diejenige Art von

---

[35] *OLG Stuttgart* OLGZ 1969, 477, 479 (für analoge Anwendung des § 293).
[36] BayObLGZ 1977, 6, 10 = MDR 1977, 491.
[37] S. *Gaupp-Stein,* 4. Aufl. dieses Kommentars § 293 Anm. II. Der Begriff der Statuten wurde früher vor allem als Gegensatz zur staatlichen Gesetzgebung aufgefaßt, aber in engster Verbindung mit dem Gedanken der Autonomie genannt, s. etwa *Stobbe* Handbuch des Deutschen Privatrechts I² § 19 II 1 (S. 130), zu den Fällen der Autonomie § 20 (S. 134 ff.), wobei die Autonomie des reichsständischen Adels, der Gemeinden und Kreise und der sonstigen öffentlich-rechtlichen Corporationen (Zünfte, Universitäten) erörtert wurden. *Windscheid* Lehrbuch des Pandektenrechts I⁹ § 19 (S. 95 f.) stellte ebenfalls den Begriff der Autonomie in den Vordergrund und betonte, daß eine Autonomie der Gemeinden auf dem Gebiet des Privatrechts kaum noch gegeben sei, während damals noch die Autonomie der Familien des hohen Adels in betreff ihrer Vermögens- und Familienverhältnisse bejaht wurde.
[38] Dazu BGHZ 36, 283, 290 (insbesondere zur Rechtssetzungsbefugnis der Realgemeinde).
[39] So bereits *Gaupp-Stein* (Fn. 37) unter Hinweis auf RGZ 43, 420 f. und unter Ablehnung von RGZ 21, 175, wo das Lüneburger Stadtrecht als Statut angesehen wurde. Weitergehend wollte *RG* Gruchot 50 (1906), 1070, 1072 den Begriff der Statuten »auf jede objektive Rechtsnorm von beschränktem räumlichen Geltungsbereich, also auch auf landesherrlich verliehene (nicht statutarisch festgesetzte) Ortsrechte« anwenden. Würde man diesem Ausgangspunkt folgen, müßte man heute alle Verordnungen mit räumlich begrenztem Geltungsbereich als Statuten ansehen.
[40] So BayObLG (Fn. 36); *Wieczorek*² B III. Zumeist werden die Statuten i. S. des § 293 heute als das von autonomen Verbänden gesetzte oder geübte Recht definiert; vgl. *Rosenberg-Schwab-Gottwald*¹⁵ § 113 III; *Thomas-Putzo*¹⁹ Rdnr. 3; ähnlich *Baumbach-Lauterbach-Hartmann*⁵⁵ Rdnr. 3 (geschriebenes oder geübtes Recht autonomer Kreise); *Zöller-Geimer*²⁰ Rdnr. 4 (autonome Satzungen der öffentlich-rechtlichen Körperschaften, Anstalten und Stiftungen).
[41] So sind z. B. Bebauungspläne von den Gemeinden als Satzung zu erlassen (§ 10 BauGB), bedürfen aber der Genehmigung durch die höhere Verwaltungsbehörde (§ 11 BauGB). Entgegen *Schellhammer* ZP⁷ Rdnr. 511 (S. 217) sind Bebauungspläne nicht als Statuten i. S. des § 293 zu betrachten.

privatrechtlichen, nur innerhalb bestimmter Personenkreise geltenden Rechtsnormen, die der Gesetzgeber eigentlich gemeint hat und bei deren Ermittlung ähnliche Schwierigkeiten auftreten könnten wie etwa bei der Ermittlung von Gewohnheitsrecht. Satzungen von Gemeinden usw. werden heute in den allgemein zugänglichen Amtsblättern veröffentlicht, so daß auch insofern **zwischen gemeindlichem Satzungs- und Verordnungsrecht kein Unterschied** besteht. Beides ist daher **nicht dem § 293 zu unterstellen.**

30a Da es sich im Bereich des § 293 um Rechtsnormen handeln muß, gehören **Satzungen von Vereinen** oder Handelsgesellschaften **nicht** zu den Statuten im Sinne dieser Vorschrift[42] (anders als bei § 17 Abs. 3, dazu → § 17 Rdnr. 17f.). Vereinssatzungen usw. erzeugen als privatrechtliche Akte nicht objektives Recht, sondern haben rechtsgeschäftlichen Charakter. Aus demselben Grund sind **Allgemeine Geschäftsbedingungen** nicht als Statuten im Sinne des § 293 anzusehen. Auch die Sätze der **Verkehrssitte** und die **Handelsbräuche** (zu ihrer Feststellung → Fn. 79 sowie → § 284 Fn. 20) sind keine Rechtsnormen, sondern Erfahrungssätze über das tatsächlich Geübte; sie werden auch nicht dadurch zu Rechtssätzen, daß auf sie im Gesetz verwiesen wird wie in §§ 157, 242 BGB usw.[43]

IV. Die Feststellung des ausländischen Rechts sowie der Gewohnheitsrechte und Statuten

1. Die richterliche Erforschungspflicht

31 Auch im Bereich des § 293 bedarf es nicht etwa bestimmter *Parteibehauptungen* über die anzuwendenden Rechtssätze[44]. Das ausländische Recht hat der **Richter von sich aus anzuwenden,** soweit es nach den Rechtsnormen des deutschen Internationalen Privatrechts oder des deutschen Internationalen Prozeßrechts anwendbar ist, unabhängig davon, ob sich die Parteien darauf berufen[45]. Führt die Anwendung des deutschen wie des fremden Rechts zum selben Ergebnis, so kann in der Revisionsinstanz offen bleiben, welches Recht anzuwenden ist, nicht dagegen (wegen der allgemeinen Revisibilität des deutschen Rechts) in der Berufungsinstanz[46]. Läßt ein Urteil nicht erkennen, welche Rechtsordnung zugrunde gelegt wurde, so ist es als Urteil ohne Gründe (§ 551 Nr. 7) anzusehen[47]. Es kann sowohl ausländisches materielles Recht als auch ausländisches Prozeßrecht zur Anwendung kommen (näher → Einl. [20. Aufl.] Rdnr. 736ff.). § 293 und die im folgenden dargestellte richterliche Erforschungspflicht gelten z.B. auch bei der Frage, ob die auf der ausländischen Urteilsausfertigung quittierten Gebühren von der *Vollstreckbarkeit* erfaßt sind[48] oder ob ein ausländisches Urteil die *unbeschränkte Vollstreckbarkeit* ohne Sicherheitsleistung erlangt hat[49].

32 Das Gericht hat die **Rechtsnormen von Amts wegen zu berücksichtigen,** soweit sie ihm, aus welcher Quelle auch immer, bekannt sind, ohne daß es eines Beweises bedarf. Andererseits ist es befugt, einen ihm darüber angebotenen Beweis (über die für den Tatsachenbeweis gel-

---

[42] So bereits *Windscheid* (Fn. 37) S. 96 Fn. 4 a. E.
[43] A.M. *Danz* JherJb 38 (1898), 373, 454f.
[44] RGZ 39, 376; OLG Köln FamRZ 1995, 172. – Jedoch bestehen Bedenken, von der Geltung des Untersuchungsgrundsatzes zu sprechen (so z.B. BGH NJW 1984, 2763, 2764 = RIW 1984, 644 mit Anm. *Mezger* = MDR 1985, 125, 126), weil sich dieser Grundsatz auf die Ermittlung von Tatsachen bezieht (→ vor § 128 Rdnr. 86) und für das Ermittlungsverfahren im Rahmen des § 293 Besonderheiten gelten, → Rdnr. 36ff.
[45] BGH NJW 1995, 2097 (Fn. 9); MünchKommBGB-Sonnenberger[2] Bd. 7 IPR Einl. Rdnr. 453ff., 362; Soergel-

Kegel[12] vor Art. 3 EGBGB Rdnr. 166 mwN; Riezler (Fn. 1) 492. – A.M. *Flessner* RabelsZ 34 (1970), 547, 566ff., der grundsätzlich deutsches Recht anwenden will, wenn sich keine der Parteien auf die Anwendbarkeit ausländischen Rechts beruft. – Eine andere Frage ist, ob in dem prozessualen Verhalten der Parteien eine Vereinbarung über das anwendbare Recht (Rechtswahl) liegt; dazu *Schack* NJW 1984, 2736.
[46] BGH NJW 1991, 2214.
[47] BGH NJW 1988, 3097.
[48] BGH NJW 1983, 2773 = WM 1983, 655.
[49] BGH NJW 1975, 2143, 2144.

tenden Regeln, → § 284 Rdnr. 51 ff., hinausgehend) wegen der bereits vorhandenen eigenen Kenntnis abzulehnen[50]. Es kann jedoch *ermessensfehlerhaft* sein, wenn das Gericht, ohne hinreichende Spezialkenntnisse zu besitzen, von der Einholung eines von der Partei beantragten Sachverständigengutachtens über die nicht einfach zu beurteilende ausländische Rechtslage absieht[51].

Soweit dem Gericht die einschlägigen **Rechtsnormen nicht bekannt** sind, ist es befugt, von Amts wegen die ihm angemessen erscheinenden Nachforschungen anzustellen. Wenn auch der Wortlaut des Satzes 2 nicht ausdrücklich davon spricht, so ist der Richter trotzdem **verpflichtet, von allen ihm zur Verfügung stehenden Erkenntnisquellen Gebrauch zu machen**[52]. Diese Pflicht ergibt sich aus der richterlichen Pflicht zur Rechtsanwendung; denn auch die von § 293 genannten Normen sind echte Rechtssätze, nicht etwa bloße Tatsachen[53]. § 293 lockert diese richterliche Pflicht lediglich, beseitigt sie aber nicht. Sie gilt daher grundsätzlich (→ aber Rdnr. 49) auch bei einem unterlassenen Mitwirken der Parteien und bleibt auch von dem Mißlingen einer von einer Partei angetretenen Beweisführung unberührt[54]. Zu Verstößen gegen die Ermittlungspflicht → Rdnr. 66 f. 33

Eine Lockerung gilt insofern, als dem Gericht – je nach Lage des konkreten Falles – zugestanden wird, eigene weitere Nachforschungen zu unterlassen bzw. zu beenden, wenn **beide Parteien übereinstimmend** den Inhalt des ausländischen Rechts vortragen[55]. Zwar kann der übereinstimmende Vortrag der Parteien das Gericht nicht binden, aber der Richter kann daraus die Überzeugung von der Richtigkeit des Vortrags herleiten[56]. – Zum Versäumnisverfahren → Rdnr. 54. 34

Die gerichtliche **Erforschungspflicht endet,** wenn sich eine Ermittlung des ausländischen Rechts als nicht möglich erweist, und in besonderen Fällen auch dann, wenn eine Aufklärung nur mit unverhältnismäßigem Aufwand und erheblicher Verfahrensverzögerung durchführbar wäre[57]. Zu den Rechtsfolgen bei Nichtermittelbarkeit → Rdnr. 60 ff. 35

2. Verfahren bei der Erforschung durch das Gericht

Wie die Erforschung des ausländischen Rechts, der Gewohnheitsrechte und der Statuten (soweit dieser Begriff nicht ohnehin gegenstandslos ist, → Rdnr. 30) erfolgt, stellt § 293 weitgehend in das **pflichtgemäße Ermessen** des Gerichts. Die Ermittlung braucht sich nicht in den Grenzen und Formen des Tatsachenbeweises zu halten[58]. Ungenau ist die Aussage, die 36

---

[50] RGZ 3, 149, 150; 10, 169, 172; JW 1896, 57, 703; Gruchot 49 (1905), 388, 395; *BayObLG* SeuffArch 54 (1899), 101; SeuffArch 59 (1904), 80.
[51] *BGH* IPRax 1981, 130, 134 = JuS 1982, 140. Ebenso liegt ein Ermessensfehler vor, wenn das Gericht einerseits das ausländische Recht als nicht ermittelbar bezeichnet, andererseits selbst auf ein mögliches Erkenntnismittel (Sachverständigengutachten) hinweist, ohne davon Gebrauch gemacht zu haben, *BGH* NJW 1984, 2763, 2764 = MDR 1985, 125, 126. Auch kann es ermessensfehlerhaft sein, wenn bei der Auslegung einer fremdsprachigen Vertragsklausel auf die Zuziehung eines Sachverständigen verzichtet wird, *BGH* NJW 1987, 591.
[52] BGHZ 118, 151, 162 f. = NJW 1992, 2026, 2029; *BGH* NJW-RR 1995, 766 (Anwendung einer »wirtschaftlichen Betrachtungsweise« entbindet nicht von der Ermittlungspflicht); WM 1996, 2255, 2256 (ungeklärte völkerrechtliche Beziehungen – im ehemaligen Jugoslawien – rechtfertigen es nicht, von einer Ermittlung abzusehen bzw. schon den Gerichtsstand des § 23 zu verneinen); NJW 1976, 1588, 1589 = FamRZ 1976, 444, 445; BGHZ 36, 353; MDR 1957, 31; LM Nr. 2 = MDR 1961, 117 = NJW 1961, 410; NJW 1963, 253 = JZ 1963, 214 (mit Anm. *Steindorff*); NJW 1966, 298; BAGE 10, 275; RGZ 126, 202; *OLG München* GRUR 1953, 304; *Riezler* (Fn. 1) 494; *Kegel* IPR⁷ § 15 II; *Fastrich* ZZP 97 (1984), 423, 426.
[53] Ganz h. M., teils a. M. für vereinbarte materiellrechtliche Rechtswahl *Schütze* NJW 1965, 1652.
[54] OGHZ 4, 254; *Fastrich* ZZP 97 (1984), 423, 426.
[55] BAGE 27, 99, 100 = MDR 1975, 874 = NJW 1975, 2160; BGHZ 118, 151, 164 = NJW 1992, 2029 = IPRax 1993, 87 (dazu *Hanisch* IPRax 1993, 69, 70) = LM § 106 KO Nr. 9 (*Geimer*); Eine Ermittlungspflicht besteht auch dann nicht, wenn mit dem Vorhandensein besonderer ausländischer Vorschriften nicht zu rechnen ist, vgl. BGHZ 77, 32, 38 = NJW 1980, 2022, 2024.
[56] *BAG* NJW 1979, 1119, 1120 = JZ 1979, 647 = SAE 1979, 120, 121. Dagegen *Luther* Festschr. für Bosch (1976) 559, 568.
[57] Vgl. BGHZ 69, 387, 393 = NJW 1978, 496.
[58] Vgl. *BGH* LM Nr. 2 (Fn. 52); NJW 1963, 253 (Fn. 52); *OLG München* GRUR 1953, 304; RGZ 81, 276; OGHZ 4, 253; *Riezler* (Fn. 1) 494; *Schütze* NJW 1965,

Feststellung dieser Rechtssätze erfolge im Wege des Freibeweises. Genau besehen stehen vielmehr **drei verschiedene Wege** zur Verfügung, nämlich die persönliche Forschungstätigkeit des Richters, die Einholung von Auskünften in formloser Weise und das Vorgehen im Wege des Strengbeweises, insbesondere die Einholung von Sachverständigengutachten.

a) Gerichtsinterne Erforschung

37 Der Richter kann genauso vorgehen wie bei der Ermittlung des deutschen Gesetzesrechts (→ Rdnr. 8) und sich die erforderliche Kenntnis der Rechtssätze durch persönliche Bemühung, vor allem durch Studium der Literatur beschaffen. Dann handelt es sich ebenso wie bei der Erforschung des inländischen Gesetzesrechts nicht um ein Beweisverfahren, ja überhaupt nicht um einen Teil des Verfahrens, sondern um einen **internen Vorgang des Gerichts.** Die Befugnis zu dieser Art des Vorgehens folgt mittelbar aus S. 1. Danach ist *Beweis* erst dann erforderlich, wenn die betreffende Rechtsnorm dem Gericht *unbekannt* ist. Anders als bei Tatsachen darf also der Richter seine persönliche Kenntnis ohne weiteres zugrunde legen. Ob er dieses Wissen von vornherein und in vollem Umfang besitzt, oder ob er seine Kenntnis erst aus Anlaß des Prozesses gewinnt oder ergänzt, kann dann keinen Unterschied machen.

38 Eine eigene Ermittlung ohne Einholung eines Gutachtens wird vor allem in Betracht kommen, wenn es sich um die Rechtslage in den benachbarten **deutschsprachigen Staaten** handelt[59], oder wenn der Richter mit einer ausländischen Rechtsordnung (etwa durch Auslandsstudium, Promotion) **besonders vertraut** ist und auch die entsprechenden **Sprachkenntnisse** besitzt, oder auch, wenn ein deutschsprachiges Werk die ausländische Rechtslage zuverlässig wiedergibt[60]. Die herangezogenen Erkenntnisquellen (z.B. Gesetzblatt, Kommentar usw.) sind in den Urteilsgründen anzugeben[61]. In der Ablehnung eines beantragten Beweisverfahrens, insbesondere der Einholung eines Sachverständigengutachtens, kann ein Ermessensfehler liegen, wenn die ausländische Rechtslage schwer zu beurteilen ist, → Rdnr. 32.

b) Ermittlung im formlosen Verfahren

39 Das Gericht ist auch berechtigt, **innerhalb des Verfahrens** Erkenntnisquellen jeder Art **in formloser Weise** heranzuziehen. Dies ergibt sich aus S. 2. Die Vorschrift bestimmt zum einen, daß der Richter nicht auf die von den Parteien vorgelegten Nachweise beschränkt ist, also von Amts wegen andere Mittel des Nachweises heranziehen darf. Zum anderen ergibt sich aus der Formulierung des Gesetzes, das ganz allgemein von »Erkenntnisquellen« spricht und dem Gericht gestattet, zu deren Benutzung »das Erforderliche anzuordnen«, daß das Gericht hier nicht auf die Beweismittel der ZPO beschränkt ist. Daher ist das Gericht berechtigt, von inländischen und ausländischen Behörden oder auch von Privatpersonen im In- oder Ausland **in formloser Weise Auskünfte** über ausländische Rechtsnormen, Gewohnheitsrechte oder Statuten einzufordern, um Vorlage von Akten zu ersuchen oder Aussagen in anderen Prozessen[62] heranzuziehen. Geht das Gericht in dieser formlosen Weise vor, so gelten dafür nicht die Vorschriften über den Strengbeweis.

40 Nach § 48 Abs. 2 ZRHO (allgemein zur ZRHO → Einl. [20. Aufl.] Rdnr. 855) ist **der Landesjustizverwaltung zu berichten,** wenn eine Auskunft über ausländisches Recht im Inland nicht erlangt werden kann oder wenn eine deutsche Auslandsvertretung oder eine ausländische Vertretung im Inland um eine

---

1652; *Otto* IPRax 1995, 299, 303; *E. Peters* Freibeweis im Zivilprozeß (1962) 179 ff., (der das hier bezeichnete Verfahren jedoch nicht als »Freibeweis« qualifiziert); ferner bezüglich der Vereidigung *RG* JW 1901, 399; bezüglich Ermittlung nach Schluß der mündlichen Verhandlung *RG* SeuffArch 60 (1905), 376. Vgl. auch *RGSt* 40, 54.

[59] Vgl. *BGH* NJW 1992, 2027, 2029 (zum liechtensteinischen Recht).

[60] Vgl. *BGH* IPRax 1995, 111, 112 (zum israelischen Recht); *OLG Koblenz* RIW 1993, 934, 937 (zum französischen Recht).

[61] Vgl. *Fastrich* ZZP 97 (1984), 423, 434.

[62] *RG* JW 1910, 152.

Rechtsauskunft ersucht werden soll. Gutachten ausländischer Stellen oder Privatpersonen sind nicht unmittelbar, sondern im Wege der Rechtshilfe einzuholen, § 40 Abs. 1 ZRHO.

In Betracht kommt eine Befragung von deutschen Botschaften, ausländischen Botschaften und Konsulaten, oder auch von deutschen Ministerien, doch haben sich diese Wege in der Praxis wenig bewährt. Dagegen ist es üblich geworden, **rechtswissenschaftliche Institute** (Universitätsinstitute, Max-Planck-Institute)[63] um Auskünfte oder Gutachten anzugehen. Sie erledigen derartige Ersuchen meist in kürzerer Zeit und nach den Gebühren über die Entschädigung von Sachverständigen, so daß die Kosten regelmäßig nicht zu hoch sind. 41

Zu den genannten Möglichkeiten tritt der Weg hinzu, aufgrund des **Europäischen Übereinkommens** betreffend Auskünfte über ausländisches Recht in dem betreffenden ausländischen Staat Rechtsauskünfte einzuholen, näher → Rdnr. 72. 42

c) Förmliches Beweisverfahren

Wenn das Gericht dagegen einen **Sachverständigen** mit der Erstattung eines **Gutachtens** beauftragt, so sind dabei die Regeln des förmlichen Beweisverfahrens (sog. Strengbeweis) zu beachten. Der Sachverständige muß daher auf rechtzeitigen Antrag einer Partei **zur mündlichen Verhandlung geladen** werden[64], §§ 402, 397. Der BGH begründete diese Ansicht vor allem damit, es sei zwar dem richterlichen Ermessen überlassen, ob und inwieweit im Bereich des § 293 eine Beweisaufnahme durchgeführt werde, *wenn* das Gericht aber eine Beweisaufnahme für erforderlich halte, so müßten dabei auch die Vorschriften der ZPO beachtet werden. Auch verwies der BGH darauf, daß der Sachverständige mit seinem Gutachten u. U. auch bisher nicht vorgetragene Tatsachen in das Verfahren einführe, die, wenn sie Aktenbestandteil seien, auch dem Fragerecht der Parteien nicht entzogen sein dürften. 43

Die Entscheidung des BGH ist von dem Bemühen getragen, die **verfahrensmäßigen Rechte der Parteien zu wahren** und verdient daher grundsätzlich Zustimmung. Zweifelhaft ist dadurch allerdings geworden, ob es **überhaupt noch zulässig** ist, in der bei Rdnr. 39 beschriebenen Weise **formlos Auskünfte einzuholen,** oder ob es sich in derartigen Fällen notwendigerweise *stets* um ein *Sachverständigengutachten* handelt. Dem Gericht ganz allgemein die freie Wahl zu überlassen, ob es eine sachkundige Person oder Stelle formlos oder als Sachverständigen heranzieht, ist problematisch, weil dann die vom BGH angestrebten verfahrensrechtlichen Garantien ohne weiteres unterlaufen werden könnten[65]. Andererseits erscheint es vom Inhalt der möglichen Anfragen her nicht geboten, die Regeln des Strengbeweises anzuwenden, wenn sich die Anfrage lediglich auf die Mitteilung abstrakter Rechtssätze bezieht (ein Weg, den im übrigen auch das Europäische Übereinkommen vorsieht, bei dem eine Ladung der auskunftgebenden Person sogar ausdrücklich ausgeschlossen ist, § 4 AusführungsG, → Rdnr. 107). Man wird **nach dem Inhalt der gerichtlichen Anfrage abgrenzen** können und die Einhaltung der Regeln des Sachverständigenbeweises immer dann fordern, wenn die beauftragte Person nicht nur Auskunft über die Geltung von Rechtssätzen geben, sondern diese 44

---

[63] Eine Zusammenstellung in Betracht kommender Gutachter findet sich bei *Hetger* DNotZ 1994, 88 sowie AnwBl 1994, Beilage zu Heft 12. Bei der Auswahl verdient im Hinblick auf eine mündliche Anhörung (→ Rdnr. 43) auch der Gesichtspunkt der Ortsnähe Beachtung. – Wird förmlicher Sachverständigenbeweis erhoben, so können die Parteien sich bindend auf einen Sachverständigen einigen, § 404 Abs. 4; zu den Rechtsfolgen → § 404 Rdnr. 32 ff.

[64] *BGH* LM Nr. 11 zu § 411 = NJW 1975, 2142 = MDR 1975, 1003; LM Nr. 19 zu § 293 = NJW 1994, 2959 = MDR 1994, 939 = IPRax 1995, 322; dem BGH folgend *Luther* Festschr. für Bosch (Fn. 1) 559, 568; *Fuchs* RIW 1995, 807; *Otto* IPRax 1995, 299, 304 f. (jedoch krit. zur Begründung durch den BGH); *Nagel* IZPR[3] Rdnr. 439; *Kropholler* Internationales Privatrecht[2], § 59 III 2a (S. 526). Vgl. auch bereits *Dölle* Festschr. für Nikisch (1958), 185, 190. – Krit. zur Ansicht des BGH *Schütze* Deutsches Internationales Zivilprozeßrecht (1985) S. 119; *Geisler* ZZP 91 (1978), 176 ff.; *Linke* Internationales Zivilprozeßrecht (1990), Rdnr. 269, 276; *Schack* Internationales Zivilverfahrensrecht[2], Rdnr. 636.

[65] *Arens* (Fn. 1) 11 stellt dagegen allein darauf ab, welchen Weg das Gericht eingeschlagen hat, und geht davon aus, das Gericht werde sich bei weniger komplizierten Fragen für den Freibeweis, bei schwierigeren dagegen für den Strengbeweis entscheiden.

zugleich auch **auf den konkreten Fall anwenden,** d. h. sich über die konkrete Rechtslage äußern soll. Nur dann besteht auch das vom BGH angeführte Bedenken, es könnten neue Tatsachen eingeführt werden, ohne daß die Partei dazu den Sachverständigen befragen könnte. Es mag übrigens die Gefahr weniger in der Einführung neuer Tatsachen liegen, als in dem Umstand, daß sich erst aus dem Sachverständigengutachten ergibt, auf welche Einzelheiten des Parteivortrags es ankommt.

45   Soweit es um **abstrakte Rechtsauskünfte** geht, steht nach der hier vertretenen Ansicht weiterhin der *formlose* Weg zur Verfügung, freilich *kann* das Gericht auch hier ein Gutachten im Wege des Strengbeweises, d. h. nach den Vorschriften des Sachverständigenbeweises einholen.

46   **d) Beweisgebühr.** – Die Beweisgebühr für den Rechtsanwalt (§ 31 Abs. 1 Nr. 3 BRAGO) sollte sowohl bei der Durchführung einer förmlichen Beweisaufnahme als auch bei der Einholung von Auskünften über das nach § 293 zu ermittelnde Recht anerkannt werden[66], nicht dagegen bei lediglich gerichtsinterner Erforschung (→ Rdnr. 37). – Zur Gebührenfrage bei Ermittlung des inländischen (nicht von § 293 erfaßten) Rechts → Rdnr. 12 (Fn. 14 f.).

3. Die Mitwirkung der Parteien

47   Das **Recht der Parteien,** ihre Rechtsauffassung darzulegen (zum **übereinstimmenden Vortrag** → Rdnr. 34) und sie gegebenenfalls auch mit von ihnen selbst eingeholten Auskünften oder Gutachten zu untermauern, folgt bereits aus dem Grundsatz des rechtlichen Gehörs. Hinzu tritt im Bereich des § 293 die **Pflicht der Partei,** das Gericht im Rahmen des Zumutbaren bei der Rechtsermittlung zu unterstützen, vor allem dann, wenn sich die Partei ohne besondere Schwierigkeit Zugang zu den ausländischen Erkenntnisquellen verschaffen kann[67].

48   Das Gericht kann den Parteien, in erster Linie derjenigen, die sich auf den Rechtssatz beruft, durch prozeßleitende Anordnung die **Erbringung des erforderlichen Nachweises** auferlegen. Eine solche Anordnung (bei der es sich nicht um eine Anordnung nach § 273 Abs. 2 Nr. 1 – mit Präklusionsmöglichkeit nach § 296 Abs. 1 – handelt[68]) ist nicht selbständig anfechtbar[69]. Der Partei wird dadurch Gelegenheit gegeben, die Offizialtätigkeit des Gerichts zu unterstützen. Es bedarf deshalb weder substantiierter Beweisanträge seitens der Partei[70], noch ist das Gericht verpflichtet, die Parteien zur Stellung von Beweisanträgen aufzufordern[71] oder gestellten Beweisanträgen generell stattzugeben, näher → Rdnr. 32. Auch eine materielle (objektive) *Beweislast* (→ 286 Rdnr. 25) fehlt[72], → auch Rdnr. 61. Ein natürliches Beweisinteresse der Partei entsteht jedoch, weil das Gericht den von einer Partei behaupteten, aber nicht feststellbaren Rechtssatz nicht anwenden kann[73]. Zur Frage, wie bei **Nichtfeststellbarkeit** zu entscheiden ist, → Rdnr. 60 ff.

49   Den Anforderungen des § 293 ist jedoch nur genügt, wenn **eigene Ermittlungen des Gerichts** nicht zum Erfolg führen **und Aufforderungen an die Parteien** zu Nachweisen nichts fruchten[74]. Wenn es aber eine **Partei unterläßt,** zumutbare Wege bei der Beschaffung der

---

[66] Vgl. *OLG Schleswig-Holstein* JurBüro 1983, 561; SchlHA 1952, 31; *KG* JW 1936, 1686, 1687; *Gerold-Schmidt-v. Eicken-Madert* BRAGO[12] § 31 Rdnr. 84; *Riedel-Sußbauer-Keller* BRAGO[7] § 31 Rdnr. 98. Die Beweisgebühr entsteht auch, wenn das Gericht die Parteien zum Nachweis auffordert und sie daraufhin ein Gutachten oder eine Auskunft beschaffen und vorlegen, *OLG Köln* JurBüro 1972, 991. – A.M. *KG* JW 1932, 3825; *Riedel-Sußbauer-Keller* BRAGO[7] § 31 Rdnr. 101.
[67] BGHZ 118, 151, 164 (Fn. 52); *BGH* NJW 1972, 391, 394; NJW 1976, 1581 = MDR 1976, 832; NJW 1982, 933, 934; *OLG Frankfurt* MDR 1983, 410; *Zöller-Geimer*[20] Rdnr. 16; *Fastrich* ZZP 97 (1984), 423, 426.
[68] Dazu eingehend *Huzel* IPRax 1990, 77, 80 ff.
[69] *OLG Frankfurt* MDR 1983, 410.
[70] RGZ 21, 177; 30, 366; 39, 376.
[71] Vgl. *RGZ* 80, 267.
[72] *BGH* LM Nr. 2 (Fn. 52); *BAGE* 10, 275; *RGZ* 39, 376; JW 1901, 537; *OGHZ* 4, 254; *OLG Rostock* OLG Rsp 4 (1902), 75.
[73] Vgl. auch *BGH* LM Nr. 2 (Fn. 52).
[74] Vgl. *Martiny* IPRax 1981, 118, 119.

Erkenntnisquellen zu beschreiten (etwa von der Partei zitierte ausländische Urteile dem Gericht inhaltlich genauer mitzuteilen), so darf das Gericht die fehlende Mitwirkung zum Nachteil der Partei ausschlagen lassen und davon ausgehen, daß es bei der durch einen Sachverständigen mitgeteilten Rechtslage geblieben ist[75].

Von einer Partei kann nicht gefordert werden, für sie **ungünstiges Material** zu beschaffen. Untermauert aber eine Partei ihr Vorbringen auf Aufforderung des Gerichts oder von sich aus mit einem Gutachten usw., so muß sie dieses **vollständig** vorlegen, auch wenn darin für sie nachteilige Passagen enthalten sind. 50

Wird die Partei zur Mithilfe aufgefordert oder kann sie ihren Anspruch nur mit Hilfe eines Gutachtens, einer Auskunft usw. darlegen, so gehören die **Kosten** zu den notwendigen Auslagen[76]. Es kann aber eine Pflicht der Partei bestehen, vor der Beauftragung eines eigenen Sachverständigen im Hinblick auf die richterliche Pflicht zum Tätigwerden erst einmal *zuzuwarten*, sofern nicht schon für die Darlegung des eigenen Anspruchs ein Gutachten unerläßlich ist[77]. 51

4. Gewohnheitsrecht

Der **Beweis des Gewohnheitsrechts** kann, soweit er sich auf den Nachweis der *Übung* des Rechts bezieht[78], durch Zeugen geführt werden, im übrigen ist er durch Sachverständige zu führen[79]. Die Parteivernehmung scheidet hier aus; Geständnis oder Nichtbestreiten durch die Parteien binden das Gericht nicht. 52

5. Rechtliches Gehör

Der Anspruch auf rechtliches Gehör umfaßt auch das Recht der Parteien, sich zu den Rechtsfragen zu äußern, → vor § 128 Rdnr. 35. Damit von diesem Recht sinnvoll Gebrauch gemacht werden kann, muß das Gericht bei der Anwendung von ausländischem Recht, von Gewohnheitsrecht oder Statuten den Parteien in wesentlich weitergehendem Maß als bei der Anwendung des deutschen Gesetzesrechts **Hinweise** (allgemein → vor § 128 Rdnr. 41 f.) darauf geben, wie es die Rechtslage beurteilt. Die **Ergebnisse** eines formlosen wie eines förmlichen Beweisverfahrens über die von § 293 erfaßten Rechtsnormen (insbesondere Auskünfte, Gutachten) sind den Parteien **mitzuteilen**. Eine **überraschende Anwendung ausländischen Rechts** verstößt gegen § 278 Abs. 3, → § 278 Rdnr. 50. 53

6. Versäumnisverfahren

Die Behauptungen über das Bestehen von ausländischen Rechtssätzen, Gewohnheitsrechten oder Statuten sind keine Tatsachenbehauptungen und werden daher bei Säumnis des Beklagten (bzw. des Berufungsbeklagten) nicht von der *Geständnisfiktion* nach § 331 Abs. 1, § 542 Abs. 2 erfaßt[80]. Ebensowenig kann es ausreichen, daß die erschienene Partei lediglich Beweis für den behaupteten Inhalt des ausländischen Rechts *anbietet*[81]. Vielmehr muß das 54

---

[75] BGH *NJW* 1976, 1581, 1583.
[76] OLG Hamburg VersR 1976, 462 = JurBüro 1976, 97; OLG Karlsruhe MDR 1976, 670 = BB 1976, 334; OLG Nürnberg AnwBl 1980, 252; OLG Bamberg JurBüro 1982, 918, 919; OLG Frankfurt JurBüro 1979, 112.
[77] OLG Hamburg JurBüro 1983, 770.
[78] Vgl. RG JW 1911, 547.
[79] Dies gilt auch von den Handelsbräuchen (§ 114 GVG), zu diesen und zum Unterschied zum Gewohnheitsrecht näher *Stein* (Fn. 1) 180 f. S. auch *RGZ* 2, 385; 10, 93; 30, 366. Wegen der Überprüfung des Gewohnheitsrechts in der Revisionsinstanz → §§ 549, 550 Rdnr. 24. – Zur Feststellung von Handelsbräuchen → § 284 Fn. 20.
[80] So aber OLG München NJW 1976, 489 (mit abl. Anm. *Küppers*); gegen diese Entscheidung auch *Baumbach-Lauterbach-Hartmann*[55] Rdnr. 13; *Zöller-Geimer*[20] Rdnr. 18; *Nagel* IZPR[3] Rdnr. 446.
[81] Auch insoweit a. M. OLG München (Fn. 80).

Gericht auch in diesem Fall die **Rechtslage von sich aus prüfen.** Ob es die Angaben der erschienenen Partei und die von ihr vorgelegten Nachweise für ausreichend hält, um die behaupteten Rechtssätze feststellen zu können, ist ebenso wie sonst Sache der freien richterlichen Würdigung.

7. Einstweiliger Rechtsschutz

55   Auch im Verfahren über Arrest und einstweilige Verfügung muß das Gericht grundsätzlich die nach den Regeln des Internationalen Privatrechts und Prozeßrechts anwendbaren **ausländischen Rechtssätze anwenden.** Daher kann auch in Eilverfahren nicht etwa generell auf die lex fori zurückgegriffen werden[82]. Oft wird es jedoch im Rahmen der gebotenen Eile nicht möglich sein, das ausländische Recht zuverlässig zu ermitteln. Die h.M. verlangt auch im Arrest- und Verfügungsverfahren eine vollständige und abschließende rechtliche Prüfung des Hauptsacheanspruchs, die sich nicht von der Rechtsprüfung im ordentlichen Prozeß unterscheiden soll, → zur Schlüssigkeitsprüfung § 935 Rdnr. 6 ff. Reichen die im Rahmen des Eilverfahrens verfügbaren Beweismittel nicht aus, um die ausländische Rechtslage festzustellen, so bleibt vom Ausgangspunkt der hM her nur übrig, nach den für die **Nichtermittelbarkeit** des ausländischen Rechts geltenden Regeln zu entscheiden, → Rdnr. 60 ff., was dann häufig die **Anwendung der lex fori** zur Folge hat[83].

56   Damit werden jedoch im Ergebnis die Kollisionsnormen des Internationalen Privatrechts im Bereich des einstweiligen Rechtsschutzes weitgehend vernachlässigt und Anspruchsbegründungen bejaht, auf die es, da sie auf der »falschen« Rechtsordnung beruhen, im Hauptsacheprozeß von vornherein nicht ankommt. Daher verdienen Lösungen den Vorzug, die sich stärker an den **Besonderheiten des einstweiligen Rechtsschutzes** orientieren. Ein Ausweg besteht darin, sich ebenso wie bei sonstigen besonders schwierigen Rechtsfragen mit einer **summarischen Schlüssigkeitsprüfung** zu begnügen (→ § 916 Rdnr. 4, § 935 Rdnr. 6), also mit einer gewissen Wahrscheinlichkeit einer für den Antragsteller günstigen ausländischen Rechtslage. Dadurch wird allerdings die Richtigkeitsgewähr solcher Eilentscheidungen stark reduziert. Es muß daher zur bloßen Möglichkeit oder auch Wahrscheinlichkeit einer für den Antragsteller günstigen Rechtslage eine **Abwägung der Interessen** von Antragsteller und Antragsgegner hinzutreten[84].

56a Folgt man diesem Modell nicht, so spricht vieles dafür, im Eilverfahren hinsichtlich der Feststellung des ausländischen Rechts eine **Glaubhaftmachung** im Sinne des § 920 Abs. 2 ausreichen zu lassen, so daß es genügt, wenn aufgrund des Parteivorbringens und der innerhalb des Eilverfahrens möglichen richterlichen Ermittlungen von einer überwiegenden Wahrscheinlichkeit der ausländischen Rechtslage ausgegangen werden kann[85]. Daß (jeden-

---

[82] *OLG Oldenburg* IPRax 1981, 136, 137; *KG* JW 1933, 2074; 1936, 3577, 3578; 1936, 3582; *Franz* NJW 1969, 1539, 1540; *Wuppermann* FamRZ 1970, 177, 180; *Habscheid* FamRZ 1975, 76, 80; *Beitzke* IPRax 1981, 122, 123; *MünchKommBGB-Sonnenberger*[2] Bd. 7 IPR Einl. Rdnr. 449; *Soergel-Kegel*[12] vor Art. 3 EGBGB Rdnr. 183; *Baumbach-Lauterbach-Hartmann*[55] Rdnr. 10; *Zöller-Geimer*[20] Rdnr. 19; *Schack* IZVR[2] Rdnr. 627. Dies gilt auch für einstweilige Anordnungen nach § 620, → § 620 Rdnr. 2c bei Fn. 18.

[83] Vgl. *OLG Düsseldorf* FamRZ 1974, 456; s. auch RGZ 62, 400, 404. Für Anwendung des deutschen Rechts als Ersatzrecht *v. Bar* (Fn. 1) Rdnr. 375; *Geimer* IZPR[2] Rdnr. 2575.

[84] Ausführlich zur Anerkennung solcher »offener« (nämlich die materielle Rechtslage offenlassender) Eilentscheidungen s. *Leipold* Grundlagen des einstweiligen Rechtsschutzes (1971), 83 ff., 164 ff.; im Ausgangspunkt ähnlich *Schack* IPRax 1995, 158, 161. – Krit. *Grunsky* → § 935 Rdnr. 7 ff.

[85] So *OLG Hamburg* VersR 1989, 1164 = IPRax 1990, 400; *OLG Koblenz* RIW 1993, 939 = IPRax 1995, 171; *Grunsky* → § 920 Rdnr. 8a; s. auch *OLG Köln* FamRZ 1995, 172, 173 (summarische Prüfung). – *Mankowski/Kerfack* IPRax 1990, 372, 375 lehnen zwar die Anwendung des § 920 Abs. 2 ab, lassen dann aber doch die weit überwiegende Wahrscheinlichkeit (aaO S. 376) und schließlich die überwiegende Wahrscheinlichkeit (aaO S. 378) genügen; a.M. *Schack* IPRax 1995, 158, 161. Aus dem bei § 293 bestehenden richterlichen Ermessen kann man dies jedoch entgegen der Ansicht der Autoren nicht herleiten, da es nicht um Art und Ausmaß der Ermittlung, sondern um die Anforderungen an den erreichten Grad des Nachweises geht.

falls nach h.M.) § 920 Abs. 2 im allgemeinen nur das tatsächliche Vorbringen, nicht die Rechtsprüfung betrifft, steht einer (zumindest analogen) Anwendung auf die Prüfung ausländischen Rechts nicht entgegen. Dabei ist zu berücksichtigen, daß auch durch § 293 die Prüfung und Feststellung des ausländischen Rechts immerhin in die Nähe der Prüfung von Tatsachen gerückt wird. Wird der zur Glaubhaftmachung erforderliche Grad der Wahrscheinlichkeit nicht erreicht, so könnte man daran denken, den Nachteil zu Lasten des Antragstellers ausschlagen zu lassen, also nach Beweislastgrundsätzen zu entscheiden[86]. Überwiegt aber das Interesse des Antragstellers an der Eilentscheidung eindeutig die für den Antragsteller entstehende Gefährdung, so erscheint es zulässig, auf das Ersatzrecht in dem bei Rdnr. 60 ff. diskutierten Sinne zurückzugreifen[87].

V. Anwendung und Auslegung des ausländischen Rechts

1. Bindung

In der Würdigung der erteilten Auskünfte oder sonstigen Erkenntnisquellen über das ausländische Recht ist das Gericht frei. Von dieser Freiheit in der Beurteilung der Richtigkeit der Erkenntnisquelle ist aber scharf die richterliche Bindung an den (in der für richtig gehaltenen Auskunft) genannten Rechtssatz und dessen Auslegung zu unterscheiden. § 293 entläßt den Richter nicht aus der Bindung an die von ihm für gültig gehaltene Norm, mag sie auch gewohnheitsrechtlicher Natur oder ausländischen Ursprungs sein.

57

2. Berücksichtigung der tatsächlichen Rechtslage im Ausland

Der Richter hat sich vor einem Widerspruch zu feststehender ausländischer Praxis und Lehre zu hüten. Er hat das ausländische Recht vollständig (also z. B. auch Auslegungsnormen des ausländischen Vertragsrechts[88]) und in der Gestalt zugrunde zu legen, wie es im Ausland **tatsächlich gilt**. Das ausländische Recht ist daher unter Berücksichtigung ausländischer Rechtslehre und Rechtsprechung anzuwenden[89]. Dabei ist auf die zur Zeit praktizierte Rechtswirklichkeit abzustellen. Der **ausländischen Rechtsprechung** kommt deshalb eine besondere Bedeutung zu[90]. Es stellt einen Verstoß gegen § 293 dar, wenn das Gericht die Rechtsprechung des Obersten Gerichtshofes des betreffenden Staates außer acht läßt[91] (zur Revision → Rdnr. 66) oder wenn das Urteil auf die Rechtspraxis nicht eingeht, obwohl eine Partei ausdrücklich darauf hingewiesen hatte[92]. Eine Abweichung von der ausländischen Praxis kommt nur in Betracht, wenn die ausländische Rechtsprechung oder Literatur durch Gesetzesänderung usw. überholt ist[93] oder sich die tatsächlichen Verhältnisse im Inland – auch in Form der rechtlichen Rahmenbedingungen – von denen im Ausland wesentlich unterscheiden[94]. Eine eigene *Rechtsfortbildung* – auch unter Berufung auf Stimmen in der ausländischen Literatur – ist dem deutschen Richter dagegen verwehrt[95], → auch Rdnr. 64 f.

58

---

[86] Dafür *OLG Frankfurt* NJW 1969, 991; *Grunsky* → § 920 Rdnr. 8a. – Gegen eine Beweislastentscheidung *Sommerlad/Schrey* NJW 1991, 1377, 1382.
[87] Ähnlich *MünchKommZPO-Prütting* Rdnr. 56.
[88] *BGH* NJW-RR 1990, 248, 249.
[89] *BGH* NJW 1976, 1588, 1589; NJW 1988, 648; NJW 1991, 1418, 1419; NJW 1992, 3106, 3107; *OLG Düsseldorf* FamRZ 1996, 1154; *BayObLGZ* 1972, 205, 211 = MDR 1972, 876; *Fastrich* ZZP 97 (1984), 423, 428.
[90] *Nußbaum* Deutsches Internationales Privatrecht (1932), 99f.; *ders.* Grundzüge des Internationalen Privatrechts (1952), 244.
[91] *BGH* NJW 1976, 1588, 1589.
[92] *BGH* NJW 1988, 648.
[93] *BayObLG* DNotZ 1982, 50, 54.
[94] Vgl. *OLG Oldenburg* FamRZ 1981, 1176, das im Hinblick auf die höheren Prozeßkosten und den Anwaltszwang in Deutschland im Rahmen der nach türkischem Recht zu beurteilenden Unterhaltspflicht auch einen Anspruch auf Prozeßkostenvorschuß bejaht, obwohl dieser bisher in der türkischen Rsp nicht erwähnt wurde.
[95] *Wengler* JR 1983, 221, 225.

59   Eine Ausnahme von der Auslegung nach dem Verständnis der ausländischen Rechtsprechung und Lehre greift auch nicht bei **vereinheitlichten internationalen Regeln** ein, die als Ergänzung zu ausländischen Normen herangezogen werden[96], oder bei weitgehender Rechtsidentität. – Der deutsche Richter kann ein noch nicht für nichtig erklärtes ausländisches Gesetz weder einem zur Entscheidung berufenen ausländischen Gericht (z.B. einem ausländischen Verfassungsgericht) vorlegen, noch selbst die **Nichtigkeit** aussprechen[97], solange das Gesetz im Ausland als gültig behandelt wird.

VI. Nichtermittelbarkeit des ausländischen Rechts

1. Kein Feststellungszwang

60   Anders als beim deutschen Gesetzesrecht (→ Rdnr. 10) besteht bei den von § 293 erfaßten Rechtsnormen keine Pflicht des Richters, bei seinen Erkenntnisbemühungen stets zu einem festen Ergebnis über Geltung und Inhalt der Rechtssätze zu gelangen. Vor allem beim ausländischen Recht kann es vorkommen, daß das Gericht auch nach Ausschöpfung der erreichbaren Erkenntnisquellen **keine Klarheit über den Inhalt des ausländischen Rechts** zu gewinnen vermag, sei es, daß eine Klärung überhaupt nicht oder allenfalls mit unverhältnismäßigem Aufwand und erheblicher Verfahrensverzögerung möglich wäre[98]. Die Ursache für die Nichtaufklärbarkeit kann im Fehlen geschriebenen Rechts[99] und hinreichender Auskünfte über die geltende Rechtspraxis liegen oder auch in politischen Umwälzungen[100], Aufständen und Kriegen, die es dem deutschen Gericht unmöglich machen, die gegenwärtige Rechtsgeltung zuverlässig zu beurteilen. Etwas anders ist die Situation, wenn zwar das *ausländische Gesetz* feststellbar ist, eine bestimmte Rechtsfolge aber darin nicht vorgesehen ist, und Zweifel darüber bestehen, wie die dortigen Gerichte diese Frage beurteilen würden[101], → Rdnr. 64. – Zum einstweiligen Rechtsschutz → Rdnr. 55 ff.

2. Anzuwendendes Recht

61   Die Nichtermittelbarkeit des ausländischen Rechts entbindet das Gericht nicht von der Pflicht, den **Rechtsstreit zu entscheiden.** Es kann auch aufgrund der Nichtermittelbarkeit nicht einfach zu Lasten der Partei entschieden werden, die aus dem ausländischen Recht für sich Rechte ableitet[102], d.h. es ist **keine Beweislast** (Feststellungslast) für das Bestehen der ausländischen Rechtsnormen anzuerkennen[103].

62   **Welche Rechtsnormen** an Stelle der nicht ermittelbaren Rechtssätze anzuwenden sind, ist umstritten[104]. Der BGH geht davon aus, in solchen Fällen seien grundsätzlich die **Sachnormen des deutschen Rechts** anzuwenden[105]. Wenn allerdings die Anwendung des inländischen

---

[96] S. *Mezger* Anm. zu BGH RIW 1984, 644, 650. – A.M. für die Haager Regeln als Ergänzung des Niederländischen Seetransportrechts LG Bremen IPRsp 1971, 83 Nr. 29.
[97] *BayObLG* MDR 1969, 486.
[98] Vgl. *BGHZ* 21, 155; 69, 387 = NJW 1978, 496; NJW 1982, 1215 = MDR 1982, 566; *Kreuzer* NJW 1983, 1943 (dort Fn. 3).
[99] Vgl. *BGHZ* 21, 155, 157 (Nichtermittelbarkeit afghanischen Wechselrechts).
[100] Z.B. Unklarheit über das geltende Familienrecht im Iran nach dem Sturz des Schahs, vgl. *K. Müller* NJW 1981, 481. Die Ermittlung darf aber nicht schon wegen ungeklärter völkerrechtlicher Fragen (hier: im ehemaligen Jugoslawien) unterbleiben, *BGWM* 1996, 2255, 2256.

[101] Vgl. *BGH* NJW 1982, 1215 = MDR 1982, 566 (Unklarheit darüber, ob nach türkischem Recht das Kind ein Recht zur Anfechtung der Ehelichkeit besitzt).
[102] *BGH* NJW 1982, 1215, 1216 (Fn. 101). – A.M. *Schütze* NJW 1965, 1652 für den Fall einer materiellrechtlichen Verweisung in einem Vertrag auf ausländisches Recht, weil dann die ausländische Rechtsnorm wie sonstiger Vertragsinhalt zu beweisen sei; ähnlich *Wengler* JR 1983, 221, 225.
[103] A.M. *Kralik* Zeitschrift für Rechtsvergleichung 1962, 75, 93.
[104] Zum Meinungsstand ausführlich *K. Müller* NJW 1981, 481; *Kreuzer* NJW 1983, 1943.
[105] *BGH* NJW 1982, 1215 (Fn. 101); *BGHZ* 69, 387 (Fn. 98) (jedenfalls bei starken Inlandsbeziehungen und

Rechts »äußerst unbefriedigend« wäre, hält der BGH auch die Anwendung des dem an sich berufenen Recht *nächst verwandten* oder des *wahrscheinlich geltenden Rechts* für gerechtfertigt[106].

Die Ansicht des BGH kann man zwar als *praktikabelste*, nämlich für das deutsche Gericht *einfachste* Lösung bezeichnen[107], doch werden mit der grundsätzlichen Anwendung der lex fori allzu rasch die deutschen **kollisionsrechtlichen Bestimmungen** außer acht gelassen, die das deutsche Recht gerade nicht für anwendbar erklären. Die Anwendung des deutschen Rechts bietet keinerlei Gewähr dafür, sich dadurch dem Inhalt des eigentlich geltenden Rechts anzunähern. Man sollte daher die **Reihenfolge umkehren** und zunächst dasjenige Recht heranziehen, das dem eigentlich anzuwendenden **Recht am nächsten verwandt** ist[108], also etwa auch ein **Mutterrecht** der betreffenden Rechtsordnung. Auch der *übereinstimmende* Inhalt *mehrerer verwandter Rechtsordnungen* kann angewendet werden[109]. Erst wenn sich ein solches Recht nicht ermitteln läßt, sollte der Richter das inländische Recht anwenden, damit der Rechtsstreit überhaupt nach rechtlichen Grundsätzen seine Entscheidung findet. 63

Besonders bedenklich erscheint es, schon dann auf die lex fori zurückzugreifen[110], wenn das geltende **ausländische Gesetz** als solches feststellbar ist, aber **keine klare Antwort auf die konkrete Rechtsfrage enthält** und keine ausländische Rechtsprechung dazu vorhanden bzw. feststellbar ist. Hier sollte sich der deutsche Richter als berechtigt ansehen, einer in einem Sachverständigengutachten dargelegten Auslegung zu folgen oder notfalls das ausländische Gesetz auch selbst auszulegen. Steht dagegen fest, daß das ausländische *geschriebene* Recht eine bestimmte Rechtsfolge nicht vorsieht, und läßt sich auch nicht nachweisen, daß diese Rechtsfolge durch die ausländische Rechtsprechung oder zumindest durch eine überwiegende Meinung in der ausländischen Literatur als dort *geltendes* Recht anerkannt wäre, so hat der deutsche Richter vom *Nichtbestehen* dieser Rechtsfolge auszugehen; denn es ist nicht seine Aufgabe, das ausländische Recht fortzubilden[111], → auch Rdnr. 58. 64

Gelegentlich wurde auch die Ansicht vertreten, der Richter solle bei Nichtermittelbarkeit des eigentlich geltenden Rechts auf der Basis einer rechtsvergleichenden Beobachtung nach der Regel entscheiden, die er **als Gesetzgeber aufstellen** würde[112]. Aber damit wäre der Richter doch wohl überfordert, zumal sich aufgrund der Verschiedenheit der nationalen Rechtsordnungen oft auch keine einheitlichen Regeln finden lassen[113]. Näher läge es dann schon, ersatzweise diejenige Rechtsordnung anzuwenden, auf die eine im deutschen Internationalen Privatrecht vorhandene **Hilfsanknüpfung** verweist[114], oder, wenn es auch daran fehlt, mit Hilfe **internationalen Einheitsrechts**[115] (soweit vorhanden) zu entscheiden. Bedenklich an diesen Lösungen ist aber, daß bewußt Rechtsordnungen angewendet werden, die das 65

---

mangelndem Widerspruch der Beteiligten), so auch *Buchholz* (Fn. 1) 15, 27; *Sommerlad-Schrey* NJW 1991, 1377, 1382; *Firsching* DRiZ 1968, 278, 279; *Baumbach-Lauterbach-Hartmann*[55] Rdnr. 9; *Wieczorek*[2] C I b 2; *v. Bar* (Fn. 1) Rdnr. 376.
[106] *BGH* NJW 1982, 1215, 1216 (Fn. 101); *BGHZ* 69, 387, 394 (Fn. 98).
[107] So *BGHZ* 69, 387, 394 (Fn. 98).
[108] So *OLG Köln* NJW 1980, 2646, 2648; *D. Müller* in: Die Anwendung ausländischen Rechts im Internationalen Privatrecht (1968), 66, 73; *Soergel-Kegel*[12] vor Art. 3 EGBGB Rdnr. 215; *Rosenberg-Schwab-Gottwald*[15] § 113 III; ähnlich *Nagel* IZPR[3] Rdnr. 451; *Zöller-Geimer*[20] Rdnr. 27; *Geimer* IZPR[2] Rdnr. 2600; *Linke* IZPR[2] Rdnr. 280; *Schack* IZVR[2] 640 f., 644.
[109] *BayObLGZ* 1970, 77, 83.
[110] So aber *BGH* NJW 1982, 1215 (Fn. 101). Dazu krit. *Wengler* JR 1983, 221, 222, 225; *Stoll* IPRax 1984, 1, 5.

[111] Vgl. *Wengler* JR 1983, 221, 225 f. (in *BGH* NJW 1982, 1215 [Fn. 101] hätte daher das Bestehen eines Anfechtungsrechts nach türkischem Recht verneint werden sollen). – A.M. *Zöller-Geimer*[20] Rdnr. 26, der den deutschen Richter für berechtigt hält, das ausländische Recht (nach dessen Geist und Systemzusammenhängen) fortzubilden.
[112] So *Broggini* AcP 155 (1956), 469, 483 f. (im Anschluß an die Formulierung in Art. 1 Abs. 2 des Schweizerischen Zivilgesetzbuchs). – S. auch *Stoll* IPRax 1984, 1, 5 (Annahme einer Gesetzeslücke, die nach allgemeinen Grundsätzen zu schließen sei).
[113] So auch *K. Müller* NJW 1981, 481, 484.
[114] Dafür *K. Müller* NJW 1981, 481, 484; *Kreuzer* NJW 1983, 1943, 1946.
[115] Dafür *Kreuzer* NJW 1983, 1943, 1947.

Internationale Privatrecht eigentlich *nicht* zur Anwendung bringen will, ohne daß eine Wahrscheinlichkeit dafür besteht, damit dem Inhalt des eigentlich geltenden Rechts nahe zu kommen.

VII. Verstöße

1. Verletzung der Ermittlungspflicht

66   Ein Verstoß des Gerichts gegen seine Pflicht zur Erforschung der von § 293 erfaßten Rechtsnormen stellt eine Gesetzesverletzung i. S. der §§ 549, 559 dar[116], so wenn das Gericht jegliche **eigene Erforschung unterläßt**[117] bzw. nur die Parteien auf die Beibringung von Nachweisen verweist, oder auch, wenn es das Gericht unterläßt, alle ihm zur Verfügung stehenden **Erkenntnisquellen auszuschöpfen**, indem z. B. die (erreichbare) Rechtsprechung des ausländischen Obersten Gerichts nicht berücksichtigt wird[118], oder wenn ein Rechtsgrundsatz des ausländischen Rechts angewandt wird, ohne daß das Gericht Ermittlungen über die Geltung angestellt hat[119]. Ein Verstoß gegen die Ermittlungspflicht liegt auch vor, wenn das Urteil keine Ausführungen zur ausländischen Rechtspraxis enthält, obwohl eine Partei auf eine solche Praxis hingewiesen hatte[120]. Läßt das Urteil nicht erkennen, daß eine vollständige Ermittlung (auch der Praxis) stattgefunden hat, so wird revisionsrechtlich von einem Ermittlungsfehler ausgegangen[121].

67   Die **Art und Weise,** in der das Gericht das ausländische Recht ermittelt (→ Rdnr. 36), ist dem **pflichtgemäßen Ermessen** des Tatrichters überlassen und daher in der Revision grundsätzlich nicht nachprüfbar[122]. Ob bei einer durchgeführten *Beweisaufnahme* die verfahrensrechtlichen Vorschriften beachtet wurden, ist dagegen revisibel[123]. Auch kann es *ermessensfehlerhaft* sein, wenn das Gericht ohne hinreichende Spezialkenntnisse auf die Einholung eines Sachverständigengutachtens verzichtet, → Rdnr. 32. Die Entscheidungsgründe müssen erkennen lassen, daß das Ermessen bei der Ermittlung des ausländischen Rechts tatsächlich ausgeübt wurde[124]. Vom Revisionsgericht wird überprüft, ob der Tatrichter die Grenzen seines Ermessens überschritten hat[125]. Die Einholung eines Gutachtens eines wissenschaftlichen Instituts (z. B. eines Max-Planck-Instituts) genügt in der Regel, jedoch dann nicht, wenn es entscheidend auf die ausländische Rechtspraxis ankommt und der Gutachter insoweit nicht über Erkenntnisquellen verfügt[126]. Die Abgrenzung der Ermittlung, die im Hinblick auf Ermessensfehler überprüfbar ist, von der nicht revisiblen inhaltlichen Anwendung des ausländischen Rechts (→ § 549 Rdnr. 11) kann allerdings unscharf sein[127]. Die Rüge eines Ermes-

---

[116] *BGHZ* 118, 151, 162 (Fn. 52); *BGH* WM 1991, 862, 863; NJW 1984, 2764 = MDR 1985, 125; NJW 1976, 1588, 1589 = FamRZ 1976, 444, 445; IPRax 1995, 38, 39; RGZ 39, 371, 376; 126, 196, 202; JW 1912, 196; *Kegel* IPR⁷ § 15 II (S. 364). Ausführlich zur Revisibilität *Fastrich* ZZP 97 (1984), 423, 435 ff.

[117] Vgl. *BGH* NJW 1995, 1032; NJW-RR 1995, 766; NJW 1983, 2773 = WM 1983, 655; NJW 1975, 2143, 2144; *Fastrich* ZZP 97 (1984), 423, 438.

[118] Vgl. *BGH* NJW 1976, 1588 (Fn. 116) (der Inhalt der ausländischen Rechtsprechung ist dagegen wegen § 549 einer Überprüfung durch das Revisionsgericht entzogen); *BGH* WM 1971, 1094, 1095; *Fastrich* ZZP 97 (1984), 423, 439.

[119] *BGH* NJW 1988, 647 (zum Vertrauensgrundsatz nach belgischem Recht) = IPRax 1988, 228 (dazu *Gottwald* IPRax 1988, 210).

[120] *BGH* NJW 1988, 648 (zur Größenordnung der Schmerzensgeldbeträge).

[121] *BGH* NJW 1992, 3106 = LM § 293 Nr. 18 (zust. *Pfeiffer*); WM 1996, 2255, 2256.

[122] *BGH* NJW 1961, 410 = LM Nr. 2; NJW 1963, 252, 253 = JZ 1963, 214 (dazu *Steindorff* JZ 1963, 200) = LM Art. 93 WG Nr. 2; LM Nr. 11 zu § 411 (Fn. 64); NJW 1984, 2764 (Fn. 116); NJW 1988, 648; BGHZ 118, 151, 163 (Fn. 52).

[123] *BGH* LM Nr. 11 zu § 411 (Fn. 64) (zur unterlassenen Ladung des Sachverständigen, dazu → Rdnr. 43).

[124] *BGH* NJW-RR 1990, 248, 249.

[125] Zusammenfassend hierzu BGHZ 118, 151, 163 (Fn. 52).

[126] *BGH* NJW 1991, 1418. Zust. *Sommerlad* RIW 1991, 856; abl. *Samtleben* NJW 1992, 3057.

[127] Vgl. *Hanisch* IPRax 1993, 69, 71.

sensfehlers bei der Ermittlung darf nach BGH[128] nicht in der Sache die Überprüfung des irrevisiblen Rechts bezwecken. Im Grunde werden aber durch die Revisibilität der Ermittlung die mit dem Ausschluß der Revisibilität ausländischen Rechts verbundenen Gerechtigkeitsdefizite vermindert.

Ein **Auflagebeschluß,** mit dem einer Partei aufgegeben wird, ein Gutachten über ausländisches Recht beizubringen, ist **nicht selbständig** (etwa mit der Beschwerde) anfechtbar[129]. 68

Zu Urteilen, die nicht erkennen lassen, welche Rechtsordnung zugrunde gelegt wurde, → Rdnr. 31.

2. Fehlerhafte Anwendung des ausländischen Rechts

Von einem Verstoß gegen § 293 ist die fehlerhafte Anwendung des ausländischen Rechts scharf zu trennen; sie ist in der **Revisionsinstanz** wegen § 549 Abs. 1, § 562 **grundsätzlich nicht überprüfbar**[130], näher, auch zu den Ausnahmen, → §§ 549, 550 Rdnr. 11 ff., § 562. 69

VIII. Arbeitsgerichtliches Verfahren

1. Anwendungsbereich des § 293

Die normativen Bestimmungen der **Tarifverträge**[131] und **Betriebsvereinbarungen**[132] sind wie »Statuten« i.S. des § 293 zu behandeln. Eine subjektive Beweislast gibt es dabei nicht[132a]. Auch die für oder gegen eine Verfassungswidrigkeit von Tarifverträgen sprechenden Umstände sind von Amts wegen zu ermitteln[133]. Das BAG hat § 293 (in entsprechender Anwendung) außerdem als Rechtsgrundlage dafür herangezogen, um in der Revisionsinstanz *Ermittlungen* über Arbeitsweise und praktische Bedeutung der Heimarbeitsausschüsse[134] oder die Anpassung von Begrenzungsklauseln durch Pensionskassen[135] anstellen zu können. Derartige *Hilfstatsachen,* die nicht zu dem zu beurteilenden Sachverhalt gehören, aber für die normative Beurteilung bedeutsam sind, in der freien Weise des § 293 zu ermitteln, erscheint in der Tat einleuchtend. 70

2. Fehlerhafte Anwendung des ausländischen Rechts

Vor dem BAG ist auch die Anwendung des *ausländischen Rechts*[136] sowie der normativen Bestimmungen von *Tarifverträgen* und *Betriebsvereinbarungen* **revisibel,** da nach § 73 Abs. 1 ArbGG die Revision schlechthin auf die Verletzung einer Rechtsnorm gestützt werden kann, ohne daß eine dem § 549 ZPO entsprechende Einschränkung besteht. Näher → § 549 Rdnr. 58 ff. 71

---

[128] *BGH* NJW 1988, 647 (Fn. 119); NJW-RR 1990, 248; *BGHZ* 118, 151, 163 (Fn. 52).
[129] *OLG Frankfurt* MDR 1983, 410.
[130] *BGH* NJW 1961, 410, 411 (Fn. 122); NJW 1963, 252, 253 (Fn. 122); WM 1971, 1094, 1095; WM 1981, 189, 190; *BGHZ* 118, 151, 163 (Fn. 52); *Fastrich* ZZP 97 (1984), 423, 436. – Dies gilt auch bei inhaltlicher Übereinstimmung des ausländischen Gesetzes mit einem deutschen Gesetz, *BGH* NJW 1959, 1873, → §§ 549, 550 Rdnr. 12.
[131] *BAGE* 39, 321, 328; 4, 37, 39 = DB 1957, 482; *BAG* MDR 1996, 827; dazu eingehend *Palm* RdA 1963, 449; ebenso *Grunsky* ArbGG[7] § 58 Rdnr. 2; *Germelmann-Matthes-Prütting* ArbGG[2] § 58 Rdnr. 14.
[132] Ebenso *Grunsky* ArbGG[7] § 58 Rdnr. 2; *Dietz-Richardi* BetrVG[6] § 77 Rdnr. 154; *Germelmann-Matthes-Prütting* ArbGG[2] § 58 Rdnr. 14.
[132a] *BAG* MDR 1996, 827, 828.
[133] *BAG* NZA 1993, 995; 1994, 221 = NJW 1994, 1302 (LS).
[134] *BAGE* 24, 158, 162 = ArbuR 1973, 59 (mit Anm. *Grunsky*).
[135] *BAGE* 21, 284 = AP § 242 BGB Ruhegehalt-Pensionskassen Nr. 1.
[136] *BAGE* 27, 99, 100 = AP Internationales Privatrecht – Arbeitsrecht, Nr. 12 (mit Anm. *Beitzke*) (unter Aufgabe von *BAG* AP Internationales Privatrecht – Arbeitsrecht Nr. 10, mit abl. Anm. *Gamillscheg*); zust. *Grunsky* ArbGG[7] § 73 Rdnr. 8.

IX. Anhang: Das Europäische Übereinkommen vom 7. VI. 1968 betreffend Auskünfte über ausländisches Recht (BGBl. 1974 II 938) samt Ausführungsgesetz vom 5.VII.1974 (BGBl. 1974 I 1433)[137]

1. Zweck und Geltungsbereich; deutsch-marokkanischer Vertrag

72 Das Europäische Übereinkommen vom 7.VI.1968 betreffend Auskünfte über ausländisches Recht (Text → Rdnr. 81) ist am 19.III.1975 für die Bundesrepublik in Kraft getreten, BGBl II 300. Für das Gebiet des **Zivil- und Handelsrechts** sowie des **Verfahrensrechts** auf diesen Gebieten und für die **Gerichtsverfassung** (Art. 1 Abs. 1)[138] stellt es den Gerichten[139] in bereits anhängigen Verfahren (Art. 3 Abs. 1) ein Mittel zur grundsätzlich unentgeltlichen (Art. 15 Abs. 1) Erlangung von **Rechtsauskünften über das Recht der Vertragsstaaten** zur Verfügung.

73 Das Abkommen ist für **Deutschland im Verhältnis zu folgenden Staaten in Kraft getreten**[140]: Belgien, Bulgarien, Costa Rica, Dänemark, Finnland, Frankreich, Griechenland, Vereinigtes Königreich Großbritannien und Nordirland, Island, Italien, Liechtenstein, Luxemburg, Malta, Niederlande, Norwegen, Österreich, Polen, Portugal, Rumänien, die Russische Föderation, Schweden, Schweiz, Spanien, Türkei, Ukraine, Ungarn und Zypern.

73a Eine ähnliche Regelung der Erteilung von Rechtsauskünften enthalten die Artt. 18ff. des **deutsch-marokkanischen Vertrages** über die Rechtshilfe und Rechtsauskunft in Zivil- und Handelssachen vom 28. X. 1985 (BGBl. 1988 II 1054), in Kraft getreten am 23. VI. 1994 (BGBl. 1994 II 1192)[140a].

74 Das Europäische Übereinkommen gestattet allein die Stellung von **abstrakten Rechtsfragen** und führt nicht zur Erstattung vollständiger Gutachten, die auf den konkreten Fall bezogen sind (Art. 7). Dennoch hat das ersuchende Gericht möglichst genau den *Sachverhalt* anzugeben, um der ersuchten Stelle das Verständnis für die eingegangene Anfrage zu erleichtern (Art. 4 Abs. 2). Auf die Formulierung der Anfragen ist daher große Sorgfalt zu verwenden.

2. Das Verfahren im einzelnen

a) Entscheidung über Einholung der Auskunft

75 Ob überhaupt im Prozeß eine Auskunft nach dem Abkommen eingeholt werden kann oder soll, entscheidet der Richter nach deutschem Recht, folglich nach § 293.

---

[137] Allgemeine Lit: Entwurf der Bundesregierung zum Zustimmungsgesetz BT-Drucks. 7/992 und die Begründung hierzu in BT-Drucks. 7/993 (Auszug aus der Begründung in DRiZ 1973, 435); *Brulliard* Convention Européenne relative à l'information sur les droits étrangers, Rev. int. dr. comp. 1973, 389; *Ferid* Internationales Privatrecht[3] Rdnr. 4–94, 1; *Kegel* Internationales Privatrecht[7] § 15 III (S. 367f.); *Kropholler* Internationales Privatrecht[2] § 59 III 2b (S. 527); *Nagel* Internationales Zivilprozeßrecht[3] VIII Rdnr. 442; *G. Otto* Die gerichtliche Praxis und ihre Erfahrungen mit dem Europäischen Übereinkommen vom 7.6. 1968 betr. Auskünfte über ausländisches Recht, Festschr. für Firsching (1985), 209; *ders.* Jahrb. für italienisches Recht Bd. 7 (1994), 233; *ders.* IPRax 1995, 299, 302; *Pirrung* in Bülow-Böckstiegel-Geimer-Schütze Internationaler Rechtsverkehr in Zivil- und Handelssachen (Stand Januar 1994), A I 4 a; *Raape-Sturm* Internationales Privatrecht[6] I 309; *A. Wolf* Das Europäische Übereinkommen vom 7.6. 1968 betreffend Auskünfte über ausländisches Recht NJW 1975, 1583; *Zöller-Geimer*[20] Rdnr. 22.

[138] Ersuchen sind auch für andere *Vorfragen* möglich, vgl. Art. 4 Abs. 3. – Von der Möglichkeit, den Anwendungsbereich durch Vereinbarung auf weitere Rechtsgebiete zu erstrecken (Art. 1 Abs. 2), haben die Vertragsstaaten, soweit bekannt, bislang keinen Gebrauch gemacht.

[139] Für die *Anwälte* besteht die Möglichkeit, sich über einen ausländischen Kollegen zu informieren. Der DAV führt eine Kartei ausländischer auskunftsbereiter Personen (vgl. AnwBl 1974, 304).

[140] S. Fundstellennachweis B zum BGBl 1994, S. 440.

[140a] Der deutsch-marokkanische Vertrag und die deutsche Denkschrift dazu sind abgedruckt bei *Bülow-Böckstiegel-Geimer-Schütze* Internationaler Rechtsverkehr in Zivil- und Handelssachen (Stand Januar 1994), A II 470.

b) Abfassung des Ersuchens

Das Ersuchen ist grundsätzlich von einem *Gericht* abzufassen (Art. 3 Abs. 1) oder es muß, 76
wenn die Abfassung einer anderen Behörde oder den Parteien (§ 364 ZPO) überlassen wurde,
die die Anfrage genehmigende Entscheidung des Gerichts beigefügt werden (Art. 4 Abs. 4).
Die Fragen sind so zu fassen, daß keine Schritte bei der Lösung der anstehenden Rechtsfrage
ausgelassen werden. Vor allem darf das anfragende Gericht nicht vergessen, die international-
privatrechtliche Frage einer *Rück- oder Weiterverweisung* auf eine andere Rechtsordnung zu
stellen[141]. Das Ersuchen hat das ersuchende Gericht, die Art der Rechtssache und die Punkte
zu bezeichnen, über die die Auskunft gewünscht wird. Bestehen in einem Staat *mehrere
Rechtssysteme* (z. B. Bundesstaaten), so ist möglichst genau anzugeben, auf welches sich die
Anfrage bezieht (Art. 4 Abs. 1). Dem müssen eine Darstellung des Sachverhalts und dürfen
einige Abschriften von Schriftstücken beigefügt werden (Art. 4 Abs. 2). – Das Ersuchen muß
in der **Sprache des ersuchten Staates** abgefaßt oder von einer Übersetzung in diese Sprache
begleitet sein (Art. 14 Abs. 1 S. 1).

c) Übermittlung des Ersuchens

Die Übermittlung hat über die in den Vertragsstaaten eingerichteten Übermittlungs- und 77
Empfangsstellen zu erfolgen (Art. 5). Als **Übermittlungsstellen** sind in der Bundesrepublik der
Bundesminister der Justiz für Ersuchen des Bundesverfassungsgerichts und der Bundesge-
richte und die Länderjustizminister und Senatoren für die jeweiligen Landesgerichte zuständig (§ 9 Abs. 2 AusführungsG, § 48 Abs. 1 ZRHO[142]). Als einzige deutsche **Empfangsstelle**
steht dagegen der Bundesminister der Justiz zur Verfügung (§ 9 Abs. 1 AusführungsG).

d) Beantwortung

Die Antwort (abgefaßt in der Sprache des ersuchten Staates, Art. 14 Abs. 1 S. 2) soll in 78
objektiver und unparteiischer Weise erfolgen. Je nach Lage des Falles erhält das anfragende
Gericht die Mitteilung des Wortlauts von Gesetzen und Verordnungen, Gerichtsentscheidun-
gen oder auch weitere ergänzende Unterlagen wie Auszüge aus Gesetzesmaterialien und dem
Schrifttum (Art. 7). Der ersuchte Staat kann die Antwort nur ablehnen, wenn durch sie seine
Interessen berührt werden oder wenn er sie für geeignet hält, seine Hoheitsrechte oder seine
Sicherheit zu gefährden (Art. 11). Hinzu kommen freilich die Fälle, in denen die Anfrage dem
Abkommen nicht genügt, wie fehlende Übersetzungen, Anfragen von anderen Stellen oder
wenn – im Falle der Art. 15 Abs. 1, Art. 6 Abs. 3 – die Kostenzusage nicht gegeben wird[143].

e) Kosten

Die Anfrage ist grundsätzlich **kostenfrei**, da die ersuchte Stelle die gestellten Fragen selbst 79
beantworten soll (Art. 6 Abs. 1). Will die Empfangsstelle dagegen die Anfrage an private
Stellen oder an eine rechtskundige Person (Anwalt, Sachverständiger) *weiterleiten* und
könnten dadurch Kosten entstehen, so hat sie zunächst unter möglichst genauer Angabe der
möglichen Kosten die Zustimmung der ersuchenden Stelle einzuholen (Art. 6 Abs. 3).

---

[141] Vgl. dazu die Hinweise des Bayerischen Justizmini-
steriums, abgedruckt bei *Bendref* AnwBl 1982, 468, 469
und *Hetger* DRiZ 1983, 233.

[142] Allgemein zur ZRHO → Einl. [20. Aufl.] Rdnr. 855.
[143] *A. Wolf* NJW 1975, 1583, 1585.

f) Wirkung der erteilten Auskunft

80 Die ersuchende Stelle ist an die Auskunft **nicht gebunden** (Art. 8).

3. Bewertung

81 In der *Literatur* ist das Übereinkommen überwiegend skeptisch aufgenommen worden[144]. Das mag daran liegen, daß der deutsche Jurist es gewohnt ist, die Rechtsfragen konkret auf den zu entscheidenden Fall bezogen beantworten zu lassen. Die *Praxis* macht von dem Abkommen bisher verhältnismäßig selten Gebrauch[145]. Vor allem in einfacher liegenden Fällen bietet das Abkommen eine erwägenswerte, kostenfreie (→ Rdnr. 79) Alternative zur Befragung eines rechtswissenschaftlichen Instituts, zumal verschiedentlich die Überlastung der inländischen Institute beklagt wurde[146]. Außerdem ist dieser Weg durchaus geeignet, zumindest eine Handhabe für die *Überprüfung von Sachverständigengutachten* zu liefern, denen der Richter sonst mehr oder minder ausgeliefert ist[147]. Nicht zu vergessen ist, daß diese Art, sich Rechtsauskünfte zu verschaffen, im Ausland (namentlich in Frankreich) seit langem praktiziert wird[148]. Entscheidend wird es darauf ankommen, ob der deutsche Richter es versteht, statt die gesamten Akten an einen Sachverständigen zu verschicken – und ihm damit de facto die Entscheidung zu überlassen –, die einzelnen (abstrakten) Rechtsfragen herauszuarbeiten und der ersuchten Stelle vorzulegen[149] (dazu → Rdnr. 76).

4. Textanhang

A. Europäisches Übereinkommen betreffend Auskünfte über ausländisches Recht vom 7.VI.1968

82 **In Kraft getreten** am 19.III.1975, s. Bekanntmachung vom 4.III.1975, BGBl. II 300.
Dazu **Zustimmungsgesetz** vom 5.VII.1974, BGBl. II 937, samt Veröffentlichung der verbindlichen englischen und französischen Fassung sowie der nachstehend wiedergegebenen deutschen Übersetzung.

Präambel

83 Die Mitgliedstaaten des Europarats, die dieses Übereinkommen unterzeichnen – in der Erwägung, daß es das Ziel des Europarats ist, eine engere Verbindung zwischen seinen Mitgliedern herbeizuführen, in der Überzeugung, daß die Einrichtung eines Systems zwischenstaatlicher Hilfe, das den Gerichten die Beschaffung von Auskünften über ausländisches Recht erleichtern soll, dazu beitragen wird, dieses Ziel zu erreichen – haben folgendes vereinbart:

Artikel 1
Anwendungsbereich des Übereinkommens

84 (1) Die Vertragsparteien verpflichten sich, einander gemäß den Bestimmungen dieses Übereinkommens Auskünfte über ihr Zivil- und Handelsrecht, ihr Verfahrensrecht auf diesen Gebieten und über ihre Gerichtsverfassung zu erteilen.
(2) ¹Zwei oder mehr Vertragsparteien können jedoch vereinbaren, den Anwendungsbereich dieses Übereinkommens untereinander auf andere als die im vorstehenden Absatz angeführten Rechtsgebiete

---

[144] Vgl. *Kegel* Festschr. für Nipperdey Bd. 1, 453, 467 ff.; *Raape-Sturm* Internationales Privatrecht⁶ I 309; *Kegel* IPR⁷ § 15 III a.E.; *Ferid* IPR³ Rdnr. 4–94; *Hetger* DRiZ 1983, 233; *Wengler* JR 1983, 221, 226; *Schack* IZVR Rdnr. 632.
[145] Z.B. *BGH* NJW 1982, 1215 = MDR 1982, 566. Näher zu den praktischen Erfahrungen *Otto* (Fn. 137), 220 ff. (mit Zahlenangaben), der auch Verbesserungsvorschläge macht, sowie (mit neueren Zahlenangaben) *ders.* IPRax 1995, 299, 302.
[146] *Bendref* AnwBl 1982, 468; *Hetger* DRiZ 1983, 233; *Kropholler* Internationales Privatrecht² § 59 III 2 a (S. 527).
[147] Vgl. zur Fehlergefahr den von *A. Wolf* NJW 1975, 1583 mitgeteilten, vom BGH entschiedenen Fall.
[148] So wird das Abkommen von *Brulliard* Rev. int. dr. comp. 1973, 389, 396 gutgeheißen.
[149] Zu typischen Fehlern *Bendref* AnwBl 1982, 468, 469 und *Hetger* DRiZ 1983, 233.

zu erstrecken. ²Eine solche Vereinbarung ist dem Generalsekretär des Europarats im Wortlaut mitzuteilen.

Artikel 2
Staatliche Verbindungsstellen

(1) ¹Zur Ausführung dieses Übereinkommens errichtet oder bestimmt jede Vertragspartei eine einzige Stelle (im folgenden als »Empfangsstelle« bezeichnet), welche die Aufgabe hat:
 a) Auskunftsersuchen im Sinne des Artikels 1 Abs. 1 entgegenzunehmen, die von einer anderen Vertragspartei eingehen;
 b) zu derartigen Ersuchen das Weitere gemäß Artikel 6 zu veranlassen.
²Diese Stelle kann entweder ein Ministerium oder eine andere staatliche Stelle sein.
(2) ¹Jeder Vertragspartei steht es frei, eine oder mehrere Stellen (im folgenden als »Übermittlungsstelle« bezeichnet) zu errichten oder zu bestimmen, welche die von ihren Gerichten ausgehenden Auskunftsersuchen entgegenzunehmen und der zuständigen ausländischen Empfangsstelle zu übermitteln haben. ²Die Aufgabe der Übermittlungsstelle kann auch der Empfangsstelle übertragen werden.
(3) Jede Vertragspartei teilt dem Generalsekretär des Europarats Bezeichnung und Anschrift ihrer Empfangsstelle und gegebenenfalls ihrer Übermittlungsstelle oder ihrer Übermittlungsstellen mit.

Artikel 3
Zur Stellung von Auskunftsersuchen berechtigte Behörden

(1) ¹Ein Auskunftsersuchen muß von einem Gericht ausgehen, auch wenn es nicht vom Gericht selbst abgefaßt worden ist. ²Das Ersuchen darf nur für ein bereits anhängiges Verfahren gestellt werden.
(2) Jede Vertragspartei, die keine Übermittlungsstelle errichtet oder bestimmt hat, kann durch eine an den Generalsekretär des Europarats gerichtete Erklärung anzeigen, welche ihrer Behörden sie als Gericht im Sinne des vorstehenden Absatzes ansieht.
(3) ¹Zwei oder mehr Vertragsparteien können vereinbaren, die Anwendung dieses Übereinkommens untereinander auf Ersuchen zu erstrecken, die von anderen Behörden als Gerichten ausgehen. ²Eine solche Vereinbarung ist dem Generalsekretär des Europarats im Wortlaut mitzuteilen.

Artikel 4
Inhalt des Auskunftsersuchens

(1) ¹Im Auskunftsersuchen sind das Gericht, von dem das Ersuchen ausgeht, und die Art der Rechtssache zu bezeichnen. ²Die Punkte, zu denen Auskunft über das Recht des ersuchten Staates gewünscht wird, und für den Fall, daß im ersuchten Staat mehrere Rechtssysteme bestehen, das System, auf das sich die gewünschte Auskunft beziehen soll, sind möglichst genau anzugeben.
(2) Das Ersuchen hat eine Darstellung des Sachverhalts mit den Angaben zu enthalten, die zum Verständnis des Ersuchens und zu seiner richtigen und genauen Beantwortung erforderlich sind; Schriftstücke können in Abschrift beigefügt werden, wenn dies zum besseren Verständnis des Ersuchens notwendig ist.
(3) Zur Ergänzung kann im Ersuchen Auskunft auch zu Punkten erbeten werden, die andere als die in Artikel 1 Abs. 1 angeführten Rechtsgebiete betreffen, sofern diese Punkte mit denen im Zusammenhang stehen, auf die sich das Ersuchen in erster Linie bezieht.
(4) Ist das Ersuchen nicht von einem Gericht abgefaßt, so ist ihm die gerichtliche Entscheidung beizufügen, durch die es genehmigt worden ist.

Artikel 5
Übermittlung des Auskunftsersuchens

Das Auskunftsersuchen ist von einer Übermittlungsstelle oder, falls eine solche nicht besteht, vom Gericht, von dem das Ersuchen ausgeht, unmittelbar der Empfangsstelle des ersuchten Staates zu übermitteln.

Artikel 6
Zur Beantwortung von Auskunftsersuchen zuständige Stellen

89   (1) Die Empfangsstelle, bei der ein Auskunftsersuchen eingegangen ist, kann das Ersuchen entweder selbst beantworten oder es an eine andere staatliche oder an eine Öffentliche Stelle zur Beantwortung weiterleiten.

(2) Die Empfangsstelle kann das Ersuchen in geeigneten Fällen oder aus Gründen der Verwaltungsorganisation auch an eine private Stelle oder an eine geeignete rechtskundige Person zur Beantwortung weiterleiten.

(3) Ist bei Anwendung des vorstehenden Absatzes mit Kosten zu rechnen, so hat die Empfangsstelle vor der Weiterleitung des Ersuchens der Behörde, von der das Ersuchen ausgeht, die private Stelle oder die rechtskundige Person anzuzeigen, an die das Ersuchen weitergeleitet werden soll; in diesem Falle gibt die Empfangsstelle der Behörde möglichst genau die Höhe der voraussichtlichen Kosten an und ersucht um ihre Zustimmung.

Artikel 7
Inhalt der Antwort

90   [1]Zweck der Antwort ist es, das Gericht, von dem das Ersuchen ausgeht, in objektiver und unparteiischer Weise über das Recht des ersuchten Staates zu unterrichten. [2]Die Antwort hat, je nach den Umständen des Falles, in der Mitteilung des Wortlauts der einschlägigen Gesetze und Verordnungen sowie in der Mitteilung von einschlägigen Gerichtsentscheidungen zu bestehen. [3]Ihr sind, soweit dies zur gehörigen Unterrichtung des ersuchenden Gerichts für erforderlich gehalten wird, ergänzende Unterlagen wie Auszüge aus dem Schrifttum und aus den Gesetzesmaterialien anzuschließen. [4]Erforderlichenfalls können der Antwort erläuternde Bemerkungen beigefügt werden.

Artikel 8
Wirkungen der Antwort

91   Die in der Antwort enthaltenen Auskünfte binden das Gericht, von dem das Ersuchen ausgeht, nicht.

Artikel 9
Übermittlung der Antwort

92   Die Antwort ist von der Empfangsstelle, wenn die Übermittlungsstelle das Ersuchen übermittelt hat, dieser Stelle oder, wenn sich das Gericht unmittelbar an die Empfangsstelle gewandt hat, dem Gericht zu übermitteln.

Artikel 10
Pflicht zur Beantwortung

93   (1) Vorbehaltlich des Artikels 11 ist die Empfangsstelle, bei der ein Auskunftsersuchen eingegangen ist, verpflichtet, zu dem Ersuchen das Weitere gemäß Artikel 6 zu veranlassen.

(2) Beantwortet die Empfangsstelle das Ersuchen nicht selbst, so hat sie vor allem darüber zu wachen, daß es unter Beachtung des Artikels 12 erledigt wird.

Artikel 11
Ausnahmen von der Pflicht zur Beantwortung

94   Der ersuchte Staat kann es ablehnen, zu einem Auskunftsersuchen das Weitere zu veranlassen, wenn durch die Rechtssache, für die das Ersuchen gestellt worden ist, seine Interessen berührt werden oder wenn er die Beantwortung für geeignet hält, seine Hoheitsrechte oder seine Sicherheit zu gefährden.

Artikel 12
Frist für die Beantwortung

95   [1]Ein Auskunftsersuchen ist so schnell wie möglich zu beantworten. [2]Nimmt die Beantwortung längere Zeit in Anspruch, so hat die Empfangsstelle die ausländische Behörde, die sich an sie gewandt hat, entsprechend zu unterrichten und dabei nach Möglichkeit den Zeitpunkt anzugeben, zu dem die Antwort voraussichtlich übermittelt werden kann.

Artikel 13
Ergänzende Angaben

(1) Die Empfangsstelle sowie die gemäß Artikel 6 mit der Beantwortung beauftragte Stelle oder Person können von der Behörde, von der das Ersuchen ausgeht, die ergänzenden Angaben verlangen, die sie für die Beantwortung für erforderlich halten.

(2) Das Ersuchen um ergänzende Angaben ist von der Empfangsstelle auf dem Wege zu übermitteln, den Artikel 9 für die Übermittlung der Antwort vorsieht.

Artikel 14
Sprachen

(1) ¹Das Auskunftsersuchen und seine Anlagen müssen in der Sprache oder in einer der Amtssprachen des ersuchten Staates abgefaßt oder von einer Übersetzung in diese Sprache begleitet sein. ²Die Antwort wird in der Sprache des ersuchten Staates abgefaßt.

(2) Zwei oder mehr Vertragsparteien können jedoch vereinbaren, untereinander von den Bestimmungen des vorstehenden Absatzes abzuweichen.

Artikel 15
Kosten

(1) Mit Ausnahme der in Artikel 6 Abs. 3 angeführten Kosten, die der ersuchende Staat zu zahlen hat, dürfen für die Antwort Gebühren oder Auslagen irgendwelcher Art nicht erhoben werden.

(2) Zwei oder mehr Vertragsparteien können jedoch vereinbaren, untereinander von den Bestimmungen des vorstehenden Absatzes abzuweichen.

Artikel 16
Bundesstaaten

In Bundesstaaten können die Aufgaben der Empfangsstelle, mit Ausnahme der in Artikel 2 Abs. 1 Buchstabe a vorgesehenen, aus Gründen des Verfassungsrechts anderen staatlichen Stellen übertragen werden.

Artikel 17
Inkrafttreten des Übereinkommens

(1) ¹Dieses Übereinkommen liegt für die Mitgliedstaaten des Europarats zur Unterzeichnung auf. ²Es bedarf der Ratifikation oder der Annahme. ³Die Ratifikations- oder Annahmeurkunden werden beim Generalsekretär des Europarats hinterlegt.

(2) Dieses Übereinkommen tritt drei Monate nach Hinterlegung der dritten Ratifikations- oder Annahmeurkunde in Kraft.

(3) Es tritt für jeden Unterzeichnerstaat, der es später ratifiziert oder annimmt, drei Monate nach der Hinterlegung seiner Ratifikations- oder Annahmeurkunde in Kraft.

Artikel 18
Beitritt eines Staates, der nicht Mitglied des Europarats ist

(1) Nach Inkrafttreten dieses Übereinkommens kann das Ministerkomitee des Europarats jeden Staat, der nicht Mitglied des Europarats ist, einladen, diesem Übereinkommen beizutreten.

(2) Der Beitritt erfolgt durch Hinterlegung einer Beitrittsurkunde beim Generalsekretär des Europarats und wird drei Monate nach ihrer Hinterlegung wirksam.

Artikel 19
Örtlicher Geltungsbereich des Übereinkommens

(1) Jede Vertragspartei kann bei der Unterzeichnung oder bei der Hinterlegung ihrer Ratifikations-, Annahme- oder Beitrittsurkunde das Hoheitsgebiet oder die Hoheitsgebiete bezeichnen, für das oder für die dieses Übereinkommen gelten soll.

(2) Jede Vertragspartei kann bei der Hinterlegung ihrer Ratifikations-, Annahme- oder Beitrittsurkunde oder jederzeit danach durch eine an den Generalsekretär des Europarats gerichtete Erklärung dieses Übereinkommen auf jedes weitere in der Erklärung bezeichnete Hoheitsgebiet erstrecken, dessen internationale Beziehungen sie wahrnimmt oder für das sie berechtigt ist, Vereinbarungen zu treffen.

(3) Jede nach dem vorstehenden Absatz abgegebene Erklärung kann für jedes darin bezeichnete Hoheitsgebiet gemäß Artikel 20 zurückgenommen werden.

Artikel 20
Geltungsdauer des Übereinkommens und Kündigung

103 (1) Dieses Übereinkommen bleibt auf unbegrenzte Zeit in Kraft.

(2) Jede Vertragspartei kann dieses Übereinkommen durch eine an den Generalsekretär des Europarats gerichtete Notifikation für sich selbst kündigen.

(3) Die Kündigung wird sechs Monate nach Eingang der Notifikation beim Generalsekretär wirksam.

Artikel 21
Aufgaben des Generalsekretärs des Europarats

104 Der Generalsekretär des Europarats notifiziert den Mitgliedstaaten des Rats und jedem Staat, der diesem Übereinkommen beigetreten ist:
 a) jede Unterzeichnung;
 b) jede Hinterlegung einer Ratifikations-, Annahme- oder Beitrittsurkunde;
 c) jeden Zeitpunkt des Inkrafttretens dieses Übereinkommens nach seinem Artikel 17;
 d) jede nach Artikel 1 Abs. 2, Artikel 2 Abs. 3, Artikel 3 Abs. 2 und Artikel 19 Abs. 2 und 3 eingegangene Erklärung;
 e) jede nach Artikel 20 eingegangene Notifikation und den Zeitpunkt, zu dem die Kündigung wirksam wird.

105 Zu Urkund dessen haben die hierzu gehörig befugten Unterzeichneten dieses Übereinkommen unterschrieben.

Geschehen zu London am 7. Juni 1968 in englischer und französischer Sprache, wobei jeder Wortlaut gleichermaßen verbindlich ist, in einer Urschrift, die im Archiv des Europarats hinterlegt wird. Der Generalsekretär des Europarats übermittelt jedem Staat, der das Übereinkommen unterzeichnet hat oder ihm beigetreten ist, beglaubigte Abschriften.

B. Gesetz zur Ausführung des Europäischen Übereinkommens vom 7.VI.1968 betreffend Auskünfte über ausländisches Recht vom 5.VII.1974, BGBl. I 1433

106 In Kraft getreten am 19.III.1975, BGBl. I 698.

Der Bundestag hat mit Zustimmung des Bundesrates das folgende Gesetz beschlossen:

I. Ausgehende Ersuchen
§ 1

107 [1]Hat ein Gericht in einem anhängigen Verfahren ausländisches Recht einer der Vertragsparteien anzuwenden, so kann es eine Auskunft nach den Vorschriften des Übereinkommens einholen. [2]Das Gericht kann die Abfassung des Ersuchens auch den Parteien oder Beteiligten überlassen; in diesem Fall ist dem Auskunftsersuchen des Gerichts die gerichtliche Genehmigung des Ersuchens beizufügen. [3]Das Auskunftsersuchen ist von dem Gericht der Übermittlungsstelle vorzulegen.

§ 2

[1]Eine Mitteilung des anderen Vertragsstaats, daß für die Erledigung des Ersuchens mit Kosten zu rechnen ist (Artikel 6 Abs. 3 des Übereinkommens), leitet die Übermittlungsstelle dem ersuchenden Gericht zu. [2]Das Gericht teilt der Übermittlungsstelle mit, ob das Ersuchen aufrechterhalten wird.

§ 3

¹Werden für die Erledigung eines Auskunftsersuchens von einem anderen Vertragsstaat Kosten erhoben, sind die Kosten nach Eingang der Antwort von der Übermittlungsstelle dem anderen Vertragsstaat zu erstatten. ²Das ersuchende Gericht übermittelt den Kostenbetrag der Übermittlungsstelle.

§ 4

Die Vernehmung einer Person, die ein Auskunftsersuchen in einem anderen Vertragsstaat bearbeitet hat, ist zum Zwecke der Erläuterung oder Ergänzung der Antwort unzulässig.

II. Eingehende Ersuchen
§ 5

¹Bezieht sich ein Auskunftsersuchen auf Landesrecht, leitet es die Empfangsstelle an die von der Regierung des Landes bestimmte Stelle zur Beantwortung weiter. ²Bezieht sich ein Auskunftsersuchen auf Bundesrecht und auf Landesrecht, soll es die Empfangsstelle an die von der Regierung des Landes bestimmte Stelle zur einheitlichen Beantwortung weiterleiten. ³Gilt Landesrecht in mehreren Ländern gleichlautend, so kann die Beantwortung der Stelle eines der Länder übertragen werden.

§ 6

(1) ¹Die Empfangsstelle kann ein Auskunftsersuchen an einen bei einem deutschen Gericht zugelassenen Rechtsanwalt, einen Notar, einen beamteten Professor der Rechte oder einen Richter mit deren Zustimmung zur schriftlichen Beantwortung weiterleiten (Artikel 6 Abs. 2 des Übereinkommens). ²Einem Richter darf die Beantwortung des Auskunftsersuchens nur übertragen werden, wenn auch seine oberste Dienstbehörde zustimmt.

(2) ¹Auf das Verhältnis der nach Absatz 1 bestellten Person zur Empfangsstelle finden die Vorschriften der §§ 407, 408, 409, 411 Abs. 1, 2 und des § 412 Abs. 1 der Zivilprozeßordnung entsprechende Anwendung. ²Die nach Absatz 1 bestellte Person ist wie ein Sachverständiger nach dem Gesetz über die Entschädigung von Zeugen und Sachverständigen zu entschädigen. ³In den Fällen der §§ 409, 411 Abs. 2 der Zivilprozeßordnung und des § 16 des Gesetzes über die Entschädigung von Zeugen und Sachverständigen ist das Amtsgericht am Sitz der Empfangsstelle zuständig.

§ 7

¹Wird die Auskunft von einer privaten Stelle oder rechtskundigen Person erteilt (Artikel 6 Abs. 2 des Übereinkommens, § 6), obliegt die Entschädigung dieser Stelle oder Person der Empfangsstelle. ²Die Empfangsstelle nimmt die Zahlungen des ersuchenden Staates entgegen. ³Die Kostenrechnung ist der Empfangsstelle mit der Auskunft zu übersenden.

§ 8

¹Leitet die Empfangsstelle ein Ersuchen an eine von der Landesregierung bestimmte Stelle weiter, so nimmt diese die Aufgaben und Befugnisse der Empfangsstelle nach den §§ 6, 7 Satz 1, 3 wahr. ²In den Fällen des § 6 Abs. 2 Satz 3 ist das Amtsgericht am Sitz der von der Landesregierung bestimmten Stelle zuständig. ³Die von der Landesregierung bestimmte Stelle übermittelt die Antwort der Empfangsstelle. ⁴Hatte die von der Landesregierung bestimmte Stelle die Beantwortung übertragen (Artikel 6 des Übereinkommens, § 6), übermittelt die Empfangsstelle die Zahlungen des ersuchenden Staates dieser Stelle.

III. Sonstige Bestimmungen
§ 9

(1) Die Aufgaben der Empfangsstelle im Sinne des Artikels 2 Abs. 1 des Übereinkommens nimmt der Bundesminister der Justiz wahr.

(2) ¹Die Aufgaben der Übermittlungsstelle im Sinne des Artikels 2 Abs. 2 des Übereinkommens nimmt für Ersuchen, die vom Bundesverfassungsgericht oder von Bundesgerichten ausgehen, der Bundesmini-

ster der Justiz wahr. ²Im übrigen nehmen die von den Landesregierungen bestimmten Stellen diese Aufgaben wahr. ³In jedem Land kann nur eine Übermittlungsstelle eingerichtet werden.

(3) ¹Der Bundesminister der Justiz wird ermächtigt, durch Rechtsverordnung, die der Zustimmung des Bundesrates bedarf, eine andere Empfangsstelle zu bestimmen, wenn dies aus Gründen der Verwaltungsvereinfachung oder zur leichteren Ausführung des Übereinkommens notwendig erscheint. ²Er wird ferner ermächtigt, durch Rechtsverordnung, die nicht der Zustimmung des Bundesrates bedarf, aus den in Satz 1 genannten Gründen eine andere Übermittlungsstelle für Ersuchen zu bestimmen, die vom Bundesverfassungsgericht oder von Bundesgerichten ausgehen.

§ 10

Dieses Gesetz gilt nach Maßgabe des § 13 Abs. 1 des Dritten Überleitungsgesetzes vom 4. Januar 1952 (Bundesgesetzbl. I S. 1) auch im Land Berlin.

§ 11

(1) Dieses Gesetz tritt gleichzeitig mit dem Europäischen Übereinkommen vom 7. Juni 1968 betreffend Auskünfte über ausländisches Recht in Kraft.

(2) Der Tag, an dem dieses Gesetz in Kraft tritt, ist im Bundesgesetzblatt bekanntzugeben.

§ 294 [Glaubhaftmachung]

(1) **Wer eine tatsächliche Behauptung glaubhaft zu machen hat, kann sich aller Beweismittel bedienen, auch zur Versicherung an Eides Statt zugelassen werden.**
(2) **Eine Beweisaufnahme, die nicht sofort erfolgen kann, ist unstatthaft.**

Gesetzesgeschichte: Bis 1900 § 266 CPO. Änderungen durch die Novellen 1898 (RGBl. 1898, 256, 271, → Einl. [20. Aufl.] Rdnr. 113) und 1933 (RGBl. 1933 I 780, 786, → Einl. [20. Aufl.] Rdnr. 133).

I. Begriff	1
II. Anwendungsgebiet	2
1. Anwendungsfälle (ZPO, GKG)	2
2. Sachliche Rechtfertigung	3
3. Glaubhaftmachung in weiteren Fällen	4
III. Allgemeine Grundsätze	5
1. Notwendigkeit	5
2. Anforderungen an das Beweisergebnis	6
3. Mittel der Glaubhaftmachung	8
4. Beschränkung auf sofort mögliche Beweisaufnahmen	9
IV. Verfahren	10
1. Zeugen und Sachverständige	11
2. Urkunden	14
3. Parteivernehmung und eidesstattliche Versicherung	15
V. Stellung des Gegners	18
VI. Arbeitsgerichtliches Verfahren	19

I. Begriff[1]

1   Die Glaubhaftmachung ist eine besondere Art der Beweisführung (→ aber Fn. 8), die durch **freiere Formen der Beweisaufnahme** und ein **geringeres Maß der richterlichen Überzeugung** erleichtert, andererseits aber durch das **Gebot sofortiger Beweisaufnahme** erheblich erschwert wird. Dagegen ist für den Begriff der Glaubhaftmachung die Einseitigkeit des Gehörs nicht wesentlich; denn die Glaubhaftmachung findet auch in Fällen statt, in denen die mündliche Verhandlung obligatorisch (z. B. § 71) oder doch das Gehör des Gegners (dazu → Rdnr. 18) vorgeschrieben ist.

---

[1] Lit.: *Scherer* Das Beweismaß bei der Glaubhaftmachung (1996).

II. Anwendungsgebiet

1. Anwendungsfälle (ZPO und GKG)

Die ZPO fordert Glaubhaftmachung in den §§ 44 Abs. 2, 71 Abs. 1, 118 Abs. 2, 224 Abs. 2, 236 Abs. 2, 251 a Abs. 2, 270 Abs. 2, 296 Abs. 4, 299 Abs. 2, 357 Abs. 2, 367 Abs. 2, 381 Abs. 1, 386 Abs. 1, 406 Abs. 2 und 3, 424 Nr. 5, 430, 435, 441 Abs. 4, 487 Nr. 4, 494 Abs. 1, 511 a Abs. 1, 528 Abs. 1, 529 Abs. 3, 589 Abs. 2, 620 a Abs. 2, 641 d Abs. 2, 707 Abs. 1, 714 Abs. 2, 719 Abs. 2, 769 Abs. 1, 805 Abs. 4, 807 Abs. 1, 815 Abs. 2, 903, 914 Abs. 1, 920 Abs. 2, 980, 985, 986 Abs. 1 und 2, 996 Abs. 2, 1007 Nr. 2, s. ferner § 65 Abs. 7 GKG (→ § 271 Rdnr. 34). – In den Fällen des § 104 Abs. 2 und des § 605 Abs. 2 wird die Glaubhaftmachung für *genügend* erklärt, der volle, nicht auf sofortige Beweismittel beschränkte Beweis also nicht ausgeschlossen, dazu → § 605 Rdnr. 2.

2. Sachliche Rechtfertigung

Die meisten Fälle sind solche, in denen *ohne Gehör des Gegners* entschieden werden kann; wo aber dieses oder mündliche Verhandlung vorgeschrieben ist, handelt es sich meistens um *Entscheidungen rein prozeßrechtlicher Art*. Ein bestimmtes Prinzip liegt der Regelung nicht zugrunde; eine entsprechende Anwendung auf andere Fälle erscheint kaum denkbar, soweit eine Entscheidung aufgrund mündlicher Verhandlung in Frage steht, und ist auch sonst allenfalls bei zwingender Analogie statthaft[1a], → auch § 766 Rdnr. 39[2]. Andererseits ist mit Rücksicht auf Abs. 2 in allen Fällen, in denen die Glaubhaftmachung für erforderlich – nicht für genügend – erklärt ist (→ Rdnr. 2) die Führung des Beweises mit nicht präsenten Beweismitteln ausgeschlossen. Auch der Gegner kann sich hier nur der Glaubhaftmachung bedienen, → Rdnr. 18.

3. Glaubhaftmachung in weiteren Fällen

§ 294 ist auch anwendbar, wo das *materielle Recht* eine Bescheinigung oder Glaubhaftmachung fordert[3]. Die Glaubhaftmachung im Verfahren der *Freiwilligen Gerichtsbarkeit* (z. B. §§ 1953 Abs. 3, 1994 Abs. 2, 2010, 2228, 2264 BGB) regelt § 15 Abs. 2 FGG ebenso wie § 294 Abs. 1, doch gilt dort kein dem Abs. 2 entsprechendes Verbot solcher Beweisaufnahmen, die nicht sofort erfolgen können[4].

III. Allgemeine Grundsätze

1. Notwendigkeit

Auch in den gesetzlich vorgeschriebenen Fällen (→ Rdnr. 2) kommt die Glaubhaftmachung nur insoweit in Frage, als es überhaupt eines **Beweises** im weiteren Sinn bedarf, also nicht Geständnis, Nichtbestreiten, Offenkundigkeit, gesetzliche Vermutung oder Beweisregel den Beweis erübrigen. Auch kann eine Behauptung schon nach den Umständen des Falles als

---

[1a] Vgl. *BGH* VersR 1973, 186, 187; 1991, 896 (anders als bei den Voraussetzungen der Wiedereinsetzung genügt Glaubhaftmachung nicht, wenn es um die Feststellung der Einhaltung einer Frist geht).
[2] S. *RGZ* 21, 398; *RG* JW 1899, 180. – S. zu den Grundgedanken der Fälle, in denen die Glaubhaftmachung kraft Gesetzes ausreicht, auch *E. Peters* Freibeweis im Zivilprozeß (1962), 67 ff., der zu einer – wenig ergiebigen – negativen Abgrenzung gelangt (Glaubhaftmachung nicht bei endgültigen Entscheidungen, wenn voller Beweis möglich und sachlich geboten, aaO 71).
[3] Vgl. *RGZ* 35, 123; *RG* Gruchot 30, 1131.
[4] *Keidel-Kuntze-Winkler* FGG[13] § 15 Rdnr. 59; *Bumiller-Winkler* FGG[6] § 15 Anm. 6.

glaubhaft anzunehmen sein[5]; denn auch für die Glaubhaftmachung gilt insofern der Grundsatz der freien Beweiswürdigung (§ 286 Abs. 1 und 2)[6].

2. Anforderungen an das Beweisergebnis

6 Zur Glaubhaftmachung genügt ein **geringerer Überzeugungswert** als zur Erbringung des vollen Beweises[7]. Der Richter darf zwar auch hier nicht bloß nach subjektivem Ermessen entscheiden, sondern muß objektive Gründe verlangen, aus denen er den Glauben an die **überwiegende Wahrscheinlichkeit**[8] der Behauptung gewinnen kann; aber der endgültigen, auf Prüfung aller Gründe für und wider beruhenden Überzeugung des Gerichts von der Wahrheit oder Unwahrheit einer Tatsachenbehauptung (→ § 286 Rdnr. 4) bedarf es nicht.

7 Entsprechend § 286 Abs. 1 S. 2 hat das Gericht die **Gründe anzuführen,** aus denen es die Glaubhaftmachung ableitet[9]. Die Würdigung der Glaubhaftmachungsmittel ist in der Revisionsinstanz nicht nachprüfbar[10].

3. Mittel der Glaubhaftmachung

8 Zur Glaubhaftmachung wie zu ihrer Entkräftung (→ Rdnr. 18) sind der Art nach **alle Beweismittel** (→ § 284 Rdnr. 26 ff.) zugelassen, einschließlich des Antrags auf **Parteivernehmung** des Prozeßgegners, § 445. Nach § 294 Abs. 2 kommt ihr allerdings insofern nur eine beschränkte Bedeutung zu, als sie nur bei Anwesenheit des Gegners möglich ist. Näher zu den Mitteln der Glaubhaftmachung → Rdnr. 10 ff., insbesondere zur eidesstattlichen Versicherung der Partei → Rdnr. 16.

4. Beschränkung auf sofort mögliche Beweisaufnahmen

9 Beweisaufnahmen sind nach Abs. 2 nur insoweit statthaft, als sie **sofort,** d. h. bei Aufstellung der Behauptung im Gesuch oder doch bis zur Entscheidung darüber, im Falle mündlicher Verhandlung aber **ohne Vertagung** erfolgen können. Die Berufung auf Auskunftspersonen, die das Gericht erst heranziehen müßte, genügt nicht[11]. Wird unter Verstoß gegen Abs. 2 vertagt, um beispielsweise eine Zeugenvernehmung durchzuführen, so sind die auf diese Weise gewonnenen Beweisergebnisse gleichwohl verwertbar[12].

---

[5] So auch *RG* Gruchot 52 (1908), 1143 f., → auch Fn. 27. – Zur einfachen Versicherung des Anwalts → Rdnr. 17.
[6] RGZ 50, 360.
[7] Dazu ausführlich *Scherer* (Fn. 1), 75 ff., die (insoweit mit der h. M.) überwiegende Wahrscheinlichkeit in der Regel ausreichen läßt, aber bei de facto endgültigen Entscheidungen die volle richterliche Wahrheitsüberzeugung verlangt.
[8] BGH FamRZ 1996, 408, 409; VersR 1976, 928, 929; MDR 1983, 749; VersR 1986, 59; 1991, 896; *OLG Frankfurt* GRUR 1980, 179, 180; *OLG Düsseldorf* FamRZ 1995, 1425 (zu § 1600o Abs. 2 BGB); *LG Passau* DGVZ 1989, 43; *Borck* WRP 1978, 776. – Ob das Erfordernis der Glaubhaftmachung in allen Fällen dieselben Anforderungen stellt und ob damit immer nur die *tatsächliche* Seite und nicht auch eine nur summarische *rechtliche* Überprüfung gemeint ist, stellt eine andere Frage dar. Vgl. – differenzierend für den Bereich des einstweiligen Rechtsschutzes – *Leipold* Grundlagen des einstweiligen Rechtsschutzes (1971), 64 ff., 95 (zur Glaubhaftmachung bei der »offenen« einstweiligen Verfügung), 97 (zur Glaubhaftmachung bei der »materiell-akzessorischen« Verfügung). Abl. *Scherer* (Fn. 1), 49 ff. – Zur Feststellung ausländischen Rechts im Arrest- und Verfügungsverfahren → § 293 Rdnr. 55 ff.
[9] A. M. *Baumbach-Lauterbach-Hartmann*[55] Rdnr. 3 (empfiehlt aber Begründung); *Wieczorek*[2] A III. Der sachliche Grund des § 286 Abs. 1 S. 2 (Ermöglichung der Nachprüfung, Schutz vor Willkür) greift aber bei der Glaubhaftmachung in derselben Weise ein wie beim vollen Beweis. Das völlige Fehlen einer Begründung kann auch aus der Sicht des Anspruchs auf rechtliches Gehör problematisch sein, dazu allgemein → vor § 128 Rdnr. 38 f. – Im Ergebnis wie hier *MünchKommZPO-Prütting* Rdnr. 25.
[10] RGZ 136, 282. Nachprüfbar ist dagegen, ob der Begriff der Glaubhaftmachung verkannt wurde.
[11] BGH LM Nr. 1 = NJW 1958, 712 = MDR 1958, 418 = JZ 1958, 441; KG JW 1934, 3075.
[12] BGH FamRZ 1989, 373.

IV. Verfahren

Bei der Beweisaufnahme brauchen die sonst vorgeschriebenen Formen nicht in jeder Hinsicht gewahrt zu werden[13]. 10

1. Zeugen und Sachverständige

Diese werden persönlich nur dann vernommen, wenn mündliche Verhandlung stattfindet und die Auskunftspersonen dazu **von der Partei gestellt** sind[14]. Ladung für einen späteren Termin nach § 377 Abs. 1 und 2 ist durch Abs. 2 ausgeschlossen. Zulässig ist aber die Ladung durch eine den Termin vorbereitende Maßnahme[15], → § 273 Rdnr. 29, während eine Terminsverlegung zwecks Ladung von Zeugen oder Sachverständigen nicht verlangt werden kann[16]. Für das Prozeßkostenhilfeverfahren enthält § 118 Abs. 2 S. 3 eine Sonderregelung. Zur Verwertbarkeit bei Verstößen gegen Abs. 2 → Rdnr. 9. 11

Die Glaubhaftmachung kann aber, auch wenn mündliche Verhandlung stattfindet[17], durch Vorlage **schriftlicher Aussagen**[18] (eidesstattlicher und anderer), auch privat eingeholter **Sachverständigengutachten**[19], geschehen, über deren Echtheit[20] und Beweiswert das Gericht frei entscheidet[21], oder durch Vorlage der Protokolle über eine vorhergehende notarielle Verhandlung, einer Erklärung vor dem Urkundsbeamten der Geschäftsstelle oder der Protokolle aus einem selbständigen Beweisverfahren (§§ 485 ff.) usw.[22]; → auch § 284 Rdnr. 33 ff. Auch eine **telefonische Bestätigung**[23] kommt als Mittel der Glaubhaftmachung in Betracht. 12

Wird der von der Partei gestellte **Zeuge oder Sachverständige** vom Gericht **vernommen**, so steht es in seinem Ermessen, ob es den Zeugen oder Sachverständigen beeidigen will oder nicht, §§ 391, 402; es kann auch eine eidesstattliche Versicherung verlangen. 13

2. Urkunden

Die Glaubhaftmachung durch Urkunden[24] erfordert **sofort vorzulegende**, nicht erst herbeizuschaffende Urkunden[25]. Beweisantretung durch Vorlegungsantrag nach § 421 oder nach §§ 428 ff. ist nach Abs. 2 unzulässig[26]. 14

---

[13] S. besonders *RGZ* 30, 376; *BSG* NJW 1958, 1989.
[14] *LAG Baden-Württemberg* LAGE § 5 KSchG Nr. 37. – S. auch *RG* JW 1899, 338; *RGZ* 16, 368 (keine Vernehmung durch ersuchten Richter).
[15] *BGH* FamRZ 1989, 373.
[16] *BFH/NV* 1987, 451, 452.
[17] Vgl. *RG* JW 1899, 338 f.
[18] Z.B. durch ärztliches Privatgutachten, *LG München I* DAVorm 1976, 210.
[19] Zur Bedeutung von Privatgutachten im Verfahren der einstweiligen Verfügung *Krüger* WRP 1991, 68.
[20] Die Vorlage einer bloßen Kopie der eidesstattlichen Versicherung wird im allgemeinen nicht genügen, vgl. *OLG Düsseldorf* (Strafs.) Strafverteidiger 1994, 284; *FG Brandenburg* EFG 1996, 717.
[21] Das Gericht kann einer schriftlichen Äußerung (je nach den Umständen) den Beweiswert absprechen, wenn die Unterschrift nicht beglaubigt ist. Im asylrechtlichen Eilverfahren darf nach *BVerfG* NVwZ – Beilage 1/1994, 2 aus verfassungsrechtlichen Gründen einer eidesstattlichen Versicherung nicht allein mangels näherer Überprüfbarkeit der Beweiswert abgesprochen werden. Zur Beweiswürdigung → auch Fn. 35. Wegen der Kosten → § 91 Fn. 350.
[22] Vgl. auch *BSG* NJW 1958, 1989 (Erklärung gegenüber dem Jugendamt). – Die Kosten der Gestellung sind daher nur ausnahmsweise erstattungsfähig, *RG* JW 1905, 178.
[23] Vgl. *BVerwG* Buchholz 303 § 227 ZPO Nr. 13 (telefonische Bestätigung einer Erkrankung durch den Arzt kann zur Glaubhaftmachung bei beantragter Terminsverlegung, § 227 Abs. 3, verlangt werden).
[24] Die Glaubhaftmachung kann auch durch Vorlage unbeglaubigter Fotokopien erfolgen, *OLG Köln* FamRZ 1983, 709; → aber zur eidesstattlichen Versicherung Fn. 20.
[25] *RG* JW 1911, 217 f. – Akten desselben Gerichts, auch diejenigen einer anderen Abteilung, sind, wenn sie ohne Verzögerung beigezogen werden können, als sofort vorlegbare anzusehen.
[26] *RGZ* 10, 322.

3. Parteivernehmung und eidesstattliche Versicherung

15 Der Beweisantritt durch Antrag auf **Vernehmung des Gegners** nach § 445 ist zum Zwecke der Glaubhaftmachung nicht ausgeschlossen. Er setzt aber wegen Abs. 2 voraus, daß der Gegner im Termin anwesend ist. Die Ablehnung der Vernehmung oder die Verweigerung der Aussage im ganzen oder auf bestimmte Fragen sind dabei nach §§ 446, 453 Abs. 2 frei zu würdigen. Das Gericht kann auch die **Partei, der die Glaubhaftmachung obliegt,** nach §§ 447, 448 vernehmen, sofern sie im Termin anwesend ist.

16 Im übrigen hat die **Partei, der die Glaubhaftmachung obliegt,** nach § 294 Abs. 1, 2. HS die Möglichkeit, die Glaubhaftmachung durch **eigene**[26a] **eidesstattliche Versicherung**[27] zu führen. Die Partei kann die eidesstattliche Versicherung ebenso wie die eines Zeugen (→ Rdnr. 12) auch schriftlich[28] überreichen[29]. Bei der Bewertung ist in aller Regel starke Vorsicht geboten. Dies gilt insbesondere, wenn die Umstände (z. B. widersprüchlicher Inhalt der Versicherung) für eine leichtfertige Abgabe sprechen[30]. Beweiswert wird der eidesstattlichen Versicherung im allgemeinen nur zukommen, wenn sie sich auf eigene unmittelbare Wahrnehmungen[31] bzw. eigene Handlungen bezieht und präzise Tatsachen angibt. Eidesstattliche Versicherungen, die keine Tatsachendarstellung enthalten, sondern lediglich auf die in Schriftsätzen (z. B. im Wiedereinsetzungsgesuch) enthaltenen Angaben Bezug nehmen, kennzeichnet der BGH[32] zutreffend als Unsitte. Eine solche Versicherung der Richtigkeit des früher schriftsätzlich Vorgetragenen kann jedenfalls dann nicht genügen, wenn die Schriftsätze ein Gemisch aus Tatsachen und Wertungen enthalten[33].

16a In § 986 Abs. 3 ist dem Gericht die Anordnung weiterer Ermittlungen vorbehalten. **Ausgeschlossen** ist die **Versicherung an Eides Statt** als Mittel der Glaubhaftmachung in den Fällen der §§ 44 Abs. 2, 406 Abs. 3, 511 a Abs. 1. Im Fall des § 386 Abs. 2 genügt zur Glaubhaftmachung die mit der Berufung auf einen geleisteten Diensteid abgegebene Versicherung.

17 Die **einfache Versicherung** bzw. Erklärung des **Anwalts** genügt in den Fällen des § 104 Abs. 2 S. 2 sowie des § 65 Abs. 7 S. 1 Nr. 4 GKG (→ § 271 Rdnr. 43), ist aber auch sonst zulässiges Glaubhaftmachungsmittel[34].

V. Stellung des Gegners

18 Soweit in den Fällen der Glaubhaftmachung der Gegner gehört wird, gilt auch für ihn zur **Widerlegung** der Glaubhaftmachung des Gesuchstellers sowie zum Beweis seiner Einwendungen das **Erfordernis der Glaubhaftmachung**[35] mit seinen Erleichterungen und der Er-

---

[26a] *BGH* FamRZ 1996, 408 (zur Wiedereinsetzung).
[27] Die schlichte Erklärung wird dagegen nur in Verbindung mit anderen, für die Wahrscheinlichkeit sprechenden Umständen genügen können, so wohl auch *LG Dortmund* AnwBl 1978, 242.
[28] Kopie genügt in der Regel nicht, → Fn. 20. – Zur Formulierung eidesstattlicher Versicherungen vgl. *E. Schneider* JurBüro 1969, 489.
[29] Vgl. *RGZ* 50, 360 f.; *RGSt* 36, 212; *OLG Breslau* OLG Rsp 18 (1909), 33; *KG* OLG Rsp 3 (1901), 366; *OLG Rostock* SeuffArch 65 (1910), 162; *OLG Kiel* SchlHA 1913, 56. – A.M. *RG* JW 1902, 296.
[30] *BGH* VersR 1986, 59. Recht großzügig in der Bejahung des Beweiswerts dagegen *BFH/NV* 1992, 604, 606.
[31] Vgl. *BPatGE* 33, 228, 231 (zu § 5 Abs. 7 S. 2 WZG).
[32] *BGH* NJW 1988, 2045.
[33] *OLG Düsseldorf* MDR 1986, 152.
[34] *BAG* AP § 251 a ZPO Nr. 1; *RG* JW 1926, 1561; *RAG* DR 1940, 214; *OLG Köln* MDR 1986, 152. – A.M. *AG Köln* JMBlNRW 1966, 210. – Sie ist aber dann frei zu würdigen und hat in der Regel geringeren Beweiswert als eine eidesstattliche Versicherung; a.M. *OLG Köln* MDR 1986, 152 (grundsätzlich zumindest der eidesstattlichen Versicherung einer Partei gleichzustellen). Eine grundsätzliche Sonderstellung kommt der einfachen oder eidesstattlichen Versicherung eines Anwalts nicht zu, vgl. *BGH* VersR 1974, 1021; *LAG Düsseldorf* DB 1976, 106. Innere Vorgänge bei einem Dritten können durch anwaltliche Versicherung nicht bewiesen werden, *LAG Stuttgart* MDR 1978, 789. – Durch die anwaltliche Versicherung kann im Verfahren der einstweiligen Verfügung auch die Beweisgebühr ausgelöst werden, *OLG München* Rpfleger 1985, 457; *OLG Koblenz* MDR 1986, 329.
[35] *OLG Köln* KTS 1988, 553, 554. – Zur Beweiswürdigung *OLG Köln* OLGZ 1981, 444 = MDR 1981, 765 (keine Widerlegung des durch notarielle Urkunde geführten Beweises durch eidesstattliche Versicherung Dritter).

schwerung durch Abs. 2³⁶. In einem solchen Fall genügt auch für den Gegenbeweis nach § 418 Abs. 2 die Glaubhaftmachung³⁷. Der Gegner kann ebenfalls zur **eidesstattlichen Versicherung** zugelassen werden. Dies gilt insbesondere im Verfahren über Arrest und einstweilige Verfügung, → auch § 922 Rdnr. 22, und den Widerspruch dagegen, dazu → § 925 Rdnr. 8.

VI. Arbeitsgerichtliches Verfahren

§ 294 gilt auch im arbeitsgerichtlichen Verfahren, §§ 46 Abs. 2, 64 Abs. 6, 72 Abs. 5 ArbGG. Bei nicht zugelassener Berufung muß der Berufungskläger den Wert des Beschwerdegegenstands glaubhaft machen, ohne daß seine Versicherung an Eides Statt zulässig wäre, § 64 Abs. 5 ArbGG.   **19**

§ 295   [Heilung von Verfahrensfehlern]

(1) Die Verletzung einer das Verfahren und insbesondere die Form einer Prozeßhandlung betreffenden Vorschrift kann nicht mehr gerügt werden, wenn die Partei auf die Befolgung der Vorschrift verzichtet, oder wenn sie bei der nächsten mündlichen Verhandlung, die auf Grund des betreffenden Verfahrens stattgefunden hat oder in der darauf Bezug genommen ist, den Mangel nicht gerügt hat, obgleich sie erschienen und ihr der Mangel bekannt war oder bekannt sein mußte.

(2) Die vorstehende Bestimmung ist nicht anzuwenden, wenn Vorschriften verletzt sind, auf deren Befolgung eine Partei wirksam nicht verzichten kann.

Gesetzesgeschichte: Bis 1900 § 267 CPO.

I. Normzweck	1	III. Verzicht und Nichtrüge	20
II. Voraussetzungen; Übersicht über die wichtigsten Einzelfälle	2	1. Verzicht	21
		2. Nichtrüge	22
1. Vorschriften über das Verfahren	3	IV. Wirkung	32
2. Verzichtbare Vorschriften	4		
3. Einzelfälle	5		

I. Normzweck¹

Eine Prozeßhandlung, die unter Verletzung einer zwingenden Prozeßvorschrift vorgenommen wird, ist unzulässig (bei Erwirkungshandlungen) bzw. unwirksam (bei Bewirkungshandlungen), → vor § 128 Rdnr. 232 ff. Nach § 295 wird jedoch in gewissen Grenzen (s. unten) die **Fehlerhaftigkeit** dadurch **geheilt**, daß die Partei, deren Interesse durch die Vorschrift gewahrt werden soll, auf die Geltendmachung des Verstoßes **verzichtet** oder den Verstoß **nicht rügt**. Im Interesse schnellen und sicheren Prozeßganges sieht § 295 eine alsbaldige Verwirkung des Rügerechts vor. Das Rügerecht kann sich auf Handlungen des Gerichts oder auf Parteihandlungen (zum Begriff → vor § 128 Rdnr. 157) beziehen. Mängel der von ihr selbst oder von ihrem Vertreter vorgenommenen Parteihandlungen kann nicht die Partei selbst, sondern nur ihr *Gegner* rügen, soweit es sich um Vorschriften handelt, auf deren Befolgung er verzichten kann². Verzichtbare Mängel *gerichtlicher* Prozeßhandlungen kann jedoch jede Partei rügen.   **1**

---

³⁶ *OLG München* FamRZ 1976, 696; *RGZ* 30, 414; s. auch *RGZ* 82, 273.
³⁷ *OLG Koblenz* NJW-RR 1987, 509.
¹ Lit.: *Hagen* Formzwang und Formzweck im Zivilprozeß, JZ 1972, 505; *Heilbut* »Müssen« und »Sollen« in der deutschen Civilprozeßordnung, AcP 69 (1886), 331 ff.; *E. Schneider* Hinweise für die Prozeßpraxis, Heilung von Verfahrensmängeln, JurBüro 1970, 222; vgl. auch *R. Bruns* ZPR² Rdnr. 102, 163, 164; *Bülow* Dispositives Civilprozeßrecht und die verbindliche Kraft der Rechtsordnung, AcP 64 (1881), 1 ff.; *J. Goldschmidt* Prozeß als Rechtslage (1925), 308 f., 428 f.; *Sauer* Grundlagen des Prozeßrechts (1919), 345 ff.
² *Seuffert-Walsmann*¹² Fn. 7.

II. Voraussetzungen; Übersicht über die wichtigsten Einzelfälle

2 Für die Heilbarkeit der Mängel stellt § 295 **zwei Voraussetzungen** auf:

1. Vorschriften über das Verfahren

3 Die Vorschriften müssen das Verfahren des anhängigen Prozesses[3] betreffen (vgl. auch § 567 Rdnr. 13), d. h. die äußere Form oder die Voraussetzungen oder die Reihenfolge der Prozeßhandlungen der Parteien oder des Gerichts, nicht aber ihren Inhalt. Ausgeschlossen von einer Heilung sind hiernach Mängel, die sich auf die sachliche *Begründung* der erhobenen Ansprüche, insbesondere auf Angriffs- und Verteidigungsmittel, Beweismittel und Beweiseinreden beziehen oder die im Unterschied zu den einzelnen Prozeßhandlungen die Voraussetzungen des Verfahrens als Ganzen betreffen, oder endlich nicht die äußere Erscheinungsform der Prozeßhandlungen, sondern den **Inhalt** der Erklärungen der Parteien oder der Entscheidungen des Gerichts berühren[4], wie etwa die Berücksichtigung oder Nichtberücksichtigung eines Prozeßvorganges, z. B. eines Geständnisses[5] oder eines schon erlassenen Urteils[6], weiter etwa die Verwertung einer nicht protokollierten Aussage nach Richterwechsel[7]. Es ist unerheblich, ob an die Vornahme einer Prozeßhandlung materiell-rechtliche Folgen geknüpft sind, z. B. Unterbrechung der Verjährung nach § 209 Abs. 1 BGB, § 262 S. 2, § 261 Abs. 2 ZPO.

2. Verzichtbare Vorschriften

4 Es muß sich um die Verletzung von Vorschriften handeln, auf deren Befolgung eine Partei wirksam verzichten kann. Entscheidend ist, ob die verletzte Vorschrift lediglich das **Interesse einer Partei schützen soll**[8]; daran fehlt es z. B., wenn das Gesetz die Prüfung von Amts wegen (→ vor § 128 Rdnr. 91 ff.) vorschreibt. Dagegen steht der Umstand, daß der Mangel wesentlich ist, der Parteidisposition nicht entgegen[9], da § 295 bei unwesentlichen Mängeln, d. h. solchen, die auch bei Rüge keine sachlichen Folgen haben, gar nicht erst in Betracht kommt.

3. Einzelfälle

5 Rechtsprechung und Lehre haben in umfangreicher Kasuistik zu zahlreichen Vorschriften der ZPO Grundsätze über die Heilung von Verstößen entwickelt. Es ist nicht Aufgabe der Kommentierung des § 295, die gesamte Kasuistik darzulegen, da jeweils bei den entsprechenden Bestimmungen der ZPO gesagt ist, inwieweit ein Verstoß gegen sie der Heilung nach § 295 unterliegt. In der folgenden Aufstellung sollen deshalb nur zur näheren Verdeutlichung des § 295 die wichtigsten Fallgruppen von verzichtbaren und unverzichtbaren Mängeln angeführt werden:

6 a) **Verstöße gegen Grundprinzipien des Prozeßrechts** sind nicht heilbar, so Verletzungen des Verhandlungsgrundsatzes[10], der Öffentlichkeit des Verfahrens[11], Verstöße gegen die Zulässigkeit des Rechts-

---

[3] *RG* Gruchot 48 (1904), 110.
[4] S. auch *RGZ* 3, 368; 14, 382 f.; 17, 34; 110, 150 (zu § 308); *RG* JW 1901, 206.
[5] Vgl. *RG* JW 1897, 461; SeuffArch 54 (1899), 464.
[6] *KG* OLG Rsp 17, 321 (Fortsetzung des Verfahrens nach Versäumnisurteil ohne Einlegung eines Einspruchs); vgl. auch *Wieczorek*[2] B II c 1; *Schönke-Kuchinke*[9] § 73 II 3 (differenzierend).
[7] *BGHZ* 65, 267; *BGH* LM § 1421 BGB Nr. 1.
[8] Vgl. *Nikisch* Lb[2] 27.
[9] *RGZ* 9, 389.

[10] *RGZ* 156, 376.
[11] → vor § 128 Rdnr. 130a; ebenso *OLG Köln* OLGZ 1985, 318 = NJW-RR 1986, 560; *R. Bruns* ZPR[2] Rdnr. 163; *Baumbach-Lauterbach-Albers*[55] Übers. vor § 169 GVG Rdnr. 2; *Baumbach-Lauterbach-Hartmann*[55] Rdnr. 38; a. M. *Zöller-Greger*[20] Rdnr. 5 (nachträglicher Verzicht wirksam); *Wieczorek*[2] B II b 1; für das finanzgerichtliche Verfahren *BFHE* 161, 427. Verstöße gegen den Grundsatz der Parteiöffentlichkeit werden dagegen als heilbar angesehen: *BGH* LM Nr. 7; *BVerwG* NJW 1959, 1099; *Thomas-Putzo*[19] Rdnr. 2.

weges[12], gegen den Grundsatz des rechtlichen Gehörs[13], gegen den Antragsgrundsatz (§ 308)[14] und den Bestimmtheitsgrundsatz (§ 253)[15]. Auch das Erfordernis streitiger Verhandlung als Voraussetzung eines kontradiktorischen Urteils ist nicht verzichtbar[16].

b) Verletzungen des Grundrechts auf den **gesetzlichen Richter** (Art. 101 Abs. 1 GG, § 16 GVG) sind genausowenig heilbar[17] wie sonstige Verletzungen der Normen über die ordnungsgemäße **Besetzung** der Gerichte (§§ 22, 75, 122, 132, 139, 192 GVG)[18], einschließlich der Befähigung zum Richteramt (§§ 5 ff. DRiG, § 109 GVG) und der Vorschriften über die Ausschließung vom Richteramt (§ 41 ZPO)[19]. Hingegen ist heilbar die Entscheidung durch eine andere als die nach dem GVG zuständige Kammer[20], nicht dagegen die Entscheidung durch einen im Instanzenzug nicht zuständigen und anders besetzten Spruchkörper[21]. Nicht verzichtbar ist die Verhandlung vor dem Schlichtungsausschuß nach § 111 Abs. 2 S. 5 ArbGG[22]. Zum Verfahren vor dem Einzelrichter (§§ 348 und 350 ZPO) → Rdnr. 17. Daß über ein **Ablehnungsgesuch** nicht entschieden wird, kann nicht durch Unterlassen einer Rüge geheilt werden, doch kann sich aus dem Parteiverhalten ein Verzicht auf das Ablehnungsgesuch ergeben[23].

c) Bei Verletzungen der Vorschriften über die **Zuständigkeit** der Gerichte ist im allgemeinen davon auszugehen, daß der Mangel heilbar ist, es sei denn, daß ein Verstoß gegen die ausschließliche Zuständigkeit eines Gerichts vorliegt[24]. Auch soweit eine Vereinbarung über die Zuständigkeit ausgeschlossen ist (§ 40), kann eine Heilung nach § 295 nicht eintreten[25]. — Soweit man in der Regelung der **Widerklage** in § 33 eine Zuständigkeitsvorschrift sieht[26], richtet sich die Heilbarkeit von Verstößen gegen diese Vorschrift nach den Grundsätzen über die Heilung von Zuständigkeitsverstößen. Für Anhänger der Gegenansicht[27] ergibt sich die Heilbarkeit aus § 295[28].

d) Verstöße gegen die Vorschriften über die **Parteifähigkeit** (§ 50), **Prozeßfähigkeit** (§§ 51 ff.), **Prozeßführungsbefugnis**[29], Legitimation des **gesetzlichen Vertreters**[30] und über die Postulationsfähigkeit (Anwaltszwang, § 78)[31] sind unheilbar. Eine Heilung kann bei derartigen Verletzungen nur insoweit eintreten, als für ermächtigungslose (vollmachtlose) Parteihandlungen die Genehmigung durch die betroffene Partei erteilt wird[32]. Damit wird aber nicht von der Einhaltung jener Vorschriften dispensiert (wie dies § 295 vorsieht), sondern die Tatbestandsmerkmale dieser Bestimmungen werden nachträglich erfüllt.

---

[12] → Einl. [20. Aufl.] Rdnr. 407; *Nikisch* Lb² 220.
[13] *RGZ* 93, 155; *BayObLG* HEZ 2, 292; unentschieden *BGHZ* 43, 14. Beim Verstoß gegen das Recht auf Gehör muß hinsichtlich der Verzichtbarkeit differenziert werden. Ein Verzicht im voraus ist unzulässig, → vor § 128 Rdnr. 51. Eine Heilung durch rügeloses Einlassen ist aber möglich, s. auch *Zöller-Greger*[20] Rdnr. 5; *Baumbach-Lauterbach-Hartmann*[55] Rdnr. 44; *BFH* NJW 1968, 111; *BFH* 1977, 804; *BFH* NJW 1980, 1768 (LS); *BFH/NV* 1993, 34 u. 422.
[14] *E. Schneider* NJW 1967, 23; → auch § 308 Rdnr. 12.
[15] Näher → § 253 Rdnr. 181 ff. Soweit aber trotz des Verstoßes gegen § 253 ein bestimmter Klageantrag vorliegt, ist die Verletzung der Vorschrift des § 253 heilbar: *BGHZ* 4, 335; 10, 94; 22, 256; 25, 72; *BGH* LM § 253 Nr. 6; *OLG Halle* NJW 1950, 408. Gegen eine Heilung bei unzulässiger Bezugnahme auf andere Schriftstücke *H. D. Lange* NJW 1949, 438, 440.
[16] *OLG Düsseldorf* JurBüro 1988, 382.
[17] *BGHZ* 6, 181. Gegen Verzichtbarkeit auch *Gaul* JZ 1984, 563 f.
[18] *BPatG* GRUR 1979, 402 zur nicht ordnungsgemäßen Besetzung des Beschlußgremiums; *BAGE* 43, 258, 263 = *MDR* 1984, 347 zur Besetzung des Gerichts durch nicht mitwirkungsbefugte ehrenamtliche Richter; ebenso *BSG* SozR 1500 § 164 SGG Nr. 33 (aber Verwirkung der Rüge nach Treu und Glauben möglich).
[19] → auch § 41 Rdnr. 5; *OLG Frankfurt* NJW 1976, 1545.
[20] *BGHZ* 40, 154 (Kammer für Baulandsachen).
[21] *BGH* NJW-RR 1992, 1152 = MDR 1992, 610 (Entscheidung des Landwirtschaftssenats über Berufung gegen Urteil des LG).
[22] *BAGE* 61, 258, 263 = EzA § 13 n. F. KSchG Nr. 4 (krit. *Brehm*).
[23] Im Ergebnis zutreffend *BVerwG* NJW 1992, 1186, das sich aber auf § 295 stützt.
[24] *OLG München* VersR 1982, 198 (LS); *Zöller-Greger*[20] Rdnr. 4; *Baumbach-Lauterbach-Hartmann*[55] Rdnr. 60.
[25] → § 40 Rdnr. 8. — Für Rhein-Schiffahrtsgerichte besteht eine »negative« ausschließliche Zuständigkeit (§§ 14, 15 BSchVerfG i. V. m. Art. 34 II Rev. Rheinschiffahrtsakte); ebenso § 18 a Abs. 2 BSchVerfG hinsichtlich der Mosel-Schiffahrtsgerichte), d. h. die Parteien können für Sachen, die keine Rheinschiffahrtssachen sind, nicht die Zuständigkeit der Rheinschiffahrtsgerichte vereinbaren, und insoweit gilt nicht § 295 Abs. 1, sondern Abs. 2, *BGHZ* 45, 242; *BGH* VersR 1975, 239. — Im übrigen zu den Schiffahrtsgerichten → § 38 Rdnr. 2 sowie → Einl. [20. Aufl.] Rdnr. 622, → § 1 Rdnr. 76.
[26] → § 33 Rdnr. 6.
[27] → § 33 Rdnr. 7.
[28] Nachw. → § 33 Rdnr. 20 Fn. 69.
[29] Die fehlerhafte Bezeichnung der beklagten Partei (Gemeinschuldner) kann jedoch geheilt werden, wenn die Klage der wirklich gemeinten Partei (dem Konkursverwalter) zugestellt und von dieser von Anfang an als gegen sie gerichtet behandelt wurde, *OLG Nürnberg* ZIP 1994, 144.
[30] → § 56 Rdnr. 6.
[31] → § 78 Rdnr. 10. S. auch *OLG Hamm* DNotZ 1989, 632, 633 (Fehlen der Postulationsfähigkeit nach § 45 Nr. 4 aF BRAO nicht heilbar).
[32] → § 56 Rdnr. 3, § 78 Rdnr. 10.

10 e) Verstöße gegen die Vorschriften über die **Streitgenossenschaft** (§§ 59 ff.) und die **Beteiligung Dritter** am Rechtsstreit (§§ 64 ff.) sind grundsätzlich heilbar: Der Mangel der Voraussetzungen der §§ 59 ff. ist nur auf Rüge hin beachtlich und deshalb heilbar[33]; dasselbe gilt von formellen Mängeln des Beitritts des Nebenintervenienten[34], insbesondere beim Fehlen des rechtlichen Interesses[35]. Ob die Voraussetzungen für eine **Streitverkündung** vorlagen, ist ohnehin erst in einem zweiten Prozeß zu klären[36] und unterliegt deshalb nicht der Heilung nach § 295 im anhängigen (ersten) Verfahren; Mängel des Inhalts der Streitverkündungsschrift oder ihrer Zustellung sind daher im Folgeprozeß geltend zu machen, andernfalls tritt Heilung gem. § 295 ein[37].

11 f) Verstöße gegen die Normen über die **mündliche Verhandlung** (§§ 128 bis 165) sind zum Teil heilbar. Der Verstoß gegen den Grundsatz der Mündlichkeit ist angesichts der Befugnisse der Parteien, ein schriftliches Verfahren zu vereinbaren, heilbar[38]. Bei Verletzungen der **Wahrheitspflicht** wird man dort eine Unheilbarkeit annehmen müssen, wo Prozeßbetrug vorliegt oder wo die Geltung des Verhandlungsgrundsatzes (→ Rdnr. 6) ausgeschlossen ist. – Verzichtbar[39] sind hingegen die Vorschriften über Einzelheiten der Protokollierung (§§ 160 ff.), doch gilt dies nicht, wenn aufgrund der Unterlassung der Protokollierung ein **Tatbestandsmangel** in dem Sinne vorliegt, daß die tatsächlichen Grundlagen des angefochtenen Urteils für das Revisionsgericht nicht in vollem Umfange ersichtlich sind[40]. Bei einer unterbliebenen Protokollierung von Zeugenaussagen ist die Heilbarkeit daher nur zu bejahen, wenn der Inhalt der Aussagen im Urteil klar und vollständig wiedergegeben ist[41]. Auch bei fehlerhaft unterbliebener Hinziehung eines **Dolmetschers** (§ 185 GVG, dazu → vor § 128 Rdnr. 152 ff.) tritt Rügeverlust ein[42], ebenso bei mangelhafter Übersetzung durch den Dolmetscher[43], während die fehlende Vereidigung des Dolmetschers (§ 189 GVG) nicht durch Rügeverzicht geheilt werden kann[44].

12 g) Verletzungen der Vorschriften über die **Zustellungen, Ladungen, Termine** und **Fristen** (§§ 166 bis 229) sind zum großen Teil heilbar. Bei den Zustellungsmängeln greift in erster Linie § 187 ein[45]. Unheilbar sind Verstöße gegen die Vorschriften über die Wahrung der Notfristen[46] und über die dazu dienenden Zustellungen[47], gegen die Klagefristen und die Rechtsbehelfsfristen (näher → Rdnr. 19). Hingegen unterliegen dem Parteiverzicht nach § 295 die sonstigen Verstöße gegen Fristvorschriften[48], Ladungen und Zustellungen[49] (zur Frage, inwieweit die Heilung hinsichtlich der Klagezustellung zurückwirkt, → Fn. 17). Soweit eine fehlerhafte Fristbestimmung Grundlage einer Präklusion sein soll, ist eine Heilung des Mangels nicht möglich[50], → § 296 Rdnr. 33.

13 h) Die Verletzungen der Vorschriften über die Zulässigkeit einer **Wiedereinsetzung in den vorigen Stand** (§ 233) sind nicht heilbar[51], während Verstöße gegen die Vorschriften über die **Unterbrechung** und **Aussetzung** des Verfahrens (§§ 239 bis 252) im allgemeinen dem Verzicht unterliegen, so etwa Mängel der Zustellung der Anzeige nach § 244 Abs. 1[52], Verhandlungen während der Dauer der Unterbrechung usw. des Verfahrens[53], Genehmigungen des Rechtsmittelverzichts während des unterbrochenen Verfahrens[54]. Verletzungen des § 251a – Entscheidung nach Aktenlage – unterliegen ebenfalls der Heilung nach § 295[55].

14 i) Von den Vorschriften über das **Verfahren bis zum Urteil** (§§ 253 bis 299a) unterliegen zahlreiche Vorschriften der Heilung nach § 295, so etwa Mängel der **Klageerhebung**, sofern der Bestimmtheitsgrundsatz (→ Rdnr. 6) nicht verletzt ist[56]. Zur Heilung bei **fehlender Unterzeichnung** der Klageschrift →

---

[33] → vor § 59 Rdnr. 9.
[34] → § 70 Rdnr. 5.
[35] RGZ 163, 365.
[36] → § 73 Rdnr. 4.
[37] BGH NJW 1976, 292 = LM § 73 Nr. 1, → § 73 Rdnr. 4.
[38] → § 128 Rdnr. 52.
[39] Näher zur unterlassenen Protokollierung → § 161 Rdnr. 10; zur unterbliebenen Vorlesung → § 162 Rdnr. 5; zu Einwendungen bei Ton- und Datenträgeraufzeichnungen → § 160 a Rdnr. 17; zur Verwertung nicht protokollierter Beweisaufnahmen nach Richterwechsel → § 161 Rdnr. 5.
[40] BGH NJW-RR 1993, 519, 520 u. 1034, 1035; näher → § 161 Rdnr. 10.
[41] BGH NJW 1987, 1200.
[42] BVerwG NJW 1988, 722.
[43] BVerwG NVwZ 1983, 668 = DÖV 1983, 949.
[44] BGH NJW 1987, 260.
[45] → § 187 Rdnr. 1 ff.; → vor § 166 Rdnr. 28.
[46] Vgl. RG DJ 1936, 1538.
[47] → vor § 166 Rdnr. 28 f. und wegen der Ausnahme gemäß § 270 Abs. 3 → § 270 Rdnr. 54; BGH NJW 1952, 934 = JR 1952, 245 = MDR 1951, 418 = LM Nr. 4; BGHZ 24, 119.
[48] Vgl. RGZ 37, 378; OLG Hamburg SeuffArch 39 (1884), 218; zur Heilbarkeit von Verstößen gegen die Einlassungs- und Ladungsfristen: BVerwG NJW 1989, 601; näher → § 214 Rdnr. 7 f., → § 274 Rdnr. 13.
[49] BGHZ 10, 94; 65, 114, 116; 70, 384, 386; BGH NJW 1976, 2263 = VersR 1976, 687; BGH NJW 1984, 926 = MDR 1984, 562; RGZ 72, 115; OLG Celle NdsRpfl 1950, 77; OLG Hamm VersR 1983, 64.
[50] BGH NJW 1990, 2389, 2390; NJW 1991, 2773.
[51] RGZ 131, 262; OGHZ 2, 238.
[52] BGHZ 23, 175; BGH NJW 1957, 713; BGH VersR 1967, 395, 398.
[53] → § 249 Rdnr. 17 f., § 251 Rdnr. 10.
[54] BGHZ 4, 320.
[55] → § 251 a Rdnr. 14.
[56] BGHZ 65, 47 = LM Nr. 28 = NJW 1975, 1704 =

§ 129 Rdnr. 29 f. Hinsichtlich der **Prozeßvoraussetzungen** (→ Einl. [20. Aufl.] Rdnr. 311 ff.) könnte an sich eine Heilung bei denjenigen Voraussetzungen eintreten, die der Parteivereinbarung zugänglich sind; doch greifen in diesen Fällen bereits die Vorschriften der §§ 282 Abs. 3, 296 Abs. 3 ein, so daß es nicht mehr zur Anwendung des § 295 kommt. Soweit unverzichtbare Prozeßvoraussetzungen verletzt wurden, hilft weder § 296 Abs. 3 noch § 295, so z. B. auch nicht beim Rechtsschutzbedürfnis[57]. § 295 wird aber insoweit für die verzichtbaren Prozeßvoraussetzungen bedeutsam, als die Vorschrift des § 296 Abs. 3 selbst verzichtbar ist, so daß eine Verletzung dieser Vorschrift über § 295 geheilt werden kann[58]. Verstöße gegen die Vorschriften über die Klageänderung (§ 263) und die Parteiänderung (→ § 264 Rdnr. 91 ff.) sind angesichts der Regelung des § 267 heilbar. Auch hier geht die Vorschrift des § 267 vor der Regelung des § 295 vor. Allerdings werden wiederum Verstöße gegen § 267 über § 295 geheilt[59], hingegen werden Verletzungen des § 260 – Klagenverbindung, Antragshäufung – nicht nach § 295 behoben[60]. Zur Heilung beim **Verbund** von Scheidungs- und Folgesachen → § 623 Rdnr. 13.

Heilbar sind Verletzungen der **Einlassungsfrist** nach § 274 Abs. 3, der Voraussetzungen über die nachträgliche Klageerhebung nach § 261 Abs. 2[61] und ein Verstoß gegen § 285 Abs. 1; zwar konkretisiert letztere Vorschrift den Anspruch auf rechtliches Gehör, jedoch ist nicht erforderlich, daß die Parteien die Erörterung über die Beweisaufnahme zu einer Verhandlung mit Stellung von Anträgen gestalten[62]. Schließlich sind auch heilbar Verletzungen des § 295 selbst, wenn etwa eine nach dieser Vorschrift verspätete Rüge vom Gericht beachtet wird und der Gegner selbst dieser Beachtung nachträglich zustimmt oder sie nicht rügt[63]. Verletzungen des § 281 innerhalb eines Verweisungsbeschlusses unterliegen deshalb in der Regel nicht der Rüge des § 295, weil der Verweisungsbeschluß grundsätzlich unabhängig von etwaigen Mängeln bindend ist[64].

15

k) Verstöße gegen die Vorschriften über das **Urteil** (§§ 300 bis 329) sind meist nicht heilbar. So können die Parteien nicht auf die Einhaltung der Vorschrift des § 308 verzichten[65] (→ auch Rdnr. 6) oder etwa auf die für das Existentwerden von Entscheidungen vorgeschriebenen Formen[66] und Zustellungen[67]. Dasselbe gilt von Verletzungen der Vorschriften über die Berichtigung oder Ergänzung eines Urteils (§§ 319 ff.), über die materielle Rechtskraft (§ 322), die Abänderungsklage (§ 323) sowie über die Anerkennung ausländischer Urteile (§ 328). Verzichtbar ist aber das Anerkennungshindernis nach § 328 Abs. 1 Nr. 2 (Nichteinlassung auf das ausländische Verfahren), → § 328 Rdnr. 181.

16

l) Hinsichtlich des **Versäumnisverfahrens** (§§ 330 bis 347) vgl. die Bemerkungen zu den Rechtsbehelfsverfahren, → Rdnr. 19. Bei Verstößen gegen das Verfahren vor dem **Einzelrichter** (§§ 348 und 350) ist zu differenzieren. Das Verfahren leidet an einem wesentlichen Mangel, der nicht unter § 295 fällt, wenn der Einzelrichter entscheidet, obwohl ihm der Rechtsstreit nicht durch einen wirksamen Beschluß der Kammer zur Entscheidung übertragen wurde[68] oder wenn umgekehrt trotz Zuständigkeit des Einzelrichters die Kammer entscheidet[69]. Hingegen ist der bloße Formfehler der Nichtunterzeichnung des Übertragungsbeschlusses ein verzichtbarer Mangel und kann gem. § 295 Abs. 1 geheilt werden[70]. Eine Übertragung auf den Einzelrichter, obwohl bereits ein Haupttermin vor der Kammer durchgeführt worden war, unterliegt als Verstoß gegen den Grundsatz des gesetzlichen Richters nicht der Heilung[71]. Ein nicht heilbarer Verstoß gegen § 348 ZPO wird auch dann angenommen, wenn unter Umgehung der

17

MDR 1975, 1014 = Rpfleger 1975, 430 (im Erg. zust. *Vollkommer*). Zu Verletzungen des Antragsgrundsatzes (§ 308) → Rdnr. 16. – Die fehlende Zustellung einer Antragsschrift im Scheidungsverfahren kann nicht geheilt werden, *OLG Schleswig* FamRZ 1988, 736.

[57] → vor § 253 Rdnr. 127. – Zum rechtlichen Interesse bei § 256 → § 256 Rdnr. 120. S. ferner *BGH* DB 1960, 783 (LS).

[58] → § 296 Rdnr. 121; *RGZ* 58, 151.

[59] *Goldschmidt* (Fn. 1), 429.

[60] *KG* NJW 1967, 2215; *Baumbach-Lauterbach-Hartmann*[55] Rdnr. 17.

[61] *BGH* LM Nr. 17 = NJW 1960, 820; *BGH* LM § 209 BGB Nr. 9 = NJW 1960, 1947.

[62] *BGHZ* 63, 94, 95.

[63] *Goldschmidt* (Fn. 1), 429.

[64] → § 281 Rdnr. 29. Diejenigen Mängel, bei denen ausnahmsweise die Bindungswirkung entfällt (→ § 281 Rdnr. 30 ff.), werden im allgemeinen nicht heilbar sein; zur Verletzung des Anspruchs auf rechtliches Gehör aber § 281 Rdnr. 32 a. E.

[65] *E. Schneider* NJW 1967, 23; *OLG Oldenburg* NdsRpfl 1960, 209.

[66] Näher → § 310 Rdnr. 4. Ein über § 295 heilbarer Verstoß gegen § 310 liegt aber dann vor, wenn das Urteil des Einzelrichters statt von ihm von der Kammer verkündet wird; *OLG Düsseldorf* MDR 1977, 144.

[67] *BGH* LM Nr. 4 = NJW 1952, 394.

[68] *BGH* NJW 1993, 600; *OLG Düsseldorf* NJW 1976, 114; *OLG Düsseldorf* JMBlNRW 1979, 15; *KG* MDR 1979, 764; *OLG Schleswig* SchlHA 1982, 198; *Seidel* ZZP 99 (1986), 64, 87 (ebenso bei »greifbarer Gesetzeswidrigkeit« des Übertragungsbeschlusses).

[69] *OLG Koblenz* MDR 1986, 151 = JurBüro 1986, 112.

[70] *OLG Köln* NJW 1976, 680; *Baumbach-Lauterbach-Hartmann*[55] Rdnr. 55.

[71] *OLG Schleswig* NJW 1988, 69; *OLG Köln* NJW-RR 1995, 512. Bei entsprechender Ausgestaltung kann dasselbe schon für die Übertragung nach Verhandlung im frühen ersten Termin gelten, *OLG Köln* FamRZ 1995, 943 (*Gottwald*); dazu → § 348 Rdnr. 22.

Vorschriften über das Verfahren vor dem Einzelrichter eine Zivilkammer regelmäßig sämtliche von ihr angeordneten **Beweisaufnahmen auf den Berichterstatter** als »beauftragten« Richter wie auf den Einzelrichter alter Art überträgt[72]. Kein Verstoß gegen § 348 liegt aber vor, wenn der Rechtsstreit nur im Einzelfall (außerhalb des § 375 Abs. 1 u. 2) einem Mitglied der Kammer zur Beweisaufnahme übertragen wird, da eine wirksame Übertragung zur Entscheidung gem. § 348 überhaupt nicht vorliegt: zuständiger Richter ist weiterhin die Kammer, ihr verbleibt die Entscheidungsbefugnis. Verletzt ist vielmehr der Grundsatz der Unmittelbarkeit der Beweisaufnahme, § 355 Abs. 1 i. V. m § 375; dieser Verfahrensmangel ist jedoch heilbar[73]. Wird der Rechtsstreit unter Verstoß gegen § 348 Abs. 4 S. 1 vom Einzelrichter auf die Kammer zurückübertragen, so liegt es wegen des Verstoßes gegen das Recht auf den gesetzlichen Richter näher, einen unverzichtbaren Verfahrensfehler anzunehmen[74].

18 m) Bei den Vorschriften über das **Beweisverfahren** (§§ 355 bis 494 a) wird man im allgemeinen davon ausgehen können, daß Verletzungen der Heilung nach § 295 offenstehen. Einschränkungen dieser Heilbarkeit muß man allerdings dort annehmen, wo allgemeine prozessuale Erwägungen eine Einflußnahme der Parteien verbieten[75]. Folgende Verletzungen innerhalb des Beweisverfahrens sind hingegen heilbar: Verstöße gegen die Durchführung[76], insbesondere die Form der Beweisaufnahme, namentlich die Vernehmung von Zeugen und Sachverständigen (§§ 398, 402, 404, 410, 414)[77] und deren Beeidigung, Vernehmung eines Bürgermeisters als Zeugen statt als Partei[78], ebenso bei einem geschäftsführenden Gesellschafter[79], die Aussageverweigerung eines Zeugen als Verfahrensfehler[80]. Heilbar sind weiterhin Verstöße gegen den Grundsatz der **Unmittelbarkeit der Beweisaufnahme** (→ Rdnr. 17 a. E.), jedoch kann eine Heilung nicht eintreten, wenn sich der Verstoß erst aus dem Urteil ergibt[81]. Heilbar sind die Verwertung eines unzulässigen Beweismittels[82], Verletzungen der Vorschriften des Beweissicherungsverfahrens[83], ebenso eine Verletzung des § 448, da die Parteien darüber bestimmen können, ob das Gericht Beweisstoff verwerten soll, den es verfahrensfehlerhaft beschafft hat[84]. Bei Fehlern, die erst im Rahmen der Beweiswürdigung unterlaufen, wird aber eine Heilung mangels vorheriger Erkennbarkeit vielfach ausscheiden[85].

19 n) Verletzungen der Vorschriften über die Zulässigkeit von **Rechtsbehelfen** sind regelmäßig einer Heilung nach § 295 entzogen. Das gilt sowohl für die Form von Rechtsbehelfsanträgen[86] als auch für die Einhaltung von Fristen für die Einlegung des einzelnen Rechtsbehelfs[87] und für die Wahrung der

---

[72] *OLG Düsseldorf* NJW 1976, 1103 (abl. *Dinslage* 1509) = JuS 1976, 674; *OLG Düsseldorf* MDR 77, 499; *OLG Düsseldorf* BB 1977, 1376; *OLG Köln* NJW 1976, 1101 = MDR 1976, 409 (zust. *Müller* 849); *Müller* DRiZ 1977, 305; *E. Schneider* MDR 1976, 617; *ders.* DRiZ 1977, 13; a.A. *OLG Köln* JMBlNRW 1978, 67; *OLG Frankfurt* NJW 1977, 301.
[73] *BGHZ* 40, 179, 183 = NJW 1964, 108; *BGH* NJW 1979, 2518 = MDR 1979, 567; *BGHZ* 86, 104, 111 = NJW 1983, 1793; *OLG Düsseldorf* NJW 1977, 2320; *OLG Düsseldorf* NJW 1977, 813 (LS); *OLG Düsseldorf* MDR 1978, 60 = DRiZ 1978, 26; *OLG Köln* NJW 1976, 2218; *OLG Köln* MDR 1978, 321; *OLG Köln* JMBlNRW 1971, 208 = JurBüro 1971, 555; *KG* VersR 1980, 653; *OLG Hamm* MDR 1978, 676; *Nagel* DRiZ 1977, 321, 322; *Rasehorn* NJW 1977, 789, 791; *E. Schneider* DRiZ 1977, 13; *Schultze* NJW 1976, 409, 411; a.A. *Bischof* Der Zivilprozeß nach der Vereinfachungsnovelle Rdnr. 236; nicht ganz eindeutig *OLG Düsseldorf* MDR 1977, 499.
[74] Näher → § 348 Rdnr. 44. Offenlassend *BGH* NJW-RR 1991, 472 mwN.
[75] So stellt z. B. eine Zeugenvernehmung durch einen Referendar in Abwesenheit des Richters einen nicht heilbaren Verfahrensverstoß dar, vgl. *KG* NJW 1974, 2094, 2095.
[76] Z. B. unvollständige Erledigung des Beweisbeschlusses *RAG* ArbRsp 1929, 228; Beweiserhebung ohne entsprechenden Beweisantrag gem. § 373 ZPO: *BAG* BB 1972, 1455 = RdA 1971, 317 (LS).
[77] *BGH* LM Nr. 19 = MDR 1961, 408; Fehlen des Beweisbeschlusses bei Parteivernehmung, § 450, ist heilbar: *BGH* LM § 516 BGB Nr. 3; unberechtigte Zeugnisverweigerung, *BGH* LM Nr 9; NJW-RR 1987, 445; fehlende Ladung einer Partei zur Zeugenvernehmung (Heilung schließt auch Wiederholung der Zeugenvernehmung, nicht aber Vervollständigung der Beweisaufnahme aus), *BGH* LM § 13 StVO Nr. 7; Übergehung des Ablehnungsgesuches der Beklagten betreffend einen Sachverständigen, *BGH* VersR 1955, 573; Verstoß gegen § 404 (Auswahl des zuzuziehenden Sachverständigen durch das Prozeßgericht) ist heilbar, *OLG München* NJW 1968, 202. Rügeverlust ist auch möglich, wenn lediglich eine mündliche Sachverständigenvernehmung erfolgte, obwohl die Einholung eines schriftlichen Gutachtens angezeigt gewesen wäre, *OLG Karlsruhe* VersR 1989, 810.
[78] *BGH* LM § 27 DBG Nr. 2.
[79] *BGH* VersR 1967, 756.
[80] *BGH* FamRZ 1964, 145.
[81] *BGH* MDR 1992, 777 (zur Verwertung nicht protokollierter Augenscheins-Eindrücke nach Richterwechsel). Ebenso kein Rügeverlust, wenn das Gericht maßgeblich auf den nicht protokollierten persönlichen Eindruck eines Zeugen abstellt, obwohl keiner der entscheidenden Richter an der Beweisaufnahme teilgenommen hat, *OLG Düsseldorf* NJW 1992, 187, 188.
[82] Verwertung einer Zeugenaussage, die im strafrechtlichen Ermittlungsverfahren ohne vorherige Belehrung über das Zeugnisverweigerungsrecht gemacht wurde: *BGH* MDR 1984, 824 = NJW 1985, 1158.
[83] *BGH* NJW 1970, 1919, 1920; *Zöller-Greger*[20] Rdnr. 6.
[84] *BGH* VersR 1977, 1125; *BGH* VersR 1981, 1175, 1176.
[85] Beispiel → Fn. 81.
[86] Vgl. *R. Bruns* ZPR[2] Rdnr. 102e; *Wieczorek*[2] B II a 2.
[87] Vgl. *R. Bruns* ZPR[2] Rdnr. 102e; *Wieczorek*[2] B II a 2;

Rechtsmittelbegründungsfristen[88]. Demgemäß können nicht geheilt werden: Verstöße gegen die Zulässigkeit des Einspruchs (§ 341)[89], der Berufung (§ 519b), der Revision (§ 554a), der Beschwerde (§ 574), des Widerspruchs nach § 1042d, der Restitutions- und Nichtigkeitsklage (§ 589). Innerhalb eines zulässigen Rechtsbehelfsverfahrens gewinnt dann § 295 wieder an Bedeutung, so daß etwa ein Verstoß gegen § 538 der Heilung unterliegt[90]. Der Heilung gem. § 295 unterliegen auch Mängel bei der Zustellung der Rechtsmittelschrift (§§ 519a, 553a)[91]. – Nicht verzichtbar ist die Wahrung der Vollziehungsfrist bei einstweiliger Verfügung (§ 929 Abs. 2)[92].

III. Verzicht und Nichtrüge

Die Heilung ist an zwei verschiedene Tatbestände geknüpft. 20

1. Verzicht

Die Partei verzichtet auf die Befolgung der Vorschrift, d.h. **auf die Geltendmachung des** 21
Mangels. Damit ist nur ein Verzicht *nach* dem Verfahrensverstoß gemeint und nicht etwa ein Verzicht oder eine Vereinbarung vor Eintritt der Verletzung für zulässig erklärt; denn § 295 bestimmt nur, wie bereits vorliegende Mängel in ihren Wirkungen beseitigt werden[93]. Die Vorschrift ist deshalb auch nicht auf solche Fälle beschränkt, in denen eine vorgängige Vereinbarung bzw. Einwilligung zulässig ist (§§ 38ff., 224, 263, 391). Der Verzicht kann ausdrücklich oder durch schlüssige Handlungen erklärt werden[94], auch in Abwesenheit der Gegenpartei, da er einer Annahme nicht bedarf; daß der Verzicht nur in der mündlichen Verhandlung wirksam erklärt werden könnte, kann aus Abs. 1, 2. Fall (→ Rdnr. 24) nicht gefolgert werden[95]. Er ist unwiderruflich, → vor § 128 Rdnr. 225. – Nicht unter § 295 fällt ein (uU stillschweigender) Verzicht auf einen Antrag iS einer Rücknahme; wenn dann der Antrag unberücksichtigt bleibt, liegt (soweit die Rücknahme wirksam ist) kein Verfahrensfehler vor[96].

2. Nichtrüge

Die gleiche Wirkung hat es, wenn die Partei den Mangel nicht rechtzeitig rügt. Die Wirkung 22
knüpft sich hier kraft Gesetzes an die Tatsache der Unterlassung trotz Kenntnis des Mangels; das *Motiv* der Nichtrüge ist gleichgültig, ein **Verzichtswille nicht erforderlich**, und daher der Nachweis, daß ein solcher fehlte, unerheblich[97].

Erforderlich ist im Regelfalle (zum Verfahren nach § 128 Abs. 2 u. 3, § 251a → Rdnr. 31): 23

24 a) Das **Unterlassen der Rüge bei der nächsten mündlichen Verhandlung,** die aufgrund des mangelhaften Verfahrens (z. B. der Ladung) stattgefunden hat oder in der darauf (z. B. auf die Beweisaufnahme) im allgemeinen oder besonderen Bezug genommen wurde[98].

25 Unerheblich ist es, wenn die Verhandlung vor einem **unzuständigen Gericht**[99] oder einer unzuständigen Kammer[100] stattfand. — Die Unterlassung der Rüge in einem **Schriftsatz oder vor einem beauftragten oder ersuchten Richter** ist ohne Bedeutung[101]. Die **mündliche Verhandlung** muß eine Parteiverhandlung sein, mag sie im übrigen obligatorisch oder fakultativ (→ § 128 Rdnr. 21, 39) sein[102]. Die mündliche Verhandlung muß jedoch keine Verhandlung zur *Sache* sein, es genügt eine Verhandlung, in der der fragliche Mangel gerügt werden konnte[103]. Die *Beweisaufnahme* vor dem Prozeßgericht ist als solche keine mündliche Verhandlung, vgl. § 370, vgl. auch § 454 Abs. 2. Dagegen braucht die Verhandlung nicht in einem *neuen* Termin stattzufinden[104]; bei der vor dem Prozeßgericht stattfindenden Beweisaufnahme ist es die sich unmittelbar daran anschließende Verhandlung (§ 370)[105]. Bei Vertagung ohne jede Verhandlung tritt der Verlust des Rügerechts nicht ein.

26 b) Das **Erscheinen** der zur Rüge berechtigten Partei und ihre **Verhandlung.** — Ihr Ausbleiben im Termin[106] oder ihr Nichtverhandeln (§ 333)[107] begründet den Verlust des Rügerechts nicht. Zum *Streitgehilfen* → § 67 Rdnr. 12. Der Verlust kann auch dann eintreten, wenn der *Gegner* im Termin nicht erschienen ist oder nicht verhandelt, z. B. wenn der Beklagte, ohne die fehlerhafte Ladung zu rügen, das Versäumnisurteil beantragt, jedoch vorbehaltlich des § 342.

27 c) Die **Kenntnis des Mangels** der zur Rüge berechtigten Partei, wenigstens, daß er bei Anwendung der nötigen Sorgfalt der Partei bekannt sein mußte[108].

28 Die *Kenntnis gerichtsinterner Vorgänge* kann aber nicht verlangt werden[109]. Rügt die Partei den Mangel erst nach der nächsten Verhandlung, so muß sie die unverschuldete Unkenntnis dartun. Unter Umständen besteht auch im Bereich des § 295 eine **Hinweispflicht** nach § 139, wenn ohne entsprechenden Hinweis auf das Rügerecht eine Partei in unzulässiger Weise durch die Entscheidung des Gerichts überrascht werden würde[110].

29 d) Das **Fehlen einer zumindest indirekten Rüge** der Partei durch Anträge auf Vornahme einer mangelfreien Handlung oder durch Widerspruch oder sonstige schlüssige Handlungen; es ist hier der Auslegung des Parteiverhaltens ein gewisser Spielraum gewährt[111], wobei — vor allem, wenn es um die Gewährung des rechtlichen Gehörs geht — an die Äußerung der Rüge keine zu strengen Anforderungen zu stellen sind[112].

30 In welchem **Zeitpunkt** der nächsten mündlichen Verhandlung die Rüge erfolgt, ist gleich, § 282 Abs. 3 gilt hier nicht. Aber es kann unter Umständen aus dem Verhalten der Partei vor der Rüge ein wirklicher Verzicht folgen[113]. Ist die Rüge einmal erfolgt, so braucht sie in

---

[98] *RGZ* 72, 115.
[99] *RG* JW 1896, 230 f.; *Baumbach-Lauterbach-Hartmann*[55] Rdnr. 7.
[100] *OLG Darmstadt* ZZP 38 (1909), 236 f.; *OLG Hamburg* SeuffArch 73 (1918), 169.
[101] *RG* JW 1902, 19. — Zur unterlassenen schriftsätzlichen Rüge bei schriftlichem Verfahren → Rdnr. 31.
[102] *RG* Gruchot 43 (1899), 1232.
[103] *BGH* LM § 209 BGB Nr. 9 (Bl. 2).
[104] *BVerwG* NVwZ 1983, 668, 669 = DÖV 1983, 949.
[105] *BFHE* 155, 498, 500; *BFH/NV* 1992, 603; *RGZ* 12, 437.
[106] *BFHE* 153, 393, 395; *RGZ* 47, 399.
[107] *RG* JW 1900, 185.
[108] Vgl. *EGHZ* 8, 386 (grobe Fahrlässigkeit); *BGHZ* 25, 71; *BAG* 9, 222; *Thomas-Putzo*[19] Rdnr. 5; *Zöller-Greger*[20] Rdnr. 2.
[109] *BAG* NJW 1960, 1542.
[110] *BGH* LM § 245 Nr. 14 = NJW 1958, 104; *Stürner* Die richterliche Aufklärung im Zivilprozeß (1982) Rdnr. 90; *Zöller-Greger*[20] Rdnr. 2. → auch § 139 Rdnr. 22.
[111] Vgl. *RG* WarnRsp 1910 Nr. 358.
[112] Insoweit zweifelhaft *BVerwG* NJW 1989, 601 (zur Nichteinhaltung der Ladungsfrist).
[113] *RGZ* 12, 341; 34, 396.

späteren Terminen nicht wiederholt zu werden; es kann aber auch in dem weiteren Verhalten ein Verzicht liegen[114].

In den Fällen des **§ 128 Abs. 2 und 3** tritt das schriftsätzliche Vorbringen an die Stelle des Vortrags in der mündlichen Verhandlung. Unterläßt es also die Partei trotz Kenntnis oder in schuldhafter Unkenntnis des Mangels (→ Rdnr. 27), ihn schriftsätzlich zu rügen, so geht sie mit der Einreichung des nächsten Schriftsatzes, ohne Schriftsatzeinreichung mit der nächsten Entscheidung des Gerichts des Rügerechts verlustig[115]. Anders ist es bei der **Entscheidung nach Lage der Akten, §§ 251a, 331a**, da weder eine mit einer Ausschlußwirkung verbundene Pflicht zur schriftsätzlichen Rüge besteht noch in dem Terminsversäumnis ein Verzicht auf die Rüge liegt (→ Rdnr. 26). Auch bei der Entscheidung nach Lage der Akten bleibt aber eine Heilung zu beachten, die bereits in einem früheren Verhandlungstermin eingetreten ist.

IV. Wirkung

Verzicht wie Ausschluß des Rügerechts haben die Wirkung, daß die mangelhafte Prozeßhandlung **als gültig zu behandeln** ist, auch in der Berufungs- und Revisionsinstanz (§§ 531, 558). Verstöße gegen diese Wirkung unterliegen ihrerseits aber dem § 295 (→ Rdnr. 15), so daß eine eingetretene Heilung wieder beseitigt werden kann. – Durch die Heilungswirkung tritt eine *rückwirkende Heilung*[116] ein, soweit nicht außer der unterlassenen Rüge zugleich die **nachträgliche Ergänzung des mangelhaften Aktes** erforderlich ist; denn in diesem Falle kann die Einwilligung bzw. der Verlust des Rügerechts nur auf den **Zeitpunkt** zurückwirken, in welchem die **Ergänzung** stattfand. Vgl. dazu besonders § 253 Rdnr. 181 ff.[117] Auf das Verfahren *innerhalb* der Berufungs- und Revisionsinstanz ist § 295 nach §§ 531, 558 selbständig anwendbar, → Rdnr. 19.

§ 296 [Zurückweisung verspäteten Vorbringens]

(1) **Angriffs- und Verteidigungsmittel, die erst nach Ablauf einer hierfür gesetzten Frist (§ 273 Abs. 2 Nr. 1, § 275 Abs. 1 Satz 1, Abs. 3, 4, § 276 Abs. 1 Satz 2, Abs. 3, § 277) vorgebracht werden, sind nur zuzulassen, wenn nach der freien Überzeugung des Gerichts ihre Zulassung die Erledigung des Rechtsstreits nicht verzögern würde oder wenn die Partei die Verspätung genügend entschuldigt.**

(2) **Angriffs- und Verteidigungsmittel, die entgegen § 282 Abs. 1 nicht rechtzeitig vorgebracht oder entgegen § 282 Abs. 2 nicht rechtzeitig mitgeteilt werden, können zurückgewiesen werden, wenn ihre Zulassung nach der freien Überzeugung des Gerichts die Erledigung des Rechtsstreits verzögern würde und die Verspätung auf grober Nachlässigkeit beruht.**

---

[114] Vgl. *RGZ* 33, 372 f.; *RG JW* 1900, 71.
[115] Im wesentlichen ebenso *Thomas-Putzo*[19] Rdnr. 6, die außerdem noch bei Ablauf einer für den Schriftsatz gesetzten Frist Heilung annehmen. S. auch *BFH/NV* 1993, 483, 484 (das Einverständnis mit Entscheidung ohne mündliche Verhandlung enthält keinen Rügeverzicht hinsichtlich künftiger Verfahrensmängel). – A.M. *Bischof NJW* 1985, 1143, 1144 (Rügeverlust nur bei Einreichung eines Schriftsatzes ohne Rüge); ebenso *MünchKomm-ZPO-Prütting* Rdnr. 41.
[116] *BGH VersR* 1967, 395, 398; *Thomas-Putzo*[19] Rdnr. 7.
[117] Bei Verstoß gegen zwingende Vorschriften, z.B. § 253 Abs. 2, tritt Heilung erst mit ordnungsgemäßer Nachholung ein, vgl. *BGHZ* 22, 254, 257; *BGH LM* Nr. 12; *OLG Düsseldorf MDR* 1967, 676. Bei nur fehlerhafter Klagezustellung hingegen bewirkt der Verlust des Rügerechts die rückwirkende Heilung auf den Zustellungszeitpunkt, es sei denn, es sind Fristen betroffen, die nicht der Parteidisposition unterliegen und auf deren Einhaltung von Amts wegen zu achten ist, wie Klageausschlußfristen oder auch § 1587 Abs. 2 BGB, wonach die Zustellung das Ende der Ehezeit bestimmt, vgl. *BGH NJW* 1984, 926 = *FamRZ* 368. – Nach *OLG Hamburg FamRZ* 1985, 93 hat die Heilung eines Zustellungsfehlers auch im Rahmen des § 323 Abs. 3 keine rückwirkende Kraft. – Näher → § 253 Rdnr. 188 f.

(3) Verspätete Rügen, die die Zulässigkeit der Klage betreffen und auf die der Beklagte verzichten kann, sind nur zuzulassen, wenn der Beklagte die Verspätung genügend entschuldigt.

(4) In den Fällen der Absätze 1 und 3 ist der Entschuldigungsgrund auf Verlangen des Gerichts glaubhaft zu machen.

Gesetzesgeschichte: Eingefügt durch die Vereinfachungsnovelle 1976 (→ Einl. [20. Aufl.] Rdnr. 159). Zuvor war die Zurückweisung verspäteten Vorbringens in § 274 Abs. 3, §§ 279, 279a, 283 Abs. 2 aF geregelt. § 296 aF (gütliche Beilegung des Rechtsstreits) wurde durch § 279 nF ersetzt.

I. Normzweck und Grundlagen der Auslegung	1
1. Zweck	1
2. Die einzelnen Präklusionbestimmungen	4
3. Die Aussagen des Bundesverfassungsgerichts zu den Präklusionsvorschriften	8
a) Verfassungsrechtliche Zulässigkeit von Präklusionsbestimmungen	8
b) Berücksichtigung des Verfassungsrechts bei der Anwendung	9
4. Grundlinien der Auslegung	16
5. Grenzen einer analogen Anwendung	18
II. Voraussetzungen der Zurückweisung wegen Fristüberschreitung (Abs. 1)	23
1. Anwendungsbereich des Abs. 1	24
a) Erfaßte Fristen	24
b) Verfahrensarten und Instanzen	26
c) Entscheidung nach Aktenlage	29
2. Anforderungen an die Fristsetzung	30
a) Zutreffende Beurteilung der Fristvoraussetzungen	30
b) Beachtung der Zuständigkeit und Wahrung der Formvoraussetzungen	32
c) Belehrung	34
d) Dauer der Frist	35
3. Gegenstand der Zurückweisung	36
a) Begriff der Angriffs- und Verteidigungsmittel	36
b) Keine Zurückweisung von Angriff und Verteidigung selbst	39
c) Zusammenhang mit dem geltend gemachten prozessualen Anspruch	40
d) Von Amts wegen zu prüfende Punkte	41
4. Verspätung des Vorbringens	44
5. Verzögerung der Erledigung des Rechtsstreits	48
a) Ausgangspunkt	48
b) Verzögerung der Entscheidungsreife (absoluter Verzögerungsbegriff)	49
c) Vergleich mit dem Verfahrensverlauf bei rechtzeitigem Vorbringen (hypothetischer Verzögerungsbegriff)	53
d) Art der verzögerten Entscheidung	59
e) Bedeutung der Erklärung des Gegners	62
f) Zurückweisung im frühen ersten Termin	65
g) Mittelbare Verzögerung	68
6. Zurechnung der Verzögerung	70
a) Allgemeines	70
b) Verstöße des Gerichts gegen Vorbereitungs- oder Hinweispflichten	71
c) Verhalten des Gegners	75
d) Verhalten Dritter	76
7. Voraussetzungen der Zurückweisung nach Versäumnisurteil und Einspruch	78
a) Grundsatz	78
b) Möglichkeit und Grenzen der Flucht in die Säumnis	79
c) Kritik und Konsequenzen	81
8. Entschuldigung der Verspätung	83
a) Person	83
b) Verschuldensmaßstab	85
c) Fälle der Entschuldigung	86
d) Vorbringen und Glaubhaftmachung der Entschuldigung	88
9. Rechtsfolge des Abs. 1 und Bedeutung des Parteiwillens	90
III. Zurückweisung verspäteten Vorbringens ohne vorherige Fristsetzung (Abs. 2)	93
1. Allgemeines	93
2. Verstoß gegen die allgemeine Prozeßförderungspflicht	94

a) Anwendungsbereich	94
b) Verspätung	96
3. Verstoß gegen die Pflicht zur rechtzeitigen Mitteilung des Vorbringens durch Schriftsätze (§ 282 Abs. 2)	97
a) Anwendungsbereich	97
b) Verspätung	100
4. Verzögerung	104
5. Grobe Nachlässigkeit	105
6. Ermessen des Gerichts	110
a) Inhalt	110
b) Rechtsmittelinstanzen	114
IV. Zurückweisung verspäteter Zulässigkeitsrügen (Abs. 3)	115
1. Verspätung	115
2. Verzichtbare Zulässigkeitsrügen	116
3. Entschuldigung der Verspätung	121
4. Rechtsfolge des Abs. 3	122
V. Ausspruch und Wirkung der Zurückweisung	123
1. Rechtliches Gehör, Zeitpunkt	123
2. Ausspruch der Zurückweisung	124
3. Wirkung	125
VI. Anfechtung fehlerhafter Entscheidungen	127
1. Überprüfung der Zurückweisung	127
a) Rechtsmittel	127
b) Verfassungsbeschwerde	128
2. Unterbliebene Zurückweisung	129
VII. Arbeitsgerichtliches Verfahren	131
1. Zurückweisung wegen Fristüberschreitung	131
2. Zurückweisung wegen Verstoßes gegen die allgemeine Prozeßförderungspflicht	132
3. Zulässigkeitsrügen	133

Stichwortverzeichnis zu § 296

Absoluter Verzögerungsbegriff: → Rdnr. 49, 53
Allgemeine Prozeßförderungspflicht: → Rdnr. 94 ff., 132
Amtliche Auskunft (Verzögerung des Eingangs): → Rdnr. 77
Analoge Anwendung: → Rdnr. 18 ff.
Anfechtung: → Rdnr. 38
Angriff: → Rdnr. 39
Angriffs- und Verteidigungsmittel: → Rdnr. 36 ff.
Arbeitsgerichte (Zuständigkeitsrüge): → Rdnr. 118
Arbeitsgerichtliches Verfahren: → Rdnr. 131 ff.
Arbeitsüberlastung des Rechtsanwalts: → Rdnr. 86
Aufklärungspflicht des Gerichts: → Rdnr. 73
Aufrechnung: → Rdnr. 37, 39, 59, 125
Auslagenvorschuß: → Rdnr. 25, 45
Ausländer (Prozeßkostensicherheit): → Rdnr. 116, 120
Ausländisches Recht: → Rdnr. 7a, 42
Auslegungsgrundsätze: → Rdnr. 16 f.
Ausnahmecharakter: → Rdnr. 9, 17

Belehrung bei Fristsetzung: → Rdnr. 34, 131
Berufungsinstanz: → Rdnr. 7, 20, 28, 72a, 126
Beschlußverfahren der Zwangsvollstreckung: → Rdnr. 95
Beschwerdeverfahren: → Rdnr. 11, 19, 21, 27, 95
Beweis
 – der groben Nachlässigkeit: → Rdnr. 108
 – des Nichtverschuldens: → Rdnr. 88 f.
Beweisaufnahme (als Verzögerung): → Rdnr. 49 f.

Beweiserhebung von Amts wegen: → Rdnr. 43
Beweislast (für Verschulden): → Rdnr. 88
Bundesverfassungsgericht: → Rdnr. 8 ff.

Dauer der Frist: → Rdnr. 35
Durchlauftermin: → Rdnr. 66 ff.

Ehesachen: → Rdnr. 22, 28
Einlassung des Gegners: → Rdnr. 62 ff., 75, 101 ff.
Einspruch: → Rdnr. 25, 78 ff., 131
Einspruchsfrist: → Rdnr. 78, 131
Einspruchsschrift: → Rdnr. 78
Einspruchstermin: → Rdnr. 78 ff.
Einverständnis des Gegners mit Zulassung: → Rdnr. 91, 112, 121
Entscheidung nach Aktenlage: → Rdnr. 21, 29, 95
Entscheidung über Zurückweisung: → Rdnr. 124
Entschuldigung: → Rdnr. 79, 83 ff., 121
Erklärungsfrist: → Rdnr. 63 f.
Erkrankung: → Rdnr. 86, 107
Ermessen des Gerichts: → Rdnr. 110 ff.

Fahrlässigkeit, leichte: → Rdnr. 85
Fakultative mündliche Verhandlung: → Rdnr. 27, 95, 97
Fehlerhafte Entscheidungen: → Rdnr. 127 ff.
Flucht in die Säumnis: → Rdnr. 79 ff.
Flucht in die Widerklage: → Rdnr. 60
Form der Fristsetzung: → Rdnr. 33
Fragepflicht des Gerichts: → Rdnr. 71, 73, 106
Freie Überzeugung des Gerichts: → Rdnr. 58, 89, 108, 121

§ 296 2. Buch. Verfahren im ersten Rechtszuge. 1. Abschnitt. Landgerichte 640

Fristdauer: → Rdnr. 35, 87
Fristen: → Rdnr. 24 ff.
Fristsetzung: → Rdnr. 30 ff.
– zur Nachreichung eines Schriftsatzes: → Rdnr. 63 f., 101 ff.
Fristüberschreitung: → Rdnr. 23 ff.
Fristverlängerung (Nichtentscheidung über einen Antrag): → Rdnr. 35
Früher erster Termin: → Rdnr. 65 ff., 96

Gegenzeugen: → Rdnr. 68
Gerichtliche Frage- und Hinweispflicht: → Rdnr. 71, 73, 106, 123
Gewohnheitsrecht: → Rdnr. 42
Glaubhaftmachung der Entschuldigung: → Rdnr. 88 f., 121
Grobe Nachlässigkeit: → Rdnr. 105 ff.
Grundurteil: → Rdnr. 59
Güteverhandlung: → Rdnr. 132 f.

Haupttermin: → Rdnr. 65 ff., 96
Hilfsantrag: → Rdnr. 40
Hinweispflicht des Gerichts: → Rdnr. 71, 73, 106, 123
Hypothetischer Verzögerungsbegriff: → Rdnr. 53 ff.

Internationale Zuständigkeit: → Rdnr. 117a

Kammer für Handelssachen: → Rdnr. 118
Kausaler Verzögerungsbegriff: → Rdnr. 53
Kausalität der Pflichtwidrigkeit: → Rdnr. 54
Kindschaftssachen: → Rdnr. 22, 28
Klageänderung: → Rdnr. 35, 39 f.
Klageerweiterung: → Rdnr. 39, 60
Klageerwiderungsfrist: → Rdnr. 24
Klageschrift: → Rdnr. 98
Kostenerstattung nach Klagerücknahme: → Rdnr. 116
Kündigungssachen: → Rdnr. 131, 134

Ladung des Sachverständigen: → Rdnr. 103
Ladungsfähige Anschrift: → Rdnr. 45

Mahnverfahren: → Rdnr. 25, 99
Mittelbare Verzögerung: → Rdnr. 68 f.

Nachreichung eines Schriftsatzes: → Rdnr. 63 f., 101 ff.
Nebenintervenient: → Rdnr. 84
Nichterscheinen eines Zeugen oder Sachverständigen: → Rdnr. 77

Örtliche Zuständigkeit: → Rdnr. 117

Parteiwille: → Rdnr. 90 f.
Prognose über den Verfahrensablauf: → Rdnr. 56
Prozeßbevollmächtigter (Verschuldenszurechnung): → Rdnr. 83, 85 f.
Prozeßförderungspflicht, allgemeine: → Rdnr. 94 ff.
Prozeßhindernde Einreden: → Rdnr. 116
Prozeßkostensicherheit: → Rdnr. 116, 120
Prozeßstrafe: → Rdnr. 3
Prozeßverschleppungsabsicht: → Rdnr. 3
Prozeßvollmacht: → Rdnr. 119
Prüfung von Amts wegen: → Rdnr. 41, 113

Rechtliches Gehör: → Rdnr. 8 ff., 123, 128
Rechtsanwalt (Verschulden): → Rdnr. 83, 85 f.
Rechtsklarheit: → Rdnr. 17
Rechtskraft: → Rdnr. 125
Rechtsmittel (Überprüfung): → Rdnr. 58, 109, 114, 127 ff.

Sachentscheidungsvoraussetzungen: → Rdnr. 41
Sachliche Unzuständigkeit: → Rdnr. 117
Sachverständigenbeweis: → Rdnr. 43, 77, 103
Säumnis: → Rdnr. 78 ff.
Schiedsvertrag: → Rdnr. 116, 133
Schriftliches Verfahren: → Rdnr. 21, 26
Schriftsätzliche Mitteilung: → Rdnr. 97 ff.
Schriftsatzfrist: → Rdnr. 63 f.
Streithelfer: → Rdnr. 84
Stufenklage: → Rdnr. 59 Fn. 74

Teilurteil: → Rdnr. 60
Terminplanung: → Rdnr. 67 ff., 72 f.

Überbeschleunigung: → Rdnr. 54
Unstreitig gewordenes Vorbringen: → Rdnr. 69
Unterbevollmächtigter: → Rdnr. 107
Unterbliebene Zurückweisung: → Rdnr. 129 f.
Unterzeichnung der Fristsetzung: → Rdnr. 33
Unzuständigkeit: → Rdnr. 117
Urkundenprozeß: → Rdnr. 59 Fn. 74
Urlaubsreise: → Rdnr. 107
Urteilsabfassung: → Rdnr. 74
Urteilsverkündung: → Rdnr. 51

Vereinfachungsnovelle: → Rdnr. 4
Verfahren mit fakultativer mündlicher Verhandlung: → Rdnr. 27, 95, 97
Verfahren ohne mündliche Verhandlung: → Rdnr. 21, 26
Verfassungsbeschwerde: → Rdnr. 128
Verfassungsmäßigkeit: → Rdnr. 8 ff.
Vergleichsverhandlungen: → Rdnr. 86
Verhalten des Gegners: → Rdnr. 75
→ Einlassung des Gegners
→ Einverständnis des Gegners mit Zulassung
Verhalten Dritter: → Rdnr. 76

Leipold XI/1996

Verhandlungsdauer: →Rdnr. 67c, 72f.
Verjährung: Rdnr. 37, 105
Verlängerungsantrag: →Rdnr. 35 a. E.
Verkündungstermin: →Rdnr. 51
Versäumnisurteil: →Rdnr. 78ff.
Verschuldensmaßstab (Abs. 1): →Rdnr. 85
– Grobe Nachlässigkeit (Abs. 2): →Rdnr. 105ff.
Verspätung: →Rdnr. 44ff., 96, 100ff.
Verteidigung: →Rdnr. 39
Verweisung: →Rdnr. 32
Verzögerung: →Rdnr. 48ff., 104, 122
Vollstreckungsbescheid: →Rdnr. 99
Vorbehaltsurteil: →Rdnr. 59
Vorbereitende Maßnahmen: →Rdnr. 71ff., 75, 78, 80
Vorbereitungspflicht des Gerichts: →Rdnr. 71ff.

Widerklage: →Rdnr. 39f., 60, 120
Wirkung der Zurückweisung: →Rdnr. 125f.

Zeugenbeweis: →Rdnr. 45, 68f., 77
Zulässigkeit des Rechtswegs: →Rdnr. 118
Zulässigkeitsrügen: →Rdnr. 115ff., 130, 133f.
Zurechnung der Verzögerung: →Rdnr. 54, 70ff.
Zustellung der Fristsetzung: →Rdnr. 33
Zwangsvollstreckung: →Rdnr. 95
Zweck: →Rdnr. 1
Zwischenurteil: →Rdnr. 59

I. Normzweck und Grundlagen der Auslegung[1]

1. Zweck

Die Zurückweisung (Präklusion) verspäteten Parteivorbringens dient der **Beschleunigung** 1
des Zivilprozesses. Die Parteien sollen durch die Setzung von Fristen (§ 273 Abs. 2 Nr. 1,
§§ 275 bis 277) und durch die allgemeine Prozeßförderungspflicht (§ 282) zu rechtzeitigem
Vorbringen angehalten werden. Mit diesen Vorschriften steht § 296, trotz der räumlichen
Trennung im Gesetz, in engstem Sinnzusammenhang. Als **Sanktion** für die **Nichteinhaltung**
einer Frist oder für die **Verletzung der allgemeinen Prozeßförderungspflicht** stellt die Präklusion das wichtigste Mittel dar, mit dem ein prozeßverzögerndes Verhalten der Parteien
bekämpft werden soll.

---

[1] Lit.: (Auswahl): *Bender-Belz-Wax* Das Verfahren nach der Vereinfachungsnovelle und vor dem Familiengericht (1977), 40; *Bischof* Der Zivilprozeß nach der Vereinfachungsnovelle (1980), 105; *Borgmann* Neue Rechtsprechung zu den Präklusionsvorschriften der ZPO, AnwBl 1989, 284; *R. Bruns* Die Frist als gesetzgeberisches Mittel der deutschen Zivilprozeßreform zur Beschleunigung der Verfahren, Festschr. für Liebman, I (Mailand 1979), 123; *Damrau-Schellhammer* Die Behandlung verspätet vorgebrachter Angriffs- und Verteidigungsmittel in Gutachten, JuS 1984, 203; *Deubner* Die Zurückweisung fristwidrigen Vorbringens im frühen ersten Termin, NJW 1983, 1026; *ders.* Zurückweisung verspäteten Vorbringens als Rechtsmißbrauch, NJW 1987, 465; *ders.* Das unbewältigte Gesetz – Neue Entscheidungen zur Zurückweisung verspäteten Vorbringens, NJW 1987, 1583; *Fastrich* Heilung der Verspätungsfolgen des § 296 I ZPO durch Versäumnis? NJW 1979, 2598; *Franke* Rechtliches Gehör und Präklusion, Zur Rechtsprechung des Bundesverfassungsgerichts, NJW 1986, 3049; *Fuhrmann* Verspätetes Vorbringen des Streithelfers, NJW 1982, 978; *ders.* Die Zurückweisung schuldhaft verspäteter und verzögernder Angriffs- und Verteidigungsmittel im Zivilprozeß (1987); *Gounalakis* Die Flucht vor Präklusion bei verspätetem Vorbringen im Zivilprozeß (1995); *Hensen* Der Parteivortrag »im Termin« verspätet beachtlich, NJW 1984, 1672; *Hermisson* Die Rechtsprechung des BGH und des BVerfG zur Zurückweisung von verspätetem Vorbringen im Zivilprozeß, NJW 1983, 2229; *Hirtz* Zum Ausschluß des Parteivorbringens bei nicht rechtzeitiger Vorlage eines Schriftsatzes, NJW 1981, 2234; *Hölzer* Die Zurückweisung verspäteten Vorbringens, JurBüro 1990, 1533; *Kallweit* Die Prozeßförderungspflicht der Parteien und die Präklusion verspäteten Vorbringens im Zivilprozeß nach der Vereinfachungsnovelle vom 3. 12. 1976 (1983); *Kinne* Zur Zurückweisung verspäteten Vorbringens im Zivilprozeß, DRiZ 1985, 15; *Knöringer* Der Begriff der Verzögerung nach der Vereinfachungsnovelle, NJW 1977, 2336; *Köster* Die Beschleunigung der Zivilprozesse und die Entlastung der Zivilgerichte in der Gesetzgebung von 1879 bis 1993, Teil 1 u. 2 (1995); *Kramer* Die Säumnis im schriftlichen Verfahren, NJW 1978, 1411, 1414; *H. D. Lange* Zurückweisung verspäteten Vorbringens im Vorbereitungstermin, NJW 1986, 3043; *ders.* Verspätetes Vorbringen im »Durchlauftermin«, NJW 1988, 1644; *Leipold* Prozeßförderungspflicht der Parteien und richterliche Verantwortung, ZZP 93 (1980), 237; *ders.* Auf der Suche nach dem richtigen Maß bei der Zurückweisung verspäteten Vorbringens, ZZP 97 (1984), 395; *Lindemann* Hausgemachte Überlastung der Zivilgerichte? AnwBl 1983, 389; *Lüke* Die Zurückweisung verspäteten Vorbringens im Zivilprozeß, JuS 1981, 503; *ders.* Die Zurückweisung verspäteten Vorbringens nach der Vereinfachungsnovelle zur ZPO, in: Recht und Gesetz im Dialog, Saarbrücker Vorträge, Annales Universitatis Saraviensis Bd. 104 (1982), 31; *Mackh* Präklusion verspäteten Vorbringens im Zivilprozeß (1991); *A. Mayer* Zurückweisung eines nicht unter Beweis gestellten verspäteten Vorbringens?

2   Durch die Präklusionsvorschriften kann die Prozeßbeschleunigung auf zweierlei Weise gefördert werden. Die Zurückweisung verspäteten Vorbringens macht den **zusätzlichen Zeitaufwand entbehrlich**, der zur prozessualen Verwertung dieses Vortrags erforderlich wäre. Neben dieser konkreten beschleunigenden Wirkung ist aber auch die **präventive Funktion** der Präklusionsvorschriften zu bedenken. Die drohende Zurückweisung wegen Verspätung und die Gefahr, aus diesem Grunde den Prozeß zu verlieren, soll die Parteien (und vor allem deren Prozeßbevollmächtigte) dazu bringen, das Verfahren von Anfang an zügig zu betreiben und sowohl die gesetzten Fristen als auch die allgemeine Prozeßförderungspflicht ernst zu nehmen.

3   Der Beschleunigungszweck zieht aber auch Grenzen für die Zurückweisung von Angriffs- und Verteidigungsmitteln. Die Präklusion nach Abs. 1 und 2 setzt voraus, daß das Verfahren durch Zulassung des verspäteten Vorbringens **verzögert** würde. Der Ausschluß verspäteten Vorbringens soll nämlich »**keine Nachlässigkeits- oder Ungehorsamsstrafe sein, sondern nur einer konkreten Prozeßverschleppungsgefahr vorbeugen**«[2]. – Zur Zurückweisung wegen *Prozeßverschleppungsabsicht* außerhalb des § 296 → § 284 Rdnr. 83.

2. Die einzelnen Präklusionsbestimmungen

4   Durch die Vereinfachungsnovelle 1976 wurden die Sanktionen für verspätetes Vorbringen **verschärft**. Vor allem zeigt sich dies in **Abs. 1**. Die vielfältigen Möglichkeiten, den Parteien **Fristen** für ihr Vorbringen zu setzen, stellen einen der Hauptgedanken der Vereinfachungsnovelle 1976 dar. Bei Versäumung einer der in Abs. 1 genannten Fristen steht die Zurückweisung des Vorbringens nicht im Ermessen des Gerichts, sondern der Verlust des Angriffs- oder Verteidigungsmittels ist als **zwingende Rechtsfolge** vorgesehen. Außerdem setzt die Präklusion nicht den Nachweis einer Verschleppungsabsicht oder der groben Nachlässigkeit voraus; es genügt bereits, wenn die Verspätung von der Partei nicht genügend *entschuldigt* wird.

5   Dagegen steht die in **Abs. 2** geregelte Zurückweisung wegen Verstoßes gegen die **allgemeine Prozeßförderungspflicht** oder gegen die Pflicht zur vorherigen schriftsätzlichen Mitteilung im Ermessen des Gerichts und kommt außerdem nur bei grober Nachlässigkeit der Partei in Betracht.

6   **Verzichtbare Zulässigkeitsrügen,** die entgegen § 282 Abs. 3 verspätet vorgetragen werden, sind nach **Abs. 3** nur bei genügender Entschuldigung der Verspätung zuzulassen.

NJW 1983, 858; *Mertins* Fluchtwege zur Vermeidung der Zurückweisung wegen Verspätung und ihre Abwehr, DRiZ 1985, 344; *Mischke* Zurückweisung verspäteten Vorbringens über die in § 296 ZPO aufgezählten Fälle hinaus? NJW 1981, 564; *Overrath* Prozeßbeschleunigung durch Verspätung? DRiZ 1980, 253; *Pieper* Eiljustiz statt materieller Richtigkeit? Zu den Grenzen einer Präklusion verspäteten Vorbringens im Zivilprozeß, Festschr. für Wassermann (1985), 773; *Prütting-Weth* Teilurteil zur Verhinderung der Flucht in die Widerklage? ZZP 98 (1985), 131; *Rixecker* Vermeintliche Randprobleme der Beschleunigung des Zivilprozesses, NJW 1984, 2135; *E. Schneider* Einspruch gegen Versäumnisurteil nach Fristversäumung, MDR 1979, 710; *ders.* Nichtzulassung verspäteten Vorbringens gegen den Willen beider Parteien? NJW 1979, 2506; *ders.* Unterschriftserfordernis bei richterlichen Fristenverfügungen, MDR 1982, 818; *ders.* Problemfälle aus der Prozeßpraxis, Strapaziertes Verspätungsrecht, MDR 1982, 902; *ders.* Problemfälle aus der Prozeßpraxis, Höchstrichterlich verzögerte Beschleunigung, MDR 1984, 726; *J. Schröder* Schiedsvertragskündigung und Zulässigkeitsrüge – Zur Auslegung der §§ 282, 296, 528, 529 ZPO, ZZP 91 (1978), 302; *J. Schulze* Verspätetes Vorbringen durch den Streithelfer, NJW 1981, 2663; *E. Schumann* Keine Präklusion im Beschwerdeverfahren: Das Bundesverfassungsgericht als Bundesgerichtshof, NJW 1982, 1609; *Waldner* Präklusion im Zivilprozeß und rechtliches Gehör, NJW 1984, 2925; *ders.* Der Anspruch auf rechtliches Gehör (1989), 75 ff.; *Weth* Die Zurückweisung verspäteten Vorbringens im Zivilprozeß (1988); *M. Wolf* Die Berücksichtigung verspäteten Vorbringens in der Berufungsinstanz, ZZP 94 (1981), 310. – Allg. Lit. zur Vereinfachungsnovelle → § 271 Fn. 1.

[2] So Begr. zum Regierungsentwurf der Vereinfachungsnovelle 1976, BT-Drucks. 7/2729, 39; ebenso *OLG Karlsruhe* Justiz 1979, 14. – A.M. *OLG Oldenburg* NdsRpfl 1979, 70, 71, das § 296 als Strafsanktion kennzeichnen will.

Die **Effektivität der Sanktionen** gegen verspätetes Vorbringen in erster Instanz soll § 528 auch für die **Berufungsinstanz** absichern. Die Verspätung in erster Instanz kann nach § 528 Abs. 1 (bei Fristversäumung) oder Abs. 2 (bei Verstoß gegen die allgemeine Prozeßförderungspflicht oder gegen die Pflicht zur schriftsätzlichen Vorbereitung des Termins) auch in zweiter Instanz zur Zurückweisung dieses Vorbringens führen. Besondere Strenge zeichnet § 528 Abs. 3 aus, wonach solche Angriffs- und Verteidigungsmittel, die schon in erster Instanz zu Recht zurückgewiesen wurden, im Berufungsverfahren generell ausgeschlossen bleiben (zur verfassungsrechtlichen Beurteilung → Rdnr. 8). 7

Die Präklusionsbestimmungen der ZPO gelten auch dann, wenn **ausländisches Sachrecht** zur Anwendung berufen ist³. Zur Präklusion bei der Ermittlung ausländischen Rechts → Rdnr. 42. 7a

3. Die Aussagen des BVerfG zu den Präklusionsvorschriften

a) Verfassungsrechtliche Zulässigkeit von Präklusionsbestimmungen

Der **Anspruch auf rechtliches Gehör** (Art. 103 Abs. 1 GG) verlangt vom Gericht nach ständiger Rechtsprechung des BVerfG, die Ausführungen der Parteien zur Kenntnis zu nehmen und in Erwägung zu ziehen, → vor § 128 Rdnr. 36 bis 39. Art. 103 Abs. 1 GG hindert den Gesetzgeber jedoch nicht, durch Präklusionsbestimmungen auf eine beschleunigte Abwicklung des Verfahrens hinzuwirken. Die **verfassungsrechtliche Zulässigkeit von Präklusionsvorschriften** begründete das BVerfG⁴ schon zu § 528 Abs. 1 S. 2 aF mit dem Satz, das Grundrecht auf rechtliches Gehör gewähre keinen Schutz gegen Entscheidungen, die das Vorbringen eines Beteiligten aus Gründen des formellen oder des materiellen Rechts ganz oder teilweise außer Betracht ließen. Mit denselben Erwägungen erklärte das BVerfG⁵ auch § 296 Abs. 1 mit Art. 103 Abs. 1 GG für vereinbar. Auch § 528 Abs. 3 verstößt nicht gegen die Verfassung⁶, zu den Bedenken dagegen → vor § 128 Rdnr. 34a. 8

b) Berücksichtigung des Verfassungsrechts bei der Anwendung

Die Verfassungsmäßigkeit der Vorschriften schließt nicht die Notwendigkeit aus, bei ihrer **Anwendung** die **Anforderungen des Verfassungsrechts**, vor allem den Anspruch auf rechtliches Gehör, zu bedenken. Das BVerfG betonte immer wieder den **strengen Ausnahmecharakter** der Präklusionsbestimmungen und stellte bei der Handhabung der Vorschriften in zahlreichen Fällen Verstöße gegen die Verfassung, insbesondere gegen Art. 103 Abs. 1 GG fest, näher → vor § 128 Rdnr. 33 f. 9

Jedoch stellt nicht jede fehlerhafte Anwendung der Präklusionsbestimmungen eine Verletzung des Rechts auf Gehör dar; vielmehr gilt dies nur, wenn dadurch eine verfassungsrechtlich erforderliche Anhörung nicht stattgefunden hat, näher → vor § 128 Rdnr. 33. 10

In der (im Gesetz nicht ausdrücklich vorgesehenen) Anwendung von Präklusionsvorschriften auf das **Beschwerdeverfahren** erblickte das BVerfG⁷ eine Verletzung des Anspruchs auf rechtliches Gehör. Das BVerfG sah hier die Grenzen der Auslegung als überschritten an und betonte in diesem Zusammenhang (also bezogen auf das Verhältnis zwischen Art. 103 Abs. 1 GG und der Zurückweisung wegen Verspätung), bei mehreren möglichen Auslegungen sei im 11

---

³ *Geimer* Internationales Zivilprozeßrecht² Rdnr. 361.
⁴ BVerfGE 36, 92, 97 = NJW 1974, 133.
⁵ BVerfGE 54, 117, 123 = NJW 1980, 1737 (dazu *Deubner* NJW 1980, 1945). – Zu Abs. 2 s. BVerfG NJW 1985, 1149.
⁶ BVerfGE 55, 72, 90 = NJW 1981, 271 = MDR 1981, 290 = ZZP 94 (1981), 339 (dazu *M. Wolf* ZZP 94 (1981), 310); ebenso bereits BGHZ 76, 133.
⁷ BVerfGE 59, 330 = NJW 1982, 1635 = MDR 1982, 545. Weitere Nachw. → Fn. 11.

Zweifel diejenige zu wählen, die der **Grundrechtsnorm die stärkste Wirkung** verleihe. Eine **entsprechende Anwendung** der Präklusionsvorschriften **lehnte das BVerfG generell ab,** weil dem der strenge Ausnahmecharakter der Bestimmungen und die einschneidenden Folgen für die säumige Partei entgegenstünden. Dazu → Rdnr. 18.

4. Grundlinien der Auslegung

16 Wie die Entscheidungen des BVerfG (→ vor § 128 Rdnr. 33 f.) zeigen, muß das Spannungsverhältnis zwischen dem verfassungsrechtlich garantierten Anspruch auf rechtliches Gehör und der Zurückweisung von Vorbringen bei der Auslegung und Anwendung des § 296 beachtet werden. Andererseits darf dadurch nicht das **Ziel des Gesetzgebers** vereitelt werden, im Interesse der Prozeßbeschleunigung die Sanktionen zu verschärfen, um dadurch die Parteien von prozeßverzögerndem Verhalten abzuhalten. Daher kann *nicht* empfohlen werden, die Präklusionsvorschriften generell *so eng wie nur möglich* zu interpretieren. Das Ziel, den Prozeß zu beschleunigen, dient der Verbesserung des Rechtsschutzes und kann, da das Rechtsstaatsprinzip auch einen **effektiven Gerichtsschutz** garantiert (→ Einl. [20. Aufl.] Rdnr. 207), ebenfalls verfassungsrechtlichen Rang beanspruchen[8]. Ferner ist als Bestandteil des Rechts auf faires Verfahren auch ein Anspruch auf Entscheidung innerhalb angemessener Frist anzuerkennen[8a], → vor § 128 Rdnr. 66b. Beides ändert aber nichts daran, daß der *Eingriff* in das Recht der Partei auf Berücksichtigung ihres Vorbringens der besonderen *Rechtfertigung* bedarf. Es muß sich um eine angesichts der Umstände (auch des Verhaltens des Gerichts und der anderen Prozeßbeteiligten) **angemessene Sanktion** auf das Verhalten der Partei handeln. Dagegen vermag der Gedanke der *Prävention*, also das Streben, durch eine strenge Handhabung des Präklusionsrechts auf eine strikte Einhaltung der Fristen und der allgemeinen Prozeßförderungspflicht hinzuwirken, nicht eine im konkreten Fall überharte Sanktion zu rechtfertigen.

17 Wie BVerfG[9] und BGH[10] aus dem strengen Ausnahmecharakter der Präklusionsvorschriften und ihren einschneidenden Folgen für die säumige Partei folgern, bedarf die Anwendung dieser Bestimmungen in besonderem Maße der **Rechtsklarheit.** Insbesondere muß über Beginn und Ende der Frist bereits zu Beginn Gewißheit herrschen, → Rdnr. 35. Strenge Anforderungen gelten auch für die gesetzlich vorgeschriebenen Belehrungen über die bei Fristversäumung drohende Präklusion, → Rdnr. 34.

5. Grenzen einer analogen Anwendung

18 Zwar steht allein der Umstand, daß die Präklusionsbestimmungen *Ausnahmevorschriften* darstellen, einer entsprechenden Anwendung nicht bzw. jedenfalls nicht generell entgegen, soweit eine unter Beachtung des Gesetzeszwecks und der Interessenlage vergleichbare Situation gegeben ist. Jedoch verbieten die Besonderheiten der Rechtsfolge, um die es bei der Zurückweisung verspäteten Vorbringens geht, im allgemeinen eine entsprechende Anwendung. Die Zurückweisung wegen Verspätung begrenzt die Verwirklichung des Rechts auf Gehör und bringt für die betroffene Partei die Gefahr mit sich, im Prozeß in Widerspruch zur

---

[8] Zur Notwendigkeit, die verfassungsrechtlichen Dimensionen zu berücksichtigen, vgl. *BGHZ* 86, 218, 224 = NJW 1983, 822 = MDR 1983, 383 = LM § 277 Nr. 1 (mit Anm. *Schmidt-Kessel*). – S. auch *Leipold* ZZP 93 (1980), 237, 245 ff.; ZZP 97 (1984), 395, 396 ff.; in der grundsätzlichen Tendenz ebenso *Zöller-Greger*[20] Rdnr. 2, *Pieper* (Fn. 1) 786.

[8a] Dazu *Leipold* Das Menschenrecht auf angemessene Verfahrensdauer, Festschr. für Toichiro Kigawa (Tokyo 1994), Bd. 3, 61.

[9] *BVerfGE* 60, 1, 6 = NJW 1982, 1453.

[10] Zusammenfassend *BGH* NJW 1990, 2389, 2390; zuvor u.a. *BGHZ* 76, 236, 239f. = NJW 1980, 1167; *BGHZ* 86, 218, 224f. = NJW 1983, 822.

materiellen Rechtslage zu unterliegen. Die Präklusion bedarf daher, um mit Art. 103 Abs. 1 GG vereinbar zu sein, einer *klaren Regelung,* auf die sich die betroffene Partei einrichten kann und muß. Im allgemeinen wird diese Voraussetzung nur bei einer ausdrücklichen gesetzlichen Regelung bejaht werden können. Insoweit ist dem BVerfG zuzustimmen, das einen **grundsätzlichen Ausschluß der entsprechenden Anwendbarkeit** der Präklusionsvorschriften formuliert hat[11].

So erscheint es z. B. **unzulässig,** § 296 Abs. 1 analog auf die Versäumung **anderer,** nicht in Abs. 1 genannter **Fristen** auszudehnen, → Rdnr. 25. Ebensowenig erscheint es zulässig, § 528, der die Fortwirkung einer Verspätung in erster Instanz auch für das Berufungsverfahren anordnet, analog auf das **Beschwerdeverfahren** zu erstrecken[12]. 19

Andererseits muß aber darauf geachtet werden, ob es sich in der konkreten Situation wirklich um eine analoge Anwendung des § 296 handelt. Soweit die **Vorschriften über das erstinstanzliche Verfahren** vor den Landgerichten (§ 253 bis § 494 a) auch vor anderen Gerichten, **in höheren Instanzen** oder auch außerhalb des Urteilsverfahrens Anwendung finden, spricht man zwar oft von einer *entsprechenden* Anwendung. Dies bedeutet aber dann eine *sinngemäße* Anwendung, d. h. eine Anwendung, die den Normtext gegebenenfalls an die andere Verfahrenssituation anpaßt. Dagegen handelt es sich in diesen Fällen nicht um eine *analoge* Anwendung, d. h. um eine Ausdehnung des Anwendungsbereichs über den vom Gesetzgeber festgelegten Rahmen hinaus. So ist § 296 geradezu selbstverständlich über § 495 auch vor den Amtsgerichten anzuwenden, und gemäß § 523 gilt § 296 Abs. 2 auch für die **Berufungsinstanz**[13], während § 296 Abs. 1 und 4 im Rahmen des § 527 Anwendung finden. 20

Selbst wenn aber die sinngemäße Anwendung der Vorschriften über das Verfahren erster Instanz vor den Landgerichten nicht wie in den eben genannten Fällen auf einer ausdrücklichen Verweisungsnorm, sondern **auf dem allgemeinen System des Gesetzes** beruht, handelt es sich nicht um eine analoge Anwendung. So geht man z. B. allgemein davon aus, daß die §§ 253 ff. auch für das Beschwerdeverfahren gelten können, soweit die gesetzliche Regelung des Beschwerdeverfahrens nicht entgegensteht[14]. Obgleich dies jeweils besonders zu prüfen ist (→ § 573 Rdnr. 1), handelt es sich nicht um eine Ausdehnung des Geltungsbereichs der §§ 253 ff.; denn nach dem Text und der Systematik des Gesetzes ist klar, daß die §§ 567 ff. keine erschöpfende Regelung des Verfahrens in der Beschwerdeinstanz sein können und sollen. Daher ist es z. B. möglich, bei einer entsprechenden *Fristsetzung* in der **Beschwerdeinstanz** auch § 296 Abs. 1 anzuwenden (→ Rdnr. 27), während sich § 296 Abs. 2 mit der Struktur des fakultativ mündlichen Verfahrens nicht verträgt, → Rdnr. 95. Auch für das **Verfahren ohne mündliche Verhandlung** nach § 128 Abs. 2 und 3 gelten die §§ 253 ff. sinngemäß (nicht: analog), soweit nicht das Fehlen der mündlichen Verhandlung entgegensteht. Dementsprechend ist auch hier eine Präklusion nach § 296 nicht ausgeschlossen, näher → Rdnr. 26, 94. Bei der **Entscheidung nach Aktenlage** (§§ 251 a, 331 a) geht es ebenfalls nicht um eine Analogie, sondern darum, ob die Besonderheiten dieser Entscheidung einer Zurückweisung verspäteten Vorbringens entgegenstehen, näher → Rdnr. 29, 95. 21

In **Ehe- und Kindschaftssachen** ist die Zurückweisung verspäteten Vorbringens nur nach §§ 615, 640 Abs. 1 zu beurteilen und die Anwendung des § 296 ausgeschlossen. 22

---

[11] *BVerfGE* 59, 330, 334, 335 (Fn. 7). Ebenso *BGH* NJW 1981, 1217; *OLG München* MDR 1981, 1025 = OLGZ 1989, 489. – A. M. *E. Schumann* NJW 1982, 1609; *Mischke* NJW 1981, 564; *Waldner* NJW 1984, 2925, 2926; *ders.* Rechtliches Gehör (Fn. 1) Rdnr. 266.

[12] *BVerfGE* 59, 330, 334 (Fn. 7). – Problematisch daher *BPatG* GRUR 1996, 414, 415 (entsprechende Anwendung des § 528 im patentgerichtlichen Beschwerdeverfahren).

[13] *BGH* NJW 1981, 1319; NJW 1987, 501; → § 527 Rdnr. 18.

[14] Vgl. *E. Schumann* NJW 1982, 1609, 1612, 1614 mwN.

II. Die Voraussetzungen der Zurückweisung wegen Fristüberschreitung (Abs. 1)

23   Wenn die Formulierung des Abs. 1 anders als Abs. 2 nicht die *Zurückweisung* verspäteten Vorbringens, sondern die – nur noch unter besonderen Voraussetzungen mögliche – *Zulassung* in den Vordergrund rückt, so wird dadurch unterstrichen, daß in den Fällen des Abs. 1 keine Ermessensentscheidung des Gerichts stattfindet. Vielmehr soll die Fristüberschreitung stets zum Ausschluß der betroffenen Angriffs- oder Verteidigungsmittel führen, wenn das Vorbringen die Erledigung des Rechtsstreits verzögert und die Verspätung nicht hinreichend entschuldigt wird. In der Wirkung unterscheidet sich aber die **Nichtzulassung** nach Abs. 1 nicht von einer Präklusion gemäß Abs. 2 und kann daher ebensogut als **Zurückweisung** bezeichnet werden[15].

1. Anwendungsbereich des Abs. 1

a) Erfaßte Fristen

24   Die Zurückweisung nach Abs. 1 kommt nur in Betracht, wenn eine Frist aufgrund einer der ausdrücklich im Gesetz genannten Vorschriften gesetzt wurde. Abs. 1 gilt für eine dem Beklagten gesetzte Frist zur **schriftlichen Klageerwiderung** (im schriftlichen Vorverfahren nach § 276 Abs. 1 S. 2, im Verfahren mit frühem ersten Termin: vor dem Termin nach § 275 Abs. 1 S. 1, im Termin nach § 275 Abs. 3), für eine dem Kläger gesetzte Frist zur **Stellungnahme auf die Klageerwiderung** (im schriftlichen Vorverfahren nach § 276 Abs. 3, im Verfahren mit frühem ersten Termin nach § 275 Abs. 4) und für eine Frist zur **Erklärung über bestimmte Punkte**, wie sie nach § 273 Abs. 2 Nr. 1 sowohl dem Kläger als auch dem Beklagten und zwar zur Vorbereitung eines jeden Verhandlungstermins gesetzt werden kann. Eine Fristsetzung zur Mitteilung von Einwendungen gegen Sachverständigengutachten und von diesbezüglichen Anträgen (z.B. auf Ladung zur mündlichen Verhandlung) erlaubt § 411 Abs. 4 S. 2 (idF des RechtspflegevereinfachungsG 1990), wobei Abs. 1 und 4 für entsprechend anwendbar erklärt sind[15a].

24a   Der in Abs. 1 genannte § 277 enthält keine eigenständige Rechtsgrundlage für eine Fristsetzung, gibt aber die *Mindestdauer* einiger Fristen an und enthält in Abs. 1 und 4 einen allgemeinen Maßstab dafür, in welchem *Ausmaß* von der Parteien das Vorbringen innerhalb der gesetzten Frist verlangt werden kann, näher → Rdnr. 46 f.

25   Die **Aufzählung der Fristen** in Abs. 1 ist – vorbehaltlich besonderer Bestimmungen – als **abschließend** zu verstehen. Die nicht fristgerechte Zahlung eines Auslagenvorschusses für die Ladung eines Zeugen rechtfertigt daher keine Zurückweisung nach Abs. 1[16]; vielmehr ist die Rechtsfolge nach § 379 S. 2 zu bestimmen. Auch bei Überschreitung der nach § 697 Abs. 1 dem *Antragsteller* des **Mahnverfahrens** zur Begründung seines Anspruchs zu setzenden Frist ist keine Zurückweisung nach Abs. 1 möglich[17]; denn diese Frist ist in Abs. 1 nicht aufgeführt und auch § 697 Abs. 1 verweist nicht auf § 296. Zur Anwendung des § 296 Abs. 2 in diesem Fall → Rdnr. 99. § 296 Abs. 1 u. 4 gelten aber kraft ausdrücklicher gesetzlicher Bestimmung, wenn auf Antrag des Gegners Termin zur mündlichen Verhandlung bestimmt und eine Frist zur Begründung des Anspruchs gesetzt wird, § 697 Abs. 3 S. 2 idF des Rechtspflegevereinfa-

---

[15] Ebenso *Schwarz* JA 1984, 458.
[15a] Dazu *OLG Köln* BauR 1995, 885 (Entscheidung über Ablehnungsgesuch darf vor Terminantrag abgewartet werden).
[16] BVerfGE 69, 145, 150 = NJW 1985, 1150, 1151. Dasselbe gilt beim Sachverständigen, *OLG Hamm* NJW-RR 1995, 1151.

[17] BGH LM Nr. 13 = NJW 1982, 1533 = MDR 1982, 560; *OLG Hamburg* NJW 1979, 376 = MDR 1979, 147; *OLG Köln* NJW 1981, 2265 (zust. *Hirtz* NJW 1981, 2234); *OLG Hamm* MDR 1980, 146; MDR 1983, 413; *Büchel* NJW 1979, 945, 950.

chungsG 1990, näher → § 697 Rdnr. 4. Entsprechendes gilt bei Nichteingang der Anspruchsbegründung nach Einspruch gegen den Vollstreckungsbescheid, § 700 Abs. 5. – Die Fristsetzungen für den Antragsgegner nach Eingang der Klagebegründung folgen den sonst nach Klageeingang geltenden Regeln, § 697 Abs. 2, so daß auch § 296 Abs. 1 zur Anwendung kommt. – Auch auf die Frist zur **Begründung des Einspruchs** nach Versäumnisurteil ist § 296 Abs. 1 anzuwenden, § 340 Abs. 3 S. 3.

b) Verfahrensarten und Instanzen

Im **Verfahren ohne mündliche Verhandlung** nach § 128 Abs. 2 und 3 können Fristen gemäß § 275 Abs. 3 und 4 oder § 273 Abs. 2 Nr. 1 gesetzt werden. Bei einer Versäumung dieser Fristen ist § 296 Abs. 1 anwendbar, → § 128 Rdnr. 84, 95, 119. 26

Im **Beschwerdeverfahren** und auch sonst im **Verfahren mit fakultativer mündlicher Verhandlung** (→ § 128 Rdnr. 21 bis 23, 39 ff.) erscheint eine Fristsetzung nach § 273 Abs. 2 Nr. 1 zulässig (und zwar unabhängig davon, ob eine mündliche Verhandlung stattfindet), deren Versäumung eine Präklusion nach Abs. 1 nach sich ziehen kann[18]. Im einstweiligen Verfügungsverfahren ist Abs. 1 (und Abs. 2) insoweit unanwendbar[19], als die Zulassung von Vorbringen von den Besonderheiten des Eilverfahrens bestimmt wird, näher → § 922 Rdnr. 23. 27

In der **Berufungsinstanz** ist Abs. 1 im Rahmen des § 527 anzuwenden, ferner über § 523 bei einer Fristsetzung nach § 273 Abs. 2 Nr. 1, → § 527 Rdnr. 17. In **Ehe- und Kindschaftssachen** gilt nicht § 296, sondern §§ 615, 640 Abs. 1. 28

c) Entscheidung nach Aktenlage

Zweifelhaft erscheint, ob bei einer Entscheidung nach Aktenlage (§§ 251 a, 331 a) solches Vorbringen unbeachtet zu bleiben hat, das bei einer Entscheidung aufgrund streitiger Verhandlung gemäß Abs. 1 nicht zuzulassen wäre. Die gesetzliche Formulierung »nach Lage der Akten« spricht jedoch dafür, den Inhalt der Schriftsätze in vollem Umfang zu berücksichtigen. Auch ist zu bedenken, daß die im Verhandlungstermin nicht anwesende Partei keine Möglichkeit mehr hätte, vielleicht bestehende *Entschuldigungsgründe* vorzutragen. Man sollte daher eine Präklusion bei Entscheidung nach Aktenlage generell verneinen, → § 251 a Rdnr. 19. 29

2. Anforderungen an die Fristsetzung

a) Zutreffende Beurteilung der Fristvoraussetzungen

Die Zurückweisung ist nur zulässig, wenn die Frist in richtiger Anwendung einer der in Abs. 1 genannten **Rechtsgrundlagen** gesetzt wurde. Daran würde es z. B. fehlen, wenn ohne Anordnung eines schriftlichen Vorverfahrens Fristen nach § 276 gesetzt würden oder wenn eine Frist nach § 273 Abs. 2 Nr. 1 verfügt würde, ohne daß die Partei zur Erklärung über 30

---

[18] Ob *BVerfGE* 59, 330 (Fn. 7) auch für diesen Fall die Anwendung des § 296 Abs. 1 ablehnen will, ist nicht ganz sicher, da, wie das BVerfG feststellt, im konkreten Fall die Anwendung des § 296 Abs. 1 schon deswegen verfehlt war, weil das Zivilgericht keine Frist gesetzt hatte. Eine die Zivilgerichte bindende Feststellung des BVerfG, § 296 Abs. 1 sei im Beschwerdeverfahren generell unanwendbar, ist daher nicht anzunehmen. – A.M. wohl *Baumbach-Lauterbach-Albers*[55] § 570 Rdnr. 2, der § 296 allgemein wegen der Bindungswirkung der verfassungsgerichtlichen Entscheidung für unanwendbar hält. S. auch *E. Schumann* NJW 1982, 1609, 1616, der den Zivilgerichten im Hinblick auf die Entscheidung des BVerfG empfiehlt, im Beschwerdeverfahren generell von einer Zurückweisung wegen Verspätung abzusehen.

[19] *OLG Koblenz* NJW-RR 1987, 509; s. auch *OLG Hamburg* NJW-RR 1987, 36. – Für uneingeschränkte Anwendbarkeit dagegen *E. Schneider* MDR 1988, 1024.

bestimmte Punkte aufgefordert wird. Eine Frist für die Replik des Klägers (§ 276 Abs. 3) kann erst nach Eingang der Klageerwiderung wirksam gesetzt werden[20]. Fristen nach § 275 Abs. 3 u. 4 können nur zur Vorbereitung eines Haupttermins gesetzt werden, nicht dagegen, wenn der nächste Termin ein Termin zur Verkündung einer Entscheidung ist[21].

31   Hat sich das Gericht lediglich in der angegebenen Rechtsgrundlage vergriffen, so erscheint eine Präklusion wegen Fristversäumung dann unzulässig, wenn jedenfalls nicht ausgeschlossen werden kann, daß der Fehler bei der Partei zu **Unklarheiten** über die Bedeutung der Frist geführt hat. Wenn z.B. eine Frist, die dem Kläger zur Stellungnahme auf die eingereichte Klageerwiderungsschrift gesetzt wurde, nach Anordnung des schriftlichen Vorverfahrens versehentlich auf § 275 Abs. 4 statt auf § 276 Abs. 3 gestützt wird, so wird eine derartige Unklarheit nicht zu befürchten und daher die Präklusion zulässig sein. Anders ist es, wenn durch das Verhalten des Gerichts Zweifel entstehen können, welche Verfahrensgestaltung das Gericht gewählt hat, so etwa, wenn zwar zunächst Fristen im Rahmen des *schriftlichen Vorverfahrens* gesetzt wurden, dann aber die Ladung zum *Haupttermin* mit einem Formular erfolgt, das für die Ladung zum *frühen ersten Termin* bestimmt ist und dessen Belehrung den Eindruck erweckt, es käme nur eine Zurückweisung nach § 296 Abs. 2 in Betracht[22].

b) Beachtung der Zuständigkeit und Wahrung der Formvoraussetzungen

32   Die Frist muß von dem zuständigen Organ gesetzt worden sein, so daß z. B. die Zurückweisung unzulässig ist, wenn die Frist von der Geschäftsstelle statt vom Vorsitzenden verfügt wurde. Dasselbe gilt, wenn der gesamte Spruchkörper zuständig ist, während die Frist durch den Vorsitzenden oder den Berichterstatter gesetzt wurde[23] oder wenn nicht der zuständige Vorsitzende, sondern ein anderer Richter die Fristsetzung verfügt hat[24]. Bei **Verweisung** an ein anderes Gericht (§ 281) oder zwischen Zivilkammer und Kammer für Handelssachen[25] bleibt die Wirkung einer Fristsetzung erhalten.

33   Ist die Fristsetzung nicht in einer im Termin verkündeten Entscheidung enthalten, so muß die Verfügung der Partei, welcher die Frist gesetzt wird, **förmlich zugestellt** werden, § 329 Abs. 2 S. 2. Die Verfügung muß vom Vorsitzenden (bzw. von dem von ihm beauftragten Mitglied des Prozeßgerichts) ordnungsgemäß (nicht nur durch Paraphe) **unterzeichnet** sein, und es bedarf der Zustellung einer beglaubigten Abschrift dieser Verfügung[26]. Keinesfalls genügt daher eine formlos übersandte Mitteilung der Geschäftsstelle. Eine **Heilung** des Zustellungsmangels nach § 187 S. 1 ist (ebenso wie bei Notfristen, § 187 S. 2) **nicht möglich**, weil dann die im Interesse der Partei erforderliche Klarheit über den Fristbeginn nicht gewährleistet wäre[27], → auch § 187 Rdnr. 23. Die Einhaltung dieser Förmlichkeiten ist von Amts wegen zu beachten und unterliegt nicht einem Verzicht der Partei oder einer Heilung durch rügeloses Verhandeln der Partei, § 295 Abs. 2[28].

---

[20] *BGHZ* 76, 236, 240 = NJW 1980, 1167 = LM § 329 Nr. 8 (LS, Anm. *Girisch*).
[21] *BVerfG* NJW 1992, 679, 680.
[22] *OLG Oldenburg* NJW 1980, 295 (mit zust. Anm. *Deubner*) = NdsRpfl 1979, 72.
[23] Vgl. *OLG Frankfurt* MDR 1979, 764 (im Ausgangspunkt zutr., aber doch wohl zu eng, soweit die Fristsetzung nach § 275 Abs. 4 auch außerhalb der mündlichen Verhandlung nur dem gesamten Spruchkörper zugestanden wird, → § 275 Rdnr. 29).
[24] *BGH* NJW 1991, 2774, 2775. → auch § 276 Rdnr. 22.
[25] *OLG Frankfurt* NJW-RR 1993, 1084.
[26] Grundlegend und mit bemerkenswert strengen förmlichen Anforderungen *BGHZ* 76, 236 (Fn. 20). Ebenso *BGH* LM Nr. 6 = NJW 1980, 1960 = MDR 1980, 749 = WM 1980, 962; NJW 1981, 2255 (mit Anm. *Deubner*) = JZ 1981, 351 = MDR 1981, 752; WM 1982, 1281; NJW 1990, 2389; *OLG Frankfurt* MDR 1979, 764.
[27] *BGHZ* 76, 236 (Fn. 20); *OLG Frankfurt* MDR 1979, 764.
[28] *BGH* NJW 1990, 2389, 2390; NJW 1991, 2773 u. 2775.

c) Belehrung

Soweit das Gesetz eine Belehrung über die Folgen einer Fristsetzung verlangt (§ 276 Abs. 2, § 277 Abs. 2), stellt die Belehrung eine **notwendige Voraussetzung der Zurückweisung** dar, → § 277 Rdnr. 21. Ihr Fehlen bzw. ihre Fehlerhaftigkeit steht der Zurückweisung *generell* entgegen und ist nicht erst im Rahmen der Prüfung des Parteiverschuldens zu berücksichtigen. An den **Inhalt der Belehrung** (näher → § 277 Rdnr. 19f.) stellt der BGH[29] im Interesse der Parteien mit Recht strenge Anforderungen; die drohende Sanktion (Abschneiden des nach Fristablauf vorgetragenen Vorbringens mit der Gefahr, den Prozeß vollständig zu verlieren) muß deutlich angesprochen werden, während der bloße Hinweis auf die gesetzlichen Vorschriften oder die Wiedergabe des Gesetzeswortlauts gegenüber einer nicht anwaltlich vertretenen Partei[30] nicht genügt.

34

d) Dauer der Frist

Die Fristsetzung muß so erfolgen, daß für die Partei **Gewißheit über Beginn und Ende** der Frist besteht; andernfalls ist die Zurückweisung unzulässig[31]. Daher ist eine zur Erwiderung auf die Klagebeantwortung gesetzte Frist wirkungslos, wenn die Klagebeantwortung nicht zugleich zugestellt wird[32]. Die gesetzlichen **Mindestzeiträume** müssen bei der Fristsetzung eingehalten sein. Wurde nach der Fristsetzung die **Klage geändert**, so setzt eine Präklusion von Vorbringen des Beklagten die Setzung einer neuen Erwiderungsfrist oder die Verlängerung der Frist voraus, wobei die Mindestfrist zur Stellungnahme auf die geänderte Klage gewährt werden muß[33]. Die gesetzte Frist muß unter Beachtung der konkreten Situation, vor allem der Kompliziertheit des Prozeßgegenstands, **angemessen** sein und der Partei die sorgfältige Wahrung ihrer prozessualen Rechte, insbesondere des Rechts zum Tatsachenvortrag und zu Beweisangeboten, ermöglichen[34]. Dabei ist die Bedeutung des Rechts auf Gehör (Art. 103 Abs. 1 GG) besonders zu beachten. Ob die Frist angemessen war, haben auch das Berufungsgericht – insbesondere bei der Anwendung des § 528 Abs. 3 – und das Revisionsgericht zu überprüfen. War die Frist **objektiv zu kurz** bemessen, so darf das Vorbringen schon deshalb nicht zurückgewiesen werden, ohne daß es darauf ankommt, ob die Partei eine Fristverlängerung beantragt hat[35]. Es ist also dann nicht erst im Rahmen der *Verschuldensprüfung* zu fragen, ob es der Partei subjektiv vielleicht doch möglich gewesen wäre, die Frist einzuhalten[36]. – Wurde über einen rechtzeitig und unter Angabe von Gründen gestellten **Antrag auf Fristverlängerung nicht entschieden,** so steht diese Pflichtwidrigkeit der Zurückweisung entgegen[37]. Auch ein erst nach Fristablauf eingehender Verlängerungsantrag kann, wenn sich daraus die Entschuldigung der Verspätung ergibt, einer Präklusion entgegenstehen und zur Setzung einer neuen Frist verpflichten[38].

35

---

[29] *BGHZ* 86, 218 = NJW 1983, 822 = MDR 1983, 383 = LM § 277 Nr. 1 (LS, mit Anm. *Schmidt-Kessel*); *BGH* NJW 1986, 133; NJW 1991, 2773, 2774; ebenso *OLG Karlsruhe* Justiz 1983, 409 (mit Anm. *Holch*); Justiz 1984, 361; *OLG Düsseldorf* NJW 1984, 1567.

[30] Nach *BGH* NJW 1991, 493 gelten die strengen Anforderungen jedenfalls dann nicht, wenn der Beklagte selbst Rechtsanwalt ist. Näher → § 277 Rdnr. 19f.

[31] *BVerfGE* 60, 1,6 = NJW 1982, 1453; *BayVerfGH* NJW 1989, 215; *BGH* NJW 1990, 2389, 2390.

[32] *OLG Nürnberg* MDR 1991, 357.

[33] *OLG Düsseldorf* MDR 1980, 943, → auch § 277 Rdnr. 9, § 276 Rdnr. 20, 35.

[34] Vgl. *BGH* NJW 1994, 736.

[35] *BGHZ* 124, 71 = NJW 1994, 736, 737.

[36] *OLG Hamm* MDR 1983, 63; *Leipold* ZZP 93 (1980), 237, 248; *Pieper* (Fn. 1) 781; *MünchKommZPO-Prütting* Rdnr. 67 (dort Fn. 134). – A.M. *Baumbach-Lauterbach-Hartmann*[55] Rdnr. 55.

[37] *OLG Karlsruhe* OLGZ 1984, 471.

[38] *OLG Karlsruhe* NJW-RR 1990, 703.

3. Gegenstand der Zurückweisung

a) Begriff der Angriffs- und Verteidigungsmittel

36 Der auch in § 296 weit zu verstehende[39] Begriff der **Angriffs- und Verteidigungsmittel** (näher → § 146 Rdnr. 2) umfaßt alles Vorbringen, das die Parteien zur Begründung ihrer prozessualen Begehren dem Gericht unterbreiten. Die wichtigsten, in § 282 Abs. 1 beispielhaft aufgezählten Angriffs- und Verteidigungsmittel sind das Behaupten oder Bestreiten von Tatsachen, das Vorbringen von Einwendungen und Einreden sowie Beweismittel und Beweiseinreden (d.h. Vorbringen gegen die Zulässigkeit des Beweismittels oder gegen eine dem Beweisführer günstige Beweiswürdigung). Ob es sich um **selbständige** (zum Begriff → § 146 Rdnr. 4) oder **unselbständige** Angriffs- und Verteidigungsmittel handelt, spielt in diesem Zusammenhang keine Rolle[40], so daß z.B. sowohl das Bestreiten einer klagebegründenden Tatsache als auch das Vorbringen einer Tatsache zur Begründung einer Einwendung durch den Beklagten oder das Bestreiten dieser Einwendung durch den Kläger der Zurückweisung unterliegen können.

37 Zu den Verteidigungsmitteln zählt auch die Geltendmachung der **Verjährung**[41], ebenso der **Aufrechnung**[42], → § 145 Rdnr. 30, 54, gleich ob es sich um den Vortrag einer bereits *außerhalb* des Prozesses erklärten Aufrechnung oder um die erstmals *im Prozeß* erklärte Aufrechnung handelt. Die Zurückweisung kann sich auf die Aufrechnung *insgesamt* beziehen, wenn diese verspätet vorgebracht wurde, oder auf die einzelnen, zur Begründung des Aufrechnungseinwands (vor allem der Gegenforderung) dienenden *Tatsachen und Beweismittel* (→ § 145 Rdnr. 61), wenn lediglich dieser Vortrag (nicht die Aufrechnung als solche) verspätet erfolgte[43]. Zu den **Wirkungen der Zurückweisung bei der Aufrechnung** → § 145 Rdnr. 55ff.

38 Auch die Berufung auf die **Anfechtung** eines Rechtsgeschäfts kann als verspätet zurückgewiesen werden, auch wenn die materiell-rechtliche Anfechtungsfrist noch nicht verstrichen ist[44]. – Zur Behandlung von **Gestaltungsrechten** → auch § 282 Rdnr. 10.

b) Keine Zurückweisung von Angriff und Verteidigung selbst

39 Der **Angriff** selbst (zum Begriff → § 146 Rdnr. 2), d.h. die Geltendmachung eines prozessualen Anspruchs, unterliegt dagegen nicht der Zurückweisung. Daher kann weder ein **(zusätzlicher) Klageantrag**[44a] noch eine **Klageerweiterung**[45] oder **Klageänderung**[46] oder eine **Widerklage**[47] zurückgewiesen werden, ebensowenig dann auch der zur Begründung vorgetragene Sachverhalt[48]. Zur Zulässigkeit eines **Teilurteils** in solchen Fällen → Rdnr. 60. Muß der Beklagte bei der *Aufrechnung* mit einer Zurückweisung rechnen, so eröffnet ihm die Widerklage einen Ausweg[49]; sie kann auch als Eventualwiderklage (→ § 33 Rdnr. 26f.) für den Fall erhoben werden, daß die Aufrechnung als verspätet zurückgewiesen wird. Auch

---

[39] *BGH* NJW 1982, 1533, 1534.
[40] Anders *Hermisson* NJW 1983, 2229, 2230; *BGH* NJW 1985, 3079, 3080, die aber das Begriffspaar selbständige und unselbständige Angriffs- und Verteidigungsmittel mit der Unterscheidung zwischen dem Angriff und den (zur Begründung dienenden) Angriffsmitteln gleichsetzen. Wie hier *MünchKomm-Prütting* Rdnr. 55.
[41] *OLG Hamm* NJW-RR 1993, 1150 = MDR 1993, 686.
[42] *BGH* NJW 1984, 1964, 1967. – A.M. *Hermisson* NJW 1983, 2229, 2230 (ohne Begründung).
[43] *BGH* NJW 1984, 1964, 1967.
[44] *BAG* MDR 1984, 347 = NZA 1985, 130 = AP § 340 Nr. 3 (dazu → Fn. 232).
[44a] *BGH* FamRZ 1996, 1071, 1072.
[45] *BGH* NJW 1986, 2257, 2258.
[46] *BGH* NJW 1982, 1533, 1534; *OLG Karlsruhe* NJW 1979, 879 (mit insoweit zust. Anm. *Deubner*).
[47] *BGH* NJW 1981, 1217; NJW 1982, 1533, 1534; NJW 1985, 3079, 3080; NJW 1995, 1223, 1224.
[48] Vgl. *BGH* NJW 1986, 2257, 2258 (anders uU bei rechtsmißbräuchlicher Klageerweiterung, um den Verspätungsfolgen zu entgehen).
[49] Vgl. *BGH* NJW 1985, 3079, 3080; *Deubner* JuS 1980, 751.

Anträge des Beklagten auf Abweisung der Klage, Verwerfung oder Zurückweisung eines Rechtsmittels unterliegen, da es sich um **Verteidigung,** nicht um Verteidigungsmittel handelt (→ § 146 Rdnr. 2), nicht der Zurückweisung. Dasselbe gilt für Anträge zur Prozeßleitung und zum Prozeßbetrieb, → § 146 Rdnr. 2.

c) Zusammenhang mit dem geltend gemachten prozessualen Anspruch

Die Verspätung muß jeweils auf den **prozessualen Anspruch** (bzw. den Abweisungsantrag) bezogen werden, **zu dessen Begründung** das Angriffs- oder Verteidigungsmittel vorgebracht wird. Wenn bestimmtes tatsächliches Vorbringen oder Beweisangebote mit Bezug auf die ursprüngliche Klage verspätet sind, so rechtfertigt dies nicht die Zurückweisung, soweit es sich um die Begründung (oder die Abwehr) einer **später geänderten Klage**[50], eines zusätzlichen Klageantrags, z.B. eines **neuen Hilfsantrags**[51], oder einer **Widerklage** handelt. Bei einer Klageänderung könnte man immerhin eine Präklusion erwägen, wenn der verspätete Vortrag auch für die geänderte Klage die gleiche rechtliche Bedeutung hat wie für den ursprünglichen Klageantrag, aber dagegen spricht doch wohl, daß sich schwierige Abgrenzungsfragen ergeben würden und die Zurückweisung dann erst noch von einer rechtlichen Würdigung des Vorbringens abhinge. Zur Frage, ob in solchen Fällen über den ursprünglichen Klageanspruch durch **Teilurteil** unter Zurückweisung des verspäteten Vorbringens entschieden werden kann, → Rdnr. 60. 40

d) Von Amts wegen zu prüfende Punkte

Bezieht sich das Vorbringen auf Punkte, die **von Amts wegen zu prüfen** (bzw. zu berücksichtigen) sind (→ vor § 128 Rdnr. 91), so kommt eine Zurückweisung wegen Verspätung **nicht** in Betracht[52], da hier dem Parteiverhalten und also auch der Parteisäumnis keine entscheidende Bedeutung zukommen soll. Dies gilt z.B. für die tatsächlichen Voraussetzungen und die Beweismittel zur Begründung oder Verneinung der unverzichtbaren und daher von Amts wegen zu prüfenden **Sachentscheidungsvoraussetzungen** (→ Einl. [20. Aufl.] Rdnr. 311, 318). 41

Auch **rechtliche Erwägungen** unterliegen (obwohl man sie an sich zu den Angriffs- und Verteidigungsmitteln rechnen kann, → § 146 Rdnr. 2, 6) nicht der Zurückweisung, da das Gericht die Rechtslage von Amts wegen zu beachten hat. Im Bereich des § 293 kommt aber eine Zurückweisung verspäteter Beweismittel (für **ausländisches Recht, Gewohnheitsrecht oder Statuten**) in Betracht[53], vorausgesetzt, daß das Gericht seiner Pflicht zur Ermittlung von Amts wegen genügt hat (dazu → § 293 Rdnr. 31 ff.). 42

Soweit eine **Beweiserhebung auch von Amts wegen zulässig** ist, muß das Gericht ungeachtet der Verspätung eines entsprechenden Parteibeweisantrags prüfen, ob es zur Beweiserhebung von Amts wegen *verpflichtet* ist oder jedenfalls im Rahmen seines *Ermessens* den Beweis von Amts wegen erheben will. Auch ein verspäteter Vortrag kann dem Gericht zeigen, daß es entgegen der ursprünglichen Annahme doch nicht über die notwendige eigene Sachkunde verfügt und daher gehalten ist, einen **Sachverständigenbeweis** zu erheben. Wenn 43

---

[50] *OLG Karlsruhe* NJW 1979, 879.
[51] Vgl. *OLG Frankfurt* MDR 1983, 235 (wird in zweiter Instanz ein Hilfsantrag erstmals verfolgt, muß das in erster Instanz gegenüber dem Hauptantrag zurückgewiesene Vorbringen dennoch gegenüber dem Hilfsantrag berücksichtigt werden).
[52] Vgl. *OLG Schleswig* SchlHA 1982, 72, 73 (keine Zurückweisung eines Zustellungsnachweises, da die Rechtzeitigkeit des Einspruchs von Amts wegen zu prüfen ist).
[53] Parteivorbringen zum Inhalt des ausländischen Rechts unterliegt dagegen nicht der Zurückweisung; denn den Inhalt des Rechts hat das Gericht von Amts wegen zu beachten. Offenlassend *BGH* NJW 1984, 2763, 2764.

dagegen die Beweiserhebung erst wegen der neuen, verspätet vorgetragenen Tatsachen erforderlich wird, steht die Zurückweisung des Vorbringens auch einer Beweiserhebung von Amts wegen entgegen. Dazu auch → § 144 Rdnr. 3.

4. Verspätung des Vorbringens

44 Abs. 1 gilt sowohl für Vorbringen, das in einem erst **nach Fristablauf eingereichten Schriftsatz** enthalten ist, als auch für Angriffs- oder Verteidigungsmittel, die erst **in der mündlichen Verhandlung** vorgetragen werden.

45 Ob Verspätung auch dann vorliegt, wenn zwar der **Zeugenbeweis** innerhalb der Frist angetreten war, aber Name bzw. ladungsfähige Anschrift erst später mitgeteilt wurden, ist umstritten. Nach der einen Ansicht ist, wenn alle Voraussetzungen einer Zurückweisung wegen Verspätung vorliegen, keine Frist nach § 356 für die Beibringung der ladungsfähigen Anschrift zu setzen[54]; dagegen soll nach § 356 vorzugehen sein, wenn die Partei unverschuldet zunächst nicht in der Lage ist, die erforderlichen Angaben zu machen[55]. Nach der vom BGH[56] vertretenen Ansicht ist dagegen schon die individualisierende Benennung eines Zeugen auch ohne Angabe einer ladungsfähigen Anschrift ein beachtlicher Beweisantritt, dessen Nichtberücksichtigung nur unter den Voraussetzungen des § 356 zulässig ist, wobei es keine Rolle spielt, ob die ladungsfähige Anschrift verschuldet oder unverschuldet nicht früher angegeben wurde, → § 356 Rdnr. 10. Wurde ein auferlegter *Auslagenvorschuß* (§ 379) nicht rechtzeitig bezahlt, so bestimmen sich die Folgen nach § 379 S. 2, nicht nach § 296[57].

46 Eine Verspätung i. S. des Abs. 1 liegt aber nur vor, wenn das Angriffs- oder Verteidigungsmittel erst nach Ablauf einer »**hierfür gesetzten**« Frist vorgebracht wird. Daher muß jeweils geprüft werden, ob nach dem Zweck der Frist der konkrete Vortrag innerhalb der Frist hätte erfolgen müssen. Bei Fristen nach § 273 Abs. 2 Nr. 1 muß sich aus der fristsetzenden Verfügung ergeben, auf welche klärungsbedürftigen Punkte sich die Anordnung bezieht; nur verspätetes Vorbringen zu diesen Punkten kann nach Abs. 1 zurückgewiesen werden. Vor allem bei den Fristen zur schriftlichen Klageerwiderung (§ 275 Abs. 1 S. 1, Abs. 3, § 276 Abs. 1 S. 2) ist zu berücksichtigen, daß der Beklagte nicht etwa schlechthin sämtliche Verteidigungsmittel innerhalb dieser Frist vorzubringen hat, sondern nur, soweit dies **nach der Prozeßlage einer sorgfältigen und auf Förderung des Verfahrens bedachten Prozeßführung** entspricht, § 277 Abs. 1. Derselbe Maßstab gilt gemäß § 277 Abs. 4 auch bei den Fristen zur Replik des Klägers auf die Klageerwiderung, § 275 Abs. 4, § 276 Abs. 3.

47 Eine Zurückweisung kommt vor allem in Betracht, wenn innerhalb der Frist **überhaupt keine Erklärung** eingegangen ist, kann aber auch in diesem Fall unzulässig sein, wenn das konkrete Vorbringen, das die Prozeßverzögerung bewirkt, innerhalb der Frist noch nicht verlangt werden konnte, etwa weil es nach der damaligen Prozeßlage noch nicht relevant war. Wurde eine Klageerwiderungsschrift bzw. eine schriftliche Entgegnung des Klägers auf die Klageerwiderung eingereicht, so kommt dennoch eine Zurückweisung von Vorbringen in Betracht, das **in dem Schriftsatz nicht enthalten** war. Bei der Anwendung des § 277 Abs. 1 (und 4) ist aber dann zu berücksichtigen, in welchem Umfang die Partei ihrer Prozeßförderungspflicht innerhalb der Frist genügt hatte. § 277 Abs. 1 gibt dem Gericht einen gewissen Spielraum bei der Beurteilung und leistet damit einen Beitrag dazu, überscharfe Präklusionsfolgen bei der Anwendung des § 296 Abs. 1 zu vermeiden. Näher zum Umfang der Vorbringenspflicht → § 277 Rdnr. 4 ff., 8 ff.

---

[54] Dazu *Rixecker* NJW 1984, 2135. – Anders *Sass* MDR 1985, 96, der § 356 im Wege der Analogie dem § 296 anpassen will.

[55] Vgl. *Reinecke* MDR 1990, 767, 769.

[56] *BGH* NJW 1993, 1926; ebenso → § 356 Rdnr. 1, 10 (*Schumann*).

[57] *Rixecker* NJW 1984, 2135, 2137. – S. auch *BVerfG* NJW 1985, 1150 (zur fehlerhaften Anwendung von §§ 296, 528 Abs. 3).

5. Verzögerung der Erledigung des Rechtsstreits

a) Ausgangspunkt

Die in Abs. 1 genannten Fristen sind nicht als Ausschlußfristen ausgestaltet, deren Versäumung *generell* zum Verlust des Angriffs- oder Verteidigungsmittels führen würde. Vielmehr muß das verspätete Vorbringen zugelassen werden, wenn – nach der **freien Überzeugung des Gerichts** – durch die Zulassung die Erledigung des Rechtsstreits **nicht verzögert** würde. Dabei ist auf die Prozeßlage in dem Zeitpunkt abzustellen, in dem das verspätete Vorbringen als Prozeßhandlung wirksam wird, d.h. wegen des Grundsatzes der Mündlichkeit (→ § 128 Rdnr. 27) im Regelfall auf den **Zeitpunkt der mündlichen Verhandlung** (auch bei vorheriger schriftsätzlicher Mitteilung des Angriffs- oder Verteidigungsmittels), im Verfahren ohne mündliche Verhandlung (§ 128 Abs. 2 und 3) oder mit fakultativer mündlicher Verhandlung (→ § 128 Rdnr. 21 ff., 39 ff.) bereits auf den Zeitpunkt des *Eingangs* des schriftlichen Vorbringens. Die Frage, ob das Gericht durch vorbereitende Anordnungen die **Verzögerung hätte verhindern müssen** (→ Rdnr. 71 ff.), ist stets auf den Zeitpunkt des schriftsätzlichen Vorbringens zu beziehen.

48

b) Verzögerung der Entscheidungsreife (absoluter Verzögerungsbegriff)

Die Verzögerung ergibt sich grundsätzlich aus dem Vergleich zwischen der Verfahrenssituation **mit oder ohne Berücksichtigung** des in Frage stehenden Angriffs- oder Verteidigungsmittels, sog. **absoluter Verzögerungsbegriff**[58]. Zur Frage, ob damit allein auszukommen ist, → Rdnr. 53 ff. Eine Verzögerung ist im Regelfall zu bejahen, wenn der Rechtsstreit bei Zurückweisung des Vorbringens jetzt **entscheidungsreif** ist, während die Zulassung des Vorbringens eine weitere mündliche Verhandlung (oder ein schriftliches Verfahren) erforderlich macht. So ist es vor allem, wenn die Zulassung des verspäteten Vorbringens eine **Beweisaufnahme notwendig** macht (sei es, daß im verspäteten Vorbringen ein Beweisangebot enthalten ist oder daß bei Berücksichtigung des verspäteten Vorbringens Beweisangebote des Gegners erheblich werden), die nicht sogleich im Termin durchgeführt werden kann.

49

Wenn dagegen die **Beweisaufnahme sofort im Verhandlungstermin möglich** ist, weil z. B. bei verspätet angebotenem Zeugenbeweis der Zeuge von der Partei mitgebracht wurde bzw. noch im Gericht anwesend war[59], so ist eine Präklusion unzulässig. Daß die Verhandlung selbst dadurch länger dauert, ist nicht als Verzögerung der Erledigung i.S. des § 296 zu werten. Wenn allerdings die präsenten Beweise in der Sitzung nicht erhoben werden können (z. B. zahlreiche Zeugen), weil der für diese eine Sache vorgesehene **Zeitraum die Beweiserhebung nicht gestattet,** so kann die notwendige Vertagung als Verspätung anzusehen sein. Jedoch muß auch vom Gericht verlangt werden, daß es an den Sitzungstagen hinreichende Zeit für den einzelnen Prozeß vorsieht. Hat das Gericht – unter Berücksichtigung des ihm vorliegenden Streitstoffs – von vornherein zu knapp geplant, so ist die durch das verspätete Vorbringen eintretende Verzögerung nicht der Partei (die z. B. die Zeugen mitgebracht hat) anzulasten und daher die Präklusion unzulässig. Hier wird bereits deutlich, daß die Verzögerung der Partei als *Folge ihres fristüberschreitenden Verhaltens zuzurechnen* sein muß, allgemein → Rdnr. 70.

50

Wenn der Rechtsstreit **auch bei Zulassung** des verspäteten Vorbringens **entscheidungsreif** ist, aber das Urteil dann (anders als bei Zurückweisung) nicht sogleich im Termin, sondern erst in einem nach § 310 Abs. 1 anzuberaumenden weiteren Termin **verkündet** werden kann, so

51

---

[58] Grundlegend *BGHZ* 75, 138 (Fn. 66). Weitere Nachweise → Fn. 66 f.

[59] *BVerfG* NJW-RR 1995, 377.

liegt darin keine Verzögerung i. S. des § 296⁶⁰. Entscheidend ist nur, ob die **mündliche Verhandlung** auch bei Zulassung des Vorbringens **abgeschlossen** werden kann, während die Frage, ob sogleich oder erst später das Urteil verkündet wird, als Internum des Gerichts anzusehen ist, das mit dem Parteivortrag nicht in hinreichend enger Verbindung steht. Das gilt auch für die umgekehrte Konstellation: Würde die Zulassung des verspäteten Vorbringens zu einer Beweisaufnahme in einem weiteren Termin zwingen, während bei Zurückweisung des Vorbringens die mündliche Verhandlung geschlossen werden kann, so steht es der Zurückweisung nicht entgegen, wenn das Urteil nicht sofort, sondern erst in einem **späteren Verkündungstermin** erlassen wird⁶¹.

52   Denkbar ist auch, daß der Rechtsstreit jetzt **weder bei Zulassung** des Vorbringens **noch bei dessen Zurückweisung entscheidungsreif** wäre, weil z. B. auf jeden Fall noch über andere Tatsachen Beweis erhoben werden muß. Kann innerhalb der dazu erforderlichen Zeiträume auch das verspätete Vorbringen berücksichtigt werden, so liegt keine Verzögerung vor. Wenn jedoch die auf jeden Fall erforderlichen Beweise innerhalb kurzer Frist erhoben werden können, während die Zulassung des verspäteten Vorbringens mit Sicherheit eine erheblich längere Zeit (z. B. durch Einholung eines Sachverständigengutachtens) in Anspruch nehmen würde, so kann auch hierin eine Verzögerung i. S. des § 296 liegen. Das Gericht hat dies im Rahmen seiner »freien Überzeugung« zu würdigen und sollte dabei allerdings – angesichts der Schwierigkeit, den späteren Verlauf vorherzusehen – nur in eindeutigen Fällen eine Verzögerung bejahen.

c) Vergleich mit dem Verfahrensverlauf bei rechtzeitigem Vorbringen (hypothetischer Verzögerungsbegriff)

53   Umstritten ist, ob bei der Beurteilung der Verzögerung danach zu fragen ist, *wie lange das Verfahren bei rechtzeitigem Vorbringen gedauert hätte*⁶². Es handelt sich dabei genau genommen nicht darum, den bei Rdnr. 49 dargestellten sog. absoluten Verzögerungsbegriff⁶³ (Vergleich zwischen der Verfahrensdauer bei Zulassung oder Zurückweisung des Vorbringens) durch einen sog. **hypothetischen** (oder »**kausalen**«⁶⁴) Verzögerungsbegriff zu ersetzen, sondern um ein **zusätzliches Kriterium**, das *neben* der auf jeden Fall erforderlichen Verzögerung i. S. des absoluten Verzögerungsbegriffs erfüllt sein müßte⁶⁵.

54   Für diesen Gedanken spricht, daß der Zweck der Präklusionsvorschriften darin liegt, eine **Verschleppung** des Prozesses über den bei ordnungsgemäßem Verhalten der Parteien und des Gerichts notwendigen Zeitaufwand hinaus zu verhindern. Beansprucht aber das Verfahren bei Zulassung des verspäteten Vorbringens nicht mehr Zeit als bei rechtzeitigem Vortrag notwendig gewesen wäre, so ist der bei Zulassung des Vortrags erforderliche Zeitaufwand nicht durch die Säumnis der Partei (durch ihr pflichtwidrig verspätetes Vorbringen) verur-

---

⁶⁰ Ebenso *Thomas-Putzo*¹⁹ Rdnr. 20.
⁶¹ *OLG Zweibrücken* MDR 1981, 504.
⁶² Dafür *KG* AnwBl 1978, 352; *OLG Frankfurt* NJW 1979, 375, 1715; *OLG Karlsruhe* Justiz 1979, 14 (10. ZS); NJW 1980, 296 (ZS Freiburg); *OLG Hamm* MDR 1979, 765 (2. ZS); NJW 1979, 1717 (24. ZS); *OLG Hamburg* NJW 1979, 1717 = MDR 1979, 501; *OLG Düsseldorf* VersR 1979, 773; *LG München I* NJW 1979, 376; *Knöringer* NJW 1977, 2336, 2337; *Arndt* DRiZ 1978, 235; *E. Schneider* NJW 1979, 2614; 1980, 947; *Engels* AnwBl 1979, 205, 208; *Büchel* NJW 1979, 945, 950; *Rasehorn* ZRP 1980, 6, 8; *Bronsch* JR 1980, 112; *Leipold* ZZP 93 (1980), 237, 250; ZZP 97 (1984), 395, 405 ff.; *E. Schumann* Bundesverfassungsgericht, Grundgesetz und Zivilprozeß (1983), 73 (dort Fn. 267) = ZZP 96 (1983),
137, 208 (dort Fn. 267); *Kallweit* (Fn. 1) 58; *Schwarz* JA 84, 458, 461; *Pieper* (Fn. 1) 774 ff.; *Fuhrmann* (Fn. 1), 88 ff.; *Arens-Lüke* ZPR⁶ Rdnr. 189. – *Deubner* NJW 1983, 1026; NJW 1985, 1140; NJW 1989, 1238 greift auf das verfassungsrechtliche Verhältnismäßigkeitsprinzip zurück, das die absolute Theorie außer Kraft setze und die Überbeschleunigung abschaffe (*Deubner* NJW 1985, 1143). Dagegen *MünchKommZPO-Prütting* Rdnr. 38, 84.
⁶³ Auch »realer Verzögerungsbegriff« genannt, so *M. Wolf* ZZP 94 (1981), 310, 313.
⁶⁴ Beide Bezeichnungen verwendet z. B. *Rosenberg-Schwab-Gottwald*¹⁵ § 69 II 1 a.
⁶⁵ *Leipold* ZZP 93 (1980), 237, 251; *Kallweit* (Fn. 1) 49.

sacht; es **fehlt** mit anderen Worten an der **Kausalität der Pflichtwidrigkeit.** Die Zurückweisung würde zu einer »**Überbeschleunigung**« führen.

Der **BGH**[66] hat es jedoch (mit zahlreichen anderen Stimmen[67]) in einer Reihe von Entscheidungen **abgelehnt,** derartige hypothetische Erwägungen zu berücksichtigen. 55

Der BGH befürchtet, durch die Einbeziehung solcher Überlegungen würde die prozeßbeschleunigende Funktion der Präklusionsvorschriften gefährdet, vor allem auch deshalb, weil eine sichere **Prognose über den Verfahrensablauf** bei rechtzeitigem Vorbringen oft gar nicht möglich sei. 56

Die Handhabung des Verzögerungsbegriffs ist durch das BVerfG erheblich modifiziert worden[68]. Zwar verstößt der absolute Verzögerungsbegriff nach Ansicht des BVerfG[69] als solcher nicht gegen die Verfassung, und das BVerfG stimmt auch der Argumentation zu, es könne nicht der Sinn der Präklusionsvorschriften sein, das Gericht mit schwierigen Prognosen über hypothetische Kausalverläufe zu belasten und damit weitere Verzögerungen zu bewirken. Gerade an diese Erwägungen anknüpfend, sieht aber das BVerfG[70] in einer Zurückweisung wegen Verspätung dann einen Rechtsmißbrauch und einen Verstoß gegen Art. 103 Abs. 1 GG, wenn sich **ohne weitere Erwägungen aufdrängt** bzw. wenn **ohne jeden Aufwand erkennbar ist,** daß dieselbe Verzögerung auch bei rechtzeitigem Vorbringen eingetreten wäre. Das Gericht verwendet in der Entscheidungsbegründung beide soeben wiedergegebenen Formulierungen. Wenn es im Leitsatz der Entscheidung heißt, verspätetes Vorbringen dürfe nicht ausgeschlossen werden, wenn *offenkundig* sei, daß dieselbe Verzögerung auch bei rechtzeitigem Vortrag eingetreten wäre, so ist dies als Kurzwiedergabe, nicht als Verschärfung der Voraussetzungen anzusehen, unter denen die Zurückweisung gegen die Verfassung verstößt. 57

Die Ansicht des BVerfG verdient volle Zustimmung[71]. Gemäß Abs. 1 und Abs. 2 hat das Gericht *nach freier Überzeugung* über die Verzögerung zu entscheiden. Die Verzögerung ist zu verneinen, wenn das Gericht sogleich und ohne Notwendigkeit besonderer Ermittlungen zu der eindeutigen Erkenntnis gelangt, daß der bei Zulassung des Vorbringens notwendige Zeitaufwand auch bei rechtzeitigem Vortrag entstanden wäre. Schon wenn zweifelhaft erscheint, ob bei rechtzeitigem Vortrag rascher hätte entschieden werden können, hat es dagegen bei der **Präklusion** zu verbleiben[72]. So können in klaren Fällen überscharfe Präklusionsfolgen vermieden werden, ohne daß deswegen unerfüllbare Anforderungen an die gerichtliche Beurteilung gestellt oder prozeßverzögernde Ermittlungen erforderlich würden. 58

---

[66] So vor allem der VII. ZS, *BGHZ* 75, 138 = *NJW* 1979, 1988 (dazu abl. *E. Schneider* NJW 1979, 2614) = MDR 1979, 928 = JR 1980, 111 (mit abl. Anm. *Bronsch*) = LM § 275 Nr. 7 (LS, mit Anm. *Girisch*); *BGHZ* 76, 133 = NJW 1980, 945 (mit abl. Anm. *E. Schneider*) = MDR 1980, 393 = WM 1980, 553 = LM § 528 Nr. 14 (LS, mit Anm. *Girisch*); *BGHZ* 76, 236, 239 = NJW 1980, 1167 = MDR 1980, 572 = LM § 329 Nr. 8 (LS, mit Anm. *Girisch*); *BGH* NJW 1980, 1960 = MDR 1980, 749 = WM 1980, 962; *BGHZ* 86, 31, 34 = NJW 1983, 575 (dazu *Deubner* NJW 1983, 1026) = JZ 1983, 309 (mit Anm. *M. Wolf*) = MDR 1983, 393 = LM § 275 Nr. 9 (LS, mit Anm. *Bliesener*) = ZZP 97 (1984), 470; dazu *Leipold* ZZP 97 (1984), 395. – Ebenso *BGH* NJW 1982, 1535, 1536 (V. ZS); offenlassend dagegen *BGH* NJW 1980, 1102, 1103 (VIII. ZS) = MDR 1980, 487 (mit Anm. *E. Schneider*); *BGH* NJW 1981, 232 (II. ZS).

[67] *OLG Celle* NJW 1979, 377; *OLG Hamm* NJW 1979, 824; NJW 1980, 293, 294 (*Deubner*); NJW 1987, 1207; *OLG Oldenburg* MDR 1978, 1027 = NdsRpfl 1978, 237 (jedenfalls bei schriftlichem Vorverfahren); NdsRpfl 1979, 70; *OLG Karlsruhe* NJW 1983, 403 (8. ZS); *OLG München* MDR 1989, 919; *LG Berlin* NJW 1979, 374 = MDR 1979, 321; *LG Frankfurt* NJW 1979, 2111; *Lampenscherf* MDR 1978, 365, 366; *Hartmann* NJW 1978, 1456, 1461; *F.-J. Stein* JA 1979, 609; *Overrath* DRiZ 1980, 253, 254 (empfiehlt aber Gesetzesänderung); *H. D. Lange* DRiZ 1980, 408, 409; *M. Wolf* ZZP 94 (1981), 310, 313; *Hermisson* NJW 1983, 2229, 2231; *Weth* (Fn. 1), 259; *Jauernig* ZPR[24] § 28 III 2; *Schellhammer* ZP[7] Rdnr. 462; *MünchKommZPO-Prütting* Rdnr. 74, 77; *Baumbach-Lauterbach-Hartmann*[55] Rdnr. 40 ff.

[68] Ähnlich die Beurteilung der Rsp des BVerfG bei *Borgmann* AnwBl 1989, 284, 286; *Zöller-Greger*[20] Rdnr. 22. – A. M. *MünchKommZPO-Prütting* Rdnr. 79.

[69] *BVerfGE* 75, 302, 315 = NJW 1987, 2733 = JZ 1988, 90 (*Leipold*). Zust. *Zöller-Greger*[20] Rdnr. 22.

[70] *BVerfGE* 75, 302, 316 (Fn. 69); *BVerfG* NJW 1995, 1417.

[71] Sie stimmt im Kern mit der schon in der Vorauf. an dieser Stelle vertretenen Auffassung überein; s. auch *Leipold* JZ 1988, 93, 95.

[72] So bereits der Vorschlag von *Bronsch* JR 1980, 112.

Für die **Rechtsmittelgerichte** ergibt sich aus dem Begriff der freien Überzeugung, daß diese Frage nur bei einer klar zutage liegenden Fehlbeurteilung überprüfbar ist.

d) Art der verzögerten Entscheidung

59 Die Erledigung des Rechtsstreits wird durch die Zulassung des verspäteten Vorbringens nicht nur dann verzögert, wenn andernfalls der gesamte Rechtsstreit für die Instanz durch **Endurteil** beendet werden könnte, sondern auch, wenn ein selbständiger Teil des Streits durch ein **Zwischenurteil** abgeschlossen werden könnte. Eine Verzögerung ist daher zu bejahen, wenn ohne Berücksichtigung des verspäteten Vorbringens Entscheidungsreife für ein Zwischenurteil über den **Grund** des Anspruchs (§ 304) gegeben wäre[73]. Dasselbe sollte für ein **Endurteil unter Vorbehalt** der Entscheidung über die **Aufrechnung** (§ 302) gelten. Die Zurückweisung gilt aber in solchen Fällen nur für den Erlaß des Zwischen- oder Vorbehaltsurteils und hat keine Folgewirkung für den nächsten Verfahrensabschnitt (Betragsverfahren, Nachverfahren)[74].

60 Dagegen lehnt es der BGH ab, unter Zurückweisung verspäteten Vorbringens durch ein **Teilurteil** über einen **Teil des Klageanspruchs**[75] oder nur über **Klage oder Widerklage**[76] zu entscheiden. Dies leuchtet dann ein, wenn das verspätete Vorbringen auch für denjenigen Anspruch (z.B. den Widerklageanspruch) oder Anspruchsteil relevant ist, hinsichtlich dessen die Voraussetzungen einer Zurückweisung *nicht* gegeben sind[77] (weil dieser Teil des Begehrens erst nachträglich durch **Klageerweiterung** oder **Widerklage** geltend gemacht wurde und die Fristsetzung insoweit nicht gilt, → Rdnr. 40). Wenn aus diesem Grunde ohnehin in derselben Instanz über das verspätete Vorbringen Beweis erhoben werden muß, der dazu nötige Zeitaufwand also auch durch Zurückweisung hinsichtlich eines Anspruchsteils nicht erspart werden kann, wäre es ein vom materiellen Gerechtigkeitsgehalt her wenig überzeugendes Ergebnis, über einen Teil des Anspruchs (bzw. über die Klage) *ohne* und über einen anderen (bzw. die Widerklage) *mit* Berücksichtigung dieses Vorbringens zu entscheiden[78]. Dagegen sind solche Bedenken nicht gegeben, wenn sich das verspätete Vorbringen *nur* auf den durch Teilurteil zu erledigenden Anspruchsteil oder nur auf die Klage, nicht auf die Widerklage bezieht. In solchen Fällen sollte man daher eine **Zurückweisung** des verspäteten Vorbringens und den **Erlaß eines Teilurteils** zulassen[79]. Die Gegenansicht würde es allzu leicht machen, durch eine Klageerweiterung[80], einen zusätzlichen Klageantrag oder eine

---

[73] *BGH* WM 1979, 918 = MDR 1980, 50. – A.M. *Kallweit* (Fn. 1) 63 f.

[74] Das wird auch im Nachverfahren des *Urkundenprozesses* zu gelten haben, vgl. *LG Berlin* MDR 1983, 235 (für Zulassung jedenfalls im konkreten Fall, → Fn. 104). Bei der *Stufenklage* (§ 254) steht die Zurückweisung im ersten Abschnitt einer Berücksichtigung des Vorbringens im Betragsverfahren ebenfalls nicht entgegen, *OLG Karlsruhe* NJW 1985, 1349 = MDR 1985, 239.

[75] *BGHZ* 77, 306 = NJW 1980, 2355 (abl. *Deubner*) = LM Nr. 8 (LS mit Anm. *Girisch*); *BGH* WM 1984, 1620; FamRZ 1989, 954, 956; DtZ 1993, 211; *OLG Düsseldorf* NJW 1993, 2543; *OLG Köln* OLGZ 1993, 128; zust. *Fuhrmann* (Fn. 1) 100 ff.; *Mackh* (Fn. 1) 171 ff.; *Zöller-Vollkommer*[20] § 301 Rdnr. 6. – Dagegen *Mertins* DRiZ 1985, 344, 345; *Rosenberg-Schwab-Gottwald*[15] § 69 II 1a; *MünchKommZPO-Prütting* Rdnr. 105, 108; *Baumbach-Lauterbach-Hartmann*[55] Rdnr. 46; *Gounalakis* (Fn. 1), 38 ff.

[76] *BGH* NJW 1981, 1217 (wobei der BGH davon ausgeht, Klage und Widerklage müßten miteinander in Sachzusammenhang stehen, dagegen → § 33 Rdnr. 6 f.); NJW 1995, 1223, 1224; zust. *Kallweit* (Fn. 1) 62 ff.; *Baumbach-Lauterbach-Hartmann*[55] Rdnr. 46. – A.M. *LG Berlin* MDR 1983, 63; *Deubner* NJW 1980, 2356; *Hermisson* NJW 1984, 2229, 2232; ausführlich *Prütting-Weth* ZZP 98 (1985), 131, 158 (Ergebnis); *Weth* (Fn. 1) 257; *MünchKommZPO-Prütting* Rdnr. 107.

[77] So in *BGH* NJW 1981, 1217 u. in *BGH* WM 1984, 1620, 1623.

[78] Diese Erwägung stellen auch *BGH* WM 1984, 1620, 1623; FamRZ 1989, 954, 956 in den Vordergrund. – A.M. *Gounalakis* (Fn. 1), 51 f.

[79] Zust. *Gerhardt* ZZP 99 (1986), 496.

[80] Dazu *BGH* NJW 1982, 1533, 1534. Wie die Präklusion bei einer *Klageerweiterung* zu beurteilen ist, bleibt in dieser Entscheidung offen. Der *BGH* erkennt aber zutreffend, daß für eine Präklusion überhaupt kein Raum bleibt, wenn die Wirkungen der Fristversäumung nicht auf den neuen Teil des Streitgegenstands erstreckt werden können und andererseits über den von Anfang an rechtshängigen Teil nicht durch ein Teilurteil entschieden werden

Widerklage die hinsichtlich des ursprünglichen Klagebegehrens drohende Präklusion zu vermeiden (**Flucht in die Widerklage oder Klageerweiterung**)[81]. Eine solche Widerklage ist auch nicht schon deshalb rechtsmißbräuchlich, weil sie auch den Zweck verfolgt, die Präklusion zu vermeiden[82]. Dem Vorgehen der Partei könnte das Gericht noch durch Abtrennung eines Klageanspruchs oder (bei fehlendem rechtlichem Zusammenhang) der Widerklage begegnen (§ 145 Abs. 1 und 2), aber wenn man nach der Trennung die Zurückweisung hinsichtlich der Klage bzw. des ursprünglichen Klageanspruchs zulassen würde, so erscheint die Trennung im Grunde als unnötiger Umweg. Außerdem ist ein Teilurteil unter Zurückweisung des verspäteten Vorbringens dann als zulässig anzusehen, wenn durch Zulassung des Vorbringens auch der restliche Rechtsstreit verzögert würde[83].

§ 296 Abs. 1 ändert jedoch nichts daran, daß der Erlaß eines **Teilurteils** letztlich im **Ermessen** des Gerichts steht, → § 301 Rdnr. 15 ff. Das Gericht ist daher stets *berechtigt*, von einer Zurückweisung abzusehen und das verspätete Vorbringen hinsichtlich des gesamten Klagebegehrens bzw. hinsichtlich Klage und Widerklage zu berücksichtigen.

61

e) Bedeutung der Erklärung des Gegners

Soweit in dem verspäteten Vorbringen **neue Tatsachenbehauptungen** enthalten sind, wird die Frage der Verzögerung davon beeinflußt, wie sich der Gegner dazu erklärt. **Bestreitet** er nämlich die Tatsachen **nicht** oder gesteht er sie sogar zu, so bedarf es darüber keiner Beweiserhebung (§ 138 Abs. 3, § 288 Abs. 1), so daß es dann **nicht** zu einer **Verzögerung** kommt[84] (zur Problematik der mittelbaren Verzögerung → Rdnr. 68 f.). Die Fristüberschreitung allein gibt dem Gegner **kein Recht**, im Termin die **Einlassung** auf das verspätete Vorbringen **zu verweigern**[85].

62

Wurde aber das verspätete Angriffs- oder Verteidigungsmittel (neben der Fristüberschreitung) auch **nicht rechtzeitig** vor dem Termin **mitgeteilt** (Verstoß gegen § 132 oder gegen § 282 Abs. 2) und kann deshalb der Gegner im mündlichen Verhandlungstermin keine Stellungnahme abgeben, so treten die Wirkungen des § 138 Abs. 3 zunächst nicht ein, d. h. die betreffenden Tatsachen gelten nicht als zugestanden, → auch § 138 Rdnr. 27. Dem Gegner ist auf Antrag die **Nachreichung eines Schriftsatzes zu gestatten**, § 283. Die allein dadurch eingetretene Hinausschiebung des Verkündungstermins ist keine Verzögerung i. S. des § 296 Abs. 1[86]. Zur Rechtslage, wenn kein Antrag nach § 283 gestellt wird, → § 283 Rdnr. 6.

63

Ist der Rechtsstreit nach Ablauf der Schriftsatzfrist **entscheidungsreif** (weil das verspätete Vorbringen zugestanden oder jedenfalls nicht bestritten wurde), so hat das Gericht unter Berücksichtigung des verspäteten Vorbringens zu entscheiden.

64

Ergibt sich dagegen aus der nachgereichten Stellungnahme des Gegners, daß bei Berücksichtigung des verspäteten Vorbringens noch keine Endentscheidung möglich wäre, sondern z. B. eine Beweisaufnahme erfolgen müßte, so ist das verspätete Angriffs- oder Verteidigungsmittel **zurückzuweisen** und ohne Berücksichtigung dieses Vorbringens zu entscheiden.

64a

---

darf. – Gegen eine Präklusion neuen Vorbringens in der Berufungsbegründung, auf das die Erweiterung der Widerklage gestützt wird, *BGH* NJW 1986, 2257. – Dagegen *Gounalakis* (Fn. 1), 58 ff.
[81] Dies betonen zutreffend *LG Berlin* MDR 1983, 63; *Deubner* NJW 1980, 2356; *Hermisson* NJW 1984, 2229, 2232; *Prütting-Weth* ZZP 98 (1985), 131, 138 ff.; *Münch-KommZPO-Prütting* Rdnr. 106 ff.; *Mertins* DRiZ 1985, 344, 346; *Zöller-Greger*[20] Rdnr. 12.
[82] *BGH* NJW 1995, 1223.
[83] *LG Fulda* NJW 1989, 3290.

[84] Dementsprechend ist Vorbringen, das in erster Instanz zu Recht zurückgewiesen wurde, aber in zweiter Instanz unstreitig wurde, trotz § 528 Abs. 3 zuzulassen, *BVerfGE* 55, 72, 86 = NJW 1981, 271; *BGH* NJW 1980, 945, 947 (mit insoweit zust Anm. *Deubner*); *Dengler* NJW 1980, 163, 164 (jedoch mit der Einschränkung, das Verfahren dürfe durch die Zulassung nicht verzögert werden).
[85] Nachw. → § 283 Fn. 9.
[86] Näher → § 283 Rdnr. 3 ff. (mit Nachw.).

f) Zurückweisung im frühen ersten Termin

65 Bereits vor dem frühen ersten Termin kann eine Klageerwiderungsfrist (§ 275 Abs. 1 S. 1) oder eine Frist zur Replik des Klägers (§ 275 Abs. 4) gesetzt werden, so daß bereits im frühen ersten Termin nach § 296 Abs. 1 eine Zurückweisung wegen Verspätung in Betracht kommt. Fraglich ist, ob im Hinblick auf die vorbereitende Funktion des frühen ersten Termins eine **Verzögerung** i. S. des Abs. 1 (und Abs. 2) zu verneinen ist, wenn das verspätete Vorbringen **im Haupttermin berücksichtigt** werden könnte, ohne daß deswegen der Haupttermin verzögert werden würde[87].

66 Der VII. Senat des **BGH**[88] hat es für den Regelfall **abgelehnt,** für den frühen ersten Termin eine derartige Besonderheit des Verzögerungsbegriffs anzuerkennen, da auch der frühe erste Termin ein vollwertiger Verhandlungstermin sei, den das Gericht durch vorbereitende Maßnahmen bereits zur Grundlage einer streitigen Entscheidung machen könne. Eine Verzögerung ist danach (aufgrund des absoluten Verzögerungsbegriffs, → Rdnr. 49) im Regelfall zu bejahen, wenn der Prozeß bei Zurückweisung des Vorbringens schon aufgrund des frühen ersten Termins entscheidungsreif ist. Eine **Ausnahme** gestand der VII. Senat des BGH[89] dann zu, wenn der frühe erste Termin eindeutig erkennbar nur als sogenannter »Durchlauftermin« abgehalten werden sollte und eine zur Streitentscheidung geeignete Verfahrensvorbereitung auch bei rechtzeitigem Vorbringen von vornherein ausgeschlossen erschien.

67 Das **BVerfG**[90] hat diesem Gesichtspunkt noch stärkeres Gewicht verliehen. Es sieht in der Zurückweisung verspäteten Vorbringens einen Mißbrauch der Präklusionsvorschrift und zugleich einen Verstoß gegen den Anspruch auf rechtliches Gehör, sofern der frühe erste Termin als Durchlauftermin geplant und abgehalten wurde. Dieser Ansatz, dem der BGH[91] gefolgt ist, entspricht dem allgemeinen Gedanken, dann auf die hypothetische Verzögerung abzustellen, wenn ohne weiteres erkennbar ist, daß dieselbe Verzögerung (hier: die Notwendigkeit eines Haupttermins) auch bei rechtzeitigem Vortrag eingetreten wäre (Berücksichtigung des hypothetischen Verzögerungsbegriffs, → Rdnr. 53 ff., 58).

67a Diese vermittelnde Ansicht trägt dem Umstand Rechnung, daß die Funktion des frühen ersten Termins weder im Gesetz eindeutig festgelegt ist (→ § 275 Rdnr. 3) noch in der Praxis einheitlich gehandhabt wird. Die Zurückweisung scheidet dann aus, wenn nach der vom Gericht vorgesehenen Verfahrensgestaltung klar ist, daß auch bei fristgerechtem Vortrag der Rechtsstreit nicht aufgrund des frühen ersten Termins hätte entschieden werden können.

67b Inwieweit bei diesem Ausgangspunkt noch Raum für eine Zurückweisung im frühen ersten Termin bleibt, hängt davon ab, unter welchen Voraussetzungen man in der Verfahrensgestaltung die Ansetzung eines bloßen Durchlauftermins sieht. Es ginge zu weit, im Regelfall einen frühen ersten Termin lediglich als Durchlauftermin zu betrachten[92]. Jedoch ist von einem

---

[87] OLG Saarbrücken MDR 1979, 1030; OLG Karlsruhe NJW 1980, 296 (ZS Freiburg); OLG Schleswig SchlHA 1980, 116; 1983, 14; OLG München NJW 1983, 402; differenzierend (Zurückweisung, wenn bei rechtzeitigem Vorbringen der Rechtsstreit im frühen ersten Termin hätte erledigt werden können) OLG Hamm NJW 1983, 401 und OLG Düsseldorf VersR 1979, 773. Aus der Lit.: Leipold ZZP 93 (1980), 237, 249; ZZP 97 (1984), 395; Hermisson NJW 1983, 2229, 2231; Kallweit (Fn. 1) 55; Schwarz JA 1984, 458, 461; Waldner ZZP 98 (1985), 451, 453. Deubner NJW 1983, 1026, 1030; NJW 1985, 1140 folgert aus dem Verhältnismäßigkeitsgrundsatz, die Zurückweisung fristwidrigen Vorbringens im frühen ersten Termin sei verfassungswidrig.

[88] BGHZ 86, 31 (Fn. 66); BGH NJW 1983, 2507. – Ebenso OLG Karlsruhe NJW 1983, 403 (8. ZS, mit Anm. Deubner) = OLGZ 1983, 92; OLG Stuttgart NJW 1984, 2538; LG Aachen MDR 1978, 850; H.D. Lange DRiZ 1980, 408; Weth (Fn. 1) 235 ff.; MünchKommZPO-Prütting Rdnr. 95 f.

[89] BGHZ 86, 31, 39 f. (Fn. 66). S. auch OLG Karlsruhe NJW 1984, 618 (7. ZS, mit Anm. Deubner).

[90] BVerfGE 69, 126, 139 f. = NJW 1985, 1149 = ZZP 98 (1985), 448 (Waldner) = JR 1986, 16 (Berkemann); dazu Deubner NJW 1985, 1140; H.D. Lange NJW 1986, 3043, 3048. Die Entscheidung bezieht sich auf die Präklusion nach § 296 Abs. 2; ihre Aussage hat aber genauso im Bereich des § 296 Abs. 1 zu gelten; OLG Frankfurt NJW 1987, 506, 507; Deubner NJW 1985, 1140, 1143.

[91] BGHZ 98, 368 = NJW 1987, 500 (dazu Deubner NJW 1987, 465; H.D. Lange NJW 1988, 1645) = JZ 1987, 416 (M. Wolf); NJW 1987, 499.

[92] OLG Hamm NJW 1987, 1207 gegen Deubner NJW 1985, 1140, 1142. Dagegen hebt OLG Frankfurt NJW

bloßen Durchlauftermin (und damit von einer Unzulässigkeit der Zurückweisung) auszugehen, wenn die gesetzte Frist so knapp vor dem Termin endet, daß eine Terminsvorbereitung (aufgrund eines rechtzeitigen Vorbringens) von vornherein nicht in Betracht kam. Der BGH[93] hat diese Voraussetzung noch bei einem Zeitraum von acht Tagen zwischen Fristende und Verhandlungstermin verneint und gemeint, daraus gehe nicht die Absicht des Gerichts hervor, von einer umfassenden Terminsvorbereitung abzusehen. Bei realitätsnaher Betrachtung erscheint aber dieser Zeitraum als zu kurz, um noch von einer Terminsvorbereitungsabsicht ausgehen zu können; es müßten dafür doch wohl mindestens 14 Tage zur Verfügung stehen[94].

Von einem Durchlauftermin ist – ob mit oder ohne vorherige Fristsetzung – ferner mit dem BVerfG[95] dann auszugehen, wenn eine so **große Zahl von Sachen** auf denselben Zeitpunkt anberaumt wurde, daß eine streitige Verhandlung mit Beweisaufnahme von vornherein nicht durchgeführt werden kann. Das gilt auch dann, wenn in dem »Sammeltermin« ein Beweisbeschluß ergehen könnte[96]. 67c

Darüberhinaus kann sich der frühe erste Termin schon deshalb als bloßer Durchlauftermin darstellen, weil bereits **aufgrund des Klagevorbringens** (z. B. in einem komplizierten Arzthaftungsprozeß) **offensichtlich** ist, daß der frühe erste Termin für eine Streitentscheidung ausscheidet[97]. 67d

Die Anberaumung eines Haupttermins nach **schriftlichem Vorverfahren** und Ablauf der Klageerwiderungsfrist kann mit der Situation im frühen ersten Termin nicht gleichgesetzt werden[98]; hier kann aber eine Präklusion deswegen unzulässig sein, weil das Gericht eine zumutbare Terminsvorbereitung (→ Rdnr. 71 ff.), uU auch eine Terminsverlegung, unterließ. 67e

g) Mittelbare Verzögerung

Kann über das verspätete Vorbringen sogleich im Verhandlungstermin Beweis erhoben werden oder gesteht der Gegner die verspätete Tatsachenbehauptung zu, so wirkt die Zulassung dieses Vorbringens nicht unmittelbar prozeßverzögernd. Die Rechtsprechung hat aber in manchen Fällen auch dann eine Präklusion für Rechtens erklärt, wenn durch die Zulassung des verspäteten Vorbringens *mittelbar* ein zusätzlicher Zeitaufwand erforderlich geworden wäre, so etwa wenn, falls die präsenten Zeugen die verspäteten Behauptungen bestätigen, die **Vernehmung nicht präsenter Gegenzeugen** erforderlich geworden wäre[99], 68

1989, 722, 723; NJW-RR 1993, 62, 63 mit *Deubner* NJW 1987, 2736 hervor, praktisch sei die Zurückweisung von Vorbringen im frühen ersten Termin weitgehend ausgeschlossen.

[93] *BGHZ* 86, 31, 49 (Fn. 66).

[94] *KG* MDR 1987, 504 nahm selbst bei einem Zeitraum von gut zwei Wochen zwischen Fristende und Termin einen Durchlauftermin an. *M. Wolf* JZ 1987, 418, 419 hält eine Mindestfrist von 6 Wochen zwischen Ende der Klageerwiderungsfrist und Verhandlungstermin für erforderlich, um den Termin zur vollwertigen Verhandlung mit Präklusionsmöglichkeit zu machen. *BGH* NJW 1987, 499 erklärt eine Zeitspanne von drei Monaten für reichlich bemessen. *OLG Hamm* NJW-RR 1995, 958 verneint einen Durchlauftermin bei einem Zeitraum von mehr als sechs Wochen.

[95] *BVerfGE* 69, 126, 140 (Fn. 90). Hier war in über fünfzig weiteren Verfahren Termin auf denselben Zeitpunkt angesetzt. – Ob man bei einem »zehn-Minuten-Rhythmus« der angesetzten Termine das Vorliegen eines Durchlauftermins verneinen kann (so *BayVerfGH* NJW 1990, 502, 504), erscheint fraglich. *OLG Hamm* NJW-RR 1995, 126 nimmt bei einer eingeplanten Dauer von 15 Minuten einen Durchlauftermin an, bei dem erkennbar eine Beweisaufnahme nicht vorgesehen war.

[96] A.M. *BayVerfGH* NJW 1990, 1653 (abl. *Deubner*).

[97] *BGHZ* 98, 368, 373 (Fn. 91). S. auch *OLG Frankfurt* NJW 1989, 722; NJW-RR 1993, 62 (Bauprozeß); *OLG Hamm* NJW-RR 1989, 895; MDR 1992, 186 (keine Präklusion, wenn der Termin nur mit 15 Minuten Dauer angesetzt war, so daß eine Streiterledigung und Entscheidung nach Beweisaufnahme von Anfang an ausschied). – Gegen die Ansicht des BGH *Weth* (Fn. 1) 238 ff.; *MünchKommZPO-Prütting* Rdnr. 94.

[98] *OLG München* NJW 1990, 1371 (abl. *Deubner*); *OLG Düsseldorf* NJW 1995, 2173.

[99] *BGHZ* 83, 310 = NJW 1982, 1535 = MDR 1982, 658 = JR 1982, 418 (zu § 527); *LG Frankfurt* NJW 1981, 2266; *MünchKommZPO-Prütting* Rdnr. 102. – S. auch *BVerfG* 63, 177, 180 (Nichtannahme der Verfassungsbeschwerde gem. § 93a Abs. 4 BVerfGG in einem solchen Fall).

oder wenn im Fall der gelungenen Beweisführung andere unter Beweis gestellte **Behauptungen entscheidungserheblich geworden** wären und die Beweiserhebung darüber eine Vertagung erforderlich gemacht hätte[100], oder wenn durch verspätetes, unstreitiges Vorbringen nunmehr Einwendungen des Gegners beweisbedürftig werden[101].

69 Diese Ansicht gibt jedoch dem Begriff der Verzögerung einen **zu weiten Inhalt.** Der Zeitaufwand, der für die Erhebung von Gegenbeweisen oder von Beweisen für andere, erheblich werdende Tatsachen erforderlich ist, würde in vielen Fällen genauso entstehen, wenn das Vorbringen, um dessen Zurückweisung es geht, rechtzeitig erfolgt wäre. Man müßte also zumindest die hypothetische Frage mit einbeziehen, ob der mittelbare Zeitaufwand bei *rechtzeitigem* Vorbringen hätte vermieden werden können. Außerdem wird auch die Entstehung des zusätzlichen Zeitaufwands nicht selten zunächst unsicher sein, da er zum einen *nur bei einem bestimmten Beweisergebnis* auftreten kann (z.B. dann, wenn die präsenten Zeugen das verspätete Verteidigungsmittel bestätigen) und zum anderen vom weiteren *Verhalten des Gegners* abhängt (vielleicht verzichtet dieser angesichts des Ergebnisses der Beweiserhebung auf die zunächst von ihm angebotenen Gegenbeweise). Um sich nicht in hypothetische Erwägungen einlassen zu müssen und außerdem die Sanktion auf eine Fristversäumung nicht überstreng auszugestalten, empfiehlt es sich, den Begriff der **Verzögerung** von vornherein **enger aufzufassen** und darunter lediglich den Zeitaufwand zu verstehen, der **unmittelbar zur Berücksichtigung des verspäteten Angriffs- oder Verteidigungsmittels** erforderlich ist. Erst recht sollte ein lediglich mittelbar auftretender Zeitaufwand dann kein Zurückweisungsgrund sein, wenn das verspätete Vorbringen **unstreitig geworden** ist[102].

6. Zurechnung der Verzögerung

a) Allgemeines

70 Es gibt eine Reihe von Fällen, in denen die Zurückweisung eines verspäteten Angriffs- oder Verteidigungsmittels ungerechtfertigt erscheint, obwohl die Zulassung des Vorbringens eine Vertagung erforderlich macht. So hat der BGH in ständiger Rechtsprechung eine Präklusion dann für unzulässig erklärt, wenn das Gericht durch zumutbare Maßnahmen zur Vorbereitung des Termins die Verzögerung hätte verhindern können. Die Auswirkungen des strengen, sog. absoluten Verzögerungsbegriffs (→ Rdnr. 49) werden dadurch gemildert. Die Verzögerung stellt sich in solchen Fällen nicht allein als Folge der Verspätung durch die Partei dar, sondern kann ebensogut auf andere Ursachen (z.B. das Unterlassen der gerichtlichen Terminsvorbereitungsmaßnahmen) zurückgeführt werden. Verneint man in solchen Fällen die Zulässigkeit der Präklusion, lastet man also die Notwendigkeit der Vertagung im Ergebnis nicht der säumigen Partei an, so beruht dies auf einer **Wertung der verschiedenen Faktoren.** Dogmatisch läßt sich dies auf einen Begriff bringen[103], wenn man die Zurückweisung nicht nur von der *Verzögerung* (i.S. des bei Zulassung des Vorbringens erforderlichen weiteren Zeitaufwands) abhängig macht, sondern als weitere (ungeschriebene) Voraussetzung die

---

[100] *BGHZ* 86, 198 = NJW 1983, 1495 (zu § 528 Abs. 2).
[101] *OLG Düsseldorf* NJW-RR 1992, 1239 (Präklusion jedoch nur, soweit die Einwendungen reichen).
[102] So auch *LG Freiburg* MDR 1982, 762 zu einem Fall, in dem der Kläger zur Entkräftung des zwar verspäteten, aber unstreitig gewordenen Einwandes neue Tatsachen vorgetragen hatte, die erst nach dem verspäteten Vorbringen des Beklagten eingetreten sein sollten: Die aus diesem Grunde erforderliche Beweisaufnahme rechtfertigt nicht die Zurückweisung des Einwandes. – A.M. *Baumbach-Lauterbach-Hartmann*[55] Rdnr. 46.
[103] Von einem wertenden (normativen) Verzögerungsbegriff im Gegensatz zu einem rein logischen Ursachenbegriff auch *BGH* NJW 1986, 2319, 2320 aus. Für einen wertenden Kausalitätsbegriff eingehend *Mackh* (Fn. 1) 25 ff.

Zurechenbarkeit der Verzögerung **als Folge des säumigen Parteiverhaltens** verlangt. Sowohl das Verhalten des *Gerichts* als auch das Verhalten des *Gegners* oder *Dritter* können Anlaß geben, die Zurechnung zu Lasten der säumigen Partei zu verneinen.

b) Verstöße des Gerichts gegen Vorbereitungs- oder Hinweispflichten

Werden Angriffs- oder Verteidigungsmittel erst nach Ablauf einer dafür gesetzten Frist durch Schriftsatz mitgeteilt, so bedeutet dies nicht, daß das Gericht wegen der Fristüberschreitung von seiner Pflicht zur angemessenen Vorbereitung des Verhandlungstermins (§ 273) entbunden wäre, näher → § 273 Rdnr. 5 ff. Vielmehr steht die **gerichtliche Prozeßförderungspflicht** mindestens **gleichrangig** neben der Förderungspflicht der Parteien. Mit Recht verlangt daher die Rechtsprechung, das Gericht müsse die **drohende Verzögerung durch zumutbare vorbereitende Maßnahmen verhindern,** und hält, wenn gegen diese Pflicht verstoßen wurde, eine Zurückweisung für rechtswidrig[104]. Das BVerfG[105] sieht in solchen Fällen in der Präklusion einen Verstoß gegen das Recht auf Gehör.

71

Es besteht jedoch keine Verpflichtung des Gerichts, terminsvorbereitende Maßnahmen schon unabhängig vom Eingang der Erklärung des Gegners zu treffen[106]. Wie weit die gerichtliche Pflicht zur Terminvorbereitung nach verspätetem Vorbringen reicht, hängt von den konkreten Umständen ab, vor allem davon, ob trotz der Fristüberschreitung noch **genügend Zeit** bis zum Verhandlungstermin verbleibt. Einzelne Zeugen werden auch dann noch geladen werden können und müssen, wenn bis zum Termin noch zehn Tage verbleiben[107]. Eine Pflicht zu *Eilanordnungen* besteht jedoch im allgemeinen nicht[108], und das Gericht ist auch nicht generell gehalten, den Termin so weit hinauszuschieben, daß vorbereitende Maßnahmen möglich werden und eine Vertagung vermieden werden kann[109]. Dabei ist auch die bereits feststehende *Terminplanung* des Gerichts zu berücksichtigen[110]; denn die Pflicht, eine Verzögerung des einen Rechtsstreits nach Möglichkeit zu vermeiden, rechtfertigt nicht, deswegen die Verhandlung anderer Verfahren zu verschieben. Aus diesem Grund kann die Pflicht zu terminsvorbereitenden Maßnahmen auf **Grenzen** stoßen, wenn das verspätete Vorbringen so umfangreich ist, daß es in dem für die Sache vorgesehenen Verhandlungszeitraum nicht berücksichtigt werden kann. Andererseits darf aber die Verhandlungsdauer für den Haupttermin (zum frühen ersten Termin → Rdnr. 65 ff.) nicht von vornherein so knapp bemessen werden, daß eine Erhebung der in Betracht kommenden Beweise nicht möglich ist[111].

72

Bei langfristiger Terminsbestimmung muß (auch in der Berufungsinstanz) eine Verhandlungsdauer eingeplant werden, die eine Vernehmung mehrerer Zeugen zuläßt[112], und die

72a

---

[104] *BGHZ* 75, 138 (Fn. 66); NJW 1980, 1102 (Fn. 66); *BayVerfGH* NJW-RR 1992, 895, 896; *OLG Oldenburg* MDR 1978, 1028; NdsRpfl 1979, 179; *KG* NJW 1979, 1369 = MDR 1979, 409; s. auch *LG Berlin* MDR 1983, 235 (im Urkundenprozeß als verspätet zurückgewiesenes Vorbringen bleibt für das Nachverfahren jedenfalls dann zulässig, wenn durch vorbereitende Maßnahmen des Gerichts eine Verzögerung der Entscheidung im Nachverfahren verhindert werden kann). – Umgekehrt muß bei der Beurteilung der Verzögerung davon ausgegangen werden, daß das Gericht bei rechtzeitigem Vorbringen von den zulässigen Beschleunigungsmaßnahmen Gebrauch gemacht hätte, *OLG Köln* OLGZ 1979, 207.
[105] So z. B. *BVerfGE* 81, 264, 273 = NJW 1990, 2373; *BVerfG* NJW 1989, 706; NJW 1992, 680; WM 1994, 122; NJW-RR 1995, 377.
[106] *BGH* NJW 1987, 499.
[107] *BAG* NJW 1989, 1236 (ein Zeuge) (krit. zur Begründung *Deubner*); *BVerfG* WM 1994, 122 (vier am Gerichtsort wohnende Zeugen). Erst recht ist ein Zeuge zu laden, wenn bis zum Termin noch sieben Wochen verbleiben, *BVerfG* NJW-RR 1995, 1469.
[108] *BGH* WM 1979, 918, 921; NJW 1980, 1102, 1104 (Fn. 66). – *BGH* MDR 1991, 901 verlangt immerhin noch vier Tage vor dem Termin eine als Eilmaßnahme verfügte Ladung (nur) eines Zeugen zu einem einfachen Beweisthema.
[109] *BGH* NJW 1981, 286 (Fn. 133); *OLG Köln* ZIP 1985, 436.
[110] Vgl. *OLG Oldenburg* NdsRpfl 1979, 70.
[111] *BVerfG* NJW 1992, 299 (Einplanung einer halben Stunde Verhandlungsdauer war für den Streitstoff erkennbar unzureichend).
[112] *BVerfGE* 81, 264, 271 (Fn. 105); *BGH* WM 1985, 819.

Nichtzulassung verspätet angebotenen Zeugenbeweises kann nicht damit begründet werden, der Verhandlungstermin sei bereits durch eine Parteivernehmung zum selben Beweisthema ausgelastet[113]. Bei der Frage, welche Terminsvorbereitungen in der **Berufungsinstanz** zumutbar sind und welche Terminplanung hier zu verlangen ist, um neues Vorbringen berücksichtigen zu können, das im ersten Rechtszug nicht rechtzeitig vorgetragen wurde (§ 528 Abs. 2), sollten die Anforderungen allerdings nicht übertrieben werden, da sonst die Nachlässigkeit einer Partei in erster Instanz folgenlos bliebe bzw. die Flucht in die Berufung (→ § 528 Rdnr. 17) gefördert würde. Vorbereitende Maßnahmen sind aber zumutbar, wenn es um einfache und klar abgegrenzte Streitpunkte geht, die ohne unangemessenen Zeitaufwand geklärt werden können[113a]. Näher hierzu u. allg. zum Umfang der Vorbereitungspflicht des Gerichts → § 273 Rdnr. 5 ff. Ähnliches hat in der Situation nach Einspruch zu gelten, um der »Flucht in die Säumnis« Grenzen zu setzen, → Rdnr. 80. Es können nur solche Vorbereitungsmaßnahmen verlangt werden, die im normalen Geschäftsgang zur Vorbereitung des geplanten Haupttermins möglich sind[114], nicht die vorbereitende Ladung einer Vielzahl von Zeugen, deren Vernehmung den Terminplan des Gerichts sprengen würde[115]. Nach Ansicht des BVerfG[116] darf aber auch in der Berufungsinstanz ein Termin in Kenntnis des Vorbringens nicht so geplant werden, daß eine Vernehmung von sechs Zeugen zu einem eingegrenzten Beweisthema nicht möglich ist. Es geht dann aber auch kaum an, bei einer über ein Jahr im voraus erfolgenden Terminierung eine umfangreiche Zeugenvernehmung abzulehnen, weil sie sich nicht mehr in die Tagesordnung des Sitzungstages einfügen lasse[117], und terminsvorbereitende Maßnahmen, die bis zum weit hinausgerückten Termin noch möglich sind, können auch nicht mit der Begründung abgelehnt werden, eine anomal lange Terminierung beruhe auf der Überlastung des Gerichts und dürfe der Partei nicht zugutekommen[118]. § 528 Abs. 2 bleibt sonach nur dann eine einigermaßen wirksame Waffe gegen nachlässiges Parteiverhalten in erster Instanz, wenn es gelingt, auch in der Berufungsinstanz zügig zu terminieren.

73 Auch die **gerichtlichen Aufklärungs- und Hinweispflichten** müssen in diesem Zusammenhang berücksichtigt werden[119]. So kann ein Hinweis an die Partei geboten sein, einen Zeugen, dessen Ladung nicht mehr möglich ist, selbst zum Termin mitzubringen[120]. Die Zurückweisung ist unzulässig, wenn der rechtzeitige Vortrag des Angriffs- oder Verteidigungsmittels zumindest möglicherweise deswegen unterblieben ist, weil das Gericht seinen Hinweispflichten nach § 139 oder § 278 Abs. 3 nicht nachgekommen ist[121], wenn ein gebotener Hinweis (auch nach § 273 Abs. 2 Nr. 1) nicht gegeben oder mißverständlich formuliert war[122], oder wenn (allgemeiner) gegen die im Anspruch auf faires Verfahren wurzelnde richterliche Fürsorgepflicht verstoßen wurde[123]. – Zur **unterbliebenen Entscheidung über einen Antrag auf Fristverlängerung** → Rdnr. 35 a. E.

---

[113] *BGH* MDR 1991, 518.
[113a] *BGH* NJW 1996, 528, 529.
[114] *OLG Schleswig* NJW 1986, 856 (*Deubner*).
[115] *OLG Köln* OLGZ 1985, 488 (Zurückweisung, wenn andernfalls bis zu neun Zeugen geladen werden müßten); *OLG Köln* ZIP 1985, 436 (Ladung von mehr als sechs Zeugen und Einholung eines Sachverständigengutachtens zum Haupttermin kann nicht verlangt werden).
[116] *BVerfG* NJW 1989, 706; im Ergebnis zust. *Münch-KommZPO-Prütting* Rdnr. 118.
[117] So aber – in Auseinandersetzung mit dem BVerfG (Fn. 116) – *OLG Celle* MDR 1989, 1003; s. auch *Würfel* NJW 1992, 543.
[118] So aber *OLG Düsseldorf* DRiZ 1993, 361.
[119] Auf die enge Verbindung zwischen der Prozeßförderungspflicht der Parteien und der Aufklärungspflicht des Gerichts wies der Bundestagsrechtsausschuß, BT-Drucks. 7/5250, 5 mit den Worten hin, die Präklusions- und Novenvorschriften könnten »nur dann mit voller Berechtigung vom Gericht angewendet werden, wenn das Gericht seine Aufklärungs- und Fürsorgepflicht nicht vernachlässigt hat«. S. auch *OLG Köln* VersR 1987, 164, 165; *Bender-Belz-Wax* (Fn. 1) Rdnr. 78; *Stürner* Die richterliche Aufklärung im Zivilprozeß (1982) Rdnr. 34; *Deubner* NJW 1987, 1583, 1585.
[120] Vgl. *BGH* NJW 1980, 1848.
[121] *BVerfG* NJW 1992, 678 (zum unterbliebenen Hinweis des Berufungsgerichts, daß der Beweiswürdigung des Erstgerichts nicht folgen will).
[122] *BGH* NJW-RR 1990, 856 = MDR 1990, 1102.
[123] *BVerfGE* 75, 183 = NJW 1987, 2003.

Ein Verstoß des Gerichts gegen die Pflicht, das verkündete **Urteil** nach § 315 Abs. 2 **fristgerecht** in vollständiger Form **abzufassen,** kann die vor der Urteilsverkündung liegende Präklusion nicht unmittelbar berühren, aber doch Anlaß zur Prüfung geben, ob die Voraussetzungen der Zurückweisung nicht *zweckwidrig bejaht* wurden[124].

74

c) Verhalten des Gegners

Ebensowenig wie das Gericht wird der Gegner der säumigen Partei durch deren Fristüberschreitung von seiner Prozeßförderungspflicht entbunden. Geht die Klageerwiderung erst nach Ablauf der dafür gesetzten Frist ein, so hat der Kläger dennoch nach Maßgabe des § 282 Abs. 2 schon **vor dem Termin** dazu Stellung zu nehmen, soweit die Zeit dazu ausreicht. Erst recht entbindet die Fristüberschreitung durch den Beklagten den Kläger nicht davon, sich **in der mündlichen Verhandlung** gemäß § 282 Abs. 1 sogleich zum Vortrag des Beklagten zu äußern (es sei denn, es würde neben der Fristüberschreitung zugleich ein Verstoß gegen § 282 Abs. 2 vorliegen, so daß der Kläger mangels vorheriger Erkundigung nicht Stellung nehmen kann, dazu → Rdnr. 63). Hätte in solchen Fällen bei einer rechtzeitigen Stellungnahme des Klägers die **Verzögerung vermieden** werden können (z. B. durch *terminsvorbereitende Maßnahmen* auf der Grundlage der Replik des Klägers), so ist die Verzögerung nicht allein dem Beklagten, sondern auch dem Kläger anzulasten und deshalb von einer Präklusion abzusehen[125]. In solchen Fällen wäre es keine gerechte Lösung, sowohl das Vorbringen des *Beklagten* als auch das Gegenvorbringen des *Klägers* zurückzuweisen; denn darin läge im Ergebnis nur eine Sanktion gegenüber dem *Beklagten,* weil die Replik des Klägers bei Zurückweisung des Verteidigungsvorbringens des Beklagten regelmäßig ohnehin ohne Bedeutung ist.

75

d) Verhalten Dritter

Wenn das Gericht trotz der Verspätung des Vortrags pflichtgemäß (→ Rdnr. 71 ff.) *Maßnahmen zur Vorbereitung des Termins* trifft, so kann der Erfolg am Verhalten Dritter scheitern, die den getroffenen Anordnungen nicht oder nicht rechtzeitig Folge leisten. Hat der **Grund,** aus dem dies geschieht, **mit der Verspätung des Parteivortrags nichts zu tun,** so erscheint es wiederum nicht gerechtfertigt, die eintretende Verzögerung der säumigen Partei zuzurechnen.

76

So ist es z.B., wenn ein verspätet benannter **Zeuge** ordnungsgemäß zum Termin geladen wird, aber ohne hinreichenden Grund nicht zum Termin erscheint[126], aber auch dann, wenn der Zeuge aus solchen Gründen (z. B. längere Auslandsreise) nicht erscheint, die mit der Fristüberschreitung durch die Partei offensichtlich nicht in Zusammenhang stehen[127]. Geht aber wegen der Verspätung des Beweisangebots die Ladung dem Zeugen nicht rechtzeitig zu, so ist die Zurückweisung berechtigt, auch wenn sich der Zeuge gegenüber der Partei zum Erscheinen bereit erklärt hatte und möglicherweise auch bei rechtzeitiger Ladung ausgeblieben wäre[128]. Wie beim Zeugen ist die Zurechnung der Verzögerung zu verneinen,

77

---

[124] *OLG Karlsruhe* NJW 1984, 618 (mit insoweit abl. *Deubner*).
[125] Ähnlich *H. D. Lange* DRiZ 1980, 408, 412, der in solchen Fällen von einer »unerheblichen Verspätung« spricht. Aus dem sog. absoluten Verzögerungsbegriff (→ Rdnr. 49) ist dies allerdings nicht herzuleiten, wie *Deubner* NJW 1983, 1026 Fn. 6 zutr. ausführt. Es bedarf eines zusätzlichen Kriteriums, das hier in der Zurechnung der Verzögerung gesehen wird.
[126] *BGH* NJW 1982, 2559 (mit abl. Anm. *Deubner*); NJW 1986, 2319 (ausführlich); NJW 1987, 502 u. 1949; NJW-RR 1986, 1317; zust. *Prütting-Weth* ZZP 98 (1985), 131, 136; *MünchKommZPO-Prütting* Rdnr. 127; *Zöller-Greger*[20] Rdnr. 14. – A.M. *OLG Köln* MDR 1984, 675 = VersR 1984, 1176; *Hermisson* NJW 1983, 2229, 2233; *E. Schneider* MDR 1984, 726. – *OLG Düsseldorf* MDR 1988, 975 betrifft dagegen einen Fall nicht rechtzeitiger Ladung und steht insofern nicht in Widerspruch mit der Ansicht des BGH.
[127] A.M. *LG Koblenz* NJW 1982, 289 (mit zust Anm. *Deubner*).
[128] *BGH* NJW 1989, 719; *MünchKommZPO-Prütting* Rdnr. 128.

wenn ein zur mündlichen Verhandlung ordnungsgemäß geladener **Sachverständiger** nicht erscheint oder wenn eine aufgrund des verspäteten Vorbringens angeforderte **amtliche Auskunft** bis zum Termin nicht eingeht, obwohl für diese Auskunft trotz der Fristüberschreitung genügend Zeit gewesen wäre. Gerade geringfügige Fristüberschreitungen können auf diese Weise ihre Bedeutung verlieren.

7. Voraussetzungen der Zurückweisung nach Versäumnisurteil und Einspruch

a) Grundsatz

78   Wenn eine Partei in dem Verhandlungstermin säumig ist, der auf den Ablauf einer der in Abs. 1 genannten Fristen folgt, und auf Antrag des Gegners Versäumnisurteil gegen die säumige Partei erlassen wird, können neue Angriffs- und Verteidigungsmittel innerhalb der Einspruchsfrist **in der Einspruchsschrift** (§ 340 Abs. 3) geltend gemacht werden. Zwar verliert durch den zulässigen Einspruch die Versäumung der ursprünglich gesetzten Frist nicht ihre Wirkung, so daß ein nicht innerhalb der Frist vorgebrachtes Angriffs- oder Verteidigungsmittel *verspätet* bleibt. § 340 Abs. 3 stellt keine lex specialis gegenüber § 296 Abs. 1 dar, die einen Verstoß gegen die hier genannten Fristen schlechthin unerheblich machen würde[129]. Die Frage, ob durch die Zulassung dieses Vorbringens die Erledigung des Rechtsstreits **verzögert** wird, ist jedoch aufgrund der **prozessualen Situation im Einspruchstermin** zu beurteilen. Kann das Angriffs- oder Verteidigungsmittel hier ohne Vertagung berücksichtigt werden (z. B. durch Vernehmung mitgebrachter Zeugen), so ist die Zurückweisung unzulässig[130]. Das Gericht muß trotz der ursprünglichen Fristversäumnis den Einspruchstermin durch die nach den Umständen angemessenen und zumutbaren Anordnungen **vorbereiten** (§ 273), um die Folgen der Fristversäumnis auszugleichen[131]. Wurde gegen diese Pflicht verstoßen, ist die Zurückweisung im Einspruchstermin unzulässig, → Rdnr. 71 ff., 80.

b) Möglichkeit und Grenzen der Flucht in die Säumnis

79   Daß bei der Beurteilung der Verzögerung auf den Einspruchstermin abzustellen ist, ermöglicht einer Partei, die im ursprünglichen Verhandlungstermin **mit der Zurückweisung wegen Verspätung rechnen müßte**, in manchen Fällen einen Ausweg durch »Flucht in die Säumnis«, d.h. dadurch, daß die Partei in diesem Termin überhaupt nicht erscheint oder jedenfalls nicht verhandelt (§ 333) und das Angriffs- oder Verteidigungsmittel erst in der Einspruchsschrift vorträgt. Dies kann sich selbst dann empfehlen, wenn die Partei die Verspätung *entschuldigen* will, aber nicht sicher sein kann, ob das Gericht die Entschuldigung für ausreichend halten wird. Im Einspruchstermin hat die Partei dann nämlich die doppelte Chance, entweder jetzt die sofortige Berücksichtigung ohne Vertagung zu erreichen oder die ursprüngliche Verspätung zu entschuldigen und daher zu einer Berücksichtigung des Vorbringens mittels Vertagung zu kommen.

80   Allerdings darf die **Tragweite dieser Fluchtmöglichkeit nicht überschätzt** werden. Wenn bereits in einem früheren Termin mündlich verhandelt wurde, kann der Gegner statt eines Versäumnisurteils eine

---

[129] *BGHZ* 76, 173, 177 (Fn. 130); *OLG München* NJW-RR 1995, 127; *OLG Karlsruhe* Justiz 1980, 326, 327; *Pieper* (Fn. 1) 783. Davon gehen auch die übrigen in Fn. 130 Genannten aus. – A.M. *LG Stade* NdsRpfl 1979, 123; *Fastrich* NJW 1979, 2598, 2600; *Hoyer* JZ 1980, 615 (unter Berufung auf § 342).

[130] *BGHZ* 76, 173 = NJW 1980, 1105 = JZ 1980, 614 (mit Anm. *Hoyer*) = MDR 1981, 309; *OLG München* NJW 1979, 2619 = MDR 1980, 234; *OLG Oldenburg* NdsRpfl 1979, 2618 = MDR 1979, 588; *OLG Hamm* NJW 1980, 293; *OLG Karlsruhe* Justiz 1980, 326; *Messer* NJW 1978, 2559; *Deubner* NJW 1979, 342; *E. Schneider* MDR 1979, 710, 712; *Leipold* ZZP 93 (1980), 237, 251; *Lüke* JuS 1981, 503, 504. Für großzügige Zulassung *Pieper* (Fn. 1) 784, der auf die hypothetische Verfahrensdauer bei rechtzeitigem Vorbringen abstellt.

[131] *BGHZ* 76, 173, 178 (Fn. 130).

Entscheidung nach Aktenlage beantragen, § 331 a (zur Präklusion in diesem Fall → Rdnr. 29). Aber auch wenn ein Versäumnisurteil ergeht, muß bedacht werden, daß es keineswegs immer möglich ist, das betreffende Angriffs- oder Verteidigungsmittel im Einspruchstermin ohne Verzögerungswirkung zu berücksichtigen. Die **Pflicht zur Vorbereitung des Termins** durch das Gericht ist dem Umfang nach **begrenzt**, → auch Rdnr. 72a. Der BGH verneint eine Verpflichtung des Gerichts, eine umfangreiche Beweisaufnahme zur Klärung eines vielschichtigen Streitstoffs für den Einspruchstermin vorzubereiten[132]. Außerdem hat das Gericht den Einspruchstermin nach Eingang des zulässigen Einspruchs *unverzüglich* zu bestimmen (§ 216 Abs. 2, § 341 a) und *so früh wie möglich* anzusetzen (§ 272 Abs. 3). Es ist nicht etwa verpflichtet, den Verhandlungstermin so weit hinauszuschieben, daß das verspätete Vorbringen noch berücksichtigt werden kann (also z. B. ein längere Zeit in Anspruch nehmendes Sachverständigengutachten noch erstellt werden kann)[133]. – In den Fällen des Abs. 3 (**Zulässigkeitsrügen**) nützt die »Flucht in die Säumnis« nichts, da es dort nicht auf die Verzögerung ankommt, → Rdnr. 122.

c) Kritik und Konsequenzen

Daß es für die Partei in manchen Fällen besser ist, im ursprünglichen Termin überhaupt nicht zu verhandeln als dort ihre Angriffs- oder Verteidigungsmittel verspätet vorzutragen und die sofortige Zurückweisung zu riskieren, ist eine recht **unbefriedigende Rechtslage**[134]. Der Prozeß kann dadurch noch mehr verzögert werden, als wenn man das verspätete Vorbringen gleich im ursprünglichen Termin zulassen und die Verhandlung kurzfristig vertagen würde. Die strengere Auffassung, die das verspätete Vorbringen auch im Einspruchstermin generell zurückweisen will, wenn es im ursprünglichen Termin zurückzuweisen gewesen wäre[135], ist aber ebensowenig überzeugend. Die Verfahrensdauer bis einschließlich des Einspruchstermins ist nun einmal erreicht, und wenn jetzt ohne drohende weitere Verzögerung zurückgewiesen würde, so wäre dies weder durch den Wortlaut des § 296 Abs. 1 noch durch den Beschleunigungszweck der Vorschrift gedeckt. Die **Unstimmigkeit** liegt in der **unterschiedlichen gesetzlichen Regelung** für den Fall der **Totalsäumnis** auf der einen und der **partiellen Säumnis** auf der anderen Seite[136], da die Folgen der Totalsäumnis durch rechtzeitigen Einspruch ohne Notwendigkeit einer Entschuldigung beseitigt werden können, §§ 338, 342. Daß der Einspruchsführer selbst bei endgültigem Erfolg mit den durch die Säumnis verursachten *Mehrkosten* belastet bleibt (§ 344), stellt das Gleichgewicht nicht her[137], zumal auch bei Vertagung aufgrund partieller Säumnis eine Kostenbelastung vorgesehen ist (§ 95). Ein Nachteil für die im Termin säumige Partei liegt in der *vorläufigen Vollstreckbarkeit* des Versäumnisurteils (ohne Sicherheitsleistung), aber dies fällt gegenüber dem Risiko, mit dem Angriffs- oder Verteidigungsmittel endgültig ausgeschlossen zu werden, kaum ins Gewicht. So vermögen weder der Kostenpunkt noch die vorläufige Vollstreckbarkeit des Versäumnisurteils etwas an der **Disharmonie des Gesetzes** zu ändern.

Hält man den strengen Weg nicht für gangbar, so empfiehlt es sich umgekehrt, aus der Möglichkeit einer Flucht in die Säumnis **Rückschlüsse auf die Voraussetzungen der Zurückweisung** im ursprünglichen Termin zu ziehen. Statt die Partei durch überstrenge Präklusionsdrohung zur Flucht in die Säumnis zu zwingen und dadurch den Prozeß erst recht zu verlängern, sollte man in geeigneten Fällen das **Vorbringen lieber gleich zulassen**[138]. Dies spricht z. B. dafür, im frühen ersten Termin ein Vorbringen trotz Fristüberschreitung jedenfalls dann zuzulassen, wenn es im Haupttermin berücksichtigt werden kann und bei fristge-

---

[132] *BGHZ* 76, 173, 178 (Fn. 130).
[133] *BGH* MDR 1981, 309 = NJW 1981, 286 gegen *OLG Hamm* NJW 1980, 293 (mit abl. Anm. *Deubner*); dem BGH zust. *Lüke* JuS 1981, 503, 505; ebenso *LG Hannover* MDR 1985, 240. – Gegen eine zu kurzfristige, schon vor Ablauf der Einspruchsfrist erfolgte Terminierung aber *LAG Berlin* DB 1989, 1632 (LS) = LAGE § 340 ZPO Nr. 4. (Zur Anwendbarkeit von § 296 Abs. 1, § 340 Abs. 3 im arbeitsgerichtlichen Verfahren → Rdnr. 131). – Es besteht auch keine Verpflichtung, eine verspätete Zahlung des Zeugenvorschusses durch Terminverlegung auszugleichen, *OLG Hamm* NJW-RR 1995, 1038.
[134] A.M. *H.D. Lange* NJW 1986, 3043, 3047.
[135] *OLG Zweibrücken* MDR 1979, 321 (der Senat neigt aber zur Aufgabe dieser Meinung, MDR 1980, 585); *LG Münster* NJW 1978, 2558; *LG Freiburg* Justiz 1980, 77; MDR 1979, 1030 = NJW 1980, 295; *LG Berlin* MDR 1979, 321 = NJW 1979, 374. – *Gounalakis* (Fn. 1), 98 hält den Einspruch für unzulässig, soweit er (nur) auf verspätetes Vorbringen gestützt wird. Dies läßt sich aber nach geltendem Recht schwerlich begründen.
[136] Vgl. u.a. *BGHZ* 76, 173, 176 (Fn. 130); *Fastrich* NJW 1979, 2598; *Leipold* ZZP 93 (1980), 237, 252; *Gounalakis* (Fn. 1), 92, 94.
[137] Vgl. *OLG München* NJW 1983, 402, 403.
[138] Zust. *Gerhardt* ZZP 99 (1986), 497. Krit. *Henckel* JZ 1992, 645, 651; abl. *Gounalakis* (Fn. 1), 92.

rechtem Vorbringen unzweifelhaft ebenfalls ein Haupttermin erforderlich gewesen wäre, → Rdnr. 67a. Weitergehend ist zu erwägen, ob man nicht das verspätete Vorbringen immer dann zulassen (und die Verhandlung vertagen) sollte, wenn seine Berücksichtigung zwar die sofortige Erledigung des Rechtsstreits verhindert, aber bei einer *Totalsäumnis* nach Versäumnisurteil und Einspruch dieses Vorbringen **voraussichtlich noch berücksichtigungsfähig** wäre. Man könnte dies in den Begriff der Verzögerung mit einbeziehen und der Beurteilung des Gerichts nach seiner freien Überzeugung anheim geben. Diese Denkweise, mit der man den Verfahrensverlauf bei Totalsäumnis gleich **vorweg mit berücksichtigt,** erscheint angemessener als der von manchen Anhängern einer strengen Präklusionshandhabung empfohlene (vom *BVerfG*[139] aber mit Recht abgelehnte) Weg, das *Gericht* müsse die anwesende Partei auf die Möglichkeit einer Flucht in die Säumnis sogar *besonders hinweisen*[140]. Damit würde die gerichtliche Hinweispflicht aber zu weit, nämlich in Richtung auf eine allgemeine Beratungspflicht, ausgedehnt (dagegen → § 139 Rdnr. 7, 23). Ein solcher Hinweis kann bei der Gegenpartei die Besorgnis der Befangenheit begründen[141]. Außerdem hat man nicht ganz zu Unrecht von solchen, jedenfalls für die nicht juristisch vorgebildete (oder verbildete) Partei befremdlichen Ratschlägen sogar einen Glaubwürdigkeitsverlust für die Justiz befürchtet[142].

8. Entschuldigung der Verspätung

a) Person

83   Neben dem Verschulden der **Partei** an der Verspätung ist auch das Verschulden eines **gesetzlichen Vertreters** (§ 51 Abs. 2) und des **Bevollmächtigen**[143] (§ 85 Abs. 2, zum Personenkreis → § 85 Rdnr. 11) zu berücksichtigen. Das Verschulden sonstiger **Hilfspersonen** der Partei bzw. Hilfspersonen des gesetzlichen Vertreters oder des Prozeßbevollmächtigten wird der Partei dagegen **nicht zugerechnet.** Zur Abgrenzung des Personenkreises und zu den Anforderungen an Organisation und Überwachung des Kanzleibetriebs → § 233 Rdnr. 38 ff.

84   Bei verspätetem Vorbringen eines **Streithelfers** (Nebenintervenienten) ist auf das Verschulden in der Person der unterstützten *Partei* abzustellen[144], da die vom Streithelfer im Rahmen seiner Befugnisse vorgenommenen Prozeßhandlungen wie solche der Partei wirken, → § 67 Rdnr. 16. Das Verschulden des Streithelfers wird der Partei nicht zugerechnet, doch kann ein Verschulden der *Partei* darin liegen, daß sie sich *selbst* nicht im erforderlichen Maße um den Prozeß gekümmert hat. Dies gilt sowohl bei verspätetem eigenem Vortrag als auch bei verspätetem Vortrag des Streithelfers.

b) Verschuldensmaßstab

85   Anders als nach Abs. 2 schließt in den Fällen des Abs. 1 bereits **leichte Fahrlässigkeit** die Entschuldigung der Verspätung aus. Darüber hinaus generell »scharfe Anforderungen« an die Entschuldigung zu stellen[145], erscheint dagegen nicht veranlaßt, insbesondere was die Beweiserfordernisse angeht, → Rdnr. 88. Soweit es um die **Partei selbst** geht, ist dabei ein **subjektiver Verschuldensmaßstab** anzulegen (→ auch § 233 Rdnr. 45), also danach zu fragen,

---

[139] *BVerfGE* 75, 183, 189 = NJW 1987, 2003; ebenso OLG *Köln* FamRZ 1986, 927, 929.
[140] *H. D. Lange* DRiZ 1980, 408, 413.
[141] OLG *München* NJW 1994, 60.
[142] OLG *München* NJW 1983, 402, 403.
[143] Zu den verfassungsrechtlichen Bedenken, die gegen die Zurechnung des Anwaltsverschuldens vor allem in nicht vermögensrechtlichen Streitsachen (z.B. Ehe- und Kindschaftssachen) bestehen, s. *Leipold* ZZP 93 (1980), 237, 255 f.
[144] *Fuhrmann* NJW 1982, 978. Zum Teil abweichend *J. Schulze* NJW 1981, 2663.
[145] Dafür *Baumbach-Lauterbach-Hartmann*[55] Rdnr. 53.

ob die Partei nach ihren persönlichen Kenntnissen und Fähigkeiten die Verspätung hätte vermeiden können und müssen. Ein objektiver Maßstab erscheint nicht gerechtfertigt, da die Partei mit der Prozeßführung keine besondere Einstandspflicht oder berufliche Sorgfaltspflicht übernimmt[146]. Die (objektiven) Anforderungen des § 277 Abs. 1 und 4 sind vom Verschulden zu unterscheiden, d. h. es kann die Verspätung eines *objektiv* innerhalb der Frist *gebotenen* Vorbringens durch die konkreten Umstände (einschließlich der subjektiven Faktoren in der Person der Partei) *entschuldigt* sein. Soweit es auf das Verhalten des prozeßbevollmächtigten **Rechtsanwalts** ankommt, ist dagegen ein **objektiver Verschuldensmaßstab** angezeigt, da der Rechtsanwalt die berufstypischen Anforderungen erfüllen muß, → § 85 Rdnr. 22, § 233 Rdnr. 47 ff.

c) Fälle der Entschuldigung

Das Verschulden ist ähnlich wie bei der Wiedereinsetzung in den vorigen Stand zu beurteilen, → § 233 Rdnr. 37 ff. Die Verspätung ist z. B. entschuldigt, wenn der Schriftsatz rechtzeitig abgesandt wurde, aber während der Beförderung durch die Post **verloren ging** oder **später übermittelt** wurde, als dies nach den normalen Postlaufzeiten zu erwarten gewesen wäre. Die Nichteinhaltung der gesetzten Frist kann auch durch **Erkrankung** der Partei[147] oder des Prozeßbevollmächtigten[148] entschuldigt werden, ebenso unter besonderen Umständen durch eine konkrete, bei Übernahme des Mandats **nicht vorhersehbare Arbeitsüberlastung** des Rechtsanwalts[149], oder dadurch, daß der mit der Sache bereits vertraute Anwalt sich im **Urlaub** befand und daher von der Partei nicht rechtzeitig beauftragt werden konnte[150]. Bei einer geringfügigen Fristüberschreitung wird es im Zweifel näher liegen, eine Entschuldigung zu bejahen[151]. Zur unterbliebenen Entscheidung über einen **Antrag auf Fristverlängerung** → Rdnr. 35 a. E. **Vergleichsverhandlungen** zwischen den Parteien vermögen eine Fristüberschreitung nicht zu entschuldigen[152].

86

War die vom Gericht gesetzte **Frist objektiv zu kurz** bemessen, so ist die Zurückweisung schon aus diesem Grund unzulässig, ohne daß es auf das subjektive Verschulden ankäme, → Rdnr. 35. Vorbringen, auf das es nach der **Prozeßlage** noch nicht ankam (näher → § 277 Rdnr. 8 ff.) oder das auf **nach Ablauf der Frist eingetretenen Tatsachen** beruht, ist schon nach dem Maßstab des § 277 Abs. 1 und 4 (§ 282 Abs. 1) nicht verspätet. Unterblieb der Vortrag von Angriffs- oder Verteidigungsmitteln, weil die tatsächlichen Voraussetzungen der Partei **nicht bekannt** waren, so ist die Verspätung entschuldigt[153], es sei denn, die Partei hätte durch zumutbare Nachforschungen das Material innerhalb der Frist *beschaffen* können[154]. Auch eine **falsche Beurteilung der Rechtserheblichkeit** kann (wenn sie nicht auf Fahrlässigkeit beruht) die Verspätung entschuldigen, wobei gegenüber der nicht anwaltlich vertretenen Partei ein großzügigerer Maßstab anzulegen ist.

87

d) Vorbringen und Glaubhaftmachung der Entschuldigung

Die Partei muß die **Tatsachen vortragen**, aus denen sich die Entschuldigung der Verspätung ergeben soll; sie trägt also die Behauptungs- oder Darlegungslast. Die entschuldigenden

88

---

[146] Näher s. *Leipold* ZZP 93 (1980), 237, 254.
[147] Vgl. *OLG Hamm* NJW-RR 1992, 122 (stationäre Kur des alleinigen GmbH-Geschäftsführers kann Versäumung der Klageerwiderungsfrist entschuldigen, wenn mit Klageerhebung nicht gerechnet werden mußte).
[148] *OLG Karlsruhe* Justiz 1979, 14.
[149] *OLG Schleswig* VersR 1981, 690.
[150] *OLG Köln* NJW 1980, 2421 = OLGZ 1979, 476.
[151] *KG* MDR 1987, 504.
[152] *BGH* NJW 1987, 499.
[153] So z. B., wenn eine Partei durch Untersuchungshaft daran gehindert war, die Anschrift eines im Ausland lebenden Zeugen festzustellen, *BGH* NJW 1984, 2039.
[154] Vgl. *BGH* NJW 1988, 60, 62.

Tatsachen können nicht nur im verspäteten Schriftsatz, sondern auch noch in der auf den Fristablauf folgenden mündlichen Verhandlung vorgetragen werden[155]. Eine auf Erbringung des vollen Beweismaßes (richterliche Überzeugung, → § 286 Rdnr. 1, 4 f.) gerichtete **Beweislast** der Partei oder eine Vermutung des Verschuldens in dem Sinn, daß die Entschuldigung immer dann zu verneinen wäre, wenn die dazu behaupteten Tatsachen nicht zur vollen Überzeugung des Gerichts nachgewiesen werden können, ist trotz der Formulierung des Abs. 1 nicht anzunehmen[156]. Die Fristüberschreitung gibt keinen hinreichenden Grund dafür ab, von der Partei den vollen Beweis des Nichtverschuldens zu verlangen. Daß davon auch der Gesetzgeber ausging, zeigt Abs. 4; denn danach ist der Entschuldigungsgrund lediglich **auf Verlangen des Gerichts glaubhaft zu machen**. Daraus folgt zum einen, daß das Gericht die Entschuldigung auch ohne besondere Beweismittel (z. B. allein aufgrund der Versicherung des Anwalts[157]) als genügend ansehen kann. Außerdem ist nach Abs. 4 eine Glaubhaftmachung der behaupteten Tatsachen ausreichend, wozu alle präsenten Beweismittel (§ 294 Abs. 2), einschließlich einer eidesstattlichen Versicherung der Partei (§ 294 Abs. 1) zulässig sind. Die Partei muß gegebenenfalls zur Glaubhaftmachung aufgefordert werden, und es muß ihr hierzu eine hinreichende Gelegenheit gegeben werden[158]. Als Glaubhaftmachung der Entschuldigung genügt es, wenn die *überwiegende Wahrscheinlichkeit* der Tatsachen dargetan ist, → § 294 Rdnr. 6. Man sollte aber unter Berücksichtigung der schwerwiegenden Folge, die in der Zurückweisung des Vorbringens liegt, hier noch einen Schritt weiter gehen und die Entschuldigung schon dann als gelungen ansehen, wenn jedenfalls eine *erhebliche, wenn auch nicht unbedingt überwiegende Wahrscheinlichkeit* der Entschuldigungstatsachen festzustellen ist[159].

89 Über die **Entschuldigung** hat das Gericht **nicht nach »freier Überzeugung«** zu entscheiden[160]. Schon die sprachliche Formulierung macht deutlich, daß sich die »freie Überzeugung« nur auf die Feststellung der *Verzögerung* bezieht; andernfalls müßte nämlich diese Formel vor dem ersten »wenn« stehen. Anders war die im Regierungsentwurf vorgesehene Regelung nach Wortlaut und Begründung gedacht[161], doch wurde auf Vorschlag des Bundestagsrechtsausschusses[162] der Wortlaut gezielt zu dem Zweck verändert, die objektive Ermittlung des Verschuldens vorzuschreiben, also die Reichweite der freien Überzeugung auf die Feststellung der Verzögerung zu beschränken. Das Gericht darf daher **von der Erhebung von Beweisen nicht absehen,** solange es die Entschuldigung nicht als hinreichend wahrscheinlich gemacht ansieht.

---

[155] *OLG Karlsruhe* Justiz 1979, 14. – Erstmals in der Berufungsinstanz vorgetragene Tatsachen zur Entschuldigung werden dagegen (im Rahmen des § 528 Abs. 3) grundsätzlich nicht berücksichtigt, *BGH* WM 1980, 555, 557 (offenlassend, ob etwas anderes gilt, wenn zwingende Gründe eine rechtzeitige Entschuldigung verhindert haben; dann sollte das entschuldigende Vorbringen in der Tat berücksichtigt werden); *OLG Frankfurt* NJW 1979, 375; *LG Frankfurt* NJW 1979, 2111; *LG Paderborn* NJW 1978, 381. S. auch *BGH* WM 1984, 1620, 1622 (offenlassend, unter welchen Voraussetzungen bei Abs. 1 eine nachträgliche Entschuldigung möglich ist; zur Zurückweisung nach Abs. 2 → Fn. 190).
[156] *Bender-Belz-Wax* (Fn. 1) Rdnr. 80; *Leipold* ZZP 93 (1980), 237, 245; *Fuhrmann* (Fn. 1) 113 f. – A.M. *Bischof* (Fn. 1) Rdnr. 168; *E. Schneider* MDR 1987, 900, 901; *Thomas-Putzo*[19] Rdnr. 28; *Zöller-Greger*[20] Rdnr. 34; *MünchKommZPO-Prütting* Rdnr. 19, 165.
[157] Vgl. *OLG Karlsruhe* Justiz 1979, 14.
[158] *BGH* NJW 1986, 3193 (ebenso, wenn das Gericht eine von der Partei versuchte Glaubhaftmachung für nicht ausrechend hält).
[159] Vgl. *Bender-Belz-Wax* (Fn. 1) Rdnr. 80 (keine Zurückweisung, wenn etwa gleichviel für und gegen das Verschulden der Partei spricht); *Leipold* ZZP 93 (1980), 237, 246. S. auch *Waldner* NJW 1984, 2925 (Zulassung bei hoher Wahrscheinlichkeit der zur Entschuldigung vorgebrachten Tatsachen). – *Weth* (Fn. 1) 29 lehnt eine Beweismaßsenkung ab, meint aber (im Ergebnis weitergehend als die hier vertretene Ansicht), die Partei trage nicht die objektive Beweislast für das Nichtverschulden.
[160] A.M. *BGHZ* 76, 236, 239 (Fn. 66); *Thomas-Putzo*[19] Rdnr. 29.
[161] BT-Drucks. 7/2729, 9, 75.
[162] BT-Drucks. 7/5250, 9 (zu Abs. 1), 10 (zu Abs. 2 und 3), 37.

9. Rechtsfolge des Abs. 1 und Bedeutung des Parteiwillens

Wird durch Berücksichtigung des verspäteten Vorbringens die Erledigung des Rechtsstreits verzögert und vermag die Partei die Verspätung nicht hinreichend zu entschuldigen, so ist das verspätete Angriffs- oder Verteidigungsmittel **von Amts wegen zurückzuweisen.** Die Zurückweisung steht nicht im Ermessen des Gerichts, sondern ist als **zwingende Rechtsfolge** vorgesehen. – Zur Unzulässigkeit eines Vorbringens unter der **Bedingung der Nichtzurückweisung** → vor § 128 Rdnr. 212. 90

Wenn allerdings **beide Parteien übereinstimmend beantragen,** das Vorbringen trotz der Verspätung **zuzulassen,** so sollte man dem Gericht das *Recht* zusprechen, von der Zurückweisung abzusehen[163]. Dafür spricht, daß die erstrebte Prozeßbeschleunigung in erster Linie im Interesse der Parteien liegt und daher ein Zwang zur Zurückweisung bei entgegenstehendem Willen beider Parteien nicht gerechtfertigt wäre. Allerdings dient das Streben nach Konzentration und Beschleunigung des Prozesses auch dem allgemeinen Interesse daran, die Tätigkeit der Gerichte nicht durch schleppende Prozeßführung übermäßig in Anspruch nehmen zu lassen. Aus diesem Grund rechtfertigt z.B. das Einvernehmen der Parteien allein keine Vertagung, § 227 Abs. 1 Nr. 3. Mit Rücksicht darauf ist das Gericht auch dann als **berechtigt** anzusehen, das verspätete Vorbringen zurückzuweisen, wenn die Parteien die Zulassung wünschen. Dem übereinstimmen auf Zulassung gerichteten Parteiwillen ist also nur die Wirkung zuzubilligen, die Zurückweisung **von einer zwingenden Sanktion zu einer Ermessensfrage** abzumildern. 91

Zum **Verfahren** bei der Zurückweisung → Rdnr. 123 ff. 92

III. Zurückweisung verspäteten Vorbringens ohne vorherige Fristsetzung (Abs. 2)

1. Allgemeines

Die Zurückweisung nach Abs. 2 setzt keine Fristsetzung und -überschreitung voraus, sondern einen Verstoß gegen die Pflicht zum **rechtzeitigen Vortrag in der mündlichen Verhandlung** (§ 282 Abs. 1) oder gegen die Pflicht zur **rechtzeitigen schriftsätzlichen Ankündigung** des Vorbringens (§ 282 Abs. 2). In der Praxis wird von der Zurückweisung nach Abs. 2 aus zwei Gründen wesentlich seltener Gebrauch gemacht als von Abs. 1: Zum einen setzt Abs. 2 die Feststellung einer **groben Nachlässigkeit** der Partei voraus, zum andern ist die Zurückweisung nicht zwingend vorgeschrieben, sondern steht im **Ermessen** des Gerichts. 93

2. Verstoß gegen die allgemeine Prozeßförderungspflicht (§ 282 Abs. 1)

a) Anwendungsbereich

Abs. 2 in Verbindung mit § 282 Abs. 1 gilt für das Verfahren mit obligatorischer mündlicher Verhandlung sowohl vor dem **Landgericht** als auch vor dem **Amtsgericht** (§ 495) und gemäß § 523 auch innerhalb der **Berufungsinstanz** (→ Rdnr. 20 sowie § 282 Rdnr. 8). Bei **Entscheidung ohne mündliche Verhandlung** nach § 128 Abs. 2 oder 3 ist Abs. 2 in Verbindung mit § 282 Abs. 1 *sinngemäß* (das bedeutet keine Analogie, → Rdnr. 21) für Angriffs- oder Vertei- 94

---

[163] Ausführlich *E. Schneider* NJW 1979, 2506. – A. M. *Weth* (Fn. 1) 286 f.; *MünchKommZPO-Prütting* Rdnr. 175. – Wie hier *Grunsky* → § 527 Rdnr. 25.

digungsmittel anzuwenden, die erst nach den gemäß § 128 Abs. 2 S. 2 bzw. Abs. 3 S. 2 festgesetzten Schlußzeitpunkten vorgebracht wurden, → § 282 Rdnr. 9 sowie § 128 Rdnr. 84.

95   Im **Verfahren mit fakultativer mündlicher Verhandlung,** insbesondere im **Beschwerdeverfahren** und im **Beschlußverfahren der Zwangsvollstreckung** (§ 891) ist Abs. 2 in Verbindung mit § 282 Abs. 1 weder unmittelbar noch analog (→ Rdnr. 18 f.) anwendbar[164], da dort das Vorbringen auch dann, wenn eine mündliche Verhandlung anberaumt wird, nicht auf die mündliche Verhandlung konzentriert werden muß, sondern schriftliches Vorbringen sowohl *vor* als auch *nach* dem Verhandlungstermin zulässig ist. Bei der **Entscheidung nach Aktenlage** (§§ 251 a, 331 a) erscheint eine Präklusion generell, also auch nach Abs. 2 in Verbindung mit § 282 Abs. 1, unzulässig, → § 251 a Rdnr. 19.

b) Verspätung

96   Eine Zurückweisung nach Abs. 2 kommt in Betracht, wenn ein Angriffs- oder Verteidigungsmittel **in einem späteren Termin** zur mündlichen Verhandlung vorgebracht wird, obwohl es nach dem Maßstab des § 282 Abs. 1 bereits in einem früheren Verhandlungstermin hätte geltend gemacht werden sollen. Dabei kann es sich sowohl um den frühen ersten Termin und den Haupttermin als auch um mehrere Haupttermine handeln. Vorbringen im ersten Termin kann dagegen nicht nach § 282 Abs. 1 verspätet sein[165], → § 282 Rdnr. 12.

96a   *Welche* Angriffs- und Verteidigungsmittel vorzubringen sind, hängt gemäß § 282 Abs. 1 nicht zuletzt von der **Prozeßlage** ab. Näher zum Umfang der allgemeinen Prozeßförderungspflicht des § 282 Abs. 1 → § 282 Rdnr. 10 f., 12 ff.

3. Verstoß gegen die Pflicht zur rechtzeitigen Mitteilung des Vorbringens durch Schriftsätze (§ 282 Abs. 2)

a) Anwendungsbereich

97   § 282 Abs. 2 gilt **nicht im Parteiprozeß**[166], sofern nicht das Gericht die Vorbereitung der Verhandlung durch Schriftsätze angeordnet hat (§ 129 Abs. 2), → § 282 Rdnr. 22. Im Verfahren mit **fakultativer mündlicher Verhandlung** ist § 282 Abs. 2 **nicht anzuwenden,** da hier das Vorbringen nicht in der von § 282 Abs. 2 vorausgesetzten Weise auf die mündliche Verhandlung konzentriert ist.

98   **Vorbringen in der Klageschrift** kann nicht nach Abs. 2 zurückgewiesen werden, weil ein früheres Vorbringen nicht möglich ist und der Kläger auch keinen Einfluß auf den Zeitpunkt des ersten Verhandlungstermins hat. Dagegen kommt Abs. 2 in Betracht, wenn der Kläger Angriffsmittel, die er in der Klageschrift oder einem späteren Schriftsatz hätte mitteilen können, **erst im Verhandlungstermin** geltend macht.

99   Abs. 2 wurde auch dann angewendet, wenn **(nach Mahnbescheid oder Vollstreckungsbescheid)** dem Antragsteller gemäß § 697 Abs. 1 (bzw. § 700 Abs. 3 S. 2) aufgegeben wurde, seinen Anspruch innerhalb von zwei Wochen zu begründen[167] und eine Anspruchsbegründung vor dem Verhandlungstermin nicht oder nicht rechtzeitig im Sinne des § 282 Abs. 2 einging. Die erforderliche grobe Nachlässigkeit ergab sich dann nicht schon aus der Mißach-

---

[164] *BVerfGE* 59, 330, 335 (Fn. 11); *OLG München* MDR 1981, 1025 = OLGZ 1981, 489. – A.M. *KG* OLGZ 1979, 366.
[165] *BGH* NJW 1992, 1965; 1993, 1926, 1927.
[166] *BVerfG* NJW 1989, 3213; NJW 1993, 1319.
[167] *BGH* NJW 1982, 1533, 1534 = MDR 1982, 560 = LM Nr. 13; *OLG Hamburg* NJW 1979, 376; *OLG Hamm* MDR 1980, 147; *OLG Köln* FamRZ 1986, 927; *LG Hamburg* u. *LG Kaiserslautern* VersR 1987, 996. S. auch *Büchel* NJW 1979, 945, 950. Ebenso weiterhin *Schlosser* → § 697 Rdnr. 2.

tung der Frist nach § 697 Abs. 1, sondern mußte sich auf den Verstoß gegen § 282 Abs. 2 beziehen[168]. Seit nach § 697 Abs. 3 S. 2 mit der Terminbestimmung eine Fristsetzung zu verbinden ist, für die § 296 Abs. 1 und 4 gelten (→ Rdnr. 25), liegt es näher, darin eine den Rückgriff auf § 296 Abs. 2 ausschließende Spezialregelung zu sehen.

b) Verspätung

Gegen § 282 Abs. 2 ist verstoßen, wenn **voraussehbar** war, daß der Gegner auf das Vorbringen ohne vorherige Erkundigung keine Erklärung würde abgeben können und wenn das Vorbringen entweder **überhaupt nicht vor dem Termin** oder **nicht so rechtzeitig** durch Schriftsatz mitgeteilt wurde, daß der Gegner die erforderliche Erkundigung einziehen konnte. Näher zur Mitteilungspflicht → § 282 Rdnr. 24 ff. Die Fristen des § 132 sind hier nicht maßgebend[169], auch nicht im Sinne von Mindestzeiträumen[170]. Vielmehr kommt es ganz auf die **konkreten Umstände** an, so daß in manchen Fällen ein längerer Zeitraum als der des § 132 notwendig, in anderen eine kürzere Frist ausreichend sein kann. **100**

Voraussetzung der Präklusion nach Abs. 2 i. V. mit § 282 Abs. 2 ist stets, daß sich der **Gegner** auf neues Vorbringen in dem Termin **nicht erklärt** und ihm eine sofortige Erklärung ohne vorherige Erkundigung auch **nicht zugemutet** werden kann. Bevor das nicht rechtzeitig mitgeteilte tatsächliche Vorbringen zurückgewiesen werden kann, ist jedoch auf Antrag dem Gegner eine **Schriftsatzfrist** nach § 283 zu gewähren[171], näher → § 283 Rdnr. 5. Danach kommt aber (wenn der Gegner das Vorbringen bestreitet und seine Berücksichtigung die Erledigung des Rechtsstreits verzögern würde) eine Zurückweisung nach Abs. 2 in Betracht[172]. Zur Rechtslage, wenn der Gegner im Termin keine Stellungnahme abgibt, aber auch keinen Antrag nach § 283 stellt, → § 283 Rdnr. 6. **101**

Gibt der **Gegner** im Termin eine **Erklärung** auf das Vorbringen ab, so bleibt der Umstand, daß der Vortrag nicht (oder nicht rechtzeitig) durch Schriftsatz angekündigt worden war, ohne Folgen, auch wenn dadurch eine *Vertagung* erforderlich wird. Daß das *Gericht* mangels schriftsätzlicher Ankündigung den Termin nicht durch Anordnungen nach § 273 *vorbereiten* konnte, rechtfertigt die Zurückweisung nach Abs. 2 nicht[173], weil Wortlaut und Zweck des § 282 Abs. 2 allein darauf abzielen, dem **Gegner** die sofortige Erklärung im Termin zu ermöglichen, → § 282 Rdnr. 27. **102**

Vorbringen, zu dem eine **Erklärung des Gegners nicht erforderlich** ist (z. B. einfaches Bestreiten mit Nichtwissen[174]), kann nicht nach Abs. 2 in Verbindung mit § 282 Abs. 2 zurückgewiesen werden. Zu Einwendungen gegen Sachverständigengutachten und Anträgen auf Ladung von Sachverständigen zur mündlichen Vernehmung s. § 411 Abs. 4, zur Fristsetzung → Rdnr. 24. **103**

4. Verzögerung

Neben dem Verstoß gegen § 282 Abs. 1 oder 2 und einer groben Nachlässigkeit der Partei setzt eine Zurückweisung gemäß Abs. 2 voraus, daß – nach der freien Überzeugung des Gerichts – durch die Zulassung des Vorbringens die Erledigung des Rechtsstreits verzögert würde. Insoweit gilt das bei Rdnr. 48 ff. Gesagte entsprechend. **104**

---

[168] *BGH* NJW 1982, 1533, 1534 (Fn. 167). Offenlassend *BGHZ* 122, 23, 30 = NJW 1993, 1585, 1587.
[169] Ebenso *BGH* NJW 1989, 716 (*Deubner*).
[170] A.M. *OLG Hamm* MDR 1980, 147.
[171] *BGH* NJW 1985, 1556, 1558; *Deubner* NJW 1981, 2256; früher bereits *OLG Düsseldorf* AnwBl 1972, 230 (zu § 279 Abs. 2 aF).

[172] *BGH* NJW 1985, 1556, 1558.
[173] So bereits zu § 279 Abs. 2 aF *OLG Celle* OLGZ 1969, 40 = NdsRpfl 1968, 182. – A.M. *OLG Celle* VersR 1983, 185, 187.
[174] *OLG Köln* VersR 1972, 592.

5. Grobe Nachlässigkeit

105   Nicht bei zwar vermeidbaren, aber verzeihlichen Versäumnissen, sondern erst, wenn die Partei bzw. ihr Bevollmächtigter (§ 85 Abs. 2) oder ihr gesetzlicher Vertreter (§ 51 Abs. 2) in **besonders hohem (ungewöhnlichem) Maß**[175] gegen die Pflicht zur Prozeßförderung, also zum rechtzeitigen Vorbringen bzw. zur rechtzeitigen schriftsätzlichen Ankündigung, verstoßen hat, kommt eine Zurückweisung nach Abs. 2 in Betracht. Soweit nach der Prozeßlage der Vortrag des Angriffs- oder Verteidigungsmittels (noch) nicht erforderlich war, fehlt es schon objektiv an einem Verstoß gegen § 282 Abs. 1 oder 2. Ein Recht, die Einrede der **Verjährung** bis zum Ergebnis einer Beweiserhebung zurückzustellen, ist jedoch nicht anzuerkennen[176], → § 282 Rdnr. 18. Ist eine Verletzung der Pflichten nach § 282 Abs. 1 oder 2 gegeben, so kann man von grober Nachlässigkeit nur sprechen, wenn dasjenige unterlassen wird, was nach dem Stand des Verfahrens jeder Partei hätte als notwendig einleuchten müssen[177]. Wenn dagegen der Vortrag unterblieben ist, weil die Prozeßlage oder die **Rechtserheblichkeit** des Vorbringens **falsch beurteilt** wurde, wird grobe Nachlässigkeit in der Regel ausscheiden.

106   Auch das **Verhalten des Gerichts** ist zu berücksichtigen. So kann eine verspätete Wiederholung von Beweisanträgen in der zweiten Instanz nicht als grob nachlässig bewertet werden, wenn das Gericht einen Teil der Beweise aufgrund der pauschalen Bezugnahme auf das erstinstanzliche Vorbringen berücksichtigt hat[178]. Bedeutsam ist in diesem Zusammenhang die **gerichtliche Frage- und Hinweispflicht, § 139, § 278 Abs. 3**. Hat das Gericht diese Pflichten nicht erfüllt, kommt eine Zurückweisung nach Abs. 2 nicht in Betracht[178a], während umgekehrt eine grobe Nachlässigkeit dann naheliegt, wenn trotz gezielter Frage des Gerichts zunächst nichts vorgetragen bzw. kein Beweisantrag gestellt[179] wurde, obwohl die Partei die betreffenden Tatsachen oder Beweismittel bereits kannte. Selbst bei Tatsachen, die der Partei erst nachträglich bekannt wurden, kann unter Umständen in der **unterlassenen Nachforschung** eine grobe Nachlässigkeit liegen.

107   **Grobe Nachlässigkeit** wird z. B. gegeben sein, wenn ein der Partei **längst bekannter Zeuge** ohne erkennbaren Grund erst im letzten Verhandlungstermin benannt wird[180], wenn eine Tatsachenbehauptung erst im zweiten Rechtszug sechs Tage vor dem Verhandlungstermin vorgetragen und dazu eine Zeugenvernehmung beantragt wird[181], oder wenn eine Partei während eines anhängigen Prozesses eine längere **Reise** antritt, ohne die Information des Prozeßbevollmächtigten sicherzustellen[182], oder wenn die Wahrnehmung eines Termins einem **nicht informierten Unterbevollmächtigten** überlassen wird[183]. Wird ein Beweisantrag bewußt nicht gestellt, obgleich er nach der für die Partei erkennbaren Ansicht des Gerichts erforderlich ist, so liegt im allgemeinen grobe Nachlässigkeit vor, doch kann es anders sein, wenn die Partei eine besonders aufwendige Beweiserhebung vermeiden will, solange nicht völlig klar ist, daß es dieses Beweises bedarf[184]. Wenn nach Widerruf eines Prozeßvergleichs das Gericht **sehr kurzfristig einen Verhandlungstermin** anberaumt, stellt es keine grobe Nachlässigkeit dar, wenn der Beklagte erst in diesem Termin zur Klage Stellung nimmt[185]. Unterbleibt der rechtzeitige Vortrag wegen einer **Erkrankung** der Partei, so liegt keine grobe Nachlässigkeit vor, es sei denn, man könnte von der Partei nach den

---

[175] *BVerfG* NJW 1985, 1149; *BGH* NJW 1986, 134, 135; NJW 1991, 493, 494. Die grobe Nachlässigkeit entspricht der groben Fahrlässigkeit des materiellen Rechts, die nach *RGZ* 166, 98, 101 dann gegeben ist, wenn die »Sorgfalt in ungewöhnlich großem Maß verletzt worden ist und dasjenige unbeachtet geblieben ist, was im gegebenen Fall jedem hätte einleuchten müssen«.
[176] *OLG Hamm* NJW-RR 1993, 1150 = MDR 1993, 686.
[177] So *BGH* NJW 1987, 501, 502; NJW 1991, 493, 494; *OLG Hamm* NJW-RR 1995, 1151, 1152.
[178] *BGH* NJW 1987, 501.
[178a] Vgl. *OLG Hamm* NJW-RR 1995, 1151, 1152 (unter Hinweis auf den Grundsatz des fairen Verfahrens).

[179] Vgl. *OLG Frankfurt* NJW-RR 1993, 169 = MDR 1993, 810 (trotz gerichtlichen Hinweises unterbliebener Antrag auf Sachverständigengutachten).
[180] Vgl. *OLG Zweibrücken* MDR 1981, 504. – Ebenso, wenn ein Antrag auf Zeugenvernehmung grundlos erst kurz vor der mündlichen Verhandlung eingereicht wird, *OLG Karlsruhe* FamRZ 1995, 738.
[181] *BGH* MDR 1991, 901, 902.
[182] Vgl. *BGH* NJW 1986, 134; *OLG Köln* VersR 1972, 985.
[183] Vgl. *OLG Düsseldorf* NJW 1982, 1888.
[184] *BGH* NJW 1991, 493, 494 (zum Meinungsforschungsgutachten).
[185] *OLG Oldenburg* MDR 1979, 503.

Umständen ohne weiteres verlangen, entsprechende Vorkehrungen zum zügigen Betreiben des Prozesses zu treffen[186]. Nimmt eine Partei zu bestimmten Fragen verspätet Stellung, weil sie das Ergebnis eines **staatsanwaltlichen Ermittlungsverfahrens abwarten** wollte, so liegt darin keine grobe Nachlässigkeit[187].

Anders als bei Abs. 1 und 3 ist die Entschuldigung nicht der Partei auferlegt; sie trägt keine Behauptungs- und Beweislast dafür, daß keine grobe Nachlässigkeit vorlag[188]. Die Partei muß aber Gelegenheit haben, sich zu den Gründen der Verspätung zu äußern[189]. Die **tatsächlichen Voraussetzungen** der groben Nachlässigkeit müssen zur **vollen Überzeugung des Gerichts** (§ 286 Abs. 1) feststehen. Die Worte »nach der freien Überzeugung des Gerichts« sind nach Wortlaut und Entstehungsgeschichte nicht auf die Voraussetzungen der groben Nachlässigkeit zu beziehen, → Rdnr. 89. Es kann daher an sich auch eine **Beweisaufnahme** nötig sein, doch wird sich die Beweiserhebung nicht empfehlen, wenn damit ebenfalls eine Verzögerung des Rechtsstreits verbunden wäre. Da die Zurückweisung selbst bei grober Nachlässigkeit im Ermessen des Gerichts steht, ist das Gericht auch als befugt anzusehen, von einer zeitraubenden Klärung der Verschuldensfrage abzusehen und statt dessen das fragliche Angriffs- oder Verteidigungsmittel zuzulassen. 108

Ob grobe Nachlässigkeit zu Recht angenommen wurde, unterliegt der **Nachprüfung** sowohl durch das Berufungs-[190] als auch durch das Revisionsgericht[191]. Ein Ermessen steht dem Gericht bei der Beurteilung der groben Nachlässigkeit nicht zu[192]. Wurden im Urteil, das die Zurückweisung ausspricht, keine Tatsachen festgestellt, aus denen sich die grobe Nachlässigkeit ergibt, so ist die Nichtzulassung des Vorbringens fehlerhaft und verletzt das Recht auf Gehör[193]. 109

6. Ermessen des Gerichts

a) Inhalt

Auch wenn alle Voraussetzungen einer Zurückweisung nach Abs. 2 gegeben sind, steht es im pflichtgemäßen Ermessen[194] des Gerichts, ob es von der Befugnis zur Zurückweisung Gebrauch machen will. Die Zurückweisung setzt eine ausdrückliche Ermessensentscheidung voraus[195]. Im Rahmen des Ermessens hat das Gericht sowohl das **Parteiverhalten**, insbesondere den Grad der Nachlässigkeit, als auch die **Prozeßlage**, das voraussichtliche Gewicht des Angriffs- oder Verteidigungsmittels für den Prozeß und die Bedeutung des Prozeßgegenstandes für die Parteien zu berücksichtigen[196]. Für die Zurückweisung kann es sprechen, wenn die **Erweislichkeit** des verspäteten Vorbringens oder die **Beweiskraft** der neuen Beweismittel von vornherein als äußerst gering einzuschätzen ist, während die Zurückweisung eher unterbleiben sollte, wenn sich das Gericht ziemlich sicher ist, bei Zurückweisung ein Urteil in Widerspruch zur materiellen Rechtslage zu fällen. 110

---

[186] Vgl. *BGH* NJW 1982, 1533, 1534 (Fn. 167).
[187] *OLG Köln* VersR 1972, 592.
[188] *MünchKommZPO-Prütting* Rdnr. 166.
[189] *BGH* NJW 1989, 717, 718.
[190] *OLG Hamm* NJW-RR 1995, 1151, 1152. – Die Entscheidung ist vom Standpunkt des Berufungsgerichts aus zu treffen, und es sind dabei auch solche gegen die grobe Nachlässigkeit sprechenden Tatsachen zu berücksichtigen, die erst in der Berufungsinstanz vorgetragen wurden, es sei denn, daß diese Verspätung ihrerseits grob nachlässig war, *BGH* NJW 1986, 134, 135; *OLG Hamm* NJW 1987, 1207.
[191] *BGH* NJW 1975, 1928.
[192] *BGH* NJW 1986, 134, 135; *OLG Hamm* NJW 1987, 1207. Soweit in beiden Entscheidungen von einem »Würdigungsspielraum« gesprochen wird, ist damit ersichtlich keine Einschränkung der Nachprüfbarkeit gemeint.
[193] *BVerfG* NJW 1987, 1621.
[194] A. M. *Weth* (Fn. 1), 290 ff., der die hier angeführten, bei der Ausübung des Ermessens zu berücksichtigenden Faktoren verwirft und die Vorschrift schließlich als Muß-Bestimmung interpretiert; ebenso *MünchKommZPO-Prütting* Rdnr. 177. Dagegen *Leipold* ZZP 102 (1989), 486, 487.
[195] *BVerfGE* 69, 145, 150 = NJW 1985, 1150, 1151.
[196] Vgl. *OLG Stuttgart* NJW 1981, 2581; *Bender-Belz-Wax* (Fn. 1) Rdnr. 83.

§ 296 III, IV   2. Buch. Verfahren im ersten Rechtszuge. 1. Abschnitt. Landgerichte

111 Zu Beginn des Prozesses, vor allem **im ersten Verhandlungstermin,** wird sich **Zurückhaltung** bei der Ausübung des Ermessens empfehlen[197], während nach einer längeren Prozeßdauer durchaus ein energisches Vorgehen gegenüber einer grob nachlässigen oder gar absichtlich den Prozeß verschleppenden Partei angebracht sein kann. Zu berücksichtigen ist auch, **in welchem Maß** der Rechtsstreit durch die Zulassung des Vorbringens **voraussichtlich verzögert** werden würde. Auch wenn man bei der Beurteilung der Verzögerung grundsätzlich vom sog. absoluten Verzögerungsbegriff ausgeht (→ Rdnr. 49, → aber auch Rdnr. 53 ff., 65 ff.), kann doch jedenfalls im Rahmen der Ermessensausübung berücksichtigt werden, wie sich das Verfahren *bei rechtzeitigem Vorbringen* (bzw. rechtzeitiger schriftsätzlicher Mitteilung) wohl gestaltet hätte.

112 **Beantragen beide Parteien übereinstimmend,** das Vorbringen trotz der Verspätung **zuzulassen,** so kann dies dem Gericht Anlaß geben, von einer Zurückweisung abzusehen, doch ist es nicht an die Parteierklärungen gebunden.

113 Bei Umständen, die der **Prüfung von Amts wegen** bedürfen, kommt eine Zurückweisung von vornherein nicht in Betracht, da es sich bei dem Parteivorbringen nur um Anregungen zu dieser Prüfung handelt[198].

b) **Rechtsmittelinstanzen**

114 Die Ausübung des Ermessens ist sowohl in der Berufungs- als auch in der Revisionsinstanz nur auf **Ermessensfehler** hin zu überprüfen, während die Rechtsmittelgerichte **nicht als befugt anzusehen** sind, **ihr Ermessen** an die Stelle des Ermessens der ersten Instanz zu setzen[199]. Hat das Gericht erster Instanz den Ermessensspielraum nicht erkannt, z. B. weil es **irrtümlich einen Fall des Abs. 1 angenommen** hat, so kann weder das Berufungsgericht[200] noch das Revisionsgericht[201] die unterbliebene Ermessensausübung durch ein eigenes Ermessen ersetzen. Das übergeordnete Gericht darf die Zurückweisung nicht auf eine **andere Vorschrift** stützen als die Vorinstanz[202]. Ist nicht erkennbar, ob die Zurückweisung auf Abs. 1 oder Abs. 2 gestützt wurde, so liegt ein wesentlicher Verfahrensmangel (§ 539) vor[202a].

IV. Zurückweisung verspäteter Zulässigkeitsrügen (Abs. 3)

1. Verspätung

115 Obwohl Abs. 3 nicht ausdrücklich auf § 282 Abs. 3 verweist, ist doch aus der Formulierung zu entnehmen, daß eine Zulässigkeitsrüge immer dann als verspätet anzusehen ist, wenn sie vom Beklagten erst **nach dem in § 282 Abs. 3 vorgesehenen Zeitpunkt** geltend gemacht wird, also erst nach Schluß der Verhandlung über eine andere Zulässigkeitsrüge (Verstoß gegen das Erfordernis des *gleichzeitigen* Vorbringens, → § 282 Rdnr. 37) oder erst nach Beginn der Verhandlung des Beklagten zur *Hauptsache,* → § 282 Rdnr. 38, oder nach Ablauf einer dem Beklagten gesetzten *Frist zur Klageerwiderung,* → § 282 Rdnr. 42. Zum **Begriff der Zulässig-**

---

[197] Vgl. *OLG Celle* OLGZ 1969, 40, 42 = NdsRpfl 1968, 182.
[198] Vgl. *RGZ* 151, 43 (zur Notwendigkeit einer devisenrechtlichen Genehmigung).
[199] Vgl. für die Revision *RG* JW 1926, 1567; JW 1932, 1139, 2875; für die Berufung *OLG Oldenburg* NdsRpfl 1996, 119, 120. – A.M. für die Berufungsinstanz 19. Aufl. § 279 III 1 (die dort genannte Entscheidung *KG* JW 1930, 2802 stützt diese Ansicht aber nicht, da sich die Überprüfung auf die »grobe Nachlässigkeit« bezog).

Thomas-Putzo[19] Rdnr. 44; *Zöller-Gummer*[20] § 528 Rdnr. 33.
[200] *BGH* NJW 1981, 2255 (mit Anm. *Deubner*) = JZ 1981, 351; LM Nr. 13 zu § 528; *OLG Hamburg* NJW 1979, 376; *OLG Hamm* NJW-RR 1992, 122; *Zöller-Gummer*[20] § 528 Rdnr. 32. – A.M. *KG* MDR 1981, 853.
[201] *BGH* WM 1982, 1281.
[202] *BGH* NJW 1990, 1302, 1304; NJW 1991, 2774, 2775; NJW 1992, 1965.
[202a] *OLG Oldenburg* NdsRpfl 1996, 119.

keitsrüge → § 280 Rdnr. 2 ff. sowie → § 282 Rdnr. 32 ff., zur Rechtslage im schriftlichen Verfahren und bei Entscheidung nach Aktenlage → § 282 Rdnr. 41. Zur Nichtanwendbarkeit von § 282 Abs. 3, § 296 Abs. 3 auf **Gegenvorbringen des Klägers** → § 282 Rdnr. 36.

2. Verzichtbare Zulässigkeitsrügen

Die meisten Voraussetzungen der Zulässigkeit der Klage (Prozeßvoraussetzungen) unterliegen nicht dem Parteiverzicht, sondern sind von Amts wegen zu prüfen (→ Einl. [20. Aufl.] Rdnr. 320 sowie → § 56) und werden daher von Abs. 3 nicht erfaßt. Verzichten kann der Beklagte jedoch auf die echten **prozeßhindernden Einreden**, nämlich auf die Einrede der **Prozeßkostensicherheit** gegenüber einem **Ausländer** (§ 110)[203], die Einrede der **mangelnden Kostenerstattung nach Klagerücknahme** (§ 269 Abs. 4) und die Einrede des **Schiedsvertrags**[204] (§ 1027 a) (dazu → auch Fn. 210, 214 und → § 282 Rdnr. 36).   116

Die **Rüge der örtlichen oder sachlichen Unzuständigkeit** (→ § 282 Rdnr. 37) unterliegt insoweit dem Parteiverzicht, als nach §§ 39, 40 Abs. 2 die Zuständigkeit durch rügeloses Verhandeln begründet werden kann, also bei vermögensrechtlichen Ansprüchen, für die kein ausschließlicher Gerichtsstand begründet ist. Daher kann hier ein Rügeverlust durch Nichtbeachtung einer Klageerwiderungsfrist eintreten[205], jedoch nicht im amtsgerichtlichen Verfahren, weil dort die Belehrung nach § 504 in der mündlichen Verhandlung vorausgesetzt ist[206], → § 39 Rdnr. 14. Verhandelt der Beklagte rügelos zur Hauptsache, so geht die **zuständigkeitsbegründende Wirkung** des § 39 dem Abs. 3 vor. Auch bei genügender Entschuldigung kann daher die Rüge nicht mehr nachgeholt werden, → § 39 Rdnr. 13.   117

Abs. 3 gilt auch für die Rüge der **internationalen Zuständigkeit,** soweit diese verzichtbar ist. Der Umfang der Verzichtbarkeit ergibt sich nach autonomem Recht aus §§ 39, 40 (→ § 39 Rdnr. 2), nach europäischem Zivilprozeßrecht aus Art. 18 EuGVÜ (→ § 39 Rdnr. 15). Abs. 3 i. V. m. § 282 Abs. 3 ist auch im Bereich des EuGVÜ anzuwenden[207], da die Frage, in welchem Verfahrensstadium die Rüge der Unzuständigkeit geltend zu machen ist, im EuGVÜ nicht geregelt und daher nach innerstaatlichem Recht zu beurteilen ist[208]. Im Gegensatz hierzu vertritt der BGH[208a] nunmehr die Ansicht, für die internationale Zuständigkeit sei § 296 Abs. 3 iVm. § 282 Abs. 3 nicht anwendbar, vielmehr ergebe sich aus § 39, daß die Rüge der internationalen Zuständigkeit ungeachtet einer gesetzten Klageerwiderungsfrist noch in der mündlichen Verhandlung (vor der Sacheinlassung) rechtzeitig erfolgen könne. Die Begründung, der Zivilprozeß werde vom Grundsatz der Mündlichkeit beherrscht, läßt außer acht, daß gerade aufgrund der gesetzlichen Vorschriften über Schriftsatzfristen und Präklusion heute nur noch von einer modifizierten Mündlichkeit gesprochen werden kann, → auch § 128 Rdnr. 1. Ebenso problematisch erscheint das zweite Argument des BGH, die Fristsetzung zur   117a

---

[203] *BGH* MDR 1990, 432 = NJW-RR 1990, 378; *OLG Frankfurt* MDR 1992, 188; → § 111 Rdnr. 1 ff.
[204] *BGH* NJW 1985, 743; *OLG Düsseldorf* RIW 1996, 776 (auch bei Schiedsvertrag nach ausländischem Recht).
[205] Ebenso *MünchKommZPO-Prütting* Rdnr. 153. Für Inlandsfälle offenlassend *BGH* WM, 1996, 2294, 2297; → dazu Rdnr. 117.
[206] *AG Springe* NdsRpfl 1995, 65.
[207] *Leipold* IPRax 1982, 222, 224; *Schack* IZPR Rdnr. 488; *MünchKommZPO-Prütting* Rdnr. 153; *MünchKommZPO-Gottwald* IZPR Art. 18 EuGVÜ Rdnr. 7. Für Anwendbarkeit des § 282 Abs. 3 S. 2 auch *LG Frankfurt* RIW/AWD 1993, 933, das eine zuständigkeitsbegründende Einlassung i.S.v. Art. 18 S. 1 EuGVÜ annimmt, wenn die Unzuständigkeit nicht in der (fristgerecht eingereichten) Klageerwiderungsschrift, sondern

erst in der mündlichen Verhandlung gerügt wurde. – A.M. (§ 296 Abs. 3 durch das EuGVÜ ausgeschlossen) *OLG Köln* NJW 1988, 2182; *Kropholler* EuGVÜ⁴ Art. 18 Rdnr. 16; *Geimer* IZPR² Rdnr. 1417.
[208] *Bülow-Böckstiegel-Müller* Internationaler Rechtsverkehr in Zivil- und Handelssachen (Stand Januar 1994) Art. 18 EuGVÜ Anm. II 2 a; *MünchKommZPO-Prütting* Rdnr. 153.
[208a] *BGH* NJW 1997, 397. Das EuGVÜ und das Lugano-Übereinkommen waren in diesem Fall nicht anwendbar. Aus der gegebenen Begründung läßt sich aber entnehmen, daß die vom BGH vertretene Ansicht auch (erst recht) innerhalb dieser Abkommen Geltung beansprucht. – Ob § 39, weil er auf die rügelose Einlassung in der mündlichen Verhandlung abstellt, auch bei Inlandsfällen dem § 296 Abs. 3 vorgeht, läßt der BGH offen.

Klageerwiderung sei für einen Ausländer unverbindlich, wenn er vor einem international unzuständigen Gericht verklagt werde, und daher laufe es auf einen Zirkelschluß hinaus, wenn man wegen Nichteinhaltung der Klageerwiderungsfrist die Rüge der internationalen Zuständigkeit als verspätet zurückweise. Nach allgemeinen Grundsätzen wird aber das Prozeßrechtsverhältnis, einschließlich der durch gerichtliche Fristsetzungen begründeten Lasten, ungeachtet der Zuständigkeit begründet, und auch ein im Ausland wohnender Beklagter muß sich grundsätzlich die Anwendung der lex fori, hier der §§ 296 Abs. 3, 282 Abs. 3, gefallen lassen. Es müßte also, um die Ansicht des BGH zu stützen, teleologisch in dem Sinne argumentiert werden, daß die Bedeutung der internationalen Zuständigkeit einem vorzeitigen Abschneiden der Zuständigkeitsrüge entgegenstehe. Darüber läßt sich streiten.

118   Die **Zulässigkeit des Rechtswegs** zu den ordentlichen Gerichten ist **von Amts wegen** zu prüfen (§ 17 a Abs. 2 GVG, hierzu → § 281 Rdnr. 80ff.), so daß die Zurückweisung einer entsprechenden Rüge nach Abs. 3 unzulässig ist. Dasselbe gilt für die Rüge, es sei die Zuständigkeit der **Arbeitsgerichte** (→ § 1 Rdnr. 139ff.) gegeben, § 48 Abs. 1 ArbGG. Auf Anträge, den Rechtsstreit an die **Kammer für Handelssachen** oder an die Zivilkammer zu verweisen, ist § 296 Abs. 3 entsprechend anzuwenden, § 101 Abs. 1 S. 3 GVG, → § 282 Rdnr. 35.

119   Die Rüge der **mangelnden Prozeßvollmacht** (§ 88 Abs. 1) könnte unmittelbar nur dann dem Abs. 3 zugeordnet werden, wenn bereits die Klageerhebung ohne Vollmacht erfolgt sein soll (→ § 88 Rdnr. 11), während im übrigen (Prozeßvollmacht als Prozeßhandlungsvoraussetzung, → § 80 Rdnr. 3, § 88 Rdnr. 10) allenfalls eine analoge Anwendung[209] in Betracht kommt. **Gegen die Anwendung des Abs. 3** spricht aber in beiden Fällen, daß nach der ausdrücklichen Vorschrift des § 88 Abs. 1 der Mangel der Vollmacht vom Gegner *in jeder Lage* des Rechtsstreits gerügt werden kann, woraus sich ergibt, daß diese Rüge nicht den zeitlichen Grenzen des § 282 Abs. 3 unterliegen soll. Soweit **kein Rechtsanwalt als Bevollmächtigter** auftritt, ist der Mangel der Vollmacht *von Amts wegen* zu berücksichtigen (§ 88 Abs. 2) und Abs. 3 schon deshalb nicht anwendbar.

120   Da die **Widerklage** in Bezug auf die allgemeinen Sachurteilsvoraussetzungen wie eine Klage behandelt wird (→ § 33 Rdnr. 9), ist Abs. 3 auch bei ihr **anwendbar**. Die Einrede der **Sicherheitsleistung** wegen der Prozeßkosten ist jedoch gemäß § 110 Abs. 2 Nr. 3 **ausgeschlossen**.

3. Entschuldigung der Verspätung

121   Für die Vorausetzungen und den Nachweis der Entschuldigung sowie für die Zurechnung des Verschuldens des Prozeßbevollmächtigten usw. gilt das bei Rdnr. 83ff. zu Abs. 1 Ausgeführte entsprechend. Ebenso wie im Rahmen des Abs. 1 (→ Rdnr. 89) ist über die Entschuldigung nicht »nach der freien Überzeugung des Gerichts« zu entscheiden; Abs. 3 verwendet diesen Begriff ohnehin nicht. Der Entschuldigungsgrund ist auch hier auf Verlangen des Gerichts **glaubhaft zu machen,** Abs. 4. Eine unverschuldete Unmöglichkeit früheren Vortrags liegt namentlich vor, wenn erst nach der Einlassung zur Hauptsache die tatsächlichen Voraussetzungen der Einrede **eingetreten** (vgl. auch § 111) oder dem Beklagten **bekannt geworden** sind[210] oder wenn ein Wechsel in der Person des Beklagten stattgefunden hat und die Einrede

---

[209] Dafür *LG Münster* MDR 1980, 853.
[210] Die nachträgliche Erhebung der Einrede des *Schiedsvertrags* ist zulässig, wenn dem Beklagten (bzw. Widerbeklagten) zuvor nicht bekannt war und nicht bekannt sein konnte, daß der geltend gemachte Anspruch der Schiedsabrede unterstand; daß der Klagevortrag zunächst unschlüssig war, entschuldigt dagegen die Verspätung nicht, *BGH* KTS 1984, 731. S. zu den Anforderungen an eine Entschuldigung auch *OLG Düsseldorf* RIW 1996, 776, 777.

nur dem Neueintretenden zusteht[211]. Zur Auswirkung einer Klageänderung → § 264 Rdnr. 40. Fehlende Schlüssigkeit des Klagevorbringens entschuldigt die Unterlassung der Rüge dagegen nicht[212]. **Gestattet der Kläger die Nachholung** oder erhebt er keinen Widerspruch dagegen (§ 295), so kann der Beklagte auch ohne die Voraussetzungen des Abs. 3 die Unzulässigkeitsrüge noch geltend machen[213]. Dies gilt jedoch nicht für die Rüge der Unzuständigkeit, nachdem die Zuständigkeit gemäß § 39 begründet wurde, → § 39 Rdnr. 13.

4. Rechtsfolge des Abs. 3

Sind die Voraussetzungen des Abs. 3 gegeben, so führt dies **zwingend** zur **Zurückweisung** der verspäteten Zulässigkeitsrüge. Zum Verhältnis zwischen Zulässigkeitsrüge und zugehörigem Tatsachenvortrag → § 282 Rdnr. 36. Anders als nach Abs. 1 und 2 **kommt es nicht darauf an,** ob die Erledigung des Rechtsstreits durch eine Zulassung der Rüge **verzögert** würde[214]. Diese Regelung ist auf den Inhalt der verzichtbaren Zulässigkeitsrügen abgestimmt und soll verhindern, daß sich eine Prozeßführung zur Hauptsache durch eine nachträgliche Geltendmachung der Zulässigkeitsrüge als *überflüssig* erweist[215]. Wegen der Sondernatur der verzichtbaren Zulässigkeitsrügen ist Abs. 3 auch aus der Sicht des Art. 103 Abs. 1 GG nicht zu beanstanden.

122

V. Ausspruch und Wirkung der Zurückweisung

1. Rechtliches Gehör, Zeitpunkt

Bevor eine Entscheidung unter Zurückweisung eines Angriffs- oder Verteidigungsmittels ergeht, müssen die Parteien Gelegenheit haben, sich zu den Voraussetzungen der Zurückweisung, insbesondere zur Entschuldigung, zu äußern[216]. Wird dafür relevanter Parteivortrag nicht zur Kenntnis genommen, so ist das Recht auf Gehör verletzt[217]. Das Gericht ist nicht *generell* verpflichtet, auf die drohende Zurückweisung hinzuweisen[218] und nach einer Entschuldigung zu fragen, doch ergibt sich eine solche **Hinweispflicht**[219] dann aus § 139 Abs. 2, § 278 Abs. 3, wenn für das Gericht erkennbar ist, daß die Partei die Möglichkeit einer Zurückweisung übersehen hat. Wurde über das Vorbringen trotz der Verspätung Beweis erhoben, so ist die Zurückweisung nicht mehr zulässig, da es nicht dem Zweck des § 296 entspricht, eine bereits vorgenommene Sachaufklärung wieder überflüssig zu machen[220].

123

2. Ausspruch der Zurückweisung

Die Zurückweisung ist (unter Angabe der zur Begründung dienenden Tatsachen und Rechtssätze) **in den Entscheidungsgründen** des Endurteils (bzw. des Zwischenurteils nach § 304), gegebenenfalls des Teilurteils (→ Rdnr. 60), auszusprechen. Die Zurückweisung in einem besonderen *Beschluß* wäre bedeutungslos, weil der Beschluß das Gericht für den

124

---

[211] *OLG Hamburg* OLG Rsp 19 (1909), 226.
[212] *BGH* NJW 1985, 743, 744 (zur Einrede des Schiedsvertrags, → auch § 282 Fn. 35).
[213] *BGH* LM Nr. 6 zu § 675 BGB; *BGHZ* 37, 264, 267 = NJW 1962, 345; *BGH* NJW-RR 1990, 378, 379; *RGZ* 58, 151 f.; 98, 316.
[214] *OLG München* NJW-RR 1995, 127 (eine »Flucht in die Säumnis«, → Rdnr. 79 ff., nützt daher nichts) (zur Schiedsgerichtseinrede).
[215] Vgl. *BGH* NJW 1985, 743, 744.

[216] *BGH* NJW 1989, 717, 718; *OLG Karlsruhe* NJW 1979, 879 (mit Anm. *Deubner*).
[217] *BVerfG* JZ 1985, 905 = NJW 1987, 485.
[218] *OLG Düsseldorf* MDR 1985, 417 (zu § 296 Abs. 1). – A.M. *H.D. Lange* NJW 1986, 3043, 3045; *MünchKommZPO-Prütting* Rdnr. 22, 109, 167.
[219] → § 139 Rdnr. 22 (mwN in Fn. 112). – Die Notwendigkeit des Hinweises in der mündlichen Verhandlung betont *Kinne* DRiZ 1985, 15.
[220] Vgl. *BGH* MDR 1979, 395.

weiteren Verlauf der Instanz *nicht binden* würde und demgemäß erst die Wiederholung der Zurückweisung im Endurteil ihr zur Geltung verhelfen würde[221]. Beschwerde gegen einen solchen Beschluß wäre daher nicht zulässig.

3. Wirkung

125 Die Zurückweisung bedeutet, daß das Urteil genauso ergeht, als ob das Angriffs- oder Verteidigungsmittel bzw. die Rüge der Unzulässigkeit der Klage inhaltlich **nicht vorgetragen** worden wäre[222]. Indizien für die Richtigkeit des präkludierten Vorbringens spielen dann keine Rolle mehr, auch wenn sie ihrerseits nicht verspätet vorgetragen wurden[223]. Ansprüche, die auf das verspätete Vorbringen gestützt werden, sind abzuerkennen[224]. Die **Rechtskraftwirkung** erfaßt auch das zurückgewiesene Vorbringen[225]. Zur Zurückweisung des **Aufrechnungseinwands** → § 145 Rdnr. 54 ff. – Wird das Vorbringen im Urteil sowohl sachlich gewürdigt als auch (hilfsweise) wegen Verspätung zurückgewiesen, so ist die Zurückweisung als nicht geschrieben zu betrachten[226]; denn das Vorbringen *ist* dann berücksichtigt worden. Rechtfertigt in diesem Fall die sachliche Würdigung nicht die getroffene Entscheidung, so ist das Urteil fehlerhaft. Dazu, daß die Zurückweisung nicht nachgeholt werden kann, → Rdnr. 129.

126 Angriffs- oder Verteidigungsmittel, die in der ersten Instanz zu Recht zurückgewiesen wurden, bleiben nach § 528 Abs. 3 **auch in der Berufungsinstanz ausgeschlossen.** Zur Unzulässigkeit von Vorbringen unter der **Bedingung der Nichtzurückweisung** → vor § 128 Rdnr. 212. Zur Überprüfung der Zurückweisung → Rdnr. 127.

VI. Anfechtung fehlerhafter Entscheidungen

1. Überprüfung der Zurückweisung

a) Rechtsmittel

127 Die Zurückweisung unterliegt der Nachprüfung im Wege der ordentlichen Rechtsmittel gegen das Endurteil. Soweit die Zurückweisung im *Ermessen* des erstinstanzlichen Gerichts lag, wird (neben den Voraussetzungen der Zurückweisung) nur die Rechtmäßigkeit der Ermessensausübung überprüft, → Rdnr. 114. Dabei werden in der Berufungsinstanz auch die zugrunde liegenden Tatsachenfeststellungen (→ auch Fn. 155 u. 190), in der Revisionsinstanz nur die rechtliche Würdigung überprüft, wozu aber auch die rechtliche Beurteilung gehört, ob das Verhalten der Partei als grobe Nachlässigkeit zu bewerten ist[227]. Läßt das Urteil nicht erkennen, auf **welche Tatsachen** das Gericht die Zurückweisung stützt und ist demgemäß eine

---

[221] Demgemäß kann auch der Einzelrichter, der die Entscheidung vorzubereiten hat (§ 524 Abs. 1), nicht der Entscheidung der Kammer vorgreifen, *RGZ* 123, 136.
[222] Ebenso *BGH* FamRZ 1996, 1071, 1072. – In der Formulierung anders *BGHZ* 33, 236, 242 = NJW 1961, 115, 117 (Nichtberücksichtigung wegen Verspätung hat die gleiche Rechtsfolge, wie wenn das Gericht das tatsächliche Vorbringen nicht für erwiesen erachtet), ebenso *OLG Frankfurt* MDR 1984, 239. – Die Zurückweisung bedeutet, daß das Vorbringen als Prozeßhandlung nicht berücksichtigt wird, doch gilt die Prozeßhandlung deswegen nicht etwa als nicht erfolgt. Es bleibt daher, wenn ein Verteidigungsmittel zurückgewiesen wird, die durch das Vorbringen des Verteidigungsmittels begründete Zuständigkeit für eine Widerklage (§ 33 Abs. 1) bestehen.
[223] *BGH* NJW 1987, 499.
[224] Vgl. *BGH* NJW 1961, 115, 117.
[225] *BGH* NJW 1986, 2257, 2258; *Lüke* Fälle zum Zivilprozeßrecht² (1993), 32; *ders.* JuS 1981, 503, 504.
[226] *OLG Köln* MDR 1976, 407.
[227] So *RG* in ständiger Rsp, JW 1926, 1567; JR 1927 Nr. 177; SeuffArch 81 (1927), 127; HRR 1929 Nr. 51; 1930 Nr. 554; JW 1932, 1139, 2875 sowie die folgende Fn.

Nachprüfung nicht möglich, so liegt ein Mangel des Verfahrens vor[228]. Wenn die Zurückweisung zu Unrecht erfolgt ist, handelt es sich um einen **wesentlichen Verfahrensmangel** i. S. des § 539, der das Berufungsgericht zur Zurückverweisung berechtigt[229]. Dasselbe gilt, wenn nicht erkennbar ist, ob die Zurückweisung auf Abs. 1 oder Abs. 2 gestützt wird[229a].

b) Verfassungsbeschwerde

Gegen rechtskräftige Urteile, die auf einer fehlerhaften Zurückweisung verspäteten Vorbringens beruhen, kommt noch die Verfassungsbeschwerde zum BVerfG (Art. 93 Abs. 1 Nr. 4a GG, § 90 BVerfGG) in Betracht, mit der ein Verstoß gegen Art. 3 Abs. 1 GG und insbesondere die **Verletzung des Anspruchs auf rechtliches Gehör** (Art. 103 Abs. 1 GG) geltend gemacht werden kann. In einer ganzen Reihe von Fällen waren solche Verfassungsbeschwerden erfolgreich, näher → Rdnr. 8 ff. sowie → vor § 128 Rdnr. 33 ff., 58 ff.

128

2. Unterbliebene Zurückweisung

Ließ das Gericht der ersten Instanz das verspätete Vorbringen in fehlerhafter Weise zu, obwohl es zur Zurückweisung verpflichtet gewesen wäre, so kann von den höheren Instanzen die **Zurückweisung** der Angriffs- oder Verteidigungsmittel **nicht mehr nachgeholt** werden. Die unterbliebene *Beschleunigung* könnte dadurch nicht mehr bewirkt werden, so daß kein Grund besteht, eine bereits vorgenommene Sachaufklärung nicht zu berücksichtigen und dadurch ein inhaltlich unrichtiges Urteil in Kauf zu nehmen. Daher kann **weder die Berufung noch die Revision** damit begründet werden, daß von der ersten Instanz berücksichtigte Angriffs- oder Verteidigungsmittel **hätte nicht zugelassen werden dürfen**[230].

129

Bei den **Zulässigkeitsrügen** (Abs. 3) greifen diese Erwägungen jedoch nicht ein; es kann also ein Rechtsmittel durchaus darauf gestützt werden, daß eine Zulässigkeitsrüge zu Unrecht zugelassen worden sei[231].

130

VII. Arbeitsgerichtliches Verfahren

1. Zurückweisung wegen Fristüberschreitung

Für die Anwendung des **Abs. 1** ist im arbeitsgerichtlichen Verfahren **kein Raum,** da hier die in Abs. 1 genannten Fristen nicht gesetzt werden können, § 46 Abs. 2 S. 2 ArbGG, → § 273 Rdnr. 44, § 275 Rdnr. 34, § 276 Rdnr. 54. Entsprechend dem Zweck des § 46 Abs. 2 S. 2 ArbGG sollte man § 296 Abs. 1 auch nicht in Verbindung mit § 340 Abs. 3 S. 3 auf solches Vorbringen anwenden, das nicht innerhalb der **Einspruchsfrist** schriftlich vorgetragen wird[232] (zumal die Einspruchsfrist nach § 59 S. 1 ArbGG nur eine Woche beträgt). – Jedoch können den Parteien gemäß § 56 Abs. 1 S. 2 Nr. 1 ArbGG Fristen zur Erklärung über bestimmte

131

---

[228] *OLG Düsseldorf* VersR 1979, 773; *RG* SeuffArch 81 (1927), 127; JW 1928, 111; JW 1929, 103; HRR 1932 Nr. 999; JW 1936, 3051.
[229] *OLG München* NJW 1975, 202; *OLG Karlsruhe* Justiz 1979, 14; *OLG Hamm* MDR 1983, 413.
[229a] *OLG Oldenburg* NdsRpfl 1996, 119.
[230] *BVerfG* NJW 1995, 2980 (Verstoß gegen Art. 103 Abs. 1 GG); *BGH* LM Nr. 3 zu § 4 PreisüberwachungsVO; MDR 1979, 395; NJW 1981, 928 (mit Anm. *Deubner*); MDR 1981, 666; NJW 1983, 2030 = MDR 1983, 838; *BAG* MDR 1983, 1053; *OLG Köln* NJW 1980, 2361 = OLGZ 1980, 490; *LG Freiburg* NJW 1980, 295.
[231] *BGH* NJW 1985, 743 (zur Einrede des Schiedsvertrags).
[232] Überzeugend *Deubner* NZA 1985, 113; ebenso *Schumann* → § 340 Rdnr. 26. – A.M. *BAG* NZA 1985, 130 (Fn. 44); *LAG Hamm* MDR 1982, 1053; *LAG Düsseldorf* NZA 1989, 863 (LS) = LAGE § 340 Nr. 3; *Lorenz* BB 1977, 1000, 1003; *Germelmann-Matthes-Prütting* ArbGG² § 59 Rdnr. 30; *Grunsky* ArbGG⁷ § 57 Rdnr. 5; *Baumbach-Lauterbach-Hartmann*⁵⁵ § 340 Rdnr. 14.

Punkte gesetzt werden, → § 273 Rdnr. 45. Außerdem sieht § 61 a Abs. 3, 4 ArbGG für **Kündigungssachen** die Setzung einer Klageerwiderungsfrist und einer Frist zur Replik vor. Die Voraussetzungen, unter denen nach einer solchen Fristsetzung verspätete Angriffs- oder Verteidigungsmittel nur noch zuzulassen sind, regeln **§ 56 Abs. 2 S. 1** bzw. **§ 61 a Abs. 5 ArbGG** fast wörtlich übereinstimmend mit § 296 Abs. 1. Daher kann hinsichtlich der Verzögerung und der Entschuldigung auf das bei Rdnr. 48 ff., 83 ff. Gesagte verwiesen werden. Voraussetzung der Zurückweisung ist, daß die Parteien über die Folgen der Fristversäumung **belehrt** wurden[233], § 56 Abs. 2 S. 2, § 61 a Abs. 6 ArbGG.

2. Zurückweisung wegen Verstoßes gegen die allgemeine Prozeßförderungspflicht

132   Da im **Urteilsverfahren** für die Rechtzeitigkeit des Vorbringens in der mündlichen Verhandlung (nicht bereits für die Güteverhandlung) **§ 282 Abs. 1 gilt**, → § 282 Rdnr. 45, können Angriffs- oder Verteidigungsmittel, die erst in einer späteren mündlichen Verhandlung vorgetragen wurden, unter den Voraussetzungen des Abs. 2 zurückgewiesen werden. Ein Verstoß gegen **§ 282 Abs. 2** (mit der Folge der Zurückweisung nach Maßgabe des § 296 Abs. 2) kommt dagegen in erster Instanz nur in Betracht, wenn die schriftsätzliche Vorbereitung der mündlichen Verhandlung nach § 129 Abs. 2 angeordnet worden war, → § 129 Rdnr. 43. – Zur **Berufungsinstanz** → § 528 Rdnr. 19. – Zum **Beschlußverfahren** → § 282 Rdnr. 45.

3. Zulässigkeitsrügen

133   Abs. 3 in Verbindung mit § 282 Abs. 3 S. 1 ist auch im arbeitsgerichtlichen Verfahren **anzuwenden**. Zu den verzichtbaren Zulässigkeitsrügen gehört die Einrede des **Schiedsvertrags** (§ 102 ArbGG, näher → § 1025 Rdnr. 46 ff., § 1027 a Rdnr. 22 f.), und zwar auch dann, wenn es sich um eine von **Tarifvertragsparteien** geschlossene Abrede handelt, → § 1027 a Rdnr. 22 bei Fn. 57. Daß die Anforderungen des § 282 Abs. 3 S. 1 **nicht** bereits für die **Güteverhandlung** (→ § 279 Rdnr. 17) gelten, ist in § 54 Abs. 2 S. 3 ArbGG ausdrücklich gesagt. Die rügelose Verhandlung zur Hauptsache in der Güteverhandlung nimmt dem Beklagten also nicht das Recht, in der späteren streitigen Verhandlung die Unzulässigkeit der Klage zu rügen.

134   Soweit dem Beklagten in **Kündigungssachen** eine Frist zur schriftlichen Klageerwiderung gesetzt wird, § 61 a Abs. 3 ArbGG, wird man ihn nach § 282 Abs. 3 S. 2 auch für verpflichtet halten müssen, **verzichtbare Zulässigkeitsrügen** bereits **in der Klageerwiderungsschrift** geltend zu machen. Verspätete verzichtbare Zulässigkeitsrügen sind in diesem Fall nur noch unter den Voraussetzungen des § 296 Abs. 3 zulässig. § 61 a Abs. 5 ArbGG regelt zwar die Zurückweisung von *Angriffs- und Verteidigungsmitteln* wegen Überschreitung dieser Frist *besonders*, es liegt aber nahe, diese Bestimmung in Übereinstimmung mit der Terminologie des § 296 (Abs. 1 und 2 in Vergleich mit Abs. 3) auszulegen und sie daher nicht auf *Zulässigkeitsrügen* zu erstrecken, so daß es insoweit bei dem Rückgriff auf § 296 Abs. 3 verbleibt.

135   Zur Zulässigkeit **neuer Angriffs- und Verteidigungsmittel** in der **Berufungsinstanz** → § 528 Rdnr. 19.

---

[233] Dazu *LAG Schleswig-Holstein* NJW-RR 1989, 441 (bei anwaltlich vertretener Partei genügt der Hinweis auf die gesetzlichen Vorschriften).

§ 296 a [Vorbringen von Angriffs- und Verteidigungsmitteln nach Schluß der mündlichen Verhandlung]

¹Nach Schluß der mündlichen Verhandlung, auf die das Urteil ergeht, können Angriffs- und Verteidigungsmittel nicht mehr vorgebracht werden. ²§§ 156, 283 bleiben unberührt.

Gesetzesgeschichte: Eingefügt durch die Vereinfachungsnovelle 1976. Die Vorschrift löste § 278 Abs. 1 aF und § 283 Abs. 1 aF ab.

I. Allgemeines	1		III. Schluß der mündlichen Verhandlung	8
1. Normzweck	1		1. Inhalt und Voraussetzungen	8
2. Verfassungsrechtliche Aspekte	2a		2. Gestattete Nachreichung eines Schriftsatzes	9
3. Einheit der mündlichen Verhandlung	3		IV. Vorbringen nach Schluß der mündlichen Verhandlung	10
a) Gleichwertigkeit aller Termine	3		1. Nichtberücksichtigung der Angriffs- und Verteidigungsmittel	10
b) Keine Eventualmaxime im strengen Sinne; Gliederung der mündlichen Verhandlung	4		2. Unterscheidung von einer Zurückweisung wegen Verspätung	14
II. Anwendungsbereich	6		3. Geänderte oder neue Klage- oder Widerklageanträge	15
1. Verfahren mit obligatorischer mündlicher Verhandlung; schriftliches Verfahren	6		V. Arbeitsgerichtliches Verfahren	17
2. Verfahren mit fakultativer mündlicher Verhandlung	7			

I. Allgemeines

1. Normzweck

Um eine Verzögerung der Entscheidung zu vermeiden, erklärt das Gesetz den Schluß der mündlichen Verhandlung grundsätzlich zum letzten Zeitpunkt, bis zu dem Angriffs- oder Verteidigungsmittel wirksam geltend gemacht werden können. 1

Im Vergleich mit den Vorgängern der Vorschrift fällt die **veränderte Formulierung** auf. Während früher *positiv* zum Ausdruck gebracht war, Angriffs- und Verteidigungsmittel (§ 278 Abs. 1 aF) bzw. Beweismittel und Beweiseinreden (§ 283 Abs. 1 aF) könnten bis zum Schluß der mündlichen Verhandlung geltend gemacht werden, auf die das Urteil ergeht, findet man in § 296 a die *negative* Aussage, wonach Angriffs- und Verteidigungsmittel nach Schluß der mündlichen Verhandlung nicht mehr geltend gemacht werden können. Dies ist kein Zufall, sondern entspricht dem Bestreben des Gesetzes, im Interesse der Konzentration und Beschleunigung des Verfahrens auf ein **möglichst frühzeitiges Parteivorbringen** hinzuwirken, sei es durch gerichtliche Fristsetzungen (§§ 275 bis 277, § 273 Abs. 2 Nr. 1) oder durch die allgemeine Prozeßförderungspflicht der Parteien (§ 282). Die darauf aufbauenden, wesentlich verschärften Vorschriften über die Zurückweisung verspäteten Vorbringens (in der ersten Instanz: § 296) haben zur Folge, daß sich die Parteien keineswegs mehr grundsätzlich darauf verlassen dürfen, für ihre Angriffs- oder Verteidigungsmittel den *gesamten Zeitraum* bis zum Schluß des letzten Verhandlungstermins zur Verfügung zu haben. 2

2. Verfassungsrechtliche Aspekte

2a Die Vorschrift begegnet als solche keinen verfassungsrechtlichen Bedenken[1]. Jedoch ist Art. 103 Abs. 1 GG – Anspruch auf rechtliches Gehör (→ vor § 128 Rdnr. 9 ff.) – verletzt, wenn ein Ausschluß des Vorbringens nach § 296 a ohne korrekte Prüfung der Voraussetzungen bejaht wird[2]. Ein allgemeiner Anspruch auf Gewährung einer Frist zur Nachreichung eines Schriftsatzes ergibt sich aus dem Recht auf Gehör nicht[3], während unter den Voraussetzungen des § 283 eine Nachfrist zur effektiven Gewährung des Gehörs verlangt werden kann, → § 283 Rdnr. 2. Aus dem Recht auf Gehör folgt keine Pflicht zur Bescheidung des nachträglichen Vorbringens[4], doch empfiehlt sich eine Klarstellung im Urteil, → Rdnr. 11.

3. Einheit der mündlichen Verhandlung

a) Gleichwertigkeit aller Termine

3 Die mündliche Verhandlung bildet auch dann, wenn mehrere Verhandlungstermine stattfinden, ein **einheitliches Ganzes**. Dies gilt auch für die Verhandlung vor und nach der Anordnung und Aufnahme von Beweisen. Aus der Einheit der mündlichen Verhandlung folgt, daß einmal in der mündlichen Verhandlung wirksam vorgenommene Prozeßhandlungen in späteren Verhandlungsterminen wirksam bleiben, also nicht wiederholt zu werden brauchen, → § 128 Rdnr. 34. Zum Richterwechsel → § 128 Rdnr. 36 ff. Die **Gleichwertigkeit aller Termine** für das Vorbringen der Parteien wird dagegen insoweit **eingeschränkt**, als die Parteien durch Überschreitung von Fristen oder Verletzung der allgemeinen Prozeßförderungspflicht bereits weit vor dem Schluß der mündlichen Verhandlung mit späterem Vorbringen ausgeschlossen sein können, → § 296. Soweit aber keine besondere Rechtsgrundlage für den Ausschluß des Vorbringens erfüllt ist, können alle Prozeßhandlungen bis zum Schluß der mündlichen Verhandlung vorgenommen werden.

b) Keine Eventualmaxime im strengen Sinne; Gliederung der mündlichen Verhandlung

4 Der **Eventualmaxime** im strengen Sinne des Begriffs folgt die ZPO – obwohl eine gewisse *Annäherung* unverkennbar ist – auch nach der Vereinfachungsnovelle 1976 **nicht**, → § 282 Rdnr. 16. Dies würde nämlich eine Gliederung der Verhandlung in der Art verlangen, daß die gleichartigen Rechtsbehelfe (Klagetatsachen, Einreden usw.) an der für sie vorweg bestimmten Stelle generell bei Strafe der Präklusion gleichzeitig vorgebracht werden müßten (»in eventum«, d. h. für den Fall des Nichtdurchdringens der gleichartigen anderen Behelfe).

5 Jedoch ergibt sich hinsichtlich der **verzichtbaren Rügen**, welche die **Zulässigkeit der Klage** betreffen, aus § 282 Abs. 3, § 296 Abs. 3 eine Regelung, die der Eventualmaxime entspricht, → § 282 Rdnr. 37. Im übrigen kann eine **Gliederung der mündlichen Verhandlung** durch die Erledigung spruchreifer Ansprüche oder Streitpunkte mittels Teil- oder Zwischenurteils nach §§ 280, 301 ff. eintreten, weil die Bindung des Gerichts an seine Entscheidung (§ 318) das weitere Vorbringen in bezug auf den erledigten Punkt abschneidet. Einen Schluß der mündlichen Verhandlung vor dem **Teilurteil** gibt es dagegen nicht[5]. Die bloße **Beschränkung der Verhandlung auf einzelne Angriffs- oder Verteidigungsmittel** hat dagegen diese Wirkung

---

[1] *BVerfGE* 69, 248, 253 = NJW 1985, 3005; *BVerfG* WuM 1991, 465, 466.
[2] *BVerfG* NJW-RR 1993, 636, 637.
[3] Vgl. *BayVerfGH* FamRZ 1992, 968.
[4] *BVerfG* WuM 1991, 465, 466.
[5] *OLG Köln* OLGZ 1993, 128 = FamRZ 1992, 1317 (LS).

nicht, → § 146 Rdnr. 12. Eine gewisse Gliederung der mündlichen Verhandlung bringen diejenigen Vorschriften mit sich, die eine Abschneidung weiteren Vorbringens an bestimmte erreichte Stadien der Verhandlung (z.B. an die Verhandlung zur Hauptsache) knüpfen, → z.B. §§ 39, 44 Abs. 4, 76f., 267, 295, 406 Abs. 2 sowie § 101 Abs. 1 GVG.

II. Anwendungsbereich

1. Verfahren mit obligatorischer mündlicher Verhandlung; schriftliches Verfahren

Die Vorschrift gilt im Verfahren mit **obligatorischer mündlicher Verhandlung**, und zwar in allen Instanzen. Im **schriftlichen Verfahren** nach § 128 Abs. 2 und 3 ist § 296 a entsprechend anwendbar, weil dort nach § 128 Abs. 2 S. 2 bzw. Abs. 3 S. 2 ein **Schlußzeitpunkt** für die Einreichung von Schriftsätzen bestimmt werden muß, der dem Schluß der mündlichen Verhandlung i. S. des § 296 a gleichzustellen ist, → § 128 Rdnr. 94, 119. Der Ablauf der Frist zur Erklärung der Verteidigungsabsicht im schriftlichen Vorverfahren, § 276 Abs. 1 S. 1, fällt nicht unter § 296 a; vielmehr ist eine verspätete Erklärung gemäß § 331 Abs. 3 S. 1 noch zu berücksichtigen, solange nicht ein unterschriebenes Versäumnisurteil der Geschäftsstelle übergeben worden ist.

6

2. Verfahren mit fakultativer mündlicher Verhandlung

Im Verfahren mit fakultativer mündlicher Verhandlung führt der Umstand, daß eine mündliche Verhandlung stattgefunden hat, nicht zur Anwendbarkeit des § 296 a, da in diesen Verfahren auch das schriftsätzlich Vorgebrachte zu berücksichtigen ist, und zwar bis zum Erlaß der Entscheidung[6], → § 128 Rdnr. 45, 47 (anders in den bei § 128 Rdnr. 46 genannten Fällen, weil dort bei mündlicher Verhandlung dieselben Vorschriften wie im Fall obligatorischer mündlicher Verhandlung gelten). Maßgebender Zeitpunkt ist dabei die Absendung des Urteils an eine Partei, → § 128 Rdnr. 45. Nur wenn analog § 128 Abs. 2 S. 2, Abs. 3 S. 2 ein **Schlußzeitpunkt** für die Einreichung von Schriftsätzen festgelegt wurde (→ § 128 Rdnr. 42 a. E.), ist späteres Vorbringen entsprechend § 296 a als unzulässig anzusehen. Auch im gerichtlichen Verfahren in **Landwirtschaftssachen** (bzw. im Höfeverfahrensrecht) ist § 296 a nicht anzuwenden, auch wenn eine mündliche Verhandlung stattgefunden hat[7].

7

III. Schluß der mündlichen Verhandlung

1. Inhalt und Voraussetzungen

Der Schluß der **mündlichen Verhandlung als ganzer** ist von der Beendigung des *einzelnen* Verhandlungstermins zu unterscheiden, → § 136 Rdnr. 5. Das Gericht braucht den Schluß der Verhandlung nicht ausdrücklich zu erklären. Vielmehr müssen die Parteien davon ausgehen, daß die mündliche Verhandlung geschlossen ist, wenn und solange das Gericht keine Vertagung ausspricht bzw. keinen neuen Verhandlungstermin anberaumt. Dies gilt insbesondere, wenn ein **Termin zur Verkündung einer Entscheidung** angesetzt wird. Jedoch greift § 296 a nur ein, wenn auf die Verhandlung hin ein Urteil ergeht. Erläßt das Gericht im Verkündungs-

8

---

[6] *OLG München* OLGZ 1981, 489, 491 = MDR 1981, 1025. – A.M. *Baumbach-Lauterbach-Hartmann*[55] Rdnr. 3.

[7] *BVerfGE* 63, 80 = NJW 1983, 2017.

termin einen Beweisbeschluß, so ergibt sich daraus, daß noch kein Abschluß der mündlichen Verhandlung vorliegt, vgl. § 285.

2. Gestattete Nachreichung eines Schriftsatzes

9   Ist einer Partei gemäß § 283 die **Nachreichung eines Schriftsatzes gestattet** worden, so ist, wie S. 2 klarstellt, für diese Partei (nicht für den Gegner) das Vorbringen von Angriffs- oder Verteidigungsmitteln bis zum Fristablauf zulässig und selbst eine verspätet eingereichte Erklärung kann das Gericht nach seinem Ermessen noch berücksichtigen. Jedoch gilt dies nur, soweit sich das nachgebrachte Vorbringen auf das nicht rechtzeitig vor dem Termin mitgeteilte Vorbringen des Gegners bezieht, → § 283 Rdnr. 26a.

IV. Vorbringen nach Schluß der mündlichen Verhandlung

1. Nichtberücksichtigung der Angriffs- und Verteidigungsmittel

10 Angriffs- und Verteidigungsmittel (zum Begriff → § 146 Rdnr. 2), die erst nach Schluß der mündlichen Verhandlung (bzw. im schriftlichen Verfahren oder im fakultativ mündlichen Verfahren nach einem festgesetzten Schlußzeitpunkt, → Rdnr. 6f.) vorgebracht wurden, erlangen **keine prozessuale Wirksamkeit** mehr. Im Verfahren mit obligatorischer mündlicher Verhandlung folgt das im Grunde schon daraus, daß nur das in der mündlichen Verhandlung *Vorgetragene* berücksichtigungsfähig ist, → § 128 Rdnr. 27, während die Schriftsätze nur eine *Ankündigung* darstellen, → 129 Rdnr. 31 f. Nicht zu berücksichtigendes Vorbringen (Bestreiten) in einem nicht nachgelassenen Schriftsatz darf auch nicht dazu dienen, Vorbringen des Gegners als prozeßverzögernd zu betrachten und daher zurückzuweisen[8]. Auch lediglich **zusammenfassende** oder **wiederholende Schriftsätze** sind grundsätzlich **unberücksichtigt** zu lassen, ebenso **Rechtsausführungen**[9] zum konkreten Fall (oder es muß die mündliche Verhandlung wieder eröffnet werden[10]), näher → § 128 Rdnr. 29.

11 Das Gericht kann und sollte (soweit vom zeitlichen Ablauf her möglich) **im Urteil zum Ausdruck bringen,** daß nachträglich eingereichte Schriftsätze **unberücksichtigt** geblieben sind. Unbedingt notwendig ist dies jedoch nicht, da sich die Grundlage des Urteils bereits aus der Angabe des Schlusses der mündlichen Verhandlung (§ 313 Abs. 1 Nr. 3) ergibt. Auch aus dem Recht auf Gehör folgt keine Bescheidungspflicht hinsichtlich des verspäteten Vortrags[11].

12 Ein nachträglich eingereichter Schriftsatz kann dem Gericht Anlaß geben, die **mündliche Verhandlung wieder zu eröffnen**[11a], näher → § 156 Rdnr. 10f. Auch wenn dies nicht geschieht und das Vorbringen nicht mehr zu berücksichtigen ist, hat das Gericht den Schriftsatz zu den Akten zu nehmen und ihn dem Gegner mitzuteilen[12], → § 133 Rdnr. 11.

13 Soweit das Urteil die Instanz nicht abschließt **(Zwischenurteil, Teilurteil),** bezieht sich der Ausschluß nachträglichen Vorbringens nur auf diejenigen Teilfragen bzw. diejenigen Teile des Streitgegenstands, über die das Urteil ergangen ist.

---

[8] *OLG Düsseldorf* NJW 1987, 507, 508.
[9] *E. Schneider* MDR 1986, 903. – Anders im Ausgangspunkt *Fischer* NJW 1994, 1315, 1316; *MünchKomm-ZPO-Prütting* Rdnr. 8, die reine Rechtsausführungen nicht zu den Angriffs- und Verteidigungsmitteln rechnen.
[10] Im Ergebnis weitgehend übereinstimmend *Fischer* NJW 1994, 1315, 1317; *MünchKommZPO-Prütting* Rdnr. 8.

[11] *BVerfG* WuM 1991, 465, 466.
[11a] So z. B., wenn mit dem verspätet eingereichten Schriftsatz Belege vorgelegt werden, deren Beibringung in der mündlichen Verhandlung zugesagt worden war, BGH FamRZ 1996, 1067.
[12] Ebenso *Zöller-Greger*[20] Rdnr. 3. – A. M. *Baumbach-Lauterbach-Hartmann*[55] Rdnr. 5; *MünchKommZPO-Prütting* Rdnr. 6.

2. Unterscheidung von einer Zurückweisung wegen Verspätung

Die **Nichtberücksichtigung von Vorbringen** nach § 296a ist von einer *Zurückweisung* 14
wegen Verspätung gemäß § 296 zu unterscheiden. Werden dieselben Angriffs- oder Verteidigungsmittel in der **Berufungsinstanz** vorgebracht, so ist über die Zulassung nach § 528 Abs. 1 und 2, nicht nach § 528 Abs. 3 zu entscheiden[13].

3. Geänderte oder neue Klage- oder Widerklageanträge

Geänderte oder neue Klage- oder Widerklageanträge stellen zwar keine Angriffs- oder 15
Verteidigungsmittel dar (→ § 146 Rdnr. 2), sind aber nach Schluß der mündlichen Verhandlung ebenfalls **unzulässig**[14]. Dies folgt auch aus § 297, da die Sachanträge, um Grundlage einer gerichtlichen Entscheidung sein zu können, in der mündlichen Verhandlung gestellt werden müssen. Das Gericht kann allerdings die Ankündigung solcher geänderter oder neuer Anträge zum Anlaß nehmen, die mündliche Verhandlung wieder zu eröffnen[15]. Andernfalls darf über die neuen Anträge selbst dann nicht entschieden werden, wenn die Nachreichung eines Schriftsatzes gemäß § 283 gestattet war und der den Antrag enthaltende Schriftsatz dem Gegner zugestellt worden war[16].

Da man von der Zustellung eines derartigen Schriftsatzes (§ 270 Abs. 1, Abs. 2 S. 1) nicht 16
wird absehen können, stellt sich die Frage, ob dadurch noch gemäß § 261 Abs. 2 die **Rechtshängigkeit** begründet werden kann, wenn der Schriftsatz den Anforderungen des § 253 Abs. 2 Nr. 2 entspricht[17]. Wenn man aber davon ausgeht, daß über den Antrag nicht entschieden werden kann (auch nicht durch Abweisung als unzulässig), kann auch die Rechtshängigkeit **nicht bejaht** werden[18]. (Allenfalls wäre es denkbar, in geeigneten Fällen den eingereichten Schriftsatz als **neue Klageschrift** auszulegen bzw. in eine solche umzudeuten [allgemein zur Möglichkeit der Umdeutung von Prozeßhandlungen → vor § 128 Rdnr. 196], wobei sich aber das Gericht durch Rückfrage vergewissern sollte, ob dies dem Willen der Partei entspricht.)

V. Arbeitsgerichtliches Verfahren

§ 296a gilt im **Urteilsverfahren aller Instanzen,** § 46 Abs. 2 S. 1, § 64 Abs. 6 S. 1, § 72 Abs. 5 17
ArbGG. Im **Beschlußverfahren** der ersten und zweiten Instanz ist zwar eine mündliche Verhandlung grundsätzlich obligatorisch, aber die Beteiligten können sich auch schriftlich äußern, § 83 Abs. 4 S. 1, § 90 Abs. 2 ArbGG. Im Rechtsbeschwerdeverfahren steht die mündliche Verhandlung im Ermessen des Gerichts, → § 128 Rdnr. 53. Dementsprechend ist § 296a **in allen Instanzen des Beschlußverfahrens nicht anzuwenden,** sondern schriftliches Vorbringen auch nach Schluß der mündlichen Verhandlung bis zur Verkündung des Beschlusses (§ 84 mit § 60 ArbGG) zu berücksichtigen.

---

[13] *BGH* NJW 1979, 2109 = JZ 1979, 645.
[14] Ebenso *BGH* NJW-RR 1992, 1085; *OLG Hamburg* MDR 1995, 526 (beide zur Widerklage); *OLG Thüringen* OLG-NL 1994, 135, 141 (Erweiterung der Klage auf einen neuen Beklagten); *Zöller-Greger*[20] Rdnr. 2.
[15] Zur Widerklage offenlassend *BGH* NJW-RR 1992, 1085.
[16] *OLG München* OLGZ 1981, 441 = MDR 1981, 502 = NJW 1981, 1106 (LS).
[17] Bejahend *OLG München* OLGZ 1981, 441, 443 (Fn. 16); *Baumbach-Lauterbach-Hartmann*[55] Rdnr. 5.
[18] Ebenso *OLG Hamburg* MDR 1995, 526; *Zöller-Greger*[20] Rdnr. 2.

§ 297 [Antragstellung]

(1) ¹Die Anträge sind aus den vorbereitenden Schriftsätzen zu verlesen. ²Soweit sie darin nicht enthalten sind, müssen sie aus einer dem Protokoll als Anlage beizufügenden Schrift verlesen werden. ³Der Vorsitzende kann auch gestatten, daß die Anträge zu Protokoll erklärt werden.

(2) Die Verlesung kann dadurch ersetzt werden, daß die Parteien auf die Schriftsätze Bezug nehmen, die die Anträge enthalten.

Gesetzesgeschichte: Bis 1900 § 269 CPO. Änderungen durch G vom 1. VI. 1909, RGBl. 475 (Nov 1909, → Einl. [20. Aufl.] Rdnr. 115) und durch G vom 20. XII. 1974, BGBl. I 3651 (Einzelrichternovelle, → Einl. [20. Aufl.] Rdnr. 154).

I. Normzweck und Anwendungsbereich	1
II. Die Anträge	3
1. Von § 297 erfaßte Anträge	4
2. Nicht unter § 297 fallende Anträge	7
a) Abweisungsanträge	7
b) Prozeßanträge	9
III. Form der Antragstellung	12
1. Regelmäßige Form	12
2. Erklärung zu Protokoll	14
3. Fortwirkung der Anträge	15
4. Verfahren ohne mündliche Verhandlung	16
IV. Verstöße	17
1. Unwirksamkeit des Antrags	17
2. Heilung	20
V. Arbeitsgerichtliches Verfahren	22

I. Normzweck und Anwendungsbereich

1 Die **Anträge der Parteien** bilden die Grundlage der streitigen Verhandlung (vgl. § 137 Abs. 1) und der gerichtlichen Entscheidung (vgl. § 308). Sie stellen das wichtigste Kriterium zur Umgrenzung des Streit- und Urteilsgegenstands dar (näher → Einl. [20. Aufl.] Rdnr. 288ff., § 322 Rdnr. 99f.). Damit möglichst eindeutig festgestellt werden kann, welche Anträge von den Parteien gestellt wurden, enthält § 297 **förmliche Voraussetzungen für die Antragstellung.** Im Vordergrund steht die **Verlesung** der Anträge aus den vorbereitenden Schriftsätzen (Abs. 1 S. 1), die aber, um unnötige Förmlichkeiten zu vermeiden, nach Abs. 2 auch durch **Bezugnahme auf die Schriftsätze** ersetzt werden kann. Darüber hinaus erlaubt Abs. 1 S. 2 die Verlesung aus einer anderen, dem Protokoll als Anlage beizufügenden Schrift.

2 Seit der Änderung durch die Einzelrichternovelle 1974 kann der Vorsitzende auch die **Erklärung der Anträge zu Protokoll** gestatten, Abs. 1 S. 3. Damit ist die Vorschrift auch für den Parteiprozeß hinreichend flexibel gestaltet. Sie gilt daher seit der Einzelrichternovelle 1974 nicht nur für den landgerichtlichen Prozeß und die höheren Instanzen, sondern **auch für das amtsgerichtliche Verfahren,** während die frühere besondere Regelung in §§ 507, 510a Abs. 1 aF entfiel. Zum schriftlichen Verfahren und zum Verfahren mit fakultativer mündlicher Verhandlung → Rdnr. 16.

II. Die Anträge

3 § 297 sagt nicht, welche Anträge verlesen werden müssen. Seit langem sind sich Rechtsprechung und Lehre aber darin einig, daß § 297 nur solche Anträge betrifft, die sich **auf den beanspruchten Urteilsinhalt beziehen.** Ob man diese Anträge, wie sich eingebürgert hat, als »**Sachanträge**« bezeichnet, oder als »Haupt-« oder »Schlußanträge«[1], ist mehr eine Frage der

---

[1] So *Goldschmidt* Der Prozeß als Rechtslage (1925), 383.

Terminologie. Ihnen stehen die nicht unter § 297 fallenden »*Prozeßanträge*« gegenüber, die man auch »Neben-« oder »Zwischenanträge«[2] nennen kann.

1. Von § 297 erfaßte Anträge

Anträge i. S. des § 297 sind nur die **Sachanträge**, durch die der Antragsteller (Partei oder Streitgehilfe) erklärt, welchen Inhalt die Formel des von ihm erbetenen Endurteils haben soll[3]. § 297 betrifft also die **Klageanträge** einschließlich ihrer Abweichungen (besonders im Fall der Klageänderung, der Antragsänderungen des § 264 und der Parteiänderung, → auch Rdnr. 11 bei Fn. 15). Daß § 297 auch für **geänderte Anträge** gilt, war bis zur Einzelrichternovelle 1974 in § 297 Abs. 3 aF ausdrücklich gesagt. Die Streichung dieser Vorschrift als überflüssig[4] hat daran nichts geändert. Auch die (einseitige) **Erklärung der Erledigung in der Hauptsache** wird von der h. M. (Klageänderungstheorie) zu den Sachanträgen gerechnet; dann muß auch § 297 eingehalten werden[5]. In der übereinstimmenden Erledigungserklärung sind dagegen keine Sachanträge enthalten, und auch die Kostenentscheidung ergeht ohne Antrag (→ § 91 a Rdnr. 26), so daß § 297 insgesamt nicht anwendbar ist. 4

§ 297 erfaßt ferner die **Widerklage-** und **Zwischenfeststellungsanträge**, den **Scheidungsantrag**, auch wenn ihn der Antragsgegner in einem bereits anhängigen Scheidungsverfahren stellt[6], die **Anträge im Rechtsmittelverfahren** (vor allem die Anträge des Berufungs- und Revisionsklägers und die Anschließungsanträge[7] des Rechtsmittelbeklagten), die **Anträge nach Zurücknahme** der Klage oder eines Rechtsmittels gem. § 269 Abs. 3, § 515 Abs. 3, § 566, die Anträge auf **Ergänzung der Entscheidung** nach § 321, die Anträge wegen der **vorläufigen Vollstreckbarerklärung** nach §§ 710 ff., die Anträge in bezug auf die Übernahme des Prozesses durch eine andere Person, soweit ein Urteil darüber zu erlassen ist (§§ 75, 239, 265 f.). 5

§ 297 bezieht sich auch auf die Anträge in der mündlichen Verhandlung über das Gesuch um **Arrest oder einstweilige Verfügung**, sowie über die **Vollstreckbarerklärung eines Schiedsspruchs** (§ 1042a) und über den **Widerspruch** hiergegen gemäß § 1042c Abs. 2, ebenso über den Widerspruch bzw. über den Antrag auf Aufhebung des Arrestes oder der einstweiligen Verfügung (→ §§ 922, 925, 926 Abs. 2, 927, 936). Auch für Anträge in einem **selbständigen Zwischenstreit**, z. B. im Fall des § 71, gilt § 297. 6

2. Nicht unter § 297 fallende Anträge

a) Abweisungsanträge

Die rein negativen und darum an sich entbehrlichen Gegenanträge (→ vor § 128 Rdnr. 73) **auf Abweisung der Klage** werden überwiegend nicht als Anträge i. S. des § 297 angesehen[8]. Dasselbe gilt für Anträge auf Zurückweisung bzw. Verwerfung eines Rechtsmittels oder Rechtsbehelfs[9]. Es handelt sich zwar insofern um Sachanträge[10], als die Abweisungsanträge 7

---

[2] So *Goldschmidt* (Fn. 1), 384.
[3] Vgl. *RGZ* 10, 392; *R. Bruns* ZPR² Rdnr. 103 c (S. 131).
[4] Vgl. Begr. BT-Drucks. 7/2769, 11.
[5] *Baumbach-Lauterbach-Hartmann*⁵⁵ Rdnr. 5; *Zöller-Greger*²⁰ Rdnr. 1.
[6] *OLG Frankfurt* FamRZ 1982, 809.
[7] *BGH* NJW 1993, 269, 270 (Erweiterung zu Protokoll ist bei Gestattung nach Abs. 1 S. 3 wirksam).
[8] *BGH* LM § 297 Nr. 1 = NJW 1965, 397; NJW 1970, 99, 100; *KG* Rpfleger 1970, 443; *OLG Hamm* NJW 1972, 773; *OLG Köln* VersR 1978, 353; *Münzberg* NJW 1961,

541; *A. Blomeyer* Festschr. f. Fragistas, Bd. I (Thessaloniki 1966), 461, 470; *ders.* ZPR² § 30 II 1 a; *Schlicht* NJW 1970, 1630, 1631; *Wieczorek*² § 261 b Anm. B III c 1; *Thomas-Putzo*¹⁹ Rdnr. 2. – A.M. *Goldschmidt* (Fn. 1), 384 bei Fn. 1989; *Nikisch* ZPR² § 54 II 1a; *Rosenberg-Schwab-Gottwald*¹⁵ § 64 I 1; *Schwab* ZZP 72 (1959), 133 f.; *Baumbach-Lauterbach-Hartmann*⁵⁵ Rdnr. 6; *MünchKommZPO-Prütting* Rdnr. 6.
[9] *BAG* AP § 239 Nr. 1 (mit zust. Anm. *Baumgärtel*) = RdA 1961, 459 (LS); hinsichtlich des § 297 ebenso *KG* OLGZ 1970, 345, 346 = NJW 1970, 616.
[10] Vgl. *BGHZ* 52, 385, 388 = NJW 1970, 99, 100

§ 297 II, III   2. Buch. Verfahren im ersten Rechtszuge. 1. Abschnitt. Landgerichte   688

den Inhalt des vom Beklagten bzw. Rechtsmittelbeklagten erstrebten Sachurteils angeben. Die förmliche Feststellung gemäß § 297 ist jedoch entbehrlich, weil der **Gegenstand des Prozesses durch diese Anträge nicht bestimmt** wird. Es genügt daher, auch um die Säumnis durch Nichtverhandeln (§ 333) zu vermeiden[11], wenn sich aus dem Vorbringen des Beklagten ergibt, daß er sich gegen die Verurteilung wendet, ohne daß eine ausdrückliche Antragstellung erforderlich wäre. Die negativen Anträge als Prozeßanträge zu bezeichnen und daraus generell auch *außerhalb* des § 297 Folgerungen zu ziehen, würde dagegen zu weit gehen. So sind z. B. im Rahmen des § 32 Abs. 1 BRAGO die Gegenanträge des Beklagten oder Rechtsmittelbeklagten als *Sachanträge* zu beurteilen[12], → auch § 91 Rdnr. 46b.

8   Im Fall des § 780 bedarf es keines Antrags des Beklagten, → § 780 Rdnr. 5 Fn. 14. Soweit zur Erlangung eines Verurteilungsvorbehalts ein besonderer Antrag des Beklagten nötig ist, wird man ihn dagegen als Sachantrag i. S. des § 297 ansehen müssen[13].

b) Prozeßanträge

9   Keine Sach-, sondern **Prozeßanträge** sind die Anträge, die lediglich das **Verfahren** betreffen, z. B. Anträge auf Abkürzung oder Verlängerung von Fristen, Vertagung, Verweisung, Anträge nach § 160 Abs. 4 (auf Protokollierung), § 320 (auf Berichtigung des Tatbestandes), alle Anträge in Beziehung auf das Beweisverfahren usw.

10   Bei den Anträgen auf **Erlaß eines Versäumnis-, Verzichts- oder Anerkenntnisurteils** (§§ 330 f., 306 f.) oder eines Urteils nach Aktenlage (§ 331 a) ist der Sachantrag, der den Inhalt des Urteils bestimmt, zu verlesen (falls der Antrag nicht bereits früher wirksam gestellt wurde, was bei Entscheidung nach Aktenlage auch schriftsätzlich möglich ist, → Rdnr. 16). Dies gilt jedoch nicht, soweit der Antrag nur auf *Abweisung* geht, → Rdnr. 7. Hingegen fällt der Antrag, das Urteil *aufgrund der Säumnis, des Anerkenntnisses, nach Aktenlage usw.* zu erlassen, nicht unter § 297, da er nur das Verfahren betrifft[14].

11   In der **Zustimmung** des ausscheidenden Beklagten zum **Parteiwechsel** (→ § 264 Rdnr. 109) liegt kein Sachantrag i. S. des § 297, aus dem Rechtsstreit entlassen zu werden[15]. Zu den geänderten Klageanträgen → Rdnr. 4.

III. Form der Antragstellung

1. Regelmäßige Form

12   Die Sachanträge sind nach Abs. 1 S. 1 aus den (zugestellten) vorbereitenden Schriftsätzen (§ 130 Nr. 2) **zu verlesen**. Fehlt eine solche schriftliche Fixierung, müssen die Anträge im Regelfall aus einer von der Partei zu verfassenden Niederschrift, die dem Protokoll als Anlage (§ 160 Abs. 5) beizufügen ist, verlesen werden.

13   Die Verlesung wird durch die **Bezugnahme auf die Schriftsätze** ersetzt, in denen die Anträge enthalten sind, Abs. 2. Dies gilt seit der Gesetzesänderung durch die Einzelrichternovelle 1974 *allgemein*, ohne daß es noch darauf ankäme, ob das Gericht die Bezugnahme für ausreichend erachtet. Daß die Anträge gestellt wurden, ist im **Protokoll** zu vermerken, § 160

(Sachanträge im weiteren Sinn); *R. Bruns* ZPR[2] Rdnr. 103c (S. 131); *Wieczorek*[2] § 261b Anm. B III c.
[11] *BGH* NJW 1972, 1373, 1374; *OLG Koblenz* JurBüro 1995, 196, 197. Vgl. auch *KG* OLGZ 1970, 345, 346 (Fn. 8).
[12] *BGHZ* 52, 385 (Fn. 10); *KG* OLGZ 1970, 345, 346 (Fn. 9); *OLG Köln* VersR 1978, 353; *OVG Koblenz* MDR 1981, 507; *Gerold-Schmidt-v. Eicken-Madert* BRAGO[12]

§ 32 Rdnr. 15. – Ebenso für den Anfall der Verhandlungsgebühr *OLG Koblenz* JurBüro 1995, 196.
[13] Vgl. *Wolff* ZZP 64 (1950/51), 97, 102.
[14] *RGZ* 159, 357, 360 (zur Entscheidung nach Aktenlage); *OLG Colmar* OLG Rsp 19 (1909), 140 (zu §§ 330 f.).
[15] A. M. *OLG München* VersR 1967, 762 = NJW 1967, 1812.

Leipold XI/1996

Abs. 3 Nr. 2, während der Wortlaut der durch Verlesung oder Bezugnahme gestellten Anträge nicht in das Protokoll aufgenommen zu werden braucht.

2. Erklärung zu Protokoll

Die Antragstellung durch Erklärung zu Protokoll (d.h. durch Aufnahme des vollständigen Antragswortlauts in das Protokoll) ist nach Abs. 1 S. 3 dann zulässig, wenn der Vorsitzende sie gestattet. Die Gestattung liegt im **Ermessen des Vorsitzenden,** wobei Zweckmäßigkeitsgesichtspunkte, aber auch u.U. die Hilfestellung für eine anwaltlich nicht vertretene Partei entscheiden werden. Die Gestattung ist nicht auf das Verfahren vor dem Amtsgericht begrenzt. Das **Protokoll** ist vorzulesen oder zur Durchsicht vorzulegen, § 162 Abs. 1 S. 1, bei vorläufiger Aufzeichnung (§ 160 a) vorzulesen oder abzuspielen, § 162 Abs. 1 S. 2. 14

3. Fortwirkung der Anträge

Einmal wirksam gestellte Anträge brauchen in einem **späteren Termin** zur mündlichen Verhandlung grundsätzlich **nicht wiederholt zu werden**[16], auch nicht nach Richterwechsel (str.), näher → § 128 Rdnr. 38. Ebensowenig ist es erforderlich, die Anträge nach einer Beweisaufnahme zu wiederholen, → § 285 Rdnr. 1. 15

4. Verfahren ohne mündliche Verhandlung

Im **schriftlichen Verfahren** führt schon die Einreichung eines Schriftsatzes, der den Antrag enthält, zur Wirksamkeit des Antrags. Näher zum Prozeßstoff bei schriftlichem Verfahren → § 128 Rdnr. 87 ff., 119. Im Verfahren mit **fakultativer mündlicher Verhandlung** (→ § 128 Rdnr. 39 ff.) können Anträge ebenfalls schriftsätzlich (dann bedarf es der Einhaltung des § 297 nicht, auch wenn eine mündliche Verhandlung stattfindet) oder in einer anberaumten mündlichen Verhandlung (dann gemäß § 297) gestellt werden. Wird **nach Aktenlage entschieden** (§§ 251 a, 331 a), so werden auch lediglich schriftsätzlich gestellte Anträge wirksam, § 251 a Rdnr. 14. 16

IV. Verstöße

1. Unwirksamkeit des Antrags

In § 297 Abs. 5 aF war ausdrücklich gesagt, die Nichtbeachtung des § 297 habe die **Nichtberücksichtigung der Anträge** zur Folge. Daß diese Vorschrift durch die Einzelrichternovelle 1974 als überflüssig gestrichen wurde[17], ließ die Rechtslage unverändert. Soweit es wegen eines Verstoßes gegen § 297 an einem wirksam gestellten Antrag fehlt, darf der Antrag bei der Urteilsfällung nicht berücksichtigt werden[18]. Wenn das Klage- oder Widerklagebegehren bereits rechtshängig geworden ist, aber der erschienene Kläger bzw. Widerkläger (trotz gerichtlichen Hinweises, § 139) nicht bereit ist, den Antrag in der Form des § 297 zu stellen (oder eine Rücknahme der Klage bzw. Widerklage zu erklären), wird es am Verhandeln i.S. des § 333 fehlen, so daß der Kläger bzw. Widerkläger hinsichtlich des nicht wirksam gestellten Antrags als säumig zu behandeln ist[19]. 17

---

[16] *OLG München* FamRZ 1984, 407.
[17] Vgl. Begr. BT-Drucks. 7/2769, 11.
[18] *BGH* FamRZ 1970, 17, 18; *RG* JW 1928, 1491; 1936, 1125.
[19] Nach *BGH* FamRZ 1970, 17 ist nur über die Klage zu entscheiden (durch Teilurteil), wenn die Widerklage rechtshängig wurde, aber der Widerkläger in der mündlichen Verhandlung keinen Antrag gemäß § 297 stellt. Auf das weitere Schicksal der Widerklage geht der BGH nicht ein.

18 Der **in erster Instanz nicht verlesene** oder sonst wirksam gestellte **Antrag** macht, wenn er in der **Berufungsinstanz** verlesen wird, einen neuen Anspruch geltend[20].

19 Die Tatsache, daß die Verlesung aus Schriftsatz oder Protokollanlage oder die Bezugnahme erfolgt ist, wird **durch die Angabe im Protokoll** (§ 160 Abs. 3 Nr. 2) oder, bei Schweigen des Protokolls, durch den **Tatbestand** (§ 314) **erwiesen**, sondern nicht das Protokoll etwas Gegenteiliges besagt, → § 165 Rdnr. 13.

2. Heilung

20 Durch einen **Verzicht der Parteien** oder durch **Unterlassung der Rüge** bei der mündlichen Verhandlung über den fehlerhaft gestellten Antrag (§ 295) kann der Verstoß gegen § 297 ebenso **geheilt** werden wie ein Verstoß gegen den Grundsatz der Mündlichkeit, → § 128 Rdnr. 52[21]. Die Heilung kann unter den Voraussetzungen des § 295 innerhalb derselben Instanz erfolgen. Der Mangel kann aber auch nochist, aber der erschienene Kläger bzw. Widerkläger (trotz gerichtlichen Hinweises, § 139) nicht bereit ist, den Antrag in der Form des § 297 zu stellen (oder eine Rücknahme der Klage bzw. Widerklage zu erklären), wird es am Verhandeln i. S. des § 333 fehlen, so daß der Kläger bzw. Widerkläger hinsichtlich des nicht wirksam gestellten Antrags als säumig zu behandeln ist[19].

18 Der **in erster Instanz nicht verlesene** oder sonst wirksam gestellte **Antrag** macht, wenn er in der **Berufungsinstanz** verlesen wird, einen neuen Anspruch geltend[20].

19 Die Tatsache, daß die Verlesung aus Schriftsatz oder Protokollanlage oder die Bezugnahme erfolgt ist, wird **durch die Angabe im Protokoll** (§ 160 Abs. 3 Nr. 2) oder, bei Schweigen des Protokolls, durch den **Tatbestand** (§ 314) **erwiesen**, sofern nicht das Protokoll etwas Gegenteiliges besagt, → § 165 Rdnr. 13.

2. Heilung

20 Durch einen **Verzicht der Parteien** oder durch **Unterlassung der Rüge** bei der mündlichen Verhandlung über den fehlerhaft gestellten Antrag (§ 295) kann der Verstoß gegen § 297 ebenso **geheilt** werden wie ein Verstoß gegen den Grundsatz der Mündlichkeit, → § 128 Rdnr. 52[21]. Die Heilung kann unter den Voraussetzungen des § 295 innerhalb derselben Instanz erfolgen. Der Mangel kann aber auch noch **in der Rechtsmittelinstanz behoben** werden, wenn in der Vorinstanz über einen ohne Einhaltung des § 297 gestellten Antrag entschieden wurde und sich aus dem in der Rechtsmittelinstanz gestellten Antrag ergibt, daß der Antrag aus der ersten Instanz aufrechterhalten wird[22].

21 Dabei ist zu beachten, daß § 297 nur die *Verlesung* (bzw. Bezugnahme oder Erklärung zu Protokoll) von Anträgen betrifft. Ist ein Antrag *gestellt* worden, fehlt aber eine Verlesung, Bezugnahme oder Erklärung zu Protokoll, so kann Heilung des Mangels nach § 295 eintreten. Wenn ein Antrag aber **nicht einmal gestellt** wurde, kann dies nicht gelten. Bei fehlendem Antrag würde eine trotzdem ergehende Entscheidung den § 308 verletzen, und der Verstoß dagegen ist nicht nach § 295 heilbar, → § 295 Rdnr. 6. Wird ein **Antrag im Urteil berücksichtigt,** der **nicht gestellt** ist, so unterliegt das Urteil als gegen § 308 Abs. 1 verstoßend der Berufung (§ 539) bzw. der Revision[23], doch kann auch hier der Mangel noch in der Rechtsmit-

---

[20] *RGZ* 59, 397.
[21] *KG* FamRZ 1979, 140; *OLG Frankfurt* FamRZ 1982, 809, 812; *Rosenberg-Schwab-Gottwald*[15] § 68 I 2b; *MünchKommZPO-Prütting* Rdnr. 16; *Thomas-Putzo*[19] Rdnr. 3; *Baumbach-Lauterbach-Hartmann*[55] Rdnr. 17. – A.M. *RGZ* 136, 373; *RG* JW 1936, 1125; *A. Blomeyer* ZPR² § 33 III 3.
[22] *BGH* FamRZ 1981, 944; *OLG Frankfurt* FamRZ 1982, 809, 812.
[23] *BAGE* 23, 146, 148 = AP § 308 Nr. 1 (*E. Schumann*) = NJW 1971, 1332 (dazu *Kirchner* NJW 1971, 2158).

telinstanz behoben werden, wenn die Partei durch einen Antrag auf Zurückweisung des Rechtsmittels zum Ausdruck bringt, an dem (zunächst ohne Antrag) Zugesprochenen festhalten zu wollen, → § 308 Rdnr. 12.

V. Arbeitsgerichtliches Verfahren

Seit die ZPO keine Sonderregelung für das amtsgerichtliche Verfahren mehr enthält (→ Rdnr. 2), gilt § 297 auch im arbeitsgerichtlichen **Urteilsverfahren** in allen Instanzen, § 46 Abs. 2, § 64 Abs. 6, § 72 Abs. 5 ArbGG.   22

Im **Beschlußverfahren** erster und zweiter Instanz ist zwar die mündliche Verhandlung obligatorisch (→ § 128 Rdnr. 53), aber die Beteiligten können sich auch *schriftlich* äußern, § 83 Abs. 4 S. 1, § 90 Abs. 2 ArbGG. Daraus wird man folgern müssen, daß auch *lediglich schriftlich gestellte Anträge* (sowie in der ersten Instanz Anträge, die mündlich zur Niederschrift der Geschäftsstelle gestellt wurden, § 81 Abs. 1 ArbGG) zu berücksichtigen sind. Auch in der *Rechtsbeschwerdeinstanz* sind, da hier die mündliche Verhandlung lediglich fakultativ ist (→ § 128 Rdnr. 53), schriftsätzlich gestellte Anträge zu berücksichtigen, → Rdnr. 16.   23

§ 298 [Aufgehoben]

Gesetzesgeschichte: Bis 1900 § 270 CPO. Änderung RGBl. 1933 I 780. Aufgehoben durch G vom 20. XII. 1974, BGBl. I 3651 (Einzelrichternovelle, → Einl. [20. Aufl.] Rdnr. 154).

§ 298 Abs. 1 betraf die Feststellung wesentlicher Erklärungen durch Schriftsätze als Protokollanlage. Die Bestimmung wurde im Hinblick auf § 160 Abs. 4 gestrichen. § 298 Abs. 2 sah auf Antrag die Feststellung von Geständnissen und Erklärungen über Anträge auf Parteivernehmung durch Schriftsätze als Protokollanlage vor. Dafür gilt nunmehr § 160 Abs. 3 Nr. 3. Zur Begründung der Aufhebung s. BT-Drucks. 7/2769, 11.

§ 299 [Akteneinsicht, Erteilung von Ausfertigungen und Abschriften]

(1) **Die Parteien können die Prozeßakten einsehen und sich aus ihnen durch die Geschäftsstelle Ausfertigungen, Auszüge und Abschriften erteilen lassen.**

(2) **Dritten Personen kann der Vorstand des Gerichts ohne Einwilligung der Parteien die Einsicht der Akten nur gestatten, wenn ein rechtliches Interesse glaubhaft gemacht wird.**

(3) **Die Entwürfe zu Urteilen, Beschlüssen und Verfügungen, die zu ihrer Vorbereitung gelieferten Arbeiten sowie die Schriftstücke, die Abstimmungen betreffen, werden weder vorgelegt noch abschriftlich mitgeteilt.**

Gesetzesgeschichte: Bis 1900 § 271 CPO. Änderungen RGBl. 1927 I 175, 334, BGBl. 1974 I 469.

I. Normzweck	1	III. Das Akteneinsichtsrecht der Parteien		9
1. Einsichtsrecht der Parteien	1	1. Inhalt des Einsichtsrechts		9
2. Einsichtsrecht Dritter	2	2. Ausfertigungen, Auszüge		
II. Die Prozeßakten	3	und Abschriften		15
1. Inhalt	3	3. Parteistellung		17
2. Sonstige Urkunden	6	4. Prozeßkostenhilfeverfahren		18
3. Beigezogene Akten	7			

IV. Die Einsichtsbefugnis Dritter 20
 1. Einsichtgewährung ohne Einwilligung der Parteien 20
  a) Anspruch auf pflichtgemäße Ermessensausübung 20
  b) Rechtliches Interesse 21
  c) Abwägung mit dem Interesse der Parteien 22
  d) Offenbarungsversicherung 23
  e) Mitteilung und Veröffentlichung von Entscheidungen 23a
 2. Einsichtgewährung mit Einwilligung der Parteien 24
 3. Abschriften 25
 4. Gebühren 26
 5. Einsicht durch Behörden 27

V. Besondere Vorschriften 28
 1. Innerhalb der ZPO 28
 2. Außerhalb der ZPO 30
VI. Rechtsbehelfe 31
 1. Gegen Ablehnung von Parteianträgen (Abs. 1) 31
 2. Gegen Ablehnung von Anträgen Dritter (Abs. 2) 33
VII. Arbeitsgerichtliches Verfahren 34
 1. Einsichtsrecht der Parteien 34
 2. Ausfertigungen und Abschriften 35
 3. Einsichtgewährung an Dritte 36

I. Normzweck[1]

1. Einsichtsrecht der Parteien

1 Das Einsichtsrecht der Parteien (Abs. 1) in die Prozeßakten ist ein Teilstück des Anspruchs auf rechtliches Gehör, → vor § 128 Rdnr. 35a. Es muß sich daher auf alle schriftlichen Unterlagen erstrecken, die zu dem vom Gericht im Rahmen des konkreten Rechtsstreits zu würdigenden Prozeßstoff gehören. Ein Ausschluß des Einsichtsrechts in die vom Gericht zu verwertenden Akten würde gegen Art. 103 Abs. 1 GG verstoßen. Soweit daher der Einsichtgewährung (z. B. in beigezogene Akten) beachtliche rechtliche Hindernisse entgegenstehen, muß dies zur *Unverwertbarkeit* solcher Akten führen, → Rdnr. 13.

1a Eine gesetzliche Harmonisierung des § 299 mit den **Datenschutzgesetzen**[2] steht aus; das Einsichtsrecht der Parteien in die zu verwertenden Akten muß jedenfalls unberührt bleiben.

2. Einsichtsrecht Dritter

2 Das Einsichtsrecht Dritter (Abs. 2) besitzt dagegen keinen verfassungsrechtlichen Rang. Die *Öffentlichkeit* des Verfahrens (→ vor § 128 Rdnr. 114 ff.) bezieht sich nur auf die Verhandlung vor dem erkennenden Gericht (§ 169 GVG) und begründet kein Recht auf Einsicht in die Prozeßakten. Dementsprechend stellt Abs. 2 die Einsichtgewährung in das **Ermessen** des Vorstands des Gerichts und läßt sie nur zu, wenn der Dritte ein rechtliches Interesse an der Einsicht darlegen kann. Hier ist – anders als beim Einsichtsrecht der Parteien (Abs. 1) – eine **grundsätzlich großzügige Handhabung nicht gerechtfertigt**. Vielmehr steht das Interesse der Parteien, die schriftlichen Unterlagen über ihre privaten Angelegenheiten nicht gegenüber Dritten offenzulegen, als Teilstück des **Rechts auf informationelle Selbstbestimmung**[3] unter verfassungsrechtlichem Schutz. Dieses Recht ist sorgfältig zu beachten und mit dem geltend gemachten rechtlichen Interesse des Dritten abzuwägen[4], → Rdnr. 22.

---

[1] Lit.: *Hirte* Mitteilung und Publikation von Gerichtsentscheidungen NJW 1988, 1698; *Liebscher* Datenschutz bei der Datenübermittlung im Zivilverfahren (1994), 69 ff.; *Pardey* Informationelles Selbstbestimmungsrecht und Akteneinsicht NJW 1989, 1647; *Prütting* Datenschutz und Zivilverfahrensrecht in Deutschland ZZP 106 (1993), 427, 455; *Simotta* Datenschutz und Zivilverfahrensrecht in Österreich ZZP 106 (1993), 469, 490; *Uhlenbruck* Das Auskunfts- und Akteneinsichtsrecht im Konkurs- und Vergleichsverfahren KTS 1989, 527; *Wagner* Datenschutz im Zivilprozeß ZZP 108 (1995), 193.

[2] Dazu *Prütting* ZZP 106 (1993), 427, 455 ff. – Zum Entwurf eines Justizmitteilungsgesetzes → Fn. 72.

[3] Grundlegend *BVerfGE* 65, 1 = NJW 1984, 419 (Volkszählungsurteil).

[4] Dazu *Liebscher* (Fn. 1), 104 ff.; *Pardey* NJW 1989, 1647, 1651 (zu § 34 FGG).

II. Die Prozeßakten

1. Inhalt

Für jeden Rechtsstreit sind bei dem Prozeßgericht **besondere Akten anzulegen** (§§ 80 Abs. 1, 160 a Abs. 3, 213, 299 a, 544 Abs. 1, 566, 706 Abs. 1). Für die Führung und Aufbewahrung der Akten sind die Dienstvorschriften der Justizverwaltung maßgebend[5].

Zu den Prozeßakten gehören insbesondere die bei Gericht eingereichten vorbereitenden und bestimmenden **Schriftsätze** (→ § 133 Rdnr. 1), die **Protokolle** nebst den Anlagen (§§ 159, 160, 297) und den vorläufigen Aufzeichnungen (§ 160 a Abs. 3), die **Urschriften der Urteile, Beschlüsse und Verfügungen** (nicht aber die **Entwürfe** dazu, sowie Voten und die sonstigen in Abs. 3 bezeichneten Schriftstücke[6]), ferner sonstige amtliche Schriftstücke, z. B. die dienstliche Äußerung im Falle der Ablehnung durch eine Partei, § 44[7] (zum rechtlichen Gehör → § 44 Rdnr. 2), die Urkunden über **Zustellungen** von Amts wegen und öffentliche Zustellungen usw.[8] § 299 gilt auch für **Zwangsvollstreckungs-**, insbesondere **Zwangsversteigerungsakten**[9]. Zum **Konkurs** → Rdnr. 17a.

Das Einsichtsrecht erstreckt sich auch auf die Begründung einer **Selbstablehnung**, die heute nicht mehr als innere Angelegenheit des Gerichts angesehen werden kann, → vor § 128 Rdnr. 21c, → § 48 Rdnr. 4.

Gerichtsinterne Aufzeichnungen, die *versehentlich* zu den Akten gelangen, werden dadurch *nicht* zum Aktenbestandteil[10].

Soweit im Verfahren der einstweiligen Verfügung die Einreichung einer **Schutzschrift** bereits vor Stellung des Verfügungsantrags gestattet wird (→ § 937 Rdnr. 7), muß das Gericht bereits Verfahrensakten für das Verfügungsverfahren anlegen und dem Gegner (jedem künftigen Antragsteller, dessen Antrag die Schutzschrift zuzuordnen wäre) Einsicht entsprechend Abs. 1 (zumindest aber entsprechend Abs. 2) gewähren[11], obwohl noch kein vollwertiges Prozeßrechtsverhältnis begründet ist.

2. Sonstige Urkunden

Nicht zu den Prozeßakten gehören dagegen die zu den Akten gegebenen **Handelsbücher** oder sonstigen **Urkunden**[12], außer der Vollmacht (§ 80), da diese Urkunden wieder an die Partei zurückzugeben sind, → § 142 Rdnr. 6. Wenn aber diese Urkunden im Prozeß, insbesondere als Beweismittel, verwertet werden sollen, so steht den Parteien (solange sich die Urkunden beim Gericht befinden) auch das **Recht auf Einsicht** zu, gleich ob man dies aus einer analogen Anwendung des § 299 Abs. 1 oder unmittelbar aus dem Anspruch auf rechtliches

---

[5] S. dazu die AktenO v. 28.XI.1934, die in den Bundesländern ergänzt und abgeändert wurde, → § 133 Fn. 1. Zu den Justizverwaltungsvorschriften über die Aufbewahrung der Akten nach Beendigung des Rechtsstreits → § 299 a Rdnr. 2.

[6] Zur Rechtfertigung dieser Regelung *Sendler* Festschr. f. Lerche (1993), 833, 844. – Derartige Schriften dürfen auch nicht später, z. B. zur Beurteilung der Erfolgsaussichten des Prozesses in einem späteren Haftungsprozeß gegen den Anwalt, herangezogen werden, RGZ 154, 47.

[7] *OLG Hamburg* OLG Rsp 15 (1907), 129.

[8] Vgl. *OLG Rostock* OLG Rsp 1 (1900), 94 f.

[9] *OLG Köln* KTS 1991, 204. → auch Fn. 59.

[10] *OLG Karlsruhe* Justiz 1981, 482 (zu § 147 Abs. 1 StPO).

[11] Ebenso im Ergebnis *May* Die Schutzschrift im Arrest- und Einstweiligen-Verfügungs-Verfahren (1983), 100; *Marly* BB 1989, 770; *Dunkl* in *Dunkl/Moeller/Baur/Feldmeier/Wetekamp*, Hdb. des vorläufigen Rechtsschutzes² (1991), Teil A, Rdnr. 554. – A.M. *Hilgard* Die Schutzschrift im Wettbewerbsrecht (1985), 46; *Willikonsky* BB 1987, 2013, 2015; *Liebscher* (Fn. 1), 92 ff.; *Prütting* ZZP 106 (1993), 427, 458; *MünchKommZPO-Prütting* Rdnr. 28.

[12] RG JW 1893, 197; KG OLG Rsp 9 (1904), 103 (Handakten eines Zeugen); ferner *OLG Kassel* ZZP 44 (1914), 272. S. auch *RG* SeuffArch 61 (1906), 36 (Klagewechsel nicht Teil der Akten). Wegen der Rückgabe → § 142 Rdnr. 6.

Gehör (→ vor § 128 Rdnr. 35a) herleiten will. Zur Einsicht in die gemäß § 134 **niedergelegten Urkunden** → § 134 Rdnr. 6 f.

3. Beigezogene Akten

7   Auch **beigezogene Akten anderer Prozesse** oder aus Verfahren der freiwilligen Gerichtsbarkeit, Strafakten sowie Akten von Verwaltungsbehörden werden nicht zum dauernden Bestandteil der Prozeßakten. Dennoch können die Parteien verlangen, daß ihnen beigezogene Akten zur Kenntnisnahme vorgelegt werden; denn wenn diese Akten im Prozeß verwertet werden sollen, müssen sich die Parteien auch über den Inhalt informieren können. Jedoch läßt sich das *Recht zur Einsicht* nicht allein aus § 299 herleiten, da sich diese Vorschrift nur auf die *eigenen* Akten des Prozeßgerichts bezieht[13]. Soweit daher der Einsichtnahme rechtliche Hindernisse entgegenstehen, müssen die beigezogenen Akten unverwertet bleiben, → Rdnr. 13.

8   Zum **Prozeßkostenhilfeverfahren** → Rdnr. 18.

III. Das Akteneinsichtsrecht der Parteien

1. Inhalt des Einsichtsrechts

9   In bezug auf die Prozeßakten haben die Parteien nach Abs. 1 ein **uneinschränkbares Recht auf Einsicht**[14], das sie auch im Anwaltsprozeß *selbst* oder durch beliebige *Bevollmächtigte* (§§ 79, 83 Abs. 2) ausüben können. Die Parteien können sich bei der Akteneinsicht Auszüge und Abschriften *selbst anfertigen*[15]. Wird die Akteneinsicht gewährt, so bedarf es keines besonderen Beschlusses. Auf einen schriftlichen Antrag empfiehlt sich eine klarstellende Antwort, wenn der Antragsteller nicht anwaltlich vertreten ist[16].

10 Auf **Vorlegung an einem anderen Ort** haben sie keinen Anspruch[17], ebensowenig auf Mitgabe in die Wohnung[18] (weitergehend § 147 Abs. 4 StPO – Soll-Vorschrift). Der Anspruch geht grundsätzlich nur dahin, die Akten **in den Diensträumen der aktenführenden Behörde** einzusehen. Doch kann die Abgabe in die Wohnung oder Kanzlei, besonders Anwälten, **bewilligt** werden. Die Anordnung der Abgabe oder Versendung steht im **pflichtgemäßen Ermessen** des um sie angegangenen Vorsitzenden[19]. Dies gilt auch für die Aushändigung der Konkursakten an den Konkursverwalter[20]. Die Aktenaushändigung *grundsätzlich* zu versagen, entspricht nicht dem Zweck des eingeräumten Ermessens[21]. Das schließt aber nicht aus,

---

[13] *BGH* NJW 1952, 305 = LM Nr. 1 = ZZP 65 (1952), 271; *OLG München* HRR 1936 Nr. 568; vgl. auch *RG* SeuffArch 56 (1901), 206; JW 1904, 67. – Zu beigezogenen Konkursakten *LG Hannover* KTS 1984, 499 (LS mit Anm. *v. Jagow*) (kein Einsichtsrecht des klagenden Gläubigers in Geschäftsbücher).

[14] Eine Interessenabwägung mit dem Ziel einer Beschränkung des Einsichtsrechts kommt hier nicht in Betracht. Ebenso *Prütting* ZZP 106 (1993), 427, 456. – A. M. *Wagner* ZZP 108 (1995), 193, 218.

[15] *OLG Celle* OLG Rsp 29 (1914), 180.

[16] Vgl. *OLG Köln* OLGZ 1987, 203 = MDR 1986, 858 (Antrag eines Rechtsanwalts braucht nicht beantwortet zu werden).

[17] *BGH* LM Nr. 3 = NJW 1961, 559 = MDR 1961, 303 = ZZP 74 (1961), 283; *OLG Nürnberg* BayJMBl 1959, 116 = JVBl 1959, 257; *OLG Colmar* OLG Rsp 25 (1912), 96; a. M. *Schneider* ZZP 74 (1961), 288.

[18] *OLG Stuttgart* MDR 1958, 43 (LS) = AnwBl 1958, 95.

[19] *BGH* LM § 299 Nr. 3 (Fn. 17); *OLG Hamm* NJW 1990, 843; FamRZ 1991, 93; *LG Bonn* Rpfleger 1993, 354; *OLG Schleswig-Holstein* Rpfleger 1976, 108 = SchlHA 1976, 28. Geschäftspapiere, die eine Partei zu den Prozeßakten vorgelegt hat, dürfen nur mit deren Zustimmung der anderen Partei zur Einsichtnahme auf der Kanzlei ihres Prozeßbevollmächtigten überlassen werden, *OLG Stuttgart* BB 1962, 614 (LS). – Zur Ausübung des Ermessens ausführlich *E. Schneider* MDR 1984, 108, 110; *ders.* Rpfleger 1987, 426; *Pawlita* AnwBl 1986, 1.

[20] Vgl. *LG Hagen* Rpfleger 1987, 427 (*E. Schneider*).

[21] Vgl. *OLG Frankfurt* JurBüro 1989, 867; *LAG Hamm* NJW 1974, 1920 = MDR 1974, 874. Für eine großzügige Ermessensausübung *OLG Hamm* FamRZ 1991, 93.

zu berücksichtigen, ob der Geschäftsgang durch die Versendung der Akten im konkreten Fall behindert wird[22]. Auch darf das Gericht bei der Ermessensausübung die *Gefahr des Verlustes* unersetzlicher Akten[23] ebenso berücksichtigen wie eine in anderen Fällen zutage getretene *Unzuverlässigkeit* des Rechtsanwalts bei der rechtzeitigen Rückgabe der Akten[24]. Es können auch Teile der Akten (z. B. Beweisurkunden) von der Herausgabe *ausgenommen* werden (vgl. § 147 Abs. 4 S. 1 StPO). Für die Rückgabe kann eine Frist bestimmt werden. – Zur Offenbarungsversicherung (Vermögensverzeichnis) → Rdnr. 23.

Die Gewährung der Einsichtnahme ist **gebührenfrei**. 11

Werden **Gerichts- oder Verwaltungsakten beigezogen**, so besteht das Einsichtsrecht ohne 12
weiteres dann, wenn die Partei auch innerhalb des anderen Verfahrens (aus dem die Akten stammen) das Einsichtsrecht hätte, z. B. wenn es um Akten aus einem anderen Zivilprozeß geht, an dem die Partei ebenfalls als solche beteiligt ist. Im übrigen wird in der Übersendung der Akten auf gerichtliche Anforderung (die eine Angabe des Zwecks enthält) im allgemeinen die **stillschweigende Zustimmung** der übersendenden Behörde bzw. des übersendenden Gerichts liegen, den Parteien Einsicht zu gewähren[25]. Ob die übersendende Behörde ihrerseits dazu berechtigt ist, hat diese zunächst selbst zu prüfen, → Rdnr. 27. Bestehen daran im Hinblick auf rechtliche Vorschriften oder auf die Natur der Akten Bedenken, sollte vor Einsichtgewährung rückgefragt werden.

Werden von einer Behörde oder einem anderen Gericht auf Ersuchen des Prozeßgerichts 13
Akten **mit der Bemerkung übersandt**, daß den Parteien in diese **keine Einsicht** gewährt werden dürfe, so kann sich das Prozeßgericht über die Anordnung der über die Akten verfügungsberechtigten Behörde nicht hinwegsetzen[26]. Damit ist aber dem Gericht zugleich **verwehrt**, diese Akten zum Gegenstand der Verhandlung und Entscheidung zu machen, da andernfalls die Entscheidung unter Verletzung des Rechts auf Gehör (Art. 103 Abs. 1 GG, → vor § 128 Rdnr. 35a) zustande kommen würde[27]. Um in solchen Fällen auch nur den Schein einer grundrechtswidrigen Einsichtnahme und Verwertung durch das Gericht zu vermeiden, empfiehlt sich die sofortige **Rücksendung der Akten,** in die keine Akteneinsicht gewährt werden darf; diese Akten sind angesichts des Verwertungsverbotes ohne Wert für das Gericht.

Dasselbe hat zu gelten, wenn ein **Dritter** dem Prozeßgericht **freiwillig schriftliche Unterlagen überläßt**, aber die **Einsichtnahme durch die Parteien verbietet**. Legen die **Parteien selbst** 14
Urkunden usw. vor, so schließt der Zusatz, dem Gegner dürfe keine Einsicht gewährt werden, ebenfalls die **Verwertung** aus[28]. Ob dies selbst dann gilt, wenn sich der Gegner mit der Verwertung der ihm nicht zugänglichen Unterlagen einverstanden erklärt[29], erscheint allerdings zweifelhaft.

---

[22] *OLG Hamm* NJW 1990, 843, 844.
[23] *OLG Schleswig-Holstein* Rpfleger 1976, 108 (Fn. 19).
[24] *OLG Düsseldorf* MDR 1987, 768; *E. Schneider* MDR 1984, 108, 110.
[25] Vgl. *E. Schneider* MDR 1984, 108, 109.
[26] *BGH* LM Nr. 1 (Fn. 13); *LG Lübeck* SchlHA 70, 115.
[27] Zur Unverwertbarkeit von Urkunden, die den Parteien nicht zugänglich gemacht wurden, vgl. *BGH* LM Nr. 1 (Fn. 13); *E. Schneider* MDR 1984, 109; *Baumbach-Lauterbach-Hartmann*[55] Rdnr. 10; *Zöller-Greger*[20] Rdnr. 3; *Thomas-Putzo*[19] Rdnr. 6.

[28] A.M. wohl *OLG Hamburg* MDR 1960, 501 (zum damaligen Armenrechtsverfahren). Das Gericht verneinte ein Einsichtsrecht in die Krankengeschichte, die von einem Krankenhaus mit der Maßgabe übersandt worden war, das Gericht dürfe der Gegenpartei nur die wesentlichen Punkte daraus mitteilen. Nach der hier vertretenen Ansicht folgt daraus die Unverwertbarkeit der Unterlagen.
[29] *OLG Düsseldorf* GRUR 1956, 386 (zu den Grundlagen der Streitwertfestsetzung).

2. Ausfertigungen, Auszüge und Abschriften

15 Die **Parteien** haben daneben ein uneinschränkbares **Recht** darauf, daß ihnen auf ihren Antrag, der ebenfalls nicht dem Anwaltszwang unterliegt, → § 78 Rdnr. 23[30], und bei dem, soweit ein Rechtsanwalt auftritt, eine Vollmacht nicht nachzuweisen ist, → § 88 Rdnr. 4f., die Geschäftsstelle **Ausfertigungen** (→ § 170 Rdnr. 7ff.), *Auszüge* und *Abschriften*, auch beglaubigte[31], erteilt. Ein *Interesse* brauchen die Parteien, im Gegensatz zu Abs. 2, nicht darzulegen[32], außer wenn sie Abschriften in größerer Zahl, die sie sich selbst herstellen könnten[33], oder wenn sie mehr als einfache Abschriften, insbesondere Ausfertigungen, verlangen[34].

16 Die Anfertigung von Abschriften usw. kann von vorheriger **Zahlung** eines die **Auslagen** (insbes. die Schreibauslagen, Kostenverzeichnis zum GKG Nr. 9000) deckenden Betrages abhängig gemacht werden, § 64 Abs. 2 GKG, sofern nicht der Partei Prozeßkostenhilfe bewilligt wurde[35].

16a Ein **allgemeines Ersuchen der Rechtsanwälte** eines Gerichtsbezirks, ihnen in den Sachen, an denen sie beteiligt sind, jeweils Abschriften verkündeter Entscheidungen in vollständiger Form mitzuteilen, ist zulässig[36].

3. Parteistellung

17 Darüber, wer Partei ist, → vor § 50 Rdnr. 1ff., 7ff. Abzulehnen ist die Ansicht, die Parteien seien **nach Rechtskraft** des Urteils als Dritte anzusehen[37]. Abs. 1 ist nicht zu entnehmen, daß die Parteien nach Abschluß des Verfahrens hinsichtlich des Akteneinsichtsrechts schlechter gestellt sein sollen als vorher. Dieses Ergebnis ist auch im Hinblick auf eine spätere Wiederaufnahmeklage, vollstreckungsrechtliche Maßnahmen oder eine Verfassungsbeschwerde unabweislich. Zum Verfahren der eidesstattlichen Versicherung → Rdnr. 23. – Der Partei steht der **Streitgehilfe** gleich, nicht dagegen eine Person, die, durch Streitverkündung, Rechtsnachfolge usw. veranlaßt, in den Prozeß erst eintreten will.

17a Im eröffneten **Konkurs** (Anwendung des § 299 über § 72 KO) steht das Recht neben dem Konkursverwalter (zur Aktenaushändigung → Rdnr. 10) allen Konkursgläubigern und dem Gemeinschuldner zu[38]. Wird die Konkurseröffnung mangels Masse abgelehnt, so ist das Einsichtsrecht derer, die im Konkurs als Konkursgläubiger beteiligt gewesen wären, nach Abs. 2 zu beurteilen und im Regelfall zu bejahen[39].

---

[30] *OLG Celle* SeuffArch 48 (1983), 225; *OLG Breslau* OLG Rsp 1 (1900), 414.
[31] *OLG Dresden* SächsAnn 26, 354.
[32] Der Antrag kann aber in seltenen Ausnahmefällen rechtsmißbräuchlich sein, vgl. *RG* JW 1927, 1311.
[33] *RG* JW 1900, 565; 1901, 120f.
[34] *OLG Hamburg* OLG Rsp 15 (1907), 130; *KG* OLG Rsp 27 (1913), 83, KGBl 15, 105.
[35] RGZ 7, 341; *RG* JW 1907, 42; jedoch gilt auch hier das Ermessen hinsichtlich der Zahl (oben Fn. 33); *RG* JW 1906, 88.
[36] Vgl. BVerfGE 9, 109 (die Monatsfrist zur Erhebung der Verfassungsbeschwerde wird aber durch ein derartiges allgemeines Ersuchen nicht nach § 93 Abs. 1 S. 3 BVerfGG unterbrochen).
[37] Wie hier AKZPO-Deppe-Hilgenberg Rdnr. 3; dieser Ansicht zuneigend auch *OLG Köln* KTS 1990, 133, 135 = ZIP 1990, 876. – A.M. *OLG Colmar* OLG Rsp 25 (1912), 96; *Wieczorek*[2] A 1; *E. Schneider* MDR 1984, 108, 109.
[38] So auch *KG* ZZP 20 (1894), 492; JW 1915, 804; *Uhlenbruck* KTS 1989, 527, 536; *Jaeger-Weber* KO[8] § 124 Rdnr. 4; *Kilger-K. Schmidt* KO[16] § 124 Anm. 7 (aber keine Offenlegung der Geschäftsbücher des Schuldners); im Ausgangspunkt auch *LG Magdeburg* Rpfleger 1996, 364 zur GesO, das aber Sachverständigengutachten zur Feststellung des Eröffnungsgrundes als »Beiakte« nach Abs. 3 ansieht und damit vom Einsichtsrecht ausnimmt; restriktiv auch *LG Magdeburg* Rpfleger 1996, 523 (keine Aktenübersendung; Abschriften nur, soweit der Geschäftsstelle zumutbar). *Haarmeyer-Seibt* Rpfleger 1996, 221, 224 wollen das Einsichtsrecht nur den Gläubigern titulierter oder zur Tabelle festgestellter Forderungen zubilligen und es auf die Teile der Akte begrenzen, hinsichtlich derer ein unmittelbares rechtliches Interesse besteht. – Zu den Grenzen des Rechts des Konkursgläubigers auf Einsicht in die Protokolle des Gläubigerausschusses *LG Darmstadt* ZIP 1990, 1424. – Zur Einsicht in beigezogene Konkursakten → Fn. 13.
[39] *OLG Köln* KTS 1989, 439 = MDR 1988, 502. – Dazu *Heil* Akteneinsicht und Auskunft im Konkurs (unter besonderer Berücksichtigung des Eröffnungsverfahrens) (1995); besprochen durch *Henckel* ZZP 109 (1996), 250; *Smid* NJW 1996, 3404. Für restriktive Handhabung *Haarmeyer-Seibt* Rpfleger 1996, 221, 227.

4. Prozeßkostenhilfeverfahren

Die **Akten des Prozeßkostenhilfeverfahrens** sind von den Akten des *Rechtsstreits* selbst 18 (den Prozeßakten) zu unterscheiden. Da aber dem **Gegner** nach § 118 Abs. 1 S. 1 im Regelfall Gelegenheit zur Stellungnahme zu den **Erfolgsaussichten** der beabsichtigten Rechtsverfolgung oder -verteidigung zu geben ist, muß ihm auch die Möglichkeit offenstehen, sich durch **Akteneinsicht** über die Angaben des Antragstellers zu *dieser* Voraussetzung der Gewährung von Prozeßkostenhilfe zu informieren[40]. Der Gegner ist aber ohne Zustimmung der antragstellenden Partei **nicht berechtigt**, auch in die **Erklärung des Antragstellers** über die **persönlichen und wirtschaftlichen Verhältnisse** und die dazu eingereichten Belege (§ 117 Abs. 2 S. 1) Einsicht zu nehmen. Dies ist nunmehr – in Übereinstimmung mit der bisherigen höchstrichterlichen Rechtsprechung[41] – in § 117 Abs. 2 S. 2[42] ausdrücklich klargestellt.

Das Einsichtsrecht nach Abs. 1 steht im Prozeßkostenhilfeverfahren auch dem **Bezirksrevi-** 19 **sor** zu[43].

IV. Die Einsichtsbefugnis Dritter

1. Einsichtgewährung ohne Einwilligung der Parteien

a) Anspruch auf pflichtgemäße Ermessensausübung

Dritten Personen, d.h. allen, die nicht Parteien in dem bei Rdnr. 17 bemerkten Sinne sind, 20 kann die Einsicht der Akten vom **Vorstand des Gerichts** gewährt werden, Abs. 2. Das ist bei den Amtsgerichten der mit der Dienstaufsicht betraute Richter, bei den Kollegialgerichten der Präsident. Der Gerichtsvorstand wird dabei **als Organ der Justizverwaltung tätig** und untersteht den Weisungen seiner vorgesetzten Dienststellen. Abs. 2 greift in diese Verwaltungsangelegenheiten nur insofern ein, als er bestimmt, daß auch ohne Einwilligung der Parteien die Einsicht gewährt werden darf, wenn der Dritte ein rechtliches Interesse[44] (→ § 66 Rdnr. 12) glaubhaft macht (§ 294), d.h. daß bei vorhandenem rechtlichen Interesse des Dritten der Widerspruch einer Partei der Erlaubnis nicht entgegensteht. Dagegen gibt Abs. 2 bei Vorhandensein der genannten Voraussetzungen dem Dritten **nicht** positiv **ein Anrecht auf Einsicht** (vgl. »kann« in Abs. 2), sondern nur einen Anspruch auf pflichtgemäße Ermessensausübung[45]. Andererseits ist nicht ausgeschlossen, daß aufgrund anderer Bestimmungen als § 299 ein Einsichtsrecht besteht.

b) Rechtliches Interesse

Ein **rechtliches Interesse** i.S.d. Abs. 2 wird im allgemeinen nur bejaht werden können, 21 wenn ein rechtlicher Bezug zum Gegenstand des Prozesses besteht, nicht dagegen, wenn es darum geht, aus den Akten tatsächliche Informationen zur Durchsetzung eigener, mit dem Streitstoff nicht zusammenhängender Ansprüche zu gewinnen, z.B. Angaben über die wirtschaftliche Situation einer Partei als Grundlage für eine Anfechtungsklage[46]. Wird aber der

---

[40] *BGHZ* 89, 65, 67 = NJW 1984, 740. – Gegen ein Recht auf Gehör *Bork* → § 118 Rdnr. 8 ff.
[41] *BGHZ* 89, 65 (Fn. 40). Diese Ansicht verstößt nicht gegen das Recht auf Gehör, *BVerfG* NJW 1991, 2078. – Näher zum bisherigen Streitstand → § 118 Rdnr. 9 f.
[42] Angefügt durch PKHÄndG v. 10.X.1994, BGBl. I 2954.

[43] *OLG Karlsruhe* Rpfleger 1988, 424 = JurBüro 1988, 1226 (das Einsichtsrecht erstreckt sich auch auf die Prozeßakten).
[44] Vgl. *BGHZ* 4, 325.
[45] *KG* OLGZ 1976, 158 = NJW 1976, 1326 = MDR 1976, 585.
[46] *KG* NJW 1988, 1738.

Dritte (sei es auch im Ausland) von einer Prozeßpartei aus demselben Sachverhalt auf Schadensersatz in Anspruch genommen, so ist das rechtliche Interesse zu bejahen[47].

21a   Auch zu **wissenschaftlichen Zwecken** (z. B. Aktenauswertung im Rahmen der Rechtstatsachenforschung) kann die Einsicht gewährt werden[48].

c) Abwägung mit dem Interesse der Parteien

22   Bei Prozessen, die aus Gründen des **Parteiinteresses** unter Ausschluß der Öffentlichkeit verhandelt werden (→ vor § 128 Rdnr. 117ff.), besteht schon kraft der gesetzgeberischen Wertung ein erhöhtes Recht der Parteien, daß die vorgetragenen Tatsachen dritten Personen nicht zugänglich gemacht werden. Dennoch kann bei Bestehen eines rechtlichen Interesses u. U. auch in die Akten eines Eheprozesses Einsicht gewährt werden[49]. Das rechtliche Interesse eines Dritten muß jedoch stets (und ganz besonders bei den Prozessen, die nichtöffentlich verhandelt werden) **mit dem Interesse der Parteien an der Nichtoffenlegung** ihrer Angelegenheiten **abgewogen** werden, wobei auch verfassungsrechtliche Wertungen (Schutz des Anspruchs auf Menschenwürde, Art. 1 Abs. 1 GG, freie Entfaltung der Persönlichkeit, insbes. Recht auf informationelle Selbstbestimmung [→ Rdnr. 2], Art. 2 Abs. 1 GG) zu beachten sind[50]. So hat etwa (ohne Einwilligung der Parteien) die Zusendung von Ehescheidungsakten an Personaldienststellen der Bundeswehr[51] oder anderer Behörden zu unterbleiben, ebenso die Übersendung an das Finanzamt oder an das Finanzgericht[52] (zum Einsichtsrecht von Behörden → Rdnr. 27). Die Aktenübersendung an eine Eheberatungsstelle ist ohne Einwilligung der Parteien nicht zulässig, → § 614 Rdnr. 18.

d) Offenbarungsversicherung

23   Anderen Vollstreckungsgläubigern, die durch § 903 gehindert sind, ihrerseits die Abgabe der **Offenbarungsversicherung** zu verlangen, ist ein Recht auf Einsicht in das Vermögensverzeichnis entsprechend Abs. 1 zuzubilligen[53], → § 903 Rdnr. 3. Zu den **Gebühren** → Rdnr. 26. Das Einsichtsrecht bezieht sich aber nur auf die Offenbarungsversicherung, nicht auf die gesamte Akte[54], so daß eine Versendung der Akte (die im Ermessen des Gerichts steht, → Rdnr. 10) hier in der Regel nicht in Betracht kommen wird[55]. Als Rechtsbehelf ist der Weg nach Art. 23 EGGVG gegeben[56], → Rdnr. 33, da es sich ungeachtet der analogen Anwendung des Abs. 1 um Einsichtsgewährung an Dritte handelt. Gläubiger, die nicht im Besitz eines Vollstreckungstitels sind, können dagegen nur nach Maßgabe des Abs. 2 die Einsicht erlangen,

---

[47] *OLG Hamburg* OLGZ 1988, 51.
[48] Vgl. (ohne abschließende Stellungnahme) *KG* OLGZ 1976, 158, 161 (Fn. 45).
[49] Etwa für den Gläubiger, der den Anspruch auf Unterhalt und Zugewinn hat pfänden lassen, *OLG Schleswig* JurBüro 1989, 860. – Zu weitgehend *LG Dortmund* NJW 1950, 508, → Fn. 51.
[50] Vgl. *BVerfGE* 27, 374 = NJW 1970, 555 (dazu *Becker* NJW 1970, 1075): Die Übersendung der Akten eines Ehescheidungsverfahrens an den Untersuchungsführer in einem Disziplinarverfahren ist ohne Einverständnis der Ehegatten nur zulässig, wenn dies im überwiegenden Interesse der Allgemeinheit unter strikter Wahrung des Verhältnismäßigkeitsprinzips gerechtfertigt ist.
[51] So zu Recht die Glosse in NJW 1956, 1869 zu einer Verfügung des Präsidenten des *OLG Bremen* vom 2.X.1956; abzulehnen *LG Dortmund* NJW 1950, 508, das

die Zusendung von Scheidungsakten an die Oberpostdirektion zuließ, die daraufhin dem (nach damaligem Scheidungsrecht) schuldigen Ehegatten kündigte, → auch Fn. 70.
[52] Zutr. *OLG Köln* NJW 1994, 1075 = Familie und Recht 1994, 104 (krit. *Niemeyer*) = FamRZ 1995, 751.
[53] *KG* NJW 1989, 534; *OLG Hamm* NJW 1990, 843; *OLG Frankfurt* MDR 1989, 465; *OLG Bamberg* JurBüro 1989, 1746 (*Mümmler*); *LG Köln* Rpfleger 1989, 334; *Wagner* ZZP 108 (1995), 193, 207f.; *MünchKommZPO-Eickmann* § 915 Rdnr. 11. – Für Anwendung des Abs. 2 dagegen *OLG Schleswig* MDR 1990, 254; *LG Mönchengladbach* NJW 1989, 3164.
[54] A.M. → § 903 Rdnr. 3 (*Münzberg*) mit umfassenden Nachweisen.
[55] Dazu im einzelnen → § 903 Rdnr. 3 mit Nachweisen.
[56] *OLG Düsseldorf* JurBüro 1993, 550.

wobei im allgemeinen das Interesse des Schuldners, seine Vermögensverhältnisse nicht zu offenbaren, den Vorrang verdienen wird[57]. Zu weitgehend erscheint es, dem Gläubiger der Ehefrau des Schuldners Einsicht in das Vermögensverzeichnis des Ehemanns zu gewähren, um feststellen zu können, ob der Ehefrau ein pfändbarer Taschengeldanspruch zusteht[58]. Vom besonderen Fall der Offenbarungsversicherung abgesehen wird das (in erster Linie wirtschaftliche) Interesse eines anderen Gläubigers im allgemeinen die Einsicht in Akten eines Zwangsvollstreckungsverfahrens nicht rechtfertigen[59].

e) Mitteilung und Veröffentlichung von Entscheidungen

Von der Einsicht in die Prozeßakten ist die Frage zu unterscheiden, unter welchen Voraussetzungen Dritten die **Kenntnis von ergangenen Entscheidungen,** insbesondere **Urteilen,** in der Form zu gewähren ist, daß die Namen der Beteiligten und die sonstigen konkreten Bezeichnungen **unleserlich gemacht** (geschwärzt) werden. Hier kann das Geheimhaltungsinteresse der Parteien eher hinter dem Informationsbedürfnis Dritter zurücktreten als bei der Gewährung von Akteneinsicht. Dementsprechend werden Entscheidungen von allgemeinem Interesse durch die Pressestellen der Gerichte in dieser Form auch von Amts wegen bekanntgegeben[60]. Auch sind die beteiligten Richter (kraft Gewohnheitsrechts) befugt, die von ihnen erlassenen Entscheidungen (ohne die konkreten Angaben) zu wissenschaftlichen Zwecken zu veröffentlichen[61]. Auf eine Angabe der Namen der Parteien oder anderer Beteiligter ist dabei im Interesse des Persönlichkeitsschutzes zu verzichten[62]. Die abweichende Praxis ausländischer Gerichte und des EuGH sollte nicht zum Vorbild genommen werden.

23a

Bei der **Auswahl der Publikationsorgane** darf nach fachwissenschaftlichen Gesichtspunkten differenziert werden[63]. Grundsätzlich ist den Fachzeitschriften aber ein Anspruch auf Gleichbehandlung bei der Belieferung mit Gerichtsentscheidungen zuzubilligen[64]; denn von einer Privatangelegenheit der Richter kann hier nicht die Rede sein.

23b

Analog Abs. 2 wird der Gerichtsvorstand bei Vorliegen eines berechtigten Interesses nach pflichtgemäßem Ermessen zu entscheiden haben, ob einem **Dritten** die Einsicht in die »geschwärzte« Entscheidung zu gewähren bzw. ihm eine Abschrift zu überlassen ist. Es können aber hier an das »berechtigte Interesse« geringere Anforderungen gestellt werden als bei der Gewährung der Akteneinsicht und es wird hier eher in Betracht kommen, daß sich der Anspruch auf pflichtgemäße Ermessensausübung zu einem **Recht auf Kenntnisnahme** verdichtet, so etwa wenn ein Rechtsanwalt die Kenntnis eines bestimmten Urteils für die Rechtsberatung in einem ähnlich gelagerten Fall benötigt[65]. Auch einem Antrag auf Überlassung einer anonymisierten Urteilsabschrift zum Zweck der Veröffentlichung und Besprechung der Entscheidung ist im Regelfall stattzugeben[66].

23c

---

[57] KG NJW 1989, 534. – BGH NJW 1990, 841 entschied die Frage nicht.
[58] A.M. OLG Hamm NJW 1989, 533.
[59] So OLG Köln KTS 1991, 204 (zur Grundstückszwangsversteigerung). – Gegen eine Verpflichtung des Gerichts, einem Dritten Auskunft über die Höhe des Meistgebots zu erteilen, OLG Frankfurt OLGZ 1992, 285 = Rpfleger 1992, 267 (krit. Meyer-Stolte).
[60] OLG München OLGZ 1984, 477, 480; Kissel GVG[2] § 12 Rdnr. 71.
[61] Vgl. OLG München OLGZ 1984, 477, 481 f.; OVG Berlin NJW 1993, 675; Kissel GVG[2] § 12 Rdnr. 70. Zur urheberrechtlichen Schutzfähigkeit von Leitsätzen BGH NJW 1992, 1316; Fischer NJW 1993, 1228.
[62] Ebenso Liebscher (Fn. 1), 122 ff., 134 (auch im Hinblick auf das BDSG). Weniger strikt Hirte NJW 1988, 1698, 1702 ff., der für eine Interessenabwägung eintritt.
[63] BVerwG NJW 1993, 675. – A.M. OVG Lüneburg NJW 1996, 1489, 1490.
[64] OVG Bremen NJW 1989, 926 = JZ 1989, 633 (Hoffmann-Riem); OLG Celle NJW 1990, 2570, 2571; OVG Lüneburg NJW 1996, 1489. – A.M. OVG Berlin NJW 1993, 676.
[65] OLG München OLGZ 1984, 477; s. auch Kissel GVG[2] § 12 Rdnr. 65. – Dagegen verneint KG OLGZ 1976, 158 (Fn. 45) einen Anspruch auf Einsicht eines Rechtsanwalts in die Entscheidungssammlung mehrerer Spruchkörper des Gerichts, zumal die »Schwärzung« bei allen diesen Urteilen organisatorisch unzumutbar sei.
[66] OLG Celle NJW 1990, 2570.

2. Einsichtgewährung mit Einwilligung der Parteien

24   Auch **ohne rechtliches Interesse** des Dritten darf ihm Einsicht gewährt werden, wenn beide Parteien in die Einsicht einwilligen. Abs. 2 regelt nämlich nur die Einsichtnahme beim Fehlen einer solchen Einwilligung. Aber selbst beim Vorliegen der Einwilligung ist der Vorstand aus § 299 nicht verpflichtet, die Einsicht zu gewähren, sondern dies steht auch hier in seinem **Ermessen**.

3. Abschriften

25   Im Gegensatz zu Abs. 1 bezieht sich Abs. 2 *nur auf die Gewährung der Einsicht*, **nicht** auch auf die **Erteilung von Abschriften**[67]. Diese ist jedoch nicht verboten und kann von der Justizverwaltung **gestattet** werden[68]. Bezüglich der **Urteile** → auch Rdnr. 23 a−c.

4. Gebühren

26   Wegen der Verwaltungsgebühren s. JustizverwaltungskostenO vom 14. II. 1940 (RGBl. I 357, BGBl. 1957 I 895)[69], § 4 (Schreibauslagen), für die Justizbehörden des Bundes, die von den Ländern mit geringen Ergänzungen übernommen wurde. Zu den Gerichtsgebühren für die Erteilung einer Abschrift des Vermögensverzeichnisses oder für die Einsichtgewährung in das Vermögensverzeichnis s. GKG KV Nr. 1644, 1645, zur Vorauszahlung in diesen Fällen § 65 Abs. 4 GKG (→ § 271 Rdnr. 34 ff.).

5. Einsicht durch Behörden und Gerichte

27   Auch Behörden und Gerichte, die mit dem Rechtsstreit selbst nicht befaßt sind, sind nur »Dritte« i.S.v. Abs. 2 und müssen daher ebenfalls ein **rechtliches Interesse glaubhaft machen,** sofern nicht gesetzliche Vorschriften etwas anderes bestimmen[70]. Es ist daher unzulässig, Behörden durch Verwaltungsanordnungen ein besonderes, vom rechtlichen Interesse unabhängiges Einsichtsrecht einzuräumen, doch können in einer Verwaltungsanordnung Fälle umschrieben werden, in denen das rechtliche Interesse gegeben ist[71]. Das Gebot der Amtshilfe (→ Einl. [20. Aufl.] Rdnr. 629 ff.), zu der Gerichte gegenüber Behörden nach Art. 35 Abs. 1 GG verpflichtet sind, dispensiert die Behörden nicht von den gesetzlichen Voraussetzungen des § 299 Abs. 2[72]. Art. 35 Abs. 1 GG enthält hinsichtlich der Verpflichtung zur Amtshilfe

---

[67] OLG Darmstadt SeuffArch 42 (1887), 358.
[68] Zur Erteilung von Abschriften an Sachverständige *Jessnitzer* Rpfleger 1974, 423. Vgl. auch *Hüfner* LeipZ 1931, 893 (über die Frage der Erteilung von Abschriften an den Urteilsverfasser).
[69] Mit zahlreichen späteren Änderungen. Fundstellen und Textabdruck bei *Hartmann* Kostengesetze[26] VIII A.
[70] So in allen Fällen, in denen Gerichten eine gesetzliche Mitteilungspflicht obliegt, z.B. über Straftaten in der Sitzung (§ 183 GVG) oder über Tatsachen, die den Verdacht einer Steuerstraftat begründen (§ 116 AO 1977). Zur Mitteilungspflicht gegenüber dem Vormundschaftsgericht s. §§ 35 a, 74 a FGG, zur Anzeigepflicht bezüglich der Erbschaftsteuer s. § 34 ErbStG. Die gerichtlichen Mitteilungspflichten sind in der bundeseinheitlichen **Anordnung über Mitteilungen in Zivilsachen** zusammengestellt (vom 1. X. 1967 mit späteren Änderungen, abgedruckt bei *Piller-Hermann*, Justizverwaltungsvorschriften, Stand Juni 1994, Nr. 3 c), dazu näher → § 271 Rdnr. 19 f., ferner → unten Fn. 71. In anderen Rechtsvorschriften ist im allgemeinen lediglich die Verpflichtung zur *Amts- und Rechtshilfe* festgelegt. Inwieweit zu deren Erfüllung eine *Aktenübersendung* erforderlich ist, hängt davon ab, ob die ersuchende Behörde zur Erfüllung ihrer gesetzlichen Aufgabe der Akteneinsicht bedarf, d.h. ob ein rechtliches Interesse an der Kenntnis einzelner Teile der Akten oder der gesamten Akte besteht. Deshalb ist z.B. die Zusendung von Scheidungsakten an die arbeitgebende Behörde eines Ehegatten unzulässig (vgl. Fn. 51), da die Sammlung von Kündigungsgründen nicht zum gesetzlichen Aufgabenbereich der Behörde gehört.
[71] Soweit die Anordnung über Mitteilungen in Zivilsachen (→ Fn. 70 sowie → § 271 Rdnr. 19 f.) Mitteilungspflichten enthält, die nicht gesetzlich geregelt sind, dürfte das rechtliche Interesse i.S. des § 299 Abs. 2 bei der Behörde oder dem Gericht, an das die Mitteilung zu richten ist, aufgrund der Natur der Angelegenheit und der gesetzlichen Zuständigkeit der Behörde bzw. des Gerichts regelmäßig gegeben sein.
[72] A.M. *Holch* ZZP 87 (1974), 14, 17; *Thomas-Putzo*[19]

lediglich eine Rahmenvorschrift, deren Ausfüllung für das Einsichtsrecht in Prozeßakten § 299 Abs. 2 bildet. Das um Amtshilfe ersuchte Gericht hat deshalb zu prüfen, ob es *selbst* zur Vornahme von Amtshandlungen der ersuchten Art allgemein befugt ist. Die vorzunehmende Handlung muß nach dem Recht des ersuchten Gerichts zulässig sein[73]. Soweit die Amtshilfe eines Gerichts durch Akteneinsicht zu leisten ist, richtet sich daher deren Zulässigkeit, soweit keine gesetzlichen Sondervorschriften eingreifen, ausschließlich nach § 299 Abs. 2.

V. Besondere Vorschriften

1. Innerhalb der ZPO gibt es für das Akteneinsichtsrecht (bzw. die Auskunftserteilung) noch folgende Sondervorschriften:
§ 760 für die **Akten des Gerichtsvollziehers**, § 915 b ff. (Neufassung durch Gesetz v. 15. VII. 1994, BGBl. I 1566) über Erteilung von Auskünften und Abdrucken aus dem nach § 915 geführten **Schuldnerverzeichnis** (der sog. Schwarzen Liste),
§§ 996 Abs. 2, 1001, 1016, 1022 Abs. 2, 1023 für das **Aufgebotsverfahren**.

Das in § 922 Abs. 3 ausgesprochene Verbot der Mitteilung des den Arrest bzw. die einstweilige Verfügung (§ 936) ablehnenden Beschlusses ist keine Ausnahme von § 299; der Gegner hat also ein Einsichtsrecht[74].

2. Außerhalb der ZPO finden sich u. a. folgende Bestimmungen über das Einsichtsrecht: Zum Einsichtsrecht in **Patentamtsakten** § 31 PatG und § 15 VO über das Deutsche Patentamt vom 5. IX. 1968 (BGBl. I 997), zum Einsichtsrecht Dritter[75] in **Akten patentgerichtlicher Verfahren** § 99 Abs. 3 PatG[76].

Zum Einsichtsrecht in **Akten der Entschädigungsbehörden** vgl. § 193 BEG 1956[77].

Weitere Regelungen: § 71 GWB, § 34 FGG[78], § 100 VwGO, § 29 VerwVerfG, § 147 StPO, § 49 OWiG.

28

29

30

30a

VI. Rechtsbehelfe

1. Gegen Ablehnung von Parteianträgen

Lehnt die **Geschäftsstelle** einen Antrag gemäß Abs. 1 ab, so können die Parteien die Entscheidung des Prozeßgerichts nach § 576 anrufen und gegen dessen ablehnende Entscheidung nach § 567 Beschwerde einlegen[79]. Weniger klar ist die Rechtslage, wenn zunächst der

31

Rdnr. 5. – Nach *Prütting* ZZP 106 (1993), 427, 462 wird die Akteneinsicht durch Behörden und Gerichte von § 299 Abs. 2 nicht erfaßt und auch nicht datenschutzrechtlich legitimiert; maßgebend seien die Datenschutzgesetze. Darauf verweisen auch *Zöller-Greger*[20] Rdnr. 8. Den datenschutzrechtlichen Anforderungen soll durch das **Justizmitteilungsgesetz** (BR-Drucks. 889/95) Rechnung getragen werden.

[73] Vgl. (allg.) *BVerfGE* 7, 183, 187; *OLG Düsseldorf* NJW 1957, 1037 = DVBl 1957, 215; *Maunz* in *Maunz-Dürig* GG (Stand Mai 1994) Art. 35 Rdnr. 6; *M. Dreher* Die Amtshilfe (1959), 124 f. – Zur Einsichtgewährung in Scheidungsakten im Rahmen eines finanzgerichtlichen Verfahrens ebenso *OLG Köln* NJW 1994, 1075.

[74] A.M. wohl *OLG Frankfurt* JurBüro 1980, 1913.

[75] Das Einsichtsrecht der Verfahrensbeteiligten ist nach § 299 Abs. 1 und 3 (anwendbar über § 99 Abs. 1 PatG) zu beurteilen.

[76] §§ 31, 99 Abs. 3 PatG gelten auch für Anträge Drit-

ter auf Einsicht in die Rechtsbeschwerdeakten des BGH, *BGH* NJW 1983, 2448 = MDR 1983, 750 = GRUR 1983, 365 = LM § 31 PatG 1981 Nr. 1 (unter Aufgabe der früheren, § 299 Abs. 2 anwendenden Ansicht). – Für die Einsicht Dritter in vor dem 1. X. 1968 entstandene Teile der Akten von Patentnichtigkeitsverfahren wird weiterhin § 299 Abs. 2 angewendet, *BGH* LM § 41 o PatG Nr. 9 = MDR 1970, 760 = GRUR 1970, 533; GRUR 1972, 195.

[77] Dazu *BGH* LM § 193 BEG 1956 Nr. 1 (Anspruch auf Gewährung der Akteneinsicht besteht nur gegen das Land, nicht gegen die Entschädigungsbehörde), LM § 193 BEG 1956 Nr. 2 = MDR 1973, 580 (im gerichtlichen Verfahren gilt auch für die Akten der Entschädigungsbehörde § 299).

[78] Dazu *Pardey* NJW 1989, 1647.

[79] Vgl. *LG Köln* Rpfleger 1989, 334 (grundsätzlich zust. *Ottersbach*, der jedoch bei Entscheidung des Vollstreckungsgerichts auf § 793 hinweist).

Vorsitzende entschieden und z.B. die beantragte Herausgabe der Akten in die Kanzlei des Rechtsanwalts (→ Rdnr. 10) abgelehnt hat. § 140 gilt nicht (str., → § 140 Rdnr. 3), da es sich nicht um eine prozeßleitende Verfügung in der mündlichen Verhandlung handelt. Man sollte daher, um das Verfahren nicht unnötig zu komplizieren, die **Beschwerde** unmittelbar gegen eine das Gesuch ablehnende Entscheidung des Vorsitzenden zulassen, ebenso wie in den Fällen, in denen dem Vorsitzenden ausdrücklich prozeßleitende Befugnisse außerhalb der mündlichen Verhandlung zugewiesen sind, → § 136 Rdnr. 9. Hält man (analog § 140) zunächst die Anrufung des Kollegiums für notwendig[80], so ist eine eingelegte Beschwerde jedenfalls entsprechend auszulegen (oder umzudeuten, → vor § 128 Rdnr. 192, 196), und gegen eine ablehnende Entscheidung des Kollegiums (die nicht der mündlichen Verhandlung bedarf) ist die Beschwerde gemäß § 567 statthaft[81]. Das Verfahren nach § 23 EGGVG kommt für Anträge der Parteien auf Einsichtgewährung, Übersendung von Ausfertigungen[82] usw. nicht in Betracht. Das gilt auch bei Versagung der Akteneinsicht gegenüber einem Gläubiger im Vergleichsverfahren[83].

32 Auch die **Endentscheidung** kann aufgrund eines Verstoßes gegen § 299 **anfechtbar** sein, wenn dadurch der Anspruch auf rechtliches Gehör verletzt wurde[84], dazu allg. → vor § 128 Rdnr. 56.

2. Gegen Ablehnung von Anträgen Dritter

33 Wenn dagegen der Vorstand des Gerichts ein **Gesuch nach Abs. 2 ablehnt,** ist (da es sich um eine Angelegenheit der Justizverwaltung handelt) der **Weg des § 23 EGGVG** gegeben[85]. Denselben Weg kann diejenige Partei beschreiben, die in die Akteneinsicht durch einen Dritten nicht einwilligte, wenn der Vorstand die Akteneinsicht gestattete. Nach erfolgter Einsicht kann bei rechtlichem Interesse (z.B. bei Wiederholungsgefahr[86]) die Feststellung der Rechtswidrigkeit der Einsichtgewährung beantragt werden, § 28 Abs. 1 S. 3 EGGVG. Daneben ist in allen Fällen auch der formlose Rechtsbehelf der Dienstaufsichtsbeschwerde zulässig[87].

VII. Arbeitsgerichtliches Verfahren

1. Einsichtsrecht der Parteien

34 § 299 gilt auch hier. Das Recht auf Akteneinsicht können die **Parteien** wie sonst (→ Rdnr. 9) durch einen beliebigen Bevollmächtigten (Rechtsanwalt, Verbandsvertreter oder Privatperson) ausüben. – Zur **Schutzschrift** → Rdnr. 5b.

---

[80] So *E. Schneider* MDR 1984, 109; *Baumbach-Lauterbach-Hartmann*[55] Rdnr. 18.
[81] *OLG Schleswig-Holstein* Rpfleger 1976, 108 (Fn. 19); *E. Schneider* MDR 1984, 109; *Baumbach-Lauterbach-Hartmann*[55] Rdnr. 18. – A.M. *BGH* LM § 193 BEG 1956 Nr. 2 (Fn. 77) (nur zusammen mit dem Endurteil anfechtbar).
[82] *OLG Frankfurt* Rpfleger 1976, 399.
[83] *OLG Köln* KTS 1990, 133 = ZIP 1990, 876.
[84] *OLG Celle* Rpfleger 1982, 388 (zum Zwangsversteigerungsverfahren, Verletzung des Anspruchs auf rechtliches Gehör durch Nichtzuleitung einer erbetenen Protokollabschrift).
[85] *KG* OLGZ 1976, 158 (Fn. 45); *KG* NJW 1988, 1738; *OLG Hamburg* OLGZ 1988, 51; *OLG Köln* KTS 1989, 439 = MDR 1988, 502 (zum Konkurs); *Baumbach-Lauterbach-Albers*[55] § 23 EGGVG Rdnr. 3; *Zöller-Greger*[20] Rdnr. 6.
[86] Vgl. *OLG Köln* NJW 1994, 1075, 1076.
[87] Ebenso *Baumbach-Lauterbach-Hartmann*[55] Rdnr. 30; *Thomas-Putzo*[19] Rdnr. 4.

2. Ausfertigungen und Abschriften

Die Parteien haben ein Recht auf Erteilung von **Ausfertigungen** und **Abschriften** im selben Umfang wie im Zivilprozeß. Auch für die Erhebung von Schreibauslagen gilt nichts anderes als in der ordentlichen Gerichtsbarkeit, s. Kostenverzeichnis zum GKG Nr. 9000. 35

3. Einsichtgewährung an Dritte

Der **Vorstand des Gerichts** im Sinne des Abs. 2 (→ Rdnr. 20) ist der nach § 15 Abs. 2, 34 Abs. 2, 40 Abs. 2 S. 2 ArbGG mit der Dienstaufsicht betraute Richter. **Verweigert** der Vorstand des Gerichts die Akteneinsicht, so kommt nicht der Antrag auf gerichtliche Entscheidung nach § 23 ff. EGGVG, sondern die Verpflichtungsklage zum Verwaltungsgericht in Frage, da sich das Verfahren nach §§ 23 ff. EGGVG nur auf Justizverwaltungsakte innerhalb der ordentlichen Gerichtsbarkeit bezieht[88]. 36

§ 299 a [Wiedergabe von Prozeßakten auf Bildträgern]

[1]Sind die Prozeßakten zur Ersetzung der Urschrift auf einem Bildträger nach ordnungsgemäßen Grundsätzen verkleinert wiedergegeben worden und liegt der schriftliche Nachweis darüber vor, daß die Wiedergabe mit der Urschrift übereinstimmt, so können Ausfertigungen, Auszüge und Abschriften von der Wiedergabe erteilt werden. [2]Auf der Urschrift anzubringende Vermerke werden in diesem Fall bei dem Nachweis angebracht.

Gesetzesgeschichte: Eingefügt durch Vereinfachungsnovelle 1976 (→ Einl. [20. Aufl.] Rdnr. 159).

I. Normzweck und Regelungsgehalt	1		III. Erteilung von Ausfertigungen, Auszügen und Abschriften; Akteneinsicht	8
1. Normzweck	1		1. Voraussetzungen	8
2. Bestimmungen über Aktenführung und Mikroverfilmung	2		2. Vermerk auf dem Übereinstimmungsnachweis	10
3. Beschränkung der Mikroverfilmung auf weggelegte Akten	4		3. Einsichtsrecht	11
II. Mikroverfilmung der Prozeßakten	6			
1. Verfilmung und Übereinstimmungsnachweis	6			
2. Verfahren bei der Verfilmung	7			

I. Normzweck und Regelungsgehalt

1. Normzweck

Die Vorschrift wurde durch die Vereinfachungsnovelle 1976 mit dem Zweck eingeführt, der Justizverwaltung die **Aufbewahrung der Prozeßakten zu erleichtern**[1]. Man wollte die Justizverwaltung von der Notwendigkeit befreien, die Originalakten (bzw. Teile davon) aufzubewahren. Zu diesem Zweck gestattet es § 299 a, von mikroverfilmten Akten Ausferti- 1

---

[88] *Schunck-de Clerck* VwGO³ § 40 Anm. 8b, bb; *Kissel* GVG² § 23 EGGVG Rdnr. 12; *Prütting* in Germelmann-Matthes-Prütting ArbGG² § 15 Rdnr. 14; *Willikonsky* BB 1987, 2013; *Oetker* MDR 1989, 600. – A.M. *OLG Schleswig* NJW 1989, 110.

[1] Vgl. Begr. BT-Drucks. 7/2729, 76.

gungen, Auszüge und Abschriften zu erteilen, wenn die in der Vorschrift genannten förmlichen Voraussetzungen erfüllt sind. Die ZPO steht also seit der Einfügung des § 299 a einer **Aufbewahrung der Prozeßakten**[2] **in mikroverfilmter Form** statt im Original **nicht entgegen**. Weiter reicht der Regelungsgehalt des § 299 a nicht[3].

2. Bestimmungen über Aktenführung und Mikroverfilmung

2   Die ZPO regelt die Aktenführung und Aktenaufbewahrung im einzelnen nicht, sondern überläßt dies den Anordnungen der Justizverwaltung. Maßgebend ist die **Aktenordnung** samt den bundes- und landesrechtlichen Ergänzungsvorschriften, → § 133 Fn. 1. Die Dauer der Aktenaufbewahrung bemißt sich nach den bundeseinheitlichen Bestimmungen über die **Aufbewahrungsfristen** für das Schriftgut der ordentlichen Gerichtsbarkeit, der Staatsanwaltschaften und der Justizvollzugsbehörden[4].

3   Ob die Mikroverfilmung statt der Aufbewahrung der Originalakten zulässig bzw. vorgeschrieben ist, richtet sich ebenfalls nach den allgemeinen Vorschriften und Dienstanweisungen der Justizverwaltung. Die bundeseinheitliche **Richtlinie für die Mikroverfilmung** von Schriftgut in der Rechtspflege und Justizverwaltung sowie die dazu gehörende Musterdienstanweisung (→ Rdnr. 7) führen die Mikroverfilmung ebenfalls nicht ein, sondern bestimmen lediglich das Verfahren bei der Herstellung der Mikrofilmaufnahme, also die »ordnungsgemäßen Grundsätze« i. S. des § 299 a S. 1, falls die Mikroverfilmung angeordnet wird.

3. Beschränkung der Mikroverfilmung auf weggelegte Akten

4   Die Zielsetzung der Vorschrift ist darauf beschränkt, die Aufbewahrung der Akten zu erleichtern. Es geht bei der Aufbewahrung von Akten um **weggelegte Akten** i. S. des § 7 AktenO. Die Weglegung der Akten erfolgt, wie in dieser Vorschrift näher geregelt ist, nach der Beendigung des Rechtsstreits durch rechtskräftiges Urteil oder nach sonstiger endgültiger Erledigung des Verfahrens, z. B. durch Prozeßvergleich oder Klagerücknahme. Nur für die Aufbewahrung solcher Akten, die nach Beendigung des Verfahrens weggelegt werden dürfen, ermöglicht § 299 a der Justizverwaltung die Anordnung, statt der Aufbewahrung der Originalakten eine Mikrofilmaufnahme herzustellen und aufzubewahren.

5   Dagegen ist aus § 299 a **nicht** zu entnehmen, daß es auch zulässig wäre, die **Originalakten** bereits während des laufenden Verfahrens durch eine Mikrokopie zu ersetzen. Vielmehr geht die ZPO (in der von den Gerichtsakten, → § 133 Rdnr. 1, an mehreren Stellen ausdrücklich die Rede ist, vgl. §§ 80 Abs. 1, 160 a Abs. 3, 213, 299, 544 Abs. 1, 566, 706 Abs. 1) stillschweigend davon aus, daß **während des Verfahrens die Akten im Original** vorliegen. Es ist daher der ZPO eine **Sperre** zu entnehmen, etwa bereits vor Beendigung des Verfahrens (i. S. v. § 7 AktenO) die Originalakten durch eine Mikroverfilmung zu ersetzen.

---

[2] Notarielle Akten betrifft § 299 a nicht. Eine Verpflichtung der Landesjustizverwaltungen, einem Notar die vorzeitige Vernichtung mikroverfilmter Nebenakten zu gestatten, verneint BGH NJW 1977, 1400, meint jedoch, § 299 a gebe den Landesjustizverwaltungen Anlaß, die geltende Regelung zu überprüfen.

[3] Allg. zur Mikrokopie im Zivilprozeß Zoller NJW 1993, 429.
[4] Neufassung 1983, s. die Hinweise bei Piller-Hermann Justizverwaltungsvorschriften (Stand September 1996), 1 AktW Anhang II.

II. Mikroverfilmung der Prozeßakten

1. Verfilmung und Übereinstimmungsnachweis

Mit der verkleinerten Wiedergabe auf einem Bildträger ist das Verfahren der **Mikroverfilmung** gemeint. Eine Aufzeichnung, bei der nicht wenigstens das **Bild** der Akten als solches auf einem Film erhalten bleibt, genügt dem § 299 a nicht (so z.B. die Aufnahme auf einem Videoband). Die Verfilmung zur Ersetzung der Urschrift darf **nicht** etwa auf die zu **Beweiszwecken** vorgelegten bzw. vom Gericht beigezogenen **Urkunden** erstreckt werden[5], da diese nicht Bestandteil der Gerichtsakten werden, → § 142 Rdnr. 6, § 299 Rdnr. 6, § 420 Rdnr. 5.

6

Neben der Mikrofilmaufnahme ist ein **schriftlicher Nachweis über die Übereinstimmung der Filmaufnahme mit der Urschrift** anzufertigen, der im Original aufbewahrt werden muß, also nicht auch seinerseits durch eine Mikrofilmaufnahme ersetzbar ist. Eine feste *Verbindung* dieses Schriftstücks mit dem Mikrofilm ist nicht vorgeschrieben[6].

6a

2. Verfahren bei der Verfilmung

Das Verfahren bei der Anfertigung der Mikrofilmaufnahme ist in der vom Bundesminister der Justiz und den Justizministern bzw. Justizsenatoren der Bundesländer beschlossenen **Richtlinie für die Mikroverfilmung von Schriftgut** in der Rechtspflege und Justizverwaltung (samt Musterdienstanordnung)[7] geregelt. Dies sind die ordnungsgemäßen Grundsätze i. S. des § 299 a S. 1. Die Richtlinie enthält nähere Anforderungen an die Beschaffenheit des Films und die Durchführung der Aufnahme. Sie schreibt auch vor, den Film nach der Entwicklung unverzüglich auf Vollständigkeit und Lesbarkeit zu überprüfen und darüber eine Prüfungsniederschrift anzufertigen. Für die **Dauer der Aufbewahrung** des Films gelten dieselben Bestimmungen wie für die schriftlichen Prozeßakten, → Rdnr. 2.

7

III. Erteilung von Ausfertigungen, Auszügen und Abschriften; Akteneinsicht

1. Voraussetzungen

Von der Mikrofilmaufnahme dürfen Ausfertigungen, Auszüge und Abschriften nur dann erteilt werden, wenn sie **zur Ersetzung der Urschrift angefertigt** wurde, nicht also, wenn die Verfilmung nur aus Sicherheitsgründen geschah und die Prozeßakten im Original bei Gericht aufbewahrt werden[8]. Daß die Urschrift der Prozeßakten *vernichtet* wurde, ist dagegen nicht erforderlich (sie kann z.B. in das Staatsarchiv übernommen worden sein). Die Ausfertigungen, Auszüge und Abschriften können durch *Rückvergrößerung* (Kopie) hergestellt werden oder auch durch eine *manuell erstellte Abschrift*. Ein *Filmduplikat* erscheint dagegen nicht ausreichend[9], da es ohne Lesegerät nicht gelesen werden kann und daher die Funktion einer Ausfertigung usw. nicht zu übernehmen vermag.

8

Für **Inhalt** und **Form der Ausfertigung** und des Ausfertigungsvermerks bzw. einer beglaubigten Abschrift gelten die allgemeinen Regeln, → § 170 Rdnr. 7 ff. In den **Wirkungen** stehen die ordnungsgemäß erstellten Ausfertigungen usw. denjenigen gleich, die von der Urschrift

9

---

[5] Ebenso *Zöller-Greger*[20] Rdnr. 5.
[6] Vgl. Begr. BT-Drucks. 7/2729, 76.
[7] Abgedruckt unter dem Datum vom 10. III. 1976 (Inkrafttreten: 1. IV. 1976) in Justiz 1976, 231.
[8] Begr. BT-Drucks. 7/2729, 76.

[9] Anders wohl die Richtlinie (Fn. 7) Nr. 11, die aber insoweit durch das Gesetz nicht gedeckt ist. – Unbedenklich erscheint es aber, bei Zustimmung des Antragstellers Abschriften oder Auszüge in Form von Filmduplikaten zu erstellen, so *Zöller-Greger*[20] Rdnr. 4.

der Prozeßakten erstellt wurden[10]. Das **Recht auf Erteilung von Ausfertigungen** usw. bleibt von der Verfilmung unberührt, → § 299 Rdnr. 15.

2. Vermerk auf dem Übereinstimmungsnachweis

10 Soweit die ZPO einen **auf der Urschrift anzubringenden Vermerk** vorsieht, ist dieser nach S. 2 **auf dem Nachweis der Übereinstimmung** der Mikrofilmaufnahme mit der Urschrift anzubringen. Dies gilt vor allem für den Vermerk über die *Erteilung einer Ausfertigung*, § 734. Außerdem kommt der Vermerk der Tatbestandsberichtigung (§ 320 Abs. 4 S. 5) in Betracht, falls die Akten zu diesem Zeitpunkt bereits mikroverfilmt sein sollten[11].

3. Einsichtsrecht

11 Für das Recht der Parteien und Dritter, die **Prozeßakten einzusehen,** gelten auch nach einer Mikroverfilmung § 299 Abs. 1 und 2. Die Einsicht ist mit Hilfe eines von der Justizverwaltung zur Verfügung zu stellenden Lesegeräts in den Diensträumen des Gerichts zu gewähren. Für die Aushändigung der Verfilmung in die Kanzlei eines Rechtsanwalts usw. hat dasselbe zu gelten wie hinsichtlich der Aktenurschrift, → § 299 Rdnr. 10.

---

[10] Zum Urkundencharakter von Mikrokopien vgl. *Heuer* NJW 1982, 1505.

[11] Die Begr. BT-Drucks. 7/2729, 77 ging davon aus, dies werde wegen der kurzen Antragsfrist für die Tatbestandsberichtigung kaum in Betracht kommen.